中国知识产权年鉴

主办 ● 国家知识产权局

知识产权出版社

责任编辑：张锦锐　牛洁颖　　　责任校对：董志英
装帧设计：段维东　　　责任出版：卢运霞

图书在版编目(CIP)数据

中国知识产权年鉴．2010/国家知识产权局主办．—北京：知识产权出版社，2010.10
ISBN 978—7—5130—0237—0
Ⅰ.①中…　Ⅱ.①国…　Ⅲ.①知识产权—工作—中国—2010—年鉴　Ⅳ.D923.4—54
中国版本图书馆CIP数据核字（2010）第209408号

中国知识产权年鉴 2010
国家知识产权局　主办

出版发行：知识产权出版社
社　　址：北京市海淀区马甸南村1号　　　邮　　编：100088
网　　址：http://www.ipph.cn　　　邮　　箱：bjb@cnipr.com
发行电话：010—82000860转8101/8102　　　传　　真：010—82005070/82000893
责编电话：010—82000860转8165/8109　　　责编邮箱：nianjian772@sina.com
印　　刷：北京市兴怀印刷厂　　　经　　销：新华书店及相关销售网点
开　　本：787mm×1092mm　1/16　　　印　　张：64
版　　次：2010年10月第1版　　　印　　次：2010年10月第1次印刷
字　　数：1970千字　　　定　　价：160.00元
ISBN 978—7—5130—0237—0/D·1111（3187）

◆2009年11月17日，国家知识产权局局长田力普（左一）出席“第二届知识产权与城市发展市长论坛”，并发表讲话。

◆2009年4月19日，国家版权局与中央电视台文艺频道共同录制了《版权在我身边》大型文艺晚会，新闻出版总署署长、国家版权局局长柳斌杰（右一）在文艺晚会现场为民间工艺师郭如林（中）的即兴表演——剪纸《生命之树》颁发著作权登记证书。

◆全国工商行政管理系统在贯彻落实《国家知识产权战略纲要》大力推进商标战略实施工作会议期间，举办了“庆祝中华人民共和国成立六十周年贯彻落实《国家知识产权战略纲要》 大力推进商标战略实施主题展览”，国家工商行政管理总局局长周伯华（前排右）参观了展览。

◆2009年4月22～23日，中国作为东亚植物品种保护论坛轮值秘书处在北京组织召开了东亚植物品种保护论坛第二次会议，农业部副部长张桃林（右三）出席。

◆2009年3月3日，商务部国际贸易谈判副代表崇泉（前排右二）出席了商务部首次在德国汉诺威国际信息及通讯技术博览会(CeBIT)上设立的“中国参展企业知识产权服务站”揭幕仪式。

◆2009年11月30日至12月1日，“亚太地区地理标志国际研讨会”在重庆市举行，国家工商行政管理总局副局长付双建（前右二）、世界知识产权组织副总干事王彬颖（前右三）参观农产品商标和地理标志工作成果展览。

◆2009年“4·26世界知识产权日”宣传周期间，中国政府开展了全国集中销毁侵权盗版出版物活动，新闻出版总署副署长、国家版权局副局长阎晓宏（左一）接受中外记者采访。

◆2009年5月18日，国家知识产权局副局长张勤出席第五期全国市（地）领导干部知识产权战略专题研究班，并作专题演讲。

◆2009年6月4日，国家知识产权局副局长李玉光（左一）在“促进和鼓励中英知识产权制度的使用和理解研讨会”上发表专题演说。

◆2009年10月19日，国家知识产权局副局长贺化（右二）出席四川省党政领导干部知识产权战略纲要专题培训班，并作专题演讲。

◆2009年4月，国家知识产权局副局长杨铁军启动国家知识产权局开放日英文网。

◆2009年6月29日，中纪委驻国家知识产权局纪检组组长肖兴威（中）出席世界知识产权组织知识产权与遗传资源、传统知识与民间文艺政府间委员会第十四次会议。

◆2009年11月20日，国家知识产权局副局长鲍红（中）出席“知识产权与核心竞争力论坛”并致辞。

◆2009年11月14日，国家知识产权局副局长甘绍宁（左）出席“国家知识产权质押融资试点揭牌仪式”。

◆2009年4月20日，最高人民法院召开新闻发布会，奚晓明副院长（中）就全国法院知识产权审判工作发表讲话。

◆2009年4月23日，海关总署政策法规司司长孟杨（中）作客中国海关门户网站，以“加强执法，履行职责，迎接世界知识产权日”为主题，与网友在线交流，畅谈知识产权海关保护。

◆2009年9月16日，国家工商行政管理总局在北京举行新闻发布会，发布国家工商行政管理总局2009年商标注册申请审查于9月15日突破百万大关的消息，商标局局长李建昌（主席台右）出席。

◆2009年3月25日，海关总署在北京举行了与外资企业知识产权保护对话会。

◆2009年11月30日至12月1日，国家工商行政管理总局与世界知识产权组织在重庆市联合举办了“亚太地区地理标志国际研讨会”，共有200多名国内外代表参加了会议，受到世界知识产权组织和与会来宾的高度评价。

◆2009年5月19日，部分省（区、市）工商机关查处“傍名牌”案件工作会议在河北省石家庄市召开。

◆2009年全国侵权盗版制品及各类非法出版物集中销毁活动主会场。

◆2009年11月9日，国家林业局植物新品种保护办公室月季测试站揭牌仪式在云南昆明举行。

◆2009年7月9～10日，最高人民法院在内蒙古自治区呼伦贝尔市召开反垄断民事诉讼课题研讨会暨司法解释座谈会。

◆2009年5月21日，最高人民法院在福建省福州市召开专利侵权司法解释座谈会。

◆2009年3月20日，天津市、河北省《津冀知识产权保护合作协议》签字仪式在天津市举行。

◆2009年7月，河南省洛阳高新区被授予国家知识产权试点园区。

◆重庆市召开全市创建知识产权保护模范城市电视电话会议。

◆云南省召开推进知识产权战略实施工作研讨会。

《中国知识产权年鉴2010》编辑委员会名单

年鉴编辑部名单

编辑说明

一、《中国知识产权年鉴》是反映我国知识产权领域工作基本状况的大型资料性工具书，2001 年 11 月创刊，每年出版一卷，2010 卷反映的是 2009 年度我国知识产权工作情况，2010 年 10 月出版。

二、本期内容由“领导讲话”“特约文章”“概况”“大事记”“新闻百条”“统计资料”“评选和认定”“法律、法规、规章及司法解释”“典型案例”“学术成果”“知识产权出版物”11 部分组成。

三、“领导讲话”刊登的是 2009 年国家领导人以及国家知识产权局、新闻出版总署、国家工商行政管理总局、最高人民法院等部门的领导有关知识产权问题的重要讲话。

四、“特约文章”部分，是由知识产权领域有关领导、专家、学者，对近期发生的一些重大、热点问题，发表的观点和论述。

五、“概况”一栏，全面报道了我国知识产权领域专利、版权、市场监管、商标、公平交易、海关、商务、农林植物新品种方面的工作情况，司法机关保护知识产权工作情况，全国性知识产权领域社团活动情况，各地方开展知识产权工作的情况。

六、“大事记”中，记录了 2009 年我国知识产权领域专利、版权、市场监管、商标、公平交易、海关、商务、农林植物新品种方面以及司法保护方面的重大事件。

七、“新闻百条”栏目，内容摘自知识产权相关媒体，记载的大多是有代表性的事件，其中大部分为首次发生的事件。

八、“统计资料”收集了我国知识产权领域专利、版权、商标、海关、植物新品种、司法保护方面 2009 年度的重要统计数据。

九、“评选和认定”栏目，刊登了国家知识产权局第十一届中国专利金奖项目简介，国家工商行政管理总局 2009 年认定驰名商标 390 件，国家知识产权局、农业部、林业部表彰全国植物新品种保护先进集体和先进个人的决定，国家版权局表彰奖励有功单位及个人的决定。

十、“法律、法规、规章及司法解释”栏目刊登了 2009 年公布和新修订的知识产权法律、法规、规章及最高人民法院的司法解释。

十一、“典型案例”栏目刊登了发生在 2009 年度的知识产权司法案例、国家知识产权局专利复审和无效宣告案例、出版物市场监管案例、国家工商行政管理总局商标局案例、国家工商行政管理总局反垄断与反不正当竞争执法局案例、中国海关知识产权保护十佳案例、公安机关知识产权保护案例以及地方知识产权案例。

十二、“学术成果”栏目刊登了国家知识产权局软科学项目研究成果摘要汇编、国家知识产权局学术委员会2009年度主要研究成果介绍。

十三、“知识产权出版物”栏目刊登了2009年出版的全国主要知识产权杂志的文章目录，由中国知识产权研究会提供。

目　录

领导讲话

刘云山同志在第二十二次全国"扫黄打非"工作电视电话会议上的讲话（摘编）…………（1）
深入贯彻落实科学发展观　大力实施国家知识产权战略　努力开创知识产权工作新局面
——在全国知识产权局局长会议上的讲话…………田力普（2）
版权影响世界
——在第二届中国国际版权博览会国际版权论坛上的演讲…………柳斌杰（12）
认真贯彻落实国家知识产权战略纲要　大力推进商标战略实施
——在全国工商行政管理系统贯彻落实《国家知识产权战略纲要》大力推进商标战略实施工作会议上的讲话…………周伯华（15）
在《植物新品种保护条例》实施十周年庆祝活动上的讲话…………张桃林（24）
在2009年全国侵权盗版及各类非法出版物集中销毁活动北京主会场上的讲话…………蒋建国（26）
我们有能力解决网络环境下的版权问题
——在2009中国版权年会上的讲话…………阎晓宏（27）
在商标局2009年商标注册申请审查突破百万总结大会上的讲话…………付双建（29）
加强合作　为企业创新发展服务
——在中欧知识产权高层论坛上的演讲…………崇　泉（31）
加强知识产权司法保护　优化自主创新司法环境
——在全国法院开展知识产权审判"优化自主创新司法环境"年度主题活动新闻发布会上的讲话…………奚晓明（34）

特约文章

贯彻落实《国家知识产权战略纲要》　大力推进商标战略实施
——在国家知识产权战略实施工作部际联席会议联络员会议上的发言…………李建昌（38）
中国加入UPOV公约1991年文本的思考…………刘　平（41）
农产品地理标志登记保护问题研究…………金发忠（45）
中国反垄断民事诉讼制度之构建…………孔祥俊　郃中林（49）
知识产权刑事司法保护的若干问题及对策探讨
——"知识产权刑事司法保护研讨会"综述…………丛　媛（58）

千余博硕士诉万方公司侵犯学位论文著作权案件争议焦点辨析 …………李孝霖(61)
商业秘密存证制度的基本模式、功能和作用 ……………………………王汉坡(64)

概 况

全国知识产权工作概况 ……………………………………………………(67)
专利工作 ……………………………………………………………………(67)
集成电路布图设计登记申请 ………………………………………………(82)
版权工作 ……………………………………………………………………(82)
打击盗版工作 ………………………………………………………………(85)
商标工作 ……………………………………………………………………(87)
反垄断与反不正当竞争工作 ………………………………………………(90)
海关知识产权工作 …………………………………………………………(92)
商务知识产权工作 …………………………………………………………(97)
农业植物新品种保护工作 …………………………………………………(99)
农产品地理标志保护工作 …………………………………………………(101)
林业植物新品种保护工作 …………………………………………………(102)
公安机关保护知识产权工作 ………………………………………………(104)
知识产权民事司法工作 ……………………………………………………(106)
知识产权刑事司法工作 ……………………………………………………(112)
检察机关保护知识产权工作 ………………………………………………(113)
全国知识产权社团工作 ……………………………………………………(116)
地方知识产权工作概况 ……………………………………………………(133)
北京市(133) 天津市(149) 河北省(157) 山西省(167) 内蒙古自治区(175)
辽宁省(182) 吉林省(191) 黑龙江省(205) 上海市(213) 江苏省(229) 浙江省(244)
安徽省(256) 福建省(266) 江西省(276) 山东省(285) 河南省(297) 湖北省(311)
湖南省(321) 广东省(331) 广西壮族自治区(349) 海南省(358) 重庆市(366)
四川省(376) 贵州省(387) 云南省(395) 西藏自治区(406) 陕西省(413) 甘肃省(422)
青海省(431) 宁夏回族自治区(438) 新疆维吾尔自治区(444) 新疆生产建设兵团(456)
香港特区(457) 澳门特区(459) 台湾地区(461)

大 事 记

国家知识产权局 ……………………………………………………………(464)
国家版权局 …………………………………………………………………(466)
国家工商行政管理总局商标局 ……………………………………………(468)
国家工商行政管理总局反垄断与反不正当竞争执法局 ……………………(473)
海关总署 ……………………………………………………………………(474)
商务部 ………………………………………………………………………(475)
农业部 ………………………………………………………………………(477)
国家林业局 …………………………………………………………………(480)
最高人民法院 ………………………………………………………………(481)

新闻百条

(486)

统计资料

专利 …… (582)
一、专利申请受理与授权状况 …… (582)
二、专利行政执法 …… (603)
三、中国专利金奖 …… (605)
商标 …… (607)
一、商标申请与注册 …… (607)
二、商标评审案件 …… (622)
版权 …… (628)
集成电路布图设计 …… (636)
农业植物新品种 …… (638)
林业植物新品种 …… (642)
海关知识产权保护 …… (647)
知识产权司法保护 …… (651)

评选和认定

第十一届中国专利奖金奖获奖项目简介 …… (653)
商标局2009年在商标管理案件中认定并公布的277件驰名商标 …… (658)
商标局2009年在商标异议案件中认定并公布的22件驰名商标 …… (666)
商标评审委员会2009年在商标异议复审、争议案件中认定并公布的91件驰名商标 …… (667)
关于表彰全国植物新品种保护先进集体和先进个人的决定 …… (670)
国家版权局关于表彰奖励2008年度查处侵权盗版案件有功单位及个人的决定 …… (672)

法律、法规、规章及司法解释

法律、法规、规章
中华人民共和国专利法实施细则 …… (677)
广播电台电视台播放录音制品支付报酬暂行办法 …… (691)
商标代理管理办法 …… (693)
注册商标专用权质权登记程序规定 …… (694)
司法解释
最高人民法院关于当前经济形势下知识产权审判服务大局若干问题的意见 …… (696)
最高人民法院关于贯彻实施国家知识产权战略若干问题的意见 …… (700)
最高人民法院关于学习贯彻修改后的专利法的通知 …… (706)

最高人民法院关于专利、商标等授权确权类知识产权行政案件审理分工的规定 ……………… (707)

最高人民法院关于涉及驰名商标认定的民事纠纷案件管辖问题的通知 …………………… (707)

最高人民法院关于审理侵犯专利权纠纷案件应用法律若干问题的解释 …………………… (708)

最高人民法院关于审理涉及驰名商标保护的民事纠纷案件应用法律若干问题的解释 …… (709)

最高人民法院关于同意指定北京市崇文区、宣武区、石景山区、昌平区人民法院审理部分知识产权民事纠纷案件的批复 …………………… (711)

最高人民法院关于同意指定重庆市沙坪坝区人民法院审理部分知识产权民事纠纷案件的批复 …………………… (711)

最高人民法院关于同意江苏省高级人民法院开展由知识产权审判庭统一受理知识产权民事、行政和刑事案件试点工作的批复 …………………… (711)

最高人民法院对《关于调整哈尔滨市中级人民法院、齐齐哈尔市中级人民法院审理第一审专利纠纷案件管辖区域的请示》的批复 …………………… (711)

最高人民法院关于同意指定广西壮族自治区南宁市青秀区人民法院审理部分知识产权民事纠纷案件的批复 …………………… (712)

最高人民法院关于同意指定浙江省义乌市人民法院开展试点审理部分专利纠纷案件的批复 …………………… (712)

最高人民法院关于同意内蒙古自治区高、中级人民法院开展由知识产权审判庭统一受理知识产权民事、行政和刑事案件试点工作的批复 …………………… (712)

最高人民法院关于同意指定江苏省苏州市虎丘区人民法院审理部分知识产权纠纷案件的批复 …………………… (712)

最高人民法院关于同意指定新疆生产建设兵团农八师中级人民法院和农十二师中级人民法院审理集成电路布图设计纠纷案件的批复 …………………… (713)

最高人民法院关于同意指定新疆生产建设兵团农八师中级人民法院和农十二师中级人民法院审理植物新品种纠纷案件的批复 …………………… (713)

最高人民法院关于同意指定河南省洛阳市中级人民法院审理部分专利纠纷案件的批复 …………………… (713)

最高人民法院关于同意调整湖北省有关中级人民法院专利纠纷案件地域管辖范围的批复 …………………… (713)

最高人民法院关于同意指定浙江省杭州市萧山区等人民法院审理部分知识产权纠纷案件的批复 …………………… (714)

最高人民法院关于同意指定辽宁省大连市西岗区人民法院审理部分知识产权纠纷案件的批复 …………………… (714)

最高人民法院关于同意指定江西省南昌市经济技术开发区等人民法院审理部分知识产权纠纷案件的批复 …………………… (714)

最高人民法院关于同意指定浙江省湖州市中级人民法院和嘉兴市中级人民法院审理专利纠纷案件的批复 …………………… (714)

最高人民法院关于同意指定甘肃省兰州市城关区等人民法院审理部分知识产权纠纷案件的批复 …………………… (715)

最高人民法院关于同意调整福建省有关中级人民法院专利纠纷案件地域管辖范围的批复 …………………… (715)

最高人民法院关于同意指定福建省福州市鼓楼区等人民法院审理部分知识产权纠纷案件的批复 …………………… (715)

最高人民法院关于同意指定天津市和平区人民法院审理部分知识产权纠纷案件的批复 …… (715)
最高人民法院关于同意调整内蒙古自治区有关中级人民法院专利纠纷案件地域管辖范围的批复 …… (716)
最高人民法院关于同意指定安徽省合肥市高新技术产业开发区人民法院审理部分知识产权纠纷案件的批复 …… (716)
最高人民法院关于同意指定浙江省海宁市人民法院审理部分知识产权纠纷案件的批复 …… (716)
最高人民法院关于同意指定福建省福州市鼓楼区等人民法院审理部分知识产权纠纷案件的批复 …… (716)
最高人民法院关于批准新疆生产建设兵团农八师中级人民法院审理涉及驰名商标认定民事纠纷案件的批复 …… (716)
最高人民法院关于新疆维吾尔自治区高级人民法院生产建设兵团分院和所辖各中级人民法院管辖第一审知识产权民事案件标准的请示的批复 …… (717)
最高人民法院关于同意指定新疆生产建设兵团农十二师中级人民法院审理专利纠纷案件并调整有关法院专利纠纷案件地域管辖范围的批复 …… (717)
最高人民法院关于同意指定新疆生产建设兵团乌鲁木齐垦区等人民法院审理部分知识产权纠纷案件的批复 …… (717)
最高人民法院关于同意河南省高级人民法院及郑州市、洛阳市中级人民法院开展由知识产权审判庭统一受理知识产权民事、行政和刑事案件试点工作的批复 …… (718)
最高人民法院关于调整广东省部分基层人民法院知识产权纠纷案件地域管辖范围的批复 …… (718)
最高人民法院关于同意调整广东省汕头市中级人民法院专利纠纷案件地域管辖范围的批复 …… (718)
最高人民法院关于同意指定广东省深圳市盐田区等五个基层人民法院审理部分知识产权纠纷案件的批复 …… (718)
最高人民法院关于同意指定四川省成都市锦江区人民法院管辖部分知识产权民事纠纷案件的批复 …… (719)
最高人民法院关于同意指定山东省潍坊市中级人民法院审理植物新品种民事纠纷案件的批复 …… (719)
最高人民法院关于同意调整浙江省部分中级人民法院专利纠纷案件地域管辖范围的批复 …… (719)
最高人民法院关于同意调整甘肃省酒泉市中级人民法院植物新品种纠纷案件地域管辖范围的批复 …… (719)

典型案例

知识产权司法案例年度报告

最高人民法院知识产权案件年度报告(2008) …… (720)
2008年中国知识产权司法保护50件典型案件名单 …… (724)
最高人民法院知识产权案件年度报告(2009)(摘要) …… (727)
2009年中国知识产权司法保护十大案件简介 …… (732)

2009年中国知识产权司法保护50件典型案件名单 …… (738)

知识产权司法案例

案例1 晶源公司诉富士化水株式会社、华阳公司侵犯专利权案 …… (740)
案例2 OBE侵犯发明专利权纠纷案 …… (745)
案例3 正泰股份公司诉施耐德公司、斯达分公司侵犯实用新专利权纠纷案 …… (749)
案例4 宝马公司诉世纪宝马公司、傅献琴、家润多公司侵犯注册商标专用权及不正当竞争纠纷案 …… (752)
案例5 三联公司、三联吴良材公司诉苏州吴良材眼镜公司观前店等侵犯商标专用权及不正当竞争纠纷案 …… (757)
案例6 山东鲁锦公司诉鄄城县鲁锦公司、礼之邦家纺公司侵犯注册商标专用权及不正当竞争纠纷案 …… (763)
案例7 片仔癀公司诉宏宁公司侵犯商标专用权纠纷案 …… (770)
案例8 长地万方公司诉凯立德公司等侵犯著作权纠纷案 …… (774)
案例9 慈文公司诉海南网通公司侵犯著作权纠纷案 …… (780)
案例10 友谊出版公司诉淘宝网公司侵犯著作权纠纷案 …… (783)
案例11 黄金假日公司诉携程计算机公司、携程商务公司、康辉服务公司、北京携程公司虚假宣传纠纷案 …… (791)
案例12 山东起重机厂诉山起重工公司侵犯企业名称权纠纷 …… (803)
案例13 山东泰和公司、济南红河经营部诉云南城投公司侵犯商标权纠纷案 …… (807)
案例14 圣芳公司诉商评委、第三人强生公司商标撤销行政纠纷案 …… (813)
案例15 金利隆公司诉国家知识产权局专利复审委员会、第三人三门县胶带厂、保田履带制造厂专利无效行政纠纷案 …… (819)
案例16 成都共软网络科技有限公司、孙显忠、张天平、洪磊、梁焯勇侵犯著作权罪案 …… (826)
案例17 长正公司等销售假冒注册商标的商品罪案 …… (830)
案例18 付伟等侵犯著作权案 …… (834)
案例19 张树成等假冒注册商标案 …… (836)
案例20 江金佩销售非法制造的注册商标标识案 …… (837)
案例21 陈时快、林初钦非法制造注册商标标识案 …… (838)
案例22 蒋钦荣等人假冒注册商标案 …… (839)
案例23 吴啟珍、刘学忠涉嫌假冒注册商标案 …… (840)

国家知识产权局专利复审和无效宣告案例

案例1 涉及修改超范围和必要技术特征的判断 …… (842)
案例2 生物材料保藏要求及其是否引起说明书公开不充分问题的判断 …… (845)
案例3 涉及修改超范围的判断 …… (848)
案例4 关于多个无效宣告请求的审查 …… (851)
案例5 关于使用公开的判断 …… (861)
案例6 涉及新颖性、创造性的判断 …… (866)
案例7 权利要求书或说明书中的文字错误是否属于实质性缺陷的判断 …… (871)
案例8 药物剂型转换发明的创造性判断 …… (876)
案例9 涉及晶体发明创造性的判断 …… (882)
案例10 涉及发明专利创造性的判断 …… (889)

出版物市场监管案例

案例 1　山东青岛“12·17”销售盗版光盘案 …………………………… (893)
案例 2　山东青岛“2·01”销售盗版光盘案 …………………………… (893)
案例 3　贵州贵阳“3·13”销售非法音像制品案 ……………………… (893)
案例 4　江苏南京“3·04”批销盗版教材案 …………………………… (893)
案例 5　广西北海“7·06”盗版、淫秽光盘案 ………………………… (894)
案例 6　重庆“7·14”非法经营音像制品案 …………………………… (894)
案例 7　江苏苏州“10·23”网上销售盗版图书案 ……………………… (894)
案例 8　山东泰安“4·28”制售盗版光盘案 …………………………… (894)
案例 9　天津“6·03”批销盗版音像制品团伙网络案 ………………… (894)
案例 10　广东普宁“7·21”非法光盘生产线案 ………………………… (895)

国家工商行政管理总局商标局案例

一、保护国内企业注册商标专用权案例 ……………………………… (895)
案例 1　保护广州美的电器股份有限公司的注册商标专用权案 ……… (895)
案例 2　保护“贵州茅台”注册商标专用权案 ………………………… (896)
案例 3　保护“润乡”注册商标专用权案 ……………………………… (896)
案例 4　保护“盘锦大米”注册商标专用权案 ………………………… (896)
案例 5　保护“PULANNA”注册商标专用权案 ………………………… (897)
案例 6　保护“维维”“黑牛”注册商标专用权案 ……………………… (897)
案例 7　保护“五洲丰”注册商标专用权案 …………………………… (898)
案例 8　保护“大白兔”注册商标专用权案 …………………………… (898)
案例 9　保护“南山”注册商标专用权案 ……………………………… (899)
案例 10　保护“力力”注册商标专用权案 ……………………………… (899)
二、保护外国企业注册商标专用权案例 ……………………………… (899)
案例 1　保护“三洋”注册商标专用权案 ……………………………… (899)
案例 2　保护爱立信有限公司的注册商标专用权案 …………………… (900)
案例 3　保护“NBA”注册商标专用权案 ……………………………… (900)
案例 4　保护“ST”注册商标专用权案 ………………………………… (901)
案例 5　保护“LV”注册商标专用权案 ………………………………… (901)
案例 6　保护“IZUMI”“MOTOX”注册商标专用权案 ………………… (901)
案例 7　保护“芝华士”“皇家礼炮”等注册商标专用权案 …………… (902)
案例 8　保护阿迪达斯有限公司的注册商标专用权案 ………………… (902)
案例 9　保护“BOSS”注册商标专用权案 ……………………………… (903)
案例 10　保护吴广修的注册商标专用权案 …………………………… (903)
三、移送公安机关的商标案例 ………………………………………… (904)
案例 1　加工销售假冒“邦迪”注册商标商品案 ……………………… (904)
案例 2　销售假冒“拉芳 LaFanG”“雨洁 Raclen”等注册商标商品案 …… (904)
案例 3　加工销售假冒“NIKE”等注册商标商品案 …………………… (904)
案例 4　销售假冒“五粮液”“茅台”等注册商标商品案 ……………… (905)
案例 5　加工销售假冒品牌打印机的注册商标商品案 ………………… (905)

案例 6　销售假冒“水井坊”注册商标商品案 …… (905)
案例 7　销售假冒“GUCCI”“BURBERRY”“MONTBLANC”等注册商标商品案 …… (905)
案例 8　销售假冒“OBALI”注册商标商品案 …… (905)
案例 9　销售假冒“乌海二锅头”“老银川”注册商标商品案 …… (906)
案例 10　销售假冒“LS”“multi9”注册商标商品案 …… (906)

国家工商行政管理总局反垄断与反不正当竞争执法局案例

案例 1　浙江湖州某食品有限公司傍“香飘飘”案 …… (906)
案例 2　浙江海正药业股份有限公司商业秘密案 …… (907)
案例 3　温州金鑫生化阀门有限公司商业秘密案 …… (908)
案例 4　重庆市某五金厂仿冒知名商品特有的名称、包装、装潢案 …… (909)
案例 5　浙江虹达特种橡胶制品有限公司商业秘密案 …… (910)
案例 6　新疆和静县某酒厂销售仿冒知名商品特有的包装装潢的商品案 …… (911)
案例 7　青岛某进出口有限公司侵犯商业秘密案 …… (912)

中国海关 2009 年知识产权保护十佳案例

案例 1　北京海关在邮递渠道查获转关出口假冒多个品牌电子产品案 …… (914)
案例 2　青岛海关查获出口假冒“FK”商标轴承座案 …… (914)
案例 3　厦门海关查获出口假冒“菊花”商标蚊香案 …… (915)
案例 4　拱北海关保护自主知识产权“春风”行动查获系列侵权案 …… (915)
案例 5　上海海关查获出口侵犯“上海世界博览会吉祥物”标志专有权的牙刷案 …… (916)
案例 6　黄埔海关查获出口假冒多个品牌的日化产品案 …… (916)
案例 7　广州海关查获出口假冒多个知名品牌手表案 …… (917)
案例 8　宁波海关查获出口假冒多个品牌货物系列案 …… (917)
案例 9　杭州海关查获出口假冒“AUTOLITE”品牌火花塞案 …… (918)
案例 10　深圳海关查获出口假冒商标药品案 …… (918)

公安机关知识产权保护案例

案例 1　上海“8・07”销售假冒注册商标商品案 …… (919)
案例 2　北京钱某销售假冒注册商标商品案 …… (919)
案例 3　章某等人生产销售假烟网络案 …… (920)
案例 4　秦某、吴某假冒注册商标案 …… (920)
案例 5　徐某假冒注册商标案 …… (920)
案例 6　“7・10”销售假冒注册商标商品案 …… (921)
案例 7　廖某等人非法制造注册商标标识案 …… (921)
案例 8　应某等人假冒注册商标案 …… (921)
案例 9　艾莉斯网站销售假冒注册商标商品案 …… (922)
案例 10　钟某等人制售假冒名酒案 …… (922)

地方知识产权案例

案例 1　非法刻录、盗版光盘窝点案 …… (923)
案例 2　“10・28”盗版图书案 …… (923)
案例 3　“机战”网络游戏私服案件 …… (923)
案例 4　“7・03”侵犯著作权案 …… (923)

案例 5　滕某销售侵犯“金龙鱼”注册商标专用权食用油案 …… (924)
案例 6　陈某销售侵犯“adidas”和“耐克”注册商标专用权运动衫案 …… (924)
案例 7　淮北市某加油站侵犯“中国石化”注册商标专用权案 …… (924)
案例 8　北京市仁爱教育研究所诉东莞市步步高公司侵犯著作财产权纠纷案 …… (924)
案例 9　毕淑敏诉淮北市实验高级中学侵犯著作权纠纷案 …… (924)
案例 10　安徽省华信生物药业股份有限公司诉江西草珊瑚药业有限公司擅自使用知名商品特有名称、包装、装潢纠纷案 …… (925)
案例 11　广东中凯文化发展有限公司诉北京网尚文化传播有限公司及合肥 70 多家网吧系列著作权侵权纠纷案 …… (925)
案例 12　北京天语同声信息技术有限公司等诉合肥 6 家卡拉 OK 歌厅侵犯著作权系列纠纷案 …… (925)
案例 13　“无碳复写纸显色剂之父”走出“专利门”漩涡 …… (926)
案例 14　河南省驻马店市“麦草画工艺瓶”上诉案终结 …… (929)
案例 15　收音机专利侵权纠纷案 …… (929)
案例 16　特大假冒“惠普”等商标标识案 …… (929)
案例 17　KTV 点播系统侵权专案 …… (930)
案例 18　“多粒宝石自动粘接装置”实用新型专利侵权纠纷案 …… (930)
案例 19　假冒“步步高”等国产名牌手机案 …… (931)
案例 20　侵犯“ERICSSON”商标专用权案 …… (931)
案例 21　三公司软件侵权案 …… (932)
案例 22　“空心管成型工具”等两项发明专利侵权纠纷案 …… (932)
案例 23　“附小油缸式芦苇液压打包机”实用新型专利侵权案 …… (934)
案例 24　“搭葡萄用的水泥支架”实用新型专利侵权案件 …… (935)
案例 25　专利侵权纠纷处理中的调解 …… (935)
案例 26　发明专利侵权纠纷的举证责任 …… (936)
案例 27　自由公知技术抗辩原则的适用问题 …… (936)

学术成果

国家知识产权局软科学项目研究成果摘要汇编(2004～2007) …… (938)
国家知识产权局学术委员会 2009 年度学术研究成果 …… (951)

知识产权出版物

杂志 …… (954)

Contents

Speeches by the Leading Government Officials

Speech at the 22nd National Videophone Conference on Cracking down on Pornography and Illegal Publications(Abstract) ………………… by Liu Yunshan(1)

Implement Scientific Outlook on Development, Execute National Intellectual Property Strategy and Open up new Prospect for IP Work
——Speech at the National Director Conference of SIPO ………… by Tian Lipu(2)

The Global Impact of Copyright Speech at the International Copyright Forum of the 2nd China International Copyright Expo ………………… by Liu Binjie(12)

Implement the Outline of National Intellectual Property Strategy, Promote the Trademark strategy and Execute National Intellectual Property Strategy in SAIC System
——Speech at the Conference of Promoting Implementation of Trademark Strategy ………………………………………………………… by Zhou Bohua(15)

Speech at the Celebration for 10th Anniversary of Regulations for the Protection of New Varieties of Plants of the People's Republic of China
…………………………………………………………………… by Zhang Taolin(24)

Speech at the Main Field of 2009 National Collective Destruction Activities of Infringing, Pirated and Various Illegal Publications in Beijing
…………………………………………………………………… by Jiang Jianguo(26)

We are Capable of Protecting Copyright under the Network Environment
——Speech at China 2009 Copyright Annual Conference …… by Yan Xiaohon(27)

Speech at the Summery Conference for Files of Trademark Application Breaking 1 million in Trademark Office 2009 ………………… by Fu Shuangjian(29)

Strengthen Cooperation and Facilitate Enterprise Innovation and Development
——Speech at China—EU High Level Forum on IPR Protection
…………………………………………………………………… by Chong Quan(31)

Strengthen Judicial Protection of IPR and Optimize Judicial Environment for Proprietary Innovation
——Speech at the Press Conference of Annual Theme Activity—Optimize Judicial Environment for Proprietary Innovation in the field of IPR Trails Launched in Courts Nationwide ………………… by Xi Xiaoming(34)

Special Contributions

Implement the Outline for National Intellectual Property Strategy and Promote Trademark Strategy
——Speech at the Liaison Session of Ministerial Joint Conference on Implementation of National Intellectual Property Strategy …… by Li Jianchang(38)
Thoughts on China's Accession to the 1991 Act of the UPOV Convention …… by Liu Ping(41)
Research into Protection for Registration of Geographical Indications of Agricultural Products …… by Jin Fazhong(45)
The Construction the System of Civil Procedure Related to Anti—monopoly in China …… by Kong Xiangjun & He zhonglin(49)
Several Issues and Suggestions on IPR Protection through Criminal Justice …… by Cong Yuan(58)
Analyze the Focus of Controversy Related to Thousands of Masters and Doctors Filing a Lawsuit against Wan Fang Infringing the Copyright of Their Dissertation …… by Li Xiaolin(61)
The Basic Model, Function and Role of Commercial Secrets Saving and Proving System …… by Wang Hanpo(64)

Surveys

A Survey of National Intellectual Property Work …… (67)
Patent …… (67)
Application and Registration of Layout Designs of Integrated Circuits …… (82)
Copyright …… (82)
Combating Privacy …… (85)
Trademark …… (87)
Anti—trust and Anti—unfair Competition …… (90)
Customs …… (92)
Commerce …… (97)
Protection of New Varieties of Agricultural Plants …… (99)
Protection of Geographic Indication of Agricultural Products …… (101)
Protection of New Varieties of Forestry Plants …… (102)
Measures Taken by Public Security Organs to Protect Intellectual Property Rights …… (104)
Civil Judicial Work …… (106)
Civil Criminal Work …… (112)
IP Protection Made by Prosecuting Organs …… (113)
National Social Organizations of Intellectual Propety …… (116)

A Survey of Local Intellectual Property Work ······ (133)

Beijing Municipality (133) Tianjin Municipality (149) Hebei Province(157) Shanxi Province(167) Inner Mongolia Autonomous Region (175) Liaoning Province (182) Jilin Province (191) Helongjiang Province(205) Shanghai Municipality(213) Jiangsu Province (229) Zhejiang Province (244) Anhui Province (256) Fujian Province(266) Jiangxi Province(276) Shandong Province (285) Henan Province (297) Hubei Province (311) Hunan Province (321) Guangdong Province (331) Guangxi Zhuang Autonomous Region (349) Hainan Province (358) Chongqing Municipality(366) Sichuan Province(376) Guizhou Province(387) Yunnan Province(395) Tibet Autonomous Region(406) Shaanxi Province (413) Gansu Province (422) Qinhai Province (431) Ningxia Hui Autonomous Region(438) Xinjiang Uygur Autonomous Region(444) Xinjiang Production and Construction Army (456) Hongkong Special Administrative Region (457) Macau Special Administrative Region(459) Taiwan Province(461)

Major Events and Activities

State Intellectual Property Office ······ (464)

National Copyright Administration of PRC ······ (466)

Trademark Office of the State Administration for Industry & Commerce of PRC ······ (468)

Anti—trust and Anti—unfair Competition Enforcement Office of the State Administration for Industry & Commerce of PRC ······ (473)

General Administration of Customs ······ (474)

Ministry of Commerce ······ (475)

Ministry of Agriculture of PRC ······ (477)

State Forestry Administration of PRC ······ (480)

Supreme People's Court ······ (481)

News

News (486)

Statistics

Patent ······ (582)

1. Patent Application and Patent Granted ······ (582)
2. Patent Law Enforcement ······ (603)
3. China Patent Awards ······ (605)

Trademark ······ (607)

1. Trademark Application and Registration ······ (607)
2. Trademark Review and Adjudication Cases ······ (622)

Copyright ········· (628)
Layout Designs of Integrated Circuits ········· (636)
New Varieties of Agricultural Plants ········· (638)
New Varieties of Forestry Plants ········· (642)
Customs Protection of Intellectual Property Rights ········· (647)
Judicial Protection of Intellectual Property Rights ········· (651)

Selection and Affirmation

Introduction to Winning Projects in the 11th China Patent Awards ········· (653)
2009 Directory of 277 Well—known Marks Affirmed and Announced by Trademark Office in Dealing with Trademark Management Cases ········· (658)
2009 Directory of 22 Well—known Marks Affirmed and Announced by Trademark Office in Dealing with Trademark Dispute Cases ········· (666)
2009 Directory of 91 Well—known Marks Affirmed and Announced by Trademark Review and Appraisal Board in Reexamining Trademark Disagreements and Handling Trademark Dispute Cases ········· (667)
The Decision of Commending Group and Individuals Who Stand out in Protecting New Varieties of Agricultural Products ········· (670)
The Decision of Commending Institutions and Individuals Making Great Contribution to Handling Infringement and Piracy Cases in 2008 by National Copyright Administration ········· (672)

Laws, Regulations, Rules, and Judicial Interpretations

Laws, Regulations, and Rules
Detailed Rules for the Implementation of the Patent Law of the People's Republic of China ········· (677)
Interim Measures for the Payment of Remuneration for Audio Products Played by Radio and TV Stations ········· (691)
Measures for the Administration of Trademark Agent ········· (693)
The Provisions on the Procedures for the Registration of Pledge of Exclusive Rights to Registered Trademarks ········· (694)
Judicial Interpretations and Instructive Documents
The Supreme People's Court on Issuing the Opinions on Several Issues concerning Intellectual Property Trials Serving the Overall Objective under the Current Economic Situation ········· (696)
Opinions of the Supreme People's Court on Several Issues Regarding the Implementation of the National Intellectual Property Strategy ········· (700)
Notice of the Supreme People's Court about Studying and Implementing the Revised Patent Law ········· (706)
Provisions of the Supreme People's Court on the Division of Work in

the Trial of Administrative Intellectual Property Cases Involving the Authorization and Determination of Rights over Patent, Trademark, etc ········· (707)

Notice of the Supreme People's Court on the Jurisdiction over Cases of Civil Disputes involving the Determination of Famous Trademarks ········· (707)

Interpretation of the Supreme People's Court on Several Issues concerning the Application of Law in the Trial of Patent Infringement Dispute Cases ········· (708)

Interpretation of the Supreme People's Court on Several Issues Concerning the Application of Law to the Trial of Cases of Civil Disputes over the Protection of Famous Trademarks ········· (709)

Formal Instruction on Agreeing to Designate the People's Court of Chongwen District, Xuanwu District, Shijingshan District and Changping District, Beijing City to Try part of Civil Disputes on Intellectual Property Rights Issued by the Supreme People's Court ········· (711)

Formal Instruction on Agreeing to Designate the People's Court of Shapingba District, Chongqing City to Try part of Civil Disputes on Intellectual Property Rights Issued by the Supreme People's Court ········· (711)

Formal Instruction on Agreeing to Pilot Program Launched by High People's Court of Jiangsu Province to Allow the Trail Court of Intellectual Property to Collectively Accept Civil, Administrative and Criminal IP Cases ········· (711)

Formal Instruction on Adjusting Jurisdiction over the First Trail of Patent Disputes by the Intermediary Court of Harbin City and Qiqihaer City by the Supreme People's Court ········· (711)

Formal Instruction on Agreeing to Designate the People's Court of Qingxiu District, Nanning City, Guangxi Zhuang Autonomous Region to Try part of Civil Disputes on Intellectual Property Rights Issued by the Supreme People's Court ········· (712)

Formal Instruction on Agreeing to Designate the People's Court of Yiwu City, Zhejiang Province to Launch Pilot Program of Trying Part of Patent Dispute Cases Issued by the Supreme People's Court ········· (712)

Formal Instruction on Agreeing to High and Intermediate People's Courts of Inner Mongolia Autonomous Region to Launch Pilot Program of Allowing the Trail Court of Intellectual Property to Collectively Accept Civil, Administrative and Criminal Cases Involved Intellectual Property Rights ········· (712)

Formal Instruction on Agreeing to Designate the People's Court of Huqiu District, Suzhou Ctiy, Jiangsu Province to Try part of Civil Disputes on Intellectual Property Rights Issued by the Supreme People's

Court ·· (712)
Formal Instruction on Agreeing to Designate the Intermediate People's Court of No. 8 Farming Division and of No. 12 Farming Division of Xinjiang Production and Construction Army to Try Disputes over Integrated Circuits Layout Design Issued by the Supreme People's Court ······ (713)
Formal Instruction on Agreeing to Designate the Intermediate People's Court of No. 8 Farming Division and of No. 12 Farming Division of Xinjiang Production and Construction Army to Try Disputes over New Varieties of Agricultural Plants Issued by the Supreme People's Court ·· (713)
Formal Instruction on Agreeing to Designate the Intermediate People's Court of Luoyang City, Henan Province to Try part of Patent Disputes Issued by the Supreme People's Court ·· (713)
Formal Instruction on Agreeing to Adjust Jurisdiction over Patent Disputes by the Intermediary People's Courts Concerned of Hubei Province Issued by the Supreme People's Court ·· (713)
Formal Instruction on Agreeing to Designate Xiaoshan District, Hangzhou City, Zhejiang Province to Try part of Civil Disputes on Intellectual Property Rights Issued by the Supreme People's Court ·············· (714)
Formal Instruction on Agreeing to Designate Xigang District, Dalian City, Liaoning Province to Try part of Civil Disputes on Intellectual Property Rights Issued by the Supreme People's Court ······················ (714)
Formal Instruction on Agreeing to Designate the People's Court of Economic and Technological Development Zone of Nanchang City, Jiangxi Province to Try part of Civil Disputes on Intellectual Property Rights Issued by the Supreme People's Court ·· (714)
Formal Instruction on Agreeing to Designate the Intermediate People's Court of Huzhou City and Jiaxing City, Zhejiang Province to Try Patent Disputes Issued by the Supreme People's Court ························ (714)
Formal Instruction on Agreeing to Designate the People's Court of Chengguan District, Lanzhou City, Gansu Province to Try part of Civil Disputes on Intellectual Property Rights Issued by the Supreme People's Court ·· (715)
Formal Instruction on Agreeing to Adjust Jurisdiction over Patent Disputes by the Intermediary People's Courts Concerned of Fujiani Province Issued by the Supreme People's Court ·· (715)
Formal Instruction on Agreeing to Designate the People's Court of Gulou District, Fuzhou City, Fujian Province to Try part of Civil Disputes on Intellectual Property Rights Issued by the Supreme People's Court ·· (715)

Formal Instruction on Agreeing to Designate the People's Court of Heping District, Tianjin City to Try part of Civil Disputes on Intellectual Property Rights Issued by the Supreme People's Court ………………… (715)

Formal Instruction on Agreeing to Adjust the Trail of Civil Disputes on Intellectual Property Rights by the Intermediate People's Courts Concerned of Inner Mongolia Autonomous Region Issued by the Supreme People's Court ……………………………………………………………… (716)

Formal Instruction on Agreeing to Designate the People's Court of High—tech Industrial Development Zone of Hefei City, Anhui Province to Try part of Civil Disputes on Intellectual Property Rights Issued by the Supreme People's Court ……………………………………………………… (716)

Formal Instruction on Agreeing to Designate the People's Court of Haining City, Zhejiang Province to Try part of Civil Disputes on Intellectual Property Rights Issued by the Supreme People's Court ………… (716)

Formal Instruction on Agreeing to Designate the People's Court of Gulou District, Fuzhou City, Fujian Province to Try part of Civil Disputes on Intellectual Property Rights Issued by the Supreme People's Court ……………………………………………………………………………… (716)

Formal Instruction on Approving the Intermediate People's Court of No. 8 Farming Division of Xinjiang Production and Construction Army to Try Civil Disputes Involved Well—known Trademarks Recognition Issued by the Supreme People's Court ……………………………… (716)

Formal Instruction on Request for Jurisdiction over the First Trail of Civil Disputes on Intellectual Property by the Sub—court of Production and Construction Army of High People's Court, Xinjiang Uygur Autonomous Region and the Intermediate People's Courts under the Jurisdiction Issued by the Supreme People's Court ……………………… (717)

Formal Instruction on Agreeing to Designate the Intermediate People's Court of No. 12 Farming Division of Xinjiang Production and Construction Army to Try Part of Disputes on Intellectual Property Rights and Adjust Jurisdiction over Patent Disputes by Courts Concerned Issued by the Supreme People's Court ……………………………… (717)

Formal Instruction on Agreeing to Designate the People's Court of Urumqi Reclamation Area District, Xinjiang Production and Construction Army to Try Part of Civil Disputes on Intellectual Property Rights Issued by the Supreme People's Court ……………………………………… (717)

Formal Instruction on Agreeing to High People's Court of Henan Province and the Intermediate People's Court of Zhengzhou City and Luoyang City to Launch Pilot Program of Allowing the Trail Court of Intellectual Property to Collectively Accept Civil, Administrative and

Criminal Cases Involved Intellectual Property Rights .... (718)
Formal Instruction on Agreeing to Adjust Jurisdiction over Disputes Involved Intellectual Property by Some Basic People's Courts of Guangdong Province Issued by the Supreme People's Court .... (718)
Formal Instruction on Agreeing to Adjust Jurisdiction over Patent Disputes by the Intermediate People's Court of Shantou City, Guangdong Province Issued by the Supreme People's Court .... (718)
Formal Instruction on Agreeing to Designate Five Basic People's Court of Yantian District, Shenzhen City, Guangdong Province to Try part of Civil Disputes on Intellectual Property Rights Issued by the Supreme People's Court .... (718)
Formal Instruction on Agreeing to Designate the People's Court of Jinjiang District, Chengdu City, Sichuan Province to Try Part of Civil Disputes on Intellectual Property Rights Issued by the Supreme People's Court .... (719)
Formal Instruction on Agreeing to Designate the Intermediate People's Court of Weifang City, Shandong province to Try Civil Disputes on New Varieties of Plants Civil Disputes Issued by the Supreme People's Court .... (719)
Formal Instruction on Agreeing to Adjust Jurisdiction over Patent Disputes by Some Intermediate People's Courst of Zhejiang Province Issued by the Supreme People's Court .... (719)
Formal Instruction on Agreeing to Adjust Jurisdiction over Disputes on New Varieties of Plants by the Intermediate People's Court of Jiuquan City, Gansu Province Issued by the Supreme People's Court .... (719)

Typical Cases

Supreme People's Court's Annual Report on Intellectual Property Cases ...... (720)
List of 50 Typical Cases of Juridical Protection of Intellectual Property in 2008 China .... (724)
Supreme People's Court's Annual Report on Intellectual Property Cases ...... (727)
Brief Introduction of Top 10 Cases of Juridical Protection of Intellectual Property in 2009 China .... (732)
List of 50 Typical Cases of Juridical Protection of Intellectual Property in 2009 China .... (738)

Juridical Cases of Intellectual Property

Case 1 Jingyuan Co., Ltd. v. Fujikasui Engineering Co., Ltd. and Huayang Corporation for Dispute over Patent Right Infring ement .... (740)
Case 2 Dispute of OBE Invention Patent Infringement .... (745)
Case 3 CHNT Co., Ltd. v. Schneider Corporation and Star Branch for

Dispute over Utility Model Patent Infringement ………………………… (749)
Case 4 BMW AG v. MBWL Leisure Corporation, Fu Xianqin and Your Mart for Dispute over Trademark Infringement and Unfair Competition … (752)
Case 5 Sanlian Corporation and Sanlian Wuliangcai Corporation v. Guanqian Store of Suzhou Wuliangcai Optical Company for Dispute over Trademark Infringement and Unfair Competition ……………………… (757)
Case 6 Shandong Lujin Industry Co., Ltd. v. Zhencheng Lujin Company and Lizhibang Home Textiles Limited for Dispute over Trademark Infringement and Unfair Competition ………………………………………… (763)
Case 7 Zhangzhou Pientzehuang Pharmaceutical Company v. Hongning Co., Ltd. for Dispute over Exclusive Right of Trademark Infringement … (770)
Case 8 Beijing Changdiwanfang Technology Co., Ltd. v. Careland Compahy for Dispute over Copyright Infringement ……………………… (774)
Case 9 Ciwen Compay v. Hainan Netcom Corp. for Dispute over Copyright Infringement ……………………………………………………… (780)
Case 10 China Youyi Publishing Company v. Taobao inc. for Dispute over Copyright Infringement ………………………………………………… (783)
Case 11 Beijing Golden Holiday Travel Service Ltd. v. Shanghai Ctrip Business Co., Ltd., Hebei Kanghui International Airline Service Co., Ltd., and Beijing Ctrip International Travel Service Co., Ltd. for Dispute over False Advertising ……………………………………… (791)
Case 12 Shandong Crane Factory Co., Ltd v. Shan Crane Factory Co., Ltd for Dispute over Company Name Infringement ……………………… (803)
Case 13 Shandong Tihe Company and Ji'nan Honghe Sales Department v. Yunnan ChengtouProperty Co., Ltd. for Dispute over Trademark Infringement …………………………………………………………………… (807)
Case 14 Shengfang Co., Ltd. v. Trademark Review and Adjudication Board and the Third Party Johnson & Johnson for Administrative Dispute over Trademark Cancellation ………………………………………… (813)
Case 15 Jinlilong Co., Ltd. v. Patent Reexamination Board and the Third Party Zhejiang Sanmen Tape Products Factory and Linhai Baotian Track Manufacturing Co., Ltd. for Administrative Dispute over Patent Invalidation ………………………………………………………… (819)
Case 16 Copyright Infringement Crime of Chengdu Share Software Net Science and Technology Co., Ltd., Sun Xianzhong, Zhang Tianping, Hong Lei and Liang Chaoyong ………………………………………… (826)
Case 17 Crime of Changzheng Co., Ltd Selling Goods Counterfeiting Registered Trademark ………………………………………………………… (830)
Case 18 Copyright Infringement Case of Fu Wei ………………………………… (834)
Case 19 Case of Zhang Shucheng Counterfeiting Registered Trademark ……… (836)

Case 20 Case of Jian Jinwei Selling Illegally Produced Sign of Registered Trademark …… (837)
Case 21 Case of Chen Shikuai and Lin Chuqin llegally Producing Sign of Registered Trademark …… (838)
Case 22 Case of Jiang Qinrong Counterfeiting Registered Trademark …… (839)
Case 23 Case of Wu Qizhen and Liu Xuezhong Suspected to Counterfeit Registered Trademark …… (840)
SIPO's Patent Reexamination and Announcement of Invalidation Cases
Case 1 Judgment of Amendment beyond the Scope of Disclosure and Essential Technical Features …… (842)
Case 2 Judgment of Deposition of Biological Material Sample and Related Description Completion …… (845)
Case 3 Judgment of Amendment beyond the Scope of Disclosure …… (848)
Case 4 About Examination of Several Requests for Announcement of Invalidation …… (851)
Case 5 Judgment of Disclosure by Use …… (861)
Case 6 Judgment of Novelty and Creativity …… (866)
Case 7 Judgment Whether Literal Mistakes in Claims or Description are Substantive Defects …… (871)
Case 8 Judgment of Creativity of Pharmaceutical Dosage Form Change Invention …… (876)
Case 9 Judgment of Creativity of Crystal Invention …… (882)
Case 10 Judgment of Creativity of Invention Patent …… (889)
Cases of Publication Market Regulation
Case 1 Qingdao, Shandong "12. 17" Case of Selling Pirated Discs …… (893)
Case 2 Qingdao, Shandong "2. 01" Case of Selling Pirated Discs …… (893)
Case 3 Guiyang, Guizhou "3. 13" Case of Selling Illegal Audio and Video Products …… (893)
Case 4 Nanjing, Jiangsu "3. 04" Case of Wholesaling Pirated Textbooks …… (893)
Case 5 Beihai, Guangxi "7. 06" Case of Pirated and Pornographic Discs …… (894)
Case 6 Chongqing "7. 14" Case of Illegally Selling Audio and Video Products …… (894)
Case 7 Suzhou, Jiangsu "10. 23" Case of Selling Pirated Books on Line …… (894)
Case 8 Taian, Shandong "4. 28" Case of Selling Pirated Discs …… (894)
Case 9 Tianjin "6. 03" Case of Wholesaling Pirated Audio and Video Products in Gang on Line …… (894)
Case 10 Puning, Guangdong "7. 21" of Illegal Production Line of Discs …… (895)
Cases of Trademark Office of State Administration for Industry and Commerce of PRC
I Cases of Protecting Exclusive Right of Registered Trademark of Chinese

Enterprises .... (895)
Case 1 Case of Protecting Exclusive Right of Registered Trademark of Guangdong Midea Electric Appliances Co., Ltd .... (895)
Case 2 Case of Protecting Exclusive Right of Registered Trademark of "Guizhou Maotai" .... (896)
Case 3 Case of Protecting Exclusive Right of Registered Trademark of "Runxiang" .... (896)
Case 4 Case of Protecting Exclusive Right of Registered Trademark of "Panjin Rice" .... (896)
Case 5 Case of Protecting Exclusive Right of Registered Trademark of "PULNNA" .... (897)
Case 6 Case of Protecting Exclusive Right of Registered Trademark of "Weiwei" and "Heiniu" .... (897)
Case 7 Case of Protecting Exclusive Right of Registered Trademark of "Wuzhoufeng" .... (898)
Case 8 Case of Protecting Exclusive Right of Registered Trademark of "White Rabbit" .... (898)
Case 9 Case of Protecting Exclusive Right of Registered Trademark of "Nanshan" .... (899)
Case 10 Case of Protecting Exclusive Right of Registered Trademark of "Lili" .... (899)

II Cases of Protecting Exclusive Right of Registered Trademark of Foreign Enterprises .... (899)
Case 1 Case of Protecting Exclusive Right of Registered Trademark of "Sanyo" .... (899)
Case 2 Case of Protecting Exclusive Right of Registered Trademark of Ericsson Co., Ltd. .... (900)
Case 3 Case of Protecting Exclusive Right of Registered Trademark of "NBA" .... (900)
Case 4 Case of Protecting Exclusive Right of Registered Trademark of "ST" .... (901)
Case 5 Case of Protecting Exclusive Right of Registered Trademark of "LV" .... (901)
Case 6 Case of Protecting Exclusive Right of Registered Trademark of "IZUMI" and "MOTOX" .... (901)
Case 7 Case of Protecting Exclusive Right of Registered Trademark of "Chivas" and "Chivas Royal Salute" .... (902)
Case 8 Case of Protecting Exclusive Right of Registered Trademark of Adidas Co., Ltd. .... (902)
Case 9 Case of Protecting Exclusive Right of Registered Trademark of

"BOSS" ······ (903)
Case 10 Case of Protecting Exclusive Right of Registered Trademark of Wu Guangxiu ······ (903)
III Cases of Trademark Transferred to Public Security Organs ······ (904)
Case 1 Case of Producing and Selling Products Bearing Counterfeit Registered Trademark of "Band—Aid" ······ (904)
Case 2 Case of Selling Products Bearing Counterfeit Registered Trademark of "Lafang" "Raclen" ······ (904)
Case 3 Case of Producing and Selling Products Bearing Counterfeit Registered Trademark of "NIKE" ······ (904)
Case 4 Case of Selling Products Bearing Counterfeit Registered Trademark of "Wuliangye" and "Maotai" ······ (905)
Case 5 Case of Producing and Selling Products Bearing Counterfeit Registered Trademark of Brand Printer ······ (905)
Case 6 Case of Selling Products Bearing Counterfeit Registered Trademark of "Shuijingfang" ······ (905)
Case 7 Case of Selling Products Bearing Counterfeit Registered Trademark of "GUCCI" and "BURBERRY" and "MONTBLANC" ······ (905)
Case 8 Case of Selling Products Bearing Counterfeit Registered Trademark of "OBALI" ······ (905)
Case 9 Case of Selling Products Bearing Counterfeit Registered Trademark of "Wuhai Erguotou" and "Laoyinchuan" ······ (906)
Case 10 Case of Selling Products Bearing Counterfeit Registered Trademark of "LS" and "Multi9" ······ (906)
Cases of Antitrust and Anti—unfair Competition Enforcement Office of State Administration for Industry and Commerce of PRC
Case 1 Case of a Food Company in Huzhou, Zhejiang Province Counterfeiting "Xiangpiaopiao" ······ (906)
Case 2 Case of Business Secret of Zhejiang Hisun Pharmaceutical Co., Ltd. ······ (907)
Case 3 Case of Business Secret of Wenzhou Jinxin Biochemical Valve Co., Ltd ······ (908)
Case 4 Case of a Hardware Factory in Chongqing Counterfeiting Exclusive Name, Package and Decoration of Brand Product ······ (909)
Case 5 Case of Business Secret of Zhejiang Hongda Special Rubber Products Co., Ltd. ······ (910)
Case 6 Case of a Wine Factory in Hejing County, Xinjiang Counterfeiting Exclusive Package and Decoration of Brand Product ······ (911)
Case 7 Case of an Export and Import Company in Qingdao Infringing Business Secret ······ (912)

Top 10 Cases of Intellectual Property Protection by China Customs in 2009

Case 1 Beijing Customs Confiscating Exported Electronic Products Counterfeiting Several Brands through Exported Express Delivery ………… (914)

Case 2 Qingdao Customs Confiscating Exported Bearing Seat Counterfeiting "FK" ………… (914)

Case 3 Xiamen Customs Confiscating Exported Mosquito—repellent Incense Counterfeiting "Juhua" ………… (915)

Case 4 Gongbei Customs Confiscating Series of Infringement Cases in "Spring Wind" Campaign of Protecting Independent Intellectual Property Right ………… (915)

Case 5 Shanghai Customs Confiscating Exported Toothbrush Infringing Exclusive Right of Logo of "Shanghai Expo Mascot" ………… (916)

Case 6 Huangpu Customs Confiscating Exported Daily Chemical Products Counterfeiting Several Brands ………… (916)

Case 7 Guangzhou Customs Confiscating Exported Watches Counterfeiting Several Famous Brands ………… (917)

Case 8 Ningbo Customs Confiscating Series of Exported Products Counterfeiting Several Brands ………… (917)

Case 9 Huangzhou Customs Confiscating Exported Spark Plug Counterfeiting "AUTOLITE" ………… (918)

Case 10 Shenzhen Customs Confiscating Exported Medicine Bearing Counterfeited Trademark ………… (918)

Cases of Intellectual Property Protection by Public Security Organs

Case 1 Shanghai "8. 07" Case of Selling Goods Counterfeiting Registered Trademark ………… (919)

Case 2 Case of Qian From Beijing Selling Goods Counterfeiting Registered Trademark ………… (919)

Case 3 Case of Zhang and Others Producing and Selling Fake Cigarettes on Line ………… (920)

Case 4 Case of Qin and Wu Counterfeiting Registered Trademark ………… (920)

Case 5 Case of Xu Counterfeiting Registered Trademark ………… (920)

Case 6 "7. 10" Case of Selling Goods Counterfeiting Registered Trademark ………… (921)

Case 7 Case of Liao and Others Illegally Producing Sign of Registered Trademark ………… (921)

Case 8 Case of Ying Counterfeiting Registered Trademark ………… (921)

Case 9 Case of Ailisi Website Selling Goods Counterfeiting Registered Trademark ………… (922)

Case 10 Case of Zhong and Others Producing and Selling Fake Famous Wine ………… (922)

Cases of Local Intellectual Property

Case 1 Case of Den Illegally Burning Pirated Disc .... (923)
Case 2 "10. 28" Case of Pirated Books .... (923)
Case 3 Case of Private Server of "Super Robot Wars" Online Game .... (923)
Case 4 "7. 03" Case of Copyright Infringement .... (923)
Case 5 Case of Teng Selling Edible Oil Infringing Exclusive Right of Registered Trademark "Golden Dragon" .... (924)
Case 6 Case of Chen Selling Sports Shirt Infringing Exclusive Right of Registered Trademarks "Adidas" and "Nike" .... (924)
Case 7 Case of a Gase Station in Huaibei Infringing Exclusive Right of Registered Trademark "Sinopec" .... (924)
Case 8 Beijing Renai Institute of Education Research v. Dongguan BBK Co. , Ltd. for Dispute over Copyright Property Right Infringement .... (924)
Case 9 Bi Shumin v. Huaibei Experimental High School for Dispute over Copyright Infringement .... (924)
Case 10 Hua Xin Natural Medicine Co. , Ltd. v. for Jiangxi Caoshanhu Pharmaceutical Co. , Ltd. for Dispute over Using Exclusive Name, Package and Decoration of Brand Goods without Authority .... (925)
Case 11 Guangdong Zoke Cultural Developmentment Co. , Ltd. v. Beijing Netmovie Co. , Ltd. and over 70 Internet Bars in Hefei Province for Dispute over Copyright Infringement .... (925)
Case 12 Beijing Tianyu Tongsheng Information Technology Co. , Ltd v. 6 Karaoke in Hefei Province for Dispute over Copyright Infringement .... (925)
Case 13 "Father of Color Developing Reagents for Carbonless Copying Paper" Getting Rid of "Patent Gate" Scandal .... (926)
Case 14 Closing of "Straw Painting Art Bottle" Appeal in Zhumadian, He'nan Province .... (929)
Case 15 Dispute over Radio Patent Infringement .... (929)
Case 16 Exceptionally Serious Case of Counterfeiting Sign of "Hp" Trademark .... (929)
Case 17 Special Case of KTV VOD System Infringement .... (930)
Case 18 Dispute over Utility Model "Automatic Bonding Device of Several Gems" Infringement .... (930)
Case 19 Case of Counterfeiting Domestic Watches such as "BBK" .... (931)
Case 20 Case of Infringing Exclusive Right of "ERICSSON" Trademark .... (931)
Case 21 Case of Three Companies' Software Infringement .... (932)
Case 22 Dispute over Two Invention Patents including "Shaping Tool for Hollow Pipe" Infringement .... (932)
Case 23 Case of Utility Model "Reed Hydraulic Packing Machine with

Small Cylinder" Infringement ······ (934)
Case 24 Case of Utility Model "Concrete Supporter for Holding Grapes" Infringement ······ (935)
Case 25 Conciliation of Dispute over Patent Right Infringement ······ (935)
Case 26 Burden of Proof in Dispute over Invention Patent Infringement ······ (936)
Case 27 Applicability of Prior Art Defense ······ (936)

Academic Research Achievement

Abstract Assembly of Academic Research Achievements of Soft Science Project of SIPO ······ (938)
Academic Research Achievements of Academic Committee of SIPO ······ (951)

Publications on Intellectual Property

Magazine ······ (954)

刘云山同志在第二十二次全国“扫黄打非”工作电视电话会议上的讲话(摘编)

第二十二次全国“扫黄打非”工作电视电话会议1月16日在北京召开,部署2009年工作。中共中央政治局委员、书记处书记、中宣部部长、全国“扫黄打非”工作小组组长刘云山出席会议并讲话。

刘云山强调,“扫黄打非”工作要认真贯彻落实党的十七大和十七届三中全会精神,深入贯彻落实科学发展观,以净化文化市场环境为主线,以遏制非法出版物和清除网上有害信息为重要任务,坚持开展集中治理,切实加强日常监管,坚决保护知识产权,确保意识形态安全,维护社会和谐稳定,促进文化大发展大繁荣,为实现经济社会又好又快发展营造良好舆论氛围和文化环境。

过去的一年,“扫黄打非”战线坚决贯彻落实中央决策部署,工作力度大,主动性强,覆盖面广,措施有力,在查缴非法出版物、清除淫秽色情等文化垃圾、打击侵权盗版活动、取缔非法报刊、屏蔽删除网上有害信息等方面取得了新的成绩,文化市场秩序和环境得到明显改观,在关键时刻发挥了重要作用,有力地配合了全局工作。

刘云山强调,“扫黄打非”事关重大,各级党委,政府和有关部门要从服务党和国家工作大局、推进中国特色社会主义事业顺利发展、维护社会稳定和国家长治久安的战略高度,进一步加深对“扫黄打非”斗争重要性、长期性、艰巨性的认识,进一步增强责任感、紧迫感、使命感,切实把思想和行动统一到中央的决策部署上来,不动摇、不懈怠、不敷衍,努力开创“扫黄打非”工作新局面。

刘云山强调,2009年“扫黄打非”工作要把打击非法出版活动、清除网络低俗和不良信息、遏制各类侵权盗版行为和查处非法报刊作为重点。要以改革创新精神推进“扫黄打非”工作更加科学地开展,更好地把打击与预防、惩治与教育、治标与治本结合起来,更好地把思想教育、行政管理、依法打击、行业自律、群众参与、技术支撑结合起来,整合各种资源和力量,构筑立体化工作格局。坚持和完善党委、政府统一领导,各级“扫黄打非”工作领导小组办公室组织协调,有关部门各负其责,各地区联防协作,社会各方面积极参与的领导体制和工作机制,并使之高效运转,切实发挥作用。把“扫黄打非”工作与城市社区建设和社会主义新农村建设结合起来,作为文明创建、平安创建的一项重要内容来抓,努力扩大工作的覆盖面和影响力。要探索“扫黄打非”与文化市场综合执法有效衔接的运行机制,把“扫黄打非”作为文化市场综合执法的首要任务,用“扫黄打非”的工作成果来检验文化市场综合执法改革的成效。适应形势发展的需要,高度重视运用现代科技手段,进一步提高“扫黄打非”工作水平和效能。要全方位、多角度地开展宣传教育,加强舆论监督,深刻揭露制黄贩黄、侵权盗版等非法出版的严重危害性,动员社会各界、广大群众积极支持和参与“扫黄打非”。继续在高校和中小学开展“拒绝盗版、从我做起”的主题教育活动,引导广大青少年自觉抵制不良文化和侵权盗版产品。

刘云山强调,各地区各有关部门要把“扫黄打非”列入重要议事日程,切实加强组织领导,完善保障措施,把各项任务落到实处。要按照谁主管谁负责和属地管理的原则，进一步健全责任制，落实责任追究制，做到守土有责、守土负责、守土尽责，坚决防止有分工不负责、有责任不到位。要按照“扫黄打非”工作只能加强、不能削弱的原则，加强机构保障、投入保障和队伍保障，确保“扫黄打非”工作顺利开展。坚持“扫黄打非”工作领导小组体制不变，确保各级“扫黄打非”工作小组办公室编制足额到位。在进一步强化省、市两级“扫黄打非”工作机构的基础上，尽快健全县（市）级“扫黄打非”工作领导小组及其工作机构，并使之有效履行职能。切实加强对乡镇和社区文化市场的管理，乡镇党委和街道党组织要真正负起责任，确保基层“扫黄打非”工作有人抓、有人管。要以提高思想政治素质和业务能力为重点，切实抓好“扫黄打非”队伍培训工作，从政治上、工作上、生活上关心从事“扫黄打非”工作的同志，帮助解决实际问题，充分调动他们的积极性、主动性、创造性。

深入贯彻落实科学发展观
大力实施国家知识产权战略
努力开创知识产权工作新局面

——在全国知识产权局局长会议上的讲话

（2009 年 2 月 4 日）

国家知识产权局局长　田力普

同志们：

这次会议的主要任务是：高举中国特色社会主义伟大旗帜，以邓小平理论和“三个代表”重要思想为指导，深入贯彻落实科学发展观，全面贯彻党的十七大、十七届三中全会和中央经济工作会议精神，大力实施国家知识产权战略，总结工作、分析形势、部署任务，继续解放思想，坚持改革创新，努力开创知识产权工作新局面。

过去的一年，对于我们国家来说是很不寻常、很不平凡，同时又取得显著成就的一年。全国知识产权局系统的广大干部职工也在党中央、国务院和地方各级党委政府的领导下，克服多种困难，辛勤努力工作，取得了显著成效。例如：我们全系统积极投身于抗击南方部分地区严重雨雪冰冻灾害和四川汶川特大地震抗震救灾斗争中，并为斗争取得最后胜利做出了应有贡献；认真贯彻落实《国家知识产权战略纲要》，各地知识产权工作迈上新台阶；积极做好北京奥运会、残奥会的知识产权保护工作，为奥运会、残奥会的成功举办营造了良好的知识产权法治环境；从知识产权角度积极应对国际金融危机、世界经济形势复杂严峻带来的冲击，努力发挥知识产权在经济社会发展全局中的支撑作用。

2008 年也是改革开放 30 周年，回顾我国知识产权事业与改革开放相同步的发展历程，既有困难与压力，又有辉煌成就，同时也积累了许多宝贵经验。面对当前复杂多变的国际国内形势，知识产权事业正处在一个新的发展机遇期，我们一定要认清形势，把握机遇，迎接挑战，切实加强全系统的能力建设，积极谋划，扎实工作，不断开创新局面。下面我讲四点意见：

一、改革开放 30 年，走出了一条中国特色的知识产权事业发展之路

在改革开放初期，我国知识产权事业孕育诞生。在 30 年的时间里，从当初争论是否要建立以专利为代表的知识产权制度，到如今知识产权战略成为国家重大发展战略；从当初知识产权拥有量微不足道，到如今成为知识产权大国；从当初“知识产权”这一概念没有中文表达，鲜为人知，到如今知识产权成为社会广泛认同的无形资产，日益受到尊重和保护。30 年来，我们一直在坚持中探索，在探索中发展，不断完善知识产权制度，走出了一条中国特色的知识产权事业的发展之路。

（一）知识产权事业取得了辉煌成就

在改革开放短短30年的时间里，我国建设了比较完备的知识产权法律法规体系；实行了具有中国特色的司法保护与行政执法保护“两条途径、并行运作”的知识产权保护模式；建立了比较全面、有效的知识产权管理体系和社会服务体系；知识产权拥有量和质量逐年大幅度提升；作为创新主体的企事业单位运用知识产权制度的能力显著增强；全社会的知识产权意识逐步提高；知识产权国际交流与合作不断深化，国际影响力日益扩大。

（二）知识产权宏观管理工作的不断加强，为事业的发展提供了保障

知识产权事业取得的辉煌成就，离不开知识产权宏观管理工作的强力推动。知识产权宏观管理工作的发展历程，大体上可以分为以下三个阶段：

1. 初级发展阶段（1978—1997年）

在这期间有几件大事值得我们铭记：

1978年7月，党中央作出我国应当建立专利制度的重大决策。我国知识产权事业从此开始起步。

1980年1月14日，中国专利局经国务院批准正式成立，全面负责专利制度的筹建工作；同年6月3日，我国加入《建立世界知识产权组织公约》，并成为世界知识产权组织成员国。

1984年8月，国家经委、国家科委、劳动人事部、中国专利局联合发布了《关于在全国设置专利工作机构的通知》。各地相继建立了具有执法和管理双重职能的专利管理机关。

1985年4月1日专利法的施行，标志着新中国专利制度的正式建立和成功实施。这部法律的一个突出特色就是规定在地方设立专利管理机关，确立了地方专利工作机构的法律地位。

1989年11月，中国专利奖创立，中国专利局与世界知识产权组织联合颁发中国专利金奖。

1992年9月，专利法进行了第一次修改。此次修改的主要目的是为落实深化改革，扩大开放，履行我国政府在中美两国达成的知识产权谅解备忘录中的承诺。

1994年3月，国务院机构改革，中国专利局升格为副部级国务院直属事业单位。同年7月，国务院决定建立国务院知识产权办公会议制度并下发了《关于进一步加强知识产权保护工作的决定》。随后，各省区市建立起省级知识产权办公会议制度。

几代专利工作者经过不懈努力，打破陈旧思想观念和体制机制等障碍，在坚持中探索事业的科学发展之路。虽然机构几经变革，但并未影响事业的快速发展。通过积极参与知识产权国际事务，积极借鉴世界发达国家的经验，建立起了有中国特色的知识产权制度。全社会对知识产权制度逐步接纳，对知识产权工作重要性的认识逐步提高。宏观管理工作逐步加强，特别是在加强执法保护等方面做了大量的工作，使得知识产权的作用得到初显。

2. 快速发展阶段（1998—2007年）

1998年3月，在国务院机构改革大力压缩编制、精简机构的背景下，中国专利局更名为国家知识产权局，并作为国务院直属机构，列入政府行政序列，增加了统筹协调涉外知识产权事宜，并承担国务院知识产权办公会议办公室的职能，这充分体现出党中央、国务院对知识产权工作的高度重视，反映出经济社会发展全局对知识产权工作的迫切需求。此后，各地也相继成立了知识产权局，近二分之一的省级局实行独立建制，少数还成为正厅级政府直属机构。

2000年，专利法进行了第二次修改。其主要目的是为满足即将加入WTO的需要和进一步适应社会主义市场经济发展、推动科技创新的需求。

2001年12月，国家知识产权局发布《关于加强地方专利管理工作的若干意见》。此后，全国知识产权局系统出台了一系列的政策，采取了一系列措施，开展了一系列专项工作，经费投入大幅度提高，强力推动了知识产权事业的发展，成效十分显著。

2001年11月10日，我国加入了WTO。知识产权在经济全局中的作用更加重要，知识产权工作在经济贸易中的地位大幅提升。

2002年，党的十六大报告提出“完善知识产权保护制度”。

2004年，国家知识产权局向国务院提出制定和实施国家知识产权战略的建议，并于2005年获得批准并牵头组织战略制定工作。上海、山东等地率先颁布实施了地区知识产权战略，其他省市也相继开展知识产权战略制定和研究工作。

2006年5月26日，胡锦涛总书记在中共中央政治局第31次集体学习时发表重要讲话中指出，要加强我国知识产权制度建设，大力提高知识

产权创造、管理、保护、运用能力，为知识产权事业的快速全面发展进一步指明了方向。

2007年10月，党的十七大报告明确提出"实施知识产权战略"。

在此期间，我国的知识产权宏观管理工作和地方知识产权工作得到了快速发展，实现了从单纯的专利管理向全面的知识产权管理的观念转变，从侧重保护到促进创造、运用、保护、管理协调发展的新跨越。在专利申请资助、知识产权试点示范、产业化推进、知识产权资产评估、展会管理、专项执法行动、宣传培训、人才培养等方面做了大量卓有成效的工作，各地的知识产权机构建设也得到进一步加强，知识产权综合能力得到全面提升。仅从专利申请量看，2000年初、2004年3月、2006年6月和2007年底，我国专利申请总量接连突破4个100万件，就是很好的例证。

3. 科学发展阶段（2008年开始）

2008年6月，《国家知识产权战略纲要》颁布实施。知识产权宏观管理工作按照"激励创造、有效运用、依法保护、科学管理"的方针，步入了全面、协调、可持续的科学发展阶段。

7月，根据国务院机构改革方案，国家知识产权局增加了新的管理职责，负责组织协调全国保护知识产权工作和会同有关部门组织实施国家知识产权战略纲要，增强了统筹协调知识产权工作的职责，增加了指导和规范知识产权资产评估工作的管理职能。

12月，专利法第三次修正案在十一届全国人大常委会第六次会议上被审议通过。这次修改是根据我国经济社会自身发展需要，从解决我国经济社会发展面临的实际问题出发，更全面地保护国内外专利权人的利益，同时也兼顾了公众利益的平衡。鼓励创新和加强保护贯穿始终。

（三）知识产权事业的科学发展之路，积累了宝贵经验

回顾知识产权事业的发展历程，我们认为，知识产权事业要进一步实现科学发展，必须始终坚持以下四个方面的基本经验：

一是始终坚持从基本国情出发。基本国情是事业发展的根本出发点。知识产权是关系国家前途和民族未来的基础性工作，是促进经济社会全面协调可持续发展的重要工作。改革开放30年来，我国知识产权事业始终从经济社会发展全局的需要出发，按照党中央、国务院的决策部署，创建了有中国特色的知识产权制度，建立了适合国情的司法保护与行政执法保护"两条途径、并行运作"的模式，形成了符合国情的宏观管理工作体系。

二是始终坚持改革创新。改革创新是事业发展的基本要求。我国知识产权制度作为一个"舶来品"，作为发展社会主义市场经济的配套制度，它的建立和发展是一个不断深化认识、不断改革创新的过程。我们不是全盘接收西方的制度，而是根据中国的国情，在调查研究的基础上，加强战略思维和创新思维，注重全局谋划，着力突破体制机制障碍，努力丰富工作抓手、充实工作内容，不断完善宏观管理工作。

三是始终坚持统筹协调。统筹协调是事业发展的客观需要。在工作实践中要坚持做好统筹国际事务需要和国内事业发展的协调，统筹经济社会发展全局和知识产权事业自身完善的协调，统筹知识产权创造、运用、保护和管理四个能力的协调等方面的工作。尽最大可能地调动各方面的积极性，最大程度地发挥资源和能力优势，进一步健全宏观管理工作机制。

四是始终坚持科学的效益观。坚持科学的效益观是贯彻落实科学发展观的内在要求。科学的效益观要求我们既要看直接效益，又要看间接效益；既要看眼前效益，又要看长远效益。知识产权制度作为开发和利用知识资源的基本制度，以及知识产权事业作为经济社会发展的基础性和战略性工作，它的效益主要体现在间接效益和长远效益上。这就要求我们在自身坚持科学效益观的前提下，因时因地，积极发挥宏观管理工作的指导作用，加强引导力度，在全社会逐步树立知识产权事业的科学效益观。

二、2008年全国知识产权工作取得新进展

作为战略实施的开局之年，2008年是知识产权工作具有里程碑意义的一年，我国知识产权事业进入科学发展的新阶段。

（一）加强统筹协调，落实衔接配套，贯彻落实《国家知识产权战略纲要》

6月5日，《国家知识产权战略纲要》正式颁布实施后，经国务院批准，国家知识产权局牵头建立了国家知识产权战略实施工作部际联席会议制度，统筹协调国家知识产权战略实施工作，从工作机制上保障《纲要》的贯彻落实；报请国务院办公

厅印发了《实施〈国家知识产权战略纲要〉任务分工》，从制度上确保战略实施工作；建立了知识产权战略实施工作网络和信息沟通机制，为进一步推进战略实施打下坚实基础。推进中央各部门按照职能分工积极开展战略实施工作。行业知识产权战略试点工作有效开展，铁路行业、中医药行业、钢铁行业积极开展战略实施试点，取得一定成效。

全国各地掀起了贯彻落实《纲要》的热潮。据不完全统计，27 个省级政府领导对贯彻落实《纲要》做出了重要批示。截至 2008 年底，辽宁、河南、陕西等 8 个省区市均已颁布实施地方知识产权战略，江苏于今年 1 月出台了战略，湖南、云南、青海的战略也即将出台，其他省区市的知识产权战略制定工作均已展开。上海等地还组织开展了战略实施情况的中期评估，做好与国家知识产权战略的衔接配套。

(二)修订法律法规，优化政策措施，法律和制度体系建设取得新成果

一是法律法规体系进一步完善。将于今年 10 月 1 日施行的新修订的专利法进一步明确了建设创新型国家的立法宗旨、提高了专利授权标准、完善了专利保护、加大了专利行政执法和对专利侵权行为的处罚力度，为加强专利执法工作提供了法律依据，这也是地方局多年来的呼声。同时，专利法实施条例的修改工作正稳步推进。

地方法规规章的制定呈现新亮点。去年 4 月，深圳市人大常委会审议通过了《深圳经济特区加强知识产权保护工作若干规定》，这是全国第一个以立法形式出台的对知识产权各领域综合性保护的地方性法规。《江苏省企业知识产权管理规范》通过了国家标准化管理委员会备案，成为全国第一个企业知识产权管理地方标准。

二是政策研究进一步加强。知识产权政策研究积极开展。围绕国家知识产权战略实施，国家知识产权局启动了一批重点领域的课题研究，取得重要成果。《我国煤液化项目可能存在知识产权风险》研究成果得到国务院领导批示，所反映问题引起有关部门的高度重视，为完善相关知识产权政策特别是与产业政策的衔接提供了重要依据。专利分析与预警工作机制初步建立，北京建立了海外知识产权预警和应急救助机制；黑龙江举行了专利纠纷国际侵权预警探讨工作，哈尔滨实施了重点企业专利预警分析；贵州等地探索建立重大项目知识产权审议机制，积极推进行业知识产权工作。

专利事业科学发展导向日益强化。授权专利实施状况调查研究取得积极成果。专利统计指标体系逐步完善，非正常专利申请监控取得初步成效。各地认真贯彻落实国家进一步规范专利申请资助工作的有关精神，完善激励机制，促进专利申请水平和拥有量的稳步提高。一批导向科学、切合实际、深具特色的资助办法相继修订完成。

各类配套政策进一步完善。各地围绕中心工作，完善科技、经贸、财政、金融等方面的知识产权配套政策，增强创新主体的创造和运用知识产权的能力，服务地区发展。

(三)专利申请和授权继续保持快速增长态势，专利审查能力进一步增强

截至 2008 年年底，国家知识产权局累计受理专利申请达到 4 853 506 件，其中受理国内申请 4 028 393件，占 83%；累计授权专利 2 501 268 件，其中国内 2 142 785 件，占 85.7%。

2008 年，共受理三种专利申请 828 328 件，同比增长 19.4%，其中受理国内申请 717 144 件，占总量的 86.6%，同比增长 22.3%。在受理的国内专利申请中，发明专利申请 194 579 件，占 27.1%，同比增长 27.1%；国内职务发明专利申请 364 386 件，占 50.8%，同比增长 32.0%；国内职务申请中，企业申请 295 510 件，占 81.1%，同比增长 32.2%。共授权专利 411 982 件，其中国内授权 352 406 件，占总量的 85.5%，同比增长 16.8%；在授权的国内专利中，发明专利 46 590 件，占 13.2%，同比增长 45.8%。

总的来看，2008 年的国内专利申请和授权结构呈现以下新特点：一是国内发明专利申请所占的比例再创新高，申请量达到 19.5 万件，占 67.1%。二是国内专利申请人类型分布出现积极变化，企业、大专院校、科研单位已成为国内申请的主力军，国内职务申请所占比重首次超过非职务申请，个人申请比例下降到 49.2%。三是国内外发明专利授权量基本呈五五开，发明专利授权国内所占比例为 49.7%，与国外的差距进一步缩小。

专利审查效率和质量协调发展，审查能力进一步增强。2008 年发明、实用新型和外观设计三种专利申请的结案量持续增长，复审无效请求的结案量超过同期请求量。全年发明专利申请一通

处理量为 187 535 万件，同比增长 28.4%，结案 146 786 件，同比增长 46.4%；实用新型和外观设计专利申请分别结案 204 741 件和 215 993 件，同比分别增长 9.4%和 15.2%。复审与无效请求结案 6594 件，同比增长达 9.2%。发明专利的一通周期为 13.0 个月，实审结案周期为 25.8 个月，实用新型专利审查周期为 6.1 个月，与 2007 年年底基本持平；复审无效请求的审理周期明显缩短，已由 2007 年年底的 14.0 个月缩短到 9.8 个月，外观设计专利的审查周期略为延长，目前维持在 9.5 个月左右。在三级审查业务管理体系进一步健全、审查质量评价体系正式启用、审查质量外部反馈体系畅通运行的综合作用下，专利审查质量的正确性、一致性和时间性指标均达到历史最好水平。

（四）丰富工作抓手、提高管理效能，利用行政资源能力得到新提升

知识产权管理工作坚持围绕中心、服务大局，进一步总结经验、完善措施、强化手段、创新机制，积极推动各地拓宽管理层面、完善管理层级，提高管理水平。

一是深入推进知识产权管理工作，成效喜人。完善知识产权合作会商工作机制，稳步推进国家知识产权试点示范工作，积极开展区域知识产权促进工程，启动知识产权强县工程和传统知识知识产权试点工作。截至 2008 年底，国家知识产权局已与 12 个省市和 2 个中央单位建立了合作会商工作机制；共批准设立国家知识产权工作示范城市 10 个、示范创建市 36 个、试点城市 49 个；国家知识产权示范园区创建区 3 家，试点园区 27 家；企事业知识产权试点工作单位 257 家，示范创建单位 70 家，专利交流站 74 个。区域知识产权促进工程继续推进，中部地区、东北老工业基地、天津滨海新区等区域知识产权工作力度进一步加大。

上述工作的开展，有效推动了地方政府层面知识产权工作的全面深化。省市县各级政府对知识产权工作进一步重视，投入力度不断加大，在政府层面形成了定期研究机制、重大议事机制、领导目标责任制和考核机制等，切实加强了地方政府对知识产权工作组织领导与统筹协调。各地以相关工作为抓手，不断夯实管理基础、理顺管理架构、完善服务体系，省市县三级工作体系日益完善，知识产权宏观管理能力大步提升。

二是创新思维、深化发展，努力培育具有一定影响力的知识产权品牌项目。11 月，组织召开了首届知识产权与城市发展市长论坛，反响良好。来自国家知识产权工作示范城市和示范创建城市的 28 位市长及多位知识产权领域知名专家应邀到会交流；其中，11 位市长和 5 位专家发表了主题演讲。论坛的成功举办搭建了市长、专家互相交流知识产权与城市发展问题的良好平台。成功举办了第二届中国专利周，中国专利大集市效应显现。全国各省区市按照专利周活动的总体部署，结合本地特点和产业优势，举办了一系列丰富多彩且各具地方特色的活动。专利周期间共举办展示交易活动 152 场次，参展企业近 2 万家，成交项目 363 项，成交额达 57 亿元。各地成功举办各类高层次论坛，提升知识产权工作显示度，品牌效应逐步形成。“珠江知识产权及创新论坛”、“知识产权半月谈”、“知识产权名人讲堂”、“知识产权鹏城论坛”等文化品牌相继推出。

（五）创新机制，优化环境，知识产权执法保护工作取得新突破

全国知识产权局系统着力推动强化执法协作，深入开展专项行动，全面启动维权援助工作，切实加强执法能力建设，成效显著。2008 年 1～12 月，全国各地方知识产权局共受理专利侵权纠纷案件 1092 件，其他专利纠纷案件 34 件。查处假冒他人专利案件 59 件，查处冒充专利案件 601 件。全年共出动执法人员 17 056 人次，检查商业场所 7671 次，检查商品 2 110 822 件，向公安等部门移交案件 21 件，接受其他部门移交案件 11 件，跨部门执法协作 327 次，跨地区执法协作 262 次。

一是整合资源，不断健全执法协作机制。6 月，国家知识产权局与公安部联合印发了《关于建立协作配合机制共同加强知识产权保护工作的通知》。各地建立了各具特色的部门间执法联络机制。在全国省际专利执法协作机制的基础上，又新建立了西部 12 省区市、东北地区等跨地区执法协作机制，取得良好成效。

二是突出重点，深入推进“雷雨”“天网”执法专项行动。在全国广泛开展了以打击知识产权侵权假冒行为为主要内容的“雷雨行动”，和以打击专利诈骗行为为重点的“天网行动”。各地开展了形式多样的执法行动，查处了一批有影响力的案件，成效喜人。北京等地把涉及奥林匹克的专利侵权行为作为重点打击对象；广东局组建了 50 余

人的省市联合执法队伍入驻广交会；浙江局加强了对大型商品集散中心的执法检查；河南局挂牌督办群体侵权案件。

三是创新思路，全面启动维权援助工作。自2007年底国家知识产权局启动维权援助工作以来，得到了地方局的广泛响应和支持。截至目前，共批准设立46家维权援助中心。通过召开维权援助工作座谈会，联合财政部等部门调研等形式，加强了工作指导力度。上海、湖北、四川等中心已经挂牌运行，河南、武汉、成都等中心在机构编制方面得到了当地政府的大力支持。

四是关口前移，重心下沉，切实加强执法能力建设。江苏等地推进行业自律、企业维权、行政执法"三位一体"的保护长效机制，实行保护关口前移。浙江、山东、四川、重庆等局开展委托执法，健全执法体系，加强条件建设，实现执法工作重心下沉。上海、广州推动成立知识产权仲裁中心，开辟了新的纠纷解决途径。

(六)聚焦企业，培育市场，推动知识产权创造和运用能力再上新水平

一是努力拓展知识产权价值实现渠道，探索建立知识产权投融资机制。2008年，知识产权资产评估宏观管理职能得到加强，基础调查研究工作扎实推进，初步建立了包括科技、经济、法律等领域专家在内的知识产权资产评估专家队伍。

全国质押融资试点工作积极开展。2008年底，确定北京市海淀区、吉林省长春市等6家单位为全国首批知识产权质押融资试点单位，制订工作方案，推动相关工作有序开展。各地知识产权产业化投融资促进工作蓬勃开展，多元化投融资渠道逐步形成。上海、四川、杭州、湘潭等地结合实际，通过设立风险投资引导资金等多种方式，支持风险投资机构发展。

二是多措并举，统筹谋划，加快完善知识产权运用支撑体系。国家专利产业化推进工程工作深入开展，专利技术产业化示范项目的带动和渗透作用进一步发挥。全国专利技术展示交易平台和专利技术市场建设步伐加快。目前，展示交易中心已达38家。各类大型展会、对接会相继成功举办。

三是结合实际，积极培育、实施企业知识产权工作专项。各地突出重点、创新方法，积极针对企业开展特色服务。广州成立"知识产权专家顾问团"，北京在全国率先启动知识产权托管工程，吉林开展了重点企业"专利特派员"派驻工作，江苏实施重点企业知识产权战略推进计划，湖北实施了"强化企事业知识产权保护与管理推进工程"，山东、安徽、福建、浙江、山西等省开展了知识产权优势企业培育工程，深化企事业知识产权工作；湖南省将企业专利授权量纳入了新型工业化考核指标；上海出台了推进知识产权服务中小型企业的工作指导意见和知识产权服务中小型企业指南；深圳在全国率先出台了《企业知识产权海外维权指引》。

(七)强化服务手段，知识产权服务体系建设呈现新面貌

一是完善专利信息服务体系，建立全国性专利信息服务网络。加强与全国专利信息传播与利用相关的基础性研究，进一步完善服务规程。加强统筹谋划，积极调整地方网点建设方式。到2008年底，陆续为全国47个省区市及副省级城市建设完成地方信息网点的全部领域专利数据库，并定期进行数据更新，改善基础设施条件，有力地推动了各地区专利信息服务工作的协调发展。各地在此基础上加强专利信息开发与利用，开展了各具特色、内容丰富的专业性服务。

二是加强对中介服务机构的管理和引导。出台规范性文件，制定相关惩戒措施，不断加强对全国专利代理工作的管理，促使专利代理机构进一步提高服务水平。各地联合工商部门整顿专利代理市场，促进了专利代理行业的健康有序发展，广州开展了打击专利"黑代理"专项行动，查处6家非法专利代理公司。

(八)深化宣传、加大培训，全社会知识产权文化建设取得新成效

一是扩大范围，提升层次，知识产权宣传活动精彩纷呈。以知识产权战略实施、北京奥运会召开、纪念改革开放30年等为重点，不断创新宣传手段，开展了一系列针对性强、声势浩大的宣传活动。国家知识产权局把战略宣传工作与《纲要》颁布同步进行，在中宣部的大力支持下，中央权威媒体积极行动，通力合作，短时间内掀起了一个宣传《纲要》的高潮，取得了显著成效；积极配合中央宣传部门做好奥运知识产权宣传工作，取得突出成绩；组织开展了一系列纪念改革开放30年活动。深圳首次公布知识产权指标数据，通过举办知识产权十大事件评选等多种形式，全力推动知识产

权文化建设。

二是全国知识产权人才队伍建设工作取得可喜成绩。推动实施“百千万知识产权人才工程”，知识产权高层次人才和专门人才培养工作深入推进；国外培训渠道进一步拓宽，人才培养政策研究进一步加强。各地开拓渠道，搭建平台，加快知识产权人才培养进程。广东、江苏、河北等地积极与院校合作，设立研究中心、培训基地，开展知识产权教育培训。上海、天津等地创新培训管理模式，加强知识产权专业人才培养。

全国知识产权培训工作取得积极进展。2008年，全国共开展知识产权战略、管理、法律等各类知识产权培训3000多期，培训人员达50余万人次，其中国家知识产权局委托各地培训66期，培训人员达1万多人次。培训对象涵盖了各级党政机关领导干部、企事业单位负责人及知识产权管理人员、知识产权中介服务机构从业人员、科研院所、高校和中小学教师及学生。

（九）加强涉外协调，知识产权国际合作与交流工作取得新进展

2008年，国际交流合作深入开展，知识产权领域的中国影响力显著增强。多边层面上，国家知识产权局以负责任和建设性的态度，积极参与国际知识产权事务，努力维护国家利益、国家主权和经济安全；双边层面上，通过巩固和发展与主要国家和地区的双边关系，努力扩大共同利益的汇合点，妥善解决分歧，积极营造有利于我国发展的国际环境。各地紧密围绕国家总体外交布局，积极开展对外交流与合作。广东实施粤港两地高校及科研机构知识产权管理工作交流活动和粤港知识产权教师交流计划，积极打造知识产权对外合作品牌活动。上海市知识产权局牵头知识产权联席会议，有关部门与美国驻沪领馆联合召开了“中美互联网知识产权保护研讨会”，深化各方交流。

2008年各项成绩的取得，凝结了全系统知识产权工作者的辛勤汗水，在此，我代表国家知识产权局对大家为知识产权事业所付出的心血和努力表示崇高的敬意和衷心的感谢！向国务院有关部门、各级地方政府的大力支持致以诚挚的谢意！

三、认清形势，把握机遇，明确新形势下知识产权事业发展方向

当今世界处于大变动、大调整时期，国际国内形势继续发生深刻而复杂的变化。我们必须冷静观察和科学判断国际国内形势的发展变化，审时度势，因势利导，明确新形势下知识产权事业发展方向。

从国际形势来看，随着科技创新和经济全球化的发展，知识产权被推向了国际竞争的前沿，合作共赢成为国际关系的主流。

各国在积极调整经济政策和产业政策的同时，越来越将知识产权作为重要战略性资源，作为提高国际竞争力的核心要素。鼓励发明创造，保护知识产权，推动知识和智力资源从创造到运用的良性循环，正在成为各国追求的重要目标。全世界约20个创新型国家拥有全球90%以上的发明专利，在全球500强企业里，以知识产权为核心的无形资产对企业的贡献已超过80%。在这种新形势下，知识产权已经成为各国摆脱危机、突破困境的重要手段之一。

去年8月以来，由美国次贷危机引发的金融危机愈演愈烈，世界多极化和经济全球化的趋势在曲折中发展，不稳定、不确定因素增加，知识产权领域进入深化合作期和摩擦多发期。

求和平、谋发展、促合作已经成为不可阻挡的时代潮流，知识产权领域国际合作深度不断增加，广度不断扩大，层次不断提高。我国在知识产权国际合作中的影响不断增强，从知识产权国际规则的被动接受者逐步转变为积极参与者，从被动应对知识产权国际规则调整逐步转变为主动推动向对我有利方向发展，从知识产权国际合作与援助的接受者逐步转变为量力而行的输出者。2007年5月起，中、欧、日、韩、美共同开展了五局合作，这对未来国际知识产权体系和格局都将产生重要影响。

与此同时，随着我国国民经济的稳定健康快速发展，国际影响力的日益增大，知识产权已成为近年来发达国家在我国的重大利益关注点。涉外争端和知识产权纠纷时有发生。2007年4月，美国就我国知识产权执法相关问题向世界贸易组织提出启动争端解决机制，2008年10月，世界贸易组织驳回美国3项诉求中的2项。2002年以来，我国企业共遭到美国国际贸易委员会337调查74起，连续7年成为遭受337调查最多的国家。随着今年初民主党执掌白宫，知识产权将成为新当选总统奥巴马实现执政目标的重要工具。在2008年3月德国汉诺威消费电子、信息及通信博览会以及9月份的柏林电子展上，有多家中国电子厂商因涉嫌专利侵权被德国执法人员查抄。美

国、欧盟、日本等国家和地区要求中国改善知识产权保护状况的呼声有增无减。

但是，从总体上看，知识产权合作多于争端，合作共赢是知识产权国际关系的主流。尤其是在当前经济形势下，知识产权纠纷、争端总会存在，谈判、协商将会继续，合作、协调仍会深化。我们必须用普遍联系和发展的观点，辩证认识、科学把握复杂多变的知识产权国际形势，统筹好国际国内两个大局。

从国内形势来看，我国正大力实施国家知识产权战略。知识产权战略已成为与科教兴国战略、人才强国战略并重的国家三大重要战略之一。同时，作为创新主体和市场主体的企业对知识产权的依赖程度越来越高，对知识产权的需求越来越迫切。

当前，我国立足科学发展，推进创新型国家建设；对外推行和谐世界理念，在应对世界金融危机中把握主动。知识产权工作在经济社会发展全局中的地位越来越重要，在改革开放和社会主义现代化建设中的作用越来越突出。《国家知识产权战略纲要》颁布，成为我国知识产权发展史上的一个新的里程碑。2008 年 9 月，温家宝总理在全党深入学习实践科学发展观活动动员大会暨省部级主要领导干部专题研讨班上，发表重要讲话时强调：“必须把知识产权战略作为国家发展的重要战略。”11 月 29 日，胡锦涛总书记在中央政治局第 9 次集体学习时强调，“要坚持走中国特色自主创新道路，大力实施科教兴国战略、人才强国战略、知识产权战略，加快建设国家创新体系”。这是国家主要领导人首次将知识产权战略与科教兴国战略、人才强国战略并列论述，标志着知识产权战略作为国家的重要战略，其地位和作用得到了历史性的提升。

近年来，通过有效运用知识产权制度，企业正在成为自主创新的主体，核心竞争力不断提高。国内发明专利申请中企业所占比例已经由 8 年前三成增长至目前超过五成，企业已经逐步成为我国专利申请的主力军。当前国际金融危机不断向实体经济蔓延，但是，注重创新、拥有核心技术和知识产权的企业表现了较强的抗风险能力。在去年第 104 届广交会上，我国有 1745 家拥有知识产权的企业进入品牌展区，品牌展位比上一届增加 56％以上。随着中央“保增长、扩内需、调结构”经济政策的推进，我国高新技术和新兴产业不断升级，市场主体对于政府加强知识产权保护、促进知识产权融资、推动知识产权转化实施等方面的需求日趋强烈。

但是从总体上看，我国自主创新能力还不强，知识产权制度和管理体制还不够健全，全社会知识产权意识还比较薄弱。这些原因导致了我国自主知识产权的质量和人均数量与发达国家还存在明显差距，市场主体运用知识产权制度的能力还不适应科学发展的要求，知识产权制度的政策导向作用还不明显，知识产权侵权现象在某些地区、某些领域还比较严重，知识产权人才队伍建设还有待加强。

因此，我们必须坚持以科学发展观来统领知识产权事业发展全局，以激励创造、有效运用、依法保护、科学管理为工作方针，以切实加强知识产权能力建设、体系建设、制度建设和环境建设为工作重点，凝聚全系统之力，大力实施国家知识产权战略，为建设创新型国家、促进经济社会又好又快发展提供强有力支撑。为实现上述目标，我们必须牢牢把握好以下六个原则：

第一，必须牢牢把握实施国家知识产权战略这个总纲，创新发展方式。我们必须抓住实施国家知识产权战略的良好机遇，进一步解放思想，求真务实，用全新的视野、开放的思维，重新审视知识产权工作，创新知识产权事业发展方式。必须密切围绕国家经济社会发展全局，认真解决当前突出问题，着力建立长效机制，将做好知识产权工作与转变经济发展方式、调整优化产业结构紧密结合起来，为实现经济社会科学发展提供强有力支撑。

第二，必须牢牢把握增强知识产权科学发展能力这个根本要求，提升管理水平。国际形势变化和制度变革，以及我国经济社会快速发展都对知识产权工作提出了更高的要求。我们必须适应新时期知识产权事业发展的需要，狠抓知识产权统筹协调能力、宏观管理能力、公共服务能力、政策研究能力、人员业务能力等自身能力建设，全面提升知识产权事业的科学发展能力，切实提高管理水平。这是一项基础性工作，一定要常抓不懈。

第三，必须牢牢把握健全知识产权工作体系这个组织保障，拓展管理空间。健全的知识产权管理体系和服务体系，是做好知识产权工作的坚实基础，对知识产权事业成败至为关键。必须进一步加强管理体系建设，强化横向协调和纵向联动，推动知识产权管理资源的优化配置，增强集中力量办大事的能力。加大对于知识产权行业协会的扶持力度。进一步支持知识产权中介服务机构的发展。全面加强知识产权人才队伍建设，为我国知识产权制度建设和事业发展提供人才保证和智力支持。

第四，必须牢牢把握完善知识产权制度这个基础，健全管理机制。完善的知识产权制度是加强知识产权工作的依据。要根据经济社会发展水平，推动修改相关法律法规，完善配套政策，加强制度建设。要强化知识产权在经济、文化和社会政策中的导向作用，建立健全重大经济活动和科技计划知识产权审议制度。要切实加强产业政策、区域政策、科技政策、贸易政策与知识产权政策的衔接，增强知识产权工作对经济社会全面、协调可持续发展的支撑力度。

第五，必须牢牢把握知识产权执法保护这个重要手段，发挥特点与优势。保护知识产权是维护良好的激励创新、促进投资环境的客观需要。要按照履行承诺、适应国情、完善制度、积极保护的方针，进一步健全执法体系，加大执法力度。要深入开展知识产权维权援助工作，提高权利人的自我维权意识。要充分发挥行政执法的主动性、广泛性、协作性特点，为知识产权权利人提供更有效的保护，营造良好的法治环境，实现以知识产权保护促进我国知识产权创造、运用和管理能力的大幅提升。

第六，必须牢牢把握优化市场环境和文化环境这个基本着眼点，着力促进自主创新与经济繁荣。积极营造良好的知识产权市场环境和文化环境，有利于提高自主知识产权的水平和拥有量。要综合运用财政、金融、税收、投资、政府采购政策和产业、能源、环境保护政策，构建运用知识产权促进自主创新的制度体系，培育良好的知识产权市场环境，引导和支持企业真正成为知识产权创造、运用、保护的主体。要加强知识产权宣传培训的工作广度和深度，推动建立政府主导、媒体支撑、公众广泛参与的知识产权宣传体系，推进全社会形成尊重知识、崇尚创新、诚信守法的知识产权文化环境。

四、突出重点，扎实推进，努力开创工作新局面

2009 年是新中国成立 60 周年，也是国家知识产权战略实施的关键一年。国家知识产权局将启动全国专利工作“十二五”规划编制工作，以及做好规划前期重大问题的研究工作。我们要深入贯彻落实科学发展观，大力推动国家知识产权战略实施，进一步加强宏观管理工作，努力开创知识产权工作新局面。

为此，要在已有工作基础上重点做好以下 12 方面的工作。

（一）大力推进实施国家知识产权战略

2009 年，国家知识产权局将积极推进各有关部门完善相关法规和政策措施，通过健全知识产权战略实施工作机制，规范工作规程，健全战略实施信息沟通机制，推进国家知识产权战略实施。并争取在若干重大战略措施上有所突破，比如：建立重大科技项目的知识产权工作机制，健全重大经济活动的知识产权审议制度等。同时，指导制定并实施区域和行业知识产权战略。各地要按照实施国家知识产权战略的要求，结合本地经济社会和产业发展实际，因地制宜，制定和实施地方知识产权战略或者地方落实《纲要》的实施方案、工作规划等。

（二）进一步完善专利法律法规和政策体系建设

今年，第三次修改后的专利法及其实施条例将正式实施。国家知识产权局将进行专利审查指南、专利行政执法办法、专利代理条例、专利实施许可强制许可办法、许可合同备案管理办法、质押合同登记管理办法等部门规章的修订工作，制定侵权判定标准，在操作层面上保证专利法修改的重要条款得到进一步落实。各地要结合本地的实际情况，着手启动各省区市的专利保护条例及相关法规的修订，以保障地方知识产权工作的进一步开展。传统知识、遗传资源和民间文艺较丰富的省份，应当积极推进地方立法，尽早为特定领域的优势资源提供知识产权法律保障。围绕中心工作和重大问题，特别是知识产权战略实施中的问题，金融危机形势下知识产权保护的新特点，以及专利法颁布实施 25 周年等主题，深入展开调查研究，提出切实有效的政策建议。

（三）进一步推进知识产权工作体系建设

实施国家知识产权战略任务艰巨，知识产权管理机构建设急待加强。国家知识产权局将进一步通过局省合作共建会商机制、城市知识产权试点示范工作和知识产权强县工程三个工作抓手，推动省、市、县三级地方知识产权管理机构建设。

目前，各地方已相继进行政府机构改革，各地要抓住机遇，克服困难，努力争取地方党委政府的积极支持，力争在机构建设上取得新进展。

全国知识产权局系统要围绕实施国家知识产权战略目标要求，大力培育和发展专利代理、知识产权资产评估、产权交易等各类知识产权中介服务机构，着力培育高水平的知识产权中介机构，通过改善发展环境，制定服务标准，引导知识产权中介服务机构在增加机构数量、扩大服务面的同时向专业化、规模化和规范化方向发展。加强对专利代理行业的管理，加大扶持力度；重视研究解决区域发展不平衡问题，促进专利代理行业协调发展。

(四)加大行政执法与维权援助工作力度

启动"5·26"工程，选择部分省区市从5月26日开始，开展区域专利执法保护试点工作，着重改善执法条件，提高执法效率，推进执法协作，增强执法积极性、科学性，总结试点经验，并逐步向全国推广。完善行政执法与刑事司法的衔接制度，建立全国专利保护重点联系机制。继续深入推进知识产权维权援助与举报投诉工作，在全国设立100个左右的国家级中心，指导支持省局在国家级中心之外的地级市和县级市设立中心，加大工作力度，树立品牌形象。

(五)进一步推进企事业单位知识产权工作

企业是知识产权工作的重心。国家知识产权局将全方位、多层次推进全国企事业单位知识产权工作的科学化、体系化，研究制定加强全国企事业单位知识产权工作的指导意见；启动新一轮企事业单位知识产权试点工作，组织开展第二批企事业知识产权示范创建单位和首批企事业知识产权示范单位的评选工作，形成完整持续的企事业单位试点示范工作体系；实施自主知识产权优势企业认定培育工程，对所认定的企业进行重点扶持；启动中小企业知识产权战略试点工作，以中小企业集群为抓手，推进中小企业的自主知识产权工作；批设新一批专利工作交流站，继续扩大专利交流的规模和范围；组织开展全国企事业试点示范单位负责人知识产权培训巡回讲座。各地也要积极配合，因地制宜，加大力度开展企事业单位知识产权工作。

(六)推进全国专利运用与产业化工作体系建设

按照《国家知识产权战略纲要》要求，加强全国专利运用工作；推进全国专利运用与产业化工作体系化建设，研究制定加强全国专利运用与产业化工作的指导意见；积极争取财政支持，促进建立或扩大省市专利运用与产业化扶持资金；实施国家专利产业化工程自主知识产权产业化示范工程计划，开展专利创业扶持试点，推动非职务发明人和中小企业专利创业；进一步开展国家和省市两级专利产业化试点基地建设，制定实施考核评价管理办法，支持新建若干试点基地；深化实施全国专利技术展示交易平台计划，启动开展国家专利技术展示交易中心交易规则与标准化体系建设；提升中国专利周的战略定位，把中国专利周作为推动国家知识产权战略实施的一个重要落实机制和支持创新型国家建设的重要促进机制，进一步扩大举办范围，创新活动内容。

(七)着力培育知识产权市场化运作机制

国家知识产权局新的"三定"方案中，增加了"会同有关部门指导和规范知识产权无形资产评估"的职能，根据去年全国知识产权资产评估状况调查的情况，在重点地区实施地方知识产权资产评估推进工程，即以资助重点企业、关键技术的价值评估为重点，指导建立企业知识产权价值评估制度，促进知识产权的价值量化。同时，进一步规范专利质押贷款行为，培育和促进知识产权融资机制的形成。国家知识产权局已确定第一批全国知识产权质押融资工作试点单位，将通过试点摸索有效的知识产权融资模式，推进知识产权在资本方面的运营和知识产权的市场化运作。各地要结合本地实际，积极开展并配合做好相关工作。

(八)大力完善专利信息服务体系

将统一制定全国专利信息服务工作规划，完善地方专利信息服务工作体系，建设包括国家专利数据中心、区域专利信息服务中心以及地方专利信息网点在内的三级专利信息公共服务骨干网络；通过系统规划和示范引导，以专利信息全社会共享为目标，制定完善全国专利信息服务制度和标准，规范信息服务方式和内容；支持各地建设由社会力量投资的面向社会服务的商业化专利信息库，支持各地开展知识产权信息服务。各地要积极争取和调动资源推进专利信息服务工作。

（九）有效落实国家对申请国外专利的资助政策

针对我国创新主体国外知识产权拥有量少的现实问题，为引导企业运用知识产权及知识产权制度参与国际竞争，今年，国家知识产权局与财政部将联合出台关于支持向国外申请专利的资金资助政策，对申请国外专利给予资助，鼓励和支持我国单位和个人积极申请国外专利。国家知识产权局将委托省级知识产权局承担部分资助工作。有条件的地方也要制定和完善相关的政策，做好与国家政策的衔接工作，以形成合力，取得成效。

（十）开展省级知识产权绩效评估工作

今年，国家知识产权局将在原有工作的基础上，采用科学的评价指标体系，以适当的方式开展对省一级知识产权绩效评估工作。其主要目的是明晰省级知识产权投入、产出、能力建设等方面的情况，引导地方知识产权工作向全面、协调和可持续的方向发展。各地要按照要求做好相关指标和信息等情况的上报工作。

（十一）完善专利统计服务机制

进一步提高专利统计分析水平和服务质量；推动建立常设性的专利调查制度；尽早出台新的专利统计指标体系，科学反映各地专利发展状况的真实面貌；修订专利统计工作管理规章制度，并将其调整范围扩大至全系统。

（十二）加强对内和对外宣传力度，加快人才队伍建设步伐

今年，将以知识产权战略实施为宣传重点，大力开展主题宣传活动，围绕知识产权文化建设，着手实施“知识产权彩虹工程”，进一步整合资源，加强知识产权对内和对外宣传。加强和改进高层次人才培养工作，组织开展第二批高层次人才培养人选推荐选拔工作。深入实施“知识产权百千万人才工程”。加强地方的外事工作人员培训。加强知识产权人才培训基地建设，利用地方知识产权教育培训优势资源，合理安排区域布局，建立国家重点知识人才培养基地。推动全国高校及中小学知识产权普及教育。希望各地突出重点，做好工作。

同志们，我国知识产权事业正处在历史上最好的发展时期。作为一名知识产权工作者，我们都为生逢其时而庆幸，同时也强烈感受到自己所肩负的责任之重大。党的十七大已对知识产权工作提出了明确的任务和目标，我们唯有以加倍的勤奋和努力去履行这份光荣职责。让我们紧密团结在以胡锦涛同志为总书记的党中央周围，高举邓小平理论和“三个代表”重要思想伟大旗帜，深入贯彻落实科学发展观，继续解放思想，坚持改革创新，努力开创知识产权工作新局面，以优异成绩向新中国成立60周年献礼！

版权影响世界

——在第二届中国国际版权博览会国际版权论坛上的演讲

（2009年10月24日）

新闻出版总署署长　柳斌杰

今天，很高兴能够和大家相聚在北京，在第二届中国国际版权博览会国际版权论坛上，我们共同为推动国际版权合作和版权产业的发展进行深入探讨和交流。

首先，我代表中华人民共和国新闻出版总署、国家版权局，向莅临本次论坛的各位嘉宾和海内外的朋友表示热烈欢迎，向长期以来关心和支持中国版权事业的世界知识产权组织以及相关政府

部门、社会组织和企业表示衷心感谢！

今年论坛的主题是“版权影响世界”，这是一个深刻的话题，我只能抛砖引玉，谈一些个人看法。

一、版权制度深刻影响世界

版权制度由来已久。早在中国宋代，就有防止擅自复印图书的“翻版禁令”，许多刻板书上已印有“版权所有”、“翻印必究”的字样。然而，这一版权保护的萌芽，由于在当时中国没有茁壮成长的肥沃土壤，以至于长期停留在原始、初级的水平上。直至18世纪初期，西方社会诞生了现代版权制度，并在技术进步与社会需求的推动下，得到广泛应用与发展，这就深刻地影响着我们这个世界。主要表现在以下方面：

版权制度更新社会观念。古代社会，文化贫瘠，大量引用和摘录先贤著作是世界各国文化创造行为的一个显著特征，因此，复制他人作品不但不会受到谴责，反而会受到尊重和鼓励。尤其在古代中国，传统儒家思想主张自然和谐，强调知识共享的观念，倡导以传播知识和道德为己任，鼓励人们转述和引用作品，并不认为自己的作品被抄袭或未经许可使用是对自身权利的侵害。

版权制度的诞生和在世界范围内的广泛应用，彻底改变了人们“知识没有产权”的陈旧观念，人们逐渐意识到“智力”生产是一种劳动，“知识”也是一种财富。这种财富在法律的规范和保护之下，会形成诸多权利，并与有形的私有物产一样，神圣不可侵犯。“尊重知识、尊重劳动、尊重创造，保护知识产权”的观念开始成为主流，加快了知识产权的法制化和规范化，并为公众所共同遵循，这就改变了知识生产的基本模式。

版权制度激发创造热情。创新是一个民族进步的灵魂，是国家兴旺发达的不竭动力。一个没有创新能力的民族，是没有希望的民族，难以屹立于世界民族之林。而创新的能力，则是实现创新的关键问题。

版权制度正是保护创新能力、激励自主创新的基础性制度，通过确定创作者的专有权利，使得权利人可以通过作品的传播和使用获得应有的回报和扩大再生产。这种从产权角度进行激励的制度，充分体现了对智力创造的尊重和肯定，极大地激发起人们的创新热情，从而激励知识劳动者创作出更多、更优秀的版权作品，为人类知识宝库增添无数精神财富。反过来讲，日益丰富和不断创造的智力作品也对版权保护产生了越来越大的需求，使得版权制度不断适应创新的要求。鼓励创新、完善保护、合理流动就成为必然趋势，由此确定了在知识创新活动中大家必须共同遵守的行为规则，有效保护知识创造各个领域的创新成果。数百年来的实践，充分证明了版权制度与创新两者相辅相成、共同发展，提高了社会的创新能力。

版权制度推动文化繁荣。促进知识传播与文化科学发展是版权保护的首要目的，现代版权保护制度以保护智力成果、激励创作为基本出发点，以促进文学、艺术、科学事业和产业的繁荣与发展为目标。完善的版权制度有效维护了文学、艺术和科学作品创作者和传播者的合法权益，促进了文化的自我表达与公共传播，支持了科学和艺术创新，极大地促进了文化繁荣。300年来版权制度价值功能的演变和递进历程，有这样一条清晰的脉络：赋予权利——激励创作——鼓励传播——繁荣文化。

中国文化发展的历史实践也证明，以版权资源为智力支持的新闻出版、广播影视、文学艺术、文化娱乐和建筑艺术、工业外观设计等版权产业是文化创新力、文化生产力和文化持续力的承载者，为社会公众提供了必需的精神食粮，促进了文化、科学繁荣，培育了民族精神，推动了社会全面进步，创造了不朽的精神财富和物质财富。

版权制度促进经济增长。在版权制度的框架下，版权被定义为作品创作的财产权——“智力成果权”。作为财产权，作品版权具有可计量的价值，这种价值使得版权可以被交易并充分参与经济活动。如今，版权已成为越来越重要的物质生产要素和财富资源。

从20世纪七八十年代开始，随着新的转播方式发生革命性变化，催生了以智力成果为资源，以知识创新为动力，以受版权保护作品创新、生产、传播、使用和消费为基础的产业形态。这一全新的产业形态，主要体现在文学艺术、新闻出版、广播影视、文化娱乐业，以及与现代科技紧密相联的信息网络、计算机软件业、建筑、汽车、纺织、陶瓷等行业，并且发展迅猛。其发展速度远远超出了传统制造业，不但形成了一定规模的产业群，还带动了传统产业的改造与升级，大大促进了生产力的快速发展，对经济增长的贡献越来越大。

据世界知识产权组织调查，发达国家国内生产总值（GDP）中版权产业所占份额大约平均在6%左右，部分发展中国家也达到了3%以上。版权产业被视为21世纪的"朝阳产业",加快发展版权产业,已经成为众多国家共识。

由此可以看出,版权正是以其独特的智力和产业属性,在促进文化、科学繁荣和经济技术发展与推动社会的全面文明和进步方面,都对世界产生了积极影响。

二、中国版权制度的建设和实践

经过30年的不懈努力,中国的版权保护工作取得了巨大成就,为促进经济、文化和社会发展作出了积极的贡献。

一是建立了一个适合中国国情并与国际规则接轨的较为完整的版权法律体系。1990年以来,中国先后颁布了版权"一法四条例",执法、司法已经步入正轨。从1992年起中国先后加入了《伯尔尼公约》、TRIPS、WCT和WPPT等重要的国际公约。中国的版权保护整体水平不断提高,达到了国际通行标准,并积极承担了相应的国际义务。

二是确立了版权管理和保护体制,基本形成了版权公共服务、社会服务框架体系。经过十几年的发展,由版权协会、版权保护中心以及音乐、音像、文字和摄影著作权集体管理组织等构成的中国版权社会服务体系已经初具规模。日益完善的服务机构,充分发挥着服务社会、服务产业的重要作用,逐步形成了政府监督管理、社团自我维权、企业依法经营的良性互动机制。

三是在版权行政管理部门的主导下,深入持续地开展版权宣传教育工作,全社会的版权保护意识有了明显提高。中国各级版权行政管理部门始终坚持开展版权法律知识的宣传、普及与教育活动,以"4·26"世界知识产权日和重大版权事件为契机,以新闻媒体为主要渠道,通过公益广告、研讨会、演讲、征文、影视竞赛等多种形式全面展开版权保护知识的宣传、普及活动,使得版权知识逐步走入百姓生活,成为大众文化的一部分。

四是促进版权国际交流与合作,充分发挥作为第三世界负责任大国的重要作用。中国与国际社会建立了广泛、深入的版权多双边关系,并一直得到世界知识产权组织的大力支持和无私帮助,自2006年起连续3年共同举办"国际版权论坛",并于2008年开展首届"世界知识产权组织—版权创意金奖(中国)"评奖及颁奖活动。目前双方正在联合开展"中国版权相关产业的经济贡献"项目调研和"中国南通—WIPO版权产业优秀案例示范点"调研活动。

五是版权产业快速发展,成为国民经济中的支柱产业。在中国发展市场经济和知识经济过程中,以新闻出版、广播影视、信息网络等产业为重点的版权产业迅速发展,有的已具有相当大的规模和实力,成为国民经济新的增长点和新经济中的支柱产业。根据国家版权局与世界知识产权组织合作调研项目"中国版权相关产业的经济贡献"的统计数据所进行的初步核算,2006年,中国核心版权产业的总产值约占当年GDP的3.3%,全部版权产业约占当年GDP的6.4%。

三、中国政府高度重视版权保护工作

中国政府一贯重视版权保护工作,把它纳入重要工作日程。2008年6月,中国政府制定了《国家知识产权战略纲要》,实施这一新战略是中国知识产权保护制度的里程碑,将促进中国创新型国家的建设,对中国的经济和社会发展产生深远影响,也为开展版权保护和发展版权产业指明了方向,提供了保障。

作为负责任的发展中国家,我们在保护本国智力作品的同时,也积极承担着国际版权保护义务。当然,相对于发达国家来说,发展中国家的版权相关产业还属于弱势产业,缺乏国内市场的整合能力和国际市场的竞争力。因此,发展中国家不能盲目照搬发达国家的做法,而需要根据自己的国情来建立与本国经济发展相适应的版权制度。

我们将在世界知识产权组织和其他国际组织的协助下,与其他国家一起,致力于通过加强版权保护,推进以版权为基础的产业的发展,从而带动经济发展和社会进步。

首先,进一步加大版权保护力度。依法严厉打击侵权盗版行为,切实保护版权权利人的利益,为版权产业的发展创造公平竞争的环境,为全民族自主创新能力的提升、建设创新型国家的战略目标服务。

其次,进一步完善版权法律体系。适时启动《著作权法》的修订工作,顺应全球经济一体化和科技迅猛发展的新形势,着重解决数字技术和互联网发展给版权保护带来的新问题,努力创造一个权利人、使用人和社会公众等各方利益和谐发展的制度环境。

第三,大力促进版权的市场化。进一步完善版权运用的市场机制,引导和支持市场主体创造和运用版权,充分发挥版权集体管理组织、行业协会、代理机构等中介组织在版权市场化中的作用，引导市场主体采取版权转让、许可、质押等方式实现版权的市场价值。

第四，大力提升社会公众的版权保护意识。我们将通过培养和树立社会公众的版权意识和规则意识，使“尊重知识、崇尚创新、诚实守信”的文化，成为社会群体思维方式和评价体系的重要构成部分，逐步形成有利于创新、有利于和谐社会建设、适应市场竞争、维护经济秩序的良好的知识产权文化氛围。

我们将一如既往地高举保护知识产权的旗帜，履行承诺，树立中国政府讲信誉、负责任的良好形象，为开展国际文化经贸交流、深化国际文化经贸合作创造良好的环境。

多年来，世界知识产权组织一直大力倡导并积极推动各成员国树立这样一种理念：努力确保知识产权制度，为各自国家的社会建设与经济发展作出充分的贡献。实践将进一步证明，随着版权制度的不断完善，知识和创造力的潜在价值得以全面认识和提升，版权产业终将会为促进本国经济和社会的快速发展作出重要贡献。

我相信，随着市场经济不断规范，随着中国版权制度的不断完善以及版权国际化合作的不断深化，有着五千年文明历史的中华民族，依靠自己的勤劳和智慧，一定会为推动知识创新作出贡献，中国的版权产业也将呈现出独特的魅力和广阔的前景。

希望与会的各位朋友，今后在版权保护方面有更多的沟通和交流，为促成版权领域的更好合作，为公正、合理的国际版权秩序而共同努力。

认真贯彻落实国家知识产权战略纲要
大力推进商标战略实施

——在全国工商行政管理系统贯彻落实《国家知识产权战略纲要》大力推进商标战略实施工作会议上的讲话

（2009 年 7 月 23 日）

国家工商行政管理总局局长　周伯华

全国工商行政管理系统贯彻落实《国家知识产权战略纲要》、大力推进商标战略实施工作会议今天开幕了。这次会议是总局党组决定召开的，是全面推进商标战略实施的一次极为重要的会议，也是工商行政管理系统商标工作发展进程中的一次空前盛会，具有重大而深远的意义。会议的主要任务是：深入学习实践科学发展观，认真贯彻落实党中央、国务院实施知识产权战略的重大决策部署，回顾总结近年来全国工商行政管理系统的商标工作，交流经验，表彰先进。深刻分析商标工作面临的新形势，安排部署实施商标战略的各项工作，提高认识，统一思想，开拓创新，大力推进商标战略的实施，为建设创新型国家、促进经济社会又好又快发展作出新的贡献。

这次会议在吉林召开，得到了吉林省委、省政府的高度重视和大力支持。刚才，省政府领导作了重要讲话，通报了全省经济社会发展情况，肯定了吉林省工商行政管理工作取得的显著成绩，充分体现了省委、省政府对工商行政管理工作的重视和关心。吉林省委、省政府高度重视商标工作，将实施商标战略列入政府“十一五”发展规划之中，以品牌带动区域经济发展，成立培育认定驰名商标、著名商标推进组，出台鼓励政策，创新激励机制，初步形成了政府指导、部门联动、企业操作、社会参与、整体推进的实施商标战略格局。吉林省委、省政府每年划拨专款 3000 万作为商标战略发展基金，四次颁发驰名商标，省委书记王珉同志都亲自出席。2009 年 7 月 17 号，吉林省委书记、省长、省人大主持工作的副主任、省政协主席四大班子一把手都到省工商局举行全省驰名商标授牌和实施商标战略大会，场面感人。所以总局把这次会议放到吉林召开，希望各省市工商局的同志们，要把吉林省委、省政府对商标工作的重视，对实施商标战略所采取的好的措施，要很好地向所在的省委、省政府汇报。吉林省工商局在省委、省政府的正确领导下，认真落实总局的工作部署，深入学习实践科学发展观，努力做到“四个统一”，充分发挥工商行政管理职能作用，坚持一手抓服务，积极指导企业运用商标战略做大做强；一手抓监管，严厉打击商标侵权假冒行为。在此，我代表总局党组，对吉林省委、省政府对工商行政管理事业的高度重视和大力支持，表示诚挚的感谢！对这次会上受到表彰的先进单位、先进个人表示热烈的祝贺！

这次会议我们还邀请了国家知识产权战略实施工作部际联席会议部分成员单位的代表到会指导，在此，我代表总局党组，对各部门的大力支持表示衷心的感谢！

这次会上，双建同志将代表总局党组，对商标工作进行总结回顾，安排部署实施商标战略的各项工作，希望同志们认真贯彻落实。下面，我讲几点意见。

一、工商行政管理系统商标工作取得了显著成绩，为促进经济社会又好又快发展作出了重要贡献

改革开放以来，特别是近几年来，全国工商行政管理系统坚持以邓小平理论和“三个代表”重要思想为指导，深入学习实践科学发展观，充分发挥商标注册和管理职能作用，认真落实国家知识产权战略，大力推进商标战略的实施，为促进经济社会发展作出了积极贡献。

（一）适应社会主义市场经济监管的商标法律制度、管理体制、管理理论和人才队伍基本建立，为进一步开创商标工作新局面奠定了坚实基础

1. 基本建立了既符合国际规则、又具有中国特色的商标法律制度

1982年8月，我国颁布了《商标法》，这是改革开放以来我国颁布实施的第一部知识产权法律。经过30多年的不懈努力，我国已形成了以《商标法》《商标法实施条例》为根本，以《特殊标志管理条例》《驰名商标认定和保护规定》《集体商标、证明商标注册和管理办法》等一系列配套法规规章为补充，涵盖商标注册、运用、保护和管理各个方面，既符合国际规则又具有中国特色的现代商标法律体系。现行有效的商标法律有1部、行政法规有5部、行政规章有8部、司法解释有7件，以及各地制定的若干地方性商标法规、规章，另外，我国还加入了《保护工业产权巴黎公约》《与贸易有关的知识产权协定》等6个商标国际公约，为我国商标事业的发展和商标战略的实施提供了坚实的法律保障。

2. 基本建立了适应社会主义市场经济监管的商标注册和管理体制机制

经过多年的探索实践，我国创立了具有中国特色的行政保护和司法保护“两条途径、协调运作”的商标专用权保护“双轨制”。确立了工商行政管理系统商标注册和管理在社会主义市场经济条件下的职能定位，形成了集中注册、分级管理的商标注册和管理体制，建立了驰名商标、著名商标、地理标志保护等一系列行之有效的管理机制，商标注册和管理体制机制日臻完善。

3. 基本建立了适应社会主义市场经济监管的商标注册和管理理论

我们坚持以科学发展观为指导，认真研究商标基础理论，总结商标工作经验和规律，按照“四个统一”的要求，提出了“一个依靠、四个借助”、“三五目标”及“两个转变”的商标工作指导方针。紧紧围绕使我国商标注册、运用、保护、管理达到国际先进水平的战略目标，加快商标管理理论研究，为商标事业的长远发展夯实理论基础。

4. 基本建立了适应社会主义市场经济监管的商标注册和管理人才队伍

在党中央、国务院和各地党委、政府的关心重视下，商标注册和管理队伍不断发展壮大，人员整体素质明显提高。截至2008年底，全国商标注册和管理工作人员有14 353人，其中大专以上学历的占86.13%。总局商标工作人员有953人，其中大专以上学历的占90.98 %。通过坚持不懈强化教育培训，大力加强党风廉政建设，商标注册和管理工作队伍的政治素质明显提高，业务能力明显增强，工作作风明显改进，执法形象明显改善，在人民群众心目中的地位不断提升。

此外，商标注册和管理基础建设不断加强，自动化程度显著提高。顺利实现了从依靠手工翻阅纸质卡片到利用计算机进行商标审查检索和查询、从手工抄写商标档案到商标注册流程无纸化办公的转变，实现了“网上查询”、“网上公告”和商标代理组织“网上申请”，商标注册和管理工作的质量和效率大幅提高。我国是目前世界上开通商标注册信息网上查询系统的20多个国家之一，标

志着我国商标注册和管理自动化系统已进入世界先进国家行列，商标工作政务公开程度和社会服务水平迈上了一个新的台阶。经国家批准的新的商标档案业务用房建设工程正在抓紧进行，将为我国商标事业达到国际先进水平奠定坚实的物质基础。

（二）商标注册申请量迅猛增长，我国已成为商标大国

自 1979 年恢复商标全国统一注册以来，随着改革开放的深入进行和我国经济的快速发展，我国的商标事业得到了突飞猛进的发展。商标注册年申请量由 1980 年的 2.6 万件增长到 2006 年的 76.6 万件。自 2002 年至 2008 年，我国商标注册申请量已连续 7 年位居世界第一。截至今年 6 月 30 日，我国的商标注册申请累计总量已达 677 万件，有效注册商标总量 240 万件，居世界第一位。今年上半年在面临国际金融危机的严峻形势下，全国的商标注册申请量仍保持较大幅度增长，比去年同期增长了 7.7%，达到 38 万件。我国已经连续四年成为马德里联盟商标国际注册被指定最多的国家。国内企业通过商标局提出的国际注册申请已经连续四年居马德里联盟第八位，居发展中国家第一位。这不仅反映了我国经济的发展和开放的扩大，也标志着我国已成为世界商标大国。

随着商标注册申请量大幅增长，由于审查人员明显不足，导致商标注册申请、评审案件严重积压，商标审查和评审周期大大延长，国内外对此反映强烈。2007 年，总局党组决定，将解决商标注册、评审案件积压问题列为总局事关大局、涉及长远的八项重点工作之首，提出了“一个依靠”（依靠商标局和商标评审委的领导班子和全体干部）、“四个借助”（借助全国工商系统力量，借助商标代理机构力量，借助社会力量，借助现代信息化手段）及“更新观念，创新机制，依法办事，加强廉政，提高效率”的总体改革思路，明确了“三年解决积压、五年达到国际水平”的“三五目标”（即：2008 年完成商标审查 70 万件、评审审理 1.9 万件，商标审查周期由 36 个月缩短到 30 个月；2009 年完成商标审查 130 万件、评审审理 3.1 万件，商标审查周期由 30 个月缩短到 19 个月；2010 年完成商标审查 140 万件、评审审理 3.1 万件，商标审查周期由 19 个月缩短到 12 个月）。总局党组与商标局、商评委采取签订责任书、增加审查处室、招聘辅助人员、完善激励机制、加强绩效管理等重大措施，解决商标审查和评审积压问题取得突破性进展。2008 年，商标局共审查商标 75 万件，裁定异议案件 1.1 万件；商评委共审理商标评审案件 3.03 万件，均超额完成当年任务。今年上半年，已审查商标注册申请 72 万件，裁定异议案件 1.09 万件，审理商标评审案件 1.76 万件，均已超额实现时间过半、任务过半，商标注册审查量相当于以前两年零五个月的工作量，不仅为圆满完成今年 130 万件的审查任务打下了坚实的基础，也进一步坚定了全面实现“三五目标”的必胜信心。

（三）商标已成为促进我国经济发展的重要推动力，为建设创新型国家、促进经济社会又好又快发展发挥了重要作用

1. 随着我国注册商标总量的大幅上升，商标日益成为企业的重要竞争力和政府拉动经济的重要抓手

作为企业的重要无形资产和重要竞争力，正确使用商标、维护商标信誉、培育驰名商标已成为越来越多企业的共识，一批在国内驰名、在国际市场有一定影响力的商标脱颖而出，大大提升了企业的市场竞争力。各地党委、政府高度重视商标工作，紧密结合本地实际，大力推进以注册、运用、保护和管理为核心的商标工作，为促进经济增长方式转变、培育和壮大优势产业、扩大对外开放、建设创新型国家，起到了积极的推动作用。

2. 各级工商行政管理机关切实加大对商标专用权的保护力度，营造了良好的经济发展环境

一是加大执法力度，维护公平竞争的市场秩序。近年来，各级工商行政管理机关充分发挥职能作用，严厉打击商标侵权假冒行为，为维护公平竞争的市场秩序作出了积极贡献。2000 年至 2009 年上半年，各级工商行政管理机关共查处各类商标违法案件 43.36 万件，罚款累计 26.26 亿元。2008 年，全国工商行政管理机关出色完成了奥林匹克标志专有权保护工作，为北京奥运会的成功举办营造了良好的知识产权保护环境，受到了国内外的广泛赞扬，国际奥委会北京奥运会协调委员会主席维尔布鲁根先生和国际奥委会法律部主任霍华德·斯图普先生分别写来感谢信，总局通报表彰了 100 个奥林匹克标志保护先进集体和 207 名先进个人。2009 年 6 月 2 日，日本汽车工业协会和日本汽车零部件工业协会带领所属 26 家会员企业专程拜访总局并赠送牌匾表示感谢。二是积极推进“四个转变”，努力探索遏制商

标侵权假冒行为的长效监管机制。各级工商行政管理机关进一步探索在全国大中城市推广“商标授权经营制度”的可行性，对成规模商品批发零售市场进行规范化商标监管；加强内设机构、业务条线的密切配合，实行执法联动；建立了覆盖全国的商标行政执法区域协作网络；密切加强与公安、海关、法院等有关部门的沟通与协作，形成执法合力。三是整顿商标代理服务市场，规范商标代理行业发展。各级工商行政管理机关依法整治商标代理市场秩序，加强对代理行为的监管，进一步规范商标代理行为。中华商标协会成立商标代理分会，积极开展行业自律，促进代理行业健康有序发展。

3. 积极开展商标权质权登记，帮助企业拓宽融资渠道

各级工商行政管理机关创造性地开展企业帮扶工作，积极支持企业将商标与金融等手段紧密结合，实现商标无形资产的资本化运作，切实帮助企业解决融资难问题。自 2006 年至今，总局商标局已办结 418 件商标权质押登记申请，帮助企业融资 238 亿元。

4. 引导企业实施商标“走出去”战略，在应对国际金融危机中发挥了重要作用

受国际金融危机影响，国内企业的商标国际注册申请和国外企业的国际注册领土延伸申请均比去年同期有所下降。面对此种情况，我们采取多项措施积极应对：一是加强马德里国际注册宣传培训工作，提高我国企业的商标国际注册意识，鼓励知名企业国外商标注册。二是指定专人监控国际注册情况，及时向国际局申报，6 月份国际申请已有所回升。三是加大海外商标维权力度。2009 年初，收到我国驻加拿大多伦多总领事馆反映我国多家知名企业名称和标识在加拿大被恶意申请抢注商标的函后，总局立即采取措施，协助我国企业维护在海外的合法权益。近年来，中华商标协会先后举办了“中国企业走向世界商标战略经验交流会”、“中国商标海外维权研讨会”等，指导企业运用商标战略走向国际市场，帮助维护我国企业在海外的合法商标权益。

5. 充分发挥商标信息作用，为政府决策和社会公众提供信息服务

一是组织编写了《中国商标战略年度发展报告(2008)》，在新闻媒体、政府网络、各有关部门发布、发放，用全面的事实和翔实的数据，系统介绍商标工作取得的成绩，展示商标战略发展动态，展望商标战略实施规划，进一步指导和促进地方商标工作。二是通过中国商标网，及时公开商标信息。2008 年，中国商标网点击量达 17.5 亿次；今年上半年，点击量达 11.86 亿次。三是首次通报了全国省、地、县三级行政区域商标注册数、商标国际注册数、驰名商标数、地理标志数、查处商标侵权案件数等五项商标主要统计数据，为各地推动商标战略实施提供了有价值的数据。

6. 切实做好农产品商标和地理标志工作，服务“三农”取得明显成效

各地工商行政管理机关认真落实十七届三中全会“加大农产品注册商标和地理标志保护力度”的决定，积极运用农产品商标和地理标志促进农村发展、农民增收。截至今年 6 月底，我国已核准注册农产品商标 66.5 万件，注册地理标志 622 件。“商标富农”工作机制逐步完善，“一所一标”、“一所多标”等工作措施为促进社会主义新农村建设发挥了积极作用。

7. 完善了驰名商标、著名商标认定制度，加大了对驰名商标、著名商标的保护力度

一是进一步完善了驰名商标认定制度。今年，总局以应对金融危机、促进经济平稳较快发展为目的，以提高认定质量、防范廉政风险和监管风险为重点，以“公开透明，接受监督”为原则，制定了《驰名商标认定工作细则》，使驰名商标认定和保护工作更加公开、透明和规范。二是加大了驰名商标认定和保护工作力度，优化了创新发展环境。为积极应对金融危机，为企业创新发展创造良好条件，各级工商行政管理机关进一步加大了驰名、著名商标认定和保护力度。今年上半年，总局在商标管理、商标异议、商标争议案件中共认定驰名商标 390 件，截至目前，总局共认定驰名商标 1624 件。全国已有 30 个省、自治区、直辖市以地方性法规、规章等形式确立了对著名商标的认定和保护。截至今年 3 月底，各地已认定著名商标 21 111 件。

在充分肯定成绩的同时，我们也要清醒地看到，商标工作还存在一些问题。主要表现在：一是商标注册数量虽多，但“含金量”不高，缺少国际知名商标。从商标注册申请量和有效注册商标总量看，我国位居世界前列，但与美国、日本、欧盟等发达国家和地区相比，我国企业商标的消费者认知度还不广，附加值还不高，竞争力也不强。我们虽已成为“商标大国”，但还不是“商标强国”。二是商标注册总量虽多，但市场主体平均拥有商标数

量较少，社会商标意识亟待提高。截至 2009 年 6 月底，我国共有各类市场主体 4011.89 万户，平均每 17 户才拥有一件注册商标，亟须提高企业和消费者的商标意识。三是商标国际注册数量与我国经济贸易发展的速度很不相称，企业实施商标“走出去”战略的力度亟待加大。我国出口企业产品使用自主商标的还比较少，“定牌加工”的还比较多，知名企业和老字号企业商标在海外被抢注的案件时有发生，我国企业通过马德里联盟商标国际注册体系到国外申请注册商标总量仅 8 985 件，这与我国经济总量位居世界第三还很不相称。这些问题的存在，说明加强商标注册保护工作、推进商标战略实施的重要性和紧迫性，任重道远，需加倍努力。

今天召开全国性的商标工作会议意义深远。在商标工作领域，无论是在工作数量还是工作质量的提升上都有极大的发展空间。我国目前 17 家企业平均才有一件商标，企业生产的很多都是无牌产品，大多采取定牌加工的方式，实际上是帮别人生产的贴牌产品，这种情况非常普遍。各大商场卖的很多衬衣都是我国生产，贴外国牌子的。如，日本人生产的 T 恤是按中国人的体型设计的，各种型号都有，年轻人很喜欢。我问过深圳一家外贸加工的老板，一件衬衣卖到两三千元，实际成本与市场上四五百元的衬衣质量是完全一样的，一样的加工一样的生产，只是加了一个外国牌子，马上就卖到两三千元。昨天，王珉书记给我们上了很重要的一课，吉林是一个资源大省，但是商场里吉林本地的产品不到 10%，贴牌产品返回销售的占到 30%～40%。我们是商标大国，但不是商标强国。我举几个例子，茅台酒是中国驰名商标，但是只是在大使馆在华人圈子中有名，洋人很少有人喝茅台的。中国瓷器举世闻名，中国 china 的意思就是瓷器，但是高档瓷器，像工艺瓷在日本，美术瓷在德国。我曾到中国瓷都景德镇去考察，那里的瓷器法兰瓷也是中国台湾的一个老板研发的，当然，这也算是中国的产品。所以我们做商标工作的同志们是国家知识产权战略中一支重要的队伍，我们不能只是忙于注册、登记、保护，而要去宣传培养我们自己的驰名商标。只有主动地为当地经济又好又快的发展服务，为企业服务，严格执法，保护驰名商标，我们工商才有权威和地位。这两句话对工商队伍很重要。我们 60 多万人的工商队伍，商标队伍一万多人，要依法保护商标专用权，依法保护驰名商标，商标队伍就有权威。商标工作者只有尽职尽责，全心全意地服务于企业创新性发展，服务于城市的创新性发展，服务于地方的创新性发展，我们工商队伍就会像吉林的工商队伍一样才有地位。四次驰名商标授牌，四次省委书记都出席，这是很难得的。

同志们，中国要培养有国际竞争力的驰名商标，我们的工作质量和工作数量上有极大的发展空间，商标工作大有作为。

二、深刻认识贯彻落实《国家知识产权战略纲要》、大力推进商标战略实施的深远意义和重要作用，进一步增强做好商标工作的使命感和责任感

党中央、国务院高度重视知识产权保护工作。胡锦涛总书记在党的十七大报告中强调：要“提高自主创新能力，建设创新型国家”，积极“实施知识产权战略”。2008 年 6 月 5 日，国务院颁布了《国家知识产权战略纲要》。2009 年 3 月 5 日，温家宝总理在政府工作报告中提出：“要继续实施科教兴国战略、人才强国战略和知识产权战略。”这充分表明，党中央、国务院已把知识产权战略与科教兴国战略、人才强国战略一样，摆在了促进经济又好又快发展、建设创新型国家中的重要战略地位。

为贯彻落实《国家知识产权战略纲要》，经国务院批准，建立了由 28 个部门组成的国家知识产权战略实施工作部际联席会议制度，10 多个部门制定了落实《国家知识产权战略纲要》的实施意见和工作方案，13 个省、市出台了地方知识产权战略纲要，有力地促进了国家知识产权战略的实施。

商标战略是国家知识产权战略的重要组成部分，总局作为国家知识产权战略实施工作部际联席会议的重要成员单位，作为负责全国商标注册和管理工作的主要职能部门，在贯彻落实《国家知识产权战略纲要》中肩负着重要责任。《国家知识产权战略纲要》发布后，总局党组高度重视，成立了由总局主要负责同志和分管负责同志任正副组长，18 个司（局）和直属单位主要负责同志为成员的总局商标战略实施领导小组，出台了《关于贯彻落实〈国家知识产权战略纲要〉，大力推进商标战略实施的意见》，起草了《关于商标工作五年达到国际水平的总体规划》等配套文件，为落实《国家知识产权战略纲要》、推进商标战略的实施，做了大量卓有成效的工作。

贯彻落实《国家知识产权战略纲要》、大力推进商标战略的实施，是工商行政管理机关服务国家经济发展大局的一项重要任务。各级工商行政管理机关要充分认识其深远意义和重要作用，进一步增强使命感和责任感，不断提高贯彻落实《国家知识产权战略纲要》及《实施意见》的自觉性。

（一）实施商标战略，是落实国家知识产权战略的迫切需要

现代经济的竞争是知识产权的竞争，随着知识经济和经济全球化的深入发展，知识产权日益成为国家发展的战略性资源和国际竞争力的核心要素，成为建设创新型国家的重要支撑。商标作为知识产权的重要组成部分，直接关系到生产者、经营者和消费者的切身利益，是企业自主创新能力和其他知识产权的重要载体。商标战略既是国家知识产权战略的重要组成内容，也是知识产权中最有可能率先取得突破的方面。各级工商行政管理机关要深刻认识肩负的历史使命和重要责任，充分发挥职能作用，大力推进商标战略的实施。

（二）实施商标战略，是促进经济社会又好又快发展的有效手段

商标工作是最直接体现工商行政管理机关服务经济社会发展的工作之一。大力实施商标战略，对于促进经济社会发展有着重要的意义。一是有利于推动自主创新能力的提高。建设创新型国家，必须切实保护创新者利益。商标是企业自主创新能力的重要载体，企业创新能力越强，产品质量越高，商标的知名度和信誉度也就越高，企业的市场竞争能力也就越强。实施商标战略，加强商标行政保护，既保护了商标信誉，保护了创新利益，又可以在培育我国自主品牌和国际知名商标方面起到有力的推动作用。二是有利于增强企业的核心竞争力。商标战略是以提升企业商标注册、运用、保护和管理能力为目标的国家战略。通过实施商标战略，积极促进企业经营管理模式的转变，引导企业增加自主品牌的拥有量，提升企业运用商标参与市场竞争的能力，对于促进我国企业“走出去”参与国际竞争将发挥十分重要的作用。三是有利于服务社会主义新农村建设。通过实施商标战略，充分发挥农产品商标和地理标志在促进农业发展、农民增收中的积极作用，对于促进农业产业结构调整，增加农产品附加值，加快推进社会主义新农村建设，具有十分重要的意义。四是有利于促进区域经济协调发展。通过实施商标战略，形成以商标为主导的区域特色经济，有利于促进区域经济协调发展。总之，商标战略作为一项保增长、扩内需、调结构、强民生的重大举措，在当前国际金融危机的形势下，更加显现其对促进企业发展、扩大市场消费的重要作用。事实充分证明，拥有自主知识产权和自主品牌的优势企业，在金融危机中已经显现出较强的抗冲击力，呈现出良好的发展态势。

（三）实施商标战略，是依法履行商标监管职责、营造良好发展环境的必然要求

《国家知识产权战略纲要》把保护商标权人和消费者合法权益、维护公平竞争的市场秩序作为一项重要任务。商标行政执法是工商行政管理机关的一项重要职责，加大商标行政执法力度，依法保护商标专用权，维护生产者、经营者和消费者合法权益，既是工商行政管理机关履行监管职责的基本任务，也是实施商标战略的必然要求。

三、以《实施意见》为纲，以落实“三五目标”为重点，大力推进商标战略的实施，努力实现由商标大国向商标强国的转变

《实施意见》以科学发展观为指导，紧密联系当前经济社会发展实际，对商标工作的未来发展作出科学设想和中长期规划，是全国工商行政管理系统贯彻落实《国家知识产权战略纲要》、推进商标战略实施的纲领性文件。我们要坚持以《实施意见》为纲，以落实“三五目标”为重点，大力推进商标战略的实施，切实提高企业的商标注册、运用、保护和管理能力，充分发挥商标在促进经济社会发展、建设创新型国家中的重要作用，努力实现由商标大国向商标强国的转变。

（一）努力实现商标战略的奋斗目标

《实施意见》对商标发展战略目标作出了具体规划，即到2020年，把我国建设成为商标注册和管理达到国际先进水平的国家：商标法治环境进一步完善，商标意识深入人心，市场主体注册、运用、保护和管理商标的能力显著增强，企业创新成果和合法权益得到有效保护，商标战略对经济发展、文化繁荣和社会建设的促进作用充分显现。

1. 通过实施商标战略，进一步提高全社会的商标意识

大力加强商标知识和商标法制宣传，使全社会更加关注商标保护，各级政府更加重视商标工作；尊重劳动、尊重知识、崇尚创新、诚信守法的商

标保护社会环境、文化环境、法治环境逐步形成；商标促进经济发展的作用明显提升。

2. 通过实施商标战略，商标数量持续增长

切实增强企业商标意识，促进商标注册申请量持续增长。积极引导企业增加自主商标拥有量，逐步实现与我国总体经济规模相适应，与我国的对外贸易地位相适应。

3. 通过实施商标战略，进一步强化商标注册和管理能力，充分发挥工商行政管理机关维护市场秩序的重要作用

进一步提高服务水平，加快商标审查、商标案件评审进度，使商标审查、评审周期达到国际先进水平。强化商标行政执法，使商标权保护状况明显改善，商标使用行为更加规范，侵犯注册商标专用权行为显著减少，商标在构建统一、开放、竞争、有序的现代市场体系中发挥更加重要的作用。

4. 通过实施商标战略，切实提高注册商标质量，全面提升注册商标的生命力和竞争力

积极促进企业商标管理制度进一步健全，运用商标参与市场竞争的能力明显提升。大力培育、发展一批驰名、著名商标，努力使商标成为更多企业的重要竞争力，成为国家综合实力的重要组成部分。

5. 通过实施商标战略，支持鼓励更多的企业走向世界，积极参与国际市场竞争

加强我国企业马德里国际注册的宣传和培训，加快国际商标的审查和转报，提高国际商标注册的数量和质量，使拥有自主商标的出口产品和服务大幅提升，商标成为我国企业实施"走出去"战略的有力支撑。

6. 通过实施商标战略，加强商标国际交流与合作，努力使我国的商标工作达到国际先进水平

大力拓展同世界知识产权组织等国际组织、与我国经贸关系密切国家的交流与合作，积极参与商标国际规则的制定，维护我国企业的海外商标权益，扩大我国在商标领域的国际影响，努力使我国的商标工作达到国际先进水平。

（二）全面完成实施商标战略的各项任务

1. 稳步推进《商标法》的修订工作，积极完善配套法规规章

1982 年制定并经两次修改的《商标法》，在加强商标注册、运用、保护和管理，促进经济社会发展中发挥了重要作用，但随着形势的变化，有的内容已不能适应我国市场经济发展的需要，加快修订《商标法》显得十分迫切和必要。从 2003 年开始，总局积极开展了《商标法》修订的有关工作。在认真调研、深入论证、广泛征求意见的基础上，2008 年 5 月，总局召开《商标法》修改专题研讨会，确定了适应形势发展和商标战略需要，简化和完善商标确权程序，进一步加大商标专用权和地理标志保护力度，加强商标代理监管，为中外商标申请人提供更好的服务，努力使商标法达到国际水平的修改目标。目前已形成《商标法（修订稿）》，正在再次征求国内外有关单位的意见，争取尽快上报国务院审议。同时，《商标法实施条例》《商标代理管理条例》等配套法规规章的修改、制定工作也正在着手进行。各地工商行政管理机关要积极配合地方立法部门，加强商标地方法规规章建设，共同为实施商标战略、促进经济社会又好又快发展，提供坚实的法律制度保障。

2. 立足基本职能，创新监管模式，全面提升商标注册、管理、运用和保护能力

——全面提升商标注册能力。一是加强商标注册管理，提高审查效率，缩短审查周期，确保审查质量。到 2010 年底，彻底解决商标注册申请严重积压问题，商标审查周期缩短至 12 个月之内，商标审查工作达到国际水平。二是进一步完善公正、高效、科学的商标评审制度。借鉴国外先进经验，逐步理顺商标评审工作体制机制，全面提升商标评审效率与质量，充分保障商标权人和社会公众的合法权益。三是按照国家完善公务员分类管理制度的总体要求，建立完善适应商标战略实施需要的商标审查人员和商标评审人员管理制度。进一步完善商标审查、评审工作激励机制。

——全面提升商标运用能力。一是着力推进商标市场化运作。积极引导企业加强商标使用许可力度，提高商标的市场认知度，防止无形资产闲置，商标价值进一步延伸。支持和鼓励企业利用商标出质、出资，充分发掘商标权的市场价值，发挥无形资产的融资功能。二是充分发挥农产品商标和地理标志在服务"三农"和统筹城乡、区域发展中的推动作用。积极引导、支持农业生产、经营者运用农产品商标和地理标志增产增收，将资源优势转化为品牌优势和市场竞争优势，发展农业产业化经营，促进农产品加工业结构升级，推进农业结构战略性调整。三是充分发挥商标协会的作用。积极引导企业运用商标战略，提升商标知名度，提高企业运用商标的能力。四是重视发挥展会经济的作用。引导和鼓励企业利用各种展会、

交易会，发挥展会资源的集合、联动效应，提高商标的市场竞争力，促使其价值和效益的最大实现。

——全面提升商标保护能力。一是指导企业主动自觉维护自身商标权益，增强商标保护意识，建立完善商标发展保护机制，创新商标保护技术手段，不断提高企业自主商标发展保护能力。二是不断加大商标侵权假冒行为打击力度。健全有效工作机制，严厉打击商标侵权假冒行为，认真做好上海世博会和广州亚运会知识产权保护工作。三是加强沟通与协作。积极配合司法机关，做好涉嫌商标犯罪案件移送工作。加强与其他知识产权部门的沟通与协作，形成打击商标侵权的合力。

——全面提升商标管理能力。一是引导企业加大对商标管理的投入。引导企业培养、引进商标专业人才，加大商标研发力度，提升商标附加值，充分利用商标权发展和保护自己。二是加大对基层商标工作的扶持、指导和监督。加强商标数据开发利用，为地方实施商标战略提供更多的信息支持。进一步规范商标行政执法，提高办案效率和质量。加强沟通与协调，做好大要案件的查办工作。三是加强商标审查、商标异议、商标评审及驰名商标认定等工作制度建设。进一步明晰工作职责，细化工作标准，规范工作程序，提高工作效率，形成权责一致、分工合理、决策科学、监督有力的管理体制。四是继续发挥行业协会的优势，加强对商标代理机构的监管。进一步引导和规范商标代理机构加强自律，提升服务水平，促进商标代理服务市场健康有序发展。

3. 积极培育我国自主国际知名商标，充分发挥商标在建立创新型国家中的重要作用

一是在商标注册、运用、保护和管理等各个环节，充分运用各种政策措施，引导、支持和激励企业成为商标使用、自我管理与保护的主体。分类指导和支持市场主体实施商标战略，充分发挥商标在市场经济中的作用，提升企业市场竞争力。创新使用驰名、著名商标制度，积极培育我国自主国际知名商标。二是适应农业结构战略性调整的需要，继续推动商标工作向农村延伸。适应发展农业产业化经营、促进农产品加工业结构升级的需要，扶持发展龙头企业，积极培育知名商标。加大农产品注册商标和地理标志保护力度，支持发展绿色食品和有机食品，充分发挥农产品商标和地理标志在服务“三农”中的推动作用。要抓紧筹备今年 11 月在重庆召开的亚太地区地理标志国际研讨会。三是深入开展实施商标战略示范城市、示范企业工作。跟踪调查、全程评测，积极发挥示范作用，认真总结推广先进经验。

4. 积极应对经济全球化发展，鼓励、支持我国企业实施商标“走出去”战略

一是加强马德里国际注册宣传、培训和咨询。选择国际注册较多的省市，有步骤地开设培训班，帮助企业丰富商标国际注册知识。加强国外商标法律研究，更好地为企业提供商标国际注册法律咨询与服务。二是根据我国实施对外开放和“走出去”战略的要求，指导更多的企业进行商标国际注册，鼓励企业在国外创建有影响力的民族品牌，不断提升企业品牌形象。三是加强与我国驻外使领馆的沟通与交流，多方面收集企业海外注册和维权信息，建立专门的商标国际注册及保护数据库，为企业海外维权提供全面的信息服务。

5. 努力拓展国际交流合作的广度和深度，不断提高我国在商标领域的国际地位

继续加强与世界知识产权组织、世贸组织、亚太经合组织等国际组织的交流与合作，不断巩固与美日欧等国家、地区及港澳台地区的工作机制，积极争取与非洲、拉丁美洲地区建立合作关系，进一步拓展商标国际交流与合作的渠道。重点开展以下工作：一是学习、借鉴国外商标主管机关在立法、执法等方面的有益经验，不断提高我国商标注册、保护、运用和管理工作水平。昨天，我给世界知识产权组织总干事高锐写信，请他对《商标法》修改稿提出修改意见。二是大力宣传我国的商标法律制度和做法，正确引导舆论，让国际社会充分了解我国对商标专用权保护的态度、决心以及取得的显著成就，树立我国政府有效保护商标专用权的良好形象。三是积极参与或主办在商标领域有重大影响的国际会议，不断增加国际话语权，积极参与制定商标国际规则，扩大我国在商标领域的影响力。四是逐步构建与有关国家和地区商标主管机关及商标审判机关的快速反应机制，及时就商标领域的重大事件进行沟通，增进了解，减少摩擦，为我国对外贸易和经济发展创造良好的国际商标保护环境。

6. 加快商标管理与公共服务信息化建设

一是积极开发“电子商标注册簿”，完善商标电子档案系统，充分利用商标数据库，更大发挥商标数据作用，为各地实施商标战略、促进经济社会发展服务。二是积极推进商标注册与管理自动化系统三期工程建设，充分利用计算机技术提高商标注册效能。三是积极完善商标网上申请系统、

商标网上查询系统和商标网上公告系统，充分利用现代网络技术服务商标申请人和社会公众。四是积极推进中国商标网外文网站建设，加大国际宣传力度。

7. 进一步加强商标战略宣传力度，提高全社会商标意识

积极开展“商标进企业”、“商标进农村”、“商标进社区”等宣传活动。以知识产权宣传周、《国家知识产权战略纲要》发布纪念日为契机，积极采取新闻发布会、论坛、研讨会等多种形式，充分利用报纸、电台、网络等多种媒体，大张旗鼓地开展商标战略宣传活动，切实提高全社会商标意识，努力形成重视注册商标、精心培育商标、主动运用商标、自觉保护商标的良好氛围。大力弘扬以尊重和保护商标专用权为荣、以侵权假冒为耻的道德观念，增强消费者自觉抵制假冒伪劣商品的意识。

四、加强组织领导，密切协作配合，扎实有效推进商标战略的实施

贯彻落实《国家知识产权战略纲要》、大力推进商标战略的实施，是一项艰巨的任务和长期的工作，事关大局，涉及长远，必须加强组织领导，密切协作配合，确保取得实效。

（一）加强组织领导，建立健全实施商标战略的体制机制

总局已成立商标战略实施领导小组，全面负责商标战略实施的组织领导工作。领导小组的主要职责是，统筹规划商标战略的实施工作，研究制定商标战略实施意见以及年度实施方案，指导、督促、检查有关政策措施落实情况，协调解决商标战略实施过程中的重大问题，在人、财、物上充分保障商标战略的实施。各省、自治区、直辖市工商局都要结合本地实际，建立领导机构，落实各项要求，扎实有效地开展商标战略实施工作。各地商标战略领导机构及其办事机构，要报总局商标战略实施领导小组办公室。

（二）密切协作配合，积极推进商标战略的全方位实施

1. 按照部际联席会议要求，加强部际沟通协调

2008 年 11 月，国务院建立了实施国家知识产权战略部际联席会议制度，下发了《实施国家知识产权战略纲要任务分工》。总局及时制定下发了《国家工商总局实施国家知识产权战略纲要任务分工》，将《国家知识产权战略纲要》80 项任务分工中涉及总局的 40 项任务，逐项分解到了各司局和直属单位。我们要切实加强与部际联席会议成员单位的沟通协调，整体推进国家知识产权战略的实施。

2. 加强总局内部各司局的协作配合

总局《实施意见》任务分工中明确的任务，涉及总局 18 个司（局）和直属单位。各单位要在总局商标战略实施领导小组的统一指挥下，切实履行职责，做好工作。牵头单位要主动承担任务，协办单位要积极协助配合，领导小组办公室要做好上传下达、沟通协调的工作，充分发挥作用，圆满完成各项任务。

3. 加强总局与各地方局的沟通联络

一是建立工作情况通报制度，及时总结推广先进经验。二是加强全国商标信息化建设，建立业务信息互联互通、信息数据共享共用的商标信息网络系统。三是积极开展实施商标战略试点示范工作。今年，总局将在各省（自治区、直辖市）确定一个城市和一家企业作为国家商标战略实施示范城市和示范企业，通过发挥先进典型的指导和示范作用，辐射和带动全局。各地要认真做好试点示范城市、企业的推荐培育工作。

4. 积极推动制定地区和行业商标战略

各级工商行政管理机关要为本级政府当好参谋，密切配合各地制定适合本地经济社会发展要求的商标战略。积极推动行业主管部门和行业协会的品牌发展规划工作。大力支持产业振兴规划中的品牌建设工作。

（三）切实加强自身建设，不断提高实施商标战略的能力和水平

一是加强培训，全面提升商标战略组织实施工作水平。2009～2010 年，总局将分三批对全系统地市以上工商局分管局长进行商标战略全员培训，各地也要积极开展商标战略培训工作。二是加强对商标工作人员的教育、培养和管理，不断提高实施商标战略、做好商标工作的能力和水平。注重选拔招聘高素质人才从事商标工作，更好地推动商标战略的实施。鉴于商标工作专业性较强，各级工商行政管理机关要保持商标工作人员的稳定。三是加强基础设施建设，为全面实施商标战略提供物质支撑和保障。

同志们，贯彻落实《国家知识产权战略纲要》、

大力推进商标战略的实施，是摆在我们面前光荣而艰巨的任务，工商行政管理机关肩负的责任十分重大。我们要在以胡锦涛同志为总书记的党中央坚强领导下，在各有关部门的大力支持下，开拓进取，勤奋工作，狠抓落实，务求实效，扎实推进商标战略的实施，为促进经济社会又好又快发展作出新的贡献，以优异的成绩迎接新中国成立六十周年！

在《植物新品种保护条例》实施十周年庆祝活动上的讲话

（2009 年 4 月 23 日）

农业部副部长　张桃林

尊敬的沃尔夫·爵顿副秘书长、田力普局长，
各位来宾，女士们，先生们：

在世界知识产权日即将到来之际，我们在这里隆重举行中国实施《植物新品种保护条例》和加入国际植物新品种保护联盟十周年庆祝活动，总结十年来中国植物新品种保护工作取得的成绩和经验，表彰为植物新品种保护事业发展作出突出贡献的先进集体和个人，谋划新时期植物新品种保护工作。首先，我代表农业部向获奖单位和个人表示热烈的祝贺，向各位来宾表示诚挚的欢迎，向长期以来关心支持中国农业植物新品种保护事业的各界朋友表示衷心的感谢！

10 年前的今天，中国受理了由袁隆平院士为主要培育人的第一个品种权申请。同时，中国加入了国际植物新品种保护联盟，成为第 39 个成员。10 年来，在中国政府的高度重视和有关部门的大力支持下，经过各级农业行政主管部门和农业企事业单位的共同努力，农业植物新品种保护事业从无到有，从小到大，取得了长足发展，在激励育种创新、提升种子产业核心竞争力和服务现代农业发展等方面取得了显著成效。

一是加快建立适应中国国情、符合国际惯例的农业植物新品种保护法规体系，基本形成了适应发展需要的组织体系。为配合《植物新品种保护条例》的顺利实施，农业部先后制定了《植物新品种保护条例实施细则（农业部分）》、《农业植物新品种权侵权案件处理规定》等部门规章，植物新品种保护工作逐渐步入法制化管理轨道。农业部组建了植物新品种保护办公室和复审委员会，各省农业行政部门也相应成立了植物新品种保护执法机构。部分科研单位也成立了专门的知识产权管理机构，四川省种业界率先成立了“四川省农业植物新品种保护协会”。一个由农业科研、执法、种子等职能部门协同配合，农业企事业单位和各类中介组织积极参与，适应中国国情的植物新品种保护组织体系初步形成。

二是全面夯实农业植物新品种保护技术支撑体系，提升了品种权审批能力。农业部在全国建立了 1 个测试中心和 14 个测试分中心，建立了植物新品种繁殖材料保藏中心，组建了审查和测试专业人才队伍，组织研制完成了玉米、水稻等 109 种植物新品种测试指南，发布了大豆、柑橘、兰属、番茄、茶属等 52 种测试指南国家标准，先后公布了 7 批农业植物新品种保护名录，受保护的农业植物达到 74 个属或种。农业植物新品种申请量和授权量快速增加，年申请量由 10 年前的 115 件攀升到 2008 年的 868 件，自 2004 年以来一直位居国际植物新品种保护联盟成员第 4 位。

三是大力推进品种权交易服务，加速了品种权转化应用。农业部先后在洛阳、成都、扬州和莱州等地举办了四届全国农业植物新品种展示交易会，展示了全国农业育种创新和品种权保护最新成果，加强了新品种研发、繁育、销售和使用等各环节的信息交流，推进了授权品种供需对接和转化应用，授权品种已成为促进粮食增产的重要力量。据 2007 年对推广面积 10 万亩以上的主要粮食作物品种统计，授权品种已占全国水稻播种面积的 19.18%，小麦的 38.38%，玉米的 50.73%。

江苏省80%以上的授权品种得到了推广应用，实现了产业化；山东省授权品种转让率达45%以上，转让费突破亿元，推广面积3亿多亩。

四是努力维护品种权人合法权益，调动了社会资源投入育种创新的积极性。我部先后在全国22个省市开展农业品种权行政执法试点，积极探索品种权行政执法模式。湖南省每年安排500万元专门经费改善基层执法条件，提高执法能力。截至2008年，全国农业行政机关共受理各类品种权案件1123件，有力打击了各类品种权违法行为，保障了品种权人合法利益，调动了社会资源投入新品种选育的积极性。企业日益成为新品种培育的主体，在国内品种权申请总量中，企业和个人申请达到了40%。涌现出了山东登海、国豪种业、江苏明天和吉农高新等一批拥有自主知识产权、创新能力强的大型种子企业。

五是积极开展国际合作交流，推进了植物新品种保护领域的互利互惠。农业部积极参与了国际植物新品种保护联盟系列活动，承担完成了国际植物新品种保护联盟茶树测试指南的研制，成功承办了第35届大田作物技术工作组会议，并正承办第43届蔬菜技术工作组会议。积极参与"东亚植物新品种保护论坛"的筹建及相关活动，举办技术培训和研讨，大力推进东亚地区植物新品种保护事业发展。大力开展与德国、法国、荷兰、美国、日本和韩国等国家植物新品种保护管理和技术交流，增进了相互了解和信任，在中国申请新品种保护的外国育种者不断增加。截至2009年3月底，我部受理了来自14个国家的品种权申请291件。中国植物新品种保护制度的建立与实施，为外国企业进入中国市场并依法获取利益提供了法律保障。同时，新产品的不断引进和开发也满足了中国消费者多样化的生活需求。

虽然中国农业植物新品种保护事业取得了一定成效，但与新时期、新阶段知识产权事业和现代农业发展需求相比，还存在一些薄弱环节。植物新品种保护意识仍需提高，技术支撑体系、执法体系建设尚需进一步加强，植物新品种保护制度在促进资源优化配置、引领企业创新、推动产业发展等方面的作用还需进一步强化。这些问题需要我们在今后工作中，采取切实有效措施加以解决。

植物是地球上人类赖以生存的最重要的生物资源，改善现有的植物品种并培育新的植物品种是农业科技工作的重要方面。中国是一个有着13亿人口的大国，人民的食物来源主要依靠谷物，这就要求我国的农业生产特别是粮食生产长期保持稳定。我国地域辽阔，土壤和气候类型复杂，为了适应不同地区、不同种植条件和不同经济用途的多种需要，迫切要求育种工作者培育出丰产的粮食品种、含油量高的油料作物品种以及果蔬棉麻等作物新品种。此外，植物新品种还可以提高油料作物的出油率，改善果蔬作物的产品口感和营养含量，并且能培育出抗旱耐碱抗风沙等许多有实际应用价值的植物新品种。因此，加快植物新品种培育，加强植物新品种权保护有着十分重要的现实意义。我们要按照《国家知识产权战略纲要》和《"十一五"农业植物新品种保护发展规划》精神要求，采取更加有力的措施继续推进农业植物新品种保护事业发展，不断提高植物新品种的创造、保护、应用和管理能力，努力将我国种质资源优势转化为品种权优势，为保障农产品有效供给、提高人民群众生活水平、改善生态环境提供有力支撑。

一是要加快完善符合我国国情的法规体系。从健全农业育种创新激励机制入手，完善侵权行为举证责任制，明确行政执法管辖，强化品种权行政保护力度，加强与其他类型知识产权制度的衔接，进一步健全植物新品种保护制度，逐步形成既符合我国国情又与国际接轨的法规体系。

二是要加快建设适应发展要求的技术支撑体系。加快研制植物新品种测试指南和DNA鉴定技术，扩大植物品种保护范围。通过技术交流、研讨和培训，加强人才队伍建设，努力提高新品种审查测试技术水平和能力。加强植物新品种审查测试数据库信息平台建设，推动资源共享，提高品种权审批效率和透明度。

三是要加快构建具有中国特色的植物新品种保护体系。加强品种权行政执法体系建设，积极构建与工商、海关以及司法部门的执法联动机制，规范市场秩序，构建公平、有序的品种权实施环境。加强对农业企事业单位的政策引导，促进育种创新成果的知识产权化、商品化和产业化。充分发挥品种权中介机构和行业协会的组织协调和服务功能，加强行业自律。通过不断建设和完善，加快形成权责一致、分工合理、执行顺畅、监管有力的植物新品种管理体系。

四是要加强宣传培训，切实提高公众的品种权意识。利用多种渠道，采取多种方式，组织社会团体和公众广泛参与植物新品种保护宣传培训，促进形成尊重知识、崇尚创新、诚信守法的知识产权社会氛围。

国际植物新品种保护联盟作为协调植物新品种保护国际事务的组织，在推进全球植物新品种保护事业协调发展方面发挥着日益重要的作用。农业部将继续加强与国际植物新品种保护联盟及其成员的合作，履行中国政府的各项承诺，参与各项事务，加强沟通，增进了解，共同促进农作物育种技术和农产品国际贸易发展。

朋友们、同志们，实践证明，依法保护植物新品种，有利于激发育种科技工作者的创新热情，提高育种持续创新能力；有利于种子企业增强市场竞争优势，促进企业发展壮大；有利于广大农民获得优良新品种和新技术，分享农业科技发展带来的实惠。让我们抓住机遇、迎接挑战，乘势而上、继往开来，努力创造植物新品种保护事业更加美好的明天，为提高农业科技创新能力，保障主要农产品有效供给，推动农村经济社会又好又快发展做出新的更大贡献。

谢谢大家。

在2009年全国侵权盗版及各类非法出版物集中销毁活动北京主会场上的讲话

（2009年4月22日）

新闻出版总署副署长
全国“扫黄打非”工作小组副组长兼办公室主任
蒋建国

根据全国“扫黄打非”工作小组的统一部署，今天，全国31个省、自治区、直辖市“扫黄打非”工作领导小组在同一时间，举行2009年全国侵权盗版制品及各类非法出版物集中销毁活动。这次销毁活动力度大、规模大、声势大，全国销毁的盗版和走私音像制品、盗版软件电子出版物、盗版图书及非法报刊共计4685万件，其中在北京主会场销毁的达200万件。大规模销毁活动的意义在于，进一步表明我国政府打击侵权盗版、保护知识产权的坚定立场和坚强决心，展示打击侵权盗版的重大成果，震慑违法犯罪分子，动员更广大人民群众参与到打击侵权盗版、保护知识产权工作中来。

“扫黄打非”工作是关系中国特色社会主义事业全局的重要工作，是我国在新的历史条件下管理文化市场的成功模式，是确保国家文化安全的有效办法。坚决打击各类侵权盗版出版物始终是“扫黄打非”工作的重要任务。今年以来，在全国深入开展的“扫黄打非”第一阶段集中行动中，通过清市场、端窝点、打团伙、破网络，查缴了一大批侵权盗版出版物，查处了一大批侵权盗版出版物案件。全国已收缴各类非法出版物1656万件，其中侵权盗版出版物1546万件，查处侵权盗版出版物案件2024起。从4月12日开始的全国清缴整治低俗音像制品专项行动至今只有10天时间，已取得重要成效，收缴低俗、淫秽色情光盘和侵权盗版光盘近300万张，其中一部分是盗版境外的“三级片”。比这更重要的是，广大人民群众自觉拒绝抵制低俗音像制品，积极检举揭发制售低俗音像制品的违法行为，全社会呈现出群防群治的良好局面。

长期以来，我国政府认真履行对国际社会的承诺，高度重视打击侵权盗版、保护知识产权工作，并把这项工作作为国家战略来抓，逐步形成了较为完备的工作体系。这个体系包括制定完善“一法七条例”等法律法规，建立健全文化市场长效监管机制，组建成立基层文化市场综合执法队伍，始终保持打击侵权盗版活动的高压态势。同时，通过改革创新、加强管理、降低成本等措施，提高正版文化产品的市场竞争力，不断满足人民群众的文化需求。现在，打击侵权盗版已经是一个国际性问题，面对侵权盗版日益严重的全球化、网络化、规模化趋势，我们呼吁进一步加强国际合作，共同打击侵权盗版犯罪活动。

今天，在全国集中销毁活动的各个现场，还启动了千万市民及青少年参加的“打击侵权盗版、保护知识产权”签名活动，发放倡导“拒绝盗版、从我做起”的绿书签。我们希望通过这一系列活动，让开展“扫黄打非”的意识更加深入人心，让参与“扫黄打非”的行动更加自觉主动。希望全国“扫黄打非”战线的同志们，进一步发挥主动性、掌握主动权、打好主动仗，坚定不移地推进“扫黄打非”工作向纵深发展，以“扫黄打非”和打击侵权盗版的新成绩向新中国成立60周年献礼！

我们有能力解决网络环境下的版权问题

——在2009中国版权年会上的讲话

（2009年11月20日）

新闻出版总署副署长　阎晓宏

1709年，英国议会通过了世界上第一部著作权法——《安娜法》。三百年来，在技术进步和社会需求两个轮子的推动下现代版权制度发生了巨大的变化。首先是版权保护作品的种类、权利的种类日益丰富，从版权制度刚刚诞生时仅限于图书这样单一的作品介质，发展到声光电等作品介质，现在又发展到网络环境下的作品和权利。版权权利人、使用者的范围也已经扩展到社会大众。在中国，版权制度起步较晚，1910年清朝政府颁布了《大清著作权律》，但这是一部没有真正实施的法律。新中国成立以后，真正开始实施版权保护是在改革开放之后。

改革开放到现在，已有30年的时间，这对一个人来讲是非常漫长的，但在历史进程中却是非常短暂的。我们回想一下，30年前版权在中国是一个什么样的情形，20年前、10年前是一个什么样的情形，我们可以深切感受到版权制度在中国发生了巨大的变化，版权在深刻地影响着社会。时代在进步，中国的版权事业也得到了快速发展。我们现在感觉到，版权已经是一个任何人都不能忽视的问题，这不仅仅在于我们每个人都需要使用版权作品，另外很重要的一个方面，就是我们不能忽视版权给经济生活、社会生活所带来的巨大变化。现在人们已经不仅仅把版权作为个人的权利或者文化的消费品，我们越来越清醒地看到，版权对经济发展的推动作用也是越来越大，版权日益成为经济发展的战略性资源和国际竞争力的核心要素。我最近看到美国国际知识产权联盟的统计显示，美国版权产业在GDP和就业量中的比重已经超过了6%和4%，对2007年美国经济的总体增长贡献率达到了22%，成为国民经济各行业中生产率最高、成长最快的部门之一。所以，版权已经不仅仅是个人的权利，同时也成为推动社会进步的一支重要力量。

我们已经充分认识到，保护包括版权在内的知识产权，是中国转变经济发展方式、缓解环境资源约束、提升国家核心竞争力的内在要求，加强知识产权保护，符合中国自身发展的长远利益。去年6月，国务院颁布《国家知识产权战略》，把知识产权问题上升到国家发展战略的层面，这是前所未有的。在今年的政府工作报告中，温家宝总理把知识产权战略、科教兴国战略和人才战略并称为推动中国建立创新型国家的三大战略。所以，我们一方面感到版权事业取得很大成绩，面临着很好的机遇，前途非常光明，但同时也感到责任和压力很大，也还存在着很多的问题。我们今天年会的主题是“数字环境下的版权资源开发和价值提升”，我想，从这个主题中也能看出版权工作面临着前所未有的机遇和挑战。

目前，我国互联网用户已经有3亿多人，其中绝大多数是宽带用户，手机上网用户也超过1.5亿，显示出巨大的市场规模和发展潜力。根据互联网实验室的分析，到2011年左右互联网的发展会迈上一个新的台阶，中国的网民将达到5亿～6

亿,网络将深入到社会生活的方方面面,互联网将深刻地改变人们的思维和生活方式。但与此同时,互联网改变了传统的信息拥有者、传播者和使用者之间的利益格局,网络环境下的版权问题也越来越凸显出来。

第一,大量的数字作品在互联网上使用,应该遵循一个什么样的原则?这是我们不能回避的现实问题。经过几年的发展实践,大家都已经意识到,在互联网发展的过程中,版权是绕不开的一个话题。第二,互联网给版权带来了什么问题?互联网给传统版权制度带来的挑战,是一个需要全球共同面对的问题。在今年的世界知识产权组织成员国大会上,新任总干事加利先生在工作报告中指出,世界知识产权组织现在面临最大的问题是互联网环境下的知识产权问题,而不是传统意义上的南北争议。互联网环境下的知识产权问题是什么?大家都知道,主要是版权问题。大家最近都很关注 Google 的问题,很多人认为 Google 的问题是中国和美国的问题,实际上 Google 的问题是美国的传统出版者、作者与数字产业的冲突问题,这样的争议延展到世界各国也包括中国,所以这是一个全球的问题。解决的方式是什么?答案不是取消版权制度(虽然在出现困惑的时候,当互联网环境下授权问题难以解决的时候,有人提出过这样的问题),而是发展它。我想著作权制度发展三百年,它的包容性是很强的,制度在不断的完善,包容了更多的人类知识要素,并促使这些知识要素在市场条件下有序流动和结合。因此,互联网现在面临的版权问题也需要我们用一种积极的态度来看待。人类创造了互联网,就应该有能力来解决互联网的问题。

现在,无论是政府层面还是学术界的层面,无论是产业界还是权利人组织,都开始思考这个问题并逐步达成共识,从过多的指责开始进行合作。我们在一些最重要的问题上得到了趋同,大家共同认识到解决这个问题必须在遵循著作权制度的基本原则的前提下解决,而不能寻求其他的模式,不是在虚拟世界有一个著作权制度,而在现实生活中又有一套著作权制度。因为著作权制度从产生到现在来看,它是不断适应人类实践的发展、并在不断地解决前进中的问题。

现在大家讲到的困惑是什么?一方面作品授权的基本原则是不能发生变化的,这是著作权的基础;另一方面,我们在网络环境下按原有的方式又不能解决授权使用问题,似乎形成了一个悖论。我们非常赞成现在知识产权界以及相关产业界就这个问题开展的积极讨论,这种积极的讨论使我们认识到,我们必须在著作权制度的基本原则基础上寻求新的观念突破、新的理论建构和新的制度设计。要有创新和突破才能破局,但这种创新和突破不能背离著作权制度的基本精神。著作权制度的基本精神是什么?是鼓励创新,鼓励知识创造,而且在尊重知识创造的前提下寻求各种授权的使用方式,这是最基本的原则。另一个原则是我们需要找到一个平衡点,使权利人和使用人之间达到一个平衡。找不到这个平衡点的话,我们可能难以解决问题,找到这个平衡点,就能促使网络环境下的版权问题向前进一步。

所以,我们赞成修订现有的著作权制度。法律制度不是墨守成规的,要根据实际情况进行创新和突破。在这样的前提下,我们特别希望大家都能够充分认识到在互联网环境下版权的价值。挖掘版权的价值首先要承认版权作品(各种形式的版权作品)是人们智力的成果,要承认版权的价值,要尊重智力成果的创造。同时,要加强对互联网环境下版权的保护力度,对恶意、随意大量使用他人作品的使用者,要按照现行法律法规进行查处,否则网络环境下的版权秩序就会发生混乱。当然我们还要不断完善版权中介和社会服务体系,积极地解决授权问题,以利于科学文化作品在网络环境下的广泛传播。我相信,通过我们大家的共同努力,网络环境下的版权创造、运用、保护和管理水平必将大大提高,必将推动互联网产业的大发展。

在商标局2009年商标注册申请审查突破百万总结大会上的讲话

（2009年9月16日）

国家工商行政管理总局副局长　付双建

同志们：

在金秋收获的季节，在庆祝新中国成立60周年的喜庆日子里，9月15日，商标注册申请审查突破百万，达100.5万件。听到这个消息，我们感到无比喜悦、无比激动和无比自豪。这个日子应该说是一个重要的日子，也是一个商标工作者为之骄傲的日子。在此，我代表总局党组，代表周伯华局长向商标局，向商标局全体工作人员和全国商标工作者表示热烈的祝贺和诚挚的问候！向大家表示衷心的感谢！

为了庆贺这个日子，总局向商标局以及商标局全体工作人员发出贺信，召开了新闻发布会向新闻媒体通报，同时也向有关国际组织及有关国家和地区商标管理部门通报。这些都是非常重要、非常必要的，它让外界充分了解我国商标工作取得的最新成绩和最新情况，充分展示我们商标人的精神面貌，提振我们发展商标事业的信心。

今天下午商标局召开总结大会，这个会既是一个庆祝会，又是一个再次鼓劲的会。借此机会，我讲两点意见。

一、意义重大，可喜可贺

商标审查突破“百万”大关，不仅是个数量概念，更有着很深的内涵。

第一，证明总局党组3年解决商标审查积压的决策和一系列支持政策是正确的，各个部门支持的重要作用也是非常明显的。由于经济社会的发展对商标的需要，近些年，商标注册申请量每年以几十万件的数量在增加，导致商标审查积压。为解决这个问题，总局党组高度重视，多次研究，提出明确的指导思想，作出重大决策，给予了非常重要的支持。总局对商标工作的支持政策是前所未有的，在国家机关中也不多见。如招聘商标审查辅助人员、商标局处室结构调整、完善激励机制、加强绩效管理、提拔干部时向商标局倾斜等，每项政策的作用都非常大。

第二，彰显了商标局领导班子的凝聚力、执行力和商标局全体干部职工的战斗力与活力。总局决策再好，没有一个班子按照要求去执行，这个班子不能把大家的热情调动起来、凝聚起来，员工不能按照我们两级组织的决策去努力，那也是空的。事实证明，商标局领导班子、商标局这支队伍是坚强有力的，特别有战斗力，在关键时候、关键任务面前，能够冲得上、打得赢。

第三，预示着为完成解决商标审查积压这个任务奠定了良好的基础，三年目标能够如期实现。八个半月审查突破“百万”大关，可以计算出日审查量达到3876件，月审查量达到117 647件。以这个速度计算，年审查能力能达到140万件，预示着我们三年目标能够如期实现。

第四，标志着商标审查能力大幅提高，完全能够适应经济社会发展对商标注册的新需要。近十年来，我国经济社会发展对商标审查的要求与我们审查能力不足的矛盾是一个突出矛盾，这个突出矛盾到目前可以说能够解决了。这是了不起的，提振了企业对商标申请的信心。在国际金融危机的冲击下，世界上大多数国家的商标注册申请量都在下降，有的降幅还很大，而我国今年商标注册申请量是上升的。截至今年8月底，商标注册申请量达52万件，与去年同期相比增长13.05%。近两年我们不断提高的审查速度是商标申请量上升很重要的一个原因。

第五，标志着商标战略实施取得重要进展，为五年达到国际水平奠定了坚实基础，为经济社会发展作出显著贡献。2009年6月2日，总局制定并发布了《关于贯彻落实〈国家知识产权战略纲要〉大力推进商标战略实施的意见》。商标战略着眼于 2020 年，是未来 12 年商标工作的中长期规划。战略分为三个阶段，我们还处在第一个阶段，加快商标审查，解决商标审查积压问题取得了重要进展，为我们五年达到国际水平奠定了坚实基础，为我们国家经济社会发展作出显著贡献。

突破百万这一数量大关是重要的，没有数量是难以想象的。如果还是一年审查几十万件，三四十万件，那么真的是难以想象，但数量中的内涵更重要。所以说突破“百万”大关意义重大，可喜可贺。我在会见外国代表团的时候，介绍我们国家商标审查情况时说去年审查了 75 万件，他们都很惊讶，对他们来讲这是一个很大的数字。我想他们今天会更惊讶，因为我们审查突破了百万件，将来我们还会让他们再一次惊讶。

二、任重道远，仍需努力

我们已经取得了很好的成绩，我们仍将继续前行，取得更好的成绩，直至赢得最后的胜利。我们要正视目前存在的困难和问题，消除一切不利因素，统一思想，坚定信心，再创佳绩。虽然我们取得了审查百万件的成绩，审查周期也在不断缩短，但问题仍然存在，困难依旧存在。

第一，商标审查积压仍然严重，到目前有 137 万件商标积压待审，商标注册申请以每年 70 万件的数量增长，不可过分乐观。

第二，随着审查数量的增加，审查质量问题日渐突显，商标异议、商标驳回复审数量也在大量增加，给异议裁定、商标评审等后续程序带来压力。

第三，我国已是商标大国，但还不是商标强国。五年达到国际水平，乃至五年以后继续发展，仍是一个长期的、艰巨的任务。

第四，随着各国经济企稳回升，贸易摩擦不断发生，商标知识产权成为各国竞相关注的领域，会对我国形成一定的压力，产生摩擦，提出新的要求。最近，多边和双边的会谈，涉及知识产权保护，涉及商标领域的事情也逐渐增多。在这种情况下，我国企业要加快实施商标“走出去”战略。与此同时，国际商标维权任务将越来越重，我们要未雨绸缪，加紧研究如何加快商标国际注册和建立海外维权机制等问题。

第五，实施商标战略，商标的注册、运用、管理、保护还有很多新问题、新领域需要我们去解决，去发展。实施商标战略是个系统工程，需要我们认真研究，及时解决各种新问题。我们在欢庆商标审查突破百万件的同时，一定要冷静，不能盲目乐观；要早做筹划，不能只看眼前；要持续发展，不能满足现状。

实际工作可能比我想象的刚才列举的这些还要多，特别是我们在座的有很多是“老商标人”了，你们对这个问题的看法可能比我还要尖锐。在这里，我提几点要求。

（一）坚定信心，一鼓作气，坚决实现 2010 年彻底解决商标审查积压问题的目标

到 2010 年解决商标积压问题，是总局党组的决策，是我们向社会作出的承诺，也是经济社会发展对我们提出的要求，所以我们必须完成，要坚定信心，一鼓作气。一是劲可鼓，不可泄。要认真总结成功的经验，发扬连续作战的作风，统一思想，坚定信心，树立咬定目标不放松、不达目的不罢休的思想。二是充分发挥我们体制机制政策的优势，优化各个工作环节，为完成 2010 年任务提供组织保障和政策保障。三是进一步明确责任目标，充分调动各方面的积极性，使目标任务真正落到实处。

（二）乘势而上，积极实施，力争到 2012 年使我国商标工作达到国际水平

关于《商标工作五年达到国际水平的总体规划》，经过我们多次征求意见，多次修改，现在已基本成熟，成稿以后将报总局党组尽快批复。一是要尽快完善《总体规划》，力争早日在党组或者局务会上通过。二是要细化目标，制定切实可行的措施。三是要大力实施，有效推进，确保既定目标的实现。

（三）认真实施商标战略，为由商标大国向商标强国迈进而奋斗

我们由商标大国向商标强国迈进，是一个长时期的战略任务，是商标工作者的历史使命，也是我们面对世界经济发展的必然选择。一是要认真贯彻落实在长春召开的商标战略推进工作会议精神，特别是要认真学习贯彻好周伯华局长的重要讲话精神。二是继续大力推进商标战略实施，切实落实好各项措施。工作的关键是要细化，使商标战略在实践当中能够发挥作用，见到成效。实施商标战略是长期的工作，我们要确定每个阶段、每个年度的目标规划，分期落实。三是要创新工作机制，调动各方积极因素，保证战略目标的实

现。战略目标实现很大程度上取决于工作机制的创新,通过工作机制的创新来促进战略目标的实现。这需要认真研究。比如将来的注册机制、运用机制、管理机制、保护机制,都要进行研究。在大的机制当中还有很多具体措施,比如我们的电子申请率要达到90%,怎么达到90%,这些也需要认真研究。

同志们,我们已经取得了很好的成绩,创造了辉煌,值得骄傲,但形势需要我们继续努力。相信经过大家不懈的努力,我们一定会创造新的辉煌!

加强合作 为企业创新发展服务

——在中欧知识产权高层论坛上的演讲

(2009年3月6日)

商务部国际贸易谈判副代表 崇泉

女士们、先生们:

大家好!很高兴今天在布鲁塞尔与欧方共同举办中欧知识产权高层论坛。此前,我已与欧委会代表Ewa Synowiec司长在德国汉诺威共同见证了中欧合作的首个“中国参展企业知识产权服务站”在CeBIT上设立,并高兴地看到服务站在中欧知识产权合作方面发挥了积极作用。服务站向中国参展企业提供咨询和调解服务,一方面有利于参展企业了解当地法律,更好地保护知识产权,另一方面也有利于加强国外知识产权权利人与中国参展企业间的沟通和交流,尽量妥善解决知识产权纠纷。以服务站为代表的一系列知识产权合作项目,为中欧加强合作、共同促进企业创新发展发挥了重要作用。在此,我对欧委会、欧专局和中欧知识产权二期合作办公室的大力支持表示感谢!

今天,我们在这里举办中欧知识产权高层论坛,体现了中欧双方对知识产权问题的高度重视。保护知识产权,符合中欧双方共同利益。

首先,双方政治上往来密切。围绕着全面战略伙伴关系,中欧已建立了多层次、宽领域的政治对话机制。2008年4月,中欧经贸高层对话在北京正式启动。今年新春伊始,温家宝总理就对欧盟总部和德国、瑞士、西班牙、英国欧洲四国进行了正式访问,并与欧委会主席巴罗佐发表了关于进一步推进中欧全面战略伙伴关系的《联合声明》。在温总理结束欧洲“信心之旅”之后二十天,陈德铭部长又率中国贸易投资促进团赴欧履行“承诺之旅”。这凸显了中方面对金融危机、主张通过国际合作共克时艰的立场,也是用实际行动反对贸易保护主义的一项切实举措。

其次,双方在经济上互利共赢。自1984年以来,中欧双方每年举行一次正部级经贸混委会。目前,欧盟是中国第一大贸易伙伴、最大的出口市场和进口来源地、第一大技术引进来源地和第四大实际投资来源地。中国则是欧盟第一大进口来源国、第二大贸易伙伴和第四大出口市场。据中方统计,2008年中欧贸易额为4255.8亿美元,较2007年增长19.5%,占中国外贸总额的16.6%。截至2008年底,欧盟对华直接投资项目30 253个,实际投入625.7亿美元;中国自欧引进技术共29 525项,累计合同金额1206.1亿美元。中国对欧工程承包合同额达102.8亿美元,完成营业额92.4亿美元。中欧双方在经济上具有很强的互补性,发展双边经贸合作,符合双方的根本利益。

第三,保护知识产权是双方共同的目标。中欧人民都极具创造力,都曾创造了辉煌的历史。知识产权对科技进步和经济发展的促进作用,毋庸置疑。当今世界,科技发展日新月异,知识经济方兴未艾,知识产权日益成为国家发展的战略性资源和国际竞争力的核心要素。保护知识产权符合中欧双方共同的利益。

女士们、先生们:

中国政府一直高度重视知识产权保护。伴随着改革开放,中国在知识产权领域的工作取得了长足进展。2008年,中国共受理专利申请量

828 328件，同比增长19.4%，国内发明申请增幅达到27.1%；授权专利411 982件，专利申请授权两同比增长17.1%。2008年，中国的全球《专利合作条约》(PCT)申请量达6 089件，同比增幅为11.9%，跃居世界第六位。其中，仅华为技术公司就递交了1 737件申请，成为全球递交专利申请数量最多的公司。

现在，我向大家介绍一下近年中国知识产权保护的主要工作。

一、扎实推进知识产权国家战略的实施

中国政府始终认为，保护知识产权首先是中国自身发展的迫切需要。中国已将建设创新型国家作为国家发展战略。为建设创新型国家，全力提升知识产权创造、运用、管理和保护能力，中国政府于2008年公布了《国家知识产权战略纲要》。《纲要》明确了到2020年的中国知识产权保护的中远期规划，规定了近5年的战略重点、专项任务和战略措施。《纲要》的颁布是中国知识产权发展史上里程碑式的事件，这必将揭开中国知识产权保护的新的篇章。

为扎实推进《纲要》的实施，2008年10月，国务院批准建立了由商务部等28个部委组成的国家知识产权战略实施工作部际联席会议，统筹协调国家知识产权战略实施工作。

二、知识产权法律体系日臻完善

自20世纪70年代以来，中国先后颁布实施了《商标法》《专利法》《著作权法》和针对计算机软件保护、音像制品管理、植物新品种保护、知识产权海关保护等方面的法律法规，并根据实际需要，不断进行修订和完善。2004年制定的《著作权集体管理条例》和2006年制定的《信息网络传播权保护条例》，扩大了著作权的保护范围；2004年、2007年出台的两个《关于办理侵犯知识产权刑事案件具体应用法律若干问题的解释》，加大了对知识产权侵权案件的打击力度。2008年12月，完成了对《专利法》的第三次修改。当前，根据实施《国家知识产权战略纲要》的要求和国内经济社会发展的需要，《商标法》《著作权法》和《反不正当竞争法》等法律的修改工作也将逐步提上议事日程。

在不断完善国内立法的同时，中国还积极加入了一系列保护知识产权的国际条约，主要包括《伯尔尼公约》《巴黎公约》《专利合作条约》《世界版权公约》《世界知识产权组织版权条约》《世界知识产权组织表演和录音制品条约》和《修改〈与贸易有关的知识产权协定〉议定书》等。

当前，一个适合中国国情、符合国际通行规则的、比较系统完备的知识产权法律体系已基本形成。

三、知识产权执法力度不断加大

在不断完善立法的同时，中国不断强化执法力度，形成了行政执法与司法双轨并行，权利人维权、行业自律、中介服务和社会监督融为一体的知识产权管理和执法体系。

就行政执法而言，中国政府采取"日常执法"与"专项行动"相结合的方法。一方面，行政执法部门依法进行日常监管，另一方面，针对知识产权的重点领域、重要环节等，不断开展各类专项行动。近两年，开展的专项行动包括了"反盗版天天行动"、"打击网络侵权盗版专项行动"、"净网行动"、"反盗版百日行动"、"阳光行动"、"蓝天会展行动"、"山鹰行动"、"山鹰二号行动"等，另外，还与国外执法机关联合开展了代号为"夏至"的行动和"保护知识产权龙舟行动"等。2008年，中国共收缴盗版出版物7605.5万件，查办侵权盗版出版物案件1.249万起。

在知识产权司法方面，2007年1月，最高人民法院下发了《关于全面加强知识产权审判工作，为建设创新型国家提供司法保障的意见》，就全面加强知识产权审判工作进行了全面部署。1987～2007年，全国法院受理和审结的一审知识产权行政案件，分别为4675件和4613件。2003～2007年间，全国各地方知识产权局共受理各类专利纠纷案件6427件，查处假冒他人专利案件919件，查处冒充专利案件8152件。刑事方面，2008年，检查机关共受理提请批准逮捕涉及侵犯知识产权犯罪案件1407件2565人，共受理移送审查起诉涉及侵犯知识产权犯罪案件1770件3482人。

值得注意的是，在知识产权行政执法和司法并行运作中，执法部门非常注重行政执法与刑事司法的相互衔接。最高人民检察院推动建立了"网上衔接、信息共享"机制，督促涉嫌侵犯知识产权犯罪案件及时移送；公安部还分别与海关总署、工商总局、版权局等签订了执法合作协议。在执法体系方面，海关设立了专门的知识产权保护机构，初步形成了海关总署－直属海关－隶属海关三级知识产权执法体系；人民法院建立健全了知识产权审判组织，各高级法院、中级法院以及具有知识产权民事案件管辖权的基层法院都设立了专门的知识产权审判庭，目前已达 172 个。

四、知识产权统筹监督能力日益增强

从 2006 年开始，中国连续三年颁布了《保护知识产权行动计划》，其中共涉及 717 项具体措施，内容涵盖了立法、执法、审判、机制建设、宣传、培训教育、国际交流与合作、企业知识产权保护、为权利人提供服务、专题研究等 10 个领域。上述 700 多项措施已全部得到落实。当前，为贯彻实施《国家知识产权战略纲要》，国家知识产权局正在牵头制定《2009 年国家知识产权战略实施计划》。

为方便社会监督，我们在全国 50 个大中城市建立综合性的保护知识产权举报投诉服务中心，开通"12312"举报投诉电话和互联网在线举报投诉窗口，形成了便捷、快速、有效的知识产权保护网。

五、全社会知识产权意识不断提高

培养和提高知识产权保护意识是我们工作的基础，也是工作的重点。

中国政府高度重视知识产权的宣传普及工作，中央和地方每年都组织大量活动。从 2004 年开始，在"世界知识产权日"(4 月 26 日)前后，在全国范围内开展"保护知识产权宣传周"活动。有关部门举办了"骨干企业负责人员保护知识产权专题研讨班"，启动了"百千万知识产权人才工程"等一系列宣传教育和普法教育活动，通过"中国保护知识产权成果展览会"、"当代大学生与知识产权主题对话"、"青春与知识产权同行"等形式多样的活动，以及创办中国保护知识产权网等方式，在全社会大力倡导以"尊重知识，崇尚创新，诚信守法"为核心的知识产权文化理念。

改革开放 30 年来，通过不断的努力，知识产权保护在中国正得到全社会越来越广泛的认同。由于时间所限，就中国知识产权保护的现状，我就介绍以上内容。当然，这远远不能囊括中国知识产权工作的全部。下个月中欧还将举行第 5 次知识产权对话，双方政府部门的代表可以继续就知识产权保护的经验进行深入的交流与探讨。

女士们，先生们，

知识产权一直是中欧经贸关系中的重要话题之一，我们充分理解双方对此的关注。中方非常重视与欧方开展知识产权交流、对话与合作，如何能够做得更好，借此机会，我愿谈点看法，与大家探讨。

第一，中国保护知识产权的决心是坚定的。

中国经济社会持续快速发展，知识产权在经济社会发展中的作用越来越突出。保护知识产权不仅是改善投资环境、提高开放水平的需要，更是增强自主创新能力、建设创新型国家的需要。加强知识产权保护，符合中国自身发展的长远利益，也是保护创新与研发的迫切要求，中国政府的决心是坚定不移的。

第二，中国保护知识产权所取得的成绩是巨大的。

知识产权保护离不开中国的国情。中国还是一个发展中国家，面临着很多发展中问题。尽管如此，中国在知识产权保护方面依然投入了大量人力、物力，取得了显著成效。

——从纵向的历史发展来看，尽管起步晚，但中国只用了 20 多年的时间就建立了高水平的、符合国际规则的知识产权法律体系，这是欧美用了上百年才达到的水平。

——从横向的比较来看，即使与发达国家相比，中国在知识产权保护的某些方面也有显著的优势，如较大的行政执法队伍、较低的诉讼成本和较短的诉讼时间等。据英国一家研究机构统计，中国知识产权诉讼的成本一般为 6 万～12 万美元，而美、英分别为 500 万美元和 50 万美元；中国知识产权诉讼一般只需 1 年多时间，远少于美、英的 5～7 年和 2～3 年。中国很多大学甚至中学都设立了知识产权基础课程，而许多西方国家也还没有做到。我希望各位在评价中国的知识产权保护状况时，也一定要从中国的实际情况出发，要有一个理性、客观的心态。

第三，中欧双方应加强知识产权交流、对话与合作。

作为一个发展中国家，中国在知识产权领域还有大量的工作要做，《国家知识产权战略纲要》也明确了战略任务、重点和相应的措施。对知识产权领域出现的问题，中国是以高度负责的态度来处理的。知识产权是一个国际性问题，相互指责并不能解决问题，合作与对话应成为解决问题的最佳途径。惟有合作，我们才能够增进相互理解；惟有合作，我们才能够逐步解决发展中的各种问题；惟有合作，我们才能够实现互利共赢。

近年来，中欧知识产权合作取得了积极成效，对话和交流不断深化，合作领域不断扩大。特别值得一提的是，中欧双方实施了两期专门的知识产权合作项目，为推进中国知识产权工作提供了持续的支持和帮助。1997～2004年，“知识产权一期”项目在北京和中国其他省份举行了多次活动，重点是知识产权立法，旨在协助中国建立符合国际通行规则的知识产权保护法律体系。2007年，在一期项目的基础上，中欧双方共同启动了“知识产权二期项目”。二期项目既是一期的延续，又有所发展，双方参与部门和受益群体众多，合作内容更加丰富，合作形式更加灵活多样。我们共同在CeBIT设立的“中国参展企业知识产权服务站”，就是二期项目的创新，我想这应该是双方合作的一个典范。

女士们，先生们，

面对不断蔓延的金融危机，加强合作，共同抵制贸易保护主义，正成为国际社会的共同心声。知识产权是中欧双方共同关注的重要问题，我相信，随着对话与交流的不断深入，知识产权将会成为双方合作的一个亮点。我希望欧方能够继续对中国给予理解、支持和帮助，与中方携手同前，共克时艰，不断深化知识产权合作，共同提高知识产权保护水平，推动中欧经贸关系健康稳步发展。

谢谢！

加强知识产权司法保护　优化自主创新司法环境

——在全国法院开展知识产权审判“优化自主创新司法环境”年度主题活动新闻发布会上的讲话

（2009年4月20日）

最高人民法院副院长　奚晓明

各位记者、各位来宾：

在“4·26”世界知识产权日即将到来之际，最高人民法院今天在这里召开新闻发布会，正式启动全国法院开展知识产权审判“优化自主创新司法环境”年度主题活动，同时也是根据《2009年全国知识产权宣传周活动方案》正式启动我院知识产权宣传周活动。下面，我主要就这项活动介绍一些情况。关于我院在知识产权宣传周活动期间的各项活动安排，由我院知识产权庭负责人孔祥俊来介绍。

一、开展知识产权审判“优化自主创新司法环境”年度主题活动的背景和目标

在全国法院开展知识产权审判“优化自主创新司法环境”年度主题活动，是根据今年全国法院深入开展的“人民法官为人民”年度主题实践活动的要求，在知识产权审判领域开展的一项主要活动。最高人民法院决定开展这项活动，主要是基于以下三个方面工作的考虑：

一是为了积极应对当前国际金融危机给我国实体经济造成的不利影响。当前，受国际金融危机影响，我国经济增速持续下滑，已成为影响全局的主要矛盾；自主创新能力不强、消费需求不足等长期制约我国经济健康发展的体制性、结构性矛盾依然存在，有的还很突出；市场秩序不规范，社会诚信体系不健全。激励自主创新，实现技术突破，打造知名品牌，掌握自主知识产权，是应对国际金融危机所带来的严峻挑战、化危为机的重要出路，人民法院知识产权司法保护工作对此具有不可替代的独特作用。国内外经济环境的重大变化，对于人民法院知识产权审判工作提出了新的需求和期待，也使知识产权审判工作面临着严峻的挑战和考验。

开展知识产权审判“优化自主创新司法环境”年度主题活动，是当前经济形势下人民法院知识产权审判工作服务大局的重要方面。各级法院在年度主题活动中，要通过采取科学合理的司法政策，加强知识产权司法保护，维护公平竞争的市场秩序，着力改善贸易和投资环境，注意增强企业的创新能力、市场竞争力和抗风险能力，为克服金融危机和“保增长、保民生、保稳定”的工作大局提供有力的司法保障。

二是为了全面落实好国家知识产权战略。去年6月国务院发布的《国家知识产权战略纲要》明确将“加强司法保护体系建设”、“发挥司法保护知识产权的主导作用”纳入国家知识产权战略重点，并从提高司法效率和司法水平、加大知识产权司法保护力度、完善知识产权审判体制、优化审判资源配置、加强知识产权司法解释、健全知识产权审判机构、充实知识产权司法队伍等多方面，提出了一系列具体战略措施。人民法院在实施国家知识产权战略的进程中地位重要、责任重大。贯彻实施国家知识产权战略，是人民法院服务大局的一项重点工作，也是一项长期的重大历史任务。今年是国家知识产权战略全面贯彻实施的关键一年，做好今年的战略实施工作，对于今后一个时期人民法院实施国家知识产权战略，实现有关人民法院工作的战略目标，具有指标性意义。

开展知识产权审判“优化自主创新司法环境”年度主题活动，是推动各地法院全面贯彻落实国家知识产权战略的重要形式。各级法院在年度主题活动中，要通过采取切实可行的工作措施，有效解决当前知识产权司法保护工作中影响和制约自主创新的突出问题，不断完善知识产权司法保护制度，充分发挥司法保护知识产权的主导作用。

三是为了深入贯彻今年全国“两会”精神。在十一届全国人大第二次会议上，王胜俊院长所做的《最高人民法院工作报告》中，将知识产权审判工作作为去年人民法院工作的重点和亮点之一进行了报告，同时将“进一步强化措施，加大对知识产权的司法保护力度”作为人民法院2009年的工作重点之一。全国“两会”期间，代表和委员对于人民法院知识产权司法保护工作给予了积极评价，同时也寄予了很高的期望和要求，提出了许多很好的工作建议。这些建议主要包括：加大知识产权司法保护力度，解决知识产权领域的地方保护主义和域内域外保护不平衡问题；严厉打击制假行为，加大对民族品牌的保护力度，鼓励自主创新，切实解决知识产权案件取证难问题；研究进一步提高知识产权审判人员能力和水平的具体举措，等等。

开展知识产权审判“优化自主创新司法环境”年度主题活动，是深入贯彻今年全国“两会”有关“加大对知识产权的司法保护力度”精神的重要载体。各级法院在年度主题活动中，要通过公正高效的审判工作，不断提高知识产权司法保护水平，努力增强知识产权司法保护能力，切实加大知识产权司法保护力度，进一步打造有利于激励自主创新的司法环境，激发科技创新和自主品牌对催生新兴产业、创造社会需求、培养新的经济增长点的引领和推动作用。同时，要通过活动的深入开展，增强知识产权司法保护的社会认同度和国际影响力。

总之，开展知识产权审判“优化自主创新司法环境”年度主题活动，既是贯彻落实好国家知识产权战略和今年全国“两会”精神的具体体现，更是知识产权审判工作积极应对当前国际金融危机，使之更好地服务于党和国家工作大局的重要举措。

二、知识产权审判“优化自主创新司法环境”年度主题活动的重点内容

根据今年4月9日最高人民法院发出的《关于在全国法院开展知识产权审判“优化自主创新司法环境”年度主题活动的通知》，这次活动的重点内容包括以下八个方面：

（一）充分发挥知识产权审判职能，减弱和化解国际金融危机给我国经济社会带来的不利影响

为使知识产权审判更好地服务于经济平稳较快发展的大局，为“保增长、保民生、保稳定”作出更加积极的贡献，最高人民法院拟于本周全国知识产权宣传周活动期间发布《关于当前经济形势下知识产权审判工作服务大局若干问题的意见》，就当前经济形势下做好知识产权审判工作的若干问题提出指导性意见。

各地法院要高度重视当前经济形势下的知识产权审判工作，立足实际，突出重点，努力增强知识产权审判服务大局的针对性和有效性。要高度关注经济形势的发展变化，高度关注企业的生产经营状况，高度关注民生问题和社会稳定问题，注意研究金融危机给知识产权审判工作带来的新情况和新问题，就知识产权审判中反映出来的普遍性和动态性问题，深入开展调查研究，找准服务大局、促经济平稳较快发展的结合点，及时作出司法应对。各地法院可以结合本地具体情况，积极出台相关对策措施，切实把《意见》的具体要求贯彻到各项知识产权审判工作中。同时，各地法院要主动延伸司法服务职能，积极向有关部门提出司法建议。

（二）深入贯彻实施国家知识产权战略，充分发挥司法保护知识产权的主导作用

为贯彻落实好国家知识产权战略有关人民法院工作的部署和要求，最高人民法院于今年3月23日正式发布了《最高人民法院关于贯彻实施国家知识产权战略若干问题的意见》，提出了36条贯彻实施国家知识产权战略的具体意见，涉及发挥司法保护知识产权主导作用的工作重点、司法政策、体制机制、司法解释和队伍建设等多个方面。

各地法院贯彻执行《意见》的过程中，要特别注意准确把握好各类知识产权案件的司法原则和司法政策，统筹兼顾处理好执行法律与服务大局、保护私权与维护公共利益、依法保护与适度保护、保护权利与防止滥用等各种重大关系，妥善解决各类知识产权纠纷。同时要以改革和完善知识产权审判体制与工作机制和加强知识产权审判队伍建设为重点，切实采取有效措施，为优化激励自主创新的司法环境提供可靠的体制保障和人才保障。各高级法院可以结合本地的具体情况，制定实施意见，把《意见》的要求落到实处。

（三）做好专利案件审理工作，促进科技创新

当前正在向实体经济蔓延的国际金融危机，更加凸显了加强知识产权保护特别是专利权保护，提高自主创新能力，建设创新型国家的重要性。专利案件的审理工作对于激励自主创新具有直接的导向作用，各级法院要高度重视专利案件的审判工作，加大对经济增长有重大突破性带动作用、具有自主知识产权的关键核心技术的保护力度，促进高技术产业、新兴产业的发展和自主创新能力的提升。要做好专利法第三次修正案的贯彻实施工作，各级法院要注意组织知识产权法官加强学习，特别是要注意学习和领会专利法修正案关于明确共有专利权人之间的权利和义务、适度调整专利授权条件、赋予外观设计专利权人许诺销售权、强化专利侵权损害赔偿责任、增加诉前证据保全措施、完善专利强制实施许可制度、规定现有技术和现有设计抗辩事由、允许平行进口、增加药品和医疗器械的审批例外等新内容，保证立法精神在专利案件审判中得到正确落实。对于适用专利法修正案中遇到的新情况和新问题，要注意深入开展调查研究，及时总结经验，适时提出司法对策，并随时层报最高人民法院。

目前最高人民法院正在起草关于专利侵权判定标准的司法解释，并拟在年内适时召开第二次全国法院专利审判工作座谈会，不断完善专利司法政策，进一步激励自主创新。

（四）做好商标案件的审理工作，促进品牌经济发展

各级法院要通过商标案件的审理，切实维护商标信誉，推动形成自主品牌。要加强商标权保护，加大对自主品牌的司法保护力度，依法严厉制裁假冒商标、恶意模仿等商标侵权行为，为品牌经济的形成和发展创造良好的市场竞争环境。要不断完善商标司法政策，正确把握商标权的法律属性，根据商标用于区别商品或服务来源的核心功能、商标的显著性程度和知名度大小等，合理界定商标权的保护范围和保护强度。

要进一步规范驰名商标的司法认定和保护，严格贯彻今年初最高人民法院发出的《关于涉及驰名商标认定的民事纠纷案件管辖问题的通知》和《关于进一步建立健全驰名商标司法保护制度有关问题的通知》，规范驰名商标司法行为，认真开展相关案件的评查。各地法院要充分领会有关文件精神，严格执行有关规定，切实把好驰名商标案件的受理关和认定关，确保案件质量和社会效果。

近期，最高人民法院还将公布《关于审理涉及驰名商标保护的民事纠纷案件应用法律若干问题的解释》，进一步明确有关驰名商标案件的司法原则和裁判标准。

（五）审理好垄断案件和不正当竞争案件，营造有利于公平竞争的市场秩序

越是经济困难的情况下，越是要注意规范市场竞争秩序，为企业摆脱危机和发展壮大创造公平竞争和自由竞争的良性市场环境。各级法院要认真贯彻实施反垄断法和反不正当竞争法，规范市场竞争行为，加大对中小投资者利益的司法保护力度，确保各种所有制经济平等竞争、相互促进。要及时受理和审慎处理垄断案件，正确认定和处理垄断行为，及时制止非法垄断，防止垄断行为限制市场竞争，挤压国内中小企业生存空间，通过司法行为促进创建健康的市场环境和有活力的市场结构，为激发经济活力和动力提供法律支持。要依法制止不正当竞争，制止一切非诚信的仿冒搭车行为，避免市场混淆和误导公众，切实维护权利人和消费者的合法权益，确保诚信竞争和有序竞争。

最高人民法院将在今年6月份召开反垄断民事诉讼问题研讨会，并将力争尽早出台有关审理反垄断民事诉讼问题的司法解释，强化反垄断私

人执行的可操作性，为反垄断法的有效实施奠定程序性规范基础。

（六）加强审判监督和工作指导，切实统一法律适用标准

要严格依法办案，平等保护本地当事人与外地当事人、国内当事人与外国当事人的合法权益，坚决反对各种形式的保护主义，确保对域内域外当事人的平等保护。

要进一步完善并严格执行知识产权案件的审判管辖制度，防止当事人利用制度漏洞“制造”管辖。要加大诉前证据保全措施和依职权调查取证的适用力度，切实解决知识产权案件取证难问题。要不断明确和完善法律适用标准，规范法官自由裁量权的行使，维护法律适用的统一。要加强审判监督，尤其要加强对法律适用标准不统一、当事人反映强烈的案件的审判监督，及时纠正错误裁判。要加强对关联案件的协调，认真贯彻执行关联案件的相互沟通制度和报请共同上级法院协调指导制度。各高级人民法院要加强对类似知识产权案件的研究协调，通过制定指导性文件、召开工作会议和发布典型案例等形式，在统一认识的基础上实现裁判尺度的基本统一。

（七）改革和完善知识产权审判体制和工作机制，为优化自主创新的司法环境提供体制保障

要按照《人民法院第三个五年改革纲要（2009—2013）》的要求，建立健全符合知识产权案件特点的审判体制和工作机制，在直辖市和知识产权案件较多的大中城市，探索设置统一受理知识产权案件的综合审判庭。最高人民法院拟在近期再选定一些条件较好的高、中级法院和基层法院开展相关试点和探索，计划于今年6月召开专门的座谈会，研究如何完善知识产权审判机制和优化审判资源配置问题，并拟在年内出台《关于人民法院设置统一受理知识产权民事、行政和刑事案件的专门知识产权法庭的实施意见》。同时，最高人民法院将在近期统一专利和商标授权确权案件的审理分工，明确有关案件统一由北京市高级人民法院和北京市第一中级人民法院知识产权审判庭审理，以确保有关案件执法标准的统一和有利于审判经验的积累。

各级法院要积极探索专利等技术性案件审判中的专业技术调查方式，通过人民陪审员、专家证人、专家咨询、技术鉴定等手段，认真解决专业技术事实认定问题。鼓励有关法院与国家知识产权局专利复审委员会等有关专业部门之间开展人员交流。同时，要积极探索健全知识产权多元纠纷解决机制，努力提高诉讼调解率、和解撤诉率。

（八）加强知识产权审判队伍建设，为优化自主创新的司法环境提供人才保障

各地法院要加强知识产权审判庭的机构设置、人员编制和内设机构配置，采取切实有效措施，调整和充实知识产权法官队伍。在中级以上法院和具有案件管辖权的基层法院普遍建立知识产权审判庭，暂不具备独立设庭条件的中级人民法院，也应当建立或指定专门负责审理知识产权案件的合议庭。

要进一步提高知识产权审判人员的能力和水平，注意选拔培养精通法律、外语基础较好、具有理工专业背景和一定审判经验的知识产权法官，有效缓解案件持续增长与专业审判力量相对不足的矛盾。要注意保持知识产权法官队伍的基本稳定，完善知识产权审判人才的专业结构。要高度重视知识产权法官队伍思想政治建设和廉政建设，强化知识产权审判人员的政治纪律和工作责任，确保知识产权司法的公正和廉洁。

要加大知识产权审判技能和专业知识培训力度，保证培训时间和质量，重点加大对中、基层法院和中西部地区法院知识产权审判人员的培训力度。最高人民法院今年将举办3期知识产权审判专题培训班，分别就新的知识产权法律法规和司法解释、基层法院知识产权审判和反垄断民事诉讼等问题进行培训。

最后，我要向各位新闻界的朋友特别说明，这次年度主题活动是今年人民法院的工作重点之一，最高人民法院已经要求各级法院要把活动开展情况和知识产权司法保护工作作为明年向人大报告工作的重点内容之一，并要求各高、中级法院以及具有知识产权案件管辖权的基层法院都要结合本地实际情况，制定活动具体实施方案，围绕活动主题和重点内容，突出本地工作亮点和活动特色，分阶段贯彻落实。因此，本次年度主题活动将作为今年全年人民法院的宣传重点之一。活动的顺利进行和有效开展，需要媒体和新闻界的大力支持和积极配合。在此，我代表最高人民法院向各位记者、各位来宾以及所有新闻界的朋友们长期以来对于人民法院工作的关心、监督和支持表示衷心的感谢，也希望大家能够更加关注、深入跟踪和积极报道本次年度主题活动。

谢谢大家！

贯彻落实《国家知识产权战略纲要》大力推进商标战略实施

——在国家知识产权战略实施工作部际联席会议联络员会议上的发言

（2009年8月11日）

国家工商行政管理总局商标局局长　李建昌

根据会议安排，我就工商行政管理系统贯彻落实《国家知识产权战略纲要》（以下简称《纲要》），大力推进商标战略实施的工作情况作一简要汇报。

一、制定《关于贯彻落实〈国家知识产权战略纲要〉，大力推进《商标战略实施的意见》（以下简称《实施意见》）及相关配套文件

《纲要》颁布后，国家工商总局高度重视，作为商标注册和管理机关、实施商标战略的重要职能部门，按照总局党组书记、局长周伯华指示，总局党组成员、分管副局长付双建亲自组织人员调研，召开不同类型座谈会，多方征求意见，提出《实施意见（送审稿）》。经总局局务会审定，于2009年6月2日发布《实施意见》，对从2008年至2020年商标战略的指导思想、战略目标和战略任务做出规划，提出具体目标任务。同时制定了《关于商标工作五年达到国际水平的总体规划》等5个配套文件。

为配合《纲要》和《实施意见》的贯彻落实，总局成立了以局长为组长、分管副局长为副组长，18个司（局）、直属单位主要负责同志为成员的商标战略实施领导小组，全面负责商标战略实施的组织领导工作。制定了《国家工商总局实施〈国家知识产权战略纲要〉任务分工》和《关于贯彻落实〈实施意见〉的任务分工》，将任务分解到18个司（局）、直属单位，明确责任，狠抓落实。

二、召开全国工商行政管理系统贯彻落实《国家知识产权战略纲要》、大力推进商标战略实施工作会议，全面部署商标战略实施工作

2009年7月23日至24日，总局在长春召开了全国工商行政管理系统贯彻落实《国家知识产权战略纲要》、大力推进商标战略实施工作会议。来自国家知识产权战略实施工作部际联席会议部分成员单位的代表，省级工商局分管局长、商标处长，总局商标战略实施领导小组全体成员及商标局全体处长200余人参加会议。会议开得圆满成功、成效显著。一是总局党组书记、局长周伯华发表了全国工商行政管理系统全面实施商标战略的纲领性讲话；总局党组成员、副局长付双建围绕贯彻落实周伯华局长重要讲话精神，就当前和今后一段时期全力推进商标战略实施进行了动员和部署。二是讨论了五个实施商标战略的配套文件。三是举行了经验交流并举办了展示全国推进商标战略实施成果的主题展览；通报表彰了全系统商标工作447个先进集体和300名先进个人；全面公布了全国3 226个省、市、县三级行政区域的商标注册数、商标国际注册数、驰名商标数、地理标志数、查处商标侵权案件数等五项商标主要统计数据。上述材料都将汇编成册。这次会议是全国工商行政管理系统在贯彻落实《国家知识产权战略纲要》、全面推进商标战略实施的一次极为重要的会议，是工商行政管理系统商标工作发展进程中的一次空前盛会，是促进我国由商标大国向商标强国转变的具有里程碑意义的会议。

三、广泛开展商标战略宣传和培训

在今年第九个“4·26世界知识产权日”宣传周期间，按照部际联席会统一安排，我局制定了《国家工商总局2009年保护知识产权宣传周活动方案》。一是总局付双建副局长参加“全国知识产权宣传周启动仪式”，接受《中国知识产权报》的专访，出席商标论坛并致辞。商标局领导多次出席商标论坛并作主题演讲，多次接受中央电视台、中央人民广播电台、《经济日报》《法制日报》《中国工商报》等媒体的专访。二是编辑出版《中国商标战略年度发展报告(2008)》。用全面的事实和翔实的数据记述我国商标领域的最新进展和取得的突出成绩，指导促进地方商标工作，提高企业运用商标战略做大做强的能力，为地方各级党委政府工作决策提供参考，更好地为促进经济社会发展服务，使社会各界对商标事业有更深入的了解，进一步普及商标法律知识，增强全社会的商标保护和创新意识。三是发布了“2008年保护国内、外企业注册商标专用权典型案例”和“2008年涉嫌假冒注册商标犯罪案件移送典型案例”。开展了“首届全国中学生商标知识竞赛、地理标志征文系列活动”，编辑出版《中国新闻·两会特刊》地理标志专辑，在“两会”期间发表宣传商标战略、地理标志工作专题、专访文章。四是2009～2010年，总局将分三批对省、市(地)级工商局分管局长进行集中培训，系统辅导《实施意见》，统一思想，提高商标战略组织实施工作水平。制订印发《商标战略宣传工作方案》，组织《实施意见》宣讲，继续做好《中国商标战略年度发展报告》发布工作。

四、切实做好实施商标战略的重点工作

商标作为知识产权的重要组成部分，直接关系到生产者、经营者和消费者的切身利益，是企业自主创新能力和其他知识产权的重要载体，是企业的核心竞争力。商标战略是对我国当前和今后相当长一段时期内商标工作的总体谋划，是以提升商标注册、运用、保护和管理能力为目标的国家战略，对于促进经济社会发展有着重要的意义。

自1979年恢复商标全国统一注册以来，随着我国经济的快速发展和改革开放的深入进行，我国的商标事业得到突飞猛进的发展。商标注册年申请量由1980年的2.6万件增长到2006年的76.6万件。自2002年开始，我国商标注册申请量已连续7年位居世界第一。今年上半年在面临国际金融危机的严峻形势下，全国的商标注册申请量比去年同期增长7.7%，达到38万件。截至今年6月30日，我国的商标注册申请累计总量已达677万件，有效注册商标总量240万件，居世界第一位，我国已成为商标大国。但同时，我们也要清醒地看到，商标工作还存在一些问题。主要表现在：一是随着商标注册申请量大幅增长，由于审查人员明显不足，导致商标注册申请、评审案件严重积压，商标审查和评审周期大大延长，国内外对此反映强烈。二是商标注册数量虽多，但缺少国际知名商标。三是商标注册总量虽多，但市场主体平均拥有商标数量较少，社会商标意识亟待提高。四是商标国际注册数量与我国经济总量及外经贸规模很不相称。这些问题的存在，充分说明我国虽然是“商标大国”，但还不是“商标强国”，充分表明推进商标战略实施的重要性和紧迫性，使我国由商标大国早日发展为商标强国，任重道远，需加倍努力。

按照《纲要》和《实施意见》的要求，为更加充分、有效地利用商标资源，促进社会经济更好更快地发展，形成一批拥有自主知名商标、国际竞争力较强的优势企业，国家工商总局站在历史的高度，充分借鉴各国商标工作的有益经验，紧密结合我国国情，适时提出了“三年解决商标审查、评审积压，五年使商标工作达到国际水平”的“三五目标”。按照党组决定，总局付双建副局长亲自组织商标局、商评委和中华商标协会有关人员，从加强基础设施建设、完善商标法律法规、改进商标确权制度、提高社会化服务水平、优化商标监管方式、加大商标保护力度、创新商标经济内涵等方面，着手制订《关于商标工作五年达到国际水平的总体规划》，全面推动我国商标注册、管理和保护工作，并以此作为总局当前和今后一段时期商标工作的重中之重。当前，实施商标战略主要要抓好以下几项重点工作。

（一）抓紧做好《商标法》的修改工作

《商标法》第三次修改工作自2003年底启动以来，已经过几年意见收集、调研和论证。2008年5月，周伯华局长主持会议，就修法重大原则问题统一思想，确定了修法的原则和重点，按照确定的6项原则和重点，在国务院法制办指导下，经多方调研、广泛征求意见，2009年6月16日，将《商标法(修订稿)》(征求意见稿)再次送往国内外105个单位，听取专家意见。目前，已收到反馈意见50份，内容涉及征求意见稿的59个条款，共计200多条意见。《商标法(修订稿)》正在抓紧修改中，争取尽快上报国务院法制办审议。同时，我局将抓紧做好修改《商标法实施条例》准备工作和《商标代理条例》的起草工作。

（二）确保完成三年解决商标审查、评审积压的任务

2007年3月2日，总局党组将加快商标审查和评审列为总局八项重点工作之一。2008年初，在总局党组会上，周伯华局长又明确指示，要把解决商标注册、评审案件积压问题列为总局事关大局、涉及长远的八项重点工作之首，采取增加审查处室、招聘辅助人员、完善激励机制、加强绩效管理等重大措施，总局与商标局、商评委签订责任书，以确保实现三年解决积压的工作目标。经过辛勤工作，解决商标审查和评审积压问题取得突破性进展。2008年我国完成商标审查75万件，比2007年翻了一番。2009年1～7月，已审查商标注册申请84万件，相当于以前两年零十个月的工作量。2009年和2010年，我国商标注册申请审查将分别达到130万件和140万件。届时，我国商标注册当年申请，可以当年审查，把审查周期缩短到一年之内。这标志着我国商标注册申请审查能力将成为世界第一。

（三）加大商标权保护力度，维护公平竞争的市场秩序

全国工商行政管理系统充分发挥职能作用，依法开展商标行政执法工作，切实保护商标专用权，维护公平竞争的市场秩序。2000～2009年上半年，各级工商行政管理机关共查处各类商标违法案件43.36万件，罚款累计26.26亿元。通过严厉打击商标侵权假冒行为，维护商标注册人的合法权益，收到了良好的社会效果。6月2日，日本汽车工业协会和日本汽车零部件工业协会率其所属26家会员企业的知识产权部门负责人专程拜访我局并赠送牌匾表示感谢。此外，2008年，全国工商行政管理机关为保护奥林匹克标志专用权发挥了重要作用，国际奥委会北京奥运会协调委员会主席维尔布鲁根先生和国际奥委会法律部主任霍华德．斯图普先生分别写来感谢信。2009年6月26日，依据《世界博览会标志保护条例》，总局下发了《国家工商行政管理总局服务2010年上海世博会举办工作方案》，进一步做好上海世博会标志的备案和保护工作，为上海世博会的顺利召开营造良好的知识产权保护环境。同时，我们还加大海外维权力度，切实维护我国企业海外商标权益。

（四）抓好自身建设，提高管理能力和服务水平，努力实现五年达到国际水平的奋斗目标，使我国由商标大国发展成为商标强国

一是加强基础设施建设。参照国家规定标准和国际水平要求，建设功能齐全、科学实用、安全可靠、技术先进、便于服务的国家商标档案馆，使档案管理硬件设施达到国际先进水平。二是加强商标信息化建设，进一步推进政务公开，改进服务水平。研究分析并依法发布市场主体商标注册信息，为政府决策和社会公众提供信息服务，全面提升“中国商标网”的窗口作用。2008年，“中国商标网”点击量达到17.5亿次。2009年上半年，点击量已达11.86亿次。2009年，我局在已实现商标网上查询、网上公告的基础上，大力推进商标网上申请，目前，已向所有代理机构开通了商标注册网上申请业务。

按照部际联席会议的要求和我局长春商标战略大会的部署，我局将进一步贯彻落实《国家知识产权战略纲要》，大力推进商标战略的实施，努力使我国由商标大国发展成为商标强国，为促进经济社会发展，建设创新型国家作出更大的贡献。

中国加入UPOV公约1991年文本的思考

农业部科技发展中心副主任　刘　平

植物新品种权是农业领域最主要的知识产权。2009年，农业部受理国内外植物新品种权申请992件，其中外国人申请104件，均创历史新高；授予植物品种权达到1 119件，占10年授权总量的37.5%。中国植物新品种权的年申请量已居国际植物新品种保护联盟（简称UPOV）成员第四位，仅次于欧盟、美国和日本。

随着中国的植物新品种保护事业的发展，我国是否加入UPOV公约1991年文本（以下简称1991年文本）已成为国际国内关注的焦点。本文试图通过对1991年文本中有关育种者权利范围的解读和分析，以期消除人们对相关内容可能产生的误解；同时，通过对我国加入1991年文本的可行性探讨和分析，认为修订我国的植物新品种保护条例可采用1991年文本的有关条款，对于我国今后加入1991年文本具有积极意义。

国际植物新品种保护公约，简称UPOV公约，是保护植物新品种权的重要国际协定，是UPOV成员制定其植物新品种保护制度所共同遵循的原则。截至2009年12月，UPOV成员共有68个，其中，22个采纳了1978年文本，45个采纳了1991年文本，1个采纳了1972年文本。我国植物新品种保护制度是以UPOV公约1978年文本为基础构建的，并于1999年4月23日成为UPOV第39个成员。近年来，UPOV和部分成员国一直呼吁和推动中国加入UPOV公约1991年文本，加入1991年文本也是目前植物新品种保护的国际发展趋势。

1991年文本与1978年文本的区别，主要表现在保护植物种属的扩大和保护客体的延伸、保护期限的延长、农民特权限制、育种者豁免以及对依赖性派生品种的保护等方面。我们研究认为，最根本的区别就在于：1991年文本是发达国家极力推崇的一种法律框架，其对植物新品种权的保护力度更大，保护范围更全面。我国是最后一个允许采纳1978年文本的国家，以后申请加入的国家必须采纳1991年文本，否则UPOV不予接纳。同时，UPOV还积极倡导缔约1978年文本的成员国尽快修订本国的法律，早日加入1991年文本。目前，22个加入1978年文本的成员国，已经有不少成员在着手或已经完成了本国法律的修订，做好了加入1991年文本的准备。客观地讲，1991年文本所构建的法律框架，更好地适应了市场经济结构和社会价值体系及科学技术的变化。因此，我们要深入理解和分析1991年文本的新内容，以便把握好机遇，使我国的植物新品种保护更好地发挥制度效应，为我国种业和种子国际贸易的健康可持续发展保驾护航。

一、对UPOV公约1991年文本中相关条款的解读和分析

（一）植物新品种权保护客体的延伸

1991年文本同1978年文本相比，植物新品种权的保护客体从繁殖材料延伸到了收获物，以及直接由收获物生产的某些加工品。理解该条款应把握几个要点，以免产生歧义。

1. 如何理解对收获物的保护

1991年文本规定，在特定条件下，授权品种的收获物也在保护范围之内。这就是说，品种权人只有在特定条件下才能在收获物阶段行使其权利，这也是人们在理解该条款时容易忽视的地方。这里的特定条件是指该品种繁殖材料的商业化应用是在未经权利人同意，即在违法的情况下进行的，在整个应用过程中，权利人一直没有合理的机会行使其合法权益。只有这个特定条件成立，品种权人才能在收获物阶段行使其权利。相反，如果权利人在繁殖材料阶段已经有机会并且已行使了其权利，其后在收获物阶段所进行的任何商业化行为就不再需要征得权利人的同意，因此也就

不存在侵权的问题。由此可以看出,从受保护品种的繁殖材料到收获物阶段,权利人对被许可人只能行使一次权利,对许可使用费也只能收取一次,即权利"一次用尽"原则,而不是如某些人所误解的那样,权利人可以在多个环节对被许可人多次收取许可使用费。

2. 如何理解对某些加工品的保护

对加工品的保护在1991年文本中是选择性条款,即实施1991年文本的各成员,可以在本国的立法中灵活选择该条款的采纳与否,没有强制性。UPOV成员还可以自主选择对哪些植物的加工品予以保护,对哪些不予保护。因此,在权衡我国是否加入1991年文本时对该条款可以不予考虑。

另外,对加工品保护的理解与对收获物保护的理解相同,也是针对权利人在前面的阶段都没有合理的机会行使其合法权益时,才允许其在授权品种的收获物的加工品阶段行使该权利,此处将不再赘述。

(二)育种者权利保护链的延长

1978年文本对植物新品种权的保护,只限于为商业目的生产或销售中重复使用授权品种时,需征得品种权人的同意和许可,而农民自用、科研育种等,不需要征得品种权人的同意;1991年文本将保护链条延长到对授权品种使用的各个环节中,包括生产、繁殖、销售、提供销售、种子处理、进出口,以及存贮等等。之所以这样规定,其目的在于能够使品种权人多渠道、多环节地监督、发现、围堵侵权行为,收集侵权证据,从而严防侵权行为成为漏网之鱼,最大限度地保护品种权人的合法权益。当然,此条款同样不允许品种权人重复行使其权利,也就是说,当其权利在前面的某一环节已经被合理行使时,被许可人其后续对授权品种的使用行为都将是合法的,无需再征得品种权人的同意,也不需向品种权人再次交纳许可使用费。

由此对1991年文本相关条款的解读可以看出,不论对品种权的保护力度多大,都不允许品种权人重复收取许可使用费,已经被许可的使用者也无需在每个环节都要征得品种权人的知情与同意,即品种权人的合法权益只能对被许可人行使一次。

(三)育种者权利的范围由受保护品种延伸至受保护品种的实质性派生品种

1978年文本中没有"实质性派生品种"(Essential Derived Variety,简称EDV)的概念,不论是"实质性派生品种"还是"原创性品种",植物新品种的授权条件都是相同的:即申请品种只要具备新颖性、特异性、一致性和稳定性,并具有适当的命名就具备了被授予品种权的条件,获得品种权后的权力也是一样的,即对"实质性派生品种"的保护和原始品种是一样的,是一种无限制的保护。

而1991年文本中引入了"实质性派生品种"这一新的概念,并规定"实质性派生品种"可以被独立授予品种权。但获得品种权后权利是受到限制的,即对实质性派生品种的生产和商业化应用,需征得原始品种权人的许可,否则即为侵权。即不论是"实质性派生品种"还是"原创性品种",植物新品种的授权条件都是相同的:即申请品种只要具备新颖性、特异性、一致性和稳定性,并具有适当的命名就具备了被授予品种权的条件。但获得品种权后的权力是不一样的,对"实质性派生品种"的保护和对原始品种的保护是不一样的,是一种有限制的保护。

此规定一方面是为了强化对原始育种者的权利保护,另一方面是为了鼓励育种人和新技术(例如转基因技术)发明人之间的合作,以便最终保障育种创新的可持续发展。由此可见,该条款是随着现代育种技术,特别是分子辅助育种技术的快速发展而必然要做出的一项法律调整。由于我国采纳的是1978年文本,在现行的植物新品种保护条例中没有实质性派生品种的概念,产生了一些"不合理"的现象。例如当获得专利保护的一个基因被转入一个授权品种中时,品种个别性状有所改变,具备了特异性,可以形成一个新的品种(可能就是实质性派生品种),拥有原始品种的品种权人是得不到任何许可使用费的,而该基因专利的专利权人却可以向使用者收取专利使用费,这就造成两个权利人享有不平等权利的一种不良法律后果。因此,1991年文本适时引入的"实质性派生品种"概念,是在类似基因专利权人和原始品种权人之间构建一种公平权利机制。

引入"实质性派生品种"的概念,也是植物新品种保护制度自身的特点所必需的。无论是1978年文本还是1991年文本,对一个植物新品种的授权条件都是一样的。实际上,授权条件中对特异性的要求并不苛刻，即所申请保护的植物新品种只要在一个性状的表达状态上与已知品种相比存在明显差异，就具备了特异性。到底差异多大为明显，各成员国可在本国的 DUS 测试指南中根据本国的育种水平、品种状况和品种类型来确定。因此，在对“实质性派生品种”保护不做特别规定的现阶段，我国修饰性育种、模仿育种等投机取巧、急功近利行为大量涌现。通过这种方式获得的新品种，不仅可得到授权，而且还不侵权，这直接影响了原始创新的积极性。因此，尽早引入“实质性派生品种”的概念，对正确引导育种方向，鼓励原始育种创新，提高育种水平和质量，保障国家粮食安全无疑会产生积极的作用。

迄今为止，无论是 1991 年文本，还是相关国际组织，对实质性派生品种都没有明确、统一的界定标准。1991 年文本中只是列举了几种可能获得“实质性派生品种”的育种途径和判定实质性派生品种的三个基本原则。而到底如何判定一个品种是否属于“实质性派生品种”的范畴，UPOV 各成员国可以根据某种植物的繁殖特点和育种的方法制定自己的标准。因此这一条款在具体实施时给各成员国留下了很大的自由裁量权。我们应当提早研究不同作物的判定的方法和标准。

二、我国加入 UPOV 公约 1991 年文本的可行性

近年来，国内不少学者都对我国加入 1991 年文本的有利和不利因素进行分析和探讨。其中，引起最多关注和担忧的是以下两方面的问题：

(一)加入 UPOV 公约 1991 年文本会对我国育种薄弱领域产生巨大冲击

目前，我国除了对以水稻为代表的一些农作物具有育种优势外，在蔬菜、果树、花卉等领域的育种能力和水平相对较低，育种的主要目标还集中在收集国外优良的种质资源，然后进行驯化、模仿或修饰育种方面。因此，培育出的新品种大多属于实质性派生品种的范畴。正如上面所述，在 1991 年文本的框架下，实质性派生品种即使获得品种权，在开发使用它时，也须征得原始品种权人的同意。因此人们普遍认为，1991 年文本中对实质性派生品种的相关规定，将会对我国蔬菜、果树和花卉等领域的育种工作造成严重冲击，制约我国在薄弱领域的育种事业的成长和壮大，因此在我国的植物新品种保护立法修改中不宜较早建立实质性派生品种制度。对此笔者将做以下几个方面的分析和探讨：

1. 即使我国建立了实质性派生品种制度，也并不意味着所有派生品种的使用都要经过原始育种者的同意

因为只有当外国的原始品种在中国申请了品种保护并获得了授权，其派生品种的使用才受到原始品种权人的约束。虽然我国的育种科研工作可能利用了大量的国外育种材料，但是这些育种材料多是几年前甚至十几年前从国外引入的，基本属于国外的二流或过时品种，而国外新育成的品种，往往不会很快地被引入到我国。这些国外的育种材料如果在我国申请品种保护，可能在新颖性审查上不符合要求而不能获得授权，因此用这些国外材料育成的品种很难受到实质性派生品种制度的限制；再者，由于这些育种材料不是国外育种者最新育成的品种，其本身的市场开发价值已经不是很大，出于经济利益的考虑，育种者一般也不会再对一个过时的品种在国外申请品种权保护。因此，从上面的分析可以推断，实质性派生品种制度对我国薄弱育种领域的新品种推广应用不会造成大范围的冲击。

2. 我国是一个生物资源大国，拥有全球 10% 的生物遗传资源，很多遗传资源是我国所特有的

因此，我们的科研育种人员应该尽早调整育种方向，充分利用我国的资源优势，着手培育更多的独具我国特色的、有自主创新水平的高质量新品种来参与市场竞争。从国家层面来看，对模仿和修饰育种行为长期予以制度保护，将打击育种原始创新的积极性，变相鼓励短、平、快新品种的培育，不利于我国育种水平的提高和健康可持续发展。因此，建立实质性派生品种制度，将对我国种业的健康发展起到正确的引导作用。

3. 多年来，我国农业领域通过各种渠道已经引入了国外大量的种质资源，通过较长一段时间的消化吸收，应该具备了一定的科研育种基础

况且，即使我国准备加入 1991 年文本，也需要首先对现有的国内立法进行修订，这一过程至少需要 2～3 年或更长的时间。因此，我国的科研育种人员尚有几年的时间来充分准备，调整育种目标，转变育种观念，在别人的基础上大量培育并申请品种权，以应对我国加入 1991 年文本后可能面临的挑战。

通过上面的分析和探讨，笔者认为在我国引

入实质性派生品种制度，不会对我国的育种薄弱领域造成巨大的冲击。相反，对实质性派生品种实施特定的限制性保护，可以更加公平、合理、科学地保护原始品种的权利，更积极有效地激励育种创新；另外，现代生物技术的飞速发展也对实质性派生品种制度产生了必然的需求，是专利发明人（基因）和品种培育人之间利益平衡的基本法律保障。

（二）加入 UPOV 公约 1991 年文本会限制农民特权，影响农民利益

1978 年文本与 1991 年文本在农民特权问题上的差异在于：1978 年文本对农民特权是一种强制性例外，即作为品种权使用者的农民在自己的地块上“自繁自用”授权品种的繁殖材料，因为不进行买卖的商业行为，无需向权利人支付许可使用费；而在 1991 年文本中，这种强制性例外变为非强制性例外，即由各 UPOV 成员国在合理的范围之内自行决定是否给予育种者权利限制，其具体内容为：在保障育种者合法权益的前提下，可以允许农民为了繁殖目的，在合理的范围内，使用自己土地上的收获物作为繁殖材料在自己的土地上进行再生产。此规定的内在含义是，农民如果使用未经权利人许可的繁殖材料生产出收获物进行销售时，也属于侵权行为的范畴，因此，农民作为品种权使用者如在种子以前育种人未能行使权利，农民的卖花、卖菜等商业行为就可能带来侵权后果。由于 1991 年文本是在发达国家意志的主导下修订的，因此对农民特权的制度安排显然不能满足发展中国家的现实需要。相比 1978 年文本，1991 年文本中的相关规定会使发展中国家农民的经济利益受到不同程度的影响，这也正是发展中国家对加入 1991 年文本最大的顾虑所在。然而，从客观的分析出发，1991 年文本中有关农民特权的限制，应当不会对我国的广大农民造成重大影响，原因在于：我国农民的土地经营规模小，种植业本来获利就小，对农民收取许可费量大面广，其维权成本将非常高，而最终获得的收益则相当有限。因此从成本与收益的角度考虑，品种权人一般不会去追究单个农民的侵权责任。再就是越来越多的农民种植的是杂交品种，而杂交品种基本上都是由种子公司生产种子销售给农民的，只要把住公司侵权这一关，农民买的种子款中已经含有公司交给品种权人的许可费摊销，也不存在农民再交钱的问题。另外，UPOV 68 个成员中，有 41 个成员属于发展中国家或不发达国家，因此，发达国家之外的 UPOV 成员们，应该尽早联合起来，大力主张对农民特权的利益诉求，增强在 UPOV 的话语权。

三、结论

通过以上的分析可以看出，1991 年文本虽然是在发达国家的意志引导下修订的，但毋庸置疑，这种修订是在积累了 1978 年文本实施十几年经验的基础上，为了适应经济、贸易和技术发展的需要所做出的调整。相比 1978 年文本，1991 年文本更加全面、科学和合理地保障了品种权人的权益，强化了植物新品种保护的制度效应。我国继续使用 1978 年文本，还会造成与某些实施 1991 年文本的国家，尤其是发达国家进行农产品国际贸易和国际种业贸易的障碍，降低我国农产品出口贸易的份额，影响我国致力于建立现代化的外向型农业的战略目标实施。另外，随着 1991 年文本的签约方不断增加，采用 1978 年文本成员不断减少，我国在国际植物新品种保护方面的话语权将因此受限。因此，顺应当今社会经济、贸易和技术发展的需要，积极采用 1991 年文本的有关条款，特别是实质性派生品种条款来尽快修订《中华人民共和国植物新品种保护条例》，对于推动我国植物新品种保护事业的发展，促进创新型农业建设具有重要意义。

农产品地理标志登记保护问题研究

农业部农产品质量安全中心副主任　金发忠

随着经济全球化和贸易自由化的推进，国际农产品市场竞争日益激烈，各国都在力图通过挖掘和发挥自身比较优势以提高本国农产品的国际市场竞争力。农产品地理标志作为保护农业知识产权、促进农产品贸易的重要手段，近年来在世界范围内特别是在农产品国际贸易中备受各国关注和重视。

地理标志产品保护源于欧洲，特别是法国对地理标志产品的保护实现了从产地环境、生产过程、质量控制、传统文化和知识产权全链条的管理，培育出许多世界知名的地域特色农产品及食品品牌，在产地优势发挥、品种资源保护、农耕文化传承、特色产业发展、品质品牌提升和国际贸易等方面获得了巨大成功。我国农业资源丰富，品种区划多样，农耕文明和饮食文化历史悠久，独具地域特色的品牌农产品种类多，农产品地理标志事业前景广阔，发展潜力巨大。

一、农产品地理标志内涵与外延

从广义上讲，凡是具有地理指示特征的物体或物件都应当称之为地理标志。但国际上在谈到地理标志时，往往都带有定语，比如葡萄酒地理标志、奶酪地理标志、烈性酒地理标志。如果不加定语，只说地理标志，则大家不知道说什么。总体上看，国际上使用地理标志这一专用名词，主要是指农产品地理标志(涵盖农产加工品和食品)。欧盟关于传统地域特色产品即地理标志农产品保护有两种方式，一种是原产地域产品名称权保护(PDO，protection of designations of origin)，另一种是地理标志产品保护(PGI，protection of geographical indications)。无论是PDO还是PGI，都是指一种农产品或食品来源于特定的地方或者地域。PDO要求产品的质量或特性完全取决于产地的地理环境(包括固有的自然和人文因素)，产品的生产、加工必须在规定的同一个地方或地域内完成；PGI有所不同，只要求产品具有可归因于地理来源的特殊质量、信誉或特征，其中生产或者加工在规定的地方或地域内完成即可。两种保护都是对特定地方或地域范围内传统产品、传统技艺和人文历史的保护，强调产品独特品质必须与其产地地理环境因素直接相关，并将两种保护纳入同一个法律体系框架内，以供欧盟各成员国因地制宜选择和遵循。

我国原国家质量技术监督局在20世纪末曾使用过原产地域产品名称保护概念，后因与国家科技政策不一致而停止使用。2005年国家质检总局将出入境原产地注册与国内原产地域产品名称保护合二为一调整为地理标志概念。同时，国家工商总局从2003年开始受理地域产品名称商标注册，对地域产品特殊标志图案和特殊文字字体通过商标注册进行保护，在归类上定位为地理标志类证明商标。在农产品上我国从一开始就不单独使用“地理标志”这个宽泛的无主概念，明确提出了“农产品地理标志”专用名称，并在2002年修订的《中华人民共和国农业法》中对“农产品地理标志”名称进行了规范。《农业法》第23条规定：“国家支持依法建立健全优质农产品认证和标志制度。国家鼓励和扶持发展优质农产品生产。县级以上地方人民政府应当结合本地情况，按照国家有关规定采取措施，发展优质农产品生产。符合国家规定标准的优质农产品可以依照法律或者行政法规的规定申请使用有关的标志。符合规定产地及生产规范要求的农产品可以依照有关法律或者行政法规的规定申请使用农产品地理标志。”《农业法》第49条规定：“国家保护植物新品种、农产品地理标志等知识产权，鼓励和引导农业科研、教育单位加强农业科学技术的基础研究和应用研究，传播和普及农业科学技术知识，加速科技成果转化与产业化，促进农业科学技术进步。”从《农业法》关于农产品地理标志的法律定义看，“农产品地理标志”这7个字是不可分隔的词组。农产品地理标志作为一个专有名词，既是一个典型的农产品产地标志，也是一个重要的农产品品质和质量标志。

纵观欧、美、日、韩等国家和地区的农产品地理标志保护，核心集中在两个方面：一个是对农产品产地进行保护，保护农产品地理标志产品赖以生存的产地环境和人文历史；再一个是突出保护产品的独特品质和特色，采取严格规范的生产措施，保持和提升农产品地理标志产品独有的品质和特性。有关这两个方面的保护，我国的《农产品质量安全法》在第三章（农产品产地）和第五章（农产品包装和标识）也有相应的法律规定。应当说，我国的农产品地理标志登记保护按照《农业法》和《农产品质量安全法》规定是有法可依的，而且与欧盟的法律制度和做法相似。

二、农产品地理标志登记保护核心要素

我国农产品地理标志登记保护的核心是加快推进现代农业建设，促进区域特色农业和区位优势经济发展。

（一）保护农业资源和生物多样性

农产品地理标志是我国重要的农业资源和传统优势品种，是农耕文化的重要载体，是农业物质非物质文化遗产遗址。许多传统、优秀的农业生态环境和物种资源由于过去保护不力而逐渐退化和消亡，有的因生产无限扩大和品种过度推广而使品质丧失特色被大众化、品牌杂乱被通俗化。农产品地理标志登记保护，实质是保护农产品产地生态环境，保护农业物种资源，保护农耕文化和农业生物多样性及农业多功能性。

（二）保护特色农业产业和地域区位优势

农业生产的目的是因地制宜种植、养殖和生产出独具地域特色的农产品，使农业资源最大化地产生效益，以满足生产和消费需求，这是传统农业和现代农业的最主要任务。农业部门长期以来实施的农产品基地建设、技术推广、农民培训、品种选育、测土施肥等生产性建设项目和措施，其实质就是在培育特色农业、发展特色地域农产品生产。实行农产品地理标志登记保护，是农业部门实施特色农业发展战略和培育区位优势经济的重要举措，是各级农业部门长期以来的一项经常性行政管理、执法监督和技术服务工作。

（三）保持农产品特色品质和地域品牌价值

为防止地域特色农产品品质退化、上市农产品低质雷同和地域特色农产品品牌公信力丧失，农业部门实施农产品地理标志登记保护，通过强化品种培育、肥力调节、技术推广、标准化生产等生产管理措施，最大限度地保持和提升地域特色农产品独特品质与品牌价值，从根本上解决农产品品质趋同、生产遍地开花、品牌杂乱的问题，以适应国内外农产品贸易和消费多样化需求。

三、农产品地理标志登记保护政策导向

（一）产业发展需要

农业部门从20世纪80年代先后组织实施名优农产品基地建设规划、优势农产品区域布局规划、品牌农产品建设规划、“一村一品”行动计划、优势特色区域农产品产业带建设和特色地域农产品生产基地建设规划，目的是通过农产品地理标志产品的培育、发展和登记保护，促进特色农业发展，保护农业生态环境和提升农业综合生产能力，解决农业增效和农民增收问题。

（二）法制管理需要

农产品地理标志和地理标志农产品客观存在，地方政府、农业部门、农产品生产者和消费者高度关注。农产品地理标志既是一个产地标志和产地管理问题，也是一个质量标志和农产品质量安全管理问题。伴随法制健全和行政问责，法律法规规定政府部门该管该抓而不管不抓或未抓好的，就是失职和渎职。对农产品地理标志登记保护，《农业法》和《农产品质量安全法》都有明确规定，特别是对农产品地理标志产品产地范围扩大或与生产实际不符、产品品质下降或与质量技术规范不一致等违法行为，《农产品质量安全法》已明确赋予县级以上农业行政主管部门行使管理职责和处罚职能。农业部门对农产品地理标志实施登记保护和执法监督管理，是必须做好的一项法定职责和任务。

（三）履行职能需要

国务院在2008年行政机构管理体制改革中，对国务院各部门和直属机构“三定”方案和职能进行了重新界定、明确和授权。按照新的职能授权，农业部有一项最重要的职能是承担提升农产品质量安全水平的责任和培育、保护、发展农产品品

牌。同时,国务院在国家知识产权战略纲要实施分工意见中也明确指出,产品地理标志作为有别于商标类型的特殊知识产权,由农业、工商、质检三部门按照各自的职能分工抓好各自领域的管理和推进工作。在国家食品安全管理职能作出重大调整和《食品安全法》颁布实施的大背景下,新时期抓好传统地域特色农产品品牌挖掘、培育、发展和登记保护工作,应当说是各级农业部门不可推卸的一项重要行政职能和管理责任。

(四)弥补工商和质检管理缺位需要

随着国家农产品食品和产品质量安全方面法律法规的建立健全以及政府各相关部门职能的归位与界定,工商、质检、农业三部门的职能分工与法律授权非常明确。工商部门主要职责是依法实施商标管理和规范市场秩序、维护公平竞争,质检部门主要职责是依法实施产品加工环节的质量监督和出入境检验检疫。两部门在农产品产地管理、生产控制和质量标志标识监管方面均无执法监管的法律授权和履行行政管理的职能责任。关于农产品产地管理、生产控制和质量标志标识等违法行为的处罚,《农产品质量安全法》第 52 条已明确授权县级以上农业行政主管部门负责处理和处罚,同时国务院在部门新的"三定"方案中也已明确农业部门要承担起培育、保护、发展农产品品牌的职责。从法制、职能、体系队伍和行政管理资源与优势看,质检部门和工商部门不具备条件履行和承担农产品产地资源保护、品种提纯复壮、生产技术传承、农耕文化弘扬、产品独特品质保持和产业升级职能。中国农产品供求基本平衡,农产品转化为加工产品消费比例小,农产品市场竞争机制不充分,农产品地理标志工作的重中之重是要保护好产地和资源品种、扶持好生产基地和传承好人文历史、保持好产品独有特色品质和推进好产业升级,使区位特色农产品基地能生产出货真价实、名副其实的特色品牌农产品。

(五)农业国际交流合作需要

国际社会凡已启动地理标志产品保护的国家基本上都是农业部门在推进和实施。近年来,无论是双边还是多边国际合作交流,农产品地理标志几乎成了必谈内容,而且外方均明确指出要听取中国农业部门的意见。在 WTO 农业谈判和中欧、中美、中日、中韩农业高层对话中,农产品地理标志都是热点议题,尤其是欧盟对农产品地理标志关注度特别高。欧委会农业委员伯尔(原丹麦农业部长)在不同场合多次表示中欧双方加强农产品地理标志合作交流十分重要,有利于增强双方互信,有利于双方农产品的优势互补和公平贸易。

四、农产品地理标志登记保护职能定位

(一)实行政府推动

农产品地理标志登记保护实施政府推动,依法监管。各级农业部门实行分工负责,逐级行政管理体制,对产地、产业和基地实行政策、资金、技术扶持,对登记保护的农产品地理标志产品地域范围、标志使用依法实行监督检查。

(二)坚持公益性质

农产品地理标志属于地域范围内所有农产品生产者共同拥有的公权,登记申请人须由地方政府择优确定,一旦被选定即代行地方政府履行农产品地理标志登记保护日常职能,为地域范围内地理标志农产品生产经营者提供服务。农产品地理标志登记不收费,农产品地理标志登记所需工作经费纳入各级农业部门年度财政预算,不增加地方政府、申请人和标志使用人负担。

(三)推动经济发展

按照党的十七届三中全会决定和《国家知识产权战略纲要》,各级农业部门依托农产品地理标志登记保护,加强地域特色农产品生产基地和农产品地理标志产品标准化生产示范基地建设,促进优势地域特色农产品产业和区域优势经济发展。通过农业生产性的资金投入、技术性的指导服务和市场化的宣传营销,切实将地域特色品牌农产品资源环境保护好,品质品种保持好,产业产品提升好,品牌效益维护好。

五、农产品地理标志登记保护的进展与成效

(一)制度规范基本健全

依照《农业法》和《农产品质量安全法》,农业部 2007 年 12 月 25 日发布了《农产品地理标志管理办法》,相继制定了《农产品地理标志登记程序》、《农产品地理标志使用规范》、《农产品地理标志产品品质鉴定规范》、《农产品地理标志现场核查规范》等 18 个配套制度规范,实现了登记管理全程依法实施,执法监督规范运行。

（二）体系队伍基本建立

农业部授权农业部农产品质量安全中心负责农产品地理标志登记保护的审查、评审、公示和组织协调工作，农业部农产品质量安全中心新设立了农产品地理标志处，具体负责承办农产品地理标志登记保护的相关工作。按照《农产品地理标志管理办法》分工，省级农业行政主管部门负责本地区、本行业农产品地理标志登记保护的受理和初审工作，各省级农业行政主管部门已设立和明确省级农产品地理标志工作机构 48 家，同时 3/4 的地市、2/3 的县（区）农业部门也已明确农产品地理标志工作机构，并充实了登记管理人员。为科学评审和鉴评，农业部组建了全国农产品地理标志登记评审委员会，考核认可 90 家农产品地理标志产品品质鉴定检测机构，已培训注册全国农产品地理标志执法性核查员2 000余名。

（三）登记保护全面展开

按照程序和规定要求，各省级农业部门所属农产品地理标志工作机构已受理农产品地理标志登记申请 800 余件。经过严格的现场核查、专家评审和对外公示，截至 2009 年 7 月底已有 193 个产品完成专家评审和对外公示，173 个传统地域特色农产品地理标志获得农业部审核批准，予以登记和颁证。

（四）扶持措施陆续跟进

为推动地域特色品牌农产品和农产品地理标志事业发展，各级农业部门已在特色农产品基地建设、“一村一品”规划、农业产业化经营、农业标准化生产示范、农产品品牌发展战略、农业知识产权发展规划等农业生产性建设项目中加大了对农产品地理标志的扶持力度。地方农业部门也相继出台了一系列制度性的财政补贴、奖励扶持政策。农产品地理标志作为农业物质非物质文化遗产遗址、存活的农业物种资源大田应用性保藏库、农耕文化和农业传统知识，已列入各级农业部门的保护、利用和扶持重点。

六、做好农产品地理标志登记保护对策建议

（一）加快立法进程

农产品地理标志登记保护已有上位法《农业法》和《农产品质量安全法》，直接遵循的有部门规章《农产品地理标志管理办法》，从管理上已经有法可依。但与国际通行做法相比，与农产品地理标志产业产品健康发展需要相比，仍需加快制定介于法与部门规章之间的《农产品地理标志管理条例》（简称《条例》）行政法规，将农产品地理标志产地环境、品种资源、生产技术、产品品质、农耕文化、农业传统知识、地域传统农产品专用名称和标识标志等一并纳入法制管理范围，同时在《条例》中明确各级政府、农业部门和地理标志农产品生产者、经营者的责任及义务。从中国地理标志产品的种类、分布和发展趋势看，符合地理标志产品特征和条件的产品 95%以上是农产品，而其他加工类产品中的地理标志产品的独特品质 80%以上是在种植、养殖过程中形成的。从国家法制管理的层面看，制定《农产品地理标志管理条例》既符合中国地理标志产品生产消费实际，同时又与国际通行做法和贸易发展相一致。其他独特品质完全在加工环节形成的地理标志产品在中国所占比例很小，可参照《农产品地理标志管理条例》实施管理，由相关部门跟进制定配套部门规章加以程序化细化，即可实现依法、规范化的管理和保护。

（二）完善支撑体系

农产品地理标志登记保护的政策性和技术性很强。从战略的高度，要把农产品地理标志作为国家独有的公共资源和国家核心竞争力加以关注和重视，要在农产品地理标志产品基地建设、标准化生产、品种提纯复壮、品质保持提升和品牌宣传营销等方面加大财政、金融、税收政策的扶持与支持。从国际对接和科学发展的角度看，要加快完善农产品地理标志产品质量控制技术规范标准体系、产地环境与产品品质评价鉴定检测体系和国际互认对接机制；抓紧建立农产品地理标志产品独特品质唯一性指纹图谱和基因库；加强农产品地理标志产品独特品种、独特品质和独特地理环境及人文历史挖掘；加快农产品地理标志产品独特环境因子和独特品质评价鉴定方法研究；积极引导公众树立农产品地理标志保护意识和特色消费观念；把农产品地理标志产品的登记保护纳入各级政府和农业部门的发展规划和年度计划。

（三）强化品牌宣传

农产品地理标志作为传统地域特色农产品品牌，一要挖掘和培育好。很多独特的农产品地域品牌、地域环境和地域人文历史需要认真地去发现、分析和提炼，要结合当地经济社会发展找准切入点和突破口，千万不可盲从和牵强附会。对认准的农产品地理标志产品和品牌，要悉心培育和精心维护，要保持其产地的原始性、产品的独特性和人文历史的排他性。二要宣传和营销好。要通过扎实有效的宣传和市场营销，依托农产品地理标志产品优势和品牌形象，拓展和彰显农产品地理标志产品所在地资源优势、经济优势和投资环境优势。要通过农产品地理标志产品品牌的挖掘、培育、保护和宣传，在我国形成一大批独具市场竞争优势的地域特色品牌农产品知名产地、优势产业和规模化生产基地，全方位服务于地方特色区位优势经济发展，致富于广大农产品生产者，满足广大农产品消费者个性化与多样化需求。

中国反垄断民事诉讼制度之构建

孔祥俊[1]　郃中林[2]

2008年8月1日起施行的中国《反垄断法》第50条规定："经营者实施垄断行为，给他人造成损失的，依法承担民事责任。"据此，人民法院可以直接受理受害人提起的反垄断民事诉讼，也由此确立了中国反垄断执法的行政执法（"公共执行"）与司法（"私人执行"）并行的二元执行体制。

反垄断民事司法对于反垄断法立法目的的实现具有重要意义。一是，反垄断民事司法承担着补偿垄断行为受害人损失的功能，是威慑垄断行为的有力手段。二是，反垄断民事司法是强化反垄断执法力度的有效渠道。与反垄断行政执法具有主动性、可依职权决定是否立案审查不同，反垄断民事司法具有被动性，人民法院对于垄断纠纷案件一方面是不告不理，另一方面则是有诉必理，法院不得拒绝裁判。因此，反垄断民事司法可以有效调动受害人的积极性，通过所谓的"私人执行"造就众多的监管者（所谓的"私人检察官"），拓宽了执法渠道并加大了执行力度。三是反垄断民事司法是发挥指引功能的有效途径。反垄断民事司法通过具体的判例，可以不断明晰法律的边界或填补法律的空白，推动反垄断法的完善和发展，发挥强大的指引功能。

在中国反垄断法施行前，中国法院曾经处理过一些依据其他法律提起的涉及反垄断问题的民事诉讼案件。在该法施行以来，已经陆续受理10来起直接依据反垄断法提起诉讼的民事诉讼案件和个别行政诉讼案件，初步积累了一些反垄断司法审判经验，也明确了若干基本诉讼制度问题，反垄断法的威力和效用已经通过司法程序有所展现。但是，由于反垄断法有关民事诉讼的立法非常简单和原则，而中国目前有关反垄断私人执行的实践经验与国际同行相比还较少，面临着一系列亟待深入研究和予以明确的法律适用问题，特别是有关的程序操作问题。

一、《反垄断法》施行前涉及垄断问题的司法审查

严格地讲，在《反垄断法》实施以前，中国法院并未明确以垄断纠纷的名义受理过反垄断案件。但是，中国法院依据《合同法》《反不正当竞争法》等其他法律的规定，在一些特定类型的案件审理中会涉及与垄断行为有关的法律适用问题。

（一）合同法中的反垄断条款及其司法执行

事实上，中国有关反垄断的司法实践最早应该说起源于合同法的运用。

1. 合同法上的反垄断条款

早在1987年制定的原《技术合同法》第21条就规定，"非法垄断技术、妨碍技术进步的"技术合同无效。1989年制定的原《技术合同法实施条

---

[1] 孔祥俊现任最高人民法院知识产权审判庭庭长。

[2] 郃中林现任最高人民法院知识产权审判庭竞争合议庭审判长。

例》第25条第(2)项则对《技术合同法》第21条所称之“非法垄断技术，妨碍技术进步”作出了如下解释，即，“是指通过合同条款限制另一方在合同标的技术的基础上进行新的研究开发，限制另一方从其他渠道吸收技术，或者阻碍另一方根据市场的需求，按照合理的方式充分实施专利和使用非专利技术”。1999年10月1日起施行的统一的合同法继承了原《技术合同法》第21条的上述规定，该法第329条规定：“非法垄断技术、妨碍技术进步或者侵害他人技术成果的技术合同无效。”上述有关法律规定被认为是反垄断法施行以前管制技术合同中的垄断行为尤其是垄断协议问题和所谓的知识产权滥用问题的基础法律规范。实际上，《合同法》第329条的规定是一条原则性条款，现行合同法还有一些具体条款也体现出规制垄断行为和滥用知识产权行为的精神。比如，《合同法》第343条就规定：“技术转让合同可以约定让与人和受让人实施专利或者使用技术秘密的范围，但不得限制技术竞争和技术发展。”又如，《合同法》第344条规定：“专利实施许可合同只在该专利权的存续期间内有效。专利权有效期限届满或者专利权被宣布无效的，专利权人不得就该专利与他人订立专利实施许可合同。”

2004年12月发布的《最高人民法院关于审理技术合同纠纷案件适用法律若干问题的解释》第10条对《合同法》第329条的原则性规定条款作出具体解释，列举以下六种情形属于《合同法》第329条所称的《非法垄断技术、妨碍技术进步》：“(一)限制当事人一方在合同标的技术基础上进行新的研究开发或者限制其使用所改进的技术，或者双方交换改进技术的条件不对等，包括要求一方将其自行改进的技术无偿提供给对方、非互性转让给对方、无偿独占或者共享该改进技术的知识产权；(二)限制当事人一方从其他来源获得与技术提供方类似技术或者与其竞争的技术；(三)阻碍当事人一方根据市场需求，按照合理方式充分实施合同标的技术，包括明显不合理地限制技术接受方实施合同标的技术生产产品或者提供服务的数量、品种、价格、销售渠道和出口市场；(四)要求技术接受方接受并非实施技术必不可少的附带条件，包括购买非必需的技术、原材料、产品、设备、服务以及接收非必需的人员等；(五)不合理地限制技术接受方购买原材料、零部件、产品或者设备等的渠道或者来源；(六)禁止技术接受方对合同标的技术知识产权的有效性提出异议或者对提出异议附加条件。”上述解释是反垄断法出台以前乃至目前司法实践中管制合同行为中垄断问题的最主要的可操作性规定。

2. 对外贸易法上的反垄断条款

在国际贸易领域，世界贸易组织《与贸易有关的知识产权协定》(即TRIPs协定)第二部分第8节专节规定了“对协议许可中限制竞争行为的控制”。其中，第40条之1规定：“各成员同意，一些限制竞争的有关知识产权的许可活动或条件可对贸易产生不利影响，并会妨碍技术的转让和传播。”第40条之2规定：“本协定的任何规定均不得阻止各成员在其立法中明确规定在特定情况下可构成对知识产权的滥用并对相关市场中的竞争产生不利影响的许可活动或条件。如以上所规定的，一成员在与本协定其他规定相一致的条件下，可按照该成员的有关法律法规，采取适当的措施以防止或控制此类活动，包括诸如排他性返授条件、阻止对许可效力提出质疑的条件和强制性一揽子许可等。”

根据TRIPs协定第40条之规定，中国《对外贸易法》第30条规定：“知识产权权利人有阻止被许可人对许可合同中的知识产权的有效性提出质疑、进行强制性一揽子许可、在许可合同中规定排他性返授条件等行为之一，并危害对外贸易公平竞争秩序的，国务院对外贸易主管部门可以采取必要的措施消除危害。”该法第32条进一步作了反垄断的指引性规定，即，“在对外贸易经营活动中，不得违反有关反垄断的法律、行政法规的规定实施垄断行为。在对外贸易经营活动中实施垄断行为，危害市场公平竞争的，依照有关反垄断的法律、行政法规的规定处理”。

根据对外贸易法的上述规定以及合同法的授权立法规定[1]，国务院于2001发布的《技术进出口管理条例》第29条也列举规定了七种技术引进合同不得有的情形，即，“(一)要求受让人接受并非技术进口必不可少的附带条件，包括购买非必需的技术、原材料、产品、设备或者服务；(二)要求受让人为专利权有效期限届满或者专利权被宣布无效的技术支付使用费或者承担相关义务；(三)限制受让人改进让与人提供的技术或者限制受让人使用所改进的技术；(四)限制受让人从其他来

---

[1] 《合同法》第355条规定：“法律、行政法规对技术进出口合同或者专利、专利申请合同另有规定的，依照其规定。”

源获得与让与人提供的技术类似的技术或者与其竞争的技术;(五)不合理地限制受让人购买原材料、零部件、产品或者设备的渠道或者来源;(六)不合理地限制受让人产品的生产数量、品种或者销售价格;(七)不合理地限制受让人利用进口的技术生产产品的出口渠道”。❶

上述对外贸易领域的有关反垄断性质的法律规范,均集中管制的是合同行为。因此,广义上讲,也应属于合同法中的反垄断条款。

此外,2001年发布的中外合资经营企业法实施条例中也有针对中外合资经营企业技术转让协议的反垄断性质或者色彩的管制条款。❷

3. 合同法中的反垄断条款的执行

前述司法解释和行政法规的这些列举情形基本上涉及反垄断法中有关垄断协议和滥用市场支配地位的行为。在反垄断法施行以前,当事人依据这些规定,对一些涉及垄断行为性质的技术合同或者合同条款的效力提出了异议,人民法院也在一些案件中对此问题作出了审查认定。

案例1 北京市第一中级人民法院受理的北京东进信达科技有限公司诉英特尔公司技术合同纠纷案。原告认为被告《英特尔软件许可协议》中“根据本协议向你提供的软件只有与英特尔公司产品结合方可使用。在被授予使用许可的国家,如果对本软件进行任何其他形式的使用,则本许可应自动终止”的条款,限制了原告从其他渠道获得和使用竞争性技术,故被告的行为构成“非法技术垄断,妨碍了技术进步”的情形,应予无效。本案诉讼中,原告以与被告达成和解为由申请撤诉,法院裁定准许。

案例2 在最高人民法院二审的厦门大洋工艺品有限公司诉厦门市黄河技术贸易有限公司专利实施许可合同纠纷案❸中,讼争专利实施许可合同涉及的石材成型机是包含专利技术的专用设备,大洋公司实施该技术,购买该机器设备是必需的。依据本案当事人签订的专利实施许可合同的约定,实施该专利技术所使用的设备包括主机、特种模具及传送带,以建立造价为人民币500万元的生产线。大洋公司从黄河公司处约定获得的专利实施许可,并非制造专利产品(即石材切压成型机),而是通过使用该专利产品生产、销售最终产品石材。因此,最高人民法院认为,在专利实施许可合同中约定由技术许可方提供履行合同所需要的专用设备并不违反法律、法规的规定,合同并不因此而无效;大洋公司以“非法垄断技术、妨碍技术进步”的上诉理由,请求确认合同无效,不能成立。

(二)《反不正当竞争法》中涉及反垄断问题的条款及其执行

1.《反不正当竞争法》中涉及反垄断问题的条款

中国在《反垄断法》制定之前,在《反不正当竞争法》中至少有5个条款涉及反垄断问题。分别是:(1)第6条:“公用企业或者其他依法具有独占地位的经营者,不得限定他人购买其指定的经营者的商品,以排挤其他经营者的公平竞争。”(2)第7条:“政府及其所属部门不得滥用行政权力,限定他人购买其指定的经营者的商品,限制其他经营者正当的经营活动。政府及其所属部门不得滥用行政权力,限制外地商品进入本地市场,或者本地商品流向外地市场。”(3)第11条:“经营者不得以排挤竞争对手为目的,以低于成本的价格销售商品。”(4)第12条:“经营者销售商品,不得违背购买者的意愿搭售商品或者附加其他不合理的条件。”(5)第15条:“投标者不得串通投标,抬高标价或者压低标价。投标者和招标者不得相互勾结,以排挤竞争对手的公平竞争。”上述的这些规定大体上相当于反垄断法规定的“经营者滥用市场支配地位”的情形。

2. 依据《反不正当竞争法》中涉及反垄断问题条款的司法执行

一些地方法院曾经受理过当事人依据反不正

---

❶ 在此之前,1985年发布的原《技术引进合同管理条例》第9条列举规定了技术引进合同未经审批不得含有的9种限制性条款;1988年发布的原技术引进合同管理条例施行细则又对侵权责任、改进技术权属、保密义务期限、出口限制、合同届满继续使用等问题作出了强制性规定。

❷ 《中外合资经营企业法实施条例》第43条第2款规定:“技术转让协议必须符合下列规定:(一)技术使用费应当公平合理;(二)除双方另有协议外,技术输出方不得限制技术输入方出口其产品的地区、数量和价格;(三)技术转让协议的期限一般不超过10年;(四)技术转让协议期满后,技术输入方有权继续使用该项技术;(五)订立技术转让协议双方,相互交换改进技术的条件应当对等;(六)技术输入方有权按自己认为合适的来源购买需要的机器设备、零部件和原材料;(七)不得含有为中国的法律、法规所禁止的不合理的限制性条款。”

❸ 最高人民法院(2003)民三终字第8号、福建省高级人民法院(2003)闽知初字第2号。

当竞争法中涉及反垄断问题的条款提起的民事诉讼，这类案件也可以被看作是具有垄断性质的纠纷。

案例 1 北京市第一中级人民法院受理的赛恩（天津）新技术有限公司诉中国华北电力集团公司北京供电公司不正当竞争纠纷案。原告认为，被告于 2002 年 11 月对其下属的供电所下发的“24 号文件”，明确限令现与原告有合作关系的供电所只能购买由被告指定厂家的农网用表，导致这些供电所与原告终止合同，被告的行为属于典型的公用企业限制竞争行为，给原告造成了经济损失。法院一审认为，被告下发“24 号文件”的行为，限制了其他经营者公平竞争的权利，构成不正当竞争。被告上诉后，二审法院维持原判。

案例 2 上海市第一中级人民法院受理的四川德先科技有限公司诉上海索广电子有限公司、索尼株式会社不正当竞争案。该案原告诉称，被告在索尼电池上附加 InfoLITHIUM 技术，该技术包含了智能密钥识别系统，使数码摄像机、数码照相机与电池产生排他性依存关系，同行业其他品牌的电池在未解码时，无法使用在所有索尼数码摄像机、照相机上；消费者在购买索尼数码产品时，也只能选择索尼电池。原告据此主张两被告滥用其市场支配地位，误导消费者，实施捆绑销售行为，违反了《反不正当竞争法》第 2 条、第 12 条的规定，构成不正当竞争。法院认为，由于机器和电池之间需要实现通信，故确实需要通过一些参数设置来进行对话，但目前没有证据显示两被告在数码摄像机、照相机上设置了另外的智能识别码，用以排除非索尼电池的使用；原告也未能提供证据证明两被告通过不必要的技术手段，滥用知识产权，以实现不正当竞争的目的。据此，判决驳回原告的诉讼请求。

案例 3 上海市第二中级人民法院受理的欧洲博闻公司、上海博华国际展览有限公司诉中国食品添加剂生产应用工业协会不正当竞争案。法院经审理认为，原被告分别举办的 FIA 和 FIC 两个展会的展品——食品配套添加剂有相同之处，双方存在竞争关系，被告的身份是双重的，既接受政府委托进行行业管理，又是 FIC 展会的举办单位，被告以行业协会的名义发文，明确要求会员单位和会展商从 2006 年起不再参加 FIA，使相当一部分的参展单位因为收到被告的文件就选择退出，该行为构成不正当竞争。

案例 4 北京市第一中级人民法院受理的北京安定保开锁服务中心、北京安久开锁服务有限公司诉北京通信公司营业局以及 5 家开锁公司等不正当竞争案。原告主张第一被告通信公司在提供 114 查号台电话查询业务时，利用其优势地位，为被告 5 家开锁公司提供了区别于其他修开锁企业的不平等服务，造成了市场的垄断。法院一审认为，第一被告的 114 查号台是公众认可的、最便捷有效的一种查询方式，但从通信市场看，现有中国电信、中国移动、中国网通、中国联通、中国铁通等多家企业，因此 114 查号台已经不具有行业垄断的地位。114 查号台仅为信息查询的一种方式，并非全部，在目前的通信方式和手段上，信息查询仍有很多可利用的资源和发展空间，被告将“模糊查询信息”进入到 96096600 热线，不具备阻止或者妨碍相关市场有效竞争的经济实力的地位，原告指控被告的行为构成行业垄断，缺乏事实和法律依据。遂判决驳回原告的诉讼请求。一审判决后，各方当事人并未上诉。北京市第二中级人民法院也受理过类似案件。

二、《反垄断法》施行后的垄断民事诉讼案件情况

2008 年 8 月 1 日《反垄断法》施行以后，截至 2010 年 5 月，全国地方法院已经陆续受理 10 起反垄断民事案件。[1] 其中北京法院受理 6 件（其中移送浙江法院 2 件），上海法院受理 1 件，重庆法院受理 2 件，浙江法院受理 1 件（另有北京法院移送 2 件）。这些案件中，原告在一审中申请撤诉的 3 件，一审判决驳回原告诉讼请求的 4 件（其中 3 件上诉后二审维持一审判决的 2 件），目前仍在一审中的 3 件。鉴于这类案件目前数量不多，以下简要介绍一下有关案件的基本情况。

案例 1 刘方荣诉重庆市保险行业协会垄断纠纷案。基本案情是：原告系重庆法霖律师事务所律师，对其所有的别克君越小轿车投保机动车综合险，缴纳保费 3282.79 元；重庆市保险行业协会制订了《重庆市机动车辆保险行业自律公约（二

---

[1] 《反垄断法》实施以来，北京、浙江等地法院还受理过行政相对人状告政府部门违反反垄断法的行政诉讼案件。如就在反垄断法开始实施的 2008 年 8 月 1 日，北京兆信信息技术有限公司等 4 家防伪企业向北京市第一中级人民法院提起反垄断行政诉讼，状告国家质检总局推广“中国产品质量电子监管网”的行为违法，但法院以起诉超过法定期限为由裁定不予受理。

次修订)》和《机动车辆保险行业自律公约实施细则》,规定各财产保险机构必须严格执行重庆市机动车辆保险行业市场指导费率,而该费率为重庆市保险行业协议机动车辆保险专业委员会2006年第八次全体扩大会议所制定的《重庆市机动车辆保险行业市场指导费率》。该协议还制订了详细的实施办法和严厉的违约处罚措施,收取了保险金并严格执行。2008年8月1日,原告以被告的"自律公约"属于《反垄断法》第3条和第13条禁止的"垄断协议",造成原告保险费损失为由起诉,请求确认垄断协议无效,赔偿损失1元。8月5日,重庆市渝中区人民法院予以受理,该案后被移送至重庆市第五中级人民法院管辖。原告在一审审理期间申请撤诉,法院准予撤诉。

案例2 重庆西部破产清算有限公司诉中国建设银行重庆南坪支行垄断纠纷案。基本案情是:2007年原告在被告处开立了基本账户,2008年8月被告要求原告缴纳账户管理费(日均存款余额达到50万元的,则不收取账户管理费),否则将不能再使用该账户,并劝说原告销户。2008年9月1日,原告到被告处提取资金被拒后,被迫以电话银行600元/年、电子回单400元/年的名目缴纳了管理费共1000元。此外,被告还限制客户取款,规定若当日取款金额超过5万元的,需按取款金额的0.1%收取手续费。原告依据《反垄断法》第17条第1款第(6)项向重庆市第五中级人民法院起诉,请求确认被告滥用市场支配地位实行差别待遇行为违法,责令被告排除妨碍,停止违法行为,赔偿损失100元。因原被告双方和解,本案以原告申请撤诉而终结。

案例3 周泽诉中国移动通信集团北京有限公司、中国移动通讯集团公司垄断纠纷案。基本案情是:原告是北京移动的用户,长期使用全球通套餐,并每月交纳50元月租费。原告依据《反垄断法》第17条第1款第(4)项和第(6)项起诉,认为北京移动在与其并无租赁关系的情况下收取月租费,是强迫交易对象接受附加交易条件的垄断行为,滥用市场支配地位,对条件相同的交易相对人实行交易价格差别待遇。在北京市第二中级人民法院一审审理期间,双方达成和解,原告申请撤诉,法院裁定准许。

案例4 李方平诉中国网通(集团)有限公司北京市分公司垄断纠纷案。基本案情是:被告的《客户服务合同》规定:"客户户籍所在地或注册登记地不在北京市的,客户应按北京网通要求办理相应的担保手续,或者办理预付费的业务(服务)。"对于没有北京户口的人,其在被告处报装固定电话时只能选择"预付费业务",而相应的具有北京户口的北京市民则可以办理"后付费业务"。被告的"预付费业务"和"后付费业务"在一系列资费优惠活动中有一定的差别。原告不具有北京户籍,但长期在北京工作,在向被告申请安装固定电话时,只能选择预付费业务,且无法享受其他优惠服务,例如"亲情1+"业务。原告依据《反垄断法》第17条第1款第(6)项起诉,请求确认被告实行差别待遇的格式合同条款和业务公告违法,并判令被告接受其办理"亲情1+"业务的申请,赔偿1元。2008年9月22日,北京市朝阳区法院受理了原告起诉,后被移送至北京市第二中级人民法院管辖。北京市第二中级人民法院一审认为,原告未能举证证明涉案相关服务市场;固定电话、小灵通与移动电话之间,计算机的ADSL上网与无线上网之间分别存在较强的可替代性;原告也并未举证证明被告具有市场支配地位;被告出于经营安全的考虑,对于后付费固定电话客户范围进行合理限制具有正当理由,原告的诉讼请求于法无据,遂判决驳回原告的诉讼请求。❶ 原告上诉后,北京市高级人民法院以基本相同的理由于2010年6月9日作出二审判决,维持原判。❷

案例5 唐山人人信息服务有限公司诉北京百度网讯科技有限公司垄断纠纷案。基本案情是:原告经营全民医药网,2008年7月10日,其网站的访问量锐减。9月25日查询得知,谷歌对该网站收录6690页,百度只收录了4页,且是竞价排名的结果。原告认为,上述问题的出现是由于其减少了对百度公司的竞价排名的投入,故百度公司对其进行了屏蔽。原告依据《反垄断法》第17条第1款第(4)项向北京市第一中级人民法院起诉,要求赔偿110.6万元,解除对全民医药网(www.qmyyw.com)的屏蔽并恢复全面收录。该案北京市第一中级人民法院一审认为,"中国搜索引擎服务市场"是本案中反垄断法意义上的"相关市场",被告以是否付费为标准衡量是否存在"相关市场"的观点缺乏事实与法律依据;原告所提供

---

❶ 北京市第二中级人民法院(2008)二中民初字第17385号民事判决书。

❷ 北京市高级人民法院(2010)高民终字第481号民事判决书。

的证据内容自身所存在的缺陷及缺乏有力的佐证，仅凭现有证据，不足以证明被告确实已经占据“中国搜索引擎服务市场”二分之一以上的市场份额，即不足以证明被告获得了市场支配地位；原告未能证明被告存在滥用市场支配地位的行为，相反，被告有证据证明其对全民医药网(www. qmyyw. com)实施的减少收录数量的措施系对其存在大量“垃圾外链”行为的处罚，被告的行为具有正当性。该院遂于 2009 年 12 月 18 日判决驳回原告的诉讼请求。❶ 原告上诉后，北京市高级人民法院尚未作出二审裁判。

案例 6 北京中经纵横信息咨询中心诉北京百度网讯科技有限公司垄断纠纷案。❷ 基本案情是：原告建设了中国市场研究网和北京中经纵横经济研究院，网站浏览量很高。2009 年 8 月 15 日，原告网站遭到全面屏蔽，原收录的 100 多万网页一夜之间全部消失，造成业务直线下降，损失巨大，经营困难。原告认为被告恶意屏蔽了原告的网站，依据《反垄断法》第 17 条向北京市第一中级人民法院起诉，请求判令被告立即解除对原告网站的屏蔽，彻底恢复全面收录，赔偿经济损失 50 万元。该案目前仍在一审中，尚未作出判决。

案例 7 北京书生电子技术有限公司诉上海盛大网络发展有限公司和上海玄霆娱乐信息科技有限公司垄断纠纷案。基本案情是：原告经营读吧网站，先后委托寇彬、李亚鹏以笔名“不吃西红柿”创作作品《星辰变后传》，该作品在原告的读吧网上通过连载的方式发表。原告依据《反垄断法》第 17 条第 1 款第(4)项向上海市第一中级人民法院起诉，指控被告利用其在网络文学市场的支配地位胁迫寇彬、李亚鹏两作者放弃《星辰变》的写作，请求确认被告滥用市场支配地位行为，判令被告删除寇彬、李亚鹏两作者道歉信，向原告赔礼道歉和赔偿原告公证费、律师费用等支出人民币 16 820元。上海市第一中级人民法院一审认为，原告将宣传的市场份额等同于实际所占的市场份额，其依据不足，仅凭原告提供的宣传内容难以认定两被告在中国网络文学市场已经具有支配地位；从被告行为的正当性判断，应认定两被告未构成滥用市场支配地位的行为，遂判决驳回原告诉讼请求。❸ 原告上诉后，上海市高级人民法院二审认为，上诉人在本案中主张被上诉人具有支配地位，但没有就界定相关市场和测度市场地位提供必要的证据，遂于 2009 年 12 月 15 日作出二审判决，维持原判。❹

案例 8 湖州一亭白蚁防治服务有限公司诉湖州市白蚁防治研究所有限公司垄断纠纷案。基本案情是：原告于 2009 年 11 月 25 日向浙江省杭州市中级人民法院起诉称：湖州市目前共有白蚁防治企业 3 家，其中被告白蚁防治研究所于 2005 年 8 月从原来隶属湖州市规划与建设局的事业职能部门完成改制，同年 10 月设立成为有限公司。被告至今一直占据着湖州市白蚁防治 100%市场份额，拥有湖州市白蚁防治市场绝对的市场支配地位，垄断湖州市白蚁防治市场。被告采取不正当手段，借用湖州市规划与建设局的账户和发票收取白蚁预防费；由于被告原系隶属于湖州市规划与建设局的一个事业职能部门，在改制成为有限公司后，为达到其垄断湖州市白蚁防治市场支配地位的目的，采取不正当手段，促使有关部门滥用行政权力，制定含有排除、限制竞争内容的规定，实施了滥用市场支配地位的垄断行为，并已给原告造成经济损失达 220 余万元。依据《反垄断法》第 17 条第 1 款第(4)项，请求法院确认被告实施的经营行为已构成滥用市场支配地位的垄断行为，判令被告赔偿原告经济损失 2 230 306. 32 元。浙江省杭州市中级人民法院一审认为，可以认定浙江省湖州市的房屋建筑白蚁防治市场是本案中相关市场，并且可以推定本案中被告在该市场中具有支配地位，被告因已具备相关规定要求的条件，能够在相关市场上开展业务，而原告自身尚未完全具备可以开展白蚁防治的资格条件，故相关行政部门对原告提出“白蚁防治市场化运作”的请示进行的回复并非对原告的排除和限制，原告未能证明被告存在滥用市场支配地位的行为。该院遂于 2010 年 6 月 7 日作出一审判决，驳回原告的诉讼请求。❺

案例 9 郑敏杰诉威瑞信数字服务技术(中国)有限公司、互联网名称与数字地址分配机构(ICANN)垄断纠纷案。基本案情是：原告向北京

---

❶ 北京市第一中级人民法院(2009)一中民初字第 845 号民事判决书。

❷ 北京市第一中级人民法院(2009)一中民初字第 14182 号案。

❸ 上海市第一中级人民法院(2009)沪一中民五(知)初字第 113 号民事判决书。

❹ 上海市高级人民法院(2009)沪高民三(知)终字第 135 号民事判决书。

❺ 浙江省杭州市中级人民法院(2009)浙杭知初字第 553 号民事判决书。

新网数码信息技术有限公司提出注册 a－z 共 23 个字母打头的 .com 域名，新网公司回复说该系列域名均由注册局预留，拒绝给予原告注册。被告(ICANN)是国际性域名管理组织，负责互联网协议地址的分配、通用顶级域名即国家和地区顶级域名的管理。被告威瑞信公司是新网公司的上一级管理者。原告依据《反垄断法》第 17 条第 1 款第(1)项向北京市第二中级人民法院起诉认为，二被告作为 com 域名注册管理机构，利用其权利将上述 23 个域名预留，储备高价待沽，违反了反垄断法，请求判令被告给原告注册相应域名。该案因涉及管辖权异议，经北京市高级人民法院终审裁定，移送浙江省宁波市中级人民法院审理，目前尚未有实体审理结果。

案例 10 郑敏杰诉威瑞信数字服务技术(中国)有限公司、互联网名称与数字地址分配机构(ICANN)垄断纠纷案。基本案情是：原告向北京新网数码信息技术有限公司提出注册域名为 0～9 共 10 个数字打头的 .com 域名，新网公司回复说该系列域名均由注册局预留，拒绝给与原告注册。被告(ICANN)是国际性域名管理组织，负责互联网协议地址的分配、通用顶级域名即国家和地区顶级域名的管理。被告威瑞信公司是新网公司的上一级管理者。原告以与前案相同的理由向北京市第二中级人民法院起诉，因涉及管辖权异议，经北京市高级人民法院终审裁定，该案亦被移送浙江省宁波市中级人民法院审理，目前尚未有实体审理结果。

上述案件反映出如下特点：一是涉及滥用市场支配地位的案件居多，达到 9 件，其中涉及差别待遇纠纷 3 件、限定交易纠纷 4 件；涉及垄断协议的只有 1 件。二是涉及网络等新技术领域的案件较多，约占一半。三是法律从业人士起诉较多，目的往往在于要求法院澄清反垄断法的适用规则，因此请求赔偿额多是象征性的。四是被告多为内资企业，既有国有企业，也有民营企业，且多为知名企业，但也有外资企业和外国机构作为被告。五是和解撤诉案件比例较大，约占三分之一。其中都是被告主动寻求和解，或者自愿纠正相关行为。六是目前判决处理的案件中，全部驳回了原告的诉讼请求，且主要原因在于原告难以证明相关市场、被告的市场支配地位或被告滥用了市场支配地位。这不仅反映出新法实施初期在适用上的探索过程，也反映出反垄断案件的专业性和疑难性，尤其是在证据问题上，如何合理分配举证责任和如何能够有效举证，值得深入思考。七是案件地域分布相对比较集中，目前只有北京、上海、重庆三个直辖市和浙江省受理了案件。

总之，正如一位中国最高法院大法官日前所言，“反垄断法的实施使一些长期以来司空见惯行为的合法性受到质疑，一些并非单纯为个人利益得失而重在检验法律和挑战界限的试探性、挑战性纠纷进入司法程序，通过司法解决垄断纠纷受到越来越多的关注。”❶

三、反垄断民事诉讼制度之构建

反垄断案件高度疑难复杂，经济与法律问题相互交织，专业性很强，对企业和行业均有重大影响，有些案件还涉及国家的经济安全。反垄断法的一些规定具有较强的原则性和抽象性，涉及人民法院的操作条款相对比较简单。在反垄断民事诉讼制度的构建过程中，会遇到许多新情况新问题，既要及时总结审判经验，又要切实搞好调查研究，在民事诉讼法的大框架下，充分考虑垄断案件的特殊性和复杂性，积极稳妥、循序渐进地建立健全反垄断民事诉讼的基本制度和操作规则。

(一)《反垄断法》施行以来的司法应对举措

中国最高人民法院和有关地方法院对反垄断法的实施十分重视，自反垄断法施行前后至今，已经采取了一系列措施，明确了案由、受理条件、审理分工和集中管辖等几个基本问题，并就当前反垄断司法审判中面临的其他一些突出问题开展了研究与探索。

1. 明确了垄断民事纠纷案由

2007 年 10 月 29 日由最高人民法院审判委员会第 1438 次会议讨论通过、自 2008 年 4 月 1 日起施行《民事案件案由规定》，在“知识产权纠纷”一级案由项下设立了“不正当竞争、垄断纠纷”的二级案由，并相应设置了“垄断纠纷”的三级案由。这主要考虑到反垄断法与制止知识产权滥用行为和保护知识产权紧密相关，也与反不正当竞争法同属于竞争法范畴，将垄断纠纷与各种不正当竞争纠纷集中规定，《规定》把有关的不正当竞

---

❶ 最高人民法院副院长奚晓明 2010 年 4 月 28 日在全国法院知识产权审判工作座谈会上的讲话。

争和垄断纠纷统一纳入知识产权纠纷。❶

2. 明确了垄断民事案件的受理条件和审理分工

最高人民法院于2008年7月28日向各高级人民法院发出《关于认真学习和贯彻〈中华人民共和国反垄断法〉的通知》，要求各级法院要充分认识反垄断法实施的重大意义，认真学习和贯彻执行反垄断法，正确领会反垄断法的立法意图，充分发挥审判职能作用，通过依法审理反垄断案件，制止非法垄断行为，保护经营者和消费者的合法权益，维护公平竞争的市场秩序。

该通知特别明确了以下三个问题：(1)当事人因垄断行为提起民事诉讼的，只要符合《民事诉讼法》第108条和反垄断法规定的受理条件，人民法院就应当依法受理。这不仅依法澄清了实践中一些人对人民法院能否直接受理垄断民事案件的疑问，即无须以行政处理为民事诉讼前置程序，也符合国际上的普遍认识和做法。(2)由各级法院知识产权审判庭统一负责垄断纠纷案件的审理，包括涉及滥用知识产权的垄断民事案件以及其他各类垄断民事案件。(3)依法受理垄断行政诉讼案件。对于反垄断执法机构依据反垄断法作出的具体行政行为，公民、法人或者其他组织不服提起行政诉讼的，应根据《行政诉讼法》和《反垄断法》第53条的规定，确定是否需要经过行政复议。

3. 建立了反垄断专业审判组织

为加强对全国法院反垄断民事审判工作的研究和指导，最高人民法院于2008年9月19日在其知识产权审判庭设立专门负责反垄断和反不正当竞争审判的合议庭。同年12月22日，上海市第二中级人民法院率先在全国地方法院成立专责反垄断民事和行政案件审判的反垄断专项合议庭。

4. 初步明确了垄断民事案件的管辖原则和审理思路

2010年4月28日，在河南洛阳召开的全国法院知识产权审判工作座谈会上，最高人民法院副院长奚晓明在讲话中指出，考虑到垄断案件的特殊性，在最高人民法院出台专门规定之前，一般应集中由省会市和计划单列市中级法院行使管辖权。这表明，最高人民法院已经充分考虑到这类案件的专业性和复杂性，也借鉴了20世纪80年代中期人民法院开始受理专利案件时应对举措。

奚晓明大法官同时强调，对于适用《反垄断法》中遇到的新情况新问题，要加强研究总结，注意把握反垄断民事诉讼的规律和特点。要强化宏观思维，全面考虑各种相关因素，综合评估涉嫌垄断行为的反竞争和促进竞争的影响和效果；注意充分发挥经济学专家和专业部门的作用，探索引进经济分析方法的途径和方式；统筹兼顾国家的各项经济政策，注意竞争政策与国家的经济发展战略、产业政策、贸易政策、技术政策等相协调，避免机械司法和片面司法。

5. 积极开展了反垄断审判研究

(1)2008年10月24日，最高人民法院在天津召开反垄断民事诉讼问题研讨会，对人民法院在审理反垄断民事案件时所面临的亟须解决的若干问题进行了研讨，部分高、中级人民法院知识产权庭负责人、中央有关部门官员、反垄断法学专家及经济学专家和中国外商投资企业协会优质品牌保护委员会代表等约80人参加会议。

(2)2009年5月14日，最高人民法院知识产权庭与欧盟竞争总司在京召开欧盟竞争法私人执行研讨会。

(3)2009年7月9～10日，最高人民法院在内蒙古呼伦贝尔市召开反垄断民事诉讼课题研讨会暨司法解释座谈会，来自各高级法院、部分中级法院的知识产权法官和中央有关部门的官员以及反垄断法学专家等105人参加。会议对有关地方高、中级法院承担的反垄断民事诉讼课题项下的19个子课题研究报告和最高人民法院起草的《关于审理垄断民事纠纷案件适用法律若干问题的规定(初稿)》(共30条)进行了讨论。会后形成了会议综述，对垄断民事诉讼中的若干重要问题作出初步的归纳与引导。❷

(4)2009年9月3～4日，最高人民法院和上海市高级人民法院知识产权庭配合华东政法大学

---

❶ 在《侵权责任法》出台以后，目前最高人民法院已经启动对《民事案件案由规定》的修订工作。在本次民事案由修订过程中，“垄断纠纷”有望单独作为一级案由“知识产权与竞争纠纷”项下的二级案由，之下设立“垄断协议纠纷”和“滥用市场支配地位纠纷”三级案由，并有可能进一步细分出如“横向垄断协议纠纷”“纵向垄断协议纠纷” 和“垄断定价纠纷”“掠夺定价纠纷”“拒绝交易纠纷”“限定交易纠纷”“捆绑交易纠纷”“差别待遇纠纷”等四级案由。

❷ 郃中林、朱理：“反垄断民事诉讼基本问题探索——反垄断民事诉讼课题研讨会暨司法解释座谈会会议综述”，载于《人民法院报》2009年8月6日第6版，或《人大复印资料(诉讼法学 司法制度)》2009年第10期。

与联合国贸发会议竞争法与消费政策署召开反垄断民事诉讼国际研讨会，来自全国法院的50多名法官参加。研讨会就原告资格、证据收集、垄断行为认定以及民事诉讼与行政执法之间的衔接等问题进行了深入研讨。

(5)2009年9月17～29日，最高人民法院组织的"欧盟竞争法考察团"出访英、比、德、卢四国，分别就欧盟和有关成员国的反垄断立法和司法制度进行了考察。

(6)2009年10月26～30日，最高人民法院与美国联邦贸易委员会和联邦司法部联合在京举办中美反垄断民事诉讼研讨班，来自各高级法院和各省会市、计划单列市中级法院的80余名法官参加研讨。

(7)2010年2月2日，最高人民法院知识产权庭配合中国国际经济法学会举办反垄断私人诉讼国际研讨会，来自北京、上海等地方法院法官和美国反托拉斯法专家参加研讨。

(8)2010年3月9日，最高人民法院知识产权庭与欧盟竞争总司在京召开反垄断损害赔偿诉讼问题研讨会。

(9)2010年4月6日，最高人民法院知识产权庭与澳大利亚联邦法院法官在京交流反垄断司法制度。

(10)2010年6月10～11日，最高人民法院知识产权庭和外事局联合主办、辽宁省高级人民法院和中国—欧盟知识产权项目二期联合承办的知识产权与竞争法国际研讨会在大连召开，最高人民法院副院长奚晓明发表书面致辞，来自中欧的专家学者和中国各地方法院知识产权法官100余人参加会议，中欧双方的专家和法官就知识产权保护与反垄断间的关系、知识产权与经营者集中、知识产权许可中的垄断性协议限制、知识产权与滥用市场支配地位等问题进行了广泛深入的交流研讨。

(二)需要尽快予以明确的反垄断民事诉讼制度问题

中国《反垄断法》对于私人执行问题的规定非常原则和简单，有关的程序和实体问题均需援引上位法，即民事诉讼法和民法通则来处理。但是，这些上位法本身也比较原则，在适用于反垄断这一特殊领域时，面临着以下一系列需要予以进一步细化和明确的问题。

1. 反垄断民事案件的收案范围和管辖

主要是：人民法院可以受理的反垄断民事案件的类型，如经营者集中行为的可诉性；反垄断民事案件的级别管辖和地域管辖，包括采取一般民事案件的管辖还是采取类似专利案件的指定管辖，如果实行指定管辖，是针对所有反垄断民事案件还是要考虑不同类型的垄断行为加以区别对待。

2. 反垄断民事诉讼的原告资格的界定

主要是：包括消费者在内的间接购买者等能否提起反垄断民事诉讼；能够提起诉讼的经营者的范围和条件；消费者团体能否提起诉讼；集团诉讼的可能性和公益诉讼的可行性。

3. 垄断行为的民事责任形式

主要是：人民法院除了可以给予受害人以损害赔偿救济以外，如何给予禁令、确认协议无效等民事救济；如何具体适用这些民事救济，特别是损害赔偿的基本原则(要否引入惩罚性赔偿)、范围以及赔偿额的具体计算方法。

4. 垄断行为的事实认定

主要是：如何分配反垄断案件中的举证责任；如何确定科学、合理的反垄断经济分析方法等。

5. 反垄断行政执法与民事诉讼的协调与衔接

主要是：在一个程序中认定的事实和对行为的定性在另一个程序中如何处理，是否当然具有拘束力，还是仅作为初步证据；反垄断行政执法机构的信息披露问题(为诉讼目的)。

6. 知识产权保护与反垄断的关系

主要是：《反垄断法》第55条规定的执行问题；合同法下的有关技术垄断规则与反垄断法的衔接适用问题等。

7. 法院在反垄断民事诉讼中可以认定的垄断行为的范围

主要是法院在反垄断民事诉讼中是否可以认定反垄断法明确列举情形以外的其他垄断行为方式。

对于上述问题，前述正在起草过程中的垄断民事诉讼司法解释稿基本上均有所涉及。鉴于该司法解释稿目前尚未向社会公开，本文亦暂不作进一步的介绍和讨论。

总之，与中国反垄断法本身是一个新生儿一样，中国的反垄断私人执行制度也还处在草创阶段。尽管各国在反垄断法的执行体制和机制上的做法有很大的差异，对反垄断私人执行的态度和重视程度也各有不同，但毫无疑问的是，最近一二十年，特别是进入 21 世纪以后，反垄断私人执行已经成为大多数国家的必然选择，❶即使是那些过去否认或不太重视私人执行的国家和地区也已经普遍修正了过时的做法和态度，注意同时发挥私人执行和公共执行的作用，并注重增进二者的协调和配合，以协力维护市场公平竞争。在这方面，欧盟最近几年的做法就是很好的证明。为了推动欧共体竞争法的私人执行，以弥补公共执行的不足和对私人的充分救济，欧盟委员会在 2005 年发布的绿皮书❷的基础上，于 2008 年 2 月 4 日发布了一份白皮书❸，对各成员国提出了一系列政策选择和执法措施建议，鼓励各国推动反垄断私人执行的有效开展；2009 年 12 月，又以专家研究成果的名义公开了一份反垄断损害赔偿计算指南。❹ 尽管以前欧洲很少有反垄断私人诉讼，可以预见，今后这类案件将会越来越多。正是基于对这一潮流的把握，中国反垄断执法采取了私人执行与公共执行并行不悖的体制，中国的法院也对垄断民事司法秉持积极态度并予以高度重视。

与此同时，尽管中国整体的反垄断执法实践和经验还很欠缺，但中国对于行政执法和民事司法的并行运作并非亦欠缺经验，至少对于知识产权的执法保护，这种所谓的“双轨制”已经存在 20 多年。❺ 或许，中国的反垄断执法可以从中也借鉴一些经验和做法。有理由相信，中国的司法机关和行政机关将在优势互补的基础上协调运作，最大可能地发挥司法和行政执法在共同维护市场公平竞争秩序中的作用。

知识产权刑事司法保护的若干问题及对策探讨

——“知识产权刑事司法保护研讨会”综述

最高人民法院刑二庭　丛　媛

2009 年 6 月，最高人民法院刑二庭会同中国外商投资企业协会优质品牌保护委员会（以下简称品保委）在浙江省嘉善县举办了“知识产权刑事司法保护研讨会”，最高人民检察院、公安部、国家知识产权局、国家版权局、国家工商总局商标局等中央有关部门的同志以及全国部分法院及品保委所属会员单位代表共 80 余人参加会议。研讨会就商标权、著作权、商业秘密等知识产权刑事司法保护的现状及司法实践中存在的一些疑难问题进行了认真讨论。现将研讨会的要点综述如下：

一、商标权刑事司法保护问题

（一）保护范围

有代表提出，我国《刑法》没有规定侵犯服务商标犯罪，缺乏对驰名商标的特殊刑法保护，对侵犯商标权犯罪行为模式的规定也不完整。建议扩大商标权刑事司法保护的范围，将服务商标纳入刑法保护，将反向假冒注册商标行为入罪，增加对

---

❶ 王健：《反垄断法的私人执行——基本原理与外国法制》，法律出版社 2008 年版，第 1 页。

❷ Commission of the European Communities: *GREEN PAPER on Damages actions for breach of the EC anti-trust rules*, 19.12.2005, COM(2005) 672 final。

❸ Commission of the European Communities: *WHITE PAPER on Damages actions for breach of the EC anti-trust rules*, 2.4.2008, COM(2008) 165 final。

❹ *Quantifying antitrust damages Towards non—binding guidance for courts* Study prepared for the European Commission。

❺ 与世界上绝大多数国家不同，中国在知识产权制度建立伊始，就采取了所谓的司法与行政执法“两条途径、并行运作、优势互补、司法终局”的知识产权执法保护双轨模式，主要体现在对于知识产权民事侵权行为，权利人可以直接向法院提起民事诉讼，也可以请求行政执法机关查处或者由行政执法机关直接依职权进行查处。

驰名商标的特别保护条款，修改假冒注册商标罪的罪状部分，增加对类似商品和相似商标的规定。

（二）刑罚配置

有代表认为，刑法对于侵犯商标权犯罪的三个罪名规定相同的刑罚幅度，有悖于罪责刑相适应原则的要求，不利于不同犯罪之间罪刑的平衡和协调。建议调整侵犯商标权犯罪的刑罚设置，加大罚金刑的适用，并引入恢复性司法，以赔偿代替惩罚。

（三）擅自贴牌行为的定性

有代表认为，行为人以不正当手段低价获得他人未包装的产品，并以他人注册商标进行包装销售的擅自贴牌行为，属于“未经注册商标所有人许可，在同一种商品上使用与其注册商标相同的商标”的情形，构成假冒注册商标罪。

（四）粘贴假冒注册商标标识行为的定性

有代表认为，原则上可以将粘贴行为认定为假冒注册商标罪中的使用行为，即行为人先后购进假冒的注册商标标识及侵权产品，在侵权产品上粘贴假冒注册商标标识后进行销售的行为，构成假冒注册商标罪。但存在例外情况，行为人从他人处购入侵权产品时，非法制作的注册商标标识与侵权产品已经是配套的，而非行为人自行制作或另行购入的情形，宜以销售假冒注册商标的商品罪定罪处罚。

二、著作权刑事司法保护问题

（一）《刑法》第 217 条“复制发行”的涵义

有代表认为，“发行”包括销售，但仅指复制者的第一道销售，发行销售后的再销售，均不属于发行。有代表对此表示赞同，认为“复制发行”包括的销售行为，仅指侵权复制品的制作者的销售行为，或者与复制者有事先共同犯意联络的销售者的销售行为，而不是指一般销售者的销售行为，否则刑法就没必要在侵犯著作权罪以外，另行设立销售侵权复制品罪。

有代表提出，应当将“复制发行”理解为一个复合的整体行为，即复制以便发行，二者指向的是同一批侵权复制品。如果以营利为目的大量复制但尚未发行，可构成侵犯著作权罪未遂；如果未复制而只是发行，以侵犯著作权罪论处显然不当，此情形构成销售侵权复制品罪。

（二）无证销售盗版光盘行为的定性

实践中，对于行为人未取得相应许可或者批准销售盗版音像制品、违法所得没有达到数额巨大行为的定性问题，一直存在很大争议，不同法院作出的判决结果也大相径庭。

有代表认为，在目前销售侵权复制品罪与非法经营罪二者刑罚配置不甚合理的情况下，结合销售侵权复制品罪中“违法所得数额”要件难以确定的现实，可直接适用非法经营罪定罪处罚。

有代表提出，实践中对于无法按照销售侵权复制品罪处理的销售盗版光盘行为，按照侵犯著作权罪或非法经营罪处理都有一些道理，并有一定法律和司法解释依据。但是，如果严格按照罪刑法定原则，只能以销售侵权复制品罪定罪处罚，按照侵犯著作权罪或非法经营罪处理都存在问题。

有代表认为，无证销售盗版光盘行为达到非法经营罪定罪标准的，应以非法经营罪定罪处罚。为避免导致罪刑不相适应，可以对销售中与存储阶段被查获的盗版光盘分别以犯罪既遂和未遂作出认定，以区分情节，降低量刑幅度，减少可能产生的判决误差风险。

有代表认为，无证销售盗版光盘行为属于销售侵权复制品的行为，如果行为人的违法所得数额没有达到销售侵权复制品罪的定罪标准，就不构成犯罪。

有代表提出，行为人无证销售的盗版光盘，部分被鉴定为侵权复制品，部分被鉴定为非法出版物，当二者均达到相应定罪量刑标准时，可以侵犯著作权罪和非法经营罪数罪并罚。实践中已有此种判例。

（三）软件预装盗版

有代表提出，实践中电脑销售商在销售电脑时免费为购买者安装盗版软件的情形较为普遍，但由于销售商提供此项服务为免费，使得安装盗版软件的行为难以符合《刑法》第 217 条规定的“以营利为目的”，即使符合，行为人的非法经营数额、非法所得也难以计算，预装的盗版软件数量也难以证实。建议通过出台司法解释或修订刑法的方式，将此种侵犯知识产权行为入罪。

三、商业秘密刑事司法保护问题

（一）商业秘密的认定

有代表提出，在司法实践中准确认定商业秘

密，应把握住其三性特征，即秘密性、价值性、保密性。审判实践中，除把握以上特征外，借助司法鉴定也是认定商业秘密非常重要的渠道。

有代表认为，商业秘密是商业活动中有关经营和技术方面的信息，具有秘密性、价值性、保密性、合法性特征。不能直接通过司法鉴定认定商业秘密，因为某项信息是否为商业秘密是法律问题，只能根据相关法律规定作出评判，不能作为委托鉴定事项。

有代表认为，构成商业秘密应具备三方面特征，即不公知性、价值性和实用性、保密性。

（二）侵犯商业秘密行为的认定

有代表认为，侵犯商业秘密罪在客观方面有四种表现形式，即盗窃、利诱、胁迫或者其他不正当手段获取权利人的商业秘密；披露、使用或者允许他人使用以前项手段获取的权利人的商业秘密；违反约定或者违反权利人有关保守商业秘密的要求，披露、使用或者允许他人使用其所掌握的商业秘密；明知或者应知是前述三种情形的违法行为，而获取、使用或者披露他人的商业秘密。

有代表认为，侵犯商业秘密的行为类型有三种：以不正当手段获取权利人商业秘密的行为，不正当手段包括盗窃、利诱、胁迫或其他不正当手段，对“其他不正当手段”的理解，应遵循同类解释原则，即“其他不正当手段”与列举的盗窃、利诱、胁迫手段的方式方法类似、侵害程度相当；非法处分商业秘密的行为，是合法知悉商业秘密的人或通过不正当手段获取商业秘密的人对商业秘密非法披露、使用或允许他人使用权利人商业秘密的行为；第三人侵犯商业秘密的行为，要求第三人主观上处于“恶”的状态，客观上实施了获取、使用或披露他人商业秘密的行为。

（三）损失数额的计算

有代表提出，侵犯商业秘密罪的损失数额应当仅限于直接经济损失，损失数额的计算应当根据侵犯商业秘密方式的不同而有所区别。对于仅披露他人商业秘密尚未使用的情形，可以根据商业秘密的自身价值或者研发费用认定损失数额；对于非法使用或者非法允许他人使用商业秘密的情形，一般参照侵犯专利权损害赔偿数额的计算方法，行为人的获利数额即为被害人的损失数额；对于披露或者非法使用销售过程中的商业秘密的情形，一般根据被害人的预期利润计算损失数额。

有代表认为，针对侵犯商业秘密罪的不同行为模式，损失的计算各有侧重。在非法获取或非法披露行为中，应侧重商业秘密的研发成本；在使用或允许他人使用行为中，一般以给权利人造成的市场份额及相应利润的减少计算损失；在无法计算权利人的损失时，可将侵权人因侵权行为获得的利益推定为权利人的损失；在权利人的损失及侵权人获得的利润均难以查清时，应根据个案的具体情况分别进行处理，一般可以商业秘密的许可使用费、已经售出的技术秘密的销售价格等认定权利人的损失。

有代表认为，损失应限于直接经济损失，损失数额的计算主要有直接计算损失法、成本计算法、许可使用费计算法、计算侵权人获利法等几种主要方法，应根据具体案件具体分析，选择相对合理的计算方法。

有代表认为，商业秘密权利人因技术秘密被窃取而遭受的物质损失，包括已经遭受的实际损失和必然遭受的市场份额被消减、竞争力减弱等损失。侵权人利用窃取的技术秘密履行与他人签订的技术合同，牟取利润的，可将侵权人在侵权期间因侵权所获得的利润确定为技术秘密权利人的损失。在只能认定侵权人签订合同的总金额，无法确定侵权人在侵权期间因侵权所获利润时，可以按照该行业平均利润标准计算侵权人的获利。

有代表认为，损失包括直接经济损失和间接经济损失，确定犯罪行为给权利人造成的损失时，应考虑商业秘密的取得成本、现实的利益损失、合理的预期利益损失和侵权行为给权利人造成的损害程度四个方面因素。

有代表认为，能否参照民法侵犯专利权损害赔偿数额的计算方法来计算侵犯商业秘密罪中的损失数额，值得商榷。理由是：民、刑法律司法理念存在差异，虽然权利人的损失数额在某些情况下与侵权人的违法所得额相等，但是二者是不同的概念，不能用违法所得来解释重大损失。

四、其他问题

（一）侵犯知识产权刑事案件审判的困境及出路

有代表提出，导致审判困境的原因包括程序和实体立法缺陷两方面。程序方面，我国诉讼程序为先刑事诉讼、后民事诉讼，这种做法在处理知识产权刑民交叉案件时存在不足；知识产权行政保护与司法保护的双轨制模式，存在偏重行政执法忽视司法保护的倾向。实体方面，刑法对知识产权保护的法益范围过窄，与知识产权法对接不严密；刑罚结构单一，采取以自由刑为主、罚金刑为辅的模式。建议将“先刑后民”的单一诉讼程序改革为以“先刑后民”为主，“刑、民、行三审合一”为辅的诉讼程序；出台强制性规定，建立知识产权行政执法与刑事司法案件移送制度；增设侵犯知识产权犯罪罪名，实现刑事案件与民事、行政案件的对接；加大罚金刑的适用力度，增加没收财产刑，设立新的资格刑，将其与自由刑、财产刑并科或选科。

（二）网络知识产权的刑法保护

有代表提出，刑法对传统知识产权保护的不足同样体现于网络知识产权，刑法对传统知识产权已经给予的保护，也不能全部转化为对网络知识产权的保护。建议尽快完善相关刑罚制度，进行刑罚方式的多样化改革，实行网络实名制，构建网络道德规范。

（三）侵犯知识产权犯罪案件的管辖

有代表提出，自2007年以来，其院开始受理犯罪实行行为和被告人均不在本地的侵犯知识产权案件，并根据侵犯知识产权犯罪日益猖獗的形势，制定了案件管辖和审判的基本原则，统一量刑幅度，收到了很好的社会效果。

（四）“三审合一”审判模式存在的问题

有代表提出，知识产权刑事、民事、行政三类案件角度不同，法官审判思维转化存在困难；交叉案件较少，“三审合一”成效未能充分展现。

千余博硕士诉万方公司侵犯学位论文著作权案件争议焦点辨析

北京市洪范广住律师事务所　李孝霖

网络侵权诉讼，前两年还只是山雨欲来风满楼的呼声和预测，2008年已经是风起云涌。笔者希望通过析法明理的判例分析，引导版权产业健康发展，昭示我们国家和社会的文明与法治程度。

自2007年秋季开始，本律师参与代理了一千余件博士硕士论文著作权维权诉讼。截至2008年末，基本二审终结。此间引发了媒体、法学界、教育界、版权产业等社会各界的广泛关注。近日“近千硕博士集体诉讼呼吁加强网络著作权保护”，被评为2008年度十大典型案件[1]，“数百学子诉万方公司盗用论文案”被评为2008年中国知识产权十大新闻之一[2]。

一、案情概述

自2002年起，北京万方数据股份有限公司（本案被告，以下简称万方公司）通过其控股股东——中国科学技术信息研究所（以下简称中信所，占万方公司49.3%股权）获取纸质版博士、硕士学位论文一百万余篇，将这些论文加工成电子文档，收录在其制作的《中国学位论文全文数据库》中，销售给用户，供用户在局域网内浏览和下载论文全文，牟取高额利润。原告认为万方公司未经许可将其论文在局域网内传播的行为，侵犯其对学位论文享有的著作权。

共计有990名博士或硕士在北京法院提起维权诉讼，经海淀法院、朝阳法院、北京市一中院、北京市二中院审理，有12案撤诉、5案调解，973案判决，其中788案判决侵权成立，赔偿经济损失，185案判决侵权不成立，驳回全部诉讼请求。

---

[1] 参见2008年12月26日《人民法院报》第一版“2008十大法治新闻系列评选揭晓”。

[2] 参见2009年1月14日《中国新闻出版报》第六版“2008知识产权十大新闻出炉”。

二、诉争焦点一：合理使用是否成立？

万方公司提出：万方公司受国家法定的学位论文保藏及服务机构中信所的委托进行学位论文数据库开发建设，实则是履行国家赋予中信所的法定职责行为，属于著作权法上的合理使用。万方公司可以不经著作权人许可，不向其支付报酬，万方公司据此要求驳回原告的诉请。

《著作权法》在规定合理使用的范围时，在第22条第1款第7项规定了包括"国家机关为执行公务在合理范围内使用已经发表的作品"，本案中万方公司和中信所都不是国家机关，其行为也并非为执行国家公务，尤其是绝大多数论文属于未发表作品。因此，万方公司关于执行国家法定职责的辩解不能成立。

关于中信所是学位论文的法定馆藏单位问题，诉讼中，万方公司并没有提供相关法律法规佐证，只提交一份1984年国务院学位委员会办公室的一个通知，针对这个通知中国青年报记者到国家教育部、国务院学位委员会档案管理部门查询，结果是"查无此文"。❶ 关于中信所的法定收藏和服务之说，属于万方公司的自封，没有法律依据。

一、二审判决均未采纳被告的这一辩解意见。

三、诉争焦点二：公益性与商业性

万方公司辩称：《中国学位论文全文数据库》用户仅限于高校图书馆使用，具有公益性目的，从未进行商业销售，所以不构成侵权。

本案中，万方公司存在法律认知的误区，即凡是公益性使用就不构成侵权。从著作权法角度讲，公益性使用不是侵权成立与否的判断依据。

笔者认为，本案中万方公司是典型的商业性使用行为，第一，被告万方公司在诉讼中提供了其自2003年至2007年与国家图书馆签订的5份有关学位论文数据库的销售合同，合同金额为72万元。第二，万方公司在其"学位论文数据库"销售宣传彩页中载明其商业使用种类和范围。

两审判决均认定万方公司属于商业使用，其辩解意见均未被采纳。

四、诉争焦点三：转授权是否有效？

万方公司认为：有185名原告在论文的《使用授权说明》中已经授权其毕业院校处置论文的相关权利，学校许可中信所将论文收录在数据库中，中信所委托万方公司开发制作论文数据库。据此万方公司认为已经取得合法授权。

这是一个四个主体三层法律关系的授权模式，即作者——学校——中信所——万方公司，涉及转授权法律问题，这种模式要求授权链条环环相扣，一环断裂将导致整体授权无效。

第一层法律关系，原告给学校的"使用授权声明"。归纳185个声明文件，可以分为三类：第一类是许可学校将论文的部分或全部内容公开；第二类是学校可以以不同的方式在不同的媒体上发表；第三类是学校可以将论文编入有关数据库。这三类的声明可以认为原告将论文的发表权许可给学校行使，笔者认为这里的发表应当是在合法出版物上发表，而万方公司不是合法出版单位，其不具有互联网出版的资质，学校也没有委托、许可万方公司发表和传播学位论文。

同时，这是一个格式条款，多数高校规定每个博士硕士参加毕业论文答辩前必须签署，学生没有选择不签署或者修改的权利。同时学校也没有支付任何价款，根据合同法上的规定，对这种约定不明确的条款，应当采取对原告有利的解释原则，原告并未将学位论文的全部著作权（发表权除外）授予学校进行处置。

第二层法律关系是学校与中信所签订协议许可中信所使用原告的论文，但该协议明确约定，必须在协议范围内合法使用论文，不得超范围使用，协议没有授予中信所再将论文转授权给第三人使用的特别授权。

第三层法律关系，是中信所与万方公司的协议，这只是一个数据加工的协议，协议条款中没有论文许可使用问题的文字表述。万方公司不因数字化加工论文而获得论文的使用、传播授权，就如同印刷厂不因印制图书而获得图书的发行销售权一样。

显然这个三层结构的授权链条残缺不全，不能形成完整有效的授权链条，明显违背著作权法第26条的规定，即"许可使用合同、转让合同中著作权人没有明确许可、转让的权利，未经著作权人同意，另一方当事人不得行使"。

一审法院认为上述转授权成立，判决驳回原告的全部诉讼请求。主要理由：尽管原告给学校的声明中未明示学校有权进行转授权，但学校并

---

❶ 见2008年11月27日《中国青年报》第六版"谁在吞噬我们呕心沥血的学位论文——千余硕博士学位论文遭侵权事件调查"。

非媒体，其发表传播论文通常需要授权他人使用的方式实现，故法院认为此声明应当解释为原告未禁止学校转授权，学校已经将原告论文授权给中信所使用，万方公司依据其与中信所签订协议使用原告论文，法院认为万方公司已经取得原告的合法授权。

一审判决后，原告认为：判决关于转授权成立的论述过于含糊，很难以理服人，遂有大部分原告向北京第一、二中级人民法院提起上诉，二审法院驳回上诉，维持原判。但二审裁判驳回的理由仍然含糊不清，尤其是中信所拥有转授权的依据是什么？万方公司获得论文使用授权的合同条款或文字表述是什么？在判决书中均没有表述，采取回避的方式将这些问题隐去了。

笔者在代理意见中特别指出在北京高院和一中院以往的判例中，对本案中的这种以转授权方式取得的授权均不认可，均判决侵权成立。❶

五、诉争焦点四：赔偿标准

除上述185案以外的788案，中信所没有与学校签订过收录该校学生论文的协议或学生没有授权学校使用论文，万方公司径直把中信所馆藏的论文或通过其他途径获得的论文进行数字化加工，编入数据库，进行网络传播销售，对此万方公司提出：即使构成侵权，原告要求赔偿的经济损失数额过高，认为赔偿标准不应按字数计算，区别博士和硕士论文类别以篇计算。参考同类书库收录同类论文的稿酬标准计算原告损失，并提供万方公司与另外一家网站上收录学位论文稿酬公告，用以证明同类数据库收录博士论文稿酬为380元，硕士论文为230元。

原告方不同意万方公司的主张，认为应当以国家稿酬标准按字数计算赔偿金额，比如在朝阳法院起诉的案件是按40元每千字标准提出诉讼请求。根据《北京高级人民法院关于确定著作权侵权损害赔偿责任的指导意见》第26条的规定，即“在网络上传播文字、美术、摄影等作品的，可以参照国家有关稿酬规定确定赔偿数额”，国家版权局文件规定“原创作品稿酬标准为30～100元/千字”。北京各级法院的司法实践中均照此执行。如2007年11月29日，海淀区法院对六博士诉万方公司侵犯学位论文著作权纠纷做出判决（已生效），按40元/千字标准判决赔偿。❷ 一两家的网站公布稿酬标准并非市场交易价，缺乏公平性、代表性和稳定性，万方公司网站公布的标准不能成为判决参考标准。

对此788案，一审判决认定被告万方公司侵权成立，判决停止侵权，赔偿经济损失，硕士获赔总金额2100～2300元不等、博士获赔总金额2900～3300元不等，其中诉讼合理支出包含在内，即每案公证费1000元，律师费300元。扣除诉讼支出后，每篇硕士论文稿酬赔偿是800～1000元，每篇博士论文的稿酬赔偿是1600～2000元，按稿酬换算，硕士论文每千字赔偿标准10～17元，博士论文每千字赔偿标准4～13元，论文字数越多稿酬标准越低。这与国家稿酬标准差距太大，且与法院同期同类案件判决也有几倍的差距。

一审判决后，500多名原告不服一审判决，提起上诉，二审驳回上诉，维持原判。

六、简要评述

案件诉讼期间，适逢国务院发布《国家知识产权战略纲要》，其中第13项明确提出：“加大司法惩罚力度。提高权利人的自我维权意识和能力，降低维权成本，提高侵权代价，有效遏制侵权行为。”我们认为这不仅仅是一个战略宣言，应当贯彻到行政执法和司法的具体案件中去。

笔者认为，案件反映出两个突出现象，值得法律界和产业界深思。

（一）从事出版的网络公司不按出版法律制度经营管理问题

目前，有很多互联网公司主要从事的是互联网出版业务，但均不按国家出版法律制度设立和开展业务，规避法律，打擦边球。在本批案件中，

---

❶ 见北京市第一中级人民法院（2004）一中民初字第9644号民事判决和北京市高级人民法院（2005）高民终字第1451号民事判决书。一审判决认定：西南信息公司与维普公司共同制作《中文科技期刊数据库》，收录了《北京师范大学学报》等六刊，西南信息公司已经获得北京师范大学报等六刊的使用许可，一审判决认为：对于是否许可使用，涉及原告与西南信息公司之间的合同争议，应另行解决，本案不做处理，但维普公司未经许可使用上述六刊已构成侵权。二审判决认为：上述协议仅涉及西南信息公司被许可使用这六种刊物，并未涉及维普公司被许可使用这六种期刊，原审判决关于维普公司未经许可使用上述六刊已构成侵权是正确的。

❷ 见2007海民初字第23737号民事判决书。该涉案博士论文240千字，判决万方公司赔偿原告经济损失12 000元。

我们发现万方公司开发制作和销售传播的《中国学位论文全文数据库》是典型的互联网出版行为，应当遵循"先授权后传播"的出版、传播原则，适用《互联网出版管理暂行规定》，纳入出版管理体制。该公司应该设立版权管理、编审等部门。遗憾的是万方公司否认自己的行为是互联网出版行为，致使其脱离行政监管，导致发生如此之大规模的侵权现象。这一点，希望行政主管部门和产业界能够给予更多的关注，企业脱离监管是危险的。

(二)知识产权审判中的同案不同判问题

北京高院在司法指导文件中明文规定网络侵权案件按稿酬规定确定损失。2007 年底，海淀法院判决的六博士诉万方公司侵犯学位论文著作权案，也是按稿酬规定计算原告经济损失。时隔半年，同一法院对同样的案件采取截然不同的赔偿标准。对于转授权问题，北京高院和北京一中院以往的判决均采取否定态度，但在这批案件中却一改以往做法，确认转授权有效，这是非常明显的同案不同判。

司法不单单是就个案的是非曲直做出裁判，更重要的是给全社会树立正义的尺度，让模糊僵硬的法律条文变成一个个鲜活的判例。这些判例就是被激活的法律，成为全社会的行为指南。同案不同判的结果就是指南针失灵，是非混淆，让人们无法理性预测行为的合法与非法，必然导致秩序的混乱、内心迷茫、手足无措。司法裁判应当具有相当的稳定性，朝令夕改会大大降低司法公信力。

商业秘密存证制度的基本模式、功能和作用

华意律师事务所 王汉坡

商业秘密存证制度全称为商业秘密保存和证明制度，是指商业秘密的权利人将其合法拥有的商业秘密信息载体委托独立并有公信力的第三人保存并在必要时向相关机关提供证明的商业秘密保护制度。这是一种完全创新的知识产权保护措施。从目前了解的情况看，在国内，某协会于 2004 年对其会员开展了此服务业务，效果不详；在国外，有一家知识产权托管代理公司，其主要业务也包括商业秘密保护(商业秘密资产所有权保护)，以及软件资源托管(源代码或其他关键认证技术的托管)、技术资产托管(保护关键技术资产和风险投资间接保护以及保护在技术上投入的资金)等。另外，在有关的司法判决书中也载有委托第三人保存技术消息证据的做法。在当前加强知识产权保护，实施商业秘密保护战略的形势下，有必要对这一知识产权的新型保护措施予以研究。

一、商业秘密保护的主要难点

商业秘密的法律概念是不为公众所知悉、能为权利人代来经济利益并经权利人采取保密措施的技术信息和经营信息。概念虽简单，但范围却很宽泛，认定难度大，保护难度也大。与本文主题相关的主要难点如下：

(一)存在的不稳定性

专利有其权利要求书严格确定其范围，版权有作品明示其存在，商标有法定注册的要求，这里面都要严格十分严格的时间概念。而商业秘密信息产生的时间概念比较模糊(仅与公开信息对比时有意义)。商业秘密除权利人自我使用中的严格保密外，一般存在于商业秘密转让的合同关系和涉密人员流动的劳动关系中。不为公众所知悉是其存在的基本要求，但在处理特定关系时，如交易、司法等，又必须让特定人员知悉，证明其存在。这种存在是事后(如发生了诉讼)才予以证明的。用"见光死"这一俗语表述商业秘密的存在特性也许最贴切不过。

(二)权利的非排他性

法律上的所有权具有排他性，一个主体合法享有了(包括共有)，其他主体就不得享有，专利即是如此。但商业秘密不同，在不为公众所知悉且

双方都保密的情况下，都可以拥有各自的商业秘密，即使这两个商业秘密在内容和形式上完全相同，即使一个商业秘密来自于对另一个商业秘密的合法的反向工程，即使一个商业秘密在产生的时间上远远早于另一个商业秘密，一个存在不得限制另一个的合法存在。

（三）表现形式的多样性

商业秘密的法定表现形式为信息，包括经营方面和技术方面的信息。这个范围是非常宽泛的，种类列举不一。在某些特定情况下，看似无经济效益的信息也可能就有符合商业秘密构成要件的经济价值，在符合其他条件的情况下，也可能构成完整的商业秘密。最近国资委发布的《中央企业商业秘密保护暂行规定》就规定企业商业秘密的保护范围，主要包括：战略规划、管理方法、商业模式、改制上市、并购重组、产权交易、财务信息、投融资决策、产购销策略、资源储备、客户信息、招投标事项等经营信息；设计、程序、产品配方、制作工艺、制作方法、技术诀窍等技术信息。这一列举突出表现了经营信息的广泛。同时，商业秘密也必须是特定的。一项技术往往大部分内容已公开（或被专利），唯其中一两节点为保密的，这个节点就是商业秘密的秘密点，是它的法律价值所在。笼而统之的商业秘密往往为公众所知悉的集结所破解。

（四）保护手段的自我有效性

商业秘密法律存在的另一个基本条件，就是权利人采取了保密措施。在我国的实践中，许多保密措施往往流于形式，或针对性不强。司法机关也往往仅认定权利人有保护措施，而忽略措施的有效性审查。对商业秘密的法律保护是以权利人的自我保护为前提的，如果商业秘密权利人无保护措施或保护措施不具有效性，加之法律保护过于宽泛，还要专利制度干什么。

二、商业秘密存证制度的概念提出

除商业秘密外，其他的知识产权几乎都是以明示的方式表示其存在。专利、商标和植物新品种等是审查授权制，一旦授权即为公知技术（而非公用技术）。版权虽然是自动产生，但每一个作品总是要发表并以公众知悉为目的，且还有自愿登记、软件登录等制度为补充。任何善意或恶意、有意或无意的侵权都可以通过公开的渠道获悉侵权的对照物。但是，商业秘密则完全不同。权利人只能从市场上发现竞争者商业秘密存在的可能，也只能举证证明竞争者使用了侵犯自己（而不是别人）的非法手段，才可能需求司法救济。这就出现一个问题，权利人的商业秘密是什么？自己的权利客体的存在是寻求法律保护的前提，也就是说，权利人首先要证明自己商业秘密的存在。

证明自身商业秘密的存在，以前都是自我证明，这种证明当然是有效的，但未必都是有力的。版权的自愿登记、软件登录制度说明了传统的版权自动产生制度的无奈。这种无奈在同样也是权利自动产生的商业秘密的保护环节中也应当是同样存在的，甚至更为无奈。于是，第三者的证明作用开始显现，商业秘密存证制度的概念就提出来了。

三、商业秘密存证制度的基本运行模式

商业秘密存证制度借鉴两个运行模式，在“存”方面了借鉴银行的保险箱管理制度；在“证”方面借鉴了公证制度。基本要点是：

（1）商业秘密存证制度的存证人应当是独立的法律主体，且具有公信力，并得到相关司法机关认可；

（2）商业秘密的存证应当是权利人自愿的，存证内容和方式是灵活的；

（3）商业秘密存证的信息载体可以是报告、论文、图纸、磁带、磁盘等信息化载体，也可以是样品、样机等物化载体；

（4）商业秘密的保存措施应当是十分严密规范的；

（5）商业秘密的证明应当是严肃有效的，证明效果是向权利人和司法机关证明商业秘密的有效存在；

（6）商业秘密存证是权利人商业秘密的备份；

（7）商业秘密存证人应当遵行不看、不核、不失、不传的原则；发生失职的，应当承担相应的法律责任。

四、商业秘密存证制度的功能和作用

（1）商业秘密存证制度本身就是一种保密措施，可以从一个方面证明商业秘密的权利人对自己拥有的商业秘密采取了法律原则上要求的“权利人采取了保密措施”，且这一措施的内涵具体清晰，针对性强。

（2）提高商业秘密权利人的保护意识。

(3)对内部人员及市场竞争者是一种无形的震慑或警示。

(4)为司法机关提供证明,保障司法的准确性。

五、几点特别说明

(1)商业秘密存证不是决定性的,而是辅助性的。

(2)商业秘密存证制度是以权利人完全自愿为基础的。

(3)商业秘密存证的内容是有限的,仅证明权利人自我认定的商业秘密的存在,不证明这种存在是否符合法定构成要件。

(4)商业秘密存证人的诚信保证应当得到司法机关的认定。

(5)商业秘密存证的证明不是存证人的主动,而是权利人或相关司法机关的要求。

全国知识产权工作概况

专 利 工 作

一、综述

2009年是新中国历史上十分重要的一年，也是知识产权事业发展史上极不平凡的一年。一年来，各级政府围绕转变经济发展方式，保增长、扩内需、调结构、上水平，把知识产权工作摆在了更加突出的位置，大力培育核心技术和知识产权竞争优势，加快自主创新和结构调整。专利申请量继续保持快速增长的态势，PCT申请上升至世界第五位，一些知识产权优势明显的地区和企业表现出很强的抗风险能力和强劲的发展势头，知识产权促进经济社会发展的作用更加凸显。一年来，国家知识产权局认真贯彻落实科学发展观，解放思想，开拓进取，求真务实，各项工作取得显著进展。

国家知识产权战略实施工作开局良好。组织召开两次部际联席会议联络员全体会议，牵头制定《2009年国家知识产权战略实施推进计划》。与发改委、科技部等部门密切合作，共同起草《关于半导体照明技术专利分析及相关政策措施建议的报告》《国家科技重大专项知识产权管理规定》等文件。印发《关于加强知识产权工作，实施知识产权战略，促进长江三角洲地区改革开放和经济社会发展的若干意见》，完成中关村国家自主创新示范区知识产权战略研究报告和《中关村知识产权战略规划(2009－2020年)》，启动长三角和东北老工业基地知识产权战略研究项目，与江苏省合作创建实施知识产权战略示范省，有效加强对地方知识产权战略实施的指导。成立国家知识产权局实施《纲要》领导小组，印发《国家知识产权局实施〈纲要〉任务分工》《2009年国家知识产权局实施知识产权战略推进计划》等文件，战略实施工作稳步推进。

完成专利法实施细则等法规规章的修订。2009年10月1日，第三次修改的《专利法》正式施行。2009年12月30日，国务院常务会议原则通过《关于修改〈中华人民共和国专利法实施细则〉的决定(草案)》，修改后的细则于2010年2月1日实施。完成审查指南的修订工作和《专利代理条例》第二次修改稿，颁布《施行修改后的专利法的过渡办法》。启动《专利行政执法办法》《专利实施强制许可办法》等部门规章的修订工作。

专利申请快速增长，审批能力显著增强。全年受理专利申请97.7万件，同比增长18%。其中，国内发明专利申请22.9万件，同比增长18%；全年共受理PCT国际申请8000件，同比增长31%；全年受理复审无效请求11 442件，同比增长79%；全年发明专利审查结案19.5万件，同比增长33%；复审与无效请求审理结案9007件，同比增长37%；专利审批和复审无效周期基本保持稳定。有效专利指标首次列入国民经济和社会发展统计公报；全年收到集成电路布图设计登记申请817件，颁发证书655件。

专利分析与预警工作取得成效。完成了煤液化、LED照明、高端光刻机等专利分析和预警项目，其成果对国内相关重点企业和行业在技术创新活动中确定研究和攻坚方向、规避知识产权风险以及自主创新成果的知识产权保护提供了重要依据；启动了“大型飞机”、“风力发电”等10个重点领域的专利分析和预警项目。政策研究和政务信息工作取得长足进步，为各级领导科学决策提供了重要参考。

知识产权保护进一步加强。联合有关部门共同发布《2009年中国保护知识产权行动计划》，印发《关于加强企业境外参展知识产权工作的通知》和《2009年度“雷雨”、“天网”知识产权执法专项行动方案》，开展上海世博会知识产权保护状况调研。批准成立了61家知识产权维权援助中心，开通了“12330”全国知识产权维权公益服务专用热线，启动“5·26”工程推进执法能力建设，启动全国专利重点联系基地建设。2009年，全国知识产权局系统共受理专利侵权纠纷案件937件，受理其他专利纠纷案件26件，查处假冒他人专利案件30件，查处冒充专利案件548件，出动执法人员13 240人次，检查商业场所6013次，跨部门执法协作533次，跨地区执法协作204次。

专利运用与产业化工作取得重要成果。开展资助向国外申请专利专项工作，配合财政部顺利完成2009年度的资助工作，共资助PCT申请1146项，发放资助资金5285万元。制定《关于促进企业运用知识产权应对金融危机的若干意见》，有效促进了企业运用知识产权应对国际金融危机。深入开展知识产权资产评估推进工程、知识产权质押融资试点、国家专利产业化工程、国家专利技术展示交易平台建设、自主知识产权产业化示范项目计划、第三届中国专利周、第十一届中国专利金奖评选活动等专项工作，建立起全国专利运用与产业化的有效机制和平台体系。获第十一届中国专利奖的15个金奖项目自实施日起至2008年年底，新增销售额累计428亿元，新增利润累计166亿元。

信息化建设与专利信息公共服务工作稳步推进。制定《全国专利信息公共服务体系建设规划》，规划建设国家、区域和地方三级架构专利信息服务体系，完成所有47个地方专利信息服务网点建设。完成“中国专利电子审批系统”上线前的准备工作，完成“专利检索与服务系统”局内部分全部开发和“外观设计专利智能图形检索系统”升级项目。牵头建设重点产业专利信息服务平台，积极配合国务院十大重点产业调整和振兴规划的实施，共同建设配套专题数据库和信息服务平台，截至2009年底10个产业专题数据库已全部开发完成。

2009年，国家知识产权局深入开展学习实践科学发展观活动，全面启动了“十二五”规划的编制工作，继续推进知识产权会商和示范试点，加强企事业单位知识产权工作，发布《2009年全国知识产权培训计划》和《专利代理行业发展规划(2009—2015年)》，进一步完善专利代理人资格考试制度，首次牵头成功举办“全国知识产权宣传周”活动，知识产权文化建设工程稳步推进，成功解决美国专利商标局授权欧洲专利局向国家知识产权局免费提供美国专利文献数据的问题，完成了专利审查业务楼三期工程的设计招标工作。知识产权宏观管理、宣传培训、国际合作、党建工作和机关文化建设以及基础性服务保障工作等方面都取得了显著的进展。

二、法律事务

(一) 法制建设

1. 专利法实施细则的修订

起草了《专利法实施细则修订草案(送审稿)》及其说明，于2月27日报送国务院。此后，积极配合和协助法制办做好各项审议前的准备工作，协助法制办赴成都等地进行专题调研。

通过对送审稿不断完善，形成了《国务院关于修改〈中华人民共和国专利法实施细则〉的决定(草案)》，9月提请国务院常务会议审议，该草案在12月30日国务院常务会议上获得原则通过。修改后的《中华人民共和国专利法实施细则》将于2010年2月1日起施行。

2. 修订《专利代理条例》的准备工作

《专利代理条例》自1992年生效实施以来从未进行修改，已经不适应专利代理行业的健康发展。2009年上半年，重新启动修改《专利代理条例》的准备工作，包括：组团赴美考察美国专利代理管理制度，借鉴有益经验和做法；通过中华全国代理人协会广泛征求专利代理机构的建议和意见，对2006年11月法制办提出的修改稿进行了调整、补充和完善，形成新的征求意见稿；9月下旬，将《专利代理条例修订草案》(征求意见稿)发给各地知识产权局征求意见。

3. 修改完善部门规章

为配合专利法第三次修改，于2008年底启动的专利审查指南修订工作已基本完成。本次修订以适应专利法及其实施细则的修改为主，同时有效地兼顾了实践中的成熟经验和做法。本次修订主要体现出以下几个特点，一是注重保持基本审查政策和审查标准的延续性；二是注重保持专利审查实体标准和审批程序的进一步统一和优化，在程序规定上，结合了电子审批系统的特点，设置了申请及审查程序；三是注重考虑我国国情和我国专利制度的发展状况，对于国际上相关专利审查标准进行了研究和借鉴。

为确保修改后的专利法的顺利实施，经反复讨论并征求国内外企业、专利代理机构和国家知识产权局相关部门的意见，起草了《施行修改后的专利法的过渡办法》，对实施修改后的专利法所涉及的衔接事项做了明确规定。该办法于9月27日发布。

此外，正在进行《专利行政执法办法》《专利实施强制许可办法》《涉及公共健康问题的专利实施强制许可办法》《专利权质押合同登记管理暂行办法》《专利实施许可合同备案管理办法》的修订工作。上述规章将在国务院审议通过专利法实施细则修订草案后发布实施。

4. 编写《专利法第三次修改导读》，组织召开专利法第三次修改宣讲会

在专利法修改通过后，为帮助社会各界准确理解专利法修改的背景、内容及相关考虑，及时组织编写了《专利法第三次修改导读》，受到社会各界的广泛好评，对保障修改后的专利法的正确理解和执行发挥了积极的作用。

在国内外广泛开展宣讲活动。在广州、南京、乌鲁木齐等七个城市组织召开专利法第三次修改宣讲会，总计1700余名各界代表参加了会议；在国务院有关主管部门等单位主办的30余次会议中进行宣讲，听众达3000余人；赴德国、日本等国介绍专利法第三次修改的背景、意义及主要内容。各主办方高度重视，国外相关人士参会人数刷新了当地举办类似会议的历史记录。通过宣讲，一方面加深了国内外相关人士对我国专利制度最新进展的了解和理解，另一方面也提高了我国专利制度在国际上的影响力。

5. 对相关法律法规、规章政策的建设完善及时提出修改建议

对《商标法》《反不正当竞争法》《著作权法》《广告法》《知识产权海关保护条例》《最高人民法院关于审理侵犯专利权案件应用法律问题解释》《国家科技重大专项知识产权管理规定》《涉及专利的国家标准制修订管理规定暂行》《关于知识产权领域反垄断执法的指南》等知识产权法律法规、规章政策以及其他法律法规草案或者修订草案提出建设性的修改建议。

6. 推进遗传资源和传统知识保护

6月，在乌鲁木齐召开了“中医药传统知识与遗传资源保护研讨会”。该研讨会既是国家知识产权局落实知识产权战略推进传统知识与遗传资源保护的一项具体行动，也为新疆当地的资源保护和开发提供了良好契机。

（二）专利代理

截至12月，共批准设立59家专利代理机构，不予批准和退回26件设立专利代理机构的申请，撤销8家专利代理机构，办理了涉及226家专利代理机构的变更手续，指定6家涉外专利代理机构，办理颁发、变更专利代理人执业备案1182件。充分发挥年检制度的监督规范作用，11月将首批通过2009年年检的621家专利机构予以公告。建立了专利代理数据库管理系统。

为加强监督和管理，2009年上半年，在全国范围内对专利代理机构的办事机构进行了重新核查，并将核查后的正确信息在国家知识产权局政府网站上及时发布，便于公众监督。进一步完善代理机构设立办事机构的审批程序，以保证国家知识产权局和专利代理机构及其办事机构所在地知识产权局掌握信息的一致性，杜绝管理真空。

召开首次国家知识产权局专利代理惩戒委员会会议，对提供虚假证明材料骗取申请费用减缓的深圳顺天达专利商标代理有限公司当事人处以吊销专利代理人资格证书的惩戒。对提供虚假学历证明参加考试并获取专利代理人资格的云南祥和知识产权代理有限公司的当事人给予撤销专利代理人资格证书的行政处罚。对10余件举报投诉案件或及时转送地方局或直接予以调查处理，其中，北京市、广东省以及湖南省知识产权局针对出现违规行为的专利代理人或机构分别作出了3份惩戒决定。整理汇总了近几年来国家知识产权局以及地方知识产权局作出的惩戒处理决定，并公布在国家知识产权局政府网站的专利代理管理专栏中供公众监督和查询。

继续深化专利代理人资格考试制度改革。6月发布新的考试制度改革方案，允许考生在3年内分步通过各科考试，与此相应，考试成绩的年度合格分数线按照“法律知识”和“代理实务”两个部分分别确定。实施新的改革方案，将更加有利于广大考生充分合理利用复习备考时间，深入扎实、

全面系统地掌握基础知识，尽快通过考试，获取上岗执业资格。

年初启动了全国专利代理人资格考试网上考务管理信息系统的建设工作。2009 年，已在广州、济南和沈阳考点顺利完成考试报名部分的系统测试工作，2010 年将全面实现考生网络报名和考务信息管理。

6 月，出版了《2008 年专利代理人资格考试试题解析》和《2009 年全国专利代理人资格考试指南》。9 月，召开考试工作会议。12 月，顺利完成了 2009 年全国专利代理人资格考试工作。2009 年，全国专利代理人资格考试报名人数为 11 805 人，比上年增长 35%；共有 924 人同时通过了两个部分的合格分数线。

（三）行政复议

2009 年，国家知识产权局共受理 82 件行政复议案件（其中不服专利申请视为撤回的有 12 件，不服专利权终止的 10 件，不服不予恢复的 16 件，不服著录项目变更的 10 件，不服视为放弃取得专利权的权利 8 件，不服分案申请视为未提出的 1 件，不服不作为的 4 件，不服本国优先权视为未提出的 4 件，不服外国优先权视为未提出的 3 件，不服不能进入国家阶段的 5 件，不服不予退费的 4 件，不服合同登记的 1 件，不服惩戒的 1 件，非正常申请确认通知书 3 件）。

2009 年，因不服国家知识产权局行政复议决定提起的诉讼案件有 4 件。

三、战略推进和保护管理

（一）战略推进

1. 国家知识产权战略工作

3 月 19 日，由国家知识产权战略实施工作部际联席会议 28 家成员单位共同制定的《2009 年国家知识产权战略实施推进计划》（简称《推进计划》）颁布实施。《推进计划》结合中央部署和 2009 年经济形势，着重突出全年知识产权战略工作要点和总体要求，并紧密围绕《国家知识产权战略纲要》，从提升知识产权创造能力、加快知识产权法制建设、提高知识产权执法水平、扩大知识产权对外交流合作等九个方面，共提出 240 条具体措施，并明确了相关负责部门。

在年初和年中两次召开国家知识产权战略实施工作部际联席会议联络员全体会议，及时总结各部门、各地区工作进展情况，交流战略实施经验，研究部署后续工作。

8 月 18 日，国家知识产权局会同国家知识产权战略实施工作部际联席会议成员单位向国务院呈报了《关于 2009 年上半年国家知识产权战略实施工作情况的报告》，王岐山副总理阅后作出重要批示。

建立部门、地方、局内战略信息沟通机制，制定了各部门通报信息相关办法，对地方战略信息报送工作提出了具体要求和落实措施，并在局内有关部门设立战略信息员。全年编发《工作简报》48 期，《工作动态》36 期。

成立国家知识产权局实施国家知识产权战略纲要领导小组，组织召开了局内实施知识产权战略纲要领导小组第一次全体会议。研究制定并印发《国家知识产权局实施〈国家知识产权战略纲要〉任务分工》和《国家知识产权局实施〈国家知识产权战略纲要〉2009 年推进计划》。

组织联席会议成员单位召开战略工作研讨培训班，加强了各部门间的业务交流。组织召开了知识产权战略及宏观管理工作研讨交流会，对国家知识产权局相关人员开展战略培训活动。

改版国家知识产权战略网，完善数据库，及时更新信息和维护。组织翻译编印了《日本知识产权战略推进计划 2009》和《韩国知识产权战略》相关资料，及时提供给相关单位。发布《2008 年中国知识产权保护状况》白皮书。组织编写《2008 年全国及地方知识产权保护状况择要汇编》。

2. 区域知识产权战略工作

推动地方知识产权战略制定实施工作，截至 2009 年年底，已经有 15 个省、自治区、直辖市制定并颁布了地方知识产权战略纲要或相应实施意见。哈尔滨、长春、沈阳、济南、青岛、武汉、宜昌、成都、贵阳、厦门、福州、深圳也出台了城市的知识产权战略或实施意见。

与江苏省政府签署了《关于创建实施知识产权战略示范省合作协议》，为其他地区实施知识产权战略提供有益借鉴。

2 月 27 日，印发了《关于加强知识产权工作，实施知识产权战略，促进长江三角洲地区改革开放和经济社会发展的若干意见》。4 月，指导长三角地区两省一市签署了《长三角知识产权合作框架协议》。

5 月，在江西南昌组织召开“地方知识产权战略制定实施研讨班”，与国务院有关部门和地方局同志共同探讨地方战略制定实施工作。

为加强知识产权政策与相关政策衔接，8 月 18 日，组织科技部、发改委等部门与国内有关专家学者共同召开了“知识产权政策与区域政策衔接研讨会”。

8 月底，结合政协重点提案，与全国政协、九三学社的领导同志组织科技部、发展改革委员会、国家工商行政管理总局等部门赴广东、广西调研，了解地方知识产权战略制定实施工作以及珠三角和北部湾地区知识产权工作。完成《加强地方知识产权战略实施工作的若干意见（征求意见稿）》。

3. 行业知识产权战略工作

与科技部举行了部局合作会商会议，拟共同发布国家科技重大专项知识产权管理规定，并在政策研究、专利分析等多方面开展深入合作；与相关部委协商，形成了关于半导体照明技术专利分析及相关政策措施的报告，并协助发展改革委员会起草了具体落实促进半导体照明产业发展措施的任务分工方案；并与发展改革委员会等部委共同办理了十一届全国人大二次会议“关于调整和优化产业结构，加强政府投资项目管理”重点处理建议；与工业和信息化部建立了长效合作机制；针对邮政领域知识产权执法问题，牵头建立跨部门联合应对机制，形成具体应对方案；与环境保护部紧密合作，开展了中国生物物种资源及相关知识产权问题研究。此外，还牵头主办了知识产权与创新国际论坛，参与筹备国防知识产权战略实施动员部署会。

4. 协调保护知识产权工作

组织协调国家知识产权战略实施工作部际联席会议，28 家成员单位共同制订《2009 中国保护知识产权行动计划》，提出 9 个方面共 170 项具体措施。该计划明确了各部门责任分工。

召开知识产权执法经验交流会，组织公安部、海关总署、国家工商行政管理总局、最高人民法院、最高人民检察院等 10 家中央部门及其推荐的 13 家相关地方部门共同交流知识产权执法工作经验。

统筹部署世博会知识产权保护工作。会同世博会组委会联络小组与国务院办公厅、公安部、海关总署、国家工商行政管理总局、国家版权局、最高人民检察院等部门组成联合调研组，赴上海开展世博会知识产权保护专题调研，起草并向国务院呈报调研报告，拟定《世博会知识产权保护专项行动方案》（征求意见稿），提出世博会知识产权保护的整体部署。

联合公安部、海关总署、最高人民检察院、国家工商行政管理总局、国家版权局、商务部等部门在重庆举办“2009 全国外商机构保护知识产权座谈会”，通报我国知识产权保护工作状况和最新进展，听取外商机构和企业对加强我国知识产权保护的意见和建议。

联合外交部、工业和信息化部、司法部、商务部等 8 部委印发《关于加强企业境外参展知识产权工作的通知》，从预防、援助和协助企业自我维权 3 个方面提出 10 项应对措施。

组织国务院办公厅、最高人民法院、最高人民检察院等部门代表联合考察了芬兰、瑞典、挪威三国的知识产权保护情况。

2009 年，为切实提高我国专利行政执法与司法的效率与水平做出了努力。浙江省和四川省高级人民法院，广州、南京和佛山中级人民法院共 5 名法官到国家知识产权局交流。国家知识产权局有 13 人分别在最高人民法院，北京市第一、第二中级人民法院，四川省、浙江省、江苏省和广东省高级人民法院进行交流。与地方知识产权局也进行了人员交流。

（二）政策研究

根据《国家知识产权战略纲要》关于加强我国重点产业和重大技术专利分析和预警工作的部署，为防范我国重点产业技术产业化过程中的专利风险，提高重大专项的创新水平，促进经济和科技的协调发展，从 2008 年起，陆续开展了煤液化、LED 照明、高端光刻机、数字电视地面标准、油电混合动力电动汽车等多项国家重点产业和重大技术的专利分析和预警工作，取得了一批研究成果，对国家经济和科技活动的决策提供了重要依据。

2009 年，确立专利战略推进工程研究项目 29 个。从 2001 年开展专利战略推进工程工作以来，共支持研究项目 163 个，范围遍布全国 30 个省、市、自治区，领域涉及材料、电子、光电、医药、农业和环保资源等，发挥了比较好的引导作用。

2009 年，围绕知识产权战略实施和中心工作，确立了 30 多项课题研究项目。对 2008 年度的 20 多项软课题研究项目进行了评审，其中，《2008 年中国软件盗版率调查》的研究成果，在社会上产生了积极影响。完成了《关于建立国家重大经济活动知识产权特别审议机制研究》工作，该工作及其取得的研究成果引起有关部门的重视。成功举办第六届全国知识产权（专利）优秀调查研究报告暨优秀软课题研究成果评选活动，该活动共收到参评作品180多篇，经认真评审，《关于建立国家重大经济活动知识产权特别审议机制研究》等40多篇作品获奖，在此基础上编辑了《优秀知识产权调查研究报告集》。在国家知识产权局局内网开通了软课题网站，进一步加强了软课题信息的交流和研究成果的共享。

组织开展了深圳市知识产权机构改革、江苏太仓“中德合作基地”知识产权状况等调研工作，《深圳市知识产权机构改革调研报告》《江苏太仓中德合作基地知识产权状况调研报告》引起有关部门的重视。

全年共编写报送《知识产权局信息》55期，信息上报和被采用数量、领导批示次数创历年最高。编辑出版《专利工作动态》24期及其增刊3期。

（三）保护管理

1. 知识产权执法

对本系统重点执法工作进行统一部署。制定印发了《关于近期知识产权局系统执法工作安排的通知》《2009年度“雷雨”“天网”知识产权执法专项行动方案》等文件，对本系统执法工作进行统一部署，指导推进各项重点执法工作的开展。

全系统深入开展“雷雨”“天网”行动和各具地方特色的执法专项行动。这些行动大大遏制了群体侵权、反复侵权行为与专利诈骗行为的发生，提高了大型展会等环节知识产权执法与维权工作成效，震慑了违法分子，大大增强了权利人、创新主体和消费者的信心，对营造创新与发展的良好环境发挥了重要作用。

制定印发推进知识产权维权援助与“12330”知识产权维权援助公益电话运用的有关指导文件，各有关地方局协同行动，各维权援助中心的工作有序开展，成效与影响不断扩大。“12330”知识产权维权援助公益服务电话于“4·26世界知识产权日”期间顺利开通，运行良好。截至2009年底，共批复设立了61家维权援助中心。

推动跨部门执法协作机制的完善，与公安局、法院和有关行政部门的沟通协作进一步强化。在全国知识产权局系统初步建立起执法协作机制基础上，泛珠三角、长三角、环渤海、中部、西部、东北等地区执法协作机制不断深化。

启动“5·26工程与全国专利保护重点联系机制”建设工作。“5·26工程”促进了本系统执法能力建设，2009年分两批共遴选出41个地方知识产权局纳入本工程。专利保护重点联系机制运用外部资源提升了本系统执法工作水平，26家单位被列为全国专利保护重点联系基地。

加大对执法工作人员培训力度，组织全国专利行政执法人员培训班；不断完善执法证与执法标志的发放管理工作；根据地方局需要，按地区分专题组织执法研讨班，进一步提高了执法人员业务素质。

进一步加强执法信息的分析、上报工作，加快执法案件电子档案的建设工作。对跨地区的重大案件，加大指导和协调工作力度，促进了有关案件的合理解决。

指导组织各省级局深入开展执法督导工作，提高了各级知识产权局执法工作的科学性、积极性、规范性和创造性，促进了本系统各项执法工作安排的落实。

召开全国知识产权局执法工作会议。会议总结了本系统执法工作的新经验，分析了新形势，提出了新举措，表彰了执法先进集体和个人，根据形势发展需要，对进一步加强本系统执法工作进行了全面部署。成功举办第三届中国知识产权执法论坛，深入探讨执法热点、难点问题，彰显了我国政府加强知识产权执法的决心、措施与成效。

2009年，全国各地方知识产权局共受理专利侵权纠纷案件937件，受理其他专利纠纷案件26件；查处假冒他人专利案件30件，查处冒充专利案件548件；共出动执法人员13 240人次，检查商业场所6013次，检查商品1 322 521件，向公安等部门移交案件9件，接受其他部门移交案件9件，跨部门执法协作533次，跨地区执法协作204次。

2. 知识产权管理

知识产权试点示范、强县工程、省部合作会商。2009年新批准工作示范城市13个、示范城市创建市11个、试点城市13个。截至2009年底，全国共有国家知识产权试点示范城市109个，其中工作示范城市23个、示范创建市34个、试点城市52个。探索实施城市知识产权试点示范重点工作项目督导制度，加强城市知识产权试点示范工作的统筹部署。

成功举办了以“实施知识产权战略，促进经济全面复苏”为主题的第二届知识产权与城市发展市长论坛，48个城市参加了论坛，32位市长出席，论坛期间举行了国家知识产权工作示范城市授牌仪式和《知识产权杭州宣言》签署仪式。

2009年新增示范创建园区6个，试点园区5个。截至年底，国家知识产权试点示范园区35个，其中示范创建园区9个、试点园区26个。推进上海浦东新区、杭州高新区以及武汉高新区审查员实践基地建设。

完成第三批125家全国企事业知识产权试点单位总结验收工作，研究确定第四批800家全国企事业知识产权试点单位，全国试点单位累计达到上千家。同时，组织召开第一批70家全国企事业知识产权示范创建单位验收会议，57家单位达标，成为首批全国企事业知识产权示范单位。全国企事业单位知识产权试点示范工作已成为政策抓手，引领带动全国各地省市级的试点示范工作，形成了国家和地方上下联动的企事业试点示范工作体系。

截至2009年年底已设立75家专利工作交流站。依托国家知识产权局专利审查资源优势对更多创新企业和高新企业提供服务。2009年，专利交流工作采取专题形式开展，形成服务某个行业领域多个企业或产业链企业群的新模式。交流专题涉及生物医药、高速动车、新能源汽车、煤化工、新材料等多个高新科技领域，共有20多个省市参与。

组织召开“全国企业应对金融危机知识产权工作专题研讨会”，研究制定了《关于促进企业运用知识产权应对金融危机的若干意见》，指导各地知识产权局支持和帮助企业运用知识产权应对金融危机。

根据各省区市申报情况，3月，国家知识产权局印发《关于确定首批实施国家知识产权强县工程区县(市、区)名单的通知》，确定北京市海淀区等124个区县(市、区)进入首批实施国家知识产权强县工程。

批复同意浙江省龙泉市等12个县(市、区)为国家传统知识知识产权保护试点县(市、区)。召开国家传统知识知识产权保护试点工作培训研讨会，全国传统知识产权保护试点县(市、区)及相关省知识产权局主管领导参加会议。

印发了《国家知识产权局与省级地方人民政府知识产权合作会商工作暂行规定》，加强和规范省部合作会商工作。建立议事制度、报告制度，确保合作会商事项顺利完成。与湖北省人民政府签署了合作会商议定书，与江西、湖南省人民政府召开2009年合作会商会议；与广东省人民政府联合印发了年度合作会商工作要点。截至2009年底，已与14个省市和3个中央单位建立了会商工作机制。

与工业和信息化合作，共同研究开展中小企业知识产权战略推进工程，加强与铁道部合作，研究开展铁路行业重大技术专利分析等专题工作。

专利运用与产业化。2009年新批建立2家国家专利产业化试点基地，目前总数已达到16家(含1家工业设计与创意产业基地)；新批设立4家国家专利技术展示交易中心，目前总数已达42家；组织基地和中心开展专业化、特色化的专利展示交易、信息综合利用等服务；建立国家专利技术展示交易中心工作进展情况报告制度，标准化、规范化管理基地与中心。

组织召开全国企事业知识产权工作会议暨全国专利运用与产业化会议。

在全国范围内异地同时举办以“实施知识产权战略，应对国际金融危机，建设创新型国家”为主题的第三届中国专利周，活动以“服务我国中小企业，应对国际金融危机”为重心。国家发展改革委员会等17个中央部委、全国各省区市人民政府为支持单位，38个城市人民政府为协办单位。专利周成交项目(含意向成交项目)635项，参展企业近6100家，参加总人数逾20万人，举办了专题论坛、研讨会、讲座等活动147场次。

2009年，会同国务院有关部门、各地方政府共同举办了一系列与专利(知识产权)主题相关的展会，成效显著。杨凌农高会、沈阳专洽会、第七届中国海峡项目成果交易会、第二届中国(顺德)国际工业设计创意博览会，以及在深圳高交会、北京科博会、成都软洽会等展会期间开展专利项目展览展示、知识产权宣传与保护等，对促进知识产权转移转化、支持我国国民经济的发展发挥了积极作用。召开全国专利展会工作座谈会，启动对《国家知识产权局展会管理办法》的修订工作。

与世界知识产权组织共同开展了第十一届中国专利奖评选工作，共评出15项中国专利金奖，170项中国专利优秀奖，6项最佳组织奖，16项优秀组织奖，以及5项最佳推荐奖。国家知识产权局和世界知识产权组织决定从2010年起将评奖周期由二年一届改为一年一届。

按照《资助向国外申请专利专项资金管理暂行办法》的要求，配合财政部完成资助向国外申请专利专项资金申报和评审工作。2009年度共资助中小企业、事业单位以及科研机构提出的PCT申请1146项，发放资助资金5285万元。

知识产权资产评估和知识产权质押融资试点。会同财政部指导中国资产评估协会研究制定的《资产评估准则—无形资产》《专利资产评估指导意见》于7月1日实施。

结合2008年全国知识产权资产评估状况调查，先后委托47个地方知识产权局实施地方知识产权资产评估推进工程，在广东省佛山市、东莞市主办“知识产权质押融资试点推进大会暨专题论坛”、“知识产权资产评估与质押融资高峰论坛”等活动。遴选12个园区开展企业知识产权质押融资需求调查，作为进一步开展工作的基础和依据。批准6家单位开展新一轮知识产权质押融资试点；召开全国知识产权资产评估与质押融资试点工作座谈会，及时总结和交流各地融资试点工作经验。截至2009年年底，全国共有12个地方知识产权局被列为知识产权质押融资试点单位。

专利权质押合同登记和专利许可合同备案。为适应新修改的专利法及其实施细则，对《专利权质押登记办法》《专利实施许可合同备案办法》进行了修订。2009年，专利质押合同登记166件，质押金额34.9383亿元，5.8亿美元，专利许可合同备案12 400件，许可专利18 215件。

专利代办处建设。2009年，批复成立国家知识产权局专利局南京代办处苏州分理处，截至年底，全国专利代办机构共27个。

四、专利申请与审查

(一)专利申请与授权

2009年，受金融危机影响，国外来华专利申请数量有明显下降，但国内专利申请量继续保持平稳较快增长，专利审批能力显著提高。

1. 专利申请

2009年我国共受理专利申请976 686件，同比增长17.9%。其中，受理国内申请877 611件，占总量的89.9%，同比增长22.4%；受理国外来华申请99 075件，占总量的10.1%，同比下降10.9%。

2009年，国内三种专利申请都呈显著增长。其中发明专利申请229 096件，占26.1%，同比增长17.7%；实用新型专利申请308 861件，占35.2%，同比增长37.9%；外观设计专利申请339 654件，占38.7%，同比增长13.7%。

截至2009年底，我国累计受理专利申请5 822 661件，其中国内4 898 473件，占84.1%，国外924 188件，占15.9%；其中发明1 935 832件，占33.3%，实用新型2 005 545件，占34.4%，外观设计1 881 284件，占32.3%。

2. 专利申请的地区和国别分布

2009年，国内专利申请量按省市排序与上年相比略有变化，居前十位的依次是江苏、广东、浙江、山东、上海、北京、四川、湖北、辽宁、台湾。

截至12月31日，来我国申请专利的国家和地区共有150个。2009年共有97个国家和地区向我国提出专利申请，新增加的国家和地区有四个：阿富汗、洪都拉斯、危地马拉和也门。2009年申请量排在前十位的国家依次是：日本、美国、德国、韩国、法国、荷兰、瑞士、英国、瑞典、意大利。

3. 专利申请的技术领域分布

2009年，共完成发明和实用新型专利申请国际专利分类580 845件，比上年增加30 004件，增长5.4%。

从2009年发明专利申请的国际专利分类(IPC)情况看，其特点是：有关医用、牙科用、梳妆用的配制品(A61K)专利申请继续占据国内各IPC小类第一，但数量已比上年减少27.0%；无线通信网络(H04W)迅速升至第二位，申请数量超过万件，其中国内数量超过九成；往年在国内外申请量均较大的(H04Q)小类数量迅速减少，退出了排名前十的行列。

4. 专利授权

2009年，共授权专利581 992件，同比增长41.2%。其中国内授权501 786件，占总量的86.2%，同比增长42.4%；国外授权80 206件，占总量的13.8%，同比增长34.6%。在授权的国内专利中，发明专利65 391件，占13.0%，同比增长40.4%；实用新型专利202 113件，占40.3%，同比增长15.4%；外观设计专利234 282件，占46.7%，同比增长79.3%。在授权的国外专利中，发明专利63 098件，占78.7%，同比增长33.9%；实用新型专利1689件，占2.1%，同比增长12.2%；外观设计专利15 419件，占19.2%，同比增长40.8%。

2009年，发明专利授权国内所占比重同比上升1.2个百分点，达到50.9%，首次超过国外所占比重。

截至2009年底，累计授权专利3 083 260件；其中发明586 646件，占19.0%，实用新型1 368 741件，占44.4%，外观设计1 127 873件，占36.6%；其中国内2 644 571件，占85.8%，国外438 689件，占14.2%。

（二）专利审查

2009年，专利审查进展情况良好，结案量持续增长、审结高效、周期稳定。年内，国家知识产权局新增一批审查员，审查能力进一步增强。

2009年，三种专利审查结案量继续高速增长，其中发出发明专利第一次审查意见通知书228 617件，同比增长21.9%；完成发明实质审查194 850件，同比增长32.7%；完成实用新型专利审查262 648件，同比增长28.3%；完成外观设计专利审查388 905件，与上一年相比增长非常显著，增幅达到80.1%。

发明专利实审审查周期保持稳定，为25.8个月；实用新型专利审查周期比上年进一步缩短，为5.8个月；外观设计专利审查周期大幅缩短，由上年的9.5个月降至5.5个月。

2009年，招聘初审及流程管理人员、专利实审员，以及专利复审和无效审查员共计200人，年末在编人数达3074人。

2009年，录用人员中，博士占12%，硕士占81%，本科生占7%。对于专业技术要求更高的实审部而言，硕士及以上学历者高达96%。

经过近年对各审查领域的新增审查员数量的调整，各审查领域人均待审量和平均周期更趋于均衡和稳定。2009年新增审查员的数量在各审查领域之间较为平均。

（三）PCT国际申请

作为《专利合作条约》(PCT)受理局，2009年共受理国际申请8000件，同比增长31.6%。其中，以中文作为申请语言的国际申请7225件，以英文为申请语言的国际申请775件。自1994年起累计受理国际申请32 881件。

2007年5月1日起，国家知识产权局开始接收PCT－SAFE全电子模式的申请，2009年通过电子形式提交的申请约占83%。

作为国际检索单位，2009年寄出国际检索报告6776件，同比增长11.2%。自1994年起累计寄出PCT国际检索报告29 352件。

作为国际初审单位，2009年寄出国际初步审查报告420件，与上一年基本持平。自1994年起累计寄出国际初步审查报告5156件。

2009年，收到进入中国国家阶段的国际申请53 633件，同比增长－6.8%，其中发明专利申请53 492件，实用新型专利申请141件。自1994年起收到进入中国国家阶段的国际申请累计为412 131件。

（四）复审与专利权无效宣告

1. 受理专利复审请求与结案

2009年受理复审请求9195件，比2008年增加4835件，同比增长111%。在2009年的复审请求中，涉及对驳回发明专利申请决定不服的复审请求为9141件，占当年请求总量的99.4%；涉及对驳回实用新型专利申请决定不服的复审请求为45件，占当年请求总量的0.5%；涉及对驳回外观设计专利申请决定不服的复审请求为9件，占当年请求总量的0.1%。

2009年复审请求结案共6697件，其中涉及发明专利申请6599件，涉及实用新型专利申请84件，涉及外观设计专利申请为14件。

自1985年以来，共受理复审请求31 587件。截至2009年底，复审请求结案25 109件。

2. 受理专利无效宣告请求与结案

2009年受理无效宣告请求2247件，比2008年增加209件，同比增长10%。在2009年受理的无效宣告请求中，涉及发明专利权的无效宣告请求为444件，占当年总量的19.8%；涉及实用新型专利权的无效宣告请求为1102件，占当年总量的49%；涉及外观设计专利权无效宣告请求为701件，占当年总量的31.2%。

2009年全年无效宣告请求结案共2310件，其中涉及发明专利456件，涉及实用新型专利1078件，涉及外观设计专利为776件。

自1985年以来，共受理无效宣告请求23 334件。截至2009年底，无效宣告请求结案21 718件。

3. 专利行政诉讼

2009年，当事人向北京市第一中级人民法院起诉和向北京市高级人民法院上诉的案件总计987件。其中对复审决定起诉和上诉的有125件；对无效宣告请求审查决定起诉和上诉的858件；对其他通知不服起诉和上诉的4件。

2009年，北京市第一中级人民法院审理复审决定和无效宣告请求审查决定结案594件，其中涉及复审决定的结案64件，涉及无效宣告请求审查决定的结案528件，其他2件。

2009年，北京市高级人民法院审理复审决定和无效宣告请求审查决定结案337件，其中涉及复审决定的结案35件，涉及无效宣告请求审查决定的结案302件。

2009年，中华人民共和国最高人民法院申诉案件立案16件，提审结案12件。

4. 集成电路布图设计撤销案件审理

自2001年10月1日《集成电路布图设计保护条例》颁行以来，共受理了4件集成电路布图设计撤销案，截至12月31日已审结2件。

5. 巡回审理庭的建设和使用

2009年，陆续在专利无效案件纠纷较为集中的广东、四川、山东和江苏等地建设巡回审理庭，并相继投入使用。巡回审理庭的建设与使用，降低了当事人的维权成本，提高了审查工作的效率，方便了当事人，实现了"地方知识产权法制教育基地、教学实习基地和宣传培训基地"的预期目标。

五、信息化和文献

（一）信息化

1. 中国专利电子审批系统和专利检索与服务系统项目建设

中国专利电子审批系统（E系统）是国家知识产权局"十一五"信息化规划建设的重点项目，经过两年多的建设，年底完成全部系统开发，已做好上线前的所有准备工作。

专利检索与服务系统建设分为局内部分（S系统）和公众部分进行。7月，系统进入试运行阶段。

2. 全国专利信息服务体系建设

制定《全国专利信息公共服务体系建设规划》，规划建设国家专利数据中心、区域专利信息服务中心和地方专利信息服务网点三级构架专利信息公共服务体系。

完成所有47个地方专利信息服务网点建设工作。统一提供世界主要国家的专利数据库、国家知识产权局的专利信息检索分析工具及硬件设备，用于各省知识产权局向本省提供专利信息服务。

开展与中科院、教育部的专利信息合作工作，为"中国科学院知识产权网"和"高校专利信息服务平台系统"提供专利数据及相关检索应用工具，有效推动我国科研和教育工作中的专利信息利用。

3. 信息资源建设

2009年，共组织实施19个数据加工项目，其中，中国专利文献数据初加工项目、中国专利文献标引及数据加工服务项目等13个项目全部完成过档文献加工。同时，规范数据加工工作，完善质量保证体系。

通过数据交换，获得欧洲专利局所有300多万件、21TB数据量的BNS数据。同时，新获取我国澳门地区专利数据和加拿大所有专利数据，极大地丰富了国家知识产权局数据资源。

国家知识产权局信息化专业委员会组织完成两项一般研究课题和六项自主研究课题的结题工作。

（二）文献

1. 文献资源收集与应用

2009年，共与37个国家及地区知识产权机构保持了文献交换关系，其中台湾地区为新增。截至2009年底，国家知识产权局已累计拥有48个知识产权机构出版的专利全文说明书，102个知识产权机构的检索数据。在专利文献资源收集种类与数量方面，已达到世界领先水平。

与中国通信标准类协会、国家科技图书文献中心和美国化学文摘社建立了合作关系。全年共续订非专利数据库38个、原数据1种。2009年，国家知识产权局供审查员使用的非专利数字资源包括74个数据库、3种原数据和1个联机检索系统。非专利资源的利用率和使用效能显著提升，全年检索总量达255万次，较上年增长1.5倍，使用成本下降15%。

2. 文献信息公共服务

探索形成了包括"宏观指导"、"文献咨询"、"检索分析"、"培训讲座"、"网络互动"和"展示参观"项目在内的《文献信息公共服务指南》。

针对不同的培训对象，举办各类专业培训班、技能实训班和工作研讨会9次，公益讲座25次，共计5100余人在文献实务、检索技巧及分析应用等方面接受了培训，培训人数比去年增加了68%，有效促进了专利信息的传播与利用。

启动了标准培训教材的编写工作。新教材分为《专利信息理论知识培训教材》《专利信息技能知识培训教材》和《专利信息应用知识培训教材》，可以满足不同层次的培训需求。初步建立了"专利信息师资人才库"，实施了"内部师资培训"计划。

完成了一系列馆室改造工作，为公众检索室新增6个专利检索系统和1个非专利检索平台；推出了内网检索指南和外网资源导航，提高了资源的使用效能；对政府网站"文献服务"栏目的"专利文献咨询台”进行了改版，增设公益讲座视频；启动了“专利文献应用多媒体教学片”的制作工作，“专利信息服务交流”栏目即将投入使用。专利文献馆全年共接待社会公众近3000人次，提取各类文献2万余篇。知识产权陈列馆及相关展室接待国内参观团体32个，近1500人；接待涉外参观团体22个，逾300人。同去年相比，涉外参观呈明显上升趋势，参观团体增加22%，参观人数增加80%。

3. 文献标准修订工作

继续对6项涉及专利文献的标准或规范进行了修订，其中，《专利文献号标准》《专利文献种类标识代码标准》和《专利文献著录项目标准（试行）》已经颁布。截至年底，颁布的专利文献标准及规范已达到14项，标准体系日臻完善。

4. 分类研究工作

完成了《国际专利分类》2010.01版本的翻译和审校工作，以保障专利审查工作的顺利开展；完成了向WIPO提交“汉字编码输入法”和“移动电话结构”两项修订提案申请的相关工作，积极参与国际分类规则的制定。

5. 文献出版物

2009年，共出版纸质专利公报52期，发明专利申请公布281 001件，实用新型专利申请公布200 031件，外观设计专利申请公布231 699件。共出版《专利文献研究》6期，《分类动态》12期，《数据加工通讯》12期，《知识产权简讯》43期，《知识产权简讯专刊》9期。

六、宣传培训和学术活动

（一）宣传

2009年，宣传工作紧紧围绕实施知识产权战略、推进知识产权文化建设等工作重点，认真策划、组织和实施了系列宣传活动。

成功举办全国知识产权宣传周活动。“4·26世界知识产权日”前后，开展了以“文化·战略·发展”为主题的“2009年全国知识产权宣传周”。其间，牵头24个部委共举办69项宣传活动。主要活动有：在北京奥林匹克公园庆典广场举行启动仪式；联合国家工商行政管理总局、国家版权局和新闻办公室召开“2008年中国知识产权保护状况”新闻发布会；联合公安部、海关总署举办以“挑战·合作·发展”为主题的中国知识产权保护高层论坛；举办以“知识产权创新发展与核心竞争力”为主题的中外企业知识产权高层论坛；举办以“走近知识产权”为主题的国家知识产权局第四届开放日活动等。

围绕重大事件，开展专题宣传。在“建国60年成就展”科教单元的筹展工作中，制作了反映我国知识产权事业辉煌成就的电视宣传片。联合经济日报共同举办“纪念《国家知识战略纲要》颁布实施一周年座谈会”。在经济日报开辟专版刊发专家、学者和评论员文章，制作《国家知识产权战略纲要》颁布一周年宣传海报和公益广告。联合中央及地方电视台、报纸、互联网等媒体对第三届全国专利周、第二届知识产权与城市发展市长论坛、全国外资商业机构保护知识产权座谈会、申请国外专利费用资助会议等重要工作进行广泛宣传，取得了较好的社会反响。

精心策划“知识产权、竞争未来”主题采访活动。邀请20余家中央主流媒体记者组成联合采访团，先后赴山东、河南、重庆三省市，深入发掘采访报道知识产权优势企业的典型事例和经验，推动地方和行业知识产权战略的实施。

2009年，共举办各种新闻发布会8场，其中包括“全国知识产权宣传周”新闻发布会、“中国公众素养调查结果”新闻发布会等。编辑出版《每周知识产权舆情》51期，刊发稿件3000余篇，及时对知识产权重要舆情进行跟踪、监控、发布和分析。此外，对于华盛顿邮报等刊发的对我国知识产权的不实报道，及时做出了处理，维护了我国的声誉。与中央电视台《经济与法》合作拍摄了知识产权系列电视片——《危险的短板》，引起社会的广泛好评；编辑出版《影响中国的100个知识产权案例》和《与改革开放同行——国家知识产权局建局30周年纪念文集》，也引起社会的关注。启动了2009中国知识产权宣传海报创意大赛活动。

2009年，接待了20余家国内外媒体采访。继续联合《中国日报》开设《知识产权周刊》；协助《中国知识产权报双语周刊》的编辑、出版工作；加强与《人民日报海外版》的合作，拓展我国知识产权的外宣平台。组织媒体对世界知识产权组织跨区域知识产权高级论坛、（东盟与中日韩）中小企业与知识产权研讨会进行了宣传报道。

为纪念行政复议法实施10周年，举办一系列普法宣传活动。

2009年国家知识产权局政府网站运行平稳，点击总数达40.6亿，页面浏览总量达13.6亿。网站约94%的访问量来自于国内；在来自国外的访问中，新加坡、欧洲地区、美国访问量较高。

网站专利检索点击总数达 12.3 亿次，页面浏览总量达 8.8 亿次；IPC 分类检索中，A 部(生活需要)、C 部(化学、冶金)和 B 部(作业、运输)是检索量较高的类别。网站各栏目中“政务公示”、“通知”、“专题专栏”等访问量较高。英文网站各栏目中，“Patent Examination”“NEWS”“Patent Search”是访问量较高的 3 个栏目。

(二)培训

2009 年，紧紧围绕干部人才队伍建设，以高层次人才培养为重点，以建立培训基地为创新点，以全国知识产权培训工作会议为牵引，广泛深入开展知识产权人才培养和教育培训工作，取得了显著成效。

1. 知识产权人才工作

10 月，在湖南首次召开全国知识产权培训工作会议。总结了“十一五”以来全国知识产权人才培训工作经验，表彰了全国知识产权局系统培训工作 94 个先进集体和 94 位先进个人，部署了今后全国知识产权人才培训工作任务，国家知识产权局田力普局长到会并作重要讲话。此次会议，为全国知识产权人才培训工作统一了思想、指明了方向、明确了任务，把知识产权人才培训工作推向了新的高度。

根据贯彻落实知识产权战略纲要任务要求，依托各地知识产权教育优势，整合培训资源，在全国建立国家知识产权人才培养基地，促进各地区知识产权人才培养。2009 年，在湖南建立了首家国家知识产权培训基地。

继续大力实施“百千万知识产权人才工程”。2009 年，面向全国评审产生了第二批 97 名高层次知识产权人才培养人选，到目前共选拔了包括来自全国各省区市知识产权系统、研究机构、企事业单位、高等院校以及知识产权中介服务机构等单位的 206 名高层次知识产权人才培养人选。同时，在局内也开展了第二批高层次人才队伍的选拔评审，最终确定了 80 名第二批高层次人才培养人选。

积极开展高层次人才培训。选派 40 名全国高层次人才培养人选赴美国卡多佐法学院、德国马普研究所知识产权培训中心培训，组织局内高培人选赴港培训以及 E－learning 在线英文培训，并通过课题研究、学术研讨、交流挂职、外语培训等方式加强高层次人才培养锻炼，进一步提升能力、开阔视野，在全社会营造了重视人才培养的良好氛围。选派以局内人员为主的优秀干部和业务骨干 36 名分赴美、英、日、韩等国进行中长期学习进修，制定印发了《国家知识产权局中长期出国(境)培训管理办法(试行)》，加强了中长期出国培训管理工作。

2. 国家知识产权局局内干部职工培训

2009 年，举办了司部级领导干部能力建设培训班，进一步提升领导干部行政、管理和领导能力。大力实施《专利人才教育培训指南》，举办了 23 期培训班，共培训 1405 人。互动性强、效果良好的小班教学模式趋于成熟。组织半脱产教研组进行教材修编等教学研究工作。培训综合管理系统(SIPOLeMS)正式投入使用，上传共计 300 课时的局内课件 128 门。加强对综合管理部门人员的培训，开展了财务人员知识更新培训班、培训管理者培训班、处级领导干部任职培训班、第 5 期公共管理(MPA)高级研修班、综合管理部门人员业务认知培训班和职业化 Office 高效办公应用技能师资培训班等。

3. 全国知识产权培训

国家知识产权局主办的全国市(地)领导干部知识产权战略专题研究班、全国知识产权局局长专题培训班、金融危机下的知识产权预警与诉讼等培训项目取得良好效果。与人力资源与社会保障部共同开展“653 专业技术人员”知识更新工程知识产权培训工作，举办了信息、制造等领域 3 期知识产权战略专题培训班；与教育部联合举办了全国高校知识产权师资培训班；与司法部联合举办了全国视频知识产权专题讲座。全年中国知识产权培训中心共举办各类培训 111 期，培训人数达到约 42 624 人次(其中面授 14 607 人次，远程教学 28 017 人次)，比去年增加了 25%。

各地知识产权局围绕实施知识产权战略，以行业企业为重点，共举办各类培训项目 3000 多期，共计培训 60 万多人次，其中完成国家知识产权局委托的培训项目 61 期，培训人次达 1 万多人次，取得了良好的社会效果，进一步增强了全社会知识产权意识，提高了企事业单位知识产权创造、管理、运用和保护水平和能力。

4. 涉外培训

2009 年，深入开展涉外培训及教研工作，修订完善审查业务和综合管理等涉外培训课程，举办了对越南和海湾合作委员会的培训、EPO－SIPO 联合新审查员培训班、EPO－SIPO 联合高级审查员培训班、非洲高级官员和高级审查员研讨班、接待欧洲专利局和德国专利局等官员及其专家、积极参与五局培训项目合作工作。作为世界知识产权组织国际培训合作伙伴，中国知识产权培训中心共举办涉外培训班19期，邀请了18名外教参加涉外培训国内阶段的培训或国外学位教育培训项目。

（三）学术活动

2009年，开展了丰富的知识产权及其相关学术活动。

深入开展课题研究。开展了创新主体对审查工作需求的专题调研，形成近12万字的调研报告。围绕审查工作规划、能力建设等共设立了10个专项课题。专利审查工作“十二五”规划基础研究项目已进入尾声，并形成近20万字的专题报告。一般课题和自主课题研究进展顺利。组织完成了2008年度51项课题的结题工作，评选出10项优秀课题成果，其中27项一般研究课题形成研究报告193余万字，外文资料翻译95余万字。2009年度29项一般研究课题研究工作正有序开展。针对全国知识产权保护情况，对建立政府主导的知识产权保护评估活动的指导思想、标准、方式等进行理论探索和方法研究，为宏观管理部门制定政策提供参考和依据。针对中国知识产权保护状况及其发展趋势进行了比较分析与研究，为建立我国知识产权保护状况评价指标体系提供参考和依据。进行知识产权相关热点难点问题探讨与研究，内容涉及：我国近现代专利制度研究、中国知识产权市场竞争状况评估、知识产权滥用的反垄断规制、知识产权政策与区域发展政策的协调与衔接研究、行业专利状况调查研究、中国生物物种资源及相关知识产权问题、山寨手机引发的知识产权问题、境外展会知识产权纠纷等。

编制了《学术研究管理指南》，形成了《2009—2010年课题研究方向建议》，创立了《学术成果精编》刊物。

《知识产权》杂志已成为中国中文法律类核心期刊、中文社会科学引文索引（CSSCI）来源期刊和中国人文社会科学核心期刊。

与日本发明协会共同主办了“中日发明成果转移暨知识产权研讨会”。

与在华美化学会和美国化学会共同主办“第二届北京国际医药与化工知识产权高峰论坛”，探讨了知识产权在医药和化工领域的重要作用，促进了国际间医药和化工领域知识产权工作的交流。

与世界新经济研究院共同举办了“全球首届知识资本高峰论坛”。该论坛以理论和实践相结合，对于研究和探寻知识资本在化解全球金融危机中的作用，激活国家、地区和企业的知识资本存量，发掘蕴藏在国家、地区和企业中未被认识的知识资本，具有重要和积极的意义。

与国家科技基础条件平台中心等共同主办的“第五届企业知识产权战略国际研讨会”，得到了社会各界的积极参与和良好反响，为企业的知识产权工作起到了很好的指导作用。

举办“金融危机下知识产权预警与诉讼研讨会”，为提高企业依靠知识产权应对金融危机和运用知识产权战略处理知识产权纠纷的能力提供了有益的参考。

举办了《专利法实施条例》与《专利审查指南》理解及适用研讨会，使各地方有关部门和单位了解了该《条例》与《指南》的最新修改内容，有助于解决企业在专利保护、管理、运用等方面遇到的新问题。

举办“涉及商业秘密的知识产权研讨会”，围绕商业秘密在知识产权中的地位等问题展开了讨论，并对商业秘密司法鉴定中存在的问题进行了有益的探索。

中国知识产权研究会成立25周年纪念大会在北京召开。

七、港澳台交流活动

2009年，继续深入推进三地在知识产权事务上的合作，增进了相互了解。

2月，中华全国专利代理人协会和台湾工业总会在北京签署《2009年两岸专利业务合作纪要》。

3月，组团赴港与香港知识产权署进行了业务交流。

4月，根据国家知识产权局与澳门签订的两局合作协议，组织相关部门人员赴澳门进行了为期两天的业务交流，分别就澳门经济局委托的专利检索相关工作等事项进行了深入的交流。

4月27日到5月2日，杨铁军副局长率中国知识产权研究会代表团赴台进行交流。

5月8～15日，李玉光副局长率中华全国专利代理人协会赴台，与工业总会及台湾相关知识产权机构商谈业务交流合作事宜。

11月18日，李玉光副局长带团参加中华全国专利代理人协会和台湾工业总会在浙江杭州举办的第二届两岸专利论坛。

11月24～25日，与香港知识产权署、澳门经济局共同在苏州举办了"内地与香港、澳门三地知识产权研讨会"。

八、国际活动

2009年，继续积极参与知识产权国际事务，深化了与世界知识产权组织（WIPO）等国际组织的合作。国际合作规模不断扩大，中美欧日韩五局合作与中日韩三边合作得到稳步推进。双边合作层次不断提高，形式更加丰富，内容更为深入和务实。继续加大对发展中国家的技术援助，进一步构建中非知识产权高层交流平台，拓展了合作区域，发展了合作伙伴，促进了我国知识产权领域国际合作的全面发展。

（一）多边合作

3月，WIPO新任总干事高锐（Gurry）借出席由WIPO与国家知识产权局、国家工商行政管理总局和国家版权局合办的"WIPO跨区域知识产权高级论坛"以及"WIPO非正式圆桌会议"之机，实现首次正式访华。期间，王岐山副总理出席了开幕式，温家宝总理亲切会见高锐一行并就知识产权问题作了重要阐述，北京大学授予高锐荣誉教授称号。田力普局长与高锐举行正式会谈，就中国专利金奖、PCT高级巡回研讨班、世博会相关活动等重大双边合作问题达成共识。论坛期间，国家知识产权局主要领导与蒙古、越南、巴基斯坦、菲律宾等国知识产权局局长、东盟秘书处、非洲地区知识产权组织举行了双边工作会谈，就加强合作与交流交换意见，取得丰硕成果。

7月，WIPO总干事高锐再次访华，出席在京举行的"全球智库峰会"，与国家知识产权局领导举行会谈，就进一步合作及重大国际知识产权问题交换意见。总干事访华及参加高级论坛的意义重大：凸显了我国对知识产权的高度重视，提升了我国的国际形象；加强了国内知识产权主管部门之间的相互协调，强化了部门间协调工作的机制。

6月，在国家知识产权局、国家工商行政管理总局、国家版权局及我国驻日内瓦使团的共同关注、积极努力下，我国提名候选人王彬颖女士在WIPO协调委员会第60次会议上成功当选WIPO副总干事。

7月13～14日，李玉光副局长作为发言人参加WIPO"知识产权与公共政策大会"。

8月、9月，与WIPO分别在培训中心举行"WIPO知识产权管理高级研讨会"，在哈尔滨和西安举行了"PCT高级巡回培训班"。

9月17～18日，李玉光副局长作为发言人参加WIPO"全球知识产权机构大会"。

9月22日至10月2日，田力普局长率由国家知识产权局、国家工商行政管理总局、国家版权局、外交部组成的中国政府代表团出席WIPO第47次成员国大会。在高级别发言中，田力普局长重申中国政府高度重视知识产权保护，获得与会各国代表的积极反响。国家知识产权局领导分别与美、日、欧、韩、法、瑞典、巴西、印度、阿尔及利亚等国知识产权局长或高官举行双边会谈，进一步拓展双边合作的空间。

12月，与WIPO在培训中心举行"非洲国家知识产权高级官员和高级审查员培训研讨会"，24个非洲国家及非洲地区知识产权组织和非洲知识产权组织共28名代表出席会议。

2009年，国家知识产权局47个团组出席了WIPO在日内瓦举行的常规会议和在其他国家举行的相关会议和研讨会。

此外，4月，与农业部、国家林业局联合举办"东亚植物品种论坛"第2次会议、"我国植物新品种保护条例实施暨加入国际植物新品种保护联盟（UPOV）十周年庆典"活动，并共同表彰了知识产权、农业和林业部门的100个先进集体和个人。

（二）双边合作

1. 与欧洲国家的交流与合作

2009年，国家知识产权局田力普局长两次会见来访的英国知识产权局局长伊恩·弗莱彻（Ian Fletcer），草签两局合作协议，并确定工作计划；率团访问了奥地利专利局和法国工业产权局。李玉光副局长会见了来访的欧盟内部市场协调局局长乌波·德·布尔（Wubbo de Boer）一行，并签署两局合作协议。杨铁军副局长率团访问了瑞典专利与注册局及挪威工业产权局。肖兴威副局长访问了欧洲专利局。甘绍宁副局长率团赴芬兰、瑞典和挪威三国，考察其知识产权保护的相关政策。12月2～5日，欧洲专利局局长阿里森．布莱梅露（Alison Brimelow）率团访问国家知识产权局，共同举办第三次两局局长会议。

与欧盟合作：3月，在上海和福州举办中欧专利执法巡回研讨会；8月，在上海同济大学举办中欧专利行政执法培训班；12月，在宜昌和南宁举办中欧知识产权维权援助巡回研讨会。

与欧共体内部市场局合作：7月7日，在北京举办外观设计对比研究项目报告发布会；9月和11月，在无锡和贵阳举办中欧外观设计制度巡回研讨会。

与欧洲专利局合作：6月和10月，在北京举办两次SIPO—EPO审查员培训班；7月29～8月3日，在北京、南京和郑州举办欧洲专利制度研讨会；12月，在慕尼黑、斯德哥尔摩、海牙和米兰举办中国专利法第三次修改巡回研讨会。

与法国工业产权局合作：5月，在上海举办中法知识产权研讨会。

与英国知识产权局合作：在广州举办中英知识产权研讨会；在北京举办国际协作研发框架协议范本圆桌会。

与德国技术合作公司合作：6月17日，在沈阳举办"展会中的知识产权"研讨会。

2. 与美洲、大洋洲国家的交流与合作

田力普局长：3月9日，出席在中国知识产权培训中心举行的我局与美国约翰·马歇尔法学院"成功合作十五年暨2008级毕业典礼"，并和该学院院长约翰·考克利(John Corkery)共同为毕业生颁发毕业证书；4月16日，会见美国全国商会高级副会长迈伦·布里连特(Myron Brilliant)。7月14日，在京会见了来华访问的新任美国贸易代表办公室副贸易代表马兰提斯(Demetrios Marantis)。

张勤副局长：3月22～30日，应美国专利商标局和美国商会邀请，率代表团访问美国，介绍中国国家知识产权战略并就有关问题与美方交流；5月4～10日，率代表团访问澳大利亚，向政府部门、大学等介绍中国国家知识产权战略。

李玉光副局长：6月3日出席了国家知识产权局与美国专利商标局、日本特许厅、欧盟商标和外观设计注册局在广东顺德联合举办的外观设计保护论坛。

甘绍宁副局长：8月30日～9月6日率团访问美国马歇尔法学院、卡多佐法学院。

4月22日、24日，国家知识产权局与美国专利商标局在杭州、深圳共同举办了"专利申请及保护研讨会"，与会者对专利申请策略及专利诉讼程序、美国337调查程序等进行了讨论。

7月16日，由国家知识产权局和美国农业部主办，中国科技部、农业部和美国专利商标局协办的"中美农业技术转让研讨会"在中国知识产权培训中心召开。

3. 与亚洲、非洲国家的交流与合作

田力普局长：1月7日，会见了来访的日本特许厅长官铃木隆史，双方进行了坦诚的交流，并在《中日知识产权合作30周年纪念册》上签名；2月11日，会见了以松下株式会社董事长中村邦夫为团长，日本经济产业省副大臣高市草苗为官方最高代表的日本保护知识产权高层官民联合访华代表团；3月12日，率代表团出席了在首尔举行的第八次中日韩三国知识产权局局长政策对话会议，会上，三局局长通报了各自知识产权工作最新进展，就知识产权在金融危机中的地位以及防止专利权滥用等问题交换了意见并签署了会议纪要；3月13日，率代表团出席了在旌善郡举行的第十四次中韩知识产权局局长会谈，双方就共同关心的知识产权问题交换了意见，签署了会议纪要，并续签了中韩两局互派联络员谅解备忘录；3月30日，会见菲律宾知识产权局局长艾德里安·克里斯托伯(Adrian Cristobal)；6月，会见来访的非洲地区知识产权组织(OAPI)总干事保林·艾都·艾都(Paulin EDOU EDUO)；6月25日，会见韩国驻华大使辛正承及韩国特许厅厅长高廷植；7月29～31日，访问新加坡，参加由新加坡知识产权局主办的2009年贸易理念研讨会；12月14日，会见了泰国知识产权局代理局长索姆萨克·范尼差雅库(Somsak Phanichayakul)一行；同日，会见了巴基斯坦知识产权局商标总监博拉鲁兹·西达亚特·汗(Khalid Hidayat Khan)一行；同日，会见了古巴知识产权局局长玛利亚·桑切斯·桃瑞斯(María de los Angeles Sánchez Torres)一行；12月21～22日，参加在西安举行的"第九次中日韩局长会谈"，并分别与日、韩特许厅厅长举行"第十五次中日局长会谈""第十四次中韩局长会谈"。

李玉光副局长：3月30日，会见蒙古国知识产权局局长辛巴特·纳姆吉(CHINBAT Namjil)，并与他通过换文签署了"中蒙两局会谈纪要补充文本"，该文本进一步深化了两局的友好关系；同日，会见越南国家知识产权局局长陈越雄(Tran Viet Hung)，双方通过换文签署了"中越两局局长会谈纪要"；4月2日，会见巴基斯坦知识产权组织主席勃瓦兹·考瑟(Pervaiz Kausar)；6月23～26日，率代表团访问蒙古，与蒙古国政府高层、蒙古国知识产权局局长进行会谈并出席第四次中蒙知识产权制度发展研讨会，该研讨会是中蒙两国建交 60 周年纪念活动之一；6 月，与巴基斯坦知识产权组织主席勃瓦兹·考瑟(Pervaiz Kausar)通过换文签署了“中巴两局局长会谈备忘录”。

贺化副局长：7 月 29 日，和韩国特许厅商标外观审查局局长禹宗均、韩国驻青岛总领事俞载贤、青岛市人民政府副秘书长李刚共同出席了在青岛举行的由国家知识产权局和韩国特许厅主办的首届“中韩外观设计保护论坛”开幕式并致辞。

9 月 7～12 日，“10＋3”(东盟与中日韩)中小企业与知识产权研讨会在培训中心召开，共有来自 16 个亚洲地区国家及组织的 22 位代表参加。

10 月 25 日，国务院总理温家宝与东盟成员国领导人出席了在泰国华欣举行的中国与东盟 10 国加强合作的签字仪式。在签署的 4 个文件中，田力普局长代表中国政府签署了《中国一东盟知识产权领域合作谅解备忘录》。

(三)其他交流合作

2009 年，积极利用发展中国家基金，为海湾合作委员会专利局和非洲地区知识产权组织提供培训，逐步实现由知识产权国际合作与援助的接受者向输出者的转变。

4 月，海湾合作委员会 4 名专利审查员来国家知识产权局进行了为期两周的专利审查培训，获得了该委员会的好评。

4 月 11～26 日，越南国家知识产权局的 10 名审查员来国家知识产权局参加审查业务培训。

6 月，非洲地区知识产权组织总干事率代表团一行 6 人来华进行了为期一周的实地考察培训，国家知识产权局田力普局长、贺化副局长会见代表团，代表团对中国知识产权制度有了一个全面的认识，为双方下一步合作奠定了坚实基础。

8 月 18～24 日，应非洲知识产权组织邀请，国家知识产权局派三名专家赴莫桑比克马普托出席该组织传统知识研讨会，就传统中医药等问题为该组织成员国代表进行培训。

12 月 9～20 日，为来自巴基斯坦、古巴、泰国、蒙古、越南知识产权局的代表团安排了有关“中国知识产权制度概况”方面的培训，部分团组还对北京、天津、广东知识产权管理机构进行了学习访问。

(国家知识产权局办公室　刘　宁)

集成电路布图设计登记申请

2009 年，国家知识产权局收到集成电路布图设计登记申请 817 件，予以公告并发出证书 655 件。自 2001 年 10 月 1 日《集成电路布图设计保护条例》实施以来，共收到集成电路布图设计登记申请 3368 件，予以登记公告并发出证书共计 2957 件。

(国家知识产权局办公室　刘　宁)

版 权 工 作

2009 年，版权工作以邓小平理论、“三个代表”重要思想为指导，深入贯彻落实科学发展观，高举旗帜、围绕大局、服务人民、改革创新，按照“提高自主创新能力，建设创新型国家”的要求，以贯彻落实《国家知识产权战略纲要》为动力，以提高版权工作水平为目标，以推动版权工作六大体系建设为抓手，创新工作方式、突出工作重点，提高服务管理水平，紧紧围绕促进经济发展和文化繁荣，在新的历史起点上推动版权工作向纵深发展。版权工作推进制度创新，版权战略制定和法律体系建设有新进展；大力强化监管，版权监管执法水平有新提高；坚持服务大局，促进版权产业发展有新举措；密切联系实际，公共服务和社会参与体系有新突破；创新工作思路，版权社会影响有新扩展；维护国家利益，版权国际交流合作呈现新局面。

一、版权战略制定和法律体系建设有新进展

2009年，国务院颁布了《广播电台电视台播放录音制品支付报酬暂行办法》，该办法兼顾了权利人与使用者等各方利益，解决了长期以来广播电视组织使用录音制品缺乏付酬标准依据的问题；启动了《著作权法》有关条文的修订工作。国家版权局制定颁发了《国家版权局关于贯彻国家知识产权战略纲要的实施意见》，对贯彻《国家知识产权战略纲要》和今后10年的版权工作进行了整体规划；修订颁发了《著作权行政处罚实施办法》；积极推动《教材法定许可付酬标准》《著作权质押合同登记办法》《著作权合同登记和备案管理办法》等行政规章和规范性文件的起草工作；颁布了《创建版权保护示范城市、示范园区、示范单位管理办法》。江苏、浙江、安徽等省（区市）颁布实施了著作权管理办法，地方性著作权立法工作取得新进展。

二、版权监管执法水平有新提高

2009年，各级版权行政管理部门认真履行职责、创新工作思路，依法行政，严格监管，坚持日常监管与专项行动相结合，加大执法力度，在加强对图书、音像等传统领域的版权日常监管工作基础上，重点做好打击网络和软件领域侵权盗版专项治理。

在开展第五次全国范围的打击网络侵权盗版专项治理行动中，一是加强主动监管，各级版权管理部门通过约谈、网络实时监控、实地检查、签订责任书等多种形式，加强对在各地区有影响的互联网企业和网站的监管，有效规范网络版权秩序，监管网站达到3029家，包括搜狐、淘宝网、百度、优酷等知名网站；二是充分发挥版权、公安、电信三部门网络专项治理协作机制的作用，坚决打击网络影视、网络文学、网络游戏等领域侵权盗版行为。各地共查办网络侵权案件541件，关闭非法网站362个，罚款128万余元，没收服务器154台，并向司法机关移送24起涉嫌构成刑事犯罪的重大案件。在专项行动中，各地重点打击了存在淫秽色情、非法违禁和侵权盗版内容的网站，查处40多个侵权内容与淫秽色情、非法违禁内容并存的非法网站，占到关闭网站总量的12%。由版权行政管理部门立案查处并移送司法机关依法审判的全国第一起打击大规模网络软件盗版行为成功刑事案例“番茄花园软件盗版案”在国内外引起积极反响，对网络侵权盗版行为产生了巨大的震慑作用。

国家版权局联合全国“扫黄打非”办公室、文化部和教育部出台《关于加强图书馆著作权保护工作的通知》，切实加强图书馆著作权保护工作，提高了我国图书馆的版权管理和版权保护水平。北京、上海、陕西、吉林、广东、河北、江苏等地积极探索版权日常监管新机制，通过建立版权调解机制、检查出版合同、开展警示教育、倡导自律行为等多种形式，进一步强化了版权经营者的版权意识，规范了版权经营秩序。

扎实推进企业软件正版化工作。充分发挥部际联席会议制度作用，针对全球金融危机和国内外市场受冲击的实际，认真筹划，创新工作方式，积极稳妥地推进软件正版化工作。大型企业的正版软件使用率明显提高，目前已有两批共10 399家企业列入年度完成使用正版软件的阶段性目标，其中，9254家企业完成自查自纠，受检企业均已基本完成使用正版软件工作目标。其中，国资委系统129家中央企业集团总部已经全部实现了正版化，100家中央企业的二级企业也基本实现正版化。完成了第二批“全国软件正版化工作示范单位”评选工作，评选出254家示范单位，较第一批示范单位同比增加52%。建立完善处理突发事件的应对机制，妥善处理了乌鲁木齐“3·06”网吧事件。企业使用正版软件工作取得阶段性成效。

三、版权公共服务和社会服务体系有新突破

2009年，国家版权局加强基础建设，提高版权公共服务水平。积极支持中国版权保护中心完成“版权登记受理大厅”建设，建立起了硬件一流、技术先进、环境良好、程序规范、便捷高效的版权登记服务体系，极大地提高了版权登记备案工作效率。全国32家作品登记主体积极开展作品登记工作，作品著作权登记、合同备案数量稳步增长，版权质押融资取得新突破。特别是开展推进软件正版化工作以来，2009年计算机软件登记实现较大增长，激发了国家软件生产企业的创新能力，推动了民族软件产业的健康发展。2009年，全年各类申请软件登记总量70 965件，同比增长49.75%，实现了软件销售收入从2006年的4800亿元增长到2009年底的近9000亿元；其中，软件著作权登记量为67 912件，同比增长48.6%，占软件登记总量的95.7%，相当于2007年和2008年登记量的总和；软件著作权转让和专有许可合同登记 182 件，同比增长 26.38%；变更或补充登记 2752 件，同比增长 91.64%；计算机软件著作权质押合同登记 119 件，同比增长 9.17%。

颁布了《创建版权保护示范城市、示范园区、示范单位管理办法》，大力推进版权保护示范工作、发挥示范单位引导作用，促进版权产业发展。批准了成都、青岛两个"创建全国版权示范城市"；授予广交会为"全国展会版权示范单位"；授予北京大学"国家数字版权研究基地"称号；授予北京国际版权交易中心，中国版权保护中心、中关村科技园区雍和园"国家版权贸易基地"称号。

进一步完善集体管理制度建设，促进版权作品的有序传播。批准成立了中国电影著作权协会，形成了包括音乐、音像、文字、摄影、电影等比较完备的著作权集体管理组织架构。广播电视使用录音制品支付报酬取得实质性进展，卡拉 OK 版权许可与报酬收取分配取得新进展，中国文字著作权协会在"谷歌版权门"事件中积极开展维权活动，受到国内外普遍关注。

四、版权宣传教育有新扩展

2009 年，国家版权局坚持以"4·26 知识产权宣传周"和重大节庆活动为平台，创新宣传手段和形式，提高宣传活动的层次和水平，取得了理想的效果。围绕"4·26 知识产权宣传周"，与中央电视台合作举办主题为"版权在我身边，版权创造财富"的大型文艺晚会，联合全国"扫黄打非"办公室、中央电视台共同启动了"绿书签行动 2009——拒绝盗版，从我做起"活动，举办"全国青少年版权保护读书活动暨版权保护知识竞赛"，提高青少年自觉抵制侵权盗版的法律意识，在社会公众中进一步扩大了版权工作的影响力。积极参与"建国 60 周年大型展览"、"中国知识产权保护状况新闻发布会"开展版权宣传，先后在第十六届北京国际图书博览会（BIBF）和第六十一届法兰克福书展上设立了版权宣传服务站，并在 BIBF 和由国家版权局、中国国际贸易促进委员会、北京市共同举办的第二届国际版权贸易博览会上分别举办了"版权保护在中国"及"版权创造价值，版本见证历史"展览等，充分展示了新中国成立六十年来版权保护制度从无到有、逐步完善的历程，彰显了我国版权保护的伟大成就，在国际上进一步树立我国保护知识产权的正面形象。首次编辑出版《中国版权年鉴》，系统介绍了我国现代版权制度的发展历程。

2009 年，国家版权局在党政领导干部、版权管理执法人员和企事业管理人员版权培训方面取得新突破。为贯彻落实《国家知识产权战略纲要》，提高城市版权工作主管领导对我国版权法律制度、行政管理体系、司法审判体制、国内外版权相关产业发展状况及版权保护示范城市、单位先进典型经验的了解，根据中组部安排，首次将版权培训专题列入中组部的培训抽调计划，与中组部联合举办了"国家版权工作专题研究班"，对来自全国各地主管版权工作的副市长和中央相关部委司局长共 42 人进行了培训。针对基层版权执法人员，在山东、江西、内蒙等地举办了三期全国基层版权执法培训班，增强了基层执法人员做好工作的信心和能力。为加强企业培训工作，增强企业推进软件正版化工作的自觉性和主动性，2009 年 6 月、9 月，企业使用正版软件部际联席会议办公室分别在北京、深圳与国资委联合举办中央企业软件正版化培训班，培训各企业软件正版化工作人员近 800 人。版权培训工作的广泛开展，为推进版权保护工作奠定了良好的基础。

五、版权国际交流合作呈现新局面

2009 年，版权国际交流与合作工作紧紧围绕坚持对外开放、拓展对外经贸关系这一大局，发展对外关系，维护国家利益，取得了积极成效。一是妥善处理了世界贸易组织（WTO）有关版权问题。二是积极拓展了与 WIPO 的合作领域，加强了双方的交流与合作关系，在 WIPO 有关民间文艺、发展与知识产权、版权与相关权等重大议题上，反映中国政府的有关立场；与 WIPO 合作完成的"中国版权相关产业的经济贡献"项目调研，不仅对中国版权相关产业经济贡献进行了调查并提供量化分析，更提升了社会对版权产业的认识，凸显了版权产业的重大潜力；与 WIPO 合作开展的版权保护优秀案例示范调研"南通家纺市场版权保护情况调研报告"的研究工作，突出说明了版权保护对于促进和保障智力劳动成果的创新和运用，带动产业链的形成和社会生产力的提高，推动地方经济的繁荣发展起到了重要的作用；与 WIPO 合作在华举办了新技术环境下著作权集体管理研讨会，促进合法使用作品的新途径。三是版权多双边合作取得新进展。积极应对亚太经合组织（APEC）框架下有关版权问题的挑战；积极参与中美战略与经济对话和中欧知识产权对话，妥善处理中美、中欧、中日等重要版权双边关系；积极参与中挪、中哥自由贸易区谈判和中巴、中俄经贸分委会知识产权工作组会议工作，加强与东盟国家在版权领域的合作。

（国家版权局版权管理司）

打击盗版工作

2009年，全国"扫黄打非"战线坚持以净化文化市场和网络文化环境为工作主线，扎实开展了三个阶段集中行动和一系列专项行动，在清缴整治低俗音像制品、打击互联网和手机网站传播淫秽色情信息等方面取得了突出成绩，在建设联防协作机制、完善举报受理和举报奖励机制、健全案件督办机制等方面取得了重要进展，在将有形市场开展"扫黄打非"的成功经验延伸到互联网和手机媒体等方面进行了有益探索，为庆祝新中国成立60周年营造了良好的文化环境。全年共收缴各类非法出版物6595.8万件，查缴非法光盘生产线1条，关闭未备案网站13.6万余个，关闭或屏蔽淫秽色情网站1.5万多个，删除网上不良信息3.9亿条，查处各类案件1.8万多起。与2008年相比，收缴非法出版物总量等方面均大幅下降。经分析判断，各类非法出版活动进一步得到遏制，非法出版活动大量向互联网和手机媒体转移。

一、2009年"扫黄打非"工作进展和成果

（一）坚决查缴各类非法出版物重点突出

2009年各地各有关部门全力打击非法出版物的制售传播，堵源头、清市场、防传播、抓大案，做到露头就打，始终保持高压、可控态势。全年查办非法出版物案件多起，进一步打击了非法出版物在境内的传播态势，有效震慑了犯罪。在全国"两会"前后以及新中国成立60周年前夕等重要节点，部署开展了多次集中行动，以打击侵权盗版和非法出版活动为切入点，全面清理出版物市场，为重要会议和重大节庆活动营造了良好氛围。全国"扫黄打非"办公室、公安部挂牌督办的一批非法出版物大案要案相继告破，一批违法犯罪分子被依法查处。

（二）大力扫除淫秽色情等文化垃圾广受好评

按照中央的统一部署，各地各有关部门把净化社会文化环境作为"扫黄打非"工作的重点，大力扫除淫秽色情等文化垃圾，为未成年人健康成长营造良好的文化环境。全年共查办淫秽色情出版物案件2508起。在中宣部的指导下，4月12日至7月底，新闻出版总署、全国"扫黄打非"办公室在全国开展了清缴整治低俗音像制品专项行动。其间，全国共收缴低俗和非法音像制品1400多万张，查办制售低俗、淫秽色情光盘案件120多起，打掉20万张以上低俗和非法光盘窝点21个，音像制品低俗之风得到有效整治。新闻出版总署及广东省文化厅对6家严重违法违规的音像出版复制发行单位做出吊销许可证处罚，对1家给予警告处分，对3家进行了诫勉谈话，其中严重违法的6家单位被移送公安机关立案查办，有效震慑了违法犯罪分子，赢得了社会普遍好评。在全国"扫黄打非"办公室的指导下，各地破获了一批淫秽色情出版物大案要案。

（三）全面整治各类侵权盗版制品措施得力

各地各有关部门在"扫黄打非"中高举保护知识产权旗帜，以整治盗版教材教辅读物为重点，坚决查缴各类侵权盗版制品。全年共收缴侵权盗版出版物5684.4万件，其中盗版音像制品4335.8万件、盗版图书1129.9万件、盗版电子出版物218.7万件，查办侵权盗版出版物案件9708起。全国"扫黄打非"办公室通过下发查缴通知、督办有关重点案件的形式，要求各地积极行动，打窝点，堵源头，做到关口前移，有效防止盗版音像制品流向市场。针对春节期间部分地区出现的侵权盗版出版物"反弹"势头，全国"扫黄打非"办公室组织实施了重点整治并启动第一阶段集中行动，"反弹"势头很快被遏制。4月22日，组织全国31个省（区、市）同时举行2009年全国侵权盗版制品及各类非法出版物集中销毁活动，共销毁盗版及非法出版物4685万件。国庆前夕，重点对《建国大业》《风声》等国庆献礼影片予以保护，对盗版音像制品进行了查缴，社会反响良好。国家版权局、全国"扫黄打非"办公室还组织开展了打击网上侵权盗版工作，对网上销售盗版《朱镕基答记者问》等图书的行为进行了查处，收效明显。为使大中小学生免受盗版和非法出版教材教辅之害，坚持

对盗版和非法出版教材教辅的整治常抓不懈，严厉打击制售、集中购买、使用盗版和非法出版教材教辅行为，全年共收缴盗版教材教辅读物386.5万件。在第三阶段集中行动中，进一步加大了对盗版和非法出版教材教辅的整治力度。在全国“扫黄打非”办公室的指导和督办下，一些省区市先后破获了一批侵权盗版出版物大案要案。

（四）严肃查处各种形式的非法报刊持续推进

全年共查办整治假报刊、假记者站、假记者、假新闻案件238起。全国“扫黄打非”办公室部署对非法传销刊物《红旗周刊》及其网站、《时代风采》等非法报刊进行了严厉查处。在全国“扫黄打非”办公室的指导和督办下，一些省区市也相继破获、审结了一批非法报刊案件，对违法犯罪人员给予了法律制裁和经济处罚。

（五）有效打击利用手机网站传播淫秽色情信息成效明显

针对群众反映强烈的手机网站传播淫秽色情信息这一公害，全国“扫黄打非”办公室迅即调整工作部署，组织开展了打击手机网站传播淫秽色情信息的工作。全国“扫黄打非”工作小组召开会议，专题部署了打击手机网站传播淫秽色情信息专项行动，这项行动自2009年11月开始。经过一段时间的工作，手机网站传播淫秽色情信息蔓延态势得到了初步遏制，专项行动取得了明显成效，受到社会广泛欢迎。

二、2009年“扫黄打非”工作的特点与经验

（一）组建联合举报中心，初步打通了随时掌握文化市场动态的重要途径

将原来分属于全国“扫黄打非”办公室、新闻出版总署和国家版权局的三个举报中心调整合并为联合举报中心，日常工作由全国“扫黄打非”办公室负责，按照集中接报、分头办理、归口督办、统一对外的整体工作思路，履行接报、转办、督办、查办结果反馈、汇总分析、表彰奖励等职责。3月中旬组建以来，联合举报中心实行24小时值班，共接听各类举报、咨询电话2.4万个，特别是开展打击手机网站传播淫秽色情信息以后，日接电话一度达到600余个，网上举报记录日达3200余条，已经成为全国“扫黄打非”办公室了解全国文化市场状况的“千里眼”、“顺风耳”。

（二）强化案件查办督办，从严惩处了一批违法犯罪分子

2009年全国“扫黄打非”办公室联合公安部共同挂牌督办“扫黄打非”重点案件17起，召开专案协调会30余次，派出专人督办20余人次，确定由全国“扫黄打非”办公室挂牌、各省区市“扫黄打非”办公室督办的重点案件40起。对成功查办的重点督办案件，都及时予以表彰奖励。在各级“扫黄打非”办公室的协调下，警方多警种联合办案，检察、审判机关提前介入，有的地方已经形成公安、检察、审判机关无缝对接机制，案件查办、审判力度进一步加大，一大批重点案件的主犯受到严惩。如江苏无锡“12·02”手机网站传播淫秽物品牟利案，主要涉案人员被依法判处有期徒刑11年；四川成都“6·11”批销淫秽、盗版音像制品案，共查获淫秽光盘15.99万张、盗版光盘19.47万张，抓获犯罪嫌疑人6人；北京“8·06”非法出版幼儿教材案，共查获各种非法幼儿图书63万余册、光盘11万余张，抓获犯罪嫌疑人8名。

（三）细化重点任务分工，较好落实了“谁主管谁负责”的要求

全国“扫黄打非”办公室先后下发通知就各成员单位2009年“扫黄打非”工作任务分工，就新闻出版总署各司（厅、办）有关2009年“扫黄打非”工作、净化社会文化环境工作、第三阶段集中行动的任务分工进行了明确，建立并完善有关工作机制，坚决防止有分工不负责、有责任不到位的现象，有力地促进了各项重点任务的落实。

（四）建设联防协作工程，有力推进了区域性封堵查缴非法出版物工作常态化

由全国“扫黄打非”办公室协调，经各联防协作省区市“扫黄打非”工作领导小组共同努力，通过分别召开工作座谈会、下发会议纪要和实施方案等形式，已经构建起“珠峰”、“护城河”、“天山”等联防协作工程的组织框架、工作机制，并已全面启动运行，取得初步工作成效。

（五）开展形式多样宣传，广泛赢得了社会各界的舆论支持

在中宣部的指导下，全国“扫黄打非”办公室积极利用中央新闻单位、门户网站以及都市类媒体、手机媒体、境外媒体，有计划地组织开展了一

系列宣传报道活动，广泛宣传了“扫黄打非”和保护知识产权工作成果，颂扬了韩丰聚等先进人物的事迹，曝光了一批典型案件，在清缴整治低俗音像制品、举行集中销毁活动、打击手机网站传播淫秽色情信息等重点工作中掀起多个宣传高潮，较好地推动了社会各界积极参与“扫黄打非”工作。

（六）创新工作方式方法，积极推动了工作上新的水平

针对手机网站传播淫秽色情信息的新问题，积极探索把在有形市场开展“扫黄打非”的成功经验延伸到互联网和手机媒体的管理上，组织协调各部门各负其责、协同作战，努力形成工作合力和齐抓共管的局面。在开展清缴整治低俗音像制品专项行动的基础上，用发展的思路、改革的办法解决音像行业存在的深层次问题，促进音像行业健康繁荣发展。

（全国“扫黄打非”工作小组办公室）

商标工作

一、商标申请注册情况

2009 年，国家工商行政管理总局加快商标审查取得了历史性突破，审查量突破百万大关，是中国商标史上的重要里程碑，世界知识产权组织、国际商标协会和欧盟、美国、日本、英国、德国等国家（地区）商标主管部门纷纷来函致贺。同时，在国际金融危机引发世界其他国家商标注册申请量下滑的情况下，我国由于商标注册审查速度加快，商标注册周期缩短，成为商标注册申请量大幅上升的重要因素，2009 年商标申请量突破 80 万件，创历史最高。

2009 年，商标局共受理商标注册申请 830 447件，同比增长 18.96%，超过历史最高水平 2006 年（76.63 万件）6.42 万件，连续 8 年位居世界第一；共审查商标注册申请 1 414 736 件，同比增长 88.69%，相当于加快审查前近 5 年的工作量，审查周期为 17 个月；共受理异议申请案件 39 436件，同比增长 56.24%，共裁定商标异议案件 25 020 件，同比增长 127.60%。截至 2009 年底，我国有效注册商标量为 3 404 534 件（其中，国内企业拥有的有效注册商标量为 2 802 051 件，国外企业拥有的有效注册商标量为 602 483 件），位居世界第一。

2009 年，中国共受理通过世界知识产权组织国际局提交的商标国际注册领土延伸马德里申请 13 267 件（一标多类），国内申请人通过商标局提出的商标国际注册马德里申请 1346 件（一标多类）。截至 2009 年底，世界知识产权组织国际局有效马德里国际注册商标领土延伸指定中国的申请为 142 830 件（一标多类），连续 5 年位居世界第一；世界知识产权组织国际局收到中国企业通过商标局提出的马德里商标国际注册申请为 9721 件（一标多类），连续 5 年位列世界十强之一，在发展中国家排名第一。

认真落实十七届三中全会和中央一号文件精神，加大农产品商标和地理标志的注册和保护力度，充分运用地理标志和农产品商标促进特色农业发展，深入完善“一所一标”、“一所多标”工作机制，大力支持“三农”，有力地促进了农村改革发展、农业稳定发展和农民持续增收。2009 年，共核准注册农产品商标 14.2 万件，总数达 74.98 万件，地理标志 240 件，总数达 771 件，其中，近两年注册的地理标志数相当于过去 15 年的 1.56 倍。共核准特殊标志登记 751 件，特殊标志登记延期 17 件，官方标志登记 3 件，第 29 届奥组委奥林匹克标志备案转为国际奥委会奥林匹克备案 177 件，世界博览会标志备案 19 件。

2009 年，商标局共受理商标续展注册申请 55 804件，办理 58 731 件；受理变更商标注册事项申请 96 576 件，办理 106 058 件；受理商标转让申请 64 517 件，办理 66 808 件；受理商标使用许可合同备案申请 17 447 件，办理 17 733 件。

商标评审案件审结数量再创历史新高。2009 年，共审理商标评审案件 37 002 件。驳回复审案件积压已彻底解决，转入正常审理；复杂案件审理周期由 2008 年初的 13 年缩短为 2.5 年。商标评审案件积压得到根本性扭转，极大地惠及了国内外商标注册申请人和商标权利人。

二、商标战略实施情况

国务院于2008年6月5日颁布《国家知识产权战略纲要》，成立了由28个部委组成的国家知识产权战略实施工作部际联席会议。作为部际联席会的重要组成部门，国家工商行政管理总局于2009年6月2日发布《关于贯彻落实〈国家知识产权战略纲要〉大力推进商标战略实施的意见》，成立了由总局周伯华局长任组长、付双建副局长任副组长，18个司局和直属单位主要负责同志为成员的商标战略实施领导小组，全面负责商标战略实施的组织领导工作。领导小组办公室设在商标局。

国家工商行政管理总局于2009年7月23日至24日在吉林省长春市召开了全国工商行政管理系统贯彻落实《国家知识产权战略纲要》、大力推进商标战略实施工作会议。会议深刻分析了商标工作面临的形势和任务，全面阐述了推进商标战略实施重要而深远的意义，明确提出了推进商标战略实施的具体要求。这次会议是工商系统商标工作发展进程中的一次空前盛会，是促进我国由商标大国向商标强国转变的具有里程碑意义的一次大会。

总局制定并积极落实了商标战略实施配套文件。一是制定《国家工商行政管理总局关于商标工作达到国际水平的规划（2008～2012年）》，为积极推进商标战略实施制订了近期工作目标。二是积极开展实施商标战略示范城市、示范企业工作。通过树立典型，总结经验，形成一批拥有自主知识产权和知名品牌、国际竞争力较强的优势企业，充分、有效地利用商标战略促进国民经济平稳较快发展和和谐社会建设。三是加强商标战略培训，制定了《全国工商系统省市局长商标战略培训班培训方案》，计划2009年至2010年分三批对全系统地市以上工商行政管理局分管局长进行商标战略全员培训。2009年11月，在上海市举办全国工商系统商标战略暨世博会标志保护培训班，培训各级工商干部240人，是全国工商系统商标战线规模最大的一次培训班，是将商标战略和世博会标志保护两项工作的有机结合和培训方式的有益尝试，为此，国际展览局秘书长文森特·冈萨雷斯·洛赛泰斯向总局周伯华局长发来贺信。

加大宣传，使商标战略意识深入人心。2009年，举办了"4·26知识产权宣传周"、"《国家知识产权战略纲要》颁布一周年暨《实施意见》颁布系列宣传活动"、"全国工商系统商标战略工作会议"、"中国驰名商标展"、"中国加入马德里商标国际注册体系20周年座谈会"等一系列商标战略宣传活动，在中央主要媒体及我局媒体发布近百篇商标政务信息和8个专版。2009年11月9～11日，在中国青岛举办了实施商标战略，建设创新型国家"为主题的第三届中国商标节。3000余位来自国内外知识产权保护相关政府机构、代理组织以及众多驰名、著名商标拥有企业的代表和有关专家学者，参加了中国商标年会、中外商标代理机构合作发展分会、农特产品及地理标志博览会、中国商标大赛等一系列丰富多彩的活动。

加大了对各地实施商标战略工作的指导力度。一是支持各省（自治区、直辖市）人民政府实施商标战略。首次发布全国3226个省市县的主要商标信息，首次编辑出版《中国商标战略年度发展报告（2008）》，发布"2008年保护国内外企业注册商标专用权典型案例"和"2008年涉嫌假冒注册商标犯罪案件移送典型案例"，为实施商标战略提供重要商标信息和数据。出台并实施了支持海峡西岸经济区、北京中关村国家自主创新示范区等15个包括实施商标战略的政策文件。参与了工业和信息化部牵头的《关于加快推进服装家纺自主品牌建设的指导意见》的联合印发工作。二是大力支持中关村国家自主创新示范区实施商标战略。设立国家工商行政管理总局商标局驻中关村国家自主创新示范区商标办事处，积极推进中关村示范区实施商标战略。该办事处是工商系统1978年恢复建制以来国家工商行政管理总局首个派出机构，是总局深入贯彻落实发展观，深化工商行政管理改革的重大举措。办事处2009年11月5日由中央政治局委员刘淇同志等北京市领导和周伯华局长等总局领导亲自为办事处揭牌。11月6日，办事处正式对外办公，受到各界一致好评。截至2009年12月31日，办事处共收到各类商标申请1425件、相当于商标局受理大厅收文量的1/10以上，受到企业"设立商标办事处不仅同企业的距离近了，更重要的是政府同企业的心更近了"的高度评价。

截至目前，全国已有24个省（区、市）成立了商标战略领导小组，其中天津、重庆、宁夏由政府分管领导任组长，广东、江苏正在筹备成立以政府领导为组长的商标战略领导小组；13个省（区、市）已印发了关于贯彻落实商标战略的文件，其中，天津、宁夏、陕西政府已经发文，甘肃、吉林、江苏、新疆拟由政府发文。

三、《商标法》修改情况

《商标法》第三次修改工作于2003年底正式启动。近年来，周伯华局长亲自主持、付双建副局长亲自领导，总局其他各位领导大力支持，按照“适应形势发展和商标战略需要、简化和完善商标确权程序、进一步加大商标专用权和地理标志保护力度、加强商标代理监管、为中外商标申请人提供更好服务、努力使商标法达到国际水平”的修改目标，认真做好《商标法》的修改工作，形成《商标法(修订稿)》(送审稿)。2009年11月10日国家行政管理总局局务会议原则通过，11月18日报送国务院法制办。同时，《商标法实施条例》《商标代理条例》等配套法规规章的修改、起草制定工作也正在着手进行。

四、商标行政执法情况

2009年，全国各级工商行政管理机关查处各类商标违法案件总计51 044件，其中商标一般违法案件7448件，商标侵权假冒案件43 596件；查处商标涉外案件10 461件；共收缴和消除违法商标标识累计1353.4万件；移送司法机关涉嫌商标犯罪案件92件，犯罪嫌疑人109人。6月2日，日本汽车工业协会率其所属26家会员企业的知识产权部门负责人专程拜访国家工商行政管理总局并赠送牌匾表示感谢。

高度重视我国企业商标海外维权工作。2009年初，工商总局收到我国驻加拿大多伦多总领事馆有关我国“中国银行、中国铝业、新浪、搜狐、普洱茶”等52件商标在加拿大被恶意抢注的函后，立即与中国驻加拿大多伦多总领事馆进行了沟通，并迅速以商标局局长的名义致函加拿大知识产权局局长卡曼女士，表达了总局的重视和关注，卡曼女士非常重视，及时回函表示对此事予以关注。经多方努力，成功避免了我国企业商标被抢注。并按要求及时向国务院报告。

2009年，国家工商行政管理总局进一步完善了驰名商标认定制度，加大了对驰名商标的保护力度。制定了《国家工商行政管理总局驰名商标认定工作细则》《国家工商行政管理总局商标局审理驰名商标认定案件工作规范意见》，使驰名商标认定和保护工作更加公开、透明和规范。2009年4月至2010年1月，国家工商行政管理总局商标局在商标管理、商标异议案件中，依法对613件商标进行驰名商标保护。在第十届中国西部国际博览会上成功举办了首届中国驰名商标展，一炮打响，影响很大，收效很好。

五、商标国际交流合作情况

2009年3月31日，国家工商行政管理总局局长周伯华会见了世界知识产权组织总干事弗朗西斯·高锐一行。

2009年4月22日，国家工商行政管理总局局长周伯华和欧盟驻华代表团大使赛日·安博共同出席《中华人民共和国国家工商行政管理总局和欧洲内部市场协调局(商标和外观设计)谅解备忘录》签署仪式，并进行友好会谈。国家工商行政管理总局副局长付双建与欧洲内部市场协调局局长伍博·德博埃签署了谅解备忘录。

2009年4月22日，商标局李建昌局长会见了欧洲内部市场协调局伍博·德博埃局长，双方主要围绕加强中欧在商标领域的合作、商标法修改和大力推进商标战略的实施等事宜交换了意见。

2009年6月26日，国家工商行政管理总局副局长付双建代表总局与韩国特许厅长官高廷植签署了《中华人民共和国国家工商总局和大韩民国特许厅战略合作谅解备忘录》，标志着中韩在商标及与知识产权有关的反不正当竞争领域进行双边战略合作的基本框架正式建立。

2009年7月7日，国家工商行政管理总局局长周伯华会见了法国国家反仿冒委员会代表，预算、公共财务和公职部部长埃里克·沃斯一行，并签署了《中华人民共和国国家工商行政管理总局和法兰西共和国国家反仿冒委员会合作谅解备忘录》。这将推动国家工商行政管理总局与法国国家反仿冒委员会在商标领域展开深入广泛的合作。

2009年8月24日，国家工商行政管理总局副局长付双建和日本经济产业省制造产业局局长平工奉文在北京交换了《中华人民共和国国家工商行政管理总局和日本国经济产业省合作谅解备忘录》文本。此前，国家工商行政管理总局局长周伯华和日本经济产业省大臣二阶俊博分别在北京和东京签署了合作谅解备忘录。

2009年8月25日，国家工商行政管理总局副局长付双建代表国家工商行政管理总局与越南国家知识产权局局长陈越雄签署了《中华人民共和国国家工商行政管理总局和越南社会主义共和国国家知识产权局商标及商标相关领域合作谅解备忘录》,这标志着中越在商标及相关领域正式建立了双边战略合作框架。

2009 年 9 月 7～9 日,由副厅长帕吉玛女士率领的泰国智慧财产厅代表团访问国家工商行政管理总局商标局,交流了解商标局在商标国际注册、自动化建设等方面的经验和做法。国家工商行政管理总局商标局李建昌局长会见了泰国客人。

2009 年 10 月 18 日,国家工商行政管理总局召开了中国加入马德里商标国际注册体系 20 周年座谈会。会议宣读了国家工商行政管理总局局长周伯华与世界知识产权组织总干事弗朗西斯·高锐互致的贺信,付双建副局长出席了会议并做了主题发言。座谈会还向马德里商标国际注册十强企业以及推动企业马德里商标国际注册先进单位颁发了奖牌。商务部、国资委、国家知识产权局等有关部门代表以及部分省区市工商行政管理局的代表,部分企业和商标代理组织的代表共 100 余人参加了会议。

2009 年 11 月 30 日至 12 月 1 日,国家工商行政管理总局与世界知识产权组织在重庆举办了亚太地区地理标志研讨会,交流探讨了利用地理标志促进农村经济发展的经验和做法。来自世界知识产权组织、泰国、南非等国际组织和国家商标主管机关以及我国相关部门的代表和专家共 200 多人参加了会议。研讨会期间,还举办了"中国农产品商标和地理标志工作成果展览",组织实地参观考察了重庆市地理标志产品"涪陵榨菜"和"长寿沙田柚"的生产加工情况,受到世界知识产权组织副总干事王彬颖女士及与会代表的高度评价和赞誉。

2009 年 12 月 16 日,国家工商行政管理总局商标局李建昌局长会见了世界知识产权组织非洲局局长赫曼·查特克先生率领的非洲 26 国高级官员和高级审查员代表团,并陪同非洲客人参观了农产品商标和地理标志工作成果展。

2009 年 12 月 17～18 日,世界知识产权组织商标、工业品外观设计和地理标志部国际注册部门高级司长朱安·巴莱泽先生等一行 3 人对国家工商行政管理总局商标局进行了工作访问,商标局李建昌局长会见了代表团。WIPO 专家就马德里体系电子通讯工作与商标局国际注册处和计算机处进行了交流。

2009 年 12 月 18 日,国家工商行政管理总局商标局李建昌局长与来访的古巴知识产权局局长玛利亚·托瑞女士举行了工作会谈,双方交流了各自的商标法律制度与农产品商标和地理标志保护等议题。

(国家工商行政管理总局商标局)

反垄断与反不正当竞争工作

2009 年,各级工商行政管理机关以整顿和规范市场经济秩序为重心,以强化知识产权保护工作为目标,充分发挥《反不正当竞争法》在保护知识产权方面的作用,加大反不正当竞争执法力度,查处了一批侵犯他人知识产权的不正当竞争案件。据统计,全国共查处各类侵犯他人知识产权不正当竞争案件 9846 件,案值 2.54 亿元。其中:假冒他人注册商标案件 5168 件,案值 1.39 亿元;仿冒知名商品特有的名称、包装、装潢案件 2864 件,案值 3077 万元;冒用他人的企业名称或姓名案件 1760 件,案值 6463 万元;侵犯商业秘密案件 54 件,案值 1909 万元。通过反不正当竞争的行政执法,有效地维护了公平竞争的市场秩序,有力地保护了知识产权。

一、严厉查处"傍名牌"行为,推进反不正当竞争执法工作

针对一些企业擅自将他人的知名字号或商标作为自己的字号申请登记企业名称,并以多种方式在市场上使用,制造市场误认、混淆,侵犯他人知识产权,进行"傍名牌"不正当竞争的行为,国家工商行政管理总局为加大知识产权保护力度,进一步推动专项执法行动抓实、抓深、抓出成效,于 2009 年 5 月专门在河北石家庄召开了部署查处傍名牌不正当竞争案件的工作会议,选择了娃哈哈、万利达、格力电器、意大利费列罗等六起具有典型性的不正当竞争案件作为重点督办案件,天津、上海、内蒙、山东等 14 个省(自治区、直辖市)工商行政管理局的公平交易处、经济检查总队的负责同志参加了会议。在会上对打击傍名牌案件

的一般性原则进行了讨论，提出了办案要求，并要求所有办案机关限时报送结果。同时，对举报至国家工商行政管理总局的案件，只要合乎总局督办的要求，一律采取挂牌督办的形式部署涉案地工商机关进行查处。各地工商机关积极开展专项执法行动，在专项行动期间，竞争执法局反不正当竞争处派员去上海等地督办案件，对案件的查处工作起到了推动作用。目前专项行动已经取得了阶段性成果，查处了一大批傍名牌案件，有利地保护了合法企业的利益。对娃哈哈举报的59家涉嫌侵权企业分别不同情况做了相应处理，没收仿冒娃哈哈系列产品2万余件，各类违法标识113.5万张、纸箱6万多个。其他企业举报的违法侵权行为也受到了相应的处理。这次专项行动受到了合法企业的一致好评。

在国家工商行政管理总局的指导下，各地工商机关认真领会《反不正当竞争法》在保护知识产权方面的立法本意和精神实质，参照《最高人民法院关于审理不正当竞争民事案件应用法律若干问题的解释》等相关规定，根据“傍名牌”行为的具体表现，综合运用《反不正当竞争法》《商标法》《企业名称登记管理规定》等有关法律条款，对突出、放大使用企业名称中的字号，构成假冒他人注册商标，侵犯他人注册商标专用权的；对简化使用企业名称，构成对商品的产地、生产者等作引人误解的虚假表示或虚假宣传的；对企业名称（包括在中国境内进行商业使用的外国或者地区企业名称）中使用他人具有一定的市场知名度、为相关公众所知悉的企业名称中的字号，引人误认为是他人的商品的各种“傍名牌”不正当竞争违法行为，依法调查处理。

为了建立打击傍名牌工作的长效机制，竞争执法局与法制司、商标局、企业注册局及有关专家座谈若干次，探讨在立法方面彻底解决打击傍名牌问题。

二、严厉查处假冒仿冒、虚假宣传等商业欺诈行为

为了深入地推进查处假冒仿冒、商业欺诈等知识产权保护工作，进一步做好产品质量和食品安全专项整治工作，各地工商行政执法部门以查处食品等重要产品和进出口产品领域的仿冒知名商品特有的名称、包装、装潢为突破口，维护产品质量和食品安全。全国工商机关积极打击商业欺诈，严厉查处各种损害人民群众切身利益的商业欺诈行为，依法查处了一批发布虚假商品或者服务广告以及制售假冒伪劣商品，欺诈消费者的案件。一是加强市场巡查，对虚假表示、虚假宣传、假冒仿冒等误导公众、扰乱市场竞争秩序的不正当违法行为，依据《反不正当竞争法》《广告法》《商标法》等有关法律法规进行查处。二是加大对食品、家用电器、医疗器械、儿童用品等与群众生活密切相关领域的商业欺诈行为的查处力度。三是加大对法律法规以及商品交易知识的宣传力度，不断提高广大经营者、消费者对商业欺诈违法行为的鉴别能力。四是在加大市场监管力度，不断深化反商业欺诈专项工作的同时，突出抓好大要案件的查处工作，各地工商机关在本辖区范围内查处了一批涉案金额巨大、案情复杂、危害严重、影响恶劣的大要案件，加大了知识产权保护力度，确保工作取得实效。

三、大力推进商业秘密保护工作

按照《国家知识产权战略纲要》的要求，加大商业秘密保护工作力度，是竞争执法局2009年重点工作之一，为克服查办商业秘密保护案件认证难、取证难等困难，反不正当竞争处积极借助有关专家的力量，加强与有关部门的配合，使这项工作有了实质性的进展。

（1）已草拟出《国家知识产权战略纲要》中要求落实的《商业秘密保护行政执法战略》，现正在广泛征求意见。

（2）选择了中国有色金属工业协会铝业分会、长风开放标准平台软件联盟、中国技术交易所三家不同业务特点的行业协会作为商业秘密保护行政执法的试点单位，积极探索行政执法与行业自律相结合的商业秘密保护机制。

（3）给中央政法委上报了工商行政管理机关关于商业秘密保护的现状、存在的问题及对策建议，将工商机关在商业秘密保护近年来所做的工作及下一步打算做了详细汇报。

四、积极推进《反不正当竞争法》修订工作

2003年，国家工商行政管理总局受国务院委托，着手开展《反不正当竞争法》修订工作。几年来，在深入调查研究、充分论证比对、广泛征求意见的基础上，经过反复修改形成《反不正当竞争法（修订稿）》，这为保证反不正当竞争执法工作沿着制度化、规范化、程序化、法制化轨道不断发展提供了坚实的基础。在《反不正当竞争法》修订稿已送国务院审批的情况之下，国家工商行政管理总局仍做了大量的准备工作，一是积极参加法制办召开的有关法律工作会议；二是注意收集典型案例，以备下一步与法制办的交流沟通做好准备工作。

五、积极参加竞争执法的国际交流与合作

（1）国家工商行政管理总局与欧盟知识产权保护二期项目组召开了两次中欧反不正当竞争研讨会，中外专家及各地执法骨干分别就反仿冒、商业秘密保护进行了深入交流，并分析了具体案例，这对增进双方在竞争法领域的相互了解，保护知识产权，推动中欧经贸合作关系的深入发展，具有积极意义。在了解了欧盟在竞争执法领域的有关情况的基础上，扩大了竞争法律的对外宣传力度，提升了竞争执法的开放度和透明度，广泛宣传了我国竞争执法的成效以及反不正当竞争法律完善的有关情况，达到了拓宽视野、增长知识的目的。

（2）竞争执法局接待了三洋公司、飞利浦公司、意大利费列罗公司等多家外资企业的来访和投诉，反不正当竞争处都妥善处理了其要求，受到一致好评。

（国家工商行政管理总局反垄断与反不正当竞争执法局）

海关知识产权工作

前　言

2009年中国海关坚决贯彻落实国家应对国际金融危机的决策，着力优化海关监管和服务，出台并实施了包括加强对知识产权保护在内的“海关促进经济发展的十项措施”。在知识产权执法领域，海关除在进出口环节继续对侵犯知识产权商品予以严密监控的同时，还在侵权活动比较集中的邮递和快件领域开展了集中执法活动。海关对知识产权的保护，既有效地维护了公平竞争的进出口秩序，也促进了我国企业调整产业结构、转变增长方式、利用科技进步和自主创新增强产品的国际竞争力，从而实现我国经济复苏。

一、2009年海关知识产权执法情况综述

2009年，中国海关为实施知识产权保护，共中止放行进出口货物6.7万批，其中因涉嫌侵犯知识产权被扣留的近6.6万批。❶ 和2008年相比，2009年海关中止放行货物的批次增长了4.1倍；扣留侵权货物❷的批次增长了近5倍(见图1)。

图1　2009年海关中止放行和扣留货物批次示意图

2009年中国海关共扣留侵权商品2.8亿件，商品价值达人民币4.5亿元。与2008年相比，2009年海关扣留侵权商品的数量减少了约3.6亿件，下降幅度约为57%；但商品价值增加了近1.6亿元，增长幅度约为53%(见图2)。

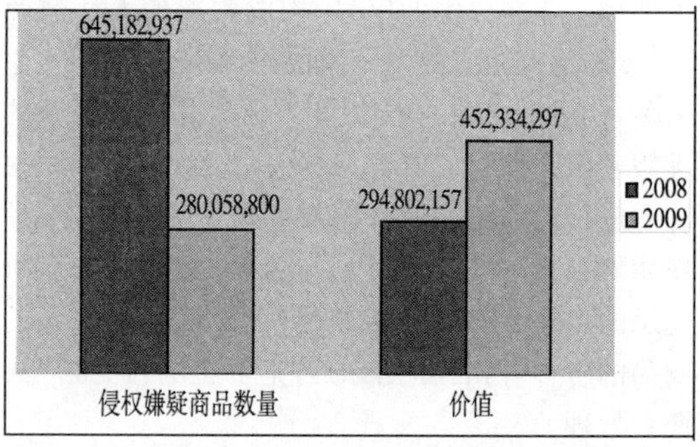

图2　2009年海关扣留侵权商品数量和价值示意图

造成2009年海关扣留侵权货物批次和商品价

---

❶ 根据《知识产权海关保护条例》的规定，海关发现进出口货物有侵犯在海关总署备案的知识产权的嫌疑的，可以中止放行货物并书面通知知识产权权利人。知识产权权利人要求扣留侵权嫌疑货物的，应当在收到海关书面通知之日起3个工作日内向海关提出申请并提供担保。知识产权权利人未提出申请或未提供担保的，海关应当放行有关货物。

❷ “侵权货物”和“侵权商品”均指在因有侵权嫌疑而被海关扣留的货物，包括后经海关调查或者人民法院判决被认定不构成侵权、海关不能认定是否侵权或者因当事人达成和解协议而被海关解除扣留的货物。

值均大幅上升，但扣留的侵权商品数量大幅下降的原因主要有两个：

(1)“邮递和快件渠道保护知识产权专项行动”使海关扣留侵权货物的批次大量增加。自2009年6月1日至12月31日，海关总署组织开展了为期7个月的“邮递和快件渠道保护知识产权专项行动”。各口岸海关在专项行动期间查获的侵权货物的批次商品价值，与2008年同期相比分别增长了7倍和4倍。

(2)海关扣留的侵权货物的商品结构发生变化是造成海关在2009年扣留的侵权商品扣留批次和商品价值上升但商品数量下降的主要原因。2009年海关扣留的侵权商品中，烟草制品的数量大为减少。由于香烟属于数量大但价值低的商品❶，查获侵权香烟数量的减少造成了2009年海关扣留侵权商品数量的下降。相反，2009年海关扣留的药品、服装、化妆护理用品、汽车配件等相对价值较高的商品的增幅较大。

二、2009年海关扣留的侵权货物的特点

从海关查扣的侵权货物来看，2009年侵权货物的进出口具有以下特点。

(一)出口货物仍占绝大多数

2009年，中国海关在出口环节查获的侵权货物数量为2.8亿件，价值人民币4.5亿元，分别占全部侵权货物的99.9%和99%。

在出口环节积极主动地执法仍然是中国海关2009年知识产权保护工作的一大特色。需要指出的是，根据《与贸易有关的知识产权协议》(即TRIPs协议)❷，缔约方没有在出口环节实施知识产权保护的义务，但是中国政府为了维护公平竞争的国际贸易秩序和全球消费者的健康和安全，通过立法授权中国海关在进口环节和出口环节都实施知识产权保护，主动地在出口环节实施知识产权保护，既是中国自身经济发展的需要，也是在超出应承担的国际义务之外对全球知识产权保护事业做出的一大贡献。

(二)以侵犯商标专用权的货物为主

2009年，中国海关扣留的侵权货物涉及商标专用权、著作权和与著作权有关的权利、专利权、奥林匹克标志和世界博览会标志等多种类型的权利，但海关扣留的侵犯商标专用权的货物仍占绝大多数。在2009年海关扣留的侵权货物中有6.5万批涉及商标专用权❸，海关扣留侵犯商标权的商品近2.8亿件，价值人民币近4.3亿元，分别占全部侵权商品数量的99%和价值的94%。

(三)香烟明显减少，其他商品大幅增加

在2009年中国海关扣留的侵权商品中，按照单项商品数量排在前10位的商品是烟草、化妆护理用品、五金机械、服装、药品、汽车和摩托车及配件、通讯设备、鞋类、箱包和手表；按照价值排在前10位的是存储介质、通讯设备、医疗器械、服装、珠宝首饰、烟草、五金机械、箱包及皮革制品、化妆护理用品和手表。

在2009年中国海关扣留的侵权货物中，药品、五金机械产品、服装、化妆及护理用品、鞋、汽车配件等商品的查获数量和金额都有显著增加。但是，2009年扣留侵权香烟数量下降幅度较大，海关共扣留侵权香烟1.81亿支，比2008年的5.6亿支减少了3.81亿支，下降幅度约为68%，占当年扣留的全部商品数量的比例也从2008年的87%下降到2009年的65%。

(四)邮递和快件货物的批次比例较大，但海运商品的数量仍居首位

2009年，中国海关在邮递和快件渠道扣留的侵权货物分别为4.5万批和1.8万批，分别占全部扣留批次的68%和28%，与2008年相比，分别增长了近5倍和12倍，但是海运渠道扣留的侵权商品数量仍然最多。2009年海关在海运渠道扣留侵权货物1490批，虽然只占全部扣留批次的2%，但扣留的商品数量却达到了2.7亿件，约占全部扣留商品的98%，这些都符合邮递货物和海运货物的国际运输的特点。❹

---

❶ 由于各国香烟的包装规格不尽相同，目前国际上对海关扣留的进出口香烟大多以“支”为单位进行统计，即“一支香烟为一件商品”。中国海关也采用此种统计方法，所以每件烟草制品的价值相对其他商品较低。

❷ 根据TRIPs第51条的规定，缔约方只应制定使权利人能够向适当的司法部门或行政部门提交书面请求，由海关中止将进口货物放行进入自由流通的程序。对准备自其领土出口的侵权货物，缔约方也可以但并非必须制定由海关中止放行的程序。

❸ 海关扣留的同一批侵权货物中可能会包含侵犯多种类型的知识产权的商品。所以侵权货物涉及不同类型的知识产权的批次之和会大于海关扣留侵权货物的批次之和。

❹ 邮递渠道运输物品的特点是批次多，但商品数量少、价值高；而海运货物则是批次少但商品数量大，价值相对较低。

(五)进出口的口岸比较集中

2009年全国共有34个关区在进出口环节查获了侵权货物,其中上海、广州、深圳、杭州、北京、哈尔滨6个海关共查获了6.2万批侵权货物,约占全国海关查获批次总和的94%(见图3)。上海、广州、北京和哈尔滨是中国邮递和快件进出口比较集中的口岸,这四个海关2009年查获侵权货物批次的大幅上升与"邮递和快件渠道保护知识产权专项行动"期间查获的邮递和快件侵权货物次数的急剧增加有关。

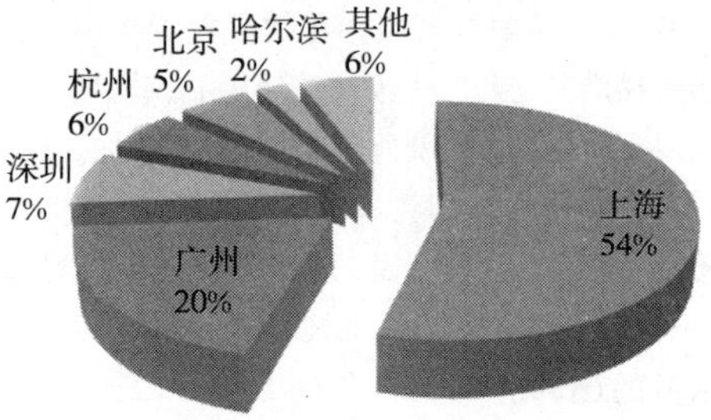

图3 2009年口岸海关扣留侵权货物的批次示意图

从扣留的侵权商品数量看,海运货物监管业务量较大的海关仍是知识产权执法的主力军。2009年仅深圳、宁波、黄埔、杭州、上海、厦门6个海关就截获了侵权商品近2.8亿件,约占全国海关扣留侵权商品总数的99%(见图4),其中深圳海关查获的侵权商品最多,占总数的72%,其原因主要是被深圳海关查获的侵权商品中香烟的比例较大。

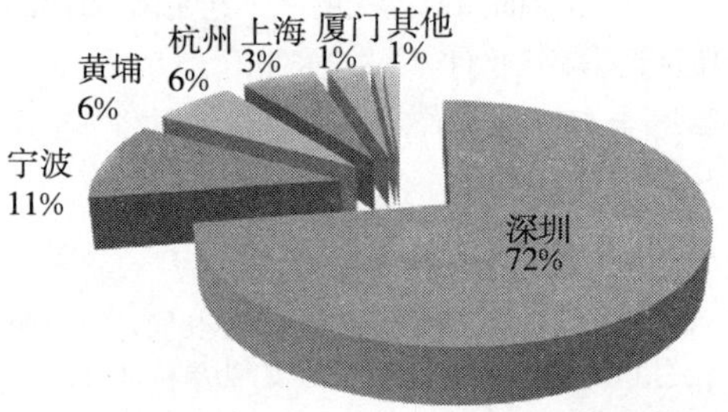

图4 2009年口岸海关扣留侵权商品的数量示意图

(六)涉及知识产权以美欧居多,但中国知识产权权利人获益也较大

2009年中国海关采取的保护涉及的知识产权权利人来自34个国家或者地区,受到海关保护知识产权共有11 462项次,❶涉及知识产权较多的知识产权权利人分别来自美国、法国、意大利、日本、德国、芬兰、瑞士、中国❷、卢森堡、英国和荷兰(见图5),但从涉及的知识产权的侵权商品来看,侵犯来自英国、瑞士、中国、美国和法国的知识产权的居前5位(见图6)。特别要指出的是,虽然涉及中国企业的知识产权的商品数量只占7%,排在英国和瑞士之后列第3位,但是由于2009年海关查获的侵犯英国和瑞士企业知识产权的商品集中在香烟上(其中侵犯英国企业知识产权的香烟7800万支,瑞士9900万支,分别占2009年海关扣留侵权商品总数的28%和35%),而侵犯中国自主知识产权的商品则遍及生产、生活、文具、食品、药品、车辆及配件等多个行业,所以实际上中国企业从海关的知识产权执法中获益更广。

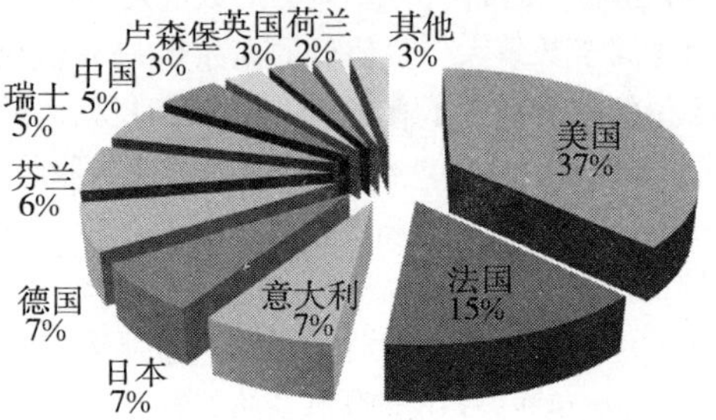

图5 受保护的知识产权的来源示意图

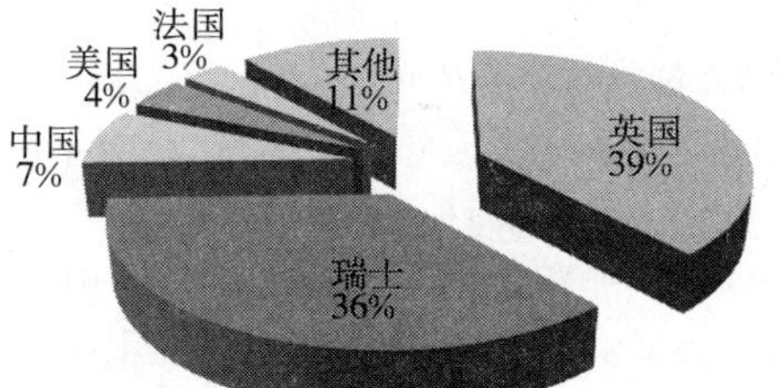

图6 涉及知识产权的商品数量示意图

三、2009年中国海关保护知识产权的措施

众所周知,海关是国家进出境的监督管理机关,通过边境执法可以有效地遏制侵权商品的国际运输,所以海关在保护知识产权方面被赋予厚望。但是,随着国际贸易的不断扩大,国际间运输的货物数量迅速增长,使各国海关的进出口监管任务日益繁重。要在保证进出口货物顺畅通关的同时,对包括侵犯知识产权货物在内的非法进出境的货物实施严密的监控和有效的查缉,是中国海关在2009年面临

---

❶ 这里知识产权的"项次",指海关扣留的侵权货物所涉及的知识产权的次数。

❷ 本文中的"中国"均不包括中国的香港、澳门和台湾地区。

的一个严峻挑战。中国海关克服了执法任务重和执法资源有限的困难，取得了“便利合法贸易”和“打击侵权贸易”的双丰收。

2009年中国海关在保护知识产权方面采取了一系列措施。

（一）充分发挥海关进出境监管职能，积极主动地查处侵权违法行为

根据TRIPs协议的规定，缔约方承担的义务只限授权其海关根据知识产权权利人的请求中止放行侵权货物进入自由流通，而没有义务必须主动依职权采取保护知识产权的措施[1]，但是中国海关依据中国法律的授权，积极主动地开展保护知识产权的执法行动。2009年中国海关依职权扣留（包括依据知识产权备案扣留和行邮渠道主动扣留）侵权货物近6.6万批，占全部扣留批次的99.8%；扣留的侵权商品达2.8亿件，占全部侵权商品的98.5%，商品价值4.3亿元，占全部价值的94.3%。中国海关积极主动地开展知识产权执法活动，对有效地遏制全球的侵权贸易发挥了十分积极的作用。

（二）组织开展了“邮递和快件渠道保护知识产权专项行动”

鉴于邮递和快件渠道已成为侵权商品跨境流通的一个重要途径，自2009年6月1日至12月31日，海关总署组织开展了一次全国性的“邮递和快件渠道保护知识产权专项行动”。在“专项行动”期间，全国各口岸海关根据海关总署的要求，集中执法资源，对进出境的邮包和快件货物实施了重点监控，适当提高查验比例，取得了辉煌的战果，共查获侵权货物3.8万批，扣留侵权商品261万件，价值人民币6200多万元。海关在“专项行动”期间查获侵权邮递和快件货物的批次、商品数量和价值较2008年同期分别增长了738%，28%和403%。

（三）继续加强对国内企业自主知识产权的保护

加强对国内企业自主知识产权的保护，是海关2009年执法工作的重点。全国海关2009年共扣留侵犯国内企业自主知识产权的货物565批，查获侵权商品2000多万件，价值人民币近4900万元。

在被侵犯的自主知识产权中，许多属于我国出口的拳头产品。例如：

广东中山榄菊日化实业有限公司是全球最大的家庭卫生杀虫制品专业生产企业，其产品在非洲市场具有很高的占有率。然而近年来在非洲市场上侵权“榄菊”蚊香的数量是该公司总出口量的10倍以上，给该公司带来2亿多元的销售损失。为保护和扶持自主品牌，厦门海关于2009年4月主动邀请榄菊公司来海关进行鉴别侵权产品的培训，并在当年5月就截获了43万盒向非洲出口的侵权蚊香，价值人民币27万元。

山东烟台三环锁业集团有限公司的“三环”牌挂锁在国际市场上具有较高的声誉，也是屡遭侵权的产品。为了维护“三环”商标国际知名度和形象，全国各口岸海关将“三环”作为海关保护国内自主品牌的重点之一。2009年全国海关共截获了18批，共计145万只侵犯“三环”商标的出口挂锁。

海关对自主知识产权的保护，极大地激发了国内企业参与知识产权海关保护的热情。目前在海关总署备案的19 268项知识产权中，属于中国的知识产权有9484项，占全部备案的49%。（见图7）。

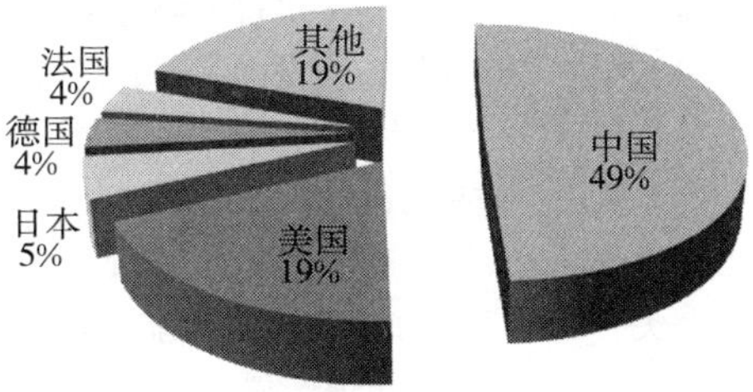

图7　备案知识产权来源示意图

（四）大力开展与其他执法部门的合作

尽管海关的知识产权执法有力地遏制了侵权违法活动，但是打击侵权仍然重在源头。为此海关十分重视与公安机关和工商行政管理机关等国内执法部门的合作，通过建立紧密的执法合作机制，形成保护知识产权合力。为加强海关行政执法与公安刑事执法的衔接与配合，2009年10月海关总署与公安部联合召开了“海关和公安机关加强知识产权刑事执法协作研讨会”，对海关和公安机关在执法协作中需要解决的问题进行研究，提出了进一步改进的措施。

全国海关根据公安部和海关总署《关于加强知识产权执法协作的暂行规定》，积极开展和当地公安机关的合作，对在海关监管中发现的涉嫌构成知识产权犯罪的案件线索，主动向公安机关通报和移送。2009年全国海关根据《暂行规定》向公安机关移送涉

[1] 见TRIPs协议第51条

嫌构成犯罪的侵犯知识产权案件线索186件。

2009年5月，宁波海关现场出口审单关员通过风险分析，连续查获一家深圳公司准备出口的60多万件假冒 ADIDAS、JVC、NOKIA、NIKE、CASIO、Christian Dior、GIANNI VERSACE、LV、ROLEX等60个国际著名品牌的运动鞋、运动服套装、DVD播放机、手机、耳机、收音机、手表、眼镜、内衣裤、包、衣服、丝巾、皮带、电池等商品。宁波海关迅速向地方公安部门进行了通报，向公安机关讲解了外贸报关出口流程，协助公安部门对货物进行了证据保全和收集了报关资料，使公安机关顺利地对该案开展立案侦查工作。

（五）深化与知识产权权利人的合作，共建保护知识产权的战略合作伙伴关系

深化与知识产权权利人的合作也是2009年中国海关着力开展的一项重要工作。海关总署与在华外商投资企业和中国的一些行业协会在知识产权保护工作中一直保持着顺畅的联系和沟通渠道。海关总署2009年在海关立法、执法问题研究和对外海关执法合作等方面多次与知识产权权利人组织举行研讨会，听取企业对海关工作的意见。为提高海关一线关员的知识产权执法能力，各口岸海关先后60余次邀请知识产权权利人到海关监管现场举办鉴别侵权商品的培训。海关总署在组织开展“打击邮递和快件渠道侵权物品的专项执法行动”期间，还会同中国外商投资企业优质品牌保护委员会（QBPC）专门为海关邮递和快件监管人员举办了一期培训，对保证专项行动取得预期的成果发挥了积极的作用。

（六）进一步拓展国际海关间的知识产权执法合作。

2009年中国海关积极开展了知识产权执法的国际合作活动。2009年8月，中日韩三国海关知识产权工作组第三次会议在北京召开，对“中日韩三国海关保护知识产权行动计划（暨零假冒计划）”的实施情况进行了回顾，对改进实施工作进行了研究。2009年1月，中欧海关签署了《中欧海关关于加强知识产权海关保护合作的行动计划》，随后，中欧海关就《行动计划》的实施工作多次进行了磋商，并形成了《行动计划》的实施路线图，成立了联合工作组和专家组，确立了合作的机制；中美海关继续按照《中美海关关于加强知识产权执法协作的备忘录》的有关规定，继续在执法经验交流、案件统计数据交换、个案信息通报等方面开展了卓有成效的合作。

除此之外，中国海关还派代表通过参加一系列知识产权国际活动，向各国代表介绍了中国海关保护知识产权的情况并与其他国家的代表进行了广泛的交流。

（七）大力开展对进出口企业和生产企业的知识产权宣传教育活动

在2009年“4·26知识产权宣传周”期间，海关总署组织了一系列面向社会公众的宣传教育活动：

1. 会同国家知识产权局、公安部组织了2009年“中国保护知识产权高层论坛”；

2. 发布了《2008年中国海关保护知识产权状况白皮书》；

3. 评选了2008年海关保护知识产权的十佳案例；

4. 在中国海关互联网门户网站组织了与网民的知识产权海关保护专题对话；

5. 与中央电视台合作拍摄了反映知识产权海关执法的《以案说法》系列专题片。

各地海关也根据海关总署的要求，在加强知识产权执法的同时，也把针对社会公众的知识产权宣传教育作为海关知识产权保护工作的重要一环。海关的宣传教育大大提高了国内企业的知识产权保护意识，许多承接定牌加工的企业在收到境外客户订单后主动请海关帮助确认订单的知识产权状况，以避免因不知情造成侵权，给企业造成经济损失。一些过去曾出口侵权货物的企业，由于提高了知识产权保护意识，也转而向海关申请对其知识产权实施保护。海关开展的知识产权社会宣传活动对从源头上制止侵权发挥了十分积极的作用。

总之，中国海关2009年在知识产权执法方面取得成绩，是全国海关坚持“依法行政、为国把关”方针的结果。中国海关的知识产权保护工作，受到了来自社会各界的高度评价。在由180多家国际跨国公司组成的中国外商投资企业协会优质品牌保护委员会（QBPC）进行的内部调查问卷中，中国海关又一次被评为最有效率的知识产权执法部门之一。诺基亚负责全球知识产权总监Lucy Nichols女士对中国海关知识产权执法的评价是“世界各国海关中，中国海关保护知识产权方面是做得最好的。中国海关在打击侵权方面已

经尽了最大的努力，现在是其他国家该行动的时候了”[1]。国内外许多企业也在不同场合表达了继续与中国海关开展知识产权合作的殷切期望。

（海关总署政策法规司知识产权处）

商务知识产权工作

2009年，商务部立足对外交流合作和对内服务企业两个着力点，认真贯彻落实《2009年国家知识产权战略实施推进计划》《2009年中国保护知识产权行动计划》，积极开展多双边知识产权谈判和对外交流，切实协助企业应对知识产权纠纷，取得了积极成效。一方面，大力开展与重要贸易伙伴之间的双边知识产权交流与合作，积极参与世界贸易组织、亚太经合组织等国际组织议程和国际知识产权秩序的构建，妥善处理知识产权争端，为对外经济贸易的发展营造良好的国际环境。另一方面，积极研究与对外贸易有关的知识产权制度，协调推进自贸区知识产权谈判和中欧地理标志双边合作协定谈判准备工作，加强海外维权和服务，增强企业知识产权意识和维权能力，指导企业积极应对337调查和重大涉外知识产权纠纷，为“走出去”保驾护航，维护企业和国家利益。

一、深化双边知识产权交流与合作

（一）继续组织召开双边知识产权工作组会议

商务部牵头组织召开了2009年4月中欧知识产权第5次对话、2009年7月中俄知识产权工作组第3次会议、2009年9月中欧知识产权工作组第6次会议、2009年10月中美知识产权司局级和副部级工作组会议、2009年11月中瑞(士)知识产权工作组第3次会议，就相互关注的议题进行了讨论，增进了理解和互信。同时，商务部还通过第20届中美商贸联委会、第2次中欧经贸高层对话会议、第13次商务部与经产省定期磋商等双边场合，加强知识产权对外交流与合作。

（二）与日本、巴西筹建双边知识产权工作机制

2009年2月，商务部在会见日本官民联合知识产权高层访华团时，就推动中日知识产权合作、设立中日知识产权工作组及网络知识产权维权等问题进行交流与探讨。6月，商务部与日本经产省签订《关于知识产权保护交流与合作备忘录》，成立中日知识产权工作组。11月，中日知识产权工作组第一次会议在东京召开。为加强与发展中国家的沟通与协调，商务部与巴西就建立双边知识产权工作组达成了一致，并于2009年11月在巴西利亚召开了第一次会议。

（三）协调自由贸易区知识产权谈判，宣布启动中欧地理标志双边合作协定谈判

2009年4月，中秘双方签署了《中国一秘鲁自贸协定》，设有单独的知识产权章节。中挪双方启动并推进中国一挪威自贸区谈判，知识产权小组的谈判已于12月基本完成。中哥双方继续推动中国一哥斯达黎加自贸区谈判，并就其中的知识产权章节进行了一系列磋商，进展顺利。中欧双方完成了中欧地理标志双边合作协定的可行性研究，并于11月底宣布欢迎启动谈判。

（四）牵头实施中欧知识产权保护合作二期项目

商务部会同国务院十几个部门，推进实施与欧盟共同发起的知识产权保护合作项目(二期)，包括能力建设、立法和执法等各个方面活动。

（五）通过国际论坛和研讨会加强知识产权对外宣传

2009年3月和6月，商务部分别与欧方、美方联合举办了首届中欧知识产权高层论坛、中美互联网与版权保护圆桌会议，相互交流观点与看法，宣传了我国知识产权政策和成就。2009年11月，商务部与瑞(士)方在北京召开了中瑞(士)地理标志研讨会。

---

[1] 在2010年3月26日“海关总署与企业知识产权对话会”上的发言。

二、积极参与国际组织知识产权议程

(一)协调参加WTO知识产权理事会会议和谈判

2009年3月、6月和10月,商务部继续会同国家工商行政管理总局、国家质量监督检验检疫总局、国家知识产权局参加WTO知识产权理事会例会,参与关于各国知识产权立法、《与贸易有关的知识产权协议》(TRIPs协议)实施情况、与知识产权有关的技术转让与能力建设等问题的研究与讨论。在10月第3次例会期间的过渡性审议中,认真回答了来自不同成员的几十个问题,宣传了我国在知识产权保护方面所取得的成绩,澄清了一些成员的误解,维护了良好形象。

(二)协调参加多哈回合知识产权议题的谈判

2009年,商务部继续会同国家工商行政管理总局、国家质量监督检验检疫总局、国家知识产权局等单位参加地理标志多边注册体系、地理标志保护范围扩大、TRIPs协议与《生物多样性公约》等知识产权议题的谈判。目前,与印度、巴西、欧盟、瑞士等成员联合提交的谈判文件已经得到了100多个WTO成员的支持,成为下一步谈判的重要基础,有效地维护了在谈判中的利益。

(三)参与APEC知识产权议题讨论

2009年2月和7月,商务部继续会同海关总署、国家工商行政管理总局、国家版权局、国家知识产权局参加APEC知识产权专家组第28、29次会议,妥善应对美日提出的旨在超越现行国际义务、过度提高知识产权保护水平的提案,主动提出知识产权滥用调查、标准化中的知识产权保护、能力建设等有利于我国的议题,推动知识产权的全面平衡发展。

(四)参与联合国知识产权规则制定

2009年4月和11月,商务部会同最高人民法院参加了联合国贸易法委员会担保权益工作组第15次、第16次会议,积极参与《〈贸易法委员会担保交易立法指南〉关于知识产权担保权的附件》的讨论。

三、推进建立和实施知识产权海外维权机制,企业境外参展知识产权状况明显改善

(一)制定知识产权海外维权实施方案

2009年6月,商务部确定了本年度海外维权工作计划,包括:构建知识产权海外维权网站平台;发布知识产权海外维权行动年度报告;开展海外知名展会知识产权保护工作;对我企业知识产权纠纷集中的技术进行专利分析;加强知识产权海外维权宣传和培训等。

(二)在境外知名展会设立知识产权服务站

2009年3月和9月,商务部分别在汉诺威信息及通信技术国际博览会(CeBIT)和柏林国际消费类电子产品展览会(IFA)上设立标志显著的服务站,聘请懂中文、德文、英文等多种语言的知识产权法律专家,为参展企业免费提供现场咨询和调解服务。2009年4月和9月,商务部还通过中欧知识产权合作项目,聘请专家在柏林工业展和埃森焊接技术展上为企业免费提供服务。同时,商务部会同贸促会加强对赴境外参展企业和展品的管理,严格排查展品的知识产权状况,积极与展会知识产权执法机构进行沟通和协调。

(三)加强展会知识产权保护调研与协调

2009年2月,商务部和国家知识产权局等9部门联合印发了《知识产权局、外交部、工业和信息化部、司法部、商务部、工商总局、版权局、新闻办、贸促会关于加强企业境外参展知识产权工作的通知》。2009年3月,商务部赴深圳就企业境外参展中的知识产权问题进行调研,听取企业的意见和建议。此外,商务部会同贸促会与德国展览公司商谈备忘录,建立合作机制,共同做好企业境外参展中的知识产权保护工作。

(四)改版中国保护知识产权网

为建立知识产权海外维权网络平台,商务部2009年完成了中国保护知识产权网的改版工作,立足于中文网站为企业提供知识产权信息和服务、英文网站对外宣传保护知识产权工作的定位,改善栏目设置和网页展示方式,扩展信息源,增强互动和服务功能。

(五)启动编写《知识产权海外维权年度报告》

为及时了解国外知识产权发展趋势,反映企业海外知识产权发展现状及问题,指导企业做好海外维权工作,商务部确定了《知识产权海外维权年度报告》的目标和主要内容,启动了报告编写工作。

(六)加强知识产权海外维权培训和指导

在中欧知识产权合作项目(二期)的支持下,商务部编印了《展会中的知识产权保护—欧洲的经验

和实践《欧洲展会知识产权保护》等指导资料，免费向企业提供，提高企业的知识产权意识和维权能力；在中国保护知识产权网上设立了“境外展会”、“海外维权”专栏，提供预警信息、指导材料和案件分析；在北京、南京举办了两期面向企业的培训活动，提高企业的知识产权意识和维权能力。

四、妥善处理知识产权争端

(一)妥善应对中美知识产权WTO争端案

2009年1月，专家组向WTO成员发布了最终报告，驳回了美方的绝大部分主张，广泛肯定了我国的知识产权制度。3月20日，WTO争端解决机构会议审议通过了该案专家组报告。2009年6月，中美双方就合理执行期达成了一致，为12个月。此后，商务部会同国家版权局、海关总署、国务院法制办和全国人大法工委，积极开展执行工作。

(二)指导企业应对337调查工作

2009年，美国国际贸易委员会提起了8起涉及中国企业的知识产权337调查。商务部按照《关于做好美国337调查应对工作的指导意见》和内部应对工作规范，积极妥善做好各项工作，加强对外交涉，并推动337调查问题作为中美贸易救济工作组的正式议题，取得了较好的应对效果。我国的应诉企业在一系列案件中接连取得胜利，如无汞碱性电池案、三氯蔗糖案、葡萄糖胺案、覆铜板案、制冷剂案、闪存控制芯片案等，捍卫了我国企业的合法权益。

(三)协助处理涉外知识产权纠纷

对双边经贸关系中的重点涉外知识产权纠纷，如“普兰娜”商标境外遭抢注案等，商务部积极配合相关知识产权部门，妥善应对处理，维护企业合法权益，推动化解知识产权纠纷。

此外，商务部积极研究《对外贸易法》第5章“与对外贸易有关的知识产权保护”的配套制度，配合法制办等部门做好《著作权法》《商标法》《专利法实施细则》《知识产权海关保护条例》等知识产权法律的修订工作。

(商务部条法司知识产权处)

农业植物新品种保护工作

2009年农业部认真实施国家知识产权战略，加强组织领导，加大投入力度，努力创造利于发展农业植物新品种保护的政策、市场和舆论环境，植物新品种保护在促进科技创新和产业发展等方面发挥了日益重要的作用，各项工作取得了新进展。

一、农业植物新品种权申请量和授权量双创新高

2009年，农业部受理国内外植物新品种权申请992件，较2008年的868件增长了14%，创历史新高，其中外国人申请104件，较2008年增长12%。中国植物新品种权的年申请量居国际植物新品种保护联盟(UPOV)成员第四位，仅次于欧盟、美国和日本。授予品种权达到1119件，较2008年提高了145%，2009年全年授权量占十年来授权总量的37.5%。

截至2009年12月31日，国内外植物新品种权申请量累计达6555件，已审查结案3407件，授予品种权2983件，见图8。

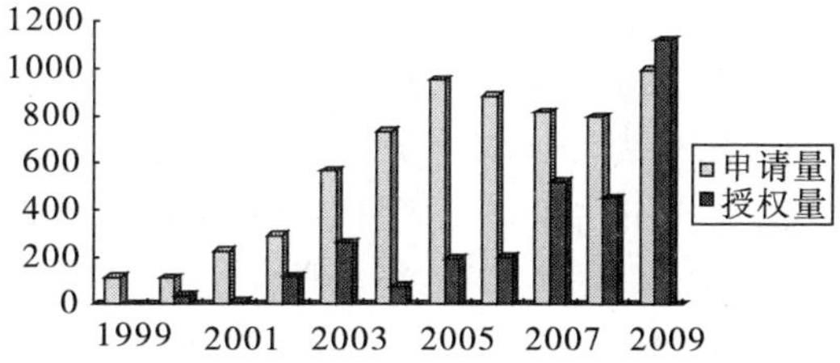

图8　十年来农业植物新品种权申请量及授权量

二、健全法律体系，保障依法行政

为贯彻实施《植物新品种保护条例》，2009年农业部启动了《农业部植物新品种复审委员会审理规定》《农业植物新品种权侵权案件处理规定》等配套规章的修订，制定了《农业植物品种命名规定》(征求意见稿)，发布了以植物新品种保护为核心内容的《农业知识产权战略》。农业植物新品种保护的制度规章体系进一步完善，并已成为我国知识产权制度体系中的重要组成部分。

三、加大保护力度，市场秩序进一步改善

农业部从2009年4月7日起至6月7日集中开展了为期两个月的农业植物品种权执法专项检查，加大打击侵犯品种权的力度，通过抓重点、抓督查、抓大案，创新品种权行政执法方法，加强对种子生产基地的监管，从源头上治理侵权假冒行为；加强对重点授权品种的保护，指导甘肃省农业厅在制种基地对全国推广面积最大的玉米品种“郑单958”开展执法，查处侵权行为。各地农业部门积极行动，先后查处了侵犯水稻、甘蓝等作物品种权案件多起。

农业部继续在山东等22个省（自治区、直辖市）开展农业植物品种权执法试点工作，加大执法力度，探索跨区协作执法、重大案件联合办理机制，建立了与工商、公安、知识产权和司法等部门的协作联动机制，共同开展打击侵犯品种权的违法行为，维护了种子市场秩序，保护了品种权人和广大农民利益。

四、保护范围进一步扩大，技术支撑能力进一步增强

农业部研究、起草并论证了新的一批农业植物品种保护名录，论证建议将莲、秋海棠属、蝴蝶兰属、凤仙花、非洲凤仙花、新几内亚凤仙花6个种或属列入名录，为发布第八批农业植物品种保护名录，进一步扩大植物新品种保护范围奠定了基础。

农业部将“植物品种测试及分子指纹图谱鉴定技术研究与集成”列入2009年行业科研专项，5年将获得2978万元的国家财政支持。该项目将从五个方面支撑测试技术体系建设，一是研制80种植物新品种DUS测试指南；二是研制14种植物DNA指纹图谱鉴定技术标准；三是收集20种植物8000个品种并建立性状描述和图像数据库；四是收集16种植物5000个品种并建立DNA指纹图谱数据库；五是开发已知品种数据库，构建测试体系数据交换网络。该项目的完成将为积极应对国际植物新品种保护新形势，推进我国农业植物新品种保护发展，促进我国农业育种自主创新起到重要的技术支撑作用。

加强对植物新品种测试机构的管理，开展了专门的评估整改活动，提升了测试能力。2009年共安排DUS测试任务1357件，涉及33种植物，2901个品种。十年累计安排DUS测试任务8628件，品种DNA鉴定任务8件，接受农业部国家农作物品种审定委员会委托的田间鉴定任务17件，为科学审批提供了有效支撑。

五、公众植物新品种保护意识进一步提升，环境进一步优化

农业部联合国家知识产权局、国家林业局举行了《植物新品种保护条例》实施十周年庆祝活动，表彰为植物新品种保护事业做出贡献的先进集体和先进个人；联合制作了植物新品种保护十周年宣传片——《植物新品种保护在中国》，并在十周年庆典播放。该宣传片在十周年庆典会上成功放映，得到了UPOV及参会成员国代表的高度赞扬和肯定。UPOV副秘书长沃尔夫·爵顿先生在听取了中国报告和观看了宣传片后评价说，中国植物新品种保护的成功发展经验特别是在宣传培训领域取得的成绩，各国应该好好借鉴。

结合宣传贯彻《国家知识产权战略纲要》，先后在全国举办植物新品种保护基本知识、行政执法等培训活动20余次，培训人员1000余人。如农业部科技发展中心开展了“植物新品种保护援藏行动”，在西藏自治区举办新品种保护培训班，达到了预期效果，显著增强了西藏自治区种子管理、育种研发、种子经营队伍的植物新品种保护意识，并为下一步“援藏行动”和促进西藏自治区植物新品种保护工作取得突破性进展奠定了基础。

举办第三届全国农业知识产权论坛。充分利用电视、广播、报刊杂志、网站等媒体以及人民群众喜闻乐见的形式，主动传播农业知识产权知识，发挥舆论宣传导向作用；农业知识产权相关知识的普及，提升了农业农村的农业知识产权意识和认知度，创新环境得到优化。

六、国际合作日趋活跃，植物新品种保护国际影响力得到提升

农业部联合国家知识产权局、国家林业局举办了东亚植物品种保护论坛第二次会议，农业部在广州举办了东盟10国植物新品种保护培训班，中日韩DNA指纹图谱研讨会、积极参加UPOV系列会议和国际规则制定，完成了UPOV谷子等测试指南的研制，成功举办了UPOV第43届蔬菜技术工作组会议、中德植物新品种保护国际研讨会。派员参加“植物新品种保护的影响”国际研讨会并代表亚洲国家做了“植物新品种保护在中国的影响”的报告。

中荷双边合作项目二期项目签约和实施，二期项目培训活动更多、内容更深入，开展多达15次的培训和研讨活动，将有助于我们引进园艺作物DUS测试技术。国际合作的广泛开展，使我国在国际植物新品种保护事务中的作用不断提升。

与《国家知识产权战略纲要》、建设创新型国家的总体要求和现代农业产业发展要求相比，我国农业知识产权工作尚有差距。今后一个时期，农业知识产权工作将按照实施《国家知识产权战略纲要》的总体要求，围绕农业部中心工作，以保障粮食安全、提高产业竞争力、维护产业发展安全和促进现代农业发展为目标，以完善制度、培育主体、改善环境和强化服务为重点，大幅提升农业知识产权创造、运用、保护和管理能力，为现代农业发展提供技术支撑。

（农业部科技教育司）

农产品地理标志保护工作

一、农产品地理标志简介

农产品地理标志是指标示农产品来源于特定地域，产品品质和相关特征主要取决于自然生态环境和历史人文因素，并以地域名称冠名的特有农产品标志。所称农产品是指来源于农业的初级产品，即在农业活动中获得的植物、动物、微生物及其产品。

农业部负责全国农产品地理标志登记保护工作。农业部农产品质量安全中心负责农产品地理标志登记审查、专家评审和对外公示工作。省级人民政府农业行政主管部门负责本行政区域内农产品地理标志登记保护申请的受理和初审工作。农业部设立的农产品地理标志登记专家评审委员会负责专家评审。

农产品地理标志登记管理是一项服务于广大农产品生产者的公益行为，主要依托政府推动，登记不收取费用。《农产品地理标志管理办法》规定，县级以上人民政府农业行政主管部门应当将农产品地理标志管理经费编入本部门年度预算。县级以上地方人民政府农业行政主管部门应当将农产品地理标志登记保护和利用纳入本地区的农业和农村经济发展规划，并在政策、资金等方面予以支持。

申请农产品地理标志登记保护应当符合下列5个条件：

（1）称谓由地理区域名称和农产品通用名称构成；

（2）产品有独特的品质特性或者特定的生产方式；

（3）产品品质和特色主要取决于独特的自然生态环境和人文历史因素；

（4）产品有限定的生产区域范围；

（5）产地环境、产品质量符合国家强制性技术规范要求。

农产品地理标志登记保护申请人由县级以上地方人民政府择优确定，应当是农民专业合作经济组织、行业协会等服务性组织，并满足下列3个条件：

（1）具有监督和管理农产品地理标志及其产品的能力；

（2）具有为地理标志农产品生产、加工、营销提供指导服务的能力；

（3）具有独立承担民事责任的能力。农产品地理标志是国家重要的自然资源和人文资源，属于地域性资源公权，企业和个人不能作为农产品地理标志登记保护申请人。

二、农产品地理标志公共标识

农产品地理标志公共标识基本图案由中华人民共和国农业部中英文字样、农产品地理标志中英文字样、麦穗、地球、日月等元素构成。麦穗代表生命与农产品，橙色寓意成熟和丰收，绿色象征农业和环保。图案整体体现了农产品地理标志与地球、人类共存的内涵。

三、农产品地理标志登记程序

符合农产品地理标志登记条件的申请人，可以向省级人民政府农业行政主管部门提出登记申请，并提交申请材料，包括：登记申请书；申请人资质证明；产品典型特征特性描述和相应产品品质鉴定报告；产地环境条件、生产技术规范和产品质量安全技术规范；地域范围确定性文件和生产地域分布图；产品实物样品或样品图片；其他必要的说明性或证明性材料。

省级人民政府农业行政主管部门自受理农产品地理标志登记申请之日起，在45个工作日内完成申请材料的初审和现场核查并提出初审意见。符合条件的，将申请材料和初审意见报送农业部农产品质量安全中心；不符合条件的，在提出初审意见之日起10个工作日内将相关意见和建议通知申请人。

农业部农产品质量安全中心自收到申请材料和初审意见之日起20个工作日内，对申请材料进行审查，提出审查意见，并组织专家评审。经专家评审通过的，由农业部农产品质量安全中心代表农业部对社会公示。有关单位和个人有异议的，可自公示之日起20日内向农业部农产品质量安全中心提出。公示无异议的，由农业部做出登记决定并公告，颁发《中华人民共和国农产品地理标志登记证书》，公布登记产品相关技术规范和标准。专家评审没有通过的，由农业部做出不予登记的决定，书面通知申请人，并说明理由。

农产品地理标志登记证书长期有效。登记证书持有人或者法定代表人发生变化以及地域范围或者相应自然生态环境发生变化的，登记证书持有人应当按照规定程序提出变更申请。

四、农产品地理标志使用

符合条件的单位和个人，可以向登记证书持有人申请使用农产品地理标志。使用条件包括：

(1)生产经营的农产品产自登记确定的地域范围；

(2)已取得登记农产品相关的生产经营资质；

(3)能够严格按照规定的质量技术规范组织开展生产经营活动；

(4)具有地理标志农产品市场开发经营能力。

使用农产品地理标志的单位和个人，应当按照生产经营年度与登记证书持有人签订农产品地理标志使用协议，在协议中载明使用的数量、范围及相关的责任义务。

农产品地理标志使用人享有在产品及其包装上使用农产品地理标志和使用登记的农产品地理标志进行宣传、参加展览与展示展销的权利。

农产品地理标志使用人应当自觉接受登记证书持有人的监督检查，保证地理标志农产品的品质和信誉，正确规范地使用农产品地理标志。

县级以上人民政府农业行政主管部门应当加强农产品地理标志的监督管理工作，定期对登记的地理标志农产品的地域范围、标志使用等进行监督检查。登记的地理标志农产品或登记证书持有人不符合相关规定的，由农业部注销其地理标志登记证书并对外公告。对伪造、冒用农产品地理标志和登记证书的单位和个人，由县级以上人民政府农业行政主管部门依照《中华人民共和国农产品质量安全法》有关规定进行处罚。

五、农产品地理标志概况

2009年农业部农产品质量安全中心受理农产品地理标志登记申请398件，组织召开专家评审会8次，评审通过并完成公示产品209个。与2008年相比，产品登记步伐明显加快。全年与宁夏、云南、四川和青海等省联合举办11期农产品地理标志核查员培训班，培训人员达1200余人，截至2009年底累计培训注册核查员2600余人。新委托农产品地理标志产品品质鉴定检测机构20家。跟进加强标志使用和证后监管，启动了农产品地理标志证后例行监测工作。参加了第二次中欧经贸高层对话会议、中欧及中瑞知识产权工作组会议和研讨会、亚洲地区农村发展及地理标志农产品和食品质量研讨会、中欧农业与农村发展对话机制第四次会议等国际会议等相关外事活动，启动实施了中欧农产品地理标志合作研究项目，扩大了农业部门农产品地理标志工作的影响。

（农业部农产品质量安全中心）

林业植物新品种保护工作

2009年，国家林业局依照《中华人民共和国植物新品种保护条例》及其林业实施细则等相关法律法规的规定，严格开展林业植物新品种权申请受理、审查、授权；加强林业植物新品种保护宣传，提高全社会知识产权保护和维权意识；强化植物新品种测试指南标准建设，完善植物新品种测试体系；参与植物新品种保护国际事务，扩大中国在国际组织中的影响，积极履行国际公约。

一、植物新品种权申请受理、审查与授权

2009年，共受理国内外品种权申请67件，申请总数达到634件。2009年来自国外的申请5件，国外申请量继续稳步上升，总量达到177件。2009年品种权申请中观赏植物35件，占年申请总量的52.2%。全年对61个新品种权申请进行了初步审查，组织对43个申请品种进行了特异性、一致性、稳定性专家现场审查。授予植物新品种权55件，授权总数达到294件。

对品种权申请、初审、授权及其他事项在植物新品种保护网站及植物新品种保护公报上公告，保证了审批过程的公开透明。

二、植物新品种保护宣传

2009年4月23日是我国加入UPOV十周年纪念日。国家林业局与农业部、国家知识产权局共同在北京友谊宾馆举办了中国加入UPOV十周年庆祝活动。会议总结了我国开展植物新品种保护工作十年来取得的进步和成功经验，表彰了为我国植物新品种保护事业做出突出贡献的先进集体和个人，其中林业系统有7个先进集体、22名先进个人受到表彰。来自UPOV秘书处及其他有关UPOV成员国的代表，国内行政管理部门、研究机构和育种企业的相关人员，国内相关新闻媒体记者共计200多人参加了会议。为了形象地宣传林业植物新品种保护，向国内外展示我们的成绩，国家林业局与农业部、国家知识产权局共同制作了植物新品种保护宣传影片的中、英文版，在大会上进行了有效宣传。

为了更有效地宣传我国林业植物新品种保护项工作，在《绿色时报》上出版了“植物新品种保护”专版，并在第七届花卉博览会的植物新品种保护展区上散发，收到了很好的宣传效果。还在第七届花卉博会上举办了植物新品种保护展览，包括法律法规宣传、授权品种展示、声像资料播放等多种形式。

三、林业植物新品种测试体系建设

2009年，继续加强对国家林业局批准建立的植物新品种测试中心华北分中心、华南分中心、华东分中心和植物新品种基因测定实验室、南方植物新品种基因测定实验室管理，华南分中心和2个基因测定实验室完成了项目建设任务，并通过了验收。

2009年9月，国家林业局组织编制的紫薇、榆叶梅、丁香属、一品红、板栗、杜鹃花属的两个亚属共7个DUS测试指南林业行业标准正式出版发布。这是国家林业局第一批发布的植物新品种DUS测试指南技术标准。

2009年11月，国家林业局月季测试站在昆明揭牌，是第一家正式启动运行的国家林业局植物新品种特异性、一致性、稳定性(DUS)专业测试站。云南丽都花卉发展有限公司培育的出水芙蓉等七个月季新品种成为第一批DUS测试对象。

四、履行国际公约，开展国际合作

2009年我国积极开展植物新品种保护工作，主动参与UPOV国际和亚洲事务，积极开展国际合作，履行公约义务。

举办了东亚植物新品种保护论坛第二次会议及植物新品种保护研讨会。为了坚持以我为主、为我服务、引导论坛走向的原则积极参与论坛活动，争取我国的最大利益，并按照东亚植物新品种保护论坛轮流举办运行的原则，我国争取到2009年东亚论坛第二次会议的举办权。2009年4月22日，国家林业局与农业部、国家知识产权局共同在北京友谊宾馆举办了2009年东亚论坛第二次会议，同时举办了植物新品种保护研讨会。参加人员来自中国、柬埔寨、印度尼西亚、日本、老挝、马来西亚、缅甸、菲律宾、韩国、新加坡、泰国、越南的政府代表；UPOV秘书处及其他UPOV成员的代表；国内行政管理部门、研究机构和育种企业的相关人员。共计70多人。

2009年还两次派员赴日内瓦参加UPOV理事会、顾问委员会会议、行政及法律工作组会议、技术工作组会议，充分发表我国的观点，积极参与国际事务，树立了良好的国际形象。2009年9月，还派人参加UPOV秘书处组织的林木和观赏植物技术工作组(TWO)会议。

（国家林业局植物新品种保护办公室　黄发吉）

公安机关保护知识产权工作

2009年，中国公安机关从建设创新型国家高度出发，全面贯彻国家知识产权战略纲要，充分发挥刑事执法职能，严厉打击各类侵犯知识产权犯罪，大力加强执法规范化建设和协作机制建设，积极开展队伍培训和宣传教育，全面、持续、扎实推进知识产权刑事保护工作。

一、严厉打击侵犯知识产权犯罪，争取最佳法律效果和社会效果

2009年，全国公安机关共破获侵犯知识产权犯罪案件1624起，涉案总金额近10.38亿元人民币，抓获犯罪嫌疑人2649人。另有一批侵犯知识产权犯罪案件被按照生产、销售伪劣产品罪和非法经营罪定罪处罚。一是始终保持严打高压态势。公安部以“深挖窝点、摧毁网络、缉捕主犯”为督办导向，选择了一批重点目标案件进行全程督导协调，成功打掉一批长期盘踞各地的造假贩假犯罪团伙和组织网络，有力推进了打击侵犯知识产权犯罪工作深入开展。浙江公安机关破获廖某非法制造假冒注册商标标识案，一举抓获7名主要犯罪嫌疑人，捣毁制假窝点15个，缴获假冒“惠普”等品牌打印墨盒和包装1151万件，涉案金额3000余万元人民币。黑龙江公安机关破获柏某销售假冒农药案，打掉一个涉及4省188个乡镇的特大销售假冒农药犯罪网络，得到农业部领导的高度赞扬。二是深入开展区域性保护知识产权专项行动。公安部积极支持上海、山东两地公安机关开展“鹰眼二号”等围绕“世博会”和“全运会”知识产权保护的专项行动，加强对侵犯“全运会”和“世博会”商标标识专用权和街头贩卖假冒盗版商品等犯罪活动的打击防范，成功破获假冒“世博会”吉祥物“海宝”雕塑案、尤某批发假冒“江诗丹顿”等名表案、吴某销售盗版DVD影碟案等一批大要案件，有力维护了我国的国际形象。9月中旬，公安部还会同国务院办公厅、国家知识产权局、最高人民检察院、海关总署等部门联合赴上海调研、指导“世博会”知识产权保护工作。三是针对重点领域，会同相关部门组织开展联合执法行动。8月，公安部会同国家版权局、工业和信息化部在全国范围开展了“打击网络侵权盗版专项治理行动”，这也是三部门自2005年以来连续开展的第五次联合执法行动。此次行动以网络影视、网络游戏等为重点领域，对重点网站实施主动监管，突破了一批大要案件，关闭了一批非法网站，掀起了互联网上打击侵权盗版活动的高潮。同时，公安部还会同新闻出版总署联合开展了“印刷复制企业专项检查行动”，严格印刷复制业的监管，查封取缔无证经营印刷窝点，查处违法违规企业，从生产源头上加强打击盗版犯罪力度。

二、推进协作机制建设，形成保护知识产权工作合力

一是进一步加强与相关部门的衔接配合。2006年以来，公安部已分别会同国家知识产权局、国家工商行政管理总局、海关总署、国家版权局等知识产权行政执法部门相继建立起了加强知识产权保护的协作配合机制，取得了显著成效。在此基础上，公安部继续会同各相关部门不断深化已有协作机制的落实工作，着重在相互提供专业意见、重大案件指导协调等方面进行有益尝试。10月份，公安部还会同海关总署政法司召开了“加强知识产权刑事执法协作研讨会”，就两部门执法衔接的新情况、新问题进行了深入讨论。二是继续探索警企联系机制，服务企业自主创新。公安部积极倡导各地公安机关主动加强与企业的联系沟通，提供侵权预警服务，收集掌握犯罪线索；及时了解、帮助解决企业在知识产权创造、运用和保护中遇到的困难，促进企业自主创新。其中，协调浙江、贵州、四川等地公安机关试点推行了“服务企业五项措施”、“知识产权刑事保护重点联系企业机制”等措施，得到了企业的支持和拥护。

三、大力加强执法规范化建设，切实提高服务创新能力

一是开展基础理论研究，实现工作科学发展。公安机关打击侵犯知识产权犯罪工作起步晚，尚无成熟的政策法律和实践经验可循，基层执法实践面临诸多体制性、法律性的困惑和难题。对此，公安部4月份会同中南财经政法大学启动了“中欧知识产权刑事保护比较研究”项目，对欧洲近代侵犯知识产权犯罪嬗变史进行研究，探求各国知识产权法律制度、执法力度与经济社会发展的辩证关系及其变化轨迹；同时，积极与美国司法部联系，翻译出版美国有

关权威文献资料。通过上述研究，以期为科学制定公安机关知识产权刑事保护工作政策、法律提供理论支撑，更好地服务于我国经济社会发展。二是开展法律适用问题研究，着力破解制约执法工作的难题。年初，公安部专门成立知识产权刑事法律适用问题研究小组，部署各地公安机关展开专项调研，并组织全国100余名基层民警进行了面对面的座谈，深度挖掘和整理出法律条文含义模糊、鉴定程序缺失、案件管辖亟需明确等20余项长期困扰执法实践的突出问题；会同最高人民法院、最高人民检察院、国家工商行政管理总局、国家版权局、国家知识产权局等单位和中国律师协会、中南财经政大学等研究机构多次研讨，广泛征集各方解决意见和建议。在此基础上，公安部研究起草了办理侵犯知识产权刑事案件适用法律的相关法律规范文件，并正在会同相关部门细化完善，力争早日出台，推动完善我国知识产权保护法律体系。

四、全面开展业务培训教育，加强队伍专业化建设

为及时将理论研究成果转化为战斗力，公安部于7月在湖北举办了“全国公安机关知识产权刑事执法培训班”，邀请最高人民法院、国家工商行政管理总局等部门，科研院校以及英国、丹麦、比利时等国家执法机构的专家学者进行授课。全国省级和有关地市级公安机关经侦、治安、网安部门的分管总队长、支队长和业务骨干等130人参加培训，系统学习了现行法律理解与适用、假冒商标识别与认定、侵犯知识产权犯罪案件的侦查指挥等方面的知识。5月，公安部还编辑、印发了《经济犯罪案例选编（三）——侵犯知识产权犯罪》一书，直接面向一线指挥员、侦查员，突出办理侵犯知识产权犯罪案件的侦查流程和证据要求，为各地执法实务和规范化建设提供了有力指导和帮助，受到基层欢迎和好评。

五、积极推进国际合作，有效提升公安机关执法水平

公安部充分利用我国政府与欧盟全面实施知识产权保护合作的机遇，积极加入中欧知识产权合作项目并与欧方制订了该项目下的具体合作实施计划，现已在执法交流、培训教育等方面取得实质性进展。同时，公安部先后与美国国土安全部、联邦调查局，英国打击严重及有组织犯罪调查局，法国内政部等外国执法机构就“夏至案件”等8起案件在协助调查取证、通报犯罪线索、提供司法协助等方面进行了务实的交流与合作。公安部还在中美商贸联委会、中美执法联合联络小组、中巴商贸联委会、中欧知识产权工作组、中日知识产权工作组、中英执法年度会晤等双边机制以及国际刑警组织等多边框架下，接待、参加国外政府部门和执法机构来访、会晤8次，参加、组织出访活动3次。在对外交往过程中，积极宣传公安机关保护知识产权工作成就，阐述侵犯知识产权犯罪是一个国际性问题的主张，使公安机关乃至我国政府知识产权保护工作受到国际社会的理解支持和积极评价。6月，有关国际组织授予公安部经侦局高峰副局长和王志广处长国际知识产权保护“杰出贡献人士奖”。

六、开展宣传教育工作，营造保护知识产权社会氛围

公安部始终坚持将宣传教育作为一项先导性、基础性工作措施，不断丰富宣传内容和形式。一是积极组织、参与“4·26知识产权宣传周”集中宣传活动，会同国家知识产权局举办“知识产权高层论坛”，提出“让人民群众成为抵制假冒盗版主力军”的主题口号，新华社、中央电视台等新闻媒体给予了广泛报道。二是切实推动各地公安机关深入开展宣传工作。年初公安部即会同国家知识产权局等部门联合下发通知，要求各地公安机关充分发挥积极性和主动性，加强对本地宣传工作的组织领导，开展形式多样的宣传工作。春节前后及“4·26知识产权宣传周”期间，各地公安机关组织民警走出机关大院、走入街头社区，采取集中销毁假冒盗版品、发放识假手册等形式，与普通百姓进行面对面的讲解、交流，宣传有关知识产权保护的法律、政策，揭示假冒侵权犯罪活动的巨大危害。同时，为加强对企业的宣传和引导，内蒙古、黑龙江、云南等地还有针对性地开展了召开扶企促商恳谈会、公布《保护知识产权承诺书》等活动，有效提升了国内企业保护自身知识产权、尊重他人知识产权的积极性和主动性。

（公安部经济犯罪侦查局）

知识产权民事司法工作

2009年,伴随着人民共和国走过60年风雨历程,取得令世人瞩目成就的同时,人民法院的知识产权司法保护事业也取得了新进展。人民法院始终坚持以邓小平理论和“三个代表”重要思想为指导,深入贯彻落实科学发展观,紧紧围绕党和国家工作大局,全面贯彻落实国家知识产权战略,重视研究知识产权审判工作面临的新情况、新问题,突出工作重点,创新工作方式,集中力量办案,坚持统筹兼顾,加强监督指导,实现了知识产权审判工作的新发展、新突破。

一、依法公正高效审理知识产权案件,充分发挥司法保护知识产权的主导作用

2009年,在知识产权案件数量增多、新类型案件增多、重大疑难案件增多、案件审理难度加大的情况下,人民法院始终坚持以执法办案为第一要务,充分发挥各项知识产权审判职能作用,依法保护知识产权,公正高效审理了各类知识产权案件。司法解决知识产权纠纷的主渠道作用更加凸显,知识产权司法保护越来越得到社会各界和国内外的高度信赖和充分肯定。

(一)依法妥善审理知识产权民事案件,充分发挥民事审判在保护知识产权和激励自主创新中的主导作用

知识产权民事案件数量继续保持多年来快速增长的势头,案件增幅明显,远超过其他类型民商事案件的增幅。2009年,全国地方法院共新收和审结知识产权民事一审案件30 626件和30 509件,分别比上年增长25.49%和29.73%,新收一审案件诉讼标的总金额达到308 495万元(约合45 225万美元)。其中,新收专利案件4422件,比上年增长8.54%;商标案件6906件,比上年增长10.80%;著作权案件15 302件,比上年增长39.73% ;技术合同案件747件,比上年增长19.9%;不正当竞争案件1282件,比上年增长8.19 %;其他知识产权案件1967件,比上年增长46.79%。全年共审结涉外知识产权民事一审案件1361件,比上年增长19.49%;共审结涉港澳台知识产权民事一审案件353件,比上年增长56.89%。全年共新收和审结知识产权民事二审案件5340件和5492件,分别比上年增长12.21%和16.88%;共新收和审结再审案件100件和107件,分别比上年下降1.96%和增长50.7%。此外,自2008年8月1日反垄断法实施以来至2009年底,全国地方法院共受理和审结垄断民事一审案件10件和6件。

2009年,最高人民法院共新收和审结知识产权民事案件297件和390件(含旧存)。其中,新收申请再审案件230件,审结319件(含旧存),切实履行了对全国法院知识产权审判的监督和指导职责。

在2009年人民法院审理的案件中,有一批社会关注度高、影响面广乃至于在国际上都有重大影响的案件。如正泰诉施耐德“小型断路器”实用新型专利案、江汉石油“牙轮钻头”商业秘密案、武汉晶源“烟气脱硫”方法专利案、宝马诉世纪宝马驰名商标案、“吴良材”商标及不正当竞争案、“鲁锦”商标与通用名称之争案、“道道通”导航电子地图著作权案、黄金假日诉携程机票预订不正当竞争案、“采乐”商标撤销行政诉讼案、“番茄花园”软件网络盗版案等。

案件的审判质量和效率不断提高。全国地方法院知识产权民事案件一审结案率从2008年的81.73%上升到2009年的85.04%,上诉率从2008年的49.32%下降到2009年的48.82%,再审率从2008年的0.44%下降到2009年的0.33%,上诉案件改判率从2008年的6.20%下降到2009年的6.00%。最高人民法院知识产权民事案件的结案率从2008年的55.93%上升到2009年的88.64%,提高了32.71个百分点。

充分发挥临时措施在保护知识产权中的特殊作用。2009年,全国地方法院共受理与知识产权有关的诉前临时禁令申请案件59件,裁定支持率达到85.42%;受理诉前证据保全申请案件237件,裁定支持率达到98.72%;受理诉前财产保全申请案件56件,裁定支持率达到100%。总体而言,人民法院对于适用临时措施保护知识产权的态度比较积极,裁定支持的比例较高。

(二)依法严惩侵犯知识产权犯罪,充分发挥刑事审判惩治和震慑侵犯知识产权犯罪的功能

人民法院充分发挥知识产权刑事司法保护的职

能作用，依法运用各种刑事制裁措施，加大对涉及知识产权侵权犯罪行为的打击力度，严厉打击各类知识产权犯罪行为。2009 年，全国地方法院共审结涉及知识产权侵权的刑事案件 3660 件，比上年上升 10.04%；判决发生法律效力 5836 人，比上年上升 8.31%，其中有罪判决 5832 人，比上年上升 8.28%。在审结案件中，以侵犯知识产权犯罪判决的案件 1007 件，生效判决人数 1605 人，同比分别上升 1.1% 和下降 3.14 %；以生产、销售伪劣商品犯罪（涉及侵犯知识产权）判处案件 646 件，生效判决人数 1114 人；以非法经营罪（涉及侵犯知识产权）判处的案件 1973 件，生效判决人数 3076 人；以其他犯罪判处的涉及侵犯知识产权的案件 34 件，生效判决人数 41 人。一些案件的裁判在国内外产生了重大影响。如由江苏省苏州市虎丘区人民法院判决的成都共软网络科技有限公司与孙显忠、洪磊等犯侵犯著作权犯罪案（即“番茄花园”软件盗版案），是我国通过刑事司法途径打击大规模软件网络盗版行为的一起成功案例，该案给那些寄希望于通过盗版获取非法利益的网站和其他侵权者给予了沉重打击，展示了我国严格履行国际公约，对国内外著作权人给予平等保护的良好形象。

（三）依法履行对知识产权行政行为的司法审查职责，充分发挥监督和支持知识产权行政执法保护的职能

人民法院切实发挥行政审判对知识产权行政行为的司法审查职能，监督和支持行政机关依法行政，保护知识产权行政相对人的合法权益，维护知识产权行政管理秩序，促进知识产权行政保护。2009 年全国地方法院共新收和审结一审知识产权行政案件 2072 件和 1971 件，分别比上年增长 92.92% 和 90.99%。其中，新收专利案件 688 件，比上年上升 19.03%；商标案件 1376 件，同比上升 184.3%；著作权案件 4 件，同比下降 42.86%；其他案件 4 件。最高人民法院共新收和审结知识产权行政案件 54 件和 56 件（含旧存）。

知识产权行政案件主要是以国家知识产权局专利复审委员会和国家工商行政管理总局商标评审委员会为被告的授权确权类行政案件。2009 年，这类行政案件的增幅创历史新高，办案压力明显增大。据统计，北京市第一中级人民法院共新收和审结一审专利行政案件 626 件和 594 件，分别比上年增长 20.38% 和 34.69%；北京市高级人民法院共新收和审结专利行政二审案件 361 件和 337 件，分别比上年增长 11.42% 和 17.01%。北京市第一中级人民法院共新收和审结一审商标行政案件 1346 件和 1222 件，分别比上年增长 209.42% 和 333.33%；北京市高级人民法院共新收和审结商标行政二审案件 465 件和 416 件，分别比上年增长 144.73% 和 195.03%。

（四）加大知识产权案件调解力度，努力构建知识产权审判“大调解”格局

人民法院在运用裁判方式审判案件的同时，依法发挥调解这一“东方经验”的功能作用，将“调解优先、调判结合”工作原则贯穿于知识产权审判的全过程，在案结事了上下功夫。2009 年，人民法院调解水平不断提高，调解率不断上升，知识产权诉讼调解效果显著，全国地方法院知识产权民事一审案件平均调解撤诉率达到 61.08%，同比上升 5.22 个百分点。如，浙江省高级人民法院在审理正泰集团诉施耐德公司“小型断路器”实用新型专利侵权上诉案时，促使法国施耐德电气公司与正泰集团基于本案达成全球和解协议，不仅解决了双方长期在多国存在的多起知识产权争议，为双方创造了良性竞争的市场环境，也为双边关系的改善起到了积极作用。湖北省高级人民法院在审理江汉石油“牙轮钻头”商业秘密侵权案中，经过近 50 次的耐心调解，双方终于就与本案以及相关的所有纠纷达成一揽子调解协议，当事人双方对此均十分满意，取得了良好的社会效果。最高人民法院在审理“好想你”商标行政纠纷案过程中，在河南省高级人民法院协助下，会同当地政府有关部门做耐心细致的调解工作，当事人最终达成和解并撤回了 4 个案件的再审申请，同时促成当事人之间 105 件商标争议和侵权案件的一并了结。人民法院积极创新调解方式，主动加强与有关部门的协作，不断完善诉讼与非诉相衔接的纠纷解决机制，从根本上化解矛盾纠纷。如，北京市高级人民法院于 11 月 3 日代表北京法院系统与中国互联网协会网络调解中心正式建立网络纠纷案件委托调解机制，社会反响积极。浙江、四川、广西等地高级人民法院分别出台了关于加强知识产权民事诉讼调解工作的指导意见，取得了较好效果。最高人民法院注重申请再审案件中的和解工作，对于当事人达成和解的，依当事人的请求，尝试在准予撤回再审申请的裁定中对和解协议的有关内容予以表述，并对原判的明显错误予以纠正。

（五）进一步落实公开审判制度，不断提高知识产权司法透明度

2009年，人民法院在知识产权审判工作中，进一步落实公开审判的宪法原则，严格执行三大诉讼法有关程序公开的规定，积极按照最高人民法院《关于司法公开的六项规定》《关于人民法院接受新闻媒体舆论监督的若干规定》和《关于加强人民法院审判公开工作的若干意见》的要求，扩大司法公开的范围，拓宽司法公开的渠道。在审判工作全过程落实公开审判，强化和规范对当事人依法告知的义务，切实保障当事人在知识产权案件立案、审判、执行、审判监督等各个环节的知情权、参与权、表达权和监督权，自觉接受社会监督，维护了当事人的合法权益，促进了司法公正。充分发挥"中国知识产权裁判文书网"和地方法院网公开知识产权裁判文书的平台作用，完善文书上网的管理机制，及时更新信息，加大知识产权裁判文书上网的公开力度，截至2009年底，已经有34 263份生效知识产权裁判文书通过"中国知识产权裁判文书网"公开。浙江省高级人民法院邀请外国政府和国际组织驻华机构代表和境内外媒体参加全省法院知识产权审判工作会议，进一步体现了知识产权审判的开放与透明。

二、积极服务经济社会发展大局，深入贯彻实施国家知识产权战略

人民法院知识产权审判工作与党和国家大局密切相关。2009年，人民法院紧紧围绕国家关于"保增长、保民生、保稳定"的战略决策，深入贯彻实施国家知识产权战略，全面加强知识产权司法保护体系建设，为建设创新型国家和全面建设小康社会提供了强有力的司法保障。

（一）采取有效措施，切实保障国家知识产权战略的贯彻实施

自党的十七大明确提出"实施知识产权战略"要求，国务院于2008年6月5日发布《国家知识产权战略纲要》，决定实施国家知识产权战略以来，人民法院高度重视国家知识产权战略的贯彻实施。最高人民法院为此专门成立了贯彻实施国家知识产权战略工作领导小组，并于2009年2月25日印发了《关于实施国家知识产权战略纲要任务分工》，分解落实了涉及人民法院工作的20项具体任务。2009年3月23日，最高人民法院发布《关于贯彻实施国家知识产权战略若干问题的意见》，该《意见》从充分认识实施国家知识产权战略的重大意义、充分发挥司法保护知识产权的主导作用、切实加大知识产权司法保护力度、完善知识产权审判体制和工作机制、优化审判资源配置、加强知识产权司法解释工作和加强知识产权审判队伍建设等方面，对人民法院贯彻落实《国家知识产权战略纲要》提出具体的工作要求，成为指导今后一个时期知识产权审判工作的纲领性文件，为人民法院贯彻落实国家知识产权战略奠定了基础。全国地方法院按照最高人民法院的部署和要求，结合本地的实际情况，积极采取切实可行的措施，国家知识产权战略在人民法院知识产权审判工作中切实得到了贯彻落实。天津、河北、上海、江苏、浙江、安徽、湖南、四川、甘肃、青海等地高级人民法院均出台了贯彻实施国家知识产权战略的指导性文件。

（二）积极应对国际金融危机，发挥知识产权司法保护的独特作用

为应对国际金融危机对我国实体经济造成的冲击，2009年1月，最高人民法院召开知识产权审判应对金融危机对实体经济的冲击暨服务外包法律论坛，研讨知识产权审判工作促进经济平稳较快发展的具体措施。4月，最高人民法院发布《关于当前经济形势下知识产权审判服务大局若干问题的意见》。该《意见》根据严峻复杂的国际国内经济形势对于知识产权审判提出的新要求新期待，从努力增强知识产权审判服务大局的针对性和有效性、加大专利权保护力度、加强商业标识保护、完善知识产权诉讼制度四个方面，明确和完善了当前经济形势下的一系列知识产权司法政策。特别是，该《意见》旗帜鲜明地指出，"在当前经济形势下，知识产权司法保护只能加强和提升，不能削弱和放松"，及时回应和澄清了当时社会上对于在国际金融危机形势下是否还要加强知识产权保护的争论。该《意见》不仅对人民法院的知识产权司法保护工作具有重要指导意义，也对企业和市场产生了积极的引导和规范作用，在国内外产生了重大影响，受到了国内学界业界和国际社会的普遍好评。全国地方法院纷纷采取相应措施，积极应对国际金融危机。如，江苏、安徽、广西等地高级人民法院出台专门指导意见，对进一步做好知识产权审判工作促进本地自主创新提出具体要求。浙江省高级人民法院联合工商、海关等部门专题研讨涉外定牌加工中的商标法律问题，推动企业从贴牌加工转向自主创新。福建省法院系统加强与公安、检察、工商、版权等知识产权保护职能部门间的沟通协调，促进形成司法与行政执法的良性互动

和保护合力。广东省高级人民法院通过多种渠道开展座谈，深入行业了解情况，积极研讨司法对策。

（三）完善知识产权审判体制和工作机制，大力加强知识产权审判体系建设

——明确专利、商标等授权确权类知识产权行政案件审理分工。2009年6月22日，最高人民法院发布《关于专利、商标等授权确权类知识产权行政案件审理分工的规定》，要求自2009年7月1日起，将涉及专利、商标、集成电路布图设计和植物新品种等授权确权类知识产权一、二审和再审案件统一交由北京市有关中级人民法院、北京市高级人民法院和最高人民法院知识产权审判庭审理，结束了自2002年以来该类案件由有关法院知识产权审判庭和行政审判庭分别受理的历史。这是人民法院在贯彻实施国家知识产权战略背景下优化审判资源配置、及时有效地解决纠纷、确保统一裁判标准、发挥司法保护知识产权主导作用的一项重要举措。北京市有关法院切实落实《规定》的有关要求，及时调整审判力量，使此类案件的统一审理有了良好开端。

——推动由知识产权审判庭统一受理知识产权民事、行政和刑事案件的试点。按照《国家知识产权战略纲要》的有关要求，2009年，最高人民法院对地方人民法院开展的知识产权审判庭统一受理知识产权民事、行政和刑事案件试点（简称“三审合一”试点）进行专题调研，批复同意江苏省高级人民法院、内蒙古自治区法院系统、河南省高级人民法院与所辖郑州、洛阳两个中级人民法院及天津市和平区人民法院开展“三审合一”试点。截至2009年底，全国已有5个高级人民法院、44个中级人民法院和29个基层人民法院开展了相关试点。开展试点工作地区的高级人民法院纷纷出台规范性文件，规范和协调试点相关工作。

——调整和完善知识产权案件管辖布局。2009年5月，最高人民法院发出《关于做好调整和完善知识产权案件管辖制度相关工作的通知》，要求地方法院在继续坚持技术类案件指定管辖制度，严格控制新增专利案件管辖权中级人民法院数量的同时，按照既方便当事人诉讼又方便法院审理原则，积极开展中、基层法院跨区管辖工作。最高人民法院指定浙江省义乌市人民法院试点管辖第一审实用新型和外观设计专利纠纷案件，指定哈尔滨市、齐齐哈尔市、宜昌市、襄樊市、厦门市、泉州市、包头市中级人民法院和新疆生产建设兵团农十二师、农八师中级人民法院跨地区受理专利纠纷案件。最高人民法院高度重视知识产权案件管辖布局的科学化、合理化和全国法院知识产权审判工作的均衡发展，注重充分发挥中、基层法院离当事人最近、便于诉讼的优势，大力加强中、基层法院知识产权司法保护能力建设。截至2009年底，经最高人民法院指定，具有专利、植物新品种、集成电路布图设计案件和涉及驰名商标认定案件管辖权的中级人民法院分别为75个、41个、46个和41个，可以审理一般知识产权民事案件的基层人民法院达到92个。

（四）开展知识产权审判“优化自主创新司法环境”年度主题活动，努力营造激励自主创新的司法环境

为解决当前知识产权司法保护工作中影响和制约自主创新的突出问题，加大知识产权司法保护力度，进一步打造有利于激励自主创新的司法环境，激发科技创新和自主品牌对催生新兴产业、创造社会需求、培养新的经济增长点的引领和推动作用，2009年4月9日，最高人民法院发出《关于在全国法院开展知识产权审判“优化自主创新司法环境”年度主题活动的通知》，要求全国法院做好专利案件审理工作，促进科技创新；审理好垄断案件和不正当竞争案件，营造有利于公平竞争的市场秩序；做好商标案件的审理工作，促进品牌经济发展；加强审判监督和工作指导，切实统一法律适用标准。全国地方法院也积极制定活动实施方案，突出本地知识产权审判工作特色，分阶段加以贯彻落实。该项主题活动成为2009年人民法院的工作亮点和重点之一，在深入贯彻国家知识产权战略，充分发挥知识产权司法保护主导作用方面，均取得了重要进展。

（五）加强对上海世博会的知识产权司法应对，自觉履行知识产权司法保护职责

2010年上海世博会是继2008年北京奥运会之后，我国举办的又一次世界性盛会。人民法院充分认识上海世博会举办的重要意义，坚持能动司法，提高司法水平，为办成一届“成功、精彩、难忘”的世博会提供公正高效权威的知识产权司法保障。2009年，最高人民法院高度重视世博会的知识产权司法保护问题，采取积极措施，对世博会可能涉及的各类知识产权法律适用难题开展了前

瞻性研究。作为世博会举办地的上海市三级法院，主动应对世博会对知识产权司法保护的需求，在依法妥善快速地解决一些涉世博知识产权纠纷的同时，注重延伸司法职能，全面服务和保障世博会。上海市浦东新区人民法院对首例涉世博知识产权刑事案件进行了网络庭审直播，依法认定被告人构成销售假冒注册商标的商品罪，判处被告单位上海长正物资有限公司罚金人民币 18 万元（约合 2.64 万美元），判处被告人谭天有期徒刑 2 年，罚金人民币 10 万元（约合 1.47 万美元），该案的裁判切实体现了人民法院对涉世博知识产权的司法保护力度。

（六）组织开展“知识产权宣传周”活动，提高社会公众的知识产权保护意识

最高人民法院积极开展“全国知识产权宣传周”活动，以“4·26 世界知识产权日”前后为重点，组织全国法院开展了形式多样、内容丰富、范围广泛的宣传活动，通过召开新闻发布会、制定指导性文件、发布案件年度报告、公布典型案例、组织公开开庭、开展座谈研讨等多种方式，全方位、多角度展示中国法院知识产权司法保护的成就、状况和未来举措，注重以司法案例这一生动的“活法”引导社会公众提高知识产权保护意识，推动树立尊重知识、崇尚创新、诚信守法的知识产权文化。各地法院的活动各具特色。如，天津市高级人民法院召开法官与作家座谈会，山东省和湖北省高级人民法院召开由社会各界参加的知识产权司法保护座谈会，贵州省、甘肃省和青海省高级人民法院及西宁市中级人民法院的知识产权法官走上街头开展知识产权咨询公益活动，辽宁省高级人民法院和湖南省长沙市中级人民法院对知识产权案件庭审进行网络直播。中央主要新闻媒体、主要门户网站以及地方主要新闻媒体对人民法院在“知识产权宣传周”期间的活动进行了广泛深入持续的报道。

三、不断强化审判监督和业务指导，努力统一知识产权司法尺度

统一知识产权司法尺度，确保裁判标准的统一性，是建立公正高效权威知识产权司法保护制度的基本要求。2009 年，人民法院通过加强审判监督和业务指导，努力维护知识产权司法统一。

（一）加强知识产权司法解释工作，统一裁判规则

最高人民法院一贯注意发挥司法解释在统一法律适用中的重要作用。2009 年，在全国地方法院的积极配合和参与下，就专利侵权判定、驰名商标司法保护、反垄断民事诉讼、专利商标授权确权案件和网络著作权案件审判等问题开展司法解释和规范性文件的起草工作。4 月 22 日，公布了《最高人民法院关于审理涉及驰名商标保护的民事纠纷案件应用法律若干问题的解释》，进一步明确了驰名商标的保护条件、标准和证据要求等，回应了社会较为关注的驰名商标保护问题，有力地促进了品牌经济的健康发展。12 月 28 日，公布了《最高人民法院关于审理侵犯专利权纠纷案件应用法律若干问题的解释》，规范了专利权利要求的解释规则，进一步完善了专利侵权判定标准，对于保障修改后的专利法的正确贯彻实施，做好专利侵权案件审理工作，积极推进自主创新，具有重要指导意义。在广泛调研的基础上，最高人民法院起草了《关于审理垄断民事纠纷案件适用法律若干问题的规定（初稿）》和《关于审理商标授权确权行政案件若干问题的意见（初稿）》，广泛、公开征求了各方面的意见，为下一步修改完善和公布实施奠定了基础。

（二）强化知识产权审判业务指导，确保法律正确实施

上级人民法院高度重视对下级人民法院的审判业务指导。2009 年，最高人民法院和各高级人民法院注意通过司法文件、会议纪要和典型案例的裁判批复等形式，明确知识产权保护的具体司法原则和标准，及时解决了一些较为突出的审判实践问题，特别注重出台具有普遍指导意义的司法文件。为确保驰名商标司法保护制度正确实施，解决在驰名商标司法认定过程中出现的问题，1 月 5 日，最高人民法院下发了《关于涉及驰名商标认定民事纠纷案件管辖问题的通知》，将有关案件管辖权集中至省会市和计划单列市中级人民法院，有效地规范了驰名商标的司法认定工作，维护了知识产权司法保护的良好形象。为保障修改后的专利法正确贯彻实施，最高人民法院还发布了《关于学习贯彻修改后的专利法的通知》，明确了新旧专利法适用的衔接问题。为解决本地审判实践中遇到的问题，地方法院也普遍注重及时总结审判经验。如，北京市高级人民法院针对外观设

计专利案件审理，浙江省、湖北省和云南省高级人民法院针对网络著作权侵权案件审理，广东省高级人民法院针对侵犯音像著作权案件审理，山西省和青海省高级人民法院针对涉及驰名商标认定案件审理，总结和提出了一些比较系统的指导性意见。各地法院还对有较大社会影响的关联和类似案件，注意及时沟通协调，统一案件审判标准，保证裁判结果的一致性，维护司法的权威性。

(三)积极发挥知识产权典型案例的示范效应，创新审判指导方式

最高人民法院在“4·26世界知识产权日”期间，发布了2008年中国知识产权司法保护10大案件，同时公布了50件典型案件，进一步宣传和弘扬了典型案件的示范效应和指导作用；首度发布《最高人民法院知识产权案件年度报告(2008)》，该年度报告汇集了从2008年度最高人民法院审结的184件案件中精选出来的23件典型案件的判理摘要，是最高人民法院历史上第一次对自身审理的典型案件的集中展示，是创新审判指导制度的一次全新尝试，对于及时总结审判经验，加强审判指导工作，促进知识产权法律适用标准的统一和完善起到了积极作用。地方法院也普遍注重对典型司法案例的收集整理、理论分析和编辑出版，指导审判实务。上海市高级人民法院编辑出版的《1994—2008上海知识产权裁判文书精选》(中英文对照本)，受到国内外的好评。

(四)加强知识产权审判调查研究，提供理论基础支撑

人民法院始终坚持理论创新，不断丰富知识产权审判理论，重视知识产权司法保护工作的国际交流和学习，提升中国法院知识产权司法保护的国际影响力。2009年，人民法院富有成效地开展了一系列调研，取得了较为丰富的审判理论成果，形成了许多颇有价值的调研成果，并通过指导性文件和工作措施等形式实现成果转化。在地方法院的大力配合下，最高人民法院开展了网络著作权、音像制品侵权损害赔偿、反垄断民事诉讼等专题调研，组织召开了互联网著作权司法保护国际研讨会、反垄断民事诉讼课题研讨会、知识产权司法保护国际研讨会等会议，组织“欧盟竞争法考察团”出访了英、比、德、卢四国，与美国司法部和联邦贸易委员会合作举办了“中美反垄断民事诉讼问题研讨班”，创办了《知识产权审判动态》，这些调研活动进一步深化了知识产权审判理论研究，有效促进了裁判标准的细化和统一。1月8日，经最高人民法院批准，中国知识产权司法保护(苏州)调研基地在江苏省苏州市中级人民法院成立，为全国法院的知识产权司法保护研究提供基础支持。最高人民法院积极发挥中国法学会审判理论研究会知识产权审判理论专业委员会的理论平台作用，组织开展了各项研讨活动，并于4月19日在重庆市沙坪坝区人民法院成立了该委员会的知识产权审判研究基地。地方法院不断深化对审判规律的认识，根据当地实际和审判工作需要，积极主动地开展了许多重要课题的调研，取得了可喜的成果，为审判工作提供了重要的理论支持。人民法院还积极参与知识产权立法修法活动，组织专门力量参与商标法、反不正当竞争法、专利法实施细则、知识产权海关保护条例、民间文学艺术保护条例等法律法规的起草修订工作，努力提供建设性的意见和建议。鉴于中国法院和法官在知识产权司法保护方面做出的突出贡献，两名中国知识产权法官入选英国《知识产权管理》杂志评选的“2009年度全球最具影响力的50位知识产权人物”。

四、全面加强知识产权法官队伍建设，不断提高知识产权司法能力和水平

严格、公正、文明的知识产权司法需要一支高素质的法官队伍。2009年，人民法院以开展“人民法官为人民”主题实践活动为载体，大力加强知识产权审判组织建设、业务能力建设和廉政建设，努力提高知识产权法官队伍整体素质，不断强化知识产权审判的组织保障和人才基础。

(一)着力夯实知识产权审判组织体系建设

2009年，中国法院知识产权审判组织体系更加健全，中级以上法院普遍建立了知识产权审判专门机构，并注意从精通法律、外语基础较好、具有理工专业背景和一定审判经验的人员中选拔、培养知识产权专业法官，进一步完善知识产权审判队伍的专业结构。各级法院的立案、刑事审判、行政审判和执行等职能部门一般都指定了专门的合议庭或者法官负责知识产权案件的审查、审判、执行。2009年，人民法院着力加强基层基础建设，进一步配齐配强审判力量，切实解决一些地方知识产权审判庭案多人少的问题。各地法院针对知识产权案件特点，精心选择、积极推荐相关领域

专家担任人民陪审员，发挥他们在一些专业性较强案件审判中的专业优势和独特作用，天津市高级人民法院专门出台了《关于推进人民陪审员参加知识产权案件审判的意见》。最高人民法院和上海、江苏、浙江、广东、四川等地高级人民法院以及北京市第一、二中级人民法院继续开展与专利复审委员会等知识产权专门机构的人员交流。各地法院注意发挥技术专家在解决知识产权纠纷中的作用，上海市高级人民法院建立了知识产权审判技术专家库。

（二）大力加强知识产权审判业务能力建设

人民法院高度重视对知识产权法官的专业知识和审判技能的强化培训，有针对性地加强知识产权审判专门人才培养，重点针对当前知识产权审判热点、难点问题举办业务培训，加大对中西部法院和基层法院知识产权审判的支持力度，推动全国法院知识产权审判水平的整体提高。2009年8月，最高人民法院在国家法官学院举办了全国法院知识产权审判新问题研修班，对来自中、基层法院的240余名知识产权审判人员进行了集中培训。北京、黑龙江、浙江、山东、湖北、湖南、广西、重庆等地高级人民法院也举办了类似培训班。

（三）高度重视知识产权法官队伍思想政治建设

2009年，人民法院继续深化社会主义法治理念教育，教育广大知识产权法官牢固树立公正、廉洁、为民的司法核心价值观，自觉抵制各种腐朽思想和不良风气的侵蚀，不断提高知识产权法官的政治素质、业务素质和职业道德素质，确保公正廉洁司法。各级法院注意树立和宣传司法公正、司法为民的先进典型，发挥先进典型的激励、示范作用，努力培养知识产权法官亲民爱民为民的良好作风。11月17日，最高人民法院作出《关于授予孔祥俊等45名同志“全国审判业务专家”称号的决定》，6名知识产权法官被授予“全国审判业务专家”称号，充分展示了中国知识产权法官的良好职业素养。

（最高人民法院知识产权审判庭）

知识产权刑事司法工作

2009年，全国各级人民法院严格按照《国家知识产权战略纲要》的要求，进一步增强发挥司法保护知识产权主导作用的自觉性和主动性，以保障和促进创新型国家建设为基本目标，高度重视并全面加强知识产权刑事审判工作，不断提高知识产权刑事审判的质量和效率，努力营造鼓励和引导创新的知识产权司法环境，切实提高人民法院知识产权刑事司法保护的整体效能。更加注重培养和提高知识产权刑事法官的素质和能力，不断适应新形势下知识产权刑事审判工作的要求，进一步提升人民法院知识产权刑事司法保护能力，为构建社会主义和谐社会提供有力的司法保障。

一、知识产权刑事司法保护力度进一步加大

2009年，全国各级人民法院充分发挥知识产权刑事司法保护的职能作用，综合运用各种刑事制裁措施，进一步加大对知识产权犯罪的打击力度。一年来，全国地方法院共审结知识产权刑事案件3660件，比2008年上升10.04%；判决发生法律效力5836人，比2008年上升8.31%，其中有罪判决人数5832人，比2008年上升8.28%。在审结的案件中，以涉及侵犯知识产权的生产、销售伪劣商品犯罪判处的案件646件，生效判决人数1114人，结案数和判决人数分别比2008年上升5.9%和7.12%；以涉及侵犯知识产权的非法经营罪判处的案件1973件，生效判决人数3076人，结案数和判决人数分别比2008年上升15.58%和15.36%；以侵犯知识产权罪判处的案件1007件，生效判决人数1605人，结案数比2008年上升1.1%；以其他犯罪判处的涉及侵犯知识产权的案件34件，生效判决人数41人。在以侵犯知识产权罪判处的案件中，以假冒注册商标罪判处的案件442件，生效判决人数717人；以销售假冒注册商标的商品罪判处的案件314件，生效判决人数494人；以非法制造、销售非法制造的注册商标标识罪判处的案件107件，生效判决人数160人；以假冒专利罪判处的案件1件；以侵犯著作权罪判处的案件86件，生效判决人数142人；以销售侵权复制品罪判处的案件11件，生效判决人数19

人；以侵犯商业秘密罪判处的案件 46 件，生效判决人数 73 人。

二、知识产权刑事司法调研指导工作进一步推进

全国各级人民法院高度重视调研工作，通过座谈、研讨、培训等多种方式积极开展调研工作，探讨知识产权刑事审判实践中面临的疑难复杂问题的解决之道。上级人民法院在加强调研工作的同时，不断提高指导的针对性、实效性，确保法律适用的规范统一。2009 年，最高人民法院刑二庭富有成效地开展了一系列调研，形成了一些很有价值的调研成果。在北京、上海、江苏、浙江、山东、湖南、广东等地高级人民法院的大力支持和配合下，最高人民法院刑二庭开展了关于商标权、专利权、著作权、商业秘密等知识产权刑事司法保护的专题调研，并于 2009 年 6 月，会同中国外商投资企业协会优质品牌保护委员会在浙江省嘉善县举办了“知识产权刑事司法保护研讨会”，国内相关执法机构、司法部门、10 余个省市的高级、中级、基层人民法院法官以及 30 余家国内外知名企业代表共计 80 余人参加了研讨会。研讨会就知识产权刑事司法保护的现状及司法实践中普遍存在的热点难点问题进行了认真讨论，提出了若干极富针对性和可操作性的应对之策。在此基础上，最高人民法院刑二庭正在着手研究起草有关知识产权刑事审判方面的司法指导文件，确保知识产权刑事审判工作的规范、有序、统一。

三、知识产权刑事司法公开进一步落实

2009 年，知识产权刑事审判过程的公开程度及裁判文书的说理性均明显增强。地方各级人民法院通过专题新闻发布、网上预告开庭、公开开庭审判、放宽旁听条件等多种形式，增强知识产权刑事审判的公开性；通过“中国知识产权裁判文书网”等网络平台，积极推进已生效的知识产权刑事裁判文书的网上公开工作，接受社会各界的监督和评价。同时，人民法院不断加大司法宣传力度，及时发布重大、典型的知识产权刑事案例，如发布 2008～2009 年度中国知识产权保护十佳案例，营造保护知识产权的良好舆论氛围，逐步扩大知识产权刑事审判的社会影响力，提高全社会对知识产权的保护意识，震慑侵犯知识产权的犯罪分子。

四、知识产权刑事司法保护的协调配合进一步加强

人民法院以提高知识产权刑事司法保护的整体效能为宗旨，注重加强与各方的协调配合。一方面，积极建立与公安机关、检察机关在知识产权刑事执法过程中的工作配合与相互制约机制，加强与相关知识产权行政执法部门的工作协调，加强与外事、商务、科技、信息产业、新闻、宣传等综合部门在知识产权保护工作中的信息沟通与相互协作。如福建省法院系统加强与公安、检察、工商、版权等知识产权保护职能部门间的沟通协调，促进形成司法与行政执法的良性互动和保护合力。另一方面，进一步加强法院内部各个相关审判部门之间的沟通与协调，包括知识产权刑事、民事和行政审判部门之间的业务沟通与协调，知识产权审判业务部门与立案、执行、审判监督部门之间的工作衔接等，最大限度地发挥知识产权刑事司法保护的职能作用。

（最高人民法院刑二庭 丛媛）

检察机关保护知识产权工作

2009 年，全国检察机关认真落实《2009 年国家知识产权战略实施推进计划》和《2009 年中国保护知识产权行动计划》的有关要求，充分发挥法律监督职能作用，切实加强知识产权司法保护，依法及时批准逮捕、起诉侵犯知识产权的犯罪分子，加大立案监督力度，防止和纠正对侵犯知识产权犯罪的有罪不究、以罚代刑等问题，进一步推动行政执法与刑事司法相衔接工作机制的完善，与有关行政执法机关建立信息共享机制和案件移送机制，依法严肃查办侵犯知识产权违法犯罪背后的国家工作人员的违纪、犯罪行为，坚决打掉其“保护伞”，努力推进知识产权保护长效机制建设，取得了明显成效。主要体现在以下几个方面。

一、领导高度重视知识产权司法保护工作

2008年6月5日国务院印发《国家知识产权战略纲要》后，在2008年底召开的全国检察长座谈会上，曹建明检察长要求全国各级检察机关要更加注重对知识产权的司法保护，加大对行政执法机关移送知识产权犯罪案件和司法机关受理知识产权犯罪案件的监督力度，依法惩治、积极预防侵犯知识产权的犯罪，加强对知识产权司法保护的调查研究，积极参加保护知识产权的专项行动，充分发挥司法保护知识产权的主导作用，努力营造有利于自主创新的法治环境。2009年年初，最高人民检察院党组制定贯彻科学发展观具体措施时，明确写入认真贯彻落实保护知识产权的内容。

2009年12月11日，最高人民检察院检察长、党组书记曹建明在最高人民检察院传达学习中央经济工作会议精神的会议上指出，各级检察机关要充分发挥检察职能，加强对知识产权的司法保护，营造有利于自主创新的法治环境，为保持经济平稳较快发展提供有力的司法保障。同时，还指出，要依法打击侵犯知识产权的犯罪，充分发挥司法保护知识产权的主导作用，要针对当前假冒、盗版等侵犯知识产权行为，积极参与知识产权保护专项行动，加大对行政执法机关向司法机关移送知识产权案件的监督力度，加大司法机关受理知识产权案件力度，依法严惩侵犯知识产权犯罪。

二、依法严厉打击侵犯知识产权犯罪

检察机关充分发挥检察职能作用，与行政执法机关、公安机关等部门密切配合，依法及时批准逮捕、起诉涉嫌侵犯知识产权的犯罪分子。据统计，2009年检察机关共受理提请批准逮捕涉及知识产权犯罪案件（指包括刑法分则第三章第七节侵犯知识产权罪、数罪中含侵犯知识产权罪和他罪中含侵犯知识产权行为的案件之和）1492件2667人，比2008年同期的1407件2565人分别上升6.0%和3.9%；批准逮捕1256件2119人，比2008年同期的1210件2107人分别上升3.8%和0.5%。批准逮捕案件涉及三资企业（指在批准逮捕或决定起诉的涉嫌侵犯知识产权犯罪中遭受侵权损害的中外合资、中外合作、外资独资企业）17件，外资来源地分别为美国17件，日本1件，法国4件，德国3件，韩国1件，其他国家和地区85件；批准逮捕案件中遭受侵权损害的国家和地区（指在批准逮捕或决定起诉的涉嫌侵犯知识产权犯罪中遭受侵权损害的国家或地区）分别是美国17件，日本7件，英国1件，法国15件，德国6件，澳大利亚1件，韩国2件，其他国家和地区129件。共受理移送审查起诉涉及侵犯知识产权犯罪案件1931件3518人，比2008年同期的1770件3482人分别上升9.0%和1.0%；起诉1535件2695人，比2008年同期的1432件2697人分别上升7.1%和下降0.07%。在起诉的案件中，涉及三资企业37件，外资来源地分别为美国33件，日本8件，英国3件，法国5件，德国5件，加拿大1件，韩国2件，其他国家和地区122件；遭受侵权损害的国家和地区分别是美国44件，日本20件，英国8件，法国17件，德国8件，韩国1件，其他国家和地区170件。包括以下三种情况：

（一）批准逮捕、起诉侵犯知识产权案件情况

2009年，检察机关共受理提请批准逮捕侵犯知识产权犯罪案件1048件1838人，比2008年同期的985件1827人分别上升6.3%和0.6%；批准逮捕855件1402人，比2008年同期的842件1488人分别上升1.5%和下降5.7%，其中侵犯商标权743件1237人，侵犯专利权1件1人，侵犯著作权63件96人，侵犯商业秘密权48件68人。在批准逮捕的案件中，涉及三资企业17件，外资来源地分别是美国11件，日本1件，法国4件，德国3件，韩国1件，其他国家和地区30件；遭受侵权损害的国家和地区分别是美国15件，日本7件，英国1件，法国15件，德国6件，澳大利亚1件，韩国2件，其他国家和地区66件。

2009年，检察机关共受理移送审查起诉侵犯知识产权犯罪案件1378件2605人，比2008年同期的1278件2553人分别上升7.8%和2.0%；起诉1041件1911人，比2008年同期的971件1842人分别上升7.2%和3.7%。其中侵犯商标权905件1678人，侵犯专利权1件2人，侵犯著作权100件165人，侵犯商业秘密权35件66人。在起诉的案件中，涉及三资企业36件，外资来源地分别是美国31件，日本8件，英国3件，法国5件，德国5件，加拿大1件，韩国2件，其他国家和地区75件；遭受侵权损害的国家和地区分别是美国38件，日本20件，英国8件，法国17件，德国8件，韩国1件，其他国家和地区106件。

（二）批准逮捕、起诉数罪中含侵犯知识产权罪案件情况（指一人犯数罪并应分别定罪处罚的，主罪为非侵犯知识产权罪的其他罪名，按照统计规则应当以主罪进行统计的案件）

2009年，检察机关受理提请批准逮捕和批准逮捕数罪中含侵犯知识产权罪案件均为0件0人；共受理移送审查起诉数罪中含侵犯知识产权罪案件2件2人，起诉1件1人。

（三）批准逮捕、起诉他罪中含侵犯知识产权行为案件情况（指以其他罪名认定的案件中涉及侵犯知识产权的行为，但根据《刑法》的犯罪构成标准，其侵犯知识产权的行为尚不构成侵犯知识产权罪或虽构成侵犯知识产权罪，但按竞合原则被其他罪名吸收的案件）

2009年，检察机关共受理提请批准逮捕他罪中含侵犯知识产权行为的案件444件829人，比2008年同期的421件737人分别上升5.4%和12.4%；批准逮捕401件717人，比2008年同期的368件619人分别上升8.9%和15.8%。在批准逮捕的案件中，企业的外资来源地涉及美国为6件，其他国家和地区为55件；遭受侵权损害的国家和地区分别是美国2件，其他国家和地区63件。共受理移送审查起诉他罪中含侵犯知识产权行为的案件551件911人，比2008年同期的488件924人分别上升12.9%和下降1.4%；起诉455件848人，比2008年同期的421件775人分别上升8.0%和9.4%。在起诉的案件中，企业的外资来源地涉及美国为2件，其他国家和地区为47件；遭受侵权损害的国家和地区分别是美国6件，其他国家和地区65件。

此外，最高人民检察院还督办了4起侵犯知识产权犯罪案件。

三、坚决防止和纠正对知识产权犯罪打击不力的现象

2009年，检察机关充分发挥法律监督职能，加强对行政执法机关抄送的侵犯知识产权案件《行政处罚决定书》副本的审查工作，对涉嫌犯罪的及时提出移送公安机关的建议，监督公安机关立案侦查侵犯知识产权犯罪案件22件。严肃查办侵犯知识产权违法犯罪背后的国家工作人员的职务犯罪，坚决打掉其"保护伞"，在立案监督和审查批准逮捕、审查起诉中注意发现和掌握侵犯知识产权违法犯罪背后的国家工作人员职务犯罪线索，对于涉嫌构成犯罪的坚决依法查办，一年来，检察机关共立案侦查徇私舞弊不移交刑事案件的职务犯罪案件85件119人。

积极推动行政执法与刑事司法相衔接机制的建立和完善，特别是推动各地充分运用高科技手段，建立"网上衔接，信息共享"机制。经过检察机关与有关部门的大力推动，建立"网上衔接，信息共享"机制工作已有了很大进展，目前，上海、云南全市（省）范围内、江苏、广东、浙江、湖北、山东、河南、四川、吉林等省的部分地区建立了"网上衔接，信息共享"机制，有效地促进了对知识产权的刑事司法保护，较好地防止了知识产权保护领域中"以罚代刑"情况的发生。

四、重视打击侵犯知识产权犯罪宣传工作

通过《检察日报》、正义网及其他媒体，及时宣传检察机关保护知识产权的工作情况、典型案例等。如检察日报于2009年4月22日三版刊登《"两法"衔接，步向体制建设阶段》，2009年4月26日一版头条刊登《保护知识产权，让我们做得更好》，2009年4月27日第三版刊登《刑事立案监督范围的扩展与触角的延伸》，这些文章介绍了检察机关贯彻落实《国家知识产权战略纲要》的情况及在打击侵犯知识产权违法犯罪行为方面发挥的作用，如通过立案监督，强化对行政机关处罚侵犯知识产权案件的移送监督，切实纠正该立案不立案、以罚代刑等打击不力的问题；通过侦查活动的监督，对公安机关久拖不决、侦破不力、处理不当的案件提出纠正意见；在审查批准逮捕和审查起诉过程中，注意深挖犯罪，扩大战果，对符合逮捕、起诉条件的，及时批准逮捕、起诉等。新浪、搜狐、新华、人大新闻等网站均予以转载。

五、加强办理知识产权犯罪案件的培训工作

2009年4月，最高人民检察院在江苏省常州市举办了"知识产权培训班暨行政执法与刑事司法衔接工作现场经验交流会"，邀请公安部经济犯罪侦查局、海关总署政法司、商务部市场秩序司、国家工商行政管理总局商标局、国家版权局版权司、国家知识产权局保护协调司等单位有关负责同志及专家、学者与会，讲授了侵犯知识产权犯罪的发展趋势及办案中存在的主要问题、对策等，并请有关检察机关介绍推动建立"网上衔接，信息共享"机制、开展行政执法机关与刑事司法衔接工作特别是移送涉嫌侵犯知识产权犯罪案件的经验。

这次培训活动的成功举办，对加大对侵犯知识产权犯罪的打击力度、推动“两法衔接”工作起到了积极作用。2009 年 6 月，最高人民检察院举办了第一期机关干部培训班，并邀请国家知识产权局保护协调司的领导与会，专题讲授了国家知识产权战略的相关情况。

六、积极参与国际交流与合作

最高人民检察院积极参与知识产权司法保护的外交谈判、出国考察、交流和培训活动，加强与知识产权国际组织和有关国家的交流合作，介绍检察机关在知识产权刑事司法保护方面所做的工作，有力地配合了对外知识产权谈判工作。2009 年，先后派员参加中欧知识产权工作组、中欧知识产权二期合作项目、中瑞知识产权工作组、中美商贸联委会知识产权工作组、中巴知识产权工作组、中日知识产权工作组、WTO 对华贸易政策审议、世贸组织知识产权理事会对话过渡性审议、中国贸易政策报告等相关工作。此外，根据中欧知识产权项目二期计划安排，应欧洲专利局的邀请，2009 年 10 月 14 日至 10 月 24 日，最高人民检察院侦查监督厅和有关省市院侦查监督处长组成中国检察官代表团赴德国、荷兰、丹麦对三国有关部门的知识产权保护工作进行了考察学习。

（最高人民检察院侦查监督厅）

全国知识产权社团工作

中国知识产权研究会（第五届）

名誉理事长 任建新 周光召 姜 颖

理 事 长 杨正午

常务副理事长 张 勤 甘绍宁

副 理 事 长 （按姓氏笔画为序）

王 涛 王玉庆 王自强
刘春田 孙欣夫 许瑞表
吴大建 吴汉东 吴伯明
张 辉 张秀平 李 勇
李建昌 李顺德 陈志兴
陈美章 单晓光 周渝波
尚 明 武爱民 段瑞春
贺志辉 须一平 徐志武
郭庆存 梅永红 赵永吉

秘 书 长 张云才

副 秘 书 长 马秀山 赵 刚 翟丽凤
郜中林

中国知识产权研究会成立至今已经 25 年了，在民政部、国家知识产权局、广大会员单位及社会各界的大力支持下，研究会以科学发展观为指导，以研究并服务于中国知识产权事业发展为目标，在 2009 年主要开展了以下几个方面的工作：

一、组织召开中国知识产权研究会第五届二次常务理事会

6 月 25 日下午，中国知识产权研究会第五届二次常务理事会在北京召开。理事长杨正午、常务副理事长张勤、副理事长赵永吉（公安部原副部长）等来自全国各地各个领域的近 40 名常务理事出席了会议。会议讨论了三个主要议题：理事长杨正午做工作报告；增补第五届理事会常务理事和理事；常务副理事长张勤做知识产权形势报告。研究会高度重视常务理事在会上提出的各种建议，会后集中整理并进行专题研究落实，旨在充分发挥非政府组织的桥梁作用，为我国知识产权事业的发展做出更大的贡献。

二、组织国内学术研讨和培训活动，切实为广大会员提供有效服务

1. 举办专利法第三次修改宣讲会

配合专利法第三次修改，研究会分别于 3 月、4 月及 5 月在上海、成都、杭州举办了三场宣讲会，为新专利法的普及宣传做出了有益的工作。

2. 召开“涉及商业秘密的知识产权研讨会”

4 月 21 日，中国知识产权研究会主办的“涉及商业秘密的知识产权研讨会”在京举行。来自最高人民法院、中国社会科学院法学研究所、中国人民公安大学等专家和学者，围绕商业秘密在知识产权中的地位、企业商业秘密的保护和维权途径以及知识产权的司法鉴定等问题展开了热烈的讨论。

3. 组织召开“螺蛳湾”不正当竞争纠纷案专家论证会

7月11日，由中国知识产权研究会主办的“螺蛳湾”不正当竞争纠纷案专家论证会在北京召开。来自清华大学、中南财经政法大学的专家和学者，围绕“螺蛳湾”不正当竞争纠纷案涉及的法律问题、不正当竞争与知识产权的关系等问题展开热烈的讨论。

4. 召开《专利法实施条例》与《专利审查指南》理解及适用研讨会

8月15～17日，《专利法实施条例》与《专利审查指南》理解及适用研讨会在北京召开。来自各地方科技局管理人员及知识产权局相关研究人员、企业法律顾问、知识产权及研发部管理人员等近300人参加了该研讨会。

5. 召开“金融危机下知识产权预警与诉讼研讨会”

9月24～25日，国家知识产权局主办、中国知识产权研究会和深圳市知识产权研究会承办的“金融危机下知识产权预警与诉讼研讨会”在深圳召开。研讨会的举办不仅有利于推进国家知识产权战略实施，更是提高了企业依靠知识产权应对金融危机和运用知识产权战略处理知识产权纠纷的能力。

6. 举办服务于地区企业的专家咨询交流会

10月和11月下旬，研究会还分别与河北省知识产权局和黑龙江省知识产权局在秦皇岛和哈尔滨举办了服务于企业的专家咨询交流会，为企业的知识产权工作排忧解难，有利于企业知识产权工作的顺利开展。

三、加强两岸交流，组织赴台湾地区访问

4月底，应台湾政治大学智慧财产权研究所邀请，杨铁军副局长率中国知识产权研究会代表团赴台湾地区访问交流。在台期间，代表团走访了台湾政治大学智慧财产研究所、理律法律事务所及“台湾智慧财产局”并进行了有益的交流，发挥了民间社团组织的特殊交流作用。

四、开展国际研讨，促进国内外知识产权的交流与合作

1. 组织召开中日发明成果转移暨知识产权研讨会

3月3～4日，由中国发明协会、中国知识产权研究会和日本发明协会共同主办的“中日发明成果转移暨知识产权研讨会”召开。来自国家知识产权局、地方知识产权局、企业及知识产权代理机构的代表参加了研讨会。

2. 组织召开“2009中外企业知识产权高层论坛”

“4·26世界知识产权日”期间，由中国知识产权研究会、中华商标协会、中国版权协会、国际保护知识产权协会中国分会、中国经济报刊协会等单位主办的“2009中外企业知识产权高层论坛”在北京召开，国家知识产权局局长田力普出席开幕式并作了重要讲话，国家工商行政管理总局副局长付双建、中国经济报刊协会会长冯并、中华商标协会会长李建中、中国版权协会会长沈仁干等出席开幕式并致辞。来自政界、企业界、中介服务机构近400人参加了此次会议。

3. 召开热点问题研讨会

5月6日由中国知识产权研究会主办的“中国企业在欧洲专利申请及侵权诉讼实务与技巧及专利法第三次修改热点问题研讨会”在京召开。

4. 召开第二届北京国际医药与化工知识产权高峰论坛

8月5～8日，第二届北京国际医药与化工知识产权高峰论坛在北京召开。该论坛由中国知识产权研究会、中国知识产权研究会专利委员会、华美化学会和美国化学会共同主办。来自国内外近300名医药、化工及知识产权领域的专家、学者和企业人士参加了会议。

五、做好编辑出版工作，加强知识产权制度的宣传和研究

1.《知识产权》杂志入选中国中文法律类核心期刊

《知识产权》杂志入选由北京大学图书馆遴选的“中文核心期刊”2008年版之法律类核心期刊，目前，《知识产权》杂志为中国中文法律类核心期刊、中文社会科学引文索引(CSSCI)来源期刊、中国人文社会科学核心期刊。

2. 召开2009年度《知识产权》杂志理事会大会

10月13日，《知识产权》杂志理事会大会在北京成功召开，来自高校、政府、企业和律师事务所的代表参加了会议。与会代表认为，《知识产权》应该注重栏目和内容的多元化，希望杂志能成为一本代表中国知识产权学术主流的杂志。

3. 编辑出版《各行业专利技术现状及其发展趋势报告》(2009～2010)

《各行业专利技术现状及其发展趋势报告》(2009～2010)对各行业专利技术的分析、总结,不仅为业内人士进行研究提供了很好的素材,也为行业的发展提供了很好的经验和预测。该书的系列出版,已经形成具有较高知名度的知识产权品牌书籍。

六、探索合作与交流的新途径,组织召开"全国知识产权研究会工作经验交流会"

12 月 11 日,"全国知识产权研究会工作经验交流会暨庆祝中国知识产权研究会成立 25 周年大会"在北京召开。国家知识产权局副局长、中国知识产权研究会常务副理事长甘绍宁出席会议并讲话,研究会理事长杨正午做工作报告,研究会秘书长张云才主持会议,上海市、江苏省、四川省、深圳市知识产权研究会代表作了经验交流发言。中国知识产权研究会首次以组织者的身份组织的这次会议,意义重大,代表们畅谈了多年来知识产权工作的经验和教训,不仅有利于各研究会工作的取长补短、优势互补,更有利于各研究会的团结一心,认真做好知识产权的研究和服务工作,切实为国家的知识产权事业做出应有的贡献。

(中国知识产权研究会)

中国专利保护协会(第二届)

名誉会长	路甬祥　徐匡迪　姜　颖
会　　长	王景川
副 会 长	干　勇　王雄姿　李　彬 肖鲁青　邱则有　宋柳平 陈　伟　陈一丹　郑永锋 胡佐超　侯玉奇　顾莉萍 殷顺海　郭小明　彭斯干 喻子达　戴厚良　王明文
秘 书 长	肖鲁青(兼)

2009 年,中国专利保护协会贯彻落实科学发展观,围绕实施国家知识产权战略、提升企业知识产权创造、运用、保护和管理能力,各方面工作取得了新成效。

一、组织召开协会第二次会员代表大会,完成换届工作

2009 年 5 月 25 日,在国家知识产权局的指导下,协会按照《章程》规定召开了第二次会员代表大会,选举产生了新一届领导班子。协会新一届领导班子认真总结经验,在继承的基础上,根据知识产权事业发展及社团组织的要求,进一步明确了协会在新形势下应发挥的作用和工作要求,为协会工作发展提供了思想和组织保证。

二、积极开展服务,为会员企业提供法律帮助

协会利用人才和信息资源优势,认真为会员提供法律咨询、信息查询、技术专利性评价、维权保护等多方面服务,帮助企业解决遇到的知识产权法律问题,深入开展企业知识产权战略制定等服务,帮助企业提高运用知识产权制度的能力和市场竞争优势,维护企业的合法权益。

三、发挥桥梁和纽带作用,积极反映企业的诉求

在第三次修改后的专利法实施及专利法实施细则修改等工作中,协会注重发挥政府与企业之间的桥梁和纽带作用,认真听取会员企业对法律法规实施和修改的意见和建议,积极向有关部门反映企业的呼声和诉求,并对有关问题进行研究,提出建议。

四、开展企业人才培训,提高企业知识产权管理水平

根据实施国家知识产权战略的要求,协会面向企业举办专利管理、知识产权战略实施培训活动,重点围绕实施知识产权战略、应对国际金融危机等新形势新任务,讲授企业知识产权战略及专利管理实务等内容,为企业提供有针对性和实效性的信息。

五、加大宣传力度,加强企业信息服务工作

协会通过加大力度、改进方式、提高质量等措施,进一步改进网站管理和信息服务工作,立足于会员的实际需求,为会员提供快捷、高效、有针对性的动态信息服务和增值信息服务。改进《知识产权管理评论》的编辑工作,为会员企业赠阅《中国知识产权报》,加大了面向企业的知识产权宣传力度。

六、联系企业实际，开展知识产权课题调研

协会持续开展跨国公司在中国的知识产权状况及对策研究，承担了企业动态联盟中的专利权滥用问题研究课题，为企业知识产权管理工作提供借鉴与参考；并根据工作需要开展相关调研，为今后工作开展提供基础。

七、开展对外交流，为企业搭建沟通平台

协会与日本知识产权协会（JIPA）共同举办“第三届中日企业合作会议”，双方企业围绕专利网的战略构筑和知识产权教育等主题进行了深入交流和讨论；与美国知识产权所有人协会（IPO）召开了领导层会议，交流企业在国际金融危机形势下面临的知识产权问题，讨论了加强双方合作事项。

（中国专利保护协会）

中华全国专利代理人协会

名誉会长　高卢麟
会　　长　马连元
副 会 长　吴大建　王宏祥　杨　梧　李　勇　李　悦
顾　　问　须一平　戈　泊　李雒英
秘 书 长　李建蓉
副秘书长　曹玲玲　王　芸　张伟波

2009年，中华全国专利代理人协会不断推动专利代理行业的发展，协助提高专利审查综合能力，各项工作取得了显著成效，主要体现在以下几个方面：

一、稳步推进国家知识产权战略，认真贯彻行业发展规划

为积极推进《国家知识产权战略纲要》的实施，进一步发挥专利代理行业在知识产权创造、运用、保护和管理方面的作用，国家知识产权局于2009年3月19日发布了《专利代理行业发展规划（2009～2015年）》，这是专利代理行业贯彻落实《国家知识产权战略纲要》的重要举措。

2009年，协会积极推进《规划》的贯彻落实，启动实施了六个项目，其中，《〈专利代理行业发展规划（2009～2015年）〉实施初期的宣传、检查、监督、实施启动工作》项目、《专利代理服务指导标准》项目、《专利代理行业从业人员培训指南》项目、《执业专利代理人数据库清理、完善、更新项目》项目已顺利完成，《专利代理诚信信息管理平台》《电子申请客户端管理系统》项目取得了较好的阶段性成果。

二、完善专利代理行业管理，加强专利代理行业建设

2009年，协会进一步完善专利代理行业规范，积极参与了《专利代理条例》的修订讨论工作；通过广泛征求专利代理人的意见，初步完成《专利代理人职业道德与执业纪律规范》的修订稿。

2009年，协会进一步提高专利代理行业服务水平，制定并发布了《专利代理服务指导标准》，这是我国专利代理行业首次发布的服务指导标准。

2009年，协会继续认真执行国家知识产权局委托的专利代理人执业证的发放工作。完善了专利代理人执业证数据库；制定了《关于颁发专利代理人执业证办事规程》；实行了专利代理人执业证发放、变更和注销等信息每月公布制度，并定期向地方知识产权局传送专利代理人的执业信息。2009年全年办理新颁发专利代理人执业证402个，办理转所（包括补办）颁发代理人执业证443个，办理注销代理人执业证337个。截至2009年底，专利代理机构达762家，专利代理人达6022人。

三、大力开展教育培训，加强专利代理人才队伍建设

2009年，协会继续加强培训工作的制度化、规范化建设，制定了《专利代理行业从业人员培训指南》和《〈专利代理行业从业人员培训指南〉的实施意见》；建立了教育培训联系人制度；完善了网上培训记录查询系统；制作了培训光盘资料；建立了培训师资库、培训资料库和培养专利代理人优秀人才库等。

2009年，协会大力开展教育培训工作，不断加强专利代理人才队伍建设，全年共举办各类培训及研讨活动共27次，共有2922人次参加，约占全国专利代理人数的50%，包括：举办了3期新专利法培训班、4期专利代理人上岗培训班、6次专利审查动态培训，开展了专利信息检索培训等其他专题类培训8次等。

四、加强专利代理人与国家知识产权局各审查部门的交流，发挥桥梁纽带作用

2009年，协会继续加强专利代理人与国家知识产权局各审查部门的沟通交流，组织专利代理人和企业专利工作者参加了《审查指南》修改稿征求意见会；组织专利代理人参加了全国实用新型专利审查与专利代理交流研讨班；组织专利代理人参加了专利复审委员会交流会；协助国家知识产权局培训中心组织专利代理人参加了国家知识产权局审查业务部主办的第八期全国专利审查与专利代理业务研讨班。

2009年，协会继续配合国家知识产权局做好专利审查质量外部反馈工作，包括：及时将专利局对外部审查质量反馈的答复意见通过网络方式传递给专利代理人；撰写了4期季度分析简报、4期建议性处理报告、2009年审查质量外部反馈系统年度报告；建立了审查质量外部反馈联系人队伍；举办了第二期审查质量外部反馈意见征求会。

五、加强行业学术研究工作，营造行业学术氛围

2009年，协会继续加强行业学术研究工作，营造行业学术氛围，注重发挥学术委员会作用，召开了企业专业委员会、实用新型专业委员会工作会议，以及外观专业委员会组织的武汉外观设计研讨会等；启动了“2010年中华全国专利代理人协会年会暨学术交流会”的征文准备工作。

2009年，协会继续做好《中国专利代理》杂志的编辑、出版、发行工作，全年共发行杂志2.4万册，发行数量比去年提高约10%。

六、深化对外交流合作，为提升行业国际化水平搭建平台

2009年，协会深化对外交流合作，不断拓宽对外交流渠道，积极为提升行业国际化水平搭建平台。2009年，协会共接待来自日本、美国、英国、韩国、德国、比利时、荷兰、非洲等国的外宾来访241人次；组织3个代表团成功访问了OHIM（欧共体内部市场协调局）和比利时、法国知识产权律师协会和法国斯特拉斯堡欧洲知识产权研究中心、AIPLA（美国知识产权律师联合会）；与德国互派研修生；出席AIPPI（国际保护知识产权协会）第8次NGO协调会议。组织国际研讨会7次：新专利法下中日外观设计研讨会、中荷知识产权研讨会、中英知识产权研讨会、第十八届中日（西安）知识产权研讨会、韩语知识产权翻译人才培训班、FICPI（国际知识产权律师联合会）中国（深圳）研讨会、第二十一次中日专利代理人协会交流会。

此外，2009年，协会秘书处继续处理完成作为FICPI中国分会秘书处的各项日常事务。

七、广泛开展行业宣传，为行业发展营造良好社会氛围

2009年，协会通过网站、《中国专利代理》杂志、报纸等多种媒介，广泛深入的开展了形式多样、内容丰富的行业宣传活动，主要包括：参与建局30周年纪念文章的组稿工作；完成《中国知识产权年鉴》有关专利代理人协会部分的撰稿工作；在协会网站开辟专栏，集中宣传报道有关《规划》发布的消息和文章；在《中国专利代理》杂志刊登有关《规划》的宣传文章；协助国家知识产权局召开《规划》的新闻发布会；与国家知识产权局办公室宣传处一起筹办媒体专题采访局领导的活动；举行《专利代理服务指导标准》的新闻发布会；受人民网IP沙龙邀请，协会派人参加“资助向国外申请专利资金政策”访谈等。

（中华全国代理人协会）

中华商标协会

会　　长　李建中
秘 书 长　刘　燕
副秘书长　任　刚　刘　烨

2009年，中华商标协会充分发挥协会职能作用，更新发展理念，增强自主创新能力，不断拓展新的工作领域，推动协会工作迈上新台阶。

一、组织论坛、座谈活动，大力推进商标战略的实施

（一）主办论坛活动

为配合“4·26世界知识产权日”的宣传活动，中华商标协会与中国经济报刊协会、中国知识产权研究会、中国版权协会、国际保护知识产权协会中国分会于4月下旬共同主办了以知识产权创新发展与核心竞争力为主题的“2009中外企业知识产权高层论坛”。期间，由中华商标协会承办的“商标国际论坛”受到了社会各界的广泛关注和高度评价。

（二）全力做好“2009（第三届）中国商标节”的组织筹备工作，搭建商标交流平台

在青岛市人民政府的大力配合下，在国家工商行政管理总局商标局、商标评审委员会和山东省工商局、青岛市工商局的大力支持下，协会集中精力抓好“2009（第三届）中国商标节”的各项筹备组织工作，召开了“第三届中国商标节新闻发布会”和地方工商系统协调会。11月9～11日在青岛市举办“2009（第三届）中国商标节”宣传了新中国成立60年来中国商标事业的成就，举办了商标年会、驰（著）名商标和地理标志博览会、文艺晚会等活动，还对商标战略优秀论文、商标设计大赛、60华诞商标60盛典、消费者最喜爱的绿色商标调查活动、商标战略创新领军人物推荐等活动进行颁奖。

（三）举办商标战略经验交流会

为使我国企业在国际金融危机形势下，采取积极有效的应对措施，正确实施商标战略，在国际市场上取得更大发展，在天津市工商局的大力支持下，于8月下旬在天津举办了“‘中国企业走向世界’商标战略经验交流会”。

（四）主办商标知识大赛

由中华商标协会主办、《中国中学生报》承办的“首届中国中学生地理标志征文及商标知识大赛”在国家工商行政管理总局直接领导和国家工商行政管理总局商标局、商标评审委员会的大力支持下，取得了圆满成功。该活动由“商标离我们有多远商标知识大赛”、“我身边的地理标志征文大赛”两部分组成。活动通过征文的形式，鼓励中学生讲述与地理标志有关的故事，分享家乡致富的经验，学习商标法律知识和地理标志常识。该活动得到了全国各地上百万名中学生的热情参与，大赛组委会收到征文来稿和竞赛回卷20余万份，评出各级奖项2000多个。该活动受到有关方面领导的充分肯定，也收到了很好的社会效果。“第二届全国中学生商标知识竞赛、地理标志征文系列活动”正在进行中。

二、加强与港澳台地区的商标交流与合作

（一）举办海峡两岸商标业务交流座谈会

进一步加强与台湾地区的商标交流。以国家工商行政管理总局付双建副局长为团长的中华商标协会代表团于6月中旬赴台参加“2009海峡两岸商标研讨会”，海峡两岸商标主管部门代表和专业人士就双方关注的问题进行了研讨；参加了台方主办的“工商企业商标保护座谈会”，宣传大陆商标法体系，解答台湾企业代表提出的问题；共同举办了“两岸商标业务交流座谈会”。围绕两岸商标热点问题探讨了解决途径；访问了佛教慈济慈善事业基金会总部，考察了台湾企业。双方表示要促进两岸商标领域制度性、机制性的交往。

（二）接待海峡两岸商务协调会代表团

9月，协会在北京盛情接待了海峡两岸商务协调会代表团。此次商标节，海峡两岸商务协调会组织了10人团参会，这是商标节史上的第一次。

（三）建立与澳门地区商标部门的联系

建立与澳门地区商标部门的联系，派人参加澳门国际贸易投资展览会，首次与澳门地区商标组织建立了工作联系。

三、加强商标领域的国际交流与合作

（一）积极宣传中国商标权保护

借助国际商标协会年会的平台，积极开展“中国商标权保护”宣传。5月中旬，中华商标协会代表团出席了国际商标协会（INTA）第131届年会，借助此次年会的平台，宣传了中国商标法律制度，成功举办了3场“中国商标权保护论坛”。来自世界60多个国家的政府商标管理部门官员、企业代表、律师和商标代理人约350人出席了论坛。

（二）举办中加商标交流会

代表团与加拿大知识产权协会在温哥华共同举办了“中加商标交流会”，这是首次在加拿大宣传中国商标法律制度和中华商标协会。

（三）参加专题国际会议

参加世界知识产权组织专题国际会议。6月下旬协会以观察员身份赴日内瓦参加了世界知识产权组织商标、地理标志和外观设计常设委员会第21次会议。

四、加强对商标代理分会的领导，支持开展商标代理行业自律工作

2009年，中华商标协会商标代理分会就拟发

的《关于进一步规范商标代理市场秩序的通知》召开座谈会征求意见，进行研究；组织了北京、青岛、南京和广州四地的商标注册网上申请试用培训的会务工作；召开了座谈会，邀请国家工商行政管理总局商标局、商标评审委员会就商标许可备案及评审案件中工作的原则、标准等内容与参会人员进行了座谈；举办了“2009 全国商标代理人培训班”；编辑了 10 期代理分会《会员通讯》；举办了“商标代理组织抗辩胜诉案例暨颁奖活动”及“中外商标代理组织合作发展峰会”。

五、积极协助政府做好《商标法》修改工作

根据国家工商行政管理总局立法计划，由国家工商行政管理总局商标局主办、中华商标协会承办的《商标法修改送审稿》(草稿)征求意见会于 5 月中旬在江苏省南京市召开。座谈会邀请了多名专家、学者、商标代理机构和优秀企业家参会。与会人员提出了许多积极建议，会议紧凑、效率高、反响好。

六、拓展思路，做好会员服务工作

2008 年发展新会员 20 余家，在“中华商标网”设立的“新会员展示”专栏和在《中华商标》杂志上设立的“商标专用权保护声明”专栏上对新会员的主商标进行宣传；完成了《会员管理工作分析报告》；加强了会员的基本管理；组织会员参加知识产权培训等活动；做好会费缴纳工作。

七、探讨解决商标疑难问题，开展商标司法鉴定工作

多次召开专家会就商标疑难案件进行研讨。中企商标鉴定中心完成商标鉴定案件 10 余件。针对台湾慈济慈善事业基金会的“慈济“商标在大陆遇到的被侵权问题，中心多次组织专家会诊，并和商标局和商标评审委员会进行沟通和研究，提出了解决方案，得到了该机构的认可。通过高质量的服务，该机构已成为首家入会的台湾知名机构；多次派专家参加国家知识产权相关部门组织的研讨会，参加地方商标活动进行指导。

八、办好《中华商标》杂志和《会员通讯》，搞好网站建设

《中华商标》杂志在金融危机形势下对商标与品牌的作用和如何在金融危机下规避定牌加工中可能存在的法律风险进行探讨；设立了“商标路”、“经典创建”、“打假维权”、“商标兴农”、“海外知识产权组织介绍”、“经典案件分析”等专栏，报道了企业维权和各地工商一线的执法成果及海外商标维权、国际注册等情况，受到广大读者的肯定和欢迎；《会员通讯》和“中华商标网”及时宣传《国家知识产权战略纲要》、《国家知识产权战略纲要实施意见》和商标法律法规，传递商标信息。加大了对商标案例和商标理论等内容的探讨，指导会员加强商标管理。按时发布协会工作预告和工作动态，使会员了解协会工作情况。

九、加强理事会秘书处建设

(一)完成协会秘书处领导班子新老交替工作

2009 年初，刘燕同志被国家工商行政管理总局党组提名担任中华商标协会秘书长，秘书处根据《中华商标协会章程》规定，完成了相关的组织程序。

(二)召开秘书长联席会

11 月上旬召开了“2009 商标协会秘书长联席会”，交流工作经验，研究中华商标协会与地方商标协会建立合作机制。

(三)加强理事会建设

11 月上旬，召开了会长办公会，汇报并讨论了 2010 年工作设想，国家工商行政管理总局副局长付双建做重要讲话。召开了中华商标协会第二届第六次理事会，审议通过了《中华商标协会第二届第五次理事会工作报告》和《中华商标协会第二届第五次理事会财务报告》；听取了《中华商标协会 2010 年工作设想》；听取了“2009(第三届)中国商标节”工作报告；增补了常务理事和理事；国家工商总局付双建副局长做重要讲话。

(四)召开中华商标协会成立十五周年座谈会

会议总结回顾了协会十五年的成长历程，探讨了今后的努力方向和工作目标。付双建副局长对协会的发展提出了殷切希望和更高的要求。

(中华商标协会)

中国版权协会(第四届)

名誉理事长	任建新		
顾　　问	于友先	王正文	刘　杲
	江　平	许力以	宋木文
	陈昭宽	郭寿康	黄曙海

黄金富
理　事　长　沈仁干
常务副理事长　杨德炎　张秀平
副 理 事 长　（依姓氏笔画为序）
王化鹏　王甘文　王自强
韦见桦　白京兆　刘建中
刘春田　朱永德　李东生
齐相潼　吴汉东　陈　铎
陈建功　周慧琳　柳传志
赵大新　徐沛东　聂震宁
蒋志培　廖　奔
秘　书　长　杨德炎(兼)
副 秘 书 长　（依姓氏笔画为序）
刘义成　向安全　孙　悦
江　远　邹建华

2009年，中国版权协会努力发挥协会的职能作用，增强服务意识，拓展工作思路，为推动版权保护做了大量工作，提高了协会在社会的影响力。

一、召开2009—版权之春联谊会

由中国版权协会主办，北京市版权局、北京市版权协会协办的“2009—版权之春联谊会”于2009年2月6日在京召开。中国版权协会在京常务理事、理事、会员单位代表，以及来自首都版权届的人士300多人参加了联谊会。

二、“4·26世界知识产权日”宣传版权保护有创新

（一）录播了“版权在我身边”文艺晚会

在第九个世界知识产权日来临之际，由国家版权局主办，中国版权协会、中国版权保护中心等共同承办，与中央电视台文艺频道《欢乐中国行》栏目组合作的“版权在我身边”大型文艺晚会，于4月26日19时30分在央视第三套节目播出，随后在4月27日12时30分、5月2日9时30分进行了重播。这是央视首次以版权为主题的晚会。

本次晚会以“版权在我身边、版权创造财富”为主题，运用人民群众喜闻乐见的宣传形式，采取文艺演出与嘉宾互动相结合的表现手法，概述了我国版权立法、司法、行政执法取得的显著成效，又通过一个个具体的故事，向受众者展现了一个事实：版权制度并不等于打击侵权盗版，它更大的作用在于鼓励创新，促进经济发展。

（二）“抵制低俗、坚持正版——发起绿色网络行动”

2009年4月17日，由第一视频倡议，中国版权协会联合中国互联网协会网络版权联盟共同召集人民网、新浪、搜狐、腾讯、网易、央视网、盛大网络、第一视频共同发起的“抵制低俗、坚持正版——绿色网络行动”发起仪式在北京隆重举行。发起仪式在“抵制低俗、坚持正版”的口号声中，共同点亮象征绿色网络的“水晶球”。

三、调动社会力量推动宣传版权保护的范围有扩展

（一）联合举办了“前进中的中国版权事业”展览

由中国版权协会、中国版权保护中心联合主办的“前进中的中国版权事业”展览，于2009年9月3～7日在中国国际展览中心举行。“中国版权服务站”也在该展览上首次设立。

“前进中的中国版权事业”展览，以图文并茂的形式从版权立法体系、版权保护制度、版权贸易、版权国际合作与交流、版权公共和社会服务体系、社会公众版权意识和版权产业发展等方面展现了蓬勃发展的中国现代版权保护事业和版权产业。展览还对获得世界知识产权组织版权创意金奖的单位、版权示范城市、国家版权贸易基地、国家版权数字基地等做了介绍。除了图文为主的展区外，本次展览还有剪纸、内画等现场表演，让观众对保护版权有了更直接的认识。

（二）联合举办了第三届尚德杯中国青少年创意大赛暨知识产权宣传教育活动

由中国教育学会、国家工商行政管理总局商标局、中国版权协会共同主办的第三届尚德杯中国青少年创意大赛暨知识产权宣传教育活动于4月22日在无锡举行启动仪式，并于7月18～20日在济南市进行总决赛。

中国青少年创意大赛是一项以普及知识产权教育、实施国家知识产权战略、培养创新型人才为宗旨的大型科技创新赛事活动。2007年3月26日，首届创意大赛在人民大会堂启动，参与各级活动人数突破1万人；2008年，第二届创意大赛在无锡成功举办全国总决赛，各级参与活动人数突破10万人；2009年中国青少年创意大赛区域选拔赛遍布全国26个省市37个区域，近2000所中小学校，100万学生参与。在本次大赛中有很多中小学生认真阅读《版权小卫士》等知识产权学习资料，有100万中小学生答了知识产权基本知识答卷。

（三）联合举办了"2009中外企业知识产权高层论坛"

由中国版权协会、中华商标协会、中国知识产权研究会、中国经济报刊协会联合主办，"2009中外企业知识产权高层论坛"于2009年4月24～26日在北京新大都饭店举行，中国版权协会主办了"知识产权与版权保护论坛"。

（四）联合举办了"文化创意产业推介会"暨知识产权论坛

由国家新闻出版总署、文化部、国家广播电影电视总局、北京市人民政府共同主办的"第四届中国北京国际文化创意产业博览会"于11月25～29日在北京隆重举行。中国版权协会联合文博会组委会办公室、文化部市场管理司等单位举办了以加强版权保护促进文化创意产业发展为主题的论坛，以增强文化创意产业版权保护意识，倡导走上"创意＋版权＝财富"的发展道路。

（五）联合举办了2009中国新媒体盛典（第二届新媒体节）

在举办"第四届中国北京国际文化创意产业博览会"期间，中国版权协会联合中国电子商会、中国知识产权研究会、中国少数民族文化艺术基金会、中国经济报刊协会、新媒体产业委员会等单位，共同主办2009中国新媒体盛典（第二届新媒体节），本次活动以宣传知识产权保护为主题，分别举办主题报告会、新媒体联合年会、展览与洽谈、创意大赛等。

四、举办了2009中国版权年会

10月20日，"2009中国版权年会"在国谊宾馆召开，评出冯小刚等11位"2009年中国版权产业风云人物"，评出中国出版集团等16家"2009中国版权产业最具影响力企业"。在本届年会上举行了"2009中国版权产业十大风云人物"、"2009中国版权产业最具影响力企业"颁奖仪式。

年会以"数字环境下的版权资源开发和价值提升"为主题，着重研讨了经济危机对传统产业的严峻挑战和创新企业的战略机遇；3G产业的兴起和互联网发展所面临的版权问题；如何进行版权资源的开发和价值提升等。

五、完成了修订《著作权法》的调研

按照国家版权局的部署，中国版权协会为积极推进《著作权法》的修订工作，两次召开座谈会，邀请全国人大法工委、全国人大教科文卫文化室、最高人民法院、国务院法制办、国家版权局、中国社会科学院、中国版权保护中心、中国作家协会、中国电影家协会、中国摄影著作权协会、中国人民大学、中国政法大学等单位的官员、专家与学者座谈。与会代表从各个不同的角度发表了中肯的意见，主要涉及修法的紧迫性、法律的实用性以及条款的明晰化等。

六、成功举办了"第二届全国大学生版权论文征文"评选活动

在"第一届全国大学生版权论文征文"活动成功举办的基础上，协会组织举办了"第二届全国大学生版权论文征文"评选活动。此次征文活动得到各高校的普遍重视和热烈响应，除大中城市的著名院校外，还有漳州、信阳等中小城市及偏远地区西藏等学生参加，同时还吸引了香港大学和香港中文大学的同学参加；除法学专业等文科院校，还有理工科学校及解放军院校的学生参加。11月20日举行了征文颁奖会，取得圆满成效。

七、中国版权协会首次组团赴台进行版权保护交流

应海峡两岸商务协调会会长张平沼先生的邀请，以中国版权协会理事长沈仁干为团长、常务副理事长张秀平为副团长的一行24人的中国版权协会代表团，于2009年11月29日～12月6日对台湾进行了友好访问与交流。

访台期间，举办了以"著作权法制发展及重要实务问题介绍""版权贸易及著作权集体管理实务问题介绍""版权制度及执法面政策经验分享"为主题的三个单元的论坛。双方各有三位专家分别介绍了大陆和台湾在这三个方面的做法及经验。

八、《中国版权》办刊有进步

2009年，《中国版权》杂志又有新变化。编辑部同志认真领会办刊宗旨和思路，力求在文风上更加活泼，加强热点问题的策划与组稿，使稿件更有针对性、可读性、适应性。围绕国家版权局的重要工作和活动，及时组织了国家版权局和地方版权局领导谈版权的系列报道，增加了版权信息的版面，加强了对版权产业相关问题的关注和讨论。

九、协会自身建设得到加强

（一）新设了几个分支机构

依据《中国版权协会章程》为适应当前对版权保护工作的要求，更好地发挥协会的职能作用，经理事会审议通过，报请新闻出版总署同意，国家民政部准予登记（民社登[2009]第1134号），新成立了法律事务委员会、软件版权保护委员会、教育委员会。上述3个委员会于2009年6月4日正式挂牌开展工作。经民政部同意后调整了新技术委员会的领导机构。

（二）召开各分支机构负责人会议推动进一步开展工作

2009年8月4日，中国版权协会召开各分支机构负责人会议。会议传达学习了“总署主管社会团体加强行风建设座谈会”和“全国新闻出版纪检组长座谈会”的会议精神；学习了《中国版权协会加强对分支机构管理暂行规定》；汇报交流了各分支机构开展工作的情况，以及今后开展工作的设想和2009年下半年的工作计划。

（三）协会会员队伍得到扩大

由于社会版权保护意识的增强，协会开展工作影响力的提高，吸引了版权产业和版权届个人积极加入协会，壮大了会员队伍，今年共吸纳团体会员8个，个人会员4名。依照章程规定的程序，增选了3名常务理事单位，增选了2名理事单位。

十、努力提高协会民主管理水平，为会员、理事、常务理事单位和著作人服好务

一年来协会按照章程规定共召开理事大会1次，常务理事大会3次，理事长办公会议3次，秘书长办公会议4次。如年度工作报告和计划，重大活动项目，机构调整，增选理事、常务理事，都按照规定召开相应的会议，经常务理事会议、理事会议审议通过再进行实施。

（中国版权协会）

中国音乐著作权协会

名誉主席 吴祖强 乔 羽 沈仁干
主　　席 王立平
副 主 席 谷建芬 傅庚辰
常务理事 （排名不分先后）
陈晓光 杜鸣心 傅庚辰 谷建芬
雷 蕾 李海鹰 刘春田 刘文金
屈景明 王立平 王世光 徐沛东
阎 肃 张丕基 张亚东 赵季平

2009年，中国音乐著作权协会本着适应国情和市场的思路开展工作，不断地学习新知识、新技术，开拓新业务，较好地完成了各项工作。

一、会员事务

2009年协会的会员发展人数为355人，截至目前协会会员总人数5789人，其中词作者139人、曲作者200人、继承人11人、出版公司5家。

（一）组织召开第三届第五次常务理事会议

2009年5月15日上午，第三届第五次常务理事会议在京召开，会议主要讨论了广播权的收费标准和计算方式。此次会议的召开，对于推进我国广播权收费工作的开展起着决定性的作用，最大限度地为广大著作权人争取了利益，为11月17日《广播电台电视台播放录音制品支付报酬暂行办法》的最终颁布实施奠定了坚实的基础。

（二）组织召开第三届第六次常务理事会议

2009年8月19日上午，协会召开了第三届第六次常务理事会议。会议仍是围绕广播权收费问题开展讨论，总结了5月15日会议的成果，并就2009年上半年的工作情况向与会的常务理事进行总结汇报，研究热点工作问题，为今后协会的发展和工作指明了方向。

（三）组织召开四川地区会员代表见面会

2009年6月25上午协会四川地区会员代表见面会在四川省版权局举行。四川地区11位协会知名会员代表参加了会议。会上，屈景明总干事围绕协会的抗震救灾工作以及日常工作情况和会员们所关心KTV、广播权收费等问题展开了讨论。各个领域的会员代表纷纷阐述了自己对当前中国音乐产业界的一些看法，并就一些具体音乐版权问题的处理，发表了个人的经验和意见。

(四)向全体会员及知名院校和音乐人邮寄“2008 年年报”

协会向 5700 余名会员及知名音乐院校和音乐人寄发“2008 年年报”,年报中对协会的 2008 年度各项工作进行了详细介绍,并对援助四川地震灾区的详细经过向全体会员做了通报。

(五)加强会员 IPI 申请和 DIVA 系统的录入工作

会员 IPI 号的申请和 DIVA 系统中个人信息与权利信息的录入一直是一项繁琐的工作。2009 年初,协会加强了这方面的工作,通过不断研究熟悉 IPI 和 DIVA 系统,频繁地与 CASH 等兄弟协会进行学习交流,完善和规范了系统中原有的内容,提高 IPI 的申请与 DIVA 录入的效率,为许可、分配等工作开展提供了更多便利。

(六)赴四川地震灾区慰问重灾会员,并向其发放补助金

2008 年的 5·12 汶川大地震后,经与四川代表处的不断联络,终于与全部身处震区的会员取得了联系,幸无一人伤亡。但协会经过多次调查并结合有关会员反馈的材料分析,发现确有部分会员房屋和财产遭受不同程度的损失,其中有 5 人房倒屋塌,损失惨重,生活困难。2009 年上半年,根据协会最终的会员受灾情况报告,协会理事会决定缩减协会的日常开支,从中拨款 8.8 万元,参照国家有关规定和具体受灾程度发放给这 5 位会员,用于帮助其灾后重建,早日恢复正常的工作和生活。

为了尽早将救灾款送到重灾会员手中,同时也为了表示协会对灾区会员的关心和重视,2009 年 6 月 23~25 日,屈景明总干事在总部与四川代表处工作人员的陪同下,冒着高温和山体滑坡的危险,亲赴汶川、绵竹等震中重灾区,逐一探望遭受重灾的会员。在几位受灾会员的住宅废墟或单位的临时办公处,屈景明总干事详细询问了他们在震后的工作和生活情况,鼓励他们继续坚持音乐创作,不断为国家和群众创作出更多的优秀歌曲,并代表协会理事会和全体会员,将饱含着协会关爱之情的沉甸甸的补助金发放到每位会员手中。几位重灾会员均表示,有了协会无微不至的关怀与有力的帮助支出,他们对未来更有信心了,在今后的日子里,将继续努力在音乐创作和工作岗位上做出更多的成绩来报答协会回馈社会。由于交通不便等问题,来不及当面把补助送到较偏远的南部县升钟镇的重灾会员周晓勇手里,因此,协会于 6 月 26 日以汇款的方式及时向其发放了最后一笔共计 18000 元的补助款。

(七)参与中国流行音乐总评榜之“红动中国”青春红歌会

由协会参与主办、麦丁国际文化传媒(北京)有限公司等承办的“红动中国”青春红歌会于 2009 年 8 月 21 日在北京工人体育馆隆重举行,1.5 万人的演出场馆座无虚席。在演出的海报以及门票上,印上了协会的 LOGO 和名称,以及宣传口号:

音著协倾力倡导尊重版权,让音乐之树常青;

音著协倾力倡导尊重版权,让音乐之泉长流。

(八)参与第二届中国国际版权博览会。

协会积极参加了于 2009 年 10 月 24~27 日在位于北京奥林匹克中心区的国家会议中心举办的第二届中国国际版权博览会。在博览会现场,协会会员部工作人员为相关产业界的人士解答有关入会、会员管理、会员服务以及国际合作等一系列问题,与此同时也走访了一些业界单位,并通过分发宣传册、播放宣传片等形式,大力宣传协会的口号、历史、实力、服务理念以及在业界发挥的积极作用,取得了良好的社会效应。

二、许可业务

(一)表演权

2009 年协会与上海世博局签署版权合作备忘录,并开展相关的宣传工作,进一步巩固了协会在产业内的地位。在背景音乐工作方面,协会与中国商业联合会就在商业行业内进行版权宣传、保护等事宜达成共识,力争双方开展版权合作,整体提高商业行业的版权保护水平。

2009 年协会总部表演权收费计人民币 1816 万左右,与 2008 年相比增长 21%,收费比去年增长约人民币 316 万。

(二)复制权

2009 年协会复制权总收入约为人民币 908 万元。

2009 年对协会复制权许可工作是富有挑战性的一年,业绩的增长可谓是来之不易。复制权业务收入已经连续三年处于下滑状态,特别是受

到国际金融危机及传统产业萎缩的双重影响，如：奇声电子、夏新电子、金正电子等一批大中型家用DVD点歌机的项目退出市场，同时万利达、步步高、新科等大的合作项目还未确定等一系列不利因素的影响，对整年度业务的统筹安排及顺利实现造成了很多现实的困难。同时，2009年复制权工作也是富有机遇性的一年，这一年是国庆60周年，协会复制权部在音像、图书、广告等方面也进行了规划，抓住将会大量使用红色经典歌曲的机会，努力拓展广告、影视、音像、图书等方面，尽力扭转萎缩的传统音乐使用市场。

(三)广播权

2009年，协会广播权工作主要分为以下两个阶段：

第一阶段，协会在《广播电台电视台播放录音制品支付报酬暂行方法》(以下简称《办法》)出台前，进行了大量准备工作，主要集中在对广播组织整体情况的搜集与比较分析等方面。

第二阶段，在《办法》制定颁布后，为尽快将《办法》的实施落到实处，协会面向全国百余家广播组织寄送了《关于协商解决贵单位广播使用音乐作品所涉著作权问题的函》，目前，已陆续接到部分广播组织的来电、来函咨询，并正逐步与之进行接触。

三、法律事务

(一)承办民事诉讼案件

2009年，协会共承办了民事诉讼案件35件，指导外地律所代理的诉讼13件，通过诉讼等方式共索赔和追回著作权使用费(已到账)达人民币1 267 727元，待执行款269 450.36元，诉讼花费总支出为267 742.16元，继续保持了较高的诉讼效率。

(二)参加版权专业国际学术交流活动

协会法律部领导应邀参加了众多的版权专业及国际研讨会，在会上为我国著作权集体管理制度的建设积极献言。比如在最高人民法院苏州有关音像版权司法问题的研讨会上与全国各地的知产庭法官充分交流著作权集体管理制度的优势和问题，取得了极其正面的宣传效果。

四、资料工作

2009年2月，作为中国音乐著作权管理和提供许可服务的惟一组织，协会通过了国际标准音乐作品编码(ISWC)国际总代理机构的严格审查，与之签订了分代理协议。自此，协会成为国际标准音乐作品编码在中国的惟一代理机构。全权负责ISWC编码在中国大陆地区的登记、发放和管理等工作。

五、分配工作

2009年协会共进行了7次分配，共计参与分配金额为人民币4475万元。协会在按照分配计划进行分配工作的同时，不断完善分配系统：

(一)建立协会付款系统

在DIVA中建立协会付款系统，并通过了最初阶段的运行和后期磨合，为国外协会的财务分配增添了一个强大的助手，在给海外分配的报表中也更加臻于完善。

(二)建立会员付款管理系统

在DIVA中建立会员付款管理系统，这是对分配结果由手工查询到程序自动返回结果的质的飞跃。

(三)表演权对全世界自主分配。

根据卡拉OK开始收费并提供使用清单的契机，协会在表演权方面的收费开始有明细地对世界各协会进行分配。随着广播权收费的开始，协会将增加对电台，电视台节目的资料管理，提高表演权分配的覆盖面。

(中国音乐著作权协会)

中国音像协会(第三届)

会　　长	于永湛
常务副会长	王　炬
副 会 长	王国庆　王化鹏　周建潮
	张增顺　马润生　臧彦彬
	宋兆成　周慧琳　于春迟
	陈坚林　郭子龙　陈玉鹏
	杨　诚　费玉珍　孙晓辰
	王传臣　程晓阳　林　全
秘 书 长	王　炬(兼)
副秘书长	朱　禾　刘文和　马继超

2009年对中国音像业来说，是极不寻常的一

年。一方面，由于盗版和网络免费下载等各种冲击，全行业仍处于低迷的状态，2008 年衡量产业发展的三项主要指标均有大幅下降：品种为 2.35 万种，比上年下降 26.48%（2007 年为 3.2 万种），发行数量为 4.10 亿盘，比上年下降 16.49%（2007 年为 4.91 亿盘），发行总金额为 18.44 亿元，比上年下降了 41.38%（2007 年为 31.46 亿元）。2009 年的情况预计不会比 2008 年好。2009 年还有一个不可忽视的因素，就是音像市场管理的交接，2008 年 7 月份，文化部的音像市场管理职能划归新闻出版总署，但直到 2009 年的 9 月全国各省直辖市自治区的交接才开始，这一年的管理空缺，对音像市场而言可能会有许多负面影响。

另一方面，2009 年中央政府以从没有过的力度关注音像业的改革与发展，新闻出版总署从促进音像业的改革着手，部署了一系列重要行动，数次召开重要会议。同时，出台了一系列重大决策。从下半年开始，总署有关部门领导又带队深入北京、上海和广东等地的音像企业，进行落实“三个一批”的深入调研，并制定了既符合中央领导和总署领导的指示精神，又符合音像业具体实际的体制改革实施方案。所有这些工作，都集中在一年之内完成，其改革力度和难度之大可想而知。预计 2010 年整个音像业的发展会有较大的改观，行业协会也能在政府的支持下，为行业、为会员做更多、更具体的实事和好事。

一、积极参加音像业体制改革的各项工作，并代表音像企业参与调查研究，协助政府制定有关音像业改革的各项政策

（一）积极参加有关体制改革的调研

6·25 会议之后，新闻出版总署根据音像业的情况，制定了从推动音像企业体制改革入手、根本上改变音像业现状的发展战略，并发表了《关于促进我国音像业健康有序发展的若干意见》《音像（电子）出版业体制改革实施方案》。中国音像协会几乎参加了总署组织的各种调查研究和有关会议，并为有关部门提供音像企业的详细情况。在制定有关政策方面，积极献计献策，为音像业“三个一批”、尤其是组建大型音像集团和体制改革做了很多重要的组织工作。

（二）积极协助建设国家音乐产业基地

根据总署关于音像业发展的战略意图，积极协助总署建设“国家音乐产业基地”。按照“三个一批”的精神和总署领导关于产业集中度较高的区域建设音像产业集团的战略意图，充分发挥地方政府和企业的积极性，筹划在上海、广东深圳和北京建设“国家音乐产业基地”。

上海音乐产业创意园区在上海市政府的大力支持下，经总署批准，已经正式同意成为“国家音乐产业基地”，将于 2010 年世博会期间挂牌。与此同时，在深圳市和盐田区政府的大力支持下，深圳大梅沙原创音乐前沿基地也已经建成，国内许多著名音乐制作人已经签约进驻基地，今年也已经举办了一些活动。现在，深圳基地已经上报广东省政府，争取成为“国家音乐产业基地”。明年，还要争取在北京建设“国家音乐产业基地”。

建设“国家音乐产业基地”的主要目的，就是鼓励原创，促进原创，发展原创。中国音像业目前很大困难就是原创不足，如果能在原创上做点事情，也许会改变我们的现状。

二、开拓国际交往视野，积极落实“走出去”战略，顺利完成政府委托的“走出去”项目

（一）组团参加世界音乐博览会

继受新闻出版总署委托成功组团参加“2008’伦敦呼唤”之后，协会再次受总署委托，组团参加在法国戛纳举办的“2009’世界音乐博览会（MIDEM）”。本次展览，得到政府给予的补贴，协会租用了 $76m^2$ 的展位，制作了长达 12 米的展板，蓝天白云下一面迎风飘扬的红旗，衬托出工农兵手举红五星（1950 年人民唱片商标）具有鲜明中国特色的形象。

MIDEM 是国际上最重要的音乐产业交易会，从事音乐产品的企业无不重视此展，只需在现场转一转，就能感受到国际音乐潮流的风向，就能了解到最全面、最先进、最时尚的音乐产业信息。在展会期间，中国代表团会见了美、德、英、法、日、韩等各国展团代表，举行了两场信息发布会和多次会谈，取得了很大成果。

（二）参加各种国际音乐活动

多次参加各种国际音乐活动，宣传我国改革开放的各项方针政策，中国音像协会和部分企业老总分别参加了加拿大音乐周（CMW）、香港音乐节（HKMF）、东京亚洲音乐节（TAM）和迪拜的城市之声音乐节（Sound City），这些活动基本上以音乐节的方式举办，但其中都有国际论坛。

（三）与国际（包括港台）相关行业组织以及港台和国外音像企业建立广泛的合作与联系

与香港唱片协会建立了紧密联系。邀请吴雨会长（英皇总经理）率团来访，邬书林副署长、于永湛会长亲自接见代表团全体成员。两会还就版权认证、内地香港紧密合作、加入协会等事进行协商。

与国际唱片业协会（IFPI）保持紧密联系，在许多领域开展合作，如版权保护、争取广播权、数字音乐发行等。

与美国电影协会（MPA）和好莱坞一些影业公司合作，在版权输出和引进、产品国内外发行、版权保护、业务培训等方面进行了实质性的协商，计划2010年开始联合举办音像行业的专业培训班。

日本唱片协会新任会长坂本敬一率团来访，自依田巽会长以来，历任会长都与中国音像保持了友好关系，两会领导互访已成惯例。

三、充分发挥各工作委员会的职能，支持各工委会开展相关领域的活动

目前协会共有经总署批准的工作委员会8个，其中7个已经在民政部备案，即：光盘工作委员会、教育音像工作委员会、制作发行工作委员会、数字音像工作委员会、唱片工作委员会、音视频工程专业委员会、有声读物专业委员会，反盗版工作委员会（2009年总署批准）正在办理民政部备案手续。

新成立的反盗版工作委员会，现在即将开展工作，主要是为会员单位服务，处理各种侵权，进行调查、取证、告诫、诉讼、索赔等工作。反盗版工作委员会本将着公益原则，接受权利人的委托，从事维权活动。

四、积极开展在新技术、新媒体、新业态领域的相关活动

（一）积极支持中国高清光盘产业联盟的活动

在清华同方、电子研究三院、新科、TCL和中唱、中影等单位的共同努力下，已经开发出新一代高清光盘CBHD播放器和盘片。2008年，我们曾邀请清华大学陆达教授在理事年会上就CBHD的研发和产品应用做了演讲。今年高清产业联盟的成员新科、TCL等厂家已经推出CBHD播放器，中唱、中影和华纳等公司也陆续推出许多高清光盘品种，并分别在广州、沈阳等地举行了推广活动。中国音像协会的光盘工作委员会、音视频工程专业委员都在不同程度上参与CBHD的研发和推广工作。

（二）参加ISRC的修订工作

总署在今年进行了ISRC的课题研究，中国音像协会也派人参加了ISRC的修订工作。据了解，新版ISRC将在明年适当的时候发布，协会将紧密配合总署有关部门落实新的ISRC的实施。

（三）关注新媒体新业态的研究

关于新媒体、新业态的研究，我们在2009年做了大量的研究工作，目前正在寻找机会和突破口，例如水印技术在行业里的应用等。

五、努力做好政府委托项目

自2008年8月，进口音像制品内容审查工作划归新闻出版总署以来，总署将办公室事务委托协会办理。我们在总署有关部门的领导下，做了许多事务性工作，较好地完成了政府委托给我们的项目。现在，进口音像制品内容审查办公室已经完善了人员配置，建立了完整的专家审查管理系统和档案管理系统，目前正在开发管理数据库。事实上，协会做好政府委托项目，也是为行业、为会员做好服务的一部分。

（中国音像协会）

中国发明协会

理　事　长　朱丽兰
常务副理事长　邢胜才
副 理 事 长　（按姓氏笔画为序）
王　晓　王　峰　王永民
包起帆　邢胜才　李　昌
李奇生　李晋湘　张岐山
赵忠贤　唐新民　鹿大汉
谢丽娟　曹凤国
秘　书　长　鹿大汉（兼）
副 秘 书 长　张晓玲　常毅民

2009年，中国发明协会为提高自主创新能力、建设创新型国家、实施知识产权战略和克服金融危机带来的不利影响做出了应有的贡献，协会工作也有了新的发展

一、向国内外广泛宣传和推广新技术、新产品，帮助发明人进行发明成果的转化实施

(一)成功举办第十八届全国发明展览会

第十八届全国发明展览会于2009年8月12～15日在云南昆明国际会展中心举行。

为了做好本届展览会的招展工作，6月份召开了全国各地发明协会秘书长工作会议。动员地方协会及有关单位积极参与，产生了较好的效果。

在各地发明协会和有关单位的大力支持与配合下，这次展会有北京、天津、上海、总装备部以及江苏省、地、市等66个代表团的1700多个项目参展，展位470个，展位和项目数量都达到了预期的目标。展会期间对接项目62个，成交或协议金额达12.8亿元，对地方经济发展起到了促进作用。

(二)组团参加2009年巴黎国际发明展览会

2009年4月30日～5月10日，经科学技术部和国家知识产权局批准，经过认真筛选，中国发明协会组织了17个项目、11人赴法国巴黎参加2009年巴黎国际发明展览会。

经过评委会认真评审，协会选送的参展项目分别荣获8项金奖、5项银奖、2项铜奖和2项列宾竞赛奖，获得了相关国家和友人的积极评价。我驻法国使馆大使馆对我们展团所做的工作给予了肯定。并对今后的参展工作提出了很好的意见、建议。

(三)继续推进专利成果产业化工程

在国家知识产权局协调管理司的支持下，通过对2000多项发明成果的筛选以及个别考察，挑选出50项优秀的非职务发明成果，对其中的12项给予了直接支持。还分别在第十八全国发明展览会和廊坊市组织了项目推介会，共向社会推介了26项优秀发明成果。通过近两年的支持，如杨道敬的太空大豆、曾祥玮的非能动控制阀门、孙凤枝的节能灶等均在产业化上有较大进步。

二、评选表彰优秀发明创业人才，鼓励和吸引更多的群众投身发明创造活动开展第五届“发明创业奖”评选活动

在地方协会、总工会技协系统和有关单位的大力支持下，本次评选活动共征集候选人227名，候选人覆盖了31各省、市、自治区、直辖市(含4个计划单列市)和港澳台地区以及解放军系统，澳门是评选以来首次有候选人申报该奖项。经过初评、终评、网上公示和常务理事会审核，共评选出于春江等50位发明人获得第五届“发明创业奖”，其中做出重大贡献的王康健等10位发明人获得第五届“发明创业奖”特等奖和“当代发明家”荣誉称号。50位获奖者的平均年龄49岁，其中最大的76岁，最小的32岁。女性获奖者3位。特等奖中有一位是工人发明人，一位是工作在一线的科技人员，两位来自企业，较好地体现了该奖项的群众性。

三、宣传创新思想和方法，营造创新氛围，增强全民的创新意识，培养创新人才

(一)成功举办第三届发明家论坛

与奖励办、科技日报、中国知识产权报共同举办的“第三届中国发明家”论坛在4月下旬举行，桑国卫副委员长、万钢副主席等出席了论坛开幕式及发明创业奖颁奖典礼。论坛主题是:进行创新方法培训、提倡创新创业。同时学习有关政府政策，较好满足广大发明人在创造发明活动中的需要，在创新创业以及带动就业方面起到应有作用，从而受到了发明人的好评。

(二)注重青少年发明人才的培养

积极与相关单位共同举办青少年发明创新活动，尽管有甲流原因，教育部限制中小学聚会等活动，还是在无锡成功举办了“首届大学生信息技术大赛”。结合“创新方法”课题，总结一大批大中小学创新方法的经验，将对青少年创新活动给以理论指导，提高一个新水平。

(三)做好协会日常的宣传工作

进一步加强了与科技日报、中国知识产权报、中国市场报、中央电视台等新闻媒体的合作，及时向社会宣传协会的重要活动。协会网站及我会主办的两个刊物《中国发明与专利》和《创新时代》，也发挥各自的优势，通过对有关活动和热点问题以及优秀发明人才及项目的深入报道，增加了公众对发明事业的关注和热情。

(四)成功承办国际(深圳)创新大会

成功承办了由国家知识产权局、科技部、国务院发展研究中心和深圳市政府在深圳高交会期间主办的国际(深圳)创新大会。大会由论坛及展览两部分组成均取得成功，展览部分还获得高交会优秀组织奖。

四、加强与发明人的联系，开展调查研究工作，发挥好协会的桥梁、纽带作用

（一）成立了非职务发明工作委员会

在推动群众性发明创造活动中，协会看到非职务发明人面临着更多的困难和问题。为了更好地为非职务发明人提供服务和帮助，协会在国家知识产权局的指导下，经常务理事会讨论研究，在一月份设立了非职务发明工作委员会，计划向非职务发明人提供咨询、培训、成果转化等一系列有针对性的服务。

（二）开展《民间发明创新案例研究》课题研究工作

近几年，根据国务院领导"自主创新、方法先行"的指示，科技部等四部委开展了"创新方法"研究专项，目的是借鉴国外创新方法如 TRIZ 等，在国内大力推广创新方法，以促进自主创新工作。经过努力，申请到了科技部《民间发明创新案例研究》课题。目的是通过总结民间工人、农民、青少年和个体发明人的创新经验和方法，总结出带规律性的方法，以便于在社会上宣传他们的经验，更好地推动群众发明创造活动，因此课题研究密切结合实际工作，并对今后实际工作起到更系统的指导作用。

五、积极开展民间科技交流与合作，增进与各国发明界的了解和友谊

在科技部国际合作司的支持下，于 2009 年 3 月 3～4 日与日本发明创新协会合作举办了"中日发明成果转移暨知识产权研讨会"，中日双方的有关发明人、专家及政府管理人员、企业界人士 100 余人出席了会议。

2009 年 9 月 9～15 日，秘书长鹿大汉和国际部部长范铭义应邀参加了在匈牙利布达佩斯召开的发明者协会国际联合会理事会和同期举行的欧洲国际发明展览会。协调香港、云南等地的 10 多个发明项目参加了同期举行的匈牙利国际发明展览会，取得了很好的展出效果。香港展团的 LED 项目产品很受当地欢迎，要求合作者很多。

2009 年，经努力及我驻日内瓦代表团科技处的协助，邀请到了世界知识产权组织助理总干事王彬颖女士出席第十八届全国发明展览会，受邀参加展览会的还有发明者协会国际联合会主席安德拉斯博士，世界知识产权组织新加坡办事处高级顾问 jose luis 受邀参加了首届世界创新大会，均受到欢迎。上述国际组织以及日内瓦国际发明、新技术、新产品展览会组委会、香港生产力促进局、澳门基金会等均在展览会上设立了专项奖。

（中国发明协会）

国际保护知识产权协会中国分会（第六届）

会　　长　田力普
副 会 长　王锦珍　段瑞春　阎晓宏
　　　　　李玉光　蒋志培　李建昌
　　　　　李　勇　杨　梧
秘 书 长　李　毅
副秘书长　尹新天　范汉云

2009 年，国际保护知识产权协会中国分会开展了一系列活动。

一、召开六届三次理事会及六届三次会员代表大会

2009 年 1 月 12 日，AIPPI 中国分会六届三次理事会及六届三次会员代表大会在北京召开。这次理事会及会员代表大会增选和改选了部分理事，并对理事会领导进行了调整，其中新增选的理事有王锦珍、李建昌、吕志华、张云才、李毅，选举王锦珍、李建昌为 AIPPI 中国分会副会长，李毅为秘书长。

二、主办"2009 中外企业知识产权高层论坛"

2009 年 4 月 25～26 日，与中国知识产权研究会、中华商标协会、中国版权协会和中国经济报刊协会在北京共同主办"2009 中外企业知识产权高层论坛"。

三、举办 AIPPI 中日韩三国分会交流会

AIPPI 中日韩三国分会交流会于 2009 年 7 月 9～11 日在大连市成功举办。在全球经济危机的大环境下，此次会议注册参会人数创纪录地超过百人，达到 119 人，为三国交流会在中国举办以来最多的一次。这次的交流会有两个专题，中日韩就每个专题各出一位演讲者。两个专题分别是：(1)外观设计专利授权标准及保护范围；(2)知识产权法和实践的最新发展。

四、接待 AIPPI 主席来访

应 AIPPI 中国分会邀请，AIPPI 主席 Thierry Mollet－Viéville 先生，在大连参加 AIPPI 中日韩三国交流会之后访问了北京。7 月 13 日，AIPPI 中国分会副会长李勇先生会见了 Mollet－Viéville 主席。中国分会秘书长李毅参加了会见。会见之后，李勇副会长，杨梧副会长代表 AIPPI 中国分会会长，国家知识产权局局长田力普宴请了 AIPPI 主席 Thierry Mollet－Viéville 先生。王天祥，王建英理事，秘书长李毅也参加了晚宴。

五、参加 AIPPI 执委和论坛会

2009 年 10 月 11～14 日，AIPPI 执委和论坛会在阿根廷首都布宜诺斯艾利斯召开，来自世界 60 多个国家和地区的近 600 多代表参加了会议，中国大陆地区 18 人与会。执委会通过了第 Q194，Q208～210 四个议题的决议。这四个议题是：

(1) Q194 — The Impact of Co－Ownership of Intellectual Property Rights on their Exploitation（知识产权的共同所有对其权利实施的影响）

(2) Q208 — Border Measures and other means of Customs Intervention against Infringers（反侵权的边境措施和其他海关干涉方式）

(3) Q209 — Selection Inventions－the Inventive Step Requirement，other Patentability Criteria and Scope of Protection（选择发明－创造性要件、其他专利授权标准和保护范围）

(4) Q210 — The Protection of Major Sports Events and associated commercial activities through Trademarks and other IPR（通过商标和其他知识产权对大型体育活动和相关商业活动提供保护）

六、协办"2009 金砖四国知识产权论坛"

2009 年 11 月 22～24 日，与国际许可贸易工作者协会(LES)中国分会在北京共同协办"2009 金砖四国知识产权论坛"。

（国际保护知识产权协会中国分会）

地方知识产权工作概况

北京市

专利工作

2009年，北京市知识产权局在北京市委市政府的正确领导下，在国家知识产权局的指导和大力支持下，深入贯彻落实科学发展观和党的十七届四中全会精神，以实施首都知识产权战略为主线，奋发进取、扎实工作，在积极应对国际金融危机影响，实现首都经济平稳回升和持续发展中发挥了重要作用，取得了显著成效。

一、2009年工作回顾

（一）全市统筹协调，推动首都知识产权战略实施

2009年4月，北京市政府颁布《关于实施首都知识产权战略的意见》（简称《意见》）。北京市知识产权局按照《意见》的要求，积极协调有关部门，成立了由29个成员单位组成的首都知识产权战略工作联席会议，正式建立起统筹协调全市知识产权战略实施的联席会议制度。与各成员单位充分沟通，对首都知识产权战略进行任务分解，明确了各成员单位的任务分工，制定了《2009～2010年首都知识产权战略实施推进计划》。根据战略实施任务，与北京市发改委、市科委、市经信委、中关村管委会等部门共同启动重大经济科技活动知识产权审议制度的研究制定工作，与北京市金融局筹备构建金融领域知识产权风险评价与控制机制；北京市发改委、市商务委、市教委、市质监局等成员单位按照任务分工，在本系统、本领域积极推进知识产权战略实施，服务首都经济社会发展。同时，东城、丰台、石景山、昌平、门头沟等区县认真贯彻《意见》精神，结合各自实际，制定了实施首都知识产权战略年度推进计划，分别推出知识产权支持政策，设置专项配套资金，推动首都知识产权战略在辖区内的有效实施。

（二）注重知识产权支撑引领，积极应对国际金融危机

一是与市财政主管部门共同推进知识产权海外预警与应急救助专项工作，帮助企业预测和防范知识产权海外风险，支持企业在参与国际竞争中提高安全防范意识及应对风险的能力。截至2009年，共有40家企业在29家知识产权专业服务机构的支持下，就其申报项目开展定向知识产权海外预警分析。二是联合各方积极推动知识产权质押融资，帮助中小企业解决资金短缺问题。截至2009年底，已累计发放知识产权质押贷款108笔，贷款总额达13.5亿元，融资项目数量和放款总额均领先于其他省市且没有一笔坏账。三是积极引导北京市重点产业知识产权联盟、智能卡产业知识产权联盟、音视频产业知识产权联盟等正在各自领域发挥整体推动作用，形成知识产权创造、运用、保护、管理的整体合力，帮助联盟企业有效运用知识产权规则参与国际竞争，合理规避知识产权风险，全面提升联盟企业的创新力和竞争力。四是开展中小企业知识产权托管试点工作。西城、朝阳、丰台、石景山、北京经济技术开发区等区域中小企业知识产权托管率达90%以上，专利申请量快速增长，企业知识产权创造、运用、保护和管理能力普遍增强。五是国家和市级财政对企业的PCT国际专利申请予以重点资助，有力推动了企业的海外专利布局和市场拓展。

（三）发挥政策激励作用，打造知识产权创造的核心区

2009年北京市专利申请量达50 236件，首次突破5万件大关，同比增长15.5%，专利授权量

达 22 921 件，首次超过 2 万件，同比增长 29.2%。自 2005 年以来，北京市专利申请量、授权量连续 5 年保持两位数的增长速度，专利数量位居全国前列。在三种专利申请中，发明专利申请所占比例为 58.4%，位居全国第一；职务专利申请所占比例为 79.5%，位居全国第二位，企业、科研机构和高等院校成为专利申请的主体，全市专利申请的整体结构更趋合理。

作为北京自主创新和知识产权创造的核心区域，中关村科技园区申请专利的企业数量达到 1787 家，比 2008 年增长了 22.6%，园区创新活力更加凸显。商标统计数据显示，2009 年北京市商标申请量为 51 383 件，核准注册量为 14 893 件，全市著名商标为 295 件，北京名牌 99 件，中国名牌 61 件，中国驰名商标 57 件；作品著作权自愿登记 110 573 件，软件著作权登记 3334 件，位居全国第一；植物新品种申请量 216 件，授权 59 件；地理标志 6 件。知识产权政策的激励和引导提升了知识产权的创造能力，为打造知识产权创造的核心区提供了可靠保障。

（四）着力政府推动引领，创建知识产权商用化的先行区

2009 年，北京市知识产权局进一步推动实施《北京市专利保护与促进条例》和《北京市发明专利奖励办法》，通过奖励在发明专利转化实施、创造经济价值方面取得突出成就的单位和发明人，加快促进了专利的商用化，专利技术交易呈现出快速增长的良好态势。登记专利技术合同 974 份，同比增长 15.13%，专利技术交易总额为 118.13 亿元，同比增长 98.97%。北京市知识产权局不断加强专利试点、示范工作，推动专利试点、示范单位的专利管理、专利战略运用和专利商用化；北京市工商行政管理局明确著名商标认定工作重点，侧重对现代服务业、高新技术产业和现代制造业的品牌培育，注重发挥商标在发展农村经济、促进新农村建设中的助推作用，实现商标的商用价值；北京市版权局关于“鼓励版权输出若干政策”的建议、组织优秀输出图书评审筛选、组织版权贸易“双十佳”单位（个人）评选，以及组织出版发行中介代理机构参加北京、法兰克福等国内外著名版权交易活动，推动北京地区的版权贸易。在政府职能部门的大力推动和积极引导下，知识产权开始显现出巨大的经济价值，北京创建知识产权商用化先行区效果逐步显现。

（五）不断加大执法力度，争创知识产权保护的示范区

加强知识产权保护，优化创新发展环境，一直是知识产权工作的重要内容。过去一年，北京市知识产权局大力实施首都知识产权保护工程，加强知识产权执法能力建设，健全和完善执法协作、应急联动、议事会商、沟通对话等统筹协调机制，促进执法部门之间的工作协同与配合。各知识产权执法部门有针对性地开展一系列专项执法行动。北京市知识产权局开展“雷雨”“天网”专项行动，及时处理专利恶意侵权案件、查处假冒专利行为，遏制专利诈骗，全年共受理专利纠纷案件 22 件，审结案件 32 件，立案查处冒充专利案件 14 件，办结 17 件，进驻、巡视具有国际、国内影响力的大型展会 37 个，解决展会知识产权侵权投诉 100 余件；北京市工商行政管理局立案查处商标假冒侵权案件 1641 件，罚没款 3318 万余元；北京市版权局受理著作权纠纷调解案件 16 件，结案 15 件；北京市文化执法总队共受理举报案件 1076 件，立案调查 433 件，结案 315 件，收缴非法出版物 113 万余册、非法音像制品 49 万余张；北京市城管执法局组织专项督察 26 次，查缴非法音像制品 95 487 张；北京市公安局查处非法侵权案件 2057 件，收缴各类非法出版物 14 万余张（册），抓获违法犯罪嫌疑人 2229 人；北京海关共查获侵权商品 3558 批次，查获侵权商品 19 万余件，案值约 8806 万元；全市法院知识产权庭受理各类一审知识产权纠纷案件 6262 件，审结一审案件 6115 件；北京市检察机关共批捕 381 件知识产权侵权案件的涉案人员 436 人，对 395 人提起公诉。在加强日常执法的同时，注重关口前移，知识产权保护由事后处置向事前防范转移。2009 年，北京市知识产权局制定了《北京市大型商业零售经营单位知识产权保护指导规范》及示范文本，与北京市工商行政管理局联合下发了《北京市展会知识产权保护示范合同》，北京市工商行政管理局拟定了《无假冒店和商标授权经营制度考评标准》、《无假冒商标示范商场检查办法》等指导规范；北京市版权局制定了《2009 年北京市推进企业使用正版软件工作方案》，北京海关制定了《北京海关保护知识产权工作方案》。一系列关口前移举措和执法行动保证了全市面上不出群发性侵权，点上不出规模性侵权，侵权事件不断减少，知识产权保护环境不断优化，为争创知识产权保护的示范区奠定了

坚实的基础。

（六）加快提升管理能力，建设知识产权工作体制机制的创新区

2009年，北京市进一步完善知识产权管理体系，健全管理机制。截至目前，全市29个市级知识产权战略联席会议成员单位都有专门机构负责本领域的知识产权管理，并且明确了专门人员；全市18个区县和北京经济技术开发区都成立了知识产权局，16个区县配有相应的人员编制，区县知识产权管理队伍的知识结构和年龄结构不断优化，专业素质不断提高。各区县高度重视知识产权统筹协调机制的作用，13个区县建立了统筹协调的工作机制和机构，加强了各部门之间的协同联动，形成了共同推动知识产权融入区域经济发展的工作合力。北京市知识产权局结合首都知识产权服务优势资源，积极探索知识产权管理的新机制和新模式，联合有关部门和区县知识产权局将专家战略咨询、专业机构服务支持等内容引入知识产权管理，形成了管理需求与专业支持的有机融合，推动了知识产权管理与运用能力的加快提升。

（七）积极营造文化氛围，搭建知识产权国际交流的窗口区

2009年，北京市各有关部门和各区县组织开展了一系列知识产权宣传普及和培训教育活动。北京市知识产权、工商、版权、文化执法、法院和海关等部门联合召开2009年北京知识产权保护新闻发布会，发布北京知识产权保护状况，扩大对外影响；北京市知识产权局、市工商行政管理局、市版权局、市高级人民法院、北京海关等单位分别在“4·26世界知识产权日”、宣传周以及“12·4法制宣传日”期间，组织开展形式多样的宣传普及活动。北京市知识产权局先后举办了面向千家专利试点示范企业负责人及管理人员的知识产权专题培训和专利行政执法涉外案件解析交流现场会；北京市版权局举办了“百城联动、千家网站”版权保护宣传启动仪式和“2009中国(北京)国际版权论坛”等活动；北京市高级人民法院对外公布了年度“十大知识产权典型案例”，首次通过互联网直播了专利侵权案件的审理过程；北京市农委组织举办了“北京市品种知识产权保护论坛”；各区县知识产权局、工商行政管理局等部门，围绕“人文北京、科技北京、绿色北京”和创新型城市建设，采取知识产权专题培训、户外宣传、知识竞赛、专业指导和网络宣传等形式，开展富有区域特色的知识产权宣传普及和培训教育活动。北京市知识产权系统注重对外交流，北京市知识产权局等部门先后与美国、日本等十多个国家和地区的知识产权访问团进行业务交流。知识产权对内宣传和对外交流的不断深化，进一步扩大了北京知识产权领域对外影响，日益展现出知识产权国际交流的窗口效应。

二、2010年工作重点

一是按照北京市委市政府工作部署和世界城市建设的现实需要，加快实施知识产权战略，为建设“三个北京”“中关村国家自主创新示范区建设”等一系列首都重大战略部署提供有力支撑。

二是坚持技术创新以能够产业化为基本前提，以获得知识产权为基本目标，以形成技术标准为基本方向，不断强化创新创业活动中的知识产权导向，不断完善知识产权创新创业政策体系，增强知识产权综合运用能力。

三是以高新技术为支撑，以现代服务业为纽带，以知识产权制度为基础，大力发展以专利和版权为核心的知识产权产业，有效促进经济发展方式转变，促进首都经济又好又快发展。

四是着力强化知识产权服务体系，探索建立适合首都经济社会发展要求的现代知识产权服务体系，加快公共信息服务平台建设，着力培育首都知识产权服务业。

五是加大政策扶持力度，支持示范区企业申请专利，支持利益关联企业形成专利池以及产业技术联盟构建专利群，充分发挥中关村知识产权龙头带动作用，全面服务中关村国家自主创新示范区建设。

六是深入实施首都知识产权保护工程，继续加强知识产权保护，进一步优化创新发展环境。

七是积极开展知识产权宣传培训和合作交流，树立全社会知识产权文化意识。

（北京市知识产权局　张　亮）

商标工作

按照监管与服务并重的工作原则，2009年北京市商标工作坚持严格执法，树立了工商部门保护商标知识产权的执法威信，强化服务职能，确立

了为各类经济主体商标战略服务的权威地位，实现了预期工作目标，圆满完成了维护了公平公正的市场经济秩序，促进首都经济平稳较快发展的工作任务。

一、严格执法，维护商标权利人合法权益，确保市场经济秩序稳定，树立了工商行政管理部门的良好威信

（一）巩固奥运期间保护商标知识产权的成果；强化商标行政执法工作

1. 加大了商标专用权保护力度

商标监管系统在总结、借鉴奥运知识产权保护成功经验的基础上，进一步加大了商标专用权保护力度，畅通商标案件的投诉渠道，采取网上投诉、健全投诉机制等措施建立了商标案件的快速投诉通道服务权利人和消费者。对重点地区、场所风险点各分局还纳入了网格监控，做到了商标案件一经确认迅速查处，赢得了代理机构和权利人的好评。共立案查处商标侵权假冒案件 1641 件，罚没款 33 186 800 元。

2. 严厉打击侵犯国际知名商标专用权等违法行为

截至目前共查处涉外侵权假冒商标案件 772 件，罚没款 14 967 500 元，分别占 2009 年商标案件的 47%和 45%。涉及美国、日本、德国、法国、韩国等国家的爱玛仕、阿迪达斯、索尼、耐克、BOSS、三星、惠普、松下等品牌。

3. 保护国内知名品牌的合法权益

开展集中整治、保护国内知名品牌的合法权益，为企业保持竞争优势、提升品牌信誉度提供支撑。2009 年各级商标监管部门先后组织了以北京市著名商标“京华”、中国驰名商标“全聚德”“茅台”“北新”为代表的茶叶、食品、酒类和建材类涉假商标商品的整治工作，净化了市场环境，保护了权利人和消费者的合法权益。

4. 加大对商标专用权的刑事保护力度

在坚持办大案、掏窝点的同时，加强涉嫌商标犯罪案件的移送工作。目前海淀、西城、朝阳、丰台等分局共向公安机关移送案件 16 件，涉嫌犯罪人员 48 人。

5. 加强案件中认定驰名商标的推荐工作

扶植京企走出困境，做大做强。2009 年共向国家工商行政管理总局商标局推荐了康辉、纽曼、雍和宫、庄子等 15 件商标申请中国驰名商标的认定，是历年来向商标局推荐商标件数最多的一年，受到了广大企业的欢迎。

（二）以“商标授权经营制度”为基础，构建商标监管长效机制

1. 进一步完善日常监管模式，将“商标授权经营制度”引向深入

2009 年全市已有 356 家有形市场实行了“商标授权经营制度”，建立商标档案 37 265 个。为进一步推进这一工作的开展，北京市工商行政管理局各分局在辖区有形市场推广了“商标公示制度”和“电子授权台账”的使用，目前实现“商标公示制度”的市场达 106 家，建立“电子授权台账”的市场达 127 家，共建立电子档案 25 113 件。

针对工作中遇到的新情况、新问题，工商部门不断探索，在部分辖区有形市场内搭建了以“商标授权经营制度”为基础的“145”监管体系，以构建长效监管模式。

第一，搭建一个商标授权经营动态管理平台，实现监管手段由传统向现代转变。目前北京市工商行政管理局已经开发运行了“商标授权经营电子化监管系统”，搭建了北京市工商行政管理局、分局、市场三级电子数据管理网络。这一系统目前已在部分辖区有形市场进行试应用。

第二，明确四方责任，确保有效施行。一是明确科、所监管责任。合理划分科所监管职责，确保有效管理；二是明确市场主办方依法经营管理的责任，树立市场主办方第一责任人意识；三是明确市场商户守法经营的责任；四是明确消费者责任，树立诚信消费意识。

第三，建立五项制度，形成长效监管。一是建立市场商标风险监管制度，实现重点监管；二是建立案件线索倒查建议制度，重点打击售假源头；三是建立风险商标商品提示制度，推进商户销售转型；四是建立入场商品商标信息、商户信用信息公示制度，接受社会监督，促进商户自律；五是建立市场品牌建设制度，提高市场主体竞争实力。

2. 继续深化“无假冒商标示范单位”争创工作，净化商业流通主渠道的经营秩序

为进一步规范管理，2009 年北京市工商行政管理局拟定了《无假冒店和商标授权经营制度考评标准》《无假冒商标示范商场检查办法》《工商分局无假冒商标示范商场检查制度》及《无假冒商标示范商场（店）规范化管理工作指导书》等系列指导性文件指导分局开展对商业企业商标使用行为的监督检查，为争创工作的深入打好基础。对示

范单位的日常管理中北京市工商行政管理局采取了检查与抽查相结合的方式，共对涉及9个区县的18个商场进行了检查，目前此项工作还在进行中。

3. 推进中关村科技园区实施商标发展战略

配合全局工作，积极落实国务院“支持中关村科技园区建设国家自主创新示范区”的有关精神，结合商标职能积极向国家工商行政管理总局建议设立中关村示范区商标注册办事机构等，推进中关村科技园区实施商标发展战略。目前国家工商行政管理总局已下发《关于支持中关村科技园区建设国家自主创新示范区的意见》，同意设立商标注册办事机构，授予北京商标监管部门支持商标无形资产资本化运作、设立商标事务处理快速通道、支持培育驰名商标等行政职能。

二、发挥商标服务职能，确立帮扶各类经济主体实施商标战略提高市场竞争力的权威地位

（一）驰名商标、著名商标推荐认定工作取得成效

按照《北京市十一五规划纲要报告》中“推进产业结构整合增长方式的转变，走高端产业发展之路”的要求，著名商标认定工作重点对现代服务业、高新技术产业、现代制造业等进行了品牌培育。北京市工商行政管理局各分局由过去单纯监管向主动服务转变，注重了解企业的实际需求和经营中存在的问题，有针对地指导企业的争创工作，企业积极性不断增强。

北京市工商行政管理局会同北京市农委、市质监局等部门及行业协会，经征求有关部门意见后共同对全市百余件申请商标进行了审查，共认定2008年度北京市著名商标117件。其中在64件新申请商标中，涉及现代服务业、文化创意产业企业商标，拥有高新技术企业及本市龙头工业企业商标，涉农企业商标，其他涉及服装、家具、人用药等商标四大类，分别占新申请认定商标总数的36%、27%、17%和20%，符合北京经济发展的结构和特点。目前全市有效著名商标已达377件。

2009年4月，“菜百”“漫步者”“美驰”等10件注册商标被国家工商行政管理总局商标局认定为中国驰名商标，使北京市通过行政认定的驰名商标总数达82件。

在大力培育著名、驰名商标，打造拥有自主知识产权和知名品牌的优势企业方面采取了以下做法。

1. 企业加强内部商标管理

在指导企业争创著名、驰名商标的原则上，坚持“扶持、培育、推荐相结合”，指导企业加强内部商标管理，推动企业开展科技与服务创新，提升附加值和品牌美誉度。各级商标管理部门对辖区内优势、传统产业和有竞争潜力企业进行了指导并制订培育计划。同时根据企业发展和争创的实际适时调整，区别不同行业、不同特点，有针对性地实施培育引导措施，建立争创梯队，保证了创建格局的科学、有序和完整。目前已完成了“十一五”北京市著名商标500件目标的75%。

2. 组织争创重点放在具有行业领先优势的企业

在指导企业争创著名、驰名商标的布局上，发挥其在区域经济发展的核心和基础作用，把组织争创重点放在具有行业领先优势的企业上，鼓励其在产业链中发挥“领头羊”的作用，以其资金、技术和市场优势，引导中小企业为其配套，形成以著名、驰名商标企业为核心，相关中小企业分工合作的产业链，推动产业集聚，带动区域经济发展。

3. 树立行业典型

在指导企业争创著名、驰名商标的方法上，及时总结推广企业成功经验，树立行业典型，以点带面推动整体工作的开展。工商部门采取座谈、授课、研讨、走访等多种形式宣传商标法律法规，不断提升著名、驰名商标企业的商标法律意识，使企业认识到提高产品质量和市场信誉是增强其竞争力，提升品牌含金量的关键。

（二）贯彻落实十七届三中全会精神，充分发挥商标在发展农村经济、帮扶农民致富中的助推作用

农业、农村和农民问题，始终是各级政府关注的重点。近年来商标富农工作一直是工商部门的工作重点，利用商标战略推进社会主义新农村建设，发挥商标富农作用是工商部门服务三农的重要一环。

1. 制定涉农商标、地理标志和集体商标培育工作计划

指导涉农企业、农民群众及有关协会组织注册和规范使用农产品商标，走健康持续发展的道路。顺义、昌平、通州、大兴、燕山等分局以不同形式向辖区涉农企业、合作社、协会建议，鼓励其向商标局申请注册农产品商标，截至目前北京市共注册农产品商标近5000件。

各涉农分局发挥商标职能作用，促进了农村经济的良好发展。针对平谷区民俗旅游业起步晚，业者分布散、规模小等问题。在政府“旅游富民”政策引导下，该区民俗旅游协会在工商部门的大力支持下核准注册了北京市首个涉及服务、食宿等服务类别的“客居香”集体商标。并免费许可75户符合资质、内部管理及服务质量等达标的协会会员使用。对取得“客居乡”集体商标使用权的民俗户，按照《客居乡集体注册商标使用许可合同》和《客居乡集体商标的管理规则和使用办法》对其进行跟踪监督，并定期联合工商、食品、卫生、旅游等部门进行检查和考评，凡不合格的民俗户坚决予以取缔，以确保“客居乡”集体商标的信誉度。通过一年的使用，集体商标的优势越来越明显，仅2009年五一节前后使用该商标的民俗户客源大幅增加，经济收入高于同类商户30%以上。目前民俗户服务水平、规范化程度、自律意识都有了明显的提升，“客居乡”商标成为了平谷民俗旅游业响当当的品牌，给当地农民带来实实在在的利益。

密云分局在政府的支持下大力扶植地理标志“密云甘栗”的使用，带动农民增收致富。在利用“第二届国际板栗节”进行大规模宣传，提高“密云甘栗”商标知名度的基础上指导北京栗联兴业板栗专业合作社对统一收购的板栗规范使用商标标识，同时对产品包装印制进行行政指导，避免违规。目前“密云甘栗”已实现规模种植和经营，直接从事板栗种植生产的农民达 9 万人，年产量11 468吨，年产值 8845 万元，较商标注册前分别增长了 66.2%和 71.4%。

2. 打造“公司＋商标＋农户＋市场”的新模式

借鉴涉农商标的成功经验，根据企业的规模和特点涉农分局深化“公司＋商标＋农户”的发展模式，与销售环节挂钩，指导涉农企业打造“公司＋商标＋农户＋市场”的新模式。

海淀分局在辖区推行这一发展模式，在苏家坨镇车耳营村召开了商标富农工作现场会，邀请商业企业参与富农工作，打开了农产品的销售渠道，同时为涉农企业聘请了商标战略公益律师，避免农民由于不懂法而走弯路；延庆分局指导北京玉渡山永庆达种植有限公司实行“公司＋基地＋食用菌合作社＋超市”的模式，走产业化发展道路。2009 年发展种植户 247 人，涉及 7 个乡镇 15 个行政村，年产鲜菇 40 万公斤，销售收入 480 万元，农户平均收入 3.84 万元；怀柔分局引导北京东方颐园蜂产品公司利用“颐园”著名商标优势，带动辖区养蜂产业发展。该企业每年蜂蜜加工能力 1500 多吨，怀柔山区面积占 70%，特殊封闭的地理环境保证了该区蜂产品质量，年产量达 300 吨。为此怀柔分局引导该公司与蜂蜜养殖产区蜂业协会建立联系，组建了养蜂专业合作社，为农民养蜂提供技术指导，并通过订单形式收购蜂蜜及其他蜂产品，激发了农民的养蜂积极性，解决了他们的后顾之忧，目前养蜂农户达 156 户，企业收购农户蜂产品价值 110 余万元。

3. 争创北京市著名商标

引导优势涉农品牌的升级，培育、扶植涉农龙头企业的进一步发展，争创北京市著名商标。引导优势涉农品牌的提升也是 2009 年商标的工作重点之一，各分局从辖区涉农商标中筛选出优势品牌，指导其争创著名商标。门头沟、房山等分局还制定商标培育和地区发展战略，促进区域经济龙头企业品牌升级。在上半年认定的 117 件著名商标中有涉农商标 26 件，占总数的 22%，是历年来数量较多的一年。目前北京市 377 件著名商标中涉农商标达 80 件。

（三）加强政策引导，规范制度建设，服务企业不走过场

1. 支持企业发挥品牌效应，创造性地引导企业开展商标质押工作，促进中小企业走出融资瓶颈

工商部门积极发挥行政服务职能，特别在金融危机的背景下，充分发挥商标在推进首都经济社会全面协调可持续发展方面的重要作用，利用商标专用权质押贷款，帮助企业拓宽融资渠道，完成无形资产向有形价值的转化。8 月 21 日北京市工商行政管理局在首都大酒店与北京银行、交通银行北京市分行共同举行了旨在帮助企业拓宽融资渠道，破解贷款难题，促进企业以商标专用权进行抵押贷款的“商标质押融资平台”签约启动仪式，搭建了“商标质押融资平台”。北京市工商行政管理局与北京银行股份有限公司、交通银行股份有限公司北京市分行就商标权质押融资分别签署协议。根据协议两家银行将在未来 5 年内为北京市中小企业提供 300 亿元的商标权质押融资意向额度。截至目前，两家银行已累计发放商标权质押贷款 4.52 亿元，向近 40 家企业提供了资金支持。

截至目前，北京银行、交通银行北京分行已经

与北京市工商行政管理局怀柔、宣武、西城、海淀、崇文、平谷、朝阳、东城、丰台、顺义等分局完成对接，向近100余家北京市著名、驰名商标企业进行了商标权质押贷款培训和推介。全市各级商标管理机关还会同北京银行、交通银行北京分行等部门积极开展对企业商标权质押融资相关工作的业务培训，共举办了37次培训班，培训著名、驰名商标及有一定实力和良好信用的企业人员1124人次；为了提高基层工商干部的业务水平，增进对商标权质押融资相关知识的了解，各工商分局还对70余个工商所的197名干部进行了法律培训，提高了干部的工作水平和业务素质，为指导辖区企业相关工作的开展奠定了基础。

为了稳步推进商标权质押融资工作，各工商分局对辖区具有品牌优势的企业进行了广泛摸底、走访，了解企业的现状和贷款需求。签约仪式启动后，至目前已有海淀、昌平、宣武等区的7家企业获得银行贷款4050万元。

由于商标质押属于高风险贷款品种，企业融资需求与现状难成正比。一方面银行、评估机构、担保部门十分谨慎，另一方面由于目前贷款利息、评估费用、担保资金过高企业负担较重。对此工商部门积极争取地方政府、相关部门、金融机构的支持，先后与银行部门建立了联席会制度，定期通报工作进展情况。以座谈、走访等形式与知识产权局等有关部门沟通，力求发挥北京知识产权管理的整体优势，在降低企业费用、予以贴息等方面争取政府支持，实现突破。目前此项工作正在进行中。

2. 结合首都经济发展特点深入开展著名商标认定工作

为进一步做好认定工作，北京市工商行政管理局结合当前经济形势和北京经济特点，指导企业争创著名商标，坚持扶持、培育、推荐相结合的原则。各分局对辖区内优势、传统产业和有竞争潜力企业制定培育计划，有侧重、分步骤地加以培育。围绕十七大提出的“实施知识产权战略”和市政府《十一五规划纲要报告》中“推进产业结构调整和增长方式的转变，走高端产业发展之路”的要求，把指导、培育工作与北京知识密集型企业较集中与涉农产品商标和服务业快速增长及与老字号企业挖潜相结合引导争创。在广泛调研的基础上，北京市工商行政管理局征求有关行业协会意见，进一步规范了评审程序，细化了工作标准，下发了《关于加强对驰名商标著名商标企业行政指导的意见》，各分局还实施了对辖区著名商标企业的回访，回访率在50%以上。通过对企业的回访和分类指导，及时掌握了辖区商标的使用情况，对企业如何正确使用著名商标、提升品牌竞争力给予意见，为企业持续发展打下好的基础。

3. 加大实施商标战略政策的引导，当好政府的参谋助手

为了贯彻落实《国家知识产权战略纲要》和《北京市人民政府关于实施首都知识产权战略的意见》，促进商标行政监管与促进发展、服务大局、维护权益、依法行政相统一，充分发挥商标在社会主义市场经济建设中的作用，为在全国率先建成创新型城市，为建设“人文北京、科技北京、绿色北京”提供有力支撑，促进首都经济又好又快发展，北京市工商行政管理局适时制订了本市商标战略的实施方案。方案确立了指导思想，制定了工作目标和工作任务，并就组织落实作出了详尽的部署，保证2020年完成既定商标战略目标。

4. 实施奖励政策

按照北京市工商行政管理局的工作部署，各工商分局还加大了对知名度较高、市场信誉较好的商标企业的政策引导，努力向辖区政府荐言，实施对驰名、著名商标企业的奖励政策。目前全市13个区县已实施奖励政策。

三、加大商标工作宣传力度，为提升企业和消费者的商标意识创造良好的舆论环境

各级商标监管部门利用“3·15国际消费者权益保护日”和“4·26世界知识产权日”，开展了形式多样的宣传活动普及商标知识等。同时加强对查处商标侵权典型案例的宣传，通过电视、报纸、网络等多种形式予以曝光。在震慑违法分子的同时，宣传了工商执法的权威，增强了全社会的商标法律意识。全年各级商标管理部门开展商标等法律法规宣传500余次、发放宣传材料16万份，举办各类培训班200余次，培训干部、企业人员万余人次。北京市工商行政管理局石景山分局还自行编印口袋书《商标知识手册》向企业发放，方便相关人员使用。东城、朝阳等分局通过发放“商标注册调查问卷”和为地区商标战略“会诊”等方式与有关部门沟通，加快地区商标战略的发展。媒体对商标监管工作进行了大量报道，涉及媒体包括：北京电视台、北京日报、中国工商报、北京晚报、法制晚报、京华时报、新京报、北京青年报、北京晨报、千龙网等；西城分局查处的销售假冒“NIKE”“ADIDAS”“YONEX”注册商标商品案、海淀

分局查处的销售假冒美国"CISCO"注册商标商品案入选了总局评选的"2008年涉嫌假冒注册商标犯罪案件移送典型案例"；丰台分局保护"FY"注册商标专用权案入选总局"2008年保护国内企业注册商标专用权典型案例"。

（北京市工商行政管理局）

版权工作

2009年，在北京市委市政府正确领导及国家版权局具体指导下，北京市版权局以党的"十七大"报告提出的"文化大发展、大繁荣"为指导，认真贯彻落实政府关于2009年新闻出版(版权)工作的指示要求，紧紧围绕服务首都经济建设大局，强化管理效能、提高履职效率、提升服务效果、推进创新创意工作，扎实推进各项职能落实，在版权普法宣传、企业软件正版化、正版产品示范体系建设、版权贸易等多个方面取得了显著成效。

一、采取多种形式、多种手段，深入开展版权普法宣传工作，市民版权意识得到明显提高

加强普法宣传教育，提高广大群众的版权保护意识，是版权保护工作的一项基础性工作。为此北京市版权局结合"4·26世界知识产权日"，采取多种形式，有效组织了丰富多彩的版权普法宣传活动。

4月8日，北京市版权局、市文化局、市工商行政管理局、市文化执法总队等相关部门，在西单图书大厦广场共同举办了"保护版权，打击侵权"宣传咨询活动。向市民发放"著作权法普法手册""提高公众版权意识"图册等宣传资料5000余份，并开展街头咨询宣传活动，现场解答群众的版权法律问题。此次活动，宣传了版权保护法律法规，提高了市民版权意识，普及了识别盗版制品知识，对于提高广大市民购买和使用正版产品自觉性，拒绝盗版，净化首都版权市场环境，树立首都良好国际形象，繁荣首都文化创意产业，具有重要意义，收到了良好的社会效果。

4月16日，在中国人民大学组织了"百城联动、千家网站"版权保护宣传工作启动仪式。由北京市版权局牵头，向全国版权行业政府管理部门、相关企业发出了"百城联动、千家网站"版权保护倡议，国家版权局版权司司长王自强、北京市版权局副局长王野霏以及政府管理部门人员、知名作家、歌星艺人，清华大学、北京大学、中国人民大学、北京联合大学、中国农业大学、中央民族大学、中国政法大学学生，参与版权保护网络宣传活动的互联网企业代表等约300人参加了启动仪式，并在启动仪式上组织了首都高校版权保护知识辩论赛。倡议发出后，先后得到全国112个城市、860余家网站积极响应。为配合"百城联动、千家网站"版权保护活动开展，北京市版权局以版权保护为主题，主办了"北京版权保护动漫设计大赛"。大赛以动漫艺术和电子技术为依托，集专业性、艺术性、参与性、娱乐性于一体，将版权保护与技术创新相结合，寓教于乐，以社会公众更为喜闻乐见的形式宣传普及版权保护常识，使版权保护、版权维权理念更为深入人心。在面向社会公开征稿的两个多月时间里，组委会共收到参赛作品400余件，其中动画类作品180余件，平面类作品260余幅。参赛作者遍及全国，涵盖了各年龄段和众多专业领域人士。经过专家评选，共计有27个动画类作品、平面设计类作品分别获得动画类和平面类金奖、银奖及优秀奖。

5月份，又面向全市组织了首届"十佳版权维权律师"评选活动，北京市注册律师从业单位近百名律师积极响应，经过反复筛选及评比最终评出了北京市首届"十佳版权维权律师"，并在相关媒体上宣传了"十佳版权维权律师"维权事迹，扩大了版权工作社会影响，吸引了法律工作者从事和关心版权维权积极性。

10月份，积极参与和组织了由新闻出版总署、国家版权局、北京市人民政府、中国国际贸易促进会共同主办，北京市版权局和朝阳区人民政府共同承办的第二届"中国国际版权博览会"的相关工作。博览会以中国版权"走出去"战略为契机，着眼于国际经济大环境下中国版权产业的实际发展，分为开幕式、主题论坛、主题展会、主题活动、主题演出五个部分，邀请了海外版权组织、国内版权管理机构、版权投融资机构、知名版权企业和专业服务机构、驻华使馆、代表处及国际版权业界人士、专家学者等1000余人参加了会议。全国人大常委会副委员长路甬祥，世界知识产权组织副总干事王彬颖，国家新闻出版总署署长、国家版权局局长柳斌杰，北京市人大副主任赵凤山，著名经济学家厉以宁，"世界创意产业之父"约翰·霍金斯等出席开幕式，并在"国际版权论坛"上登台演讲。博览会既有版权作品及成果展示，也有行业间的交流研讨，更有版权企业与融资机构的合作洽谈，既积极探索推进了版权创造、使用、管理和保护的新思维、新方法，进一步完善版权服务体系建设，同时，又为搭建现代化国际版权贸易平台，打造具有中国特色和国际影响力的常年性的版权贸易展会积累了经验。

为推动3G时代的数字消费与版权保护，促进中国版权产业的繁荣发展，2009年11月27日，北京市版权局和中国北京国际文化创意产业博览会组委会办公室联合主办了“2009中国(北京)国际版权论坛”。本次论坛作为“第四届中国北京国际文化创意产业博览会”论坛的重要组成部分，政府管理部门、创意产业企业、机构和媒体等各界代表齐聚一堂，围绕论坛主题“3G时代的数字消费与版权保护”深入探讨，为未来版权业的发展出谋划策。国家版权局版权管理司司长王自强、国际知识产权联盟主席埃瑞克·史密斯、北京市版权局局长冯俊科、BMI(美国广播音乐协会)主席戴尔·R. 布莱恩特等13名专家及嘉宾分别发表了演讲。本次国际版权论坛从理论和实践两个方面，紧紧结合当前我国3G产业发展面临的主要问题召开的又一次国际版权专业研讨，必将对我国特别是首都3G产业繁荣发展以及版权保护事业，产生深远的积极影响。

二、立足实际，突出重点，稳步推进，企业软件正版化工作取得了新的成效

根据国务院九部门《关于推进企业使用正版软件工作的实施方案》文件精神及国家版权局《2009年推进企业使用正版软件工作计划》的要求，版权管理处作为北京市软件正版化工作联席会议办公室，在认真调研分析基础上，制定了《2009年北京市推进企业使用正版软件工作方案》，并向软件正版化工作联席会议成员单位以及各区县人民政府广泛征求了意见。4月16日，北京市版权局组织市科委、商务委员会、国有资产监督管理委员会、知识产权局、工商联、中关村管理委员会、经济和信息化委员会、文化执法总队等单位召开了软件正版化联席会议预备会。各成员单位在会议上针对工作方案提出了具体意见和建议并就下一步工作重点、工作方针达成了一致意见。

8月27日，在北京市政府第一会议室召开了北京市软件正版化工作会议，研究部署了推进企业使用正版软件工作，软件正版化联席会议各成员单位、各区县软件正版化领导小组主管领导共30余人参加会议。王野霏代表北京市软件正版化联席会议办公室回顾了2008年以来北京市软件正版化工作的整体情况，分析了当前所面临的形势和工作任务，并对下一步的工作内容和工作重点做了部署。北京市经济和信息化委员会副主任俞慈声结合国产软件在推进企业软件正版化工作中的作用，介绍了提升企业信息化水平和提高国产软件使用率的经验。北京市市政府侯玉兰副秘书长对企业软件正版化工作提出了具体要求。要求各部门、各区县要从提高自主创新能力、实施知识产权战略的高度认识软件正版化工作，企业软件正版化工作牵涉面广、情况复杂，特别是2009年又遇到国际金融危机，扩内需、保增长的形势仍很严峻，在这种情况下，如何做到既完成国务院对于企业软件正版化的工作要求，又通过软件正版化工作提升企业的信息化水平、为企业增产增收服务，必须高度重视、认真调研、周密部署、相互配合，做好企业软件正版化工作，为将北京市率先建成创新性城市贡献新的力量。9～10月，北京市对纳入2009年企业软件正版化工作范围的100家企业进行了软件资产管理和版权知识培训，并组织相关企业开展了自查自纠工作。

三、积极培育社会诚信意识，不断推进“正版产品示范体系”建设工作深入开展

按照一手抓打击治理，一手抓宣传教育，既查处侵权案例，又组织示范引路，坚持疏堵结合的工作思路，在前几年开展工作基础之上，2009年以来，以巩固已有成果，确保挂牌“正版产品销售示范单位”诚信经营为重点，在全市版权产品销售领域中继续开展了“正版产品销售示范单位”评选工作。北京市版权局统一组织了两次集中动员，各区县文化委员会针对辖区内版权制品销售单位，采取多种形式进行了广泛宣传动员，进一步提高了版权业界参与、申报“正版产品销售示范单位”积极性、主动性。截至2009年10月底，全市累计已有402家有规模、有影响的图书、音像销售单位被评为北京市“正版产品销售示范单位”。“正版产品示范体系”建设工作，为北京市民购买使用正版产品，提供了放心可靠的购物场所，提高了市民版权意识，在首都文化市场弘扬了正气，规范了市场秩序，挤压了盗版制品市场空间。

四、着眼服务网络产业繁荣，积极参加了首都网络相关重点企业调研

根据北京市领导指示，7月份，参加了由北京市科委牵头，市科委、文化局、新闻出版局、工商行政管理局、中关村管委会、文化行政执法总队等部门组织的首都网络相关重点企业调研，先后深入搜狐、新浪、百度等 8 个知名网络企业，围绕数字时代如何促进现代网络企业繁荣发展进行了全面调查研究，就优化企业发展环境，特别是加强网络环境下数字版权保护工作，规范数字版权传播秩序，先后撰写出了 6 份版权管理部门意见建议，为政府相关部门制定“一企一策”提供了参考。

五、加强版权贸易工作指导，促进版权产业发展

根据《北京市“十一五”时期文化创意产业发展规划》及《2009 年北京市文化创意产业重点工作安排》，结合北京市文化创意产业实际，着眼长远发展，围绕制定北京市鼓励版权输出相关政策，指定专人负责，先后深入北京地区多家出版发行单位及版权代理等社会中介组织，进行了广泛调研，并两次召开了专家研讨会，在反复讨论修改基础上，向北京市文化创意产业领导小组办公室，上报了“北京市鼓励版权输出若干政策”建议。此外，通过组织输出图书优秀书目评审筛选、版权贸易“双十佳”单位(个人)评选以及组织出版发行中介代理机构积极参加北京国际图书博览会、法兰克福国际书展、海峡两岸图书交易洽谈会等国内外著名版权交易活动，使北京地区版权贸易在全球金融危机影响下，取得了新的发展。

六、搭建公共服务平台，提高公共服务水平，版权登记量迅速增长

为促进国内版权与国际版权的合作交流，畅通版权交易渠道，为广大著作权人、版权经理人和社会公众提供一个版权资源信息发布、检索、展示平台，2009 年，扎实推进了北京版权资源信息中心项目建设，该平台现已搭建完成并顺利通过初次验收。为整合版权资源，提高版权产业服务水平奠定了基础。2009 年，北京版权保护中心共完成作品自愿登记 303 525 件；版权合同登记共 8298 项，其中北京地区图书(期刊)出版单位引进版权 8018 项，涉外电子出版物和计算机软件著作权合同登记 280 项。北京计算机软件登记中心共完成软件著作权登记 6871 件，有效帮助了软件企业享受增值税退税优惠政策落实，并促进了软件产业实现销售收入的增长。

七、开展构建北京著作权调解体系的政策调研工作，进一步加大版权调解的力度和影响

鉴于当前著作权纠纷激增，法院不堪负重，著作权民事案件审理大量积压的实际情况，为最大限度地发挥版权调解成本较低，程序简单，方便快捷的优势，缓解司法机关的压力，保护权利人的合法权益，化解纠纷，平息矛盾，维护社会和谐，2009 年北京市版权局经与法院系统积极沟通，拟在北京地区建立一个由政府版权部门牵头，法院、版权保护协会和权利人组织等直接参与，并聘请专家学者参加的“北京著作权调解中心”。对重点行业、重点地区、热点案件加大著作权纠纷的调解力度。以着力解决一些重大问题、热点问题为突破口，希望在音乐作品、视频作品的链接、收看、下载问题上推动唱片公司、影视公司以及权利人组织与百度、优酷、中搜等搜索引擎和资源共享网站的谈判取得成果，使版权调解工作上一个新台阶。先后召开了 4 个研讨会，并走访了一批权利人组织和网络企业，并与司法机关和有关方面达成共识。12 月，北京市版权局收到上海世博会组委会事务协调局的电函称，北京王府井商业街一食品销售亭在做“五谷道场”广告中，涉嫌侵犯了上海世博会中国馆建筑外观设计的著作权，要求停止侵权，消除影响，北京市版权局及时与王府井地区管委会联系，实地查看情况，仅在一周内，就协调商户拆处了涉嫌侵权的建筑外观设计，更换了新内容，有效维护了上海世博会中国馆建筑外观设计的著作权，赢得上海世博会组委会的赞誉。2009 年，已受理调解案件 16 起，目前已结案 15 起。

八、积极开展网络侵权信息监控，启动重点版权企业护航工程，构筑首都北京版权保护工作的新格局

从 2008 年下半年起，北京市版权局对搜狐、央视国际、金山等一些新媒体和新技术企业以及 IFBI、MPA 等权利人组织进行了走访和调研，听取他们的意见和要求，为他们量身定做版权保护方案。2009 年，北京市版权局和搜狐公司合作，积极开展网络侵权信息监控工作，对优酷、KU6、一听、天线等 30 家音乐和视频网站进行了跟踪调查，形成了对这些网站涉及侵权情况的专题调查报告。在这些专题调查报告中，涉及资源共享视频网站的专题调查已报国家版权局进行专题研究。有的网站已被列为 2009 年全国打击网络侵权盗版专项行动的查处专案，有的已被作为重点刑事案件移送公安机关。北京市版权局还积极帮助金山和 IFBI 制订版权保护方案。通过对重点企业、重大活动的著作权保护的“护航工程”，推动北京版权保护工作迈上了一个新台阶。

（北京市版权局　版权处）

司法工作

北京市法院从全面贯彻落实国家知识产权战略、优化自主创新司法环境的总体要求出发，紧密结合北京知识产权审判工作实际，改革和完善知识产权审判体制和工作机制，加大知识产权保护力度，切实发挥知识产权审判职能，审理了一批有影响的专利、商标及不正当竞争案件，努力减弱和化解国际金融危机带来的不利影响，为促进科技创新、推动品牌经济发展和营造公平竞争的市场秩序作出了贡献，使知识产权审判工作真正服务于经济社会发展大局，全面提升知识产权司法保护效能。

一、统一部署，全面协调，做好首都知识产权司法保护工作

（一）加大知识产权保护力度，审理好各类知识产权案件

2009 年，北京市法院知识产权庭共受理各类一审知识产权纠纷案件 6262 件，同比增长 31.9%；审结一审案件 6115 件，同比增长 35.9%；北京市高、中级人民法院知识产权庭受理各类二审知识产权纠纷案件 1448 件，同比下降 18.1%；审结二审 1424 件，同比下降 18.4%。收结案数量继续位居全国前列。较为出色地审结了各种涉及专业技术问题的专利、计算机软件著作权等案件，维护权利人合法权利，促进技术使用和传播，审理的疑难复杂和涉及各种新情况、新问题的案件引起了广泛的社会关注。如涉及花博会、奥运场馆、“清水朝阳”工程的专利侵权案，涉及半亩园、恭王府、神州数码、蓝带啤酒、中石化的商标侵权案，哈尔滨秋林商标行政案，雪莲不正当竞争案等。

（二）完善审判机制，建立更加完整的审判格局

切实贯彻落实《国家知识产权战略纲要》（以下简称《纲要》）和最高人民法院《贯彻实施国家知识产权战略若干问题的意见》，按照最高人民法院的统一部署积极落实《纲要》。(1)专利、商标等授权确权类知识产权行政案件的统一审理问题得到解决，根据最高人民法院法发(2009)39 号《关于专利、商标等授权确权类知识产权行政案件审理分工的规定》精神，市高级人民法院结合北京市知识产权审判工作实际，及时制定《北京市高级人民法院关于执行〈最高人民法院关于专利、商标等授权确权类知识产权行政案件审理分工的规定〉的意见》，明确了专利、商标等授权确权类知识产权行政案件审理分工，为审判工作及时有效开展，创造了条件。北京第一中级人民法院迅速从行政庭抽调了 12 名同志充实到知识产权庭工作，目前已组建 8 个专业合议庭，全庭总人数达到 54 人，北京市高级人民法院充实审判力量的工作也即将完成。(2)适当增加受理一般知识产权民事案件基层法院工作顺利完成。2009 年为适应北京市知识产权审判的需要，经最高人民法院授权，先后在石景山区、昌平区、崇文区、宣武区法院成立知识产权庭，由此形成北京市法院“三级法院，十二个知识产权庭”的新格局，知识产权审判组织结构更加合理。同时，北京市高级人民法院还对 2007 年成立的东城区、西城区、丰台区法院知识产权庭的审判工作进行了全面检查，以促使基层法院知识产权庭提高审判质量、加强审判工作。(3)健全知识产权多元纠纷调解机制，在总结朝阳区、海淀区法院相关经验的基础上，北京市高级人民法院于 11 月 3 日，代表北京市法院与中国互联网协会网络调解中心正式建立委托调解机制，产生了良好的社会反响。(4)积极探寻技术类案件解决途径，采取多种措施，解决专业技术问题。通过专家咨询、技术鉴定、技术专家陪审员共同审理案件等途径克服技术障碍，并鼓励当事人聘请具有专门知识的人员出庭说明专业技术问题；据此判定涉案高新技术能否构成司法保护的对象；对于依法应当保护的高新技术，如商业秘密、技术秘密，依法予以支持，同时，对于侵犯他人高新技术知识产权的行为、单位和人予以判罚。

（三）围绕“确保当事人打一个公正、明白、便捷、受尊重的官司”的目标，树立首都知识产权审判的良好形象

1. 加强对案件的交流和研讨，了解信息，广泛听取意见

北京市高级人民法院成功举办了全市法院知

识产权“精品案件”交流会，东城法院组织召开了“特许经营案件法律问题研讨会”，朝阳区法院组织召开了“特许经营案件法律问题研讨会”和“晚会法律问题研讨会”，多位知识产权法学专家、行业内人士及北京市法院各知识产权庭法官均出席了研讨会；海淀区法院联合北京民营科技实业家协会共同主办以“构筑企业战略高点，助力社会和谐建设”为主题的中关村企业发展与知识产权保护论坛，来自北京法院系统、北京民协、科协、中国社科院等单位的代表近百名代表就诉讼中引入行业调解、数字时代的版权保护、权利人维权意识和维权方式等问题进行了多角度的探讨。

2. 自觉接受人大、社会监督

北京市高级人民法院、中级人民法院、西城区法院、朝阳区法院、石景山区法院等邀请人大代表、相关行业代表旁听知识产权案件庭审和视察并进行座谈征求意见；西城区人大常委会专门听取了西城区法院关于知识产权审判工作的专项报告。北京市高级人民法院、中级人民法院和部分基层法院分别与影视著作权人、网站经营者、特许经营业者、KTV 经营业者代表等举行了座谈，充分听取他们对知识产权司法保护的意见和建议，虚心接受知识产权相关行业协会和广大群众的监督。

3. 积极开展法制宣传工作

配合最高人民法院开展了 2009 年知识产权宣传周活动，北京市高级人民法院参加市新闻办组织的“北京市知识产权保护状况新闻发布会”，对外公布了 2008 年“十大知识产权典型案例”，在高级人民法院首次通过互联网文字直播了专利侵权案件，与科技部《科技与法律》杂志合办“审判前沿”专栏，展示北京法院知识产权法官的业务水平。各级法院知识产权庭结合审判实践开展的宣传工作有声有色。在“4·26 日世界知识产权日”宣传周期间，各级法院集中开庭、宣判了一批有影响的案件，参与了报纸、电台等媒体的知识产权法制宣传报道，均取得良好的社会效果，为培育良好的知识产权法治环境和文化环境作出了积极贡献。东城区法院进行了北京市法院知识产权案件首次视频直播，完成 9 次网络文字直播，结合“中医药文化与知识产权保护”主题，在首届地坛中医药健康文化节上开展法律咨询活动；东城区法院送法进企业，组织法官为科学出版社 170 多名中层主管和编辑代表讲授了题为“与出版有关的法律问题”专题讲座，从行业自律、行业发展等方面给予了讲解，取得了良好的法律效果；送法进校园，法官担任中小学法制校长，将中学的法制课内容扩大到与知识产权相关的法律知识，为地安门中学学生专题讲授了“知识产权法律概况”，从青少年开始培养尊重知识产权的意识，积极发挥法制校长的作用。海淀区法院民五庭庭长宋鱼水担任审判长审理的案件有来自社会各界的上百名群众和高校学生进行了旁听。丰台区法院党支部与二中院知产庭党支部联合开展“走进科技园区，促进创新发展”主题党日活动，与丰台科技园区管理委员会相关工作人员进行座谈，在了解园区整体情况的基础上，结合知识产权庭审判工作的特点，为企业在如何实现商标保护品牌，如何应用专利申请保护以及企业非常关注又亟待解决的商业秘密保护问题等方面提供了建议，为企业通过知识产权保护促进自身发展指出了道路。

4. 积极开展调研，统一执法尺度

高级人民法院《关于审理网络著作权纠纷案件的调查研究》重点调研课题顺利开展，起草了相关规范性意见（征求意见稿），广泛征求了相关领域的意见和建议。还针对外观设计专利侵权判断、统一知识产权民事案件级别管辖标准、音像制品著作权案件损害赔偿、反垄断民事案件的管辖和收案范围等多个难点热点问题进行专题调研。北京市高级法院对知识产权审判中涉及的专业领域进行了调研，并正在确定重点领域、了解相关领域中专业人员的情况，逐步推进建立“知识产权咨询专家库”工作。北京市高级法院委托专业软件公司，开发了 2006～2008 年知识产权裁判文书光盘，其中涉及 1 万余篇裁判文书，并具有较强的查询检索功能，极为便于审判人员的查阅，还编辑出版了《知识产权经典判例（四）》。北京市一中院总结商标行政案件审判经验，将 2007～2009 年上半年所有撤销商标评审委员会裁决的案件进行了专题调研，针对案件涉及的不同法条和争议问题，分门别类地进行了整理归纳，形成了 2 万余字案例丰富、观点翔实、图文并茂的调研报告。北京市第二中级人民法院总结特许经营案件审判经验，与商务部等相关行政主管部门进行座谈，了解立法部门的相关立法本意，在此基础上，形成了关于特许经营合同纠纷案件审理中的法律问题的调研报告，对于审判实践中经常遇到的法律难点问题进行了系统的理论梳理，对日后此类案件的审理奠定了基础。朝阳区法院承担重点调研课题之一《探索建立知识产权立体保护机制的调研》工作，在充分调研的基础上，提出了知识产权案件统一受理模式具体方案和建议。

5. 北京市高级人民法院进过认真研究，针对著作权重复转让或授权而引起的纠纷、影视作品权属证据、涉及未经行政审批的影视作品著作权纠纷等疑难问题下发指导性解答

针对审判实践中经常遇到的类似民事案件损害赔偿数额差异较大影响司法权威、网络著作权案件中确定相关行为性质存在较大争议等问题，北京市第一中级人民法院进行深入调研，出台了《侵犯著作财产权或邻接权赔偿参照标准》和《网络著作权案件审理指导意见》，下发各合议庭和辖区法院参照执行。

二、各院知识产权庭采取多种手段，积极开展各具特色、丰富多彩的主题实践活动

北京市第一中级人民法院努力完善专家陪审员制度，解决专业技术问题。在2009年审结的397件涉及专利技术的民事、行政案件中，专家陪审员参与审理了322件，参与率达81.1%。专家陪审员的作用不仅体现在上述数字之中，更在以下方面发挥了不可替代的作用：(1)专业技术优势促成矛盾纠纷及时化解；(2)共同的技术语言，让当事人感受到陪审员的亲和力；(3)拓宽法官知识面，使裁判文书说理更自信、更充分。

2009年，北京市第一中级人民法院审理了大量疑难、新类型案件，如审结首起反垄断诉讼、首起垂直搜索服务案、首起证明商标确权诉讼、首起地理标志确权诉讼、北京谷歌不正当竞争案、网电博通域名系列案。

北京市第二中级人民法院创新审判模式，着力提高技术类知识产权案件审判效率和质量，获得当事人、新闻媒体和社会公众广泛好评。"三人技术组、五人合议庭"审判模式，旨在以"集中技术类案件审判人员资源"为核心的司法资源集中的方式，给破解技术难题"下猛药"，从根本上打破制约技术类案件审判效率和质量的"瓶颈"。这种尝试和创新，在全国知识产权审判工作中尚属首次。

与传统做法相比，"三人技术组、五人合议庭"模式具有以下四个特点和优势：一是技术组三名人员集中解决技术问题，缩减了技术问题解决的周期，确保技术类案件当事人拥有的不再是"迟来的公正"；二是技术问题审理与非技术问题审理分离，提高了正式庭审的效率，解决了以往技术问题大量占用庭审时间又效果不佳的问题；三是技术组三名人员集中解决技术问题，提高了认定的准确性，进而提高了此类案件的审判质量；四是"二次合议形成处理意见""二次核改签批裁判文书"模式有助于案件的准确认定和裁判文书质量的提高。

经过近一年的尝试，民五庭应用"三人技术组、五人合议庭"模式审理了39起疑难复杂的技术类案件，并大大缩短了平均审理时间。同时，应用该模式审理的案件无一件被改判发回，取得良好效果。

《人民法院报》《北京青年报》《北京日报》《北京晚报》《法制晚报》《中国知识产权报》，北京人民广播电台、人民法院网、千龙网等媒体对该审判模式进行了报道，并给予了积极的评价。

东城区法院立足区位特点，延伸审判职能，开展系列活动，创新司法服务方式。东城区法院首倡并联合中关村科技园区雍和园管理委员会、东城区知识产权局共同启动"知产雍和行"大型法律服务活动，对区属范围内的文化创意产业、新兴科技产业、老字号经营涉及的相关知识产权法律需求提供及时的指导。"知产雍和行"从2009年6月一直延续到9月，包括走访旧鼓楼大街、南锣鼓巷、歌华大厦等，与相关企业进行知识产权法律座谈，进行法制宣传，建立网上知识产权法官工作室，组织企业聆听法官讲堂、旁听案件审理等多项内容。通过走访国际版权交易中心、走访科技和文化创意企业，如北京光线传媒有限公司、北京悠视互动科技有限公司等高科技类、文化创意类、互联网类重点企业，通过对话"稻香村"和"吴裕泰"等老字号传统文化企业，通过建立人民陪审员信息库、搭建互联网络民意沟通平台等，进行法治宣传，发挥知产审判服务区域经济发展的作用。通过与东城区科委沟通，东城法院在社会调查、数据统计、个案分析等多环节的调研论证，初步形成了《东城区知识产权保护现状调研——从司法的角度考察》调研报告，为区域经济科学发展提供了司法指引。通过邀请来自司法、行政、学术、协会等各方人士，成功举办了"发挥司法能动性，联合促动商业特许经营行业良性发展"研讨会，以对案件的调研为基础，对建立联合研讨机制，促进知识产权相关行业的发展。

西城区法院不断完善知识产权审判规范，提出了"认真接待每一位来访，认真开展每一次庭审，认真制作每一篇裁判文书"的要求，力求使知识产权庭审理的每一起案件都能办成精品案件，

每一份法律文书都是精品文书，以公正裁判树立司法权威，彰显人民法院和优秀法官的良好形象。全年共收到当事人赠送的锦旗8面，表扬信十余封。同时重视调解工作，全年调解或者经调解当事人撤诉的有287件，占全部结案的70.2%，调解结案案件当事人亦能全部自动履行，无一进入强制执行程序。

朝阳区法院发挥多元调解机制作用，能调则调，当判则判，积极应对涉及网络知识产权纠纷案件的迅速增长。

2009年4月与中国互联网协会调解中心搭建多元调解平台，委托其调解涉及互联网纠纷的案件。多元调解机制中的互联网协会通过发挥自己的行业优势和技术特长，能够协助法院更好地保护知识产权权利人的利益、为促进网络知识产业的发展作出自己的贡献，同时对于落实国家知识产权战略也发挥了很好的推动作用。

针对网吧侵犯影视作品权利类案件多为群体性诉讼的特点，朝阳区法院积极创新思路，采取"点面结合、个判促群调"的审理思路做好矛盾化解工作。积极开展调解和解工作，以被侵权作品为标准合并审理相关案件，开展"面式"调解，通过成功调解单个作品案件，带动涉及该作品的所有案件的调解和解工作。同时，对网吧公司进行逐个谈话，积极寻找调解切入点，通过调解一个网吧公司的案件，促使形成"一调众调"的局面。对于个别无法通过调解解决纠纷的案件，则在查明事实的基础上，及时以判决方式解决纠纷，通过判决先例作用推进相关案件调解工作的开展。

通过审理多起搜索引擎竞价排名服务实施不正当竞争行为的案件，规范市场竞争行为，促进平等竞争，营造有利于公平竞争的市场秩序。

海淀区法院与中关村海淀园纪工委合作，双方精心遴选了五个具有代表性的知识产权审判案例，制作成动漫宣传片，发放到园区企业，以生动活泼的形式提高企业领导者和企业员工的知识产权司法保护的意识；2009年11月25日，中关村科技园区海淀园管委会组织30余家海淀园高新技术企业代表到海淀法院旁听了知识产权案件的庭审。与北京民营企业家协会建立了长期的合作关系。2009年的合作主要体现在两个方面：一是合作开展了一系列五期"商业·法律知识产权沙龙"，由五位北京民营企业家协会的资深企业家主讲，并与法官就经营中遇到的知识产权问题进行面对面的交流；二是吸纳一批具有技术、经营经验的企业家为特邀调解员，参与案件的审理及调解工作。

丰台区法院受理的特许经营合同纠纷案件收案量位居北京市法院前列。围绕此类案件，丰台区法院法官通过做客北京人民广播电台节目与广大听众共同探讨特许经营纠纷的问题，向广大听众讲述特许经营行业的现状，以及容易产生纠纷的节点，在提醒公众提高风险意识的同时，以审判促进整个特许经营行业健康、有序发展。

新成立的知识产权庭积极行动，石景山区法院充分发挥司法的能动作用，做好纠纷的事前预防工作。2009年7月份，该庭与区政府法制办、科委、知识产权局、中关村科技园石景山园管委会联合召开会议，通报法院受理的知识产权案件情况，进一步加大与相关部门的协作力度，共同搭建信息平台。石景山区法院先后两次到高科技园区与园区管理部门进行座谈，并在10月份参观了高科技园区的两家骨干企业，了解数字娱乐企业的运营情况及在实践当中遇到的法律问题。11月份，还派出一名法官赴中关村科技园石景山园，利用"园区讲堂"这一平台，为20余家互联网企业送上了一堂"关于网络著作权司法保护"的法制讲座，引导企业规范经营，树立尊重他人知识产权的良好意识，为建设和谐科技园区做贡献；崇文区法院在审判实践中，积极落实调解工作，调撤率100%，调解即时履行率100%。

（北京市高级人民法院知识产权审判庭）

检察工作

2009年，北京市检察机关立足服务首都经济建设，努力提升检察干警办理侵犯知识产权案件的法律监督能力和水平，不断强化行政执法与刑事司法相衔接工作的力度，立足检察职能，依法保护知识产权，为知识产权战略纲要的实施，首都社会发展和经济繁荣提供了强有力的保障。

一、依法严厉打击侵犯知识产权犯罪

北京市各级检察机关充分发挥检察职能作用，与行政执法机关、公安机关等部门密切配合，依法及时批准逮捕、起诉涉嫌侵犯知识产权的犯罪分子。据统计，2009年北京市各级检察机关共受理提请批准逮捕涉及侵犯知识产权犯罪案件235件313人，批准逮捕224件285人，共受理起

诉涉及侵犯知识产权犯罪案件317件444人，起诉306件427人。

二、认真调查调研，掌握侵犯知识产权犯罪案件情况

侵犯知识产权犯罪是发生在经济领域的一种多发性犯罪，在近年来办理的破坏社会主义市场经济秩序类案件中始终占有稳定数量。北京市海淀区人民检察院经调查研究作如下分析：侵犯知识产权犯罪案件的行为主体大多数是无照个体经营户，外来人员多，文化程度普遍偏低。从侵犯知识产权犯罪案件的犯罪对象来看，假冒、盗版商品覆盖面广，涉及中高档消费品、办公用品、文化娱乐产品等，主要包括电脑、手机、数码相机等电子产品整件及配件，硒鼓、墨盒等打印机耗材，烟酒，服装，图书，音像制品等。其中，因为中关村科技园区拥有太平洋、E世界、鼎好、科贸等众多大型电子市场，系电子产品流转集散地，故涉及电子产品整件、配件的案件较为多发，在制售假冒注册商标商品案件中占多数。被假冒的多为国内外知名品牌产品，常见有思科、惠普、索尼、三星、安普、康普、茅台、五粮液、中华等。从侵犯知识产权犯罪案件的犯罪手段来看，营销方式包括组织公司销售、设立门店销售、租赁市场摊位销售、街头流动销售、上门推销、电话推销等多种方式，随着计算机的日益普及和互联网覆盖范围的扩大，设立网上店铺这种新型方式也逐渐增多，家庭式经营及家族式经营在共同犯罪中占有相当比例。犯罪分子一般采取下列手段制售假冒商品，从广东、浙江等南方省市购进假货（主要是电子产品），冒充正品加价销售，从本地批发市场购进杂牌货物（主要是烟酒、服装），换贴知名商品的商标，冒充知名商品进行销售，回收废旧品（主要是打印机耗材），重新灌装墨粉后冒充原厂产品销售，将走私进口的水货（主要是电脑）改装、更换配件，冒充行货销售。从侵犯知识产权犯罪案件的危害后果来看，一般侵犯知识产权犯罪案件涉案金额较大，除了销售柜台以外，犯罪分子一般都设立仓库，囤积大量假冒货物，这些货物按照正品市场中间价格计算，高达数十万元甚至数百万元人民币，假冒货物除了流向本地电子批发摊位，还通过物流公司发运到全国各地，甚至远销到海外。

经分析侵犯知识产权犯罪案件主要有以下几个原因：一些不知名的小企业在市场竞争中处于不利地位，无力开发自己的产品，又急功近利，因而假冒他人的知名商标，盗版他人著作，假冒他人专利，非法获取和使用商业秘密，严重扰乱了市场竞争秩序，侵犯了他人的知识产权。假冒商品品牌号召力强，进货成本低，利润空间大，刺激了不法商家追逐金钱的本能欲望，导致假货市场泛滥。甚至一些正规经销商也禁不住利益驱使，在经营正品货物的同时兼卖假冒产品。北京市海淀区大型电子、服装批发市场比较多，各个摊位营利模式、经营观念基本趋同，有一家摊位经营假冒商品，其他摊位就会纷纷效仿，甚至摊位之间相互买进卖出，互为货源支持，相当比例的假冒注册商标及销售假冒注册商标的商品案件就发生在这些市场内。从商家到消费者的知识产权观念淡薄，导致此类犯罪屡打不止、屡禁不绝。相对于人身权利和财产权利，“知识产权”的概念比较抽象，群众的认知程度偏低，虽然近年来我国不断出台知识产权保护方面的法律法规，但人们在观念上还是很难将之与违法犯罪联系起来。有些消费者是在受蒙蔽的情况下买到假货，但绝大部分是明知是假货而购买。北京市海淀区人民检察院办理的大量侵犯知识产权案件中，绝大部分是因为被假冒厂商的知识产权代理公司向公安机关提供线索而案发，只有极少数是因为消费者举报而遭查处。

北京市海淀区人民检察院认为预防、打击侵犯知识产权犯罪，应加大对中小企业的技术支持，鼓励中小企业自创品牌，降低中小企业产品成本，提高产品质量，让名牌仿冒品为中小企业产品腾出市场。加大知识产权保护方面的宣传力度，尤其是商标局、烟草专卖局等行政主管部门，除了做好日常的执法稽查工作以外，还有必要在科技园区等案件多发地带开展定期宣传讲解，增进商家及消费者对知识产权相关法律的了解，以实际案例教育商家及消费者遵纪守法，拒绝假货。加强对大型市场摊位出租、临街平房出租、物流公司货物承接等相关环节的监督管理，规范、完善登记、检查制度，阻断仿冒品的生存空间和流通渠道。重点规范整顿大型电子市场，建立健全行政执法机关和刑事司法机关的行政执法与刑事司法衔接机制，确保涉嫌犯罪案件及时移送司法机关立案查处。加强行政执法机关、刑事司法机关的跨区、跨省合作，查堵犯罪源头，控制假货流向，形成打击侵犯知识产权犯罪活动的合力。

三、完善行政执法与刑事司法衔接工作制度

为调动行政执法机关向刑事司法机关移送包括侵犯知识产权在内的涉嫌犯罪案件线索和向检察机关提供开展立案监督线索的积极性，北京市各级检察机关以加强与行政执法机关联系为工作重点，努力延伸工作触角，变刑事立案监督的事后监督为事中监督，不断探索、深化工作制度。为使行政执法中发现的包括侵犯知识产权在内的涉嫌犯罪案件能够在行政执法环节和刑事司法环节顺畅移转，防止出现行政执法环节应当移送而不移送和刑事司法环节应当立案而不立案的现象，北京市检察机关紧紧围绕行政执法与刑事司法衔接工作中的三个接点完善工作制度。

围绕行政执法机关与检察机关衔接点，完善与行政执法机关的联席会议和信息共享制度、查询案件制度。定期召开联席会议，相互通报查处行政违法案件、移送涉嫌犯罪案件、公安机关受理立案、检察机关开展立案监督工作、重大疑难复杂案件等情况，实行行政执法与刑事司法机关信息共享。北京市各级检察机关努力挖掘潜力，积极寻找突破口，以与行政执法机关建立联席会议制度等工作机制的形式，解决获取行政执法信息渠道不畅通、信息滞后等问题。

互相通报查处包括侵犯知识产权在内的行政违法案件情况，移送包括侵犯知识产权在内的涉嫌犯罪案件情况，公安机关受理并立案情况，开展立案监督工作情况，重大、疑难、复杂案件情况等，实行行政执法与检察监督的信息共享。对于检察机关自行发现的认为行政执法机关应当移送而未移送的包括侵犯知识产权在内的涉嫌犯罪案件，建立案件查询制度。

完善移送包括侵犯知识产权在内的涉嫌犯罪案件的检察抄备审查制度。行政执法机关向检察机关抄送《行政处罚决定书》和《涉嫌犯罪案件移送书》后，检察机关立即组织专人进行审查，对包括侵犯知识产权在内的涉嫌犯罪但尚未移送的案件以《应当移送涉嫌犯罪案件意见书》的方式提出移送建议。

完善对公安机关受理、立案环节的监督制度。北京市人民检察院调整考核指标，将行政执法机关抄送的案件纳入立案监督工作考核范围，要求检察机关对在一定期限内没有作出是否立案决定的案件也作为立案监督案件办理，防止相互推诿，延误取证。

为防止有案不送、有罪不究、包庇纵容犯罪现象的发生，北京市各级检察机关将发现、移送和配合查办渎职侵权职务犯罪案件线索作为作好行政执法与刑事司法相衔接工作的重要内容。

四、协调建立统一的工作机制，指导行政执法与刑事司法衔接工作规范运行

积极推动和主导行政执法与刑事司法衔接工作机制建设，是检察机关当前自身科学发展的一个契机。现阶段整顿和规范市场经济秩序办公室的机构设置发生了变化，北京市人民检察院一直努力寻求新的常设机构并与之建立统一、完备、高效的工作平台，北京市人民代表大会常务委员会为推进此项工作的进展组织了专题调研。在平谷区人民检察院推动下，平谷区委制定并下发了《平谷区行政执法与刑事司法工作衔接联动监督工作方案》，成立平谷区衔接联动监督工作领导小组，领导小组成员单位包括平谷区政法委、区公安分局、区检察院、区人民法院、区政府法制办公室以及相关行政执法机关，由平谷区委副书记担任组长，区委常委、常务副区长和区委常委、政法委书记担任副组长，领导小组下设办公室，地点设在平谷区人民检察院。细化了各单位职责分工，平谷区委政法委负责组织协调工作，区公安分局负责对线索初查，不予立案的，及时通知行政执法机关，在办理行政执法机关移送的重大、复杂、疑难案件过程中，可邀请检察机关提前介入，在办理治安行政违法案件中发现的涉嫌犯罪案件应及时向检察机关抄备。平谷区人民检察院负责对行政执法机关和平谷区法制办抄备的线索审查，通过《检察意见书》《要求说明不立案理由通知书》《通知立案书》等形式开展立案监督，同时履行领导小组办公室职能，平谷区人民检察院负责查处违反规定不移送案件线索、徇私舞弊、贪赃枉法等职务犯罪案件。平谷区人民法院负责将判决结果反馈人民检察院。平谷区政府法制办公室负责定期向人民检察院通报行政案件检查情况，发现涉嫌犯罪线索督促行政执法机关移送公安分局查处，并向人民检察院通报，必要时要求行政执法单位提请检察机关立案监督。行政执法机关要将行政处罚案件在作出决定后 7 日内向检察机关抄备，在行政执法中发现的刑事犯罪线索，必须立即移送公安机关，同时向人民检察院抄备，如认为公安机关不立案理由不能成立的，提请人民检察院立案监督。并建立完善了七项工作制度，一是建立提前介入

制度，公安机关、人民检察院提前介入正在查处的行政违法案件，对证据收集、固定、完善等提出意见和建议。二是建立移送案件抄备制度，行政执法机关查办行政违法案件中，发现涉嫌刑事犯罪，在向公安机关移送的同时，当日制作《移送案件抄备函》，连同《案件移送函》复印件抄送人民检察院。三是建立审查意见反馈制度。人民检察院收到抄备材料后，应当在7日内对是否符合追诉标准进行审查，并制作《涉嫌犯罪案件抄备审查意见函》，通知行政执法机关。四是提请立案监督制度，行政执法机关对公安机关无正当理由不予受理、超过立案期限未作出是否立案、不立案、立案后又撤销案件有异议的，可连同公安机关违反立案规定的有关书证，出具《提请人民检察院开展立案监督函》，直接提请人民检察院立案监督。五是建立案件督办制度，对于北京市人民检察院和市级行政执法机关或联合督办的涉嫌犯罪的移送案件，区人民检察院与区行政执法机关应当及时汇报工作进展情况。六是建立信息联络制度。七是建立定期会商制度。领导小组每年年初召开年会，区委政法委、区公检法机关、区法制办、行政执法机关建立经常性工作联系制度。

（最高人民检察院侦查监督厅）

天津市

专利工作

一、概况

2009年，天津市专利申请19 187件、授权7216件、有效专利20 515件，同比分别增长10.1%、9%和18.5%，其中发明专利申请6578件、授权1793件、有效发明专利4919件，同比分别增长7%、22.6%和25.7%。全年专利申请位列全国第十，比2008年提升一位，授权专利继续位居第八。天津市累计专利申请12.4万件，发明专利申请突破4万件，专利授权4.9万件。滨海高新区成为全国知识产权示范创建园区，和平区、西青区进入全国知识产权强区试点工程。天士力、天津大学成为全国首批企事业知识产权示范单位，金锚集团等22家单位被列入全国专利试点，171家单位列入市级专利试点。2009年6月首次发布的《中国知识产权指数报告》显示，天津市知识产权综合实力和总体水平位居全国第六。

二、开展服务企业渡难关系列活动

组织10支企业服务队，深入100余家知识产权重点企业指导工作，并指导各区县推进中小企业知识产权工作。启动专利试点示范、知识产权执法协作等专项推进工程，为24个项目单位28项市级重大项目提供相关专利信息1.68万条，其中国外专利信息1.02万条。安排专项经费资助企业专利申请，推动458家企业实现专利申请“零突破”，增量相当于过去3年的总和。

三、开展三级专利试点

2009年，新确定的171家市级试点单位和188家区级试点企业共申请专利8749件，占全市企业申请的85%，较2008年增长48.6%。在市级创造类试点企业中，98%的企业建立了知识产权管理制度，67%的企业建立了相关领域专利数据库，70%的企业将知识产权纳入经营决策中。钢管公司“石油天然气开采中深井、超深井石油套管”等6个重大发明专利获中国发明优秀奖，环欧半导体材料技术有限公司“大直径区熔硅单晶制备方法”等25个重大发明专利分别获天津市专利金奖和优秀奖。这些获奖项目累计实现销售收入36.8亿元，利税10亿元，创汇1.3亿元。

四、实施重大发明专利转化工程

通过开展重大发明专利的实施转化试点、推进专利权质押融资和自主创新产品认定等工作，专利技术产业化取得初步成效。炜杰科技有限公司等16家企业重大发明专利转化项目完成投资1.38亿元，销售收入5.6亿元，申请专利139件。与天津市银监局、市科委等合作，在全国率先推出专利权、商标权质押贷款授信免责条款，促成炜杰科技有限公司从大连银行天津分行获得2000万元无中间担保环节的专利权质押贷款。据国家知识产权局抽样调查，天津市2008年授权的1672件发明专利(含PCT专利62件)中587件2009年得到实施转化,其中60.87%为企业的核心专利,获得1000万元以上经济效益的占20%,5000万元以上的占12.24%。2009年,全市实施专利技术7313项,较2008年增加28.4%;专利产品销售收入474.4亿元,利润53亿元,出口创汇4.4亿美元。

五、实施区县知识产权推进工程

各区县知识产权工作形成年初有计划、全年有任务、年终有考核的工作模式。滨海高新区被评为全国知识产权试点示范工作先进集体,累计申请专利8500余项,年专利申请突破2500件,其中发明专利占申请总量的60%以上,24家企业成为市级专利创造类试点单位。和平、西青两区被国家知识产权局确定首批进入国家知识产权强县工程。

六、实施知识产权执法协作工程

深化跨区域、跨省市知识产权执法协作,与河北省签署《津冀知识产权保护合作协议》;与广东、北京等地知识产权执法部门开展协作,打击知识产权犯罪行为;与国家知识产权局和江苏省知识产权局协调解决天津药研院与江苏正大天晴长达三年半的专利权纠纷。与公安局等开展“雷雨”“天网”“朝阳”等专项执法行动,组织全市性知识产权保护与宣传活动,营造浓厚的知识产权保护氛围。年内,调处专利侵权纠纷16起,新立案受理13件,结案11件,行政调处案件结案率84%。

七、制定《天津知识产权战略纲要》

2008年6月国务院出台《国家知识产权战略纲要》后,天津市加快天津知识产权战略纲要的制定工作。2009年5月该项研究通过专家委员会验收,2009年6月《天津市知识产权战略纲要》通过专家委员会咨询论证,2010年1月通过天津市知识产权领导小组全体会议审查,报天津市政府审议。

八、实施知识产权人才培育工程

与天津市委组织部、国家知识产权局人事司和中国知识产权培训中心合作,举办企业和科研院所领导干部知识产权专题研讨班、全国制造领域专业技术人员知识产权高级研修班、全国专利执法培训班等培训活动。全年举办欧洲、美国、日韩等国家和地区知识产权制度专题报告会、百场企业知识产权巡讲等活动123次,培训13 000余人次;开展知识产权论坛、讲座、座谈会近百场,参加人员近3万人。与天津市教委、市科委合作,继续举办青少年科技创新活动和小发明大赛,申请专利1600余项;与天津市经信委、河北区政府合作,开展工业品外观设计活动和外观专利大赛,促进技术与艺术的结合,全年申请外观设计专利4534件。

九、实施知识产权服务体系建设工程

专利信息平台扩充专利信息数据100多万条,企业用户增至100余家,指导44家企业开展知识产权战略研究。成立天津市知识产权维权援助中心,建立12330语音呼叫服务系统平台,受理咨询960余件,转交相关行政部门处理的行政救济案件36件,向外地知识产权执法机构移交案件线索9件。全市专利代理机构增至16家,并全部完成电子申请客户注册。远程视频会晤系统首次启用并获得成功,电子审批系统上线运行的阶段准备工作全面完成。各专利代理机构深入“零专利”企业,开展知识产权宣传普及活动27次,帮助400余家企业申请首个专利,9家专利代理机构共代理外观设计大赛参赛作品申请专利3000多件。

(天津市知识产权局 宁卫红)

商标工作

2009年天津市工商行政管理局按照国家工商行政管理总局部署的工作任务在天津市委、市政府领导下,做了以下几方面的工作。

一、不间断地开展商标法宣传与培训活动

(1)组织天津市工商行政管理局各分局在全市范围内开展“2009商标法宣传月”活动。在全市各新闻媒体刊登宣传稿件20篇,走访企业两千余户,发放宣传材料2万份。

(2)邀请商标局地理标志处领导为天津市工商系统及全市商标代理机构、涉农企业开展了地理标志培训讲座。

(3)为帮助企业应对金融危机,与中华商标协会共同组织了“中国企业走向世界商标战略经验交流会”。

(4)协助国家工商行政管理总局在津成功举办了“欧共体商标和立体商标制度巡回研讨会”。

(5)为钢铁协会、保税区企业等开展商标知识和商标战略实施培训讲座。

通过宣传推动,2009年全市共提出注册商标申请13 000万余件。2009年注册商标新增8200余件;驰名商标增加23件;著名商标新增65件,延续认定著名商标91件;地理标志新增2件。全年向国家工商行政管理总局商标局报送驰名商标申请23件。

二、制定出台《天津市商标专用权质押贷款实施指导意见》

为应对全球金融危机,支持天津市企业积极参与市场竞争,拓宽融资渠道,增强企业竞争能力,进一步发挥商标品牌带动作用。天津市工商行政管理局结合商标监督管理工作实际,已会同中国人民银行天津分行、中国银监会天津银监局共同制定出台了《天津市商标专用权质押贷款实施指导意见》,并在天津日报等媒体进行了宣传。经过广泛宣传与推动,天津市南洋胡氏家具有限公司成为津门第一户以商标专用权质押贷款企业,天津银行为其贷款1000万元人民币。

三、调查地理标志,推动证明商标注册

上半年组织全市涉农分局对辖区地理标志产品进行摸底调查。就宁河"七里海河蟹"等地理标志在注册证明商标的过程中被恶意抢注等问题进行协调,大力宣传商标法律法规,指导当地农产品协会向国家商标局提出异议申请,以尽快使权利人通过正常途径取得商标专用权。另外还积极推动"茶淀葡萄""汉沽对虾""杨柳青年画"等证明商标的注册工作。经过努力,"茶淀葡萄"证明商标现已核准注册。

四、发布《天津市2008年商标发展报告》

在2007年商标发展状况的基础上,针对天津市商标工作状况,编制了《天津市2008年商标发展报告》。报告公布了2008年天津市各区县、农、商及企事业单位的商标数据,调查了解了企业商标使用与发展情况,并根据这些情况对天津市商标工作的发展特点、规律和存在问题进行了全面分析,并提出了下一步工作的建议,为天津市实施商标战略、促进社会经济发展提供了有力依据。

五、加强商标专用权保护工作

全市共查处商标违法案件430件,罚款1 684 200万元,没收、销毁商标标识65 172件,没收、销毁侵权商品62 918件。

六、为企业商标纠纷进行协调

应西青区政府和西青区精武镇政府的请求,就武汉市"精武"鸭脖侵犯西青区企业"精武"商标专用权案件多次向国家工商行政管理总局商标局汇报案件情况,得到商标局的支持。另外还积极协调了"津酒""桂发祥十八街"等商标纠纷,为企业解决了燃眉之急,得到了企业的认可。

七、积极组织天津市企业参加第十届中国西部博览会和第三届中国商标节

经过推荐和评选,在第三届中国商标节上,天津市"狗不理"商标被评为"最具市场竞争力的服务商标";"沙窝"萝卜商标被评为"最具市场竞争力的农产品商标";"小站稻"商标被评为"最具市场竞争力的地理标志";天津市静海县入选"2009商标百强县"。

八、推动商标战略实施工作

贯彻参加国家工商行政管理总局召开的"关于贯彻《国家知识产权战略纲要》大力推进商标战略实施的工作会议"精神,推动天津市商标战略实施工作。本次会议是国家工商行政管理总局恢复建局以来,规模最大、到会领导最多,会议内容最为重要的一次会议,是全国工商行政管理特别是商标工作的一个新的转折点。会上,天津市工商行政管理局高新区分局、宝坻分局等7个单位被评为全国工商行政管理系统商标工作先进集体;李继栋、吴俊清等5位同志被评为全国工商行政管理系统商标工作先进个人。为贯彻国家工商行政管理总局会议精神、充分发挥商标在促进天津经济发展中的作用,天津市工商行政管理局版权处代市政府起草了《关于实施商标战略促进经济发展的意见》《天津市商标发展三年规划》及《天津市推进商标战略实施工作委局际联席会议制度》三个文件,并经过天津市政府第38次常委会审议通过。

九、表彰驰名商标企业

代市政府组织筹备"天津市贯彻落实《国家知识产权战略纲要》大力推进商标战略实施暨驰名商标企业表彰大会"。经过努力,做好会议的各项准备工作,天津市政府于12月15日在天津大礼

堂召集各区县政府主管工商行政管理工作工作的负责人、政府各委办局、天津市驰名商标和申报驰名商标的企业及各工商分局干部700多人召开本次会议。国家工商行政管理总局副局长付双建、国家工商行政管理总局商标局、商标评审委员会主要领导和中华商标协会秘书长来津出席了会议。会上付双建副局长对天津市商标工作取得的成绩给予了高度评价，并对天津市实施商标战略工作提出了几点建议，对天津市商标工作寄予了更大的希望。天津市政府崔津渡副市长夜作了重要讲话，提出了今后天津市商标工作的目标和任务，对天津市今后贯彻落实国务院《国家知识产权战略纲要》大力推进商标战略实施，促进天津市经济快速发展起到了积极的作用。此次大会市政府表彰了2009年上半年认定的11家驰名商标企业，并对驰名商标企业在推动企业实施商标战略，培育壮大自主知识产权，大力争创中国驰名商标工作中所取得的显著成绩予以100万人民币的奖励。

（天津市工商行政管理局）

版权工作

2009年，天津市版权局坚持以科学发展观为指导，认真贯彻落实《国家知识产权战略纲要》，根据国家版权局和天津市委、市政府对版权工作的要求，稳步推进版权法制体系建设，大力开展版权行政执法工作，加强版权宣传教育培训，积极拓展版权对外交流合作，进一步改进管理和服务方式，努力促进文化繁荣与发展，使天津市版权管理工作取得新进展。

一、科学规划，建立健全各项管理制度

（一）制定《天津市知识产权战略纲要》

2009年初，天津市知识产权战略纲要领导小组成立，全市31个部门的领导同志为领导小组成员，在《国家知识产权战略纲要》和《国家版权局关于贯彻国家知识产权战略纲要的实施意见》精神指导下，市版权局会同专利局、商标局等部门共同协作，经过广泛征求各方面意见，邀请专家座谈论证等方式，多次修改、完善最终完成了《天津市知识产权战略纲要》，报请市政府审批（现已发布）。该纲要的制定，不仅完善了天津市知识产权保护的重要举措，而且对促进版权相关产业的发展将起积极推动作用。

（二）逐步形成较为完善的依法行政制度体系

2009年，天津市版权局与天津市新闻出版局结合行政执法工作中的实际情况，制定了《关于在行政执法检查中适用处罚“三步式”的意见》等4项制度，重新修改了《行政执法责任制考核评议办法》3项制度，逐步形成了较为完善的依法行政制度体系。

二、强化版权监管，对侵权盗版保持高压态势

2009年天津市版权局坚持日常监管与专项治理活动相结合，认真履行社会监管职能，依法查处、打击各类损害公共利益的侵权盗版行为，维护正常的社会经济秩序，效果显著。

（一）打击网络侵权盗版专项治理工作

按照国家版权局的工作部署，天津市版权局会同天津市公安局、市通讯管理局召开联席工作会议，制订了2009年打击网络侵权盗版专项治理行动工作计划（方案）。根据工作计划安排，首先，天津市版权局对网站开展宣传教育工作，向他们介绍版权保护的法律、法规与相关政策，宣传治理网络侵权盗版专项行动的意义和内容，布置各个网站首先进行自查自纠工作。同时注意收集案件线索，根据举报线索，对一些涉嫌侵权盗版案件进行追踪调查。其次，天津市版权局对重点网站及重点地区进行主动监管抽查。在天津市的4万多个网站中初步划出800个网站进行观察，又从800个网站中筛选出与版权有关的39个网站，天津市版权、公安、通讯管理三个部门对这39个网站进行联合执法检查，要求其强化版权意识，建立健全各项经营管理措施，规范经营秩序。在这次打击网络侵权盗版专项治理行动中，天津市版权局、公安局、通讯管理局通过不断探索，建立和完善了多部门联合执法和快速反应机制，采取教育和惩罚相结合，日常监管和集中执法相结合的综合治理工作方式，探索和建立了一个科学合理的长效监管机制，对于巩固治理成果，净化网络版权保护环境起到了积极的作用。在这次活动中还首批确定了40家网站为长期监管网站，10月20日至11月10日期间，天津市版权局对重点网站进行了监管抽查，检查结果反映出专项治理行动成果比较明显。

(二)加强图书馆版权保护工作

为了进一步加强对图书馆使用和传播作品行为的管理,更好地发挥图书馆传播知识、传承文化、启迪智慧、保障人民群众基本文化需要的重要作用,加强对天津市各类图书馆进行著作权法律法规的宣传教育,天津市版权局会同天津市文化广播影视局、天津市教育委员会、天津市“扫黄打非”工作领导小组办公室,四部门联合商议、协调行动,向全市及各区、县图书馆,各大、中学校图书馆转发文件,要求他们强化版权保护意识,提高工作管理水平。此次专项行动共分三个阶段进行:首先,要求各个图书馆对照文件要求,做好自查自纠工作;其次,要求天津市各区县版权、文化、教育行政管理部门对各管辖区域内图书馆的作品使用情况进行抽查、检查;最后,天津市各区县有关行政管理部门对本区县图书馆的管理和著作权保护情况汇总上报,并加强对本辖区图书馆著作权保护的日常监管。

(三)积极推进企业使用正版软件工作

天津市版权局是天津市企业使用正版软件推动工作领导小组的牵头单位,在组织协调、督导检查和调查研究工作中,始终坚持把服务放在首位,充分发挥服务平台作用,通过精心策划、热心组织,加强协调,增强了领导小组成员单位的合作,推动了天津市企业软件正版化工作的进展。2009年,天津市版权局会同有关部门制订了全市第二批企业使用正版软件工作实施方案,确定了推进软件正版化的企业名单,并先后组织了三期培训,受训人数达到近500人。在督导检查工作中,天津市版权局还聘请软件专业技术人员参加联合检查组,对重点行业和重点单位进行督导检查,促使大型企业的正版软件使用率明显提高。2009年,天津市40家勘察设计企业、集团公司的CAD软件正版化工作如期完成,推进企业使用正版软件工作取得了阶段性成果。

(四)加强版权日常行政执法

2009年,天津市各级版权行政管理部门坚持日常监管与专项治理相结合,认真履行社会监管职责,依法打击各类侵权盗版行为,维护社会经济秩序,成果显著。在按照国家版权局的部署抓好各项专项行动的同时,还注意加强对软件、背景音乐、书刊等侵权盗版行为的调查处理,对举报线索进行认真调查,及时处理。

为了强化经营企业的版权意识,规范版权经营秩序,营造和谐环境,对侵权问题认识态度较好的单位,版权局在进行宣传教育的同时,还在纠纷当事人之间进行调解工作,2009年市版权局调解版权纠纷10余起,如某软件公司与证券公司因使用盗版软件产生纠纷,经版权局调解后,该软件公司和证券公司双方和解,既有效维护了著作权人的合法权益,更为推进企业使用正版软件工作营造了良好环境。还有对于音著协与某超市背景音乐付酬纠纷的调解,解决问题的同时,也提高了工作人员化解矛盾的能力。

三、创新工作方式,加强版权宣传

(一)开展“4·26世界知识产权日”宣传周活动

4月22日,天津市版权局参加了天津市集中销毁侵权盗版制品活动,共销毁侵权盗版制品及各类非法出版物62万余件;天津市版权局分别与天津经济技术开发区,天津市南开区新闻出版局、版权局联合举办“保护知识产权,打击侵权盗版”宣传活动;宣传周期间,在北马路大胡同商业圈、银河广场、南京路伊势丹商贸区、图书大厦等主要街口的大型电子显示牌上滚动播放“尊重知识、保护版权”“加大知识产权战略纲要的实施,构建和谐社会”等宣传标语,在社会公众中进一步扩大了版权保护宣传的影响力。

(二)加强针对青少年的版权宣传

6月1日是儿童节,也是《著作权法》颁布实施18周年,借此契机,天津市版权局与北辰区政府联合组织举办了庆六一“版权从娃娃抓起”的宣传庆祝活动,通过演出生动活泼的儿童剧,发放《儿童节致同学们的一封信》,制作20块宣传展牌以及台上台下互动的形式,向小朋友和同学们宣传版权法律知识,这些活动通过新闻媒体多角度的宣传报道,使青少年版权主题教育活动的受众面进一步扩大,增加了青少年自觉抵制侵权盗版的法律意识。

(三)组织全市青少年参加2009年“全国青少年版权保护读书活动暨版权保护知识竞赛”

天津市版权局联合市教委和共青团天津市委,组织参加了2009年“全国青少年版权保护读书活动暨版权保护知识竞赛”工作。天津市版权局印制竞赛试题、答题卡,分发到各区县学校,回收有效答题卡5000余份。在这次活动中，天津市获得全国青少年版权保护知识竞赛活动一等奖2名，二等奖11名，三等奖15名，另有7个单位和学校荣获优秀组织奖。为了进一步推动做好这项工作，天津市版权局与团市委、天津市教委联合对往年工作情况进行总结评比，对2005年以来，开展“创新与未来——青少年版权保护主题教育活动”中表现突出的优秀组织、单位和先进个人予以表彰。对12个优秀组织单位发奖牌，对17名先进个人发证书和奖金。

（四）召开正版化模范企业表彰大会

与中国音像协会等部门合作，联合召开“维护音像著作权，卡拉OK版权使用正版化模范企业表彰大会”，向全市12家先进企业授牌。

四、完善版权服务，促进对外版权贸易交流

（一）做好政府信息公开工作

严格落实政府信息公开值班制度，及时更新国家和有关部门版权管理方面的各类公开信息，并认真做好自查工作，2009年通过天津政务网公开版权的各类规范文件7件。

（二）提高行政审批工作效率

按照天津市委、市政府关于行政审批大提速，促进产业发展的要求，对原有的审批登记项目进行反复论证，缩短每个审批事项办理时限，提高行政审批工作效率。2009年审批引进图书著作权登记合同208个；引进涉外电子出版物合同3个；引进境外音像复录加工合同19个；审核引进境外软件合同认证登记批复30个。接待来访、解答版权法律咨询100余件。

（三）组织全市各出版单位参加北京国际图书博览会

在筹备工作期间，天津市版权局对各出版社选参展书目、制作中外语言对照书目等工作提出要求，对展台布局拟定装饰方案规划；参展期间，对个别版权贸易人员少的出版单位给予协助指导，推动其对外联络交流，尽量拓展贸易成果。2009年北京国际图书博览会期间，天津市达成版权贸易82种152册（其中：合作意向70种，签订合同12种；引进63种，输出19种）。天津新蕾出版社的引进版图书已形成系列、品牌，他们的“国际大奖小说系列”的62个品种，几年来发行600多万册，成为业界公认的畅销书。

（天津市版权局　版权处）

司法工作

2009年在深入开展“人民法官为人民”的主题实践活动，贯彻落实科学发展观的基础上，天津市法院牢固树立科学发展观对法院工作的根本指导地位，努力在执法思想、执法实践、执法作风等方面真正体现中国特色社会主义正确方向，牢固树立执法办案是第一要务，稳定是第一责任的理念，把维护社会稳定作为首要政治任务，按照审判工作实现“精心、精细、精品”的要求，在审判工作和队伍建设方面取得新的进步。

一、审判工作

（一）全面完成全年知识产权审判任务

2009年全市知识产权庭的工作发生了很大变化，天津市高级人民法院承担了一部分申诉案件，天津市中级人民法院也承担着其他几个类型的案件审理，但全市法院始终抓住知识产权审判这个主业不放松，集中精力，发挥积极进取的精神，挖掘内部潜力，保质保量地完成了知识产权审判业务。全市法院共受理知识产权一审案219件，结案175件，调撤148件，调撤率84.6%；受理二审知识产权案35件，结38件。

（二）主管院长、庭长承办和参与案件公开审理，加强知识产权法制宣传工作

在知识产权宣传周期间，院长、庭长参与公开审理侵犯“米其林”商标案、侵犯“大无缝”商标案等典型知识产权案，取得了较好社会效果。

（三）高度重视滨海新区的知识产权保护，发挥知识产权审判为经济社会服务作用

密切关注金融危机对滨海新区知识产权审判工作的影响，把促进发展与有效保护结合起来，加大对新区知识产权保护的力度。采取多种活动形式，如主动到康师傅集团举行座谈会，举办咨询活动，走访国有大无缝钢管集团等大中型企业，认真解答了企业关心的知识产权保护问题，为企业知识产权保护出谋划策，以知识产权提高企业的核心竞争力，受到企业的普遍欢迎。

（四）主动延伸司法服务职能，加强与其他部门的联系

召开有天津市作协主席参加的“世界知识产权日—天津法官与作家座谈会”，天津市高级人民法院李少平院长亲自参加，全国作协和天津作协，包括蒋子龙等著名作家参加，法官与作家共同探讨对原创文学作品著作权保护。与有关部门共同举办了开发区知识产权保护咨询活动，开展现场咨询、盗版音像制品的识别、假酒饮料等假冒产品的现场鉴定，发放诉讼指南。

二、调研指导

（一）发挥审判职能，为自主创新提供可靠司法保障

天津市高级人民法院下发全市各级法院等《关于贯彻实施国家知识产权战略 为自主创新提供司法保障和服务的具体措施》，制定15条举措，服务经济社会发展大局，受到最高人民法院和天津市委领导的肯定。为增强人民法院审理重大疑难案件的能力，提高知识产权案件裁判的科学性和公信力，制定《关于推进人民陪审员参加知识产权案件审判的意见》。

（二）调整和完善天津市知识产权审判机制、审判资源的配置

《关于增设和平区法院为受理一般知识产权案件的基层法院》的报告获最高人民法院批准，和平区法院开始实行“三审合一”和跨西部行政区域集中管辖知识产权案件的试点工作。

（三）做好受理反垄断民事案件的准备

按照最高人民法院的部署，认真学习反垄断法适用的相关问题，完成最高人民法院交办的《关于垄断行为的民事责任形式研究报告》，提出该课题的司法解释建议，并在全国反垄断研讨会议上作主题发言。

（四）完成案例和调研课题

两篇知识产权裁判文书被最高人民法院评为优秀典型案例；全市法院重点及专项调研课题《对知识产权诉讼证据中若干突出问题的研究》通过验收。多篇调研文章在各类杂志报纸上发表。

（五）天津市高级人民法院加强对下级法院的指导工作

及时正确答复了下级法院就法律适用问题与审判工作相关问题的请示，加强对知识产权案件的协调，相互沟通，规范自由裁量权的行使，基本统一知识产权司法保护的赔偿尺度，增强司法权威。开展对驰名商标认定案件工作的检查，形成报告报最高人民法院。

三、内部管理与队伍建设

（一）充实学习培训内容，改进学习方法

组织全市知识产权审判人员脱产开展综合业务培训，充实素质和技能两方面内容，并与天津市律师协会进行业务交流互动，改进了培训方法，取得较好效果。

（二）探索解决知识产权纠纷多元机制，妥善处理知识产权纠纷

学习马锡五审判方式，落实司法亲民、便民措施，开拓思维，大胆尝试，妥善处理矛盾，促进案件调解，做到案结事了。审理的厦门正新橡胶有限公司诉天津豪文科技有限公司、正新轮胎（台湾）控股集团有限公司不正当竞争涉台、涉港一案，法官通过大量的工作，不仅维护了涉台原告方的合法权益，制止了不正当竞争行为，并且避免了涉港被告方由于败诉可能造成的巨大损失。同时，还站在社会的视角，对日后可能出现的销售代理、员工利益、售后服务纠纷等问题进行了妥善处理。圆满的处理结果超出了当事人的预期，得到了双方当事人的高度赞誉，取得了良好的法律效果和社会效果的统一。

（三）加强制度建设，日常工作纳入精细管理的轨道

从细节入手，深化审判管理。天津市高级人民法院制定近两万字《知识产权案件审判流程管理手册》下发，严格规范庭前准备、庭审、合议和裁判文书，乃至如何装信封等细节的管理，人手一册。

（四）廉政教育警钟长鸣

在工作重时间紧的情况下，仍然坚持政治和业务学习，严格执行“五个严禁”，严守各项审判纪律，无各类违法违纪行为发生，保证“零点方案”的

实现。天津市高级人民法院被评为全国精神文明建设先进单位和全国知识产权审判先进集体。

（天津市高级人民法院知识产权审判庭）

检察工作

2009年，天津市检察机关紧紧围绕“强化法律监督，维护公平正义”的检察工作主题，充分发挥检察机关法律监督职能的作用，努力推进刑事司法与行政执法的衔接，采取有力措施保护知识产权，不断加大侵犯知识产权犯罪的打击力度，为天津市经济发展保驾护航。

一、依法严厉打击侵犯知识产权犯罪

天津市检察机关充分发挥检察职能作用，与行政执法机关、公安机关等部门密切配合，依法及时批准逮捕、起诉涉嫌侵犯知识产权的犯罪分子。据统计，2009年天津市检察机关共受理提请批准逮捕涉及知识产权犯罪案件9件15人，批准逮捕7件9人，共受理起诉侵犯知识产权犯罪19件34人，起诉13件19人。

二、完善行政执法与刑事司法衔接工作机制，形成打击侵犯知识产权犯罪合力

积极开展法律宣传活动，使广大人民群众了解检察机关在打击侵犯知识产权犯罪中进行立案监督的职能作用，营造全社会打击侵犯知识产权犯罪的氛围。加大对公安机关提请逮捕案件的审查力度，从中发现立案监督线索。把行政执法与检察机关的立案监督工作有机结合起来，互为依托，互相促进，在执法中监督，在监督中执法，通过定期召开联系会，随时沟通情况，及时发现立案监督线索。对于行政执法机关移送公安机关的刑事案件，检察机关对其立案情况加强跟踪监督，对应当立案而不立案的涉嫌侵犯知识产权犯罪案件，充分发挥立案监督的职能作用，推动涉嫌侵犯知识产权犯罪的行政执法案件及时进入刑事司法程序，防止“以罚代刑”现象的发生。走访行政机关，了解查询办案情况，调阅《行政处罚决定书》副本工作情况及监督行政执法机关移送犯罪案件情况。天津市各级检察机关与行政执法机关建立了案件会商制度，明确了行政执法机关发现包括侵犯知识产权在内的涉嫌犯罪案件线索时，要在及时向公安机关通报情况的同时向检察机关备案。检察机关要主动出击，根据案情适时介入，与公安机关、行政执法机关针对案件情况提出补查证据要求和工作建议，防止和杜绝案件线索的流失，确保在行政执法中发现的包括侵犯知识产权在内的涉嫌犯罪案件向刑事司法环节移送。

天津市人民检察院认真贯彻落实《天津市检察院与公安机关、行政执法机关加强工作联系建立行政执法与刑事执法衔接工作机制座谈会纪要》，检察机关、公安机关、行政执法机关及有关部门确定行政执法与刑事执法衔接工作负责人与联络人员，召开联席会议集中研究解决执法中遇到的问题，并对查处和打击包括侵犯知识产权在内的经济犯罪工作作出具体安排，沟通情况，统一认识，协调解决疑难、复杂问题。联席会议还规定，行政执法机关及有关部门每半年向检察机关、公安机关通报查处包括侵犯知识产权在内的破坏社会主义市场经济秩序案件情况和向公安机关移送包括侵犯知识产权在内的涉嫌犯罪案件情况；公安机关每半年要向行政执法机关及有关部门通报其移送案件的受理、立案、撤案情况；检察机关每半年要向行政执法机关及有关部门通报立案监督、批捕、起诉包括侵犯知识产权在内的破坏社会主义市场经济秩序犯罪案件的情况，以实现信息共享。

三、坚决防止和纠正对知识产权犯罪打击不力的现象

2009年，天津市各级检察机关充分发挥法律监督职能，加强对行政执法机关抄送的侵犯知识产权案件《行政处罚决定书》副本的审查工作，对涉嫌犯罪的及时提出移送公安机关的建议，监督公安机关及时立案侦查侵犯知识产权犯罪案件。严肃查办侵犯知识产权违法犯罪背后的国家工作人员的职务犯罪，坚决打掉其“保护伞”，在立案监督和审查批准逮捕、审查起诉中注意发现和掌握侵犯知识产权违法犯罪背后的国家工作人员职务犯罪线索，对于涉嫌构成犯罪的坚决依法查办。

（最高人民检察院侦查监督厅）

河北省

专利工作

2009年，在河北省委、省政府的高度重视和正确领导下，在国家知识产权局的指导和支持下，河北省知识产权管理部门紧紧围绕"实施知识产权战略、助推创新型河北建设"的工作目标，按照河北省政府的工作部署，全面贯彻落实科学发展观，大力提升知识产权创造、运用、保护和管理能力，较好完成了各项工作任务，知识产权工作取得显著成效。

一、知识产权战略实施取得新突破

一是加强统筹协调，力促河北省政府《关于贯彻国家知识产权战略纲要的实施意见》出台。河北省委、省政府高度重视知识产权工作，张云川书记和胡春华省长年内都作出重要批示，要求加强知识产权工作，加快实施知识产权战略。在《国家知识产权战略纲要》颁布实施后，会同省保护知识产权工作组成员单位积极研究起草河北省贯彻实施意见，认真谋划全省知识产权未来发展大计。经过深入调研、广泛征求意见，河北省政府于2009年6月22日出台了《关于贯彻国家知识产权战略纲要的实施意见》。这是河北省历史上第一个知识产权工作的纲要性文件，明确提出了河北实施知识产权战略的目标任务、主要原则、专项任务和保障措施。该实施意见的颁布实施对于大力提升全省知识产权创造、运用、保护、管理能力，加快建设创新型河北具有十分重要的意义。

二是制定配套政策，优化知识产权发展环境。围绕河北省政府《关于贯彻国家知识产权战略纲要的实施意见》确定的目标任务，加强相关配套政策的研究制定，完成了《关于加强科技创新中知识产权工作的若干意见》(初稿)的起草工作；积极配合河北省发改委，研究制定《关于促进自主创新成果产业化若干政策的实施意见》中知识产权配套措施和具体办法，进一步强化了自主创新成果产业化过程中知识产权政策的导向作用；积极推动市级知识产权法规政策制定，唐山市出台了关于加强知识产权工作的若干意见，石家庄市出台关于贯彻国家知识产权战略纲要的实施方案等。

三是积极沟通联系，推进省部合作会商机制建设。2009年5月，杨崇勇副省长带领省知识产权局拜访国家知识产权局田力普局长，就加强省部合作进行商谈并达成共识。在广泛调研基础上，积极与国家知识产权局沟通联系，完成了《国家知识产权局、河北省人民政府合作会商制度议定书》文本起草工作，积极推动省部合作会商机制的建立。

二、河北省年度专利申请创历史新高

2009年以来，全省知识产权管理部门紧紧围绕年初确定的全年知识产权工作目标，不断强化责任意识，调整政策导向，促进全省专利申请量大幅度增长。一是年度专利申请量首次突破一万件，达到11 362件，其中发明专利2811件，比2008年增长18.1%；实用新型专利6479件，比2008年增长29.6%；外观设计专利2072件，比2008年增长18.6%。二是专利申请量增幅创1992年以来新高，达到24.5%，高于全国平均增幅2.1个百分点。三是职务专利申请高速增长，达到5421件，比2008年增长53.7%，特别是企业专利申请量增速迅猛，达到55.1%。四是职务专利申请占有比例大幅上升，由2008年的38.7%上升到47.7%。

三、知识产权保护力度进一步加大

一是省市联动，继续开展"雷雨""天网"知识产权执法专项行动。坚持日常执法与专项行动相结合，采取省市联动、区域联查的方式，在全省范围内开展了以查处假冒专利、冒充专利和打击专利诈骗为主要内容的"雷雨""天网"知识产权执法专项行动，知识产权侵权违法行为得到有效遏制。2009年全省专利管理部门共出动行政执法人员552次，检查商品5216件，查处冒充专利案件4件，受理专利纠纷案件16件，结案15件。

二是突出重点领域，启动无假冒专利示范单位专题执法项目。为规范全省商品流通领域的专利市场秩序，推动商品流通企业建立专利商品管

理制度，形成自觉保护知识产权、防范专利违法行为的运行机制，正式启动了“无假冒专利示范单位”专题执法保护项目，进一步强化了商品流通企业知识产权保护工作。

三是深化交流合作，建立完善知识产权执法协作机制。联合河北省公安厅印发《专利行政执法与刑事执法协作工作制度》，明确了省市两级公安部门和专利管理部门执法协作应遵循的各项制度，公布了省市两级专利执法联络员名单，进一步深化了知识产权跨部门执法协作机制。同时，京津冀执法协作步入新阶段，分别与北京、天津签署了《京冀知识产权保护合作协议》和《津冀知识产权保护合作协议》，标志着京津冀三省市知识产权保护合作机制已基本建立完善，为京津冀及环渤海地区营造了良好的知识产权保护环境。

四是抓好执法培训，加强专利执法队伍建设。围绕提高专利行政执法人员业务素质和执法水平，举办了全省专利行政执法人员培训班，各设区市、部分优势培育县专利行政执法人员 150 余人参加了培训。培训合格人员取得了国家知识产权局专利行政执法证，持证人员达到 387 人，全省专利行政执法队伍不断扩大。

四、知识产权双优培育和试点示范工作深入开展

一是联合省直部门，召开知识产权优势培育工作会议。会同河北省科技厅、发改委、教育厅、卫生厅、国资委等 10 部门召开了由各设区市科技、知识产权部门负责人、优势培育单位代表共 240 余人参加的河北省知识产权优势培育工作会议，对知识产权优势培育工作进行了安排部署。龙庄伟副省长及相关部门负责人出席会议并讲话，为优势培育工程顺利实施奠定了良好基础。

二是依托重点企业，组织实施专利战略引导计划。为确保双优培育工程取得实效，在深入调研、借鉴先进省市经验做法的基础上，首次组织实施了以研究分析专利、市场、产业、经济信息为基础，以推进知识产权管理与技术研发、市场营销紧密结合为着力点，以取得关键技术跨越突破、形成核心技术专利和运用知识产权规则、谋求市场竞争优势为主要目标的河北省专利战略引导计划。首批共安排了 3 个行业和 13 个企业的专利战略引导计划项目。

三是集多方资源优势，合力推进企业制定实施知识产权战略。在北京成功举办了国家知识产权局高培人才与河北省重点企业专利战略项目对接会议，明确了合作方式、研究内容、计划进度和任务要求，初步建立并形成了由国家知识产权局人才办、中国知识产权研究会、地方知识产权局、企业四方联动和集成国家人才智力、信息资源、部门行政资源、企业创新资源于一体，合理推进企业制定实施知识产权战略的新模式、新机制。

四是加强代理机构建设，服务双优培育工程。按照“自愿申报、择优扶持”的原则，确定石家庄冀科专利事务所等 6 家专利代理机构为双优培育工程重点联系单位，并安排专项资金、配发专利检索分析软件，引导专利代理机构为优势培育单位提供专利检索和信息咨询服务。

五是建立评价考核体系，引导双优培育工程深入发展。按照“突出重点、注重实效、简便易行、科学适用”的原则，研究建立了双优培育工程考核评价指标体系，先后印发了《河北省优势培育县（市、区）知识产权工作绩效评价暂行办法》和《关于开展 2009 年度知识产权优势培育企事业单位自查自纠工作的通知》，加强考核管理和目标引导，推动双优培育工作深入开展。据统计，截至 2009 年 11 月底，279 家优势培育企事业单位申请专利 3524 件，占全省企事业单位专利申请量的 78.6%，较 2008 年增长 5 倍多。优势培育单位知识产权创造能力明显提高，知识产权运用能力普遍增强，知识产权竞争优势进一步显现。

六是认真检查指导，抓好国家知识产权试点示范。积极配合国家知识产权局，督促指导河北省国家级知识产权试点、示范创建单位落实相关工作方案，各类试点示范工作有序开展，并取得新突破。唐山市通过了国家知识产权试点城市验收，风帆、晶牛、邯钢、唐钢、华药、乐凯通过了国家知识产权企事业试点单位验收，乐凯被认定为首批全国企事业知识产权示范单位，石药集团、保定天威、新兴铸管、燕山大学等 20 家单位成为第四批全国知识产权企事业知识产权试点单位，迁安、冀州、霸州、鹿泉、涿州等 5 县（市）入选首批国家知识产权强县工程。

五、专利技术转化实施稳步推进

一是加强基础设施建设，搭建专利技术转化实施平台。充分调动和发挥各地积极性，组织开展了省级专利技术展示交易中心认定工作。经过动员发动、组织申报、实地考察，认定廊坊生产力促进中心和邯郸高新技术创业服务中心为首批河北省专利技术展示交易中心，改变了长期以来专利展示交易无固定场所的状况。同时，积极联系国家知识产权局，力促邯郸、廊坊两个省级专利技术展示交易中心进入国家序列。两市完成了《国家专利技术展示交易中心建设规划方案》的编制工作，并分别以市政府的名义向国家知识产权局提出了申请。

二是精心谋划组织，广泛开展第三届中国·河北专利周活动。借助专利展示交易平台，认真谋划、精心组织了以"实施知识产权战略、应对金融危机、建设创新型河北"为主题的"2009第三届中国·河北专利周"活动。在邯郸主会场举行了专利周开幕式，举办了河北省专利技术(邯郸)展示交易中心揭牌仪式、专利技术展示交易会和中小企业与金融机构专利项目对接会；联合中国知识产权研究会在石家庄召开了全省首次大型知识产权专家咨询活动；在其余各设区市设立分会场，组织各市开展专利项目对接会、专利技术交易会、发明成果展、知识产权广场咨询、知识产权主题讲座和研讨会等丰富多彩的专利周活动。据统计，在专利周期间，全省共举办展示交易活动22场，规模大、范围广、形式多样、成效明显。

三是强化产学研联合，促进专利技术转化实施。结合全省新一轮高新技术企业认定，配合河北省科技厅分别在石家庄高新区、沧州、邯郸举办了三场专利对接会，共有省内外30余家高校、科研单位和450余家企业参加，发布专利技术信息2300余项，达成专利实施许可或转让意向84项；组织8所河北省内高校的82项专利技术项目，参加了永年县"全民创业技术项目对接洽谈会"进一步强化校企对接；召开专题对接会，组织石家庄恩必普药业公司等三家河北省内医药企业就"国家行业专利技术发展趋势"研究课题与中国知识产权研究会进行对接，主动为企业开展专利战略研究提供服务。

四是多措并举，积极推进专利权质押贷款。联合河北省财政厅、省资产评估协会、河北农业大学和有关企业成立课题组，对国内外知识产权评估和质押融资工作进行专题研究，并顺利通过了专家评审验收，加强了理论研究和人才储备；在总结借鉴先进省市经验做法基础上，研究制定河北相关政策，完成了《河北省专利权质押贷款管理办法(草案)》和《河北省专利权质押贷款专项扶持资金管理办法(草案)》两个政策性文件的起草；组织召开了全省专利权质押贷款研讨会，就全省开展专利权质押贷款工作进行研讨，基本达成了共识，为下一步开展工作奠定了基础；指导石家庄高新区、邯郸市开展专利权质押贷款试点工作，邯郸市制定出台了《邯郸市专利权质押贷款管理办法》，石家庄高新区安排专项资金用于专利权质押贷款，在全省率先启动了专利权质押贷款工作。

五是紧密结合实际，谋划编制唐山知识市场建设方案。组成3个调研组，分赴北京、天津、上海、湖南了解技术市场建设情况。在总结四省市先进经验做法基础上，紧密结合河北和唐山市实际情况，编制了集技术创新、产权交易、技术孵化、信息采集、数据加工、合作交流、人才培训、法律咨询、资产评估、金融服务、会议会展等十多项功能为一体的《唐山环渤海知识市场建设方案》，并以唐山市政府、河北省科技厅、河北省知识产权局的名义邀请国家有关方面的专家组织召开了专家论证会。

六、知识产权宣传培训成效明显

一是举办宣传周活动，提高全社会知识产权保护意识。以纪念第九个世界知识产权日为契机，组织开展了高校保护知识产权报告会、优势培育企业座谈会、知识产权战略培训、大型广场宣传咨询、专项执法行动等保护知识产权宣传周活动，宣传周期间，全省有70多个省市机关、企业、大学和社会团体参加了活动，参与人数超过了6000人。

二是组织宣传月活动，营造实施知识产权战略浓厚氛围。结合贯彻落实省政府《关于贯彻国家知识产权战略纲要的实施意见》，联合省直有关部门组织开展了以"实施知识产权战略，建设创新型河北"为主题的集中宣传月活动。主要有6项活动：配合河北省政府新闻办召开了新闻发布会，向社会各界公布省政府《关于贯彻国家知识产权战略纲要的实施意见》；组织召开了全省科技系统实施知识产权战略宣传贯彻会议，进行深入动员和宣传发动，并部署了相关任务；在河北日报开辟"实施知识产权战略大家谈"专版，刊发河北省直厅局和各市、县领导署名文章，重点介绍各地、各单位实施知识产权战略面临的形势、任务和措施，产生了轰动效应，有力地配合了知识产权战略实施工作；开展"知识产权战略燕赵行"采访报道活动，组织河北省主要媒体深入11个设区市和30多家企业进行采访，刊播专题节目或稿件30余篇次，宣传了知识产权工作典型，展示了知识产权工作成就；采取网上答题、统一评分和随机抽奖形式，开展全省知识产权战略知识有奖竞赛活动，社会各界共有1万余人参加竞赛，普及了有关知识，加深了对知识产权战略的了解；举办全省企业知识产权战略培训班，引导重点企业制定和实施知识产权战略。本次集中宣传活动行动迅速、安排周密，内容丰富、形式多样，涉及河北省知识产权管理部门、各级政府、企业、科研院所、高等学校和省内主要媒体等400多个单位，发放宣传资料12 000余份，受众达32 000余人，取得了良好效果。

三是开展多层次培训，建设高素质知识产权人才队伍。组织重点企业、各市知识产权管理部门、有关高校参加专利法第三次修改宣讲会，举办了钢铁、新能源、医药、汽车领域知识产权专题培训班和全省企业知识产权战略与实施培训班等9期。在河北科技大学、石家庄学院两个知识产权培训基地，举办知识产权主题报告会2场。推荐3名知识产权优秀人才入选了国家"百千万知识产权人才工程"第二批百名高层次人才。2009年，全省共举办各类知识产权培训班45期，培训人员6700余人。

七、知识产权公共服务能力不断提高

一是提供优质服务，积极构建"专利加油站"平台。国家知识产权局石家庄专利代办处全年及时办理专利申请手续10 152件，办理专利加快审查手续76件，办理专利实施许可备案手续259件，资助发明专利1186件，提供专利咨询服务3000余人次。按照财政部和国家知识产权局关于向国外专利申请资助的要求，高质量地完成了河北省8家企业26项国外专利资助项目的申报工作。依法办理了承德文津专利所停业、唐山润昌专利所设立和省内15家专利代理机构年检手续。

二是开辟援助渠道，积极构建"维权援助中心"平台。中国(河北)知识产权维权援助中心正式运行，建立了维权援助合作单位和专家库，完善了内部规章制度，依法提供知识产权咨询、检索、评估、预警、纠纷和争端解决等法律服务，开辟了知识产权保护新渠道。开通了"12330"知识产权举报投诉服务热线，依法受理各种知识产权违法行为的投诉举报。

三是参加各类展会，积极构建"发明者之家"平台。以搭平台、促成交、重实效为宗旨，认真组织河北省300余个项目参加了第十八届全国发明展、第二届中国(顺德)国际工业设计创意博览会、第四届中国国际专利与名牌博览会、第四届中国外观设计专利大赛、第十六届中国杨凌农高会和2009河北国际节能减排环保展览会、东北老工业基地专利技术对接洽谈会等各类展会，签订许可合同或意向合同40余份。在第十八届全国发明展上，河北省获得1项最佳经济发明奖、2项金奖、3项银奖、4项铜奖。

（河北省知识产权局　张东辉）

商标工作

2009年，河北省工商行政管理局根据国家工商行政管理总局的工作部署，积极践行科学发展观，认真履行职能，并以商标工作为抓手，积极推动商标战略实施，坚持建管与服务两手抓，着力推动地方经济发展。

一、多措并举，引导企业积极推进实施商标战略

(一)确定重点扶持企业，加强扶持培育

继续对已经确定的规模大、市场占有率高、有较高知名度的50家争创驰名商标重点进行重点扶持，到2009年底，已经有24件商标获得了驰名商标认定。另外，河北省工商行政管理局还指导各市共确立220家争创河北省著名商标的重点扶持企业，形成培育梯次，为进一步促进河北省企业做大做强自主品牌，争创更多的为全国熟知、在国际上知名的驰名商标，巩固发展后劲。

(二)推广经验，积极推进农产品商标和地理标志工作

为宣传和推广各地在农产品商标和地理标志工作中成熟的经验做法，促进全省农产品商标工作迈上新台阶，2009年3月26日，河北省工商行政管理局在唐山迁西县召开了"河北省农产品商标及地理标志工作现场经验交流会"，各市工商行政管理局主管局长、商广科(处)长、部分县工商行政管理局局长和涉农企业、协会代表近百人参加了会议。通过现场参观和经验介绍，以生动活泼的形式宣传了开展农产品商标和地理标志工作的经验、成果，提高了企业实施商标战略特别是加强农产品商标和地理标志工作的积极性，河北省地

理标志已经累计达15件。

（三）推行“四书两账”，积极开展商标行政指导

为适应“两费”停收后工商职能转变需要，充分发挥工商部门的职能作用，提升和规范商标监管服务水平，切实加强对企业商标工作的行政指导，我们在全系统推行“四书两账”规范性文本，即：《商标注册建议书》《商标管理提示书》《争创驰名、著名商标倡议书》和《商标轻微违法告诫书》《辖区商标注册情况登记台账》和《辖区企业商标联络员登记台账》。通过规范性文书的推广使用，加快提高基层工商执法人员商标工作业务水平，加大工商部门服务企业的力度，增强商标监管与服务工作的规范化、针对性、时效性。

（四）深入开展“一所一标”工作

“一所一标”是新时期做好农产品商标工作、贯彻“商标富农”精神、推进社会主义新农村建设的创新举措。2008年河北省工商行政管理局下发了《关于充分发挥工商职能作用积极做好农产品商标注册和保护工作的通知》，要求一个工商分局每年至少引导、帮助辖区内一个农产品申请注册商标，具体讲就是每个农村分局争取每年至少扶持一个农产品申请注册商标，城镇和城区分局要重点扶持一个涉农加工企业和涉农经营单位申请注册商标。2009年，我们结合实施情况，对“一所一标”的内容进行了适当调整，扶持范围突破了涉农商标。目前约有半数以上的工商分局已经落实“一所一标”工作。面向农村，针对广大农民和涉农企业，从商标的“注册、使用、保护、资产管理、发展模式和争创著名、驰名商标”六个方面开展“六个指导”工作，尤其加大了对优质、特色农副产品和具备申报地理标志产品的培育、指导力度，接受扶持企业超过500家。

（五）开展驰名、著名商标企业调查

2009年，河北省工商行政管理局组织各市开展了驰名、著名商标企业商标战略实施情况调查活动，印发了调查文件和调查表。共有1000余户企业参与了调查工作，较为详细的了解我省企业商标战略实施情况和效果，特别是商标被认定为驰名、著名商标后对企业发展的作用和对地方经济发展的贡献，为今后制定切实可行的政策和措施，促进全省商标工作迈上新台阶，推动全省经济又快又好发展打下了基础。

（六）参与起草《河北省贯彻实施国家知识产权战略纲要实施意见》并已公布实施

二、履职尽责，商标工作成效显著

（一）驰名商标取得重大突破

2009年上半年，经国家工商行政管理总局认定驰名商标新增26件，在河北省实现了“两个突破”：一个是数量上的突破，一次能有26件商标被认定为驰名商标，这在河北省的历史上是前所未有的；另一个是认定渠道上的突破，以往的驰名商标都是在商标管理案件中认定的，这次在商标异议案件认定和商标争议案件认定中都结出了硕果。至此，河北省经国家工商行政管理总局认定的驰名商标已经达到69件。2009年，河北省已经累计上报13件商标申请认定驰名商标，还有6家企业正在积极组织材料，准备申报认定。

（二）河北省著名商标认定工作有序开展

按照河北省工商行政管理局下发的关于开展2009年度河北省著名商标认定工作的通知要求，各市认真组织，积极申报，2009年认定著名商标认定293件，延续著名商标381件，全省著名商标总量达到1500件。

（三）商标工作受到国家工商行政管理总局表彰

近年来，河北省不断加大商标战略推进力度，商标工作成效明显，并得到了国家工商行政管理总局的认可。2009年7月，国家工商行政管理总局在长春召开“全国工商行政管理系统贯彻落实《国家知识产权战略纲要》大力推进商标战略实施工作会议”，会上，河北省石家庄市工商行政管理局、唐山市工商行政管理局、辛集市工商行政管理局、宁晋县工商行政管理局及遵化市工商行政管理局城区工商分局等9个工商分局共13个集体被评选为“全国工商行政管理系统商标工作先进集体”，9人被评选为“全国工商行政管理系统商标工作先进个人”，受到了大会表彰。河北省“实施商标战略发展品牌农业”作为工作经验被书面印发全国工商系统。2009年10月，河北省商标马德里国际注册150件，河北省工商行政管理局被国家工商行政管理总局商标局评选为“推动马德里商标国际注册先进单位”。

三、加强注册商标专用权保护，维护公平竞争的市场经济环境

（一）加强日常监管，打击商标侵权行为

2009年度，全省工商系统继续严厉查处侵犯食品、药品等关系人民群众身体健康和生命安全的商品商标、涉外商标、驰名著名商标、涉农商标专用权案件和伪造、擅自制造他人注册商标标识案件，树立良好的知识产权保护形象、规范市场经济秩序。5月间，开展了保护“蓝带”驰名商标专用权专项执法行动，有效地保护了被侵权企业和消费者的合法权益。9月，按照国家工商行政管理总局《关于印发〈保护世界博览会标志专有权行动方案〉的通知》的要求，对河北省开展世界博览会标志专有权工作进行了安排部署，明确了工作重点，提出了具体要求，确保专项行动取得实效。截止2009年底，全系统累计出动执法人员2149次，检查经营户3558户，查处商标违法案件1825件，案值2682万元，罚款1075万元，没收销毁侵权商品55 191件，没收销毁侵权商标标识114 367件，有效地维护了市场经济秩序。

（二）加强交流与合作，提高执法办案能力和水平

为促进交流，加大河北省涉外商标保护工作力度，河北省工商行政管理局与中华商标协会中企商标发展中心、日本贸易振兴机构北京代表处合作举办了“中日加强商标保护研讨会”。会上部分日资企业进行商标、商品真假展示及真假辨别常识讲解，来自基层执法一线的60多名工商干部参加了会议并就商标保护进行了研讨，有效地提高了河北省查办涉外商标案件的意识和水平。

（三）宣传商标知识，提高消费者的鉴别能力和保护意识积极开展“4·26保护知识产权宣传周”活动，2009年，河北省工商行政管理局在《燕赵都市报》上刊登了以“地理标志”为主题的商标专题知识、举办商标知识广场宣传咨询活动，向广大公众宣传商标知识，展示部分在执法办案中查获的假冒、侵权商品实物，为现场群众介绍如何辨识假冒、侵权商品的方法，大大提高了消费者的自我保护意识，受到了群众的热烈欢迎。下半年，河北省工商行政管理局还与河北电视台“阳光访谈”栏目共同录制了一期“我的产品有商标”节目，宣传了商标知识，展示了企业实施商标战略的成果，取得了良好的效果。

此外，我们还成功组织部分企业先后参加了“西博会”“2009年商标节”“亚太地区地理标志国际研讨会”，展示和宣传了河北的企业，提升了商标的知名度和影响力。

（河北省工商行政管理局）

版权工作

2009年，河北省各级版权行政管理部门以河北省委、省政府开展的“干部作风建设年”活动为契机，深入贯彻落实《国家知识产权战略纲要》精神，结合工作实际，进一步贴近基层，服务社会大众，强化版权法律法规宣传，规范版权行业市场秩序，推动和扶持版权产业发展，使全省的版权工作水平不断提高，产生了广泛而深远的社会影响。

一、加大著作权法宣传力度，增强相关部门、行业以及社会公众的版权法律意识，进一步形成和巩固了保护版权的社会共识

作为2009年河北省保护知识产权宣传周的一项重要活动，4月26～27日，经过认真谋划和积极筹备，河北省版权局与河北省高级人民法院在石家庄市联合举办了“网络著作权行政、司法保护论坛”。河北省政协副主席王玉梅参加了论坛并发表重要讲话，河北省版权局李晓明局长发表了致辞。在两天的时间内，来自北京、上海和香港的4位著名知识产权学者和网络版权专家发表了主题演讲，来自全省的版权执法人员、法官、公安干警以及来自京、津两地的部分法官共计150多人参加了论坛。这次论坛使与会代表增长了网络版权知识，开阔了版权执法视野，密切了京、津、冀三地相关部门在版权执法方面的交流与协作，而且通过《法制日报》《中国新闻出版报》《河北日报》《河北青年报》《石家庄日报》《燕赵晚报》、石家庄电视台等媒体的宣传报道，增强了社会公众的网络版权意识。

在此次宣传周期间，河北省各级版权行政管理部门纷纷走上街头，通过各种形式宣传著作权法；河北省版权局也组织工作人员上街，参加了河北省保护知识产权工作领导小组办公室（以下简称省保知办）统一组织的大型知识产权宣传活动，现场散发宣传材料3000余份，回答各类版权问题20多个，受到群众的好评和省保知办的充分肯定。

6月初，经过充分谋划和细致准备，河北省版

权局在石家庄市召开了“2009河北端阳诗会暨文字作品版权保护座谈会”，省内50多位知名作家和文学爱好者参加了会议，李晓明局长到会发表了重要讲话，河北省作协副主席王力平发表了致辞，中国文字著作权协会副总干事张洪波向与会代表介绍了文字作品版权保护的基本知识。通过专家授课和与专家现场交流、互动等方式，代表们更加懂得了文字作品版权保护的意义和重要性，达到了普及版权保护法律法规的目的。在这次会议上，建立了中国文著协首家京外办事机构——河北办事处，密切了省版权部门与中国文字著作权协会之间的联系，加强了省版权界和创作界的联系与沟通，进一步在作家和诗人当中宣传普及了版权保护意识。会议通过《中国新闻出版报》《文艺报》《河北日报》《燕赵都市报》《河北青年报》《石家庄日报》等多家媒体的积极报道，使广大的社会公众对版权保护的丰富性有了更多的了解。

此外，河北省各级版权行政管理部门还充分利用各种形式宣传和普及版权保护的知识，如通过河北省内媒体公布河北省2008年度版权行政执法十大案件，积极参加河北省政府组织的“阳光热线”节目、举办知识产权专家座谈会和关于贯彻国家知识产权战略纲要实施意见的新闻发布会，在直播间和会议现场解答群众和媒体提出的问题，等等。石家庄市版权局组织市内四区版权局进学校、进社区、进科研单位、进企业，面向基层大力开展形式多样的版权宣传，普及版权知识，提供版权服务。

（二）立足既有条件，积极谋划和推动版权产业发展，切实为著作权人和基层组织提供优质的版权服务

2月初，为进一步发掘和弘扬河北省的优秀原创作品，同时为迎接新中国成立六十周年大庆，河北省版权局经过认真谋划，制订了“河北省首届优秀原创作品展”及“版权保护与创意河北”的策划和实施方案。为办好论坛，省版权局还派人专程到北京参观了中国非物质文化遗产传统技艺大展。其后由于种种原因活动没能如期举办，但这些前期准备工作的进行，为今后举办类似活动提供了宝贵的经验。

5月，在完成关于2008年河北省版权产业对经济贡献率调研的基础上，河北省版权局有关领导和工作人员陪同中国版权协会沈仁干理事长到张家口、唐山两地，对多家剪纸、陶瓷和皮影企业版权保护及发展的情况进行调研，并派人参加了唐山陶瓷博览会，进一步掌握了河北省内多种版权产业的发展现状，为制定相关规划与措施打好了基础。

2009年上半年，河北省版权局根据河北省政府指示，与河北省知识产权局、省工商行政管理局等多家单位共同起草《河北省知识产权战略纲要》。为高质量地完成这项工作，河北省版权局多次派人参加相关会议，研究如何结合河北省实际，制定具有指导意义的省版权发展战略，历经多次修改和完善，最后提交出水平较高的文字材料，获得了省政府的好评。

在谋划版权产业发展的同时，河北省版权局按照建立服务型政府的要求，将服务放在第一位，贯穿于日常工作的方方面面，积极为著作权人和基层群众排忧解难。2009年上半年，河北省版权局两次派员赶赴北京，为河北省著名作家韩羽先生维权，在经过大量的协调工作后，韩羽先生终于收到拖欠已久的图书稿费11.8万元。2009年下半年，河北省版权局又妥善解决了北京沈以淡和江西李有观分别投诉河北省内两家报社拖欠稿费之事，经过协调，事情很快得到圆满解决。此外，河北省版权局还多次为河北教育出版社、李思慎等单位和个人提供出版合同的版权咨询，完成河北省内出版社出版国外和港澳台图书、音像、电子出版物著作权合同审核、登记及备案27件，办理包括文字、音乐、美术等类作品著作权登记362件。

为鼓励和支持河北省版权产业的发展，河北省版权局还深入省内玛雅影视有限公司、深度动画公司等企业调查研究，上门提供面对面的指导和服务，解答他们提出的有关版权的疑问，为企业发展提供版权保护。

（三）加强版权行政执法，指导和规范版权执法行为，坚决打击、震慑和遏制各类侵权盗版行为

为提高版权执法人员素质，建立良好的版权执法环境，激励先进，激发热情，河北省版权局提出了评选年度省级版权管理工作先进集体和先进工作者的建议，得到局领导批准后，即对2008年度全省版权管理工作先进集体和先进工作者进行了评比并通报表彰。为规范执法行为，河北省版权局除积极与国家版权局联系，为各设区市版权行政执法人员申请办理版权执法证件外，还及时制止了某版权司法鉴定中心随意抽检省内报刊的

不当行为，受到了基层单位的欢迎。

1月中旬，河北省版权局工作人员在对省内报刊的审读过程中，发现《河北青年报》刊登消息，称将免费为读者提供某类音乐作品服务。河北省版权局立即着手对这一涉嫌侵犯音乐作品著作权的事件进行了调查，之后根据调查结果，责令该报社立即停止侵权，进行认真的反思和整改，并拿出具体的整改措施，及时制止了侵权行为。

6月中旬，河北省版权局收到台湾著作权人柯清水投诉河北宠物网侵权的材料，经过一段时间的网上跟踪，在收集并固定了该网站的侵权证据后，对其进行了立案和查处，并依据著作权法律法规作出停止侵权、责令关闭侵权网站、罚款1000元的行政处罚。此案的查处受到了台湾著作权人的高度赞誉，其专门发来致谢信，肯定和赞赏大陆版权部门执法力度和能力，树立了大陆版权管理部门良好的执法形象。其后《燕赵晚报》对此事进行了整版宣传，在社会上产生了广泛的影响。

8月，国家版权局组织的2009年打击网络侵权盗版专项治理行动正式启动，河北省版权局积极与各设区市版权部门联系，要求其主动监管本地的主要网站，查处侵权盗版的涉案网站。在河北省版权局的带领和督办下，此次专项行动期间，全省各级版权行政部门主动监管的网站达33个，查处网络侵权盗版案件11起，没收侵权盗版服务器2台，关闭侵权盗版网站5个，责令停止侵权行为11起，其中河北省版权局指导邯郸市版权局查处了"我爱去听"音乐歌曲网侵权案件，指导衡水市版权局查处了"极速中文网"侵权案件。石家庄市版权局组织查办了"追读网""EB网"两家侵权盗版网站和北京万通嘉业科技有限责任公司侵权案。

9月16日，河北省版权局在接到国家版权局通知后，紧急出动，带领石家庄市版权局执法人员赶到石家庄市南三条金茂图书市场，查处淘宝网中涉及的文海书店、gaoxihai88店等5家河北网站售卖盗版《朱镕基答记者问》图书的案件，经对涉案摊点的检查，执法人员及时制止了侵权行为，随后河北省版权局根据情况指定石家庄市版权局对涉案网站进行了后续调查和处理，及时将侵权行为遏制在萌芽状态。

此外，邯郸市版权局配合邯郸市公安局破获了盗印《新华字典》《牛津高阶英汉双解字典》案；河北省版权局妥善处理了网尚公司投诉邯郸之窗、邯郸在线侵权案，国际唱片业协会诉久久音乐网侵权盗版案，赴秦皇岛市参与调查了一起非法出版案。唐山市版权局查处了古今书店、编辑家书店和宏缘书店经营盗版《司马彦字帖》案；保定市文化市场稽查队查处了蒋小二侵犯美术作品案；沧州市版权执法部门查处了"淘宝小屋网"侵权盗版案件等。

(四)认真落实国家版权局要求，积极推进软件正版化工作，在规范与软件版权保护有关的市场经济秩序方面作出了努力

继2008年确定首批40家企业集中开展软件正版化工作后，2009年年初，河北省版权局即着手筹划年内全省的正版化工作。4月初，河北省版权局起草并向各设区市版权局下发了《河北省2009年推进企业使用正版软件工作计划》的有关通知，要求各市上报10～20家软件正版化企业名单。之后，河北省版权局组织省使用正版软件工作领导小组各成员单位召开会议，研究并确定了40家省直企业，加上各设区市版权局报送的120家企业，最终确定了160家企业作为河北省第二批集中推进软件正版化工作的实施单位。

6月份，河北省版权局根据全国推进企业使用正版软件工作部际联席会议办公室的要求，在企业积极参与的情况下，评选出2家软件正版化工作成绩显著的企业——华北制药集团有限责任公司和诺斯克(河北)纸业有限公司参评全国企业软件正版化工作示范单位。

2009年上半年，河北省版权局接到了美国微软公司针对河北省4家企业商业性使用微软盗版软件的投诉后，采取了相应的措施。通过与4家被投诉企业负责人谈话，不仅对其普及了软件著作权法律保护的知识，而且督促其与投诉人通过协商达成了和解。

为督促企业软件正版化工作的进展，河北省版权局克服了人员少、任务重的困难，先后实地抽查了3家企业，发现正版化工作达到了既定的要求。

在河北省版权局的工作指导下，2009年4月，石家庄市版权局在太和电子商城组织200多家计算机预装商户和企业参加了"版权保护与预装计算机软件行业的健康快速发展"论坛；6月17日，与建设部门面向勘察设计行业召开软件正版化会议暨版权服务培训班，120多家企业参加了会议。通过举办论坛和组织培训，有效地提高了

企业的版权认知度，达到了为企业排忧解难、化解风险的目的，受到了企业的广泛好评。承德市版权局结合实际，继续在印刷复制企业中推行软件正版化工作计划。为切实贯彻执行该计划，他们组织行业从业人员认真学习著作权法律法规及软件业务知识，提高了自身素质，同时对印刷复制企业逐家逐户进行调查摸底，对其使用计算机的数量及安装软件的情况进行详细检查和登记，督促其完成使用软件的正版化。此外，唐山、邢台、保定、邯郸等市版权局也充分利用多种场合和多种形式积极向辖区内企业宣传开展软件正版化的必要性，邢台等市版权局还与省版权局一起下企业检查软件正版化工作，从而为开展好下一阶段的工作打下了较好的基础。

（河北省版权局版权处）

司法工作

2009年，河北省法院以"干部作风建设年""审判质量年"和"人民法官为人民"主题实践活动为契机，进一步加大知识产权司法保护力度，为促进全省经济又好又快发展，作出了积极的贡献。

一、充分发挥知识产权审判职能作用，不断加大知识产权司法保护力度

2009年，全省法院共受理一、二审知识产权民事案件955件，同比上升17%。其中，著作权案件192件，商标权案件285件，专利权案件279件，植物新品种案件24件。全年共审结747件，同比上升58%。河北省高级人民法院知识产权庭共受理知识产权二审民事案件88件，同比上升12.8%，审结86件。在受理的88件案件中，著作权案件21件，商标权案件24件，专利权案件22件，植物新品种案件4件。全省法院受理知识产权刑事案件20件，审结19件；受理知识产权行政案件15件，审结15件。在审理知识产权案件过程中，注意找准社会公共利益与个人知识创作成果之间的利益平衡点，最大限度的保护当事人的合法权益，促进科技创新，保护自主品牌，为保持国家经济平稳较快发展提供了司法保障。

二、积极开展"优化自主创新司法环境"年度主题活动，以知识产权审判大力促进自主创新

2009年，全省法院按照最高人民法院的统一部署，积极开展了知识产权审判工作"优化自主创新司法环境"年度主题活动。一是采取多种措施，教育广大知识产权审判法官深刻领会贯彻实施国家知识产权战略，充分发挥司法保护知识产权主导作用的重要性，增强责任感、使命感，确保最高人民法院部署的活动目标在全省法院得以全面落实。二是为减弱和化解国际金融危机给经济社会带来的不利影响，对当前金融危机给知识产权审判工作带来的新情况、新问题，深入开展调查研究，为全省经济发展提供司法保障。三是积极配合省保护知识产权工作组办公室进一步完善了《河北省关于贯彻实施〈国家知识产权战略纲要〉的意见》，根据《意见》要求，全省法院将进一步发挥刑事审判职能，妥善处理各种侵犯知识产权民事案件，贯彻全面赔偿原则，依法加大侵权赔偿力度，降低权利人维权成本，完善知识产权案件的受理、审理、判决和执行程序，依法正确适用诉前临时措施，进一步加强知识产权的司法保护工作。

三、进一步加强审判监督、协调和指导，促进全省法院知识产权司法保护水平快速提升

一是针对当前知识产权审判工作中出现的难点、热点问题和河北省中级人民法院审判工作中反映出来的共性问题，适时召开座谈会，指导全省法院知识产权审判工作。针对目前网络著作权侵权案件发生数量多、认证难、专业性强的问题，4月26日河北省高级人民法院与河北省新闻出版局联合举办"网络著作权司法、行政论坛"，聘请知名专家学者为大家讲授网络侵权与盗版的有关问题，并与河北省两级法院知识产权审判法官和行政执法人员共同进行探讨，保证案件的公正判决；对于石家庄中级人民法院受理的100多件王海静诉他人专利侵权系列案件，河北省高级人民法院知识产权庭与石家庄中级人民法院进行座谈，就审理中遇到的疑难程序及实体问题进行沟通，确保依法公正审理。二是建立了知识产权案件质量评查制度，对河北省高级人民法院和各中级人民法院的知识产权案件进行不定期质量评查。2009年，最高人民法院开展案件质量年活动，河北省高级人民法院以此为契机，4月份，组织对各中级人民法院近两年审结的知识产权案件进行抽查，并与各中级人民法院逐案进行点评，通过点评的方式，总结好的办案经验，找出不足，提高了办案水平。三是对驰名商标严把认定关，明确该类案件只有石家庄中级人民法院可以受理，同时要求

石家庄市中级人民法院拟认定驰名商标的案件必须携卷向省高级人民法院汇报，防止驰名商标的司法认定被滥用，确保案件质量和社会效果。

四、积极探索知识产权司法保护的新机制，为优化自主创新的司法环境提供良好的体制保障

按照《国家知识产权战略纲要》对知识产权司法保护机制提出的新要求，全省法院积极研究探索更加高效的司法保护机制。一是建立专家库，加强与专家咨询组成员的联系和沟通。2009年初，河北省高级人民法院知识产权庭与石家庄市中级人民法院共同聘请有关行政部门、科研院所、行业协会的专家、学者组成专家咨询组，帮助解决知识产权审判中涉及的专业技术难题，就具体案件协助法院做好调解工作，由专家从专业角度解疑释惑，积极促成当事人自愿和解。二是建立知识产权审判庭与立案庭共同审查立案的制度，明确对诉前禁令、诉前证据保全等申请由审理知识产权案件的审判庭与立案庭共同审查，由审理知识产权案件的审判庭具体办理。就此问题，2009年7月份，河北省高级人民法院与石家庄市中级人民法院知识产权庭及立案庭的相关领导进行座谈，确保民事审判程序的有效衔接。三是积极探索就专利等案件审判中遇到的技术性难题，通过专家证人、专家咨询、技术鉴定等手段，认真解决专业技术事实认定问题，在审判实践中探索符合法律规定且行之有效的认定技术事实的模式。

五、强化调解优先原则，努力构建和谐诉讼

在知识产权案件的审判中，全省法院一直坚持调解优先原则，积极协调有关机构和人员参与纠纷调处，努力实现案结事了。一是将调解贯穿于整个诉讼阶段。在庭前积极开展调解工作，争取纠纷尽早妥善解决。庭审结束后，适时组织调解，释明法律，说清后果，促使当事人权衡利弊，分清是非，自愿进行调解。二是建立健全多元化社会主体参与调解的制度，将一些知识产权案件委托律师、专家咨询组、有关社会组织、行政主管部门、人民调解委员会等社会主体进行调解，促进知识产权纠纷的有效化解。三是落实调解优先的原则，对于能够调解的案件，要力争调解结案，不因片面追求结案率而匆忙下判。2009年全省法院知识产权案件调撤率达到70%，廊坊中级人民法院调撤率达到了91%以上，河北省高级人民法院审理的二审案件调撤率也达到了39.8%。

六、积极开展为企业解难题、为群众送服务活动，努力使知识产权司法保护的各项措施落到实处

2009年，全省法院按照省委关于开展“干部作风建设年”活动的安排，在做好各项审判工作的同时，积极开展为企业解难题、为群众送服务活动，取得了较好效果。河北省高级人民法院知识产权庭确定了神威药业有限公司和河北教育出版社作为联系点，明确了专线联系电话和电子邮箱、联络员。4月2日，河北省高级人民法院知识产权庭陈振杰副庭长与沧州市中级人民法院张望勇副院长等一起，到三井酿酒有限公司调研，就知识产权司法保护工作与公司相关负责人进行了深入座谈，针对该公司的注册商标保护问题进行了具体指导。4月25日，河北省高级人民法院知识产权庭积极参加了“河北省保护知识产权大型宣传活动”，发放宣传材料100余份，接受群众咨询40余人次，进一步宣传了知识产权法律法规，为依法保护知识产权营造了良好的社会氛围。

（河北省高级人民法院知识产权审判庭）

检察工作

2009年，河北省检察机关积极贯彻落实《国家知识产权战略纲要》，紧紧围绕“强化法律监督，维护公平正义”的检察工作主题，充分发挥检察机关法律监督职能作用，不断寻求打击侵犯知识产权犯罪的有效途径，采取有力措施保护知识产权，为建设经济强省目标的实现起到积极推动作用。

一、加强监督，有效打击侵犯知识产权犯罪

在对行政执法机关移送涉嫌包括侵犯知识产权在内犯罪案件监督过程中，采用普遍监督与特殊监督相结合的方法，针对不同的行政执法机关，因地制宜地采取普遍监督和特殊监督方式。普遍监督就是对所有的行政执法单位采用查看年度工作总结、受理案件登记记录、立案报告、处理决定书等发现案件线索。特殊监督是根据行政执法机关履行职能的不同，制订出不同的监督方案，有选择、有重点、有针对性地进行监督。以刑事立案监督为切入点，检察人员积极走访行政执法机关，缜密开展调卷审查，实行行政执法机关报备处罚卷审查监督制度，对以罚代刑、降格处理和徇私枉法不依法移交包括侵犯知识产权在内的涉嫌犯罪案件问题，一经发现及时予以处理。对在当地有影响、后果严重、社会关注的案件，检察机关坚持提前介入，掌握案情，引导行政执法机关和公安机关固定完善证据，依法快捕快诉。据统计，2009 年河北省检察机关共受理提请批准逮捕涉及知识产权犯罪案件 22 件 47 人，批准逮捕 17 件 39 人，共受理起诉侵犯知识产权犯罪 27 件 49 人，起诉 19 件 48 人。

二、完善行政执法与刑事司法衔接机制，切实防止对侵犯知识产权犯罪“以罚代刑”的执法现象

针对检察机关、公安机关、行政执法机关职责不同，对法律法规掌握的侧重点不同这一情况，检察机关与行政执法机关充分发挥各自的专业知识和技能优势，互相培训一线办案人员，检察机关主动定期邀请行政执法部门专业人员讲授商品经济与国际贸易的相关知识，同时以讲课或印发普法知识手册等途径帮助行政执法部门辨别犯罪与违法违规。各地以多种理论培训形式提高理论水平，为有力打击侵犯知识产权犯罪做好前期理论准备。深入到群众中去，宣讲有关法律知识，尤其是国务院和最高人民检察院下发的有关文件，充分调动各种因素，拓宽线索渠道，形成打击侵犯知识产权犯罪的良好氛围。

由于职能分工及查处领域的不同，行政执法机关之间缺乏相应的协调配合，就会对某些案件错过取证最佳时机，使一些本应立案的案件无法立案，影响对侵犯知识产权犯罪的打击力度，针对这一状况，河北省检察机关通过各种形式加强与公安机关及各行政执法机关的协作联系，督促行政执法部门及时向公安机关移送包括侵犯知识产权在内的涉嫌犯罪案件。秦皇岛市召开行政执法部门联席会议，各成员单位互通情况，主动接受检察机关的监督。

三、严肃查处和防范侵犯知识产权背后的职务犯罪

河北省检察机关严肃查处对侵犯知识产权背后隐藏的国家工作人员贪污贿赂和国家机关工作人员滥用职权、玩忽职守、徇私舞弊等犯罪，及时发现和查办涉及知识产权的民事行政裁判不公背后的司法腐败，维护司法公正，进一步加强预防工作，从源头上防止和减少涉及知识产权职务犯罪的发生。

（最高人民检察院侦查监督厅）

山西省

专利工作

山西省知识产权局深入落实科学发展观，全面贯彻实施《国家知识产权战略纲要》，紧密围绕省委省政府“三个发展”的战略重点。面对全球金融危机，开展了“企业知识产权年”活动，尽力克服金融危机带来的干扰和影响，使山西省的知识产权工作取得了新的成绩：山西省知识产权战略制定工作全面启动，专利申请量实现较快增长，全社会的知识产权意识有所提高，知识产权保护大环境进一步改善，知识产权与全省经济、科技工作结合进一步紧密。

一、知识产权战略纲要制定工作全面推进

经山西省政府批准，由山西省知识产权局牵头组织制定《山西省知识产权战略纲要》，成立了以张平副省长为组长的“山西省知识产权战略纲要制定领导小组”。目前《山西省知识产权战略纲要（草案）》已经完成，并邀请山西省发展研究中心、省社科院、省版权局、省工商行政管理局等单位专家学者进行了论证。同时组织山西省质监局、省法制办、省林业厅、省高级法院等领导小组办公室成员十余人，赴国家知识产权局就战略纲要制定工作情况进行汇报并征求相关部委意见。国家知识产权局党组成员、纪检组长肖兴威，保护协调司黄庆司长以及国家工商行政管理总局、国家版权局、国家林业局等相关单位领导出席会议，对《山西省知识产权战略纲要（草案）》给予了充分肯定，认为是个基本成熟的文件。目前，纲要征求意见基本结束即将报送省政府审批。

二、知识产权大环境逐步优化

一是领高度重视。6月，参观第四届高新技术产业成果展示暨合作洽谈会专利展区的山西省委书记张宝顺在听取全省专利工作汇报后重点指出，山西要转型发展，很大程度上要靠专利产品，靠自主知识产权，要推动具有知识产权的企业在创业板上市融资。要把科技创新作为转型发展的重要动力和具体抓手，加强组织领导，推进产学研结合，健全技术创新体系，大力发展高新技术产业，为建设新基地、新山西提供坚强动力和支撑。11月，由山西省科技厅主办，省知识产权局、太原国家高新技术产业开发区、太原市知识产权局、国家专利技术（山西）展示交易中心承办，省科技基金发展总公司协办的第三届中国专利周山西地区活动隆重举行。山西省人民政府副省长张平参加活动，山西省科技厅厅长廉毅敏在开幕式上作重要讲话。山西省政府副秘书长郭慧民、省科技厅副巡视员赵世卫，省版权局、省农科院等有关部门负责同志出席了开幕式。活动充分运用实物、模型、图片、多媒体等多种方式，对40余家企业的重大创新发展、科技成果转化及专利产业化最新成果和200余项优秀专利项目进行集中展示。活动期间举办了知识产权资产评估暨科技型中小企业专利转化融资研讨、PCT专利申请研讨、网上专利展示交易、企业创新交流等系列活动。二是全省知识管理机构建设有了新的进展。太原市十县（市）、区均成立了知识产权局（办）；阳泉市知识产权办被批准为参照实施公务员制的单位，长治市知识产权办也增加了人员编制。三是知识产权经费投入进一步加大。全省11个市中有9个建立了专利申请和实施专项资助资金，2009年全省市级专利资助资金超过了1000万元，达到1111万元。

三、不断推进知识产权服务体系建设

各级中介服务机构积极按照组织网络化、手段现代化、功能社会化的要求，不断提高服务能力与水平。中国（山西）知识产权维权援助中心投入运行，开通"12330"知识产权维权援助热线。国家知识产权局专利管理司司长马维野为中心揭牌。中心的成立标志着山西省知识产权保护和公共服务体系的进一步完善，并为全省辖区内企事业单位和知识产权权利人提供知识产权维权援助服务。成立山西省专利保护协会，国家知识产权局专利管理司司长马维野应邀出席成立大会并致辞。知识产权信息中心主动深入太重等企业，开展对接服务，同时为经纬纺机等开发了专题数据库。2009年11月，"国家专利技术（山西）展示交易中心"喜迁新址，山西省人民政府副省长张平、副秘书长郭慧民、山西省科技厅厅长廉毅敏为喜迁新址的"国家专利技术（山西）展示交易中心"揭牌。新建的国家专利技术（山西）展示交易中心，共投入400余万元建成了1200m²的展示交易大厅，成为目前国内规模最大、设施最先进的现代化专利展示交易中心之一。本着贯彻落实国家知识产权战略，加强全省专利保护工作，鼓励发明创造，提高创新能力，推动专利技术的推广应用，保护专利权人的合法权益，维护会员的合法利益，发起成立了山西省专利保护协会。

四、知识产权宣传培训工作成效明显

知识产权宣传周期间与山西省工商、版权等部门组织新闻媒体、知识产权管理和服务机构的专家、学者连续五年组织"知识产权三晋行新闻采访团"，深入市、县进行宣讲培训、座谈交流、现场指导，社会反响强烈。会同山西省高级人民法院、山西省版权局等单位举办了大型街头宣传咨询活动。

山西省知识产权局与山西省教育厅联合印发了《关于组织开展高等学校学生专利培训工作的通知》，旨在加强高校学生专利知识培训，拓宽高校毕业生就业渠道，全面提升高校科技创新能力。对高校在校大学生的培训内容、培训方式以及课程设计、教材选定、师资配置等提出了具体要求。

2009年举办了三期有影响的培训。3月，山西省知识产权局联合山西省经委、山西省财政厅和中国知识产权培训中心在京举办了"山西省首批知识产权百强培育企业高管知识产权培训班"。4月，邀请国家知识产权局专利管理司司长马维野作了题为"运用知识产权制度，促进企业科学发展"的报告。12月，山西省知识产权局与中国知识产权培训中心联合举办了"山西省首批知识产权百强培育企业知识产权专兼职工作人员培训班"。国家知识产权局人事司副司长曹晓滨受邀出席了开班仪式并讲话，国家知识产权局、中国社科院知识产权中心、北京市第一中级人民法院、中国石油化工股份有限公司的多名专家就企业专利战略、企业品牌战略、企业知识产权管理运用、知识产权保护、专利申请文件及流程等实务知识进行了讲授。来自全省首批38户知识产权百强培育企业的知识产权专兼职工作人员40余人参加培训，取得了很好的效果。据初步统计，2009年全省市级以上举办知识产权业务培训64期，培训人员4000余人次。

五、专利执法力度进一步加强

发布了《致广大发明人的一封公开信》，以提高公众的防范意识和对假冒冒充专利的鉴别水平。会同山西省公安厅经侦总队等单位开展了“雷雨”“天网”知识产权执法专项行动，组织执法人员对太原市数家大型商场、超市、药店等经营场所进行了专项检查。共计抽检各类商品3000余件，其中多为与老百姓紧密联系的家电、日用、食品、药品等商品。

为了加强执法经验交流，推动全省专利执法水平的提高，承办了华北地区知识产权执法研讨会。华北地区各局和山西省各市知识产权管理部门、山西省高院、太原市中院有关负责人参加了研讨会，就知识产权保护工作现状、存在问题与发展趋势进行了研讨。

六、积极推进区域知识产权试点示范工作

提高知识产权发展水平是提升城市、园区综合竞争力的基础。太钢、太原理工大学、新超管业相继通过国家知识产权试点单位验收。太原、阳泉、长治三个国家知识产权试点示范城市制定了国家知识产权试点示范城市重点工作指南，并确定了执行时间表。长治清华机械厂、山西乐百利特科技有限责任公司等十家企事业单位入选第四批全国企事业知识产权试点单位。太原理工大学、太原重型机械集团有限公司正在积极申报第二批全国企事业知识产权示范单位。至此，山西省已有十六家全国企事业知识产权试点示范单位。以试点促普及，以示范促深化，不断加强企事业知识产权制度建设，全省区域知识产权试点示范工作正有序展开。2010年1月11～12日太原市通过了全国知识产权示范城市创建工作验收。

七、加大对自主创新的支持力度

2009年度下发专利资助和推广实施资助共计390万元。通过扶持自主创新的政策力度持续加大，全省技术创新环境进一步改善，专利申请量持续增长，质量进一步优化。全年共申请专利6822件，同比增长26.66%；专利授权量3228件，同比增长41.64%，均高于全国平均增长水平，分别在全国排名为19位和20位。技术含量进一步增强。发明专利申请达到2422件，比2008年增长17.97%，占当年专利申请受理总量的35.5%；企业自主创新主体作用进一步凸显。全省企业申请专利2296件，同比增长36.75%，超过全省总申请量的三分之一，占职务发明申请的73.97%，其职务申请主力军的地位进一步巩固；专利结构更趋合理。职务申请高速增长，达到3104件，同比增长36.68%，占申请总量的45.49%。

举办了“第三届中国专利周山西地区活动”，为省内企业、高校、科研院所和发明人提供了合作渠道，搭建了专利技术转移和扩散的平台，对40余家企业的重大创新发展、科技成果转化及专利产业化最新成果和200余项优秀专利项目进行集中展示。活动期间还组织开展了网上专利展示交易、知识产权资产评估暨科技型中小企业专利转化融资研讨、PCT专利申请研讨、企业创新交流等系列活动。

八、加大基层调研力度

采取实地走访、现场办公与召开座谈会相结合的形式，山西省知识产权局领导亲自带队，组织专利事务所、维权援助中心等相关中介机构的负责同志，深入基层一线探访企业需求，帮助建立知识产权制度，破解知识产权难题。全年走访了全省9个地市，20余家省属科研院所，100余户企业，推动知识产权信息中心、知识产权维权援助中心、专利技术展示交易中心与企业的对接活动，帮助企业建立应对侵权的预警机制；为太钢、榆次经纬纺机等企业开发了专利专题数据库，提高企业自主创新能力。从目前来看，这些活动均取得一定成效。

（山西省知识产权局）

商标工作

2009年是深入学习实践科学发展观，战胜国际金融危机严重冲击、保持经济平稳较快发展的关键一年。山西省工商行政管理局认真贯彻落实保增长、扩内需、调结构、重民生的政策措施，着眼于山西省转型发展、安全发展、和谐发展，按照国家工商行政管理总局做到“四个统一”的要求，结合山西省实际，创新思想观念，创新监管机制，创新工作作风，充分发挥商标监管职能，大力推进商标战略，全面推进“五增五创”工作主题，各项工作取得了新进展，为推动科学发展、促进社会和谐作出新的贡献。

一、围绕“三农”，成功举办了第三届山西品牌节

按照山西省工商行政管理局党组部署，省市县成功举办了第三届山西品牌节及“农业发展、农村增效、农民增收”论坛，山西省政府对被认定为驰名商标的 7 家企业分别给予 50 万元的奖励。各市县工商行政管理局通过召开座谈会、表彰会，举办文艺晚会、电视专题讲座、品牌成果展等多种形式宣传和展示了实施商标战略取得的成就。

二、开展商标帮扶，大力推进商标注册工作

按照山西省政府确定的十大产业发展规划和《山西省工商行政管理局关于开展进企业集中帮扶行动的指导意见》，下发了《关于深入推进商标注册工作的通知》，发挥职能作用，帮助企业和农户申请注册商标 3400 余件，其中农产品商标 1200 余件，申请“长子大青椒”等地理标志商标 10 件，申请“粟海”等国际商标 5 件。到目前，山西省有效注册商标达到 2.81 万余件，地理标志商标 11 件。在 15 个国家有效国际注册商标 40 余件。大力开展“公司＋商标＋农户”的发展经营模式，使 41000 多返乡农民工在家门口有了就业岗位。9～11 月份对全省商标注册情况进行了摸底调查。

三、全力抓好驰名商标培育推荐、著名商标认定工作

2009 年坚持“重在培育、规范认定、梯级推进、分级负责”的商标培育认定总体思路，明确培育目标，开展一对一帮扶活动，在全省培育驰名商标 32 件。4 月份，山西省太原钢铁(集团)有限公司的“太钢牌 TG 及图”商标、太原六味斋实业有限公司的“六味斋”商标、山西老陈醋集团有限公司的“东湖 DONGHUBRAND 及图”商标、山西焦化集团有限公司的“山焦及图”商标、山西鸿基科技股份有限公司的“图形”商标、昔阳县大寨经济开发总公司的“大寨 DAZHAI 及图”商标、山西华晋纺织印染有限公司的“华晋 HUAJIN 及图”商标被国家工商行政管理总局认定为驰名商标。使山西省驰名商标总数上升到 39 件(行政认定 29 件)。目前我们又向国家工商行政管理总局推荐“同德”“太矿”“粟海”等 8 件驰名商标。山西省著名商标现有 764 件。2009 年依据《山西省著名商标认定和保护办法》，经过企业自愿申报、市县工商行政管理局把关推荐、山西省工商行政管理局形式审查、广泛征询社会意见等步骤，对申请认定山西省著名商标的 472 件商标进行了网上公示。

四、努力促进无形资产的合理利用

一是积极引导企业加大商标使用许可力度，提高商标的市场认知度，进一步延伸商标的使用价值。二是推广商标授权经营制度。太原、长治等市在 12 个大型超市、百货商场、成规模的商品批发零售市场推行商标授权经营制度，维护了商标权人和消费者的合法权益。三是支持和鼓励企业利用商标权质押融资。长治市工商行政管理局协调“天脊”“澳瑞特”两家驰名商标企业与金融部门达成以注册商标抵押贷款协议，目前已启动商标评估程序。

五、依法开展商标专用权保护工作

一是严厉打击商标侵权行为，切实保护了商标权人的合法权益。截止 12 月底，全系统共出动执法人员 41 823 人次，检查交易市场 1305 个、经营户 50531 家，捣毁制假窝点 11 个，查处商标侵权案件 1744 起，罚款 442 万元，没收和销毁侵权商品 67 634 件，没收和销毁商标标识 13 662 件。二是查处侵犯农产品商标和地理标志违法行为，维护了农产品企业和农民的切身利益。全省开展了“打假护农保地标”专项行动，共检查超市、商场、农产品市场 3200 多个，查获侵权商品 1.5 万件。

六、商标法律法规宣传活动丰富多彩深入人心

根据国家工商行政管理总局等 24 个部、委、局的统一部署，山西省工商行政管理局在全省工商系统组织开展了“2009 年全国知识产权宣传周活动”，全面展示了保护知识产权取得的成果，进一步宣传了商标法及其相关的法律、法规，增强了社会各界知识产权保护意识，营造了保护商标权益，创新自主商标的良好环境和社会氛围。据统计，本次宣传周活动期间，全省工商系统共出动人员 8000 余人次，车辆 2000 余台次，悬挂条幅 6000 余条，发放宣传资料 18 万余份，接受咨询投诉 4

万余人次，进企业3000余户，产生了良好的社会效应。

七、加强商标代理组织机构管理

按照国家工商行政管理总局《关于进一步规范商标代理市场秩序的通知》精神，12月份召开了规范商标代理组织会议，对40余家代理机构负责人进行了培训。

八、涌现出了一批商标工作先进单位和个人

2009年7月20日国家工商行政管理总局通报表彰了一批商标工作先进单位和个人，山西省运城市工商行政管理局、平遥县工商行政管理局、屯留县工商行政管理局李高工商所等21个单位和15名个人受到国家工商行政管理总局通报表彰。为表彰先进，进一步促进全省商标工作，山西省工商行政管理局决定对3个市级工商行政管理局、20个县（市、区）工商行政管理局、30个工商所、100名个人等一批商标工作先进集体和先进个人进行表彰。

（山西省工商行政管理局）

版权工作

2009年，山西省版权局按照国家版权局的部署，以纪念“4·26世界知识产权日”为契机，开展了著作权法律知识的宣传与普及；以全省版权工作暨推进企业软件正版化工作会议为依托，积极推进企业使用正版软件工作；以打击各类侵权盗版活动为重点，营造良好的知识产权保护环境。一年来各方面的工作都取得了较好的成绩。

一、以纪念“4·26世界知识产权日”为契机，开展著作权法律知识的宣传与普及

为增强全社会知识产权保护意识，营造自主创新和对外开放的良好社会环境，按照国家版权局的统一安排，山西省版权局紧紧围绕“文化、战略、发展”为主题，与各兄弟单位协作，在4月中、下旬开展了一系列宣传活动，为弘扬先进文化，促进山西经济社会和谐发展作出贡献。

4月20日上午，山西省版权局、省知识产权局、各相关中介服务机构在山西省科技大楼前举行大型宣传咨询活动暨“12330”知识产权维权援助电话开通仪式。

4月20～26日，山西省版权局、省知识产权局在全省范围内组织开展了以“保护知识产权，促进创新发展”为主题的“保护知识产权宣传周”活动。山西省分为南北两队，山西电视台、山西日报等主要媒体记者随行，在山西省科技厅楼前举办了大型知识产权宣传、咨询活动，赴长治医学院开展了“知识产权与大学生在一起”宣传咨询活动，在全省范围内举行送“知识产权到企业”活动，到太原高新区举办知识产权讲座，开展现场咨询服务，在太原市滨河体育中心举行侵权盗版制品及各类非法出版物全国统一销毁活动，销毁盗版及非法书报刊等61万余件，在广播电影电视管理干部学院共同举办了一期“版权保护走进大学生”为主题的讲座，在长风街沃尔玛广场举行大型宣传活动，在太原市480多个社区开展版权进社区活动，在各社区的宣传专栏张贴版权宣传资料。

二、以全省版权工作暨推进企业软件正版化工作会议为依托，积极推进企业使用正版软件工作

5月26日，山西省版权局在山西饭店召开了“山西省版权暨推进企业软件正版化工作会议”，会议总结了改革开放30年来山西省版权工作的历程和2008年的各项工作，安排部署2009年全省版权和推进企业使用正版软件工作，对荣获山西省推进企业使用正版软件工作的有功单位和个人、版权工作先进集体和个人予以表彰。

此次会议上，山西省副省长张平对山西省版权工作和推进企业软件正版化工作给予了充分的肯定。他说，山西版权工作既要满足国家对版权保护工作的总体要求，又要着眼于山西省经济和社会发展的需要，要为“实现三个转变，走出四条路子”，为建设经济强省、文化强省的战略目标提供良好的服务和有力的保障。为了实现这一目标，首先，要坚决查处各种侵权盗版行为，努力为自主创新和文化产业发展提供良好有序的环境。其次，要自觉坚持为促进山西省经济又好又快发展服务，大力促进文化产业的发展。通过有力的版权保护和版权服务，催生更多的有竞争力的文化产业主体，促进文化创新产品、创意产品产业化、规模化发展。

针对目前开展的推进企业软件正版化工作，张平副省长还指出，各级政府要进一步提高认识，切实加强对这项工作的领导，要把推进企业软件正版化工作纳入政府部门工作业绩考评体系，以增强政府部门的责任感。各相关职能部门，行业主管部门及行业协会，都要着眼于大局，自觉以推进软件正版化工作为己任，要重视发挥山西省推进企业使用正版软件工作联席会议成员单位的管理权限和职能，努力形成“统一领导，行业监管，属地管理，协会辅助”的工作格局，动员和整合社会资源积极支持和参与软件正版化，为提高国家的核心竞争力，促进国民经济又好又快发展，提供良好的市场环境。

2009 年，山西全省共举办企业软件正版化培训 19 次，有 543 家企业 903 人参加了培训，已完成正版化验收的企业 124 家，更换软件 4 025 套。

三、以打击各类侵权盗版活动为重点，营造良好的知识产权保护环境

2009 年，山西省版权局执法人员先后查办了以下投诉和案件：受理科亿尔数码科技（上海）有限公司投诉，对山西省美术印刷分公司等 6 家单位进行执法检查，经执法人员现场查证，被诉单位均未经授权私自安装、使用了 Coreldraw 计算机软件，构成了侵权行为，山西省版权局对此进行了调解处理；受理微软公司投诉，对山西威奇达药业有限公司计算机软件涉嫌侵权进行了调查，并在媒体予以曝光，目前该企业已采购正版金山软件 300 余套，积极推进使用软件正版化；受理国际唱片业协会投诉，对涉嫌侵权的“听酒吧音乐”网站进行了调查，执法人员先后赴山西省吕梁市、江西省九江市、天津市进行取证，已查清了该网站侵权事实，并确定了该网站服务器的物理位置；受理著作权人投诉，对拖欠作者稿费的《学习方法报》《新作文》《中国医学》等杂志社进行了调查处理，责令他们给作者发放所有稿费，维护了著作权人的合法权益；10 月下旬，执法人员配合太原市公安局小店分局，严厉打击以领导和上级机关名义高价销售盗版实用工具类图书案件，抓获犯罪嫌疑人两名，没收 14 种（类）盗版图书 88 套 363 册。

在 2009 年打击网络侵权盗版专项治理行动中，山西省版权局共取缔专业从事侵权盗版活动的非法网站 3 家，异地封存服务器 2 个，对 16 家网站处以行政罚款。

2009 年 8 月，具有全国教辅大报、媒体界首家中国驰名商标的语文报社向山西省版权局举报说近年来屡遭盗版，且盗版情况越演越烈，在东起浙江、西到乌鲁木齐、南达广东广西、北到黑龙江、西南到四川，甚至北京、上海以及语文报社总部所在地山西太原和运城等地，都出现了数量较大的盗版报纸，严重侵犯了报社的合法权益。而且盗版者的手段越发嚣张，活动近似于公开，盗版的队伍规模庞大、组织严密、分工明确，盗版队伍在全国范围内不断蔓延，拥有规模较大的印刷企业和独立的仓库，盗印的报纸足可乱真。经报社多方暗查，盗版《语文报》的源头集中指向山东聊城，盗版队伍的核心人员、印刷企业、发行人员基本聚集在山东聊城市市区，据估算，每年的盗版量在 50 万份，数额在 2 500 万元左右。接到报社举报后，山西省版权局领导非常重视，迅速成立了由副局长王吉敏任组长，版权处处长吉平、调研员邓坪组成的专案组。12 月 14 日，副局长王吉敏亲自带领专案组全体赶赴山东省调查《语文报》被盗版案件。在山东省版权局的帮助下，专案组与山东省公安厅及聊城市公安局经侦部门进行了沟通，交换了各自掌握的案件信息。山东省的有关方面也非常重视此案，指派了专业骨干负责侦察。目前已初步掌握了盗版的印刷厂、部分仓库地址和部分发行人员的交通工具、通讯号码的情况，案件侦破工作正向纵深发展。

2009 年，山西省版权局答复著作权方面的社会咨询近 280 人次，受理著作权侵权投诉 43 件，成功调解 38 件，移交司法机关的 2 件。

四、贯彻实施“走出去”战略，促进版权贸易增长

近年来，山西省积极响应“中国图书走出去”战略，促进版权贸易增长。在版权贸易活动中，山西省版权局本着“服务前移”的宗旨，积极为出版单位出谋划策，提供国内外最新信息、并帮助他们严格把关涉外贸易合同，引导山西希望出版社、山西书海出版社、山西教育出版社等出版社参加国际版权贸易研讨会、国家图书展销会等涉外活动，并且选送山西省的输出版、引进版优秀图书参加评奖，推荐全国优秀版权经理人，争取在版权贸易中扩大山西省的影响，取得了良好的经济效益和社会效益。

2009 年，山西省成功举办了出版物版权贸易工作人员业务培训，对出版集团经营部领导、各出版社分管版权工作的副社长、总编办负责出版物版权贸易工作的同志进行了业务培训。通过培训建立了各出版单位的版权工作队伍，对推动山西省出版单位的版权贸易工作起了积极推动作用。

2009 年，山西省的版权社会管理和服务工作也比往年有新的提高。全年共计办理各类作品著作权登记130件，计算机软件代理登记21件，版权贸易合同备案8件。

（山西省版权局　版权处）

司法工作

一、2009年山西省知识产权司法保护工作概况

在最高人民法院的指导和山西省高级人民法院党组的领导下，2008年全省两级法院新受理一、二审知识产权案件316件，旧存63件，共379件，审结325件，结案率85.8%。其中民事知识产权案件233件，审结189件，结案率81.1%；刑事知识产权案件145件，审结114件，刑事处罚265人；行政知识产权案件1件，审结1件。

民事知识产权案件一审：涉及著作权纠纷案件54件，审结48件；涉及商标权纠纷案件42件，审结33件；涉及专利权纠纷案件44件，审结36件；涉及技术合同纠纷案件7件，审结5件；其他知识产权纠纷案件8件，审结5件。

民事知识产权案件二审：涉及著作权纠纷案件5件，审结5件；涉及商标权纠纷案件11件，审结11件；涉及专利权纠纷案件8件，审结8件；涉及技术合同纠纷案件8件，审结8件；其他知识产权纠纷案件5件，审结5件。

民事知识产权案件再审：涉及商标权纠纷案件38件，审结35件；其他知识产权纠纷案件3件，审结3件。

根据最高人民法院要求，认定和评查涉及驰名商标民事案件180件。

二、2009年山西省知识产权司法保护大事记

积极贯彻《国家知识产权战略纲要》，加强对全省法院知识产权审判工作的统筹协调和业务指导工作，认真执行最高人民法院关于知识产权审判工作的一系列指导意见和工作部署，取得了较好的成绩。

（一）及时召开全省法院知识产权审判工作会议

为贯彻最高人民法院关于全国知识产权审判工作会议的主要精神，部署山西省2009年知识产权工作，年初组织召开了由各中级人民法院分管副院长和知识产权庭庭长参加的全省法院知识产权审判工作会议。会议对2008年全省法院知识产权审判工作进行了认真总结，根据全国知识产权审判工作会议精神，结合山西省实际，研究谋划了2009年的工作，并对最高人民法院在全国开展的涉及驰名商标认定民事案件评查活动进行了专门部署，为做好全年的知识产权审判工作奠定了基础。

（二）认真组织涉及驰名商标认定民事案件的评查活动

利用两个月的时间在全省各中级人民法院对已办结的涉及驰名商标案件进行认真评查。该活动分三个阶段，第一阶段：制订实施方案，组织参评人员对最高人民法院的通知精神和相关法律法规进行学习，掌握评查标准，并组织各中级法院进行自查；第二阶段：山西省高级人民法院评查组赴各中级人民法院具体进行逐案评查工作；第三阶段：召开专题会议，汇总评查结果。共评查涉及驰名商标认定民事案件176件，最终确认9件，并向最高人民法院和院党组作了专题报告，得到了最高人民法院的好评。

（三）积极开展知识产权法制文化宣传周系列活动

为配合“世界知识产权宣传周”活动，全庭积极参与并指导各中级人民法院，协调地方政府知识产权执法部门开展了以“尊重知识、崇尚创新、诚信守法”为主题的全省知识产权法制文化宣传周活动。一是召开新闻发布会，发布和展示了近年来山西省法院知识产权司法保护现状和取得的主要成绩；二是主动到山西省人大、省知识产权局、省工商行政管理局、省版权局、太原海关等部门进行座谈，就司法保护知识产权方面同这些部门进行沟通和协调，建立了横向联动配合机制；三是走访太原钢铁（集团）股份有限公司、山西汾酒（集团）股份有限公司、太原高新技术开发区、“宁化府”老陈醋、“六味斋”等知名企业，为保护山西省企业知识产权提供司法服务；四是在太原市南宫广场等公共场所开展向社会提供知识产权法律保护咨询活动，积极宣传山西省知识产权司法保护典型案例，发放知识产权司法保护手册，提高社会民众的知识产权司法保护意识。同时组织并指导各中级人民法院在当地开展了相关活动。

（四）努力实践知识产权审判工作“优化自主创新司法环境”年度主题活动

根据最高人民法院“人民法官为人民”主题实践活动的部署和要求，针对当前国际金融危机的影响，结合最高人民法院《关于贯彻实施国家知识产权战略若干问题的意见》和山西省实际，在全省法院开展了知识产权审判工作“优化自主创新司法环境”的年度主题活动，要求两级法院切实解决审判工作中影响和制约自主创新的突出问题，为激励自主创新营造良好的司法环境。主要内容有：充分发挥知识产权审判职能，减弱和化解国际金融危机给全省经济社会带来的不利影响；深入贯彻实施国家知识产权战略，充分发挥司法保护知识产权的主导作用；做好专利案件审理工作，促进科技创新；审理好垄断案件和不正当竞争案件，营造有利于公平竞争的市场秩序；做好商标案件的审理工作，促进品牌经济发展；加强审判监督和工作指导，切实统一法律适用标准。为山西省科技的自主创新，为实现全省的转型发展、安全发展、和谐发展提供了有力的司法保障。

（五）认真传达和执行最高法院的文件精神，加强对全省法院知识产权审判工作的业务指导

及时转发了《最高人民法院〈关于涉及驰名商标认定民事纠纷管辖问题〉的通知》，制定下发了《关于贯彻执行〈最高人民法院关于进一步建立健全驰名商标司法保护〉的通知》等文件，研究通过了全省法院一审知识产权案件的管辖标准并上报最高人民法院核准，形成了对全省法院知识产权审判工作的有力指导。

（六）积极参与最高人民法院《关于审理侵犯专利权纠纷案件应用法律若干问题的解释（征求意见稿）》等司法解释工作的讨论和修改，鼓励全庭人员撰写知识产权方面的理论文章，努力提高全庭的调研能力和理论水平。

（七）积极编撰出版《山西省高级人民法院知识产权审判指导手册》，收集了近年来有关知识产权审判的所有法律、法规、司法解释和文件及发达地区法院有关知识产权审判的有益做法和经验，现已成为全省法院知识产权法官审判工作的有力助手。

（山西省高级人民法院知识产权审判庭）

检察工作

2009年，山西省检察机关积极贯彻落实《国家知识产权战略纲要》，针对侵犯知识产权犯罪手段技术化、隐蔽化、查处难的特点，充分发挥检察职能，积极开展保护知识产权工作，依法监督行政执法机关向刑事司法机关移送了一批涉嫌侵犯知识产权犯罪案件，取得了良好的法律效果。

一、依法严厉打击侵犯知识产权犯罪

山西省检察机关充分发挥检察职能作用，与行政执法机关、公安机关等部门密切配合，依法及时批准逮捕、起诉涉嫌侵犯知识产权的犯罪分子。据统计，2009年山西省检察机关共受理提请批准逮捕涉及知识产权犯罪案件17件28人，批准逮捕18件31人，共受理起诉侵犯知识产权犯罪21件30人，起诉19件31人。

二、依托行政执法与刑事司法衔接机制，减少对侵犯知识产权犯罪“以罚代刑”的执法现象

山西省各级检察机关与当地相关行政执法机关、公安机关建立起了联席会议制度，从开始的由检察机关牵头召开联席会议，解释衔接机制的作用和意义，到目前的行政执法机关主动邀请检察机关审查案件、主动向公安机关移送包括侵犯知识产权在内的刑事案件，工作透明度高，移送案件成案率高，极大地减少了以罚代刑的执法现象，有效地打击了侵犯知识产权犯罪。

山西省各级检察机关在积极开展监督工作的同时，针对部分行政执法人员刑事司法知识较为匮乏，对于行政、刑事案件区分不清的问题，在与行政执法机关讨论案件的同时，对相关法律和司法解释精神进行详细解释，为行政执法人员准确区分行政、刑事案件，及时移送包括侵犯知识产权在内的涉嫌犯罪案件打下了坚实基础。山西省各级检察机关通过召开联席会议，开展联合执法等形式，加强与行政执法机关的会商协调，加快案件线索的移送和检查，加强与公安机关、人民法院的联系、沟通、共同研究案件性质、法律适用等方面的问题，切实形成了执法合力，并查处了一系列具有社会影响的包括侵犯知识产权在内的涉嫌犯罪案件，有效地打击了侵犯知识产权犯罪的事发态势。

三、坚决防止和纠正对知识产权犯罪打击不力的现象

2009年，山西省各级检察机关充分发挥法律监督职能，加强对行政执法机关抄送的侵犯知识产权案件《行政处罚决定书》副本的审查工作，对涉嫌犯罪的及时提出移送公安机关的建议，监督公安机关及时立案侦查侵犯知识产权犯罪案件。严肃查办侵犯知识产权违法犯罪背后的国家工作人员的职务犯罪，坚决打掉其“保护伞”，在立案监督和审查批准逮捕、审查起诉中注意发现和掌握侵犯知识产权违法犯罪背后的国家工作人员职务犯罪线索，对于涉嫌构成犯罪的坚决依法查办。

（最高人民检察院侦查监督厅）

内蒙古自治区

专利工作

2009年内蒙古知识产权工作贯彻落实《国家知识产权战略纲要》，加快制定自治区知识产权战略的进度，提升运用知识产权制度的能力和水平，提高对知识产权的拥有、运用能力，为建设创新型内蒙古自治区提供有力的支撑。

一、强化政策引导，激励知识产权创造

制定印发《内蒙古自治区专利转化基金管理暂行办法》和《2009年全区知识产权执法工作要点》。连续两年开展内蒙古自治区专利转化工程项目支持，累计投入项目资金560万元，有力地促进了自治区企业自主知识产权运用与产业化。1～10月全区专利申请1812件，同比2007年增长6.5%，有力地促进了企业自主知识产权的运用与产业化。

二、重点开展发明专利费用资助

2009年对367项发明专利给予88万的资助，资助项目数量比2008年增长87%，资助金额较2008年增长95%。促进了发明专利申请数量与质量的提高，2009年全区发明专利数量同比增加18.19%。

三、加大对试点示范工作的资金支持

强化企业知识产权制度建设，推进知识产权试点示范工作深入发展，新确定9家企业列入自治区知识产权试点。对已认定的自治区专利试点企业进行验收。为8家知识产权试点、重点企业开展“中国专利文摘数据库”建设及培训工作。按照国家知识产权局要求充分准备，包头稀土高新区国家知识产权制度示范园区顺利通过验收。组织了第四批全国企事业单位知识产权试点申报工作。评选公布了2008年自治区重大自主知识产权成果10项。组织申报了2009年国家知识产权局国家专利产业化推进工程委托项目。

四、加大执法力度，保护知识产权创造

制订《自治区“雷雨”“天网”知识产权执法专项行动方案》，实施“雷雨”“天网”保护知识产权专项行动，强化执法力度，提高保护水平。在国美电器，美特好超市，九合永龄堂药店等处开展了执法检查，并向商家和相关人员讲解相关专利知识并发放宣传材料共计5000余份。2009年中国·内蒙古知识产权维权援助中心获批成立。维权援助中心成立以来积极开展知识产权相关服务，1～11月份受理咨询投诉案件共计513件。

五、倡导知识产权文化，加大知识产权宣传力度

“4·26世界知识产权日”活动周期间，在新华广场举行了声势浩大的“4·26保护知识产权宣传周”暨“雷雨”“天网”行动启动仪式。内蒙古自治区司法厅、高级人民法院、检察院等26家单位组织人员参加了宣传咨询活动，3000多人参加了现场宣传咨询活动，共向群众发放宣传材料六千多份；活动周期间组织全区各盟市开展了形式多样的宣传、执法活动。深入企业开展专利信息应用讲座，广泛开展知识产权培训，举办各类知识产权培训班6期，接受培训近千人。

六、发展社会中介，服务知识产权创造

不断拓宽知识产权中介服务范围。建立了国

家专利技术(呼和浩特)展示交易中心,连续举办了三届中国专利周呼和浩特专利技术展示交易会。2009年在全领域数据库基础上研发成功专利行政执法数据库。开发了蒙文知识产权服务平台,获得国家振兴东北老工业基地项目支持。编译《蒙古民族文字专利法律法规汇编》。

七、积极开展交流与合作

认真安排国家知识产权局甘绍宁副局长来内蒙古调研接待活动,召开调研汇报会专题汇报了内蒙古知识产权工作情况。陪同国家知识产权局领导参加了第六届中俄蒙科技展。承办在满洲里举行的中央国家机关信访工作第五协作组第九次会议。组织参展项目参加"中国国际专利展示交易会""第六届中国国际分明展览会""杨凌农高会"等重大活动。

(内蒙古自治区知识产权局)

商标工作

2009年,内蒙古自治区商标监管工作在国家工商行政管理总局商标局的指导下,围绕全面落实科学发展观和构建社会主义和谐社会的要求,以促进经济发展为目标,坚持服务与监管并举,切实做好重点行业的商标保护工作,严厉查处各类商标侵权假冒违法行为,积极推进商标战略的实施,取得了新的成效。

一、大力开展商标宣传培训工作,积极营造良好的知识产权保护环境

认真贯彻落实《国家知识产权战略纲要》,普及商标法律、法规知识,努力创造全社会重视商标、保护商标专用权的社会氛围。

一是组织开展了"4·26知识产权宣传周"活动。2009年4月26日,内蒙古自治区和呼和浩特市两级工商行政管理局在呼和浩特市新华广场参加了自治区知识产权办公室组织的大型"知识产权宣传日"活动,并组织呼和浩特市地区近20家驰名、著名商标企业以及"十佳"商标代理机构参加了宣传咨询活动,发放宣传资料,开展商标注册、使用、管理和保护方面的咨询活动,取得了较好的效果。各盟市也开展了不同形式的宣传咨询活动。

二是与内蒙古电视台联合开展了农产品商标和地理标志专题宣传。"4·26知识产权宣传周"期间,内蒙古电视台连续播出了呼和浩特市地区清水河小香米和武川土豆、莜麦、荞麦等农产品商标和地理标志专题宣传片,宣传内蒙古自治区农产品商标和地理标志的申请、注册、使用和保护方面的相关情况,重点宣传农产品商标和地理标志在促进内蒙古自治区农牧业经济发展和农牧民增收方面所起的积极作用。

三是举办了一期农产品商标和地理标志专题培训班。为贯彻落实党中央、国务院关于解决"三农"问题,实施商标富农战略,充分发挥职能作用,2009年4月21～22日,内蒙古自治区工商行政管理局和商标协会共同举办了农产品商标和地理标志专题培训班,特邀国家工商行政管理总局商标局专家就集体商标、证明商标以及农产品商标和地理标志等有关知识作了专题讲座和现场答疑,参会人员为盟市工商行政管理局商广科科长、部分农牧区旗县工商行政管理局商广股股长、工商所所长、农产品商标和地理标志所有人和申请人,共计80余人。此次培训必将对推进"商标兴农"工作起到积极的作用。

四是组织全区驰、著名商标企业和广告公司参加"内蒙古品牌与广告"论坛会。该论坛会由内蒙古工商行政管理局、内蒙古商标协会、广告协会于5月8日在呼和浩特市举办,组织全区"十佳"商标代理机构负责人为呼和浩特地区的驰名、著名、知名企业相关人员就企业在商标注册、使用和培育过程中存在的普遍问题及对策进行讲解,解决实际问题。同时,也邀请了呼和浩特地区的部分广告公司积极参与互动,为企业实施商标战略,推广品牌广告宣传出谋划策。

五是组织了一期关于驰名商标的专题培训班。8月8～10日,中国知识产权研究会为主办单位、内蒙古商标协会为协办单位,在呼和浩特市举办了全国商标侵权纠纷诉讼与驰名商标保护司法解释及驰名商标认定实务专题培训班。中华商标协会副秘书长任刚、中华商标协会专家委员会副主任郭修申、最高人民法院民三庭审判长夏君丽三位专家到会进行了精彩的讲解,各盟市工商行政管理局商广科科长、有关驰、著名商标企业负责人及部分省市工商行政管理局、企业代表共计120余人参加了培训。

六是指导《内蒙古商标》杂志的编辑和发行工作,研究商标新问题,反映基层商标工作典型经验,使杂志成为指导基层商标工作、提高商标执法人员理论素养以及与相关省市商标机构和商标协会工作沟通信息的平台。

二、严厉打击侵犯注册商标专用权违法行为，维护公平竞争的市场经济秩序

一是继续做好保护知识产权专项行动。年内派出人员赴四川、贵州、云南、河南、天津等地为“脑白金”“伊利”“蒙牛”“小肥羊”“金元呼白王”“泰尔力图”等驰名、著名商标企业打假维权，实施行政保护协作，取得了较好成效。截止10月底，全区共查处各类商标侵权、违法案件128件，罚没款85.72万元，案值105.31万元，其中商标侵权案件103件，罚没款70.46万元，案值88.25万元，商标一般违法案件25件，罚没款15.26万元，案值17.06万元。

二是在全区开展了“商标打假”行动，对涉及“三农”的商品和服务商标，特别针对种子、农药、兽药、化肥、地膜等农资商品的商标是否合法注册、有无商标侵权行为进行了专项检查，有效地保护了商标权利人和农民的合法权益，确保了内蒙古自治区农资市场正常的经营秩序。

三、努力做好商标注册引导和扶持工作，推进内蒙古自治区注册商标快速增长

全区各级工商机关商标工作人员深入基层，引导企业做好商标注册、变更、许可、转让等工作。在指导企业申请商标注册时，本着分类指导、重点帮扶的原则，重点引导农畜副产品及其加工品注册商标，重点支持地理标志证明商标注册，重点帮助有规模的企业全类商标注册，重点帮扶非公有企业申请注册商标。2009年，内蒙古自治区的“达茂草原羊”和“呼伦贝尔黑木耳”已分别被核准注册为地理标志证明商标和集体商标。内蒙古自治区的地理标志已增至10件。

四、大力实施商标战略，积极促进内蒙古自治区经济发展

一是积极扶持企业做好驰名商标培育和推荐工作。2009年，深入“大唐”药业、“奈伦”集团、“北方重工”等争创驰名商标的企业进行了调研指导，并向国家商标局递交了“金河”“巴运情”商标为驰名商标的推荐申请。2009年初，“白云鄂博”“宇航人”“兆君”3件商标被国家工商行政管理总局商标局认定为驰名商标。目前，内蒙古自治区驰名商标行政认定总数达到23件。

二是认真做好内蒙古著名商标的续展和初审认定工作。根据《内蒙古自治区著名商标认定和保护办法》的规定，完成了对2006年认定的内蒙古著名商标续展审定工作，并开展了2009年内蒙古著名商标的初审工作。目前，内蒙古自治区著名商标总数为226件。

（内蒙古自治区工商行政管理局）

版权工作

2009年，内蒙古自治区版权局以邓小平理论、“三个代表”重要思想为指导，深入贯彻落实科学发展观，在国家版权局总体工作安排和部署下，创新工作方式，突出工作重点，提高服务管理水平，力求体现版权工作的时代性，围绕经济发展和文化繁荣，推动全区版权工作向纵深发展。

一、深入调研，反复论证，全力推进地方性著作权管理办法的制定，完善内蒙古自治区版权法律制度建设

2009年，为了适应内蒙古自治区版权管理、服务、执法等方面的具体实际，细化和明确国家版权法律法规的规定，内蒙古自治区版权局会同自治区政府法制办启动了《内蒙古自治区著作权管理办法》立法的立项、调研、论证、草拟等工作，并将起草说明连同草案一并提交自治区政府常务会议审议（注，2010年5月25日已由自治区主席签发主席令颁行，将于2010年6月25日正式生效）。《内蒙古自治区著作权管理办法》的出台必将在加强自治区版权法律意识、强化版权执法、完善版权公共服务、推动版权相关产业发展等方面发挥重要作用。内蒙古自治区版权局还就版权行政执法的主体、程序、权限范围、责任等专门制定了规范性文件，也对执法责任追究专门制订了处理办法，建立了举报投诉制度、案卷制度等，完善了内蒙古自治区版权制度建设工作。

二、强化服务意识，多形式、多渠道促进版权贸易和版权产业发展

把促进版权发展放到突出的位置，大力提升版权创造、运用、保护和管理能力。内蒙古自治区版权局在4月份开展了对自治区民族工艺品行业的集中调查，就这个行业的无序发展、低水平模仿等制约产业化发展问题召开了多次座谈会，广泛宣传版权保护、鼓励创新、创造财富的理念，并协助行业协会制定了《维护版权自律公约》，受到行业一致好评。

9月，内蒙古自治区版权局协助自治区政府办公厅成功举办全区旅游商品大奖赛，鼓励引导全行业尊重他人创造性劳动成果，使版权促进产业发展取得了明显的实效。2009年，内蒙古自治区版权局还成功地组织了区内出版行业参加第16届北京图书博览会和法兰克福国际书展，版权贸易实现新的增长，输出版权4件。2009年的版权作品登记的数量，也较往年有明显的提高。

三、加强执法，严厉打击侵权盗版，净化版权产品市场

2009年，内蒙古自治区版权局按全国统一要求，着力开展打击网络侵权专项治理行动，部署全区重点监测网站45家，发出《内蒙古重点网络企业和网站加强版权自律通知》，并重点抽查了8家网站。到10月底，全区共查处侵权盗版案件164起，实施行政处罚86件。在版权行政执法、案件侦破上开拓新领域、实现新突破的典型案件是"北京星线空间网络侵权案"。这是一起有全国影响的大案，内蒙古自治区版权局已完成前期证据收集工作，移交内蒙古自治区公安厅，并参加专案组继续配合该案的进一步侦破。

在金融危机的背景下，内蒙古自治区版权局服务大局，注意工作方法，在企业软件正版化工作方面取得了新的进展。围绕呼、包、鄂国家工业化、信息化两个融合示范区建设，全年又有30家大中企业基本完成通用软件正版化。

四、加强培训、学习和宣传教育

培养全社会的版权法律意识和保护意识，提升内蒙古自治区各级版权行政部门的行政执法水平及版权公共服务职能，强化版权执法力量，科学管理，为内蒙古自治区版权产业的繁荣发展保驾护航。

五、加强与兄弟省市(区)在版权工作方面的信息互通和经验交流

相互支持，相互协助，实现全国版权工作一盘棋，并积极展示内蒙古自治区版权工作的可喜成果和版权市场的良好对外形象。

（内蒙古自治区版权局　版权处）

司法工作

一、2009年完成审判任务情况

（一）案件审理的情况

2009年1月～12月15日内蒙古自治区法院共审理知识产权142件，案件类型为专利侵权纠纷26件，著作权合同及侵权纠纷73件，商标侵权纠纷36件，植物新品种纠纷5件，企业名称权及不正当竞争纠纷2件，技术委托合同纠纷1件；截至2009年12月20日全区法院已审结118件，其中判决51件，调解17件，撤诉39件，驳回起诉7件，发回重审2件，移送管辖2件，结案率为83.10%，调撤率为47.46%。

（二）审理案件的特点

(1)案件整体比2008年同期增加22件，增幅为14.08%。

(2)著作权、商标权、专利权三大类传统知识产权纠纷案件占知识产权案件收案总数的92.79%，比2008年同期上升8.94%。

(3)侵权案件居多，占收案总数的92.84%。

二、采取的主要工作措施

（一）加强审判业务监督指导，使全区知识产权审判工作步入规范化

(1)为了规范全区知识产权审判工作，结合知识产权审判工作实际，2009年5月内蒙古自治区高级人民法院负责起草了《关于当前经济形势下知识产权审判服务大局若干问题的意见》，并经党组讨论通过予以实施，充分发挥司法保护知识产权的主导作用，切实保障创新型内蒙古建设；加强知识产权审判体系建设，依法审理和执行好各类知识产权案件；进一步加大知识产权司法保护力度和强化司法为民措施，提供切实有效的知识产权法律服务三个方面提出了全区法院知识产权审判保障和服务内蒙古自治区经济社会发展大局的具体意见，进一步明确了全区法院知识产权审判工作任务和努力方向。

(2)在全区法院部署开展了知识产权审判"优化自主创新司法环境"年度主题活动。2009年是国家知识产权战略全面贯彻实施的关键一年，根据最高人民法院的要求，2009年5月内蒙古自治区高级人民法院制订了《全区法院开展知识产权

审判“优化自主创新司法环境”年度主题活动实施方案》，印发全区各中级人民法院，决定2009年度在全区法院开展知识产权审判“优化自主创新司法环境”年度主题活动，要求各级法院要紧紧围绕优化自主创新司法环境这一主题，切实解决审判工作中影响和制约自主创新的突出问题，准确把握各类知识产权案件的司法原则和司法政策，统筹兼顾处理好执行法律与服务大局、保护私权与维护公共利益、依法保护与适度保护、保护权利与防止滥用等各种重大关系，妥善解决各类知识产权纠纷，进一步优化自主创新司法环境。

（二）在全区法院开展了知识产权民事、行政、刑事案件“三审合一”审判方式改革试点工作

根据最高人民法院《关于贯彻实施国家知识产权战略若干问题的意见》和《人民法院第三个五年改革纲要》精神，最高人民法院于2009年5月22日以法函(2009)49号文件批准内蒙古自治区两级人民法院开展由知识产权审判庭统一受理知识产权民事、行政和刑事案件的试点工作，并与内蒙古自治区检察院、自治区公安厅联合签发了《内蒙古自治区高级人民法院、内蒙古自治区人民检察院、内蒙古自治区公安厅关于印发关于知识产权审判“三审合一”试点工作中刑事司法保护若干问题意见》的通知，明确了试点知识产权刑事案件的受理范围和管辖问题。在前期充分调研和协调等准备工作基础上，形成了《关于在全区法院开展由知识产权审判庭统一受理知识产权民事、行政和刑事案件试点工作实施方案》，于2009年10月在全区高中两级法院正式开展了由知识产权审判庭统一受理知识产权民事、行政和刑事案件的试点工作。目前全区中高两级法院试点工作开展顺利，已完成知识产权审判庭的更名、组建及审判人员的调配工作。

至今内蒙古自治区法院共审理两起知识产权刑事案件，如呼和浩特市中级人民法院公开开庭和不公开开庭审理了上诉人黄学礼、崔留芷、闫双全、闫中波和原审被告仇海营涉嫌假冒注册商标犯罪和于凤山商业秘密犯罪案件，由知识产权审判庭和刑事审判第二庭法官共同组成合议庭进行审理，有效地发挥了知识产权司法保护机制的整体效能。主要体现在：

1. 减轻了当事人的诉累，降低了诉讼成本

采取“三审合一”模式之后，把原有基层法院受理的知识产权刑事案件的管辖权集中提级到中级人民法院，便于权利人在同一纠纷中采取民事救济和刑事救济并行的方式提起刑事附带民事诉讼，从而避免了在采取“分别审理”模式时，权利人涉及损失赔偿问题需要进行民事诉讼时，由于基层法院没有知识产权民事案件的管辖权，再去有管辖权的中级人民法院另行起诉，既增加当事人诉累，又浪费诉讼成本现象的出现。

2. 有效地保护了被侵权企业的合法权益

知识产权审判庭在审理知识产权刑事案件时，充分考虑被告人的实际支付能力，刑事附带民事诉讼的审判方式，切实保障权利人的权益，较好地解决了侵权行为责任承担中罚金刑与民事赔偿存在的冲突，从而既有力地打击了知识产权刑事犯罪，又有效地保护了被侵权企业的合法权益，且能有效的避免了在采取“分别审理”模式时，刑庭的法官注重对于被告人的惩罚在赃物赃款追缴罚没的同时并处高额罚金，之后民事诉讼中原告赔偿损失的请求获得法院支持时，由于被告人失去支付能力而成为一件“执行难”的案件，被侵权企业的经济损失得不到合理补偿的现象。

3. 积极推进了知识产权案件执法尺度的统一

按照“确权—侵权认定—犯罪认定”的司法规律，合理配置审判资源，由一个知识产权审判庭审理知识产权民事、行政和刑事案件，有效防止和避免了不同的审判业务庭就同一法律关系或相同的法律事实作出不同的认定的现象，提高了知识产权案件的审判质量，促进了知识产权案件执法尺度的统一。

4. 充分发挥了知识产权审判人员的专业优势

知识产权民事、行政和刑事案件统一由知识产权审判庭审理后，充分发挥了知识产权审判人员专业性相对较强的优势，法官对于法律适用、事实认定标准的把握趋于一致，更好地适用知识产权法律，提高知识产权刑事、行政案件审判效率，从而对法院公信力的提高也起到了积极作用。在最高人民法院在江苏法院组织召开的全国法院知识产权审判庭集中审理知识产权民事、行政和刑事案件试点情况座谈会上介绍内蒙古自治区法院知识产权案件“三审合一”试点工作开展情况，得到最高人民法院及与会专家、代表的一致好评，并称内蒙古自治区法院由中级人民法院集中管辖第一审知识产权民事、行政和刑事案件，且在高级人民法院和全区各中级人民法院同步开展由知识产

权审判庭统一受理知识产权民事、行政和刑事案件试点工作，从而有效地解决了级别管辖和地域管辖的模式完全符合中西部地区法院知识产权审判工作特点。

(三)加强业务培训，全面提升法官的专业素质

(1)2009年6月，内蒙古自治区高级人民法院举办了全区首届知识产权审判业务培训班，全区29名知识产权法官和4名专业律师参加了培训。此次培训课程设置科学，时间安排紧凑，内容丰富，并邀请最高人民法院法官为此次培训班授课。主要从商标权、著作权、专利权的司法保护和知识产权裁判文书制作方面进行了专题培训。培训班还安排全体学员到自治区科技名牌企业一内蒙古伊利实业集团股份有限公司实地考察、座谈。通过座谈了解了伊利集团公司在寻求知识产权司法保护过程中遇到的困惑和亟须得到更及时、有效知识产权司法保护的迫切需求，使法院知识产权审判服务大局、服务企业有了针对性。

(2)为加强对全区知识产权专业法官的培养，探索设置知识产权民事、刑事、行政案件"三合一"综合审判机制，2009年6月内蒙古自治区法院派员赴江苏省、上海、北京市三个高级人民法院学习知识产权审判经验，考察开展知识产权民事、行政、刑事案件"三审合一"审判模式的情况和与知识产权行政执法机关的交流协调情况。此次学习考察，时间虽短，但既了解了走在全国前列的三个法院的知识产权审判经验，又对相关专业性问题进行了探讨和交流，收获很大。

(3)内蒙古自治区法院安排好工学矛盾，全年先后派13人次参加最高人民法院组织的国内外专业学习和培训，提高了审判人员的专业水平。通过多种方式和层次的培训学习，全区知识产权法官的参加培训率到达50%，从而有效地提升了司法能力。

(四)积极开展知识产权司法保护宣传活动，取得良好的社会效果

(1)在4月20～26日全国保护知识产权宣传周活动期间，精心安排，集中调处了一批知识产权案件，内蒙古自治区和呼和浩特市的十余家新闻媒体和内蒙古财经学院及内蒙古工业大学近300余师生旁听了审判。同时对内蒙古自治区法院所审结的知识产权案件和所采取的工作措施及取得成绩做了总结和回顾，利用内蒙古日报、内蒙古法制报、北方新报、内蒙古电视台等媒体的采访和宣传展板，集中展示了内蒙古自治区法院知识产权司法保护情况和成绩，同时指导各中级人民法院同步开展了知识产权宣传周活动，得到了知识产权行政执法部门和社会各界的一致好评，取得了良好的社会效果。

(2)开通了内蒙古知识产权司法保护互联网站。2009年8月经与中国法院国际互联网站协商，内蒙古自治区高级人民法院开通了内蒙古知识产权司法保护互联网站，共开设了法界动态、审判服务、法律法规、政策精神、典型案例、行政执法、企业维权、学习园地、照片选登九个主栏目，使其成为内蒙古自治区法院知识产权司法保护对外宣传、交流的窗口和平台。

(五)积极协调横纵向工作关系，有力促进了全区知识产权审判工作

内蒙古自治区法院在开展知识产权审判工作中，注重与相关知识产权行政和司法机关及最高人民法院的横纵向交流和合作，有力地促进了内蒙古自治区法院的知识产权审判工作的开展。

(1)通过召开自治区知识产权司法和行政执法保护工作交流座谈会，与知识产权相关行政和司法部门沟通了情况，交流了经验，建立了司法保护知识产权工作交流机制。

(2)2009年7月协助最高人民法院在内蒙古自治区呼伦贝尔市承办了全国法院反垄断民事诉讼课题研讨会暨司法解释座谈会，来自全国人大法工委、国家发改委、商务部、国家工商行政管理总局等中央部门的代表，各高级人民法院和有关中级人民法院的代表以及反垄断法学专家等共80余人参加了会议，研究和探讨人民法院在反垄断民事审判中亟待解决的新难问题。

(3)参与了内蒙古自治区法学会组织的内蒙古自治区《科技进步条例》的修改。我国《科技进步法》修改后，内蒙古自治区亟须依据新法修改《科技进步条例》，2009年4月内蒙古自治区高级人民法院参与了自治区法学会组织的我区《科技进步条例》的修改，承担了两个章节的修改任务，并按时圆满完成任务。

(内蒙古自治区高级人民法院知识产权审判庭)

检察工作

2009年,内蒙古自治区检察机关充分发挥检察职能作用,加强知识产权司法保护,与行政执法机关、公安机关等部门密切配合,依法及时批准逮捕、起诉侵犯知识产权的犯罪分子,加大立案监督力度,防止和纠正对侵犯知识产权犯罪的有罪不究、以罚代刑等问题,进一步推动行政执法与刑事司法相衔接工作机制的完善,依法严肃查办侵犯知识产权违法犯罪背后的国家工作人员的违纪、犯罪行为,坚决打掉其“保护伞”,发挥了重要作用。

内蒙古自治区人民检察院与内蒙古自治区公安厅、工商管理局、文化厅等行政执法机关积极进行协商与沟通,进一步加强和完善了行政执法与刑事司法衔接工作机制。内蒙古自治区各级检察机关与公安机关和行政执法机关建立了信息通报制度,实现了信息资源共享,提高了工作效率,确保了打击刑事犯罪的力度。内蒙古自治区各级行政执法机关向同级检察机关通报查处包括侵犯知识产权在内的涉嫌犯罪案件的总体情况以及向公安机关移送包括侵犯知识产权在内的涉嫌犯罪案件情况。内蒙古自治区各级检察机关对于行政执法机关移送的包括侵犯知识产权在内的涉嫌犯罪案件,要求予以立案监督的案件,均在规定的时间内向相应行政执法机关通报侵犯知识产权案件办理情况,并向同级行政执法机关通报立案监督、批捕包括侵犯知识产权在内的涉嫌犯罪案件的总体情况。

进一步完善案件移送制度,内蒙古自治区人民检察院与行政执法机关联合下发了《在行政执法中及时移送涉嫌犯罪案件的意见》,要求行政执法机关应及时向公安机关移送包括侵犯知识产权在内的涉嫌犯罪案件,并向检察机关备案。对于行政执法机关不移送的,检察机关可以向同级或下级行政执法机关查询案件情况,检察机关应向行政执法机关发出移送包括侵犯知识产权在内的涉嫌犯罪案件的意见,要求其及时移送涉嫌犯罪案件。行政执法机关不及时移送的,检察机关将案件情况书面通知公安机关,督促公安机关进行立案侦查。进一步完善包括侵犯知识产权在内的涉嫌犯罪案件监督配合制度,内蒙古自治区各级检察机关对行政执法机关向公安机关移送的重大疑难案件,积极配合公安机关,实行协助侦查制度。检察机关派员适时介入案件,引导侦查,帮助收集、固定证据,加快办案进度。

一年来,内蒙古自治区检察机关积极走访各行政执法机关,了解、查询办案情况,排查案件线索,监督其移送包括侵犯知识产权在内的涉嫌犯罪案件,有力推动知识产权保护工作深入开展。内蒙古自治区人民检察院在总结近几年来立案监督工作实践,结合立案监督工作实际,指定专人制定“办理刑事立案监督案件法律法规、法律文书、工作文书”,并将立案监督工作中适用的法律法规、法律文书和工作文书以及工作中所需的“簿、表、函”等进行了统一规定,并统一汇编成册,印发各级检察院统一执行。进而用统一的立案监督工作文书,全过程规范立案监督工作,特别是规范了行政执法与刑事司法衔接工作的文书和流程。

内蒙古自治区各级检察机关严肃查处对侵犯知识产权背后隐藏的国家工作人员贪污贿赂和国家机关工作人员滥用职权、玩忽职守、徇私舞弊等犯罪,及时发现和查办涉及知识产权的民事行政裁判不公背后的司法腐败,维护司法公正,进一步加强预防工作,从源头上防止和减少涉及知识产权职务犯罪的发生。

(最高人民检察院侦查监督厅)

辽 宁 省

专利工作

一、综述

2009 年,辽宁省专利申请 25 801 件,同比增长 23.5%;全省专利授权量 12 198 件,同比增长 14.4%;全省专利申请过千件的城市有 3 个:沈阳 7709 件、大连 11 343 件、鞍山 1898 件;到 2009 年底,全省专利申请累计总量为 207 548 件,专利授权累计总量为 103 439 件,分别位居全国第九位和第八位。为更好地贯彻落实《辽宁省知识产权战略纲要》,辽宁省政府先后出台了《实施辽宁省知识产权战略纲要任务分工》和《关于加强辽宁省专利工作、提高自主创新能力的实施意见》,沈阳、大连、鞍山出台了知识产权战略纲要,营口、阜新、葫芦岛出台了实施意见。国家知识产权局批准沈阳、大连为全国知识产权示范城市,鞍山为全国知识产权试点城市,国家知识产权局批准成立鞍山市专利新技术与产品展示交易中心,沈阳市铁西区、瓦房店市、海城市、大石桥市、本溪满族自治县进入全国首批实施国家知识产权强县工程。对专利技术转化项目采取网上受理和网上评审,确定 73 个专利技术产业化项目并给予 2500 万元省专利技术转化资金支持,促进优秀专利项目的转化并尽快实现产业化。辽宁省知识产权局与省财政厅联合制定了《专利技术转化资金绩效考评实施细则》,对全省 2007、2008 年支持的专利技术转化项目进行绩效考评。成功举办了 2009 年振兴东北老工业基地专利新技术对接洽谈会,300 项东北地区技术需求信息和 480 项全国优秀专利技术项目在专洽会展馆现场集中展出,"专洽会"开设了专网,网站运行以来平均日点击率 1500 人次,网上展示专利供需项目 6815 项,已有 471 个项目通过网络"购物车"方式达成合作意向。本次"专洽会"共签署项目合作合同 21 项,签约额 3500 万元;达成合作意向 548 项,签约额 8.57 亿元。2009 年,辽宁省知识产权局经国家知识产权局批准为首批知识产权执法"5·26"工程实施单位,辽宁省知识产权局信息中心加挂省知识产权维权援助中心牌子,并处理维权援助案件 60 件,其中通过"12330"处理的知识产权维权援助及投诉、举报、咨询案件 40 余件。积极组织全系统深入开展"雷雨""天网"专项行动,共出动执法人员 1200 余人次,检查流通领域场所 150 家,检查商品近 5 万件,登记专利产品近 700 件,调处专利纠纷 20 起,发放专利宣传品 2 万多份,有效维护了专利权人和社会公众的合法权益。为期三年的专利执法"双百工程"已顺利完成,"双百工程"实施单位均已建立起专利维权的长效机制。不断地充实专利行政执法人员队伍,使知识产权执法人员从 2007 年的全省不足 50 人,发展到目前全省 400 余人。开展丰富多彩的"4·26 知识产权宣传周"系列活动,编辑出版了《2008 年辽宁省知识产权保护状况》白皮书,辽宁省政府新闻办会同辽宁省知识产权局、省工商行政管理局、省版权局、省高法联合召开 2008 年全省知识产权保护状况新闻发布会,并就相关问题回答记者提问。

二、知识产权战略

为贯彻落实《辽宁省知识产权战略纲要》,辽宁省政府出台了《实施辽宁省知识产权战略纲要任务分工》,沈阳、大连、鞍山、营口等市出台知识产权战略纲要或实施意见。为实施知识产权战略,辽宁省知识产权局加快技术支撑体系建设,结合辽宁省产业结构升级和重大经济项目建设,不断开展专利信息的深度开发和利用。先后建立了"数控机床行业专题数据库""中草药行业专题数据库""光伏产业专题数据库"。同时广泛开展调查研究,完成了《辽宁省具有自主知识产权企业应对国际金融危机增强核心竞争力情况的调查》《辽宁省光伏产业专利战略研究报告》《数控机床及数控系统专利战略》等专项课题。

三、专利申请与授权

2009 年,全省专利年申请量为 25 801 件,比 2008 年增长 23.5%,其中发明 7125 件,比 2008 年增长 9.6%,实用新型 12 633 件,同比增长 22.1%;外观设计 6043 件,同比增长 49.2%;职务申请 13 954 件,同比增长 52.3%;非职务申请

11 847件，同比增长1.0%。职务申请占三种专利申请的54.1%，比2008年提高10.2个百分点。专利申请结构得到改善，发明专利申请占全省申请总量的27.6%，比2008年降低3.5个百分点。2009年，全省专利年授权量为12 198件，比2008年增长14.4%，其中发明1994件，实用新型8584件，外观设计1620件。2009年，辽宁省专利申请过千件的城市有3个。沈阳市为7709件，占全省年申请量的30%，大连市为11 343件，占全省年申请量的44%，鞍山市为1898件。其他11个市申请量合计为4851件，占全省年申请量18.8%。沈阳市发明专利申请量为2921件，仍位居全省第一位，大连市发明专利申请量为2888件。到2009年底，全省专利申请累计总量为207 548件，位居全国第九位；专利授权累计总量为103 439件，位居全国第八位。专利申请累计总量中，发明专利申请46 328件，实用新型专利申请120 141件，外观设计专利申请41 079件；职务专利申请62 494件，非职务专利申请145 054件。

四、专利受理

2009年国家知识产权局专利局沈阳代办处受理专利申请25 345件，其中发明专利6773件，实用新型12 550件，外观设计6022件。在所受理的专利申请中，省内24 244件，占96%，其他省市1101件，占4%。

五、专利代理

组织完成了2009年全国专利代理人资格考试沈阳考点的各项工作，共有来自辽宁、吉林、黑龙江、内蒙古等省区的320人报名，130多人参加考试。沈阳考点首次采取网上报名试点工作，取得了较好效果。举办了专利代理人资格考试考前强化培训班，按照国家知识产权局的要求组织了考务工作。沈阳考点共有19人通过了考试，取得了全国专利代理人资格证书。对全省41家专利代理机构进行了年检，经审查，有36家通过了年检，年检专利代理人200余人。辽宁省知识产权局与中华全国专利代理人协会联合举办了专利代理人执业培训班，共有120人参加了培训。新审批成立了一家专利代理机构。

六、专利技术实施与产业化

在全国率先开发了辽宁省专利技术转化网络系统，对2009年专利技术转化项目采取了网上受理和网上评审的方式，共对73个项目给予2500万元的省专利技术转化资金资助。据不完全统计，这些项目实施本企业专利287项，涉及专利产品106种，项目实现产值60.2亿元，实现利税1.3亿元；在专利技术产业化项目的拉动下，这些企业当年新增专利申请468件，比扶持前增加65%，其中发明专利申请新增179件，比扶持前增加72.5%，授权专利新增305，比扶持前增加了63.8%；拉动各类社会资金10.3亿元，新增就业2400余人。当年投入研发经费4.3亿元，占企业生产总值的3.2%。在全国率先开展专利技术转化绩效考评，对全省2007、2008年支持的专利技术转化项目进行绩效考评。成功举办了2009年振兴东北老工业基地专利新技术对接洽谈会，来自东北三省、内蒙古自治区及环渤海地区的知名高校、科研院所和上海、浙江、湖南、陕西等地的项目参加展示交易，涉及电子信息、生物医药、新材料、光机电一体化、节能环保、现代农业等高新技术领域，本次专洽会共签署项目合作合同21项，签约额3500万元；达成合作意向548项，签约额8.57亿元。知识产权"兴业强企工程"取得新进展和新成效。召开了全省企业运用知识产权应对金融危机经验交流会，会上有5家典型企业做了经验交流。辽宁省知识产权局与辽宁省中小企业厅共同主办了中国（沈阳）国际中小企业大会产学研对接会，有十个合作项目达成协议并顺利签约，签约金额达1.17亿元。2009年，辽宁省共有8项专利获得第十一届中国专利优秀奖，占全国总数的4.7%。沈阳市、大连市通过全国知识产权示范城市检查验收。国家知识产权局批准鞍山市为全国知识产权试点城市、批准成立鞍山市专利新技术与产品展示交易中心，沈阳市铁西区、瓦房店市、海城市、大石桥市、本溪满族自治县进入全国首批实施国家知识产权强县工程，占全国总数的4%。开展"2009中国专利周"相关活动。沈阳分会场共举办8场专利展示交易，展区面积达到1000平方米，展位达130个，参展企业40家，约2000人次参观洽谈。意向成交有12个项目，意向成交额5800万元人民币。同时开展网上展示活动，展示的需求项目达到1642项，供应项目达到4930项，网站访问量达到885 767人次。组织相关行业企业与专利机构参加沈阳专利技术展示交易中心开发的专利平台（数据库）的应用及培训活动，参加培训人员达200人次。鞍山分会场举行了"国家专利技术（鞍山）展示交易中心"网站启动开通仪式，举办了知识产权保护专家讲座。讲解新颁布的《专利法》《专利法实施细则》《鞍山市知识产权战略纲要》等有关知识产权的法规与政策。现场展示项目约 60 项，专利周期间 5 场约 800 人次参观洽谈，网上展示项目 500 项，网站点击率约 7000 次。

七、专利行政执法

2009 年全省专利行政执法部门共受理调处专利纠纷案件 50 件，结案 45 件，结案率 90%。辽宁省知识产权局被国家知识产权局定为全国首批知识产权执法“5·26”工程实施单位，开展了全省范围的执法督导工作。全省已有 9 个市的知识产权局成立了专利执法监督机构。本溪、朝阳成立了专门的知识产权执法大队。丹东市的东港市，在辽宁省县区一级知识产权局中率先成立了专门的执法监督机构。全面完成了“专利保护双百工程”，在全省 100 家“双百工程”实施商场，建立了专利商品准入制度、专利商品管理制度和假冒专利商品或侵犯专利权商品举报制度；设立了专兼职的知识产权管理人员；确立了举报流程和设立了举报电话；在全省 100 家“双百工程”实施企业建立了知识产权管理制度；指定专兼职工作人员负责企业知识产权工作；开展了企业知识产权方面的自查自评工作；在企业内部开展了专利法等法律法规的宣传。在 3 月 15 日～5 月 15 日期间，组织开展了全省范围内的商品流通领域打击专利侵权、专利假冒及专利诈骗行为的专项执法检查活动，共出动执法人员 1200 人次，检查流通领域场所 100 余家，检查商品近 5 万件，登记专利产品近 700 件，调处专利 20 件，发放专利宣传品 2 万多张。继续稳步开展企业维权援助工作，先后在辽阳、鞍山等 4 个市召开了企业维权现场办公会，共为 100 余家企业解决了近千个问题。举办了执法人员培训班，全面完成了 2007 年制订的执法人员培训计划，使我省的知识产权执法人员从 2007 年的全省不足 50 人，发展到目前全省 400 余人左右，极大地充实了辽宁省专利行政执法人员队伍，为辽宁省进一步将专利执法工作向县区推进打下了坚实的基础。

八、知识产权维权援助

2009 年辽宁省知识产权维权援助中心处理维权援助案件 60 件，其中通过“12330”维权援助电话处理的知识产权维权援助及投诉、举报、咨询案件 40 余件。2009 年 5 月 4 日，省编办下发《关于重新核定省知识产权信息中心机构编制事项的批复》，批复要求辽宁省知识产权信息中心加挂辽宁省知识产权维权援助中心牌子，辽宁省知识产权维权援助中心获批成立。维权援助中心于 2009 年 4 月 23 日正式开通“12330”公益服务热线，并确立了五部电话负责“12330”的工作，制定了《维权援助（管理）办法》《维权援助工作制度》《维权援助工作受理程序》及《维权援助服务热线文明规范用语》，保障了维权渠道的畅通。组建了辽宁省知识产权维权援助协作网，针对典型疑难案件，维权援助中心组织协作网中的专家定期进行个案论证调研，并召开论证会议。召开了首届辽宁省知识产权维权援助研讨会。组建知识产权维权援助专家咨询小组，赴本溪等城市开展了知识产权维权援助现场咨询活动。

（辽宁省知识产权局）

商标工作

2009 年，辽宁省工商行政管理局围绕中心工作，认真履行商标监督职能，工作取得了成绩。

一、以争创驰（著）名商标为重点，大力推进商标战略实施

（一）加快实施商标战略步伐

按照国家工商行政管理总局的要求，成立了以铁民局长为组长的辽宁省工商行政管理局商标战略实施工作领导小组，制定并下发了《辽宁省工商系统商标战略实施工作意见》，明确了今后一个时期商标工作的目标和任务，各市工商行政管理局也纷纷成立了商标战略实施领导小组，全省商标战略实施工作进入了一个新的历史阶段。8 月份，辽宁省工商行政管理局在鞍山召开了全省工商系统推进商标战略实施工作会议，有效地推动了辽宁省商标战略实施工作快速有序的开展。

在大力推进商标战略，做好商标执法服务工作的同时，加大商标战略的宣传力度，采取走进企业、走进农村、走进社区、走进商场、走进学校等形式，通过召开座谈会、研讨会、现场经济交流会等方式，利用“4·26 知识产权宣传日”“3·15 保护消费者权益日”活动宣传商标法律法规知识，提高企业、农民、商家的商标意识。与此同时，还充分利用电视台、电台、报刊、网络等新闻载体开展了比以往信息量更大、范围更广、密度更高、针对性更强的商标法宣传活动。使全社会商标意识上了一个新的台阶。

(二)做实争创驰名商标战略梯队建设

辽宁省工商行政管理局从3月份开始,深入鞍山、锦州、营口、盘锦等市的商标战略梯队企业进行调研,征询意见和建议,实现工商职能与申报驰名商标企业需求的有效对接;确定了争创驰名商标战略梯队企业名单,走访了重点申报企业,对企业提出的有关驰名商标申报方面的问题做了一一解答,帮助企业整理申报材料,并随时与企业保持沟通,实行跟踪式服务,协助企业做好驰名商标的申报和认定工作,做到争创一批、发展一批、带动一批。辽宁省工商行政管理局在电子政务网开辟网上业务咨询专栏,及时解答各种疑难问题;从省著名商标、驰名商标申请、商标案件投诉、商标申请、注册、转让等方面,为市工商行政管理局、企业提供全方位优质、便利的服务。各市工商行政管理局也有计划地深入企业调研,做了大量的培育工作。在各市工商行政管理局的共同努力下,辽宁省驰名商标梯队企业质量不断提高。

(三)新认定驰名商标有突破

2009年4月份,辽宁省获国家工商行政管理总局认定驰名商标15件,创历史最高,超额完成年初工作任务(计划5件)。本溪、朝阳、阜新三市实现驰名商标零的突破,这一历史性突破,宣告辽宁省驰名商标已实现14个市全覆盖。其中,农产品商标6件,所占比重达到40%,创历史新高,显示了商标富农工程所取得的成绩。这也极大地调动了辽宁省农户、涉农企业争创驰名商标的积极性,对辽宁省商标富农工程的进一步深入、农村经济快速发展具有积极的促进作用。目前,全省驰名商标总数已经达到63件,居全国第9位。

(四)积极促进各级政府出台和落实争创驰(著)名商标鼓励和优惠政策

2009年,各市工商行政管理局通过主动宣传服务和维护商标专用权行动赢得了全省各级党委、政府对商标战略实施工作的高度重视,争创驰名、著名商标政策环境进一步优化。经过各级工商行政管理局的不懈努力,全省有13个市有争创驰(著)名商标的鼓励和优惠政策。在15件驰名商标认定后,辽宁省工商行政管理局也积极向辽宁省政府争取,使辽宁省政府的奖励政策及时落实到位。

(五)努力推动驰名商标市场价值的实现

辽宁省工商行政管理局为服务企业快速发展,拓宽企业融资渠道,增强企业抵御金融危机能力,大胆探索,在驰名商标价值评估的基础上,开展了"辽宁省最具综合实力的驰名商标""辽宁省最具影响力的驰名商标"和"辽宁省最具发展潜力的驰名商标"评比活动。通过媒体发布公告广泛征求社会意见,评选出9件"辽宁省最具综合实力的驰名商标",15件"辽宁省最具影响力的驰名商标"和"辽宁省最具发展潜力的驰名商标"。通过此项活动的开展,扩大了驰名商标的影响力,增强社会对驰名商标价值的认同感,为企业利用商标价值提高市场竞争力、进行投、融资提供了科学依据。同时,对鼓励全社会争创驰名商标、进一步推动企业实施商标战略具有典型示范的引领作用。

二、以地理标志为代表的商标富农工程,推进了新农村建设

(一)确定涉农商标培育重点

经调研考察,确定了辽宁省重点争创农产品驰名商标企业、重点争创农产品省著名商标企业、重点保护农产品商标企业名单和地理标志资源名单,为有针对性地做好农产品商标培育工作奠定了基础。

(二)开展品牌兴农、品牌富农工作

2009年,辽宁省工商系统把实施农产品商标战略作为学习落实科学发展观、服务新农村建设的重大举措。省、市工商行政管理局鼓励农产品商标所有人争创驰、著名商标,注册地理标志,通过宣传商标法律知识和致富典型事例来调动农民争创品牌的积极性。在认定的15件驰名商标中,农产品商标有6件,占40%的比例。各级工商行政管理机关在鼓励和支持农产品商标注册的同时,还深入农村调研,结合各地区农业资源特色优势,挖掘地理标志资源。通过分类重点指导,提高地理标志注册率。2009年新注册地理标志7件(计划3件),新申请地理标志1件,新申请农产品商标注册400件;目前,辽宁省已注册农产品商标5280件,地理标志19件。2009年新注册的7件地理标志是辽宁省在申报认定地理标志工作上取得的一次重大突破。7件地理标志不仅在数量上创历史新高，它所具有的“注册一件商标，带动一片产业、富裕一方百姓，拉动一方经济”的蝴蝶效应是普通商标所无法替代的，对促进农村经济产业化、规模化经营模式的建立和市场销售组织化程度的提高具有重要作用。7件地理标志的成功注册标志着辽宁省商标富农工程又向前迈出了坚实的一大步，对农民增产增收，活跃地方经济，推进社会主义新农村建设，加快振兴辽宁老工业基地建设起到了重要的推进作用。目前，经过各市商标管理干部的共同努力，全省确定了“东陵红树莓”“大连海参”“耿庄大蒜”“丹东板栗”“黑山花生”“建昌核桃”等23件地理标志重点培育目标。

三、严厉查处商标侵权案件，切实维护消费者和商标权人的合法权益

（一）执法维权，拓宽品牌生存空间

5月份，召开了全省工商系统商标工作电视电话会议，部署保护商标专用权专项工作。各市工商行政管理局坚持日常巡查与专项行动相结合，普遍监管与重点查处相结合，进一步加大了巡查和专项整治力度。保持高压态势对商标侵权案件多发行业、区域以及“傍名牌”“搭便车”等行为开展专项整治，为自主品牌创造和维护良好的生存发展空间。加大对大型农贸市场和服装、轻工市场、大型百货商场、超市、连锁店、专营店的监督检查力度，严厉查处食品、药品、医疗器械、农药化肥种子、交通运输工具及其零配件案件，查处侵犯驰名商标、省（市）著名商标、涉外商标、非法印制及购买使用假包装、假标识、假商标、假冒质量标识、绿色食品标志的案件，加大世博会标志保护力度，为上海世博会的召开创造良好的知识产权保护环境。辽宁省工商行政管理局还深入沈阳金德管业等企业调研，帮助企业协调解决商标打假维权中存在的问题。

截至目前，全省共查处商标违法案件807件，案值854.26万元，罚没款入库额603.55万元。

（二）积极开展和完善商标监管长效机制

2009年以来，积极开展商标监管关口前移工作。目前，全省已在214户大型商业企业、1647个专营店、专卖店、专修店及23个集贸市场建立了商品入市商标备案制度。

四、探索工作创新，提高商标监管执法水平

（一）加强调研，夯实基础

2009年，经调研摸底，初步建立了全省争创驰名商标梯队企业档案和数据库。辽宁省工商行政管理局形成《实施驰名商标战略 扶持企业做大做强》的调研报告。对调研中发现的带有普遍性的问题以及各市创新性工作经验，利用会议、网络等及时通报全省，指导商标工作的开展。

（二）加强商标工作的“四化”建设

一是2009年制定下发了《关于加强辽宁省著名商标认定工作的通知》，首次明确了评定辽宁省著名商标标准，并给予辽西北地区企业适度放宽条件的特殊政策。二是制定了《辽宁省申报认定驰名商标工作流程》《辽宁省认定著名商标工作流程》《辽宁省商标侵权投诉案件处理流程》，使商标申报、认定、案件受理工作更加制度化、规范化和程序化。

（三）培训模式由单一化向多元化转变，培训实效明显提高

一是通过举办案例分析研讨会、培训班，提高理论水平和执法办案的实战能力；二是实施请进来、走出去的培训方式，请国家商标局领导来进行地理标志培训，同时，根据各市工商行政管理局的需求，董博澜副处长先后到沈阳、朝阳、鞍山、丹东等市培训授课、指导办案，受到各市工商行政管理局的认可和好评。三是商标处自身加强学习，由董博澜利用学习日进行业务主讲，提高商标处整体业务素质和指导能力。

五、围绕中心工作开展的其他工作

2009年商标处办理提案主办、协办各1件，提案人满意率100％。完成了年初确定的培训任务，完成工商志商标资料的收集整理工作，完成统计报表和统计分析、政务信息的报送和发布，及时维护网络信息和数据，积极配合相关部门的工作，较好地完成为全运会辽宁代表团捐款任务。

（辽宁省工商行政管理局）

版权工作

2009年，辽宁省版权局以邓小平理论、“三个代表”重要思想为指导，深入贯彻落实科学发展

观，一手抓科学监管，一首抓创新发展，版权六大体系建设都取得了一定成效。

一、深入开展版权执法与社会监管，不断完善版权行政管理体系

深入开展行政执法与社会监管是版权局行政管理工作的重心所在。4月，辽宁省版权局组织全省各级版权行政机关积极查缴电影《南京！南京！》盗版音像制品，在全省范围内有效打击了侵权盗版行为，保护了该部作品的版权，维护了著作权人的合法权益。

5月31日～6月7日，辽宁省版权局派出工作人员赴辽西进行版权专项治理督导检查工作。在阜新市、朝阳市进行督导检查的近8天时间里，检查人员与当地版权执法人员同心协力，通过对高校、市场、车站等版权案件多发地区的不间断巡查，有效地打击和警示了侵权盗版行为，维护了当地版权贸易市场的正常秩序。

6月1～30日，辽宁省版权局开展2008～2009年度全省新闻出版行政执法证件年检注册工作，全省共年检注册1100多个执法证。通过对全省各级新闻出版行政执法单位中的行政执法人员所持的执法证进行年检注册，对全省现有和新增新闻出版行政执法人员的具体情况进行进一步统计核查，不断健全执法证档案管理制度，并切实加强对持证上岗制度的监管。

二、加大版权宣传和培训力度，提高社会公众版权保护意识

4月20～26日，辽宁省版权局以"尊重版权，振兴辽宁"为主题，结合全国统一销毁行动，积极组织全省开展"4·26保护知识产权宣传周"活动。宣传周期间，通过开展张贴和悬挂保护知识产权的宣传标语；宣讲版权法律法规；版权问题现场咨询；散发印有"著作权行政指南"及"以版权工作促产业发展"的宣传品；"打击侵权盗版、保护知识产权"签名和"绿书签"派发；与辽宁省人民政府新闻办、省知识产权局、省工商行政管理局和省高级人民法院联合召开2008年知识产权保护状况新闻发布会；启动全省青少年版权保护读书活动暨知识竞赛等系列活动，宣传版权工作和版权知识，提高社会公众版权法律意识，传达辽宁省保护版权的决心和力度，在全省范围内营造良好的版权保护氛围。

11月12日和12月8日，为表彰辽宁省荣获2006～2007年度全国版权工作先进集体、先进个人及2008年度全国查处侵权盗版案件有功单位、有功个人的优秀版权工作单位及版权工作者，省版权局先后召开了"辽宁省版权工作先进表彰会"和"辽宁省查处侵权盗版案件有功单位及个人表彰会"，全省共表彰7个单位和10名个人，鼓励辽宁省各级版权行政机关以及广大版权工作人员以受到表彰的单位和个人为榜样，紧紧围绕服务经济和社会发展大局，进一步解放思想，转变观念，开拓性做好版权工作。

三、设立版权工作站，探索和构建版权公共服务体系

版权公共服务体系是版权工作六大体系之一，努力构建版权公共服务体系，既是版权行政管理部门的职责，也是促进智力成果创新、运用、保护和管理的客观需要。

为结合辽宁省实际，探索和构建具有本省特色的版权公共服务体系，3月26日，辽宁省版权局在对沈阳音乐学院深入调查研究基础上，设立了全国首家艺术类院校版权工作站——"辽宁省版权局沈阳音乐学院版权工作站"。沈阳音乐学院是辽宁省音乐舞蹈艺术类学术与创作重镇，原创作品数量丰富，在该院设立版权工作站有利于普及版权法制教育，增强师生版权保护意识，维护版权所有人合法权益，促进艺术作品创作，推动版权事业与版权产业发展，从而不断繁荣东北地区文化市场。

5月22日，辽宁省版权局又在版权实务比较集中的辽宁工程技术大学设立了辽西地区首家版权工作站——"辽宁省版权局辽宁工程技术大学版权工作站"，使教学科研机构等非政府部门积极参与到版权保护、版权运用、版权服务和版权研究等工作中去。

四、开展评选表彰活动，以引导、渐进的方式稳步推进企业软件正版化工作

企业软件正版化工作具有长期性、艰巨性的特点，为贯彻落实党中央、国务院关于"保护知识产权，促进民族软件产业发展"的战略部署，结合本省经济发展水平和当前国际金融危机冲击的现实情况，辽宁省版权局在开展该项工作时，采取有计划、分步骤、积极稳妥的方式，以引导、渐进的方式稳步推进本省企业使用正版软件工作。

6月1～15日，为响应国家版权局的号召，鼓励使用正版软件企业的积极性，发挥使用正版软件典型企业的示范作用，深入推进企业使用正版软件工作，辽宁省版权局在全省范围内开展第二批“全国软件正版化工作示范单位”评选表彰工作，并将评选结果报送至国务院推进企业使用正版软件工作部际联席会议办公室。

10月，辽宁省版权局牵头组织辽宁省推进企业使用正版软件工作领导小组各成员组成检查验收组，分别赴各市进行督导检查。检查过程中，督导组首先听取了企业相关负责人的工作汇报，详细了解计算机和各类软件的购买、使用情况。再认真查阅软件购买合同、发票、授权证书等相关资料，并现场抽查若干计算机中安装的软件进行点评，对下一步工作提出意见和建议，有效督促和增强了企业使用正版软件的积极性。

五、拓展版权保护工作领域，不断推动版权产业快速发展

为加速东北老工业基地振兴、促进辽宁经济发展，辽宁省版权局不断拓展版权保护工作的领域和范围，努力促进辽宁省版权产业快速发展。

动漫产业作为新兴产业，是辽宁省重点扶持的版权产业之一。为进一步做好对动漫产业的版权保护工作，2月23日，在辽宁省版权局马述君局长的带队下，辽宁省版权局工作人员来到沈阳浑南高新区动漫产业基地进行考察和调研，并针对动漫企业在发展中存在的版权问题提出针对性的意见和建议。6月中旬，为进一步提高高新技术企业版权保护水平，辽宁省版权局到位于沈阳浑南高新区的沈阳四维数码科技有限公司考察调研，并现场办公，就该企业发展过程中涉及的版权问题进行解答，提出见解和意见，旨在帮助该企业建立健全版权保护制度，使其能够充分发挥创新精神，将创意和高新技术相融合并逐步应用到版权产业中去，在避免相关侵权纠纷的同时，自身不断发展壮大。

9月3～7日，辽宁省版权局组织北方联合出版传媒(集团)股份有限公司6家出版社和大连地区3家出版社组成辽宁省展团参加第十六届北京国际图书博览会，并于展会期间在国家版权局、图博会办公室及辽宁省展团各成员单位之间积极协调，有效促进了辽宁省版权贸易的增长。据统计，此届图博会辽宁展团共与外商签订版权贸易合同55项、意向164项、合作出版项目6项。其中输出合同47项、引进合同8项；输出意向75项、引进意向34项。

作品登记工作能够避免权属争议，降低应诉成本和风险，是促进版权广泛运用的重要手段。辽宁省版权局不断扩大版权登记辐射范围，力争提高作品登记数量，2009年全年共办理作品版权登记1060件，引进境外图书合同340件，向境外输出图书版权86种。另外，为了大力扶持辽宁省传统文化、民族艺术，辽宁省版权局主动服务，相继为中国书法家协会副主席、辽宁省书法家协会主席、辽宁省文联副主席、著名书法家聂成文的《聂成文书画集》；原辽宁省文史馆、辽宁省博物馆名誉馆长，已故著名书画鉴赏家杨仁恺的《沐雨楼书法引玉集》；中国书法家协会副主席、全国政协委员、中国艺术研究院中国书法院特邀研究员、中国人民大学徐悲鸿艺术学院书法教授邵秉仁的《邵秉仁书岳阳楼记》；中国美协会员、鲁迅美术学院教授、国画大师晏少翔的《晏少翔画选》等中国传统书法、国画作品办理版权登记。同时，为提升本地传统文化艺术的认同感，促进全省版权产业的发展，辽宁省版权局还大力扶持历史悠久、群众喜闻乐见、以赵本山为传承人的东北“二人转”，为著名剧作家、辽宁省曲协副主席、辽宁省文联副主席崔凯主编的《中国传统二人转大全》以及数十件二人转作品办理了版权登记。这不仅从精神领域体现了对传统文化艺术作品创作者成就的认可和尊重，也从物质领域提高了传统文化艺术作品被侵权时受到赔偿的几率，有效保障了创作者的合法权益，更大地激发其创作热情和传承意识，促使更多精品力作的产生。

（辽宁省版权局　版权处）

司法工作

2009年，辽宁省法院系统认真落实《国家知识产权战略纲要》关于充分发挥司法保护知识产权主导作用的要求，充分发挥审判职能，不断提高知识产权司法能力和司法保护力度，为应对国际金融危机的不利影响，提升地区自主创新能力和经济核心竞争力，提供了有力的司法保障。

一、案件的审理情况

2009年，辽宁省法院新收一审知识产权案件726件，审结653件，同比收、结案数量分别上升43%和23.2%，其中专利权纠纷新收102件，审结86件，商标权纠纷新收186件，审结154件，著作权纠纷新收398件，审结377件，不正当竞争纠纷新收16件，审结15件，植物新品种纠纷新收7件，审结6件，技术合同纠纷新收13件，审结12件，其他知识产权纠纷新收4件，审结3件；受理知识产权民事二审案件77件，审结73件；受理知识产权申请再审案件2件，审结2件。

在审结的知识产权民事案件中，一审调撤率为66.9%，二审调撤率为32.9%。全省法院知识产权审判工作继续保持上诉率与申诉率低，结案率与调撤率高的良好态势。

二、受理案件的特点

从全年知识产权案件的情况看，专业性特点突出：1. 案件数量大幅增长，体现地区经济和科技快速发展的同时，反映了社会公众对知识产权法律知识和维权意识的普遍加强；2. 案件区域集中，沈阳、大连两中级法院审理的知识产权案件在全省占较大比重，一审新收和审结案件数量分别占全省总量的80%和80.8%；3. 审判范围逐步拓展，新类型案件增多，已基本覆盖了知识产权纠纷的全部案件类型；4. 重大疑难案件多，审理难度加大，除原有的专业性强、类型新等特点外，案件纠纷更加趋向技术性和复杂性，法律关系交叉，事实复杂的案件大量增加。

三、知识产权司法保护工作的主要举措

（一）主动延伸司法服务职能，积极开展“千名法官进百企”调研服务活动，减弱和化解国际金融危机的不利影响

为应对国际金融危机的影响，为全省“保增长、保民生、保稳定”大局服务，提升地区自主创新能力和经济核心竞争力，2009年全省法院系统重点开展了“千名法官进百企”调研服务活动。本次调研活动通过走访、座谈，在深入企业掌握基本生产经营状况的基础上，注重了解掌握企业在国际金融危机影响下遇到的新情况、新问题，为企业在打造民族品牌，拥有自主知识产权方面提供了具体对策和建议。调研活动通过发布或编写了关于应对国际金融危机、规避法律风险、化解影响企业发展不利因素的审判工作意见或法律宣传手册，迅速提升了企业的知识产权保护意识和运用能力的社会效果。

（二）积极探索调解工作的方式、方法，促进科技成果的转化实施

针对知识产权案件特点，从有利于科技成果的转化实施和知识产权的充分运用出发，积极探索和实践有效的诉讼调解方式、方法。2009年全省法院受理的以瓦房店轴承集团有限责任公司、华盖创意（北京）图像技术有限公司和广东中凯文化发展有限公司等为原告的一大批系列侵权纠纷案件，受到社会广泛关注。审理过程中，及时准确地固定侵权证据，积极制订和解方案，耐心向被告阐明各自应当承担的责任及应当吸取的教训，全力促成当事人和解，使大量系列案件取得良好的法律效果与社会效果。

（三）不断完善知识产权工作机制，加强业务素质，为优化自主创新的司法环境提供体制和人才保障

全省法院不断完善知识产权审判的机构设置、人员编制，具有案件管辖权的法院已普遍建立了知识产权审判庭或专门审理知识产权案件的合议庭，并从选拔条件、培训力度和人员稳定等方面，保证知识产权法官队伍的充实和发展。面对案件数量大幅增长、新类型案件不断涌现的工作实际，全省知识产权法官注重摸索总结审判经验，珍惜率先探索和创新实践的机会，通过专家授课、专题研讨、庭审观摩、外出考察学习和撰写专业论文等形式，不断提高适用法律、驾驭庭审等方面的理论水平和审判技能，努力适应日益繁重复杂的知识产权司法保护工作需要。

（四）围绕审判中心工作，加大调研宏观指导的工作力度

为总结、交流知识产权审判经验，研究、分析当前工作中存在的问题和出现的新情况，2009年3月辽宁省高级人民法院组织召开了全省法院知识产权审判工作座谈会。座谈会后，向全省各管辖法院下发了就当前知识产权审判重点、疑难问题的会议纪要，进一步明确了当前知识产权审判工作的主要任务，增强了全省法院知识产权审判法律适用和执法尺度的统一。

同时，为严格驰名商标认定制度和规范认定程序，辽宁省高级人民法院认真开展了涉及驰名商标认定民事案件的评查活动，对评查结果进行了全省通报。为切实把好驰名商标案件的受理关

和认定关，保证案件质量和社会效果，辽宁省高级人民法院在严格贯彻驰名商标案件的备案制度的基础上，继续加强对集中受理全省范围内涉及驰名商标认定的一审民事纠纷案件的督导工作。

（五）增强审判工作的公开性和透明度，不断提高裁判文书制作水平

对符合法定公开开庭审理条件的典型知识产权案件进行庭审网络直播，最大限度地接受社会公众的监督，促进庭审规范和审判质量的提高。同时，坚持将生效知识产权裁判文书全部上网发布，提升裁判司法透明度。通过保证裁判文书完整高效地网上发布并积极总结交流经验，统一司法尺度，努力实现司法裁判的中立性、事实审查的证据性和文书用语的规范性，促进全省知识产权裁判文书制作水平的不断提高。

（六）加强对外联络沟通，保证知识产权工作的社会效果

为保证知识产权审判工作充分得到社会的了解与支持，全省法院注重与地方人大、政协及政府部门的联络沟通，加强全省重点企业的走访工作，积极邀请代表性人士旁听案件增强审判的透明度和公信力，使辽宁省的知识产权审判工作始终保持了较高的社会关注和认可。如“4·26 世界知识产权日宣传周”，全省法院通过集中开庭和宣判具有重要社会影响的知识产权案件，召开新闻发布会发布典型案例以及开展专题讲座等多种活动形式，集中展示了我省知识产权司法保护工作的主要成绩，进一步推动提高全社会知识产权保护意识，扩大了知识产权审判的社会影响力，取得了较好的工作效果。

（辽宁省高级人民法院知识产权审判庭）

检察工作

2009 年，辽宁省检察机关全面落实科学发展观，紧紧围绕改革、发展、稳定的工作大局，以强化法律监督为主线，充分发挥检察职能作用，进一步完善行政执法与刑事司法衔接工作机制，依法督促行政执法机关及时向刑事司法机关移送包括侵犯知识产权在内的涉嫌犯罪案件，为维护市场经济秩序作出了积极的贡献。

一、依法严厉打击侵犯知识产权犯罪

辽宁省各级检察机关充分发挥检察职能作用，与辽宁省行政执法机关、公安机关等部门密切配合，依法及时批准逮捕、起诉涉嫌侵犯知识产权的犯罪分子。据统计，2009 年辽宁省各级检察机关共受理提请批准逮捕涉及知识产权犯罪案件 19 件 30 人，批准逮捕 11 件 16 人，共受理起诉侵犯知识产权犯罪 14 件 27 人，起诉 12 件 23 人。

二、进一步完善行政执法与刑事司法衔接工作机制，形成打击侵犯知识产权犯罪合力

辽宁省各级检察机关与行政执法机关就一些工作中遇到的实际问题作出具体规定，达成共识，共同遵照执行。为加强检察机关与行政执法机关的联系，专门成立了工作协调小组，确定了联络人员，协调小组的成员由检察机关和行政执法机关的负责人组成，办公室设在检察机关，负责日常工作的联系、协调，每个单位指派一名联络员，负责日常工作的联系。

同时制定各项工作制度，从而推动行政执法与刑事司法衔接工作的有效开展。对行政执法机关查处的案件、案件移送、公安机关立案、检察机关批捕情况每月或每季度进行通报，定期召开不同层面人员参加的联席会议，通报查处重大案件的进展情况，相互总结、借鉴好的经验和做法。对行政执法与刑事司法衔接工作中遇到的新情况和突出问题及时进行商讨，研究解决的办法。定期或不定期对行政执法机关进行走访，注重宣讲保护知识产权工作的重要性，同时通过查阅行政处罚案卷和《行政执法机关发现、移送涉嫌犯罪案件情况统计表》等相关材料，监督行政执法机关移送包括侵犯知识产权在内的涉嫌犯罪案件情况，对发现的问题及时指出并提出解决的意见。行政执法机关在依法履行职责时，发现或接受举报、控告的涉嫌侵犯知识产权犯罪的案件线索，经过审查或开展必要的调查工作，认为涉嫌侵犯知识产权犯罪的，应根据不同情况，及时向有管辖权的司法机关移送。辽宁省检察机关不定期调阅行政执法卷宗，审查行政执法机关报备的《行政处罚决定书》，深入了解对侵犯知识产权违法案件的处理情况。行政执法机关在查处一些涉案金额大、案情复杂的疑难侵犯知识产权案件时，可要求检察机关提前介入，做好固定证据、保全证据的指导工

作。行政执法机关可就个案是否涉嫌侵犯知识产权犯罪、证据的收集和固定等问题随时向检察机关咨询，检察机关就相关的专业知识等问题应随时向行政执法机关请教。

为进一步推进行政执法与刑事司法相衔接工作，辽宁省各级检察机关积极推进“网上衔接，信息共享”机制建设。信息化发展和电子政务，为行政执法与刑事司法相衔接工作提供了可行高效的载体。建立行政执法与刑事司法信息共享平台，运用科技手段，通过微机专用网络实现链接，解决检察机关与行政执法部门侵犯知识产权案件查处、案件移送、备案监督等问题。为落实国务院和最高人民检察院关于刑事司法与行政执法相衔接工作机制，从制度层面转移到案件层面上来的要求，使行政执法与刑事司法之间实现便捷、规范、高效的信息沟通和工作协作，增强执法合力创造了良好契机。

三、坚决防止和纠正对知识产权犯罪打击不力的现象

2009年，辽宁省各级检察机关充分发挥法律监督职能，加强对行政执法机关抄送的侵犯知识产权案件《行政处罚决定书》副本的审查工作，对涉嫌犯罪的及时提出移送公安机关的建议，监督公安机关及时立案侦查侵犯知识产权犯罪案件。严肃查办侵犯知识产权违法犯罪背后的国家工作人员的职务犯罪，坚决打掉其“保护伞”，在立案监督和审查批准逮捕、审查起诉中注意发现和掌握侵犯知识产权违法犯罪背后的国家工作人员职务犯罪线索，对于涉嫌构成犯罪的坚决依法查办。

（最高人民检察院侦查监督厅）

吉林省

专利工作

2009年，吉林省知识产权局按照国家知识产权局和省委省政府的要求，从振兴吉林老工业基地和长吉图开发开放先导区建设实际出发，积极开展知识产权工作，在促进吉林经济又好又快发展中发挥了应有作用。

一、开展知识产权宣传工作

（一）组织开展知识产权宣传周活动

根据国家知识产权局、中宣部、科技部等24个部门《关于印发2009年全国知识产权宣传周活动方案的通知》（国知办发字〔2009〕71号）要求，吉林省知识产权局结合实际，于4月20～26日在全省范围内，围绕“文化、战略、发展”主题，组织开展了内容丰富、形式多样的宣传周活动，取得了较好的宣传效果。

(1)4月20日上午，在长春高科技大厦举行2009年吉林省知识产权宣传周启动仪式暨长春高新知识产权公共服务中心揭牌仪式。吉林省、市、高新区相关部门领导、长春高新区有关企业、专利发明人约200人出席仪式。长春高新知识产权公共服务中心由吉林省知识产权局、长春市知识产权局和长春高新技术产业开发区管理委员会共同建设的综合性服务平台。中心以贯彻落实科学发展观，立足高新区、面向长春市、服务吉林省为发展方向，联合专业的服务机构，提供专利技术产业化、知识产权信息、展示、展览、扶持、保护、评估交易和知识产权代理等服务。长春高新知识产权公共服务中心（服务大厅）面积1000多平方米，设有11个服务窗口，中国一长春医药知识产权信息中心、吉林长春新纪元专利代理有限公司、吉林一诺商标事务所有限公司、吉林诚元律师事务所、国家专利技术吉林展示交易中心等十余家知识产权相关部门和单位进驻大厅为社会公众提供服务。

(2)营造知识产权宣传周舆论氛围。吉林电视台、吉林人民广播电台、吉林日报、城市日报和国家知识产权局网站、人民网及省科技厅网站等多家新闻单位与网络媒体对宣传周活动进行了宣传报道，广泛宣传运用知识产权制度的先进单位、成功经验、优秀事迹，宣传知识产权制度对全省经济社会发展产生的积极作用，宣传改革开放30年知识产权工作取得的成绩。在全省营造了“尊重知识、崇尚创新、诚信守法”的良好知识产权氛围。4月26日，长春市人民政府副市长钱龙生在《长春日报》发表了题为《实施知识产权战略，建设创新型城市》的纪念文章，四平市人民政府副市长陈振虎在《四平日报》发表了题为“深入学习实践科学发展观，推动四平专利事业又好又快发展”的纪念文章，松原市人民政府副市长贺永强在松原电视台作了题为“加强知识产权保护，促进创新发展”的电视讲话。

(3)指导各地开展知识产权宣传周活动。为使各地更好地开展宣传周活动，吉林省科技厅下发了《关于印发2009年吉林省知识产权宣传周活动方案的通知》，制定了宣传周活动期间的宣传工作要点，并向各市(州)分别赠送2000余份宣传资料，进一步调动了全省各地开展知识产权宣传周活动的积极性。

(4)开展庆祝世界知识产权日宣传活动。4月26日是第九个世界知识产权日，由吉林省知识产权局、省工商行政管理局、省版权局、省商务厅、省法院、长春海关等省直有关部门和长春市知识产权局、工商行政管理局、版权局等市直有关部门等十八家单位联合在长春市重庆园广场开展了知识产权宣传活动。活动现场设有展板、咨询台、宣传挂图、专利产品实物等，索取知识产权宣传资料和前来咨询问题的群众络绎不绝。与此同时，各市(州)科技局、知识产权局、法院、工商、版权、海关、商务、药监、技术监督，专利代理机构、重点企业等部门和单位等联合开展了庆祝世界知识产权日的宣传活动。

(二)开展了知识产权进企业、进社区、进校园活动

(1)知识产权进企业。在长春，各区的科技局分别与市知识产权局、专利代理机构等组成知识产权服务队，分别深入到经济开发区的长春市汇锋汽车齿轮有限公司、长春科威机械有限责任公司、宽城区的长春锅炉仪表程控设备股份有限公司、二道区的长春市鼎祥冶金机械配套厂、长春苇子汽车零部件有限公司、吉林省长通汽车零部件有限公司，通过举办专题讲座、召开座谈会、发放知识产权宣传资料、解答咨询问题等形式开展知识产权的宣传活动。

(2)知识产权进社区。在延边州，延吉市科技局、知识产权局联合延吉市河南街等五个街道办事处，举办了五场主题为“知识产权与我们息息相关”的专题讲座；在长春，长春市朝阳区清和街道南昌社区举办“知识产权专题讲座”。南关区在六个社区的宣传栏展出了宣传图片，举办了学习贯彻实施《国家知识产权战略纲要》辅导讲座。长春市绿园区把“4·26世界知识产权日”宣传工作纳入全区镇、街、开发区、工业集中区的工作目标责任制的考核范围，在五个街道办事处开展了知识产权的宣传活动，普阳街道办事处为配合知识产权宣传活动，邀请了老年艺术团进行现场演出。二道区科技局组织知识产权工作小分队到兴隆社区进行宣传活动。

(3)知识产权进校园。4月22日，辽源市在辽源职业技术学院举行《深入贯彻落实科学发展观，增强大学生知识产权意识》的专题报告会。报告会引起了大学生们的广泛共鸣。9月10日在吉林大学组织的知识产权专题讲座上，国家知识产权局知识产权保护协调司领导作了题为“知识产权与高校创新”的专题讲座，吉林大学研究生院300余名师生参加了讲座，长春市宽城区在第27中学举办了“创新发明与知识产权”的专题讲座。通过活动普及了知识产权知识，帮助师生从战略高度理解知识产权在国家科技创新、经济发展过程中的重要作用，增强了发明创造的自觉性。

二、加强知识产权教育培训工作

(一)全省重点行业领域知识产权专题讲座

7月22～25日，吉林省知识产权局分别在长春高新区、吉林大学、长春理工大学、长春光学机械与物理研究所、吉林石化公司等地举办5场专题讲座。国家知识产权局生物制药、新材料、化学、信息产业等八个专业领域的十二位专利审查专家亲临现场授课，专家们就高新技术企业、石化行业、科研院所、大专院校等如何实施知识产权战略，促进创新发展等进行了讲解，有关知识产权部门、企事业单位、科研院所、大专院校的管理人员和专业技术人员1000余人参加了培训。通过培训，对于提高吉林省企业、科研院所、大专院校核心竞争能力，促进专利技术实施转化具有重要的作用。

(二)全省科研机构知识产权战略培训班

3月9～13日，在长春市举办了全省科研机构知识产权战略培训班，此次培训班由中国知识产权培训中心主办，吉林省知识产权局承办。来自国家知识产权局、北京市第一中级人民法院、知名企业等具有丰富知识产权管理和实践经验的专家到场授课。省内多家科研机构、知识产权管理

机构、行业协会等部门的相关工作人员共 100 余人参加了培训。为配合国家知识产权战略的实施，培训班主要围绕国家知识产权战略、专利的经营管理、知识产权的司法保护等内容，结合实际案例进行讲授。

（三）吉林省医药企业知识产权战略培训班

为进一步提升吉林省医药企业知识产权的创造、管理、运用和保护水平，提高医药企业的核心竞争力，受国家知识产权局委托，由吉林省知识产权局主办，通化市科技局承办的“吉林省医药企业知识产权战略培训班”于 6 月 17 日在通化市开班。吉林省内有关医药企业和市、县知识产权管理部门的 110 多人参加了培训。国家知识产权局专利局医药生物发明审查部专家，从分析我国当前医药知识产权形势、医药企业知识产权管理目标、医药企业知识产权的管理策略入手，运用鲜明的案例，深入分析了实施医药知识产权战略的重要意义，使与会人员对医药企业知识产权战略的主要内容和精神实质进行了深入了解，对指导吉林省医药企业更好开展知识产权工作、实施医药企业知识产权战略有着十分重要的指导意义。

（四）吉林省人参产业知识产权培训班

为推进吉林省人参产业知识产权战略的实施，提高人参企业知识产权保护意识，加强人参企业的知识产权工作，促进吉林省人参产业的振兴与发展。8 月 28 日，受国家知识产权局委托，吉林省知识产权局在集安市举办“吉林省人参产业知识产权培训班”。省内人参培育、加工企业，人参研究院、所等单位 90 多人参加了培训。来自国家知识产权局长期从事中医药知识产权方面研究的专家，通过吉林人参同韩国高丽参成分、产量、产值等比较，从知识产权角度分析了人参原产地保护、人参炮制品保护、人参组合物保护的重要性，并运用最新专利统计数据，分析了吉林省相关人参产业专利申请量和授权量在全国所占比重均不足 7%的事实，使与会人员充分认识到吉林省人参产业所面临的形势，对进一步促进吉林省人参产业的发展具有十分重要的指导意义。

（五）组织召开吉林省知识产权宣传培训工作会议

8 月 25 日在长春召开了吉林省知识产权宣传培训工作会议，各市（州）科技局、知识产权局主管领导和负责宣传培训工作人员及吉林省首批实施国家知识产权强县工程的县（市、区）科技局主管领导和负责宣传培训工作的人员参加了会议。会议传达了国家知识产权局《关于进一步加强知识产权政务信息工作的意见》和《2009 年知识产权宣传工作要点》，总结部署了吉林省知识产权宣传培训工作。

（六）全国知识产权局系统政府门户网站培训班

12 月 2 日，吉林省知识产权局承办了由国家知识产权局主办的全国知识产权局系统政府门户网站培训班，国家知识产权局专利局办公室领导出席培训班开班仪式并讲话。各省、自治区、直辖市及计划单列市、新疆生产建设兵团、副省级城市知识产权局子站信息员及管理员等 80 余人参加培训。

三、促进专利技术的运用和产业化

2009 年，在国家知识产权局的指导和帮助下，紧紧围绕省委省政府的中心工作，以抓试点示范为牵引，以完善服务体系为保障，不断探索专利技术运用和产业化模式。

（一）为促进专利技术运用和转化搭建平台

（1）举办了 2009 · 第三届中国专利周吉林分会场活动。按照国家知识产权局《2009 · 第三届中国专利周总体实施方案》的要求，2009 · 第三届中国专利周吉林分会场活动于 11 月 12～16 日在长春举行。11 月 12 日，2009 · 第三届中国专利周吉林分会场活动在长春高新知识产权公共服务中心开幕，来自吉林省内高等院校、科研院所、中小企业、非职务发明人及知识产权中介服务机构代表等 500 余人参加了开幕式。吉林分会场活动由吉林省知识产权局、长春市科技局主办，长春高新技术产业开发区管委会、吉林省知识产权事务中心承办。吉林分会场活动主题是：“实施知识产权战略，建设创新型吉林”。吉林分会场在专利周期间围绕实施国家知识产权战略、振兴吉林老工业基地等重点开展了节能与环保专利技术展示推介会、中国专利技术网上联展（网上展示交易）、咨询辅导活动、高新技术专利项目对接会、高新技术知识产权论坛等。

（2）积极组织专利项目参加“2009 年振兴东北老工业基地专利新技术对接洽谈会”。吉林省知识产权局作为此次“专洽会”协办单位之一，积极组织 200 余项专利项目参加了网上推介活动。通过参加此次“专洽会”，对于建立企业和专利权人的联接机制，进一步促进吉林省专利技术实施和转化，形成一批具有自主知识产权的高新技术企业和产业，加快振兴吉林老工业基地具有积极的推动作用。

(3)申报“第十一届中国专利奖”3 项、申报“第五届发明创业奖”候选人 3 人。(其中吉林一正药业集团有限公司于春江入围发明创业奖获得者人选)。精选项目参加第十八届全国发明展览会。协会精心组织选送 10 项发明成果参加第十八届全国发明展览会，其中有 1 项荣获大会组委会授予的“第十八届全国发明大会银奖”，3 项获“第十八届全国发明大会铜奖”。充分利用知识产权服务网这个平台，为吉林省广大非职务发明人、中小企业及中小投资人开设网上“专利金桥”栏目，对 17 个优秀专利项目、100 多条专利供求信息在局服务网上无偿进行了公布，为投资人和专利权人提供了交易的方便条件。

(4)召开了发明人座谈会。就广大发明人的专利项目的转化实施遇到的问题进行了交流和探讨，并就非职务发明人专利项目转化难的问题进行了分析，并提出了切实可行的建议。

(二)抓专利产业化基地建设

1. 认真抓好国家产业化试点基地建设

2009 年，总结推广了吉林经济技术开发区“国家专利技术产业化示范基地”的做法，为全省的专利产业化提供了有益的经验，收到了明显成效。在提升专利转化能力方面，通过采取企业“实施知识产权制度示范工程”“专利扶持计划”等举措，引导和扶持企业加大研发投入，不断加快专利技术和产品的研制步伐。2009 年吉林经济技术开发区“国家专利技术产业化示范基地”多方协调建设资金，完成了占地面积 10 000 平方米，建筑面积 6000 平方米，安装设备 100 台套的精细化工专利产业化平台一期工程建设。

长春高新区是国家首批国家知识产权示范园区，目前长春高新技术开发区已有 450 多户企业组建了研发机构，发展了 76 户市级以上企业技术中心，研发投入占当年销售收入的比重平均达到 3.18%，高于全国高新区平均水平 0.24%。全区企业累计开发实施专利技术项目 1600 多项，60%以上都具有自主知识产权。高新区在孵化的 300 多户中小科技企业中，60%以上都具有自主知识产权。

2. 指导和帮助国家知识产权强县工程建设

2009 年国家知识产权局确定吉林省延吉市、德惠市、通化县、东辽县为首批实施国家知识产权强县工程的县(市)，吉林省知识产权局坚持以科学发展观为指导，紧紧围绕实施国家知识产权战略，以增强县域综合实力为目标，按照“以机制促产出、以转化带发展、以保护谋优势”的方针，提高县域知识产权创造、运用、保护和管理能力，为推动吉林省新农村建设、构建和谐吉林在组织、指导、协调等方面为实施强县工程县(市)提供支持和保障。

(1)加强组织协调，建立健全工作制度。为保证知识产权强县工程工作有效开展，吉林省知识产权局与实施知识产权强县工程的县(市)所在的市州、实施强县工程的县(市)、重点企事业单位等建立了强县工程工作联络网。吉林省知识产权局成立了以局长为组长的强县工程工作领导小组。积极协调实施知识产权强县工程的县(市)建立和完善了专利申请资助办法、专利产品奖励办法、知识产权发展战略、知识产权目标管理工作体系、知识产权试点示范企业评价标准等。

(2)积极创造条件，为实施强县工程的县(市)服务。2009 年吉林省知识产权局给予进入知识产权强县工程的四个县(市)各 10 万元的工作经费支持。同时对其所有的专利申请按照吉林省专利申请资助办法予以倾斜。吉林省知识产权局多次在实施知识产权强县工程的县(市)举办知识产权培训班，加大对实施知识产权强县工程的县(市)长、知识产权管理人员、企业高层管理人员的培训力度，指导实施强县工程的县(市)重点开展知识产权进企业、进机关、进校园等活动，为知识产权强县工程的县(市)培养了一批知识产权实务型人才，提高了当地社会公众的知识产权意识，营造了知识产权的氛围。

(3)协助开展试点示范工作。为使实施知识产权强县工程的县(市)在建设知识产权强县过程中学有样板，吉林省知识产权局积极协助各县(市)开展试点示范工作。将重点企业积极推荐或纳入国家或省知识产权试点企业或优势培育企业行列。如延边龙川包装机械有限公司和延边瑞林热辐射制品有限公司被国家知识产权局纳入知识产权试点企业，延边龙川包装机械有限公司进入吉林省知识产权优势培育企业行列。

四、推动、指导企事业单位开展知识产权工作

（一）开展知识产权优势企业培育工作

2009年在吉林省范围内确定了15家企业作为吉林省专利优势企业培育单位，为保证培育目标顺利实现，针对优势培育企业采取了以下工作措施：

（1）组织开展宣传培训工作。积极开展知识产权宣传培训，强化企业全体员工的知识产权意识。目前已对长春轨道客车股份有限公司、昊融集团、吉林大学等单位开展了业务对接和专题讲座等多种形式的宣传培训；

（2）向优势培育企业派驻专利特派员。实行“一站式服务”，帮助企业挖掘创新潜力、抢救未保护的核心技术，建立健全知识产权管理体系。目前已对15户知识产权优势企业全部派驻了专利特派员开展知识产权服务工作；

（3）资助优势培育企业专利申请及实施。在工作开展的3年期间里，准备每年在全省的专利发展资金中对每一户企业市场前景好，技术含量高的给予相应资金补贴，2009年对15户优势培育企业共发放专利补贴资金46.7万元；

（4）向优势培育企业提供信息服务。目前已向优势培育企业全部免费开放“中外专利数据库检索平台”；同时还准备协助有需求的优势培育企业建立专利专题数据库和检索平台；

（5）为优势培育企业提供法律援助服务。依托专利工作专家咨询委员会，对优势培育企业遇到的专利维权、诉讼等问题提供法律援助服务；

（6）协助优势培育企业处理专利事务。在长春专利代办处开辟专门通道，启动快速受理程序；积极帮助优势培育企业办理加快审查、费用减缓、合同备案等事宜。

（二）开展专利工作服务企事业单位系列活动

2009年邀请三批共27名国家知识产权局的专利审查员分别与吉林省内各专利代理机构、大专院校、科研院所、中小企业进行工作对接和情况交流，召开座谈会、交流会十余个，与省内的专利代理人、中小企业负责人和科研人员、大专院校老师和学生总计1300余人，开展了一系列专利工作的对接与交流活动。同时还按照“专业对口、双向选择、互补共赢”的原则，向修正药业集团等100户重点医药企业选派了20名医药领域专利代理人作为专利特派员，为医药企业提供及时、有效的专利咨询服务工作。

（三）推动知识产权维权援助工作顺利开展

2009年，结合自身工作实际，努力发挥吉林省专利工作专家咨询委员会在处理企业和个人专利维权中的积极作用，协调相关专家帮助企业和个人开展维权工作，积极协助一汽、长春大成集团应对国外企业宣告专利权无效等工作。

（四）继续推动重点产业专利信息利用

为进一步向省内重点产业提供专利信息。针对吉林省重点行业（汽车、石化、医药、光电子、农副产品深加工），完成了五大产业专利专题数据的汇总工作，数据现已上传到吉林省知识产权服务网，为省内企事业单位科技创新和研发提供专题数据参考。另外，还重点帮助省内人参企业办理加快审查、费用减免等事宜，为人参重点企业提供知识产权法律援助。同时为了更好地推进人参产业运用专利制度工作，与吉林农业大学联合筹建人参产业专利专题数据库。

（五）开展帮助企业运用知识产权应对金融危机相关工作

为了帮助吉林省内企事业单位更好地应对国际金融危机带来的影响，提升省内企事业单位抵御金融危机风险的能力，2009年5月邀请国家知识产权局专利局的12名审查员到长春，同来自长春市各专利代理机构、大专院校、科研院所、中小企业等25个单位共计110多名代表在同馨宾馆会议中心召开了题为“应对国际金融危机，提高科技创新水平，依法保护知识产权，促进吉林经济发展”知识产权（专利）交流会，专利审查员们就专利审查过程中发现的问题和如何进一步增强企业知识产权意识，更好地运用知识产权应对金融危机带来的不利影响，同与会代表进行了互动式交流。另外，还对省内汽车、医药、散热器、化纤、信息等产业11个单位进行了大量的数据采集和实地调研，撰写了《吉林省部分企业运用知识产权应对金融危机的调查报告》上报给了国家知识产权局，为领导科学决策提供参考。

（六）圆满完成了专利实施状况调查工作

8月份，国家知识产权局对吉林省内企事业单位、科研院所、大专院校、专利发明人的专利实施状况开展了问卷调查工作。此次全国范围的专

利实施状况调查，吉林省收到国家知识产权局抽样调查问卷 595 份，最终回收有效问卷 553 份。

(七)完成了向国外申请专利补贴资金的申报工作

10 月份，国家知识产权局下发通知，从 2009 年开始，每年对通过国家知识产权局向国外申请专利的企事业单位，所花费的相关费用，给予相关补贴。吉林省内企事业单位向国外申请专利补贴资金补贴工作共涉及吉林省内 12 个企事业单位 25 项 PCT 专利申请，资金总计 109 万余元。

五、进一步加强专利行政执法

(一)组织开展“雷雨”、“天网”知识产权执法专项行动

按照国家知识产权局统一要求并结合吉林省实际，制定并向各市(州)专利管理部门下发了《2009 年“雷雨”“天网”知识产权执法专项行动方案》，对吉林省的专利执法专项行动进行了工作部署。在为期 7 个月的“雷雨”“天网”执法行动中，全省各地共出动人次 62 人，检查商场 35 次，检查商品 930 件，查出假冒专利产品 16 件，都当场进行处理。同时还对涉及专利的 200 多件产品进行了法律状态检索，及时将检索信息反馈给企业，对经检索涉嫌假冒专利和冒充专利的立即要求企业进行整改，相关产品马上下架。有效打击了假冒他人、冒充专利的违法行为，提高了流通企业的专利保护意识，保护了专利权人以及广大消费者的合法权益。

(二)开展展会执法工作

进驻第五届中国·吉林东北亚投资贸易博览会，开展知识产权执法工作。东博会期间，为加强展会知识产权保护工作，执法人员现场提供知识产权相关咨询四十余人次，发放宣传单 600 余份，对近千件商品进行检查，没有发现专利侵权和假冒专利产品的情况。东博会知识产权执法工作对维护展会秩序、提高展会质量、树立东北亚博览会形象起到了极大的促进作用。10 月份，吉林省知识产权局派执法人员赴广州参加第 106 届广交会，为吉林省参展企业开展知识产权维权援助工作。

(三)日常执法工作

截至目前，吉林省共调解处理专利纠纷 6 起，指导各市(州)调解处理专利纠纷 21 件。按照国家知识产权局的统一要求，对省内 83 名具有执法资格人员的执法证进行年检，并同时发放了由国家知识产权局统一制作的执法标识，使专利行政执法工作更加程序规范、标识统一。

(四)开展执法巡查督导工作

按照国家知识产权局的工作部署，全年分两次共 20 天，对吉林省各市(州)开展执法巡查督导工作。在检查各地专利行政执法工作的同时，推动各地专利行政执法工作稳步、有序开展。

六、加强专利代理行业监管

(一)加强专利代理行业监管、培训工作

(1)年初召开了吉林省专利代理行业工作会议，重新调整专利代理惩戒委员会成员。为了能够更好地规范代理人行业、提高代理人队伍整体素质，会议还就围绕如何加强对代理人的执业培训，提高代理人的执业能力，如何加强专利代理后备人才培养等问题进行了研究。

(2)组织全省专利代理人开展执业培训工作。4 月下旬，组织了全省专利代理机构人员参加了知识产权战略卫星远程法制培训。通过培训，使省内各专利代理机构人员对新修改《专利法》的具体内容有了详细的了解，为下一步更好的贯彻实施新修改的《专利法》奠定了基础。

(二)指导代理机构开展系列服务社会、服务企业活动

(1)组织部分专家、学者，开展专利法律咨询服务。“4·26 世界知识产权日”当天，来自吉林大华铭仁律师事务所、吉林长春市新时代专利商标代理有限公司、长春市四环专利事务所等专家、学者共 8 人，分别向广大市民宣传专利法律及知识产权法律、法规，热情地为广大市民解答相关咨询百余人次。

(2)为更好地配合吉林省“双千工程”的顺利开展，2009 年从专利代理机构中选出 30 人，组建知识产权专家服务团队，以专利特派员的身份，派驻到 15 户知识产权优势企业和省内 100 户重点医药企业，为企业保护核心技术、规避行业风险、提高自主创新和科技研发能力，保驾护航。

(吉林省知识产权局)

商标工作

2009年，吉林省工商系统认真贯彻执行《国家知识产权战略纲要》和国家工商行政管理总局《关于贯彻落实〈国家知识产权战略纲要〉大力推进商标战略实施的意见》，落实《吉林省十一五期间培育认定驰名、著名商标工作推进方案》，深入实施品牌战略，各项工作取得了新的成绩。

一、积极进取，培育驰名、著名商标工作取得突出成果

一是为完成吉林省十一五商标发展规划奠定了坚实的基础。2009年，国家工商行政管理总局认定吉林省“施慧达”“地王”“吉恩”“华微”“茂祥”“洮儿河”“鼎丰真”7件商标为中国驰名商标，创出了吉林省驰名商标年认定数量的新高。全省行政认定中国驰名商标总数达29件，在全国31个省市（不含港、澳、台）中列第15位，提前一年完成了《吉林省“十一五”期间培育认定驰名著名商标工作推进方案》制订的中国驰名商标增至30件左右的规划目标。经过市（州）工商行政管理局推荐，吉林省工商行政管理局依法认定170件吉林省著名商标，使全省有效著名商标总数达到413件，为2010年完成吉林省政府制定的著名商标发展目标（500件）打下了良好的基础。截至2008年末，全省知名商标总数也已达到559件，形成了以驰名、著名商标、知名商标为核心的优势品牌集群。

二是商标战略实施工作得到各级政府的高度重视。吉林省政府批准设立吉林省实施品牌战略工作专项资金3000万元，重点对企业申请驰名、著名商标及农产品商标注册和地理标志商标注册给予资金补助，鼓励企业自主创新，运用自主品牌增强产品的市场竞争力。吉林省工商行政管理局制订了《吉林省推进品牌战略实施方案》，上报省政府审议。2009年7月17日，以吉林省政府名义召开的吉林省深入实施品牌战略大会在吉林省工商行政管理局举行。吉林省委、省政府、省人大、省政协主要领导出席会议。副省长马俊清代表省委、省政府讲话，充分肯定品牌建设工作取得的丰硕成果，明确了今后的工作思路和工作重点。吉林省领导为新认定的7家中国驰名商标企业和获得地理标志证明商标的9家单位授牌。在省内造成了很大的舆论反响。长春市工商行政管理局撰写了《关于长春市商标发展现状的调查报告》，积极向长春市政府申请设立“长春市实施品牌战略专项资金”，建立实施品牌战略激励机制。吉林市政府十四届二十四次事务会议通过了吉林市工商行政管理局关于对驰名商标进行奖励的请示。四平市工商行政管理局代政府起草了《关于进一步落实〈十一五期间培育认定驰、著、知名商标工作推进方案〉的指导意见》，全方位推进品牌战略。白山市委市政府把培育驰名著名商标作为拉动地方经济发展的切入点和提升企业核心竞争力的关键点。

三是商标培育和管理基础建设得到进一步强化。吉林省工商行政管理局出台了《吉林省工商行政管理局关于申报和推荐驰名商标工作程序的暂行规定》，使吉林省培育推荐中国驰名商标工作更加法制化、规范化、程序化；发布了《吉林省著名商标认定工作细则》，对吉林省著名商标的申请、推荐、受理、审核、评审、认定、公告和撤销的各个环节进行严格规范，建立了“一查两审”制度，增加现场考查审查和地区把关推荐两个环节，促使申请认定著名商标初审工作更加客观、严密、准确。四平市工商行政管理局建立健全了商标培育重点企业基础档案，做到随时掌握企业品牌建设的基本情况。长白山工商行政管理局积极与吉林省工商行政管理局和长白山管委会协调，申请长白山景点名称的商标注册。长岭县工商行政管理局强化商标管理基础建设，建立了商标培育对象登记簿和商标战略发展梯队档案。

四是商标行政指导工作进一步深入。吉林省工商行政管理局与长春市工商行政管理局、辽源市工商行政管理局深入吉林天景食品有限公司、吉林省德春米有限公司、麦达斯铝业公司等10家省著名商标企业进行实地调研，了解实际情况，现场指导商标品牌培育工作。白山市工商行政管理局召开申报吉林省著名商标企业负责人座谈会，开展对申报吉林省著名商标企业走访活动，指导企业建立商标管理制度。白城市工商行政管理局制定了《白城市一所一标工作实施方案》。辽源市工商行政管理局将培育对象精确到具体企业、具体商标，培育责任落实到具体工商分局（所）。乾安县工商行政管理局组织基层分局干部开展解放思想大讨论，为全面推进商标指导工作扫清思想障碍。

2009年7月23日，全国工商系统贯彻落实

《国家知识产权战略纲要》大力推进商标战略实施工作会议在长春举行。吉林省实施商标战略的成功经验在大会上介绍推广。吉林省工商行政管理局、白云山市工商行政管理局、2个县工商行政管理局和9个基层分局(所)被评为全国工商系统商标工作先进集体,商标战线的9名同志被评为先进个人。会议筹备工作也得到了国家总局领导及各省市工商行政管理局的高度赞扬和一致好评。作为国家工商行政管理总局商标工作转折的一个具有重要里程碑意义的会议——"长春会议",正式载入全国商标事业发展史册。

二、开拓创新,商标监管和服务水平进一步提升

一是创新行政指导方式,提高管理水平。吉林省工商行政管理局借鉴外省商标管理先进经验,密切结合吉林省实际,制订了《商标注册提示书》《商标使用预警书》和《品牌建设指导书》(以下简称"三书"),召开新闻发布会,在全省系统内全面推行。这是推进商标战略实施中的一个创新举措,也是工商部门实施行政指导的一项具体措施。白城市工商行政管理局根据工作实际,总结工作经验,制定了《白城市工商行政管理局商标监督管理工作规范》。柳河县工商行政管理局采取了"走出去,现场指导;请进来,行政约见"的行政指导方式,积极帮助企业开展商标注册工作。

二是搭建融资平台,助推企业发展。吉林省工商行政管理局与中国人民银行长春中心支行、中国银行业监督管理委员会吉林监管局联合下发了《吉林省商标专用权质押贷款工作指导意见》,畅通了以商标权为质押,申请银行贷款融资的渠道,争取到驰名、著名商标优先质押贷款的金融支持政策。为企业在通过转让、许可之外,实现知识产权的市场价值推出了一种新方式,为中小企业抵御金融危机,解决融资问题开辟了一个新途径。

三是开展调查研究,用调研报告指导工作。针对吉林省农业大省的省情,各级工商机关对近年来全省农产品著名商标发展情况进行了调研。吉林省工商行政管理局汇总形成了《关于全省农产品著名商标发展现状的调查报告》,对吉林省农产品著名商标发展的主要特点、农产品著名商标持有人的主要组织形式、农产品著名商标对促进农村和区域经济发展的作用进行了深入细致的分析,指出了现阶段存在的主要问题,提出了加快农产品品牌发展的建议,为今后制订农产品著名商标的培育、保护、服务农业发展等方面的工作措施起到了重要的参考作用。

三、多措并举,注册商标合法权益得到有效保护

一是开展以保护驰名、著名商标为内容的专项整治行动。延边州工商行政管理局根据当地的实际制定了《2009年保护商标专用权整治方案》。长春市工商行政管理局与30余家驰名、著名商标权利人建立了绿色维权通道。二是在流通领域实施"商标授权经营制度"。吉林市工商行政管理局在十五个大型商场推行了授权经营制度的试点工作,收到了较好的效果。三是加强了商标印制环节的管理。吉林省工商行政管理局组织对定牌加工和商标印制行业进行专项调查,掌握了全省48家定牌加工企业和590家商标印制单位的基本情况。柳河县工商行政管理局定期对全县25户商标印制企业进行全面检查,举办免费培训,帮助商标印制企业建章建制,规范商标印制行为,有效地遏制了商标违法行为的发生。四是加强与外省工商部门协作,维护吉林省企业商标权益。四平市工商行政管理局协同鞍山市工商行政管理局,查处了鞍山市汉青饮品有限公司生产"宏利莱"瓶装饮用水,侵犯"宏宝莱"吉林省著名商标专用权一案。通化市工商行政管理局帮助金马药业奔赴广东汕头等地,打击假冒"金马"注册商标的"颈痛康"胶囊,为企业挽回损失近80万元。

据统计,2009年全省共查处各种商标违法案件329件,案值603万元,罚款金额316万元,收缴和消除商标标识1.1万件。有效打击了商标违法行为,切实维护了消费者利益,依法保护了商标注册人权益,积极创建公平、有序的市场环境。

四、帮扶指导,商标富农工作稳步推进

一是吉林省工商行政管理局与白山市工商行政管理局共同调研,起草了《推进优势特色效益农业商标品牌建设的意见》,准备2010年一季度正式下发,做到用品牌引领和促进特色效益农业,做大做强主导产业和优势农产品,推动农业经济发展。二是开展了地理标志普查工作。各地区建立地理标志普查情况档案,并根据实际情况,制订指导申请注册地理标志商标规划。2009年,吉林省的"榆树大米""集安边条参"等11件地理标志证明商标被核准注册,比2008年增长1.2倍,全省地理标志商标总数达到16件。三是广泛开展帮扶工作。长春市工商行政管理局建立起《农产品商标帮扶储备库》,为农民无偿提供商标使用服务。延边州工商行政管理局在敦化市召开了商标富农现场会,交流商标富农工作经验。白山市工商行政管理局抓住农产品品牌建设重点,推行“品牌村”建设,受到国家工商行政管理总局领导的充分肯定。梅河口市工商行政管理局指导该市17家大米生产企业统一使用“梅河口大米”地理标志商标,市场扩展到京、津、沪等大城市。

五、扩大宣传,商标知识普及更具实效性

一是精心组织开展了“4.26世界知识产权日宣传周”活动。吉林省工商行政管理局制订下发《关于开展2009年“保护知识产权宣传周”活动的通知》,组织全省工商系统从4月20～26日集中开展了“保护知识产权宣传周”活动。全省各级工商机关组织现场宣传咨询活动91场次,接待群众咨询4000余人次,印发宣传资料及商标知识手册10万余份,出动宣传车55台,设置展板238块,悬挂横幅300多幅(块),设置大型公益广告32块,利用电视、广播、各类报纸播发宣传文章100多篇,举办各种形式的座谈会、培训班8次,近200户企业参加,产生了较强的社会效应。吉林省工商行政管理局和吉林市工商行政管理局开展宣传周活动工作情况,在国家工商行政管理总局商标局主办的《商标工作动态》上刊载,向全国工商系统介绍推广。

二是利用媒体宣传了商标法律知识。吉林省工商行政管理局在吉林省电视台《消费315》特别节目中开设了商标宣传专栏。录制播放了6集《消费者身边的商标故事》宣教片,以通俗易懂的可视性语言和情节生动的故事,宣传商标法律知识,培养广大消费者商标品牌意识,形成全社会知识产权文化理念。

三是借助多种平台进行了商标品牌推介。配合纪念新中国建国60周年,吉林省工商行政管理局在吉林卫视黄金时段开设的29件中国驰名商标推介宣传栏目,直接对品牌及其企业文化无偿进行宣传,有效地提高了吉林省品牌的影响力。柳河县工商行政管理局出资1万元,在县城显著位置设立面积为120平方米的户外广告牌,宣传当地的著名、知名商标。在第八届中国长春国际农业·食品博览(交易)会上,吉林省工商行政管理局举办了地理标志商标首次宣传推介活动。9月,吉林省工商行政管理局组织两户驰名商标企业参加了中国西部博览会中国驰名商标馆的展览;11月组织茂祥药业集团公司和天景集团公司两大企业参加了第三届中国商标节展览,都收到了很好的宣传效果。

四是组织企业开展商标知识的学习与对外交流。吉林省商标管理协会订购《中华商标》杂志310套,向会员单位免费赠阅,帮助企业商标管理人员了解商标领域最新信息。投入力量办好《吉林商标网》,运用网络媒介,普及商标知识、宣传商标文化、传递商标信息。先后组织会员参加了第三届商标节年会、“中国企业走向世界”商标战略经验交流会、地理标志国际研讨会,有效地提高了企业商标管理水平。

(吉林省工商行政管理局)

版权工作

2009年,吉林省版权局在认真贯彻国家版权局及吉林省委、省政府指示精神,深入落实版权保护工作任务的基础上,在版权宣传、版权执法、版权服务和软件正版化方面开展了一系列活动,取得了卓越成效,得到了国家版权局的肯定和嘉奖。其中吉林省版权局版权处被国家版权局评为“2008年度查处侵权盗版案件有功集体”。

一、拓展宣传途径,版权宣传工作成效明显

第一,是开展活动宣传。为纪念第9个“世界知识产权日”,4月26日,吉林省版权局等有关单位在长春市重庆路街心花园组织开展了以“文化、战略、发展”为主题的“纪念世界知识产权日”系列宣传活动。现场受理版权咨询,向市民发放宣传著作权法传单2000多张,较好地宣传了著作权法,提高了社会公众的版权保护意识。

第二,是结合专项治理宣传。根据国家版权局的工作部署和吉林省2009年度版权工作安排,吉林省版权局在全省范围内开展了“打击盗版音像制品、电子产品专项行动”“打击生产经营领域使用盗版计算机软件专项行动”“打击网络侵权盗版专项治理行动”等专项行动。《中国新闻出版报》《吉林日报》《新文化报》、吉林电视台、吉林广播电台等媒体都对几个专项行动进行了报道,通过这些专项行动的开展,震慑了侵权盗版行为,强化了相关从业人员的版权保护意识。

在打击网络侵权盗版专项治理行动中,中央

电视台、《中国知识产权报》《中国新闻出版报》等中央媒体及《新文化报》《城市晚报》等省内媒体专程对延吉市两起网络侵权案件进行了实地采访报道，新华社以"吉林：查处两起跨国网络侵权案"为题转发了通稿，在国内引起了强烈反响。《中国新闻出版报》以《吉林严打网络侵权盗版全方位遏制"毒瘤"》为题，以半个版的篇幅全面详细地报道了吉林省打击网络侵权盗版工作的经验做法。

第三是行政执法跟踪宣传。吉林省版权局定期面向省内各大主流媒体召开新闻发布会，省内各主要媒体对吉林省版权局打击网络侵权盗版专项行动、"打击盗版音像制品、电子产品专项行动"等执法行动都进行了跟踪宣传报道。在"打击盗版音像制品、电子产品专项行动"中，吉林省版权局邀请吉林电视台、《新文化报》等媒体进行现场跟踪，吉林电视台新闻联播对这一执法检查行动进行了现场跟踪报道，对全省的版权执法起到了良好的宣传和导向作用。

第四是通过会议形式培训宣传。吉林省版权局抓住全省新闻出版工作会议、版权执法工作以及举办各类培训会议的机会，对与会人员进行版权工作培训和著作权法律知识培训。9 月，吉林省版权局召开了全省版权执法经验交流会，副局长董维仁同志在会上做了《加大版权执法力度开创版权保护工作新局面》的专题讲话；国家版权局版权司执法处处长赵秀玲应邀参会并代表国家版权局发表了讲话，为全省一线版权执法人员作了专题执法培训；会上省内法律专家结合案例讲解了著作权法；各市(州)版权管理部门代表在大会上作了版权执法工作经验交流。全省各级版权管理部门共计 120 多人参加了经验交流会。通过经验交流，全省各地区版权管理部门之间相互取长补短、相互学习借鉴，不但加强了地区间的沟通联系，也有利于全省版权管理部门联合执法，形成执法合力，进而构建全省联动的快速反应机制。

第五是充分利用媒体宣传。为了深入宣传著作权相关法律法规，全省各级版权管理部门充分利用报纸、网络、电视、广播等新闻媒体，广泛开展版权宣传。2009 年一年，在《中国新闻出版报》《中国知识产权报》《吉林日报》《新文化报》、吉林电视台、吉林人民广播电台和各类网站共发表稿件 50 余篇，取得了较好的宣传效果。

二、加大执法力度，强化监管效能

第一是开展反盗版集中治理行动。为了切实整顿和规范文化市场秩序，创造和谐稳定的社会文化环境，庆祝新中国成立 60 周年，吉林省版权局对全省图书、音像电子制品、计算机软件、网络传播等侵权盗版严重的领域展开拉网式大检查。对长春市区及其周边城市的图书、音像电子制品等进行了执法检查，行动当日共收缴盗版音像制品 10 000 多件，盗版图书 4 000 余册。

第二是开展打击盗版音像制品、电子产品专项行动。7 月 6 日，吉林省版权局下发了《关于加强对盗版音像制品和盗版电子产品监管的通知》，要求全省各级版权管理部门日常监管要以贩卖盗版音像电子制品较集中的大型科技商城、电子商场等为重点，加强日常检查监督，加大执法和查处力度，发现一起查处一起，并加大对盗版行为的曝光力度，对不法分子起到强有力的震慑作用。在监管过程中，探索建立了监管部门、商城、经营者"三位一体"的长效监管机制。

第三是开展打击网络侵权盗版专项行动。为贯彻落实国家版权局、公安部、工业和信息化部联合下发的《2009 年打击网络侵权盗版专项治理行动方案》的要求，吉林省版权局联合吉林省公安厅、省通信管理局开展了打击网络侵权盗版专项行动。分级成立了"打击网络侵权盗版专项行动领导小组"，制定了《吉林省 2009 年打击网络侵权盗版专项治理行动方案》，采取了有效措施，查处各类网络侵权案件 64 起，没收侵权服务器 20 台，移送司法机关 3 起。

在此次专项行动期间，吉林省版权局加大了对属地大型网站及专门从事传播音乐、电影、软件、图书、游戏等内容网站的主动监管力度，做到日常在线浏览检查与上门检查相结合，实行打击处理和建章立制并举。对省内影响范围较大的网站进行登记管理，建立责任人制度，要求网站签订"禁止网络侵权盗版行为责任书"，建立长效监管机制。

吉林省版权局在开展执法工作中注意和公安、通信管理等部门采取横向协调，与各地区相关部门采取纵向配合的方式开展联合执法。横向联合到位，纵向配合到底，形成执法合力。在查处延吉市 o2sky、imdj 两个网站侵权案件过程中，吉林省版权局联合了吉林省公安厅、省通信管理局、延边州版权局、延吉市版权管理部门、延吉市公安局网络安全保卫大队等部门，组成专案组，开展联合执法。该两起案件涉嫌侵犯韩国权利人的合法权益，侵权行为非常严重，非法经营额数量巨大，引起了国家版权局的高度重视。这两起案件均已移交给当地公安部门立案处理。

第四是搞好春秋两季打击盗版教材、教辅集中治理活动。吉林省版权局协调全省各级版权管理部门集中开展春秋两季专项检查活动，清理检查出版物市场、校园内及周边流动书摊及书店，防止盗版教材、教辅流入课堂。根据群众举报，吉林省版权局执法人员查处了辽源两个书店大量销售盗版教辅书籍和网络小说案件，没收盗版教辅及其他图书 10 000 多册。还联合扶余县版权管理部门查获盗版教辅书籍《中华金卷》《状元之星》12 000多册，严厉打击了侵权盗版分子的非法行为。

第五是完善举报制度，坚决查处举报案件。为进一步畅通社会监督渠道，建立群治联防的监督机制，吉林省版权局建立了完善的投诉举报制度，宣传投诉举报热线，网上设立举报信箱，积极搜集案件线索。对所有举报线索，统一建立举报档案，按照发现一起，核实一起，查处一起的要求，做到了件件举报有调查记录，查证属实有处理结果。

三、更新服务理念，优化服务方式，提高服务水平

第一，建立版权产业发展服务平台。

(1)以社会化为基础，整合社会各方力量，建立了推动版权产业发展诉求征集机制。设立了反馈专线电话，通过政府网站发布征集通告，对外公开电话、网上邮箱地址，搜集整理所有关系到版权产业发展的问题、建议。

(2)以全面覆盖为原则，建立了省、市、县三级推动版权产业发展工作站。在省市县三级版权信息工作站的基础上，建立了推动版权产业发展工作站，变自己主抓推动版权产业发展为全省互动、分层推进，主体发展。

(3)以保护创新为目的，建立了版权行政执法快速反应机制。建立工作制度，执法人员根据工作分工，分别承担预警信息、现场处置、后勤保障和机动预备等工作任务，并开展了模拟演练。

(4)以服务为宗旨，建立了吉林省版权产业法律咨询及纠纷调解中心。吉林省版权局加挂了“著作权纠纷调解办公室”牌子，制定了调解中心工作制度，指定专门人员负责，积极开展法律咨询及调解工作，2009 年共调解著作权纠纷 9 起。调解中心还积极指导全省各级版权管理部门做好法律咨询及调解工作。

(5)以信息化为支撑，建立了吉林省版权产业信息档案。建立了各类登记流程管理体制，设立专门责任人对各类作品登记进行科学管理。将近三年的外版图书引进登记、作品自愿登记和计算机软件代办登记档案实行微机化管理，实现了信息储存、调档查阅、分类管理的科学高效管理。

(6)以激励为导向，在版权产业中建立网点式版权产业发展示范单位。在吉林省生产经营领域开展了评选表彰活动，下发了《关于在全省生产经营领域开展百家“无盗版示范单位”评选活动的通知》，对同行业中有榜样作用的企业进行表彰，授予“无盗版示范单位”称号，并推荐其参加国家版权局开展的“全国软件正版化工作示范单位”的评选，对获得称号的企业颁发“无盗版示范单位”牌匾，并在全省通报表扬和广泛宣传。

(7)以指定的法律服务机构为依托，建立吉林省版权产业发展法律服务中心。吉林省版权局与长春市大华铭仁律师事务所联合建立了法律服务中心，签订了法律服务协议，制定了工作制度，细化了法律服务内容。

第二，建立起网点式“版权保护教育基地”。2007 年吉林省版权局在吉林大学建立了省内第一个“版权保护教育基地”，收到了很好的效果。为建立起网点式“版权保护教育基地”，3 月，吉林省版权局、共青团吉林省委又联合下发了《关于在全省建立“版权保护教育基地”的通知》，决定在全省大中专院校联合开展建立“版权保护教育基地”的活动。5 月，吉林省版权局、共青团吉林省委、东北师范大学共同在东北师范大学礼堂举行了“吉林省版权保护教育基地”成立暨揭牌仪式。吉林省新闻出版局、省版权局局长胡宪武，共青团吉林省委书记谢忠岩，东北师范大学党委书记、博士生导师盛连喜教授，省新闻出版局、省版权局副局长董维仁等领导出席，东北师范大学的几百名学生也积极踊跃地参加了揭牌仪式。会上，吉林省版权局向东北师范大学师生赠送了《著作权常用法律法规汇编》。

11 月，在具备条件的吉林师范大学、长春工业大学、吉林艺术学院等三所高校也建立了“版权保护教育基地”，争取三年内在全省大中专院校建立起网点式“版权保护教育基地”，使著作权法真正走进大学校园，切实加强在校大学生的版权保护意识。

第三，建立起网点式“无盗版示范单位”。吉林省版权局在加大打击侵权盗版非法行为的同时，努力培育版权保护促进经济发展的先进典型，在全省生产经营领域开展了"无盗版示范单位"的评选工作。12月28日，吉林省版权局下发了《关于授予吉林银行等首批三十家企业"无盗版示范单位"称号的决定》，表彰30家被评为"无盗版示范单位"的企业，在全省生产经营领域内建立起了网点式"无盗版示范单位"，扎实推进了全省企业软件正版化工作的深入开展。

第四，做好版权咨询和版权纠纷调解工作。为了给著作权人、版权相关企业提供良好的版权服务，2009年吉林省版权局以服务为宗旨，以吉林省版权保护协会为依托，建立吉林省"著作权咨询调解办公室"。办公室制定工作制度，指定专人负责，开展法律宣传教育，增强公众维权意识，提供法律咨询服务，帮助著作权人及版权相关产业企业解决各类版权纠纷。

吉林省版权局一直把规范工作流程、加强工作人员专业素质、热情接待著作权人电话、来访咨询和处理好版权纠纷调解工作当作一件大事来抓。一年来全省共接受版权咨询近千人次，成功调解著作权纠纷案9起，较好地为著作权人提供了正确导向性服务，切实做到了维护好、实现好著作权人的合法权益。

四、突出工作重点，扎实推进企业软件正版化工作

首先是以执法检查为手段强力推进。吉林省版权局不断加大对企业使用软件情况的检查督导力度，派专人组成检查组，对使用盗版软件情况严重、经宣传教育仍不及时整改的企业列入"黑名单"并进行曝光。对软件正版化工作不够重视，整改措施落实不到位，屡禁不止，使用盗版软件情况非常严重的企业，坚决予以处罚。《中国新闻出版报》以半个版的篇幅并配有"编者按"详细报道了吉林省企业软件正版化工作的经验做法。

2月19日，吉林省版权局联合吉林省公安厅共同下发了《关于开展集中打击生产经营领域使用盗版计算机软件专项行动的通知》。在全省范围内开展了为期5个月的集中打击生产经营领域使用盗版计算机软件专项行动。专项行动成立了以吉林省版权局局长胡宪武为组长的领导小组，与公安部门共同建立了信息共享、情况通报、联席会议等协调机制。吉林省版权局和吉林省公安厅还统一印制下发了"关于严禁使用盗版计算机软件的通告"，发放给全省近5000家生产经营单位。

在集中治理阶段，吉林省版权局突出重点，加强主动监管，强化对重点地区、重点领域和重点环节的监管，对22家使用盗版软件严重的企业下发了《限期整改通知书》，并要求这22家企业严格按照省版权局的要求制定整改方案，并按规定日期实现软件正版化。

其次是以宣传表彰为动力引导推进。吉林省版权局在加大版权行政执法力度，靠法制力量强化社会监管的同时，注重表彰示范的引导作用，靠激励机制强化企业自我约束、自我规范。在打击生产经营领域使用盗版计算机软件专项行动结束后，吉林省版权局又接续开展了评选表彰活动，下发了《关于在全省生产经营领域开展百家"无盗版示范单位"评选活动的通知》。经过企业主动申报、部门推荐、吉林省版权局终审评定，授予吉林银行等30家企业为吉林省首批"无盗版示范单位"称号，并下发了《关于授予吉林银行等首批三十家企业"无盗版示范单位"称号的决定》，以下发表彰文件、授予"无盗版示范单位"称号等方式对同行业中有榜样作用的企业进行了表彰。吉林省版权局积极推荐吉林省企业单位参加国家开展的"全国软件正版化工作示范单位"的评选，对获得称号的单位在全省通报表扬和广泛宣传，以此来激发企业的积极性和主动性。

（吉林省版权局　版权处）

司法工作

2009年，吉林省法院坚持"三个至上"指导思想，认真贯彻最高人民法院《关于贯彻实施国家知识产权战略若干问题的意见》和《关于当前经济形势下知识产权审判服务大局若干问题的意见》的通知精神，紧紧围绕国家发展和改革工作大局，充分发挥审判职能，开展了各项知识产权审判工作。不断加强知识产权的保护力度，慎重处理好每一件案件，努力实现法律效果和社会效果的统一，为建设创新型国家和构建和谐社会提供了及时有效的司法保障。

一、以"公正与效率"为指针，圆满地完成了审判工作任务

2009年，吉林法院共受理一审知识产权案件290件，其中新收252件，旧存38件。总标的额

2049.296万元。审结261件。其中：判决77件，驳回7件，撤诉126件，终结4件，调解28件，其他14件，移送5件。

二审知识产权案件总计53件，其中新收42件，旧存11件。结案47件，其中：维持12件，改判12件，发回重审3件，撤诉2件，驳回11件，撤销原裁定2件，其他3件，调解2件。总标的额565.7万元。

再审案件2件。新收2件，结案2件。其中：发回1件，终结1件。总标的额75万元。

二、强化知识产权审判职能作用，增强知识产权审判的重要性

按照2009年全国法院开展的“人民法官为人民”的活动要求及最高人民法院《关于贯彻实施国家知识产权战略若干问题的意见》的通知精神，吉林省法院积极开展知识产权审判工作“优化自主创新司法环境”年度主题活动。转发和学习了最高人民法院《关于贯彻实施国家知识产权战略若干问题的意见》和《关于当前经济形势下知识产权审判工作服务大局若干问题的意见》，采取多种措施，教育全省广大知识产权审判法官深刻领会贯彻实施国家知识产权战略精神，充分发挥司法保护知识产权的重要性，准确把握知识产权审判工作的政治方向，增强责任感、使命感，使知识产权审判法官认识到知识产权审判在保护知识产权和激励自主创新、促进创新成果交流，优化吉林省经济社会发展环境所具有的重要意义，确保最高人民法院部署的活动目标在吉林省法院得以全面落实。

三、强化审判流程管理

在案件审理中，充分发挥吉林省法院“三级联网”的信息管理作用，提高了工作效率。加强对审判管理和办案各环节的监督和动态管理，要求承办人员及时准确录入审判工作信息，确保案件在审限内及时结案。对于复杂、疑难案件可能影响在审限内审结的，由办案人及时上报庭领导，由庭领导及时组织召开庭务会集体研究，确保在审限内及时结案。

四、采取有效措施，加大知识产权司法保护力度

按照最高人民法院关于配合开展好“2009年全国知识产权宣传周”活动的通知要求，吉林省法院于4月20～26日为期一周的时间，圆满地完成了全国知识产权宣传周活动。首先，于4月20日召开了由电台、电视台、报社记者参加的新闻发布会。其次，于21日、22日两天，邀请了吉林大学法学院教授及电视台记者参加的知识产权案件的开庭活动，公开开庭审理知识产权案件，并做到当庭宣判。庭后，电视台记者进行了采访，25日、26日又在吉林法制频道予以播出，取得较好的社会效果。再次，参加全省知识产权保护宣传活动。4月26日上午，参加了吉林省知识产权局组织的全省知识产权保护宣传活动。在活动中答疑20余次，发放宣传单100余张(册、本)，加强了与知识产权局、版权局、工商行政管理局等知识产权行政保护单位的横向联系。

五、严格驰名商标的司法认定工作

2007年2月28日，吉林省高级人民法院按照最高人民法院对驰名商标司法认定设立备案制度的要求，下发了吉林省高级人民法院《关于加强涉及驰名商标认定案件管理工作的通知》。通知下发后，吉林省高级人民法院严格按照最高人民法院的规定实行立案审查，报最高人民法院备案。2009年，按照最高人民法院的要求，又下发了吉林省高级人民法院关于贯彻《最高人民法院关于进一步建立健全驰名商标司法保护制度有关问题的通知》和《最高人民法院关于涉及驰名商标认定的民事纠纷案件管辖问题的通知》的通知，该两份通知进一步加强了对司法认定驰名商标的管理，由各中级人民法院管辖改为统一由长春市中级人民法院集中管辖，确保驰名商标司法认定标准、尺度的统一。2009年在吉林省法院没有一件商标被司法认定为驰名商标的案件。

六、加强知识产权审判工作的透明度，邀请社会人士进行监督

为进一步加强全社会对法院工作的监督，增进人大代表、政协委员对法院的了解，深化2009年“人民法官为人民”的主题实践活动，吉林省高级人民法院组织全省法院开展了“千件”观察庭审或听证活动。按照《关于继续深入开展邀请人大代表、政协委员等各界人士观察庭审或听证活动的通知》要求，在知识产权审判领域也邀请了人大代表对知识产权审判的庭审情况进行监督。加强了社会对知识产权司法保护的了解，同时，也加强了社会对司法保护知识产权的监督。

七、廉政教育常抓不懈

廉政教育是干部队伍建设的重要内容，要常抓不懈，警钟长鸣。坚持经常不断地分析队伍在廉政方面的情况，注意发现在思想方面反映出来的问题和行动上的蛛丝马迹，及时教育、及时警示，使全省从事知识产权审判的法官始终绷紧廉政建设这根绳，确保廉洁奉公，不出差错。

（吉林省高级人民法院知识产权审判庭）

检察工作

2009年，吉林省检察机关认真贯彻最高人民检察院的工作部署，充分发挥检察职能作用，采取有力措施，积极开展行政执法与刑事司法相衔接工作，形成打击侵犯知识产权犯罪合力，在打击侵犯知识产权犯罪、保障人民群众切身利益方面取得了显著成效。

一年来，吉林省各级检察机关积极走访各行政执法机关，了解、查询办案情况，排查案件线索，监督其移送包括侵犯知识产权在内的涉嫌犯罪案件，有力推动衔接工作深入开展，与行政执法机关、公安机关等部门密切配合，依法及时批准逮捕、起诉涉嫌侵犯知识产权的犯罪分子。据统计，2009年吉林省检察机关共受理提请批准逮捕涉及知识产权犯罪案件7件10人，批准逮捕6件8人，共受理起诉侵犯知识产权犯罪14件40人，起诉8件19人。

吉林省各级检察机关与公安机关和行政执法机关建立了信息通报制度，实现了信息资源共享，提高了工作效率，确保了打击包括侵犯知识产权在内的犯罪力度。吉林省各级行政执法机关每季度向同级检察机关通报一次查处包括侵犯知识产权在内的破坏社会主义市场经济秩序案件的总体情况以及向检察机关移送包括侵犯知识产权在内的涉嫌犯罪案件情况，遇有重大影响案件，随时通报。吉林省各级检察机关对于行政执法机关移送的包括侵犯知识产权在内的涉嫌犯罪案件，或要求予以立案监督的案件，均在一个月内向相应行政执法机关通报案件办理情况，并每季度向同级行政执法机关通报一次立案监督、批捕以及起诉包括侵犯知识产权在内的破坏社会主义市场经济秩序犯罪案件的总体情况。建立并进一步完善案件移送制度，检察机关经与行政执法机关协商后，联合下发了《行政执法机关移送涉嫌犯罪案件的规定》。按该规定的要求，行政执法机关应及时向公安机关移送包括侵犯知识产权在内的涉嫌犯罪案件，并向检察机关备案。对于行政执法机关不移送的，检察机关可以向同级或下级行政执法机关查询案件情况，必要时，检察机关应向行政执法机关提出检察意见，建议其移送案件。行政执法机关仍拒不移送的，检察机关应将案件情况书面通知公安机关，督促公安机关进行立案侦查。该制度切实保证了包括侵犯知识产权在内的涉嫌犯罪案件及时进入司法程序，有效防止了“以罚代刑”现象的发生。建立并进一步完善个案协查配合制度，吉林省各级检察机关对行政执法机关向公安机关移送的重大疑难案件，积极配合公安机关，实行协助侦查制度。检察机关派员适时介入案件，引导侦查，帮助收集、固定证据，加快办案进度。

2009年，吉林省检察机关充分发挥法律监督职能，加强对行政执法机关抄送的侵犯知识产权案件《行政处罚决定书》副本的审查工作，对涉嫌犯罪的及时提出移送公安机关的建议，监督公安机关及时立案侦查侵犯知识产权犯罪案件。严肃查办侵犯知识产权违法犯罪背后的国家工作人员的职务犯罪，坚决打掉其“保护伞”，在立案监督和审查批准逮捕、审查起诉中注意发现和掌握侵犯知识产权违法犯罪背后的国家工作人员职务犯罪线索，对于涉嫌构成犯罪的坚决依法查办。

（最高人民检察院侦查监督厅）

黑龙江省

专利工作

一、概况

2009年，在黑龙江省委、省政府的正确领导下，黑龙江省知识产权局坚持以科学发展观为统领，深入贯彻党的十七大精神，全面实施《国家知识产权战略纲要》，紧密围绕黑龙江省委、省政府的中心工作，以增强自主创新能力为核心，以提高知识产权创造、运用、保护和管理能力为突破口，创新思想观念，转变工作方式，全省知识产权工作取得了新的成效。

二、专利申请与授权

2009年全省共申请专利9014件，同比增长13.0%。其中，发明专利申请3384件，占37.5%，同比增长11.1%；实用新型专利申请4357件，占48.3%，同比增长12.4%；外观设计专利申请1273件，占14.1%，同比增长21.2%。全年共授权专利5079件，同比增长11.0%。其中，发明专利1142件，占22.5%，同比增长54.3%；实用新型专利3212件，占63.2%，同比下降3.7%；外观设计专利725件，占14.3%，同比增长45.3%。黑龙江省专利申请量与授权量增速呈现上升势头，专利申请和授权结构得到优化，职务申请增长较快，企业专利申请增幅较大，比2008年增长43.9%，显示出企业的创新主体地位不断增强。

三、专利代办

国家知识产权局专利局哈尔滨代办处是国家知识产权局专利局在黑龙江省知识产权局设立的专利业务派出机构，主要承担专利局授权或委托的专利业务工作及相关的服务性工作。2009年共受理专利申请5744件，其中发明2238件，占总量的39%，实用新型2742件，占48%，外观设计764件，占13%；专利收费8 164 241.2元；输入案子数16 061笔。进行了与国家知识产权局之间传输数据的联通性测试，做好了电子系统上线后的各项工作。实现了工作质量和服务质量的提高。

四、专利试点

按照《国家知识产权局关于知识产权试点示范工作的指导意见》要求，积极推进知识产权试点示范工作，在城市和企事业单位建立、完善和实施知识产权制度。一是扎实推进国家知识产权示范城市创建工作，哈尔滨市被国家知识产权局批准为国家知识产权工作示范城市。二是加强对全国首批企事业专利工作试点单位的指导，完成国家的验收工作。在黑龙江省知识产权局的指导下，哈尔滨飞机工业(集团)有限责任公司完成了国家考评验收工作，晋级成为“全国企事业知识产权示范单位”。三是确定第四批全国企事业单位知识产权试点工作单位。2009年，全省共计44家企事业单位被国家知识产权局确定为第四批全国企事业知识产权试点单位。对全省企事业单位知识产权创造、运用、保护和管理能力的提高，起到了引领示范作用。

五、专利执法

一是加大执法力度，有效维护专利市场秩序。2009年，黑龙江省共受理假冒专利、专利侵权案件15起。同时，以本地优势产业为重点领域，以大型商场及商品批发市场为突破口，以群众关注度高、社会影响大、权利人反映强烈的案件为重点，组织开展全省商场专利执法检查，有效净化黑龙江省专利市场环境。二是加强展会市场的专利保护，为创造黑龙江省良好的招商引资环境提供知识产权法律服务。黑龙江省知识产权部门在“哈洽会”上设立知识产权服务专区，为展会提供全方位的知识产权法律服务。一方面，提供专利法律咨询、专利法律状态检索、专利合同鉴证等有关服务；另一方面，接受专利侵权、假冒冒充专利行为举报，快速、及时解决专利纠纷，为展会营造良好的知识产权法律环境。

六、中国林业知识产权信息中心成立

2009年7月，国家知识产权局在东北林业大

学建立了我国首个林业知识产权信息中心——“中国林业知识产权信息中心”。信息中心由国家知识产权局和黑龙江省知识产权局共同建设。该中心是国内唯一拥有权威的、完整的、功能齐全的林业知识产权数据库的专业信息中心。

七、《黑龙江省知识产权战略》制定工作启动

按照国家知识产权局与黑龙江省政府省部会商制度关于“共同推进黑龙江省制定和实施知识产权战略”的内容和栗战书省长在2009年黑龙江省政府工作报告中关于“要大力实施知识产权战略和企业专利战略，在科技创新上实现新的突破”的指示精神，黑龙江省知识产权局始终把黑龙江省知识产权战略的制定工作作为全局工作的重中之重。2009年11月，黑龙江省知识产权战略制定与实施领导小组第一次全体会议召开，全面启动了战略制定工作。预计2010年上半年完成战略制定工作。

八、知识产权宣传

围绕国家知识产权局“知识产权彩虹工程”，在“3·15消费者权益日”期间，黑龙江省知识产权局会同黑龙江省消协、工商行政管理局、质监局等单位，在哈尔滨市开展了法律宣传咨询活动。免费发放《专利法》和《黑龙江省专利保护条例》等有关专利法律法规宣传资料近万册。“4·26全国保护知识产权宣传周”期间，与黑龙江省委宣传部、省高级人民法院等21个相关部门组成了黑龙江省知识产权宣传周活动组委会，并发动各市地组织开展知识产权宣传活动。4月26日当天，联合组委会成员单位组织开展了黑龙江省暨哈尔滨市知识产权宣传周大型宣传活动。活动期间，各相关单位分别设立了知识产权宣传板、咨询台，发放专利宣传资料和《2008年黑龙江省知识产权保护状况白皮书》3万余份，现场解答群众咨询1000余人次。组织开展了“2009·第三届中国专利周分会场”活动，通过举办专利展示交易、网上专利技术与产品展示交易、专利进入东北林大、哈工程大学、东北农大等高校，营造了良好的宣传氛围。进一步推动少年儿童的知识产权普及宣传教育工作。

九、知识产权培训

一是组织各地市知识产权局和企业、高校、科研机构等单位骨干人员，参加了由国家知识产权局主办的新专利法培训班，进一步提高了全省专利管理人员的理论水平和运用能力。二是承办了东北地区知识产权执法研讨班，针对东北地区知识产权保护工作的现状、问题与发展趋势及执法工作中遇到的问题进行了交流与研讨，进一步提高了全省专利行政执法人员的业务素质与执法水平。三是为提高黑龙江省企业运用专利合作条约(PCT)申请国际专利的了解和运用，进一步增强企业的国际竞争力，承办了由国家知识产权局与世界知识产权组织联合举办的专利合作条约高级研讨会。四是中国知识产权研究会在黑龙江省举办了“黑龙江省知识产权专家咨询研讨会”，邀请我国知识产权领域知名专家就知识产权创造、运用、保护、管理等实际问题与黑龙江省专利代理机构和企事业单位知识产权工作者进行了互动交流。

十、专利技术产业化

按照黑龙江省专利技术专项资金管理办法的要求，严格程序，坚持标准，做好项目考察、评审、申报工作。2009年11月，黑龙江省知识产权局组成了5个项目考察小组，分别深入到企业、高校和院所对项目进行实地考察，经综合评审后，安排了7个高校、院所专利服务平台建设项目和40个企业专利技术产业化预算项目。

十一、知识产权信息开发

继续做好黑龙江省知识产权国际信息网站的信息更新及网站维护工作，保证网站信息的及时更新和网站正常运转。完成了中国专利全文数据库、多国专利文摘数据库的数据更新，多国专利全文数据网络链接工作。在2008年末国内外专利数据2000万件的基础上，突破困扰多年的韩国、俄罗斯语种翻译障碍，新增韩国、俄罗斯专利数据，目前国内外专利数据库数据总量已达约2800万件，实现了近几年国内外专利数据量的最大年增幅。

（黑龙江省知识产权局）

商标工作

2009年黑龙江省工商行政管理局按照年初国家工商行政管理总局和全省工商行政管理局局长会议有关商标工作的部署和要求，我们认真分

析和研究了黑龙江省商标工作中突出存在的“三个不适应”的问题，即：全省注册商标（特别是农产品商标和地理标志）总量与经济总体发展规模不相适应；国内外知名品牌数量与黑龙江省委、省政府提出的又好又快、更好更快发展的战略要求不相适应；商标监管工作力度与国家保护商标专用权的工作要求不相适应。针对上述问题，明确提出要实现“三个转变”，即：在工作思路上，实现由集中抓商标执法办案向大力推进全省商标战略实施转变；在工作方式上，实现由常规性工作为主向以抓“大事”带动为重点的转变；在工作机制上，努力实现商标战略实施由部门行为向政府行为转变。截止2009年11月底，全省申请注册商标7000多件，与2008年同期比增长10%以上，其中农产品商标约占70%左右；新注册地理标志4件，总数达10件；新认定省著名商标47件，总数达452件；新被认定中国驰名商标5件，经国家工商行政管理总局认定的驰名商标总数达21件，新向国家总局推荐待认定的驰名商标8件，近日拟推荐驰名商标3件，重点培育的驰名商标16件；全省共查处各类商标侵权等违法案件790件、罚没款445万元，分别比2008年同期增长45%、33%。整体工作情况主要体现在以下几方面。

一、成立省商标协会，促进全省商标事业的发展

2009年4月省商标协会成立，构建了政府职能部门、社团组织和企业“三位一体”共谋商标发展的新格局，标志着黑龙江省商标事业步入了一个崭新的发展阶段。孙尧副省长、中华商标协会任刚副秘书长和民政厅、黑龙江省知识产权局等方面的领导在百忙中与黑龙江省驰名商标、著名商标、知名企业的老总们齐聚一堂，共谋黑龙江省商标事业发展大计。刘玉华会长表示：我们决不辜负各级领导和全体会员的厚望，在黑龙江省工商行政管理局党组的领导下，严格遵守《协会章程》，准确定位，认真履责，团结和依靠广大会员，尽力把黑龙江省商标协会建设成为联接企业与政府的桥梁与纽带，保护商标专用权的坚强后盾，企业创品牌、提升市场竞争力的参谋助手，为企业排忧解难、开展交流与合作的“会员之家”。

二、扎实推进全省商标战略实施工作

认真贯彻落实国务院发布的《国家知识产权战略纲要》和国家工商行政管理总局出台的《关于贯彻落实〈国家知识产权战略纲要〉，大力推进商标战略实施的意见》，拟定了《黑龙江省推进商标（品牌）战略促进全省经济更好更快发展实施方案》，并筹备“全省实施商标战略暨驰（著）名商标表彰奖励大会”的相关工作。同时，要求各市、地工商行政管理局积极争取当地党委、政府领导对实施商标战略的高度重视，摆上重要议事日程，大力推进商标战略的实施，促进区域经济的快速发展。特别是“全国工商行政管理系统大力推进商标战略实施工作会议”刚结束，就引起黑龙江省工商行政管理局党组高度重视，认真研究贯彻落实意见，迅速抓好贯彻落实。哈尔滨市政府召开了“全市商标工作暨表彰奖励荣获驰名著名商标企业颁奖大会”，国家工商行政管理总局商标局局长李建昌代表国家工商行政管理总局出席会议并作了重要讲话，他对黑龙江省及哈尔滨市商标工作给予了充分肯定，并就推进商标战略工作提出了新的要求；国家工商行政管理总局商标局还专门发了简报。

三、积极培育知名品牌，深入开展调查研究

由黑龙江省工商行政管理局分管商标工作的局长和处长带队，有重点地深入到争创驰名商标的企业中，实地考察有关情况，现场进行具体指导，帮助企业解决遇到的实际问题，积极服务市场主体，提高企业商标注册、运用、保护和管理的能力，充分发挥强势企业的典型带动效应，促进资源的有效整合，形成区域性的品牌群体，从而提升区域经济的活力和竞争力。

四、切实抓好农产品商标和地理标志注册和保护工作

我们始终坚持把做好农产品商标及地理标志注册和保护工作作为重点，从黑龙江省农业大省的实际出发，充分发挥商标职能作用，积极引导农产品商标特别是地理标志申请注册，适应农村改革和发展的需要，提高农产品附加值，促进农产品加工结构升级，加快黑龙江省农产品产业化、规模化、市场化的进程。为综合分析黑龙江省符合地理标志的资源情况，全面了解掌握区域符合地理标志条件的产品，系统学习和领会地理标志申请注册和保护的有关知识，我们专门举办了一次“全省地理标志培训班”；请国家工商行政管理总局商标局地理标志处处长讲解地理标志有关知识，请省农科院专家讲解黑龙江省有关地理标志产品的状况，并进行现场咨询答疑；参加人员有各市(地)、县(市)工商行政管理局商标工作的负责人、农业部门有关负责人及有关协会等组织的负责人。通过这次地理标志培训，推进黑龙江省农产品商标及地理标志注册和保护工作上一个新的台阶。

五、加大商标行政执法力度，建立和完善商标长效监管机制

2009年，全省各级工商部门先后开展了保护"大冬会"特殊标志、涉农商标及驰(著)名商标等专项整治行动，查处商标侵权假冒案件641起，占查处商标违法案件总数的81%，与2008年同期比增长46%。黑龙江省工商行政管理局就"充分发挥工商所作用，加大商标行政执法力度"专门发文，明确要求工商所要切实履行商标行政执法职责，逐步建立商标长效监管机制，推进商标行政执法职能到位。一些市、县工商行政管理局在本地较大的商品交易场所中部分日用工业品类开始推行"商标授权经营制度"，并不断建立和完善商标长效监管机制。

(黑龙江省工商行政管理局)

版权工作

2009年，黑龙江省各级版权行政管理部门以科学发展观为指导，认真贯彻落实国家及黑龙江省政府的有关版权工作精神，积极开展版权保护各项工作，各方面的工作都迈上了新台阶。

一、开展著作权法律法规宣传

(一)版权动态宣传

2009年，黑龙江省版权局结合版权工作的需要和阶段性的工作进展，利用广播电台、电视台、报纸、网站等多种媒体进行形式多样的版权宣传活动。《黑龙江晨报》《哈尔滨日报》《新晚报》多次综合报道了黑龙江省版权工作的情况；黑龙江省电视台、哈尔滨市电视台多次跟踪报道哈尔滨市开展打击侵权盗版专项行动的情况，在黑龙江省纠风办、哈尔滨人民广播电台联合举办的"行风热线"节目中制作专题宣传1次。2009年，黑龙江省版权局还与国家反盗版"12390"免费举报投诉电话进行了联网，加大了对侵权盗版行为进行举报奖励的宣传力度，在全省营造出强大的反对盗版，保护知识产权的良好氛围。

(二)版权主题宣传

按照国家版权局的工作部署，黑龙江省版权局在2009年知识产权保护周期间开展了一系列的主题宣传活动。

4月22日，"黑龙江省暨哈尔滨市盗版非法出版物集中销毁现场大会"在哈尔滨市人民体育场举行。黑龙江省副省长程幼东同志参加了集中销毁活动并在大会上讲话。这次销毁大会对2008年以来收缴的52万件走私及盗版音像制品、盗版软件及电子出版物、盗版及非法出版书报刊进行公开集中销毁。同时启动了市民及青少年"打击侵权盗版、保护知识产权"的签名和"拒绝盗版、从我做起"绿书签派发活动。黑龙江省、市领导带头在写有"打击侵权盗版、保护知识产权"的条幅上签名，数百名市民和青少年也踊跃参加了此次签名和绿书签派发活动。省、市版权局还在现场开展了版权法律法规咨询宣传活动，并发放宣传材料及绿书签1000余份，宣传画200余幅。

4月26日，黑龙江省版权局以"文化、战略、发展"为主题，开展"4·26知识产权保护日"宣传活动。黑龙江省版权局在哈尔滨市防洪纪念塔现场进行大型政策法规咨询宣传，发放宣传材料2000余份，解答群众咨询500人次。黑龙江省版权局的工作人员对知识产权保护、著作权纠纷案件调解、受理侵权盗版投诉、鉴别真伪图书、音像制品等版权相关问题为市民做了详尽解答。

(三)版权典型宣传

2009年黑龙江省开展了"正版产品经营示范单位"评选活动，授予省内20家图书经营单位"正版产品经营示范单位"称号。通过在全省主要媒体和网站上公布信息等方式向大力社会宣传获奖单位的先进事迹，扩大了典型宣传辐射面，树立了全省正版产品经营单位的良好形象。

(四)版权教育宣传

2009年，黑龙江省版权局、哈尔滨市版权局与共青团哈尔滨市委、市教育局联合开展了"创新与未来——青少年版权保护主题教育活动"。10月13日，在哈尔滨市第6中学举行"创新与未来——青少年版权保护主题教育活动"暨"支持正版、抵制盗版"签名仪式，3500多名师生出席了此次活动，向全市青少年发出倡议，号召同学们"拒绝盗版，从我做起”。通过这些活动，使同学们对知识产权保护有了较明确的认识，形成“版权促进创新，创新保障发展，发展才有未来”的共识，进而带动了全社会公众版权保护意识的提升。

二、强化市场监管

（一）开展查堵侵权盗版出版物专项行动，对侵犯著作权的违法犯罪行为保持高压态势

2009年初以来，黑龙江省版权局联合黑龙江省工商、公安等部门严厉查处全省的侵权盗版和政治性非法出版销售活动，重点是对哈尔滨市南岗区建设街步行街、哈尔滨火车站地下及街头游商销售侵权盗版、政治性非法出版物的现象进行了严厉查处。黑龙江省公安机关对相关责任人进行了传唤，并在上述现象多发地区进行布控。

（二）开展节日市场检查专项行动，保证节日市场健康繁荣

黑龙江省版权局在版权执法工作中，注意狠抓节日市场的监管工作，分别在元旦、春节、五一、十一等重要节假日期间组织开展了大规模的市场检查活动，确保哈尔滨市民有一个健康的文化环境。据统计，2009年节假日期间，黑龙江省版权局累计出动车辆30余台次，人员150余人次，收缴非法出版物8900余册（盘）。

（三）开展校园周边环境治理专项行动，继续实施“文化环保”工程

2009年，黑龙江省版权局以实施“文化环保”工程为平台，继续加强校园周边环境治理，狠打销售贩卖盗版教材、教辅图书的活动，先后查处了位于哈西服装城长期经营盗版教材、教辅图书的“黄金书店”“红太阳书店”等。与此同时还协调相关部门查处校园周边游商地摊16处，全年收缴盗版教材、教辅图书3000余册。

（四）开展查堵源头专项行动，封堵印刷环节漏洞

为有效打击制售盗版出版物等非法行为，从源头治理出版物市场，省版权局在相关管理部门的配合下，严查印刷企业违法违规印刷活动，先后查处了双华印刷厂违规印刷案、红炎印刷厂非法盗印音乐教材案等多起案件，其中“7·15”红炎印刷厂非法盗印音乐教材案被移交公安机关追究其刑事责任。

（五）组织开展打击制售盗版教材教辅图书专项行动

根据国家版权局统一安排，2009年黑龙江省版权局组织开展全省教材教辅图书市场集中清理整顿：8月中旬开始重点检查印刷复制单位，特别是城市结合部的中小型印刷企业；8月下旬重点检查教材教辅图书集中经营场所，查明货源，查清教材教辅相关发行手续；9月上旬重点检查各中小学校，查明教材教辅进货渠道和相关手续。各地版权行政管理部门积极争取当地教育管理部门的支持与配合，组织执法人员对辖区复制、发行单位及中小学校进行了全面检查，并通过新闻媒体宣传版权法律法规，提高了广大中小学师生和社会公众的版权保护意识。

（六）组织开展打击网络侵权盗版专项行动

根据国家版权局的统一部署，黑龙江省版权局与黑龙江省公安厅、省通信管理局制定了《黑龙江省2009年打击网络侵权盗版专项治理行动方案》，从8～11月，在全省组织开展打击网络侵权盗版专项治理行动。围绕网络影视传播、文学网站、网络新闻转载等重点领域，加强对75家重点网站的监管。在此次专项行动中，黑龙江省版权局共接到并处理各类投诉16起，关闭了“华人音乐网”“西山影院”“音乐在线”“音乐宝贝”4家网站。

（七）全面启动卡拉OK版权收费工作

2009年3月27日，哈尔滨市版权局向两家大型卡拉OK场所下发《关于涉嫌侵犯著作权进行调查的通知书》，这标志着黑龙江省开始全面启动卡拉OK版权收费工作，一场大规模的“维权风暴”在全省掀起。4～5月，一家音乐公司以涉嫌侵犯其音乐版权将哈尔滨市两家娱乐场所告上法庭，这是自2007年1月1日国家颁布《卡拉OK经营行业版权使用费标准》以来，黑龙江省首批被起诉的卡拉OK经营场所。卡拉OK版权收费工作的大规模启动，对于深化社会公众的版权保护意识，维护著作权人的合法权益起到了积极的教育示范作用。

2009年，黑龙江省版权管理部门共收缴各类非法出版物459 119册（盘），其中盗版音像制品95 545盘、盗版软件及电子出版物17 062余盘、盗版图书、教材教辅读物346 512册，取缔违法经营单位222处，查获地下窝点17家，行政立案处

罚案件 37 起，移送公安机关追究刑事责任案件 2 起。

三、推进企业软件正版化工作

2009 年初，黑龙江省政府将推进企业软件正版化工作列为省政府督办工作项目。黑龙江省版权局作为牵头部门，积极协调黑龙江省软件正版化工作领导小组各成员单位，按照黑龙江省政府督查室的工作任务分解计划，落实工作目标。在省版权局主要领导的协调下，组织召开了由主管副省长参加的督办工作会议，对推进黑龙江省企业软件正版化工作提出了具体实施意见。省版权局的工作人员在主管局领导的带领下走访企业，落实省版权局承担的省政府督查室分解的工作任务，根据黑龙江省企业软件正版化工作的实际，在自愿参评、综合考核的基础上，向国家版权局推荐了黑龙江省齐重数控装备股份有限责任公司、黑河辰能西沟水电有限责任公司等 8 家企业为软件正版化工作先进企业。

根据国家版权局的统一部署，结合 2009 年黑龙江省的经济形势和实际情况，省版权局拟定了《黑龙江省推进新闻出版行业使用正版软件工作实施方案》，报省软件正版化工作领导小组同意，经省政府批准，于 8 月下发各市(地)人民政府、新闻出版(版权)局及相关企事业单位，在新闻出版单位、出版物印刷企业、地市级以上新华书店和民营书刊批发单位积极稳妥，推进软件正版化。

四、提高版权公共服务水平

2009 年，黑龙江省各级版权行政管理部门共登记图书版权合同 112 件，文学作品 99 件、音乐作品 90 件、美术作品 28 件、摄影作品 2 件、影视作品 4 件、设计图 8 件、地图 4 件、其他 7 件。

7 月 23 日，黑龙江省版权局组织省内版权相关产业的单位召开了黑龙江省版权贸易与版权保护座谈会，围绕版权贸易与版权保护两个主题展开讨论，对于提高全省版权保护水平，引导企业实施“走出去”战略，进行了认真研讨，并提出了具体的实施意见。

(黑龙江省版权局　版权处)

司法工作

2009 年，黑龙江省法院紧密围绕黑龙江省高级人民法院党组工作中心，积极贯彻落实最高人民法院各项工作部署和要求，以全面理解和坚持“三个至上”为指导，以更好地“为大局服务、为人民司法”为目标，下大力气提高知识产权审判效率和审判质量，强化对下级法院进行审判业务指导的有效性和针对性，有力推动了全省知识产权司法保护工作的深入、健康发展。

一、大力抓好各类知识产权案件审判工作，保持收结案均衡和良性循环

2009 年，黑龙江省继续加大知识产权司法保护力度，坚持服务大局、为创新型省份建设提供有力司法保障的理念，充分发挥知识产权司法保护在营造公平有序的市场竞争环境和促进科技创新、知识传播利用方面的主导作用，积极克服审判力量不足、地域发展差距较大等实际困难，努力推动和促进了全省知识产权案件审理工作上新台阶。截至 12 月 25 日，全省各级法院共受理各类知识产权一审民事纠纷 246 件，其中，新收 242 件，旧存 4 件，诉讼标的总金额达 1908 万元。共审结一审知识产权民事纠纷 241 件，结案率达 98%。在新收的知识产权一审民事纠纷中，专利权纠纷 56 件，占 23.14%；商标权纠纷 107 件，占 44.21%；著作权纠纷 63 件，占 26.03%；技术合同纠纷 10 件，占 4.13%；植物新品种纠纷 4 件，占 1.65%；其他知识产权民事纠纷 2 件，占 0.83%。在审结的知识产权一审民事案件中，判决结案 76 件，占 30.89%；驳回起诉 4 件，占 1.63%；调解和撤诉结案 154 件，占 62.60%。

二、重点加强对各中级人民法院的审判业务指导，解决知识产权司法保护工作中存在的突出问题

一是认真研究知识产权审判工作热点、难点，统一全省案件裁判标准。黑龙江省知识产权审判工作的指导思想是，寻求保护权利人合法权益与促进科技知识传播利用之间的合理平衡点。为此，黑龙江省高级人民法院民三庭结合黑龙江省实际，适时制定下发各类知识产权审判业务规范性文件。年初，下发了《知识产权、涉外民商事审判工作要点》，明确了各中级人民法院在审理案件过程中应当着力把握的关键环节，做到有的放矢。年中，先后编辑下发三期《知识产权、涉外民商事审判参考》，集中对最高人民法院及黑龙江省高级人民法院出台的司法解释、会议精神和专项工作要求进行分类汇编，解决各中级人民法院普遍存在的对知识产权审判不够熟悉、对知识产权司法保护政策和上级精神缺乏了解的问题；精心选取、编撰黑龙江省近年来审理的、在全国有一定影响的典型案例，逐案评析裁判要旨和司法理念，解决各中级人民法院审判人员办理此类案件经验不足、思路不清等问题。全年，黑龙江省高级人民法院民三庭累计下发各类通报、通知等文件20份，转发最高人民法院意见、通知、批复等文件8份。

二是加强对下级法院知识产权审判人员的业务培训，积极开展司法协助和调研。2009年，黑龙江省高级人民法院民三庭利用全省民商事审判业务培训平台，首次在全省范围内集中开展了知识产权审判业务培训。现为中国法学会知识产权审判理论专业委员会委员的孙天文副庭长，从贴近审判实务出发，为全省知识产权法官精心讲授审判实务涉及诸多问题及其解决方法，反响很好。省法院还积极争取和推荐中级人民法院审判业务负责人参加最高人民法院组织的相关业务培训，提高知识产权审判在下级法院的受关注程度。黑龙江省高级人民法院民三庭向《人民法院报》《中国知识产权年鉴》《黑龙江审判》和中国知识产权裁判文书网、中国涉外商事海事审判网等知名社会媒体提供多篇案例评析。其中，“哈尔滨远大顺峰有限公司诉刘燕燕擅自使用知名商品特有名称、包装、装潢纠纷案”入选年度全国知识产权十大典型案例；黑龙江省高级人民法院民三庭报送的《关于建立知识产权侵权赔偿制度相关问题的调研报告》获全省法院优秀调研成果二等奖，并被《黑龙江审判》刊登。2009年，黑龙江省高级人民法院民三庭在知识产权裁判文书网上发布知识产权裁判文书82份，向社会公开，进一步增强黑龙江省知识产权司法保护的透明度。此外，针对学习贯彻新修订的《专利法》和最高人民法院正在起草的商标权若干问题司法解释，黑龙江省高级人民法院在组织全省知识产权审判部门认真学习研究的同时，向最高人民法院反馈了许多修改建议。

三是切实规范下级法院司法行为，解决驰名商标司法认定工作中存在的突出问题。2009年，根据最高人民法院相关要求，结合黑龙江省审判工作实际，黑龙江省高级人民法院民三庭系统组织开展了一次大规模的驰名商标司法认定案件评查活动。制定了评查工作方案，指明了具体工作方法，向最高法院作了专题报告。黑龙江省高级人民法院民三庭庭长、副庭长分别带领工作组深入各中级人民法院，实施面对面督导检查，坚决贯彻落实张述元代院长及院党组提出的“有错必纠，从严查处”的要求，要求各中级人民法院加快评查速度，从严掌握标准，按时报送全部案件复查报告。借助这次系统的案件评查活动，通过严格规范司法行为，使从严认定驰名商标意识在黑龙江省知识产权审判系统中得以强化。

三、完善和落实各项审判监督管理制度，兼顾办理案件的法律效果与社会效果

2009年，黑龙江省坚持以大局观和先进的司法理念指导知识产权审判工作，积极发挥调解和释法解疑的独特作用。注重贯彻落实以下三个司法原则：一是平衡执行宪法法律与服务经济建设大局的原则，指导审判人员正确处理维护法律权威和建立宏观思维的关系；二是平衡保护个人权利与维护公共利益的原则，正确处理鼓励科技创新和促进知识传播的关系；三是平衡全面赔偿与适度保护的原则，正确处理遏制侵权行为和防止权利滥用的关系。在办案中，坚持从维护大局出发，以缓和当事人对立情绪、化解谈判僵局为着力点，积极促成双方达成调解协议。在审理涉及宗教、台商等案件中，庭领导亲自接谈来访，耐心解释法律规定，化解当事人的对抗情绪，积极主动地与党委、政府及有关宗教、外事部门沟通、联系、配合，争取理解与支持，选择有利时机作出终审判决，有效防止和避免了当事人借案件涉及宗教事务或台海两岸关系等事由制造事端。不断加强审判机制建设，规范自身司法行为。先后通过了《审判流程管理办法》《财产保全复议、异议审查办法》，起草了《合议庭评议及庭复议规则》和《庭务会议事规则》，对规范司法行为，提高工作效率，起到了积极的促进作用。

四、加强法制宣传教育和对外交流，努力打造知识产权司法保护工作的良好氛围

2009年，黑龙江省法院注重加强与黑龙江省知识产权局、工商行政管理局、版权局、宗教局、土地局、房产局、台办等相关政府部门的联系和配合，积极推进法院开展审判工作的良好态势。在世界知识产权日，黑龙江省高级人民法院民三庭、哈尔滨中级人民法院知识产权庭积极协同参与了黑龙江省暨哈尔滨市保护知识产权宣传活动，选派业务能手现场向群众宣讲知识产权司法保护知识，扩大知识产权司法保护的影响，增强广大市民的知识产权保护意识。黑龙江省高级人民法院还组织审判人员与新疆中院系统的法官就知识产权审判实务中的疑难问题,开展了学习交流活动。

五、加强知识产权审判队伍建设,积极倡导为民、务实、清廉的工作作风

2009 年,全省各级法院认真贯彻落实"人民法官为人民""作风建设"和"服务年"三项活动要求,结合审判工作实际,切实加强思想政治建设、司法作风建设、司法能力建设和反腐倡廉建设。强化了对干警的监督和管理,要求干警务必恪守人民法院"五个严禁"的行为准则,针对政治思想、履行职责、工作作风、道德品质、勤政廉政等方面存在的苗头性问题,及时开展问题查摆和自我批评,收效良好。全省各级法院知识产权审判人员通过三项活动振奋了精神,转变了作风,政治纪律性均有所提高。

(黑龙江省高级人民法院知识产权审判庭)

检察工作

2009 年,黑龙江省检察机关不断完善行政执法与刑事司法相衔接的长效机制,加强知识产权司法保护,与行政执法机关、公安机关等部门密切配合,依法及时批准逮捕、起诉侵犯知识产权的犯罪分子,加大立案监督力度,防止和纠正对侵犯知识产权犯罪的有罪不究、以罚代刑等问题,依法严肃查办侵犯知识产权违法犯罪背后的国家工作人员的违纪、犯罪行为,坚决打掉其"保护伞",为经济建设保驾护航发挥了重要作用。

一、主动出击走访,加大查处侵犯知识产权案件力度

为使监督制度落到实处,在与各行政执法部门建立健全行政执法与刑事司法衔接工作制度的基础上,采取主动出击的方法,不定期地走访各行政执法部门,了解、查询办案情况,主动调阅、审查行政执法机关的行政处罚卷宗,对发现的问题及时纠正。据统计,2009 年黑龙江省检察机关共受理提请批准逮捕涉及知识产权犯罪案件 13 件 18 人,批准逮捕 9 件 14 人,共受理起诉侵犯知识产权犯罪 17 件 25 人,起诉 10 件 18 人。

二、进一步完善行政执法与刑事司法衔接工作机制,形成打击侵犯知识产权犯罪合力

黑龙江省各级检察机关会同相关部门建立、完善联席会议制度、信息通报制度、案件移送制度、案件协商制度等,使行政执法与刑事司法衔接机制建立在坚实的制度化、规范化根基之上,形成长效的工作机制,提高了行政执法机关及时移送包括侵犯知识产权在内的涉嫌犯罪案件的自觉性。一是建立公安机关、检察机关、行政执法部门联席会议制度。每季度召开一次联席会议,互通查处包括侵犯知识产权在内的破坏社会主义市场经济秩序案件情况和涉嫌犯罪移送公安、检察机关打击处理的情况,总结分析相互协作的做法和问题,研究部署下步工作重点。对特殊或重大的某一类具体问题,临时召集相关部门协调解决。二是建立对口工作联系制度。此项工作由公安机关牵头负责,检察机关配合制定具体的操作办法,各行政执法部门的职能科室为联系的具体单位,其主要负责人为联络员,与检察机关具体协调,就案件移送、审查,信息通报等工作加强沟通,及时掌握包括侵犯知识产权在内的经济犯罪动态。通过进行包括侵犯知识产权在内的经济领域的刑事立案监督活动,使黑龙江省立案监督工作形成整体推进的态势。

三、严肃查处和防范侵犯知识产权背后的职务犯罪

黑龙江省各级检察机关严肃查处对侵犯知识产权背后隐藏的国家工作人员贪污贿赂和国家机关工作人员滥用职权、玩忽职守、徇私舞弊等犯罪,及时发现和查办涉及知识产权的民事行政裁判不公背后的司法腐败,维护司法公正,进一步加强预防工作,从源头上防止和减少涉及知识产权职务犯罪的发生。

(最高人民检察院侦查监督厅)

上 海 市

专利工作

一、概况

2009 年上海市专利申请量为 62 241 件，创历史新高，比 2008 年增长 17.8%，位居全国第五。其中发明专利申请量为 22 038 件，比 2008 年增长 23.6%。全市共获专利授权 34 913 件，比 2008 年下降 42.7%，其中发明专利授权 5997 件，比 2008 年增长 40.8%。完成专利技术合同登记 57 件，合同成交金额达 12 543.7 万元。全年共立案受理专利纠纷案件 23 起，其中专利侵权纠纷案件 18 起，结案 30 起（含 2008 年遗留）。全市出动执法人员 232 人次，检查商业单位 80 个，检查商品、药品 821 019 种，其中专利商品、药品 5524 种，对专利标记标注不规范的 21 件商品发出了整改通知书，共立案查处专利违法案件 8 件，结案 8 件，上网公告 16 种专利权已终止的商品。对 50 家全市第二批商业系统知识产权保护工作试点单位进行了考核验收，认定了 47 家“商业系统知识产权保护工作示范单位”。举办 7 期知识产权基础知识培训班，经考试合格，近 400 人获得上海市专利工作者证书。对本市专业技术人员开展知识产权公需科目培训，共 21 898 名专业技术人员参加了培训和考试。上海于 9 月 23 日颁布实施《关于本市实施国家知识产权战略纲要的若干意见》。上海市知识产权局出台《上海市创意设计登记备案服务指南（试行）》，正式启动创意设计成果登记备案工作，全年完成登记备案 66 件。

二、“72 小时创新竞赛”活动在沪举行

2008 年 5 月 20～22 日，“72 小时创新竞赛”在上海举办。这是该项活动首次在瑞典以外的地点举办。经瑞典马兰达伦大学（Malardalen University）卡伊·米高（ Kaj Mickos ）教授面试选拔的 15 位参赛队员组成的 3 个小组共提出 16 项专利申请，包括 1 项发明专利申请和 15 项实用新型申请。选手们的创新成果丰富多彩，选题密切结合了地震热点和日常生活实际，具体包括：若干早期地震预警装置、多辐千斤顶、搜救信号发射装置、不倒路障、磁性转换接口、多功能宠物浴盆、防滑衣架、圆规笔、盆花保湿装置、便携式蒸气熨斗电吹风、便携式环保卷筒纸、指纹杯、居家分类垃圾桶、室内饮水机增湿器等。

“72 小时创新竞赛”由瑞典马兰达伦大学卡伊·米高教授发起创立，2007 年春季在瑞典首次举行。整个创新竞赛设计在封闭环境中进行，要求参赛团队在持续 72 小时内完成创意、制作、评估、专利申请等完整的产品创新环节，最终提交符合专利保护条件的新型产品或新型服务，每个参赛团队都有多学科的专业人士进行指导，如设计师、工程师、专利专家、市场营销专家等。截至目前，该活动已在瑞典全国成功举行 10 次，取得专利 30 余项，引起了媒体与社会各界的广泛关注。

三、上海市知识产权局认定首批知识产权试点园区

2008 年 10 月，上海市知识产权局颁布了《上海市知识产权试点园区工作方案（试行）》，并认定漕河泾新兴技术开发区、浦东新区金桥功能区、莘庄工业园区、虹桥临空经济园区 4 家园区为上海市首批知识产权试点园区。市知识产权局拟通过三年的试点工作帮助园区建立完善知识产权管理、服务、保护等工作体系，为园区内企业开展自主创新活动、保护发明创造成果营造良好的知识产权环境，从而提升园区的创新能力和竞争实力，推动园区经济持续健康发展。

四、上海市知识产权信息公共服务平台注册用户过千，初步实现平台立足上海服务全国建设构想

上海知识产权（专利信息）公共服务平台历时四年建设完成并正式开通运行。至 2009 年底，平台拥有注册用户 2080 余家，访问量达 87 万余人次，并为国内有关行业建立了 11 个专题数据库。平台专利文献数据量达 5300 余万条，将专利信息的检索、分析、评估、管理和延伸服务等应用功能集聚于同一网络平台，具有“数据资源丰富、检索手段多样、处理功能强大、综合服务齐全”等特点。

五、上海出台促进知识产权质押融资工作的实施意见

为了发挥金融服务功能，支持企业通过知识产权质押，拓宽融资渠道、缓解融资困难，促进上海科技型中小企业加快发展，8 月 10 日，上海出台《关于本市促进知识产权质押融资工作的实施意见》，从建立上海市促进知识产权质押融资工作联席会议、完善上海市知识产权质押融资服务平台、开展知识产权资产评估工作、创新知识产权质押融资方式、培育知识产权质押物流转市场体系、形成知识产权质押融资风险多方分担机制、健全知识产权质押融资保障机制、实施知识产权质押融资试点八个方面提出了开展知识产权质押融资工作的具体措施。知识产权质押融资是指知识产权权利人将其所合法拥有的且目前仍为有效的专利权、注册商标专用权、著作权等知识产权出质，从银行等融资服务机构取得资金，并按期偿还资金本息的一种融资方式。根据《意见》，上海的知识产权质押融资主要采取以下方式：一是企业将知识产权出质给银行等融资服务机构，银行等融资服务机构作为知识产权质权人向企业出借资金，企业按期向银行等融资服务机构偿还本息；二是企业将知识产权出质给融资担保机构、保险公司等第三人，融资担保机构、保险公司等第三人作为知识产权质权人为企业融资提供担保或信用保险，银行等融资服务机构向企业出借资金，企业按期向银行等融资服务机构偿还本息；三是由拥有知识产权的企业与银行等融资服务机构协商确定的法律允许的其他知识产权质押融资方式。

六、上海制订“保护世博会知识产权专项行动方案”

6 月 29 日，上海市知识产权联席会议办公室制定和印发了《保护世博会知识产权专项行动方案》，要求通过该方案的实施，使上海的社会公众知识产权保护意识明显增强、知识产权执法部门执法力度明显加大、保护知识产权的效果明显提高、上海的知识产权保护环境明显改善。该方案明确了自 2009 年 7 月～2010 年 10 月期间开展的十项重点工作：一是动员各方力量、采取多种形式，加强世博会知识产权的宣传；二是组织中介服务机构为世博会参展方提供有关知识产权问题的咨询、知识产权获取等便利服务；三是建立园区知识产权保护机制，为参展方的演出、展品等出具相关证明；协调解决现场发生的知识产权纠纷；四是加强商品市场的监管整治，重点打击销售侵犯世博会标志、假冒世博会特许商品和其他侵犯知识产权的违法行为；五是取缔销售假冒盗版摊点，重点查处和整治世博会园区周边地区、进出世博会园区的主要交通干道以及中心城区主要街道、旅游景点等占道设摊，游商走贩销售侵权、假冒和盗版物品违法活动；六是实施网络监管，重点加强对互联网上涉嫌侵犯世博会知识产权和其他知识产权侵权行为的监管执法工作；七是加强海关执法，建立进出口侵犯世博会标志货物案件快速处理机制，对重点地区、重点渠道、重点企业进行监管；八是打击侵犯知识产权犯罪活动，加强侦破工作，重点打击侵犯世博会标志等及其他侵犯知识产权的违法犯罪活动；九是制定预警应急方案，做好有关侵犯知识产权的预警和应急工作；十是加强广告宣传监管，及时查处未经世博会组织者许可擅自使用世博会相关知识产权以及利用广告宣传侵犯世博会赞助商合法权益的行为。

七、召开“应对美国‘337 条款’诉讼的法律策略研讨会”

为帮助上海企业和有关单位进一步提高应对在美贸易知识产权纠纷的能力，3 月 25 日，上海举办“应对美国‘337 条款’诉讼的法律策略研讨会”。美国知识产权法律协会成员、ALBERT JACOBS 律师事务所创始合伙人 Albert L. Jacobs 律师以其 30 多年的知识产权法律从业经验，详细讲解了美国国际贸易委员会职能特点、美国“337 条款”的诉讼流程与行政手段等内容，重点介绍了有关知识产权诉讼抗辩程序以及实用法律策略。现场听众超过百人。研讨会以美方专家主题讲座为主，结合现场讨论问答，与会者结合自身工作实际先后提出了十多个咨询问题，外方专家逐一进行解答。

八、上海知识产权交易中心挂牌

10 月 11 日，上海市知识产权交易中心揭牌成立。上海知识产权交易中心由上海联合产权交易所实际运作，是上海正在推进实施的知识产权质押融资体系中的一个重要环节，主要运作内容包括三点：一是在源头上参与对可供质押的知识产权进行价值评估的价格发现过程，对相关知识产权进行备案并探讨潜在的市场流转空间；二是在质押的知识产权需要实际的市场退出操作时，利用公开交易平台实施流转；三是通过竞价、拍卖等途径实现流转。培育质押物的流转市场体系，可以为知识产权质押融资提供源头定价及退出操作等市场支撑。

九、全国创造创新研讨会在上海召开

8月1日，由中国创造学会主办，上海市创造工程研究所承办的“全国创造创新研讨会”在同济大学召开，中国工程院院士、同济大学校长裴钢作创新主题报告，全国各地代表160余人参加了研讨会。

来自中国科技大学、国家档案局教育中心、内蒙古科技大学、天津创造学会、上海电信培训中心的专家学者分别在研讨会上作了“中华文化背景下的创造学建设”“TRIZ与四阶段质量机能展开之整合运用”“用创新思维改善政府公共管理”“再论创造与创新的关系和区别”“创新方法辅助创新体系研究”“推动社会创新的模式也需创新”等主题发言，研讨会围绕创造学理论与实践、创新方法的普及、创造学教学成果推广等议题展开探讨。

十、吕国强局长当选全球知识产权界50位最具影响人物

最新一期的英国《知识产权管理》杂志刊出《2009年全球50位知识产权界最具影响人物名录》，上海市知识产权局局长吕国强当选全球知识产权界50位最具影响人物。之前，中国国务院副总理王岐山、国务院原副总理吴仪、国家知识产权局局长田力普也曾当选全球知识产权界50位最具影响人物。其他曾入选的世界知名人物包括法国总统萨科奇、世界卫生组织总干事陈冯富珍、美国最高法院大法官约翰·罗伯兹等。

吕国强局长曾任上海市高级人民法院知识产权审判庭庭长、上海市第二中级人民法院副院长，长期从事知识产权案件的审判工作，审理了一批复杂、疑难乃至在全国有重大影响的知识产权案件，是上海法院知识产权审判庭建立、发展、壮大的参与人与见证人，为上海法院知识产权审判庭建立、规范制定、机构改革等作出了突出的贡献。吕国强也是一位在国内外有较高知名度的专家型法官，先后荣获法学学士、法学硕士、管理学博士学位，曾任美国哈佛大学、加拿大不列颠哥伦比亚大学、德国马普国际知识产权学院高级访问学者，多次应邀出席国际研讨会；荣获上海市十大优秀中青年法学家称号，已出版知识产权著作6部，论文60余篇；兼任国家知识产权战略专家库成员、中国国际经济贸易促进会仲裁委员会域名争议解决中心专家、中国知识产权研究会理事、中国版权协会常务理事、上海市知识产权研究会副理事长、同济大学、复旦大学、交通大学兼职教授等职。2009年起，吕国强任上海市知识产权局局长。

十一、长三角地区首次召开知识产权发展和保护状况新闻发布会

4月24日，江苏省知识产权联席会议办公室、浙江省知识产权领导小组办公室、上海市知识产权联席会议办公室在上海联合召开2008年度长三角地区知识产权发展和保护状况新闻发布会，国家知识产权局保护协调司宫维京副司长出席会议并致辞，苏浙沪两省一市政府相关部门、驻沪领馆、外国商会、中外企业及境内外媒体的代表约170人参加会议。会上，两省一市知识产权局局长分别介绍了本区域2008年知识产权发展和保护情况，并回答了记者的提问。会议签署了主要内容为联合开展区域知识产权战略研究、合作开展重点科技专项知识产权跟踪研究、联合召开区域知识产权新闻发布会、进一步推进长三角地区专利执法协作机制建设、共建知识产权公共服务平台、促进地区行业协会间合作、加大区域知识产权宣传教育力度、合力加强知识产权人才培育、加强区域知识产权合作机制建设等的《长三角地区知识产权发展与保护合作框架协议书》。会议期间，两省一市知识产权局、工商行政管理局、版权局、公安局、海关、法院等部门的代表与中外企业代表共同探讨了长三角地区知识产权发展和保护相关问题。这是长三角地区知识产权事务管理部门首次联合召开区域知识产权发展和保护状况新闻发布会。

十二、上海华交会推出多级分工逐级负责的展会知识产权保护新机制

在第十九届中国华东进出口商品交易会期间，上海市知识产权局、工商管理部门应邀组织行政执法人员入驻了展会，现场为展商提供专利法律咨询，并受理、协调、处理展商有关专利侵权纠纷的投诉。本届华交会，知识产权办公室现场处理涉嫌专利侵权纠纷投诉3起，商标侵权投诉2起，在展会各交易团的积极协调下，纠纷均得到解决，促进了展会环境的和谐、公平。与往届相比，2009年华交会更加重视知识产权保护工作，不仅建立了从各交易团知识产权督察员、展会知识产权督察办公室到大会办公室等多级分工、逐级负责的知识产权纠纷协调处理机制，还修订了展会知识产权纠纷处理规则，以维护展会正常的展示、交易秩序。

（上海市知识产权局）

商标工作

2009年，上海商标管理工作围绕国家工商行政管理总局关于贯彻落实国家知识产权战略纲要、大力推进商标战略实施的文件精神，按照上海市委九届八次全会和金融危机形势下实现“四个确保”的工作要求，以迎接中国2010上海世博会的召开为契机，进一步发挥商标监管职能作用，大力实施商标战略，依法开展商标执法保护，为维护公平有序的世博市场秩序，保障上海经济平稳较快发展作出应有的努力。

一、大力开展世博商标保护工作，进一步完善执法监管机制

（一）精心组织安排，切实落实世博商标保护的各项任务

世博商标保护是2009年商标监管工作的重中之重。为深入贯彻《国家工商行政管理总局服务2010年上海世博会举办工作方案》和《国家工商行政管理总局和上海市政府共同推进2010年上海世博会举办工作合作协议》内容，切实做好世博商标保护工作，上海市工商行政管理局专门制定了《关于开展世博商标保护工作的实施意见》，进一步明确了保护工作的目标、重点和具体措施。全市各级工商部门根据上海市工商行政管理局实施意见精神和辖区实际，制订相应的执法计划，并组织执法力量，分阶段、有步骤地落实各项任务，重点开展了世博会标志保护、世博组织机构赞助企业商标保护和重点市场的商标侵权假冒行为的整治工作。全年全市共出动工商执法人员1.7万人次，检查各类市场经营主体5.7万户次；查处各类商标违法案件2773件，其中商标侵权案件2705件，处罚款2125.29万元，查获并没收各类侵权商品和标识215万件（只），移送涉嫌商标犯罪案件30件，涉及人员30人。国家世博会知识产权保护专题调研组在沪调研期间对上海工商部门的世博商标保护工作给予高度肯定。

（二）围绕重点环节，加大对侵犯世博标志专有权行为的查处力度

上海市工商行政管理部门把世博会标志专有权保护工作纳入重点监管，在监管中落实各项保护举措，并根据世博标志侵权行为的不同表现形式，切实把握好查处尺度，对恶意使用世博标志、影响恶劣、后果严重的违法行为予以严厉打击，对不当使用世博标志、主观上没有恶意、未造成后果的轻微违法行为予以规范和指导，进一步体现了商标执法工作合法性与合理性的有机统一。全年全市共查处侵犯世博会标志专有权案件79件。案件类型主要包括制售假冒世博会吉祥物特许商品、擅自在商品和服务上使用世博会标志和在广告宣传中擅自使用世博会标志等。如闵行分局查处一家擅自生产加工“海宝”雕塑的企业，并对购买该“海宝”雕塑的有关政府机构、企事业单位进行了宣传教育。

（三）强化执法保护，开展流通领域商标执法保护行动

上海市工商行政管理部门按照“分组划块、综合监管、落实责任、长效管理”原则，对服饰和小商品市场、主要商业街、卖场超市、交通枢纽站、涉外宾馆、F1赛区周边等易产生侵权隐患的流通领域进行集中执法；对沿路设摊售假行为、黄牛拉客售假行为和利用出租房窝点进行售假的行为进行大力整治。全年全市共查获流通领域售假案件2503件。如嘉定分局在F1汽车大奖赛期间，查获假冒F1赛事商标商品3000余件，得到了F1赛事组委会的充分肯定。

（四）加强刑事打击，严厉查处各类制假售假行为

上海市工商行政管理部门进一步加强与公安部门的协作配合，对涉嫌犯罪的商标违法案件进行及时移送。全年全市共移送公安机关商标违法案件30件，比2009年增加25件；移送涉嫌犯罪人员30人，比2009年增加20人。如徐汇分局联合公安部门开展对陕西南路、淮海中路一带售假窝点的打击行动，共取缔售假窝点14个，移送涉案当事人14名，收缴假冒“ROLEX（劳力士）”“CHANEL（香奈儿）”商标商品15 111件；长宁分局会同公安部门对两处售假窝点实施突击行动，共查获假冒“LV”等涉外高知名度商标商品800

余件，移送案件当事人2名；浦东分局会同公安部门查处亚太新阳和亚太汇阳市场内2处售假窝点，共收缴假冒“LV”“GUCCI（古驰）”商标商品1024件，移送案件当事人2名。

二、创新商标监管方式，进一步完善市场自律机制

（一）加强市场调研暗访，增强商标保护工作针对性和有效性

一是为进一步掌握市场上商标侵权行为的新动向，保证商标执法保护工作取得实效，上海市工商行政管理局组织开展了对浦东、闸北、虹口等区县的调研，切实了解相关分局在规范市场秩序、打击商标侵权、推行长效措施方面的工作情况，对进一步做好世博商标保护工作提出要求。上海市工商行政管理局还召开了部分重点服饰和小商品市场主办单位的座谈会，听取了市场经营情况、各项商标保护措施落实情况的介绍。上海市工商行政管理局陈学军副局长还专程带队赴北京调研秀水街等小商品市场监管工作情况，进一步学习借鉴外省市工商部门的先进经验。二是上海市工商行政管理局商标处会同检查总队开展了对七浦路、豫园、亚太新阳、亚太汇阳、淘宝城、龙华等30个重点小商品市场和徐家汇、南京路、新客站、虹桥、五角场等10个重点商圈的暗访调查工作，对暗访中发现的各类商标侵权问题进行及时通报。各分局也认真做好辖区内商标侵权行为易发风险点的调查排摸，进一步确定了重点监管的市场、路段和区域。

（二）加大市场合同示范文本的推进力度，落实市场监管的各项措施

上海市工商行政管理部门在服饰和小商品市场深入推进《商品交易市场进场经营合同示范文本》，切实引导市场主办者和进场经营户签订该合同并履行商标保护方面的义务、责任条款，督促市场主办者加大对售假经营户的民事合同制裁力度。截至12月底，全市已有134家市场的25 282户经营户签订该合同，288户经营户因售假受到民事违约处罚，其中133户售假经营户被解除合同清退出场。

（三）引导经营者转变经营观念，创新经营方式

上海市工商行政管理部门从完善服饰和小商品市场内部经营管理机制入手，引导市场主办者和经营户通过创立自主商标、取得授权经营、引进老字号企业，改变经营商品种类等方式，转变经营模式，实现市场转型。如闸北分局开展了七浦路服饰市场创自主品牌推展活动，通过培育引导、宣传教育、树立典型等方式，鼓励市场经营户走品牌化、专业化发展道路。浦东分局引导亚太新阳、亚太汇阳市场进行转型，不仅成功引进了成衣定制、珍珠销售等新的经营业态，同时还开设了世博会特许商品零售店。

（四）编发涉外商标保护名录，加强涉外商标保护力度

为切实维护涉外高知名度商标权利人的合法权益，方便基层工商部门及时联系商标权利人对假冒商品进行鉴定，上海市工商行政管理局对《2006年涉外商标保护联系名录》进行了修订，并编发了新的《2009年涉外商标保护联系名录》。该名录共收录美国、法国、意大利、日本等16个国家的100件在上海市场上被侵权较多的涉外高知名度商标，其中服装箱包类商标44件，钟表首饰类商标24件，日用消费品类商标21件，电器产品类商标11件。

三、广泛开展商标培训活动，进一步完善宣传引导机制

（一）开展“4·26知识产权宣传周”活动

根据国家工商行政管理总局《关于贯彻落实2009年全国知识产权宣传周活动方案的通知》要求，上海市各级工商部门及时制定了相应的实施方案，抓紧落实了各项宣传活动内容。一是召开资讯通报会。上海市工商行政管理局陈学军副局长向上海主要新闻媒体通报了上海工商行政管理部门商标保护和发展工作情况、2008年十大商标侵权案件以及世博商标保护工作安排。70余家媒体对此作了报道。二是与有关部门合作开展对外宣传活动。上海市工商行政管理局参与了“上海市4·26知识产权宣传周开幕仪式”和“2008年长三角地区知识产权发展和保护状况新闻发布会”。三是开展世博商标保护的宣传工作。各分局以《世界博览会标志保护条例》、世博会标志备案和使用、世博会特许经营和特许商品保护的相关知识为重点，开展广泛的培训宣传活动。如机场分局举办了《上海国际机场商业企业迎世博保护知识产权倡议书》签字仪式，组织浦东、虹桥机

场内200余户商业企业公开向社会作出“加强自律管理、保护世博知识产权”的承诺。静安分局向全区74个居委会发放《世博会知识产权宣传手册》，将保护世博标志的宣传工作延伸到社区。黄浦分局召开“迎世博600天行动计划”市场监管专题会议，向50余家市场主办单位的负责人宣传培训世博标志保护知识。

（二）组织开展涉外商标商品真伪鉴别培训会

为继续加大涉外商标保护力度，进一步提高商标执法干部及时发现商标假冒侵权行为、准确鉴别真伪商标商品的能力，上海市工商行政管理局组织“惠普”“佳能”“爱普生”等7家打印机、复印机用碳粉墨盒耗材行业主要的涉外商标权利人，对全系统100多名商标执法干部进行了真伪商标商品鉴别方法的培训，取得了良好效果。

（三）召开上海工商系统世博会标志保护工作培训会

9月10日，上海市工商行政管理局会同上海世博局在世博局新闻中心举办了上海工商系统世博会标志保护工作培训会。上海市工商行政管理局相关业务部门、检查总队的干部，各工商分局分管局长、业务科（处）和工商所（队）的负责人共计350余人参加了培训。本次培训得到了国家工商行政管理总局商标局和上海世博局的大力支持。李建昌局长出席会议并作讲话，对上海工商部门商标工作给予了高度肯定，并就做好世博商标保护工作提出要求。上海市政府副秘书长、上海世博局局长洪浩会见了国家工商行政管理总局商标局局长李建昌，对国家工商行政管理总局在世博标志备案、世博商标注册和保护中给予的支持表示衷心感谢。此次培训拉开了全国世博会标志保护工作的序幕，为全国工商系统世博业务培训积累了宝贵经验。

（四）举办全国工商系统商标战略暨世博会标志保护培训

11月19～22日，由国家工商行政管理总局主办，商标局、上海市工商行政管理局和上海世博局承办的“全国工商系统商标战略暨世博会标志保护培训班”在沪举行。国家工商行政管理总局党组成员、副局长付双建，上海市政协副主席、上海世博会执委会副主任周汉民，上海世博会执委会专职副主任钟燕群，国家工商行政管理总局商标局局长李建昌，上海市工商行政管理局局长吴振国等领导出席培训班有关活动。国家工商行政管理总局有关司局的负责人，国家有关部委、最高人民法院、最高人民检察院的有关部门负责人及专家学者，全国各省（市）、自治区工商行政管理局和部分地市级工商行政管理局负责人等共计250余人参加了本次培训活动。国际展览局秘书长专门为本次培训会发来贺信。会后，国家工商行政管理总局也专门发来感谢信，对上海工商部门在承办此次培训活动中的积极表现给予高度肯定。

（五）配合举办“创新及其价值创造——商标和声誉研讨会”

5月13日，上海市工商行政管理局承办了由国家工商行政管理总局与世界知识产权组织、法国工业产权局联合举办的“创新及其价值创造——商标和声誉研讨会”。全市各驰名、著名商标企业、商标代理组织、行业协会的代表共计150余人参加了会议。会议围绕如何选择商标、如何宣传商标和公司、如何使商标驰名三大议题展开研讨。来自国家工商行政管理总局、法国工业产权局、世界知识产权组织、中国欧盟商会和上海市工商行政管理局的代表作了精彩发言。上海市工商行政管理局原局长方惠萍代表国家工商行政管理总局致辞。本次研讨会的召开，为进一步推动本市企业培育自主商标，加强商标宣传推广和拓展海外市场提供了宝贵的建议。

四、贯彻落实国家商标战略，服务上海经济又好又快发展

2009年，全市工商部门根据国家工商行政管理总局《关于贯彻落实〈国家知识产权战略纲要〉，大力推进商标战略实施意见》精神，以商标为载体和抓手，积极开展培育发展工作，为促进上海经济健康发展作出贡献。上海市工商行政管理局专门成立了以吴振国局长为组长、陈学军副局长为副组长、上海市工商行政管理局相关处室和市商标协会负责人为成员的上海市工商行政管理局商标战略实施领导小组，切实加强了此项工作的组织保障。据统计，2009年，上海市获核准的注册商标为35 984件，是2008年的2倍。截止2009年底，上海市累计有效注册商标数为150 772件，提前一年完成了上海市注册商标总量达到15万件的“十一五”规划目标。

（一）组织召开商标发展工作推进大会

3月4日，上海市工商行政管理局在国际会议中心组织召开了2009年上海商标发展工作推进大会。上海市政府有关委、办、局，各区县政府，行业协会，重点企业，工商系统的负责人和各新闻媒体记者共计600人参加了会议。会议结合金融危机的严峻形势，围绕实施国家商标战略和市委、市政府“四个确保”的工作要求，对近年来上海市商标发展工作情况进行了总结，提出了“携手渡难关、创牌谋发展”的号召，并就今后商标工作如何服务于经济发展大局提出了总体目标和任务要求。上海市副市长胡延照出席会议并作重要讲话，上海市工商行政管理局原局长方惠萍作了题为“贯彻落实国家知识产权战略纲要，努力再创商标发展工作新辉煌”的主题报告。大会还通报了2008年中国驰名商标奖励情况，公布了第十三批324件“上海市著名商标”名单。上海市经济团体联合会、闵行区政府、上海漕河泾新兴技术开发区发展总公司、复星集团、上海家化联合股份有限公司、上海清美绿色食品有限公司等六家单位的代表作了大会交流发言。本次会议的召开，进一步提升了上海市企业应对金融危机的信心，体现了政府支持企业发展的良好形象，也在全市营造了重视商标、发展商标、保护商标的社会氛围。

（二）认真开展第十四批著名商标工作，加大驰名商标推荐力度

一是上海市工商行政管理局制定了《上海市著名商标申报审查工作规定》和《上海市著名商标申请企业经营规模具体标准》，召开了各分局商标管理干部培训会议，进一步指导分局做好著名商标申报材料的审查工作。同时，上海市工商行政管理局组织召开了全市300多家著名商标申报企业的培训会。二是开展著名商标申报审查工作。2009年，上海市工商行政管理局共受理审查著名商标申报材料462件，其中新申请商标290件，重新申请商标172件；经审查共退回不符合申报要求的新申请商标材料68件、重新申请商标材料1件；最终提交著名商标审定会议审议的新申请商标为222件、重新申请商标为171件。三是召开第十四批著名商标审定会议。会议共认定285件商标为上海市著名商标，其中116件商标为首次认定，另169件商标为三年期满后重新认定。至此，上海市著名商标数量达793件。四是进一步加大驰名商标推荐力度，切实做好驰名商标培育发展工作。2009年，上海市共有28件商标申报中国驰名商标，其中天喔、上工等24件商标获国家工商行政管理总局认定。至此，上海市驰名商标数量累计达85件。

（三）大力推进著名商标立法工作

3月，上海市人大财经委全体主任、副主任专程来上海市工商行政管理局作著名商标立法工作调研。8月和11月，上海市工商行政管理局会同上海市人大财经委、市政府法制办共同组成上海市著名商标立法调研小组，先后赴湖北、福建等省份进行调研考察。通过考察活动，为进一步推进上海著名商标立法进程创造了良好条件。

（四）积极推动各级政府加大商标扶持力度

上海市工商行政管理局会同上海市财政部门落实对2008～2009年度国家工商行政管理总局认定的16件驰名商标的资金奖励。在全市各级工商部门的积极推动下，上海市政府相关职能部门、各区县政府切实贯彻落实国家知识产权战略纲要，高度重视商标发展工作，不断加大商标扶持力度，目前全市18个区县政府都已出台支持商标发展的政策措施。奉贤、长宁、徐汇、卢湾等区先后召开商标发展工作推进大会，落实对辖区内驰（著）名商标企业的奖励措施；浦东、黄浦、闸北等区举办各类商标研讨会，为区域商标发展献计献策；杨浦区与复旦大学签订了《知识产权保护长期协调合作协议》，积极探索商标保护新机制；静安区发布了上海市第一部区县层面的《商标发展报告》；嘉定区提出了推进实施商标战略的12条措施，进一步支持企业商标发展。

（五）加强调研走访，支持企业商标发展

一是根据国家工商行政管理总局国际合作司有关工作要求，组织相关企业召开座谈会，调研企业商标在海外注册、维权中面临的问题和困难、典型案例及建议和要求。二是组织著名商标认定委员会委员实地走访了嘉定区凯泉泵业集团有限公司、姚记扑克股份有限公司等驰（著）名商标企业，召开了企业座谈会，了解了企业在金融危机形势下的经营情况和存在的困难，为企业送政策、送温暖、送服务，帮助企业应对危机。三是根据《关于召开全国工商系统落实十七届三中全会精神，服务农村改革发展经验交流会有关事项的通知》，认

真开展上海市农产品商标注册发展情况的调研，积极为推进农业品牌化发展献计献策。四是协助国家工商行政管理总局商标局开展有关商场、超市申请商标注册可行性问题的调研。在《上海市中介服务业发展有关情况的调研报告》中提出了加快中介服务业品牌建设的意见建议。

五、加强日常综合监管，提高工商干部队伍的商标监管水平

（一）整顿规范商标代理市场秩序

根据国家工商行政管理总局《关于进一步规范商标代理市场秩序的通知》精神，大力开展商标代理市场调查和整治工作。一是组织人员开展实地走访，进行调查摸底，详细了解商标代理组织存续情况和实际经营状况。二是结合走访情况，加强日常监管，建立监管平台，及时发现代理机构的注销、吊销和被处罚情况。三是按照《商标法》《广告法》《反不正当竞争法》《合同法》《商标代理管理办法》和企业登记的有关规定，加大执法力度，严厉查处代理机构违法行为，进一步整顿和规范商标代理市场秩序。四是发挥商标代理机构专业委员会作用，做好服务引导工作，为商标代理中介服务组织提供良好的发展环境。

（二）加快建设上海商标展览馆

商标展览馆是具有商标宣传、展示、服务等综合性功能的公共服务平台，是建设上海商标公共服务体系的重要基础。2009 年，上海市工商行政管理局全面启动商标展览场馆的筹建工作，组织相关单位进行展馆设计和资料收集。各分局也积极配合做好此项工作。

（三）指导商标协会开展商标工作

发挥商标协会的桥梁纽带作用，做好对会员单位和各企业的商标宣传、指导、服务工作，帮助企业解决商标问题。会同商标协会共同做好第十届中国西部国际博览会、第三届中国商标节、亚太地区地理标志国际研讨会和全国工商系统落实国家商标战略会议的相关参展、参会工作。

同时，2009 年，上海市工商行政管理局荣获了国家工商行政管理总局“推动马德里商标国际注册先进单位”称号；10 家单位和 7 位同志分获全国工商行政管理系统商标工作先进集体和个人称号。《中国工商报》《中华商标》杂志在主要版面刊登了有关上海商标发展、世博商标保护的专题文章和报道 5 篇，产生了积极的社会影响。

（上海市工商行政管理局）

版权工作

2009 年是上海市全面贯彻实施《国家知识产权战略纲要》的第一年，更是备战世博会的冲刺年，上海市版权局在国家版权局和上海市委市政府的领导下，在上海市知识产权联席会议办公室的统一协调下，认真贯彻实施《国家知识产权战略纲要》和市政府关于实施国家知识产权战略纲要的若干意见，按照国家版权局推进版权工作六大体系建设的要求以及 2009 年上海版权工作要求，紧紧围绕上海改革开放和经济建设大局，坚持一手抓版权保护，一手抓版权产业发展服务的工作方针，着力加强版权执法，大力推进版权公共服务体系建设，为世博会成功举办，为促进版权产业发展作出了积极贡献。

一、主动服务世博，版权净化工程取得新成果

2009 年，上海市各相关管理和执法部门紧紧围绕加强世博会版权保护的目标，继续发挥相互协作、联合作战的优良传统，以实施专项行动为重点，推进实施世博版权净化工程，各项工作取得重要进展。上海市版权局、市文化市场行政执法总队、市城管执法局、市城市交通行政执法总队等部门联合开展版权保护专项执法行动和“迎世博反盗版护城工程”，针对制售盗版制品集中的场所以及各进出上海的公路道口和打包托运站等重点区域，进行集中查堵整治工作，共查堵拦截 35 次(批)，缴获 116 万张盗版制品，进一步规范了市场经营秩序。上海世博会出版物市场整治与版权保护专项治理行动也取得阶段性成果。从 2009 年 3 月开始，上海市区两级执法部门共出动检查人员 6559 人次，检查出版物市场中店档摊点 3230 个，检查印刷复制企业 762 家次，取缔关闭出版物市场中店档摊点 229 个；查办侵权盗版出版物案件 59 起；查缴盗版音像制品 70 余万件，盗版图书 3.2 万件，盗版电子出版物 6153 份。

9 月，为了迎接世博会，净化市场空间，营造正版氛围，集中整治上海市窗口地区盗版地图销售的状况，上海市版权局会同上海市测绘院，对上海南站的南北广场、南浦大桥旅游集散中心周边地区、沪太路长途汽车站周边地区进行突击检查。

在检查的20多家商店、摊位、报亭中，有十几家被查到违法销售盗版地图，共查获、收缴3个种类的盗版地图约600张。

另外，为了提升上海版权保护与服务水平，预防发生重大世博会版权侵权事件，积极有效地应对突发性重大版权侵权行为，根据《保护世博会知识产权专项行动方案》的要求与部署，上海市版权局拟定了《上海市版权局保护世博会版权专项行动计划》与《世博会版权突发事件预警应急方案》。

在上海市版权局的积极推动下，上海世博会事务协调局与中国音乐著作权协会签署了《中国2010年上海世博会音乐著作权合作备忘录》，世博会使用音乐作品授权和版权费问题得到了成功解决。为了给世博会版权服务提供全面的基础支撑，市版权局和上海版权服务中心建立了与世博会参展者知识产权服务中心对接的工作机制。本着"高效便捷"的原则，市版权局为世博会版权作品的自愿登记及合同备案开辟"绿色通道"，进一步提高工作效率，帮助世博会参展方及相关权利人维权，有效预防并降低版权侵权风险。上海市版权局还联合江浙两省版权管理部门，组建长三角区域世博会版权法律专家咨询组，为世博会举办地和分论坛所在地提供有关版权法律咨询服务。

2009年，上海市版权局开展了一系列以世博版权为主题的宣传教育活动。除了按照国家版权局的部署，策划组织"4·26知识产权宣传周"版权保护主题教育活动外，市版权局还联合上海市法院系统，连续多年开展年度上海十大版权典型案件的推选，并在知识产权宣传周期间通过媒体向社会公布，形成较大社会反响。4月22日，上海市举行了侵权盗版及非法出版物集中销毁活动，现场共销毁侵权盗版音像制品、盗版软件及电子出版物12.5万件；在宣传周期间，市版权局还启动了上海"绿书签行动2010"，倡导公众加入正版生活，并组织上海市主要网络媒体，开展世博会网络版权保护主题宣传活动，提高广大网民的世博会版权保护意识。

二、版权执法和版权保护工作有新进展

2009年，上海市版权局共接到侵权盗版举报投诉案件线索超百起，检查经营单位81家，作出行政处罚案件20件，收缴违法所得和罚款共计161 000元，收缴地图、电子出版物、软件、图书等盗版品25 489册(张)。

在开展打击网络侵权盗版与非法预装计算机软件专项治理行动中，上海市成立了由上海市版权局、市通信管理局、市文化市场行政执法总队以及市网宣办等五部门组成的上海市网络版权综合治理领导小组，发挥联合执法优势，提高行政监管效能，进一步加强互联网版权市场的综合治理，初步建立网络版权保护长效治理机制。

2009年，上海市版权局结合知识产权示范企业创建活动开展企业使用正版软件工作，在知识产权示范企业的创建工作中，把使用正版软件作为硬指标，不达标的企业将"一票否决"，不能被评定为知识产权示范企业。在参与争创的91家企业中，大多数企业都达到了使用正版软件的要求，少数未达标的企业在推进办的指导下制订了使用正版软件的计划方案。上海版权保护协会还与美国商业软件联盟、日本计算机软件著作权协会联合举办了"上海市(日资)企业使用正版软件守法诚信企业授牌活动"，该项活动主要面向日本上市公司在华分公司或合资企业，30多家参与企业在活动过程中提高了使用正版软件的理念和意识，规范了企业软件资产管理的流程，其中7家企业经考核获第一批授牌。该项活动引起的反响较为积极，效果很好。

2009年，上海市版权局开展企业使用正版软件工作取得了一定的成效，上海软件版权保护的环境不断改善，微软、Aotudesk等国际知名软件和金山、中标、中望等国产软件在上海的销售额均占全国的15%～20%，远高于上海的GDP占全国的份额，充分反映了上海市大部分企业无论是从正版化意识还是对国产软件的认同方面都是走在全国前列的，这也反映了上海推进企业使用正版软件工作的情况也比较好。

2009年年底，国家推进企业使用正版软件工作部际联席会议派检查组对上海市推进企业使用正版软件工作的情况进行了专项督导检查，对上海市企业使用正版软件工作给予了高度评价。

三、长三角区域版权协作实现新突破

2009年，江浙沪两省一市版权局建立了长三角区域城市版权工作协作网和区域版权相关产业发展协作、版权侵权投诉异地受理、版权行政执法调查取证协作、跨省市重大侵权案件联合执法等机制。为做好世博会版权保护工作，三地版权管理部门还建立了长三角区域世博会版权行政执法快速反应机制，联合组建了世博会版权法律专家

咨询组，在上海世博会举办期间，三地版权管理部门加强配合，及时查处有关侵犯上海世博会会徽、会歌、吉祥物、口号及参赛作品版权的侵权行为，积极防范和查处损害国家利益和形象的重大侵权盗版活动，为上海世博会营造了良好的知识产权保护环境。

四、版权公共服务建设开创新局面

为了建立健全版权公共服务政策体系，上海市版权局先后制定《版权服务工作站扶持和指导办法》《上海市版权公开交易管理办法》等规范性文件，积极推进版权质押评估管理办法和技术规范的研究制定。鼓励计算机软件登记，推进上海市软件著作权登记资助，2009 年共资助软件著作权登记 5000 多件。组织出版企业申报“中国图书对外推广计划”项目，共有 2 批 39 种出版物入选。指导相关企业积极参加“上海市知识产权示范企业创建活动”，在创建活动中实现跨越式发展。加强产业信息发布，组织开展版权产业统计，在全国率先完成并发布《上海版权产业报告(2004～2007 年)》。

为了拓展服务职能，延伸服务领域，2009 年，上海市版权局在长宁、徐汇、杨浦、虹口和浦东新区设立了第一批 5 家版权服务工作站，活跃在文化创意园区、数字出版基地、软件开发园区等版权产业集聚区，为企业提供版权公共服务。此外，他们还进一步规范作品登记和合同备案流程，提高服务质量和效率，2009 年上海市权利人共办理软件著作权登记 5475 件，同比增长 15.78%，其他作品登记 2217 件，同比增长 142%。为了鼓励和支持行业协会、集体管理组织等中介组织广泛参与版权社会服务，市版权局启动了上海版权中介服务业发展情况调研项目，并积极筹建上海版权服务中心、上海版权综合信息平台等，为社会和公众提供版权公益服务。

6 月 15 日，上海版权交易中心正式挂牌运营。上海版权交易中心将依托上海文化产权交易所搭建的版权交易技术平台，组织开展版权的许可使用和转让交易，也包括以版权为主要资产的企业的产权、股权交易，以及与版权有关权利的交易。2009 年，上海版权交易中心实现融资、股权转让、咨询服务等各类文化产权交易 11.5 亿元，实现主营业务利润 84.05 万元。探索建立版权质押融资工作机制，杨浦、闵行、浦东等区已取得成功经验。上海市鼓励支持区县政府部门参与版权基础建设，浦东、杨浦、长宁、虹口、徐汇、卢湾、闸北、普陀等区政府结合区域特色，不断完善各项服务配套设施，大力推进版权相关产业基地建设，形成各具特色的版权产业集群。加强版权贸易平台建设，大力培育版权贸易市场，力促上海成为全国版权贸易的重要集聚地。重视版权交易渠道，支持相关产业参加版权相关展会，积极推进涉外版权贸易。在第 16 届北京国际图书博览会和第 61 届法兰克福书展上，上海展团接连实现版权输出的“顺差”。2009 年，上海市出版物、影视、软件等对外版权贸易稳步发展，共达成涉外版权贸易 2839 项，其中版权引进 1634 项，版权输出 1205 项，版权贸易成果位居全国前列。相关单位不断创新版权贸易方式方法，形成了多元化的版权贸易渠道，2009 年有 35 种图书和 20 种图书分别被评为市“优秀输出版图书”和“优秀引进版图书”。企业版权管理工作得到加强，东方传媒集团(原文广新闻传媒集团 SMG)、盛大文学等企业组建版权中心，建立版权管理和运营机制，为企业发展注入了新的竞争活力。

五、版权行政管理体系建设取得新成果

按照“横向理顺关系，明确定位；纵向落实责任，加强力量”的要求，上海市版权、“扫黄打非”、公安、文化执法等部门加强沟通合作，整合行政执法资源，形成联合执法的常态机制。同时，区县版权管理体系试点工作逐步推进，杨浦、长宁、虹口、浦东等试点区积极推进版权管理机构建设，浦东新区和杨浦区政府在新一轮政府机构“三定”改革中，将版权工作职责明确纳入区文化(文广)局工作职责中，并在区文化(文广)局增设版权管理部门。

(上海市版权局 版权处)

司法工作

2009 年，上海法院知识产权审判条线按照上海市高级人民法院党组的部署和要求，深入学习实践科学发展观，认真推进“人民法官为人民”主题实践活动，树立“三个至上”指导思想和社会主义法治理念，贯彻落实《国家知识产权战略纲要》，践行司法为民，自觉承担起保增长、保民生、保稳定、保世博的硬任务，在审判工作和队伍建设等方面取得了积极进展，为加强知识产权司法保护，增强国家创新能力，构建和谐社会作出了贡献。

一、认真完成审判任务

（一）案件基本情况

2009年，上海市法院受理一、二审知识产权民事案件2027件，同比上升15.37%；审结1795件，同比上升9.86%。其中，受理一审案件1706件，同比上升12.09%，审结1483件，同比上升6.16%。受理一审知识产权刑事案件94件，同比上升18.99%，审结88件，同比上升8.64%。在收案保持很高增幅的情况下，案件审判效率较往年又有提高。

（二）新类型案件不断出现

如上海市第一中级人民法院受理了北京书生电子技术有限公司诉上海盛大网络发展有限公司等上海市首例反垄断纠纷案、美国麦格劳希尔公司诉上海东冉信息技术有限公司等上海市首例财经信息提供商起诉侵犯著作权及不正当竞争纠纷案；上海市第二中级人民法院受理了首例其他科技成果权纠纷，首例因收取MTV版权使用费而引发的著作权合同纠纷，涉及"托管型"的系列特许合同纠纷等新类型案件；浦东法院受理了两起知识产权行政案件，这是浦东法院实行"三合一"审判模式后首次受理知识产权行政案件。

（三）审结了一批具有较大社会影响的案件

如上海市第一中级人民法院审结了渡边淳一诉文化艺术出版社著作权纠纷案等；上海市第二中级人民法院审结了美国北面服饰股份有限公司诉上海皓柏服饰有限公司等侵犯商标专用权纠纷案等。审结了涉世博的知识产权民事、刑事案件，如黄浦法院审理的涉及"海宝"的著作权侵权案；浦东法院审理的首例涉世博知识产权刑事案件。此外，《最高人民法院公报》2009年第3期、第7期分别刊载了上海法院知识产权审判庭2个案例：上海市第二中级人民法院审理的雷茨饭店有限公司诉上海黄浦丽池休闲健身有限公司商标侵权纠纷案，该案同时入选最高人民法院2009年发布的《2008年中国知识产权司法保护10大案件》；上海市第一中级人民法院审理的翁立克诉上海浦东伊维燃油喷射有限公司、上海柴油机股份有限公司职务发明设计人报酬纠纷案。上海法院另有2件案件入选最高人民法院发布的2008年中国知识产权司法保护50件典型案件。

（四）贯彻落实"调判结合，调解优先"的原则，加强调解，化解纠纷，实现案结事了，努力达到法律效果和社会效果的有机统一

2009年，上海法院一审知识产权民事案件的调撤率为58.09%，比2008年上升5.98个百分点。其中，黄浦法院一审知识产权民事案件的调撤率更是高达91.75%。在调解过程中，各法院注重总结经验、积极探索新法，如上海市第一中级人民法院在一起案件中尝试了附条件和解的新做法。部分法院并开始试行诉前调解机制，取得了较好的效果。

（五）倾力服务大局，延伸审判效果，加强司法建议

如上海市第一中级人民法院走访张江高科技园区、漕河泾新兴技术开发区等，听取对加强知识产权司法保护等方面的意见建议，制定了《关于在知识产权审判中进一步加强服务技术开发区，促进技术创新与发展的意见》。卢湾法院与上海市版权局版权处建立三项相互协助机制，制订了《加强世博会知识产权司法保护计划》。

二、完善知识产权审判机制

全面推进"三合一"综合审判和知识产权案件跨区划片集中指定管辖，上海市三级法院受理知产案件的金字塔型架构基本形成，审判任务分担日趋合理，为上海知识产权审判工作的健康发展提供了良好的组织保障。

（一）全面推进"三合一"综合审判模式

落实2008年底市高级人民法院推出的《关于基层人民法院知识产权审判庭统一审理知识产权民事、行政和刑事案件若干问题的规定（试行）》，全面推进"三合一"综合审判模式。

（二）完成基层法院知识产权民事、刑事案件跨区划片集中指定管辖

2009年3月，市高级人民法院下发《上海市高级人民法院关于一审知识产权案件管辖的通知（试行）》。2009年9月底，市高级人民法院、市检察院、市公安局和市司法局联合签发了《关于本市审理知识产权刑事案件若干问题的意见（试行）》，自2009年10月1日起试行。

上海市法院知识产权审判格局取得突破性进展，形成了审判组织和案件受理两个合理布局的

金字塔。首先，在审判组织方面，形成了一个高级人民法院、两个中级人民法院、四个基层法院的知识产权审判组织金字塔结构，为案件受理结构的合理布局以及“三合一”的全面推开打下组织基础，对于上海法院知识产权审判长远发展具有历史意义。其次，“三合一”审判模式推进取得实质性进展。通过推行知识产权民事案件、行政和刑事案件的跨区划片集中指定管辖，四家基层法院不仅在本院辖区内实施知识产权“三合一”审判，还在高级人民法院指定的跨区划片管辖范围内实施了知识产权民事、刑事案件综合审判。中级人民法院知识产权庭也已开始实施“三合一”综合审判。这些都表明2009年上海市法院知识产权“三合一”审判取得实质性进展。

（三）上海市中级人民法院开展“三合一”审判

2009年5月，上海市第一、二中级人民法院已决定实施知识产权“三合一”综合审判。2009年，上海市第二中级人民法院知识产权庭受理知识产权刑事二审案件6件，审结4件，另受理知识产权行政案件1件。

（四）高级人民法院、中级人民法院加强指导，基层法院实施一审知识产权民事案件跨区划片集中指定管辖

实施跨区划片集中指定管辖后，收案格局发生较大变化，基层法院收案激增，为指导四家基层法院顺利开展知识产权审判工作，高级人民法院多次走访浦东、黄浦、杨浦、卢湾法院知识产权审判庭，通过调研，了解各庭基本情况以及工作重点和难点，及时予以指导。高级人民法院派出1名审判骨干驻卢湾法院知产庭指导办案，第一中级人民法院、第二中级人民法院各派出1名业务骨干驻卢湾法院、杨浦法院知产庭指导办案。

（五）建立“技术咨询专家库”

在基层法院实行跨区划片集中指定管辖后，商标权、著作权、反不正当竞争等大部分一审知识产权案件（约占上海市法院一审知识产权案件70%）下放基层法院审理，高级人民法院、中级人民法院的重要任务是集中精力审理专利等技术类案件。为解决知识产权案件技术事实调查困难的难题，提高技术类案件审判质量，经过半年的筹划准备，2009年11月正式建立“上海法院知识产权审判技术咨询专家库”，聘请电子、通信、机械、化工等领域国内知名技术专家62名，以便各级法院在审理知识产权案件过程中就相关技术问题咨询各领域的技术专家。

三、开展调研，组织研讨，加强条线指导

开展调研并促成成果转化，针对实务问题及时组织召开研讨会，建立条线例会制度，充分交流信息和观点，统一执法标准。

（1）高级人民法院完成《技术标准与专利权保护的关系》《上海法院知识产权审判机制研究——知识产权“三合一”综合审判的探索与完善》等多个调研课题和其他调研成果；启动世博会知识产权保护的调研工作。二中院完成了《反垄断法框架下知识产权滥用问题研究》。黄浦法院完成了《关于区内市场管理公司知识产权保护现状的调查报告》。

（2）统一执法标准。上海市高级人民法院编发9期《知识产权审判调研与指导》，并对知识产权案件诉讼调解、知识产权案件诉讼证据保全等审判工作中的疑难问题提出指导意见。

（3）召开多次审判实务研讨会。各院知识产权庭分别组织召开了以知识产权诉讼调解能力、反垄断行政执法与民事诉讼的协调与衔接、动画形象著作权权属问题、技术标准的著作权保护、合作作品署名顺序等为主题的研讨会，对一些实务中碰到的疑难问题达成共识。

（4）加强信息交流与理论研究。建立上海市法院知识产权审判工作季度例会制度。高级人民法院编写《民三庭情况》42期，编印第1期条线刊物《上海知识产权审判》。全市知识产权审判人员在《人民法院报》《人民司法》《法律适用》《法学》《法商研究》《法治研究》《上海审判实践》《上海法治报》等报刊发表论文、案例百余篇。启动《法官智库丛书》之一《知识产权审判指要》的编写工作。浦东法院编写出版《浦东法院知识产权审判文选》。

四、加强司法保护知识产权的宣传和交流

面向社会、法律界和国内外同行，积极宣传上海知识产权司法保护取得的成绩，提升上海知识产权审判工作的影响力和知名度。

（一）结合第九个“世界知识产权日”宣传，举办上海市高级人民法院、中级人民法院知识产权庭成立15周年系列纪念活动

4月15日，东方网和中国法院网对两起由分

管副院长担任审判长的知识产权案件进行庭审直播。4月16日，召开上海市高、中级人民法院知识产权审判庭成立15周年纪念大会。同日，举办“知识产权司法保护前沿论坛”，就“世博会知识产权保护”“技术标准与专利权”“知识产权审判机制研究”三个专题进行深入研讨。

（二）与兄弟省市高院进行交流学习

广东省高级人民法院民三庭率广东省法学会审判理论研究会知识产权审判理论专业委员会来上海市高级人民法院对知识产权诉讼证据保全进行专题调研；内蒙古高级人民法院民三庭及9个盟市中院民三庭庭长到上海市高级人民法院对知识产权审判，知识产权民事、行政、刑事案件“三合一”审判模式等进行调研。

五、加强队伍建设，开展业务学习和培训

（一）组织审判业务集中培训

针对网络著作权、商业秘密纠纷、知识产权刑事案件审理等热点问题，组织开展了一期全市知识产权法官审判业务集中培训。

（二）对专利法中新增加内容重点学习

认真学习贯彻《最高人民法院关于学习贯彻修改后的专利法的通知》，对《专利法》中新增加的7条内容和修改的23条内容进行了重点学习。

（三）根据高院统一部署，精心组织开展知识产权审判条线司法作风大检查

高级人民法院民三庭检查小组旁听多起下级法院案件庭审，针对存在问题提出多条整改意见，以此为契机认真贯彻人民法院人民性的要求，切实提高知识产权法官的为民意识与司法能力。第一中级人民法院积极参加青年文明号等争先创优活动，以新长征突击队、青年文明号等荣誉称号激励大家保持旺盛的精神风貌，较好地完成了各项任务，还成为“迎世博600天，上海市巾帼文明岗创建行动”第一批先进集体。

（上海市高级人民法院知识产权审判庭）

检察工作

2009年，上海市检察机关积极贯彻落实《国家知识产权战略纲要》，充分发挥检察机关法律监督职能作用，积极推动打击侵犯知识产权犯罪规范化、制度化、科学化，采取有力措施保护知识产权，在不断加大对侵犯知识产权犯罪打击力度的同时，做好预防犯罪、综合治理和依法保护等工作，为建设上海提供良好的法治保障和法律服务。

一、依托行政执法与刑事司法衔接工作机制，加大对侵犯知识产权犯罪的打击力度

为了进一步促进行政执法机关移送包括侵犯知识产权在内的涉嫌犯罪案件，上海市各级检察机关逐步完善与行政执法机关的联系制度，通过定期走访行政执法机关、规范联席会议制度、开展专题研讨等形式，进一步加强与行政执法机关的联系。闸北、普陀、杨浦、闵行、宝山等区检察院每季度走访各行政执法机关不少于一次，浦东、虹口、黄浦、南汇、奉贤、嘉定等区检察院每半年与行政执法机关召开一次联席会议，遇有特殊情况，随时召开联席会议沟通情况。上海市人民检察院与行政执法机关多次研讨，就执法办案、移送包括侵犯知识产权在内的涉嫌犯罪案件以及具体案件的查处等进行沟通和协调。

上海市各级检察机关在办理侵犯知识产权犯罪案件的过程中，重视检察机关内部的协作，重视与公安机关的协调，在办案过程中，坚持配合为主、监督适中的原则，注意正确处理监督制约与协调配合的关系。强化与人民法院的沟通，加强对案件，尤其是疑难复杂案件的商讨，及时掌握法院的审判动态，提高办理侵犯知识产权犯罪案件的能力。会同上海市知识产权局、科委、工商、质监、烟草等相关职能部门建立起包括案件通报会商、案件移送、重大案件督办、联合办案和专家协作等制度的联动机制，相互配合，形成打击合力。行政执法部门在处理重大知识产权纠纷时，如遇到法律法规的适用问题和可能构成犯罪的案件，可以随时向该机制的其他成员单位进行信息通报，提请召开专题会议。检察机关将在第一时间参与会商，对案件进行评估，准确把握案件定性。通过增强各方合力，共同应对区域内知识产权重大纠纷，维护知识产权权利人的合法权益，营造良好的创新氛围和公平有序的市场竞争环境。据统计，2009年上海市检察机关共受理提请批准逮捕涉及知识产权犯罪案件112件192人，批准逮捕102件157人，共受理起诉侵犯知识产权犯罪160件296人，起诉134件247人。

各区县人民检察院均采取了积极有效的措

施，加强法律监督。如宝山区人民检察院发挥行政执法与刑事司法衔接的平台作用，发现构成犯罪的案件，及时发出移送案件通知书；对于重大或者取证困难、疑难复杂的案件通知公诉科及时介入案件的侦查与审查逮捕，引导侦查取证；对于案件定性、证据采信等问题，公检法三机关积极协作、共同研讨，达成共识；南汇区人民检察院与区烟草专卖局、公安、人民法院协作配合，实现信息互通、情报共享、适时介入，引导取证固证，为案件快侦快捕快诉快审打好基础；浦东区人民检察院参加该区政府组织的《贯彻落实〈关于本市实施国家知识产权战略纲要若干意见〉十项措施》的商讨，并在浦东新区科委的牵头下，联合公安、人民法院等有关职能部门针对一起疑难复杂的侵犯商业秘密案件进行了专题研讨。该区张江高科技园区接连发生两起公司原职工离职后共同侵犯原公司著作权和商业秘密的案件。浦东区人民检察院借助该区知识产权重大纠纷应对工作机制，联合法院及知识产权管理部门，及时与公安部门启动案件会商机制，研究案情、引导侦查；同时针对其中涉及的对软件侵权的核心问题，启动专家协作机制，共同邀请张江软件园的专家进行研讨，得到了被害单位及知识产权管理部门的肯定，并且提高了案件处理的质量和效率。

二、依托信息共享平台，提高工作效率

"行政执法与刑事司法信息共享平台"是近年来检察机关为克服在打击侵犯知识产权犯罪过程中出现的有案不移、以罚代刑这一痼疾积极探索的一项工作机制。信息共享平台将公安机关和工商部门等14个行政执法单位的案件移送、案件查询、监督管理、执法动态等12个模块，利用现代信息网络技术，与检察机关联网，对行政执法机关查办的案件已达到刑事犯罪追诉标准的、接近犯罪追诉标准的、行政机关认为情节严重或对是否构成犯罪存在疑虑的都录入平台，司法机关发现案件线索，就能及时监督行政机关移送。2005年信息共享平台由上海市浦东新区检察院领衔开发，目前已在上海市19个区县公安机关和工商部门等14个行政执法单位、部门使用并与检察院联网，成为检察机关积极探索建立行政执法与刑事司法相衔接的工作机制，促进保护知识产权的成果之一。

针对目前侵犯知识产权犯罪案件量在案件总量上比例偏小，并且多数案件均通过民事途径或者行政处罚予以解决的问题，上海市人民检察院充分利用行政执法与刑事司法衔接制度的优势，运用信息共享平台完善案件移送机制，加强法律监督。全市检察机关与公安、工商、质监、烟草、知识产权等行政执法部门建立情况通报制度、案件线索移送制度以及联席会议制度，通过上海市人民检察院开发的信息平台共享资源，行政执法机关将查处的所有案件一律上局域网，接受公安机关及检察机关的监督，检察机关侦监部门根据信息平台反映的具体情况，可以全程了解和关注有关侵犯知识产权犯罪案件的信息，发现该移送不移送或该移送不及时移送等情况，可以及时通过网上发出建议移送的意见，保证各行政执法机关案件移送工作处于受控状态。对于符合刑事立案条件但尚未移送公安机关的，通过发《建议移送函》建议有关部门将相关案件移送公安机关立案侦查；对于符合刑事立案条件但仅作行政处罚的，通过发《检察意见书》敦促有关部门将案件移送公安机关立案；对于公安机关接到报案并且符合立案条件而不予立案的，按照立案监督程序进行法律监督。信息共享平台根据两法衔接的工作要求，将行政执法机关案件移送备案、公安机关立案情况的告知、案件咨询、执法动态交流等规范规定细化分解成具体的功能模块，为各行政执法机关依法行政和执法衔接工作的实际开展提供了有效的载体。平台还对行政执法机关移送线索的时间、公安机关受理线索的立案或不立案时间、检察机关受理建议立案监督的处理时间等均设置了严格的控制程序，对不及时处理或超期处理的情况，系统会自动预警提示或报警警示，从而保证了各项行政执法、刑事司法行为的规范运作，确保了各项衔接工作的全面落实。

信息共享平台拓展了信息渠道，为开展立案监督工作提供了有效的线索来源，上海市各级检察机关在打击侵犯知识产权犯罪方面都取得了丰硕的成果。如浦东新区酒类专卖管理局在浦东三林镇发现一制造假酒窝点，内有一套制假酒工具和假冒"芝华士""人头马 XO""喜力"等品牌的商标标识、瓶盖数万套及各类假冒酒150余瓶，管理局将这一信息发布在平台的"执法动态"版块，浦东新区人民检察院通过平台得知这一线索后，立即与浦东公安分局联系，赶往案发现场。到达现场后，公安局负责抓捕犯罪嫌疑人，酒类专卖局清点查处收缴物品，检察院就收集、固定证据提出侦查取证建议。三家单位既各司其职，又共同研究、互相配合，确保了此案准确、及时处理。本案被告人黄某最终被法院判处有期徒刑1年，罚金5万元。

信息共享平台在整顿和规范市场经济秩序工作中发挥了积极作用。办理经济犯罪案件效能明显体现；规范了移送案件的流程，由原来的“友情移送”转变为现在的规范移送；法律监督作用明显增强，检察机关通过信息共享平台及时掌握行政执法机关与公安机关之间案件移送和处理情况，监督作用得到了有效发挥；信息共享平台建立后，对公安机关主动控制、提前发现犯罪线索起到了积极作用，为分析犯罪规律提供了帮助。

信息共享平台工作是一项跨行业、跨部门的综合性系统工程，从目前上海市的实践情况看，还存在诸多困难和问题。因此，为进一步推进上海市信息共享平台的运行，落实司法体制改革提出的“规范人民检察院与公安机关、行政执法部门网上衔接、信息共享、联席会议、案件移送等工作制度，加强人民检察院对行政执法部门不移交涉嫌犯罪案件的监督力度”的工作要求，上海市检察院结合近年来上海市在推进信息共享平台工作中的情况，拟主要采取以下三方面措施：针对市区两级信息共享平台已经建成开通，以及已经下发有关管理办法的情况，上海市检察院专门书面报告市政府领导，建议市政府在整顿和规范市场经济秩序办公室已撤销的情况下，理顺工作关系，明确牵头部门，并召开市政府专题会议，由市政府主要领导就进一步推进信息共享平台工作提出工作要求，明确工作职责；对各区县、各单位的信息共享平台应用情况开展专项检查和调研，从中发现问题，逐项解决，在检查调研的基础上，加强与市监察委的沟通协调，制定将信息共享平台工作纳入行政效能监察范围的具体措施和方法；适时与公安机关、工商行政管理局、知识产权局等联合开展打击侵犯知识产权犯罪专项活动，力争查处一批、打击一批、监督一批，并通过专项活动逐步形成打击侵犯知识产权犯罪的长效机制。

三、发挥检察职能作用，深挖遗漏犯罪

侵犯知识产权类的犯罪由于案件自身的特点，经常会出现一罪引发数罪的情况，如在司法实践中，售假者通常有固定的进货渠道，其往往会与制假者建立长期的“合作”关系；或者各制假者分工协作，组成流水线；更有甚者，打假者与制、售假者相互勾结，沆瀣一气，为其通风报信，妨害对知识产权违法犯罪行为的查处。这就要求办案人员必须具有敏锐的洞察力，能够在案件办理过程中发现新的犯罪线索，深挖漏罪。

上海市南汇区人民检察院在办理沈某、徐某非法生产加工冒牌服装的案件中，发现两家服饰公司也构成犯罪，遂通知公安机关立案侦查，后该两家公司被法院以假冒注册商标罪判处罚金20 000元。静安区人民检察院在审查一起销售假烟的案件时，发现烟草专卖局稽查员黄某不仅为售假者招揽客户，还向其通报烟草专卖局查处假烟的信息，即将此线索移送该院反渎局，现此案正在侦查中。

四、培养专门人才，设立专门的办案机构和配备专门的人员

上海市检察机关在刑事诉讼环节建立了相对专业的办案队伍。当前侵犯知识产权的犯罪越来越具有专业性、隐蔽性的特点，为此上海市人民检察院经过反复筛选，在上海市检察系统中选拔出7名检察业务拔尖人才，组成侵犯知识产权犯罪检委会专业研究小组，成为上海市检察委员会的高级“智囊”。小组成员有全国检察业务专家、理论研究人才、优秀侦查监督员、优秀公诉人以及高校法学博士挂职教授等。研究小组的职能是以专题咨询论证、专题调查、重点课题研究、个案研讨会等工作形式，为上海市各级检察机关提供决策咨询。研究活动集中对侵犯知识产权犯罪的疑难复杂案件提出具体的法律适用意见；对侵犯知识产权犯罪的证据效力等问题的深入研究，总结经验，互相交流，以进一步提升形成办理此类案件的证据规格要求，为司法实践提供有力指导；对知识产权研究领域的前沿问题以及检察实践中的新情况开展专题调研，提出具体的对策、建议和方案，并形成调研报告；对涉及保护知识产权领域的检察工作体制、机制建设等工作方案进行研究和制定；参与检察业务专门人才培养工作方案的研究，为专家型检察人才的培养提供智力支持。研究小组还经常走进大型企业、跨国公司开展调研，广泛听取意见并建立长期联系，同时开拓渠道广泛收集案例信息，做到与正在办理的案件同步介入，保持侵犯知识产权犯罪研究的前沿性和实务性。

此外，各区县人民检察院还成立了专家咨询组，邀请知识产权司法鉴定方面的专家担任咨询组的成员，通过案例通报、专业咨询、课题研讨等活动，形成办案的专业支撑。如静安区人民检察院专门开展《制作发行网络游戏外挂行为法律适用问题研究》的调研工作，并以此为基础召开“网络游戏产业领域的知识产权保护”研讨会，邀请相关职能部门、法律专家学者以及发案单位参加研讨。浦东新区人民检察院已在张江高科技功能区设立了知识产权工作室；在上海市各基层人民检察院也都有专门负责办理知识产权案件的资深主诉检察官，专案办理知识产权案件，以保障承办检察官有专业的知识积累和定期收集知识产权案件相关情报、信息及法律法规，加强专业化办理涉及侵犯知识产权犯罪案件，确保了办案的质量和效果。2006 年 7 月，被告人徐某、姜某得知英特儿营养乳品有限公司需购买“Windows XP”等 7 种微软公司的软件，经预谋后，向上海某公司购买了微软公司价值人民币 78 591 元的“Windows XP”软件 67 套，并据此取得了微软公司的开放式许可协议。后在未经著作权人微软公司许可的情况下，擅自在该份开放式许可协议上添加了微软“Office 2003 Win32 Chn Simp OLP NL”等 6 种软件。后转手销售给英特儿营养乳品有限公司，共非法获利人民币 294 409 元。由于徐某某具有自首情节，两人均自愿认罪，交代态度较好，案发后积极退出违法所得等，2008 年 8 月法院以犯侵犯著作权罪从轻处罚判处徐某某有期徒刑 2 年 6 个月，缓刑 2 年 6 个月，罚金人民币 15 万元；判处姜某某有期徒刑 3 年，缓刑 3 年，罚金人民币 144 500 元，违法所得人民币 294 409 元退赔微软公司。案件办理过程中，检察官对该案两名被告人在软件许可协议书上的添加行为是否属于侵犯著作权罪中的“复制发行”行为深入研讨交流，加强了对法律适用、证据规格、出庭公诉等问题不断补充完善相关证据，最终使法院认可了公诉人的观点，被告人也认罪服判。这是最高人民法院、最高人民检察院 2004 年颁布《关于办理侵犯知识产权刑事案件具体应用法律若干问题的解释》以来，上海市因伪造、涂改著作权人授权许可文件行为被以侵犯著作权犯罪判决的第一案。该案日前被最高人民法院、中国外商投资企业协会优质品牌保护委员会评为“十大知识产权保护最佳案例”。

五、切实保护知识产权人的合法权益

当前侵犯知识产权犯罪案件情况复杂，外来经商、务工人员多，同时在办案中也发现消费者对于知识产权保护、维权意识不强，权利人保护知识产权意识也比较淡薄。对此上海市检察机关在办案过程中，注重打击与保护并重，通过帮助受害者挽回损失、堵漏建制、开展法制宣传教育和加强维权意识等综合手段，保护知识产权人的合法权益。浦东新区人民检察院对一起网络游戏私服非法获利 80 余万元案件依法提起公诉，被告人钱某于 2007 年 11 月至 2008 年 3 月，明知上海某公司是网络游戏中文译名《劲舞团》中国大陆地区的合法运营商，仍未经许可私自从互联网下载《劲舞团》网络游戏程序，并同被告人夏某某共同出资租借、购买服务器 14 台并架设了《劲舞团》游戏服务器端，用于在互联网上发布《劲舞团》网络游戏，提供客户端下载等服务。期间，被告人钱某、夏某某通过收费平台，收取玩家为购买游戏货币、“金猪”而支付的汇款，两名网游侵权者依法分别被判处有期徒刑 4 年和有期徒刑 3 年 6 个月，均并处罚金人民币 400 500 元，追缴被告人的违法所得发还给相关权利人。

办案检察官针对知识产权案件具有跨学科、更新快的特点，拓宽知识面，提高办案质量，注重对相关知识产权领域的业务知识及时更新。同时检察官发现，侵犯知识产权犯罪案件的被害单位多为具有相对社会影响力的知名企业，审查起诉期间补充侦查大量证据材料。在出庭公诉时，承办检察官从讯问、举证、质证、发表公诉意见词等各方面予以了精心准备。法官依法全部采纳公诉人的公诉意见，当庭作出判决，取得较好的庭审效果。

上海市检察机关结合打击侵犯知识产权犯罪，深入被害单位了解他们对办理此类案件的意见和建议，发挥检察工作在服务经济社会发展大局方面的积极作用，徐汇区人民检察院在办理民营企业巨人网络集团有限公司网络游戏著作权被侵犯案件时，深入企业倾听呼声，了解基层企业的司法需求，并开展维护知识产权的法制宣传。

六、打击侵犯知识产权犯罪背后的受贿、渎职等职务犯罪

严肃查办侵犯知识产权违法犯罪背后的国家工作人员的职务犯罪，坚决打掉其“保护伞”。在立案监督和审查批捕、审查起诉中注意发现和掌握侵犯知识产权违法犯罪背后的国家工作人员职务犯罪线索，对于涉嫌构成犯罪的坚决依法查办，如静安区人民检察院在审查起诉犯罪嫌疑人曹某、郑某、蔡某等人涉嫌销售假冒注册商标的商品案件过程中，先后发现原上海市烟草专卖局静安分局稽查人员黄某，不仅自己参与销售假冒香烟，而且单独或指使同事滕某某泄露突查假烟的部署安排，有渎职的重大嫌疑。最终，法院以帮助犯罪分子逃避处罚罪和假冒注册商标的商品罪，判处黄某有期徒刑2年，并处罚金1000元；以帮助犯罪分子逃避处罚罪判处滕某拘役3个月，缓刑3个月。

（最高人民检察院侦查监督厅）

江苏省

专利工作

2009年，在江苏省委、省政府领导和国家知识产权局指导下，江苏省知识产权局系统以党的十七大精神为指导，深入贯彻落实全省知识产权工作会议精神，以创建实施知识产权战略示范省为契机，大力实施知识产权战略，奋力开拓、锐意进取，推进全省知识产权事业取得了新的重大进展。

一、知识产权战略上升为全省战略，合力推进事业发展

2009年1月5日，江苏省人民政府以1号文件颁布实施了《江苏省知识产权战略纲要》，丰富了知识产权工作的内涵，知识产权战略成为建设创新型省份、促进自主创新、经济转型的重要战略，标志着知识产权事业进入了一个崭新的发展阶段。2月15日，江苏省人民政府和国家知识产权局签署了共同创建“实施知识产权战略示范省”合作协议，明确了合作目标和内容，建立了合作委员会和部省领导年度例会制度。2月16日，江苏省政府组织召开了全省知识产权工作会议，省长罗志军出席并发表重要讲话，省长助理徐南平作了工作报告，对今后一个时期全省实施知识产权战略，创建实施知识产权战略示范省工作作出了全面部署。随后，江苏省政府办公厅下发了《实施江苏省知识产权战略纲要任务分解落实方案》，明确了江苏省政府知识产权联席会议成员单位的主要任务和责任。江苏省政府知识产权联席会议办公室制订印发了《实施江苏省知识产权战略纲要2009年行动计划》，明确了成员单位的年度工作任务。4月26日前，以纪念“4·26世界知识产权日”座谈会为契机，省长助理徐南平就组织实施《江苏省知识产权战略纲要》进行了再发动。

苏州市率先组织召开了全市知识产权工作会议，出台了《贯彻落实〈国家知识产权战略纲要〉加快构建知识产权高地的若干意见》；徐州市召开了千人知识产权工作大会，发布了《徐州市知识产权战略纲要》；镇江市出台了《关于加强知识产权工作的指导意见》；淮安市出台了《关于大力推进知识产权战略的实施意见》。7个省辖市和部分县（市、区）启动了本地知识产权战略纲要编制工作。逐步形成了各地、各部门合力推进知识产权战略纲要贯彻实施的工作格局。

二、逐步完善知识产权工作体系，管理职能不断加强

在政府机构改革严格控制增设机构、增加编制的情况下，江苏省知识产权局新增江苏省保护知识产权工作组和组织实施国家、省知识产权战略纲要等职责，新增机构宣传教育处并加挂人事处，原政策法规处加挂专利执法处。机关行政编制由2000年的26名增加到46名，领导职数由原来的12名增加到20名。

苏州市在机构改革中继续将知识产权局列入政府组成部门，保留了版权管理职能，巩固了体制改革成果。常州市天宁区、钟楼区、戚墅堰区挂牌成立了知识产权局；扬州市知识产权局设立了独立的协调管理处；徐州市成立了知识产权执法大队。截止2009年底，共有101个县（市、区）成立了知识产权局，占全省县（市、区）总数的95.28%。

2009年，省级知识产权财政预算达8725万元，同比增长35.08%。市、县（市、区）专利专项经费投入达2.93亿元，同比增长91.19%。

三、狠抓专利申请与授权管理，专利产出再创新高

2009年，江苏省各级知识产权管理部门积极采取加强培训、资助激励、指导服务等多种措施，

狠抓专利申请与授权管理，进一步提高全社会的知识产权意识，全省知识产权创造与应用能力显著增强，企业知识产权主体地位不断强化，专利产出再创佳绩，专利申请量、专利授权量、企业专利申请量、企业专利授权量 4 项指标位居全国第一。

全省专利申请 174 329 件，同比增长 36.19%，继续保持全国第一位；全省专利授权量达 87 286 件，同比增长 95.73%，首次跃居全国第一。

全省发明专利申请量达 31 801 件，同比增长 40.71%，跃居全国第二位；发明专利授权量达 5322 件，同比增长 51.71%。全省 PCT 国际专利申请 316 件，同比增长 30%。

专利申请方面，苏南 5 市专利申请量 119 967 件，同比增长 19.48%；苏中 3 市专利申请量 35 637 件，同比增长 43.08%；苏北 5 市专利申请量 18 745 件，同比增长 21.33%。专利授权方面，苏南 5 市专利授权量 64 246 件，同比增长 94.93%；苏中 3 市专利授权量 16 031 件，同比增长 110.09%；苏北 5 市专利授权量 6961 件，同比增长 76.81%。

全省企业专利申请量 79 947 件，同比增长 33.87%，占全省申请量的 45.86%，继续保持全国第一位；企业专利授权量 46 976 件，同比增长 96.35%，占申请量的 53.82%，首次跃居全国第一位。企业专利大户不断涌现，据不完全统计，全省专利申请量超过 100 件的企业达到 130 余家，其中 4 家企业超过了 500 件。

四、深入推进知识产权法律法规建设，保护环境进一步优化

2009 年 5 月 20 日，江苏省人大审议通过了《江苏省专利促进条例》，同年 10 月 1 日正式实施。《江苏省专利促进条例》对县级以上政府专利工作部门的职责、专利专项资金的设立，以及专利行政执法等工作予以了强化。无锡市出台了《关于加强企业知识产权保护的实施方案》。南京市启动了《南京市专利促进条例》的立法工作。

江苏省知识产权局与各省辖市知识产权局签订了专利行政执法工作目标责任书，明确执法内容和责任；国家知识产权局专利复审委在江苏省建立了知识产权巡回审理庭，改善了知识产权案件审理条件；积极开展“雷雨”“天网”专利专项执法行动，重点打击恶意侵权、重复侵权和群发性侵权以及假冒专利等违法犯罪行为。2009 年，全省知识产权局系统共受理专利侵权纠纷 92 起，结案 60 起，查处假冒冒充专利违法行为 190 起。

江苏省知识产权局会同江苏省外经贸厅制定发布了《江苏省企业境外知识产权维权指引》，并对 2 家影响较大的境外维权企业分别给予了 50 万元援助资金。继江苏省和苏州、无锡、常州知识产权维权援助中心之后，泰州市也获批成立知识产权维权援助中心。各地知识产权维权援助中心统一开通了“12330”维权援助公益热线和咨询投诉专网。江苏省知识产权维权援助中心出台了《知识产权维权援助管理办法》，建立了维权援助专家库和协作单位数据库。泰州市开展了“中国（泰州）医药城专利预警机制与服务（保障）体系建设”研究，常州市开展了高分子材料、光伏产业、轨道交通车辆专利预警分析，南通市开展了风力发电行业专利预警研究，苏州市着重对新能源、生物医药、吸尘器等产业领域进行了知识产权预警分析。

五、深入开展知识产权宣传培训，人才培养取得新突破

2009 年，江苏省各级知识产权部门利用电视、报刊、网络等多种媒体，通过论坛、讲座、现场宣传咨询活动和专题集中培训等多种形式，营造贯彻实施知识产权战略的舆论氛围，提升社会认知度。

2009 年 2 月 15 日中央电视台《新闻联播》栏目播出了《江苏成为首个知识产权示范省》的新闻报道；江苏电视台连续 9 天播放了 9 集知识产权专题宣传片。《新华日报》《江南时报》连续 5 天专版集中报道知识产权工作。南京、无锡、常州、苏州、泰州等市也开展了大量的宣传工作。据不完全统计，全省组织专题宣传 50 多次，报刊新闻 400 条，举办讲座 120 余次，现场咨询 250 多场。

全年发布各类各种信息 2000 余条，其中 2 个大型专题报道、10 场图文直播和在线访谈被国家知识产权局网站、中国江苏网站转载、转播；江苏省在国家知识产权局门户网站首页刊稿数量连续 4 年位居全国第一。

《江苏省部分企业运用知识产权战略应对金融危机取得成效》和《江苏省南通市运用知识产权战略促进家纺产业发展》两篇专报信息得到国务院领导重视，专题作出批示；18 篇专题信息被国家知识产权局内部刊物采用，14 篇专题信息被江苏省委省政府内部刊物采用。

2009年,江苏省快速推进了知识产权培训基地建设,继南京理工大学知识产权学院之后,又相继建立了南京工业大学、江南大学、苏州大学和徐州知识产权培训中心4个省级知识产权培训基地。全年共举办知识产权工程师培训班21期,参训人员达1700余人,已有42人通过了知识产权工程师或高级工程师资格评审;举办专利代理人考前培训班2期,培训应试人员108人;培训知识产权服务人员60余名,知识产权行政管理人员和行政执法人员80多名。

六、扎实推进企业知识产权工作,主体作用日益突显

在全国率先制定并发布了江苏省地方标准《企业知识产权管理规范》之后,2009年,编制了《贯标工作指导手册》和《企业知识产权管理标准化建设评价指标体系》,启动了173家贯标示范创建企业的培育工作。镇江市启动了知识产权"百企贯标工程",分期分批在全市100多家企业开展知识产权管理贯标工作。2009年,省财政投入经费1000万元,支持58家企业实施知识产权战略,全省省级"企业知识产权战略推进计划"承担单位累计达到160家。苏州、常州、南京市也启动实施了本市"企业知识产权战略推进计划"。通过省市联动,引导和推动了一大批企业从战略高度开展知识产权工作,企业运用知识产权战略的能力得到大幅提升。昆山好孩子、无锡开普动力、常州牛塘化工、盐城江动集团等企业运用知识产权战略有效应对世界金融危机的经验,受到了国务院和省领导的肯定。

江苏省知识产权局会同江苏省中小企业局认定中小企业专利新产品229个。南京、常州、镇江、苏州市积极开展知识产权质押贷款试点,推进专利技术转化实施。南京汉德森科技股份有限公司通过两项发明专利质押,从银行获得1000万元贷款。镇江市26家企业与中国银行等6大商业银行合作,以138件专利质押取得银行1.3亿元授信,其中,江苏银行已向16家企业59件专利发放2550万元专利质押贷款。据抽样调查,目前全省企业专利实施率达70%以上。促进商贸流通领域知识产权文化的培育和发展重点支持南京太平南路珠宝街、姜堰西大街商业步行街、苏州珍珠宝石城和南通家纺城创建"正版正货"承诺示范街区建设。

七、努力提升知识产权服务能力,服务领域逐步拓展

经国家知识产权局批准,增设了南京专利代办处苏州分理处,落实了机构和人员编制。2009年,南京专利代办处共受理专利申请11.5万件,同比增长10.2%。

2009年,全省专利代理机构代理专利申请74 583件,占全省专利申请总量的42.78%。全省新成立专利代理事务所2家,总数44家,新增专利代理分支机构2个,新增专利代理人20人,从事专利代理的总人数255人。

全省基本建成了覆盖13个省辖市和一批重点县(市、区)的知识产权信息服务网络。南京专利技术展示交易中心展出专利技术超过1500项,达成交易金额1.5亿元。常州市先后组织30多名知识产权专家深入300家重点企业开展知识产权服务,支持118家高新技术企业建设个性化专利信息平台。扬州市开通了新能源、新光源、新材料"三新"产业知识产权公共服务平台,对全市所有"三新"产业企业免费开放。泰州市建成并开通了医药知识产权公共服务平台,为泰州医药产业集群提供知识产权综合服务。

八、知识产权对外交流和区域合作有效开展,取得良好效果

2009年,全年共举办涉外知识产权会议7次,邀请国(境)外专家讲学10余人次,出席国际会议2次,派遣人员赴国外考察、培训3批次。重点开展了与德国、日本以及港、澳等发达国家和地区在知识产权领域的交流合作。推进了与德国巴符州的合作交流,组织了"德国与欧洲知识产权实务讲座""欧洲专利制度研讨会""德资企业知识产权座谈会",研究制定了《江苏省外资企业知识产权维权指引》,为在江苏的德资企业提供知识产权服务。加强了与日本贸易振兴机构的合作交流,签订了《江苏省知识产权局与日本贸易振兴机构上海代表处合作备忘录》,联合举办了"第一届中日(江苏)知识产权研讨会",江苏省政府知识产权联席会议成员单位代表与日方人员就有关知识产权问题进行了深入探讨。承办了国家知识产权局"2009年内地与香港、澳门知识产权研讨会",进一步推进与香港、澳门特别行政区在知识产权领域的合作交流。组织部分知识产权管理人员赴美国、德国、澳大利亚等国家和地区考察学习。2009年4月,江苏省政府知识产权联席会议办公室与

浙江省政府知识产权领导小组、上海市政府知识产权联席会议联合在上海首次召开长三角地区知识产权发展与保护状况新闻发布会，三地知识产权局局长共同签署了《长三角地区知识产权合作协议》。

（江苏省知识产权局）

商标工作

2009年以来，江苏省全省工商行政管理机关商标监管部门在江苏省工商行政管理局党组的正确领导和国家工商行政管理总局商标局的业务指导下，围绕贯彻落实省知识产权战略纲要和国家工商行政管理总局商标战略实施意见以及江苏省工业优化升级工作部署，着力实施“1234工程”，即：实现“一个深化”，进一步深化对商标工作的认识，明确工作的指导思想；围绕“两个中心”，以实施商标战略和充分发挥商标促进经济发展的作用为工作中心；完善“三个机制”，完善商标工作的外部领导机制、内部的高效规范履职机制和商标工作保障机制；狠抓“四个重点”，围绕局党组确定的“红盾保民生护企业促发展”主题活动，充分发挥商标服务经济发展的作用，提高全社会对商标的认知水平，打造高知名品牌群体，加强商标监管保护好权利人的合法权益。进一步加大了工作创新力度，深入推进商标战略的实施，全省商标工作取得积极进展。

一、围绕中心工作、重点工作，充分发挥商标服务经济发展的作用

（一）成功举办江苏省国际咨询会议专题报告会，构建商标服务经济发展的工作新机制

9月份，江苏省工商行政管理局联合江苏省商务厅和省政府金融办成功举办了2009江苏国际发展咨询会议专题报告会。会上，国际品牌专家作了打造江苏世界级的品牌的主题演讲，给与会的省有关部门、各市政府负责人和全省各类企业负责人传播了品牌发展的理念，江苏省委常委、常务副省长赵克志同志作了题为“打造具有国际竞争力的品牌强省”的讲话，就加快品牌机制建设提出了明确要求，要在全省形成“政府主导、工商部门牵头、相关部门配合、企业积极实施、全社会共同参与”的品牌发展新格局，这为全省实施商标战略，发展品牌经济构建了良好的工作机制。

（二）应对金融危机，加强探索创新，商标在“保增长、促发展、调结构”中的作用得到充分发挥

根据江苏省工商行政管理局党组决定开展的“红盾护企业保民生促发展行动”要求，积极谋划运用商标职能帮助企业化危为机，变挑战为机遇，发挥商标管理在促进企业发展、有效应对市场风险方面的作用，及时开展了以下工作。

1. 深入开展商标“进企业、进农村”专项活动

按照江苏省工商行政管理局的统一部署，全省联动开展了“五个一百”品牌兴企活动。一是通过发放《商标知识宣传手册》等方式，结合驰名、著名商标企业回访，企业注册、年检、日常巡查等工作，走进企业开展商标宣传，宣讲商标扶持政策。全省各级工商机关共出动宣讲人员5200余人次，宣讲企业98 570户，及时将现行的商标发展政策宣传到广大企业。二是实行问卷调查与实地调研相结合，深度了解金融危机给企业带来的具体影响，全面掌握企业在商标注册、保护、培育等方面的现实需求。三是全方位指导企业实施商标战略，从帮助制定商标战略规划入手，鼓励企业建立商标价值评估、统计制度，完善对外合作商标管理制度，支持企业开发利用商标权的市场价值，引导企业以商标整合企业的技术、管理、营销等优势，加强创新，丰富商标内涵，增加商标附加值，创立知名品牌，提高核心竞争力。仅上半年，江苏省就培育了36件驰名商标，企业品牌价值大幅提升。四是深入农村，深入推进“商标富农”工程。加强对农业企业、农村专业合作社、相关行业协会等商标及商标战略知识的宣传，进一步提高商标知识的普及程度，促进农产品商标的快速增长。通过各地的宣传指导，2009年地理标志申请量和注册量分别达14件和12件，均比往年大幅提升，江苏省地理标志总量已达37件，继续稳居全国前列。同时，加大培育力度，2009年还培育了“盱眙龙虾”“洞庭山碧螺春”两件地理标志驰名商标。

2. 强化重点企业的商标注册引导，提高企业抗风险能力

针对定牌加工企业和部分出口企业没有自主品牌，在国际产业分工体系中处于产业链的低端，难以有效抵抗金融危机带来的冲击这一严峻现实，我们要求各地有针对性地开展对这类企业培育发展自主品牌的引导帮扶力度。根据企业的实际需要，引导尚无注册商标的定牌加工和出口企

业申请商标国内、国际注册,为发展自主品牌做好前期准备。对于拥有自主商标但很少使用的企业,引导其在从事贴牌加工或出口服务的同时,积极使用自主商标,因地制宜地开展自主品牌的推广创立工作。2009年以来,各地国内国际商标申请量和注册量继续保持平稳增长的势头。

3. 积极开展商标专用权质押贷款工作,为企业资金融通提供支持

为充分发挥商标无形资产价值,帮助企业破解融资难题,抵御金融危机对企业的冲击,江苏省工商行政管理局商标处按照"红盾保护行动"方案要求,积极发挥商标监管职能作用,稳妥开展商标专用权质押贷款工作。采取试点先行的方式,在苏州市试点成功后,江苏省工商行政管理局商标处联合中国人民银行南京分行出台了《江苏省注册商标专用权质押贷款管理暂行办法》,各地工商部门积极会同当地人民银行及时转发,并加大宣传力度,广泛利用报纸、电视和网络等各种媒介,深入企业、深入基层开展行之有效的宣传,使社会各界开始对商标价值有了新的认识,使注册商标专用权质押贷款这一新型惠企政策广为知晓,使商标质押贷款工作迅速在全省推广。截至目前,已有7户企业办理了商标质押贷款业务,融资额高达9.9亿元,目前仍有30余户企业正在积极与金融机构协商办理商标质押贷款业务。商标无形资产资本化运作有效缓解了企业融资难题。

4. 加强产业集群品牌培育基地建设,以品牌优势助推企业快速发展

根据江苏省区域经济特征和省政府部署,我们加大工作创新力度,探索开展了产业集群品牌培育基地确认和管理工作,通过综合运用多种职能,树立区域整体品牌集群形象,提升区域企业的整体竞争力,从而在金融危机中提高抗风险能力。在无锡市先行试点后,我们通过深入调研,广泛征求意见,出台了《江苏省产业集群品牌培育基地确认和管理办法》,使产业集群品牌培育基地确认和管理这一创新型工作有据可依、有章可循、规范开展。我们组织有关人员对33个行业协会申请的产业集群进行了细致的考察验收,开展了认真的讨论,最终确认了28个首批省产业集群品牌培育基地,覆盖了全省部分地区和主要支柱产业,涉及企业4000余户。建设品牌培育基地,使大批企业走上打造品牌的快车道,推动江苏省企业品牌的集聚化发展。为确保品牌培育基地的后期管理和扶持到位,各地还制定了详细的培育和管理方案,切实将品牌培育基地建设成为品牌的孵化器。

5. 加大品牌培育力度,以高知名度品牌提升企业综合竞争力

进一步加大驰名商标的培育力度,加强对企业申报驰名商标的辅导。各地通过灵活多样的方式,对168户企业开展了针对性强的申报辅导,为江苏省驰名商标培育工作取得重大突破夯实了基础。2009年有36件商标被国家工商行政管理总局商标局、商标评审委员会认定为驰名商标,这是自驰名商标认定和保护工作开展以来江苏省获得认定数量最多的一次,也是首次实现全省13个省辖市全部拥有了行政认定的驰名商标。截至目前,江苏省经工商总局认定驰名商标总数为173件,位居全国第二。"盱眙龙虾""洞庭山碧螺春"是江苏省首次获得驰名商标认定的地理标志证明商标。2009年,江苏省工商行政管理局还向国家工商行政管理总局推荐申报认定驰名商标50余件。

在著名商标培育方面,我们再次修订了省著名商标认定标准,积极支持高科技企业、现代农业、现代服务业、新增长点企业和列入江苏省产业振兴规划的重点行业企业申报省著名商标,以高知名度商标培育来提升相关行业企业综合竞争力。2009年,认定江苏省著名商标660件,其中:再认定378件,新认定282件,省著名商标总量达2091件,比2008年净增232件。

(三)上下联动,合力推动商标战略的深入实施

为更好地推动商标战略的实施,我们制定了《关于贯彻落实知识产权战略纲要加快建设商标战略实施先进省份的工作意见》,上报江苏省政府办公厅,积极筹备召开全省实施商标战略工作会议。同时,我们始终将推动地级市政府出台商标战略实施意见作为突破口,加强对地区实施商标战略工作的宣传和引导,无锡、苏州、宿迁等地市政府率先出台了商标战略实施意见,成立了组织,构建了工作机制,制定了详细的考核和激励政策,实行政府主导实施商标战略的新格局。常熟、睢宁两地政府也出台了商标战略实施意见,开创了江苏省县级人民政府实施商标战略的先河。其他一些市、县也正在积极制订之中,江苏省出现了省、市、县三级联动实施商标战略的可喜局面。

二、加强宣传和培训，全社会对商标的认知水平明显提高

（一）以江苏商标发展报告为依托，展示我省商标工作成果

2009 年 4 月，江苏省工商行政管理局商标处向社会公开发布了《2008 年度江苏商标发展报告》，全面展示了 2008 年度全省商标工作的情况，系统总结了全省商标创立、运用、保护和管理各项工作，深入分析了全省商标事业发展存在的问题，并提出相应的工作建议。商标年度发布制度为全省各级党政机关决策施政提供了必要的情况参考，促进了政府、企业和社会公众对商标工作的了解和认知。

（二）以“4·26 世界知识产权日”为契机，扎实抓好商标宣传咨询活动

全省联动开展了形式多样的商标知识和法律法规宣传，为营造有利于商标发展和保护的社会环境创造了积极条件。4 月 26 日，江苏省工商行政管理局暨南京工商行政管理局在南京举行了以“实施商标战略，促进科学发展”为主题的大型广场宣传咨询活动，全省各地也同步举行了大型广场宣传咨询活动，苏州市还举办了知识产权宣传周活动。据统计，全省共出动商标工作人员 2600 余人，接待咨询人员 27 000 余人次，发放宣传资料 10 万余份，商标知识得到了很大程度的普及。

（三）以《江苏商标通讯》和《江苏商标管理》为载体，及时宣传商标动态

我们会同江苏省商标协会，认真组织好《江苏商标通讯》的编印工作，扩大信息量，增加编印期数，以最快的速度，向广大企业和社会公众传递最准确的商标发展动态。在系统内创设了《江苏商标管理》电子文档，加强对国家工商行政管理总局的信息上报、加强对本系统商标工作人员的交流，及时沟通信息，将其打造为工商系统内部商标宣传的平台。

（四）以召开新闻发布会为平台，加强商标宣传

2009 年，我们先后召开了两次新闻发布会，分别就“红盾保护行动”和开展商标权质押贷款工作与新闻媒体沟通。广泛宣传了商标在品牌经济时代的五大经济功能，商标在知识产权体系中的重要地位及实施商标战略的重大意义，深化了全社会对商标的认知。

（五）以商标及商标战略知识培训为抓手，进一步提升商标认知水平

随着知识经济时代的来临，商标的作用与日俱增，商标知识的更新也在逐步加快，迫切需要加强培训，提高商标工作者的业务水平，以适应新形势下的工作要求。因此，我们通过加强对基层商标工作人员及企业商标管理人员的业务培训和对政府、企业领导的商标战略知识培训相结合的方式，分层次开展针对性强的培训，提高培训实效。江苏省工商行政管理局开展了一次针对全系统商标工作人员的培训，各直属局及市（县、区）局也都结合当地实际，有声有色地开展了大规模培训，其中：对系统内部培训 260 余次，培训商标执法人员 4500 余人；对企业培训 620 余次，培训企业商标管理人员 36000 余人。通过培训，商标工作者的业务水平有了明显提升，夯实了实施商标战略的人力基础。

三、深入实施商标管理运用规范工程，提升江苏省商标管理和使用规范化水平

（一）开展企业商标使用和管理情况调研

通过发放问卷、上门走访、召开座谈会等形式，就企业商标使用管理现状及存在的问题和企业需求进行调研，加强指导和帮助企业商标管理的针对性。从指导企业制定商标战略规划入手，加大对企业建立商标使用管理制度的帮扶力度，切实提高了企业的商标使用管理水平。

（二）制订企业商标印制管理示范文本

在开展对商标印制企业专项管理的基础上，出台企业商标印制管理规范示范合同文本，引导企业在商标印制工作中加强自我监督、自我约束，提高商标印制使用的规范化水平，减少商标侵权情况的发生。

（三）加强商标协会和中介机构自身建设

大力加强江苏省商标协会的自身建设，提高协会的组织水平和服务能力。各级商标协会加大了对中介服务机构的扶持力度，注重整合中介机构的资源优势，通过开展商标法律法规宣传培训活动，举办品牌发展高层论坛，加强与高等院校、国外相关行业协会的联系与往来等形式，开展了

学习交流和研讨活动，提升了中介服务行业的服务水平。

积极引导商标中介机构加强自律，通过树立龙头骨干的中介服务企业，倡导建立中介机构信用评价和失信惩戒等诚信管理制度和行业公约，有力规范了商标代理中介服务市场的经营秩序。

四、狠抓商标行政保护不放松，商标权保护环境进一步优化

（一）开展地理标志商标保护专项执法行动，切实维护涉农企业和广大农民的合法权益

为认真贯彻党的十七届三中全会精神和《国家知识产权战略纲要》，进一步落实苏州“全省地理标志工作推进会议”工作部署，4～10月，江苏省工商行政管理局在江苏省范围内组织开展地理标志商标保护专项执法行动。在江苏省工商行政管理局的统一组织下，各地紧密结合本地区的实际情况和地理标志产品生产、销售特点，认真研究制定开展本地区地理标志保护专项执法行动的工作方案，明确目标任务和工作内容，切实采取有效措施，精心组织，周密部署。对情节严重、社会反响强烈的侵犯地理标志商标权益的各种违法行为加大查处力度，切实维护商标权利人的合法权益，保证专项执法行动取得实效。全省共出动执法人员12 652人次，检查各类经营户38 774户，检查商品交易市场1382个，捣毁制假售假窝点5个，立案查处48起，没收侵权标识4231件，罚没款52.41万元，有力地打击了不法行为，保护了权利人合法权益。同时，各地还注意建立和完善地理标志商标保护的长效监管机制，在加强对地理标志商标监督管理的同时积极指导商标权利人认真规范地理标志商标的使用行为，帮助他们建立使用管理制度，避免出现使用混乱现象，使地理标志商标真正发挥应有的作用。

（二）扎实开展商标印制企业专项检查

开展印制企业专项检查，是从源头上防止商标侵权行为发生的重要手段，因此我们要求各地联动，明确重点，强化对商标印制企业主体资格的审查，认真督查商标印制企业“六项制度”的落实，并加大对违法行为的查处力度，切实规范商标印制行为。各地运用经济户口加强商标印制企业的规范管理，着重对商标印制企业承接商标印制件业务的审查登记手续、业务登记表制度和商标标识出入库登记台账制度等进行了详细检查；对管理较为混乱，各种规章制度落实较差的商标印制企业，及时予以了纠正。专项检查开展以来，全省各地共出动执法人员4500余人次，检查企业3600余家，罚款207万元，商标印制市场秩序有了明显好转。

（三）加快推进商标监管协作机制建设，提高执法效能，实现区域内商标发展和保护水平的共同提高

在商标日常监管工作中，我们充分发挥“华东六省一市”商标管理协作网和“淮海经济区四省十九地市”商标保护协作网作用，加强与外省市的商标监管协作机制建设。2009年4月，江苏省工商行政管理局参加了长三角地区知识产权发展和保护状况新闻发布会。就商标专用权发展和保护议题进行了交流和探讨，并就如何促进长三角地区知识产权战略的实施，建立商标工作信息交流机制和维权协作机制，实现区域内商标发展和保护水平的共同提高，提出了具体的意见和措施。

（四）强化基层商标执法办案指导，做好相关大案、要案的督办、协调工作

着重强化对基层的办案指导，有力地支持了基层工作开展，维护了商标权人合法权益。针对群体性商标侵权问题，江苏省工商行政管理局行政管理商标处指导苏州市工商行政管理局以“圆桌调解法”成功调处了一起驰名商标侵权群体案件，通过行政调解对涉案人员进行商标法宣传和行政警示，让违法经营者充分认识并主动纠正自身侵权行为，从根本上解决商标侵权的长期性、群体性问题，受到了企业高度评价。针对企业反映强烈的商标异地维权难题，加强与外省市工商部门的联系协作，积极为江苏省企业开展省外维权行动。2009年以来，就苏州“多威”、无锡“小天鹅”等多起商标被侵权案件分别协调山东、广东等地工商部门商请组织查处。

五、着力构建推进商标战略实施的良好机制

商标在自主知识产权创造和运用中，具有市场价值实现工具和知识财富增值载体等多种经济属性，商标工作在自主知识产权创造、管理、运用、保护工作体系中具有全景、全程的作用，商标工作

的内涵正在发生深刻的变化，正从传统的单项行政监督管理工作向新时期以商标知识产权的创造、管理、运用和保护为中心环节的实施商标战略转变，正从由工商系统单一的商标部门负责的工作向商标部门主导，广告管理、注册登记、信用管理等多部门合力实施的工作转变。顺应这种变化，我们的工作思路、工作视野也在与时俱进地作出相应的调整，为此，我们着力构建了有利于商标战略实施的良好机制。

（一）外部的领导协作机制

1. 加强与政府的沟通协调

通过汇报宣传，新时期商标工作的理念得到江苏省政府领导和社会各界的认同，省领导提出要在全省形成“政府主导、工商部门牵头、相关部门配合、企业积极实施、全社会共同参与”的品牌发展新格局，省政府办公厅初步同意转发江苏省工商行政管理局制定的《关于贯彻落实知识产权战略纲要加快建设商标战略实施先进省份的工作意见》。

2. 加强与国家工商行政管理总局的沟通协调

根据商标工作的特点，积极加强向国家工商行政管理总局的汇报，年初，我们就江苏省近期商标工作情况及下一步推进商标战略的实施的建议具文总局，积极向国家工商行政管理总局提交推进商标战略实施的建议，并请求国家工商行政管理总局加快驰名商标案件认定工作，得到了国家工商行政管理总局的认同。最近，就国家质监总局出台加强自主品牌建设，大力推进名牌战略的意见，我们又及时与国家工商行政管理总局沟通，反复交流我们想法，并以《关于对加强自主品牌建设实施名牌战略的意见征求意见稿有关建议的报告》向国家工商行政管理总局提交书面报告，我们的有关建议被国家工商行政管理总局采纳。在2009 年 7 月国家工商行政管理总局召开的全国商标工作会议上，我们作了《高起点认知，深层次谋划，全方位推进商标战略》的主题发言，江苏省工商行政管理局的商标工作理念和主要做法得到了总局领导及与会代表的肯定。我们还就推进商标战略实施部省合作、示范城市和示范企业推荐、商标局外设办事机构等工作，加强了与国家工商行政管理总局的联系沟通，取得了国家工商行政管理总局的理解和支持。

3. 加强与有关部门的沟通

积极与江苏省发改委、经信委的合作沟通，在推进产业结构升级中主动承担了牵头品牌化工作的任务。加强与农林、知识产权局、中小企业局等部门的联系，就地理标志注册、实施商标战略、开展企业培训等工作开展合作；进一步加强与公安、法院等司法机关的协作，推进建立高效的商标保护机制；为推进我省体育产业的品牌化进程，我们还加强了与江苏省体育局的协作，推进江苏省体育装备行业的发展。

4. 加强地区间的横向交流

加强与“华东六省一市”商标管理协作网、“淮海经济区四省十九地市”商标保护协作网作用、长三角地区商标监管合作协议等成员单位的沟通与协作，进一步完善商标保护协作机制。开展商标境外保护工作的调研，为下一步推进商标国际化打下了良好的工作基础。

（二）内部的高效规范履职机制

1. 建立本条线的上下联动机制

我们建立了季度例会制度和案件分析会制度，每季度就重大工作的开展、阶段工作的总结及下一阶段的安排、新型商标案件的分析等召开条线会议，统一步调，形成合力。

2. 建立健全日常工作规范

我们着重就江苏省工商行政管理局商标处的重点工作抓紧完善了相关制度，对著名商标认定标准和程序进行了完善，对驰名商标申报工作进行了程序规范，还制定了《江苏省产业集群品牌培育基地确认和管理办法》，规范品牌培育基地的申报和确认工作。

3. 建立对局领导的专报制度

为及时报告国家工商行政管理总局、江苏省政府关于实施商标战略的部署以及兄弟省市商标战略实施动态和各地商标战略实施成果，我们建立了专报制度，及时向局领导报送相关信息。

（三）工作保障机制

1. 建立财政保障机制

为加大商标战略推进力度，出台商标发展扶持政策，我们反复与省有关部门沟通协调，建议建立商标战略实施财政专项经费，保障商标战略的顺利实施。江苏省工商行政管理局具文省财政厅，在商标宣传、培训、保护、国际注册和地理标志注册等方面拨付专项经费。目前，江苏省财政厅初步认同我们关于建立商标战略经费保障制度的要求，正在履行有关的报批手续。财政保障机制的建立将显著加大商标战略的推进力度，将使江苏省商标战略实施提升到新水平。

2. 建立人员保障机制

随着商标战略的不断推进，商标工作人员不足的问题日益突出，我们一方面不断要求全条线干部要认真分析新时期商标战略实施工作的特点和任务，转变思想认识，不断开拓创新，同时进一步加强商标机构建设，充实商标工作力量，以机构改革为契机，及时向局领导和人事部门提交了机构改革的建议，希望保障商标工作人员，以适应新形势下实施商标战略的需要。为提升商标工作人员业务水平，我们邀请国家工商行政管理总局和法院系统专家，开展了商标业务专题培训，提高全系统商标工作人员的业务素质，并建立了长效培训机制。

3. 建立作风保障机制

为提高工作效率，确保各项工作的顺利进行，我们不断加强作风建设，组织干部积极开展自查，以岗位为基础，联系岗位职责和工作流程，查找在履行岗位职责、行使权力过程中可能会发生廉政和监管风险的部位和环节，确定风险点，认真研究制定防范措施和计划，建立廉政风险防范制度。

（江苏省工商行政管理局）

版权工作

2009年，江苏省版权局认真落实国家版权局和江苏省委、省政府对知识产权保护工作的总体要求，以提高版权工作水平为目标，围绕工作大局，创新工作方式，突出工作重点，转变工作作风，不断提高版权管理和服务水平，促进科技文化创新，推动版权产业发展，为全省“两个率先”——率先全面建成小康社会、率先基本实现现代化，作出了应有的贡献。

一、抓好典型，服务发展，圆满完成世界知识产权组织南通优秀案例示范点调研工作

3月26日，国家版权局与世界知识产权组织在江苏省南通市举行了“世界知识产权组织版权保护优秀案例示范点调研项目专家会议暨合作协议签约仪式”，标志着南通调研项目正式启动。世界知识产权组织官员对调研的方式、内容和时间安排提出了具体要求。根据国家版权局指示，于4月初成立了调研组，制定了调研计划和提纲，并提交中方专家进行了修改审定。4～6月，调研组根据协议精神和调研计划，多次赴南通组织实施调研任务，7月如期完成调研报告的初稿；在此基础上，进一步听取地方党委、政府的意见，9月完成征求意见稿，召开了专家论证会。10～11月，对调研报告进行了反复修改并报国家版权局审定通过。12月10～12日，应世界知识产权组织创意产业司司长根切夫的邀请，受国家版权局委托，省版权局局长徐毅英率中国版权代表团一行11人专程赴日内瓦访问世界知识产权组织总部，正式向世界知识产权组织提交《南通家纺市场版权保护调研报告》。世界知识产权组织副总干事王彬颖、助理总干事克拉克分别会见了代表团全体成员；创意产业司司长根切夫博士组织有关专家听取了调研情况的汇报，并对此项调研在预定的时间内保质保量成功实施给予积极评价。

二、讲究方法，普及法律法规，扎实推进企业使用正版软件工作

协调江苏省使用正版软件工作领导小组及其办公室各有关部门，按职责抓好重点企业正版软件的安装使用和检查验收、表彰奖励工作。4月召开了25家被投诉企业座谈会，5月上门走访了7家整改缓慢的企业。6月开展了“企业使用正版化软件示范单位”评选工作，共评出推荐国家版权局表彰的先进单位15个。12月省使用正版软件工作领导小组办公室举办了33家企业参加的软件正版化培训班。各市根据本地实际制定了相应的正版化工作计划并认真组织实施。苏州市采用资金资助的方式引导本地企事业单位使用正版软件，完善软件资产管理制度，提高软件使用效益，全年共推进106家企业完成了正版化。淮安市对年内计划完成的46家企业进行了检查验收，除1家企业因搬迁停产外，其余45家企业均完成正版化。徐州市把推进重点放在工程机械行业和勘察设计单位，全年完成19家企业的软件正版化。连云港市新推进了20家制造业企业使用正版软件，新增正版化投入资金超过300万元。苏州昆山市制定并实施了《昆山市企业软件正版化资助项目与示范单位评定奖励暂行办法》，对15家软件正版化工作成绩显著的企业给予了资金奖励。2009年，江苏省由各市工商行政管理局牵头共举办企

业使用正版软件培训班 21 期，参加培训企业 698 家、1 032 人次；完成自查自纠企业 341 家，列入年度阶段性目标企业 292 家，完成检查验收 214 家，督查企业 247 家，查处企业 7 家。

三、强化监管，注重实效，依法查处各类侵权盗版案件

2009 年江苏省各级版权行政部门坚持日常监管与专项治理相结合，认真履行社会监管职责，始终保持打击侵权盗版的高压态势，严密组织，突出重点，依法查处，成效显著。根据国家版权局、公安部、工业和信息化部统一部署，江苏省版权局会同省公安厅、省通信管理局，在全省范围内深入开展了打击网络侵权盗版专项行动，共查处网络侵权盗版案件 102 起，责令停止侵权 176 家，关闭网站 102 个，没收服务器 14 台，罚款 41.4 万元，移送公安机关 7 起。先后协调南通、扬州、镇江市版权局查处 3 起“天龙八部”私服案，没收了服务器，维护了权利人的合法权益，北京畅游公司(搜狐网)对省版权局严厉打击“私服”“外挂”表示感谢，赠送了“版权卫士，大公无私”的锦旗。根据苏州大学出版社投诉，省版权局查获南京中译图书有限公司销售盗版苏大版计算机类图书 11 种 9 800余册，码洋 18 万余元，应苏大社要求，经调解，侵权销售者赔偿苏大社经济损失 31 万元。根据福建省版权局协查请求，江苏省版权局在全省范围内组织开展了为期 20 天的查处“中华魔域”私服案件；根据美国电影协会和电影频道的投诉，查处了“旺旺影院”和“NETEIGA”网站侵权播映影片案。2009 年 9 月，省版权局在淮安市召开了打击网络侵权盗版专项行动总结会暨 2008 年度全国版权执法先进表彰会，江苏省受国家版权局表彰的有功单位 8 个、有功个人 6 名，在全国居于前列。

2009 年全省共查办行政处罚案件 108 起，移送公安机关 14 起，收缴各类侵权盗版制品 273.1744 万册(张)，罚款人民币 90.19 万元，在执法力度不减的情况下同比均呈下降趋势。

四、研究问题，完善措施，着力加强版权服务，促进版权产业繁荣有序发展

认真做好出版合同检查调研工作。江苏省版权局对全省各出版社近年来签订的出版合同进行了检查和调研，撰写了调研报告，回顾和总结近年来图书出版合同管理的经验和遇到的问题，并提出下一步工作思路，为出版单位提供指导和服务。会同上海市和浙江省版权局签署了《关于建立长三角区域版权保护和版权服务协作机制的合作协议》，搭建了长三角区域版权业互相促进、共同繁荣、科学发展的合作平台。

抓好江苏省版权综合服务中心信息平台建设。2009 年上半年对平台建设进行了调研和规划，下半年完成了平台的招标、签约和软、硬件采购工作，年底前完成了第一期系统研发工作，平台正处于测试阶段，2010 年上半年正式启动运行。建成后的信息平台，将是全国第一个省级集版权登记、版权信息管理、版权贸易、作品检索、版权鉴定和反盗版为一体的版权综合服务平台，对于促进版权产业的发展将发挥重要作用。

全年共受理一般作品登记 6 077 件，同比增长 11.2%；计算机软件著作权登记 4 321 件，同比增长 47.2%；著作权合同备案登记 600 件，同比增长 37.9%。

五、推进立法，普及法规，公众版权保护意识不断增强

扎实推进版权地方性立法工作。2009 年初，江苏省版权局就《江苏省著作权保护与促进条例》(以下简称《条例》)草案召开了专家论证会，确定了第一稿送审稿。积极与江苏省人大相关部门和省政府法制办沟通协调，省人大科教文委和省版权局共同启动了该项法规的调研。调研后，根据省人大科教文委的建议，省版权局将《条例》改成《办法》，申请列入省政府 2010 年行政立法计划。

制定实施《著作权合同备案试行办法》，向社会提供著作权合同备案服务，全年软件企业共申请了 85 份计算机软件著作权合同备案。

扎实开展“知识产权宣传周”活动。各市紧紧围绕“文化、战略、发展”这一主题，在“4·26 保护知识产权宣传周”期间，举行“打击侵权盗版，保护知识产权”签名暨“绿书签”发放活动。宣传活动以面向群众、街头宣传为主，以“尊重知识、崇尚创新、诚信守法”为主要内容，着重围绕六个方面展开：一是宣传国家鼓励自主创新和知识产权保护的政策措施；二是宣传知识产权法律法规知识；三是宣传知识产权保护取得的成果和典型案例；四是宣传企业创造自主品牌和自主知识产权的成就；五是宣传相关部门在指导推进企业知识产权建设等方面所做的工作及取得的成效；六是公开销毁非法出版物、盗版音像制品、盗版软件。在宣传周期间，全省各版权部门共发放宣传资料 36 500 多份。组织全省 101 所学校的中小学生参加了“全国青少年版权保护读书活动暨版权保护知识竞赛”，全省有效答卷 51 221 份，共获得组织奖 22 个，一等奖 5 个，二等奖 28 个，三等奖 46 个，居全国前列。

六、精心组织，缜密筹划，加强版权贸易基础建设，全面展示版权产业发展成果

2009 年 9 月，江苏省版权局组织相关单位参加了第十六届北京国际图书博览会，充分利用国际版权贸易研讨会平台，结合江苏出版“走出去”活动的开展，积极推动版权贸易。全省共有参展单位 16 家，展台 24 个，参展图书 1 200 多种。签订版权贸易合同 515 项，比 2008 年增长 49.28%，位居全国第二。其中引进 121 项，位居全国第一，输出 99 项，位居全国第二；达成合作意向 295 种，比 2008 年增加 26.96%。

协助做好第四届“南京国际软件博览会”相关工作，重点做好展会期间的著作权法普及宣传、执法监督以及软件作品登记和相关咨询工作。

10 月下旬，组织南通、苏州、昆山等地 25 家企业参加了第二届“中国国际版权博览会”。在这次博览会上，江苏省参展团队规格最高，面积最大（占地 318 平方米），全方位展示了江苏版权管理、服务和版权产业发展的情况，展台特色鲜明，展品丰富多彩，展示亮点突出，成为博览会上最吸引人的展区。全国人大常委会副委员长路甬祥、世界知识产权组织副总干事王彬颖、国家版权局局长柳斌杰、副局长阎晓宏先后莅临江苏展区参观。王彬颖女士专为昆山蚂蚁童车题词“蚂蚁小轮车，多拉快跑向世界”，蚂蚁公司成交订单 200 多万元，42 部展示样车被抢购一空。

指导、协调、规范江苏省版权协会、凤凰版权事务公司和有关群众性维权社团的工作。省版权协会、凤凰版权事务公司全年共完成各类著作权登记 1399 件，同比增长 53.9%。协会全年共举办著作权登记、版权保护监督员、青少年版权保护、合法使用音乐作品、网络作品供需交流等各类专题培训 6 期、2775 人次。

（江苏省版权局　版权处）

司法工作

2009 年，江苏法院以邓小平理论和“三个代表”重要思想为指导，深入学习实践科学发展观，始终坚持“三个至上”指导思想，牢固树立能动司法工作理念，积极实施国家和省知识产权战略纲要，为建设创新型国家、创新型省份提供坚强有力的司法保障。

一、充分发挥知识产权审判职能作用，依法加大知识产权司法保护力度

一是进一步发挥民事审判职能作用，切实维护公平有序的市场竞争秩序。2009 年，全省法院共审理知识产权民事案件 3194 件（一审案件 2933 件、二审案件 261 件），其中新收案件 2739 件（一审案件 2508 件、二审案件 231 件），同比增长 36%，共审结知识产权民事案件 2730 件（一审案件 2521 件、二审案件 209 件），同比增长 36.9%，结案率为 85.4%，结收案比为 99.7%。

2009 年，全省法院新收案件数和结案数均大幅增长，并呈现以下特点：(1)商标权纠纷案件增长显著。2009 年，全省法院新收一审商标权纠纷案件 561 件，同比增幅达到 108.5%。(2)关联案件继续占据重要比例。2009 年，全省新收一审关联案件共计 275 起 1593 件，占全省法院一审收案总数的 63.5%。(3)新类型案件及疑难复杂问题不断产生，涉及信息网络传播权、植物新品种权、专利权、商标权案件审理等各个审判领域。

全省法院在知识产权民事案件审理中不断强化政治意识、国情意识、为民意识和大局意识，切实提升与我国国情及经济社会发展阶段和水平相适应，准确体现我国知识产权司法保护政策的审判理念，实现了依法保护、适度保护、平衡保护的基本目标。一是严格依法打击各类知识产权侵权行为，重点打击恶意侵权行为、重复侵权行为，加大侵权人的侵权成本，有效遏制侵权行为。二是认真做好重大案件和各类疑难复杂案件的审理工作，切实保证知识产权案件中涉及网络、音像、专利、商标等各类关联案件，驰名商标司法认定案件的审判质量。三是积极探索新类型和疑难复杂案件的审理思路和裁判尺度，积累审判经验，制定类案审理指南，切实促进案件审判法律效果、社会效果和政治效果的有机统一。四是积极探索知识产权审判工作的新方法、新思路，建立技术专家库，有效解决知识产权案件"技术事实认定难"问题。

二是进一步发挥刑事审判职能作用，依法从严打击各类知识产权违法犯罪活动。2009 年，全省法院新收侵犯知识产权犯罪一审案件较 2008 年略有增长。从犯罪类型看，主要集中在侵犯商标权犯罪，案件数占新收侵犯知识产权犯罪一审案件总数的 77.3%，具体犯罪对象主要集中在制造、销售假名烟、名酒和日常消费品等经济领域。从犯罪主体看，多元化趋势明显，以本地区为主向跨地区分工协作转变，共同犯罪增多，犯罪手法多样，尤其是在制售伪劣产品的侵犯知识产权犯罪案件中，窝案串案增多，且相互之间分工协作，形成"产、供、销"一条龙的制假、贩假网络。从案件分布看，苏南地区案件总数、涉案人数、涉案金额高于苏北地区。案件类型呈区域性差异，苏南地区制售假烟草制品案件多发，苏北地区制售假烟酒案件占较大比例，苏中地区制售假消费品案件增多。全省法院进一步加大知识产权刑事司法保护力度，充分发挥知识产权司法保护资源整合的优势，依法从严打击各类知识产权犯罪活动，加强对知识产权犯罪案件审理中非法经营和违法所得数额的计算、情节认定标准等难点热点问题的研究，努力提升知识产权刑事司法保护水平。

三是进一步发挥行政审判职能作用，妥善化解知识产权行政纠纷。2009 年，全省法院共审理知识产权行政案件 12 件，其中新收 11 件，旧存 1 件，审结 10 件。全省法院采取多种有效措施，依法妥善审理知识产权行政案件。江苏省高级人民法院在全国率先建立覆盖省、市两级法院行政审判年度报告制度，并向省委、省政府提交了《关于 2008 年江苏行政审判的报告》。各地法院不断加强服务依法行政的制度化平台建设，继续强化源头预防和化解行政争议的有效机制，加大诉讼协调力度，完善诉讼机制，落实司法为民，努力提升知识产权行政司法保护水平。

二、坚持能动司法，积极应对宏观经济形势变化，拓展知识产权司法保护空间

一是及时制定规范性意见，指导全省知识产权审判条线有效应对金融危机。江苏省高级人民法院先后出台了《关于保增长、保民生、保稳定的司法应对措施》《关于在当前宏观经济形势下进一步做好知识产权审判工作促进自主创新的指导意见》等一系列规范性文件，指导全省知识产权审判条线如何在国际金融危机背景下，着力服务于创新型经济建设，增强企业的市场竞争力及风险防范力。各地法院也结合本地实际情况，先后出台了贯彻落实"三保"工作的具体司法举措，充分发挥司法保障和引导作用，形成了一批调研报告和规范性文件，为本地经济平稳较快发展和社会和谐稳定提供了良好的司法服务。

二是扎实开展人民法院联系企业活动，及时主动地掌握和解决企业司法需求。全省法院切实发挥司法能动作用，扎实开展人民法院联系企业活动，通过走访企业、召开座谈会、举办义务法律讲座等多种形式，及时了解企业在金融危机爆发后面临的现实问题及知识产权司法保护需求，有针对性地开展知识产权法律的培训服务工作。

三是增强能动司法的前瞻性，有针对性地开展司法建议工作。全省法院密切关注各类可能危及经济社会发展的法律政策风险，通过对个案的剖析和对日常审判工作的研判，及时向党委、政府和相关企业提出司法建议，为党委、政府决策提供参考，帮助涉诉企业完善内部治理机制，防范经营风险。江苏省高级人民法院制定《当前宏观经济形势下企业防范经营法律风险的六十项提示》，寄送给省内 57 000 家企业；制定《江苏法院知识产权信息通报》，分发给省内 3000 余家企业。

四是立足地方特色找准服务大局的结合点和切入点。始终坚持"地方经济的亮点就是审判工作的焦点"的指导思想，根据地方经济特色有针对性地开展知识产权审判工作。各地法院充分发挥司法能动性，明确区域经济发展重点，着力打造区域知识产权审判工作亮点，重点加大对当地动漫设计、民间刺绣、服务外包等新兴产业、传统优势产业、重点产业以及非物质文化遗产等相关特色产业的司法扶持力度，为地方经济发展提供了有力的司法保障。

三、立足化解矛盾，积极探索知识产权诉讼调解的新机制与新方法

2009 年，全省法院以调解、经调解撤诉方式结案的知识产权民事案件共计 1926 件，调撤率为 70.5%，绝大部分调解撤诉案件得以自觉履行，近三年因当事人不履行和解协议而进入执行程序的知识产权案件仅占调解撤诉案件的 1.6%，极大地缓解了涉诉信访和案件执行压力，真正实现了案结事了，切实维护了社会和谐稳定。

一是构建具有知识产权特色的诉调对接机

制。将司法审判机关与知识产权行政执法部门、行业协会的协作机制建设作为诉调对接机制建设的重点，建立法院、知识产权局、公安、工商、版权、行业协会等部门共同参与的知识产权立体保护网络，协同解决各类知识产权纠纷。

二是引入技术专家参与调解制度，增强当事人对调解协议的信服度。充分发挥技术专家的优势，在协助法官厘清有关技术问题的同时，利用当事人对技术专家专业知识的信赖，有针对性地开展诉讼调解工作，增强当事人对调解方案的信服度。

三是注重发挥诉讼调解对知识产权成果转化的促进作用。在依法保护权利人合法权益的同时，努力促使权利人与被控侵权人就涉案知识产权成果的使用达成合作协议，变“侵权使用”为“合法使用”，最大限度地促进知识产权成果的转化、传播和利用，实现知识产权社会效益的最大化。

四、深化改革，稳步推进知识产权“三审合一”改革试点工作

2009 年 3 月，经最高人民法院批准，江苏省最高人民法院成为全国首批进行知识产权“三审合一”改革试点工作的省级法院。2009 年 6 月 10 日，江苏省最高人民法院与省检察院、省公安厅联合制定下发了《关于知识产权审判“三审合一”改革试点工作中刑事司法保护若干问题的意见》。江苏省最高人民法院还同时印发了《关于在全省法院开展知识产权审判“三审合一”改革试点工作的意见》(以下简称《意见》)，决定自 2009 年 7 月 1 日起在全省范围内开展知识产权审判“三审合一”改革试点工作，就改革试点工作进行了全面部署。

全省法院“三审合一”改革试点工作正式开展半年以来，各地法院高度重视，成立试点工作领导小组，制订工作方案，着力落实试点工作的各项措施。全省法院普遍建立了与相关知识产权司法、行政执法机关的沟通协调机制，加强试点工作相关问题的协调和配合。各地法院采取多种措施，确保试点案件审理质量，审结了一批有一定社会影响的试点刑事、行政案件。苏州虎丘区法院近期所审理的被告成都市共软网络科技公司、洪磊等利用“蕃茄花园”网站实施著作权犯罪一案，充分体现出江苏省知识产权刑事司法保护水平，有效扩大了江苏省知识产权刑事司法保护的国内外影响力。

五、进一步推进知识产权司法民主和司法公开建设，增强知识产权司法保护的社会影响力和公众认同度

一是建立知识产权审判工作蓝皮书发布制度。江苏省最高人民法院在 2009 年“4·26 世界知识产权日”新闻发布会上公布了《2008 年江苏法院知识产权司法保护状况》(江苏法院知识产权司法保护蓝皮书)，在全国首推“知识产权审判蓝皮书及企业知识产权信息通报制度”，对江苏省法院知识产权司法保护工作进行了全面回顾和集中展示。包括《人民日报》在内的多家重要媒体在显著位置进行了专门报道，有效扩大了江苏省法院知识产权审判服务大局工作在全国的影响力。

二是继续完善人民陪审员参与知识产权审判的机制建设。江苏省最高人民法院于 2009 年聘请 12 名来自各专业领域的人民陪审员担任“江苏省法院系统知识产权审判技术专家”，多次组织技术专家人民陪审员旁听观摩公开庭审，并参与部分知识产权案件审理，进一步推进知识产权司法民主建设，有效扩大知识产权案件的社会参与度。

三是积极开展知识产权宣传周、“优化自主创新司法环境”年度主题活动等系列宣传活动。根据最高人民法院统一部署，全省法院先后开展了知识产权宣传周、“优化自主创新司法环境”年度主题活动等系列宣传活动。各地法院通过公布知识产权司法保护状况和知识产权司法保护典型案例、邀请人大代表和政协委员等代表性人士旁听案件审判并征求意见、公开宣判一批具有重要社会影响的知识产权案件等多种活动形式媒体报道、组织公开庭审观摩、举行知识产权法制讲座等多种形式，深入宣传知识产权法律知识，提高社会公众的知识产司法保护意识。全年共举行公开庭审观摩 80 次，各界人士座谈会 74 场，共邀请人大代表、政协委员、高校专家学者及在校学生等各界代表性人士计 1785 余人次旁听庭审，邀请人大代表、政协委员、企业代表、相关行政机关人员等共计 1779 余人次参与座谈，走访企业 313 次，开展各类法律讲座 85 次。

四是继续上网公布文书，进一步落实审判信息和文书公开。全省法院一、二审知识产权案件均实现公开开庭，继续坚持上网公布审结生效的所有知识产权裁判文书，全年共上网知识产权裁判文书 3902 篇，位居全国前列，受到最高人民法院的充分肯定。

（江苏省高级人民法院知识产权审判庭）

检察工作

江苏省是国家知识产权局确定的知识产权战略示范省，2009年，为大力实施知识产权战略，加快转变经济发展方式、调整优化经济结构，江苏省检察机关充分发挥法律监督职能，不断探索建立行政执法与刑事司法相衔接工作机制，严厉打击侵犯知识产权违法犯罪，取得了显著的成效。

一、依法严厉打击侵犯知识产权犯罪

江苏省各级检察机关充分发挥检察职能作用，与江苏省行政执法机关、公安机关等部门密切配合，依法及时批准逮捕、起诉涉嫌侵犯知识产权的犯罪分子。据统计，2009年江苏省检察机关共受理提请批准逮捕涉及知识产权犯罪案件66件131人，批准逮捕45件94人，共受理起诉侵犯知识产权犯罪131件287人，起诉96件167人，取得了良好的法律效果和社会效果。如江苏无锡市滨湖区人民检察院受理审查起诉了一起假冒注册商标罪件，该案犯罪嫌疑人秦某在经营无锡市某照明电器厂期间，经与其妻蒋某合谋生产假冒的名牌镇流器后，由蒋某于2009年3月中旬的一天购得标有注册商标“PHILIPS”“亚”等字样的飞利浦牌、亚字牌镇流器模板各5块。二人明知飞利浦牌、亚字牌均系注册商标，未经注册商标所有者皇家飞利浦电子股份有限公司、上海亚明灯泡厂有限公司许可，于2009年4月，在其工厂内，组织生产假冒的飞利浦牌、亚字牌的各种型号的镇流器518只，价值计人民币48 582元，并被无锡质量技术监督局执行人员查获。经鉴定，无锡市某照明电器厂生产的飞利浦牌、亚字牌镇流器均系假冒产品。为及时解决企业诉求，高效准确打击该领域犯罪，江苏无锡市滨湖区人民检察院挑选精兵强将，指定有此类案件办案经验的检察官集中力量办理此案，并提出了事实认定“清”、证据把关“严”、法律适用“准”、办案效率“高”的四字办案标准。办案人员详细讯问了两名犯罪嫌疑人，认真听取了被害单位的意见，审阅、核实了全部案件事实与证据，并及时引导公安机关补充完善了假冒注册商标产品的质量鉴定材料、生产假冒注册商标产品企业的性质等证据材料。为准确地办理该案，办案人员还查阅、学习、研究了大量知识产权、商标等方面的专业知识，以加深对案件的理解。经法院开庭审理，被告人秦某、蒋某均以假冒注册商标罪被判处有期徒刑1年，缓刑1年，并处罚金人民币4万元。由于飞利浦品牌经常受到侵权，但被查获尤其是受到刑事处罚的很少，此案发生后，荷兰总部对此一直十分关注，为此上海总部代表多次询问案件的进展情况。得知检察机关受理该案后，在短短半个月时间就向人民法院提起公诉，该公司十分钦佩中国检察机关快速高效、廉洁公正、严谨细致的办案作风，同时也打消了对“中国司法机关存在地方保护主义”的顾虑。一同前来的该公司知识产权代理商，代理多家世界知名品牌的上海某知识产权代理有限公司代表也表示要与检察机关加强在预防和打击知识产权犯罪方面的联系与协作。世界最大的电子公司之一、世界五百强企业荷兰皇家飞利浦电子股份有限公司中国总部专程派代表从上海为无锡市滨湖区检察院送来一面写有“秉公执法的楷模，廉洁办案的典范”的锦旗，以表示感谢。

二、完善行政执法与刑事司法衔接工作机制，形成打击侵犯知识产权犯罪合力

针对移送包括侵犯知识产权在内的涉嫌犯罪案件存在的不规范等突出问题，江苏省各级检察机关与部分行政执法机关相继建立了报表报送制度、信息通报制度、检查与查询制度、联席会议制度、案件备案制度。

江苏省各地检察机关通过受理举报、审查备案材料等途径发现包括侵犯知识产权在内的涉嫌犯罪案件线索，此外，各地根据省人民检察院、省公安厅制定的《关于加强行政机关与公安机关、检察院执法联系的实施意见》中规定的检查与查询制度，主动到行政执法机关检查、查询案件，调阅行政处罚台账资料，从中发现了一些侵犯知识产权犯罪线索。

江苏省人民检察院把构建行政执法与刑事司法衔接信息共享平台列为江苏省检察改革的十项重点工作之一。在常州市两级检察院试点的基础上，不断进行总结、提高，使该项工作在试点单位逐渐成熟并初见成效。江苏省人民检察院在试点单位成功经验的基础上，以点带面，稳步推进，随后相继推动建成镇江市级、南通市级、扬州市级，太仓、大丰、阜宁和响水等县级行政执法与刑事司法衔接信息共享平台。

三、江苏省各地检察机关多措并举，加大打击侵犯知识产权犯罪力度

江苏省各地检察机关多措并举，加大知识产权司法保护力度的探索和实践。如江苏省宜兴市人民检察院与南京师范大学法学院共建“知识产权司法保护实践基地”。宜兴市市长王中苏称宜兴市人民检察院发起推动的这一活动，是服务经济社会又好又快发展的创新举措，是为巩固经济企稳向好局面，加快转变经济发展方式、推进自主创新做的一件大好事。2008年底，宜兴市一家化工成套设备公司的核心技术—导电玻璃钢电除雾器，被3名技术骨干窃取，并为一家同类企业用于参与同场竞标，致使该化工企业一次损失800余万元。宜兴市人民检察院在办理此案过程中，发现被侵害单位直接经济损失很难确定，如没有权威准确的评估就不能追究窃密者的刑事责任，而案件如果不尽快办结，被窃取的生产工艺被非法披露，将给这家年产值8亿元、利税达4000万元的国家重点高新科技企业带来严重后果。于是，办案检察官主动介入与公安人员一起调查取证，进一步补充证据，并与南京师范大学司法鉴定中心联系，对直接经济损失作出权威鉴定，使3名窃密者以侵犯商业秘密罪，被法院依法判处有期徒刑9个月至1年3个月，并处罚金。案件办结了，宜兴市人民检察院举一反三，向受害单位发出有针对性的检察建议，把有关情况向同类企业、有关部门通报，并对近年来办理的侵犯知识产权犯罪案件进行了逐一分析研讨，发现此类案件呈倍增趋势，有关企业的保密意识、维权观念亟待加强，知识产权保护急需形成合力。针对知识产权类案件专业性强、大多属于疑难复杂案件的情况，2009年，宜兴市人民检察院专门成立知识产权犯罪案件办理小组，挑选业务骨干负责此类案件的审查。同时，开展案例讲堂、观摩庭审、有关司法解释培训，积淀实战经验，加强知识储备，提升办理知识产权案件的专业化水平。还先后与江苏省科技咨询中心、南京师范大学法律司法鉴定中心等专业机构建立合作机制，主动上门与专业机构、专业人士沟通交流，有效解决了知识产权的法律界定、直接经济损失的计算等困扰司法实践的难题。

2009年4月，宜兴市人民检察院受理一起假冒注册商标生产劣质白酒案，犯罪嫌疑人朱某从2006年至案发，连续3年制贩假冒酒。由于犯罪时间跨度长、数量大，加上被查获的假冒酒没有标价，如何认定其非法经营数额是个难题。办案小组经研讨，一方面根据犯罪嫌疑人提供的销售下家线索，一家家地核实其实际销售价格；另一方面通过核算犯罪嫌疑人的生产成本、利润空间，判断其交代犯罪事实的真实性，最终认定的非法经营数额为47万元。后来，朱某被依法判处有期徒刑3年，并处罚金。随后，宜兴市人民检察院连续成功办理此类案件7件11人。在此基础上，办案小组总结撰写了《关于全市假酒类刑事案件的情况分析报告》，引起了宜兴市有关领导的高度重视。宜兴市政府根据检察机关的建议，在全市范围内开展了一场酒类质量安全专项整治活动，有效地保护了有关企业的知识产权，规范了市场经济秩序。

2009年11月，宜兴市人民检察院向宜兴市委、市政府提出，依托宜兴市人民检察院驻宜兴环保科技工业园检察室身处高新科技企业集聚区的独特优势，结合检察职能，与南京师范大学法学院合作建立知识产权司法保护实践基地的设想，并制定出台《关于进一步加强知识产权司法保护的十二项工作举措》，内容涉及建立知识产权行政执法与刑事执法“网上衔接、信息共享”平台，加强信息互通；定期召开由公、检、法以及质检、工商、科技等行政部门参加的联席会议，切实增强保护知识产权合力等。

为了进一步加大对知识产权犯罪的打击力度，切实维护广大知识产权权利人和消费者的合法权益，江苏省昆山市人民检察院出台了《关于加强查处侵犯知识产权犯罪的实施意见》，并成立了专门的知识产权犯罪办案组，积极探索建立打击知识产权犯罪的长效机制。

苏州在全市检察机关设立办理侵犯知识产权刑事案件小组，高效执法，认真处理侵犯知识产权犯罪案件；建立联席会议、情况通报、数据库共享、备案审查等制度，充分发挥综合执法效能；加强刑事立案监督、刑事审判监督和刑罚执行监督，避免以罚代刑、有案不立、有罪不究等现象的发生；及时向行政主管部门、行业协会和企业、科研机构等提出检察建议，督促其健全制度、堵塞漏洞、消除隐患；加大知识产权司法保护宣传力度，营造勇于创新、尊重创新和激励创新的文化氛围；深入开展知识产权检察保护调研，促进知识产权法律保护体系的不断健全和完善。

（最高人民检察院侦查监督厅）

浙 江 省

专利工作

一、概况

2009 年，浙江省知识产权工作在浙江省委、省政府领导下，各地各有关部门积极贯彻落实“创业富民、创新强省”的总体部署，深入实施知识产权战略，推进长效机制建设，不断提升知识产权创造、运用、保护和管理能力，全省知识产权工作呈现良好的发展态势。

深入实施知识产权战略，不断优化知识产权政策环境。实施知识产权战略，是加快产业结构优化升级和经济发展方式转变的需要，是促进创新资源、优势传统资源转化为市场竞争力的需要。2009 年 12 月，浙江省政府办公厅颁布《浙江省贯彻国家知识产权战略纲要实施意见》。《实施意见》提出，通过加快构建知识产权创造、运用、保护体系和科学有效的工作机制，不断完善知识产权制度，积极营造良好的知识产权法治环境、市场环境、文化环境，争取到 2020 年，在全省形成知识产权创造与运用的聚集优势、知识产权流转的市场优势、知识产权有效保护的环境优势、企业知识产权制度建设的创新优势和知识产权文化优势，为建设创新型省份、开展国家技术创新工程试点和提升自主创新能力提供有力支撑。同年，宁波市人民政府颁布实施《宁波市知识产权战略纲要》。嘉兴市人民政府印发《关于贯彻实施〈国家知识产权战略纲要〉大力推进知识产权保护工程的若干意见》。

2009 年，浙江省经济、科技、知识产权、司法等部门相继研究制定了进一步推进知识产权战略实施的政策措施。浙江省财政厅、省科技厅联合制定《浙江省发明专利引进项目经费管理办法(试行)》，进一步促进国内外优质知识产权资源向浙江省集聚。人民银行杭州中心支行分别会同浙江省知识产权局、省工商行政管理局下发《浙江省专利权质押贷款管理办法》《浙江省商标专用权质押贷款暂行规定》，对全省做好专利权、商标权质押贷款工作提出指导性意见。省工商行政管理局出台《关于全省工商系统贯彻落实〈国家知识产权战略纲要〉大力推进商标战略的实施意见》《关于推进我省农产品品牌建设的若干意见》《关于在全省开展品牌服务进民企活动的通知》等政策文件，助推全省企业品牌建设发展上新水平。会同公安、文化等部门下发了《关于全省开展查处取缔黑网吧建立长效监管机制执法行动通知》，坚决查处取缔黑网吧。省版权局等七部门共同制定《浙江省推进重点行业软件正版化工作实施方案》。省质监局出台《浙江省块状产业标准化重点项目管理办法(试行)》，修订《浙江省标准创新型企业评价细则》，推动企业加强标准化创新能力的培养和提升。省文化厅会同公安、工商部门联合下发《关于健全协作机制进一步加强文化市场管理的通知》，切实形成监管合力。积极开展整治互联网低俗之风专项行动，制定了《关于进一步做好整治互联网低俗之风专项行动工作的通知》。省教育厅通过调整专业技术职称评审、岗位聘任、职级晋升、成果奖励等政策，进一步加强高校知识产权工作。省高院制定《关于审理侵犯专利权纠纷案件适用法定赔偿方法的若干意见》《关于审理网络著作权侵权纠纷案件的若干解答意见》《关于加强知识产权民事案件诉讼调解工作的指导意见》等规范性文件，指导司法审判工作。

加强试点示范，积极运用知识产权帮助企业应对金融危机。2009 年，全省知识产权优势企业培育和区域知识产权试点示范工作取得新进展。省知识产权局会同省经信委认定省级专利示范企业 115 家，各地认定专利试点示范企业 1443 家。全省累计认定专利试点示范企业 3887 家，其中省级专利示范企业累计认定 593 家。浙江海正药业集团有限公司等 66 家企事业单位被认定为第四批全国企事业知识产权试点单位；中控科技集团有限公司等 6 家单位被国家知识产权局认定为全国知识产权示范单位。省质监局积极推动企业加强标准化创新能力的培养和提升，促进企业把科技创新成果转化为标准，2009 年全省企业参与制(修)订国际标准和国家标准分别为 12 项、415 项，其中第一起草单位为 4 项、132 项。认定 101 家标准创新型企业。以标准化试点项目为载体，引导产业集群、工业园区制定实施联盟标准，推进中小企业采用国际标准和国外先进标准。杭州、宁波、温州、金华相继成为国家知识产权工作示范城市；台州被认定为国家知识产权示范创建市；绍兴被认定为国家知识产权试点城市；宁波国家高新技术产业开发区、杭州下沙经济技术开发区被认定为国家知识产权试点园区；龙泉、东阳被认定为国家传统知识知识产权保护试点市；杭州市西湖区等6个县(市、区)被批准进入国家知识产权强县工程。新认定杭州市下城区等9个县(市、区)为"浙江省知识产权工作示范创建县(市、区)"。

2009年，面对国际金融危机对省内实体经济运行影响日益加深的严峻形势，省级相关知识产权管理部门积极研究政策措施，帮助企业应对危机，知识产权制度对经济社会发展的支撑作用更加显现。省知识产权局积极参与"科技帮扶促调"专项行动，围绕区域支柱产业和特色经济的发展目标，主动帮助企业整合和运用专利信息。邀请国家专利局新能源汽车、船舶制造、化工、医药等领域资深审查员与浙江省150多家企业开展对接活动。积极引导企业大力引进省内外市场前景好、技术含量高的发明专利技术。省工商行政管理局开展品牌服务进民企活动，全年走访企业19 563家，发放各类宣传资料21万份以上，组织培训人员13 618人次；开展驰名、著名商标企业海外维权调查，指导新光、康奈、双鹿、梦娜等品牌企业实行海外维权。省商务厅在国内外出口展览会中，加强对参展企业的知识产权教育和宣传，做好展会期间知识产权保护相关工作，积极指导企业应对美国"337"调查。省经信委抓好行业重点企业的正版化示范工作，推荐了一批在行业内影响度较高的软件企业为全省软件正版化工作推进企业。省公安厅拓展警企协作机制，制定涵盖打击犯罪、预警防范、便民服务等内容的警企协作实施意见，建立品牌企业知识产权保护的举报投诉、咨询服务、预警防范等绿色通道。杭州海关开展"政策措施跟进""通关环境优化"等"五大工程"，为企业提供包括知识产权边境保护在内的多项服务。宁波海关建立关区保护自主知识产权联系配合制度，加强对自主知识产权企业进行维权手段和方法的指导，组织关区知识产权保护联络员走进企业，对企业维权进行现场答疑和指导。金融机构会同有关部门积极开展知识产权质押融资，全年发放专利质押贷款5720万元、商标质押贷款7.45亿元。

加强宣传培训，不断推进知识产权文化与人才队伍建设。加强知识产权宣传培训，推进知识产权文化建设，提高全社会知识产权意识，是实施知识产权战略的重要举措之一。2009年，浙江省级相关部门积极组织形式多样、内容丰富的宣传培训活动。省知识产权领导小组办公室认真组织"4·26知识产权宣传周"活动，开展"浙江省知识产权工作十大进展"评议活动，会同上海市、江苏省在上海联合举办了首届"长三角地区知识产权发展与保护状况新闻发布会"。浙江省知识产权局等部门组织编制以专利、商标、版权、海关保护等内容的知识产权宣传展板，在《浙江日报》等新闻媒体介绍新修订的专利法。省版权局联合杭州市版权局举行"4.26世界知识产权日"版权宣传活动启动仪式；配合《浙江省著作权管理办法》普及宣传，联合省版权协会、《钱江晚报》开展全省性的著作权知识竞赛活动；通过《浙江法制报》以答记者问的形式详细解读《浙江省著作权管理办法》。浙江省"扫黄打非"办和省文化厅在杭州市举办2009年"扫黄打非"春季战役盗版非法出版物集中销毁活动，集中销毁各类违法音像制品约20多万张。杭州海关以新修订的《知识产权海关保护条例实施办法》为重点宣传内容，依托门户网站和知识产权咨询台，开展了网络在线法律问答、发放宣传资料等活动；在义乌小商品市场举办海关知识产权保护成果展，联合台州地方法院举办进出口百强企业知识产权保护宣讲恳谈会，与湖州知识产权、司法、外经贸部门举办知识产权海关保护政策宣讲会。宁波海关主动走进企业宣传知识产权海关保护政策，与宁波保税区工商分局及区内民营企业协会共同举办海关知识产权监管政策培训班。省高级人民法院举行2009年全省法院知识产权审判工作会议，邀请欧盟驻华代表团、中国欧盟商会、法国驻华大使馆、美国驻沪领事馆、韩国贸易投资振兴公社5家外国政府和国际组织驻华机构代表，新华社、中央电视台、香港凤凰卫视、香港文汇报等44家境内外新闻媒体记者列席，公布2008年全省法院十大知识产权典型案件。杭州中院通过淘宝等网站主办的知识产权司法保护网络知识竞赛和有奖征文活动，4万余名网民踊跃参加。温州中级人民法院举办"品牌、创新、发展"知识产权高峰论坛，为民营企业的技术创新和品牌建设提供智力支持。

浙江省知识产权局以推进企事业知识产权制

度建设、加快区域发展为重点，积极开展知识产权培训工作。2009年全省知识产权局系统共举办培训班525期，参加培训人数49 940余人次，投入培训经费729万元。其中省知识产权局举办10期，市级知识产权局举办88期。会同省外国专家局首次选派20名在知识产权领域工作的中青年赴美休斯顿大学参加为期3个月的培训。与中国计量学院合作共建知识产权人才培养基地。省版权局举办“全省出版社版权保护和版权贸易培训班”“全省报刊社版权保护培训班”。省公安厅以“知识产权与科技创新”为主题，以视频形式对全省经侦民警进行了远程教育培训。省司法厅加大知识产权法律、法规宣传力度，积极引导律师为知识产权工作提供法律服务和法律保障。组织律师举办了“运用法律手段预防和化解企业危机”“建立企业和谐的劳动关系”等不同主题、形式多样的公益性讲座和培训活动。省高级人民法院举办全省知识产权审判业务培训班和新增知识产权审判人员业务培训班，实施轮训制度，从中级人民法院和相关基层法院选调35周岁以下具有本科及以上学历的审判人员，到省高级人民法院知识产权审判庭进行为期半年的培训，遴选一批有一定审判经验的法官建立知识产权审判人才库，会同省知识产权行政执法部门开展人民陪审员选任工作。

加强知识产权普及教育，培养知识产权人才是建设创新型省份的战略举措和根本保证。省教育厅在中小学开展知识产权知识教育，已将该教育编入浙江地方课程的相关教材。中国计量学院开展知识产权第二学士学位教育。全省各地累计认定专利工程师370人。新增6位国家“百千万知识产权人才工程”高层次培养人选。省质检局进一步加强专业标准化技术委员会和人才队伍建设，新增7个全国专业标准化分技术委员会，组建环境保护、电光源等13个省级专业标准化技术委员会，新增国内标准化专家62人、国际标准化注册专家11人。

突出内外结合，持续扩大知识产权对外交流合作。长三角地区知识产权合作全面展开。2009年，浙江省知识产权局与上海市知识产权局、江苏省知识产权局共同签署了《长三角地区知识产权发展与保护合作框架协议书》，联手推进长三角地区知识产权(专利)工作的保护和发展。两省一市版权局共同签署了《关于建立长三角区域版权保护和版权服务协作机制的合作协议》。杭州海关、宁波海关与上海海关、南京海关建立了长三角地区海关知识产权保护工作联席会议制度，联席会议在杭州关区召开，共同研究了长三角地区海关统一执法尺度、协调执法行动、开展执法互助、实现信息共享等合作内容。

知识产权国际合作交流不断深入。2009年初，浙江省知识产权领导小组办公室部分成员单位就浙江省知识产权保护情况与美国驻沪总领馆进行了会谈。4月，国家知识产权局和美国专利商标局主办、浙江省知识产权局和美国驻上海总领事馆承办的中美专利申请与保护研讨会在杭州举办。省知识产权局分别与日本贸易振兴机构上海代表处、英国ROUSE知识产权代理机构等在知识产权领域进行了合作。省版权局会同省政府新闻办组织了浙江省版权贸易代表团，对美国进行为期7天的工作访问，与美国出版业同行开展了一系列版权合作及图书出版发行交流活动。5月，“2009美国浙江版权贸易图书展”在纽约举行。

二、专利

2009年，浙江省专利申请量达108 482件，比2008年同期增长20.58%，成为全国第3个突破10万件的省份。其中发明专利申请量15 646件，比2008年同期增长29.69%。全省专利授权量79 945件，比2008年同期增长50.96%，其中发明专利授权量4818件，比2008年同期增长47.38%。全年通过PCT申请国外专利237件，比2008年同期增长33.9%。新审批代理机构2家，全省累计专利代理机构43家，专利代理办事机构10家，执业代理人264人，代理专利申请7万多件，约占全省申请总量的70%。国家知识产权局专利局杭州代办处全年共受理专利申请75 357件，同比增长8.4%，受理质量位居全国前列。浙江省“激光气体分析系统的标定方法”等3项专利技术获第十一届中国专利金奖。“一种含环孢素的药物组合物”等5项专利技术获中国专利优秀奖。

浙江省知识产权局认真开展“雷雨”“天网”专利执法专项行动，在专业市场、商店和展会等流通场所检查商品、展品近万件，接受投诉100多件，查实和处理30多件。全年共受理专利纠纷案件62件，结案51件；查处假冒专利5件，向外省移送涉嫌专利侵权案件1件。其中，浙江省知识产权局受理23件，结案19件。查处假冒专利3件，接受投诉50余人次。国家知识产权局复审委员会到我省巡回口审，审理案件15件。

三、地理标志产品

地理标志产品保护工作取得新突破。新增龙泉灵芝、云和黑木耳、惠明茶和里叶白莲4个地理标志保护产品，全省累计已有31个地理标志产品获得保护。龙井茶获得首批中欧地理标志互认，提升了龙井茶在欧盟市场的影响力和竞争力。积极宣传推广地理标志保护产品，推荐遂昌竹炭、龙井茶等入选上海世博会参展产品，组织龙井茶、杭白菊和绍兴酒等参加中国高新农业博览会。

在新增的地理标志证明商标中，“舟山大黄鱼”“舟山带鱼”“舟山三疣梭子蟹”等成为全国首批海产品地理标志证明商标。舟山市成立了舟山海产品地理标志证明商标保护管理委员会。金华市以商标许可运用为核心环节，相继开展金华火腿质量评比、产品特约销售点等活动。省工商行政管理局以龙井茶为重点，出台《龙井茶证明商标管理和保护暂行办法》，推动龙井茶证明商标在企业的推广应用。各地地理标志证明商标作用得到较好发挥，径山茶、仙居杨梅、龙泉青瓷等产品效益明显提升。安吉白茶、楚门文旦和黄岩蜜桔在亚太地区地理标志国际研讨会进行展示和推介，受到中外参会人员的广泛关注。

四、植物新品种权

2009年，浙江省农业植物新品种申请量20件，授权量25件。全省累计有涉及水稻、甘蓝型油菜、番茄、西瓜、柑橘属、甘薯、玉米、小麦、大麦属、百合属、棉属、猕猴桃属、辣椒、大豆、大白菜等农业新品种申请量141件，授权量60件。全省林业植物新品种申请量4件，授权量1件。浙江省农业厅组织开展了“绿剑”1号集中执法行动，以水稻、玉米、大豆、蔬菜等种子为重点，查处生产经营假劣种子、超范围经营、无证生产经营等违法行为，共检查种子企业1710家，质量抽检种子430批次，查获违法种子8470公斤，切实保护了植物新品种权所有者合法权益。

五、对外贸易知识产权

2009年，全省进出口1877.3亿美元，同比下降11.1%。其中出口1330.1亿美元，同比下降13.8%，出口占全国的份额达11.1%。进口547.1亿美元，同比下降3.7%。全省新批外商投资企业1738家，投资总额253.28亿美元，合同外资金额160.18亿美元，实际使用外资99.40亿美元，同比分别减少6.5%、11.5%、10.1%和1.3%。全省经审批和核准的境外企业和机构共计475家。其境外投资总额13.4亿美元，中方投资12.4亿美元，同比分别增长45.7%和43.5%。2009年涉及浙江省的“337调查”2起。

（浙江省知识产权局　李宗保）

商标工作

2009年，浙江省商标监管部门认真贯彻全省工商行政管理工作会议精神，牢固树立“用特殊时期的特别助动、特别维护、特别监管和对队伍的特别要求来践行科学发展观”的指导思想，以品牌服务进民企为重点，深入推进全省品牌战略取得了显著成效，多项工作继续走在全国前列，赢得了广泛的社会影响和好评。浙江省工商行政管理局专门出台《关于全省工商系统贯彻落实〈国家知识产权战略纲要〉大力推进商标战略的实施意见》《浙江省商标专用权质押贷款暂行规定》《关于推进我省农产品品牌建设的若干意见》《龙井茶证明商标管理和保护暂行办法》等政策文件，助推全省企业品牌建设发展又上新水平，全年全省新增驰名商标37件创历年之最，总量达278件；马德里体系商标国际注册量继续高居全国第一，新增境外注册商标8773件，总量达37 616件，浙江省工商行政管理局被国家工商行政管理总局授予“推动企业马德里商标国际注册先进单位”；在“2009中国商标发展百强县”榜单上，浙江省独占30席，其中有22个县(市)列前50强；新增注册商标7.55万件，总量达39.2万件；新增地理标志证明商标35件，合计83件；新增省著名商标277件，合计2346件；新增品牌基地12个，合计67个；查处商标侵权案件4971件；组织培训157场，参加人员13 618人次；在2009年省财政下达的品牌大省奖励资金3000万元中，用于工商品牌达到了2110万元；创造了浙江省商标品牌建设势头不减、持续向好的良好局面。

一、全面开展品牌服务进民企，助推民企转型升级取得实效

浙江省工商行政管理局于3月份下发《关于在全省开展品牌服务进民企活动的通知》，各地上下联动，通过授牌授证、上门走访、培训指导、政策宣传等多种形式为企业品牌建设出谋划策。据不完全统计，全省共走访企业 19 563 家；发放各类宣传资料 21 万份以上；组织培训 157 场，参加人员 13 618 人次。

一是授牌授证，营造民企转型升级良好氛围。5 月 13 日，浙江省工商行政管理局召开全省提升品牌战略助推民企转型升级大会，总结回顾 2008 年年底以来为应对金融危机出台众多品牌扶持政策促进企业突围解困的工作，部署今后一个时期浙江省民企提升品牌战略促进转型升级的工作，并对新认定的 37 家驰名商标企业进行表彰授牌，通报浙江《中国商标发展百强县名单》，郑局长在会上指出："从政府到企业，从市场主体到市场的监管主体，都形成统一的认识，加快品牌建设，提高品牌的核心竞争力，引导企业的转型升级，来实现国内的产业梯度转移，来覆盖国际的市场。要把品牌做好，把软实力做好"，受到与会代表的共鸣与好评，各大媒体均作了报道。杭州、宁波、嘉兴、金华、舟山、温岭等地将授牌授证作为品牌服务进民企活动的启动站，结合当地实际，采取送牌上门、集中授牌表彰、座谈会等方式，对企业和基地开展后续培育指导，进一步巩固提升创牌建设成果。

二是上门走访，深入指导企业品牌建设。各地领导带队，以商标线为主，以工商所为基本单位，对国家工商行政管理总局认定的 113 件驰名商标、2109 件省著名商标、67 家专业商标品牌基地及其企业予以走访，了解企业和基地品牌建设情况，掌握企业需求，指导企业规范商标使用、鼓励商标国际注册、争创驰名商标、实施品牌战略。浙江省工商行政管理局重点联系奥康、康恩贝、华东制药等企业，上门走访，听取意见，并直接帮助协调解决华东制药等 4 家知名企业商标纠纷案，办理省双服务小组交办事项 9 件。宁波市共走访企业 2091 家；发放各类宣传资料 16 700 份；组织培训 29 场，参加人员 3435 人次。杭州上城、嵊州、平湖、吴兴、龙泉等地通过发放品牌服务指导建议书、聘请品牌管理员等举措，做实品牌服务。

三是开展商标权质押贷款，积极帮助企业融资解难。3 月 18 日，浙江省工商行政管理局与人民银行杭州中心支行联合下发《浙江省商标专用权质押贷款暂行规定》，并召开实务公示会，通报和解读商标专用权质押贷款政策。浙江省工商行政管理局还专门编印《浙江省商标专用权质押贷款》工作指南，加大政策宣传力度。各地认真落实浙江省工商行政管理局精神，积极帮助企业盘活无形资产，拓宽融资渠道。温州市工商行政管理局和人行温州市中心支行联合召开"商标专用权质押贷款推进会暨银企签约仪式"，促成该市首宗商标权质押贷款。会稽山绍兴酒有限公司以驰名商标"会稽山"的商标专用权、丽水浙江飞雁羽绒制品有限公司以省著名商标"飞雁"商标专用权为质押分别获得 8200 万元、1500 万元的贷款，成为浙江省商标权质押贷款政策的先行受惠者。据统计，截至目前，全省已有 37 家公司成功地用自己的商标权质押贷款合计 7.45 亿元，将商标权变成了"真金白银"。

四是盘活闲置商标，服务企业加快获得商标权。针对企业提出的商标注册周期过长问题，各地积极搭建平台，推动闲置商标转让，为加快商标注册出实招。浙江省工商行政管理局在省商标协会网站和杂志上开辟专题，设置闲置商标转让平台。桐乡市收集辖区近 1500 个商标，搭建"闲置商标网上交流平台"；江山市实施注册商标"清仓计划"，成功帮助 50 余枚闲置商标找到了新家；舟山新城分局通过逐户逐家实地调查，挖掘商标资产潜力，促进商标许可转让，深受企业好评。

二、深入实施品牌富农工程，助推农产品品牌建设上新台阶

浙江省工商行政管理局于 3 月份在余杭召开全省推进农产品品牌建设现场会议，会议认真总结了过去几年全省农产品品牌建设工作，现场学习观摩了余杭局的先进经验，对今后农产品品牌建设工作进行了专题部署，并评选表彰了 2008 年全省农业龙头企业十大创牌先锋、农民专业合作社十大创牌先锋、农产品证明商标十大创牌先锋。余杭会议后，各地结合当地实际，突出重点，全面抓好农产品商标注册、应用、保护、推广工作。

一是地理标志证明商标注册应用再获丰硕成果。省、市、县三级联动，逐个指导，有力促进了地方区域名品注册地理标志证明商标。在各级工商努力下，全省新增加了一批地理标志证明商，其中"舟山大黄鱼""舟山带鱼""舟山三疣梭子蟹"等成为全国首批海产品地理标志证明商标获得历史性突破。在大力推动证明商标注册的同时，各级工商部门积极会同证明商标管理机构、使用企业，从标准制定、企业门槛准入、后续管理等各方面入手，促进我省地理标志推广应用取得显著成效。舟山市专门成立了舟山海水产品地理标志证明商标保护管理委员会，并在市工商行政管理局设立办公室，形成了以政府牵头、工商为主、多部门协作的管理保护工作机制；金华火腿证明商标保护委员会办公室以商标许可运用为核心环节，相继开展金华火腿质量评比、产品特约销售点等活动，宣传推广有声有色。浙江省工商行政管理局以龙井茶为重点，连续出台《龙井茶证明商标管理和保护暂行办法》、浙江绿茶品牌现状及培育发展保护工作的意见和举措；深入产区企业走访，积极了解企业需求，推动龙井茶证明商标推广应用；与此同时，专门赴江西、北京等地就龙井茶商标被侵权情况进行调查摸底，切实保护商标专用权。在各方努力下，目前，全省已有6家企业试点先行使用龙井茶商标，并有望2010年3月全面推广使用。各地地理标志证明商标作用得到较好发挥，绝大部分产品销售网络遍布全国，径山茶、仙居杨梅、龙泉青瓷等产品效益明显提升，安吉白茶商标富农典型入选全国"两会"特刊，安吉白茶、楚门文旦和黄岩蜜桔在亚太地区地理标志国际研讨会进行展示和推介，受到得到中外参会人员的广泛关注和青睐。

二是"一社一标"、培训指导力推农产品品牌建设水平。浙江省工商行政管理局首次举办全省农产品品牌建设论坛，邀请中国人民大学农业与农村发展学院副院长、培训中心主任张利庠教授主讲，对全省农产品品牌建设进行了一次高水平的辅导与培训，来自全省农民专业合作社、农业龙头企业与证明商标会议代表、系统工商干部700余人参加了培训，受到与会者的热评。各地切实将商标注册作为农产品品牌建设的基础工程来抓，采取多种形式，积极鼓励指导农户注册商标。台州市工商行政管理局在全市启动"一社(企)一标"商标富农工作，计划用两年时间指导帮助每家农民专业合作社、农业龙头企业和农产品协会申请注册一件农产品商标(即"一社一标"或"一企一标")。瑞安工商行政管理局市局为农户免费注册百只农产品商标。全年浙江省新申请农产品注册商标6930件，共有农产品注册商标5.1万件，位居全国前列。

三是出台政策促进农产品品牌发展。浙江省工商行政管理局专门出台《关于推进我省农产品品牌建设的若干意见》。温州市工商行政管理局与市农办联合下发《深化温州市农产品品牌建设的实施意见》的通知，明确在农业发展基金中每年安排专项资金进行奖励或补助。积极当好政府参谋，嵊州市制订了《越乡龙井品牌规划方案》，计划从2009年起每年落实专项资金2500万元，实施品质提升、品牌铸造、龙头带动三大工程；天台县政府出台了《关于加快推进天台县农特产地理标志证明商标发展的若干意见》，政府设立百万"地理标志统筹发展专项基金"助动品牌建设。积极搞好培训，吴兴分局会同区个民协会，对全区各乡镇60余位农民专业社的经纪人进行了《商标法》授课；南浔对菱湖所辖的40多家涉农企业和专业合作社进行了商标注册、商标使用等方面的培训。全省农产品品牌建设又有新的收获，全年农副产品一举获得5件驰名商标，分别是临海蜜桔、楚门文旦、淳牌鱼头、蜂之语、阮仕珍珠，接近以往所有驰名商标总和，合计12件。

三、切实加大商标国际注册和保护力度，重点助推品牌国际化有新成效

一是注册先行 各级工商部门以"营销未动、注册先行"的口号大力呼吁企业重视商标国际注册，积极上门走访动员，面对面开展培训指导，推动各级财政对商标国际注册实施补助，促进全省企业掀起商标国际注册热潮。浙江省财政对国际注册30件以上商标企业每家补助10万元，总额达750万元；桐乡对国际注册商标5件以上的，市政府给予10万元的奖励，对于国际注册商标不足5件的，按实际注册费用全额报销；缙云对以自主品牌出口的产品，当年新获得进口国或地区注册商标的企业，给予1万元的注册费用补助。湖州向2008年出口额400万美元以上的企业发出《商标国际注册建议书》，全年，全省新增国际注册商标8773件，合计37 616件，继续高居全国第一。在国家工商行政管理总局召开的"中国加入马德里商标国际注册体系20周年座谈会"上，吴干冰副局长代表浙江省工商行政管理局作了"充分发挥商标国际注册马德里体系优势大力推进浙江品牌国际化建设"的典型经验介绍。二是开展驰著名商标企业商标海外维权调查。3月份，浙江省工商行政管理局下发《关于对浙江省企业海外维权保护进行调查的函》，要求各地通过书式调查和实地走访相结合，对全省行政认定的驰名商标企业和省著名商标企业海外维权、保护情况进行调查。积极帮助企业海外维权，浙江省工商行政管理局直接指导新光、康奈、双鹿、梦娜实行海外商标维权。湖州市组织对全市69家驰名商标企业和146家省著名商标企业海外维权保护调查，了解掌握第一手资料。三是支持鼓励企业品牌海外收并购。不少浙江企业勇于创新，敢为人先，纷纷以在海外投资设厂、开设专卖店、品牌国际收并购等方式，加快品牌国际化步伐。吉利汽车以近3亿元，收购澳大利亚自动变速器公司。诸暨市“美邦集团”收购兼并了世界最大的无缝内衣企业——美国的“ouno”商标。

四、突出重点，大力推进商标专用权保护有新突破

推广慈溪工商行政管理局开展议题管理的工作经验，并落实浙江省工商行政管理局领导“各地对跨地区分工协作作案的手段，应加强针对性监管”的要求，全省各市县工商行政管理局始终将商标监管作为工商监管的重要内容加以落实推进，完善与商标权人合作沟通机制。浙江省工商行政管理局组织查处侵犯“三角”商标专用权案，北仑分局查处一起侵犯“飞雁”注册商标专用权的大案，非法经营额达2700多万元。义乌市工商行政管理局以销售假冒注册商标的商品罪向检察机关移送埃及外商，产生全省首例外商因侵犯知识产权而被逮捕的案例。着手探索建立商标代理机构自律机制建设，专门成立浙江省商标协会商标代理机构专业委员会，下发《关于进一步规范商标代理市场秩序的通知》。加强对商标印制企业监管，绍兴市工商行政管理局组织越城工商分局开展了印制企业专项检查。继续做好奥运标志的保护工作，浙江省工商行政管理局商标处被国家工商行政管理总局表彰为奥标保护先进单位。全年，全省共查处各类商标案件7233件，罚没款11 917万元，移送司法机关人34起32人。

（浙江省工商行政管理局）

版权工作

2009年，浙江省版权局在国家版权局和浙江省委、省政府的领导和支持下，深入学习实践科学发展观，按照“创业富民、创新强省”总战略，将版权保护作为切实维护国家、企业和权利人利益的重要工作抓紧抓好，继续为浙江省经济发展、社会进步、文化繁荣作出了贡献。

一、继续稳步推进全省企业软件正版化工作，重点行业首批骨干企业软件正版化工作任务基本完成

按照省使用正版软件工作领导小组的要求和全省第二批企业软件正版化工作的具体安排，省使用正版软件工作领导小组成员单位、省版权局、省经贸委、省外经贸厅、省国资委、省工商联等组成联合检查验收组，分期分批对全省11个市第二批推进软件正版化工作的企业进行了检查验收。为更好地促进全省各县（市、区）企业软件正版化工作的开展，此次检查验收的27家企业都在县一级。在检查中，各市、县（市、区）使用正版软件工作领导小组及其办公室都作了认真汇报，对工作中遇到的问题，尤其是金融危机给部分企业带来的困难进行了反映和分析。从检查的总体情况看，除极少数纯外向型企业由于受金融危机影响较大面临生存困境外，列入2008年第二批软件正版化名单的300多家企业绝大多数工作进展良好，全省第二批推进企业软件正版化任务基本完成。

2009年，浙江省按照中央有关精神，确定了推进重点行业企业软件正版化工作目标。浙江省政府副秘书长、省使用正版软件工作领导小组副组长冯波声召集浙江省版权局、省经信委、省建设厅、省工商行政管理局、省旅游局等有关部门以及省勘察设计行业协会、省饭店业协会、省广告协会、省软件行业协会有关负责人，召开了全省推进重点行业企业软件正版化工作协调会。会议确定了下一步深入推进软件正版化的重点行业，明确浙江省政府各有关主管部门及相关行业协会的职责分工。浙江省政府六部门随即联合下发了《浙江省推进重点行业软件正版化工作实施方案》。8月下旬开始到9月下旬，组织列入第一批重点行业软件正版化名单的近200家企业召开了5次动员培训会。全省推进重点行业软件正版化工作稳步展开，并形成了“统一领导、行业监管、属地管理、协会辅助”的工作格局。12月24～25日，由国家版权局、工业和信息化部、银监会、证监会等部门人员组成的企业软件正版化督导检查组对浙江省开展全省企业软件版化工作情况进行了督导检查，听取了浙江省近三年开展企业软件正版化工作的专题汇报，实地抽查了浙江东南网架股份有限公司、浙江中控技术股份有限公司等企业。中央督导检查组对浙江省几年来开展企业软件正版化工作的思路和做法表示充分肯定，并对取得的工作成绩给予了高度评价。

二、组织开展“4·26知识产权宣传周”活动，协调建立长三角版权协作机制

4月24日上午，浙江省版权局和杭州市版权局一起在杭州颐高数码广场举行浙江省暨杭州市“4·26世界知识产权日”版权宣传活动启动仪式。省、市版权局领导分别讲话，学生代表宣读“拒绝盗版、从我做起”倡议书，公众在“拒绝盗版、从我做起”宣传横幅上签名，并向参加活动的市民和学生赠送“拒绝盗版、从我做起”绿书签，张贴了“拒绝盗版、从我做起”海报。“4·26知识产权宣传周”期间，全省其他市、县(市、区)也大都通过宣传展板、发放版权手册、手机公益短信、免费咨询等形式开展了丰富多彩的宣传活动。

积极参与举办了“长三角地区知识产权发展与保护新闻发布会”。4月下旬，由江、浙、沪两省一市知识产权领导小组(联席会议)办公室携版权、专利、商标行政管理部门及公安、海关、法院共同在上海举办新闻发布会，并与中外企业代表进行对话。在此之前，浙江、江苏、上海两省一市版权局经过多次协商讨论，共同签署了《关于建立长三角区域版权保护和版权服务协作机制的合作协议》。协议内容包括建立两省一市版权工作联席会议制度、建立长三角区域城市版权工作协作网、建立长三角区域版权相关产业发展协作机制、建立版权侵权投诉异地受理机制、建立版权行政执法调查取证协助机制、建立跨省市重大侵权案件联合执法机制、建立和推动版权合同备案及作品登记就近办理机制、建立版权公共服务资源共建共享机制、建立长三角区域版权对外交流与合作机制、建立世博会区域版权保护快速反应机制等十个方面。

三、普及宣传《浙江省著作权管理办法》，开展全省著作权知识竞赛活动

4～6月，为配合2009年1月1日开始施行的省政府规章《浙江省著作权管理办法》的普及宣传，由浙江省版权局主办，省版权协会、《钱江晚报》协办开展了全省性的著作权知识竞赛活动。竞赛活动题目全部出自《浙江省著作权管理办法》。本次竞赛活动为普及著作权法律法规知识起到了很好的促进作用，除了大量社会公众踊跃参加之外，许多单位还积极组织人员集体参赛，不少社会公众专门向知识竞赛办公室来信来电进行咨询，使竞赛活动取得了预期的普法效果。整个竞赛期间，共收到有效答卷7848份。经认真评选和公证抽奖，评选出优秀组织奖单位10家，公证抽出一等奖3名、二等奖20名、三等奖50名和纪念奖300名，分别给予精神和物质奖励。

另外，浙江省版权局还通过《浙江法制报》以答记者问的形式详细解读了《浙江省著作权管理办法》，并在《浙江日报》《钱江晚报》上全文刊登了该办法。

四、组织开展打击网络侵权盗版专项治理行动

8～11月，根据国家版权局、公安部、工业和信息化部制定的《2009年打击网络侵权盗版专项治理行动方案》要求，浙江省版权局会同省公安厅、省通信管理局部署开展了全省打击网络侵权盗版专项行动。据统计，专项治理行动期间，全省各级版权行政管理部门共受理上级移交和自行收集的案件线索共47个，涉及服务器50台，其中国家版权局交办的案件13起，各级版权行政管理部门自行收集34起。有40起案件已经结案(其中行政处罚8起，没收违法所得29.25元，共计罚款51 600元)，关闭违法网站24家。主要案件查处情况如下：

(1)淘宝网上销售《朱镕基答记者问》盗版图书案。9月10日，浙江省版权局接到国家版权局通知，要求核查105家在“淘宝网”销售《朱镕基答记者问》盗版图书的店家有关信息。在认真分析淘宝网上违法销售盗版图书的情况后，根据中央专案组的要求，浙江省版权局对此案作出了认真处理。经杭州、温州两地版权行政管理部门查实，陆某等7名卖家通过“淘宝网”网店共销售侵权盗版出版物《朱镕基答记者问》170本。两地版权行政管理部门随后分别对陆某、曾某、葛某等人作出相应的处理。

(2)“炎黄互动”案。10月15日，浙江省版权局接国家版权局移转函，称“炎黄互动”网站涉嫌侵权。金华市文化广电新闻出版局对该公司作出停止侵权行为、罚款人民币4000元的行政处罚。

(3)“八宝音乐”案。湖州市文化广电新闻出版局根据当事人举报，查实杭州锐科漫德信息科技有限公司开设的“八宝音乐”网站(www.8box.cn)未经权利人许可，擅自将权利人拥有版权的音乐作品通过互联网向公众传播，湖州市文化广电新闻出版局对该公司作出责令停止侵权，罚款 15 000 元人民币的行政处罚。

(4)“天龙八部网络游戏案”。绍兴市文化广电新闻出版局接北京畅游时代数码技术有限公司投诉，称宁波揽众网络有限公司未经同意，私设服务器，侵犯了该公司的著作权。经查实后，绍兴市文化广电新闻出版局对该公司作出停止侵权行为、罚款人民币 20 000 元的行政处罚。

(5)12 月 1 日，根据淘宝网提供的线索，浙江省版权局向湖州市文化广电新闻出版局交办了淘宝网卖家 tamgche(店铺名：四而书屋)涉嫌销售盗版图书的案件，在查清事实的基础上，湖州市文广新局对侵权行为人作出了责令停止侵权行为、罚款人民币 10 万元的行政处罚。

据统计，2009 年浙江全省各地共查办版权侵权案件 90 起，其中行政处罚 47 起，没收违法所得 8 129.25 元，罚款 232 500 元，移交公安机关 1 起。关闭违法侵权网站 28 家。

五、开展对外交流合作活动，推动出版“走出去”步伐

5 月下旬至 6 月初，浙江省版权局会同省政府新闻办组织了浙江省版权贸易代表团访问美国，与美国出版业同行开展了一系列版权合作及图书出版发行交流活动。5 月 28 日，“2009 美国浙江版权贸易图书展”在纽约法拉盛新华书店举行，近千种浙版新书同时亮相。继《灿烂佛宫》之后，浙江少儿出版社又与美方出版社正式签订了《海宝传奇》(四册)的版权输出协议，这是浙版原创动漫图书首次以英文形式在美国出版。《绘本中国故事》全套 12 本的翻译工作也取得新进展。浙江版权贸易代表团访美，引起了美国主要华文媒体的关注，《世界日报》《星岛日报》、美国中文电视及英文报纸《拉斯亚图市报》等对代表团在美的交流活动均作了报道。

在浙江省工商行政管理局的精心组织下，全省 14 家图书出版社及浙江华硕国际贸易有限责任公司、浙江广博集团有限公司 9 月上旬集体亮相北京国际图书博览会，1200 多种浙版精品图书在博览会上集中展示。据统计，博览会期间，浙江省出版社与美国、意大利、韩国、越南以及港台地区的出版机构签订了 5 项版权引进合同、6 项版权输出合同、4 项合作出版合同，达成版权引进意向 174 项、版权输出意向 221 项，合同签约数、意向数都超过历届博览会。

六、组织举办全省出版社、报刊社版权保护培训班

8 月 10～12 日，浙江省版权局、省版权协会在杭州举办了“全省出版社版权保护和版权贸易培训班”“全省报刊社版权保护培训班”。全省 18 家出版社和 50 多家报刊社的相关负责人近 100 人参加了培训。此次培训的目的，是全面回顾近年来全省版权保护和版权贸易工作情况，分析形势，加强对著作权法律法规，包括 2009 年 1 月起施行的《浙江省著作权管理办法》的学习，进一步增强全省出版单位版权保护意识，更好地维护自身合法权益，预防和减少侵权问题的发生，同时加快浙江新闻出版业“走出去”步伐。本次培训内容丰富，授课教师分别就版权保护面临的形势和任务、著作权法律法规释疑、英语编辑的有关问题和涉外选题策划、版权贸易、报刊社版权保护、文字著作权集体管理及案例分析、出版合同问题等内容进行了精彩讲解。全体学员上课专心致志，提问积极踊跃，考试严肃认真，解决了出版单位许多实际工作中碰到的疑难问题。

七、改组成立浙江省版权协会，各项工作渐有起色

为切实完善浙江省版权创新、版权保护和版权服务体系建设，促进全省版权相关产业又好又快发展，在认真总结省反盗版联合会工作的基础上，经过半年多时间的筹备，顺利改组成立浙江省版权协会。3 月 31 日，浙江省版权协会第一次会员代表大会在杭州召开。会议通过了协会章程，产生了首届浙江省版权协会的领导机构和工作机构。浙江省版权局副局长单烈当选首届省版权协会会长。浙江省版权局局长钟桂松、省政府副秘书长冯波声出席会议并讲话。来自全省各政府有关部门、学术团体、行业协会和版权产业界的代表共 110 多人参加会议。协会更名改组之后开展了许多工作，如作为《浙江省著作权管理办法》知识竞赛协办单位，浙江省版权协会积极开展答题统计回收、评阅和奖金奖品发放等具体工作；会同省版权局组织开展了版权保护和版权贸易培训班；召开了 2009 年省版权协会理事会；编印了两期协会会刊。

2009 年开始，浙江省版权协会下设的浙江版权服务中心受省版权局委托，具体承担了全省作品自愿登记的受理、审核和代发证书工作。截至 12 月底，共登记除计算机软件外的其他各类作品

6 815 件，再创历史新高。中国版权保护中心数据显示，2009 年浙江省共登记软件 4 759 件，比上年增长 15.2%，居全国第四。

2009 年，浙江省版权局共核准登记出版境外图书合同 147 件，办理涉外音像制品、电子出版物、图书出版物和计算机软件合同登记 604 件。此外，还接待了大量来人、来电、来函和网上咨询。

（浙江省版权局　版权处）

司法工作

一、以依法公正稳妥为原则，案件审理取得新效果

面对金融危机背景下知识产权案件数量激增、办案难度增加、社会影响增大等复杂形势，全省各级法院以服务大局为宗旨，以能动司法为手段，妥善处理了一大批知识产权案件。2009 年，全省法院新收案件共计 3089 件（其中一审 2780 件，二审 309 件），结案共计 2908 件（其中一审 2598 件，二审 310 件），分别比 2008 年增长 64.5%和 51.2%。在已审结的案件中，有不少属于疑难复杂和新类型案件，有的还在社会上引起了巨大反响，达到了法律效果、政治效果和社会效果的高度统一。如在审理正泰集团诉施耐德公司专利侵权纠纷上诉案件时，充分发挥法官智慧，促使正泰集团与施耐德公司当庭达成调解协议，同时还促使法国施耐德电气公司与正泰集团基于本案达成全球和解协议。正泰诉施耐德专利侵权纠纷案件的成功调解，在国内外反响强烈，得到了最高人民法院和浙江省委主要领导的充分肯定，而且众多境内外媒体纷纷进行报道，对浙江最高人民法院在案件审理中发挥司法智慧，努力创造条件，促成双方当事人达成调解协议和良性竞争、合作双赢局面的工作表示充分肯定。该案亦被中华全国律师协会知识产权专业委员会评为“十佳案例”。最高人民法院通过审判监督程序肯定浙江省高级人民法院认定的“好太太”驰名商标，在全国尚属首次。

二、以完善保护体系为依托，机制建设取得新突破

为进一步方便当事人诉讼，科学统筹审判资源，为地方经济发展和科技进步、技术创新提供公正高效的知识产权司法保护环境，浙江法院不断创新审判机制。经最高人民法院指定，义乌市人民法院成为全国第一个，也是唯一一个开展试点审理部分专利纠纷案件的基层法院。宁波、温州、金华中级人民法院成为全国首批实行跨区域就近指定管辖专利纠纷案件的法院。新增湖州和嘉兴中级人民法院为审理专利纠纷案件的第一审法院，使全省具有专利权纠纷案件管辖权的法院共有 9 个，数量位列全国第一。指定杭州萧山等 5 个法院具有审理发生在其辖区内的部分知识产权民事纠纷案件管辖权后，全省共有 18 个基层法院具有部分知识产权民事案件管辖权，数量亦位居全国第一，知识产权司法保护服务空间得到拓展，知识产权审判基层基础建设得到夯实。同时，还调整和完善了涉外知识产权案件管辖权和驰名商标司法认定案件管辖权机制。大力加强知识产权审判组织建设。目前，全省 18 个具有部分知识产权民事案件管辖权的基层法院中，已有 13 个成立了知识产权审判庭。11 个中级人民法院法院中，杭州、宁波、温州、金华、台州、绍兴和嘉兴 7 个中级人民法院法院已成立了知识产权审判庭，湖州、衢州、丽水和舟山中级人民法院的知识产权审判庭也正在筹建中。

三、以提高审判质效为宗旨，调研指导取得新成绩

浙江法院不断加强对疑难法律适用问题的研究，不断拓宽业务指导渠道，不断强化业务指导效果。比如，完成了 2009 年浙江省法院重点调研课题——《关于审理网络著作权纠纷案件适用法律问题的调研》，该调研报告被《法律适用》刊用，还实现了成果转化，受到兄弟省市法院好评。完成了浙江省科技厅立项的重点调研项目——《知识产权判例研究》，并在此基础上形成了《知识产权案例判析》一书。浙江高级人民法院在 2009 年制定了《关于审理侵犯专利权纠纷案件适用法定赔偿方法的若干意见》等 5 个规范性文件，并将《审判实务技能手册》增补完善到 200 问，深受下级法院欢迎。针对各地法院受理的大量以德国波马公司为原告的商标侵权纠纷系列案件，出台了指导意见，统一了裁判尺度。此外，还对 15 个法院的案件质量进行了集中评查和反馈。

四、以扩大社会影响为目标，司法宣传取得新成效

浙江各级法院坚持通过多种途径，增进人大、

政协和社会以及相关人士对法院知识产权审判工作的理解和支持，扩大全省知识产权审判工作在国内外的影响力和知名度，营造重视保护知识产权的良好投资环境。如邀请欧盟驻华代表团、中国欧盟商会、法国驻华大使馆、美国驻沪领事馆、韩国贸易投资振兴公社 5 家外国政府和国际组织驻华机构代表，新华社、中央电视台、香港凤凰卫视、香港文汇报等 44 家境内外新闻媒体记者列席全省法院知识产权审判工作会议。邀请外国政府和国际组织驻华机构以及境内外新闻媒体列席审判工作会议，在全国法院中是第一次，在浙江全省的国家机关中也是第一次。召开 2009 年浙江法院知识产权审判工作新闻发布会，浙江高级人民法院齐奇院长向境内外媒体和驻华机构代表通报正泰集团诉施耐德公司专利侵权案件的审理情况，回答了记者提问，公布了 2008 年全省法院 10 个知识产权典型案件。各级法院负责知识产权审判的领导多次通过做客浙江在线或参加各种知识产权论坛、讲座等形式，宣传浙江省知识产权审判工作。

五、以提升司法能力为中心，队伍建设展现新面貌

浙江各级法院通过多种培训形式提高审判水平。一是自 2009 年年初以来，开始实施轮训制度，目前，已从中级人民法院和相关基层法院选调了两批 35 周岁以下具有本科及本科以上学历的审判人员，到浙江高级人民法院知识产权审判庭进行为期半年的培训，力争在 4 年内全面提高全省知识产权审判法官的业务水平。二是分别于 2009 年 5 月 6～12 日和 11 月 11～13 日举行了全省知识产权审判业务培训班和新增知识产权审判人员业务培训班。在前一期培训班中，还邀请来浙江高级人民法院进行友好访问的澳大利亚昆士兰州最高法院戴伯拉·穆林斯及约翰·穆依尔法官就澳大利亚知识产权诉讼中技术事实的认定、诉前禁令的采取和损害赔偿数额的确定等主题，为培训班的学员们进行授课。这是该院首次邀请外籍法官进行讲课辅导，深受学员们的欢迎。三是为发挥人才优势，在全省法院系统遴选了 15 名年龄在 40 周岁以下、具有法律本科以上学历、具备法官资格和一定审判经验以及具有较强法学理论素养的法官，建立了知识产权审判人才库。四是开展在知识产权行政执法部门选任人民陪审员工作。为有效发挥知识产权行政执法人员在知识产权审判中的专业优势，经与浙江省知识产权局、省工商行政管理局、省版权局充分协商，全省法院已于 2009 年 11 月着手开展在知识产权行政执法部门中选任人民陪审员的工作，由各地专利、工商和版权行政管理部门推荐具有比较丰富的知识产权行政执法经验的人民陪审员人选，力争形成司法保护与行政执法的良性互动和保护合力。目前，在各地知识产权行政管理部门推荐和自荐的基础上，并经浙江高级人民法院进行资格审查，决定对其中符合条件的 120 名按照组织程序进行任命。五是与国家知识产权局专利复审委员会建立交流合作机制。为积极开展与国家知识产权局专利复审委员会等知识产权专业部门的人员和业务交流，提高队伍业务素质，浙江高级人民法院从 2009 年起与国家知识产权局专利复审委员会建立了长期稳定的交流合作机制。双方互派人员进行工作交流，提供专业领域内的法律和技术咨询意见，并就案件涉及的疑难问题开展研讨。

（浙江省高级人民法院知识产权审判庭）

检察工作

2009 年，浙江省检察机关认真贯彻最高人民检察院的工作部署，结合浙江省实际，采取有力措施，扎扎实实推进行政执法与刑事司法相衔接工作机制的建立和完善，取得了明显成效。

一、查处重点案件，加强协调督办

建立和完善行政执法与刑事司法相衔接工作机制的出发点和落脚点是要建立涉嫌犯罪案件的移送、监督机制，拓宽立案监督案件的线索来源，贯彻落实这一制度的关键在案件的查处。为此，浙江省人民检察院通过典型案件的交办、督办、指导等方式，认真做好案件督查等相关工作，取得了良好的法律效果和社会效果。针对浙江是经济大省，一些地区假冒商标、侵权盗版等现象比较猖獗的情况，浙江省人民检察院把侵犯知识产权案件的监督和督办作为工作的重中之重，监督和督办了一批重大、典型案件，成效明显。据统计，2009 年浙江省检察机关共受理提请批准逮捕涉及知识产权犯罪案件 88 件 160 人，批准逮捕 80 件 142 人，共受理起诉侵犯知识产权犯罪 187 件 362 人，起诉 150 件 269 人。

二、深入调查研究，找准存在问题

浙江省人民检察院与行政执法机关开展联合调研，及时了解和掌握贯彻落实衔接机制工作的基本状况及存在的问题，了解某些具体案件在移送过程中存在的问题，有针对性地加强了工作指导，为基层排忧解难，还可以相互学习、相互了解，增进感情，为日后的沟通协调打下基础。与此同时，浙江省人民检察院认真抓好对省级行政执法机关落实行政执法与刑事司法衔接机制尤其是案件查处的督查工作，对检查中发现的一些问题相互作了沟通解释，对有关案件则要求相关单位作了说明，起到了示范作用。

三、完善奖惩机制，促进工作开展

为全面推动行政执法与刑事司法相衔接机制工作的开展，浙江省人民检察院把建议行政执法机关移送涉嫌犯罪案件纳入量化考核范围，把建立行政执法与刑事司法相衔接制度、确定联络员、年度内召开联席会议、建立“网上衔接，信息共享”平台的情况等内容纳入考核范围，并增加了监督行政执法机关移送涉嫌犯罪案件单项考核奖。通过科学考评，极大地调动了各地开展行政执法与刑事司法衔接工作的积极性。浙江省人民检察院在组织开展立案监督经济犯罪十大精品案件评选等评优活动中，坚持把有无从走访行政执法机关、审查行政执法机关备案资料中发现立案监督案件线索作为一项重要内容。

四、完善工作机制，形成打击侵犯知识产权犯罪合力

为进一步推动行政执法与刑事司法相衔接机制在具体行政执法部门的贯彻落实，浙江省人民检察院先后与浙江省公安厅、行政执法部门，共同制定了多个规范性文件，下发全省执行。浙江省各级检察机关通过与公安机关、行政执法机关召开联席会议，签订会议纪要等形式普遍建立了诸如案件通报与案件移送备案制度、联络员制度、重大案件协商、提前介入等制度。部分地区还针对一些多发的行政违法案件，建立了定期走访制度和半年度的专项检查制度，在帮助解决一些法律问题的同时，也对各行政执法机关的详细信息进行了收集，尽可能地了解情况，起到了很好的效果。通过行政执法与刑事司法衔接工作的开展，普遍提高了行政执法人员对行政执法过程中移送包括侵犯知识产权在内的涉嫌犯罪案件必要性和重要性的认识，增强了对包括侵犯知识产权在内的涉嫌犯罪案件的移送意识，加大了对包括侵犯知识产权在内的涉嫌犯罪案件的移送力度。

浙江省有不少检察机关初步建立起了“网上衔接，信息共享”平台。浙江省义乌市是中国最大的小商品集散地，知识产权案件是关注的重点，义乌市人民检察院为解决各执法部门协调难的问题，牵头构建了知识产权执法信息网上共享管理平台，在信息交流与共享、案件移送、取证标准和案件定性等方面加强协调与沟通，形成了保护知识产权合力。永康市人民检察院依托计算机信息技术自主开发了“行政执法资料信息库”，将地税、国税、国土、工商等 18 家行政执法机关的行政处罚资料纳入其中，充分利用信息库的优势，拓展立案监督的领域，实践中起到了良好的效果。杭州市萧山区人民检察院与区各行政执法机关共同建立了“信息备案审查资料库”，实现了对行政处罚决定等文书及政策法律、法规、典型案例等有关情况的网上查询、咨询、备案，进一步增强了相衔接机制工作的透明度，节约了执法资源，提高了工作效率。

五、浙江省各地检察机关多措并举，加大打击侵犯知识产权犯罪力度

浙江省各地检察机关多措并举，加大知识产权司法保护力度的探索和实践。杭州市滨江区人民检察院结合该区集聚全市 70%以上、全省 25%左右的高新技术企业的实际状况，向全区高新企业发放《知识成就财富，法律为你护航》的知识产权保护宣传册 3000 余份。滨江区人民检察院把服务高新企业作为该院的重要工作，通过多层面、深层次的走访调研，掌握该区知识产权保护面临的现状和问题，并通过调研分析，从知识产权在当今企业竞争中所处的重要位置、保护知识产权面临的问题、知识产权战略运作的基本经验等几方面进行介绍，并结合近年来发生的典型案例进一步说明知识产权保护的重要意义，进而为高新企业如何更好的保护知识产权提出建议。在发放宣传册的同时，还发放企业知识产权状况调查问卷表，以求能进一步了解该区企业在自主知识产权创新和知识产权保护需求等方面的基本情况，为人民检察院更好的服务经济社会发展提供基础。

（最高人民检察院侦查监督厅）

安徽省

专利工作

2009年,安徽省共申请专利16 386件,排名全国第13位,比2008年上升了2个位次;同比增长57.4%,增幅排名全国第2位,超出全国平均增幅(23.4%)。共获授权专利8594件,排名全国第12位,比2008年上升了6个位次;同比增长97.7%,增幅排名全国第2位,超出全国平均增幅(45.2%);PCT申请和授权量也有大幅提高,2009年共申请PCT国际专利70余件。安徽省专利申请量和授权量连续三年保持高速增长势头主要得力于:

一是政府重视,部门支持。安徽省政府对县域经济考核“科技贡献率”中“万人专利授权量”指标占6分,合芜蚌自主创新综合配套改革试验区建设目标中要求三市专利授权量三年翻一番,安徽省科技厅对市级科技工作考核中“知识产权”占12分。各市市委、市政府也把专利申请量、授权量纳入对县(区、市)和有关部门党政领导的年度考核指标,专利申请工作已列入各级党委、政府的议事日程。安徽省知识产权局每季度编辑印发《专利统计简报》,通报各市、县政府。

二是合芜蚌自主创新综合配套改革试验区建设效果初显。2009年,芜湖、合肥和蚌埠分别以4379件、3536件和1202件专利申请居全省前3位;三市合计9117件,占全省申请量的55.6%。专利授权量分别为2695件、2304件和432件,居全省第1、第2和第4位,分别比2008年增长167.9%、76.3%和122.7%;三市合计5431件,占全省的63.2%。

三是县域经济的贡献逐步增大。2009年,全省61个县(市)共申请专利6772件,同比增长80.9%;占全省申请量的41.3%,比2008年提高5.3个百分点;专利授权量为3535件,同比增长202.4%;占全省专利授权量的41.1%,比2008年同期提高1.4个百分点。2008年,安徽省启动知识产权强县工程,首批选定19个县(市、区)开展试点。

四是企业成为自主创新的主体。安徽省现有全国企事业知识产权试点单位46家、示范单位2家,全国专利工作交流站3家,涌现出奇瑞汽车、丰原集团等一批拥有自主知识产权、在国内外有一定影响力的民族品牌企业。2008年省知识产权局与省经信委联合启动了知识产权优势企业培育工程,首批选定50家企业进行试点,培育期2年。2009年,安徽省有1521家企业共申请专利8830件,企业数增长84.8%,专利申请量增长78.6%;其中50家优势企业共申请专利507件,同比增长59.4%。

知识产权优势企业通过有效运用知识产权正确应对金融危机的影响,已经成为安徽省经济复苏的排头兵和生力军。奇瑞、铜陵有色、皖北煤电、马钢等一批大企业积极调整经营方式,最大限度降低国际金融危机负面影响,在推动安徽省经济迅速企稳向好中发挥了基础性作用。2009年奇瑞汽车累计销售50.023万辆,再次创造自主品牌汽车年度销量纪录,较2008年增长41%,继续稳居自主品牌汽车年度销量首位。2009年,奇瑞公司共申请专利1150件,获授权专利943件;在自主品牌的我国汽车企业中,奇瑞公司的专利拥有量继续保持领先地位;在知识产权许可、出资和转让收益上也取得历史性突破,2009年这三项的收益达11亿元。

五是充分发挥专利中介服务机构的作用。为调动专利中介服务人员的积极性,评选表彰了安徽省文明专利代理机构和优秀专利代理人并为专利代理机构评定了星级;新增2家专利代理机构;为促进安徽省专利代理事业的健康发展,形成有序竞争的市场环境,安徽省在扶持现有的专利代理机构做大做强的同时,积极引进省外一流的专利代理机构在皖开设分支机构。

六是积极推进知识产权质押贷款试点工作。《合芜蚌自主创新综合试验区专利权质押贷款试点工作实施办法(试行)》,已经安徽省政府批准,从2010年开始实施。

七是加大知识产权保护力度。2009年,全省共立案查处专利侵权纠纷38件,结案23件;查处假冒专利案件立案10件,结案6件。全省共出动执法人员946人次，深入各地企业、商店、超市及展会、展馆开展执法工作468次，检查专利产品和商品66 136件；与其他部门协作执法5次；接受其他部门移交案件1件；查处假冒专利商品涉案金额7.97万元，罚款0.3万元。为统一执法程序和处理标准，根据新修订的《专利法》和《专利法实施细则》，重新制定了《安徽省专利行政执法办案细则》。

八是加强知识产权管理人才队伍建设。为培养高素质的专利技术管理人才队伍，安徽省知识产权局与省人力资源与社会保障厅联合印发了《安徽省专利工程专业技术资格评审标准条件（试行）》。2009年，有76人申报，经评委会认真评审，首批有43人获得专利工程中级专业技术职务任职资格，25人获得初级专业技术职务任职资格。

安徽省知识产权局与中国科大联合成立安徽省知识产权培训中心，充分发挥中国科大的知识产权学科优势和培训管理优势，为从事知识产权相关工作的人员提供系统、规范、高水平的专业培训。成功举办知识产权优势企业及专利行政执法等培训班，取得了良好效果。

九是创新宣传方式，营造知识产权文化氛围。为纪念《国家知识产权战略纲要》颁布实施一周年，在世界知识产权日期间，安徽省知识产权局与省委宣传部、省工商行政管理局、版权局和广电局在安徽电视台联合举办了“天大杯”全省知识产权知识竞赛，全省有18支代表队参赛，中科大、合工大100多名师生现场学习助威，达到了预期的宣传效果。

（安徽省知识产权局）

商标工作

2009年，安徽省商标工作在安徽省工商行政管理局的领导下，围绕落实中央应对国际金融危机的决策部署，大力实施商标战略，把商标监管工作与发展、服务、维权、执法有机地结合，服务全省经济平稳较快发展。

一、2009年商标工作

（一）及时启动安徽省商标战略实施工作

7月23～24日，国家工商行政管理总局在吉林长春举办了“全国工商行政管理系统贯彻落实《国家知识产权战略纲要》大力推进商标战略实施工作会议”（以下简称长春会议）。安徽省工商行政管理局、2个市工商行政管理局、5个县（区）工商行政管理局、16个工商所及16名同志作为全国工商行政管理系统商标工作先进集体和先进个人受到总局的表彰。会后，我们广泛宣传、迅速行动，多次传达长春会议精神，按照国家工商行政管理总局《关于贯彻落实〈国家知识产权战略纲要〉大力推进商标战略实施的意见》的总体部署，启动了安徽省商标战略实施工作。目前，安徽省工商行政管理局已经成立了商标战略实施领导小组；并按照总局的要求，开展了国家商标战略实施示范城市、示范企业的申报工作。

（二）围绕《安徽省著名商标认定和保护条例》完善相关规章制度建设

2009年是贯彻落实《安徽省著名商标认定和保护条例》（以下简称《条例》）的第一年。为使安徽省著名商标认定和保护工作更好地贯彻落实《条例》，安徽省工商行政管理局从年初开始着手研究制定一系列以《条例》为依据的配套法规政策体系。经过一年时间的努力，相继出台了《安徽省著名商标初审工作程序》《安徽省著名商标认定工作细则》《关于解决著名商标与企业名称冲突问题的指导意见》《关于规范著名商标、知名商标认定称号的通知》4份规范性文件，初步构建了以《条例》为核心的，既具有时代特点、又符合安徽省实际的商标法规制度体系，夯实了实施商标发展战略的基础。

（三）持续抓紧抓实商标注册工作

1. 商标申请注册量再创新高

2009年，安徽省商标申请注册量已接近2万件，再创历史新高，其中，已申报农副产品商标达5000余件，较2008年同比增长了30%。全省有效商标注册数已接近5万件。在指导企业商标注册工作中，我们不遗余力，一方面采取培训、宣传等手段，调动企业商标注册积极性；另一方面加强对全省商标事务所的规范性管理，引导他们积极帮助企业注册商标；同时，要求各地工商部门创新载体，加强服务和帮扶，对服务商标、旅游商标等易受抢注的商标进行重点指导，取得了明显成效。如黄山、九华山风景区管委会对其所有景点都在当地工商部门的指导下，进行了商标注册。

2. 商标国际注册工作全国领先

截至目前，安徽省企业通过马德里商标国际注册体系注册的海外商标接近200件，企业海外直接注册、申请注册商标数接近400件（不完全统计），位列全国第七。在10月份国家工商行政管理总局召开的“中国加入《商标国际注册马德里协定》20周年纪念座谈会”上，安徽省工商行政管理局荣获了“推动企业马德里商标国际注册先进单位奖”，安徽省的商标国际注册工作处于全国领先水平。

3. 驰名、著名商标申报、认定工作取得新进展

在国家工商行政管理总局公布最新一批驰名商标认定名单中，安徽省安徽丰大股份有限公司“丰大”牌面条面粉等8件商标被认定为驰名商标。这是安徽省多年来被认定数量最多的一次，也是安徽省争创驰名商标工作的一次重大突破。截至目前，安徽省驰名商标达30件，比2005年的15件翻了一番。

安徽省工商行政管理局积极指导、帮助安徽电缆股份有限公司“安缆”商标、安徽华菱电缆集团有限公司“欣菱”商标、安徽马鞍山钢铁股份有限公司“马钢＋图形”商标、铜陵有色金属集团“铜冠”商标、雾里青茶叶有限公司“雾里青”商标、霞珍羽绒制品有限公司“霞珍”商标等15件商标申报驰名商标。从申报材料的组织到修改，再到向国家工商行政管理总局商标局正式推荐，我们和相关地市商标科做了大量周到而细致的工作，深受企业好评。

4. 开展安徽省著名商标认定工作

3月18日，安徽省工商行政管理局正式公布“中科大”（学校、教育培训）、等267件商标为2008年安徽省著名商标；其中新认定的155件，再认定的112件。此次认定使得安徽省著名商标总数达到838件。在“2009年全省工商行政管理工作会议”上，安徽省工商行政管理局领导向10家获得2008年安徽省著名商标的企业代表颁发了“安徽省著名商标”铜牌。与以往相比，此次认定的安徽省著名商标所代表的行业范围更为广泛，民营企业已占80%以上；同时，农产品商标也有很大突破，共有近100件农产品商标获“安徽省著名商标”称号；高科技产业、第三产业、新型服务业商标也成此次认定的新亮点。

目前，2009年度省著名商标初审、申报工作已经完成，共计438件商标申请认定2009年度省著名商标。安徽省工商行政管理局正在按照《条例》及其配套规章制度的相关规定，开展2009年度省著名商标的复审和审查工作。

（四）依法开展商标权利保护工作

1. 严厉查处商标侵权行为，依法保护商标专用权

截至目前，全省共查处商标被侵权案件615件，案值278.9万元，依法保护了商标专用权，维护了安徽省企业自身合法权益。4月中旬，安徽省工商行政管理局向社会公布“2008年全省十大商标侵权案件”，引起社会强烈反响，有效地震慑了商标违法行为。

2. 在全省范围推广商标授权经营制度

2008年，我们率先在巢湖大市场和商之都巢湖商场开展了商标授权经营试点工作，取得了很好的试点经验。2009年4月在巢湖市召开的全省商标工作会议暨商标授权经营现场会将商标授权经营制度在全省范围内全面开展。

在全面开展商标授权经营制度工作中，商标局始终紧扣“三个环节”：一是抓宣传动员、促进市场经营单位的自觉意识；二是抓建章立制，促进商标授权经营的长效管理；三是抓制度落实，促进商标授权经营的规范管理；形成了推动商标授权经营制度发展的长效机制。

3. 追踪服务、协作解决若干重大商标案件

2月，根据安徽省著名商标企业皖酒集团的请求，安徽省工商行政管理局沟通、协调福建、广东两省工商行政管理局商标监管部门，积极指导、帮助皖酒集团在福建、广东处理商标被侵权案件，保护了商标专用权，维护了安徽省企业自身合法权益。我们积极争取到了国家工商行政管理总局的支持，“中烟”公司“黄山”商标被异议案得到圆满的解决，同时对“奇瑞”“江淮”等特大型企业的商标争议案件予以全程跟踪服务，积极沟通国家工商行政管理总局，为安徽省自主商标品牌发展营造良好的法律保护环境。

安徽省工商行政管理局还继续高度重视解决“天堂寨”旅游商标的争议问题。就国家商标局准予湖北注册的裁定，安徽省工商行政管理局为金寨天堂寨国家森林公园管理处做了大量法律服务工作，并及时向国家工商行政管理总局汇报有关情况。在安徽省工商行政管理局的指导、帮助下，天堂寨国家森林公园管理处已在法定时间内向国家商评委递交了复审申请。

（五）整顿规范商标代理市场秩序活动成效显著

根据国家工商行政管理总局《关于进一步规范商标代理市场秩序的通知》精神及要求，安徽省工商行政管理局集中九十两个月时间组织对全省商标代理组织进行了认真普查和清理整顿。一是高度重视，精心组织。全省工商系统对此次专项整顿和规范工作高度重视，把此次整顿和规范商标代理行业作为落实《国家知识产权战略纲要》，大力实施商标战略的具体实践和行动，各地工商部门结合本单位实际，制定下发了具体的贯彻意见。滁州市、芜湖市、六安市工商行政管理局组织辖区商标代理组织负责人，集中传达学习文件精神，共同研讨商标代理市场健康发展的有关问题。二是突出重点，确保实效。为了确保取得实效，各地在整治工作中将申请开办业务时隐瞒真实情况，弄虚作假；伪造、变造法律文件；以欺诈手段骗取委托人钱财；不履行或不完全履行委托义务，损害委托人利益等作为整治重点，在各市工商行政管理局自查的基础上，安徽省工商行政管理局商标局还派出检查组对合肥、宣城、巢湖等重点市、县进行了督查。三是进一步摸清了安徽省商标代理组织现状，安徽省目前商标代理机构拥有量不大，共有商标代理机构 83 家，规模较小，尚处于发展起步阶段，发展也还不平衡。通过普查，基本上掌握了全省商标代理组织的现状，建立和完善了全省商标代理组织信息资料数据库。同时，加强了与注册登记部门、商标代理组织之间的联系沟通，逐步建立了工商系统内部、与商标代理机构之间上下联动、快速高效的信息交流和工作联系机制。由于整治成效显著，受到国家工商行政管理总局的肯定。

（六）大力开展商标服务工作

1. 商标专用权质押贷款工作取得实质性突破

经过广泛调研，安徽省工商行政管理局起草了《安徽省商标专用权质押贷款工作指导意见》（以下简称《指导意见》），并提请以安徽省政府名义印发。7 月 9 日，省政府印发了《安徽省人民政府办公厅关于印发安徽省商标专用权质押贷款工作指导意见的通知》，为安徽省商标专用权质押贷款工作及时提供了有力的政策支持。为进一步贯彻落实《指导意见》，安徽省工商行政管理局于 8 月 7 日又印发了《商标专用权质押贷款工作实施意见》，对工作进行总体部署和分解细化。

9 月 28 日，安徽省工商行政管理局在桐城市召开了商标专用权质押贷款银企对接会。会上，桐城市农村合作银行与安徽华祥实业有限公司等 5 家企业签订了商标专用权质押贷款合同，签约金额达 2590 万元，这是《指导意见》出台以来，安徽省首批以商标专用权为质押获得贷款的企业。这标志着安徽省商标专用权质押贷款工作取得了实质性的突破。目前，此项工作在全省范围内已全面开展，全省共成功办理商标专用权质押贷款业务 15 件，贷款总金额达 1.131 亿元。

2.“一所多标”工作扎实推进、成效显著

2009 年，安徽省工商行政管理局继续大力推进“一所多标”工作，2009 年 8 月，在滁州召开全省工商系统“一所多标”工作现场会，制定相关帮扶行动计划和实施方案，建立了商标联系点制度，确定商标专管员；并将其作为全省工商系统的“一把手工程”来抓，纳入全年目标管理考评和包保责任制，使商标富农工作进一步落到了实处。

（七）积极开展商标宣传工作

安徽省工商行政管理局于 4 月 20 日发出了《关于认真做好 2009 年“4·26 保护知识产权宣传周”有关工作的通知》，要求各市工商行政管理局积极宣传国家知识产权战略，大力宣传商标法律法规，尤其要重点宣传《条例》，并认真加强商标知识和典型案例的宣传工作。安徽省工商行政管理局与省知识产权局等 4 家单位共同举办了“天大杯安徽省知识产权知识竞赛”，有力地宣传了商标法律法规。为更加切实有效地贯彻落实《条例》，安徽省工商行政管理局还将《条例》印发各市工商行政管理局，并将其列入本年度工商干部业务培训计划。

为在广大青少年中普及商标法律知识和地理标志知识，商标局配合中华商标协会组织开展“福鼎白茶杯我身边的地理标志产品征文大赛”和“安溪铁观音杯商标离我们有多远商标知识大赛”活动，取得了良好的效果。

安徽省工商行政管理局还组织“洽洽”“鸿润”、太平猴魁、宁国山核桃等品牌，积极参加第十届中国西部博览会、第三届中国商标节以及亚太地区地理标志研讨会，受到评委和与会代表的好评，有力地展示了安徽省商标工作的风采和成绩。

（八）加强自身效能建设

安徽省工商行政管理局在扎实开展业务工作的同时，不断加强自身效能建设。围绕着提高工作效率这个核心，制定AB岗制度以及工作责任落实制度，将全年的主要工作目标通过包保的方式确定下来，定人包责、严格考勤、狠抓督察，确保各项目标任务的完成。还和广告处一起对安庆、巢湖市工商行政管理局政风行风、效能建设、广告商标包保工作开展了督察。

认真答复、解决安徽省人大代表提出的议案。安徽省工商行政管理局对省十一届人大第二次会议196号周勇代表"关于进一步加强商标工作的建议"、415号赵建勋代表"关于大力扶持有机肥产业的建议"进行了认真的书面答复，对人大代表的建议加以认真研究，提高工作的实际效果。

（安徽省工商行政管理局）

版权工作

2009年，安徽省版权局深入贯彻落实科学发展观，以提高版权工作水平为目标，创新工作方式、突出工作重点，提高服务管理水平，紧紧围绕促进经济发展和文化繁荣，推动版权工作向纵深发展。

一、推进制度创新，版权法规体系和制度建设有新进展

版权法律制度建设是版权保护工作的基础性任务。2009年，安徽省版权局为《著作权行政处罚实施办法》《教科书法定许可付酬办法》《广播电台电视台播放录音制品支付报酬暂行办法》等法规的起草、修订和实施工作积极建言献策；为《安徽省黄梅戏著作权保护办法》的起草做了大量工作，取得了明显成效。

在认真调查研究的基础上，安徽省版权局开展了《黄梅戏版权保护办法》（以下简称《办法》）初稿的修改论证工作，于2009年8月在巢湖召开了征求意见座谈会，来自相关部门及产业单位的近30名代表出席了会议。在认真整理、归纳、修正、充实各方面的意见和建议的基础上，形成《办法》的送审稿，报送省政府法制办，已经省政府批准立项。

此外，省版权局还组织编写了《安徽省版权保护手册》，收集汇编了与著作权保护有关的最新颁布的法律、法规、规章和政策性文件，为广大版权工作者和著作权人提供了的法律咨询服务。

二、迎难而上，推进企业软件正版化工作有新举措

2009年，安徽省版权局针对全球金融危机和国内外市场受冲击的实际，认真筹划，创新工作方式，积极稳妥地推进软件正版化工作。为使企业使用正版软件工作顺利推进、取得实效，由安徽省版权局牵头成立的安徽省企业使用正版软件工作联席会议办公室联合下发了《2009年安徽省企业使用正版软件工作实施方案》，把银行、保险、煤炭、旅游饭店、勘察设计等行业作为重点来抓。为此制订了详尽的分批次培训计划，共举办相关培训班30余次，参训企业数量100多家，培训人数近200人。组织开展了5次大型企业调研、座谈活动，使企业增强了对版权保护工作的认同感。组织编写了四期工作简报，及时向国家版权局、各相关单位和企业通报情况，起到了良好的宣传、沟通、推动作用。目前企业的正版软件使用率明显提高，特别是大型国有企业正版软件的覆盖率显著增加，已有130家企业单位完成了使用正版软件工作。

12月23～24日，国务院推进企业使用正版软件工作督查组来安徽省检查企业使用正版软件工作，并深入徽商银行、华泰集团、马钢设计院等企业查看计算机的种类、数量和软件授权书等文件。在听取汇报和实地检查后，督查组一行对安徽省企业软件正版化工作给予了高度评价，认为该省工作扎实，成效明显，亮点颇多：一是结合省情创造性地、有针对性地开展工作；二是在建立长效机制上进行了有益的探索，一手抓用户，一手抓市场，很有特色，值得推广；三是初步开展了软件资产管理工作，这也正是2010年国家版权局将要重点推进的工作。

三、拓宽领域，版权行政执法工作有新成效

在2009年查办盗版大要案和打击软件、网络侵权盗版专项行动中，安徽省版权局精心组织、周密部署，创新工作模式，积极协调相关部门齐抓共管，始终保持对侵权盗版活动的高压态势，打掉了一批策划、制作、贩卖侵权盗版出版物的犯罪团伙，捣毁了一批制作、贩卖盗版出版物的窝点，摧毁了一批储存、运输、贩卖盗版出版物的网络，侦破了一批大案要案，严惩了一批违法犯罪分子，逐步建立完善行政执法机关向公安机关快速移送侵犯知识产权案件的制度，形成协调一致、运转高效的打击侵权盗版违法犯罪活动长效工作机制。2009年，安徽省版权局直接查处和成功指导、协调并参与查处22起侵权盗版大案要案，其中办结17起，移交司法机关4起，判决1起；共没收服务器17台，电脑5台，刻录机2台，罚款103.5万元。安徽省版权局查办的“一点智慧”盗版软件案被国家版权局入选2009年全国网络侵权盗版十大典型案件。

（一）版权执法体系初步建立，执法队伍逐步优化

加大执法力度，提高执法水平，首要一条是加强对执法队伍的培训，进一步规范法律文书，严格办案程序，规范执法行为，防止“越位”乱作为和“缺位”不作为。2009年安徽省版权局组织各市一线版权工作人员参加了9月召开的华东地区版权行政执法省际协作座谈会和国家版权局举办的全国基层版权执法培训工作会议，培训专业知识，交流工作经验，极大促进了全省版权执法工作。

（二）加强沟通协调，形成执法合力

在查处侵权行为、打击盗版分子过程中，安徽省版权局十分重视以侦破国家版权局督办案件为契机，在执法中注意和公安、工商、“扫黄打非”办等部门采取横向协调，与各地区相关部门采取纵向配合的方式开展联合执法，积极调动社会各方面力量做好版权执法工作，破获了20余起大案要案。在2009年在打击网络侵权盗版专项行动中，主动与公安部门、通信部门建立了“打击网络侵权盗版行动领导小组”，直接查办了网站私挂服务器、私自架设网络游戏服务器案等网络侵权盗版案件，在社会上引起了强烈反响。2009年全省各级版权管理部门共检查各类经营单位800余家，取缔违法经营单位10余家，收缴各类盗版制品30余万件，严厉打击了侵权盗版等非法行为。

（三）积极查处利用高科技盗版案

9月，安徽省版权局深入太和县，对“太和9·11高科技盗版案”进行查办和指导。这是一起利用校内电脑刻录机等设备从网上下载视频节目，私自刻录专辑、肆意盗版中央电视台春节晚会、同一首歌等节目，并进行网络销售的盗版案件。根据其店内的销售记录，共销售光盘达到26 000张，销售地区远至河南信阳，湖南株洲等地。版权执法人员会同公安部门迅速出击，查获盗版碟片2900余张，收缴裸盘3600张，没收刻录光盘的计算机2台，以及相关设备、盘面标签和涉及销售记录的账本等证据。目前该案已移交公安部门。

11月，安徽省版权局具体指导阜阳市工商行政管理局对阜阳市两家网吧擅自安装上海网众无盘网吧系统管理软件案件进行查处。经过调查，这是一起网吧经营业主未经著作权人许可，故意删除或者改变软件著作权人的权利管理电子信息的侵权案件。

4月，接到合肥两家网站销售一点智慧盗版软件的举报后，安徽省版权局与合肥市版权、公安部门共同组成专案组，一举抓获销售侵权盗版软件的犯罪嫌疑人汪某和蒋某，当场查获盗版软件100余张、作案工具笔记本电脑1台、涉案赃款6万余元；并根据查获的案件线索，查获犯罪嫌疑人汪某私刻的新点软件有限公司公章和业务章各1枚、销售台账20本、新点盗版软件光盘200余张、加密锁55个、刻录机1台、电脑1台等涉案物品。根据销售台账提供的信息，已查实经济往来发生额累计达200余万元。该案目前已移送检察机关提起诉讼。

（四）转发关于加强图书馆著作权保护工作的通知

联合“扫黄打非”办公室、安徽省文化厅和教育厅转发《关于加强图书馆著作权保护工作的通知》，切实加强图书馆著作权保护工作，提高了图书馆的版权管理和版权保护水平，将版权保护向社会更深层次延伸。

四、加强宣传，营造良好版权保护社会氛围有新特点

在2009年的“3·15消费者权益日”“4·26世界知识产权日”，安徽省版权局联系各地举办了报告会、研讨会、培训班、论坛、开展广场版权法律咨询、与安徽省消费者协会、安徽省委宣传部等11个部门和单位在安徽大剧院广场举行面向社会公众和青少年学生的普法宣传教育活动；认真组织收看国家版权局“版权在我身边大型文艺晚会”等宣传活动；公布了打击网络侵权盗版十大典型案例；会同省教育厅，对全省中小学教师宣讲数字版权法律知识；联合相关部门在全省成功组织开展了“安徽省知识产权知识竞赛”活动。

随着著作权意识的不断提高，安徽省著作权人和版权产业从业者用法律武器维护自己权益的意愿越来越强烈。根据这一特点，省版权局及时调整工作目标，加强相关的法律援助，服务安徽省的版权产业。

五、服务支持，促进版权相关产业健康发展有新经验

一是积极推动出版单位开展版权贸易。通过帮助出版单位研究制定版权输出战略，支持出版社成立对外合作机构，举办版权贸易培训班，提供版权贸易信息和版权法律知识咨询服务，推动了省版权贸易工作的有效开展。在2009年的北京国际图书博览会期间，安徽省内各家出版社共签订版权贸易合同190项，达成版权贸易意向327项，版贸输出合同143项，数量居全国第一位。

二是深入开展调研，努力加强重点、特色文化品牌的版权保护。安徽省版权局把黄梅戏作为版权产业的重点保护对象，寻计问策，配合有关部门组织对黄梅戏产业发展状况进行重点调研，提出建议并付诸实施。

三是拓展服务领域，改进服务方式，提高服务水平。2009年来为全省版权产业单位和著作权人进行版权登记600余件，办理涉外版权合同140多项。

四是积极调解著作权纠纷，切实维护著作权人的合法权益。安徽省版权局先后成功地调解了20余起侵权纠纷，受到了权利人的广泛好评和高度赞扬。

五是经安徽省版权局、安徽省版权保护协会积极推荐，安徽出版集团在11月20日被国家版权局、中国版权协会评选为“2009中国版权产业最具影响力企业”。

六是深入合作，共建安徽省版权教育示范基地。2009年7月24日，安徽省版权局和中国科技大学共建的版权教育基地正式揭牌成立。新闻出版总署副署长、国家版权局副局长阎晓宏专门发来贺信。10月份，与安徽省高级人民法院、中科大共同在安徽省版权教育基地举办一期网络著作权司法保护理论与实务培训班。省版权教育基地已开办首届版权法律硕士研究生课程班，培养高层次版权法律人才。

（安徽省版权局　版权处）

司法工作

2009年，全省法院坚持以科学发展观为统领，牢固树立“三个至上”指导思想，认真践行“为大局服务，为人民司法”工作主题，抓审判全力服务“三保”，抓调研提升司法水平，抓宣传优化司法环境，抓队伍确保司法廉洁，全省法院知识产权审判工作取得了新的进展。

一、收结案情况及特点

2009年，全省法院共受理一审知识产权民事案件522件（其中旧存32件），审结496件，结案率为95%，其中：判决171件，调解99件，撤诉213件，驳回起诉4件，其他方式结案7件，移送2件，涉外（包括港澳台）案件8件；诉讼标的总金额为6977.9765万元。在上述案件中，合同纠纷51件；权属、侵权纠纷471件。其中，著作权纠纷243件，商标权纠纷151件，专利权纠纷55件，技术合同纠纷18件，植物新品种纠纷23件，不正当竞争、特许经营等其他纠纷32件。

安徽省高级人民法院共受理二审知识产权民事案件93件（其中管辖权异议案件16件，实体案件76件，请示案件1件）全部审结，结案率100%；在审结的76件实体案件中，维持24件，改判18件，发回重审1件，调解或经调解撤诉30件，其他方式结案3件；诉讼标的总金额为1740.565万元。

分析2009年安徽省法院审理的知识产权民事纠纷案件，主要呈现如下特点：

（1）案件数量平稳增长，案件类型较为全面。2009年全省新收一审知识产权案件490件，与2008年新收385件相比上升27.3%；2008年与2007年新收293件相比上升31.4%；增幅平稳。除专利、商标、著作权、不正当竞争四类传统案件外，信息网络传播权、植物新品种、技术合同、特许经营合同、药品研发、域名等纠纷均有涉及，故就案件类型而言，较为全面。

（2）网络著作权侵权纠纷案件比重较大。该类案件数量明显超过其他著作权纠纷案件数量，成为著作权纠纷案件中比重最大的案件类型。在2009年受理的243件著作权纠纷案件中，网络著作权纠纷140件，占著作权案件数量的57.6%。通过对此类纠纷案件的审理，安徽省法院在案件事实认定、侵权判定和赔偿额的确定方面积累了一定的经验。

(3)案件的调撤率较高,成效显著。在审结的496件一审知识产权案件中,调解或经调解撤诉的312件,调解撤诉率为63%;二审知识产权案件的调解撤诉率达41%。大量案件通过调解、和解方式解决,在当事人之间实现了彻底的息诉止争,卸去了当事人身上的诉讼包袱,也避免了当事人信访缠诉,获得了良好的社会效果。

(4)案件标的额较小,系列案件多,且侵权纠纷所占比例较大。在受理的上述案件中,多数案件诉讼标的额不到10万元,5万元以下案件占收案总数的1/3,50万元以上的案件很少,串案、关联案件占较大比例,侵权案件占收案总数的89.2%。

(5)涉外、涉港澳台知识产权纠纷案件有较大幅度增长。2009年,全省法院共受理涉外知识产权纠纷案件8件,是2008年受理涉外案件数的1.7倍,诉讼主体涉及美国、英国、日本和港澳台地区。通过涉外案件的审理,依法保护中外当事人的合法权益,树立了安徽法院对知识产权给予充分保护的良好形象。

(6)知识产权民事赔偿力度进一步加大。2009年全省法院裁判确定的赔偿数额有所提高,适用法定赔偿办法确定赔偿额的案件明显增加,并在一些案件中依法适用了最高法定赔偿额,通过加重侵权人的民事赔偿责任,加大了知识产权司法保护力度。

二、主要经验和做法

(一)坚持能动司法,服务“三保”大局

安徽省法院紧紧围绕“保增长、保民生、保稳定”大局,依法妥善审理好各类知识产权纠纷案件。面对国际金融危机的影响,全省法院自觉把审判工作置于“三保”大局中安排部署,密切关注经济形势变化,适时调整审判工作重点,不断强化司法措施,确保国家宏观调控政策和各项重大决策部署的落实,全力维护正常的经济秩序与社会的和谐安定,促进安徽省经济平稳较快发展。一是依法妥善审理好与高新技术发展和应用相关的案件、品牌经济和文化产业发展类的案件、新类型案件以及不正当竞争案件,充分发挥司法保护知识产权的主导作用,维护公平竞争,保障安徽省高新技术企业、品牌经济和创意产业的发展。二是全面贯彻落实《国家知识产权战略纲要》,努力促进安徽省企业自主创新。为此,安徽省高级人民法院及时转发最高人民法院《关于贯彻实施国家知识产权战略若干问题的意见》和《关于当前经济形势下知识产权审判服务大局若干问题的意见》,并结合安徽省实际,制定印发《关于贯彻落实〈国家知识产权战略刚要〉的实施意见》,提出具体措施,不断提升知识产权审判水平和效果。三是积极开展“优化自主创新司法环境”年度主题活动。按照最高人民法院的统一部署,安徽省高级人民法院制定印发开展年度主题活动的实施方案,加强与高新技术企业和科研机构的联系与沟通,研究解决影响和制约自主创新出现的问题,优化司法环境,激发创造活力。如先后到省畜禽遗传资源保护中心、奇瑞、JAC、科大讯飞、全柴动力、马钢股份、省电信、移动公司进行调研等。四是认真落实驰名商标认定集中管辖和备案制度,规范司法保护行为。2009年4月,安徽省高级人民法院对全省法院审结的涉及驰名商标司法认定案件进行了全面评查,进一步规范了司法认定驰名商标的程序和行为,有力促进了驰名商标司法认定审判工作的健康有序开展。五是认真贯彻“调解优先、调判结合”原则,努力促进社会和谐稳定。一年来,全省法院紧紧围绕“案结事了”这一目标,进一步加大调解工作力度,树立“调解是高质量、高审判水平”的理念,将庭前、庭中、庭后调解相结合,丰富调解方法,提高调解技能,充分发挥司法调解功能,努力实现法律效果和社会效果的最佳契合。2009年,全省法院调解或经调解撤诉的一、二审知识产权案件为342件,案件调撤率与2008年同期相比上升21.7%,努力做到法律效果和社会效果的有机统一。六是安徽省高级人民法院选派业务骨干担任省保护知识产权宣讲团成员,多次为省内各大企业和全省知识产权行政执法人员授课、宣讲,延伸办案的社会效果。

(二)加强调研指导,提升司法水平

一年来,全省法院始终把调查研究作为审判工作的重点来抓,通过强化调研手段、扩大调研成效,逐步形成了审判推动调研,调研促进审判的良性循环机制;与此同时,安徽省高级人民法院不断加强监督指导,综合采取各种有效措施,积极探索适合知识产权案件特点的审判机制。一是深入开展审判工作调研,取得一批调研成果。主要有:(1)为规范音像制品著作权侵权赔偿案件的审理,统一执法标准,针对此类案件审理中难点、热点及存在的问题进行调研，形成《关于音像制品著作权侵权赔偿案件审理情况的调研报告》；(2)随着网络技术的飞速发展，人类社会进一步信息化，由此而来的问题是，高速的网络流通、信息传播市场的全球自由化冲击着现有的著作权法律制度，大批案件涌向法院的同时，也带来了诸多新的法律难题，亟待相应的法律规范进行调整。为此，安徽省高级人民法院针对网络著作权司法保护中的热点、难点问题进行调研，形成了《安徽法院关于网络环境下著作权侵权纠纷的司法实践》的调研报告；二是认真履行监督和指导职责，推动审判工作发展。为提高对下指导的及时性和针对性，安徽省高级人民法院认真履行监督和业务指导职责，针对二审案件审理中发现的问题，及时与一审法院进行沟通，统一认识，纠正一审法院判决中的一些认定事实错误和适用法律不当的案件，并对下级法院审理案件中带有普遍性、倾向性的问题，提出改进措施和建议。三是以会议进行指导。2009年10月，安徽省高级人民法院与安徽省版权局、国际唱片业协会、中国科学技术大学共同举办了网络著作权司法保护理论与实务研讨会。不仅丰富了参会知识产权法官网络著作权司法保护的理论，达到了学习、交流的目的，也促进了法院、版权行政管理部门与法学界之间在网络著作权司法保护领域的交流与合作。四是通过开展论文、裁判文书评选活动进行业务指导。安徽省高级人民法院组织开展了全省法院知识产权审判理论与实务论文及优秀裁判文书评选活动，并表彰先进，进一步促进全省知识产权法官司法水平和裁判文书质量的提高。

(三)推进制度创新，完善审判机制

综合采取各种有效措施，积极探索适合知识产权案件特点的审判机制，始终是安徽省知识产权审判工作的重点。一是为服务和保障合芜蚌自主创新综合配套改革试验区建设，安徽省高级人民法院在充分调研论证的基础上，制定下发了《关于为合芜蚌自主创新综合配套改革试验区建设提供司法保障的若干意见》，对优化安徽省自主创新司法环境，加速推进试验区建设将起到积极的作用。该《意见》被最高人民法院应用法学研究所《人民法院审判经验集萃》刊物选用。二是从满足合芜蚌自主创新试验区知识产权保护的内在司法需求出发，建立合芜蚌自主创新试验区涉诉案件的专项管理制度，开辟合芜蚌自主创新试验区涉诉案件审理的快捷通道。三是扩大专利纠纷案件管辖法院，下放知识产权审判权。结合合芜蚌三市法院的实际，经最高人民法院批复，同意指定该院作为第一审法院，审理发生在合肥市辖区内的除专属管辖之外、标的额5万元以下的部分知识产权纠纷案件。同时，安徽省高级人民法院积极筹备报请最高人民法院批准增加可以受理专利纠纷案件的专属管辖法院。

(四)创新宣传形式，优化司法环境

安徽省法院高度重视司法宣传工作，创新宣传形式，加大宣传力度，取得了显著效果。一是尝试网络庭审直播，增强案件裁判透明度。2月，安徽省高级人民法院知识产权庭在全省首次通过网络现场直播一起知识产权纠纷案件庭审，在皖部分全国人大代表、全国政协委员以及省人大常委、省政协委员、特邀执法执纪监督员等应邀旁听了庭审，另有《人民日报》等中央、省内多家媒体进行了现场采访报道，并吸引了8万多名网民在线“旁听”，社会反响良好。该案判决后，侵权人主动履行了判决义务，权利人不远千里送锦旗，称赞该案法官“认真严谨显专业本色，高效公正塑法律尊严”。二是继续做好“4·26世界知识产权日”的宣传工作。在“4·26世界知识产权日”来临之际，安徽省高级人民法院下发通知，要求全省法院知识产权庭积极配合开展好“2009年全国知识产权宣传周”活动，并整理发布了2008年度安徽法院十大知识产权民事案件，积极营造有利于知识产权司法保护事业健康发展的文化氛围，扩大安徽省知识产权司法保护的社会影响。三是继续抓好知识产权裁判文书上网工作。通过“中国知识产权裁判文书网”上传2008年6月份以来全省法院审结生效的知识产权裁判文书364份，进一步增强了裁判的透明度和公信力。四是继续做好《安徽知识产权审判》刊物的编印工作。2009年共编印刊物两期，及时宣传安徽省知识产权审判的成就，披露知识产权审判工作信息，通报有关工作情况，努力使之成为安徽省上下级法院和兄弟法院间以及知识产权行政执法部门之间信息交流的重要渠道。

(五)加强队伍建设，增强司法能力

拥有一支政治坚定、业务精通的知识产权审判队伍是安徽省知识产权审判工作不断创造成绩的基本保证。2009年以来，全省法院以思想政治建设和司法能力建设为重点，不断提高队伍的政治、业务和职业道德素质。一是扎实开展学习实践科学发展观活动和“人民法官为人民”主题实践活动，进一步牢固树立社会主义法治理念，深入学习党的十七届四中全会精神，不断提高知识产权法官的政治素质，确保了知识产权审判工作的正确方向。二是开展多种形式的业务学习、培训和交流，充实了知识产权审判法官的业务知识，开阔了审判视野，提高了专业素质。三是深入开展多种形式的廉政教育，引导广大知识产权法官自觉树立廉洁自律意识，形成廉洁氛围，真正做到以司法公正赢权威，以司法文明促和谐，以司法廉洁树形象。

（安徽省高级人民法院知识产权审判庭）

检察工作

2009年，安徽省检察机关不断完善行政执法与刑事司法相衔接的长效工作机制，加强知识产权司法保护，与行政执法机关、公安机关等部门密切配合，依法及时批准逮捕、起诉侵犯知识产权犯罪分子，加大立案监督力度，切实防止和纠正对侵犯知识产权犯罪的有罪不究、以罚代刑等问题，依法严肃查办侵犯知识产权违法犯罪背后的国家工作人员的违纪、犯罪行为，坚决打掉其“保护伞”，为促进经济发展，作出了积极贡献。

一、立足本职工作，批准逮捕、起诉一批侵犯知识产权的犯罪分子

检察机关承担着对侵犯知识产权刑事案件审查逮捕、审查起诉和依法对有关刑事诉讼活动实行法律监督的职责。一年来，安徽省各级检察机关高度重视对知识产权的刑事司法保护，依法履行职责，及时介入公安机关的侦查活动，与公安机关密切配合，依法批准逮捕和起诉了一批侵犯知识产权犯罪分子。由于侵犯知识产权的犯罪案件，多数案情复杂，犯罪面广，专业性强，办案难度很大。针对这种情况，安徽省各级检察机关充分发挥主观能动性，及时采取听取专门工作汇报、向有关政府执法部门、科研院所咨询、邀请科技界代表视察和研讨，主动深入高新企业征求意见等方式，找准服务定位，不断加大知识产权保护力度。基层人民检察院对此项工作也非常重视，专门抽调精兵强将办理，快审快结，使此类案件得到依法及时地查处，打击了犯罪分子的嚣张气焰，有效地遏制了此类犯罪的发生。据统计，2009年安徽省各级检察机关共受理提请批准逮捕涉及侵犯知识产权犯罪案件34件49人，批准逮捕30件50人，共受理起诉涉及侵犯知识产权犯罪案件62件109人，起诉40件67人。

二、积极开展打击侵犯知识产权犯罪立案监督工作

一年来，安徽省各级检察机关充分行使立案监督职能，要求公安机关对于已经构成犯罪的侵犯知识产权行为予以立案，督促行政执法机关及时向公安机关移送在其保护知识产权执法过程中发现的犯罪，切实防止“有罪不究”“以行政处罚代替刑事处罚”现象的发生。对于不移送、不立案背后的职务犯罪，发现线索后及时立案查处。各级检察机关积极通过行政执法与刑事司法衔接工作来促进立案监督工作，及时了解和掌握侵犯知识产权犯罪案件的查处情况，督促行政执法机关及时向司法机关移送涉嫌犯罪的案件。

三、加大法制宣传力度，营造良好的知识产权保护氛围

安徽省人民检察院在严肃查处侵犯知识产权案件的同时，十分重视法制宣传教育，选择侵犯知识产权的典型案例进行宣传，以达到震慑犯罪分子，提高广大群众保护知识产权的意识，促进全社会树立尊重和保护知识产权的风尚的目的，为推动科技进步、经济发展和文化繁荣创造良好的环境。安徽省人民检察院对全省检察机关办理的社会危害大、影响广、广大群众深恶痛绝的侵犯知识产权犯罪重特大案件的查办过程和查办结果涉及的案情、影像图片、实物等进行了收集、整理，开展宣传教育活动，强有力地震慑了侵犯知识产权犯罪分子，维护知识产权权利人的合法权益，推进了安徽省市场经济法治进程。安徽省人民检察院积极参加了“保护知识产权宣传周”活动，认真准备了宣传资料，并参加了安徽省“保护知识产权保护宣传周”开幕式。通过参加宣传周活动，安徽省人民检察院向社会宣传了安徽省检察机关从事知识产权所取得的成绩，让广大人民群众了解了知识产权司法保护的法治进程，在安徽全省形成了良好的知识产权保护氛围。

（最高人民检察院侦查监督厅）

福 建 省

专利工作

2009年，福建省知识产权工作围绕经济社会发展总目标，深入学习贯彻科学发展观，稳步提升知识产权创造、运用、保护和管理水平，取得新的成效。

一、制度建设与管理创新

2009年，福建省知识产权局承担省知识产权战略制定工作领导小组办公室职责，全面展开制定福建省贯彻国家知识产权战略纲要实施意见的工作，完成《福建省人民政府贯彻国家知识产权战略纲要实施意见》送审稿。制定《关于进一步加强科技创新中知识产权工作的若干意见》，把知识产权工作纳入科技创新的全过程，促进创新成果的知识产权化、商品化和产业化。与人民银行福州支行、福建省银监局联合出台《福建省专利权质押贷款工作指导意见》。与福建省财政厅等部门联合制定《福建省专利奖评奖办法》，上报福建省政府审定。

全省知识产权工作体系建设取得新突破。福建省知识产权局人员编制增加10人，内设处室升格为正处级；成立福建省知识产权维权援助中心和福建省知识产权信息公共服务中心两个正处级直属事业单位，人员编制各20名，经费由财政核拨。漳州市知识产权局、莆田市知识产权局升格为处级单位（设区市处级知识产权机构达5个）。全省共有26个县（市、区）成立知识产权局，同时龙岩市新罗区铁山镇成立知识产权工作办公室（系全省首个乡镇级知识产权工作机构）。2009年，新设立专利代理机构5家，总数达17家，从业人员267人，共有执业专利代理人83人；成立《中国知识产权报》福建记者站；新入选国家"百千万知识产权人才工程"百名高层次人才培养人选4人；获国家知识产权局和省科技厅、省知识产权局等单位各类表彰的先进集体10多个，先进个人近20人次。此外，福州市率先开展企业专利特派员工作试点，组织首批18名专利特派员与39家企业成功对接。

二、专利申请与授权

2009年，福建省专利申请达17 559件，比2008年增长33.21%，居全国第12位，其中：发明专利3842件，占21.88%，增长42.24%；实用新型专利7844件，占44.67%，增长52.58%；外观设计专利5873件，占33.45%，增长10%。在三种专利申请中：职务申请9599件，占54.67%，增长75.89%；非职务申请7960件，占45.33%，增长5.39%。各设区市专利申请量居前3位的分别是厦门市（4914件）、福州市（4708件）、泉州市（4155件）。1985～2009年，全省专利申请总量达113 147件，居全国第13位。

福建省专利获授权11 282件，比2008年增长42.14%，居全国第11位，其中：发明专利824件，占7.3%，增长55.47%；实用新型专利4939件，占43.78%，增长25.96%；外观设计专利5519件，占48.92%，增长58.32%。在三种专利授权中：职务发明授权4897件，占43.41%；非职务发明授权6385件，占56.59%。各设区市专利授权量居前3位的分别是福州市（3072件）、泉州市（3014件）、厦门市（2986件）。1985～2009年底，全省专利授权总量达70 824件，居全国第9位。

三、专利申请资助

2009年，全省（不含厦门）组织申请国外专利的中小企业，向国家申请专项资金资助，其中福州大学等5家单位的6件专利项目申请获得资助12万元。当年，全省（不含厦门）资助专利申请5059件，其中发明专利1758件、实用新型专利1641件、外观设计专利1616件、专利国际申请44件，资助金额307.23万元。自2002年对专利申请实行资助以来，全省（不含厦门）专利申请共获资助21 528件，其中发明专利5318件、实用新型专利7306件、外观设计专利8709件、专利国际申请195件，资助金额983.42万元。

四、专利宣传与培训

（一）宣传

全省组织开展第三届中国专利周福建地区活动，征集电子信息、石化、生物医药、节能环保等领域的260多项优秀专利项目参展，并通过展示交易中心网站进行展示宣传，促进专利项目转化实施；组织各设区市同时异地举行“中国专利周福建省知识产权局系统公益日”活动。同时，结合“4·26世界知识产权日”、闽台知识产权交流合作战略研讨会、全国专利代理人资格考试、“6·18”“9·8”等重大活动，积极组织广播、电视、报刊等主流新闻媒体进行采访和报道。2009年，策划邀请出席第二届海峡两岸知识产权论坛的闽、台、澳三地嘉宾以及相关专家学者，就“金融风波中的企业知识产权”分别接受记者现场采访，制作专题片；设计制作广告伞、广告扇等宣传用品，编印《福建省“雷雨”“天网”知识产权执法专项行动宣传册》；开展知识产权进高校、科研院所和专利代理机构的宣传活动，走访福州大学、福建农林大学、中科院福建物构所等单位，并赠阅宣传资料；组织开展知识产权竞赛等活动。全年编印《福建专利》12期、《信息专报》24期；拍摄《知识产权在福建》宣传片；发布知识产权局网站信息380多条；被《中国知识产权报》采用稿件150多篇；向省市县有关领导、在闽两院院士、高等院校、知识产权试点单位等赠阅《中国知识产权报》。

（二）培训

组织举办或承办了“国家知识产权局纪检监察干部培训班”“第二届海峡两岸知识产权论坛”“闽台知识产权交流合作战略专题研讨会”“中欧专利执法研讨培训班”“专利代理人资格考试考前培训班”“专利审查质量和审查标准调研座谈会”“国家知识产权局资深审查员培训研讨班”“农业植物新品种知识产权保护培训班”“电子审批系统网络设备安装培训会”“全省知识产权试点中小学工作座谈会”“部分县（市、区）知识产权工作座谈会”等各类知识产权培训班、研讨会、座谈会20多场，参加人员3000多人次。全年组织参加由国家知识产权局主办的各类培训50多人次，并组织参加境外学习、培训4批8人次。

五、专利行政执法

2009年，福建省知识产权局以及福州市、厦门市、泉州市知识产权局被列入国家“5·26”工程。全省加强执法条件建设，开通“12330”知识产权维权援助与举报投诉热线，解答各类咨询600多次、受理举报投诉5件。经国家知识产权局批准，成立“中国（泉州）知识产权维权援助中心”，并出台《知识产权维权援助资金管理办法》。2009年，组织开展“雷雨”“天网”知识产权执法专项行动，积极部署商品流通领域执法工作；与有关部门联合，以自查和抽查方式对福州5家大型超市、商场开展知识产权执法检查，严厉打击专利侵权假冒和专利诈骗行为。全年受理专利侵权纠纷案24件，结案26件（含往年结转）；查处假冒专利案3件。开展知识产权典型案例收集评析，与设区市知识产权局、专利代理机构建立专利典型案例季报制度，收集案例，总结出“红肉蜜柚”植物新品种权侵权纠纷案等6件知识产权典型案例。同时，积极开展展会知识产权保护，在“6·18”展馆内首次设立知识产权维权援助与举报投诉咨询台；在“9·8”投洽会与有关管理部门和单位共同搭建“海峡西岸经济区对口洽谈政策咨询”工作点，接受咨询500多人次，发放各类宣传材料1万多份。此外，组织做好2009年全国专利代理人资格考试福州考点考务工作（共127人参加考试），并落实奖励政策，奖励通过2008年全国专利代理人资格考试并取得资格证书者每人2000元。

六、专利试点示范

2009年，福建省新增国家、省、市三级知识产权试点示范单位133家（共达500家），其中全国（第四批）企事业知识产权试点单位58家（居全国各省市前列），福建省知识产权优势培育企业20家（厦门优尔电器有限公司等），市级知识产权试点示范企业55家。当年，通过验收的全国企事业知识产权试点单位5家、省级知识产权试点企业47家。福州市被评为国家知识产权工作示范城市；泉州市被确定为全国知识产权示范创建市；晋江市、福清市、闽侯县、龙岩市新罗区、厦门市海沧区等5个县（市、区）被确定为首批实施国家知识产权强县工程县（市、区）；省知识产权局，福州、厦门、泉州市知识产权局被列入国家知识产权局“5·26”工程名单；武夷山市被确定为国家传统知识知识产权保护试点市；龙岩市新罗区等13个县（市、区）被确定为省知识产权强县（市、区）；永安市第一中学等10家中学和厦门市演武小学等10家小学被确定为省知识产权试点中、小学（共

20家）。

七、专利信息服务

2009年，全省组织开展企业运用知识产权应对金融危机的典型企业样本调研工作，收集福建星网锐捷通讯股份有限公司、福州高意科技集团等20多家企业运用知识产权应对金融危机的案例，帮助企业积极运用知识产权有效应对金融危机；组织开展企业专利交流工作，邀请国家专利审查员赴企业现场解答企业专利方面的具体问题，并组织2家企业专利工作交流站申报建立国家审查员实践基地。2009年，完成省市两级知识产权局门户网站建设，全领域数据库得以升级扩容（服务器扩容至4.2T），在原有“七国两组织”的基础上，新增韩国、俄罗斯、东南亚地区、阿拉伯地区、中国台湾地区和中国香港特别行政区的专利文摘数据，并提供法律状态查阅等功能。启动通讯（福州）、汽车玻璃（福耀）、纺织服装（泉州）、钟表（漳州）、电机（宁德）、环保设备（龙岩）6个专利专题数据库建设。同时，做好专利统计、国家知识产权局专利调查等工作，并组织开展专利信息服务需求调查。全年受理并及时办结专利许可合同备案540件，办理专利登记簿副本68件。

八、专利项目与成果

2009年，福建省知识产权局推荐申报的“食源性病原微生物传感技术的专利战略研究”项目，获国家知识产权局专利战略推进工程研究项目立项，获资助经费12万元；推荐申报的“促进骨髓有核细胞及骨髓基质细胞增殖系列肽及其应用——生血肽胶囊产业化小试”和“节能型往复式微型静音空压机”项目，获省发改委小发明小创造项目立项，资助经费22万元。当年，通过国家知识产权局验收的专利战略推进工程研究项目2项（“我国食品卫生行业的专利战略研究”“我国转基水稻专利战略研究”）；获评第11届中国专利优秀奖1项（生产太阳能电池用高纯度硅的方法）。此外，组织84项专利项目在“6·18”国家知识产权局展馆参展，成功对接41项，其中福州金源泉科技有限公司对接5项（合同金额达2400万元）、莆田市蓝天除尘设备有限公司对接5项（合同金额236万元）。

九、知识产权交流合作

2009年，省知识产权局积极开展国际、国内知识产权交流合作，取得新进展。分别与美国驻华领事馆总领事、法国工业知识产权局驻华联络员，就知识产权保护问题进行交流座谈；参加中欧海关知识产权专家组会议，并在会上作重点交流发言。2009年，积极探索闽台在知识产权领域的先行先试措施，举办海峡两岸知识产权论坛、闽台知识产权交流合作战略专题研讨会，汇聚两岸企业界和知识产权界的专家学者，交流探讨运用知识产权制度积极应对金融危机，提升运用知识产权参与市场竞争的能力，培育具有自主知识产权的知名品牌及产品，同时研究探讨加强闽台知识产权交流合作、实践先行先试的途径与措施；组织知识产权优势企业、高新技术企业高层管理人员，赴香港和台湾进行学习、培训和交流，借鉴知识产权创造、运用、保护和管理方面的成功经验，探讨建立闽港、闽台知识产权交流合作机制。同时，组织有关设区市知识产权人员组成调研组，到广东、山东等省市，学习借鉴成功经验和先进做法；接待浙江、新疆等省区知识产权局领导到闽调研，深入开展交流和沟通；与泛珠三角区域内地九省（区）知识产权局共同签署专利行政执法协作协议，并组织各设区市知识产权局签署市级专利行政执法协作协议，充分依托泛珠三角区域各省（区）广泛的专利行政执法协作平台，开展执法协作，接收浙江、湖南移送案件3件，已安排处理。

（福建省知识产权局　黄宝文）

商标工作

2009年，全省商标广告监管工作在福建省工商行政管理局党组的领导下，以科学发展观为指导，认真落实全国、全省工商工作会议部署，围绕年初工作要点，加大商标培育力度，努力促进广告业发展，加强商标广告行政执法，积极服务海峡西岸经济区建设，各项工作取得显著成效。

一、大力推进实施商标战略，商标监管再上新台阶

（一）加大商标培育力度，服务企业稳定发展

1. 组织领导不断加强

国家工商行政管理总局印发《关于贯彻落实〈国家知识产权战略纲要〉大力推进商标战略实施的意见》，再次出台支持海西建设“9条”意见，

支持海西商标政策措施累计达13条。福建省工商行政管理局圆满完成《福建商标战略研究》制定任务，受到国家工商行政管理局商标局通报表扬。各级政府更加重视推进实施商标战略，宁德市委书记、市长先后13次对商标工作作出批示，泉州市政府积极争创国家商标战略实施示范城市、支持辖区企业争创示范企业，越来越多的市、县、区政府将商标工作列入经济考核指标体系或以政府名义召开商标品牌表彰大会。

2. 品牌创建成果丰硕

2009年4月和2010年1月，福建省分别有30件和31件商标被认定为驰名商标，总数达139件，提前实现了省“十一五”规划确定的目标。福州市2009年以来新增7件驰名商标，超过了之前10年认定总数。省工商行政管理局认定391件商标为福建省著名商标，延续认定352件福建省著名商标，注销33件福建省著名商标，首次依据《办法》规定，对近三年发生商标侵权行为、已公示的泉州某公司申请商标不予认定为福建省著名商标。驰名著名商标企业在海西经济建设中发挥了领头作用。

3. 商标基础日益厚实

一是商标总量突破18万大关。福建省新增注册商标45352件，比2008年增长121.6%，总数达184457件，注册商标数占全省内外资企业数(31万户)的59.5%，位居全国前列。泉州市平均每100户企业拥有注册商标约104件。二是出口自主品牌培育创建工作快速推进。截至2009年6月30日，全省马德里商标国际注册数达721件，占全国总数8985件的8%，居全国第3位。省工商行政管理局被评为推动马德里商标国际注册工作先进单位。泉州市注册商标数、驰名商标数和马德里商标国际注册数居全国各设区市第1名。福州市商标境外注册数同比增长超过50%。三是支持商标确权成效明显。向国家工商行政管理总局推荐28件商标申请加快注册审查、评审事宜，同比增长250%。三明市工商系统指导盘活闲置商标16件；南平市工商系统指导办理商标许可使用合同备案40件、变更22件、转让33件、续展13件，为商标申请人的发展提供了大力支持，赢得了企业的赞誉。四是商标服务机构进一步增加。新设立商标(知识产权)中介机构35家、投资人数46人、登记雇工人数214人，商标(知识产权)中介机构总数达207家、投资总人数344人、登记雇工总人数达1441人。

4. 品牌效应持续显现

指导、支持31家企业办理商标专用权质押办理贷款7.5亿元，与2008年同比分别增长了55%、740%。泉州市工商行政管理局与农行泉州分行联手举办“商标专用权质押贷款行政指导协作备忘录”签约仪式，全市累计12家企业办理、获贷款5.6亿元；南平14家企业办理、获贷款1826万元；三明6家企业办理、获贷款2876万元。永春、顺昌、周宁、古田等工商行政管理局指导企业运用国家工商行政管理总局支持海西优惠政策，免于提交出质商标专用权价值评估报告获得贷款，为企业节省了大笔评估费用。此外，全省共支持驰著名商标企业简化程序核准登记设立研发中心36户，支持设立集团35户，支持以商标权作为非货币出资予以核准登记14户，实施实行两年一次年检402户，简化分支机构设立登记24户。一系列商标品牌带动优惠政策促进了企业发展，受到企业和社会各界的充分肯定，商标价值进一步显现。

(二)加强商标行政保护，维护企业商标权益

全省工商系统针对重点领域，加大执法力度，严厉打击商标侵权假冒行为，取得新成效。共查处各类商标违法案件3619件、罚款金额2918万元。其中商标侵权假冒案件3361起、罚款1465.5万元，涉外商标案件数803起、罚款482.4万元。向公安机关移送商标假冒案件14起，追究刑事责任3人。泉州、漳州、福州商标案件数量列前三位，宁德跃居第四；泉州、漳州、龙岩商标案件罚款额列前三位。

1. 深入开展专项整治

一是开展“打商标侵权 护海西品牌”专项行动和保护世博会标志专有权执法行动，查处商标违法案件779件、案值350.81万元。南靖县工商行政管理局在OA开办世博会标志保护电子专刊，积极指导基层查办相关案件。二是强化授权经营试点和会展保护。龙岩市工商行政管理局在漳平召开现场会，推广漳平市工商行政管理局开展建材市场商标授权经营创建工作经验和做法，完善规范商标授权经营十项制度。省工商行政管理局、福州、厦门市工商行政管理局积极配合有关部门开展5.18、6.18、9.8期间商标监管工作，保障了会议顺利举办。三是开展督察督办。省工商行政管理局向各设区市工商行政管理局移交督办涉嫌侵犯“小肥羊”“蘑古力”“沉缸”等驰名、涉外、

著名商标专用权案件。

2. 积极支持企业商标维权

福建省工商行政管理局召开驰著名商标保护工作座谈会，商标监管人员、企业、商标中介机构互动商议助企维权事宜，取得较好效果。一批驰著名商标企业的合法商标权益在辖区外得到有效维护。漳州市工商行政管理局积极支持片仔癀、港昌、双飞公司开展商标维权行动，协助港昌公司在四川查获价值 30 余万元的侵权商品。莆田市工商行政管理局指导雪津公司在江西、顺昌等地查获大量侵权商品。南平市工商行政管理局指导幸福来公司赴浙江打假，及时清除了淘宝网上侵犯该公司商标权的产品。

3. 强化保护涉台商标

查处侵犯涉台商标专用权案件 39 起、罚款额达 10.4 万元。厦门市工商行政管理局组织集中整治“台湾商品一条街”，检查商店 16 家、查扣侵权高粱酒 86 瓶，指导厦门正新橡胶工业有限公司、金门酒厂实业股份有限公司获认定驰名商标，有力维护了台企商标权益。惠安县工商行政管理局专门立项开展涉台商标行政指导工作，从创牌、用牌、护牌多方面入手，与台资企业、台商协会等单位建立联系制度，努力为台资品牌保驾护航。龙岩市工商行政管理局协助永福闽台缘高山茶产销专业合作社无偿获受让“永福”商标，受到了台商和当地群众的高度赞扬。

(三)大力实施“商标富农”，推进新农村建设

1. 地理标志商标总量保持全国第二

新增 22 件地理标志证明商标或集体商标，总数达 66 件，约占全国总数的 10%，居全国第 2 位。宁德市经核准注册地理标志商标总数达 18 件，位居全国地级市第 1 名。2009 年地理标志商标申请量南平、三明居全省前 2 位，漳州、龙岩并列第 3。莆田市积极培育仙游古典家具、莆田工艺美术、上塘珠宝地理标志商标。武平县工商行政管理局积极指导注册地理标志商标促进当地绿茶、金线莲、富贵籽、象洞鸡、仙草产业的发展。“安溪铁观音”“福鼎白茶”积极冠名首届全国中学生地理标志知识竞赛、征文大赛。

2. 涉农驰著名商标数量创历史新高

2009 年 4 月认定的驰名商标中，涉农商标达 9 件，占 30%；2010 年 1 月认定的驰名商标中，涉农商标达 14 件、占 45.2%，其中有福鼎白茶、武夷山大红袍、坦洋工夫、南靖兰花、建宁通心白莲 5 件地理标志商标。全省地理标志驰名商标总数达 11 件。全省涉农驰名商标数达 32 件，占全省驰名商标总数的 23.2%。新认定涉农福建省著名商标 114 件，占该批认定总数的 29.1%。地理标志商标使用逐步规范，福安工商行政管理局在专项执法行动中立案调查涉嫌侵犯“坦洋工夫”地理标志证明商标专用权案件 5 起，较好地维护了证明商标注册人合法商标权益和广大茶农合法利益。

二、积极夯实工作基础，提升商标广告监管水平

1. 队伍建设不断增强

各级工商行政管理局开展各类论坛、讲座、培训近 500 场(次)，不断提高商广监管人员的履职能力。组织商标广告监管人员、企业、商标代理人参加中国商标节、广告节、西博会、地理标志保护国际研讨会。福建省工商行政管理局开展推进实施品牌带动工作竞赛评比和先进单位先进个人评选推荐活动，总结全系统推进实施品牌带动工作的先进经验，强化对品牌带动工作的鼓励与引导，63 家单位被评为全省工商行政管理系统推进实施品牌带动工作先进单位、80 人被评为先进个人。福建省工商行政管理局、晋江市工商行政管理局池店工商所等 17 家单位被评为全国工商行政管理系统商标工作先进集体，10 位商标监管人员被评为全国工商行政管理系统商标工作先进个人。

2. 培训宣传不断加强

福建省工商行政管理局举办第三期申请认定驰著名商标辅导培训班，开展“规范使用商标标识维护企业商标权益”宣传月活动。泉州市工商行政管理局开展“给全市企业的一封信”“百场座谈会”“千企万标巡查走访活动”，南平市工商行政管理局开展“规范使用商标标识执法行动周”、三明市工商行政管理局开展“十大魅力商标评选活动”，取得较好成效。各级工商行政管理局在省级以上媒体发表宣传稿件约 500 篇(次)，向地方党委、政府报送工作报告、呈阅件等 180 多篇(次)，深入调研指导广告企业 819 家次，培训广告审查员 2250 人次，进一步增强了社会各界的商标广告意识。《福建省工商行政管理局提出福建省广告业发展六大任务》一文被国办采用。宁德市工商行政管理局向宁德市政府报送了《关于加强“坦洋

工夫”“福鼎白茶”地理标志户外广告规范管理的调研报告》，引起高度重视。福建省商标协会举办全省“创立自主品牌商标，实现发展新跨越”国庆征文活动，召开部分企业会员、商标代理机构座谈会，推出《福建省商标事务代理委托合同》示范文本，编辑《海峡西岸商标》会刊六期、发行7000多册，协助“安溪铁观音”商标注册人解决在台湾申请注册被驳回事宜。

3. 信息化建设持续加强

配合有关部门加强商标广告软件的开发、测试、修改、运行和推广，促成数字化多媒体广告监测系统升级改造、网上工商广告管理模块投入使用，各类广告行政许可项目实现网上审批，推进违法广告处理反馈系统和网上工商广告登记软件的开发。为各设区市配备了软、硬件，实现了全省广告监测系统联网。各地初步实现了广告监测“有设备、有人员、有制度”，加强发挥广告监测在广告监管中的基础作用。

（福建省工商行政管理局）

版权工作

2009年，在福建省委、省政府和国家版权局的正确领导下，福建省版权局积极进取，不断开拓创新，做到了突出特色抓版权宣传，突出重点抓行政执法，突破领域抓产业发展，进一步提高了版权保护和管理工作的水平。

一、突出特色，创新版权宣传方式

为了进一步宣传版权法律知识，展示福建省版权产业发展的成果，2009年4月17～19日，福建省版权局联合福建省保护知识产权工作领导小组办公室、福建省工艺美术研究院在省博物院成功举办“首届福建版权创意精品展”。中国版权协会理事长沈仁干，福建省委常委、宣传部长唐国忠，福建省委常委、副省长陈桦，福建省政协副主席、省版权局局长郭振家等省领导参加了开幕式；福建省委、省人大、省政府、省政协有关部门领导，部分省直单位负责人以及专家学者、高校师生、企业代表等共600多人参加开幕式。

本次精品展集中展示了福建德化、莆田两地近年来自主创作、享有版权的333件陶瓷、木雕精品。通过专家评选和群众投票，评出金奖作品20件，银奖作品29件，铜奖作品45件。这些精品在设计上饱含创新理念，在主题上内涵丰富，在形式上匠心独运，在制作上工艺精湛，具有很高的艺术价值和经济价值。

展会期间，福建省版权局还向第三批25家省版权保护重点企业授牌，举办了版权保护与产业发展高峰论坛。中国版权协会理事长、国家版权局原副局长沈仁干，德化县副县长黄耀昆，莆田美诚达工艺美术有限公司董事长李凤强以及台湾法蓝瓷总裁陈立恒参加论坛的主题演讲，对加强两岸版权交流，进一步促进福建省版权产业发展，提高公众版权保护意识，引导企业走创新之路，提供了大量精辟的见解。

根据福建省省委领导在此次展会上的指示精神，5月，福建省版权局积极参加了福建省文化体制改革和文化产业发展配套政策宣讲团，在全省9个设区市巡回宣讲版权法律知识。在福州举行的首场报告会上，福建省委常委、宣传部长、省文化体制改革领导小组组长唐国忠出席报告会并讲话。福建省委常委、副省长、省文化体制改革领导小组副组长陈桦主持报告会。省直、市直有关部门负责人和文化事业单位干部职工近500人参加了报告会。报告会上，福建省版权局巡视员李玉光就版权保护和产业发展作了宣讲。此后，用近一个月时间，宣讲团陆续在全省其他8个设区市巡回宣讲。这次宣讲活动的规模大，范围广，层次高，在福建省尚属首次。

2009年，福建省各级版权管理部门还以“4·26知识产权宣传周”为平台，积极开展形式多样的宣传活动，扩大公众对版权保护的认同感和参与度。福建省版权局参加了全省知识产权保护新闻发布会和在福州市五一广场举行的主题为“增强法治观念，保护知识产权”的法制宣传活动，并和相关设区市版权局以福州“5·18博览会”、厦门“9·08投洽会”、莆田“艺博会”为平台，现场设立版权服务台，调解版权纠纷、受理版权登记和提供法律咨询。福州市版权局结合软件正版化工作，厦门市版权局通过“鹭岛书香”活动，开展版权宣传和教育活动；三明市通过发放1000多份“绿书签”的形势向市民宣传版权知识，营造良好的社会氛围。

二、抓住重点，提高版权行政执法水平

2009年，福建省各级版权管理部门认真履行职责，坚持日常监管和专项治理相结合，不断拓宽监管思路，创新监管方式，突出执法重点，版权行

政执法和社会监管工作取得了明显成效，版权执法和监管水平有了新的提高。

据统计，2009 年，福建省各级版权管理部门共受理查处侵权案件 213 起，移送司法机关 11 件，收缴各种侵权盗版制品 70 多万件，有力地打击了盗版分子的嚣张气焰。

在开展网络侵权专项行动中，各级版权管理部门抓住重点，措施到位，部门协作，主动出击，出动了执法人员 156 人次，查处侵权案件 32 起，关闭侵权盗版网站 40 家，删除侵权盗版内容、侵权链接 98 条，查处网络私服游戏网站 5 家，没收服务器 18 台，有力打击侵权盗版行为，保护权利人合法权益。其中，厦门市版权局主动介入，积极配合司法机关对陈某批销盗版地图案追究刑事责任，这是福建省首例以侵犯著作权罪判处的盗版地图批销案。三明市版权局紧密联系公安、电信部门，重在预防，对全市 100 多家网站摸底调查，关闭了 12 家网站。福州、泉州、漳州、莆田、南平、宁德市版权局也查处了一批侵权案件。

2009 年，全省按照“统一领导、行业监管、属地管理、协会辅助”的原则，充分发挥联席会议制度作用，着重在勘察设计行业和网吧行业开展第三批企业软件正版化工作。福州、漳州等市克服金融危机的不利影响，积极推进网吧软件正版化工作，取得了很大进展。

三、因地制宜，大力发展版权产业

2009 年，福建省版权管理部门继续把发展版权产业作为一项重要工作，一手抓版权管理，打击侵权盗版；一手抓版权保护，促进产业发展。2009 年，福建省陶瓷、树脂等工艺品产业发展水平进一步得到提升；软件、动漫游戏产业发展迅速，在国内占有重要地位；木雕、藤铁、家装等领域的版权产业稳步发展。福建省的版权产业已经逐步实现了由传统工艺美术行业向智力创新行业拓展，从沿海产业集中地区向其他地区延伸的良好态势，形成了门类比较齐全、特色比较明显的格局。

2009 年，在深入学习和实践科学发展观的活动中，福建省版权局领导带领有关处室人员下基层、进企业、摸实情，与企业座谈应对金融危机的办法和措施，及时出台了版权服务 10 条措施，对于提高版权服务质量，促进版权产业发展起到了积极作用。

“福建省版权保护与产业发展状况调研”是福建省政协 2009 年的重点调研课题。2009 年 2～7 月，由福建省政协副主席郭振家带队，省政协提案委员会、省财政厅、省教育厅、省经贸委、省版权局等部门负责人组成的调研组分别到福州、泉州、莆田、厦门等地调研藤铁、陶瓷、木雕、软件产业的版权保护与版权产业发展情况。调研组在调研地举行了 7 场座谈会，详细听取政府相关部门、企业代表的意见和建议。目前，已形成《福建省版权保护与产业发展调研报告》，并由省政协报送省委、省政府，其中提出的对策和建议将有助于进一步推动了福建省版权产业的发展。

2009 年，福建全省各市因地制宜，大力发展版权产业。厦门市版权局在软件园区设立服务窗口，将版权服务延伸到园区。泉州、莆田、德化在积极组织企业参加精品展的同时，改进服务方式，实现服务进企业，受到了企业的好评。4 月，在第四届中国（莆田）海峡工艺品博览会开幕式上，莆田工艺美术城被省版权局设为全省首个“版权产业基地”。

2009 年，在福建省版权局自愿登记的作品达 6829 件，比 2008 年增长 45%，再创历史新高，连续 9 年居全国第 2 位。同时，经过省版权局的争取，境外版权登记的授权条款也写入了《新闻出版总署（国家版权局）福建省人民政府共同推进海峡西岸经济区新闻出版业建设合作协议》，省版权局据此率先直接受理登记除计算机软件之外的中国台、港、澳地区作品的版权，并已受理登记了台、港、澳个人作品 20 件，企业法人作品 150 件，大大方便了上述地区权利人在闽行使版权，在全国开了先河。

为了配合《福建省知识产权战略》的顺利实施，明确今后五年乃至相当长时间内的版权管理和版权产业发展目标、任务，促进福建省版权产业持续、健康发展，福建省版权局承担并独立完成了《福建版权战略研究报告》的制定工作。福建版权战略是《福建省知识产权战略》的主要组成部分，从福建总体发展的战略高度，确定了版权创造、运用、保护和管理的指导方针，是指导福建省至 2020 年版权工作的纲领性文件，它的制定和实施将进一步推动全省版权事业的全面发展，为建设创新型省份和推动海峡西岸经济区建设提供更加有力支撑。

四、完善机构，加强版权执法队伍建设

福建省委、省政府对版权工作高度重视。4 月，在出席首届福建版权创意精品展后，省委常委、宣传部长唐国忠，省委常委、副省长陈桦召开现场座谈会，研究解决版权工作中相关问题；9月，省委常委、副省长陈桦带领省委编制办等有关部门来到省版权局开展专题调研；省委、省政府领导就加强版权机构、队伍建设，发展版权产业作出了重要指示，要求相关部门协调落实。

为了进一步提高基层版权干部的执法水平，6月，福建省版权局在德化举办了全省版权保护重点企业和版权中介机构业务人员培训班，福州海关、省版权局版权处的同志就海关版权保护、作品版权登记的相关知识以及规范中介组织代理行为等方面进行了培训。

7月，福建省版权局在泰宁召开了全省版权业务培训暨工作交流会，针对新修订的《著作权行政处罚实施办法》进行业务培训，提高执法人员的执法水平。

2009年，福建省版权局通过一系列创新举措，为促进海峡西岸经济区又好又快发展作出应有贡献。

（福建省版权局　版权处）

司法工作

2009年，福建法院深入贯彻落实科学发展观，紧紧围绕党和国家工作大局，全面贯彻落实国家知识产权战略，忠实履职，公正司法、一心为民，知识产权审判工作取得新的进展。

一、依法公正高效审理知识产权案件，充分发挥司法保护主导作用

（一）依法妥善审理知识产权民事、行政、刑事案件，充分发挥司法审判在保护知识产权和激励自主创新中的积极作用

2009年，福建省法院克服案多人少的矛盾，积极稳妥化解各类知识产权纠纷，知识产权审判又上新台阶。全年受理各类知识产权民事案件1359件，审结1178件，有效促进科技进步、品牌创新、文化繁荣与社会和谐。由福建省高级人民法院一审的武汉晶源环境工程公司与日本富士化水工业株式会社、华阳电业公司侵犯发明专利权纠纷一案由最高人民法院作出终审判决，该案标的达5061.24万元，这是目前最高人民法院判决赔偿额最高的一起知识产权案件。全省法院依法审结世界知名运动名牌德国“波马”商标侵权系列案近两百件，打击了侵权行为，维护了国外商标权利人的合法权益，净化了市场环境。“波马”公司向福建省高级人民法院专程送来题为“勤勉敬业，公正司法”的牌匾表示感谢。受理各类知识产权行政案件23件，审结23件，依法监督和支持知识产权行政执法，促进知识产权行政保护。受理各类知识产权刑事案件54件，审结50件。依法运用各种刑事制裁措施，加大对涉及知识产权侵权犯罪行为的打击力度，有效发挥刑罚的惩治和威慑功能。

（二）加大知识产权案件调解力度，构建知识产权审判“大调解”格局

全省法院在审判工作中始终坚持“调解优先、调判结合、多元并举、案结事了”的原则，将诉讼调解贯穿于知识产权民事案件审理的全过程，并注重经验总结和方法改进，积极引导当事人以和谐的方式妥善解决矛盾纠纷，确保了社会的和谐稳定。知识产权民事案件一审调撤率达65.19%，二审调撤率达63.2%，均创历史新高。一是调解工作向诉前延伸，并与诉讼中的调解实现对接。以采取诉前证据保全措施为契机，在进行诉前证据保全的同时开始调解工作，将许多本来要进入诉讼程序的案件在诉讼前就予以化解。例如福州中级人民法院在处理“奥特曼”商标侵权系列案件，许多被申请人在法院执行完证据保全后，就在法院主持下与权利人达成和解，同时有十几件准备起诉的案件在立案前也一并促成和解。二是调解工作专人负责。对群体性系列纠纷案件，指定庭领导专人负责，统一协调，灵活采取领导参与制、合议庭共同调解制的方法调解了多起系列案件。三是专家陪审员参与调解。力求改变以往调解工作只是由主审人一人主持的局面，邀请专家陪审员参与调解。专家陪审员专业知识强、社会经验丰富，对调解工作往往能提出新的思路，取得较好效果。四是通过调解促成合作。法官调解案件时能够紧紧把握知识产权案件的特殊性，从鼓励创新，推广先进技术的角度出发，努力实现知识产权社会利益的最大化，减少社会资源的浪费。特别是在专利和商标案件中，通过调解促成当事人就专利、商标实施许可达成协议，不仅实现了案结事了，还促成了当事人达成合作共赢。五是通过调解化解案外纠纷。对于当事人就诉讼外的其他纠纷提出一并调解的请求，均尽可能地促成，使当事人未形成诉讼的争议也得到彻底解决，大大

减少了当事人的讼累，节约了诉讼成本和司法资源，实现了法律效果与社会效果的高度统一。

（三）优化涉台审判服务，促进两岸交流合作

福建省法院认真贯彻《关于深入创建司法品牌，推动法院工作科学发展的意见》，采取三项措施优化涉台知识产权审判司法服务，营造良好的投资法治环境。一是创新司法理念，正确把握审判尺度。树立能动司法理念，克服就案办案、关门办案，注重办案法律效果、社会效果和政治效果的有机统一。部分中级人民法院与政府相关职能部门、台商协会建立协作化解纠纷工作机制，及时、有效维护台资企业的合法权益。二是慎用强制措施，帮助台企在应对金融危机的困境中实现"软着陆"。在审理涉台知识产权纠纷中，慎重采取诉前禁令等强制措施，做到"不影响生产、不影响形象、不影响稳定"。三是延伸审判触角，为涉台企业开辟服务通道。通过定期召开涉台案件分析会、进行问卷调查、走访座谈，加强司法服务与指导。针对审判过程中发现的矛盾隐患，及时发出司法建议书，帮助涉台企业提高防范和化解经营风险的能力。

（四）进一步落实公开审判制度，提高知识产权司法透明度

福建省法院按照最高人民法院《关于司法公开的六项规定》《关于加强人民法院接受新闻媒体舆论监督的若干规定》和《关于加强人民法院审判公开的若干意见》的要求，扩大司法公开的范围，在知识产权案件审理中全过程落实公开审判，切实履行并规范对当事人告知的义务，保障当事人在立案、审判、执行、审判监督等各个环节的知情权、参与权、表达权和监督权，自觉接受社会监督，维护了当事人合法权益，促进了司法公正。福州中院进行了全省首例知识产权案件庭审网络直播。全省法院切实发挥"中国知识产权裁判文书网"公开知识产权裁判文书的平台作用，完善文书上网的管理机制，及时更新信息，加大知识产权裁判文书上网的公开力度，截至 2009 年底，已经有 2000 多份知识产权裁判文书通过"中国知识产权裁判文书网"向社会公开。全省法院还及时将与知识产权司法保护有关的规范性指导意见等，通过网络、新闻发布会以及其他媒体向社会公开，让公众充分了解司法裁判尺度，增强司法的可预见性。大力宣传知识产权审判先进典型，弘扬司法正气，增进社会信任，展示良好形象。

二、积极服务经济社会发展大局，深入贯彻实施国家知识产权战略

（一）采取有效措施，切实保障国家知识产权战略的贯彻实施

2009 年 4 月 20 日，福建省高级人民法院在充分调研论证的基础上，出台了《关于贯彻落实〈最高人民法院关于贯彻实施国家知识产权战略若干问题的意见〉的意见》。《意见》的最大特点在于紧密结合福建省经济社会发展实际，明确提出了谋划和推进知识产权司法保护工作的近期目标，确立了对传统优势资源与现代资源并重保护的原则，规定了知识产权诉讼调解应当坚持的原则和注意事项。《意见》实施一年以来，全省法院的知识产权审判机制更加完善，知识产权审判职能更加强化，知识产权司法保护环境进一步优化。

（二）完善知识产权审判体制和工作机制，加强知识产权审判体系建设

按最高人民法院要求，将涉及驰名商标认定的案件统一由福州、厦门两个中级人民法院管辖。对具有专利案件管辖权的福州、厦门、泉州三个中级人民法院的地域管辖范围进行调整，使管辖更具有合理性，方便当事人诉讼。同时，经最高人民法院批准，确定厦门、福州、泉州三地的部分基层人民法院可以审理知识产权案件，目前三个中级人民法院确定的基层法院都成立了知识产权专门合议庭。厦门中级人民法院研究制定了《厦门市中级人民法院知识产权审判专家辅助人制度》，率先规范了专家证人制度，解决了部分技术事实认定难的问题；积极探索诉讼参与人的保密令制度，以解决诉讼中商业秘密的保护问题，解除当事人维权的后顾之忧。

（福建省高级人民法院知识产权审判庭）

检察工作

2009 年，在推进国家知识产权战略实施中，福建省检察机关根据最高人民检察院和福建省委、省政府的部署，按照《福建省贯彻保护知识产权行动纲领实施意见》的要求，坚持以科学发展观为指导，正确认识和处理保护知识产权与优化投

资环境、促进科技进步、推动经济发展的关系，坚持“履行承诺、适应国情、完善制度、积极保护”的保护知识产权工作方针，与保护知识产权相关部门密切配合，充分发挥检察职能作用，切实加强对知识产权的刑事司法保护工作，不断加大刑事诉讼监督力度，促进行政执法机关向公安机关移送包括侵犯知识产权在内的涉嫌犯罪案件，依法严厉打击各种侵犯知识产权犯罪活动，取得了明显的成效，为维护福建省社会主义市场经济秩序和经济安全、社会稳定，促进“海峡西岸经济区”建设发挥了积极作用。

一、横向联动，形成合力，积极开展知识产权保护工作

在工作中，福建省各级检察机关积极加强同公安机关、行政执法机关横向联动，各职能部门互相配合，不断形成打击侵犯知识产权犯罪合力。福建省检察机关主要有四项基本协作制度：联席会议制度，把联席会议作为信息交流平台的常态形式，人民检察院、公安机关与工商等行政执法机关定期互通执法信息和情况，并就执行中的有关难点问题进行了广泛而深入的研讨，相互交换意见，达成了基本共识，并以联席会议纪要形成的书面意见，各方遵照执行，提高了行政执法与刑事司法衔接工作的实效；信息共享机制，行政执法机关查处的行政违法案件、移送的涉嫌犯罪案件情况，公安机关立案侦查情况，人民检察院刑事立案监督、审查批捕、审查起诉情况，县（市、区）实行月度或者季度通报；介入支持制度，行政执法机关在查处行政违法案件时发现可能涉嫌犯罪的，可以邀请公安机关派员提前介入案件的调查，共同研讨是否达到刑事追诉的标准；公安机关认为涉嫌犯罪的，可以视情况提前介入，引导行政执法机关调查取证，就证据的固定和保全等问题提供咨询意见；公安机关立案侦查涉嫌犯罪案件时，行政执法机关应当给予必要的配合与支持。对可能涉及犯罪的重大事故、重大事件和重大刑事案件，在相关职能部门调查处理的同时，及时通知人民检察院及时介入，防止证据灭失，人民检察院对其中的渎职犯罪适时展开调查；情况通报制度，各行政执法机关、公安机关、监察机关和人民检察院相互通报一个时期破坏社会主义市场经济秩序违法犯罪活动的规律、特点和趋势，定期或不定期联合开展专题调研活动，研究制定预防和打击经济犯罪的措施，以规范市场经济秩序。这些制度的实行，对福建省行政执法与刑事司法相衔接工作的开展起到积极的推动作用。各地结合本地实际，在工作中不断探索和完善这些制度，取得了良好的效果。

二、突出重点，进一步加大对知识产权的刑事司法保护力度

福建省各级检察机关加大打击制售假冒伪劣商品、侵犯知识产权犯罪力度，重点打击侵犯国际知名品牌商标权的犯罪、制售假冒伪劣商品犯罪和网络侵权犯罪，有效促进整顿规范市场经济秩序和知识产权保护。据统计，2009年福建省各级检察机关共受理提请批准逮捕涉及侵犯知识产权犯罪案件71件97人，批准逮捕69件95人，共受理起诉涉及侵犯知识产权犯罪186件277人，起诉132件197人。重点打击侵犯国际知名品牌商标权的犯罪，近年来，被假冒的商品类型主要集中在需求大、销路好、利润空间大的物品上，遍及服装、鞋业、电池、烟酒等关系百姓民生领域，并正向电信、技术、地理标志、商标等新兴经济领域渗透，其中尤以侵犯商标专用权现象较为突出。加大打击制售假冒伪劣商品的力度，一些不法分子为掩盖非法目的，以成立公司或工厂为幌子，生产、销售假冒注册商标或其产品，扰乱市场秩序。作案成员等级分明、分工明确，并形成“产、供、销”一条龙，犯罪手法日益隐蔽、狡猾，反侦查意识日益增强。福建省检察机关加大了打击制售假冒伪劣商品的力度，特别针对损害当地龙头产业或市场主要营销产品的侵犯知识产权犯罪加大打击力度。各地均结合本地实际情况制定切实可行的工作方案，本着什么犯罪突出就重点打击什么犯罪，什么问题严重就重点解决什么问题，什么方式能更好地保护知识产权就采用什么方式的原则，因地制宜地组织开展多种区域性打击整治行动。加大对网络侵权的打击力度，网络作为一个巨大的虚拟空间，其范围可以无限大，行为人无需具备高深的计算机理论知识和操作技能，就能轻易在任何时间、任何地点实施侵权和欺诈行为，福建省检察机关针对这一新型犯罪特点，加大对网络侵权的打击力度，快捕快诉一批此类犯罪案件。坚持打击和保护并重，为有效促进保护知识产权工作，福建省各级检察机关坚持打击与保护并重的原则，在加大打击涉假犯罪的同时，加大福建省驰名商标的保护力度。目前办理的侵犯知识产权刑事案件80%是侵犯国外服装、鞋类和汽车配件的，而福建省的“南孚”电池、“安踏”“青蛙王子”“佳丽斯”“双轮”“七匹狼”等驰名商标被严重侵权，每年损失上亿元情况，福建省、市两级人民检察院派员深入企业，呼吁并引导企业加强维权意识，提高自保护能力，并了解掌握制假企业的情况后整理成专门的材料，及时与制假企业所在地的检察部门沟通反映，使国内国外的知名品牌得到平等保护。

三、协调配合，促进行政执法和刑事司法有效衔接

2009 年，福建省各级检察机关在行政执法与刑事司法衔接工作中，突出重点，不断探索，加强宣传，坚持监督制约与协作配合并重，逐步完善机制，取得了良好成效。以联席会议为互通平台，提高衔接工作实效，各级检察机关积极贯彻《关于在行政执法中及时移送涉嫌犯罪案件的意见》，进一步建立、完善、运行联席会议制度、信息通报制度、案件移送制度、案件协商制度、重大案件提前介入制度等，与行政执法机关定期互通执法信息和情况，并就执行中的有关难点问题进行了广泛而深入的研讨，相互交换意见，达成了基本共识，形成会议纪要，各方遵照执行，为贯彻《关于在行政执法中及时移送涉嫌犯罪案件的意见》夯实了基础。加强跟踪督办，追求综合效果。在实际工作中采取包人包案、责任到人、建档立卡、跟踪督促的办法，发现行政执法机关办理的案件涉嫌犯罪应当追究刑事责任的，及时建议行政执法机关移送，移送后及时掌握公安机关对行政执法机关移送的涉嫌犯罪案件的审查、立案进度，对公安机关已立案的，则提前介入引导侦查取证，促成按时侦查终结分别移送审查逮捕、起诉。

四、坚决防止和纠正对知识产权犯罪打击不力的现象

2009 年，福建省检察机关充分发挥法律监督职能，加强对行政执法机关抄送的侵犯知识产权案件《行政处罚决定书》副本的审查工作，对涉嫌犯罪的及时提出移送公安机关的建议，监督公安机关及时立案侦查侵犯知识产权犯罪案件。严肃查办侵犯知识产权违法犯罪背后的国家工作人员的职务犯罪，坚决打掉其“保护伞”，在立案监督和审查批准逮捕、审查起诉中注意发现和掌握侵犯知识产权违法犯罪背后的国家工作人员职务犯罪线索，对于涉嫌构成犯罪的坚决依法查办。

（最高人民检察院侦查监督厅）

江 西 省

专利工作

一、《江西省专利促进条例》颁布实施

2009 年年初，《江西省专利促进条例》即列入江西省人民代表大会立法计划项目。经过多方调研和沟通协调。11 月 27 日，《江西省专利促进条例》经江西省十一届人大常委会第十三次会议全票通过，并于 2010 年 1 月 1 日起正式实施。12 月 30 日，江西省人大教科文卫委员会、省人大法制委员会、省人大常委会法制工作委员会和江西省政府法制办、省科技厅、省知识产权局联合召开了贯彻实施《江西省专利促进条例》新闻发布会。

《江西省专利促进条例》在结构上分为总则、专利创造、专利运用、专利保护、专利管理和法律责任共六个部分，涵盖了专利创造、运用、保护和管理全方面。该条例针对江西省专利工作中的热点和实际，参照其他省市的有关做法，规定了在县级以上人民政府设立专利专项资金，建立专利保护工作协调机制，专利奖励机制，重大项目的专利审查机制，加强对专利的管理、统计和激励创新，充分运用财税手段推动专利的运用，并加大了专利执法力度，完善了专利行政执法手段，将有力地推动江西省专利事业的发展。另外，该条例还规定把专利作为相近序列专业技术职称评定的依据之一等，从根本上调动发明人、设计人的积极性，激励专利的创造和运用，促进我省自主创新和社会经济科技发展。

二、江西省人民政府与国家知识产权局举行合作会商第四次会议

3 月 2 日，国家知识产权局与江西省人民政府在京举行合作会商第四次会议。国家知识产权局副局长张勤、江西省人民政府副省长谢茹出席会议并共同签署 09 年合作会商工作要点。

三、江西省人民政府成立知识产权工作领导小组

10月26日，江西省人民政府批准成立了以谢茹副省长为组长的江西省知识产权工作领导小组，省直26个厅局的主要负责人参加了领导小组。领导小组的成立，为我省制定知识产权战略做好了组织准备，标志着江西省的知识产权战略纲要的研究制定工作正式启动。

四、"12330"知识产权维权援助公益热线正式开通

4月21日，在国家知识产权局的支持下，"12330"中国知识产权（江西）维权援助公益热线正式开通。热线开通启动仪式在南昌举行。"12330"公益热线启用后，全面开展知识产权维权援助工作，促进全省知识产权维权援助中心的建设。"12330"启动以来，共处理知识产权维权援助请求十余起。

五、全省企业知识产权试点示范工作取得了新的进展

江西德宇集团、九江学院和江西天施康中药股份有限公司三家第三批全国企事业知识产权试点单位的试点工作顺利通过验收。

3月，江西省知识产权局会同省国资委政策法规处对省属国有企业试点工作进行了考核验收。该批试点单位全部顺利通过试点验收，其中江铜集团公司、江钨集团公司、江中集团公司以优异的成绩获得"江西省国有企业知识产权工作先进单位"称号。根据考核验收情况，为进一步加强国有企业知识产权工作，提高企业自主创新能力，江西省国资委、省科技厅、省知识产权局联合下发了《江西省国有企业知识产权试点工作总结》和《关于加强国有企业知识产权工作的指导意见》。《指导意见》明确了目标和要求，对推动全省国有企业知识产权工作具有较强的指导意义。经过两年的试点，参与试点的国有企业新申请专利512件，是试点前总数的3.12倍，其中江铜集团和江中集团开展试点以来新申请专利都超过100件。

城市、园区和区域知识产权工作稳步推进。鹰潭市、新余市顺利通过了国家知识产权试点城市验收。新余市在知识产权试点期间，成立了新余市知识产权工作领导小组，提升了市知识产权管理机构规格，在全市骨干企业普遍建立了知识产权管理机构并配备专职人员，提高了知识产权管理水平；在江西省率先出台了市级专利保护与促进办法、市级专利奖励办法；加大了对知识产权的投入，设立了市专利专项资金，每年安排经费50万元；强化了政府的知识产权宏观管理职能，增加了《县区党政领导科技进步目标责任制》评价体系中的知识产权权重，并把知识产权作为非公有制经济代表人士综合评价指标之一，全面推进了全市知识产权工作。

六、国家知识产权局井冈山革命传统教育基地培训效果显著

2009年国家知识产权局机关党委组织党员干部6批次近400人次赴井冈山接受较为系统的革命传统教育，累计培训时间为36天，接受教育的干部层面广，重点突出，其中司以上党员干部占8.95%。

井冈山革命传统教育基地的培训工作得到了国家知识产权局的极大肯定，2009年江西省知识产权局被授予全国知识产权培训工作先进集体称号。

七、国家知识产权局专利局南昌代办处工作成绩斐然

南昌代办处自2008年4月16日开业以来，严格管理，突出质量，2009年受理专利申请20602件，其中发明2055件，实用新型4400件，外观设计14147件；收取专利费9614836.17元，共计33181笔。受理平均差错率为0.1%；收费差错率为0，受理和收费质量排在全国代办处前列。南昌代办处被国家知识产权局评为2009年度先进代办处。

八、专利申请与授权

2009年1～12月份，全省共申请专利5224件，授权专利2915件，同比分别增长39.5%和27%。专利申请中，发明1502件，实用新型2440件，外观设计1283件，分别占申请总量的27.2%、46.7%和24.6%，同比分别增长47.8%、41.4%和27.8%，增长幅度明显。职务申请活跃，全省职务申请达2213件，是2008年的1.7倍多。企业成为职务申请的中坚力量，2009年全省工矿企业申请专利1549件，是2008年企业申请的1.6倍，占到职务申请的七成。此外，大专院校发挥自身科研、人才等优势，专利申请逐渐活跃，

2009年申请专利587件，是2008年申请量的2倍多，院校作为自主创新的科研基地的作用正在日渐凸显。

在2009年的授权专利中，发明专利达386件，占授权总量的13.2%，是2008年同期的1.7倍多。职务专利1131件，同比增长35.4%。企业专利占据主体地位，为953件，占到总量的84.3%，增长37.1%。企业授权专利的快速增长，提高了江西省专利的实施率，加快了专利的产业化进程。

（江西省知识产权局　吴小草）

商标工作

2009年，江西省各级工商行政管理机关的商标广告管理部门在江西省工商行政管理局党组的正确领导和国家工商行政管理总局有关部门的指导下，坚持以"三个代表"重要思想为指导，认真贯彻落实科学发展观，紧紧围绕中央"保增长、扩内需、调结构"的政策措施，把实施商标战略与应对国际金融危机、服务经济发展大局有机结合起来，全面落实《国家知识产权战略纲要》和全省工商行政管理局局长会议精神，努力提高商标广告执法人员素质和商标广告监管水平，充分发挥履行职能作用，加大商标广告战略实施力度，进一步提高商标广告执法能力，有力地促进经济平衡较快发展，尽职尽责维护公平公正市场的市场经济秩序。

一、加大商标广告法的宣传力度，营造良好的商标广告工作环境

（一）认真开展"4·26保护知识产权宣传周"活动，提高全社会知识产权保护意识

全省各级工商行政管理部门根据江西省工商行政管理局下发的"4·26保护知识产权宣传周"活动方案，从4月20～26日开展了为期一周的知识产权保护宣传周活动。一是通过媒体和宣传车广泛宣传商标法律法规。如上饶市工商行政管理局于4月20～30日在市电视台设立《商标法》宣传专题节目。抚州市工商行政管理局与电视台、抚州日报深入企业以保护知识产权的实例进行宣传报道。二是重点上门走访，面对面宣传。如吉安市工商行政管理局注重深入企业实地宣传调研活动，建立了四位一体的宣讲方式，每个县级局组织了一支3～5人的宣传小分队深入企业进行宣传，同时发放"三书一卡"，使企业遇到商标方面的问题能及时与工商部门联系。抚州市工商行政管理局走访了当地著名商标企业，大力宣传商标战略的发展作用，征求企业对工商行政管理部门在推荐著名商标认定和申报中国驰名商标认定的意见。三是各地工商行政管理部门积极组织面对面的"4·26"知识产权大型宣传活动。如南昌市工商行政管理局在市胜利路步行街、洪城大市场举行了"4·26"知识产权大型宣传活动，向广大市民、企业和经营者，宣讲商标基础知识和商标法律法规，发放宣传资料，接待群众咨询，受理投诉。上饶市各级工商行政管理部门在"4·26宣传周"期间，发放商标联系服务卡，便于工商部门与企业、群众的联系。据统计，全省各级工商行政管理机关在这次宣传周活动间参加咨询宣传人员近1000人次，接待咨询人员12 000人次，发放宣传材料18 160册（份），制作、悬挂宣传条幅130多条幅。

（二）在日常工作中开展普法教育

一是通过广告经营资格年度检查，宣传法律法规知识，促进媒介单位建立健全广告经营管理制度。根据国家工商行政管理总局《广告经营许可证管理办法》相关规定，3月份，对全省190余户事业单位开展广告经营资格检查工作，检查合格率达95%以上，对于检查不合格的单位，要求其整改直至符合要求，从而进一步推动媒介单位建立健全广告经营管理制度，严把广告发布关口，落实广告审查员"一票否决制"。二是"两会"期间，江西省工商行政管理局共收到有关商标广告方面的建议和提案共8件，在指定专人进行办理给予答复，并由江西省工商行政管理局领导审核通过的基础上，安排了专门走访，与人大代表和政协委员一起探讨广告市场治标治本之策，赢得代表和委员的一致好评。三是针对因虚假违法广告而造成的消费者投诉，各级广告监管部门本着执政为民、立党为公的指导思想，热心周到、不厌其烦、尽心尽职，维护消费者合法权益，努力缓解社会矛盾，促进社会和谐。据不完全统计，全省广告监管部门今年共收到消费者来人来电来信投诉达200余件，解决170余件，为消费者挽回经济损失达40余万元。四是江西省工商行政管理局与省文明办联合下发了《关于组织参加全国优秀公益广告评选活动的通知》，组织参加第八届全国优秀公益广告评选活动，活动得到社会各界的大力支

持，共收到平面、影视和广播作品90余件，充分反映了江西省人民关注公益，热忱公益的时代风采。江西省工商行政管理局与文明办经过精心筛选，共同推荐了九件作品报送国家参加评选。

（三）参加各种宣传、会展活动，提升商标品牌意识

按照国家工商行政管理总局要求，积极组织江西省地理标志和中国驰名商标企业参加国家工商行政管理总局组织的有关商标展示活动，大力宣传江西商标，提升江西商标的知名度。一是组织江西省已注册的地理标志商标参加《当代中国》画报社的中国地理标志管理与运用工作大型宣传报道活动，大力宣扬江西省地理标志及其产品；二是组织企业参加第十届中国国际西博会中国驰名商标馆展览；三是积极参加亚太地区地理标志国际研讨会，并组织南丰蜜桔、上饶白眉茶叶、太仔休闲食品参加亚太地区农产品及地理标志产品展示。

二、加大执法力度，突出重点，整顿和规范市场经济秩序

江西省各级商标监管部门认真把握监管与执法的统一，认真履行职能，依法行政，严厉打击各种商标违法行为，维护正常的社会经济秩序。

（一）加强流通领域商品商标的日常监管

各级商标监管部门加大了市场巡查力度，对节假日上市商品的商标使用情况进行检查，重点查处食品、药品等关系人民生产和生活安全方面商品的商标违法行为。九江市、县（区）的城区工商分局对辖区的各大商场所销售的所有商品分类建立商标档案，以加强商品流通领域商标监管的巡查力度。

（二）落实违法广告公告制度，威慑违法当事人，提升工商部门社会形象

为广泛宣传不良广告整治动态与成果，鼓励全社会参与到广告监管工作当中来，有效威慑违法行为当事人，江西省工商行政管理局于3月份分别在《江西日报》和《江南都市报》等媒体发布了《2009年违法广告公告》，共涉及违法当事人15家，各类违法广告74条，其中网站广告60条，保健食品广告2条，医疗广告11条。上饶市工商行政管理局发布违法广告公告42条，其中涉及含有不良内容的广告8条。各地也纷纷通过各种渠道和途径公布违法广告，进一步增强工作的公开性与透明度，提高工商部门的亲和力，使社会支持和认可广告监管工作，树立工商部门良好的社会形象。

（三）开展多种广告专项整治工作，努力维护广告市场秩序

江西省广告监管部门认真履行广告监管工作职责，积极开展社会反映较多的热点广告专项整治工作。一是在进一步深入开展网上性病治疗广告及非法“性药品”广告整治，加强互联网广告的浏览与监测，取缔无照经营广告的行为，清理非经营性单位门户网站发布广告情况。全省各级广告监管部门共对全省1200余户网站广告进行了不间断监测，监测网络各类广告及相关信息30 000余条。取缔非法网站9户，责令停止发布、删除、屏蔽各类不良广告60余条。二是为净化社会文化环境，促进未成年人健康成长，江西省行政管理局专门会同宣传、外宣办、公安、监察、纠风办等11个部门制订了《关于开展对损害未成年人身心健康的不良广告专项整治工作的通知》，并结合江西省实际和社会上存在的违反主流价值观的不良现象，加强不良广告专项整治的政策指导，制定印发了《关于加强广告审查，进一步净化社会文化环境，促进未成年人健康成长的办法》，明确不良广告的认定标准，增强可操作性。经过整治，大众媒体发布不良广告现象得到有效遏制。三是为维护消费者的身体健康，与食品药品监督管理部门共同开展药品、保健食品广告专项整治，对食品广告宣传预防和治疗疾病等夸大宣传行为、食品药品广告保证或者证明疗效的行为予以坚决制止和打击。四是为维护消费者财产安全，与公安、银监部门共同开展预防和打击利用银行卡犯罪的信用卡广告专项整治，规范涉贷、房产中介广告，取缔无照经营，制止超经营范围发布涉贷广告行为。

（四）加大查办违法行为的力度，维护市场经济秩序

江西省商标广告监管部门继续围绕整治重点，严厉查处各类商标违法案件、各类虚假违法广告案件。据统计，2009年全省共查处商标违法案件820件，罚款418万元，有效地遏制了各种商标侵权行为，维护了市场经济秩序，保护了商标注册人的合法权益；查处各类违法广告798件，罚没款

276万元，有效净化了广告市场环境。

三、强化服务意识，促进经济发展

江西省各级工商行政管理机关商标管理部门在依法行政的同时不断改进服务，提高行政效能，积极指导企业实施商标广告战略，大力推进地方经济发展。

（一）开展机关效能建设，提高行政效率

江西省商标广告监管部门认真落实江西省委、省政府开展机关效能建设的要求，结合实际制定和出台了一系列措施和制度，不断提高行政效率，提升服务质量，推动地方经济又好又快发展。一是向社会承诺缩短广告行政审批时间，将六项广告行政审批时间的法定时限缩短至在5个工作日内办结，所有广告变更事项均在一日内办结，提高行政效率；二是为体现便民原则，江西省工商行政管理局将固定形式印刷品广告登记受理权委托至各设区市工商行政管理局，申请人只需在当地设区市工商行政管理局办理即可；三是按照执法与服务相统一的要求，对于初次违法或违法情节轻微的当事人，采取行政告诫和法律培训方式，以提高广告市场主体法律和诚信意识为监管目标；四是建立和完善商标广告监管工作目标绩效考核机制，对全省商标广告工作拟定了重要的工作项目积分考核细则，根据全年商标广告专项整治工作的安排，确定数个重点工作作为目标考核项目，明确考核验收办法和扣分标准，既务实且具有前瞻性，从制度上保证了商标广告监管职能的正常运转，并推动各级商标广告监管部门努力开创工作新局面。

（二）大力扶持企业创立著名商标、驰名商标，提升企业核心竞争力和产品的市场占有率

各级商标监管部门对一些商标知名度高、行业规模较大、产品质量优、市场占有率高、经常被侵权的商标分类排队，引导企业积极申报著名商标、驰名商标认定。上半年江西省工商行政管理局深化认定著名商标工作，利用认定著名商标工作，对上规模、有影响、发展潜力大的企业、商标及时提出行政建议。如对上饶市茗龙实业集团有限公司的“绿露”商标、景德镇市法蓝瓷实业有限公司的“FRANZ”等商标提出申报中国驰名商标的建议书，深受企业的好评。

（三）认真做好农产品商标与地理标志保护工作，实施商标富农

一是江西省工商行政管理局圆满完成了国家工商行政管理总局在江苏苏州召开的“充分发挥工商行政管理职能作用，促进社会主义新农村建设经验交流会”的商标富农的展示。二是对当地传统农产品中品质独特，符合地理标志的产品进行培育，及时指导“资溪白茶”“靖安白茶”“江西绿茶”申请地理标志保护。江西省工商行政管理局多次派人陪农业厅的同志到国家工商行政管理总局商标局汇报“江西绿茶”的地理标志申请准备工作。三是认真指导各地农产品商标和地理标志管理与运用工作，大力推行“公司＋商标（地理标志）＋农户”的产业化经营模式，提高了农民进入市场的组织化程度，“商标富农”工作已为各级政府所重视。

（四）急企业之所急，为企业排忧解难

一是江西金虎保险设备集团有限公司多次向当地工商部门咨询，并在江西省政协十届二次会议上提出了相关提案。对此，江西省工商行政管理局非常重视，我处主要领导亲自上门指导江西金虎保险设备集团有限公司策划申报中国驰名商标的有关事宜。二是及时帮助江西省商标中介机构到国家工商行政管理总局商标局备案。如江西通达商标事务所有限公司因公司地址变更，未及时报江西省工商行政管理局备案，造成商标申请材料需原址转送。为此，我们在收到企业申请的当天就向国家工商行政管理总局商标局备案，最大程度地保护商标申请人和商标中介机构的权益。三是充分利用商标复审加快程序，为江西省企业服务。商标复审一般需3～5年，启动加快程序后，只需半年。上半年，江西省工商行政管理局为江西双飞人科技有限公司的“新再琳”申请了加快，避免了该商标因商标权属而影响产品上市。

（江西省工商行政管理局）

版权工作

2009年，江西全省版权工作紧紧围绕中央“三保一弘扬”精神和要求，服务全省工作大局，按照“宣传、维权、发展”的工作思路，在大力宣传普及版权保护知识，严厉打击侵权盗版行为，积极推进软件正版化，提供有效版权公共服务，促进版权

相关产业发展等方面不断推进各项工作。

一、全省版权工作概况

江西省版权局始终把增强社会公众的版权意识作为版权管理工作的治本之策，加强全省新闻出版单位的依法经营教育，组织开展了全省新闻出版行业的版权警示教育专题活动。在“4·26世界知识产权日宣传周”期间，江西省版权局与江西人民广播电台共同制作，在黄金时段播出了“今日关注——版权保护”专题访谈互动节目，吸引了社会公众热情参与，取得了良好的社会效应。

2009年，江西省版权局把严厉打击侵权盗版作为加强版权管理工作的重中之重，保持主动出击、严格监管的态势。以开展专项行动和查处侵权盗版重点案件为突破口，牢牢掌握主动权，组织开展了打击网络侵权盗版专项行动、打击盗版教材教辅读物专项行动，查缴了一批盗版侵权复制品，查处了一批重点案件，遏制了侵权盗版行为泛滥的势头，切实地保护了著作权人的合法权益，促进了江西省版权产业健康有序地发展。据统计，全年共查处侵权盗版案件64起，其中网络侵权案件36起，收缴盗版音像制品174 178件、盗版软件及电子出版物10 996件，盗版教材教辅230 263件、关闭侵权网站11家，收缴服务器6台。在严厉打击各种侵权盗版行为的同时，全省各级版权管理部门把加强日常监管，作为加强版权保护的有力措施，努力探索版权保护工作的长效机制。逐步建立了打击侵权盗版工作责任制度、量化考核制度等，把打击侵权盗版、加强版权保护的各项任务量化指标，层层分解，认真考核，落到实处，调动了各地加强版权市场监管的主动性和自觉性。

江西省版权局积极推进企业软件正版化工作，对软件正版化示范单位进行公开表彰，充实调整了省使用正版软件工作领导小组成员单位，完成了2009年出版发行、勘察设计和城乡信用社三个行业256家企业的动员、培训、自查、采购阶段性工作任务，覆盖了3200余台电脑。

江西省版权局始终把服务地方特色版权产业的发展作为版权工作的出发点和归宿，把服务发展作为版权工作的第一要务，结合侵权纠纷案件的调解和查处，探索建立促进发展的版权保护机制，积极为省内各出版社开展国际版权贸易搭建平台。在2009年第15届北京国际图书博览会上，江西省正式签约版权贸易协议89项，并举办了赣版图书对外推广宣传专题活动；在2009年第61届法兰克福国际书展上，江西省出版单位签订了版权输出合同67种(不含中国港澳台地区)。会展期间，江西美术出版社与法国Utopiarts理想出版公司签署图书《循序渐进学汉字》和《外国人巧学汉字》合作出版协议。21世纪出版社举办了“‘彩乌鸦’与中德当代儿童文学”座谈会，德国青少年文学院院长、德国作家以及中国著名作家参加，中央电视台对此活动进行了专门报道。

以作品登记为切入点，积极推进版权保护，重点推动陶瓷工艺美术行业的版权保护。江西省版权局在景德镇市陶瓷产品大市场设立了版权工作站，在陶瓷博览会上还专门派出工作人员设立版权服务站，为参展企业和人员提供优质版权服务，对陶瓷工艺美术作品进行现场登记。通过这些措施，着力加强具有江西地方特色的陶瓷版权保护工作，为地方特色产业发展服务。

二、大力推动“走出去”战略，促进版权贸易稳步发展

近年来，江西省以对外版权输出为龙头，主动谋划，积极落实出版物“走出去”战略，大力促进赣版图书版权输出工作。通过长期不懈的努力，使图书版权输出从无到有，逐年稳步上升。

2009年，在受金融危机冲击，国际图书市场出现大幅度下滑的严峻形势下，全省图书对外版权输出和版权贸易总量，双双实现历史性突破。其中，图书对外版权输出首次突破百项大关，达126项，比2008年增长69.7%；对外版权贸易总量突破400项大关，达412项，比2008年增长97%。其中版权输出到非港澳台地区达71种、标志着赣版图书已经开始进入包括美国、英国、法国、德国在内的主要西方国家图书市场。

在推动对外版权贸易的工作中，江西省版权局采取倾斜扶持措施，积极落实“走出去”战略，实施“图书对外推广”计划。通过积极参加国际性书展、国际版权贸易博览会等活动，传播、推广中华优秀传统文化，打造赣版精品图书，加强了与国际的出版交流和合作，提升了出版产业的竞争力。在2008年荣获新闻出版总署“全国图书版权输出推进工作先进单位”后，积极扶持江西出版集团成为国家文化出口重点企业。江西出版集团在2009年法兰克福书展期间，荣获组委会颁发“版权输出先进奖一等奖”。江西教育出版社的《绝色中文》输出到欧美地区，实现码洋40万美元，开拓了与民营合作实施“走出去”的新路。

为推动图书对外版权贸易，江西省版权局制定出台了《关于进一步加强图书版权贸易工作的若干意见》，采取了八项主要措施，通过加大对外向性出版的扶持，落实对出版单位“走出去”工作考核，精心组织参加国际性图书会展，积极挖掘版权贸易资源，加大外向型出版人才的培养，建立实行“走出去”激励机制等切实措施，将资源集中投入到促进出版“走出去”工作中，使江西省出版“走出去”尤其是图书版权输出工作取得了长足发展。各图书出版社与国外和港澳台地区出版社建立了广泛、密切的联系，与一些国际著名出版机构建立了互信合作关系，通过版权贸易引进和输出的图书，在数量、品种、质量方面均有很大提高。目前，赣版图书版权贸易对象已经扩展到美国、英国、法国、德国、日本、澳大利亚、以色列、新加坡、马来西亚、韩国、捷克等 25 个国家和地区，弘扬了中华民族优秀传统文化，繁荣了出版物市场，促进了出版业的开放与发展。

三、举办“与祖国同行，促江西崛起”首届全省读书暨版权宣传活动

为推动全民阅读，共建书香江西，2009 年 9 月 26 日，江西省直机关工委、共青团江西省委、江西省新闻出版（版权）局共同主办了“与祖国同行，促江西崛起”首届全省读书暨版权宣传活动。

活动期间，全省各地围绕活动主题开展了形式多样的活动。包括优惠售书活动，共向社会民众发放图书优惠券 40 000 张，在全省新华书店实行八五折优惠售书，极大地拉动了图书市场消费；优秀图书进校园活动，在南昌大学新校区进行，省内 18 家省属图书期刊出版社、新华书店、民营书店参加，千余种优秀出版物进行了优惠展销；版权知识竞赛活动，在大江网上开辟专栏，共 14 000 多位网民参与；读书心得征文活动，共收到省直单位、大专院校、《南昌晚报》读者文章 200 余篇，由专家评审组评出一、二、三等奖共 30 名进行表彰奖励；优秀图书推荐活动，分优秀畅销书籍、优秀赣版图书、优秀赣版青少年图书三期共 100 余册面向社会进行推荐，在南昌晚报、大江网、江西省新闻出版局网站等媒体公布。

整个读书活动社会受众参与面广，渗透到社会各个层面，活动过程中，除全省各大出版社和新华书店外，民营文化工作室如金太阳教育有限公司等也主动以捐赠和让利等方式参与进来，实现其文化公益价值。本次读书活动真正实现了全民性。同时，围绕此次读书活动的主题，一些单位部门还根据自身特色举办了形式各样的活动。如南昌各大高校积极举办各类活动，特色突出，成效显著。江西师范大学举行“书香校园·悦读人生”第五届大学生读书节，先后开展大学生文化素质讲坛、好书推荐、图书漂流、读书沙龙、书签设计大赛、精品图书展销、书香学院评选等十项重点活动，为学校营造了浓厚的读书氛围，“书香校园”蔚然成风。

（江西省版权局　版权处）

司法工作

2009 年，江西省法院系统深入学习贯彻党的十七大和十七届三中、四中全会精神，坚持以“党的事业至上、人民利益至上、宪法法律至上”为指导，围绕“为大局服务，为人民司法”的工作主题，以“机关作风效能年”“开展知识产权审判工作优化自主创新司法环境”年度主题活动为契机，着力加强知识产权审判工作，努力抓好队伍思想政治建设、司法能力建设和反腐倡廉建设等工作，不断提高司法能力和水平，较好完成了各项工作任务。

一、以执法办案为第一要务，依法审理各类知识产权案件

截止 12 月 21 日，江西省共受理（含旧存）一审知识产权案件 369 件，审结 324 件，审结率 87.8%。受理（含旧存）二审知识产权案件 52 件，审结 45 件，审结率 86.5%。案件审理中，全省法院坚持公开原则，以公开促公正，二审开庭审理率达 100%；贯彻落实院、庭长办案制度，主管副院长、庭长担任审判长，亲自参与案件的审理，严把案件质量关；严格审限制度；坚持判后释疑，力促息诉罢访。江西省高级人民法院审结的案件做到了事实认定基本清楚，适用法律正确，程序合法，处理得当。无申诉、申请再审及信访投诉案件。

二、以开展机关效能年活动、人民法官为人民主题活动等活动为载体，努力抓好队伍建设，提升队伍素质

一是结合机关效能年活动、人民法官为人民主题活动的开展，加强政治理论学习。采取多种形式，组织干警认真学习胡锦涛总书记在全国政法工作会议代表和全国大法官、大检察官座谈会上的重要讲话以及2009年初在江西视察工作时的重要讲话、最高人民法院王胜俊院长在江西、宁夏等地法院调研时的讲话和在“人民法官为人民”主题实践活动全国中级、基层人民法院院长第三期培训班上的讲话，以及相关文件和规定。根据各项活动不同要求和重点，结合实际，制定具体实施方案，明确活动的目标任务、方法步骤。积极参与全省法院“司法的人民性”专题研讨和论文评选活动。二是结合办案抓好审判业务知识学习。组织学习《国家知识产权战略纲要》《最高人民法院关于贯彻实施国家知识产权战略若干问题的意见》《最高人民法院关于当前经济形势下知识产权审判工作服务大局若干问题的意见》《反垄断法》《专利法》等法律法规、司法解释和司法政策，为知识产权审判打下了较好的业务基础。同时积极派人参加最高人民法院民三庭、中国法学会、中国知识产权培训中心等单位举办的培训或研讨活动。2009年以来，江西省高级人民法院先后有10人次参加了各类业务培训或研讨，进一步提高了业务素质。三是严格管理，强化勤政廉政意识。细化分工，明确岗位，分清责任；坚持内部考勤制度，养成良好工作作风。组织干警认真学习“五个严禁”，熟知其内容和违反规定的严重后果并严格执行。开展廉政警示教育，自觉加强法官职业道德修养，常修为政之德，常思贪欲之害，常怀律己之心，警钟长鸣，确保公正司法，廉洁办案，确保队伍不出事。

三、以开展有关知识产权活动为契机，扩大江西省知识产权审判影响

一是积极配合开展“2009年全国知识产权宣传周”活动，将4月20～26日作为宣传周，江西省高级人民法院与景德镇市中级人民法院一起举办知识产权座谈会，邀请人大代表、政协委员、专家学者以及相关企业代表进行座谈交流，征求意见和建议。并召开新闻发布会，选取典型案例公布，宣传江西省知识产权司法保护成绩；二是按《最高人民法院关于在全国法院开展知识产权审判工作“优化自主创新司法环境”年度主题活动的通知》要求，在江西省法院开展知识产权审判工作“优化自主创新司法环境”年度主题活动。江西省高级人民法院民三庭及时转发了最高人民法院通知，制定了具体实施方案，并赴景德镇、宜春等地走访省内部分人大代表、政协委员和知名企业，听取他们对江西省法院知识产权审判工作的意见、建议及企业在新形势下面临的知识产权方面的问题，为优化知识产权审判司法环境进行调研，同时向企业宣传知识产权法律法规，并针对企业出现的各种知识产权方面的问题提出合理化解决建议，为企业排忧解难。三是主动与媒体联系，宣传知识产权审判动态。全年有一件侵犯商标权案件被《江西日报》宣传，一件侵犯信息网络传播权案件被《新法制报》头版整版宣传。上述工作的开展，一定程度上扩大了江西省知识产权审判的影响。

（江西省高级人民法院知识产权审判庭）

检察工作

2009年，江西省检察机关努力完善行政执法与刑事司法相衔接工作机制，创新工作思路，拓宽监督视野，整合行政执法和刑事司法资源，认真履行法律监督职责，加大对侵犯知识产权犯罪的打击力度，为促进行政执法部门依法行政，经济增长方式转变作出了积极贡献。

一、依法严厉打击侵犯知识产权犯罪

江西省各级检察机关充分发挥检察职能作用，与行政执法机关、公安机关等部门密切配合，依法及时批准逮捕、起诉涉嫌侵犯知识产权的犯罪分子。据统计，2009年江西省检察机关共受理提请批准逮捕涉及知识产权犯罪案件20件30人，批准逮捕20件30人，共受理起诉侵犯知识产权犯罪29件48人，起诉12件21人。

二、强化立案监督工作，严厉打击侵犯知识产权犯罪

在开展行政执法与刑事司法相衔接工作中，江西省各级检察机关加强了对行政执法部门移送犯罪案件线索，以及公安机关处理行政执法部门移送的包括侵犯知识产权在内的涉嫌犯罪案件的监督，进一步拓展刑事立案监督工作。

一是加大宣传力度，拓宽案源渠道。各级检察机关积极与行政执法部门配合，深入到工厂、企业、乡镇街道就开展行政执法与刑事司法相衔接工作及开展该项工作取得的成效进行宣传，使得该项工作的开展得到广大群众的大力支持，举报线索迅速增加，效果明显。

二是在对行政执法部门移送包括侵犯知识产权在内的涉嫌犯罪案件监督过程中，针对不同的行政执法部门，采取不同的监督方式。景德镇市检察机关在监督工作中，采取“三个结合”的监督方式。即经常性监督和集中时间、集中力量开展专项立案监督相结合；突出打击制假售假、侵犯知识产权犯罪与打击一般刑事犯罪的立案监督相结合；开展对公安、行政执法部门立案监督与配合反渎职侵权部门查处国家工作人员渎职犯罪相结合。

三是将监督关口前移。采取多种方式探索介入重大行政执法活动，加强与政府法制部门的联系，介入对行政执法的例行检查等，从源头上及时发现行政执法中的违法问题。

四是加强跟踪监督，达到“立而有侦、侦而有破，破而有判”。派出专门办案组深入行政执法部门，检查行政执法部门移送公安机关但未立案侦查的包括侵犯知识产权在内的涉嫌犯罪案件。对涉嫌侵犯知识产权犯罪应立案侦查公安接案后未立案的，依法向公安机关发出《要求说明不立案理由通知书》，监督公安立案。

三、积极推进行政执法与刑事司法衔接工作，加强知识产权保护

为进一步加强行政执法与刑事司法相衔接工作，江西省各级检察机关在工作中积极与各行政执法部门联系，协商，建立健全了四个工作机制，使行政执法与刑事司法相衔接工作得到规范、有序开展，取得了很好的效果。

一是健全沟通协作机制。对行政执法部门、公安机关办理的涉嫌侵犯知识产权犯罪的重大案件，检察机关视案件情况派员提前介入，或者根据行政执法部门、公安机关的要求参加案件的讨论，形成打击侵犯知识产权犯罪的合力，加大打击侵犯知识产权犯罪的力度。

二是健全信息共享机制。为及时掌握各部门的执法情况，一些地方规定，凡行政执法部门查处、移送的包括侵犯知识产权在内的涉嫌犯罪案件的情况，公安机关立案侦查情况，提请逮捕、起诉的情况，检察机关立案监督、审查逮捕、审查起诉情况以及提起公诉后法院判决的情况，实行季度通报。行政执法部门办案情况、移送公安机关立案侦查案件情况，每月以报表的形式报检察机关备案。同时，互相交换各自相关的工作简报、信息，抄送新颁布的法律法规、司法解释等，以确保沟通到位。通过建立信息共享机制，检察机关不但能时时监督行政执法部门是否及时移送包括侵犯知识产权在内的涉嫌犯罪案件，而且还能监督公安机关在查办此类案件中是否存在推诿、拖延，是否及时立案、侦查等。这样，就将事后发现、事后移送变成了随时发现、随时移送，实现了事后监督与过程监督的兼顾。

三是健全包括侵犯知识产权在内的涉嫌犯罪案件移交机制。为了加大对行政执法部门查办包括侵犯知识产权在内的涉嫌犯罪案件的监督力度，各级检察机关要求行政执法部门查处的违法行为，发现涉嫌侵犯知识产权犯罪，依法需要追究刑事责任的，应当及时向同级公安机关移送，同时报送同级检察机关备案。为进一步了解掌握有关行政执法部门移送包括侵犯知识产权在内的涉嫌犯罪案件的情况，检察机关定期到行政执法部门了解有关办案情况，对案件进行检查。对检查中发现的包括侵犯知识产权在内的涉嫌犯罪案件，建议他们立即移送公安机关立案侦查。

四是健全监督机制。行政执法部门不及时移送或不移送包括侵犯知识产权在内的涉嫌犯罪案件的原因很多，但归纳起来，或是为了本部门利益，或是为了个人私利，或是法律知识欠缺不能准确把握影案件性质。建立检察监督机制，就是发现行政执法部门没有及时移送或不移送案件时，针对具体案件进行具体分析。因后一种原因造成的，行政执法部门又没有依法给予责任人员相关行政处分的，检察机关可以行使检察监督权，建议纪检监察部门或者上级行政执法部门给予相关人员相应的行政处分。

四、依托联席会议，及时解决打击侵犯知识产权犯罪工作中遇到的突出问题

为了更好地了解行政执法部门的办案情况，及时解决工作中存在的问题，各级检察机关经与行政执法部门协商，普遍建立了定期召开联席会议的制度。

一是通过联席会议加强学习，消除认识分歧。有的行政执法部门及其工作人员由于对法律知识掌握不全，了解不深。在执法办案时头脑中只有处理违法观念，打击侵犯知识产权犯罪意识不强，包括一些部门领导也认为，行政执法是部门内部的事情，只要程序合理、处罚适当就可以了。致使有案不移、瞒案不报、压案不查、有案不立，以罚代刑等问题时有发生，在一定程度上削弱了打击侵犯知识产权犯罪的力度。对此，检察机关主动到各行政执法部门，针对行政执法的特点，开展法律宣传，与他们一起学习相关的法律法规，促使行政执法人员深刻认识打击侵犯知识产权犯罪对促进当地经济社会健康发展的重要性。从而，统一认识，执法观念有了较大的转变，依法行政的意识有了明显提高。现在许多地方的执法人员在查处案件时，首先考虑的是向检察机关或公安机关咨询该案是否涉嫌侵犯知识产权犯罪，然后再作处理，取得了一定成效。

二是通过联席会议相互通报情况，沟通信息。各行政执法部门通过联席会议，通报办理侵犯知识产权违法犯罪案件情况。检察机关结合通报的情况，有针对性的到有关部门查询、查阅案件材料，对一些处理不当的案件，对有关部门执法工作中存在的问题，提出《检察建议》，督促改正。

三是加强个案讨论与协调。对案情重大、复杂的有争议的行政执法案件，通过联席会议的形式进行协调，讨论研究，达成共识，确保“稳、准、狠”地打击侵犯知识产权犯罪。

四是开展职务犯罪预防工作。在执法过程中有的行政执法部门或执法人员在狭隘的部门利益驱动下，在处理案件时，往往以罚款代替刑事处罚，最终使得案件流失，犯罪分子逃避法律处罚。有的执法人员办人情案、关系案、金钱案，有的甚至贪污受贿。对此检察机关在联席会议上结合各行政执法部门发生的职务犯罪案件，分析这些人走上犯罪道路的原因，提出预防措施。行政执法部门的领导听了检察机关的宣传后，又邀请检察人员到他们单位讲法制课，帮助制订预防职务犯罪的措施。

（最高人民检察院侦查监督厅）

山东省

专利工作

2009 年，是山东省知识产权事业发展不平凡的一年。全省知识产权工作认真贯彻落实科学发展观，开拓进取，以全面实施知识产权战略为主线，紧紧围绕服务于经济发展大局，积极应对国际金融危机的影响，在完善制度、营造环境、提高能力方面重点推进，知识产权在经济社会发展中的重要地位和作用日益凸显。

一、专利申请和授权情况

（一）专利申请数量和结构分布

截至 2009 年年底，山东省累计国内专利申请量为 368 714 件，在全国 31 个省、市、自治区中列第四位。2009 年山东省国内专利申请量为 66 857 件，与 2008 年相比增长 6610 件，增幅为 10.97%；国内专利申请量在全国 31 个省、市、自治区中列第四位。

2009 年山东省国内不同类型的专利申请量分别为：发明 13 983 件、实用新型 32 091 件、外观设计 20 783 件，分别占申请总量的 20.91%、48.00%和 31.09%，三类专利申请量分别较 2008 年增长 1.96%、25.54%和－0.90%。不同类型的专利申请人申请量分别为：职务专利申请 24 809件，非职务专利申请 42 048 件，各占全年申请总量的 37.11%和 62.89%，较上年分别增长 32.04%和 1.42%。在职务专利申请中，大专院校 2087 件、科研单位 919 件、工矿企业 21 485 件、机关团体 318 件，分别占全年申请总量的 3.12%、1.37%、32.14%和 0.48%，分别较上年增长 44.13%、－2.03%、33.44%和 5.30%。在山东省 17 个市中，专利申请量居全省前五位的市依次是：济南 13 701 件、青岛 8784 件、烟台 6467 件、淄博 5928 件和潍坊 5458 件。

在 17 个市中，国内专利申请量增幅超过全省同期水平的有 9 个市，分别为：菏泽 37.27%、莱芜 35.51%、德州 35.33%、威海 30.95%、淄博 21.33%、烟台 18.99%、济南 18.28%、聊城 15.06%和潍坊 12.35%。

2009 年，山东省国内发明专利申请量为 13 983件，在全国 31 个省、市、自治区中列第六位。年发明专利申请量较上年增长 269 件，增幅为 1.96%，占申请总量的比例为 20.91%。发明专利申请量排在全省前五位的市依次是：济南 2999 件、青岛 2195 件、泰安 1748 件、烟台 1590 件和淄博 1001 件。发明专利申请量增幅超过全省同期水平的有 11 个市，分别为：德州 71.05%、日照 38.67%、淄博 30.34%、聊城 24.09%、威海 23.88%、菏泽 17.88%、莱芜 11.84%、潍坊 9.47%、泰安 7.24%、烟台 6.93%和青岛 6.19%。发明专利申请量占申请总量的比例超过全省同期比例有 6 个市，分别为：泰安 32.88%、威海 25.88%、青岛 24.99%、烟台 24.59%、聊城 23.93%和济南 21.89%。

（二）专利授权数量和结构分布

截至 2009 年年底，山东省累计国内专利授权数量为 183 590 件，在全国 31 个省、市、自治区中列第四位。2009 年，山东省国内专利授权 34 513 件，与 2008 年相比增长 7825 件，增幅为 29.32%，年授权数量在全国 31 个省、市、自治区中列第五位。

2009 年山东省国内不同类型的专利授权数量分别为：发明 2865 件、实用新型 22 635 件、外观设计 9013 件，分别占山东省国内专利授权总量的 8.30%、65.58%和 26.12%。三种专利的授权数量分别较 2008 年增长 55.28%、20.50%和 48.78%。国内专利授权不同类型的专利权人授权数量分别为：职务专利授权数量 12 937 件，非职务专利授权数量 21 576 件，各占全年授权总量的 37.48%和 62.52%，较上年分别增长 52.78%和 18.42%。在授权的职务专利中，大专院校 898 件、科研单位 433 件、工矿企业 11 316 件、机关团体 290 件，分别占全省授权总量的 2.60%、1.25%、32.79%和 0.84%，分别较上年增长 37.31%、22.32%、55.65%和 52.63%。在山东省的 17 个市中，年专利授权数量排在前五位的市依次为：济南 6392 件、青岛 4433 件、潍坊 3546 件、济宁 2961 件和烟台 2807 件。

2009 年，山东省 17 个市的国内专利授权数量与上年相比，增幅超过全省同期水平的有 8 个市，分别是：德州 62.04%、滨州 53.70%、临沂 48.21%、威海 46.06%、枣庄 43.04%、济南 39.84%、潍坊 37.12%和青岛 33.60%。

2009 年，山东省国内发明专利授权数量为 2865 件，在全国 31 个省、市、自治区中列第六位，较上年增长 55.28%，占全省授权总量的 8.30%。发明专利授权量排在全省前五位的市依次为：济南 832 件、青岛 553 件、烟台 248 件、淄博 247 件和潍坊 168 件。发明专利授权数量增幅超过全省同期水平的有 10 个市，分别为莱芜 225.00%、日照 209.09%、枣庄 154.55%、临沂 120.90%、济宁 108.11%、烟台 73.43%、济南 72.97%、泰安 68.97%、东营 62.50%和滨州 55.56%。发明专利授权数量占授权总量比例超过全省同期水平的有 6 个市，分别是：淄博 14.67%、济南 13.02%、青岛 12.47%、枣庄 10.49%、聊城 9.09%和烟台 8.84%。

二、实施知识产权战略情况

2009 年年初，《山东省知识产权促进条例》被列入山东省人大常委会立法计划。在广泛调研的基础上，起草工作组多次召开立法起草工作组会、讨论会和专家征求意见会，对《山东省知识产权促进条例（草稿）》反复进行修改和完善，形成了《山东省知识产权促进条例（草案）》。同时，山东省知识产权局启动了《山东省专利工作“十二五”规划》的编制工作，在全省范围内开展了调研。济南、青岛、聊城三市颁布了《知识产权战略纲要》，至此，山东省出台《知识产权战略纲要》的市达到 6 个。各市充分发挥知识产权办公会议或领导小组的作用，注重统筹规划，形成了推进知识产权战略实施的合力。青岛市出台了《青岛市知识产权战略纲要任务分工》，召开了青岛市知识产权工作领导小组会议，明确部署各有关单位的责任和目标。烟台市出台了《2009 年〈烟台市知识产权发展纲要〉推进计划》，并对近年来《烟台市知识产权发展纲要》的实施进程和达标状况进行了评估。潍坊市以市政府名义下发了实施《国家知识产权战略纲要》任务分工，明确了各县（市、区）、开发区及市直有关部门的任务和职责。

三、应对国际金融危机情况

2008 年下半年爆发的国际金融危机对山东省知识产权工作产生了深刻的影响。面对这种形势，全省各级知识产权管理部门积极采取一系列应对措施。山东省知识产权局先后下发了《关于进一步提高全省专利申请质量的通知》和《关于进一步加强全省知识产权工作的通知》，要求全省各级知识产权管理部门深入基层、加强调研、出台措施，尽快扭转不利局面；注重加强政策导向，出台了新的《山东省专利发展专项资金管理办法》；建立了月工作通报制度；注重引导企业运用知识产权制度应对金融危机的影响。通过赴各地开展工作调研，形成了《山东省一季度专利申请出现负增长的原因分析》《山东省企业运用知识产权应对金融危机》等调研报告。2009 年，山东省各级知识产权管理部门狠抓企业创新主体，积极探索新的服务企业模式。济南市坚持重点联系企业制度，新认定20家企业进入第五批试点，制定实施了《企业知识产权战略推进方案》，15家企业开始了战略研究工作。青岛市对全市50家知识产权优势企业进行调研，提出了发挥知识产权优势应对国际金融危机的六条建议，并在32家企业设立了知识产权特派员，推动企业知识产权管理制度的建立。烟台市在规模以上工业企业中开展了专利大户培育活动。济宁市开展了知识产权服务企业行动。泰安市对市域内高新技术企业、专利明星企业及全市30强工业企业进行了调研，增强了服务的针对性。

四、知识产权保护情况

（一）维权援助平台建设

2009年，山东、济南、青岛、东营、烟台、潍坊、济宁7个维权援助中心挂牌运营，并开通了“12330”维权援助热线。青岛、烟台两市的维权援助中心增加了编制，济宁市的维权援助中心经市机构编判委员会批准成立。东营市在所属县、区设立了维权援助办事处，在全市规模以上企业、外贸主导型企业以及专利明星企业全部设立了专职联络员。2009年，东营市的维权援助中心获得“全国知识产权维权援助工作先进单位”称号。

（二）知识产权执法体系建设

2009年，枣庄、泰安、莱芜、临沂、聊城等市建立了专利行政执法支队，济宁、临沂两市统一了执法服装，至此，全省基本上形成了省、市、县健全的执法体系。截至2009年年底，山东省知识产权局，济南、烟台、东营、青岛、淄博、潍坊市知识产权局进入了国家知识产权局“5·26国家区域执法保护工程”试点。青岛市知识产权局为县（市、区）的知识产权管理部门配备了电脑、照相机等执法专用设备，执法能力得到相应提高。

（三）专利行政执法

按照国家知识产权局的统一部署，山东省各级知识产权管理部门积极开展“雷雨”“天网”知识产权执法专项行动。省、市分别制订了专项行动工作计划，以医药、食品、家电、农产品等领域为重点检查对象，严厉打击生产、流通等领域的专利侵权和冒充假冒专利等违法行为。在专项行动中，各市积极探索“横向联动、纵向联合”的执法协作机制，加强与工商、版权、公安、法院等部门的协作，强化了市县联合执法。淄博市组织了执法集中行动月活动；青岛、烟台、滨州、菏泽等市开展了展会执法；潍坊和枣庄两市分别针对行业知识产权保护和专利产品经营管理出台了相应的政策；济南、青岛、烟台、东营、潍坊、临沂市知识产权局荣获“全国知识产权部门和公安机关知识产权执法保护先进集体”称号。据统计，在2009年的专项行动中，山东省共受理专利侵权纠纷案件138件，结案99件，查处冒充假冒专利86件，出动执法人员近2000人次，检查商业商场600余次，检查商品近13万件，较好地维护了专利权人的合法权益，净化了市场环境。

五、知识产权管理与服务情况

（一）知识产权试点示范工作

2009年，山东省知识产权局将试点示范工作作为实施知识产权战略、加强知识产权工作的重要抓手，按照“加大管理、实施指导、稳步推进、积极争取”的思路，不断加以深化。2009年，山东省新增国家知识产权工作示范城市3个、示范城市创建市2个、试点城市3个、企事业示范单位3个、企事业试点单位7个、知识产权园区1个。截至2009年年底，山东省拥有国家知识产权工作示范城市4个、示范城市创建市4个、试点城市6个、企事业示范单位3个、企事业试点单位11个、知识产权园区3个、企业专利工作交流站4家。2009年4月，章丘市、即墨市、龙口市、寿光市、广饶县、临沭县等6县（市）获批实施国家知识产权强县工程。2009年5月，齐河县和淄博市博山区被国家知识产权局列为全国传统知识产权保护试点县。在省级层面，第一批“山东省知识产权工作试点单位”经过试点后有23家单位因为成效显著成为“山东省知识产权工作示范单位”，101家单位进入第二批试点行列，省级知识产权园区达到16家。2009年12月7日，在德州市齐河县召开了全省知识产权试点示范工作会议，总结工作、交流经验、分析形势、部署任务，并对全省55家试点示范工作先进单位和107名先进个人进行了表彰。

2009年，国家知识产权局专利局济南代办处共受理专利申请53 878件，收取各种专利费用10万余笔，共计3953.7余万元；办理许可合同备案609份；积极推动专利电子申请，完成了国家知识产权局电子申请审批系统的上线工作。

(二)专利发展专项资金管理

据统计，2009 年山东省省市两级专利发展专项资金总计 4600 万元，其中，省级专项资金为 1500 万元。为提高资金使用效率，山东省知识产权局与山东省财政厅联合出台了新的《山东省专利发展专项资金管理办法》，加大了激励措施，把国家专利金奖和省专利奖纳入奖励范畴，对专利申请数量和质量增长较大的市和县(市、区)实行奖励。同时，对发明专利的资助由过去的分申请、实施、授权三个环节总计资助 3000 元，改为授权后一次性资助 4000 元，有效地遏制了非正常专利申请。2009 年，山东省知识产权局还与山东省财政厅联合就《山东省专利发展专项资金管理办法》共同出台了配套政策，奖励专利创造优胜市、县(市、区)，培育企事业单位的专利创造能力。临沂、莱芜、泰安等市积极调整专利发展专项资金管理办法，使资金的使用向发明专利和职务发明倾斜。2009 年，山东省 42 件 PCT 申请获得中央财政专项资金资助 307 万元。山东省知识产权局专利资助资金兑付办公室共拨付资金 10 097 610 元，资助发明专利 2300 余件。

(三)管理体系和管理制度建设

2009 年潍坊、东营两市知识产权局在机构改革中进入政府直属系列，并设立了党组。在县级知识产权管理机构建设上，2009 年泰安市全部县(市、区)完成了机构建设，至此，山东省有 11 个市全部建立县级知识产权局。济南市知识产权局建立了处室联系区县制度，定期召开县(市、区)工作座谈会，帮助和督促县(市、区)提高知识产权管理水平。济宁市成立了知识产权工作领导小组，德州市建立了知识产权办公会议制度，临沂市借成为国家试点城市之机，成立了由 25 个部门组成的知识产权工作领导小组。东营、潍坊、泰安等市都将知识产权工作写入政府工作报告。枣庄、烟台、威海、临沂等市将专利申请和授权列入经济和社会发展的总体目标，纳入对县(市、区)政府考核的体系之中。泰安市修订了《泰安市县市区科技进步绩效考核办法》，进一步强化专利导向，提高专利有关指标的分值。济南、潍坊两市建立了重大科技经济活动知识产权审查制度。

(四)知识产权服务能力建设

2009 年，山东省知识产权局召开了全省专利信息平台建设工作会议，积极推进市级分平台建设。继聊城分平台建设完成后，又启动了淄博、济宁、临沂、滨州、菏泽五市的分平台建设工作。截至 2009 年年底，“全领域专利数据库及分析系统”在山东省实现了网络无障碍连接。山东省专利保护技术鉴定中心(山东省专利信息中心)对已建成的企业数据库进行逐月更新，并建立定期回访制度。2009 年完成普通科技立项查新、科技鉴定两大类查新共计 273 项，国内外专题类专利检索 21 项，办理专利加快审查 228 项，审核地市检索报告 586 项，累计解答社会各界对知识产权事务方面的咨询 209 人次。

2009 年，济南市知识产权局成为全国首家专利信息利用实验基地，累计为 100 家企业建立了专利数据库。青岛市知识产权信息平台被纳入全市科技创新平台，开展了专题专利数据库建设和专利预警应急机制研究。烟台市成立了知识产权信息中心。济宁、泰安等市积极开发、利用专利信息为企业服务，取得了良好效果。济南、青岛、威海、烟台 4 个国家级的专利技术展示交易中心积极发挥公益性服务功能，促进优秀专利技术的实施和产业化。根据国家知识产权局的统一部署，山东省省、市知识产权管理部门举办了“专利周”活动，全省累计举办展示交易活动 11 场次，设展位 380 个，达成合作意向 79 项，成交额约 6000 万元。济南、济宁两市出台了专利权质押融资管理办法。济宁、东营、临沂、滨州等市对专利项目实施进行了资助，其中，东营市出资 360 万元资助专利技术 26 项，滨州市出资 130 万元资助专利技术 9 项。

(五)专利评选奖励与统计调查

2009 年，山东省开展了第三届中国专利山东省优秀发明家、第十届山东省专利奖、山东省第四届发明创业奖、第三届中国(山东)专利周山东省优秀专利项目等评选活动。评选出“中国专利山东省优秀发明家”10 名和“中国专利山东省优秀发明家提名奖”50 名；第十届山东省专利奖一等奖 10 项、二等奖 20 项、三等奖 60 项；山东省第四届发明创业奖一等奖 10 项、二等奖 20 项、三等奖 30 项、优秀奖 27 项；第三届中国(山东)专利周山东省优秀专利项目金奖 10 个、优秀奖 20 个。济南、临沂、菏泽等市开展了市级专利奖的评选。莱芜市开展了优秀专利发明人评选活动。威海市评选出全市十大专利示范企业。

2009年，山东省知识产权局圆满完成了全省专利申请和授权情况月通报、国家知识产权局2008年授权发明专利及PCT专利状况和专利信息服务需求等专题统计调查工作。

（六）获奖情况

2009年，山东省知识产权局获得了由国家知识产权局、公安部联合授予的“全国知识产权管理部门和公安机关知识产权执法保护先进集体”称号；国家知识产权局授予的“政务信息工作先进单位”“全国知识产权培训工作先进集体”“全国专利实施状况调查先进集体”“全国专利执法先进集体”“全国知识产权局系统政府门户网站先进子站”称号；山东省科学技术厅授予的“党风廉政建设先进单位”称号；山东省统计局授予的“部门统计工作先进集体”称号；山东省精神文明建设委员会授予的“省级文明单位”称号。

六、知识产权宣传与培训情况

（一）宣传与政务信息工作

2009年，山东省知识产权局牵头组织了全省知识产权宣传周活动，成立由25个省直部门组成的宣传周活动组委会，印发宣传周活动方案；发布了《〈2008年山东省知识产权保护状况〉白皮书》（中英文版）；联合潍坊市政府举行大型广场宣传咨询活动；联合冠名赞助商举办“九阳杯”知识产权知识大赛；配合国家知识产权局组织了“知识产权竞争未来——山东行”大型采访活动，对济南、东营、烟台三市进行了集中采访，重点宣传企业应对金融危机的成功经验，各类媒体共刊发文字稿件54篇，新闻图片46张，达到了预期宣传效果。同时，总结近年来全省实施知识产权战略的情况，出版了44万字的《山东省知识产权战略政策与实践》一书。2009年，国家知识产权局主编的《知识产权局信息》和《专利工作动态》采用山东省稿件42篇，列全国第二位；山东省知识产权局网站发布信息689篇，国家知识产权局网站山东省子站发布信息740篇，其中被国家知识产权局网站首页采用133篇。

山东省各市结合实际，积极行动，认真组织开展了一系列丰富多彩、声势浩大的宣传活动。知识产权宣传周期间，烟台、济宁、临沂、德州等市知识产权局联合各相关部门，在城市中心广场开展了大型广场活动，接受群众现场咨询，散发各种宣传资料，宣传和传播知识产权知识。济南、烟台、淄博、威海、济宁等市发布了保护知识产权状况白皮书。青岛市开展了“情系三农”送知识产权下乡活动。淄博市知识产权局联合淄博日报、鲁中晨报、淄博电视台等新闻媒体对知识产权工作进行集中宣传报道。济宁市知识产权局领导做客济宁电视台，畅谈知识产权工作。威海市知识产权局编印了《知识产权法规选编》，印刷2000册，免费发放至有关企事业单位。潍坊市电视台、广播电台播出了“创建知识产权示范城市潍坊在行动”和“依靠专利腾飞示范企业”等系列专题报道，《潍坊日报》刊载了“潍坊知识产权综述”专题。

（二）教育培训工作

2009年，山东省知识产权局实施了“知识产权万人培训工程”，制定了《山东省知识产权培训工作方案》，提出用3年时间，重点抓好各级党政领导干部、企事业单位负责人、企事业单位中的专利工作者和中介服务人员三个层面人员的培训。2009年，山东省知识产权局举办了专利行政执法培训班、专利电子申请培训班、专利工作者培训班、专利代理人考前培训班、知识产权政务信息与新闻宣传培训班、专利信息利用培训班、知识产权资产评估培训班等多种类型的培训班，参加培训人员达800余人次。2009年山东省知识产权局出资170万元，在全省安排30个培训班、近6000人的培训计划。各市认真组织实施“知识产权万人培训工程”，并结合当地实际举办了有特色的培训活动。济南市建立了7个青少年创新和知识产权教育基地；淄博市知识产权局与市委党校联合对党政领导干部进行培训；潍坊市制定了《知识产权人才培养和教育培训工作规划》。据统计，2009年全省共举办各类知识产权培训班330余个，培训近4.4万人（次）。

（三）知识产权交流协作

2009年10月21～22日，华东地区知识产权工作座谈会在山东省济南市召开，来自上海、江苏、浙江、安徽、江西、山东等省和青岛、宁波、厦门、济南、南京等市的代表参加了会议。山东省知识产权局对新疆维吾尔自治区喀什地区知识产权对口支援工作顺利推进。2009年10月26日，美国康涅狄格州迪·皮特尼律师事务所律师来山东省知识产权局访问。山东省知识产权局推荐选拔人员，参加国家知识产权局组织的赴韩国、德国和美国知识产权培训。青岛市知识产权局举办了“发展中国家知识产权制度与科技经贸发展”研修班和首届中韩外观设计保护论坛。

（山东省知识产权局　冯兴石）

商标工作

2009年，按照国家工商行政管理总局商标局的工作部署，山东省商标工作以贯彻落实《国家知识产权战略纲要》为契机，以促进全省经济平稳较快增长为目标，在商标法律法规宣传培训，推进商标战略实施，加强行政执法和队伍建设等方面取得新进展。山东省工商行政管理局、烟台市工商行政管理局、潍坊市工商行政管理局等15家单位被授予“全国工商行政管理系统商标工作先进集体”，有9名同志被授予“全国工商行政管理系统商标工作先进个人”荣誉称号。山东省工商行政管理局还被授予“促进企业马德里商标国际注册先进单位”荣誉称号。

一、不断加大商标宣传力度，提高全社会商标意识

全省工商行政管理系统以营造“尊重知识，崇尚科学，诚信守法”的知识产权文化氛围为目标，采取日常宣传和集中宣传相结合的办法，广泛开展了各种宣传活动。

（一）组织开展2009年知识产权宣传周活动

2009年4月20～26日，按照《2009年全省知识产权宣传周活动方案》要求，全省工商行政管理系统开展了内容丰富、形式多样、特色明显、成效显著的宣传活动。据统计，全省各级工商行政管理机关共出动2000余人次，发放商标法律法规和推进商标战略等各类宣传资料10万余份，召开各类座谈会30余次，制作展板、悬挂条幅200余块，活动成效明显。例如，济南市工商行政管理局组织了“济南市出口企业商标国际注册与保护座谈会”，提高各类出口企业商标国际注册与保护的意识。青岛市工商行政管理局会同市知识产权局、市中级人民法院、市版权局等单位召开了知识产权工作座谈会，讨论通过了《青岛市加强知识产权保护协作倡议书》。潍坊市工商行政管理局会同有关部门在潍坊风筝广场联合举行庆祝世界知识产权日大型宣传咨询活动等。

（二）举行2009年全省新认定中国驰名商标授牌仪式及宣传活动

2009年6月24日，在济南举办了2009年新认定中国驰名商标授牌仪式，山东省委常委、副省长王军民出席会议并讲话。会议对40家新认定的中国驰名商标企业进行隆重表彰。新华社山东分社、《大众日报》、山东的电视台等省内主要媒体予以报道。2009年6月25日，《大众日报》专版刊载了山东省委常委、副省长王军民署名的文章“深入实施商标战略，促进经济平稳较快发展”和山东省工商行政管理局的文章“充分发挥工商职能，积极推进商标战略”，将全省驰名、著名商标保护工作推向新的高潮。

（三）开展“大走访”活动，广泛宣传商标法律法规

2009年2月，全省工商行政管理系统对10万户企业进行了大走访。通过现场调研、发放问卷、实地走访等多种方式，了解企业对商标工作的需求、意见和建议，广泛宣传商标法律法规，指导、帮助企业完善商标管理制度，提高商标战略实施能力和水平。

（四）组织驰名、著名商标企业参加2009（第三届）中国商标节

作为2009（第三届）中国商标节支持单位，山东省工商行政管理局组织106家驰名、著名商标企业（包括农产品和地理标志企业21家）参加中外商标文化博览会暨驰（著）名农产品商标、地理标志展销会，并荣获2009（第三届）中国商标节组织奖，这是自第一届中国商标节以来，山东省工商行政管理局第三次获此殊荣。

二、加大商标培育力度，服务地方经济发展

2009年，全省工商行政管理系统在商标培育、推进商标战略方面取得了新突破。

（一）商标注册实现新突破

2009年，全省注册商标4.1万件，首次突破4万件大关。目前，全省累计注册商标20.9万件，有效注册商标16.7万件。

（二）驰名商标培育工作成效显著

2009年，全省工商行政管理系统认真贯彻《国家知识产权战略纲要》，紧紧围绕服务地方经

济社会发展的大局，积极做好驰名商标、著名商标的申报和认定工作。按照“分类指导，重点突破，梯次发展，整体推进”的驰名、著名商标培育思路，鼓励、指导符合条件的企业加大认定和保护力度。2009年4月，山东省又有40件商标被认定为中国驰名商标。至此，全省共拥有行政认定驰名商标134件。

（三）著名商标认定再创新高

2009年，全省共受理企业新申报材料856件，比去年增加了12.8%；受理续展材料438件。其中，新认定省著名商标377件，续展山东省著名商标383件，分别占今年新申报总数和续展申报总数的44.1%和86.26%。截至目前，全省拥有山东省著名商标1915件。

三、商标兴农工作取得重大进展

2009年，为认真贯彻落实中央一号文件和十七届三中全会精神，山东省工商行政管理系统不断加大商标兴农工作力度，积极支持优质农产品生产和特色农业发展，推进农产品精深加工，努力形成农业增效、农民增收的良性格局。2009年以来，山东省新增地理标志19件，同比增长237.5%。另有已初审公告5件。山东省地理标志总数达39件，在2008年20件基础上实现95%的大幅增长。特别是“淄博陶瓷”和“博山琉璃”的注册，突破了地理标志商标单一集中于农产品的格局，开拓了山东省地理标志商标注册和保护工作新局面。在积极推进地理标志注册步伐的同时，不断加强地理标志的使用管理，初步形成了如章丘大葱、胶州大白菜、沾化冬枣、苍山大蒜、高青大米等一批规模效益好、带动能力强的优势农产品商标和特色产业带，为增加农民收入、推进农业产业化、促进社会主义新农村建设作出了积极贡献。截至目前，山东省已累计注册涉农商标4.2万件，约占山东省注册商标的21.9%。其中地理标志39件；涉农驰名商标40件，占山东省驰名商标的14.3%；涉农著名商标484件，占山东省著名商标的25.3%。在2009年全国工商行政管理系统贯彻落实《国家知识产权战略纲要》，大力推进商标战略实施工作会议和第三届中国商标节地理标志和农产品商标高峰论坛上，山东省工商行政管理局先后就农产品商标和地理标志的典型工作做了发言。在2009年11月30日召开的亚太地区地理标志国际研讨会上，“胶州大白菜”作为我国地理标志代表作了大会发言，山东省工商行政管理局组织“章丘大葱”“胶州大白菜”和“沾化冬枣”等地理标志产品参加展品展示，引起了广泛关注。

四、商标专用权保护不断推进

全省工商行政管理系统以推进商标管理“四化”建设为目标，加大商标执法力度，提升商标执法效能，积极构建商标专用权保护长效机制。全省全年共查处各类商标违法案件3725件，同比增长10.04%。其中，一般违法案件530件，侵权假冒案件3195件；收缴和消除商标标识76.36万件（套），罚没金额1917.43万元。通过集中整治，有力地打击了商标侵权行为，保护了商标注册人的合法利益，维护了良好的市场经济秩序。

（一）继续推广“商标授权经营制度”，强化成规模商品批发零售市场常态监管

青岛、潍坊等市对大型商场和专卖店建立健全知名商品商标备查制度，加大指导、督促力度，强化了对进场商品商标的查验、登记、建档工作，为筑起商标侵权假冒“防火墙”，减少流通领域的商标侵权假冒行为发挥了较好的作用。

（二）开展注册商标专用权保护专项行动

在加强常态化监管的同时，2009年，山东省先后开展了保护“蓝带”“雪花”“三角”“多威”“凤凰”等驰名商标专用权的专项行动。山东省工商行政管理局分别在青州、平原、宁津等县（市）组织开展了保护“蓝带”“青岛”“雪花”注册商标专用权专项行动，对涉嫌生产销售侵权商品的5个生产企业进行了两次突击式现场检查。查封侵犯“蓝带”商标专用权啤酒40余万瓶（罐），涉嫌侵权易拉罐啤酒空罐15万余个；查封涉嫌侵犯“雪花”“崂山”“青岛”等驰名、著名商标专用权啤酒10万余瓶，罚款40余万元。为此，蓝贝酒业集团有限公司专程表示感谢，并送“打击假冒侵权，保护知名品牌”锦旗。青岛、烟台、潍坊、日照、德州等市工商行政管理局开展了系列专项行动。查处侵犯美国、意大利、德国、法国、新加坡等国和我国港澳台地区商标注册人权益案件300余起，罚款金额151.55万元。

(三)开展山东省第十一届全运会标志专有权集中行动取得明显成效

2009年10月,与山东省第十一届全运会组委会联合举办知识产权保护培训班,对保护第十一届全运会标志专有权行动有关工作进行部署,在全省开展了为期一个月的集中整治行动。以商品流通、商标印制、广告发布等领域中带有第十一届全运会标志的纪念币、纪念章、毛绒玩具、体育用品、运动服装、休闲服装、鞋帽、文具等为重点商品;以各风景名胜旅游区旅游纪念品市场,公众所熟知的商品批发零售市场,城乡结合部、城镇小商品集散地、车站、机场及学校周边地区的小商品批发和交易市场等为重点区域,全面检查第十一届全运会标志使用情况,严厉打击非法使用第十一届全运会标志、销售侵犯第十一届全运会标志商品和非法印制第十一届全运会标志的行为。据统计,全省共巡查执法2400余次,出动执法人(次)12 400多次,检查经营企业和个体户13 400户,检查批发市场、集贸市场等各类市场1500多个,整治重点区域400余个,进行行政指导250余次,查处侵犯第十一届全运会标志专有权案件11起,收缴违法标志、侵权物品700余件,有力地保障了第十一届全运会标志权利人的合法权益,为第十一届全运会的顺利举办营造了良好的社会环境。

(四)加强部门和区域合作,提高商标执法效能

加强了与海关、知识产权局、公安、法院等有关部门的协调配合,充分发挥综合执法的整体效能。主办了淮海经济区、华东六省一市商标办案协作网年会,总结了两年来商标办案协作网内商标协作执法情况,各协作单位交流了商标执法工作经验,就当前商标执法中有关办案考核、案件定性、法律适用、地方保护等重点、热点和难点问题进行研讨。对于推动商标执法协作机制的创新发展,加强各协作单位的办案协作,继续加大山东省驰名商标、著名商标的跨区域保护具有重要意义。2009年以来,山东省各级工商行政管理机关移送涉嫌刑事犯罪案件2起;处理国家商标局转来案件4起;处理商标协作网内其他省市工商行政管理局移交或者投诉案件(如保护"多威""凤凰""雪花""白象"等商标专用权案件)10起;通过商标办案协作网协助山东省"樱花五金""古贝春""九阳""龙心"等5家驰名、著名商标企业,在其他省市开展了维权打假活动20余次,取得良好效果。

五、加强了对商标协会和商标代理组织的指导工作

2009年以来,山东省商标协会充分发挥桥梁、纽带作用,强化服务意识,提高服务质量。在做好协会日常工作的同时,协助山东省工商行政管理局做好会员企业申报驰名商标、著名商标的推荐和指导工作。编印发放《商标纵横》杂志4期,免费向会员发放《中华商标》12期。山东省商标协会驻各市的会员联络站也利用自身优势,发挥了应有的作用。加强了对商标代理组织的指导和备案管理工作,全年完成商标代理组织备案30个。

六、加强自身建设,进一步提高干部队伍素质

(一)加强培训,提高业务素质

根据新形势、新任务的要求,结合商标监管工作实际,先后采取"走出去""请进来"等各种形式的商标管理调研和培训工作,提高商标管理人员执法水平和办案能力。2009年9月,举办2009年度全省商标法律法规培训班,传达国家工商行政管理总局工作会议精神,邀请国家商标局有关专家以及山东省工商行政管理局业务骨干就商标执法办案、商标国际注册和推进商标战略实施等做了专题辅导。各市、县(市、区)工商行政管理局商标管理科(处)长和商标执法人员共210余人参加了培训。2009年10月,与山东省第十一届全运会组委会联合举办知识产权保护培训暨全运会标志知识产权保护工作部署会,对第十一届全运会标志保护的法律依据,执法办案中事实认定和法律适用的标准和尺度等执法实践中的重点、难点和热点问题进行详细讲解,切实提高了全省系统商标执法人员服务全运会的能力和水平。各市工商行政管理局也开展了形式多样的专业技能培训。潍坊市工商行政管理局开展了以商标业务培训和案卷评审为内容的春训,对商标监管执法中的热点、难点问题,开展了理论探索和调查研究。济南、泰安、威海等市工商行政管理局也开展了以商标战略为内容的专题培训,提高了商标管理人员的业务素质和执法办案水平。

(二)端正行业作风,不断树立执法形象

以深入开展学习实践科学发展观活动为契机,从学习教育、制度建设、内部督查入手,不断加强政治学习和世界观、人生观的改造;牢固树立全

心全意为人民服务的思想，增强廉政意识，提高拒腐防变能力；不断加强法制学习，牢固树立依法行政理念，坚持政务公开，确保社会公众知情权和监督权的落实。

（山东省工商行政管理局）

版权工作

2009年，山东省各级版权行政管理部门在国家版权局的指导和支持下，认真学习贯彻党的十七大和十七届四中全会精神，深入贯彻落实科学发展观，认真实施《国家知识产权战略纲要》，紧紧围绕"管理、发展、建设"的工作思路，突出行政监管、宣传教育、促进发展三个重点，加强版权行政管理，加大打击侵权盗版的执法力度，营造了有利于版权保护的社会舆论环境，圆满完成各项工作任务。

一、加强版权执法，打击侵权盗版成效显著

（一）在全省范围内开展了治理非法预装计算机软件专项行动。

从2009年4月1日～5月15日，山东省版权局在全省范围内组织开展了治理非法预装、销售计算机软件专项行动。2009年3月27日，山东省版权局下发了《关于开展治理非法预装、销售计算机软件专项行动的通知》，对开展专项行动进行了部署安排，明确了专项行动的目标和重点是围绕2009年在山东省召开的第十九届全国图书博览会、"4·26世界知识产权日"宣传周活动，开展治理非法预装、销售计算机软件专项行动，严厉打击计算机生产、销售等领域未经授权预装盗版软件的非法行为，维护和规范软件预装、销售市场秩序。山东省版权局通过多种媒体对专项行动进行了广泛宣传，2009年5月初分别对济南、青岛开展专项行动的情况进行了督导检查，有力地促进了专项行动的开展。在此次治理非法预装计算机软件专项行动期间，山东省各市级版权管理部门统一思想、提高认识，制定了具体的行动方案，明确了行动的目标和任务，并向各县（市、区）下发了开展治理非法预装销售计算机软件专项行动的通知。通过各种媒体对专项行动进行了适时宣传，公布举报电话，扩大了版权执法的社会影响力和专项活动的社会效果，形成抵制和打击预装和销售领域侵权盗版活动的良好氛围，并协调文化、公安、工商行政管理、城市管理等有关部门，对计算机软件销售市场进行了集中清理检查。据统计，全省在打击非法预装计算机软件专项行动中，共出动执法人员1 987人次，检查计算机生产企业4家，电脑经销单位328家，查缴盗版软件19 809多张，责令停止销售93家，罚款14 000元。

（二）在全省开展打击网络侵权盗版专项行动。

根据国家版权局部署安排，山东省版权局、公安厅、通信管理局从2009年8～11月在全省部署开展打击网络侵权盗版专项治理行动。2009年8月26日，山东省版权局在济南召开2009年打击网络侵权盗版专项行动工作会议，全面部署各项工作。全省各级版权行政管理部门积极组织专项治理行动，共检查网站、网吧284家，查处网络侵权盗版案件56起，其中国家版权局移交的案件3起，自行查处、受理举报案件47起，协查6起。查处的案件中，移交公安机关1起，责令停止侵权49起，关闭网站38家，没收服务器18台、打印机2台、刻录机2台，罚款80 800元。

二、注重宣传教育，全社会版权保护意识明显增强

（一）组织开展2009年年度"保护知识产权宣传周"活动

山东省版权局组织开展了2009年年度"保护知识产权宣传周"活动，要求各市版权局根据山东省版权局年初下发的《〈2009年版权工作要点〉的通知》的部署，继续做好"4·26知识产权宣传周"的相关工作，围绕2009年在山东省召开的第十九届全国图书博览会、结合治理非法预装计算机软件专项行动和本地实际，通过多种渠道、多种形式，采取生动活泼、通俗易懂的方式，宣传版权保护对提高民族自主创新能力、建设创新型国家的重要作用，增强宣传教育活动的影响力，提高公众的版权保护意识。在活动期间，各市组织开展了市场执法检查，严厉打击各类侵犯版权的违法活动，采取多种宣传形式，大力宣传国家保护知识产权的方针政策、原则立场、法律法规、工作成效和先进经验，掀起学习宣传《著作权法》的高潮，在全省形成了"尊重知识、鼓励创作、保护版权、促进发展"的良好社会氛围。

（二）做好“创新与未来——青少年版权保护主题教育活动”和“大学生与版权”征文活动的评选工作

2009 年年初，山东省版权局组织评审委员会对各高校在 3000 多篇征文筛选出的 70 篇作品进行了评审，山东大学马龙等同学的 5 篇文章获一等奖，青岛大学唐行智等同学的 10 篇文章获二等奖，山东理工大学李云翔等同学的 35 篇文章获三等奖。山东大学、山东师范大学等 12 所高校获得组织奖。

（三）组织青少年参加“全国青少年版权保护读书活动暨版权保护知识竞赛”

2009 年 6 月 2 日，山东省版权局联合山东省团委向各市下发了《关于组织参加“全国青少年版权保护读书活动暨版权保护知识竞赛”的通知》，要求各市版权局和市团委要高度重视，结合各地青少年版权保护主题教育活动，成立相应工作机构，统一协调、精心组织、积极动员青少年踊跃参加。接到通知后，各市相关部门高度重视，认真组织积极动员青少年踊跃参加，利用暑假期间组织好竞赛活动。全省共收到答题卡 3.3 万份。

三、树立典型，认真组织版权示范单位评选工作

（一）继续开展“正版产品经营示范单位”评选活动

山东省版权局继 2007 年在全省开展“正版产品经营示范单位”评选活动后，在 2009 年继续开展此项评选活动。2009 年 2 月 20 日，山东省版权局向各市下发了《山东省版权局关于在全省开展“正版产品经营示范单位”评选活动的通知》，要求各市要加强对开展“正版产品经营示范单位”活动的领导，根据申报单位的实际情况和范围，广泛征求意见，邀请相关行业的主管部门参与评选活动，保证评选活动的公开、公平、公正和权威性。同时要加强对“正版产品经营示范单位”的监督指导，建立“正版产品经营示范单位”动态管理制度，做好跟踪监督和检查工作。山东省版权局要求各市对 2007 年获得“正版产品经营示范单位”的称号的企业进行检查，发现存在经营侵权盗版产品等违法行为的，一律撤销“正版产品经营示范单位”的称号。通知下发后，经各市推荐和山东省版权局审核，确定了济南市新华书店等 48 家经营单位为全省第二批“正版产品经营示范单位”，青岛第六印染厂等 3 家企业被评选为“版权兴业示范单位”。

（二）组织第二批“全国软件正版化工作示范单位”推荐工作

2009 年 5 月 31 日，山东省版权局转发了《关于转发国家版权局〈关于开展第二批“全国软件正版化工作示范单位”评选表彰工作的通知〉的通知》，对山东省的评选推荐工作做了安排部署。经过各成员单位、各市版权局推荐，山东省版权局审核研究，确定推荐兖矿集团有限公司等 18 家单位为第二批“全国软件正版化工作示范单位”。

四、创新服务机制，促进版权管理和服务水平大幅提升

（一）简化作品登记程序，方便权利人行使权力

为了方便作者和其他著作权人办理作品登记，结合山东省版权登记工作的实际情况，2009 年 4 月 13 日，山东省版权局下发了《山东省版权局关于印发〈关于作品登记工作的管理办法〉的通知》，对各市承办作品自愿登记提出了具体要求。通知下发后，青岛、日照两市开始办理作品登记工作，青岛市在不到一年的时间里共办理作品登记 433 件。2009 年，山东省全省作品登记数量再创新高，共办理作品登记 1501 件（含青岛 433 件），涉外版权贸易合同登记 195 项，版权合同登记日益规范。

（二）受理群众投诉，维护著作权人的合法权益

全年共受理各类投诉案件 17 起，涉及网络、计算机软件、图书盗版侵权等各个方面。

（山东省版权局 版权处）

司法工作

2009 年，山东省法院民三庭按照“高快好省”办案要求，把化解矛盾贯穿审判工作始终，制定并实施了“围绕一个中心，立足七项工作，以精细化管理促精品案审判，实现知识产权审判工作向规

范化、精细化转变”的工作思路，全省法院妥善处理了一批知识产权纠纷案件。

一、落实“高快好省”办案要求，公正高效审结知识产权民事案件

2009年，全省法院受理一审知识产权案件2253件，审结2349件，结案率为91%，调撤率为64%，均达到历史新高；受理二审知识产权案件305件，审结316件，收结案率较高。在已审结的案件中，有多起知识产权案件引起社会广泛关注。其中，关于山东鲁锦实业有限公司诉鄄城县鲁锦工艺品有限责任公司、济宁礼之邦家纺有限公司侵犯注册商标专用权及不正当竞争纠纷上诉一案，以及时裁判的方式对山东民间传统技艺与传统名称予以保护，彰显了司法裁判的权威性与确定性。该案判决已被《最高人民法院公报》2010年第1期刊载，收录进最高人民法院主编的《100个影响中国的知识产权经典案例》。关于山东省食品进出口公司、山东山孚集团有限公司、山东山孚日水有限公司诉青岛圣克达诚贸易有限公司、马达庆不正当竞争纠纷上诉一案，就“没有约定能否竞业禁止”法律问题进行了探索。该案判决已被《最高人民法院公报》2009年第9期刊载。关于齐白石16名后人与人民教育出版社、中国美术馆著作权侵权纠纷上诉一案，该案判决既合法合理地解决了文化权利争端，又贯彻了审判公开原则，在司法审判与媒体监督之间建立起了良性互动，该案由中央电视台一套、《人民法院报》作了报道。

二、落实“为大局服务，为人民司法”工作主题，多项成果展示司法能力

为积极应对国际金融危机给实体经济造成的不利影响，全面贯彻落实国家知识产权战略，积极践行“人民法院为人民”主题实践活动，山东省高级人民法院按照最高人民法院的要求，在全省范围内开展了知识产权审判“优化自主创新司法环境”年度主题活动暨“4·26世界知识产权日宣传周”活动。活动期间，召开了知识产权司法保护新闻发布会，向社会公布了典型案例；全面总结了七年来山东省知识产权司法保护的成就，发布了《山东省知识产权司法保护白皮书》；召开了由社会各界参加的知识产权司法保护座谈会，邀请人大代表、政协委员、律师代表旁听了知识产权案件庭审并听取了意见。这次活动集中展示了山东省法院司法保护知识产权的成就，宣传了知识产权审判的重要职能，在全社会进一步树立了人民法院依法保护知识产权、优化自主创新环境的良好形象。中央和山东省市主要媒体均对这项活动进行了广泛、深入的宣传报道。

为贯彻落实山东省政法委统一部署的“帮千企、走千村、访万户、服务三保”活动，山东省高级人民法院结合审判实际开展了“知识产权审判服务‘三保’、服务大局”调研活动。先后深入到企业、科研部门、行政机关，召开涉及农林业发展的植物新品种司法保护、涉及企业创新发展的专利司法保护座谈会，了解基层群众对知识产权司法保护的新需求，帮助化解金融危机下遇到的各种法律难题。在前期调研基础上，山东省高级人民法院与山东省农业厅联合出台了《关于加强农业植物品种权保护的意见》，应邀参与了国家农业部的专项调研活动，并形成了二十余项科研成果，在《人民司法》《法律适用》《中国知识产权审判研究》等国家级刊物上发表。山东省高级人民法院的两位同志还分别出版了《商标纠纷新型典型案例与专题指导》（中国法制出版社）、《裁判视野与纠纷解决》（知识产权出版社）专著；一位同志承担了国家农业部的课题项目，并应邀为全国农业行政执法会授课。

三、落实“三案”“三零”要求，“双精工程”标志着知识产权审判向更高层次发展

按照山东省高级人民法院关于办好“铁案、精品案、和谐案”，实现“零错案、零投诉、零上访”的目标要求，山东省高级人民法院知识产权庭实施了知识产权审判“精细化管理、精品案审判”的“双精工程”。出台了《关于加强知识产权审判“精细化管理、精品案审判”工作的意见》，在积极探索知识产权审判工作规律，全面总结知识产权审判经验的基础上，提出了“审判管理精细化、案件审理精品化”的目标要求。通过强调“精细化”管理，加强了知识产权审判管理中的制度化建设，通过细化“精品案”标准，统一了知识产权案件裁判尺度。

四、落实《国家知识产权战略纲要》，创新知识产权审判机制

为贯彻落实《国家知识产权战略纲要》及《人民法院第三个五年改革纲要（2009－2013）》关于“完善知识产权审判体制、优化审判资源配置”的要求，山东省高级人民法院积极开展了“知识产权

综合审判试点”工作，进一步扩大了试点范围，形成了东营、济南两个中级人民法院进行“三审合一”试点的新格局；经最高人民法院批准，新增潍坊中级人民法院为植物新品种权案件管辖法院；《知识产权刑民交叉案件处理机制构建》一文，为知识产权审判体制和审判机制改革提供了理论支持。

（山东省高级人民法院知识产权审判庭）

检察工作

2009年，山东省检察机关认真贯彻最高人民检察院的工作部署，采取有力措施，扎实推进行政执法与刑事司法相衔接工作机制的建立和完善，切实履行法律监督职能，严厉打击侵犯知识产权犯罪，在加强知识产权司法保护、保障人民群众切身利益方面取得了一定成效。

一、依法严厉打击侵犯知识产权犯罪

山东省检察机关充分发挥检察职能作用，与行政执法机关、公安机关等部门密切配合，依法及时批准逮捕、起诉涉嫌侵犯知识产权的犯罪分子。据统计，2009年山东省各级检察机关共受理提请批准逮捕涉及知识产权犯罪案件81件135人，批准逮捕60件89人，共受理起诉侵犯知识产权犯罪69件151人，起诉68件133人。

二、建立制度，加强协作，衔接工作机制不断形成和顺畅

山东省人民检察院对行政执法与刑事司法相衔接工作非常重视，各地检察机关找准在衔接工作机制中的检察职能定位，把行政执法与刑事司法相衔接工作作为检察工作的一个重点，切实加强领导，健全组织，落实责任。山东省各级检察机关都及时与有关部门联系，制定、会签有关文件，有力地促进了行政执法与刑事司法相衔接工作的开展，形成打击侵犯知识产权犯罪的合力。

山东省各级检察机关与行政执法机关、公安机关还建立和完善了联席会议制度、信息通报制度、案件移送制度和监督制约机制等。一是联席会议制度。定期或不定期召开联席会议，及时协调解决影响衔接工作开展的疑难问题。二是信息通报制度。对行政处罚、移送案件、审查批捕、立案监督、起诉、判决等情况进一步规范，实现了行政执法与刑事执法资源共享。三是查办案件备案制度。行政执法机关对其查办移送的包括侵犯知识产权在内的涉嫌犯罪案件和公安机关对行政执法机关移送后作出的立案、不立案、撤案等决定，严格按照规定时限向检察机关备案，主动接受检察机关的法律监督。四是加强与行政执法机关联系和配合。检察机关和公安机关主动到行政执法机关讲解相关刑法知识，帮助行政执法部门了解和掌握《刑事诉讼法》对固定、完善侵犯知识产权犯罪证据的标准和要求；帮助行政执法部门界定案件性质，明确法律界限及适用依据，给予行政执法机关以法律理论支持；会同行政执法机关对当前衔接工作中遇到的新情况、新问题开展调研；对公安机关邀请介入的包括侵犯知识产权在内的涉嫌犯罪案件，帮助梳理侦查思路，提出侦查建议，固定完善相关证据。

三、坚决防止和纠正对知识产权犯罪打击不力的现象

2009年，山东省各级检察机关充分发挥法律监督职能，加强对行政执法机关抄送的侵犯知识产权案件《行政处罚决定书》副本的审查工作，对涉嫌犯罪的及时提出移送公安机关的建议，监督公安机关及时立案侦查侵犯知识产权犯罪案件。严肃查办侵犯知识产权违法犯罪背后的国家工作人员的职务犯罪，坚决打掉其“保护伞”，在立案监督和审查批准逮捕、审查起诉中注意发现和掌握侵犯知识产权违法犯罪背后的国家工作人员职务犯罪线索，对于涉嫌构成犯罪的坚决依法查办。

（最高人民检察院侦查监督厅）

河 南 省

专利工作

2009年，河南省知识产权局以深入实践科学发展观为统领，以加强知识产权保护、发展知识产权经济为主线，以开展知识产权宣传培训、推进知识产权优势培育为重点，深入贯彻实施知识产权战略，加压奋进、积极进取、创新工作，知识产权对实现中原崛起，全面建设小康社会的智力支撑作用更加明显。

一、专利申请和授权量质量进一步提高

据国家知识产权局的统计数据显示，2009年河南省专利申请量19 589件，位居国内第11位，其中职务专利申请为10 530件，首次超过非职务专利申请，累计专利申请125 394件。在三种专利申请中，发明专利申请为3888件，占专利申请总量的25%；职务专利申请为8127件，首次超过非职务专利申请，占申请总量的52.3%，较上年同期增长21.7%。大专院校、工矿企业专利申请分别为550件和7070件，同比增长分别达7.2%、28.1%；技术含量较高的发明及职务性申请所占比例趋于合理。专利授权量取得了历史性的突破，首次突破万件大关，达到11 425件，位居国内第9位，累计专利授权65 192件。在授权的三种专利中，发明专利996件，较上年同期增长73.5%，实用新型专利5633件，较上年同期增长17.6%。总体上看，虽然受金融危机、《专利法》修改等诸多原因的影响，2009年河南省专利申请增速减缓，但是专利申请和授权结构日渐合理，质量得到了进一步提升。

二、知识产权政策法规建设

近年来，河南省委、省人大、省政府、省政协和大部分省辖市领导始终把知识产权工作放在推动科技创新、改善投资环境、提升竞争实力的高度来抓，有力地促进了河南省知识产权工作的开展。

（一）河南省人民政府关于印发《实施河南省知识产权战略纲要任务分工》的通知

该任务分工分为关于战略目标、关于战略专项任务、关于重点产业战略任务、关于战略途径、关于战略措施、实施和评估等六大方面内容，对每一项工作任务的牵头单位、负责单位及任务职责进行明确。

（二）河南省知识产权战略工作领导小组办公室关于印发《2009年实施河南省知识产权战略纲要推进计划》的通知

河南省知识产权战略工作领导小组办公室根据《实施河南省知识产权战略纲要任务分工》制订了该2009年度推进计划。推进计划从指导思想、总体目标、主要任务、保障措施四大方面，对河南省知识产权战略工作领导小组办公室各成员单位在实施《河南省知识产权战略纲要》中所承担的工作任务进行细化和明确。

（三）河南省知识产权战略工作领导小组办公室关于印发《河南省知识产权保护工程实施方案》的通知

根据《国家知识产权战略纲要》《河南省知识产权战略纲要》的精神，河南省知识产权局制订了《河南省知识产权保护工程实施方案》，争取5年内对50个重大项目进行知识产权审议和预警分析，在全省18个省辖市建立起知识产权举报投诉和维权服务平台，进一步提高全省的知识产权执法整体水平。

（四）河南省知识产权局、省科技厅、省人力资源社会保障厅、省教育厅、省财政厅关于印发《河南省百千万知识产权人才工程实施方案》的通知

实施河南省百千万知识产权人才工程旨在进一步加快实施人才强省战略，培养一批满足社会多层次需求的知识产权人才，加快建设一支知识产权人才队伍。通过河南省百千万知识产权人才工程的实施，到2015年，全省将培养百名知识产权高层次人才，千名知识产权专业人才，万名知识产权实用人才，基本建成一支素质优良、结构合

理，能基本满足河南省经济社会发展需要的知识产权人才队伍。

（五）关于印发《河南省省级专利技术孵化转移中心建设管理办法的通知》

河南省知识产权局在全省部分具备条件的市、县和机构支持建设一批省级专利技术孵化转移中心。该办法从总体思路、总体目标、主要业务和功能、认定条件、认定程序、考核管理、扶持措施等七个方面对河南省省级专利技术孵化转移中心建设工作进行明确。

（六）关于印发《河南省专利行政处罚裁量标准》（试行）和内部制约制度的通知

为贯彻落实国务院《全面推进依法行政实施纲要》以及《河南省人民政府关于规范行政处罚裁量权的若干意见》要求，河南省知识产权局制定了《河南省专利行政处罚裁量标准》（试行）《河南省管理专利工作的部门行政处罚裁量标准适用规则》《河南省管理专利工作的部门行政处罚案件主办人制度》《河南省管理专利工作的部门行政处罚预先法律审核制度》《河南省管理专利工作的部门行政处罚案例指导制度》等内部制约制度，对专利行政处罚依据、裁量阶次、违法行为表现形式及行政处罚标准等进行了明确。

三、立足省情，积极推动《河南省知识产权战略纲要》贯彻实施

2009年4月17日，河南省政府召开了全省实施知识产权战略会议，河南省知识产权战略领导小组各成员单位的负责人，18个省辖市人民政府主管副市长，各省辖市知识产权、工商行政管理、版权、质量技术监督四部门负责人，知识产权优势企业、优势区域，全省知识产权试点高校和部分科研院所、知识产权服务机构的负责人，以及中央驻豫和河南省新闻媒体的朋友们共计240余人参加了会议。河南省政府副省长徐济超，国家知识产权局党组成员、副局长贺化出席会议并做重要讲话。河南省知识产权、工商行政管理、版权、质量技术监督四部门领导就实施知识产权战略的具体工作进行了安排部署。河南省人民政府还对洛阳北方企业集团有限公司等10家河南省第二批知识产权优势企业和禹州市等6个第二批知识产权优势区域予以通报表彰。

为更好地宣传知识产权战略，河南省知识产权战略工作领导小组办公室组织有关专家编印出版了《河南省知识产权战略纲要读本》。同时会同河南省质监局、省财政厅共同开展自主知识产权技术标准培植试点工作。截至目前，郑州、安阳、商丘、新乡、信阳、周口、济源等省辖市先后制定了当地的《知识产权战略纲要》或《知识产权战略实施意见》，洛阳高新区在全国率先制定《知识产权战略》。省级以上企业技术中心大部分都制定了企业知识产权战略及实施方案。

四、知识产权保护

2009年，以强化知识产权保护为重点，加强部门间联合、区域间合作，不断完善法制环境，努力提高执法能力，积极开展维权援助，全省知识产权保护工作取得了较好成效。

（一）深入开展“雷雨”“天网”专项行动

制定了《河南省开展“雷雨”“天网”知识产权执法专项行动实施方案》，积极组织开展全省的专项执法活动，设立举报投诉电话和电子信箱，接受社会各界的举报、投诉，认真做好案件的登记、受理、建档及管理工作。全省知识产权局系统会同公安机关开展专项执法活动60余次，出动警力、执法人员960人次，处理专利纠纷案件165件，有效打击了侵犯知识产权违法犯罪分子的嚣张气焰，维护了公平有序的市场竞争秩序。

（二）开展重大科技专项知识产权分析和预警工作

重点开展了对重大科技专项《褐煤提质工艺技术装备研究》《纯电动汽车车辆控制技术》进行知识产权分析，采取河南省知识产权局、知识产权事务中心与相关研究分析单位相结合的方式，通过专利分析检索工作对检索到的文献以人工和机助方式进行浏览、筛选、标引和数据挖掘及专利引证分析，形成知识产权分析报告。促进褐煤提质工艺技术装备、纯电动车产业的技术创新，防范专利风险，避免重复投入，为重大科研专项执行工作提供决策参考。

（三）加强知识产权执法协作机制建设

一方面加强省与市之间、市与市之间知识产权执法的协调运作，保证信息传递的纵向畅通，另一方面加强专利、工商行政管理、版权、技术监督、海关、公安、司法等有关职能部门之间交流与合作，建立有效的防范和共同打击的横向协作机制。成功召开了郑州、南阳等六城市执法协作会议，大家在会议上交流了执法经验，并将执法案例汇编成册，为其他市地执法也提供了宝贵经验。

（四）加强和完善知识产权维权援助与举报投诉服务工作

不断加大工作力度，建立知识产权举报投诉和维权服务工作平台，经国家知识产权局批准河南省、南阳市、洛阳市、新乡市、郑州市和平顶山市成立国家级知识产权维权援助中心，并开通“12330”维权援助热线。建立知识产权举报投诉和维权援助网络服务平台，为群众提供便捷高效的投诉、维权服务。同时河南省知识产权局还批复驻马店市、安阳市、濮阳市、漯河市、济源市五市成立省级知识产权维权援助中心。

（五）加强制度和执法条件建设

积极创造条件，加快执法队伍建设。制订执法人员专门培训计划，加大执法人员培训力度，积极为执法人员培训提供条件。完善执法条件，着力改善基层执法条件和执法环境，为六个市地配备执法专用车，促进知识产权行政执法工作水平的整体提高。

（六）配合河南省人大对“一法一条例”实施情况进行专题调研

为了推进《河南省知识产权战略纲要》实施，按照河南省人大常委会教科文卫工作委员会的工作安排，就《中华人民共和国专利法》和《河南省专利保护条例》贯彻实施情况进行调研，河南省知识产权局配合河南省人大常委会教科文卫工作委员会先后到平顶山、新乡、濮阳、许昌四市进行了调研和实地考察，深入了解专利申请、知识产权保护、专利管理体系完善、企业自主创新等有关情况，形成调研报告，提交有关部门决策参考。

（七）相关活动和重要会议

1. 承办华中地区知识产权执法研讨会

来自湖南、湖北、河南等省市区知识产权管理部门的60余名代表参加会议。国家知识产权局执法管理处处长赵梅生对华中地区知识产权局执法工作进行总结。会议邀请了郑州市中级人民法院民三庭副厅长李晓昱作案例评析，各省市区代表从法律、政策、实际操作等层面对执法工作进行了深入的探讨。

2. 召开河南省六省辖市知识产权行政执法协作年会

河南省知识产权行政执法协作六省辖市郑州、洛阳、南阳、新乡、驻马店、平顶山等地市的局长、执法负责人参加了会议，总结了一年来各自的协作执法工作情况和知识产权行政执法情况。

3. 召开首次知识产权维权援助会议

六个国家级维权援助中心分别就各自开展工作情况、取得的成绩和存在的问题进行交流。

4. 召开河南省公安驻知识产权联络处工作会议

来自全省知识产权和公安系统的80余名同志参加了会议。河南省知识产权局、省公安厅联合表彰了先进集体和先进个人，就近年来各地的专利行政执法工作经验进行了交流，并结合典型案例，进行深入分析和研讨。

五、专利实施和试点示范

2009年，河南省知识产权局围绕知识产权战略纲要实施，紧紧抓住知识产权的创造、管理、运用和保护四个关键环节，推动专利实施、试点示范等各项工作的开展。

（一）深入实施知识产权优势培育工程

按照年初与河南省政府签订的“实施知识产权优势培育工程，重点培育5家知识产权优势企业和3个知识产权优势区域”的目标任务。重点开展了五个方面的工作。

1. 召开研讨会，总结工作经验

为了更好的总结知识产权优势培育工作的经验，帮助企业有效应对金融危机，2009年2月在郑州市召开了“全省知识产权优势培育工作研讨会”，许继集团等12家省知识产权优势企业和长葛等6个省知识产权优势区域的代表参加会议，汇报了各自开展优势培育工作的经验，金融危机对企业或区域造成的影响及企业应对金融危机的主要做法和成效。徐济超副省长听取了所有代表的发言，并作了重要讲话，对知识产权优势培育工作给予了充分肯定。

2. 大会通报表彰，树立优势榜样

2009年4月17日，河南省政府在召开了河南省知识产权战略实施大会上对第二批知识产权优势企业优势区域进行了表彰，徐济超副省长还对受表彰的企业和区域提出了要求，要求加快推进实施知识产权战略，同时希望全省各市、县（市、区）和各类企业要以受表彰的单位为榜样，不断增强知识产权创造、管理、运营和保护能力。

3. 深入调查研究，指导优势培育工作

一方面，针对部分知识产权优势及培育企业组织开展调查活动，撰写了调查报告及时上报国家知识产权局和河南省政府；结合洛阳高新技术产业开发区硅材料、钛（钨钼）材料、精密轴承和先进装备制造和生物制药特色产业运用自主知识产权应对金融危机的情况，组织上报了调研报告被国家知识产权局办公室作为上报国务院办公厅的信息素材。另一方面，深入企业指导优势培育工作，了解企业知识产权工作情况、金融危机造成的影响，对企业今后知识产权工作开展提出了指导意见。

4. 借助国家资源，提升知识产权优势

组织申报第四批全国企事业知识产权试点单位，新飞、洛轴研被批准为首批全国企事业知识产权示范单位，30 家企业被批准为试点单位。积极组织 6 个项目申报第十一届中国专利奖，其中“大型干法水泥生产线纯低温余热发电设备系统及工艺流程”获优秀奖。指导长葛市、新郑市、巩义市、孟州市以及长垣县制订了知识产权强县工程 2009 年年度推进计划。以洛阳轴研为依托，组织实施国家专利产业化工程项目（河南轴承行业专利产业化）；以南阳石油二机为依托，组织申报国家专利产业化工程项目（河南省石油机械行业专利产业化）。指导瑞贝卡开展河南省发制品专利战略推进工程研究工作，已顺利通过国家知识产权局组织的验收；指导平高集团申报了特高压开关专利战略推进工程。指导洛阳高新区完成了国家试点园区创建工作方案。

5. 建设专利展示交易与孵化平台

完成了河南省专业孵化机构现状调查；对第一批省级专利展示交易中心工作开展情况进行了调研；认定濮阳市智诚知识产权事务中心等两家单位为第二批河南省省级专利技术展示交易中心。

6. 组织认定了第三批知识产权优势企业和优势区域

组织开展了第三批知识产权优势企业和优势区域申报、评审工作，认定了中信重型机械公司等 10 家企业、新密市等 5 个区域为第三批知识产权优势企业和优势区域。

（二）“企业服务年”知识产权专项行动

为响应河南省政府提出的“企业服务年”号召，引导企业运用知识产权应对金融危机，制订了《“企业服务年”知识产权专项行动计划》，确定了为企业服务的十件实事，在全省组织开展“企业服务年”知识产权专项行动。

1. 开展高新技术企业知识产权专项服务活动

下发了《关于开展原高新技术企业知识产权专项服务的通知》《关于开展高新技术企业及拟上市企业知识产权情况调查的通知》，对郑州、洛阳两国家级高新区高新技术企业知识产权现状进行了深入调查，选择河南省内中介服务机构，对其开展知识产权对口服务。

2. 开展优秀专利项目创业培训工作

征集了投资小、见效快、回报率高的专利项目 789 项，对其进行了分类整理，选择 300 个优秀项目在河南财经学院举办了大学生专利创业辅导启动仪式。对商丘、平顶山知识产权部门与劳动部门合作开展专利项目实施及技能培训情况进行了调研总结。

3. 启动中小企业知识产权质押融资工作

起草了河南省开展中小企业知识产权融资工作的指导意见，并就此方案征求了河南省财政厅、省发展改革委、省政府金融办、省工业和信息化厅（省中小企业局）、省科技厅等部门，以及中国人民银行郑州中心支行、河南省银行监督管理局、河南省证券监督管理局、中国银行河南省分行、农业银行河南省分行、工商银行河南省分行、建设银行河南省分行、河南省资产评估协会等单位的意见，根据反馈意见，修改完善下发。

4. 建立信息通报制度

对各市加强了督查，要求各市局制订本地“企业服务年知识产权专项行动实施计划”，并每月上报工作落实情况。从 2009 年 4 月开始每月对各市工作开展情况和信息报送情况进行通报。

（三）传统知识知识产权保护工作

2009 年 5 月 20 日，国家知识产权局在河南召开了首次国家传统知识知识产权保护试点工作培训研讨会。来自浙江省、安徽省、福建省、山东省、河南省、湖北省、云南省、四川省、贵州省知识产权局及各试点县（市、区）主管负责人、知识产权局相关人员近百人参加会议。此次会议是国家传统知识知识产权保护试点工作启动以来的首次会议，标志着国家传统知识知识产权保护试点工作在全国范围内的全面实施。河南省知识产权局郭民生局长致欢迎辞。国家知识产权局专利管理司马维野司长发表讲话。相关专家和教授就传统知识知识产权保护相关理论和观点对与会代表进行培训讲解。会议期间，与会代表们前往禹州市钧瓷研究所、禹州市星航钧窑实地考察了传统知识知识产权保护工作开展情况。全国首批三个试点县(市)汇报前期工作情况，交流经验，各试点县(市、区)就工作中遇到的问题进行探讨，并对下一步工作的思路和方法进行研讨。

会后，河南省知识产权局组织专家帮助禹州市制定传统知识知识产权保护战略规划；同时对申报省第三批传统知识知识产权保护试点的单位进行了考察，确定焦作市伟康实业有限公司等三家单位为河南省第三批传统知识知识产权保护试点单位。第四批传统知识知识产权保护试点将扩大到区域。

六、知识产权宣传

2009年，河南省知识产权局紧紧围绕省委省政府中心工作，以知识产权战略实施为重点，加大知识产权宣传力度，多媒体、多层次、广视角的宣传活动，为发展知识产权事业营造了良好的舆论环境。

(一)组织开展“保护知识产权宣传周”活动

2009年4月20～26日，河南省知识产权局会同保护知识产权工作领导小组办公室，在全省范围组织开展了一系列“保护知识产权宣传周”活动。2009年4月20日在河南省人民会堂广场举行了盛大的宣传周活动开幕式；同期，还举行了全省知识产权维权援助公益服务电话12330开通仪式，以及现场咨询、版面宣传等活动。宣传周期间，在2009年4月23日的《河南日报》上全文刊发了《〈2008年河南省知识产权保护状况〉白皮书》，配发了“加快推荐河南知识产权战略实施”的评论员文章，引起了强烈的社会反响。在此期间，各地市在中央、省、市各类媒体上组织关于知识产权宣传的新闻报道260余篇(次)。

(二)抓好政务信息和知识产权报社通联工作

通过开展目标考核、建立激励机制等措施，进一步加强了政务信息、网络宣传和知识产权报社通联工作。全年被国家知识产权局门户网站首页采纳稿件120篇，其中要闻6篇，在全国排名第四，河南省知识产权局连续四年被评为全国知识产权局系统政府门户网站工作先进集体；报送国家知识产权局政务信息116篇，被采纳刊发34篇，在全国排名第五；先后编发河南省知识产权工作专报6期；各省辖市在“河南知识产权信息网”发布专利工作动态489篇，其中新乡、濮阳、驻马店发稿量均超过40篇。2009年12月28日，召开全省知识产权宣传工作会议，对工作中涌现的先进集体和个人予以表彰，同时还以会代训聘请了国家知识产权局主管政务信息和门户网站工作的领导对全省通讯员进行了专题业务培训。

(三)积极开展双优宣传专题活动

为提升知识产权优势企业和优势区域的影响力，带动全省知识产权优势培育工作，编印了《河南省第二批知识产权优势宣传画册》，并组织中央及河南省内十余家媒体赴重点知识产权优势企业和优势区域开展了为期一周的知识产权优势专题宣传报道活动，在电视台、电台、报刊等媒体上进行集中宣传和专题报道，在全社会形成了较好的影响。

(四)举办全国知识产权巡讲报告会

为了扩大知识产权宣传力度，营造知识产权舆论氛围，国家知识产权局、中共中央委员会宣传部、国家工商行政管理总局、版权局、国务院新闻办公室等部门决定在全国开展知识产权宣传周活动期间，开展全国知识产权巡讲报告会活动，河南省在安阳举行了报告会，国家知识产权局专利局化学审查部副部长曾武宗作了知识产权战略专题报告。

(五)积极扩大知识产权对外交流与合作

1.举办第五届企业知识产权战略国际研讨会

2009年10月28日，由国家知识产权局知识产权发展研究中心、国家科技基础条件平台中心、河南省科学技术厅、河南省知识产权局共同举办的“第五届(2009)企业知识产权战略国际研讨会”在郑州召开。国家知识产权局、河南省政府、河南省科技厅等相关厅委局领导，全省知识产权系统、有关行业协会、重点企业、高校、科研院所等机构的领导和嘉宾，以及河南省知识产权保护协会会员代表、新闻媒体共200余人参加大会。河南省政府副省长徐济超出席会议并作重要讲话。国家知识产权战略顾问、中国专利保护协会会长王景川到会并发表了重要讲话。来自国内外的 20 余位知识产权领域的专家以政策、理论结合案例的形式为全体会员上了生动的一课，本次大会还特设了主题对话及沙龙，为大家提供了一个自由交流与深入研讨的平台。

2. 承办欧洲专利制度巡回研讨会

2009 年 8 月 3 日，中国国家知识产权局与欧洲专利局联合举办的欧洲专利制度巡回研讨会在郑州召开。国家知识产权局纪检组组长肖兴威、国家知识产权局国际合作司副司长吴凯，欧洲专利局中国及韩国项目负责人 Mr. Pedro Osona、Mr. Manfred Scheu，以及河南省知识产权局领导出席了会议。来自欧洲专利局的官员和法律专家分别就欧洲专利局概况，欧洲专利制度概况，专利制度在欧洲的重要性，在欧洲申请专利所需费用、所符合的条件、所遵循的程序，专利审查、诉讼及异议程序以及如何针对欧洲专利申请进行法律诉讼、如何应对专利侵权等问题作了发言，并就与会人员所关心的问题进行了互动交流。

七、知识产权培训

2009 年，河南省知识产权局立足省情实际，切实加大知识产权培训力度，制定全省知识产权培训工作总体规划，开展了形式多样的培训活动，并取得了显著成效。

（一）组织实施河南省百千万知识产权人才队伍建设工程

根据《河南省知识产权战略纲要》的有关精神，河南省知识产权局牵头起草了《河南省知识产权百千万人才工程实施方案》，并与河南省科技厅、人事厅、教育厅、财政厅等部门进行了充分协商，联合制定颁发了《人才工程实施方案》，成立了河南省百千万知识产权人才工程工作组。

（二）组建河南省知识产权宣讲团

制定了《河南省知识产权宣讲团章程》，从政府行政部门、高等院校、研究机构、中介机构挑选了 30 余名具有扎实知识产权基础理论知识和较高政策理论水平，较丰富的管理和专业工作经验，掌握知识产权法律知识和实务技能的人员，组建了河南省知识产权宣讲团。

（三）扎实推进知识产权远程教育

积极争取中国知识产权培训中心的支持，在原有三门课程的基础上又新开两门课程，并从学院管理和教学管理两方面积极探索远程教育工作新机制。2009 年，共招收学员 2300 余名，配置了 40 余名班主任和 10 余名辅导教师，举办了河南省首期知识产权远程教育工作研讨班，进一步夯实了河南省知识产权远程教育工作的基础。

（四）围绕中心工作开展知识产权培训

先后完成了《专利法》修改宣讲、专利电子申请、高新技术企业知识产权专项培训、远程教育办主任及辅导教师培训、医药领域知识产权战略等 12 期培训班，超额完成目标任务。同时，还在知识产权进高校、进党校方面进行了有益的尝试，举办了知识产权高校巡讲活动，将县处级知识产权培训班列入省委组织部年度干部培训计划，并在第十期县处级干部进修班和第二十三期高校中青年干部培训班中分别安排郭民生局长作了题为“创新型河南与知识产权战略”的专题报告，收到了良好效果。

八、专利综合业务

（一）代办处工作

2009 年，国家知识产权局郑州专利代办处共受理专利申请 15 120 件，较上年同期增加 305 件，同比增长 2.1%，其中发明 3468 件，实用新型 8159 件，外观设计 3493 件。

（二）中介服务机构建设

首先，实行代理机构申请文件差错监控制度，对各代理机构的差错依据差错类型、数量进行汇总和分析，并按月下发通知单。其次，在河南知识产权信息网网站专利代理栏目开辟了业务交流专栏，为各代理机构提供了经验交流、学术研究的平台。最后，通过召开座谈会、培训班和专题讲座的方式，加强各代理机构与国家知识产权局以及河南省知识产权局的沟通与交流。截至 2009 年年底，全省专利代理机构的总数为 14 家，分支机构 3 家。

（三）专利中介服务人才队伍建设

为尽可能为全省执业专利代理人创造学习提高的机会，一方面，2009 年 9 月份组织代理机构参加了国家知识产权局在洛阳举办的实用新型强化培训班。另一方面，积极争取国家知识产权局将河南省设为2009年全国专利代理人资格考试的考点。和国家知识产权局培训中心沟通举办了为期8天的专利代理人资格考试考前培训班。

（四）专利代理机构年度检查

根据国家知识产权局的统一安排和有关规定，河南省知识产权局分批对省内专利代理机构及其专利代理人进行了年检，认真对照《专利代理管理办法》，逐条、逐项地对各事务所递交的年度工作报告、代理机构及其代理人年检登记表等进行了严格审查，14家专利代理机构及其所属专利代理人全部年检合格。截至2009年年底，河南省共有14家专利代理机构及86位持有执业证的专利代理人。

（五）专利申请资助资金审核发放

为确保真正发挥资助资金的政策导向作用，对受理项目从技术水平、经济效益、市场前景等方面进行认真审核，严格按照《河南省专利申请资助资金管理办法（试行）》执行，同时不断改进工作方式，以更加有效地发挥资助资金的作用。在国内专利资助方面：2009年全省共有1316项专利申请获得资助，资助金额150万元，其中发明专利1141项，发明专利申请资助金额占资助总金额的86.7%。全省已有15个省辖市36个县区设立了专利申请资助或奖励资金。在PCT（《专利合作条约》）专利申请资助方面：2009年9月，中央财政设立资助向国外申请专利专项资金，根据国家知识产权局提供的PCT申请数据，河南省知识产权局共申报项目16项，申报金额33万元。经过国家知识产权局和财政部严格审批，最终河南省首批获中央财政资助的以PCT方式提出的国外专利申请共有11项，资助资金达23万元，其中单项专利获得最高资助资金达7万元。

（河南省知识产权局　张晓燕）

商标工作

2009年的商标监管工作，在河南省工商行政管理局党组的正确领导和决策下，我们坚持以邓小平理论和科学发展观为指导，始终不懈地贯彻“四个统一”和“立足跳出”的理念，继续深入开展“商标富农”“商标强企”两大工程，促进河南省农业发展、经济繁荣和社会稳定；同时履行监管职责，打击各种假冒商标，维护商标所有权，各项工作取得了显著成绩。

一、2009年商标工作的几个亮点

（一）商标申请量稳步增长

全省商标申请量达8.7万件，比上年增长9%，有效注册量达6.6万件，比上年增长10%，国际注册量达853件，其中马德里注册50件。

（二）中国地理标志量较快增长

中国地理标志在2008年年底11件的基础上，最近又增加4件：西峡的香菇、禹州的钧瓷、偃师的银条、固始的茶，年增长率36%。

（三）驰名商标增长实现了历史性突破

从1999年开展认定以来，到2006年全省共被认定22件；2007～2009年增加到45件，这3年认定量是前8年认定量的2.1倍。特别是2009年，上半年6件，下半年11件，比2008年的4件翻了两番多。

（四）著名商标认定工作顺利开展

河南省著名商标认定工作顺利开展，2009年初步认定河南省著名商标262件，加之原有的总数达1074件，年增长率30%。

（五）有几项工作得到了各级领导的肯定

河南省工商行政管理局被国家工商行政管理总局表彰为实施商标战略先进单位，商标处张娟为先进个人，全国受表彰的省、市、自治区、计划单列市工商行政管理局共有16个；国家工商行政管理总局“政务信息”、商标局《商标情况交流》，5次刊登河南省实施商标富农、培育和发展地理标志、开展打假维权行动的经验；在国家工商行政管理总局在上海市举办的全国主管局长、商标处长培训班上，河南省工商行政管理局代表中部六省作了经验介绍发言，河南省政府领导先后两次批示、董局长七次批示，对商标工作给予肯定和表扬。河南省委、省政府政务信息两期、省工商行政管理局简报、信息共二十期，介绍了商标工作和经验。中国工商报三个头条刊登河南省商标工作经验。

二、2009 年的几项主要工作

（一）在全省开展全面的商标普查工作，取得了初步成果

2009 年 3～6 月针对多年来商标各类数量情况不明、底子不清的状况，为了彻底摸清底数，掌握工作指导的主动权，组织全系统对全省的申报注册商标、有效注册商标、失效和被撤销、注销商标、国际注册商标、地理标志分布和数量等，进行了全面的普查和统计，共印制表格 10 万份。基本摸清了有关商标的基本情况，通过对普查结果的初步统计分析，在河南省工商行政管理局外网发布了三期有关资料信息，对领导决策、工作指导和社会宣传发挥了积极作用。

（二）着力培育和申报中国地理标志，扩大农民就业和大学生就业

针对金融危机的严峻形势，党中央、国务院就安置农民工、大学生就业问题，作出了一系列决策，结合河南省农业大省和商标工作的实际，把着力点放在了培育、发展、申报地理标志上。一是迅速部署，在全省范围内普查摸底，分类排队，弄清了河南省地理标志的底数和有关资料，对全省 87 件符合地理标志条件的项目纳入培育、发展计划。二是根据河南省工商行政管理局董光峰局长的指示，起草颁布《关于大力培育发展中国地理标志，积极帮助企业应对金融危机，促进农民工和大学生就业致富的意见》，从领导组织到任务分工、从扶持培育措施到维权打假保护专用权，都提出了具体要求。三是典型引路。获得中国地理标志"固始鸡"的三高集团，几年来采取公司＋地理标志＋农民合作社的养鸡农户模式，共安排大学生就业 180 多人，3.2 万户 5 万多农民通过养鸡致富。在调研考察的基础上，于 2009 年 3 月下旬在信阳固始召开现场会，听取信阳市工商行政管理局、固始县工商行政管理局的经验介绍，并组织各市工商行政管理局主管局长、科长及地理标志协会负责人共 150 人现场参观，反映强烈、效果很好，使河南省地理标志培育申报地沉寂多年以后有了新的突破。

（三）深入开展"商标富农""商标强企"工程，为促进企业做强、经济发展和社会和谐服务

一是继续推广周口市工商行政管理局公司（农业经济组织）＋商标＋农户的模式，促进农村市场各类主体，尤其是涉农龙头企业，利用商标扩大市场，增加竞争核心力，从而促进农村土地合理流转，吸纳更多的劳动力在企业就业致富。仅 2009 年前十个月，农村个体户、涉农企业、农村合作组织等注册涉农商标 3800 多件，比 2008 年同期增长 36%，目前河南省 6.5 万件有效注册商标中，涉农商标、农产品商标有 2.7 万件，占 41%。二是对河南省区域强势企业的情况进行了初步摸底，对符合条件、竞争力强、形成区域发展优势的企业，组织人员分工包片，进行现场指导。如偃师的铁皮柜企业群体长垣的起重机企业群体、镇平的玉加工企业群体等。各级都有工商人员深入企业，动员和指导企业注册有效商标，合理的使用商标，并利用商标走向国内外市场，提高核心竞争力，从而促进和带动一批企业顺势而上，共同做大做强；带动一方群众通过办企业、到企业就业劳动致富。目前，已初步培育区域企业强势群企 30 多个，初步显示其对当地经济乃至全省经济起到龙头带头作用。

（四）加大工作力度，争创著名商标和驰名商标

一是与河南省法制办一起，推动《河南省著名商标认定和保护办法》的立法进程。该办法已于 2009 年 12 月 11 日河南省政府常务会议通过，并于 2010 年 1 月正式实施，填补了河南省商标法制史上的空白，对河南省商标事业的发展有重要的推动作用。同时，从 2009 年 4 月起，在全省范围内开展了年度著名商标认定工作，经过县区公安、税务、环保三个部门把关，县区工商行政管理局、市工商行政管理局、省工商行政管理局三级审查，最后共认定 2009 年著名商标 262 件，待呈河南省工商行政管理局党组会议研究后确定。二是突出重点，对企业争创品牌进行重点帮扶。河南省工商行政管理局主要是对省政府公布的 100 家重点企业、50 家高新企业进行重点指导。一年中，从河南省知识产权局领导到处室人员，共深入到 36 家企业了解情况，指导其建立健全商标管理使用制度，对符合著名、驰名商标条件的，手把手指导其申报著名、驰名商标。各省辖市工商行政管理局则以省政府公布的 353 家涉农龙头企业为重点，从一把手到主管领导，直到商标监管人员，都分工负责，深入企业、车间、田间地头，做商标的宣传和争创品牌帮扶的工作；使河南省的著名驰名商标在一年中有了突破性进展。三是继续推行目

标责任制。继续实行“一村一品”、“一所一标”、一个县认定一件著名商标、一个市申报一件地理标志、一件驰名商标，列入年底绩效考核的内容，完成工作出色的加分，完成工作差的扣分，极大的调动起全系统干部的积极性、创造性。四是在前几年工作的基础上，系统上下积极以宣传《国家知识产权发展纲要》《河南省知识产权发展纲要》为契机，加大对各级党委、政府的汇报力度、对有关部门的协调力度、向社会宣传和展示的力度，形成了有利于商标培育、发展的良好社会环境。2008 年开封、商丘经济欠发达的市政府，也发文对获得著名、驰名商标的企业进行奖励，调动起企业实施商标战略的主动性。

（五）严格执法、职能到位，维护商标专用权

一是依法加强日常监管，对侵犯商标专用权，损害企业和消费者的违章违法行为，我们实行限时办结制，凡是工商行政管理所范围内的三日办结，县区范围内的一周办结，省辖市范围内的半月办结，全省范围内的三月办结。并实行层级督促制：县范围内的，由县区工商行政管理局督办；省辖市范围内的，由市工商行政管理局督办；跨市跨省的，由省工商行政管理局督办和协调办理，绝不推诿扯皮。2008 年全省共办理商标侵权案件 3400 多起，增长 10%。二是对于涉及河南省商标侵权的重大案件，在省工商行政管理局党组的部署下，倾尽全力，不辞劳苦，把工作做到位，依法辨争，维护企业的合法权益。如商标“好想你”和“真的好想你”之争、四川省“白家”对河南省“白象”商标侵权之争、安阳“马氏庄园”商标恶意抢注事件、“二月河”名人商标抢注现象等，都挺身而出，依法向国家工商行政管理总局、河南省政府和有关部门反映，做了大量的宣传、维权工作，得到了企业好评。三是开展大量专项活动。2009 年 3 月初，按照河南省政府“企业服务年”办公室的要求，组织新乡、安阳工商行政管理局对“飘安”商标开展了打假维权大型专项活动。2009 年 8 月中旬，应中国驰名商标“蒙牛”集团要求，在全省 9 个市开展打假维权活动，取得了显著效果；2009 年 10 月初，又赴江西，在六个市地开展了声势浩大的“打假维权”活动，也取得了良好的经济效益和社会效果。

（河南省工商行政管理局）

版权工作

2009 年，河南省版权管理工作坚持以科学发展观为统领，在提升行政监管执法能力上下工夫，在提高公共服务水平上求创新，在推动版权产业发展上求突破，为维护社会稳定、繁荣社会文化、激励智力创新、促进经济发展发挥了积极的作用。

一、版权监管执法工作

2009 年，全省共立案查处各类著作权侵权盗版案件 389 起，查缴各类侵权盗版出版物 72.3 万件，查扣各类侵权盗版设备 11 件套，取缔非法经营单位、摊点 984 个，打掉地下黑窝点 11 个，关闭非法网站 29 个，收缴非法网站服务器及相关设备 138 件，移送司法机关案件 4 起，7 人被追究刑事责任。

（一）扎实开展打击网络侵权盗版专项整治行动

为切实加强网络环境下的版权行政监管执法，维护良好的网络版权环境，促进互联网产业的健康发展，按照国家版权局、公安部、工业和信息化部《2009 年打击网络侵权盗版专项行动实施方案》的统一部署，2009 年 8～11 月在全省范围内集中开展了为期 4 个月的打击网络侵权盗版专项治理行动，共查处网络侵权案件 17 起，关闭不法网站 12 个，查扣涉案网站服务器 9 个，清理有害信息 230 余条，责令部分存在问题的网站限期进行整改。专项行动中，把网络游戏、音乐作品、影视作品、计算机软件等作为重点监管内容，把存在侵权盗版、淫秽色情和非法违禁内容的不法网站及“三无”网站作为重点查处对象，加大了行政打击和刑事移送力度。

（二）严肃查处侵权盗版大案要案

堵源头、打窝点、办大案，对侵权盗版保持高压态势。2009 年，全省查处了一批侵权盗版重大案件，在社会上引起了积极的反响。河南创始广告有限公司未经授权，非法使用他人的摄影作品利用互联网、灯箱、户外巨幅广告牌等多种形式进行商业广告宣传，严重侵犯了著作权人的合法权益，扰乱了正常的社会经济秩序，河南省版权局依法予以查处，并将此案移送公安机关。郑州市版

权局与当地公安部门联合执法，在位于郑州市区城乡结合部的数个村庄内连续查获6个用于储存侵权盗版图书的地下仓库，共查缴各类侵权盗版出版物100余种、11.2万册。犯罪嫌疑人被判处有期徒刑1年，缓刑2年，并处罚金7万元。郑州市文化市场综合执法支队在一都市村庄内查获一个专门经营盗版教辅资料的黑窝点，现场收缴各类盗版教辅图书6.6万册，涉案码洋200.9万元。濮阳市版权局根据举报，一举打掉一个隐藏在居民区内长期从事印刷盗版图书的无证印刷厂，现场查获非法印刷的侵权盗版图书6万余册，涉及20多个种类，犯罪嫌疑人被移送公安机关。此外，河南省版权局与公安、电信等部门密切协同，成功查处了9起国家版权局及其他相关部门交办、转办的侵权案件。通过对侵权盗版大案要案的查处，有效地打击了侵权盗版违法行为，对从事侵权盗版的不法分子起到了有力的震慑作用。

二、版权业务培训工作

近年来，河南省版权局始终坚持在加强队伍建设上下工夫，不断完善培训教育长效机制，努力提高全省版权监管执法人员的业务能力和综合素质。2009年，先后4次组织全省版权行政管理部门的主管领导和部分业务骨干参加国家版权局及相关部门组织的业务培训；安排河南省版权局业务骨干参加省辖市版权部门组织的版权业务交流、辅导，帮助和指导省辖市版权执法部门查办各类侵权盗版案件；河南省版权局首次协调、组织部分省辖市主管版权的副市长参加了由国家版权局与中共中央组织部联合举办的“国家版权工作专题研究班”的培训。目前，18个省辖市版权局的主管领导全部参加过由国家版权局组织的业务培训，各省辖市的大部分版权执法业务骨干参加过由国家、河南省版权局组织的培训，全省版权执法人员都参加过由当地版权部门组织的业务培训，全省的版权监管能力和执法水平有了明显提高。

同时，河南省版权局注重加强与法院等有关部门的交流和合作，多次派人参加河南省高级人民法院、郑州市中级人民法院组织的著作权案件剖析，应邀旁听了多起著作权侵权案件的现场审理。2009年6月，河南省版权局邀请河南省高级人民法院、郑州市中级人民法院知识产权庭的领导、主审法官与部分版权监管执法人员一起参加了由国家版权局、欧盟知识产权保护机构组织的“中欧网络版权保护研讨会”。通过开展交流活动，既提高了业务技能，又加强了版权部门与司法部门之间的相互学习和沟通。

三、版权普法宣传工作

认真组织开展了“4·26世界知识产权宣传周”活动。河南省版权局与省委宣传部、省高级人民法院等25家单位联合举办了主题为“文化·战略·发展”的“2009年河南省知识产权宣传周”活动。活动中，采取制作专题展版、发放宣传材料、现场咨询解答、典型案例剖析等多种形式宣传版权法律法规和版权常识。各省辖市版权管理部门充分发挥当地电台、电视台、平面媒体、互联网等多种媒体资源传播速度快、覆盖范围广等优势，通过举办知识竞赛、主题晚会、权利人现身说法、公益广告等多种群众喜闻乐见的形式进行著作权普法宣传，积极营造“尊重知识、尊重劳动、尊重创造、尊重版权”的社会氛围。宣传活动中，全省统一组织集中销毁收缴的侵权盗版出版物行动，在社会上引起了积极的反响。深入开展版权宣传“进校园、进社区、进单位、进乡村”活动，不断拓宽宣传渠道，创新宣传形式，扩大普法宣传覆盖面。通过一系列形式多样的普法宣传活动，展示了河南省在版权保护工作上所取得的成果，宣传了版权保护的政策和法律法规，显示了政府打击侵权盗版、保护知识产权的信心和决心，对提高社会公众的版权保护意识起到了积极的作用。

四、企业软件正版化工作

2009年，在全球性金融危机的影响下，企业经济效益普遍出现下滑，给企业软件正版化工作带来了新的矛盾和困难。河南省委、省政府对此高度重视，河南省委常委、宣传部长、副省长孔玉芳多次听取全省推进企业使用正版软件工作的情况汇报，及时指导和帮助解决推进过程中遇到的突出矛盾和问题，为企业软件正版化工作的稳步推进创造积极的条件。河南省版权局坚持经常性的督导检查，认真分析研究各省辖市反馈的情况，掌握全省企业软件正版化工作的进展，及时调整部署，形成“统筹安排、统一领导、属地推进、行业参与、协会辅助”的工作模式，积极稳妥地推进河南省企业软件正版化工作。各省辖市版权部门迎难而上，积极应对，确保企业软件正版化工作稳步推进。在全省版权部门的共同努力和相关部门的支持配合下，河南省第二批企业软件正版化工作取得了阶段性成果，得到了国家推进企业使用正版软件工作检查验收组的肯定。

为确保第二批企业使用正版软件工作的顺利开展，2009年5月份，河南省推进企业使用正版软件工作联席会议在郑州市召开了企业软件正版化工作表彰大会，全面总结第一批企业软件正版化工作情况，推广了工作中取得的成功经验，表彰了在第一批推进企业软件正版化工作中取得突出成绩的9个单位，为50家示范企业颁发了“软件正版化示范单位”奖牌、为163家企业颁发了“软件正版化单位”奖牌，对第二批企业软件正版化工作进行了认真部署。这次会议为河南省探索和建立企业软件正版化工作长效机制、稳步推进第二批企业软件正版化起到了积极的作用。

五、版权公共服务工作

（一）积极做好版权登记工作

“十一五”期间，河南省的作品著作权登记数量明显增加，共受理各类作品著作权登记近万件，为维护著作权人的合法权益、解决因版权归属引起的纠纷、调动社会版权创造积极性和促进公众版权意识的提高发挥了积极的作用。随着《著作权法》宣传教育的逐步深入，著作权人自我保护意识不断增强，版权登记范围不断扩大，版权登记在保护合法权益、推动版权创造与传播中发挥的作用也越来越明显。为进一步做好作品著作权自愿登记工作，2009年河南省建立了作品著作权登记网上申请、公示平台，对外地或不便亲自领取《作品著作权登记证书》者实行免费邮寄，为著作权登记人员提供了方便快捷的服务。

（二）认真落实登记备案制度，促进版权贸易发展

2009年共审核登记从国（境）外引进的各类版权贸易合同116件，确保了审核登记备案制度的统一性、权威性和严肃性，降低了出版单位在对外版权贸易和交流中的风险。在提升公共服务水平的同时，河南省版权局积极推动版权贸易的发展。海燕出版社从法国引进的《小兔汤姆》图画书，经过精心打造，网上销售量超过了百万册，不仅创下省内出版界单本图书销售量新高，而且创下国内出版界同类读物销售量新高，先后获得国家新闻出版总署“引进版社科类优秀图书奖”、“冰心儿童图书奖”，并入选全国“改革开放30年最具影响力图书”备选书目。

（三）积极探索新形势下打击侵权盗版的有效方法

河南省版权局制定打击侵权盗版基础数据月报和大案要案即报制度，为准确掌握全省打击侵权盗版情况、及时调整监管执法重点提供了有利的依据。洛阳市版权局抓住流通这一关键环节，在市区大型图书批发市场内设立管理办公室，对所有进入市场的图书进行审查登记备案，未经售前审查的图书严禁上架销售，并加强检查监督力度，及时查缴侵权盗版图书，严厉打击侵权盗版行为，坚持关口前移，惩防并举，强化了对侵权盗版图书流通渠道的有效管控。

（四）加强展会的知识产权保护措施

2009年3月，河南郑州市知识产权局、版权局、商务局、工商行政管理局联合印发《关于加强郑州市会展业知识产权管理与保护工作的意见》，明确提出加强展会上的知识产权保护措施。要求会展活动举办者要把知识产权保护纳入会展活动整体策划内容中，并指派熟悉知识产权法律、法规的专业人员参与会展活动的管理工作。对展会时间在3天以上（含3天），或展览面积2万平方米以上的展会，会展管理、知识产权、工商行政管理和版权部门应派员进驻会展活动场所，开展知识产权咨询服务与保护工作，受理投诉。对于由政府主办的大型或国际性展会，会展管理、知识产权、工商行政管理和版权部门应作为会展活动组织成员单位之一，并负责组建会展活动知识产权保护投诉机构。展会期间，会展管理部门可会同知识产权、工商行政管理和版权部门依法进行知识产权执法检查，对涉嫌侵权展品，可依法进行暂扣、没收和封存。

六、版权工作制度建设

为全面落实《国家知识产权战略纲要》，提高自主创新能力、推动经济转型，建设创新型社会，河南省相继制定了《河南省知识产权战略纲要》《河南省自主创新体系建设和发展规划（2009～2020年）》《实施河南省知识产权战略纲要任务分工》等一系列规范性文件。2009年4月，河南省召开了实施知识产权战略工作会议，就全省发展知识产权产业、实施知识产权战略进行了专题研究和部署。这些措施的出台，有力地推动了全省知识产权产业地健康发展，从制度上确保了河南省知识产权战略的实施。

七、版权产业发展情况

近年来，河南省在加大对钧瓷、汴绣、木版年画、泥塑、玉雕等传统版权产业保护的同时，积极推动计算机软件、动漫、新闻出版、影视制作、广告设计等新型版权产业的发展。目前，中部软件园、河南省软件园、郑州软件园、洛阳软件园四个计算机软件园区日趋成熟，商丘王公庄画虎基地初具规模，影视制作发展迅速。2009 年，开封朱仙镇木版年画被外交部正式指定为“国礼”，专供驻外大使馆作为外交礼品赠送给来访外国首脑；中原出版传媒集团实现利税 4.26 亿元；三维动画《独脚乐园》和图书《大瓷商》荣获中央委员会宣传部第十一届“五个一工程”奖；总规模 1128 册的鸿篇巨制“民国史料丛刊”被国内文化界誉为“图书的长城”；《大秦帝国》累计发行 4 万余册；《河南手机报》订阅用户突破 120 万人；小樱桃动漫基地落户郑州。版权产业地发展，有力地促进了河南经济结构的调整，推动了全省经济又好又快的发展。

（河南省版权局 版权处）

司法工作

2009 年河南省各级人民法院牢固树立大局意识，深入贯彻落实科学发展观，坚持以社会主义法治理念为指导，积极履行知识产权审判职责，各项工作都取得了新的进展。

一、加强政治理论学习

2009 年以来，坚持把树立正确的审判理念，进一步端正审判指导思想作为思想政治教育工作的重点，深入扎实开展学习实践科学发展观等活动。同时紧密结合审判工作实际，把正确司法理念落实到审判工作中，真正做到视当事人为亲人，急当事人所急，想当事人所想。例如，在确定开庭时间时，主动征求当事人的意见，如果当事人离审判法院较远则安排下午开庭，如果双方当事人在同一地方，则到当地巡回开庭，使当事人避免长途奔波。

二、坚持能动司法，全力服务大局

（一）发挥优势，建言献策

根据全省“走访企业”活动的要求，及时派出精兵强将投入到相应的解困工作之中，听取企业发展情况分析，帮助梳理法律问题，提供意见建议，为企业的生存提供司法支持，为全省经济持续稳定发展创造良好环境。2009 年 6 月 1 日，到河南中烟工业公司郑州卷烟厂、恒昊玻璃技术有限公司、河南天存种业科技有限公司三家高新技术企业进行走访，对当前经济形式下企业如何充分利用知识产权技术提升位次，增强市场竞争力，与企业负责人进行了座谈，提高了企业的知识产权保护意识，增强了企业抵御风险的能力。

（二）依托职能，主动化解企业矛盾

针对金融危机后各类经济纠纷案件明显增多的形势，坚持积极主动帮助企业化解矛盾。如奥星公司与帅龙公司因“好想你”商标权纠纷在最高人民法院民三庭再审案件，根据河南省高级人民法院院长张立勇的指示，多次和最高人民法院知识产权庭联系，主动要求主持调解两企业之间的纠纷，以达到全面化解矛盾，维护河南省良好经济发展环境的目的。经过十几轮背靠背、面对面的沟通，奥星公司和帅龙公司终于达成了和解协议。由于该协议的签订，使双方当事人在最高人民法院、北京高级人民法院等多家法院的 100 多起案件得到妥善解决。

三、妥善审理知识产权案件

2009 年 1～11 月份全省共审理知识产权案件 1609 件，结案 1503 件，调解撤销案件 1178 件，调解撤销率 78%。其中，河南省高级人民法院全年共受理新收知识产权案件 104 件，与 2008 年同期受理的案件相比上升 42%。共审结 99 件，改判 8 件，发还 4 件，维持 38 件，调解撤销 49 件，调解撤销率 49.5%。

努力在案件调解上有新突破。坚持一个韧劲，突出一个真情，注重发挥合力。在审判工作中，坚持案件庭审前、庭审中和庭审后全程调解，坚持上下级法院联动调解，坚持探索动员各方力量创新调解途径，把案结事了作为调解工作的最终目标。2009 年 1～11 月份全省知识产权案件调解撤销率达到 78%，河南省高级人民法院调解撤销率达到 49.5%。

四、加强调研和对下级法院指导

为进一步加大对下级知识产权审判工作的指导力度，提高全省案件审判质量，统一执法标准，2009 年 2 月 27 日在平顶山市主办了“河南省部分中级人民法院知识产权新类型案件审理座谈会”，针对戏曲作品录音录像制作者权侵权纠纷案件各中级人民法院受理情况及审理中遇到的问题进行探讨。

对于2009年各中级人民法院集中受理的近千起系列录音录像制作者权纠纷案件，因事关权利人权利与公众利益的平衡，案件审理难度较大，尺度不易把握。为了统一思路，带十个案件到周口市中级人民法院集中开庭，并通知审理此类案件比较多的中级人民法院参加旁听，通过召开座谈会等方式统一审判尺度，规范此类案件的审理，有力指导了下级法院的相关审判工作。

2009年6月，组织郑州、洛阳中级人民法院与河南省版权局专家等在郑州中级人民法院召开座谈会，针对戏曲音像制品的制作、出版发行、销售、版权维权等方面存在的问题进行了交流，以利于相关案件的审理。

五、努力尝试新的审判思路和审判体制

在审理知识产权纠纷案件中，由于此类案件类型层出不穷且数量较多，而在一些方面法律法规规定的不明确，造成审理难度较大。为此，在以下方面进行了有益探索。

(一)勇于开拓，对一些新型案件大胆判决

知识产权案件近年不仅数量大幅增加，而且案件类型趋于多样化、新型化。比如在刘某诉济源市农业科学研究所职务技术成果完成人奖励纠纷案中，因为此类纠纷是否属于人民法院民事案件受案范围，以胶大家对其存在普遍的模糊认识，直到2008年最高人民法院发布的《民事案件案由规定》明确规定了“职务技术成果完成人奖励、报酬纠纷”这一案由，对这个问题大家的思路才得以理清。面对法院能否酌定奖励款数额的问题，在吃透案情和法律规定的基础上，依法酌定科技成果完成人的奖励金额。目前判决已生效，当事人均服判息诉。

(二)继续探索发放调查令方式主动调取证据

继2008年在审理一起商业秘密纠纷案中成功适用了河南省第一例调查令后，继续探索完善调查令制度，在濮阳市金盛燃控技术有限公司与濮阳市亚华燃控设备有限公司及樊某、陈某等商业秘密侵权案件中，经被告律师申请，法院在充分考量的基础上向被告律师发出了调查令，在该律师并未调取到所希望的证据后，主动做当事人工作，最终该案得以原告撤诉方式结案。

(三)积极探索刑事、行政、民事知识产权“三审合一”的审判模式

目前，最高人民法院已指定河南省高级人民法院作为知识产权“三审合一”审判模式的试点，我们正在紧锣密鼓地筹划相关事宜。

报请最高人民法院的洛阳市中级人民法院专利案件管辖权获批，洛阳市中级人民法院将于2010年1月开始管辖本市以及三门峡市、焦作市、济源市的专利纠纷案件。

六、积极宣传报道知识产权司法保护工作

2009年4月20日，河南省高级人民法院参加了河南省知识产权宣传活动周开幕式，向社会公众展示河南省法院近年来知识产权司法审判的成果，接受群众现场咨询，解答有关知识产权审判方面的专业问题。

2009年年末，河南省高级人民法院受理了三件以沈丘县粮食种子经销户庄某等为被告的植物新品种侵权纠纷，在河南省种子生产经营市场具有相当的代表性。2009年12月30日上午河南省高级人民法院组成由史小红副院长亲自担任审判长的合议庭在河南省最大的种子集散地郑州市种子批发交易市场，公开开庭审理了庄某等三人分别上诉北京联创种业公司植物新品种侵权三个案件。与此同时，还邀请了种子主管部门、科研单位、经销单位、农民代表等参加旁听，进行圆桌审判，通过庭审宣传法律、警示有关单位依法经营，共同维护河南省种子安全，净化种子市场，服务当前经济工作大局。

(河南省高级人民法院知识产权审判庭)

检察工作

2009年，河南省检察机关按照最高人民检察院的统一部署，把加大知识产权司法保护力度列入工作重点，与有关行政执法部门密切配合，结合河南省各地实际，采取有力措施，依法严厉打击侵犯著作权、假冒注册商标、侵犯专利权、侵犯商业秘密等犯罪活动，取得了一定成效。

一、依法严厉打击侵犯知识产权犯罪

河南省检察机关充分发挥检察职能作用，与行政执法机关、公安机关等部门密切配合，依法及时批准逮捕、起诉涉嫌侵犯知识产权的犯罪分子。据统计，2009 年河南省检察机关共受理提请批准逮捕涉及知识产权犯罪案件 56 件 113 人，批准逮捕 42 件 66 人，共受理起诉侵犯知识产权犯罪 78 件 119 人，起诉 66 件 106 人。

二、健全行政执法与刑事司法衔接工作机制

河南省各级检察机关主动深入行政执法部门，通过走访、座谈、会签文件等多种形式，普遍加强了与行政执法部门之间的联系。这种经常性联系，主要以下列三项制度为“支点”：一是联席会议制度。联席会议召集人由检察机关与各级整顿和规范市场经济秩序领导小组办公室轮流担任，一般每季度召开一次，主要研究知识产权犯罪动态、总结发案规律、交流办案经验、进行信息通报、制订专项活动计划。会议形式灵活多样：属于共性问题的，所有成员单位参加；属于个性问题的，除检察机关、公安机关外，一般只召集涉及的个别或部分行政执法部门参加。通过联席会议，实现了各方及时沟通、协商，面对面交流与互动。二是行政执法案件普查制度。检察机关定期到行政执法机关，查阅某个阶段的所有行政处罚案件卷宗，全面了解行政执法有关情况，及时发现和纠正该立案不立案、该移交不移交和以罚代刑等问题。三是案件移送制度，行政执法部门按照案件移送的程序、时限、标准，以规定的文书名称、格式向公安机关移送包括侵犯知识产权在内的涉嫌犯罪案件，并向检察机关报备。上述三个“支点”，构成行政执法与刑事司法相互衔接的基础平台。

三、以点带面，重点推进

在行政执法与刑事司法衔接工作中，检察机关需要联系的行政执法单位很多，凡具有行政执法职能的机关、组织，都是联系对象。而目前检察机关现有人力有限。所以，抓住重点，深入推进，以点带面，既是现实要求也是正确选择。所谓“重点”，一是重点领域，二是重点环节，三是重点案件。根据某个时期经济犯罪的特点和多发、高发态势，以及公众关注的“热点”等实际情况，什么领域的问题突出、哪个环节的犯罪活动猖獗，何种类型的侵犯知识产权犯罪严重，就对该领域、该环节和该类案件进行集中整治、重点查办。此外，河南省各级检察机关根据本地实际，先后开展了一系列专项行动。

四、与有关部门加强协同，联手办理重大案件

近年来，一些重大侵犯知识产权犯罪活动的复杂性、隐蔽性、智能性和暴力对抗性等特点日趋明显，单靠各部门单方作战，已难以形成有效打击，客观上需要检察机关与公安机关和行政执法部门协同办案、优势互补、相互借力、形成合力。河南省人民检察院强调，行政执法机关在办理重大、复杂、有较大影响的行政违法案件，或在捣毁犯罪“窝点”以及其他重大执法检查活动中，认为存在犯罪或当场发现犯罪的可能性较大，需要检察机关提前介入调查活动的，检察机关必须及时派员介入，了解情况，提供咨询，同时对行政执法部门的调查取证和公安机关的侦查工作提出指导意见和建议。河南省各级检察机关根据河南省检察院要求，与公安机关和有关行政执法部门密切配合、协同作战，相继办理了一批重大犯罪案件。

五、严肃查办隐藏在侵犯知识产权犯罪背后的国家工作人员职务犯罪

行政执法与刑事司法衔接工作中存在的突出问题是：“有案不交”“以罚代刑”“有案不立”“立而不侦”，主要原因是：部门利益、地方利益驱动，还有一个不可忽视的因素是国家工作人员收受贿赂、徇私舞弊放纵犯罪等职务犯罪。河南省检察院要求，全省检察机关一手抓行政执法与刑事司法衔接工作，一手抓查办职务犯罪工作。对国家机关工作人员为侵犯知识产权犯罪活动充当“保护伞”，涉嫌滥用职权、徇私舞弊、索贿受贿等职务犯罪的，果断立案查处。

（最高人民检察院侦查监督厅　朱荣力）

湖北省

专利工作

2009年，湖北省知识产权局深入贯彻落实科学发展观，以"能力建设"为主线，以全面提升知识产权创造、运用、保护和管理能力为目标，突出抓了知识产权政策和机制的制定、建立，为知识产权事业又好又快发展奠定了坚实基础；突出抓专利执法，为改善投资软环境贡献了力量；突出抓知识产权宏观管理，推进了区域知识产权事业进一步协调发展；突出抓知识产权公共服务平台建设，为全社会提供了优质服务；突出抓宣传、培训方式创新，努力传播知识产权知识，提高全社会知识产权意识。这些措施的实施，极大地激发了全社会发明创造的活力，全省知识产权工作实现了又好又快发展。全年专利申请量达到27 206件，比上年增长28.65%，位列全国第八名。全省自主创新活力增强，专利申请质量稳步提高，结构进一步优化。

一、深谋划，促进知识产权事业长远发展

湖北省知识产权局牵头组织了《湖北省知识产权战略纲要》的制定，将知识产权工作与湖北省省委省政府的中心工作积极对接，围绕全省经济社会发展的重大需求，突破一批关键技术，开发一批重大产品，并使之尽快拥有自主知识产权，进而提升产业竞争力，在形成区域的长期竞争优势上进行了深层谋划和顶层设计。根据国家知识产权战略，结合湖北省实际，湖北省知识产权战略采用"1+8"模式，即1个纲要加8个专题。武汉大学、华中科技大学、中南财经政法大学、华中农业大学、华中师范大学、武汉理工大学、湖北省标准化研究院、湖北省信息研究院、湖北省社科院的专家参与了专题研究。为做好战略的边制定、边推动、边实施，湖北省知识产权局举办全省领导干部知识产权培训班，对实施战略的衔接、宣传、保障等进行了全面安排和部署。

在湖北省知识产权战略的宏观背景下，为全面推进企业知识产权工作，促进知识产权制度与企业生产经营有机结合，湖北省知识产权局推动成立了全省首个企业知识产权联盟——"鄂州市金刚石企业知识产权联盟"。鄂州燕矶金刚石工业园被湖北省政府确定为全省15家重点成长型产业集群之一。金刚石产业在鄂州已发展成为具有鲜明特色的区域支柱产业，成为典型的富民行业。该联盟旨在全面提升金刚石产业知识产权激励创造、有效运用、依法保护和科学管理的能力和水平；有效整合行业知识产权资源，集合行业知识产权优势，推进联盟成员单位之间技术合作、知识产权交叉许可，实现互利共赢；建立联盟知识产权维权保护机制和体系，保障行业共同利益，增强行业竞争力，促进成员单位共同做大做强金刚石产业。

为打造知识产权事业发展高地，应对国际金融危机挑战，把握机遇，科学前瞻培育新优势、谋求新发展，湖北省知识产权局积极推动知识产权省部合作会商机制的建立。2009年11月25日，湖北省人民政府与国家知识产权局签署了合作会商制度议定书。根据该议定书，双方将在《湖北省知识产权战略纲要》的制定和实施、武汉城市圈知识产权创造与运用能力建设、知识产权保护和管理、专利信息服务平台建设、人才培养、传统知识产权的保护与运用、开展国际及涉港澳台知识产权交流与合作、设立专利业务快速通道几个方面加强合作。国家知识产权局将继续加大对湖北知识产权工作的支持倾斜力度，按照合作框架的总体要求，大胆探索，积极推进与湖北的全面合作，通过知识产权工作促进湖北形成新的生产力和新的经济增长点。湖北省人民政府将以落实此次签署的合作议定书内容为契机，全面加强和深化与国家知识产权局的合作，推动全省知识产权事业再上新台阶。合作会商机制的建立，不仅对增强湖北省自主创新能力具有推动作用，而且对全面实现国家知识产权战略目标也具有十分积极的意义。

二、夯实基础，全面提升全社会的知识产权意识

知识产权宣传实现了"三深入"，即深入社会

公众，结合重要时点和活动组织开展了有声势、有规模的宣传；深入服务对象，采取“走出去”的办法，组织相关人员参加了高层次知识产权培训，开阔了全省专利代理人、企事业单位知识产权工作者的视野；深入企业，通过媒体报道重视知识产权，促进企业长远发展和不懂得知识产权吃亏上当正反两方面的案例，让企业了解知识产权的重要作用，提高知识产权工作的地位，提升企业的核心竞争力。

知识产权培训取得新成绩。知识产权培训实现了“三走进”，即走进高新技术企业，在随州、荆州、天门市举办企业知识产权培训班，增强其知识产权意识，为提升核心竞争力出谋划策；走进高校，邀请专家作报告，增进了莘莘学子的知识产权意识，开阔了其视野；走进经济欠发达和边远地区，举办系列知识产权培训，提高了党政领导的知识产权意识。

2009 年，在各种媒体上组发文章 500 余篇；组织举办讲座、报告 20 余场，街头宣传 20 余次；接待知识产权知识咨询 2 万余人次；散发各类宣传资料 8 万多份；举办、承办各类大型培训 10 余次。据不完全统计，全省又有 40 万人次不同程度地接受了知识产权知识的宣传，6000 余人次接受了各类培训。湖北省知识产权局连续被评为宣传、培训工作先进单位。

三、填空白，推进更多的创新成果专利化

为进一步提高全省企业知识产权意识和创造能力，推进企业将知识产权工作纳入企业经营管理的全过程，湖北省知识产权局在全国创造性地开展了企业专利工作“扫零”工程，结合各市州经济社会及产业特点，围绕一个开发区，或一个产业集群，或某一个区域，或本地的重点产业，选择确定 509 家“零专利”企业列为“扫零”工程年度试点企业，通过全程跟踪，提供全方位的知识产权社会化服务，使这批企业共申请专利 1297 件。

四、强素质，推动知识产权社会服务事业又好又快发展

为增强全省专利代理机构服务意识，提高代理质量，更好地为发明人服务，湖北省知识产权局组织全省 19 家注册专利代理机构开展了全省代理机构代理质量竞赛活动。活动开展以来，代理机构代理申请差错率明显降低，服务企业的积极性和主动性明显提高。2009 年 9 月，湖北省知识产权局召开竞赛活动半年总结表彰会，对 5 个优胜单位进行了表彰奖励。

加强了知识产权维权援助中心建设：一是加强了湖北省中心的基础建设，发展了 3 家新的合作单位，使中心工作单位达到 15 家；积极培训人员，提高了中心工作人员素质。二是在国家知识产权局的统一部署下，开通了“12330”知识产权维权公益服务电话。三是深入企业和专利代理机构开展调研，了解社会对知识产权维权援助工作需求情况，加强了与相关单位的业务工作联系。四是认真办理维权援助和举报投诉案件。受理了 1 件维权援助申请，并联系相关代理机构办理；同时中心还接受举报投诉案件 2 起，并都做了妥善处理。五是经过省市共同努力，国家知识产权局批准在湖北省襄樊市成立了维权援助中心，使湖北省的知识产权维权援助中心达到 4 家。

为破解“专利代理人才匮乏”的问题，湖北省知识产权局积极争取国家知识产权局在湖北省设立考点，不遗余力地“网罗”人才参加考试，举办了面向考生和企业专利工作者的培训班，为湖北省专利代理人才的脱颖而出提供全方位的服务，此次考试于 2009 年 12 月 6 日圆满完成。此外，湖北省知识产权局在建立专利代理人后备机制，培养一批专利代理人助理方面进行了积极探索。湖北省知识产权局还成功承办了全国专利代理管理工作会议和全国专利代理人资格考试工作会议。

2009 年 11 月，湖北省知识产权局联合武汉、宜昌、襄樊 3 个专利技术展示交易中心承办了以“实施知识产权战略，应对金融危机，建设创新型国家”为主题的第三届中国专利技术展示交易周，通过举办知识产权互动式对话、企业专利技术产品推介发布会、高等院校和科研院所专利项目发布会等推介活动，形成了一个以专利技术为主线，面向社会，低门槛、开放性的常设技术转移共用服务平台，推动了湖北省专利技术市场健康、快速、有序的发展。

五、抓典型，推进区域知识产权事业协调发展

湖北省知识产权局以组织国家知识产权局试点示范工作为契机，按照国家、省、基层（含市州、企业）三个层次部署组织了知识产权试点、示范工作，以点带面，全面推进了全省知识产权工作迈上了一个新台阶。

在国家级层面，积极推广和宣传武汉、宜昌知识产权示范城市的经验；指导黄石市、十堰市、襄樊市、鄂州市开展了知识产权试点城市工作，黄石市被列为国家知识产权示范城市创建市。湖北省五峰县、黄梅县被列为全国第二批国家传统知识知识产权保护试点县；枝江市、广水市、大冶市、谷城县、武汉市青山区被列入国家知识产权强县工程。进一步推动了湖北省襄樊高新区国家知识产权试点园区工作，该区已围绕“一大产业、三大集群”的产业格局，在知识产权制度建设、知识产权的创造和保护方面稳步推进。国家专利产业化（湖北）试点基地（湖北专利创业孵化园）通过市场化的建设、管理、经营，在促进专利技术实施与产业化方面进行了积极探索并取得了一定成效。汉正街都市工业区国家专利技术产业化工程试点基地已经制订并实施了试点工作计划。国家专利产业化（宜昌水电）试点基地建设加快了进程，已经形成了一批拥有自主知识产权的核心技术、优势产品、优势企业和企业集团，企业技术创新能力大幅度提高，产业集群效应初步显现。

在省级层面，继续组织实施了“湖北省强化企事业知识产权保护与管理推进工程”，对推进工程重点保护单位进行了检查验收；开展了第二届“湖北省优秀专利项目”的评选工作，从而树立典范，继续从整体上推进了全省企事业单位知识产权工作。

在基层层面，确定公安县和黄梅县为新的知识产权试点县（市、区）。指导东风汽车公司、湖北宜化集团有限责任公司、劲牌有限公司开展了全国知识产权示范创建单位工作，这3家单位获得“全国企事业知识产权示范单位”称号。经过湖北省知识产权局认真筛选和积极推荐，湖北省有30家企事业单位列为第四批全国企事业知识产权试点单位。

六、抓执法，知识产权法制环境得到进一步优化

在“3·15国际消费者权益日”“4·26世界知识产权日”期间，按照“统一部署、上下联动、因地制宜、各有特色”的方式，组织各地开展了大规模的“雷雨”“天网”专项执法行动，以食品、医药、农资及高新技术产业为重点领域，从流通、生产等环节入手，加大了集中检查、公开办案的力度，达到了打防结合、教育为主、打击一案、教育一方的目的。

配合国家知识产权局开展了专利执法试点城市工作，湖北省知识产权局、武汉市知识产权局、宜昌市知识产权局3家首批进入国家知识产权局“5·26”工程，襄樊市知识产权局第二批进入该工程。根据《湖北省专利行政执法工作考评办法》，湖北省知识产权局对各市州知识产权局2008年专利行政执法工作进行了考评，对开展专利行政执法工作过程中一些好的经验和做法予以通报。各市州以考评工作为契机，进一步加强了对专利行政执法工作的重视与支持，全省专利保护工作开创了新的局面。

成功承办了第三期全国专利行政执法培训班。举办了全省专利工作暨行政执法工作座谈会，总结了2009年前阶段全省专利工作目标以及专利行政执法工作的完成情况和开展情况，分析了当前工作形势，部署了下阶段主要工作任务。与会人员学习了新修订的《专利法》关于专利权保护有关内容的变动情况，就全省专利工作目标的完成、部分典型案例、查处假冒专利行为裁量权等具体问题进行了热烈讨论，并结合新修订的《专利法》的实施就如何更好开展专利行政执法工作提出了意见和建议。为进一步提高全省专利行政执法人员工作素质，在专利行政执法工作中切实贯彻“敢于创新、加强协作、积极保护、加大力度”的工作原则，湖北省知识产权局召开全省专利行政执法人员现场观摩学习会，组织全省部分专利行政执法人员到武汉市知识产权局参观了中国（武汉）知识产权维权援助中心、武汉市公安局驻武汉市知识产权局联络办公室、审理庭和调解室等场地，现场学习了该局执法工作档案管理等工作，并现场观摩了该局就一起专利侵权纠纷进行的口头审理。与会人员纷纷表示，通过现场观摩学习，增长了见识，学习到了行政执法工作的经验，将对今后更好开展执法工作提供有益地帮助。

2009年，知识产权保护稳健有力：处理专利侵权纠纷39起，结案46起；查处冒充专利案件22起，出动执法人员300多人次，检查商品数5万件以上。

七、抓引导，知识产权创造能力明显增强

根据全省产业结构调整和经济发展的需要，湖北省知识产权局对市州和企事业单位申请专利进行了引导和调控：一是落实激励机制，对完成上年专利申请目标任务的市州进行了奖励；二是强化了目标责任制的建立和落实，对全省专利申请预期工作目标按各市州实际情况进行了分解，并以签订责任书的形式进行确认，重点强调了对发明专利申请和来自企业专利申请的考核；三是按政策对授权发明专利、授权企业专利和授权外国专利的专利权人分三批给予了616万元的补贴。这些措施的实施，极大地激发了全社会发明创造的活力，全省专利申请在重质的基础上实现数量稳步增长。

八、抓统筹，推动全省知识产权工作水平进一步提升

组织湖北省新闻出版局、省工商行政管理局、省高级人民法院、省公安厅等相关单位人员同新任美国驻华大使馆知识产权办公室高级专员孔兰欣女士座谈。孔兰欣女士同与会人员进行了充分交流，分别就具体问题交换了意见，并确定了合作与交流意向。

结合“能力建设年”的开展和目标责任制管理，湖北省知识产权局将市州知识产权局的工作统筹考虑，不但促进了湖北省知识产权局工作的顺利推进，而且还调动和帮助市州知识产权局提升了工作水平，如：黄冈市的很多县市知识产权工作取得了长足的进步，整体上提档进位，其工作通过高频度的宣传，起到了非常好的示范作用；襄樊市建立了知识产权维权援助中心，使湖北省的此类中心达到4个，该市在引导专利质押贷款方面取得了很大的突破；荆门市成功举办了首届大学生专利申请与创新发明竞赛活动；黄石市建立了专利信息试验基地等。

（湖北省知识产权局 许耀文）

商标工作

2009年，湖北省工商行政管理部门商标监管工作在湖北省工商行政管理局党组的领导下，按照十七大会议精神，贯彻落实科学发展观，围绕工商行政管理职能转型和服务湖北经济、服务企业发展的要求，积极推进商标监管工作，大力发展商标事业，全省注册商标总量达到8万余件，驰名商标48件，地理标志19件。

一、积极开展商标宣传，营造全社会重视商标发展的良好氛围

（一）“保护知识产权宣传周”活动取得良好社会效果

按照国家工商行政管理总局关于开展2009年“保护知识产权宣传周”活动的通知要求，湖北省工商行政管理局专门制发《关于开展2009年湖北省知识产权宣传周活动的通知》，组织开展了一系列有影响、有声势的活动，在全省营造了重视商标保护和商标发展的良好社会氛围。各市州结合辖区情况，制订相应计划，抓紧落实，开展形式多样的社会宣传活动。如神农架在其市内广场设置拱门，架设展台，发布标语，宣传保护知识产权，扩大宣传覆盖面。

（二）贯彻落实《国家知识产权战略纲要》取得成效

在全国工商行政管理系统贯彻落实《国家知识产权战略纲要》，大力推进商标战略实施工作会上，湖北省重点交流了宜昌商标富农的工作经验。同时，全省共18个工商行政管理局（所）荣获“全国工商行政管理系统商标工作先进集体”称号、13名商标监管人员荣获“全国工商行政管理系统商标工作先进个人”称号。

（三）积极组织企业参加中国西部国际博览会和“第三届中国商标节”

这两项运动展现了30年来湖北商标工作成果，展示了湖北驰名、著名商标形象，彰显了商标在湖北经济社会发展中的历史地位和重要作用，进一步在全社会营造重视培育、发展、管理和保护商标的良好氛围。两项活动全省共计20余家具有行业代表性商标的企业参展，共展出中国驰名商标和湖北省著名商标100余件。

（四）举办保护奥林匹克标志和涉外商标培训会，进一步加强对工商行政管理干部的培训

2009年上半年会同飞利浦组织召开涉外商标商品真伪鉴别培训会。飞利浦公司代表作了识别真假商标商品的培训讲解，并对真伪商标商品进行了现场展示说明。培训内容具有较强的针对性和实用性，取得了良好的培训效果。湖北省工商行政管理局相关处室、武汉市各工商行政管理分局商标科（处）、工商行政管理所和检查支队共计100余名工商行政管理执法干部参加了会议。此外，部署世博会标志保护工作，转发国家工商行政管理总局关于《保护世博会标志专有权行动方案》重要文件，对下阶段世博会标志保护工作进行全面部署，并组织部分市州参加了世博会标志保护知识系统培训。

二、贯彻落实《国家知识产权战略纲要》，发挥商标在服务经济社会发展大局中的重要作用

（一）积极制定和落实商标战略

继续加强与各职能部门和研究机构的联手协作，进一步推动全省商标发展工作上新台阶。第一，发布《湖北省商标发展报告》，全面盘点湖北省商标发展现状，提出发展商标建议，报告经分管省长签批转全省市州县政府，有力推动了商标战略的实施。第二，按照湖北省政府知识产权战略制定工作领导小组办公室统一部署，积极会同湖北省商务厅、省高级人民法院、省公安厅、省质量技术监督局、省知识产权局等政府部门和研究机构共同开展商标战略制定工作，研究成果《湖北省商标战略》现已顺利通过专家评审。第三，在湖北省工商行政管理局设立商标战略实施领导小组。第四，鼓励市州政府开展商标战略制定工作。目前全省共有武汉、宜昌着手制定落实商标战略的政策措施。武汉、宜昌推出了推进商标发展工作的新举措，为支持区域经济发展作出贡献。

（二）开展著名商标认定工作

组织著名商标认定委员会常设办公室开展著名商标审查、核实和意见征询工作。据统计，全年共受理审查著名商标申报材料 890 件，为历年申请量之冠，最终认定 579 件商标为湖北省著名商标。

（三）召开商标表彰大会

2009 年 9 月 29 日，湖北省工商行政管理局在湖北饭店隆重召开 2008 年驰名商标、地理标志暨地理标志表彰大会。来自政府部门、行业协会、重点企业以及工商行政管理系统的近 500 名代表参加会议。会议总结和回顾了一年来湖北商标发展工作情况，展望和规划了未来湖北商标发展方向和目标要求。湖北省工商行政管理局局长刘源超作了主题报告。宜昌市政府从政府职能要求出发介绍了扶持区域商标发展的工作情况，枝江集团重点介绍了商标培育发展的成功经验。会议还为《湖北省商标战略》出台后首批认定的湖北省著名商标企业授牌。湖北省政府副省长赵斌出席会议并作了重要讲话。

（四）加快推进以驰名商标为领头羊的商标群体的发展

湖北省工商行政管理局针对 30 余家重点著名商标企业开展了申请认定中国驰名商标工作的培训和辅导，进一步推动驰名商标培育发展工作。据统计，2009 年湖北省又有“采花”“国宝”“S 及图”“枫树”“东贝”“齐星”等 9 件商标被国家工商行政管理总局认定为中国驰名商标。目前湖北省已拥有中国驰名商标 48 件。

三、以促进企业经济发展为目的，进一步加强对企业商标工作的指导和服务

（一）加强对商标代理机构的监管服务

开展对商标代理机构的业务指导，进一步规范商标代理行为，提高商标代理质量和水平，促进商标代理行业健康发展；根据国家工商行政管理总局商标局对商标代理机构欠费情况监管的要求，开展对湖北省商标代理机构的调查，落实商标代理机构规费缴纳工作，切实维护商标申请人的合法权利；认真做好新成立商标代理机构备案工作。

（二）指导商标协会做好企业商标服务工作

指导商标协会发挥社团组织的中介纽带作用，做好对会员单位和有关企业的商标法律法规宣传培训工作；帮助企业解决商标问题，提高企业自主创新和商标运作能力。

四、全力开展商标执法维权工作

2009 年湖北省共查处各类商标违法案件 1346 件，没收、销毁侵权商品 85 163 件，没收、销毁商标标识 34 368 份。

（湖北省工商行政管理局）

版权工作

2009 年，湖北省版权行政管理工作围绕中心，服务大局，认真贯彻落实国家版权局工作部署，严厉打击侵权盗版行为，积极推进企业使用正版软件，大力宣传《著作权法》，热忱提供公共服务，各项工作取得新的进展。

一、认真制定湖北省版权战略，为提高知识产权工作水平提供制度保障

2009 年年初，湖北省启动了知识产权战略纲要制定工作，版权战略作为知识产权战略纲要下的专题，由湖北省版权局牵头组织拟定。湖北省版权局组织省文化厅、省广播电视局、省高级人民法院、省经济信息委员会、省公安厅等部门参与，委托武汉大学高级知识产权研究中心研究起草。2009 年 2 月 24 日，湖北省版权战略纲要开题，在纲要起草的过程中，专题组按照“政府主导、专家参与、部门牵头、行业认可”的要求，结合湖北省经济社会和版权保护实际状况，广泛征求相关政府部门及版权产业单位意见，积极借鉴国内外版权战略的成功经验和成果，数易其稿，高标准完成了湖北省版权战略纲要的制定，率先通过了湖北省知识产权战略制定工作领导小组办公室组织的评审验收。湖北省版权战略纲要的制定和颁布，将对建立和完善与湖北省经济、社会和文化发展相适应的版权制度体系，鼓励自主创新，增强版权创造、保护、管理以及提高版权运用能力提供有力支撑。

二、切实加强版权行政执法，营造良好的版权保护市场环境

（一）打击网络侵权盗版专项治理行动取得显著成效

按照国家版权局、公安部、工业和信息化部《关于印发〈2009 年打击网络侵权盗版专项治理行动〉的通知》要求，湖北省版权局及时联合省公安厅、省通信管理局印发了《关于在全省开展打击网络侵权盗版专项治理行动的通知》，明确了专项行动的工作目标、主要任务、职责分工及实施步骤，形成了版权、公安、通信管理部门各司其职、密切配合的工作机制。经过精心部署和认真组织，在 2009 年打击网络侵权盗版专项治理行动中，全省共对 30 多家互联网企业和网站进行了主动监管，办结网络侵权案件 10 起，关闭网站 7 家，没收服务器 4 台，罚款 5.9 万元。

2009 年，湖北省版权局编印了《湖北省网络侵权盗版案例选编》，将近来年湖北省查处的网络侵权盗版案件汇编成册，向各地版权行政部门及社会广泛分发，既有效指导了各地专项治理行动的正常开展，又在社会上形成了打击网络侵权盗版的强大宣传声势。根据专项行动关于“加强对互联网企业和网站主动监管”的要求，湖北省、市版权部门确定了对全省和各地具有较大影响的网站进行主动监管，组织引导其开展“先授权、后传播”自查自纠活动。从 2009 年 10 月下旬～11 月中旬，湖北省和武汉市版权局会同公安、通信管理部门对列入主动监管名单的荆楚网、知音网、长江网、汉网、武汉热线等 10 余家知名网站进行了检查督导。督查组通过听取汇报、现场浏览网站内容、查验授权合同等方式，了解掌握了主动监管网站的作品传播情况。

2009 年，湖北省版权局办结了全国“扫黄”办、国家版权局交办及国际唱片业协会（IFPI）、逐浪网、中文在线等权利人投诉的多起网络侵权盗版案件。其中比较典型的有“我爱音乐网”“神奇影院”“孔子文学网”“133 音乐网”“玫瑰音乐网”“迪克音乐门户网”等侵权案件。

（二）案件查处工作取得新进展

2009 年，湖北省有 9 个单位、9 名个人因成功查办侵权盗版大案要案被国家版权局评为 2008 年查处侵权盗版案件有功单位及个人。各地版权机关与公安机关紧密协作，查办了一批侵权盗版刑事大案，如“9·04”案、“8·11”案、“3·05”案等，以侵犯著作权罪逮捕了相关犯罪嫌疑人，震慑了违法犯罪分子，维护了市场秩序。

三、稳妥推进企业使用正版软件工作，促进软件企业的发展

2009 年年初，湖北省使用正版软件工作领导小组办公室制定印发了《2009 年推进企业使用正版软件工作计划》，明确了工作的指导思想、目标和任务，一年来，坚持正面引导，增强服务意识，加大执法力度，积极稳妥地推进了此项工作。

（一）继续做好湖北省省级企业的软件正版化工作

湖北省使用正版软件工作领导小组办公室会同湖北省国有资产监督管理委员会、商务厅、保险监督管理局、银行监督管理局确定了省级第二批 27 家推进使用正版软件企业，向省级第二批推进使用正版软件企业发出《关于做好推进省级第二批企业使用正版软件工作的通知》，提出了具体要求，作出了相应部署。大部分企业按要求提出了正版化方案，逐步更换盗版软件，避免了使用盗版软件带来的法律和技术上的风险，提高了企业的信息化管理水平和整体形象。

（二）加大对市州企业软件正版化工作的指导力度

湖北省版权局公布了市州 80 家推进使用正

版软件企业的名单，提出了阶段性目标。向各地发出《关于开展企业软件正版化工作检查及情况上报的通知》，对各地的工作进行督导。武汉、襄樊、黄石、黄冈、孝感、宜昌等地结合本地实际开展工作，取得了新的进展。

（三）扩大试点范围，在广告、卫生、旅游等行业推进企业软件正版化工作

2009年，湖北省版权局版权处会同武汉市版权局版权处，联合武汉市工商行政管理部门对部分城区的广告类企业使用计算机软件情况进行调查。共核查55家企业，指出存在的问题，督促删除盗版软件，更换正版。支持权利人对经调查认定使用盗版软件的3家广告公司提起民事诉讼。

同时，湖北省版权局向市州版权局印发了《关于推进广告行业使用正版软件的通知》，列明广告行业使用软件的基本情况，详细介绍了推进广告行业使用正版软件的工作方法和步骤。经权利人投诉，襄樊、黄石、宜昌等地版权局查处了30多家广告、设计单位使用盗版科亿尔软件，责令侵权人删除盗版软件近百套，案值70余万元，对14家侵权企业作出行政处罚。

2009年，武汉市使用正版软件工作领导小组办公室与市卫生局、市旅游局联合，在全市卫生、旅游行业启动软件正版化工作，联合召开了工作动员和培训会议，在企业自查的基础上，组成4个检查组对全市52家卫生医疗单位、39家旅游酒店进行了复查，确定了各企业应更换的正版软件数量，督促这些企业逐步更换了正版软件。

（四）加大对以软件作为生产资料的经营性企业的监管力度

2009年，湖北省版权局受理了多起微软（中国）有限公司、科亿尔公司等多家权利人的投诉，对使用盗版软件的单位，进行了调查处理。进行重点检查的10家企事业单位经调解均完成正版化工作，总计更换了71万元的正版软件。对个别侵权情节严重且拒不更换正版软件的企业，湖北省版权局依法给予了行政处罚。

（五）宣传、推荐优秀国产软件，促进民族软件产业的发展

开展软件正版化工作的重要目的之一是促进软件行业特别是国产软件业的健康成长，为此，湖北省版权局将大力宣传、推介优秀国产软件作为自己的重点任务。湖北省版权局定期在局政务网上公示国产软件许可合同；与湖北省软件行业协会商讨提出本省优秀软件产品推荐目录；指导国产软件厂商上门向已上报企业软件正版化方案的公司提供产品。积极参加"国产CAD软件整体解决方案最新成果全国巡展武汉站活动"、CAXA"两化融合，创新中国"2009年度国产工业软件发展论坛暨新产品体验巡回活动、清华斯维尔公司建筑设计系列软件巡展，向与会者介绍了企业软件正版化工作的政策和情况，肯定国产软件在推进企业软件正版化中的作用，同时呼吁广大用户拒绝盗版，支持国产软件，共同促进民族软件产业的发展。

为了鼓励积极主动使用正版软件的企业，使它们发挥模范作用，湖北省版权局推荐了13家省内企业参加第二批"企业软件正版化示范单位"评选。同时，对于被投诉企业，妥善处理其与权利人之间的关系，尽量做到以调解结案，不影响企业正常生产经营。2009年湖北省版权局成功调解的主要投诉有：奥腾公司关于华中数控公司使用盗版Protel系列软件的投诉；中望公司关于天门、潜江设计单位使用盗版CAD设计软件的投诉；英国ARM公司关于湖北三环发展公司未经许可使用ADS系列软件的投诉等，对这些投诉版权局都促成了双方的和解。

四、加大公共服务力度，促进版权产业繁荣

（一）作品登记、合同备案数量创新高

2009年，湖北省版权局加大版权登记宣传力度，使更多著作权人了解版权登记的作用。全年作品自愿登记251件，出版外国图书合同备案136件，数量较2008年有明显增长。

（二）积极推动著作权集体管理工作

2009年经多次商洽，中国文字著作权协会在湖北省设立了代表处。湖北省版权局还与中国音像著作权集体管理协会在湖北省的委托收费单位湖北天合文化公司经常性地进行沟通、联系，关注湖北省卡拉OK版权收费问题，做好相关协调工作，促成一些经营单位与中国音像著作权集体管理协会达成和解。

（三）维护各类市场主体的合法利益

湖北省版权局注重为民营企业特别是民营书业提供版权保护，采取在媒体上登载"维权公告"，

发布“侵权风险友情提示”等方式为英才教程系列教辅图书、清华斯维尔公司系列建筑设计软件、《完美拼贴》系列畅销书维权，促进其业务发展，扩大了市场份额。此外，还推荐江通动画、海豚传媒参加 2009 年版权业最具影响力企业评选，组织有关企业参加中国版权年会、国际版权博览会等活动，开阔了企业视野，促进了版权作品实现市场价值。

（四）认真处理各类版权咨询、投诉

2009 年湖北省版权局处理各类民事版权侵权投诉 30 多起，涉及出版者未经许可不付酬使用作品、网站未经许可转载作品、合作作者单独申请作品登记、企业或个人剽窃作者作品等各个方面，版权局对于各种投诉一一进行了核实，并按法律规定要求侵权方停止侵权、支付报酬、给予赔偿，较好维护了著作权人的合法权益。

五、深入开展版权宣传工作，提高公众版权保护意识

在“4·26 世界知识产权日”前后，湖北省版权局开展了一系列有影响的宣传活动。2009 年 4 月 21 日向社会公布了湖北省 2008 年十大侵权盗版案件，对此《中国新闻出版报》《楚天都市报》《长江日报》《长江商报》、新华网、荆楚网等媒体都用较大篇幅进行了报道，在社会上引起了强烈反响。设计发布了主题为“版权登记，维护您的权益”公益广告牌 175 块，在光谷创业街、光谷地区写字楼、音乐学院、美术学院、软件学院等高校这些目标人群密集场所张挂，收到了良好效果。此外，湖北省版权局还组织媒体对典型盗版案件查办情况进行采访，通过以案普法，提高大众的版权意识。

根据国家版权局统一部署，湖北省版权局在全省组织开展了“青少年版权保护读书活动暨版权保护知识竞赛”，湖北省版权局购买了大量《版权保护小卫士》，免费提供给广大中小学生学习参考，印制了几万份试卷，基本做到了各县（市）都有学生参赛。在全省各级版权行政部门的组织动员下，青少年参赛踊跃。据统计，全省共有 2 万余名中小学生参加了竞赛，收到竞赛答题卡 20201 份。此次竞赛活动的开展，提高了广大中小学生自觉抵制侵权盗版的法律意识，在社会上掀起了普及版权保护知识的新热潮。

2009 年，湖北省版权局将国家版权局新修订的《著作权行政处罚实施办法》印发至各县、市版权局（新闻出版局），并就学习、运用“实施办法”提出意见。派员对恩施各县（市）分管副局长及印刷发行单位负责人 100 余人进行了版权保护法律知识培训。组织了十个市共十名版权管理干部参加国家版权局在内蒙古举办的“基层版权执法培训工作会议”，并应国家版权局版权司要求，派员参加查办网络侵权盗版案件的经验交流会。组织基层版权管理干部参加了“数字网络环境下版权管理与保护培训班”“影视音乐版权保护”研讨班。

湖北省在“版权保护知识竞赛”中获佳绩。“青少年版权保护读书活动暨版权保护知识竞赛”结果于 2009 年年底揭晓，湖北省 19 人获一等奖，113 人获二等奖，176 人获三等奖，同时 19 个单位获组织奖。

湖北省破获盗版教材大案。2009 年，湖北省襄樊市版权局、公安局联手行动，穿越五个省份，纵横万里，历时两个月，破获了一个跨越两省三地侵犯湖北少儿出版社著作权的犯罪团伙。2009 年 11 月 28 日，3 名犯罪嫌疑人全部到案，一名逮捕，两名刑事拘留。至此，全国打击侵权盗版教材教辅专项行动第一案成功告破。

《湖北省版权战略》通过评审。2009 年 9 月 24 日，《湖北省版权战略》专题结题评审会在武汉大学举行，湖北省版权局副局长陈锋、省知识产权局副巡视员高法新出席评审会并讲话，来自相关高校、研究机构、政府部门和版权行业领域的专家按照评审规则对版权战略专题进行了认真评审。专家们在评审中认为，湖北省版权战略专题结构合理、观点鲜明、特色明显、论证有力，战略措施具有较强的针对性和可操作性，达到了任务书确定的预期目标。专家组一致通过对湖北省版权战略专题的评审验收。

湖北省查处侵权盗版大案要案成绩斐然。2009 年 9 月，国家版权局印发了《国家版权局关于表彰奖励 2008 年度查处侵权盗版案件有功单位及个人的决定》（国版发[2009]1 号），对在 2008 年度打击侵权盗版、查处重大案件工作中作出突出贡献的有功单位和有功个人给予表彰和奖励。湖北省版权局等 9 个单位、襄樊市公安局吕克宁等 9 名个人受到国家版权局表彰奖励，奖金额共计 31 万元。

国家版权局在武汉召开版权工作调研会。2009 年 11 月 18 日，国家版权局在武汉召开版权工作调研会议。会议初步总结了 2009 年全国版权工作，规划了 2010 年全国版权重点工作。国家版权局阎晓宏副局长到会并作重要讲话，11 个省(市)和 5 个中心城市版权局分管领导和版权处长与会。

湖北省“走出去”成绩喜人。湖北省出版单位组团参加第 18 届北京国际图书博览会和第 61 届法兰克福国际书展，共达成版权贸易 259 项，取得三项突破：一是版权输出从以华语地区为主转向以欧美国家为主；二是除版权输出外，增加了图书成品的输出；三是与西方的出版公司、出版协会就印刷方面的合作达成了意向。同时，开拓境外发展空间取得新进展。知音传媒集团成功收购台湾一家出版机构。有 2 家出版单位分别在英、法注册成立出版机构。湖北天一国际文化有限公司策划的“创新中国系列丛书”被评为国家文化出口重点项目。

(湖北省版权局 版权处)

司法工作

一、抓审判，突出司法保护力度

随着国家对知识产权保护工作的宣传和人们知识产权维权意识的不断增强，湖北省知识产权案件受理数量也逐年较快增长。2009 年，湖北省各级法院新收知识产权一审案件 858 件，加上旧存 83 件，全年受案 941 件，结案 811 件，结案率 86.18%。收案比 2008 年增长 78.21%。其中著作权纠纷 643 件；商标权纠纷 149 件；专利权纠纷 77 件；技术合同纠纷 30 件；其他知识产权纠纷 42 件。2009 年湖北省高级人民法院新收知识产权二审案件 94 件，加上旧存 5 件，共受理知识产权二审案件 99 件，结案 98 件，结案率 98.98%，比 2008 年 52 件上升 65.38%。其中著作权纠纷 44 件；商标权纠纷 19 件；专利权纠纷 12 件；技术合同纠纷 9 件；行政案件 1 件；其他知识产权纠纷 14 件。针对近两年湖北省知识产权案件上升幅度较大的问题，为了保证办案水平的不断提升，湖北省高级人民法院采取了以下措施：一是狠抓管理规范，提高办案效率；二是狠抓合议质量，要求知识产权案件合议时庭长或副庭长参加，从严把住案件质量关；三是建立上下级法院沟通机制，提高办案水平。

二、抓宣传，唤醒全民司法保护意识

(一)全省联动，形成整体宣传阵势

2009 年 4 月 26 日知识产权日宣传活动周期间，湖北省开展了“媒体报道、案例评析、现场讲法”的活动。各中级人民法院知识产权审判紧密结合当前审判工作实际，选择部分影响较大的案件，采取了公开开庭、邀请新闻媒体参加庭审活动、到大专院校公开开庭等方式，大力进行知识产权审判宣传活动，扩大了湖北省知识产权审判影响，成效显著。

(二)注重企业知识产权品牌培育

相继在宜昌、襄樊等地人民法院召开大中型企业知识产权司法保护工作座谈会，邀请各地近三十家企业参加座谈会，并请知识产权保护好的企业代表作典型发言，宣传企业品牌保护理念。

(三)提升知识产权代理人的司法水平

针对湖北省知识产权代理人司法水平发展不均衡的状况，与湖北省律师协会知识产权专业委员会联合举办研讨会，宣讲法院司法保护的办案理念，提升知识产权案件代理人的执法水平。

三、抓指导，统一全省裁判尺度

(一)报送高质量的调研成果，为湖北省政府决策提供依据

2009 年湖北省高级人民法院的调研课题《构建湖北知识产权审判新机制实现民事、刑事、行政三类诉讼合一》的调研成果受到有关领导机关的重视。最高人民法院司法体制改革领导小组办公室于 2008 年 5 月派调研组来湖北进行实地调研，《人民司法·应用》2009 第 17 期予以刊载。湖北省人民政府将此课题列为《湖北省知识产权战略纲要》的子课题，其中“三审合一”的调研成果已被列入湖北省知识产权战略纲要的内容。

(二)出台规范性文件，统一执法尺度

针对全省法院信息网络传播权案件在管辖、赔偿数额等方面不平衡的情况，湖北省高级人民法院组织人员进行了广泛调研，于 2008 年 6 月下发了《关于侵犯信息网络传播权纠纷案件管辖及赔偿标准问题座谈会纪要》，受到各中级和基层人民法院欢迎，得到中国知识产权网广泛好评。

(三)举办培训班，提高知识产权分管领导和法官的办案水平

湖北省各中级人民法院中的知识产权审判业务都分散在各民事、民商事审判庭内，执法理念、

裁判尺度、业务能力都急需提高。湖北省高级人民法院于2008年初下发通知，要求各中级、基层人民法院上报从事知识产权案件审理的法官、分管院和庭领导备案。于2009年11月举办全省法院知识产权审判业务培训班，对全省法院100余名从事知识产权审判的法官进行全员培训。各中级人民法院分管院领导积极要求参加。邀请了7名国内著名专家学者授课，根据审判实务中的问题对参训人员进行了答疑，受到培训法官的好评，效果很好。

四、抓调解，突出和谐司法理念

坚持“调解优先，调判结合”的原则，全省知识产权实体案件的调解率稳定在较高的水平上。

（一）努力协调审限矛盾，尽最大努力稳定调解率

2008年湖北省法院系统实行绩效考核制度，强调审限内结案与调解是一对矛盾。我们要求审判法官宁肯在审限上失分，也不在化解矛盾的调解撤销率上丢分。

（二）将调解环节提前

案件一到承办人手上就开始调解，争取时间，直到判决书送达前，只要有一线希望都不放弃调解的努力。

（三）对大要案有针对性地进行调解

如湖北省高级人民法院二审的江汉石油钻头股份公司与天津立林钻头公司、幸发芬侵犯商业秘密案，该案诉讼标的达8000万元，历经七家法院九次诉讼，已经耗时四年官司悬而未决。双方当事人反映强烈，社会关注度高，湖北省高级人民法院民三庭经五个多月近五十余次的调解，终于使双方握手言和。双方当事人给湖北省高级人民法院送来了感谢的匾牌。收到了很好的社会效果。湖北省法院网、《湖北日报》都进行了广泛报道。

（湖北省高级人民法院知识产权审判庭）

检察工作

2009年，湖北省检察机关将履行法律监督职能与推动建立行政执法与刑事司法衔接工作机制有机结合起来，采取有效措施，促进行政执法机关向公安机关移送包括侵犯知识产权在内的涉嫌犯罪案件，进一步强化了立案监督职能，有效打击了侵犯知识产权犯罪，为维护湖北省的市场经济秩序和社会稳定，促进经济社会发展发挥了积极的作用。

一、完善行政执法与刑事司法衔接工作机制

湖北省检察机关陆续建立了一套行之有效的对内对外工作机制。一是建立立案监督工作责任制。坚持把刑事立案监督工作放在突出位置，要求每个干警拿出极大精力来完成这项工作。二是建立立案监督工作激励机制。把立案监督工作与干警年度考核和评先创优挂钩，从而极大地调动了办案人员的积极性，解决了干警不愿深入基层调查、关门办案、坐等案源的问题。三是加强与行政执法机关和公安机关的联系，建立定期工作联席会议制度和情况通报制度，做到信息通畅，资源共享。如武汉市人民检察院经调研发现，武汉市知识产权局通过举报电话，接到的举报线索，向其他行政执法部门移送后，不了解办理结果。针对该情况，武汉市人民检察院与武汉市知识产权局会签了《关于在查处侵犯知识产权违法犯罪案件工作中建立信息通报制度的意见》。该意见对信息通报方式、通报内容等作了详细规定。对检察机关与知识产权行政执法部门在处理侵犯知识产权违法犯罪案件工作中协调配合，建立案件移送及时、信息通报畅通、协作配合规范等提出了要求。并明确规定设立武汉市人民检察院驻知识产权局联络员办公室，建立侵犯知识产权违法犯罪案件线索档案，收集、汇总、整理在办理案件中掌握的重点企业和个人的有关情况，及时发现可能涉嫌侵犯知识产权违法犯罪案件的线索，充分发挥举报投诉平台的作用，使人民检察院从源头上及时掌握情况跟踪举报线索。

二、依法严厉打击侵犯知识产权犯罪

湖北省各级检察机关充分发挥检察职能作用，与行政执法机关、公安机关等部门密切配合，依法及时批准逮捕、起诉涉嫌侵犯知识产权的犯罪分子。据统计，2009年湖北省检察机关共受理提请批准逮捕涉及知识产权犯罪案件33件51人，批准逮捕28件44人，共受理起诉侵犯知识产权犯罪29件52人，起诉22件38人。

三、充分发挥“检察工作一体化”机制，强化行政执法与刑事司法衔接工作

“检察工作一体化”是湖北省检察机关深化检察改革的机制创新，实行的是“上下统一、横向协作、内部整合、总体统筹”的工作运行机制。建立和执行行政执法与刑事司法衔接机制，是法律监督工作中的创新，在其进程中，势必会遇到各种各样的问题和困难，要解决这些问题和困难，必须充分发挥“检察工作一体化”机制的效能。一方面，在现行检察机关双重领导体制下，检察院往往难以抵御地方保护主义的非法干预，监督行政机关难以达到效果。另一方面，一些执法机关对行政执法与刑事司法衔接机制的认识仍存偏差，以罚代刑、部门保护主义现象依然存在。因此，要破解获取案件线索难、处理案件难、消除地方与部门保护主义难等难题，必须构建湖北省检察机关上下统一的格局。为此，湖北省人民检察院和各市州检察分院在加强自身办案的同时，加大指挥、协调异地办案工作力度，挂牌督办大案要案，化解监督阻力。为保证对行政执法机关的监督取得更大实效，检察机关深挖并查处隐藏在各种破坏市场经济秩序犯罪背后的国家机关工作人员有罪不究、以罚代刑、徇私舞弊不移交涉嫌犯罪案件等职务犯罪案件，这种工作机制，不仅广辟了案件线索，更是有力地震慑了犯罪分子，使行政执法与刑事司法衔接机制得以完善和落实。

（最高人民检察院侦查监督厅）

湖南省

专利工作

一、概况

2009年，湖南省知识产权系统坚持以科学发展观为指导，按照“围绕一条主线、实施六大工程、落实九项举措、建设三个中心”的思路，扎实推进各项工作，全面加强知识产权的创造、运用、保护和管理，湖南省知识产权事业快速发展，企业核心竞争力不断增强，为积极应对国际金融危机，确保湖南平稳较快增长作出了积极贡献。

二、知识产权战略制定和实施

2009年2月26日，湖南省政府正式印发了《湖南省知识产权战略实施纲要》，标志着《湖南省知识产权战略实施纲要》颁布实施，湖南省成为全国第十个颁布知识产权战略的省份。《湖南省知识产权战略实施纲要》为湖南省知识产权事业的发展明确了方向、奠定了基础。为推进战略实施，湖南省知识产权局组织起草了知识产权战略专项工程推进计划，经省知识产权协调领导小组审议通过后将正式实施。地方知识产权战略制定工作进展顺利。岳阳、永州、株洲、湘西、长沙5个市州知识产权战略实施方案已相继出台，湘潭的《知识产权战略实施意见》经市委常委、政府常务会议原则通过，常德、衡阳、邵阳、益阳、郴州和娄底市已形成送审稿报政府，怀化和张家界的实施方案已进入征求意见阶段。攸县等一些县市也出台了实施意见。企业知识产权战略研究工作逐步启动。中冶长天制定了《中冶长天知识产权战略》，明确了2010～2015年的知识产权发展目标及重点，提出了四项知识产权专项工程和八项主要措施。三一重工制定了“1234”知识产权战略，成为未来5～10年指导集团知识产权工作的纲领性文件。

三、知识产权软科学研究

湖南省知识产权软科学研究工作围绕知识产权战略实施及相关理论与实践问题展开研究，验收结题2008年软课题12个，2009年立项课题14个。完成国家知识产权局2008年专利战略推进工程课题3个，2009年立项课题2个。

四、知识产权创造情况

全省各级政府及知识产权部门加大出台各种政策和措施，进一步调动全省企事业单位自主创新、专利申请的积极性。湖南省知识产权局将专利申请资助资金增加到340万元，向国家财政争取到PCT申请资助71万元，进一步加大了对国内外专利申请的资助力度。开展了“湖南省第二届优秀专利发明人”评选活动，对优秀专利发明人给予了奖励。衡阳市委、市政府在《关于促进产学研结合增强自主创新能力的意见》中，提出“大力实施知识产权战略”，设立了专项资金，对专利申请、转化实施进行资助。常德市将企业专利授权量增长率纳入县市区新型工业化的考核指标。郴州市出台《加强知识产权工作的意见》和《专利资助资金管理办法》，提高了资助额度，扩大了资助范围。邵阳市出台了《企业知识产权管理试行办法》。益阳市建立科技与知识产权工作联动机制，出台了自主知识产权成果奖励政策。

企业逐渐成为知识产权创造主体，自主知识产权的数量和质量大幅提升。2009 年全省共申请专利 15948 件，同比增长 13.78%；专利授权 8309 件，增长 35.48%，继续保持较快增长。发明专利授权 1752 件，增长 46.49%，居中西部第一位。企业申请专利 7053 件，增长 47.12%；专利授权 3696 件，增长 66.11%。9 个市州的专利申请增长率超过全省平均增长水平，其中增长率超过 50%的 2 个、30%～50%的 5 个。目前，湖南省拥有“中国驰名商标”62 件，居中西部地区之首，注册商标、计算机软件著作权、植物新品种等其他知识产权数量也大幅增加。大批自主知识产权的取得和运用，极大地提升了“湖南制造”在国内外市场上的竞争力，增强了湖南省企业在国际金融危机中的抗风险能力。

五、知识产权试点示范工作

2009 年，株洲市顺利通过“国家知识产权示范创建城市”验收，长沙、株洲、湘潭三市全部进入“国家知识产权工作示范城市”的行列。为配合长沙、株洲、湘潭城市群“两型社会”综合改革试验区建设，湖南省知识产权局与长沙、株洲、湘潭三市签署了共建知识产权示范城市群合作协议，启动了长沙、株洲、湘潭城市群知识产权示范工程。常德、娄底、岳阳通过了国家试点城市考核验收。郴州、邵阳获批“国家知识产权试点城市”，湘潭市知识产权局被列为国家知识产权质押融资试点单位，湘潭高新区成功申报国家试点园区。韶山、汨罗等 6 个县市通过示范创建验收，晋级为全省知识产权工作示范县市；望城等 17 个县市区被列为第五批知识产权工作试点县市区。目前，湖南省知识产权工作试点示范县市区达 64 个，其中示范县市 10 个，6 个县市进入了“国家知识产权强县工程”。

六、知识产权优势企业培育工作

2009 年，湖南省知识产权局在市州知识产权局的配合下，对第一、第二批培育企业组织了年度工作检查，启动了第三批 26 家企业的培育工作，目前，全省共有 73 家企业进入培育工程，第四批申报企业的考察工作正在进行。通过省市和企业的共同努力，培育企业知识产权创造、保护、运用能力增强，专利申请量大幅提高，2009 年平均比上年增长 65.4%。其中，第一批增长 78%，第二批增长 46.7%，第三批增长 59%。三一重工、湘潭电机、千山药机等企业的专利申请、授权量比上年增长 50%以上，具有专利的产品占到销售收入和出口创汇的 70%以上。企业运用知识产权制度参与市场竞争的能力增强，在全球金融危机的逆境下保持快速发展，如湘潭电机，通过竞拍以 1000 万欧元的价格，收购欧洲知名风机设计制造商——荷兰达尔文公司的 5 兆瓦级直驱式海上风机专利技术和相关知识产权，通过对其专利技术的应用和再创新，有力地促进了湘电风能直驱式风机的改进、完善，拓宽了国际国内市场。华菱湘钢积极参与国家及行业技术标准的制定和修改，近年来起草国家、行业标准 16 项，极大地提高了在本行业中的话语权和竞争力。企业应对知识产权纠纷能力不断提升，如三一重工与奔驰商标之战在英国取得决定性胜利，是中国企业海外商标维权胜诉的第一案，大大提振了我国企业开展海外知识产权维权和开拓国际市场的信心。

为确保财政资金用到实处，培育工作取得实效，湖南省知识产权局对培育工程实行计划项目制，进一步加强了对培育企业的管理和服务。2009 年年初，湖南省知识产权局下发了《湖南省知识产权优势企业培育工程计划项目申报指南》，市州积极指导企业在知识产权战略、培训、信息利用、预警分析等八个方向申报项目，共立项 73 个，目前各项目实施顺利，部分项目已经取得阶段性成果。如湘电集团、千金药业、时代集团、中冶长天、金箭焊料等企业建立了专利数据库，对推进企业专利信息利用、提高研发起点、降低研发成本、了解竞争对手起到了重要的作用。市州知识产权局加强了对培育企业的检查指导和跟踪服务，狠抓计划项目监管和落实，株洲、衡阳市知识产权局建立了企业联络员制度和分片包干、申请量目标考核等管理制度，帮助企业开展培训和挖掘专利。郴州市知识产权局组织企业召开座谈会、开办培训班，帮助企业建立完善知识产权管理制度，提高企业运用知识产权的能力和水平。长沙市知识产权局深入调查研究，开展了企业专利申请“扫零”工程。湘潭、永州、娄底市知识产权局积极开展市县两级优势企业培育。2009年，通过省市推荐，湖南省30家企事业单位进入全国试点，三一重工顺利通过创建验收，成为全国首批企事业知识产权示范单位。

七、知识产权保护工作

2008年修订的《专利法》实施后，全省知识产权系统结合《专利法》学习贯彻，深入开展“雷雨”“天网”专项执法行动，切实加强专利行政执法工作，重点开展了食品药品、医疗器械、建材以及家用电器等领域专利产品的检查。全年共立案处理各类专利案件173件、结案165件，其中专利侵权纠纷立案49件，结案41件；查处假冒冒充案件124件，其他纠纷案件7件，全部结案。出动执法人员1264人次，检查商业场所419次、各类商品46 908件。有力地打击了各类专利违法行为，进一步规范了市场经济秩序。长沙市知识产权局成功化解了因浏阳花炮企业专利侵权纠纷而引起的群体性上访事件，确保了“国际花炮节”顺利进行和社会和谐稳定。

为了全面提高地方行政执法的能力和水平，改善执法装备条件。2009年，湖南省知识产权局组织开展了全省专利执法工作督导检查，并为市州局统一配备了专用车。湖南省知识产权局建立了全国第五个国家专利复审委巡回口审庭，湖南省知识产权局、长沙、株洲、湘潭、衡阳市知识产权局顺利进入“5·26国家区域执法保护工程”，占全国总数的1/8强。湖南省知识产权局、长沙、株洲、潭湘三市知识产权局成立维权援助中心，开通了举报投诉热线电话12330，长沙市知识产权局开通了全省首个维权援助与举报投诉中心网站，积极帮助湖南省企业依法维护自身合法权益。维权援助中心成立以来，先后受理企业、发明人援助请求30多起，帮助长沙华时捷、株洲湘江制药等企业积极应对专利侵权纠纷、规避侵权风险，支持三一重工、中联重科开展专利维权，指导邵阳振华化工、湖南国华制药、湖南维尼纶公司等企业依法维护自身合法权益，得到了企业的好评。

八、知识产权宣传工作

2009年是湖南省知识产权战略颁布实施年，宣传工作以战略发布、新中国成立60周年及保护知识产权宣传周为契机，召开了战略新闻发布会，组织了企业运用知识产权应对金融危机电视专题报道，报纸评论员文章、优秀发明人事迹专刊，网站嘉宾访谈、知识产权进高校“三个一”等一系列颇有影响的宣传活动，引起社会各界的广泛关注，突显了知识产权战略对湖南自主创新、经济发展、富民强省的引领支撑作用。宣传周活动启动仪式上，首次发布了《2008年湖南省知识产权保护状况》中英文版白皮书，现场开展了知识产权进校园“三个一”活动。长沙、怀化、张家界、湘西等市州知识产权局创新形式，开展了知识产权进社区、进企业、进展会等各具特色的宣传活动。特别是长沙市知识产权局组织企业举办的知识产权与资本对接研讨沙龙，工业商业正版正货承诺签字仪式，赋予宣传工作新的内容和形式。据统计，2009年湖南省市主流媒体中播出专题采访60次、动态新闻158条。

九、知识产权政务信息工作

政务信息工作围绕热点焦点问题进行重点报道，稿件数质量保持较好水平，信息采用率实现了新突破。创办《湖南知识产权工作动态》，全年出刊12期，编发企业应对金融危机、质押融资、战略动态等专辑，及时为企事业单位和各级领导提供最新信息和决策参考。《国家知识产权局信息》首次采用益阳安化局撰写的《安化贫困县致力专利事业发展的几点做法》，并上报为国务院办公厅信息，实现了政务信息在国家层面的双突破。《国外企业在华专利布局，影响我省主导产业发展》一文，被湖南省政协《社情民意》和国家知识产权局《专利工作动态》采用，并报省委省政府和国家知识产权局主要领导阅示。温家宝总理在湖南调研应对金融危机实施中部地区崛起战略时，湖南省知识产权局撰写的《总理的关爱，我们的动力》一文，在最短的时间内刊登在《中国知识产权报》上。首次召开了全省知识产权局办公室主任及政务信息工作会议，总结交流工作经验，邀请《中国知识产权报》吴辉主任一行为通讯员授课，并对湖南知识产权工作进行全面翔实的报道，发表了《芙蓉国里尽朝晖》《万类霜天竞自由》和《一路风雨一路歌》的系列文章。据统计，2009年全省政务信息共组稿1360余篇，向各新闻媒体选送稿件920篇。湖南省知识产权局和国家知识产权局网站共录用900篇，国家级报刊采用190篇，省级报刊采用290篇，市级报刊采用360篇。通过大力宣传，营造氛围，社会各界群众的知识产权保护意识明显提高。

十、知识产权培训及人才队伍建设工作

2009年10月，全国知识产权培训工作会议在湖南省召开，湖南省知识产权局做了典型发言，国家知识产权局田力普局长给“国家知识产权培训（湖南）基地”授牌，标志着首个国家级培训基地在湖南落户，在全国引起很大反响。湖南省知识产权局举办了“试点示范县市区知识产权局长培训班”等多期专题培训班，并联合中国知识产权培训中心、省委党校、省人事厅、省农业科学院、省食品药品监督管理局等部门和单位，开展了专项培训。针对培育企业不同的对象和层次，举办了“知识产权与对外贸易高级研讨班”等3期培训班。在湖南大学、湘潭大学组织了知识产权高校巡讲会。全年省、市、县共举办各类培训班50多期，参加培训的各级党政领导干部、企事业单位负责人、科技人员和知识产权管理工作者、中介机构从业人员等达15 000余人次，对普及知识产权知识，增强各级领导和广大企业的知识产权意识，提高知识产权工作者业务水平起到了积极作用。

加强了知识产权对外交流和合作。湖南省知识产权局接待了法国工业产权局驻华联络员来湘考察，双方将建立合作关系，加强学习交流，法方表示愿意为湖南省人才培养提供支持和方便。全年共组织和派人参加境外学习培训5批20多人，参加国内学习培训16批130多人次，开展人员上下交流和挂职5人次。培训渠道进一步拓宽、培训层次不断提高。

创新知识产权人才培养和激励机制。2009年，湖南省知识产权局积极争取到了全国专利代理人资格考试考点，并出台了相应的奖励政策，市县也制定了配套政策措施，全省知识产权系统干部职工、中介服务机构和企业相关人员800多人报名，有617人符合报考条件，报考人数居全国第五，500多人次参加了三期培训班，参考率达50%，9人一次性通过考试将取得代理人资格，另外，36人法律单科考试合格，6人实务单科考试合格，取得了历史最好成绩。通过这次大规模培训，进一步提高了知识产权管理和中介执业人员的业务素质，发展和壮大了专利代理人队伍。新中国成立60周年前夕，湖南省知识产权局与省人事厅组织开展了知识产权系统先进集体和个人的评选活动，对10个先进单位和35名先进个人进行了表彰和奖励。

十一、公共服务机构建设及工作情况

湖南省专利信息服务平台已基本建设完成，专利智能检索公共服务平台开通，数据与国家知识产权局公开文献实现了同步更新，申请了检索平台专用域名，开通了10兆光纤专线，检索速度大为提高。以优势培育企业为重点，逐步推进检索平台和分析软件在全省企业的推广应用，中联重科、巴陵石化等一批重点企业已将该系统作为企业专利分析地重要数据来源，反映良好。湖南省知识产权局完成了门户网站改版工作，初步建成了办公自动化系统，利用各类专利信息资源，为社会公众提供专利信息检索服务200多人次，为70多家企事业单位提供专利查新服务，还为新疆吐鲁番市知识产权局援建了葡萄栽培、加工技术专利数据库。国家知识产权局湖南省代办处开通了电子申请系统，完成专利实施许可合同备案275项，同比增长3倍，涉及许可使用费4564.2万元。成功举办了第三届“中国专利周”湖南地区展示交易活动，全省推荐展示项目1220项，成功对接22项，签约金额29275万元。推荐了6个项目参加“第十一届中国专利奖”评审，3个发明专利项目获得“第十一届中国专利奖优秀奖”。湘知司法鉴定所共接受鉴定咨询60余起，出具鉴定报告10份，所有鉴定报告均被行政机关或法院采信。

（湖南省知识产权局　杨海遐）

商标工作

2009年湖南省商标工作取得了新成绩。

一、培育驰名商标、著名商标有新突破

2009年，国家工商行政管理总局认定湖南省15件商标为中国驰名商标，为历年最多的一年，全省驰名商标总数达62件，数量居中西部第一、全国第九。2009年，湖南省工商行政管理局共认定湖南省著名商标401件，全省著名商标总数达992件。

二、强化商标宣传培训有新起色

2009年4月19日，湖南省工商行政管理局会同湖南省知识产权局等8部门在湖南大学举行

了2009年“4·26世界知识产权宣传周”活动启动仪式，在全省组织了为期一周的集中宣传活动。2009年6月23日，根据湖南省工商行政管理局提议，省政府新闻办召开驰名商标新闻会，向社会发布了湖南省2009年上半年认定的驰名商标情况，湖南省工商行政管理局领导代表省政府发布新闻并回答了记者提问。2009年7月中旬，湖南省工商行政管理局联合省商标协会为企业免费举办两期商标品牌创新型企业商标专干培训班，参加人员达200多人。随着企业商标意识的不断增强，湖南省商标注册保持快速发展势头。2009年，全省共申请注册商标15 777件，核准注册16 863件，比2008年分别增长53%和120%，全省有效注册商标累计达61 750件。

三、推动地理标志证明商标注册有新进展

组织对农产品商标和地理标志注册保护情况进行调查摸底，深入常德、郴州、衡阳、岳阳、株洲、湘潭等地进行调研，鼓励和引导农民、涉农企业和有关协会主动申请注册农产品商标和地理标志证明商标。2009年，湖南省“安化黑茶”“隆回龙牙百合”“江永香柚”等13件地理标志证明商标被核准注册，比2008年增加6件，为历年最多的一年，全省地理标志证明商标总计达32件，在全国排名第七。

四、服务企业商标工作有新提升

狠抓了对全省800家商标品牌创新型企业跟踪指导、服务工作的落实到位，进一步明确了工作任务，细化了工作内容，强化了工作责任，将指导服务商标品牌创新型企业工作纳入对市州工商行政管理局年终综合考核的重要内容。深入娄底、邵阳、永州、衡阳等地进行督查调研，指导各地工商行政管理部门建立商标品牌创新型企业商标档案，开展个性化、针对性的商标服务。积极组织企业参加第三届中国商标节并取得丰硕成果，隆平高科董事长被评为中国商标创新领军人物、梦洁家纺、株洲钻石被评为中国60件最具竞争力商品商标，克明面业、明园蜂业被评为中国60件最具竞争力农产品商标，湖南卫视被评为中国60件最具竞争力服务商标，浏阳花炮被评为中国60件最具竞争力地理标志证明商标，浏阳、长沙县、宁乡3县市被授予中国商标百强县称号，成为中西部入围百强县最多的省份，有效提升了湖南省商标品牌形象和影响力。

五、保护商标专用权工作有新成效

组织全省工商行政管理系统以查处侵犯驰名商标、著名商标、农产品商标、地理标志证明商标和侵犯食品、种子、农药、化肥商标以及涉外商标的假冒侵权案件作为执法重点，进一步加大了商标行政执法力度，开展了一系列专项商标执法行动。2009年，湖南省工商行政管理系统共查处各类商标违法案件736件，案值2522万元，没收销毁侵权商品24 637件、商标标识69 237件，有力维护了商标专用权人和广大消费者的合法权益。

此外，精心组织湖南省企业参加、参展国家知识产权局举办的中国西部国际博览会中国驰名商标馆、亚太地区地理标志国际研讨会等一系列活动，得到了国家知识产权局的充分肯定。在国家知识产权局召开的全国工商行政管理系统贯彻《国家知识产权战略纲要》大力推进商标战略实施工作会议上，湖南省工商行政管理局作为8个发言单位之一在会上作了发言。湖南省工商行政管理局和2个市级工商行政管理局、5个县级工商行政管理局、15个工商行政管理所、15名个人作为全国工商行政管理系统商标工作先进集体、先进个人受到国家知识产权局表彰。

（湖南省工商行政管理局）

版权工作

2009年，湖南省各级版权行政管理部门以邓小平理论、“三个代表”重要思想为指导，深入学习实践科学发展观，围绕中心、服务大局，坚持加强执法和促进发展并举的思路，创新工作方式、突出工作重点，提高服务管理水平，不断完善版权工作六大体系建设，推动版权工作取得了新的进展，为实现科学发展、提升自主创新能力、构建创新型湖南作出了新的贡献。

一、严格监管，切实维护权利人的合法权益

加强版权市场日常监管工作。各地版权部门以网吧、电脑培训学校、电脑城、出版物经营单位为重点，采取备案登记、实地检查、订立责任状等工作措施，认真履行监管职责，有效规范市场秩序。一年来，湖南省各级版权部门共检查经营单位8 058家，立案查处侵权盗版案件259起，移送司法机关案件10起，收缴盗版软件光盘、电子出版物、图书等各类侵权制品75.4万件（册），进一步净化了市场环境，维护了著作权人的合法权益。

开展打击网络侵权专项行动。召开工作会议，制定湖南省打击网络侵权专项行动的相关实施方案，设立并公布了举报电话。针对网络侵权盗版的特点，通过在线浏览、检查作品授权书等方式，对红网等34家门户网站实施了主动监管，及时掌握了这些网站作品使用的情况。指导网站健全版权管理制度，引导星辰在线等网站成立了负责版权事务的法务部门，指定专人审查版权授权合同。常德、怀化等市对学校局域网进行了全面清理，防范“三无网站”和侵权盗版内容的接入。衡阳市在当地大型网站设置虚拟网络警察，方便上网用户及时在线举报侵权盗版信息。通过采取多种技术措施，版权部门提高了网络环境下的执法效能和精准度，专项行动期间，湖南省共查处各类网络侵权盗版案件33起，没收侵权服务器14台，关闭非法网站26家，查处了世纪影院网站侵犯影视作品著作权案、心连心网络会所侵犯影视作品著作权案、肖某通过网络销售盗版软件案、魔域游戏私服案、天龙八部游戏私服案等一批重大网络案件，有力打击了网络侵权盗版违法行为。

规范图书馆作品传播秩序。根据国家版权局等中央四部门《关于加强图书馆著作权保护工作的通知》，重点组织16家社会公共图书馆和38家普通高等学校图书馆、62家高等职业技术学校图书馆认真开展版权授权自查自纠工作，督促各图书馆建立健全版权管理与保护制度，提高版权管理和版权保护水平，形成良好的作品使用和传播秩序。

二、克服困难，努力推进企业软件正版化工作

2009年，湖南省列入软件正版化年度工作目标的企业共有500家，是全国各省区平均任务的1.5倍，工作量大，任务重。由于受到金融危机影响，一些企业的经营情况不容乐观，资金压力增大，企业软件正版化工作面临着新的挑战。我们克服种种不利因素的影响，认真筹划，积极推进。一年来，湖南省共举办各类正版化培训班21次，培训企业人员1712人次，进一步提高了企业的认识。株洲市把推进企业软件正版化纳入政府部门工作业绩考评体系，不断强化政府相关部门的工作责任。长沙、衡阳、怀化等市将软件权利人投诉集中的医疗卫生、酒店、设计行业等相关企业纳入正版化工作范围，并将其行业主管部门增补为正版化工作领导小组成员，增强对企业指导的针对性。常德、郴州等市对被投诉的企业，在进行诫勉谈话的同时，指导其制定解决方案，帮助企业有效化解法律风险。岳阳、邵阳等市实施正版化“回头看”机制，定期对已经完成正版化工作的企业进行回访，重点检查盗版软件卸载和正版软件更新的情况，防止盗版软件出现反弹。

通过各级版权部门扎实有效的工作，湖南省企业软件正版化工作取得了新的进展。截至2009年年底，列入年度目标的500家企业中，402家企业共投入资金3126万元，采购、安装正版软件3万余套，正版化率超过90%。正版化工作的强力推进，为软件企业的发展营造了一个公平、有序的市场环境，有效激发了企业的创新潜能。2009年湖南省软件著作权登记1327件，比上年增长113%，增长速度首次位居全国第一，登记数量首次进入全国前十强行列。

三、围绕大局，着力推动版权相关产业发展

（一）积极推进“版权兴业”工程

把推动“版权兴业”作为版权工作落实《湖南省知识产权战略实施纲要》的重要任务和专项工程。

（二）组织开展版权战略研究

成立了由版权管理部门、企业代表和专家学者组成的“湖南版权战略研究”课题组，对湖南省版权产业的现状和存在的问题进行了调研，同时借鉴外省版权产业发展的成功经验，形成了《湖南版权战略研究报告》，提出了以现代出版传媒等核心版权产业为支撑，以网络、动漫游戏、广告装潢、工业品外观设计等新兴版权产业为新增长点，以长沙、株洲、湘潭地区为重点区域，培育和发展湖南省版权企业自主创新能力和综合竞争力，提高版权创造、管理、保护和运用的综合能力发展思路。

（三）推动版权产业基地建设

在充分座谈调研的基础上，指导长沙晚报报业集团启动了湖南出版创意产业园区的筹建工作，初步完成了园区方案的设计和前期论证，为项目申报和组织实施奠定了基础。加强对企业版权工作的指导。先后赴湖南美术出版社、湖南科技出版社和梦洁、宏梦、三辰、拓维信息等全国知名的版权企业以及株洲醴陵陶瓷产业基地进行调研，了解企业作品创作和版权登记、管理、使用的

情况，指导帮助其建立健全版权管理制度，形成开发版权、拥有版权、经营版权、保护版权并重的经营模式。

（四）促进版权作品的创造与使用

不断提高工作效率和服务水平，湖南省2009年共办理引进版权合同登记171件，办理各类版权作品登记438件，较上年增长47%。组织企业参加各种版权贸易活动，推荐湖南卫视参加“2009中国版权产业最具影响力企业”评选并成功入选。

四、讲求实效，大力开展版权法制宣传和教育培训

（一）加强社会宣传

协助拍摄了“知识产权在湖南”专题电视片，宣传了湖南省版权保护工作的成就。围绕“4·26知识产权宣传周”，与湖南省知识产权局、省工商行政管理局一起组织开展了以“保护知识产权，促进创新发展”为主题的大型宣传活动，发布了《湖南知识产权保护白皮书》，扩大了版权工作的社会影响。

（二）加强校园宣传

努力推动版权教育进校园，在湖南省教育厅的大力支持下，结合学校的日常教学工作，通过举行主题班、队会和出板报、墙报等方式，在湖南省中小学生中开展了版权教育活动，提高了青少年自觉抵制侵权盗版的法律意识。

（三）加强执法培训

积极组织各市州版权执法人员参加国家版权局、中国版权保护协会等举办的执法培训班和研讨会，促进业务素质的提升。针对网络版权执法技术性、专业性强，基层执法人员执法经验普遍不足的问题，首次举办了湖南省网络版权执法培训班，国家版权局的领导和国内知名的版权法律专家以及湖南省公安厅网监总队的技术专家，分别就网络版权行政执法实务、网络版权法理论、网络调查与取证技术等内容进行了专题讲授，70余名市县的执法人员参加培训，收到了良好的效果。

总体上看，2009年版权工作按照中央的要求和国务院关于知识产权的战略部署，围绕版权法制体系、政府行政管理体系、公共服务体系、社会参与体系、内部工作体系和国际应对体系，抓住了重点、形成了亮点、攻克了难点、减少了盲点，较好地促进了版权事业的繁荣和版权产业的发展，为2010年创新版权工作打下良好的基础。

（湖南省版权局 版权处）

司法工作

2009年，湖南省法院紧紧围绕党和国家工作大局，认真开展知识产权审判工作，依法审理各类知识产权案件，积极促进科技进步、品牌创新和文化繁荣，为湖南省知识经济的发展和和谐社会的构建提供强有力的司法保障。2009年共受理知识产权一、二审民商事案件548件，审结436件，结案率为79.6%，收结案基本平衡。

一、从服务大局出发，充分发挥知识产权司法保护的职能作用

（一）围绕创新型国家和创新型省份建设，依法审理好专利等技术类案件

全年共审结专利案件52件，主要包括专利、技术秘密、计算机软件等技术性知识产权纠纷案件。准确把握专利审判的司法政策，依法确定合理的专利保护范围和强度，既激励自主创新又维护公平竞争，既保护技术投资又鼓励技术应用，不断优化有利于自主创新的法治环境。

（二）围绕品牌带动战略实施，依法审理好商标权纠纷案件

审结了商标权纠纷案件192件，商标权纠纷案件较2008年上升了31%。受理了一批涉及知名品牌案件，如派克笔、宝马汽车、上海立马电动自行车、经阁铝材、特步鞋、绝味鸭脖等。全省法院紧紧围绕品牌带动经济发展这一要求，与行政部门形成合力，切实保护品牌企业的知识产权。

（三）围绕净化文化市场，依法审理好著作权等纠纷案件

审结著作权纠纷案件156件，较2008年有小幅下降。不断加大对文字作品和录音录像制品等著作权的司法保护力度，健全完善著作权损害赔偿认定机制，提高判定侵权赔偿数额的准确度，合理体现智力创造的市场价值。

（四）围绕市场诚信体系建设，依法审理好各类不正当竞争案件

严格遵循诚实信用、维护公平竞争和保护在

先权利等原则，依法制止不正当竞争行为，保障市场经济健康发展。针对"搭便车""傍名牌"较严重的现象，充分运用审判职能，依法制裁虚假宣传等混淆市场的行为。

二、不断完善审判工作机制，进一步提升知识产权司法保护水平

（一）强化诉讼调解，维护社会和谐稳定

进一步贯彻调解优先、调判结合的原则，不断创新调解工作机制、拓宽调解思路、开辟调解途径，形成了一整套知识产权案件调解工作经验。全省法院审结的436件案件有226件以调解或撤诉的方式结案，调解撤销率为51.8%，调解撤销与2008年基本平衡。针对知识产权系列案件较多的特点，及时建立全省法院系列案协调解决制度，调解案件形成全庭或全省合力。

（二）加强审判指导，确保知识产权司法标准统一

为了全面贯彻落实科学发展观，不断强化知识产权司法保护力度，促进区域经济发展，出台了《关于贯彻落实国家知识产权战略纲要，不断强化知识产权司法保护的意见》，进一步统一了全省法院知识产权司法保护理念，明确了保护方向和保护措施。注重知识产权审判热点、难点问题的调查与研究，先后组织了音像制品著作权侵权赔偿问题的调研、网络电子公证证据法律问题的调研、驰名商标司法认定案件的调研等专题调研活动，对普遍存在的疑难问题加以明确。及时通过湖南省高级人民法院的判例指导案件审判，规范裁判标准。

（三）全面复查驰名商标认定案件，建立对重点案件的监督制度

根据最高人民法院和湖南省高级人民法院党组指示，湖南省高级人民法院有计划地开展了对驰名商标司法认定案件的全面复查工作。通过下发通知，制定了复查方案，拟定了包括16项内容的复查表，分批次、分阶段地对2005年以来驰名商标认定案件进行逐案复查。根据最高人民法院要求，将涉驰名商标认定的一审案件管辖权集中到长沙市中级人民法院，重申了下级法院必须严格执行有关内部审核的规定。2009年，湖南省涉驰名商标司法认定诉讼大幅减少，此类案件的受理和审判均得到了严格的规范。建立了重点类型案件的监督制度。

（四）加强对外交流，不断提高法官业务能力

2009年，湖南省高级人民法院知识产权庭通过理念教育、办案实践、集中培训、业务研讨、经验交流、外出考察等途径，切实提高全省知识产权法官适用法律、驾驭庭审、诉讼调解和判决说理的能力。积极支持和鼓励法院进行业务培训和学习，组织法官参加了最高人民法院组织的反垄断法民事诉讼座谈会、音像制品著作权侵权赔偿问题研讨会、知识产权审判新问题研修班等，全年共派出30余人次参加最高人民法院组织的知识产权研讨会或培训班，进一步拓展了法官审判视野，提高了业务能力。

三、积极探索知识产权保护新途径，继续发挥知识产权司法保护的主导作用

（一）大力开展"优化自主创新司法环境"年度主题活动

在最高人民法院的部署下，结合湖南省2009年知识产权司法保护工作的总体规划，着力开展了"优化自主创新司法环境"年度主题活动。2009年年初下发通知，制订方案，对不同的中级人民法院有针对性地部署工作；2009年年中开展中期检查，跟踪活动开展进程；2009年年底进行了总结，进一步推广活动经验。在此次开展的年度主题活动中，湖南省高级人民法院组织召开了驰名商标司法认定案件座谈会、湖南省文化产业知识产权保护问题研讨会和《专利法》修改涉及审判工作重点问题座谈会，分别就相关问题进行了深入交流和沟通。

（二）认真做好司法建议工作，帮助企业树立知识产权保护意识

对在知识产权案件审理中发现相关行业、相关单位工作中存在的问题，及时提出有针对性、实用性的司法建议。

（三）积极组织宣传，努力增强社会公众知识产权保护意识

全省法院始终关注知识产权审判工作与法治环境的密切联系，通过加强司法延伸服务，积极倡导鼓励创新、保护知识产权权利人的意识。2009年4月，各中级人民法院均组织知识产权司法保护宣传活动。湖南省高级人民法院参加了"4·26

世界知识产权日"进高校宣传活动，对高校学生进行了生动的法治教育与宣传，有效发挥了司法引导作用。长沙市中级人民法院召开知识产权司法保护新闻发布会，介绍了知识产权保护情况，公布了"2008年度长沙市知识产权典型案例"，同时在其下辖的天心区、岳麓区法院组织公开开庭活动，进行网络同步直播，邀请湖南省、长沙市人大代表、政协委员、法官形象监督员、工商企业界代表、省内各大新闻媒体 、高校师生旁听。湖南省人民法院审理的王志荣与湖南出版社出版合同纠纷一案被最高人民法院收录到2008年50个知识产权典型案件中。继续推进庭审网络直播和裁判文书上网工作，知识产权裁判文书上网率达到100%。

（湖南省高级人民法院知识产权审判庭）

检察工作

2009年，湖南省检察机关立足本地实际，切实履行法律监督职能，加强行政执法与刑事司法相衔接工作，积极开展保护知识产权工作，努力发挥检察机关在知识产权刑事司法保护中的作用，加大打击侵害知识产权犯罪的力度，净化湖南省市场经济环境，促进依法行政，取得了良好效果。

一、依法严厉打击侵犯知识产权犯罪

湖南省检察机关充分发挥检察职能作用，与行政执法机关、公安机关等部门密切配合，依法及时批准逮捕、起诉涉嫌侵犯知识产权的犯罪分子。据统计，2009年湖南省检察机关共受理提请批准逮捕涉及知识产权犯罪案件40件76人，批准逮捕35件61人，共受理起诉侵犯知识产权犯罪35件68人，起诉17件29人。

二、加强协作，形成打击侵犯知识产权犯罪合力

整合资源，加强与各方协作，是做好行政执法与刑事司法衔接工作的重要保障。湖南省人民检察院要求各级检察院主动深入各行政执法机关，加强沟通协调，争取各方面的支持与配合，采取灵活多样的措施，寻求监督衔接点，打造行政执法与刑事司法衔接工作新局面。为避免走访制度流于形式，湖南省人民检察院要求各级检察机关侦查监督部门加大走访力度，改变走访形式，采用定期与不定期的上门监督检查的方式，促进工作深入开展。为广泛发现线索，吸收社会公众参与，提升监督空间，湖南省检察机关通过聘请信息联络员等方式，拓展监督范围。针对以前订立的各项制度缺乏操作规程的情况，湖南省检察机关主动和相关行政执法机关联系，就实践中存在的问题进行商讨，研究解决办法，共同提出各项制度的具体规定，规范移送和报备行为。

为帮助行政执法人员提高调查取证能力，湖南省检察机关坚持对行政执法查处的涉嫌犯罪案件实行提前介入制度，对案件的性质涉及罪与非罪进行把关，指导行政执法机关工作人员收集、固定证据并及时移送，确保案件得到有效查处。如长沙市人民检察院在办理梁某某等人销售、复制盗版书案中，鉴于该案涉案金额高达两千余万元，影响较大，长沙市人民检察院提前介入该案，对行政执法机关如何配合公安机关取证进行引导，提出收集、固定证据及对涉案图书进行鉴定的意见，使该案在较短的时间内取得重大突破，有力地震慑了犯罪。建立侦捕诉审衔接机制，为保障行政执法移送包括侵犯知识产权在内的涉嫌犯罪的案件质量，在公安机关侦查过程中，根据需要适时提前介入，引导公安机关调查取证，就侦查中遇到的有关情况及时加强沟通。在案件提请逮捕阶段，主动邀请公诉部门参加案件讨论，并结合公诉部门的意见，列出引导补证提纲，对法律没有明确界定的疑难复杂案件，主动向法院进行咨询、沟通，确保案件质量，同时还对法律适用等问题进行探讨、总结，联合形成规范性的指导意见。

三、多措并举，积极推动行政执法与刑事司法衔接工作

（一）立足实际，找准行政执法与刑事司法衔接工作的切入点

科学规划是做好一项工作的先决性条件，全面掌握行政执法与刑事司法衔接工作的实际情况是科学规划的前提条件。湖南省人民检察院在对行政执法与刑事司法衔接工作进行调查了解的基础上，科学规划，针对实际确定了"由点及面，重点突破，全面铺开"的工作思路，为行政执法与刑事司法衔接工作指明了方向。湖南省行政执法与刑事司法衔接工作在全国相对滞后，为找到症结，湖南省人民检察院要求各地对开展行政执法与刑事司法衔接工作中存在的问题进行研究、总结、剖析，湖南省人民检察院在充分调研的基础上进行了综合分析，了解并掌握各地工作开展情况的第

一手材料及存在的问题，为合理规划、部署工作创造了条件。湖南省人民检察院通过问计基层、问计行政执法机关的方式，收集整理他们的意见，了解其他省市开展行政执法与刑事司法衔接工作的举措，了解各兄弟省市人民检察院的工作情况，学习借鉴他们的经验、做法，为科学谋划做好铺垫。通过上述工作，湖南省人民检察院了解到各行政执法机关对行政执法与刑事司法衔接工作有的在观望，有的支持并积极参与，有的甚至消极对待。各地检察机关在开展衔接工作时也是各谋其政，重点、方向不明确。针对这一情况，湖南省人民检察院提出“由点及面，重点突破，全面铺开”的工作思路，即先从愿意并支持行政执法与刑事司法衔接工作的行政执法机关入手，形成良性的运作机制后，以示范作用影响其他行政执法机关开展衔接工作。同时，要求各市州检察分院结合本地实际，有重点地选择几个行政执法机关开展工作，以促进行政执法与刑事司法衔接工作全面发展。

（二）加强引导，强化工作的积极性

侦查监督部门是检察机关行政执法与刑事司法衔接工作的联络、工作部门，由于承担了大量的业务及社会工作职责，人少事多情况突出，容易对行政执法与刑事司法工作产生应付心理，主动性不够。为改变这种状况，湖南省人民检察院积极营造监督氛围，采取多项措施，改变被动局面，增强衔接工作的主动性。在湖南省检察机关侦查监督工作会议上，要求全省各级检察机关侦查监督部门充分认识行政执法与刑事司法衔接工作的重要性，把加强对行政执法活动的监督作为侦查监督工作一个新的增长点，提高法律监督能力，并要求各地积极落实会议精神，及时、迅速地传达各基层人民检察院和每位侦查监督干警，统一思想。湖南省人民检察院每季度对全省开展行政执法与刑事司法衔接工作情况进行通报、点评，部分市州检察分院也采取季度通报的形式，对基层人民检察院的开展情况进行通报，达到激励督促目的。

（三）强化监督，增强行政执法机关的主动性

加强和改进行政执法与刑事司法衔接工作，需要检察机关和行政执法机关共同努力才能达到预期目的。实践中，由于涉及部门利益等原因，有的行政执法机关不愿意配合，甚至设置障碍。为此，湖南省人民检察院多措并举，促使行政执法机关主动配合，主动进行信息通报，主动将涉嫌犯罪的行政处罚案件在移送公安机关的同时向检察机关备案，对工作中存在的问题主动咨询检察机关。湖南省人民检察院在监督工作中，注重从实体与程序两方面来规范行政执法机关的移送工作。湖南省各级检察机关在加强与行政执法机关联系的同时，注重整合内部资源，相互协作，针对一些行政执法人员对涉罪案件不移送或降格处理的情况，加大对其职务犯罪的侦查力度，通过对行政执法机关涉嫌职务犯罪案件的查处，来规范行政执法行为，提高行政执法机关移交案件的主动性，促进行政执法与刑事司法衔接工作深入开展。2009年，湖南省检察机关结合工作实际，确定重点行业、重点部门和主攻方向，不断强化办案力度和办案措施，集中力量立案查办了一批重特大渎职犯罪案件。湖南省人民检察院为加大与行政执法机关的联系力度，认真剖析了一批行政执法人员职务犯罪的案例，在行政执法机关召开的培训班或类似的会议上进行讲评，促进行政执法机关及其工作人员规范执法行为。

（四）加大指导力度，实现上下联动

一方面，加大上级人民检察院对下级人民检察院行政执法与刑事司法衔接整体工作的指导力度，及时解答下级人民检察院提出的问题，协调处理行政执法与刑事司法衔接工作中出现的新情况、新问题，及时总结、转发、推广先进经验。另一方面，加强个案指导。湖南省人民检察院通过及时派员到基层人民检察院进行业务指导，协调、帮助处理个案，同时，坚持在办案中，严格把握个案质量，及时推广个案办理经验。

四、坚决防止和纠正对知识产权犯罪打击不力的现象

2009年，湖南省各级检察机关充分发挥法律监督职能，加强对行政执法机关抄送的侵犯知识产权案件《行政处罚决定书》副本的审查工作，对涉嫌犯罪的及时提出移送公安机关的建议，监督公安机关及时立案侦查侵犯知识产权犯罪案件。严肃查办侵犯知识产权违法犯罪背后的国家工作人员的职务犯罪，坚决打掉其“保护伞”，在立案监督和审查批准逮捕、审查起诉中注意发现和掌握侵犯知识产权违法犯罪背后的国家工作人员职务犯罪线索，对于涉嫌构成犯罪的坚决依法查办。

（最高人民检察院侦查监督厅）

广东省

专利工作

2009年，广东省专利工作紧紧围绕创新型广东建设，深入贯彻国家和广东省的知识产权战略纲要，积极推进专利领域各项重要工作，取得了较大成就，为应对世界金融危机、促进广东省社会经济的健康快速发展作出了突出的贡献。

一、运用专利制度应对世界金融危机取得重大成就

2009年，广东省实体经济受到了世界金融危机的严重冲击，为了全面了解自主知识产权在应对金融危机中的表现和作用，广东省知识产权局在2009年上半年，对全省253家省级知识产权优势企业中的169家企业开展了“企业运用知识产权应对全球金融危机专项调研”。调研表明，广东省的知识产权优势企业经受住了严峻考验，绝大部分企业实现逆势而上，成为广东省经济发展中的亮点。知识产权成为广东省经济社会发展的稳定器和助力器。

二、专利产出能力和水平继续大幅提升

截至2009年年底，广东省累计专利申请总量、专利授权总量分别超过75.8万件和45.5万件，均居全国第一，成为专利大省。2009年，广东省专利工作继续保持良好发展势头，各项专利指标从数量扩大向质量提升转变。广东省全年专利申请量125 673件，同比增长20.98%；专利授权量83 621件，同比增长34.8%。其中发明专利申请量32 247件，同比增长14.76%；发明专利授权量11 355件，同比增长49.32%。发明专利申请量、授权量和有效专利数均居全国第一位，全省PCT专利申请量仍遥遥领先于其他省份，连续8年保持全国首位。在第十一届中国专利奖评选中，广东省获得4项金奖和26项优秀奖，获奖数量居全国第一位。

三、知识产权战略纲要实施工作稳步推进

2009年，广东省专利工作紧紧围绕全省中心工作，推动《广东省知识产权战略纲要》与《珠江三角洲地区改革发展规划纲要》协同实施。制定了《珠江三角洲地区改革发展规划纲要知识产权专项实施方案》，从加快法制建设、推动区域发展、提升创新能力、推进核心专利技术转化等方面制定了33项贯彻《珠江三角洲地区改革发展规划纲要》、带动《广东省知识产权战略纲要》实施的具体措施。

目前，全省2/3以上的地市制定了本地区的《知识产权战略纲要》或《知识产权战略纲要实施方案》，其余各市均已完成研究制定工作，正在提请市政府审议过程中。

四、专利工作政策环境继续优化

2009年，广东省知识产权局继续大力推进专利政策的贯彻落实，为广大企事业单位特别是专利权人提供优良的公共服务。

（一）大力促进专利实施，为企业运用专利制度提供平台

择优选取了10个“龙头”项目列入年度实施计划。组织并扶持5家创新型企业和34个优秀知识产权项目参加各类大型会展。成功举办了第二届顺德国际工业设计与创意博览会。知识产权质押融资工作取得实质性进展。佛山市建立了知识产权质押融资企业信用和风险控制体系，广州市政府与工商银行、农业银行、中国银行、建设银行、交通银行五大银行签署了“促进知识产权质押融资合作协议”。

（二）推动和规范专利申请资助工作，提高专利申请质量

广东省及时下拨了2008年国（境）外专利申请资助经费，资助奖励国（境）外专利申请2510件，组织开展了2009年国（境）外专利申请资助的申报与审批工作和2009年中小企业、事业单位和科研机构PCT专利申请资助组织申报工作。制定出台《广东省促进专利申请工作激励措施》，落

实全省“促进专利申请工作激励经费”。

（三）加大专利奖励工作力度，鼓励专利为社会作出贡献

在重奖广东省获国家专利奖项目的基础上，对获得2009年广东专利奖金奖13项、优秀奖55项的68家单位PCT专利申请量名列前茅的企业进行奖励。开展优秀女发明人的评奖推荐工作，4人获第四届“新世纪巾帼发明家”荣誉称号。

五、专利保护工作取得突出成效

2009年全年，各级知识产权局立案受理各类专利纠纷案件143件，结案92件；立案查处假冒、冒充专利案件共14件，结案15件；出动执法人员747人次，检查商业场所179次，检查商品126 218件；移送冒充专利案件8起。

为推动2008年修改后的《专利法》顺利实施，广东省知识产权局通过承办国家知识产权局的《专利法》第三次修改广州宣讲会等多种宣传形式，促进专利法在广东省的普及宣传。同时，积极推动加快《广东省专利条例》的制定进程，进行了4次修改，12月，广东省府法制办审核通过了该条例。制定并实施了《广东省2009年“雷雨”“天网”知识产权执法专项行动实施方案》，在“4·26世界知识产权日”期间组织开展了全省知识产权联合执法及宣传活动；召开了2009年广东省10个知识产权典型案件发布会。

积极开展申报进入第一批“5·26国家区域执法保护工程”的有关工作，开展省际、区域间和部门间的执法协作，召开了全省专利行政执法工作会议，举办了“泛珠三角区域九省（区）专利行政执法协作协议签署仪式暨首次执法协作会议”。

继续打造中国进出口商品交易会（以下简称广交会）知识产权保护“金字招牌”，组织进驻了第105～106届中国进出口商品交易会、首届广东外商投资企业产品（内销）博览会、第六届中国国际中小企业博览会和第30～31届广州国际美容美发化妆用品进出口博览会等重要会展开展知识产权保护工作。

六、专利管理和服务体系不断健全

2009年，在广东省政府机构改革中，广东省知识产权局的机构和职能得到进一步的加强。在专利信息化建设和应用方面，开展广东省重点产业专利信息综合应用服务平台建设，继续扶持广东省企事业单位使用“企业知识产权信息管理系统”和“专利信息分析系统”，推进“广东省重点产业、行业外观专利图像分析服务平台”项目建设。同时，深入开展专利信息数据分析研究，完成2009年全省发明专利及PCT专利调查、《泛珠三角区域有效专利分析》《广东省珠三角地区专利技术转化研究》等多个项目，为政府和企业制定发展政策提供了决策依据。

依法做好专利代理机构及分支机构的设立审批及年检工作，完成“2009年全国专利代理人资格考试”广州考点考务工作。截至2009年年底，全省共有专利代理机构89家，分支机构92家，执业专利代理人632名。同时，广东省还完善了专利代办“绿色通道”，为专利申请提供优质高效服务。广州代办处全年共受理专利申请文件66 785件，同比增长20.22%；专利实施许可合同备案量为1928件，同比增长336%；专利登记簿副本出证775件，同比增长20%。

七、专利优势企业和区域队伍继续发展壮大

2009年，广东省遴选了50家知识产权优势企业和10家知识产权示范企业予以扶持；配合国家知识产权局完成了第一批全国企事业知识产权示范创建单位（8家）和第三批全国知识产权试点企事业单位试点（5家）的总结验收工作；开展第四批全国企事业单位知识产权试点申报工作。广东省有8家企事业单位跻身全国知识产权示范单位行列，示范单位数居全国第一，46家单位进入全国第四批企事业单位知识产权试点。

在培育优势区域方面，继续实施广东区域知识产权发展计划，与21个市签订了区域发展计划合同书；开展广东省知识产权区域试点，有10个区域跻身2009年试点行列；与科学技术厅联合制定了《广东省专业镇知识产权专项行动（2009～2011年）实施方案》，选定10个专业镇参加知识产权专项行动；稳步推进国家知识产权强县工程的实施，广东省6个城区进入国家知识产权强县工程行列。

八、专利宣传与对外合作交流并驾齐驱

2009年，广东省进一步加大了对专利制度的宣传力度。开展了“发展自主知识产权，积极应对金融危机”系列报道。精心组织开展“4·26知识产权宣传周”活动，发布了《2008年广东省知识产权保护状况》中英文白皮书，举办了“高新技术企业

自主创新与知识产权论坛”，召开了全省知识产权新闻通联工作会议。“华为公司运用知识产权优势应对金融危机”“第105届广交会知识产权保护工作取得成效”等一批信息被国务院、省委、省府办公厅的要讯刊物采用。

同时，积极推动专利工作的对外合作交流。参加了世界知识产权组织跨区域知识产权高级论坛，举办了“促进和鼓励中英知识产权制度的使用和理解研讨会”和“中美日欧外观设计保护论坛”，与美国全国商会共同主办了“珠江三角洲地区创新与知识产权国际研讨会”。粤港澳知识产权合作成效显著，与香港知识产权署签署了《2009年至2010年粤港知识产权合作协议》，粤港保护知识产权合作专项调研成果被广东省政府纳入《粤港合作框架协议》(草案)。泛珠三角区域知识产权合作取得新进展，建立了泛珠三角区域内地九省(区)专利行政执法协作机制。

(广东省知识产权局)

商标工作

2009年，广东省商标管理工作围绕深入学习落实科学发展观，贯彻全国工商行政管理工作会议和《珠江三角洲地区改革发展规划纲要》，不断强化“三大理念”，加强商标专用权的保护，贯彻落实《国家知识产权战略纲要》，大力推进商标战略实施，结合全系统政风行风评议工作，努力做好职能转型、服务升级，在保护商标专用权，维护市场经济秩序，实施名牌带动战略，服务经济社会又好又快发展等方面作出了努力。

一、积极开展政风行风评议活动

根据广东省工商行政管理局《2009年广东省工商行政管理系统民主评议政风行风工作实施方案》的部署，全省商标管理部门按照“依法行政、文明监管、优质服务、清正廉洁”的政风行风建设标准，认真开展民主评议政风行风工作，商标管理人员思想受教育，工作上水平，主动发挥职能作用。

一是广东省工商行政管理局商标处组织全处人员深入学习，充分领会民主评议政风行风活动的重要意义，并在商标处内部办公管理系统开设了政风行风评议专栏；开展自查自评，认真查摆存在问题。姜海平副局长带队走访了部分市局，征求了对商标管理工作的意见。根据基层反映的问题，边查边改，积极转变工作作风。对每一位工作人员提出了明确的要求，接待来访和电话咨询要做到耐心、细致和认真解答，不厌其烦。要充分运用专业知识，尽可能提供帮助。积极落实整改，根据分析存在的问题，提出了相应的整改措施：(1)与法规处联合开展执法调研，了解全省商标行政执法中存在的问题，进一步加大执法力度，完善执法程序，提高执法效能；(2)制定《商标工作指南》，为基层开展商标管理工作提供明确指引；(3)加强与知识产权管理部门和相关组织的合作，以促进部门之间的信息交流，完善合作方式。同时协助办公室顺利完成了“民生热线”和接待网民的工作，及时解答了当前企业和群众关心的商标热点问题。

二是各市局结合工作实际，认真开展民主评议政风行风工作，做到“两手抓，两不误”，以行评促进思想观念转变和工作作风改进，加大商标专用权保护力度，为促进地方经济社会平稳快速发展而尽职尽力。广州市工商行政管理局以行评促工作，创新服务模式，改进工作作风，圆满完成行评和四服务的各项工作。(1)开展“百家企业商标专题座谈会”活动。2009年4月27日～5月13日，在越秀、荔湾、天河等10区(市)工商行政管理分局组织了10场企业座谈会，160多家驰、著名商标企业分别参加了所在地辖区工商行政管理分局组织的座谈，认真听取了与会企业在商标注册、使用、管理和保护中遇到的问题。(2)认真落实“工商服务进万家”工作，切实帮扶企业培育自主品牌。

二、商标宣传工作

2009年4月26日是第九个世界知识产权日，根据国家工商行政管理总局《关于贯彻落实2009年全国知识产权宣传周活动方案的通知》的有关要求，突出重点，注重实效，策划了《纪念4·26世界知识产权日宣传计划》，组织了多种形式的宣传活动，收到了良好的社会效果。2009年的商标宣传工作体现出以下几个特点。

(一)领导重视，周密安排，细化方案，认真组织落实

广东省工商行政管理局高度重视知识产权宣传周活动，以内部明电的形式及时向各市转发国家工商行政管理总局《关于贯彻落实2009年全国知识产权宣传周活动方案的通知》，并制定了宣传

方案，号召全省各市结合实际多形式、多渠道的开展各项宣传活动，确保宣传效果。

（二）形式多样，营造良好的知识产权氛围

为使宣传周活动取得良好的社会效应，全省各级工商行政管理部门努力创造条件，创新宣传方式，组织了形式多样的系列活动。

(1)广东省工商行政管理局组织佛山、中山和东莞市工商行政管理局联合在《南方日报》上以“实施品牌战略 加快珠三角产业升级步伐”为题刊登跨版宣传，集中介绍广东省工商行政管理系统实施品牌战略的各项举措和取得的成绩，并于2009年4月23～27日连续五天在《南方日报》举办“商标知识有奖问答”，发动社会各界人士参与商标知识的学习。

(2)在对全省商标代理机构前期调研和整顿的基础上，广东省行政管理局组织了省内20家规模大、信誉好的商标代理机构联合发起商标代理机构诚信经营的倡议，在《南方日报》《广州日报》上刊登倡议书及发起单位名单，并于2009年4月24日举办了隆重的倡议仪式。彭海斌副局长到会讲话。

(3)拓宽渠道扩大宣传范围。2009年4月13～14日，广东省工商行政管理局商标处协助广东商标协会和东莞市工商行政管理局在东莞组织了商标战略会员交流活动，取得了圆满成功。2009年4月29日，广东省工商行政管理局商标处与中国欧盟商会举办了网络商标侵权问题研讨会。2009年10月16日，姜海平副局长带队一行16人赴四川成都参加第十届中国西部国际博览会。此届博览会由国家发展和改革委员会、商务部、工商行政管理总局等11个部门及全国12个省区市人民政府及新疆生产建设兵团共同主办。国家工商行政管理总局及四川省人民政府共同主办“中国驰名商标馆”，通过参加驰名商标展的活动，发挥驰名商标对推动商标战略实施、促进企业和社会经济发展、推动创新型国家建设起到积极的作用。广东省工商行政管理局组织了中兴通讯等4家企业参展。2009年10月27日，协助国家工商行政管理总局和欧盟2期合作项目，在广州举办了欧盟商标注册体系的培训。2009年11月9～12日，广东省工商行政管理局商标处及广东商标协会组织了46家广东优秀企业代表广东品牌参加在山东青岛举办的第三届中国商标节。通过统一设计、统一布展，将展区按行业划分，形成开放式的布局，以“广东品牌”整体形象亮相商标节，使得整个展区风格独树一帜，效果突出，得到了国家工商行政管理总局领导和外省工商行政管理部门同行的好评。在商标节对公众开放期间，广东展区的参观人流量最大。

(4)各市局也通过当地媒体，集中宣传商标知识和工作。中山、东莞、云浮、茂名、韶关、梅州等市局在当地电视台开辟专栏节目播放知识产权保护以及商标知识宣传短片。各市局都编制印发了商标宣传手册，累计发放各种宣传资料2万多份。在各镇、区、市的商业街等人流和车流量比较大的区域制作公益广告牌、灯箱、横幅等，在社会上努力营造出浓厚的商标宣传氛围。各地工商行政管理部门领导和商标管理人员主动走访企业、农户组织等，分析当前创品牌工作中存在的问题，共同探讨对策为企业解疑释惑。深圳市工商行政管理局组织编撰了《深圳市2008年度商标工作报告》，并在宣传周期间正式发布。东莞市工商行政管理局针对国际金融危机对企业的影响，充分利用电视台、报刊等媒体大力宣传自有品牌在企业发展战略中的意义和作用，详细介绍企业运用商标战略实现转型升级、有效抵御金融危机的做法和经验，有效提高企业抵御风险、驾驭市场的能力。

（三）继续加强普及商标知识的工作

2009年，广东省工商行政管理局多次派人参加一些部门组织的有关商标知识产权讲座和培训，先后派人去惠州、云浮、广州等地区和海关、知识产权局等部门组织的知识产权培训班授课。

三、商标行政执法工作

各级工商行政管理部门依法履行职能，加大商标行政保护力度，为促进科学发展和构建和谐社会营造了良好的市场环境。

（一）组织专项行动，保护注册商标专用权

各级工商行政管理部门纷纷组织商标专用权保护专项行动，依法查处商标侵权假冒案件。韶关市工商行政管理局积极配合开展了“韶关市2009年‘雷雨’‘天网’知识产权执法专项行动”，集中整治市区主要超市、批发市场中侵犯商标专用权现象，有力地保护了商标权利人的利益，净化了市场。中山市工商行政管理局组织各基层分局以日常巡查与专项行动相结合，主动查处与受理投诉相结合，保持高压态势对侵权案件多发行业、区域开展专项整治，并统一部署了保护“红牛”“娃哈哈”“联塑”商标等商标专用权的专项执法行动。2009年9月，广东省工商行政管理局组织了保护“半月清”注册商标专用权的专项行动。2009年1～9月，全省各级工商行政管理部门共查处商标违法案件3373件(不含以其他法律法规处理的商标案件)，其中涉外案件2006件，侵权假冒案件3102件，案值5599.31万元，共处罚款3607.42万元，收缴和消除商标标识211.23万件，没收、销毁侵权商品367.33万件，有8件案件6个涉嫌犯罪当事人被移送司法机关。

(二)协助亚组委做好2010年广州亚运会的保护工作

一是积极为亚运标志的保护出谋献策，提出了由国家工商行政管理总局制定行政规章或规范性文件的方式在全国范围内保护亚运会标志，得到了亚组委的认同。二是协助亚组委办理特殊标志和商标的注册。三是协助亚组委与国家工商行政管理总局和商标局沟通，将亚运标志保护工作列入了2009年工作重点。四是与亚组委办公室联合向广东省政府行文，请求省政府提请国家工商行政管理总局制定保护广州亚运会的特殊标志和注册商标的行政规章，争取全国各级工商行政管理部门都重视保护亚运会特殊标志和注册商标，为亚运会的成功举办创造良好的知识产权保护氛围。广东省政府已于9月15日正式提请国家工商行政管理总局制定亚运标志保护规章。广州市工商行政管理局为加大对亚运标志的保护力度，与亚组委建立了紧密的工作联系机制。一是派员参与亚运标志巡回宣法活动，在东莞、佛山和汕尾等分赛区，向300多百家企业代表宣讲亚运标志保护法律法规。二是邀请亚组委参与“3·15消费者权益保护日宣传咨询活动”，派发宣传小册子，向公众广泛宣传亚运会特殊标志的法律保护知识。三是对亚组委转办的侵犯亚运标志专用权案件，做好专人跟进、及时转办、严厉查处，2009年1～10月共查处侵犯亚运标志专用权案件15宗。四是积极参与广州亚运会知识产权保护联席会议的相关工作，定期向社会公布查处亚运标志的案件情况。2009年9月印发了《保护世界博览会和第16届亚洲运动会标志专有权行动方案》，定期开展全市性专项整治行动。

(三)加强展会知识产权保护

全省各级商标管理部门积极贯彻落实党中央、国务院和省委、省政府提出的扶持企业渡过难关、全面协调可持续发展及转型升级的总体要求，根据《展会知识产权保护办法》和广东省工商行政管理局确定的分级管理和属地管理相结合的原则，强化展会知识产权的保护。2009年5月，深圳市市场监督管理局派人驻场第三届中国国际文化产业博览交易会，加强展会期间知识产权保护工作。2009年9月，广东省工商行政管理局派员驻场第六届中小企业博览会，负责有关商标的咨询、宣传和侵权行为的举报投诉处理等工作。2009年4月和10月，广州市工商行政管理局出色完成了第105届和第106届广交会驻场商标执法工作。第105届广交会期间，广州市工商行政管理局组织了越秀、海珠、荔湾、专业分局共17名执法骨干驻场执法，共受理商标侵权投诉185宗。从第106届广交会起，广州市工商行政管理局创新工作方法，改变往届由多个分局轮流驻场执法的做法，指定由专业分局和展会所在辖区的海珠分局负责，派出懂英语、精业务的执法骨干驻场开展商标执法。据统计，共受理商标侵权投诉296宗，比第105届增加了60%，其中认定构成商标侵权案件258宗，暂扣侵权商品254件，为维护广交会正常交易秩序和国内外知名商标权利人的合法权益作出了积极贡献，受到了商务部、交易会参展商和与会客商的一致好评。东莞市工商行政管理局根据展会的特点确立了“小展会巡查、大展会驻点”的原则，加强对展会的商标监管，在毛织、名家具、模具制造机械等重点展会上设立商标知识产权投诉点，实时监控展会上的商标使用情况，树立了保护知识产权的良好形象。

(四)探索建立和完善商标监管长效机制

近年来，为加强对大型批发市(商场)的监管，我们不断深入调研，探索建立长效监管机制。广州市工商行政管理局做了积极的探索，一是充实完善了驰名、著名商标“红榜”和商标侵权企业“黑榜”，将新认定的驰名、著名商标企业在红盾网上公告，同时将被查处的商标侵权企业及时上网公示，强化社会监督。二是丰富了专业批发市场商标保护“二步处理”机制内容，在商品批发零售市场档位租赁合同增加了商标知识产权保护内容的基础上，指导、帮助市场开办者和场内业户建立实施“商标授权经营”“商标违法行为警示”“市场商标培育”等制度。三是深化涉外知名商标商品定点经营通告制度，加大对国际品牌保护力度。四是与国外驻穗机构建立了沟通联络机制，及时通报涉外知名品牌商标权的保护情况，建立了信息互通，沟通联络的良好机制。

（五）组织开展商标代理机构市场秩序专项整顿

2009年2～3月，广东省工商行政管理局组织全省工商行政管理系统对1084家商标代理机构开展了专项整顿行动，将其作为实施知识产权战略、推动自主品牌建设和促进广东省商标代理行业健康发展的重要举措。此次专项整顿主要有以下特点：一是研究制定了详细的实施方案。全省各级工商行政管理部门结合辖区内商标代理机构的实际情况，以掌握商标代理市场现状、及时处理各类违法违规行为、引导商标代理机构诚信规范经营、维护企业和群众利益、探索商标代理长效监管机制为目标，采取属地管理、分级负责、市局抽样检查相结合等办法，使专项行动的开展做到了有组织、有计划、目标明确、针对性强。二是高度重视此次专项行动的宣传工作。各级工商行政管理部门充分利用当地新闻媒体和网络向社会发布整顿告示，在工商行政管理局注册大厅和主要街区宣传栏张贴宣传标语，并通过投诉举报信箱和12315网络收集社会各界对商标代理企业违法违规行为的投诉。中山、江门等市工商行政管理局还公布了辖区内商标代理机构名单和工商行政管理部门投诉举报电话，广泛发动社会公众参与专项行动监督，有效地提高了专项行动的影响力和社会参与度。三是注重成效。经过全省各级工商行政管理部门的周密部署、充分准备和有力执行，为期2个月的专项行动取得了良好成效：(1)补充完善了商标代理机构监管名册。根据各地的上报情况，目前全省实有商标代理机构1084家，比原来掌握的760家增加了42.6%。(2)在一定程度上规范了商标代理行为。专项行动期间，全省各级工商行政管理部门共出动执法人员2300多人次、车辆586车次，实地检查了937家商标代理机构，发现73家已自行停止经营、32户拟注销或被吊销、147家无法查实，并分别作出了相应处理。(3)为建立商标代理行业监管长效机制奠定了基础。专项行动期间，全省各级工商行政管理部门在上门检查的同时，向商标代理机构发放并回收了376份《广东省商标代理企业调查表》。通过这种检查与调查相结合的方式，一方面摸清了辖区内商标代理市场的状况，另一方面为今后引导商标代理企业诚信经营、做好监管工作打下了良好基础。(4)完善了内部监督机制。广东省全省各级工商行政管理部门在整顿商标代理机构市场秩序的同时，认真开展内部自查自纠，注重建立规范的工作制度和监管机制，加强对商标管理人员的廉政教育，杜绝商标管理人员与商标代理机构内外勾结、非法牟利的现象，促进商标管理工作公开、公平、公正，自觉接受社会各界监督。通过此次专项行动，广东省工商行政管理局也发现在商标代理市场仍存在一些亟待解决的问题，譬如关于商标代理监管的法律法规不完善，对商标代理机构的监管缺乏有效手段，一定程度上导致了商标代理机构的服务质量参差不齐，容易形成恶性竞争，造成行业秩序混乱。又如由于广东省尚未成立商标代理机构行业管理协会，致使商标代理机构处于相对松散状态，行业培训、自律体系始终没有建立，一定程度上也造成了工商行政管理部门对监管对象的底数不清、监管困难。

（六）加强与相关部门的合作，提高执法效能

继续与海关、公安等部门加强沟通，并已初步达成了一定的共识。一是已与海关总署广东分署协商拟定了《广东省工商行政管理局海关总署广东分署关于在商标行政保护中密切合作的通知》，并征求了部分市工商行政管理局和广东省工商行政管理局法规处、经检处的意见，下一步将与海关总署广东分署商讨确定联合下发通知的事项。二是与公安部门合作方面，已收集了部分市局对涉嫌商标犯罪案件移送工作的意见，准备与广东省公安厅就案件移送的问题开展进一步讨论，并通过建立合作机制，使双方信息资源的优势得到互补。汕头市工商行政管理局与汕头海关签订了保护知识产权行政执法协作备忘录，建立知识产权执法协作机制，加强与汕头海关在商标专用权执法信息、品牌培育、执法队伍建设等方面的合作与交流，共同做好商标专用权保护工作，维护市场经济的公平有序。三是加强了与日本贸易振兴机构的合作。根据日本贸易振兴机构收集的日资在华注册使用的商标、商品类别、真伪鉴别方式、代理组织联系方式等信息整理成数据库，在红盾网上开辟了专栏，使全省工商行政管理系统都能及时了解日资企业在保护商标专用权方面的相关信息，得到了日本贸易振兴机构和日本企业以及其

他外资企业的好评。

四、贯彻落实《国家知识产权战略纲要》，大力推进商标战略实施，服务地方经济工作

（一）驰名商标认定取得了突破性进展

2009年4月，国家工商行政管理总局商标局和商标评审委员会公布了新认定的390件驰名商标，其中广东省54件，占此次认定总数的13.85%，在全国各省市中被认定的数量为最多，也是广东省史上被认定数量最多的一次，其中肇庆、清远、韶关、茂名四市也实现了驰名商标零的突破。目前广东省拥有驰名商标总数历史性地达到192件，位居全国首位。

（二）广东省著名商标培育和认定工作稳步推进

2009年，广东省各级商标管理部门重点抓好著名商标的建章立制和培育工作。广东省工商行政管理局制定了《广东省著名商标认定和管理规定》，还制定了相关实施细则和广东省著名商标评审委员会章程，征求了广东省经济贸易委、劳动保障厅、农业厅、环境保护局、质量技术监督局、食品药品监管局以及省消费者委员会、广东省商标协会和省质量检验协会的意见，经广东省著名商标评审委员会讨论通过，并报请省政府法制办审查通过后，于2009年7月31日印发实施。各级工商行政管理部门依照《广东省著名商标认定和管理规定》，积极引导企业做好著名商标的培育和申报工作。截至2009年7月31日，广东省工商行政管理局共收到各地级以上市工商行政管理局受理报送的广东省著名商标认定申请488件，延续申请493件，合计981件，比去年增加了7.8%，并对不予受理提出异议的13件申请进行了复审。目前已完成了不予受理异议的复审审查、申请材料审查、征求行业协会或者相关管理部门的意见、现场考察，以及各方面的信息汇总，集体讨论综合评价等程序，拟提出初审意见后送著名商标评审委员会委员审阅，并提请召开著名商标评审委员会会议进行评审。

（三）加强农业品牌的培育

广东省全省各级工商行政管理部门结合本省实施的名牌带动战略，积极开展农业品牌的培育和扶持工作，取得了一定的成效。2009年1～9月，广东省新增集体商标、证明商标3件，使全省地理标志证明商标总数达15件。

江门市工商行政管理局将商标富农工作列为重点工作狠抓落实，大力推进。一是指导新会陈皮协会对“新会陈皮”地理标志商标进行推广、规范使用。为了更好地利用“新会陈皮”品牌，新会工商行政管理分局商标管理人员多次走访新会农学会，帮其理思路、谋发展，指导其建立健全商标使用和管理制度，以进一步促进“新会陈皮”商标广泛应用于辖区陈皮柑种植户和销售经营者，抱团作战，扩大市场份额，充分发挥“新会陈皮”地理标志商标的作用，带动新会区陈皮柑种植业的发展；二是积极培育优质农产品商标做大做强，向广东省著名商标迈进。积极协助企业或协会建立健全商标管理制度，指导其规范使用商标，提高知名度，拓展市场份额，为企业做大做强增加砝码。市工商行政管理局、分工商行政管理局及工商行政管理所三级商标管理人员多次深入企业，积极指导新会区沙堆镇绿自然农业服务部将“绿沙堆”商标推广使用。目前，该注册商标已许可全镇所有农户、种养专业户和涉农企业（基地）使用，初步形成了以“绿沙堆”为统一品牌的无公害蔬菜基地、水产养殖基地、灵芝基地、水稻新品种基地、鳄鱼基地、现代化鸡场等多个特色农产品生产基地，总面积达2.2万亩，解决劳动再就业5000多人，初显以品牌为核心的“公司＋农户＋商标”的产业模式，产品销往广州、深圳、珠海等大城市。由于“绿沙堆”品牌产品属优质的农产品，得到消费者的喜爱，在市场已有一定的知名度，保障了产品的价格。三是积极引导和扶持有一定经济实力、知名度高、符合条件的涉农企业申请省著名商标。四是认真总结商标富农工作经验。2009年5月22～23日，商标富农经验交流会在新会、台山两地进行。与会人员参观考察了新会鳄鱼加工场、灵芝场，台山广隆咸鱼加工场、珍香大米加工场商标使用情况，听取了新会工商行政管理分局及沙堆工商行政管理所、台山市工商行政管理局及端芬工商行政管理所商标富农工作做法，及时总结了商标富农经验做法。

（四）大力推进商标战略实施

为贯彻落实“全国工商系统贯彻落实《国家知识产权战略纲要》大力推进商标战略实施”工作会议精神，广东省工商行政管理局组织了专题调研，并召开了部分企业座谈会。通过调研，使我们认识到，实施商标战略，一是要创造适应于市场主体健康发展的良好环境，通过政策引导、市场规范，促进市场主体依法经营、有序竞争。二是要激发市场主体内在的创新动力，促使其战略性地运用商标知识产权，使其形成核心竞争能力。实施商标战略，就是要结合广东省的实际，以商标战略引领并服务珠江三角洲地区发展战略以及现代产业体系建设、促进产业劳动力双转移。在调研的基础上，根据会议的部署和要求，起草了向广东省政府的报告，并结合广东省的实际，提出了贯彻意见，并且认为，商标战略是国家知识产权战略的组成部分。实施商标战略关系到广东省经济建设和可持续发展，是建设创新型广东的重要抓手。因此，实施商标战略的组织领导十分关键，必须形成全省的共识，充分发挥系统、体系的作用。同时，也清醒地认识到实施商标战略的长期性、艰巨性，必须作为一项系统工程来对待。

各市工商行政管理局也注重实施商标战略，并做了大量的工作，得到了当地党委和政府的肯定和支持。东莞市工商行政管理局积极争取市委、市政府对商标战略工作的重视和支持，推动出台了“成立商标(品牌)战略资金”的扶持政策，为今后实施商标战略提供了坚实的保障，商标战略实施工作取得重大突破，形成了《东莞市商标(品牌)战略资金管理办法》，有利于解决企业和公共资源在商标注册、预警保护、宣传推广以及创建区域国际品牌等方面存在的困难，提升了工商行政管理部门服务的水平和层次。近年来，云浮市政府高度重视商标战略工作，将其作为培育自主品牌，提升区域竞争力，带动产业结构优化升级，促进经济发展的一项重要工作，纳入地方经济社会发展全局工作的重要日程，不断加大支持力度，2009 年首次将商标战略工作经费纳入地方财政预算，下拨 30 万元给云浮市工商行政管理局作商标战略专项经费。佛山市工商行政管理局为寻找长效服务佛山产业优化升级的动力机制，破解当前金融风暴下企业发展遇到的难题，不断深入研究，积极向佛山市政府献计献策。起草并向佛山市政府提交了《关于进一步推进全市商标战略工作的实施意见》，力争在全市范围内进一步深入推进商标战略，建立驰、著名商标培育梯队，构建商标执法维权体系，全面启动区域品牌建设。2009 年 11 月，以佛山市政府名义起草文件，正式通过广东省政府和省工商行政管理局向国家工商行政管理总局申报国家商标战略实施示范城市，力争把商标战略推向更高层次，为全国的商标战略实施探索经验。2009 年 9 月，湛江市人民政府召开了省著名商标颁证大会，为湛江市 2008 年获得省著名商标荣誉称号的 19 家企业颁发证书和牌匾，隆重表彰湛江市争创名牌的优秀企业，充分肯定湛江市工商行政管理系统实施商标战略取得的显著成效。

(五)稳步推进创建区域国际品牌的试点工作

一是东莞大朗的试点工作。2009 年 4 月，广东省工商行政管理局和广东省经济贸易委的领导共同去东莞大朗镇，对创建毛织产业集群区域国际品牌的工作进行了专题研究，明确了 2009 年的具体工作。2009 年 5 月企业的发动工作和组建品牌管理机构的工作已开始启动，并邀请了国家发改委经济研究所吴晓华副所长共同对企业负责人进行了第一步培训，同时向企业宣传发动，确定了成立组织机构的发起企业。2009 年 7 月确定了大朗镇成立理事会、品牌管理机构的方案，目前正在由大朗镇政府审议。二是“澄海玩具”已完成了商标设计注册，并已选择了核心企业准备成立动作机构。三是潮州枫溪陶瓷区域国际品牌的创建工作已取得了新的进展。2009 年 6 月，已完成了“枫溪陶瓷”商标的设计工作。2006 年 8 月，枫溪区管委会正式确定了“枫溪陶瓷”区域国际品牌的商标图样，于 10 月份向国家工商行政管理总局商标局申请注册并获受理。

(六)承担了广东省政府“十二五”规划前期研究课题

根据广东省政府办公厅《关于印发广东省“十二五”规划前期研究课题的通知》，广东省工商行政管理局商标处承接了“广东省区域国际品牌研究”的任务，研究探索广东产业升级的有效途径。围绕以探索创建区域国际品牌的方式促进产业集群升级的主题，对创建区域国际品牌策略进行了论证，探究创建区域国际品牌可预见的效果，以及开展试点工作需要解决的难点问题，提出了在现阶段应当充分发挥政府主导作用的建议。在此基础上撰写了《广东区域国际品牌研究报告》。

五、粤港知识产权领域的合作

(一)参加粤港保护知识产权合作专责小组第八次会议

2009 年 7 月 16 日，在广州富力丽思卡尔顿酒店召开了粤港保护知识产权合作专责小组第八次会议。香港特区政府知识产权署谢肃方署长率本署、香港商务及经济发展局、香港海关的6名代表参会。广东省参加粤港保护知识产权合作的成员单位有广东省知识产权局、公安厅、对外贸易经济合作厅、工商行政管理局、版权局和海关总署广东分署。广东省工商行政管理局商标处吴励超处长作为专责小组的成员参加了会议，并介绍了第七次会议以来，广东省工商行政管理系统开展保护商标专用权的工作情况，对下一阶段粤港商标领域的合作提出了建议。

（二）继续修改“公司注册与注册商标的关系与现况”调研报告

广东省工商行政管理局2008年7月将《公司注册与注册商标的关系与现况》调研报告发送给香港特区政府知识产权署。此文本是广东省工商行政管理局对知识产权署、公司注册处此前提出的调研报告修改意见所做的答复和修改。在2009年2月收到知识产权署和公司注册处就该调研报告的进一步修改意见后，广东省工商行政管理局6月上旬完成了对港方意见的答复解释和部分内容的修改工作，并发送给知识产权署，11月20日收到知识产权署的第三次修改意见。我们将尽快完成调研报告的修改工作。该联合调研活动和调研报告初稿已经引起了港方的重视，在我国香港《公司条例》的修订过程中，对于有关公司名称的修订条文，公司法改革常务委员会已就改革建议进行讨论，并于2008年中进行了公众咨询。我国香港地区通过咨询把富争议性的课题加以整理，然后进行深入的讨论和辩论，最后建议公司注册处处长在新条例下，可以在收到香港法院判令确定某一公司名称是必须更改，便有权发出更改名称指示，及在该公司不在限期内依从指示更改其公司名称的情况下，有权以该公司的登记编号取代其公司名称。香港计划于2009年年底向立法会提交《2009年公司（修订）条例草案》，藉此提出相关的修订法例。修订条例草案预计可于2010年制定成为法例。

（三）进一步协同宣传商标法律制度

根据香港知识产权署请求，广东省工商行政管理局积极联系广东省律师协会与港方联合举办香港商标法律知识讲座，并协助广东省律师协会办理了外事备案手续。

（四）交换知识产权信息

根据香港知识产权署提供的信息及请求，及时对广东省红盾信息网的部分商标信息进行了更新，并协助提供涉港商标案件的判决信息。

六、加强队伍建设，提高队伍素质

（一）举办培训班，提高业务水平

2009年4月7～10日，广东省工商行政管理局在干部素质教育中心举办全省工商行政管理系统商标广告培训班并召开工作会议。广东省全省21个地级以上市工商行政管理局分管商标广告工作的副局长、商标广告科（处）负责人及业务骨干近100人参加了此次的培训会议。姜海平副局长作了动员讲话，指出2009年是新中国成立60周年，也是实施《珠江三角洲地区改革发展规划纲要》的开局之年，做好今年的工商行政管理工作具有特别重大的意义，尤其是商标广告监管工作，与民生紧密相联，关系到全省经济社会的科学发展，地位突出，影响广泛。此次培训和工作会议是贯彻落实全省工商行政管理工作会议精神的重要举措，对做好2009年的商标广告管理工作具有十分重要的意义。商标处回顾了2008年商标工作，并对2009年的工作进行了部署。此次培训针对实际工作中存在的问题和今年重点工作，采取以案说法的形式重点讲解了商标执法中出现的难点问题，并结合新出台的《广东省著名商标认定和管理规定》安排了专题讲座，还邀请了第16届亚运会组委会法律事务处对亚运标志保护做了详细介绍。此次培训班采取业务培训与工作会议相结合的形式，理论与实务相结合，具体工作布置紧跟业务培训和指导意见，将业务指导落到实处。

（二）加强对外交流

2009年10月中旬，姜海平副局长带队赴四川进行调研和学习。一是对农产品“郫县豆瓣”证明商标的推广、使用、运作和保护进行考察调研，借鉴四川的成功经验，有利于改变广东省农产品品牌工作相对落后的局面。二是现场观看了富森美家居大型家具建材物流企业的运营，学习四川省工商行政管理系统的管理方式，有利于我们更好地服务企业。

（三）辛勤耕耘得到了社会各界的好评

2009年1月，深圳、佛山、东莞市工商行政管理局以及吴励超、欧道兴、叶彩云、方芝炼、卢静娜、汤顺照分别被国家工商行政管理总局评为全国工商行政管理系统保护奥林匹克标志专有权先进集体、先进个人。2009 年 7 月，国家工商行政管理总局商标局在长春召开全国工商行政管理系统商标工作会议，对全国工商行政管理系统商标工作先进集体和先进个人进行了表彰，广东省工商行政管理局、佛山、东莞、中山市局等 26 个先进集体和梁小平等 17 名先进个人受到了表彰。2009 年 10 月，广东省工商行政管理局被国家工商行政管理总局授予“推动企业马德里商标国际注册先进单位”称号。2009 年 11 月 9～12 日，在山东青岛举办了第三届中国商标节，广东省工商行政管理局获得了组委会颁发的“第三届中国商标节组织奖”。此次商标节，组委会还组织了 60 华诞 60 商标评选活动，并针对工商行政管理系统近年撰写的商标工作方面的专业文章举办优秀论文的评选活动。在上述活动中，广东省共有 8 件商品商标、4 件服务商标和 5 件农产品商标分别获得“最具影响力的商品商标”“最具影响力的服务商标”和“最具影响力的农产品商标”奖，5 位企业代表获得商标领军人物的荣誉称号。广东省工商行政管理系统分别有 2 篇和 1 篇论文荣获优秀论文二等奖、三等奖。为感谢广东省工商行政管理局对其商标专用权的保护，沈阳斯沃电器有限公司、霍尼韦尔(中国)有限公司、广州轻出集团有限公司和广州市好迪化妆品有限公司等单位专门拜访，并送上锦旗、牌匾和感谢信共 5 件。

(广东省工商行政管理局)

版权工作

2009 年，在国家版权局和广东省委、省政府的领导下，广东省版权局开拓创新，锐意进取，各项工作迈上了新台阶。

一、“版权兴业工程”迈出坚实一步

(一)继续培育省“版权兴业示范基地”

根据《广东省版权兴业发展纲要》的规划和部署，2009 年广东省版权局继续在全省范围内开展“广东省版权兴业示范基地”的推荐工作。在各市的积极扶持、培育和推荐下，中山市古镇镇灯饰产业集群、广东原创动力文化传播有限公司等 6 个产业集群和企业被广东省版权局授予 2009 年度广东省版权兴业示范基地，使目前广东省“版权兴业示范基地”总数增至 42 个，进一步扩大了全省服务版权产业的工作面。

(二)启动版权基层工作站建设试点工作

2005～2008 年，广东省“版权兴业工程”的重点是开拓工作领域、扩大版权兴业的辐射面，这期间全省共设立了 36 个示范基地，“辐射战略”取得阶段性成效。2008 年年底，国务院颁布实施《珠江三角洲地区改革发展规划纲要》(以下简称《规划纲要》)，明确要求广东要着力打造具有国际影响力的区域品牌、做大做强产业集群。为贯彻落实《规划纲要》的精神，考虑到经过几年的推进，广东省版权兴业工作已具备了相当的基础和成效，2009 年 6 月，广东省版权局适时启动“布点战略”，开始在条件相对成熟的版权产业集群、产业园区建立“版权基层工作站”，从而由面上扩张向区域(行业)布点方向迈出了坚实的一步。通过启动版权基层工作站建设，比较有效地整合了政府、企业、行业协会和社会中介服务机构等各方力量，企业也从这种多方合作的机制中得到了服务、扶持和帮助，满足了自身发展的需求。

值得一提的是，作为首批试点的中山古镇和港口的两个版权基层工作站，在其整个建设过程中，都得到了中山市及古镇镇、港口镇党委和政府有关部门的高度重视和大力支持。两个镇的政府部门解决了工作站的办公场所、人员、经费等问题。在建立版权基层工作站之初，组织相关工作人员赴华东地区进行对口考察、学习，同时与广州市版权协会合作，委托其对版权基层工作站的相关人员进行业务培训。这一切，为工作站的正常运转创造了条件、奠定了基础。

(三)争取多方支持，为“版权兴业工程”提供政策和资金保障

2009 年，广东省版权局利用各种机会为“版权兴业工程”争取政策和资金保障。广东省版权局于年中向广东省政府报送的《关于进一步推进我省版权工作的报告》，就广东推进版权产业发展的情况和取得的成效向省政府进行了专题汇报。同时，积极与有关部门沟通和磋商，谋求建立并落实政府资助激励机制，以扶持、资助作品创作。经过广东省版权局的不懈努力，版权兴业工作得到了广东省委宣传部的大力支持，2009 年，广东省委宣传部专门划拨一笔资金，用于资助原创作品、扶持“版权基层工作站”建设等与“版权兴业工程”

相关的项目，“版权兴业工程”获得了首笔扶持资金。

（四）积极开展版权产业调研

为加快广东省乡镇等基层版权服务机构建设，提高基层版权管理部门服务产业的能力与水平，广东省版权局牵头组织中山市版权局及中山市古镇镇、港口镇的同志赴华东的上海、江苏、浙江、福建4省（市）开展版权产业园区专题调研活动，实地学习、观摩和借鉴他们在推进版权产业园区版权管理与服务方面的好经验、好做法，了解他们出台的推动版权产业发展的主要文件、激励政策和措施，了解当地政府与相关行业协会、商会、专业市场等在建立版权基层服务机构、提供版权管理与服务等方面的具体做法，实地观摩有关产业园区的版权交易、版权质押等服务工作，交流进行作品自愿登记工作的情况等。通过调研，既开阔了视野，又拓展了思路。

二、珠三角地区和粤港版权合作进一步加强

为抓住实施《珠江三角洲地区改革发展规划纲要》的有利契机，在广东省版权局的倡议下，珠三角地区9市版权局于2009年6月签署了《广东省珠江三角洲地区版权协作框架协议》（以下简称《珠三角地区版权协作框架协议》）。包括5个协作机制和完善版权公共服务体系等内容，旨在整合珠三角区域版权行政管理资源，提高版权保护和版权公共服务的水平，促进区域相关产业又好又快发展。按照该协议的精神，珠三角9市版权局立足珠三角，在版权产业发展、粤港澳版权协作、企业软件正版化推进、版权执法协作、版权公共服务体系建设、版权对外交流与合作以及展会版权保护快速反应等方面完善区域版权协作机制。《珠三角地区版权协作框架协议》签订后，9市版权局纷纷开展了区域内的合作，取得了可喜的成果，如广州、中山、东莞等市在作品著作权登记、版权社会服务、展会版权执法等方面密切合作、共享资源、互促互进，使各方从中获得了实益。2009年12月，按照《珠三角地区版权协作框架协议》的约定，广州市版权局组织召开了首届广东省珠三角地区版权工作联席会议，会议就珠三角地区版权交流培训、版权行政执法和版权公共服务等问题达成了具体的合作意见。

粤港版权协作也有了一个良好的开局。2009年10月，由广东省版权局钱永红副局长带队，广东省版权局及深圳市市场监督管理局、珠海市版权局有关同志组成的4人小组在香港与香港知识产权署、香港海关版权及商标调查科的同行就版权法律知识普及、完善版权立法、合作打击跨境网络侵权行为等问题进行了交流与探讨。

三、作品著作权自愿登记工作得到进一步规范

为规范广东作品登记工作，促使作品登记为区域版权产业集群发展、繁荣区域作品版权贸易服务，按照国家版权局“扶持版权产业发展，支持优秀作品创作，完善制度，促进版权市场化”的要求，广东省版权局向全省各地级以上市版权行政管理部门和有关单位印发了《关于进一步规范我省作品著作权自愿登记工作的通知》，对广东省作品登记工作进行调整，进一步完善和规范了广东省作品自愿登记制度。按该通知要求，各市根据版权产业发展的需要，与广东省版权局共同指定作品登记代理机构，为本地产业集群和企业的作品登记提供帮助，使广东省作品登记工作与服务版权产业得到有机地结合。

四、展会版权保护工作进一步完善

2009年广东省各级版权行政管理部门在展会版权保护方面做了大量的工作。

（一）积极打造广东展会版权保护品牌

广东省是会展业大省，大型展会都不同程度地涉及版权保护，展会版权保护已成为该省版权保护工作的重要组成部分。近年来，广东省版权局从规范执法行为入手，不断强化展会版权保护工作，全力服务广东省经济强省、文化大省的建设大局。在每年春秋两季广交会、中国国际文化产业博览交易会、全国音像制品博览会、南国书香节等相关展会举办之际，广东省版权局或派员进驻展馆，或积极协调、指导有关市版权局调配执法力量参与展会版权执法，一方面提供现场法律咨询，派发版权宣传资料，接受版权侵权投诉；另一方面随时监控展场情况，防止展销侵权产品行为的发生。素有“中国第一展”美誉的广交会是广东省展会版权保护的主战场，也是展示和检验广东省乃至全国版权保护工作的重要平台及窗口。从2003年第93届广交会开始，广州市版权局每届均派员进驻广交会投诉站，负责办理展会期间的版权侵权案件，此项工作至今已开展了13届。目

前，广州市版权局已经形成了一整套的展会版权保护措施与制度。2009 年，广东省版权局会同广州市版权局，积极向国家版权局汇报多年来广交会开展展会版权保护的情况和取得的成绩，经国家版权局实地调查和批准，在 2009 年 4 月举行的第 105 届广交会上举行了授牌仪式，广交会被国家版权局授予“全国展会版权示范单位”的称号。这一事件将是一个里程碑，标志着中国的展会版权保护登上了一个新的更高的台阶。

（二）规范展会版权执法工作

鉴于广东省是全国的会展业大省，每年仅在全国起龙头作用的版权相关大型展会就有广交会、中国国际高新技术成果交易会、中国国际文化产业博览交易会、音博会、玩具博览会、家纺展销会等，这些大型展会都不同程度地涉及版权保护。为维护作品权利人的合法权益，保护中外参展企业和客商的合法权益，营造广东省良好的版权保护环境和形象，推动版权产业的创新发展和创作成果的转化，繁荣版权贸易，广东省版权局向全省各市版权行政管理部门和相关单位印发了《广东省展会版权保护工作指引》，指导全省尽快建立起全方位的展会版权保护体系，以确保版权产业的可持续发展。

（三）集中力量搞好在东莞市举办的“首届中国国际影视动漫版权保护和贸易博览会”的版权保护工作

2009 年 12 月 30 日～2010 年 1 月 3 日，首届中国国际影视动漫版权保护和贸易博览会（以下简称博览会）在东莞举行。受博览会组委会邀请，广东省版权局和东莞市版权局成立博览会“版权服务工作站”，为本次博览会的参展作品免费提供“作品著作权登记”以及版权咨询、版权执法等服务。在广东省新闻出版局信息中心、省版权保护联合会、东莞印刷协会等单位的大力支持下，“版权服务工作站”以高度的责任感，为各参展单位提供高效优质的版权服务。由于本次博览会从筹备阶段开始，就十分重视版权保护问题，在展览会正式开幕前，广东省、市版权局的同志提前介入，采取收集作品版权来源信息、办理和张贴“作品著作权来源信息卡”、提供免费作品登记服务、部署现场版权行政执法等手段，针对展会期间可能出现的版权问题设计了相应的应对措施，确保了本届博览会的整个展出期间展馆内没有出现版权纠纷，也没有接到著作权人有关参展商侵犯著作权的投诉，圆满完成了既定任务。据统计，整个博览会期间，“版权服务工作站”通过与参展单位签署《承诺书》等方式，共核发《作品著作权来源信息卡》1 000 多个，受理参展作品著作权登记申请 237 项，接受版权业务咨询 160 多人次，派发《著作权基础知识宣传活页》《版权保护学生笔记本》《版权保护知识书签》《东莞动漫》共 10 000 多套（张）。

五、版权宣传力度进一步加大

（一）部署、组织开展全省 2009 年“保护著作权宣传周”活动

2009 年 3 月初，广东省版权局制定并向全省各市版权行政管理部门印发了《2009 年保护著作权宣传周活动计划》，要求各市在“4·26 世界知识产权日”期间开展“保护著作权宣传周”行动。各市版权行政管理部门按照通知要求，组织实施了多种多样、各具特色的宣传活动，积极开展版权法律知识的宣传普及工作。有的市举办了培训班、专题讲座和报告会，有的市组织版权知识宣传推广活动，有的市组织“广东省版权兴业示范基地”授牌仪式，有的针对版权产品市场组织行政执法大检查，各项活动都取得了良好的宣传效果。

（二）开展法律知识宣传培训工作

广州、深圳、珠海、东莞、中山等市结合本地实际，举办了各类版权相关培训活动。广东省版权局钱永红副局长亲赴珠海、东莞和华南师范大学，为执法人员、企业和在校大学生等讲授版权相关知识。

（三）利用媒体宣传广东省版权管理状况

2009 年，广东省版权局通过报纸先后发表“广东省版权局加大展会版权保护力度——首家‘全国展会版权示范单位’落户广东广交会”“从管理到服务的转身——广东实施‘版权兴业’工程纪实”等文章，从多个角度对外宣传广东省版权工作，加深了公众对广东版权行政管理工作的认识和了解。

（四）组织编辑印制《版权知识学生笔记本》

广东省版权局与广州市版权局合作，在宣传周期间编辑印制了《版权知识学生笔记本》12 000 册，免费赠送广东省有关单位和饶平县新塘镇全

部中小学师生以及广州市第一中学、康有为纪念小学等6所版权教育示范学校。

（五）办好“版权保护在广东”专栏

宣传周期间，广东省版权局组织编辑了10篇专稿，通过广东省版权局政务信息网上的“版权保护在广东”专栏，对新获授予“广东省版权兴业示范基地”称号的企业（集群）进行宣传，对全省版权行政管理部门查处的著作权侵权案件、反映版权行政管理部门和企业做强做大版权产业的实例进行报道。

六、实施层级负责制，全省企业使用正版软件工作取得新成果

为稳步推进广东企业使用正版软件工作，广东省推进企业使用正版软件工作联席会议于2009年年初向全省各市使用正版软件领导小组（联席会议）下发有关通知，在全省建立推进企业使用正版软件月进度申报制度和层级负责制，对列入《2009年度全省推进企业使用正版软件工作督办企业名录》的213家企业，要求企业所在市的推进企业使用正版软件工作领导小组（联席会议）办公室承担起督导责任，对辖区有关企业的软件正版化进展情况进行密切跟踪，逐月申报企业软件正版化的进度，以保证按时完成年度软件正版化工作计划。

2009年11月，广东省根据年初工作安排，组成了由广东省版权局、国有资产监督管理委员会、财政厅、公安厅、信息产业厅、工商业联合会、金融服务办公室、通信管理局等相关部门同志参加的3个工作组，对全省21个地级以上市推进企业使用正版软件工作的情况进行检查督导。重点检查各市开展推进企业使用正版软件工作的情况，特别是列入省推进企业使用正版软件工作联席会议办公室重点检查督导名录中的企业使用正版软件的情况；同时了解各市2010年推进企业使用正版软件的工作设想。

根据此次检查的情况，广州、深圳、汕头、惠州、河源、江门、云浮等市完成的情况比较好，成绩突出。全省共举办相关培训36次，培训人数4 684人次，在用计算机使用正版操作系统19 010套，使用正版办公软件17 637套，有241家企业完成了使用正版软件工作，超额完成了广东省年初预定的213企业的工作目标。

七、网络侵权盗版行为得到进一步遏制

按照国家版权局、公安部、工业和信息化部的统一部署，广东省版权局联合省公安厅、广东省通信管理局在全省组织了2009年打击网络侵权盗版专项治理行动，对专项治理行动的组织领导、任务落实、检查督办、数据汇总、总结汇报等工作进行了部署。

为便于对各市开展专项治理行动进行统一指导协调，有效解决查处网络案件涉及的各部门相互配合及涉嫌犯罪案件移送等有关问题，提高网络执法效率，及时查处有重大影响的网络案件，广东省版权局牵头成立了“广东省打击网络侵权盗版专项治理行动工作办公室”，负责此次专项治理行动的组织、协调工作。

按照主动监管的要求，广东省版权局由主管领导钱永红副局长带队，先后前往南方新闻网、网易、腾讯网等省内9家主要门户网站进行相关调研和检查，要求有关网站在依法维护自身合法权益的同时，主动规范网站的版权授权、传播行为，从源头上防范侵权盗版行为的发生。

11月，广东省版权局与省公安厅、省通信管理局联合组成检查组，对全省21个地级以上市开展打击网络侵权盗版专项治理行动的情况进行了检查督导，其中广州、梅州等市在查办网络案件方面取得突破。根据汇总数据，专项行动期间，全省主动监管网站228家，查处网络侵权案件81起，没收服务器及其他设备数量9台（部），关闭网站53家，行政罚款109 300元，9起案件移送司法机关处理。

（广东省版权局　版权处）

司法工作

2009年，广东省各级人民法院深入贯彻落实科学发展观，积极应对国际金融危机，司法工作紧紧围绕“保增长、保民生、保稳定”的大局，努力营造良好的知识产权法治环境，为提高广东企业的自主创新能力和增强广东经济的核心竞争力保驾护航。

一、全省知识产权案件审理的基本情况

（一）公正高效审理知识产权民事案件，保障权利人的合法利益

2009年，广东省一审知识产权民事案件新收

6144件，同比增长38.78%，占全国总数的20.06%；审结6067件，同比增长40.96%，占全国总数的19.89%。二审知识产权民事案件新收1246件，同比增长80.58%，占全国总数的23.33%；审结1374件，同比增长104.77%，占全国总数的25.02%。全省知识产权一、二审民事案件的结案增长幅度均高于收案增长幅度，积存案件得到有效清理，案件收结实现了良性循环。在提高审判效率的同时，全省法院严把知识产权民事案件审判质量关。2009年，广东省知识产权民事案件的上诉率为20.54%，二审发改率为11.28%，均保持在合理范围内。

(二)增强知识产权刑法保护的力度，打击侵犯知识产权的犯罪行为

知识产权刑事犯罪行为可能给权利人造成毁灭性的打击，遏制知识产权刑事犯罪行为，一直是知识产权司法保护的重要内容。2009年，全省法院共新收各类一审知识产权案件393件765人，审结395件764人。在已生效的判决中，假冒注册商标案118件204人，销售侵犯注册商标的商品案27件49人，非法制造、销售注册商标标识案19件26人，侵犯著作权案8件12人，侵犯商业秘密案8件12人。共对659人作出了有罪判决，并对其中656人依法给予了刑事处罚，彰显了广东省法院打击知识产权刑事犯罪的坚决态度。

(三)加强知识产权行政审判工作，促进知识产权行政执法水平的提升

知识产权行政审判工作通过支持合法行政行为，监督违法行政行为，促进知识产权管理部门行政执法水平的提升。2009年，广东省共新收一审知识产权行政案件23件，审结24件，有力地推动了全省知识产权管理机关行政保护作用的发挥。

2009年，全省法院积极开展"人民法官为人民"主题实践活动，敏锐洞察社会现实的方方面面以及不同主体的利益呼声，正确处理好依法办案与服务大局、严格司法与为民服务的关系，在遵循既有法律规范的前提下，智慧地解决各类矛盾，从而实现了办案的法律效果与社会效果、政治效果相统一。例如，公正高效地审结了广东省第一起导航电子地图著作权纠纷案，为导航电子地图制作行业的健康发展指明了风向。此外，还妥善审结了路易威登马利蒂(法国)诉时间廊(广东)钟表有限公司等侵犯商标权纠纷、黄道益活络油有限公司诉广州维健医药保健品进出口有限公司等侵犯商标权、美国安利有限公司、安利(中国)日用品有限公司诉广州安洛电器有限公司等侵犯商标权纠纷等一批涉及国内外知名企业、社会影响较大的案件，优化了广东省知识产权自主创新的司法环境，树立了广东省各级人民法院公正高效权威的良好形象。

二、全省知识产权司法保护工作的亮点

回顾2009年，全省知识产权司法保护工作的亮点可概括为以下七个方面：

(一)知识产权民事案件收案数持续走高，案件类型更加多样化

2009年，广东省一、二审知识产权民事案件收案数都继续攀升，尤其是二审知识产权民事案件，与2008年同期相比，增长幅度高达80.58%。从全国范围来看，广东省的一、二审知识产权民事案件新收数量占全国的比重均超过了1/5。其中，一审知识产权民事案件新收数再次位居全国首位，六年连续居全国第一。在案件数量上升的同时，广东省知识产权民事案件的类型更加多样化。在新收的一审知识产权民事案件中，除含有著作权纠纷、商标权纠纷、专利权纠纷、技术合同纠纷、发现权与发明权纠纷以及不正当竞争纠纷等案件类型外，还有2件垄断纠纷案件。这是《中华人民共和国反垄断法》实施以来广东省新出现的案件类型。全省各级法院通过公正高效地审理各种类型的知识产权案件，充分发挥知识产权司法保护的主导作用，为企业增强自主创新能力、市场竞争力和抗风险能力提供司法保障，为广东省由制造大省向"创造大省"的转型营造良好的法治环境。

(二)切实将执法办案作为第一要务，全省结案工作取得成效

全省法院高度重视，牢固树立执法办案为第一要务的思想，一切工作服从于并服务于办案。规范延长审限的审批程序，一手抓旧存知识产权案件的清理工作，一手抓新收知识产权案件的办结工作。2009年，全省一审知识产权民事案件结案率达到了84.83%，同比增长3.72%。二审结案率达到了88.59%，同比增长21.56%。部分法官甚至实现了零存案，结案率高达100%。全省法院清案工作取所取得的成效，为力争实现案件

在审限内审结奠定了基础，减少了权利人维权的时间成本，推动了知识产权司法保护工作的发展进程。

（三）调解工作异彩纷呈，推动知识产权纠纷实现案结事了

为了促进和谐司法诉讼环境，全省法院切实贯彻“调解优先、调判结合”的原则，并根据知识产权案件的特点，通过完善调解机制，提高调解技能，使调解工作向纵深发展。全省一审知识产权民事案件继续保持了一半以上经调撤结案的良好势头。2009 年 9 月，广东省高级人民法院民三庭荣膺“全省法院调解工作先进集体”荣誉称号。在广东省高级人民法院民三庭审结的二审知识产权民事案件中，部分法官的个人调撤率高达 75%，涌现了一批调解经验丰富、调解工作成绩突出的“调解能手”。各级法院还成功调解了一批涉及国外知名企业、有较大社会影响力的案件，收到了良好的社会效果和法律效果。例如佛山市南海区法院调解的美国微软公司诉广东某玻璃公司著作权纠纷一案，不但促使双方化解了干戈，还促成双方建立了商务合作关系，既维护了权利人的合法权益，又促进了被告企业软件正版化的进程，真正实现了双赢的结局。

（四）广东省高级人民法院加强对下级法院的审判指导，规范全省法院的案件审判工作

为统一裁判尺度，确保全省知识产权审判工作的规范性，防止各地人民法院将司法审判工作地方化，2009 年广东省高级人民法院加强了对下级法院进行审判指导的力度。一是于 2009 年 3 月出台了《广东省高级人民法院关于审理侵犯音像著作权纠纷案件若干问题的指导意见》，在全国首次对侵犯音像著作权纠纷案件中涉及的诉权、原告资格的认定、原告的举证责任、侵权责任的认定、全面赔偿原则的适用、网络侵权纠纷以及诉讼时效等问题进行了系统规范，对全省各级人民法院进行侵犯音像著作权纠纷案件的审判工作有非常现实的指导作用。二是为避免全省各级人民法院在驰名商标的司法认定上出现认定标准不一致的情况，广东省高级人民法院根据最高人民法院有关文件的精神，连续向全省法院下发了《关于重申涉及驰名商标认定的民事纠纷案件管辖问题的通知》和《关于转发〈最高人民法院进一步建立健全驰名商标司法保护制度有关问题的通知〉的通知》等文件，通过采取调整驰名商标认定案件的管辖权和从程序上确保广东省高级人民法院对驰名商标认定进行监督等措施，行之有效地对广东省驰名商标的司法认定行为进行了规范。

（五）积极参与立法、修法活动，广东知识产权审判知名度得到提升

为推动知识产权法治进程，广东省高级人民法院努力在审判实践中进行理论探索，并主动参与到立法、修法活动中去，积极向立法、司法解释部门提出合理建议，促进了知识产权立法的发展。例如广东省高级人民法院民三庭在专利法修改征求意见时所提出的“专利权在共有时权利如何行使”的修改建议为 2009 年 10 月 1 日施行的《专利法》第 15 条全盘采纳，该项立法建议的理由亦为修改说明所采纳。此外，广东省高级人民法院还对《中华人民共和国著作权法修正案（建议稿）》《反不正当竞争法修正案（草案）》和《广东省专利条例（修改稿）》，提出了富有见地的修改意见和建议。2009 年全省法院参与立法和修法活动所取得的成绩，体现了广东知识产权审判人员丰富的实践经验和良好的理论素养，提升了广东知识产权司法保护工作的知名度。

（六）不断探索知识产权审判体制和管辖制度改革，优化资源配置

为推动广东省知识产权司法保护的发展，优化审判资源的配置，广东省高级人民法院进一步对知识产权审判体制和管辖制度的改革进行了积极的探索。2009 年 12 月，珠海挂牌成立了全国首个知识产权法庭，配备了具有多媒体辅助功能、远程取证功能、全息记录存储功能的数字化审判系统，试行知识产权民事、刑事和行政案件“三审合一”，确保知识产权审判的统一、公正、高效。2009 年，广东省在调整知识产权案件管辖权方面有两件举措。一是，广东省经最高人民法院批准，增加指定深圳市盐田区人民法院、汕头市龙湖区人民法院、东莞市第一人民法院、江门市蓬江区、新会区人民法院 5 个基层法院管辖部分知识产权案件，至此，广东省具有部分知识产权案件管辖权的法院已经增加到 21 个，占全国有知识产权管辖权的 92 个基层法院的 22.83%，数量居全国第一。二是，经最高人民法院批准，指定汕头市中级人民法院集中管辖粤东地区（汕头市、潮州市、揭阳市、汕尾市、梅州市）的专利权纠纷案件。审判

体制和管辖制度的改革，是根据广东省知识产权审判工作的实际需要而进行的，对于更好地保护当事人的合法权益，促进知识产权司法保护能力的提高，合理配置司法资源，均有裨益。

（七）推进与专利复审委员会沟通交流机制，扩大交流层面

2009年，广东省与专利复审委员会的沟通交流机制得到了纵深发展，改变了以往仅在广东省高级人民法院内部挑选学习交流人员的做法，将交流学习人员层面扩展到中级人民法院，派出广州中级人民法院的资深法官赴专利复审委员会学习交流，从而扩大了交流层面，对于进一步加强专利行政执法和知识产权司法保护的协调和衔接、加强广东省知识产权的司法保护、在更大范围培养专家型、复合式法官，具有重要意义。

（广东省高级人民法院知识产权审判庭）

检察工作

2009年，广东省检察机关积极贯彻落实《国家知识产权战略纲要》，充分发挥检察机关法律监督职能作用，通过主动走访、开展联席会议、建立长效机制、加强备案审查、推广信息平台等方式加强行政执法与刑事司法相衔接工作，努力强化包括侵犯知识产权在内的涉嫌犯罪案件移送工作，不断加大侵犯知识产权犯罪的打击力度，为保护知识产权工作作出了积极贡献。

一、依法严厉打击侵犯知识产权犯罪

涉嫌侵犯知识产权犯罪案件大多专业性强、涉及面广，案情复杂，广东省各级检察机关依法贯彻从重从快的方针，组织精干办案力量，及时批准逮捕、审查起诉侵犯知识产权的犯罪分子，对重大复杂案件，指派骨干力量或者成立专案组进行办理，以确保办案的质量和效率，提前介入主动参与公安机关对重大案件的讨论，侧重于从取证角度、证据完善、法律适用等提出意见，积极引导公安机关侦查，使公安机关做好证据的收集、审查、固定、补充、完善等工作，就办案中遇到的适用法律问题，主动与相关单位协调，寻求共识，保证了案件质量，提高了办案效率。据统计，2009年广东省检察机关共受理提请批准逮捕涉及知识产权犯罪案件345件722人，批准逮捕268件519人，共受理起诉侵犯知识产权犯罪311件597人，起诉226件422人。

二、重抓备案审查，拓宽立案监督渠道

广东省各级检察机关理顺与行政执法部门的关系，增进行政执法部门对备案工作的了解。积极借鉴广州和东莞市的经验，对行政执法部门咨询的法律、证据问题细心解答，帮助解决。在备案审查的标准方面，各地检察机关对下列三种案件进行备案审查：达到刑事追诉标准、涉嫌犯罪的案件；经行政执法机关会议或案件审理委员会等案件审理机构集体讨论决定的重大处罚案件；查处的对公民罚款或没收违法所得5万元以上，对法人和其他组织罚款或没收违法所得25万元以上的案件。

三、积极推进网上信息共享平台建设

全面、准确、及时掌握情况，是检察机关进行有效监督、及时监督和加大监督力度的前提和基础，因此行政执法与刑事司法相衔接工作重点是筹备网上信息共享平台，东莞市人民检察院明确案件备案范围，信息平台的主要功能包括案件移送、案件备案、执法信息交流、法律法规查询、案件咨询研讨等。案件移送的内容主要是行政执法机关对构成犯罪的案件实行网上公开移送，司法机关对案件的处理过程分阶段网上公开，案件备案的内容是各行政执法单位做出的，尚不构成犯罪但接近犯罪数额的行政处罚案件，要在网上备案接受司法机关的监督，如司法机关发现属于以罚代刑的案件，应监督行政机关依法移送案件。“执法信息交流”“法律法规查询”“案件咨询研讨”等功能，主要是方便各联网单位了解执法动态，交流探讨执法工作中的问题。东莞市人民检察院确定如下4类案件必须备案，即未达到刑事追诉标准，但接近追诉标准（违法犯罪数额达到追诉标准80%以上），具有其他严重情节的案件；认为情节严重或对是否构成犯罪存在疑虑的案件。经局务会议或局案件审理委员会等案件审理机构集体讨论决定的处罚案件；对公民罚款或没收违法所得5万元以上，对法人和其他组织罚款或没收违法所得25万元以上的案件。

东莞市明确检察机关、监察机关与市整顿和规范市场经济秩序办公室为信息平台日常管理监督机构，具体负责检查督促各联网单位切实履行职责，对违反工作办法规定的行为，给予通报批评

或依法追究相关人员责任。在管理软件中设定线索移送、受理、审查、决定等备案模块，提供办案预警和超期提示，使各联网单位的备案要求得以规范，确保涉嫌犯罪案件迅速进入刑事司法程序并在法定的时间内得到有效处理，使执法衔接工作落实到具体案件移送层面。建立平台信息数据运行分析制度。将移送和备案案件等信息统一纳入数据库，并定期进行统计和分析，为各联网单位的执法工作积累经验，做好案件的查处及防范工作。在平台的管理上，东莞市人民检察院逐步摸索出一套以制度管平台，以机制促发展的平台运行模式，并制定《东莞市行政执法与刑事司法信息共享平台工作办法(试行)》《联席会议纪要》等系列平台运行制度。规定：各成员单位必须配备专用计算机，根据专用的账户和密码登陆平台处理信息；确定一名局领导和一名联络员负责平台的管理和操作；明确平台登陆时间、明确平台登陆时间、录入内容及各成员单位的具体职责等。东莞市政府以东府办[2008]94号文批转了《东莞市行政执法与刑事司法信息共享平台工作办法》，对信息平台联网单位公开备案执法案件的程序和职责作出了更为明确的规定。

信息平台的运行效果主要体现在以下几个方面：执法公开有了保障，信息共享平台为各成员单位公开执法提供了一个高效廉洁的展示空间，通过对行政处罚，涉嫌犯罪案件移送、立案、不立案、撤案、批捕、起诉、判决等信息的公开，平台对各类执法案件的处理进行全程记录和监控，便于监察部门、检察机关及各成员单位共同对执法行为进行监督，使东莞市依法行政工作落到实处。打击不力问题有效得到解决，平台对行政执法机关移送线索的时间、公安机关受理线索的时间设置严格的程序控制，对不及时处理的自动进行预警，保障各项执法活动及时、规范运作，有效缓解了案件长期滞留待处理的被动局面。通过平台的督促作用，行政执法机关、公安机关对案件的处理时限明显加快。此外，检察机关可以通过平台对行政执法机关的案件处罚、移送工作和公安机关的立案活动开展跟踪监督，发现该移送不移送、该立案不立案的，及时建议移送或实施立案监督，切实保障行政执法与刑事司法衔接工作的顺利开展。执法部门沟通更加密切，信息共享平台在行政执法机关与司法机关之间，架起了一座信息沟通和业务交流的桥梁，切实增强了行政执法和刑事司法机关工作合力，形成打击和查处破坏市场经济秩序违法犯罪的“组合拳”。利用平台提供的信息优势，各成员单位可以随时进行工作和案件信息的动态交流，方便执法资源的共享。对于疑难复杂案件，检察机关可以通过平台及时进行指导，防止因取证不及时而导致案件搁置。此外，市整顿和规范市场经济秩序办公室等政府主管部门可以通过软件对区域发案情况进行研究分析，掌握发案规律和行业特点，加强面上的工作指导和相关对策措施的分析研究。监督成本有效降低，平台将案件数据统一保存在服务器数据库，并提供了强大的动态数据分析功能，各参与单位可以通过上网点击查询，随时对不同时间段内的各类处罚案件进行备阅审查，改变了以往查阅纸质备案材料费时费力的缺点，有效的降低了监督的成本。

四、广东省各地检察机关多措并举，加大打击侵犯知识产权犯罪力度

广东省各地检察机关多措并举，加大知识产权司法保护力度的探索和实践。东莞市人民检察院向媒体通报了知识产权犯罪的典型案例，公布了《东莞市2008～2009年侵犯知识产权犯罪案件调查报告》，分析了近两年东莞知识产权犯罪案件受理情况、案件特点以及办案难点等。广州黄埔区人民检察院为贯彻落实《珠江三角洲地区改革发展规划纲要》，从以下几个方面开展工作：一是加强情报信息网络建设，建立打防结合长效机制。公检法机关应加强与知识产权管理部门和相关行政执法部门的联系，建立情报信息共享平台，各单位对发现的涉嫌侵犯知识产权犯罪线索及时移送相关部门予以跟进。在加大打击力度的同时，由公安机关牵头联合各有关部门加大对网上交易平台、物流中心、城乡结合部、出租屋等重点行业、区域的监控力度，使制假、售假者无处容身。二是加大宣传教育力度，培育群防群治的土壤。有关部门在打击侵犯知识产权犯罪的同时，通过举办保护知识产权宣传活动，进行案例警示教育等方式，提高人民群众的法律素质，促成保护知识产权的社会共识，使举报侵犯知识产权行为成为人民群众一种自发自觉的行动，形成谴责侵犯知识产权行为的社会舆论氛围。三是建立健全沟通协调机制，紧密跟踪知识产权保护动态。有关部门进一步加强与知识产权权利人的沟通与联系，主动开展知识产权保护的市场动态信息收集；重视知识产权权利人对侵犯知识产权行为的举报信息，及时进行处置并反馈，保护好知识产权权利人的合

法权益。

深圳市人民检察院为贯彻落实《中共深圳市委深圳市人民政府关于实施自主创新战略建设国家创新型城市的决定》,保护企业科技创新的健康有序发展,服务发展循环经济的大局,营造自主创新、发展循环经济良好的法制环境,结合工作实际,提出了以下实施意见:完善知识产权行政执法与刑事司法相衔接的协作保护机制。建立检察机关和公安局、知识产权局、科技和信息局、工商行政管理局、质量技术监督局等行政执法机关的定期联席会议制度和案件通报制度,加强检察机关与知识产权行政执法机关的沟通与联系,完善行政执法与刑事司法之间的案件移送机制,实现行政执法和刑事司法的无缝衔接,形成知识产权保护的合力;建立侵犯知识产权案件不立案备案制度。要求公安机关将不予立案的侵犯知识产权案件的有关情况报送检察机关侦查监督部门备案审查,发现有案不立时,及时启动立案监督程序,依法监督纠正有案不立、有罪不究、以罚代刑等问题;加大打击侵犯知识产权犯罪的工作力度。在深圳全市检察机关公诉部门设立侵犯知识产权犯罪专门检控组,保障办案力量,完善办案机制,着力培养一批擅长于打击侵犯知识产权犯罪的专业人才,强化知识产权的刑事保护力度;严肃查办侵犯知识产权犯罪背后的"保护伞"。坚决依法查办侵犯知识产权犯罪背后的国家工作人员职务犯罪,打掉其"保护伞",要深挖党政领导干部、行政执法人员、司法人员在行使职权过程中的失职、渎职犯罪案件。同时,严厉查处侵吞国家投入高科技企业发展和循环经济建设的资金,发生的贪污贿赂、挪用公款等职务犯罪案件;创建侵犯知识产权犯罪案件专家咨询委员会。在加大培训力度、培养复合型检察人员以及聘用知识产权保护高级人才充实检察队伍的同时,聘请技术研发人员、知识产权鉴定专家、知识产权法律专家等成立侵犯知识产权犯罪案件专家咨询委员会,发挥专家咨询委员会的知识优势,为检察机关正确处理此类案件提供智力支持和咨询指导;建立与科技创新企业的日常性联系制度。通过与全市重点科技创新企业建立联席会议和定期深入科技创新企业进行调查研究等渠道,以开辟"绿色通道"的形式,方便企业反映问题,积极开展知识产权维权援助工作;加大侵犯知识产权犯罪的预防力度。结合办案深入分析侵犯知识产权犯罪行为的发案特点和规律,通过检察建议等形式帮助企业建章立制,堵塞在机制、制度、管理等方面存在的漏洞和薄弱环节,引导企业完善监督制度。组织专门的宣传小组,针对科技创新企业的具体需求,通过以案释法、法律专题讲座等多种形式,积极开展知识产权保护的法制宣传教育,指导企业增强自我维权的意识和能力,提高自觉主动运用和保护知识产权的意识,提高收集证据、固定证据和应对侵权的能力;对侵犯知识产权犯罪法律适用问题进行深入调研。通过对侵犯知识产权犯罪在法律适用上的疑难问题如电子证据的效力、侵犯商业秘密罪的危害结果认定等进行专题调研,形成较为可行的立法建议,推动打击侵犯知识产权犯罪的立法,从立法上根本解决此类犯罪在司法实践中难以认定的问题;正确把握政策法律的界限。在查办涉及企业的案件时,继续坚持"六个不准"。严禁借办案干预企业的正常生产经营活动,不准随意对企业经营者和技术骨干采取强制措施;不准随意冻结企业账户;不准随意查封企业账册;不准堵塞企业流通渠道;不准随意发表有损企业声誉的报道;不准侵犯企业的各项合法权益。将依法办案、文明执法贯穿于办案的全过程,注意维护企业正常的生产经营秩序,保护企业的合法权益,保护知名品牌。

深圳市人民检察院知识产权刑事法律保护研究中心在两会期间提出的完善侵犯商业秘密罪的立法建议,作为正式议案被提交全国人大法律委员会审议。随后,深圳市人民检察院又组织专家对网络侵犯著作权刑法规制问题开展研究,形成调研成果。

(最高人民检察院侦查监督厅)

广西壮族自治区

专利工作

一、出台《广西壮族自治区实施知识产权战略意见》，知识产权事业进入科学发展新阶段

2009年，广西壮族自治区知识产权局牵头协调，广西知识产权办公会议全体成员单位参与，起草了《广西壮族自治区实施知识产权战略意见》（以下简称《实施意见》）。经广西人民政府审议通过，于2009年12月23日印发全自治区实施。

《实施意见》明确了到2020年广西贯彻《国家知识产权战略纲要》精神、实施知识产权战略的指导思想和战略目标，提出了广西实施知识产权战略的重点、知识产权各领域的主要任务，制定了多项扶持政策，对知识产权发展环境条件建设进行了部署，还提出了实施知识产权战略的组织保障措施，成为了发展广西知识产权事业的纲领性文件，标志着广西知识产权事业进入了新的科学发展阶段。

二、知识产权创造能力提升，专利产出稳步增长

2009年，广西申请专利4277件，排全国第24位，西部第5位；获专利授权2702件，排全国第24位，西部第5位；专利申请量、获授权量比2008年分别增长10.12%和21.2%；发明专利申请1280件，获授权326件，比2008年分别增长17.9%和59.8%。全自治区企业发明专利申请397件，获授权106件，比2008年分别增长23.7%和63.1%。桂林三金药业股份有限公司的“一种治疗泌尿系统疾病的药物组合物及其制备方法”和桂林天和药业股份有限公司的“中药贴膏基质、使用该基质的中药贴膏及它们的制备方法”等两项发明专利荣获第十一届中国专利优秀奖。

三、形成区域执法协作机制，专利行政执法显现新成效

认真贯彻国家知识产权局《关于加强知识产权保护和行政执法工作的指导意见》精神，积极做好专利行政执法工作。自治区知识产权局与自治区、市两级人民法院及西部相关省知识产权局密切配合，发挥协作机制的作用，共受理专利侵权纠纷案件3起，结案1起。继续在全自治区范围内开展“雷雨”“天网”知识产权执法专项行动，打击知识产权侵权、假冒行为和涉及专利的诈骗行为。2009年4月，中国（广西）知识产权维权援助中心正式挂牌，开展了多项专利战略分析、专利预警分析、合同纠纷咨询、诉讼咨询等服务，全自治区知识产权维权援助工作稳妥起步。

四、对企业的服务指导改善，知识产权服务能力不断增强

组织召开了全自治区企事业单位知识产权工作会议，全面部署今后两年全自治区企事业单位知识产权工作，进一步加强对企业的服务指导，大力营造加强知识产权工作的良好氛围。组织有关专家及服务机构，分别到南宁、柳州、桂林、玉林等市对自治区专利工作试点企业进行检查、指导和服务。围绕提高广西重点企业和优势企业知识产权创造、运用、保护和管理能力，邀请国家专利局专利审查员到企业开展知识产权交流活动，帮助和指导企业解决知识产权问题。为增强广西企事业单位处理和应对国际知识产权问题的能力，组织举办“国外专利申请实务培训班”，全自治区各市知识产权局、专利工作试点单位、高等院校、科研机构180多人参加了培训。为帮助各有关单位及时了解国家知识产权局“专利申请电子审批系统”，组织举办了专利申请电子审批系统宣讲会。

借助科技部、财政部、国家税务总局2008年《高新技术企业认定管理办法》的颁布实施，积极为企业引进专利技术提供服务，促进了广大企业更加重视知识产权、更加重视专利工作。2009年，共为43家企业办理专利实施许可合同备案127件，相当于2008年的6倍多。

五、自治区企业知识产权示范工作启动，知识产权试点示范工作深化

组织开展第三批自治区企业知识产权试点单

位总结验收工作，对在试点工作中成绩突出的单位和个人进行了表彰；积极推进第二批自治区知识产权试点县工作，先后确定了北流市、玉林市玉州区、灵川县为第二批自治区知识产权工作试点县；并在企业试点工作的基础上，确定玉柴等9家知识产权优势企业为自治区知识产权示范单位，启动了自治区企业知识产权示范工作。此外，荔浦县、北流市、横县、玉林市玉州区四县（市、区）还被国家知识产权局确定为首批实施国家知识产权强县工程的县（市、区），桂林理工大学等5家企事业单位被确定为国家知识产权试点单位。初步形成了以试点促普及带动、以示范促深化发展的试点示范工作格局。

六、专利信息和转化服务平台建设加强，专利成果转化渠道进一步疏通

（1）广西全部领域专利数据库检索平台建成，在自治区知识产权局门户网站通过互联网向广西辖区内公众免费开放，全自治区企事业单位和个人可以通过互联网在区内站点便捷、快速检索全世界主要国家和地区专利文献，专利信息服务工作取得突破性进展。

（2）组织举办2009年科技活动周“广西专利集市”，并充分利用“广西专利技术展示交易网”，设立现场和网上两个同时进行的交流、展示交易平台，实现专利技术与产品在网上网下同步展示交流和交易，拓宽了专利展示交易活动的新途径。

（3）组织举办第三届中国专利周广西活动。专利周广西活动设立“知识产权应对金融危机展览”和“专利技术展示交流展览”，现场展示专利技术45项，同时还利用“广西专利技术展示交易网”“中小企业科技创新服务网”进行网上发布，展示专利技术和产品134项。

七、对专利代理工作的指导管理强化，专利代理服务质量和水平不断提高

为促进专利代理服务业的健康发展，更好地为发明人和专利申请人提供诚信、优质、高效的服务，自治区知识产权局进一步加强对专利代理中介机构的服务指导。一是调整充实专利代理惩戒委员会，强化宣传监管力度，全年没有代理机构或代理人因违规受到惩戒。二是积极组织代理机构参加各种法律法规及业务培训。如组织举办了专利电子审批系统宣讲培训班，邀请国家专利局的专家为专利代理人进行宣讲。三是引导有条件的中介机构创办专利代理机构，不断壮大专利代理服务队伍。2009年，新成立专利代理机构1家，全自治区专利代理机构由8家增加到9家，执业专利代理人由38人增加到44人。四是加强对专利代理机构和代理执业人员的年检工作。完成全自治区9家专利代理机构和44名代理执业人员的审查，认定合格并上报国家知识产权局。

八、国家知识产权局专利局南宁代办处制度和条件建设加强，服务水平迈上新台阶

着力加强国家知识产权局专利局南宁代办处自动化建设，满足国家统一部署的专利电子审批系统上线运行和远程业务开展，完成了代办处互为备份的政府外网和联通专线两条线路铺设，开始上线使用新收费系统CPFSIV；开设专利申请“绿色通道”，为企事业单位专利申请、费用减缓、加快审批、专利申请资助等提供快速便捷服务；重新修订和编印《专利申请服务指南》；及时做好千亿元产业专利申请数据统计、报送及每月代办处受理各市、县专利申请情况的统计及发布。2009年，共受理专利申请2634件，同比增长37.6%；代收各项专利费用7387笔，金额共416.8万元，同比增长78.5%；受理差错率0.04%，远低于全国平均差错率的0.36%，受理质量在全国26个代办处中位居第一。受理费用减缓请求1865件，审批1860件；接受电子申请用户注册登记2件，专利登记簿副本登记2件；接待专利咨询3000多人次；办理专利申请加快审批相关手续53件；出具职务发明专利申请费用减缓证明169件。

九、开放合作扩大，区域知识产权交流与合作有效开展

2009年6月，自治区知识产权局会同自治区工商行政管理局、版权局，在南宁承办由泛珠“9+2”知识产权各方主办的泛珠三角区域知识产权合作第五届联席会议暨第四届论坛。联席会议确定了“泛珠三角区域知识产权专家库建设”等合作项目4项。论坛对新时期泛珠三角区域知识产权事业科学发展的重大问题进行了有益的探讨。

承办西部十二省（区、市）专利行政执法协作工作会议和华南地区知识产权执法研讨班，就进一步加强专利行政执法、完善区域间执法协作机制进行了充分研讨交流；赴广东省佛山市签署泛珠三角区域内地九省（区）专利行政执法协作协议，并在本协作区首次专利行政执法协作会议上，对下一步做好专利行政执法工作、推进执法协作提出了意见建议。

十、创新组织方式，知识产权宣传和培训工作精彩纷呈

(1)2009 年广西知识产权宣传周的举办推陈出新，参与面为历年最大，32 个区直部门(单位)联合举办；活动载体有创新，首次把广西青少年科技创新大赛纳入知识产权宣传周活动内容。

(2)运用网络有效开展知识产权宣传。2009 年“知识产权在广西”门户网站发布信息 1850 多条，比 2008 年同期有大幅度提升；向国家知识产权局政府网报送信息 500 条，列全国各省(区、市)第五位；编发市县稿件 230 多条，市级信息发布量日趋稳定，市县知识产权信息上报量稳步上升。

(3)《2008 年广西壮族自治区知识产权保护状况》(白皮书)顺利发布。自治区知识产权办公会议各成员单位共同编撰《2008 年广西壮族自治区知识产权保护状况》(白皮书)，向社会发布，全面介绍了 2008 年广西各领域知识产权的创造、运用、保护和管理状况。

(4)组织开展高层次的知识产权讲座。自治区知识产权局加强了针对不同人群的培训工作，由局、处领导或邀请知名专家主讲，对柳州市、北流市和灵川县等市县科技和知识产权系统干部、高校和企业知识产权工作者、相关中介服务人员做有关知识产权战略、国外专利申请实务、专利文献检索分析、专利行政执法实务、专利侵权鉴定实务等培训。配合国家知识产权局承办了“中欧知识产权维权援助中心培训巡回研讨会”“全国专利审查与专利代理业务研讨班”“外观图文专利检索培训班”等，努力提高各级各类管理干部知识产权管理水平。

(广西壮族自治区知识产权局)

商标工作

2009 年，全区工商行政管理机关坚持以邓小平理论和“三个代表”重要思想为指导，深入学习实践科学发展观，认真贯彻党的十七大精神，根据全国、全区工商行政管理工作会议提出的任务要求和工作部署，按照做到“四个统一”、加强“四化建设”、推进“四个转变”、实现“四高目标”的要求，继续推进商标战略，加大注册商标专用权保护力度，为维护良好的市场经济秩序，促进广西社会和谐作出新的贡献。到目前为止，广西中国驰名商标 16 件，著名商标 249 件，地理标志证明商标 12 件，有关具体情况如下。

一、持续深入开展商标法律知识和商标战略宣传

2009 年广西各级工商行政管理机关以实施商标战略为中心，以商标领域的热点问题为重点，围绕消费者和企业感兴趣的问题，通过多种形式广泛深入面向社会开展商标法律知识和商标战略宣传。

(一)利用节庆活动日集中宣传

全区各级工商行政管理机关以开展 2009 年“4·26 知识产权宣传周”活动和“3·15 国际消费者权益日”活动为契机，通过电视、广播、报刊、版报、横幅、宣传车、发放宣传资料等多种方式，向社会宣传商标法律知识，宣传国家、自治区的商标战略、工商行政管理部门在商标管理方面所取得的成绩，公开曝光典型案例，提高公众的商标意识，形成全社会尊重和保护商标权、努力营造培育发展自主品牌的良好社会氛围。据不完全统计，在活动期间，全区工商行政管理机关共向社会发放宣传资料 66 600 份，接受咨询 2300 人次。南宁市工商行政管理局现场接受 198 家企业咨询商标问题，发放商标法律法规宣传资料 1290 多份，展示板报 12 幅，悬挂宣传条幅 12 条，重点加强了对农产品商标和地理标志知识的介绍。柳州市工商行政管理局派出 20 名工作人员接受群众咨询，并发放商标法律法规 500 余份。贵港市市长助理庄则荣、市工商行政管理局局长陈贵全出席宣传活动，该市工商行政管理局在活动期间共向群众派发《商标法》和《商标法实施条例》《商标战略指南》小册子等商标知识宣传资料 2000 多份。百色市工商行政管理局向经营者和消费者发放商标法律知识宣传资料 3 万余份，同时与地方政府和著名商标企业联合开展宣传，展示所缴获的各种商标侵权商品。

(二)开展送法上门活动

贵港市工商行政管理局编印了《商标战略指南》宣传小册子 10 000 份，发至各县(市)工商行政管理局、工商行政管理分局、工商行政管理所全体公务员学习，并通过开展送法上门活动，到企业、个体工商户等经营单位宣传注册和使用商标，培育品牌，实施商标战略，发展地方经济的相关知识。百色市工商行政管理局定期组织执法人员为企业送法，主动服务，并为企业品牌策略献言献策，引导企业把商标宣传作为企业运营的重要手段，树立“商品未动，商标先行”的意识，积极申请商标注册、争创商标品牌，并不断扩大宣传层面，增强宣传效果，提高商标的知名度和信誉度。

（三）充分利用媒体开展宣传

柳州市工商行政管理局在《柳州日报》《柳州晚报》《南国今报》等媒体刊播《柳州涉农商标注册今年增长力度超10％》《品牌打不响 酒香也怕巷子深》等关于该市商标注册的现状、存在的问题以及如何利用品牌发展工农业生产，提高企业、农民经济效益的专题片、通讯、标语7期，收到了很好的效果，很多企业、乡镇的农业部门都要求注册自己商标。百色市工商行政管理局利用《右江日报》、百色广播电视台等媒体宣传商标法规，普及商标知识，努力营造全市重视品牌、关注品牌、争创品牌的浓厚氛围，大力宣传法人、自然人积极注册商标，规范使用商标，主动保护商标行为。并及时曝光一批侵犯商标专用权的典型案例，利用反面教材警示世人，鼓励和引导企业树立商标意识。

二、加强商标行政执法力度，维护良好的市场秩序

2009年，自治区工商行政管理局加大了对商标专用权的保护工作的力度，下发了《自治区工商行政管理局办公室关于印发全区工商系统商标专用权保护工作方案的通知》，各地工商行政管理机关针对本地商标侵权假冒活动的特点，商标管理工作的薄弱环节，以及群众反映强烈的商标侵权假冒问题，制定了切实可行的实施方案，精心组织，抓好落实。2009年，全区共立案查处商标违法案件649件，案值365.9万元，罚款金额195.39万元，收缴商标标识18 187件，没收、销毁侵权商品55 490件。在工作中，全区各级工商行政管理机关充分发挥职能作用，以保护注册商标专用权为核心，以商标品批发零售市场为重点，加大监管力度，切断商标侵权假冒商品的市场流通渠道，加大对驰名商标、著名商标、涉农商标、地理标志、食品商标、药品商标、涉外商标的保护力度；加强与泛珠三角区域及西部地区商标管理部门的合作，加强与公安、海关及其他知识产权管理职能部门的协作与信息交流，提高商标权利的保护水平和能力；在第十六届中国国际广告节期间，加大展会商标的监管力度，积极派员进场协助主办单位加强参展商品商标的法律咨询和管理。遏制商标侵权假冒行为，保障消费者和生产者的合法权益，维护了良好的市场秩序。

三、进一步实施商标战略，服务地方经济发展

（一）认真贯彻落实2009年全国工商行政管理系统商标战略实施工作会议精神，明确广西商标战略的工作思路，全面推进国家工商行政管理总局商标战略实施意见的贯彻落实

根据国家工商行政管理总局《关于贯彻落实〈国家知识产权战略纲要〉大力推进商标战略实施的意见》要求，自治区工商行政管理局党组对广西工商行政管理系统商标战略实施工作进行了认真研究，从突出地方特色、注重阶段性、加强与国家大政方针相衔接等几个方面，进一步明确了广西商标战略的工作思路。

一是明确广西工商系统商标战略的目标。即到2020年，全区初步建立起体系完善、运行顺畅的商标创造、管理、运用和保护工作机制，基本形成使用规范、保护得力、服务到位、社会尊重的商标发展环境，形成一批在国内和国际市场上具有较强竞争力的产品品牌。要通过实施商标战略，进一步提高全社会的商标意识，强化商标管理能力，切实提升注册商标的生命力和竞争力，支持鼓励更多的企业走向世界，积极参与国际市场竞争，加强商标国际交流与合作。大力拓展同世界知识产权组织、与我国经贸关系密切国家的交流与合作，维护广西企业的海外商标权益。

二是明确了要立足基本职能，创新监管模式，全面提升商标管理工作三个方面能力。即全面提升商标运用能力、商标保护能力和商标管理能力。

（二）组织开展商标战略示范城市和示范企业工作

根据国家工商行政管理总局商标战略任务规划，在各省、自治区、直辖市及副省级城市开展商标战略实施示范城市（区）、示范企业工作。广西工商行政管理局按照“四个统一”的要求，紧紧围绕商标的注册、运用、保护和管理，以及提升商标经济内涵等为考察指标，对有条件的市以及驰名商标企业实施商标战略的情况进行了综合考量，最后向国家工商行政管理总局推荐申报了柳州市

为商标战略实施示范城市、广西中烟工业有限责任公司为示范企业。拟利用示范城市、示范企业的影响和带动作用，推动广西商标战略的实施，促进广西经济发展和和谐社会建设。

（三）继续开展广西著名商标申请认定工作

根据《广西壮族自治区著名商标认定和保护办法》的有关规定，继续在全区范围内开展广西著名商标的认定工作。重点扶持高新技术制造业、外向出口、现代服务业、农业、传统地方产业等企业争创著名商标。各级工商行政管理机关采取各种有效措施，加大宣传力度，充分利用当地的电视台、报纸等有影响力的媒体进行广泛宣传，同时在调查摸底的基础上，深入企业进行指导和帮扶，引导更多经济效益较好，有发展潜力的企业申请认定广西著名商标，申请认定工作取得明显成效，全区申报认定广西著名商标共 174 件，目前组织认定工作正在进行中。

在培育发展广西著名商标工作中，各级工商行政管理机关积极采取措施，取得显著成效。桂林市工商行政管理局将动员企业申报认定广西著名商标作为实施商标战略的重点工作，将桂林市百强重点工业企业和农业龙头企业列为重点企业商标工作帮扶对象和名牌商标战略培育企业，由市工商行政管理局商标和广告监管科和各县工商行政管理局、工商行政管理分局商广股组织实施，并与企业结对子，开展“一对一”全程指导申报服务工作。2009 年该市共有 26 家企业 28 件商标申报认定广西著名商标。

柳州市工商行政管理局把商标品牌培育工作重点放在柳州市鱼峰区，鱼峰分局成立了广西著名商标培育和申报领导小组，制定《鱼峰区十一五后期商标培育计划》等相关文件。2009 年 8 月，柳州市工商行政管理局鱼峰分局联合柳州市鱼峰区发展经济局、科学技术局等单位举办了以“推动二次创业，实施商标战略”为主题的《2009 鱼峰区商标与发展论坛》，共有 100 家工业企业、100 家商业企听取了“中国驰名商标”企业广西花红药业有限公司的代表受邀作的专题报告。2009 年全市共 32 家企业的 37 个商标申报广西著名商标。广西睡宝床垫有限公司的“睡宝”等 1 家广西著名商标企业申报全国驰名商标。

南宁市工商行政管理局把已具备条件、有发展潜力、知名度和美誉度高的 67 件注册商标作为创广西著名商标的重点培育对象，向企业发放《争创驰（著）名商标建议书》28 份，目前共有 31 件商标申报认定广西著名商标。

（四）大力培育发展驰名商标

为使企业注册商标得到更广泛的保护，各地根据《商标法》和《驰名商标认定和保护规定》，积极指导帮助企业完善商标管理和使用的各项制度，对产品品质好、经营规模较大、市场前景广阔的企业，指导其申报认定中国驰名商标。经过对有申报条件的几家企业进行调研，广西工商行政管理局 2009 年推荐了“丹泉”“名露”“睡宝”共 3 件商标申请认定中国驰名商标。另外，2009 年广西共有 “金鸡”和“柳工”两件商标获得中国驰名商标，至此，广西经工商行政管理总局认定的驰名商标增至 16 件。

（五）支持企业和农民专业合作组织实施商标品牌战略

为落实广西壮族自治区党委、自治区人民政府关于促进经济平稳较快增长的决策部署以及国家工商行政管理总局相关文件精神，积极应对国际金融危机，改善投资创业环境，支持各类市场主体发展，自治区工商行政管理局 2009 年连续出台了《自治区工商行政管理局关于应对国际金融危机促进全民创业的若干意见》《自治区工商行政管理局关于印发 2009 年促进非公有制经济发展工作方案的通知》《自治区工商行政管理局关于发挥工商行政管理职能作用引导支持服务农民专业合作社健康发展的实施意见》等文件。广西各级工商行政管理机关围绕文件精神，立足商标服务职能，积极支持企业、非公经济主体、农民专业合作社开展商标战略做了大量工作。在开展商标服务工作中，各级工商行政管理机关对辖区内企业进行常规性地走访和调查摸底，积极指导企业做好商标的使用和管理，完善管理制度。对有条件的，引导申报广西著名商标和中国驰名商标。工商行政管理干部深入企业、合作社、农村，加大农产品商标和地理标志宣传力度，积极引导农民和农产品加工企业注册农产品商标；支持农民专业合作社实施商标品牌战略。加强商标法律宣传和注册辅导，积极鼓励合作社申请注册农产品商标、集体商标、证明商标等，并根据合作社商标发展的不同阶段，实施分类指导；引导培育具有地域资源优势和特色的农产品和地理标志商标注册，优先推荐条件成熟的合作社商标申报著名、驰名商标；引导合作社正确运用广告宣传手段，提高合作社商标品牌的知名度、信誉度和市场竞争力；帮助企业规范商标的使用和管理，使商标成为展示合作社产品的有效载体；加强自我保护，依法维护合作社商标专用权。

玉林市工商行政管理局结合实际，2009年实施了“商标富农”工程。对辖区内涉农产品商标申请注册情况进行详细调查摸底，积极走访当地相关经济部门和农业、农村合作组织等征询意见建议，特别是摸清涉农企业或农户对工商行政管理部门的需求和建议，实现工商行政管理职能与企业需求的有效对接，建立特色农副产品商标培育战略梯队，制定扶持发展规划，确定重点培育对象。全市掀起了“注册一件商标，创出一个品牌，带动一片产业，振兴一方经济”的热潮，营造了全社会了解商标、重视商标、保护商标、运用商标的良好氛围。其做法得到了玉林市领导的高度重视，促进了“商标富农”工程的顺利实施。

百色市工商行政管理局2009年深入推行商标监管服务“五书”(《商标注册建议书》《商标规范使用提示书》《商标维权保护联络书》《商标策略提示书》《商标违法告诫书》)制度，利用建议、提示、告诫等非强制手段，对商标工作进行有效引导和服务，加强商标工作行政指导和服务，收到了好的效果。2009年，全市工商行政管理部门先后下发《商标注册建议书》88份，《商标策略提示书》76份，《商标规范使用提示书》42份，《商标违法告诫书》32份，《商标维权保护联络书》38份。有效提高了商标注册查询率和商标注册申请率，普遍提高了企业和经营者的商标注册和保护意识。

(广西壮族自治区工商行政管理局)

版权工作

2009年，广西版权工作坚持以邓小平理论和“三个代表”重要思想为指导，认真学习贯彻十七大精神，以科学发展观为指导，认真贯彻落实党中央、国务院关于加强知识产权保护战略部署，根据国家版权局的工作要点，在自治区版权局党组的正确领导下，不断强化版权社会监管，深入持久开展版权宣传普及教育活动，优化版权保护环境，增强版权服务意识，创新版权管理方式，开创版权保护工作新局面。

一、强化版权社会监管工作，严厉打击各种侵权盗版行为

坚持日常监管与专项行动相结合，严厉打击各种侵权盗版行为。2009年共查处涉嫌网络侵权网站14个，涉案服务器36台，责令停止侵权14家，关闭网站16家；查缴各类侵权盗版图书588 654册；查缴侵权盗版光盘697 980张，其中，在2009年5月22日的专项行动中，在南宁市民族商场一举查获17家涉嫌批销盗版光盘的经营单位，查缴侵权盗版及淫秽色情光盘414 791张，捣毁制作盗版窝点2个，抓获嫌疑人22人，最后行政拘留5人，刑事拘留2人。在钦州市查处的劳某非法制作盗版光盘案中，查缴盗版及淫秽光盘3623张，劳某被钦州市灵山县人民法院判处有期徒刑3年6个月。在北海市“7·6”销售盗版光盘案件中，犯罪嫌疑人许某被北海市合浦县人民法院判处有期徒刑3年，缓刑3年，并处罚金10 000元。

二、进一步推进使用正版软件工作，创造良好的版权保护环境

在首批推进140家企业使用正版软件工作的基础上，又开展了第二批76家企业使用正版软件的推进工作，同时，对全广西的300多家勘察设计企业，进行全行业的使用正版软件推进工作。2009年11月，开展了加强和巩固县(区)政府机关使用正版软件工作，防止政府机关使用盗版版软件情况的回潮。为激励地市和企业开展推进使用正版软件工作的积极性，自治区版权局和自治区使用正版软件工作领导小组办公室还开展了2009年“广西使用正版软件工作优秀单位”和“推进企业使用正版软件工作组织推进奖”的评选工作，最后评出“使用正版软件工作优秀单位”43家，“使用正版软件工作组织推进奖”一、二、三等奖9个。

三、不断深入宣传版权法律知识，努力提高公众版权保护意识

提高公众的版权保护意识，是建设创新社会的根基，也是目前做好版权保护工作的基础。2009年，广西在版权宣传工作方面，努力拓宽宣传渠道、创新宣传方式、丰富宣传手段、找准宣传对象；一是创建并办好全国省级唯一公开发行的版权宣传杂志《版权战略》，二是制作大量的版权宣传环保布袋，以不同的层次宣传版权；不仅在政府机关、科研

院所等宣传，在公众场所、菜市场也得到宣传；环保布袋不仅受到百姓的喜爱，而且克服了过去印刷纸张浪费、短效的问题。在2009年广西知识产权宣传周暨青少年版权保护主题教育活动中，广西版权局向参加活动的青少年赠送套装的科技、励志以及版权保护方面的图书，组织小学生向社会发出了《版权保护广西红领巾宣言》，组织青少年开展拒绝盗版签名和版权保护知识竞赛等；在全国青少年版权知识竞赛中，广西共有170名学生分别获得一、二、三等奖，有22个单位获组织奖，排在全国的前列。

四、加强版权学习培训，建立高素质的版权管理队伍

版权保护工作是知识性、专业性很强的工作，不具备版权专业及相关知识，是无法开展好版权管理和版权执法工作的。2009年9月，广西版权局和广西壮族自治区使用正版软件工作领导小组办公室专门举办了全区推进企业使用正版软件和打击网络侵权盗版工作培训班。把培训对象扩大到县、区一级，使基层一线的执法人员都能得到培训，提高版权的执法水平。

五、实施走出去战略，扩大对外版权贸易

2009年，广西版权工作认真贯彻新闻出版总署、国家版权局的"走出去"战略，贯彻落实广西党委、政府有关与东盟全面开放合作的工作部署，大力推进中国出版走向东盟。成功举办第二届越南、柬埔寨中国图书展销会暨版权贸易洽谈会。展销我国出版的优秀图书近万册，达成版权输出贸易合同和意向的图书66种，当场签约输出21种。在第六届中国-东盟博览会期间，广西新闻出版局和广西新华书店集团有限公司一起，成功举办2009年第二届中国-东盟书展暨图书馆业合作论坛，共展出我国及东盟各国图书1912种5000多册，实现订货码洋30多万元。

据统计，2009年，广西出版系统与国（境）外达成版权贸易的图书数量达357种，其中输出140种，引进217种，与2008年相比，版权输出数量增长300%，版权引进和输出比缩小至1.55∶1，版权输出数量创历史新高。

（广西壮族自治区版权局　版权处）

司法工作

一、围绕党和国家工作大局，切实发挥知识产权审判职能，为经济平稳较快发展提供有力司法保障

（1）为全面落实国家知识产权战略，积极应对国际金融危机给我国实体经济造成的不利影响，使知识产权审判工作更好的服务于党和国家工作大局，为激励自主创新营造良好的司法环境，制定了广西高级人民法院开展知识产权审判工作"优化自主创新司法环境"年度主题活动的实施方案，就活动的组织领导、活动的具体安排作了部署，各中级人民法院也根据自己的实际情况分别制订了实施方案，全面开展年度主题活动。

（2）围绕广西党委、政府提出的"企业服务年""项目服务年"活动，研究提出知识产权审判为企业服务、为项目年服务的措施。

（3）为深入贯彻中央和广西壮族自治区党委关于保持经济平稳较快增长的重大部署，充分运用知识产权司法保护手段，促进广西经济社会又好又快的发展，结合广西法院工作实际，制定了《关于知识产权审判为企业服务、促进我区经济平稳较快发展的若干意见》，从充分发挥司法保护知识产权的主导作用，切实保障创新型广西建设；依法审理好各类知识产权案件，进一步加大知识产权司法保护力度；强化司法为民措施，提供切实有效的知识产权法律服务；加强知识产权审判队伍建设，提高知识产权司法保护能力四个方面，提出了22条意见。

（4）组织召开了广西国有企业知识产权司法保护座谈会，广西柳州钢铁集团公司、广西建工集团有限责任公司、广西柳工集团有限责任公司等十六家国有大中型企业代表参加了会议。座谈会就广西国有企业知识产权的保护状况、国有企业知识产权保护所面临的困难和问题、国有企业在知识产权司法保护方面的诉求进行了深入的研究和探讨，为加强广西国有企业与人民法院的沟通和交流，搭建了很好的平台，为进一步加强国有企业知识产权司法保护进行了有益的探索。

二、进一步健全知识产权审判机构，优化审判资源配置，提高知识产权司法保护水平

（1）根据广西实际，报经最高人民法院批准，南宁市青秀区法院作为广西第一个基层法院取得了知识产权民事案件的管辖权，该院已成立相应的机构，从 2009 年 7 月 1 日起开始受理知识产权民事案件。

(2)按最高人民法院的要求，明确从 2009 年 1 月 5 日起，涉及驰名商标认定的民事纠纷案件，由南宁市中级人民法院管辖，广西的其他中级法院不再管辖此类民事纠纷案件，确保了广西司法认定驰名商标案件的质量。

三、公正、高效地审理好各类知识产权纠纷案件，确保案件审理法律效果和社会效果的统一

2009 年，广西各级人民法院共受理一审知识产权民事案件 583 件，审结 567 件，结案率 97.08%；受理二审民事案件 73 件，审结二审案件 62 件，结案率 85%。在案件的审理中，严把案件的质量关，案件的质量有了进一步的提高。在 2009 年全区法院案件质量评查中，广西高级人民法院知识产权庭审结的知识产权案件的正确率和优良率均达到 100%。

(1)抓好重大敏感案件和关联案件的审理。2009 年，广西高级人民法院受理了黄某诉内蒙古大学出版社等侵犯著作权纠纷案等一批有影响的知识产权案件，并进行了妥善处理，黄某诉内蒙古大学出版社等侵犯著作权纠纷案还入选 2009 年中国法院 50 件典型知识产权民事案件；通过制订审理方案，厘清审判思路，上门开庭和调解，通过政府领导、主管部门、上级公司、下级法院以及律师等各方面力量联动做工作等方式，调解处理了既涉及国有企业利益，又涉及民营企业利益的南宁五菱桂花车辆有限公司与南宁某动力有限责任公司商标侵权纠纷一案，另外，全区各级人民法院都分别受理了一批涉及网络公司和网吧侵犯信息网络传播权纠纷、涉及摄影作品著作权纠纷以及涉及“派克”商标的商标权纠纷，高级人民法院知识产权庭都及时加以研究，确定审判思路和赔偿标准，并及时进行指导，使这些关联案件都得到妥善解决，各级人民法院没有出现相互矛盾的判决。

(2)认真贯彻“调解优先、调判结合”的司法原则，开展案件的审理工作。认真落实广西高级人民法院党组关于开展“调解年”活动的工作部署，认真贯彻“调解优先、调判结合”的司法原则，将“全案调解、全员调解、全程调解”的“三全”调解贯穿案件审理的全过程，调解工作取得明显成效。2009 年全区法院共审结一审知识产权案件 567 件，其中调解撤诉 395 件，调解撤诉率 69.7%，比 2008 年提高 18%。审结二审知识产权案件 60 件，调解撤诉 37 件，调解撤诉率 63.9%。

(3)抓好司法认定驰名商标案件的审理。2009 年，对全区法院司法认定驰名商标案件进行了检查，继续坚持审慎认定驰名商标，既依法保护驰名商标权利人的合法权益，又避免权利的滥用，防止司法认定的随意性，2009 年根据广西的实际，未认定一件驰名商标，广西法院因在审理司法认定驰名商标案件中严格把关和开创性地对提供虚假证据以图达到认定驰名商标的行为给予严厉制裁而被《时代周报》肯定和表扬。

(4)抓裁判文书的质量。在“办好一个案件，写好一篇文章，制作好一份法律文书”的基础上，提出了办好每一个案件，写好每一份法律文书的“精品”理念，广西高级人民法院的知识产权裁判文书已成为广西高级人民法院最好的一类裁判文书。在全区人民法院优秀裁判文书评比中，知识产权庭提交的 4 份知识产权法律文书全部获奖，其中 1 等奖 1 篇，2 等奖 2 篇，3 等奖 1 篇，是获奖比例和获奖档次最高的庭室之一。

(5)加强指导和监督。广西高级人民法院除了继续坚持重大敏感案件报告制度、判前沟通制度、裁判文书上网制度等具体案件指导制度以及编辑审判信息进行指导外，还通过制定会议纪要、指导性意见以及直接参与下级法院的案件协调等方式，对下级法院进行指导和监督。如召开涉及计算机网络著作权纠纷案件审理专题研讨会，以会议纪要形式进行指导；制定《广西区高级人民法院关于进一步加强知识产权民事案件诉讼调解工作的意见》，下发全区法院，对全区法院知识产权民事案件的调解进行指导。

(6)积极延伸审判职能，向有关单位发出司法建议。如针对有些公证部门在公证取证中不规范，导致公证取证证据无法采信，案件事实无法查清的情况，及时向有关公证部门提出司法建议，取得良好效果。

四、加强调研工作，调研成果丰硕

调查研究是谋事之道、成事之基，广西高级人民法院一直重视调查研究工作。2009 年，先后到南宁、桂林、柳州、贺州、玉林、百色、崇左等中级人民法院以及部分基层人民法院调研，并走访多家企业，召开多次座谈会，完成了《广西民间文学艺术、非物质文化遗产法律保护状况之调查》的调研报告，该报告在本土调查与比较研究的互动中，对立法、行政、司法和教育等几方面分别展开调查分析，发现其中的问题并提出了建议。报告中提出的一些司法对策，已经在指导审判实践中发挥作用。该报告被评为广西法院系统2008年调研成果一等奖。广西区知识产权办公会议办公室专门以该调研报告为主要内容刊发了简报。在2009年关于《民间文学艺术作品著作权保护条例》立法研讨会上，广西高级人民法院知识产权庭法官作为惟一的地方法院法官应邀出席会议，并作主题发言。2009年，广西知识产权法官还先后在《广西日报》《广西法治快报》《广西审判》《人民司法》等多家报纸杂志发表论文10多篇。

五、加大知识产权司法保护的宣传力度，成效明显

一是认真办好广西法院网知识产权审判网页；二是认真组织开展“4·26世界知识产权宣传周”活动。参加了新闻发布会，公布了广西2008年知识产权司法保护典型案例，并上报最高人民法院5个案例。其中广西高级人民法院审结的“妈勒访天边”著作权案被评为2008年中国知识产权司法保护10大案件之一，全国首例中药品种不正当竞争纠纷案被评为改革开放30年来影响中国的100件知识产权案件之一；三是与《广西日报》《广西法治快报》《南宁晚报》广西电视台等多家新闻媒体合作，对典型案件和多次活动进行了成功报道。

六、加强培训学习

一是与法官学院合作，在2009年6月底举办广西知识产权审判实务培训班，请最高人民法院和北京市高级人民法院的专家，就知识产权审判的最新司法政策、司法解释以及知识产权案件的审判思路进行授课，全区知识产权法官及相关庭室的法官110多人参加了听课，反映良好。二是选派人员参加了近10个培训班的学习，如分别派人参加了最高人民法院在苏州举办的“知识产权审判如何应对金融危机对实体经济的冲击暨服务外包法律论坛”，在福州举办的“专利司法解释”座谈会；在内蒙古举办的“反垄断审判问题暨司法解释座谈会”；广西区知识产权办公会议在南宁举办的“泛珠三角知识产权论坛”，在成都举办的2009年知识产权司法保护国际研讨会。三是派出人员为7个培训班授课。

（广西壮族自治区高级法院知识产权审判庭）

检察工作

2009年，广西壮族自治区检察机关立足检察监督职能，加强与行政执法部门的联系，努力强化包括侵犯知识产权在内的涉嫌犯罪案件移送工作，继续依法严厉打击侵犯知识产权犯罪，对移送审查批捕、起诉的侵犯知识产权案件，依法坚决、及时批准逮捕和起诉，切实加大打击力度，提高办案效率，为保护知识产权工作作出了积极的贡献。

一、依法严厉打击侵犯知识产权犯罪

广西壮族自治区检察机关充分发挥检察职能作用，重点加强对涉及人民群众切身利益，社会影响大，群众反映强烈的案件的立案监督与移送，与行政执法机关、公安机关等部门密切配合，依法及时批准逮捕、起诉涉嫌侵犯知识产权的犯罪分子。据统计，2009年广西壮族自治区检察机关共受理提请批准逮捕涉及知识产权犯罪案件28件74人，批准逮捕23件62人，共受理起诉侵犯知识产权犯罪28件83人，起诉21件61人。

二、立足检察职能，强化行政执法与刑事司法衔接工作机制

广西壮族自治区成立了由各成员单位分管领导组成的行政执法与刑事司法衔接机制工作领导小组，并将小组办公室设在了自治区人民检察院。一些地市的行政执法与刑事司法衔接机制工作还得到了当地党委的重视和支持，由广西政治法律委员会牵头组织召开行政执法与刑事司法衔接机制工作联席会议。自治区人民检察院承担了行政执法与刑事司法衔接机制办公室的日常工作，坚持编印《行政执法与刑事司法衔接机制工作简报》。结合广西壮族自治区行政执法与刑事司法衔接工作的现状，广西壮族自治区检察院采取以下措施进一步加强和完善行政执法与刑事司法衔接工作：一是加大监督力度，要求各市级检察院对专项检查发现的涉嫌犯罪案件线索进行再次筛查，对确需追究刑事责任，应当移送而不移送的，提出移送意见。依法加大对涉嫌徇私舞弊不移交刑事案件的查处力度，有效警戒执法犯法，预防和减少以罚代刑现象，促进行政执法与刑事执法的有效衔接。二是加强行政执法机关的内部监督，由广西壮族自治区有关行政执法机关对专项检查中发现的本部门应当移送而未移送案件，督促指导各地进行清理，并提出本部门整改意见。行政执法机关要建立健全台账和档案管理制度、执法办案责任和考评制度、文书抄送制度、移送案件的签收回执制度等。针对专项检查中发现的问题，广西壮族自治区工商行政管理局已经专门向桂林、玉林等有关市工商行政管理局发文要求整改，其他行政执法机关也正在针对检查中发现的问题积极进行整改。三是畅通信息渠道，着力解决行政执法与刑事司法衔接工作的基础性、瓶颈性问题，认真学习上海、云南、山东等先进省市的经验做法，构建"网上衔接，信息共享"平台。四是加强执业培训和交流，提高队伍素质和办案能力，通过举办专题学习班、经验交流会、办案座谈会等多种层次和形式的培训，促使行政执法与刑事司法知识的互相渗透，工作经验和技巧的相互学习、借鉴，避免认识上的分歧而影响行政执法与刑事司法衔接工作。

三、严肃查处和防范侵犯知识产权背后的职务犯罪

广西壮族自治区检察机关严肃查处对侵犯知识产权背后隐藏的国家工作人员贪污贿赂和国家机关工作人员滥用职权、玩忽职守、徇私舞弊等犯罪，及时发现和查办涉及知识产权的民事行政裁判不公背后的司法腐败，维护司法公正，进一步加强预防工作，从源头上防止和减少涉及知识产权职务犯罪的发生。

（最高人民检察院侦查监督厅）

海南省

专利工作

2009 年，在国家知识产权局的指导和支持下，海南省知识产权局以科学发展观为指导，创新工作思路，紧紧围绕专利创造、运用、保护和管理，重点开展专利宣传、专利培训、专利试点和专利行政执法工作，取得了显著成效，有力地推动了海南省知识产权事业的发展。

一、完成海南省知识产权战略制定工作，贯彻实施国家知识产权战略纲要

（1）组织召开海南省知识产权战略制定工作领导小组扩大会议，审议《海南省知识产权战略纲要（送审稿）》和《海南省人民政府关于促进知识产权发展的若干意见（送审稿）》。省政府副省长、省知识产权战略制定工作领导小组组长林方略，省政协副主席、省科技厅厅长、省战略制定工作领导小组副组长王路出席会议，省知识产权战略制定工作领导小组成员及办公室成员、相关部门领导 30 多人参加会议。

（2）根据省知识产权战略制定工作领导小组第二次会议提出的意见，对《海南省知识产权战略纲要（送审稿）》和《海南省人民政府关于促进知识产权发展的若干规定（送审稿）》进行修改补充。

（3）向省政府呈报《海南省知识产权战略纲要（送审稿）》和《海南省人民政府关于促进知识产权发展的若干规定（送审稿）》。

（4）编印《海南省知识产权战略专题研究报告集》，分送省直属有关部门。

二、加大专利申请资助力度，专利申请数量和质量明显提高

从 2009 年开始，海南省知识产权局改进专利资助办法，有效利用有限经费，重点扶持科技含量高的专利项目，促进了专利申请量和授权量的快速增长。据统计，2009 年全省专利申请量达 1040 件，同比增长 19.1%，其中发明 456 件，同比增长 37.8%；授权量 630 件，同比增长 84.6%，其中发明 84 件，同比增长 78.7%。

（1）修订《海南省专利申请资助办法》，增加对国（境）外专利申请的资助，进一步扩大专利资助范围。

（2）高效办理专利申请资助等业务。在办理专利申请资助、减缓专利申请费用证明、加速专利申请审查等业务中，简化程序，提高办事效率。全年资助专利申请 152 项（其中境外 5 件），发放资助金额 31.46 万元；协助中小企业申请国家财政对 PCT 专利申请资助 5 项，申请资助资金 35.1

万元；协助专利申请人办理减缓专利申请费用证明150项，办理加快审查60项。

(3)提高专利代理服务质量。主动为专利申请人服务，代理专利申请250件，同比增长8.7%，其中发明80件。

(4)发挥专利信息的作用。争取国家知识产权局完善更新在海南省安装的中国专利信息全文数据库，为专利申请人和企业提供专利申请、转让、合作等检索服务500多人次。

(5)办理专利实施许可合同备案，为企业办理专利实施许可合同备案18件。

三、采取多种形式进行宣传，全社会知识产权意识有所增强

(1)精心策划组织海南省知识产权宣传活动。根据国家知识产权局等有关部门联合下发的《关于印发2009年全国知识产权宣传周活动方案的通知》要求，结合本省实际，印发了《关于做好2009年知识产权宣传周和第五届科技活动月期间知识产权宣传活动的通知》，制定了《2009年知识产权宣传周和第五届科技活动月知识产权宣传方案》，要求省直各有关部门、各市县科技与知识产权管理部门结合当地实际，开展形式多样、内容丰富的知识产权宣传活动。

(2)联合海口市知识产权局、工商行政管理局、文化广电出版体育局、质量技术监督局、食品药品监督管理局等有关部门，在明珠广场举办以"实施国家知识产权战略，促进创新发展"为主题的"4·26世界知识产权日"宣传活动，向广大市民派发知识产权宣传资料，并开设咨询台，现场解答群众提出的有关问题。近2000人参加活动，发放资料10 000多份。

(3)举办第三次专利法修改宣讲会。邀请国家知识产权局条法司尹新天司长来琼举办"专利法第三次修改宣讲会"，介绍了专利法第三次修改的背景、意义和主要内容。重点讲解了总则、授予专利权的条件、专利的申请、审查、专利实施的强制许可、专利权的保护等有关修改内容，并回答了与会人员提出的问题。来自海南省科技与知识产权管理部门、高等院校、科研院所、企业、专利代理机构和专利发明人等200多人参加了宣讲会。

(4)省知识产权局副局长毛阅明应邀做客海南广播电视台《公仆在线》栏目，就有关知识产权问题与观众进行面对面交流。简要介绍了实施国家知识产权战略纲要和第三次修改专利法的主要内容与意义，并就知识产权维权援助、专利申请、专利保护等问题回答观众的提问。

(5)召开知识产权工作研讨会，总结了2008年海南省知识产权工作，通报了2009年工作重点，与会代表围绕知识产权工作重点和"文化·战略·发展"的宣传主题，踊跃发言，提出了很多建设性的建议。科技与知识产权管理部门、高等院校、科研院所、企业和专利代理机构代表共30多人参加了研讨会。

(6)联合海口市知识产权局等有关部门在海南师范大学开展知识产权进校园宣传咨询活动，向学生发放知识产权基础知识资料、光盘1200多册(件)，许多大学生就如何申请专利、如何识别商品上的商标和著作权等有关问题，向有关专家进行咨询，参加活动的师生达2000人。

(7)充分利用各种媒体，及时报道知识产权工作动态。在国家知识产权网站海南子站、海南科技在线、海南省知识产权局等网站发布工作动态信息150多条次，国家知识产权局网站首页采用7条次，通过其他新闻媒体宣传报道20多篇次，营造了全社会尊重和保护知识产权的氛围。

四、开展多层次培训和咨询，提高知识产权管理人员的业务水平

(1)举办海南省企事业单位知识产权培训班，邀请国家知识产权局保护协调司副司长武晓明、国家知识产权局专利局初审流程管理部副部长何越峰分别宣讲了国家知识产权战略纲要和专利法实施细则。两位专家结合丰富的案例进行讲解，深入浅出地分析，取得了很好的教学效果。来自各市县科技与知识产权管理部门、高等院校、科研院所、企业从事知识产权工作人员100多人参加培训。

(2)邀请中南财经政法大学汪海粟教授讲授了企业并购中的无形资产评估、中小企业发展与无形资产质押等方面的内容。来自企业、专利技术交易机构的从业人员、资产评估师、律师等100多人参加培训。汪海粟教授还到椰国食品和瑞尔电子科技2家企业调研，针对企业发展中遇到的难题建言献策。

(3)组织国家知识产权局专利局机械发明审查部和初审流程部审查员到海南赛诺实业、椰树集团、欣龙控股、通用三洋药业、一汽海马、椰国食品、皇隆制药和全星药业企业进行调研和交流，并就新产品开发、专利申请、专利文献信息利用、专利保护等方面的问题举办专利知识讲座，解答企业提出的问题，指导企业撰写专利申请文件、检索利用专利信息，深受各企业欢迎。

(4)海南省科技厅副厅长黄学仁带领海南省知识产权局局里有关工作人员到海南灵康药业有限公司调研，帮助企业解决专利申请和知识产权管理中所遇到的问题。省知识产权局副局长毛阅明带领海口翔翔专利代理有限公司有关人员到海南金海浆纸业有限公司开展知识产权宣传培训，为企业提供专利咨询服务，指导企业申报专利，受到企业的好评。

五、加强知识产权试点示范工作，培育知识产权优势企业

(1)完成海南省第三批全国企事业知识产权试点工作，并受国家知识产权局委托进行总结验收。第三批全国企事业知识产权试点工作于2006年开始实施，海南全星药物研究院有限公司、海南立昇净水科技实业有限公司参加了试点工作。试点期间，全星药物公司共申请专利56件，获授权专利20件，专利转化实施率达50%以上。立昇净水公司拥有专利25项，其中国外专利2项，发明专利4项，实用新型专利7项，外观设计专利14项。目前正在申请国家专利11项，国外专利申请8项，专利转化实施率100%。通过专利试点示范，带动了海南省知识产权工作的发展。

(2)组织申报第四批全国企事业知识产权试点工作。根据国家知识产权局的要求，海南省知识产权局积极组织企事业单位申报，经初步筛选，推荐了海南省一汽海马、椰国食品、中国热科院、皇隆制药、德泽药物和灵康药业6家企事业单位申报第四批全国企事业知识产权试点，6家企事业单位共申请专利近427件，其中PCT3件。

(3)开展海南省知识产权优势企业培育工作。制定了培育知识产权优势企业工作方案，通过组织申报、评选，确定了赛诺实业、全星药业、立昇净水、欣龙控股4家企业为海南省首批知识产权优势培育企业，4家企业共申请专利140件。

(4)加强试点示范工作的服务力度。指导海口市开展知识产权示范城市创建工作；指导椰树集团完成全国企事业知识产权示范创建工作，协助该企业参加验收和答辩；根据国家知识产权局国家专利产业化推进工程委托项目的要求，在灵康药业和美邦科技开展中小企业专利产业化试点工作。

六、加强知识产权中介服务机构建设，促进专利技术实施和产业化

(1)加快建设国家专利技术(海口)展示交易中心、省技术交易中心、专利代理等中介服务机构，增强服务能力，提高服务水平。省技术交易中心举办技术推介会4场，展示推广最新科技成果和专利110多项，促成签约项目金额人民币1.62亿元，美元829.76万元。国家专利技术(海口)展示交易中心举办技术投融资和专利技术转让见面会3场，挂牌交易的专利和技术产权2660项，成交72项，成交额约人民币2.24亿元，同比增长30%。

(2)充分利用政府科技计划资金扶持专利技术实施。积极引导专利项目申报省重点科技项目计划、海口市重点科技项目计划。2009年共有11个专利项目被列入了省重点科技项目计划和科技成果示范推广专项，扶持资金140多万元。

七、加强专利行政执法，营造有利于科技创新的社会氛围

(1)开展"雷雨""天网"执法活动。根据国家知识产权局的统一部署，海南省知识产权局制定了《海南省2009年"雷雨"、"天网"知识产权执法专项行动方案》，深入文昌、万宁、三亚、五指山4个市县，开展查处假冒专利执法和培训活动。组织这些市县的商家进行查处假冒专利培训，让商家开展自查，造表登记，上网比对，检查是否有不规范专利标识。之后，海南省知识产权局组织执法人员巡查或抽查商场商品，开展查处假冒专利违法行为工作，维护商品流通领域的市场秩序。

(2)查处"椰子壳石材"冒充专利案。根据群众举报，海口市三门坡椰壳材料厂开发的椰子壳石材2007年向国家知识产权局申请了发明专利，处于初审公布阶段，尚未获得发明专利授权，但企业将该产品宣传为专利技术。经调查取证，查实海口市三门坡椰壳材料厂的冒充专利行为。根据《专利法》和《专利实施细则》，海南省知识产权局对冒充专利行为人作出了处罚决定。

(海南省知识产权局　陈健卫)

商标工作

在局党组和分管局长的正确领导下，海南省

工商行政管理局全体人员团结协作，群策群力，各项工作成效显著。

一、精心组织“共建‘商标富农’工程示范县备忘录签字仪式”

2009年4月29日，海南省工商行政管理局与澄迈县政府在澄迈县老城镇举办共建“商标富农”工程示范县签字仪式，准备用3年时间，按照“打造一件商标、带动一个产业、搞活一地经济、富裕一方百姓”的理念，共建海南首个“商标富农”示范县。取得成功后，将向全省推广。海南省工商行政管理局代澄迈县政府起草了《澄迈县人民政府关于实施“商标富农”工作　促进科学发展的意见》和《共建“商标富农”工程示范县的实施方案》。此项工作创全国商标工作之先例，受到了省委书记卫留成的表扬，澄迈县委书记杨思涛对仪式的组织工作给予高度评价。

二、精心设计实施商标战略展板

2009年7月23～24日，“全国工商系统贯彻落实《国家知识产权纲要》大力推进商标战略实施工作会议”在吉林省长春市召开。海南省工商行政管理局精心设计商标展板，向与会代表充分展示海南省工商系统近几年以“商标富农、商标兴垦、商标强企”为目标，大力实施商标战略所取得的成绩，受到总局领导的赞许。

三、精心组织2008年度驰名、著名商标企业座谈会

2009年7月19日，“2008年度驰名、著名商标企业座谈会”在金海岸罗顿大酒店胜利召开，有驰名、著名商标企业的主要负责人、商标工作人员和各市县工商行政管理局分管商标工作的领导、商标监管机构工作人员等，共计200多人参会。为组织好此次会议的召开，海南省工商行政管理局认真做好以下筹备工作：一是准备黄成模局长和夏文亮副局长在会上的讲话稿；二是精心布置会场，精心训练礼仪；三是组织好颁奖仪式，共有30家著名商标企业被授奖；四是做好其他会务工作。此次会议得到了局领导班子5位成员的高度赞扬，受到了与会代表的一致好评。

四、精心策划“琼中绿橙”“乐东香蕉”地理标志及其产品展览

2009年11月30日，由国家工商行政管理总局和世界知识产权组织共同举办的“亚太地区地理标志国际研讨会”在重庆召开。海南省工商行政管理局精心策划的“琼中绿橙”和“乐东香蕉”地理标志及其产品展览大获成功，备受与会代表瞩目与称赞。

五、精心组织实施“五项工作”

（1）起草开展商标“五项”工作的通知及具体实施方案，指导市县直属工商行政管理局开展“五项”工作。

（2）于2009年8月底分别在澄迈县金江镇、保亭县保城镇分片召开全省工商系统开展商标“五项”工作会议，部署“五项”工作，详细讲解实施方案。

（3）精心编印《大力推进商标战略实施服务手册》5万本，分发给各直属工商行政管理局。手册内容丰富，有200条问答，通俗易懂，深受读者欢迎。

（4）积极开展“商标知识大培训”。海南省工商行政管理局主要领导精心备课，亲自到各市县开展“商标知识大培训”。讲课生动活泼、图文并茂、深入浅出，深受学员称赞，每个市县的培训课都是座无虚席。

六、精心组织2009年度省著名商标认定工作

海南省工商行政管理局积极发挥职能作用，不断加大认定省著名商标的工作力度，认真审查申请企业提交的材料，并进行实地考查。2009年认定著名商标54件，涉及48家企业，为海南省企业做大做强品牌搭建了良好的平台。

七、精心组织“全省推进商标战略实施工作会议”

12月2日，“全省推进商标战略实施工作会议”在海口市召开，为做到“政府满意、总局满意、企业满意、局党组满意”，海南省工商行政管理局精心组织，认真做好以下准备工作：一是认真筹划全省驰（著）名商标展。本次商标展有9件驰名商标、73件省著名商标参加，几乎汇集了海南省知名企业，充分展示海南省商标发展现状；二是认真准备黄成模局长的发言稿和李国梁副省长讲话稿；三是认真审查商标经验交流材料并编印成册；四是认真做好会议代表的接待、会场布置、礼仪人员的培训、会程安排等各项工作。最终本次大会圆满闭幕，与会的国家工商行政管理总局副局长付双建、省人民政府副省长李国梁、黄成模局长和企业代表都对本次会议的组织工作表示非常满意。

（海南省工商行政管理局）

版权工作

2009 年，海南省版权工作坚持以科学发展观为统领，在国家版权局的指导下，根据海南省版权工作的实际情况，将打击侵权盗版与宣传教育公众并重，对侵权盗版行为给予严厉打击。同时稳步推进全省使用正版软件工作，积极开展版权公共服务，努力通过多种形式宣传版权保护知识，提高公众的版权保护意识，形成全社会保护版权的良好氛围。

一、认真开展版权产业调研，为版权企业发展做好服务工作

2009 年 2 月，省版权局版权处联合三亚市文体局、海口市文体局等市县文体局，围绕海南省的动漫、琼剧、黎族织锦等版权产品的研发、生产与销售进行了调研，鼓励企业在人才的引进和培养上下大力气，努力提高自主创新能力，在作品创作的数量和质量上都有新的突破；鼓励企业增强维权意识，与侵犯自身权利的不法企业和不法分子进行斗争，通过行政、司法程序等多种途径维护自身权利。加大侵权盗版的打击力度，联合当地文体局和文化市场稽查部门、公安部门，加大对市场上侵权盗版制品的清缴力度，同时认真查处群众举报的侵权盗版案件，以保护著作权人的合法权益。省版权局承诺将进一步简化程序，为企业作品自愿登记提供更便捷的服务。

二、多方联合严厉打击侵权盗版，保护著作权人的权利

（一）开展打击网络侵权盗版专项治理行动

2009 年 8 月 1 日至 10 月 31 日，根据国家版权局、公安部、工信部联合发出的《开展 2009 年打击网络侵权盗版专项治理行动的方案》，制定了海南省打击网络侵权盗版方案，并由省版权局、省公安厅、省通信管理局三部门联合发文给各市县，指导他们开展专项治理行动。同时通过报纸和网络公布了举报电话，呼吁广大市民积极参与。要求人民网海南视窗、南海网、凯迪网、海口晚报网、改革论坛、天涯在线等省内 6 家主要网站开展网站侵权盗版自查自纠，并对其自查情况进行了核实，对存在的问题提出了整改意见。组织对海南移动、海南电信、海南联通等公司的网站进行了抽查。专项治理行动期间，共组织检查 20 次，检查了 14 家网站，主动监管网站 6 家，责令 1 家网站停止侵权，关闭海南网等 4 家违规登载新闻严重侵犯权利人权益的网站。

（二）加强日常版权行政执法，打击侵权盗版行为

为加强对市场侵权盗版的日常监管，海南省版权局明确了对“重点区域”的“重点时段”采取“重点检查”的原则，以海口市明珠广场、解放西路和 DC 电脑城，三亚市解放路为全省查缴盗版制品的重点区域，以周末和傍晚时段为重点时段，加强日常巡查。2009 年，全省共出动检查执法人员 1 万多人次，检查文化经营单位 1100 家次，查缴盗版音像制品 11 万多张、盗版图书 3 万余册、盗版教辅读物 7.1 万册。

三、稳步推进软件正版化进程

根据海南省使用正版软件工作的现状，海南省使用正版软件工作领导小组办公室建议召开正版软件工作领导小组会议，研究安排 2009 年海南省软件正版化工作。4 月 23 日，在省政府国兴办公区 11 楼会议室，林方略副省长主持召开了领导小组工作会议，领导小组成员参加了会议。省版权局、省使用正版软件工作领导小组办公室在会上向领导小组汇报了海南省软件正版化工作的基本情况，并对下一步工作的开展提出了建议。林方略副省长在肯定了全省软件正版化取得的成绩后指示，做好软件正版化工作是有利于赢得我国在国际上保护知识产权的良好声誉，同时有利于我国创新型国家的建设，形成保护知识产权良好氛围。他要求继续贯彻执行国家软件正版化部际联席会议关于企业使用正版软件工作的精神，稳步推进全省的软件正版化工作。会议通过了海南省使用正版化软件工作领导小组办公室拟定的 2009 年软件正版化年度工作方案，并由各成员单位共同推进。

2009 年 5 月，海南省使用正版软件工作领导小组办公室对 2008 年度全省完成软件正版化工作的企业进行了验收，并做好了全省完成企业软件正版化工作示范单位的推荐工作。9 月 15 日，召开了海南省完成正版软件的国有企业座谈会，

就完成软件正版化存在的问题和解决措施作了交流。

四、开展版权宣传活动，扩大版权保护的社会影响

为做好海南省“4·26世界知识产权宣传周”工作，让社会公众进一步了解版权、保护版权，省版权局委托三亚动漫基地制作了版权保护动漫广告片和故事片，以生动、新颖的形式，将版权保护知识巧妙地介绍给社会公众。宣传周期间，广告片和故事片在海南省电视台一频道的黄金时段播出，并在海南省版权局网站和海南最具影响力的南海网上传供网民浏览。这次活动获得了良好的社会影响，受到了社会的广泛关注。

2009年，海南省版权局组织全省各中学参加国家版权局举办的全国青少年版权保护知识竞赛活动，全省有屯昌中学、海南二中、万宁中学等十多所学校，一千多名中学生投寄了答案。通过这次活动，增进了全省青少年学生对版权知识的了解，激发了他们的创新欲望，为今后的创新发展奠定了思想基础。

五、积极组织版权行政执法人员参加培训，着力提高执法能力和执法水平

2009年8月31日至9月3日，由国家版权局组织的第三期基层版权执法工作培训班在内蒙古自治区的包头市举办。海南省版权局积极联系各市县文体局、文化市场稽查部门负责人，组织各单位的工作人员参加培训，帮助他们进一步丰富版权相关知识，提高版权执法能力，为全省版权保护工作做好人才铺垫。

六、指导省版权协会做好作品自愿登记和涉外著作权合同备案工作

海南省作品自愿登记和涉外著作权合同备案工作由省版权局委托省版权协会办理。一年来，在省版权协会的努力下，全省办理作品自愿登记达143件，受理涉外著作权合同备案316个。

七、做好国家版权局的版权监管平台建设

根据国家版权局12月7日在北京召开的版权监管平台建设会议要求，海南省版权局版派专人负责在版权监管平台专用电脑上安装相关文件，及时做好准备工作。

（海南省版权局 版权处）

司法工作

一、收结案情况

2009年，海南全省法院共受理知识产权案件63件，审结60件，结案率为95.2%。其中，海南省高级人民法院2009年共受理知识产权案件6件，其中著作权合同纠纷1件、其他著作权权属侵权纠纷1件、侵犯专利权纠纷1件、其他商标权权属侵权纠纷3件。全年共审结知识产权案件4件。结案率为66.67%。所结案件中，调撤2件，判决2件。调撤率为50%。海口市中级人民法院2009年共受理知识产权案件37件（含旧存2件），其中著作权纠纷10件、商标权纠纷18件、专利权纠纷6件、不正当竞争纠纷2件、其他纠纷1件。全年共审结知识产权案件36件。结案率为97.3%。所结案件中，调撤25件，判决10件，移送1件。调撤率为69.44%。海南省第一中级人民法院2009年共受理知识产权案件13件，其中商标侵权纠纷12件、著作权纠纷1件。全部案件都已审结，其中判决2件（有1件上诉）、调撤11件。调撤率为84.61%。三亚市中级人民法院2009年共受理知识产权案件7件，其中商标许可使用合同纠纷2件、商标侵权纠纷5件。全部案件都已审结。

二、海南省知识产权司法保护工作的特点和亮点

（一）全省知识产权案件总量不大，分布相对集中

2009年，海南省知识产权案件收结案数量分别为63件和60件。与全国其他省、自治区、直辖市，特别是一些经济发达地区相比，这一数量并不大。全省知识产权案件的分布相对集中。在2009年全省受理的63件知识产权案件中，有37件为海口市中级人民法院所受理，占到全省总量的58.73%。全省知识产权案件呈现出分布相对集中的特点。

（二）多为传统的纠纷类型，但也出现了一些新类型诉讼

从纠纷类型上看，2009年海南省法院所受理和审结的案件类型仍多为传统的著作权、商标权、专利权、不正当竞争纠纷，但也出现了一些新类型的诉讼，如海口市中级人民法院就受理了确认不

侵犯专利权以及专利申请权权属纠纷等新类型案件。

（三）坚持和谐司法、“调解优先”的原则，努力做好诉讼调解工作，取得了良好的社会效果

海南省法院在审理知识产权案件的过程中，坚持和谐司法、“调解优先”的原则，加大案件的调解力度和劝说当事人撤诉工作，成功调撤了一批案件，取得了良好的社会效果。

海南省高级人民法院知识产权庭在知识产权案件审判工作中，从促进社会和谐高度出发，坚持和谐司法，善用调解方法，在依法办案的前提下，尤其强调法、理、情并重，强化调解，把每个案件的审判都作为增加和谐因素、促进社会和谐的具体实践，力争案结事了。为将调解工作切实贯穿于审判过程始终，从案件预审，到正式开庭审理前、开庭审理中、开庭后，甚至裁判文书送达前的每一个阶段，每一个环节，都积极主动做当事人的思想工作，抓住每一个可能促成当事人协商解决纠纷的机会，对案件进行调解。海口市中级人民法院知识产权庭 2009 年知识产权案件审判的最大特点和亮点是调撤结案比率高。其中和解撤诉结案 21 件，调解结案 4 件，和解撤诉案件占调撤案件的 84%。审判中始终坚持“三个至上”指导思想，围绕“讲政治、讲大局、讲民生”的诉讼调解理念，以切实解决当事人的合法合理诉求、化解当事人矛盾为工作目标，坚持“调解优先”原则。为有效化解诉讼双方的矛盾，真正做到“定纷止争，案结事了”，该庭积极探索当前经济形势下的案件调解方法，注意以自身良好的司法形象取得当事人的信任，通过严谨、耐心的阐法释理，最大限度消除当事人的对立情绪，努力促使诉讼双方和解撤诉或达成调解协议。调解工作取得了显著成效。三亚市中级人民法院知识产权法官在知识产权审判中，转变司法理念，坚决摒弃脱离中国国情的“一锤定音”、“一判了之”的理念和做法，全面理解和正确把握“调解优先、调判结合”的原则，把调解作为首选的结案方式，打破庭中调解的局限，把调解贯串知识产权案件诉讼的全过程，将调解链条前伸后延，探索在庭前、判前、判后进行调解，努力探求调解技术、技巧，努力做到案结事了，实现了和谐共赢的诉讼结果。

（四）认真、踏实地做好案件调研工作，提高司法理论水平

案件的调研工作是案件审理的延续与总结。海南省法院一向重视对知识产权审判的调研工作，将调研工作作为重点工作来抓。

自海南省高级人民法院知识产权庭成立以来，一向重视对知识产权审判的调研工作。2009 年 4 月，徐灿参与了海南省保护驰名商标的课题研究，完成了《依法认定驰名商标，加强制裁虚假诉讼》一文，还完成了《2009 年海南省知识产权审判工作“优化自主创新司法环境”年度主题活动实施方案》以及《关于落实〈2009 年海南省知识产权审判工作“优化自主创新司法环境”年度主题活动实施方案〉的指导意见》两文。其中《依法认定驰名商标，加强制裁虚假诉讼》在《特区法坛》上发表。其调研成果对海南省知识产权审判工作产生了良好的指导效果。海南省高级人民法院的调研工作及成果在一定程度上有效总结了现阶段的审判经验，加深了对新形势下审判工作的认知，贮备了专业知识，对海南省知识产权案件的审判工作起到了积极的指导作用。海口市中级人民法院知识产权庭根据其审理的案件类型复杂，新类型和疑难案件多的特点，制定了详细的调研计划，循序渐进地进行。2009 年，该庭除有多篇其他类型案件的调研文章分别获得不同奖项或在省市、国家级刊物发表外，助理审判员陈永华撰写的《网络著作权纠纷案件审理情况分析》获 2006～2008 年度全省法院优秀调研成果二等奖。由于该庭调研工作成绩显著，该庭被评为海口法院系统调研工作先进集体。

（五）坚持平等保护原则，妥善处理涉外知识产权纠纷

海南将要全面建设国际旅游岛。服务对外开放、保障对外开放、促进国际经济合作是海南省法院开展知识产权审判工作的重要使命。加强知识产权审判工作，既是完善投资环境、增强投资信心、营造良好的对外开放法制基础的重要方面，又是开展对外交往、提高国际声誉、树立良好形象的必然要求。海南省法院始终坚持依法公正审判和平等保护原则，依法妥善处理涉外知识产权纠纷，既不片面夸大国家利益，搞狭隘的民族保护主义，不为盲目迎合片面的外部舆论而牺牲公正司法，又要遵循国民待遇原则，信守国际条约，严格依法保障中外当事人的诉讼权利和平等保护其实体权益。例如，三亚市中级人民法院审理的克里斯

汀·迪奥时装有限公司诉三亚迪奥饮食服务有限公司侵害商标专用权纠纷案是一件涉外知识产权案件。在审理过程中，合议庭法官既正确处理对外关系与具体案件审理的关系，又正确处理本国当事人与外国当事人的利益关系；对被告讲解使用企业名称而构成侵犯商标权的相关法律，并考虑到被告法律意识淡薄、主观恶意不强等情况，通过多种途径采用多种方法进行调解，使双方当事人握手言和达成调解，被告停止使用原告商标，并变更企业名称，保护了原告的合法权益。

（六）采取各种有效措施，健全和完善知识产权审判机制

审判质量和效率是知识产权审判工作的生命线，是知识产权司法公正高效权威的内在要求。海南省法院综合采取各种措施强化司法为民意识，努力提高司法水平和司法效率：一是依法加强诉讼指导和诉讼释明，全面实行当事人权利义务告知和诉讼风险提示，积极探索举证指导和判后答疑，加大司法救助力度；二是优化知识产权审判的资源配置，将知识产权民事案件归口审理，选拔精通法律、外语基础较好、具有理工专业背景和一定审判经验的法官成立专门合议庭，尽可能由专业法官负责审理对应类型的知识产权案件；三是依法加大对知识产权侵权行为的司法惩处力度，提高权利人自我维权的意识和能力，努力降低维权成本，提高侵权代价，有效遏制侵权行为，同时防止知识产权滥用，维护公平竞争的市场秩序和公众合法权益；四是建立重大知识产权案件信息报告制度、关联案件沟通协调制度，提高知识产权审判效果，确保法律效果和社会效果的统一；五是加大对知识产权审判工作的宣传力度、广度和深度，狠抓裁判文书质量，增强知识产权审判过程公开性和裁判文书说理性，统一裁判标准，抓好知识产权裁判文书的上网工作，落实司法公开，实现司法透明，接受社会监督，引导案外人自行解决类似矛盾纠纷。省高院知识产权庭建立了庭室已结案件裁判文书数据库，对统一海南省知识产权案件的裁判尺度产生了很好的效果。

此外，海南省法院还配合最高人民法院的“优化自主创新司法环境”年度主题活动，积极做好优化自主创新司法环境的工作。

（海南省高级人民法院知识产权审判庭）

检察工作

2009年，海南省各级检察机关积极主动地开展行政执法与刑事司法衔接工作，依法监督行政执法机关移送包括侵犯知识产权在内的涉嫌犯罪案件，立足检察职能，依法保护知识产权，为知识产权战略纲要的实施，海南省社会发展和经济繁荣提供了强有力的保障。

为了进一步促进行政执法机关移送包括侵犯知识产权在内的涉嫌犯罪案件，海南省各级检察机关因地制宜，采取了一些具体有效的措施，积极拓宽行政执法和刑事司法衔接工作的渠道。海南省各级检察机关逐步完善与行政执法机关的联系制度，通过定期走访行政执法机关、规范联席会议制度、开展专题研讨等形式，进一步加强与行政执法机关的联系。在办理侵犯知识产权犯罪案件的过程中，重视检察机关内部的协作，重视与公安机关的协调，在办理此类案件的过程中，坚持配合为主、监督适中的原则，注意正确处理监督制约与协调配合的关系，通过联席会议加强与公安机关的联系。强化与人民法院的沟通，加强对在办案件，尤其是疑难复杂案件的商讨，及时掌握法院的审判动态，提高办理侵犯知识产权犯罪案件的能力。会同知识产权局、科委、工商、质监、烟草等相关职能部门建立起包括案件通报会商、案件移送、重大案件督办、联合办案和专家协作等制度的联动机制，相互配合，形成打击合力。行政执法部门在处理重大知识产权纠纷时，如遇到法律法规的适用问题和可能构成犯罪的案件，可以随时向该机制的其他成员单位进行信息通报，提请召开专题会议。检察机关将在第一时间参与会商，对案件进行评估，准确把握案件定性。通过增强各方合力，共同应对区域内知识产权重大纠纷，维护知识产权权利人的合法权益，营造良好的创新氛围和公平有序的市场竞争环境。据统计，2009年海南省各级检察机关共受理提请批准逮捕涉及知识产权犯罪案件12件33人，批准逮捕10件30人，共受理起诉侵犯知识产权犯罪14件35人，起诉13件34人。

海南省各级检察机关还及时对人民法院确有错误的涉及知识产权的民事行政判决、裁定提出抗诉，依法监督和纠正违反法定程序和审判结果严重不公的案件。积极探索对侵犯知识产权案件

支持起诉的做法，切实保护企业的合法权益，维护司法公正，探索监督涉及知识产权民事判决、裁定执行的途径和方法，维护司法权威和企业权益。并严肃查办侵犯知识产权违法犯罪背后的国家工作人员的职务犯罪，坚决打掉其“保护伞”，在立案监督和审查批捕、审查起诉中注意发现和掌握侵犯知识产权违法犯罪背后的国家工作人员职务犯罪线索，对于涉嫌构成犯罪的坚决依法查办。

（最高人民检察院侦查监督厅）

重庆市

专利工作

一、概况

2009年，重庆市专利工作按照薄熙来书记“将重庆建设成为保护知识产权的模范城市”重要指示精神，认真贯彻落实《重庆市人民政府关于创建知识产权保护模范城市的意见》，紧密围绕全市经济发展大局，狠抓服务能力建设，着力提升创造、运用、保护和管理水平，全年工作取得新的突破。专利申请量首破万件大关，达13 482件，增长62%，其中发明专利申请3845件，增长93%，增幅均列全国第一；企业专利申请6886件，增长68%。专利授权量达7501件，增长56%。其中发明专利授权834件，增长57%；企业专利授权4228件，增长72%。超额完成市政府下达的目标任务。

二、创建知识产权保护模范城市

2008年4月9日，在国务院常务会议审议并原则通过《国家知识产权战略纲要》的同一天，中央政治局委员、重庆市市委书记薄熙来在参加重庆市民营企业座谈会时明确提出“让重庆成为保护知识产权的模范城市”。市政府贯彻薄熙来书记重要指示精神，于2009年正式出台《重庆市人民政府关于创建知识产权保护模范城市的意见》，标志着重庆创建知识产权保护模范城市正式进入实施阶段。

一年来，通过各级各部门的共同努力，创建知识产权保护模范城市工作顺利启动。

一是狠抓宣传，扩大影响。在“4·26保护知识产权宣传周”期间举行创建知识产权保护模范城市千人誓师大会，在大渝网设立专题网页，开展“重庆‘12330杯’创建知识产权保护模范城市网络有奖竞赛”。召开全市创建知识产权保护模范城市电视电话会议，对创建工作进行全面部署，童小平副市长明确提出“抓知识产权就是抓经济，抓发展”理念。强化知识产权保护模范城市宣传工作，完善宣传通联工作网络，建立信息联络员制度，编辑出版《重庆知识产权》刊物6期，开展宣传报道。二是分解任务，狠抓落实。市政府将《重庆市人民政府关于创建知识产权保护模范城市的意见》主要任务分解到相关部门，建立动态反馈机制，狠抓督办落实，编印创建知识产权保护模范城市工作简报7期，及时反映各部门、各单位创建知识产权保护模范城市工作开展情况。探索建立与经济联系的统计指标体系，与重庆市统计局、重庆市经济和信息化委员会等部门研究，将规模以上工业企业专利应用统计指标体系纳入统计渠道。完善专利激励机制，对专利资助政策进行清理和规范，从政策上防范非正常申请，鼓励对知识产权运用开展资助和奖励。三是两级联动，工作下沉。协助市委组织部对区县（自治县）主要领导实绩考核的专利指标统计测算，协助市政府办公厅对各区县（自治县）专利申请和授权情况通报。在2009年区县政府机构改革时，经市编委审核，市委、市政府同意，批复25个区县在科委增挂知识产权局牌子。江北区被国家知识产权局批准为全国知识产权试点城区；沙坪坝、江北、南岸、九龙坡4个区县被纳入国家知识产权强县工程进行试点。

三、两大行动

2009年，为应对国际金融危机，服务外向型经济，启动了针对“走出去”和“引进来”战略的“两大行动”。

（1）“重庆制造走向海外知识产权护航行动。”一是建立出口产品预警机制。编辑出版《国外专利法律制度选编》，免费提供给外向型企业，帮助重庆企业熟悉国外知识产权制度和规则。对力帆集团620轿车出口美国、欧洲等国家和地区的主要竞争对手的专利状况进行检索分析，防范新产品在海外的知识产权侵权风险，稳步开拓国际市场。二是开通涉外知识产权问题应对通道。与市外经贸委共建涉外知识产权“绿色通道”，帮助企业积极应对国际知识产权壁垒和知识产权疑难问题。帮助嘉陵集团绕过日本本田公司的专利壁垒，开发不抵触专利或使用替代技术，开拓国际市场。三是支持重点企业开展海外知识产权应对工作。设立“专利海外护航”专项，对8个重点企业给予重点支持。针对长安集团在海外建立生产线情况，重点支持其目标国专利申请，开展目标国专利态势研究分析，保障其数以亿计的投入和未来市场。组织申报国外申请专利专项资金资助项目，海扶、隆鑫等11个单位的43个专利项目获得220余万元专项补助。

(2)“扩大对外开放促进招商引资知识产权服务行动。”一是建立与外商投资企业沟通对话机制。建立了招商引资重点企业联系制度，包括15家IT、商业、金融、机械制造、化工、农业等多领域的外资以及合资企业进入首批联系目录。利用全国外商机构保护知识产权座谈会平台，积极寻求与外商投资机构在知识产权领域的合作。二是为外商提供知识产权贴身服务。与市外经委建立知识产权促进招商引资的工作机制，拟定“关于向来渝外商投资企业提供知识产权贴身服务方案”，在强化招商引资知识产权政策支持、开展服务重点企业系列活动等方面做了详细计划。为英国诺实科技低碳工业园项目落户重庆开展知识产权磋商，为全市低碳经济发展作出积极贡献。三是开展国际知识产权交流合作。参加英国驻重庆总领事馆举办的“明日中国”活动，举办“知识产权与创新研讨会——开放型经济中的知识产权模范城市建设研讨会”、“重庆地理标志(原产地名称)保护论坛”大型活动，扩大知识产权对外交流与合作。

四、四大工程

2009年，继续推进四大专利工程。

(1)实施“重点产业集群专利引领工程”。按照童小平副市长“促进专利在产业结构调整中发挥作用”的重要批示，重庆市知识产权局组织力量开展深入调研，撰写《发挥专利作用促进产业结构调整调研报告》，形成了汽车摩托车、电子信息、装备制造等3个优势产业调研报告成果；筹备召开全市专利促进产业结构调整座谈会；围绕重庆市产业调整和振兴规划，与市发展和改革委员会、经济和信息化委员会、科学技术委员会等部门共同拟定《关于发挥专利作用促进产业结构调整的意见》，建立专利促进产业结构调整长效机制。协助市科委、市发改委等部门开展新兴战略性产业发展规划的编制工作。为新能源、新材料、新医药和生物产业、航空航天、电子信息、新能源汽车、节能节水环保、人工智能等新兴产业提供专利分析，重点承担了煤变气、纯电动汽车产业发展专利分析报告任务。

(2)实施“重点园区专利促进工程”。积极推进西永微电园、江北五里店工业设计园国家知识产权园区试点工作。西永微电园突出运用知识产权招商引资，成功引进惠普、富士康等IT巨头入驻园区，为重庆IT产业发展奠定了基础。江北五里店工业设计园突出工业设计特色，支持工业设计企业专利的样品和小批量生产服务；开通“中国外观设计专利智能检索系统”和“专利信息检索服务平台”，园区90%的企业申请了专利。会同市科学技术委员会、市工商行政管理局、市版权局联合开展市级知识产权园区试点工作，通过专家评审，首批确定重庆西永微电子产业园区、重庆市建桥工业园、重庆五里店工业设计中心、重庆市西彭工业园区、重庆市万州工业园区、重庆白涛化工园区、重庆市晏家工业园区、重庆市大足县工业园区等8个园区开展试点工作，探索加强园区知识产权管理体系、执法体系和服务体系建设，建立试点园区“直通车”服务和中介机构与试点区服务对接平台，建立集专利、商标、版权“三合一”的园区服务窗口，在园区知识产权创造、运用、保护和管理方面加强信息引导和经验交流。

(3)实施“优势企业知识产权提升工程”。一是组织实施国家知识产权试点工作，建设集团、太极集团、渝安集团、海扶科技4家企业通过第三批国家知识产权试点单位验收，涪陵区对太极集团获得“第十届中国专利金奖”的“太罗”专利项目重奖50万元，该产品2009年在国内同类产品市场占有率上升到50%以上，销售产值1.2亿元，增长率达100%。力帆实业(集团)有限公司建立完善的知识产权管理制度，实现了公司经营决策知识产权“一票否决”制度，企业市场收益95%以上来源于专利产品，2009年被确定为首批全国57家企事业知识产权示范单位之一；中冶赛迪、重庆理工大学等23家企事业单位被列为第四批全国企事业知识产权试点单位。二是与重庆市中小企业局共同开展中小企业知识产权试点工作，制定并出台《重庆市中小企业试点工作方案》，邀请英特尔公司、海信集团等知名企业知识产权管理专家对试点企业进行培训，向试点企业免费开通专利全文数据库通道，为紫光化工等5家企业建立了专利数据库，对4家试点工作成效显著的企业给予重点支持。

(4)实施“知识产权紧缺人才培育工程”。一是做好培训规划，培养专业人才。制定《2010～2015年重庆市知识产权培训规划》。支持重庆知识产权学院打造“西部知识产权培训中心”，探索开展经过3年制理工科专业学习的专科毕业生中选拔参加2年知识产权专业训练的专转本“3＋2”培养模式，以及从普通本科理工科专业二年级学生中选拔参加2年知识产权专业训练的“2＋2”知识产权人才培养模式。二是多层次多渠道开展人才培养。重庆市知识产权局领导到党校、区县开展经济发展与知识产权专题讲座；组织专家深入企业、高校、科研院所宣传普及新《专利法》及相关知识；举办全国专利代理人考前培训强化班，组织专利代理人考试，为社会培养急需的中介服务人才；开展首次专利专业人员资格考试。三是加强企事业单位知识产权管理人员的在职培训。组织10多家企业知识产权管理人员赴深圳华为、比亚迪等企业学习调研；邀请国家知识产权局专利局和专利复审委员会审查员为9家国家试点企业开展专题讲座，为企业提供个性化服务。

五、专利保护

完善保护机制。建立行政执法与刑事司法衔接机制，对重大知识产权案件的信息沟通和流转程序进行了规范。成立了重庆维权援助中心。对市领导批示、社会影响较大的重庆川东化工(集团)有限公司、重庆嘉陵化学制品有限公司、锦湖石化重庆有限公司等专利纠纷案件进行了协调处理。重庆市一项发明专利作价3500万元，引进世界500强之一的韩国锦湖石化在重庆市打造轮胎材料生产基地。2009年该公司面临一场专利诉讼，对韩方投资有直接影响。重庆市知识产权局高度重视，与国家知识产权局多次磋商，指导企业合理运用策略进行诉讼，目前案子一审已经胜诉，鼓舞了韩方投资信心，保住了6.5亿元以上的项目投资。委托区县开展专利行政执法工作进行实质阶段，通过培训和考试，已有150多人拿到了国家知识产权局颁发的专利行政执法证，每个区县科技主管部门都具备3名以上的专利行政执法人员。指导黔江、长寿、南川、渝北等区县开展具体行政执法案件的处理工作。

开展执法活动。按照国家知识产权局的统一部署，开展“天网”“雷雨”专项执法检查活动，联合公安、工商、质监、卫生等部门组成了30余人的执法工作组，以食品、药品等领域为重点，开展2次大型侵权行为的查处活动，对主城区、三峡库区，渝西地区等商业环节的专利产品进行抽查，共出动执法人员500人次，检查商业场所200余家，检查商品近30 000件，严厉打击了专利违法行为，维护了公平竞争的市场秩序，收到了良好的社会效果。全年调处专利纠纷10余件，涉案标的200余万元，办理维权援助案件9件。接收并转交知识产权举报投诉案件9件，其中6件为专利侵权案件，3件为版权侵权案件，相关执法部门办结反馈中心7件，案件结案率达到78%；开通知识产权维权援助热线“12330”，接待咨询服务1120余人次，咨询服务满意率达到98%以上。重庆市专利执法工作得到了国家知识产权局、公安部的联合表彰，重庆市知识产权局被授予“知识产权执法保护先进集体”称号。

六、专利服务

专利信息服务。加强重庆摩托车(汽车)知识产权信息中心建设，围绕将中心建设纳入全市“十二五”重大工程项目建设规划，打造区域专利信息中心的目标开展工作。一是完善信息资源，争取国家知识产权局支持，将中心作为首批全领域专利数据库使用单位，完成对原中外专利数据库的升级和扩容，新安装的全领域专利数据库其收录国家达到70多个。二是完成中心扩容搬迁工作，硬件功能得到改善。办公面积从350m^{2}扩大到1060m^2，对网络接入、安全等设备进行相应的改造。三是切实开展信息服务。编辑出版《重庆市专利统计简报》，重点对重点产业专利情况进行统计分析，对历年全国各省市专利基础数据进行整理、分析，为领导决策提供参考；为长安、力帆、建设、蓝硕光电、邦桥科技、山峰卡万塔等80余家企业提供专利信息50余万条，并为企业举办专利检索专题培训班。

专利转化服务。一是政策推动，金融支持。与重庆市科技委员会、重庆市财政局、中国银行业监督管理委员会重庆监督局共同出台《重庆市知识产权质押贷款贴息暂行办法》，对科技企业的知识产权贷款给予补贴，重庆杜克高压密封件有限公司、重庆工业自动化仪表研究所获得专利质押贷款600万元。举办全国知识产权评估培训班，对全市金融机构、评估机构、企事业单位进行培训。二是举办2009·第三届中国专利周重庆展示交易会，43家企业、8个高校院所和165位非职务发明人的500多项专利技术参展，8个项目达成意向性协议。三是开展专利成果的推广协调，为专利权人特别是个人专利成果推广进行项目推荐和协调。帮助节水装置专利技术进行推广，组织专家进行论证，协调试点场地，目前已经开展试点检测，如果技术方案可行，节水效果达标，将在全市进行推广。

专利中介服务。批准成立北京瑞盟知识产权代理有限公司重庆办事处，全市知识产权中介服务机构达到13家，建立推进中介服务机构创优建设和品牌建设实施方案；引导中介服务机构与区县进行工作对接；加大对专利代理市场的整顿力度，对“重庆西盾商标代理公司”、“重庆国冠知识产权服务有限公司”开展查处工作。加强中介从业人员执业监督，建立和完善培训、惩戒等制度，规范和约束中介服务人员的行为。

七、意识培养

强化宣传工作。完善宣传通联工作网络，建立信息联络员制度，将信息宣传网络延伸到区县、市级部门和企事业单位。强化深度宣传，《重庆日报》“特别关注”栏目以《知识产权博弈——一场控制与反控制的战争》和《产业转型新引擎暗战知识产权》为题，进行了2次专题报道。《重庆晨报》专访了重庆市知识产权局主要领导并以“重庆市人弄丢了山城表重庆车”为题进行了整版报道，在社会上引起了较大反响。市知识产权局主要负责人多次深入党校厅局级、中青班等主体培训班和万州、江津等区县中心组作《经济发展与知识产权》专题讲座。政务信息取得明显进展，国家知识产权局《专利工作动态》采用重庆上报信息9篇，市委办公厅、市政府办公厅采用上报信息27篇。全年累计中央在渝媒体、重庆市级媒体报道知识产权相关新闻243篇(条)；更新网站文字信息600余条、图片70余幅。编辑发行连续性内部刊物《重庆知识产权》6期，编辑出版《重庆知识产权新闻集锦》、《知识产权法律制度汇编》精装本1800套，并免费赠送重庆市四大家领导和市级有关部门，得到市领导和市级部门负责人的一致好评；制作完成2008年知识产权工作专题宣传片，召开2008年度第二届“12330”杯专利好新闻评审表彰会；举办2009年全国知识产权巡回报告会。

加强人才培养。一是完善培训规划。制定《2010—2015年重庆市知识产权培训规划》及2010年年度计划，完善知识产权培训大纲，增强培训工作的系统性和目的性。二是开展多层次人才培养。重视院校教育，开展复合型人才培养，支持知识产权学院探索开展“3＋2”“2＋2”知识产权人才培养模式，在大中院校推动开设知识产权选修课程；开展全国专利代理人考前培训强化班并组织代理人考试，为社会培养急需的中介服务人才；开展首次专利专业人员资格考试。三是争取国家知识产权局支持，举办重大培训教育活动。先后在重庆市组织、举办了全国知识产权资产评估评训班、新专利法和国家知识产权战略讲座、专利数据库安装及维护(第三期)培训等，培养应用型专门人才。

(重庆市知识产权局)

商标工作

2009年，重庆市商标工作坚持以科学发展观为指导，紧紧围绕建设“西部领先、全国一流”重庆工商的总体目标和“1356”工作思路，全面贯彻实施《国家知识产权战略纲要》，大力发展商标事业，积极服务市场主体，不断推动企业商标注册、运用、保护、管理能力，充分发挥商标在助推经济社会发展中的作用，各项工作均取得了显著成效。

一是以贯彻《国家知识产权战略纲要》为抓手，商标政策体系更加完备。认真贯彻落实《国家知识产权战略纲要》，全面构建“政府主导、企业主体、部门主推”的商标工作新格局，推动市政府制定出台了《关于创建保护知识产权模范城市的意见》，为推动全市商标战略实施注入了强大动力。市工商行政管理局出台了《关于充分发挥工商行政管理职能，大力实施商标战略，努力创建知识产权保护模范城市的实施意见》，为全系统全面贯彻国务院《国家知识产权战略纲要》和重庆市政府《关于创建知识产权模范城市的意见》明确了任务和措施。全市40个区县政府相继出台了实施商标战略的政策意见和奖励措施，19个区县政府将商标品牌建设纳入对乡镇的考核，18个区县政府对商标注册实行补贴，全市支持企业商标发展的政策体系得到进一步优化。

二是以承办亚太地理标志国际研讨会为契机，地理标志工作实现历史突破。成功承办“亚太地区地理标志国际研讨会”，此次会议规模大、规格高、效果好堪称全市工商系统历史之最。借此契机，全市加快地理标志注册步伐，集中向国家工商行政管理总局商标局申报了一批地理标志商标，积极争取国家工商行政管理总局领导支持，推动10个区县成立了地理标志保护工作领导小组，帮助各区县成立专业协会组织，确定申请主体，参与制定标准，规范产品生产，协调相关部门，划定保护区域，查阅历史资料，挖掘历史文化，全市地理标志注册工作焕发出了前所未有的生机和活力，15件久负盛名的特色产品成功迈入地理标志保护大门，地理标志总数达到20件，为增加农民收入、扩大农民就业、提高农业组织化程度发挥了重要作用。

三是以商标战略实施和商标法修改为主题，商标宣传培训工作蓬勃开展。与西南政法大学、中国法学会审判理论研究会知识产权专业委员会成功联合举办了“知识产权战略实施与商标法修改国际论坛”，进一步扩大了商标工作的影响力和辐射面，多形式开展“4·26保护知识产权宣传周”活动，成功举办了重庆商标发展与保护成果展，组织召开了“保护注册商标专用权”新闻发布会，向社会公布了2008年十大商标侵权典型案件，在“4·26保护知识产权宣传周”活动中获得全市优秀单位荣誉称号。全市成功召开了实施商标战略暨“中国驰名商标”、“重庆市著名商标”授牌大会，极大地鼓舞了企业实施商标战略的积极性。积极组织企业参加了2009年(第三届)中国商标节活动，与相关部门联合举办了重庆市首届品牌文化节，充分展示重庆品牌企业风采。以建国60周年为契机与重庆日报联合大力宣传全市商标工作。深入实施“商标免费培训计划”，全市企业商标意识明显增强，商标注册量稳步提升，全市共新增注册商标7422件，比2008年增长21.6%，总数累计达到41 708件。

四是以重庆市著名商标认定和中国驰名商标推荐工作为杠杆，西部品牌之都建设步伐加快。坚持以特色产业和重点产业为主导，以自然资源和巴渝文化为依托，培育和发展重庆商标品牌，全年新增著名商标117件，累计总数达到472件，新增“金科”、“长寿”、“德庄”“周君记”中国驰名商标4件，累计总数达到27件，位居西部第二。这些著名、驰名商标企业都成为行业发展的中坚力量，为促进重庆产业发展、城市品牌营销等方面产生了极大推动作用。加快著名商标认定和保护工作立法步伐，推动《重庆市著名商标认定和保护条例》列入2010年重庆市人大立法计划。进一步完善“区县知名、重庆著名、中国驰名”的商标品牌梯次发展格局，全市共有22个区县出台了《知名商标认定管理办法》，5个区县开展了知名商标认定工作，新认定知名商标37件。

五是以推动重庆城乡统筹发展为方向，商标富农战略纵深推进。开展了“一社(农民专业合作社)一标(注册商标)”、“一所(工商所)一品(著名商标品牌)”商标富农工作，广泛推行“公司(协会)+商标+农户”的经营模式，积极推动各基层工商所干部由坐等机关服务向主动上门服务转变，深入田间地头进行商标知识宣传和商标注册指导，充分调动各级政府、各有关部门、各农村经济组织、涉农村企业申请农产品商标的积极性，对已形成一定规模、具有地方特色或具有地理标志特征的农产品以及各地的农产品龙头企业，建立了重点帮扶档案，实行定点帮扶、跟踪指导、全程服务，全面推进农产品商标战略的实施。全市共新增农产品商标1261件，比2008年增长21.5%，总数达到7119件。

六是以创建知识产权保护模范城市为目标，商标保护工作成绩显著。不断健全完善商标监管工作的长效机制，在全市大中型商场实行了经销商品商标备案制度，对专卖店推行商标授权许可公示制度，对各种展会实行进场商品商标审查制度，进一步加强了公安、海关、法院等部门之间的联合执法，建立了联席会议制度，使商标行政保护和司法保护联系更加紧密。深入开展商标代理机构市场秩序整顿专项行动，规范和引导商标代理行为。与中国优质品牌保护委员会成功举办了中外加强商标保护研讨会，建立与部分品牌企业之间的维权合作机制。进一步完善“中国西部商标保护网”，建立了与西部12省(自治区、直辖市)的14个商标行政保护协作单位的商标维权合作机制。扎实开展商标专用权保护专项整治，全年查处商标违法案件593件，案值920万元。

七是以服务经济社会发展为宗旨，商标品牌效益逐步显现。积极帮助企业解决商标纠纷，先后解决了“陶然居”、“电工”、“散利痛”、“永川秀芽”等商标确权、异议和争议案件。首次向社会发布《商标发展与保护年度报告》，为企业实施商标战略和政府决策提供参考依据。为帮助企业解决融资难问题，开展了商标权质押贷款调研工作，建立了以企业和银行为主体、工商部门牵头引导、政府和相关部门协调促进的工作机制，推动全市形成了推动商标权质押贷款工作的共同合力，联合中国人民银行重庆营业管理部、中国银行业监督管理委员会重庆监督局联合出台了《重庆市商标专用权质押货款工作管理办法》，建立了商标权质押贷款风险防范机制，使全市商标权质押贷款工作有章可循，目前，重庆金算盘软件公司已通过重庆农民商业银行获得全市首笔商标专用权质押贷款500万元。

（重庆市工商行政管理局）

版权工作

2009年，重庆市版权局在国家版权局和重庆市领导的支持和指导下，锐意进取，不断创新，加强版权管理机构建设和队伍建设，在版权管理、版权服务、版权宣传和促进版权产业发展方面取得了丰硕的成果，促进了全市版权保护环境的持续改善和相关产业的科学发展。

一、优化版权管理

近年来，重庆市版权局积极探索行政执法和社会监管的长效机制，不断拓展版权监管领域，加强协调、改进方式、强化手段，对重点地区、重点领域和重点环节加大监管力度，加强版权监管平台建设。在2009年1月举行的全国版权工作会议上，重庆市版权局以会议材料的方式作了《大力加强版权保护，促进新闻出版产业科学发展》的经验交流活动；8月，在国家知识产权局举办的全国知识产权执法经验交流会上，又作了题为《创新机制，强化手段，务实高效开展版权执法工作》的经验交流发言。

2009年，重庆市版权局在优化版权管理方面主要做了下列工作。

（一）加强行政监管

2009年，重庆市版权局牵头开展打击网络侵权盗版专项治理行动，依法查处网络侵权盗版案件15起，其中行政处罚13起，关闭网站12个，罚款人民币1.5万元。此外，重庆市版权局还牵头开展图书馆著作权专项治理工作，组织全市各公共图书馆和大中小学图书馆开展自查，纠正未经许可复制或通过信息网络传播他人作品的行为，建立完善合法使用作品的工作制度和有效机制，进一步推动图书馆事业健康、有序发展。

（二）推进软件正版化

2009年，重庆市版权局积极稳妥地推进第三批115家大中型企业软件正版化工作，推进重点为国有、民营、外资企业和旅游饭店业等公共形象窗口行业。顺利完成检查验收，卸载盗版软件约3200套，督促落实采购正版软件约1.1亿元，其中采购国产软件约3400万元，占资金总额约31%，有力促进企业信息化建设，带动民族软件产业发展。

二、强化版权服务

（一）深入推进“百家重点企业版权保护工程”

2009年，市版权局在西永微电子产业园、五里店工业设计中心设立版权服务工作站，由市、区两级行政部门联合管理，定期和不定期提供作品登记、法律服务、版权交易、教育培训“四个上门”服务，深受园区企业欢迎。全年走访大型企业114家，开展现场版权服务132次，派出版权专业人员约280人次。

（二）提高版权登记的质量和服务效率

2009年，重庆市版权局全年办理各类作品著作权登记752件，其中计算机软件著作权登记365件，同比增长92.1%，对重庆市科学和文化的繁荣、经济和社会的发展起到较大促进作用。

（三）加大对版权中介组织的指导

市版权局指导版权中介组织依法开展版权保护工作，引导其加强版权代理、版权交易等社会化服务，提高权利人和权利人组织的自我管理能力，提高智力成果的商品化、产业化和市场化程度。

三、发展版权产业

（一）抓版权兴业，推动版权产业提档升级

市版权局通过树立典型，以点带面，发挥典型的辐射带动作用，推动全市版权产业朝着规模化、规范化方向上台阶、大发展。2009年，市版权局与市知识产权局、市工商行政管理局联合确定西永微电子产业园、建桥工业园等8家企业为首批市级知识产权试点园区，并加强对试点园区的政策扶持。加强对重庆北部新区国家数字出版基地、重庆出版传媒创意区的扶持和服务力度，通过版权保护和版权服务促进高新企业步入自主创新、有序运行和持续发展的良性循环。

(二)抓版权贸易，着力扩大中华文化影响

重庆市版权局深入走访调研，积极协调，解决制约重庆出版集团等重点新闻出版单位"走出去"的问题。2009年全市新闻出版单位开展版权贸易204项，比上年同期增长22.16%，合同总金额约269.8万元。2009年，重庆市版权贸易仍以图书贸易为主，共引进图书版权153项，同比增长21.43%，输出51项，同比增长64.52%；其中期刊实物出口1项，电子图书实物出口1项，对外印刷服务1项。引进输出比为3∶1，版权贸易逆差连续第四年呈下降趋势。重庆出版集团公司、重庆日报报业集团产业有限责任公司、重庆维普资讯有限公司、重庆享弘数字影视有限公司被商务部、文化部、国家广播电影电视总局、新闻出版总署确定为2009－2010年国家文化出口重点企业；《格萨尔王》《熊猫史诗》《藏地密码》《动物奥运会》、重庆日报海外版、《中文科技期刊数据库》、杂技《鼓动青春》、动画片《乐乐熊奇游记》8项作品被确定为2009—2010年度国家文化出口重点项目；《发现中国系列》《终极理论》等6种渝版图书被评为全国输出版、引进版优秀图书。2009年，重庆市版权局统一组团参加第61届法兰克福国际书展和第16届北京国际图书博览会，《民主社会主义评析》《当代西方国家理论评析》《格萨尔王》《冈拉梅朵》等渝版精品图书成功输出英国、土耳其、印度等国家和地区。

四、加强版权宣传

2009年，重庆市版权局深入开展版权宣传教育，提高社会公众的版权保护意识，努力在全社会形成"尊重创新、抵制盗版"的良好氛围。全年举办大型版权培训3次，举办大型版权宣传活动4次，参与编辑《重庆知识产权》杂志4期。中央人民政府门户网站、《中国新闻出版报》《中国知识产权报》《重庆日报》等中央和市级媒体约80次报道了重庆市版权工作的开展情况。

2009年，市版权局继续扎实开展青少年版权保护主题教育活动，向各区县赠送适合青少年阅读的版权保护图书14 400册。举办"4·26世界知识产权宣传周"系列活动，发放宣传资料1 000余册(张)，接受咨询约300人次，引起较大社会反响。举办第二届重庆读书月版权宣传教育活动，在陈家坪会展中心开设版权服务区，为广大企业和市民提供版权登记、版权评估、版权代理、版权交易、法律咨询、版权保护等全方位一站式服务。

(重庆市版权局　版权处)

司法工作

2009年，重庆法院全面贯彻《国家知识产权战略纲要》，以"三个至上"为指导，紧紧围绕法院中心工作，按照钱锋院长提出的"用创新的方法保护创新"工作要求，坚持"加强学习强能力，加强审判抓精品，加强调研出成果，加强服务保发展，加强宣传创模范"工作方针，在"激励创造、有效运用、依法保护、科学管理"系统工程中，充分发挥司法保护知识产权主导作用，为推进知识产权保护模范城市建设提供了有力的司法保障。

一、创新工作机制，提高知识产权审判质量效率

重庆法院始终坚持与时俱进、勇于创新的精神，不断完善知识产权审判工作机制，依法公开、公平、公正地审理各类知识产权案件，切实提高审判质量和效率，收到明显成效。2009年，重庆法院共新收知识产权一、二审民事案件518件，审结469件，结案率90.5%，涉案标的额1.1亿元，为金融危机形势下"保增长、保民生、保稳定"提供了有力的司法保障。

(一)建立常态化管理机制

重庆法院结合"审判管理年"活动的开展，全面提升知识产权审判管理理念，健全知识产权审判管理机制。建立和完善专家咨询、司法鉴定、专家陪审、专家辅助人等诉讼制度，充分发挥技术专家的重要作用，为审判中涉及专业性较强的技术问题和法律问题的有效解决提供参考和协助。制定和落实庭审规范、合议庭工作细则、审限管理制度、裁判文书上网等工作制度，开展庭审观摩竞赛、裁判文书评比等活动，规范审判活动，严格审限管理，强化程序意识，提高裁判文书质量。通过制定和完善相关案件协调、通报，重大案件请示报告等制度，保证法律的正确适用，统一了司法尺度和标准。

（二）健全知识产权多元化纠纷解决机制

在贯彻全面赔偿原则、加大侵权成本、确保知识产权人合法权益受到有力保护的同时，重庆法院更加注重利用多元化纠纷解决机制化解矛盾纠纷，使司法调解与人民调解、行政调解、行业调解等非诉讼调解方式的有效配合，确保“调解优先、案结事了”等诉讼理念得到落实，促进社会和谐稳定。近年来，重庆法院知识产权民事案件的调撤率始终保持在50%以上，2007年为65.5%，2008年与2007年基本持平，2009年为52.1%，其中渝中区法院2009年的调撤率更是高达72.6%。

（三）大力实施知识产权精品案例工程

重庆法院严把知识产权裁判文书质量关，严格执行最高人民法院和重庆市高级人民法院有关裁判文书制作的各项规定，按照案件焦点提炼准确，证据采信和事实认定有理有据，法律适用准确统一的要求，努力把每一份裁判文书都打造成精品。严格执行裁判文书出门前的“三校”制度，即书记员、主审法官、审判长三次校对，决不允许“带错出门”。通过季度庭审观摩、案卷随机评查、一年一度优秀裁判文书年度评比表彰等活动，切实提高裁判文书质量，取得了切实的成效。2009年4月，在最高人民法院开展的评选2008年度全国法院知识产权司法保护五十件典型案例活动中，我市法院共有三件案例入选，入选案例数量在全国各省、自治区、直辖市中排名第二，充分发挥了优秀裁判文书对知识产权保护的引领和示范作用。

二、创新工作理念，提升知识产权审判水平

重庆法院大胆创新工作理念，坚持“请进来、走出去”工作原则，不断拓展眼界视野，进一步优化队伍结构，为提升知识产权审判水平打下了坚实基础。

（一）开创知识产权审判理论研究新局面

2008年11月，中国法学会审判理论研究会知识产权审判理论专业委员会在重庆正式成立，依托重庆高级人民法院开展工作，开创了重庆法院知识产权审判理论研究的全新局面。一是加强与国内外学术研究机构的交流与合作。2009年3月，与最高人民法院中国应用法学研究所联合主办了“知识产权确认不侵权之诉研讨会”，深入讨论不侵权诉讼中所遇到的许多前沿理论和实践问题。2009年4月，与西南政法大学联合主办“知识产权战略实施与商标法修改国际论坛”，来自国内外200多位知名专家、学者和法官就知识产权战略实施与商标法修改问题进行深入研究。10月23日，重庆市高级人民法院孙海龙专委应邀参加了由重庆市人民政府、英国驻重庆总领事馆主办，英国贸易投资总署、重庆市科学技术委员会、重庆市知识产权局协办的“明日中国：知识产权与创新——开放型经济中的知识产权模范城市建设”研讨会，发表了题为“用创新的方法保护创新——充分发挥司法保护知识产权主导作用”的主题发言。11月，重庆市高级人民法院知识产权法官参加了世界知识产权组织、国家工商行政管理总局和重庆市政府主办的“地理标志国际研讨会”。二是高水平理论研究成果丰硕。一年来，重庆法院知识产权法官共在《中国版权》《知识产权》《电子知识产权》等法学期刊和《人民法院报》《中国知识产权报》等报纸上发表知识产权论文60余篇，在全国法院和知识产权学术界产生广泛影响，孙海龙法官还被最高人民法院授予“全国审判业务专家”称号。三是主动承接多项重大调研课题。重庆法院先后完成重庆市软科学研究项目——“重庆市重大知识纠纷协调处理机制研究”“知识产权民事、刑事和行政审判一体化研究——重庆知识产权审判机制改革的理论基础及其实践路径”等重点调研课题，为知识产权审判机制改革提供了重要参考。2009年10月，汇集全国知识产权法官审判研究成果的71万字知识产权审判理论专业委员会会刊《中国知识产权审判研究》（第一辑）由人民法院出版社正式出版，作为一个知识产权审判研究交流平台，它真正反映了全国知识产权审判理论研究的最新成果和动态。

（二）打造知识产权审判人才新高地

一是在“外引内修”上有新突破。自2008年以来，重庆法院面向全国引进和公开招录知识产权专家和法官，这些优秀知识产权专家和法官到重庆法院工作后，迅速提升了重庆法院知识产权审判整体水平，优化了法官队伍结构，增强了调研工作实力，使重庆市知识产权审判工作很快就开创了新的局面。同时，认真抓好现有知识产权法官的教育培训。除积极参加最高人民法院各种业务培训外，充分利用国家法官学院重庆分院这一平台，集中时间，邀请知名专家、最高人民法院法官就审判实践和理论热点问题对全市知识产权法官进行专门培训。一年来，全市三级法院共派出40余人次参加各类知识产权业务培训，理论知识和实践经验有了明显改善和提升。坚持知识产权审判热点和难点问题的集中研讨与每季度专题研讨，及时对理论前沿和审判疑难问题进行探讨交流。充分发挥专家智库的“智囊”作用，通过举办智库论坛、开展专家讲座，提升知识产权法官司法水平和司法能力。二是在法官交流上有新举措。进一步完善知识产权审判庭干部公开选拔和法官逐级遴选制度，加大干部交流和挂职锻炼力度，使优秀人才脱颖而出。选派库区法院和基层法院的法官到重庆市高级人民法院和重庆市第一、五中级人民法院交流，同时选派重庆市第一、五中级人民法院的法官到基层法院交流。与西南政法大学开展人才交流，该校民商法学院知识产权研究中心的教师到重庆市高级人民法院知识产权庭担任一段时期的法官，直接审理案件，并承担法院的审判调研任务，一方面为学校提供了最新的司法动态和审判实例，为开展教学和理论研究注入了新鲜血液；另一方面给法院带来了最前沿的理论观点和学术动态，为法院开展调研提供了强有力的理论基础。三是在人才政策上有新动作。在审判资源配置上向知识产权审判一线倾斜，通过内部挖潜、优化配置等途径调整充实审判力量，为知识产权审判工作提供可靠的组织保障。高度重视知识产权人才的遴选与任用，既注重审判经验和知识结构，又注重学历层次和发展潜力，确保法律功底好、外语水平高、理论功底实的审判骨干和专业人才充实到知识产权法官队伍中去，着力培养一批专家型知识产权法官。以重庆市第一中级人民法院知识产权庭为例，该庭全体人员均已具备研究生学历，成为该院学历层次最高的业务部门。

三、创新审判体制，开创知识产权审判新模式

重庆法院紧密结合自身实际，锐意改革原有知识产权审判模式，将三级法院知识产权审判工作有机联动起来，走出了一条具有重庆特色的知识产权审判体制新路子。

（一）率先在全国建立知识产权审判新模式

重庆法院在深入调研重庆市知识产权审判基本情况的基础上，积极借鉴浦东、西安等地知识产权审判模式的做法和经验，大胆进行尝试和突破，在全国率先建立“三级联动、三审合一、三位一体”的知识产权审判管理新模式，被最高人民法院誉为“重庆模式”。2008年11月和2009年4月，相继成立了渝中区人民法院和沙坪坝区人民法院知识产权审判庭，统一审理辖区内的知识产权民事、刑事和行政案件，并统一由其上级中级人民法院知识产权审判庭审理上诉案件，突破了其他地区个别法院独立试点的局限，实现了高、中、基层三级法院的整体联动，同时集民事、刑事、行政纠纷案件审判为一体，充分发挥集中审理的整体优势和综合实力。

（二）率先在基层法院设立知识产权审判研究基地

2009年4月，经中国法学会审判理论研究会知识产权审判理论专业委员会同意，知识产权审判研究基地在沙坪坝区法院正式成立，该基地是目前全国基层法院中设立的唯一一个知识产权审判研究机构。该基地依托沙坪坝区人民法院开展工作，以提高知识产权案件审判质量、加强知识产权审判理论研究为重点，为知识产权立法完善提供实践素材等方面发挥着重要作用，为重庆科教文化、高新技术等产业纵深发展提供良好的司法保障。

（三）率先在跨区域管辖上进行新探索

重庆市高级人民法院结合重庆知识产权审判实际情况，探索建立跨区域管辖制度。经报请最高人民法院批准，指定沙坪坝区人民法院自2009年5月1日起，受理发生在重庆市沙坪坝区、双桥区、潼南县、铜梁县人民法院4个法院辖区范围内的知识产权民事纠纷案件，在西部法院率先建立了跨区域管辖制度，有效缓解了中级人民法院知识产权审判庭案多人少的矛盾，同时也为扩大和加强知识产权审判集中管辖进行了积极探索。

四、创新工作方法，增强知识产权审判服务大局能力

重庆法院努力克服被动司法的固有局限，贯彻能动司法理念，大力加强司法能动性，全面延伸审判服务职能，为重庆知识产权保护模范城市建设提供有力的司法保障。

（一）进一步加强司法建议工作

重庆法院牢固树立能动司法理念和“一盘棋”

思想，注重发现和总结审判中反映出的共性问题，并及时向有关部门提出司法建议，确保相关部门及早觉察问题，提前作出预判和处置办法。如，重庆市高级人民法院在审理左汝玲与铭万信息技术有限公司等计算机网络域名注册合同纠纷系列案中，发现部分域名注册机构为牟取不当利益，以不正当手段推销域名，恶意引诱他人注册域名，于是及时向中国互联网信息中心发出司法建议书，建议采取切实措施，加强对域名注册服务机构的认证与管理，完善监督机制。该司法建议很快就得到了中国互联网信息中心的及时回应。

(二)进一步加大司法服务力度

针对重庆本地企业在知识产权诉讼中作被告居多、败诉居多的“两多”现象，重庆法院多次组织知识产权法官深入校园、保税区、工业园区和企业开展调查研究，提供法律服务，努力提升全社会知识产权保护意识，提高企业自主创新能力。大力开展“审务进园区”活动，深入经济开发园区、工业园区公开开庭审理案件、开展调查研究，打造开放式合作平台、良好司法协作平台、外商投资权益保护平台和多元化纠纷解决平台，充分发挥园区在重庆市经济发展中的“引擎”作用。建立知识产权司法保护新闻发布常态化制度和知识产权审判白皮书制度，适时发布知识产权审判重要信息和典型案例，促进审判规范化建设，增加知识产权司法保护的透明度和亲和力。利用互联网等多种平台，采取多种形式加大司法宣传和服务力度，进一步发挥知识产权审判在“保增长、保民生、保稳定”中的重要作用，更加凸显知识产权司法保护的主导作用。

(三)进一步加大协作联动力度

重庆法院坚持把知识产权司法保护纳入知识产权保护的宏观体系和建设知识产权保护模范城市的全局工作中，不断加强与相关行政执法机关、行业协会、学会的信息沟通、工作联系和制度协调。先后与市保护知识产权办公室、市科委、市知识产权局、市工商行政管理局、市版权局、市摩托车协会、市知识产权法学会、市知识产权研究会等部门和单位建立了工作联系和协调机制，并进一步使之制度化和规范化，整合多方力量，加大了知识产权保护的联动工作力度，为优化重庆投资环境贡献力量。

(重庆市高级人民法院知识产权审判庭)

检察工作

2009年，重庆市检察机关充分发挥法律监督职能作用，切实加强知识产权司法保护，与行政执法机关、公安机关等部门密切配合，依法及时惩治侵犯知识产权犯罪，加大立案监督力度，防止和纠正对侵犯知识产权犯罪的有罪不究、以罚代刑等问题，进一步推动行政执法与刑事司法相衔接工作机制的完善，同时依法严肃查办侵犯知识产权违法犯罪背后的国家工作人员的违纪、犯罪行为，为维护正常的市场经济秩序发挥了重要作用。

一、立足本职，依法严厉打击侵犯知识产权犯罪

2009年，重庆市检察机关充分发挥检察职能作用，依法及时批准逮捕、起诉涉嫌侵犯知识产权的犯罪分子。据统计，2009年重庆市检察机关共受理提请批准逮捕涉及知识产权犯罪案件38件71人，批准逮捕27件50人，共受理起诉侵犯知识产权犯罪35件73人，起诉30件48人，案件起诉率为85.7%，同比增加19.6个百分点。其中受理起诉“侵犯知识产权罪”案件8件17人，起诉8件16人；受理起诉他罪中侵犯知识产权行为的案件27件56人，起诉22件32人。

二、重视打击侵犯知识产权犯罪宣传工作

重庆市检察机关积极配合当地知识产权部门在宣传周期间做好相关工作，重庆市人民检察院邀请市国资委系统十大国营企业和工商联系统十大民营企业代表，召开了保护知识产权座谈会，与会代表围绕人民检察院与企业进一步加强保护知识产权协作，促进企业增强竞争优势和可持续发展能力等问题进行了深入讨论。重庆市人民检察院还根据重庆市2009年“保护知识产权宣传周”活动组委会通知，派出干警20人参加4月26日举行的“实施国家知识产权战略，创建知识产权保护模范城市”誓师大会暨宣传咨询活动。

三、加大力度，督促行政执法机关及时移送侵犯知识产权涉嫌犯罪案件

根据对知识产权保护的需要，2009年重庆市检察机关以加大对侵犯知识产权犯罪的立案监督为着力点，把立案监督同推动行政执法与刑事执

法相衔接工作机制的建立和完善有机结合，促进依法行政、依法办案，防止和纠正“以罚代刑”的现象出现。在涉及知识产权的诉讼当中，切实加强对判决的监督力度。同时，重庆市检察机关还对干扰依法查办侵犯知识产权案件和阻挠行政执法机关向司法机关移送涉嫌犯罪案件，为制假售假、侵犯知识产权违法犯罪活动充当“保护伞”，对此类犯罪支持、包庇、纵容甚至勾结的国家工作人员，进行严厉查处。

此外，重庆市检察机关还在平等保护国有和民营企业的知识产权、加强新型知识产权案件研究、提高知识产权案件的办案效率，从快从重批准逮捕和起诉等方面积极努力，加强检企协作，形成保护知识产权的合力。

（最高人民检察院侦查监督厅）

四 川 省

专利工作

一、基本情况

2009 年，四川省知识产权工作在省委、省政府领导下，深入贯彻落实科学发展观，围绕“两个加快”和工业强省战略，以实施四川省知识产权战略纲要为主线，不断提高知识产权创造、运用、保护和管理能力，全省知识产权工作继续保持了良好发展势头，为促进四川发展作出了积极贡献。

2009 年，全省共申请专利 33047 件，全国排名第 7 位、西部第 1 位，同比增长 35.81%，其中，申请发明专利 6260 件，同比增长 52.76%；企业申请专利 10 833 件，同比增长 55.94%。全省共获得授权专利 20 132 件，全国排名第 7 位、西部第 1 位，同比增长 50.59%，其中，发明专利 1596 件，同比增长 46.97%；企业获得专利授权 5531 件，同比增长 57.67%。全省共申请 PCT 国外专利 110 件，同比增长 71.88%。全省专利技术许可转让日趋活跃，省知识产权局全年备案专利转让（许可）合同 184 份，涉及专利 378 件，金额 5428 万元。全省新增专利实施项目 2993 项，新增产值 507.63 亿元，新增利税 68.66 亿元，创汇 8.16 亿美元，分别同比增长 10%、18.81%、27.19%、56.32%。

二、四川省委、省政府高度重视知识产权工作

2009 年 1 月 10 日，四川省科学技术奖励大会上，省委书记刘奇葆、省长蒋巨峰指出，要以产品为核心加强科技攻关，组织实施一批重大科技项目，攻克一批具有自主知识产权的核心技术和关键技术，实现重点技术的突破，切实解决一批四川省经济社会发展进程中的关键技术问题。

《2009 年四川省政府工作报告》指出：要推动高新技术产业化，着力打造一批对经济拉动作用大的战略产品、重点产品和名牌产品。要加强知识产权保护，打造一批拥有自主知识产权的品牌。

2009 年，四川省政府先后出台了《关于支持成都高新区加快建设世界一流高科技园区的意见》《关于印发四川省推进工业品牌战略实施意见的通知》《关于加快发展服务业的若干意见》《关于加快开放型经济发展的意见》《关于全面推进质量兴川战略的若干意见》，指出要加强知识产权保护，推进品牌战略，加大品牌培育和自主创牌力度。要探索开展知识产权质押融资。要积极推进外贸增长方式转变，支持企业技术改造、新产品研发、国际认证、境外商标注册，努力提高企业自主创新能力。

三、制定实施《四川省知识产权战略纲要》

在四川省知识产权工作领导小组的领导下，四川省知识产权局组织成员单位从全省实际和产业特点出发，以促进四川经济社会全面、协调和可持续发展为宗旨，以大力提高知识产权创造、管理、保护和运用能力为目标，深入研究全省知识产权的重点、难点和关键性问题，拟制四川全省知识产权战略纲要。2009 年 5 月 8 日，四川省人民政府正式印发了《四川省知识产权战略纲要》（以下简称《纲要》）。《纲要》提出了四川省实施知识产权战略的指导思想、基本原则、战略目标、战略重点、专项任务和战略措施，从专利、商标、著作权、植物新品种、商业秘密、特定领域（地理标志、遗传资源、传统知识、民间文艺、集成电路布图设计）等

方面推动全省知识产权工作全面发展。《纲要》出台后，四川省即制订了《2009年四川省知识产权战略实施推进计划》，明确了26个成员单位在专利、商标、著作权、植物新品种、地理标志、遗传资源、民间文艺以及经济、科技、教育、贸易、文化等方面的109项工作任务，编印了《四川省知识产权战略纲要宣传读本》，召开了《四川省知识产权战略纲要》学习培训会，中国知识产权培训中心、中共四川省委组织部、四川省知识产权局联合在北京中国知识产权培训中心举办了"四川省党政领导干部知识产权战略纲要专题培训班"，着手编制专利、商标、著作权、植物新品种、地理标志产品等专题战略。领导小组各成员单位认真组织实施，圆满完成了各项工作任务，推动了《纲要》的贯彻实施。

四、专利行政保护

四川省知识产权局认真做好专利纠纷调处工作，加强立法调研和工作机制建设。制发了《四川省专利行政处罚自由裁量权实施办法》《加强专利纠纷行政调处工作的实施意见》，争取国家知识产权局在四川设立了"专利复审委员会第三巡回审理庭"，开展了修订《四川省专利保护条例》立法调研，四川省知识产权局和成都、德阳、绵阳市知识产权局被列入国家"5·26"区域知识产权执法试点工程。2009年，省市两级知识产权局共受理专利案件54件。深入开展"雷雨""天网"专项行动，开展了中国西部国际博览会等13个大型展会的知识产权保护工作，在中国西部国际博览会等7个大型展会驻会设立了"知识产权投诉工作站"，与全国同步启用"12330"知识产权维权援助公益服务电话。2009年，全省共出动执法人员1701人次，开展专利行政执法检查320次，开展联合执法61次，检查商业场所2118个，检查商品177 763件，向公安部门移送案件1件。加强省际和省市县执法协作机制建设，签署了《泛珠三角区域内地九省（区）专利行政执法协议》《泛珠三角区域内地九省（自治区）市级成员专利行政执法协作协议》，指导川北8市（自治州）建立片区协作机制，开展执法协作。

五、企业、园区、区域知识产权工作

四川省继续面向大企业大集团、进出口企业、科技创新型企业、中小企业、农业产业化经营龙头企业深入开展知识产权"三推三促"行动。

国家、省、市"三级联动"推进企业知识产权工作发展。二重等4家国家知识产权示范创建企业和长虹等4家国家知识产权试点企业通过国家验收。中共四川省委农村工作领导小组办公室、省经济和信息化委员会、省商务厅、省工商行政管理局、省版权局、省知识产权局、成都海关共同培育的第一批172家省级知识产权试点示范、优势培育企业新申请专利2584件，其中发明632件。全省21个市（州）知识产权局积极开展本级企业知识产权试点示范工作。

加强园区知识产权工作。省经济和信息化委员会、省知识产权局联合在全省"1525"产业园区中筛选了16个省级产业园区开展第二批省级知识产权试点园区工作。截至2009年底，第一、第二批共22个省级知识产权试点园区共申请专利8000多件，申请PCT国外专利62件。

深入推进国家知识产权城市试点示范工作。成都、德阳、绵阳、攀枝花4个国家知识产权试点示范城市新申请专利28 915件，同比增长37.06%，占全省的87.5%。双流、绵竹、崇州、射洪、富顺5县成为首批国家知识产权强县试点，康定、青神成为首批国家级传统知识保护试点县。

六、专利运用与产业化

2009年四川省专利技术许可转让日趋活跃。省知识产权局全年备案专利转让（许可）合同184份，涉及专利378件，金额5428万元。全省新增专利实施项目2993项，新增产值507.63亿元，新增利税68.66亿元，创汇8.16亿美元，分别同比增长10%、18.81%、27.19%、56.32%。

继续推动专利文献运用。争取国家知识产权局在四川省设立了"专利信息利用试验基地"，共收存中国专利398万条、国外专利信息4580万条，并与国家知识产权局数据库保持同步更新。省知识产权局围绕四川省"7+3"优势特色产业建设行业专利数据库，建成钒钛钢铁、世界药物、重装制造、油气化工和饮料食品5个行业专利数据库并投入使用。

四川省7家企事业单位荣获第十一届中国专利奖。其中，宜宾丝丽雅"半连续离心纺丝机每锭多离心缸及其控制结构"专利技术荣获中国专利金奖，东汽、二重、西南化工研究院、南车眉山车辆公司、成都光明光电、四川石油管理局6家企事业单位的6项专利技术获得中国专利优秀奖。

积极开展知识产权资产评估和质押融资工

作。省知识产权局、人民银行成都分行、省科技厅联合制定了《四川省专利质押贷款管理办法》;省知识产权局、省科技厅、省银监会、省保监会等七部门共同举办了“四川省金融机构与高新技术企业对接会”。全年全省知识产权质押 45 项,33 户企业融资 7725 万元。

积极推进专利技术展示交易工作。省知识产权局和市(自治州)知识产权局联合举办了“2009·第三届中国专利周四川暨成都市分会场系列活动”。全年国家专利技术(四川)展示交易中心平台新增专利技术展示项目 350 项,累计 900 多项。省知识产权局组织省级知识产权试点示范优势企业 50 余项优秀专利技术和专利产品参加了第十届中国西部国际博览会高新技术展。

七、专利中介服务

四川省新设专利代理机构 3 家、分支机构 2 家,律师事务所增加专利代理业务 2 家,全省专利代理机构达到 22 家,执业代理人 134 人。全年全省专利代理机构共代理专利申请 14 836 件,办理复审、无效等其他业务 519 件,营业收入 1433 万元,分别增长 35.56%、180.54%和 34.18%。

八、知识产权宣传培训

全省知识产权相关部门以宣传《专利法》《商标法》《著作权法》《国家知识产权战略纲要》《四川省知识产权战略纲要》等为重点,坚持集中宣传与经常性宣传相结合,深入开展知识产权进党校、进企业、进社会活动,通过“知识产权信息港”、《四川知识产权》《四川专利》等宣传载体,大力宣传全省知识产权工作取得的成效,并结合“科技三下乡”、“3·15 消费者权益日”、“12·4 法制宣传日”等组织开展了形式多样的知识产权普及宣传活动。2009 年,按照全省统一部署,省知识产权工作领导小组办公室组织协调 25 个省直部门先后举行了“四川省 2009 年知识产权宣传周启动仪式”暨集中宣传咨询活动;召开了四川省保护知识产权新闻发布会,发布了《2008 年四川省保护知识产权状况》白皮书和《2008 年四川省知识产权典型案例》;举办了“保护知识产权座谈会”,开展了校园知识产权案件公开庭审和联合执法检查等活动。全年全省知识产权相关部门共开展集中宣传 187 次,各新闻媒体共刊登(播出)知识产权新闻 4311 篇次,四川知识产权信息港网站“《四川省知识产权战略纲要》大家谈”专栏发表知识产权战略纲要解读文章 43 篇。共举办各类培训班、专题讲座、报告会、论坛等 1423 期(个),培训党政领导干部 8656 人(次),培训企事业单位专业技术人员、管理人员 105 352 人(次),培训行政管理人员 6993 人(次),培训农村专业户 9555 人(次)。

全省各级知识产权局以知识产权“进企业、进党校、进社会”为抓手,坚持集中宣传与经常性宣传相结合,通过“知识产权信息港”、《四川知识产权》《四川专利》等宣传载体,大力宣传《专利法》《国家知识产权战略纲要》《四川省知识产权战略纲要》和全省知识产权工作取得的成效,组织开展了“4·1 专利法实施纪念日”、“知识产权宣传周”、“4·26 世界知识产权日”等集中宣传活动,并结合“科技三下乡”、“3·15 消费者权益日”、“12·4 法制宣传日”等组织开展了形式多样的知识产权普及宣传活动。全年共开展集中宣传 187 次,各新闻媒体共刊登(播出)知识产权新闻 3538 篇次,其中,在省级及以上新闻媒体刊登(播出)195 篇次;四川知识产权信息港网站“《四川省知识产权战略纲要》大家谈”专栏,发表知识产权战略纲要解读文章 43 篇。全省各级知识产权局继续开展面向企事业单位和党政领导干部的知识产权培训,全年共举办各类培训班、专题讲座、报告会 344 期(个),培训党政领导干部 4135 人(次),培训企事业单位专业技术人员、管理人员。

九、知识产权合作与交流

2009 年 2 月 10 日,美国驻成都总领事馆新任副领事黎建恒先生一行访问省知识产权局,了解四川省知识产权保护有关情况。11 月,省知识产权局黄峰局长应邀作为演讲嘉宾赴韩国首尔参加了由韩国国际知识产权研修学院和中国知识产权培训中心联合举办的“2009·韩中知识产权保护研讨会”,作了题为《中国地方政府的知识产权行政执法保护》的专题演讲。

(四川省知识产权局　唐　琳)

商标工作

2009 年以来,四川省工商系统各级商标管理部门在省委、省政府和国家工商行政管理总局的领导下,以党的十七大精神为指导,牢固树立科学发展观,认真贯彻《四川省知识产权战略纲要》和总局《关于贯彻落实〈国家知识产权战略纲要〉,大力推进商标战略实施的意见》，紧紧围绕省委“一主、三化、三加强”的总体发展思路，认真履行商标管理职能，积极开拓创新，大力推动实施商标战略，为四川经济发展和灾后重建作出了积极的贡献，受到上级领导部门的充分肯定。2009年，四川省工商行政管理局被国家工商行政管理总局分别授予“商标管理工作先进单位”和“推动企业马德里商标国际注册先进单位”称号。

一、基本情况

截至2009年底，全省新申请商标注册20 436件，同比增加25%；其中涉农商标注册申请量达3861件，占全省商标注册申请量的19%；工业品商标注册申请10 837件，占全省商标注册申请量的53%；服务业商标注册申请量5738件，占全省商标注册申请量的28%。

2009年新增注册商标27 014件，比上年增长125%，创历史最高水平，四川省有效注册商标达98 891件。2009年新增注册商标中，涉农商标注册量3804件，比上年增长2%；工业品商标注册量16 506件，占商标注册总量的61%；服务业商标注册量6704件，占商标注册总量的25%；地理标志证明商标累计注册48件，其中当年新注册18件(其中10件已初审公告，但尚未核发注册证)，比上年增长80%。

按照四川省委、省政府强力推进实施品牌战略的部署，加强了驰名商标推荐申报和著名商标的认定工作。新认定驰名商标27件，同比增长141%，为2009年以前认定的驰名商标总数的57%，全省驰名商标达74件。2009年，全省有201户企业申请认定四川省著名商标，对其中171件基本符合条件的商标予以受理，认定115件；当年应复审认定74件著名商标，复审认定63件，占应复审认定数的85%。

全省查处各类商标违法案件1204件。其中，一般违法案件246件，侵权假冒案件958件，侵犯中国港澳台地区和外国商标注册人权益案件37件。罚款总额626.34万元人民币，案值1397.08万元人民币，收缴和销毁商标标识500(件)套，没收、销毁侵权商品40 473件。

二、主要工作

(一)全面统筹商标战略实施工作

按照《四川省知识产权战略纲要》和国家工商行政管理总局《关于贯彻落实〈国家知识产权战略纲要〉，大力推进商标战略实施的意见》的总体要求和安排部署，制定了《四川省商标战略纲要》，从序言、指导思想、商标战略总体思路、战略重点和措施以及组织领导等七个方面，全面统筹四川省商标战略实施工作。《四川省商标战略纲要》的制定，将为创新型四川省建设、促进经济增长方式转变、培育和壮大优势产业、提高四川省核心竞争力、扩大对外开放，发挥积极的推动作用。

(二)强力推动实施品牌战略

围绕省委“一主、三化、三加强”的发展思路，强力推动实施品牌战略。加强了对申请认定中国驰名商标和四川省著名商标的企业扶持和指导，2009年，四川省有27件商标被国家工商行政总局认定为驰名商标，经国家工商行政管理总局认定的驰名商标已达74件；为帮助企业更好地发挥驰名商标对企业发展的拉动效应，组织新认定驰名商标的企业进行了培训。在各市(自治州)工商行政管理局把关指导的基础上，认定四川省著名商标115件，复审认定63件。

(三)服务“三农”，大力实施特色效益农业商标战略

围绕省委、省政府农村经济工作安排，大力推动四川省特色效益农业发展，继续深入推动“一村一品、一品一标”、“围绕三品、打造三标”和“送商标”活动的深入开展，由四川省工商行政管理局主导，与四川省农业厅联合制发了《关于推动优势特色效益农业商标品牌建设的实施意见》，制定了推动优势特色效益农业商标品牌建设的指导思想、目标任务、措施办法和组织保障，要求各地充分运用政府部门的行政资源，形成合力推动特色效益农业发展的协调机制、信息沟通机制和品牌建设激励机制。省委副书记李崇禧为此批示：“这项工作对推动农业产业化很重要。”

通过广泛发动，“送商标”活动取得初步成效，全省已向特色专业村送商标214件，支出经费37.11万元，其中工商部门29.97万元，农业部门专款4.96万元，企业赞助2.18万元。通过调研，拟送商标176件。“围绕三品、打造三标”活动取得新进展，农产品商标中，累计已有中国驰名商标7件，省著名商标208件，知名商标581件，分别占驰名、著名、知名商标的11%、30%、40%。

（四）着力支持四川省特色产业发展

按照四川省委、省政府部署，2009 年重点推动茶叶和泡菜产业发展。在推动茶叶产业发展方面，一是加大力度打造茶叶产业区域品牌，开展了对"峨眉山茶"地理标志证明商标注册的可行性调研，并向省委、省政府及农业主管部门提出了商标注册的工作方案。二是强化对茶叶龙头企业的商标注册、运用、管理和保护的指导服务，如对"论道"商标权与名称权冲突以及商标注册、管理中的商标异议案件进行了法律指导，提高了企业商标注册、管理、保护和运用能力，钟勉副省长给予了肯定性批示。在推动泡菜产业发展方面，积极参与省委、省政府主持召开的"中国·四川泡菜国际论坛"筹备工作，制订了四川泡菜商标战略实施方案，牵头起草了《四川省泡菜产业品牌打造实施工作方案》，制订了《2010 年四川省泡菜产业品牌打造实施工作计划》。

（五）加强地理标志的推广和宣传工作

一是组织四川省地理标志所在县（区）的中学生开展"我身边的地理标志产品征文大赛"和"商标离我们有多远商标知识竞赛"活动，以寓教于乐的形式，开展商标知识进校园活动，让学生了解家乡的农业特色资源，提升商标法律意识，并由此影响和带动家长进而提升全社会的商标意识。全省 12 个市（州）15 个县（区）积极参加了此次活动，共组织征文 297 份、答卷 1174 份，其中仅遂宁就选送了 121 篇优秀作文给中国中学生报。二是组织各地开展地理标志使用管理经验交流，已收到各地工商部门及地理标志注册人的经验交流材料 21 份，拟编撰成册供管理部门和注册人学习参考，以进一步推动地理标志注册和使用管理工作。三是深入调查研究，挖掘特色农业资源，大力推动地理标志注册工作，新注册地理标志 4 件。

（六）精心组织了 2009 年"4·26 世界知识产权日"宣传周活动

参与起草了《2009 年四川省保护知识产权状况白皮书》等相关文件资料，开展了系列活动，如成都市工商行政管理局开展"企业品牌权益保护培训"，乐山市工商行政管理局开展"中国公众知识产权知识竞赛"，内江市工商行政管理局在辖区内党校开展了"商标知识上课堂"活动，遂宁、德阳开展了"驰名、著名、知名商标展示"活动等，充分展示了四川省商标专用保护所做的工作和取得的成绩，普及了商标法律法规知识，宣传了保护知识产权在建设创新型四川和构建和谐社会中的积极作用，增强了全社会的商标意识。宣传周期间，全省共开展联合执法检查 81 次，查处知识产权违法案件 44 件，举办商标培训、研讨、讲座 208 场（次），发放宣传资料 34.5 万份，刊登、播出知识产权（商标）稿件 773 篇，活动达到预期目的。

（七）圆满承办了第十届西博会中国驰名商标展

经过数月的筹备，国家工商行政管理总局和四川省政府主办、国家工商行政管理总局商标局和四川省工商行政管理局承办的本届中国西部国际博览会中国驰名商标展，于 2009 年 10 月 16 日在成都新会展中心开幕，并于 20 日圆满落幕。展会以"贯彻落实国家知识产权战略纲要，大力推进商标战略实施"为主题，占地面积 6920 平方米，参展驰名商标企业共 73 户，其中四川省参展企业 17 户，省外参展企业 56 户，涵盖了 29 个省、自治区、直辖市。企业展位设计装帧精美，气势恢弘，充分展示了大力实施商标战略、积极推动驰名商标认定和保护工作，对促进企业和社会经济发展的巨大作用，充分展示了驰名商标企业作为"排头兵"的地位和形象。国家工商行政管理总局党组书记、局长周伯华，中共四川省省委书记刘奇葆、省长蒋巨峰先后视察了中国驰名商标展区，对展览给予高度肯定和评价。据中国西部国际博览会组委会统计，共有 60 余万人次参观了中国西部国际博览会展览，其中进入中国驰名商标展区观看展览的人数不低于 30 万人次。此次展览取得了巨大成功，引起了社会各界的强烈反响，得到参会代表的高度赞扬和广泛肯定。参观人士纷纷表示，此次展览主题鲜明，内容丰富，形式多样，特点鲜明，影响较大，充分展示了我国驰名商标认定和保护制度的演进历程和所取得的突出成就，反映了驰名商标为促进地方经济发展、恢复四川省灾后重建以及建设创新型国家所发挥的重要作用，是目前为止全国规模最大的一次中国驰名商标集中展示，开辟了历史先河。此次展览的成功，对于工商行政管理部门贯彻落实《国家知识产权战略纲要》，大力推进商标战略具有重要意义和深远影响。

（八）强化商标办案力度，营造良好的市场环境

按照“突出监管重点，围绕热点、难点，坚持执法为民，不断增强商标监管力度，严厉打击商标违法行为，营造良好的市场秩序和消费环境，促进内需增长”商标维权工作的总体要求，各地按照“以防为主、防打结合”的方针，通过媒介宣传、举办讲座、印制宣传资料、在办公地点开设宣传栏等形式，广泛开展商标法制宣传，继续以试行“商标授权经营制度”为载体，在商标管理制度化、规范化、科学化方面深入进行探索，较好地保护了商标所有人和消费者的合法权益，促进了内需的增长。

三、主要经验

（一）把大力推动实施商标战略，作为坚持贯彻落实科学发展观的具体实践一以贯之

四川省各级工商部门认真学习周伯华局长在国家工商行政管理总局长春会议上的讲话精神，在认识上已牢固地形成了“坚持科学发展就要大力推动实施商标战略，大力推动实施商标战略就是坚持科学发展，就能有效地促进四川又好又快发展”的共识。在工作方法上，把推动实施商标战略作为一个系统工程来组织实施，制定了商标战略纲要，做到了有目标任务、有计划安排、有工作措施、有制度保障。在具体工作中，坚持“三个注重”，即注重处理好商标管理各项工作之间的关系，强调突出重点、协调平衡发展；注重工作的针对性，围绕省委、省政府的工作重点和国家工商行政管理总局的安排部署，切实履行职能，有的放矢地解决工作中的突出问题；注重工作的阶段性，努力实现近期目标与长远目标的统一和单项工作与实现商标战略目标的有机结合，促进了各项工作的顺利进行。

（二）坚持夯实基础工作，推动商标战略深入实施

四川省是一个内陆省份，与沿海经济发达省份相比，存在观念落后、商标意识不强的问题，主要表现是商标注册意识不强、商标保护意识不强、运用商标开拓和占领市场的能力不强。针对这一现状，四川省工商行政管理局始终把不断提升全社会的商标意识，作为推动商标战略深入实施的一个重要环节和基础性工作，开拓创新，常抓不懈。2009年，全省各级工商部门以商标（品牌）知识“三进”（进党校、进企业、进农户）活动为载体，强化商标法制宣传工作，共举办商标（品牌）知识讲座、培训、论坛等计1078场次，培训人员共41 955人次，其中党政干部4521人次，企业管理人员21 186人次，农村专业户9555人次，本系统干部职工6693人次。培训、宣传工作，较好地营造了尊重他人商标专用权的社会氛围，各级党政领导对商标的重视上升到了一个新的高度，各地纷纷出台对驰名商标、著名商标和知名商标的奖励政策，而这些政策措施，又有效地提升了企业商标意识，企业注册商标、保护商标、做强商标、做大品牌的主动性和积极性空前高涨。

（三）突出重点，狠抓关键

推动实施商标战略，完成各项商标管理工作，四川省工商行政管理局注重在关键环节上着力。比如，党政领导干部商标意识的增强，政策有力度，工作有措施，就能有效带动一个单位、一片地区形成重视商标、运用商标促进经济发展的良好氛围，推动实施商标战略能起到事半功倍的效果。为此，四川省开展商标知识“三进”活动的第一个措施，即是商标知识进党校。又如，四川省古称“天府之国”，针对四川省特殊的自然环境和特色农产品资源多的实际，在实施商标富农工程中，选定将地理标志注册和使用作为推动农村商标战略实施突破口，要求各地深入调查研究，摸清特色资源，广泛开展宣传，大力推动地理标志注册工作，并指导商标注册人管理好、用好地理标志，将特色资源转化为特色商品，做大特色产业，在带动农民致富的同时，增强社会各界的商标意识。再如，在加强商标管理、打击侵权行为方面，则坚持以商场、超市等大型商标交易场所为重点，探索实行商标授权经营制度。目前，试点工作正在进行之中。

（四）开拓创新，以形式多样、内容丰富的活动为载体，推动商标战略深入实施

在商标法宣传工作中，以全面提升全社会商标意识、营造重视商标、尊重商标权为目标，开展了商标知识以“三进”为主要形式的宣传活动；在农村商标工作中，以深入实施“叫响一个商标、带动一方产业，富裕一方百姓”的商标富农工程，推动四川省传统农业向效益农业转化，农业资源优势向市场优势转化为目标，开展了“贴心助农送商标，真情服务谋发展”及“一村一品，一品一标”、围绕“三品”（无公害农产品、绿色农产品、有机农产品）打造“三标”（驰名商标、著名商标、知名商标）

活动。这些活动的开展，起到了树立一面旗帜、统一四川省各级工商部门在推动实施商标战略阶段性工作中行动的作用，提升了工商部门的社会形象。这些活动，有的已经收到显著成效，有的已经开始显现效果。

（四川省工商行政管理局）

版权工作

2009年，四川省版权局以科学发展观统领全局，围绕推进“三个转变”，认真贯彻落实全国版权工作会议精神，强化行政监管，加强普法宣传，推进自主创新，实施社会服务，为坚持科学发展观，建设西部经济和文化发展高地作出了积极贡献。全年在推进企业使用正版软件工作、促进版权产业发展、强化版权执法、加强版权法律法规宣传、发展版权贸易等方面做了大量工作，取得一定成绩。

一、加强版权法律法规宣传

2009年，四川省版权局按照国家版权局的部署，结合四川省的具体情况，开展了一系列的版权法律法规宣传活动。

（一）编印《音乐音像著作权手册》

宣传《著作权法》和《著作权集体管理条例》等法律法规，维护音乐作品创作者、卡拉OK音乐电视表演者和制作者的权利。

（二）开展知识产权宣传周活动

按照国家版权局的部署，在4月20～26日，开展了2009年“知识产权宣传周”活动。其主要活动包括：

(1)4月20日，四川省“2009年知识产权宣传周”活动启动仪式在成都红星路步行街广场举行。四川省人民政府副秘书长蔡竞在启动仪式上致辞并宣布四川省2009年知识产权宣传周开幕。启动仪式由四川省知识产权局副局长李敏主持。四川省版权局副局长张世金出席仪式。来自四川省高级人民法院、省工商行政管理局、省版权局、省知识产权局等20多部门的省知识产权工作领导小组成员单位的代表100余人，参加了启动仪式。

(2)4月22日，四川省版权局召开了“全省音乐作品著作权保护工作会议”。中国音乐著作权协会许可证部主任杨东凯、省版权局副局长张世金、省委宣传部出版处处长孙先荣以及省高级人民法院知识产权庭刘巧英审判长、省文联维权中心高敏等有关领导出席会议。来自全省图书、音像、电子、互联网出版单位，影视制作单位，演出经纪公司，背景音乐使用单位的代表共计130余人参加会议。

(3)4月25日，省版权局与省商标局、省专利局等部门一起，以省政府新闻办名义召开新闻发布会，公布《四川省知识产权白皮书》《四川省知识产权十大案例》。

（三）公布著作权行政处罚典型案件

4月19日，四川省版权局向省内主要新闻媒体公布了“四川省2008年著作权行政处罚典型案件”。国家版权局副局长阎晓宏对四川省评选2008年度著作权行政处罚典型案件工作进行了批示：“四川这项工作抓得好，既总结推动了版权执法，又扩大了社会影响。可建议没有开展这方面工作的地方借鉴。”

（四）主办版权保护知识竞赛

由四川省版权局、共青团四川省委主办，各市州版权局、团委、《今日中学生》杂志社承办的“全省青少年版权保护读书征文活动暨版权保护知识竞赛”于2009年8月6日正式启动。活动期间，省版权局、共青团四川省委，各市（自治州）版权局、团委向全省21个市州的青少年免费发放《版权保护小卫士——青少年版权保护知识教育读本》1500余册，并组织学生参加了国家版权局主办的“全国青少年版权保护读书活动暨版权保护知识竞赛”活动，共寄出答题卡1500余份。

同时，四川省版权局还与《今日中学生》杂志开展了“我心目中的版权”征文活动，共收到全省25所中学1 520余份参赛稿件。在参加国家版权局主办的“全国青少年版权保护读书活动暨版权保护知识竞赛”活动中，杜恒等67名同学荣获个人奖，四川省版权局等8家单位荣获组织奖。在参加的全省青少年版权保护读书征文活动中，阳晴川等9名同学荣获征文奖。

（五）加强对音乐作品著作权保护的宣传工作

(1)4月22日，四川省版权局召开了“全省音乐作品著作权保护工作会议”。对全省图书、音像、电子、互联网出版单位，影视制作单位，演出经纪公司，背景音乐使用单位的代表进行了音乐著作权知识的培训。中国音乐著作权协会许可证部主任杨东凯、省版权局副局长张世金、省委宣传部出版处处长孙先荣以及省高级人民法院知识产权庭刘巧英审判长、省文联维权中心高敏等有关领导出席会议。来自全省图书、音像、电子、互联网出版单位，影视制作单位，演出经纪公司，背景音乐使用单位的代表共计130余人参加会议。

(2)6月25日，四川省版权局、中国音乐著作权协会召开在四川的部分会员座谈会，黄虎威、郭万春、田逢俊等词曲作家出席了座谈会。会议就进一步加强音乐著作权管理、维护音乐著作权人权益、改进中国音乐著作权协会工作进行了交流和沟通。

(3)12月1日，“四川省2010上海世博会优秀歌曲授权使用仪式”在成都举行。中国音乐著作权协会副总干事杨东锴、上海世博会事务协调局活动部主管许诺、四川参与上海世博会领导小组办公室(省贸促会)易炀、中国商业联合会科技质量部部长王越涛、四川省版权局徐登明处长等有关负责人出席会议。四川地区使用背景音乐的商场、酒店等企业60余家参加会议。中国音乐著作权协会四川代表处为四川地区音乐使用单位授予40余首上海世博会优秀歌曲使用权。

二、加大版权行政执法力度

2009年，四川省版权行政管理部门共查处版权侵权案件407起，收缴各类盗版图书光盘1 854 286张(盘、册)，检查经营单位76 319家，取缔违规经营单位146家，查获地下窝点31个、移送司法机关案件23起、罚款人民币303 250元。

(一)开展为期3个月的全省打击非法预装盗版软件专项行动

根据四川省省版权局下发的《关于开展打击非法预装计算机软件专项行动的通知》要求，各市州版权行政管理部门对辖区内计算机生产企业、计算机销售市场进行了执法检查。专项行动期间，省版权局与成都市版权局重点检查了成都市的@世界、成都数码广场等大型电脑商场，发放和张贴宣传资料500余份，要求经营户充分了解专项行动的要求，进一步规范生产、销售计算机预装正版操作系统软件的行为。

(二)开展打击网络侵权盗版专项行动

根据国家版权局、公安部、工业和信息化部《关于印发〈2009年打击网络侵权盗版专项行动实施方案〉的通知》的部署，四川省版权局承担了国家版权局督办的1件网络侵权案件，根据权利人举报又查处了6起网络侵权案件，分别是“新天空完美三区私服侵权案”“QQ190音乐网站侵权案”“学生之家音乐网站侵权案”“天籁村音乐网站侵权案”“幽冥完美私服侵权案”“追风完美私服侵权案”“酷侠完美私服侵权案”。对于这7起案件的查处工作，省版权局高度重视，由分管副局长牵头，版权处、稽查总队会同相关市州版权局，从8月初开始对以上案件进行立案调查，到11月底全部结案，并分别作出了相应处理。

(三)开展了2008年度全国版权执法有功集体及有功个人推荐工作

四川省推荐23起案件给国家版权局参加候评。国家版权局向社会公布了《关于表彰奖励2008年度查处侵权盗版案件有功单位及个人决定》，对2008年查处侵权盗版案件工作中作出突出贡献的奥运反盗版工作组等173家有功单位和马跃等166名有功个人给予表彰奖励，其中四川省共19家单位和8位个人获得表彰奖励。

(四)召开全省版权行政执法暨2009年度网络侵权盗版专项治理行动工作会议

11月16～17日“全省版权行政执法暨2009年度网络侵权盗版专项治理行动工作会议”在成都金河宾馆召开。国家版权局版权司司长王自强、版权司执法处处长赵秀玲，四川省公安厅副厅长岳德松、省版权局副局长段建玲、省通信管理局市场处处长孟澜等领导出席会议。来自全省21个市州版权执法部门以及公安、通信部门的代表共计70余人参加会议，对全省2009年度版权执法进行了总结，会议表彰了荣获全国版权行政执法有功集体和个人的19家单位和8位个人。

三、推进使用正版软件工作

7月24日，四川省政府推进使用正版软件工作领导小组办公室在成都市召开了“四川省企业软件正版化培训工作会议”，省政府推进使用正版软件工作领导小组各成员单位的联络员以及60余家企业的负责人参加了这次培训工作会。会议对省政府推进使用正版软件工作领导小组部署的全省第二批试点企业软件正版化工作做了进一步落实。国务院推进正版软件部际联席会议办公室专家、中国软件联盟(CSA)常务副理事长邹汴,商业软件联盟(BSA)市场部经理王莉分别在会上作了软件资产管理和使用正版软件有关政策法规讲解。

会议就完成第二批试点企业软件正版化工作进行了具体部署。要求从7月24日开始,列入第二批软件正版化试点企业要确定专门的部门和人员负责此项工作,用一个月的时间完成软件使用情况自查工作。并于8月30日前将自查情况以及负责此项工作的部门和联络人员名单、电话报送省政府推进使用正版软件领导小组办公室和所在厅局部委,再用一个月时间完成涉嫌侵权软件的更换工作。9月底,省领导小组将组织技术力量,对第二批各个试点企业进行检查验收。

在这次会上,四川省国有资产监督管理委员会、省经济委员会、省国防科技工业办公室三家省领导小组成员单位的代表分别通报了本系统第二批企业软件正版化工作的进展情况以及下一步的工作安排。省国有资产监督管理委员会的代表在发言中要求国有资产监督管理委员会系统的企业在加强自身信息化建设的同时,要认真贯彻落实省政府关于《四川省推进企业使用正版软件工作实施方案》,把企业的信息化建设和企业使用软件正版化工作有机地结合起来,凡列入第二批试点的企业要认真完成正版化任务,原第一批完成了正版化任务的各集团公司,在完成了集团本部的软件正版化工作后,要进一步解决分公司、子公司的软件正版化问题。

11月9日,四川省政府推进使用正版软件工作领导小组发出《关于开展全省第二批软件正版化试点企业验收和工作督查的通知》,通知对省级成员单位试点企事业单位的验收以及对市州企事业单位软件正版化工作的督查和验收工作提出了明确要求。各成员单位组成五个检查组分别对省属企业和市州软件正版化工作进行检查验收和督导。

12月22日,由国家国有资产监督管理委员会办公厅巡视员刘长虹带队的国务院推进企业使用正版软件工作部际联席会议督导检查组一行六人到成都,督导检查四川省推进企业使用正版软件工作。22日下午,省政府推进使用正版软件工作领导小组召开了"四川省推进使用正版软件工作汇报会",省领导小组各成员负责人和联络员参加汇报会。会议由省政府推进使用正版软件工作领导小组副组长、省政府副秘书长陈保明主持,省领导小组副组长、省版权局局长周国良汇报了四川省近年来推进政府和企事业单位使用正版软件工作所取得的成效、经验以及下一阶段工作的安排。省国有资产监督管理委员会、省经济委员会等成员单位也就本系统推进软件正版化工作情况做了汇报,并对今后进一步做好软件正版化工作,尤其是国产软件的推进使用提出了建议。检查组对四川省近几年来推进使用正版软件工作所取得的成绩予以肯定,认为四川省在推进企业使用正版软件工作中领导重视、方法得当、工作扎实、成效明显。希望今后在推进使用软件正版化工作中,要认真贯彻落实国家信息化战略和知识产权发展战略的总体要求,进一步帮助企业建立和完善软件资产管理制度,提高国产软件的使用率,促进民族软件产业的发展。

四、促进版权产业发展

(一)完成《四川版权产业发展战略及对策研究》课题

为建立和完善四川省现代产业体系,四川省版权局、省人民政府研究室、省统计局、省社会科学院决定联合成立《四川版权产业发展战略及对策研究》课题组,对四川省版权产业进行实证研究。四部门和单位抽派人员参加课题,省社科院具体承担研究任务。3月23日,由国家版权局、中国出版科学研究所、四川省省委宣传部、省发展和改革委员会、省经济委员会、省经济发展研究院、四川大学、西南财经大学等有关部门和单位的专家组成的评审委员会,对《四川省版权产业发展战略及对策研究》课题成果进行了评审。评审结果认为,由四川省版权局等四部门和单位用一年多时间完成的40余万字的研究报告,思路清晰、技术路线正确、内容丰富、资料翔实、研究方法科学,是一份具有较高价值的研究成果,评审委员会一致同意通过评审。四川省人民政府副秘书长、省政府研究室主任万鹏龙在《四川省版权产业发展战略及对策研究》课题评审会上,要求省发展和改革委员会、省经济委员会、省版权局等有关部门和单位,要进一步做好研究成果的转化工作,找准切入点,完善和落实有关政策,促进全省版权产业的发展。国家版权局版权司司长王自强、中国出版科学研究所副所长辛广伟、省委宣传部文化事业处处长王春良、省发展和改革委员会社会发展处处长彭跃、省经济委员会产业处处长黄朝阳等，就发展四川版权产业提出了许多建设性意见。西南财经大学副校长丁任重教授、四川大学经济学院院长李天德教授、省发展研究院院长王小刚研究员等专家学者就四川版权产业发展战略问题发表了意见。在评审会上，课题具体承担单位省社科院院长侯水平研究员要求课题组人员认真按照评审委员会意见修改定稿。课题牵头单位四川省版权局张世金副局长表示，为促进全省版权产业的发展，要加强与各个相关部门的联系和沟通，进一步做好版权服务、实施版权保护等工作。12月底，《四川版权产业发展战略研究》一书由四川人民出版社出版发行。

(二)图书版权贸易取得突破进展

2009年，四川省图书、软件、影视、工艺美术品等版权产品生产和贸易取得了可喜成绩，尤其是图书版权贸易和实物出口得到了快速增长。2009年9月，在为期5天的第十六届北京国际图书博览会上，四川省输出版权8种，有3种图书获奖，其中，四川科学技术出版社的《说食——关于中华美食的十面解读》被评为输出版优秀图书；四川科学技术出版社的《提升之战》和四川教育出版社的《课堂行为管理的实用诀窍》被评为引进版社科类优秀图书。博览会期间，四川教育出版社还与美国教育出版巨头、跨国公司圣智学习出版集团签订了《大地震后，四川依然美丽》和《简明中国历史》的对外合作出版协议。

在2009年第61届法兰克福书展上，四川出版集团版权输出取得历史最好成绩，共有4家出版单位与越南、韩国、新加坡等国家和中国台湾、香港地区的出版单位签订了版权输出合同，共计输出图书版权69种，3家出版社与美国圣智学习出版集团签署了两个出版项目合作协议。此外，集团旗下的出版单位还与韩国、越南、新加坡等国家和香港地区达成版权引进意向图书20余种，开创了四川出版界版权输出历史之最，也取得了四川出版集团成立以来的最好成绩。

12月24日，四川省版权局发出川版权[2009]15号文件，表彰2009年度版权贸易工作先进单位和补贴输出项目。2009年，全省图书版权贸易合同项目达177项，其中，引进75项，输出100项，合作出版2项；实物出口10 462册，码洋965 651元。四川人民出版社等10家出版社被评为2009年度版权贸易工作先进单位；《中国历史读本》(四川教育出版社与圣智学习出版集团)2个合作出版项目和《雪人的故事》等27个版权输出项目获得补贴。

最后，四川省全年全省作品登记的情况是：总计905件，其中文字作品319件，音乐作品41件，美术作品511件，摄影作品15件，影视作品5件，设计图12件，其他作品2件。

(四川省版权局　版权处)

司法工作

2009年四川省法院知识产权审判工作，高举中国特色社会主义伟大旗帜，深入贯彻落实科学发展观，始终坚持“三个至上”的指导思想，认真贯彻落实《国家知识产权战略纲要》。特别在完善知识产权审判体制与审判机制，提高知识产权审判队伍司法能力，提高知识产权审判水平，充分发挥司法保护知识产权主导作用等方面取得了一定成绩，现将主要工作总结如下。

一、切实贯彻国家知识产权战略，确保司法保护知识产权主导作用的充分发挥

四川省法院根据《国家知识产权战略纲要》和《四川省知识产权战略纲要》，坚持开展调查研究工作并结合法院知识产权审判工作实际，制定了《四川省高级人民法院关于实施〈国家知识产权战略纲要〉的意见》，该意见共24条，明确了知识产权司法保护的指导思想、基本原则、总体要求，工作措施，对四川省知识产权的司法保护具有重要指导意义。

二、充分发挥司法职能作用，公正高效审结各类知识产权案件

2009年，全年审结一、二审知识产权案件766件。其中一审案件637件，调撤率高达70%。二审案件129件，调撤率达40%。公正、高效审结一批社会关注度高的案件，取得了法律效果和社会效果的统一。

三、进一步完善四川省知识产权保护机制与体系

2009年，最高人民法院根据四川省高级人民法院报告批准四川省成都市锦江区人民法院作为一审法院，审理发生在所辖区内除专利、植物新品种、集成电路布图设计、涉及驰名商标司法认定的商标侵权纠纷案件之外的知识产权案件。目前，成都市高新区法院、武侯区法院、成都市锦江区法院成为我国西部地区拥有知识产权案件管辖权的基层法院。使四川省知识产权司法保护体系更趋合理和完善，有利于公正、高效、快捷地保护当事人的合法权利。

四、实行“三审合一”，探索整合知识产权司法保护资源

在省法院指导下，成都市高新区法院、武侯区法院根据《国家知识产权战略纲要》的要求并结合本辖区实际情况和自身特点，确定由知识产权审判庭统一审理涉及知识产权的刑事、民事和行政案件，大胆探索“三审合一”的审判模式，在我国西部率先迈出知识产权业务庭机构改革的步伐。

五、采取有力措施规范驰名商标司法认定工作收到良好效果

驰名商标司法认定是近年来知识产权审判工作的热点和难点，各级党委、政府关心的重点，企业、社会各界关注的焦点。2009 年初，省法院制定了《全省法院驰名商标司法认定工作指导小组议事规程》，进一步规范了四川省驰名商标司法认定审核工作，确保四川省驰名商标司法认定的准确性和公信力。

六、重视知识产权司法保护队伍建设

与国家知识产权局专利复审委员会开展互派干部进行交流学习，四川省高级人民法院首批交流干部也学成归来。加强对知识产权法官的业务培训，派出多批法官赴各地学习、研讨。2009 年 8 月，四川省高级人民法院在眉山召开审理网络著作权纠纷案件研讨会。以期统一裁判尺度和判赔标准。9 月，四川省高级人民法院承办了知识产权司法保护国际研讨会，来自美国、英国、德国、日本、印度等国和我国台湾地区的法官共同研讨知识产权司法保护中的热点问题。10 月，四川省高级人民法院聘请了首批知识产权特邀调解员。

七、积极参与知识产权文化建设

参加《四川省知识产权保护状况(白皮书)》的编辑工作，认真准备知识产权司法保护部分的内容。邀请省人大代表、省政协委员及社会各界旁听知识产权案件庭审。将司法保护活动带进了校园，在四川师范大学公开开庭审理了知识产权纠纷案件，200 多名师生旁听了庭审。在 2009 年“四川保护知识产权宣传周”活动中，与成都市中级人民法院共同召开创新型企业和外向型企业参加的恳谈会，宣传知识产权保护的法律，提升知识产权保护意识。加强知识产权法律法规宣传，先后在《人民司法》、《法律适用》、《中国知识产权报》、成都多家媒体上介绍四川省知识产权保护状况，宣传知识产权司法保护。

(四川省高级人民法院知识产权审判庭)

检察工作

2009 年，四川省检察机关努力提升检察干警办理知识产权案件的法律监督能力和水平，不断强化行政执法与刑事司法相衔接工作的力度，立足检察职能，依法保护知识产权，为知识产权战略纲要的实施，四川省社会发展和经济繁荣提供了强有力的保障。

一、依法严厉打击侵犯知识产权犯罪

四川省检察机关充分发挥检察职能作用，加强立案监督与移送工作，与行政执法机关、公安机关等部门密切配合，依法及时批准逮捕、起诉涉嫌侵犯知识产权的犯罪分子。据统计，2009 年四川省检察机关共受理提请批准逮捕涉及知识产权犯罪案件 52 件 102 人，批准逮捕 48 件 99 人，共受理起诉侵犯知识产权犯罪案件 64 件 166 人，起诉案件 56 件 140 人，取得了良好的法律效果和社会效果。如四川省成都市龙泉驿区人民检察院提起公诉的一起特大假冒洋酒注册商标案，主犯张某某犯假冒注册商标罪被判处有期徒刑 4 年 6 个月，并处罚金 20 000 元；从犯段某某、薛某某等犯假冒注册商标罪分别被判处有期徒刑 8 到 10 个月，并处罚金 2000 元。法国驻华大使苏和先生对成都市检察官在保护知识产权，打击假冒洋酒犯罪活动中的突出工作给予了充分的肯定。

二、继续推进行政执法与刑事司法相衔接工作，确保监督实效

针对一些行政执法机关移送涉嫌犯罪案件积极主动性不高、行政执法与刑事司法衔接机制还存在诸多障碍的情况下，四川省各级检察机关注重与行政执法机关搞好协调，使行政执法机关对检察机关的立案监督工作从一定程度的漠视抵触到理解支持，形成了行政执法机关与检察机关的良性合作关系。通过积极主动的联系，四川省检察机关多次与行政执法单位及公安机关召开联席会议，就行政执法、涉嫌犯罪案件的移送和具体的刑事立案监督方式等问题进行协商，并根据衔接机制在实际操作中遇到的困难和问题研究制定相应对策，以同各机关达成共识，确保涉嫌犯罪案件移送渠道的畅通。如成都市人民检察院将2004年以来开展衔接工作的情况进行了全面总结，并将此项工作作为成都市人大专题审议的内容，得到了人大的肯定。

2009年四川全省检察机关受理行政机关以罚代刑等控告167件，审查备案材料500件，到行政执法机关查询案件1461件，查阅案件卷宗1410件1695卷，建议行政执法机关移送案件219件315人，行政执法机关接受建议后移交210件309人，移交率95.9%。公安机关立案191件277人，成案率达91%。

2009年以来，以四川省人民检察院、省整规办和四川省内知名行政法和刑事诉讼法教授组成的行政执法与刑事司法相衔接课题组加强调研论证，采用实证分析和理论探讨相结合的方法，完成课题结题，并经批准成为四川省社科联重点课题。课题组将对社会主义市场经济条件下的行政执法与刑事司法相衔接问题作深度研究，并向全国人大常委会提出立法建议。

四川省检察机关还采取措施，确保移送的涉嫌犯罪案件的办理实效。一方面，对行政执法机关移送的涉嫌犯罪案件，公安机关应当立案而不立案侦查的，坚决行使立案监督权，推进案件依法办理。另一方面，对建议行政执法机关移送公安机关立案侦查的案件，适时介入侦查，引导取证，防止案件流失。

三、充分发挥民事行政检察保护知识产权的作用

四川省检察机关及时对人民法院确有错误的涉及知识产权的民事行政判决、裁定提出抗诉，依法监督和纠正违反法定程序和审判结果严重不公的案件。积极探索对侵犯知识产权案件支持起诉的做法，切实保护企业的合法权益，维护司法公正；探索监督涉及知识产权民事判决、裁定执行的途径和方法，维护司法权威和企业权益。

四、严厉查处和防范侵犯知识产权背后的职务犯罪

四川省检察机关严肃查处对侵犯知识产权背后隐藏的国家工作人员贪污贿赂和国家机关工作人员滥用职权、玩忽职守、徇私舞弊等犯罪，及时发现和查办涉及知识产权的民事行政裁判不公背后的司法腐败，维护司法公正，进一步加强预防工作，从源头上防止和减少涉及知识产权职务犯罪的发生。

五、加强专业知识培训，切实提高法律监督能力

侵犯知识产权犯罪所涉及的专业知识较强，案件较为复杂，加之历年对此类案件办得不多，经验较少，在办理这类案件时会遇到许多新情况、新问题，针对这一情况，四川省检察机关加强对检察干警的业务知识培训，定期组织学习修改后的专利法、商标法、著作权法、计算机软件保护条例及相关的实施细则等法律法规专业知识，开展对侵犯知识产权犯罪案件的疑难问题分析，提高检察干警的知识产权专业知识和办理侵犯知识产权犯罪案件的能力。

（最高人民检察院侦查监督厅）

贵州省

专利工作

2009年，在贵州省委、省政府的领导下，在国家知识产权局的指导和帮助下，全省各级知识产权局系统认真贯彻实施《国家知识产权战略纲要》和《贵州省知识产权战略纲要》，全面推进各项工作，在企事业单位、城市、县域知识产权试点示范工作，知识产权执法，知识产权宣传及人才培养，运用地理标志制度促进农特经济发展，知识产权调研及战略研究、知识产权实施及产业化，知识产权信息平台建设和加强机关建设提升知识产权服务能力等方面取得了较大的成绩。

一、全面贯彻实施国家和贵州省的知识产权战略纲要

2009年是贯彻实施国家和贵州省的知识产权战略纲要的关键一年，全省各级知识产权局系统紧紧围绕纲要的贯彻实施扎实开展工作，取得了显著进步。为进一步构建实施知识产权战略的统筹协调机制，省政府建立了实施知识产权战略联席会议制度，明确了由贵州省知识产权局牵头组织贯彻实施纲要工作，并印发了《实施贵州省知识产权战略任务分工》。为有计划、有重点地推进纲要实施，省政府知识产权办制定并印发了纲要2009年度推进计划。一年来，省政府知识产权办公会议各成员单位按照推进计划的总体部署，重点实施了以高新技术产业、旅游产业、中药业、农产品加工业、优势原材料、装备制造等贵州省重点产业发展的知识产权战略，强化了知识产权法规、规章和政策体系建设，深入推进市场主体自主创新能力建设，实施了知识产权人才培养"十百千工程"，强化知识产权保护、管理和执法体系建设，90%以上的工作目标顺利完成。为进一步推进纲要在各地的实施工作，2009年省政府知识产权办还制定了《2009年度各市（自治州、地区）人民政府（行署）实施知识产权战略考核细则》，一年来，各市（自治州、地区）政府行署切实贯彻落实《纲要》的各项工作任务和要求，取得了显著成效，绝大部分市（自治州、地区）政府行署制定并实施了知识产权资助和奖励政策，相继设立了知识产权专项资金，建立和完善了与自主创新有关的知识产权管理制度；各市州地企事业知识产权工作进一步深化，县域经济知识产权试点工作以及本地的企业、园区知识产权试点、示范和创建工作全面推进。

二、深入开展知识产权试点示范工作，促进企事业、城市、县（市、区）创新能力的提高

为充分发挥知识产权制度的功能作用，2009年，全省继续深入推进企事业单位、城市以及县（市、区）的知识产权试点示范工作，以此来促进企事业、城市及县域的创新体系建设。一是省知识产权局组织开展对省级第二轮27家企事业知识产权试点示范单位和3家全国知识产权试点企业的工作进行考核，27家试点示范单位全部通过专家组验收，合格率达100%。二是省知识产权局与省经济和信息化、省教育厅、省科技厅、省国有资产监督管理委员会5家单位启动了第三轮企事业知识产权试点示范工作。在修改和完善《贵州省企事业单位知识产权试点示范工作方案》，研究制定《贵州省知识产权示范单位认定评价标准》的基础上，经过申报和遴选，在全省确定了30家省级试点企事业和13家示范创建单位，截至2009年底，已为20余户试点单位开通专利信息检索平台，为13家示范创建单位建立了专利信息数据库。三是启动了全省知识产权优势企业培育工程。2009年，省知识产权局开展了知识产权优势企业培育工程专题调研工作，共调研企业150余户，确定了50户推荐企业名单，起草了《贵州省知识产权优势企业培育工程实施方案》。四是城市、县域的知识产权工作深入开展。贵阳市顺利通过了国家知识产权示范创建工作成为全国知识产权示范城市；遵义市作为贵州省第二个知识产权试点城市，在为期3年试点工作期间，通过了试点考核验收。在县域经济试点方面，省知识产权局牵头制定并与省建强办联合下发了《贵州省县域经济知识产权试点工作方案（试行）》，确定了贵阳市南明区、小河区等10家县域经济知识产权试点单位，签订了试点工作合同，各试点县分别出台了县域经济知识产权试点工作方案。

三、加强调研，开展知识产权战略研究，促进产业发展

针对重点产业的发展，开展调研和知识产权战略研究工作，提出知识产权的创新发展对策，对提升贵州省优势特色产业、重点产业的核心竞争力具有极大的推动作用。在完善地方知识产权法规和政策体系方面，为加强传统知识的知识产权地方立法保护，贵州省知识产权局继续推进传统知识的知识产权保护立法调研工作，2009年《传统知识的知识产权保护条例》继续被列为贵州省人大、省政府法制办立法调研计划。为整合旅游品牌资源，促进旅游产业发展，提高旅游产业的知识产权战略意识，省知识产权局与省旅游局制定出台了《贵州省旅游产业知识产权工作意见》并经省政府同意转发全省执行。为进一步加强高新技术企业知识产权创造、运用、管理和保护的能力建设，加强技术创新活动中的专利信息分析利用，省知识产权局、省科技厅在充分调研论证的基础上联合制定并印发了《关于进一步加强贵州省高新技术企业知识产权工作的意见》，明确了推进高新技术企业知识产权工作的各项政策措施。在重点企业、重点发展领域和重大项目的知识产权特别审查、预警方面，省知识产权局完成了重点骨干企业和出口企业知识产权预警和应急机制中期评估报告。省知识产权局经检索分析还分别向省政府报送了《关于"高炉法磷酸项目"有关知识产权的情况报告》的信息专报和《关于对瑞极公司知识产权有关情况的报告》的分析报告。在地区、行业、企业开展知识产权战略研究方面。贵州大学完成了《马铃薯产业加工领域国内外专利分析》，铜仁地区知识产权局开展了"钒矿资源开发利用及产业化知识产权战略研究"项目等。

四、推进地理标志工作，促进农特经济发展

2009年全省知识产权局系统紧抓贵州省农特产品实施地理标志保护这一工作抓手，推进贵州省农业知识产权制度建设。一是在2008年深入开展全省农特产品地理标志保护调研的基础上，贵州省知识产权局起草了《关于加强农特产品地理标志管理工作大力促进我省农特经济发展的意见》(以下简称《意见》)，并上报省政府办公厅印发全省，《意见》从推进农特产品地理标志工作的指导思想、工作举措和政策措施等方面提出了明确要求，全面规范地理标志管理工作，有效整合政府资源，并在全国率先建立了地理标志工作统筹协调机制。二是省知识产权局联合省农业、工商、质检等部门在广泛调研和充分征求意见的基础上，联合发布了《贵州省地理标志产品保护建议目录》，该目录覆盖了全省9个市(州、地)和90%以上的县(市、区、特区)。三是为进一步细化地理标志管理工作统筹协调机制的具体内容。省知识产权局联合省农业委员会、省工商行政管理局、省质量技术监督局、贵州出入境检验检疫局，制定出台了《贵州省农特产品地理标志管理工作指导意见》。四是农特产品的地理标志工作初见成效。贵州省农特产品地理标志申报和品牌创建工作扎实推进。目前已对贵州省17个地理标志产品的管理情况进行了专题调研，截至2009年底，贵州省已有22个特色产品获得地理标志保护。目前，安顺蜡染、镇宁波波糖、赫章半夏、贵定云雾茶等29个农特产品正在申请地理标志保护。

五、深入开展知识产权宣传和人才培养工作，提高全社会知识产权意识

为在全社会培育和发展"崇尚创新精神，尊重知识产权"的基本理念，提高全社会的知识产权意识，营造良好的舆论氛围和社会环境，贵州省知识产权局印发了《全省知识产权宣传培训工作要点》，指导全省各级知识产权局开展知识产权宣传培训工作。一年来知识产权宣传及人才培养工作扎实开展，取得了积极的效果。一是创新形式开展重点宣传工作。2009年全省开展的宣传工作主要有：组织省、市主要媒体对7个国家知识产权试点企业、省知识产权试点示范企业及优秀专利获奖单位运用知识产权制度进行自主创新的事迹开展采访报道，在全社会引起强烈反响；组织开展了"4.26世界知识产权日"贵阳市人民广场大型户外宣传咨询活动，通过省政府新闻办召开新闻发布会向社会公布《二〇〇八年贵州省知识产权保护状况》(白皮书)，组织开展了全省"大学生知识产权写作大赛"，全省10多所高校1万多名大学生参加了此次大赛，活动历时3个多月，共收到参赛稿件11 264篇，获奖作品编入了《贵州省大学生知识产权写作文集》。二是加强与媒体的沟通交流，赢得各类媒体对知识产权工作的密切关注。为了深化知识产权宣传，省知识产权局继续与《贵州日报》合作，在头版开设《实施知识产权战略》专栏。一年来，省内主要媒体和新华社贵州分社、《中国知识产权报》等全国性媒体，全面介入我省知识产权工作的新闻及专题报道。据不完全统计，仅贵州日报就在头版刊发相关文章20余篇，各相关媒体发表新闻报道40余篇。三是按照《贵州省"十百千知识产权人才培养工程"实施方案》的要求，组织实施知识产权"十百千"人才培养工程。确定了20名、129名和183名来自全省知识产权系统、企事业单位和知识产权服务机构的人员为首批知识产权高层次人才、专门人才和实务人才培养对象，并举办了"全省知识产权行政管理暨首期'十百千'知识产权人才培训班"。此外，省知识产权局与省外专局联合组织8名"十百千"高层次和专门人才赴日本进行为期23天的知识产权专题培训。四是全省各级知识产权局举办多期专题培训和讲座。2009年，贵州省举办了多期培训及讲座，知识产权培训及人才培养力度进一步加大。先后举办了"贵州省高新技术企业、重点实验室、工程技术中心知识产权培训班"、"全省旅游产业知识产权培训班"；承办了由国家知识产权局与欧盟内部市场协调局(OHIM)联合组织的“欧共体外观设计制度巡回研讨会”等。据统计,全年举办大规模知识产权培训班5期,讲座、报告23期,参加培训达4000多人。

六、加强专利执法,开展维权援助,有效保护权利人合法权益

2009年,全省专利行政执法工作扎实开展,知识产权维权援助工作有效推进,知识产权权利人合法权益得到保障。一是启动《贵州省专利保护条例》的修改完善工作。省知识产权局向省政府法制办和省人大常委会分别报送了申请将《条例》修订列入2010立法计划的报告,顺利进入2010年省政府立法调研计划。此外,按照国家知识产权局工作部署,推荐贵州省同济堂、益百制药进入到全国专利保护重点联系机制,通过该机制,建立了贵州省与国家知识产权局专利保护政策研究、服务贵州省企业的工作机制。二是扎实推进知识产权维权援助工作。省知识产权局制定了《贵州省知识产权维权援助中心管理暂行办法》、“工作规程”和“维权援助申请表”等一系列制度与规程,完善了维权援助资助标准与程序,建立了维权援助律师顾问团和知识产权维权援助专家人才库。开通了12330举报投诉电话,积极受理和办好社会公众的举报投诉案件。在新一轮政府机构改革中,成立了贵州省保护知识产权举报投诉服务中心(贵州省知识产权维权援助中心),确定该中心为全额拨款事业单位,编制5人。三是采取专项行动和日常执法相结合的方式,有效保护专利权人合法权益,维护市场秩序。2009年,全省各级知识产权局采取专项行动和日常检查相结合的方式,积极维护专利权人的合法权益。为打击故意侵犯专利权、专利诈骗、查处假冒冒充专利行为,省知识产权局统一安排和部署了2009年贵州省“雷雨”、“天网”知识产权执法专项行动。据统计,一年来全省共查处冒充专利案件49件,同比增长81.5%。案件结案率达100%。

七、完善资助及奖励政策,促进专利实施及产业化

通过对专利、驰名商标、地理标志、植物新品种等知识产权进行资助、奖励,进一步激发市场主体的创新活力,促使贵州省知识产权拥有量大幅增长,质量进一步提高。通过知识产权实施及产业化项目立项工作,极大地促进了知识产权成果的转化和实施。在知识产权申请资助及奖励方面,省级知识产权专项资金共资助919件专利申请,其中提前资助的发明专利340件,国际专利申请4件,资助金额达140.24万元。对9个地理标志申请进行了奖励资助,资助金额18万元。2009年,根据《贵州省知识产权奖励暂行办法》的规定,全省对2007～2008年度荣获中国驰名商标的15个商标、中国名牌产品的4个产品、中国专利优秀奖的2个发明专利以及第2届贵州省优秀专利奖、省十佳著名商标、省名牌产品奖进行表彰奖励,第二届知识产权奖奖励总金额达1050万元。在专利实施及产业化工作方面,省知识产权局和中国人民银行贵阳中心支行在贵州饭店联合举办了“贵州省专利权质押融资论坛”。论坛举办期间,省知识产权局与交通银行股份有限公司贵州省分行签署了《战略合作协议》,交通银行贵州省分行计划在未来3年为推荐企业提供10亿元作为意向性融资额度,切实帮助贵州省中小企业解决知识产权转化实施中资金短缺的瓶颈问题。此外,2009年,省知识产权局启动了新一批省级专利实施及产业化项目立项工作,在医药、装备制造、建材、化工、白酒等重点产业安排了13个专利实施及产业化项目,共拨付专利实施项目款67万元。

八、加强知识产权信息化建设,强化知识产权公共服务职能

知识产权信息化建设是知识产权工作的基础性工作。一年来,贵州省本着加大投入,加强管理,充实内容的方针,知识产权信息化建设深入推进,信息服务能力进一步增强。在知识产权信息平台建设方面,在国家知识产权局的指导下,省知识产权局对“七国两组织”专利文献数据进行代码化改造,增加了俄罗斯、中国台湾地区、中国香港地区、韩国、东南亚及阿拉伯地区专利文献数据库,对全部领域专利数据库系统进行了网上更新工作,同时每个季度对白兔商标数据库进行了数据更新。在“贵州地理标志信息网”建设方面,2009年12月,贵州省地理标志信息平台建成,向社会公众提供地理标志信息服务。贵州地理标志信息网设立了“法律法规、新闻动态、通知公告、地理标志知识普及、地理标志产品、政策措施、地理标志论坛”等固定栏目,重点宣传普及地理标志基础知识、推介贵州省地理标志产品、发布地理标志工作政策措施、新闻动态及贵州省地理标志保护建议名录等。在专利技术展示交易平台建设方面。贵州省知识产权局联合省经济和信息化委员会、省科技厅、省教育厅、省人力资源和社会保障厅、省非公有制经济办公室、贵州阳光产权交易所举办了“第三届专利技术(贵州)展示交易周”。活动周期间,通过国家专利技术(贵阳)展示交易中心平台共发布专利信息316项,签订意向性合作协议1个,接受电话和现场咨询200余人次。

九、专利申请、授权量稳步增长

2009年,贵州省专利申请授权量大幅增长,质量稳步提升。全省专利申请3709件,同比增长26%,高于全国平均水平。其中发明1336件,同比增长53%,实用新型1659件,同比增长18.2%,外观设计714件,同比增长7%。职务发明2585件,同比增长45%,职务发明占申请量的比重达69.7%。全省专利授权2084件,同比增长20.6%。其中发明322件,同比增长19.3%,实用新型1234件,同比增长4.3%,外观设计528件,同比增长92%。职务发明1367件,同比增长33.6%。科技含量高的发明专利申请授权量的大幅增加,说明在金融危机的背景下,贵州省企事业单位自主创新能力和知识产权意识进一步提高。

(贵州省知识产权局　王华明)

商标工作

2009年,在贵州省工商行政管理局党组、分管局长的正确领导下,贵州省工商行政管理局认真总结深入学习实践科学发展观活动的经验,贯彻全国和全省工商行政管理工作会议精神,落实“四个统一”、“四化建设”,并结合全省工商系统“五摒弃、五树立”执法理念主题实践活动,圆满完成了工作目标。

一、实施商标战略

继续深入贯彻落实《国家知识产权战略纲要》《贵州省知识产权战略纲要》和《贵州省2006～2015年商标发展战略规划》及年度推进计划等文件精神,2009年成立了“贵州省工商行政管理局商标战略实施领导小组”,制订下发了《贵州省工商行政管理机关实施知识产权战略任务分工的方案》,进一步加强商标监管,引导商标注册,规范商标使用,实施商标战略,履行职责,服务经济,关注“三农”,为经济发展保驾护航。

一是加大商标法律法规宣传、培训力度,提高全社会商标意识。结合“3·15消费者权益保护日”“4·26世界知识产权日宣传周”等,积极组织和开展形式多样的商标法律法规宣传咨询活动,通过户外宣传、咨询活动和广播、电视等媒介的广泛宣传,不断提高全社会的商标法律意识。

二是深入企业和农村基层调研,积极引导企业和农户注册商标。帮助企业重视知识产权,鼓励企业培育自主商标,实施商标战略。通过检查、调研和走访座谈等方式,指导企业健全商标管理制度,熟悉商标保护规则,合理运用商标战略开拓市场。目前,全省商标累计注册数17 204件,农产品商标累计注册数4241件,国际注册数14件,地理标志证明商标7件。

三是引导和帮助企业积极主张权利,争取驰名商标的保护。同时深入企业调研,摸清驰名商标和贵州省著名商标企业生产经营情况,2009年贵州益佰制药股份有限公司的“KEKE克刻”商标被国家工商行政管理总局认定为驰名商标,这使贵州省驰名商标总数达到了20件。

二、加强商标行政保护

认真开展保护注册商标专用权行动,加强商标行政保护,有效地维护商标所有人的合法权益。2009年,贵州省工商行政管理局多次赴省外帮助茅台酒厂维护注册商标专用权,并就“国酒”商标的注册召开了专家讨论会,同时,向国家工商行政管理总局商标局递交了“关于请求加快审理‘赖茅’申请商标注册异议的报告”,积极为企业主张权利。截至9月,全省共查处一般商标违法案件108件,案值110万元,罚没款30万元;假冒侵权案件479件,案值339万元,罚没款158万元。

三、开展“贵州省著名商标”认定工作

认真落实《贵州省著名商标认定暂行规定》,全面开展2008年度“贵州省著名商标”的认定工作。2009年贵州省工商行政管理局按照局领导的要求,根据《贵州省著名商标认定暂行规定》及实施办法的规定,各级各类企业踊跃申请,全省各级工商部门扎实工作,对照条件,认真审查,共有217件商标申请认定贵州省著名商标,规模超过前3年。

四、举办经验交流会

2009年8月份，为贯彻落实“全国工商行政管理系统贯彻落实《国家知识产权战略纲要》大力推进商标战略实施工作会议”精神，推动贵州省工商行政管理局“商标富农”政策的实施，我们与黔西南州人民政府联合举办了“商标富农与社会主义新农村建设经验交流会”，各地政府部门代表和全省工商系统超过200人参加了会议，就农产品商标、地理标志与社会主义新农村建设的经验作了广泛的交流。

（贵州省工商行政管理局）

版权工作

2009年，贵州省各级版权行政管理部门在贵州省版权局党组的领导下，结合本省实际情况，积极开展版权保护工作，努力为实现全省经济社会、文化事业的全面发展服务。

一、深入开展著作权法宣传教育工作

2009年3月，贵州省版权局向全省各市（地区、自治州）下发了内部明电，具体部署了贵州省“4·26知识产权宣传周”的活动。按照明电的要求，全省各地在“4·26世界知识产权日”开展了丰富多彩、形式多样的著作权法律法规宣传活动，全省9个市（地、州）政府分管领导都参加了当地宣传周活动，有力地推动了版权法律知识的普及。省版权局与省知识产权联席会议办公室成员单位联合在贵阳市人民广场开展了大型宣传活动，发放《著作权法》及相关宣传资料3 000余份，组织过往行人参与知识产权法律有奖竞猜活动。

为了积极拓展宣传渠道，贵州省版权局制作了“打击盗版 维护版权”公益短片，在“4·26知识产权宣传周”的活动期间，连续15天在“贵州联迅传媒”楼宇电视中滚动播出，播出面及贵阳市300多幢楼宇。据传媒公司调查，该片受众逾10万人次。

2009年，贵州省版权局参加起草《2008年贵州省知识产权保护状况白皮书》，并配合省政府召开白皮书的新闻发布会，有重点地宣传贵州省的版权行政执法工作。

此外，省版权局还组织全省各地学校参加“全国青少年版权保护读书活动暨版权保护知识竞赛”，下发《版权保护小卫士——青少年版权保护知识教育读本》8 000册，在2009年的竞赛中全省获得各类奖项27个。

二、稳步推进企业使用正版软件工作

企业软件正版化工作是贵州省版权局近几年工作的重点，贵州省版权局通过积极推进软件正版化工作，力求扎实有效，既实现企业软件使用的正版化，又真正让企业受益，增强企业的竞争力。

按照贵州省企业软件正版化工作总体安排，2009年，省版权局对贵州省去年第一批软件正版化企业进行了检查验收，发现有23家企业未开展或未按要求完成使用正版软件工作任务，经贵州省企业软件正版化工作领导小组联络员办公会议研究，决定对这23家企业实施整改措施，发出整改通知，并组织协调贵阳市版权局共同对这些企业进行了检查。通过耐心细致的说理教育的工作，多数企业已完成使用正版软件工作任务。

三、加强版权行政执法，认真部署打击侵权盗版专项行动

根据国家版权局、公安部、工业和信息化部打击网络侵权盗版专项行动的统一部署，贵州省版权局与省公安厅、省通信管理局联合部署了专项行动，并按照要求对省内规模较大的5家综合性网站，实施了主动监管。2009年，贵州省版权局坚持日常监管和专项治理相结合，全年检查经营单位32 553个，取缔违法经营单位175个，查获地下窝点6个，移送司法机关案件4起，收缴各类盗版品170万件。

四、维护著作权人利益，大力开展维权工作

维护著作权人的合法权益是著作权法的核心，也是版权工作的重点。按照国家版权局有关领导提出要积极支持中国音乐著作权协会、中国音像著作权集体管理协会的工作的要求，2009年贵州省背景音乐版权许可使用费收取，卡拉OK版权许可使用费收取工作相继开展，已有多家使用单位支付了背景音乐版权费，取得了使用背景音乐许可权。省版权局版权处指导贵州省版权保护协会与贵州省娱乐行业协会，组织贵阳市部分卡拉OK业主，开展了集体签订许可协议的活动，现场有5家卡拉OK业主签订了许可协议，至2009年底，贵阳市卡拉OK使用音乐作品版权费收取工作顺利开展。

五、积极开展作品自愿登记工作

贵州省版权局把作品登记工作作为服务地方经济发展的手段，在工作中注重作品登记与生产领域产品相结合。同时根据省情，努力扩大省内民族民间艺术作品登记量，有针对性地对省内部分非物质文化遗产版权保护进行调研，强调非物质文化遗产民族民间作品进行版权登记的重要性。2009 年，贵州省全年登记各类作品 40 件。

以作品自愿登记作为切入点，省版权局注意加大对省内非物质文化遗产版权保护。经过几年的努力，到 2009 年，非物质文化遗产"安顺蜡染"版权保护初见成效，产业发展趋势显现。安顺蜡染市场随意仿制，盗版侵权现象基本遏制，市场发展健康有序，有力促进了地方经济的发展。

（贵州省版权局 版权处）

司法工作

2009 年，贵州省各级法院深入贯彻落实科学发展观，全面贯彻落实国家知识产权战略及贵州省知识产权战略，在最高人民法院的指导下充分发挥民事审判在保护知识产权和激励自主创新中的主导作用，加强行政和刑事的审判职能，对知识产权提供全方位的司法保护。

一、各类知识产权案件的受理及审结情况

2009 年，全省各级法院共受理各类知识产权民事一审案件 163 件，同比增加 6 件，其中著作权纠纷 98 件，同比上升 104%，占收案数的 60.12%；商标权纠纷 18 件，同比下降 58.06%，占收案数的 11.04%；专利权纠纷 36 件，与上年持平，占收案数的 22.09%；技术合同纠纷 7 件，同比下降 28.57%，占收案数的 4.29%；其他知识产权案件 4 件，同比下降了 36.36%，占收案数的 2.45%。全年共审结 141 件，审结率为 86.50%。其中著作权纠纷 94 件，商标权纠纷 17 件，专利权纠纷 21 件，技术合同纠纷 6 件，其他知识产权纠纷 3 件。

共处理二审知识产权民事案件 25 件，同比上升 38.89%。其中著作权纠纷 11 件，同比上升 175%，占收案数的 44%；商标权纠纷 5 件，同比下降 16.67%，占收案数的 20%；专利权纠纷 6 件，与去年持平，占收案数的 24%；技术合同纠纷 1 件，与上年持平，占收案数的 4%；其他知识产权纠纷 2 件，同比上升 100%，占收案数的 8%。全年共审结 24 件，审结率为 96%，其中维持 10 件，改判 5 件，发回重审 2 件，撤诉 2 件，调解 5 件。

2009 年与 2008 年相比，全年知识产权民事案件收、结案数均有所上升，但比例不大。著作权纠纷上升比例大，趋于首位。商标权纠纷下降幅度大，从去年的首位下滑至第三位。其他类型的案件浮动不大。

2009 年，全省各级法院共受理刑事知识产权一审案件 64 件，审结 62 件。

2009 年，全省各级法院共受理行政知识产权一审案件 2 件，比去年减少 2 件；审结 2 件，结案率达 100%。2009 年与 2008 年相比，刑事、行政知识产权案件的变化不大，相对稳定。

二、重点抓好以下几点工作，提升知识产权案件审判质量

（一）加强知识产权法官队伍建设，提高知识产权法官的专业知识和审判技能

贵州省法院大力加强知识产权审判组织建设、业务能力建设和廉政建设，努力提高知识产权法官队伍政治、业务素质。首先，加强知识产权审判组织体系建设。贵州省高级人民法院于 2009 年 8 月份设置了知识产权审判专门机构，至 2009 年底，贵州省九个中级人民法院中贵阳市中级人民法院、遵义市中级人民法院设立了知识产权审判专门机构，并注重从精通法律和有一定审判经验的人员中选拔知识产权法官，知识产权审判队伍的专业结构得到完善。其次，强化知识产权审判业务能力建设。贵州省法院高度重视对知识产权法官的专业知识和审判技能的培训，一年来，贵州省共派 12 人次参加最高人民法院的专题培训及到发达地区学习先进经验。最后，重视知识产权法官思想政治建设。贵州省各级知识产权法官以"人民法官为人民"主题实践活动为载体，深化社会主义法治理念教育，努力培养知识产权法官亲民、为民的良好作风。

（二）加大知识产权案件调解力度，努力促进诉讼和谐

贵州省法院在审判工作中，将"调解优先、调判结合"工作原则贯穿于知识产权审判的全过程。2009 年，贵州省法院调解水平不断提高，调解率不断上升。贵州省知识产权民事一审案件的调解、撤诉率达 52.76%，同比上升 1.81 个百分点；二审案件的调解、撤诉率达 29.17%，同比上升

10.42个百分点。调解方法主要有:(1)注重现代网络手段的运用,遵义市中级人民法院远程开庭、远程调解、远程执行了远在辽宁省沈阳市的原告崔亚斌诉被告遵义市汇川区高坪中学著作权侵权纠纷一案,取得“法律效果、政治效果、社会效果”的协调统一。(2)推进深度调解,调解同时关注执行问题,做到调解与执行并重。如贵州省高级人民法院审理的华盖创意(北京)图像技术有限公司诉贵阳协和医院侵犯著作财产权纠纷等案,通过承办人向当事人辨法析理,以案示法,引导当事人确立正确的矛盾调处观,打消不适当的预期,最终达成了调解协议,并当场兑现,真正作到案结事了,构建和谐司法。

(三)加强调查研究、强化业务指导

贵州省法院根据最高人民法院的工作部署,结合贵州省知识产权案件审理工作实际,开展知识产权案件审判调研及商标权纠纷案件的大检查。贵州省商标权纠纷案件数于2008年骤升,贵州省高级人民法院立即组织专门人员分三个小组对全省九个中级人民法院的所有商标权纠纷案件进行检查,并召开座谈会,统一审查标准,建立备案制度。后贵州省高级人民法院根据最高人民法院下发的《关于涉及驰名商标认定民事纠纷案件管辖问题的通知》,将驰名商标认定民事纠纷案件集中至贵阳中级人民法院审理,进一步明晰了驰名商标认定和保护的法律标准,确保驰名商标司法保护的规范性和公信力。

(四)配合搞好全省保护知识产权专项活动

充分利用贵州省知识产权保护领导小组成员单位的有利条件,积极配合搞好全省保护知识产权专项活动,一方面组织专人公开宣传知识产权保护的知识、向群众赠送专利法、著作权法、商标法等法律文本及自行印制的知识产权案例;另一方面贵州省法院组织知识产权法官走访贵州省大型企业,咨询企在知识产权司法保护方面的问题,并提供司法建议。

(贵州省高级人民法院知识产权审判庭)

检察工作

2009年,贵州省检察机关充分发挥检察职能,积极开展保护知识产权工作,通过行政执法与刑事执法相衔接机制,整合打击侵犯知识产权犯罪合力,有力地打击了侵犯知识产权犯罪,取得了一定成效。

一、依法严厉打击侵犯知识产权犯罪

贵州省检察机关充分发挥检察职能作用,与行政执法机关、公安机关等部门密切配合,依法及时批准逮捕、起诉涉嫌侵犯知识产权的犯罪分子。据统计,2009年贵州省检察机关共受理提请批准逮捕涉及知识产权犯罪案件19件35人,批准逮捕18件34人,共受理起诉侵犯知识产权犯罪18件30人,起诉12件16人。

二、整合打击侵犯知识产权犯罪资源,确保打击力度

贵州省各级检察机关克服人手少,工作量大的困难,坚持不懈地开展行政执法与刑事执法衔接机制工作,将此项工作列为检察机关工作的重点。除了定期召开联席会议之外,贵州全省检察机关还采取主动走访、查询备案材料等方式,使行政执法与刑事执法衔接工作机制在贵州长效运行。在深化行政执法与刑事司法衔接机制的工作中,统一执法理念,着力推动依法行政,进一步完善行政执法机关案件移送和向检察机关备案的有关程序,努力探索行政执法和刑事司法相衔接的有效办法。

贵州省各级检察机关充分运用行政执法与刑事执法衔接机制,密切与行政执法部门联系,加强协调配合,积极开展打击侵犯知识产权犯罪的立案监督活动。坚持做到监督行政执法机关查办案件的过程中,对符合刑事追诉标准、涉嫌犯罪的案件,要求行政执法机关要制作《涉嫌犯罪案件移送书》,及时将案件向同级公安机关移送,并抄送检察机关。对未能及时移送并已作出行政处罚的涉嫌犯罪案件,监督行政执法机关在作出行政处罚十日内向同级公安机关、检察机关抄送《行政处罚决定书》副本,并书面告知相关权利人。坚持做到在接到控告、举报或者发现行政执法机关不移送涉嫌犯罪案件后,依法派员审查或者调查。如认为情况基本属实的,向行政执法机关查询案件情况、要求行政执法机关提供有关案件材料。如有应当移送公安机关而不移送的,检察机关向行政执法机关提出移送的书面意见。收到行政执法机关提出的对涉嫌犯罪案件进行立案监督的建议后,要求公安机关在七日内向检察机关说明不立案理由,对公安机关的理由进行审查,认为公安机关不

立案理由成立的，将审查结论书面告知提出立案监督建议的行政执法机关；如检察机关认为公安机关不立案理由不能成立时，通知公安机关立案。坚持做到对重大、有影响的涉嫌犯罪案件派员提前介入公安机关的侦查，参与案件讨论，审查相关案件材料，提出取证建议，对侦查活动进行法律监督。

三、坚决防止和纠正对知识产权犯罪打击不力的现象

2009年，贵州省检察机关充分发挥法律监督职能，加强对行政执法机关抄送的侵犯知识产权案件《行政处罚决定书》副本的审查工作，对涉嫌犯罪的及时提出移送公安机关的建议，监督公安机关及时立案侦查侵犯知识产权犯罪案件。严肃查办侵犯知识产权违法犯罪背后的国家工作人员的职务犯罪，坚决打掉其“保护伞”，在立案监督和审查批准逮捕、审查起诉中注意发现和掌握侵犯知识产权违法犯罪背后的国家工作人员职务犯罪线索，对于涉嫌构成犯罪的坚决依法查办。

（最高人民检察院侦查监督厅）

云南省

专利工作

2009年，在云南省委、省政府的领导和国家知识产权局的指导下，云南省知识产权工作紧紧围绕云南省的中心工作，以服务经济社会发展为宗旨，以实施知识产权战略、提升管理能力、改善执法环境为主线，以提高自主知识产权数量、质量，强化专利实施，提升企业核心竞争力为重点，以发挥知识产权制度促进自主创新的激励和保障作用为目标，紧紧把握“三个切入点”，坚持“三项工作原则”，抓住“三个关键环节”的工作思路，切实发挥知识产权在建设创新型云南中的支撑作用，云南省知识产权事业发展迈上新台阶。

在贯彻实施《国家知识产权战略纲要》的整体布局中，为进一步加强云南省知识产权战略与《国家知识产权战略纲要》的衔接，提高云南省贯彻实施《国家知识产权战略纲要》保障措施的针对性、可操作性、权威性和前瞻性，云南省政府统揽全局，高位谋划，结合云南实际，于2009年6月30日印发了《关于贯彻国家知识产权战略的实施意见》（以下简称《实施意见》），确立了今后一段时期云南省知识产权事业发展的奋斗目标、重点任务和措施，提出了到2020年，云南省知识产权整体发展水平进入西部先进行列，为云南省知识产权事业的科学发展提供了具体的指导和政策保障。

《实施意见》这一纲领性文件的出台，云南省知识产权局立即统筹协调，旨在开创知识产权工作新格局。一是部门协作，知识产权工作形成新的合力。根据省政府的要求，结合国家知识产权战略纲要和云南省《实施意见》提出的目标任务，从进一步密切知识产权工作与经济、科技、文化等工作的关系出发，云南省知识产权局对《实施意见》确定的发展目标、实施专项计划和保障措施等进行了任务分解，明确各项工作的内容和目标，落实责任单位和配合部门，有关工作正在有序推进，一个“政府主导、部门联动、整体推进”实施知识产权战略，以促进知识产权工作的整体发展的工作格局正在形成。二是上下联动，知识产权工作体系进一步完善。根据云南省政府和云南省知识产权局专利工作目标任务分解，各州市结合实际深入贯彻《实施意见》，对专利申请量和授权量目标进行了量化，把知识产权工作纳入党委和政府重要议事日程，纳入党政领导班子及相关部门绩效考核目标，把加强知识产权工作作为推进科技进步和经济发展的重要措施，作为创新本部门工作的一项新的抓手，认真研究部署，切实加以落实，在规划发展、政策引导、行政执法、宣传培训和队伍建设等方面，发挥对知识产权工作的引导作用，推进了知识产权战略的实施。昆明市人民政府在云南省率先把知识产权战略纳入城市重要发展战略并加以实施，继2008年实施《昆明市知识产权发展规划纲要（2008－2015）》后，2009年又出台实施《关于进一步加强知识产权工作的实施意见》，并以建设国家知识产权工作示范城市为契机，推进创新型城市建设向纵深发展。楚雄州人大常委会将知识产权保护工作纳入审议事项，促进了全州知识产权战略的实施。大理等州市也在积极筹划实施地方知识产权战略，初步形成了省州市联动、协同推进的知识产权战略实施格局。目前，云南省有10个州(市)和部分县(市、区)制定实施了专利资助和奖励办法。通过政策引导提高了本地区的科技创新能力。

为有效应对国际金融危机对云南经济带来的不利影响，深入落实中央和省委关于扩大内需、保持经济平稳较快增长的战略部署，云南省知识产权局采取了一系列措施，引导企业运用知识产权制度抵御金融危机影响。一是加强对中国失效专利的引进、宣传和应用，实现了云南省知识产权局网站与拥有近70万条失效专利的“中国失效专利数据库”的链接，充实了云南省知识产权公共信息平台的内容，帮助企业降低知识产权使用成本，提高二次开发的能力，成为应对金融危机的有利武器。二是发挥激励政策杠杆作用，通过修订专利申请费用和年费资助办法，提高对授权发明专利的资助额度，改变了资助资金的发放方式，简化了资助程序，有效导向了专利质量的提升，极大地方便了资助申请人。2009年，云南省知识产权局共资助专利2005件，金额94.17万元。其中，职务发明和发明专利分别占75.71%、50.37%，主要涉及冶金、装备制造、烟草、医药、农特产品加工等领域。向国外申请专利的专项资助涉及3个单位5个项目共26.0万元，其中云南菲尔特环保科技有限公司的1件国外专利申请获得15万元的专项资助，突出体现了加强知识产权工作促进自主创新的政策导向。三是深入开展知识产权现场服务。云南省知识产权局领导带队，组织由局业务骨干、专利代理人和律师组成的巡回服务分队，先后四批深入9个州市开展专利申请、维权等现场咨询服务活动，750余人参加了培训、座谈及咨询，现场办理专利申请及诉讼案件30多件。四是积极协调国家知识产权局审查部门的专家40余人到云南省相关企业、中介机构进行专题培训、业务指导和服务。通过一系列的工作措施，切实解决企业的实际问题，推动企业自主创新能力的提高，受到各州市和广大企业的欢迎。

2009年，云南省知识产权创造实施能力不断提高，知识产权制度对经济发展的促进作用进一步增强。主要表现在自主创新能力持续稳步增长，试点示范工作促进区域和企业创新能力不断提升，知识产权信息服务水平明显提高，专利技术转化运用服务能力进一步增强四个方面。

据统计，2009年云南省专利申请量4633件，同比增长13.3%。其中，发明专利1637件，占申请量总数的35.3%，同比增长11.1%。职务专利申请占总量的54.7%，特别是企业专利申请显著增长，同比增长35.3%；专利授权量2923件，同比增长44.6%。其中，发明专利476件，同比增长24.3%，职务专利授权量占总量的54.5%。专利申请量和授权量均实现平稳增长，质量不断提高，结构更趋合理。

试点示范工作促进区域和企业创新能力稳步提升体现为以下三点，一是区域试点示范工作取得新突破。昆明市国家知识产权示范城市创建市工作通过验收，并获国家知识产权局批准成为知识产权示范城市，玉溪市国家知识产权试点城市工作进展顺利。2009年，昆明市共申请专利2994件，同比增长10.3%，占同期云南省专利申请总量的64.6%。2008年昆明市平均每百万人申请专利434件，居西部第四位。玉溪市共申请专利400件，同比增长53.9%。知识产权强县工程取得突破，云南省昆明市五华区、安宁市，玉溪市红塔区，文山州文山县被列为首批国家知识产权强县工程试点县(市、区)，丽江市古城区、昆明市石林县被列为国家传统知识知识产权保护试点县。昆明国家高新技术产业开发区获批准成为国家知识产权试点园区，知识产权试点示范工作逐步向区县、园区延伸。二是企业知识产权试点示范创建工作成效显著。昆钢集团、云南天化集团、昆明利普机器视觉三家第三批全国知识产权试点企业工作顺利通过验收，三家企业专利申请量和授权量的增长比试点前均超过一倍以上，专利产业化比例均超过60%，企业核心竞争力明显提高。昆船集团和云南白药集团全国企事业单位知识产权示范创建工作深入发展，企业知识产权制度运用的良性循环机制初步形成，专利申请量和授权量比示范创建前均有大幅增长，昆船集团专利申请量和授权量比示范创建前增长48%和47%，云白药集团专利申请量和授权量比示范创建前增长48%和95%。在两年示范创建期间，两家企业国家专利技术和产品的销售额超过20亿元，并通过了国家示范创建验收，成为首批“国家知识产权示范企业”。

在知识产权信息服务平台建设方面，2009年云南省建立了比较齐全的九国两组织两区域全部领域专利文摘数据库，并在此平台上设计完成了专利数据在线分析软件，互联网用户在线检索，专利信息分析更加直观、方便、快捷。同时结合云南省重大科技专项和电子政务专项，组织完成了云南省生物产业10个专利专题数据库建设和网络环境等建设。云南省知识产权门户网站的改版升级工作已经完成，成功实现了专利管理、信息服务、远程教育三大平台的功能扩展和业务提升。

2009年，云南省专利技术(产品)转化交易平台基础建设进一步完善。国家专利技术(昆明)展示交易中心积极开展专利技术挂牌转让、交易、专利技术(产品)产业化展示、推介和技术挂牌攻关等多种服务。截至2009年底，展示交易中心共展示专利技术与产品1960件，交易额2300万元，有效地促进了专利技术与资本的对接。“云南省高校知识产权转化运用中心建设”列入国家知识产权局区域经济知识产权促进工程实施，以昆明理工大学每年500～600项专利技术和校企合作群为支撑，通过产学研联合，探索建立产业需求与专利技术的培育、转移、产业化对接的新模式，带动和辐射云南省高校知识产权的转化运用。此外，利用数据资源优势，对符合云南省产业发展、重点产业领域、高新技术产业的有效专利信息进行筛查，共筛出500项专利，从中筛出100项作为优先发展的技术储备，为启动知识产权转化运用计划奠定了坚实的基础。同时完成了知识产权资产评估和云南省生物产业自主知识产权应用与产业化状况研究，提出了切实推进云南省知识产权产业化的建议和意见，为政府提供了科学的决策依据。

不断优化云南省知识产权法制环境，是云南省知识产权局的重点工作之一。2009年，在自主创新知识产权政策建设方面，云南省知识产权局牵头组织，会同有关部门出台了《云南省科技计划知识产权管理办法》《云南省企业技术创新知识产权管理的指导意见》《关于加快云南省自主知识产权品牌建设的指导意见》《云南省知识产权档案管理规定》等若干配套政策，并与云南省财政厅共同修订了《云南省专利申请费用和年费资助暂行办法》。云南省工商行政管理局，省质监局报请省政府分别发布实施了关于推进商标、标准化战略的意见。云南省发改委制定的《云南省贯彻落实〈国务院办公厅转发发展改革委等部门关于促进自主创新成果产业化若干政策的通知〉的意见》和云南省工信委实施的《云南省关于支持中小企业技术创新的若干政策》突出了知识产权推动经济发展的导向作用。昆明、玉溪、楚雄、文山等州市，结合本地区比较优势和特色产业发展，出台了一批知识产权战略研究成果和政策措施。目前《云南省专利保护条例》修订正在调研起草中。知识产权政策不断完善，为创新型云南营造了良好的政策环境。

在知识产权政策不断完善的同时，云南省专利行政执法工作扎实推进。一是组织实施了2009年“雷雨”“天网”行动，省、州(市)、县知识产权局三级联动，对大型商场、超市等市场流通环节进行执法检查活动50多次。当年专利纠纷共立案15件，结案5件；立案查处假冒专利6种，涉案金额5.6万元，有效地整顿和规范了市场经济秩序。二是加强展会知识产权保护，以第17届昆交会和中国第18届发明展览会为重点，加强对展会的监管。昆交会上，对涉及专利的40余项参展项目逐一查询核对，立案处理4种假冒专利产品，从而确保了会展专利项目的真实、有效。三是专利执法协作进一步完善。利用“泛珠三角区域”和“西部12省区市”知识产权执法协作平台，提高了专利纠纷案件查处的异地联动能力。同时，云南省知识产权局与昆明市知识产权局建立了联动行政执法机制。四是云南省完成了专利纠纷口头审理合议庭的建设和“中国(云南)知识产权维权援助中心”筹建工作，开通了12330知识产权维权援助与举报投诉公益服务电话。以此为平台，与商标、版权、地理标志、植物新品种、海关等知识产权职能部门建立了长效维权工作机制。目前共接受社会公众咨询100多人次，受理了6件假冒专利举报投诉和1件专利侵权纠纷维权咨询，提高了自主创新知识产权保护的能力和水平。全面推进依法行政工作，2009年云南省知识产权局被云南省政府评为“云南省优秀行政执法单位”。

通过形式多样的宣传，公众的知识产权认知度进一步提高。一是举办了“知识产权宣传周”活动。云南省24个部门和16个州市联动，于“知识产权宣传周”期间集中组织开展了系列宣传活动。省级有关部门组织召开了知识产权新闻发布会暨宣传周启动会、《专利法》第三次修改宣讲会、知识产权执法检查、企业知识产权保护“大走访”、知识产权案件公开审理等系列活动。各州市结合实际，相应组织开展了内容丰富的知识产权宣传活动。二是邀请国家知识产权局领导，分别赴昆明、曲靖进行了较高层次的知识产权战略专题报告会，云南省及曲靖市各有关部门、企业、高校、科研院所有关负责人440余人参加了专题报告会。同时，昆明市西市区、官渡区也分别邀请有关知识产权专家，开展了面向企业和社区的知识产权讲座和报告会，近300人参加了学习。三是加强了媒体知识产权宣传报道。四是知识产权进社区持续开展;五是政务信息工作取得新进展。初步建立了云南省信息员队伍,当年共提交各类知识产权信息 300 余条。向各级党政领导、企事业单位共编印发放知识产权简报 16 期,近 6000 份。另外,向社会免费发放专利申请与保护等服务手册、指南 6000 余册。通过创新宣传形式,提高了宣传效果。

不断加大知识产权人才队伍建设,是云南省知识产权局的又一工作重点。2009 年,按照省内培训与"送出去"培训相结合,普及培训和业务培训相结合,行业培训与知识产权培训相结合的基本思路,知识产权培训和人才培养工作扎实推进。一是多层次组织开展了领导干部、知识产权局系统与企事业单位管理人员、中小学教学等知识产权专题培训和业务培训,并配合有关部门和行业组织,将知识产权培训纳入行业培训。云南省组织知识产权普及培训和业务培训共 77 期次,培训 5480 人次,其中省级机关领导干部知识产权培训 4 期,培训 400 多人次,"送出去"培训 21 人次。二是积极推进知识产权培训教材建设、师资队伍建设及培训基地建设,编辑出版了具有特色的《领导干部知识产权读本》和《知识产权工作者读本》,组建了一支由专利、商标、版权、植物新品种等领域,以及知识产权司法、企业知识产权管理等方面专家共 20 人组成的知识产权师资队伍。三是以高校为依托,发挥高校具有的人员、教学及设施资源优势和组织管理优势。通过委托形式,由云南大学组织了 3 期全国专利代理人资格考试培训暨企事业单位知识产权人才培训,知识产权培训基地建设取得新进展。四是组织了 2009 年全国专利代理人资格考试昆明考点的工作,制定了奖励政策,云南省 120 多名人员参加专利代理人资格考试,带动了知识产权专门人才培养。五是云南省高层次人才培养取得新突破。在完成云南省 4 位国家知识产权局第一批高层次人才培养人选的中期考核基础上,通过遴选、申报,2009 年云南省又有 5 位同志进入国家知识产权局第二批百名高层次人才培养人选。

2009 年,云南省知识产权事业得到快速发展,知识产权战略实施工作稳步推进。但全社会对知识产权的重要性认识仍然不足,拥有自主知识产权的产业核心专利仍然不多,企业运用知识产权参与竞争的能力仍然不强,知识产权保护力度和手段仍然很弱,知识产权资源和投入仍然不足,特别是云南省专利运用转化能力较弱,运用知识产权制度推进经济和社会发展的能力乏力,知识产权管理体制和机制与形势发展仍然不相适应等,仍是云南省知识产权工作面临的主要问题和困难,这些问题和困难都需要我们在今后的工作中采取切实可行的措施逐步加以解决,实施知识产权战略的任务仍然任重而道远。

(云南省知识产权局)

商标工作

2009 年,云南省工商系统商标监管部门在云南省工商行政管理局党组的正确领导下,认真贯彻十七大精神,全面落实科学发展观,按照国家工商行政管理总局"四个统一"和云南工商"三个到位六个好"工作目标的要求,紧紧围绕国家工商行政管理总局商标局和云南省工商行政管理局党组的安排部署,加强商标法制宣传,完善商标监管机制,提升商标服务效能,强化商标行政保护,大力推进云南商标战略实施,全年共指导商标注册申请 4500 多件,全省有效注册商标总数达到 27 000 多件;新推荐申报驰名商标认定申请 10 件,新获准驰名商标认定 5 件,全省驰名商标总数达到 16 件;新认定云南省著名商标 170 件,全省著名商标总数达到 773 件;查处各类商标侵权违法案件 982 件,案值 1062 万元,各项工作成绩显著,商标战略全面推进。2009 年,全省工商系统 12 个商标工作先进单位和 8 名先进个人受到国家工商行政管理总局表彰,省政府授予云南省工商行政管理局"推进商标战略先进单位"荣誉称号。

一、加大商标法制培训和宣传力度,努力营造全社会共同推进商标战略的良好氛围

全省各级工商机关结合本地实际,创新培训方式,拓宽宣传渠道,努力提升商标法制培训和宣传的效能,营造出全社会共同推进商标战略的良好氛围。一是举办商标战略专题讲座。4 月 22 日,邀请国家工商行政管理总局商标局吕志华副局长到云南省进行商标战略专题讲座,云南省工商行政管理局领导、机关副处以上干部、州(市)工商行政管理局领导及商标部门负责人共 206 人听取了讲座,深化了对商标战略重要意义的认识。二是召开新闻发布会宣传驰名商标争创成果。7 月 1 日,受云南省政府委托,云南省工商行政管理

局和云南省政府新闻办共同召开“云南省荣获中国驰名商标新闻发布会”，发布云南省“昆电工”等5件商标荣获中国驰名商标的有关情况，营造政府培育驰名商标、企业争创驰名商标、市场推崇驰名商标、社会热爱驰名商标的良好氛围。三是进行实施商标战略成果集中报道和展示。云南省工商行政管理局编发《云南省推进商标战略工作简报》12期。各州、市工商行政管理局利用新闻媒体、红盾网、印刷品、展板等多种形式，集中报道或展示各地推进商标战略和商标监管工作的成果，宣传推进商标战略的新举措。“4·26”期间，各级工商机关共组织宣传咨询活动37场次，接受咨询3.5万人次；举办各种形式的座谈会、培训班15期，参会人员1500人次；发放宣传资料13万余份，张贴宣传画200余张，制作展板120块，悬挂宣传布标450幅，电视、广播、报刊播发宣传标语260余条、文章21篇，取得了较好的宣传效果。四是积极为企业搭建交流培训平台。云南省工商行政管理局两次召开重点培育企业商标战略座谈会，州、市工商行政管理局举办企业实施商标战略培训班，县级工商行政管理局走访、回访著名商标企业，宣传实施商标战略的重要意义，帮助企业解决商标工作中的困难和问题。五是利用全国性展会平台提升宣传层次。组织两家企业参加“成都西部博览会”驰名商标成就展，9家涉农企业参加“青岛第三届中国商标节”展销，全省12家地理标志证明商标产品参加“重庆亚太地区地理标志国际研讨会”展览，为云南省名特优产品走出云南作出了积极努力。

二、健全工作机制，创新服务载体，着力提高商标工作服务水平

培育商标、发展商标是推进商标战略实施的基础工作。2008年以来推广的“三书一卡”工作制度和“两兴”“两清”“两规划”“两本账”工作，以及2009年组织开展的“一所一标”活动，已经成为全省工商系统培育商标、发展商标的重要手段。

（一）深入推行“三书一卡”工作制度

2009年以来，全省各地继续积极推行商标法律告知书、商标注册建议书、商标策略提示书和商标管理跟踪服务联系卡的“三书一卡”制度，坚定不移地把商标战略实施工作落到实处。基层工商部门通过市场日常巡查、企业年检等方式，向各类市场主体发放商标法律告知书、商标注册建议书、商标策略提示书和商标管理跟踪服务联系卡等“三书一卡”文件材料超过15 000多份，体现了在商标监管工作中履行行政指导职责任务，取得了较好的效果。

（二）扎实推进“两兴”“两清”“两规划”“两本账”工作

各地工商部门结合实际，通过年检、走访、日常巡查等切实有效的工作，摸清辖区内的商标注册情况，建立辖区内有效注册商标登记台账和拟培育、发展商标登记台账，在此基础上着手制定商标培育和发展的规划任务。有的州市如临沧市还实行“一件商标一个户口一个档案”的分级分类建立电子和书式商标经济户口档案，为扎实推进商标的培育和发展奠定了良好的工作基础。

（三）组织开展“一所一标”活动

在全系统组织开展“一所一标”活动，要求每个农村工商所（分局）每年至少指导申请一件农产品注册商标；至少扶持一件当地特色农产品商标；至少指导一户涉农企业积极运用“公司＋商标＋农户”经营模式，开展品牌化经营，有条件的工商所（分局）开展“一所多标”活动。“一所一标”作为全系统的重点工作，云南省工商行政管理局进行了专项督察。年终考核时，所有州、市工商行政管理局都完成了云南省工商行政管理局制定的考核指标，昆明、曲靖、保山、玉溪等地超额完成了任务。通过“一所一标”活动，全省工商系统基层工商所（分局）全年共指导申请注册商标4500多件。

（四）认真落实阳光政府四项制度，努力提升服务效能

各级工商部门在贯彻落实云南省政府重大决策听证、重要事项公示、重点工作通报、政务信息查询“阳光政府”四项制度，打造“阳光工商”过程中，结合商标工作，创新服务载体，努力提升商标监管服务效能。一是公示云南省著名商标认定重要事项。10月13日，分别在《都市时报》《云南经济日报》和云南工商红盾网、云南省广告协会网上，对2009年初审认定的171件新申请和187件到期重新认定的云南省著名商标进行了初审认定公示，12月10日又在上述报纸和网站媒体上进行终审公示，进一步增强著名商标认定工作的透明度。二是公示云南省商标代理组织。为了加强对商标代理市场的监管，规范商标代理市场秩序，

减少商标恶意申请、恶意异议、恶意转让等行为，按照国家工商行政管理总局的要求，云南省认真开展了商标代理组织的核查工作，并在云南工商红盾网和《都市时报》上，对云南省 38 家商标代理机构进行了公示，方便了商标申请人代理选择和投诉举报。三是主动通报商标工作情况。先后召开企业评议云南省工商行政管理局机关座谈会和商标工作专题接待座谈会，邀请了 36 家企业代表参加，向企业和社会通报了近年来云南省商标工作情况，以及云南省推进商标战略的工作重点，获得了广大企业的好评。

三、突出工作重点，开展梯次培育，商标战略实施工作迈上新台阶

培育高知名度商标是推进商标战略的重点。全省工商系统按照商标梯次培育发展规划，认真抓好各项工作措施的落实，驰名商标培育争创工作取得新突破，云南省著名商标稳步发展，知名商标认定工作稳妥展开，推进商标战略实施工作迈上新台阶。

（一）进一步健全了商标战略实施工作组织领导机制

云南省工商行政管理局成立了由纳宗会局长任组长，赵健副局长任副组长，云南省工商行政管理局相关处室主要负责人为成员的“云南省工商行政管理局商标战略实施领导小组”，各州（市）、县工商行政管理局都成立了相应的领导小组和工作机构，全省工商系统建立起了主要领导亲自抓、分管领导具体抓、各有关职能部门共同参与的工作机制和责任机制。

（二）进一步完善了商标战略实施规划

按照国家工商行政管理总局《关于贯彻落实〈国家知识产权战略纲要〉，大力推进商标战略的实施意见》，并结合对《云南省政府关于推进商标战略工作的实施意见》的具体贯彻落实情况，按照突出地方特色，注重阶段性，与国家和省的大政方针相衔接的三项要求，着手研究制定实施商标战略的中长期规划，进一步完善推进商标战略实施的具体工作意见，明确推动实施商标战略的工作思路，对各项任务分解细化，明确每一项工作的完成时限、标准要求、分管领导和责任人，力争将各项商标战略任务落到实处。

（三）驰名商标培育争创工作取得新突破

4 月 24 日，国家工商行政管理总局商标局一次性认定昆明电缆股份有限公司“昆电工及图”、云南锡业股份有限公司“云锡 YT”、贵研铂业股份有限公司“贵研 SPM”、云南云维股份有限公司“云维及图”和宣威火腿行业协会办公室“宣威火腿 Xuanwei ham 及图”等 5 件商标为驰名商标，云南省驰名商标总数达到了 12 件。2009 年，指导、推荐云南下关沱茶（集团）股份有限公司“宝焰”、云南滇虹药业集团股份有限公司“康王”、云南红酒业有限公司“云南红”、云南罗平锌电股份有限公司“久隆”、云南云天化股份有限公司“金沙江”、云南玉溪水松纸厂“思源”、文山壮族苗族自治州三七特产局“文山三七”、云南绿 A 生物工程有限公司“绿 A”、云南南天电子信息产业股份有限公司“南天”、昆明黄龙山（饲料）工贸有限公司“黄龙山”、云南大山饮品有限公司的“大山”、云南省玉溪望子隆生物制药有限公司“望子隆”、云南大山饮品有限公司“大山”、勐海茶厂的“大益”、云南省腾冲制药厂“腾药”等 15 件商标，申报驰名商标认定。

（四）第七届云南省著名商标认定活动顺利开展

通过开展宣传培训、受理申请、形式审查、实质审查、重点商品质量抽检、初审认定、初审异议调查审理、最终认定等一系列工作，2009 年第七届云南省著名商标认定活动共认定了 356 件云南省著名商标，其中，新认定著名商标 170 件，重新认定著名商标 186 件，云南省著名商标总数达到 773 件。

（五）部分州、市工商稳妥开展知名商标认定工作

红河、曲靖、昆明、玉溪等州市开展了知名商标认定活动，认定知名商标 300 多件。昆明市政府和曲靖市政府召开授牌大会对知名商标企业进行授牌表彰。保山、昭通、临沧等州、市出台了知名商标认定保护办法，知名商标认定即将启动。

四、严厉打击商标假冒侵权行为，切实保护商标专用权，为推进商标战略实施创造良好的市场环境

（一）深入开展商标侵权假冒行为查处工作

全省工商系统结合各地工作实际，以食品、药

品、农资、服装等商品为重点，把日常巡查与专项执法相结合，广开案源，强化案件沟通指导，加大了对中国驰名商标、云南省著名商标、涉外商标的保护力度。同时，不断加强商标专用权保护的制度化、规范化、程序化、法制化建设，进一步巩固商标监管执法工作中行之有效的制度和做法，积极探索遏制商标侵权假冒行为发生的长效机制。2009年，全省共查处各类商标侵权违法案件982件，案值1062.18万元，没收、销毁侵权商品7317件，没收、销毁侵权商标标识32 021件(套)，罚没金额487.6万元。

(二)部署开展保护世界博览会标志专有权行动

2010年上海世博会将于2010年5月1日至10月31日在我国上海举行，为了保护世博会标志权利人的合法权益，为上海世博会的顺利举办创造良好的社会环境，国家工商行政管理总局制订了《保护世界博览会标志专有权行动方案》。为在云南省开展好世博会标志专有权保护行动，切实维护权利人和消费者的合法权益，按照该方案的要求，结合云南省的实际情况，我们提出了具体贯彻实施意见，各州市按照国家工商行政管理总局的部署和云南省工商行政管理局的安排认真开展了保护世界博览会标志专有权第一阶段的行动。

(三)认真开展商标代理市场的清理整顿工作

按照国家工商行政管理总局《关于进一步规范商标代理市场秩序的通知》，要求各地要对商标代理机构进行信用分类监管，促进商标代理机构诚信经营，并加强监管。鉴于云南省商标代理机构主要集中在昆明市，云南省工商行政管理局将对其进行监管的工作委托昆明市工商行政管理局负责开展。昆明市工商行政管理局商标处认真开展了相关工作：一是在11月初组织36家商标代理机构召开了规范商标代理市场秩序动员会议，传达有关文件精神及安排部署；二是要求各商标代理组织填写《昆明市商标代理组织登记表》，并定期(每半年一次)报送商标代理业务情况，建立健全商标代理组织管理信息数据库；三是随后采取随机抽查的形式，上门进行摸底调查，重点对七类违法违规行为进行查处；四是在此过程中探索建立对商标代理组织长效监管的机制。

(四)抓好《云南省著名商标认定和保护办法》修订工作，完善著名商标认定保护工作

随着云南省经济社会的不断发展，云南省著名商标认定工作遇到了一些新情况和新问题，《云南省著名商标认定和保护办法》的一些规定已不适应当前认定工作实际，为此，云南省工商行政管理局向省政府法制办建议修订《云南省著名商标认定和保护办法》，建议云南省著名商标的有效期从3年延长到5年，著名商标的续展修改为重新认定以及增加著名商标所有人名称变更、著名商标的转让和变更商标的规定等，云南省政府法制办同意修改意见，正进行相关修订程序。

(云南省工商行政管理局)

版权工作

2009年，在云南省委、省政府的正确领导下，云南省版权工作以邓小平理论和“三个代表”重要思想为指导，认真学习贯彻党的十七大和十七届三中、四中全会精神，深入学习实践科学发展观，以“保增长、保民生、保稳定”为工作主线，高举旗帜、围绕中心、服务大局、改革创新，按照“提高自主创新能力，建设创新型国家”的要求，以贯彻落实《国家知识产权战略纲要》为动力，以提高版权工作水平为目标，以推动“六大体系”建设为抓手，创新工作方式、突出工作重点，提高服务管理水平，在新的历史起点上推动版权保护工作向纵深发展，为促进云南省经济发展和文化繁荣作出积极贡献。

一、版权管理体系建设有新进展

版权行政管理体系建设不断加强。目前，云南省的昆明市、普洱市、红河州、大理州、德宏州、文山州、怒江州、楚雄州、玉溪市、保山市、临沧市等11个州市都加挂了版权局的牌子，进一步完善了版权管理体系。

二、大力强化监管，版权监管执法水平有新提高

严厉打击网络侵权盗版活动。为贯彻落实国家版权局、公安部、工业和信息化部关于开展2009年度打击网络侵权盗版专项行动工作的有关精神，云南省版权局结合云南实际，及时动员部署全省打击网络侵权盗版的相关工作，成立“云南

省打击网络侵权盗版专项治理工作领导小组”，制订了《云南省2009年打击网络侵权盗版专项治理行动方案》，开展了为期4个月的专项治理行动。云南省各级版权行政管理部门，上下联动，主要针对网络影视传播、文学网站、网络新闻转载等重点领域，共对云南省有影响的33家网站进行了主动监管，并引导互联网企业认真开展了自查自纠，帮助互联网企业和网站在使用作品时树立“先授权、后传播”的法律意识，自觉遵守著作权法等法律法规。在打击网络侵权盗版专项治理过程中，对被权利人投诉的1起网络侵权行为作出行政处罚，对网络侵权盗版行为产生极大震慑作用。

加强版权日常监管工作，打击各类侵权盗版取得重大成效。版权行政执法和社会监管是版权管理工作的核心。云南省各级版权行政管理部门坚持日常监管与专项治理相结合，始终保持对打击侵权盗版的高压态势，成效显著，亮点突出。按照国家版权局的要求，云南省版权工作始终把软件、网络、音像电子出版物、教材教辅等作为监管和执法的重点领域。2009年，云南省共查处版权侵权案件717起，移送司法机关4件，出动执法人员3000人次，检查经营单位73 781个，查获地下窝点46个，收缴各类盗版制品共904 107件，行政罚款共计人民币350 750元。有效遏制了云南省的侵权盗版现象。通过版权执法和社会监管，有效维护了云南省市场的良好环境，推动文化市场建立起诚信守法、竞争有序的秩序，促进作品的创作和传播的繁荣。

积极推进企业软件正版化工作。按照国家版权局《2009年推进企业使用正版软件工作计划》的要求，云南省版权局坚持“以大型企业为重点，以国有、外商投资、民营大型企业在先、中小企业在后”依次推进的原则，有计划、分步骤，积极稳妥推进企业使用正版软件工作。2009年，云南省有近70家大中型企业完成了软件正版化工作。在检查验收的基础上，经云南省版权局推荐，云南铜业（集团）有限公司、云天化集团有限责任公司、昆明星耀集团实业有限公司三家企业被国家版权局评为“全国软件正版化工作示范单位”，在企业中营造了尊重知识、鼓励创新的良好风气，也促进了软件产业的发展。

三、创新工作思路，促进版权保护有新举措

建设“云南省数字版权管理系统”，提高版权管理工作水平。随着社会的进步和科技的发展，数字环境下的侵权盗版活动呈现传播面广、传播速度快、侵权影响恶劣的特点，传统的版权保护监管手段已经不能适应新的需要，为有效保护知识产权，打击侵权盗版、维护市场秩序、保障文化的自主创新动力，维护民族文化大省和强省的形象，按照国家版权局的要求，云南省版权局积极开展了“数字版权管理平台”的建设工作。现阶段此项工作已经取得实质性进展，正在稳步推进中。“数字版权管理平台”的建设将充分发挥技术手段在版权行政监管和执法中的作用，大大提高版权行政监管和行政执法的效率。

四、加大宣传和培训力度，公众对版权的认知度有新提高

公众版权意识进一步提高。2009年，利用“4·26世界知识产权保护日宣传周”，开展版权保护工作的社会宣传。根据云南省著作权保护工作现状，云南省版权局首次印制了著作权知识问答2000余份，发到云南省主要音像批发市场和计算机软件、硬件销售市场，开展著作权法律知识宣传。针对网吧行业、印刷包装行业、汽车销售行业等不同行业，并先后多次组织了版权保护知识宣传培训班，共对765家单位，2000余人次进行了著作权法律法规的宣传培训，取得了较好的宣传效果。同时，云南省版权局积极与相关学校联系，组织云南省部分中小学参加了由国家版权局和中国新闻出版报主办的青少年版权保护读书活动暨版权保护知识竞赛活动，共向相关学校学生赠送《版权保护小卫士》图书6000余册，并收取知识竞赛答题卡6000余份，在省青少年中普及了著作权法律知识，提高青少年自觉抵制侵权盗版的法律意识。

五、密切联系实际，版权公共服务有新突破

登记、备案等公共服务工作取得突破性进展。作品登记工作是版权行政管理部门的一项重要公共服务工作，为鼓励云南省作品的创作和使用，云南省版权局加大作品登记工作宣传力度，开设作品登记绿色通道，提高登记工作效率，尽量缩短登记审核时间，为权利人提供优质、快捷的服务。2009年，共登记作品240件，比2008年有较大幅度的增长。在调研的基础上，应云南省广大软件开发企业的要求，积极为软件企业做好服务工作。依托云南省著作权保护协会，开展软件著作权登记的代办服务工作，2009年共代办云南省自主开发的软件登记30余件，为云南省拥有自主知识产权的软件开发者减少了登记过程中的麻烦，解决广大软件开发者的后顾之忧，受到广大软件开发者的好评。

2009年，云南省版权局共完成图书引进合同备案登记54件，严把图书版权引进合同关，大大降低了出版单位在图书引进过程中的版权纠纷风险，同时提高出版单位版权自律守法意识。开展版权咨询工作，全年共接待各类咨询700余件。对云南省大案、要案涉嫌版权侵权制品进行版权鉴定共计300盘(册)

积极推动对外版权贸易。2009年，中国是法兰克福国际书展的主宾国，云南省组织相关出版单位参加了法兰克福国际书展，取得较好的对外宣传效果，对进一步促进云南省对外版权贸易起到积极作用。根据商务部、新闻出版总署等4部门的通知，云南省版权局与云南省商务厅协商，积极组织开展云南省2009～2010年度国家文化出口重点企业和项目的申报工作，为云南省出版文化企业争取最大限度的政策支持。通过上述推动工作，2009年，在全球金融危机的大环境下，云南省图书版权输出14项，版权引进54项，对外版权贸易工作仍保持较好发展态势。

（云南省版权局 版权处）

司法工作

一、案件审理情况

2009年，云南省法院共受理知识产权案件一、二审526件(含旧存109件)，审结406件(一审审结328件，二审审结78件)。其中，著作权案件337件，商标权案件73件，专利权案件82件，技术合同案件10件，植物新品种案件2件，其他案件20件。与2008年相比，收案上升27.1％，结案上升21％。2009年，云南省近90％的知识产权案件集中在昆明市中级人民法院，仅昆明市中级人民法院即受理案件450件，审结304件。此外，云南省高级人民法院受理案件73件，审结69件，与2008年相比，收案上升38.5％，结案上升32.6％。

二、工作亮点

(一)知识产权审判监督工作取得新进展

2009年初，云南省法院对涉及驰名商标案件进行认真细致地评查和总结，于2009年4月25日形成评查报告并上报最高人民法院。在评查中，云南省高级人民法院对历年来全省法院受理的72件案件逐一进行了调卷审查，并重点对认定驰名商标的19件案件进行认真审查。由于各级法院对此类案件监督指导工作的高度重视，措施得力，始于2008年下半年的驰名商标非正常认定的势头在云南省得到了有效遏制。受理驰名商标认定案件的各中院，均严格按照通知精神上报云南省高级人民法院审查备案。

(二)知识产权审判指导工作取得新突破

加强对全省各级法院的业务指导，统一全省知识产权民事案件的裁判尺度，在审判指导方式上推陈出新，有效指导审判工作。

1. 通过规范性意见进行指导

云南省各级法院近年来信息网络传播权纠纷案件大幅上升，特别是2009年，该类型案件占受理案件的60％以上。在充分调研的基础上，形成了《云南省高级人民法院关于审理信息网络传播权纠纷案件若干问题的指导意见》，已下发全省法院执行。这一指导意见具有前瞻性，将对全省法院信息网络传播权纠纷案件的审理发挥积极作用。

2. 通过案例进行指导

2009年3月，由云南省高级人民法院主编的《云南知识产权案例精选》由知识产权出版社正式出版发行。这部书精选了云南省法院系统的28个知识产权案件和云南省知识产权局系统的10个知识产权行政执法案件，是云南省第一部知识产权案例集。这本书的出版对下级法院的知识产权审判工作起到了较好的指导作用。

3. 通过法官沙龙进行指导

2009年上半年和下半年，云南省高级人民法院在昆明中院和楚雄中院分别组织了两次法官沙龙，议题包括知识产权三审合一机制、驰名商标认定、著作权侵权赔偿标准、信息网络传播权案件审理等。通过相互交流、信息共享，为两级法院的知识产权审判法官搭建了一个交流平台，有效地带动下级法院的知识产权审判法官提高业务水平。

(三)知识产权司法保护宣传工作成绩显著

2009年，全省法院展开立体宣传，加大了知识产权司法保护的宣传力度。

1. 通过公开开庭审理进行宣传

2009年4月21日，云南省高级人民法院和昆明中级人民法院分别公开开庭审理了卡地亚国际有限公司与云南卡地亚婚纱摄影有限公司侵犯注册商标专用权、不正当竞争纠纷上诉一案和广东中凯文化发展有限公司诉昆明市五华区飞鸿公众电脑屋著作权侵权纠纷一案。昆明市近100名群众参加旁听。

2. 召开知识产权法律咨询顾问座谈会

云南省高级人民法院2008年11月聘请了一批专家、学者以个人身份担任云南省法院系统知识产权法律咨询顾问。2009年4月22日下午，云南省高级人民法院召开知识产权法律咨询顾问座谈会，专门征询各位顾问对人民法院知识产权审判工作的意见和建议，并就人民法院与知识产权法律咨询顾问之间联系的方法和途径进行了交流。

3. 制作、发放宣传材料

为了让普通民众充分了解知识产权制度，提高知识产权保护意识，同时为外国投资者提供有关我国及云南省知识产权保护方面的相关信息，云南省高级人民法院专门制作了方便携带和阅读的中英文对照宣传材料——《知识产权保护指引》。在知识产权宣传周活动期间，云南省高级人民法院发放《知识产权保护指引》约1500份。

4. 联合召开新闻发布会

2009年4月20日上午，云南省高级人民法院与云南省知识产权局、云南省工商行政管理局等24个部门联合召开新闻发布会，并公布云南省高级人民法院2008年十大知识产权司法典型案例，展示人民法院在保护知识产权方面发挥的主导作用和取得的重大成果，接受社会各界的评判和监督。

5. 联合开展宣传活动

2009年4月19日上午，云南省高级人民法院配合昆明市知识产权局、西山区政府在西山区碧鸡广场开展宣传活动、万人签名活动，并向群众发放《知识产权保护指引》。云南省高级人民法院知识产权庭的法官还在活动现场专门就群众咨询的知识产权法律问题进行解答，取得了良好的社会效果。

6. 配合开展知识产权法律知识培训活动

云南省高级人民法院知识产权庭的法官应西山区组织部的邀请，分别在福海街道办事处和永昌街道办事处进行知识产权法律知识培训。参加培训的人员约300人。

7. 参加专题报告会

2009年4月28日上午，云南省高级人民法院知识产权庭的法官参加了云南省知识产权局、云南省科学技术厅、云南省工业和信息化委员会举办的《知识产权战略报告会》，并为专题报告会提供了200份《知识产权保护指引》，参会人员认为该指引具有很强的指导性。

8. 开展“送法进企业、送法进学校”活动

2009年4月，昆明市中级人民法院与昆明市制药行业协会合作，开展“司法护权，激励创新”知识产权司法保护宣传，为昆明市制药行业举行知识产权专场讲座。2009年12月4日，结合全国法制宣传日，昆明市中级人民法院在昆明市开展“送法进企业”活动，着重举办了知识产权法律知识讲座。玉溪市中级人民法院分别到红塔集团和云南丽都花卉有限公司开展“送法进企业”活动。云南省高级人民法院于2009年10月与云南大学等院校合作，知识产权庭庭长杜瑞芳和冉莹副庭长受聘进入云南知识产权专家库，2010年将启动“送法进学校”的知识产权宣传工作。

9. 利用“云南法院网”等宣传阵地进行宣传

2009年，全省法院充分利用网络、杂志等新闻媒体开展宣传活动。一方面，利用“云南法院网”的“知识产权保护在云南”专栏及时反映云南省的知识产权审判动态，并在《审判与法治》上刊登具有审判指导意义的论文及信息，指导全省法院的知识产权审判工作。另一方面，对社会关注度较高的案件，主动与各级法院新闻中心就录像、新闻报道等事宜进行沟通和协调，以求取得良好的宣传效果。

(四)知识产权审判队伍建设进一步加强

1. 努力提高审判人员的业务素质

全省法院的知识产权庭采用个别辅导方式、集中学习方式提高人员素质，院、庭领导带头认真研究问题，以此达成对审判理念、审判思路和审判水平的同步发展。此外，我们也积极参与业务培训，抓住一切机遇尽快提高人员的业务素质。

2. 加强党风廉政建设

云南省各级法院组织全庭干警和党员学习领会最高人民法院在党风廉政建设相关会议和专题中提出的要求，特别加强对《法官职业道德准则》的学习，并结合各级法院机关党委的要求，加强党支部建设，以支部工作促进全庭工作，以党员的榜

样带动其他干警，使知识产权审判庭成为团结拼搏、吃苦耐劳的战斗集体。通过长期抓办案纪律和工作纪律，干警们进一步树立了正确的价值观、人生观和世界观，不断增强了公正、高效、廉洁、文明的执法意识。

（云南省高级人民法院知识产权审判庭）

检察工作

2009年，云南省检察机关立足检察监督职能，认真贯彻落实国家知识产权战略，充分发挥司法保护知识产权的主导作用，加大对侵犯知识产权违法犯罪的打击力度，依法惩治、积极预防侵犯知识产权犯罪，加强与行政执法机关、公安机关的工作联系，推动行政执法机关向司法机关移送包括侵犯知识产权在内的涉嫌犯罪案件工作的开展，进一步整合执法资源，促进了知识产权保护工作。

一、依法严厉打击侵犯知识产权犯罪

云南省检察机关充分发挥检察职能作用，与行政执法机关、公安机关等部门密切配合，依法及时批准逮捕、起诉涉嫌侵犯知识产权的犯罪分子。据统计，2009年云南省检察机关共受理提请批准逮捕涉及知识产权犯罪案件14件37人，批准逮捕13件24人，共受理起诉侵犯知识产权犯罪13件20人，起诉17件38人。

二、健全协作机制，切实做好包括侵犯知识产权在内的涉嫌犯罪案件移送工作

云南省人民检察院党组高度重视行政执法与刑事司法衔接工作，多次专题研究并召开电视电话会议统一全省检察机关思想，明确提出“高起点工作，高标准要求，高水平监督、高质量办案”的工作思路。云南全省各级检察机关始终把督促移送包括侵犯知识产权在内的涉嫌犯罪案件作为开展行政执法与刑事司法相衔接工作的切入点，并先后与行政执法部门建立了信息沟通机制、对重大行政执法案件实行提前介入、监督行政执法部门及时移送包括侵犯知识产权在内的涉嫌犯罪案件等机制。

三、依托“网上衔接、信息共享”平台，加大打击知识产权犯罪力度

在云南省各级检察机关的努力下，云南省的信息平台建设工作进展迅速。如云南省人民检察院开展信息平台软件使用培训工作，组织业务骨干对散见于法律、法规、司法解释、地方性法律文件中的追诉标准进行了细致的梳理，制定了《行政执法机关移送刑事案件立案标准与法律适用》，印制配送给20家行政执法和司法机关，为指导平台录入工作和法律正确实施提供参考标准。省、州两级院还成立了由整顿和规范市场秩序部门、政府信息产业办、检察机关组成的工作推进组，深入基层，及时协调解决有关问题，保障工作稳步开展。

云南省行政执法与刑事司法衔接工作和“网上衔接、信息共享”机制已初显成效。行政执法部门初步解决了移送意识不强、移送标准和对象不够明确的实际问题；公安部门增强了接案、办案的积极性；检察机关强化了履行法律监督的责任感，工作更加主动；相关法规制度逐步完善；省、市、县三级行政执法与刑事司法衔接机制的基本框架初步建立，检察机关督促移送并办理了一批在行政执法中发现的包括侵犯知识产权在内的违法犯罪案件，体现了法律权威，树立了检察机关的良好形象。

四、加强协调工作，增强信息共享平台监督实效

（一）结合打造“阳光型政府”，增强信息共享平台工作权威性

由于机制原因，云南省检察机关缺乏对行政机关信息录入工作的约束机制，特别在各级整顿和规范市场经济秩序领导小组办公室领导机构撤销后，个别行政执法部门由于对这项工作重视程度不够或基于部门利益等因素，怠于录入信息，使平台建设流于形式，不能真正发挥作用。实践中，仅依靠个别领导讲话、指示精神及一些协调意见作为信息共享平台工作的执行依据，难以体现信息共享平台工作的严肃性和权威性。对此，各级检察机关尝试积极促成该项工作纳入政府绩效考核层面，以此提升信息共享平台工作的权威性和严肃性，并收到了良好效果。

（二）积极探索最佳工作模式，强力推进

工作中，云南省各级检察机关不断探索工作

新途径，在较短时间内，实现了信息共享平台建设工作的强力推进。一是在云南省人民检察院要求下，各级检察院均设立了信息共享平台建设领导小组，由检察长任第一负责人，领导小组由反贪污贿赂局、反渎职侵权检察局和信息管理中心等部门组成，抽调业务骨干作为工作人员，领导小组办公室设在各级侦查监督部门，主要工作职责就是做好信息共享平台对外协调和信息联络等工作，及时协调、解决工作中遇到的问题。由于工作组任务明确，减少了中间环节，大大提高了工作进度和质量。二是省、州两级人民检察院探索建立了联合督导组这一模式，由整顿和规范市场经济秩序办公室、政府信息产业办和检察机关组成联合督导组，深入基层，合力攻坚，确保信息共享平台工作迅速推进。

（三）建立奖惩机制，激发工作积极性和创造性

各级人民检察院党组高度重视和支持信息共享平台工作，制定了各项奖惩机制，充分调动干警的积极性和创造性。对依托信息共享平台监督成案被法院作有罪判决的案件，实施州（市）、县（区）两级院双奖的激励机制。对工作表现突出的集体和个人给予表彰奖励，对工作滞后的给予通报批评并督促其整改。通过建立健全竞争激励机制，鼓励先进，鞭策后进，有效调动了工作的主动性和积极性。

（最高人民检察院侦查监督厅）

西藏自治区

专利工作

西藏自治区知识产权局在西藏自治区党委、政府和科技厅党组的正确领导下，在国家知识产权局的大力支持下，通过西藏自治区知识产权局全体工作人员的共同努力，较好地完成了全年各项工作任务。

一、加强政治理论学习

西藏自治区知识产权局工作人员以邓小平理论和“三个代表”重要思想为指导，全面贯彻科学发展观，认真学习全区经济工作会议精神、十七大精神和区党委七届三次会议精神，从思想上、政治上、行动上与党中央、区党委、厅党组保持高度一致，旗帜鲜明地反对达赖集团分裂祖国的反动行径，维护祖国统一，维护民族团结。西藏自治区知识产权局以胡锦涛总书记在中共中央政治局第三十一次集体学习时关于加强知识产权工作的重要讲话为指导思想，积极参加作风建设年活动，在工作中树立高度的责任感和使命感，能够克服各种困难，知难而进，为西藏自治区知识产权事业的发展做了积极工作。

二、工作开展情况

（一）知识产权宣传工作

1. 宣传活动的组织准备

根据《关于印发 2009 年全国知识产权宣传周活动方案的通知》的要求，西藏自治区知识产权局进行了认真的准备工作，研究确定了 2009 年宣传周活动的主要内容，并制订了“2009 年西藏自治区知识产权宣传周活动方案”，于 4 月 13 日给自治区保护知识产权领导小组成员单位发出了《关于开展 2009 年“知识产权宣传周活动”的通知》，要求各成员单位精心组织，在 4 月 20～26 日宣传周活动期间，围绕“文化·战略·发展”这一宣传主题，推进以“尊重知识、崇尚创新、诚信守法”为核心的知识产权文化建设。结合各单位业务工作实际，开展媒体宣传、召开座谈会、典型案例分析、图片展览、形势报告会等形式多样的宣传活动，以达到宣传的目的，取得应有的效果。

2. 开展媒体宣传

西藏自治区知识产权局在宣传周活动期间，利用新闻媒体《西藏科技报》，围绕 2009 年“文化·战略·发展”这一宣传主题，开展保护知识产权相关宣传，发表了《落实国家知识产权战略纲要精神　促进西藏知识产权事业发展》的文章，以营造良好的保护知识产权舆论氛围，推进西藏自治区以“尊重知识、崇尚创新、诚信守法”为核心的知识产权文化建设。

3. 举行形式多样的宣传活动

西藏自治区保护知识产权领导小组成员单位在活动期间，以宣传国家知识产权战略为主要内容，结合西藏知识产权工作实际，在单位悬挂宣传横幅24条。4月26日上午，自治区知识产权局、高级人民法院、拉萨海关等有关单位30余人，在繁华的闹市——红艳超市对面的街上进行了“4·26知识产权宣传周”知识产权宣传活动，发放了500册《国家知识产权战略纲要》(藏汉文对照)单行本及相关宣传资料并接受了法律咨询。

4. 开展知识产权竞赛

为了提高西藏自治区公众的知识产权知识和知识产权保护意识，西藏自治区知识产权局组织开展以《国家知识产权战略纲要》为主要内容的面向全社会的知识产权知识竞赛，竞赛活动组织方向西藏自治区下发知识竞赛试题300余份，得到了各地市知识产权局及社会公众的大力支持和积极响应，答题卡回收率高，收到了预期效果。并在西藏自治区科技厅公开抽奖，同时将获奖名单刊登在2009年4月22日的《西藏科技报》上。

5. 组织收看知识产权讲座

根据全国普及法律常识办公室、司法部、国家知识产权局下发的《关于举办知识产权战略卫星远程法制讲座的通知》(普法办[2009]7号)精神，4月23日上午，西藏自治区司法厅、自治区知识产权局共同组织自治区保护知识产权领导小组成员单位及相关部门60余人，在自治区图书馆收看知识产权法制讲座，通过收看讲座，了解了《专利法》修改的目的和重要意义，加深了对《专利法》的认识，有利于推进今后西藏自治区知识产权工作。

在“4·26宣传周”活动期间，做到了电视上有图像，报纸上有文字，收到了预期的效果。这一系列活动的开展，提高了广大社会公众的知识产权意识，树立了尊重他人知识产权的良好风尚，净化了市场秩序。同时，西藏自治区政府有关职能部门积极参与，团结协作，共同开展此项活动，营造了重视知识产权工作的良好氛围，为进一步开展知识产权工作打下了坚实基础。

为了有效宣传知识产权保护的相关知识和政策法规，提高基层广大社会公众的知识产权保护意识，了解知识产权保护的重要意义，西藏自治区知识产权局组织相关人员远赴阿里，为当地的群众解答了知识产权相关法律问题并分发了《知识产权简介》(藏汉文对照)、《专利文献问答》《藏文知识产权ABC》《中华人民共和国专利法》《国家知识产权战略纲要》(藏汉文对照)等宣传品500册，收到了良好的效果。

(二)专利行政执法

(1)为了整顿和规范西藏自治区市场经济秩序，有效维护权利人的合法权益，进一步提高广大商业从业者的知识产权保护意识，根据国家知识产权局2009年执法工作的总体安排布置，西藏自治区知识产权局及时制订了2009年专利行政执法方案，8月19日，西藏自治区知识产权局组织有关专业人员对4件专利纠纷产品——藏式背水桶、藏式酿酒桶、藏式安多桶、洒水壶进行了口头审理，同时作出了判定意见。

(2)在国家知识产权局的大力支持下，9月9日，西藏自治区知识产权局在拉萨市成功举办了“藏药领域知识产权执法案例研讨会”，研讨会的召开使与会人员对执法业务的有关知识有了更多的了解，对专利执法的规律和执法工作的重要性有进一步的认识，取得了良好效果，达到了预期目的，整个会务工作得到了国家知识产权局领导的充分肯定和赞扬。

(3)为了规范专利行政执法，使处理专利案件做到有法可依、有章可循，西藏自治区知识产权局根据专利行政执法工作现状，着手起草《西藏自治区专利行政执法办案规范(试行)》的工作。

(4)国家知识产权局为了加强西藏地区专利行政执法工作，全权委托西藏自治区知识产权局负责做好相关工作，并支持11万元的行政执法经费。

(5)为了提高对《专利法》的认识和理解，推动西藏自治区专利执法工作的深入开展，西藏自治区知识产权局组织有关企事业单位人员参加国家知识产权局在成都举办的《专利法》第三次修改宣讲会。

(三)知识产权业务培训和人员交流有序开展

(1)为了提高西藏自治区高新技术企业、科技型中小企业、科研院所等单位的知识产权工作水平，充分发挥企事业单位在建设创新型国家中的重要作用，西藏自治区知识产权局积极争取并在国家知识产权局的大力支持下，于7月22～23日在拉萨举办了“全国中医药、藏医药专利运用战略与知识产权优势培育研讨会”，来自全国各地科研院所、高新企业的与会代表60余人，发表了各自的意见和建议，西藏自治区藏药企业在此次会上提高了知名度，同时也借鉴了内地先进企业的经验，利用专利制度的特点发展自身。8月18～20日在拉萨市举办为期两天的第十期“西藏（企业）知识产权培训班”，邀请国家知识产权局有关官员和专家授课，来自西藏企业、科研单位、大专院校、各地市知识产权局50余名学员参加了培训，达到预期的目的和效果。

（2）为了提高西藏自治区知识产权行政管理能力和水平，选派了1人参加“全国知识产权高层次人才法律培训班”，通过学习提高了学习人员法律水平，开拓了思路，为今后的知识产权行政管理工作打下了良好的基础。

（3）为了加快人才培养，西藏自治区知识产权局积极沟通和协调，2009年争取到国家知识产权局人事司的项目，获得支持经费6万元。

（三）专利咨询工作

（1）针对西藏自治区没有专利代理机构，给专利申请带来了很多问题和困难实际情况，西藏自治区知识产权局工作人员热情周到地为全区专利申请人、专利权人和广大科研人员提供专利咨询服务，接待专利咨询人员达200余人次。2009年西藏自治区专利申请195件。

（2）根据西藏自治区藏医药知识产权创造和保护薄弱的状况，西藏自治区知识产权局组织有关专家，同时还邀请内地专利代理人到西藏自治区深入藏医药企业进行调研、座谈，解决专利申请中存在的疑难问题，给企业在如何加强专利保护方面提出了很好的建议和意见。

（四）其他工作

（1）起草了“西藏自治区贯彻落实《国家知识产权战略纲要》的实施意见”的初稿。

（2）完成了第十一届中国专利奖的推荐工作。根据评奖标准，经过调研、研究决定推荐西藏达氏实业有限公司的专利产品——保健食品油参加此次专利奖的评选。

（3）为了进一步推动西藏自治区专利技术价值评估工作，西藏自治区知识产权局上报了“西藏发明专利技术评估的请示”，希望得到国家知识产权局支持和帮助。同时也进行了多次电话联系沟通，国家知识产权局原则上同意给予预支持。

（西藏自治区知识产权局）

商标工作

2009年西藏自治区工商行政管理局商标管理工作以邓小平理论和“三个代表”重要思想为指导，深入实践科学发展观，紧紧围绕自治区党委、政府和国家工商行政管理总局的有关部署，充分发挥工商行政管理职能作用，努力做好“四个统一”、加强“四化建设”、推进“四个转变”、实现“四高”目标，自觉做到“五个维护”，着力更新思想观念、创新体制机制、提高监管水平，尽职尽责维护公平竞争市场秩序，尽心尽力保护消费者合法权益，千方百计促进西藏自治区经济平稳较快发展。截止到12月初，全区共查处商标侵权违法案件49件，案件总值92.8万元，罚款金额3.7万元；其中商标侵权假冒案件45件，一般违法4件；集中销毁侵权商品13大类407个品种，总价值304.90万元，同时续展认定“甘露及图形”等西藏自治区第一批著名商标10件，切实保护了商标所有人的合法权益。

一、全面开展商标行政保护工作，全力维护商标所有权人的合法权益

（一）统一思想，周密部署

2009年是中华人民共和国成立60周年和西藏自治区民主改革50周年，也是“十一五”的关键之年。根据全国工商行政管理工作会议精神和全区工商行政管理工作会议的安排部署，西藏自治区工商行政管理局制定印发了《2009年全区商标管理工作要点》文件，全区各级工商部门以保护涉农商标、地理标志、食品商标、药品商标、驰（著）名商标、涉外商标为重点，继续加大商标行政执法力度，严厉打击商标侵权行为，坚决遏制假冒商标行为，严厉查处商标侵权违法案件。一是开展食品、药品、饮品、化妆品、服装等重点商品专项整治；二是开展侵犯驰名商标、著名商标、涉外商标案件整治行动；三是开展涉农商标、农产品商标、地理标志案件的整治；四是查处印刷企业擅自印制商标违法案件，积极探索对定牌加工企业商标使用的监管，有力地打击了商标侵权假冒行为，维护了公平竞争的市场秩序。2009年在商标专项执法行动中，共出动了执法人员1250人次，检查各类经营户6330户，检查商品交易市场1100个，查处商标侵权案件49件，案值92.8万元，罚款3.7

万元。

(二)突出重点，狠抓落实

针对当前西藏自治区商标侵权假冒活动的规律和特点，不断强化措施，积极维护商标权人合法权益，把保护注册商标专用权作为行政执法的一项重要工作不断推向深入。一是突出重点领域和重点环节，进一步加大商标行政监管力度，以保护涉农商标、地理标志、食品商标、药品商标、驰(著)名商标、涉外商标为重点，严厉打击商标侵权行为，坚决遏制假冒商标行为，严厉查处商标侵权违法案件，切实维护商标注册人的合法权益。二是加强批发、零售市场专项整治，依法规范市场主办者和经营者的行为，开展“商标授权经营制度”试点工作，各地、市对成规模的批发、零售市场选点2～3个，开展商标规范化监管，完善制度，促进形成市场主办者和进场商户尊重他人商标专用权、自觉不(进)卖假冒商标商品的良好市场环境。三是加大展会商品商标的监管力度，开展对展会商标的监管工作。深入开展傍名牌专项执法行动，切实保护经营者和消费者的合法权益，维护公平竞争的市场秩序。四是加大涉台商标保护力度，严厉查处侵犯涉台注册商标专用权行为。五是加大世博会及亚运会的标志保护力度，为上海世博会及广州亚运会的举办创造良好的知识产权保护环境。六是加大市场巡查力度，及时发现商标侵权假冒活动的苗头，坚决收缴侵权商标标识和商品，从重从快处理商标侵权案件，狠抓对商标侵权大要案件的查处。七是加大对商标印制企业的监管，重点打击非法印制商标行为，规范经营者的印制行为，从源头上遏制商标侵权行为发生。八是开展专项整治执法行动，积极落实国家工商行政管理总局交办的“长城”中国驰名商标和“奥索卡”商标侵权案件的查处工作。

二、坚定不移地实施商标战略，推进商标的培育和发展工作

西藏自治区工商行政管理局商标管理工作始终把鼓励、引导、培育商标注册使用工作放在首位，紧紧围绕“一产上水平、二产抓重点、三产大发展”的工作思路，立足西藏特点，加大对特色农牧业、民族手工业、土特产品商标的培育与发展。积极深入各大企业及旅游景点挖掘和培育商标，在培育和发展农畜、特色产品、高原绿色食(饮)品、旅游产品等商品商标、服务商标的基础上，注重挖掘和培育人文景观、自然景观、生物资源等证明商标，打造一批具有西藏特色、传统文化特点的商品品牌，促进西藏经济快速发展。深入各大企业及旅游景点挖掘和培育商标，在培育和发展农畜、特色产品、高原绿色食(饮)品、旅游产品等商品商标、服务商标的基础上，注重挖掘和培育人文景观、自然景观、生物资源等证明商标。一是加大宣传力度，广泛开展商标法律知识的宣传普及活动，采取印发宣传资料，举办专题讨论、现场咨询、上门服务等多种形式，宣传《商标法》及其实施条例、《集体商标证明商标的注册和管理办法》《驰名商标认定和保护规定》，宣传农副产品商标战略的重要意义，提高农畜产品生产、经营者的商标意识。二是进一步加大农畜产品和地理标志的培育力度，积极开展“一县一标”“一所一标”工作。即每县、每个工商所每年至少引导、帮助辖区内一个产品申请注册商标，扶持其成为当地特色商标，提高商标注册积极性。三是在实施商标富农战略中，各级工商部门为企业、个体工商户、农牧民合作组织提供商标设计、代理、制作等相关服务，积极拓宽商标注册服务领域。目前全区商标注册已达到1571件。四是根据国家工商行政管理总局《关于贯彻落实〈国家知识产权战略纲要〉 大力推进商标战略实施的意见》，成立了西藏自治区工商行政管理局商标战略实施领导小组，全面负责商标战略实施的组织领导工作，进一步加强领导，强化责任，完善措施，坚持不懈地抓紧抓好，积极发挥商标战略实施在服务西藏自治区经济社会发展中的重要作用，指导和鼓励、支持各类市场主体大力发展自主商标、自主品牌，不断强化对企业申报驰名、著名商标的指导，提高经营者的品牌意识，积极推进全区品牌战略的实施。结合西藏自治区实际情况，推荐西藏山南地区工商行政管理局为国家商标战略实施示范城市(区)，推荐西藏自治区藏药厂为国家商标战略实施示范企业，全面提升企业创立自主品牌意识，增强商标运用和应对竞争的能力，引导企业改进竞争模式，加强技术创新，提高产品质量和服务质量，丰富商标内涵，增加商标附加值，提高商标知名度，创立知名品牌。五是为积极推进西藏自治区品牌战略实施，全面落实全区工商工作会议确定的商标发展任务，提高企业、商户和农牧民的商标注册、使用、管理与保护意识，培育和发展地方特色产品商标。六是积极开展西藏自治区第一批著名商标续展认定工作，根据《西藏自治区著名商标认定与管理暂行办法》的规定，经过安排部署、宣传动员、组织引导、申报材料的形式审查和实质审查五个阶段，续展认定西藏自治区藏药厂“甘露及图形”等10件商标为西藏自治区著名商标，同时撤销西藏五谷酿酒有限公司的著名商标“藏乡及图形”西藏自治区著名商标的资格。七是筹办了中国驰名商标及第五批西藏自治区著名商标授牌表彰大会，评审认定西藏自治区第五批著名商标10件，通报表彰“藏缘”“圣鹿”中国驰名商标2件。同时准备材料，制作展板，积极参与国家工商行政管理总局在长春和重庆举办的“中国驰名商标企业辉煌业绩展示”博览会，积极宣传西藏企业的形象。

（西藏自治区工商行政管理局）

版权工作

2009年，西藏自治区版权局在自治区党委、政府的领导和国家版权局的工作指导下，深入学习贯彻落实科学发展观，按照高举旗帜、围绕大局、服务人民、改革创新的总体要求，紧紧围绕自治区党委、政府的中心工作，采取有效措施，强化监管力度、提高服务水平，扎实开展各项工作，为西藏的经济发展、社会局势稳定作出了新的贡献。

一、行政管理机构建设得到加强，行政管理能力进一步加强

2009年是西藏自治区新闻出版（版权）系统大事多、喜事多的一年，在新一轮地方政府机构改革中，在自治区党委、政府的高度重视下，新闻出版（版权）行政管理机构得到加强，全面提升了新闻出版（版权）行政管理能力。一是根据中共中央办公厅、国务院办公厅《关于印发西藏自治区人民政府机构改革方案》的通知精神，设立西藏自治区新闻出版局（版权局）（正厅级），该局为自治区人民政府直属机构，升格后的自治区新闻出版局（版权局）职能、职责、内设机构和人员编制得到了进一步加强。二是按照自治区党委办公厅、政府办公厅《关于印发西藏自治区人民政府机构改革方案的实施意见》的通知精神，全区七地（市）文化局新闻出版（版权）局实行一个机构两块牌子，各县（市、区）成立文化广电新闻出版局，彻底改变了西藏新闻出版（版权）行政管理高位截瘫的状况，行政管理体制更加理顺，行政管理能力进一步加强。

二、强化版权执法力度，严厉打击各种侵权盗版行为

突出工作重点，认真开展打击网络侵权盗版专项治理行动。根据《2009年中国保护知识产权行动规划》和国家版权局、公安部、工业和信息化部《关于印发〈2009年打击网络侵权盗版专项治理行动方案〉的通知》的工作部署和要求，西藏自治区版权局联合自治区有关部门，认真开展打击网络侵权盗版专项行动。一是高度重视，周密部署。接到《关于印发＜2009年打击网络侵权盗版专项治理行动方案＞的通知》后，西藏自治区版权局及时召开了2009年打击网络侵权盗版专项行动工作会议。会议转达了通知精神，结合西藏实际，认真研究自治区互联网侵权盗版问题，精心部署打击网络侵权盗版专项行动工作。会后，制定了《西藏自治区2009年打击网络侵权盗版专项行动方案》（以下简称《行动方案》），《行动方案》明确了工作思路、目标及工作责任，提出了专项行动的工作措施。同时，自治区版权局挑选熟悉著作权法律法规，掌握互联网技术的工作人员，组建2009年打击网络侵权盗版专项行动小组，做好各项准备工作，积极推进专项行动。二是加强制度建设，建立长效机制，进一步完善联合执法的工作机制。根据“完善多部门联合执法机制”的工作要求，由自治区版权局牵头联合自治区公安厅、自治区通信管理局，共同建立联合执法工作机制。联合执法工作机制规定，自治区版权局负责对区内的互联网站非法传播影视、音乐、文学、新闻等作品活动进行监控，受理相关侵权投诉；通信管理部门根据自治区版权执法部门的要求，对未经许可备案的网站以及已经许可或者备案的直接提供内容服务的网站的非法传播行为实施停止接入、关闭网站等措施；公安机关负责网络侵权盗版刑事案件的查办工作，依法配合版权执法部门现场执法、通过技术手段获取证据、接受版权部门查处的涉嫌犯罪的网络侵权盗版案件的移送并侦查办理。三是突出重点，加强监管，打击网络侵权盗版行动成效明显。专项行动紧紧围绕网络影视传播、文学网站、网络新闻转载等重点领域，加强对大型网站及专门从事传播音乐、电影、软件、图书、游戏等内容的网站的监管。

在专项行动中，西藏自治区版权局紧紧围绕网络影视传播、文学网站、网络新闻转载等重点领域，加强对大型网站及专门从事传播音乐、电影、软件、图书、游戏等内容的网站的监管。累计出动

200 余人次，清查、检查各类网站累计 2300 余家，进一步规范互联网传播作品行为，切实维护了正常的互联网传播作品秩序，保护了权利人的合法权利。

注重常态化管理，加强版权日常监管工作。在开展各种专项行动的同时，根据西藏自治区出版物市场的实际情况，采取多种措施，加强版权日常监管工作，使版权保护工作常态化。一是组织执法人员，采取随机取样、集中鉴定等方式，定期或不定期地对出版物市场上的盗版书刊、音像制品以及计算机软件等进行检查，把握侵权盗版出版物的动态，追查盗版出版物的来源，为版权执法提供依据。二是开展清查盗版音像制品、盗版计算机软件以及各种书刊的执法行动。组织执法人员对区内图书报刊、音像制品以及计算机软件市场进行检查，清查侵权盗版出版物。三是根据国家版权局、全国“扫黄打非”办公室、文化部和教育部《关于加强图书馆著作权保护工作的通知》精神，联合自治区文化厅、教育厅，向全区各级图书馆下发了《关于加强图书馆著作权保护的通知》，切实加强了图书馆著作权保护工作，提高了图书馆版权管理和版权保护水平。据统计，2009 年，西藏自治区版权局共出动执法人员 300 余人次，清查各类出版物市场 650 多家，查缴侵权盗版出版物 305 206 册(张)，其中图书、期刊 14 822 册，音像制品 267 457 张，计算机软件 14 793 份，电子出版物 8134 份。通过常态化管理，进一步整顿和规范了出版物市场，有力维护了著作权人的合法权益。

三、强化宣传力度，大力宣传著作权法律法规

注重宣传工作，转变宣传理念，改变宣传方式，开展了内容丰富、形式多样的著作权法律法规宣传活动，营造了尊重劳动、尊重知识、尊重人才、尊重创造的良好社会氛围。一是充分利用报刊、电视、广播等媒体，通过专题报道、案件分析、介绍版权知识等多种形式，积极向社会公众宣传著作权法律法规知识。二是在“3·15 消费者权益保护日”“4·26 世界知识产权日”“12·4 法制宣传日”等重要宣传活动期间，在拉萨市等主要城镇开展集中宣传活动。通过设立法律、法规咨询点，向社会公众介绍识别侵权盗版出版物知识，提供著作权法律法规咨询，发放宣传材料，大力宣传改革开放 30 多年来我国知识产权保护工作取得的成果和我国政府保护知识产权的政策措施，增强全社会的版权保护意识。三是结合版权执法活动，强化日常宣传工作。结合专项治理行动和日常监管活动，在查处侵权案件、调解版权纠纷、开展著作权登记等过程中，努力向当事人讲解著作权法律法规。

2009 年，在各项宣传活动中，自治区版权局向社会公众发放《中华人民共和国著作权法》《中华人民共和国著作权法实施条例》《计算机软件保护条例》《出版管理条例》《印刷业管理条例》等宣传资料共计 1800 余份，接受群众咨询 300 多人次，提供各种法律法规咨询 500 余条，营造了良好的版权宣传氛围。

(西藏自治区版权局 版权处)

司法工作

2009 年，西藏全区法院共审理知识产权案件 27 件(含旧存 16 件)，其中一审案件 20 件(含旧存 15 件)，二审案件 7 件(含旧存 1 件)；审结 15 件。一审案件中拉萨中级人民法院审理 18 件，日喀则地区中级人民法院审理 1 件，昌都地区中级人民法院审理 1 件；二审案件 7 件均为西藏高级人民法院审理。案件类型分布为侵犯专利权纠纷 18 件，侵犯商标权纠纷案件 7 件，侵犯著作权纠纷案件 1 件，不正当竞争案件 1 件。审结案件的结案方式为：判决 5 件、调解 3 件、裁定 7 件。

一、审理案件的基本特点

从近年来西藏自治区知识产权案件的审判情况看，商标侵权纠纷案件是各地区受理案件的主要类型，即全区在部分中级人民法院均受理过商标侵权案件。由于最高人民法院对涉及驰名商标认定的知识产权案件的管辖集中到自治区首府所在地中级人民法院，并加强了此类案件的判前审核制度，2009 年除拉萨市中级人民法院外，其他中级人民法院均未再新收商标侵权纠纷案件(日喀则中级人民法院新收 1 件，为 2008 年底起诉案件)；同时，拉萨市中级人民法院因管辖全区涉及驰名商标司法认定的商标纠纷案件以及专利、技术合同等案件，该院的知识产权审判压力较往年有所增加。

二、知识产权审判工作取得的成效

(一)积极开展法制宣传

为配合《国家知识产权战略纲要》的贯彻实

施，根据最高人民法院与其他23家单位联合制订的2009年全国知识产权宣传周活动方案，西藏高级人民法院抽调该院民事审判法官，并联合拉萨市中级人民法院进行了以“文化·战略·发展”为主题的“4·26知识产权法制宣传”活动，这次活动共发放资料2000多份，起到了较好的知识产权法律宣传作用。

(二)严格规范驰名商标的认定

根据最高人民法院的有关规定，对驰名商标的认定，应贯彻严格、规范、从严和从紧原则，不能轻易认定。确有必要认定的，经中级人民法院审理后，须在判决前报西藏高级人民法院审核。近几年，西藏自治区法院受理涉及驰名商标认定的商标侵权案件共计33件，但西藏自治区法院司法认定驰名商标的案件仅为6件，占要求认定驰名商标案件总数的18%，证明西藏自治区法院对此类案件把关较严，符合最高人民法院的相关规定，在评查中也未发现已认定驰名商标的案件存在违法操作等现象。

(三)认真开展案件评查工作

按照最高人民法院的有关通知精神，经主管院领导同意，西藏高级人民法院知识产权庭集中在四月份对西藏自治区所有涉及驰名商标认定的案件进行了评查；专门成立了以李从仁庭长为组长的评查小组，先后对拉萨、日喀则、那曲、林芝4个认定过驰名商标案件的地(市)中级人民法院所认定的6件驰名商标案件逐一进行评查，写出评查报告，并及时上报至最高人民法院。

(四)业务学习情况

针对知识产权法律、法规修改、完善及新出台法律、司法解释较多的状况，着重加强了对相关业务知识的学习力度。一是在院党组的支持下，积极参加各类业务培训活动。一年来，先后有两名同志参加了专利、反垄断方面的三次培训，开拓了眼界，增长了知识。二是充分利用闲暇时间，自学业务知识。做到始终不放松学习，坚持向书本学，从网络学，遇到不懂的，积极向同志们请教，通过多渠道的学习，弥补了认识上的欠缺，丰富了各类知识的储备。

(西藏自治区高级人民法院知识产权审判庭)

检察工作

2009年，西藏自治区检察机关充分发挥法律监督职能作用，围绕监督立案和督促移送，深入开展立案监督专项行动，积极完善行政执法与刑事司法相衔接工作机制，整合行政执法和刑事司法资源，使行政执法与刑事司法衔接工作机制更加制度化、程序化，加大对侵犯知识产权犯罪的打击力度，取得了一定的成效。

完善行政执法与刑事司法相衔接工作机制，是中央为加大对包括侵犯知识产权在内的破坏社会主义市场经济秩序犯罪以及其他犯罪的打击力度，建立整顿和规范市场经济秩序长效机制的一项重要工作。积极推动行政执法与刑事司法衔接机制建设，有利于检察机关拓展法律监督渠道，加大法律监督力度，完善法律监督职能。同时，检察机关在刑事司法系统中监督者的定位，也有利于协调做好行政执法与刑事司法衔接中的分工、沟通和制约工作。

西藏自治区各级检察机关积极行动，加强与公安机关、行政执法机关的工作联系，协调配合，集中力量打击包括侵犯知识产权在内的违法犯罪活动。督促行政执法机关及时移送案件，监督公安机关及时立案侦查包括侵犯知识产权在内的涉嫌犯罪案件，促进了行政执法与刑事司法的有效衔接。为进一步推动和规范行政执法与刑事司法相衔接工作，由西藏自治区检察院牵头与自治区公安厅、工商行政管理局、烟草专卖局等13家行政执法部门会签了《关于行政执法机关移送涉嫌犯罪案件几个具体问题的规定》，从而有力地推动了行政执法与刑事司法相衔接工作。西藏自治区各级检察机关结合实际情况，针对突出问题开展集中监督行动，将立案监督、侦查活动监督专项行动和行政执法与刑事司法相衔接工作机制有机结合，互为依托，促进工作扎实、有效的开展。

2009年，西藏自治区各级检察机关充分发挥法律监督职能，加强对行政执法机关抄送的侵犯知识产权案件《行政处罚决定书》副本的审查工作，对涉嫌犯罪的及时提出移送公安机关的建议，监督公安机关及时立案侦查侵犯知识产权犯罪案件。严肃查办侵犯知识产权违法犯罪背后的国家工作人员的职务犯罪，坚决打掉其“保护伞”，在立案监督和审查批准逮捕、审查起诉中注意发现和掌握侵犯知识产权违法犯罪背后的国家工作人员职务犯罪线索，对于涉嫌构成犯罪的坚决依法查办。

（最高人民检察院侦查监督厅）

陕西省

专利工作

2009年，在陕西省委、省政府的正确领导下，在国家知识产权局的大力支持下，全省知识产权工作者同心协力，围绕建设西部强省总体目标，解放思想、开拓进取，积极应对国际金融危机的冲击，充分发挥知识产权在调整产业结构、增强核心竞争力中的重要作用，扎实开展工作，取得了可喜的成绩。

一、知识产权创造能力大幅增强

一是知识产权申请再创新高。2009年，陕西省专利申请继2008年过万件后再次突破，达到15 570件，同比增长30.9%，连续4年保持30%以上的增长幅度；累计专利申请量也突破了8万件，达80 263件。

二是知识产权申请质量不断提高。2009年，全省发明专利申请5858件，列全国第十一位，同比增长55.2%，比全国平均增速高37.5个百分点。PCT申请量跃居全国第八，达到108件，同比增长116%。职务发明申请11 376件，占年申请量的73.1%，比全国平均值高18.1个百分点，占比位列上海、北京之后，居全国第三位。

三是企业知识产权创造能力增强。2009年，企业专利申请增速迅猛，达到7062件，同比增长76.3%，比全国平均增速高42.9个百分点，申请量前移两位，列全国第十四位。

二、知识产权战略实施工作扎实推进

2009年，陕西省知识产权协调领导小组成员单位制定了2009年知识产权战略推进工作实施计划。协调领导小组办公室先后两次对战略实施情况进行检查，召开战略宣讲暨战略实施座谈会，并于2009年12月17日举行了"陕西省知识产权战略推进计划2009年执行情况"新闻发布会，介绍了陕西省知识产权战略实施的有关情况。各市（区）组织开办知识产权战略讲座、举办知识产权战略培训研讨班，开展知识产权战略宣传，营造有利于知识产权战略实施的良好氛围。

三、应对金融危机措施得力

陕西省知识产权局加大企业知识产权工作力度，深入企业调研，与相关部门组织召开了"实施知识产权战略　应对金融危机"座谈会，及时出台了帮助企业运用知识产权"保增长、促发展的十条工作措施"，明确要求"减轻企业的负担""激励企业创新成果产权化"。在此基础上，陕西省知识产权局向省政府上报了《企业运用知识产权应对金融危机调研报告》，为决策提供参考。国家知识产权局在《信息专报》上编印了"陕西企业运用知识产权应对金融危机的经验"，新华社《内部参考》第69期以"陕西企业依托知识产权应对国际金融危机"为题编发了陕西省的经验。

四、知识产权优势企业培育成效显著

陕西省自2007年启动知识产权优势企业培育工作以来，共培育优势企业40家。2009年确定了西安富士达科技股份有限公司等12家企业为陕西省第三批知识产权优势培育企业，同时启动了知识产权优势企业认定工作，确定了陕西省首批5家知识产权优势企业，对陕西省企业知识产权制度的运用起到积极的引导作用。

2009年1月25日，胡锦涛总书记在陕西视察时，参观了陕西省4家知识产权优势培育企业。其中，陕西法士特汽车传动集团有限公司依靠自主研发拥有20多项专利，在国际金融危机冲击的情况下，2009年销售收入仍比上年增长20%，胡锦涛总书记对此高度评价，称赞这个成绩来之不易，鼓励他们进一步深化企业改革，进一步增强创新能力，始终保持产品技术优势，不断提高企业市场竞争力。

五、知识产权运用工作体系日趋完善

一是深入实施专利产业化孵化计划。2009

年，在装备制造、电子信息、生物制药、新材料、能源化工等领域确定33个省级专利技术孵化转化项目，陕西省财政资助资金300万元。这些项目孵化转化后预计可实现工业总产值17.33亿元，实现利税2.74亿元，并将形成一批新的专利产品，带动相关企业和产业的快速发展。各市(区)也结合本地区产业发展，共孵化转化项目261项。

二是发挥展示交易平台作用。2009年，陕西省积极组织580余项专利技术参加西洽会、杨凌农高会、专利展示交易周，获西洽会优秀组织奖，杨凌农高会优秀组织奖、优秀展示奖。在第十六届杨凌农高会上，陕西省成功举办了“第十六届农高会农业高新技术(专利)与风投资本对接活动”，仅“利乐包液态羊奶深加工项目”就融资8200万元。

三是扎实推进专利创业富民工程。2009年，陕西省举办了“专利创业富民论坛”，陕西省人大罗振江副主任、国家知识产权局甘绍宁副局长出席论坛。陕西省财政投入70万元资金，支持复转军人、农民等各类人员的8个专利项目进行创业、兴业、富民示范。陕西省编印了《专利创业手册》，开通了中国专利创业网。

六、知识产权保护力度不断增强

一是保护知识产权专项行动成效显著。2009年，全省范围内“雷雨”“天网”知识产权执法专项行动有了新的进展，共出动执法人员93人次，开展执法检查11次，检查商场30家，检查商品3731件。

二是知识产权维权援助中心作用显现。陕西省知识产权局制定了《陕西知识产权维权援助工作暂行办法》，整合资源，创建了“1+5”工作模式(即“12330”维权援助热线加知识产权服务直通车、知识产权维权援助合作单位、维权援助专家、知识产权预警机制、知识产权研究会)，2009年共接待法律服务32件，为6家企业提供了维权援助服务。

三是知识产权预警工作稳步推进。2009年预警工作重点在太阳能光伏产业、空调压缩机领域中进行，完成了《硅系太阳能电池专利预警分析报告》《制冷(空调)行业专利预警分析报告》，为企业和有关部门决策提供参考依据。

七、知识产权管理再上新台阶

一是知识产权行政管理职能得到加强。2009年，陕西省知识产权协调领导小组新增国资委中小企业局为成员单位。在新一轮机构改革中，陕西省知识产权局由事业单位调整为省政府直属行政机构，职能得到了加强。

二是知识产权试点示范工作取得进展。西安市、宝鸡市被国家知识产权局列为知识产权示范创建城市。彩虹集团顺利通过国家知识产权示范创建验收，被列为全国企事业知识产权示范单位。西安高新区通过了国家知识产权局试点园区的验收。确定了韩城市等12个县为陕西省首批知识产权强县工程试点县，其中韩城市等5个县同时被确定为全国首批知识产权强县工程试点县。

三是知识产权合作与交流步入新阶段。2009年，陕西省知识产权局承办了首次在京外举办的中日韩三国知识产权局局长政策对话会议，袁纯清省长专门会见了三国知识产权局局长。开展了中欧中小企业知识产权管理高级研修班、第十八届中日(西安)知识产权研讨会、专利合作条约西安高级研讨班、知识产权运用与执法国际视野培训班4个知识产权项目，与北京、河北、河南、安徽、江苏、湖北、武汉等省市知识产权局进行了不同层面的工作交流，开展多方位的合作。

八、知识产权服务体系更加完善

一是特色服务更加积极主动。陕西省根据全省产业发展需求，探索绘制了LED产业专利地图，提出了陕西省LED产业发展的建议。全年知识产权服务小分队服务企业216家，提供多种形式的知识产权服务。知识产权讲师团成员共开展宣讲活动61次。

二是信息服务更加便利。陕西省扩展了“中外专利信息服务平台”，截止到2009年12月，共收录国内专利410万条，国外专利2453万条。开通了远程专利信息检索服务窗口，西安高新区、西安经开区、宝鸡高新区实现了专利信息资源共享。新建了核桃产业、医药产业、太阳能光伏产业三个(专题)专利数据库。2009年免费为陕西省企事业单位和个人检索国内外专利1093项，提供相关知识产权咨询服务1275人次。

三是中介机构服务更加深入。2009年，西安代办处共受理专利申请12 474件，占申请量的80.13%。知识产权代理机构深入企事业单位开展代理工作，全年代理专利申请12 062件，占申请量的77.46%。全省共12人取得代理人资格，实施了第二批专利代理人助理计划，有效缓解了陕西省专利代理人不足的现状。

九、知识产权宣传培训卓有成效

一是宣传形式灵活多样。陕西省知识产权局开展了以“文化·战略·发展”为主题的“保护知识产权宣传周”活动，通过做报告、知识问答、街头宣讲、执法检查等方式宣传知识产权。各地市知识产权管理部门也在宣传周期间开展了形式多样的宣传活动。

二是培训工作针对性强。陕西省确定了15名第二批高层次知识产权人才培养人选。首次举办了陕西省高层次知识产权人才研修班。制订了《2009年全省知识产权培训计划》，举办了知识产权战略、知识产权实务以及生物医药、农业等领域的知识产权培训班139班次，共培训各类人员18 054人次。

（陕西省知识产权局　孙振东）

商标工作

2009年，陕西省商标监管工作按照国家工商行政管理总局的总体方针和全省工商行政管理工作会议的安排部署，坚持综合治理、突出重点、加强服务、促进发展的方针，以维护公平公正市场秩序、促进经济平稳较快发展为目标，以打击商标侵权假冒行为、保护企业和消费者合法权益为重点，以实施商标战略、推进企业品牌建设和社会主义新农村建设为抓手，以推进法制建设和制度创新、着力提高监管执法效能为着眼点，进一步加强职能建设，强化服务工作，加大整顿和规范市场经济秩序工作的力度，较好地完成了年度各项工作任务。

一、加大对商标法律法规的宣传，认真开展了“4·26保护知识产权宣传周”活动

为推进陕西省商标战略的实施，进一步增强企业和全社会的知识产权意识，提高陕西省企业运用知识产权制度参与竞争的能力和水平，全省各级工商行政管理部门在陕西省工商行政管理局的统一安排部署下，于2009年4月20日至26日在全省范围内开展了以“文化·战略·发展”为主题的“保护知识产权宣传周”活动。在宣传周活动中，各级工商部门从“依法打击商标侵权行为，强化企业商标维权意识”入手，加强与版权、专利、公安等部门的协作，充分利用广播、电视、报刊、网络等媒介，采取户外大型宣传与现场法律咨询相结合，宣传商标法律法规与宣传陕西省驰、著名商标相结合，展示保护注册商标专用权成果与公布商标侵权典型案例相结合，答疑解惑与受理企业投诉举报相结合的方法，营造全社会保护知识产权的良好氛围。西安市工商行政管理局在《西安日报》开设专栏，每期安排四分之一版面宣传展示驰、著名商标企业。杨凌工商行政管理局与示范区知识产权局等单位联合举办知识产权培训会，邀请司法界专家结合案例就著作权、技术合同纠纷、商标纠纷案涉及的法律问题从三个方面对参会者进行了培训。据不完全统计，在宣传周活动中，共设置宣传点200余处，出动宣传车100余辆，悬挂宣传横幅、条幅2800余条，制作摆放普法知识展板700余块，印发各种宣传材料65 000余份，受众80 000余人次。通过开展普法宣传，营造了良好的社会舆论氛围。

二、加强对商标知识和商标法律法规的培训，启动了商标讲师团巡回讲座

为了深入贯彻全国工商系统“一所一标”现场会议的精神，更好地宣传和普及商标法律法规，提高广大商标所有人的确权、用权、维权意识，促进企业更好地制定和运用商标战略开拓市场，更好地落实“商标富农”战略，打造更加鲜亮的陕西品牌，陕西省工商行政管理局组织了由商标监管干部、研究人员、商标代理机构等有关人员参加的陕西省工商行政管理局商标知识讲师团，2009年先后三次在西安、安康、延安举办讲座，300余家驰名、著名商标企业，30余家商标代理机构的代表和500余名工商干部参加了讲座。讲师团的讲师从不同侧面介绍了商标的国际、国内背景和形势，系统地分析了陕西省企业在运用商标战略促进发展中存在的问题，强调了陕西企业商标发展的重要性和紧迫性。生动活泼的形式，专业理论与经典案例的讲述与分析，受到与会代表的热烈欢迎。此外，各市级工商行政管理局也积极组织开展培训活动，特别是西安市行政管理局2009年举办各类培训班21期，培训商标执法人员、企业商标管理人员和商标代理人2000余人。

三、积极引导企业运用商标战略开拓市场，认真做好驰、著名商标的认定和推荐工作

为推进陕西省商标战略的实施，提高企业的

品牌意识和商标注册意识，积极引导企业正确运用商标战略开拓市场，鼓励和帮助企业争创驰、著名商标，全省工商行政管理部门一是加强商标战略实施工作的领导，认真研究制定贯彻落实的措施。为贯彻落实《国家知识产权战略纲要》，大力推进商标战略的实施，明确各项商标战略任务，充分发挥商标促进经济社会又好又快发展的作用，陕西省工商行政管理局根据国家工商行政管理总局《关于贯彻落实〈国家知识产权战略纲要〉 促进商标战略实施的意见》和全国战略工商行政管理系统贯彻落实:《国家知识产权战略纲要》 大力推进商标战略实施工作"会议的要求，成立了陕西省工商行政管理局商标战略实施领导小组，并在充分调研论证的基础上，代省政府草拟了《陕西省人民政府关于大力推进商标战略实施的意见》，12月28日已经省政府常务会议审议通过。二是加强对企业商标工作的指导，认真推行《商标法律告知书》《商标注册建议书》和《商标策略提示书》三项行政指导措施，全年共发送《商标注册建议书》和《商标策略提示书》2062件，接待企业商标注册等咨询3100余户。三是探索和建立流通领域商标使用长效监管机制，积极开展商标授权经营制度的试点工作。为认真贯彻落实国家工商行政管理总局关于在大中城市推行"商标授权经营制度"的工作要求，进一步加大商标保护力度，切实规范商标使用许可行为，从源头上防范商标侵权行为发生，提高经营者的商标保护意识，保护商标所有人和消费者的合法权益，建立流通领域商标使用秩序的长效监管机制，陕西省工商行政管理局在借鉴北京市、上海市工商行政管理局工作经验的基础上，结合陕西省实际，下发了《关于开展商标授权经营管理工作的通知》，按照学习经验、制订方案、组织试点、总结完善、逐步推开的原则，对全系统商标授权经营管理工作进行了安排和部署。目前，此项工作正在按计划开展。四是认真做好陕西省著名商标认定工作。根据年度工作安排，年初陕西省工商行政管理局起草下发了《关于组织申报陕西省著名商标工作的通知》，对2006年认定的陕西省著名商标有效期已满需重新确认和2009年继续开展著名商标认定工作进行了具体安排部署。各市工商行政管理局在考察、初审的基础上，向陕西省工商行政管理局推荐上报了候选商标。经陕西省工商行政管理局进一步审查，认定311件商标为陕西省著名商标。同时，陕西省工商行政管理局还根据企业投诉，经过调查核实，在商标案件行政处理中，报请国家工商行政管理总局依法认定陕西重型汽车有限责任公司等12家企业的"陕汽及图形""西玛"(电机)"汉德"(车桥)等12件商标为"中国驰名商标"。其中"陕汽及图形""西玛""汉德"2009年4月份已被国家工商行政管理总局商标局认定为中国驰名商标。

四、加强商标行政保护，扎实开展了保护注册商标专用权系列专项检查

一是开展了保护"银桥"商标专用权专项检查。2009年初陕西省工商行政管理局接到西安银桥生物科技有限公司的投诉，反映在榆林市场上发现大量销售河南济源绿欣乳制品有限公司生产的"银娇"牌液态奶，严重侵犯了"银桥"商标专用权。之后立即启动商标专用权省际协作机制，在第一时间和河南省工商行政管理局取得联系后，迅速派出3名干部带领企业有关人员赴河南维权，在河南省工商行政管理局的鼎力协助下，对生产厂家进行了严厉查处。行动中，共查扣侵权产品1206箱，外包装箱4100个，内包装材料360千克，罚没款3万元。之后，又部署全系统于2009年1月16日至2月16日在全省范围内开展了保护"银桥"牌系列液态奶商标专用权专项检查，共出动执法人员5398人次，车辆900余台次，检查大小食品批发市场、商场、超市、社区奶站、城乡结合部商店、学校周边商店等各类门店17 550余户，收缴、查扣假冒"银桥"牌系列液态奶440箱(7920袋)。

二是开展了保护"太白"商标专用权专项检查。5月份，陕西工商行政管理局接到陕西省太白酒业有限公司的投诉，反映在渭南市区、富平县的市场上出现销售山西金太白酒业有限公司生产的"古藏太白酒"、成都市太白酒厂生产的"太白金星""太白情缘"系列白酒的违法行为，严重侵犯了该公司"太白"商标专用权。对此陕西省工商行政管理局一方面责成渭南市工商行政管理局立即安排部署检查，同时迅速派出督查组赴渭南进行督办。在省、市局的指导下，渭南工商执法人员兵分6路，重点对"古藏太白酒"总代理赛赛商行等6家商业网点及富平县城到庄里镇沿线店铺进行拉网式检查。检查中全市工商行政管理部门共出动执法人员632人次，车辆40余台次，检查糖果、烟酒批发部、商行、城乡结合部商店等各类门店860余户，收缴、查扣侵犯"太白"商标的系列白酒

103件。

三是开展了保护“康师傅”商标专用权专项检查。6月份，陕西省工商行政管理局接到西安顶益食品有限公司的投诉，反映市场上一些餐饮、食品经营户在门头上悬挂“康师傅”的文字商标和图案，侵犯了该公司的商标专用权后，陕西省工商行政管理局立即部署全系统于2009年6月24日至6月30日，在全省范围内开展了保护“康师傅”商标专用权专项检查。共出动执法人员5012人次，车辆752台次，检查涉及“康师傅”商标专用权的餐饮、食品经营户等各类门店6844余户，责令拆除更换170户，罚没款5400元。特别是2009年6月15日，陕西省工商行政管理局根据陕西重型汽车有限公司的举报，采取省、市、区局联动的形式，组织西安市工商行政管理局和所属双生分局的执法人员，对港中石化（西安）有限公司未经商标权利人许可，擅自盗用“陕西重卡机油”“陕西重卡齿轮油”注册商标销售其假冒产品的违法行为进行了突击检查，现场收缴侵权商标标识10 000余份，并对侵权当事人港中石化（西安）有限公司作出了罚款12万元的行政处罚。7月29日，陕西重型汽车有限公司的领导率领有关部门的同志，专程送来一面写有“执法严明　品牌卫士”的锦旗，对陕西省工商行政管理局依法行政护企维权的行为表示由衷的感谢。通过开展保护注册商标专用权专项检查，严厉打击了商标侵权行为，维护了商标注册人的合法权益。

此外，各市工商行政管理局还根据当地实际，先后开展了保护“茅台”“花花公子”“长城”“华夏”“汉斯”“联想”等商标专用权行动。截至10月底，据不完全统计，全省工商系统在开展保护注册商标专用权行动中共出动执法人员11 500余人次，车辆1650余台次，检查商品交易市场3200余个，检查企业和个体工商户8000余户，查办商标案件993件，罚没款金额440余万元，收缴侵权商品15 400余件，收缴商标标识32 800余件（套）。

五、认真实施商标富农行动，“一所一标”工作不断深化开展

2009年以来，全省各级工商行政管理部门认真贯彻落实全国工商行政管理系统“一所一标”工作现场会精神，进一步解放思想，转变职能，完善工作机制，不断夯实和深化“一所一标”工作。一是建立健全目标责任体系，认真落实每个乡镇工商所每年帮助辖区内的涉农企业或农民专业合作社申请注册1件农产品商标的任务，并纳入年度目标考核内容，任务落实到人，形成局抓所、所对村的工作机制。汉中市工商行政管理局分解2009年“一所一标”培育商标注册任务80件，已有124件商标向国家工商行政管理总局商标局提交了注册申请。二是加强调查研究，科学制定发展规划。为确保“一所一标”工作扎实有效的开展，各级工商行政管理部门先后认真开展了对辖区未注册商标、具有地理标志特征农副产品的普查造册工作。通过普查，初步掌握了具有地理标志特征的农副产品资源的分布、类型、数量、品质特征、生产、流通、市场需求等情况，为工作开展奠定了基础。特别是汉中市、西安市工商行政管理局结合当地实际，制定了“申报一批、储备一批、培育一批”的商标三年阶梯培育规划，建立市著名、省著名、中国驰名三个梯次的商标品牌创建结构，初步形成品牌工业、品牌农业和品牌服务业相互促进的品牌经济发展格局。三是确定重点上门扶持，积极指导帮助涉农企业申请注册商标。各级工商行政管理部门在普查的基础上，对涉农未注册商标及无商标涉农企业有申请注册意向的，专门登记造册，并确定商标联络员对使用未注册商标的涉农企业和虽无商标但有申注涉农商标意向的企业及时发送《商标注册建议书》，积极指导帮助涉农企业申请注册商标。2009年全省各级工商行政管理部门共帮助农户和涉农企业申报农产品商标770件。其中：西安市工商行政管理局347件；汉中市工商行政管理局124件；咸阳市工商行政管理局92件；商洛市工商行政管理局57件；安康市工商行政管理局40件；延安市工商行政管理局33件；渭南市工商行政管理局27件；宝鸡市工商行政管理局25件；榆林市工商行政管理局18件；杨凌工商行政管理局4件；铜川市工商行政管理局3件。四是大力推广“龙头企业＋商标＋农户”的经营模式。汉中市工商行政管理局积极扶持已有注册商标的涉农龙头企业，以其商标品牌为核心，运用“龙头企业＋商标＋农户”的模式，组织农民进行产业化、订单化、品牌化经营，以促进农业增效、农民增收。目前已重点扶持“宁强雀舌”“五子”“定军名眉”等商标品牌运用该模式。

陕西省商标监管工作虽然取得了一定的成绩，但也存在一些问题，一是商标侵权假冒行为还没有从根本上得到杜绝，商标侵权假冒的行为还时有发生。二是一些企业对商标的使用还不够规范，特别是在利用知名商标对产品进行宣传上，还存在一些违规夸大的问题。三是商标监管工作在全省开展得还不够平衡，有的基层单位对保护注册商标专用权工作还重视不够，特别是在案件查处方面的力度还不大，专项整治工作在信息的统计、汇总和上报方面还不够及时和全面。四是企业的商标注册意识、品牌意识和保护意识还有待于进一步的提高，“一所一标”工作还有待于进一步探索、总结和深化。

（陕西省工商行政管理局）

版权工作

2009年，陕西省版权局认真贯彻落实科学发展观，锐意进取，开拓发展，在版权保护、版权贸易、版权宣传、版权管理、软件正版化、“走出去”等方面都取得新的进展。

一、加强版权管理和执法，严厉打击侵权盗版行为，提高版权保护水平

（一）开展打击网络侵权盗版专项行动

2009年，陕西省版权局与陕西省公安厅、省通信管理局联合部署，发出《关于印发＜陕西省2009年打击网络侵权盗版专项治理行动方案＞的通知》，在全省组织开展打击网络侵权盗版专项行动。陕西省版权局通过与相关部门协商，确定了主动监管重点网站的名单，发出《关于加强网络版权管理　依法传播使用作品的通知》，开展对网站的主动监管工作。在这次深入开展打击网络侵权盗版专项行动中，陕西省版权局还依据国际唱片业协会、逐浪网等投诉，处理7家网站版权纠纷，对省内大型网站进行检查监管，并指导全省各地开展专项治理行动。

（二）支持著作权集体管理组织工作

陕西省版权局支持和指导著作权集体管理组织在陕西省分支机构开展工作，规范作品使用秩序，维护著作权人的合法权益，遏止侵权盗版行为。

（三）提高执法人员素质

提高版权行政执法人员素质，积极组织执法人员参加培训学习。2009年，陕西省版权局组织版权行政执法、司法人员参加中国与欧盟联合举办的“中欧网络版权保护研讨会”，并组织全省各市版权执法人员参加国家版权局举办的基层版权执法人员培训班。

二、积极开展版权贸易，推动对外交流，促进版权产业发展

（一）组织参加第十六届北京国际图书博览会

2009年，陕西省版权局组织省内出版单位参加第十六届北京国际图书博览会。陕西省出版单位在此届展会上共达成51种图书的版权输出意向，31种图书的版权引进意向，签订版权引进合同1项，签约意向总量超过上届26种，版权输出意向数量首次超过引进数量。版权输出的种类涉及社科、少儿、教育类，如《图解经典图书系列》《中国自助游》《两宋风云》《梦幻的军团》《小学奥数举一反三》《令孩子着迷的100个地球真相》《百科小问号》《大学物理》《雅思考试》等，输出地有韩国、俄罗斯、荷兰、越南等国家和地区。

（二）陕西版权贸易中心筹建工作

陕西省版权局通过深入分析论证，不断丰富和完善版权贸易中心的架构和内容设计。一方面积极争取政府立项，争取政策扶持。另一方面通过中国（深圳）国际文化产业博览交易会等渠道进行宣传推介，招商引资，寻求合作伙伴。

（三）规范版权贸易秩序

消除版权贸易纠纷隐患，开展法律咨询与服务，2009年全年共审核登记版权贸易合同155项。

（四）加强网络信息发布

充实陕西省政府网站的版权贸易网页，及时更新版权贸易信息，推介版权贸易出版物，发布版权贸易公告，为企业开展版权贸易提供信息交流平台。

三、稳妥扎实推进企业软件正版化工作

陕西省推进企业使用正版软件工作联席会议是陕西省推进企业使用正版软件工作的组织协调机构，由陕西省版权局、省工业和信息化厅、省商务厅、省财政厅、省国资委、省工商联、陕西银监局、陕西证监局、陕西保监局九部门联合组成，陕西省版权局承担联席会议办公室职能。

（一）正版软件工作扎实推进

通过协调陕西省推进企业使用正版软件工作

联席会议有关部门，督导第二批省级软件正版化企业按计划推进工作。一方面通过建章立制，完善管理，另一方面积极多方筹措资金，购置正版软件并及时更换，确保第二批省级软件正版化企业使用正版软件工作扎实推进。

（二）全面部署2009年陕西省企业软件正版化工作

向陕西省各市（区）和省推进企业使用正版软件工作联席会议成员单位印发《陕西省2009年推进企业使用正版软件工作实施方案》，提出：要结合实际，积极分析新情况，解决新问题，确保推进企业使用正版软件工作，为国家信息化战略建设服务，为促进民族软件产业发展服务；要坚持“以大型企业为重点，以国有、外商投资、民营大型企业在先，中小企业在后依次推进”的原则，突出重点，逐步推进，明确推进企业使用正版软件工作的阶段性目标；要加强领导，密切协作，完善推进企业使用正版软件工作机制，进一步健全和完善省推进企业使用正版软件工作联席会议制度，加强各成员单位之间的协作，有效组织和指导全省推进企业使用正版软件工作；要加强培训宣传，动员社会力量，做好推进企业使用正版软件服务工作。

（三）确定2009年推进软件正版化工作对象

协调陕西省企业软件正版化联席会议各成员单位，确定52家企业作为2009年推进软件正版化工作的对象，发出《关于开展企业使用正版软件工作的通知》，对企业使用软件的自查、更换等工作进行了统一部署，提出明确要求，认真组织推进。

（四）开展第二批软件正版化工作示范单位评选和推荐工作

为鼓励使用正版软件企业的积极性，发挥使用正版软件典型企业的示范作用，根据国家推进企业使用正版软件工作部际联席会议办公室的安排，开展陕西省第二批“全国软件正版化工作示范单位”评选和推荐工作。

（五）进一步梳理全省企业使用软件状况

开展全省企业使用正版软件情况调研，进一步梳理全省企业使用软件状况，分析问题，提出切实可行的软件正版化工作措施。

四、扩大对外宣传和交流，积极实施“走出去”战略

2009年，陕西省版权局组织省内企业参加第五届中国（深圳）国际文化产业博览交易会，推介出版产业项目，招商引资，展示陕西省近年来出版产业的发展。组织了西安印刷包装产业基地中小企业工业园、中国版本图书馆音像出版物数据库综合平台、西北出版物物流配送中心、陕西版权贸易中心、《中华知识库》大型教育软件、图书电子数据有声化、可耐儿系列之《中华上下五千年》动画片、陕西印刷技工学校扩建升格项目、高清地方戏曲艺术片、渭南新闻大厦及报社院内开发项目等10个重点项目参会推介。通过开展交流、音像演示、散发宣传册、展板展示等多种宣传方式，扩大了陕西省新闻出版重点项目的知名度和吸引力，为这些项目的发展起到良好的推动作用。

在第五届中国（深圳）国际文化产业博览交易会上，由新闻出版总署科技与数字出版司及信息中心、陕西省新闻出版局（陕西省版权局）主办，西安高新区管委会、陕西出版集团、陕西旅游集团联合承办的“陕西数字出版展望暨中国版本图书馆项目战略合作”协议的签约仪式，在深圳会展中心举行。新闻出版总署文化教育音像出版物数据库项目落户西安高新区，进一步推动了陕西省数字出版产业的发展。

五、加强版权宣传，提高社会各界的版权保护意识

（一）开展“4·26保护知识产权宣传周”活动

2009年4月21日，为迎接第九个“世界知识产权日”，陕西省人民政府新闻办公室举行陕西省知识产权保护状况新闻发布会，公布《二〇〇八年陕西省知识产权保护状况》，陕西省新闻出版局（陕西省版权局）副局长吴丰宽出席发布会并介绍了全省版权保护工作情况，境内外30多家媒体40余名中外记者参加了新闻发布会。

（二）开展咨询活动

在“4·26保护知识产权宣传周”期间，与陕西省、市知识产权、工商、公安和质检部门联合在西安市大雁塔广场开展宣传活动，散发宣传材料，回答群众咨询。

（三）销毁盗版及非法出版物

参加陕西省“扫黄打非”办举办的侵权盗版及

非法出版物集中销毁活动，开展版权保护咨询宣传。

（四）组织收看大型主题晚会

组织行业各单位收看国家版权局主办的“版权在我身边”大型主题晚会。

（五）开展知识竞赛

与团省委加强协作，开展青少年版权保护知识竞赛活动。

六、做好版权管理和服务工作

做好作品自愿登记工作。加强引导和宣传，认真审核，严格把关，全年登记各类作品 147 件。指导陕西省版权保护协会开展培训、宣传等工作。

（陕西省版权局 版权处）

司法工作

2009 年，在和谐司法指导思想的引领下，陕西省法院知识产权审判人员始终坚持司法为民，积极推进审判方式改革，扎实开展审判工作，努力加强队伍建设，圆满完成了各项工作任务，取得了优异成绩。

一、审理案件的基本情况

2009 年，陕西法院新收知识产权民事纠纷一审案件 409 件，其中著作权案件 284 件、专利权案件 30 件、商标权案件 57 件、技术合同案件 11 件、其他知识产权案件 5 件、植物新品种案件 22 件，审结 487 件，调解、撤诉案件 359 件，调撤率为 73.7%。新收知识产权民事纠纷二审案件 59 件，其中著作权案件 33 件、专利权案件 11 件、商标权案件 10 件、技术合同案件 1 件、其他知识产权案件 2 件、植物新品种案件 2 件，审结 56 件，调解、撤诉案件 24 件，调撤率为 42.9%。与 2008 年相比，2009 年陕西省知识产权案件数量呈下降趋势，但著作权案件增长幅度较大，增长 59%。案件类型多样化，涉及专利、商标、著作权、技术合同、植物新品种、网络传播权和商业秘密等。

2009 年，陕西省法院审理了北京实益拓展科技有限公司与陕西三安科技发展有限公司确认不侵犯专利权纠纷、杨凌新西北种业有限公司诉陕西省泾阳县现代种业有限责任公司侵犯植物新品种权纠纷等一批社会关注度高的新型疑难典型案件，维护了社会正义和市场秩序，取得了良好的社会效果和法律效果。其中陕西省高级人民法院审理的杨凌新西北种业有限公司诉陕西省泾阳县现代种业有限责任公司侵犯植物新品种权纠纷案入选 2009 年中国法院知识产权司法保护 50 件典型案例。西安市中级人民法院被中国音像著作权集体管理协会、中国音乐著作权协会授予“卡拉 OK 保护先锋”称号。

二、知识产权司法保护的主要做法

（一）深化审判方式改革，探索知识产权审判新规律

一是严格执行案件流程管理。从立案、排期、送达，到开庭和合议的各个环节，严格遵守审限规定，制定了案件到庭后 1 个月内必须开庭、庭审后 15 日内必须合议等审限管理措施，实现了全年无超审限案件和收结案的良性循环。二是加强诉讼指导。从明确诉请，到举证、质证，告诉当事人在每个环节如何正确行使诉讼权利，切实保护他们的诉讼权利。三是加大调解力度。将调解贯穿于审判工作的全过程，耐心细致地做好当事人的思想工作，及时化解和疏导矛盾，争取做到案结事了。2009 年，全省知识产权案件调撤 383 件，调撤率达 67%。

（二）加强案件研究，妥善处理保护知识产权和维护社会公益的关系

2009 年陕西省法院受理的知识产权案件除了专利、商标和著作权等传统案件外，还受理了商业秘密、商品商标和服务商标冲突等新类型案件。为了适应工作需要，我们采取多种措施，努力提高审判人员的业务素质。一是坚持定期学习制度，每月集中 2 天以上时间学习新的法律规定和最高人民法院案例，指导审判实践。二是积极参加和举办各类新型案件研讨班。多次派员参加最高人民法院举办的反不正当竞争和网络著作权等研讨会。12 月，举办了陕西省知识产权审判工作座谈会，对知识产权案件审判情况进行交流总结，对全省法院优秀知识产权裁判文书进行了表彰。通过参加学习和培训，为审判经验交流和疑难法律问题研究提供了平台，有力促进了审判水平的提高。三是鼓励审判人员结合工作实践撰写调研文章。全省法院法官先后在《人民法院报》《人民法院案例选编》和《三秦审判》等刊物上发表文章数十余

篇。《司法鉴定与专家辅助人若干问题研究——以知识产权诉讼为视角》《侵权人分别实施侵害商业秘密及著作权的责任界定》分别获得《人民司法》有奖征文活动一等奖和三等奖。《侵犯商业秘密罪"重大损失"认定标准研究——对知识产权民事侵害赔偿认定方法刑法化的质疑》在全国法院第21届学术研讨会中获得二等奖。

（三）开展宣传活动，扩大知识产权审判的社会效果

陕西省各级法院与相关单位和新闻媒体合作，以多种形式开展知识产权司法保护宣传工作，在全省法院开展知识产权审判工作"优化自主创新司法环境"年度主题活动。通过《人民法院报》《中国知识产权报》《三秦都市报》《西安日报》、西安电视台等众多媒体，宣传报道陕西省知识产权审判的情况及重大案例。大力开展送法进校园、送法进企业、送法进社区等"五进"活动，扩大活动影响。通过上述活动，提高了全民知识产权法律意识，扩大了人民法院知识产权保护的社会影响。

（陕西省高级人民法院知识产权审判庭）

检察工作

2009年，陕西省检察机关努力践行科学发展观，紧紧围绕"强化法律监督，维护公平正义"的检察工作主题，充分发挥检察机关法律监督职能作用，努力实践刑事司法与行政执法衔接，依法惩治侵犯知识产权犯罪，同时注意查处违法犯罪活动的保护伞。采取有力措施保护知识产权，为陕西省经济社会健康、协调、有序发展，创造良好法制环境，作出了应有的贡献。

一、依法严厉打击侵犯知识产权犯罪

陕西省检察机关充分发挥检察职能作用，与行政执法机关、公安机关等部门密切配合，依法及时批准逮捕、起诉涉嫌侵犯知识产权的犯罪分子。据统计，2009年陕西省检察机关共受理提请批准逮捕涉及知识产权犯罪案件28件32人，批准逮捕25件26人，共受理起诉侵犯知识产权犯罪20件29人，起诉12件19人。还注重加强对重大案件的督办力度，如世界500强企业美国艾默生公司在亚洲的重点研发公司艾默生网络能源（西安）有限公司投资1亿元人民币开始研发"双馈风力发电变流器"，该产品投向市场一年多就获得了价值4亿多元的销售订单。上海某科技公司使用非法手段开始"挖墙脚"，曾经担任美国艾默生公司单板工程师、参与该产品研发的仇某、郑某分别于2008年6月、9月在跳槽前"领"走了该产品价值37万多元的CPLD物料等关键质材器件，使该产品核心技术秘密曝光。西安市雁塔区人民检察院指派专人提前介入此案，全程指导公安机关办理案件。后西安市雁塔区人民法院分别判处仇某、郑某有期徒刑一年半，缓刑两年。

二、强化措施，进一步完善行政执法与刑事司法衔接工作机制

构建行政执法与刑事司法相衔接工作机制，是建立整顿和规范市场经济秩序工作长效机制的迫切需要，是检察机关开展刑事立案监督工作的重要内容，陕西省各级检察机关进一步完善行政执法与刑事司法相衔接工作机制，结合实际，采取不同形式、方式推动行政执法与刑事司法相衔接工作机制向移送案件层面深入发展。各级检察机关认真总结行政执法与刑事司法衔接工作，以召开联席会议、制定实施办法、实施意见等方式不断强化行政执法与刑事司法相衔接机制。陕西省检察机关针对具体情况提出了"各级检察院应继续加强与有关行政执法机关建立联系、互通信息制度，督促行政执法机关及时向公安机关移送涉嫌犯罪案件"4项工作思路，从建立衔接机制向移送案件层面深入，积极推进行政执法与刑事司法相衔接工作的开展。

三、依托衔接机制，拓宽立案监督渠道

为进一步加强陕西省行政执法与刑事司法相衔接工作与联系，根据《陕西省行政执法与刑事执法相衔接工作机制的规定》，陕西省人民检察院会同省级17个行政执法部门召开了陕西省行政执法与刑事司法相衔接工作联席会议，通报了近几年来全省行政执法与刑事司法相衔接工作情况，讨论通过了《陕西省行政执法与刑事司法相衔接工作联席会议制度》，并以陕西省人民检察院和省整顿和规范市场经济秩序领导小组办公室、公安厅、监察厅的名义向各市下发了《陕西省行政执法与刑事司法相衔接工作联席会议制度》，明确了联席会议的工作职责和人员分工，规定了相应的工作制度，对加强陕西省检察机关与各行政执法部门的联系，及时掌握了解行政执法机关查处案件

的情况，防止包括侵犯知识产权在内的涉嫌犯罪案件的流失，确保检察机关对行政执法机关移送包括侵犯知识产权在内的涉嫌犯罪案件的有效监督提供操作性较强的工作依据。

对检察机关而言，行政执法与刑事司法相衔接工作机制的核心内容就是对行政执法机关移送包括侵犯知识产权在内的涉嫌犯罪案件的监督。陕西省检察机关依托《关于在行政执法中及时移送涉嫌犯罪案件的意见》和《陕西省行政执法与刑事司法相衔接工作联席会议制度》，通过与行政执法机关定期或不定期召开联席会议，交流工作经验，协商解决工作中遇到的重大问题或倾向性问题，把对行政机关移送包括侵犯知识产权在内的涉嫌犯罪案件的监督作为立案监督的重要案源渠道，取得了明显效果。

（最高人民检察院侦查监督厅）

甘肃省

专利工作

2009年，在甘肃省委、省政府的正确领导下，甘肃省知识产权局按照突出一个重点（突出甘肃省知识产权战略制定与实施），优化两个环境（优化甘肃省知识产权工作的内环境和外环境），实现三个突破（实现专利数量和质量、法规制度建设和宣传培训的突破），强化四种能力（强化知识产权的创造、运用、保护和管理能力）的总体工作思路，积极制定甘肃省知识产权战略，促进了知识产权的创造、运用、保护和管理水平的不断提升。

一、甘肃省知识产权战略

2009年1月19日，甘肃省知识产权战略制定领导小组召开了第一次会议，会议讨论通过了甘肃省知识产权战略制定工作方案和规章制度，会议确定了一部纲要加十四个专题的研究模式。为搞好全省战略研究，甘肃省知识产权战略制定工作领导小组组织部分成员单位到国家知识产权局和辽宁、湖南等省市知识产权局进行调研，选派有关课题研究人员参加了国家知识产权局举办的地方知识产权战略制定与实施研讨班。《甘肃省知识产权战略纲要》初稿形成后，通过书面和召开专题会等形式，先后四次广泛征求领导小组成员单位、专家、学者和公众的意见和建议，经认真修改、反复完善，于2009年12月通过了专家评审。

二、专利申请和授权

2009年甘肃省专利申请量为2676件，授权量1275件，申请量比上一年增长22.9%，授权量比上一年增长21.8%，均创历史新高。专利申请量累计突破2万件大关，达20 162件，授权量累计首次突破1万件大关，达10 438件。年度专利申请量在全国各省区排名中由27位上升到26位，前进了1位。

在2676件专利申请中，发明1120件，占申请总量的41.8%，与2008年（952件）相比增长了17.6%；实用新型1075件，占申请总量的40.2%，与2008年（970件）相比增长了10.8%；外观设计481件，占申请总量的18.0%，与2008年（256件）相比增长了87.9%。从申请人类型来看，全年职务发明1384件，占申请总量的51.7%，与2008年（1294件）相比增长了7.0%；非职务发明1292件，占申请总量的48.3%，与2008年（884件）相比增长了46.2%。在职务发明中，企业申请722件，占申请总量的27.0%，与2008年（663件）相比增长了8.9%；科研单位申请336件，占申请总量的12.6%，与2008年（338件）相比下降了0.6%；大专院校申请314件，占申请总量的11.7%，与2008年（262件）相比增长了19.8%。

2009年甘肃省专利申请和授权虽然取得了较快增长，但仍然存在结构性问题。第一，市州专利申请发展不平衡，呈现出兰州市及西部经济及工业相对发达地区的发展滞后于东部经济及工业相对落后地区的趋势，兰州专利申请量占全省当年申请总量的份额从2005年的77.15%，下降到2009年的56.02%。第二，虽然外观设计专利申请较2008年有了较大增长，增长比例达到87.9%，占申请总量的18.0%。但与全国外观设计专利占申请总量的比例（34.5%）仍相差甚远。第三，大专院校专利申请两极分化严重，科研单位的专利申请严重依赖中央驻甘肃的科研单位，甘肃省属及市属科研单位对申请专利并不积极。第四，企业专利申请的增长幅度(8.9%)远远落后于个人申请(48.3%)，而且全年没有一家企业申请专利超过50件。

三、政策法规和知识产权保护

(一)政策法规制定

为发挥知识产权对经济社会发展的重要作用，充分利用各方资源，甘肃省知识产权局与甘肃省监狱管理局积极协调和密切配合，共同修订了《对罪犯在服刑期间发明创造、技术革新进行表彰奖励的办法(试行)》；为进一步确保专利侵权案件的公正处理和程序合法，制定了《甘肃省专利侵权纠纷行政处理程序(试行)》，完善了专利案件调处的程序性规定。组织人员参加了国家知识产权局举办的《专利法》修改宣讲会。甘肃省各市州知识产权法规建设取得突破性进展，酒泉市政府下发了《关于加强全市知识产权工作的通知》，张掖市科技局出台了《关于加强知识产权工作的意见》，积极推进知识产权法规制度建设。

(二)知识产权保护

甘肃省知识产权局加大知识产权保护和维权力度，帮助市州建立健全专利行政执法队伍，指导市州提高专利行政执法人员业务能力。积极申报国家知识产权局"5·26"工程，并获准列入第二批试点省份；积极推进甘肃知识产权维权援助中心建设，开通了12330甘肃知识产权维权援助热线，建立甘肃省知识产权人才专家库，甘肃省编制委员会办公室已批复同意成立中国(甘肃)知识产权维权援助中心并给予支持。同时，甘肃省知识产权局承办了国家知识产权局组织的第二期全国知识产权维权援助培训班，组织开展了全国首届专利执法12330知识产权维权援助知识竞赛活动。组织开展了甘肃省"雷雨""天网"知识产权执法专项行动，参加了兰州投资贸易洽谈会知识产权保护专项活动。2009年，甘肃省知识产权局共受理专利侵权纠纷案件41起，结案35起；与工商、版权、公安等部门联合执法十余次，有效遏制了全省知识产权领域的专利侵权行为。在国家知识产权局2009年知识产权执法保护评选中，甘肃省知识产权局政策法规处、兰州市知识产权局等单位荣获全国知识产权执法保护先进集体称号。

四、宣传和培训工作

(一)宣传工作

甘肃省知识产权局联合24个甘肃省直属有关部门开展了"4·26世界知识产权日宣传周"活动，举办了第三届中国专利周甘肃分会场活动，与甘肃省广播电影电视总台等六家单位联合拍摄了《自主知识产权——创新型甘肃的支撑》专题片，于2008年7月在甘肃电视台文化影视频道《文化风景线》栏目播出；印制了《发展中的甘肃知识产权事业》宣传册。利用活动展开宣传，充分利用"科技活动周""科普宣传周""科技文化卫生三下乡"等活动，大力开展知识产权宣传活动，普及基层知识产权知识。

(二)培训工作

全年甘肃省各市州共举办了各类知识产权培训班66期，研讨会5次，培训人员近12 000人次，接待咨询群众95 000余人次。甘肃省知识产权局、兰州市知识产权局、天水市知识产权局荣获全国知识产权局系统知识产权培训工作先进集体，定西市知识产权局侯俊峰、张掖市知识产权局冯谦、临夏州知识产权局杨春涛荣获全国知识产权局系统知识产权培训工作先进个人。

五、试点示范和强县工程

(一)试点示范

2009年甘肃省兰州市顺利通过了国家知识产权工作示范城市的考核验收，示范创建工作受到国家知识产权局的充分肯定。受国家知识产权局的委托，甘肃省知识产权局组成专家验收组，对第三批全国企事业知识产权试点工作单位进行了验收。天水星火机床有限责任公司成为首批57家"全国知识产权示范单位"之一。甘肃大禹节水股份有限公司等23家甘肃省企事业单位已被国家知识产权局列入第四批全国知识产权试点工作单位。

(二)强县工程

甘肃省天水市秦州区和麦积区、定西市安定区、平凉市崆峒区被列入全国首批实施国家知识产权强县工程，为组织实施好国家知识产权强县工程，甘肃省知识产权局给予了一定资金支持。

六、网络建设和中介服务

（一）网络建设

2009年，甘肃省知识产权局对门户网站进行了改版。新建了试点城市（平凉、酒泉）甘肃省知识产权门户子站。利用改版后的甘肃省知识产权门户网站，对甘肃省知识产权工作会和第三届中国专利周甘肃分会场进行了现场图文直播。2009年，甘肃知识产权门户网共发布各种信息400余条，在国家知识产权局门户网站发布信息136篇；30条信息被国家知识产权局门户网站首页“动态信息（国内）”“要闻”栏目采纳，在全国地方子站中排名第18位；全年甘肃门户网站访问量达到164 742人次，在全国地方子站中排名第21位。甘肃省知识产权局网站荣获2008年度全国知识产权局系统政府门户网站先进地方子站。

（二）中介服务

甘肃省知识产权局加大对专利中介服务机构的经常性指导和监督，每年定期召开专利代理工作座谈会。甘肃省2009年全年专利代理量达到1660件，占全年专利申请量的62%，比上一年增长32.2%。充分发挥行业协会的培训服务职能，省发明协会举办了四期专利代理业务培训班，有针对性的提供咨询服务，建立开通了甘肃省专利申请服务平台网站，培养了一批专利申请服务咨询人才，取得了很好的效果。2009年还引进了一家省外专利代理机构来甘肃省创业。

（三）协调机制与交流合作

积极争取甘肃省科学技术厅的支持。2009年甘肃省科学技术厅强化了科技创新中的知识产权政策导向，将自主知识产权作为全省科技评奖的重要指标，将知识产权的数量作为市州科技局考评的重要依据，将知识产权创造作为企业、科研院所申报项目的基础，加大了科技创新中知识产权的权重。在《甘肃省人民政府关于进一步深化科技体制机制创新的意见》的38条意见中，有12条涉及知识产权政策和内容。

加强与甘肃省级部门的沟通协调。在2009年甘肃省卫生厅开展的全省药品集中采购中，主动承担了专利药品的分类及认定工作，共检索查询药品专利130件，为甘肃省药品安全提供了有效保障。

加大对各市州县区的指导协调和帮扶力度。积极推进《甘肃省知识产权管理信息系统研究》项目；组织专利代理人深入各市州重点企业上门服务；甘肃省知识产权局与庆阳市政府工作会商制度的具体项目进展顺利。

加强区域知识产权交流与合作。2009年8月甘肃省知识产权局承办了西北、华北十省区暨新疆建设兵团知识产权工作交流会，进一步交流了工作经验，拓展了发展思路，探讨了区域合作的内容。

（甘肃省知识产权局　张辉林）

商标工作

2009年甘肃省商标监管工作坚持以科学发展观为统揽，认真贯彻国家工商行政管理总局《关于贯彻落实国家知识产权战略纲要，大力推进商标战略的实施意见》，紧紧围绕甘肃省委提出的：“走出欠发达地区、西部老工业基地创新发展的新路子”的总体要求，始终坚持把服务和促进发展作为商标工作的出发点和落脚点，进一步解放思想，创新服务理念，积极推进商标战略实施，服务经济发展。在驰名商标培育、著名商标认定、扶持地理标志注册、商标专用权保护等方面取得了显著成绩。有效地带动和促进了甘肃经济社会平稳较快发展。

一、加强组织领导，积极推进商标战略，商标工作迈上了新台阶

一是成立商标战略领导小组。为加强甘肃省商标战略工作的组织领导，甘肃省工商行政管理局专门成立了由局长任组长、主管局长任副组长，十六个处（室）、局及协会负责人参加的“商标战略实施领导小组”，领导小组办公室设在商标广告处，负责日常工作。各市（州）也根据甘肃省工商行政管理局通知要求，成立相应的领导小组或工作机构。建立了由主要领导亲自抓，分管领导具体抓，各有关职能部门共同抓的一级抓一级，层层抓落实的工作机制，推进商标战略的实施。二是明确商标战略任务。根据《国家知识产权战略纲要》以及甘肃省工商行政管理局各处（室）局、直属单位职责，对《实施国家知识产权战略任务分工》中由甘肃省工商行政管理局牵头或协办的38项任务提出了具体分工，明确各单位的工作职责。重点突出保护商标权人和消费者的合法权益。实现全社会的商标法律意识明显增强，注册商标拥

有量明显增加，商标侵权行为明显减少，商标执法环境明显好转。三是开展商标战略专题研究。根据《甘肃省知识产权战略制定工作方案》，组成了以分管局长为组长，商标广告处长为副组长，由甘肃省工商行政管理局商标广告处、兰州市工商行政管理局、天水市工商行政管理局、定西市工商行政管理局、金昌市工商行政管理局商标监管干部18人组成的商标战略项目研究小组，结合甘肃省实际，将特色农产品商标、制造业商标、服务业商标、出口商品商标、传统特色产业商标的研究作为甘肃省商标战略研究的重点内容，并进行了具体分工。相关市工商行政管理局按照分工要求完成了商标战略专题研究任务。商标研究报告通过了省知战办组织的专家评审验收。

二、扎实搞好教育宣传，社会和公众商标意识进一步增强

一是利用“3·15消费者权益保护日”“4·26世界知识产权日”等活动的有利时机，全省各级商标监管部门采取印发传单、现场咨询、媒体报道等形式，广泛深入地开展了商标法律法规的宣传活动，共发放宣传单12万余份，现场接待咨询群众3800余人(次)，解答疑难问题57条，收到了良好的社会反响。二是落实商标企业考察回访制度，加强企业商标使用管理的指导，提高了企业自觉守法用法的能力。三是组织全省商标监督管理人员集中进行业务培训。9月份，组织全省300余名商标执法干部分两期进行了集中培训，系统学习了《商标法》《国家知识产权战略纲要》、企业商标使用和管理、商标侵权案例分析等内容，从而提高了基层商标监管干部的业务理论水平和依法行政能力。

三、深入开展著名商标认定工作，企业商标意识明显增强

2009年是甘肃省第二年集中认定甘肃省著名商标，为保证著名商标认定工作的公平与公正，提高著名商标认定质量，认真吸取著名商标认定工作中的不足，有针对性地开展工作。第一，提前部署，认真准备。甘肃省著名商标认定工作从2月份向各市(州)下发了通知，并对2009年著名商标认定提出了更加具体、更加明确的要求。到5月底，共收到申报材料150件，申报材料退卷和补正率明显下降。第二，确保质量，突出实绩。按照《甘肃省著名商标认定和保护条例》和《甘肃省著名商标认定和保护条例实施办法》的规定，把认定的依据放在实地考查，主动排除人为干扰和影响，确保认定质量。考查中，始终做到“三个坚持”，一是坚持考查与宣传商标法律法规相结合，既充分掌握了企业真实情况，又提高了全社会商标意识；二是坚持查企业商标实际使用情况与商标产品销售及群众认知情况相结合，做到不仅听汇报，更注重商标企业的业绩，为客观公正公平认定甘肃著名商标打好基础；三是坚持全面考查与重点考查相结合。2009年我们对申报的166家企业都进行了实地考查，同时还对已认定为甘肃省著名商标的15家企业进行了回访，做到了全面考查，重点突出。第三，严格依法，细致工作。为了使被认定的商标能真正代表甘肃品牌，在深入考查的同时，我们对每件上报的材料都进行细致核实，确保各种数据真实可靠。最终，经专家会评审和局务会研究决定，认定甘肃刘化(集团)有限责任公司“黄河牌及图”等106件商标为甘肃省著名商标，使甘肃省著名商标的总数达到了354件。

四、实施商标战略，驰名商标工作有了很大进步

一年来认真开展了驰名商标培育和推荐工作，有7件商标被国家工商行政管理总局商标局、商标评审委员会认定为“驰名商标”(即：天水风动机械有限责任公司“”商标、天水二一三电器有限公司“”商标、天水锻压机床有限公司“TSD牌＋”商标、甘肃莫高实业发展股份有限公司“莫高 MOGAO”商标、天水长城开关厂有限责任公司“长城”商标、天水铁路电缆工厂“寰通及图形”商标、天水华田微电子股份有限公司“永红及图形”)，从而使甘肃省驰名商标总数增加到14件。另外为了更进一步做好驰名商标培育梯队，从著名商标中选出40件商标作为驰名商标培育对象，培育工作有计划进行。

五、搭建交流平台，积极为驰、著名商标企业寻找对接商机

为了积极推进企业走出去战略的实施，帮助企业做强做大，积极组织30家驰(著)名商标企业赴青岛、成都、重庆参加“中国第三届商标节”“西部商标保护协作会”和“亚太地区地理标志国际研讨会”等大型活动，充分展示甘肃省商标品牌形象，让更多的人了解甘肃，了解甘肃的企业。为企业实施“走出去”战略提供了交流平台。

六、服务农村经济发展，农产品商标和地理标志商标发展势头强劲

一是积极开展送法下乡活动。各市(州)工商行政管理局立足本地实际，开展了“商标进乡村”“送法下乡”等一系列活动，大力宣传地理标志为农民增收致富的典型案例，增强农民的商标意识。开展项目推荐、科技下乡、果农培训等宣传活动，提高了农民的商标意识。

二是引导农民发展农产品商标。为帮助农民增收和引导农民群众增强商标注册意识，在宣传《商标法》的同时，各级商标管理部门积极改进作风，深入基层，强化服务意识，探索符合本地区农业生产政策的商标战略发展目标，积极引导当地农民做大做强特色品牌。实行面对面的帮助指导，按照“成熟一个，申请一个”的原则，积极帮助农民搞好农产品商标注册。为实施农产品商标战略打下了坚定的基础。2009 年，甘肃省“华亭大黄”“华亭独活”“民勤甘草”“秦安蜜桃”“渭源白条党参”5 件商标被国家工商行政管理总局商标局核准注册为证明商标，从而使甘肃省证明商标数量达到 18 件，位居前列。

三是加强对商标富农工作的指导力度，不断把商标富农工程引向深入。全省各级商标监管部门，积极开展商标富农工作，组建商标富农工作帮扶机构，建立商标富农工作考核制度，主动向当地党委政府汇报“商标富农”工作进展情况，加强与相关部门协调配合，为涉农企业注册商标提供便利条件；广泛推行“公司＋农户＋商标＋基地”的经营模式，将分散的农户以农产品商标为纽带、以龙头企业为通道连接市场，利用商标提高农副产品市场竞争力，扩大农产品知名度，提高农业产业化程度，促进农民增收和农村经济发展；积极推行“一乡一标”活动，深入农村、农户开展农副产品商标注册情况调查摸底，加强涉农商标管理，建立涉农注册商标数据库，建立商标注册提示制度，对已注册的农产品商标和地理标志跟踪服务，及时解决农产品商标使用中出现的问题；加大侵犯涉农商标专用权案件查处力度，进一步保护涉农商标和地理标志商标专用权。

七、积极开展世博会标志专用权专项整治工作

根据国家工商行政管理总局商标局《关于进一步加强保护世博会标志专有权专项整治的通知》精神，结合甘肃省实际，制定了《甘肃省保护世博会标志专用权应急预案(草案)》，成立了应急处置小组，做到组织机构健全，重点突出，分工细致，责任到人。

八、加大侵犯商标专用权的查处力度，切实维护公平公正的市场环境

2009 年，各级商标监管部门加大了市场监管和行政执法力度，严厉打击商标假冒侵权等违法行为，促进了全省商标市场健康有序发展。2009 年共查处各类商标违法案件 619 件，罚没款 189.83 万元。其中，一般违法案件 65 件，罚没款 22.37 万元；商标侵权假冒案件 544 件，罚没款 165.76 万元；查处侵犯港澳台和外国商标注册人权益案件 10 件，罚款 1.7 万元；收缴和销毁商标标识 1.3 万余件，没收销毁侵权商品 3 万余件。

（甘肃省工商行政管理局）

版权工作

2009 年，甘肃省版权局认真贯彻落实上级领导的各项工作部署，围绕宣传、贯彻、落实著作权法律法规，扎实有效地开展版权保护和服务工作，取得了丰硕成果，获得了上级领导的嘉奖。其中，甘肃省版权局版权处荣获全国“查处侵权盗版案件有功集体三等奖”和“全国版权工作先进集体”两个奖项。

一、开展多种形式的版权保护宣传活动

根据《2009 年甘肃省知识产权宣传周活动方案》精神，甘肃省版权局会同甘肃省 18 个相关部门组织开展了 2009 年全省“保护知识产权宣传周”的各项活动。具体包括：

(1)组织和参加了甘肃省知识产权保护状况新闻发布会，向媒体通报了 2008 年甘肃省版权保护基本状况和侵权盗版典型案件。

(2)结合企业实际，组织出版社、书店等单位编印发有关版权保护的宣传资料，以电子屏幕等形式在公共场所展示。

(3)组织版权局机关干部、兰州市文化出版局及部分出版社、书店等单位参加在兰州市东方红广场举行的“保护知识产权宣传周”启动仪式暨大型公共宣传活动。

(4)参加甘肃省“扫黄打非”办等部门在兰州市东方红广场举行的公开销毁盗版及非法出版物仪式，组织了“打击侵权盗版，保护知识产权”公众签名活动。

(5)在第十五届兰州贸易洽谈会期间，组编版权宣传专栏，向参会的代表就作品创作登记制度进行现场宣传。同时，会同省整规办、公安、工商等部门设立保护知识产权巡察组，检查参会企业存在的知识产权问题，并提供法律咨询服务。

(6)在国家知识产权局在兰州举办“全国知识产权维权援助培训班”，以及在兰州市、天水市、城关区文化出版局、甘肃省知识产权局印刷处举办的图书、音像、电子出版物、印刷单位等经营单位负责人法律培训班上，给参会代表讲授著作权法律知识。

二、积极推进企业软件正版化工作

2009 年 8 月，甘肃省人民政府办公厅印发了《甘肃省推进企业使用正版软件工作实施方案》(以下简称《实施方案》)，成立了由甘肃省政府主管副秘书长任组长，甘肃省版权局局长张余胜为副组长，甘肃省版权局、工信委、商务厅、财政厅、国资委、工商联、银监局、证监局、保监局九部门为成员单位的甘肃省推进企业使用正版软件工作领导小组，以及版权局副局长袁爱华为主任的甘肃省推进企业使用正版软件工作联席会议，全面领导甘肃省企业使用正版软件工作。领导小组和联席会议办公室设在甘肃省版权局，负责日常工作。此次企业软件正版化工作采取统一规划、分批实施的方式，计划用两年左右的时间，重点推进中央驻甘企业、省属大型企业和市州所属中型企业以及通信、互联网接入服务、互联网信息服务、工程设计企业等普遍使用计算机进行生产经营活动的企业使用正版软件工作。

《实施方案》下发后，甘肃省版权局主要做了三方面工作：一是及时与甘肃省推进企业使用正版软件工作联席会议成员单位进行沟通协调，进一步明确了相关部门的工作职责，拟定第一批推进软件正版化企业名单及实施方案，筹备相关动员培训会议及申请专项工作经费等。二是分别与中国勘察设计协会和微软合作，在兰州举办的国产 CAD 软件峰会以及微软组织的产品推介会上，向 500 余家省内外企业代表传达了甘肃省企业软件正版化工作精神。三是根据权利人的投诉，及时查处各个侵权盗版案件。此外，甘肃省版权局还注意加强正面引导，积极组织推荐甘肃省软件正版化先进单位参加全国企业软件正版化示范单位的评选。

三、加强版权行政执法与社会监管，打击各种侵权盗版行为

根据国家版权局、公安部、工业和信息化部联合制订的《2009 年打击网络侵权盗版专项治理行动方案》的要求，甘肃省版权局结合工作实际，及时制订并向 14 个市州下发了《2009 年甘肃省打击网络侵权盗版专项治理行动方案》，从 8 月开始，围绕网络影视传播、文学网站、网络新闻转载等重点领域，开展了专项治理行动。为加强对专项治理行动的组织领导，甘肃省版权局会同省公安厅、省通信管理局成立“全省专项治理工作领导小组”，全面领导全省专项治理工作，并充分利用国家版权局网站举报平台、12390 反盗版举报电话等途径，组织动员权利人和社会公众投诉举报网络侵权盗版行为。此次专项行动历时 4 个月，全省 14 个市州版权行政管理部门积极会同公安、电信部门开展联合执法，共出动执法人员 996 人次，检查经营单位及场所 422 家，删除不良游戏和信息累计达 1 300 余条，查处案件 18 起，责令停止侵权 17 家，此次行动经过集中执法和督查验收基本达到了专项治理行动方案的要求。

甘肃省版权局根据微软公司对兰州正林公司等三家单位，科亿尔数码科技北京分公司对兰州公交集团万众广告彩印有限公司等 5 家公司，未经授权非法复制使用其享有著作权的软件的投诉，依法审查立案后，进行了查处。

8 月，根据兰州大学申请，对其被外省著作权人诉称侵权一案进行了圆满调处。

9 月，应《丝绸之路》杂志社申请，对其杂志在外省被侵权一案提供了版权保护服务。

2009 年，甘肃省全省共查处版权侵权案件 187 起，检查经营户 14 104 家，查处违法经营单位(个体户)1 687 家，收缴盗版音像制品 42.5 万件，盗版图书、盗版教材教辅读物 42.8 万件，盗版软件及电子出版物 7.4 万件，有力的打击了侵权盗版行为。

四、积极研究制定《甘肃省版权战略纲要》

2009 年 1～12 月，甘肃省版权局结合甘肃省版权保护工作实际，积极研究制订并下发了《甘肃省版权战略研究工作方案》，成立了由版权局副局长袁爱华任组长，局长助理马永强、版权管理处处长夏玲任副组长，各市州文化出版局有关领导、读者集团有关负责人为成员的甘肃省版权战略研究项目组。历经广泛调研和论证，八易其稿，起草了《甘肃省版权战略纲要》(以下简称《纲要》)，首次站在全省版权事业、版权产业发展的宏观角度，结合甘肃省文化、经济、贸易等领域的发展情况，以促进版权事业、版权产业发展为目标，对全省版权现状及问题进行了梳理分析。

《纲要》明确了全省版权发展的指导思想、基本原则、基本定位、战略目标、工作重点等纲领性要素。提出了未来 10 年版权保护、版权产业发展的总体目标和近 5 年发展的阶段性目标。从完善版权制度等四个方面确定了七项工作重点，从大力推进版权产业社会服务体系建设等八个方面提出了 23 项战略措施，是甘肃省版权保护工作的任务书、时间表和路线图。

《纲要》中提出的整合甘肃省现有版权保护资源，搭建全省版权产业社会服务体系，是符合甘肃实际、现实可行的措施；借助外省现有信息网络服务、交易平台，实现甘肃版权产业向省外、向国际的“走出去”发展战略，是经济高效的措施；建立版权事业发展的专门研究机构，是从根本上解决甘肃省版权事业宏观协调、科学发展的长效措施；建立版权经纪人制度则是甘肃省版权战略的创新措施。

(甘肃省版权局 版权处)

司法工作

2009 年，甘肃省法院深入开展“人民法官为人民”和“优化自主创新司法环境”主题实践活动，认真贯彻落实《国家知识产权战略纲要》，切实履行司法保护知识产权的职责，在各级党委、人大、政府的领导、监督、支持和最高人民法院的具体指导下，依法公正高效地审理了一批知识产权案件，充分发挥了司法保护知识产权的主导作用。

一、知识产权案件审理情况

2009 年，甘肃省共受理知识产权民事案件 160 件。其中一审 132 件，二审 28 件。一审案件中，著作权 23 件，商标权 23 件，专利权 21 件，技术合同 19 件，植物新品种纠纷 30 件，其他知识产权案件 16 件；审结 125 件，结案率 94.7%；二审案件中，著作权 4 件，商标权 5 件，专利权 4 件，技术合同 1 件，植物新品种纠纷 12 件，网络实名合同纠纷 1 件，不正当竞争 1 件；审结 27 件，结案率 96.4%。涌现出了北京联创种业有限公司与高台中农大康科技开发有限公司玉米植物新品种权侵权纠纷案、王金与嘉峪关市嘉华房地产开发有限公司及兰州开宸广告文化传播有限公司著作财产权纠纷案、襄樊正大农业开发有限公司与甘肃敦煌种业张掖分公司及酒泉同庆种业公司玉米制种承揽合同纠纷案等一批比较典型的案件。受理一、二审知识产权行政案件 5 件，审结 5 件；受理一、二审知识产权刑事案件 5 件，审结 5 件。知识产权案件的依法及时妥善审理，充分发挥了司法在保护知识产权和激励自主创新中的主导作用。在案件审理中，认真贯彻“调解优先、调判结合”的原则，将调解的过程作为说服疏导、理顺情绪的过程，作为法律释明、提高认识的过程，作为情法交融、化解矛盾的过程，尽力实现“案结事了”的和谐结果。一审知识产权民事案件调撤率 48.8%；二审案件调解 4 件、撤诉 3 件，调撤率达到 25.9%，同比上升近 6 个百分点。两级法院在知识产权案件审理中认真贯彻审判公开原则，一、二审案件开庭率一直保持 100%，卷宗归档率 100%。为了给当事人创造更便利的条件，甘肃省高级人民法院积极拓展中、基层法院保护知识产权的权限，年内向最高人民法院申请，获准指定：酒泉中级人民法院审理嘉峪关市区内的植物新品种案件；兰州市城关区、天水市秦州区 2 个基层法院审理本辖区的一般知识产权民事案件，便捷了这些市区当事人的诉讼。

二、对下业务指导、监督情况

甘肃省高级人民法院认真履行对下业务指导和审判监督职责，年内按照最高人民法院的要求，认真开展了为期 4 个月的全省法院驰名商标司法认定评查工作。通过案件评查，纠正了少数中级人民法院工作中存在的一些突出问题，规范和统一了驰名商标认定判前审核、备案和专一中级人民法院审理制度，全省法院涉及驰名商标认定的案件在 2009 年降幅明显，接近 50%。2009 年在最高人民法院既要积极认定，又要审慎稳妥的原则指导下，先后对山东沙土集团诉胡光磊商标侵权案中的“沙土”商标作出不予认定驰名商标，对兰州高压阀门有限公司诉兰州佳兰商贸有限公司商标侵权案中的“兰高”牌商标予以认定为驰名商标，规范了此类案件的审理，也有效打击了当事人通过诉讼刻意获取驰名商标的行为。

由于知识产权案件涉及较强的专业性、技术性问题，根据法律规定和最高人民法院相关司法解释的规定，知识产权案件主要由中级以上人民法院受理，基层法院未经最高人民法院的授权，无权受理知识产权一审民事案件。但根据一次日常统计数据，甘肃省高级人民法院发现个别基层法院违规审理知识产权案件的情况，立即下发了《关于严格执行知识产权民事案件级别管辖规定的通知》，重申了最高人民法院关于知识产权案件级别管辖的相关规定，对违规受理的知识产权案件的处理作出了规范，制止了此类情况的再发生。

根据知识产权审判专业性强、疑难复杂问题多等特点，甘肃省高级人民法院编辑印发了《知识产权典型案例评析》和《甘肃知识产权审判》期刊。前者收录了甘肃省法院近年来受理的43件典型案例及评析，后者及时刊登知识产权前沿理论、相关文件、工作动态等。为全省知识产权审判人员提供了学习和交流的平台。

三、知识产权司法保护宣传情况

为了使社会各界及时了解甘肃省法院知识产权司法保护的状况，进一步提高全社会知识产权保护意识，为全省经济发展营造良好的法治环境和创新环境，甘肃省高、中级人民法院年内普遍加强了知识产权司法保护的工作力度，努力营造知识产权司法保护的良好环境。在2009年的“4·26知识产权宣传周”新闻发布会上，甘肃省高级人民法院分管副院长向新闻媒体介绍了全省法院上一年度知识产权案件的审理情况和当年的工作要点，并发布了上一年度甘肃省知识产权司法保护十大典型案例。《甘肃日报》《甘肃法制报》《兰州晚报》等媒体都进行了登载。在知识产权宣传周期间，甘肃省高级人民法院知识产权庭全体人员和分管领导在兰州市中心东方广场配合甘肃省知识产权局，会同省新闻出版局、省工商行政管理局等单位，举办大型知识产权宣传咨询活动，甘肃省高级人民法院印刷了商标、专利、著作权等知识产权法律法规及审判案例等宣传材料，免费向市民发放，接受人民群众咨询，解答法律问题，增进了广大群众对知识产权案件审判重要性的认识，调动了他们积极参与、支持知识产权保护的积极性。

各地中级人民法院知识产权庭也会同相关部门在当地举办知识产权保护宣传咨询活动。在开展的“优化自主创新司法环境”主题活动期间，兰州市中级人民法院邀请人大代表、政协委员及其他社会公众旁听著作权侵权纠纷案的庭审观摩；天水市中级人民法院针对目前企业知识产权保护薄弱的状况，及时通过司法建议的形式向相关企业改进和完善的意见，并深入大中型企业，举办知识产权保护巡回讲座，不定期通过信息、简报的形式向社会宣传知识产权司法保护措施；酒泉市中级人民法院主动走进汉武酒业、祁连山药业公司等酒泉市知名企业，向其宣传知名品牌的司法保护，为知名品牌的创立提供和谐宽松的法律环境。这些活动增进了人民群众对法院知识产权审判工作的了解，也不同程度地提高了人民群众的知识产权法律保护意识，收到了良好的社会效果。地处西北的甘肃省在企业、科研机构、政府知识产权相关部门和人民法院的共同努力下，2009年度知识产权创新产出率位居全国第二位。

甘肃省法院已生效的知识产权裁判文书通过“中国法院网”在互联网上公开已形成制度。省高级人民法院坚持依法、审慎、适度的原则，2009年通过“中国法院网”公开发布知识产权裁判文书52份，进一步增强知识产权审判的公开性和透明度，在更广泛地接受社会公众监督的同时，也宣传和展示了知识产权司法保护成果。

四、知识产权审判队伍建设情况

严格、公正、文明的知识产权司法需要一支高素质的法官队伍。2009年，全省两级人民法院以开展“人民法官为人民”主题实践活动为载体，继续大力加强知识产权审判思想建设、业务能力建设和廉政建设，努力提高知识产权法官队伍整体素质，在狠抓队伍思想建设，确保队伍政治方向的同时，甘肃省高级人民法院领导班子近年来下大力气抓知识产权案件审理的质量与效率，一方面建立健全审判工作的各项规章制度，并狠抓落实，使案件的审理更趋向规范化、精细化。另一方面，强化业务培训和岗位练兵，通过积极参加培训、研讨，开展业务竞赛和争先创优活动，努力提高法官查明事实、认定证据、驾驭庭审、化解纠纷、制作文书的能力，确保案件质量。甘肃省高级人民法院认真贯彻实施国家知识产权战略若干问题的意见，针对知识产权审判的特点，从 2009 年下半年起，调整了案件分配政策，民三庭不再审理其他案件，专门审理知识产权案件。在制定岗位目标时，考虑知识产权审判的特点，在审判人员结案数和庭室结案率上采取区别于其他审判庭的指标。审理知识产权案件较多的兰州市中级人民法院，知识产权案件也由民三庭相对固定的合议庭和专业法官审理。在提高业务能力的同时，两级法院知识产权庭的法官廉洁公正办案，严格遵守“五个严禁”，拒礼拒贿拒吃请，保持了为民、公正、清廉的良好形象。

（甘肃省高级人民法院知识产权审判庭）

检察工作

2009 年，甘肃省各级检察机关认真履行法律监督职责，按照十七大实施知识产权战略的决策，充分发挥司法保护知识产权的主导作用，狠抓工作落实，加大对侵犯知识产权违法犯罪的打击力度，依法惩治、积极预防侵犯知识产权犯罪，加强与行政执法机关、公安机关的工作联系，推动行政执法机关向司法机关移送包括侵犯知识产权在内的涉嫌犯罪案件工作的开展，为提高企业自主创新能力，增强经济核心竞争力营造良好的法治环境，取得了一定成效。

为进一步推进行政执法与刑事执法相衔接工作机制的深入开展，甘肃省各级检察机关与公安机关、有关行政执法机关建立了经常性的工作联系和相关制度，各地都建立了不同形式的联席会议制度，定期与公安机关、行政执法部门召开不同层次的联席会议，各行政执法部门定期向公安机关、检察机关通报本部门查处侵犯知识产权违法犯罪案件的情况，检察机关也定期向行政执法机关通报立案监督、批捕、起诉涉及侵犯知识产权犯罪案件的情况，工作上相互配合。甘肃省各级检察机关认真贯彻最高人民检察院在全国全面建立行政执法与刑事司法“网上衔接，信息共享”机制的建议，积极争取配备必要的电脑设备和移送存储设备。

甘肃省各级检察机关把办案作为体现监督效果的重中之重，及时建议行政执法机关移送包括侵犯知识产权在内的涉嫌犯罪案件，并从各个环节多渠道挖掘案件线索，疏通线索渠道，不断强化立案监督工作，监督公安机关立案侦查包括侵犯知识产权在内的涉嫌犯罪案件，以办案推动完善行政执法与刑事司法相衔接工作机制。据统计，2009 年甘肃省各级检察机关共受理提请批准逮捕涉及侵犯知识产权犯罪案件 10 件 18 人，批准逮捕 10 件 15 人，共受理起诉涉嫌侵犯知识产权犯罪案件 12 件 18 人，起诉 9 件 19 人。

甘肃省各级检察机不断加大查办和预防渎职侵权犯罪力度，促进依法行政和公正司法。开通了全国统一的“12309”举报电话，提高依靠群众发现犯罪的能力；强化诉讼监督，防止和纠正打击不力；充分发挥和运用行政执法与刑事司法相衔接工作机制的作用，形成打击合力；坚决查处隐藏在侵犯知识产权犯罪背后的国家机关工作人员贪污受贿、徇私舞弊不移送刑事案件、徇私枉法等职务犯罪案件，发现一起，查办一起，促进依法行政和公正司法；加强知识产权保护的调查研究工作，探寻有效对策，必要时向立法机关提出立法建议，根据经济社会发展的实际状况深化权利的保护内容，拓展权利保护的途径；将宣传工作作为知识产权刑事保护工作的重要内容，会同有关部门积极开展宣传活动，提高权利人和民众保护知识产权的意识及能力，传播弘扬以“尊重知识、崇尚创新、诚信守法”为核心的知识产权文化，推动社会主义核心价值体系建设，在 2009 年 4 月 16 日甘肃省政府新闻办召开的“2009 年甘肃省知识产权宣传周活动”新闻发布会就检察机关打击侵犯知识产权犯罪工作的情况进行了通报。

（最高人民检察院侦查监督厅）

青海省

专利工作

2009年，青海省知识产权局在国家知识产权局、青海省科学技术厅的领导下，以贯彻国家知识产权工作会议精神“要实施科教兴国战略、人才强国战略和知识产权战略”为依据，以加强知识产权保护，发展知识产权经济为宗旨，根据青海省的人文、地理、科学技术、生存环境、民俗风化等特色，因地制宜，开展了多方位、多渠道的知识产权工作，使专利申请量、专利宣传培训、专利实施转化、专利执法、专利网络信息等方面取得了较为显著的成效。

一、专利申请量、授权量上升

青海省知识产权局发挥政策激励作用：自2006年青海省知识产权局向地方财政争取了“专利申请、实施转化专项资助资金”(2006年20万；2007年30万；2008年40万；2009年50万)以来，提高了全社会对“申请专利”的积极性。2009年专利申请量499件，比上年同期增长14%。其中发明专利175件，比上年同期增长15%；实用新型专利147件，比上年同期增长18%；外观设计专利177件，比上年同期增长8%。职务发明252件，比上年同期增长37%；非职务发明247件，比去年同期增长－11%。授权专利368件，比上年同期增长38%。

二、专利宣传

青海省知识产权局以“4·26世界知识产权宣传周”为契机，全年开展了多层次、多层面的专题宣传知识产权知识的活动。

一是在“4·26世界知识产权日”，青海省知识产权局与青海省工商行政管理局、青海省版权局、青海省高级人民法院、西宁海关等多家单位联合在西宁中心广场宣传知识产权知识。

青海省知识产权局在这次活动中进行了多样宣传形式：

(1)“4·26世界知识产权日”当天，在广场进行知识产权有奖问答；发放《知识产权问题答疑》10 000册；发放专利宣传画、“4·26世界知识产权日”《中国知识产权报》特刊等5000余份(张)，设立了“专利咨询服务台”。

(2)“4·26世界知识产权宣传周”期间，进行“知识产权走进高校”活动，在青海大学校园以知识产权宣传画、标语、宣传册、知识产权有奖问答等多种形式营造氛围，并邀请资深的专家为师生300余人做了知识产权知识专题报告。

以上工作请多家媒体从不同的角度、层面向全青海省进行了报道宣传。

二是积极参加“2009年全国科技活动周青海省启动仪式”活动，青海省知识产权局专利工作人员来到距西宁30多华里的平安县，利用平安县平安广场举行了大型科普宣传活动的平台，积极宣传知识产权知识，给群众发放《知识产权问题答疑》宣传册、宣传画共10 000余册，并设立了“专利咨询服务台”，为群众答疑解难。

三是积极参与(青海省知识产权局是承办单位之一)全国“尚德电力杯第三届中国青少年创意大赛暨知识产权宣传教育活动”。在组织、承办的整个过程中，为参加此次活动的青少年普及了知识产权知识。

三、专利培训

为了进一步贯彻落实国家知识产权战略纲要，使知识产权知识进入到各个行业，更好地发挥知识产权在经济建设中的作用，青海省知识产权局与社会各界联系、协调，在2009年度共举办了七期知识产权培训班，培训600余人次。

(1)举办了“青海省企事业单位知识产权培训班”。此次培训班邀请了国家知识产权保护协调司、专利管理司、条法司的领导，分别以《国家知识产权战略纲要》、知识产权行政执法以及知识产权的运用与保护为题进行了讲座。此次培训将学习内容与形式发展需要相结合，与实际工作相结合，与自身实际相结合，内容广泛，深入到位。既有对知识产权发展态势的宏观解读，也有对具体事例的细致分析，赢得了学员们的一致好评。参加培训的学员有青海省、各州、地、市、区、行署行政机关管理人员、企事业单位、科研院所，大专院校代表200余人。

(2)举办了“西宁(国家级)经济开发区中小企业知识产权培训班”。此次以“企业与知识产权局”为主题进行了培训。参加培训班的学员是四个开发区中小企业负责人、技术人员共80余人。

(3)举办了“西宁市科技局系统知识产权培训班”。青海省知识产权局与西宁市科技局联合举办了此次培训班。参加培训班的学员有30余人。

(4)举办了“青海省交通职业技术学院知识产权培训班”。青海省知识产权局与青海省交通职业技术学院协调后，为青海省交通系统的领导干部学员40余人讲受了知识产权知识。

(5)举办了“青海省新能源研究所知识产权培训班”。青海省新能源研究所下属能源公司向青海省知识产权局提出申请:要求给公司员工举办专利培训班。在青海省知识产权局二楼会议室，青海省知识产权局业务人员就“企业与专利”“什么是专利”“如何申请专利”作了专题培训，培训学员32人。

(6) 举办了“知识产权战略卫星远程法制讲座”。青海省知识产权局为了提高自身的法律素质，组织全局职工参加国家知识产权局举办的“知识产权战略卫星远程法制讲座”。之后，青海省知识产局又组织全体职工认真地进行了讨论。

(7)“同仁县举办知识产权培训班”。同仁县是“热贡艺术”的发源地，青海省知识产权局认为:“热贡艺术”其独家特殊的做工方式和稀有的地方珍品必须要有知识产权保护。所以通过多方协调，举办了近100人的大规模的培训班。

四、企业专利工作

(1)完成了第三批国家试点企业西部矿业和利亚达化工厂的验收工作。

(2)下州县作调研，给国家知识产权局上报了“首批实施国家知识产权强县工程”。青海省湟源县、同仁县、格尔木市被国家知识产权局批准为“首批实施国家知识产权强县”。

(3)进行了“关于企业运用知识产权应对金融危机工作”的调研工作，将《青海省民营企业运用知识产权应对金融危机调研报告》上交国家知识产权局。

(4)赴湟中县甘河滩工业园区，调研了西部矿业股份有限公司锌业分公司、青海津广镍铬材料有限公司、青海珠峰锌业有限公司、西部矿业有限公司铝业分公司、青海湘和有色金属有限责任公司，整理成文字材料，为国家知识产权局审查部审查员来青海省做调查研究工作做准备，以便有的放矢，帮助企业解决技术问题和专利问题。

(5)完成了第四批专利试点单位的上报工作，上报了青海普兰特药物有限公司、青海清华博众生物技术有限公司、青海珠峰虫草药业有限公司。

(6)完成了国家知识产权局要求的“征求对中小企业知识产权战略推进工程实施方案等意见的通知”。

(7)调查经济开发区2000年以来企业的专利申请情况。

(8)接办国家财政部与国家知识产权局“关于积极做好资助向国外申请专利资助资金申报工作的通知”的一系列事宜，青海省财政厅与青海省知识产权局报送的青海清华博众生物技术有限公司的PCT申请获得国家资助资金20 000元。

五、专利代理工作

青海省共有三个专利代理机构:青海省专利服务中心;西宁金语专利代理事务所;西宁正坤知识产权代理事务所。2009年，青海省知识产权局调查了青海省专利代理机构的代理人员状况，在做好专利代理机构管理服务等工作的基础上，顺利地完成了专利代理机构的年检工作。并给青海省科学技术厅上报了青海省专利服务中心的沿革、历史汇总的文字材料。

六、《青海省专利促进与保护条例》

按照青海省人民代表大会地方立法项目要求，青海省知识产权局集各方专家深入开展立法研究，并召开发明人、企事业单位、中介机构等层面的论坛会两次，多次配合青海省科技厅、青海省政府法制办、青海省人大进行专利立法研究。根据省内外调研，结合青海省实际，与有关部门反复讨论，完成了《青海省专利促进与保护条例(草案)》的修改工作，2009年11月下旬青海省人大通过了《青海省专利促进与保护条例》。

七、专利执法

(1)受理甘肃省知识产权局移交的一件关于酒瓶外观设计的专利侵权纠纷。

(2)制订了青海省专利行政执法方案。

(3)组织近10家企业前往西安参加国家知识产权局举办的《专利法》第三次修改后的宣传

培训。

(4)接待专利纠纷咨询8次。

(5)联合青海省高级人民法院、青海省工商行政管理局、青海省版权局、青海省卫生厅、青海省农牧厅、西宁海关等青海省知识产权宣传成员单位在中心广场联合开展多部门大型宣传咨询活动。及时报道青海省知识产权宣传周活动具体情况。将以"保护知识产权,提高自主创新能力是每个公民应尽的责任和义务,贯彻《国家知识产权战略纲要》,在全社会弘扬以创新为荣、剽窃为耻,以诚实守信为荣,假冒欺骗为耻的道德观念,形成尊重知识、崇尚创新、诚实守法的知识产权文化"为内容的公益短信形式发往青海省移动手机用户,使知识产权更加深入人心,点燃公众的知识产权热情。同时,西宁市电视台、青海省《科技之窗》栏目等多家媒体于"青海新闻"《青海日报》相继进行了宣传报道。

(6)调解了青海互助酒厂专利纠纷案件(几个州县发现同样的包装)。

八、《青海省知识产权战略纲要(草案)》修改

2009年青海省知识产权局重新修改了《青海省知识产权战略纲要(草案)》,对其结构体系及文字表述作了修改。起草了《青海省实施国家知识产权战略纲要任务分工》《青海省实施国家知识产权战略纲要任务分工暨实施推进计划》,并向20多家相关单位征求意见,并根据反馈意见进行了修改。

九、专利实施

(1)青海省知识产权局选择全省优势行业为突破口,启动了企业和行业知识产权战略的前期准备工作,通过以点带面的推动作用,使国家知识产权战略在微观层面真正得到拓宽专利转化渠道,推进专利技术产业化。

(2)青海省知识产权局推荐的中国铝业青海分公司"180KA电解槽再强化技术研究及供电整流设备运行在线检测技术应用"项目,被批准立项为"国家知识产权局2009年度专利战略推进工程研究项目",企业获得研究经费7万元;向国家知识产权局申报的"国家专利产业化推进工程青海省专利转化运用于产业化战略促进政策试点"项目获得立项,同时还向国家知识产权局申报了"专利战略推进工程项目"。

(3)青海省知识产权局对青海省"十一五"期间的500多件受理专利的实施状况进行了调查;完成了与国家知识产权局签订的专利受理与审批专项(统计)项目合同。发放问卷调查表24份,已反馈给国家知识产权局;新建专利申请档案188件;处理有关专利文件1000件;接待专利政策咨询、专利申请咨询,专利转化政策咨询70以上人次。

(4)转化实施了3项专利项目:"便携式太阳能杀虫灯""便携式太阳照明应急灯""循化黄河石艺文化开发项目"。

十、专利信息平台建设

青海省知识产权局以提高信息服务质量为主线,以拓宽服务渠道为重点,以加强网络建设为牵引,提升了青海省知识产权信息的公开和服务的能力。

(1)完善了信息化基础设施建设。随着服务范围的扩大和信息量的不断增加,信息服务对网络的要求越来越高,青海省知识产权局购置了专用设备,与联通公司达成了网络扩容协议,完成了网络扩容的工作。网络带宽由原来的2M扩容为4M。实现了管理自动化与系统资源优化,提高了网络使用管理能力,较好地保障了网络的安全可靠。

(2)接任了国家知识产权局"地方知识产权局专利数据的整理、报送"工作;与国家知识产权局文献部合作,为青海北辰科技有限公司作了有关电解镁的国内外专利技术分析及咨询报告。

(3)随时接待来自社会各界查询专利信息的人。

(青海省知识产权局　张菱)

商标工作

2009年,青海省商标监管工作围绕青海省委、省政府推进"品牌强省"的战略部署,在国家工商行政管理总局的大力指导下,开拓创新,积极进取,坚持商标培育和保护两手抓,为青海省经济实现平稳较快发展保驾护航。

一、强化措施,深入扎实地组织开展"服务千家企业、培育千件商标"主题活动

为推进商标战略实施,提高企业品牌意识,解决青海省商标注册总量不足,品牌运作水平不高的问题，全省工商系统深入开展了“服务千家企业、培育千件商标”的主题活动。青海省工商系统已培育特色产业商标为重点，按照“一所一人一标”的要求，全力引导企业培育、注册商标。同时，出台免费咨询、免费设计、减免注册登记费等一系列优惠措施，深入企业、农户宣传，讲解商标注册知识，提高了企业注册商标的积极性。向企业发放商标注册建议书，商标策略提示书和商标法律告知书，将重点产业龙头企业和私营骨干企业作为培育的重点对象，逐个上门开展服务，重点帮助企业树立“商标储备意识”和“商标自我保护意识”。2009 年全省商标工作取得新成绩，全年共申请商标注册 1293 件，同比增长 10.2%；成功注册商标 698 件，同比增长 43.5%，其中包括 5 件地理标志证明商标，使全省拥有地理标志证明商标达 12 件。

二、注重质量，积极培育驰、著名商标

一是根据《青海省著名商标认定管理暂行办法》的规定，按照程序和具体工作要求，认定了 14 件青海省著名商标，使青海省的著名商标总数达到了 40 件。二是按照“申报一批、准备一批、培育一批”的要求，深入企业调查摸底，确定符合申报条件的企业。2009 年 4 月青海省两企业的“洁神 JIESHEN 及图”商标和“金诃及图”商标分别在“藏药成药”和“垃圾车”商品上被国家工商行政管理总局在商标管理案件中认定为驰名商标，使青海省拥有国家工商行政管理总局认定驰名商标总数达到 10 件。

9 月 23 日，青海省品牌表彰大会在青海会议中心隆重举行，省委书记强卫、省长宋秀岩等省党政主要领导同志出席表彰会，并对 2009 年荣获中国驰名商标、青海省著名商标及成功注册地理标志证明商标的 45 家企业和协会进行了表彰奖励。

三、精心组织，广泛宣传，强化社会商标意识

以“4・26 世界知识产权日”为契机，开展了“商标在你我身边进企业、进农村、进牧区、进学校”宣传活动及“商标在你我身边”系列宣传咨询活动，并在活动中发放商标法律、法规知识等宣传手册 1 万多册，使广大生产者、经营者和消费者的商标意识进一步提高。青海省工商行政管理局行政管理与省委宣传部共同组织青海日报社、省电视台、省人民广播电台等多家媒体深入企业进行商标专题报道，录制了“商标在你我身边”公益广告在青海电视台黄金时段连续播出，扩大了青海品牌的影响力。

在 9 月份举办的青海省品牌表彰大会期间，举办了“庆祝中华人民共和国成立六十周年、青海省大力推进品牌战略实施”成果展，组织全省六州一地一市工商行政管理局及 10 家中国驰名商标企业全面系统地宣传、展示青海品牌建设成果。

四、创新思路，扎实有效地推进商标“走出去”战略

为提高青海企业商标在市场上的认知度，增加企业产品附加值。青海省积极推进青海企业商标实施“走出去”战略，实现“商标强省”目标。一是 2009 年 6 月，以“大美青海、特色品牌”为主题，成功在上海举办了青海品牌商品推介会，组织了青海省 65 家中国驰名商标、省著名商标企业参加此次推介会。这次推介会受到上海市各界广泛关注和热烈反映，推介会期间，国内外 56 家主流媒体对推介会进行了全面报道，有 7 万多人入场参观，31 家企业共签订了总金额达 56 亿元的产品购销合作协议。此次推介会，成为青海实施品牌战略进程中的一个亮点，对此，青海省省委书记强卫同志在省工商行政管理局呈报的《关于青海品牌商品上海推介会举办情况的专报》上批示：“青海品牌商品上海推介会取得圆满成功。望总结经验，今后形成惯例，多组织青海省企业走出去推介展销，既宣传扩大了青海影响，又促进了企业发展。”二是组织青海企业参加 105 届“广交会”。三是为进一步推进地理标志证明商标使用和管理，组织地理标志证明商标工作考察团，赴山东、四川两省就如何运用地理标志证明商标推进农村经济发展，提高农民收入进行了考察学习。

五、突出重点，继续深入扎实地开展保护商标专用权执法行动

一年来，全省工商系统针对不同季节的消费特点，相继组织开展了 4 次“打假冒、保品牌”专项执法月行动，9～12 月又组织开展了“端窝点、查要案、保品牌”百日执法专项行动。全省各级工商系统充分发挥职能作用，突出重点地区、重点领域和重点商品，采取多种方法，查假冒、挖窝点、打惯犯，查处一大批大案、要案，一大批隐藏在深处的制假售假窝点被铲除，企业和广大消费者的合法权益得到有效保护，市场秩序和经济环境得到了进一步好转。截止 2009 年底，全省工商系统共查处商标侵权案件1042起，捣毁制假售假窝点113处，案值729.5万元，罚没款189万元。

（青海省工商行政管理局）

版权工作

2009年，青海省版权局在青海省委、省政府的领导和国家版权局的指导下，深入贯彻落实科学发展观，按照“宣传、打击、引导、服务”的总体工作思路，围绕职能，顾全大局，搞好服务，促进发展。在著作权保护、法律法规宣传、打击侵权盗版等方面取得了明显成效。

一、加强宣传，提升公众版权意识

围绕提升公众版权意识、营造尊重知识、尊重创造的良好氛围，不断创新工作思路，加大版权宣传培训力度。

一是大力开展版权知识竞赛活动。2009年1月，青海省版权局和团省委联合开展了中学生版权知识竞赛活动，组织西宁市20所中学93个班级的7000多名中学生参加，并在活动结束后，对获得奖项的同学和单位分别进行了奖励和表彰。通过版权法律法规知识竞赛活动，使广大青少年受到了一次深刻的版权知识教育，增强了版权法律意识，收到了良好的宣传普及效果。

二是充分利用新闻媒体进行版权法律法规知识宣传。自2月下旬开始，青海省版权局在《西海都市报》设立“版权法律法规知识问答”专栏，每周刊登一至二期版权法律法规知识问答，每期解答四至五个问题，两千多字，全年刊登了42期，210个版权知识问答，共计60 000余字。同时，通过省广播电台经济台、综合新闻台举办的政风行风热线直播节目，向全省听众介绍了版权法律法规知识，并回答了听众提问。

三是积极组织参加全省“保护知识产权宣传周”活动。在“4·26世界保护知识产权日宣传周”期间，共制作版权法律法规宣传展板15幅，接受群众版权知识咨询150余人次，散发《企业使用正版软件指南》《保护知识产权、贯彻著作权法》《计算机软件保护条例》《信息网络传播权保护条例》《卡拉OK经营行业著作权许可使用及服务手册》《著作权常识问答》等版权法律法规知识宣传资料3 700余份。使版权宣传工作在宣传内容、宣传广度和宣传范围上有了较大的提高，受到了社会公众的欢迎。

四是积极组织青少年参加国家版权局组织的“全国青少年版权保护读书活动暨版权保护知识竞赛”活动。根据国家版权局《关于举办“全国青少年版权保护读书活动暨版权保护知识竞赛”的通知》精神，精心组织1600余名青少年参加了竞赛活动，青海省版权局获得优秀组织奖，西宁市第七中学的25名青少年获得了竞赛三等奖。同时，免费向全省中小学发放了《版权保护小卫士——青少年版权保护知识教育读本》5000册，取得了良好的宣传教育效果。

二、强化监管，打击侵权盗版行为

1月，青海省版权局会同青海省文化和新闻出版厅文化市场处、西宁市文体广电局，联合对西宁市壹加壹、富荣华等30多家卡拉OK经营单位缴纳版权使用费的情况进行了督促检查，对拒不缴纳版权使用费的8家卡拉OK经营单位下达了《关于涉嫌侵犯著作权进行调查的通知书》，要求上述卡拉OK经营单位的有关负责人连同有关证明材料报送青海省版权局接受调查。同时，对其进行了相关法律法规的宣传教育，要求各卡拉OK经营单位积极配合这项工作，主动申请作品使用许可，依法经营，合法经营，切实做好版权使用费的交纳工作。

3月，根据黑龙江版权局《关于协查侵权音像制品的函》，组织执法人员对胜利路电子商城、古城台数码广场、华联超市音像销售区等音像销售场所进行了执法检查，共查缴侵权盗版音像制品《小沈阳最新专辑》《小沈阳说唱浪》等30余盘（张），切实维护了权利人的合法权益。

4月10日，根据中国音像著作权集体管理协会的投诉，对西域钱柜卡拉OK经营单位送达了《关于涉嫌侵犯著作权进行调查的通知书》，要求其负责人携带有关证明材料于4月17日前到青海省版权局接受调查。调查期间，青海省版权局对其负责人进行了有关著作权法律法规宣传教育，并限期停止侵权行为，在依法取得授权后再进行经营活动。但该卡拉OK经营单位截至27日仍在未获得授权的情况下违法经营，且拒付版权使用费。对此，青海省版权局于4月28日联合省文化和新闻出版厅文化市场处、省公安厅、西宁市公安局、西宁市城中区社会发展局等部门对该卡拉OK经营单位进行了版权执法检查，根据其违法经营行为，依法进行了查处。

8～11月，青海省版权局组织在全省开展了打击网络侵权盗版专项治理行动，依法规范了青海省互联网站作品使用秩序，初步建立了“先授权，后传播”的网络数字作品使用原则。

为了加强对出版物市场的日常监管，元旦、“五一”等重大节日期间，青海省版权局会同省“扫黄打非”办、省公安厅、省工商行政管理局等部门，对西宁市胜利路电子商城、古城台数码广场、华联超市音像销售区、原声音像批发中心等音像电子出版物销售场所进行集中检查。对内容低俗、侵权盗版严重的进行了严厉打击，依法查缴。据统计，全年共查缴盗版音像制品12 000余盘(张)，盗版软件1 100余张(盘)、淫秽色情光盘170余张(盘)，从而有力地打击了盗版行为，维护了著作权人的合法权益。

三、克服困难，推进企业软件正版化工作

青海省版权局作为全省企业使用正版软件工作联席会议的牵头部门，采取多种形式督促推进省内各大、中型企业使用正版软件工作。5月11日，根据国家版权局《关于开展第二批“全国软件正版化工作示范单位”评选表彰工作的通知》精神，结合青海省各大、中型企业使用正版软件工作情况，积极组织推荐了中国石油青海油田公司、中国移动通信集团青海有限公司、西部矿业股份有限公司三家大型企业为“全国软件正版化工作示范单位”。

7月，青海省版权局联合省建设厅、深圳市斯维尔科技有限公司在西宁市举办了建筑行业软件正版培训活动。全省有关建筑设计单位、青海大学、青海建筑职业技术学院的80余名工作人员及学生参加了培训。培训活动除深圳市斯维尔科技有限公司介绍清华斯维尔建筑设计类软件、建筑经济类软件、项目管理类软件、电子政务解决方案等设计软件外，青海省版权局还就中央关于企业使用正版软件的有关精神、国家有关保护知识产权的法律法规知识进行了详细讲解，为促进青海省建筑行业软件正版化工作起到了积极的推动作用。

四、加强培训，提高版权行政执法能力

2月，对2008年度在出版物市场监管、打击侵权盗版行为以及《著作权法》《计算机软件保护条例》等法律法规的宣传普及和管理工作中，作出突出贡献的西宁市文体广电局新闻出版发行处等4家单位以及李顺东等9名同志进行了通报表彰和奖励，并分别授予青海省新闻出版(版权)行政执法工作先进集体、先进个人荣誉称号。

4月，为提高基层版权行政执法人员的业务素质，青海省版权局在西宁举办了“全省版权行政执法培训班”，全省各州(地、市)、县文体广电(社会发展)局版权执法人员共30人参加了培训。

6～7月，组织基层18名版权行政执法人员，分别参加了国家版权局在银川举办的“中欧网络版权保护研讨会”和在山东威海举办的“2009年第一期基层版权执法培训工作会议”，取得了较好的宣传普及和培训效果。

五、认真做好版权登记工作

由于版权宣传教育活动的广泛开展，社会公众的版权意识日益提高，作品版权自愿登记和涉外著作权合同登记数量日益增多。全年共完成作品登记10件，接受来人、来电、来函和版权咨询80人次，有效地维护了权利人的合法权益。

(青海省版权局　版权处)

司法工作

2009年，知识产权审判工作在院党组的正确领导和最高人民法院的指导下，紧紧围绕“公正与效率”工作主题，认真学习贯彻党的十七大和十七届三中全会精神，深入学习实践科学发展观，全面贯彻落实国家知识产权战略，以“三个至上”和社会主义法治理念为指导，进一步明确全国法院知识产权审判的政治方向、指导思想、工作思路和司法政策，在新的历史起点上充分发挥司法保护知识产权的主导作用，为实践科学发展观和建设创新型青海提供坚强有力的司法保障，为青海经济社会发展作出了积极努力。

一、案件审理情况

2009年全省两级法院共审结一、二审知识产权民事纠纷案件29件，其中一审26件、二审3件。案件类型中商标权纠纷案件2件、专利侵权纠纷9件、著作权纠纷2件、其他纠纷16件。审结的案件呈现以下特点：(1)案件数量较2008年下降。司法认定驰名商标案件的集中管理，使得商标侵权纠纷案件数量大幅下降；(2)调解结案率高，所审理的案件调解或调解后撤诉率达到65.

51%。(3)诉讼标的金额较小,就统计的数据来看,诉讼标的金额均不超过50万元;(4)当事人对生效裁判文书申请再审和申诉的情况没有发生,已审结的案件中未出现申请再审和申诉的情况。

二、注重提高办案质量

青海省法院在审判工作中坚持从建设和谐社会角度出发,调解了多起知识产权纠纷案件。2009年审结的29件案件,以调解或调解撤诉方式结案的有19件。调解及调解撤诉的案件占已结案件的65.51%。知识产权案件较高的调解、调解撤诉率反映了知识产权案件审理中审判人员注重以案了事,彻底化解矛盾的民事审判宗旨,对圆满化解知识产权这个新型领域内的民事纠纷起到了良好的社会效果。

二、加强对下级法院的审判监督指导

针对2008年青海省法院司法认定驰名商标受理案件的增多,青海省高级人民法院下发了《驰名商标案件集中由西宁市中级人民法院管辖的通知》,驰名商标纠纷案件数量下降,规范了审理工作。

三、审判公开透明,接受社会监督

2009年将知识产权裁判文书在全国知识产权裁判文书网全面上网公开的基础上,进一步在青海法院网公开。此举既实现了与国际惯例接轨,更是建立公开、透明、公正的知识产权、涉外商事审判运行机制的重要组成部分。

四、强调延伸功能,扩展审判空间 ,加大知识产权司法保护宣传

积极参与"4·26知识产权保护宣传周"活动。还通过情况反映等文件,及时向青海省委、省政府通报知识产权审判工作中的情况,全年共编写上述各类材料8篇,有力地拓展了审判空间,延伸了司法功能,为青海省知识产权战略的实施提供了优质的服务。

(青海省高级人民法院知识产权审判庭)

检察工作

2009年,青海省检察机关立足检察工作实际,切实加强知识产权司法保护,充分发挥法律监督职能作用,与行政执法机关、公安机关等部门密切配合,依法及时批准逮捕、起诉侵犯知识产权的犯罪分子,加大立案监督力度,防止和纠正对侵犯知识产权犯罪的有罪不究、以罚代刑等问题,进一步推动行政执法与刑事司法相衔接工作机制的完善,依法严肃查办侵犯知识产权违法犯罪背后的国家工作人员的违纪、犯罪行为,为经济建设保驾护航。

青海省各级检察机关主动深入到行政执法部门走访,了解有关行政执法机关查处包括侵犯知识产权在内的违法案件和向公安机关移送涉嫌侵犯知识产权在内的犯罪案件的情况,共同商讨如何加强合作,明确有关案件的刑事立案标准,寻求建立立案监督长效机制,进一步探索和完善行政执法与刑事执法相衔接的最佳模式,逐步建立起深入走访、座谈和定期互通信息等工作形式。与行政执法部门,建立了较为规范、稳定的联系协调机制,不断规范执法活动。

青海省各级检察机关对重大案件坚持适时介入,参加公安机关对包括侵犯知识产权在内的涉嫌犯罪重大案件的讨论,引导侦查取证,配合公安机关做好收集、审查、甄别、固定证据工作。通过行政执法与刑事司法相衔接工作机制,青海省各级检察机关注意把刑事立案监督工作向前拓展,加强对行政执法机关移送包括侵犯知识产权在内的涉嫌犯罪案件线索,以及公安机关在受理行政执法中查处的包括侵犯知识产权在内的涉嫌犯罪案件的监督,进一步开拓刑事立案监督工作,形成打击包括侵犯知识产权在内的涉嫌犯罪的合力,从而促进行政执法机关、公安机关严格执法,确保行政执法与刑事司法相衔接的工作实效。

青海省各级检察机关充分发挥法律监督职能,加强对行政执法机关抄送的侵犯知识产权案件《行政处罚决定书》副本的审查工作,对涉嫌犯罪的及时提出移送公安机关的建议,监督公安机关及时立案侦查侵犯知识产权犯罪的案件。严肃查办侵犯知识产权违法犯罪背后的国家工作人员的职务犯罪,坚决打掉其"保护伞",在立案监督和审查批准逮捕、审查起诉中注意发现和掌握侵犯知识产权违法犯罪背后的国家工作人员职务犯罪线索,对于涉嫌构成犯罪的坚决依法查办。

(最高人民检察院侦查监督厅)

宁夏回族自治区

专利工作

2009年，在宁夏回族自治区党委、政府的领导下，在国家知识产权局的指导和支持下，宁夏回族自治区知识产权局围绕青海自治区党委、政府工作部署，认真贯彻落实自治区政府效能目标管理考核责任书，以提高宁夏的知识产权创造、运用、保护和管理能力为目标，不断加大专利行政执法力度，扎实推进知识产权宣传培训，进一步深化企业知识产权工作，较好的完成了各项任务，取得了明显成效。

一、专利申请、授权量持续增长，双双实现新突破

2009年，全区专利申请量与授权量分别为1277件、910件，比2008年增长17.5%和50.2%，职务发明的申请量和授权量分别为745件、418件，分别占总量的58.3%和45.9%，比2008年增长36.2%和78.6%，专利申请和授权量实现了新突破，职务发明比例明显提高。

二、主动服务企业，提高企业的知识产权综合能力

积极主动为企业提供服务，加大对各级知识产权试点示范企业、知识产权优势培育企业及知识产权试点城市的支持力度，企业知识产权综合能力大幅提升。对西北轴承、天地奔牛等35家国家级、自治区级和市级的知识产权试点及示范创建单位，在知识产权制度建设、知识产权申请、知识产权战略研究等方面给予指导和帮助，企业的知识产权工作得到全面加强，知识产权创造、运用、保护和管理能力显著提高。由于试点工作的显著效果，宁夏回族自治区知识产权局组织推荐了大荣实业集团和宁夏医科大学等10家单位参加第四批全国企事业单位知识产权试点工作。银川市通过两轮的国家知识产权试点城市试点工作，知识产权工作水平和能力明显提高，在提升知识产权创造与运用能力、加强知识产权保护、加强知识产权宣传培训、增强知识产权管理能力等方面有了新的进步，两轮试点工作结束后，银川市申报了全国知识产权示范创建城市。宁夏回族自治区知识产权局还对15家知识产权示范创建企业进行了培育，并在自治区重点发展的“五优一新”产业领域开展专利保护专项活动，资助资金近50万元，通过政策扶持、引导，极大的激发了企业专利申请的积极性，全区工矿企业年专利申请量达到642件，同比增长了41.4%。

三、强化专利行政执法，大力加强知识产权保护

积极组织实施“雷雨”“天网”知识产权执法专项行动，强化专利行政执法，积极开展专利纠纷调处和专利违法行为查处工作，加强展会知识产权保护，营造良好的知识产权保护环境和投资环境。全年受理并结案专利纠纷16件，区市联合执法68次，出动执法人员2139人次，检查商业场所436次，检查商品57 362件。在第二届中国（宁夏）国际清真食品穆斯林用品节暨宁夏投资贸易洽谈会、首届中国西部（银川）服装服饰艺术节等大型展会期间，进行现场知识产权法律事务咨询和指导，受理涉及知识产权问题的纠纷事宜，对参展的专利技术和产品进行专利行政执法检查，有效的净化了展会的知识产权保护环境。

四、加强知识产权人才队伍建设，不断提高知识产权管理能力

采取多种形式、多种渠道积极开展知识产权人才培养和培训工作。以全区党政领导干部、公务员、企事业单位管理人员、专业技术人员、学生等为培训对象，与相关部门配合，借助网络，采取各类培训方式，多层次、全方位的进行知识产权培训，全区共举办各类培训班9期，共有2000多人次受到了培训。对宁夏被确定的5名高层次知识产权人才培训人选进行重点培养，选派高层次人才参加国家知识产权局组织的国内外培训，提高知识产权管理和法律知识运用水平，推荐高层次人才参加知识产权软课题的研究，通过研究项目了解宁夏知识产权现状并提出对策，提高解决知识产权难题的能力。组织知识产权行政管理人员参加各种形式的培训，明显提高了知识产权管理队伍的业务素质，管理能力得到增强。

五、广泛运用多种手段，加强知识产权宣传工作

知识产权意识的提高和普及是做好知识产权工作的先导和基础，宁夏回族自治区知识产权局采取多种措施，全方位、多层次宣传知识产权，社会公众的知识产权意识普遍提高。利用“3·15消费者权益日”“4·26知识产权宣传周”及中国专利周等大型活动，通过展览咨询、广播电台节目直播、座谈会等形式积极开展宣传活动，宣传普及知识产权法律法规和知识产权基本知识，全年共向5万余人次发放知识产权宣传材料。积极借助网站、报纸、电视等媒体普及知识产权知识，充分发挥媒体的效应，宣传知识产权工作，扩大知识产权宣传面，提升知识产权影响力，在宁夏电视台、宁夏日报、新消息报、国家知识产权局网站宣传报道宁夏知识产权工作，普及知识产权知识，在各种媒体刊登专利工作有关报道100多篇。为全区县以上四套班子、区直机关相关部门、自治区重点骨干企业、知识产权试点单位及知识产权教育基地赠阅《中国知识产权报》300多份。

六、加强服务体系建设，进一步提升知识产权服务水平

加强知识产权公共服务体系建设，积极推进知识产权维权援助工作，促进专利技术转化运用，拓展服务型机关建设，提升了知识产权服务水平。中国(宁夏)知识产权维权援助中心“12330”知识产权维权援助公益热线4月份正式开通，对投诉的专利权属纠纷案件和侵犯专利权案件等，积极调查调解处理，化解社会矛盾，知识产权维权援助中心“12330”成为解决知识产权纠纷与问题的快速通道。依托国家专利技术(宁夏)展示交易中心，成功举办了第三届中国专利周宁夏地区活动，集中展示了100多件宁夏特色优势产业领域的专利技术和适于投资创业的优秀专利技术项目，为专利技术供需双方，尤其是非职务发明人、中小企业和投资者搭建了交易服务平台，还展示了100多件第二届宁夏青少年创意(发明创造)大赛的获奖作品，来自全区各行各业的两千多名人员参加了展示交易活动。国家知识产权局专利局银川代办处通过完善内部制度，严格质量管理，服务能力不断提升，质量不断提高，全年共受理自治区内及周边省市专利申请2156件，收取各种专利缴费2287笔近102万元，基本完成了年初制定的工作任务。

（宁夏回族自治区知识产权局　田俊婵）

商标工作

2009年宁夏回族自治区工商行政管理局在自治区党委、政府和国家工商行政管理总局的正确领导下，全区各级工商部门主动适应发展方式转变，积极服务经济社会需要，立足职能，开拓创新，从政策法规、体制机制、指导帮扶、培育保护和宣传培训等方面采取扎实有力的措施，积极引导企业实施商标战略，推动宁夏商标事业得到了快速发展，取得了显著成效。在政策法规体系建设方面，2007年以来，宁夏工商行政管理局报请自治区政府批转了《关于加快实施我区商标战略的意见》和《自治区2008年—2012年驰名商标、著名商标培育发展规划》。2009年4月30日《宁夏回族自治区著名商标认定和保护办法》以自治区主席第15号令发布，标志着宁夏的著名商标管理工作步入法制化和规范化的轨道。2009年还起草上报了《宁夏回族自治区著名商标认定程序和规则》《宁夏回族自治区商标专用权质押贷款工作指导意见》。在工商部门的积极推动下，部分市、县结合实际相继制定了商标培育发展规划，出台了支持鼓励企业争创驰、著名商标的政策措施。在商标指导帮扶方面，全区工商部门全面推行商标“指导员”制度、“四书两卡”制度、“一所一标”“一乡一标”制度以及“五个员五步走”的工作新模式，建立了企业商标档案。组织开展宁夏地理标志资源摸底调查，确定了拟帮助注册的商标。组织开展“红盾助企”商标指导员帮扶企业活动，走访自治区重点骨干企业、农业产业化龙头企业、驰名著名商标企业以及拟培育驰名著名商标企业209户，从企业的商标注册、使用、管理、保护等方面进行具体的指导帮扶。通过商标指导员“保姆式”的全程跟踪服务，取得了良好的经济和社会效果。帮助企业、农户、协会申报商品商标、服务商标、集体商标和地理标志证明商标等近千余件，帮助申报了“灵武山草羊”“沙坝头”“回乡同心”等一批重点商标。派专人前往国家工商行政管理总局商标局帮助建设厅申报了43件“沿黄城市带

(群)”“黄河金岸”商标。帮助一批商标通过异议和驳回复审,依法获准注册,商标指导工作正在逐步向解决企业商标难点深入。在培育和争创驰(著)名商标方面,为形成宁夏企业冲击著名、驰名商标的多级梯队,宁夏工商行政管理局在深入摸底调研和认真筛选的基础上,建立了中国驰名商标培育库和宁夏著名商标培育库。对于“汇川”“兴唐”“御马”“盐池滩羊”商标申报中国驰名商标,自治区、市、县三级工商部门高度重视,从调研筛选、指导创建,到组织申报、协调联络,做了大量深入细致的工作。特别是进入申报阶段,区、市工商行政管理局选派专人进行现场指导,帮助企业高质量的完成了申报材料的准备工作,为驰名商标的成功认定奠定了扎实基础。在商标宣传培训方面,2009 年“4·26 世界知识产权日”活动期间,宁夏工商行政管理局通过自治区主要新闻媒体,以专题片和专版的形式开展了“市县领导论商标”主题宣传活动。为了表彰中国驰名商标企业,宣传宁夏实施商标战略的成果,大力营造全社会重视商标品牌、培育和保护商标品牌的意识和舆论氛围,宁夏工商行政管理局成功举办了两届驰名商标颁奖大会暨实施商标战略论坛,国家工商行政管理总局和自治区政府领导出席会议,自治区人民政府从财政拨出近 700 万元专款,对荣获中国驰名商标和宁夏著名商标的企业予以隆重表彰奖励,这在宁夏历史上是前所未有的,极大的鼓舞和激励了企业争创商标品牌的积极性和创造性。各地工商行政管理部门还面向企业开展了紧贴需求、形式多样的商标业务培训。在商标专用权保护方面,为了严厉打击商标侵权假冒行为,宁夏工商行政管理局组织开展了专营专卖店专项整治行动,开展了对各商场食品、饮料、服装商标使用情况的专项检查,开展了对农资、兽药商标使用情况的专项检查,开展了查处侵犯“蓝带”“明太郎”“汾酒”“杏花村”商标专用权专项整治活动。2009 年,全区工商部门共查处商标侵权案件 109 起,没收侵权物品和侵权标识 20 780 件,罚款 23.8 万元。我们积极探索建立驰名商标跨省打假新机制。2009 年 6 月宁夏工商行政管理局选派人员协助中宁县政府,前往中宁枸杞主销区成都、重庆、云南等省区,走访调查了重点批发市场。针对市场上假冒侵权“中宁”枸杞现象,召开了新闻发布会和座谈会,并与三省市工商行政管理局签订了驰名商标保护框架协议,使“中宁”枸杞驰名商标在区外得到有效保护。通过全区上下各方面的艰苦努力,目前宁夏已经形成了一个“政府引导、企业主动、社会共同参与”的商标工作良好局面,“商标兴企”“商标富农”的社会效益和经济效益不断显现。

2009 年是宁夏商标注册取得新突破、品牌建设取得新进展的一年,也是商标工作受到各级党委政府和国家工商行政管理总局高度重视和充分肯定的一年。2009 年商标申请量 1405 件,比 2008 年增加了 239 件,增长 20.5%;注册量 1249 件,比 2008 年增加了 432 件,增长 52.8%。截至目前,全区注册商标申请量 10 635 件,注册量 6195 件。全区拥有中国驰名商标 12 件,宁夏著名商标 190 件,证明商标 1 件,地理标志 12 件,集体商标 10 件。实现了全区注册商标申请量突破 1 万件、中国驰名商标突破 10 件的历史性“双突破”。通过实施商标战略,驰名商标、著名商标的名牌效应得到了进一步的发挥,不仅提升了宁夏企业形象,催生了新的经济增长点,而且还促进了产业结构的调整优化,极大地增强了企业的竞争力和发展后劲,为促进宁夏经济跨越式发展作出了贡献。国家工商行政管理总局商标局局长李建昌在宁夏第二届驰名商标颁奖大会上,对宁夏实施商标战略工作取得的成绩给予了充分肯定。宁夏工商行政管理局撰写完成的《宁夏商标发展报告》,对宁夏商标发展基本情况和商标保护情况、商标促进企业增效和经济发展情况作了详细的数据统计分析,介绍了实施商标战略工作措施和今后商标工作思路。2009 年 11 月自治区主席王正伟在报告上作出重要批示:“建设品牌宁夏是一项长期的任务,需要做大量的工作。工商行政管理局近两年在申请注册商标方面,工作务实,成效明显,应予以充分肯定。望继续加大工作力度,提高宁夏的知名度。”中宁县、青铜峡市政府和企业代表为了感谢工商行政管理部门在地方商标品牌建设方面给予的支持和帮助,专程给自治区工商行政管理局送来感谢信、牌匾和锦旗。

(宁夏回族自治区工商行政管理局)

版权工作

2009 年,宁夏回族自治区版权局在自治区党委、政府的领导下,在国家版权局的指导下,深入学习贯彻落实科学发展观,紧紧围绕中心工作,服务大局。依照《著作权法》《著作权法实施条例》等相关的法律法规，加大宣传力度，强化版权行政管理工作，完善版权管理制度；积极推进软件正版化工作，坚决打击侵权盗版行为，调解处理版权纠纷，维护权利人合法权益。宁夏版权局被评为2009年度全国版权工作先进集体；宁夏版权局版权管理处被评为2009年度全国打击侵权盗版先进集体、2008～2009年度全区依法打击网络淫秽色情专项行动先进集体、2009年度全区“扫黄打非”先进集体。

一、 加大宣传培训力度，提高公众的版权保护意识

3月3日，宁夏回族自治区版权局在宁夏行政中心二楼中心会议室举办了银川地区出版物经营业主法规培训会议，银川地区经营图书、音像批发、零售业务的业主共计400余人参加了培训。

4月21日，宁夏回族自治区版权局在宁夏出版大厦组织召开了“2009年全区侵权盗版及各类非法出版物集中销毁活动”新闻发布会，为“4·22销毁活动”进行宣传造势，《宁夏日报》《新消息报》《银川晚报》、宁夏广播电视总台、宁夏新闻网等10家媒体参加了新闻发布会。4月22日，在银川市光明广场与全国同步统一举行侵权盗版及各类非法出版物集中销毁活动，销毁量突破历史新高，共计324 396册（张、盘），其中音像制品119 457盘，软件及电子出版物41 936张，图书报刊163 003册。

4月26日是世界知识产权保护日，宁夏回族自治区版权局与宁夏图书馆联合，在宁夏图书馆一楼展览厅举办了“2009年‘世界知识产权日’保护知识产权大型展览”活动。参观人数共计1900余人。展览活动以专题展板、影视资料播放等形式，展示自治区近年来打击侵权盗版、保护知识产权的成果；以侵权盗版的图书、期刊、光盘等实物让观众近距离了解什么是侵权盗版制品；活动中发放了知识产权宣传资料，并开展了现场咨询活动。

按照国家版权局组织“全国青少年版权保护读书活动暨版权保护知识竞赛”的要求，自治区版权局联合自治区团委、自治区教育厅组织实施“全区青少年版权保护知识竞赛”，向全区五市发放试卷12 000份，《版权保护小卫士》读本5000册，近万名学生参加这一竞赛活动。在此次竞赛活动中，有1人获得一等奖，37人获得三等奖，自治区版权局等13家单位获优秀组织奖。

2009年，自治区版权局还编辑出版了《著作权案例评析》一书。该书精选了数十种典型性的版权案例，用深入浅出的分析使公众对版权保护有了具体的认识，对群众运用法律武器保护自身合法权益起了一定的指导作用。新闻出版总署副署长、国家版权局副局长阎晓宏为本书做序。

二、 加大行政执法力度，严厉打击各种侵权盗版行为

宁夏回族自治区版权局定期召开公安、工商、文化等部门情况通报会议，在组织查处大案要案及专项行动中，与公安、工商、文化等部门协同作战，密切配合，形成了强大的工作合力，打击侵权盗版行为。加大对重点区域、重点环节、重点对象的监管力度，将制售、传播盗版教材教辅、音像制品、计算机软件、报刊及网络侵权盗版行为作为重点打击对象，有效地遏制了侵权盗版行为。

2009年，宁夏回族自治区版权局查处了十七届四中全会《中共中央关于加强和改进新形势下党的建设若干重大问题的决定》读本和辅导材料在自治区的盗版书籍，收缴盗版书籍300本，对相关的银川市拓荒者文化传播有限公司暂扣了出版物经营许可证，等候甘肃相关案件查处情况再给予行政处罚。

此外，还组织查处了宁夏道路运输协会银川办事处购买使用盗版书籍一案。收缴盗版《道路运输驾驶员从业资格培训教材》2864本、《汽车电器维修技术》500本，行政罚款5000元。查处了宁夏道路运输协会银川办事处非法印刷《银川道路运输》杂志。配合印刷发行处检查印刷企业2家，收缴非法印刷品《现代》专刊10 000册，《故事汇》2009年第六季15 000册。

2009年全年，自治区版权局共鉴定图书、音像制品等27批次，其中非法书报刊426种，光盘287种。受理作品自愿登记39件。对200家农家书屋配送的千余种图书进行抽检。检查各类出版物市场856家（次），游商地摊6个。收缴盗版图书22 000余册，非法报纸95份，DVD—9、压缩DVD等盗版音像制品35 000余张，淫秽色情光盘200余张。

三、 积极推进企业软件正版化

结合自治区软件正版化工作的实际，2009年7月自治区新闻出版局、自治区版权局分别与自治区住房和城乡建设厅、自治区经济和信息化委员会联合发文在全区开展装饰企业和机械制造行业软件正版化工作，涉及企业近300家。

在“有计划，分步骤”稳步推进企业软件正版化工作的同时，自治区版权局进一步强化企业使用正版软件的监管，根据相关软件权利人的投诉，本着教育为主和企业自查自纠为先的原则，对使用未经授权的计算机软件行为的企业进行检查，并促使其实现软件正版化。

按照国家版权局的要求，宁夏回族自治区版权局推荐上报了软件正版化示范单位，宁夏银行、宁夏电力公司、宁夏共享集团有限责任公司、银川卧龙变压器有限公司被评为第二批全国软件正版化示范单位。

四、 加强干部队伍建设，提高行政执法水平

自治区版权局始终注意加大对新闻出版(版权)执法人员的培养力度，加强政治理论、科学文化知识、新闻出版形势、任务和法律法规培训，不断提高执法水平，进一步推进科学行政，依法行政，民主行政。加强廉政建设，端正行业风气，不断提升著作权保护工作在人民群众心目中的地位。

6月18～19日，宁夏回族自治区版权局协助国家版权局在银川举办中欧网络版权保护研讨会。在此次会议上，来自国内外的专家对未来数字环境下版权保护发展的趋势和如何应对网络环境下的侵权行为进行了讨论。宁夏法院系统、各市新闻出版局均派人参加。这次会议对于执法人员加强学习，提高业务水平起到了很好的推进作用。

（宁夏回族自治区版权局　版权处）

司法工作

一、公正高效审结知识产权纠纷案件，切实维护权利人的合法权益

2009年，全区两级法院共受理一、二审知识产权民事案件82件，其中一审案件66件，二审案件16件。受案总数同比上升315.35%。其中宁夏高级人民法院、银川中级人民法院、石嘴山中级人民法院上升幅度较大。宁夏高级人民法院2009年共审理知识产权民事案件16件，同比上升533.33%；银川中级人民法院2009年共受理知识产权民事案件57件，同比上升466.67%；石嘴山中级人民法院2009年共受理知识产权民事案件9件，同比上升180%。在2009年所受理的知识产权民事案件中，侵犯著作财产权案件上升幅度最大。在宁夏高级人民法院受理的16件知识产权民事案件中，侵犯著作财产权案件7件，占受理案件总数的43.75%。银川中级人民法院受理的57件知识产权民事案件中，侵犯著作财产权案件32件，占受理案件总数的56.14%。石嘴山中级人民法院受理的9件知识产权民事案件均为侵犯著作财产权案件，占受理案件总数的100%。宁夏法院受理知识产权案件与2009年全国法院知识产权民事案件增长幅度大，特别是侵犯著作财产权案件激增的形势一致。

所审结的案件呈以下特点：一是调撤率较高。全区法院审结的51件一审案件中，调撤37件，调撤率达到了73%。二是诉讼标的金额不大。在所受理的案件中，诉讼标的金额均未超过50万元。三是当事人对生效裁判文书申请再审和申诉的情况很少发生。四是地区间的经济发展水平不平衡反映出知识产权案件受案不平衡。2009年银川中级人民法院受理知识产权案件57件，中卫中级人民法院、固原中级人民法院均未受理知识产权案件。

二、创新诉讼调解机制，营造司法和谐

为化解社会矛盾，真正做到“案结事了”。宁夏两级法院高度重视知识产权诉讼调解工作，特别是加强对疑难复杂案件、有重大社会影响案件、系列案件以及可能引发涉法上访案件的调解工作，努力追求合作、共赢，不断促进社会和谐。2009年全区法院审结的各类知识产权民事案件中，以调解及撤诉方式结案37件，达到已结案件总数的73%。各级法院在诉讼过程中，还不断创新知识产权案件诉讼调解的机制和方式。针对知识产权案件的专业特点，邀请相关部门的工作人员和专家作调解工作。如银川中级人民法院审结的北京网尚文化传播有限公司起诉银川市24家网吧(公司)信息网络传播权纠纷系列案件，为了妥善处理纠纷，在庭审结束后，办案法官通过网协负责人召集24家网吧(公司)业主会议，经过耐心细致的工作，一次性调解结案24件。

三、严格依法办案，不搞地方保护主义

在宁夏法院受理的知识产权案件中，60%以上的权利人为外地当事人，在案件审理中，宁夏法院牢固树立全国法院“一盘棋”的思想，不因被告是本地人而给予偏袒，依法平等保护各方当事人的合法权益，不搞地方保护主义，使当事人的知识产权得到充分保护，树立人民法院的公正形象，让外地当事人充分感受到宁夏良好的法制环境。

四、加强调研和审判指导，切实提高办案质量

在抓好案件审理的同时，结合工作实际，从调研中寻找、研究解决审判中存在的问题及解决问题的办法。宁夏高级人民法院在认真审理好自身案件的同时，切实加强对下级法院的业务指导。一是认真做好案例指导工作。知识产权案件属新型案件，针对审判保护经验不足的实际，采取案例指导的方法。将全区法院知识产权庭法官办结的典型案件和新类型案件，以本庭《知识产权审判信息》为载体，定期印发全区法院知识产权庭供大家学习、交流和借鉴，以加强对下级法院的业务指导，弥补审判经验的不足。二是坚持发、改判案件逐案座谈制度对本庭发回重审、改判的每一个案件，由一审、二审合议庭成员共同座谈，指出发、改的原因，及今后处理类似案件应注意的问题，加强上、下级法院之间的沟通，统一裁判尺度，切实提高办案质量。

五、加大司法宣传力度，进一步提高知识产权保护意识

宁夏两级法院十分重视知识产权审判的司法宣传工作，除通过审理案件进行知识产权法律的宣传和教育外，还通过法律咨询，简报，与媒体、行政管理部门合作等多种形式，积极开展知识产权审判司法宣传。积极参加自治区知识产权研究会、知识产权局、版权局、商标局和自治区法学会举办的相关会议座谈介绍法院知识产权司法保护的情况，并深入到自治区知名企业进行调研，详细了解企业的生产经营状况，并就知识产权方面的内容进行座谈。通过宣传，不仅增强了全社会公众知识产权法律意识，同时也起到了预防知识产权侵权的作用，并让更多的公众和企业懂得用法律武器保护自己的知识产权。

（宁夏回族自治区高级人民法院知识产权审判庭）

检察工作

2009 年，宁夏回族自治区检察机关加强与行政执法机关、公安机关的工作联系，及时准确查处侵犯知识产权犯罪，认真履行批捕、起诉职能，严厉打击各类侵犯知识产权犯罪，取得了一定成效。

宁夏回族自治区各级检察机关主动与有关行政执法机关联系，建立检察机关与行政执法机关联席会议等相关制度，自治区人民检察院还定期与行政执法机关加强联系，互相沟通信息，较好地促进了行政执法与刑事执法相衔接工作的开展。为了加大打击力度，自治区人民检察院给自治区公安机关和自治区税务局进行专项知识讲座，既融洽了同行政执法部门的关系，又促进了工作的开展。石嘴山市惠农区人民检察院精心编写了《工商管理部门管理工作人员应掌握的刑法罪名及涉及的职务犯罪》学习册，并与工商管理工作人员交流，使大家更多的掌握了相关的刑法知识，为顺利查处、移交、开展工作打下了良好的基础。盐池县人民检察院不以监督立案为满足，坚持对立案监督案件延伸跟踪监督，制作了《立案监督案件跟踪卡》，实行一案一追踪，将案件处理过程和处理结果及时登记在案，还制作了“催办通知书”和“催结通知书”，与《检察建议落实监督卡》《纠正违法通知书》一起构成了一套便于追踪立案监督案件处理情况的法律文书，并辅之以电话催办、派人协商等方式，使监督的案件都得到了妥善处理。

宁夏回族自治区各级检察机关充分发挥法律监督职能，加强对行政执法机关抄送的侵犯知识产权案件《行政处罚决定书》副本的审查工作，对涉嫌犯罪的及时提出移送公安机关的建议，监督公安机关及时立案侦查侵犯知识产权犯罪案件。严肃查办侵犯知识产权违法犯罪背后的国家工作人员的职务犯罪，坚决打掉其“保护伞”，在立案监督和审查批准逮捕、审查起诉中注意发现和掌握侵犯知识产权违法犯罪背后的国家工作人员职务犯罪线索，对于涉嫌构成犯罪的坚决依法查办。

（最高人民检察院侦查监督厅）

新疆维吾尔自治区

专利工作

一年来，在新疆维吾尔自治区党委、自治区人民政府的正确领导下，自治区知识产权工作坚持以邓小平理论和“三个代表”重要思想为指导，深入贯彻落实科学发展观，全力推进国家知识产权战略实施、新疆维吾尔自治区知识产权战略制定、试点示范、实施转化、专利保护和宣传培训等项工作，并取得了显著成绩。

一、加强协调指导，积极推进自治区知识产权战略制定工作

2009 年是新疆维吾尔自治区知识产权战略制定的关键一年。一年来，在自治区党委、政府的正确领导下，在自治区知识产权战略制定工作领导小组的协调指导和 33 个成员单位的不懈努力下，自治区知识产权战略制定工作取得了显著成绩，截至 2009 年年底，基本上完成了自治区知识产权战略纲要和 13 个专题的研究制定工作。

新疆维吾尔自治区知识产权战略制定工作领导小组办公室认真履行职责，积极推进自治区知识产权战略制定工作。一是建立了由 13 个厅局牵头 33 个成员单位参加的战略研究制定专题组、专家咨询组和联络组，建立了联络制度，与各专题组实行对接，及时了解情况解决问题。二是与各专题组牵头单位签订了责任书，建立了责任制，划拨了研究经费。三是充分发挥专家组和联络组的作用，加强对战略研究制定工作的咨询指导。两次召开专家咨询会，听取专题研究情况汇报，进行专家咨询论证，提出修改意见和建议。四是突出重点，大力抓好《新疆维吾尔自治区知识产权战略纲要》（以下简称《纲要》）的制定工作。在《纲要》研究制定工作中，坚持以《国家知识产权战略纲要》为指导，充分借鉴兄弟省区的经验，紧密结合区情，汇总各专题研究成果。为提高《纲要》研究制定质量和水平，多次向战略制定工作领导小组组长、副组长汇报情况，根据领导批示，将《纲要》（征求意见稿）3 次印发政府有关部门征求意见。同时，还将《纲要》（征求意见稿）印发地州市政府、重点企事业单位、国内有关专家以及上网公布，广泛听取各方面意见和建议。经过 13 次修改，最终形成了提交政府常务会议审议的思路清晰、目标明确、重点突出、措施可行，具有新疆特色的《纲要》（报审稿）。与此同时，各专题研究制定工作已基本完成，进入验收阶段。

二、政府推动，精心组织，广泛开展知识产权宣传工作

2009 年，按照国家知识产权局和自治区人民政府的统一部署，新疆维吾尔自治区知识产权工作协调指导小组以“文化·战略·发展”为主题，在全区精心组织了内容丰富、形式多样的知识产权宣传周活动，收到了良好效果。4 月 8 日，自治区政府办公厅下发了《关于开展自治区知识产权宣传周活动的通知》，对全区知识产权宣传周活动进行了统一部署。4 月 19 日，自治区人民政府在乌鲁木齐市海德酒店举行“2009 年新疆维吾尔自治区知识产权宣传周新闻发布会”。自治区政府副主席靳诺、自治区政协副主席柯丽和自治区政府副秘书长刘华等领导出席。自治区知识产权工作协调指导小组成员单位、相关企事业单位、科研院所、高等院校和专利代理机构及各类媒体记者共 210 人参加。新疆知识产权局等网站、《新疆日报》《新疆经济报》《新疆科技报》“天山网”等报刊网站开设了知识产权专版或专栏；新疆电视台、新疆人民广播电台对相关部门领导进行了专访。新疆电视台《今日访谈》制作了知识产权专题节目，各类媒体对知识产权宣传周活动进行了全面报道，在社会上产生了广泛影响。

在新闻发布会上，自治区发布了 2008 年新疆维吾尔自治区知识产权保护状况白皮书、2008 年新疆维吾尔自治区保护知识产权“十大典型案例”、新疆维吾尔自治区推进企业商标战略发展措施和 2009 年重点商标培育发展计划、“新疆第六届图书奖暨第三届音像制品电子出版物奖获奖名单”和 2008 年度自治区“知识产权好新闻奖”获奖名单。新疆维吾尔自治区政府副秘书长、自治区知识产权工作协调指导小组副组长刘华代表自治区政府作了重要讲话。

4月19日，在乌鲁木齐市人民广场举行了“2009年自治区知识产权宣传周启动仪式”。新疆维吾尔自治区副主席靳诺、自治区政协副主席柯丽、自治区政府副秘书长刘华及自治区知识产权工作协调指导小组主要成员单位领导出席。靳诺副主席宣布“自治区知识产权宣传周启动”，并带头在万人签名布标上签名和慰问知识产权咨询人员。

启动仪式后，在乌鲁木齐市人民广场举办了大型宣传、咨询、展示、交易、文化等活动，34家企业和7个大专院校等数千人参加了广场展示交易活动。自治区副主席靳诺等领导参观企事业单位展区及知识产权宣传栏。自治区团委组织了50名青年志愿者提供义务服务。专利、商标、版权等中介服务人员开展了咨询活动，向参观群众发放了《2008年新疆维吾尔自治区知识产权保护状况》《中国知识产权报4·26特刊》等知识产权宣传手册资料共2万多份。

4月24日，新疆维吾尔自治区知识产权局在昌吉州园林宾馆举行了“第五届新疆‘知识产权’杯知识竞赛”活动。新疆众和股份有限公司等8家企业、新闻媒体等共200多人参加。乌鲁木齐、克拉玛依及乌鲁木齐高新技术开发区等单位也分别举办了知识产权知识竞赛活动。

在宣传周期间，自治区知识产权管理部门联合开展了以“知识产权进校园”为主题的一系列宣传活动。4月18日，在新疆农业大学举办了“世界知识产权日——新疆农业大学学生知识竞赛预赛”活动。该校6个学院的代表队及师生共计1440人参加比赛活动。4月22日，在新疆大学举办知识产权沙龙活动。自治区知识产权管理人员、专利代理人和大学生、教职员工等300多人参加。4月28日，在新疆财经大学图书馆报告厅成功举办了自治区首届“青春创新——与知识产权同行”大学生知识产权主题演讲比赛。新疆财经大学的200余名大学生代表观看了演讲比赛。

4月26日，新疆维吾尔自治区知识产权局、工商行政管理局、新闻出版局(版权局)、公安厅、乌鲁木齐市知识产权局和新疆生产建设兵团知识产权局等单位在乌鲁木齐市友好爱家超市、红旗路百花村电脑城等大型超市、批发市场开展了联合执法活动，查处涉嫌冒充专利产品8个，盗版光碟1049张。

全区开展了丰富多彩的知识产权宣传周活动，并取得显著成绩。据统计，全区共举办知识产权讲座28次，参加人员6800人次；接待咨询1万余人次；悬挂宣传标语、横幅480余条；宣传栏、宣传展板595块；网络答题活动2次；视频公益广告、流动车载公益广告25块；出动宣传车35车次；发放各类宣传资料14万余份；发送知识产权宣传手机短信13万余条；出动执法人员327人，对2万余件商品进行了检查，销毁了价值7万余元的11 000件违法商品。在乌鲁木齐市举行的侵权盗版制品及各类非法出版物集中销毁活动中，共销毁侵权盗版制品及各类非法出版物共计668 214册(张)；全区发布知识产权信息417条。

三、不断开拓人才培养渠道，大力加强知识产权队伍建设

一年来，全区知识产权管理部门认真实施国家知识产权局制订的“百千万”人才培训工程和自治区知识产权万人教育培训计划，充分发挥各级党校、干部教育培训基地的作用，采取“请进来、走出去”和承办、协办培训班等形式，积极开展对各级党政领导、企事业单位负责人、知识产权管理服务人员、企业科技管理人员和营销等人员的知识产权培训，并取得了显著成绩。据统计，全年全区共举办各类知识产权培训班、专题报告会302期(次)，培训人数55 360人(次)，其中举办知识产权培训班142期，培训人数12 914人(次)，举办专题报告会160次，参加人数42 446人(次)。全年投入培训经费156.98万元。通过教育培训，各级领导的知识产权意识明显增强，各级人员专利管理、执法能力和企业知识产权运用能力明显提高。

四、以制度运用为目标，扎实推进企事业单位知识产权工作

2009年，新疆维吾尔自治区进一步深化知识产权试点示范工作。一是积极推进专利实施与产业化进程，组织申报国家专利产业化推进工程项目16个。二是在专利项目实施管理工作中坚持实施知识产权制度运用导入工程，通过政策、项目引导，促进实施主体知识产权制度的建立、完善和运用，将有关扶持拥有自主知识产权的高新技术及其产业化的政策落实到项目实施主体。2009年度新疆维吾尔自治区实施专利资助项目22个，划拨专利实施资助资金300万元。三是以企事业单位为重点，以试点示范工作为抓手，不断创新试

点新形式、拓展试点新领域，深化企事业单位知识产权试点示范工作。2009 年召开了自治区第二次知识产权试点示范工作会议，对自治区知识产权试点示范工作进行总结，对先进单位和先进个人进行表彰；启动了第二批示范工作和首批专利工作交流站，促进了企业专利交易平台建设。四是推动高校和科研院所的知识产权工作。对 40 余家高校、科研院所“科技创新与知识产权工作”进行了调研，形成了调研报告，为政策措施的制定提供了依据。五是组织重点企业到东部沿海地区考察学习企业知识产权工作，以此促进自治区企业知识产权的创造、运用、保护和管理水平的提升。

五、大力加强协调机制建设，不断提升知识产权宏观管理能力和服务水平

坚持以促进经济发展和科技进步为中心，大力加强协调，不断提升知识产权宏观管理能力和服务水平。一是新疆维吾尔自治区知识产权局加强与科技厅等知识产权相关部门的协作与联动。草拟了《关于加强科技创新知识产权管理的若干意见》和《关于科技工作中加强知识产权管理的暂行规定》；参与了自治区“十二五”科技规划相关专题的研究制定工作；启动了自治区“十二五”知识产权事业发展规划的前期工作，形成了知识产权与科技工作的联动机制。二是积极推动新疆与国家知识产权局的区局会商及东中部省市的对口合作工作。在新疆维吾尔自治区知识产权局的倡议和联系下，新疆巴音郭楞蒙古自治州政府与河北省知识产权局、昌吉回族自治州政府与福建省知识产权局达成支援协议或意向。自治区知识产权局组织 7 个地州市知识产权局负责人赴江苏、山东、上海、福建、河北等省市进行考察学习和交流，为推进基层知识产权工作的提升创造了有利条件。三是新疆维吾尔自治区知识产权局与新疆科技开发交流中心联合建立了“国家专利技术（新疆）展示交易中心”；与新疆大学联合成立了“新疆维吾尔自治区知识产权人才培养基地”和“新疆维吾尔自治区专利信息服务中心”。在国家知识产权局的大力支持下，为“自治区专利信息服务中心”配备电脑 35 台，培训专业技术人员 7 名。四是筹建新疆知识产权维权援助中心，开展了受理举报投诉维权和咨询服务活动。五是积极开展专利代办服务。2009 年，国家知识产权局乌鲁木齐代办处共受理专利申请 1694 件，同比增长 36%，其中受理发明 439 件，占比 25.91%；实用新型 1068 件，占比 63%；外观设计 165 件，占比 9.74%。专利费用收缴 7265 笔，合计2 528 250 元。办理专利登记簿副本 24 份，办理专利实施许可合同备案 25 份。六是加强对专利代理机构和专利代理人的监管。2009 年，新疆维吾尔自治区知识产权局依法对 5 个专利代理机构和 24 名专利代理人进行了年检。经国家知识产权局审查，参加年检的专利代理机构和专利代理人全部合格。另外，根据举报，对一家违规代理专利申请的非专利代理机构依法进行了查处。七是专利代理工作取得较好成绩。2009 年度，新疆专利代理机构共代理专利申请 1016 件，同比增长 6.5%，占全区同期专利申请量的 42.1%。其中，代理发明专利申请为 240 件，同比增长 35.6%；代理实用新型专利申请为 664 件，同比增长 24.8%；代理外观设计专利申请为 112 件，同比减少了 55.9%。代理的专利案件达 316 件，是上年度的 9 倍，增幅 829.41%。调处专利纠纷案件 14 件，代理的复审案件 1 件，无效案件 5 件，诉讼案件 11 件，转让 280 件。经营性收入为 133.19 万元，同比增长 11.90%；上缴营业税 7.16 万元，同比增长 36.12%；缴纳企业所得税为 3.49 万元，同比增长 166.77%。八是组织实施了 2009 年全国专利代理人资格考试（乌鲁木齐考点）考试工作，并取得较好成绩。报名 55 名，参加考试 32 名，考试成绩达到或超过了分数线的有 2 名，法律知识考试成绩达到或超过规定的分数线的有 8 人，占考试人数的 25%；代理实务考试成绩达到或超过规定分数线的考生有 2 人，占参考人数的 6.3%。由于组织严密，工作成绩突出，新疆专利代理人资格考务工作受到国家知识产权局的通报表扬。

六、以营造创新和保护环境为导向，积极开展专利执法工作

一年来，全区专利行政管理部门，积极采取保护措施，依法加强专利行政保护工作。一是在坚持开展日常执法工作的同时，在全区继续组织开展“雷雨”“天网”等专项执法行动，坚决打击假冒专利和侵犯他人专利权行为。二是积极与公安机关和法院的协调配合，联合开展执法，形成联合执法合力，加强专利保护。三是以“4·26 知识产权宣传周”为契机，发布 2008 年新疆专利典型案例。四是按照国家统一部署，在全区开通了 5 部“12330”知识产权维权援助公益服务电话，启动了受理举报投诉活动。五是积极推进商业企业试点工作，促使商业流通领域相关企业和人员专利保护意识进一步提升。六是加强大型会展中的专利保护工作，专利执法人员深入“乌洽会”“喀交会”等会展进行检查，为会展营造良好环境。七是加强对地州市专利执法工作指导，使各地专利保护工作不断提升。如，巴州专利执法人员积极开展查处专利欺诈行为；克拉玛依市知识产权局构建了刑事、司法、媒体执法协作体系；阿克苏地区知识产权局建立了每周专利执法日。在全区专利管理机关的密切配合、通力协作下，自治区的专利保护工作取得了显著成效。据统计，全年全区专利行政管理部门出动执法人员1468人(次)，检查商业场所684个，检查商品18.15万件，与其他部门协作执法92次，受理专利纠纷案件47件，结案(含上年结转)54件，查处假冒专利案件7件、结案7件，向其他部门移交案件4件，接受其他部门移交案件3件，自治区与地州市协作执法9次。

七、专利申请与授权数量和质量有较大幅度提升

2009年，新疆专利申请、授权数量和质量有较大幅度提升。全年专利申请为2872件，同比增长19.1%，提高12.8个百分点，高于18%的全国平均水平。截至2009年12月31日，新疆专利申请累计达到25 087件。

2009年，新疆三种专利授权为1866件，同比增长25.0%，提高27.5个百分点。专利授权数在西北五省区排第二位。截至2009年12月31日，新疆专利授权累计达到14 462件。

(新疆维吾尔自治区知识产权局　史治勋)

商标工作

2009年，新疆维吾尔自治区工商行政管理局商标工作认真落实国家工商行政管理总局和自治区工商行政管理工作会议的总体部署，坚持一手抓服务，积极指导企业运用商标战略做大做强；一手抓监管，严厉打击商标侵权假冒行为。大力宣传普及商标法律知识，实施商标发展战略，把商标工作与服务“三农”和社会主义新农村建设紧密结合，为促进自治区经济发展作出了应有的贡献。新疆工商行政管理局被国家工商行政管理总局授予“全国工商系统商标工作先进集体”荣誉称号。

一、突出重点，严打快查，努力维护良好的市场竞争秩序

一是为加大对注册商标的保护力度，打击商标侵权假冒违法行为，组织全系统开展了以保护驰名、著名商标为重点的商标专项保护工作。为此，各地州市工商行政管理局都成立了专项保护领导工作小组，制订具体实施方案，并将专项整治工作与节日市场整治、市场巡查、商标日常监管，特别是与贯彻落实基层监管责任服务工作相结合，充分发挥基层监管服务责任区作用，整合执法资源，大大提高了商标执法效能。

二是广泛利用社会力量，加强与驰、著名商标企业及其代理商和相关部门的协作和沟通，不断扩宽案件来源，完善新疆重点商标保护网络，加大执法力度。乌鲁木齐市和克拉玛依市工商行政管理局在“五粮液”“茅台”“伊力特”等驰、著名商标企业、知识产权代理机构和代理商的配合支持下，顺利查处了一批驰、著名商标违法案件；伊犁州霍尔果斯口岸工商行政管理局积极与海关部门协作配合，查处了一批出口假冒“LG”“三星”电视机案，没收假冒电视机229台；阿勒泰地区福海县工商行政管理局查处了案值5 271 900万元的“赞江”淀粉假冒注册商标案。

2009年，全系统共查处商标违法案件894件，案值1384.31万元，罚没款313.37万元，收缴和消除商标标识17 593件，没收、销毁侵权商品98 868件。其中查处侵犯驰、著名商标专用权案件232件，案值338.54万元，罚没款79.23万元。这些案件的查处有效保护了注册商标人的合法权益，维护了良好的市场竞争秩序。

二、大力宣传普及商标法律知识，不断提高社会各界商标法律意识

一是以“4·26世界知识产权日”为契机，大张旗鼓地宣传普及商标法律知识。组织全系统开展了为期1个月的“4·26保护知识产权宣传月”活动。充分动员和利用社会各界力量，发挥电视、广播、报纸、网络等新闻媒体的舆论导向作用，大力宣传普及商标法律知识，曝光商标违法大要案件，展示商标执法成果。并通过举办培训班、研讨座谈会、演讲会、知识竞赛等活动，努力提高全社会的商标法律意识，营造了一个重视商标、宣传商标、发展商标、保护商标的良好社会氛围。各地积极响应，声势浩大。博州、克拉玛依市工商行政管理局会同当地党委宣传部等有关部门，利用网络平台组织开展了网上知识产权知识竞赛活动。伊犁州工商行政管理局做客伊犁人民广播电台新闻直播间，向社会公众宣讲商标法律知识，并在线解答听众在商标保护、注册、维权中遇到的具体问题。喀什、巴州、克拉玛依等地工商行政管理局在主要报刊、电台等媒体上开辟专栏，每周定期整版宣传商标法律知识，刊登商标理论文章，曝光商标违法典型案件。乌鲁木齐高新区工商分局、石河子工商行政管理局积极举办由社会各界代表参加的商标法律知识培训班，邀请专家、学者、企业家讲解商标法律知识，交流商标工作经验，传授企业运用商标战略开拓市场取得的成功经验。昌吉州、塔城、阿勒泰、哈密等地工商行政管理局将支持和鼓励企业实施商标战略、争创驰、著名商标作为宣传重点，采取走访、座谈和实地调研的方式，深入企业、团场和牧区讲解企业实施商标战略的成功经验，开阔了企业经营者的视野，增强了其对实施商标战略重要性的认识。

据不完全统计，在“保护知识产权宣传月”活动期间，各地共出动工作人员 1600 多人次，发放宣传资料近 13 万份，现场接待咨询 1.5 万人次，通过媒体发布各类公益广告和宣传口号 2420 多条次，出动宣传车 120 辆次，举办和参加各类座谈会、报告会、讲座、知识竞赛 30 次，制作并展出板报 270 块，悬挂宣传标语和横幅 620 多条。

二是组织召开“天业、天彩、银力、新天荣获驰名商标新闻发布会”。抓住新疆 4 件商标被认定为中国驰名商标的契机，与新疆建设兵团质监局共同组织召开了隆重的新闻发布会。新疆维吾尔自治区、新疆维吾尔兵团及国家工商行政管理总局商标局相关领导出席会议并做了重要讲话。自治区各级政府、相关部门、商标管理干部、企业代表和社会各界人士约 300 人参加了会议。4 家获得驰名商标的企业介绍了实施商标战略、创立驰名商标的成功经验。还邀请了“蒙牛”“小肥羊”等驰名商标企业代表讲授了创立驰名商标、实施商标战略所取得的成功经验，开阔了新疆企业视野，增强了对商标战略重要性的认识，强化了品牌兴企的经营理念。此外，为培养和增强企业广告宣传意识，会议期间，动员企业在会场内外进行富有声势的广告宣传，突出展示了新疆驰、著名商标。会议气氛隆重热烈，形式新颖，内容丰富，营造了一个宣传商标、保护商标、争创驰、著名商标的良好氛围。

三是抓住商标节等契机，组织企业及社会各界人士学习宣传商标法律知识。积极组织企业和各级工商行政管理机关商标工作人员参加“第三届中华商标节”“第十届中国西部国际博览会”和“亚太地区地理标志研讨会”等活动，一方面加强了与内地发达省区的交流与学习，有效提高了新疆商标管理水平；另一方面集中展示了新疆名优特地理标志和农副产品，这对提高新疆企业商标意识，促进新疆特色农副产品走出新疆、走向全国具有重要的意义。“天业”牌节水设备等 7 件商标荣获第三届商标节“中国最具市场竞争力奖”。

通过采取多种形式宣传普及商标法律知识，不断扩大宣传效果，鼓励企业实施商标战略，提升商标知名度，使新疆商标法律知识的宣传普及工作深入人心，社会各界商标法律意识有了显著提高，企业注册商标、使用商标、争创著名和驰名商标的积极性有了较大增强。截至目前，新疆驰名商标总数达 11 件，著名商标 256 件，地理标志数量已达 30 件。

三、加强指导，强化服务，不断提高商标工作整体水平

一是深入基层调查研究，指导工作。新疆工商行政管理局先后派员深入 13 个地、州、市及其部分县市区工商行政管理局调研指导工作。总结、提炼基层工作的经验和闪光点，挖掘和树立商标工作的先进典型，并结合当地工作实际召开商标管理干部座谈研讨会，研究解决商标工作中的具体问题，收到了以会代训的良好效果。同时，通过深入基层，掌握和了解各地工作的情况和特点，为更好地指导、服务和评价基层工作，创新商标监管方式提供了依据。

二是探索建立商标监管长效机制，推进制度化、规范化建设。新疆工商行政管理局进一步加大对基层查办商标案件的指导力度，加强和完善了案件移交、指导督办机制，大大提高了办案效率和质量。2009 年，共向基层通报、移交督办案件 30 件。昌吉州工商行政管理局推行《商标授权经营制度》和开展“无假冒商标示范单位”活动成效显著，实行商标授权经营制度的 9 个市场，近 600 个国内外知名品牌未发生一起商标侵权案件。米东区工商行政管理局制作了基层监管服务责任区使用的《商标巡查手册》《商标监管工作流程》，明确商标监管工作要求、内容、方法，便于基层干部巡查操作。图木舒克工商行政管理局制定《监管服务责任区商标监管服务工作规范》，指导服务责任区干部提高监管、执法、服务水平。塔城地区工商行政管理局、阿勒泰地区工商行政管理局通过全面推行“六书”“五书”商标行政指导制度，进一步提高市场主体对商标的重视程度，增强了商标保护意识，及时纠正了商标使用中的不规范行为，减少制假售假违法行为的发生。这些制度的建立和实施对创新商标监管工作，探索构建有效打击和制止商标侵权行为的长效机制，推进商标工作的制度化、规范化建设都起到了积极的推动和促进作用。

三是加强交流、培训，努力提高基层商标管理干部业务素质。成功组织召开了“中国西部第七届商标行政保护协作会议暨企业商标战略论坛”，探讨和研究解决当前商标工作的新情况、新问题及商标违法行为的新动向，总结交流了商标行政管理工作和企业创立驰、著名商标、实施商标战略所取得的成功经验，进一步加强了西部省区间商标工作的交流与协作，巩固、完善了查处和打击跨省区商标侵权假冒行为的配合协作机制，提升了西部省区商标行政管理工作和企业商标运作水平。新疆维吾尔自治区工商行政管理局借此机会邀请了国家工商行政管理总局商标局有关领导为新疆各级工商干部及企业讲授商标注册与保护以及驰名商标认定方面的法律知识，并现场解答商标工作和商标运作中出现的各类疑难问题，使大家开阔了眼界，拓宽了思路，进一步提高了新疆工商管理干部的商标执法水平，增强了企业注册和保护商标以及创立驰名商标的思想认识。

各地工商行政管理局针对干部轮岗交流造成的商标管理人员新手多、业务不熟练等情况，采取各种有效形式强化商标培训工作。塔城地区工商行政管理局实行“全员大练兵”，通过远程教育，有计划、有重点地对基层工商行政管理所工作人员进行培训，并注重突出形式的多样性、指导的针对性和培训的实效性，有效地提高了基层办案人员的执法水平。乌鲁木齐市工商行政管理局采取基层干部到市局跟班学习的方式，由商标办案能手轮流为基层干部分析总结案情，深挖案件线索，探讨查案技巧，使广大基层干部在边学习边实践的氛围中快速提高查办商标案件的能力。阿勒泰和哈密地区工商行政管理局利用局域网络平台，进行商标典型案例研讨，请专家点评，以案说法，取得了良好的效果。米东区、昌吉州等地工商行政管理局都举办了各种形式的商标法律培训班。

四、积极培育和鼓励企业创立驰名、著名商标，加快推进企业实施商标战略，带动和促进新疆经济发展

一是强化服务，履职尽责，积极推进新疆企业商标战略实施。为充分发挥工商行政管理机关商标管理职能作用，支持企业发展，服务地方经济建设，培育发展一批在全国乃至在国际上有影响力的驰、著名商标，新疆维吾尔自治区工商行政管理局制定发布了《自治区工商行政管理局推进企业商标战略发展措施》，提出了新疆年度和阶段性商标发展目标任务，确定了培育发展的重点产业，提出了加快推进企业商标战略实施的九项具体措施；同时制定了《自治区工商行政管理局 2009 年重点商标培育发展计划》，确定了对 42 家致力于创建驰名商标的企业进行重点培育和帮扶；首次制定并公开发布了《全国及新疆维吾尔自治区商标发展状况对比图》《新疆维吾尔自治区注册商标地域分布统计表》等相关数据统计信息，为有关部门和社会各界提供参考。各地结合当地经济发展水平、产业布局、企业商标战略发展的实际情况，均制定发布了本地区《推进企业商标战略发展措施》和《重点商标培育发展计划》，分解落实各项目标任务。全区工商系统形成了自治区、地州市、县工商行政管理局和工商所四级联动的工作机制，全面推进新疆企业商标战略的实施。阿勒泰地区工商行政管理局向当地行署提交的《关于推进实施商标品牌战略工作意见》，经行署转发，首次把商标品牌发展上升为政府行为，在社会上引起广泛重视。经济技术开发区分局向开发区管委会上报了《关于商标发展战略促进经济发展的报告》，规定了激励企业争创驰、著名商标的奖励、扶持及责任追究政策。阿克苏地区工商行政管理局制定了《阿克苏地区农产品商标注册和地理标志保护规划》。在高新技术产业开发区分局的力促下，高新区管委会出台了《乌鲁木齐高新区名牌、驰(著)名商标奖励办法》。各地工商部门积极努力工作，主动向当地党委、政府上报实施商标战略、促进经济发展的意见和建议，赢得了当地政府领导对商标工作的重视和支持。

二是发挥商标管理职能，提升企业品牌价值和市场竞争力，带动和促进新疆经济发展。新疆维吾尔自治区工商行政管理局先后派员深入南北疆 50 多家企业调查研究指导商标工作，帮助企业解决商标注册、使用、保护中存在的问题和困难，鼓励支持企业创立驰、著名商标。一方面，加大了对驰名商标的培育和推荐力度，帮助和指导企业整理并向商标局报送了“红帆”牌医用营养品、“西尔丹”牌辣椒酱、“前海”牌棉花、“庄子开拓”牌红花醋4件驰名商标申请材料。并多次派员前往商标局汇报和协调有关驰名商标申报事宜，经积极努力，“新天”牌葡萄酒、“天业”牌节水设备、“银力”牌棉花、“红帆”牌医用营养品和“众和”牌铝锭铝箔5件商标被认定为中国驰名商标，目前新疆驰名商标总数达到了11件。另一方面，积极开展了第三届新疆著名商标复审和第六届著名商标认定工作，新认定62件商标为第六届新疆著名商标。各地工商行政管理局也加大了对驰、著名商标的培育推荐工作，2009年共向新疆维吾尔自治区工商行政管理局推荐上报著名商标142件，其中昌吉州工商行政管理局30件，高新区工商分局15件，伊犁州工商行政管理局13件，喀什地区工商行政管理局12件，乌鲁木齐市和石河子市工商行政管理局各8件等。

三是顺利完成《新疆商标战略研究》专题，上报自治区知识产权局。为配合自治区知识产权局制定《新疆知识产权战略纲要》，在时间和人员力量尤为紧张的情况下，通过对区内各地深入细致的专题调研和在相关厅局广泛地收集资料和数据，结合新疆商标发展实际，起草制定了《新疆商标战略研究》专题报告，全文近3万字，已经顺利验收通过，并受到与会专家的高度好评，近期将由自治区知识产权局装订成册后向社会公开发布。

四是按期完成新疆商标示范城市和示范企业的推荐工作。根据国家工商行政管理总局《关于开展2009年国家商标战略实施示范城市(区)、示范企业工作的通知》的有关要求，着手开展了新疆商标示范城市、示范企业的推荐上报工作。严格按照申报条件进行考察筛选，最后推荐上报了“乌鲁木齐市”“新疆伊力特实业股份有限公司”分别为新疆商标示范城市、示范企业。

尽管2009年商标工作取得了一定成绩，但由于新疆商标工作基础薄、底子差，拥有注册商标特别是驰、著名商标总量和质量与经济发达省市相比还存在较大差距，商标知名度整体水平较低，社会各界商标法律意识还有待提高，商标侵权假冒行为还没有得到完全制止，甚至在有的行业和地区还比较严重，商标工作中还有许多新情况、新问题亟待研究解决，新疆工商行政管理局自身的业务知识、工作水平还不能完全适应当前形式的要求。这些问题都有待于在今后的工作中加以纠正和解决。

（新疆维吾尔自治区工商行政管理局）

版权工作

2009年，在新疆维吾尔自治区党委和政府的正确领导下，在国家版权局的精心指导下，新疆维吾尔自治区版权局紧紧围绕版权公共服务体系建设的主题，坚持将版权保护和版权管理工作与学习实践科学发展观相结合，促进版权保护水平和服务水平的不断提升。在乌鲁木齐发生“7·5”严重暴力犯罪事件的不利环境下，新疆版权局领导各级版权行政管理部门，克服了人员少、任务重、工作头绪多的困难，团结拼搏，取得了良好成绩。

一、着眼科学发展，制定《新疆版权战略》

2008年国务院颁布实施《国家知识产权战略纲要》后，自治区人民政府根据该纲要的要求，开始着手制定新疆维吾尔自治区的知识产权战略，力图通过制定实施自治区的知识产权战略，提高新疆全区的知识产权保护水平，以保护促进创新，为自治区走新型工业化发展道路提供强有力的法律保障。《新疆版权战略》作为《新疆知识产权战略》的重要组成部分之一，由自治区版权局牵头，联合区文化局、广电局、科技厅、信息产业厅、工商行政管理局等部门组成版权战略研究小组，并与新疆大学法学院签订了课题研究协议。

在《新疆版权战略》制定的过程中，为了确保各项统计数据翔实、准确，自治区版权局多次与新疆大学法学院的课题研究人员沟通，根据他们的需要，搜集、整理和提供版权管理和保护情况的报告以及版权产业发展的相关数据，同时，还召开专题调研会，向战略研究小组的成员单位介绍数据统计的要求，根据各单位所涉及的版权相关产业，有针对性地发放调研提纲。为了保障在规定的期限内完成《版权战略》的初稿，自治区版权局多次召开会议，对获得的数据进行研究，及时提出需要增补的数据，并与相关部门联络沟通。

在参与课题各方的共同努力下，2009年底《新疆版权战略》初稿5万字顺利完成。自治区版权局对《新疆版权战略》初稿进行了研究和讨论，并提出了修改意见。为了使《新疆版权战略》能够顺利结稿，自治区版权局还将修改稿送交自治区知识产权战略制定领导小组推荐的专家进行审读，并于2009年底邀请自治区科技、文化、信息产业等方面的专家召开课题评审会，向自治区知识产权战略制定领导小组提交结题报告，通过了课题验收。

二、加大宣传力度，提高全社会版权保护意识

首先，采取开办讲座的方式，大力提高新闻出版行业从业人员的版权保护意识，在全区2009年度举办的四期新闻采编人员培训班、一期出版专业技术人员继续教育培训班、两期全区县市区新闻出版局长培训班以及阿勒泰地区新闻出版局长书记新闻出版法律法规培训班上，向学员讲授《信息网络传播权保护条例》等著作权法律法规。

其次，采取多种方式积极向企业宣传著作权法律法规。自治区版权局的工作人员在乌鲁木齐市、克拉玛依市、奎屯市举办KTV娱乐企业座谈会，向企业负责人宣传介绍《著作权集体管理条例》，并为他们答疑解惑，推动了自治区娱乐行业自觉缴纳音乐作品版权使用费的工作。同时，在大型企业、网吧行业、勘察设计行业以及网站经营者中采取发放相关法律法规资料，举办座谈会、培训班的方式，讲授著作权法及其实施条例、《计算机软件保护条例》和《信息网络传播权保护条例》。通过作品登记、合同登记以及版权鉴定等工作，向作者、传播者和使用者提供版权知识咨询。通过新广行风热线、新疆新闻出版网站解答公众提出的有关版权问题，促进版权法律法规的宣传走进基层执法单位、走进企业、走进校园。4月23日，自治区版权局会同自治区文化厅对“天界丽都”“同期声”两家KTV经营企业颁发了“自治区KTV行业版权保护示范单位”的牌子，对两家企业率先缴纳“KTV版权费”的做法进行表彰。

再次，以“4·26知识产权宣传周”的有利契机以及国家版权局组织的全国性活动，向全社会普及版权保护的法律法规。一是自治区版权局制作了知识产权宣传周的宣传资料：《版权知识问答》《扫黄打非问答》《电子出版物制作知识》《音像制品制作管理规定》等，并向各地州市新闻出版局（版权局）下发，这种统一提供相关宣传资料的方式，使全区范围的版权宣传更具影响力和权威性；二是组织新疆人民出版社、新疆电子出版社、新华印刷厂等8家单位，制作了10块知识产权宣传展板，在乌鲁木齐市人民广场进行展示；在知识产权宣传周期间，自治区版权局通过媒体向社会通报著作权保护情况，发布著作权侵权典型案例的方法，增强了社会公众对版权保护的关注度。4月19日，在自治区知识产权领导小组办公室的组织下，自治区版权局派5名工作人员参加了在乌鲁木齐市人民广场举行的大型知识产权宣传咨询活动，发放宣传资料1000多份，同时还组织新疆人民出版社、新疆青少年出版社、新疆电子音像出版社、乌鲁木齐市新华书店等单位进行了图书、音像电子出版物的展销活动。自治区版权局作为成员单位，参加了在新疆大学举行的“大学生知识产权沙龙”，现场解答了大学生关注的版权问题；同时作为评委单位，参加了在昌吉举办的企业知识产权知识竞赛，新疆农业大学的大学生知识产权竞赛，以及新疆财经大学举办的大学生知识产权演讲比赛。按照国家版权局的安排，自治区版权局积极组织区内青少年参加“全国青少年版权保护知识竞赛”，向乌鲁木齐市、克拉玛依市、喀什地区、伊犁州、巴州等地州市下发参赛试题及答卷卡，向全区青少年捐赠《版权保护小卫士》图书8000册。在2009年全国青少年版权保护知识竞赛中，自治区有8个学校获得优秀组织奖，近80多名中学生获奖。

2009年，自治区参加过著作权法律知识讲座的人数近2000人，自治区版权局接待来访并提供法律咨询近500人。

最后，加强与司法部门的配合，共同做好著作权保护和宣传工作。自治区版权局的工作人员作为乌鲁木齐市中级人民法院民三庭的陪审员，充分发挥著作权管理的专业优势，共参与陪审著作权侵权案件6起。在一些涉及面较大，社会影响较广的著作权案件的审判中，自治区版权局还组织乌鲁木齐市的基层版权执法部门以及相关行业的从业者进行旁听，对KTV行业和网吧推广和使用正版作品起到了一定的宣传教育作用。

三、积极稳妥，推进企业软件正版化工作

在推进企业软件正版化的工作中，自治区版权局始终以宣传为先，服务为先，在坚持法律原则的基础上，以认真负责的积极工作态度，赢得了企业的信任，使企业软件正版化工作进展顺利。为全面完成首批企业软件正版化工作，及时帮助企业解决相关的问题，自治区版权局深入新疆有色集团、新疆华源集团和中华联合保险3家未能按期完成正版化工作的企业，了解他们在实施中遇到的困难，帮助他们澄清认识上的误区，并积极与三家企业的上级主管部门联系，请他们协调并最终促成企业完成了软件正版化工作，为全区企业作出了表率。为了确保正版化工作的效果，自治区版权局会同自治区保监局、国资委、工业和信息化委等单位进行了检查验收，确保首批企业软件正版化工作圆满完成。

在第二批软件正版化工作中，自治区版权局一方面着眼于扩大正版化工作的普及面，将企业软件正版化工作向地州市推进，另一方面着力提高地州市新闻出版（版权）管理部门的正版化工作推进能力，为今后企业正版化工作的全面铺开积累经验。在网吧软件正版化工作中，自治区版权局会同自治区文化厅严格按照国家版权局关于推进企业使用正版软件通知的要求，加强与行业主管部门的配合与协作，从大到小，渐次推进。目前，全区已有喀什、和田、阿勒泰、克拉玛依、克州、阿克苏、石河子、昌吉完成了网吧软件正版化工作。同时，根据国家版权局的要求，以及"7·5"严重暴力事件发生后自治区信息网络管制的具体情况，及时调整工作进程，以使这项工作更适应自治区的实际。

此外，自治区版权局还出面协调相关软件厂商，帮助自治区新华书店、新疆教育出版社低成本采购了正版软件，实现了软件正版化。根据AUTODESK公司投诉，对3家勘察设计企业发出停止侵权的通知，其中两家企业已经通过书面和电话表示愿意尽快实现软件正版化工作。

2009年，自治区版权局推荐新疆教育出版社、宏源证券股份有限公司、自治区新华书店、农一师设计院、新疆电力公司5家企业为第二批全国软件正版化示范单位，并将相关材料报国家版权局。

四、加强执法力度，版权保护工作取得新成绩

2009年，自治区版权局把版权保护工作的重点放在对新疆本地音乐视频网站的治理上，尤其是加大了对具有新疆特色和自主版权的民族音乐和电视节目作品的保护力度。根据新疆卡尔罗文化传播有限公司的申请，自治区版权局将该公司享有信息网络传播权的维语音乐电视栏目《纳瓦》被众多维语网站侵权传播的案件作为2009年打击网络侵权盗版的重点，指导权利人依法取证，向通信管理部门通报侵权网站的侵权状况。同时，按照侵权网站的备案信息，逐个向侵权网站下发《停止侵权的通知》，并及时对网络进行监控，联系各侵权网站的负责人，要求他们立即对侵权内容予以删除。自治区版权局还对一些继续侵权的网站提请通信管理局予以停止接入服务的处理，极大地遏止了少数民族语言网站侵权现象。

根据南京逐浪网的投诉，自治区版权局向乌鲁木齐"我看书斋"网站负责人下发停止侵权传播逐浪网享有信息网络传播权的小说的通知，要求该网站删除侵权作品，并向逐浪网赔礼道歉，督促双方友好协商解决了此起侵权案件。

在KTV版权保护方面，自治区版权局对中国音乐著作权协会关于在新疆设立办事处的请示给予复函。并根据中国音集协投诉，通过乌鲁木齐、伊犁、巴州、克拉玛依等地州市新闻出版局对4地州市的25家KTV经营者发出停止侵权的通知。促成乌鲁木齐3家KTV企业与音集协签订了授权许可协议，并缴纳音乐作品使用费100多万元。2009年11月，经自治区版权局督促，克拉玛依市的4家企业和奎屯市的3家企业分别与中国音集协签订了授权许可协议，并按标准缴纳了版权使用费。为此，自治区版权局会同自治区文化厅专赴两地为这些支持正版的企业颁发了授权证书，并与两地的70多家KTV经营企业进行座谈，向他们宣传版权保护的相关知识。

2009年5月初，自治区版权局根据夏迪力克有限公司的诉求，对某公司印制其享有版权的请柬图案的案件进行执法检查，查扣盗版制品上千件，责令某公司与委托人协商解决。

为打造新疆版权保护基地，使版权保护为建设创新型社会服务，2009年5月，自治区版权局前往乌鲁木齐市水磨沟区七坊街创意产业园区进行调研，并计划会同水磨沟区七坊街稳步开展版权保护基地的创建工作。

五、健全机构，加强管理，提高版权服务水平

为了加强新疆新闻出版管理工作，自治区新闻出版局积极争取自治区党委、人民政府的支持，2003年成立了自治区出版物市场稽查队。为适应自治区经济社会文化事业的发展，经自治区党委、人民政府同意，自治区编办批准，2004年在全区各地州市文体局加挂了新闻出版（版权）局的牌子，行使新闻出版管理职能，使新闻出版管理进一步向下延伸。地州市新闻出版局挂牌以来，克服困难，为属地新闻出版管理做了大量的工作。截至3月12日，全区95个县市全部成立了县级新闻出版局，这标志着新疆新闻出版事业和出版物市场管理工作迈上了一个新台阶。从此，全疆各县市都有了独立的新闻出版局，从而可以更好地发挥新闻出版工作的监管和服务职能。

自治区版权局在加强监管的同时，进一步增强服务能力，提高服务水平。按照“走出去工程”的要求，积极指导出版单位做好版权贸易工作，完善著作权合同登记备案，力求做到高效率、严把关，全年登记备案版权贸易合同 67 件。自治区的作品登记工作在提高著作权人的自我保护意识、帮助著作权人维权方面的作用越来越大，作品登记数量稳步增长，全年已经达到 320 多件；与此同时，作品登记种类也在扩大，新疆民族特色的实用艺术作品登记量有了较大增长，通过对这类作品的登记，自治区版权局规范了新疆民族特色旅游工艺品市场，使市场竞争更趋有序。

《著作权法》新修改后，版权行政管理部门虽然没有著作权纠纷的行政调解权，但作为版权管理部门，自治区版权局发挥专业优势，根据著作权人的要求对包括《女人一生的七个智慧》等 4 起著作权纠纷进行了调解，赢得了著作权人和出版单位的赞扬。其中，自治区版权局根据外交部和国家版权局要求，成功地对新疆青少年出版社侵权出版吉尔吉斯斯坦作品《断箭》一书的纠纷进行了调解。另外，还应自治区文联的请求，对新疆人民出版社出版柯尔克孜族史诗巨著《玛纳斯》一书过程中出现的版权纠纷进行调解，避免了这一重点出版项目在出版过程中产生版权纠纷。

2009 年，自治区版权局组织乌鲁木齐市、克拉玛依市、石河子市等地州市参加中国版权保护协会举办的版权产业培训班。组织乌鲁木齐市、克拉玛依市、石河子市、阿克苏地区新闻出版局以及自治区高级人民法院、乌鲁木齐市中级人民法院参加了在银川举办的“中欧网络版权保护研讨会”。5 月份派员参加了“北京国际图书版权贸易研讨会”。8 月，为了做好东风工程二期项目的申报和评估工作，自治区版权局专门召集乌鲁木齐地区的 10 余家动漫企业进行座谈，听取他们的意见，以便从版权保护的角度扶持自治区的动漫产业。9 月还召集乌鲁木齐地区的各出版社总编以及总编室主任，了解自治区出版单位在走出去工程和对外版权贸易方面存在的困难，根据他们的需要，将版权贸易扶持项目列入向东风办申请的东风工程二期项目中。

（新疆维吾尔自治区版权局　版权处）

司法工作

2009 年，新疆各级人民法院知识产权司法保护领域不断拓宽，司法保护水平不断提高，司法保护力度不断加大。各级人民法院始终坚持“三个至上”指导思想，紧紧围绕“为大局服务、为人民司法”的工作主题，贯彻落实“人民法官为人民”主题实践活动，履行法律赋予的职责，司法护权、激励创新，为建设创新型新疆提供更加有力的司法保障。

一、充分发挥知识产权审判职能，依法受理和审结一批知识产权案件

2009 年全区法院共受理知识产权民事案件 286 件，与 2008 年相比上升 13.5%。从审级上看，一审案件 239 件，二审案件 45 件，再审 2 件；从案件类型上看，专利纠纷案件 42 件、商标纠纷案件 46 件、著作权纠纷案件 163 件，技术合同纠纷案件 24 件，植物新品种纠纷案件 3 件，其他纠纷案件 8 件。全年审结案件 292 件（含旧存 53 件），与 2008 年相比，上升 19.2%。其中审结一审案件 249 件，审结二审案件 41 件，再审 2 件。

自治区高级人民法院 2009 年共受理知识产权案件 32 件，其中专利纠纷案件 6 件、商标纠纷案件 15 件、著作权纠纷案件 2 件，技术合同纠纷案件 6 件，结案 28 件，结案率87.5%，调解、撤诉结案 19 件，调撤率 67.8%。

二、逐步健全知识产权审判组织，加强知识产权法官队伍职业化建设

截至 2009 年底，全疆法院系统（兵团除外）中有自治区高级人民法院及伊犁哈萨克自治州分院、乌鲁木齐市中级人民法院、昌吉回族自治州中级人民法院、克拉玛依市中级人民法院、吐鲁番地区中级人民法院、哈密地区中级人民法院等 7 家法院先后设立了知识产权庭。其他中级人民法院虽然没有单独设立知识产权庭，但也设立了审理知识产权案件的合议庭或指定专人从事知识产权审判工作。据统计全疆设立知识产权庭的法院共有专门审理知识产权案件的审判人员 34 人。未设立知识产权庭的法院确定专门审理知识产权案件的法官 14 人。机构的设立和人员的相对固定

为知识产权案件的审判工作提供了组织保障，也为应对将来知识产权案件的增长储备了专业人才。

三、建立专家论证咨询制度

针对有关领域的专业和技术问题，聘请有关专家、学者对一些重大疑难案件进行征询和论证，借以增加适用法律和认定事实的准确性，拓展审判人员的法律理论视野，弥补审判人员在专业技术知识方面的不足。乌鲁木齐市中级人民法院聘请了在专利、商标、版权方面具有较高理论造诣和研究水平的专家作为知识产权审判庭的人民陪审员，在共同办理案件的过程中，从专业理论上对审判人员进行指导，开拓了审判员的思路，提高了业务水平和案件质量。

为解决专利案件中经常遇到的技术性难题，提高专利案件裁判文书的说理性和科学性，新疆高级人民法院积极与新疆知识产权局联系，在其协助之下，筹建知识产权专家证人库，制定了《知识产权司法保护专家证人工作规程》。新疆知识产权局在新疆区域内分别从化工材料、机械制造、建筑设计（含建筑美学研究）、电子及电学设备（含计算机软件的开发、网络技术等）、医药、食品、生物等类别中，选取了在本专业技术领域有较高学术造诣或熟悉涉及专业保护范围相关理论并具有相应实践经验的专业人员，作为知识产权专家库成员。

四、完善关于驰名商标司法认定工作，促进品牌经济发展

落实《最高人民法院关于涉及驰名商标认定的民事纠纷案件管辖问题的通知》，明确新疆地区涉及驰名商标认定的民事纠纷案件统一由乌鲁木齐市中级人民法院管辖。制定《新疆法院审理涉及驰名商标司法认定案件指导意见》，进一步细化驰名商标司法认定标准。认真开展涉及驰名商标相关案件的评查，对已认定的驰名商标案件进行逐件评查，对违法认定驰名商标的案件，均予以纠正。

五、积极探索试点试行知识产权刑事、民事、行政“三审合一”的审判机制

为贯彻落实《国家知识产权战略纲要》的具体要求，优化审判资源配置，改革和完善知识产权审判体制和工作机制，经过充分调研论证，新疆高级人民法院2009年5月份颁布了《关于在乌鲁木齐市中级人民法院试行知识产权审判“三审合一”审判模式的实施方案》。在知识产权案件相对集中的乌鲁木齐市中级人民法院试点试行知识产权刑事、民事、行政“三审合一”的审判机制改革工作，以便总结经验逐步加以推广。

六、开展知识产权审判“优化自主创新司法环境”年度主题活动，努力营造激励自主创新的司法环境

按照最高人民法院的要求，结合新疆法院实际，新疆法院系统从2009年5月开始开展了知识产权审判工作“优化自主创新司法环境”年度主题活动。新疆高级人民法院成立了由主管副院长任组长的活动领导小组，制订了具体的实施方案，作出了周密安排。各中级人民院根据本院实际，相应成立组织机构，将“优化自主创新司法环境”年度主题活动与法院开展的“人民法官为人民”主题实践活动结合起来，落实活动的具体工作。通过各种形式集中展示了新疆法院司法保护知识产权的成就和重要职能，扩大了人民法院依法保护知识产权、激励自主创新的社会影响，切实加大了司法保护知识产权主导作用的宣传力度，为推动新疆依法保护知识产权，激励和保障自主创新的意识起到了积极作用。自治区高级人民法院在全区法院报送的知识产权案例中经认真筛选，向最高人民法院报送知识产权典型案例3件，其中2件入选全国典型案例。

七、参加“4·26”知识产权宣传周活动

在“4·26知识产权宣传周”期间，与知识产权行政保护机关通力配合，召开新闻发布会向社会公布“十大知识产权典型案例”。走访自治区知识产权局、工商行政管理局、版权局等相关行政部门，促进了相互间了解，达成共识，构筑起了知识产权综合保护体系。

八、进一步加大调解力度，积极践行和谐司法

充分认识到诉讼调解在构建和谐社会新形势下的重要作用，努力运用调解手段化解矛盾纠纷，激发社会创造活力，促进社会和谐。针对知识产权案件的特点，加大对案件的调解力度。在强化调解意识的同时，逐步完善调解工作机制。各级法院按照“调解优先、调判结合”的原则，加大调解力度，调撤结案146件，调撤率为50%。与2008

年相比，上升14.3%。

（新疆维吾尔自治区高级人民法院知识产权审判庭）

检察工作

2009年，新疆维吾尔自治区检察机关根据最高人民检察院和自治区政府的安排部署，统一执法思想，积极推动完善行政执法与刑事司法相衔接工作机制，整合行政执法和刑事司法资源，使行政执法与刑事司法相衔接工作机制更加制度化、程序化，加大了对侵犯知识产权犯罪的打击力度，取得了一定的成效。

新疆维吾尔自治区各级检察机关充分发挥检察职能作用，与行政执法机关、公安机关等部门密切配合，依法及时批准逮捕、起诉涉嫌侵犯知识产权的犯罪分子。据统计，2009年新疆维吾尔自治区检察机关共受理提请批准逮捕涉及知识产权犯罪的案件14件24人，批准逮捕5件11人，共受理起诉侵犯知识产权犯罪10件19人，起诉5件7人。

新疆维吾尔自治区人民检察院继续强化工作措施，把行政执法与刑事司法衔接工作机制落实到案件移送层面，加大监督力度，进一步确立和完善了信息共享、联席会议、检查查询、提前介入、联合调查研究、法律法规宣传、咨询服务等制度，推进行政执法与刑事司法衔接工作深入开展。针对检察机关、公安机关、行政执法机关职责不同、对法律法规掌握的侧重点不同这一情况，新疆维吾尔自治区检察机关与公安机关、行政执法机关发挥各自的职业知识、技能优势，互相学习，共同提高，使不同机关在熟练掌握本职专业、技能的同时，争取对与本职工作有关的其他部门的执法知识也有必要的了解。针对行政执法机关对刑法不甚了解，对犯罪构成不熟悉的情况，检察机关主动跟他们交流。针对检察机关对犯罪构成要件、证据要求方面把握较为准确的业务特长，检察机关为公安机关就证据规格、取证要求等方面进行交流。选派政治素质高、业务能力强的同志担任行政执法机关的特约专家、执法监督员，长期为行政执法机关提供咨询服务。针对检察机关对金融、税务、烟草等专业知识掌握不全面、不深入的情况，请这些机关的同志给检察机关作辅导，便于检察机关准确办理此类案件。行政执法机关、公安机关、检察机关收到本系统新的法律、法规、司法解释、上级规范性文件时，在不违反保密原则的前提下，及时将资料复印给其他机关，便于其他机关掌握。针对行政执法职能广泛，涉及的法律法规繁多，行政案件罪与非罪界限难于把握，行政执法人员对刑事法律掌握程度不够的问题，部分检察机关对散见于法律、法规、司法解释、地方性法律文件中的追诉标准进行了细致的梳理，制定了《行政执法中移送涉嫌犯罪案件参考标准》，方便行政执法机关对照执行，并研究制定了《关于在行政执法过程中及时移送涉嫌犯罪案件的意见》，细化了条文内容，使其更有操作性，推动整顿规范市场经济秩序及保护知识产权工作。为进一步利用社会资源，拓宽案源渠道，新疆维吾尔自治区检察机关开展了形式多样的宣传活动。通过报纸、电台等新闻媒体，利用“举报宣传周”活动发放宣传材料，向社会各界宣传建立行政执法与刑事司法相衔接工作机制的重要意义，动员和鼓励市民积极向检察机关提供立案监督线索。

2009年，新疆维吾尔自治区各级检察机关充分发挥法律监督职能，加强对行政执法机关抄送的侵犯知识产权案件《行政处罚决定书》副本的审查工作，对涉嫌犯罪的及时提出移送公安机关的建议，监督公安机关及时立案侦查侵犯知识产权犯罪案件。严肃查办侵犯知识产权违法犯罪背后的国家工作人员的职务犯罪，坚决打掉其“保护伞”，在立案监督和审查批准逮捕、审查起诉中注意发现和掌握侵犯知识产权违法犯罪背后的国家工作人员职务犯罪线索，对于涉嫌构成犯罪的坚决依法查办。

（最高人民检察院侦查监督厅）

新疆生产建设兵团

知识产权工作

一、扎实推进兵团知识产权战略制定工作

新疆生产建设兵团知识产权战略制定工作进展顺利，力保知识产权战略制定工作立足兵团，体现特色，已完成《新疆生产建设兵团知识产权战略专题研究总报告》和《新疆生产建设兵团知识产权战略纲要》（送审稿）。

二、合作联动，扩大知识产权宣传范围

举办以“消费与发展”为主题的“3·15知识产权宣传咨询”活动；联合新疆生产建设兵团党委宣传部等16个部门，首次牵头组织以“文化·战略·发展”为主题的“4·26知识产权宣传周”活动；赴新疆生产建设兵团六个师和一所高校举办知识产权宣传巡展活动；在“科洽会”“乌洽会”和“陕西杨凌农高会”上开展知识产权进展会工作；在新疆生产建设兵团首次举办以“实施知识产权战略，应对国际金融危机，建设创新型国家”为主题的“第三届中国专利周”活动。各项宣传活动共发放2万余份知识产权宣传资料。

三、深入开展知识产权培训工作

“以普及为基础，以提高为重点”开展知识产权培训工作。2009年共主办14期各类知识产权专题培训班，培训人员900人；委托石河子大学图书馆举办普及讲座121次，培训人员4000余人。其中6月和新疆律师协会、乌鲁木齐市中级人民法院等部门共同承办了国家知识产权局“《专利法》第三次修改（新疆）宣讲会”，兵团科技局副局长黄斌出席开幕式；9月赴沪成功举办第二期“新疆生产建设兵团知识产权管理高层次人才培训班”；推荐1人入选全国第二批“百名知识产权高层次人才培养人选”。由于培训工作成绩突出，新疆生产建设兵团知识产权局被国家知识产权局授予“全国知识产权培训工作先进集体”称号，1人被评为“全国知识产权培训工作先进个人”。

四、石河子市成功入选首批国家知识产权强县工程

4月8日，石河子市成功入选国家知识产权局首批实施“国家知识产权强县（市）工程”名单，这将进一步有力促进新疆生产建设兵团各师知识产权工作的开展。

五、加大企事业单位知识工作力度

一是企事业单位知识产权试点工作不断深入。新疆生产建设兵团2家第三批全国企事业知识产权试点单位通过验收；资助5家知识产权优势企业开展专利运用与产业化试点工作；推荐9家新疆生产建设兵团企事业单位申报国家知识产权企事业试点单位；引导1家企业开展知识产权资产评估活动。二是指导企事业单位开展申报国家专利战略推进工程工作，获国家知识产权批准立项1项，结题评审1项。三是举办“2009年企业与中介服务机构知识产权工作研讨会”，为企业和中介机构交流互动搭建平台。

六、继续加强专利信息服务平台建设工作

向国家知识产权局争取到40台电脑配发给新疆生产建设兵团各师科技局、石河子大学图书馆及有关试点企业以开展专利信息工作；提供中外专利信息检索服务；召开专利数据库应用座谈会；更新专利信息数据库；建立健全知识产权信息服务规章制度；编印知识产权信息服务手册；开展专利信息服务需求调查活动；筹建专利信息服务网站。2009年新疆生产建设兵团专利信息平服务平台为新疆生产建设兵团专利用户提供中国专利文献2506份，国外专利文献275份。

七、部门联动开展知识产权行政执法工作

跨行业、跨部门联合开展知识产权行政执法工作，取得实效。与新疆生产建设兵团有关部门联合开展“雷雨”“天网”和知识产权进展会专项执法行动，调解专利侵权纠纷3项，多次赴侵权现

场取证确保专利案件的公正审理。据统计，联合执法活动出动执法人员 363 人，对 2 万余件商品进行了检查，销毁了价值 7 万余元的 11 000 件违法商品。

（新疆生产建设兵团知识产权局
乔同勋　周永梅）

香港特区

知识产权工作

香港特别行政区政府知识产权署于 1990 年成立，隶属于香港特区政府商务及经济发展局，下设有商标注册处、专利注册处、外观设计注册处和版权特许机构注册处。该署主要负责就知识产权的政策和法例提出建议，并向政府提供知识产权方面的民事法律意见。香港特区政府现行的知识产权法例有：《商标条例》《专利条例》《注册外观设计条例》《版权条例》《防止盗用版权条例》《集成电路布图设计（拓朴图）条例》以及《植物品种保护条例》。此外，该署还致力于加强公众对知识产权的认识和尊重。

一、注册工作

香港知识产权署于 2003 年起实施多项电子服务，让香港知识产权代理人可以为世界各地的申请人，在安全稳妥、简便易用的环境下，以电子方式每日 24 小时随时提交申请。香港的专利、外观设计及商标中英文注册资料库，亦可在互联网上全球性随时免费查阅（http://ipsearch.ipd.gov.hk）。

香港知识产权署于 2006 年全面推出电子互动服务，使商标及专利续期、更改商标、专利及外观设计拥有人和代理人资料、延展商标申请的时限，以及有关注册商标和商标申请的转让和允许注册，可即时获得批准，这些电子服务广受公众欢迎。

2009 年，转用电子服务办理申请的全年平均比率为：商标 55%、专利 51%、外观设计 48%。

二、专利

《专利条例》规定，以国家知识产权局、英国专利局或欧洲专利局（就指定英国的专利而言）授予的专利为基础而提出的申请，可获授予标准专利。该条例也就短期专利的授予作出规定。自《2004 年专利（一般）（修订）规则》于 2004 年 5 月 7 日生效后，专利表格可采用电子方式提交，与专利申请有关的事宜也可以电子方式发表。2009 年，专利注册处共接获 11 857 件标准专利申请，批准的标准专利有 5625 项。2009 年内，该处另接获 551 件短期专利申请，批准的短期专利共 474 项。

三、注册外观设计

外观设计可根据《注册外观设计条例》在香港特区独立注册。自《2004 年注册外观设计（修订）规则》于 2004 年 5 月 7 日生效后，外观设计表格可采用电子方式提交，与外观设计申请有关的事宜也可以电子方式发表。2009 年，外观设计注册处共接获 2234 件申请，要求就 3818 项外观设计进行注册，其中包括 1726 件单项外观设计及 2092 件多项外观设计申请。2009 年内，获注册的外观设计有 3850 项。

自推出外观设计网上检索服务后，注册外观设计的拥有人在世界各地的展览场地，均可证明拥有有关设计。这项服务有助鼓励外观设计拥有人为其设计注册，以免遭受侵权。

四、商标

商标注册处负责货品和服务商标的注册事宜。2009 年，商标注册处共接获 24 754 件注册申请，其中 16 233 件为单类别申请，8521 件为多类别申请。2009 年内，获注册的商标共有 22 500 件，共 92 个国家和地区提出申请。

五、版权

根据《版权条例》，原创的文学作品、戏剧作品、音乐作品、艺术作品；文学、戏剧、音乐作品的已发表版本的排印编排；声音纪录、影片、广播及有线传播节目，不论其版权拥有人属何居籍，均受法律保护。法例依循国际标准，并无规定版权必须注册才受保护。此外，法例亦保护表演者的权利，任何人未得合资格表演的表演者的同意，利用他们的表演，例如将其表演录制成录制品或作即场广播等行为，除非受条例允许，否则均属侵权行为。

《2007年版权（修订）条例》的实施情况为：

《2007年版权（修订）条例》中大部份的修订条文已于2007年及2008年度分阶段实施。尚未生效的修订条文于2009年间的发展如下：

——针对业务最终使用者频密或定期地分发任何四类印刷品（即报章、杂志、期刊及书本）中的侵权复制品或复制该等侵权复制品以供分发用途的新订刑责（简称“复制及分发罪行”）：

特区政府对有关条文作若干技术性修订，包括制订不构成罪行的数字界线。该等修订已在2009年11月获立法会通过。为配合罪行的相关条文一并在2010年下半年实施，特区政府会先推出一系列推广及公众教育活动，向公众阐明有关条文的内容和应用。

——漫画书租赁权：

有关修订条文需分别待漫画书业界商讨及制订适用的租赁特许计划后，才由商务及经济发展局局长另行指定实施日期。

修订《版权条例》藉以加强在数码环境中保护版权的工作进展：

为应付科技进步对版权保护所带来的挑战，特区政府在2009年11月发表在数码环境中更有效地保护版权的修订立法建议，建议包括下列各项：

——确认版权拥有人以任何电子传送模式传播作品的独有权利，并制定违反这项权利的民责及刑责；

——为鼓励业界合作打击网上盗版活动，订明互联网服务供应者获悉其服务平台出现盗版活动时，须采取指定行动后，互联网服务供应者方可享法律提供一定程度的保护，即它们因该网上盗版活动而可能须承担的法律责任可以被合法限制；

——为互联网服务供应者因技术需要或为传送过程顺畅而暂时复制版权作品的作为，订定有限度的版权豁免，以助节省频宽，促进网上传送资料的效率；

——针对版权拥有人在举证侵权行为导致其承受实际损失金额时所遇到的困难，订明可供法庭考虑的额外因素，以决定应否判给版权拥有人额外损害赔偿；

——为媒体转换订定有限度的版权豁免，让声音纪录正版制品拥有人可以在指定的情况下制作合法的复制品，以供个人和家居使用。

特区政府会草拟相关的修订条文，并预期于2010年度向立法会提交修订条例草案作审议。

六、公民教育及推广

香港知识产权署通过不同形式及渠道，向社会各阶层推广知识产权。知识产权署于年内继续推行多项全港性计划，例如“正版正货承诺”计划及“我承诺”行动，并制作了电视宣传短片，藉以宣扬尊重知识产权的重要性。知识产权署也连续第13年进行中小学探访计划，向年轻一代灌输尊重知识产权的观念。知识产权署于年内探访了74间学校共22 241名学生。

中小企业仍然是知识产权署的推广和公众教育工作的一个主要对象。知识产权署透过主办或与其他组织合办研讨会及参与展览，协助中小企业提高对保护其知识产权的意识及尊重他人的权益。知识产权署由2009年3月至2011年1月，推行一项知识资本管理顾问服务计划，委派顾问为本地的中小型企业提供到访顾问服务。这项计划由工业贸易署及创新科技署协办，得到各业界组织支持。顾问服务费用全免，目的是协助各企业，尤其是中小型企业应用知识资本管理工具发掘公司的业务潜能。截至2009年12月31日为止，共有315所机构参加了该计划。

《2009年版权（修订）条例》获得通过后，知识产权署已联同各业界组织和政府其他部门，在业务最终使用者复制及分发罪行于2010年7月16日生效前，为最受影响的持份者推行一系列宣传和公民教育活动。有关活动的形式包括研讨会及报刊广告等。

由1999年起，知识产权署进行一项市民意识调查，以比较过去数年市民对知识产权不断转变的观念模式。此外，该署自2004年起进行另一项有关商业机构对知识产权的意识调查。这两项调查结果为政府加强在保护知识产权的推广工作，提供了有用的资料。

粤港保护知识产权合作专责小组于2003年8月5日第六次粤港合作联席会议后成立，旨在加强粤港两地在保护知识产权不同范畴的交流和合作。专责小组于2009年7月16日在广州举行了第八次会议，粤港双方总结了2009年上半年的合作成果，并制定往后一年的合作项目，包括继续在粤巡回举办"知识产权与中小企发展"研讨会、继续深入开展粤港两地"正版正货承诺"活动、继续开展粤港两地创意产业企业和知识产权中介服务机构的交流活动、开展粤港展会知识产权保护实务培训和港资企业利用专利信息加快转型升级培训班，以及合办"专利法修改与实施研讨会"并邀请国家知识产权局领导作演讲嘉宾等。

香港特区政府于2005年7月与内地九省区及澳门特区的代表签署《泛珠三角区域知识产权合作协议》，开展与泛珠三角区域在保护知识产权方面的合作，并为日后的区域合作定下明确的方向。在此合作框架下，香港知识产权署于2008年3月在香港举办了第三次泛珠三角区域知识产权公务人员交流活动。香港知识产权署于2009年6月出席在广西壮族自治区举行的第五届泛珠三角区域知识产权合作联席会议，并落实下年度继续在香港举办泛珠三角区域知识产权公务人员交流活动。

七、内地与香港关于建立更紧密经贸关系的安排(以下简称《安排》)

经香港知识产权署和国家工商行政管理总局商标局(以下简称"商标局")磋商后，商标局同意容许香港服务提供者，自2005年1月1日起，在省级工商行政管理机关登记并取得法定经营主体资格后，在内地从事商标代理业务。

香港知识产权署于2008年7月在《安排》补充协议五的"贸易投资便利化"框架下，与商标局签订协议，加强在商标注册和保护工作方面的交流与合作，并成立商标工作协调小组，作为双方固定的联系机制。

另外，继香港知识产权署组织香港有关人士参加2004年、2006年、2007年和2008年"全国专利代理人资格考试"后，该署亦协助参加2009年资格考试的香港考生完成有关报考事宜。

(国家知识产权局港澳台办公室　王　颖)

(注：资料由香港知识产权署提供)

澳门特区

知识产权工作

澳门特别行政区政府经济局辖下的知识产权厅是澳门特别行政区知识产权行政管理工作的负责单位。知识产权厅的职权主要包括：协助订定保护知识产权政策，促进完善知识产权法例；促进与外地同类实体的协作及合作关系，参与管理知识产权的国际法文书会议及活动；执行关于知识产权范畴内的现行法律规定，负责工业产权的注册/登记事宜，包括商标、营业场所名称/标志、发明专利、实用专利、设计/新型、半导体产品拓扑图、原产地名称/地理标记和嘉奖的注册/登记及其相关的工作；同时，也对著作权及相关权利的集体管理机构作登记，并进行有关的监督工作。

一、工业产权的注册申请

2009年澳门特别行政区政府经济局共受理6130件商标注册申请，申请主要来自美国、开曼群岛、中国澳门、日本、中国内地和中国香港等国家和地区。截至2009年12月31日，商标注册的累计申请总量为62 411件，其中产品商标45 939件，服务商标16 472件，各占申请总量的73.61%和26.39%。

2009年全年发明专利的申请共有124件。2009年，在澳门特区提出发明专利注册申请的国家或地区共有11个，包括美国、日本、中国台湾、法国、马来西亚、意大利及澳大利亚等，其中美国和日本的申请分别占全年申请量的42.40%及33.60%。截至2009年12月31日，发明专利的累计申请量为1016件。

2009年申请延伸至澳门生效的内地发明专利共有141件，获准延伸至澳门生效的内地发明专利共136件。截至2009年12月31日，内地发明专利延伸来澳的累计申请总量为432件。

2009年全年实用专利的申请共有8件，申请主要来自中国内地及中国澳门。截至2009年12月31日，实用专利的累计申请量为65件。

2009年全年设计/新型的申请共有105件，截至2009年12月31日设计/新型的累计申请总量为638件。

二、法律事务

(1)《著作权及有关权利之制度》的修订工作。

为了配合世界知识产权组织于 1996 年 12 月 20 日通过的《世界知识产权组织版权条约》及《世界知识产权组织表演和录音制品条约》延伸适用于澳门特区，经济局对《著作权及有关权利之制度》作出了研究修订，透过调整、修改因应互联网及数码科技的发展下需要保护的著作权及相关权利，务求令有关的法例完全符合《互联网条约》中所载的国际标准。

2009 年，经济局透过公开咨询，并对相关的回馈意见进行汇总、整理及分析，提出了最终修订草案文本，现正进行法规草案草拟的有关流程。

(2)《工业产权法律制度》的修订工作。

为了配合社会经济发展的需要，藉着兼顾公众利益平衡的同时，更全面地保护工业产权权利人的利益，并创造更有利于投资与贸易的营商环境，经济局近年已对现行的《工业产权法律制度》展开了修订工作，并于 2009 年提出了《工业产权法律制度》的修改草案。修改的内容涉及理顺各类工业产权注册申请的行政程序、简化审批手续；此外，也因应世界知识产权法立法趋势及配合世界贸易组织的规定，增加了工业产权权利用尽的原则和相应条款，以及完善以公共健康为由的药品强制许可条款。

三、合作与交流

2009 年 4 月 21～24 日，国家知识产权局派代表团一行 8 人访问澳门经济局，就专利检索和实质审查工作中遇到的问题交换了意见并作了进一步磋商，并就电子申请作业系统及专利信息服务建设方面的情况进行了交流。

2009 年 6 月 22 日至 7 月 17 日，澳门经济局负责澳门特区的全国专利代理人资格考试报名工作，一名符合资格的澳门居民报名参加于 12 月 5～6 日在广州市举行的有关考试。

2009 年 11 月 24～25 日，由国家知识产权局、香港特区政府知识产权署和澳门特区政府经济局共同举办的“2009 年内地与香港、澳门特别行政区知识产权研讨会”于江苏省苏州市举行。研讨会围绕三地知识产权的最新发展、知识产权保护与高新技术、知识产权与创意产业、中介服务业的发展前景四个主题展开交流与研讨。

2009 年 5 月 11 日，为进一步深化内地与澳门的经贸交流与合作，中央政府与澳门特区政府签署了《内地与澳门关于建立更紧密经贸关系的安排》(CEPA)补充协议六。根据该补充协议，在贸易投资便利化方面，双方为加强知识产权保护领域的合作，同意采取措施以进一步加强商标领域的交流与合作。在此基础下，国家工商行政管理总局与澳门特区政府经济局建立联络机制，加强双方在商标领域的信息交流，通过举办研讨会、交流会及网站宣传等形式，增加两地企业对双方商标注册制度的认识；加强两地在人员培训方面的合作。

2009 年 6 月 11 日，澳门经济局派员参加了在广西南宁举行的“第五届泛珠三角区域知识产权合作联席会议暨第四届泛珠三角区域知识产权合作论坛”。

2009 年 6 月 18～19 日，澳门经济局人员出席了由国家知识产权局主办、福建省知识产权局和福建省知识产权协会承办的“海峡两岸知识产权论坛”。

2009 年 7 月，澳门经济局与广东省知识产权局、香港特区政府知识产权署共同出版了《粤港澳知识产权简明手册》，为企业和公众提供广东省、香港地区与澳门地区三地有关知识产权制度的信息，藉此提高三地的知识产权发展与保护水平。

2009 年 12 月 17 日，蒙古国知识产权局局长 Chinbat Namjil 先生率领代表团一行五人，在国家知识产权局人员的陪同下访问澳门经济局，双方就各自的知识产权保护体系及最新发展作了介绍，并就知识产权的电子服务、执法和保护等问题交换了意见，通过会面建立起两局的友好关系，进一步推动双方知识产权领域之间的交流。

四、培训与学术活动

2009 年 3 月 30 日，派员参加由香港特区政府知识产权署和香港法国工商会暨奢侈品及零售业委员会联合举办的“品牌权益在大中华地区面临的挑战与对策”知识产权研讨会。

2009 年 4 月 18 日，派员参加由澳门大学持续进修中心举办的“知识管理工作坊”。

2009 年 6 月 25～26 日，派员参加由澳门欧洲研究学会举办的“第十周年：典范的知识产权个案及其遗留智慧”知识产权研讨会。

2009 年 7 月 20～25 日，派员参加由澳门特区政府与文化部港澳台办公室、中联办文化教育部联合举办的“澳门特别行政区文化产业高级研修班”。

2009年10月24日，澳门经济局与贸易投资促进局及澳门欧洲研究学会等机构联合主办了“欧盟与澳门商机合作研讨会”，主题为“新兴产业发展：创意产业发展与知识产权合作新空间”。

2009年10月29日，派员参加由世界知识产权组织与中华人民共和国政府联合主办，香港特别行政区政府知识产权署承办的“世界知识产权组织‘知识资本管理、知识资产管理及知识产权管理’地区研讨会”。

2009年12月3日，派员参加由香港设计中心举办、香港特别行政区政府知识产权署作为支持机构的“设计营商周2009—知识产权营商论坛”。

五、宣传与推广

2009年8月起，为提升服务的整体素质，提高市民的满意程度，澳门经济局在原有已获认可服务承诺基础上，就“内地已授权发明专利延伸”“发明专利”“实用专利”“设计及新型”四个服务承诺项目新增设11项服务质量指标，并通过网页供公众浏览。

2009年10月28日，应澳门创意产业中心邀请，派员在“创意便是商机”研讨会上，为从事创意产业的艺术工作者介绍与该产业相关的知识产权保护和申请手续。

六、电子化工作

为配合特区政府电子政务的发展，提升公共行政服务的效率与效能，2009年澳门经济局知识产权厅一如既往地继续通过推行各项电子化服务、简化行政手续等措施，致力于提升便民服务的潜力，让市民可更便捷、更省时地使用各项公共服务。

随着网上专利检索系统、实用专利和设计/新型的网上检索系统，以及营业场所名称/标志、药品/植物药剂产品保护补充证明书的网上检索系统陆续开通，现时澳门特区所有的工业产权记录，均可供公众人士在线检索和查阅。

自2007年，澳门经济局就开始了将工业产权卷宗内的文件电子化的工作。截至2009年已扫描了54 752份卷宗，共完成超过200万版的纸件。

为配合特区政府推行优质服务的施政方针，澳门经济局就有关知识产权的公共服务订定了6项服务承诺，其中包括的子项目达40个。有关的服务承诺于2008年首次获得“公共服务评审委员会”专家小组评定，并通过合格评审，2009年11月26日再次获得有关委员会的认可，有效期至2010年12月31日。

为了对有关工作进行持续且有效的监控，澳门经济局还于2009年设置了服务承诺统计及监察系统，以求达到全面提升整体服务水平的长远目标。

随着新的商标注册管理资讯系统的启用，澳门经济局配合各项工业产权注册申请实务的作业流程，持续进行系统研发、修正、提升及推展，不断扩大运用范围、绩效与安全性，务求以更全面及更便捷的方式，有效提升资讯系统使用功能。2009年澳门经济局的工业产权资讯系统，分别增设以下新功能：商标续期、附注申请处理自动化的功能；发明专利审查流程管理功能；发明专利延伸检索报告书的自动化功能；以及透过电邮发出注册通知的功能。

2009年12月，澳门经济局完成了商标电子申请系统的首阶段创建工作，并进入试运行期。

（国家知识产权局港澳台办公室　王　颖）

（注：根据澳门经济局提供材料整理）

台湾地区

知识产权工作

一、专利事务

（一）全面提升专利审查品质与质量

近年来台湾地区的企业或个人的专利申请数量逐年增加，由1999年的51 921件逐年增长，至2008年度已达83 613件，增长率高达61%；2009年因受金融海啸影响而略减少到78 425件。申请案主要集中于发明专利，自2009年的22 161件，至2008年达51 909件，增长率高达134%；2009年因受金融海啸影响而减少为46 654件。

专利申请案件急速成长，而审查人力未能相

对增加，造成审查人力严重不足，导致发明专利审查期间由 2006 年的 19.7 个月至 2009 年 12 月大幅延长为 36.8 个月。专利待办案件亦逐年累增，至 2009 年 12 月止，各类专利待办案件累计已高达 162 457 件，其中主要是发明专利待办案件，占 140 464 件。

为提升审结品质及效率，“台湾智慧财产局”于 2009 年开始采取措施，包括：

(1)提升专利审结量：经全体审查人员配合加班工作，2009 年发明初审审结量提升至 21 223 件，平均每人年结案量达 89 件，较 2008 年审结量 15 700 件，增长了 35%。

(2)引进撤回发明专利申请的退费机制：为鼓励企业重新检视其专利布局，并对审查资源做最有效运用，针对已于公告处理期限的专利申请案，申请人如申请终止办理者，实施退还全部实体审查费新制。

(3)建立合理收费机制：2009 年 12 月修正发布“专利收费准则”，并自 2010 年起对发明专利申请案的实体审查费改为依申请专利范围的请求项数收取费用。

(4)扩大参考国外专利检索及审查结果：参考外国审查高速公路计划(Patent Prosecution Highway，简称 PPH)制度精神，于 2009 年 1 月 1 日起推动“发明专利案加速审查作业方案”(以下简称 AEP 方案)。发明申请提出实质审查，且其在外国的对应申请案已经该国专利局实质审查核准者均可适用。审查人员可充分利用国外检索资料，有效减少审查人员检索所需时间。

(5)提升审查的管理与专业训练：不定期举办研讨会、专题讲座、事务训练及规划企业参访行程等，协助审查人员深化审查专长，了解产业趋势。同时鼓励同仁发表关于国外专利发展，专利审查高速公路(PPH)、审查实务等领域之论文及出国研习报告，以强化专业素养。

(6)专利审查意见撰写简化：为充分回应各界意见及提升专利审查品质，依据申请专利范围逐项审查原则，在审查意见明确、充分的前提下，参考欧洲及日本专利局的官方通知书模式，简化审查意见理由的撰写方式，使整体审查意见更为简练，便于申请人回应。同时搭配检索报告做为附件说明，提供给申请人以便有效利用。

(二)“法令”修订

为应对产业发展及事务需要，以提供生物技术相关产业优质之发展空间，活化企业智财，并健全专利审查机制以及专利权的保护，“台湾智慧财产局”针对“专利法修正草案”，已召开 15 场公听会。2009 年再调整的重点如下：

(1)明确界定创作的定位，避免创作系“新型”或“设计”的误解。

(2)增订发明、新型及设计的“实施”的定义，“实施”应属“使用”的上位概念，以解决现行“专利法”对于“使用”与“实施”的用词不同所生之困扰。

(3)明确界定专属授权相关规定，明定授权得为专属授权或非专属授权、专属授权的定义与专属授权及非专属授权的再授权规定。

(4)修正专利侵权相关规定，明定损害赔偿的请求以侵权行为人主观上有故意或过失为必要。增订以合理权利金作为损害赔偿计算的方式，适度免除举证责任的负担。

(5)新型专利更正采用形式审查制，但与举发案合并审查时，采用实质审查并合并审定。

(6)增订过渡条款，本次修正重点包括开放动植物专利、新增主张优惠期的事由、发明专利初审核准审定后可以提出分割申请、新型专利单纯更正申请采形式审查、修正举发、更正及设计专利相关规定等事项，都是专利制度的重大变革，在增订新旧法律过渡期间适用。

(三)修订“专利审查基准”

为配合现行“专利法”及“施行细则”、便利产业界申请专利，及提供外界更清楚的审查标准，修订“专利审查基准”各章节如下：

(1)“专利审查基准”第二篇第八章“专利权期间延长”于 2009 年 4 月 15 日发布实行，修正重点包括明确定义医药品及农药品、确定延长专利权期间的权利范围。

(2)第二篇第十章“医药发明”，于 2009 年 6 月 3 日发布施行，针对医药相关发明的特性，说明更详尽的审查原则及例示。

(3)专利审查基准第四篇“新型专利形式审查”第一章“形式审查”于 2009 年 7 月 30 日发布施行。

(4)翻译“电脑软件”及“中草药”相关“发明审查基准英文版”，供各界参考用。

(四)资料交换与检索服务

(1)专利资料交换：为提供内部审查及公共服务用途，两岸通过“代理人协会”及“工业总会”进行文献资料交换作业，双方交换智慧财产权文献出版物，包括专利电子资料及智慧财产权纸本刊物等；与韩国知识产权主管部门针对资料库交换事宜进行磋商，确立资料交换的原则，完成资料交换项目，包括专利技术名词中英(韩英)对照词库、新式样专利资料等。

(2)建置“同义词库”：经由审查人员键入的检索式，在“专利全域检索系统”可自动对应相关的中英同义词，提供辅助扩展检索。

(3)扩充“专利全域检索系统”：扩充欧洲公开和公告全文专利资料及公告公开案新旧版 IPC 检索等功能。

(4)扩充“新式样图卡与图面”资料库：提供新式样单一资料库全域检索功能，审查人员可一次同时检索美国、日本等国家与地区的新式样资料库。

(五)专利案件分析

1. 新申请案

2009 年专利申请案件数为 78 425 件，较 2008 年的 83 613 件减少 5188 件，成长率为 -6.20%。新申请案中以发明案共 46 654 件为最多，占全部申请案的 59.49%。

2009 年专利新申请案件分析表

类别 \ 专利种类	发明	新型	新式样	合计
2009 年件数(件)	46 654	25 032	6739	78 425
2008 年件数(件)	51 909	23 953	7751	83 613

2. 公告发证案

2009 年公告发证总件数为 43 724 件，以三种专利种类来看，新型专利 23 591 件为最多，发明专利 14 138 件次之，新式样专利 5995 件再次之。

3. 再审查案

2007 年、2008 年、2009 年发明再审查申请件数分别为 2314 件、1537 件、2143 件，初审核驳审定件数分别为 4469 件、4271 件、8081 件，申请人不服初审核驳审定而提起再审查之比率分别为 51.78%、35.99%、26.52%，数据显示申请人提起再审查的比率逐年下降。

4. 举发案

近年专利举发申请案件呈缓步逐年递减趋势，2009 年降至千件以下，2007 年、2008 年、2009 年专利举发申请案分别为 1159 件、1034 件、980 件。其中提起发明举发案件分别为 264 件、205 件、233 件，发明初审、再审核准案件分别为 15 532 件、13 751 件、15 590 件，发明专利核准案件被举发的比率均维持在 2%以下的低比率，显示审定核准的专利权具有相当的稳定性。

5. 行政救济案

不服“台湾智慧财产局”行政处分提起诉愿案件，仍延续 2006 年起降至千件以下的递减趋势，创新低记录，2009 年提起诉愿案件仅为 508 件，与 2004 年的 1242 件相较，降幅近六成，显示了对于行政处分不服者明显减少，提升专利审查品质方面所做的努力，已获得具体成效。

6. 新型专利形式审查与技术报告

新型专利形式审查申请案在 2007 年为 22 715 件，2008 年为 23 953 件，2009 年为 25 032 件，呈现逐年增加的趋势。2009 年新型技术报告申请共 2606 件，完成新型技术报告为 1448 件，其平均完成周期为 10.73 个月。

二、商标事务

2009 年累计受理商标注册申请案件 74 177 件，审结 74 969 件，平均首次通知书的时间为 7.2 个月。

三、著作权业务

通过全面电子化流程，2009 年受理著作权文件共计 41 655 件，均顺利完成核验工作，显示了快速处理的效果。

(国家知识产权局港澳台办公室　赵文娟)

(注：资料来源于“台湾智慧财产局”年度报告)

国家知识产权局

1. 表彰全国知识产权领域先进集体和个人。1月21日，与公安部共同印发《关于对全国知识产权部门和公安机关知识产权执法保护先进集体和先进个人予以表扬的通报》，对在知识产权执法保护工作中做出突出贡献的全国知识产权部门57个先进集体和58名先进个人，全国公安机关47个先进集体和83名先进个人予以通报表扬。

2. 签署中英2009年双边合作行动框架协议。2月2日，田力普局长与英国知识产权局局长伊恩·弗莱彻于英国伦敦共同签署了两局《2009年双边合作行动框架协议》。

3. 召开全国知识产权局局长会议。2月4～5日，全国知识产权局局长会议在广东省珠海市召开。国家知识产权局党组书记、局长田力普出席会议并作了题为“深入贯彻落实科学发展观，大力实施国家知识产权战略，努力开创知识产权工作新局面”的工作报告。

4. 江苏成为创建实施知识产权战略示范省。2月15日，与江苏省人民政府在南京签署了《国家知识产权局、江苏省人民政府创建实施知识产权战略示范省合作协议》。

5. 专利水平的评价指标纳入国家综合指标体系。2月26日，国家统计局发布2008年国民经济和社会发展统计公报，首次将我国专利水平的评价指标纳入国家经济社会发展综合指标体系。

6. 召开学习实践科学发展观活动总结大会。3月3日，召开深入学习实践科学发展观活动总结大会。党组书记、局长田力普作了题为“巩固深入学习实践科学发展观活动成果，不断推进知识产权事业又好又快发展”的报告。中央深入学习实践科学发展观活动第22指导检查组组长张福森、副组长郭汝琢及指导检查组成员到会指导，张福森讲话。

7. 田力普参加第八次中日韩局长政策对话会议。3月12～13日，田力普局长率团参加了在韩国召开的第八次中日韩局长政策对话会议及第十四次中韩局长会议。

8. 举办专利法第三次修改宣讲会。3月17日至4月3日，专利法第三次修改全国宣讲会在南京、广州、西安、洛阳、成都、沈阳举行。

9. 国务院发文继续实施知识产权战略。3月22日，国务院印发《国务院关于落实〈政府工作报告〉重点工作部门分工的意见》，其中第20条为：“继续实施知识产权战略。完善知识产权法律法规体系。加强知识产权公共服务体系建设，提高知识产权审查质量和效率。继续开展保护知识产权专项行动。加大知识产权宣传教育力度。推进知识产权对外交流与合作，加强对外贸易和国内市场知识产权预警及维权工作”，并明确此项工作由国家知识产权局负责。

10. 王岐山出席跨区域知识产权高级论坛。3月30日，世界知识产权组织跨区域知识产权高级论坛在北京开幕。国务院副总理王岐山、世界知识产权组织总干事弗朗西斯·高锐出席开幕式并致辞。王岐山强调：加强对话合作，促进互利共赢。同日，国家知识产权局印发《2009年度“雷雨”、“天网”知识产权执法专项行动方案》。

11. 出版公报。4月10日，《中华人民共和国国家知识产权局公报》正式出版发行。《公报》为每季度一期。

12. 开展2009年全国知识产权宣传周。 4月20～26日，国家知识产权局和中宣部等24个部委联合开展了以“文化·战略·发展”为主题的“2009年全国知识产权宣传周”。

13. 签署贸易协定。 4月28日，中国—秘鲁自由贸易协定在北京签署。该协定对发展中国家共同关注的遗传资源、传统知识、民间文艺和地理标志保护等问题作了规定。

14. 主办第十二届中国北京国际科技产业博览会。 5月19日至25日，国家知识产权局、科技部、商务部、教育部、工业和信息化部、中国国际贸易促进委员会和北京市人民政府共同主办第十二届中国北京国际科技产业博览会。

15. 任命2位副局长。 6月3日、21日，中共中央组织部、国务院先后发出通知，任命鲍红、甘绍宁同志为国家知识产权局党组成员、副局长。

16. 举办“2009国际生物经济大会”。 6月26日，国家知识产权局和科技部等14个部门、天津市人民政府、联合国发展计划署等7个国际组织在天津市滨海新区共同举办“2009国际生物经济大会”，中共中央政治局委员、国务委员刘延东出席大会并讲话。

17. 出席第14届知识产权与遗传资源、传统知识与民间文艺有关会议。 6月28日至7月7日，国家知识产权局和国家版权局、我国常驻日内瓦使团组成中国代表团出席世界知识产权组织第14届知识产权与遗传资源、传统知识与民间文艺有关会议，并应邀对世界知识产权组织及欧专局进行正式工作访问。

18. 田力普入选全球50位知识产权界最具影响人物。 7月，田力普入选英国《知识产权管理》杂志刊出的《2009年全球50位知识产权界最具影响人物目录》。

19. 王岐山作重要批示。 8月18日，王岐山副总理对国家知识产权局向国务院呈报的《关于2009年上半年国家知识产权战略实施工作情况的报告》做出重要批示：“国家知识产权战略纲要颁布以来，各有关部门、各地区做了大量工作，纲要实施取得阶段性成效。知识产权战略实施是一项长期艰巨的任务，知识产权局要进一步发挥好联席会议牵头部门作用，主动做好组织协调和服务工作；各有关部门要各负其责，密切配合，共同推进知识产权战略的实施。”

20. 主办第二届中国(顺德)国际工业设计创意博览会。 9月4日至6日，国家知识产权局与广东省人民政府在广东省佛山市主办第二届中国(顺德)国际工业设计创意博览会。

21. 中国专利奖改为每年一届。 9月12日至13日，第十一届中国专利奖评审会议在京举行。自2010年起，中国专利奖评选将由两年一届改为一年一届。

22. 田力普出席WIPO成员国大会第47届系列会议。 9月22日至10月1日，田力普局长率中国代表团出席世界知识产权组织(WIPO)成员国大会第47届系列会议。

23. 签署与东南亚国家联盟成员国政府知识产权领域合作谅解备忘录。 10月25日，田力普局长代表中国政府签署了《中华人民共和国政府与东南亚国家联盟成员国政府知识产权领域合作谅解备忘录》。当晚，田力普局长与泰国商务部副部长阿隆功·篷布(Alongkorn Ponlaboot)会面，共商两国未来知识产权合作大计。

24. 举办第十六届中国杨凌农业高新科技成果博览会。 11月1日，由国家知识产权局、科技部、商务部、农业部等17个部委与陕西省人民政府联合举办的第十六届中国杨凌农业高新科技成果博览会开幕。中央政治局委员、国务委员刘延东出席开幕式。

25. 举办第四届外观设计专利大赛。 11月8日，“中国第四届外观设计专利大赛”揭晓，红旗HQE检阅车等68件作品获奖。

26. 举办第三届中国专利周。 11月12日至16日，由国家知识产权局主办，17个中央部委机构和各省区市人民政府作为支持单位、38个城市人民政府协办的第三届中国专利周在全国异地同时举办。

27. 举办第11届中国国际高新技术成果交易会。 11月16日，包括发明创新与专利成就展在内的第11届中国国际高新技术成果交易会在深圳开幕。同日，和深圳市人民政府等共同主办，发展改革委支持的世界创新高峰论坛在深圳会展中心开幕。

28. 举办市长论坛。11月17日，在杭州举办第二届知识产权与城市发展市长论坛。32位市长参加论坛。

29. 举办"2009年内地与香港、澳门特区知识产权研讨会"。11月24日至25日，国家知识产权局、香港特区政府知识产权署、澳门特区经济局在苏州市联合举办"2009年内地与香港、澳门特区知识产权研讨会"。

30. 举办2009年度专利代理人资格考试。12月5日至6日，全国专利代理人资格考试在北京等15个城市同时举行。截至年底，我国通过考试取得专利代理资格证的人数超过1万人，执业专利代理人超过6000人。

31. 举办"非洲国家高级官员和高级审查员研讨会"。12月15日，国家知识产权局和世界知识产权组织在京共同举办"非洲国家高级官员和高级审查员研讨会"。田力普局长和世界知识产权组织非洲发展合作局局长恩恰奇奥(Herman Ntchatcho)出席研讨会开幕式并致辞。

32. 第三届中国知识产权执法论坛。召开12月21日，在浙江杭州召开"全国知识产权局执法工作会议暨第三届中国知识产权执法论坛"。

33. 田力普出席第九次中日韩知识产权局局长政策对话会议。12月21日，第九次中日韩知识产权局局长政策对话会议在陕西西安举行。田力普局长、日本特许厅厅长细野哲弘和韩国特许厅厅长高廷植率团出席了会议，并签署了会谈纪要。

34. 国务院审议并原则通过专利法实施细则修改草案。12月30日，国务院常务会议审议并原则通过《关于修改〈中华人民共和国专利法实施细则〉的决定(草案)》。

35. 三期工程项目进展顺利。2009年，国家知识产权局三期工程项目进展顺利，为被拆迁居民落实了700多套拆迁定向安置用房，完成了方案设计、拆迁公司、评估公司、拆除公司等一系列招标工作，11月27日正式开始拆迁。

36. 批复设立知识产权维权援助中心。截至2009年底，批复设立了61家知识产权维权援助中心，分布在全国29个省区市。全国专利保护重点联系基地已达26家。与14个省市和3个中央单位建立了会商工作机制。

(国家知识产权局办公室　刘　宁)

国家版权局

1. 召开推进企业使用正版软件工作部际联席会议第三次全体会议。1月8日，推进企业使用正版软件工作部际联席会议第三次全体会议在京召开，会上总结了2008年工作，讨论并通过2009年工作计划。2月12日，印发《2008年推进企业使用正版软件工作总结》《2009年推进企业使用正版软件工作计划》，对全国推进企业使用正版软件工作进行总结部署。

2. 举办"国家版权贸易基地"授牌仪式。2月18日，国家版权局在京举办了"国家版权贸易基地"授牌仪式，授予北京国际版权交易中心，中国版权保护中心、中关村科技园区雍和园"国家版权贸易基地"称号，新闻出版总署副署长、国家版权局副局长阎晓宏出席授牌仪式。

3. 召开全国企业软件正版化专题工作会议。3月18～19日，国家版权局召开全国企业软件正版化专题工作会议暨全国版权执法专题工作会议，结合总署工作计划、折子工程安排、2009年版权工作要点，对2009年企业软件正版化工作和2009年版权执法与社会监管重点工作进行具体部署。

4. 主办"版权在我身边，版权创造财富"大型文艺晚会。4月19日，作为"4·26知识产权宣传周"的一项重要活动，由国家版权局主办并与中央电视台文艺频道"欢乐中国行"栏目合作录制的"版权在我身边，版权创造财富"大型文艺晚会在中央电视台进行录制，新闻出版总署署长、国家版权局局长柳斌杰，新闻出版总署副署长、国家版权局副局长阎晓宏出席了节目录制现场。该晚会于4月26日(世界知识产权日)19:30在中央电视台3套节目首播。晚会紧紧围绕版权保护的主题，采取文艺演出、场外视频、嘉宾互动相结合的表现方式，节目精彩、反响热烈，得到了领导和社会大众的一致好评。

5. 主办第十届“BIBF 国际版权贸易研讨会”。 5 月 25～26 日，由国家版权局主办、中国图书进出口(集团)总公司承办的第十届“BIBF 国际版权贸易研讨会”在京成功召开，新闻出版总署副署长、国家版权局副局长阎晓宏出席开幕式并讲话。此次研讨会以“金融危机下的版权贸易”为主题，对金融危机下出版业和版权贸易的走势进行了深入研讨和分析。

6. 中国电影版权保护协会更名为中国电影著作权协会。 7 月 20 日，国家版权局批准中国电影版权保护协会更名为中国电影著作权协会并由维权组织转变为著作权集体管理组织。至此，我国已经建立了覆盖音乐、音像、文字、摄影、电影等作品广泛使用领域的五个著作权集体管理组织，著作权集体管理组织架构基本形成。

7. 开展网络专项行动。 7 月 31 日，国家版权局联合公安部、工业和信息化部下发《2009 年打击网络侵权盗版专项治理行动方案》，决定从 8 月到 12 月在全国范围内开展网络专项行动。本次专项行动期间，共查办网络侵权盗版案件 543 件，关闭非法网站 362 个，采取责令删除或屏蔽侵权内容的临时性执法措施 552 次，罚款 1 282 500 元，没收网络服务器等作案工具 154 台，向司法机关移送 24 起涉嫌构成刑事犯罪的重大案件，沉重打击了侵权盗版违法分子的嚣张气焰，震慑了潜在违法犯罪分子，规范了网络版权秩序，专项行动取得显著成效。

8.《中国版权年鉴》编辑出版工作启动。 8 月，唯一记录中国版权事业发展的首部年鉴《中国版权年鉴》编辑出版工作启动，新闻出版总署署长、国家版权局局长柳斌杰任《中国版权年鉴》编纂委员会主任，国家版权局副局长阎晓宏任副主任，并成立了《中国版权年鉴》编辑部。

9. 在第 61 届法兰克福书展上设立版权宣传服务站。 10 月 14～8 日，为落实中央领导和署(局)领导的重要批示，国家版权局在第 61 届法兰克福书展上设立了版权宣传服务站。这是国家版权局首次在国外大型展会上设立版权宣传服务站，利用大型展会开展版权保护宣传。

10. 举办“国家版权工作专题研究班”。 10 月20～25 日，列入中组部抽调培训计划的“国家版权工作专题研究班”在国家行政学院举办，对来自各省、自治区主管版权工作的副市长和中央相关部委司局长共 42 人进行了培训。新闻出版总署署长、国家版权局局长柳斌杰，新闻出版总署副署长蒋建国出席了专题讨论，新闻出版总署副署长、国家版权局副局长阎晓宏主持了开幕式和闭幕式，并就“贯彻《国家知识产权战略纲要》，推动版权事业发展”专题进行授课。

11. 主办第二届中国国际版权博览会。 10 月24～26 日，由新闻出版总署(国家版权局)、中国国际贸易促进委员会和北京市人民政府共同主办的第二届中国国际版权博览会在北京国家会议中心开幕，新闻出版总署署长、国家版权局局长柳斌杰出席并启动开幕式，新闻出版总署副署长、国家版权局副局长阎晓宏出席开幕式。

12. 加强图书馆著作权保护工作。 10 月 28 日，国家版权局联合文化部、教育部、全国“扫黄打非”工作小组办公室下发《关于加强图书馆著作权保护工作的通知》；这是首次针对近万家图书馆的版权保护工作出台专门文件，不仅有利于提高我国图书馆的版权管理和版权保护水平，也说明我国版权保护已延伸到了社会更深层次。

13. 国务院颁布有关播放录音制品支付报酬的暂行办法。 11 月 17 日，国务院颁布了《广播电台电视台播放录音制品支付报酬暂行办法》，国务院法制办、国家版权局和国家广播电影电视总局负责人就该办法回答了记者提问。

14. 制定关于贯彻国家知识产权战略纲要的实施意见。 12 月 14 日，为贯彻落实《国家知识产权战略纲要》，全面提升我国版权创造、运用、保护和管理能力，保护著作权人的合法权益，促进经济、文化、科技和社会发展，国家版权局制定《国家版权局关于贯彻国家知识产权战略纲要的实施意见》并对外印发。该实施意见从全局性战略性的高度，对我国版权工作今后十年的指导思想、总体目标、基本原则、工作重点、保障措施等作了全面规划。

15. 支持权利人积极维权。 12 月 22 日，中国文字著作权协会与谷歌公司就谷歌数字图书馆涉嫌侵犯中国著作权人权利一事在京举行了第三轮谈判并取得积极成果。以中国文字著作权协会为代表的权利人自 6 月开展维权行动以来，国家版权局密切关注事件进展，支持权利人依据法律和事实积极维权。

16. 印发版权示范城市管理办法。 12 月 31 日，国家版权局印发了《关于印发〈全国版权示范城市、示范单位和示范园区（基地）管理办法〉的通知》，《全国版权示范城市、示范单位和示范园区（基地）管理办法》正式颁布并将于 2010 年 1 月 1 日实施。

（国家版权局版权管理司）

国家工商行政管理总局商标局

1. 会见日本特许厅厅长。 1 月 7 日，国家工商总局付双建副局长会见了来访的日本特许厅厅长铃木隆史一行 6 人。1 月 8 日，商标局李建昌局长、商评委许瑞表主任分别会见了日本特许厅厅长铃木隆史一行 6 人。分别就开展商标审查程序研讨会、地方工商行政执法研讨会及商标评审、复审案件受理和审理情况等内容进行了交流。

2. 付双建会见国际保护工业与艺术产权制造商联合会主席。 1 月 12 日，国家工商总局付双建副局长会见国际保护工业与艺术产权制造商联合会主席、法国 LVMH 公司集团秘书长马克·安托尼·雅麦先生一行。

3. 李建昌参加国家知识产权战略实施工作部际联席会议。 1 月 12 日，国家知识产权战略实施工作部际联席会议第一次联络员全体会议在中国知识产权中心召开，中宣部等 28 个联席会议成员单位的联络员和工作联系人参加会议。商标局李建昌局长作为国家工商总局联络员参加会议。

4. 举办中学生商标知识竞赛。 1 月 20 日，由中华商标协会和中国中学生报社共同举办的“首届全国中学生商标知识竞赛、地理标志征文系列活动启动仪式暨新闻发布会”在北京人民大会堂召开。

5. 付双建会见英国知识产权局局长。 1 月 22 日，国家工商总局付双建副局长会见英国知识产权局局长 Ian Fletcher 一行。

6. 举办商标注册网上申请试用培训。 2 月 10 日，商标注册网上申请试用培训（北京）班在银龙苑宾馆正式开班，300 余家商标代理机构参加了培训，商标局吕志华副局长出席开班式并讲话。

7. 付双建会见日本保护知识产权官民高层访华团。 2 月 12 日，国家工商总局付双建副局长会见了由日本经济产业省副大臣高士早苗女士率领的日本保护知识产权官民高层访华团。

8. 付双建赴浙江调研。 2 月 28 日至 3 月 3 日，国家工商总局付双建副局长赴浙江省杭州市、金华市、义乌市、台州市和宁波市等地就驰名商标认定、地理标志管理和使用等有关情况及浙江省工商系统行政指导工作的开展情况进行调研。

9. 刘燕会见欧洲内部市场协调局人士。 3 月 2 日，商标局刘燕副局长会见了来访的欧洲内部市场协调局（OHIM）质量管理部部长 Juan、欧盟驻华代表团商标专员 Jesus 等一行 4 人，就“对比研究”项目及其目标进行了交流。

10. 举办经验交流会。 3 月 26 日至 27 日，全国工商行政管理系统落实十七届三中全会精神、服务农村改革发展经验交流会在江苏省苏州市召开。

11. 跨区域知识产权高级论坛在京举行。 3 月 30 日，世界知识产权组织跨区域知识产权高级论坛在京开幕，国务院副总理王岐山、世界知识产权组织总干事弗朗西斯·高锐、国家工商总局局长周伯华出席了开幕式，国家工商总局副局长付双建在论坛上作了主题发言。

12. 周伯华会见 WIPO 总干事。 3 月 30 日，国家工商总局周伯华局长会见了世界知识产权组织总干事弗朗西斯·高锐一行。

13. 李建昌出席 2009 年全国知识产权宣传周新闻发布会。 4 月 16 日，全国知识产权宣传周活动组委会在国家知识产权局举行“2009 年全国知识产权宣传周新闻发布会”。商标局李建昌局长出席发布会。

14. 付双建出席 2009 年全国知识产权宣传周启动仪式。 4 月 20 日，全国知识产权宣传周活动组委会在国家体育场（鸟巢）举行“2009 年全国知识产权宣传周启动仪式”，国家工商总局付双建副局长作为组委会副主任出席启动仪式，商标局李建昌局长陪同参加。2009 年知识产权宣传周活动主题是：文化·战略·发展，推进以“尊重知识、崇尚创新、诚信守法”为核心的知识产权文化建设，为国家知识产权战略实施营造良好的舆论氛围，促进我国知识产权事业又好又快展。

15. 李建昌出席中国知识产权保护状况新闻发布会。4月21日，国务院新闻办公室联合国家知识产权局、国家工商总局、国家版权局就“2008年中国知识产权保护状况”举行新闻发布会。商标局李建昌局长按照总局领导批示代表国家工商总局出席新闻发布会并就商标知识产权保护工作回答了记者提问。

16. 签署商标和外观设计谅解备忘录。4月22日，国家工商总局局长周伯华和欧盟驻华代表团大使赛日·安博共同出席《中华人民共和国国家工商行政管理总局和欧洲内部市场协调局（商标和外观设计）谅解备忘录》签署仪式，并进行友好会谈。国家工商总局副局长付双建与欧洲内部市场协调局局长伍博·德·博爱签署了谅解备忘录。

17. 举办商标与发展高层论坛。4月22日，中国工商报社举办“坚定发展信心、实施商标战略——2009商标与发展高层论坛”。国家工商总局付双建副局长出席论坛并致辞，商标局王守义副局长参加论坛并发言。

18. 李建昌会见欧洲内部市场协调局局长。4月22日，商标局李建昌局长、商评委侯丽叶副主任分别会见了欧洲内部市场协调局局长伍博·德·博爱一行。

19. 举办中欧商标审查体系比较研讨会。4月22日，商标评审委员会陈卓副主任主持了中欧知识产权保护项目（二期）活动之一的“中欧商标审查体系比较研讨会”。欧洲内部市场协调局伍博·德·博爱以及英国知识产权局、西班牙专利商标局的专家在会议上介绍了各自国家的商标体系，并就商标相对审查制度及经验进行了详细说明。

20. 举办知识产权高层论坛。4月24日，国家工商总局与公安部、海关总署联合举办以“挑战·合作·发展”为主题的“中国知识产权高层论坛”，商标局李建昌局长出席论坛并主持了“国家知识产权战略与经济社会发展”主题，商标局王守义副局长以“贯彻落实《国家知识产权战略纲要》、大力推进商标战略实施”为题作了发言。

21. 公布中国商标战略年度发展报告。4月24日，中国商标网和《中国工商报》公布了由商标局、商标评审委员会编撰的《中国商标战略年度发展报告（2008）》。

22. 举办中外企业知识产权高层论坛。4月25～26日，中华商标协会与中国经济报刊协会、中国知识产权研究会、中国版权协会、国际保护知识产权协会中国分会等5家单位共同举办主题为“知识产权创新发展与核心竞争力”的“2009中外企业知识产权高层论坛”。国家工商总局付双建副局长出席论坛开幕式并致辞，商标局王守义副局长陪同付双建副局长参加开幕式并在“商标国际论坛”上发言。

23. 王岐山召集第二次中欧经贸高层对话领导小组会议。4月28日下午，国务院副总理王岐山在国务院第四会议室召集外交部、发改委等部委召开第二次中欧经贸高层对话领导小组会议。商标局李建昌局长参加会议。

24. 王岐山主持第二次中欧经贸高层对话。5月6～7日，第二次中欧经贸高层对话在布鲁塞尔欧盟总部开幕，国务院副总理王岐山和欧盟贸易委员阿什顿共同主持了对话，商标局吕志华副局长随代表团参加对话。

25. 商标法修改送审稿征求意见。5月12～15日，中国商标协会、商标局分别在南京和杭州召开《商标法修改送审稿》（草稿）征求意见会，征求与会专家学者、地方工商系统、法院系统、商标代理机构以及知名企业代表对于《商标法》修改的建议和意见。

26. 举办“创新及其价值——商标声誉研讨会”。5月13日，国家工商总局与世界知识产权组织、法国工业产权局在上海共同举办“创新及其价值——商标声誉研讨会”，就如何选择商标、商标宣传和保护展开讨论。商标局王守义副局长参加会议，主持了会议第一个议题“如何选择商标”并致闭幕词。

27. 举办“中国商标权保护论坛”。5月15～24日，中华商标协会刘烨副秘书长率中华商标协会代表团赴美国参加国际商标协会第131届年会，并成功举办三场“中国商标权保护论坛”；与加拿大知识产权协会在温哥华共同举办“中加商标交流会”。

28. 大力推进商标战略实施。5月21日，国家工商总局召开局务会，审议通过《关于贯彻落实〈国家知识产权战略纲要〉大力推进商标战略实施的意见》,6 月 2 日,正式印发。

29. 付双建会见中国欧盟商会主席。5 月 22 日,国家工商总局付双建副局长会见了来访的中国欧盟商会主席伍德克先生,双方就加快商标审查进度、新《商标法》修订等问题进行了交流。

30. 付双建会见英国知识产权局首席执行官。6 月 2 日,国家工商总局付双建副局长会见来访的英国知识产权局首席执行官伊恩·福莱德一行,双方介绍了各自工作进展的最新情况并就如何在中英商标战略双边合作谅解备忘录框架之下的持续合作交换了意见。

31. 日本汽车工业协会代表团访问商标局。6 月 2 日,日本汽车工业协会(JAMA)和日本汽车零部件工业协会(JAPIA)率其所属 26 家会员企业的知识产权部门负责人访问商标局,对中国地方各级工商行政管理机关公正严明执法,切实保护商标专用权,保护消费者生命安全,维护市场经济秩序,严厉打击汽车领域的商标侵权行为表示衷心感谢,并专门向国家工商总局赠送了 2 块"明察公断、执法公正"的牌匾。

32. 召开第三届中国商标节新闻发布会。6 月 3 日,由中华商标协会、青岛市政府主办,商标局、商标评审委员会等部门作为支持单位的第三届中国商标节新闻发布会在人民大会堂召开。

33. 李建昌接受中央电视台和中央人民广播电台并机采访。6 月 5 日,商标局李建昌局长接受中央电视台和中央人民广播电台的并机采访,介绍了目前出台的《关于贯彻落实〈国家知识产权战略纲要〉大力推进商标战略实施的意见》的有关情况,并就驰名商标和地理标志工作以及引导和鼓励企业实施"走出去"战略,积极帮助企业进行海外商标维权等回答了记者提问。

34. 许瑞表参加 WIPO 第 61 次协调委员会会议。6 月 15～16 日,商标评审委员会许瑞表主任参加了世界知识产权组织在日内瓦召开的第 61 次协调委员会会议。

35. 郭连连、刘燕参加 WIPO 有关商标的会议。6 月 21～30 日,商标局郭连连副巡视员赴瑞士日内瓦参加世界知识产权组织召开的商标、外观设计和地理标志常设委员会(SCT)第 21 次会议。6 月 21～24 日,中华商标协会刘燕秘书长以观察员身份赴日内瓦出席世界知识产权组织商标、外观设计和地理标志常设委员会(SCT)第 21 次会议。

36. 付双建会见韩国特许厅长官。6 月 26 日,国家工商总局付双建副局长会见韩国特许厅长官高廷植一行,双方共同签署了《中华人民共和国国家工商行政管理总局和大韩民国特许厅战略合作谅解备忘录》。这标志着中韩在商标及与知识产权有关的反不正当竞争领域进行双边战略合作的基本框架正式建立。

37. 吕志华出席中学生商标知识竞赛颁奖大会。7 月 2 日,商标局吕志华副局长赴人民大会堂参加首届全国中学生商标知识竞赛、地理标志征文系列活动颁奖大会。

38. 郭连连会见日本三重县松阪市市长。7 月 2 日,商标局郭连连副巡视员会见了日本三重县松阪市市长中山光茂等一行 10 人,就"松阪牛"商标在华注册事宜进行了交流。

39. WIPO 副总干事王彬颖到商标局座谈。7 月 6 日,世界知识产权组织副总干事王彬颖应邀来商标局与李建昌局长亲切座谈,商标局李建昌局长介绍了近年来中国商标工作情况并感谢王彬颖副总干事一直以来对中国商标工作的大力支持。

40. 周伯华会见法国国家反仿冒委员会代表。7 月 7 日,国家工商总局周伯华局长会见了法国国家反仿冒委员会代表,预算、公共财务和公职部部长埃里克·沃斯一行,并签署了《中华人民共和国国家工商行政管理总局和法兰西共和国国家反仿冒委员会合作谅解备忘录》。

41. 召开商标评审与行政诉讼业务研讨会。7 月 16～17 日,商标评审委员会许瑞表主任在京主持召开了商标评审与行政诉讼业务研讨会。北京市第一中级人民法院、国家工商总局法规司、商标局派员参加了会议。

42. 召开大力推进商标战略实施工作会议。7 月 23～24 日,全国工商行政管理系统贯彻落实《国家知识产权战略纲要》、大力推进商标战略实施工作会议在吉林省长春市召开。国家工商总局党组书记、局长周伯华出席会议并发表全国工商行政管理系统全面实施商标战略的纲领性讲话,副局长付双建主持会议并围绕贯彻落实周伯华局长重要讲话精神,就当前和今后一段时期全力推进商标战略实施进行了动员和部署。吉林省委书记王珉,省委常委、副省长马俊清,省委常委、省委秘书长房俐会前同周伯华局长、付双建副局长就贯彻落实《国家知识产权战略纲要》、大力推进商标战略实施进行会谈，并交换了意见。省委常委、副省长马俊清参加会议并发表热情洋溢的贺词，国家知识产权战略实施工作部际联席会议部分成员单位的代表，国家工商总局商标战略实施领导小组成员单位18个司(局)、直属单位主要负责人，各省、自治区、直辖市及计划单列市、副省级市工商局分管局长、商标处处长，吉林省各市(州)工商局局长及分管局长共200余人参加了会议。

43. 李建昌参加部际联席会第二次联络员全体会议。8月11日，国家知识产权战略实施工作部际联席会议办公室在京组织召开部际联席会第二次联络员全体会议。会议总结了2009年上半年战略实施工作，听取了国资委、国家工商总局、最高人民法院三个部门有关战略实施的经验介绍。商标局李建昌局长作为联络员参加会议，并代表国家工商总局作了发言。

44. 2009年中国商标设计大赛启动。8月20日，2009年中国商标节系列活动之一“2009年中国商标设计大赛”在中央电视台梅地亚中心召开新闻发布会和启动仪式，国家工商总局付双建副局长出席会议并作重要讲话。

45. 李建昌局长率团赴泰国参加研讨会。8月24～27日，商标局李建昌局长率团赴泰国曼谷参加由泰国智慧财产厅主办的“中国知识产权保护和马德里体系在华应用研讨会”，并就“中国商标注册保护”及“马德里国际注册体系在华应用”两个议题发言。

46. 付双建会见日本经济产业省制造产业局局长。8月24日，国家工商总局付双建副局长会见日本经济产业省制造产业局局长平工奉文一行，双方共同举行《中华人民共和国国家工商行政管理总局和日本国经济产业省合作谅解备忘录》文本交换仪式。

47. 举办“中国企业走向世界商标战略经验交流会”。8月24～26日，中华商标协会在天津举办“中国企业走向世界商标战略经验交流会”。国家工商总局付双建副局长出席大会开幕式并作重要讲话。

48. 付双建会见越南国家知识产权局局长。8月25日，国家工商总局付双建副局长会见越南国家知识产权局陈越雄局长一行，双方共同签署了《中华人民共和国国家工商行政管理总局和越南社会主义共和国国家知识产权局商标及商标相关领域合作谅解备忘录》。这标志着中越在商标及相关领域正式建立了双边战略合作框架。

49. “消费者最喜爱的绿色商标调查”启动。8月26日，2009(第三届)中国商标节的“消费者最喜爱的绿色商标调查”启动仪式新闻发布会在京召开。

50. 中华商标协会成立十五周年。8月31日，“中华商标协会成立十五周年座谈会”在北京召开。

51. 李建昌出席晋商品牌文化发展高峰论坛。9月2日，商标局李建昌局长赴山西太原出席由太原市委、市政府、太原市工商局主办的“2009晋商品牌文化发展高峰论坛”，并以“商标与品牌战略”为题作了主题演讲，重点介绍了我国的商标法律制度、管理体制和现状。

52. 李建昌会见泰国智慧财产厅副厅长。9月7日、9日，商标局李建昌局长、商标评审委员会陈卓副主任分别会见了泰国智慧财产厅副厅长帕吉玛女士一行，双方就马德里商标国际注册体系、计算机自动化建设以及商标评审工作进行了交流。

53. 2009年商标注册申请突破百万大关。9月16日，国家工商总局举行新闻发布会，向近30家主流新闻媒体发布2009年商标注册申请突破百万大关的消息。国家工商总局新闻发言人、办公厅滕佳材主任主持新闻发布会，商标局李建昌局长通报了新闻通稿并回答了部分媒体记者的提问，宣传为加快商标审查所采取的措施、取得的成效及最新进展。9月16日，商标局召开国家工商总局商标局2009年商标注册申请审查突破百万总结大会。付双建副局长出席会议并作重要讲话，商标局李建昌局长通报了商标局2009年商标注册申请审查量突破百万情况。

54. 王东峰出席WIPO第38届大会。9月22日至10月1日，国家工商总局王东峰副局长赴瑞士出席世界知识产权组织第38届大会。会议期间，王东峰副局长会见了世界知识产权组织总干事弗朗西斯·高锐先生，双方就商标注册与保护情况进行了交流。

55. 陈卓会见英国知识产权局商标署总监。10月14日，商标评审委员会陈卓副主任会见了英国知识产权局商标署总监安德鲁·莱顿先生一行。

56. 周伯华参加西博会开幕式并视察中国驰名商标展。10月16日，第十届中国西部国际博览会暨第二届中国西部国际合作论坛在四川成都隆重开幕，作为本届西博会重要组成部分的中国驰名商标展同时开展。国家工商总局周伯华局长参加西博会开幕式并视察了中国驰名商标展。

57. 召开“中国加入马德里商标国际注册体系20周年座谈会”。10月18日，国家工商总局召开“中国加入马德里商标国际注册体系20周年座谈会”。付双建副局长出席大会并作重要讲话，商标局李建昌局长主持会议。

58. 商标局驻中关村国家自主创新示范区办事处正式成立。11月5日，国家工商总局商标局驻中关村国家自主创新示范区办事处正式成立，中央政治局委员、北京市委书记刘淇，北京市市长郭金龙，国家工商总局局长周伯华，副局长刘玉亭为办事处揭牌。北京市市委常委赵凤桐、副市长苟仲文、国家工商总局副局长王东峰、纪检组监察局组长石见元，相关司局负责同志及商标局全体局领导出席揭牌仪式。

59. 第三届中国商标节开幕。11月9～11日，由中华商标协会主办的2009(第三届)中国商标节在山东青岛国际会展中心开幕。

60. 吕志华会见日本特许厅审查业务部部长。11月9日，商标局吕志华副局长会见了日本特许厅审查业务部部长桥本正洋一行。双方主要就我国商标法律修改、加强商标领域的合作以及商标审查注册等方面的情况交换了意见。

61. 赵刚会见台湾海峡两岸商务协调会参访团。11月13日，商标局赵刚副局长会见了台湾海峡两岸商务协调会参访团一行，双方主要就商标审查机制以及进一步开展双边合作等问题进行了交流。

62. 商标战略暨世博会标志保护培训班在上海举办。11月19～22日，全国工商行政管理系统商标战略暨世博会标志保护培训班在上海中国浦东干部学院举办。国家工商总局付双建副局长发表重要讲话。全国政协常委、上海市政协副主席、2010年上海世博会执行委员会副主任周汉民到会致辞。国际展览局秘书长文森特·冈萨雷斯·洛赛泰斯先生专门向周伯华局长发来贺信。商标局李建昌局长主持了开班仪式并就推进商标战略实施和加强世博会标志专用权保护工作为培训班授课。共计200余人参加了本次培训。

63. 李建昌出席WIPO会议并与WIPO总干事会谈。11月23～26日，商标局李建昌局长赴瑞士日内瓦参加了商标、外观设计和地理标志常设委员会(SCT)第22次会议。会议期间，李建昌局长与世界知识产权组织总干事高锐、副总干事王彬颖及助理总干事鲁比奥分别进行了会谈，双方就我国解决商标审查积压所取得的成绩及马德里商标国际注册体系的推广工作交换了意见。

64. 赵刚参加内地与香港、澳门特别行政区知识产权研讨会。11月24～25日，“2009年内地与香港、澳门特别行政区知识产权研讨会”在江苏苏州举行。商标局赵刚副局长参加会议并介绍了中国商标领域的最新进展。

65. 举办亚太地区地理标志国际研讨会。11月30日至12月1日，国家工商总局和世界知识产权组织在重庆共同举办了亚太地区地理标志国际研讨会。国家工商总局付双建副局长、世界知识产权组织王彬颖副总干事、重庆市谢小军副市长分别致辞。商标局李建昌局长、重庆市工商局王元楷局长等10名中方代表，世界知识产权组织商标、工业设计和地理标志部标记与工业设计司代理司长马库斯·霍伯杰等5名外方代表发表了演讲。共计200多名中外代表出席了研讨会。会议期间还举办了中国农产品商标和地理标志工作成果展览，组织实地参观考察了重庆市地理标志产品“涪陵榨菜”和“长寿沙田柚”的生产和加工情况。

66. 付双建出席海南商标战略实施工作会议。12月2～4日，海南省政府在海口市举行商标战略实施工作会议，国家工商总局付双建副局长出席并发表重要讲话。会后，付双建副局长对海南省“商标富农”工作进行了调研。

67. 李建昌出席第八届美日欧三方商标年会。12月9日至11日，商标局李建昌局长赴西班牙阿里坎特参加第八届美日欧三方商标年会，中方以观察员身份参加了会议。

68. 赵刚会见来访的日本官民访华团。12月9日，商标局赵刚副局长会见了来访的日本官民访华团。赵刚副局长介绍了中国商标战略实施情况，双方就商标专用权保护等问题交换了意见。

69. 付双建出席天津大力推进商标战略实施大会。12月15日，天津市召开"天津市贯彻落实《国家知识产权战略纲要》、大力推进商标战略实施暨驰名商标企业表彰大会"。付双建副局长出席大会并讲话。

70. 李建昌会见非洲26国高级官员和高级审查员代表团。12月16日，李建昌局长会见了由世界知识产权组织非洲局赫尔曼·查特克局长率领的非洲26国高级官员和高级审查员代表团一行32人。李建昌局长就中国的商标法律制度和近期商标局工作所取得的显著成绩向代表团作了介绍。代表团成员参观了中国农产品商标和地理标志工作成果展览。代表团对我国近年来商标事业的快速发展和商标局近期所取得的瞩目成就表示十分赞赏，并希望非洲国家能够向中国学习成功经验，运用农产品商标和地理标志为经济发展作出更大的贡献。

71. 周伯华参观中国农产品商标和地理标志工作成果展览。12月17日，国家工商总局周伯华局长以及付双建副局长、王东峰副局长、钟攸平副局长、纪检组监察局石见元组长参观中国农产品商标和地理标志工作成果展览。

72. 李建昌会见WIPO官员胡安。12月17～18日，世界知识产权组织商标、工业品外观设计和地理标志部国际注册部门高级司长胡安先生一行对商标局进行了工作访问。商标局李建昌局长会见了代表团。代表团成员就马德里商标国际注册体系电子通讯工作与商标局国际注册处和计算机处进行了交流。

73. 李建昌会见古巴知识产权局局长。12月18日，商标局李建昌局长会见了来访的古巴知识产权局玛利亚·托瑞局长一行5人。李建昌局长介绍了商标局的工作职能及近期工作情况，并陪同代表团参观了中国农产品商标和地理标志工作成果展览。

74.《中国商标年鉴》出版。2009年12月，由商标局、商标评审委员会与中华商标协会共同组织编纂的2009年《中国商标年鉴》首次出版发行。

（国家工商行政管理总局商标局）

国家工商行政管理总局反垄断与反不正当竞争执法局

1. 举办中欧反不正当竞争和仿冒研讨会。2009年3月11～12日，国家工商总局与中欧知识产权保护二期项目组共同在杭州举办了中欧反不正当竞争和仿冒研讨会，双方针对商业标识的保护、虚假和误导行为等问题展开了积极有益的探讨，并分析了具体案例，对增进在竞争法领域的相互了解，保护知识产权，推动中欧经贸合作关系的深入发展，具有积极意义。

2. 保护知识产权宣传周。2009年4月20～26日，国家工商总局积极参与了保护知识产权宣传周活动，主题是完善中国的知识产权制度以及提高公众的知识产权意识。主要活动包括"第五届中国保护知识产权高层论坛"等。

3. 召开部署查处傍名牌不正当竞争案件工作会议。为加大知识产权保护力度，国家工商总局于2009年5月专门在河北石家庄召开了部署查处傍名牌不正当竞争案件工作会议，选择了娃哈哈、万利达、格力电器、意大利费列罗等六起具有典型性的不正当竞争案件作为重点督办案件，各地工商机关以此为重点，积极开展专项执法行动，查处了一大批傍名牌案件，有力地保护了企业的合法利益。

4. 举办中欧商业秘密保护研讨会。2009年6月25～26日，国家工商总局与中欧知识产权保护二期项目组共同在上海举办了中欧商业秘密保护研讨会。在为期两天的研讨中，外方的专家介绍了德国、英国、荷兰三国商业秘密保护的法律制度以及《与贸易有关的知识产权协议》等国际条约中商业秘密保护的相关条款；中方的专家从理论上对商业秘密概念的界定、侵犯商业秘密行为的构成及主要表现形式、中国商业秘密的保护途径进行了精彩的阐释；工商行政管理系统的代表从实际工作出发，结合具体案例，对保护商业秘密案件的取证等问题进行了分析总结。

5. 报送《关于商业秘密保护工作情况的报告》。2009年10月，给中央政法委报送了工商行政管理机关关于商业秘密保护的现状、存在的问题及对策建议的报告，将工商机关在商业秘密保护领域近年来所做的工作及下一步打算做了详细汇报，为我国的商业秘密保护政策献计献策。

（国家工商行政管理总局反垄断与反不正当竞争执法局）

海关总署

1. 中欧知识产权合作。中国与欧盟签订知识产权合作计划。1月份温家宝总理访欧盟期间签订。

2. 海关与外资企业知识产权对话会在北京举行。3月25日，海关总署举办了知识产权保护对话会。中国外资投资企业协会优质品牌保护委员会、日本贸易振兴机构的80余名外资企业代表参加。本次会议海关介绍了《知识产权海关保护条例实施办法》的修订情况和知识产权海关保护工作面临的形势，并与参会代表就海关和企业如何共同推进知识产权海关保护工作进行了讨论。

3. 海关总署参加QBPC成立九周年庆典并获奖。3月26日，海关总署参加了中国外商投资企业优质品牌保护委会员（QBPC）成立九周年暨“2008～2009年度中国知识产权保护十佳案例”揭晓仪式。中国海关与美国海关边境保护局联手打击假冒耐克运动鞋案件被评为“2008～2009年度中国知识产权保护十佳案例”之一，海关总署政法司被评为“中国知识产权保护杰出贡献机关”。

4. 中欧知识产权行动计划第一次工作组会议在海关总署举行。4月22日，《中欧知识产权行动计划》第一次工作组会议在海关总署举行，就行动计划实施具体细节问题进行实质性磋商。中欧双方都在积极推动中欧海关知识产权合作，力求尽快确定中欧双方之间用于交换知识产权执法信息和数据模板，同时还就确定中欧之间首批开展执法合作的海关和空港交换了意见。双方商定，将视行动计划的开展情况，定期举行专家组会议和海关与商界联合工作组会议。

5. 举办海关邮递和快件渠道保护知识产权专项行动执法培训班。6月22～25日，海关总署举办了第一期全国海关邮递和快件渠道保护知识产权专项行动执法培训班。来自28个直属海关法规及监管一线的70余名关员参加了培训，中国外商投资企业协会优质品牌保护委员会（QBPC）25家成员单位企业应邀在培训班上授课。

6. 首个隶属海关知识产权科在义乌海关设立。7月15日正式开关的杭州海关所属的义乌海关设立了全国首个隶属海关知识产权科。义乌小商品市场是我国最大的小商品出口基地，在国际上享有很高的知名度，但受制假售假违法行为的影响，该市场也成为知识产权权利人、有关打假维权组织和部分国家政府关注的焦点之一。在义乌海关设立知识产权科，加大知识产权海关保护力度，对于维护义乌小商品的出口秩序，树立海关良好的把关服务形象具有积极意义。

7. 开展为期半年的打击假药的“风暴行动”。7月份，海关与国际刑警、WHO、WCO联合开展了针对假药的“风暴行动”，对从行邮、货运渠道进出口假药的违法行为进行了为期半年的打假专项行动。

8. 第三次中日韩三国海关知识产权保护工作组会议在京召开。8月6日，中日韩三国海关知识产权工作组第三次会议在北京召开。本次会议对三国海关上一阶段合作情况进行总结，并对下一阶段工作计划展开讨论，会议期间三国海关还召开双边知识产权保护会谈。部分国内外企业应邀出席海关、企业见面会。

9. 中俄知识产权专家组第二次会议在海关总署举行。9月3日，中俄海关知识产权专家组第二次会议在海关总署举行。双方分别介绍了各自的知识产权边境执法的法律制度和执法情况，并就双方开展知识产权执法合作问题进行了深入的讨论。

10. 李群英同志被全球反假冒组织授予“2008年度个人特殊成就奖”。9月，在法国巴黎举行的2009年“世界反假冒日”活动上，全球反假冒机关（GACG）授予中国海关李群英同志“2008年度个人特殊成就奖”，肯定他为中国知识产权海关保护所做出的不懈努力和特殊贡献。该组织称，近年来中国知识产权事业不断取得新进步，与中国各级执法部门与时俱进、不懈努力密不可分，与中国有关职能部门负责人开拓进取、辛勤工作密不可分，这些努力、贡献和进步，得到了国际社会的广泛关注和认可。

11. 召开海关和公安机关加强知识产权刑事执法协作研讨会。10 月 14～15 日，为更好贯彻《实施国家知识产权战略纲要任务分工》，海关总署与公安部经侦局联合举办“海关和公安机关加强知识产权刑事执法协作研讨会”，切实加强两部门在知识产权执法中的合作。国家知识产权局保护协调司领导应邀出席会议，并做主题发言。海关和公安机关就加强知识产权保护行政执法和刑事执法衔接达成一致意见。

12. 中欧海关知识产权专家组第一次会议成功举行。11 月 24～26 日，中欧海关知识产权专家组第一次会议在上海成功举行。25 位中国海关代表与 19 位欧方海关代表就中欧海关知识产权行动计划的执行进行深入探讨，对多个问题解决措施达成共识。会议期间，双方海关代表与 60 多家企业代表进行了座谈。

13. 日本、韩国知识产权官民联合代表团先后来访。12 月 9～15 日，日本知识产权保护官民联合访华代表团、韩国保护知识产权官民联合代表团分别拜会海关总署。海关总署对代表团关心的问题进行了详尽解答，代表团对中国海关在知识产权保护方面的不懈努力表示诚挚感谢，并希望进一步加强与中国海关在保护知识产权方面的合作，共同维护权利人的合法权益。

（海关总署政策法规司知识产权处）

商　务　部

1. 继续协调应对中美知识产权 WTO 争端案。2009 年 1 月 26 日，世界贸易组织(WTO)公布了中美知识产权 WTO 争端案专家组报告，并在 2009 年 3 月 20 日的争端解决机构(DSB)会议上获得通过，驳回了美方的绝大部分主张，仅在两个具体问题上认为中方不符合 WTO 规则。2009 年 6 月，中美双方经过多轮磋商，就知识产权 WTO 争端案合理执行期达成一致(12 个月)，中方在 2010 年 3 月 20 日前完成执行工作。商务部会同应对工作组各成员单位，积极推进相关法律法规的修改工作。

2. 协调参加亚太经合组织(APEC)知识产权专家组第 28、29 次会议。2009 年 2 月和 7 月，商务部继续会同海关总署、国家工商总局、国家版权局、国家知识产权局参加 APEC 知识产权专家组第 28、29 次会议，积极参与各项议题讨论，主动提出知识产权滥用调查、标准化中的知识产权保护、能力建设等议题，推动知识产权的全面平衡发展。

3. 在境外知名展会设立“中国参展企业知识产权服务站”。2009 年 3 月和 9 月，商务部分别在汉诺威信息及通信技术国际博览会(CeBIT)和柏林国际消费类电子产品展览会(IFA)上设立标志显著的服务站，聘请懂中文、德文、英文等多种语言的知识产权法律专家为参展企业免费提供现场咨询和调解服务。2009 年 4 月和 9 月，商务部还通过中欧知识产权合作项目，聘请专家在柏林工业展和埃森焊接技术展上为中方企业免费提供服务。

4. 协调参加 TRIPs 理事会会议和多哈回合知识产权议题的谈判。2009 年 3 月、6 月和 10 月，商务部牵头国家工商总局、国家质检总局、国家知识产权局等部门参加 TRIPs 理事会例会和特会，积极参与地理标志多边注册体系、地理标志保护范围扩大、TRIPs 协定与《生物多样性公约》等知识产权议题的谈判。

5. 举办中欧知识产权高层论坛。2009 年 3 月 6 日，商务部与欧盟联合举办了首届中欧知识产权高层论坛。商务部国际贸易谈判副代表崇泉与欧盟轮值主席国捷克商务部副部长特拉帕、欧委会贸易总司副总司长巴拉斯、欧洲专利局副局长艾依克共同出席了中欧知识产权高层论坛，并做了题为“加强合作，为企业创新发展服务”的主旨发言。

6. 参加联合国贸法会担保权益工作组第 15、16 次会议。2009 年 4 月和 11 月，商务部会同最高人民法院参加了联合国贸易法委员会担保权益工作组第15、16次会议，积极参与《〈贸易法委员会担保交易立法指南〉关于知识产权担保权的附件》的讨论。

7. 召开中欧知识产权第5次对话会议。2009年4月16～17日，第五次中欧知识产权对话会议在布鲁塞尔举行。中欧双方相互介绍了知识产权政策的最新进展，并围绕商标、版权、专利、地理标志、执法、技术援助等领域的20多个议题进行了讨论，交流了信息，增进了了解，取得了成功。最高人民法院、公安部、工信部、海关总署、国家工商总局、国家版权局、国家知识产权局等部门的代表参加了会议。

8. 与日本建立知识产权工作组，并召开第1次会议。2009年2月，商务部国际贸易谈判副代表崇泉在京会见了日本官民联合知识产权高层访华团，就推动中日知识产权合作、设立中日知识产权工作组及网络知识产权维权等问题进行了交流与探讨。2009年6月，商务部与日本经产省签订《关于知识产权保护交流与合作备忘录》，成立中日知识产权工作组。2009年11月19～20日，中日知识产权工作组第一次会议在东京召开。商务部、最高人民检察院、海关总署、国家工商总局、国家质检总局、国家版权局派员参加的代表与日本经产省、特许厅、知识产权战略事务局、总务省、警察厅、外务省、文化厅等部门的代表，就防止仿制品以及盗版商业的环境治理以及防犯对策、打击互联网上侵权作品传播的对策、防止侵权制品的入境对策、知识产权的滥用以及权利者滥诉的规范情况、知识产权法执法的协作以及维权工作的信息交流等议题进行了交流和探讨。

9. 召开中俄知识产权工作组第3次会议。2009年7月中旬，商务部会同公安部、国家工商总局、海关总署、国家版权局、国家知识产权局等单位，与俄罗斯在莫斯科召开了中俄知识产权工作组第3次会议。双方围绕知识产权立法最新进展、2008～2009年度打击假冒和盗版情况、知识产权海关合作、APEC知识产权议题、知识产权培训等议题进行了讨论。

10. 召开中欧知识产权工作组第6次会议。2009年9月16日，第6次中欧知识产权工作组会议在北京举行。双方围绕《商标法》修改、地理标志保护、执法、技术合作等议题进行了讨论，增进了了解和互信。此外，双方还就完善经贸协定有关知识产权部分进行了会谈，交换了意见。

11. 召开中美商贸联委会知识产权工作组司局级和副部级会议。为筹备中美知识产权工作组会议，双方于2009年7月、8月两次召开会议，就工作组会议的安排和议题交换了意见。2009年10月，中美知识产权工作组司局级和副部级会议在华盛顿举行。中方由商务部、最高人民法院、最高人民检察院、公安部、商务部、国家工商总局、新闻出版总署、国家知识产权局派员参加。美方由贸易代表办公室、商务部、国务院、联邦贸易委员会、司法部、商标专利局、版权局等部门人员组成。双方就版权、商标、专利、知识产权执法、知识产权与创新、知识产权技术合作和国际交流等议题，分组进行了广泛深入的讨论，充分实现了工作组交流信息、澄清问题、探讨合作的目标。

12. 召开中瑞(士)知识产权工作组第3次会议。2009年11月6日，中瑞知识产权工作组第3次会议在北京召开。中方商务部、公安部、农业部、国家工商总局、国家质检总局、国家版权局、国家知识产权局等部门的代表与瑞士联邦知识产权局、瑞士驻华大使馆等部门的代表，就中国的新专利法、未披露信息保护、地理标志保护、商标法的修订、打击假冒和盗版(特别是假冒药品的执法情况)等议题进行了交流和探讨。11月5日，中国有关政府部门的代表和相关企业还与瑞士代表团就地理标志保护问题进行了专题研讨。

13. 召开中巴知识产权工作组第1次会议。为加强与发展中国家的沟通与协调，商务部与巴西就建立双边知识产权工作组达成了一致，并于2009年11月在巴西利亚召开了第1次会议。

14. 开展知识产权海外维权培训。2009年11月底和12月初，商务部在北京、南京分别举办了一期知识产权海外维权培训班。来自国家工商总局、国家知识产权局、贸促会、德国展会主办方、律师事务所的专家为企业授课，讲解了海外维权的措施和建议。国内外贸企业、高新技术企业的中高层管理人员、企业法律顾问等200多人参加了培训。

（商务部条法司知识产权处）

农 业 部

1. 召开“全国农业转基因生物安全与植物新品种保护执法工作会”。2009年2月5～6日，农业部科技教育司在海南省海口市召开全国农业转基因生物安全与植物新品种保护执法工作会，对执法工作现状进行了分析，对全年的工作进行了部署。会议强调，各地农业行政部门要加强对执法工作的组织领导，切实履行《条例》赋予的职责，落实保障措施，加强对重点环节的监管，加大惩处力度，确保执法工作有力、有序、有效。农业部科技教育司石燕泉副司长出席会议并讲话，各省共71名代表参加。

2. 落实《国家知识产权战略纲要》任务分工。为贯彻实施《国家知识产权战略纲要》精神，落实国务院办公厅《关于印发实施国家知识产权战略纲要任务分工的通知》中农业部的职责和任务，农业部科技教育司商有关司局，起草了落实《纲要》有关重要举措的实施方案，提出落实措施，明确各相关司局的职责任务。2月22日，农业部危朝安副部长批准实施该方案。3月5日，办公厅将该方案印发相关司局执行。

3. 召开“2009年植物新品种测试工作会议”。2009年3月10～12日，农业部在西安召开2009年植物新品种测试工作会议。农业部科技教育司、农业部科技发展中心（农业部植物新品种DUS测试中心）及14个DUS测试分中心、中国农科院果树所、中国农科院郑州果树所、西北农林科技大学等单位的52名代表参会。西北农林科技大学张雅林副校长致欢迎词，农业部科技教育司转基因生物安全与知识产权处邹萍处长、农业部科技发展中心刘平副主任出席了会议并讲话。会议听取了农业部植物新品种测试中心及14个分中心2008年度工作和基本建设情况的汇报，分析了测试工作中的存在的问题，交流了测试指南研制和已知品种数据库建设进展，并对2009年测试工作进行了部署。刘平副主任代表农业部植物新品种保护办公室通报了测试分中心评估情况，并针对分中心在机构与人员、试验场所、仪器设备、测试工作与研究、管理制度五个方面存在的不足提出了具体改进意见。会议期间，代表们还参观考察了农业部植物新品种测试（杨凌）分中心试验基地和办公实验场所。

4. 承办“国际植物新品种保护联盟（UPOV）蔬菜技术工作组第43届会议”。2009年4月20～24日，由中国农业部承办的国际植物新品种保护联盟（UPOV）蔬菜技术工作组第43届会议在北京召开，来自17个UPOV成员国、1个国际组织的47名外国代表和近20名中国代表参加了会议。会上，各成员国通报了植物新品种保护的进展情况，并讨论修改了UPOV有关技术文件和蔬菜作物国际测试指南。

5. 召开“东亚植物新品种保护论坛第二次会议”和“植物品种保护国际研讨会”。2009年4月22～23日，作为东亚植物新品种保护论坛秘书处轮值国，中国农业部、国家林业局和国家知识产权局在北京联合举办了东亚植物新品种保护论坛第二次会议和植物新品种保护国际研讨会。东亚论坛12个成员国（除文莱外）的政府代表参加了东亚论坛第二次会议。另外，应会议邀请，来自国际植物新品种保护联盟（UPOV）秘书处、澳大利亚、欧盟、荷兰和美国的特邀嘉宾列席了此次会议。会议回顾了论坛第一次会议取得的成果，总结了成员国和第一届秘书处在过去一年里所开展的工作和合作活动，对《论坛运行指南》中有关秘书处的规定进行了修改完善，各成员国代表报告了各国植物新品种保护情况。中国农业部副部长张桃林出席会议并致辞，他表示，中国作为国际植物新品种保护联盟的成员，愿意继续与各国一道，不断完善植物新品种保护制度，促进世界农业发展和人类文明不断进步。国际研讨会议主题为：“加强植物新品种保护合作，促进共同发展”。来自东亚论坛12个成员国（除文莱外）、澳大利亚、荷兰、美国及国际植物新品种保护联盟（UPOV）和欧盟植物品种办公室（CPVO）等机构的嘉宾代表约90人参加了本次国际研讨会并就“植物品种权保护系统和实践”和“农业贸易和植物新品种保护”等专题进行了研讨交流。

6. 召开“中国实施《植物新品种保护条例》暨加入国际植物新品种保护联盟十周年纪念大会”。 2009年4月23日，农业部、国家林业局、国家知识产权局在北京友谊宾馆联合举办了中国实施《植物新品种保护条例》和加入国际植物新品种保护联盟十周年纪念大会。国家知识产权局田力普局长、农业部张桃林副部长、国家林业局总工程师卓榕生、最高人民法院知识产权庭庭长孔祥俊等领导出席会议并讲话，国际植物新品种保护联盟(UPOV)副秘书长沃尔夫·爵顿先生到会致辞，中国代表及会议特邀柬埔寨、印度尼西亚、老挝、马来西亚、缅甸、菲律宾、新加坡、泰国、越南、日本、韩国、澳大利亚、荷兰、美国等国和国际植物新品种保护联盟(UPOV)、欧盟植物品种办公室(CPVO)等组织的嘉宾共200多人参会。会议对为中国植物新品种保护事业做出贡献的30个先进集体和70名先进个人进行了表彰。

7. 召开“转基因生物安全与知识产权软科学研究会议”。 2009年5月19日，农业部科技教育司在北京组织召开“转基因生物安全与知识产权软科学研究会议”。来自中国农业科学院、农业部科技发展中心、江苏省农业科学院、南京农业大学、中国政法大学、湖南省农业厅和农业部科技教育司等单位的17名转基因生物安全和植物新品种保护课题负责人和相关人员参加了会议。会议听取了课题负责人的研究进展，对课题研究进行了讨论，进一步明确了具体分工、研究内容和进度安排。

8. 举办“植物新品种保护国际培训班”。 2009年6月7～13日，农业部在广州举办植物新品种保护国际培训班，农业部科技发展中心和华南农业大学具体承办。文莱、柬埔寨、印度尼西亚、老挝、马来西亚、缅甸、泰国、越南等国家从事植物新品种保护或品种管理的8名学员和农业部植物新品种测试分中心从事水稻新品种测试的8名测试人员共16名学员参加了培训。该培训班是东亚植物新品种保护论坛框架下的活动，是中国作为东亚植物新品种保护论坛2009年轮值秘书处开展的国际合作活动之一。

9. 组织开展转基因生物安全和品种权执法工作专项监督检查。 为加强转基因生物安全和植物新品种权执法工作，2009年6～7月期间，农业部科技教育司组织了四个执法检查组赴全国各地就转基因生物安全和品种权执法工作进行专项监督检查。其中，6月15～19日赴甘肃、陕西、江西、湖南4省进行了监督检查，7月13～18日赴湖北、河南、云南、四川4省进行了监督检查。

10. 派员参加“第二届植物新品种测试指南和DUS测试合作协调研讨会”。 2009年8月17～19日，日本农林水产省和泰国农业部在泰国曼谷联合举办了第二届植物新品种测试指南和DUS测试合作协调研讨会。东亚植物新品种保护论坛成员国以及澳大利亚等国代表参加了会议，中国农业部科技教育司派员参加了会议。各国交流和分享了实施DUS测试时遇到的问题和解决方案；日本、澳大利亚等国介绍了采取育种者测试的操作方法；有关牵头研制相关指南的国家汇报了水稻、辣椒、万年青等区域测试指南的研制进展；会议还讨论了研制新的区域指南。

11. 派员参加“UPOV第38届大田作物技术工作组会议”和“植物新品种保护影响国际研讨会”。 2009年8月28日至9月5日，“UPOV第38届大田作物技术工作组会议”和“植物新品种保护影响国际研讨会”在韩国首尔召开。25个UPOV成员的60余位代表参加了会议，中国农业部派了审查员和专家共3人参加会议。UPOV副秘书长沃尔夫·爵顿在研讨会上表示，中国通过采取一系列措施，特别是卓有成效的宣传培训工作，推动了植物新品种保护的蓬勃发展，促进了中国农业林业的快速进步。我方人员在大田作物技术工作组会议上报告了我国承担的UPOV“谷子DUS测试指南”研制进展情况，并在国际研讨会上做了“植物新品种保护在中国的影响”的报告。与会代表和UPOV官员充分肯定了我国在谷子DUS测试指南方面所做的工作。

12. 召开“植物新品种测试指南标准审定会”。 2009年9月8～12日，国家植物新品种测试标准化技术委员会组织专家在北京召开了植物新品种测试指南标准审定会。会议对豌豆、蚕豆、绿豆、菜豆新品种测试指南标准进行了审定。会后将继续组织指南研制人员按照会议的审定意见对指南进行修改完善。

13. 召开“《农业知识产权战略纲要》征求意见座谈会”。 2009年9月10日，农业部科技教育司组织有关部门人员和专家在北京召开了《农业知识产权战略纲要》征求意见座谈会。与会代表对纲要的结构、范围、定位、重点内容和具体的定义、分类及文字等提出了建议和意见。科技教育司综合考虑与会代表意见对纲要作了进一步修改完善。

14. 召开“农业植物品种保护名录论证会议”。 2009年9月23日，农业部科技教育司组织有关专家在北京召开了“农业植物品种保护名录论证会议”，对2010年上海世界博览会组织委员会建议列入名录的凤仙花属、芦荟属和百岁兰属进行了论证。经论证，专家建议将凤仙花属的非洲凤仙花、凤仙花和新几内亚凤仙花这三个种列入名录，芦荟属和百岁兰属不列入名录。该论证意见通过农业部常务会议审议通过后，非洲凤仙花、凤仙花和新几内亚凤仙花将被列入第八批名录并于2010年公布实施。

15. 举办“第三届全国农业知识产权论坛”。 2009年10月20日，农业部科技教育司在北京组织举办了“第三届全国农业知识产权论坛”。有关农业知识产权研究专家、中国农业科技管理研究会植物品种权专业委员会会员和农业知识产权论坛征文作者共47名代表参加了论坛。与会代表围绕“农业知识产权与农业发展”这一主题，从农业专利、品种权、地理标志等农业知识产权的制度、战略策略、农业知识产权保护与农业科技进步及农业发展等方面，进行了深入交流讨论，为提升我国农业知识产权保护水平建言献策。论坛最后还宣布了征文评选结果并向获奖作者颁发了优秀论文证书。

16. 举办“中德植物新品种保护研讨会”。 2009年10月21日，中国农业部与德国农业部联合在北京举办了“中德植物新品种保护研讨会”，中国农业科学院农业知识产权研究中心承办。德国农业部、德国植物育种者协会和企业从事植物新品种保护工作的人员，中国从事植物新品种保护工作的行政管理人员、企业代表、有关农业知识产权研究专家共116名代表参加了研讨会。中国农业部科技教育司石燕泉副司长和德国农业部Ferdinand Schmitz女士、德国植物新品种保护办公室主任Udo von Kröcher先生出席研讨会并致辞。会议研讨了中德植物新品种保护制度、在植物新品种的司法保护、行政保护及品种权实施许可方面的做法、经验和相关制度比较，加深了双方互相了解，为推动双方下一步的合作奠定了良好基础。

17. 印发《植物新品种保护项目管理暂行办法》。 2009年11月18日，农业部印发了《植物新品种保护项目管理暂行办法》，加强植物新品种保护项目的管理，促进项目管理规范化，提高项目资金使用效益。

18. 启动“DUS测试品种信息DNA测试技术研究”行业科研专项经费项目。 在国家有关部门的大力支持下，2009年11月26日，“DUS测试品种信息DNA测试技术研究”行业科研专项经费项目启动会在北京召开，本项目五年投资近3000万元。会议由项目首席专家农业部科技发展中心刘平副主任主持，农业部科技教育司石燕泉副司长和农业部科技发展中心段武德主任出席了会议，项目主持单位和14个协作单位的有关人员共65人参加了会议。会议要求通过项目的实施能解决我国植物新品种保护工作中遇到的实际困难和问题；要求在项目的实施过程中，一要高度认识执行项目的重要性，二要严格遵守行业科技项目管理办法，三要遵守财务纪律，专款专用，四要探索项目内部执行管理的新机制，保证项目正常运行，五要加强协作，争取取得突破性成果。会议对项目任务进行了分解，并与14家协作单位签订了项目任务书。会议还讨论了项目管理规定，学习了《公益性行业科研专项经费项目管理试行办法》。

19. 举办“农业转基因生物安全监管和植物新品种保护科技执法培训班”。 为了加强农业知识产权执法保护力度，促进农业转基因生物安全的管理工作，农业部管理干部学院于2009年11月26日至12月1日在广西南宁举办了“农业转基因生物安全监管和植物新品种保护科技执法培训班”。农业部管理干部学院闫石副院长出席开班式并讲话，农业部科技教育司派员出席开班式并作专题讲座。各省农业行政主管部门人员、种子管理站和技术推广中心人员、农业行政执法人员、种子企业的代表、农业科研院所和高校代表80余人参加了本期培训班。培训班根据科技执法实际安排了农业植物新品种行政保护、农业植物新品种司法保护、农业转基因生物技术研发与安全管理、农业植物新品种执法实务和农业科技执法行政处罚程序及文书制作等五个专题讲座，还对我国植物新品种保护和农业转基因生物安全管理实践中存在的问题进行了专门研讨。

20. 举办“农业植物新品种测试指南研制培训班”。2009年11月27～28日，农业部科技发展中心在北京举办了“农业植物新品种测试指南研制培训班”，承担“DUS测试品种信息DNA测试技术研究”行业科研专项经费项目中80种植物测试指南研制任务的研究人员共100人参加了培训。有关专家分别讲解了我国植物新品种保护的基本知识、测试指南研制现状、测试指南研制技术以及测试指南研制的常见问题等内容。培训班的举办为做好这一批测试指南研制工作奠定了良好基础。

21. 举办“西藏自治区植物新品种保护培训班”。2009年12月20～21日，由农业部科技发展中心主办、西藏自治区农牧科学院承办的西藏自治区农业植物新品种保护培训班在拉萨市举办。西藏自治区农科院各研究所、西藏大学农牧学院、职业学院、各地区农科所、种子站、种子企业等单位的育种专家、育种技术人员及科技工作者共70余人参加了此次培训。培训内容包括：全国植物新品种保护工作的概况，国际植物新品种保护的发展和我国植物新品种保护体系，植物新品种权申请实务的内容。本次培训班提高了学员对植物新品种保护工作的认识，增强了育种工作者的自主知识产权保护意识，为促进西藏自治区农业植物新品种保护工作的开展起到了良好作用。

22. 召开“实施国家知识产权战略纲要(农业部分)总结会”。2009年12月23日，农业部在北京召开“实施国家知识产权战略纲要(农业部分)总结会”。农业部科技教育司石燕泉副司长、国家知识产权局国际合作司吴凯副司长、国家林业局科技发展中心于建亚常务副主任和农业部科技发展中心段武德主任等领导出席了会议，承担农业知识产权工作的相关同志参加了会议。石燕泉副司长主持会议，会议全面总结了2009年度农业知识产权工作并部署了2010年农业知识产权工作。

23. 印发《农业知识产权战略纲要》。为贯彻实施国家知识产权战略，提升我国农业知识产权创造、运用、保护和管理能力，强化对现代农业发展的技术支撑，12月31日，农业部制定并印发了《农业知识产权战略纲要》，确定了完善制度、培育主体、改善环境、强化服务等四个战略重点，植物新品种、农产品地理标志、农业生物遗传资源、其他涉农知识产权等四项专项任务。实施农业知识产权战略，大力提升农业知识产权创造、运用、保护和管理能力，迅速增强我国农业科技自主创新能力和核心竞争力，对转变农业发展方式、突破资源环境约束、加快现代农业建设具有十分重要的意义。

（农业部科技教育司）

国家林业局

1. 国家林业局派员参加UPOV系列会议。2009年3月30日～4月3日，国际植物新品种保护联盟(UPOV)第45次技术委员会会议、第59次行政和法律委员会会议、第77次顾问委员会会议以及第26届理事会特别会议在瑞士日内瓦召开。国家林业局派员参加了会议。

2. 我国举办东亚植物新品种保护论坛第二次会议和植物新品种保护国际研讨会。2009年4月22日，为推动东亚各国植物新品种保护的发展，国家林业局会同有关部门于4月22日在北京承办了2009年东亚论坛第二次会议，同时举办了国际新品种保护研讨会。来自日本、韩国、新加坡、泰国等东亚国家的政府代表，UPOV秘书处及其他UPOV成员国的代表，国内行政管理部门、研究机构和育种企业的相关人员共计70多人参加了会议。东亚植物新品种保护论坛和国际研讨会的成功举办，进一步交流了东亚各国植物新品种保护的技术和管理经验，密切沟通了东亚各国在植物新品种保护方面的联系。

3. 中国举办加入国际植物新品种保护联盟(UPOV)十周年活动。2009年4月23日是我国加入《国际植物新品种保护公约》(UPOV公约)十周年纪念日。国家林业局与农业部、国家知识产权局共同在北京友谊宾馆举办了中国加入《国际植物新品种保护公约十周年》庆祝活动。会议总结了我国开展植物新品种保护工作十年来取得的进步和成功经验，表彰了为我国植物新品种保护事业做出突出贡献的先进集体和个人，其中林业系统有7个先进集体、22名先进个人受到表彰。来自UPOV秘书处及其他有关UPOV成员国的代表，国内行政管理部门、研究机构和育种企业的相关人员，国内相关新闻媒体记者共计200多人参加了会议。

4. 紫薇等7个植物新品种特异性、一致性、稳定性(DUS)测试指南技术标准出版发布。2009年9月，国家林业局组织编制的紫薇、榆叶梅、丁香属、一品红、板栗、杜鹃花属的两个亚属共7个DUS测试指南林业行业标准正式出版发布。这是国家林业局第一批发布的植物新品种DUS测试指南技术标准。

5. 国家林业局派员参加UPOV－TWO第42次会议。2009年9月14～18日，UPOV林木及观赏植物技术工作组(TWO)第42次会议在法国昂热召开。UPOV办公室、16个成员国及欧盟新品种保护办公室的49名代表参加会议，国家林业局派员出席。我国专家牵头制定的UPOV牡丹、山茶花植物新品种DUS测试指南在会上进行了讨论。

6. 国家林业局派员参加10月UPOV系列会议。2009年10月19～22日，国际植物新品种保护联盟(UPOV)第60次行政和法律委员会会议、第78次顾问委员会会议以及第43届理事会在瑞士日内瓦召开。国家林业局派员参加了会议。

7. 国家林业局植物新品种月季测试站正式挂牌并开展测试工作。2009年11月14日，国家林业局月季测试站在昆明揭牌，这是第一家正式启动运行的国家林业局植物新品种特异性、一致性、稳定性(DUS)专业测试站。云南丽都花卉发展有限公司培育的出水芙蓉等七个月季新品种成为第一批DUS测试对象。

8. 国家林业局2009年授予55件植物新品种权。根据法律法规规定，按照植物新品种审批程序，经审查合格，国家林业局2009年12月31日授予55件林业植物新品种权。截至2009年底，林业植物新品种权授权总数达到294件。

（国家林业局植物新品种保护办公室　黄发吉）

最高人民法院

1. 建立健全驰名商标司法保护制度。1月5日，最高人民法院发出《关于涉及驰名商标认定的民事纠纷案件管辖问题的通知》，即日起，涉及驰名商标认定的民事纠纷案件，由省、自治区人民政府所在地的市、计划单列市中级人民法院以及直辖市辖区内的中级人民法院管辖，其他中级人民法院管辖此类案件，需报经最高人民法院批准。同日，最高人民法院还发出《关于进一步建立健全驰名商标司法保护制度有关问题的通知》。

2. 主办知识产权审判如何应对金融危机对实体经济的冲击暨服务外包法律论坛。1月8日，由最高人民法院知识产权审判庭和苏州市中级人民法院主办、苏州工业园区人民法院承办的知识产权审判如何应对金融危机对实体经济的冲击暨服务外包法律论坛在苏州召开，来自地方法院和有关中央国家机关的代表以及部分知识产权专家学者共80余人参加了会议。

3. 中国知识产权司法保护(苏州)调研基地挂牌。1月8日，中国知识产权司法保护(苏州)调研基地挂牌仪式在苏州隆重举行，开始正式对外开展工作。该调研基地是经最高人民法院批准成立的，是第一家依托地方法院成立的全国性知识产权司法保护调研基地。

4. 开展涉及驰名商标认定民事案件评查活动。2月23日，最高人民法院发出《关于开展涉及驰名商标认定民事案件评查活动等问题的通知》。

5. 落实国家知识产权战略纲要各项任务分工。2月25日，最高人民法院发出《关于印发实施国家知识产权战略纲要任务分工的通知》，对《国家知识产权战略纲要》确定的涉及人民法院的各项任务作出具体分工。

6. 表彰全国优秀女法官。2月26日，最高人民法院作出《关于表彰全国优秀女法官的决定》，湖北省武汉市中级人民法院知识产权和国际贸易纠纷审判庭庭长李艺虹和江苏省镇江市中级人民法院民事审判第三庭审判员朱宝华被授予“全国优秀女法官”荣誉称号。

7. 探索设置统一受理知识产权案件的综合审判庭。3月17日，最高人民法院向各高级人民法院印发了《人民法院第三个五年改革纲要（2009—2013）》，其中明确提出，“建立健全符合知识产权案件特点的审判体制和工作机制，在直辖市和知识产权案件较多的大中城市，探索设置统一受理知识产权案件的综合审判庭”。

8. 对贯彻实施国家知识产权战略作出全面部署和要求。3月23日，最高人民法院向各高级人民法院印发了《〈最高人民法院关于贯彻实施国家知识产权战略若干问题的意见〉的通知》，对人民法院贯彻实施国家知识产权战略作出全面部署和要求，共计36条具体意见。

9. 专题调研统一专利商标授权确权案件审理分工问题。3月24～25日，最高人民法院贯彻实施《国家知识产权战略纲要》工作领导小组办公室到北京市第一中级人民法院和北京市各级人民法院专题调研统一专利商标授权确权案件审理分工问题。

10. 召开“商标授权确权案件审判工作座谈会”。3月30日，最高人民法院知识产权审判庭在北京组织召开了“商标授权确权案件审判工作座谈会”，对商标授权确权纠纷案件中若干法律适用问题进行了座谈，来自北京一中院、北京二中院、北京高院近25名知识产权法官参加了座谈。

11. 广东高院知识产权庭成立15周年。4月9～10日，广东省高级人民法院举办国家知识产权战略架构下的司法保护论坛暨广东高院知识产权庭成立15周年纪念。

12. 正泰集团股份有限公司与施耐德电器低压（天津）公司达成全球和解协议。4月15日，曾被浙江省温州市中级人民法院一审判决侵权赔偿额高达3.3亿余元的正泰集团股份有限公司诉施耐德电器低压（天津）公司“一种高分断小型断路器”实用新型专利侵权案，在浙江省高级人民法院知识产权庭法官主持下，施耐德电器低压（天津）公司及其母公司法国施耐德公司与正泰集团基于本案达成全球和解协议，施耐德向正泰支付1.575亿元补偿金。本案创下国内知识产权侵权案件最高补偿数额，通过调解结案，不仅解决了双方长期存在的多国知识产权争议，为双方创造了良性竞争的市场环境，为国内企业提供了丰富的涉外诉讼经验，也有助于纠正一些境外媒体对中国法院地方保护主义的偏见，并为双边关系的改善起到了积极作用。

13. 上海市高、中级人民法院知识产权审判庭成立15周年。4月16日，上海市高级人民法院召开纪念上海市高、中级人民法院知识产权审判庭成立15周年大会暨“知识产权司法保护前沿论坛”。

14. 到上海市和重庆市进行专题调研。4月16～19日，最高人民法院贯彻实施《国家知识产权战略纲要》工作领导小组办公室到上海市和重庆市专题调研由知识产权庭统一审理知识产权民事、行政和刑事案件问题。

15. 商标权保护与商标法修改研讨会在重庆召开。4月18～19日，中国法学会审判理论研究会知识产权审判理论专业委员会与西南政法大学在重庆联合举办“商标权保护与商标法修改研讨会”。

16. 知识产权审判研究（沙坪坝）基地挂牌。4月19日，中国法学会审判理论研究会知识产权专业委员会在全国基层法院中设立的首个研究机构——知识产权审判研究（沙坪坝）基地在重庆市沙坪坝区人民法院挂牌成立。

17. 召开“优化自主创新司法环境”新闻发布会。4月20日，最高人民法院召开新闻发布会，奚晓明副院长就全国法院开展知识产权审判“优化自主创新司法环境”年度主题活动作专题新闻发布，知识产权庭负责人就2009年全国知识产权宣传周期间最高人民法院自身的有关活动安排介绍情况，并回答记者提问。

18. 发布2008年中国知识产权司法保护10大案件和50件典型案件。4月21日，最高人民法院发布2008年中国知识产权司法保护10大案件和50件典型案件。10大案件是：保时捷股份公司诉北京泰赫雅特汽车销售服务有限公司侵犯著作财产权纠纷上诉案；黄自修诉南宁市艺术剧院侵犯著作权纠纷上诉案；雷茨饭店有限公司诉上海黄浦丽池休闲健身有限公司侵犯商标专用权纠纷上诉案；河南省正龙食品有限公司诉四川白家食品有限公司、河南省四邻百货有限公司侵犯商标专用权纠纷上诉案；江苏拜特进出口贸易有限公司、江苏省淮安市康拜特地毯有限公司诉许赞有与知识产权有关的损害赔偿纠纷上诉案；合肥新强种业科技有限公司诉安徽省创富种业有限公司侵犯植物新品种权纠纷案;杭州都快网络传媒有限公司诉王林阳侵犯计算机网络域名纠纷上诉案;济宁无压锅炉厂诉国家知识产权局专利复审委员会、第三人舒学章发明专利无效纠纷提审案;霞浦县华丰机械工业有限公司、曾凤熙假冒注册商标案;徐楚风、姜海宇侵犯著作权案。

19. 首次发布知识产权案件年度报告。4月22日,最高人民法院首次发布《最高人民法院知识产权案件年度报告(2008)》,集中公开了最高人民法院知识产权庭2008年度审结的23件知识产权典型案件的判理摘要。

20. 公告审理涉及驰名商标保护的民事纠纷案件应用法律若干问题的解释。4月23日,最高人民法院公告《最高人民法院关于审理涉及驰名商标保护的民事纠纷案件应用法律若干问题的解释》,自2009年5月1日起施行。

21. 明确和完善了一系列新形势下的知识产权司法政策。4月24日,最高人民法院对外公布了《关于当前经济形势下知识产权审判服务大局若干问题的意见》,对国际金融危机背景下知识产权审判工作如何更好地服务于"保增长、保民生、保稳定"的工作大局提出了一系列要求,明确和完善了一系列新形势下的知识产权司法政策。

22. 有关负责人就审理涉及驰名商标保护的问题答记者问。4月26日,最高人民法院知识产权庭负责人就《最高人民法院关于审理涉及驰名商标保护的民事纠纷案件应用法律若干问题的解释》答记者问。

23. 到湖北省专题调研统一审理案件问题。4月27～29日,最高人民法院贯彻实施《国家知识产权战略纲要》工作领导小组办公室到湖北省专题调研由知识产权庭统一审理知识产权民事、行政和刑事案件问题。

24. 举办"互联网著作权司法保护研讨会"。4月28～29日,最高人民法院知识产权庭与华东政法大学知识产权学院和知识产权中心、中欧知识产权保护项目(二期)在上海联合举办"互联网著作权司法保护研讨会",来自各地、各界的知识产权法官、学者、律师和法学院学生70余人参加会议。

25. 召开欧盟竞争法民事诉讼问题座谈会。5月14日,最高人民法院知识产权庭与欧盟委员会竞争总司在京召开欧盟竞争法民事诉讼问题座谈会。

26. 召开专利侵权判定标准司法解释座谈会。5月21～22日,最高人民法院知识产权庭在福州召开专利侵权判定标准司法解释座谈会。

27. 授权确权类知识产权行政案件审理分工明确。6月26日,最高人民法院印发了《关于专利、商标等授权确权类知识产权行政案件审理分工的规定》的通知,决定自2009年7月1日起,专利、商标等授权确权类知识产权行政案件统一由北京市有关中级人民法院、北京市高级人民法院和最高人民法院知识产权审判庭审理。

28. 召开反垄断民事诉讼课题研讨会。7月9～10日,最高人民法院在内蒙古呼伦贝尔市召开反垄断民事诉讼课题研讨会暨司法解释座谈会,来自各高级法院、部分中级法院的知识产权法官和中央有关部门的官员以及反垄断法学专家等105人参加。

29. 首家基层法院知识产权司法保护网站开通。7月30日,全国首家基层法院知识产权司法保护网站——上海浦东知识产权司法保护网(www.pdiprlaw.org.cn)正式开通。

30. 首次通过法院网络专线进行跨省远程视频审判。8月3日,贵州省遵义市中级人民法院采用远程开庭方式审理崔某诉遵义市汇川区某中学侵犯著作权纠纷案,这是人民法院首次通过法院网络专线进行跨省远程视频审判。

31. 孔祥俊和吕国强入选全球50位知识产权界最具影响人物。8月,英国《知识产权管理》杂志刊出了《2009年全球50位知识产权界最具影响人物目录》,时任最高人民法院知识产权审判庭副庭长孔祥俊和原上海市第二中级人民法院副院长吕国强等六名中国人入选。

32. 加强音像制品著作权侵权赔偿问题调研。8月17日,最高人民法院知识产权审判庭向各高级人民法院知识产权审判庭发出《关于加强音像制品著作权侵权赔偿问题调研的通知》,要求各地法院针对近两年来本地区审理的涉及音像制品侵权赔偿案件的情况、经验和问题进行总结,以确保执法的统一。

33. 举办知识产权审判新问题研修班。8月24～28日,全国法院知识产权审判新问题研修班在国家法官学院举办,来自全国法院的240名知识产权法官参加。

34. 孔祥俊任知识产权审判庭庭长。8月27日，十一届全国人大常委会第十次会议任命孔祥俊为最高人民法院民事审判第三庭（即知识产权审判庭）庭长。

35. 反垄断法民事诉讼国际研讨会在上海召开。9月4～5日，由华东政法大学和联合国贸发会议竞争法与消费者政策署联合举办的反垄断法民事诉讼国际研讨会在上海召开，来自最高人民法院和13个省市的高、中级人民法院的50多名法官参加。

36. 主办2009年知识产权司法保护国际研讨会。9月9～11日，由最高人民法院知识产权审判庭主办的2009年知识产权司法保护国际研讨会在四川省成都市召开，最高人民法院副院长万鄂湘出席并发表主题讲话，来自印度、英国、美国、德国、日本以及我国台湾地区的代表和我国各高级人民法院的知识产权法官、企业界代表共100多人参加。会议就知识产权司法保护制度、专利司法保护、专利和标准与反垄断、互联网领域的著作权保护等议题进行了深入研讨。

37. 考察欧盟和有关成员国的反垄断立法和司法制度。9月17～29日，最高人民法院组织的"欧盟竞争法考察团"出访英、比、德、卢四国，分别就欧盟和有关成员国的反垄断立法和司法制度进行了考察。

38. 学习贯彻修改后的专利法。9月27日，最高人民法院发出《关于学习贯彻修改后的专利法的通知》。

39. 音像制品侵权赔偿问题研讨会在苏州举行。10月9～11日，由中国知识产权司法保护（苏州）调研基地和中国法学会知识产权法研究会知识产权法律应用专业委员会联合主办的音像制品侵权赔偿问题研讨会在苏州市虎丘区人民法院召开。

40. 委托中国互联网协会调解中心调解北京法院受理的涉及互联网纠纷案件。11月3日，在2009年互联网大会上，北京市高级人民法院与中国互联网协会签署协议，委托中国互联网协会调解中心调解北京法院受理的涉及互联网纠纷案件，共建互联网调解网络。其基本做法是，法院受理案件后，经向双方当事人说明并得到同意，可委托调解机构调解；若达成调解，当事人可以在订立和解协议后向法院申请撤诉或向法院申请要求出具民事调解书。

41. 授予45名同志"全国审判业务专家"称号。11月17日，最高人民法院作出《关于授予孔祥俊等45名同志"全国审判业务专家"称号的决定》，最高人民法院知识产权庭庭长孔祥俊、北京市海淀区人民法院知识产权庭庭长宋鱼水、山西省高级人民法院知识产权庭副庭长邓一峰、上海市第二中级人民法院原副院长吕国强、浙江省高级人民法院副院长童兆洪、重庆市高级人民法院审判委员会专职委员孙海龙等6名知识产权法官被授予"全国审判业务专家"称号。

42. 专利侵权抗辩事由课题研讨会在北京举行。11月30日，北京市第一中级人民法院在中国知识产权培训中心召开"专利侵权抗辩事由课题研讨会"。

43. 珠海市中级人民法院高新区知识产权审判庭成立。12月8日，广东省珠海市中级人民法院高新区知识产权审判庭成立，这是全国首个专门的知识产权派出法庭，负责珠海市范围内的民事、行政和刑事一审知识产权案件的审理工作。

44. 发挥司法能动性促动商业特许经营行业良性发展研讨会在北京举行。12月10日，北京市东城区人民法院召开"发挥司法能动性促动商业特许经营行业良性发展研讨会"。

45. 武汉晶源环境工程有限公司发明专利权被侵犯获得赔偿5061.24万元。12月21日，最高人民法院对上诉人武汉晶源环境工程有限公司与上诉人日本富士化水工业株式会社、上诉人华阳电业有限公司侵犯发明专利权纠纷一案作出终审判决，判令日本富士化水工业株式会社和华阳电业有限公司共同赔偿武汉晶源环境工程有限公司经济损失人民币5061.24万元。这是目前最高人民法院判决赔偿额最高的一起知识产权案件。

46. 北京市第二中级人民法院建立"三人技术组、五人合议庭"。12月22日，《人民法院报》头版头条报道了北京市第二中级人民法院建立知识产权审判"三人技术组、五人合议庭"，将技术与非技术问题分开审理，大幅提高涉及复杂专业技术问题知识产权案件审判质效的做法。

47. 天津市和平区人民法院知识产权审判庭正式成立。12月24日，天津市和平区人民法院知识产权审判庭正式挂牌成立，该庭跨区管辖发生在天津市和平区、南开区、河北区、红桥区辖区内的一般知识产权民事案件和知识产权行政、刑事案件。

48. 公布审理侵犯专利权纠纷案件应用法律若干问题的解释。12月28日，《最高人民法院关于审理侵犯专利权纠纷案件应用法律若干问题的解释》公布，自2010年1月1日起施行。

（最高人民法院知识产权审判庭）

1. 技术创业中的知识产权论坛开讲

1月6日，由清华大学创业研究中心、中国发明协会、中国高科技产业发展促进会和清华科技园共同主办的技术创业中的知识产权论坛举行。与会专家纷纷表示，金融危机已经影响整个IT产业和实体经济，为有效抗击金融风暴，国内企业应加大对自主知识产权创新、研发的投入。

（刘　仁）

2. 商务部提高反垄断执法透明度

为提高反垄断执法的透明度，给有关经营者提供相关市场界定的指导，商务部组织制定了《关于相关市场界定的指南(草案)》，于1月7～31日在网上征求各方意见。

根据该草案，任何竞争行为(包括具有或可能具有限制或排除竞争效果的行为)均发生在一定的市场范围内，界定相关市场是明确经营者竞争的市场范围的过程。因此，相关市场的界定是对竞争行为进行分析的前提，是反垄断执法工作的重要步骤。该草案共有4章，包括指南的目的和依据、界定相关市场的作用等11个方面的内容。

（钟　和）

3. 中国手机通信正式进入3G时代

1月7日，工业和信息化部为中国移动、中国电信和中国联通发放第三代移动通信(3G)牌照，这标志我国正式进入3G时代。其中，中国移动获TD－SCDMA牌照，中国联通获WCDMA牌照，中国电信获CDMA2000牌照。

TD－SCDMA是我国拥有自主知识产权的3G标准，并已成为国际标准。TD—SCDMA经过多年的技术试验、产品化试验、网络试验，以及2008年的预商用试验，全面验证了TD—SCDMA网络、终端以及业务各方面情况，具备了提供大规模商用化服务的能力，已经进入成熟阶段。此时，3G牌照的发放，将会产生明显的市场驱动作用，加速整个通信产业的发展。（刘　仁）

4. 中美知识产权执法合作获进展

1月8日，美国常务副国务卿约翰内格·罗蓬特在美国大使馆举行的新闻发布会上表示，中美两国在知识产权执法合作方面取得进展，双方应进一步加强知识产权领域的合作。

内格·罗蓬特表示，美国政府和商界都非常重视中美两国在知识产权领域开展合作。目前，中美在知识产权执法合作方面已经取得进展。今后两国可以在知识产权领域开展更广泛的合作。他充分肯定了中美两国在经济、政治领域建立的对话机制，相信中美合作还会继续，并在新的一年中为全球和平与繁荣作出更大的贡献。（刘　珊）

5. 我国企业软件正版化工作向纵深推进

1月8日，我国推进企业使用正版软件工作部际联席会议第三次全体会议召开。我国企业使用正版软件工作不断向纵深推进，在2007年完成1500家大型企业软件正版化基础上，2008年又完成了7600家。

2008年，工业和信息化部、商务部、国家版权局等9部门充分发挥部际联席会议机制的决策、指导和综合协调职能，扎实推进企业使用正版软件工作，取得了很大进展。据统计，各地版权行政管理部门继续开展针对非法预装计算机软件的专项治理行动，目前我国操作系统软件预装正版化率已达85%。（刘　超）

6. 2008年度国家科技奖励大会在京举行

1月9日，2008年度国家科技奖励大会在京举行，原始创新突出成为本年度获奖项目的一大亮点。

据介绍，国家技术发明奖和国家科技进步奖获奖项目取得发明专利840项，其中技术发明奖280项，科技进步奖560项；取得发明专利的获奖项目数量共计 140 项，其中技术发明奖 37 项，科技进步奖 103 项。值得一提的是，国家技术发明奖获奖项目“非硅 MEMS 技术及其应用”共取得 40 项发明专利，是取得发明专利最多的项目。

（曾　河）

7. 苏州确定知识产权未来发展目标

1 月 9 日，苏州市首次召开全市知识产权工作会议。会议全面部署了新一年知识产权工作的总体安排，确定按照《国家知识产权战略纲要》的目标体系和基本框架，结合苏州经济社会发展具体实际，在当前复杂的经济形势下，发挥地方特色优势，构筑苏州知识产权新高地，提升区域经济和外向型经济整体抗风险能力。国家知识产权局副局长张勤到会并做重要讲话，江苏省委常委、苏州市委书记王荣，市长阎立以及江苏省、苏州市有关领导与企事业单位 400 多人出席会议。

近年来，苏州市知识产权创造能力明显增强。2008 年，研发经费占 GDP 的比重达到 1.8%，全市专利申请量和授权量约为 4.5 万件和 1.75 万件，在全国各大中城市中名列第 2 位和第 3 位；其中，发明专利申请量和授权量分别为 4600 件和 650 件，均列全省第 2 位；PCT 专利申请 210 件，授权 98 件，名列全省第一位。（姚文平）

8. 知识产权战略实施工作部际联席会议第一次联络员全体会议召开

1 月 12 日，国家知识产权战略实施工作部际联席会议第一次联络员全体会议在京召开，来自国务院 28 个部委的代表出席会议。会议总结了 2008 年制定和实施国家知识产权战略的有关情况，并就《2009 年国家知识产权战略实施计划》展开讨论。

与会各部委代表均对《2009 年国家知识产权战略实施计划》提出了意见与建议。据悉，《2009 年国家知识产权战略实施计划》紧紧围绕《国家知识产权战略纲要》，谋划了 9 个方面工作任务，初步提出了约 200 条具体实施措施。（刘阳子）

9. 中共国家知识产权局党组扩大会议召开

1 月 15 日，中共国家知识产权局党组扩大会议在北京召开。中纪委委员、局党组书记、局长田力普做了题为“深入贯彻落实科学发展观，大力促进知识产权事业又好又快发展”的讲话。局领导张勤、李玉光、贺化、杨铁军、肖兴威出席会议。局机关各部门，专利局各部门，局属各直属单位、社会团体领导班子成员及有关同志参加了会议。

会上，国家知识产权局有关部门负责人分别就《专利法》第三次修改、知识产权战略实施工作、地方知识产权管理工作、国际合作工作、干部人事人才工作、专利审查工作、信息化工作等做了专题发言。（闫文锋　张海志）

10. 武汉市发布 2008 年知识产权十大新闻

1 月 15 日，湖北省武汉市知识产权工作领导小组办公室主任、武汉市知识产权局局长董宏伟向省、市十多家新闻媒体发布 2008 年知识产权十大新闻。

国家知识产权局与武汉市人民政府签署共建知识产权强市合作议定书；国家知识产权局武汉数据备份中心揭牌运行；武汉市委常委中心组、市领导干部集中学习贯彻《国家知识产权战略纲要》；全市年专利申请量突破万件，企业知识产权创造运用能力大幅提高；全市首评“著名商标”，市商标协会成立；探索建立了知识产权民事、刑事、行政案件“三审合一”的“武汉模式”等被评为十大新闻。（李卓端）

11. 国家知识产权局党组召开会议学习贯彻中纪委第三次全会精神

1 月 16 日，国家知识产权局党组在京召开会议，学习贯彻中共十七届纪律检查委员会第三次全体会议精神。党组书记、国家知识产权局局长田力普出席会议并讲话。

党组成员、中纪委派驻国家知识产权局纪检组组长肖兴威传达了中共中央总书记胡锦涛在会议上的重要讲话、中央纪律检查委员会书记贺国强所作的工作的报告。局领导张勤、李玉光、贺化、杨铁军出席会议。局机关各部门，专利局各部门，局属各直属单位、社会团体领导班子成员及有关同志参加了会议。（闫文锋　刘　仁）

12. 温家宝指出专利标准知识产权就是竞争力

1 月 27 日至 2 月 2 日，国务院总理温家宝在英国访问期间，参观了华为技术有限公司英国分公司，并听取了中资企业“走出去”情况汇报。

温家宝指出，要提高产品质量、服务水平，最终打出品牌。什么是竞争力？竞争力就是知识产权，是专利，是标准。他说，这次金融危机对中国的影响主要是实体经济，具体来说主要是工业、出口密集的地区、加工贸易和劳动密集型产业受到的影响最大。面对这一挑战，我们一要扩大内需；二要实施技术改造，看谁的质量高，谁的效益好，以人无我有、人有我优的产品站稳国际市场；三要解决产能过剩。解决这一问题的途径，一是企业兼并重组，结构调整；二是走出去，开辟国外市场。但是落后产能一定不能“走出去”，只有用先进的生产力才能占领市场。（钟　和）

13. 中国企业 PCT 专利申请首居全球首位

1月27日，世界知识产权组织（WIPO）在其网站上公布2008年全球专利申请情况时称，“华为技术有限公司，一个总部设在中国深圳的国际电信设备商，2008年提交了1737件PCT专利申请，超过了第二大PCT专利申请大户松下（日本）的1729件，和位居第三的皇家飞利浦电子有限公司（荷兰）的1551件”。

根据WIPO的历史数据，过去几年中，华为公司的PCT专利申请量和全球排名一直在稳步上升：2006年，华为公司的PCT专利申请量为575件，处于全球第13位；2007年，增长到1365件，跃居全球第4位。值得注意的是，在2008年排名前100强的全球专利申请企业中，中兴通讯首度进入“前50强”，以329件的申请量居全球第38位。（钟　和）

14. 2009年“中央一号文件”发布

2月1日，新华社受权发布题为《中共中央国务院关于2009年促进农业稳定发展农民持续增收的若干意见》的2009年“中央一号文件”，明确指出要强化农业知识产权保护，依法开展专利权、商标专用权等权利质押贷款。

文件指出，要强化现代农业物质支撑和服务体系，加快农业科技创新步伐。加大农业科技投入，多渠道筹集资金，建立农业科技创新基金，重点支持关键领域、重要产品、核心技术的科学研究。加快推进转基因生物新品种培育科技重大专项，整合科研资源，加大研发力度，尽快培育一批抗病虫、抗逆、高产、优质、高效的转基因新品种，并促进产业化。实施主要农作物强杂交优势技术研发重大项目。强化农业知识产权保护。支持龙头企业承担国家科技计划项目。加强和完善现代农业产业技术体系。要增强农村金融服务能力，积极扩大农村消费信贷市场，依法开展专利权、商标专用权等权利质押贷款。（新　华）

15. 中英两局于伦敦签署2009年双边合作框架协议

2月2日上午，中华人民共和国总理温家宝和英国首相戈登·布朗在伦敦举行了中英两国高层峰会。会谈后，中国国家知识产权局局长田力普与英国知识产权局局长伊恩·弗莱彻于英国伦敦首相府共同签署了两局《2009年双边合作行动框架协议》。

该框架协议是在2009年1月22日于北京举行的两局局长会谈所达成的共识基础上签署的。其内容涵盖专利交流与合作、促进和鼓励在两国理解和使用知识产权制度以及探讨进一步相互提供培训和发展合作的新举措，目的在于进一步深化两局之间的合作，鼓励两国企业开展创新活动。双方对该框架协议的签署表示高度赞赏，一致认为该框架协议对于中英知识产权局的合作具有里程碑意义，必将成为两局合作的新起点。

（王　颖）

16. 国家知识产权局召开机关纪委委员、党风廉政监督员学习会

2月2日，中纪委派驻国家知识产权局纪检组召开机关纪委委员、党风廉政监督员学习会，局党组成员、纪检组组长肖兴威出席会议并讲话。会上，纪检组副组长、监察办主任唐大立传达了胡锦涛总书记在十七届中央纪委第三次全会上的重要讲话和贺国强同志所作的工作报告。会上还传达了中央国家机关第二十一次纪检工作会议精神，通报了2008年国家知识产权局党风廉政建设和反腐败工作情况及2009年工作要点。

会上，与会人员进行了座谈。大家对2008年取得的成绩给予充分肯定，并就加大监督力度、防止奢侈浪费、提高行政效能、监控非正常专利申请、规范专利代理服务等提出了意见建议。

（郭笑月）

17. 我国专利部门将修订系列规章

2月4日在广东省珠海市召开的全国知识产权局局长会议上，国家知识产权局局长田力普表示，第三次修改后的《专利法》将于2009年10月1日起正式实施，国家知识产权局将进行系列部门规章的修订工作，制定侵权判定标准，在操作层面上保证《专利法》修改的重要条款得到进一步落实。

国家知识产权局将修订《专利审查指南》《专利行政执法办法》《专利代理条例》《专利实施强制许可办法》《许可合同备案管理办法》《质押合同登记管理办法》等部门规章。各地结合本地实际，着手启动各省区市的专利保护条例及相关法规的修订，以保障地方知识产权工作的进一步开展。传统知识、遗传资源和民间文艺较丰富的省份也在积极推进地方立法，为特定领域的优势资源提供知识产权法律保障。（魏小毛）

18. 田力普致信祝贺华为 2008 年 PCT 专利申请量居世界第一

在获悉华为技术有限公司 2008 年 PCT（专利申请量）名列世界第一的消息后，2 月 10 日，国家知识产权局局长田力普致信华为表示祝贺。田力普表示，这是我国企业界的一件幸事，更是中国知识产权界的一件喜事。华为的优异表现，为我国企业在国际上争得了荣誉，也为我国企业树立信心，勇敢迈出国门，依靠自主创新参与国际竞争树立了一个良好的典范。

田力普表示，PCT 申请量作为衡量国家技术地位的重要指标，它的数量多少直接影响着一国在该技术领域话语权的强弱。华为在这一专利竞赛中的胜出，提升了我国企业的国际形象，其影响力和象征意义已远超出了这一事件本身。同时，华为还以自身的努力证明，自主创新之路对中国企业同样充满了机遇，为中国企业转变发展观念、创新发展模式、提高发展质量，开辟了一条全新的道路。田力普希望，未来有更多的中国企业能够沿着华为的自主创新之路走向世界，走向成功。

（何　新）

19. 九部门联合发通知加强企业境外参展知识产权工作

2 月 10 日，国家知识产权局、外交部、工业和信息化部等九部门联合印发《关于加强企业境外参展知识产权工作的通知》，经国务院同意印发实施。

该通知从预防、援助和协助企业自我维权 3 个方面提出 10 项应对措施。通知指出，要引导企业加强境外参展知识产权管理，督促企业加强境外参展产品知识产权自我审核。加强与境外展会主办方的沟通和协调，深入了解展会主办国知识产权法律法规和展会执法情况，及时反映我国参展企业的要求。加大对知识产权滥用的对外交涉力度，研究制定符合我国实际的知识产权海外维权机制和争端解决机制。鼓励企业申请、注册和购买境外知识产权，从源头上减少或避免知识产权纠纷。（欧　尼）

20. 国务院通过船舶工业调整振兴规划

2 月 11 日，国务院总理温家宝主持召开国务院常务会议，审议并原则通过船舶工业调整振兴规划和《中华人民共和国抗旱条例（草案）》。

会议强调，加快船舶工业调整和振兴，必须采取积极的支持措施，稳定造船订单，化解经营风险，确保产业平稳较快发展；控制新增造船能力，推进产业结构调整，提高大型企业综合实力，形成新的竞争优势；加快自主创新，开发高技术高附加值船舶，发展海洋工程装备，培育新的经济增长点。要加强技术改造，提高自主创新能力，对散货船、油船、集装箱三大主流船型进行优化升级，提升高技术高附加值船舶设计开发能力，支持填补国内空白、节约环保效果显著及产能不能满足市场需求的船舶、海洋工程装备和配套产品研发。会议决定，鼓励金融机构加大船舶出口买方信贷资金投放；在新增中央投资中安排产业振兴和技术改造专项，支持高技术新型船舶、海洋工程装备及重点配套设备研发。（钟　和）

21. 上海世博会加大知识产权保护力度

2 月 11 日，国务院总理温家宝主持召开国务院常务会议，听取了 2010 年上海世界博览会筹办情况汇报。会议认为，要加快推进世博科技各项工作，加强最新科技成果在世博会建设、运营和展览展示中的应用，加大对参展者、组织者等的知识产权保护力度。

截至目前，上海世博会已经出台多项知识产权保护措施，打击知识产权侵权，实现对世博会全方位知识产权保护。（胡　嫚）

22. 国家知识产权局与江苏省签署创建实施知识产权战略示范省合作协议

2 月 15 日，《国家知识产权局、江苏省人民政府关于创建实施知识产权战略示范省的合作协议》签字仪式在南京举行，这是国家知识产权局签订的首个关于创建实施知识产权战略示范省的合作协议。国家知识产权局局长田力普和江苏省省长罗志军出席仪式并致辞。国家知识产权局副局长张勤和江苏省副省长曹卫星分别代表双方签署合作协议。

江苏省知识产权联席会议成员单位领导，南京、无锡、常州、苏州等市领导，以及江苏省知识产权局、江苏各地方知识产权局领导近 80 人出席会议。 （苏 知）

23. 江苏省出台知识产权战略纲要

2 月 15 日，江苏省政府召开新闻发布会，《江苏省知识产权战略纲要》已由省政府正式颁布实施，这是江苏省历史上第一个有关知识产权的纲要性文件。

该纲要要求，到 2020 年，知识产权意识深入人心，知识产权法治环境进一步完善，主要知识产权发展指标达到中等发达国家水平，知识产权制度对经济发展和社会进步的促进作用充分显现，成为创造、运用、保护和管理水平较高的知识产权强省。该纲要的颁布实施，是推进创新型省份建设的重要战略举措，标志着江苏知识产权事业进入新的历史阶段。该纲要由序言、指导思想和发展目标、重点任务及保障措施四个部分组成。

（苏 知）

24. 国务院通过电子信息产业调整振兴规划

2 月 17 日，国务院总理温家宝主持召开国务院常务会议，审议并原则通过电子信息产业振兴规划。

会议确定了今后 3 年电子信息产业的三大重点任务：一是完善产业体系，确保骨干产业稳定增长，着重增强计算机产业竞争力，加快电子元器件产品升级，推进视听产业数字化转型；二是立足自主创新，突破关键技术，着重建立自主可控的集成电路产业体系，突破新型显示产业发展瓶颈，提高软件产业自主发展能力；三是以应用带动发展，大力推动业务创新和服务模式创新，强化信息技术在经济社会各领域的运用，着重在通信设备、信息服务和信息技术应用等领域培育新的增长点。

（钟 和）

25.《哈尔滨市知识产权战略纲要》颁布

2 月 18 日，《哈尔滨市知识产权战略纲要》颁布，确定了哈尔滨市知识产权战略发展目标，指出了今后 5 年全市专利申请量年均增长率保持在 10%以上。

该纲要要求，今后 5 年，全市专利申请量年均增长率保持在 10%以上；专利结构进一步优化，发明专利申请占申请总量的比例稳定在 40%以上，职务专利申请占申请总量的 55%以上；申请国外专利有突破性进展。重点行业知名品牌龙头带动作用明显，注册商标年均增长率保持在 10%以上。版权自愿登记数量、计算机软件登记数量以及植物新品种的申请量大幅度提高，集成电路布图设计、企业设计水平和整体实力得到显著提升。形成一批拥有自主知识产权和知名品牌、市场竞争力较强的优势企业。 （任 媛）

26. 轻工业和石化产业调整振兴规划获通过

2 月 19 日，国务院常务会议审议并原则通过轻工业和石化产业调整振兴规划。会议提出，振兴轻工业，必须采取综合措施，努力扩大城乡市场需求，巩固和开拓国际市场；加快自主创新，推动结构调整和产业升级，走绿色生态、质量安全和循环经济的新型发展之路。

会议强调，振兴轻工业，一要积极扩大城乡消费，增加国内有效供给；二要加快技术进步，重点推进装备自主化和关键技术产业化，加快造纸、家电、塑料等行业的技术改造；三要强化食品安全；四要加强自主品牌建设，支持优势品牌企业跨地区兼并重组，提高产业集中度；五要加强产业政策引导，推动产业转移，培育发展轻工业特色区域和产业集群；六要加强企业管理，全面提高轻工产品质量。会议决定，对部分劳动密集型和技术含量高、节能环保的产品取消加工贸易限制。进一步提高部分轻工产品出口退税率。加大对中小轻工企业的财税和信贷支持。 （钟 和）

27. 华为公司致信感谢国家知识产权局

华为公司首席法务官、副总裁宋柳平 2 月中旬致信国家知识产权局局长田力普，对国家知识产权局长期以来给予的支持和帮助表示感谢。来信指出，多年以来，无论是在国内专利还是 PCT 专利方面，国家知识产权局都给予华为公司高度重视和鼎力帮助。华为公司取得的成绩，是与国家知识产权局领导的指导和审查员夜以继日的辛勤工作分不开的。

据来信介绍，持续进行专利的国际布局是华为公司应对全球竞争的一项基本战略，也是自身业务发展的内在需要。多年以来，华为公司一直在加大研发高价值专利方面的投入，建立了相应的组织保障。在专利布局上，坚持走两条路：一条是中国专利的持续积累，另一条是在中国专利的基础上实现国际布局。实践证明，中国专利是华为公司自主知识产权的基础和核心，是参与国际竞争的重要手段、主要优势。未来华为公司将继续坚持走以中国专利为基础，实现专利国际布局的路线。借助在中国占有知识产权的绝对优势平衡国际竞争，实现更大发展。（郭　志）

28. 贵州率先建立地理标志工作统筹协调机制

2月20日，贵州省人民政府出台《关于加强农特产品地理标志管理工作大力促进贵州农特经济发展的意见》，在全国率先建立了由知识产权管理部门牵头的地理标志工作统筹协调机制。

该意见指出，各级工商、质检、农业等主管部门要积极指导注册人或使用人规范使用、管理农特产品的地理标志专用标志。同时，加大查处力度，适时开展专项整治行动，切实保护注册人和农特产品生产者的合法权益。由贵州省知识产权局牵头，会同工商、质检、农业等部门，制定《贵州省农特产品地理标志保护建议名录》。（曹　平）

29. 京津沪渝签署知识产权合作框架协议

2月20日，京津沪渝四个直辖市知识产权主管部门在上海签署《京津沪渝知识产权联席会议2009年度项目合作框架协议》。

根据《协议》，四个直辖市将在专利行政执法协作、知识产权信息平台、知识产权专家库、软课题研究和公共服务领域等方面开展合作。建立和完善专利行政执法协作机制，共建共享上海市知识产权信息平台，共建共享知识产权专家库，共享知识产权工作软课题的研究成果等。（沪　知）

30. 商务部要求抓好商贸会展知识产权保护

商务部2月出台了《关于抓好商贸会展促进消费有关工作的意见》，要求加强展览会的知识产权管理，引导支持品牌展会，带动相关行业消费。

该意见要求，要规范秩序，优化会展消费环境，各地商务主管部门要加强会展管理，进一步理顺展馆、展会和参展企业之间的关系，加强展览会的知识产权及安全管理，制定周密的安保方案和应急预案，确保有关展会规范有序，取得实效；要依托现有基础，着力培育一批特色鲜明、主题突出、专业性强，并具有较强影响力的品牌会展活动。（张海志）

31. 国家知识产权局15年派出16批扶贫干部

2009年是国家知识产权局开展扶贫工作的第15个年头。15年来，国家知识产权局共派出16批39名干部参加扶贫工作。2月24日，国家知识产权局在京召开扶贫事迹报告会，4位国家知识产权局新老扶贫干部和湖南省桑植县当地干部，将自己的亲身经历同与会的领导干部和青年职工近300人一同分享。国家知识产权局党组成员、副局长杨铁军出席会议。

按照中央扶贫精神，国家知识产权局从1995年起与湖南省桑植县结成帮扶对子，开展扶贫开发工作，2007年又增加了河北省崇礼县作为扶贫点。国家知识产权局扶贫工作受到了国务院扶贫开发领导小组的肯定，2008年被评为中央国家机关定点扶贫先进单位。（刘阳子）

32. 国家知识产权局发布2009年工作要点

2月，国家知识产权局发布了2009年工作要点。

要点指出，2009年国家知识产权局将大力实施知识产权战略，切实加强知识产权工作的统筹协调，进一步完善专利法律法规，全面加强知识产权宏观管理、专利审查和干部人才队伍建设等方面的工作，努力把学习实践科学发展观取得的重要成果转化为推动知识产权战略实施的有力举措和强大动力，力促知识产权事业又好又快发展。要点还对法律法规体系建设、专利审查能力、信息化建设、宣传工作、人才队伍建设、对外交流与合作、党建等方面提出了明确要求。（杨　甲）

33. 我国调减多项PCT申请收费标准

2月24日，国家发展和改革委员会等部门下发《关于重新调整PCT专利申请收费标准及有关问题的通知》，同意国家知识产权局对PCT收费标准进行多项调减。

该通知规定，在PCT申请国际阶段，如国际申请文件不超过30页，费用由原来的8555元减少至8127元；申请人是自然人且年人均国民收入低于3000美元的，国际申请费和手续费由原来减缴75%更改为减缴90%；将“如果国际申请符合行政规程的规定以纸件形式提出，并附有电子形式的副本，国际申请费减缴100瑞士法郎”更改为“如果国际申请是以电子形式提交的，国际申请费减缴100～300瑞士法郎”。（赵建国）

34. 有色金属和物流调整振兴规划获通过

2月25日，国务院总理温家宝主持召开国务院常务会议，审议并原则通过有色金属产业和物流业调整振兴规划，研究部署发挥科技支撑作用，促进经济平稳较快发展。

会议提出，大力支持企业提高自主创新能力，鼓励骨干企业承担国家重大科技攻关任务，建立面向企业开放共享的技术创新服务平台，加快先进技术向中小企业转移。会议指出，加强科技创新，充分发挥科学技术的支撑作用，对于应对国际金融危机、增强发展后劲，具有重要意义。当前要着力抓好抓紧实施与扩内需、保增长紧密相关的重大科技专项，加快研发制约重点产业发展的关键技术，为产业振兴提供强有力的科技支撑等五个方面的工作。（新　华）

35. 知识产权宣传周活动组委会第一次工作会议召开

2月27日，全国知识产权宣传周活动组委会第一次办公会议在国家知识产权局召开，组委会成员兼组委会办公室主任、国家知识产权局副局长杨铁军出席会议并讲话。

会上，组委会的24个成员单位共同就2009年全国知识产权宣传周活动方案及各项宣传内容进行了讨论。据悉，2009年全国知识产权宣传周活动定于4月20～26日举办，此次宣传周活动的主题为"文化·战略·发展"。在宣传周期间，组委会各成员单位、各地方、各行业都将组织开展众多形式多样的宣传活动。2009年的宣传周与以往相比有很多创新之处，组委会将在全国开展以启动、报道、宣讲、服务、纪念等为主题的活动。

（刘　河）

36. 政协第十一届全国委员会第二次会议在京召开

3月3～12日，中国人民政治协商会议第十一届全国委员会第二次会议在北京召开。全国政协主席贾庆林在政协第十一届全国委员会常务委员会工作报告中指出，2009年政协工作要把保持经济平稳较快发展作为首要任务，把维护社会和谐稳定作为重要责任，要对如何促进产业结构优化升级，有效实施十大产业振兴规划，全面落实科技支撑措施等问题开展专题调研，提出对策建议。

全国政协副主席张榕明在代表政协第十一届全国委员会常务委员会作关于政协十一届一次会议以来提案工作情况的报告时指出，一年来，政协委员、政协各参加单位、政协各专门委员会共提交提案5056件，经审查，立案4738件。截至2009年2月20日，99.03%的提案已经办复。针对建立知识产权法律援助机制的提案，国家知识产权局制定了有关工作指导意见，批准设立了44家知识产权维权援助中心。（张海志）

37. 国家知识产权局深入学习实践科学发展观活动成效明显

3月3日，国家知识产权局召开深入学习实践科学发展观活动总结大会。国家知识产权局党组书记、局长田力普作了题为"巩固深入学习实践科学发展观活动成果，不断推进知识产权事业又好又快发展"的总结报告。

中央深入学习实践科学发展观活动第22指导检查组组长张福森、副组长郭汝琢及指导检查组成员到会指导，张福森发表了重要讲话。国家知识产权局党组成员、副局长张勤，党组成员、副局长杨铁军，党组成员、中纪委派驻国家知识产权局纪检组组长肖兴威出席了会议。会议由党组成员、副局长、直属机关党委书记贺化主持。

国家知识产权局学习实践活动领导小组成员，局机关副处以上领导干部，专利局、专利复审委员会正处以上领导干部，局直属各单位、各社会团体领导班子成员，局属各部门、各单位党组织成员参加了会议。（赵志彬）

38. 修改知识产权海关保护条例实施办法将施行

3月3日，海关总署发布第183号令，公布了修改后的《中华人民共和国海关关于〈中华人民共和国知识产权海关保护条例〉的实施办法》。新实施办法对知识产权备案申请、依职权调查处理、侵权货物的处置等方面进行了重要修改，将于2009年7月1日起施行。

新实施办法首次具体详细地规定了知识产权权利人向海关总署申请知识产权海关保护备案时应当提交的申请书内容。新实施办法还规定，海关拍卖侵权货物，应当事先征求有关知识产权权利人的意见；海关参照新实施办法对奥林匹克标志和世界博览会标志实施保护等。（魏小毛）

39. 第十一届全国代表会第二次会议在京召开

3月5～14日，第十一届全国人民代表大会第二次会议在北京召开。国务院总理温家宝代表国务院向大会作政府工作报告时指出，2009年政府工作要以应对国际金融危机、促进经济平稳发展为主线，统筹兼顾，突出重点，全面实施促进经济平稳较快发展的一揽子计划。大力推进自主创新，加强科技支撑，增强发展后劲。继续实施科教兴国战略、人才强国战略和知识产权战略。提高知识产权创造、运用、保护和管理水平。

3月10日，十一届全国人大二次会议召开第三次全体会议。最高人民法院院长王胜俊和最高人民检察院检察长曹建明分别作工作报告，指出，2009年要加大知识产权司法保护力度。最高人民法院工作报告显示，2008年，全国各级法院审结知识产权案件近2.8万件，同比上升32.58%。曹建明指出，着力保障经济平稳较快发展，要加强对知识产权的司法保护，依法打击侵犯知识产权犯罪。（刘　仁）

40. 国资委将出台意见指导央企知识产权工作

3月5日，国务院国有资产监督管理委员会副主任黄淑和在国资委政策法规工作座谈会上指出，2009年国资委政策法规工作要以制定企业国有资产法配套法规规章为核心，进一步加强立法工作，要根据《国家知识产权战略纲要》尽快出台《进一步加强中央企业知识产权工作的指导意见》，引导企业加强自主创新，构筑知识产权优势，加快产业升级，为长远发展夯实基础。

黄淑和指出，国资委2009年政策法规工作要以应对全球金融危机为契机，综合运用政策法律手段加强中央企业法律风险防范。引导企业加强自主创新，构筑知识产权优势，加快产业升级，为长远发展夯实基础。（张海志　薛　飞）

41. 黄华华一行访问国家知识产权局

全国人大代表、广东省省长黄华华，全国人大代表、广东省副省长宋海等一行于3月7日访问了国家知识产权局。国家知识产权局局长田力普、副局长张勤、中纪委派驻国家知识产权局纪检组组长肖兴威与黄华华一行进行了工作会谈。

田力普对黄华华一行的来访表示热烈欢迎，并对近年来广东省知识产权事业取得的成绩给予了充分肯定。黄华华对国家知识产权局多年来对广东省知识产权工作给予的指导和支持表示衷心感谢。他指出，2009年是实施国家知识产权战略的关键一年，根据议定书确定的合作原则和合作内容，2009年广东省将进一步深化与国家知识产权局的战略合作关系，在落实工作机制、创新管理体制、健全服务体系、完善“绿色通道”、促进产业发展、拓展国际合作、强化宣传培训等方面继续得到国家知识产权局的大力支持和帮助，为广东建设知识产权强省提供有力支撑。（闫文锋）

42. 国家知识产权局与马歇尔法学院成功合作15年

3月9日，中国国家知识产权局与美国约翰·马歇尔法学院成功合作15年庆典暨2008级毕业典礼在京举行。国家知识产权局局长田力普，原局长高卢麟、姜颖、王景川出席庆典并致辞。马歇尔法学院院长约翰·考克利与田力普共同为2008级毕业生颁发了法学硕士学位证书。

15年来国家知识产权局在马歇尔法学院接受培训人员已达到110人次，特别是在1999年中国知识产权培训中心与马歇尔法学院签订合作协议后，国家知识产权局共有70人赴美学习并获得了法学硕士学位。在本次毕业典礼上，共有13名2008级毕业生与1名访问学者获得法学硕士学位，其中6人获荣誉毕业生称号。（刘阳子）

43. 文化部携手中国进出口银行扶持文化出口重点企业

3月10日，文化部与中国进出口银行签订了《关于扶持培育文化出口重点企业、重点项目的合作协议》。

根据该协议，在今后5年的合作期内，中国进出口银行计划向文化企业提供不低于200亿元人民币或等值外汇信贷资金，扶持政府鼓励发展的文化出口重点企业和重点项目，开发具有自主知识产权、原创品牌的高科技文化产品。根据该协议，具备申报资格的文化出口重点企业和重点项目包括开发具有国际先进艺术水平、自主知识产权、原创品牌和民族特色的高科技文化产品的投资项目等。（刘　珊）

44. 我国受理专利申请总量突破500万件

截至2009年3月16日，我国受理的专利申请总量突破500万件，达到500.2143万件，距突破第4个100万件仅1年零4个月时间。其中，发明专利申请为168.1464万件。

与前4个100万件相比，第5个100万件除继续保持快速增长外，还呈现出每100万件受理时间明显缩短，国内发明专利申请比重大幅增长，职务申请比重稳步提升等特点。有关专家表示，我国专利申请在继续保持平稳较快增长的情况下，结构进一步优化，充分表明随着国家知识产权战略的大力实施，全社会的创新热情得到极大激发，知识产权意识不断提高，企业、大专院校、科研院所等创新主体知识产权运用能力日益增强。

（王晓浒）

45. 国家知识产权局召开传达“两会”精神大会

3月17日，国家知识产权局在北京召开传达刚刚闭幕的全国“两会”精神大会。国家知识产权局局长田力普在讲话中指出，在2009年“两会”上，政府工作报告首次将知识产权战略与科教兴国战略、人才强国战略并举，体现出国家对自主创新和知识产权的高度重视，国家知识产权局干部职工要认真学习领会“两会”精神，进一步统一思想认识，明确任务，扎实推进国家知识产权战略实施。

全国政协委员、国家知识产权局副局长李玉光向大会介绍了参加政协会议的情况，国家产权局副局长张勤、杨铁军，国家知识产权局机关、专利局副处以上干部，局属各单位、各社会团体领导参加了会议。（张海志）

46. 我国无效宣告案件审查周期有望控制在平均6个月以内

3月，从国家知识产权局专利复审委员会获悉，复审委对已试行半年多时间的《专利复审委员会无效宣告案件审查周期控制办法(试行)》进行了修订。经测算，无效宣告案件的平均审查周期有望控制在6个月内。据了解，在世界范围内，无效宣告案件平均审查周期能达到6个月的国家屈指可数。

复审委在进行深入研究和调研的基础上，对已试行半年多时间的《专利复审委员会无效宣告案件审查周期控制办法(试行)》进行了修订，进一步压缩内部审查环节的周期，相应延长当事人答辩准备的时间，保障当事人享有充分答辩的权利，使无效宣告案件审查程序中各环节的时限安排更为科学、合理，同时保证快速审结案件，及时有效地维护专利权人和社会公众的合法权益。

（崔哲勇）

47. 可口可乐被禁止收购汇源

3月18日，曾引发社会各界广泛关注的“可口可乐收购汇源案”尘埃落定。商务部根据《反垄断法》裁定：禁止可口可乐收购汇源。并购双方均表示尊重商务部的意见，不再继续该并购事宜。这是我国《反垄断法》自2008年8月1日实施以来首个未获通过的案例。

商务部根据我国《反垄断法》第28条规定就该收购案作出禁止收购的决定。商务部在公告中明确：一是此项集中完成后，可口可乐公司可能利用其在碳酸软饮料市场的支配地位，搭售、捆绑销售果汁饮料，或者设定其他排他性的交易条件，集中限制果汁饮料市场竞争，导致消费者被迫接受价格更高、种类更少的产品；二是由于既有品牌对市场进入的限制作用，潜在竞争难以消除该种限制竞争效果；三是此项集中还挤压了国内中小型果汁企业生存空间，给中国果汁饮料市场竞争格局造成不良影响。2008年9月3日，可口可乐公司宣布计划以24亿美元收购汇源公司。

（薛　飞）

48. 国家版权局今年全力推进知识产权战略实施

3月18～20日企业软件正版化及版权执法工作会议召开。据悉，国家版权局在2009年版权工作中，将着重贯彻落实《国家知识产权战略纲要》，提高自主创新能力，建设创新型国家，推进版权制度建设。

根据我国版权保护现状和版权工作中长期目标，国家版权局按照“总体布局、突出重点、全面推进、科学管理”的原则，研究制定贯彻落实《国家知识产权战略纲要》的实施意见，加大版权保护力度，完善公共服务机制，大力扶持版权产业发展。继续完善版权法律制度建设，结合版权保护和版权产业发展实际，修改颁布《作品自愿登记管理办法》《著作权质押合同登记办法》。制定出台《合同登记备案办法》等相关规章和政策，为版权保护和推动版权产业发展提供制度保障。（姚文平）

49. 国家国防科工局出台贯彻落实纲要实施意见

3月18日，国家国防科技工业局贯彻落实《国家知识产权战略纲要》的实施意见会在京召开。国家知识产权局副局长张勤和国家国防科工局党组成员胡亚枫出席会议并讲话。

张勤表示，在国防科技领域实施知识产权战略对国防科技建设有重大影响，尤其是在内在机制上会产生重大变革。一方面要坚持自主创新，要有研发、技术攻关的头脑；另一方面要有知识产权法律头脑。我国要确立自身的国防知识产权法律体系，确立国防领域知识产权利益分配，促进行业创新和利益最大化。胡亚枫指出，国防科技工业知识产权工作迫切需要尽快提高国防科技工业知识产权创造能力，拥有一批自主知识产权，掌握一批核心技术；迫切需要尽快提高国防科技工业知识产权运用能力，将知识产权作为重要的利益驱动，推动军用民用技术的双向转移。（胡　嫚）

50.《2009年国家知识产权战略实施推进计划》印发实施

3月19日，由国家知识产权战略实施工作部际联席会议办公室牵头制定《2009年国家知识产权战略实施推进计划》正式印发实施。

该推进计划分为两大部分。第一部分是工作重点，结合中央部署和2009年经济形势，明确提出了2009年知识产权战略实施工作要点和总体要求，主要包括加强以知识产权法治环境、行政管理能力和宣传教育为主要内容的基础建设和积极采取措施应对国际金融危机。第二部分是具体措施，与《国家知识产权战略纲要》提出的九大措施相一致，从提升知识产权创造能力、鼓励知识产权转化运用、加快知识产权法制建设、提高知识产权执法水平、加强知识产权行政管理、发展知识产权中介服务、加强知识产权人才队伍建设、推进知识产权文化建设、扩大知识产权对外交流合作等方面，提出了240条具体举措。（刘　洋）

51. 国家知识产权局宣传工作会议在京召开

3月20日，国家知识产权局首次宣传工作会议在北京召开。国家知识产权局局长田力普出席并在会上指出，要把推动国家知识产权战略实施作为知识产权宣传工作的切入点，努力提高舆论引导能力，把握正确导向，努力开创国家知识产权局宣传工作的新局面。中共中央对外宣传办公室、国务院新闻办公室副主任王国庆出席会议并做报告。会议由国家知识产权局副局长杨铁军主持。

田力普强调，2009年是国家知识产权战略全面实施的第一年，也是实施知识产权文化建设推进工程的第一年，国家知识产权局宣传工作要牢牢把握配合国家知识产权战略实施，做好战略的宣传工作；精心策划、组织好“全国知识产权宣传周”的各项宣传活动；启动并着手实施“知识产权文化建设推进工程”等工作重点。会上，王国庆就增强新闻舆论意识，努力提高舆论引导能力和与媒体打交道的能力问题，作了重要报告。国家知识产权局宣传工作领导小组成员、国家知识产权局各级党组织宣传委员及局直属机关单位近300人参加了会议。（刘　珊）

52. 中美知识产权WTO争端案终结

3月20日，世界贸易组织争端解决机构会议审议通过了中美知识产权WTO争端案专家组报告。

中美知识产权WTO争端案共涉及3项争议措施，专家组的裁决结果是：关于刑事门槛，专家组裁定美国没能证明中国有关刑事门槛的规定不符合WTO《与贸易有关的知识产权协议》(TRIPs协议)；关于海关措施，专家组认为，虽然海关对进口冒牌货仅摘除非法标志的处置方式不符合TRIPs协议，但美国没能证明捐赠给社会公益机构、卖给权利人等处置方式不符合TRIPs协议，美国也没能证明中国有关拍卖的规定影响了海关销毁货物的权力。此外，专家组还认为，中国海关措施适用于出口货物，高于TRIPs协议所规定的义务；关于我国《著作权法》，专家组认为，虽然对未能通过审查的作品、通过审查的作品中被删除的部分不提供著作权保护，不符合TRIPs协议和《伯尔尼公约》，但美国未能证明从未提交审查的作品、在等待审查结果的作品、通过审查作品之未修改版本等不符合TRIPs协议。专家组还强调，其裁决不影响中国的内容审查权。（张海志）

53. 中关村将建设我国首个国家自主创新示范区

3月20日，建设中关村国家自主创新示范区动员大会在京召开。会议公布了《国务院关于同意支持中关村科技园区建设国家自主创新示范区的批复》，这意味着中关村园区将建设我国首个国家自主创新示范区。

该批复指出，中关村科技园区建设国家自主创新示范区，要以自主创新为驱动，以体制机制改革为突破，以发挥创新资源优势为重点，加快改革和发展，争取再培养和聚集一批优秀创新人才，特别是产业领军人才，产生和转化一批国际领先的科技成果，做强做大一批具有全球影响力的创新型企业，培育一批国际知名品牌，全面提高中关村科技园区自主创新和辐射带动能力，推动中关村科技园区的科学发展和创新在21世纪前20年再上一个新台阶，成为具有全球影响力的科技创新

中心。（张海志）

54. 中国电池企业赢得最终胜利

美国当地时间3月23日，美国联邦最高法院驳回了美国劲量公司及其附属公司永备电池公司要求对美国联邦巡回上诉法院作出的专利号为5464709的无汞碱锰电池专利权无效的裁定进行复审的请求，维持了美国联邦巡回上诉法院于2008年4月作出的终审判决，即维持美国国际贸易委员会裁定，判决劲量公司无汞碱锰电池专利权无效，终止337调查。

劲量公司的第五次上诉被驳回，意味着这场长达6年之久的劲量公司诉中国电池企业碱锰电池专利侵权一案终于以中国企业的完胜而尘埃落定，中国电池企业可以继续向美国出口无汞碱锰电池。（吴 辉）

55. 国务院办公厅解读政府工作报告

3月23日，国务院办公厅在中国政府网就“如何提高知识产权创造、运用、保护和管理水平”问题，对《政府工作报告（2009年）》的有关内容进行了解读。

文章指出，全面实施国家知识产权战略，提高知识产权创造、运用、保护和管理水平，有利于增强我国自主创新能力和建设创新型国家，有利于规范市场秩序和建立诚信社会，有利于增强企业市场竞争力和国家核心竞争力，有利于在扩大对外开放中实现互利共赢。文章指出，提高知识产权创造、运用、保护和管理水平，一要推进国家知识产权战略实施；二要全面加强知识产权宏观管理；三要提高知识产权公共服务水平；四要切实提高全社会知识产权意识。（钟 和）

56. 湖南知识产权战略实施纲要颁布实施

3月24日，湖南省政府新闻办公室召开新闻发布会，正式向社会发布《湖南省知识产权战略实施纲要》。这标志着湖南省知识产权战略全面启动实施。

该纲要从湖南总体发展的战略高度出发，提出将湖南建设成为创新人才集聚、创新机制健全、知识产权丰富、转化渠道畅通、产业效益显著、工作体系完善、发展环境优良的知识产权强省，制定了2020年远期工作目标和2015年近期工作目标，并明确了五方面的战略重点任务，确定了战略实施的六大专项工程和十方面的主要措施。

（许秋平）

57. 人民法院探索设置知识产权综合审判庭

3月25日，最高人民法院在京公布了《人民法院第三个五年改革纲要（2009～2013）》，这是今后5年人民法院司法改革的指导性文件。该纲要指出，建立健全符合知识产权案件特点的审判体制和工作机制，在直辖市和知识产权案件较多的大中城市，探索设置统一受理知识产权案件的综合审判庭。

在这份包括30项具体内容的新司法改革纲领性文件中，明确指出要改革和完善民事、行政审判制度，其中规定建立健全知识产权案件审判体制和工作机制。关于探索建立知识产权上诉法院，最高人民法院司法改革办公室有关负责人在接受记者采访时表示，最高人民法院目前尚在进一步研究之中。（魏小毛）

58. 广东启动知识产权质押融资试点工作

3月25日，广东召开知识产权质押融资试点推进大会，一家民营企业以1件发明专利作为质押从银行获得400万元贷款。这为广东省知识产权质押融资试点工作全面启动开了一个好头。

据介绍，广东省将通过鼓励支持资产评估机构开展知识产权评估业务、建立和完善知识产权交易体系和机制、争取财政扶持、建立健全知识产权投融资机制四个方面推进全省知识产权质押融资工作。（顾奇志）

59. 上海世博会志愿者标志揭晓

3月27日，2010年上海世博会志愿者标志、口号、歌曲在沪发布。

2010年上海世博会志愿者标志的主体由汉字“心”、英文字母“V”和嘴衔橄榄枝飞翔的和平鸽构成，与世博会会徽“世”异曲同工，在呈现中国文化个性的同时，也表达了志愿者的“用心”和“热心”。“V”是英文“Volunteer”的首字母，阐述了标志所代表的群体，赋予其清晰的含义；飞翔的和平鸽代表上海，也象征和平友爱，橄榄枝则寓意可持续发展和希望，传承“城市，让生活更美好”的世博会主题。上海世博会志愿者主口号是“世界在你眼前，我们在你身边”。（胡 嫚）

60. 国家知识产权局传达国务院第二次廉政工作会议精神

3月27日，国家知识产权局召开会议，传达国务院第二次廉政工作会议精神和温家宝总理的重要讲话。局党组书记、局长田力普作了传达，并就贯彻落实会议精神提出了具体要求。副局长李玉光、贺化、杨铁军以及局各部门、各单位负责人等参加会议。

田力普要求各部门、各单位认真学习贯彻温家宝总理的重要讲话，提高认识，统一思想，进一步增强党风廉政建设和反腐败工作的责任感和紧迫感，结合国家知识产权局2009年党风廉政建设和反腐败工作要点，切实抓好国务院廉政工作会议精神的贯彻落实。（刘阳子）

61. 最高人民法院全面部署贯彻落实知识产权战略

3月29日，最高人民法院发布了《最高人民法院关于贯彻实施国家知识产权战略若干问题的意见》，对人民法院贯彻实施国家知识产权战略作出了全面部署和要求。

该意见分为六大部分，共计36条具体意见。最高人民法院知识产权庭负责人表示，该意见规定了一系列新举措，确保国家知识产权战略有关人民法院工作要求的贯彻落实和各项战略措施的顺利实施，使人民法院在实施国家知识产权战略进程中更加积极主动地发挥作用。（魏小毛）

62. 温家宝鼓励企业要有自主知识产权

3月29～31日，中共中央政治局常委、国务院总理温家宝在湖北考察。考察中，他在武汉全真光电科技有限公司自主研发的超大屏幕智能数字板触摸屏上写下“要有自主知识产权”几个大字，鼓励企业要注重创新与拥有自主知识产权。

温家宝先后到冠捷显示科技（武汉）有限公司、烽火通信科技股份有限公司等高新技术企业调研，鼓励企业加大研发力度，尽快突破一批核心关键技术。温家宝指出，在应对国际金融危机中，要坚定不移地实施中部地区崛起战略，发挥优势，挖掘潜力，调整结构，提高效益，促进经济又好又快发展。他说，国家的未来靠经济实力，更要靠创新能力。一个不断创新的民族是绝对不会被打垮的。坚持走创新之路，没有克服不了的困难。要靠信心、智慧和力量战胜困难。（何兆忠）

63. 世界知识产权组织跨区域知识产权高级论坛举办

3月30日，由中国国家知识产权局、国家工商行政管理总局、国家版权局和世界知识产权组织共同举办的世界知识产权组织跨区域知识产权高级论坛在北京开幕。国务院副总理王岐山在论坛上指出，大力提升知识产权创造、运用、保护和管理能力，推动建立平衡有效的知识产权制度，已成为世界各国共同关注的重大课题。为此，应当深化对知识产权制度的理解，把激励创新、推动发展作为制度建设的目的；尊重各国国情，兼顾各方特别是发展中国家的利益；在平等互利的基础上加强对话与合作，增进共识，共同营造有利于激励创新、促进技术合作与贸易的环境。

世界知识产权组织总干事弗朗西斯·高锐、国家工商行政管理总局局长周伯华、国家知识产权局局长田力普、国家工商行政管理总局副局长付双建、国家版权局副局长阎晓宏等出席了会议。

（刘　仁）

64. 世界知识产权组织总干事称赞中国改变了世界创新版图

3月30日，世界知识产权组织总干事弗朗西斯·高锐满怀期待地开始了就任后对中国的首次访问。高锐指出，重视知识产权和技术创新，已经成为中国国家战略的组成部分，这对整个世界具有重要意义，也为其他国家树立了典范。

在出席世界知识产权组织跨区域知识产权高级论坛开幕式后，高锐盛赞中国知识产权事业取得了明显进步，同时他表示，中国和世界知识产权组织应进一步加强应对当前金融危机和新挑战方面的合作，并希望中国未来更多地参与国际公共政策的研究和制定，为世界知识产权发展和技术创新作出更多贡献。（刘　仁）

65. 全国法院被执行人信息查询平台开通

3月30日，全国法院被执行人信息查询平台在京正式开通。通过该平台，社会各界可以查询2007年1月1日以来全国法院（不包括军事法院）新收及此前未结的执行实施案件的617万个被执行人的信息。

在该平台中，目前全国3484个地方法院（军事法院除外）已经录入各类执行实施案件524万余件，涉及当事人1167万余个，被执行人617万余个。被执行人姓名或名称、身份证号码或组织机构代码、执行法院名称、执行案号、执行标的、案件状态等信息均可以查看。（魏小毛）

66. 北京大学授予高锐荣誉教授称号

3月31日，世界知识产权组织总干事弗朗西斯·高锐获北京大学荣誉教授称号，北大常务副校长林建华教授为其颁发证书。国家知识产权局局长田力普出席了颁发证书仪式并致辞。

据介绍，在世界知识产权组织任职20多年的高锐，既有深厚的知识产权理论功底，又有长期丰富的实践经验。高锐表示，北大成立知识产权学院，为中国知识产权人才的培养发挥了重要作用，他将积极为北大的知识产权教育作出贡献。高锐以《世界知识产权面临新挑战》为题发表了演讲。

（刘　仁）

67. 中国将加强知识产权面向未来的合作

3月31日，国家知识产权局局长田力普会见世界知识产权组织总干事弗朗西斯·高锐和助理总干事王彬颖一行。国家知识产权局副局长李玉光、国际合作司有关负责人参加了会见。

田力普表示，中国将继续加强与世界知识产权组织开展面向未来的合作。他指出，中国愿意支持世界知识产权组织主导的《专利合作条约》（PCT）的改革，使这一制度更高效，更完善。双方还就启动第二轮在华PCT巡回培训活动、增设中国专利金奖、建立公共平台推动绿色创新等问题交换了意见。（刘　仁）

68. 国家知识产权局启动政协提案办理工作

3月，国家知识产权局共收到全国政协提案办交付办理的十一届二次会议涉及知识产权的提案31件。国家知识产权局相关部门已开始着手办理。

这31件提案主要涉及实施知识产权战略、加强知识产权保护、完善知识产权法律法规、统一机构设置等方面的问题，并有针对性地提出了对策建议。在这31件提案中，委员个人提案25件，委员联名提案4件，党派提案1件，界别、小组提案1件。总体数量比2008年增加了10件。

（张海志）

69. 沈阳市知识产权战略纲要颁布实施

3月24日，《沈阳市知识产权战略纲要》颁布实施。根据该纲要，到2020年，沈阳市将建设成为创造活力强劲、管理体制完善、实施渠道畅通、保护措施有力、专业人才集聚的知识产权强市。

该纲要规定，今后5年，沈阳市专利申请量要持续快速增长，其中，发明专利申请年均增幅达到12%；全市职务专利申请占申请总量的比重达到60%，企业专利申请占职务专利申请量的比重达到65%；专利对经济增长的贡献率显著提高，拥有自主知识产权的产品产值占高新技术产品产值的比重达到60%；国（境）外专利申请量进一步提高。全市将拥有市级著名商标400件，省级著名商标200件，培育一批在国际市场有较大影响力的商标。基本实现政府机关和企事业单位软件正版化；全市作品版权年度登记量不低于1000件，其中主要门类作品产出量、软件版权年度登记量和核心版权产业产值有较大提升。（杨　靓）

70. 首批实施国家知识产权强县工程区县名单确定

3月，国家知识产权局下发《关于确定首批实施国家知识产权强县工程区县（市、区）名单的通知》，确定北京市海淀区等124个区县（市、区）首批实施国家知识产权强县工程。

该通知要求，各省区市知识产权局要高度重视国家知识产权强县工程实施工作，抓紧制定本区域强县工程年度推进计划，精心组织实施。实施国家知识产权强县工程的区县（市、区）要迅速行动，围绕《国家知识产权强县工程实施方案（试行）》的工作部署，结合本区县（市、区）强县工程工作方案，加大投入，推进各项工作顺利落实，确保取得实效。（肖　潇）

71. 我国化学药领域自主创新能力增强

3月，国家知识产权局《我国化学药领域专利数据分析》显示，近年来，我国化学药领域发明专利国外申请量与授权量占据了很大的份额，但国内的专利申请量与授权量增长趋势迅猛，发展势头超过了国外。国家知识产权局相关负责人指出，分析数据表明我国化学药领域自主创新能力在不断增强，但国外化学药仍占据着非常重要的地位，随着我国具有自主知识产权的创新成果不断积累，化学药企业的知识产权意识不断增强，这种情况有望发生改变。

分析数据显示，近年来，我国化学药领域发明专利申请量与授权量均持续增长。2002～2008

年，我国化学药领域国内发明专利申请量年均增长率达到29.8%，发明专利授权量年均增长率达到42.8%，远超出国外申请量13.8%和授权量14.4%的增长率。（卓　玛）

72. 南通成为WIPO版权保护示范点

3月，江苏南通成为世界知识产权组织版权保护优秀案例示范调研点，并开始就《关于版权保护对南通纺织品市场发展的影响的研究》为课题展开为期8个月的调研。

被誉为"纺织之乡"的南通，轻纺工业已有百余年历史。20世纪90年代中期以来，依托雄厚的轻纺工业基础，南通家纺产业发展迅猛。为了保护企业在花布花型等方面的版权，引导企业自主创新，南通市相继建立了全国第一个镇村级版权管理机构，在家纺市场设立了知识产权审判巡回法庭，并通过建立一整套打击盗版、保护创新的工作机制，保证了家纺业的健康发展。（刘　能）

73. 温家宝在京会见世界知识产权组织总干事

4月1日，国务院总理温家宝在中南海紫光阁会见了世界知识产权组织总干事弗朗西斯·高锐。

温家宝在会见高锐时说，保护知识产权不仅是经济发展和国与国交往的需要，也是对人们劳动价值的尊重。中国政府将不断加强知识产权保护工作，实施知识产权战略，以促进科技创新、经济发展、文化繁荣和社会进步。高锐高度评价中国在保护知识产权方面取得的巨大进步，表示世界知识产权组织愿与中国一道为推动全球知识产权保护作出贡献。国家工商行政管理总局局长周伯华、国家知识产权局局长田力普等参加会见。

（新　华）

74. 国家知识产权局第三巡回审理庭设立

4月2日，"国家知识产权局专利复审委员会第三巡回审理庭"和"国家知识产权局知识产权出版社专利信息利用试验基地"授牌仪式在成都举行。国家知识产权局局长田力普、四川省人民政府副省长李成云出席授牌仪式并致辞。

在授牌仪式上，田力普充分肯定了四川省在专利保护、专利信息利用等方面作出的积极努力和取得的各项成绩。他表示，第三巡回审理庭和专利信息利用试验基地的落成和运行，充分体现了党的十七大报告中"加快行政管理体制改革，建设服务型政府，强化社会管理和公共服务"的精神。他希望各方珍惜这次宝贵的合作机遇，创造条件，共同努力，实现双赢，一起推动四川知识产权工作再上新台阶。（周渝利）

75. 中国4家三氯蔗糖企业在美赢得337调查

4月6日，美国国际贸易委员会就英国泰莱公司发起的三氯蔗糖生产工艺专利侵权的337调查作出最终裁定：广东食品工业研究所及广东广业清怡食品科技有限公司，常州市牛塘化工厂有限公司，河北苏科瑞科技有限公司，盐城捷康三氯蔗糖制造有限公司没有侵犯泰莱公司的专利权。

至此，上述4家中国企业在此次337调查中获得最终胜利。有专家指出，只要重视知识产权的创造、运用、保护和管理并积极应诉，中国企业完全可以赢得美国337调查。然而，令人遗憾的是，对没有参加应诉的11家中国三氯蔗糖企业，美国ITC裁定其侵犯了泰莱公司的专利权。

（赵建国）

76. 国务院发布《国家人权行动计划》

经国务院授权，国务院新闻办公室4月13日发布《国家人权行动计划（2009～2010年）》。这是我国第一次制定的以人权为主题的国家规划，行动计划明确了未来两年中国政府在促进和保护人权方面的工作目标和具体措施。

该行动计划强调，将加大知识产权保护力度，依法惩处各种侵权行为，维护知识产权人的合法权益。初步建成服务公众的专利检索与服务平台；实施重大文化产业项目带动战略，加快文化产业基地和区域性特色文化产业群建设，培育文化产业骨干企业和战略投资者，鼓励非公有资本进入政策许可的文化产业领域，鼓励民营文艺表演团体发展，依法发展文艺经纪代理、无形资产评估鉴定、信息咨询等中介服务机构。（李　卓）

77.《四川省知识产权战略纲要》审议通过

4月14日，四川省人民政府第30次常务会审议通过了《四川省知识产权战略纲要》。该纲要分为序言，指导思想、基本原则和战略目标，战略重点，专项任务，战略措施，组织保障六个部分，既遵循了《国家知识产权战略纲要》提出的指导思想、基本原则和"激励创造、有效运用、合理保护、科学管理"的方针，又紧扣建设创新型四川和工业强省战略，并与四川省中长期科技发展规划、"7＋

3”产业发展规划和灾后恢复重建规划相衔接。

（周渝利）

78. 上海法院15年审结知识产权案件逾万件

4月16日，上海召开高、中级人民法院知识产权审判庭成立15周年纪念大会。据有关统计数据显示，1994年1月至2009年3月，上海法院共审结知识产权民事一、二审案件超过万件大关，达1.0293万件。共受理知识产权一审刑事案件695件，审结692件。目前，上海已有高院、一、二中院、浦东新区、黄浦区、杨浦区、卢湾区7家法院设立了知识产权审判庭，培养了一支政治强、业务精、学历高、知识结构比较合理的知识产权法官队伍。（车文秋）

79. 2009年全国知识产权宣传周开幕

4月20日上午10点，2009年全国知识产权宣传周在北京奥林匹克公园庆典广场举行启动仪式。全国知识产权宣传周活动组委会主任、国家知识产权局局长田力普致辞，世界知识产权组织总干事弗朗西斯·高锐通过视频致贺。宣传周组委会24家成员单位领导及代表出席了仪式，并共同启动了2009年的知识产权宣传周活动，仪式由国家知识产权局副局长杨铁军主持。

2009年的宣传周是由中共中央宣传部、国家知识产权局等24个部委联合主办的。在4月20～26日宣传周期间，全国将开展一系列形式多样、内容丰富的宣传活动。（刘 河）

80. 第三届“中国发明家论坛”隆重开讲

4月21日，由中国发明协会、国家科学技术奖励工作办公室、科技日报社、中国知识产权报社联合主办的第三届“中国发明家论坛”开幕式及第四届“发明创业奖”颁奖典礼在北京人民大会堂隆重举行。

十一届全国人大常委会副委员长桑国卫，政协十一届全国委员会副主席、科学技术部部长万钢，中国科学技术协会党组书记邓楠等出席了会议，大会由中国发明协会理事长朱丽兰主持。国家知识产权局副局长张勤作了关于实施知识产权战略的讲话。中国发明协会常务副理事长邢胜才宣读了第四届“发明创业奖”表彰决定。于德海等47位发明创业者荣获第四届“发明创业奖”，其中作出重大贡献的孔利明等8人获得第四届“发明创业奖”特等奖，并被授予“当代发明家”荣誉称号。

（赵建国）

81. 2008年中国知识产权保护成绩斐然

4月21日，2008年中国知识产权保护状况新闻发布会在国务院新闻办公室举行。国家知识产权局局长田力普表示，2008年国家知识产权战略由制定转为实施，中国知识产权事业进入科学发展新阶段，知识产权保护深入开展，各项工作成绩斐然。

2008年知识产权申请与授权量快速增长。截至2009年3月16日，我国累计受理专利申请突破500万件。商标方面，全年共受理商标注册申请69.8万件；审查商标注册申请75万件，商标注册申请年审查量首次超过了当年的申请量。版权方面，2008年全年软件登记总量约4.9万件，版权合同登记量约1.2万件。此外，植物新品种的申请和授权也有大幅提高。国家工商总局商标局局长李建昌、国家版权局版权管理司司长、新闻发言人王自强出席发布会并回答了记者提问。

（胡 嫚）

82. 最高人民法院出台知识产权审判工作新意见

4月21日，最高人民法院向各高级人民法院印发了《关于当前经济形势下知识产权审判服务大局若干问题的意见》，从推进自主创新、维护公平竞争、改善贸易投资环境等方面，明确和完善了新形势下的一系列知识产权司法政策。最高人民法院有关负责人表示，这是继《最高人民法院关于贯彻实施国家知识产权战略若干问题的意见》之后，指导知识产权审判工作的又一项纲领性文件。

该意见指出，在当前经济形势下加强知识产权保护，对于有效推动科技创新和科技革命，催生新兴产业、创造新的市场需求、培育新的经济增长点和引领经济发展新方向，具有重要作用。知识产权司法保护只能加强和提升，不能削弱和放松。各级法院务必要更加注重拓展创新空间，促进培育自主知识产权、自主品牌和新的经济增长点，增强企业的市场竞争力，提高国家的核心竞争力；更加注重营造开放自由的贸易和投资环境，规范市场秩序，维护公平竞争，完善社会主义市场经济体制，大力推动诚信社会的建设，在应对挑战、化危为机中充分发挥知识产权审判的独特职能作用。

（魏小毛）

83. 国资委要求央企启动制定知识产权战略

4月22日，国务院国有资产监督管理委员会公布了《关于加强中央企业知识产权工作的指导意见》，要求中央企业要把知识产权工作作为“转危为机”的重要手段，按照贯彻《国家知识产权战略纲要》的有关要求，抓紧制定和完善本企业的知识产权战略。

该意见指出，中央企业要将企业知识产权战略的研究制定放在企业知识产权工作的首位。要按照《国家知识产权战略纲要》的要求，结合本企业改革发展的实际，针对有关重点领域、重要产业的知识产权特点和发展趋势，抓紧制定和完善本企业的知识产权战略。所有中央企业要结合主业明确本企业知识产权工作的目标和任务，53家大型中央企业和其他具备条件的中央企业要在2009年底前制定并开始实施本企业知识产权战略。（张海志）

84. 国家知识产权局向驻华使馆等通报知识产权工作

4月22日，在召开的面向外国驻华使馆、在华外国企业、行业协会、中介服务机构的信息通报会上，国家知识产权局有关负责人介绍了《2009年中国保护知识产权行动计划》等知识产权工作进展，并就知识产权方面的有关问题与参会代表进行了交流。

会上，国家知识产权局条法司、保护协调司、规划发展司、专利管理司、审查业务管理部、国际合作司等有关部门的负责人，以及来自加拿大、韩国、意大利、巴西、墨西哥等外国驻华使馆的相关官员、在华外国企业负责人、行业协会及中介服务机构代表等30余人参加了此次会议。（刘　珊）

85. 北京市首届发明专利奖励大会召开

4月23日，北京市首届发明专利奖励大会暨全市知识产权工作会在北京会议中心召开。会议对获得北京市首届发明专利奖项目的专利权人进行表彰。清华大学与同方威视的“一种车载移动式集装箱检查系统”专利项目获特等奖，奖金100万元。

北京市发明专利奖是北京市政府为表彰在北京市行政区域内具有重大经济社会效益的发明专利而设立的专项奖励项目，每两年评选一次。2008年度共评选出特等奖1名、一等奖3名、二等奖15名和三等奖30名。（张海志）

86. 我国植物新品种保护成就显著

4月23日，国家知识产权局、农业部、国家林业局联合在京举行中国加入国际植物新品种保护联盟及实施《植物新品种保护条例》10周年纪念大会。国家知识产权局局长田力普就我国植物新品种保护成就在会上作主旨发言。农业部副部长张桃林和国家林业局、最高人民法院及国际植物新品种保护联盟秘书处有关负责人出席大会。

据统计，截至2009年3月31日，中国受理植物新品种权申请量累计达到6348件，授权量达到2312件；申请人范围涵盖国内30个省市自治区和15个国家。自2004年以来，我国植物新品种年申请量一直位居国际植物新品种保护联盟成员第四名。（赵建国）

87. 中国知识产权高层论坛开讲

4月24日，以“挑战·合作·发展”为主题的中国知识产权高层论坛在京召开。全国人大常委会副委员长路甬祥在致辞中指出，改革开放30年来，中国不断加大知识产权工作力度，取得了巨大成就，中国对知识产权制度的认识也更加深化。我们充分认识到，知识产权是决定经济发展的战略性资源，知识产权战略是自主创新的环境保障，面对新形势，要不断提升知识产权水平，自主创新应对挑战。

国家知识产权局局长田力普、海关总署副署长李克农、公安部经济犯罪侦查局局长孟庆丰出席开幕式并讲话，国家知识产权局副局长张勤主持开幕式。（张海志）

88. 上海世博会音乐著作权合作备忘录签署

4月24日，上海世博会事务协调局与中国音乐著作权协会举行了《中国2010年上海世博会音乐著作权合作备忘录》签署仪式。

该合作备忘录的签署，从整体上解决了上海世博会期间组织者和参展者表演使用他人音乐作品的合法性问题。标志着上海世博会知识产权的保护工作真正形成了组织者、参展者和第三方知识产权“三位一体”的保护格局。据介绍，上海世博局采取与音著协合作的方式，由音著协对于上海世博会期间组织者和参展者使用第三方音乐作品进行一揽子许可，从总体上解决了相关的知识产权问题。（李　卓）

89. 国家知识产权局举办第四次开放日活动

4月25日，国家知识产权局举办了第四次面向社会公众的开放日活动。200余名社会公众代表和媒体记者参加了参观、现场咨询、专题讲座等丰富多彩的开放日活动。

国家知识产权局局长田力普出席开放日活动并致辞。他指出，开放日活动，已经成功举办了3次，主题未变而内容、形式常新。2009年是《国家知识产权战略纲要》全面实施的第一年，也是政府部门职能调整后，国家知识产权局履行国务院赋予的新职责的第一年，大力推动国家知识产权战略的实施，提升全社会的知识产权创造、运用、保护和管理能力，为建设创新型国家提供有力支持，是我们的神圣使命。当天，国家知识产权局还举行了启动为期8年的中国知识产权文化建设工程等一系列活动。（刘　珊）

90. 驰名商标保护司法解释施行

最高人民法院4月26日公告公布了《最高人民法院关于审理涉及驰名商标保护的民事纠纷案件应用法律若干问题的解释》，该司法解释自5月1日起施行。

此次公布的司法解释，主要从驰名商标的概念、驰名商标司法认定适用的范围、认定的因素、举证责任、保护要求五个方面进行了规范。该司法解释对于人民法院在审理涉及驰名商标保护的民事纠纷案件中，进一步明确标准，严格适用条件和范围，统一司法尺度，加强对驰名商标的司法保护提供了法律依据。该司法解释的公布实施，是最高人民法院贯彻落实国家知识产权战略的一个具体举措，也是最高人民法院2009年在全国法院开展知识产权审判“优化自主创新司法环境”年度主题活动的一项重要内容。（魏小毛）

91. 国家知识产权局第四巡回审理庭在山东授牌

4月27日，“国家知识产权局专利复审委员会第四巡回审理庭”授牌仪式在山东省济南市举行，国家知识产权局副局长张勤出席授牌仪式并致辞。山东、济南、青岛、东营、烟台、潍坊6个中国知识产权维权援助中心同时举行了授牌仪式。

近年来，山东省知识产权保护工作不断完善。此次，经国家知识产权局批准，在山东省内建立6个知识产权维权援助中心和巡回审理庭，将为国内外知识产权权利人及其利害关系人提供必要的救济援助，为知识产权保护的专业化、规范化，维护正常的市场秩序发挥积极作用。（李守运）

92. 中秘将在知识产权领域开展交流合作

4月28日，《中国—秘鲁自由贸易协定》在北京签署。这是我国与拉美国家签署的第一个一揽子自由贸易协定。

该协定明确，双方同意在各自法律法规框架内，开展与知识产权有关的交流与合作，采取适当措施保护遗传资源、传统知识和民间传统。在地理标志方面，秘鲁将对我国22种产品提供地理标志保护，分别是：安溪铁观音、绍兴酒、涪陵榨菜、宁夏枸杞、景德镇瓷器、镇江香醋、普洱茶、西湖龙井茶、金华火腿、山西老陈醋、宣威火腿、龙泉青瓷、宜兴紫砂、库尔勒香梨、岷县当归、文山三七、五常大米、通江银耳、巴马香猪、泰和乌鸡、福鼎四季柚、南京云锦。我国将对秘鲁的皮斯科酒、楚鲁卡纳斯陶瓷、库斯科大粒白玉米和伊卡帕拉莱豆4种产品提供地理标志保护。（钟　和）

93. 中国保护知识产权行动计划实施

为全面、系统地阐述我国政府为做好2009年保护知识产权工作所采取的各项重大举措，按照国家知识产权战略实施工作部际联席会议工作安排，联席会议成员单位共同制定了《2009年中国保护知识产权行动计划》。4月，该计划正式印发实施。

该行动计划分为九个方面的内容，170项具体措施。有关专家指出，该行动计划的具体措施重点突出、针对性强，是确保我国保护知识产权工作有效开展、贯彻落实《国家知识产权战略纲要》的重要举措，必将为推动我国知识产权保护工作继续发挥重要作用。自2006年以来，我国连续3年发布《中国保护知识产权行动计划》，在国内外产生了广泛影响，对推动我国知识产权保护工作、宣传知识产权保护成就发挥了重要作用。

（郝兴辉）

94. 国家知识产权局2009年承办人大代表建议24件

4月，从国家知识产权局有关部门获悉，2009年，国家知识产权局承办十一届全国人大二次会议代表建议24件，其中3件为全国人大常委会督办的重点建议。这突出了知识产权工作在我国经济社会发展中的显示度，反映了人大代表对知识产权工作的高度关注。

国家知识产权局承办十一届全国人大二次会议代表建议数量与2008年持平。其中,人大代表联名建议8件,个人建议16件;由国家知识产权局单独办理1件,分别办理4件,牵头办理3件,协助其他部门办理11件,参阅5件。按照全国人大常委会建议工作交办会的要求,国家知识产权局相关部门已对24件建议进行了分工,并将建议办理的工作方案报全国人大常委会办公厅。

(郭新志)

95. 知识产权执法"5·26"工程全面启动

4月,国家知识产权局印发了《关于近期知识产权局系统执法工作安排的通知》,对近期全国知识产权局系统知识产权执法工作进行了全面部署。通知指出,要全面启动"5·26"工程。

"5·26"工程是指由国家知识产权局选择若干地区,重点推进地方知识产权局有关执法工作的机制建设、条件建设、队伍建设,推动提高当地知识产权局执法工作水平,以带动全国知识产权局执法能力与执法工作水平的提升,更好地发挥知识产权执法的重要作用。(王志超)

96. 全国政协副主席罗富和调研广东自主创新企业

5月,全国政协副主席、民进中央常务副主席、民进广东省委主委罗富和率领民进广东省委调研组深入企业调研,正式启动了民进广东省委"自主创新企业行"专题调研活动。

罗富和一行先后参观、视察了广东威创视讯科技股份有限公司、广东天普生化医药股份有限公司,并与企业有关负责人进行了座谈。在听取企业的意见和建议后,罗富和表示,广东在应对金融危机、谋求发展时,十分强调和重视自主创新,这是非常正确的决策。近年来,党中央、国务院高度重视自主创新工作,国务院各部委先后出台了70多项鼓励自主创新的政策,各省、市也有配套政策出台,关键在于要保证这些政策落到实处,使企业真正受惠。(顾奇志)

97. 国家知识产权局两个对外窗口挂牌"青年文明号"

5月4日,在纪念"五四"运动90周年之际,国家知识产权局专利局初审及流程管理部专利受理窗口、国家知识产权局客户服务中心被授予2008年度中央国家机关青年文明号。国家知识产权局党组成员、副局长贺化将"青年文明号"牌匾授予两部门,与会青年代表为两部门窗口的工作人员佩戴"青年文明号"绶带。

中央国家机关团工委新命名了57个青年集体、继续认定152个青年集体为2008年度中央国家机关青年文明号。国家知识产权局专利局初审及流程管理部专利受理窗口、国家知识产权局客户服务中心两部门系新命名,这也适逢两部门成立2周年。(刘阳子)

98. 广交会成为全国首家展会版权示范单位

5月5日,广州市版权局和中国对外贸易中心在第105届广交会琶洲展馆联合举行授牌仪式,授予广交会"全国展会版权示范单位"牌匾,商务部、国家版权局以及广州市政府有关领导出席了授牌仪式。

在多年的版权保护实践中,广州市版权局和中国对外贸易中心共同探索,制定和完善了包括"广交会版权保护基本原则"等10个方面的《广交会版权保护制度和长效机制》。目前,经过逐级申报,国家版权局会同商务部,同意广交会为"全国展会版权示范单位",这也是我国首家展会版权示范单位。

(顾奇志)

99. 国务院出台意见支持福建加快建设海峡西岸经济区

国务院5月5日下发《关于支持福建省加快建设海峡西岸经济区的若干意见》,提出要建设海峡西岸先进制造业基地,加快转变外贸增长方式,培育一批拥有自主知识产权、竞争力强的企业,大力支持自主知识产权、自主品牌产品出口。

该意见指出,要增强自主创新能力,推进产业结构升级,加强海峡西岸区域创新体系建设。该意见还提出,要建设海峡西岸先进制造业基地。坚持走新型工业化道路,加快转变经济发展方式,提升产业发展水平。实施品牌带动战略,扶持重点骨干企业发展,培育一批拥有自主知识产权、主业突出、竞争力强的大企业、大集团。鼓励建立与台湾产业配套的以及大陆台资企业所需的零部件、原辅材料中心。加快培育特色优势产业,着力培育产业集群,形成具有较强竞争力的现代产业体系等。

(曾　华)

100. 京城开出50亿元知识产权质押融资大单

5月6日,北京市知识产权局与北京银行在

京签署“全面战略合作暨推动知识产权质押融资协议”，计划在未来3年由北京银行拿出50亿元，作为知识产权质押贷款专项资金，以扩大北京知识产权质押贷款规模。有关人士称，这是进一步扩大和深化北京知识产权质押融资的实质性举措，让更多拥有知识产权的中小企业从中受益。

2007年6月，北京市知识产权局与有关金融机构签署了知识产权质押融资框架协议，为北京市创新型中小企业设置了总额为20亿元的知识产权质押贷款额度。截至目前，北京共有37家中小企业以知识产权质押的方式贷款44笔，贷款总额达4.02亿元，融资项目数量和贷款总额在国内处于领先地位。（吴 辉）

101. 北京出台实施知识产权战略意见

5月6日，北京市政府出台《关于实施首都知识产权战略的意见》，明确提出“知识产权日益成为发展的战略性资源和竞争力的核心要素”。该意见强调，要大力发展以专利和版权为核心的知识产权产业。

该意见明确了实施首都知识产权战略的重点内容，即以高新技术和文化创意产业为支撑，以现代服务业为纽带，以知识产权制度为基础，大力发展以专利和版权为核心的知识产权产业；构建知识产权导向的创新创业政策体系；主动服务中央在京单位的自主创新战略；发挥中关村科技园区知识产权龙头带动作用，进一步增强园区知识产权综合能力，推动园区知识产权资源支撑首都经济发展；实施知识产权保护工程，构建和完善知识产权保护的政策法规体系、行政执法统筹体系和防御体系；完善知识产权服务体系，积极发展知识产权交易市场，加强和改进中介机构服务与管理，发挥行业协会的重要作用。（张海志）

102. 广交会知识产权被投诉企业减少2成

5月7日，第105届广交会落下帷幕。在知识产权保护方面，本届广交会上的知识产权被投诉企业较上届减少近2成，进口展区更是实现零投诉。

本届广交会共受理涉嫌知识产权侵权投诉581宗，被投诉企业748家，认定涉嫌侵权企业446家，其中进口展区实现零投诉，出口展区受理案件宗数、被投诉企业数、最终认定涉嫌侵权企业数同比分别减少了9.4%、17.5%和10.4%。慕新海表示，在广交会上，与会人员只要在展馆内发现展位上陈列的展品、宣传品及任何展示部位涉嫌侵权，都可到广交会设立的知识产权和贸易纠纷投诉接待站进行投诉。而根据广交会的规定，对涉嫌侵权的参展企业相关部门可依照程序没收该展位全体业务人员的参展商证，并进行相应处罚。（顾奇志）

103. 深圳出台高新技术企业认定管理办法

5月7日，为规范高新技术企业的认定管理工作，深圳市出台了《深圳市高新技术企业认定管理办法》。除了必须拥有一定数量的自主知识产权以外，该管理办法还规定，对于获得高新技术企业认定的深圳企业，如有因知识产权违规违法行为而受到有关部门处罚的，立即取消其认定资格，并3年内不接受该企业的认定申请。

深圳市高新技术企业认定有效期为3年，依照有关政策规定可获得相关优惠政策。根据该管理办法，该市的高新技术企业必须是持续进行研究开发与技术成果转化，拥有自主知识产权，并以此为基础开展经营活动的企业。该管理办法要求企业拥有的自主知识产权权属明确，并拥有发明专利或植物新品种1件以上，或者实用新型专利2件以上，或者非简单改变图案和形状的外观设计或者软件著作权或者集成电路布图设计专有权3件以上的数量要求。（顾奇志）

104. 温家宝强调要以自主知识产权赢得世界尊重

5月8～10日，中共中央政治局常委、国务院总理温家宝在福建考察。温家宝先后到9家企业进行了调研。他强调，加快建设海峡西岸经济区，为企业发展提供了新的机遇。企业要抓住机遇，加大科技投入，努力突破关键技术、研发新产品，以创新促进发展。

在星网锐捷通讯有限公司，温家宝说，世界各国的竞争归根到底是知识的竞争、创新的竞争、人才的竞争。一个国家、一个民族要在世界上赢得尊严，必须要有一大批创新的人才还有良好的创新机制和环境。这样，这个国家和民族就会在激烈的竞争中，以自己的产品、自主的知识产权和高度文化素养，赢得世界的尊重。

105. 天津知识产权局成为市政府直属机构

5月11日，天津市委组织部和市委科技工委召开会议，宣布天津市知识产权局成为市政府直属机构。天津市副市长王治平和中央纪委驻国家知识产权局纪检组组长肖兴威为天津市知识产权局新牌揭牌。

据悉，多年来，天津市知识产权局工作取得了长足发展。全市累计专利申请量突破10万件，知识产权管理与服务体系不断健全，企业知识产权运用能力大幅提升。（刘 珊）

106. 内地与澳门加强知识产权领域合作

经国务院批准，5月11日，商务部副部长姜增伟与澳门特区政府经济财政司司长谭伯源在澳门签署了《〈内地与澳门关于建立更紧密经贸关系的安排〉补充协议六》，协议新增的知识产权内容显示，双方同意在商标领域采取建立联络机制等措施以进一步加强在知识产权保护领域的交流与合作。澳门特别行政区行政长官何厚铧、国务院港澳办副主任周波、中央驻澳联络办副主任高燕出席了签署仪式。

该补充协议六在《内地与澳门关于建立更紧密经贸关系的安排》及其5个补充协议的基础上，对澳门进一步扩大开放。该协议将于2009年10月1日起正式实施。（张海志）

107. 上海世博会千项科技成果有望获知识产权保护

5月，上海世博会科技工作小组第一次工作会议召开，有1000多项有关上海世博会的科技成果正在申请专利，或进行软件著作权登记，世博会科技成果有望获知识产权保护。

据介绍，在世博会筹备工作中，科技部等部门发挥科技支撑作用，对接世博科技需求，组织科技力量开展科技攻关，在建设、能源、环境、运营、展示及安全等领域布局了一批科技攻关项目，全国数千名科技人员参与了研究开发工作，50%的项目完成预定研究任务和目标，有1000多项科技成果正在申请专利，或进行软件著作权登记。许多科技项目成果已经应用在世博会园区的场馆规划和建设、能源技术应用和示范、生态环境建设等方面，并取得明显成效。（姜 旭）

108. 中法创新与价值创造研讨会举办

5月12日，中法创新与价值创造研讨会在上海举行。中国国家知识产权局局长田力普出席会议并致辞。他表示，国际金融危机使我们更加深刻地感受到创新给社会经济带来的曙光和希望。

法国工业产权局局长巴迪斯戴利、世界知识产权组织代表西蒙尼维昂女士、法国贸易委员会主席托雷格罗萨出席了开幕式。来自世界知识产权组织、欧盟、法国商会以及中法知名企业、知识产权界的代表围绕“如何以及为何创新”等话题做了主题发言。（孔元中）

109. 海尔4项冰箱技术提案列入国际标准

5月12日，国际电工委员会在挪威决定：海尔提出的涉及安全、节能、环保等领域的4项冰箱技术提案通过审核，被正式列入国际标准。这是国际组织首次认可中国冰箱技术提案。

截至目前，海尔共参与了19项国际标准的制定，其中“防电墙”技术等3项国际标准已经发布实施，是中国参与制定国际标准、国家标准、行业标准最多的家电企业。在国内，海尔主持或参与了192项国家标准的编制、修订，制定行业及其他标准439项，其中8项获得了国家标准创新贡献奖。截至2008年，海尔集团累计申请专利8795件，其中发明专利申请2261件。（魏小毛）

110. 国务院推动实施11个重大专项

5月13日，国务院总理温家宝主持召开国务院常务会议，研究部署进一步发挥科技支撑作用、加快国家科技重大专项实施工作，讨论并原则通过《促进生物产业加快发展的若干政策》。会议指出，要积极培育生物产品市场需求，完善生物产品市场准入政策，加强知识产权保护，规范市场竞争秩序。

会议提出，目前科技重大专项提前并加快实施的重点任务已经确定，中央财政预算2009年安排328亿元，2010年安排300亿元左右，同时带动企业投资，主要推动高档数控机床与基础制造装备、大型飞机等11个科技重大专项的实施。

（新 华）

111.《厦门市知识产权战略纲要》颁布实施

5月14日，厦门市政府颁布实施《厦门市知识产权战略纲要》。根据该纲要，到2020年，厦门市主要知识产权发展指标将达到中等发达国家水平，知识产权制度对经济、科技、社会发展的促进作用充分显现，努力把厦门市建设成为海峡西岸经济区中知识产权创造、运用、保护和管理水平较高的城市。

该纲要包括实施知识产权战略的重要性和紧

迫性，指导思想，基本原则和战略目标，专项任务和工作措施，保障措施等四部分共 37 条。该纲要从推动知识产权创造、促进知识产权运用、强化知识产权保护和优化知识产权管理等四个方面，提出了强化企业知识产权创造的主体地位、建立自主知识产权形成激励制度等 17 项专项任务和工作措施。（周小华）

112. 全国各地陆续开通“12330”知识产权维权援助热线

5 月，天津、安徽、河南、湖南、四川以及武汉、潍坊等省市纷纷开通了知识产权维权援助公益热线“12330”。社会公众可以通过拨打该热线，向所在地知识产权管理部门咨询知识产权相关事宜，举报、投诉知识产权侵权纠纷和违法案件。

“12330”是国家知识产权局在全国统一设立的知识产权维权援助服务中心对外开放的公益热线，旨在为知识产权权利人和社会公众提供有关保护知识产权法律法规政策的咨询服务，指导知识产权权利人依法向有关知识产权执法机关进行投诉，接受社会公众对侵犯知识产权违法行为的举报，受理权利人对知识产权维权的援助请求，同时为政府有关部门、社会公众提供保护知识产权信息服务。接受举报或投诉案件后，工作人员将及时向有关知识产权行政执法机关转送，并向举报人或投诉人反馈案件处理情况和结果。

（国　知）

113. 全国市(地)领导干部知识产权战略专题研究班开课

5 月 18 日，第五期全国市(地)领导干部知识产权战略专题研究班在京举办。国家知识产权局副局长张勤作了题为“自主创新与知识产权”的专题报告。他指出，自主知识产权是应对金融危机的重要武器。

此次研究班是中共中央组织部主办、国家知识产权局承办的提高自主创新能力专题研究班之一。来自北京、天津、哈尔滨、秦皇岛、晋中等 26 个市(地)的领导干部将围绕自主创新与知识产权、公共政策中的知识产权制度建设、中美知识产权 WTO 争端等问题进行为期 5 天的专题研讨。

（张海志）

114. 江苏省知识产权“四大工程”启动实施

5 月 18 日，江苏省举行知识产权人才培养工程实施方案启动仪式，全省首批知识产权工程师培训班也于当日开班授课。此举标志着江苏省为确保在全国率先建成实施知识产权战略示范省和知识产权强省目标而制定的知识产权“四大工程”正式实施。

2009 年初，江苏省政府以 1 号文件颁布实施《江苏省知识产权战略纲要》，省委省政府同时提出，要把江苏率先建成实施知识产权战略示范省和知识产权强省。此后，省知识产权局会同省各有关部门加紧研究制定出《江苏省企业知识产权创造运用能力提升工程实施方案》《江苏省知识产权保护工程实施方案》《江苏省知识产权服务能力提升工程实施方案》和《江苏省知识产权人才培养工程实施方案》。（孙礼勇）

115. 中国组装首架空客 A320 首飞成功

5 月 18 日，中国组装的第一架空客 A320 飞机在天津首次试飞成功，这是第一架在欧洲大陆之外组装的空客 A320 飞机首飞成功。据了解，3 年前，国家发展改革委员会与欧洲空中客车公司签署了知识产权许可合作协议。

根据双方签署的知识产权许可协议，目前，已有成都飞机工业(集团)有限责任公司、沈阳飞机工业(集团)有限公司、西安飞机工业(集团)有限责任公司、上海飞机制造厂、红原航空锻铸工业公司、哈飞航空工业股份有限公司等 6 家国内航空企业为空中客车飞机生产零部件。（赵建国）

116. 41 位专家联名提出知识产权人才培养建议书

5 月 18 日，第四届中国高校知识产权人才培养研讨会举办。中南财经政法大学校长吴汉东等 41 位国内知名知识产权专家提出了《关于中国知识产权人才培养的建议书》，该建议书就实施国家知识产权战略，推进我国知识产权人才培养等提出了 6 点建议。

专家们建议国家及省市政府相关主管部门尽快制定落实《国家知识产权战略纲要》提出的“加强知识产权人才队伍建设”战略措施的专项计划和筹措专项资金，积极推进和提升高校在职、在学知识产权教育与人才培养工作。建议国务院学位委员会尽快增设知识产权法为法学二级学科，增设知识产权管理为管理学二级学科，在有条件的高等院校尽快设立相应的硕士和博士学位授予点等。（魏小毛）

117. 第十二届中国北京科博会开幕

5月19日上午，以"科技创新引领发展"为主题的第十二届中国北京国际科技产业博览会在京拉开帷幕。中共中央政治局委员、北京市委书记刘淇出席科博会主题报告会，中共中央政治局委员、国务委员刘延东出席主题报告会，并做了题为"科技创新引领发展"的主题报告。

为期6天的本届科博会由科技部、商务部、教育部、工业和信息化部、中国国际贸易促进委员会、国家知识产权局和北京市人民政府共同主办，将举办主题报告会、展览会、5场专题论坛、11个场次推介交易等活动。（刘　珊）

118. 国家传统知识知识产权保护试点工作全面实施

5月20日，国家传统知识知识产权保护试点工作培训研讨会在河南省郑州市召开。国家传统知识知识产权保护试点于2008年正式启动。2008年国家知识产权局批复了安徽省歙县、河南省禹州市和贵州省三都水族自治县为首批三个试点。各试点县(市)按照《国家传统知识知识产权保护试点工作方案(试行)》，在相关省局的指导下，成立了试点工作领导小组，制定了试点工作推进计划和实施方案，在探索传统知识知识产权保护新机制等方面进行了有益尝试。前不久，国家知识产权局又批复了云南丽江、四川康定等第二批9个县(市、区)为国家传统知识知识产权保护试点县(市、区)，使全国的试点县(市、区)达到了12个。（李建伟）

119. 调查显示我国专利平均实施率达70%

国家知识产权局规划发展司委托知识产权发展研究中心对我国专利的运用状况进行了深入调查。5月，调查报告显示，当前专利技术注重产品创新和与之相配套的工艺创新，专利实施率较高，回收样本平均实施率为70.2%。此外，在我国还存在专利实施率高与民间发明创造实施困难并存的特殊现象。

此次调查以2005～2007年授权的64.7932万件国内专利为抽样框，共抽取样本5.0127万件，回收样本4.2314万件，总体回收率为84.4%。（卓　玛）

120. 田力普与北京市领导座谈

5月21日上午，国家知识产权局局长田力普等国家知识产权局领导与北京市市委书记刘淇等北京市领导座谈。国家知识产权局副局长杨铁军，北京市领导李士祥、苟仲文、陈刚等出席座谈会。

座谈中，田力普感谢北京市多年来对国家知识产权局各项工作的支持与帮助。他说，北京市委、市政府高度重视知识产权工作，各项工作走在了全国前列，特别是中关村国家自主创新示范区的建设，取得了丰硕成果。他希望今后继续得到北京市的大力支持，与北京市继续开展良好的合作。刘淇说，多年来，国家知识产权局关心支持北京市知识产权工作。今后北京市要大力推进中关村国家自主创新示范区建设，进一步完善加强知识产权保护配套工作，为建设人文北京、科技北京、绿色北京提供强有力的支撑，努力使北京市知识产权工作走在全国前列，充分发挥北京对全国的示范带动作用。（周　暹）

121. 生益科技在美赢得337调查案

5月21日，广东生益科技股份有限公司在广东通报了其在美国337调查案中以美国埃索拉股份有限公司撤回对其所有指控而获得胜利的消息。

生益科技是目前我国惟一一家覆铜板上市公司，主要产品有阻燃型环氧玻纤布覆铜板、多层印制线路板用系列半固化片等。作为中国大陆最大的覆铜板生产企业，该公司先后开发出诸多具有国际先进水平的产品，并成功进入包括美国在内的国际市场。2008年10月6日，美国埃索拉公司向美国国际贸易委员会提出337调查申请，宣称广东生益科技股份有限公司等8家公司侵犯其相关的3件美国专利。（顾奇志）

122. 北京国际版权贸易研讨会举办

5月25～26日，第16届北京国际图书博览会(BIBF)北京国际版权贸易研讨会在京举行。新闻出版总署副署长、国家版权局副局长阎晓宏出席研讨会并做主题报告。他指出，从政府层面加大对版权贸易政策扶持力度，从版权的创造、运用、保护、管理4个环节推动版权贸易的发展。

此次研讨会是本届BIBF的重要组成部分，以"金融危机下的版权贸易"为主题，由国家版权局主办，中国图书进出口(集团)总公司承办。会议期间，来自海内外的专家、学者，各地新闻出版（版权）局和出版机构的代表就金融危机对版权贸易的影响、如何利用国际书展开展版权贸易等议题进行了交流和讨论。（刘　超）

123. 2008年度中国软件盗版率降至15%

5月26日，“2008年度中国软件盗版率调查”课题通过专家评审，并正式对外发布了2008年度中国软件盗版率数字。调查显示，2008年中国软件产业销售额达7573亿元，把盗版软件按市价折算为经济价值计算，相对于软件产业的价值而言，盗版率由2007年的20%下降为15%。

盗版率下降的主要原因是：PC厂商预装操作系统软件基本实现了正版化；政府部门和大型企业的软件正版化工作基本完成；软件企业从法律和技术两个方面采取了一系列积极的反盗版措施；主要软件产品大幅度降价促销或免费开放；软件消费者知识产权保护意识明显提高。（胡　嫚）

124. 国家知识产权局青年审查员获殊荣

5月26日，国家知识产权局召开五一劳动奖章先进个人表彰会。国家知识产权局专利局光电技术发明审查部审查员崔尚科荣获“2009年度中央国家机关五一劳动奖章先进个人”。据悉，崔尚科此次获奖在国家知识产权局建局历史上还是首次。

国家知识产权局直属机关党委常务副书记王冬峰代表机关党委、机关工会向崔尚科以及光电技术发明审查部全体职工表示祝贺。王冬峰表示，崔尚科从入局至今，不断进取、爱岗敬业，努力在平凡的岗位上作出了不平凡的贡献，他是青年同志的优秀代表，希望国家知识产权局涌现出更多像他这样的青年，也希望崔尚科再接再厉、再创佳绩，为知识产权事业作出更大贡献。（刘　珊）

125. 国家版权局发布新规

5月，国家版权局以局令的形式发布了《著作权行政处罚实施办法》和《国家版权局废止第三批规章、规范性文件的决定》。

此次发布的《著作权行政处罚实施办法》根据相关条例规定，扩充了应予行政处罚的违法行为，增加了《信息网络传播权保护条例》第18条同时损害公共利益的侵权行为，第19条、第25条所列举的侵权行为，《著作权集体管理条例》第41条、第44条规定的应予行政处罚的行为。根据《行政处罚法》和《著作权法律法规》的规定，该办法增加了“警告”“没收侵权制品”和“没收安装存储侵权制品的设备”3项新的行政处罚种类。（姚文平）

126. 国家知识产权局召开政务公开工作会议

5月27日，国家知识产权局在京召开政务公开工作会议，国家知识产权局副局长杨铁军在会上强调，要不断扎实探索，总结经验，进一步提高政务公开工作水平。

此次会议还邀请了国家行政学院杨小军教授，从政府信息公开范围这一角度，为与会代表作了报告。据了解，国家知识产权局2008年主动公开政府信息1087条，涉及25个类别，共60余项具体内容。全年共受理依申请公开申请8件，未因政府信息公开而被提起行政复议或行政诉讼。

（邹俊利）

127. 国家知识产权局军转安置工作获表彰

6月2日，第五次全国军转表彰大会暨2009年军转安置工作会议在京召开，模范军队转业干部、军转安置工作先进单位和先进军转工作者获表彰，国家知识产权局军转安置工作获得可喜成绩，国家知识产权局专利局人事教育部调配处处长韩梅获“先进军转工作者”称号。

为了能够保证每年军转干部的安置工作顺利完成，国家知识产权局领导高度重视军转安置工作。2001年来，国家知识产权局年年完成甚至超额完成国务院军转办下达的接收指标，为军转干部安置工作进行了有益探索。（张海志）

128. 我国基因发明专利申请年均增长26%

6月2日，中国基因科学暨产业发展高峰论坛在北京举行。全国政协副主席王志珍、全国人大常委会委员杨邦杰出席论坛。

国家知识产权局副局长张勤在论坛上表示，从2004～2008年，我国基因发明专利申请量年均增长26%。来自国外的申请量年平均增长率为17.8%。2008年共受理此类专利申请4532件，其中来自国内的申请为3410件，占总申请量的75.2%。2008年此类专利授权量为1321件，其中国内的为945件，近5年平均增长率为16.3%，均高于国外。（赵建国）

129. 我国专利代理行业发展规划发布

6月3日，国家知识产权局在京召开新闻发

布会，正式发布《专利代理行业发展规划(2009～2015年)》。

该规划明确了未来7年专利代理行业的发展目标、基本原则、主要任务、专项工作以及政策保障措施等。《规划》提出了到2015年专利代理人队伍规模要达到万人左右，其中高素质专利代理人才达到千人，优秀专利代理机构达到百家以上等发展目标。国家知识产权局新闻发言人、条约法规司司长尹新天，中华全国专利代理人协会秘书长李建蓉出席会议并回答记者提问。(刘阳子)

130. 中美日欧外观设计保护论坛开讲

6月3～4日，中美日欧外观设计保护论坛在广东省佛山市顺德区举办。国家知识产权局副局长李玉光出席论坛并讲话。他表示，中国和美国、欧洲、日本等国家有着长期友好的合作关系，这次论坛上将就与会各方的外观设计申请、保护制度进行介绍与探讨，有助于进一步加强沟通，促进互相了解。

本次论坛由国家知识产权局、美国专利商标局、日本特许厅和欧共体商标和外观设计注册局共同主办。来自中国、美国、日本和欧洲知识产权相关机构的官员和专家就外观设计的申请与保护问题展开了热烈的研讨。(顾奇志)

131.《国家知识产权战略纲要》颁布实施一周年

6月5日，在《国家知识产权战略纲要》颁布一周年之际，国家知识产权局副局长张勤做客国家知识产权战略网，与网友进行了主题为“全面实施国家知识产权战略，大力提升核心竞争力”的在线交流。

针对公众关心的问题，张勤总结了纲要颁布实施一年来中央、地方各级政府部门落实纲要所采取的措施和取得的成效，阐述了实施纲要对于我国经济社会发展的深远影响。此外，张勤还就知识产权战略与国家法制建设的关系、地方知识产权战略与国家知识产权战略的关系、我国战略与发达国家战略的异同等问题回答了网友的提问。(刘阳子)

132.《青岛市知识产权战略纲要》发布

6月5日，在《国家知识产权战略纲要》颁布实施一周年之际，山东省青岛市政府正式向社会发布了《青岛市知识产权战略纲要》。

该战略纲要提出，近5年青岛市专利申请与授权总量分别达到8万件和3.8万件，全市注册商标申请量年递增10%以上，注册商标总量达到3.5万件，驰名商标达到60件，植物新品种年均增加20个以上，版权登记量年均增长10%；到2020年要建立与科技、经济、社会协调发展的知识产权管理、保护和服务新体制，形成良好的知识产权文化氛围，创造、运用、保护、管理知识产权的能力显著提高，自主知识产权的拥有量及其对经济发展的贡献达到创新型城市的要求，主要指标达到同期中等发达国家水平。(张海生)

133. 国务院提出加强生物技术专利保护和物种种质资源保护

6月6日，国务院办公厅下发《促进生物产业加快发展的若干政策》指出，要加强生物技术专利保护和物种种质资源保护，提高种质资源开发、利用水平，保障生物安全。培育若干个跨国经营的大型生物企业和一大批拥有自主知识产权的创新型中小生物企业，形成若干个产业集聚度高、核心竞争力强、专业化分工特色显著的生物产业基地等。

该若干政策共十个部分，包括政策目标、现代生物产业发展重点领域、发展壮大生物企业、大力促进自主创新、培养高素质人才队伍、加大财税政策支持力度、积极拓宽融资渠道等共33项措施。(曾　和)

134. 中日签署知识产权保护交流合作备忘录

6月7日，由中国国务院副总理王岐山和日本外务大臣中曾根弘文共同主持的第二次中日经济高层对话在日本东京举行。双方签署了《关于知识产权保护交流与合作的备忘录》，将成立中日知识产权工作组，加强知识产权立法和执法经验交流，开展人才交流与培训及技术援助等合作。

在此次经济高层对话中，中日双方签署了《关于知识产权保护交流与合作的备忘录》《中日农业合作会谈纪要》《关于加强地震领域科学技术合作的备忘录》等8个文件。(新　华)

135. 中英加强知识产权领域合作

6月8日，中国国家知识产权局局长田力普在京会见了英国知识产权局局长伊恩·弗莱彻，双方就关心的知识产权议题深入交换了意见。

双方通报了各自的最新发展，并就2009年双边合作行动框架协议工作计划建议的内容进行了磋商。双方还就国际知识产权制度的重大发展、绿色专利技术快速处理通道及国际金融危机对知识产权的影响等问题深入交换了意见。此前，中国国家工商总局副局长付双建和中国新闻出版总署署长、国家版权局局长柳斌杰分别会见了伊恩·弗莱彻。（吴　锐）

136. 上海知识产权公共服务平台开通

6月9日，上海市副市长赵雯与国家知识产权局副局长杨铁军共同点击开通了上海知识产权（专利信息）公共服务平台 。

该平台具有专利检索与在线分析、专题数据库制作管理、专利信息定制和预警、专利交易与价值评估、知识产权综合管理和其他延伸服务六大应用功能系统，开通后将由上海市知识产权服务中心负责运行、维护和管理。（孔元中）

137. 泛珠三角区域全面加强知识产权合作

6月11日，泛珠三角区域知识产权合作第五届联席会议暨第四届论坛在广西南宁召开。国家知识产权局党组成员、中央纪委驻国家知识产权局纪检组组长肖兴威，广西壮族自治区副主席陈章良等领导出席会议开幕式并致辞。

泛珠三角区域是指广东、广西、湖南、海南、福建、江西、云南、贵州、四川9省区和中国香港、中国澳门两个特别行政区，通称“9+2”。2004年12月，首届泛珠三角区域知识产权联席会议签署了《泛珠三角区域知识产权合作协议》。（常　青）

138. 中日韩学者共同探讨非遗保护方法

6月13～14日，由中国民间文艺家协会和天津大学冯骥才文学艺术研究院共同主办的第3届中日韩非物质文化遗产保护方法论坛在天津举行。同时，中国非物质文化遗产保护数据库在天津大学启动。

自2005年以来，中日韩3国学者分别在3个国家轮流举办研讨会，取得了良好的学术交流成效。研讨会已经成为非遗研究重要的国际型会议，被3国相关学术机构列为长期合作项目。此次研讨会以“田野的经验”为主题，3国均派出了本国长期扎根民间的资深学者与会，分别就“中国民俗学的田野调查方法与创新”等议题进行了深入探讨。（姚文平）

139. 全国首家文化产权交易所成立

6月15日，由上海联合产权交易所、解放日报报业集团、上海精文投资公司联合投资创立的全国首家上海文化产权交易所暨上海版权交易中心在上海正式揭牌。这也是我国首家文化产权交易所。

该交易所以文化产权、文化版权为核心，将开展各类版权、文化专有权益、公共文化服务政府采购等文化产权的交易，为文化产业投资提供咨询策划等服务，通过市场推动版权、文化创意与实体产业的衔接，促进各类文化产业全面流动。（杨　冬）

140. 第5届中韩版权研讨会召开

6月17日，由中国国家版权局和韩国文化观光部共同主办的第5届中韩版权研讨会在京召开。此次研讨会吸引了两国音乐、电影、电视等领域的专家、企业代表100余人参会。

研讨会上，数字网络环境下两国著作权法修改、网络市场版权贸易与保护模式及著作权法案例热点等成为双方研讨热点。国家版权局版权管理司有关负责人在发言中指出，两国业界通过共同分析两国著作权法律制度和版权保护模式，交流两国在数字环境下完善著作权法律体系及推进版权贸易发展等方面的成功经验，对未来国际版权保护制度与版权产业的发展态势作出科学研判，是中韩两国签订版权保护双边协议后一次重要的学术活动。（姚文平）

141. 第三批国家级“非遗”项目代表性传承人名单出炉

6月18日，文化部公布了第三批国家级非物质文化遗产项目代表性传承人名单，民间文学、传统音乐、传统舞蹈、传统戏剧、传统技艺、传统医药等10类国家级非物质文化遗产项目的711名传承人榜上有名。

在10类国家级非物质文化遗产项目中，传统戏剧类项目被认定的代表性传承人人数最多，达196人。苗族古歌、格萨尔、蒙古族长调民歌、江南丝竹、兴国山歌、陕北秧歌、湛江傩舞、昆曲、川剧、秦腔、京剧等众多国家级非物质文化遗产项目均有传承人入选第三批国家级非物质文化遗产项目代表性传承人名单。（刘　珊）

142. 最高人民法院就专利法司法解释公开征求意见

6月18日，最高人民法院正式公布了《关于审理侵犯专利权纠纷案件应用法律若干问题的解释(征求意见稿)》，向社会各界广泛征求修改意见。该征求意见稿对专利权的保护范围、专利权侵权判定以及被诉侵权抗辩等进行了具体规定。

最高人民法院有关负责人表示，社会各界人士在7月10日前，可以采取书面寄送或者在网上发表意见的方式，对司法解释稿提出具体的修改建议。最高人民法院将在对社会各界意见进行认真研究的基础上，对司法解释稿进行修改完善，以保证司法解释更加符合立法本意，更加符合中国国情，更加有利于激励自主创新。 (魏小毛)

143. 李长春指出要着力打造自主知识产权文化品牌

6月15～19日，中共中央政治局常委李长春在上海进行调研。他指出，衡量一个地区、一个企业的实力和竞争力，归根到底要看拥有多少具有自主知识产权和核心技术的知名自主品牌；要大力发展新兴文化产业，着力打造外向型文化企业和具有自主知识产权的文化品牌。

李长春指出，要在全社会大力弘扬创新文化、培育创业精神，努力形成鼓励创新、追求创新、勇于创新的良好氛围，使全社会的创造活力充分释放、创新成果不断涌现。上海要充分发挥创新人才集聚、创新氛围浓厚的优势，加快提高自主创新能力的步伐，切实建立起以企业为主体、市场为导向、产学研相结合的技术创新体系，以提高发明专利拥有量、增强创意策划能力、增加自主知识产权为主攻方向，打造一批具有自主知识产权和核心竞争力的知名品牌，增强上海名牌的影响力和竞争力。 (新 华)

144. 第七届中国·海峡项目成果交易会落幕

6月20日，由国家知识产权局等16个单位共同主办的第七届中国·海峡项目成果交易会在福州圆满落幕。这是国务院《关于支持福建省加快建设海峡西岸经济区的若干意见》出台后，福建省承办的规格最高的一次展会。

在为期3天的交易会期间，主办方举办了“海峡两岸知识产权论坛”等50多场活动。中共中央政治局委员、国务委员刘延东，全国人大常委会副委员长陈至立等出席开幕式。

尊重知识产权、保护知识产权在本届交易会上备受关注。国家知识产权局作为交易会的主办单位之一，在现场搭起了大型展台，展出各类专利技术57项，并通过分发宣传单，现场讲解等方式宣传“保护知识产权，促进海西发展”。 (陈长飞)

145. 贾庆林强调要形成自主知识产权骨干企业群

6月22日，中共中央政治局常委、全国政协主席贾庆林在北京就新能源汽车发展进行专题调研。

在北汽福田的混合动力汽车总装车间、节能减排重点试验室和北京福田康明斯发动机生产线，贾庆林仔细询问企业自主创新情况。他强调，要把增强自主创新能力作为贯穿企业各项工作的主线，作为把握产业发展主动权的核心，大力开展原始创新、集成创新和引进消化吸收再创新，着力攻克新能源汽车的共性关键技术和系统集成，提升总体研发水平。要促进产学研结合，发展新能源汽车技术联盟，形成一批拥有自主知识产权、自主品牌和较强市场竞争力的关键零部件和整车骨干企业群。要抓好技术创新队伍建设，重点引进和培养发展新能源汽车需要的各类人才特别是高级人才，为我国新能源汽车长远发展提供强有力的人才支撑。 (新 华)

146. 我国确定首批专利保护重点联系基地

6月22日，国家知识产权局确定10个单位为第一批全国专利保护重点联系基地。其中包括1家司法机构，7家研究、开发机构，2家法律服务机构。第一批重点联系基地单位将向知识产权局系统提供有关专利执法的咨询意见和有关信息，参与重要执法问题和疑难案件的研讨论证，促进执法人员业务素质的提高，积极传播通过专利保护促进创新发展的信息与经验。

2009年4月，国家知识产权局印发了《关于近期知识产权局系统执法工作安排的通知》，对建立全国专利保护重点联系机制进行部署。该通知印发后，国家知识产权局陆续收到地方局推荐、有关单位自荐申请多份。 (王志超)

147. 河北出台意见实施知识产权战略

6月22日，河北省政府印发了《关于贯彻国家知识产权战略纲要的实施意见》。

该实施意见的“指导思想”部分强调，要贯彻

"激励创造、有效运用、依法保护、科学管理"的方针，以促进创新成果产权化、推动知识产权产业化为方向，加速构建创新型河北和诚信河北。"主要原则"部分强调，要实行把握总体要求与突出地方特色、整体推进与重点突破、政府引导和市场推进、能力建设与制度创新"四个结合"。该意见按照知识产权主要类别，分别部署了专利、商标、版权、商业秘密、农业植物新品种、林业植物新品种、地理标志、中医药传统知识、非物质文化遗产9项专项任务。该意见指出，到2020年，要将河北省建设成为知识产权创新能力较强的知识产权先进省份。（张东辉）

148. 2008年度专利审查质量满意度调查结果发布

6月，国家知识产权局2008年度专利审查质量满意度调查结果发布。调查结果显示，公众对国家知识产权局的专利审查工作十分关注，对当前的审查质量较为满意，满意度指数为77.3。

2009年初，国家知识产权局委托专业调查机构，开展了2008年度专利审查质量满意度调查活动。调查对象包括专利申请人、专利权人、专利代理机构以及无效请求人等，通过面访、电话和电子邮件等多种调查形式，共访问2576人次。调查总体结果显示，受访者对专利审查的舒适性、安全性和正确性比较满意，对时间性、经济性和一致性仍有改进需求；从专利审查各阶段来看，PCT国际检索和国际初审、专利受理和事务处理的满意度较高，得到受访者的充分认可。（卓　玛）

149. 云南出台贯彻国家知识产权战略实施意见

6月30日，云南省为贯彻落实《国务院关于印发国家知识产权战略纲要的通知》精神，专门印发了《关于贯彻国家知识产权战略的实施意见》。

该意见指出，大力实施知识产权战略对于开发和利用国内外知识资源，加快建设创新型云南，推动云南产业结构优化升级，转变经济发展方式，提高经济质量和效益，促进云南经济社会又好又快发展具有十分重要的意义。为此，全省要深入贯彻落实科学发展观，加强知识产权创造和保护，重点推进知识产权的有效运用，促进知识产权的商品化、产业化和资本化，形成一批拥有自主知识产权、竞争力较强的优势产业集群和大企业，推动云南经济发展方式转变和云南区域发展综合实力的提升，为建设创新型云南和全面建设小康社会提供有力支撑。到2020年，全省知识产权创造和运用能力显著提高，知识产权管理和保护与全国同步发展，重点产业自主知识产权商品比重大幅提升，知识产权对经济增长的带动作用明显提高，知识产权整体发展水平进入西部先进行列。

（李跃辉）

150. 知识产权评估新规正式施行

7月1日，涉及知识产权资产评估的两项新准则：《资产评估准则——无形资产》《专利资产评估指导意见》正式施行。

《资产评估准则——无形资产》科学界定了无形资产内涵，既包括专利权、商标权、著作权、专有技术等可辨认无形资产，又包括商誉等不可辨认无形资产，同时将销售网络等新型无形资产纳入规范范围。该规则要求注册资产评估师执行无形资产评估业务，应当根据评估目的、评估对象、价值类型、资料收集情况等相关条件，分析收益法、市场法和成本法的适用性，恰当选择一种或者多种资产评估方法。《专利资产评估指导意见》根据《资产评估准则——无形资产》，明确了专利资产评估的对象是包括专利所有权和使用权的专利资产权益，填补目前资产评估法律、法规体系、准则的空白，并一一明确了专利资产评估的操作要求和披露要求。（刘　仁）

151.《成都市知识产权战略纲要》颁布实施

7月1日，成都市人民政府印发了《成都市知识产权战略纲要》，标志着成都市知识产权战略正式启动实施。

作为指导成都市知识产权事业发展的纲领性文件，该纲要立足国家战略体系的中微观层面，突出地方特色和可操作性，围绕"到2020年，把成都全面建成政策环境优、创新活力强、运用效果好、保护水平高的全国一流知识产权强市"的奋斗目标，从加强知识产权制度建设、促进知识产权创造与运用、强化知识产权保护、完善知识产权服务体系、加强知识产权人才队伍建设和培育知识产权文化等六个方面对知识产权事业发展进行了总体规划和安排部署。（周渝利）

152. 国家数字版权研究基地揭牌

7月1日，国家数字版权研究基地揭牌仪式在北京大学举行，新闻出版总署副署长、国家版权局副局长阎晓宏与北京大学副校长张国有为基地揭牌。阎晓宏指出，数字版权研究基地的成立是我国数字版权产业实现跨越式发展的重要契机。

该基地由新闻出版总署、国家版权局支持，行政上隶属北京大学法学院。基地成立后，将创建数字版权理论研究平台，从事相关法律政策研究，关注国际数字版权保护动向及国际组织发展动态，积极参与数字版权国际公约及相关国际规则的研究，以提高我国数字版权研究水平，同时也为政府部门提供立法和政策咨询等。（窦新颖）

153. 世界知识产权组织总干事访问国家版权局

7月3日，新闻出版总署署长、国家版权局局长柳斌杰会见了世界知识产权组织总干事弗朗西斯·高锐及副总干事王彬颖一行。

柳斌杰在会谈中指出，中国知识产权工作近年来取得了很大进展，各部门正在积极贯彻落实《国家知识产权战略纲要》，推动国家知识产权战略实施工作深入开展。他同时强调，中国不仅是版权创造的大国，也是勇于承担义务和责任的大国，针对在新媒体等领域出现的新的盗版问题，中国将下大力气采取措施进行整治。高锐表示，中国是知识产权大国，在国际版权领域中扮演着重要角色。他为与中国之间的良好合作感到骄傲。目前，世界上出现了许多知识产权保护方面的新问题，需要包括中国在内的世界各国共同面对。

（刘　超）

154. 温家宝多次强调知识产权重要性

7月4～5日，中共中央政治局常委、国务院总理温家宝赴山西就经济社会发展等问题进行调查研究。

温家宝先后来到太原、大同，他进工厂、下矿井，就经济社会发展和群众生活问题进行调查研究。在考察中，温家宝多次强调，谁在科技上占领制高点、谁掌握了关键技术、谁具有自主的知识产权、谁的高端产品多，谁就能在竞争中长期占有优势。当前，尤其要重视依靠科技发展新能源、新材料、生物制药、节能环保等新兴产业，培育新的经济增长点。只有这样，才能在市场竞争中站得住脚，保持领先地位和持续竞争力。同时，要适应市场需求，防止一哄而起，造成新的产能过剩。

（曾　和）

155. 我国将加大涉及世博知识产权司法保护力度

7月7日，上海市高级人民法院在京发布了《上海法院积极服务保障2010年世博会若干意见》。上海市高级人民法院副院长沈志先在新闻发布会上表示，为更好地服务和保障世博会，积极回应涉及世博知识产权司法保护的需求，加大涉及世博知识产权司法保护力度，上海法院建立了专项审理制度，在浦东新区法院成立世博法庭，并指定浦东新区法院管辖展期间园区内发生的知识产权等案件。

沈志先表示，上海将服务保障2010年世博会，要依法认真受理、裁判、执行好世博会筹办、举办和撤展期间因世博事项发生的知识产权等案件。要依法采取证据保全、财产保全、证据调查、现场勘查等措施，有效保护世博会组织者、参展者的标志标识、衍生产品、展馆设计、布展创意、展示技术、展品、包装标识、宣传文件等知识产权。要依法妥善处理与世博相关的特许经营合同纠纷，加强对构成侵权的假冒赞助商营销行为的司法规制，有效保障涉及世博案件相关利益主体的知识产权。（黄　伟）

156. 我国软件著作权登记再创历史新高

7月，中国版权保护中心发布最新数据，2009年上半年，我国软件著作权登记量继续呈现快速增长态势。各类软件登记总量达到29 934件，软件著作权登记量增幅创历史新高。

统计数据显示，截至6月30日，中国版权保护中心共受理软件著作权登记申请2.9804万件，同比增长112.9%；批准软件著作权登记2.8748万件，同比增长100.4%。其中，软件著作权转让合同登记38件，软件著作权专有许可合同登记75件，变更或补充登记1034件，软件著作权质押合同登记39件。北京、广东、浙江、江苏、福建、四川、天津、湖北增长幅度均超过28%，其中北京以1.0556万件的登记量仍位居全国之首。

（姚文平）

157. 第3届中国数字出版博览会落幕

7月9日，以“落实数字化发展战略，推进出版业升级转型”为主题的第3届中国数字出版博览会在京落幕。新闻出版总署副署长孙寿山在会上指出，数字出版代表了新闻出版业未来的发展趋势和潮流，将成为新闻出版业最强劲的增长点。

本届数博会集中展示了国内外数字出版业的最新技术和成果，并邀请政府有关领导以及业内专家学者，就数字出版产业发展中的热点问题做了专题演讲。年度数字出版领军人物、年度数字出版示范企业、年度数字出版知名品牌、年度数字出版作品及年度数字出版创新技术等五大奖项同时出炉。 （刘 超）

158. 电子信息百强企业战略实施成效初显

经工业和信息化部审定，7月9日，2009年电子信息百强企业揭晓。华为技术有限公司以年营业收入1227亿元位居榜首，海尔集团公司、联想控股股份有限公司紧随其后。尽管受到了国际金融危机的影响，但电子信息百强企业仍保持平稳发展态势，研发投入和创新能力持续增强，知识产权战略初显成效。截至2008年底，百强企业申请专利总数超过4万件，其中发明专利达1/4以上。

电子信息百强企业第四名至第十名分别为：海信集团有限公司、中兴通讯股份有限公司、北大方正集团有限公司、TCL集团股份有限公司、熊猫电子集团有限公司、四川长虹电子集团有限公司、比亚迪股份有限公司。 （刘 仁）

159. 第五届两岸经贸文化论坛隆重开讲

7月12日，第五届两岸经贸文化论坛在湖南省长沙市落下帷幕。中共中央政治局常委、全国政协主席贾庆林出席论坛并发表演讲。他指出，要共同研究制定两岸文化产业标准，健全文化市场，加强知识产权保护，为两岸文化产业发展营造良好的环境。

论坛通过了六个方面“共同建议”，包括共同推动制定两岸文化产业标准，加强知识产权保护，建立沟通合作平台，优化两岸文化产业发展条件；加强两岸在文化古迹和非物质文化遗产的保护、传承和利用等方面的交流合作；建立两岸出版交流机制，积极扩大出版物贸易与版权贸易，加强出版合作，并共同开拓海外华文出版市场等。

（钟 和）

160. 2009年全国研究生知识产权暑期学校开班

7月12日，由教育部和国家自然科学基金委员会资助、中南财经政法大学知识产权研究中心承办的“2009年全国研究生暑期学校”开学典礼在中南财经政法大学举行。来自海内外80多所院校的170余名学员参加了为期16天的知识产权强化学习。

知识产权暑期学校旨在培养知识产权人才，培育知识产权文化，夯实知识产权理论，提高知识产权意识，为实施知识产权战略以及知识产权事业发展培养后备人才。此次暑期学校的学员包括清华大学、南京大学、浙江大学、武汉大学等高校的青年教师、博士和硕士二年级研究生，以及来自瑞典隆德大学、意大利摩德纳大学等海外高校的学者。 （凡咏齐）

161. 国有企业领导人员不得利用知识产权牟取利益

7月13日，中共中央办公厅、国务院办公厅印发了《国有企业领导人员廉洁从业若干规定》。该规定明确指出，国企领导人不得利用企业的知识产权等无形资产，为本人或者配偶、子女等特定关系人谋取利益。

该规定是规范国有企业领导人员廉洁从业行为的基础性法规，对于加强国有企业反腐倡廉建设、维护国家和出资人利益、促进国有企业科学发展、保障职工群众合法权益具有重要作用。该规定指出，国有企业领导人应当忠实履行职责，不得利用企业上市或者上市公司并购、重组、定向增发等过程中的内幕消息、商业秘密以及企业的知识产权、业务渠道等无形资产或者资源，为本人或者配偶、子女及其他特定关系人谋取利益。

（曾 华）

162. WIPO召开知识产权与公共政策大会

世界知识产权组织（WIPO）7月13日在日内瓦召开知识产权与公共政策大会，中国国家知识产权局副局长李玉光出席并做主旨发言。李玉光强调，知识产权制度应发挥其天然优势，通过有效运用和积极发展现有的知识产权工具，促进适应与减缓等技术的创新和推广。

本次会议旨在对气候变化、公共健康和粮食安全等领域所涉及的知识产权问题进行公共政策探讨。WIPO总干事弗朗西斯·高锐、世界气象组织秘书长米歇尔·雅罗、世界贸易组织总干事帕斯卡尔·拉米等也在会上发言。 （盛 莉）

163. 上半年我国受理专利申请42.6万件

7月，国家知识产权局最新统计数据显示，2009年上半年，我国专利申请量和授权量继续保持快速增长。2009年上半年，国家知识产权局共受理专利申请42.6万件，同比增长23.1%；专利授权25.2万件，同比增长31.3%。可喜的是，国内发明专利申请所占比例首次超七成，国内发明专利授权量首次超国外。

截至2009年6月底，国家知识产权局共受理专利申请527.6万件，其中国内申请440万件，占总量的83.4%；发明专利、实用新型专利、外观设计专利申请数量分别为177万件、183.8万件和166.8万件，在总量中的比例分别为33.6%、34.8%和31.6%。专利授权总量为275.3万件，其中国内235.5万件，占总量的85.5%；发明专利、实用新型专利、外观设计专利授权总量分别为52.4万件、125.6万件和97.3万件。（王晓浒）

164.“走进世博会”展览隆重举办

7月15日，党和国家领导人胡锦涛、吴邦国、温家宝、贾庆林、李长春、习近平、李克强、贺国强、周永康分别来到首都博物馆，参观“走进世博会——中国2010年上海世博会暨世博会历史回顾展览”。胡锦涛强调，要真正把上海世博会办成一届成功、精彩、难忘的世博会。

在参观过程中，胡锦涛指出，上海世博会是继北京奥运会后我国举办的又一个世界盛会；办好上海世博会，对于展示我国改革开放以来的巨大成就和文明进步形象、促进我国同世界各国各地区交流合作，具有十分重要的意义；对于妥善应对国际金融危机冲击、促进世界经济复苏，也将发挥积极作用。

165. 全国首部地级城市知识产权战略纲要出台

7月15日，湖北省宜昌市人民政府印发了《宜昌市知识产权战略纲要》，标志着《宜昌市知识产权战略纲要》正式颁布实施。据悉，该纲要是全国首部地级城市颁布的知识产权战略纲要。

该纲要围绕把宜昌建设成为省域副中心城市和世界水电旅游名城的发展目标，从增强知识产权创造能力、促进知识产权的转化和运用、有效保护知识产权、完善政策体系、提升知识产权服务水平、扩大对外交流合作、加强人才队伍建设、营造知识产权环境、加强组织领导和保障经费投入等九个方面，提出了实施知识产权战略任务和措施。

（徐晓红）

166. 北京市高级人民法院明确授权确权类知识产权行政案审理

7月16日，北京市高级人民法院下发《关于执行〈最高人民法院关于专利、商标等授权确权类知识产权行政案件审理分工的规定〉的意见》，明确专利、商标、集成电路布图设计授权确权行政案件暂由北京市第一中级人民法院知识产权庭审理，植物新品种授权确权行政案件暂由北京市第二中级人民法院知识产权庭审理，当事人提起上诉的，由北京市高级人民法院知识产权庭审理。目前，该意见已正式施行。

据北京市高级人民法院知识产权庭有关负责人介绍，授权确权类知识产权行政案件是北京法院专属管辖的一类特殊类型案件。此前，此类案件分别由北京市高、中级法院知识产权庭和行政庭审理。2009年6月，最高人民法院为落实《国家知识产权战略纲要》的部署，决定将此类案件统一由北京市高、中级法院知识产权庭负责审理，据此，北京市高级人民法院制定了《意见》。

（刘　珊）

167. 国家知识产权局军转干安置工作再获表彰

7月16日，中央单位军转表彰大会暨2009年军转安置工作会议在北京举行，国家知识产权局专利局获中央单位军队转业干部安置工作先进单位，国家知识产权局直属机关党委办公室主任赵志彬获“中央单位模范军队转业干部”荣誉称号。

这是继2009年6月2日专利局人事教育部调配处处长韩梅在第五次全国军转表彰大会暨2009年军转安置工作会议上荣获“先进军转工作者”后，国家知识产权局的军转干工作再获表彰。

（张海志）

168. 逾百名香港居民参加了专利代理人资格考试

7月16日，记者从粤港保护知识产权合作专责小组第八次会议上获悉，自2004年开放香港居民在内地参加全国专利代理人资格考试以来，已经有超过100名香港居民参加了专利代理人考试。

据介绍，从2004～2009年，共有7名香港居民通过了全国专利代理人资格考试。截至2009年7月16日，报名参加2009年全国专利代理人资格考试的香港居民已经达到29人，有望超过2008年。（顾奇志）

169. 我国首个林业知识产权信息中心成立

7月17日，中国林业知识产权信息中心在东北林业大学揭牌成立。国家知识产权局党组成员、中央纪委驻国家知识产权局纪检组组长肖兴威和黑龙江省副省长于莎燕为信息中心揭牌并讲话。

中国林业知识产权信息中心是我国首个林业知识产权信息中心，同时也是落实《国家知识产权局、黑龙江省政府合作会商制度议定书》的首个项目成果，标志着省部共建工作进入了一个新的阶段。（李备战）

170.《2008 中国有效专利年度报告》发布

7 月，国家知识产权局对截至 2008 年底所有处于有效状态的专利进行了统计，在此基础上研究分析了国内外有效专利的基本状况和创新主体在专利保护方面存在的问题，并发布了《2008 中国有效专利年度报告》。

报告显示，截至 2008 年底，我国有效专利共计 119.5196 万件。其中，国内 92.3797 万件，占 77.3%，国外 27.1399 万件，占 22.7%；有效发明专利 33.7215 万件，占 28.2%，有效实用新型专利 46.9729 万件，占 39.3%，有效外观设计专利 38.8252 万件，占 32.5%。据初步推算，我国有效发明专利数量占全球有效发明专利总量的 2%～2.5%，而同期我国经济总量约占世界经济总量的 6%。（汪玮玮）

171. 中央企业有效专利拥有量增势明显

7 月 21 日，记者从国务院国有资产监督管理委员会召开的中央企业负责人会议上获悉，金融危机下，中央企业普遍加大自主创新力度，推进科技进步。截至 2008 年底，中央企业累计拥有有效专利 6.04 万余件，比 2008 增长 32.7%。其中，有效发明专利 2.05 万件，比 2008 年增长 31%，占总量的 34%，有效地促进了中央企业综合素质和竞争能力的进一步提高。

据相关统计数据显示，2008 年中央企业申请专利 3.09 万件，同比增长 44.5%，占全国专利申请量的 3.7%。2008 年中央企业获得授权专利 1.45 万件，同比增长 45%，占全国专利授权量的 3.5%。（刘　仁）

172.《文化产业振兴规划》获原则通过

7 月 22 日，国务院召开常务会议，讨论并原则通过《文化产业振兴规划》。会议强调，振兴文化产业，必须坚持把社会效益放在首位，努力实现社会效益与经济效益的统一；坚持以体制改革和科技进步为动力，增强文化产业发展活力，提升文化创新能力；坚持推动中华民族文化发展与吸收世界优秀文化相结合，走中国特色文化产业发展道路；坚持以结构调整为主线，加快推进重大工程项目，扩大产业规模，增强文化产业整体实力和竞争力。

会议指出，为确保各项任务落到实处，必须深化文化体制改革，激发全社会的文化创造活力。要降低准入门槛，积极吸收社会资本和外资进入政策允许的文化产业领域，参与国有文化企业股份制改造，形成公有制为主体、多种所有制共同发展的文化产业格局。要加大政府投入和税收、金融等政策支持，大力培养文化产业人才，完善法律体系，规范市场秩序，为规划实施和文化产业发展提供强有力的保障。（姚文平）

173.《审查指南(征求意见稿)》向社会征询意见

为配合《专利法》第三次修改，国家知识产权局于 2008 年年底启动了 2006 版《审查指南》的修订工作。7 月，按照《审查指南》修改工作计划的要求，《审查指南》征求意见稿已在国家知识产权局政府门户网站上公布，并通过链接在国务院法制办网站上开始为期一个月的公开征求意见工作。在面向社会征求意见的同时，《审查指南》修改工作组将再次征求国家知识产权局内各部门和审查员对该修改稿的意见。意见征求截止日期为 2009 年 8 月 10 日。（王智勇）

174. 老字号技改最高可获 50 万元财政补贴

7 月，财政部、商务部联合发布了《关于 2009 年度中小商贸企业发展专项资金使用管理有关问题的通知》，对 2009 年度中小商贸企业发展专项资金使用管理问题进行了明确规范。该通知规定，对于中华老字号商标保护和技术改造等费用，采取财政补助方式予以支持，其中，企业国内商标保护性通类注册补贴资金不超过 3 万元，马德里商标国际注册补贴资金不超过 4 万元，企业技术改造和工艺创新补贴资金不超过 50 万元。

该通知指出，对于中华老字号商标保护和技术改造等费用，采取财政补助方式予以支持，2009 年先在北京、天津、上海、江苏、浙江、山东、青岛、广东、四川 9 个老字号比较集中的地区开展试点。（钟　和）

175. 国家知识产权局传达全国纪委书记座谈会精神

7 月 22 日，国家知识产权局党组书记、局长田力普主持召开局党组会议，专门听取局党组成员、中纪委驻国家知识产权局纪检组组长肖兴威关于近期召开的全国纪委书记座谈会精神的汇报，研究制定了国家知识产权局贯彻落实会议精神的具体措施。田力普要求，要在全局范围内认真组织学习，深刻领会，切实抓好会议精神的贯彻落实。

田力普指出，近期中央集中出台的《中国共产党巡视工作条例(试行)》《关于实行党政领导干部问责的暂行规定》《国有企业领导人员廉洁从业若干规定》三项法规和《关于开展工程建设领域突出问题专项治理工作的意见》，充分体现了以胡锦涛同志为总书记的党中央对党风廉政建设和反腐败斗争的高度重视。他强调，贯彻全国纪委书记座谈会议精神，落实三项法规和一个意见要作为加强国家知识产权局反腐倡廉建设的重要工作，切实抓紧抓好。会议就贯彻落实工作提出了具体意见。（高百丽）

176. “知识产权竞争未来——山东行”采访活动启动

7 月 23 日，由国家知识产权局组织，有经济日报、光明日报、法制日报、人民网、中国日报、中国知识产权报等多家媒体参加的“知识产权竞争未来——山东行”大型采访宣传活动在山东烟台正式启动。

此次采访活动计划用一周左右的时间，对山东省知识产权工作各具特色的烟台、东营、济南三市有关单位进行采访，集中报道基层单位在知识产权创造、运用、保护、管理方面的新成就、新经验、新特点，从不同的角度展现知识产权决胜未来的核心价值和重要意义。（赵建国）

177. 北汽竞购欧宝失败

7 月 24 日，北京汽车工业控股有限责任公司(以下简称北汽)董事长徐和谊正式对外宣布，北汽竞购欧宝失败，失败的原因是在知识产权问题上出现重大分歧。

据介绍，美国通用担心北汽收购欧宝之后就获得了其知识产权，进而将损害美国通用的在华利益与合作伙伴的关系；而北汽坚持，知识产权是北汽当初决定收购欧宝的初衷，北汽绝不缺少机器设备和产能，如知识产权不同意转让，其他则一切免谈。有关专家指出，金融危机之下并购潮汹涌不息，而其中对知识产权的重视乃大势所趋，事实证明，知识产权战略运用得当与否，是并购能否成功并获益的关键。（张海志）

178. 广州出台展会知识产权保护办法

7 月，广州市召开第十三届八十七次常务会议，讨论并原则通过了《广州市展会知识产权保护办法》。

该办法的基本思路是遵循政府监管、展会主办方负责、参展商自律、社会公众监督的原则，建立展会主办方依合同处理纠纷和负责知识产权行政管理部门的行政处理相结合的“双轨”保护机制。该办法共 28 条，主要包括建立展会主办方依合同处理纠纷和负责知识产权行政管理的部门的行政处理相结合的“双轨”保护机制；建立知识产权展前备案和公示制度，对知识产权纠纷进行预警；针对展会知识产权纠纷“取证难”的问题，明确了展会主办方的协助取证和出具事实证明的义务；明确投诉立案条件，防止恶意投诉；针对展会举办时间短的特点，首创了展会专利侵权纠纷建议处理程序。（顾奇志）

179. 成都 21 个工业集中发展区将设知识产权特派员

7 月 28 日，四川省成都市人民政府新闻办公室召开的知识产权战略专题新闻发布会上透露，成都市将探索建立知识产权专员(特派员)制度，在 21 个工业集中发展区，派出知识产权专员(特派员)。

据介绍，全市将在 21 个工业集中发展区中，选择部分对知识产权工作有迫切需求而又无能力建立知识产权管理制度和机构的中小企业，派出知识产权专员(特派员)，探索开展面向中小企业的知识产权工作托管服务。知识产权专员(特派员)将及时沟通政府信息，协助知识产权管理部门开展企业知识产权服务工作；组织企业积极申报各类科技、知识产权计划项目，协助企业开展知识产权工作，培训企业知识产权管理人员，最终帮助企业建立完善的企业内部知识产权管理制度。

（周渝利）

180. 首届中韩知识产权外观设计保护论坛开讲

7 月 29 日，首届中韩外观设计保护论坛在山东青岛开幕。国家知识产权局副局长贺化表示，此次论坛的召开将有助于中韩两国企业界深入了解两国外观设计制度，对两国，尤其是本土企业的发展有着深远的意义

此次外观设计保护论坛由中国国家知识产权局、韩国特许厅主办，青岛市知识产权局、韩国驻华大使馆、韩国驻青岛总领馆、韩国贸易振兴会承办。它是两局局长会议纪要中关于外观设计合作的首次活动，来自中韩两国知识产权局及企业的发言人在为期一天半的会议中，向来自中韩两国企业、代理事务所等 100 余名代表介绍两国的外观设计制度。（刘建志）

181. 田力普第四次入选全球 50 位知识产权界最具影响人物

7 月，《英国知识产权管理》杂志刊出了《2009 年全球 50 位知识产权界最具影响人物目录》，中国国家知识产权局局长田力普第四次入选。

该杂志称，在田力普的领导下，中国国家知识产权局以其工作效率之高，处理日益繁重工作的能力之强而受到广泛好评。此外，该杂志还高度赞扬了国家知识产权局在中国《专利法》的第三次修改以及《专利法实施细则》修改等方面所做的努力。同时入选的中国人还有最高人民法院知识产权审判庭副庭长孔祥俊，中南财经政法大学校长吴汉东，华为技术有限公司副总裁、首席法务官宋柳平，上海市知识产权局副局长吕国强，世界卫生组织总干事陈冯富珍。（柳　鹏）

182. 欧洲专利制度研讨会在南京举行

7 月 30 日，由中国国家知识产权局和欧洲专利局联合主办、江苏省知识产权局承办的欧洲专利制度研讨会在南京举行。国家知识产权局党组成员、中纪委驻国家知识产权局纪检组组长肖兴威在出席会议开幕式时表示，在南京举办此次研讨会，正是希望利用江苏外向型企业密集的特点，使他们加深对欧洲专利制度的了解，从而主动地应用这些制度来提高企业的发展水平，以应对全球金融危机所带来的巨大挑战。

在此次研讨会上，欧洲专利局中国及韩国项目负责人就欧洲专利制度概况、专利在欧洲的重要性、在欧洲申请专利所需费用、在欧洲申请专利需符合的条件等一系列议题，向与会者做了深入浅出地讲解。（孙礼勇）

183. 中国短期内两次动用 WTO 争端解决机制

7 月 31 日，应中国政府要求，世界贸易组织（WTO）争端解决机构正式设立专家组，审理美国有关限制中国禽肉进口的措施。同日，中国还就欧盟对中国紧固件采取的反倾销措施提起世贸组织争端解决机制下的磋商请求，这是中国加入世贸组织以来首次诉诸该组织争端解决机制寻求解决与欧盟的贸易争端。

有关专家指出，中国最近两次动用世贸组织争端解决机制，标志着中国在利用世贸组织规则维护本国企业正当权益方面正在日益成熟。

（张海志）

184. 国家知识产权局整合力量下好全国一盘棋

7 月 31 日，国家知识产权局在京研讨地方知识产权管理工作，提出地方知识产权管理工作将本着“党组统一部署，各部门合力推进，专利管理司服务协调”的工作原则，择优扶持，整合力量，突出重点，全面推进。国家知识产权局党组成员、中纪委驻国家知识产权局纪检组组长肖兴威，局党组成员、副局长甘绍宁出席会议并讲话。

国家知识产权局办公室、规划发展司、人事司、专利局自动化部专题汇报了各自部门的地方知识产权管理工作，并就下一步如何进一步加强地方管理提出建议。包括专利局初审及流程管理部、人事教育部和专利复审委员会等在内的 14 个部门单位相关负责人参加了会议。（刘　仁）

185. 江苏省着力深入实施知识产权战略

7 月，江苏省政府召开全体会议。江苏省省长罗志军在充分肯定上半年全省知识产权工作业绩的同时，对下半年做好知识产权工作提出了明确要求。他强调，要深入实施知识产权战略和自主创新“双百工程”。

罗志军指出，要大力推进以自主知识产权和自主品牌为重点的自主创新；深入实施知识产权战略和自主创新“双百工程”，引导和鼓励优势企业加大创新投入，集聚创新要素，多出创新成果；强化产学研合作机制，加大力度整合企业与高等院校、科研院所的科技资源，深入实施重大科技专项和科技创新工程，力争 29 个重大自主知识产权项目早见成效，70 项拥有自主知识产权的重大科技成果尽快实现产业化。（孙礼勇）

186. 肖兴威赴河南调研知识产权工作

8月3日，国家知识产权局党组成员、中纪委驻国家知识产权局纪检组组长肖兴威赴河南省知识产权局调研工作。

在听取河南省知识产权局有关负责人的工作汇报后，肖兴威高度评价了河南省的知识产权工作，他指出，要正视当前机遇与挑战并存的形势，结合河南省自身特点和经济发展水平，切实把各项工作开展好；要抓好知识产权创造、运用、保护和管理的各项工作，把知识产权工作纳入河南省经济社会发展的大规划中，让全社会认识到河南经济社会发展离不开知识产权；要真抓实干，竭尽所能干实事，企业能得到好处，政府能感受到用处，从而不断提升知识产权工作的社会地位；要加大宣传力度，采取各种渠道，利用各种媒体，提高知识产权的社会影响力。（张晓燕）

187. 甘绍宁在天津调研知识产权工作

8月3日，国家知识产权局副局长甘绍宁在天津出席全国专利行政执法培训班并考察指导工作时强调，专利行政执法是专利法赋予地方知识产权局的一项重要法定职能，是我国知识产权执法体制的重要组成部分，必须进一步加强行政执法工作，加大执法能力建设，不断加强执法人员培训工作。

调研期间，甘绍宁还听取了天津市知识产权局局长何志敏的工作汇报，考察了协和干细胞基因工程有限公司等企业。（雷若冰）

188. 最高人民法院推动非诉机构参与解决知识产权纠纷

8月4日，最高人民法院在京发布了《关于建立健全诉讼与非诉讼相衔接的矛盾纠纷解决机制的若干意见》。

该意见进一步明确，经行政机关、商事调解组织、行业调解组织或者其他具有调解职能的组织对民商事争议调解后达成的调解协议都具有民事合同性质，当事人应当遵守和履行。根据该意见的规定，当事人可以申请有管辖权的人民法院确认调解协议的效力。经法院确认有效后，调解协议一方当事人拒绝履行的，另一方当事人可以依法申请人民法院强制执行。据悉。为建立健全多元化的纠纷解决机制，按照“党委领导、政府支持、多方参与、司法推动”的要求，各级人民法院将配合有关部门大力发展替代性纠纷解决机制，扩大调解主体范围，完善调解机制，加强诉前调解与诉讼调解之间的有效衔接，完善多种纠纷解决方式之间的协调机制，健全诉讼与非诉讼相衔接的矛盾纠纷调处机制。（黄　伟）

189. 北京国际医药与化工知识产权高峰论坛再度开讲

8月6日，为期4天的第二届北京国际医药与化工知识产权高峰论坛在京开幕。国家知识产权局副局长贺化出席论坛开幕式指出，《国家知识产权战略纲要》的颁布实施，标志着中国知识产权事业进入了一个新的历史发展阶段。中国比以往任何时候都更加深刻地认识到，知识产权制度作为鼓励和保护创新、促进经济社会发展的基本法律制度，具有重要的地位和作用，同时也深刻认识到知识产权国际领域需要广泛的交流与合作，只有通过沟通、对话和协商，共同努力建立一个公正合理的知识产权新秩序，才能实现各国的共同发展和繁荣。

近300名来自国内外医药、化工以及知识产权领域的代表围绕医药化工领域知识产权战略部署、科技创新等热点话题进行了热烈的研讨。

（刘　珊）

190. 国家知识产权局2009年司(部)级领导干部培训班结业

8月7日，历时5天的国家知识产权局2009年司(部)级领导干部能力建设培训班在京结业。

国家知识产权局党组书记、局长田力普在出席结业式时指出，坚持以科学发展观为统领推动知识产权事业发展，完成新时期推进实施国家知识产权战略、建设知识产权强局这两大历史任务，必须始终高度重视领导班子和干部队伍建设。要从理论武装、实践锻炼、作风建设、培养和选拔年轻干部等方面切实加强领导班子和干部队伍建设，进一步提高领导班子与时俱进的学习力、辩证统筹的思维力、敢为人先的创造力、攻坚克难的执行力，培养一批德才兼备、以德为先的优秀青年干部，形成一支朝气蓬勃、奋发有为的骨干队伍，为促进知识产权事业又好又快发展作出贡献。此次培训班在中组部全国组织干部学院举办，全局35名司(部)级主要负责同志参加。（岳宗全）

191. 全国“扫黄打非”工作小组表彰先进

8月8日，全国“扫黄打非”工作小组举行天津“603”批销盗版音像制品团伙网络案有功集体、有功个人表彰大会。全国“扫黄打非”工作小组副组长兼办公室主任、新闻出版总署副署长蒋建国在会上指出，要打一场打击侵权盗版违法活动的歼灭战，以优异的成绩迎接新中国成立 60 周年。

天津“603”批销盗版音像制品团伙网络案是 2008 年全国“扫黄打非”工作小组办公室和公安部挂牌督办的大案。经过天津市“扫黄打非”和公安等部门近 10 个月的艰苦努力，对 11 名主要涉案人员均给予了依法惩处。（刘　珊）

192. 国家知识产权战略推进半年成效显著

8 月 11 日，国家知识产权战略实施工作部际联席会议第二次联络员全体会议在京召开。国家知识产权局副局长甘绍宁在会上表示，自 2009 年年初以来，各成员单位积极落实《2009 年国家知识产权战略实施推进计划》，截至目前，推进计划中确定的 240 项工作任务中，已经开展和完成 212 项。

国务院办公厅相关负责同志和联席会议成员单位的 28 个国务院部委的代表出席会议，部分地方知识产权局的代表列席会议。与会代表针对国家知识产权局牵头起草的《关于 2009 年上半年国家知识产权战略工作情况的报告(征求意见稿)》展开讨论。（刘阳子）

193. 上海世博会加强知识产权刑事保护

《上海检察机关服务保障世博会若干意见》8 月 11 日出台。根据意见，上海市检察机关将采取加强组织领导、建立涉世博会案件专项办理制度等多项措施，积极履行检察职能，服务保障世博会的筹办与举办。

意见指出，对世博会筹办、举办期间发生的重大刑事案件，必须在第一时间掌握情况，提前介入。将涉及世博会筹办、举办活动和破坏世博会场馆及配套设施等严重刑事犯罪作为打击重点。意见要求全市各级检察机关重点查办影响世博会有序筹办和健康运营的职务犯罪大要案。对发生在世博会动迁、世博会重大工程建设和世博会运营中的职务犯罪，以及其他与世博会相关的犯罪线索，优先受理。坚决查处涉世博会的重大安全事故和重大责任事故背后的失职渎职等职务犯罪。（刘晓华）

194. 第十八届全国发明展在昆明隆重开幕

8 月 12 日，第十八届全国发明展览会在昆明隆重开幕。中国发明协会理事长朱丽兰，中共云南省委副书记、省长秦光荣，云南省人大副主任杨保建，中国科协副主席齐让，云南省副省长和段琪，国家知识产权局副局长鲍红等领导和嘉宾出席了开幕式。世界知识产权组织助理总干事王彬颖、发明家协会国际联合会(IFIA)主席安德拉斯等中外特约嘉宾也应邀参加了开幕式。

本届展会的三大特点为展示交流、项目奖励、技贸洽谈。在本届发明展上，来自各省区市的 45 个展团共展出各类发明项目 1700 多项，参展面积 8000 平方米，涉及机电一体化、电子信息、生物、医药、能源、环保、节能减排、新材料、农业等领域以及青少年发明创新，一大批拥有自主知识产权的技术和产品在展会上亮相。（李跃辉）

195. 三部门联合打击网络侵权盗版

为实施《国家知识产权战略纲要》，加大力度打击网络侵权盗版，净化网络文化环境，8 月，国家版权局、公安部、工业和信息化部联合下发通知，决定在全国范围内联合开展为期 4 个月的 2009 年打击网络侵权盗版专项治理行动。这是三部门自 2005 年以来开展的第 5 次打击网络侵权盗版专项治理行动。

此次专项治理行动将采取规范合法网站与打击非法网站相结合的措施，行动期间，国家版权局、公安部将实行联合挂牌督办制度，确保大案、要案查处工作落到实处；三部门还将组成联合督查组，对重点地区、重点企业进行督导检查，保证此次专项治理行动取得成效。（刘　超）

196. 中国技术交易所在京成立

8 月 13 日，首家全国性技术交易机构——中国技术交易所在北京成立。中共中央政治局委员、北京市委书记刘淇，全国政协副主席、科技部部长万钢，北京市委副书记、市长郭金龙，国家知识产权局局长田力普共同为中国技术交易所揭牌。

中国技术交易所是由北京产权交易所等 3 家单位共同发起设立，注册资金 2 亿元人民币。建立中国技术交易所是贯彻将中关村科技园区建设成为国家自主创新示范区的具体措施。目前，中关村拥有超过 2 万家高新技术企业，40 多所高等院校，所承接的国家“863 计划”中的科技项目占

全国的1/4,国家973计划中的科技项目占全国的1/3。（黄　伟）

197. 中方或就中美出版物市场准入案上诉WTO

8月13日,商务部新闻发言人姚坚就世界贸易组织(WTO)争端解决机构正式向WTO成员散发中美出版物市场准入案专家组报告发表谈话。8月17日,他又在商务部例行新闻发布会上就此事回答了记者提问。他指出,中方对专家组未驳回美方有关诉求感到遗憾,将认真评估专家组的裁决报告,不排除进行上诉的可能。据悉,WTO专家组于8月12日发布报告,裁定中国在音像和图书进口和分销领域的限制措施违反WTO规定。对此,有关专家指出,称中国败诉还为时尚早,但该案也在鞭策中国影音行业一定要在扶植中自强,提高竞争力。（张海志）

198. 知识产权执法经验交流会召开

8月14日,国家知识产权局在京组织召开知识产权执法经验交流会。来自公安部、农业部、海关总署、国家质量监督检验检疫总局、国家工商行政管理总局、国家版权局、国家林业局、最高人民法院、最高人民检察院等部委及相关地方部门的代表共同交流了知识产权执法工作经验。

2008年,国家知识产权局在全国组织开展了以打击知识产权侵权假冒行为为主要内容的"雷雨行动"和以打击专利诈骗行为为重点的"天网行动",取得显著成效。2008年,全国各地方知识产权局共受理专利侵权纠纷案件1092件,同比增加10.8%;查处假冒他人专利案件59件,同比增加84.4%;查处冒充专利案件601件;跨部门执法协作327次,同比增加14.7%;跨地区执法协作262次,同比增加12.4%。（刘　珊）

199. 中国东盟交换知识产权合作意见

8月15日,第八次中国—东盟("10+1")和第十二次东盟—中日韩("10+3")经贸部长会议在泰国首都曼谷举行。来自东盟10国、韩国的经贸部长,日本经济产业审议官和东盟秘书长出席了上述会议。中国商务部部长陈德铭率团与会。

在第八次"10+1"经贸部长会议上,各方就中国—东盟知识产权合作谅解备忘录、中国—东盟关于技术法规、标准和合格评定程序谅解备忘录、中国—东盟博览会、中国对东盟150亿美元信贷以及中国—东盟投资合作基金等议题交换了意见。（钟　和）

200. 文化部国家工商总局将开展动漫市场专项整治行动

8月18日,文化部、国家工商行政管理总局联合发布了《关于开展动漫市场专项整治行动的通知》。该通知指出,将在2009年8月至11月10日,在全国范围内开展动漫市场专项整治行动,加强对动漫产品内容、衍生品、动漫展会和活动的监管,对展示、销售含有色情暴力、低俗有害等违法内容和侵犯知识产权的动漫产品,要及时依法查处。

该通知指出,此次整治工作的重点将围绕动漫产品内容、衍生品、动漫展会和活动监管,以及对重点动漫产品的保护几个方面来进行。其中北京、上海、浙江、江苏、湖南、湖北、广东、广西、山东、吉林是此次整治的重点地区。（李　卓）

201. 广州颁布展会知识产权保护办法

8月18日,广州市政府颁布第21号令,全文公布了《广州市展会知识产权保护办法》。此举旨在为促进广州展会健康发展保驾护航。

该办法共28条,按照"遵循政府监管、展会主办方负责、参展商自律、社会公众监督"的原则,建立了展会主办方依合同处理纠纷、负责知识产权行政管理部门的行政处理相结合的"双轨"保护机制。该办法区分了展会知识产权行政保护与依约保护的不同定位,明晰法律关系。该办法规定,展会主办方应当设立知识产权工作机构。未设立知识产权工作机构的,展会登记部门不予登记。该办法还鼓励展会主办方聘请相关领域的专业技术人员和法律专业人员参加知识产权工作机构,从而发动更多的社会力量参与到展会知识产权保护工作中,发挥行业自律,展会自我约束、自行管理的作用。（顾奇志）

202.《专利代理行业服务指导标准》首次发布

8月20日,中华全国专利代理人协会正式发布我国第一部《专利代理行业服务指导标准(试行)》。

据介绍,该标准是我国专利代理行业20余年工作经验的结晶,其起草工作开始于2007年3月,由经验丰富的资深专家参与撰稿,并在2009年5月的中华全国专利代理人协会七届八次常务理事会会议上审议通过。该标准由总则、分则和附则三部分组成，对专利代理服务中涉及的诸如告知、授权、保密等原则，文档的管理，专利申请的撰写与提交，专利行政复议、无效和诉讼代理服务等相关工作提出了行业指导标准。该标准自发布之日起试行1年后，将正式实施。（赵建国）

203.“番茄花园”案一审宣判　主犯获刑3年半

备受关注的“番茄花园”盗版案，在被告人洪磊被刑事拘留1年后有了结果。8月20日，江苏省苏州市虎丘区人民法院一审判决洪磊侵犯著作权罪，判处其有期徒刑3年6个月，并处罚金100万元。其他被告同时领刑，5名被告共处罚金超过1100万元。

有关专家认为，此案的判决，进一步表明了我国对于软件著作权保护的力度。近年来，在打击盗版方面，中国政府采取了很多措施，包括从政府软件正版化到企业软件正版化等。同时，近年来先后两次出台的司法解释，降低了刑事保护的门槛，加大了对盗版的刑事惩罚的力度。（赵建国）

204. 北京海关一次截获5万件出口侵权电子产品

8月25日，北京海关举办的新闻发布会上透露，日前，北京海关驻邮局办事处一次截获75箱约5万件涉嫌侵权的出口电子产品，涉案价值约2000万元，涉嫌假冒12个世界知名品牌。这次行动创造了北京口岸在邮递渠道一次截获侵权数量最多、价值最高等多项纪录。

2009年6月1日起，全国海关开展了“邮递和快件渠道保护知识产权专项行动”。截至目前，北京海关共查获侵权商品1135批次，查获侵权商品10.6132万件，总案值达4600万元。专项行动将持续到2009年12月31日。（刘　珊）

205. WIPO—SIPO共话“科技成果的商业转化”

如何制定符合本国国情的知识产权战略和政策，加强知识产权管理，以使科技成果得到商业转化，进而促进本国经济的发展。8月25日，以“科技成果的商业转化”为主题的世界知识产权组织（WIPO）—中国国家知识产权局（SIPO）知识产权管理高级研讨会在北京开幕。

国家知识产权局副局长贺化、WIPO全球知识产权基础设施司执行主任高木善幸出席开幕式并致辞。在为期4天的会上，中国、美国、智利、古巴等国家的代表将就知识产权战略、管理等主题展开研讨。（张海志）

206. 田力普会见WIPO全球知识产权基础设施司执行主任

8月27日，中国国家知识产权局局长田力普在京会见世界知识产权组织（WIPO）全球知识产权基础设施司执行主任高木善幸一行。田力普表示，建立全球知识产权基础设施是世界知识产权变革和发展的重要方向之一。在WIPO主导下，知识产权制度国际化应坚持均等、普遍化原则，并进一步深化。

据悉，协调并发展全球知识产权基础设施将成为WIPO下一步重点工作和战略目标之一。WIPO希望通过国际协作，对战略性资产进行整合。据高木善幸介绍，其目的是促进科技发展与创新及在此基础上的商业化活动，这对于发展中国家而言尤为重要。（刘　仁）

207. 我国对非法出版活动始终保持高压态势

8月，最新统计数据显示，2009年1～7月，全国共收缴各类非法出版物3925.6万件，其中，淫秽色情出版物103.6万件、侵权盗版出版物3518.3万件、非法报刊134.5万件。此外，删除、屏蔽网络有害信息6.3万条，查获非法光盘生产线1条。

全国“扫黄打非”办有关负责人表示，2009年前7个月，全国“扫黄打非”战线坚持高举保护知识产权旗帜，对非法出版活动始终保持高压态势，扎实开展了以打击非法出版物和清缴整治低俗音像制品为重点的“扫黄打非”各项工作。各地党政领导对查办大案要案高度重视，亲自担任办案领导小组组长，亲自主持办案会议协调和推进，先后侦破审判了一系列大案、要案，对违法犯罪分子增大了震慑力。全国“扫黄打非”工作小组28个成员单位，认真履行各自职责，围绕重点工作，抓好本部门本战线任务的落实。（刘　珊）

208. 我国对外发明专利申请平稳增长

8月，美国专利商标局、欧洲专利局和日本特许厅的初步统计数据显示，2009年上半年，我国对外发明专利申请继续保持平稳增长。

据统计，2009年1～6月，中国向美国专利商标局申请发明专利2326件，比2008年同期增长14.3%；向欧洲专利局提交的发明专利申请达到765件，比2008年同期增长2.9%；向日本特许厅提出发明专利申请433件，比2008年同期增长16.1%。受国际金融危机影响，同期美、欧、日三局受理的发明专利申请量增长分别为2%、负8%和负9.5%，我国向美、欧、日提交的发明专利申请增长幅度均高于各局受理的发明专利申请量的增幅。（王晓浒）

209. 中国将继续保护好奥林匹克知识产权

8月25日，北京奥组委善后办公室相关负责人表示，北京奥组委解散后，根据我国法律法规，奥林匹克标志权利人已经由原先的三个减少到目前的两个，即国际奥委会和中国奥委会。按照国际奥委会的规定，在中国奥委会辖区内，奥林匹克知识产权的日常管理工作由中国奥委会负责。

北京奥组委善后办公室该负责人表示，虽然北京奥组委已依法解散，不再继续是奥林匹克标志权利人，但在法治理念与奥林匹克精神深入人心的今天，奥林匹克知识产权在我国将继续得到有效的保护。他说，使用奥林匹克标志，有商业使用和非商业使用之分，既应当同奥林匹克标志主管部门联系，也必须同奥林匹克标志权利人商洽。（张海志）

210. 李玉光考察国家专利产业化(厦门)试点基地

8月26日，国家知识产权局副局长李玉光考察了国家专利产业化(厦门)试点基地。广西壮族自治区副主席陈章良、山西省副省长张平一同进行了考察。

李玉光对基地一年多来的工作进展予以充分肯定。特别是在对台湾地区知识产权交流合作方面，他鼓励厦门市一定抓住难得的历史机遇，全面实施《国务院关于支持福建省加快建设海峡西岸经济区的若干意见》，利用区位优势开展两岸民间知识产权交流合作，勇于先行先试，促进两岸知识产权对接，并表示国家知识产权局将给予更多的帮助和支持。（周小华）

211. 国家知识产权局举办庆祝新中国成立60周年文艺演出

8月29日，“千歌万曲唱祖国”——国家知识产权局庆祝中华人民共和国成立60周年文艺演出盛装上演。国家知识产权局局长田力普，副局长李玉光、贺化、杨铁军，中央纪委驻国家知识产权局纪检组组长肖兴威，副局长鲍红、甘绍宁观看了演出。

文艺演出分《大地情深》《青春之歌》《和谐家园》和《祝福祖国》四个部分。在歌曲《我和我的祖国》中，演出拉开了帷幕。多姿多彩的民族舞蹈表达了民族团结友爱的主旋律，配乐诗朗诵《点亮60支红烛》歌颂了新中国成立60年来取得的累累硕果，局离退休老干部表演的舞蹈《卓玛》将整场演出推向了高潮。演出在全体演员合唱《在阳光灿烂下》中完美落幕。（刘　珊）

212. 国庆庆祝活动标志未经批准不得商用

8月31日，《国庆庆祝活动标志和使用规定》正式公布。国庆庆祝活动标志由筹委会委托设计机构设计，依双方约定著作权归筹委会。

该规定要求，经北京市庆祝活动筹委会(或其指定工作部门)批准后，相关部门可以在规定范围内使用活动标志，使用时应保持活动标志的完整、准确，不得改动；活动标志主要用于中华人民共和国成立60周年举行的各项庆祝活动中的设施、设备、新闻报道、道具、用品、纪念品以及各类证件、请柬、门票等；被授权使用单位应当在庆祝活动的设施、设备、新闻报道、道具、用品、纪念品以及各类证件、请柬、门票等适当位置使用活动标志。目前，申请使用该标志的审批流程已经启动。

（张海志）

213. 李克强强调要通过自主创新发展自主品牌

8月31日至9月1日，中共中央政治局常委、国务院副总理李克强赴吉林省考察经济社会发展情况。在一汽考察时，他鼓励企业瞄准产业和技术前沿，通过自主创新发展自主品牌，在引进消化吸收再创新的同时，强化集成创新和原始创新，下大力气把产品做精、企业做强、产业做优。

李克强指出，世界经济结构的调整，正在孕育新的技术革新和产业萌芽。要顺应潮流、发挥优势，吸引国内外先进生产要素，促进科技和产业融合，积极发展高新技术产业，改造提升传统产业，带动产业转型和技术升级，抢占未来发展的制高点。他表示，企业不仅要善于发现市场，还要善于创造市场。要适应市场变化，开发适销对路的产品，以多元化的产品满足多样化的需求，为扩大居民消费作出贡献。（钟　娟）

214. 亚运会发布知识产权保护公告

9月2日，《第16届亚运会知识产权保护公告》发布。该公告公布了广州亚运会标志的权利人、广州亚运会标志及近似标志的使用等相关规定。

该公告规定，广州亚组委为广州亚运会标志的权利人；广州亚组委已就广州亚运会会徽、吉祥物、理念、歌曲、广州亚运会和广州亚组委名称的全称、简称、别称和英文称谓、申亚标识等 53 个标志及相关产品向国家有关部门申请了商标注册、特殊标志登记、著作权登记、外观设计专利和海关备案；未经广州亚组委书面授权，任何单位和个人都不得将广州亚运会标志及近似标志用于商业目的；为非商业目的使用广州亚运会标志，应符合《第 16 届亚运会标志非商业性使用管理办法》的相关规定；将广州亚运会标志用于非商业目的时，必须明显区别于商业行为，不得为企业或经营者提供商业机会或广告宣传，不得与商业广告相邻使用；任何单位或个人注册域名或向有关部门申请取得其他权利时，均不得同广州亚组委在先取得的与广州亚运会标志有关的合法权利相冲突；如果发现有侵犯广州亚运会知识产权的行为，广州亚组委将提请有关部门依法处理，追究侵权人的法律责任。 （顾奇志）

215. 第 16 届北京图博会隆重开幕

9 月 3 日，世界四大国际书展之一的第 16 届北京国际图书博览会（BIBF）在京开幕。中共中央政治局委员、国务委员刘延东，新闻出版总署署长、国家版权局局长柳斌杰，西班牙文化部部长等出席了开幕式。国家版权局首设“中国版权服务站”，帮助国际社会了解中国版权制度和版权产业的基本情况，成为展会的一大亮点。

据了解，本届图博会将展出精品图书 16 万余种，展览面积及展出图书规模均为历届之最。主宾国西班牙将展出西班牙的最新书籍、各种获奖作品以及在西班牙翻译出版的中国作品。当日，由国家版权局主办的“前进中的中国版权事业”展也亮相图博会。 （刘　超）

216. 国家知识产权战略实施推进计划进展顺利

9 月 9 日，国家知识产权战略实施工作研讨培训班开课。据悉，截至目前，国家知识产权战略年度实施推进计划进展顺利，28 个相关部门中有近半数的部门已经出台了配套政策，国内有 15 个省、自治区、直辖市出台了实施方案或意见，还有部分省、市根据区域经济发展实际情况，在《国家知识产权战略纲要》发布之前已经出台了地方知识产权战略和相关政策。

据初步统计，战略实施工作部际联席会议推进计划确定的 240 项工作，已经开展和完成 212 项，制定、修订有关知识产权法律法规 29 项，出台主要政策措施 46 项，开展执法行动 15 项，建立公共服务平台 19 个，同时还开展了大量的知识产权宣传、人才培养和对外交流活动。 （赵建国）

217. 温家宝强调要让一切创新成果得到尊重和回报

9 月 10 日，中国国务院总理温家宝在世界经济论坛第三届新领军者年会（2009 年大连夏季达沃斯年会）开幕式上致辞时强调，中国保护知识产权的立场是坚定不移的，我们将继续全面实施国家知识产权战略，大力营造保护知识产权的法制、市场和文化氛围，让一切创新成果得到尊重和回报，促进各种发明创造转化为现实生产力。

温家宝在致辞中指出，世界经济正在经历深刻变革和转型，各国的前途和命运从未像今天这样紧密相连。我们要把眼光放得更长远一点，把胸怀放得更宽广一些。为推动世界的和谐与繁荣，温家宝提出世界各国应共同应对全球气候变化、反对贸易和投资保护主义、促进全球经济的可持续复苏和保护知识产权 4 点倡议。 （钟　和）

218. 最高人民法院加强知识产权司法保护国际交流合作

9 月 10 日，最高人民法院副院长万鄂湘在成都召开的 2009 年知识产权司法保护国际研讨会上表示，各国、各地区之间相互了解彼此的知识产权司法实践、交流司法信息和分享司法经验极为重要，中国法院一贯重视知识产权领域的国际交流和合作。

此次会议是中国最高人民法院加强知识产权司法保护国际交流与合作的重要举措，希望藉此进一步增进国内外同行之间的沟通和了解，推动知识产权司法保护的共同发展。来自中国、美国、英国、德国、日本、印度等国家的知识产权法官、专家出席了会议，并就知识产权保护的司法制度、专利的司法保护、专利、标准与反垄断和互联网领域的著作权保护等专题展开了研讨。 （闫文锋）

219. 国家知识产权局第二次青年工作会议召开

9 月 14 日，国家知识产权局第二次青年工作会议在京召开。国家知识产权局党组书记、局长、局青年工作领导小组组长田力普在会议上指出，要把青年一代打造成为能够肩负起知识产权事业发展重任的中坚力量，使之成为政治坚定、道德高尚、本领过硬的知识产权事业合格接班人。

中央国家机关团工委书记吴海英，国家知识产权局领导李玉光、贺化、杨铁军、肖兴威、鲍红、甘绍宁出席了会议。会议还为获得"五四红旗团支部(总支)"称号的国家知识产权局办公室青年工作组等5个团组织、获得"优秀共青团员"称号的邹俊利等20名共青团员、获得"优秀共青团干部"称号的刘雷等10名共青团干部举行了表彰仪式。（刘阳子）

220. 8部门赴沪专题调研世博会知识产权保护

9月16～18日，国家知识产权局与上海世博会组委会联络小组联合公安部、海关总署、国家工商行政管理总局、国家版权局和最高人民检察院有关负责人赴上海专题调研世博会知识产权保护工作，国务院办公厅派员参加。

上海世博会组委会成员、国家知识产权局副局长甘绍宁在与上海世博会事务协调局的座谈时强调，加强上海世博会知识产权保护，要充分借鉴北京奥运会知识产权保护的成功经验，切实保护组织者、参展方和第三方的合法权益，加强网络监管，加大宣传力度，提高全社会的知识产权意识，为上海世博会的成功举办营造良好的知识产权环境，维护我国的国际形象。

调研期间，调研组与上海世博会事务协调局、上海市知识产权联席会议成员单位有关负责人进行了交流。（汪玮玮）

221. 新一轮知识产权质押融资试点工作启动

继2008年确立首批知识产权质押融资试点之后，9月，国家知识产权局再次启动新一轮知识产权质押融资试点工作，批准四川省成都市知识产权局、江苏省无锡市知识产权局、浙江省温州市知识产权局、湖北省宜昌市知识产权局、广东省广州市知识产权局、东莞市知识产权局等6家单位在本地区开展知识产权质押融资试点工作。

试点工作自2009年9月起算，为期3年。此次纳入试点的地区不仅具有区位优势明显，创新型中小企业聚集的特点，而且知识产权工作基础较好，市场机制发育相对成熟，企业利用知识产权融资的需求较为迫切。根据要求，试点地区将根据当地创新型中小企业的发展情况和知识产权质押融资的实际需求，进一步创新工作方式，探索促进知识产权转移转化的多种融资模式，逐步建立科学合理的风险分担机制，着力破解创新型中小企业融资难题，促进科技创新与金融创新有效结合。（王双龙　李　昶）

222. 中国科技馆新馆开馆

9月16日，中国科技馆新馆开馆典礼在京举行。中共中央政治局委员、全国人大常委会副委员长、中华全国总工会主席王兆国，全国人大常委会副委员长、中国科学院院长路甬祥，全国人大常委会副委员长、九三学社中央主席、中国科协主席韩启德，全国政协副主席、致公党中央主席、科技部部长万钢，中国工程院院长徐匡迪，中国科协常务副主席、党组书记、书记处第一书记邓楠等出席了此次典礼活动。国务院相关部委、北京市政府有关部门以及国内外专家顾问等应邀参加。国家知识产权局副局长鲍红出席了此次活动。

鲍红表示，借助中国科技馆新馆这个平台，人们可以身临其境地感受科技与创新的魅力，激发和带动民众发明创造的热情和积极性。而且中国科技馆也很重视相关知识产权的保护与管理，以期用自身的示范作用，树立起全社会尊重知识、保护知识产权的良好风尚。中国科技馆新馆是目前世界上最大的科技馆之一，其占地面积4.8万平方米，建筑面积10.2万平方米，总投资20亿元。（秦　韵）

223. 上半年中国PCT专利申请量增加19%

9月18日，世界知识产权组织(WIPO)总干事弗朗西斯·高锐向媒体透露，初步数据显示，2009年上半年中国的PCT申请数量增加了19%。同时，他预测，2009年全年全球的PCT申请总数会减少5%左右。

由于2009年的统计数据尚不完全，高锐没有透露上半年中国PCT申请的具体数字。但他指出，中国经济持续增长，而且中国的企业、大学和研究机构等日益认识到利用PCT申请专利带来的好处，这些都是促使中国PCT申请不断增多的原因。WIPO当日公布的一份最新报告显示，2008年，全世界的PCT申请总数为16.36万件，比2007年增长2.3%。但这一增幅明显低于2007年的3.7%和2006年的5.2%。（曾　合）

224. 辉煌六十年成就展在京隆重开幕

9月19日，“辉煌六十年”——中华人民共和国成立60周年成就展在北京展览馆隆重开幕。中国知识产权事业30年来取得的成就在展览中获得了各级领导及参观者的关注以及肯定，“自主知识产权”成为展览中的热点词汇。

中国知识产权事业成就部分位于本次展览科教单元，从“国家知识产权局受理的国内专利申请量年度状况表”可以看出，随着我国知识产权制度的不断完善，中国企业的创新步伐正日益坚实；杂交水稻等重大科技项目的专利证书也让参观者进一步了解了知识产权制度对于科技创新的有力支撑；循环播放的《中国知识产权事业》成就宣传片则更全面、深入地介绍了我国知识产权事业30年来走过的历程，以及在法制建设、知识产权保护、国家知识产权战略制定和实施等多个方面取得的辉煌成就。本次成就展由国家发改委组织，筹委会由中宣部、总政治部、中央党史研究室及港澳特别行政区等92家单位组成。（刘　河）

225. 国家知识产权局传达学习中共十七届四中全会精神

9月21日，国家知识产权局召开党组扩大会议，传达学习中国共产党第十七届中央委员会第四次全体会议、第十七届中央纪律检查委员会第四次全体会议精神。会议强调要把十七届四中全会精神的传达贯彻作为当前一项重要的政治任务，并就进一步在全局系统范围内贯彻落实全会精神作了初步安排。

会上，局党组成员、副局长贺化全文传达了中央委员会总书记胡锦涛在十七届四中全会上的重要讲话以及习近平就《中共中央关于加强和改进新形势下党的建设若干重大问题的决定（讨论稿）》向全会作的说明。局党组成员、中央纪委驻国家知识产权局纪检组组长肖兴威传达了中央纪委书记贺国强所作报告《认真贯彻落实党的十七届四中全会精神，深入推进党风廉政建设和反腐败斗争》的主要精神。（刘　仁）

226. 国庆60周年特殊标志获得注册

喜庆的中国红、闪闪的五星、宏伟的天安门巧妙地融入以饱满圆润的数字“60”为主体的国庆60周年庆祝活动标志，出现在国庆前夕的各种庆祝宣传活动中，让人感觉亲切而又喜庆祥和。9月22日，首都国庆60周年北京市筹备委员会收到了国家工商行政管理总局颁发的国庆60周年庆祝活动特殊标志登记证书。这标志着国庆60周年庆祝活动标志正式作为一个特殊标志得到法律保护。

相关人士称，该标志作为一个公益性特殊标志，体现了我国国家尊严和形象，有必要进行特殊保护，防止其他组织和个人以商业为目的擅自非法使用。（衣朋华）

227. 国务院出台意见促进中小企业发展

9月22日，国务院公布《关于进一步促进中小企业发展的若干意见》。该意见提出采取知识产权质押等方式缓解中小企业贷款抵质押不足的矛盾、加快中小企业技术进步和结构调整、加强知识产权保护、推进重点行业品牌建设等29项措施，为中小企业迎战金融危机提振信心。

该意见明确，要加快中小企业技术进步和结构调整，支持中小企业提高技术创新能力和产品质量。支持中小企业加大研发投入，开发先进适用的技术、工艺和设备，研制适销对路的新产品，提高产品质量。加强产学研联合和资源整合，加强知识产权保护，重点在轻工、纺织、电子等行业推进品牌建设，引导和支持中小企业创建自主品牌。支持中华老字号等传统优势中小企业申请商标注册，保护商标专用权，鼓励挖掘、保护、改造民间特色传统工艺，提升特色产业。（新　华）

228. 田力普出席世界知识产权组织成员国大会

9月22日，国家知识产权局局长田力普率中国政府代表团出席了世界知识产权组织（WIPO）成员国第47届系列会议。田力普在部长级发言中指出，中方将与WIPO各成员加强合作，共享机遇，应对挑战。田力普的发言全面务实，受到与会各国代表的广泛赞赏和关注。

来自157个国家、13个国际政府间组织和20个国际非政府间组织的719名代表出席了此次大会。中国政府代表团由国家知识产权局、外交部、国家工商行政管理总局、国家版权局、驻日内瓦代表团及中国香港特别行政区知识产权署组成。我国成功连任WIPO协调委员会、伯尔尼联盟执行委员会和计划与预算委员会的委员。（刘　剑）

229. 全国专利代理管理工作会议召开

9月22～23日，全国专利代理管理工作会议在湖北省武汉市召开，国家知识产权局副局长贺化、湖北省副省长郭生练出席会议。贺化在会上作了题为“深入贯彻实施国家知识产权战略纲要，扎实推进专利代理管理工作”的讲话。他指出，要从实施国家知识产权战略的高度准确定位专利代理服务体系，扎实、高效地履行职责，以创新的工作思路，勤恳的工作作风和饱满的精神面貌，不断推动专利代理管理工作再上新台阶，共同开创专利代理管理工作的新局面。

来自全国29个省、市、自治区知识产权局的相关工作人员80余人参加了会议，国家知识产权局条法司介绍了全国专利代理管理工作情况，各地方知识产权局就开展专利代理管理工作进行了交流，就专利代理管理有关具体工作进行了讨论。

（刘小仆）

230. 国家知识产权局启动第二批高层次人才培养工作

9月23日，国家知识产权局第二批高层次人才培养工作启动。经过一个半月的严格评审，来自专利审查、知识产权教学、国际事务、法律事务、战略与政策研究、知识产权信息化六个领域的80名优秀人才被确定为第二批高层次人才培养对象人选。

据悉，为实施知识产权战略和强局建设提供人才保障，争取“十一五”末在国家知识产权局范围内培养出一批领军人物，2006年11月，《国家知识产权局高层次人才培养(2006～2010)实施办法(试行)》印发；2008年2月，《实施国家知识产权局高层次人才个性化培养方案指导意见》出台，进一步明确了高层次人才的培养措施、责任部门和管理模式，在全局范围内形成了高层次人才培养的良好机制和氛围。（肖　潇）

231. 国务院通过《促进中部地区崛起规划》

9月23日，国务院常务会议讨论并原则通过《促进中部地区崛起规划》。会议指出，要增强自主创新能力，提升装备制造业整体实力和水平。加快发展高技术产业，以高新技术和先进适用技术改造传统制造业。

会议提出，实施《促进中部地区崛起规划》，争取到2015年中部地区实现经济发展水平显著提高、发展活力进一步增强、可持续发展能力明显提升、和谐社会建设取得新进展的目标。为此，要以核心技术、关键技术研发为着力点，建设现代装备制造业及高技术产业基地；增强自主创新能力，提升装备制造业整体实力和水平；加快发展高技术产业，以高新技术和先进适用技术改造传统制造业；要推进老工业基地振兴和资源型城市转型，发展县域经济，加快革命老区、民族地区和贫困地区发展；要以薄弱环节为突破口，加快改革开放和体制机制创新，不断增强发展动力和活力等；进一步完善支持中部崛起的政策体系。（新　华）

232. 东北及环渤海地区知识产权局局长论坛开讲

9月24日，以“加速专利转化、促进区域发展”为主题的东北及环渤海地区知识产权局局长论坛在沈阳举行。国家知识产权局副局长甘绍宁出席论坛并表示，企业不仅要拥有专利，还要变专利为现实的生产力，实现专利技术的产业化和市场化。

来自辽宁、北京、黑龙江、吉林、河北、内蒙古等省区市的知识产权局局长和辽宁省中小企业厅领导，围绕新形势下如何加速专利转化、促进区域振兴的方略、专利技术转化的主要途径和模式、发挥政府在促进专利技术转化中的作用、科学借鉴国外专利技术转化经验等问题发表了自己的意见，探讨和展望了东北及环渤海地区专利转化实施的前景。（刘伶玲）

233. 我国法院贯彻实施修改后的《专利法》

9月29日，最高人民法院向各地法院发出通知，要求认真学习贯彻修改后的《专利法》。该通知规定，人民法院审理侵犯专利权纠纷案件，对于2009年10月1日以前的被诉侵犯专利权行为，适用修改前的《专利法》；对于2009年10月1日以后的被诉侵犯专利权行为，适用修改后的《专利法》。

该通知规定，对于发生在2009年10月1日以前且持续到2009年10月1日以后的被诉侵犯专利权行为，依据修改前和修改后的《专利法》侵权人均应承担赔偿责任的，适用修改后的《专利法》确定赔偿数额。被诉侵犯专利权行为发生在2009年10月1日以前，当事人在2009年10月1日以后向人民法院申请采取责令停止有关行为的措施、申请保全证据的，适用修改后的《专利法》。

（魏小毛）

234. 日本作家渡边淳一获赔67.7万元

9月，广东省高级人民法院对渡边淳一诉珠

海出版社侵犯著作权的4起案件作出终审宣判，判决珠海出版社侵权成立，须向渡边淳一支付侵权赔偿及合理诉讼支出合计人民币67.7万元。

据了解，渡边淳一是日文长篇小说《飘雪》《雪舞》《艳妆》《艳骨》的著作权人。珠海市中院一审认定珠海出版社侵权成立，判令珠海出版社停止复制、发行上述图书，并综合考虑作品的类型、作者和作品的知名度、被告侵权行为的性质、范围和主观过错等情况，要求被告赔偿原告经济损失人民币40万元，以及为制止侵权的合理支出人民币27.7万元。珠海出版社向广东省高院提起上诉。广东省高院终审维持了上述4起案件的一审判决。日本作家渡边淳一获赔67.7万元。

（顾奇志）

235. 现行《专利法》配套文件已开始使用

为推进第三次修改后的《专利法》平稳较快地实施，提高政府服务水平，国家知识产权局制定了《遗传资源来源披露登记表》等4种请求类表格，并于10月1日在政府网站上发布，以便专利申请人、专利权人或利害相关人等办理专利事务。

新修改的《专利法》增加与专利申请办理、专利权获得相关的规定，引入审理和处理专利侵权纠纷的专利权评价报告制度，4种请求类表格与新《专利法》相对应，包括《遗传资源来源披露登记表》《向外国申请专利保密审查请求书》《同日申请发明专利和实用新型专利的声明》《专利权评价报告请求书》。上述4种请求类表格，申请人应当直接向国家知识产权局专利局受理处以纸件形式递交或寄交，各专利代办处和国家知识产权局电子申请系统暂不受理和接收上述专利申请和专利文件。

（刘　珊）

236. 国家知识产权局明确施行修改后《专利法》有关事项

10月1日，第三次修改后的《专利法》正式实施。日前，国家知识产权局发出《关于施行修改后专利法有关事项的通知》，对2009年10月1日以后（含该日）提交专利申请或办理其他专利事务涉及的有关事项予以明确。

该通知指出，同一申请人同日对同样的发明创造既申请实用新型专利又申请发明专利的，应当在申请时分别填写《同日申请发明专利和实用新型专利的声明》，说明对同样的发明创造已申请了另一专利；任何单位或者个人将在中国完成的发明或者实用新型向外国申请专利的，应当事先请求国家知识产权局进行保密审查，填写《向外国申请专利保密审查请求书》；申请人就依赖遗传资源完成的发明创造申请专利的，应当填写《遗传资源来源披露登记表》，说明该遗传资源的直接来源和原始来源，无法说明原始来源的，应当陈述理由。

该通知明确，对于涉及上述内容的新申请以及申请日之后提交的专利权评价报告请求书、向外国申请专利保密审查请求书和遗传资源来源披露登记表，申请人应当直接向国家知识产权局专利局受理处以纸件形式递交或寄交，各专利代办处和国家知识产权局电子申请系统暂不受理和接收上述专利申请和专利文件。该通知指出，申请外观设计专利的，应当提交对该外观设计的简要说明，不提交外观设计简要说明的不予受理；外观设计简要说明的撰写，参照2009年10月版《外观设计简要说明》的注意事项；国家知识产权局仅对申请日（有优先权的，指优先权日）在2009年10月1日之后（含该日）的实用新型专利或者外观设计专利作出专利权评价报告；对申请日（有优先权的，指优先权日）在2009年10月1日之前的实用新型专利，只作出实用新型专利检索报告。

（刘　珊）

237. 亿元专项资金资助申请国外专利

从2009年起，中央财政设立专项资金，资助国内中小企业、事业单位和科研机构向国外申请专利。记者从10月12日全国资助向国外申请专利工作会议上获悉，今年资助金额为1亿元。依规定，一般情况下，一件PCT专利申请项目资助金额不超过50万元，重大项目除外。2009年的资助项目申报工作将于10月20日结束。

9月15日，财政部印发《资助向国外申请专利专项资金管理暂行办法》。其中规定，此次资助对象和范围为国内中小企业、事业单位及科研机构通过PCT途径提出并以国家知识产权局为受理局的专利申请。专项资金主要用于资助国内申请人向有关专利审查机构缴纳的在申请阶段和授予专利权当年起3年内的官方规定费用、向专利检索机构支付的检索费用及向代理机构支付的服务费。截至10月20日，符合要求的国内申请人可以将2008年7月1日至2009年6月30日期间发生的费用进行申报。

（刘　仁）

238. 首批全国企事业知识产权示范创建单位获验收

9月，第一批全国企事业知识产权示范创建单位示范创建工作验收会在京举行。清华大学、华为技术有限公司、奇瑞汽车有限公司等70家单位接受专家组的验收评审。

在专家正式评审前，国家知识产权局召开了验收会议启动会。中纪委驻国家知识产权局纪检组组长肖兴威在会上指出，企事业单位知识产权示范创建工作意义深远，对加强我国企事业单位提升知识产权创造、运用、保护和管理能力发挥重要示范作用。本次验收会议采取专家评审、集中答辩的形式，验收评审示范创建单位在示范创建期内取得的知识产权工作成果。（张海志）

239. 第二个国家级专利审查员实践基地落户武汉

9月，国家知识产权局正式复函，同意在武汉东湖高新区设立国家专利审查员实践基地。这是继上海张江高新区之后，在全国高新区中第二个获批的国家级专利审查员实践基地，在中部地区尚属首家。

有关人士表示，在东湖高新区建立审查员实践基地沟通互动平台，将会较大限度提高东湖高新区企业自主创新能力，提高企业核心竞争力，提高产业发展水平，切实推进高新区经济社会的快速发展。（夏　媛）

240. 江苏省颁发首届民间发明创新奖

9月27日，江苏省首届民间发明创新奖评选活动颁奖大会在南京举行。江苏省省长助理徐南平等有关领导出席会议，并为获奖的民间发明人颁奖。

此次评选活动由省知识产权局、省农林厅、省财政厅、省总工会、团省委、省妇联、省科协、省发明协会等8家单位共同主办。本次评选活动共产生115名获奖者，其中张鸿秀等10人获得一等奖，并被授予“江苏省民间发明家”光荣称号；王德峰等19人获得二等奖，并被授予“江苏省民间优秀发明人”光荣称号；顾利平等30人获得三等奖。此外，还有56人获得优秀奖。（李　洁）

241. 郑州市出台知识产权战略纲要

9月28日，河南省郑州市政府正式出台《郑州市知识产权战略纲要》，提出到2020年，郑州市将建设成为知识产权制度体系完善、创造活力强劲、市场化程度较高、保护机制健全、管理水平一流的知识产权强市。

该纲要提出区域知识产权战略重点为开发区和产业集聚区，明确了具体的战略实施措施。强化了知识产权管理内容，明确建立健全知识产权服务体系、加快知识产权人才队伍建设、大力培育知识产权文化、加强知识产权的交流与合作等相关内容。据悉，该纲要共分为实施知识产权战略的必要性与可行性、指导思想与基本原则、战略目标、战略重点、战略措施、实施和评估六大部分。

（张晓燕）

242. 国家知识产权局扶贫办获得表彰

9月29日，国务院第五次全国民族团结进步表彰大会在京召开。会上，全国739个模范集体、749个模范个人受到表彰。国家知识产权局扶贫办公室荣获“国务院第五次全国民族团结进步模范集体”称号。

国家知识产权局扶贫办公室专门负责局扶贫日常工作的统筹协调和具体落实。1995年国家知识产权局确立了湖南省桑植县为定点帮扶对象。多年来，扶贫办认真贯彻落实局扶贫领导小组“真扶贫、扶真贫”的扶贫方针，结合桑植县情，极大地改善了农民的生活和教育水平。国家知识产权局扶贫办还曾被国务院扶贫开发领导小组授予“中央国家机关定点扶贫工作先进单位”嘉奖，在中央国家机关通报表扬。（靖　瑞）

243.《江苏省专利促进条例》施行

江苏省首部有关专利实施的地方性法规——《江苏省专利促进条例》已于10月1日起正式颁布施行。

条例共6章39条，以《专利法》为依据，充分吸收该省在促进专利事业发展中行之有效的措施和经验。该条例不但制定了一系列对发明人、设计人的保障、优惠和奖励措施，更详细规定了在不同条件（情形）下，其应当获得的具体报酬及其比例，不同情形下发明人、设计人可享受的税收优惠的具体比例额度等。条例强调了“诚信”要求，通过这部地方性法规，首次规定对专利违法行为实行公示制度，要求将假冒专利以及故意、重复侵犯专利权的企业档案，纳入本省企业信用信息系统向社会公告，将专利违法与企业信用信誉挂钩，以提高广大企业尊重和保护专利权的自觉意识。

（孙礼勇）

244. 中俄将深化知识产权等领域合作

应中国国务院总理温家宝邀请，俄罗斯总理普京于10月12～14日对中国进行正式访问。10月13日，中俄总理第十四次定期会晤在北京举行。双方在会谈中达成多项共识，商定将在知识产权保护等领域加强合作。

双方将采取有力措施，深化经贸、科技等领域务实合作，携手应对国际金融危机，促进本国经济发展，实现共同繁荣。为实现这一目标，双方商定：双方对中俄科技领域合作表示满意，将深化中俄高技术和创新领域合作；双方积极评价两国在通讯和信息技术领域开展的合作；双方积极评价两国在知识产权保护领域的合作，将继续拓展和深化该领域有关合作；双方将继续不断推进反垄断及竞争政策领域的双边活动，特别是在落实1996年4月25日签署的《中俄政府间反不正当竞争和反垄断领域交流合作协定》框架内，积极推动在广告竞争法律适用领域开展地方间合作等。

（曾　合）

245. 中国版权服务站亮相法兰克福书展

北京时间10月14日开幕的第61届法兰克福国际书展上，中国版权服务站首次亮相，中国版权领域各类宣传推广活动全面展开。

中国版权服务站位于书展6号馆中国展团附近，专业人员将会在现场全程解答国际出版界及版权界的各方面咨询。服务站内还将滚动播放英文版《中国版权概况》视频短片，通过直观的方式帮助国际社会了解中国版权制度和版权产业发展的基本情况。同时，中国版权服务站工作人员和吉祥物人偶还将在书展各场馆内散发中英文《中国版权知识问答》，介绍中国办理各类版权事务的基本步骤和流程。此外，服务站还将向各国参展商散发已印制完成的英文版《中国版权服务指南》宣传手册。

（姚文平）

246. 河南一玉米新品种拍出500万元

10月13日，第17届北京种子大会开幕，在此次大会举行的农作物品种拍卖会上，河南滑丰种业科技有限公司的玉米新品种“滑玉15号”以500万元的价格被北京德农种业公司拍得独家生产经营权。

“滑玉15号”申请了植物新品种保护。该品种抗病虫害能力强，并且具有高产、稳定性好、适应性强的特点，适合在与华北平原地区相似的夏玉米区种植。据了解，此次拍卖会共有4个玉米新品种的生产经营权被竞买成功，总成交额800万元。

（秦　韵）

247. 全国知识产权局办公室主任会议召开

10月14日，全国知识产权局办公室主任会议在南京召开。国家知识产权局副局长鲍红出席会议并指出，近年来，各地知识产权局办公室围绕中心工作，积极开拓进取，办公室工作取得明显进展。办公室工作应适应知识产权事业发展新形势，要努力增强服务意识，提高服务能力和水平。

会议围绕贯彻实施《国家知识产权战略纲要》，总结交流了办公室工作经验，并研究了新形势下加强办公室能力建设、提高政务工作水平的措施。会议还表彰了2008年度知识产权政务信息先进单位、政务信息报送先进个人以及2008年度全国知识产权局系统政府门户网站先进地方子站和先进个人。有关专家在会上分别作了有关政务信息和政府门户网站的专题讲座。（刘　珊）

248. 华谊兄弟创业板上市

国内最大的民营影视制作集团——华谊兄弟传媒股份有限公司首发申请通过创业板发审委审核。10月15日，华谊兄弟将正式展开申购。有业内专家指出，作为创业板上市企业中惟一的一家文化产业的企业，华谊兄弟上市作为资本市场的一小步，意味着我国文化产业发展迈出了一大步。

市场分析人士预测，华谊兄弟上市创业，将引来更多的文化产业企业加入到创业板的阵营中来。而这正折射了《文化产业振兴规划》的应时而出。作为发展文化产业的重要措施之一，《文化产业振兴规划》指出，支持有条件的文化企业进入主板、创业板上市融资，鼓励已上市文化企业通过公开增发、定向增发等再融资方式进行并购和重组。积极吸收社会资本和外资进入政策允许的文化产业领域。

（高迎迎）

249. 全运会上自主知识产权成亮点

10月16日，中华人民共和国第十一届全国运动会在济南隆重开幕。拥有自主知识产权的信息通讯保障技术、自主创新体育设备、植物新品种纷纷登陆赛场，组委会也着力做好大会相关知识产权保护工作。自主知识产权成为本届全运会的一大亮点。

第十一届全运会开幕式导演组有关人士说，在奥运会、全运会等大型体育赛事中，通过积极吸收融合各领域最新的科技成果，不断创新，保证了现场演出效果不断提高，观众视觉享受也不断升级。此外，第十一届全运会组委会在山东省版权局为会徽进行了登记。在第一时间向国家工商行政管理总局商标局提交了第十一届全运会会徽商标注册申请，申请覆盖45类商品和服务类别。会徽发布后，组委会相关部门又进一步建立健全了会徽、吉祥物、标识、会歌、口号等与第十一届全运会有关的知识产权客体保护。（李守运）

250. 鞍山施行知识产权战略纲要

10月16日，从《鞍山市知识产权战略纲要》新闻发布会上获悉，该纲要从知识产权创造、运用、保护、管理、推动产业发展等方面确定了5项重点任务。该纲要的施行标志着该市知识产权战略全面启动。

该纲要于2009年9月7日经辽宁省鞍山市人民政府批准印发。该纲要确定了5项重点任务：明确要强化以企业为主体的自主知识产权创造，包括突出发挥企业的创新主体地位、引导创新资源向核心企业集聚、积极扶持和培育各类知识产权优势企业；全面提高知识产权的宏观管理水平，包括完善知识产权地方法规和政策体系、创新知识产权管理体制和机制、建立重大项目知识产权审查制度；大力加强知识产权的保护力度等方面。（刘伶玲）

251. 中华环保基金会资助申请节水专利

10月19日，中华环境保护基金会在京启动了由"TOTO水环境基金"支持的2009年度节水专利申请资助活动。该活动旨在对促进节水领域技术进步与创新的获权发明专利和实用新型专利进行资助。

一年一度的节水专利资助活动从2008年开始实施，计划开展5年，每年计划资助获权发明专利和实用新型专利各20件，资助标准为每件发明专利2500元，每件实用新型专利800元。据悉，2008年度有5件发明专利和20件实用新型专利获得资助，基金会共发放资助资金2.85万元。中华环境保护基金会已于10月11日开始受理节水专利资助申请，截止日期为2010年2月28日。（刘阳子）

252. 版权专题研究班在京开课

10月21日，由新闻出版总署、国家版权局主办的版权专题研究班在国家行政学院正式开班，这是版权专题首次纳入中央组织部培训计划。开班仪式由新闻出版总署副署长、国家版权局副局长阎晓宏主持。国家知识产权局局长田力普、国家工商行政管理总局副局长付双建、商务部副部长傅自应分别在开班仪式上作了主题演讲。

此次研究班历时6天，来自29个省会城市、计划单列市分管版权工作的负责人和14个部委及相关部门的负责人在会上就"如何有效加强城市的版权工作"等主题进行了广泛深入的交流。（黄　伟）

253. 签发原产地证书，东盟自贸区出口减税

10月21日，从国家质量监督检验检疫总局获悉，自我国开始颁发原产地证书近5年来，每年仅为中国—东盟自由贸易区出口货物签发的原产地证书，就可减让关税上千万元。

中国—东盟自贸区出口货物原产地证书，是根据《中国—东盟自贸区原产地规则》签发的具有法律效力的官方证明文件。根据国家质检总局要求，自2005年7月20日起，各地检验检疫部门已开始全面签发专门用于"中国—东盟自由贸易区"的原产地证书。中国—东盟博览会举办5年来，位于东盟经贸前沿的广西检验检疫局在全国签证机构中签证量一直居首位，2008年共签发产地证3.5072万份，签证金额2.5054亿美元，可享受关税减让优惠约8556万元人民币；2009年前8个月共签发原产地证书2.7734万份，签证金额为1.1035亿美元，可享受关税减让优惠约3770万元人民币。（赵建国）

254. 中国—东盟知识产权谅解备忘录签署

10月24日，第十二次中国与东盟领导人会议（"10＋1"）在泰国华欣举行。当地时间10月25日下午，中国与东盟10国代表在泰国华欣就进一步加强合作签署了4个文件。温家宝与东盟成员国领导人出席签字仪式。其中，国家知识产权局局长田力普代表中国政府签署了《中国—东盟知识产权领域合作谅解备忘录》。

根据该备忘录，双方除加强政策层面的沟通

外，还将展开众多知识产权领域的实质性合作，其中包括知识产权审查、质量控制、审查员培训、自动化与数据库建设等方面的交流。签字仪式后，田力普表示，中国与东盟成员国在知识产权领域的合作已开展多年，每年中国都与东盟成员国就多个领域的知识产权问题展开多层次多方式的探讨，此次备忘录的签署势必将这种合作提升到一个新的高度。（胡玉章）

255. 第二届中国国际版权博览会在京举行

10 月 24～27 日，被誉为“版权行业的奥运会”的第二届中国国际版权博览会在北京举办。全国人大常委会副委员长路甬祥，世界知识产权组织副总干事王彬颖，新闻出版总署署长、国家版权局局长柳斌杰，经济学家厉以宁，“世界创意产业之父”约翰·霍金斯等出席开幕式，并在“国际版权论坛”上登台演讲。国内外版权领域龙头企业、专业版权服务机构及相关国际组织代表近千人参加了开幕式。

本届博览会以“交流合作创新发展”为主题，以中国版权“走出去”战略为契机，围绕“版权影响世界”展开深入交流和研讨，并重点突出版权产业交流、交易环节，为全球版权贸易合作提供全方位服务平台。本届博览会共分“国际版权论坛”“产业展览”“主题活动”和“文化演出”四大板块，包括“中国文化产业项目投融资洽谈会”“中国国际影像文化节”等 7 项主题活动。（姚文平）

256. 珠江三角洲地区创新与知识产权国际研讨会举行

10 月 26～27 日，广东省知识产权局和美国全国商会在广州联合举办了“珠江三角洲地区创新与知识产权国际研讨会”。国家知识产权局副局长贺化、美国商务部部长骆家辉出席研讨会并致辞。

本次研讨会的主题为“在经济危机中促进经济转型”，来自华为、思科、通用、微软、深圳迈瑞生物公司等著名中美企业代表，以及海关总署、广东省知识产权局、广东省高级人民法院、广东知识产权保护协会的 20 多位与会嘉宾在研讨会上作了精彩演讲。（顾奇志）

257. 全国知识产权培训工作会议举办

10 月 27 日，全国知识产权培训工作会议在湖南长沙召开。会议对“十一五”以来全国知识产权人才培训工作经验进行总结，并部署今后全国知识产权人才培训的工作任务。国家知识产权局局长田力普表示，知识产权人才培训工作是知识产权事业发展的一项重要的基础性、战略性和决定性工作，实现知识产权事业又好又快的发展，关键在人才。要以实施人才强国战略和知识产权战略为契机，努力形成有重点、分层次、覆盖全国的知识产权培训体系。湖南省人民政府副省长甘霖出席了会议。

截至目前，全国已经形成了一支 3 万多人的知识产权专业人才队伍，其中专利审查人才 5 000 多人，知识产权行政管理和执法人才 1 万多人，企事业单位知识产权人才 1 万多人，执业专利代理人近 6000 人。（魏小毛）

258. 国家知识产权培训(湖南)基地挂牌成立

10 月 27 日，由湖南省知识产权局与湖南大学共建的国家知识产权培训(湖南)基地在长沙正式挂牌成立，这是我国第一家在地方设立的国家级知识产权培训基地，也是政府部门与高校联合开展知识产权教育培训的一次新尝试。

2007 年 6 月，湖南省知识产权局与湖南大学签署了共建湖南省知识产权教育培训基地的合作议定书，发挥双方的资源和人才优势，加快知识产权专业人才的培养，提高企事业单位的知识产权意识和知识产权运用能力。前不久，在此基础上国家知识产权局批准该基地为国家级知识产权培训基地。基地升格后，合作双方将在人才培养、科学研究和服务社会方面进行紧密合作。（魏小毛）

259. 律协将动员律师投入上海世博会知识产权志愿服务

10 月 27 日，上海世博会事务协调局法律事务部和中华全国律师协会知识产权专业委员会在南京签署了《上海世博会知识产权保护与服务合作备忘录》。

根据该备忘录的约定，全国律协知识产权委员会将积极动员和组织全国尤其是长三角地区的知识产权律师，投入上海世博会知识产权的志愿服务。一方面，他们将为上海世博会运营期间世博园区知识产权保护预案的编制建言献策；另一方面，他们将为上海世博会的组织者、参展者和参观者提供有关知识产权方面的相关咨询，协助组织者调处相关知识产权争议。此外，还将动员全国各地的知识产权律师积极开展世博会知识产权

保护的宣传活动。（胡 嫚）

260. 天津一公司专利权质押获贷2000万元

10月，天津市炜杰科技有限公司以3件发明专利做质押从大连银行天津分行贷款2000万元。这是2009年该市首笔专利权质押获得的大额贷款。此次专利权质押贷款取消了中间担保环节。天津市知识产权局对该项贷款给予30万元的贴息资助。

天津市知识产权局负责人表示，市知识产权局将加大对专利试点企业获得专利权质押贷款给予部分贷款贴息资金支持力度。近期还将组织专利权评估和质押专题培训，对部分科技型中小企业和金融机构进行培训，同时遴选出一批优秀专利项目提交给天津市各金融机构，进一步推动专利权质押融资工作，为破解科技型中小企业融资难题开辟一条新路。（宁卫红）

261. 我国已有近千个地理标志产品受到保护

10月27日，国家质量监督检验检疫总局在北京举办地理标志保护制度实施10周年纪念活动。10年来，我国已有近千个地理标志产品受到保护。

1999年的8月17日，我国第一部专门规定原产地域产品（地理标志产品）保护制度的部门规章——《原产地域产品保护规定》由原国家质量技术监督局正式发布，标志着有中国特色的地理标志产品保护制度的初步确立。10年来，质检部门在履行入世承诺、为地理标志产品提供保护方面作出了巨大努力。地理标志专门保护制度正在成为我国保护地理标志知识产权，提升特色产品质量、促进区域经济发展和对外贸易的有效手段，并且发挥着越来越大的作用。截至2009年9月，国家质检总局已受理来自国内外的地理标志保护申请1070件，已批准对国内932个地理标志产品实施了专门保护。（赵建国）

262. 广东亚运标志保护办法颁布

10月27日，《广东省亚运标志保护办法》颁布，将于2010年1月1日起施行。根据该办法，侵犯亚运标志专有权的行为最高罚款3万元。

该办法规定亚运标志权利人为亚洲奥林匹克理事会和第16届亚运会组织机构，亚运标志权利人依照本办法对亚运标志享有专有权，任何组织和个人不得侵犯。该办法明确指出，任何未经亚运标志权利人许可，为商业目的（含潜在商业目的）擅自使用亚运标志，均为侵犯亚运标志专有权，任何组织和个人对于侵犯亚运标志专有权的行为均可向工商行政管理部门或者有关行政管理部门举报。因侵犯亚运标志专有权引起纠纷的，由双方当事人协商解决。（李 卓）

263. 北京市音视频产业知识产权联盟成立

10月28日，北京市音视频产业知识产权联盟在京成立。联盟将集合企业、科研院所及知识产权中介机构的力量，共同解决行业共性知识产权问题，应对知识产权纠纷，增加北京市音、视频领域知识产权竞争筹码。

据了解，联盟由中国科学院计算技术研究所、华旗资讯、中星微电子、新奥特等单位和企业发起，是由业内知识产权专家响应而成立的合作型团体。联盟成立后，将分阶段开展工作，联盟成立得到北京市知识产权局大力支持，联盟的秘书单位设在工业和信息化部电子知识产权中心。

（张海志）

264. 田力普考察调研桑植县

10月29日，国家知识产权局局长田力普在湖南省桑植县考察调研知识产权工作时表示，今后，国家知识产权局将一如既往地做好扶贫工作，支持桑植县经济社会发展。

在听取桑植县委、县政府知识产权工作情况汇报和经济社会发展情况简要介绍后，田力普指出，桑植县是革命老区，国家知识产权局从1995年起，已连续15年在桑植县扶贫，投入了大量资金，改善农村基础设施条件，扶持产业开发，培训基层干部，注重科技扶贫和知识产权宣传教育，取得了明显成效。同时，也使国家知识产权局的干部职工在扶贫实践中得到了锻炼。田力普一行还深入到洪家关乡枫坪村，实地参观考察了国家知识产权局在该县扶持发展的优质柑橘基地。

（李绍信）

265. 京港洽谈会签下32亿美元大单

10月29日，为期两天的第十三届北京香港经济合作研讨洽谈会在京开幕。此届京港会共达成签约合作项目36个，签约金额约32亿美元，签约项目涉及文化创意产业、城市基础设施建设、生物医药、都市工业、新能源、新材料环保业等九大行业。

此届京港会旨在继续深化北京与香港的科技交流与合作，京港两地代表积极进行研讨并开展密切合作。洽谈会期间举办了多场专题研讨及投资洽谈活动。与会的京港两地代表共同探讨了新形势下如何加强京港两地科技创新与合作，发挥科技创新支撑作用，提升两地区域竞争力。

（刘　珊）

266. 海峡两岸共论文化创意产业知识产权保护

10月30日，作为第二届海峡两岸（厦门）文化产业博览会重要组成部分的2009海峡两岸（厦门）文化创意产业知识产权保护论坛在厦门举行。来自国家知识产权局、“中华保护智慧财产权协会（台湾）”等海峡两岸知识产权领域和文化创意产业界的近百名代表，在论坛上就闽台文化合作与知识产权保护等议题进行了有益的探讨和深入的交流。

与会专家认为，首次举办的此次论坛颇具意义，其背后是两岸文化产业合作的良好契机和美好愿景。“台湾磐安智慧财产教育基金会”董事长刘江彬表示，两岸文化创意产业合作空间巨大，2009年大陆到台湾申请商标数量有望突破千件，将创历史新高。（安　雷）

267. 第十六届杨凌农高会开幕

11月1日，以“科技引领、创业推动、现代农业”为主题的第十六届中国杨凌农业高新科技成果博览会在陕西杨凌开幕。中共中央政治局委员、国务委员刘延东出席开幕式并强调，建设现代农业，要围绕制约农业发展的关键领域，开展基础研究、共性技术和战略高技术研究，提高农业自主创新能力。

刘延东参观了国家知识产权局组织的参展项目，对农业知识产权工作给予充分肯定。国家知识产权局副局长甘绍宁向刘延东介绍了本届农高会国家知识产权局展团的有关情况：国家知识产权局共组织了全国20个省市80多家科研生产单位的160余项优秀涉农专利项目参展。

本届农高会有1100多家企业、5000余项农业技术成果和项目参展，参展参会者来自我国各部委、各省区市以及日本、法国、巴西、美国等45个国家与国际组织。（胡　嫚）

268. 中美欧知识产权研讨会上智慧激荡

11月4日，备受关注的“2009中美欧知识产权研讨会”隆重开讲。来自中国、美国、欧洲的知识产权界、企业界精英就共同关心的企业知识产权策略及实务，展开了积极而富有成效的研讨。

此次研讨会得到了中美欧人士的广泛关注。中国国家知识产权局局长田力普、联想控股有限公司董事长柳传志、北京市知识产权局局长刘振刚以及来自柳沈律师事务所、德国库能万科知识产权律师事务所和美国博钦律师事务所的知名专家先后登台，进行了深入浅出的阐述，展开了沟通与交流，分享了理念。此次研讨会由北京市知识产权保护协会主办，柳沈律师事务所、美国博钦律师事务所、德国库能万科律师事务所承办。

（吴　辉　刘　珊）

269. 李长春指出要推动动漫产业大发展大繁荣

11月5日，中共中央政治局常委李长春在参观首届中国动漫艺术大展时指出，要增强创新意识，立足中华民族5000年丰厚文化资源，大力推动优秀原创动漫作品的创作生产，创造更多富有民族特色、体现时代特征、深受群众欢迎的动漫精品，形成一批具有自主知识产权的知名动漫品牌。

李长春表示，近年来，我国动漫创作生产取得了长足进步。当前，我国动漫产业正处于发展壮大的关键时期，要认真贯彻《文化产业振兴规划》提出的要求，加大工作力度，不断改革创新，推动动漫产业大发展大繁荣。（新　华）

270. 专利文献出版与信息应用研讨会举办

11月5日，由国家知识产权局主办的专利文献出版与信息应用研讨会在京召开。国家知识产权局副局长杨铁军指出，专利文献出版工作要紧跟社会发展步伐，站在数字出版的发展最前沿，掌握和运用先进的数字出版技术和模式，明确专利文献出版工作的发展目标，利用专利文献电子出版系统实现中国专利全流程代码化的出版。

在为期两天的会议中，来自国家知识产权局、欧洲专利局、世界知识产权组织的多名专家将陆续进行主题演讲，并围绕企业专利信息应用、专利文献出版模式等专题展开讨论。（刘阳子）

271. 第14批中国企业新纪录发布

11月7日，中国企业联合会、中国企业家协会在山东济南发布了第14批中国企业新纪录，共357家企业申报的1370项新纪录入选。值得关注的是，在中国企联重点发布的320项新纪录中，大部分是拥有自主知识产权的原始创新和集成创新的新纪录。其中来自能源、电力、交通、基础设施建设、装备制造等领域的约占75%，属于技术改造与创新、节能降耗、提高效率的约占90%，涉及节能减排的占20%。

中国企业新纪录自1996年创办以来，已累计发布14批，总数达7470项，涵盖了能源环保、交通运输、重化工业、装备制造业、轻纺工业、食品业等35个行业和领域，从一个侧面记录了中国企业在自主创新方面的前进步伐。（崔静思）

272. 中欧专家巡回研讨外观设计制度

11月7日，中欧外观设计制度巡回研讨会在江苏无锡举行，来自中国国家知识产权局和欧盟内部市场协调局的专家对中、欧外观设计制度进行了解读。

中国国家知识产权局局长田力普在开幕式上表示，中国企业要更多地了解欧洲外观设计制度，以便在进入欧洲市场时能有效地利用外观设计专利保护这一有力工具，提高市场竞争力。2008年，中国国家知识产权局受理的外观设计专利申请超过31万件，占当年全球外观设计申请总量的近13%，同期中国申请人向欧洲申请仅为1046件。据悉，此次研讨会在无锡结束后，中欧专家将前往贵阳继续进行巡回研讨。（魏小毛）

273. 第七届中国(无锡)国际工业设计博览会举办

11月7～9日，第七届中国(无锡)国际工业设计博览会暨第六届中国国际专利与名牌博览会在江苏省无锡市举行。全国人大常委会副委员长华建敏、科技部党组成员张景安、江苏省副省长何权等出席开幕式。国家知识产权局局长田力普在开幕式上表示："工业品外观设计作为一个重要的知识产权类别，已经成为企业参与市场竞争，占据市场先机的重要手段。"

本届工博会和专博会提出了"创新以应对挑战、设计创想未来"的主题。美国、德国、澳大利亚、瑞士等国家和地区的著名设计组织机构，以及一汽集团、上汽集团、奇瑞汽车股份有限公司等国内外知名企业共100多家，发布了工业设计的最新产品。博览会还开展了"中国专利十佳企业"评选等活动。（魏小毛）

274. 2009创新盛典揭晓中国创新设计大奖

11月9日，2009创新盛典中国创新设计颁奖典礼在江苏无锡隆重举行。年度最佳自主创新设计、最佳时尚设计、最佳绿色设计、最具创意设计和最佳设计师团队等五大奖项均名花有主。国庆60周年阅兵仪式上胡锦涛主席乘坐的"红旗HQE检阅车"获得最佳自主创新设计大奖。国家知识产权局副局长甘绍宁为获奖者颁奖。

由国家知识产权局等主办的一年一度的创新盛典中国创新设计大奖，越来越成为中国民族企业自主创新成就的标志。在今年的获奖名单中，汽车、家电类厂商成了最大赢家。最受关注的最佳自主创新设计奖由中国第一汽车集团、无锡小天鹅股份有限公司、上海汽车股份有限公司、四川长虹电器股份有限公司和康佳集团共同分享。鉴于中国第一汽车集团和北京汽车研究总院在60周年国庆阅兵仪式上的特殊贡献，中国工程学会还特此颁发了特别荣誉奖。（魏小毛）

275. 中国汽车业兼并重组获重大进展

11月10日，中国兵器装备集团公司与中国航空工业集团公司联合在北京宣布将中航下属的昌河、哈飞等5个汽车品牌业务并入原兵装所属的中国长安汽车集团股份有限公司。此次重组是《汽车产业调整和振兴规划》颁布后，中国汽车行业第二例重组案。重组后，将基本达到该规划提出的年产200万辆的大型汽车企业集团的目标。

中航划入新长安集团的主要是昌河、哈飞、东安动力、昌河铃木、东安三菱5个品牌的微型车和轿车品牌业务，重组后的新长安集团资产升至715亿元。新长安集团有关负责人表示，重组后，新长安集团将更加重视自主创新和自主品牌建设。（赵建国）

276. 第三届中关村论坛开幕

11月12日，来自世界各国的知名学者和产业界人士聚首第三届中关村论坛，以"创新企业能力与企业家精神"为主题，探讨如何用科技创新改善人类生活与促进社会发展。论坛上，依靠科技创新应对危机、实现产业升级与发展，成为各界共识。

此次论坛分为低碳经济与绿色发展、知识产权战略与保护等5个专题论坛和以"金融创新下的合作与发展"为主题的圆桌会议。中国科技部副部长杜占元、诺贝尔经济学家蒙代尔、世界银行副行长林毅夫、联想控股有限公司董事长柳传志等进行了主旨演讲。其中,实施知识产权战略,加强知识产权保护作为促进科技创新的重要途径,成为多位嘉宾发言的重要内容。来自全球十多个国家的政府官员、科学家、高科技企业家以及专家学者共600多人出席了论坛。　(刘　仁)

277. 全国已有26家专利保护重点联系基地

11月,国家知识产权局批准了第二批全国专利保护重点联系基地,武汉市中院、中国科技大学、东风汽车公司以及贵州威克律师事务所等16家单位榜上有名。截至目前,全国专利保护重点联系基地已达26家。

全国专利保护重点联系机制旨在充分利用社会资源促进专利执法工作水平的提高,通过遴选有关单位作为联系基地,向全国知识产权局系统提供有关执法的咨询意见和相关信息,参与重要执法问题和疑难案件的研讨论证,共同促进执法人员业务素质的提高,向社会各界介绍通过合理有效的专利保护促进发展的经验,建立专利执法保护的定向信息交流机制、定题论证研讨机制、定点人才培育机制。　(王志超)

278. FICPI中国研讨会召开

11月15～16日,由中华全国专利代理人协会和国际知识产权律师联合会(FICPI)中国分会共同主办的FICPI中国(深圳)研讨会在广东省深圳市举行。中国国家知识产权局副局长贺化表示,知识产权中介服务体系是知识产权制度的重要组成部分,知识产权中介服务水平和质量对保护创新成果具有重要影响,需要予以高度重视。

FICPI国际会长彼得・亨茨曼、FICPI中国分会会长戈泊、中华全国专利代理人协会会长马连元、香港知识产权署署长谢肃方等有关嘉宾出席了研讨会。来自国内外的18名知名专家和律师,就"中国专利制度的最新发展及专利体系的运用""在新经济环境和不同司法体系下外观设计专利的申请、审查和审判问题"两个主题展开探讨。

(顾奇志)

279. 第三届中国专利周成交9.6亿元

由国家知识产权局主办,17个中央部门机构和31个省区市人民政府作为支持单位、38家国家专利技术展示交易中心所在地城市人民政府作为协办单位的2009第三届中国专利周于11月16日圆满落下帷幕。国家知识产权局初步统计表明,本届专利周成交项目155项,成交额9.6亿余元。

据初步统计,第三届中国专利周期间,共举办展示交易活动161场次,展览总面积5.5万平方米,参展企业近6000家,参加人数近18万,意向成交项目480项,意向成交额53亿多元;举办专题论坛、研讨会和讲座等活动147场次,参加人数近2万人;全国共有39名省部级领导、112名市长和副市长、233名厅级领导出席了中国专利周活动。　(赵建国　柳　鹏)

280. 自主知识产权成为高交会最大亮点

以"创新・创业・发展"为主题的第十一届中国国际高新技术成果交易会于11月16日在深圳开幕。国家知识产权局副局长鲍红在高交会举行的首届世界创新高峰论坛上表示,要坚持走自主创新道路,努力争取在若干重要领域掌握一批核心技术的自主知识产权,造就一批拥有国际竞争力的企业。

拥有自主知识产权的技术与产品成为本届高交会最大亮点。以广东馆展区为例,在该馆展出的77家广东企业中,12家企业为商务部或广东省重点培育和发展的出口名牌,占比15.6%。参展项目以IT、生物医药、新能源、节能环保和光机电一体化等新型产业为主,已申请和获得专利的项目超过90个,占总项目的76.3%,还展出了一批获得中国专利金奖和优秀奖项目。　(顾奇志)

281. 我国信息技术领域专利申请总量近100万件

11月16日,国家工业和信息化部举行第十一届信息技术领域专利态势发布会。据悉,截至2009年9月底,我国信息技术领域专利申请总量达到98万件,比2008年同期增长18万多件,增幅为22%,其中华为、中兴通讯仍位居内地企业专利申请总量排行榜前2位。

据介绍,计算机与自动化、测量测试与雷达导航是信息产业9个技术领域发明专利申请比例增长较快的领域。此外,内地企业中从事通信、计算机、电池、家电行业的企业技术创新意识更强,专利积累的速度更快。　(顾奇志)

282. 我国将建设重点产业专利信息平台

11月17日,由国家知识产权局、国务院国有资产监督管理委员会及有关行业协会组成的重点产业专利信息服务平台建设领导小组在京召开了首次工作会议。国家知识产权局副局长杨铁军指出，重点产业专利信息服务平台是支撑我国科技创新、产业结构调整、国际市场拓展，服务于国民经济发展的一项基础性建设工作，要共同打造出具有中国特色的专利信息利用精品，使重点产业中90%规模以上企业能有效利用专利信息，促进重点产业的结构调整和优化升级。

据悉，即将启动的重点产业专利信息服务平台涵盖重点产业调整和振兴规划中有关技术创新重点领域的70多个国家专利文献信息，提供集一般检索、分类导航检索、数据统计分析、机器翻译等多种功能于一体的集成化专题数据库系统。信息平台建设拟于2010年1月底完成，无偿供有关企业使用。 （魏小毛）

283. 第二届知识产权与城市发展市长论坛开讲

11月17～18日，促进知识产权示范城市间增进交流、分享经验、共谋发展的盛会——第二届知识产权与城市发展市长论坛在浙江杭州隆重举办。

来自国家知识产权工作示范城市、示范城市创建市的32名市长、各市知识产权局局长、国家部委有关部门负责人以及国内知名专家学者和特邀代表约160余人齐聚一堂，围绕“实施知识产权战略，促进经济全面复苏”的主题，畅谈知识产权与城市发展。国家知识产权局局长田力普、浙江省副省长金德水、杭州市市长蔡奇等出席论坛开幕式并致辞。开幕式后，国家知识产权工作示范城市授牌仪式举行。田力普为在2009年度被评定为“国家知识产权工作示范城市”的东营、福州、贵阳、哈尔滨、杭州、金华、昆明、兰州、青岛、沈阳、泰州、潍坊和株洲等城市授牌。论坛期间，国家知识产权工作示范城市的23名市长共同签署了《国家知识产权工作示范城市知识产权杭州宣言》。

（汪玮玮　肖　潇）

284.《广播电台电视台播放录音制品支付报酬暂行办法》公布

11月17日，国务院公布了《广播电台电视台播放录音制品支付报酬暂行办法》，规定从2010年1月1日起，广播电台、电视台播放录音制品，将有3种付费方式供选择，作为约定或者协商支付报酬的基础。

国家版权局有关负责人表示，此办法的公布充分体现了既保障著作权人依法行使权利，又方便广播电台、电视台依法播放节目的原则，是落实我国著作权法，保护权利人利益的具体举措。此次付酬办法规定了3种付费方式：按照广播电台、电视台与相关著作权集体管理组织的约定每年向著作权人支付固定数额的报酬；按广播电台、电视台广告收入的一定比例计酬；按广播电台、电视台播放录音制品的时间多少计酬。 （姚文平）

285. 田力普受聘中国人民大学兼职教授

11月18日，中国人民大学模拟法庭座无虚席。国家知识产权局局长田力普从中国人民大学党委副书记、副校长王利明手中接过兼职教授聘书，成为中国人民大学法学院的兼职教授。田力普表示，这是对国家知识产权局多年来工作的认可，也是国家知识产权局的荣誉。

随后，田力普为中国人民大学法学院师生作了学术演讲。针对师生们提出的有关专利实施率等问题，田力普一一作出了解答。他指出，我国知识产权的创造和运用的水平在不断提高，但要达到发达国家的水平，还需要一个渐进的过程。而在这个过程中，知识产权立法和司法的每一步都是有积极意义的。 （高迎迎）

286. 2009年两岸专利论坛杭州开讲

11月18～19日，由中华全国专利代理人协会、“台湾地区工业总会”联合主办的2009年两岸专利论坛在浙江省杭州市举行。中华全国专利代理人协会高级顾问李玉光在致辞中表示，论坛对两岸专利合作交流起到了促进作用，愿继续积极推进两岸的专利合作。

在此届论坛上，两岸的参会代表围绕两岸专利法规的修正及异同、专利审查业务及实务、专利代理人在促进经济发展和科技进步中的作用、知识产权保护的宣传教育等议题进行了研讨。

（赵建国）

287. 我国加大网上盗版侵权行为查处力度

近期，上海、苏州、齐齐哈尔等地“扫黄打非”部门先后查处了多起网上经营侵权盗版出版物案件。11月，全国“扫黄打非”办公室有关负责人表示，全国“扫黄打非”办已要求各地“扫黄打非”机构在加强对各类出版物实体经营场所监管的同时，加大对网上经营盗版行为查处力度。

全国“扫黄打非”办公室有关负责人表示，针对网上经营盗版案件高发的新特点，全国“扫黄打非”办已要求各地“扫黄打非”机构在加强对各类出版物实体经营场所监管的同时，加大对网上经营盗版行为查处力度。（刘　珊）

288. 2009全国外商机构保护知识产权座谈会召开

11月18日，由国家知识产权局主办，重庆市科学技术委员会、重庆市知识产权局承办，中国外商投资企业协会优质品牌保护委员会协办的“2009全国外商机构保护知识产权座谈会”在重庆召开。国家知识产权局副局长甘绍宁表示，中国政府将继续加强与外商企业在知识产权领域的沟通、交流与合作，共同推动知识产权保护工作的进步。

来自外商协会及40多家世界500强企业的代表介绍了各自的知识产权保护情况。代表们对中国政府在知识产权保护方面所作出的努力给予了高度的赞赏，并就进一步改善当前知识产权行政保护与司法保护工作中存在的一些问题、最大限度地消除金融危机给知识产权执法带来的影响以及有效地遏制侵权行为，进行了深入的讨论与交流。（刘　河）

289. 重庆新确定8个知识产权试点园区

11月19日，重庆西永微电子产业园等8个园区正式被确定为重庆市知识产权试点园区。国家知识产权局副局长甘绍宁、重庆市政协副主席彭长辉出席了园区启动仪式并授牌。

此次新确定的重庆西永微电子产业园区、重庆市建桥工业园、五里店工业设计中心、西彭工业园区、万州工业园区、白涛化工园区、晏家工业园区、大足县工业园区8个知识产权试点园区是由重庆市科委、市工商局、市版权局和市知识产权局共同评审并批复确定的。其中，西永微电子产业园、五里店工业设计中心2个园区目前已成功进入国家知识产权试点园区行列。（刘　河）

290. 我国将严打侵犯世博会标志的行为

11月20日，从世界博览会标志保护新闻发布会获悉，我国将开展保护世博会标志专有权的专项行动，进一步提高全社会的世博会标志保护意识，严厉打击各种侵犯世博会标志的行为。2008～2009年第三季度，全国工商行政管理机关根据《世界博览会标志保护条例》共查处侵犯世博会标志案件55件，案值16.8万元，罚款39.69万元。

截至2009年10月底，上海世博局已在国家工商总局商标局备案世博会标志61件，根据《特殊标志保护条例》在45个类别上分别备案1件特殊标志，根据《商标法》在45个类别上申请注册商标229件。（胡　嫚）

291. 北京五大产业振兴实施方案发布

11月20日，北京市发布装备制造业、新能源产业、汽车产业、生物医药产业和都市型工业五大产业振兴实施方案，旨在推进自主创新、提升品牌价值，在相关产业上力争在全国领先。

此次北京市发布的五大产业规划实施年限为2009～2011年。从推进自主创新、加强技术改造、鼓励兼并重组、提升品牌价值、拓宽融资渠道、加强基础设施建设、推广市场应用等方面提出了有针对性的、可操作的措施。（赵建国）

292. 知识产权与核心竞争力论坛隆重开讲

11月20日，2009知识产权与核心竞争力论坛在北京举办。国家知识产权局副局长鲍红在致辞中指出，一个国家、一个企业只有将其创新优势提升为知识产权优势，才能真正地形成市场竞争力，才能在国际竞争和市场竞争中立于不败之地。

此次论坛由国家知识产权局主办，知识产权出版社承办。来自国家知识产权局、国家版权局、中华全国专利代理人协会、中华商标协会以及全国200多名知识产权界人士、学者、企业代表围绕着如何利用知识产权提升核心竞争力等主题展开了研讨。（柳　鹏）

293. 甘绍宁赴川调研知识产权工作

11月20日，国家知识产权局副局长甘绍宁一行赴四川省调研知识产权工作。甘绍宁指出，当前，知识产权工作面临非常好的发展时机，知识产权工作要与经济发展紧密结合，不断创新工作理论和工作方法。

甘绍宁一行还到成都市高新区调研，实地考察了迈普（四川）通信技术有限公司。他充分肯定了成都市在创建国家知识产权示范城市和高新区在开展国家知识产权试点园区以来所做的工作和取得的成绩，并指出成都市知识产权局要将知识产权工作与经济发展紧密结合，在工作体制和机

制上进行创新，为其他城市做出示范。（周渝利）

294. 内地、香港、澳门三地研讨知识产权

11月24日，由国家知识产权局、香港特别行政区政府知识产权署、澳门特别行政区经济局联合举办的“2009年内地与香港、澳门特区知识产权研讨会”在苏州举行。国家知识产权局副局长李玉光、江苏省省长助理徐南平、苏州市副市长周伟强、香港特区政府知识产权署助理署长冯淑卿、澳门特区政府经济局副局长戴建业出席研讨会并致辞。

此次研讨会的主题包括“三地知识产权的最新发展、知识产权保护与高新技术、知识产权与创意产业、中介服务业的发展前景”等。来自内地、香港、澳门知识产权界人士以及专家学者、律师、企业代表等160余人参加了会议。（程晓虹）

295. 国家知识产权局与湖北省政府建立会商制度

11月25日，国家知识产权局与湖北省政府合作会商制度议定书签字仪式在武汉举行。国家知识产权局局长田力普与湖北省省长李鸿忠代表双方在合作会商制度议定书上签字并讲话。

田力普指出，国家知识产权局愿意和湖北省政府一起，积极探索，大胆实践，为湖北经济社会的发展提供支持和帮助。根据议定书内容，双方将在推进湖北省知识产权战略的制定和实施、推进武汉城市圈知识产权创造与运用能力建设等8个方面开展合作会商工作。（姜　伟）

296. 中国知识产权世界影响正日益扩大

世界知识产权组织11月发布的一份权威报告表明，中国知识产权事业在全球的影响正日益扩大。这份《世界知识产权指标报告(2009)》这样描述中国的知识产权状况：1995～2007年，中国国家知识产权局受理的发明专利申请年均增长23.9%，远高于欧洲和美国；2008年来自中国的高科技公司华为首次登上全球PCT专利申请排行榜首位；2007年世界范围内20.6%的商标申请是向中国提交的；全球外观设计专利申请高速增长，主要是中国申请量激增的结果。

这份报告是在世界知识产权组织于2006年创设的《世界专利报告》基础上扩展而来的，涵盖发明专利、实用新型专利、商标和外观设计专利共4类知识产权的相关发展情况。其数据主要来自世界知识产权组织统计数据库、各国知识产权管理部门年报、世界银行、联合国教科文组织、三边统计报告等。（汪玮玮）

297. 海淀区科委与北京银行共促知识产权质押融资

11月25日，北京市海淀区科学技术委员会（海淀区知识产权局）与北京银行科技园区管理部在京举行全面战略合作暨联合开展知识产权质押贷款协议签约仪式。海淀区科委向获得第一批知识产权质押贷款贴息支持的企业颁发了补贴。

海淀区科委将筛选具有符合知识产权质押贷款条件的企业并推荐给北京银行，同时负责对办理知识产权质押贷款且符合《海淀区知识产权质押贷款贴息管理办法》规定条件的中小型高新技术企业及创新企业给予贴息。对于海淀区科委推荐的企业、项目，北京银行将优先予以支持，根据企业提出的正式申请和项目材料及有关法律法规、国家信贷政策和该行的信贷条件进行独立评审，在风险可控的前提下，最大限度满足中小型高新技术企业及创新企业的金融服务需求。

（黄　伟）

298. 文艺工作者权益问题高峰论坛在沪举行

11月25日，由上海市文学艺术界联合会主办的文艺工作者权益问题高峰论坛在沪举行，专家呼吁，面对网络新媒体等新型文化载体和产业形态以及社会意识和文化环境的多种因素的挑战，通过提高知识产权保护的社会自觉性而营造一个鼓励文艺创新的良好氛围至关重要。

来自国家版权局、中国文字著作权协会、清华大学、复旦大学、上海交通大学、同济大学等单位的近50位专家学者，就文艺工作者的著作权、劳动权和名誉权的保护，以及市场经济环境下规范文化市场的有效方法等问题进行了深入探讨。

（张海志）

299. 中国人民大学知识产权学院揭牌成立

11月26日，中国人民大学知识产权学院成立。世界知识产权组织（WIPO）副总干事王彬颖和中国人民大学校长纪宝成为学院揭牌。WIPO总干事弗朗西斯·高锐和国家知识产权局局长田力普发来贺信。

中国人民大学于1986年成立的知识产权教学与研究中心，是中国惟一获得WIPO创意金奖的高等教育机构。知识产权学院的成立将致力于把中国的知识产权教学和研究推向一个新的高度。来自最高人民法院、国家版权局、国家工商总局、国内外高等院校、知识产权研究及中介机构的负责人出席了揭牌仪式。（高迎迎）

300. 文化部要求各地进一步完善非物质文化遗产保护机制

11月26日，全国非物质文化遗产保护督查工作会议在京召开。文化部部长蔡武出席会议并在讲话中指出，各地要在全面普查的基础上，制定非物质文化遗产保护事业发展的长远规划，并进一步完善非物质文化遗产保护机制。

蔡武指出，下一阶段，各地要在全面普查的基础上，制定非物质文化遗产保护事业发展的长远规划，并进一步完善非物质文化遗产保护机制；研究有关政策，促进非物质文化遗产生产性保护；加强法规建设和理论政策研究，为非物质文化遗产保护提供保障；坚持以人为本，加强人才队伍建设；积极参与非物质文化遗产保护国际交流和合作。非物质文化遗产保护工作部际联席会议成员单位有关部门负责人、文化部有关司局负责人、专家代表，以及全国各省、自治区、直辖市文化厅（局）有关负责人等共150余人参加了此次会议。（刘 珊）

301. 北京大学知识产权保护与运用国际研讨会开讲

11月27日，北京大学知识产权保护与运用国际研讨会在京召开，来自中国、美国、欧盟、日本等国家和地区的知识产权界著名专家学者共同研讨金融危机下知识产权制度对经济发展的作用和对策。

世界知识产权组织副总干事王彬颖表示，虽然全球金融危机使世界的经济发展受阻，日本和英国等国的专利申请量有所下降，但其他国家的PCT申请量却在上涨，其中来自于中国的PCT申请量2009年上半年增加了19%。危机与挑战是并存的，知识产权是促使各国从金融危机中走出来的重要战略。（魏小毛）

302. 北京朝阳启动知识产权强区工程

为全面实施国家知识产权战略，充分发挥知识产权制度促进区域经济发展的作用，11月27日，《北京市朝阳区知识产权强区工程实施方案》正式发布。该方案指出，力争到2012年在朝阳区形成引导有力且覆盖面广的知识产权政策体系、科学合理且规范高效的知识产权工作机制、法制健全且依法办事的自主创新环境，涌现出一批拥有核心技术的自主知识产权和知名品牌、知识产权经营水平较高、知识产权综合竞争力强的优势企业，充分发挥知识产权制度对科技进步和经济发展的显著作用。

朝阳区于2009年3月获准成为首批实施“国家知识产权强县（区）工程”单位之一。按照国家知识产权局《关于组织实施国家知识产权强县工程的通知》，朝阳区制定并发布了该方案。（张 影）

303. 温家宝指出知识产权是现代企业竞争的核心

11月28～29日，中共中央政治局常委、国务院总理温家宝到上海、江苏考察工作时强调，知识产权是现代企业竞争的核心。

温家宝走访了多家高新技术企业和科研院所，就加快转变经济发展方式、产业结构调整和升级等进行调研。在中国电子科技集团公司第十四研究所，他详细了解雷达技术在经济建设中的应用，询问芯片技术的开发进展情况。温家宝对研究所年轻的科技人员说，知识产权是现代企业竞争的核心，希望科技人员发扬吃苦精神、钻研精神和奋斗精神，努力攻关，多出人才，多出成果，多作贡献。

304. 第四届文博会签约55.2亿美元

11月29日，第四届中国北京国际文化创意产业博览会落下帷幕。据不完全统计，本届文博会共签署文艺演出、版权贸易、影视节目制作交易、动漫与网络游戏研发制作、文化旅游等合作意向和协议322个，总金额达55.2亿美元。

在《文化产业振兴规划》出台的大背景下，本届文博会签约项目的内容和结构相比往届都有所变化：直接投资于影视制作、动漫游戏、演艺娱乐、数字内容等领域的产业合作项目大幅度提高，在签约总金额中占据绝大部分比重，反映出我国文化创意产业已从初期探索、培育迈入开花结果、加速发展的新阶段；签署银企合作协议金额超过14亿元，标志着金融支持文化创意产业发展的领域和渠道进一步拓宽；现场小额交易频繁，规模快速上升，带动了一批工业企业的生产和销售，彰显文

博会的贸易平台和产业带动作用。（胡　嫚）

305. 我国共查处世博会标志侵权案 175 起

12 月 1 日，在《世界博览会标志保护条例》实施 5 周年之际，上海世博会知识产权保护展在沪举行。记者获悉，《世界博览会标志保护条例》实施 5 年来，我国工商、版权、海关、城管协同上海世博会组织者，共查处侵犯世博会标志专有权案件 175 起。

在过去的 5 年中，我国依法打击各类侵犯世博会标志专有权的行为，打击侵犯上海世博会赞助商权益的隐性营销行为。仅 2008～2009 年第三季度，全国工商机关查处侵犯世博会标志专有权案件 55 件，案值达 16.8 万元。（胡　嫚）

306. 首都保护知识产权志愿者加入志愿者联合会

12 月 2 日，首都保护知识产权志愿者加入北京市志愿者联合会入会仪式暨“12・4”大学生法制宣传活动在中国人民大学举行，共青团北京市委副书记邓亚萍为首都保护知识产权志愿者服务队颁发了团体会员证书，并为志愿者代表授旗。

由北京市知识产权局牵头、北京市保护知识产权举报投诉服务中心组织实施的首都保护知识产权志愿者招募活动，自 2008 年至 2009 年已招募志愿者 200 余人，已经形成了以大学生志愿者为主体，其他类型志愿者积极参与的保护知识产权志愿者队伍。（张海志）

307. 我国国防知识产权战略实施全面启动

12 月 2 日，国防知识产权战略实施动员部署会议在京召开。这标志着国防知识产权战略实施工作全面启动。国家知识产权局局长田力普、总装备部副部长韩延林、总装备部科技委副主任卢锡城、国家国防科技工业局党组成员胡亚枫等出席了会议。

随着我国国防科技的快速发展，近年来，国防专利申请的年均增长量超过 40%。但整体而言，国防专利在外围、配套、辅助技术上较为集中，而基础前瞻性领域创新不够。2008 年《国家知识产权战略纲要》颁布实施后，总装备部牵头负责组织国防知识产权战略实施，并会同其他部门成立国防知识产权战略实施领导小组，制定了《国防知识产权战略实施方案》。国务院和全军各大单位有关部门、国防科技工业系统 300 余人参加了会议。（刘　仁）

308. 泛珠三角区域 9 省(区)专利行政执法协作机制正式建立

12 月 2 日，福建、江西、湖南、广东、广西、海南、四川、贵州和云南 9 省（区）知识产权局在广东省佛山市共同签署了专利行政执法协作协议，标志着筹备 5 年的泛珠三角区域内地 9 省（区）专利行政执法协作机制正式建立，并进入正式运作阶段。广东省副省长宋海做了书面讲话，中纪委驻国家知识产权局纪检组组长肖兴威、佛山市市长陈云贤出席签署仪式并致辞。

本次 9 省（区）省级知识产权局签署协议后，9 个省级局和 75 个市级局正式加入协作协议。按照协议，省级协作成员由 9 省（区）知识产权局组成，市级协作成员由 9 省（区）的具备执法能力和条件的市（地、州）知识产权局组成。（顾奇志）

309. WIPO 携手 NCAC 举办研讨会

12 月 2～3 日，由世界知识产权组织（WIPO）和中国国家版权局（NCAC）共同主办的世界知识产权组织数字环境下的版权和相关权集体管理研讨会在京举行。WIPO 副总干事王彬颖，国家版权局副局长阎晓宏等出席开幕式，来自 WIPO 的官员、国际权利人组织和国内外著作权集体管理组织代表 80 余人，就新技术环境下如何开展集体管理工作等议题展开讨论。

研讨会上，国家版权局版权管理司相关负责人介绍了我国集体管理组织的相关立法和发展情况。与会人员针对当前音乐表演、视觉艺术和摄影作品、数字化文学作品等现行问题和权利管理等多个热点话题进行了热烈讨论。（姜　旭）

310. 中欧第三次局长会谈举办

12 月 3 日，中国国家知识产权局局长田力普与欧洲专利局局长阿里森・布莱梅露女士在京举行了第三次局长会谈，双方就当前国际知识产权重大发展问题、中欧知识产权最新进展及双方继续合作深入交换意见，并签署了会谈纪要。

田力普表示，两局合作已经成为全球知识产权机构合作的典范。布莱梅露表示，中欧之间的合作是全球更大范围内知识产权机构合作的基础，对未来全球知识产权制度的发展都将起到更加重要的作用。据悉，1985 年中欧两局签署了第一个合作框架协议。2007 年 6 月，两局正式签署了面向未来的战略伙伴关系协议。“气候变化”和“绿色技术”等将成为双方下一步合作的新内容。

（魏小毛）

311. 广州知识产权质押融资贷款逾 13 亿元

12 月，广州市知识产权局最新数据显示，自 2009 年 9 月广州正式启动知识产权质押融资试点以来，截至目前，全市知识产权质押融资达到 13.08 亿元，已有 1.23 亿元贷款到账，有效缓解了相关企业的资金压力。

截至 11 月底，广州市鹿山化工材料有限公司等 11 家企业与建设银行、工商银行、招商银行、光大银行和广州市商业银行 5 家银行签订了知识产权质押融资协议，协议金额 2.08 亿元，其中有 5 家企业已经拿到质押贷款 1.23 亿元；广州万宝集团有限公司等 8 家企业与 5 家银行签订了 11 亿元的知识产权质押贷款意向书。全市知识产权质押融资总计金额已达 13.08 亿元。（顾奇志）

312. 河南省 300 个专利项目助大学生创业

12 月 3 日，河南省知识产权局有关负责人带着 300 个专利项目来到河南财经学院，并举行现场推介会，帮助大学生创业。

据悉，这种由政府部门提供专利项目、场地、资金与高校联手帮助大学生创业的模式在全国还是首次。首批提供给大学生的这 300 个专利项目，涉及多个领域，如安全防噎果冻盒、汽车转向灯自动调节器、家庭病人护理机等。（张晓燕）

313. 科技部与国家知识产权局合作会商会议举行

12 月 4 日，科技部、国家知识产权局合作会商会议在京举行。科技部党组书记李学勇、国家知识产权局局长田力普出席会议并讲话。双方就合作具体事项进行协商，并拟共同发布国家科技重大专项知识产权管理规定。国家知识产权局副局长甘绍宁出席会议并讲话。科技部和国家知识产权局相关部门负责人参加了会商。

双方决定，将共同发布国家科技重大专项知识产权管理规定，并在各专项中推动落实。双方拟围绕重大专项和科技计划重点领域共同开展专利分析，合作建设专题专利数据库。此外，双方还将就创新方法研究和推广、专利信息加工和利用、知识产权质押融资试点、知识产权战略和政策研究等方面开展广泛而深入的合作。（张海志）

314. 中国企业在澳最大并购案获准

12 月 4 日，国家发展和改革委员会批准了兖州煤业股份有限公司收购澳大利亚菲利克斯资源有限公司 100％股权项目，总价值为 33.3 亿澳元。据悉，这是近年来中国企业在澳大利亚最大的一宗并购案。

在中国企业赴澳收购被集体延期的情况下，兖州煤业成为进驻澳大利亚煤炭资源领域的首选企业，也是我国向国外输出开采技术和专利最多的煤炭企业。目前，兖州煤业品牌总价值已增长到 253 亿元。其拥有自主研发、领先国际的综采放顶煤技术，1998 年获得国家科技进步一等奖，并先后在中国、澳大利亚获得专利权。近年来，其自主研发的 14 项专利技术对外进行了有偿转让，转让收入 3.26 亿元。其中，2008 年将两柱掩护式放顶煤支架向德国 DBT 公司进行技术转让，是我国首次向发达国家输出先进的采矿技术。

（赵建国）

315. 首次全国知识产权维权援助评优结果揭晓

12 月 4 日，国家知识产权局印发通知公布首次全国知识产权维权援助评优结果，对获批设立的国家级知识产权维权援助中心获选单位和个人予以表彰。

北京中心、天津中心、武汉中心、常州中心、东营中心、烟台中心 6 家中心被评选为工作先进单位，郭文等 15 人被评选为先进个人，北京智慧知识产权司法鉴定中心等 10 家单位被评选为优秀合作单位，谢顺星等 10 名专家被评选为优秀合作专家。（雷若冰）

316. 今年专利代理人资格考试创下“三高”

12 月 5～6 日，全国专利代理人资格考试在北京等 15 个城市同时举行。与往年相比，2009 年的考试在报考人数、考生学历、考点数量等方面创下新高。

2009 年的全国专利代理人资格考试，是国家知识产权局自 1992 年以来举办的第十一届考试，也是 2009 年试行国家知识产权局第 147 号公告《全国专利代理人资格考试改革方案》后的第一次考试。报名参加 2009 年考试的考生人数首次突破 1 万人，创下历史新高，与 2008 年相比增加 34.7％，其中港澳的考生有 35 名。同时，考生硕士学历者为2839人，专科学历报名人数增长率为150.67%，考生总体学历水平分布更均衡。2009年考点也由全国12个考点城市增加为15个考点城市，为历年最多。报考的技术领域涉及机械、电学、化学等，其中机械高达4300人。（赵建国）

317. 2008年我国4.2%规模以上工业企业申请专利

据国家知识产权局和国家统计局的联合统计数据显示，2008年我国42.6万家规模以上工业企业中，当年申请专利的有1.7884万家，获得专利权的有1.3279万家，分别占全部规模以上工业企业的4.2%和3.1%；当年申请发明专利的有8766家，获得发明专利权的有2542家，分别占全部规模以上工业企业的2.1%和0.6%。统计数据表明，在国际金融危机背景下，申请专利的企业经济效益相对较好，华为、中石化等一批拥有核心技术的骨干企业已经成长为通信、化工等领域中自主创新的"领头雁"。

2008年，申请专利的规模以上工业企业共实现主营业务收入11.2478万亿元，占规模以上工业企业总量的22.3%；实现新产品销售收入2.9233万亿元，占51.2%；实现新产品出口额7083亿元，占50.1%；实现利润总额7921亿元，占25.8%；实现工业总产值10.989万亿元，占21.2%。（王晓浒）

318. 国家知识产权局传达中央经济工作会议精神

12月8日，国家知识产权局在京召开会议，传达中央经济工作会议精神。国家知识产权局党组书记、局长田力普主持会议。副局长李玉光，局党组成员、副局长贺化，局党组成员、副局长杨铁军，局党组成员、中央纪委驻国家知识产权局纪检组组长肖兴威，局党组成员、副局长鲍红，局党组成员、副局长甘绍宁出席会议。

田力普首先传达了胡锦涛总书记、温家宝总理在中央经济工作会议上的重要讲话精神。田力普指出，胡锦涛总书记的重要讲话全面分析了当前国际国内经济形势，深刻阐述了加快经济发展方式转变的重要性和紧迫性，明确提出了2010年经济工作的总体要求、重要原则、主要任务。温家宝总理的讲话全面总结了2009年经济工作，阐述了2010年经济社会发展主要预期目标和宏观经济政策，具体部署了2010年经济工作。田力普要求，各部门各单位要积极贯彻落实会议精神，努力做好各项工作。国家知识产权局局机关和专利局各部门有关负责人，局直属各单位、各社会团体主要负责人参加了会议。（高　源）

319. 全国发展和改革工作会议召开

12月9日，全国发展和改革工作会议在北京召开。国家发展和改革委员会主任张平在会上做了题为"认真落实中央经济工作会议精神，努力实现经济平稳较快发展"的报告。会议指出，加快提升自主创新能力是2010年发展和改革工作的首要任务。

会议指出，2010年国际环境依然十分严峻，我国面临的国内问题依然十分复杂，调控任务依然十分繁重，因此要着力促进产业优化升级和战略性新兴产业发展；要加大经济结构调整力度，加强重大科技基础设施、知识创新工程建设；加快提升自主创新能力，推动集成电路、平板显示、新支线飞机、核电等重大专项建设；研究制定加快发展战略性新兴产业的总体思路和新兴产业发展专项规划；围绕生物医药、生物育种、软件和信息服务等新兴领域，启动一批研发、产业化和市场推广重大专项工程；认真落实重点产业调整振兴规划和实施细则，修订并组织实施产业结构调整指导目录，鼓励和支持企业技术改造。（赵建国）

320. 首批全国企事业知识产权示范单位公布

12月10日，全国企事业知识产权工作会议暨全国专利运用与产业化会议在海南召开。会上，国家知识产权局向首批全国企事业知识产权示范单位授牌。中央纪委驻国家知识产权局纪检组组长肖兴威、海南省副省长林方略出席了会议并讲话。教育部、中科院、工信部和国资委知识产权管理部门的有关领导也同时到会。

据统计，近几年来，国家知识产权局已在全国范围内完成了3批共计265家企事业知识产权试点工作。2009年，在认真总结过去试点工作基础上，制订新的全国试点方案，启动了第四批全国企事业知识产权试点单位工作。目前，已批准全国805家单位开展新一轮的试点工作，全国试点单位累计总数将达到千家以上。2009年，国家知识产权局对示范创建单位进行严格的考核评审与验收，最终57家单位达到验收标准，获得"全国企事业知识产权示范单位"称号。（安　雷）

321.《知识产权海关保护条例》公开征求修改意见

12月10日，国务院法制办将海关总署报送国务院审议的《国务院关于修改〈中华人民共和国知识产权海关保护条例〉的决定(送审稿)》及其说明全文公布，公开征求社会各界意见，有关单位和各界人士可以在2009年12月25日前向国务院法制办提出修改意见。

国务院法制办公开的征求意见稿对现行《知识产权海关保护条例》在6个方面进行了修改，包括：变更、注销知识产权备案、反担保、权利人撤回保护申请、拍卖侵权货物、进出口侵权货物物品的法律责任等规定。《知识产权海关保护条例》是我国知识产权海关保护的主要法律依据。1995年7月5日，国务院发布了《中华人民共和国知识产权海关保护条例》，2003年12月，国务院对该条例进行了第一次修改，并于2004年3月1日起施行。此次修改将是该条例在新形势下的第二次修改。 (魏小毛)

322. 中关村版权联盟成立

12月11日，由中国人民大学、中国人民大学出版社、中国文字著作权协会、培生教育出版集团等33家机构发起组建的"中关村版权联盟"在京正式成立。

该联盟将整合政府、企业、学术界的版权相关资源并充分发挥各自优势，推动版权保护，促进创新和产业链融合，服务于中国版权相关产业，提高整体发展水平。根据联盟章程，该联盟是由政府有关部门、版权行业企业及其他相关机构自愿组成的非营利性组织。 (张海志)

323. 中国首次签发对新加坡优惠原产地证

12月14日，记者从国家质量监督检验检疫总局获悉，该局近日签出第一份中国对新加坡自由贸易区优惠原产地证。据了解，该优惠原产地证涉及发自福建漳州的一批1.5万美元的婴儿用品。

2008年10月23日，中国与新加坡政府签署了《中华人民共和国政府和新加坡共和国政府自由贸易协定》。2009年1月1日，该协定正式实施。根据双边协定，新加坡方面于2009年1月1日取消全部来自中国的进口产品关税，中方于2010年1月1日前对97.1%的来自新加坡的产品实行零关税。中国出口至新加坡的4类应税货物，包括石油、酒类、烟类和机动车辆，可凭借优惠原产地证书享受零关税待遇。上述4类商品以外的，凭借优惠原产地证书，也可作为新加坡国内征收消费税核准价格依据，有利于产品尽快上市销售。 (赵建国)

324. 南水北调工程已申请数十件中国专利

12月14日，从国家发改委获悉，截至目前，南水北调工程已累计批复投资1295亿元，占主体工程投资的56%，并已申请中国专利数十件。

据介绍，南水北调工程自2002年开工以来，已累计批复设计单元工程98项，占总数的63%。在南水北调工程技术创新工作中，取得了大量的新产品、新材料、新工艺、新装置、计算机软件等自主创新成果。已制定技术标准13项，仅北京段的创新技术就有116项，申请中国专利12件，其中重力坝加高后新老混凝土结合面防裂方法、长斜坡振动滑模成型机、电动滚筒混凝土衬砌机、电化学沉积方法修复混凝土裂缝的装置等创新成果已得到成功应用，对工程质量和进度起到了保障作用，多项科技研究成果获得了国家与省部级科技奖。 (赵建国)

325. 非洲国家高级官员和高级审查员培训研讨会举办

12月15日，在非洲国家高级官员和高级审查员培训研讨会开幕式上，中国国家知识产权局局长田力普表示，当前中国与非洲同样面临金融危机、气候变化等全球性问题的挑战，在公共健康和传统知识产权保护等方面也有同样的诉求，更应该通过深入而密切的合作与交流，寻求共通的解决方案，积极应对新形势下的机遇与挑战。

本次研讨会是中国政府资助的"面向发展中国家的知识产权人才培训专项基金"2009年度合作项目之一，旨在进一步巩固中非合作论坛成果，加强中非之间的知识产权合作。研讨会由中国国家知识产权局和世界知识产权组织共同举办。来自世界知识产权组织、非洲地区知识产权组织、非洲知识产权组织和26个非洲国家的相关人员参加了研讨会。 (秦　韵)

326.《关于鼓励技术出口的若干意见》发布

12月18日，商务部与科技部联合发布了《关于鼓励技术出口的若干意见》，将研究制定符合技术出口企业特点和实际需要的信贷产品和保险险种，支持企业开展知识产权质押贷款；并将推动知识产权管理和保护，建设技术出口服务体系和交易平台，为企业开拓国际市场营造良好的政策环境。

327. 我国专利授权总量突破 300 万件

截至 2009 年 12 月 7 日，我国专利授权总量突破 300 万件，达到 3 007 636 件，其中发明专利授权 573 372 件，占 19.1%；实用新型专利授权 1 340 391 件，占 44.5%；外观设计专利授权 1 093 873 件，占 36.4%。

统计数据显示，我国专利授权数量在保持快速增长的同时，呈现出以下特点：一是每百万件审批时间明显缩短。自《专利法》实施起，我国授权专利总量用了 18 年 4 个月达到首个 100 万件，第二个 100 万件历时 4 年 2 个月，第三个 100 万件仅仅用时 2 年 1 个月，专利审查能力不断增强。二是发明专利授权国内比重持续攀升。2009 年前 11 个月我国授权的发明专利中，国内所占比重达到 50.5%，比 2006 年的 43.4%上升了 7.1 个百分点，全社会的知识产权创造水平逐步提升。三是国内企业授权专利比重稳步增长。2009 年前 11 个月国内授权的专利中，企业专利所占比重为 43.6%，比 2006 年的 34.1%上升了 9.5 个百分点，企业逐渐成为知识产权创造和运用的主体。

（王晓浒）

328. 上海开展真牌真品迎世博活动

12 月 11 日，为营造良好的知识产权保护环境，迎接上海世博会的成功举办，商业系统“迎世博，销售真牌真品”承诺活动工作推进会在上海市卢湾区召开。

会上，上海市知识产权局有关人员对开展商业系统知识产权保护试点工作进行了总结回顾，对下一步推进商业系统“销售真牌真品，保护知识产权”承诺活动提出了要求。据了解，上海知识产权系统要加强与区商业联合会的联系沟通，扎实有效推进首批市级承诺活动试点工作，围绕迎世博，销售“真牌真品”，要做到“真牌、真品、真价、真情、真艺、真话”；要不断加强“真牌真品”宣传的力度，把淮海中路商业街打造成为向前来观展世博会海内外游客展示“创新铸精品，诚信构和谐”的良好“窗口”。 （刘晓华）

329. 大连颁布知识产权战略纲要

12 月 12 日，《大连市知识产权战略纲要》正式颁布实施。该纲要提出，到 2020 年，大连市知识产权工作达到国内同类城市先进水平，将大连建设成为中国知识产权创造和保护的模范城市。

该纲要指出，到 2020 年全市高价值的核心专利、商标、版权拥有量显著增加，知识产业占全市生产总值的比重明显提高；逐步形成主要依靠知识产权的市场竞争机制，大多数企业拥有自主知识产权；建立健全知识产权人才培育和引进机制，大多数企事业单位拥有知识产权专业人员；单位和个人知识产权维权意识显著增强，知识产权保护环境全面改善，执法质量和效率显著提高，形成尊重科技创新、保护知识产权的良好文化氛围和法制环境。该纲要包括实施知识产权战略的战略意义，指导思想、战略目标和战略重点，专项任务，战略措施和组织领导等 5 部分共 40 条。

（刘伶玲）

330. 北京市 89 家国有企业参加知识产权培训

12 月 15～16 日，在北京市知识产权局与北京市国资委共同举办的“市属国有企业知识产权培训班”上。

培训班邀请北京市知识产权局局长刘振刚、北京市高级人民法院、北京华智大为科技有限公司及北京科慧远咨询有限公司的知识产权专家围绕知识产权保护、管理、专利挖掘与战略等内容进行了深入讲解。知识产权专家与 130 余名来自 89 家市属国有企业的代表共同探讨了知识产权问题。 （汪玮玮）

331. 国家知识产权局聘任特邀监督员和党风廉政监督员

12 月 16 日，国家知识产权局首届特邀监督员和第二届党风廉政监督员聘任会在北京召开。局党组成员、中纪委驻国家知识产权局纪检组组长肖兴威出席会议并讲话，局党组成员、副局长、直属机关党委书记甘绍宁出席并主持会议。

从北京市人大代表、北京市政协委员、国有大型企业、高等院校、科研院所、地方知识产权局和专利代理机构中遴选的 13 位特邀监督员和从国家知识产权局各部门单位遴选的 18 位党风廉政监督员。他们一致表示，绝不辜负国家知识产权局领导和干部职工的信任，要继续加强理论学习，不断提高政策水平，发挥自身优势，积极建言献策，客观真实地反映情况，为国家知识产权局党风廉政建设贡献力量。 （闫文锋）

332. 2009 CPCC 十大中国著作权人年度评选揭晓

12 月 17 日，由中国版权保护中心（CPCC）主办的 2009 CPCC 十大中国著作权人年度评选结果揭晓，并在 2009 CPCC 中国版权服务年会开幕式上举行了颁奖典礼。

“CPCC 十大中国著作权人年度评选”活动是中国版权保护中心于 2008 年推出的一项面向社会的公益性活动。凡是在中国版权保护中心进行了作品版权登记并取得著作权登记证书的著作权人，均可报名参加评选活动。此次活动于 2009 年 9 月 4 日正式启动，经过组委会初评和专家评审会评选，广东原创动力文化传播有限公司、中国电影集团公司、湖南电广传媒股份有限公司节目分公司等成为 2009 年度 CPCC 中国十大著作权人。深圳华强文化科技集团股份有限公司等被授予特别提名奖。（姚文平）

333. 我国打击网络侵权盗版专项行动结硕果

12 月 18 日，国家版权局通报，截至 11 月 20 日，2009 年全国打击网络侵权盗版专项治理行动查办网络侵权案件 541 件，关闭非法网站 362 个，采取责令删除或屏蔽侵权内容的临时性执法措施 552 次，罚款金额总计 1 282 500 元，没收服务器 154 台。此外，向司法机关移送 24 起涉嫌构成刑事犯罪的重大案件。

据介绍，2009 年的专项行动将同时存在侵权盗版又传播淫秽色情、非法违禁内容的网站作为重点案件，加强部门协作、整合执法资源，予以突出打击。在专项治理行动中，各级版权行政部门共处理 40 多个侵权内容与淫秽色情、非法违禁内容并存的非法网站，占到关闭网站总量的 12%。（姚文平）

334. 澳门知识产权工作取得显著成绩

2009 年 12 月 20 日，澳门回归祖国整整 10 周年。1999 年 7 月，在澳门即将回归祖国之际，澳门知识产权厅成立。经过 10 年的实践、探索和发展，澳门知识产权事业已取得显著成绩。

最新统计数据显示，截至 2009 年 9 月 30 日，澳门受理发明专利申请累计为 985 件、实用新型专利申请 62 件、外观设计专利申请 611 件。在商标方面，截至 2009 年 9 月 30 日，澳门累计商标注册申请量为 6.0777 万件。10 月 17 日，内地与澳门签署了《内地与澳门关于建立更紧密经贸关系的安排》（CEPA）。从 2004 年开始，国家知识产权局会同内地有关部门与澳门经济局协商，对澳门居民参加全国专利代理人资格考试做了安排，并派专家赴澳门进行了专利代理人资格考试前的培训。据统计，从 2004～2009 年，共有 14 名澳门居民报名参加全国专利代理人资格考试。

335. 中日韩知识产权局局长聚首西安

12 月 21 日，第 9 次中日韩知识产权局局长政策对话会议在陕西西安成功举行。

中国国家知识产权局局长田力普、日本特许厅厅长细野哲弘和韩国特许厅厅长高廷植率团出席了此次会议，在会上通报了三国知识产权领域的最新发展情况，回顾并高度评价了 2009 年三局的合作情况，并签署了会谈纪要。会谈纪要确定了 2010 年中日韩三局开展的 8 个合作项目，就中日韩三局合作进一步达成了共识。此后，第 14 次中韩知识产权局局长会议和第 15 次中日知识产权局局长会议相继举行，田力普分别与高廷植和细野哲弘讨论了双边合作事宜，并分别签署了会谈纪要与合作备忘录。（汪玮玮）

336. 全国知识产权局执法工作会议召开

12 月 21 日，全国知识产权局执法工作会议暨第三届中国知识产权执法论坛在杭州召开。国家知识产权局党组成员、副局长甘绍宁，浙江省人民政府副秘书长孟刚出席会议并讲话。

会议从完善政策法规，为推进执法工作提供依据；强化组织领导，深入开展执法专项行动；突出能力建设，全面启动“5·26”工程；勇于开拓创新，积极推进维权援助工作；调动多方资源，加快建立全国专利保护重点联系机制；加强协调配合，建立健全执法协作机制等八个方面系统回顾总结了 2009 年全国知识产权局系统执法工作的先进经验和做法，并对 40 个全国知识产权局系统执法先进集体和 33 名先进个人进行了表彰。（高迎迎）

337. 国家质检总局新核准一批地理标志保护产品

国家质量监督检验检疫总局于 12 月 21 日新核准一批地理标志保护产品，湖头米粉、莱阳梨等榜上有名。

据介绍，根据《地理标志产品保护规定》，国家质检总局组织了对相关产品地理标志产品保护申请的审查。经审查合格，以公告形式对湖头米粉、丰城冻米糖、莱州梭子蟹、北川苔子茶、刀党、永年大蒜、盘锦河豚、莱阳梨、双流二荆条辣椒、渠县黄花等 10 种产品实施地理标志产品保护，并规定了保护范围、专用标志使用、质量技术要求。

（赵建国）

338. 4 部门出台意见支持中小企业知识产权质押融资

12 月 22 日，中国人民银行、银监会、证监会、保监会 4 部门联合出台《关于进一步做好金融服务支持重点产业调整振兴和抑制部分行业产能过剩的指导意见》，提出要鼓励有条件的地方设立专项担保基金，促进成长型的中小电子信息企业以知识产权质押融资。

该意见指出，要探索发展创投企业、金融机构、中介机构组成的科技金融服务平台，对授信、担保、保险等业务开展集成创新，有效满足重点产业中科技型企业的融资需求。规范发展供应链融资、应收账款质押、存货质押、组合担保贷款等，满足重点产业和新兴行业中自主创新型中小企业“短、频、急、小”的资金需求。（肖　潇）

339. 谷歌数字图书馆著作权纠纷有新进展

由于涉及众多中国权利人的作品，谷歌数字图书馆著作权纠纷近来引发广泛关注。“国家版权局支持中国的权利人组织依法维护权利。”12 月 18 日，针对谷歌数字图书馆著作权纠纷，新闻出版总署副署长、国家版权局副局长阎晓宏表示。12 月 25 日，中国文字著作权协会首度对外公布了谷歌方面提供的中国图书初步清单数字。12 月 29 日，中国作家棉棉起诉谷歌侵犯其著作权案在北京市海淀区人民法院开庭交换证据。中国作家协会公开表示支持，希望通过法律手段还著作权人以公道，让世界看到中国法律的尊严。

从 2009 年 11 月上旬开始，中国文字著作权协会就谷歌数字图书馆涉及中国权利人的权利问题与谷歌方面已经进行了三轮会谈。据了解，谷歌此次公布的数据是按照国际统一标准书号（ISBN）中国号段为“7”检索的数据。由于 1987 年以前中国没有采用 ISBN，因此，1987 年以前中国出版的图书并未包含在此次谷歌提交的清单中。谷歌数字图书馆扫描收录的中国图书应该会超过 8 万种。（姚文平　赵建国）

340.《中华人民共和国侵权责任法》获通过

12 月 26 日，中华人民共和国第十一届全国人民代表大会常务委员会第十二次会议审议并通过了《中华人民共和国侵权责任法》。

该法中规定，著作权、专利权、商标专用权等作为民事权益的组成部分被列入民事主体合法权益的保护范围内。该法明确规定了承担侵权责任的方式主要有：停止侵害、排除妨碍、消除危险、返还财产、恢复原状、赔偿损失、赔礼道歉和消除影响、恢复名誉。全国人大法工委副主任王胜明表示，《侵权责任法》是对知识产权相关法律的补充和完善，一旦知识产权侵权行为发生，优先适用知识产权相关法律，《侵权责任法》可作为补充参考。

（崔静思）

341. 最高法院出台专利侵权新司法解释

12 月 28 日，最高人民法院发布了《关于审理侵犯专利权纠纷案件应用法律若干问题的解释》，于 2010 年 1 月 1 日起施行。

该解释涉及当前专利侵权审判中的主要法律适用问题：发明、实用新型专利权保护范围的确定以及侵权判定原则，外观设计专利侵权的判定原则，现有技术抗辩以及先用权抗辩的适用，确认不侵权诉讼的受理等，为专利权侵权案件审判提供了统一的裁判依据。解释共 20 条，第 1～4 条均涉及专利权保护范围的确定问题。最高人民法院有关负责人表示，该解释以国家知识产权战略需求为导向，切实保护创新成果和创新权益，促进企业提高自主创新能力。（魏小毛）

342. 在京台资企业知识产权开放日举行

12 月 29 日，由北京市知识产权局联合北京市人民政府台湾事务办公室共同举办的“在京台资企业知识产权开放日”活动在京举行。20 余家在京台资企业负责人参观了北京市保护知识产权举报投诉服务中心北京“12330”，了解保护知识产权举报投诉的相关流程和运行机制。

在开放日活动中，北京市知识产权局的有关负责人向在京台资企业介绍了北京的知识产权保护体系和状况，北京市开展知识产权举报投诉的情况与流程。林迦亿兆（北京）农业科技发展有限公司、北京阳光部落文化发展有限公司等 20 余家涉及农业、科技、文化、物流等多个领域的在京台资企业认真了解了相关流程，并就关心的知识产权问题与相关职能部门进行了沟通。（张海志）

343.《商标法新加坡条约》2009 年 3 月生效

世界知识产权组织成员国于 2006 年通过的《商标法新加坡条约》，在 2008 年 12 月 16 日得到澳大利亚的批准，于 2009 年 3 月 16 日生效。

《商标法新加坡条约》是 2006 年 3 月 28 日在新加坡获得世界知识产权组织成员国通过的，我国政府于 2007 年签署该条约。该条约使商标注册和许可使用的各项程序走向标准化，并让商标注册人和各国商标主管机关能利用现代通信技术更加有效地处理和管理不断发生变化的商标权。通过确立商标注册和许可使用程序方面的共同标准，该条约有助于为所有经济主体提供更好的发展平台。该条约所确立的商标行政管理规定适用于所有类型的商标，并考虑到了电子通信设施的优点和潜力，同时较好地平衡了发展中国家和发达国家的不同需求。

世界知识产权组织总干事弗朗西斯·高锐指出，《商标法新加坡条约》的生效对全世界的商标注册人都是件好事，为他们以更省钱和有效的方式注册商标和管理商标权开辟了新途径。他说，这对努力在当今动荡的经济环境中节约费用、维持市场地位的公司而言，尤其是一件喜事。

（晓　春）

344. 新年又见"抢注门"　十几件国际知名户外运动品牌卷入其中

"一个自然人抢注了北面 North Face、始祖鸟 ARCTERYX、第一门户 The First Out Door 等十几件国际知名户外运动品牌，有些已经核准注册了！" 2009 年 1 月 8 日，北京集佳律师事务所（以下简称集佳）律师梁岩告诉记者这样一则消息。

据了解，上述情况是集佳在商标监测过程中发现的。相关信息显示，某自然人自 2005 年 3 月开始，陆续申请了十几件国际知名户外运动品牌，涵盖服装、鞋帽、皮革制品、首饰等多种商品，与被抢注商标的使用类别非常相似。记者进一步了解到，被抢注的户外运动品牌来自美国、加拿大等国家，有的在中国设有总代理，有的还未在中国销售相关商品。其中，加拿大的 ARC TERYX 商标和美国的 MOUNTAIN HARD WEAR 商标已经被该自然人在商标注册用商品和服务国际分类第 9 类体育用风镜等商品上成功注册；美国著名户外运动品牌 The First Out Door 则在服装、鞋帽、皮革制品 3 个类别遭遇抢注，抢注者申请注册的商标目前已经公告。"针对上述情况，集佳正在和相关权利人在中国的代理商积极沟通维权事宜。"梁岩告诉记者。

梁岩表示，根据现行商标法律规定，被抢注人可以通过向国家工商总局商标局提交异议申请或向商标评审委员会提交争议申请的救济途径维护自己的权利，但相关权利人必须提交在中国享有较高知名度的证据材料。目前看来，事后救济具有一定难度。

针对近年来社会上屡屡出现的商标抢注事件，有关法律专家提醒广大企业，在谋划发展时一定要用战略的眼光看待知识产权保护问题，只有这样才能避免陷入不必要的法律纷争，使自己的合法权利得到有效的保护。　（庞　仙）

345. "特仑苏"不能随便叫　蒙牛集团特仑苏知名商品特有名称权受维护

2009 年 1 月，内蒙古蒙牛乳业（集团）股份有限公司（以下简称蒙牛集团）对其液态奶产品"特仑苏"享有的知名商品特有名称权得到了内蒙古自治区呼伦贝尔市工商局和当地两级人民法院的维护，一家以"特仑苏"作为企业名称的乳制品企业已被当地工商部门依法吊销营业执照。

据了解，呼伦贝尔特仑苏乳业有限公司（以下简称特仑苏公司）成立于 2007 年 12 月，成立后开始销售特仑苏纯牛奶。2008 年 1 月，蒙牛集团向呼伦贝尔市工商局投诉，认为特仑苏公司使用特仑苏企业名称的行为侵犯了其知名商品特有名称权，请求工商部门予以查处。

呼伦贝尔市工商局经调查认为，蒙牛集团的液态奶产品"特仑苏"先后被包括内蒙古自治区工商局在内的三级工商部门认定为知名商品特有名称。特仑苏公司将特仑苏作为企业字号、商品名称使用，容易使相关公众误认。据此，呼伦贝尔市工商局于 2008 年 2 月 1 日下发责令改正通知书，责令特仑苏公司在 15 日内变更企业名称。

特仑苏公司对上述决定不服，提起行政复议。在内蒙古自治区工商局维持呼伦贝尔市工商局的行政决定后，该公司仍不服，于 2008 年 7 月向呼伦贝尔市海拉尔区人民法院提起行政诉讼。法院经审理认为，特仑苏液态奶具有较高知名度，已成为知名商品特有的名称。蒙牛集团申请注册特仑苏商标在前，特仑苏公司申请注册企业名称在后。法院判决维持呼伦贝尔市工商局的行政决定。特仑苏公司对一审判决不服，上诉至呼伦贝尔市中级人民法院。2008年12月18日，呼伦贝尔市中级人民法院终审判决驳回上诉，维持原判。终审判决后，特仑苏公司因未主动申请变更其企业名称，无法通过年检，于2008年12月31日被呼伦贝尔市工商局依法吊销营业执照。（周 山）

346. 商标局公布《商标网上申请试用办法》 明确商标网上申请有关程序

1月17日，国家工商总局商标局在中国商标网（http://www.ctmo.gov.cn）公布了《商标网上申请试用办法》及《商标注册网上申请流程》《商标注册网上申请填写要求》《商标数字证书申请流程》等涉及商标网上申请的有关规定。上述规定自1月20日起施行。

据了解，《商标网上申请试用办法》是商标局为了规范商标网上申请的有关程序和要求，根据商标法及其实施条例的有关规定制定的。根据该办法，商标申请人可以直接提交商标网上申请，也可以委托商标代理组织办理。由于技术原因，该办法规定了7种不得提交商标网上申请的情形，例如集体商标和证明商标、人物肖像商标，目前暂时不能提交网上申请。该办法对提交商标网上申请的法律责任作出了规定，对于具有不诚实行为等6种情形的申请人，将暂停其使用商标网上申请系统。

据悉，商标网上申请系统受理的业务类型和商标申请人直接提交网上申请的具体事宜，商标局将另行公告。在商标网上申请系统试用期间，商标局采用对试用单位的日申请量适度限制的做法，并将根据实际运行情况逐步放开。（商 综）

347. 盘活无形资产 拓宽融资渠道 泉州全面启动商标权质押贷款

1月13日，福建省泉州市工商局与中国农业银行泉州分行联合举办商标专用权质押贷款协作备忘录暨商标专用权质押贷款签约仪式。仪式上，共有13家著名商标企业通过商标权质押获得数亿元的信贷支持。南安的一家企业就通过质押申鹭达商标，获得1.68亿元信贷支持。

“这是一个标志性的事件，标志着商标权质押贷款在泉州已全面启动。”泉州市政府经济发展研究中心高级研究员黄景顺说。

申鹭达的一名管理人员表示，获得巨额信贷支持，体现了申鹭达商标的价值。有了资金的支持，该公司有望走上更良性的品牌运作轨道。

1月13日的签约仪式还吸引了100多家泉州民营企业的相关负责人。来自石狮意利王实业有限公司的副总经理倪根生就是其中一位。他坦言，公司目前资金比较紧张，此番前来希望有所收获。“据专业评估，意利王的品牌价值达5亿元，按照30%的质押权获得信贷额度的话，可以获得贷款1.5亿元。”倪根生说，“如果拿到贷款，公司就有足够的资金更好地运作品牌了。”

据了解，早在2008年，泉州就成功试验了商标权质押这一新的融资方式。2008年9月16日，该市永春老醋有限责任公司与永春县农村信用合作联社签订商标权质押贷款合同。根据合同，永春老醋公司用泉州市知名商标桃溪作质押，获得100万元贷款，解了流动资金紧张的燃眉之急。

试水成功后，在随后的3个月内，泉州民营企业集中的晋江、石狮、南安等地纷纷效法。晋江还专门出台了《商标专用权及股权贷款指导意见》，支持企业盘活股权和商标专用权，拓宽融资渠道。虽然响应者众多，但是运转几个月来，信贷量并不大。晋江仅有3家企业办理了商标权质押，总信贷量为1500万元。

泉州市工商局相关负责人介绍说，尽管商标权质押受到企业热捧，但要获得银行的完全认可尚需时日。

中国农业银行泉州分行办公室副主任林文海认为，泉州市工商局与中国农业银行泉州分行联合举办的这一签约仪式，标志着泉州金融机构开始认同商标权质押这一新的融资方式。

泉州市工商局副局长许青海说，当前企业融资难的问题比较突出，用商标权质押获得贷款，实现无形资产资本化运作，是企业拓宽融资渠道的有效方式。

泉州市银监局相关负责人表示，在政府、银行和企业三方的合力下，商标权质押贷款成为泉州银行信贷业务的一个发展方向。更重要的是，这一新的融资方式能给泉州众多品牌企业提供资金支持，使品牌运作与信贷支持形成良性互动。

（何 全 李和楷）

348. 我国已有9省区市颁布实施知识产权战略

据了解，我国颁布实施《国家知识产权战略纲要》后，全国各地掀起了贯彻落实《战略纲要》的热潮。截至2009年1月，全国已有9个省区市结合当地经济社会和产业发展实际，颁布实施了地方知识产权战略。

据悉，截至 2008 年年底，辽宁、河南、陕西等 8 个省区市均已颁布实施地方知识产权战略，江苏也于 2009 年 1 月出台了该省的知识产权发展战略，湖南、云南、青海的知识产权战略即将出台，其余省区市的知识产权战略制定工作也已展开。上海等地还组织开展了战略实施情况的中期评估工作，做好与国家知识产权战略的衔接配套。

近年来，我国各级地方政府对知识产权工作高度重视，投入力度不断加大，在政府层面形成了定期研究机制、重大事项议事机制、领导目标责任制和考核机制等，切实加强了地方政府对知识产权工作的组织领导和统筹协调。各地以相关工作为抓手，不断夯实管理基础、理顺管理架构、完善服务体系，省市县三级工作体系日益完善，知识产权宏观管理能力大幅提升。（商　综）

349. 法院一审判决维持商评委裁定　兰贵人茶叶商标被撤销

海南一家茶场把“兰贵人”注册成自己的商标，遭到当地茶业协会的强烈反对。北京市一中院作出一审判决，维持了国家工商总局商标评审委员会（以下简称商评委）作出的撤销兰贵人茶叶商标的裁定。

2003 年 5 月，海南澄迈万昌苦丁茶场（以下简称万昌茶场）在茶叶、茶叶代用品、冰茶、茶饮料等商品上注册了“兰贵人”商标。消息传出后，海南省茶业协会立即表示反对。茶业协会认为“兰贵人”是茶品通用名称，起源于我国台湾地区生产的人参乌龙茶。兰贵人茶品广泛生产和流通于海南、广东、广西、云南、福建等地，不应被注册为商标。2003 年 7 月 16 日，海南省茶业协会向商评委提出撤销兰贵人注册商标的申请。2008 年 6 月 25 日，中国茶叶学会和中国茶叶流通协会以及福建、云南、广东等地茶业协会、学会均出具证明，证实“兰贵人”是添香加味乌龙茶约定俗成的通用名称。因此，商评委撤销了“兰贵人”商标在茶叶、茶叶代用品、冰茶、茶饮料商品上的注册。对此，万昌茶场不服，于 2008 年 9 月将商评委起诉至北京市一中院。

北京市一中院审理认为，“兰贵人”这种茶品虽然在全国尚未完全普及，但在福建、广东、广西、云南、海南五省区获得广泛认可已有八九年，属于添香加味乌龙茶这一拼配茶品的通用名称。原告万昌茶场在使用“兰贵人”商标时，起名为“椰仙兰贵人”，以区别于其他厂家生产的“兰贵人”茶，显然也是把“兰贵人”作为茶的品名使用的，这说明“兰贵人”确实是通用名称。据此，北京市一中院判决维持商评委作出的裁定，撤销“兰贵人”商标在茶、茶叶代用品、冰茶、茶饮料商品上的注册。

（金　化）

350. 报刊商标申请有新规　商标局发出《关于在第 16 类“报纸、期刊、杂志（期刊）、新闻刊物”四种商品上申请注册商标注意事项的通知》

国家工商总局商标局 2 月 17 日发出通知，对商标申请人在第 16 类“报纸、期刊、杂志（期刊）、新闻刊物”四种商品上申请注册商标时应注意的事项作出说明，并对提交的材料提出了相应要求。

该通知指出，《商标法》第 10 条对不得作为商标使用的标志作出了明确规定。但在第 16 类“报纸、期刊、杂志（期刊）、新闻刊物”四种商品上申请注册的商标，其整体是国家出版行政部门批准的报纸、期刊、杂志名称的，可以初步审定。因此，商标申请人在第 16 类“报纸、期刊、杂志（期刊）、新闻刊物”四种商品上申请注册商标的，除按照商标注册申请的有关规定提交材料外，还应注意以下事项。

申请注册的商标属于以下三种情形之一的，商标申请人应当向商标局提交国家出版行政部门核发的报纸、期刊出版许可证（复印件）：一是同我国的国家名称相同或者近似的，以及同中央国家机关所在地特定地点的名称或者标志性建筑物的名称相同的；二是由县级以上行政区划的地名构成，或者含有县级以上行政区划的地名的；三是属于《商标法》第 10 条规定的其他情形，商标局需核对国家出版行政部门核发的报纸、期刊出版许可证的。

对于商标申请人提交的报纸、期刊出版许可证（复印件），该通知规定应当符合两项要求：一是商标申请人名义应与所提交的报纸、期刊出版许可证上显示的持有人名义一致，二是商标申请人申请注册的商标名称应与所提交的报纸、期刊出版许可证上显示的国家出版行政部门批准使用的报纸、期刊名称相同。

该通知同时对商标申请人可以提交报纸、期刊出版许可证（复印件）的两种途径作出说明。一种途径是在提出商标注册申请时提交。商标申请人可在提出商标注册申请时将报纸、期刊出版许可证(复印件)与商标注册申请材料一并提交到商标局。另一种途径是在商标注册补正程序中提交。商标局在商标审查过程中,将依法向未在提出商标注册申请的同时提交有效的报纸、期刊出版许可证(复印件)的相关商标申请人发出商标补正通知书。商标申请人在收到此类商标补正通知书后,应在规定时限内通过补正回文程序提交报纸、期刊出版许可证(复印件)。 (商 综)

351. 山西规范司法认定驰名商标

2009 年 3 月 14 日,笔者从山西省法院知识产权审判工作会议上了解到,山西省高级人民法院已明确要求,对于商标是否驰名的认定只能在裁判文书的事实和理由部分进行表述,不得写入判决主文,不得使用中国驰名商标之类的称谓,也不得在民事调解书中认定。

驰名商标的司法认定,是涉及社会公信力的焦点问题,对维护市场经济秩序有着十分重大而深远的影响。为了进一步规范驰名商标认定的标准和程序,山西省高院要求,从 2009 年 1 月 5 日起,凡山西省涉及驰名商标认定的民事纠纷案件,统一由太原市中院管辖,其他各中院不再受理。

山西省高级人民法院要求,太原市中院要严格执行涉及驰名商标认定的案件。凡认为符合驰名商标认定条件的,在认定前,要及时报省高院知识产权审判庭审核。对商标是否驰名的认定,只能在裁判文书的事实和理由部分进行表述,不得写入判决主文,不得使用中国驰名商标之类的称谓,也不得在民事调解书中认定。涉及认定驰名商标案件的生效判决,要及时报送省高院知识产权审判庭备案。 (商 综)

352. 发展勇当排头兵 贡献也能为人先 著名商标为上海经济发展注入新活力

记者从日前召开的上海商标工作推进大会上了解到,上海注册商标总量已从 1979 年的 2700 多件发展到 2008 年的 13.29 万件,精彩地实现了注册商标量的历史性跨越。特别是近 5 年来,上海新增注册商标近 7 万件,超过了改革开放初期到 2002 年这 20 多年商标注册量的总和。同时,上海注册商标的申请量也以每年 16%的速度快速递增,从原先用 20 年时间突破年申请量 1 万件到现在仅用两个 3 年的时间就先后突破 2 万件和 3 万件,再到 2008 年申请量超过 3.4 万件,这些数据的变化进一步证明了上海商标发展已成为促进地方经济可持续发展的有效因素。

据不完全统计,上海 686 家著名商标企业注册资本总额为 1251.9 亿元;2008 年度实现销售收入 5464.4 亿元,利润总额 371.4 亿元,上缴税金 403.8 亿元。换言之,平均每家著名商标企业在为自身创造经济效益 5400 多万元的同时,给当地带来财政收入 5800 多万元,并为社会创造了数以万计的就业岗位。以 2008 年重新认定的 126 件著名商标的企业为例,销售收入、利润、上缴税金分别达到 1293 亿元、300 亿元和 316 亿元,比 3 年前新认定时分别增长 53%、59%和 62%,高出同期本市国民生产总值增加值 7 个百分点,对国民经济发展作出了积极贡献。

全市私营企业著名商标成为上海商标的生力军。上海中韩晨光文具制造有限公司的晨光笔,短短 8 年时间销售额就从 4000 万元增加至 10 亿元,在金融危机下企业仍快速发展,不但不裁员、不减薪,反而增员加薪,为社会提供了大量就业岗位。此外一批高知名度商标向文化产业延伸,如复旦大学的"复旦"商标、上海文艺出版总社的"故事会"商标,作为上海文化产业的杰出代表,先后被认定为中国驰名商标。还有一批现代服务业、先进制造业的领军企业不断涌现,如绿地集团近年来业务收入、资产规模连续突破 300 亿元,成为中国房地产界的龙头企业;上海日立电器有限公司培育开发具有自主知识产权的压缩机品牌海立,成功跻身空调压缩机行业世界三大品牌行列。

另据透露,此次被认定的上海市第十三批著名商标 324 件,占申请总量的 90%,其中首次认定 198 件,3 年期满重新认定 126 件,认定数量为历年之最。记者了解到,上海"十一五"商标发展的目标为:到 2012 年,全市国内有效注册商标要达到 20 万件,每百万人拥有注册商标的数量要达到 1 万件;企业在国外注册商标要达到 2 万件;要培育发展 10 件在国际市场上具有较大影响力的国际知名商标;要培育发展 120 件在全国具有广泛市场影响力和较高知名度的驰名商标;要培育 800 件在上海及相关市场上具有一定影响力和知名度的著名商标。 (陈甬沪)

353."江心屿"再遭抢注

2008 年,"江心屿"商标曾两次遭遇北京某投资公司抢注。近日,笔者从浙江省温州市某知识产权代理公司了解到,又有两件"江心屿"商标被

抢注。浙江省温州市江心屿风景区管理处已向国家工商总局商标局提交了商标异议申请

江心屿是我国四大名胜孤屿之一。据了解，2009年抢注"江心屿"商标的均为自然人，他们分别以江心、江心岛等类似名称在米粉、蜂蜜、年糕、婴儿用品等商品上进行注册。

"抢注'江心屿'商标的很可能是职业抢注人。"温州某知识产权代理公司负责人说。据统计，江心屿曾被29个企业或自然人在不同的商品领域抢注过，涉及焊接材料、医疗器械、土产畜产、旅游用品、食用乳品、酒、金融投资等行业，目前已有18件"江心屿"商标抢注成功。

据江心屿风景区管理处办公室主任陈忠介绍，加上2009年提的两个异议申请，目前江心屿管理处已提出8个异议申请，花去相关费用近3万元。管理处已决定将江心屿商标进行全类别保护性注册，这样就免去了提异议申请的成本，也避免以后再被人抢注。不过，全类别保护注册的费用在10万元左右，这笔钱对于江心屿这个利润不高的旅游单位来说不是小数目。"我们已经申请区财政拨款，"陈忠说，"'江心屿'商标全类别保护性注册能否成功，目前还是个未知数。"

温州某知识产权代理公司建议，风景区管理处可在"江心屿"商标全类别保护性注册后，再申报证明商标，将"江心屿"商标许可给温州知名企业使用，可减少政府财政负担。（商　综）

354. 两杜康和解

百瑞信托公司和河南杜康投资集团于2009年4月初签署战略合作协议，这标志着围绕杜康商标20余年的纷争以合作方式结束。

诗句"何以解忧，唯有杜康"，让杜康酒名扬天下。20世纪70年代，在改造民间酿酒作坊的基础上，河南省伊川县、汝阳县分别兴建了现代化的大型酿酒企业，而且都以"杜康"作为品牌。此后，伊川杜康和汝阳杜康分别成为这两个县的支柱企业，围绕杜康商标的纠纷长达20余年，被业内称为"同室操戈，兄弟相残"。据估算，杜康酒在河南省内市场的销售额约为6亿元，这两家企业共占50%的份额，大量贴牌或假冒的杜康酒占据了另一半市场份额。

据悉，通过股权合作的两家企业将进行生产、经营、品牌、产品、销售网络、工艺技术和质量管理体系的整合，并在这种整合中确保当地政府的利益、经销商的利益和合作者的利益。整合后的杜康公司将在洛阳市设立新的公司总部，伊川和汝阳的酒厂将成为新公司的生产基地。如果新公司上市，所募集资金的投资项目会全部放在伊川和汝阳两个生产基地。但是，双方都没有透露股权合作的具体方案。

据了解，两家企业历史上也曾有过合作。当时双方均信誓旦旦表示将精诚团结，共同开拓市场，但是，持续时间不长即分道扬镳。（文　正）

355. 欧盟2009年5月起下调商标申请费用

欧盟委员会近日决定，从2009年5月1日起取消欧盟商标注册费，只保留商标申请费。这意味着企业和个人在欧盟范围内申请商标的费用将比目前至少降低40%。

欧盟委员会发表声明说，新规定生效后，申请欧盟商标的企业将只需缴纳1050欧元商标申请费，比目前的1750欧元申请和注册合计费用降低40%。企业如果通过因特网申请商标注册，则只需缴纳900欧元，比目前的1600欧元降低44%。申请欧盟商标的个人需缴纳870欧元，比目前的1450欧元降低40%。由于取消了商标注册费，申请商标的手续简化，整个申请审批时间也将明显缩短。

欧盟委员会负责内部市场和服务业的委员查利·麦克里维表示，简化商标申请手续、降低收费将有利于企业开展经济活动，特别是使中小企业受益，这对于缓解当前金融危机的影响将起到积极作用。（商　综）

356. 负责人称赞：中国政府行政执法高效快捷

针对中国市场出现的侵犯飞利浦知识产权的"傍名牌"行为，各地工商部门严格执法，积极查处。3月26日，专程来华向国家工商总局致谢的荷兰皇家飞利浦公司（以下简称飞利浦公司）知识产权及标准部全球副总裁范杰夫先生在接受记者采访时表示，中国工商部门行政执法保护企业知识产权成绩显著，遍布全国各地的工商行政管理队伍在保护知识产权方面发挥了重要作用，权利人依法维权更加高效、便捷。

据了解，飞利浦公司在中国依法享有多个类别的"飞利浦和PHILIPS"注册商标专用权，相关商标曾被国家工商总局依法认定为中国驰名商标。作为享誉全球的知名品牌，该公司成为一些不法企业的侵权目标，市场上出现了大量侵犯飞利浦公司知识产权的商品。

"侵权者多数采用在香港注册以飞利浦为字号的企业名称，再授权内地企业使用，并在商品外包装上突出使用'飞利浦'或'PHILIPS'标志，而上述香港公司和内地公司的法定代表人往往相同或者有密切关系，"范杰夫说，"在貌似合法形式的掩护下，这种侵权行为很容易引起市场混淆，严重损害了商标权利人和消费者的合法权益。"

飞利浦公司的遭遇引起了工商部门的高度关注。根据权利人投诉，全国工商部门积极查处傍飞利浦品牌的侵权行为，取得了很大成绩。据介绍，自 2008 年 12 月至今，各地工商部门共查处 16 家侵权工厂、88 个批发市场和 270 户经销商，查扣侵权商品超过 10 万件，涉案金额超过 2600 万元。

记者了解到，目前，飞利浦公司的产品主要集中在医疗保健、照明和时尚生活三大领域。范杰夫特别提醒广大消费者，市场上的侵权商品主要集中在家电、厨房、卫浴及照明等类别上，其中像抽油烟机、燃气灶、消毒柜、太阳能热水器等产品，飞利浦从未涉足。

针对侵权行为，范杰夫对记者说："不仅是中国香港特别行政区，许多国家和地区在企业名称登记注册制度上都采用备案制。有动向表明，一些不法企业已经开始转移阵地，在其他国家和地区注册一个含有知名品牌名称的企业，继续实施侵权行为。"他呼吁中国政府积极构建信用监管制度，通过信用评级制约侵权企业的经营活动，进一步加大其侵权成本，有效防止其屡查屡犯，实现长效监管的目标。

范杰夫对工商部门在保护企业知识产权方面所做的大量工作非常赞赏。他表示，在当前国际金融危机的影响下，进一步加大知识产权保护力度，进一步完善相关法律法规和执法机制，会更加坚定国际知名企业在中国市场发展的信心，也有助于增强消费者信心。飞利浦与国内外知名企业都非常期待与中国政府部门建立更为畅通的沟通渠道，也非常愿意成为政府部门的市场触角，随时沟通市场上的知识产权状况，共同致力于中国的知识产权保护工作。（庞　仙）

357. 我国商标注册年申请量已连续 7 年居世界第一位　2008 年商标注册审查量首次超过当年商标注册申请量

国家工商总局副局长付双建近日在北京召开的世界知识产权组织跨区域知识产权高级论坛上表示，2008 年我国商标注册申请量近 70 万件，已连续 7 年居世界第一位。

付双建说，自 1979 年我国恢复全国商标统一注册以来，商标的年注册申请量从 1980 年的 2.6 万件增加到 2008 年的近 70 万件。与此同时，商标注册和商标评审工作的质量和效率大幅提高。2008 年，国家工商总局共审查商标注册申请 75 万件，比 2007 年增长 85.27%。这是自 2000 年以来，商标注册审查量首次超过当年商标注册申请量。

此外，国家工商总局 2008 年共办理马德里商标国际注册领土延伸申请 1.7 万余件，比 2007 年增长 4.9%，连续 4 年排名世界第一位，累计已达 13 万余件。（商　综）

358. 国家工商总局商标局印发通知　切实保护蓝带商标专用权

国家工商总局商标局于 2009 年 4 月发出《关于保护蓝带注册商标专用权的通知》，要求各地工商部门采取措施，切实保护蓝带商标专用权。

该通知要求有关省市工商局对于在啤酒商品上使用与第 559292 号 pabst Blue Ribbon 及图、第 559293 号 B 及图、第 559294 号蓝带 Blue Ribbon 及图和第 1349300 号蓝带商标相同或近似的文字及图形的行为，依法予以处理；对于突出使用含有"蓝带"字样企业名称，易造成混淆、误认的，依法予以处理。

据了解，上述商标是美国柏斯特啤酒公司的注册商标，已由美国柏斯特啤酒公司授权许可肇庆蓝带啤酒有限公司使用，其专用权受法律保护。市场上出现的侵犯美国柏斯特啤酒公司商标专用权的行为主要有两种情况：一是在啤酒商品上使用"蓝带""美国蓝带""pabst Blue Ribbon 及图"等和权利人商标相同或近似的字样或图形，二是在啤酒商品上突出和放大使用"蓝带原厂出品""美国蓝带集团有限公司""美国蓝带香港有限公司监制""美国蓝带集团（亚太）有限公司监制""美国蓝带啤酒公司""美国蓝带集团国际股份有限公司""中国蓝带集团"等字样。（鞠　文）

359. 浙江以品牌国际化应对金融危机

4 月 14 日，笔者从浙江省工商局获悉，2008 年以来浙江省商标国际注册工作取得突破性进展。世界知识产权组织（WIPO）和国家工商总局商标局刚刚公布的数据显示，截至 2009 年 3 月底，我国共有马德里体系国际注册商标 8607 件，其中浙江省以 2189 件位居全国第一。浙江医药股份有限公司成为我国首家进入马德里体系申请量世界前十名的企业，其申请量居各国申请人第八位。

业内人士表示，在当前国际经济环境持续恶化的情况下，浙江省马德里体系商标国际注册双获第一，标志着浙江企业正加快利用商标品牌战略开拓全球市场，应对国际金融危机，显示了当前浙江省经济转型突围闯关的良好势头。

据介绍，浙江省委、省政府一直以来十分重视品牌建设工作，制定了品牌建设“十一五”规划，出台了推进企业创牌的配套激励措施。为激发企业的创牌热情，工商部门建立了完善的工作机制。从 2004 年开始，浙江省各级工商部门以“营销未动、注册先行”为口号，大力呼吁企业重视商标国际注册工作，主动走访企业，并推动省财政部门对商标国际注册 40 件以上的企业给予补助，促进全省企业掀起商标国际注册热潮。在工商部门的努力下，浙江省商标国际注册量从 2004 年的 3400 件猛增至 2008 年年底的 2.9 万件，涉及全球 200 多个国家和地区。很多出口企业做到了“产品出口到哪里，商标先注册到哪里”“国际贸易、品牌先行”的理念日益得到企业的认同和广泛传播。

据介绍，在积极推动企业进行商标国际注册的同时，浙江省工商局着眼长远，提出加快品牌国际化建设的战略举措。2008 年以来，不少企业产品出口受阻，有效开拓国际市场成为当务之急。浙江省工商局紧紧抓住全省外向型经济为主体、产业结构处于提升转型期的关键时机，将品牌国际化作为鼓励企业实施品牌战略的重点，大力营造以品牌国际化带动企业调整创新的社会环境。该局在全国率先出台《关于进一步推进品牌国际化建设的若干意见》，确立了今后三五年浙江省品牌国际化的目标，出台了商标国际注册、商标国际保护、自主品牌国际化、品牌国际化知识普及、品牌国际合作交流等 8 项举措，引领企业以自主品牌闯全球市场。

在工商部门的引导下，不少浙江企业勇于创新，敢为人先，纷纷以在海外投资设厂、开设专卖店、品牌国际收并购等方式，加快进入国际市场步伐。雅戈尔集团股份有限公司以 1.2 亿美元收购美国五大服装巨头之一 KELLWOOD 公司旗下男装业务——新马集团，宁波永发集团斥资 190 万欧元收购欧洲保险箱品牌 COFFRES－FORTS SOLON 和该品牌旗下的全部销售网络，浙江吉利控股集团有限公司以近 3 亿元人民币的价格收购澳大利亚自动变速器公司。浙江平湖童车、天台橡胶、永嘉拉链等出口企业纷纷采取先以自主品牌打入国际二线市场再进军欧美市场的策略，自主品牌出口率稳步增长。

浙江省工商局商标处有关负责人表示，2009 年 10 月 4 日将是我国加入马德里协定 20 周年的日子。马德里体系省时、省力、省钱的特点逐渐为广大企业所了解，通过马德里体系商标可延伸到 84 个成员国。“及时进行商标国际注册是防范抢注的最好手段，”他说，“近年来，我国不少知名商标在海外遭遇抢注，浙江省更是受害大户。2009 年 1 月和 3 月，我国驻加拿大使馆通过国家工商总局商标局来函，告知浙江省梦娜、新光、康奈商标在加拿大遭抢注，让我们通知企业去解决。”据透露，下一步，浙江省各级工商部门将继续大力宣传和鼓励企业通过马德里体系注册商标，以商标国际化为先导，积极指导企业实施品牌运营、扩张、保护和提升战略，进一步推动浙江企业走出国门，走向世界。 （徐刚勤　沈　雁）

360. 国家工商总局出台驰名商标认定工作细则

为贯彻落实《国家知识产权战略纲要》，大力推进商标战略的实施，规范驰名商标的认定工作，促进驰名商标认定工作进一步制度化、规范化、程序化、法治化，切实维护商标权利人的合法权益，国家工商总局于 4 月 24 日出台了《国家工商总局驰名商标认定工作细则》（以下简称《细则》）。

《细则》分总则，驰名商标认定申请的审查，审定，复审与核审，监督与法律责任，附则等 5 章，共 33 条。

《细则》规定，驰名商标认定工作的目的是加大商标权保护力度，引导企业实施商标战略，使用自主商标，丰富商标内涵，重视商标知识产权创新和保护，提高商标知名度，形成一批拥有自主知识产权和知名品牌、国际竞争力较强的优势企业，促进企业和社会经济发展，推动创新型国家建设。商标局、商标评审委员会应严格、准确、依法开展驰名商标认定工作，正确引导舆论宣传，促进驰名商标认定和保护的健康发展，支持、帮助企业合理实施商标战略。

《细则》对驰名商标认定应考虑的因素、证据材料，商标管理程序中的审查，商标异议程序中的审查，商标异议复审、商标争议程序中的审查、审定，复审与核审及监督与法律责任均作出详细规定。《细则》规定，认定驰名商标应当考虑下列因素，但并不以该商标必须满足下列全部因素为前提：相关公众对该商标的知晓程度，该商标使用的持续时间，该商标的任何宣传工作的持续时间、程度和地理范围，该商标作为驰名商标受保护的记录，该商标驰名的其他因素。

《细则》规定，商标局局长办公会、商标评审委员会委务会研究驰名商标认定时，中纪委、监察部驻国家工商行政管理总局纪检组、监察局派员进行监督。驰名商标认定审查期间，任何单位、个人均可向商标局、商标评审委员会反映情况，提出意见。

《细则》自发布之日起施行。（正　文）

361. 国家工商总局副局长付双建出席“2009 商标与发展高层论坛”指出：全力推进我国商标战略实施

4 月 22 日，由本报主办、国家工商总局商标局和商评委支持的“2009 商标与发展高层论坛”在北京举行。国家工商总局副局长付双建出席论坛并作重要讲话，他指出在全球金融危机蔓延、多国经济出现衰退的背景下，我们要充分认识积极实施商标战略的重大意义，全力推进商标战略实施工作健康有序快速发展。

付双建指出，实施商标战略是建设创新型国家的迫切需要，是转变经济发展方式的必由之路，是深化社会主义市场经济体制改革的重要内容，是增强国家核心竞争力的关键举措。2008 年，全国工商行政管理机关不断开拓进取，商标管理工作取得显著进步：

一是《商标法》和《商标代理条例》的修改和制定工作取得了新进展。此次修改，主要是缩短审查周期，方便商标当事人，减少审批的环节，规范商标代理机构以及加强对商标专用权的保护。

二是商标战略实施工作有序推进。国家工商总局贯彻落实《国家知识产权战略纲要》的文件已基本起草完成。

三是解决商标注册申请和商标评审案件积压问题取得重大突破。2008 年，商标审查周期已由过去的 36 个月缩短到 30 个月，首次实现了商标注册审查量超过当年注册申请量。

四是商标行政执法力度不断加大，商标专用权得到了有效保护。2008 年，各级工商行政管理机关共查处各类商标违法案件 56 634 起，共收缴和消除违法商标标志 1963 万件（套），没收、销毁侵权商品 2287 万件。

五是农产品商标和地理标志工作成效显著，为促进社会主义新农村建设作出了重大贡献。

六是全面推进商标注册网上申请，社会公共服务水平进一步提高。

七是积极开展商标国际交流，指导和帮助我国企业海外维权，维护了国家和企业的利益。

付双建指出，今后国家工商总局将继续在以下十个方面全面推进商标战略的实施。一是进一步完善商标法律法规体系。二是大力推进商标政策体系构建。三是逐步创新和完善商标注册管理体制机制。四是积极指导和支持市场主体实施商标战略。五是加强对商标权利人和消费者合法权益的保护。六是进一步发挥农产品商标和地理标志在统筹城乡发展、区域发展中的推动作用。七是逐步完善和规范商标中介服务体系。八是全面加快商标管理和公共服务信息化建设。九是进一步加大商标宣传教育与商标专业人才培养力度。十是进一步扩大商标国际交流与合作。

付双建最后强调，实施商标战略是工商行政管理机关深入学习实践科学发展观，充分发挥职能作用，积极应对国际金融危机的挑战，促进我国经济平稳较快发展的有力武器和重要手段。全国各级工商行政管理机关要不断增强责任感、使命感和紧迫感，积极贯彻落实好商标战略，尽职尽责做好各项工作，指导和鼓励我国企业申请商标国际注册和在海外维护商标权益，使商标工作更富时代气息，更有实际成效。（田　文）

362. 广东剑指商标代理乱象

在广东省工商局和广州市工商局日前联合开展的“广东省商标代理企业诚信经营倡议活动”中，20 家商标代理机构签署诚信经营倡议书，承诺要依法执业，诚信经营，公平竞争。工商机关希望通过该活动进一步规范商标代理机构的经营行为，营造诚实守信、公平竞争的商标代理市场氛围，推动广东商标代理诚信体系的建立。

2009 年二三月份，广东省工商局开展了为期两个月的商标代理机构市场秩序专项整顿行动。各级工商机关以掌握商标代理市场现状、及时处理各类违法违规行为、引导商标代理机构诚信规范经营、维护企业和消费者权益、探索商标代理长效监管机制为目标，采取属地管理、分级负责、市局抽样检查相结合等办法，使专项行动的开展做到了有组织、有计划、目标明确、针对性强，在一定程度上规范了商标代理行为。

据调查，目前广东省有商标代理机构 1084 家，比原先掌握的 760 家增长了 42.6%。工商机关实地检查了 937 家商标代理机构，发现其中 73 家已自行停止经营、32 家拟注销或被吊销、147 家无法查实。广东省工商局有关负责人指出，在商标代理机构中，不乏规模大、水平高、信誉好的，正是众多代理机构守信用、讲信誉、重信义，塑造了广东商标代理服务品牌的良好形象。但是工商机关也发现，有部分商标代理机构或代理人缺乏诚信意识和职业道德，存在夸大宣传、欺骗客户、竞相压价、恶性竞争四大混乱现象，一定程度上扰乱了商标代理行业的正常经营秩序，挤压了商标代理机构的发展空间。

据分析，出现这些问题的原因，主要是商标代理监管的法律法规不完善，对商标代理机构的监管缺乏有效手段。这些因素的存在在一定程度上导致商标代理机构的服务质量参差不齐，造成行业秩序混乱。此外，广东省尚未成立商标代理机构行业管理协会，商标代理机构处于相对松散状态，行业培训、自律体系始终没有建立，一定程度上也造成工商机关对监管对象的底数不清，监管困难。

在工商机关的积极引导下，广东省商标事务所有限公司等 20 家商标代理机构积极参与此次倡议活动。广东省工商局副局长彭海斌在倡议仪式上表示，希望这次倡议能引起全省商标代理机构的共鸣。他要求各级工商机关要继续重视和支持商标代理行业的发展，继续补充完善辖区内商标代理机构名册，并及时对外公布，接受社会各界的监督；主动加强与商标代理机构的联系，积极开展相关调研，听取商标代理机构对商标监管工作的意见和建议，争取尽快在广东省建立行业自律管理体系；充分利用"12315"网络等有效途径，收集举报线索，通过打击、曝光商标代理违法、失信行为，探索建立失信者受罚、守信者受奖的机制，优化行业发展的外部环境，推进商标代理行业信用体系建设。他同时呼吁，商标代理机构应制定内部诚信激励制度、欺诈失约惩罚制度，在工作和绩效考核中引入诚信道德内容，在管理制度、工作程序、岗位职责中作出相应规定，共同推进商标代理行业健康发展。（粤　闻）

363. 商标局规范商标注册网上申请程序

5 月 8 日，国家工商总局商标局发布《关于依法妥善处理违规商标注册网上申请有关问题的通知》（商标综字〔2009〕第 126 号，以下简称《通知》），进一步规范商标注册网上申请程序。

根据商标局制定的《商标网上申请试用办法》第 8 条、第 12 条第 2 款和《商标注册网上申请流程》的规定，在商标网上申请试用期内，不得提交第 8 条所列情形的商标注册网上申请，例如以自然人名义作为商标申请人的商标注册申请、肖像商标注册申请等。同时，成功提交商标注册网上申请后，应当按照《商标注册网上申请流程》的要求，在规定时间内提交与网上申请内容完全一致的纸质申请书件。但是，近一段时间，商标局发现部分商标代理组织未严格遵守上述有关规定，违规提交了商标注册网上申请件，或没有在规定期限内提交纸质申请书件，或未提交符合要求的纸质申请书件，严重损害了相关商标申请人的权益，影响了商标局审查工作的正常进行。

针对上述情况，商标局在《通知》中指出，对于违反相关规定的商标注册网上申请，将按照规定进行处理。对于违规提交了《商标网上申请试用办法》第 8 条所列商标注册申请的，根据《商标网上申请试用办法》第 17 条、第 18 条的规定，自《通知》发出之日起，商标局将暂停其代理商标网上申请业务的资格。相关申请人应当在 5 月 31 日前提交符合《商标网上申请试用办法》相关规定的证明文件。未能按期提交符合要求的证明文件的，视为放弃该商标注册申请，商标局将视具体情况停止其代理商标网上申请业务。今后，对此类情况，商标局将不再给予补正和通知。

《通知》强调说，自 6 月 1 日起，逾期未提交纸质申请书件的，或提交的纸质申请书件不符合要求的，根据《商标网上申请试用办法》第 17 条、第 18 条的规定，商标局将暂停或停止其代理商标网上申请业务。（小　春）

364. 商标国际注册达 100 万件

以经营天然林木、纺织品和化妆品为主的奥地利生态公司近日在世界知识产权组织（WIPO）管理的商标国际注册马德里体系注册商标后，商标国际注册的数量达 100 万件。

奥地利生态公司的总裁十分高兴成为第 100 万件国际商标的注册者。他说："马德里体系为公司提供了一种在国际上注册商标的简单易行、价格便宜的方法。”

商标国际注册马德里体系近些年发展迅速，突现出商标量不断增加的国际化趋势，企业对商标重要性有了更广泛的认识。自从 1893 年瑞士制作巧克力的一家公司注册第一件国际商标以来，经历了大约 93 年才达到第 50 万件商标，这是由瑞士的 Sandoz AG 公司于 1986 年注册的。2001 年，德国的一家公司注册了第 75 万件商标。第 90 万件国际商标是我国广东省潮州市枫溪金百川瓷艺厂于 2006 年注册的。（商　综）

365. 我国商标富农工作成果显著　国家工商总局商标局表示，2009 年继续加大工作力度，积极支持地方特色产业发展

近年来，国家工商总局通过大力加强农产品商标和地理标志注册、指导和运用工作，形成了商标富农机制，在促进农村发展、增加农民收入、加快农业产业化经营方面取得显著成果，全国各地涌现出了众多利用农产品商标和地理标志发展农村特色经济、增加农民收入的成功典型，为推进社会主义新农村建设作出了积极贡献。

日前，国家工商总局商标局收到浙江省象山县新桥镇高湾村村民寄来的感谢信。新桥镇高湾村靠近东南沿海，气候湿润，光照充沛，十分适合种植枇杷，至今已有 500 多年的栽培历史。推行家庭联产承包责任制以来，该村农民的生产积极性不断提高，枇杷种植面积由从前的不到 300 亩发展到现在的 1300 余亩，总产量达 1000 吨。

几年前，由于没有自己的商标，该村枇杷的市场竞争力较弱，平均售价每公斤 7.5 元，最高售价也仅为每公斤 10 元，和相邻的宁海县某些枇杷种植特色村生产的枇杷每公斤售价 15 元相比，有很大差距。为解决种枇杷易、卖枇杷难的问题，在当地工商机关的帮助下，该村村民对商标富农机制有了基本的认识，于 2005 年 12 月 29 日在第 31 类枇杷等商品上向国家工商总局商标局提出高湾商标注册申请。经 2008 年 8 月 6 日初步审定公告，商标局已于 2008 年 11 月 7 日核准该商标注册。

高湾商标获准注册后，高湾村村民在当地工商机关的指导下，积极开展枇杷种植技术创新，进行产业化经营，扩大对外宣传，增加产品附加值，打响产品知名度，切实提升了高湾牌枇杷的市场竞争力。村民在感谢信中满怀深情地表示：“这体现了党中央、国务院对我们农民的关怀之情。”

国家工商总局商标局有关人士介绍说，2008 年 10 月，党的十七届三中全会审议通过《中共中央关于推进农村改革发展若干重大问题的决定》，强调要“推进农业结构战略性调整”“加大农产品注册商标和地理标志保护力度”。这既是党中央、国务院对过去一个时期商标富农工作的肯定，又是在新的经济形势下对商标工作提出的更高要求，商标富农工作是全国各级工商机关一项紧迫而光荣的任务。我国是农业大国，积极运用、保护农产品商标和地理标志促进农村经济社会发展，符合我国农村经济的发展现状。

2009 年，商标局将进一步加强农产品商标和地理标志审查工作，积极支持地方特色产业发展，促进地方经济发展，为社会主义新农村建设作出自己应有的贡献。（鞠　文）

366. 上海强力保护世博会知识产权

近日，上海市知识产权联席会议办公室出台了《保护世博会知识产权专项行动方案》，要求通过该方案的实施，上海市的社会公众知识产权保护意识明显增强，上海市的知识产权执法部门执法力度明显加大，上海市的知识产权保护环境明显改善。

该方案明确了自 2009 年 7 月至 2010 年 10 月的重点工作：动员各方力量，采取多种形式，加强世博会知识产权的宣传；组织中介服务机构为世博会参展方提供有关知识产权问题的咨询、知识产权获取等便利服务；建立园区知识产权保护机制，协调解决现场发生的知识产权纠纷；重点打击销售侵犯世博会标志、假冒世博会特许商品和其他侵犯知识产权的违法行为；取缔销售侵权、假冒和盗版物品摊点，重点整治世博会园区周边地区、进出世博会园区的主要交通干道以及中心城区主要街道、旅游景点等游商销售侵权、假冒和盗版物品违法活动。

该方案同时要求，加强网络监管，重点加强对互联网上涉嫌侵犯世博会知识产权和其他知识产权侵权行为的监管执法工作。（商　综）

367. 维权不分地域　河南省工商局开展保护蒙牛商标专用权专项行动

河南省工商局 6 月 15 日～6 月 19 日，统一组织省、市、县三级工商机关执法力量，在郑州、许昌、焦作、鹤壁、安阳、平顶山、周口、南阳、新乡等 9 个省辖市范围内，开展了以保护蒙牛注册商标专用权为主要内容的大型整治行动，重拳出击，声势浩大，取得了阶段性胜利。

河南省工商局接到内蒙古蒙牛集团投诉称，近期在河南省部分市场上出现了大量侵犯蒙牛集团蒙牛商标专用权的仿冒产品，请求河南省工商机关予以查处。同时，内蒙古自治区工商局于6月4日来函，希望河南省工商机关为蒙牛集团维权。

了解情况后，河南省工商局领导高度重视，省局党组书记、局长董光峰要求商标处密切配合内蒙古自治区工商局和蒙牛集团，集中精力和时间，抽调得力人员组成执法队伍，严格执法。河南省工商局与内蒙古自治区工商局、蒙牛集团的同志经研究讨论，决定用一周时间在全省范围内统一开展保护蒙牛注册商标专用权整治行动。为加强组织领导，河南省工商局成立了由杜新增副局长任组长的整治行动领导小组，9个省辖市的工商局局长和商广科科长负责组织实施具体工作。

6月15日，河南省工商局在郑州市专门召开了部分省辖市保护蒙牛注册商标专用权整治行动会议，制订了实施方案，对统一行动的重要意义、方式方法和要求等进一步予以明确。会议要求，9个省辖市工商局执法人员在整治行动中，要敢于负责任，力求清查得干净彻底。

6月17日，9个省辖市工商局根据省工商局的要求，迅速制订了具体行动方案，并进行层层动员。6月18～19日，各个执法小组由相应的工商机关主管领导带队，与蒙牛集团识假辨假技术人员一起，快速深入到涉案的县(市)城区、城郊结合部和乡村，在重点地区进行拉网式清查行动。他们对涉嫌售假的商场、市场和门店，依法清查封存；对当场确认的藏假窝点、制假作坊，坚决查处。

截至6月25日，9个省辖市工商局共出动工商执法人员4832人次，车辆808台次，检查生产加工点及经销点10265家，当场封存、暂扣涉嫌冒用蒙牛注册商标的产品2471件。这次全省统一的大型专项整治行动有效打击了商标侵权假冒行为，净化了河南省奶业市场环境，受到了企业和当地群众的一致称赞。 （王民生）

368. 浙江省文成县工商局的专题调研显示：中小企业商标权质押贷款需破解三个难题

近年来，我国一些地区陆续出台有关商标权质押贷款的政策，为企业解决融资难问题找到了一条有效途径。然而在实际操作中，广大中小企业尤其是地处偏远山区的中小企业，在利用商标权质押获得贷款工作中，依然存在着很大的难度。

针对山区县中小企业融资难的实际情况，浙江省文成县工商局近日搞了一次调研。通过走访一些金融机构、中小企业，他们掌握了第一手资料。经过分析，他们认为，在山区县推进商标专用权质押贷款工作困难重重，主要存在三个方面的问题：一是金融机构只盯着大品牌，一致看好潜力大、价值高的知名商标，如温州的奥康商标、红蜻蜓商标等。文成县虽有6件涉农著名商标、2件市知名商标，但无论企业规模还是品牌潜在价值，仍处在发展阶段，这些小品牌难以吸引银行的目光。二是商标专用权质押贷款工作无章可循。文成县内一级法人银行只有1家，其他都是各大银行的支行，目前，各支行的上级银行尚未制定具体实施细则和操作程序。此外，文成县各银行认为目前温州市经济较发达地区尚未开展这项业务，自己更不必急于“走在前列”。三是认识上有偏差。商标专用权质押贷款是一项新的工作，银行担心质押人因违约不履行还款义务或者发生当事人约定的实现质权的情形，贷款人通过拍卖或变卖该质押的商标专用权偿还借款这一途径难以实现。

为了缓解中小企业融资难问题，切实把商标专用权质押贷款工作落到实处，文成县工商局建议有关部门应合力破解难题。一是省、市工商局与金融机构加强沟通与合作，使出台的政策尽快发挥作用，对山区县中小企业融资作适当倾斜。二是金融机构尽快制定具体实施细则和操作程序，切实开展商标专用权质押贷款业务。三是当地政府要充分重视这项工作，尽快出台政策促进商标专用权质押贷款工作健康有序发展。四是工商机关制定统一规范的商标专用权质押贷款程序，包括公布商标价值评估机构公信度、明确评估的流程与费用、简化商标质押登记手续等。五是可确定一两家中小企业进行商标权质押贷款试点工作，然后以点带面，逐步推广。六是工商机关应及时将辖区企业商标品牌基本状况等信息反馈给金融机构，使金融机构加深对品牌的了解。

（林　浩）

369. 深圳企业境外注册商标4370件

笔者从广东省深圳市工商局7月初公布的《2008年度商标工作报告》了解到，2008年深圳企业在境外申请注册商标4370件，涉及75个国家和地区，主要集中在电子、服装、皮具等类别，注册费用超过 2000 万元，其中在美国等 10 多个国家和中国香港、中国台湾地区的商标注册量均超过 100 件。

深圳市精英商标事务所负责人李晓兰表示，近年来，深圳企业在积极拓展海外市场的同时，由于缺乏境外商标保护意识，商标屡遭恶意抢注。据统计，2008 年，涉及深圳企业的境外商标异议、争议案件超过 45 起。另据来自深圳市商标预警服务系统的统计数据显示，该系统 2008 年共发出商标国际申请预警通知 763 件，其中 633 家企业采取积极应对措施，申请商标境外注册，占预警总量的 83%，这说明深圳企业的境外商标保护意识正逐步增强。（龙　岗）

370. 限制恶意异议反对商标抢注　缩短审查周期　《商标法》第三次修改关注维权热点

从最初各界争论是大改还是小修，到现在修订目标统一明确，具体条文逐步成熟，2003 年正式启动的《商标法》第三次修改工作历时 6 年取得实质性进展。

记者日前在国家工商总局商标局看到了最新版的《〈商标法〉草案征求意见稿》（以下简称《征求意见稿》）。据悉，此稿前前后后经过十几稿的完善和修订，广泛征求了司法部门、各地工商机关、中外企业代表、商标代理组织、法律专家等多方意见，召开了多次专题研讨会进行研讨。按照计划，2009 年年内最终的《征求意见稿》将正式提交国务院法制办。

国家工商总局商标局有关负责人指出，现行《商标法》在创新、运用、保护、管理商标知识产权及促进经济社会发展方面发挥了重要作用，其基本框架也符合我国目前的国情。但是，随着市场经济的不断发展，其中的一些内容已经不能适应市场经济日益发展的需要。经过反复论证，并经国家工商总局党组会讨论和国务院法制办认可，《商标法》修订目标逐渐清晰，即缩短审查周期，完善确权程序，加大保护力度，提供更好服务。实施商标知识产权战略，建设创新型国家的立法宗旨也更加明确。

规范与便利、监管与服务、国际规则与中国特色等等的契合点在哪里？作为一部既有程序规定又有实体规定的法律，通过具体条文找到一个恰当的平衡点绝非易事；作为一部关系到品牌经济发展和创新型国家建设的重要法律，点点滴滴的修改更是慎之又慎。

记者了解到，针对目前社会各界关注的诸如恶意异议、商标抢注、驰名商标行政保护力度、审查周期等热点问题，《征求意见稿》均作了明确规定。

恶意异议现象不仅使商标注册周期变得过长，也使异议案件数量激增，浪费了大量的行政资源。许多商标申请人抱怨连连，商标管理部门也对此高度关注。《征求意见稿》明确限定了异议人的资质，即只有在先权利人或者利害关系人才可以对某件商标申请提出异议。为了进一步简化程序，提高确权效率，《征求意见稿》取消了现有的异议复审程序，异议人可直接向商评委提交申请，将现有的行政、司法四审程序改为三审。同时，对商评委就商标可注册性行使的自由裁量权，《征求意见稿》作了具体规范，明确规定人民法院在行政诉讼中对商评委的决定或裁定的合法性可进行审查。

针对现行《商标法》对商标抢注等不正当竞争行为处理乏力的现象，《征求意见稿》专门列有“制止违背诚信原则的注册行为”一条，明确规定：申请商标在相同或者类似商品上与他人在中国在先使用的商标相同或者近似，申请人因与该他人间具有合同、业务往来、地域关系或者其他关系而明知该他人商标存在的，不予注册；申请注册的商标是抄袭他人在不相同或者不类似商品上有较强显著性且具有一定影响的注册商标，容易误导公众的，不予注册。

多年来，我国在知识产权保护方面实行行政、司法双轨制。行政执法便捷、高效的特点，使许多权利人在遭遇侵权时选择到工商机关投诉。然而，现行《商标法》赋予工商机关的执法手段有限，处罚力度不大，对于侵权类型的规定也不够全面，导致其适用性大打折扣。为进一步加大商标专用权保护力度，《征求意见稿》明确县级以上工商机关负责本行政区域内的商标管理工作，并增加了现行《商标法实施条例》和有关司法解释中规定的商标侵权行为的类型。

记者注意到，《征求意见稿》将“与他人注册商标相同或者近似的文字作为企业名称中的字号在相同或者类似商品上突出使用，或者以其他方式突出其标志作用的使用，可能使相关公众产生混淆的”明确列为商标侵权行为的类型之一。此外，“将与他人注册商标相同或者近似的文字注册为域名，并且通过该域名进行相关商品交易的电子商务,可能使公众产生混淆”的行为也明确列入商标侵权行为之中。

与此同时,《征求意见稿》还规定,工商机关可以查封或者扣押用于实施侵权行为的财物;明确目前受到关注的网络侵权行为可以适用《商标法》;新增对多次实施商标侵权行为的当事人应当从重处罚的规定;将被侵权人的法定民事赔偿额由50万元提高到100万元。

《征求意见稿》从为中外商标申请人提供更好服务的角度考虑,同时参考各国在简化商标注册申请手续、方便申请人方面的先进经验和做法,新增商标局可以适时受理一标多类申请,允许申请人在一定条件下提出撤回申请的规定,允许采用电子申请形式,增加审查意见书制度,同时允许部分驳回,简化转让申请以及商标使用许可手续等。

记者特别注意到,在社会各界高度关注的驰名商标保护和认定工作方面,《征求意见稿》明确规定,对于通过提供虚假材料,或以其他不正当手段获得驰名商标认定的,或者认定商标驰名的因素发生重大变化造成不良社会影响或后果的,该商标不再作为驰名商标予以保护。 (庞　仙)

371. 我国有效注册商标总量居世界第一

记者从7月23日召开的全国工商行政管理系统贯彻落实《国家知识产权战略纲要》大力推进商标战略实施工作会议上了解到,截至2009年6月30日,我国商标注册申请总量已达677万件,有效注册商标总量240万件,居世界第一位。

自1979年恢复商标全国统一注册以来,随着改革开放的深入进行和经济的快速发展,我国的商标事业得到突飞猛进的发展。商标注册年申请量由1980年的2.6万件增加到2006年的76.6万件。自2002年开始,我国商标注册申请量已连续7年位居世界第一。2009年上半年,在面临国际金融危机的严峻形势下,全国的商标注册申请量仍保持较大幅度增长,比2008年同期增长了7.7%,达到38万件。我国已经连续4年成为马德里联盟被指定最多的国家。国内企业通过商标局提出的国际注册申请已经连续4年居马德里联盟第八位,居发展中国家第一位。这不仅反映了我国经济的发展和开放的扩大,也标志着我国已成为世界商标大国。 (刘　永)

372. 国家工商总局通报表彰全系统商标工作先进集体和先进个人　447个先进集体、300名先进个人受表彰

在7月23日召开的全国工商行政管理系统贯彻落实《国家知识产权战略纲要》大力推进商标战略实施工作会议上,国家工商总局通报表彰了全系统商标工作447个先进集体和300名先进个人。

该通报指出,近年来,全国工商系统深入学习实践科学发展观,加大商标行政执法力度,突出做好涉外商标、农产品商标、地理标志、驰名商标和奥林匹克标志的注册、认定和保护工作,积极探索遏制商标侵权假冒行为的长效监管机制,切实维护商标权利人和广大消费者的合法权益,维护了良好的市场经济秩序,为应对国际金融危机,建设创新型国家,促进经济社会又好又快发展作出了重要贡献,涌现出一大批先进集体和先进个人。

该通报指出,为表彰先进,促进工作,努力建设政治上过硬、业务上过硬、作风上过硬的高素质干部队伍,国家工商总局决定,对北京市工商局等447个全国工商行政管理系统商标工作先进集体和许冬等300名全国工商行政管理系统商标工作先进个人予以通报表彰。通报要求各级工商机关和广大工商干部要以受表彰的先进集体和先进个人为榜样,坚决贯彻党中央、国务院的决策部署和要求,服务经济发展大局,把商标战略实施工作与应对国际金融危机、保持经济平稳较快发展结合起来,统筹兼顾,突出重点,为促进经济发展、构建和谐社会作出更大的贡献。 (刘　永)

373. 2009年商标注册申请审查任务有望超额完成

记者从7月23日召开的全国工商行政管理系统贯彻落实《国家知识产权战略纲要》大力推进商标战略实施工作会议上获悉,2009年上半年,国家工商总局已审查商标注册申请72万件,裁定异议案件1.09万件,审理商标评审案件1.76万件,均已超额实现时间过半、任务过半,其中商标注册审查量相当于以前两年零五个月的工作量,为圆满完成2009年130万件的审查任务打下了坚实基础。

随着商标注册申请量大幅增加,由于审查人员明显不足,商标注册申请、评审案件严重积压,商标审查和评审周期大大延长,国内外对此反映强烈。2007年,国家工商总局提出了“一个依靠”

(依靠商标局和商标评审委的领导班子和全体干部)、“四个借助”(借助全国工商系统力量,借助商标代理机构力量,借助社会力量,借助现代信息化手段)及“更新观念,创新机制,依法办事,加强廉政,提高效率”的总体改革思路,确立了“三年解决积压、五年达到国际水平”的“三五目标”。总局党组与商标局、商评委采取签订责任书、增加审查处室、招聘辅助人员、完善激励机制、加强绩效管理等重大措施,在解决商标审查和评审积压等方面取得突破性进展。2008年,商标局共审查商标75万件,裁定异议案件1.1万件;商评委共审理商标评审案件3.03万件,均超额完成当年任务。商标注册审查量自2000年以来首次超过当年申请量。

(叶尤刚)

374. 坚定信心　多措并举　完善机制　上半年商标局各项工作取得新成效

2009年上半年,国家工商总局商标局认真贯彻落实全国工商行政管理工作会议及全国工商行政管理系统党风廉政工作会议精神,大力实施商标战略,促进科学发展,加强班子、队伍、党风廉政建设,脚踏实地,真抓实干,各项工作取得新成效。

在加快商标审查、解决商标积压的工作中,商标局多措并举,完善机制,确保工作进度和质量。截至6月30日,审查商标注册申请720 360件,同比增长206.41%,半年的工作量相当于以前两年零五个月的工作量;裁定异议案件10 890件,同比增长82.02%。商标注册审查、异议裁定均超额实现时间过半、任务过半的要求,为圆满完成2009年130万件审查任务打下坚实基础,为2010年完成审查140万件任务,彻底解决商标审查积压问题创造了良好的条件。

贯彻落实《国家知识产权战略纲要》,大力推进商标战略实施。自2008年6月5日国务院发布《国家知识产权战略纲要》后,按照总局领导指示,商标局组织召开了企业、系统、专家学者3个座谈会;征求28个部委、全国工商系统、总局有关司局及直属单位的意见;经多次调查研究,不断修改完善,国家工商总局于2009年6月4日发布《关于贯彻落实〈国家知识产权战略纲要〉大力推进商标战略实施的意见》。为了更好地推进商标战略实施,商标局会同商评委组织编写了《中国商标战略年度发展报告(2008)》,提出《国家工商总局实施〈国家知识产权战略纲要〉任务分工》的建议,抓紧起草商标工作五年达到国际水平的总体规划,广泛开展商标战略宣传,使商标意识深入人心。

商标局大力加强商标法制建设。一是认真做好《商标法》修改工作,目前《商标法(修改稿)》已再次送国内外有关单位、专家征求意见。二是继续抓紧商标代理条例起草上报工作;进一步完善驰名商标认定制度,起草制定驰名商标认定工作细则;制定下发《注册商标专用权质权登记办法》,帮助企业实现无形资产资本化运作。三是积极组织86个规范性文件的废、改、立工作。

认真贯彻落实十七届三中全会精神,努力做好农产品商标和地理标志注册保护工作,加快审查进度,加大保护力度,广泛宣传指导。截至2009年5月底,农产品注册商标总量已达65万件,占注册商标总数的17.4%;共注册和初步审定地理标志560件。各地工商机关着力推广“公司+商标+农户”的新型农业经营模式,提高农业产业化水平。以农产品商标和地理标志为核心的商标富农工作机制,为促进社会主义新农村建设发挥了积极作用。

商标局进一步加大商标保护力度,指导协调解决、查处、督办了一批典型疑难案件,有力地支持、指导地方商标管理工作,服务地方经济发展;认真做好奥林匹克标志专有权保护及总结表彰工作,及时核准177件北京第二十九届奥组委奥林匹克标志备案转为国际奥委会奥林匹克标志备案申请;依法在管理案件、异议案件中认定299件驰名商标,优化创新发展环境。

加强国际交流与合作,促进实施“走出去”战略。一是参加中欧经济战略高层对话,积极推进中欧知识产权二期合作项目,积极参加中挪、中哥自贸协定谈判、中瑞知识产权工作组会议、中欧知识产权对话等,举行中日商标局长第七次会谈。二是积极协助解决中国银行、中国铝业等52家机构、公司名称和标志在加拿大被恶意申请抢注问题。三是积极应对国际金融危机的冲击,加强对企业进行商标马德里国际注册的宣传培训工作,鼓励知名企业国外商标注册,设置专人监控国际注册情况,增强服务意识,支持企业海外商标维权。

(文　中)

375. 天津武汉精武商标纷争告一段落　武汉鸭脖将改用精武路商标

多年的天津、武汉精武商标之争告一段落。武汉鸭脖协会会长、武汉精武鸭脖公司董事长涂国华日前表示，武汉鸭脖将改用精武路系列商标，通过改名绕过精武商标之争。

据介绍，武汉鸭脖协会已初步敲定，将具有争议的精武商标升级为3件集体商标，分别是精武路、武汉精武路、精武路鸭脖，其中精武路和精武路鸭脖已向国家工商总局商标局申请注册。涂国华认为，精武路系列商标与精武商标有明显区别，可以避开纠纷；精武鸭脖发源于武汉市精武路，用精武路系列商标更准确，更易为消费者接受。加入协会的鸭脖企业可以把集体商标与其自主商标共同使用，既统一了标准，又有个性特征。

听说武汉鸭脖企业将改用精武路系列商标，天津精武公司商标代理律师、天津市天金商标事务所所长米阿前表示，精武路系列商标确实和精武商标有明显不同，天津有关方面将不会反对其使用。

在武汉市江汉区，有一条不足千米的窄街道，名叫精武路，据说这条路的路名来历，与紧邻的当年精武体育会汉口分会会址有关。在20世纪90年代，汤氏兄弟在精武路上卤制鸭脖，然后卖给体育场里看球的人。久而久之，鸭脖的知名度在当地越来越高。2002年，武汉做鸭脖的商人汤腊九和涂国华欲注册精武商标，却发现精武商标已经在1997年被天津某公司注册。从2004年开始，武汉鸭脖由散卖向规模化经营转变。目前，武汉市鸭脖经营户约为500家，湖北省内销售鸭脖的专卖店达5000家，年产值约为54亿元，从业人员近百万人。

天津精武公司坐落于天津市西青区精武镇小南河村，小南河村是武术大师霍元甲的家乡。1997年，天津精武公司注册了精武商标，使用在猪肉及鸭产品上（包括白条鸭及盐水鸭、酱鸭等），其中精武牌猪肉还成为天津市菜篮子工程的重点项目。

2009年年初，武汉市工商局江汉分局针对天津精武公司的投诉作出销案回复，理由是：天津精武公司的精武商标使用范围是冻肉、香肠，武汉企业的鸭脖等产品不在天津精武公司的专用范围内；武汉鸭脖企业使用精武二字，是因为武汉鸭脖诞生于武汉的精武路，是有历史渊源的。所以，武汉鸭脖企业不构成对天津精武公司的侵权。

天津精武公司不服，于2009年2月6日向武汉市工商局申请行政复议。2009年3月13日，武汉市工商局作出行政复议决定，维持江汉工商分局的回复意见。天津精武公司对此决定仍然不服，于2009年4月3日向武汉市江岸区人民法院提起行政诉讼。不久前，国家工商总局组织天津、武汉工商机关对此事进行了积极协调。武汉工商机关表示将督促协调武汉多家使用精武字样的鸭脖企业与天津精武公司签订商标使用许可合同，天津精武公司也表示撤回针对武汉市工商机关的行政诉讼。（文　中）

376. 碧螺春香烟商标注册有悬念

一度被炒得沸沸扬扬的碧螺春香烟商标案风波再起。笔者日前从江苏省苏州市吴中区洞庭山碧螺春茶叶协会获悉，他们已收到由苏州市茶叶行业协会转来的商标异议复审答辩通知书。浙江商人孙某对国家工商总局商标局不予"碧螺春及图案"申请注册香烟商标的裁定不服，申请复审并被受理。碧螺春这块金字招牌会不会成为香烟商标，再次吸引了人们的关注。

2003年12月，苏州市茶叶行业协会原会长汤进红在国家工商总局商标局网站上发现，碧螺春商标被浙江人孙某申请注册烟草商标，已经通过了初步审定，并开始在网上公告。时间紧迫，苏州市茶叶行业协会立即提出异议。2008年年底，国家工商总局商标局裁定，碧螺春为我国知名的茶叶品种名称，将该文字作为商标使用在烟草类商品上，易使消费者对指定商品原料产生误解，并产生不良的社会影响，烟草类碧螺春商标不予注册。苏州人终于松了一口气。2009年1月，由于对裁定不服，孙某提出异议复审申请。他认为，碧螺春是茶叶的通用名称，但不是烟草、雪茄等商品或者其原料的通用名称，因此不存在所谓对商品原料产生误解的问题。

苏州市新苏商标事务所唐建军律师表示，茶叶所具有的保健功能早已为人所熟知，烟草对人体产生危害也是一种常识，以碧螺春这一名茶的名称作为烟草的商标，极易使人误解为该种烟草含有碧螺春茶的成分，因而对人体危害较小。此外，烟草商标的注册还将对碧螺春这一名称造成淡化。

根据通知书要求，作为被申请人的苏州市茶叶行业协会应在收到通知书的30天内作出书面答辩。吴中区工商局有关人士告诉笔者，早在2003年碧螺春商标抢注事件发生后，吴中区政府就紧急召集工商、农林等部门，专题研究保护、使用碧螺春商标的具体办法，此次事件中吴中区工商局等部门还会支持洞庭山碧螺春茶叶协会积极应对。

洞庭山碧螺春茶叶协会负责人表示，他们会在规定时间内提交答辩书。（沈红娣 李云洁）

377. 一批商标战略实施示范城市和企业将确定

2009年，国家工商总局将确定一批商标战略实施示范城市和示范企业，通过发挥其先进典型的指导和示范作用，促进商标战略的广泛实施。这是记者从7月23日在吉林省长春市召开的全国工商行政管理系统贯彻落实《国家知识产权战略纲要》大力推进商标战略实施工作会议上了解到的。

据悉，开展商标战略实施示范城市和示范企业工作的相关办法正在制定中，目前已进入征求意见阶段。根据该办法，国家工商总局将给予商标战略实施示范城市和示范企业一定的扶持政策，如为其提供有关商标注册信息统计服务、提供商标咨询服务、加大商标注册和保护力度、帮助和支持其解决商标在境外被抢注的问题等。

据了解，商标战略实施示范城市和示范企业的示范期初步定为3年，期满后可申请继续示范。国家工商总局将每年对其进行考核和不定期抽查，对不符合条件的城市、企业责令其整改，整改后仍未能达标的，取消其示范资格。（叶尤刚）

378. 商标权质押贷款达238亿元

记者于7月底从国家工商总局商标局获悉，自2006年至今，国家工商总局商标局已办结418件商标权质押登记申请，帮助企业融资238亿元。

为帮助企业拓宽融资渠道，全国各级工商机关创造性地开展企业帮扶工作，积极支持企业将商标与金融等手段紧密结合，实现商标无形资产的资本化运作，切实帮助企业解决融资难问题。国家工商总局商标局制定了《注册商标专用权质权登记办法》，进一步规范商标质押程序。各地工商机关相继出台支持企业发展的措施。福建省在全国率先制定出台《福建省商标专用权质押贷款工作指导意见》，2008年全省有20家企业通过质押驰名商标、著名商标、知名商标专用权获得贷款8933万元。浙江省、安徽省和山东省青岛市相继出台了有关商标专用权质押贷款的规定。上述措施对企业应对国际金融危机、盘活无形资产、拓宽融资渠道起到了积极作用。（刘 永）

379. 商标局加大地理标志宣传力度

为了进一步加强地理标志宣传工作，国家工商总局商标局2009年以来指导多家媒体开辟《地理标志与县域经济》《走进中国地理标志》《中国地理标志巡礼》等专栏，从历史传承、文化内涵、促进经济发展、工商机关服务“三农”工作、地理标志致富效果等不同角度、不同层面宣传地理标志工作。

近年来，全国各级工商机关积极推进农产品商标和地理标志培育发展工作，为社会主义新农村服务。河北省编印了《农产品商标和地理标志工作经验材料汇编》，进一步推动农产品商标和地理标志注册保护工作。广西壮族自治区印发了《关于在工商行政管理工作中严格执行党和国家民族政策有关问题的通知》，开展农产品商标和地理标志培育发展工作，促进民族地区的特色经济发展。海南、江西、甘肃、贵州等地工商机关全面深入基层宣传，开展地理标志产品调研，为进一步服务“三农”奠定了坚实基础。（张 萍 宗 合）

380. 中国企业走向世界商标战略经验交流会将举办

为使我国企业在当前国际金融危机形势下，采取积极有效的应对措施，正确实施商标战略，在国际市场上取得更大发展，经国家工商行政管理总局批准，中华商标协会将于2009年8月24～28日，在天津市举办中国企业走向世界商标战略经验交流会。

此次会议将邀请我国著名知识产权专家就企业在国际金融危机形势下，如何实施商标战略，提升品牌竞争力，走向国际市场作专题演讲。同时邀请天士力集团、王朝葡萄酒公司、康师傅控股公司等多家天津市知名企业代表介绍运用商标战略，打造国际知名商标的成功经验。

此外，大会还将组织全体与会代表实地考察康师傅生产线、天津经济开发区、天津一汽丰田汽车生产线和空客320飞机生产线等一批品牌企业的生产情况。（吕 珊）

381. 义乌6个市场主体拥有1件注册商标

本报讯浙江省义乌市工商局最新公布的统计数据显示，该市13.16万户市场主体拥有注册商标22441件。这意味着，在县域商标综合实力位居全国第二、浙江第一的义乌市，平均每6个市场主体就拥有1件注册商标。

给自己的商品注册商标，已成为义乌企业的自觉行动。在经历了阵痛之后，义乌的企业经营者越来越重视品牌的价值，认识到商标对企业发展的重要作用。截至2009年6月底,义乌市共拥有中国驰名商标6件,浙江省著名商标77件,金华市知名商标200件。

据介绍,近年来义乌市工商局积极帮助企业创牌、护牌,努力提高企业的品牌运作能力,增加品牌价值。该局不断加强与政府的交流和沟通,提请政府出台了一系列奖励政策和措施。义乌市政府规定,对被认定中国驰名商标的企业一次性奖励100万元,对被认定浙江省著名商标的企业奖励20万元,对被认定金华市知名商标的企业奖励3万元;企业当年进行商标国际注册的,按每件商标注册费用的80%予以奖励;企业当年在出口国(地区)每注册1件商标奖励1万元,注册马德里商标奖励2万元。在这些政策的鼓励下,义乌企业对创牌特别是进行商标国际注册热情高涨。截至2009年5月底,义乌市共有国际商标715件,比2008年底增长了50%。

谈及商标国际注册的长远发展规划,义乌市工商局负责人表示,争取通过3~5年的努力,使国际商标拥有量达到1000件。因此,引导企业进行商标国际注册,仍将是义乌市工商局扶持企业创牌的一项重点工作。（方清源）

382. 最高人民法院出台意见　推动非诉机构解决知识产权纠纷

近日,最高人民法院发布了《关于建立健全诉讼与非诉讼相衔接的矛盾纠纷解决机制的若干意见》。最高人民法院有关人士表示,由于知识产权纠纷涉及较强的专业问题,各级人民法院除对受理法官加强相关培训外,还将积极引导和推动非诉讼机构更多地参与纠纷解决,以提高其审理、调解能力。

该意见进一步明确,经行政机关、商事调解组织、行业调解组织或者其他具有调解职能的组织对民商事争议调解后达成的调解协议都具有民事合同性质,当事人应当遵守和履行。这位人士表示,为建立健全多元化的纠纷解决机制,按照"党委领导、政府支持、多方参与、司法推动"的要求,各级人民法院将配合有关部门建立替代性纠纷解决机制,扩大调解主体范围,完善调解机制,加强诉前调解与诉讼调解之间的有效衔接,完善多种纠纷解决方式之间的协调机制,健全诉讼与非诉讼相衔接的矛盾纠纷调处机制。（商　综）

383. 估值离谱遭冷落　身价大降方成交　刀郎商标终于悄然转让

5年前曾经炒作要卖3000万元的刀郎商标近日终于被一家不愿意透露名称的企业买走,不过据业内人士估计,商标出售价格肯定要低于300万元。

2002年10月7日,新疆才卜公司成功注册刀郎商标,使用于白酒、红酒、啤酒以及含酒精类饮料。由于当年使用该商标的小酒厂生意不佳,刀郎商标一直名不见经传。伴随着歌手刀郎的走红,2004年10月,新疆才卜公司决定出售刀郎商标,售价为3000万元。这一商标事件当时在业界引起了很大反响。

很多业内人士对刀郎商标所标的天价持怀疑态度。他们认为,茅台、五粮液历经多年才有今日的积淀,一件好商标不是靠一时炒作就能成功的。著名商标策划人吴家杰认为,刀郎商标有一定的文化基础,但还不是优秀的商标。任何商标都离不开本民族文化的内在联系,好商标是优秀民族文化的载体。刀郎商标虽然具有一定的文化价值,但仍需要长期的打造和积淀。与歌手刀郎同名是好事也是坏事,因为歌手刀郎不可能永远处于巅峰时期。

据称,曾有50家企业先后表示有意受让该商标,剑南春、金六福、郎酒、四川蓝剑等都表示了一定兴趣,但只是兴趣而已,并没有什么具体行动。业内人士分析,主要原因是刀郎商标的标价已经远远超出了市场的估价。

随着歌手刀郎近两年在业内的沉寂,刀郎商标也陷入尴尬,开价3000万元的刀郎商标一降再降,也无人问津。虽然最近被一家企业购买了,但购买的目的是为了重新包装还是"雪藏",尚不得而知。（查　钢）

384. 湖北安陆自称"李白故里"　四川江油表示严重不满李白故里起纷争

8月28日,受四川省江油市文化旅游咨询服务中心委托,四川鼎天律师事务所向湖北省安陆市人民政府发出律师函,认为安陆市人民政府在中央电视台播出的城市形象宣传广告片中含有"李白故里、银杏之乡、湖北安陆欢迎你"等内容,侵犯了江油市文化旅游咨询服务中心李白故里商标使用权。

江油市文化旅游咨询服务中心在律师函中要求安陆市人民政府在接到该函后10日内,立即停播宣传广告片或删除“李白故里”字样，并不得以任何形式再次侵权使用。律师函中所提到的宣传片从8月中旬起在中央电视台国际频道中播出。8月21日，江油市委宣传部分别致函中央电视台、湖北安陆市委宣传部，要求停止播出有问题的“安陆城市形象广告”。江油方面称，江油市政府于2003年经组织申请，成功将江油城市旅游形象图标及城市旅游理念系统注册为商标。其中，城市旅游理念系统为“李白故里、九寨门户、蜀道咽喉、华夏诗城”。

8月28日，安陆市委宣传部负责人通过媒体表示，江油市李白故里商标的权限为旅游，而安陆市宣传片广告主要目的是树立城市形象，不是商业获利，故侵权不成立，同时，江油市也不该独霸“李白故里”。

李白的出生地问题在学术界一直有争议，一说李白出生于中亚地区的碎叶城（在今吉尔吉斯斯坦），约5岁时，迁居至绵州昌隆（今四川江油）。这是根据李白的自述以及他人给李白诗文作的序综合推断出的。第二种说法是李白出生在今四川江油的青莲乡，这是根据江油当地出土文物以及一些民间文献研究得出的结论。（商　综）

385. 中国商标设计大赛在京启动

8月20日，2009中国商标设计大赛正式在京启动。

国家工商总局副局长付双建在大赛启动的新闻发布会上表示，本次大赛是国家工商总局贯彻落实国家知识产权战略、在商标领域促进创新型国家建设的重要举措。他指出，根据2008年公布实施的《国家知识产权战略纲要》相关精神，通过举办本次大赛来提高商标设计水平、努力丰富商标的内涵，正是落实《纲要》、提倡知识产权创新的一种体现。

中华商标协会会长李建中介绍说，本次大赛的目的在于让更多人认识商标的重要性，提高依法使用、保护和经营商标的自觉性，进而为企业制定和实施商标战略、保护自主知识产权、规范经营行为、参与市场公平竞争提供支持。

中国商标设计大赛除了邀请艺术院校专家教授、设计界创意精英、商标界法律专家、企业界特邀代表组成专家评委团之外，还将与一些门户网站建立战略合作关系，发布大赛专题，进行网络投票。大赛对所有参赛者不收取任何报名费。

（宗　术）

386. “非遗”项目频遭商标抢注

作为广东省中山市非物质文化遗产的代表，小榄菊花会、醉龙舞等“非遗”项目均已提出商标注册申请，并于近日获得核准。有关专家对此表示，以政府或镇属企业的名义申请注册“非遗”商标，是对传统文化最直接的保护。

除了小榄菊花会和醉龙舞，中山市的中山咸水歌、沙溪凉茶、南朗崖口飘色都已进入国家级非物质文化遗产保护名录，而鹤舞、黄圃飘色、黄圃麒麟舞等进入了省级非物质文化遗产保护名录。此外，当地还有一批历史文化民俗项目入选了市级非物质文化遗产保护名录。

该市有关专家表示，中山市的“非遗”项目虽多，但申请注册商标的却很少，菊花会和醉龙舞也是在发现有人抢注之后才考虑注册商标的，更多的“非遗”项目没有申请注册商标，这给“非遗”项目保护带来了很大困难。

据了解，2004年，广西人罗某和小榄镇某彩印厂在第25类服装、内衣等商品上抢注了菊城商标，在第33类含酒精饮料上抢注了荼薇商标。

其中，被抢注的菊城商标在进入商标公告期时，中山市小榄镇资产经营有限公司一边向商标局提出异议，一边和抢注人罗某协商，终于使其在2008年12月31日将商标转让给该公司，而商标局也于今年6月17日核准了菊城商标的注册。

荼薇商标的命运就不那么好了。由于2005年4月21日公告时没被有关单位发现，该商标顺利地获得了商标局的核准注册，因此在注册商标的有效期之内，其他个人和企业不得用“荼薇”来命名自己生产的酒类产品。

业内专家认为，保护“非遗”项目的关键就是尽快将其申请成为地理标志证明商标，因为“非遗”项目申请成为国家或者省级的地理标志之后，所有围绕“非遗”项目抢注的商标一旦公告出来，就会被国家或省级有关部门叫停。同时，在合理利用商标注册保护“非遗”项目方面还应注意三点：一是迅速注册和注册到位，增加商标的注册量和多类别注册；二是加强商标监测；三是重视对商标使用证据的收集与保留。（李冀珩）

387. 商标战略实施示范城市工作正式启动

为贯彻落实《国家知识产权战略纲要》提出的各项商标战略任务，国家工商总局近日下发《关于开展国家商标战略实施示范城市（区）、示范企业工作的指导意见》(以下简称《意见》),在全国范围内开展商标战略实施示范城市(区)及示范企业工作。

《意见》指出,考虑到我国区域经济发展差异、产业结构分布不均衡的现状,示范工作应统筹安排,兼顾不同类型的城市、企业,形成省、市、县、乡区域衔接及大、中、小企业结合的商标战略实施梯队,促进各类地区、企业提高自主创新能力,增强核心竞争力。

《意见》强调,示范工作应着力指导示范城市(区)、示范企业结合实际情况,突出自身优势,因地制宜,探索新思路,实践新方法,制订独具特色、行之有效的商标战略实施规划,通过实施商标战略,形成以商标为主导的区域特色经济,培育一批自主知名商标。

《意见》要求,示范工作应以示范城市(区)、示范企业为典范,充分发挥典型带动作用,及时总结经验教训,推广先进经验,形成互相促进、共同提高的商标战略实施新局面。此外,《意见》对此项工作的组织领导、申报条件和程序等内容作了说明。 (刘　永)

388. 青海注册商标总量 30 年增长 51 倍

笔者从青海省工商局了解到,截至 2009 年 8 月底,青海省注册商标总量达 3610 件,较 30 年前增长 51 倍。

青海省独特的地理环境培育出很多优质产品,但由于交通不便,这些优质产品很长时间无法“走出”高原。2008 年,青海省政府出台了《进一步推进品牌战略的实施意见》,大力推动品牌建设工作。为了推进品牌战略实施,青海省工商局加大宣传和引导力度,增强企业的品牌意识。

为了展示青海产品的整体形象,青海省工商局积极鼓励企业参加“大美青海香港行”、广交会及青海特色品牌产品上海推介会等活动,让更多的人了解青海省的品牌产品。在上海推介会上,青海省特色品牌企业一举签下超过 80 亿元的销售协议。在 8 月份于美国拉斯维加斯国际会展中心举办的 2009 中国品牌美国展推介会上,原创电子有限责任公司、青海青藏地毯有限责任公司、青海藏羊地毯(集团)有限公司等 5 家企业参会。原创电子公司生产的源荣牌 LED 发光二极管器件及相关电子产品成为展会抢手货,所展样品销售一空,成交额达 108 万美元。藏羊地毯公司的藏羊牌地毯在美国市场有很高的知名度,美国大的地毯批发市场长年展销其产品,该公司展会成交额也达 131 万美元。“从这次展会来看,如果产品对路,有自主品牌,我们的产品在哪里都受欢迎。”参会的企业代表深有感触地说。

商标注册数量增加是企业品牌意识增强的一个表现。但是量的上升背后要紧跟商标品牌质的突破,青海特色品牌才能走出一条健康发展的道路。青海省副省长王令浚做客新华网时,谈到了该省品牌战略发展中的一些问题。他说:“就现状来看,品牌发展的基础薄弱,特别是著名商标、驰名商标数量少,竞争能力差;特色产业的培育与品牌的培育脱节,品牌对地方经济发展的支撑带动作用不强,缺乏掌握现代品牌管理科学和技术的人才……这些已成为我省经济建设亟待解决的重要问题。”在酒香也怕巷子深的市场环境中,青海特色企业和产品品牌的建设之路还很长。青海省工商局负责人表示,今后工商机关要进一步加大对企业的扶持力度,引导企业充分运用区位优势和资源优势,争创品牌,争取在商标数量增加的同时,商标质量有所突破。 (宗　合)

389. 商标局支持地震灾区注册地理标志受好评

四川省广元市元坝区委负责人日前专门来到国家工商总局商标局,送上衷心感谢商标局支持灾后重建的牌匾。

元坝区地处广元市南郊。去年“5·12”汶川特大地震使当地遭受严重损失,特别是农业产业损失惨重。区委书记王华蓉说:“大灾无情,人间有爱。在我区猕猴桃产业发展和销售最艰难的时刻,国家工商总局领导和同志们对我们申请注册紫云猕猴桃地理标志证明商标给予了大力支持。我代表元坝区 24 万人民,向总局及商标局表示最衷心的感谢!”

据了解,商标局对紫云猕猴桃商标的审查注册开辟绿色通道,使紫云猕猴桃商标在申请后不到 8 个月即成功注册。商标注册后,品牌效益很快得到明显体现。虽然 2009 年猕猴桃每公斤售价比 2008 年仅高出 5.6 元,但原计划销售 15 天的紫云猕猴桃不到 5 天就被抢购一空。

商标局局长李建昌代表总局感谢元坝区委、区政府对商标工作的重视与支持,表示将继续按照总局“四个统一”的要求,将地理标志注册和保护工作作为支持“三农”工作的切入点,努力做好农产品商标及地理标志的注册、指导运用和保护工作。 (商　综)

390. 国家工商总局近期将建立商标海外维权机制

针对国内知名商标在国外频频被抢注的现象，国家工商总局在10月18日召开的中国加入马德里商标国际注册体系20周年座谈会上透露，近期将下发建立商标海外维权机制的指导意见，逐步建立商标国际注册和维权数据库。

据介绍，一些知名企业和老字号商标在海外被抢注的案件屡有发生。如，全聚德公司曾以10倍价钱从抢注者手中买回在香港被抢注的全聚德商标；狗不理商标在日本被抢注一案至今尚未完全解决。2009年4月，王致和公司在走过820天的漫长维权历程后，终于打赢了中国老字号海外维权第一案，开了一个好头，给遭受商标侵权之苦的中国企业带来启示。

国家工商总局副局长付双建表示，近期国家工商总局将下发《关于加强马德里商标国际注册工作建立商标海外维权机制的指导意见》，重点是建立企业商标海外保护机制，建立商标国际注册和维权数据库，为企业海外维权提供全面的信息服务。（刘　永）

391. 我国成为马德里体系中商标申请量最大的发展中国家

记者近日从国家工商总局获悉，我国加入马德里商标国际注册体系以来，截至2009年9月30日，世界知识产权组织国际局共收到中国企业提出的有效马德里商标国际注册申请9477件（一标多类），有效注册量为9306件（一标多类）；而1990年，国际局收到中国企业提交的马德里商标国际注册申请只有40件。我国已成为马德里体系中商标申请量最大的发展中国家。

1989年7月4日，我国向世界知识产权组织递交了加入《商标国际注册马德里协定》通知书。同年10月4日，《马德里协定》对中国生效，我国成为《马德里协定》的第二十八个成员国。20年来，我国推动马德里商标国际注册工作取得显著成绩，为实施"走出去"战略作出重要贡献。

有关数据显示，1990年国家工商局收到指定中国的领土延伸申请2048件，收到我国企业提交的马德里商标国际注册申请40件。2008年，国家工商总局收到的指定中国的领土延伸申请达到17 829件，收到我国企业提交的马德里商标国际注册申请1574件。2005～2008年，我国连续4年成为马德里商标国际注册体系中被指定领土延伸最多的国家，我国企业提出的马德里商标国际注册申请量也连续4年排名第八，是该体系中申请量最大的发展中国家。截至2009年9月30日，国际局受理有效马德里商标国际注册领土延伸指定中国的申请为139 900件（一标多类），在中国受到保护的累计为110 400件（一标多类）。

随着我国企业商标国际注册数量逐步增加，企业品牌的国际竞争力明显提高。2008年，中国移动、海尔、联想、中国工商银行、中国石油、中国国际航空、清华同方等15个中国内地品牌进入世界品牌500强。在轻工、纺织、机械制造等领域，一大批知名品牌脱颖而出。一批知名品牌企业通过在海外设厂、并购、联合经营等方式，把产品和品牌打入国际市场，并不断提高海外市场占有率，扩大品牌的影响力。

记者了解到，为有效保护涉外商标注册人权益，工商机关不断加大查处侵犯涉外商标注册人权益案件的力度。2006～2008年，全国各级工商机关共查处涉外商标违法案件31114件，占查处全部商标违法案件总数的19.76%，其中商标侵权案件30087件，占涉外商标违法案件总数的96.7%。2009年上半年工商机关共查处涉外商标违法案件4197件。

此外，工商机关积极与国外商标权利人建立沟通机制，就涉外商标专用权保护和执法过程中遇到的有关问题及时沟通，协助相关权利人维权。浙江省工商局建立了知名商标品牌保护联络网，定期召开会议，吸收国外品牌企业成为联络网成员，积极与权利人共同开展对商标监管新问题的研究和保护知名商标专用权专项行动。上海市工商局召开涉外商标商品真伪鉴别培训会，对日本贸易振兴机构旗下的会员单位本田、丰田、佳能、卡西欧、欧姆龙等11家涉外商标权利人代表进行识别真假商标的培训，取得良好效果。

国家工商总局商标局负责人告诉记者，近年来，我国不断加大海外商标维权力度，密切关注我国知名企业的商标在国外被抢注问题，及时采取有效措施帮助解决。2009年1月14日，我国驻加拿大多伦多总领事馆来函，通报了我国大量机构、公司的商标名称和标志在加拿大被恶意抢注一事。商标局收到来函后立即研究案情，制定了有效的应对方案，认真妥善地处理了该案。

我国对马德里商标国际注册体系发展作出的贡献得到世界知识产权组织的赞赏。世界知识产权组织负责人多次邀请我国代表在马德里商标国际注册培训班上授课，并推荐其他发展中国家代表到国家工商总局商标局考察。 （刘 永）

392. 国际金融危机导致商标国际注册申请量下降 商标局组织专题研究提出应对措施

笔者从国家工商总局商标局了解到，2009 年 1～5 月，商标国际注册申请量与 2008 年同期相比出现了下降情况。其中，国内申请人通过商标局提出的国际注册申请为 712 件，比 2008 年同期（802 件）下降 11.2%；国外申请人通过世界知识产权组织国际局转交的马德里商标国际注册领土延伸申请为 6018 件，比 2008 年同期（6391 件）下降 5.8%。国家工商总局商标局对此进行了专题研究。

研究表明，国际金融危机是影响商标国际注册申请量下降的最直接因素。国际金融危机使各国进出口贸易遭受严重打击，申请人进行商标国际注册的热情和动力受到直接影响。据世界知识产权组织统计，2009 年 1～4 月，商标国际注册总申请量仅为 11389 件，相当于 2008 年全年（40 985 件）的 27.8%。主要工业大国的申请量都出现了不同程度的减少，其中美国 1008 件，英国 313 件，法国 959 件，日本 779 件，分别相当于 2008 年全年的 26%、25.5%、23.8%和 29.9%。如果这种趋势在下半年没有根本改变，2009 年全年各主要国家的商标国际注册申请量与 2008 年同期相比出现负增长将在所难免。

研究发现，国内申请人通过商标局提出的国际注册申请量的下降幅度（11.2%）明显高于国外申请人通过国际局转交的马德里商标国际注册领土延伸申请量下降幅度（5.8%）。经分析，与以下原因有关：一是与国外申请人相比，国内申请人的商标国际注册意识比较薄弱，缺乏长远的规划和国际贸易商标国际注册先行的战略眼光，一时的经济困难影响到了长远的商标战略。二是国内申请人对马德里国际注册还不够了解。具体表现为我国申请人对马德里体系接触不多，受训机会少；马德里体系本身比较复杂，国内申请人往往无法在短时间内把所有条款和流程了解清楚；代理组织缺乏引导申请人使用马德里体系的动力。三是工商机关的宣传培训工作做得不够。

对此，商标局提出了应对措施。一是为申请人提供更优质的服务。商标局首先从工作程序上入手，设置专人监控国际注册流程的情况，对于可能出现的影响商标申请进度的环节进行重点关注，力争以最短的时间处理完申请文件；其次在工作制度上加强管理，重点规范商标国际注册的补正环节，要求每次通知申请人补正的内容和时间都有详细记录。二是加大商标国际注册的宣传培训力度。首先，通过在报纸、杂志发表文章等形式，积极推介马德里体系。其次，面向地方工商局、代理组织和企业，多方了解，力争掌握申请人对商标国际注册的需求信息，进一步明确工作目标和服务重点。再次，拟于 2009 年下半年在提交商标国际注册申请较多的省区市举办两到三次国际注册培训班，提高地方工商局和代理组织的业务水平。三是进一步加大海外商标维权力度。

（鞠 闻）

393. 国家商标战略实施示范城市（区）、示范企业工作启动

记者近日从国家工商总局获悉，2009 年国家商标战略实施示范城市（区）、示范企业工作已正式启动，目前处于申报阶段。

按照工作部署，2009 年 10 月 20 日至 11 月 30 日为申报阶段，符合条件的城市（区）、企业需要提交商标战略实施示范报告及其他相关材料，报送所在地工商局。2009 年 12 月 1～31 日为初审推荐阶段，各省区市工商局根据申报条件和要求，结合本地申报情况，对申报城市（区）、企业考察筛选，拟定推荐名单（每省推荐一个示范城市（区）、一家示范企业），上报国家工商总局领导小组办公室。2010 年 1 月 1～31 日为审核确定阶段。国家工商总局领导小组依照申报条件和要求，根据各省区市推荐名单，确定示范城市（区）、示范企业名单，向社会公布，同时颁发证书、铭牌。

国家工商总局领导小组表示，此次活动坚持“公开、公平、公正”原则。各地工商机关要严格履行程序，自觉接受社会监督；坚持推荐条件，严格把好推荐关，确保推荐质量，切实做到好中选优。各申报城市（区）、企业不得提供虚假材料，经发现提供虚假材料的，一律取消申报资格。（刘 永）

394. 山西借商标认定向企业收费可举报

10 月下旬，2009 年山西省著名商标申请认定目前进入社会公示阶段。为防止有人借商标认定收费骗钱，山西省工商局相关负责人日前表示：省工商局从未授权、委托任何中介组织或个人帮助企业申报认定；省、市、县（区）工商局，基层工商所

不得借认定山西省著名商标之机向企业收取费用。如有中介组织或个人向企业承诺认定山西省著名商标，企业可向省工商局举报。

据了解，山西省新申报著名商标的有205件，申请重新认定的商标有261件。此次认定严格按照“逐级上报、形式审查、网上公告、实地考察、专家论证”等程序进行。（晋　商）

395. 上海4500多家门店挂“真”牌

10月22日下午，在上海市“销售真牌真品，保护知识产权”承诺活动启动大会上，上海新世界股份有限公司等168家沪上知名商家（门店4500多家）被首批授予“真”字标记。这些商家作出“不销售假冒专利或侵犯专利权的商品”“不销售冒充注册商标和侵犯注册商标专用权的商品”及“不销售盗版光盘、软件、书籍等侵犯著作权的商品”的郑重承诺，并接受社会广泛监督。

据介绍，“销售真牌真品，保护知识产权”承诺活动旨在扩大上海市商业系统知识产权保护试点工作的示范效应，遏制侵权假冒行为的发生，降低经营风险，进而提升承诺单位的信誉度、美誉度，营造上海知识产权保护的良好环境。（宗　禾）

396. 山东开展保护全运会知识产权专项行动

笔者从第十一届全运会组委会与山东省工商局联合召开的知识产权保护工作会议上获悉，根据部署，山东省工商局针对目前侵犯全运会知识产权现象多发的实际情况，决定动员全省工商系统的执法力量，开展一次保护全运会知识产权的专项行动。

据悉，山东省工商局将在商品流通领域、商标印制领域全面检查全运会标志使用情况，严厉打击非法使用全运会标志、销售侵犯全运会标志商品和非法印制全运会标志的行为。据悉，这次集中整治行动的重点地区是各分赛区城市、山东省重点旅游城市等，重点检查的商品主要是带有全运会标志的纪念币（章）、毛绒玩具、体育用品等旺销商品。（鲁　文）

397. 世界知识产权组织、国际商标协会和部分国家商标主管部门纷纷发来贺信　祝贺我国2009年商标审查量突破百万大关

我国2009年商标注册申请审查量9月15日突破百万大关的消息公布后，世界知识产权组织、国际商标协会及部分国家商标主管部门纷纷来函表示祝贺。

截至10月20日，世界知识产权组织主管商标的助理总干事厄内斯托·卢比奥先生、国际商标协会执行总裁艾伦·朱森先生、欧洲内部市场协调局局长乌博·德博埃先生、美国商务部副部长兼美国专利商标局局长戴维·卡博斯先生、英国知识产权局局长伊恩·佛莱德先生、日本特许厅长官细野哲弘先生及日本贸易振兴机构北京代表处知识产权部谷山稔男先生等先后来函，对国家工商总局2009年商标审查量突破百万表示祝贺、赞赏和钦佩，高度赞扬国家工商总局在加快商标审查、解决外国企业反映强烈的问题等方面采取了行之有效的措施，真诚祝愿商标局到2010年实现彻底解决商标审查积压、商标注册审查周期缩短到一年之内的重要目标。

世界知识产权组织主管商标的助理总干事厄内斯托·卢比奥先生对国家工商总局取得巨大成就表示祝贺，祝愿中国的商标事业能够继往开来，更加繁荣。

国际商标协会执行总裁艾伦·朱森先生在贺信中指出，国家工商总局不仅在商标审查数量上取得令人瞩目的成绩，而且采取各种有效方式不断提高审查效率和质量。此次审查数量的突破具有里程碑意义，标志着中国商标事业进入一个新的发展时期。

欧洲内部市场协调局局长乌博·德博埃先生对我国2009年商标审查量突破百万表示热烈祝贺。他认为，这一成就是国家工商总局发展历史上的重要里程碑。他期待与国家工商总局在商标体系的管理质量和效率、商标执法等方面加强交流，分享彼此成功的经验。

美国商务部副部长兼美国专利商标局局长戴维·卡博斯先生对国家工商总局这一惠及中美商标权利人的重大努力表示由衷赞赏，对国家工商总局商标管理部门和审查人员为实现此目标作出的巨大努力给予高度评价。

英国知识产权局局长伊恩·佛莱德先生在贺信中表示，商标审查积压是影响全球知识产权体系的最大问题之一，祝贺国家工商总局取得如此令人瞩目的具有里程碑意义的成就，希望中英双方进一步加强在商标领域的合作。

日本特许厅长官细野哲弘先生在贺信中对国家工商总局在加强商标审查绩效管理方面所作的巨大努力表示诚挚的敬意，认为中国商标审查周期的缩短将使全世界的很多申请人受益。

日本贸易振兴机构北京代表处知识产权部谷山稔男先生对国家工商总局所取得的重大成绩表示由衷祝贺，希望能够在商标审查、商标执法等领域与国家工商总局进行更加广泛的合作。

国家工商总局有关人士表示，将进一步加强与世界知识产权组织和有关国家在商标领域的合作、交流，分享彼此成功的经验，共同应对商标领域的挑战，相互借鉴、相互促进、和谐共赢、共同发展。工商机关将以商标审查量突破百万大关作为新的起点，深入贯彻落实《国家知识产权战略纲要》，大力推进商标战略实施，以"3 年解决积压、5 年达到国际水平"为总体目标，在保证审查质量的前提下加快商标审查，确保完成 2009 年审查 130 万件商标注册申请、商标审查周期由 30 个月缩短到 19 个月的任务，为应对国际金融危机、促进经济社会又好又快发展、建设创新型国家作出更大贡献。

另讯，据来自商标局的最新统计数据，截至 9 月 30 日，2009 年我国商标注册申请量达 61.96 万件，同比增长 17.54%。商标局已审查商标注册申请 106.94 万件，同比增长 139.04%，商标注册申请量累计达 701.16 万件，商标注册量累计达 395.6 万件(其中农产品商标 72.2 万件，地理标志 685 件)，有效注册商标达 316.27 万件(其中国内企业拥有的有效注册商标为 258.92 万件，国外企业拥有的有效注册商标为 57.35 万件)。我国商标注册年申请量、年审查量和有效商标注册量均居世界第一。（文　中）

398. 山西将免费帮助办理商标专用权质押登记手续

自 2009 年 11 月起，只要是经工商机关依法登记设立的企业法人和其他经济组织，不但可通过房产、土地使用权抵押等传统方式融资，还可以其注册商标专用权为质押向银行等金融机构申请贷款。山西省工商局相关负责人近日表示，只要企业申请，省工商局将无偿帮助企业办理商标专用权质押登记手续。

为支持品牌企业拓宽融资渠道，国家工商总局近日出台了《商标专用权质权登记程序规定》，该规定从 11 月 1 日起正式施行。按照该规定，自然人、法人或者其他组织以其注册商标专用权出质的，出质人与质权人应当订立书面合同，直接或委托商标代理机构向国家工商总局商标局提出申请。目前，山西省有 20 万户企业、70 余万户个体工商户，全省拥有有效注册商标 2.7 万余件。保证商标专用权质押贷款渠道通畅，可有效缓解山西省拥有自主商标特别是高知名度商标企业资金紧张的状况，加快商标知识产权向生产力转化，并在提升企业自主创新能力和核心竞争力方面发挥积极作用。（宗　合）

399. 打假网上行　方便又快捷　海淀开通全国首个商标网上维权投诉平台

11 月 1 日，北京市工商局海淀分局正式开通商标网上维权投诉平台，在全国工商系统开了先河。

"该平台的开通既方便商标权利人投诉，又提高了工商机关执法人员的办案效率。"海淀工商分局商标科科长杨静说。他告诉记者，以往商标权利人维权，一般要到工商机关跑三趟：提交材料，审核材料约定打假时间，到现场打假维权。对外地商标权利人来说有诸多不便。如今，商标权利人通过该平台来工商机关一趟便可以解决问题，其他程序均可在网上完成，案件查处办理办结情况也可在网上随时查询。

据了解，该平台自 2009 年 7 月 10 日研发成功并试运行以来，已有 12 个商标权利人在平台上登记备案 71 件商标。海淀工商分局通过该平台受理投诉 18 起，其中 12 起是广州、上海等地的异地商标权利人投诉。经初步核实，海淀工商分局快速查处了销售假冒诺基亚手机和苹果 MP3 播放器等侵权案件。

杨静告诉记者，通过该平台，商标监管机构可以在网上直接与商标权利人沟通，迅速核实认定投诉材料，确定维权打假时间。另外，此平台有利于加强工商机关上下级之间的监督与沟通。工商所可以直接通过平台查询商标权利人的信息，减少发现侵权假冒商品却无法取得鉴定等情况的发生；市工商局也可以通过此平台，掌握分局商标案件的投诉、查处等情况。

2009 年 8 月 26 日，商标网上维权投诉平台接到通用汽车投资有限公司投诉，立即组织 5 名执法人员赶赴西郊汽配城，对多家商户销售侵犯通用公司 GM、BUICK 和别克图形等注册商标专用权商品的行为进行查处，现场查扣大量侵权假冒通用汽车配件。（刘　永）

400. 国家工商总局副局长付双建在第三届中国商标节高峰论坛上表示　走向商标强国是商标人的奋斗目标

国家工商总局副局长付双建11月9日在第三届中国商标节高峰论坛上作主旨演讲时指出，我国商标事业正处于历史上最好的发展时期，商标工作空间无限，大有作为。中国由商标大国走向商标强国，是我国商标人努力实现并孜孜以求的奋斗目标。

付双建说："实施商标战略意义重大，是转变发展方式、提高企业核心竞争力、做强做大企业的客观要求。积极实施商标战略，培育自主品牌，依靠品牌开拓市场，将成为企业应对国际金融危机、走向振兴之路的必然选择。"他指出，只有推进商标战略实施，全面提高工商机关保护、管理商标的能力，才能保护商标权利人的合法权益和劳动成果，提高商标权利人培育自主品牌和争创驰名商标的积极性，实现建设创新型国家、全面建设小康社会的宏伟目标。

付双建认为，近年来，我国政府高度重视知识产权，企业商标意识明显增强，为全面实施商标战略创造了良好的条件。这些条件包括：我国基本形成了以《商标法》为主体，各项法规、规章相配套，符合国际规则的较完整的商标法律法规体系，为发展商标事业和实施商标战略提供了法律保障；商标注册申请量和审查量迅猛增加；工商机关不断加大商标保护力度等。他同时指出，我国的商标工作还存在一些问题。例如：商标注册数量虽多，但"含金量"不高，缺少国际知名商标；商标注册总量虽多，但市场主体平均拥有商标数量较少，全社会商标意识亟待增强；商标国际注册数量与我国经济发展的速度很不相称，企业实施商标"走出去"战略的力度亟待加大。他说："这些问题的存在，说明加强商标注册保护工作、推进商标战略实施任重道远，需加倍努力。"

在谈到全国工商系统大力推进商标战略实施工作时，付双建认为，2009年7月国家工商总局在吉林省长春市召开的全国工商系统贯彻落实《国家知识产权战略纲要》大力推进商标战略实施工作会议，具有重要的现实作用和深远的历史意义。他表示，为推进商标战略实施，全国工商机关要重点做好以下几项工作：稳步推进《商标法》的第三次修改工作，积极完善配套法律法规；继续解决商标审查和评审积压问题，努力构建商标确权长效管理机制；加大行政执法力度，不断提高监管水平，优化创新发展的市场环境；通过完善驰名商标、著名商标认定制度，培育自主知名商标，进一步提高企业的知识产权创造能力；通过发展以地理标志为代表的证明商标和集体商标，带动地方经济由单一企业发展转向团体发展，积极服务农村改革发展；进一步加大商标战略宣传力度，增强全社会的商标意识；扩大国际交流合作，支持企业实施商标"走出去"战略；加强信息化建设，进一步推进政务公开，提高社会公共服务水平。

付双建说："商标战略的提出，给我国商标工作指明了方向，同时也提出了更高的要求。"他表示，各地和各行业要结合本地区或本行业特点，通过各种形式普及商标法律和知识，宣传商标战略，引起社会公众对商标战略的关注，从而营造全社会共同创建自主品牌的良好氛围。各级政府可以采取多种鼓励措施，调动企业实施商标战略的积极性，支持拥有驰名商标的企业通过控股、收购等方式进行品牌重组，促进企业向强势品牌企业发展。

付双建表示，工商机关将把贯彻落实《国家知识产权战略纲要》、大力推进商标战略实施作为自己的光荣使命，开拓进取，勤奋工作，为促进经济社会又好又快发展作出新的贡献。（刘　永）

401. 中国商标战略创新领军人物精彩亮相

11月11日晚，随着第三届中国商标节颁奖晚会的进行，扣人心弦的2009中国商标战略创新领军人物名单揭晓。

湖北三宁化工股份有限公司董事长李万清等10家企业负责人荣获中国商标内涵创新奖，联想集团总裁杨元庆等10家企业负责人荣获中国商标管理创新奖，天水风动机械有限公司董事长耿志君等10家企业负责人荣获中国商标定位创新奖，常州光洋轴承有限公司董事长程上楠等10家企业负责人荣获中国商标保护创新奖，四川长虹电器股份有限公司董事长赵勇等10家企业负责人荣获中国商标运用创新奖，今麦郎食品有限公司董事长范现国等10家企业负责人荣获中国商标营销创新奖。

据介绍，中国商标战略创新领军人物评选活动从2009年7月开始，参选企业通过企业自荐、各地工商局推荐两种方式产生，经过专家评审、媒体公示等环节，最后确定优胜者。中国商标战略创新领军人物评选过程充分体现了公平公正、规

范有序的原则。本报作为主办媒体，在评选活动中做了大量卓有成效的工作。（刘　永）

402. 2009消费者最喜爱的绿色商标评选活动落幕　百家知名品牌企业捧杯

1月9日晚，2009消费者最喜爱的绿色商标评选活动在山东省青岛市圆满落幕。来自全国十大行业的百家知名品牌企业代表捧起100个铭刻着“2009消费者最喜爱的绿色商标”的绿色水晶杯。

据了解，“2009消费者最喜爱的绿色商标”调查活动自2009年8月26日正式启动以来，历经企业自主报名与消费者推荐、复选300晋200、复选200晋100等阶段，有近500万名消费者踊跃投票。经层层票选和评审，家电、汽车、饮料、服饰、化妆品、建筑材料、卫生洁具、家具、体育用品和地理标志产品等10个行业的100件商标脱颖而出。

入选家电类“2009消费者最喜爱的绿色商标”的海信集团副总裁郭庆存代表获奖企业表示，贯彻科学发展观，倡导绿色创新，用科技创新解决发展难题，推动经济可持续发展，是每个员工应有的社会责任，更应该成为中国企业履行社会责任的群体誓言。（刘　永）

403. 历经坎坷痴心不改　11年维权终获全胜　广东圣芳赢得商标官司

11月17日，谭兆槐面对记者，脸上满是笑容。他说：“赢了！终于赢了！我们用法律夺回采乐商标，揪了11年的心这回彻底踏实了！”

就在几天前，广东佛山圣芳（联合）有限公司（以下简称广东圣芳）董事长谭兆槐拿到了最高人民法院的判决书。根据这份终审判决，广东圣芳捍卫了自己的采乐商标专用权。

自1998年11月13日起，强生公司在国家工商总局商标评审委员会启动针对广东圣芳的商标争议以来，采乐商标纠纷历经2次终局裁定、1次复审裁定、4次司法审理，终于在2008年10月底，随着最高人民法院的再审判决落下大幕。广东圣芳历经坎坷，彻底赢了与国际企业巨头——强生公司的“采乐”商标官司。

最高人民法院审理认为，强生公司自身并未在中国日化品市场使用过引证商标，实际使用人西安杨森公司的采乐酮康唑洗剂作为药品只在医院、药店出售。而广东圣芳的采乐洗发水产品不可能进入医药流通领域，消费者完全可以辨别。因此，广东圣芳的采乐洗发水商标和强生的采乐药品商标可以在日化品和药品的各自相关市场共存。

谭兆槐说：“为了捍卫自己的合法商标权益，我们付出了极为艰辛的努力，甚至经常面对被误解的委屈和被封杀的威胁，但我们坚信法律的公正，坚强地挺了过来，并赢得了最后的胜利。”据他介绍，由于商标专用权长期处于悬而未决状态，市场上已经有不少侵权者趁机大肆生产销售仿冒采乐洗发水的系列产品，严重影响了广东圣芳的发展。他表示，公司将继续大力实施商标战略，开拓进取，依法捍卫采乐商标权益。（叶尤刚）

404. 我国商标评审工作取得重大进展　驳回复审案件积压问题彻底解决　复杂案件审理周期缩短10年

记者从国家工商总局商标评审委员会了解到，截至2009年11月18日，商评委彻底解决驳回复审案件积压问题，复杂案件审理周期也从2008年的13年缩短至3年，提前完成缩短案件审理周期的年度目标任务。

2009年是解决商标评审案件积压、缩短案件审理周期的关键年。按照国家工商总局确定的3年解决积压、5年达到国际水平的商标评审工作“三五”目标，商评委周密部署，突出重点，统筹兼顾，开拓创新，各项工作取得新进展，特别是在加快案件审理和缩短案件审理周期上成效显著。其中驳回复审案件已经提前完成目标任务，复杂案件审理也有望提前半年完成缩短周期的目标任务，为商标评审工作实现“三五”目标奠定了坚实基础。

解决2006年之前的陈年积案和复杂案件，是商评委解决积压、缩短周期的关键。据介绍，2009年年初，商评委围绕总局党组下达的3年解决案件积压的任务，明确了2009年的中心任务和工作重点是加大办理复杂案件的力度，力争解决2006年6月底之前的案件，使案件积压状态发生根本性转变。为确保完成任务，商评委明确了审查员的工作定额，即每年必须完成90起复杂案件审理，是2008年工作定额的1.5倍。同时，商评委对评审辅助人员工作安排进行了调整，并适当提高了工作定额。

截至11月18日，商评委共审理31 708起商标评审案件，其中驳回复审案件24 228起。目前，驳回复审案件审理不仅提前完成本年度目标任务，而且在审理周期上，除引证商标需等待确权的特殊情况外，驳回复审已全面推进到 2009 年 6 月申请的案件。至此，占申请总量 80%的驳回复审案件积压问题已经得到彻底解决，转入正常审理。

据了解，商评委全年共审结复杂案件 7480 起，是 2008 年全年复杂案件审理总量的 2.33 倍，完成本年度目标任务的 93.5%。复杂案件审理全面推进至 2006 年年底，目前已开始审理 2007 年年初申请的案件。复杂案件积压周期由 2008 年年初的 13 年缩短为目前的 3 年，案件积压周期缩短了 10 年，审理周期过长的局面得到扭转。商评委负责人表示，他们预计 2010 年将提前完成解决复杂案件积压、审理周期缩短为两年的目标任务。（庞　仙）

405. 放宽准入条件下移监管权限　《商标代理管理办法》颁布实施

国家工商总局颁布的《商标代理管理办法》2009 年 11 月 11 日正式实施。与之前的相关规定相比，商标代理组织准入门槛进一步降低，对商标代理行为的监管也由之前的省级工商局下移至县级以上工商机关。

根据该办法规定，成为商标代理人必须具备以下条件：具有完全民事行为能力，熟悉《商标法》和相关法律法规，具备商标代理专业知识，在商标代理组织中执业。该办法明确规定，设立商标代理组织必须向县级以上工商机关申请登记，领取营业执照后方可从事商标代理业务。

该办法明确规定，商标代理组织有下列行为之一的——与第三方串通，损害委托人合法权益；委托其他单位和个人从事商标代办活动，或为从事上述活动提供任何便利；接受同一商标案件中双方当事人的委托；损害国家和社会公共利益或其他代理组织合法权益等，由其所在地或者行为地县级以上工商机关给予警告或罚款的行政处罚。

有关商标代理人士表示，上述规定体现了工商机关对商标代理组织的监管逐渐从准入关口向代理行为延伸，将对规范行业秩序起到积极作用。（庞　仙）

406. 上海近 5 年新增注册商标 7 万件

记者近日从上海市工商局了解到，近年来，上海市商标发展取得令人瞩目的成绩，注册商标申请量以每年 16%的速度增长，近 5 年新增注册商标 7 万件，相当于前 25 年注册商标量的总和。

上海市工商局有关负责人表示，实施商标战略在促进上海市经济发展方面具有不可替代的作用。2008 年，126 家著名商标企业的销售收入、利润、上缴税金分别达到 1293 亿元、300 亿元和 316 亿元，比 2005 年刚认定时分别增长 53%、59%和 62%。据不完全统计，上海市著名商标企业 2008 年度实现销售收入 8234 亿元，上缴税金 598 亿元，平均每家企业创造税收 8700 万元。

据介绍，上海已经建立了“政府监管、企业自律、社团参与”的商标监管长效机制。该机制主要包括 8 项内容：建立覆盖全市的商标行政执法体系，建立及时打击商标侵权假冒行为的发现机制，建立有效保护涉外商标的制度，建立商业企业防范经销假冒商品的自律机制，建立规范服饰和小商品市场销售行为的管理制度，建立跨地区商标保护网络，建立全国首家商标代理机构专业委员会，建立商标国际合作交流机制等。

据统计，从 2008 年到 2009 年 9 月底，上海市各级工商机关累计出动执法人员 4.6 万人次，检查各类市场经营主体 19.3 万户次，查处各类商标违法案件 4604 起，没收各类侵权标志、商品共计 255.5 万件（只），移送涉嫌商标犯罪案件 31 起，涉及人员 36 人。（刘　永）

407. 我国有效保护国外地理标志注册人合法权益

在 2009 年 11 月 30 日开幕的亚太地区地理标志国际研讨会上，我国依法有效保护国外地理标志注册人合法权益的行为，受到来自国外知识产权界代表的高度赞赏。

苏格兰威士忌进入我国市场后，随着在酒类市场占有率逐年提高，出现了非法使用苏格兰威士忌标志的侵权行为。苏格兰威士忌协会于 2007 年 2 月 12 日向国家工商总局商标局提出注册“苏格兰威士忌”、“SCOTCH WHISK”地理标志集体商标的申请。商标局于 2008 年 5 月 28 日对该商标予以注册保护，各地工商机关依据《商标法》，及时制止了侵犯苏格兰威士忌地理标志集体商标专用权的行为，有效地保护了商标注册人和使用人的合法权益。

据介绍，我国商标行政确权和保护实行的是“统一注册、分级管理”的原则，即注册统一在国家工商总局，从总局一直到地方分级管理。全国县级以上工商机关积极履行行政保护职责，发挥“网络健全、程序简便、快捷高效、手段有力”的优势，依据商标法律，查处了大量侵犯地理标志专用权的案件。 （刘　永）

408. 全国工商机关积极保护世博会标志

为了让公众准确了解世博会标志及其使用和保护状况，了解工商机关依法保护世博会标志取得的成果，上海世博局日前在上海世博大厦召开世界博览会标志保护新闻发布会。

国家工商总局商标局副局长赵刚在会上强调，自国务院 2004 年 10 月 13 日发布《世界博览会标志保护条例》以来，全国各级工商机关按照党中央、国务院的统一部署，努力做到监管与发展、服务、维权、执法的统一，切实履行保护上海世博会标志的法定职责，积极开展保护世博会标志的行动，取得了一定的成果。他表示，全国各级工商机关将用一年半的时间开展保护世博会标志专有权的专项行动，进一步增强全社会的世博会标志保护意识，严厉打击各种侵犯世博会标志专有权的行为。

上海市工商局副局长陈学军表示，自 2008 年至 2009 年 9 月底，上海市工商机关共查处各类商标违法案件 4604 起，其中侵犯世博会标志专有权案件 84 起，没收各类侵权标志、商品共计 255.5 万件（只）。自《世界博览会标志保护条例》颁布实施，特别是 2009 年 7 月国家工商总局和上海市政府签署《共同推进中国 2010 年上海世博会举办工作合作协议》以来，上海市工商机关将保护世博会标志列为商标专项整治的重点。在执法过程中，工商干部注重执法整治和落实防控侵权管理措施相结合，注重行政执法合法性与合理性相结合，注重行政保护和司法保护相结合，并且加强与各级政府部门、世博会标志权利人的协作，有力保护了世博会标志权利人的权益。 （宗　合）

409. 完善制度　加强保护　优化服务　国家工商总局制定商标工作规划

为深入贯彻落实《国家知识产权战略纲要》，推动我国由商标大国向商标强国迈进，近日，国家工商总局制定商标工作规划，明确了实现“3 年解决商标注册审查及评审积压、5 年使商标工作达到国际水平”这一目标的 12 项具体措施。

据了解，这 12 项具体措施分别是：加快立法进程，进一步完善商标法律制度；建立完整、高效的商标审查和评审工作机制；保持合理、稳定的商标审查和评审周期；完善商标审查和评审质量管理体系；进一步加强商标行政执法；加强农产品商标和地理标志的注册和保护；加强驰名商标、著名商标的认定和保护；不断加强商标人力资源的建设和管理；全面推进商标工作信息化建设进程；大力提高为政府、企业和社会公众服务的水平；积极开展商标文化建设；不断加强商标国际交流与合作。 （庞　仙）

410. 戴姆勒·奔驰公司在英国败诉　三一公司不侵权

“三一”与“奔驰”的商标之争纠结 10 余年，国际诉讼历时 3 年，最终以三一重工股份有限公司胜诉结案。近日，三一公司总部收到来自英国伦敦高等法院的判决书，判决书驳回了戴姆勒·奔驰公司有关三一商标侵犯其三叉星商标专用权的诉讼请求。

20 世纪 90 年代，三一公司在成立之初便被戴姆勒公司起诉。戴姆勒公司诉称，“三一图形商标仿冒三叉星”。最终，这一诉讼以双方和解而结束。从 2003 年开始，三一公司进行商标国际注册。从 2003～2006 年，在不同商标的公告期，戴姆勒公司在全球范围内对三一公司的注册申请提出异议 50 次，裁决结果各不相同。

2006 年，三一公司在英国申请注册 SANY 和图形标志商标。这一次，戴姆勒公司不仅反对三一公司注册，更以三一商标侵犯其商标权为由，将三一公司推上英国伦敦高等法院的被告席。

三一公司和戴姆勒公司曾是合作伙伴，双方坚决捍卫自己的商标权。戴姆勒公司认为：“三一图形商标与奔驰的三叉星近似，易使消费者产生混淆；三一图形商标存在侵权和仿冒嫌疑；三一商标借助奔驰品牌的优势发展，获取了‘不公平优势’。”

2009 年 7 月 6 日，案件开庭审理。三一公司光提交的证据资料就有上千页。作为应诉策略，三一公司还以奔驰商标广泛注册却在一定年限内并未真正使用为由，向法院提起反诉，要求撤销戴姆勒公司部分注册商标。

日前，英国伦敦高等法院公布判决结果，认为三一公司在英国市场使用的标志为其在很久以前便一直使用的商标，驳回戴姆勒公司的诉讼请求。这意味着戴姆勒公司再也不能以相同理由在欧盟任何一个成员国提起诉讼。

据湖南天地人律师事务所王清辉律师介绍，中国企业在国际化进程中，屡屡遭受知识产权方面的指责。中国企业在欧盟进行的知识产权诉讼中，很少有企业作为被告赢过官司。三一公司的胜诉对以后类似的商标案件有借鉴意义。

（张冬萍）

411. 中国钢材价格指数商标注册成功

中国钢铁工业协会日前发布公告称，国家工商总局商标局已正式核准了中国钢材价格指数商标注册申请。这是中钢协成立以来获得的第一件注册商标，它的使用将对有关机构、部门的分析研究工作产生重要影响。

据了解，中国钢材价格指数商标代码为英文缩写字母CSPI，字母下印有板材形状的图形。该商标核定的服务项目包括商业询价、商业信息代理、成本价格分析、统计资料、市场分析、商业专业咨询、经济预测、商业信息和价格比较服务等。

中国钢材价格指数由中钢协于2001年创建并发布，是国内最早、最具权威性的国内市场钢材价格监测指数。自发布以来，该指数为行业了解市场、把握钢材价格走势以及企业分析市场行情提供了重要参考数据。2005年，中钢协向国家工商总局商标局提出了商标注册申请。（商　综）

412. 成都启动公共资源品牌保护行动

四川省成都市地铁正在如火如荼地建设着，其醒目动感的蓝色列车图形标志吸引了众多市民的目光。笔者近日从成都市工商局获悉，该列车图形标志日前已在国家工商总局注册成功。

保护列车图形注册商标，可以看成是成都公共资源品牌保护的一个缩影。成都市推进品牌战略联席会议办公室日前下发通知，在全市范围内开展预防和处理恶意抢注城市公共历史文化资源商标专项行动。本次专项行动保护的城市品牌包括非物质文化遗产、中华老字号、地理标志、传统知识、民间文化等历史意义深远、地域文化特色浓厚的城市公共历史文化资源。

根据成都市工商局前期摸底，有60多个知名度很高的地名、景点名称和有老成都文化底蕴的公共历史文化资源没有注册成为商标，留下被人恶意抢注的隐患。该局商标处一负责人表示，对于清理发现的尚未注册且有价值的公共历史文化资源，将由市属国有企业或者相关行业主管部门所属的事业单位、行业协会进行商标规划和注册；对于影响力不大、价值不高的公共历史文化资源，要建立档案和跟踪管理制度；对于已被恶意抢注的，各地政府和相关行业主管部门将采取补救措施。

（肖　刚）

413. 历史名人故里商标之争烽烟再起　老子故里赢商标

李白故里是在四川江油，还是在湖北安陆；曹操的家乡是在安徽亳州，还是在河南永城；朱元璋故里是在安徽凤阳，还是在江苏盱眙……近年来，历史名人故里之争愈演愈烈，烽烟四起。

笔者从安徽省涡阳县工商局了解到，河南省灵宝市一旅游区管理处申请注册老子商标，涡阳县政府有关部门闻讯后立即向国家工商总局商标局提出异议。近日，国家工商总局商标局认为异议理由成立，裁定老子商标不予核准注册。

老子是中国历史文化名人之一。据考证，老子的故里就在涡阳县境内。近年来，该县充分挖掘这一历史文化资源，在2007年成功举办了老子文化节，老子博物馆也将在2009年年底竣工。

据涡阳县工商局工作人员介绍，他们在工作中发现“老子”被人抢注的事情后，认为老子商标一旦成功注册，会对涡阳县老子文化产业产生严重影响，并将对今后老子品牌的开发利用带来较大限制。接到工商机关通报后，涡阳县政府高度重视，会同工商机关和法律专家在查阅了有关法律法规后，撰写异议材料提交国家工商总局商标局。

专家称，名人故里应尊重历史，不可拿传说、戏说当史实。各地应加大对名人故里的开发、宣传和知识产权保护力度，形成广泛影响，保护好本地的历史文化资源。（文　正）

414. 一揽子和解协议达成16起纠纷悄然平息　世界风商标案得到圆满解决

12月17日，在浙江省台州市中级人民法院知识产权审判庭的主持下，原告罗华恩与中国联合网络通信集团有限公司（以下简称中国联通公司）就世界风商标注册和使用等问题签署一揽子和解协议。根据这份协议，涉及北京、浙江4家法院和国家工商总局商标局、国家工商总局商评委及浙江省工商局的16起案件一次性得到圆满解决。

原告罗华恩于2003年6月14日经国家工商

总局商标局核准注册，在第九类电话机等商品上注册了世界风商标。中国联通公司于 2007 年 1 月 21 日在第三十八类移动电话通信服务上注册了 GC 世界风商标。2006 年年底，罗华恩发现被告深圳三星科健移动通信技术有限公司等 8 家手机生产商在各自生产的手机上使用世界风注册商标，遂向台州市中级人民法院起诉这些手机生产商。

与此同时，北京市第一中级人民法院受理了中国联通公司以罗华恩为被告的诉讼。诉讼中，中国联通公司要求确认其授权手机生产商在手机上使用世界风标志不侵犯罗华恩的商标权。国家工商总局商标局根据中国联通公司异议申请，以“连续 3 年停止使用”为由撤销了罗华恩的世界风注册商标，商评委则受理了罗华恩的复审申请。北京市海淀区人民法院、绍兴市中级人民法院、浙江省工商局等也相继介入此案件。

经过各方努力，罗华恩与中国联通公司最终达成一揽子和解协议。根据协议，双方各自撤回在 4 家法院、国家工商总局商标局和商评委及浙江省工商局的 16 起诉讼、异议和争议案件，今后不得以相同或实质相同的事实和理由重新起诉或向行政机关投诉；中国联通公司支付给罗华恩和解金人民币 50 万元，今后不再对罗华恩的注册商标提出异议或争议；罗华恩今后规范使用其注册商标。（王先富　葛明善）

415. 让孩子了解地理标志　第二届全国中学生地理标志征文及商标知识大赛启动

寒假即将来临，两项面向广大中学生的活动正等待他们的参与。12 月 29 日，经国家工商总局批准，由中华商标协会主办、《中国中学生报》承办、湖北省恩施市人民政府和得力集团有限公司协办的第二届全国中学生地理标志征文、商标知识竞赛系列活动在北京正式启动。

据了解，此次系列活动由得力杯商标知识大赛、恩施玉露杯地理标志征文大赛两部分组成。商标知识大赛以“商标离我们有多远”为主题，由 50 道判断题组成；地理标志征文大赛以“我身边的地理标志产品”为主题，要求写身边事，反映地理标志产品的方方面面。此次系列活动到 2010 年 3 月底截止，共设各种奖项 2000 多个。2010 年 4 月，组委会将在北京为获奖学生颁奖。

据悉，首届全国中学生商标知识竞赛、地理标志征文系列活动于 2009 年上半年举办，是我国有关部门第一次在全国中学生中开展与商标知识和地理标志产品有关的大型宣传竞赛活动。大赛期间，组委会共收到征文 56876 篇、竞赛答卷 17 万余份。（喻山澜）

416. 两部门联合发布《关于鼓励技术出口的若干意见》

为保持对外贸易稳定增长，优化出口结构，推动技术出口快速增长，提高技术出口在技术贸易中的比例，近日，商务部与科技部联合发布了《关于鼓励技术出口的若干意见》（以下简称《意见》）。

改革开放以来，通过自主创新和对引进技术的消化吸收，我国已形成较为完整的工业体系，拥有大量成熟的产业化技术。20 世纪 90 年代以来，我国已成功实现电力、通讯、建材生产、石油勘探、汽车制造、化工和冶金技术出口并带动大量成套设备出口，对提高产业技术水平，推动出口结构优化，促进经济社会发展发挥了重要作用。但是，由于我国技术出口起步较晚，与发达国家还存在较大差距。多年来，我国技术出口金额远低于进口金额，进出口逆差约 200 亿美元。

《意见》从政策扶持、加强国际合作、完善管理和服务等三方面提出了政策措施，以支持企业积极出口成熟的产业化技术。一是在落实好现行政策的基础上，积极提供金融保险支持，推动科研机构承接境外研发业务，鼓励科技型企业“走出去”。二是要在进一步推动国际技术合作的同时，利用各种促进平台，组织举办技术出口推介和洽谈会，宣传我优势技术。三是要推动技术出口服务体系建设，加强对知识产权的管理和保护，进一步完善法律法规和管理体系。

《意见》的发布，为推动成熟的产业化技术出口提供了政策保障。商务部将会同有关部门，积极推动《意见》的实施。通过完善财政、金融和税收政策，推动知识产权管理和保护，建设技术出口服务体系和交易平台，为企业开拓国际市场营造良好的政策环境。（商务部网站）

417. 商务部主办企业海外知识产权维权培训

随着我国“走出去”战略的实施，我国企业在对外经贸活动中遭遇的知识产权问题日益突显。为了加大对我国企业海外知识产权维权的帮助力度，配合商务部正在实施的“海外知识产权维权援助”工作，商务部条法司主办了一系列企业知识产权培训。

培训中，来自商务部、国家知识产权局、工商总局商标局、贸促会、中国保护知识产权网、汉诺威米兰展览(上海)有限公司等单位的领导、专家与企业代表就商务部正在开展的知识产权海外维权工作、如何应对美国337调查、海外展会中的知识产权保护等问题进行了讲解，指出我国企业目前存在的普遍问题，并分享了各自在工作中积累的实际经验。（中国保护知识产权网）

418. 第五届中国贸易救济与产业安全高级研讨会举行

2009年12月1～2日，由商务部、北京市投资促进局、国际并购联盟主办的“第五届中国贸易救济与产业安全高级研讨会暨2009北京国际并购研讨洽谈会”在京举行。商务部部长助理王超和北京市副市长苟仲文应邀出席会议并发表讲话。全国人大常委会原副委员长成思危、全国政协经济委员会副主任张志刚出席了会议。

王超表示，统筹国内发展和对外开放、积极有效应对贸易摩擦并切实维护国内产业安全，对于我国应对“后危机时代”各种挑战，更快更好地实现经济复苏具有重要意义。他指出，受金融危机影响，国际贸易和投资保护主义盛行，我国已处于国际贸易摩擦的中心地带。国外对华贸易救济案件激增，案值越来越大，贸易救济措施多样化，反补贴和“特保”渐成焦点。国外对华贸易保护的领域正从货物贸易向汇率问题、服务贸易、知识产权和投资等领域扩展，贸易摩擦的争执点也从单个产品向整个产业扩散，最后直抵政策和制度层面。随着全球产业调整步伐的加快和国际竞争的日趋激烈，我国对外贸易将长期面临国际贸易保护主义的遏制。据统计，截至11月3日，2009年已有19个国家(地区)对中国产品发起101起贸易救济调查，涉案总额超过116.8亿美元。

王超指出，为应对贸易摩擦等各种“后危机时代”的挑战，推动我国及全球经济复苏，要充分借鉴国外特别是发达国家的成熟做法和经验，进一步完善贸易救济体系，丰富贸易救济手段，拓展产业救济范围，提高应对贸易摩擦和维护产业安全工作的能力，努力构建有利于产业发展的国际经贸环境。相关单位和人员要深入研究和熟练掌握国际经贸规则，增强运用国际通行规则发展和保护国内产业的有效性和灵活性；对“后危机时代”世界产业重组带来的机遇和挑战要进行深入的研讨，努力提升我国产业核心竞争力。同时，要继续加大反对贸易保护主义的宣传力度，积极倡导建立开放的贸易和投资体系。

苟仲文在讲话中指出，当前经济形势为在京企业开展国际并购提供了难得机遇，北京市政府鼓励企业根据自身发展需求，以国际并购为手段，用较低的成本，主动地去并购一些拥有先进技术或具有一定品牌和渠道的企业。要通过国际并购，努力为北京引进一批技术含量高、附加值高、发展潜力大的高质量项目，积极消化吸收国外的先进技术和管理经验，提高在京企业的创新能力和水平，促进首都产业结构调整与产业升级，进而提高北京的核心竞争能力。他表示，北京市政府对以国际并购方式引进项目落地将给予贷款和政策支持，努力做好在京企业开展国际并购的坚实后盾。

在主题演讲和专题研讨会上，近30位专家学者结合当前经济形势，围绕贸易摩擦、产业安全和跨国并购发表演讲。

来自中央和地方有关政府部门、行业组织、跨国公司、私募股权基金、企业和各地产权交易市场代表等500余人参加了会议。会议期间，发布了境内外各类项目170余个。（商务部网站）

419. 六部委：增强创新保护产权　大力促进汽车出口

商务部、发展改革委、工业和信息化部、财政部、海关总署、质检总局六部委联合下发了促进我国汽车产品出口持续健康发展的意见，提出大力实施汽车产品出口战略，扩大具有自主知识产权和自主品牌的汽车产品出口，增强企业自主创新能力，加大结构调整力度等要求。

（商务部网站）

420. 中哥自由贸易协定第五轮谈判取得实质性进展

11月2～6日，中国一哥斯达黎加自由贸易协定第五轮谈判在京举行。中哥双方就自贸协定货物贸易和服务贸易市场准入改进出价单和案文进行了深入磋商，并就原产地规则、海关程序、技术性贸易壁垒、卫生和植物卫生检疫、争端解决、透明度、贸易救济、知识产权、合作等议题交换了意见。本轮谈判取得了实质性成果，为后续谈判奠定了坚实基础。双方表示愿共同努力，争取明年结束谈判。

2007年6月，中国与哥斯达黎加正式建立外交关系。2008年11月，在胡锦涛主席访哥期间，胡主席与哥总统阿里亚斯共同宣布正式启动中哥自贸区谈判。

哥斯达黎加是中国在中美洲的重要贸易伙伴，同时中国是哥第二大贸易伙伴。近年来，中哥双边贸易发展迅速，据中国海关统计，2008年中哥双边贸易额达到28.9亿美元，是2001年双边贸易额的32倍。中哥两国贸易结构具有较强互补性，双方进一步加强经贸合作大有潜力。

（商务部网站）

421. “中国参展企业知识产权服务站”亮相柏林消费电子展

由中国商务部牵头设立的“中国参展企业知识产权服务站”9月3日首次亮相即将开幕的柏林国际消费电子展，为中国参展企业提供知识产权信息咨询和调解服务。

“中国参展企业知识产权服务站”设在中国展团集中的26号展厅，展会期间两位知识产权专家将现场为中国参展企业提供知识产权的信息咨询、调解等服务，以尽量防止中国参展企业卷入侵权纠纷，并协助争议各方寻求公平合理的解决办法，维护中国参展企业的合法利益。

9月2日和3日，中国商务部官员与德国经济部、检察和海关等知识产权执法机构以及展会主办方就加强知识产权合作举行了会谈。德方在会谈中赞赏中国政府高度重视知识产权保护，认为德国既要保护知识产权，也要保护德国展会经济的利益，维护中德双边经贸关系。德方认为，“中国参展企业知识产权服务站”的设立，有利于增进交流和沟通，避免因中国参展企业可能卷入侵权纠纷引发剧烈的矛盾和冲突。

“中国参展企业知识产权服务站”得到了中国一欧盟知识产权保护项目二期的支持。中国一欧盟知识产权保护项目由中国商务部与欧洲专利局共同运作。项目二期于2007年11月在北京正式启动，旨在加强中国知识产权执法力度。此项目为期4年，双方投资总额为1600万欧元。“中国参展企业知识产权服务站”是2009年中欧知识产权合作项目的重要活动之一。

2009年3月，中方在德国汉诺威国际信息及通信技术博览会上首次设立了“中国参展企业知识产权服务站”，受到各方的积极评价，认为是中欧双方合作，积极做好展会知识产权保护工作的有益尝试。

柏林国际消费电子展9月4～9日举行，是世界上规模最大的消费类电子和家用电子产品展之一，今年将有1100多家参展商与会，其中包括约360家中国大陆参展商。（新华网）

422. 中国一欧盟知识产权高层论坛在布鲁塞尔召开

3月6日，中国—欧盟知识产权高层论坛在布鲁塞尔召开，商务部部长助理崇泉、欧盟轮值主席国捷克商务部副部长马丁·特拉帕、欧盟委员会贸易总司副总司长彼得·巴拉斯、欧洲专利局国际与法律事务司副司长范德·艾依克出席论坛。

崇泉在高层论坛上发表主旨演讲。他说，长期以来，中欧一直互为重要的贸易伙伴。欧盟是中国第一大贸易伙伴、最大的出口市场和进口来源地，中国则是欧盟第二大贸易伙伴和第四大出口市场。中欧双方政治上往来密切，经济上互利共赢，加强保护知识产权合作符合中欧双方共同利益。

崇泉介绍了中国知识产权保护取得的巨大成就。他表示，中国政府一直高度重视知识产权保护工作。2008年，中国政府发布了《国家知识产权战略纲要》，将知识产权工作上升到国家战略高度，并扎实推进战略的实施。中国知识产权法律体系日臻完善，2006～2008年，中国连续3年颁布了保护知识产权行动计划，实施了包括立法、执法、为权利人服务、宣传教育等10个领域的717项具体举措。与此同时，知识产权执法力度不断加大，知识产权统筹监督能力日益增强，全社会知识产权意识不断提高。

崇泉强调，中国保护知识产权的决心是坚定的。加强知识产权保护，符合中国自身发展的长远利益。欧方应从中国的实际情况出发，理性、客观地评价中国的知识产权保护状况，看到中国保护知识产权工作所做的努力和取得的成绩。

崇泉表示，保护知识产权离不开国际合作。在当前金融危机背景下，中欧双方需要同舟共济，携手共进，共克时艰。中方愿与欧方继续加强知识产权合作，共同促进技术交流与传播，积极为双方经贸关系的健康发展创造良好环境。

彼得·巴拉斯强调指出，欧洲公司特别是中小企业持续面临知识产权问题，必须不断加强对欧洲和中国企业界的知识产权保护。中国在此方面做了大量有效工作。中欧双方应继续加强知识产权保护合作，为企业界创造鼓励和保护创新的环境。中国一欧盟知识产权保护项目(二期)合作的成果将有助于实现这一共同目标。

范德·艾依克强调了持续有效的知识产权保护工作对于企业界的重要性。欧洲专利局长期对知识产权国际标准的发展给予支持，在此方面有着丰富的经验。在过去的二十多年中，中国一直是欧洲专利局重要的合作伙伴，现在又通过中国一欧盟知识产权保护项目(二期)，为在华投资的欧盟企业建立有力的环境提供支持。

来自中国国家版权局、海关总署和国家知识产权局的有关官员以及中欧知识产权合作项目(二期)的项目官员代表也出席了论坛，并向企业界代表、欧盟成员国知识产权机构代表等介绍了中国《国家知识产权战略纲要》和中欧知识产权保护合作领域取得的进展。

(商务部新闻办公室)

423. 德国汉诺威国际信息及通讯技术博览会设立“中国参展企业知识产权服务站”

3月3日，中国商务部首次在德国汉诺威国际信息及通讯技术博览会(CeBIT)上设立官方调解服务站，为中国参展企业的知识产权侵权纠纷提供调解服务。

中国参展企业知识产权服务站将邀请中欧专业人士，为需要帮助的展商提供现场免费调解服务，以减少中欧企业间知识产权纠纷。这个调解服务站是在中国一欧盟知识产权保护项目二期(IPR2)支持下设立的。

商务部部长助理崇泉、欧盟委员会贸易总司司长 Ewa Synowiec 共同见证了服务站的启动。崇泉表示，中国政府在完善其知识产权保护以及知识产权执法方面取得了巨大的进展。近年来，中国参展企业在国际展会上频繁遭遇知识产权纠纷，中国政府因此更加注重国内、国际展会期间的知识产权保护工作。中国参展企业知识产权保护服务站是一个全新的有益尝试，可以有效帮助参展企业加强他们参展期间的知识产权保护工作。

Ewa Synowiec 表示，对于参展企业来说，在展会期间能够持续获得有效的法律保护是非常重要的。中国参展企业知识产权服务站是 IPR2 框架下的一个重要行动。在全球最大的信息及通讯技术展览会上，为云集于此的中欧参展商提供知识产权调解服务是非常必要的。

中国一欧盟知识产权保护项目(二期)于2007年11月在北京正式启动，旨在加强中国知识产权执法力度。项目为期4年，双方投资总额为1600万欧元。

(商务部新闻办公室)

424. 商务部等9部门通知加强企业境外参展知识产权工作

为加强企业境外参展知识产权管理工作，维护我国企业合法权益，树立我国企业保护知识产权的良好形象，积极应对国际金融危机，2月10日，国家知识产权局、外交部、工业和信息化部等9部门经国务院同意联合印发实施《关于加强企业境外参展知识产权工作的通知》(以下简称《通知》)。

通知从预防、援助和协助企业自我维权3个方面提出10项应对措施。《通知》指出，要引导企业加强境外参展知识产权管理，督促企业加强境外参展产品知识产权自我审核。加强与境外展会主办方的沟通和协调，深入了解展会主办国知识产权法律法规和展会执法情况，及时反映我国参展企业的要求。加大对知识产权滥用的对外交涉力度，研究制定符合我国实际的知识产权海外维权机制和争端解决机制。鼓励企业申请、注册和购买境外知识产权，从源头上减少或避免知识产权纠纷。

《通知》指出，各部门要明确职责，建立部门间信息通报和合作机制。对易发生知识产权纠纷的境外展会，商务部门要会同司法行政部门、贸促会等有关部门(单位)组织或聘请熟悉境外展会知识产权业务的专家、律师提供现场法律服务，帮助和指南参展企业妥善处理知识产权纠纷，同时要充分利用知识产权双边磋商机制等渠道，针对境外展会滥用知识产权的行为，加强与展会所在国相关政府部门的沟通和交涉。在宣传方面商务部门要与知识产权行政管理、贸促会等有关部门(单位)选择我国出口行业中具有自主知识产权的龙头企业加强正面宣传，树立我国企业的良好形象。

该《通知》的发布是实施国家知识产权战略的重要举措，是提高企业知识产权运用能力的关键环节，对今后企业境外参展提供了指导性意见。

(中国保护知识产权网)

425. 国际植物新品种保护联盟蔬菜技术工作组第43届会议在京召开

4月20日，国际植物新品种保护联盟蔬菜技术工作组第43届会议在京开幕，各成员国通报了新品种保护的进展情况，并将讨论修改国际植物新品种保护联盟(UPOV)技术文件和蔬菜作物国际测试指南。

农业部科技教育司副司长石燕泉在致辞时说，目前，中国农业部已经研制完成国家测试指南58个植物种、属，还有44个植物种、属的测试指南正在研制，其中涉及蔬菜作物的约40余种。

石燕泉表示，中国植物新品种保护事业成效显著，但与植物新品种保护有关的技术支撑能力建设还需加强。今后，农业部将按照《国家知识产权战略纲要》的要求，加强植物新品种的创造、保护和运用能力。同时，加强与UPOV秘书处及成员国的合作，共同推动全球植物新品种保护事业的发展。

据了解，截至2009年3月底，我国蔬菜作物品种权申请共290件，涉及19个植物种、属，其中，西瓜、大白菜、辣椒和番茄申请量较大。

426. 中国植物新品种保护制度以开放的姿态面向世界

2009年4月22日，东亚植物新品种保护论坛第二次会议在京举行。农业部副部长张桃林在致辞时说，中国植物新品种保护制度的建立和发展始终都以开放的姿态面向世界。中国致力于与国际植物新品种保护联盟的合作，积极参加了国际植物新品种保护联盟有关技术、行政、法律等系列会议和国际规则的制定，承担了有关植物新品种测试指南的研制任务。同时积极开展多边和双边合作，参与“东亚植物新品种保护论坛”的筹建和相关活动，面向东盟国家开展技术培训，大力推进东亚地区植物新品种保护事业的发展，并积极开展与德国、法国、荷兰、美国、日本和韩国等国家植物新品种保护管理和技术交流，增进了相互了解和信任，促进了技术和贸易发展。

张桃林表示，中国作为国际植物新品种保护联盟的成员，愿意继续与各国一道，不断完善植物新品种保护制度，促进世界农业发展和人类文明不断进步。

据了解，《中华人民共和国植物新品种保护条例》实施十年来，在各级农业、林业、人民法院和社会各界的共同努力下，通过建立健全法律法规体系、技术支撑体系、行政执法体系，以及积极开展国际合作交流等措施，使中国农业植物新品种保护事业取得了长足发展，在激励植物育种创新，提升种业核心竞争力，支撑现代农业发展等方面的作用日益突显。 (梁宝忠)

427. 中国农业植物新品种保护十年取得五大成效

2009年4月23日，记者从农业部、国家林业局、国家知识产权局在京举行的中国实施《植物新品种保护条例》和加入国际植物新品种保护联盟十周年庆祝活动上获悉，截至2009年3月31日，中国受理植物新品种权累计申请量和授权量分别达到6348件和2312件；申请人范围涵盖国内30个省市自治区和15个国家，四川省的申请和授权总量连续六年居全国第一。

农业部副部长张桃林在讲话时说，1999年4月23日，中国正式加入国际植物新品种保护联盟，成为第39个成员，同时启动实施了《植物新品种保护条例》。10年来，在中国政府的高度重视和有关部门的大力支持下，经过各级农业行政主管部门和农业企事业单位的共同努力，农业植物新品种保护事业从无到有，从小到大，取得了长足发展，在激励育种创新、提升种子产业核心竞争力和服务现代农业发展等方面取得了显著成效。

一是加快建立具有中国国情、符合国际惯例的农业植物新品种保护法规体系，基本形成了适应发展需要的组织体系。农业部先后制定了《植物新品种保护条例实施细则(农业部分)》《植物新品种复审委员会审理规定》《农业植物新品种权侵权案件处理规定》等部门规章，植物新品种保护工作逐渐步入法制化管理轨道。10年来，先后组建了农业部植物新品种保护办公室和复审委员会，各省农业行政部门也相应成立了植物新品种保护执法机构，部分科研单位也成立了专门的知识产权管理机构。一个由农业科教、执法、种子等职能部门协同配合，农业企事业单位和各类中介组织积极参与，适应中国国情的植物新品种保护组织体系初步形成。

二是完善农业植物新品种保护技术支撑体系，提升了品种权审批授权能力。农业部在全国建立了1个测试中心和14个测试分中心，建立了植物新品种保藏中心，组建了审查和测试专业人才队伍，组织研制完成了玉米、水稻等102种植物新品种测试指南，公布了7批农业植物新品种保护名录，受保护的农业植物达到74个属或种。农业植物新品种申请量和授权量快速增加，年申请量由10年前的115件攀升到2008年的868件，自2004年以来一直位居国际植物新品种保护联盟成员第四。

三是大力推进品种权交易服务，加速了品种权转化应用。农业部先后在洛阳、成都、扬州和莱州等地举办了四届全国农业植物新品种展示交易会，展示了中国农业育种创新和品种权保护最新成果，加强了新品种研发、繁育、销售和使用各环节信息交流，推进了授权品种供需对接和转化应用，授权品种已成为促进粮食增产的主要力量。据2007年对推广面积10万亩以上的主要粮食作物品种统计，授权品种已占全国水稻播种面积的19.18%，小麦的38.38%，玉米的50.73%。江苏省80%以上的授权品种进入市场，实现了产业化；山东省授权品种转让率达45%以上，转让费突破亿元，推广面积3亿多亩，增加社会效益3亿多元。

四是努力维护品种权人合法权益，调动了社会资源投入育种创新的积极性。农业部先后在全国22个省市开展农业品种权行政执法试点，积极探索品种权行政执法模式。截至2008年，全国农业行政机关共受理各类品种权案件1123件，有力打击了各类品种权违法侵权行为，保障了品种权人合法利益，调动了社会资金投入新品种选育的积极性。企业日益成为新品种培育的主体，在国内申请总量中企业和个人的品种权申请量达到了40%，比制度建立初期提高了约10个百分点。

五是积极开展国际合作交流，推进了植物新品种领域的互利互赢。随着我国农业植物新品种保护制度的不断发展，来自外国的品种权申请量也迅速增加。截至2009年3月底，农业部受理了来自14个国家的品种权申请273件，已授权24件。国外优良品种的进入，促进了我国农业和贸易发展，满足了消费者日益增长的多样化的生活需求。

张桃林强调，植物是地球上人类赖以生存的最重要的生物资源，改善现有的植物品种并培育新的植物品种是农业科技工作的重要方面。我国地域辽阔，土壤和气候类型复杂，加快培育适应不同地区、不同种植条件和不同经济用途的植物品种，加强植物新品种权的保护有着十分重要的现实意义。我们要按照《国家知识产权战略纲要》和《“十一五”农业植物新品种保护发展规划》精神要求，采取更加有力的措施继续推进农业植物新品种保护事业发展，不断提高植物新品种的创造、保护、应用和管理能力，努力将我国种质资源优势转化为品种权优势，为保障农产品有效供给、提高人民群众生活水平、改善生态环境提供有力支撑。

中国植物新品种保护制度赢得了世人的信赖和赞誉。国际植物新品种保护联盟副秘书长沃尔夫·爵顿说，植物新品种保护在中国的发展很令人瞩目，中国建立和实施植物新品种保护制度及成为UPOV的成员是促进经济发展和有效利用植物遗传资源的重要措施，有益于农民、育种者和全社会。 （梁宝忠）

428. 农业部举办首届植物新品种保护国际培训班

6月8日，由农业部主办，农业部科技发展中心和华南农业大学共同承办的植物新品种保护国际培训班在广州开班，来自文莱、柬埔寨、印度尼西亚、老挝、马来西亚、缅甸、泰国、越南等8个东盟国家从事植物新品种保护工作人员，以及我国农业部植物新品种测试各分中心的测试人员参加了培训。

农业部科技教育司副司长石燕泉在开班典礼上说，中国与东盟各国地缘相近，文化相通，是友好近邻，也是重要的战略伙伴。作为国际植物新品种保护联盟成员，中国愿意与东亚各国一起，不断完善植物新品种保护制度，大力开展合作与交流，促进本地区农业植物新品种保护事业发展。同时也希望有更多的机会和其他国家分享中国的经验和技术。

本次培训班是中国实施品种保护制度以来第一次举办国际培训班，也是中国履行第二届东亚植物新品种保护论坛主席国声明的重要行动。培训班上，中国组织了最优秀的师资力量，向学员传授了国际植物新品种保护联盟（UPOV）及DUS测试基础知识、水稻DUS田间测试技术，并介绍了中国植物新品种保护制度及植物新品种审查和测试流程。

专　利

一、专利申请受理与授权状况

表 1　国内外三种专利申请受理年度状况（1985.4～2009.12）　（单位：件）

	年　份	合　计	发　明	实用新型	外观设计
合计	1985～2004	2 274 156	702 438	986 907	584 811
	2005	476 264	173 327	139 566	163 371
	2006	573 178	210 490	161 366	201 322
	2007	693 917	245 161	181 324	267 432
	2008	828 328	289 838	225 586	312 904
	2009	976 686	314 573	310 771	351 342
国内	1985～2004	1 863 521	346 036	980 430	537 055
	2005	383 157	93 485	138 085	151 587
	2006	470 342	122 318	159 997	188 027
	2007	586 498	153 060	179 999	253 439
	2008	717 144	194 579	223 945	298 620
	2009	877 611	229 096	308 861	339 654
国外	1985～2004	410 635	356 402	6477	47 756
	2005	93 107	79 842	1481	11 784
	2006	102 836	88 172	1369	13 295
	2007	107 419	92 101	1325	13 993
	2008	111 184	95 259	1641	14 284
	2009	99 075	85 477	1910	11 688

表 2　国内三种专利申请受理量（1985.4～2009.12）　（单位：件）

地　区	总累计			2009 年		
	发　明	实用新型	外观设计	发　明	实用新型	外观设计
全国总计	1 138 574	1 991 317	1 768 382	229 096	308 861	339 654
北京	150 993	128 447	39 765	29 326	15 424	5486

续表

地　区	总累计			2009 年		
	发　明	实用新型	外观设计	发　明	实用新型	外观设计
天津	40 724	53 208	29 839	6367	8267	4990
河北	19 513	59 538	18 612	2811	6478	2072
山西	11 965	21 577	6489	2422	2791	1609
内蒙古	5501	13 115	5377	719	1266	499
辽宁	46 226	120 098	40 726	7125	12 633	6045
吉林	16 409	34 092	10 371	2166	2912	856
黑龙江	22 135	52 676	11 082	3384	4357	1273
上海	107 996	107 758	134 761	22 012	19 650	20 579
江苏	106 542	171 479	325 059	31 779	36 122	106 428
浙江	67 316	175 634	257 122	15 646	40 364	52 472
安徽	15 199	32 479	17 572	4465	7065	4856
福建	16 564	43 173	53 410	3842	7844	5873
江西	9742	21 558	9968	1502	2439	1283
山东	66 451	182 406	119 543	13 983	32 091	20 783
河南	26 493	68 039	30 861	4952	9912	4725
湖北	30 315	68 995	43 995	6065	10 579	10 562
湖南	31 276	64 894	27 141	4416	7075	4457
广东	149 352	214 424	393 597	32 247	39 027	54 399
广西	8875	22 445	9119	1280	2091	906
重庆	12 839	29 691	23 988	3845	5503	4134
四川	30 790	64 516	66 980	6260	11 943	14 844
贵州	7888	13 539	5645	1336	1659	714
云南	10 351	16 474	10 777	1637	1825	1171
西藏	245	254	586	71	72	52
陕西	23 526	39 006	17 636	5858	5798	3914
甘肃	6829	10 812	2521	1120	1075	481
青海	1192	1892	1059	175	147	177
宁夏	1610	3812	3151	182	284	811
新疆	4627	15 853	4603	662	1865	345

续表

地　区	总累计			2009 年		
	发　明	实用新型	外观设计	发　明	实用新型	外观设计
海南	2556	2826	2879	456	359	225
香港	4865	5829	17 834	634	645	1132
澳门	85	146	74	18	15	5
台湾	81 584	130 632	26 240	10 333	9284	1496
广州	23 667	38 070	54 718	5035	5626	5853
长春	8461	10 794	5438	1499	1573	478
武汉	19 020	32 996	21 334	3927	5767	4906
南京	24 802	19 164	14 753	6461	4318	3442
杭州	28 620	33 025	30 842	6707	9799	9568
西安	17 280	24 061	13 772	5014	4489	3269
济南	13 064	29 976	18 136	2999	6757	3945
沈阳	18 067	42 234	9710	2920	2889	1899
成都	17 362	28 298	47 382	4611	8986	12 533
大连	12 289	28 314	18 534	2388	5458	3494
厦门	4435	10 327	10 222	1241	2241	1432
哈尔滨	13 828	22 692	6466	2653	2080	792
深圳	93 605	56 865	62 162	20 520	12 709	9050
青岛	10 664	23 167	24 240	2186	3846	2722
宁波	8727	27 503	42 177	2808	9443	10 435
新疆兵团	153	412	69	79	215	20

表 3　　国外三种专利申请受理量（1985.4～2009.12）　　（单位：件）

国家（地区）	总累计			2009 年		
	发明	实用新型	外观设计	发明	实用新型	外观设计
合计	797 253	14 203	112 800	85 477	1910	11 688
安道尔	9	0	1	3	0	1
阿拉伯联合酋长国	22	3	110	3	1	8
阿富汗	0	0	2	0	0	2
安提瓜和巴布达	5	0	2	0	0	1

续表

国家（地区）	总累计			2009 年		
	发明	实用新型	外观设计	发明	实用新型	外观设计
安圭拉	1	0	1	0	0	1
亚美尼亚	3	0	0	0	0	0
荷属安的列斯群岛	269	0	9	16	0	0
阿根廷	70	7	10	4	1	0
奥地利	3214	50	392	357	11	45
澳大利亚	6056	178	1424	525	29	166
阿鲁巴	1	0	0	0	0	0
阿塞拜疆	1	0	0	0	0	0
巴巴多斯	309	0	22	73	0	6
孟加拉国	0	0	2	0	0	0
比利时	3754	18	319	486	4	26
保加利亚	58	2	15	1	0	0
巴林	3	0	0	0	0	0
布隆迪	1	0	0	0	0	0
百慕大群岛	433	27	23	110	4	2
文莱	17	18	14	4	2	9
玻利维亚	1	0	0	0	0	0
巴西	654	23	178	73	4	44
巴哈马	123	16	39	16	1	9
白俄罗斯	19	3	6	3	3	0
伯利兹	17	19	1	5	12	1
加拿大	7042	196	657	807	23	159
中非	0	0	2	0	0	0
瑞士	21 041	198	3770	2362	70	391
库克群岛	3	0	5	1	0	2
智利	57	3	4	5	0	0
喀麦隆	2	0	0	0	0	0
哥伦比亚	23	1	10	8	0	0
哥斯达黎加	3	0	0	0	0	0

续表

国家（地区）	总累计			2009 年		
	发明	实用新型	外观设计	发明	实用新型	外观设计
捷克斯洛伐克	63	6	3	0	0	0
塞尔维亚和黑山	2	0	0	0	0	0
古巴	121	0	3	7	0	0
塞浦路斯	142	4	4	15	1	1
捷克	144	28	313	25	1	41
德国	72 075	763	8743	8264	179	1251
丹麦	4590	82	972	584	10	145
多米尼克	3	0	0	0	0	0
多米尼加	2	0	0	0	0	0
阿尔及利亚	2	1	0	0	1	0
厄瓜多尔	5	2	0	1	0	0
爱沙尼亚	13	2	4	3	2	1
埃及	19	4	3	0	1	0
西撒哈拉	0	1	0	0	0	0
西班牙	2090	118	1062	256	20	140
芬兰	8431	35	1122	902	8	139
斐济	1	8	1	0	0	0
马尔维纳斯群岛	0	0	1	0	0	0
法国	29 189	390	4874	3011	65	548
英国	17 229	300	2931	1624	23	264
格林纳达	1	0	0	1	0	0
格鲁吉亚	5	0	3	0	0	3
直布罗陀	14	0	0	2	0	0
希腊	158	1	12	16	0	0
危地马拉	1	0	0	1	0	0
洪都拉斯	0	0	1	0	0	1
克罗地亚	111	2	5	5	0	1
海地	0	0	1	0	0	0
匈牙利	713	2	16	39	0	1

续表

国家（地区）	总累计			2009 年		
	发明	实用新型	外观设计	发明	实用新型	外观设计
印度尼西亚	40	16	93	3	1	19
爱尔兰	850	27	132	163	3	5
以色列	2800	18	235	330	2	34
印度	1210	12	256	122	1	23
伊拉克	1	0	0	0	0	0
伊朗	8	1	1	1	1	0
冰岛	122	0	0	28	0	0
意大利	10 621	244	3712	998	34	391
泽西岛	7	0	0	0	0	0
约旦	8	5	2	1	0	0
日本	286 036	4523	43 963	30 293	328	3760
吉尔吉斯斯坦	3	0	0	0	0	0
圣基茨和尼维斯	3	0	0	0	0	0
朝鲜	18	0	0	1	0	0
韩国	64 816	1637	8552	5907	134	1072
科威特	8	0	2	0	0	1
开曼群岛	730	82	203	252	21	58
哈萨克斯坦	16	2	0	3	0	0
黎巴嫩	4	4	0	0	0	0
列支敦士登	759	3	390	68	1	42
斯里兰卡	11	2	34	0	0	0
利比里亚	2	0	1	0	0	0
莱索托	0	1	0	0	0	0
立陶宛	1	0	2	0	0	0
卢森堡	645	51	83	67	17	17
拉脱维亚	23	2	2	7	0	0
摩洛哥	6	2	5	0	0	0
摩纳哥	87	1	17	4	0	0

续表

国家（地区）	总累计			2009 年		
	发明	实用新型	外观设计	发明	实用新型	外观设计
摩尔多瓦	0	0	1	0	0	0
马达加斯加	2	0	0	0	0	0
马绍尔群岛	2	0	0	0	0	0
马里	7	0	0	0	0	0
蒙古	0	1	0	0	0	0
马耳他	40	0	5	21	0	0
毛里求斯	47	26	29	11	4	0
马尔代夫	2	0	0	0	0	0
马拉维	2	0	0	0	0	0
墨西哥	165	7	60	16	0	7
马来西亚	342	80	343	38	16	60
纳米比亚	2	0	0	0	0	0
尼日尔	1	0	0	0	0	0
尼日利亚	1	0	5	0	0	1
荷兰	29 753	116	2573	3089	32	251
挪威	1820	7	175	192	3	16
新西兰	758	18	148	72	2	18
阿曼	3	0	0	0	0	0
巴拿马	255	4	16	10	0	1
秘鲁	3	0	0	0	0	0
菲律宾	27	18	23	1	0	7
巴基斯坦	4	0	6	0	0	1
波兰	159	6	52	14	0	10
波多黎各	4	0	2	0	0	0
葡萄牙	108	3	42	19	0	2
巴拉圭	0	0	1	0	0	0
罗马尼亚	19	0	1	1	0	0
塞尔维亚	0	0	0	0	0	0
俄罗斯	1314	56	66	91	15	16

续表

国家（地区）	总累计			2009 年		
	发明	实用新型	外观设计	发明	实用新型	外观设计
沙特阿拉伯	131	3	301	34	0	0
塞舌尔	24	3	4	10	2	0
苏丹	1	0	0	0	0	0
瑞典	13 691	97	1421	1653	33	158
新加坡	1699	149	674	214	21	69
斯洛文尼亚	140	0	25	14	0	8
斯洛伐克	26	1	23	6	1	0
圣马力诺	10	3	2	1	0	0
塞内加尔	1	0	1	0	0	0
萨尔瓦多	1	0	0	0	0	0
叙利亚	1	0	2	0	0	2
斯威士兰	1	0	0	0	0	0
泰国	141	77	262	10	2	24
突尼斯	6	0	2	3	0	0
土耳其	184	24	217	32	4	34
特立尼达和多巴哥	2	0	1	1	0	0
乌克兰	64	5	2	2	1	0
乌干达	0	0	2	0	0	0
美国	197 228	3996	20 717	21 799	720	2110
乌拉圭	13	1	0	0	0	0
乌兹别克斯坦	5	0	0	0	0	0
梵蒂冈	2	0	0	0	0	0
圣文森特和格林纳丁斯	2	0	0	0	0	0
委内瑞拉	38	0	5	1	0	1
维尔京群岛	919	300	728	157	31	53
越南	6	0	7	1	0	0
瓦努阿图	11	0	1	0	0	0
萨摩亚	45	42	25	5	2	1

续表

国家（地区）	总累计			2009 年		
	发明	实用新型	外观设计	发明	实用新型	外观设计
也门	0	0	3	0	0	3
南斯拉夫	31	0	8	0	0	0
南非	811	16	41	93	2	4
赞比亚	2	0	0	0	0	0
津巴布韦	7	0	1	0	0	0

表 4　国内外三种专利申请授权年度状况统计表（1985.12～2009.12）　（单位：件）

	年份	合计	发明	实用新型	外观设计
合计	1985～2004	1 254 773	185 409	651 117	418 247
	2005	214 003	53 305	79 349	81 349
	2006	268 002	57 786	107 655	102 561
	2007	351 782	67 948	150 036	133 798
	2008	411 982	93 706	176 675	141 601
	2009	581 992	128 489	203 802	249 701
国内	1985～2004	1 092 549	66 659	647 087	378 803
	2005	171 619	20 705	78 137	72 777
	2006	223 860	25 077	106 312	92 471
	2007	301 632	31 945	148 391	121 296
	2008	352 406	46 590	175 169	130 647
	2009	501 786	65 391	202 113	234 282
国外	1985～2004	162 224	118 750	4030	39 444
	2005	42 384	32 600	1212	8572
	2006	44 142	32 709	1343	10 090
	2007	50 150	36 003	1645	12 502
	2008	59 576	47 116	1506	10 954
	2009	80 206	63 098	1689	15 419

表 5　国内三种专利申请授权量统计表（1985.12～2009.12）　（单位：件）

地区	总累计			2009 年		
	发明	实用新型	外观设计	发明	实用新型	外观设计
全国总计	256 367	1 357 209	1 030 276	65 391	202 113	234 282
北京	40 304	88 075	26 655	9157	10 141	3623
天津	8177	30 428	10 411	1889	3988	1527
河北	4334	41 588	13 216	691	4515	1633
山西	3423	14 801	3587	603	1967	657
内蒙古	1138	8783	3837	178	762	554
辽宁	10 981	78 579	13 877	1993	8585	1620
吉林	4256	22 291	5416	719	1931	625
黑龙江	5129	35 593	6351	1142	3212	725
上海	22 844	74 925	79 068	5997	13 158	15 758
江苏	17 525	112 914	138 563	5322	21 939	60 025
浙江	15 348	118 618	176 725	4818	25 295	49 832
安徽	2923	21 103	10 945	795	4226	3573
福建	3043	28 905	38 876	824	4939	5519
江西	1734	13 853	6378	386	1515	1014
山东	11 625	124 843	47 094	2865	22 635	9013
河南	4756	44 249	16 185	1129	6630	3666
湖北	7567	40 405	12 307	1478	6285	3594
湖南	6783	40 911	14 494	1752	4218	2339
广东	31 487	151 145	272 436	11 355	27 438	44 828
广西	1685	14 436	6567	326	1506	870
重庆	2702	19 626	18 085	834	3274	3393
四川	7317	42 557	42 272	1596	6561	11 975
贵州	1725	9066	3709	322	1234	528
云南	3003	12 031	7819	476	1338	1109
西藏	53	170	488	7	40	245
陕西	5829	26 285	6178	1342	3446	1299
甘肃	1541	7283	1613	227	809	238
青海	268	1233	720	35	89	244

续表

地区	总累计			2009 年		
	发明	实用新型	外观设计	发明	实用新型	外观设计
宁夏	437	2764	1625	52	267	591
新疆	975	10 400	3087	120	1260	486
海南	390	1678	2258	84	330	216
香港	1508	4871	16 040	328	570	1352
澳门	12	92	67	5	5	5
台湾	25 545	112 708	23 327	6544	8005	1606
广州	6213	26 421	38 286	1515	3979	5588
长春	2372	7094	2102	553	1098	280
武汉	5906	20 762	6322	1262	3749	1842
南京	6653	13 154	6386	2087	2856	1697
杭州	7829	22 018	19 393	2533	5780	7152
西安	4202	15 685	4058	1122	2581	1003
济南	2448	19 211	4123	832	4622	935
沈阳	4208	26 533	5609	801	2083	752
成都	4125	17 387	29 366	1201	4650	10 498
大连	3114	16 582	2760	632	3402	413
厦门	995	7561	7858	328	1538	1120
哈尔滨	3294	14 830	3236	923	1453	416
深圳	19 240	40 395	44 477	8133	9001	8760
青岛	2268	16 407	11 276	552	2511	1369
宁波	2118	18 380	29 702	802	5945	9077
新疆兵团	18	291	55	8	169	34

表 6　　国外三种专利申请授权量统计表（1985.12～2009.12）　　（单位：件）

国家（地区）	总累计			2009 年		
	发明	实用新型	外观设计	发明	实用新型	外观设计
合计	330 276	11 425	96 981	63 098	1689	15 419
安道尔	3	0	0	1	0	0
阿拉伯联合酋长国	8	2	105	3	1	5

续表

国家（地区）	总累计			2009 年		
	发明	实用新型	外观设计	发明	实用新型	外观设计
阿富汗	0	0	0	0	0	0
安提瓜和巴布达	1	0	1	1	0	1
亚美尼亚	1	0	0	0	0	0
荷属安的列斯群岛	155	0	7	19	0	0
阿根廷	9	6	8	2	1	6
奥地利	1490	39	342	215	13	66
澳大利亚	2291	134	1177	322	25	230
巴巴多斯	48	0	6	19	0	1
孟加拉国	0	0	2	0	0	0
比利时	1390	13	279	229	2	27
保加利亚	17	2	13	2	0	2
巴林	1	0	0	0	0	0
百慕大群岛	76	16	16	15	2	0
文莱	4	14	10	4	0	8
巴西	240	19	125	37	8	35
巴哈马	46	16	26	11	0	0
白俄罗斯	8	0	6	1	0	0
伯利兹	2	13	1	1	12	1
加拿大	2424	166	453	461	21	117
中非	0	0	2	0	0	0
瑞士	8894	125	3270	1245	19	465
库克群岛	2	0	5	1	0	0
智利	11	4	3	4	2	0
哥伦比亚	10	1	9	3	0	5
哥斯达黎加	1	0	0	0	0	0
捷克斯洛伐克	23	6	3	0	0	0
古巴	49	0	2	7	0	0
塞浦路斯	48	4	2	16	0	0
捷克	58	32	274	9	2	70

续表

国家（地区）	总累计			2009 年		
	发明	实用新型	外观设计	发明	实用新型	外观设计
德国	29 102	601	7141	5054	146	1458
丹麦	1757	78	806	280	11	132
多米尼克	2	0	0	0	0	0
阿尔及利亚	0	0	0	0	0	0
厄瓜多尔	0	1	0	0	0	0
爱沙尼亚	3	0	3	1	0	1
埃及	1	4	3	0	1	0
西班牙	611	94	847	108	19	105
芬兰	3681	29	912	674	9	169
斐济	0	8	1	0	0	0
马尔维纳斯群岛	0	0	1	0	0	0
法国	12 673	156	4144	2200	33	771
加蓬	2	0	0	0	0	0
英国	6379	258	2568	825	29	412
格鲁吉亚	1	0	0	0	0	0
直布罗陀	10	0	0	1	0	0
希腊	46	1	11	11	0	2
洪都拉斯	0	0	0	0	0	0
克罗地亚	46	3	4	3	0	0
海地	0	0	1	0	0	0
匈牙利	256	5	14	13	1	0
印度尼西亚	13	11	73	0	0	5
爱尔兰	202	19	114	38	1	17
以色列	794	14	189	161	2	25
印度	363	10	223	81	2	19
伊朗	1	0	1	0	0	1
冰岛	33	0	0	6	0	0
意大利	4346	199	3031	757	26	508

续表

国家（地区）	总累计			2009 年		
	发明	实用新型	外观设计	发明	实用新型	外观设计
泽西岛	4	0	0	0	0	0
约旦	1	4	2	0	3	0
日本	137 817	3830	39 840	27 897	374	5533
吉尔吉斯斯坦	1	0	0	0	0	0
朝鲜	4	1	0	1	0	0
韩国	26 771	1343	7405	6476	93	1381
科威特	6	0	1	1	0	0
开曼群岛	81	64	153	30	9	42
哈萨克斯坦	6	2	0	0	0	0
黎巴嫩	2	4	0	0	0	0
列支敦士登	342	4	356	41	1	138
斯里兰卡	3	2	23	0	0	0
利比里亚	2	0	1	0	0	0
莱索托	0	1	0	0	0	0
立陶宛	0	0	2	0	0	0
卢森堡	287	37	73	29	17	23
拉脱维亚	4	3	2	1	0	0
摩洛哥	1	2	5	0	0	0
摩纳哥	41	7	17	6	0	9
马达加斯加	2	0	0	0	0	0
马里	1	0	0	0	0	0
蒙古	2	2	1	0	1	0
马耳他	6	0	3	1	0	0
毛里求斯	14	20	24	6	4	1
马尔代夫	1	0	0	0	0	0
墨西哥	45	4	47	10	0	35
马来西亚	88	61	260	23	13	66
纳米比亚	0	0	0	0	0	0
尼日利亚	0	0	4	0	0	0

续表

国家（地区）	总累计			2009 年		
	发明	实用新型	外观设计	发明	实用新型	外观设计
荷兰	11 141	76	2209	2128	20	375
挪威	799	3	145	139	0	24
新西兰	252	12	116	62	3	27
巴拿马	155	4	12	17	0	0
秘鲁	1	0	0	0	0	0
菲律宾	5	17	14	1	1	7
巴基斯坦	0	0	6	0	0	1
波兰	72	8	30	9	0	13
波多黎各	0	0	2	0	0	2
葡萄牙	27	2	26	8	1	5
巴拉圭	0	0	1	0	0	1
罗马尼亚	7	0	1	0	0	0
俄罗斯联邦	416	67	43	49	23	12
沙特阿拉伯	36	3	289	7	0	44
塞舌尔	4	1	4	2	1	3
瑞典	5925	71	1166	895	22	272
新加坡	411	115	561	134	27	73
斯洛文尼亚	48	0	17	5	0	7
斯洛伐克	11	0	22	3	0	10
圣马力诺	3	3	2	1	3	0
塞内加尔	0	0	1	0	0	1
萨尔瓦多	1	0	0	0	0	0
叙利亚	1	0	0	0	0	0
斯威士兰	1	0	0	0	0	0
泰国	33	60	223	3	3	15
突尼斯	0	0	2	0	0	0
土耳其	57	18	169	28	11	65
特立尼达和多巴哥	0	0	1	0	0	0
乌克兰	28	4	0	2	2	0

续表

国家（地区）	总累计			2009年		
	发明	实用新型	外观设计	发明	实用新型	外观设计
乌干达	0	0	2	0	0	0
美国	67 083	3189	16 849	12 158	612	2503
乌拉圭	6	1	0	0	0	0
乌兹别克斯坦	3	0	0	0	0	0
圣文森特和格林纳丁斯	1	0	0	0	0	0
委内瑞拉	28	0	4	1	0	0
维尔京群岛	249	223	538	35	40	55
越南	0	0	6	0	0	0
瓦努阿图	4	0	0	0	0	0
萨摩亚	0	41	25	0	13	5
也门	0	0	0	0	0	0
南斯拉夫	15	0	7	0	0	0
南非	286	13	34	47	5	7
津巴布韦	3	0	1	1	0	0

表7 **国内外三种专利有效状况（2009.12）** （单位：件）

	年份	合计	发 明	实用新型	外观设计
合计	2006	727 225	218 922	292 323	215 980
	2007	850 043	271 917	299 242	278 884
	2008	1 195 196	337 215	469 729	388 252
	2009	1 520 023	438 036	565 804	516 183
国内	2006	548 758	72 941	288 032	187 785
	2007	622 409	95 678	294 463	232 268
	2008	923 797	127 596	463 342	332 859
	2009	1 193 110	180 042	558 791	454 277
国外	2006	178 467	145 981	4291	28 195
	2007	227 634	176 239	4779	46 616
	2008	271 399	209 619	6387	55 393
	2009	326 913	257 994	7013	61 906

*有效量：报告期末处于专利权维持状态的案卷数量。统计范围为发明、实用新型、外观设计。与申请量和授权量不同，有效量是存量数据而非流量数据。

表 8 国内三种专利有效量（2009.12） （单位：件）

地区	2009 年			
	发明	实用新型	外观设计	合计
全国总计	180 042	558 791	454 277	1 193 110
北京	28 774	32 616	9686	71 076
天津	4919	11 542	4054	20 515
河北	2229	12 406	3971	18 606
山西	1760	4835	1326	7921
内蒙古	600	2353	1235	4188
辽宁	5952	21 460	3695	31 107
吉林	2233	5740	1646	9619
黑龙江	2986	10 640	1893	15 519
上海	17 352	39 102	26 781	83 235
江苏	12 625	55 349	86 913	154 887
浙江	11 611	62 646	96 217	170 474
安徽	1842	8820	5946	16 608
福建	2100	13 714	12 550	28 364
江西	938	4138	1974	7050
山东	7010	46 110	18 651	71 771
河南	2771	16 110	8036	26 917
湖北	4391	15 370	5984	25 745
湖南	4308	11 141	5191	20 640
广东	27 483	86 576	107 072	221 131
广西	922	4303	2196	7421
重庆	1943	9705	8364	20 012
四川	4501	15 111	19 803	39 415
贵州	1172	3921	1148	6241
云南	1743	3717	2591	8051
西藏	42	64	324	430
陕西	3686	8703	2439	14 828
甘肃	805	2236	616	3657
青海	121	264	271	656
宁夏	200	813	956	1969
新疆	483	3466	1073	5022
海南	254	680	522	1456
香港	1149	2532	4480	8161

续表

地区	2009 年			
	发明	实用新型	外观设计	合计
澳门	7	29	15	51
台湾	21 130	42 579	6658	70 367
广州	4450	12 992	13 590	31 032
长春	1563	3287	859	5709
武汉	3704	9190	3235	16 129
南京	4926	7671	3301	15 898
杭州	6246	14 286	12 568	33 100
西安	3058	6424	1852	11 334
济南	1810	9172	1757	12 739
沈阳	2276	6238	1488	10 002
成都	3241	9613	15 995	28 849
大连	2009	6919	917	9845
厦门	860	4758	3086	8704
哈尔滨	2170	4673	1176	8019
深圳	18 951	29 094	21 998	70 043
青岛	1508	7119	3827	12 454
宁波	1889	13 989	20 762	36 640
新疆兵团	47	428	105	580

表 9　　国外三种专利有效量（2009. 12）　　（单位：件）

国家（地区）	2009 年			
	发明	实用新型	外观设计	合计
合计	257 994	7013	61 906	326 913
安道尔	4	0	0	4
阿联酋	0	0	37	37
安提瓜和巴布达	2	0	1	3
亚美尼亚	1	0	0	1
荷属安的列斯	98	0	3	101
阿根廷	6	3	8	17
奥地利	1134	33	207	1374
澳大利亚	1558	74	728	2360
波斯尼亚和黑塞哥维那	2	0	0	2
巴巴多斯	70	0	7	77

续表

国家（地区）	2009 年			
	发明	实用新型	外观设计	合计
比利时	1018	8	193	1219
保加利亚	4	1	4	9
百慕大群岛	58	10	9	77
文莱	12	10	8	30
巴西	189	15	86	290
巴哈马	36	9	20	65
白俄罗斯	4	0	2	6
伯利兹	3	11	2	16
加拿大	1794	85	257	2136
瑞士	6747	86	1890	8723
库克群岛	2	0	3	5
智利	8	3	3	14
哥伦比亚	9	1	7	17
哥斯达黎加	1	0	0	1
古巴	43	0	0	43
塞浦路斯	41	0	2	43
捷克	44	28	214	286
德国	21 357	433	5265	27 055
丹麦	1402	69	503	1974
多米尼克	1	0	0	1
厄瓜多尔	1	0	0	1
爱沙尼亚	2	0	1	3
埃及	1	1	2	4
西班牙	431	50	496	977
芬兰	3014	20	624	3658
斐济	0	5	1	6
法国	9267	112	2600	11 979
英国	4329	134	1450	5913
直布罗陀	9	0	0	9
希腊	28	1	8	37
克罗地亚	15	0	1	16
匈牙利	87	2	10	99
印度尼西亚	7	4	45	56

续表

国家（地区）	2009年			
	发明	实用新型	外观设计	合计
爱尔兰	153	15	111	279
以色列	583	5	101	689
印度	309	2	64	375
伊拉克	0	1	0	1
伊朗	1	0	1	2
冰岛	26	0	0	26
意大利	3059	118	2199	5376
约旦	0	2	0	2
日本	114 055	2029	26 645	142 729
圣基茨和尼维斯	2	0	0	2
朝鲜	2	0	0	2
韩国	22 600	481	4235	27 316
科威特	3	0	0	3
开曼群岛	131	142	248	521
哈萨克斯坦	5	1	0	6
黎巴嫩	0	4	0	4
列支敦士登	237	0	255	492
斯里兰卡	0	2	0	2
卢森堡	216	27	38	281
拉脱维亚	1	2	0	3
摩洛哥	1	2	3	6
摩纳哥	27	0	12	39
马达加斯加	2	0	0	2
蒙古	0	1	0	1
马耳他	4	0	2	6
毛里求斯	17	24	17	58
墨西哥	33	1	41	75
马来西亚	72	31	160	263
尼日利亚	0	0	4	4
荷兰	8106	48	1142	9296
挪威	559	1	109	669
新西兰	158	7	72	237
巴拿马	128	3	5	136

续表

国家（地区）	2009 年			
	发明	实用新型	外观设计	合计
菲律宾	3	5	7	15
巴基斯坦	0	0	1	1
波兰	39	3	24	66
葡萄牙	28	1	19	48
巴拉圭	0	0	1	1
罗马尼亚	6	0	1	7
俄罗斯联邦	195	42	23	260
沙特阿拉伯	33	0	184	217
塞舌尔	12	4	4	20
瑞典	4792	68	786	5646
新加坡	584	73	230	887
斯洛文尼亚	34	0	9	43
斯洛伐克	12	0	22	34
圣马力诺	2	3	1	6
塞内加尔	0	0	1	1
萨尔瓦多	1	0	0	1
泰国	22	22	56	100
突尼斯	0	0	2	2
土耳其	46	14	120	180
乌克兰	16	3	0	19
乌干达	0	0	2	2
美国	48 312	2406	9870	60 588
乌拉圭	2	1	0	3
乌兹别克斯坦	1	0	0	1
圣文森特和格林纳丁斯	1	0	0	1
委内瑞拉	20	0	4	24
维尔京群岛	288	168	350	806
越南	0	0	4	4
瓦努阿图	1	0	0	1
萨摩亚	1	34	9	44
南斯拉夫	3	0	0	3
南非	210	9	15	234
津巴布韦	1	0	0	1

表 10　　国际申请业务进展统计表（1985.4～2009.12）　　（单位：件）

项目	总累计	2009 年
收到国际申请	33 156	8000
寄出国际申请登记本	32 649	7876
收到国际申请检索本	35 180	8535
寄出国际检索报告	29 352	6776
收到国际初步审查要求书	5412	302
寄出国际初步审查报告	5156	420
进入中国国内阶段的国际申请（发明）	411 436	53 492
进入中国国内阶段的国际申请（实用新型）	695	141

二、专利行政执法

各地区专利管理工作部门专利执法统计表（2009）　　（单位：件）

地区	类别/时间	侵权纠纷		其他纠纷		查处冒充专利行为		查处假冒他人专利行为	
		立案	结案	立案	结案	立案	结案	立案	结案
合计	总累计	15 771	13 046	2311	1989	14 366	13 739	760	743
	2009	937	741	26	17	548	548	30	30
北京	总累计	363	322	223	221	196	191	5	7
	2009	21	31	1	0	0	0	0	0
天津	总累计	167	139	24	22	360	360	7	5
	2009	14	9	0	0	3	3	0	0
河北	总累计	367	346	88	89	929	928	33	33
	2009	16	17	0	1	4	4	0	0
山西	总累计	74	56	51	36	42	38	19	18
	2009	0	0	6	0	0	0	0	0
内蒙古	总累计	86	95	10	10	679	679	21	21
	2009	5	5	0	0	11	11	18	18
辽宁	总累计	343	299	174	142	48	48	17	17
	2009	8	8	6	6	4	4	0	0
吉林	总累计	122	121	56	48	167	167	5	5
	2009	8	8	0	0	0	0	0	0
黑龙江	总累计	375	324	111	100	94	94	5	6
	2009	3	3	0	0	9	9	1	1

续表

地区	类别/时间	侵权纠纷		其他纠纷		查处冒充专利行为		查处假冒他人专利行为	
		立案	结案	立案	结案	立案	结案	立案	结案
上海	总累计	482	474	62	63	193	190	6	6
	2009	10	23	0	2	6	6	0	0
江苏	总累计	984	698	123	116	549	549	76	76
	2009	103	87	0	0	2	2	0	0
浙江	总累计	1839	1540	77	66	81	80	12	10
	2009	62	29	0	0	2	2	3	3
安徽	总累计	213	158	19	15	761	698	3	3
	2009	50	16	0	0	1	1	0	0
福建	总累计	424	323	35	32	90	85	7	7
	2009	20	16	0	0	3	3	0	0
江西	总累计	243	134	35	26	400	327	7	7
	2009	5	3	0	0	82	82	0	0
山东	总累计	1719	1416	154	145	3762	3565	149	144
	2009	168	110	3	2	93	93	0	0
河南	总累计	911	667	104	64	563	561	48	47
	2009	53	54	7	3	9	9	0	0
湖北	总累计	651	569	182	133	452	434	21	20
	2009	41	58	0	2	18	18	0	0
湖南	总累计	536	461	225	202	888	888	35	35
	2009	43	41	1	0	114	114	2	2
广东	总累计	3593	3023	193	174	966	943	171	169
	2009	151	98	0	0	22	22	3	3
广西	总累计	146	122	54	37	23	23	0	0
	2009	3	1	0	0	0	0	0	0
重庆	总累计	50	37	5	1	78	77	4	4
	2009	1	0	0	0	0	0	0	0
四川	总累计	730	626	136	111	472	469	55	53
	2009	32	30	0	0	42	42	2	2
贵州	总累计	143	104	25	21	586	547	3	2
	2009	0	0	0	0	88	88	0	0

续表

地区	类别/时间	侵权纠纷		其他纠纷		查处冒充专利行为		查处假冒他人专利行为	
		立案	结案	立案	结案	立案	结案	立案	结案
云南	总累计	167	143	29	22	168	168	12	12
	2009	19	8	1	0	5	5	1	1
西藏	总累计	11	9	0	0	7	7	3	3
	2009	0	0	0	0	0	0	0	0
陕西	总累计	163	120	29	25	677	675	0	0
	2009	19	4	0	1	0	0	0	0
甘肃	总累计	136	85	25	18	6	5	2	1
	2009	12	2	0	0	0	0	0	0
青海	总累计	15	13	9	10	62	62	1	1
	2009	0	0	0	0	0	0	0	0
宁夏	总累计	158	159	27	18	80	80	2	2
	2009	16	17	1	0	0	0	0	0
新疆	总累计	475	380	17	14	905	719	14	12
	2009	54	63	0	0	7	7	0	0
海南	总累计	85	83	9	8	82	82	17	17
	2009	0	0	0	0	23	23	0	0

三、中国专利金奖

中国专利金奖分布统计表

（单位：项）

地区	总计	第十一届
总计	142	15
北京	38	4
天津	4	
河北	2	
辽宁	6	
吉林	1	1
黑龙江	3	
上海	14	1
江苏	7	

续表

地区	总计	第十一届
浙江	4	3
安徽	3	
福建	2	
山东	8	
河南	5	
湖北	4	1
湖南	3	
广东	13	4
广西	1	
海南	2	
重庆	5	
四川	3	1
贵州	2	
云南	3	
陕西	6	
甘肃	1	
青海	1	
宁夏	1	

（国家知识产权局规划发展司计划统计处）

商　标

一、商标申请与注册

表 1　　2009 年度商标申请和注册概况表　　（单位：件）

<table>
<tr><th></th><th>国内</th><th>国际</th><th>马德里</th><th>合计</th></tr>
<tr><td>申请商标</td><td>741 763</td><td>51 966</td><td>36 748</td><td>830 477</td></tr>
<tr><td>续展申请</td><td>42 397</td><td>10 615</td><td>2792</td><td>55 804</td></tr>
<tr><td>异议申请</td><td>26 714</td><td>12 537</td><td>185</td><td>39 436</td></tr>
<tr><td>变更申请</td><td>72 584</td><td>18 259</td><td>5733</td><td>96 576</td></tr>
<tr><td>转让申请</td><td>54 081</td><td>7988</td><td>2448</td><td>64 517</td></tr>
<tr><td>注销申请</td><td colspan="2">4366</td><td rowspan="2">4299</td><td rowspan="2">13 861</td></tr>
<tr><td>撤销申请</td><td colspan="2">5196</td></tr>
<tr><td>许可合同备案申请</td><td colspan="3">17 447</td><td>17 447</td></tr>
<tr><td>注册商标</td><td>737 228</td><td>68 471</td><td>31 944</td><td>837 643</td></tr>
<tr><td>审定商标</td><td colspan="2">895 994</td><td>31 941</td><td>927 935</td></tr>
<tr><td>核驳商标</td><td colspan="2">274 839</td><td>10 386</td><td>285 225</td></tr>
<tr><td>部分核驳商标</td><td colspan="2">197 463</td><td>4113</td><td>201 576</td></tr>
<tr><td>变更注册商标</td><td colspan="2">98 536</td><td>7522</td><td>106 058</td></tr>
<tr><td>转让注册商标</td><td colspan="2">63 348</td><td>3460</td><td>66 808</td></tr>
<tr><td>续展注册商标</td><td colspan="2">55 483</td><td>3248</td><td>58 731</td></tr>
<tr><td>注销注册商标</td><td colspan="2">60 449</td><td rowspan="2">6217</td><td rowspan="2">68 282</td></tr>
<tr><td>撤销注册商标</td><td colspan="2">1616</td></tr>
<tr><td>许可合同备案办理</td><td colspan="3">17 733</td><td>17 733</td></tr>
<tr><td>补发商标注册证</td><td colspan="3">4949</td><td>4949</td></tr>
</table>

表 2　　2009 年度各省、自治区、直辖市商标申请与注册统计表　　(单位：件)

省、自治区、直辖市	申请件数	注册件数	有效注册量	驰名商标	地理标志	中国申请人马德里注册
北京	57 801	52 686	195 023	82	7	640
天津	8733	8234	36 754	36	4	118
河北	20 012	21 384	82 200	69	15	159
山西	5628	6741	24 852	29	12	29
内蒙古	6866	7327	25 408	23	11	44
辽宁	15 963	16 900	74 345	63	22	156
吉林	7126	8800	31 961	29	21	42
黑龙江	9675	11 622	45 869	21	9	88
上海	41 882	35 855	143 951	70	8	500
江苏	49 556	56 517	218 776	136	43	740
浙江	99 934	108 815	382 548	148	103	2483
安徽	14 848	14 930	49 375	29	18	173
福建	41 124	45 352	157 522	107	66	756
江西	9830	11 553	35 455	24	29	54
山东	41 581	40 993	157 593	134	58	442
河南	22 395	23 491	70 554	35	17	87
湖北	16 840	15 112	60 844	32	25	154
湖南	15 777	16 863	61 750	62	32	103
广东	132 573	128 175	504 704	192	21	2102
广西	6455	6754	25 902	15	17	61
海南	2706	3763	14 468	12	6	30
重庆	15 475	9627	34 015	27	20	109
四川	25 362	27 012	103 773	60	52	241
贵州	4646	3621	14 928	10	10	14
云南	12 289	8537	29 585	9	16	78
西藏	352	513	1516	4	1	2
陕西	13 064	8362	35 804	17	15	58
甘肃	2041	3535	13 322	7	24	6
青海	1346	803	3481	10	12	0

续表

省、自治区、直辖市	申请件数	注册件数	有效注册量	驰名商标	地理标志	中国申请人马德里注册
宁夏	1457	1423	5272	5	11	9
新疆	5452	6575	27 808	9	32	40
香港	21 930	14 175	65 162	11	0	10
澳门	368	300	1409	1	0	0
台湾	10 676	10 878	66 122	8	1	193
合计	741 763	737 228	2 802 051	1526	738	9721

* 说明：申请件数、注册件数是指2009年的商标统计情况，其他指截至2009年底的统计情况。

表3　2009年度外国（地区）在华商标申请统计表　（单位：件）

外国（地区）	外国（地区）申请件数	马德里申请件数	合计
阿尔巴尼亚	0	3	3
阿尔及利亚	8	0	8
阿富汗	16	0	16
阿根廷	104	0	104
阿联酋	244	0	244
阿曼	10	0	10
阿塞拜疆	38	94	132
埃及	57	38	95
埃塞俄比亚	0	162	162
爱尔兰	153	34	187
爱沙尼亚	5	0	5
安道尔	4	0	4
安哥拉	5	0	5
安奎拉	3	0	3
奥地利	84	690	774
澳大利亚	1088	1389	2477
巴巴多斯	39	2	41
巴哈马	47	0	47
巴基斯坦	43	0	43
巴拉圭	14	0	14
巴勒斯坦	4	0	4

续表

外国（地区）	外国（地区）申请件数	马德里申请件数	合计
巴林	1	0	1
巴拿马	38	0	38
巴西	217	0	217
白俄罗斯	7	8	15
百慕大	265	0	265
保加利亚	5	67	72
比荷卢	0	63	63
比利时	165	402	567
冰岛	52	52	104
波多黎各	4	0	4
波兰	47	142	189
波斯尼亚和黑塞哥维那	0	21	21
玻利维亚	3	0	3
伯利兹	8	0	8
布基纳法索	1	0	1
丹麦	316	1335	1651
德国	2200	6192	8392
多哥	3	0	3
多米尼加	2	0	2
俄罗斯	140	543	683
厄瓜多尔	1	0	1
法国	1706	2214	3920
法属波利尼西亚	6	0	6
菲律宾	46	0	46
斐济	1	0	1
芬兰	118	523	641
刚果	4	0	4
哥伦比亚	40	0	40
哥斯达黎加	7	0	7
格鲁吉亚	0	10	10

续表

外国（地区）	外国（地区）申请件数	马德里申请件数	合计
古巴	1	0	1
哈萨克斯坦	8	25	33
韩国	3431	691	4122
荷兰	726	845	1571
荷属安的列斯群岛	188	48	236
吉尔吉斯斯坦	1	2	3
几内亚	3	0	3
加拿大	914	3	917
柬埔寨	3	0	3
捷克	38	132	170
卡塔尔	17	0	17
开曼群岛	1077	0	1077
科特迪瓦	3	0	3
科威特	43	0	43
克罗地亚	0	26	26
肯尼亚	20	1	21
库克群岛	8	0	8
拉脱维亚	0	13	13
黎巴嫩	49	0	49
立陶宛	5	19	24
利比里亚	1	0	1
利比亚	17	0	17
列支敦士登	55	175	230
卢森堡	181	348	529
罗马尼亚	20	71	91
马恩岛	25	0	25
马耳他	22	24	46
马来西亚	759	0	759
马里	3	0	3
马绍尔群岛	20	0	20

续表

外国（地区）	外国（地区）申请件数	马德里申请件数	合计
毛里求斯	53	0	53
美国	14 387	4665	19 052
蒙古	8	0	8
孟加拉	11	0	11
秘鲁	8	0	8
缅甸	19	0	19
摩尔多瓦	11	2	13
摩洛哥	25	10	35
摩纳哥	19	31	50
墨西哥	250	0	250
南非	202	0	202
尼泊尔	5	0	5
尼日尔	1	0	1
尼日利亚	59	0	59
挪威	72	626	698
葡萄牙	45	77	122
葡属马德拉岛	4	0	4
日本	10 085	3255	13 340
瑞典	414	1058	1472
瑞士	812	1953	2765
塞尔维亚	1	22	23
塞浦路斯	26	73	99
塞舌尔	60	0	60
沙特阿拉伯	113	0	113
圣马力诺	11	1	12
斯里兰卡	11	0	11
斯洛伐克	3	73	76
斯洛文尼亚	2	148	150
苏丹	1	1	2
塔吉克斯坦	1	0	1

续表

外国（地区）	外国（地区）申请件数	马德里申请件数	合计
泰国	266	0	266
坦桑尼亚	1	0	1
突尼斯	3	0	3
土耳其	63	993	1056
危地马拉	2	0	2
委内瑞拉	8	0	8
文莱	9	0	9
乌克兰	16	63	79
乌拉圭	12	0	12
乌兹别克斯坦	0	7	7
西班牙	683	782	1465
西萨摩亚	113	0	113
希腊	84	148	232
新加坡	1594	535	2129
新西兰	287	0	287
匈牙利	14	50	64
叙利亚	33	1	34
牙买加	25	0	25
亚美尼亚	2	1	3
也门	23	0	23
伊拉克	127	0	127
伊朗	62	21	83
以色列	245	0	245
意大利	1368	2693	4061
印度	384	0	384
印度尼西亚	183	0	183
英国	2618	3041	5659
英吉利海峡群岛	11	0	11
英属根西岛	4	0	4
英属维尔京群岛	1668	0	1668

续表

外国（地区）	外国（地区）申请件数	马德里申请件数	合计
英属西印度群岛	80	0	80
约旦	46	0	46
越南	55	8	63
英属泽西岛	2	0	2
直布罗陀	7	3	10
智利	142	0	142
合计	51 966	36 748	88 714

表 4 **2009 年度外国（地区）在华商标注册统计表** （单位：件）

外国（地区）	外国（地区）注册件数	马德里注册件数	合计
阿尔巴尼亚	0	3	3
阿富汗	4	0	4
阿根廷	110	0	110
阿联酋	254	14	268
阿曼	3	0	3
阿塞拜疆	11	37	48
埃及	8	12	20
埃塞俄比亚	4	0	4
爱尔兰	171	62	233
爱沙尼亚	1	33	34
安道尔	1	0	1
安哥拉	2	0	2
安奎拉	1	0	1
奥地利	207	597	804
澳大利亚	1150	728	1878
巴巴多斯	30	2	32
巴布亚新几内亚	2	0	2
巴哈马	89	5	94
巴基斯坦	20	0	20
巴拉圭	4	0	4

续表

外国（地区）	外国（地区）注册件数	马德里注册件数	合计
巴林	12	0	12
巴拿马	41	5	46
巴西	181	8	189
白俄罗斯	5	36	41
百慕大	178	7	185
保加利亚	7	101	108
比荷卢	0	1944	1944
比利时	144	0	144
冰岛	24	114	138
波多黎各	12	0	12
波兰	102	181	283
伯利兹	6	4	10
丹麦	339	555	894
德国	3488	7197	10 685
多哥	0	5	5
多米尼克	2	1	3
俄罗斯	262	954	1216
法国	2148	3300	5448
法属波利尼西亚	17	0	17
菲律宾	127	0	127
斐济	3	0	3
芬兰	246	368	614
哥伦比亚	59	0	59
哥斯达黎加	6	0	6
格鲁吉亚	0	3	3
古巴	9	0	9
哈萨克斯坦	5	43	48
韩国	4233	185	4418
荷兰	1006	0	1006
荷属安的列斯群岛	45	3	48

续表

外国（地区）	外国（地区）注册件数	马德里注册件数	合计
洪都拉斯	1	0	1
吉尔吉斯斯坦	3	0	3
加拿大	1139	16	1155
柬埔寨	1	0	1
捷克	83	204	287
卡塔尔	6	0	6
开曼群岛	671	2	673
科威特	6	0	6
克罗地亚	0	8	8
肯尼亚	2	0	2
库克群岛	21	0	21
拉脱维亚	3	30	33
黎巴嫩	28	1	29
立陶宛	1	20	21
利比亚	6	0	6
列支敦士登	101	250	351
卢森堡	169	0	169
罗马尼亚	22	65	87
马达加斯加	0	1	1
马恩岛	31	0	31
马耳他	7	4	11
马来西亚	579	7	586
马里	6	0	6
马绍尔群岛	13	0	13
毛里求斯	89	0	89
美国	21 018	2436	23 454
蒙古	3	3	6
孟加拉	3	0	3
秘鲁	9	0	9
缅甸	7	0	7

续表

外国（地区）	外国（地区）注册件数	马德里注册件数	合计
摩尔多瓦	2	4	6
摩洛哥	10	31	41
摩纳哥	23	42	65
墨西哥	460	0	460
南非	210	0	210
尼泊尔	2	0	2
尼日利亚	30	0	30
尼维斯岛	1	0	1
挪威	66	215	281
葡萄牙	49	103	152
葡属马德拉岛	1	0	1
日本	14 119	1607	15 726
瑞典	634	594	1228
瑞士	1111	2564	3675
塞尔维亚	1	18	19
塞内加尔	1	0	1
塞浦路斯	62	60	122
塞舌尔	10	0	10
沙特阿拉伯	40	5	45
圣基茨和尼维斯联邦	1	0	1
圣马力诺	8	27	35
圣文森特和格林纳丁斯	1	0	1
斯里兰卡	20	0	20
斯洛伐克	3	43	46
斯洛文尼亚	11	73	84
苏丹	0	1	1
苏里南	2	0	2
泰国	272	1	273
突尼斯	2	0	2
土耳其	80	435	515

续表

外国（地区）	外国（地区）注册件数	马德里注册件数	合计
瓦努阿图	2	0	2
危地马拉	9	0	9
委内瑞拉	51	0	51
文莱	11	0	11
乌克兰	44	62	106
乌拉圭	2	0	2
乌兹别克斯坦	4	0	4
西班牙	945	794	1739
西萨摩亚	94	0	94
希腊	56	24	80
新加坡	1367	226	1593
新西兰	375	7	382
匈牙利	29	90	119
叙利亚	29	4	33
牙买加	5	0	5
也门	9	0	9
伊拉克	6	0	6
伊朗	41	43	84
以色列	189	1	190
意大利	2571	3465	6036
印度	333	5	338
印度尼西亚	145	1	146
英国	3337	1765	5102
英吉利海峡群岛	17	0	17
英属根西岛	1	0	1
英属维尔京群岛	2352	30	2382
英属西印度群岛	231	0	231
约旦	18	0	18
越南	50	35	85
英属泽西岛	19	0	19

续表

外国（地区）	外国（地区）注册件数	马德里注册件数	合计
直布罗陀	19	15	34
智利	71	0	71
合计	68 471	31 944	100 415

表 5　　2009 年度按类申请和注册商标统计表　　（单位：件）

	申请				注册			
类别	国内	国际	马德里	合计	国内	国际	马德里	合计
1	15 614	1145	875	17 634	16 888	1956	884	19 728
2	7586	438	282	8306	8839	700	284	9823
3	21 557	2920	1397	25 874	23 785	3120	1258	28 163
4	5032	379	259	5670	5477	577	337	6391
5	25 882	2326	1331	29 539	36 472	3116	1391	40 979
6	20 066	1028	869	21 963	18 213	1633	774	20 620
7	27 100	2065	1478	30 643	30 624	2814	1358	34 796
8	5360	570	414	6344	5637	636	379	6652
9	45 387	5019	3513	53 919	35 961	5742	2868	44 571
10	7190	1141	850	9181	7783	1496	782	10 061
11	38 809	1598	1112	41 519	23 555	1694	973	26 222
12	16 701	1140	938	18 779	19 826	1667	675	22 168
13	1374	89	90	1553	1825	77	39	1941
14	10 395	1025	858	12 278	12 726	1650	801	15 177
15	1679	182	88	1949	2747	313	73	3133
16	16 501	1740	1337	19 578	20 962	3014	1197	25 173
17	7149	557	582	8288	7561	1085	561	9207
18	15 348	1708	1181	18 237	14 933	2532	1086	18 551
19	19 802	591	536	20 929	18 603	973	513	20 089
20	19 390	931	771	21 092	19 519	1563	707	21 789
21	13 312	1179	665	15 156	13 845	1540	601	15 986
22	2651	236	176	3063	3514	377	174	4065
23	2477	138	95	2710	3580	232	117	3929

续表

	申请				注册			
类别	国内	国际	马德里	合计	国内	国际	马德里	合计
24	12 474	851	572	13 897	12 919	1234	569	14 722
25	76 214	3875	1918	82 007	88 756	5622	1418	95 796
26	4064	296	217	4577	5854	476	183	6513
27	3065	254	183	3502	3206	382	175	3763
28	11 056	1323	901	13 280	11 851	2170	701	14 722
29	32 727	1177	551	34 455	36 388	1673	462	38 523
30	47 359	1927	751	50 037	41 813	2229	529	44 571
31	19 414	546	283	20 243	20 779	720	246	21 745
32	15 373	992	585	16 950	13 944	1116	424	15 484
33	21 703	1329	581	23 613	14 780	974	548	16 302
34	2306	204	217	2727	4166	343	182	4691
35	41 583	2718	2052	46 353	27 051	2527	1248	30 826
36	9562	889	764	11 215	8958	1097	608	10 663
37	9602	735	983	11 320	10 372	1234	952	12 558
38	5376	693	780	6849	5213	743	778	6734
39	7726	458	559	8743	8287	623	481	9391
40	5168	401	516	6085	5781	591	512	6884
41	17 481	1795	1445	20 721	15 808	2061	1143	19 012
42	14 391	1578	1970	17 939	13 092	2089	1873	17 054
43	26 093	937	485	27 515	23 076	1286	359	24 721
44	9497	554	406	10 457	9894	621	372	10 887
45	3167	289	332	3788	2365	153	349	2867
合计	741 763	51 966	36 748	830 477	737 228	68 471	31 944	837 643

表 6　　1979～2009 年商标注册申请及核准注册商标统计表　　（单位：件）

	申请				核准注册			
年度	国内	国际	马德里	合计	国内	国际	马德里	合计
1979					27 459	5130		32 589
1980				26 177	15 348	1297		16 645
1981				23 004	15 707	2049		17 756
1982	17 000	1565		18 565	12 385	4672		17 057

续表

	申请				核准注册			
年度	国内	国际	马德里	合计	国内	国际	马德里	合计
1983	19 120	1687		20 807	4293	2278		6571
1984	26 487	3077		29 564	13 252	1518		14 770
1985	43 445	5798		49 243	19 584	2084		21 668
1986	45 031	5939		50 970	26 993	5126		32 119
1987	40 014	4055		44 069	27 687	4454		32 141
1988	41 683	5866		47 549	25 448	3604		29 052
1989	43 202	5209		48 411	31 810	4625		36 435
1990	50 853	4371	2048	57 272	25 966	4036	1269	31 271
1991	59 124	5885	2595	67 604	34 501	3523	2306	40 330
1992	79 837	8367	2591	90 795	42 710	4198	1180	48 088
1993	107 758	21 014	3551	132 323	42 668	3999	2059	48 726
1994	117 186	20 238	5193	142 617	47 482	7803	3016	58 301
1995	144 610	21 442	6094	172 146	59 895	12 591	19 380	91 866
1996	122 057	22 615	7132	151 804	101 178	15 843	11 407	128 428
1997	118 577	21 676	8502	148 755	188 047	24 958	10 033	223 038
1998	129 394	18 252	10 037	157 683	80 095	14 137	13 478	107 710
1999	140 620	18 883	11 212	170 715	96 139	13 896	12 366	122 401
2000	181 717	24 623	16 837	223 177	129 441	16 327	12 807	158 575
2001	229 775	23 234	17 408	270 417	167 563	19 017	16 259	202 839
2002	321 034	37 221	13 681	371 936	169 904	23 364	19 265	212 533
2003	405 620	33 912	12 563	452 095	206 070	21 188	15 253	242 511
2004	527 591	44 938	15 396	587 925	225 394	25 069	16 156	266 619
2005	593 382	52 166	18 469	664 017	218 731	23 792	16 009	258 532
2006	669 276	56 840	40 203	766 319	228 814	25 254	21 573	275 641
2007	604 952	59 714	43 282	707 948	215 161	19 159	29 158	263 478
2008	590 525	60 704	46 890	698 119	342 498	31 870	29 101	403 469
2009	741 763	51 966	36 748	830 477	737 228	68 471	31 944	837 643
合计	6 211 633	641 257	320 432	7 222 503	3 579 451	415 332	284 019	4 278 802

二、商标评审案件

表 7　　2009 年度商标评审案件统计表

项目	案件类型	数量（件）
申请量	驳回商标注册申请复审	50 572
	商标异议复审	5101
	注册商标争议	1838
	撤销注册商标复审	360
	总计	57 871
裁决量	驳回商标注册申请复审	28 594
	商标异议复审	3822
	注册商标争议	3989
	撤销注册商标复审	597
	总计	37 002
行政诉讼	一审	1346
	二审	465
	三审	32
	总计	1843
行政复议	申请量	98
	结案量	84

三、商标行政执法案件

表 8　　**2009 年全国查处商标一般违法案件统计表**

项目		案件总数(件)		其中:涉外案件数		立案查处案件数(件)								案值(万元)	罚款金额(万元)	收缴和消除商标标识(件)	销毁物品(件)
		合计	其中:投诉案件	合计	其中:投诉案件	小计	其中:投诉案件	案值5万元以下	案值5～10万元	案值10～30万元	案值30～100万元	案值100万元以上	罚款10万元以上				
合计		7448	1360	202	62	6930	1107	6541	182	103	58	46	30	43 573	4716	385 237	64 667
注册商标使用的管理	自行改变注册商标的	145	73			125	55	116	1	3	1	4		806	*	*	*
	自行改变注册商标注册人名义、地址或其他注册事项的	196	52			161	38	159			2			204	*	*	*
	自行转让注册商标的	27	1			21	1	21						5	*	*	*
	商品粗制滥造、以次充好、欺骗消费者的	762	151	16	2	737	125	721	13	3			2	485	366	*	*
未注册商标使用的管理	冒充注册商标的	3941	696	143	50	3618	537	3350	114	70	47	37	22	38 583	2517	*	*
	商品粗制滥造、以次充好、欺骗消费者的	527	185	27	5	475	175	429	33	12		1		828	260	*	*
	违反《商标法》第六条规定的	53	12			49	12	49						97	33	*	*
	违反《商标法》第十条规定的	53	2			51	2	51						51	28	*	*
商标使用许可合同的管理	违反《商标法》第四十条第一款规定的	83	11	3	3	83	11	81	1	1				64	96	*	*
	违反《商标法》第四十条第二款规定的	48	30			41	21	40	1					50	*	3997	3305
违反《商标法》第十三条规定的		69	24			66	24	63	2		1			137	*	7522	695
违反《商标印制管理办法》规定的		1332	88	13	2	1314	83	1279	16	14	2	3	5	1751	1193	355 394	59 384
违法使用地理标志的		30	1			30	1	30						3	13	24	416
违法使用地理标志产品专用标志的		6	3			5	3	5						12	3	650	230
违法使用特殊标志的		20	3			19	3	17			2			143	91	92	147
违法使用奥林匹克标志的		156	28			135	16	130	1		3	1	1	355	116	17 558	490

表 9

2009 年全国查处商标侵权假冒案件统计表

项目		案件总数(件)		其中:涉外案件		立案查处案件(件)								案值(万元)	罚款金额(万元)	没收、销毁侵权商品(件)	没收、销毁侵权商标标识(件)	没收、销毁专门用于制造侵权商品和伪造注册商标标识的工具(件)	移送司法机关					
																			案件数			其中:涉外案件数		
		合计	其中:投诉案件	合计	其中:投诉案件	小计	其中:投诉案件	案值5万元以下	案值5～10万元	案值10～30万元	案值30～100万元	案值100万元以上	罚款10万元以上						合计(件)	其中:投诉案件	移送人数(人)	合计(件)	其中:投诉案件	移送人数(人)
合计		43 596	11 860	10 259	3670	42 030	11 126	40 603	932	353	106	36	226	57 631	35 839	17 120 184	13 148 785	3409	*	*	*	*	*	*
假冒商标	小计	8971	2311	2983	873	8512	2006	8274	137	76	18	7	43	10 897	7009	3 308 291	2 721 958	1654	92	33	109	48	21	75
	未经注册商标所有人的许可,在相同商品上使用与其注册商标相同的商标的	3136	963	850	314	2925	810	2801	80	38	6		21	4925	3514	2 168 412	1 053 024	1451	39	14	43	25	8	32
	伪造、擅自制造他人注册商标标识或者销售伪造、擅自制造的注册商标标识的	950	180	160	43	909	142	900	8	1			2	728	596	148 382	1 004 720	137	20	1	11	1		1
	销售明知是假冒注册商标的商品的	4885	1168	1973	516	4678	1054	4573	49	37	12	7	20	5243	2899	991 497	664 214	66	33	18	55	22	13	42
商标侵权	小计	34 625	9549	7276	2797	33 518	9120	32 329	795	277	88	29	183	46 735	28 831	13 811 893	10 426 827	1755	*	*	*	*	*	*
	未经注册商标所有人的许可,在相同商品上使用与其注册商标近似的商标或在类似商品上使用与其注册商标相同或近似的商标的	6653	1808	2172	582	6373	1644	5936	298	95	32	12	68	15 797	8932	6 664 562	7 076 110	749	*	*	*	*	*	*
	销售侵犯注册商标专用权的商品的	26 191	7346	4960	2183	25 417	7137	24 743	444	162	51	17	103	29 136	18 425	6 363 835	1 787 237	892	*	*	*	*	*	*
	在同一种或类似商品上,将与他人注册商标相同或近似的标志作为商品名称或者商品装潢使用,误导公众的	924	216	87	19	906	177	859	36	9	2		3	982	814	585 685	745 962	11	*	*	*	*	*	*
	故意为侵犯他人注册商标专用权行为提供仓储、运输、邮寄、隐匿便利条件的	44	5	11	1	44	5	44						58	41	19 005	42 909	1	*	*	*	*	*	*
	未经商标注册人同意更换其注册商标并将该更换商标的商品又投入市场的	31	14			31	13	27	4					52	31	8734			*	*	*	*	*	*
	给他人注册商标专用权造成其他损害的	306	74	26	10	302	73	291	5	5	1		4	336	227	41 923	676 404	66	*	*	*	*	*	*
	侵犯地理标志专用权的	27	13	9		27	13	27						41	7	194	200		*	*	*	*	*	*
	侵犯特殊标志所有权的	17	3	3		17	3	17						6	8	138			*	*	*	*	*	*
	侵犯奥林匹克标志专用权的	340	66	8	2	310	51	297	7	4	2		4	277	272	99 876	97 995	31	*	*	*	*	*	*
	侵犯世界博览会标志专用权的	92	4			91	4	88	1	2			1	48	75	27 941	10	5	*	*	*	*	*	*

表 10　2009 年各省、自治区、直辖市查处商标一般违法案件统计表

地区	案件总数（件）	其中涉外案件数	案值（万元）	罚款金额（万元）
合计	7448	202	43 573.38	4715.68
北京	19	0	581.43	45.7
天津	5	0	4.15	0.49
河北	642	24	1661.39	332.94
山西	584	12	96.57	131.6
内蒙古	138	0	57.29	51.36
辽宁	152	2	135.65	75.77
吉林	57	3	142.03	96.09
黑龙江	299	0	827.61	227.44
上海	68	1	12 953.15	220.74
江苏	242	0	17 979.86	572.13
浙江	888	6	3295.09	940.9
安徽	273	0	157.96	121.31
福建	418	73	324.62	194.16
江西	184	19	172.49	151.45
山东	530	9	570.96	252.78
河南	574	0	619.23	245.33
湖北	339	0	163.56	145.55
湖南	163	0	341.10	68.61
广东	348	7	1476.68	235.14
广西	41	0	28.41	7.43
海南	237	35	305.88	92.68
重庆	142	1	298.35	78.30
四川	295	0	293.52	96.37
贵州	165	1	230.69	44.00
云南	136	0	228.20	78.22
西藏	4	0	24.00	1.00
陕西	95	0	159.80	73.51
甘肃	65	9	14.76	22.37
青海	169	0	109.01	30.92
宁夏	18	0	9.45	2.28
新疆	158	0	310.49	79.11

表 11　　2009 年各省、自治区、直辖市查处商标侵权假冒案件统计表

地区	案件总数（件）	其中涉外案件数	案值（万元）	罚款金额（万元）
合计	43 596	10 259	57 631.32	35 839.21
北京	1641	772	3560.01	3272.98
天津	425	25	317.94	167.93
河北	1163	6	1021	737.17
山西	1744	69	428.33	442.96
内蒙古	228	0	142.65	124.78
辽宁	655	114	718.61	527.78
吉林	287	32	476.34	224.32
黑龙江	1011	0	915.38	501.97
上海	2705	1815	4026.7	1904.55
江苏	1784	98	7374.59	1375.69
浙江	6345	2945	14 449.96	10 976.38
安徽	1974	93	926.4	1031.91
福建	3406	790	1944.9	1635.43
江西	835	23	1096.81	523.43
山东	3195	348	1883.84	1664.65
河南	3485	79	2913.29	1507.84
湖北	1007	42	1110.34	607.78
湖南	572	1	2181.9	493.30
广东	4239	2699	5617.72	5065.31
广西	559	42	322.04	175.89
海南	382	56	335.55	234.46
重庆	624	49	1056.81	539.40
四川	1305	43	1444.44	799.15
贵州	653	4	472.63	222.92
云南	847	28	834.18	413.50
西藏	45	0	68.8	2.70
陕西	429	16	71.97	24.16
甘肃	544	13	292.14	165.76
青海	805	0	517.2	211.69
宁夏	89	8	35.03	29.16
新疆	613	49	1073.82	234.26

表 12　　2009 年全国查处商标违法案件基本情况（与 2008 年同期对比）

项　　目		2009 年	2008 年	增减量	增长率（%）
案件数	合计（件）	51 044	56 634	－5590	－9.87
	1. 一般违法案件	7448	9589	－2141	－22.33
	侵权假冒案件	43 596	47 045	－3449	－7.33
	2. 国内	40 583	45 492	－4909	－10.79
	涉外	10 461	11 142	－681	－6.11
收缴和消除商标标识（万件）		13 534 022	19 630 939	－6 096 917	－31.06
罚没金额（万元）		40 555	46 740	－6185	－13.23
案值（万元）		101 205	135 681	－34 476	－25.41
移送司法机关	案件（件）	92	137	－45	－32.85
	人数（人）	109	145	－36	－24.83

版　权

表 1　　2009 年全国版权合同登记情况统计数　　(单位：份)

	合　计	图　书	期　刊	音像制品	电子出版物	软　件	电　影	电视节目	其　他
合计	14 223	12 449	292	257	473	393	0	0	359
北京	8273	7709	284	0	56	224	0	0	0
天津	260	208	0	0	3	30	0	0	19
河北	29	27	2	0	0	0	0	0	0
山西	18	17	0	0	0	1	0	0	0
内蒙古	39	39	0	0	0	0	0	0	0
辽宁	368	360	0	0	4	4	0	0	0
吉林	292	292	0	0	0	0	0	0	0
黑龙江	112	112	0	0	0	0	0	0	0
上海	1173	750	0	240	173	10	0	0	0
江苏	600	509	0	0	6	85	0	0	0
浙江	746	147	0	0	224	35	0	0	340
安徽	113	110	0	0	0	3	0	0	0
福建	51	28	0	16	7	0	0	0	0
江西	302	302	0	0	0	0	0	0	0
山东	195	195	0	0	0	0	0	0	0
河南	116	116	0	0	0	0	0	0	0
湖北	135	135	0	0	0	0	0	0	0
湖南	171	167	4	0	0	0	0	0	0
广东	61	61	0	0	0	0	0	0	0
广西	278	278	0	0	0	0	0	0	0
海南	261	261	0	0	0	0	0	0	0
重庆	150	148	1	1	0	0	0	0	0
四川	177	175	1	0	0	1	0	0	0
贵州	0	0	0	0	0	0	0	0	0

续表

	合计	图书	期刊	音像制品	电子出版物	软件	电影	电视节目	其他
云南	54	54	0	0	0	0	0	0	0
西藏	0	0	0	0	0	0	0	0	0
陕西	155	155	0	0	0	0	0	0	0
甘肃	10	10	0	0	0	0	0	0	0
青海	0	0	0	0	0	0	0	0	0
宁夏	12	12	0	0	0	0	0	0	0
新疆	72	72	0	0	0	0	0	0	0

表 2　　2009 年全国作品自愿登记情况统计表　　（单位：件）

	合计	文字	口述	音乐	曲艺	舞蹈	杂技	美术	摄影	建筑	影视	设计图	地图	模型	其他
合计	336 086	3509	4	1360	94	47	4	30 501	299 218	23	291	359	54	40	582
北京	303 525	265	0	74	7	0	0	4215	298 955	0	1	8	0	0	0
天津	0	0	0	0	0	0	0	0	0	0	0	0	0	0	0
河北	362	55	0	70	0	1	2	231	0	0	2	1	0	0	0
山西	139	39	0	34	0	0	0	59	0	0	1	2	0	0	4
内蒙古	217	44	0	82	0	12	0	0	32	0	0	0	0	31	16
辽宁	1062	274	0	117	51	26	0	530	4	0	58	0	0	0	2
吉林	123	54	0	59	0	0	1	5	0	0	0	0	0	0	4
黑龙江	242	99	0	90	0	0	0	28	2	0	4	8	4	0	7
上海	2217	330	0	24	0	0	0	1632	106	0	16	21	0	0	88
江苏	6077	177	3	78	26	0	0	5580	59	23	35	86	1	1	8
浙江	6815	64	0	35	0	0	0	6481	12	0	8	67	0	0	148
安徽	167	36	0	6	0	0	0	87	0	0	20	0	0	0	18
福建	6829	84	0	69	0	0	0	6623	12	0	34	6	0	0	1
江西	300	76	0	20	4	0	0	200	0	0	0	0	0	0	0
山东	1501	176	0	14	0	0	0	1294	0	0	7	10	0	0	0
河南	227	70	0	28	4	0	1	110	0	0	0	2	0	0	12
湖北	251	86	1	4	0	0	0	140	0	0	5	10	0	1	4
湖南	392	147	0	38	0	0	0	198	0	0	2	5	0	0	2
广东	3172	778	0	78	1	1	0	1946	10	0	83	71	13	0	191
广西	137	41	0	48	0	0	0	44	2	0	1	1	0	0	0
海南	143	33	0	20	0	0	0	79	0	0	0	4	0	0	7
重庆	387	69	0	12	0	0	0	209	0	0	6	0	36	7	48

续表

	合计	文字	口述	音乐	曲艺	舞蹈	杂技	美术	摄影	建筑	影视	设计图	地图	模型	其他
四川	905	319	0	41	0	0	0	511	15	0	5	12	0	0	2
贵州	42	13	0	4	0	0	0	7	0	0	1	16	0	0	1
云南	240	53	0	108	0	2	0	71	4	0	0	0	0	0	2
西藏	5	5	0	0	0	0	0	0	0	0	0	0	0	0	0
陕西	147	54	0	9	0	0	0	74	0	0	1	8	0	0	1
甘肃	68	23	0	21	0	0	0	18	0	0	1	2	0	0	3
青海	12	1	0	3	0	1	0	1	0	0	0	0	0	0	6
宁夏	47	21	0	5	0	2	0	16	1	0	0	2	0	0	0
新疆	335	23	0	169	1	2	0	112	4	0	0	17	0	0	7

表 3 2009 年全国版权引进情况统计汇总表 （单位：种）

	合计	图书	录音制品	录像制品	电子出版物	软件	电影	电视节目	其他
合计	13 793	12 914	262	124	86	249	2	155	1
北京	7989	7709	0	0	56	224	0	0	0
天津	143	143	0	0	0	0	0	0	0
河北	36	36	0	0	0	0	0	0	0
山西	13	13	0	0	0	0	0	0	0
内蒙古	26	26	0	0	0	0	0	0	0
辽宁	354	346	0	0	4	4	0	0	0
吉林	292	292	0	0	0	0	0	0	0
黑龙江	30	30	0	0	0	0	0	0	0
上海	1634	1304	139	4	20	10	2	155	0
江苏	799	783	0	0	6	10	0	0	0
浙江	297	287	8	2	0	0	0	0	0
安徽	110	110	0	0	0	0	0	0	0
福建	23	23	0	0	0	0	0	0	0
江西	100	100	0	0	0	0	0	0	0
山东	195	195	0	0	0	0	0	0	0
河南	142	142	0	0	0	0	0	0	0
湖北	66	66	0	0	0	0	0	0	0
湖南	171	171	0	0	0	0	0	0	0
广东	312	79	115	118	0	0	0	0	0
广西	278	278	0	0	0	0	0	0	0

续表

	合计	图书	录音制品	录像制品	电子出版物	软件	电影	电视节目	其他
海南	258	258	0	0	0	0	0	0	0
重庆	153	153	0	0	0	0	0	0	0
四川	77	75	0	0	0	1	0	0	1
贵州	23	23	0	0	0	0	0	0	0
云南	26	26	0	0	0	0	0	0	0
西藏	0	0	0	0	0	0	0	0	0
陕西	155	155	0	0	0	0	0	0	0
甘肃	8	8	0	0	0	0	0	0	0
青海	0	0	0	0	0	0	0	0	0
宁夏	12	12	0	0	0	0	0	0	0
新疆	71	71	0	0	0	0	0	0	0

表 4　　2009 年全国图书版权引进地情况统计表　　（单位：种）

	合计	美国	英国	德国	法国	俄罗斯	加拿大	新加坡	日本	韩国	中国香港	中国澳门	中国台湾	其他地区
合计	12 914	4533	1847	693	414	58	73	342	1261	799	398	0	1444	1052
北京	7709	3148	1065	434	165	45	37	282	513	482	227	0	687	624
天津	143	61	18	12	7	0	0	1	13	1	2	0	15	13
河北	36	1	0	0	0	0	0	0	13	10	1	0	10	1
山西	13	5	4	1	1	0	0	0	1	0	0	0	1	0
内蒙古	26	9	7	0	10	0	0	0	0	0	0	0	0	0
辽宁	346	101	21	16	1	0	0	10	95	35	9	0	44	14
吉林	292	66	27	3	4	0	0	0	86	55	0	0	43	8
黑龙江	30	0	0	0	0	0	0	1	6	0	0	0	23	0
上海	1304	462	260	111	67	0	5	4	150	46	96	0	50	53
江苏	783	168	116	13	48	7	10	40	32	9	7	0	278	55
浙江	287	71	47	3	10	0	0	2	37	32	8	0	7	70
安徽	110	35	19	3	6	0	1	1	4	16	2	0	20	3
福建	23	0	4	0	0	0	0	0	0	0	0	0	18	1
江西	100	19	4	2	7	0	1	0	19	19	5	0	8	16
山东	195	21	31	13	3	0	1	1	54	4	1	0	53	13
河南	142	8	15	8	12	0	0	0	60	0	0	0	34	5
湖北	66	11	13	1	0	2	0	0	2	3	3	0	25	6

续表

	合计	美国	英国	德国	法国	俄罗斯	加拿大	新加坡	日本	韩国	中国香港	中国澳门	中国台湾	其他地区
湖南	171	35	38	35	17	0	10	0	19	6	3	0	2	6
广东	79	18	6	1	7	0	1	0	5	1	0	0	21	19
广西	278	65	32	3	11	1	1	0	39	48	16	0	40	22
海南	258	100	24	22	1	0	1	0	75	9	0	0	9	17
重庆	153	59	18	0	12	0	0	0	10	10	6	0	34	4
四川	75	27	20	1	0	0	4	0	4	1	4	0	6	8
贵州	23	6	3	1	0	0	0	0	3	0	0	0	6	4
云南	26	2	5	0	3	0	0	0	0	0	8	0	0	8
西藏	0	0	0	0	0	0	0	0	0	0	0	0	0	0
陕西	155	33	50	10	22	3	1	0	5	12	0	0	10	9
甘肃	8	0	0	0	0	0	0	0	6	0	0	0	0	2
青海	0	0	0	0	0	0	0	0	0	0	0	0	0	0
宁夏	12	2	0	0	0	0	0	0	10	0	0	0	0	0
新疆	71	0	0	0	0	0	0	0	0	0	0	0	0	71

表 5 **2009 年全国版权输出情况统计表** （单位：种）

	合计	图书	录音制品	录像制品	电子出版物	软件	电影	电视节目	其他
合计	4205	3103	77	0	34	0	1	988	2
北京	1484	1382	69	0	33	0	0	0	0
天津	12	12	0	0	0	0	0	0	0
河北	26	26	0	0	0	0	0	0	0
山西	31	31	0	0	0	0	0	0	0
内蒙古	13	13	0	0	0	0	0	0	0
辽宁	99	99	0	0	0	0	0	0	0
吉林	55	55	0	0	0	0	0	0	0
黑龙江	26	26	0	0	0	0	0	0	0
上海	1222	232	1	0	0	0	1	988	0
江苏	168	168	0	0	0	0	0	0	0
浙江	124	124	0	0	0	0	0	0	0
安徽	169	169	0	0	0	0	0	0	0
福建	6	6	0	0	0	0	0	0	0
江西	131	131	0	0	0	0	0	0	0

续表

	合计	图书	录音制品	录像制品	电子出版物	软件	电影	电视节目	其他
山东	83	83	0	0	0	0	0	0	0
河南	13	13	0	0	0	0	0	0	0
湖北	28	28	0	0	0	0	0	0	0
湖南	121	114	7	0	0	0	0	0	0
广东	48	48	0	0	0	0	0	0	0
广西	144	144	0	0	0	0	0	0	0
海南	7	7	0	0	0	0	0	0	0
重庆	51	48	0	0	1	0	0	0	2
四川	100	100	0	0	0	0	0	0	0
贵州	0	0	0	0	0	0	0	0	0
云南	14	14	0	0	0	0	0	0	0
西藏	0	0	0	0	0	0	0	0	0
陕西	28	28	0	0	0	0	0	0	0
甘肃	2	2	0	0	0	0	0	0	0
青海	0	0	0	0	0	0	0	0	0
宁夏	0	0	0	0	0	0	0	0	0
新疆	0	0	0	0	0	0	0	0	0

表 6　　2009 年全国图书版权输出地情况统计表　　（单位：种）

	合计	美国	英国	德国	法国	俄罗斯	加拿大	新加坡	日本	韩国	中国香港	中国澳门	中国台湾	其他地区
合计	3103	267	220	173	26	54	10	60	101	253	219	10	682	1028
北京	1382	108	194	99	9	37	1	25	55	112	38	2	305	397
天津	12	0	0	0	0	0	0	0	0	0	0	0	5	7
河北	26	0	0	0	0	0	0	0	0	0	0	0	23	3
山西	31	0	1	0	0	0	0	0	0	1	0	0	24	5
内蒙古	13	0	1	0	0	0	0	3	3	2	0	0	2	2
辽宁	99	8	1	10	4	0	0	23	5	1	0	0	39	8
吉林	55	10	0	0	0	0	0	0	0	6	0	0	32	7
黑龙江	26	0	0	0	0	0	0	0	0	0	0	0	0	26
上海	232	52	6	12	11	0	0	4	1	44	54	7	24	17
江苏	168	16	8	3	0	6	0	1	6	5	76	0	12	35
浙江	124	14	0	25	0	0	0	1	0	25	3	0	13	43

续表

	合计	美国	英国	德国	法国	俄罗斯	加拿大	新加坡	日本	韩国	中国香港	中国澳门	中国台湾	其他地区
安徽	169	1	0	0	0	0	4	0	20	10	10	0	30	94
福建	6	0	0	0	0	0	0	0	0	1	4	0	1	0
江西	131	0	0	0	2	0	5	0	1	24	1	0	64	34
山东	83	14	3	1	0	6	0	0	4	0	0	1	30	24
河南	13	0	0	0	0	0	0	0	0	2	0	0	6	5
湖北	28	1	0	1	0	0	0	0	1	9	3	0	8	5
湖南	114	3	1	21	0	4	0	0	1	0	8	0	0	76
广东	48	14	0	0	0	1	0	0	1	5	3	0	1	23
广西	144	8	4	0	0	0	0	0	3	0	6	0	4	119
海南	7	0	0	0	0	0	0	0	0	0	3	0	4	0
重庆	48	2	1	0	0	0	0	0	0	0	1	0	25	19
四川	100	0	0	0	0	0	0	3	0	2	3	0	18	74
贵州	0	0	0	0	0	0	0	0	0	0	0	0	0	0
云南	14	0	0	0	0	0	0	0	0	4	6	0	0	4
西藏	0	0	0	0	0	0	0	0	0	0	0	0	0	0
陕西	28	16	0	1	0	0	0	0	0	0	0	0	10	1
甘肃	2	0	0	0	0	0	0	0	0	0	0	0	2	0
青海	0	0	0	0	0	0	0	0	0	0	0	0	0	0
宁夏	0	0	0	0	0	0	0	0	0	0	0	0	0	0
新疆	0	0	0	0	0	0	0	0	0	0	0	0	0	0

表 7　　2009 年计算机软件著作权登记统计表　　（单位：件）

排名	省份	2009 年登记量	2008 年登记量	同比增量	同比增幅	占登记总量
1	北京	22 055	18 156	3899	21.47%	32.48%
2	广东	9927	6172	3755	60.84%	14.62%
3	上海	5475	4729	746	15.78%	8.06%
4	浙江	4759	4131	628	15.20%	7.01%
5	江苏	4321	2935	1386	47.22%	6.36%
6	山东	1834	1324	510	38.52%	2.70%
7	福建	1706	1287	419	32.56%	2.51%
8	四川	1589	1108	481	43.41%	2.34%
9	湖北	1358	914	444	48.58%	2.00%

续表

排名	省份	2009 年登记量	2008 年登记量	同比增量	同比增幅	占登记总量
10	湖南	1327	623	704	113.00%	1.95%
11	陕西	1235	760	475	62.50%	1.82%
12	天津	1079	750	329	43.87%	1.59%
13	辽宁	1110	976	134	13.73%	1.63%
14	安徽	926	481	445	92.52%	1.36%
15	河南	701	461	240	52.06%	1.03%
16	河北	669	329	340	103.34%	0.99%
17	重庆	398	254	144	56.69%	0.59%
18	云南	413	227	186	81.94%	0.61%
19	黑龙江	403	284	119	41.90%	0.59%
20	吉林	362	275	87	31.64%	0.53%
21	山西	327	192	135	70.31%	0.48%
22	广西	317	196	121	61.73%	0.47%
23	江西	278	215	63	29.30%	0.41%
24	海南	124	64	60	93.75%	0.18%
25	新疆	119	53	66	124.53%	0.18%
26	内蒙古	101	55	46	83.64%	0.15%
27	甘肃	104	76	28	36.84%	0.15%
28	宁夏	67	23	44	191.30%	0.10%
29	贵州	66	52	14	26.92%	0.10%
30	香港	16	8	8	100.00%	0.02%
31	青海	3	0	3	100.00%	0.00%

*说明：2009 年各类申请软件登记总量为 70 965 件，同比增长 49.75%，其中软件著作权登记量为 67 912 件，同比增长 48.6%，占软件登记总量的 95.7%。办理完成软件著作权转让和专有许可合同登记 182 件，同比增长 26.38%；变更或补充登记 2752 件，同比增长 91.64%；计算机软件著作权质押合同登记 119 件，同比增长 9.17%。

（国家版权局版权管理司）

集成电路布图设计

表 1　　2009 年集成电路布图设计登记申请统计表　　（单位：件）

地　区	申请数量
合计	860
国内	838
北京	90
天津	9
辽宁	10
上海	234
江苏	133
浙江	70
安徽	4
福建	21
山东	7
湖北	5
广东	180
四川	22
重庆	4
贵州	5
陕西	10
香港	5
台湾	29
国外	22
美国	20
新加坡	2

表 2　　**2009 年集成电路布图设计登记发证统计表**　　（单位：件）

地　　区	发证数量
合计	655
国内	627
北京	85
天津	5
辽宁	11
上海	129
江苏	105
浙江	43
安徽	4
福建	19
山东	5
湖北	5
广东	157
四川	23
贵州	1
陕西	9
香港	6
台湾	20
国外	28
美国	22
新加坡	2
日本	4

（国家知识产权局规划发展司计划统计处）

农业植物新品种

表 1　　根据植物种类划分的统计表　　（单位：件）

植物种类		累计总量		2009 年申请	2008 年同期申请
		申请	授权		
大田作物 申请：5653 授权：2602	水稻	1908	973	217	226
	玉米	2346	1124	295	233
	普通小麦	583	249	67	80
	棉属	224	62	20	34
	大豆	255	87	65	37
	甘蓝型油菜	157	56	35	23
	花生	46	14	16	5
	高粱	36	15	12	2
	大麦属	39	11	9	7
	谷子	25	3	4	6
	甘薯	20	6	5	6
	蚕豆	5	0	1	0
	绿豆	4	1	0	3
	苎麻属	2	1	0	0
	亚麻	1	0	0	0
	芥菜型油菜	1	0	0	0
	芝麻	1	0	1	0
蔬菜 申请：300 授权：94	普通西瓜	41	13	6	1
	大白菜	39	22	6	4
	辣椒属	46	11	12	6
	普通番茄	35	16	4	6
	马铃薯	35	8	5	12
	黄瓜	24	9	4	8
	草莓	21	0	1	7
	甜瓜	15	7	1	4
	茄子	10	1	3	1
	普通结球甘蓝	10	4	2	4
	食用萝卜	4	3	1	0
	白灵侧耳	3	0	0	0
	胡萝卜	1	0	0	0
	菜豆	6	0	4	2
	花椰菜	3	0	0	2
	大葱	1	0	0	1
	豌豆	1	0	0	1
	豇豆	2	0	0	2
	西葫芦	3	0	2	1

续表

植物种类		累计总量		2009 年申请	2008 年同期申请
		申请	授权		
花卉 申请：392 授权：62	菊属	138	26	64	25
	百合属	58	4	17	7
	非洲菊	36	11	6	6
	石竹属	38	11	17	1
	兰属	22	10	2	8
	唐菖蒲属	1	0	0	0
	花毛茛	2	0	0	2
	果子蔓属	27	0	14	13
	花烛属	70	0	23	47
果树 申请：178 授权：49	梨属	44	15	2	8
	苹果属	37	4	5	1
	葡萄属	27	3	7	4
	桃	21	11	3	5
	猕猴桃属	26	9	7	5
	柑橘属	13	6	3	2
	李	3	0	0	0
	荔枝	1	1	0	0
	桑属	6	0	5	1
牧草申请：5	酸模属	2	0	0	0
	紫花苜蓿	2	0	0	0
	柱花草属	1	0	1	0
其他申请：13	茶组	13	0	4	9
合计		6541	2807	978	868

表 2　国外植物新品种申请情况明细表（1999～2009 年）　（单位：件）

申请地区	植物种类	1999～2008 年申请	2009 年申请
荷兰（申请 163 件）	百合属	23	13
	菊属	23	17
	非洲菊	10	0
	石竹属	4	0
	茄子	4	0
	马铃薯	3	4
	普通番茄	2	0
	梨属	1	0
	辣椒属	1	2
	花烛属	47	0
	果子蔓属	5	4

续表

申请地区	植物种类	1999～2008 年申请	2009 年申请
美国（申请 72 件）	玉米	21	30
	草莓	10	0
	葡萄属	7	3
	苹果属	0	1
韩国（申请 48 件）	梨属	20	0
	葡萄属	4	0
	苹果属	4	0
	玉米	2	0
	唐菖蒲属	1	0
	菊属	1	11
	水稻	1	1
	桃	1	0
	猕猴桃属	1	1
日本（申请 32 件）	苹果属	0	2
	兰属	10	0
	菊属	7	0
	水稻	4	5
	草莓	1	0
	辣椒属	1	0
	甜瓜	1	0
	桃	1	0
德国（申请 15 件）	梨属	1	1
	菊属	5	0
	李	2	0
	玉米	3	3
比利时（申请 11 件）	苹果属	2	0
	果子蔓属	7	2
意大利（申请 8 件）	石竹属	2	0
	草莓	4	0
	梨属	1	0
	葡萄属	0	1
法国（申请 7 件）	草莓	1	0
	马铃薯	5	0
	苹果属	1	0
西班牙（申请 7 件）	石竹属	3	2
	草莓	2	0
以色列（申请 4 件）	非洲菊	4	0

续表

申请地区	植物种类	1999～2008 年申请	2009 年申请
澳大利亚（申请 4 件）	苹果属	2	0
	大麦属	2	0
新西兰（申请 4 件）	苹果属	2	0
	猕猴桃属	1	1
南　非（申请 1 件）	柑橘属	1	0
英　国（申请 1 件）	苹果属	1	0
合计	377	273	104

（农业部植物新品种保护办公室）

林业植物新品种

表 1　　2009 年林业植物新品种权申请统计表

序号	品种名称	所属属（种）	申请号	申请人	申请日
1	金冠杨	杨属	20090001	王玉民	2008—12—30
2	墨杉杂种中山杉 405	落羽杉属	20090002	江苏省中国科学院植物研究所	2009—2—19
3	墨杉杂种中山杉 406	落羽杉属	20090003	江苏省中国科学院植物研究所	2009—2—19
4	墨杉杂种中山杉 407	落羽杉属	20090004	江苏省中国科学院植物研究所	2009—2—19
5	墨杉杂种中山杉 502	落羽杉属	20090005	江苏省中国科学院植物研究所	2009—2—19
6	丰园红	杏	20090006	西安丰园果业科技有限公司	2009—2—26
7	鲁蜡 1 号	白蜡树属	20090007	山东省林业科学研究院	2009—3—5
8	鲁蜡 2 号	白蜡树属	20090008	山东省林业科学研究院	2009—3—5
9	鲁蜡 3 号	白蜡树属	20090009	山东省林业科学研究院	2009—3—5
10	鲁蜡 4 号	白蜡树属	20090010	山东省林业科学研究院	2009—3—5
11	鲁蜡 5 号	白蜡树属	20090011	山东省林业科学研究院	2009—3—5
12	鲁蜡 6 号	白蜡树属	20090012	山东省林业科学研究院	2009—3—5
13	真趣松	罗汉松属	20090013	黎德坚	2009—3—13
14	鲁文 1 号	核桃	20090014	山东省果树研究所	2009—3—23
15	鲁文 8 号	核桃	20090015	山东省果树研究所	2009—3—23
16	西吕亚洛	蔷薇属	20090016	荷兰彼得·西吕厄斯控股公司	2009—4—8
17	女王星	紫金牛属	20090017	荷兰范登博思盆花公司	2009—4—8
18	美安吉尔	蔷薇属	20090018	法国玫兰国际有限公司	2009—5—4
19	龙一	杏	20090019	国家林业局泡桐研究开发中心	2009—5—16
20	仁杏 108	杏	20090020	国家林业局泡桐研究开发中心	2009—5—16
21	云田彩桂	桂花	20090021	易剑雄	2009—5—21
22	北林 3 号	杨属	20090022	北京林业大学	2009—6—10
23	北林 4 号	杨属	20090023	北京林业大学	2009—6—10
24	北林 5 号	杨属	20090024	北京林业大学	2009—6—10
25	北林 6 号	杨属	20090025	北京林业大学	2009—6—10
26	北林 7 号	杨属	20090026	北京林业大学	2009—6—10
27	北林 8 号	杨属	20090027	北京林业大学	2009—6—10
28	北林 9 号	杨属	20090028	北京林业大学	2009—6—10
29	北林 10 号	杨属	20090029	北京林业大学	2009—6—10
30	北林 11 号	杨属	20090030	北京林业大学	2009—6—10
31	金叶墨西哥落羽杉	落羽杉属	20090031	吴江市苗圃集团有限公司	2009—7—9

续表

序号	品种名称	所属属（种）	申请号	申请人	申请日
32	全红杨	杨属	20090032	河南省林业科学研究院、程相军、周春生	2009—8—6
33	金臣	油桐	20090033	刁玉丹	2009—8—10
34	龙脑樟	樟属	20090034	吉安市林业科学研究所	2009—8—17
35	饲料型长叶刺槐	刺槐属	20090035	河南省林业科学研究院	2009—9—8
36	万年金	银杏	20090036	南京林业大学、安陆市林业局、周守坤	2009—9—8
37	丰园 77	杏	20090037	西安丰园果业科技有限公司	2009—9—17
38	品霞	桃花	20090038	北京市植物园	2009—10—16
39	玉馨含笑	含笑属	20090039	中国科学院昆明植物研究所	2009—10—16
40	端紫含笑	含笑属	20090040	中国科学院昆明植物研究所	2009—10—16
41	缘子含笑	含笑属	20090041	中国科学院昆明植物研究所	2009—10—16
42	常寒 1 号	桉属	20090042	常德桉林耐寒桉树种植有限公司	2009—10—16
43	美思泰	蔷薇属	20090043	法国玫兰国际有限公司	2009—10—9
44	绿星玉兰	木兰属	20090044	深圳市仙湖植物园管理处、陕西省西安植物园	2009—10—16
45	红金星	木兰属	20090045	深圳市仙湖植物园管理处、陕西省西安植物园	2009—10—16
46	红玉玉兰	木兰属	20090046	深圳市仙湖植物园管理处、陕西省西安植物园	2009—10—16
47	多瓣天女花	木兰属	20090047	深圳市仙湖植物园管理处、陕西省西安植物园	2009—10—16
48	汉宫粉荷	蔷薇属	20090048	北京林业大学	2009—11—30
49	芳纯如烟	蔷薇属	20090049	北京林业大学	2009—11—30
50	灵犀一点	蔷薇属	20090050	北京林业大学	2009—11—30
51	妃子笑	蔷薇属	20090051	北京林业大学	2009—11—30
52	蝶舞晚霞	蔷薇属	20090052	北京林业大学	2009—11—30
53	粉黛流香	紫薇	20090053	北京林业大学	2009—11—30
54	紫烟	紫薇	20090054	北京林业大学	2009—11—30
55	篝火	紫薇	20090055	北京林业大学	2009—11—30
56	锐熏	紫薇	20090056	北京林业大学	2009—11—30
57	泰山窄冠银杏	银杏	20090057	泰安市泰山林业科学研究院、泰山银杏开发研究联谊会	2009—12—16
58	泰山斑叶	银杏	20090058	泰安市泰山林业科学研究院、泰山银杏开发研究联谊会	2009—12—16
59	泰山玉帘	银杏	20090059	泰安市泰山林业科学研究院、泰山银杏开发研究联谊会	2009—12—16
60	国富	杏	20090060	辽宁省果树科学研究所	2009—12—15
61	潘尼 639	蔷薇属	20090061	荷兰迪瑞特知识产权公司	2009—12—22
62	小粉玉	山茶属	20090062	上海植物园管理处	2009—12—9

续表

序号	品种名称	所属属（种）	申请号	申请人	申请日
63	玫瑰春	山茶属	20090063	上海植物园管理处	2009—12—9
64	汇林 88 号杨	杨属	20090064	通辽市汇丰林业发展有限责任公司	2009—12—24
65	凌波仙子	蔷薇属	20090065	昆明锦苑花卉产业有限责任公司	2009—12—26
66	月光	蔷薇属	20090066	昆明锦苑花卉产业有限责任公司	2009—12—26
67	乡恋	蔷薇属	20090067	昆明锦苑花卉产业有限责任公司	2009—12—26

表 2　　2009 年林业植物新品种权授权统计表

序号	品种名称	所属属（种）	品种权人	培育人	品种权号	授权日
1	龙脑樟 L—1	樟属	湖南省新晃县龙脑开发有限责任公司	宁石林　何洪城　孙秀泉　姚城伍　殷　菲　刘清华	20090001	2009—12—31
2	俏金星	芍药属	北京林业大学	王莲英　王　福　李清道	20090002	2009—12—31
3	艳金星	芍药属	北京林业大学	王莲英　王　福　李清道	20090003	2009—12—31
4	华夏隐斑白	芍药属	北京林业大学	王莲英　王　福　李清道	20090004	2009—12—31
5	华夏玫瑰红	芍药属	北京林业大学	王莲英　袁　涛　李清道　王　福	20090005	2009—12—31
6	华夏一品黄	芍药属	北京林业大学	王莲英　袁　涛　王　福　李清道	20090006	2009—12—31
7	华夏双娇	芍药属	北京林业大学	王莲英　王　福　李清道	20090007	2009—12—31
8	华夏红	芍药属	北京林业大学	王莲英　王　福　李清道	20090008	2009—12—31
9	涌金	樟属	宁波市林业局林特种苗繁育中心	王建军	20090009	2009—12—31
10	云艳	蔷薇属	云南省农业科学院	张　颢　李树发　王其刚　蹇红英　邱显钦　唐开学　王继华　翟素萍　王丽花　陆　琳	20090010	2009—12—31
11	蜜糖	蔷薇属	云南省农业科学院	张　颢　李树发　蹇红英　王其刚　邱显钦　唐开学　王继华　翟素萍　王丽花　陆　琳	20090011	2009—12—31
12	粉妆	蔷薇属	云南省农业科学院	唐开学　张　颢　李树发　王丽花　王继华　王其刚　蹇红英　邱显钦　翟素萍　陆　琳	20090012	2009—12—31
13	锦华栾	栾树属	范军科	范军科	20090013	2009—12—31
14	沁盛香花槐	刺槐属	郭锁胜	郭锁胜	20090014	2009—12—31
15	短花云丰	板栗	北京农学院	秦　岭　杨东生　高天放　周自军　王铁明　冯永庆　田瑞冬	20090015	2009—12—31
16	北林 1 号	杨属	北京林业大学	康向阳　张平冬　王　君　李艳华　陈洪伟　宋连君　张有慧　李金忠　高　鹏　王尚德	20090016	2009—12—31
17	北林 2 号	杨属	北京林业大学	康向阳　张平冬　王　君　高　鹏　王尚德　张有慧　宋连君　李金忠　陈洪伟　李艳华	20090017	2009—12—31
18	三毛杨 7 号	杨属	北京林业大学	朱之悌　林惠斌　张志毅　康向阳　张金凤　张平冬　李　云　李金忠　张有慧	20090018	2009—12—31

续表

序号	品种名称	所属属（种）	品种权人	培育人	品种权号	授权日
19	三毛杨 8 号	杨属	北京林业大学	朱之悌 林惠斌 张志毅 康向阳 张金凤 张平冬 李 云 李金忠 张有慧	20090019	2009—12—31
20	三毛杨 9 号	杨属	北京林业大学	朱之悌 林惠斌 张志毅 康向阳 张金凤 张平冬 李 云 张有慧 李金忠	20090020	2009—12—31
21	三毛杨 10 号	杨属	北京林业大学	朱之悌 林惠斌 张志毅 康向阳 张金凤 张平冬 李 云 张有慧 李金忠	20090021	2009—12—31
22	三毛杨 11 号	杨属	北京林业大学	朱之悌 林惠斌 张志毅 康向阳 张金凤 张平冬 李 云 李金忠 张有慧	20090022	2009—12—31
23	华贵人	蔷薇属	昆明锦苑花卉产业有限责任公司	倪 功 曹荣根 王富权 刘洪亮	20090023	2009—12—31
24	黄莺	蔷薇属	昆明锦苑花卉产业有限责任公司	倪 功 曹荣根 王富权 刘洪亮	20090024	2009—12—31
25	美果玫 AF	蔷薇属	上海农林职业技术学院	黄清俊	20090025	2009—12—31
26	云田彩桂	桂花	易剑雄	易剑雄 肖瑞龙 易屈意 田业强 帅金华 唐玉美 易进党	20090026	2009—12—31
27	蝶衣	银杏	河南省红枫实业有限公司	张 丹 张家勋 张 茂	20090027	2009—12—31
28	雪中红	卫矛属	河南省红枫实业有限公司	张 丹 张家勋 张 茂	20090028	2009—12—31
29	金枝玉叶	卫矛属	河南省红枫实业有限公司	张 丹 张家勋 张 茂	20090029	2009—12—31
30	北林 3 号	杨属	北京林业大学	康向阳 张平冬 王 君 侯延侠 宋连君 李金忠 张有慧 高 鹏 王尚德 张正海	20090030	2009—12—31
31	迷你球桧	圆柏属	中国科学院植物研究所	张治明 唐宇丹 张会金 姚 涓 崔洪霞	20090031	2009—12—31
32	北林 5 号	杨属	北京林业大学	康向阳 张平冬 陈洪伟 高 鹏 宋连君 李金忠 张有慧 王 君 张正海 王尚德	20090032	2009—12—31
33	北林 7 号	杨属	北京林业大学	康向阳 张平冬 李艳华 张正海 张有慧 宋连君 李金忠 王 君 陈洪伟 高 鹏	20090033	2009—12—31
34	北林 8 号	杨属	北京林业大学	康向阳 张平冬 李艳华 张正海 张有慧 宋连君 李金忠 王 君 陈洪伟 侯延侠	20090034	2009—12—31
35	北林 9 号	杨属	北京林业大学	康向阳 张平冬 侯延侠 王尚德 李金忠 张有慧 宋连君 陈洪伟 李艳华 王 君	20090035	2009—12—31
36	北林 10 号	杨属	北京林业大学	康向阳 张平冬 侯延侠 王尚德 李金忠 张有慧 宋连君 陈洪伟 李艳华 王 君	20090036	2009—12—31
37	北林 11 号	杨属	北京林业大学	康向阳 张平冬 侯延侠 王 君 张有慧 李金忠 宋连君 高 鹏 王尚德 张正海	20090037	2009—12—31
38	芙蓉石	蔷薇属	昆明杨月季园艺有限责任公司	杨玉勇 高俊平 赵梁军 蔡 能	20090038	2009—12—31

续表

序号	品种名称	所属属（种）	品种权人	培育人	品种权号	授权日
39	孔雀石	蔷薇属	昆明杨月季园艺有限责任公司	杨玉勇 张启翔 潘会堂 程堂仁 蔡 能	20090039	2009—12—31
40	虎睛石	蔷薇属	昆明杨月季园艺有限责任公司	杨玉勇 张启翔 潘会堂 程堂仁 蔡 能	20090040	2009—12—31
41	俏玉	蔷薇属	昆明杨月季园艺有限责任公司	杨玉勇 张启翔 潘会堂 程堂仁 蔡 能	20090041	2009—12—31
42	堇青石	蔷薇属	昆明杨月季园艺有限责任公司	杨玉勇 张启翔 潘会堂 程堂仁 蔡 能	20090042	2009—12—31
43	美佳斯波	蔷薇属	玫岚明星月季公司	阿兰·安特奈·玫岚	20090043	2009—12—31
44	玫莱伊	蔷薇属	玫岚明星月季公司	阿兰·安特奈·玫岚	20090044	2009—12—31
45	美地班尼	蔷薇属	玫岚明星月季公司	阿兰·安特奈·玫岚	20090045	2009—12—31
46	瑞拉	蔷薇属	迪鲁特玫瑰花公司	波吾	20090046	2009—12—31
47	拉德拉兹	蔷薇属	法国玫岚明星月季公司	威廉姆· J. 拉德莱尔	20090047	2009—12—31
48	美地皮尔	蔷薇属	法国玫岚国际公司	阿兰·安东尼·玫岚	20090048	2009—12—31
49	美地扎朵	蔷薇属	法国玫岚国际公司	阿兰·安东尼·玫岚	20090049	2009—12—31
50	美法宝儿	蔷薇属	法国玫岚国际公司	阿兰·安东尼·玫岚	20090050	2009—12—31
51	美敦凯儿	蔷薇属	法国玫岚国际公司	阿兰·安东尼·玫岚	20090051	2009—12—31
52	玫月绮	蔷薇属	法国玫兰国际公司	阿兰·安托万·玫兰	20090052	2009—12—31
53	玫芬妮	蔷薇属	法国玫兰国际公司	阿兰·安托万·玫兰	20090053	2009—12—31
54	凯马蒂奥	蔷薇属	玫兰明星月季公司	梅田一智雄	20090054	2009—12—31
55	瑞沃克	蔷薇属	迪鲁特玫瑰花公司	波吾	20090055	2009—12—31

海关知识产权保护

表 1　　2009 年海关中止放行和扣留货物批次统计

年度	中止放行货物批次	同比	扣留货物批次	同比
2008	13 140		11 135	
2009	67 051	410.28%	65 810	491%

表 2　　2009 年海关查获进出口侵权货物统计

进出口类型	侵权商品数量（件/双）	占比	价值（元）	占比
进口	103 558	0.1%	4 245 587	1%
出口	279 955 242	99.9%	448 088 711	99%

表 3　　2009 年海关扣留的侵权商品数量和价值统计

商品类别	商品数量（件/双）	占比	价值（元）	占比
烟草	181 346 116	64.75%	31 237 651	6.91%
其他	46 761 330	16.70%	25 807 920	5.71%
其他轻工产品	15 918 160	5.68%	1 959 904	0.43%
化妆、护理用品	10 996 937	3.93%	10 757 195	2.38%
五金机械	8 712 423	3.11%	30 503 080	6.74%
服装	4 986 126	1.78%	44 083 239	9.75%
药品	3 344 790	1.19%	8 555 921	1.89%
其他机电产品	1 747 306	0.62%	42 909 738	9.49%
汽车、摩托车	1 580 608	0.56%	2 893 802	0.64%
通讯设备	1 469 595	0.52%	57 628 798	12.74%
鞋类	1 184 250	0.42%	7 894 969	1.75%
箱包及皮革制品	418 746	0.15%	21 765 950	4.81%
手表	319 770	0.11%	10 226 569	2.26%
玩具游戏	313 311	0.11%	4 101 115	0.91%
帽类	282 262	0.10%	793 251	0.18%

续表

商品类别	商品数量（件/双）	占比	价值（元）	占比
食品饮料	212 533	0.08%	199 920	0.04%
医疗器械	198 744	0.07%	48 379 124	10.70%
运动器具	130 893	0.05%	846 142	0.19%
存储介质	95 735	0.03%	57 874 722	12.79%
珠宝首饰	39 165	0.01%	43 915 285	9.71%

表 4 2009 年和 2008 年海关扣留的侵权商品类别统计

	商品数量（件/双）			商品价值（元）		
商品类别	2009	2008	同比	2009	2008	同比
服装	4 986 126	1 613 877	209%	31 237 653	22 276 084	40.23%
鞋类	1 184 250	888 685	33%	25 807 920	17 145 646	50.52%
帽类	282 262	331 962	−15%	1 959 904	4 072 076	−51.87%
箱包及皮革制品	418 746	380 710	10%	10 757 195	6 100 531	76.33%
化妆、护理用品	10 996 937	5 505 752	100%	30 503 080	21 200 760	43.88%
其他轻工产品	15 918 160	27 359 492	42%	44 083 239	28 786 062	53.14%
汽车、摩托车	1 580 608	998 389	58%	8 555 921	11 737 826	−27.11%
手表	319 770	225 948	42%	42 909 738	4 867 393	781.58%
玩具游戏	313 311	374 100	−16%	2 893 802	2 243 334	29.00%
通讯设备	1 469 595	1 093 602	34%	57 628 798	22 775 068	153.03%
存储介质	95 735	456 192	−79%	7 894 969	6 832 480	15.55%
其他机电产品	1 747 306	3 800 796	−54%	21 765 950	16 398 522	32.73%
五金机械	8 712 423	1 136 291	667%	10 226 569	9 258 069	10.46%
珠宝首饰	39 165	94 165	−58%	4 101 115	1 019 940	302.09%
运动器具	130 893	148 630	−12%	793 251	1 628 809	−51.3%
医疗器械	198 744	0		199 920	0	
药品	3 344 790	230 762	1349%	48 379 124	7 247 302	567.55%
食品饮料	212 533	1 563 553	−86%	846 142	1 910 929	−55.72%
烟草	181 346 116	562 765 960	−68%	57 874 722	83 726 791	−30.88%
其他	46 761 330	36 214 071	29%	43 915 284.67	25 574 535	71.71%

表 5 2009 年侵权商品运输方式（按扣留批次）

运输方式	邮递	快件	海运	航空	汽车	铁路	其他
批次	44 584	18 262	1490	316	501	149	508
占比%	67.75%	27.75%	2.26%	0.48%	0.76%	0.23%	0.77%
同比	500%	1 162%	31%	−8%	171%	19%	9%

表 6　　2009 年各直属海关扣留侵权货物统计

直属海关	批次	商品数量（件/双）	价值（元）
北京海关	3541	188 839	87 785 500
天津海关	195	507 146	3 533 341
呼和浩特海关	5	1108	70 710
满洲里海关	3	2040	20 371
大连海关	136	84 902	4 845 695
沈阳海关	72	18 399	206 055
长春海关	5	52 877	75 468
哈尔滨海关	1648	13 202	1 975 472
上海海关	35 739	8 172 781	57 782 936
南京海关	156	48 867	2 739 753
杭州海关	3655	15 735 158	36 293 624
宁波海关	301	29 771 703	36 052 220
合肥海关	3	3170	130 758
福州海关	235	446 095	6 475 732
厦门海关	186	1 861 626	9 025 824
青岛海关	488	924 174	7 782 302
郑州海关	10	351	9600
武汉海关	369	23 958	2 095 896
长沙海关	74	45 947	1 625 343
广州海关	12 859	423 465	7 808 199
深圳海关	4702	203 243 082	157 421 868
拱北海关	759	315 356	9 493 030
汕头海关	9	23	2300
黄埔海关	75	17 655 758	11 274 623
江门海关	14	41 692	617 800
湛江海关	2	28 248	1 300 422
南宁海关	70	66 837	2 266 538
海口海关	1	12	12 000
重庆海关	47	10 769	120 555
成都海关	46	353	217 900
昆明海关	130	20 516	219 396
拉萨海关	32	12 419	269 620
西安海关	182	78 525	1 233 740
乌鲁木齐海关	61	259 402	1 549 707

表 7 2009 年邮递和快件渠道专项行动统计

统计项目	专项行动（2009 年 6～12 月）	专项行动（2008 年 6～12 月）	同比
批次	37 914	4523	738.25%
商品数量（件/双）	2 612 891	2 044 560	27.80%
价值（元）	61 662 735	12 266 000	402.71%

（海关总署政策法规司知识产权处）

知识产权司法保护

2009年全国法院受理和审结各类知识产权案件统计表

	2009年
1. 刑事案件	
审结案件（件）	3660
判决发生法律效力（人）	5836
有罪判决（人）	5832
侵犯知识产权犯罪（件）	1007
同比增长（%）	1.1
生效判决（人）	1605
同比增长（%）	−3.14
生产、销售伪劣商品犯罪（涉及侵犯知识产权）（件）	646
生效判决（人）	1114
非法经营犯罪（涉及侵犯知识产权）（件）	1973
生效判决（人）	3076
其他犯罪（涉及侵犯知识产权）（件）	34
生效判决（人）	41
2. 行政案件	
新收一审案件（件）	2072
审结一审案件（件）	1971
专利案件（件）	688
同比增长（%）	19.03
商标案件（件）	1376
同比增长（%）	184.3
著作权案件（件）	4
同比增长（%）	−42.86
其他案件（件）	4
3. 民事案件	
新收一审案件（件）	30 626
同比增长（%）	25.49

续表

	2009 年
专利案件（件）	4422
同比增长（%）	8.54
商标案件（件）	6906
同比增长（%）	10.80
著作权案件（件）	15 302
同比增长（%）	39.73
技术合同案件（件）	747
同比增长（%）	19.9
不正当竞争案件（件）	1282
同比增长（%）	8.19
其他知识产权案件（件）	1967
同比增长（%）	46.79
审结一审案件（件）	30 509
同比增长（%）	29.73
涉外案件（件）	1361
同比增长（%）	19.49
涉港澳台案件（件）	353
同比增长（%）	56.89
新收二审案件（件）	5340
同比增长（%）	12.21
审结二审案件（件）	5492
同比增长（%）	16.88
新收再审案件（件）	100
同比增长（%）	－1.96
审结再审案件（件）	107
同比增长（%）	50.7
最高人民法院新收案件（件）	297
同比增长（%）	7.22
最高人民法院审结案件（件）	390
同比增长（%）	111.96

（最高人民法院知识产权审判庭）

第十一届中国专利奖金奖获奖项目简介

序　　号:1
专 利 号:01132074.5
发明名称:肿瘤坏死因子受体可溶部分的重组基因,及其融合基因与产物
专利权人:上海中信国健药业有限公司
发 明 人:郭亚军　王　皓　马　菁等

本发明提供肿瘤坏死因子受体可溶部分(sTNFR)的新的重组基因,及其融合基因与产物。肿瘤坏死因子 α(TNF－α)在类风湿关节炎(RA)中过量表达,是造成患者部位肿胀疼痛的主要因素之一;可溶性 TNF 受体(TNFR)可中和 TNF,但该受体体内半衰期短。为了解决抗体药物产业化表达量低的工艺难题,根据哺乳动物细胞密码子偏爱性,设计一段带有克隆表达操作序列的重组 sTNFR 基因,在构建重组 sTNFR 基因与人 IgG Fc 片段融合基因时,引入特定的连接序列(linker),发明一种新结构的受体抗体融合基因(TNFR－linker－Fc)。当融合基因表达时,表达产物在 CHO 细胞中表达量提高近 5 倍,所得融合蛋白亲和力提高数十倍。该专利产品蛋白亲和力高、靶向性好,临床有效率平均在 75%以上。由于蛋白表达量大大提高,生效效率大大提高,生产成本降低,售价为国外同类产品的一半以下。

本发明自 2006 年 1 月 1 日至 2008 年 12 月实施以来,累计生产注射用重组人Ⅱ型肿瘤坏死因子受体－抗体融合蛋白注射剂 105.6 万支,累计新增销售额 32 782.9 万元,累计新增利润 18 825.5万元,累计创收外汇 76.2 万美元。

序　　号:2
专 利 号:200510132289.3
发明名称:应用于分组网络的基于 H.323 协议的终端接入方法
专利权人:中兴通讯股份有限公司
发 明 人:卢　忱　张　亮　李广峰等

本发明涉及一种应用于分组网络的基于 H.323 协议的终端接入方法。现有 IP 分组多媒体网络中,终端要安全接入,主要是基于对称密码技术来实现网络对终端的安全认证。预共享秘密的对称密码安全机制的不足就是当网络规模很大时,用户预共享秘密分配困难,即使可行也难于管理。本发明所要解决的技术问题在于,提供一种应用于分组网络的基于 H.323 协议的终端接入方法,包括终端的认证、完整性、不可否认性及抗重放攻击等。其特征是基于椭圆曲线上离散对数困难问题假设出发,借助于哈希函数,椭圆曲线公钥证书,利用椭圆曲线数字签名方法实现终端的安全接入及共享秘密或会话密钥的安全传输。本发明方法实现了多媒体终端安全接入网络及终端之间的安全通信,具有对用户认证速度快,单位比特加密强度高等特点。

本发明自 2006 年 1 月 1 日至 2008 年 12 月实施以来,累计产量 900 万部,累计新增销售额 485 104 万元,累计新增利润 124 434 万元,累计创收外汇 68 792 万美元。

序　　号:3
专 利 号:200610127652.7
发明名称:一种用射线对液态物品进行安全检查的方法及设备
专利权人:同方威视技术股份有限公司　清华大学
发 明 人:胡海峰　李元景　康克军等

本发明涉及一种用射线对液态物品进行安全检查的方法及设备。当前,化学方法、电磁方法、中子方法和射线四类方法可以用于液态物品的安全检查,化学方法、电磁方法和中子方法存在着本身不适合快速安全检查的特点,采用X射线二维成像技术和三维CT扫描成像技术,获得了具有对比性的灰度图像或者伪彩色图像,但不能为液态物品安全检查提供充分依据。本发明方法包括:获取环境初始信息;发出射线束以透射所述液态物品;接收透射过所述液态物品的射线束,以形成多角度投影数据;基于所述环境初始信息和所述液态物品的均匀性,通过对所述多角度投影数据进行求逆运算,来计算得到被检液态物品的射线吸收系数;以及将所述射线吸收系数与预设数据进行比对,得到被检液态物品的相关信息。同现有技术相比,本发明不受液态物品外包装的影响、抗干扰性强,检查的准确性高、使用安全可靠、造价低、尺寸小的特点。

本发明自2007年1月1日至2008年12月实施以来,累计产量346套,累计新增销售额6699.43万元,累计新增利润3450.32万元,累计创收外汇12万美元。

序　　号:4
专 利 号:200630101181.3
发明名称:轿车
专利权人:中国第一汽车集团公司
发 明 人:王跃建　于彦颖　张　旭等

本外观设计运用于奔腾轿车。整车造型犹如蓄势待发的"公牛",稳重有力而又动感十足,车身线条棱角分明、透露出一种阳刚之美。其独特的造型风格既具有中国文化内涵又符合国际汽车设计潮流。从侧面看,整车前压俯冲的主线条被车尾竖直的线条戛然截断,车顶轮廓向后上方拱起、由此营造出静中之动的感觉。车头从正面看很饱满,大的块面切割棱角分明而不失细节的精致,尤其是拉伸感很强的"牛角形"前大灯和"天安门"特征的水箱面罩造型十分新颖。车尾箱的设计非常简洁有力,尾灯设计不仅符合整车的线条走势,还暗合了中国文化中"天圆地方"的概念,精致的后牌照灯装饰板形成了尾箱部分的一个亮点。本外观设计实现了中高级轿车领域的突破,塑造了国内自主高端车型的良好形象。

本专利产品项目自2006年8月至2008年12月生产以来,累计销售7.8万辆,累计新增销售额87.4亿元,累计新增利润7.1亿元,累计创收外汇485万美元。

序　　号:5
专 利 号:200510064688.0
发明名称:一种可控串联补偿晶闸管的电子触发系统
专利权人:中国电力科学研究院
发 明 人:任孟干　汤广福　武守远等

本发明设计一种可控串联补偿晶闸管的电子触发系统,应用于电力系统。近年来,由于长距离、大容量输电线路运行安全性的需要和新建输电走廊的难度变大,柔性交流输电技术得到越来越多的应用。其中,目前应用最广、最成熟的技术是可控串联补偿技术。晶闸管阀的电子触发系统(TETS)是可控串联补偿技术的核心技术,其直接决定了可控串联补偿技术的优劣。晶闸管的电子触发系统是晶闸管阀的核心组成部分,实现对晶闸管阀的触发和监测,其性能直接决定晶闸管阀的性能,进而决定整套装置的性能和可靠性。本发明主要由电压电流混合取能及电源转换回路、电源监视回路、电压检测回路、逻辑回路、触发回路、后备触发回路、光接收及发射回路构成。本发明工作在220kV或500kV及以上电压等级,工作可靠、稳定性高、抗干扰能力强,很好地解决了柔性交流输电技术在电力系统中应用的瓶颈问题。

本发明自2005年12月1日至2008年12月实施以来,已有两套系统投入运营,累计新增销售额4000万元,累计新增利润960万元。

序　　号：6

专 利 号：200510020003.2

发明名称：提高含铜取向硅钢电磁性能和底层质量的生产方法

专利权人：武汉钢铁(集团)公司

发 明 人：应　宏　邓崎琳　毛炯辉等

本发明涉及提高含铜取向硅钢板电磁性能和底层质量、采用含中间完全脱碳退火及两次冷轧法的生产方法。本方法主要技术内容：将含特定量成分的硅钢坯，在1220℃～1350℃温度范围内加热后，热轧成厚度为1.80～2.80mm的热轧板。然后采用含中间完全脱碳退火的两次冷轧法轧至成品厚度，中间厚度为0.50～0.70mm，再实施低温回复退火、涂布以氧化镁为主要成分的退火隔离剂后经高温退火、拉伸平整退火涂绝缘层后制成取向硅钢片。与现有技术相比，采用本专利技术生产取向硅钢一方面大大降低了生产成本，另一方面也使采用AlN和铜作为抑制剂的取向硅钢的磁性水平得到明显提高，涂层均匀性、绝缘性、附着性得以明显的改善，由于用该方法生产的取向硅钢产品质量优良，且生产成本低。

本发明自2006年1月1日至2008年12月实施以来，累计生产41.8万吨成品钢，累计新增销售额140.08亿元，累计新增利润98.2亿元。

序　　号：7

专 利 号：200510063255.3

发明名称：一种产生调频网点的方法和装置

专利权人：北京北大方正电子有限公司
　　　　　北京大学

发 明 人：刘志红　陈　峰　杨　斌

本专利涉及一种能够高速产生调频网点的方法和装置。现有技术中，每处理一个像素通常需要对误差行进行多次读写操作，网点产生速度慢。本发明所述的方法，将当前像素所产生的误差缓冲在寄存器堆中，在相关像素都处理完毕时才将最终的误差累积值写入误差行中。采用该方法的装置每处理一位像素对误差行存储器只需要进行一次读和一次写的操作，并且能采用专用硬件电路实现，大大提高调频网点的产生速度。利用该专利技术，使数字图像处理技术中调频挂网的速度达到了比通常软件的实现速度提高50倍以上的效果。

本发明自2005年3月15日至2008年12月实施以来，累计生产装置4600套，累计新增销售额33 503.6万元，累计新增利润8689.7万元，累计创收外汇1548.3万美元。

序　　号：8

专 利 号：200610049158.3

发明名称：激光气体分析系统的标定方法

专利权人：聚光科技(杭州)有限公司

发 明 人：顾海涛　王　健　李　鹰

本发明涉及一种激光气体分析系统的标定方法。现有技术中，过程气体分析仪器使用一段时间后工作特性会发生漂移，影响测量精度，需要用已知浓度标准气体标定分析仪器。由于许多被测气体具有剧毒、不稳定、易吸附等特性，造成这类标气标定存在操作危险、标定结果不可靠、成本高等缺点。本发明在国际上首次创新提出使用特性稳定、无污染、无毒、无吸附性的替代气体进行标定的方法。该方法先在被测气体吸收谱线附近寻找一条替代气体的吸收谱线，利用被测气体和替代气体吸收谱线之间已知的定量关系，只需测量替代标气即可标定分析系统，简化了仪器制造和运行使用过程中的标定，具有标定准确性高、操作安全、费用低廉等特点。该技术已应用于石化、钢铁、冶金、环保等存在HF、H_2S、HCN、HCl、H_2O等特殊气体的分析应用场合。

本发明自2006年1月1日实施以来，累计生产分析系统装置2437台，累计新增销售额31 805.68万元，累计新增利润15 072.39万元，累计创收外汇120.47万美元。

序　　号：9

专 利 号：00245222.7

发明名称：半连续离心纺丝机每锭多离心缸及其控制结构

专利权人：宜宾丝丽雅股份有限公司

发 明 人：冯　涛　廖周荣　段太刚等

本实用新型涉及纺丝机上的离心缸及其控制结构。现有的半连续离心纺丝机上，每锭装有一个离心缸及与其配套的电锭、开关。离心缸装在电锭上，通过电源开关控制电锭带动离心缸高速旋转，使人造丝在离心缸中形成丝饼。目前在每台半连续离心纺丝机的工作区，装有6个离心缸和与之配套的6个电锭，6个电锭安装在同一根电锭上支架上，该支架由两个电锭上托座托起。这种结构每锭只能同时成形一个丝饼，该台纺丝机同时只能生产6个丝饼，生产能力受到很大局限。本实用新型通过在并列的电锭上支架上，每根支架安装 6 个电锭及配套的离心缸，使每锭对应有多个离心缸和配套的电锭，并配装有控制每个电锭转动的电锭开关箱。由于半连续离心纺丝机上每锭增加了离心缸及配套的电锭，使机器工作区内离心缸数翻倍，因而可以实现丝饼产量翻倍。

本实用新型自 2003 年 1 月至 2008 年 12 月实施以来，累计生产产品 255 324.61 吨，累计新增销售额 662 792.70 万元，累计新增利润 229 792.15 万元，累计创收外汇 175 344.03 万美元。

序　　号：10
专 利 号：02139929.8
发明名称：宽带码分多址移动通信系统的功率控制方法
专利权人：中兴通讯股份有限公司
发 明 人：柯雅珠　窦建武　续　斌等

本发明提出一种宽带码分多址移动通信系统（WCDMA）的功率控制方法。现有技术中，WCDMA 系统上行链路是干扰受限的，其他所有用户 User Equipment（UE）的发射功率对本移动台来说都是干扰，因为移动台在小区中是随机分布的，如果对所有的移动台都采用相同的发射功率，则在基站接收到的远距离的移动台信干比就非常小，造成的误码就非常大，这样就形成了远近效应；另一方面，移动通信的无线信道有一个宽带动态频段，这些特性和移动用户的性质有关，并且通常受到无线链路的多普勒（Doppler）衰落效应和瑞利（Rayleigh）衰落的影响。本发明中的功率控制方法根据上报的 SIRerror（实测的 SIR 与一定周期内 SIRtarget 的平均值之差）快速调整 SIRtarget；同时当实测的 SIR 与 SIRtarget_ave（SIRtarget 在 80ms 周期内的平均值）差值未超过门限值时采用正常的外环功率控制方法——事件报告 BLER 方法。采用本方法能够快速收敛外环功率控制，并且根据不同业务所满足的 Qos 等级的不同，确定下调周期和当前实际的通信质量状况，采用自适应步长调整 SIRtarget，保证了各种业务在各种环境下其发射功率都能快速收敛。

本发明自 2006 年 7 月 1 日至 2008 年 12 月实施以来，累计应用于 114 套系统中，累计新增销售额 2280 万元，累计新增利润 570 万元，累计创收外汇 83 万美元。

序　　号：11
专 利 号：200510034435.9
发明名称：一种基于服务器端\客户端结构远程显示处理方法
专利权人：广东威创视讯科技股份有限公司
发 明 人：卢如西　潘远雄　白宝国等

本发明提供一种超高分辨率显示数据无损实时压缩解压算法，实现原理为：在服务端对显示帧间变化的数据和帧内的数据分别进行特殊压缩编码并实时传输到客户端；客户端根据编码方法进行解压和显示并局部刷新；在关键部分采用汇编语言，对数据进行编解码时尽可能采用长字或字操作，并尽可能提高 cache 命中率。与现有技术相比，它解决了行程、哈夫曼、MPEG 等常用编码技术运用于大屏幕系统时速度慢、不流畅的问题，并可以接近实时的速度显示超常规分辨率几十倍的远程网络应用，以该技术为核心技术的高分辨率大屏幕显示系统在全球首次将桌面分辨率提高到 100M 像素（130 个显示输出通道）。

本发明自 2005 年 1 月至 2008 年 12 月实施以来，累计应用于 16 164 套系统中，累计新增销售额 131 224 万元，累计新增利润 45 135 万元，累计创收外汇 580 万美元。

序　　号：12
专 利 号：01114785.7
发明名称：可直接焊漆包线的点电焊机
专利权人：杨仕桐
发 明 人：杨仕桐

本发明涉及一种专门提供电子工业、微电子工业使用的点电焊机。目前所使用的点电焊机在焊接细漆包线时必须先由人工除去其表皮上的绝缘层，然后才由机器进行焊接，工艺繁琐、复杂，工作效率低下。本发明点电焊机由焊头、起电源调控作用的主机和由焊头夹、焊头压力调节装置构成的机头三部分组成，其特征是焊头用耐高温金属做成两个平行电极，电极之间有一层作为粘合固连和绝缘分隔的绝缘粘胶，两个平行电极末端之间相互欧姆接触，接触电阻一般小于等于 200mΩ，而其他部分相互绝缘。工作时，由于该焊机的焊头尖端做成一定电阻值应力接触的特殊结构，主机电路提供适合的工作电流，使焊接漆包线时可不必由人工先除去漆包线上的绝缘漆，同时又使每一个焊点均匀牢固，操作起来简单方便，大大缩短焊接时间。

本发明自2002年1月至2008年12月实施以来，累计新增销售额6336万元，累计新增利润1769万元。

序　　号：13
专 利 号：02146699.8
发明名称：超高分子量聚丙烯酰胺合成工艺技术中的水解方法
专利权人：中国石油天然气股份有限公司
发 明 人：周云霞　刘福民　张跃虎等

本发明涉及一种超高分子量聚丙烯酰胺合成工艺技术中的水解方法。以往合成聚丙烯酰胺的方法主要有三种：(1)均聚共水解工艺，聚合链终止快，不易生产出高分子量产品，一般分子量是500万～1500万之间；(2)共聚工艺，该方法虽然不需要水解，但对原料纯度，很难得到高分子量产品，一般分子量是1500万～2000万；(3)聚合后水解工艺，该方法对原料纯度要求虽然不高，但因聚丙烯酰胺是热的不良导体，温度很难达到水解条件，仍不能得到更高分子量的产品，分子量最高达到2400万。本发明采用的是由丙烯酰胺水溶液聚合生成胶体，再把胶体造粒，然后和固态碱充分混合，在60℃～95℃条件下进行水解反应，之后对水解后的胶粒干燥、粉碎，最终生产出阴离子型聚丙烯酰胺产品。本技术的主要优点是产品性质稳定，分子量高，水溶性好，粘度高。本发明的创新点是在国内外首次使用胶粒和固体碱混合加热水解的工艺，采用该技术生产出分子量在2500万以上的聚丙烯酰胺产品，该技术已经达到国际领先水平。

本发明自2002年1月至2008年12月实施以来，累计生产产品268 247.25吨，累计新增销售额499 423.73万元，累计新增利润144 809.08万元。

序　　号：14
专 利 号：200410049491.5
发明名称：一种特大抗挠变梳型桥梁伸缩缝装置
专利权人：徐　斌
发 明 人：徐　斌

本发明涉及一种伸缩量在300毫米以上的特大抗挠变梳型桥梁伸缩缝装置。在现有技术中，采用固定梳板和活动梳板配合的梳型伸缩装置是较好的一种，但是，在伸缩缝的伸缩量在500毫米以上的特大型桥梁中，车辆荷载作用引起的梁体挠度变形特别严重，活动板的上翘也更为厉害，此时再遇车辆重压，就会导致整个伸缩装置的损坏。另外，近年来盛行的特大型拉索桥，当桥梁在荷载及其他内外力作用下，梁体的端部除了竖向转角变形外，同时还存在纵向、横向、斜向以及扭转等多向变形，在这种情形下，以往的各种伸缩缝装置都无法适应。本发明项目创造性发明了模块式轴转结构。通过将桥梁伸缩装置设计成模块式和将活动梳板的第二端设计成可以转动，使得在桥梁梁体产生挠度变形、梁端上翘或下沉时，活动梳板与梁体之间将发生转动，使活动梳板保持平整状态，避免整个伸缩装置因此而引起损坏，保证车辆平顺安全通过，同时满足桥梁的水平、竖向等多向大变位需求。

本发明自2006年5月至2008年12月实施以来，累计应用于51 216米长度的桥梁中，累计新增销售额24 059万元，累计新增利润2929万元。

序　　号：15
专 利 号：03115270.8
发明名称：毒死蜱的生产方法
专利权人：浙江工业大学
发 明 人：徐振元　许丹倩　戴金贵等

本发明涉及一种毒死蜱的生产方法。毒死蜱是全世界生产、销售和使用量最大的杀虫剂品种之一，但其开发难度很大，现有技术中毒死蜱的制备方法，所用的辅助原料较多，污染环境，操作方法繁琐，三废量较大。本发明毒死蜱的生产方法，采用双催化剂和双溶剂。采用三甲胺和相转移催化剂，用沸点较高的溶剂代替沸点低、易挥发的二氯甲烷，可在较高的温度下进行缩合反应，不仅节省了溶剂和氯化钠与硼酸钠组成的缓冲溶液，减少了三废，而且操作简便，反应速度快，易于工业化生产。与国外同类技术相比，专利技术的主要优点是：(1)不使用缓冲溶液和低沸点、易挥发的有机溶剂，生产工艺操作简便易行、环境相对友好；(2)合成效率高和产品质量好，毒死蜱纯度达98%～99.5%(国家标准95%，联合国粮农组织标准94%)。本发明自2003年1月至2008年12月实施以来，累计生产产品17 897吨，累计新增销售额88 536万元，累计新增利润15 051万元，累计创收外汇4984万美元。

商标局2009年在商标管理案件中认定并公布的277件驰名商标

序号	商标	注册人/所有人	类别及使用商品/服务
1	爱特福及图	江苏爱特福药物保健品有限公司	第5类:消毒剂
2	今麦郎	今麦郎食品有限公司	第30类:方便面
3	易事特	广东易事特电源股份有限公司	第9类:稳压电源
4	富煌及图	安徽富煌钢构股份有限公司	第6类:金属建筑材料
5	毛家及图	韶山毛家饭店发展有限公司	第42类:餐馆
6	GRIFINE及图	广东能强陶瓷有限公司	第19类:瓷砖
7	威王 WEI WANG 及图	广东威王集团有限公司	第11类:电饭锅
8	SEARI及图	上海电器科学研究所(集团)有限公司	第9类:计算器控制设备装置
9	宝怡	深圳市宝怡珠宝首饰有限公司	第14类:戒指(珠宝)、项链(珠宝)
10	翠绿	深圳市翠绿珠宝首饰有限公司	第14类:翡翠、装饰品(珠宝)
11	DongMing及图	河北东明实业集团有限公司	第18类:皮革
12	鹰牌及图	佛山石湾鹰牌陶瓷有限公司	第19类:彩釉砖
13	海澜之家 HEILAN HOME及图	海澜之家服饰股份有限公司	第25类:服装
14	第1078573号图形	潮州正龙电池工业有限公司	第9类:干电池
15	罡阳及图	江苏罡阳股份有限公司	第12类:摩托车发动机曲轴连杆
16	富安娜 fuanna及图	深圳市富安娜家居用品股份有限公司	第24类:床上用品
17	地王	抚松金隆木业集团有限公司	第19类:实木复合地板
18	驰动 CHIDONG及图	济南柴油机股份有限公司	第7类:柴油机、柴油机发电机组、天然气机发电机组
19	COSLIGHT及图	哈尔滨光宇集团股份有限公司	第9类:蓄电池、电池
20	GW	威海光威集团有限责任公司	第28类:钓具
21	阮仕	浙江阮仕珍珠股份有限公司	第14类:珍珠(珠宝)
22	NANSHAN及图	山东南山铝业股份有限公司	第24类:精纺呢绒、毛料布
23	RUNTU闰土及图	浙江闰土股份有限公司	第2类:染料
24	巨化 JH	巨化集团公司	第1类:烧碱
25	临海蜜桔	临海市特产技术推广总站	第31类:柑桔
26	梧桐及图	黑龙江泰丰粮油食品有限公司	第29类:大米
27	楚门文旦及图	玉环县文旦研究所	第31类:文旦(柚)
28	第1439614号图形	广厦控股创业投资有限公司	第37类:建筑
29	丹吉娅 Danjiya及图	浙江袜业有限公司	第25类:袜子

续表

序号	商标	注册人/所有人	类别及使用商品/服务
30	JH	中山建华管桩有限公司	第19类:高强混凝土管桩
31	飞捷	福建省永安轴承有限责任公司	第7类:工业轴承
32	好当家 HOMEY 及图	山东好当家海洋发展股份有限公司	第29类:海参(非活)、虾(非活)
33	第3367796号图形	宣化新钟楼啤酒有限公司	第32类:啤酒
34	樱雪 Inse 及图	中山市樱雪集团有限公司	第11类:燃气热水器、燃气炉
35	BEIFA	贝发集团有限公司	第16类:钢笔、圆珠笔
36	世友 SHIYOU 及图	浙江世友木业有限公司	第19类:木地板
37	第590322号图形	广州市华南橡胶轮胎有限公司	第12类:汽车轮胎、汽车内胎
38	力霸皇 LIBAHUANG 及图	浙江力霸皇工贸集团有限公司	第12类:自行车、电动自行车
39	五得利及图	五得利面粉集团有限公司	第30类:面粉
40	蒙努	海宁蒙努集团有限公司	第25类:皮衣
41	艾莱依	艾莱依集团有限公司	第25类:羽绒服装
42	征峰及图	四川省资阳市征峰鞋业有限责任公司	第25类:胶鞋
43	中捷 ZOJE 及图	中捷缝纫机股份有限公司	第7类:工业缝纫机
44	爱迪尔 IDEAL 及图	浙江爱迪尔包装集团公司	第16类:纸盒、包装纸
45	上峰 SALFO 及图	上峰集团有限公司	第16类:纸箱、瓦楞原纸
46	新亚 SHINE 及图	广东新亚光电缆实业有限公司	第9类:电线、电缆
47	同大 TITAN 及图	山东同大集团有限公司	第6类:镍网
48	农哈哈及图	河北农哈哈机械集团有限公司	第7类:播种机
49	KEKE 克刻	贵州益佰制药股份有限公司	第5类:止咳药
50	以岭及图	石家庄以岭药业股份有限公司	第5类:中药成药
51	净雅	净雅餐饮集团有限公司	第43类:餐厅
52	胡姬花	嘉里粮油(青岛)有限公司	第29类:食用油脂、花生油
53	京东 JINGDONG 及图	京东橡胶有限公司	第17类:再生胶
54	怡宝及图	华润怡宝食品饮料(深圳)有限公司	第32类:水(饮料)
55	第1267058号图形	黄石东贝机电集团有限责任公司	第7类:制冷压缩机
56	第1465078号图形	广东华兴玻璃有限公司	第21类:日用玻璃器皿、小玻璃瓶(容器)
57	欧派	广州欧派橱柜企业有限公司	第20类:餐具柜
58	美涂士	广东美涂士化工有限公司	第2类:涂料、油漆
59	钻之韵	深圳市钻之韵珠宝首饰有限公司	第14类:珠宝首饰
60	寿比山	天津力生制药股份有限公司	第5类:新药成药
61	得力 DELI 及图	得力集团有限公司	第16类:文具
62	三洋	三洋电机株式会社(日本)	第11类:电冰箱、空气调节器、微波炉
63	万安	浙江万安科技股份有限公司	第12类:汽车制动器
64	富达 Fuda	宁波富达股份有限公司	第9类:吸尘器、吸尘机
65	柏慧燕都及图	辽宁柏慧燕都食品有限公司	第29类:猪肉食品
66	王老吉	广州医药集团有限公司	第32类:无酒精饮料

续表

序号	商标	注册人/所有人	类别及使用商品/服务
67	雁来红及图	山东省滨州裕华(集团)实业总公司	第 31 类:冬枣
68	东昌 DONGCHANG	上海东昌企业集团有限公司	第 35 类:推销(替他人)
69	长寿 CHANGSHOU 及图	重庆长寿化工有限责任公司	第 17 类:氯丁橡胶
70	兴盛	厦门兴盛食品有限公司	第 30 类:挂面、面条
71	第 3785517 号图形	天水风动机械有限责任公司	第 7 类:凿岩机械气动工具
72	青专	重汽集团专用汽车公司	第 12 类:混凝土搅拌车、清洁车
73	尚德电力	无锡尚德太阳能电力有限公司	第 9 类:太阳能电池
74	石岛及图	山东华鹏玻璃股份有限公司	第 21 类:日用玻璃器皿
75	PEAK 及图	福建泉州匹克体育用品有限公司	第 25 类:运动鞋
76	科伦	四川科伦药业股份有限公司	第 5 类:大容量注射剂
77	郫县豆瓣	成都市郫县食品工业协会	第 30 类:豆瓣
78	盛辉	福建省盛辉物流集团有限公司	第 39 类:汽车运输
79	ZYS	洛阳轴研科技股份有限公司	第 7 类:轴承
80	第 1560573 号图形	紫金矿业集团股份有限公司	第 14 类:金锭
81	第 910589 号图形	临沂市华太电池实业公司	第 9 类:电池
82	萃华	沈阳萃华金银珠宝制品实业有限公司	第 14 类:黄金饰品
83	圣豪 SUNHAO 及图	山东圣豪家纺有限公司	第 24 类:毛毯
84	徐福记及图	东莞徐记食品有限公司	第 30 类:糕点、糖果
85	周君记	重庆三九火锅底料厂	第 30 类:火锅调料
86	耿瓷及图	山东耿瓷集团有限公司	第 19 类:瓷质墙地砖
87	JS	石家庄光晋阀门有限公司	第 6 类:金属阀门
88	联泰 LIANTAI	广东省联泰集团有限公司	第 37 类:建筑、铺路
89	S 及图	湖北洪城通用机械股份有限公司	第 7 类:阀门
90	情满旅途	青岛交运集团公司	第 39 类:客运、货运
91	白云鄂博 RE 及图	内蒙古包钢稀土高科技股份有限公司	第 1 类:稀土族、金属土
92	金大地及图	山东金正大生态工程股份有限公司	第 1 类:复混肥
93	华东	青岛华东葡萄酿酒有限公司	第 33 类:葡萄酒
94	KELONG	厦门科华恒盛股份有限公司	第 9 类:不间断电源设备
95	天地伟业 TIANDYTECH	天津天地伟业数码科技有限公司	第 9 类:计算机外围设备、监视器(计算机硬件)
96	安妮	厦门安妮股份有限公司	第 16 类:复印纸
97	红三晶 HONG SAN JING 及图	天津大沽化工股份有限公司	第 1 类:烧碱、聚氯乙烯树脂
98	宣工及图	河北宣工机械发展有限责任公司	第 7 类:推土机
99	金诃及图	青海金诃藏药药业股份有限公司	第 5 类:藏药成药
100	千色花 FORTRESS 及图	广东千色花化工有限公司	第 2 类:涂料、油漆
101	曼都珊	河北曼都珊珠宝首饰有限公司	第 14 类:珠宝首饰
102	健将	中山市小榄镇金龙制衣厂	第 25 类:内裤
103	LEAR	邯郸力尔型材有限公司	第 19 类:非金属建筑材料

续表

序号	商标	注册人/所有人	类别及使用商品/服务
104	德众	佛山德众药业有限公司	第 5 类:中药成药
105	CNHTC 及图	中国重型汽车集团有限公司	第 12 类:汽车
106	第 1010069 号图形	福建省佳美集团公司	第 21 类:瓷陶工艺品
107	永进 Yongjin	永进电缆集团有限公司	第 9 类:电线、电缆
108	白兔湖及图	安徽华祥实业有限公司	第 7 类:内燃机配件
109	西玛	西安西玛电机(集团)股份有限公司	第 7 类:电机
110	金光及图	安徽金光机械集团股份有限公司	第 7 类:凸轮轴
111	双赢及图	福建双赢集团有限公司	第 1 类:磷肥(肥料)、化学肥料、混合肥料
112	丹玉	辽宁丹玉种业科技股份有限公司	第 31 类:种子
113	茂祥	通化茂祥制药有限公司	第 5 类:中成药
114	施慧达	吉林省天风制药有限责任公司	第 5 类:降压药
115	新大陆 Newland 及图	福建新大陆科技集团有限公司	第 9 类:计算机外围设备
116	吉恩	吉林吉恩镍业股份有限公司	第 1 类:硫酸镍
117	陕汽及图形	陕西重型汽车有限公司	第 12 类:汽车
118	第 673644 号图形	吉林华微电子股份有限公司	第 9 类:晶体管
119	新天 suntime	新天国际葡萄酒业有限公司	第 33 类:葡萄酒
120	第 298037 号图形	广东生益科技股份有限公司	第 9 类:敷铜板
121	天业及图	新疆天业(集团)有限公司	第 11 类:自动浇水装置
122	TORIN 及图	江苏通润机电集团有限公司	第 7 类:千斤顶
123	连城红心地瓜干	连城红心地瓜干协会	第 29 类:地瓜干
124	XCC	浙江五洲新春集团有限公司	第 7 类:轴承
125	三房巷 SANFANGXIANG 及图	江苏三房巷集团有限公司	第 22 类:纤维纺织原料
126	地神 DISHEN 及图	河南黄泛区地神种业有限公司	第 31 类:植物种籽
127	金丹及图	河南金丹乳酸有限公司	第 1 类:乳酸
128	CTG 及图	泰山玻璃纤维有限公司	第 21 类:非纺织用玻璃纤维线、非绝缘非纺织用玻璃纤维
129	安利 ANLI 及图	安徽安利合成革股份有限公司	第 18 类:革
130	东岳 DONGYUE 及图	山东东岳橡胶制品有限公司	第 12 类:自行车内外胎、力车内外胎
131	第 289173 号图形	金杯汽车股份有限公司	第 12 类:汽车
132	双叶	七台河市双叶家具有限责任公司	第 20 类:家具
133	HanDe 及图形	陕西汉德车桥有限公司	第 12 类:汽车车桥
134	T	山东鲁南机床有限公司	第 7 类:车床、钻铣加工机器
135	洲克	泉州克拉克体育用品有限公司	第 25 类:紧身衣裤
136	华晋 HUAJIN 及图	山西华晋纺织印染有限公司	第 24 类:印花棉布(灯芯绒)
137	双燕及图	天津药业集团有限公司	第 5 类:西药、中药成药
138	爱普及图	上海爱普香料有限公司	第 3 类:香料、香精油
139	TAIFENG 及图	泰丰纺织集团有限公司	第 24 类:布、床上用品
140	金地 GOLDFIELD	金地(集团)股份有限公司	第 36 类:不动产管理、商品房销售

续表

序号	商标	注册人/所有人	类别及使用商品/服务
141	第 1556716 号图形	枣庄华润纸业有限公司	第 19 类:石膏板护面纸
142	晨光 CHEN GUANG 及图	中昊晨光化工研究院	第 17 类:橡胶
143	琴岛及图	青岛市琴岛电器有限公司	第 11 类:电热毯、电热垫
144	TIANLI 天力	天津国际联合轮胎橡胶有限公司	第 12 类:轮胎
145	瑞贝卡 Rebecca	河南瑞贝卡发制品股份有限公司	第 26 类:假发
146	鲁丽及图	鲁丽集团有限公司	第 19 类:胶合板
147	上峰及图	浙江上峰水泥集团有限公司	第 19 类:水泥
148	昆电工及图	昆明电缆股份有限公司	第 9 类:电缆、电线
149	HEC	乳源瑶族自治县东阳光化成箔有限公司	第 6 类:铝箔
150	金鸡及图	广西灵峰药业有限公司	第 5 类:中药
151	中强 ZHONGQIANG 及图	株洲兴隆化工实业有限公司	第 1 类:白炭黑
152	金杯 GOLD CUP 及图	湖南金杯电缆有限公司	第 9 类:电线、电缆
153	龙舟及图	湖南中天龙舟农机有限公司	第 7 类:收割机
154	远征及图	河北远征药业有限公司	第 5 类:兽药
155	三立及图	湖南三立集团股份有限公司	第 6 类:电解金属锌锭、金属镉
156	金凤及图	湖南华菱线缆股份有限公司	第 9 类:电线、电缆
157	君山 JUN SHAN 及图	湖南省君山银针茶业有限公司	第 30 类:茶叶
158	小站稻 xiaozhandao 及图	天津市津南区农业技术推广服务中心	第 30 类:稻米、米
159	中意及图	津市市中意糖果有限公司	第 30 类:糖果
160	小龙王 xiao long wang 及图	小龙王食品有限公司	第 29 类:加工过的槟榔
161	第 1913046 号图形	株洲南方阀门股份有限公司	第 7 类:液压阀、压力阀
162	第 1123485 号图形	长沙金龙铸造实业有限公司	第 6 类:污水井盖
163	兴盛	江苏兴盛刷业有限公司	第 21 类:牙刷
164	环日及图	山东环日集团有限公司	第 6 类:液化气钢瓶
165	强人 QIANGREN 及图	际华三五一五皮革皮鞋有限公司	第 25 类: 皮鞋
166	奔马及图	河南奔马股份有限公司	第 12 类:摩托三轮车
167	新华及图	山东新华医疗器械股份有限公司	第 10 类:消毒器械
168	得尔乐	江西春源绿色食品有限公司	第 29 类:食用油
169	威特 VEECTORY	江苏威特集团有限公司	第 12 类:陆地车辆用离合器
170	金康达及图	淮安市康达饲料有限公司	第 31 类:饲料
171	鼎湖及图	安徽省宁国中鼎股份有限公司	第 17 类:橡胶密封件
172	东宏实业 DONGHONGSHIYE 及图	曲阜市东宏实业有限公司	第 19 类:非金属管道、非金属建筑材料
173	山焦及图	山西焦化集团有限公司	第 4 类:焦炭
174	新日 XIN·RI 及图	江苏新日电动车股份有限公司	第 12 类:电动自行车
175	金斗山及图	山东光明起重机械集团有限公司	第 7 类:起重机

续表

序号	商标	注册人/所有人	类别及使用商品/服务
176	海达 HD 及图	江阴海达彩涂有限公司	第 6 类:金属板条、金属片、金属板
177	天喔	上海天喔食品(集团)有限公司	第 29 类:蜜饯、加工过的坚果
178	航嘉 Huntkey	深圳市驰源实业有限公司	第 9 类:稳压电源
179	采花及图	湖北采花茶业有限公司	第 30 类:茶叶
180	GOLDEN FIELD 及图	东莞市金河田实业有限公司	第 9 类:计算机机箱、电脑开关电源
181	QQ	腾讯科技(深圳)有限公司	第 38 类:信息传递、计算机终端通讯、提供与全球计算机网络的电讯联接服务
182	福田	北汽福田汽车股份有限公司	第 12 类:汽车
183	雄塑及图	广东雄塑科技实业有限公司	第 17 类:塑料管
184	星湖及图	广东肇庆星湖生物科技股份有限公司	第 1 类:呈味核苷酸二钠、肌苷酸二钠
185	富友及图	辽宁东亚种业有限公司	第 31 类:玉米种子
186	Kinwai	江门健威家具装饰有限公司	第 20 类:家具
187	拜富 BAIFU 及图	江苏拜富色釉料有限公司	第 2 类:陶瓷釉
188	华成 HCH 及图	淄博水环真空泵厂有限公司	第 7 类:真空泵
189	东圣 DonGSHEnG 及图	湖北东圣化工集团有限公司	第 1 类:磷酸一铵
190	二一三及图	天水二一三电器有限公司	第 9 类:继电器、接触器
191	索佳 SUOJIA	深圳市爱索佳实业有限公司	第 9 类:影碟机、扩音机
192	五粮醇	四川省宜宾五粮液集团有限公司	第 33 类:白酒
193	赛博及图	河北金赛博板业有限公司	第 19 类:贴面板、木屑板
194	康弘 KANGHONG 及图	成都康弘药业集团股份有限公司	第 5 类:中药成药、生化药品、医药制剂
195	足友	福建省足友体育用品有限公司	第 25 类:童鞋
196	盛虹 SHENGHONG 及图	盛虹集团有限公司	第 24 类:布、织物
197	双环及图	仪征双环活塞环有限公司	第 7 类:活塞环
198	HUAPENG 及图	华鹏集团公司	第 6 类:桥架、空中架线用母线槽
199	第 1328664 号图形	大连第一互感器有限责任公司	第 9 类:互感器
200	淳	杭州千岛湖发展有限公司	第 31 类:活鱼
201	AFDG 及图	安徽丰大股份有限公司	第 30 类:面条、面粉制品
202	大莊	杭州大庄地板有限公司	第 19 类:地板、半成品木材
203	FH	广东风华高新科技股份有限公司	第 9 类:电容器、电阻器
204	第 3004307 号图形	山西鸿基科技股份有限公司	第 7 类:纺织机、精纺机
205	绿色芳山 LSFS 及图	辽宁绿色芳山有机食品有限公司	第 29 类:加工过的花生、熟制豆
206	Winner	稳健实业(深圳)有限公司	第 5 类:医用敷料、消毒棉
207	鸢都 KITING METROPOLIS 及图	山东海化股份有限公司	第 1 类:纯碱、氯化钙
208	银杏 GINGKO 及图	成都银杏金阁餐饮股份有限公司	第 42 类:餐馆
209	莱百 BAI 及图	北京莱市口百货股份有限公司	第 14 类:贵重金属首饰、珠宝首饰
210	骆驼 LUO TUO 及图	唐人神集团股份有限公司	第 31 类:饲料

续表

序号	商标	注册人/所有人	类别及使用商品/服务
211	冠丰 GUANFENG 及图	山东冠丰种业科技有限公司	第 31 类:种子
212	云锡 YT	云南锡业股份有限公司	第 6 类:锡
213	贵研 SPM 及图	贵研铂业股份有限公司	第 14 类:未加工或半加工贵重金属、贵重金属合金、铂
214	雅丽泰 LUTILE 及图	江西泓泰企业集团有限公司	第 6 类:铝塑复合板
215	东湖 DONGHUBRAND 及图	山西老陈醋集团有限公司	第 30 类:醋
216	银力及图	新疆西部银力棉业(集团)有限责任公司	第 22 类:皮棉
217	洁神 JIESHEN 及图	青海洁神装备制造集团有限公司	第 12 类:垃圾车
218	兆君 zhaojun 及图	呼和浩特兆兴羊绒制品有限公司	第 25 类:羊绒衫
219	拜耳 BAYER	拜耳股份有限公司(德国)	第 5 类:医用药物、医用营养物品、消灭害虫制剂、杀菌剂、除莠剂、杀虫剂
220	宇航人及图	内蒙古宇航人高技术产业有限责任公司	第 5 类:医用营养品
221	光辉 GUANGHUI 及图	亚邦化工集团有限公司	第 2 类:油漆、耐酸漆
222	龙星 LX 及图	龙星化工股份有限公司	第 1 类:炭黑
223	CASDELAY 卡思·迪莱	江苏卡思迪莱服饰有限公司	第 25 类:制服、帽
224	大寨 DAZHAI 及图	昔阳县大寨经济开发总公司	第 32 类:核桃露
225	ITG 及图	厦门国贸集团股份有限公司	第 35 类:进出口代理
226	固城湖 GUCHENGHU 及图	高淳县集体资产经营有限公司、南京固城湖水产实业有限公司(共有商标)	第 31 类:螃蟹
227	TSD 及图	天水锻压机床有限公司	第 10 类:折弯机、剪板机
228	第 1273835 号图形	常熟开关制造有限公司	第 9 类:断路器
229	味之家	安徽新锦丰企业投资集团有限公司	第 30 类:方便面、饼干
230	心实及图	江苏心实肥业集团有限公司	第 1 类:肥料
231	九阳	九阳股份有限公司	第 7 类:豆浆机、家用电动榨水果机
232	盱眙龙虾 XUYILONGXIA 及图	江苏省盱眙龙虾协会	第 31 类:龙虾(活)
233	金科 JIN KE 及图	重庆市金科实业(集团)有限公司	第 36 类:不动产管理、商品房销售
234	HYT	深圳市好易通科技有限公司	第 9 类:通讯导航设备
235	光 GDYG 及图	广东远光电缆实业有限公司	第 9 类:电线、电缆
236	兰亚	兰西县兰亚亚麻制品有限公司	第 20 类:汽车坐垫、垫枕
237	春合 CHUN HE 及图	天津市春合体育用品厂	第 28 类:健身器材、体育活动器械
238	七宝及图	江苏七宝光电集团有限公司	第 9 类:电线、电缆
239	RENLE	上海雷诺尔电气有限公司	第 9 类:起动器
240	罗欣及图	山东罗欣药业股份有限公司	第 5 类:医用制剂
241	武夷 WU YI 及图	福建省建阳武夷味精有限公司	第 30 类:味精、鸡精
242	欧宝 OUBAO 及图	山东欧宝板业有限公司	第 19 类:地板(木制)
243	工大及图	石家庄工大化工设备有限公司	第 11 类:干燥设备、干燥器
244	国宝 Gb	湖北国宝桥米有限公司	第 30 类:大米

续表

序号	商标	注册人/所有人	类别及使用商品/服务
245	赛克 SYKEE 及图	天津科林自行车有限公司	第 12 类:自行车
246	天工 TIANGONG 及图	天津渤天化工有限责任公司	第 1 类:烧碱、聚氯乙烯、环氧氯丙烷
247	力神 LiShen 及图	天津力神电池股份有限公司	第 9 类:锂离子蓄电池
248	3502 及图	际华三五零二职业装有限公司	第 25 类:服装
249	Edifier 漫步者	北京爱德发科技有限公司	第 9 类:扬声器音箱
250	美驰	北京美驰建筑材料有限责任公司	第 19 类:非金属门、非金属窗
251	CRSBG 及图	中铁山桥集团有限公司	第 6 类:金属建筑结构、铁路道岔
252	QTX	青铜峡铝业股份有限公司	第 6 类:铝锭、稀土铝合金锭
253	中宁枸杞 THE LYCIUM CHINENSE OF ZHONGNING	中宁县枸杞生产管理站	第 5 类:枸杞
254	嘉士利	开平市嘉士利食品有限公司	第 30 类:饼干、糕点
255	章丘大葱及图	章丘市大葱产业协会	第 31 类:大葱
256	集发及图	秦皇岛市北戴河集发农业综合开发股份有限公司	第 31 类:新鲜蔬菜、鲜水果
257	SDLG 及图	山东临工工程机械有限公司	第 7 类:挖掘机、装卸设备
258	大自然	大自然投资控股有限公司(中国澳门)	第 19 类:地板
259	中澳 ZHONG AO 及图	山东中澳农工商集团有限公司	第 29 类:肉
260	福挖及图	抚顺挖掘机制造有限责任公司	第 7 类:起重机、挖掘机
261	大化 DAHUA DH 及图	大化集团有限责任公司	第 1 类:纯碱、碳酸氢铵
262	第 4037605 号图形	唐山大通金属制品有限公司	第 11 类:暖气装置、暖气片、中心暖气散热器
263	石门 SHIMEN	石家庄四药有限公司	第 5 类:大容量注射剂
264	华润漆 Huarun 及图	广东华润涂料有限公司	第 2 类:涂料、油漆
265	中容及图	句容市电磁线公司	第 9 类:绝缘铜线、磁线、漆包线
266	上工及图	上海工具厂有限公司	第 7 类:金属切削工具
267	胖太太 p. t. t	河北胖太太服饰有限公司	第 25 类:服装
268	亚	上海亚明灯泡厂有限公司	第 11 类:灯具
269	第 1649600 号图形	上海南亚覆铜箔板有限公司	第 6 类:覆铜箔板
270	ZTE 中兴	中兴通讯股份有限公司	第 9 类:程控电话交换设备、成套无线电话
271	晶牛 CRYSTALBULL 及图	晶牛微晶集团股份有限公司	第 19 类:建筑玻璃、非金属材料(微晶材料)
272	云维及图	云南云维股份有限公司	第 1 类:聚乙烯醇、醋酸乙烯
273	富岛及图	中海石油化学股份有限公司	第 1 类:肥料
274	宣威火腿 Xuanwei ham 及图	宣威火腿行业协会办公室	第 29 类:火腿
275	海马	海马投资集团有限公司	第 12 类:汽车
276	KANGMEI 及图	广东康美药业股份有限公司	第 5 类:中药成药
277	洞庭山碧螺春及图	苏州市吴中区洞庭(山)碧螺春茶业协会	第 30 类:茶叶

商标局 2009 年在商标异议案件中认定并公布的 22 件驰名商标

序号	商标	注册人/所有人	类别及使用商品/服务
1	霸狮腾	广州霸狮腾纺织品有限公司	第 25 类：衣服
2	乔丹	乔丹(中国)有限公司	第 25 类：足球鞋、爬山鞋等
3	欧意	石药集团欧意药业有限公司	第 5 类：医用制剂、医用化学制剂
4	松花江 SONGHUAJIANG	哈尔滨哈飞汽车工业集团有限公司	第 12 类：微型载货车、微型系列轿车、改装专用车
5	志高	广东志高空调有限公司	第 11 类：冷冻设备、空气调节装置
6	威猛先生、MR. MUSCLE	S. C. 庄臣父子公司	第 3 类：清洁制剂
7	高仪、GROHE 及图	高仪股份公司	第 11 类：淋浴装置、水龙头、浴缸
8	柳工	广西柳工集团有限公司	第 7 类：装载机、挖掘机
9	CAV	广东汉洋丽声音响有限公司	第 9 类：组合音响
10	太太乐	雀巢产品有限公司	第 30 类：鸡精(调味品)
11	Google	谷歌爱尔兰控股有限公司	第 42 类：提供用于全球计算机网络中进行查询和获得数据的网址
12	好迪	广州市好迪化妆品有限公司	第 3 类：洗面奶、摩丝
13	太平鸟 peace bird 及图	太平鸟集团有限公司	第 25 类：服装
14	开尔 KAIER 及图	浙江开尔制衣有限公司	第 25 类：衬衫
15	博士倫	博士伦有限公司	第 9 类：隐形眼镜
16	MINOLTA、美能达	柯尼卡美能达控股株式会社	第 9 类：照像器械和仪器、复印机和器械
17	華鋼 HUAGANG 及图	华迪钢业集团有限公司	第 6 类：钢管
18	蜂之语	浙江蜂之语蜂业集团有限公司	第 30 类：非医用蜂王浆、食用蜂胶(蜂胶)
19	芝华士、CHIVAS、CHIVAS REGAL	芝华士兄弟(美洲)有限公司	第 33 类：含酒精饮料(啤酒除外)
20	玉兰 FRAGRANT ORCHID 及图	广东玉兰装饰材料有限公司	第 27 类：墙纸
21	资生堂、SHISEIDO	株式会社资生堂	第 3 类：化妆品
22	齐星 INGMADE IN QIXING 及图	湖北省齐星汽车车身股份有限公司	第 12 类：汽车车身

商标评审委员会2009年在商标异议复审、争议案件中认定并公布的91件驰名商标

序号	商标	注册人/所有人	类别	使用商品/服务
1	奔腾	英特尔公司	9	电脑硬件等
2	吉百利	吉百利有限公司	30	巧克力、糖果等
3	依视路	依视路国际有限公司(法国)	9	眼镜片等
4	JVC JVC	日本胜利株式会社	9	摄像机、电视机
5	中宇及图	中宇建材集团有限公司	11	水龙头等
6	忘不了及图	山东禹王制药有限公司	30	非医用营养胶丸
7	日产 NISSAN 及图	日产自动车株式会社	12	汽车
8	三门 SANMEN 及图	三变科技股份有限公司	9	变压器
9	华鸿 HUA HONG 及图	福建华泰集团有限公司	9	建筑砖瓦
10	苏派 SUPAI	江苏苏派服装集团有限公司	25	服装等商品
11	钱潮及图	杭州钱江电气集团股份有限公司	9	变压器
12	德莊 MORALS VILLAGE 及图	重庆德庄实业(集团)有限公司	43	餐厅等
13	洲艳 Zhou Yan 图形	江苏省常熟市洲艳服饰有限公司	25	服装等
14	川及图	湖北省赵李茶桥茶厂	30	砖茶、青砖茶
15	爱家及图	江苏同大股份有限公司	5	空气清新剂、杀害虫剂等
16	瑞嘉	中国出国人员服务总公司	19	铺地木材、地板等
17	夏普 SHARP	夏普株式会社	9	电视接收机 电视机
18	朝阳	广东朝阳卫浴有限公司	11	水管龙头等
19	三源 SANYUAN	佛山市盛发电器有限公司	11	电热开水瓶、电饭锅等
20	太湖及图	江苏太湖锅炉股份有限公司	11	锅炉(非机器零件)等
21	三元 SANYUAN 及图	北京三元食品股份有限公司	29	消毒牛奶、酸牛奶
22	柏高 PACO	粤海装饰材料(中山)有限公司	19	木地板、纤维板、胶合板等
23	安心	北京达瑞兴钉业有限公司	6	钢钉
24	太钢牌 TG 及图	太原钢铁(集团)有限公司	6	钢材
25	晨辉 CHENHUI 及图	浙江晨辉照明有限公司	11	日光灯管、照明灯等
26	巨龙及图	天津市雍阳减水剂厂	1	混凝土减水剂
27	西泠印社	西泠印社社务委员会	40	刻印服务
28	汉山及图	广东电白汉山锁业有限公司	6	弹子顶胆锁
29	亚星及图	江苏亚星锚链有限公司	12	锚链

续表

序号	商标	注册人/所有人	类别	使用商品/服务
30	亚星	潍坊亚星化学股份有限公司	1	氯化聚乙烯、聚氯乙烯树脂
31	纽崔莱	美国安利有限公司	5	医用饮料等
32	莫高 MOGAO	甘肃莫高实业发展股份有限公司	33	葡萄酒
33	道光	辽宁道光廿五集团满族酿酒有限责任公司	33	烧酒等
34	强力	北京强力家具有限公司	20	家具、弹簧床垫等
35	三环牌及图	湖南三环颜料有限公司	2	氧化铁粉
36	百得	中山市百得燃气用具有限公司	11	民用燃气灶具、燃气沸水器
37	港洋及图	江苏港洋实业股份有限公司	24	精纺呢绒
38	盛洲 SHENGZHOU 及图	厦门中盛粮油企业有限公司	29	食用油
39	棒棒娃 BANGBANGWA 及图	成都市棒棒娃实业有限公司	29	肉干、猪肉食品等
40	南翔及图	南翔集团有限公司	6	普通金属线
41	富通 FUTONG 及图 富通及图	富通集团有限公司	9	电缆等
42	Teloon 及图	浙江天龙集团有限公司	28	网球
43	苍松及图	辽宁好护士药业(集团)有限责任公司	5	中药
44	龙宝 longbao	本溪龙宝(集团)参茸有限公司	5	人参
45	國聖及图	福建省红太阳精品有限公司	29	酱菜、蔬菜罐头、牛奶制品
46	华伦及图	华伦集团有限公司	9	电缆、电源材料(电线、电缆)
47	五女山及图	辽宁省五女山绿色食品开发有限公司	33	人参酒、五女山窖酒等
48	大雪 DAXUE 及图	大连大雪啤酒股份有限公司	32	啤酒
49	铁鎯及图	铁鎯电动工具有限公司	7	电动圆锯等
50	红叶 Hong Ye 及图	浙江红叶制伞有限公司	18	女用阳伞、遮阳伞等
51	乐家老铺	南京同仁堂药业有限责任公司	5	中成药品
52	Nikon 尼康	株式会社尼康	9	摄影机、录像器等
53	雪竹 XUEZHU 及图	无锡市雪竹针织有限公司	25	服装等商品
54	金牛角及图	武汉金牛经济发展有限公司	17	塑料管等
55	立邦	立邦涂料(中国)有限公司	2	油漆等
56	三沟及图	辽宁三沟酒业有限责任公司	33	白酒
57	神舟 shenzhou	中国空间技术研究院	12	航空运输机等
58	光阳及图	福清市阳光食品有限公司	29	皮蛋、蛋品
59	新兴 XINXING 及图	新兴铸管股份有限公司	6	金属铁管、铸铁管管件
60	威胜及图	长沙威胜电子有限公司	9	电度表等
61	天府 TF 及图	四川轮胎橡胶(集团)股份有限公司	12	轮胎
62	图形	南京栖霞建设股份有限公司	36	不动产出租;不动产管理
63	豪进 HAOJIN	增城市海利摩托车有限公司	12	摩托车

续表

序号	商标	注册人/所有人	类别	使用商品/服务
64	徐家木业	江苏徐家木业有限公司	19	地板
65	洮儿河牌及图	吉林省洮儿河酒业有限公司	33	酒
66	CASIO 卡西欧 卡西欧 CASIO 卡西欧 CASIO	日商・樫尾计算机株式会社	9 14 15	计算器 手表 电子音乐仪器等
67	林及图	东莞市远梦家用纺织品有限公司	24	毛巾被等
68	鼎丰真	长春市鼎丰真食品有限责任公司	30	糕点
69	汤沟及图	江苏汤沟两相和酒业有限公司	33	酒
70	圣农 SUNNER 及图	福建圣农发展股份有限公司	29	肉冻等
71	金浩 JINHAO 及图	湖南金浩茶油股份有限公司	29	食用油
72	六味斋	太原六味斋实业有限公司	29	酱肉、火腿等
73	虎头牌 TIGER HEAD 及图	广州市电筒工业公司	11	电筒
74	栗源及图	遵化栗源食品有限公司	29	精制坚果仁、糖炒栗子
75	海堤 SEA DYKE 及图	厦门茶叶进出口有限公司	30	茶
76	erke 及图鸿星尔克	福建鸿星尔克体育用品有限公司	25	服装、鞋等
77	DEC 及图 DEC 及图 东方	中国东方电气集团有限公司	7	电站设备、汽轮机塔等
78	海正 HISUN 图形	浙江海正药业股份有限公司	5	医用药物等
79	曼佳美	利胜电光源(厦门)有限公司	11	照明器、灯泡
80	成工 CG 及图	四川成都成工工程机械股份有限公司	7	装载机
81	银麦	山东新银麦啤酒有限公司	32	啤酒等
82	YANAN	福建福安闽东亚南电机有限公司	7	发电机、电动机
83	天府牌 TIANFUPAI 及图	川化股份有限公司	1	尿素
84	百联	福建百联实业有限公司	29	加工过的瓜子
85	金路及图	四川金路集团股份有限公司	1	聚氯乙烯树脂等
86	光芒及图	江苏光芒集团有限公司	11	热水器、煤气灶、
87	宏達	厦门宏达洋伞工业有限公司	18	伞环、雨伞或阳伞骨等
88	枫树 FENGSHU 及图	湖北枫树线业有限公司	23	棉线、纺织线、丝线等
89	便宜坊	北京便宜坊烤鸭集团有限公司	43	餐馆
90	大吉 Daji 及图	福建大吉刀剪五金有限公司	8	剪刀、修剪剪刀等
91	豪享来	厦门豪享来餐饮娱乐有限公司	42	餐馆、自助餐馆等

（国家工商行政管理总局商标局）

关于表彰全国植物新品种保护先进集体和先进个人的决定

各有关单位：

2009年是中国加入国际植物新品种保护联盟（UPOV）十周年。10年来，全国知识产权、农业、林业战线各级各部门及广大工作者在各级政府的指导和推动下，高度重视植物新品种保护事业的发展，始终将其作为加强科技创新和知识产权保护的重要工作，积极落实《国家知识产权战略纲要》中有关植物新品种保护方面的具体措施，推动了我国植物新品种保护事业的长足发展。在这一过程中，涌现出了一大批先进集体和个人，他们积极宣传和正确执行植物新品种保护的法律法规，忠于职守，勇于负责，为我国的植物新品种保护事业作出了积极贡献。

为推进国家知识产权战略实施，总结10年来我国在植物新品种保护方面的经验，表彰先进，促进植物新品种保护事业的发展，并配合全国知识产权宣传周有关活动，知识产权局、农业部、林业局决定授予知识产权系统的宁夏回族自治区知识产权局等3家单位、农业系统的四川省农业厅等20家单位和林业系统的中国林业科学研究院林业研究所等7家单位"全国植物新品种保护先进集体"荣誉称号，授予知识产权系统的卢清之等3位同志、农业系统的蒋敏等45位同志和林业系统的苏晓华等22位同志"全国植物新品种保护先进个人"荣誉称号。希望受到表彰的集体和个人再接再厉，在今后的工作中取得更大成绩。

全国知识产权、农业、林业战线的各级各单位和广大工作者要以受表彰的先进集体和先进个人为榜样，求真务实，开拓进取，为建设创新型国家，实现全面建设小康社会的宏伟目标作出更大贡献。

中华人民共和国国家知识产权局
中华人民共和国农业部
中华人民共和国国家林业局
二〇〇九年四月二十二日

附：全国植物新品种保护先进集体表彰名单

知识产权系统（3个）

宁夏回族自治区知识产权局
陕西省知识产权局
贵州省知识产权局

农业系统（20个）

四川省农业厅
山东省农业厅
江苏省农林厅
山东登海种业股份有限公司
吉林吉农高新技术发展股份有限公司
宜宾市农业科学院
绵阳市农业科学研究所
山东省农业科学院玉米研究所
河南省农业科学院
江苏省农业科学院
丹东农业科学院
湖南杂交水稻研究中心
中国农业科学院郑州果树研究所
福建省三明市农业科学研究所
西北农林科技大学农学院
新疆农业科学院哈密瓜研究中心
农业部科技发展中心
农业部植物新品种测试广州分中心
农业部植物新品种测试公主岭分中心
农业部植物新品种测试济南分中心

林业系统（7个）

中国林业科学研究院林业研究所
国际竹藤网络中心
昆明杨月季园艺有限责任公司
北京中林绿秀植物新品种权代理事务所
山东省林业局科技处

北京市农林科学院林业果树研究所
云南省花卉技术培训推广中心

全国植物新品种保护先进个人表彰名单

知识产权系统(3人)

卢清之　河南省滑县知识产权局
黄　峰　四川省知识产权局
季晓雷　江苏省南通市知识产权局

农业系统(45人)

蒋　敏　四川省农业厅科教处
韩启杰　莱州市农业局科教科
杨忠群　吉林省农业委员会科教处
谢永坚　黑龙江省农业委员会科教处
叶翠玉　北京市种子管理站
魏瑞敏　河北省农业厅科教处
邱化蛟　湖南省农业厅科教处
段洪文　云南省农业厅科教处
柴素君　浙江省农业厅科教处
程书田　福建省农业厅科教处
唐忠平　广西壮族自治区种子管理总站
宋　敏　中国农业科学院农业资源与农业区划研究所、中国农业科学院农业知识产权研究中心
孙洪武　江苏省农业科学院科研处
白玉华　中国农业大学
林　纲　宜宾市农业科学院
张发军　山东省农业科学院玉米研究所
王绍萍　吉林吉农高新技术发展股份有限公司
王才林　江苏省农科院粮食作物研究所
张孟臣　河北省农业科学院粮食作物研究所
张　磊　安徽省农业科学院作物研究所
蔡耀辉　江西省农业科学院水稻研究所
李保成　新疆农垦科学院
王力荣　中国农业科学院郑州果树研究所
袁　勤　上海市农业科学院
卢新雄　中国农业科学院作物科学研究所、农业部 植物新品种保护办公室植物新品种保藏中心
刘　平　农业部科技发展中心
陈如明　农业部科技发展中心植物新品种保护处
杨　扬　农业部科技发展中心植物新品种保护处
陈　红　农业部科技发展中心植物新品种保护处
杨　坤　农业部科技发展中心植物新品种测试处
堵苑苑　农业部科技发展中心植物新品种测试处
任永浩　农业部植物新品种测试广州分中心
王风华　农业部植物新品种测试公主岭分中心
李淑芳　农业部植物新品种测试公主岭分中心
李汝玉　农业部植物新品种测试济南分中心
姚凤霞　农业部植物新品种测试济南分中心
孙连发　农业部植物新品种测试哈尔滨分中心
李华勇　农业部植物新品种测试南京分中心
魏兴华　农业部植物新品种测试杭州分中心
余汉勇　农业部植物新品种测试杭州分中心
余　毅　农业部植物新品种测试成都分中心
张浙峰　农业部植物新品种测试成都分中心
张建华　农业部植物新品种测试昆明分中心
李硕碧　农业部植物新品种测试杨凌分中心
刘志勇　农业部植物新品种测试乌鲁木齐分中心

林业系统(22人)

苏晓华　中国林业科学研究院林业研究所
郑勇奇　中国林业科学研究院林业研究所
张志毅　北京林业大学
吕英民　北京林业大学
白　金　北京市农林科学院林业果树研究所
杜建军　北京市园林绿化局
荀守华　山东省林业科学研究院
范竹姗　黑龙江省林业技术推广站
樊民亮　浙江省林木种苗管理总站
宋开秀　湖北省林业局林木种苗管理总站
秦采风　河南省经济林和林木种苗工作站
刘桂丰　东北林业大学
马永春　安徽省林业科技推广总站
唐宇丹　中国科学院植物研究所
崔洪霞　中国科学院植物研究所
张长芹　中国科学院昆明植物研究所
朱应雄　云南丽都花卉发展有限公司

周建仁　国家林业局科技发展中心
黄发吉　国家林业局科技发展中心
王　琼　国家林业局科技发展中心
杨玉林　国家林业局科技发展中心
龙三群　国家林业局科技发展中心

国家版权局关于表彰奖励2008年度查处侵权盗版案件有功单位及个人的决定

各省、自治区、直辖市版权局，解放军总政治部宣传部版权局：

2008年，全国各级版权行政管理部门及相关执法部门，以党的十七大和十七届三中全会精神为指导，深入学习实践科学发展观，进一步加大版权执法力度，相继开展了奥运反盗版、打击计算机软件预装领域盗版、打击网络侵权盗版等专项治理行动，始终保持对打击侵权盗版活动的高压态势，维护著作权人的合法权利，为北京奥运会的成功举办、树立我国知识产权保护国际形象、维护市场秩序、促进产业发展营造了良好的社会环境。

根据《举报、查处侵权盗版行为奖励暂行办法》的规定，国家版权局决定对在2008年查处侵权盗版案件工作中作出突出贡献的奥运反盗版工作组等173家有功单位、马跃等166名有功个人给予表彰和奖励。

希望获得表彰和奖励的有功单位和有功个人珍惜荣誉，再接再厉，取得新的业绩。希望全国版权执法部门及相关部门、广大版权执法人员及相关执法人员，以受表彰的有功单位和有功个人为榜样，高举保护知识产权旗帜，开拓进取、与时俱进，创新工作方法、完善工作机制，坚持专项治理与日常监管相结合，以良好的工作作风和昂扬的精神状态，扎实推进查处侵权盗版案件工作，切实提高我国的版权保护水平，以优异的工作成绩向新中国成立60周年献礼。

国家版权局
二〇〇九年八月十二日

附：2008年度查处侵权盗版案件有功单位获奖名单

特等奖

奥运反盗版工作组

一等奖

1. 上海市版权局版权管理处
2. 河北省版权局版权管理处
3. 黑龙江省大庆市公安局治安支队
4. 山东省威海市公安局经侦支队
5. 山东省即墨市“扫黄打非”办公室
6. 浙江省绍兴市文化市场行政执法支队
7. 江苏省淮安市公安局淮阴分局
8. 江苏省苏州市公安局信息网络安全监察处
9. 安徽省版权局版权管理处
10. 福建省莆田市公安局治安支队
11. 广东省广州市公安局网络警察支队四大队
12. 湖北省襄樊市版权局
13. 四川省版权局版权管理处
14. 四川省泸州市公安局网监支队
15. 广西壮族自治区贺州市版权局
16. 公安部经济犯罪侦查局知识产权处
17. 公安部治安管理局娱乐场所和特种行业管理处
18. 公安部公共信息网络安全监察局案件侦

查处
19. 工业和信息化部电信管理局市场管理处
20. 新闻出版总署反非法和违禁出版物司信息处
21. 人民邮电出版社
22. 文物出版社

二等奖

1. 北京市版权局版权执法处
2. 北京市公安局治安总队行动支队
3. 北京市公安局经侦处三大队、北京市公安局公交总队预审处
4. 北京市公安局宣武分局治安支队行动队
5. 北京市文化市场行政执法总队执法二队三科
6. 上海市公安局文保分局刑侦大队
7. 上海市公安局浦东分局经侦支队
8. 重庆市版权局
9. 河北省沧州市版权局
10. 河北省任丘市版权局
11. 河北省唐山市版权局
12. 山西省版权局打击网络侵权盗版专项行动专案组
13. 山西省太原市版权局
14. 山西省吕梁市文化新闻出版局版权科
15. 内蒙古自治区版权局
16. 山东省版权局版权管理处
17. 山东省济南市新闻出版(版权)局
18. 山东省青岛市版权局
19. 吉林省版权局版权管理处
20. 吉林省长春市版权局版权电子出版物管理处
21. 吉林省长春市公安局经侦支队
22. 吉林省吉林市版权局
23. 辽宁省沈阳市文化市场行政执法总队
24. 辽宁省葫芦岛市公安局经侦支队
25. 安徽省"精英数据"网络侵权案专案组
26. 江苏省徐州市版权局
27. 江苏省镇江市版权局、镇江市公安局京口分局治安大队
28. 浙江省金华市文化广电新闻出版局新闻出版处
29. 江西省版权局版权管理处
30. 江西省"华亿宽带网"案专案组
31. 福建省厦门"5·22"盗版地图批销案专案组
32. 福建省晋江市版权局
33. 广东省广州市"1·03"教辅资料侵权案专案组
34. 广东省珠海市文化市场综合行政执法大队
35. 广西壮族自治区版权局版权管理处
36. 广西壮族自治区贵港市版权局
37. 河南省版权局版权管理处
38. 河南省郑州市文化市场管理办公室
39. 河南省郑州三和印务有限公司案专案组
40. 河南省上蔡县文化局
41. 河南省开封市公安局禹王台分局经侦大队
42. 湖北省版权局
43. 湖北省武汉市公安局江汉分局经侦大队
44. 湖北省武汉市江汉区文体局
45. 湖北省武汉市硚口区文体局、武汉市文化文物稽查支队
46. 湖南省常德市版权局
47. 海南省文化市场稽查总队
48. 四川省成都市公安局成华分局经侦大队
49. 四川省成都市版权局
50. 四川省成都市文化局
51. 四川省成都市金牛区版权局、金牛区公安分局人民北路派出所
52. 四川省成都市成华区文化广电新闻出版(版权)局
53. 四川省广安市新闻出版局
54. 四川省达州市公安局网监支队
55. 陕西省版权局
56. 贵州省贵阳市"9·18"专案组
57. 贵州省安顺市西秀区版权局
58. 新疆维吾尔自治区塔城地区文化市场稽查队
59. 西藏自治区版权局版权管理处
60. 新闻出版总署印刷发行管理司印刷复制处
61. 高等教育出版社
62. 中国人民大学出版社
63. 人民音乐出版社

三等奖

1. 北京市西城区文化委员会行政执法队
2. 北京市顺义区文化委员会行政执法队

3. 天津市版权局
4. 上海市测绘院
5. 上海海关法规处知识产权科、浦东国际机场海关旅检处旅检二科
6. 上海市通信管理局信息安全处
7. 重庆市通信管理局信息安全处
8. 河北省通信管理局市场监管处
9. 河北省石家庄市版权局
10. 河北省泊头市版权局
11. 河北省邢台市版权局
12. 河北省承德市版权局
13. 河北省秦皇岛市版权局
14. 山西省版权局版权管理处
15. 山西省忻州市文化市场稽查大队
16. 山西省运城市文化新闻出版局新闻出版科
17. 山西省晋中市文化新闻出版局版权科
18. 山西省临汾市文化新闻出版局新闻出版科
19. 吉林省新闻出版局印刷复制处
20. 吉林省镇赉县文化新闻出版和体育局市场稽查大队
21. 辽宁省版权局版权法规处
22. 辽宁省通信管理局市场监管处
23. 辽宁省丹东市文化市场稽查支队
24. 辽宁省辽阳市文化市场行政执法支队
25. 黑龙江省哈尔滨市版权局
26. 黑龙江省齐齐哈尔市文化市场稽查支队
27. 黑龙江省双鸭山市文化市场稽查支队
28. 黑龙江省佳木斯市文化市场稽查支队
29. 山东省淄博市版权局
30. 安徽省“1·03”图书盗版案专案组
31. 安徽省通信管理局网络信息安全管理处
32. 江苏省版权局
33. 江苏省新闻出版局印刷处(音像处)
34. 江苏省扬州市文化综合执法支队
35. 江苏省东海县文化市场稽查队
36. 浙江省版权局
37. 浙江省杭州市文化广电新闻出版局出版(版权)管理处
38. 浙江省宁波市文化市场行政执法总队
39. 浙江省衢州市文化广电新闻出版局
40. 江西省文化市场稽查总队
41. 福建省通信管理局
42. 广东省版权局版权管理处
43. 广东省通信管理局网络与信息安全处
44. 广东省处理非法转播奥运赛事案件工作组
45. 广东省广州市文化市场综合行政执法总队
46. 广东省湛江市文化市场综合行政执法大队
47. 广东省惠州市文化市场综合行政执法大队
48. 广东省中山市文化市场综合行政执法大队
49. 广东省珠海市工商局拱北分局吉大工商所
50. 河南省洛阳市版权局
51. 河南省平顶山市文化市场管理办公室
52. 湖北省襄樊市公安局网监支队
53. 湖北省荆门市版权局
54. 湖北省钟祥市新闻出版局
55. 湖南省长沙市版权局
56. 湖南省株洲市版权局
57. 湖南省益阳市新闻出版局
58. 湖南省岳阳市版权局
59. 湖南省怀化市版权局
60. 湖南省衡阳市版权局
61. 湖南省邵阳市版权局
62. 湖南省郴州市版权局
63. 广西壮族自治区柳州市版权局
64. 贵州省出版物市场稽查队
65. 四川省出版物稽查总队
66. 四川省宜宾市新闻出版局
67. 四川省南充市新闻出版版权局
68. 四川省西昌市新闻出版局
69. 四川省甘孜藏族自治州版权局
70. 四川省乐山市新闻出版局
71. 四川省成都市版权局稽查大队
72. 四川省广元市文化出版稽查大队
73. 四川省绵阳市文化稽查大队
74. 云南省公安厅治安总队、云南省版权局版权管理处、云南省出版物市场稽查总队、云南省“扫黄打非”办公室
75. 陕西省公安厅治安管理局二处
76. 陕西省西安市版权局版权管理处
77. 陕西省榆林市榆阳区文化市场稽查大队
78. 甘肃省版权局版权管理处
79. 宁夏回族自治区版权局

80. 宁夏回族自治区文化市场行政执法总队固原市支队
81. 宁夏回族自治区公安厅治安管理总队
82. 新疆维吾尔自治区版权局版权管理处
83. 新疆维吾尔自治区乌鲁木齐市新闻出版(版权)局
84. 新疆维吾尔自治区克拉玛依市城市管理行政执法局
85. 机械工业出版社
86. 译林出版社
87. 北京语言大学出版社

2008年度查处侵权盗版案件有功个人获奖名单

一等奖

姓 名	所在单位
1. 马 跃	北京市公安局
2. 王 骞	上海市版权局
3. 张新双	黑龙江省大庆市公安局
4. 刘 波	吉林省辽源市版权局
5. 熊 焰	江西省庐山区版权局
6. 方 深	福建省厦门市版权局
7. 李 晶	江苏省苏州市公安局
8. 郭秀文	广东省版权局
9. 吕克宁	湖北省襄樊市公安局
10. 周 鑫	广西壮族自治区版权局
11. 韩志宇	北京市版权局
12. 王志广	公安部经济犯罪侦查局
13. 许剑卓	公安部公共信息网络安全监察局
14. 陆建文	工业和信息化部电信管理局
15. 杨梦东	新闻出版总署反非法和违禁出版物司
16. 张有利	新闻出版总署版权管理司

二等奖

姓 名	所在单位
1. 刘 涛	北京市公安局
2. 王兴民	北京市宣武区文化委员会
3. 张利东	上海市公安局徐汇分局
4. 孟 玲	重庆市版权局
5. 杨 江	重庆市公安局
6. 张宝仁	河北省沧州市文化市场稽查大队
7. 郭伯纯	河北省任丘市版权局
8. 张国会	河北省邢台市版权局
9. 狄月清	山西省版权局
10. 郭桂红	山西省太原市版权局
11. 高迎新	山西省吕梁市文化新闻出版局
12. 胡敬庭	内蒙古自治区版权局
13. 姜俊玉	吉林省版权局
14. 郝英男	黑龙江省哈尔滨市公安局
15. 尚洪涛	黑龙江省绥化市公安局
16. 蒋洪军	黑龙江省大庆市公安局
17. 佟显庆	辽宁省版权局
18. 齐 菁	山东省青岛市版权局
19. 宁继勇	山东省济南市公安局
20. 夏永清	山东省威海市版权局
21. 赵 骑	安徽省六安市版权局
22. 陈晓萱	安徽省滁州市版权局
23. 黄 磊	江苏省启东市公安局
24. 李二付	江苏省淮安市公安局淮阴分局
25. 吾晓红	浙江省版权局
26. 张 军	江西省南昌市版权局
27. 张 民	福建省福州市版权局
28. 魏夏松	广东省深圳市公安局
29. 陆智杰	广东省广州市文化市场综合行政执法总队
30. 李少华	广东省珠海市公安局拱北口岸分局
31. 庞惠静	河南省版权局
32. 姜自立	河南省上蔡县文化局
33. 吴世儒	河南省商城县新闻出版局
34. 周 伟	湖北省武汉市公安局江汉分局
35. 陈辉保	湖北省武汉市江汉区文体局
36. 徐世国	湖北省黄冈市版权局
37. 伍千喜	湖南省常德市版权局
38. 瞿美村	湖南省益阳市新闻出版局
39. 邓 静	湖南省郴州市版权局
40. 许志汉	湖南省株洲市版权局
41. 张德光	海南省文化市场稽查大队
42. 高 斌	四川省版权局
43. 江志勤	四川省广安市公安局
44. 邱 斌	四川省乐山市新闻出版局
45. 肖 梅	四川省成都市版权局
46. 史砚浩	四川省成都市金牛区公安分局人民北路派出所
47. 左 丽	陕西省版权局

48. 方　武　贵州省出版物市场稽查队
49. 张俊武　新疆维吾尔自治区塔城地区新闻出版局
50. 吕　伟　公安部经济犯罪侦查局
51. 虞　震　公安部公共信息网络安全监察局
52. 王　松　新闻出版总署反非法和违禁出版物司

三等奖

姓　名　所在单位

1. 王新平　北京市公安局
2. 张　权　北京市文化市场行政执法总队
3. 刘东辉　北京市文化市场行政执法总队
4. 张　清　北京市文化市场行政执法总队
5. 陈燕丽　天津市版权局
6. 瞿太和　上海市版权局
7. 戴　斌　上海市通信管理局
8. 傅祖康　上海市公安局文保分局
9. 陶天行　上海市长宁区文化市场行政执法大队
10. 吴宏达　上海反地图盗版联盟
11. 李冬群　河北省版权局
12. 宗宏亮　河北省通信管理局
13. 王丽峰　河北省石家庄市版权局
14. 苏秀敏　河北省秦皇岛市版权局
15. 屈海奎　河北省唐山市版权局
16. 吴　巍　河北省承德市文化市场稽查队
17. 杨彬义　山西省忻州市文化市场稽查大队
18. 谢惠生　山西省临汾市文化新闻出版局
19. 王志兵　山西省晋中市文化新闻出版局
20. 庞亚民　内蒙古自治区版权局
21. 张　宁　吉林省长春市公安局
22. 顾继勇　吉林省长春市公安局
23. 冯长丽　吉林省长春市新闻出版局
24. 陈　哲　吉林省长春市新闻出版局
25. 刘继生　吉林省延吉市文化新闻出版和体育局
26. 康　彤　吉林省吉林市版权局
27. 田大鹏　辽宁省版权局
28. 韩殿宽　辽宁省通信管理局
29. 苏　丹　辽宁省通信管理局
30. 张靖弢　辽宁省沈阳市文化市场行政执法总队
31. 任东晖　辽宁省沈阳市文化市场行政执法总队
32. 刘家利　辽宁省鞍山市文化市场综合行政执法队
33. 王　伟　辽宁省抚顺市文化市场行政执法稽查队
34. 黄　松　黑龙江省文化厅文化市场稽查总队
35. 柳占林　黑龙江省哈尔滨市版权局
36. 赵忠庆　黑龙江省哈尔滨市公安局
37. 马铁男　黑龙江省佳木斯市文化市场稽查支队
38. 马　林　黑龙江省佳木斯市新闻出版局
39. 王焕礼　黑龙江省鸡西市新闻出版(版权)局
40. 李　源　黑龙江省齐齐哈尔市文化市场稽查支队
41. 平振江　山东省莱芜市版权局
42. 许明峰　安徽省通信管理局
43. 刘同巨　安徽省淮南市版权局
44. 杨四好　安徽省六安市版权局
45. 汪光多　安徽省芜湖市文化市场行政执法大队
46. 徐　飞　江苏省版权局
47. 郭兴元　江苏省徐州市版权局
48. 唐海宁　江苏省扬州市文化综合执法支队
49. 方绍华　浙江省金华市文化行政综合执法支队
50. 严　皓　浙江省鄞州区文化市场执法大队

法律、法规、规章

中华人民共和国专利法实施细则

（2001 年 6 月 15 日中华人民共和国国务院令第 306 号公布　根据 2002 年 12 月 28 日《国务院关于修改〈中华人民共和国专利法实施细则〉的决定》第一次修订　根据 2010 年 1 月 9 日《国务院关于修改〈中华人民共和国专利法实施细则〉的决定》第二次修订）

第一章　总　　则

第一条　根据《中华人民共和国专利法》（以下简称专利法），制定本细则。

第二条　专利法和本细则规定的各种手续，应当以书面形式或者国务院专利行政部门规定的其他形式办理。

第三条　依照专利法和本细则规定提交的各种文件应当使用中文；国家有统一规定的科技术语的，应当采用规范词；外国人名、地名和科技术语没有统一中文译文的，应当注明原文。

依照专利法和本细则规定提交的各种证件和证明文件是外文的，国务院专利行政部门认为必要时，可以要求当事人在指定期限内附送中文译文；期满未附送的，视为未提交该证件和证明文件。

第四条　向国务院专利行政部门邮寄的各种文件，以寄出的邮戳日为递交日；邮戳日不清晰的，除当事人能够提出证明外，以国务院专利行政部门收到日为递交日。

国务院专利行政部门的各种文件，可以通过邮寄、直接送交或者其他方式送达当事人。当事人委托专利代理机构的，文件送交专利代理机构；未委托专利代理机构的，文件送交请求书中指明的联系人。

国务院专利行政部门邮寄的各种文件，自文件发出之日起满 15 日，推定为当事人收到文件之日。

根据国务院专利行政部门规定应当直接送交的文件，以交付日为送达日。

文件送交地址不清，无法邮寄的，可以通过公告的方式送达当事人。自公告之日起满 1 个月，该文件视为已经送达。

第五条　专利法和本细则规定的各种期限的第一日不计算在期限内。期限以年或者月计算的，以其最后一月的相应日为期限届满日；该月无相应日的，以该月最后一日为期限届满日；期限届满日是法定休假日的，以休假日后的第一个工作日为期限届满日。

第六条　当事人因不可抗拒的事由而延误专利法或者本细则规定的期限或者国务院专利行政部门指定的期限，导致其权利丧失的，自障碍消除之日起 2 个月内，最迟自期限届满之日起 2 年内，可以向国务院专利行政部门请求恢复权利。

除前款规定的情形外，当事人因其他正当理由延误专利法或者本细则规定的期限或者国务院专利行政部门指定的期限，导致其权利丧失的，可以自收到国务院专利行政部门的通知之日起 2 个月内向国务院专利行政部门请求恢复权利。

当事人依照本条第一款或者第二款的规定请求恢复权利的，应当提交恢复权利请求书，说明理由，必要时附具有关证明文件，并办理权利丧失前应当办理的相应手续；依照本条第二款的规定请求恢复权利的，还应当缴纳恢复权利请求费。

当事人请求延长国务院专利行政部门指定的期限的，应当在期限届满前，向国务院专利行政部门说明理由并办理有关手续。

本条第一款和第二款的规定不适用专利法第二十四条、第二十九条、第四十二条、第六十八条规定的期限。

第七条 专利申请涉及国防利益需要保密的，由国防专利机构受理并进行审查；国务院专利行政部门受理的专利申请涉及国防利益需要保密的，应当及时移交国防专利机构进行审查。经国防专利机构审查没有发现驳回理由的，由国务院专利行政部门作出授予国防专利权的决定。

国务院专利行政部门认为其受理的发明或者实用新型专利申请涉及国防利益以外的国家安全或者重大利益需要保密的，应当及时作出按照保密专利申请处理的决定，并通知申请人。保密专利申请的审查、复审以及保密专利权无效宣告的特殊程序，由国务院专利行政部门规定。

第八条 专利法第二十条所称在中国完成的发明或者实用新型，是指技术方案的实质性内容在中国境内完成的发明或者实用新型。

任何单位或者个人将在中国完成的发明或者实用新型向外国申请专利的，应当按照下列方式之一请求国务院专利行政部门进行保密审查：

（一）直接向外国申请专利或者向有关国外机构提交专利国际申请的，应当事先向国务院专利行政部门提出请求，并详细说明其技术方案；

（二）向国务院专利行政部门申请专利后拟向外国申请专利或者向有关国外机构提交专利国际申请的，应当在向外国申请专利或者向有关国外机构提交专利国际申请前向国务院专利行政部门提出请求。

向国务院专利行政部门提交专利国际申请的，视为同时提出了保密审查请求。

第九条 国务院专利行政部门收到依照本细则第八条规定递交的请求后，经过审查认为该发明或者实用新型可能涉及国家安全或者重大利益需要保密的，应当及时向申请人发出保密审查通知；申请人未在其请求递交日起 4 个月内收到保密审查通知的，可以就该发明或者实用新型向外国申请专利或者向有关国外机构提交专利国际申请。

国务院专利行政部门依照前款规定通知进行保密审查的，应当及时作出是否需要保密的决定，并通知申请人。申请人未在其请求递交日起 6 个月内收到需要保密的决定的，可以就该发明或者实用新型向外国申请专利或者向有关国外机构提交专利国际申请。

第十条 专利法第五条所称违反法律的发明创造，不包括仅其实施为法律所禁止的发明创造。

第十一条 除专利法第二十八条和第四十二条规定的情形外，专利法所称申请日，有优先权的，指优先权日。

本细则所称申请日，除另有规定的外，是指专利法第二十八条规定的申请日。

第十二条 专利法第六条所称执行本单位的任务所完成的职务发明创造，是指：

（一）在本职工作中作出的发明创造；

（二）履行本单位交付的本职工作之外的任务所作出的发明创造；

（三）退休、调离原单位后或者劳动、人事关系终止后 1 年内作出的，与其在原单位承担的本职工作或者原单位分配的任务有关的发明创造。

专利法第六条所称本单位，包括临时工作单位；专利法第六条所称本单位的物质技术条件，是指本单位的资金、设备、零部件、原材料或者不对外公开的技术资料等。

第十三条 专利法所称发明人或者设计人，是指对发明创造的实质性特点作出创造性贡献的人。在完成发明创造过程中，只负责组织工作的人、为物质技术条件的利用提供方便的人或者从事其他辅助工作的人，不是发明人或者设计人。

第十四条 除依照专利法第十条规定转让专利权外，专利权因其他事由发生转移的，当事人应当凭有关证明文件或者法律文书向国务院专利行政部门办理专利权转移手续。

专利权人与他人订立的专利实施许可合同，应当自合同生效之日起 3 个月内向国务院专利行政部门备案。

以专利权出质的，由出质人和质权人共同向

国务院专利行政部门办理出质登记。

第二章　专利的申请

第十五条　以书面形式申请专利的，应当向国务院专利行政部门提交申请文件一式两份。

以国务院专利行政部门规定的其他形式申请专利的，应当符合规定的要求。

申请人委托专利代理机构向国务院专利行政部门申请专利和办理其他专利事务的，应当同时提交委托书，写明委托权限。

申请人有 2 人以上且未委托专利代理机构的，除请求书中另有声明的外，以请求书中指明的第一申请人为代表人。

第十六条　发明、实用新型或者外观设计专利申请的请求书应当写明下列事项：

（一）发明、实用新型或者外观设计的名称；

（二）申请人是中国单位或者个人的，其名称或者姓名、地址、邮政编码、组织机构代码或者居民身份证件号码；申请人是外国人、外国企业或者外国其他组织的，其姓名或者名称、国籍或者注册的国家或者地区；

（三）发明人或者设计人的姓名；

（四）申请人委托专利代理机构的，受托机构的名称、机构代码以及该机构指定的专利代理人的姓名、执业证号码、联系电话；

（五）要求优先权的，申请人第一次提出专利申请（以下简称在先申请）的申请日、申请号以及原受理机构的名称；

（六）申请人或者专利代理机构的签字或者盖章；

（七）申请文件清单；

（八）附加文件清单；

（九）其他需要写明的有关事项。

第十七条　发明或者实用新型专利申请的说明书应当写明发明或者实用新型的名称，该名称应当与请求书中的名称一致。说明书应当包括下列内容：

（一）技术领域：写明要求保护的技术方案所属的技术领域；

（二）背景技术：写明对发明或者实用新型的理解、检索、审查有用的背景技术；有可能的，并引证反映这些背景技术的文件；

（三）发明内容：写明发明或者实用新型所要解决的技术问题以及解决其技术问题采用的技术方案，并对照现有技术写明发明或者实用新型的有益效果；

（四）附图说明：说明书有附图的，对各幅附图作简略说明；

（五）具体实施方式：详细写明申请人认为实现发明或者实用新型的优选方式；必要时，举例说明；有附图的，对照附图。

发明或者实用新型专利申请人应当按照前款规定的方式和顺序撰写说明书，并在说明书每一部分前面写明标题，除非其发明或者实用新型的性质用其他方式或者顺序撰写能节约说明书的篇幅并使他人能够准确理解其发明或者实用新型。

发明或者实用新型说明书应当用词规范、语句清楚，并不得使用“如权利要求……所述的……”一类的引用语，也不得使用商业性宣传用语。

发明专利申请包含一个或者多个核苷酸或者氨基酸序列的，说明书应当包括符合国务院专利行政部门规定的序列表。申请人应当将该序列表作为说明书的一个单独部分提交，并按照国务院专利行政部门的规定提交该序列表的计算机可读形式的副本。

实用新型专利申请说明书应当有表示要求保护的产品的形状、构造或者其结合的附图。

第十八条　发明或者实用新型的几幅附图应当按照“图 1，图 2，……”顺序编号排列。

发明或者实用新型说明书文字部分中未提及的附图标记不得在附图中出现，附图中未出现的附图标记不得在说明书文字部分中提及。申请文件中表示同一组成部分的附图标记应当一致。

附图中除必需的词语外，不应当含有其他注释。

第十九条　权利要求书应当记载发明或者实用新型的技术特征。

权利要求书有几项权利要求的，应当用阿拉伯数字顺序编号。

权利要求书中使用的科技术语应当与说明书中使用的科技术语一致，可以有化学式或者数学式，但是不得有插图。除绝对必要的外，不得使用“如说明书……部分所述”或者“如图……所示”的用语。

权利要求中的技术特征可以引用说明书附图中相应的标记，该标记应当放在相应的技术特征后并置于括号内，便于理解权利要求。附图标记不得解释为对权利要求的限制。

第二十条　权利要求书应当有独立权利要

求，也可以有从属权利要求。

独立权利要求应当从整体上反映发明或者实用新型的技术方案，记载解决技术问题的必要技术特征。

从属权利要求应当用附加的技术特征，对引用的权利要求作进一步限定。

第二十一条 发明或者实用新型的独立权利要求应当包括前序部分和特征部分，按照下列规定撰写：

（一）前序部分：写明要求保护的发明或者实用新型技术方案的主题名称和发明或者实用新型主题与最接近的现有技术共有的必要技术特征；

（二）特征部分：使用“其特征是……”或者类似的用语，写明发明或者实用新型区别于最接近的现有技术的技术特征。这些特征和前序部分写明的特征合在一起，限定发明或者实用新型要求保护的范围。

发明或者实用新型的性质不适于用前款方式表达的，独立权利要求可以用其他方式撰写。

一项发明或者实用新型应当只有一个独立权利要求，并写在同一发明或者实用新型的从属权利要求之前。

第二十二条 发明或者实用新型的从属权利要求应当包括引用部分和限定部分，按照下列规定撰写：

（一）引用部分：写明引用的权利要求的编号及其主题名称；

（二）限定部分：写明发明或者实用新型附加的技术特征。

从属权利要求只能引用在前的权利要求。引用两项以上权利要求的多项从属权利要求，只能以择一方式引用在前的权利要求，并不得作为另一项多项从属权利要求的基础。

第二十三条 说明书摘要应当写明发明或者实用新型专利申请所公开内容的概要，即写明发明或者实用新型的名称和所属技术领域，并清楚地反映所要解决的技术问题、解决该问题的技术方案的要点以及主要用途。

说明书摘要可以包含最能说明发明的化学式；有附图的专利申请，还应当提供一幅最能说明该发明或者实用新型技术特征的附图。附图的大小及清晰度应当保证在该图缩小到 4 厘米×6 厘米时，仍能清晰地分辨出图中的各个细节。摘要文字部分不得超过 300 个字。摘要中不得使用商业性宣传用语。

第二十四条 申请专利的发明涉及新的生物材料，该生物材料公众不能得到，并且对该生物材料的说明不足以使所属领域的技术人员实施其发明的，除应当符合专利法和本细则的有关规定外，申请人还应当办理下列手续：

（一）在申请日前或者最迟在申请日（有优先权的，指优先权日），将该生物材料的样品提交国务院专利行政部门认可的保藏单位保藏，并在申请时或者最迟自申请日起 4 个月内提交保藏单位出具的保藏证明和存活证明；期满未提交证明的，该样品视为未提交保藏；

（二）在申请文件中，提供有关该生物材料特征的资料；

（三）涉及生物材料样品保藏的专利申请应当在请求书和说明书中写明该生物材料的分类命名（注明拉丁文名称）、保藏该生物材料样品的单位名称、地址、保藏日期和保藏编号；申请时未写明的，应当自申请日起 4 个月内补正；期满未补正的，视为未提交保藏。

第二十五条 发明专利申请人依照本细则第二十四条的规定保藏生物材料样品的，在发明专利申请公布后，任何单位或者个人需要将该专利申请所涉及的生物材料作为实验目的使用的，应当向国务院专利行政部门提出请求，并写明下列事项：

（一）请求人的姓名或者名称和地址；

（二）不向其他任何人提供该生物材料的保证；

（三）在授予专利权前，只作为实验目的使用的保证。

第二十六条 专利法所称遗传资源，是指取自人体、动物、植物或者微生物等含有遗传功能单位并具有实际或者潜在价值的材料；专利法所称依赖遗传资源完成的发明创造，是指利用了遗传资源的遗传功能完成的发明创造。

就依赖遗传资源完成的发明创造申请专利的，申请人应当在请求书中予以说明，并填写国务院专利行政部门制定的表格。

第二十七条 申请人请求保护色彩的，应当提交彩色图片或者照片。

申请人应当就每件外观设计产品所需要保护的内容提交有关图片或者照片。

第二十八条 外观设计的简要说明应当写明外观设计产品的名称、用途，外观设计的设计要点，并指定一幅最能表明设计要点的图片或者照片。省略视图或者请求保护色彩的，应当在简要说明中写明。

对同一产品的多项相似外观设计提出一件外观设计专利申请的，应当在简要说明中指定其中一项作为基本设计。

简要说明不得使用商业性宣传用语，也不能用来说明产品的性能。

第二十九条 国务院专利行政部门认为必要时，可以要求外观设计专利申请人提交使用外观设计的产品样品或者模型。样品或者模型的体积不得超过30厘米×30厘米×30厘米，重量不得超过15公斤。易腐、易损或者危险品不得作为样品或者模型提交。

第三十条 专利法第二十四条第(一)项所称中国政府承认的国际展览会，是指国际展览会公约规定的在国际展览局注册或者由其认可的国际展览会。

专利法第二十四条第(二)项所称学术会议或者技术会议，是指国务院有关主管部门或者全国性学术团体组织召开的学术会议或者技术会议。

申请专利的发明创造有专利法第二十四条第(一)项或者第(二)项所列情形的，申请人应当在提出专利申请时声明，并自申请日起2个月内提交有关国际展览会或者学术会议、技术会议的组织单位出具的有关发明创造已经展出或者发表，以及展出或者发表日期的证明文件。

申请专利的发明创造有专利法第二十四条第(三)项所列情形的，国务院专利行政部门认为必要时，可以要求申请人在指定期限内提交证明文件。

申请人未依照本条第三款的规定提出声明和提交证明文件的，或者未依照本条第四款的规定在指定期限内提交证明文件的，其申请不适用专利法第二十四条的规定。

第三十一条 申请人依照专利法第三十条的规定要求外国优先权的，申请人提交的在先申请文件副本应当经原受理机构证明。依照国务院专利行政部门与该受理机构签订的协议，国务院专利行政部门通过电子交换等途径获得在先申请文件副本的，视为申请人提交了经该受理机构证明的在先申请文件副本。要求本国优先权，申请人在请求书中写明在先申请的申请日和申请号的，视为提交了在先申请文件副本。

要求优先权，但请求书中漏写或者错写在先申请的申请日、申请号和原受理机构名称中的一项或者两项内容的，国务院专利行政部门应当通知申请人在指定期限内补正；期满未补正的，视为未要求优先权。

要求优先权的申请人的姓名或者名称与在先申请文件副本中记载的申请人姓名或者名称不一致的，应当提交优先权转让证明材料，未提交该证明材料的，视为未要求优先权。

外观设计专利申请的申请人要求外国优先权，其在先申请未包括对外观设计的简要说明，申请人按照本细则第二十八条规定提交的简要说明未超出在先申请文件的图片或者照片表示的范围的，不影响其享有优先权。

第三十二条 申请人在一件专利申请中，可以要求一项或者多项优先权；要求多项优先权的，该申请的优先权期限从最早的优先权日起计算。

申请人要求本国优先权，在先申请是发明专利申请的，可以就相同主题提出发明或者实用新型专利申请；在先申请是实用新型专利申请的，可以就相同主题提出实用新型或者发明专利申请。但是，提出后一申请时，在先申请的主题有下列情形之一的，不得作为要求本国优先权的基础：

(一)已经要求外国优先权或者本国优先权的；

(二)已经被授予专利权的；

(三)属于按照规定提出的分案申请的。

申请人要求本国优先权的，其在先申请自后一申请提出之日起即视为撤回。

第三十三条 在中国没有经常居所或者营业所的申请人，申请专利或者要求外国优先权的，国务院专利行政部门认为必要时，可以要求其提供下列文件：

(一)申请人是个人的，其国籍证明；

(二)申请人是企业或者其他组织的，其注册的国家或者地区的证明文件；

(三)申请人的所属国，承认中国单位和个人可以按照该国国民的同等条件，在该国享有专利权、优先权和其他与专利有关的权利的证明文件。

第三十四条 依照专利法第三十一条第一款规定，可以作为一件专利申请提出的属于一个总的发明构思的两项以上的发明或者实用新型，应当在技术上相互关联，包含一个或者多个相同或者相应的特定技术特征，其中特定技术特征是指每一项发明或者实用新型作为整体，对现有技术作出贡献的技术特征。

第三十五条 依照专利法第三十一条第二款

规定，将同一产品的多项相似外观设计作为一件申请提出的，对该产品的其他设计应当与简要说明中指定的基本设计相似。一件外观设计专利申请中的相似外观设计不得超过10项。

专利法第三十一条第二款所称同一类别并且成套出售或者使用的产品的两项以上外观设计，是指各产品属于分类表中同一大类，习惯上同时出售或者同时使用，而且各产品的外观设计具有相同的设计构思。

将两项以上外观设计作为一件申请提出的，应当将各项外观设计的顺序编号标注在每件外观设计产品各幅图片或者照片的名称之前。

第三十六条 申请人撤回专利申请的，应当向国务院专利行政部门提出声明，写明发明创造的名称、申请号和申请日。

撤回专利申请的声明在国务院专利行政部门作好公布专利申请文件的印刷准备工作后提出的，申请文件仍予公布；但是，撤回专利申请的声明应当在以后出版的专利公报上予以公告。

第三章 专利申请的审查和批准

第三十七条 在初步审查、实质审查、复审和无效宣告程序中，实施审查和审理的人员有下列情形之一的，应当自行回避，当事人或者其他利害关系人可以要求其回避：

（一）是当事人或者其代理人的近亲属的；

（二）与专利申请或者专利权有利害关系的；

（三）与当事人或者其代理人有其他关系，可能影响公正审查和审理的；

（四）专利复审委员会成员曾参与原申请的审查的。

第三十八条 国务院专利行政部门收到发明或者实用新型专利申请的请求书、说明书（实用新型必须包括附图）和权利要求书，或者外观设计专利申请的请求书、外观设计的图片或者照片和简要说明后，应当明确申请日、给予申请号，并通知申请人。

第三十九条 专利申请文件有下列情形之一的，国务院专利行政部门不予受理，并通知申请人：

（一）发明或者实用新型专利申请缺少请求书、说明书（实用新型无附图）或者权利要求书的，或者外观设计专利申请缺少请求书、图片或者照片、简要说明的；

（二）未使用中文的；

（三）不符合本细则第一百二十一条第一款规定的；

（四）请求书中缺少申请人姓名或者名称，或者缺少地址的；

（五）明显不符合专利法第十八条或者第十九条第一款的规定的；

（六）专利申请类别（发明、实用新型或者外观设计）不明确或者难以确定的。

第四十条 说明书中写有对附图的说明但无附图或者缺少部分附图的，申请人应当在国务院专利行政部门指定的期限内补交附图或者声明取消对附图的说明。申请人补交附图的，以向国务院专利行政部门提交或者邮寄附图之日为申请日；取消对附图的说明的，保留原申请日。

第四十一条 两个以上的申请人同日（指申请日；有优先权的，指优先权日）分别就同样的发明创造申请专利的，应当在收到国务院专利行政部门的通知后自行协商确定申请人。

同一申请人在同日（指申请日）对同样的发明创造既申请实用新型专利又申请发明专利的，应当在申请时分别说明对同样的发明创造已申请了另一专利；未作说明的，依照专利法第九条第一款关于同样的发明创造只能授予一项专利权的规定处理。

国务院专利行政部门公告授予实用新型专利权，应当公告申请人已依照本条第二款的规定同时申请了发明专利的说明。

发明专利申请经审查没有发现驳回理由，国务院专利行政部门应当通知申请人在规定期限内声明放弃实用新型专利权。申请人声明放弃的，国务院专利行政部门应当作出授予发明专利权的决定，并在公告授予发明专利权时一并公告申请人放弃实用新型专利权声明。申请人不同意放弃的，国务院专利行政部门应当驳回该发明专利申请；申请人期满未答复的，视为撤回该发明专利申请。

实用新型专利权自公告授予发明专利权之日起终止。

第四十二条 一件专利申请包括两项以上发明、实用新型或者外观设计的，申请人可以在本细则第五十四条第一款规定的期限届满前，向国务院专利行政部门提出分案申请；但是，专利申请已经被驳回、撤回或者视为撤回的，不能提出分案申请。

国务院专利行政部门认为一件专利申请不符

合专利法第三十一条和本细则第三十四条或者第三十五条的规定的，应当通知申请人在指定期限内对其申请进行修改；申请人期满未答复的，该申请视为撤回。

分案的申请不得改变原申请的类别。

第四十三条 依照本细则第四十二条规定提出的分案申请，可以保留原申请日，享有优先权的，可以保留优先权日，但是不得超出原申请记载的范围。

分案申请应当依照专利法及本细则的规定办理有关手续。

分案申请的请求书中应当写明原申请的申请号和申请日。提交分案申请时，申请人应当提交原申请文件副本；原申请享有优先权的，并应当提交原申请的优先权文件副本。

第四十四条 专利法第三十四条和第四十条所称初步审查，是指审查专利申请是否具备专利法第二十六条或者第二十七条规定的文件和其他必要的文件，这些文件是否符合规定的格式，并审查下列各项：

（一）发明专利申请是否明显属于专利法第五条、第二十五条规定的情形，是否不符合专利法第十八条、第十九条第一款、第二十条第一款或者本细则第十六条、第二十六条第二款的规定，是否明显不符合专利法第二条第二款、第二十六条第五款、第三十一条第一款、第三十三条或者本细则第十七条至第二十一条的规定；

（二）实用新型专利申请是否明显属于专利法第五条、第二十五条规定的情形，是否不符合专利法第十八条、第十九条第一款、第二十条第一款或者本细则第十六条至第十九条、第二十一条至第二十三条的规定，是否明显不符合专利法第二条第三款、第二十二条第二款、第四款、第二十六条第三款、第四款、第三十一条第一款、第三十三条或者本细则第二十条、第四十三条第一款的规定，是否依照专利法第九条规定不能取得专利权；

（三）外观设计专利申请是否明显属于专利法第五条、第二十五条第一款第（六）项规定的情形，是否不符合专利法第十八条、第十九条第一款或者本细则第十六条、第二十七条、第二十八条的规定，是否明显不符合专利法第二条第四款、第二十三条第一款、第二十七条第二款、第三十一条第二款、第三十三条或者本细则第四十三条第一款的规定，是否依照专利法第九条规定不能取得专利权；

（四）申请文件是否符合本细则第二条、第三条第一款的规定。

国务院专利行政部门应当将审查意见通知申请人，要求其在指定期限内陈述意见或者补正；申请人期满未答复的，其申请视为撤回。申请人陈述意见或者补正后，国务院专利行政部门仍然认为不符合前款所列各项规定的，应当予以驳回。

第四十五条 除专利申请文件外，申请人向国务院专利行政部门提交的与专利申请有关的其他文件有下列情形之一的，视为未提交：

（一）未使用规定的格式或者填写不符合规定的；

（二）未按照规定提交证明材料的。

国务院专利行政部门应当将视为未提交的审查意见通知申请人。

第四十六条 申请人请求早日公布其发明专利申请的，应当向国务院专利行政部门声明。国务院专利行政部门对该申请进行初步审查后，除予以驳回的外，应当立即将申请予以公布。

第四十七条 申请人写明使用外观设计的产品及其所属类别的，应当使用国务院专利行政部门公布的外观设计产品分类表。未写明使用外观设计的产品所属类别或者所写的类别不确切的，国务院专利行政部门可以予以补充或者修改。

第四十八条 自发明专利申请公布之日起至公告授予专利权之日止，任何人均可以对不符合专利法规定的专利申请向国务院专利行政部门提出意见，并说明理由。

第四十九条 发明专利申请人因有正当理由无法提交专利法第三十六条规定的检索资料或者审查结果资料的，应当向国务院专利行政部门声明，并在得到有关资料后补交。

第五十条 国务院专利行政部门依照专利法第三十五条第二款的规定对专利申请自行进行审查时，应当通知申请人。

第五十一条 发明专利申请人在提出实质审查请求时以及在收到国务院专利行政部门发出的发明专利申请进入实质审查阶段通知书之日起的3个月内，可以对发明专利申请主动提出修改。

实用新型或者外观设计专利申请人自申请日起2个月内，可以对实用新型或者外观设计专利申请主动提出修改。

申请人在收到国务院专利行政部门发出的审查意见通知书后对专利申请文件进行修改的，应当针对通知书指出的缺陷进行修改。

国务院专利行政部门可以自行修改专利申请文件中文字和符号的明显错误。国务院专利行政部门自行修改的,应当通知申请人。

第五十二条 发明或者实用新型专利申请的说明书或者权利要求书的修改部分,除个别文字修改或者增删外,应当按照规定格式提交替换页。外观设计专利申请的图片或者照片的修改,应当按照规定提交替换页。

第五十三条 依照专利法第三十八条的规定,发明专利申请经实质审查应当予以驳回的情形是指:

(一)申请属于专利法第五条、第二十五条规定的情形,或者依照专利法第九条规定不能取得专利权的;

(二)申请不符合专利法第二条第二款、第二十条第一款、第二十二条、第二十六条第三款、第四款、第五款、第三十一条第一款或者本细则第二十条第二款规定的;

(三)申请的修改不符合专利法第三十三条规定,或者分案的申请不符合本细则第四十三条第一款的规定的。

第五十四条 国务院专利行政部门发出授予专利权的通知后,申请人应当自收到通知之日起2个月内办理登记手续。申请人按期办理登记手续的,国务院专利行政部门应当授予专利权,颁发专利证书,并予以公告。

期满未办理登记手续的,视为放弃取得专利权的权利。

第五十五条 保密专利申请经审查没有发现驳回理由的,国务院专利行政部门应当作出授予保密专利权的决定,颁发保密专利证书,登记保密专利权的有关事项。

第五十六条 授予实用新型或者外观设计专利权的决定公告后,专利法第六十条规定的专利权人或者利害关系人可以请求国务院专利行政部门作出专利权评价报告。

请求作出专利权评价报告的,应当提交专利权评价报告请求书,写明专利号。每项请求应当限于一项专利权。

专利权评价报告请求书不符合规定的,国务院专利行政部门应当通知请求人在指定期限内补正;请求人期满未补正的,视为未提出请求。

第五十七条 国务院专利行政部门应当自收到专利权评价报告请求书后2个月内作出专利权评价报告。对同一项实用新型或者外观设计专利权,有多个请求人请求作出专利权评价报告的,国务院专利行政部门仅作出一份专利权评价报告。任何单位或者个人可以查阅或者复制该专利权评价报告。

第五十八条 国务院专利行政部门对专利公告、专利单行本中出现的错误,一经发现,应当及时更正,并对所作更正予以公告。

第四章 专利申请的复审与专利权的无效宣告

第五十九条 专利复审委员会由国务院专利行政部门指定的技术专家和法律专家组成,主任委员由国务院专利行政部门负责人兼任。

第六十条 依照专利法第四十一条的规定向专利复审委员会请求复审的,应当提交复审请求书,说明理由,必要时还应当附具有关证据。

复审请求不符合专利法第十九条第一款或者第四十一条第一款规定的,专利复审委员会不予受理,书面通知复审请求人并说明理由。

复审请求书不符合规定格式的,复审请求人应当在专利复审委员会指定的期限内补正;期满未补正的,该复审请求视为未提出。

第六十一条 请求人在提出复审请求或者在对专利复审委员会的复审通知书作出答复时,可以修改专利申请文件;但是,修改应当仅限于消除驳回决定或者复审通知书指出的缺陷。

修改的专利申请文件应当提交一式两份。

第六十二条 专利复审委员会应当将受理的复审请求书转交国务院专利行政部门原审查部门进行审查。原审查部门根据复审请求人的请求,同意撤销原决定的,专利复审委员会应当据此作出复审决定,并通知复审请求人。

第六十三条 专利复审委员会进行复审后,认为复审请求不符合专利法和本细则有关规定的,应当通知复审请求人,要求其在指定期限内陈述意见。期满未答复的,该复审请求视为撤回;经陈述意见或者进行修改后,专利复审委员会认为仍不符合专利法和本细则有关规定的,应当作出维持原驳回决定的复审决定。

专利复审委员会进行复审后,认为原驳回决定不符合专利法和本细则有关规定的,或者认为经过修改的专利申请文件消除了原驳回决定指出的缺陷的,应当撤销原驳回决定,由原审查部门继续进行审查程序。

第六十四条 复审请求人在专利复审委员会

作出决定前，可以撤回其复审请求。

复审请求人在专利复审委员会作出决定前撤回其复审请求的，复审程序终止。

第六十五条 依照专利法第四十五条的规定，请求宣告专利权无效或者部分无效的，应当向专利复审委员会提交专利权无效宣告请求书和必要的证据一式两份。无效宣告请求书应当结合提交的所有证据，具体说明无效宣告请求的理由，并指明每项理由所依据的证据。

前款所称无效宣告请求的理由，是指被授予专利的发明创造不符合专利法第二条、第二十条第一款、第二十二条、第二十三条、第二十六条第三款、第四款、第二十七条第二款、第三十三条或者本细则第二十条第二款、第四十三条第一款的规定，或者属于专利法第五条、第二十五条的规定，或者依照专利法第九条规定不能取得专利权。

第六十六条 专利权无效宣告请求不符合专利法第十九条第一款或者本细则第六十五条规定的，专利复审委员会不予受理。

在专利复审委员会就无效宣告请求作出决定之后，又以同样的理由和证据请求无效宣告的，专利复审委员会不予受理。

以不符合专利法第二十三条第三款的规定为理由请求宣告外观设计专利权无效，但是未提交证明权利冲突的证据的，专利复审委员会不予受理。

专利权无效宣告请求书不符合规定格式的，无效宣告请求人应当在专利复审委员会指定的期限内补正；期满未补正的，该无效宣告请求视为未提出。

第六十七条 在专利复审委员会受理无效宣告请求后，请求人可以在提出无效宣告请求之日起1个月内增加理由或者补充证据。逾期增加理由或者补充证据的，专利复审委员会可以不予考虑。

第六十八条 专利复审委员会应当将专利权无效宣告请求书和有关文件的副本送交专利权人，要求其在指定的期限内陈述意见。

专利权人和无效宣告请求人应当在指定期限内答复专利复审委员会发出的转送文件通知书或者无效宣告请求审查通知书；期满未答复的，不影响专利复审委员会审理。

第六十九条 在无效宣告请求的审查过程中，发明或者实用新型专利的专利权人可以修改其权利要求书，但是不得扩大原专利的保护范围。

发明或者实用新型专利的专利权人不得修改专利说明书和附图，外观设计专利的专利权人不得修改图片、照片和简要说明。

第七十条 专利复审委员会根据当事人的请求或者案情需要，可以决定对无效宣告请求进行口头审理。

专利复审委员会决定对无效宣告请求进行口头审理的，应当向当事人发出口头审理通知书，告知举行口头审理的日期和地点。当事人应当在通知书指定的期限内作出答复。

无效宣告请求人对专利复审委员会发出的口头审理通知书在指定的期限内未作答复，并且不参加口头审理的，其无效宣告请求视为撤回；专利权人不参加口头审理的，可以缺席审理。

第七十一条 在无效宣告请求审查程序中，专利复审委员会指定的期限不得延长。

第七十二条 专利复审委员会对无效宣告的请求作出决定前，无效宣告请求人可以撤回其请求。

专利复审委员会作出决定之前，无效宣告请求人撤回其请求或者其无效宣告请求被视为撤回的，无效宣告请求审查程序终止。但是，专利复审委员会认为根据已进行的审查工作能够作出宣告专利权无效或者部分无效的决定的，不终止审查程序。

第五章 专利实施的强制许可

第七十三条 专利法第四十八条第(一)项所称未充分实施其专利，是指专利权人及其被许可人实施其专利的方式或者规模不能满足国内对专利产品或者专利方法的需求。

专利法第五十条所称取得专利权的药品，是指解决公共健康问题所需的医药领域中的任何专利产品或者依照专利方法直接获得的产品，包括取得专利权的制造该产品所需的活性成分以及使用该产品所需的诊断用品。

第七十四条 请求给予强制许可的，应当向国务院专利行政部门提交强制许可请求书，说明理由并附具有关证明文件。

国务院专利行政部门应当将强制许可请求书的副本送交专利权人，专利权人应当在国务院专利行政部门指定的期限内陈述意见；期满未答复的，不影响国务院专利行政部门作出决定。

国务院专利行政部门在作出驳回强制许可请求的决定或者给予强制许可的决定前，应当通知请求人和专利权人拟作出的决定及其理由。

国务院专利行政部门依照专利法第五十条的规定作出给予强制许可的决定，应当同时符合中国缔结或者参加的有关国际条约关于为了解决公共健康问题而给予强制许可的规定，但中国作出保留的除外。

第七十五条 依照专利法第五十七条的规定，请求国务院专利行政部门裁决使用费数额的，当事人应当提出裁决请求书，并附具双方不能达成协议的证明文件。国务院专利行政部门应当自收到请求书之日起3个月内作出裁决，并通知当事人。

第六章 对职务发明创造的发明人或者设计人的奖励和报酬

第七十六条 被授予专利权的单位可以与发明人、设计人约定或者在其依法制定的规章制度中规定专利法第十六条规定的奖励、报酬的方式和数额。

企业、事业单位给予发明人或者设计人的奖励、报酬，按照国家有关财务、会计制度的规定进行处理。

第七十七条 被授予专利权的单位未与发明人、设计人约定也未在其依法制定的规章制度中规定专利法第十六条规定的奖励的方式和数额的，应当自专利权公告之日起3个月内发给发明人或者设计人奖金。一项发明专利的奖金最低不少于3000元；一项实用新型专利或者外观设计专利的奖金最低不少于1000元。

由于发明人或者设计人的建议被其所属单位采纳而完成的发明创造，被授予专利权的单位应当从优发给奖金。

第七十八条 被授予专利权的单位未与发明人、设计人约定也未在其依法制定的规章制度中规定专利法第十六条规定的报酬的方式和数额的，在专利权有效期限内，实施发明创造专利后，每年应当从实施该项发明或者实用新型专利的营业利润中提取不低于2%或者从实施该项外观设计专利的营业利润中提取不低于0.2%，作为报酬给予发明人或者设计人，或者参照上述比例，给予发明人或者设计人一次性报酬；被授予专利权的单位许可其他单位或者个人实施其专利的，应当从收取的使用费中提取不低于10%，作为报酬给予发明人或者设计人。

第七章 专利权的保护

第七十九条 专利法和本细则所称管理专利工作的部门，是指由省、自治区、直辖市人民政府以及专利管理工作量大又有实际处理能力的设区的市人民政府设立的管理专利工作的部门。

第八十条 国务院专利行政部门应当对管理专利工作的部门处理专利侵权纠纷、查处假冒专利行为、调解专利纠纷进行业务指导。

第八十一条 当事人请求处理专利侵权纠纷或者调解专利纠纷的，由被请求人所在地或者侵权行为地的管理专利工作的部门管辖。

两个以上管理专利工作的部门都有管辖权的专利纠纷，当事人可以向其中一个管理专利工作的部门提出请求；当事人向两个以上有管辖权的管理专利工作的部门提出请求的，由最先受理的管理专利工作的部门管辖。

管理专利工作的部门对管辖权发生争议的，由其共同的上级人民政府管理专利工作的部门指定管辖；无共同上级人民政府管理专利工作的部门的，由国务院专利行政部门指定管辖。

第八十二条 在处理专利侵权纠纷过程中，被请求人提出无效宣告请求并被专利复审委员会受理的，可以请求管理专利工作的部门中止处理。

管理专利工作的部门认为被请求人提出的中止理由明显不能成立的，可以不中止处理。

第八十三条 专利权人依照专利法第十七条的规定，在其专利产品或者该产品的包装上标明专利标识的，应当按照国务院专利行政部门规定的方式予以标明。

专利标识不符合前款规定的，由管理专利工作的部门责令改正。

第八十四条 下列行为属于专利法第六十三条规定的假冒专利的行为：

（一）在未被授予专利权的产品或者其包装上标注专利标识，专利权被宣告无效后或者终止后继续在产品或者其包装上标注专利标识，或者未经许可在产品或者产品包装上标注他人的专利号；

（二）销售第（一）项所述产品；

（三）在产品说明书等材料中将未被授予专利权的技术或者设计称为专利技术或者专利设计，将专利申请称为专利，或者未经许可使用他人的专利号，使公众将所涉及的技术或者设计误认为是专利技术或者专利设计；

（四）伪造或者变造专利证书、专利文件或者专利申请文件；

（五）其他使公众混淆，将未被授予专利权的技术或者设计误认为是专利技术或者专利设计的行为。

专利权终止前依法在专利产品、依照专利方法直接获得的产品或者其包装上标注专利标识，在专利权终止后许诺销售、销售该产品的，不属于假冒专利行为。

销售不知道是假冒专利的产品，并且能够证明该产品合法来源的，由管理专利工作的部门责令停止销售，但免除罚款的处罚。

第八十五条　除专利法第六十条规定的外，管理专利工作的部门应当事人请求，可以对下列专利纠纷进行调解：

（一）专利申请权和专利权归属纠纷；

（二）发明人、设计人资格纠纷；

（三）职务发明创造的发明人、设计人的奖励和报酬纠纷；

（四）在发明专利申请公布后专利权授予前使用发明而未支付适当费用的纠纷；

（五）其他专利纠纷。

对于前款第（四）项所列的纠纷，当事人请求管理专利工作的部门调解的，应当在专利权被授予之后提出。

第八十六条　当事人因专利申请权或者专利权的归属发生纠纷，已请求管理专利工作的部门调解或者向人民法院起诉的，可以请求国务院专利行政部门中止有关程序。

依照前款规定请求中止有关程序的，应当向国务院专利行政部门提交请求书，并附具管理专利工作的部门或者人民法院的写明申请号或者专利号的有关受理文件副本。

管理专利工作的部门作出的调解书或者人民法院作出的判决生效后，当事人应当向国务院专利行政部门办理恢复有关程序的手续。自请求中止之日起1年内，有关专利申请权或者专利权归属的纠纷未能结案，需要继续中止有关程序的，请求人应当在该期限内请求延长中止。期满未请求延长的，国务院专利行政部门自行恢复有关程序。

第八十七条　人民法院在审理民事案件中裁定对专利申请权或者专利权采取保全措施的，国务院专利行政部门应当在收到写明申请号或者专利号的裁定书和协助执行通知书之日中止被保全的专利申请权或者专利权的有关程序。保全期限届满，人民法院没有裁定继续采取保全措施的，国务院专利行政部门自行恢复有关程序。

第八十八条　国务院专利行政部门根据本细则第八十六条和第八十七条规定中止有关程序，是指暂停专利申请的初步审查、实质审查、复审程序，授予专利权程序和专利权无效宣告程序；暂停办理放弃、变更、转移专利权或者专利申请权手续，专利权质押手续以及专利权期限届满前的终止手续等。

第八章　专利登记和专利公报

第八十九条　国务院专利行政部门设置专利登记簿，登记下列与专利申请和专利权有关的事项：

（一）专利权的授予；

（二）专利申请权、专利权的转移；

（三）专利权的质押、保全及其解除；

（四）专利实施许可合同的备案；

（五）专利权的无效宣告；

（六）专利权的终止；

（七）专利权的恢复；

（八）专利实施的强制许可；

（九）专利权人的姓名或者名称、国籍和地址的变更。

第九十条　国务院专利行政部门定期出版专利公报，公布或者公告下列内容：

（一）发明专利申请的著录事项和说明书摘要；

（二）发明专利申请的实质审查请求和国务院专利行政部门对发明专利申请自行进行实质审查的决定；

（三）发明专利申请公布后的驳回、撤回、视为撤回、视为放弃、恢复和转移；

（四）专利权的授予以及专利权的著录事项；

（五）发明或者实用新型专利的说明书摘要，外观设计专利的一幅图片或者照片；

（六）国防专利、保密专利的解密；

（七）专利权的无效宣告；

（八）专利权的终止、恢复；

（九）专利权的转移；

（十）专利实施许可合同的备案；

（十一）专利权的质押、保全及其解除；

（十二）专利实施的强制许可的给予；

（十三）专利权人的姓名或者名称、地址的变更；

（十四）文件的公告送达；

（十五）国务院专利行政部门作出的更正；

（十六）其他有关事项。

第九十一条 国务院专利行政部门应当提供专利公报、发明专利申请单行本以及发明专利、实用新型专利、外观设计专利单行本，供公众免费查阅。

第九十二条 国务院专利行政部门负责按照互惠原则与其他国家、地区的专利机关或者区域性专利组织交换专利文献。

第九章 费 用

第九十三条 向国务院专利行政部门申请专利和办理其他手续时，应当缴纳下列费用：

（一）申请费、申请附加费、公布印刷费、优先权要求费；

（二）发明专利申请实质审查费、复审费；

（三）专利登记费、公告印刷费、年费；

（四）恢复权利请求费、延长期限请求费；

（五）著录事项变更费、专利权评价报告请求费、无效宣告请求费。

前款所列各种费用的缴纳标准，由国务院价格管理部门、财政部门会同国务院专利行政部门规定。

第九十四条 专利法和本细则规定的各种费用，可以直接向国务院专利行政部门缴纳，也可以通过邮局或者银行汇付，或者以国务院专利行政部门规定的其他方式缴纳。

通过邮局或者银行汇付的，应当在送交国务院专利行政部门的汇单上写明正确的申请号或者专利号以及缴纳的费用名称。不符合本款规定的，视为未办理缴费手续。

直接向国务院专利行政部门缴纳费用的，以缴纳当日为缴费日；以邮局汇付方式缴纳费用的，以邮局汇出的邮戳日为缴费日；以银行汇付方式缴纳费用的，以银行实际汇出日为缴费日。

多缴、重缴、错缴专利费用的，当事人可以自缴费日起3年内，向国务院专利行政部门提出退款请求，国务院专利行政部门应当予以退还。

第九十五条 申请人应当自申请日起2个月内或者在收到受理通知书之日起15日内缴纳申请费、公布印刷费和必要的申请附加费；期满未缴纳或者未缴足的，其申请视为撤回。

申请人要求优先权的，应当在缴纳申请费的同时缴纳优先权要求费；期满未缴纳或者未缴足的，视为未要求优先权。

第九十六条 当事人请求实质审查或者复审的，应当在专利法及本细则规定的相关期限内缴纳费用；期满未缴纳或者未缴足的，视为未提出请求。

第九十七条 申请人办理登记手续时，应当缴纳专利登记费、公告印刷费和授予专利权当年的年费；期满未缴纳或者未缴足的，视为未办理登记手续。

第九十八条 授予专利权当年以后的年费应当在上一年度期满前缴纳。专利权人未缴纳或者未缴足的，国务院专利行政部门应当通知专利权人自应当缴纳年费期满之日起6个月内补缴，同时缴纳滞纳金；滞纳金的金额按照每超过规定的缴费时间1个月，加收当年全额年费的5%计算；期满未缴纳的，专利权自应当缴纳年费期满之日起终止。

第九十九条 恢复权利请求费应当在本细则规定的相关期限内缴纳；期满未缴纳或者未缴足的，视为未提出请求。

延长期限请求费应当在相应期限届满之日前缴纳；期满未缴纳或者未缴足的，视为未提出请求。

著录事项变更费、专利权评价报告请求费、无效宣告请求费应当自提出请求之日起1个月内缴纳；期满未缴纳或者未缴足的，视为未提出请求。

第一百条 申请人或者专利权人缴纳本细则规定的各种费用有困难的，可以按照规定向国务院专利行政部门提出减缴或者缓缴的请求。减缴或者缓缴的办法由国务院财政部门会同国务院价格管理部门、国务院专利行政部门规定。

第十章 关于国际申请的特别规定

第一百零一条 国务院专利行政部门根据专利法第二十条规定，受理按照专利合作条约提出的专利国际申请。

按照专利合作条约提出并指定中国的专利国际申请（以下简称国际申请）进入国务院专利行政部门处理阶段（以下称进入中国国家阶段）的条件和程序适用本章的规定；本章没有规定的，适用专利法及本细则其他各章的有关规定。

第一百零二条 按照专利合作条约已确定国际申请日并指定中国的国际申请，视为向国务院专利行政部门提出的专利申请，该国际申请日视为专利法第二十八条所称的申请日。

第一百零三条 国际申请的申请人应当在专利合作条约第二条所称的优先权日(本章简称优先权日)起30个月内,向国务院专利行政部门办理进入中国国家阶段的手续;申请人未在该期限内办理该手续的,在缴纳宽限费后,可以在自优先权日起32个月内办理进入中国国家阶段的手续。

第一百零四条 申请人依照本细则第一百零三条的规定办理进入中国国家阶段的手续的,应当符合下列要求:

(一)以中文提交进入中国国家阶段的书面声明,写明国际申请号和要求获得的专利权类型;

(二)缴纳本细则第九十三条第一款规定的申请费、公布印刷费,必要时缴纳本细则第一百零三条规定的宽限费;

(三)国际申请以外文提出的,提交原始国际申请的说明书和权利要求书的中文译文;

(四)在进入中国国家阶段的书面声明中写明发明创造的名称,申请人姓名或者名称、地址和发明人的姓名,上述内容应当与世界知识产权组织国际局(以下简称国际局)的记录一致;国际申请中未写明发明人的,在上述声明中写明发明人的姓名;

(五)国际申请以外文提出的,提交摘要的中文译文,有附图和摘要附图的,提交附图副本和摘要附图副本,附图中有文字的,将其替换为对应的中文文字;国际申请以中文提出的,提交国际公布文件中的摘要和摘要附图副本;

(六)在国际阶段向国际局已办理申请人变更手续的,提供变更后的申请人享有申请权的证明材料;

(七)必要时缴纳本细则第九十三条第一款规定的申请附加费。

符合本条第一款第(一)项至第(三)项要求的,国务院专利行政部门应当给予申请号,明确国际申请进入中国国家阶段的日期(以下简称进入日),并通知申请人其国际申请已进入中国国家阶段。

国际申请已进入中国国家阶段,但不符合本条第一款第(四)项至第(七)项要求的,国务院专利行政部门应当通知申请人在指定期限内补正;期满未补正的,其申请视为撤回。

第一百零五条 国际申请有下列情形之一的,其在中国的效力终止:

(一)在国际阶段,国际申请被撤回或者被视为撤回,或者国际申请对中国的指定被撤回的;

(二)申请人未在优先权日起32个月内按照本细则第一百零三条规定办理进入中国国家阶段手续的;

(三)申请人办理进入中国国家阶段的手续,但自优先权日起32个月期限届满仍不符合本细则第一百零四条第(一)项至第(三)项要求的。

依照前款第(一)项的规定,国际申请在中国的效力终止的,不适用本细则第六条的规定;依照前款第(二)项、第(三)项的规定,国际申请在中国的效力终止的,不适用本细则第六条第二款的规定。

第一百零六条 国际申请在国际阶段作过修改,申请人要求以经修改的申请文件为基础进行审查的,应当自进入日起2个月内提交修改部分的中文译文。在该期间内未提交中文译文的,对申请人在国际阶段提出的修改,国务院专利行政部门不予考虑。

第一百零七条 国际申请涉及的发明创造有专利法第二十四条第(一)项或者第(二)项所列情形之一,在提出国际申请时作过声明的,申请人应当在进入中国国家阶段的书面声明中予以说明,并自进入日起2个月内提交本细则第三十条第三款规定的有关证明文件;未予说明或者期满未提交证明文件的,其申请不适用专利法第二十四条的规定。

第一百零八条 申请人按照专利合作条约的规定,对生物材料样品的保藏已作出说明的,视为已经满足了本细则第二十四条第(三)项的要求。申请人应当在进入中国国家阶段声明中指明记载生物材料样品保藏事项的文件以及在该文件中的具体记载位置。

申请人在原始提交的国际申请的说明书中已记载生物材料样品保藏事项,但是没有在进入中国国家阶段声明中指明的,应当自进入日起4个月内补正。期满未补正的,该生物材料视为未提交保藏。

申请人自进入日起4个月内向国务院专利行政部门提交生物材料样品保藏证明和存活证明的,视为在本细则第二十四条第(一)项规定的期限内提交。

第一百零九条 国际申请涉及的发明创造依赖遗传资源完成的,申请人应当在国际申请进入中国国家阶段的书面声明中予以说明,并填写国务院专利行政部门制定的表格。

第一百一十条 申请人在国际阶段已要求一

项或者多项优先权，在进入中国国家阶段时该优先权要求继续有效的，视为已经依照专利法第三十条的规定提出了书面声明。

申请人应当自进入日起2个月内缴纳优先权要求费；期满未缴纳或者未缴足的，视为未要求该优先权。

申请人在国际阶段已依照专利合作条约的规定，提交过在先申请文件副本的，办理进入中国国家阶段手续时不需要向国务院专利行政部门提交在先申请文件副本。申请人在国际阶段未提交在先申请文件副本的，国务院专利行政部门认为必要时，可以通知申请人在指定期限内补交；申请人期满未补交的，其优先权要求视为未提出。

第一百一十一条 在优先权日起30个月期满前要求国务院专利行政部门提前处理和审查国际申请的，申请人除应当办理进入中国国家阶段手续外，还应当依照专利合作条约第二十三条第二款规定提出请求。国际局尚未向国务院专利行政部门传送国际申请的，申请人应当提交经确认的国际申请副本。

第一百一十二条 要求获得实用新型专利权的国际申请，申请人可以自进入日起2个月内对专利申请文件主动提出修改。

要求获得发明专利权的国际申请，适用本细则第五十一条第一款的规定。

第一百一十三条 申请人发现提交的说明书、权利要求书或者附图中的文字的中文译文存在错误的，可以在下列规定期限内依照原始国际申请文本提出改正：

（一）在国务院专利行政部门作好公布发明专利申请或者公告实用新型专利权的准备工作之前；

（二）在收到国务院专利行政部门发出的发明专利申请进入实质审查阶段通知书之日起3个月内。

申请人改正译文错误的，应当提出书面请求并缴纳规定的译文改正费。

申请人按照国务院专利行政部门的通知书的要求改正译文的，应当在指定期限内办理本条第二款规定的手续；期满未办理规定手续的，该申请视为撤回。

第一百一十四条 对要求获得发明专利权的国际申请，国务院专利行政部门经初步审查认为符合专利法和本细则有关规定的，应当在专利公报上予以公布；国际申请以中文以外的文字提出的，应当公布申请文件的中文译文。

要求获得发明专利权的国际申请，由国际局以中文进行国际公布的，自国际公布日起适用专利法第十三条的规定；由国际局以中文以外的文字进行国际公布的，自国务院专利行政部门公布之日起适用专利法第十三条的规定。

对国际申请，专利法第二十一条和第二十二条中所称的公布是指本条第一款所规定的公布。

第一百一十五条 国际申请包含两项以上发明或者实用新型的，申请人可以自进入日起，依照本细则第四十二条第一款的规定提出分案申请。

在国际阶段，国际检索单位或者国际初步审查单位认为国际申请不符合专利合作条约规定的单一性要求时，申请人未按照规定缴纳附加费，导致国际申请某些部分未经国际检索或者未经国际初步审查，在进入中国国家阶段时，申请人要求将所述部分作为审查基础，国务院专利行政部门认为国际检索单位或者国际初步审查单位对发明单一性的判断正确的，应当通知申请人在指定期限内缴纳单一性恢复费。期满未缴纳或者未足额缴纳的，国际申请中未经检索或者未经国际初步审查的部分视为撤回。

第一百一十六条 国际申请在国际阶段被有关国际单位拒绝给予国际申请日或者宣布视为撤回的，申请人在收到通知之日起2个月内，可以请求国际局将国际申请档案中任何文件的副本转交国务院专利行政部门，并在该期限内向国务院专利行政部门办理本细则第一百零三条规定的手续，国务院专利行政部门应当在接到国际局传送的文件后，对国际单位作出的决定是否正确进行复查。

第一百一十七条 基于国际申请授予的专利权，由于译文错误，致使依照专利法第五十九条规定确定的保护范围超出国际申请的原文所表达的范围的，以依据原文限制后的保护范围为准；致使保护范围小于国际申请的原文所表达的范围的，以授权时的保护范围为准。

第十一章 附 则

第一百一十八条 经国务院专利行政部门同意，任何人均可以查阅或者复制已经公布或者公告的专利申请的案卷和专利登记簿，并可以请求国务院专利行政部门出具专利登记簿副本。

已视为撤回、驳回和主动撤回的专利申请的案卷，自该专利申请失效之日起满2年后不予保存。

已放弃、宣告全部无效和终止的专利权的案卷，自该专利权失效之日起满3年后不予保存。

第一百一十九条 向国务院专利行政部门提交申请文件或者办理各种手续，应当由申请人、专利权人、其他利害关系人或者其代表人签字或者盖章；委托专利代理机构的，由专利代理机构盖章。

请求变更发明人姓名、专利申请人和专利权人的姓名或者名称、国籍和地址、专利代理机构的名称、地址和代理人姓名的，应当向国务院专利行政部门办理著录事项变更手续，并附具变更理由的证明材料。

第一百二十条 向国务院专利行政部门邮寄有关申请或者专利权的文件，应当使用挂号信函，不得使用包裹。

除首次提交专利申请文件外，向国务院专利行政部门提交各种文件、办理各种手续的，应当标明申请号或者专利号、发明创造名称和申请人或者专利权人姓名或者名称。

一件信函中应当只包含同一申请的文件。

第一百二十一条 各类申请文件应当打字或者印刷，字迹呈黑色，整齐清晰，并不得涂改。附图应当用制图工具和黑色墨水绘制，线条应当均匀清晰，并不得涂改。

请求书、说明书、权利要求书、附图和摘要应当分别用阿拉伯数字顺序编号。

申请文件的文字部分应当横向书写。纸张限于单面使用。

第一百二十二条 国务院专利行政部门根据专利法和本细则制定专利审查指南。

第一百二十三条 本细则自2001年7月1日起施行。1992年12月12日国务院批准修订、1992年12月21日中国专利局发布的《中华人民共和国专利法实施细则》同时废止。

广播电台电视台播放录音制品支付报酬暂行办法

（2009年5月6日国务院第62次常务会议通过　2009年11月10日中华人民共和国国务院令第566号公布　自2010年1月1日施行）

第一条 为了保障著作权人依法行使广播权，方便广播电台、电视台播放录音制品，根据《中华人民共和国著作权法》（以下称著作权法）第四十三条的规定，制定本办法。

第二条 广播电台、电视台可以就播放已经发表的音乐作品向著作权人支付报酬的方式、数额等有关事项与管理相关权利的著作权集体管理组织进行约定。

广播电台、电视台播放已经出版的录音制品，已经与著作权人订立许可使用合同的，按照合同约定的方式和标准支付报酬。

广播电台、电视台依照著作权法第四十三条的规定，未经著作权人的许可播放已经出版的录音制品（以下称播放录音制品）的，依照本办法向著作权人支付报酬。

第三条 本办法所称播放，是指广播电台、电视台以无线或者有线的方式进行的首播、重播和转播。

第四条 广播电台、电视台播放录音制品，可以与管理相关权利的著作权集体管理组织约定每年向著作权人支付固定数额的报酬；没有就固定数额进行约定或者约定不成的，广播电台、电视台与管理相关权利的著作权集体管理组织可以以下列方式之一为基础，协商向著作权人支付报酬：

（一）以本台或者本台各频道（频率）本年度广告收入扣除15％成本费用后的余额，乘以本办法第五条或者第六条规定的付酬标准，计算支付报酬的数额；

（二）以本台本年度播放录音制品的时间总

量，乘以本办法第七条规定的单位时间付酬标准，计算支付报酬的数额。

第五条 以本办法第四条第(一)项规定方式确定向著作权人支付报酬的数额的，自本办法施行之日起5年内，按照下列付酬标准协商支付报酬的数额：

(一)播放录音制品的时间占本台或者本频道(频率)播放节目总时间的比例(以下称播放时间比例)不足1%的，付酬标准为0.01%；

(二)播放时间比例为1%以上不足3%的，付酬标准为0.02%；

(三)播放时间比例为3%以上不足6%的，相应的付酬标准为0.09%到0.15%，播放时间比例每增加1%，付酬标准相应增加0.03%；

(四)播放时间比例为6%以上10%以下的，相应的付酬标准为0.24%到0.4%，播放时间比例每增加1%，付酬标准相应增加0.04%；

(五)播放时间比例超过10%不足30%的，付酬标准为0.5%；

(六)播放时间比例为30%以上不足50%的，付酬标准为0.6%；

(七)播放时间比例为50%以上不足80%的，付酬标准为0.7%；

(八)播放时间比例为80%以上的，付酬标准为0.8%。

第六条 以本办法第四条第(一)项规定方式确定向著作权人支付报酬的数额的，自本办法施行届满5年之日起，按照下列付酬标准协商支付报酬的数额：

(一)播放时间比例不足1%的，付酬标准为0.02%；

(二)播放时间比例为1%以上不足3%的，付酬标准为0.03%；

(三)播放时间比例为3%以上不足6%的，相应的付酬标准为0.12%到0.2%，播放时间比例每增加1%，付酬标准相应增加0.04%；

(四)播放时间比例为6%以上10%以下的，相应的付酬标准为0.3%到0.5%，播放时间比例每增加1%，付酬标准相应增加0.05%；

(五)播放时间比例超过10%不足30%的，付酬标准为0.6%；

(六)播放时间比例为30%以上不足50%的，付酬标准为0.7%；

(七)播放时间比例为50%以上不足80%的，付酬标准为0.8%；

(八)播放时间比例为80%以上的，付酬标准为0.9%。

第七条 以本办法第四条第(二)项规定的方式确定向著作权人支付报酬的数额的，按照下列付酬标准协商支付报酬的数额：

(一)广播电台的单位时间付酬标准为每分钟0.30元；

(二)电视台的单位时间付酬标准自本办法施行之日起5年内为每分钟1.50元，自本办法施行届满5年之日起为每分钟2元。

第八条 广播电台、电视台播放录音制品，未能依照本办法第四条的规定与管理相关权利的著作权集体管理组织约定支付报酬的固定数额，也未能协商确定应支付报酬的，应当依照本办法第四条第(一)项规定的方式和第五条、第六条规定的标准，确定向管理相关权利的著作权集体管理组织支付报酬的数额。

第九条 广播电台、电视台转播其他广播电台、电视台播放的录音制品的，其播放录音制品的时间按照实际播放时间的10%计算。

第十条 中部地区的广播电台、电视台依照本办法规定方式向著作权人支付报酬的数额，自本办法施行之日起5年内，按照依据本办法规定计算出的数额的50%计算。

西部地区的广播电台、电视台以及全国专门对少年儿童、少数民族和农村地区等播出的专业频道(频率)，依照本办法规定方式向著作权人支付报酬的数额，自本办法施行之日起5年内，按照依据本办法规定计算出的数额的10%计算；自本办法施行届满5年之日起，按照依据本办法规定计算出的数额的50%计算。

第十一条 县级以上人民政府财政部门将本级人民政府设立的广播电台、电视台播放录音制品向著作权人支付报酬的支出作为核定其收支的因素，根据本地区财政情况综合考虑，统筹安排。

第十二条 广播电台、电视台向著作权人支付报酬，以年度为结算期。

广播电台、电视台应当于每年度第一季度将其上年度应当支付的报酬交由著作权集体管理组织转付给著作权人。

广播电台、电视台通过著作权集体管理组织向著作权人支付报酬时，应当提供其播放作品的名称、著作权人姓名或者名称、播放时间等情况，双方已有约定的除外。

第十三条 广播电台、电视台播放录音制品，未向管理相关权利的著作权集体管理组织会员以外的著作权人支付报酬的，应当按照本办法第十二条的规定将应支付的报酬送交管理相关权利的著作权集体管理组织；管理相关权利的著作权集体管理组织应当向著作权人转付。

第十四条 著作权集体管理组织向著作权人转付报酬，除本办法已有规定外，适用《著作权集体管理条例》的有关规定。

第十五条 广播电台、电视台依照本办法规定将应当向著作权人支付的报酬交给著作权集体管理组织后，对著作权集体管理组织与著作权人之间的纠纷不承担责任。

第十六条 广播电台、电视台与著作权人或者著作权集体管理组织因依照本办法规定支付报酬产生纠纷的，可以依法向人民法院提起民事诉讼，或者根据双方达成的书面仲裁协议向仲裁机构申请仲裁。

第十七条 本办法自2010年1月1日起施行。

商标代理管理办法

（2009年11月11日国家工商行政管理总局令第46号公布　自公布之日起施行）

第一条 为维护商标代理秩序，保障委托人及商标代理组织的合法权益，根据《中华人民共和国商标法》及《中华人民共和国商标法实施条例》，制定本办法。

第二条 本办法所称商标代理是指商标代理组织接受委托人的委托，以委托人的名义办理商标注册申请及其他有关商标事宜。

本办法所称商标代理组织是指接受委托人的委托，以委托人的名义办理商标注册申请或者其他商标事宜的法律服务机构。

本办法所称商标代理人是指在商标代理组织中执业的工作人员。

第三条 国务院工商行政管理部门依法对全国商标代理组织和商标代理人的代理行为进行管理和监督。

县级以上工商行政管理部门依法对本辖区的商标代理组织和商标代理人的代理行为进行管理和监督。

第四条 申请设立商标代理组织的，申请人向所在地县级以上工商行政管理部门申请登记，领取《企业法人营业执照》或者《营业执照》。

第五条 商标代理组织不得委托其他单位和个人从事商标代办活动，并不得为从事上述活动提供任何便利。

第六条 商标代理组织可以接受委托人委托，指定商标代理人办理下列代理业务：

（一）代理商标注册申请、变更、续展、转让、异议、撤销、评审、侵权投诉等有关事项；

（二）提供商标法律咨询，担任商标法律顾问；

（三）代理其他有关商标事务。

商标代理人办理的商标注册申请书等文件，应当由商标代理人签字并加盖商标代理组织印章。

第七条 商标代理组织不得接受同一商标案件中双方当事人的委托。

第八条 商标代理人应当遵守法律，恪守职业道德和执业纪律，依法开展商标代理业务，及时准确地为委托人提供良好的商标代理服务，认真维护委托人的合法权益。

第九条 商标代理人应当符合以下条件：

（一）具有完全的民事行为能力；

（二）熟悉商标法和相关法律、法规，具备商标代理专业知识；

（三）在商标代理组织中执业。

第十条 商标代理人不得同时在两个以上的商标代理组织执业。

第十一条 商标代理人应当为委托人保守商

业秘密，未经委托人同意，不得把未经公开的代理事项泄露给其他机构和个人。

第十二条 在明知委托人的委托事宜出于恶意或者其行为违反国家法律或者具有欺诈性的情况下，商标代理人应当拒绝接受委托。

第十三条 商标代理组织有下列行为之一的，由其所在地或者行为地县级以上工商行政管理部门予以警告或者处以一万元以下罚款；有违法所得的，处以违法所得额三倍以下，但最高不超过三万元罚款：

（一）与第三方串通，损害委托人合法权益的；

（二）违反本办法第五条、第七条规定的；

（三）损害国家和社会公共利益或者其他代理组织合法权益的；

（四）从事其他非法活动的。

第十四条 商标代理人有下列行为之一的，由其所在地或者行为地县级以上工商行政管理部门予以警告或者处以一万元以下罚款：

（一）私自接受委托，向委托人收取费用，收受委托人财物的；

（二）隐瞒事实，提供虚假证据，或者威胁、诱导他人隐瞒事实，提供虚假证据的；

（三）违反本办法第十条、第十一条、第十二条规定的；

（四）有其他违法行为的。

第十五条 未经工商行政管理部门登记即从事商标代理活动或者用欺骗手段取得登记的组织，由所在地县级以上工商行政管理部门依照有关企业登记管理的法律、法规处罚。

第十六条 被处罚的商标代理组织及商标代理人对工商行政管理部门的行政处罚不服的，可以依照《行政复议法》的规定申请复议；也可以直接向人民法院依法提起诉讼。

第十七条 本办法由国家工商行政管理总局负责解释。

第十八条 本办法自公布之日起施行。

注册商标专用权质权登记程序规定

（2009年9月10日发布 工商标字[2009]182号 自2009年11月1日起施行）

第一条 为充分发挥商标专用权无形资产的价值，促进经济发展，根据《物权法》《担保法》《商标法》和《商标法实施条例》的有关规定，制定本程序规定。国家工商行政管理总局商标局负责办理注册商标专用权质权登记。

第二条 自然人、法人或者其他组织以其注册商标专用权出质的，出质人与质权人应当订立书面合同，并向商标局办理质权登记。质权登记申请应由质权人和出质人共同提出。质权人和出质人可以直接向商标局申请，也可以委托商标代理机构代理。在中国没有经常居所或者营业所的外国人或者外国企业应当委托代理机构办理。

第三条 办理注册商标专用权质权登记，出质人应当将在相同或者类似商品/服务上注册的相同或者近似商标一并办理质权登记。质权合同和质权登记申请书中应当载明出质的商标注册号。

第四条 申请注册商标专用权质权登记的，应提交下列文件：

（一）申请人签字或者盖章的《商标专用权质权登记申请书》；

（二）出质人、质权人的主体资格证明或者自然人身份证明复印件；

（三）主合同和注册商标专用权质权合同；

（四）直接办理的，应当提交授权委托书以及被委托人的身份证明；委托商标代理机构办理的，应当提交商标代理委托书；

（五）出质注册商标的注册证复印件；

（六）出质商标专用权的价值评估报告。如果质权人和出质人双方已就出质商标专用权的价值达成一致意见并提交了相关书面认可文件，申请人可不再提交；

（七）其他需要提供的材料。

上述文件为外文的，应当同时提交其中文译文。中文译文应当由翻译单位和翻译人员签字盖章确认。

第五条 注册商标专用权质权合同一般包括以下内容：

（一）出质人、质权人的姓名（名称）及住址；

（二）被担保的债权种类、数额；

（三）债务人履行债务的期限；

（四）出质注册商标的清单（列明注册商标的注册号、类别及专用期）；

（五）担保的范围；

（六）当事人约定的其他事项。

第六条 申请登记书件齐备、符合规定的，商标局予以受理。受理日期即为登记日期。商标局自登记之日起5个工作日内向双方当事人发放《商标专用权质权登记证》。

《商标专用权质权登记证》应当载明下列内容：出质人和质权人的名称（姓名）、出质商标注册号、被担保的债权数额、质权登记期限、质权登记日期。

第七条 质权登记申请不符合本办法第二条、第三条、第四条、第五条规定的，商标局应当通知申请人，并允许其在30日内补正。申请人逾期不补正或者补正不符合要求的，视为其放弃该质权登记申请，商标局应书面通知申请人。

第八条 有下列情形之一的，商标局不予登记：

（一）出质人名称与商标局档案所记载的名称不一致，且不能提供相关证明证实其为注册商标权利人的；

（二）合同的签订违反法律法规强制性规定的；

（三）商标专用权已经被撤销、被注销或者有效期满未续展的；

（四）商标专用权已被人民法院查封、冻结的；

（五）其他不符合出质条件的。

第九条 质权登记后，有下列情形之一的，商标局应当撤销登记：

（一）发现有属于本办法第八条所列情形之一的；

（二）质权合同无效或者被撤销；

（三）出质的注册商标因法定程序丧失专用权的；

（四）提交虚假证明文件或者以其他欺骗手段取得商标专用权质权登记的。

第十条 质权人或出质人的名称（姓名）更改，以及质权合同担保的主债权数额变更的，当事人可以凭下列文件申请办理变更登记：

（一）申请人签字或者盖章的《商标专用权质权登记事项变更申请书》；

（二）出质人、质权人的主体资格证明或者自然人身份证明复印件；

（三）有关登记事项变更的协议或相关证明文件；

（四）原《商标专用权质权登记证》；

（五）授权委托书、被委托人的身份证明或者商标代理委托书；

（六）其他有关文件。

出质人名称（姓名）发生变更的，还应按照《商标法实施条例》的规定在商标局办理变更注册人名义申请。

第十一条 因被担保的主合同履行期限延长、主债权未能按期实现等原因需要延长质权登记期限的，质权人和出质人双方应当在质权登记期限到期前，持以下文件申请办理延期登记：

（一）申请人签字或者盖章的《商标专用权质权登记期限延期申请书》；

（二）出质人、质权人的主体资格证明或者自然人身份证明复印件；

（三）当事人双方签署的延期协议；

（四）原《商标专用权质权登记证》；

（五）授权委托书、被委托人的身份证明或者商标代理委托书；

（六）其他有关文件。

第十二条 办理质权登记事项变更申请或者质权登记期限延期申请后，由商标局在原《商标专用权质权登记证》上加注发还，或者重新核发《商标专用权质权登记证》。

第十三条 商标专用权质权登记需要注销的，质权人和出质人双方可以持下列文件办理注销申请：

（一）申请人签字或者盖章的《商标专用权质权登记注销申请书》；

（二）出质人、质权人的主体资格证明或者自然人身份证明复印件；

（三）当事人双方签署的解除质权登记协议或合同履行完毕凭证；

（四）原《商标专用权质权登记证》；

（五）授权委托书、被委托人的身份证明或者商标代理委托书；

（六）其他有关文件。

质权登记期限届满后，该质权登记自动失效。

第十四条 《商标专用权质权登记证》遗失的，可以向商标局申请补发。

第十五条 商标局设立质权登记簿，供相关公众查阅。

第十六条 反担保及最高额质权适用本规定。

第十七条 本规定自2009年11月1日起施行。本规定施行之日起原《商标专用权质押登记程序》（国家工商行政管理局工商标字[1997]第127号）废止。

司法解释

最高人民法院关于当前经济形势下知识产权审判服务大局若干问题的意见

（法发〔2009〕23号，2009年4月24日）

当前，我国国民经济继续保持平稳较快发展，改革开放深入推进，社会事业加快发展，人民生活进一步改善，但同时也面临着严重的困难和挑战。为深入贯彻全国"两会"精神，落实国家知识产权战略，使知识产权审判更好地服务于有效应对国际金融危机冲击，促进经济平稳较快发展的大局，为"保增长、保民生、保稳定"作出更加积极的贡献，现就当前经济形势下人民法院做好知识产权审判工作的若干问题，提出如下意见：

一、立足实际，突出重点，努力增强知识产权审判服务大局的针对性和有效性

1. 充分认识知识产权保护对于促进经济平稳较快发展的重要性，切实增强服务大局的使命感。知识产权是国家科技创新能力和水平的集中体现，是国家发展的战略性资源，是提高国际竞争力的核心要素。现代经济竞争归根结底也是知识产权的竞争。加强知识产权保护，提高知识产权的创造、运用和管理水平，对于加快经济结构调整、转变发展方式、推进自主创新、深化改革、提高对外开放水平，从而保持经济平稳较快发展，都具有重要意义。历史经验表明，经济危机常常伴随着科技革命，科技革命又成为推动新一轮经济增长和繁荣的重要引擎。在当前经济形势下加强知识产权保护，对于有效推动科技创新和科技革命，为催生新兴产业、创造新的市场需求、培育新的经济增长点和引领经济发展新方向，具有重大作用。

2. 高度关注国际国内经济形势变化对于知识产权审判的新需求，切实增强服务大局的针对性、有效性和主动性。当前经济形势对于知识产权审判提出了更新更高的要求和期待。知识产权司法保护只能加强和提升，不能削弱和放松。各级法院务必要增强危机意识、忧患意识、宏观意识和大局意识，更加注重拓展创新空间，促进培育自主知识产权、自主品牌和新的经济增长点，增强企业的市场竞争力，提高国家的核心竞争力；更加注重营造开放自由的贸易和投资环境，规范市场秩序，维护公平竞争，完善社会主义市场经济体制，大力推动诚信社会的建设，在应对挑战、化危为机中充分发挥知识产权审判的独特职能作用。

二、加大专利权保护力度，着力培育科技创新能力和拓展创新空间，积极推进自主创新

3. 以贯彻新修订的专利法为契机，高度重视专利审判工作，全面提高专利审判水平。以专利为核心的科技创新成果构成了企业和国家的核心竞争力，加强专利权保护对于科技进步和自主创新具有最直接、最重要的促进作用。各有关法院要以提高创新能力和建设创新型国家的责任感和使命感，高度重视专利案件的审理，把提高专利审判水平作为一项重点工作。要深刻领会和正确把握专利法立法宗旨和精神，加强调查研究，及时发现新情况，解决新问题，确保修订后的专利法的正确贯彻实施。

4. 准确把握专利司法政策，切实加强专利权保护。要从我国国情出发，根据我国科技发展阶段和产业知识产权政策，依法确定合理的专利司法保护范围和强度，既要使企业具有投资创新的动力，使个人具有创造热情，使社会富有创造活力，又不能使专利权成为阻碍技术进步、不正当打击竞争对手的工具；既能够充分调动、配置全社会的资本和技术资源，又能够加速技术信息的传播和利用。要正确适用专利侵权判定原则和方法，进一步总结审判经验，完善权利要求解释规则和侵权对比判定标准。正确解释发明和实用新型专利的权利要求，准确界定专利权保护范围，既不能简单地将专利权保护范围限于权利要求严格的字面含义，也不能将权利要求作为一种可以随意发挥的技术指导，应当从上述两种极端解释的中间立场出发，使权利要求的解释既能够为专利权人提供公平的保护，又能确保给予公众以合理的法律稳定性。凡写入独立权利要求的技术特征，均应纳入技术特征对比之列。对于权利人在专利授权确权程序中所做的实质性的放弃或者限制，在侵权诉讼中应当禁止反悔，不能将有关技术内容再纳入保护范围。严格等同侵权的适用条件，探索完善等同侵权的适用规则，防止不适当地扩张保护范围。依法认真审查各种不侵权抗辩事由和侵权责任抗辩事由，合理认定先用权，依法支持现有技术抗辩。

三、加强商业标识保护，积极推动品牌经济发展，规范市场秩序和维护公平竞争

5．充分尊重知名品牌的市场价值，依法加强知名品牌保护。知名品牌凝聚了企业的竞争优势，是企业参与国内国际市场竞争的利器，代表着核心的经济竞争力，是企业和国家的战略性资产，也是引领市场消费方向的主要因素。人民法院要通过依法加强商标权保护和制止不正当竞争，为知名品牌的创立和发展提供和谐宽松的法律环境，促进品牌经济发展，刺激和创造消费需求，拉动经济增长，增强我国企业的国内和国际竞争力。

6．完善商标司法政策，加强商标权保护，促进自主品牌的培育。正确把握商标权的专用权属性，合理界定权利范围，既确保合理利用商标资源，又维护公平竞争；既以核定使用的商品和核准使用的商标为基础，加强商标专用权核心领域的保护，又以市场混淆为指针，合理划定商标权的排斥范围，确保经营者之间在商标的使用上保持清晰的边界，使自主品牌的创立和发展具有足够的法律空间。未经商标注册人许可，在同一种商品上使用与其注册商标相同的商标的，除构成正当合理使用的情形外，认定侵权行为时不需要考虑混淆因素。认定商品类似和商标近似要考虑请求保护的注册商标的显著程度和市场知名度，对于显著性越强和市场知名度越高的注册商标，给予其范围越宽和强度越大的保护，以激励市场竞争的优胜者，净化市场环境，遏制不正当搭车、模仿行为。

7．妥善处理注册商标实际使用与民事责任承担的关系，使民事责任的承担有利于鼓励商标使用，激活商标资源，防止利用注册商标不正当地投机取巧。请求保护的注册商标未实际投入商业使用的，确定民事责任时可将责令停止侵权行为作为主要方式，在确定赔偿责任时可以酌情考虑未实际使用的事实，除为维权而支出的合理费用外，如果确无实际损失和其他损害，一般不根据被控侵权人的获利确定赔偿；注册人或者受让人并无实际使用意图，仅将注册商标作为索赔工具的，可以不予赔偿；注册商标已构成商标法规定的连续三年停止使用情形的，可以不支持其损害赔偿请求。

8．加强驰名商标司法认定的审核监督，完善驰名商标司法保护制度，确保司法保护的权威性和公信力。严格把握驰名商标的认定范围和认定条件，严禁扩张认定范围和降低认定条件。凡商标是否驰名不是认定被诉侵权行为要件的情形，均不应认定商标是否驰名。凡能够在认定类似商品的范围内给予保护的注册商标，均无需认定驰名商标。对于确实符合法律要求的驰名商标，要加大保护力度，坚决制止贬损或者淡化驰名商标的侵权行为，依法维护驰名商标的品牌价值。认真贯彻《最高人民法院关于涉及驰名商标认定的民事纠纷案件管辖问题的通知》（法〔2009〕1号），凡通知下发以后不具有管辖权的法院受理的此类案件，均需移送有管辖权的法院审理；通知下发前受理、尚未审结的此类案件，要严格执行判前审核制度。各级法院均应加强已认定驰名商标的案件的评查和审判监督，对于伪造证据骗取驰名商标认定的案件，以及其他违法认定驰名商标的案件，均需通过审判监督程序予以纠正；当事人在涉及驰名商标认定的案件中有妨碍民事诉讼行为的，依法给予制裁。有管辖权的法院均应积极接受各有关方面对于驰名商标司法认定的监督，发现问题务必及时解决。有关驰名商标司法保护的司法解释颁布施行以后，各级法院要认真贯彻落实，使驰名商标司法保护更加规范化。

9．加强商标授权确权案件的审判工作，正确处理保护商标权与维持市场秩序的关系。既要有效遏制不正当抢注他人在先商标行为，加强对于具有一定知名度的在先商标的保护，又要准确把握商标权的相对权属性，不能轻率地给予非驰名注册商标跨类保护。正确区分撤销注册商标的公权事由和私权事由，防止不适当地扩张撤销注册商标的范围，避免撤销注册商标的随意性。对于注册使用时间较长、已建立较高市场声誉和形成自身的相关公众群体的商标，不能轻率地予以撤销，在依法保护在先权利的同时，尊重相关公众已在客观上将相关商标区别开来的市场实际。要把握商标法有关保护在先权利与维护市场秩序相协调的立法精神，注重维护已经形成和稳定了的市场秩序，防止当事人假商标争议制度不正当地投机取巧和巧取豪夺，避免因轻率撤销已注册商标给企业正常经营造成重大困难。与他人著作权、企业名称权等在先财产权利相冲突的注册商标，因超过商标法规定的争议期限而不可撤销的，在先权利人仍可在诉讼时效期间内对其提起侵权的民事诉讼，但人民法院不再判决承担停止使用该注册商标的民事责任。

10. 妥善处理注册商标、企业名称与在先权利的冲突，依法制止"傍名牌"等不正当竞争行为。除注册商标之间的权利冲突民事纠纷外，对于涉及注册商标、企业名称与在先权利冲突的民事纠纷，包括被告实际使用中改变了注册商标或者超出核定使用的商品范围使用注册商标的纠纷，只要属于民事权益争议并符合民事诉讼法规定的受理条件，人民法院应予受理。凡被诉侵权商标在人民法院受理案件时尚未获得注册的，均不妨碍人民法院依法受理和审理；被诉侵权商标虽为注册商标，但被诉侵权行为是复制、摹仿、翻译在先驰名商标的案件，人民法院应当依法受理。

按照诚实信用、维护公平竞争和保护在先权利等原则，依法审理该类权利冲突案件。有工商登记等的合法形式，但实体上构成商标侵权或者不正当竞争的，依法认定构成商标侵权或者不正当竞争，既不需要以行政处理为前置条件，也不应因行政处理而中止诉讼。在中国境外取得的企业名称等商业标识，即便其取得程序符合境外的法律规定，但在中国境内的使用行为违反我国法律和扰乱我国市场经济秩序的，按照知识产权的独立性和地域性原则，依照我国法律认定其使用行为构成商标侵权或者不正当竞争。企业名称因突出使用而侵犯在先注册商标专用权的，依法按照商标侵权行为处理；企业名称未突出使用但其使用足以产生市场混淆、违反公平竞争的，依法按照不正当竞争处理。对于因历史原因造成的注册商标与企业名称的权利冲突，当事人不具有恶意的，应当视案件具体情况，在考虑历史因素和使用现状的基础上，公平合理地解决冲突，不宜简单地认定构成商标侵权或者不正当竞争；对于权属已经清晰的老字号等商业标识纠纷，要尊重历史和维护已形成的法律秩序。对于具有一定市场知名度、为相关公众所熟知、已实际具有商号作用的企业名称中的字号、企业或者企业名称的简称，视为企业名称并给予制止不正当竞争的保护。因使用企业名称而构成侵犯商标权的，可以根据案件具体情况判令停止使用，或者对该企业名称的使用方式、使用范围作出限制。因企业名称不正当使用他人具有较高知名度的注册商标，不论是否突出使用均难以避免产生市场混淆的，应当根据当事人的请求判决停止使用或者变更该企业名称。判决停止使用而当事人拒不执行的，要加大强制执行和相应的损害赔偿救济力度。

11. 加强不正当竞争和反垄断审判，统筹兼顾自由竞争与公平竞争的关系，积极促进市场结构完善和社会主义市场经济体制的健全。妥善处理专利、商标、著作权等知识产权专门法与反不正当竞争法的关系，反不正当竞争法补充性保护不能抵触专门法的立法政策，凡专门法已作穷尽规定的，原则上不再以反不正当竞争法作扩展保护。凡反不正当竞争法已在特别规定中作穷尽性保护的行为，一般不再按照原则规定扩展其保护范围；对于其未作特别规定的竞争行为，只有按照公认的商业标准和普遍认识能够认定违反原则规定时，才可以认定构成不正当竞争行为，防止因不适当地扩大不正当竞争范围而妨碍自由、公平竞争。妥善处理保护商业秘密与自由择业、涉密者竞业限制和人才合理流动的关系，维护劳动者正当就业、创业的合法权益。高度重视反垄断法的执行，依法审理好各类垄断纠纷案件，遏制垄断行为，维护公平竞争，为企业提供自由宽松的创业和发展环境。

四、完善知识产权诉讼制度，着力改善贸易和投资环境，积极推动对外开放水平的提高

12. 加强诉权保护，畅通诉讼渠道。依法加强诉权保护，凡符合受理条件的起诉均应及时受理；凡经权利人明确授权代为提起诉讼的律师，均可以权利人的名义提起诉讼，并考虑境外当事人维权的实际，不苛求境外权利人在起诉书上签章。结合知识产权审判实际，完善各种诉讼制度，简化救济程序，积极施行各项便民利民措施，增强司法救济的有效性。

13. 完善确认不侵权诉讼制度，遏制知识产权滥用行为，为贸易和投资提供安全宽松的司法环境。继续探索和完善知识产权领域的确认不侵权诉讼制度，充分发挥其维护投资和经营活动安全的作用。除知识产权权利人针对特定主体发出侵权警告且未在合理期限内依法提起诉讼，被警告人可以提起确认不侵权诉讼以外，正在实施或者准备实施投资建厂等经营活动的当事人，受到知识产权权利人以其他方式实施的有关侵犯专利权等的警告或威胁，主动请求该权利人确认其行为不构成侵权，且以合理的方式提供了确认所需的资料和信息，该权利人在合理期限内未作答复或者拒绝确认的，也可以提起确认不侵权诉讼。探索确认不侵犯商业秘密诉讼的审理问题，既保护原告的合法权益和投资安全，又防止原告滥用诉权获取他人商业秘密。

14. 严格把握法律条件，慎用诉前停止侵权措施。采取诉前停止侵权措施既要积极又要慎重，既要合理又要有效，要妥善处理有效制止侵权与维护企业正常经营的关系。诉前停止侵权主要适用于事实比较清楚、侵权易于判断的案件，适度从严掌握认定侵权可能性的标准，应当达到基本确信的程度。在认定是否会对申请人造成难以弥补的损害时，应当重点考虑有关损害是否可以通过金钱赔偿予以弥补以及是否有可执行的合理预期。担保金额的确定既要合理又要有效，主要考虑禁令实施后对被申请人可能造成的损失，也可以参考申请人的索赔数额。严格审查被申请人的社会公共利益抗辩，一般只有在涉及公众健康、环保以及其他重大社会利益的情况下才予考虑。诉前停止侵权涉及当事人的重大经济利益和市场前景，要注意防止和规制当事人滥用有关权利。应考虑被诉企业的生存状态，防止采取措施不当使被诉企业生产经营陷入困境。特别是在专利侵权案件中，如果被申请人的行为不构成字面侵权，其行为还需要经进一步审理进行比较复杂的技术对比才能作出判定时，不宜裁定责令诉前停止侵犯专利权；在被申请人依法已经另案提出确认不侵权诉讼或者已就涉案专利提出无效宣告请求的情况下，要对被申请人主张的事实和理由进行审查，慎重裁定采取有关措施。根据案件进展情况，注意依法适时解除诉前停止侵权裁定。加强在诉前停止侵权措施申请错误时对受害人的救济，申请人未在法定期限内起诉或者已经实际构成申请错误，受害人提起损害赔偿诉讼的，应给予受害人应有的充分赔偿。对于为阻碍他人新产品上市等重大经营活动而恶意申请诉前停止侵权措施，致使他人的市场利益受到严重损害的情形，要注意给予受害人充分保护。

15. 充分发挥停止侵害的救济作用，妥善适用停止侵害责任，有效遏制侵权行为。根据当事人的诉讼请求、案件的具体情况和停止侵害的实际需要，可以明确责令当事人销毁制造侵权产品的专用材料、工具等，但采取销毁措施应当以确有必要为前提，与侵权行为的严重程度相当，且不能造成不必要的损失。如果停止有关行为会造成当事人之间的重大利益失衡，或者有悖社会公共利益，或者实际上无法执行，可以根据案件具体情况进行利益衡量，不判决停止行为，而采取更充分的赔偿或者经济补偿等替代性措施了断纠纷。权利人长期放任侵权、怠于维权，在其请求停止侵害时，倘若责令停止有关行为会在当事人之间造成较大的利益不平衡，可以审慎地考虑不再责令停止行为，但不影响依法给予合理的赔偿。

16. 增强损害赔偿的补偿、惩罚和威慑效果，降低维权成本，提高侵权代价。在确定损害赔偿时要善用证据规则，全面、客观地审核计算赔偿数额的证据，充分运用逻辑推理和日常生活经验，对有关证据的真实性、合法性和证明力进行综合审查判断，采取优势证据标准认定损害赔偿事实。积极引导当事人选用侵权受损或者侵权获利方法计算赔偿，尽可能避免简单适用法定赔偿方法。对于难以证明侵权受损或侵权获利的具体数额，但有证据证明前述数额明显超过法定赔偿最高限额的，应当综合全案的证据情况，在法定最高限额以上合理确定赔偿额。除法律另有规定外，在适用法定赔偿时，合理的维权成本应另行计赔。适用法定赔偿时要尽可能细化和具体说明各种实际考虑的酌定因素，使最终得出的赔偿结果合理可信。根据权利人的主张和被告无正当理由拒不提供所持证据的行为推定侵权获利的数额，要有合理的根据或者理由，所确定的数额要合情合理，具有充分的说服力。注意参照许可费计算赔偿时的可比性，充分考虑正常许可与侵权实施在实施方式、时间和规模等方面的区别，并体现侵权赔偿金适当高于正常许可费的精神。注意发挥审计、会计等专业人员辅助确定损害赔偿的作用，引导当事人借助专业人员帮助计算、说明和质证。积极探索知识产权损害赔偿专业评估问题，在条件成熟时适当引入由专业机构进行专门评估的损害赔偿认定机制。

17. 注意研究经济领域的知识产权新问题，积极促进科技兴贸基地和服务外包基地建设。加强科技兴贸基地和服务外包基地建设所涉及的知识产权保护问题的调查研究，有针对性地加强相关知识产权的司法保护，为促进科技兴贸基地和服务外包基地建设提供优良的司法环境。加大对信息、软件、医药、新材料、航空航天、精细化工等高新技术领域的知识产权保护力度，积极促进科技兴贸基地建设。引导高技术企业进一步增强自主创新能力，拥有自主知识产权，大力支持具有自主品牌和自主知识产权的高新技术产品出口，进一步提高出口产品国际市场竞争力。深入研究服务外包中的知识产权法律问题，促进服务外包基地建设。通过司法裁判引导服务外包企业树立知识产权保护意识，建立健全企业知识产权保护制度，提高外包服务的竞争力。

18. 完善有关加工贸易的司法政策，促进加工贸易健康发展。认真研究加工贸易中的知识产权保护问题，抓紧总结涉及加工贸易的知识产权案件的审判经验，解决其中存在的突出问题，完善司法保护政策，促进加工贸易的转型升级。妥善处理当前外贸“贴牌加工”中多发的商标侵权纠纷，对于构成商标侵权的情形，应当结合加工方是否尽到必要的审查注意义务，合理确定侵权责任的承担。

19. 坚持平等保护原则，坚决反对任何形式的保护主义。严格依法办案，平等保护本地与外地、本国与外国当事人的合法权益，坚决遏制地方保护和部门保护，促进国内市场的统一开放，完善投资环境和增强投资信心，提高国际声誉和树立良好形象，提高对外开放水平。统筹好国内国际两个大局，妥善处理与贸易有关的重大知识产权纠纷，积极服务于国内国际两个市场、两种资源的统筹利用，既确保遵循相关国际公约和国际惯例，促进国际经贸合作，又始终注意维护国家利益和经济安全，激励和促进自主创新，提升我国的知识产权综合能力和国际竞争力。正确处理对外关系与具体案件审理的关系，无论普通涉外案件还是引起国际关注的敏感性案件，都要严格依法办案，不能为盲目迎合片面的外部舆论而牺牲公正司法。

20. 加强同类案件和关联案件的协调指导，规范司法行为，维护法治统一。加强同类案件的调查研究和业务指导，加大司法解释力度，完善司法政策，积极推行典型案例指导制度，不断明确和完善法律适用标准。强化对法官行使自由裁量权的约束和规范机制，细化正当行使自由裁量权的标准。对于法律问题相同、裁判定性不一的案件，强化审级监督，充分发挥二审和再审的纠错功能。加强关联案件的协调指导力度，完善协调处理机制。对于涉及同一法律事实或者同一法律关系的关联案件，需要移送的，应当依照法律规定移送管辖和合并审理。健全关联案件审理法院之间的相互沟通制度和报请共同上级法院协调指导制度。在后受理的法院，应积极主动加强沟通并及时报请上级法院进行协调，避免作出相互矛盾的判决。

最高人民法院关于贯彻实施国家知识产权战略若干问题的意见

（法发〔2009〕16号，2009年3月23日发布）

党的十七大明确提出“实施知识产权战略”的要求。国务院于2008年6月5日发布了《国家知识产权战略纲要》(以下简称《纲要》)，决定实施国家知识产权战略。贯彻落实国家知识产权战略，是摆在全国法院面前的一项长期而紧迫的重要任务。各级人民法院必须以邓小平理论和“三个代表”重要思想为指导，深入学习实践科学发展观，始终坚持“三个至上”指导思想，紧紧围绕“为大局服务、为人民司法”工作主题，全面加强知识产权司法保护体系建设，充分发挥司法保护知识产权的主导作用，为建设创新型国家和全面建设小康社会提供强有力的司法保障。现根据国家知识产权战略要求，结合人民法院知识产权司法保护工作实际，制定如下意见。

一、充分认识实施国家知识产权战略的重大意义，切实增强人民法院知识产权司法保护的责任感和使命感

1. 实施知识产权战略，是提高自主创新能力，建设创新型国家，促进国民经济又好又快发展，实现全面建成小康社会奋斗目标的重大战略抉择。提高自主创新能力，建设创新型国家，这是国家发展战略的核心，是提高综合国力的关键。实施知识产权战略，这是在改革开放新时期，党中央、国务院根据提高自主创新能力和建设创新型国家的需要作出的一项重大战略部署，是关系国家前途和民族未来的大事。当前正在向实体经济蔓延的国际金融危机，更加突显了加强知识产权保护，提高自主创新能力，建设创新型国家的重要性。各级人民法院要从深入贯彻落实科学发展观的高度，从我国经济社会文化自身发展需求和知识经济发展迅速及经济全球化进程加快的角度，深刻领会知识产权战略是我国主动运用知识产权制度促进经济发展和社会进步的重要国家战略；要从有利于增强我国自主创新能力，有利于完善我国社会主义市场经济体制，有利于增强我国企业市场竞争力和提高国家核心竞争力，有利于扩大对外开放等方面，深刻领会实施知识产权战略是建设创新型国家的迫切需要，是转变经济发展方式的必由之路，是提高国家核心竞争力的关键举措；要从激励创造、有效运用、依法保护、科学管理四个方面，深刻领会实施国家知识产权战略的指导思想和基本精神。

2. 贯彻实施好国家知识产权战略，是人民法院服务大局的重要使命。为党和国家工作大局服务，是人民法院知识产权司法保护的重要出发点和立足点。各级人民法院要认清形势和明确任务，以高度的政治责任感和历史使命感，切实增强贯彻实施国家知识产权战略的自觉性和坚定性，紧紧依靠党委领导、人大监督、政府支持、政协以及社会各界的关心，抓住机遇、迎难而上，积极主动、开拓进取，加强组织领导、加大投入力度，有计划、分步骤，确保国家知识产权战略有关人民法院工作要求的贯彻落实和各项战略措施的顺利实施，使人民法院在实施国家知识产权战略进程中更加积极主动地发挥作用。

二、充分发挥司法保护知识产权的主导作用，切实保障创新型国家建设

3. 大力加强人民法院知识产权司法保护体系建设，切实发挥司法保护知识产权的主导作用。根据新形势新任务和我国知识产权保护的实际情况，《纲要》将“加强司法保护体系建设”、“发挥司法保护知识产权的主导作用”纳入国家知识产权战略重点。这是对我国司法在知识产权保护中职能作用的基本定位，也是从全局和国家发展战略的高度对我国知识产权司法保护工作提出的殷切期望和全新要求。人民法院贯彻实施国家知识产权战略，必须增强发挥司法保护知识产权主导作用的自觉性和主动性，以保障和促进创新型国家建设为基本目标，高度重视并全面加强知识产权审判工作，充分发挥各项知识产权审判的职能作用，切实加大知识产权司法保护力度，不断提高人民法院知识产权司法保护的整体效能，努力营造鼓励和引导创新的知识产权司法环境；必须大力解决影响和制约科学发展的突出问题，不断提高司法水平和司法效率，及时出台司法解释和司法政策，建立健全知识产权相关诉讼制度，大力完善知识产权司法保护制度；必须着力构建有利于科学发展、符合知识产权案件特点的审判体制和工作机制，全面优化知识产权审判资源配置，整体提升知识产权审判队伍素质，大幅度提升人民法院知识产权司法保护能力。

4. 充分发挥各项知识产权审判的职能作用，全面加强对各种知识产权的司法保护。以执法办案为第一要务，不断提高知识产权审判质量和效率，努力确保每一起案件都能够依法公正及时裁判并得到有效执行，增强知识产权司法保护的公信力和权威性，切实体现法院司法定分止争的终局作用，最大限度地维护人民群众的创新权益，实现知识产权领域的公平正义。充分运用刑事、民事和行政三种审判职能，大力发挥知识产权审判整体效能，对各种知识产权提供全面有效的司法保护。依法严惩各类侵犯知识产权犯罪，综合运用各种刑事制裁措施，充分发挥刑事审判惩治和预防知识产权犯罪的功能；依法调整涉及各种知识产权的民事法律关系，合理界定当事人权利义务，积极采取民事救济措施，充分发挥民事审判解决各种知识产权纠纷的主渠道作用；依法保护行政相对人的合法权益，监督和维护各相关行政主管机关依法履行各自职权范围内的知识产权行政执法和行政管理职责，充分发挥行政审判监督和支持知识产权行政执法保护的职能。

5. 综合运用知识产权司法救济手段，不断增强知识产权司法保护的有效性。依法确定当事人应当承担的各种法律责任，积极采取各种救济手段，对知识产权进行全方位的有效保护。通过判决赔偿经济损失和责令停止侵权、消除影响和赔礼道歉等，对权利人予以物质的与精神的、金钱的与非金钱的综合救济；通过终审判决和诉前或诉中临时措施裁定等，对权利人予以现实的和临时的司法救济；通过判处罚金、没收财产和采取民事制裁措施等，剥夺侵权人再侵权的能力和消除再侵权危险。特别是要突出发挥损害赔偿在制裁侵权和救济权利中的作用，坚持全面赔偿原则，依法加大赔偿力度，加重恶意侵权、重复侵权、规模化侵权等严重侵权行为的赔偿责任，努力确保权利人获得足够的充分的损害赔偿，切实保障当事人合法权益的实现。

6. 及时明晰知识产权法律适用标准，有效发挥司法保护知识产权的导向作用。根据知识产权司法保护中的法律适用需求，认真总结审判实践经验，及时发布司法解释，统一司法尺度，为确保法律正确适用和有效保护知识产权及时提供操作性规范依据。深入调查研究，找准司法保护服务经济社会发展的结合点和着力点，通过各种行之有效的形式，明确司法政策，加强司法指导，积极引导经济社会文化发展。加快构建符合中国国情的知识产权司法案例指导制度，充分发挥指导性案例在规范自由裁量权行使、统一法律适用标准中的作用，减少裁量过程中的随意性。依法受理并妥善裁决各种复杂疑难和新类型知识产权纠纷，及时为企业和社会提供价值判断和行为指引，规范和促进新兴产业发展。强化知识产权裁判的说理性，充分公开裁判文书，实现审判全过程的公开，发挥司法裁判的教育和导向作用，促使当事人息诉止争，引导案外人自行解决类似矛盾纠纷。

7. 努力加强人民法院与其他司法机关和知识产权行政执法机关之间的协作配合，推动形成知识产权保护的整体合力。加强与公安、检察机关在知识产权刑事司法程序中的配合，依法受理和裁判知识产权刑事案件，切实加大刑事保护力度。加强与工商、版权、专利等行政主管部门在知识产权行政执法程序上的衔接，实现司法保护与行政保护的优势互补和良性互动。加强与知识产权、外事、商务、科技、信息产业、新闻、宣传等综合部门在知识产权保护工作中的沟通协调，扩大我国知识产权保护的影响力。

三、依法审理好各类知识产权案件，切实加大知识产权司法保护力度

8. 统筹兼顾各种重大关系，确保《纲要》提出的各项专项任务在人民法院系统的贯彻落实，实现知识产权审判全面协调可持续发展。一是处理好执行法律与服务大局的关系，既要坚持宪法和法律至上，履行法定职责，遵循司法规律、司法途径和司法方式，严格依法办案，做到公正司法，维护法律权威；又要强化大局意识和宏观思维，正确处理局部利益与全局利益的关系，努力实现办案法律效果与社会效果的有机统一，确保正确政治方向。二是处理好保护私权与维护公共利益的关系，既要强化私权保护意识和尊重私权保护规律，依法保护当事人的合法权益，通过保护私权实现激励创新的知识产权制度目标；又要合理界定知识产权的界限，服从法律为保护公共利益所设定的强制性规范，确保私权与公共利益的平衡，维护公共秩序。三是处理好依法保护与适度保护的关系，充分考虑和把握我国经济社会和科技文化发展状况，善于利用司法政策、自由裁量权和法律适用技术，使司法保护既合法，又适度；既能激励科技创新和经济发展，又有利于促进知识传播和运用；既能切实保护创新成果和创新权益，又能促进企业提高自主创新能力。四是处理好保护权利与防止滥用的关系，既要加大知识产权司法保护力度，严厉打击假冒、盗版等严重侵权行为，大力降低维权成本，大幅提高侵权代价，有效遏制侵权行为，切实保护权利人和消费者的合法权益，维护公平竞争的市场秩序；又要防止知识产权滥用，依法审查和支持在先权、先用权、现有技术、禁止反悔、合理使用等抗辩事由，制止垄断行为，依法受理和审查确认不侵权之诉和滥诉反赔之诉，规制滥用知识产权和诉讼程序打击竞争对手、排除和限制竞争、阻碍创新的行为，维护社会公众的合法权益。

9. 加强专利权司法保护，保障技术创新权益，促进自主创新。从我国国情出发，以国家战略需求为导向，依法保护专利权，根据我国科技发展阶段和产业知识产权政策，确定合理的权利保护范围和强度，平衡好权利人、使用者和社会公众之间的利益格局，强化科技创新活动中的知识产权司法政策导向作用。加大对经济增长有重大突破性带动作用、具有自主知识产权的关键核心技术的保护力度，促进高技术产业与新兴产业发展，提升我国自主创新能力和增强国家核心竞争力。不断完善专利侵权判定标准，准确确定专利权保护范围，正确认定专利侵权行为，在依法保护专利权的同时，防止不适当地扩张专利权保护范围、压缩创新空间、损害创新能力和公共利益。严格专利权利要求的解释，充分尊重权利要求的公示和划界作用，妥善处理相同侵权与等同侵权的关系，适度从严把握等同侵权的适用条件，合理确定等同侵权的适用范围，防止等同侵权的过度适用。注重发挥人民陪审员、专家证人和专家咨询、技术鉴定的作用，通过多种途径和渠道有效解决专业技术事实认定问题。

10. 加强商标权司法保护，维护商标信誉，推动形成自主品牌。通过商标案件的审判，支持和引导企业实施商标战略，促使其在经营中积极、规范使用自主商标，促进自主品牌的形成和品牌经济的发展。严厉制裁商标假冒、恶意模仿等侵权行为，严格适用侵权法律责任，切实保障商标权人和消费者的利益，维护公平竞争的市场秩序。正确把握商标权的法律属性，根据商标用于区别商品或服务来源的核心功能，合理界定商标权的范围，根据商标的显著性程度、知名度大小等确定保护强度和范围，准确认定商标侵权判定中的商品类似、商标近似和误导性后果。正确把握驰名商标司法认定和保护的法律定位，坚持事实认定、个案认定、被动认定、因需认定等司法原则，依法慎重认定驰名商标，合理适度确定驰名商标跨类保护范围，强化有关案件的审判监督和业务指导。妥善处理商标权保护与特定产业发展的关系，既注重保护商标权，又有利于促进相关产业的升级和发展。依法受理并及时处理好涉及地理标志和奥林匹克标志、世界博览会标志、特殊标志等案件。

11. 加强著作权司法保护，维护著作权人合法权利，提升国家文化软实力。严厉制裁盗版、抄袭等侵犯著作权行为，加大侵权赔偿力度，提高全社会的版权保护意识。依法合理界定著作权保护与合理使用、法定许可的关系，平衡处理创作者、传播者和利用者之间的利益关系，确保私人权利与公共利益的平衡，保障人民基本文化权益。加强对新闻出版、广播影视、文学艺术、文化娱乐、广告设计、工艺美术、计算机软件、信息网络等领域的著作权案件审判，推动版权相关产业健康有序发展，推进文化创新，增强文化发展活力，繁荣文化市场。有效应对互联网等新技术发展对著作权保护的挑战，准确把握网络环境下著作权司法保护的尺度，妥善处理保护著作权与保障信息传播的关系，既要有利于网络新技术和新商业模式的开发和运用，促进信息传播，又要充分考虑网络侵权的特点和维权的困难，完善网络环境下的证据规则，有效保障著作权。加大对计算机软件的司法保护力度，帮助企业开拓市场，促进相关服务外包产业成长。

12. 加强商业秘密司法保护，保护企业权益和职工择业自由，保障商业信息安全与人才合理流动。依法制裁窃取和非法披露、使用他人商业秘密的行为，保护企业商业秘密权益，引导市场主体依法建立健全商业秘密管理制度。妥善处理保护商业秘密与自由择业、涉密者竞业限制与人才合理流动的关系，维护职工合法权益。根据商业秘密案件特点，合理分配当事人的举证责任，合理确定当事人和诉讼参与人的保密义务。注意保护被控侵权人对自己商业秘密的正当权益，防止原告滥用诉权获取他人商业秘密。

13. 加强植物新品种权司法保护，激励农业科技创新，促进农业发展。强化农业知识产权保护，依法保护植物新品种权和育种技术，加大对具有自主知识产权的重大农业科技成果和植物新品种的保护力度，合理调节资源提供者、育种者、生产者和经营者之间的利益关系，激励农业科技创新，推动现代农业经营方式的转变，促进农业发展，保护农民利益，维护农村稳定，保障社会主义新农村建设。准确掌握植物新品种侵权判定标准，以繁殖材料承载的性状特征确定品种权的保护范围，以生产、销售或者重复使用授权品种的繁殖材料为侵权行为方式。依法判定民事责任，保障权利人利益的实现，注重对农民合法权益的保护，通过育种者免责、农民免责等权利限制，合理平衡权利人与社会公众的利益关系；本着既要及时制止侵权和防止侵权物再扩散，又要避免资源浪费的原则，慎重适用销毁侵权物的民事责任。针对种子生产和销售的季节性特点，注意运用证据保全措施及时固定相关证据。

14. 加强特定领域知识产权司法保护，有效保护特种资源，维护我国特色优势。根据现有法律规则和立法精神，积极保护遗传资源、传统知识、民间文艺和其他一切非物质文化遗产，根据历史和现实，公平合理地协调和平衡在发掘、整理、传承、保护、开发和利用过程中各方主体的利益关系，保护提供者、持有者知情同意和惠益分享的正当权益，合理利用相关信息。加强对传统医药和传统工艺的保护，促进传统知识和民间文艺的发展，推动传统资源转化为现实生产力和市场竞争力，弘扬民族产业优势和地区特色经济优势。依法保护集成电路布图设计专有权，及时予以司法救济，促进集成电路产业发展。

15. 依法制止不正当竞争，规范市场竞争秩序，推动形成统一开放竞争有序的现代市场体系。审理好仿冒知名商品特有名称、包装、装潢和虚假宣传、商业诋毁等不正当竞争案件，积极受理涉及企业名称（商号）、商业外观、计算机网络域名等新类型知识产权案件，制止一切非诚信的仿冒搭车行为，避免市场混淆和误导公众，切实维护权利人和消费者的合法权益，确保诚信竞争和有序竞争，促进社会信用体系建设。依法积极受理涉及注册商标、企业名称等与在先权利冲突的民事纠纷，按照遵循诚实信用、维护公平竞争和保护在先权利等原则，妥善予以裁决。准确把握反不正当竞争法的立法精神和适用条件，既要与时俱进，对市场上新出现的竞争行为，适用反不正当竞争法的原则规定予以规范和调整；又要严格依法，对于法律未作特别规定的竞争行为，只有按照公认的商业标准和普遍认识能够认定违反反不正当竞争法的原则规定时，才可以认定为不正当竞争行为，防止因不适当扩大不正当竞争行为方式范围而妨碍自由、公平竞争。对于既不存在商业秘密、又不存在法定和约定竞业限制的竞争领域，不能简单地以利用或损害特定竞争优势为由，适用反不正当竞争法的原则规定认定构成不正当竞争。

16. 积极开展反垄断审判，保护市场公平竞争，维护消费者利益与社会公共利益。根据民事诉讼法和反垄断法规定的受理条件，依法受理当事人因垄断行为提起的民事诉讼。切实履行审判职责，妥善处理竞争政策与产业政策的关系，审理好涉及滥用知识产权的垄断案件以及其他各类垄断案件，制止垄断行为，鼓励公平竞争，提高引进外资质量，促进经济结构调整，维护国家经济运行健康有序。加强反垄断审判调查研究工作，认真总结审判经验，及时明确司法原则、裁判标准和操作程序。

17. 妥善处理知识产权合同纠纷，维护交易安全，促进智力成果创造运用。尊重当事人意思自治，维护合同的严肃性和有效性，严格合同解除条件，依法制裁违约行为。依法合理掌握权属纠纷诉讼时效，准确界定职务成果与非职务成果，既要有利于激发研发创作人创新积极性，又要有利于促进成果的转化实施。本着尽可能降低交易风险和减少交易成本的精神，依法界定在知识产权委托或合作创造、转让、许可、质押等环节形成的法律关系和利益分配及责任承担，促进自主创新成果的知识产权化、商品化、产业化、市场化。积极受理特许经营合同纠纷，妥善处理知识产权代理合同纠纷。

18. 认真审查知识产权诉前临时措施申请，及时慎重裁定，有效制止侵权。发挥诉前临时措施的及时救济功能，确保在法定时限内作出裁定并立即予以执行。对于商标和著作权侵权案件，尤其是假冒和盗版等显性侵权和故意侵权案件，注意积极采取诉前责令停止侵权措施。适度从严掌握认定侵权可能性的标准，原则上应当达到基本确信的程度，在专利案件尤其是发明和实用新型专利案件中，要审慎决定采取诉前责令停止侵权措施。对于当事人起诉时或诉讼中提出的临时措施申请，要迅速审查并及时裁定和执行。对于证据保全申请，重点考虑证据风险和申请人的取证能力，及时作出裁定。

19. 强化对知识产权授权确权行为的司法复审，依法审查授权条件，统一和完善授权审查标准。在事实认定和法律适用上对专利和商标等知识产权授权确权行政行为进行全面的合法性审查，既要给予行政主管机关对专业技术事实评判的适当尊重，又要对相关的实质性授权条件进行独立审查判断，切实依法全面履行司法复审的基本职责。加强与行政主管机关的工作协调与业务交流，促进审理和审查标准的统一与完善，提高相关案件的执法水平。努力提高审判效率，及时依法确认权利的有效性，保障权利维护和利益实现的时效性。

20. 加强知识产权行政司法保护，依法监督行政行为，支持依法行政。依法审理各类知识产权行政案件，在合法性审查中既要保护知识产权行政相对人的合法权益，又要维护知识产权行政管理秩序，依法支持行政机关制裁侵权行为，促进知识产权行政保护。行政机关申请强制执行行政处理决定，经审查符合执行条件的，应及时裁定并予以强制执行。

21. 加大知识产权刑事司法保护力度，依法严厉制裁侵犯知识产权犯罪行为，充分体现惩罚和震慑犯罪功能。依法受理知识产权刑事案件并及时作出裁判，切实加大对假冒注册商标和侵犯著作权犯罪行为的打击力度，在依法适用主刑的同时，加大罚金刑的适用与执行力度，并注意通过采取追缴违法所得、收缴犯罪工具、销毁侵权产品等措施，从经济上剥夺侵权人的再犯罪能力和条件。配合有关部门，针对反复侵权、群体性侵权以及大规模假冒、盗版等行为，有计划、有重点地开展知识产权保护专项行动，遏制假冒盗版现象。统一和规范侵犯知识产权犯罪案件适用刑罚的条件和标准，准确把握宽严相济的刑事政策。依法审理侵犯知识产权的刑事自诉案件，切实保障被害人的刑事自诉权利。

22. 加强知识产权审判监督，保障当事人申诉权，维护知识产权司法公正。既要充分维护正确生效裁判的既判力，又要让符合法定条件的案件及时进入再审，确保公正司法和维护法制统一。统一裁定再审的标准，以生效裁判确有错误作为上级法院和本院依职权启动再审的标准，以符合法定再审事由作为依当事人申请裁定再审的标准。通过及时、规范的听证程序和耐心细致的审查说服工作，尽可能使当事人服判息诉，尽可能降低多次申诉的比率。努力提高审查的质量和效率，对于经审查申请书、答辩意见等足以确定再审事由是否成立的，可以迳行裁定。

23. 加大知识产权案件执行力度，保障裁判权益及时实现，树立司法保护权威。健全知识产权案件强制执行机制，充分运用执行工作联动威慑机制，完善提级执行、指定执行、委托执行等措施，保证知识产权案件的切实执行，强化对诉前临时措施裁定的及时执行。对被执行人拒不履行停止侵权的生效裁判内容继续其原侵权行为的，除支持权利人依法追究其民事责任以外，积极协调公安、检察机关以拒不执行判决、裁定罪追究其刑事责任。

24. 依法开展涉外知识产权司法保护，保障对外开放，促进国际经贸合作。正确处理本国利益与他国利益的关系、对外关系与具体案件审理的关系、本国当事人与外国当事人的利益关系，始终坚持依法公正审判和平等保护原则，维护和提升我国司法良好的国际形象，优化经济发展外部环境。统筹国内国际两个大局，妥善处理与贸易有关的重大知识产权纠纷，既确保遵循相关国际公约及国际惯例，也始终维护国家利益和经济安全。注意从个案中发现知识产权工作的薄弱环节和管理漏洞，通过司法建议和裁判说明等形式，对行政管理提出改进建议，为行业和产业提供行为预警，提高企业应对知识产权纠纷的能力，延伸知识产权司法保护效果。

四、完善知识产权审判体制和工作机制，优化审判资源配置

25. 积极探索符合知识产权特点的审判组织模式。按照《纲要》要求，研究设置统一受理知识产权民事、行政和刑事案件的专门知识产权审判庭，尽快统一专利和商标等知识产权授权确权案件的审理分工，优化知识产权审判资源配置，实现知识产权司法的统一高效。认真总结近年来一些地方法院开展的由一个审判庭统一受理知识产权民事、行政和刑事案件试点工作，以及采用扩大合议庭组成或知识产权民事法官参与知识产权刑事、行政案件审判的探索工作，深入调查研究，认真解决试点和探索工作中出现的问题，加强统一协调和工作指导，积极稳妥地加以推进。

26. 探索建立知识产权上诉法院。按照《纲要》要求，加强与相关部门的沟通、协调和配合，根据完善知识产权案件上诉机制的要求，深入研究建立知识产权上诉法院的可行性和必要性，积极探索有关改革路径和模式，努力实现知识产权确权程序与侵权诉讼程序的有效衔接，简化司法救济程序，提高裁判效率，保证司法统一。

27. 推动改革专利和商标确权授权程序。积极配合国家有关部门，以简化救济程序为目标，研究专利无效审理和商标评审机构向准司法机构转变的问题，积极推动相关法律规定的修订。

28. 健全知识产权多元纠纷解决机制。坚持"调解优先、调判结合"原则和"定分止争、案结事了"要求，加大知识产权案件调解力度，将调解贯穿于案件审理的全过程。高度重视在诉前临时措施案件和刑事自诉案件中的调解以及在知识产权行政案件中的协调，加强审判工作与人民调解、行政调解、仲裁等纠纷解决方式的衔接，积极支持调解和仲裁机构以及知识产权援助中心等发挥处理知识产权纠纷的作用，注意发挥行业协会、专业部门和专业人士等的沟通协商、参与调解的作用，扩大邀请协助调解的案件范围，努力提高诉讼调解率、和解撤诉率。

29. 加强知识产权司法保护宣传。采取各种形式大力宣传知识产权司法保护，提高全社会知识产权意识，推进知识产权文化建设。结合人民法院新闻发布制度，适时发布知识产权审判中的重要新闻和典型案例，努力做到"4·26"世界知识产权日司法保护宣传常态化。坚持审判公开和透明原则，严格按照有关规定和要求，将生效知识产权裁判文书及时上网公开。定期选择有影响的案例，邀请人大代表、政协委员、专家学者、行业协会和有关部门的代表、外国政府和国际组织驻华机构代表等代表性人士和社会公众等旁听庭审，增进司法公开，接受群众监督，扩大社会影响。

30. 扩大知识产权对外司法交流合作。建立和完善知识产权司法保护对外信息沟通交流机制，积极参与国际和区域知识产权交流与合作，拓展交流深度，加大宣传力度，加深世界各国对我国知识产权司法保护制度及保护状况的全面、客观了解。既要根据我国国情和发展需求开展知识产权司法保护，又要有针对性地学习借鉴吸收国外有益司法经验。

五、加强知识产权司法解释工作，完善知识产权诉讼制度

31. 及时制定知识产权司法解释。按照《纲要》要求，增强司法解释的针对性和及时性，针对审判实践存在的比较普遍和突出的法律适用问题，及时制定司法解释，明确司法原则和政策，统一司法标准，规范并细化自由裁量权的行使，完善知识产权诉讼制度。强化司法解释的科学性和实效性，深入开展调查研究，广泛听取和征求各方面的意见，注意发挥学术团体、研究机构以及中介组织的参与作用，共同为完善知识产权司法保护制度提供智力支持。近期发布关于驰名商标司法保护的司法解释，尽快出台关于专利侵权判断标准和反垄断民事诉讼程序的司法解释。

32. 建立健全知识产权相关诉讼制度。按照《纲要》要求，与有关部门协调配合，针对知识产权案件专业性强等特点，建立和完善司法鉴定、专家证人、技术调查等诉讼制度，鼓励有条件的法院在专利等技术性案件审判中积极探索开展技术调查的有效方式和具体做法。完善知识产权诉前临时措施制度，适时启动相关司法解释的起草工作。配合有关部门明确知识产权代理人的诉讼执业资质问题，推动有关部门研究建立相关律师代理制度。

33. 调整完善知识产权案件管辖制度。按照既方便法院审理和当事人诉讼，又充分满足科技创新和经济社会发展对知识产权审判新需求的原则，统筹规划知识产权审判管辖体制。继续坚持对专利、植物新品种和集成电路布图设计案件的指定管辖制度，严格控制新增专利案件管辖权的中级人民法院的数量；适度集中垄断案件和涉及驰名商标认定等特殊类型知识产权案件的管辖权；适当增加受理著作权、商标、不正当竞争和知识产权合同等一般知识产权案件的基层法院；经上级人民法院依法指定，具有一般知识产权案件管辖权的基层法院可以跨区域管辖同一上级人民法院辖区内的一般知识产权案件。

六、加强知识产权审判队伍建设，提高知识产权司法保护能力

34. 进一步健全知识产权审判机构。各级人民法院要根据担负的知识产权审判职责和任务的客观需要，本着立足现实、兼顾长远的原则精神，加强知识产权审判庭的机构设置、人员编制和内设机构配置。在中级以上法院和具有案件管辖权的基层法院普遍建立知识产权审判庭，暂不具备独立设庭的中级人民法院，也应当建立或指定专门负责审理知识产权案件的合议庭。

35. 大力充实知识产权审判队伍。采取切实有效措施，调整和充实知识产权法官队伍，提高知识产权法官队伍素质，强化审判和执行能力。注意从精通法律、外语基础较好、具有理工专业背景和一定审判经验的人员中选拔、培养知识产权法官，有效缓解案件持续增长与专业审判力量相对不足的矛盾。保持知识产权法官队伍的基本稳定，完善知识产权审判人才的专业结构，对于专业性和技术性较强的知识产权案件，尽可能由相对固定的合议庭和专业法官负责审理，重点培养一批社会认可度高的专业型、专家型知识产权法官。充分考虑知识产权审判和知识产权法官培养的规律，在工作量、业务考核等方面采用科学合理的业绩评价指标。积极开展与专利复审委员会等知识产权专业部门的人员和业务交流，鼓励东中西部法院之间开展各种形式的业务和人才交流。加大知识产权审判技能和专业知识培训力度，最高人民法院和各高级人民法院要制定长期培训规划，及时更新培训大纲，保证培训时间和质量，重点加大对中、基层法院和中西部地区法院知识产权审判人员的培训力度。

36. 高度重视知识产权法官队伍思想政治建设和廉政建设。强化知识产权审判人员的政治纪律和工作责任，进一步加强社会主义法治理念教育，使全体审判人员牢固树立“三个至上”指导思想，切实做到为民、务实、清廉。严格执行有关反腐倡廉的制度和要求，认真落实“五个严禁”的规定，每一位审判人员要时刻保持警惕，各级领导要切实负起责任，加强对关键环节的监督检查，规范司法行为，严惩违规行为，确保知识产权司法的公正和廉洁。积极发掘并大力宣传知识产权司法保护工作中的好经验、好做法、好人物、好事迹，树立人民法院和知识产权法官的良好形象。

最高人民法院关于学习贯彻修改后的专利法的通知

各省、自治区、直辖市高级人民法院，解放军军事法院，新疆维吾尔自治区高级人民法院生产建设兵团分院：

《全国人民代表大会常务委员会关于修改〈中华人民共和国专利法〉的决定》于 2008 年 12 月 27 日经第十一届全国人民代表大会常务委员会第六次会议审议通过，自 2009 年 10 月 1 日起施行。为了保证修改后的专利法的贯彻实施，现就有关问题通知如下：

一、认真做好修改后的专利法的学习、贯彻工作。修改后的专利法，适度调整了专利授权条件，赋予外观设计专利权人许诺销售权，强化专利侵权损害赔偿责任，明确规定诉前证据保全措施、现有技术和现有设计抗辩事由等，对激励自主创新、促进科学技术进步和经济社会发展具有十分重要的意义，是我国专利制度发展历程中又一里程碑。各级人民法院要充分认识专利法修改的重要意义，高度重视修改后的专利法的学习、贯彻工作，结合人民法院的实际情况，制定学习、贯彻的具体计划和措施，学习好、领会好新的立法精神，为贯彻实施修改后的专利法打下良好的基础。

二、人民法院审理侵犯专利权纠纷案件，对于2009年10月1日以前的被诉侵犯专利权行为，适用修改前的专利法；对于2009年10月1日以后的被诉侵犯专利权行为，适用修改后的专利法；对于发生在2009年10月1日以前且持续到2009年10月1日以后的被诉侵犯专利权行为，依据修改前和修改后的专利法侵权人均应承担赔偿责任的，适用修改后的专利法确定赔偿数额。

三、被诉侵犯专利权行为发生在2009年10月1日以前，当事人在2009年10月1日以后向人民法院申请采取责令停止有关行为的措施、申请保全证据的，适用修改后的专利法。

四、人民法院适用修改后的专利法审理专利纠纷案件时，《最高人民法院关于对诉前停止侵犯专利权行为适用法律问题的若干规定》《最高人民法院关于审理专利纠纷案件适用法律问题的若干规定》与修改后的专利法相抵触的内容，不再适用。

五、各级人民法院在适用修改后的专利法的过程中，要不断总结经验。对遇到的问题，要认真研究并提出意见，及时向最高人民法院请示报告，以保证修改后的专利法正确贯彻实施。

特此通知。

二○○九年九月二十七日

最高人民法院关于专利、商标等授权确权类知识产权行政案件审理分工的规定

（经2009年6月22日第1469次审判委员会讨论通过）

为贯彻落实《国家知识产权战略纲要》，完善知识产权审判体制，确保司法标准的统一，现就专利、商标等授权确权类知识产权行政案件的审理分工作如下规定：

第一条 下列一、二审案件由北京市有关中级人民法院、北京市高级人民法院和最高人民法院知识产权审判庭审理：

（一）不服国务院专利行政部门专利复审委员会作出的专利复审决定和无效决定的案件；

（二）不服国务院专利行政部门作出的实施专利强制许可决定和实施专利强制许可的使用费裁决的案件；

（三）不服国务院工商行政管理部门商标评审委员会作出的商标复审决定和裁定的案件；

（四）不服国务院知识产权行政部门作出的集成电路布图设计复审决定和撤销决定的案件；

（五）不服国务院知识产权行政部门作出的使用集成电路布图设计非自愿许可决定的案件和使用集成电路布图设计非自愿许可的报酬裁决的案件；

（六）不服国务院农业、林业行政部门植物新品种复审委员会作出的植物新品种复审决定、无效决定和更名决定的案件；

（七）不服国务院农业、林业行政部门作出的实施植物新品种强制许可决定和实施植物新品种强制许可的使用费裁决的案件。

第二条 当事人对于人民法院就第一条所列案件作出的生效判决或者裁定不服，向上级人民法院申请再审的案件，由上级人民法院知识产权审判庭负责再审审查和审理。

第三条 由最高人民法院、北京市高级人民法院和北京市有关中级人民法院知识产权审判庭审理的上述案件，立案时统一使用“知行”字编号。

第四条 本规定自2009年7月1日起施行，最高人民法院于2002年5月21日作出的《关于专利法、商标法修改后专利、商标相关案件分工问题的批复》（法〔2002〕117号）同时废止。

最高人民法院关于涉及驰名商标认定的民事纠纷案件管辖问题的通知

（法[2009]1号）

各省、自治区、直辖市高级人民法院，解放军军事法院，新疆维吾尔自治区高级人民法院生产建设兵团分院：

为进一步加强人民法院对驰名商标的司法保护，完善司法保护制度，规范司法保护行为，增强司法保护的权威性和公信力，维护公平竞争的市场经济秩序，为国家经济发展大局服务，从本通知下发之日起，涉及驰名商标认定的民事纠纷案件，

由省、自治区人民政府所在地的市、计划单列市中级人民法院，以及直辖市辖区内的中级人民法院管辖。其他中级人民法院管辖此类民事纠纷案件，需报经最高人民法院批准；未经批准的中级人民法院不再受理此类案件。

以上通知，请遵照执行。

2009 年 1 月 5 日

最高人民法院关于审理侵犯专利权纠纷案件应用法律若干问题的解释

（2009 年 12 月 21 日最高人民法院审判委员会第 1480 次会议通过　法释〔2009〕21 号）

为正确审理侵犯专利权纠纷案件，根据《中华人民共和国专利法》《中华人民共和国民事诉讼法》等有关法律规定，结合审判实际，制定本解释。

第一条　人民法院应当根据权利人主张的权利要求，依据专利法第五十九条第一款的规定确定专利权的保护范围。权利人在一审法庭辩论终结前变更其主张的权利要求的，人民法院应当准许。

权利人主张以从属权利要求确定专利权保护范围的，人民法院应当以该从属权利要求记载的附加技术特征及其引用的权利要求记载的技术特征，确定专利权的保护范围。

第二条　人民法院应当根据权利要求的记载，结合本领域普通技术人员阅读说明书及附图后对权利要求的理解，确定专利法第五十九条第一款规定的权利要求的内容。

第三条　人民法院对于权利要求，可以运用说明书及附图、权利要求书中的相关权利要求、专利审查档案进行解释。说明书对权利要求用语有特别界定的，从其特别界定。

以上述方法仍不能明确权利要求含义的，可以结合工具书、教科书等公知文献以及本领域普通技术人员的通常理解进行解释。

第四条　对于权利要求中以功能或者效果表述的技术特征，人民法院应当结合说明书和附图描述的该功能或者效果的具体实施方式及其等同的实施方式，确定该技术特征的内容。

第五条　对于仅在说明书或者附图中描述而在权利要求中未记载的技术方案，权利人在侵犯专利权纠纷案件中将其纳入专利权保护范围的，人民法院不予支持。

第六条　专利申请人、专利权人在专利授权或者无效宣告程序中，通过对权利要求、说明书的修改或者意见陈述而放弃的技术方案，权利人在侵犯专利权纠纷案件中又将其纳入专利权保护范围的，人民法院不予支持。

第七条　人民法院判定被诉侵权技术方案是否落入专利权的保护范围，应当审查权利人主张的权利要求所记载的全部技术特征。

被诉侵权技术方案包含与权利要求记载的全部技术特征相同或者等同的技术特征的，人民法院应当认定其落入专利权的保护范围；被诉侵权技术方案的技术特征与权利要求记载的全部技术特征相比，缺少权利要求记载的一个以上的技术特征，或者有一个以上技术特征不相同也不等同的，人民法院应当认定其没有落入专利权的保护范围。

第八条　在与外观设计专利产品相同或者相近种类产品上，采用与授权外观设计相同或者近似的外观设计的，人民法院应当认定被诉侵权设计落入专利法第五十九条第二款规定的外观设计专利权的保护范围。

第九条　人民法院应当根据外观设计产品的用途，认定产品种类是否相同或者相近。确定产品的用途，可以参考外观设计的简要说明、国际外观设计分类表、产品的功能以及产品销售、实际使用的情况等因素。

第十条　人民法院应当以外观设计专利产品的一般消费者的知识水平和认知能力，判断外观设计是否相同或者近似。

第十一条　人民法院认定外观设计是否相同或者近似时，应当根据授权外观设计、被诉侵权设计的设计特征，以外观设计的整体视觉效果进行综合判断；对于主要由技术功能决定的设计特征以及对整体视觉效果不产生影响的产品的材料、内部结构等特征，应当不予考虑。

下列情形，通常对外观设计的整体视觉效果更具有影响：

（一）产品正常使用时容易被直接观察到的部位相对于其他部位；

（二）授权外观设计区别于现有设计的设计特征相对于授权外观设计的其他设计特征。

被诉侵权设计与授权外观设计在整体视觉效果上无差异的，人民法院应当认定两者相同；在整体视觉效果上无实质性差异的，应当认定两者近似。

第十二条 将侵犯发明或者实用新型专利权的产品作为零部件，制造另一产品的，人民法院应当认定属于专利法第十一条规定的使用行为；销售该另一产品的，人民法院应当认定属于专利法第十一条规定的销售行为。

将侵犯外观设计专利权的产品作为零部件，制造另一产品并销售的，人民法院应当认定属于专利法第十一条规定的销售行为，但侵犯外观设计专利权的产品在该另一产品中仅具有技术功能的除外。

对于前两款规定的情形，被诉侵权人之间存在分工合作的，人民法院应当认定为共同侵权。

第十三条 对于使用专利方法获得的原始产品，人民法院应当认定为专利法第十一条规定的依照专利方法直接获得的产品。

对于将上述原始产品进一步加工、处理而获得后续产品的行为，人民法院应当认定属于专利法第十一条规定的使用依照该专利方法直接获得的产品。

第十四条 被诉落入专利权保护范围的全部技术特征，与一项现有技术方案中的相应技术特征相同或者无实质性差异的，人民法院应当认定被诉侵权人实施的技术属于专利法第六十二条规定的现有技术。

被诉侵权设计与一个现有设计相同或者无实质性差异的，人民法院应当认定被诉侵权人实施的设计属于专利法第六十二条规定的现有设计。

第十五条 被诉侵权人以非法获得的技术或者设计主张先用权抗辩的，人民法院不予支持。

有下列情形之一的，人民法院应当认定属于专利法第六十九条第（二）项规定的已经作好制造、使用的必要准备：

（一）已经完成实施发明创造所必需的主要技术图纸或者工艺文件；

（二）已经制造或者购买实施发明创造所必需的主要设备或者原材料。

专利法第六十九条第（二）项规定的原有范围，包括专利申请日前已有的生产规模以及利用已有的生产设备或者根据已有的生产准备可以达到的生产规模。

先用权人在专利申请日后将其已经实施或作好实施必要准备的技术或设计转让或者许可他人实施，被诉侵权人主张该实施行为属于在原有范围内继续实施的，人民法院不予支持，但该技术或设计与原有企业一并转让或者承继的除外。

第十六条 人民法院依据专利法第六十五条第一款的规定确定侵权人因侵权所获得的利益，应当限于侵权人因侵犯专利权行为所获得的利益；因其他权利所产生的利益，应当合理扣除。

侵犯发明、实用新型专利权的产品系另一产品的零部件的，人民法院应当根据该零部件本身的价值及其在实现成品利润中的作用等因素合理确定赔偿数额。

侵犯外观设计专利权的产品为包装物的，人民法院应当按照包装物本身的价值及其在实现被包装产品利润中的作用等因素合理确定赔偿数额。

第十七条 产品或者制造产品的技术方案在专利申请日以前为国内外公众所知的，人民法院应当认定该产品不属于专利法第六十一条第一款规定的新产品。

第十八条 权利人向他人发出侵犯专利权的警告，被警告人或者利害关系人经书面催告权利人行使诉权，自权利人收到该书面催告之日起一个月内或者自书面催告发出之日起二个月内，权利人不撤回警告也不提起诉讼，被警告人或者利害关系人向人民法院提起请求确认其行为不侵犯专利权的诉讼的，人民法院应当受理。

第十九条 被诉侵犯专利权行为发生在2009年10月1日以前的，人民法院适用修改前的专利法；发生在2009年10月1日以后的，人民法院适用修改后的专利法。

被诉侵犯专利权行为发生在2009年10月1日以前且持续到2009年10月1日以后，依据修改前和修改后的专利法的规定侵权人均应承担赔偿责任的，人民法院适用修改后的专利法确定赔偿数额。

第二十条 本院以前发布的有关司法解释与本解释不一致的，以本解释为准。

最高人民法院关于审理涉及驰名商标保护的民事纠纷案件应用法律若干问题的解释

（2009年4月22日最高人民法院审判委员会第1467次会议通过　法释〔2009〕3号）

为在审理侵犯商标权等民事纠纷案件中依法保护驰名商标，根据《中华人民共和国商标法》《中华人民共和国反不正当竞争法》《中华人民共和国民事诉讼法》等有关法律规定，结合审判实际，制定本解释。

第一条 本解释所称驰名商标，是指在中国境内为相关公众广为知晓的商标。

第二条 在下列民事纠纷案件中，当事人以商标驰名作为事实根据，人民法院根据案件具体情况，认为确有必要的，对所涉商标是否驰名作出认定：

（一）以违反商标法第十三条的规定为由，提起的侵犯商标权诉讼；

（二）以企业名称与其驰名商标相同或者近似为由，提起的侵犯商标权或者不正当竞争诉讼；

（三）符合本解释第六条规定的抗辩或者反诉的诉讼。

第三条 在下列民事纠纷案件中，人民法院对于所涉商标是否驰名不予审查：

（一）被诉侵犯商标权或者不正当竞争行为的成立不以商标驰名为事实根据的；

（二）被诉侵犯商标权或者不正当竞争行为因不具备法律规定的其他要件而不成立的。

原告以被告注册、使用的域名与其注册商标相同或者近似，并通过该域名进行相关商品交易的电子商务，足以造成相关公众误认为由，提起的侵权诉讼，按照前款第（一）项的规定处理。

第四条 人民法院认定商标是否驰名，应当以证明其驰名的事实为依据，综合考虑商标法第十四条规定的各项因素，但是根据案件具体情况无需考虑该条规定的全部因素即足以认定商标驰名的情形除外。

第五条 当事人主张商标驰名的，应当根据案件具体情况，提供下列证据，证明被诉侵犯商标权或者不正当竞争行为发生时，其商标已属驰名：

（一）使用该商标的商品的市场份额、销售区域、利税等；

（二）该商标的持续使用时间；

（三）该商标的宣传或者促销活动的方式、持续时间、程度、资金投入和地域范围；

（四）该商标曾被作为驰名商标受保护的记录；

（五）该商标享有的市场声誉；

（六）证明该商标已属驰名的其他事实。

前款所涉及的商标使用的时间、范围、方式等，包括其核准注册前持续使用的情形。

对于商标使用时间长短、行业排名、市场调查报告、市场价值评估报告、是否曾被认定为著名商标等证据，人民法院应当结合认定商标驰名的其他证据，客观、全面地进行审查。

第六条 原告以被诉商标的使用侵犯其注册商标专用权为由提起民事诉讼，被告以原告的注册商标复制、摹仿或者翻译其在先未注册驰名商标为由提出抗辩或者提起反诉的，应当对其在先未注册商标驰名的事实负举证责任。

第七条 被诉侵犯商标权或者不正当竞争行为发生前，曾被人民法院或者国务院工商行政管理部门认定驰名的商标，被告对该商标驰名的事实不持异议的，人民法院应当予以认定。被告提出异议的，原告仍应当对该商标驰名的事实负举证责任。

除本解释另有规定外，人民法院对于商标驰名的事实，不适用民事诉讼证据的自认规则。

第八条 对于在中国境内为社会公众广为知晓的商标，原告已提供其商标驰名的基本证据，或者被告不持异议的，人民法院对该商标驰名的事实予以认定。

第九条 足以使相关公众对使用驰名商标和被诉商标的商品来源产生误认，或者足以使相关公众认为使用驰名商标和被诉商标的经营者之间具有许可使用、关联企业关系等特定联系的，属于商标法第十三条第一款规定的"容易导致混淆"。

足以使相关公众认为被诉商标与驰名商标具有相当程度的联系，而减弱驰名商标的显著性、贬损驰名商标的市场声誉，或者不正当利用驰名商标的市场声誉的，属于商标法第十三条第二款规定的"误导公众，致使该驰名商标注册人的利益可能受到损害"。

第十条 原告请求禁止被告在不相类似商品上使用与原告驰名的注册商标相同或者近似的商标或者企业名称的，人民法院应当根据案件具体情况，综合考虑以下因素后作出裁判：

（一）该驰名商标的显著程度；

（二）该驰名商标在使用被诉商标或者企业名称的商品的相关公众中的知晓程度；

（三）使用驰名商标的商品与使用被诉商标或者企业名称的商品之间的关联程度；

（四）其他相关因素。

第十一条 被告使用的注册商标违反商标法第十三条的规定，复制、摹仿或者翻译原告驰名商标，构成侵犯商标权的，人民法院应当根据原告的请求，依法判决禁止被告使用该商标，但被告的注册商标有下列情形之一的，人民法院对原告的请求不予支持：

（一）已经超过商标法第四十一条第二款规定的请求撤销期限的；

（二）被告提出注册申请时，原告的商标并不驰名的。

第十二条 当事人请求保护的未注册驰名商标，属于商标法第十条、第十一条、第十二条规定不得作为商标使用或者注册情形的，人民法院不予支持。

第十三条 在涉及驰名商标保护的民事纠纷案件中，人民法院对于商标驰名的认定，仅作为案件事实和判决理由，不写入判决主文；以调解方式审结的，在调解书中对商标驰名的事实不予认定。

第十四条 本院以前有关司法解释与本解释不一致的，以本解释为准。

最高人民法院关于同意指定北京市崇文区、宣武区、石景山区、昌平区人民法院审理部分知识产权民事纠纷案件的批复

法函[2009]10 号

北京市高级人民法院：

你院京高法[2009]9 号请示收悉。经研究，批复如下：

同意指定北京市崇文区、宣武区、石景山区、昌平区人民法院作为第一审法院，审理发生在所辖区内除专利、植物新品种、集成电路布图设计和涉及驰名商标认定纠纷案件之外的知识产权民事纠纷案件。案件的受理仍应当依照人民法院有关级别管辖的规定进行。

此复。

二〇〇九年二月五日

最高人民法院关于同意指定重庆市沙坪坝区人民法院审理部分知识产权民事纠纷案件的批复

法函[2009]25 号

重庆市高级人民法院：

你院渝高法[2009]37 号请示收悉。经研究，批复如下：

同意指定重庆市沙坪坝区人民法院作为第一审法院，审理发生在所辖区内除专利、植物新品种、集成电路布图设计和涉及驰名商标认定纠纷案件之外的知识产权民事纠纷案件。案件的受理仍应当依照人民法院有关级别管辖的规定进行。

此复。

二〇〇九年三月十六日

最高人民法院关于同意江苏省高级人民法院开展由知识产权审判庭统一受理知识产权民事、行政和刑事案件试点工作的批复

法[2009]119 号

江苏省高级人民法院：

你院《关于申请将江苏省高级人民法院作为知识产权民事、刑事、行政“三审合一”试点法院的请示》（苏高法[2009]50 号）收悉。经研究，答复如下：

根据《国家知识产权战略纲要》第(45)条的精神和《最高人民法院关于实施国家知识产权战略纲要任务分工》第 1 条的规定，同意你院开展由知识产权审判庭统一受理知识产权民事、行政和刑事案件的试点工作。请你院抓紧制定科学可行的试点方案，认真组织实施，注意工作协调，及时总结经验，积极探索和不断完善知识产权审判体制和工作机制，努力优化审判资源配置。试点方案并报我院备案。

此复。

二〇〇九年三月十八日

最高人民法院对《关于调整哈尔滨市中级人民法院、齐齐哈尔市中级人民法院审理第一审专利纠纷案件管辖区域的请示》的批复

法[2009]135 号

黑龙江省高级人民法院：

你院《关于调整哈尔滨市中级人民法院、齐齐哈尔市中级人民法院审理第一审专利纠纷案件管辖区域的请示》（黑高法[2009]33 号）收悉，经研究，批复如下：

同意哈尔滨市中级人民法院管辖哈尔滨市、牡丹江市、佳木斯市、鸡西市、双鸭山市、鹤岗市、伊春市、七台河市、绥化市区域内的第一审专利纠纷案件；齐齐哈尔市中级人民法院管辖齐齐哈尔市、大庆市、黑河市、大兴安岭地区区域内的第一

审专利纠纷案件。

此复

二〇〇九年三月三十一日

最高人民法院关于同意指定广西壮族自治区南宁市青秀区人民法院审理部分知识产权民事纠纷案件的批复

法函[2009]33号

广西壮族自治区高级人民法院：

你院《关于申请指定南宁市青秀区人民法院管辖部分知识产权纠纷案件的请示》（桂高法[2009]98号）收悉。经研究，批复如下：

同意指定广西壮族自治区南宁市青秀区人民法院作为第一审法院，审理发生在所辖区内除专利、植物新品种、集成电路布图设计和涉及驰名商标认定纠纷案件之外的知识产权民事纠纷案件。案件的受理仍应当依照有关级别管辖的规定进行。

二〇〇九年四月十四日

最高人民法院关于同意指定浙江省义乌市人民法院开展试点审理部分专利纠纷案件的批复

法函[2009]46号

浙江省高级人民法院：

你院《关于请求指定义乌市人民法院为审理专利纠纷案件第一审法院的请示》（浙高法[2009]52号）收悉。经研究，答复如下：

同意义乌市人民法院为审理辖区内下列实用新型和外观设计专利纠纷案件的试点法院：

1. 申请专利权纠纷案件；
2. 专利权权属纠纷案件；
3. 专利权、专利申请权转让合同纠纷案件；
4. 侵犯专利权纠纷案件；
5. 假冒他人专利纠纷案件；
6. 职务发明创造发明人、设计人奖励、报酬纠纷案件；
7. 诉前申请停止侵权、财产保全、证据保全案件；
8. 发明人、设计人资格纠纷案件；
9. 其他专利纠纷案件。

试点的具体办法由你院确定，并请你院注意加强对义务市人民法院审理上述专利纠纷案件的业务指导，及时总结经验，切实做好试点工作。

二〇〇九年五月十四日

最高人民法院关于同意内蒙古自治区高、中级人民法院开展由知识产权审判庭统一受理知识产权民事、行政和刑事案件试点工作的批复

法函[2009]49号

内蒙古自治区高级人民法院：

你院《关于请求指定内蒙古自治区高级人民法院为知识产权民事、行政、刑事案件“三审合一”审判方式改革试点法院的请示》（内高法[2009]46号）收悉。经研究，答复如下：

根据《国家知识产权战略纲要》第(45)条、《最高人民法院关于实施国家知识产权战略纲要任务分工》第1条和《人民法院第三个五年改革纲要(2009—2013)》的有关精神，同意你院及你区各中级人民法院开展由知识产权审判庭统一受理知识产权民事、行政和刑事案件的试点工作。请你院抓紧制定科学可行的试点方案，认真组织实施，注意工作协调，及时总结经验，积极探索和不断完善知识产权审判体制和工作机制，努力优化审判资源配置。

二〇〇九年五月二十二日

最高人民法院关于同意指定江苏省苏州市虎丘区人民法院审理部分知识产权纠纷案件的批复

法函[2009]55号

江苏省高级人民法院：

你院《关于申请指定苏州市虎丘区人民法院管辖部分知识产权纠纷案件的请示》（苏高法[2009]157号）收悉。经研究，批复如下：

同意指定江苏省苏州市虎丘区人民法院作为第一审法院，审理发生在本辖区内除专利、植物新品种、集成电路布图设计纠纷案件和涉及驰名商标认定纠纷案件之外的知识产权纠纷案件。有关案件的受理仍应当依照人民法院有关级别管辖的规定进行。

二〇〇九年六月十日

最高人民法院关于同意指定新疆生产建设兵团农八师中级人民法院和农十二师中级人民法院审理集成电路布图设计纠纷案件的批复

法函[2009]82 号

新疆维吾尔自治区高级人民法院生产建设兵团分院：

你院《关于确定新疆生产建设兵团农八师中级人民法院和农十二师中级人民法院管辖涉及集成电路布图设计纠纷案件的请示》(新高兵法[2009]47 号)收悉。经研究，批复如下：

同意指定新疆生产建设兵团农八师中级人民法院为审理发生在新疆生产建设兵团农八师、农四师、农五师、农七师、农九师、农十师辖区内的集成电路布图设计纠纷案件的第一审法院。

同意指定新疆生产建设兵团农十二师中级人民法院为审理发生在新疆生产建设兵团农十二师、农一师、农二师、农三师、农六师、农十三师、农十四师、建工师、新疆生产建设兵团直属工业师辖区内和发生在乌鲁木齐市城区范围内的符合本院《关于新疆生产建设兵团人民法院案件管辖权问题的若干规定》的集成电路布图设计纠纷案件的第一审法院。

二〇〇九年八月二十日

最高人民法院关于同意指定新疆生产建设兵团农八师中级人民法院和农十二师中级人民法院审理植物新品种纠纷案件的批复

法函[2009]83 号

新疆维吾尔自治区高级人民法院生产建设兵团分院：

你院《关于确定新疆生产建设兵团农八师中级人民法院和农十二师中级人民法院管辖涉及植物新品种纠纷案件的请示》(新高兵法[2009]46 号)收悉。经研究，批复如下：

同意指定新疆生产建设兵团农八师中级人民法院为审理发生在新疆生产建设兵团农八师、农四师、农五师、农七师、农九师、农十师辖区内的植物新品种纠纷案件的第一审法院。

同意指定新疆生产建设兵团农十二师中级人民法院为审理发生在新疆生产建设兵团农十二师、农一师、农二师、农三师、农六师、农十三师、农十四师、建工师、新疆生产建设兵团直属工业师辖区内和发生在乌鲁木齐市城区范围内的符合本院《关于新疆生产建设兵团人民法院案件管辖权问题的若干规定》的植物新品种纠纷案件的第一审法院。

二〇〇九年八月二十日

最高人民法院关于同意指定河南省洛阳市中级人民法院审理部分专利纠纷案件的批复

法函[2009]84 号

河南省高级人民法院：

你院《关于指定河南省洛阳市中级人民法院管辖一审专利纠纷案件的请示》收悉。经研究，批复如下：

同意指定洛阳市中级人民法院为审理发生在洛阳市、焦作市、三门峡市、济源市辖区内的下列第一审专利纠纷案件的第一审法院：

1. 专利申请权纠纷案件；
2. 专利权权属纠纷案件；
3. 专利权、专利申请权转让合同纠纷案件；
4. 侵犯专利权纠纷案件；
5. 假冒他人专利纠纷案件；
6. 发明专利申请公告后、专利权授予前使用费纠纷案件；
7. 职务发明创造发明人、设计人奖励、报酬纠纷案件；
8. 诉前申请停止侵权、财产保全案件；
9. 发明人、设计人资格纠纷案件；
10. 其他专利纠纷案件。

二〇〇九年八月二十日

最高人民法院关于同意调整湖北省有关中级人民法院专利纠纷案件地域管辖范围的批复

法函[2009]91 号

湖北省高级人民法院：

你院《湖北省高级人民法院关于调整部分中级人民法院对专利案件地域管辖范围的请示》(鄂高法[2009]122 号)收悉。经研究，批复如下：

同意由武汉市中级人民法院管辖发生在武汉市、汉江市、孝感市、黄石市、黄冈市、鄂州市、咸宁市辖区内的第一审专利纠纷案件；由宜昌市中级人民法院管辖发生在宜昌市、荆州市、荆门市、恩施市辖区内的第一审专利纠纷案件；由襄樊市中级人民法院管辖发生在襄樊市、随州市、十堰市辖区内的第一审专利纠纷案件。

二〇〇九年八月三十一日

最高人民法院关于同意指定浙江省杭州市萧山区等人民法院审理部分知识产权纠纷案件的批复

法函[2009]92 号

浙江省高级人民法院：

你院《浙江省高级人民法院关于请求指定杭州市萧山区等基层法院为审理部分知识产权民事纠纷案件第一审法院的请示》（浙高法[2009]51号）收悉。经研究，批复如下：

同意指定浙江省杭州市萧山区人民法院、余杭区人民法院和温州市瓯海区人民法院、鹿城区人民法院作为第一审法院，审理发生在本辖区内除专利、植物新品种、集成电路布图设计纠纷案件和涉及驰名商标认定纠纷案件之外的知识产权纠纷案件。有关案件的受理仍应当依照人民法院有关级别管辖的规定进行。

此复。

二〇〇九年八月三十一日

最高人民法院关于同意指定辽宁省大连市西岗区人民法院审理部分知识产权纠纷案件的批复

法函[2009]93 号

辽宁省高级人民法院：

你院《关于增加指定大连市西岗区人民法院受理一般知识产权案件并调整其地域管辖范围的请示》收悉。经研究，批复如下：

同意指定辽宁省大连市西岗区人民法院作为第一审法院，审理发生在大连市辖区内除专利、植物新品种、集成电路布图设计纠纷案件和涉及驰名商标认定纠纷案件之外的知识产权纠纷案件。有关案件的受理仍应当依照人民法院有关级别管辖的规定进行。

此复。

二〇〇九年八月三十一日

最高人民法院关于同意指定江西省南昌市经济技术开发区等人民法院审理部分知识产权纠纷案件的批复

法函[2009]95 号

江西省高级人民法院：

你院《关于增加受理一般知识产权案件基层法院的请示》（赣高法报[2009]71 号）收悉。经研究，批复如下：

同意指定江西省南昌市经济技术开发区人民法院、高新技术产业开发区人民法院作为第一审法院，审理发生在本辖区内除专利、植物新品种、集成电路布图设计纠纷案件和涉及驰名商标认定纠纷案件之外的知识产权纠纷案件。有关案件的受理仍应当依照人民法院有关级别管辖的规定进行。

此复。

二〇〇九年八月三十一日

最高人民法院关于同意指定浙江省湖州市中级人民法院和嘉兴市中级人民法院审理专利纠纷案件的批复

法函[2009]94 号

浙江省高级人民法院：

你院《关于请求指定湖州市中级人民法院和嘉兴市中级人民法院为审理专利纠纷案件第一审法院的请示》（浙高法[2009]50 号）收悉。经研究，同意指定湖州市中级人民法院和嘉兴市中级人民法院为审理发生在本辖区内的下列专利纠纷案件的第一审法院：

1. 专利申请权纠纷案件；
2. 专利权权属纠纷案件；
3. 专利权、专利申请权转让合同纠纷案件；
4. 侵犯专利权纠纷案件；
5. 假冒他人专利纠纷案件；
6. 发明专利申请公布后、专利权授予前使用费纠纷案件；
7. 职务发明创造发明人、设计人奖励、报酬纠纷案件；
8. 发明人、设计人资格纠纷案件；

9．诉前申请停止侵犯专利权、财产保全、证据保全案件；

10．其他专利纠纷案件。

此复。

二〇〇九年八月三十一日

最高人民法院关于同意指定甘肃省兰州市城关区等人民法院审理部分知识产权纠纷案件的批复

法函[2009]98号

甘肃省高级人民法院：

你院《关于申请指定基层人民法院管辖一般知识产权案件的报告》（甘高法[2009]153号）收悉。经研究，批复如下：

同意指定甘肃省兰州市城关区人民法院、天水市秦州区人民法院作为第一审法院，审理发生在本辖区内除专利、植物新品种、集成电路布图设计纠纷案件和涉及驰名商标认定纠纷案件之外的知识产权纠纷案件。有关案件的受理仍应当依照人民法院有关级别管辖的规定进行。

此复。

二〇〇九年八月三十一日

最高人民法院关于同意调整福建省有关中级人民法院专利纠纷案件地域管辖范围的批复

（2009）民三他字第28号

福建省高级人民法院：

你院闽高法[2009]197号《福建省高级人民法院关于报请批准调整我省具有专利和植物新品种案件管辖权的中级人民法院的地域管辖范围的报告》收悉。经研究，批复如下：

同意由福州市中级人民法院管辖发生在福州市、南平市、三明市、宁德市辖区内的第一审专利纠纷案件；由厦门市中级人民法院管辖发生在厦门市、漳州市、龙岩市辖区内的第一审专利纠纷案件；由泉州市中级人民法院管辖发生在泉州市、莆田市辖区内的第一审专利纠纷案件。

此复。

二〇〇九年八月三十一日

最高人民法院关于同意指定福建省福州市鼓楼区等人民法院审理部分知识产权纠纷案件的批复

法函[2009]87号

福建省高级人民法院：

你院《福建省高级人民法院关于报请指定我省受理一般知识产权案件的基层法院的报告》（闽高法[2009]198号）收悉。经研究，批复如下：

同意指定福建省福州市鼓楼区人民法院、厦门市思明区人民法院、泉州市晋江市人民法院作为第一审法院，审理发生在本辖区内除专利、植物新品种、集成电路布图设计纠纷案件和涉及驰名商标认定纠纷案件之外的知识产权纠纷案件。有关案件的受理仍应当依照人民法院有关级别管辖的规定进行。

此复。

二〇〇九年八月三十一日

最高人民法院关于同意指定天津市和平区人民法院审理部分知识产权纠纷案件的批复

法函[2009]90号

天津市高级人民法院：

你院《关于报请指定天津市和平区人民法院受理一般知识产权案件的报告》（津高法[2009]150号）收悉。经研究，批复如下：

同意指定天津市和平区人民法院作为第一审法院，审理发生在天津市和平区、南开区、河北区、红桥区辖区内的除专利、植物新品种、集成电路布图设计纠纷案件和涉及驰名商标认定纠纷案件之外的知识产权纠纷案件。有关案件的受理仍应当依照人民法院有关级别管辖的规定进行。

此复。

二〇〇九年八月三十一日

最高人民法院关于同意调整内蒙古自治区有关中级人民法院专利纠纷案件地域管辖范围的批复

法函[2009]88号

内蒙古自治区高级人民法院：

你院《内蒙古自治区高级人民法院关于调整知识产权案件管辖的请示》(内高法[2009]87号)收悉。经研究，批复如下：

同意由包头市中级人民法院管辖发生在包头市、鄂尔多斯市、巴彦淖尔市、乌海市、阿拉善盟辖区内的第一审专利纠纷案件；发生在其他盟市辖区内的第一审专利纠纷案件仍由呼和浩特市中级人民法院管辖。

此复。

二〇〇九年八月三十一日

最高人民法院关于同意指定安徽省合肥市高新技术产业开发区人民法院审理部分知识产权纠纷案件的批复

法函[2009]86号

安徽省高级人民法院：

你院《关于请求指定合肥高新技术产业开发区人民法院管辖部分知识产权民事一审案件的请示》([2009]皖民三他字第0008号)收悉。经研究，批复如下：

同意指定安徽省合肥市高新技术产业开发区人民法院作为第一审法院，审理发生在合肥市辖区内的除专利、植物新品种、集成电路布图设计纠纷案件和涉及驰名商标认定纠纷案件之外的知识产权纠纷案件。有关案件的受理仍应当依照人民法院有关级别管辖的规定进行。

此复。

二〇〇九年八月三十一日

最高人民法院关于同意指定浙江省海宁市人民法院审理部分知识产权纠纷案件的批复

法函[2009]89号

浙江省高级人民法院：

你院《关于请求指定海宁市人民法院为审理部分知识产权民事纠纷案件的一审法院的请示》(浙高法[2009]252号)收悉。经研究，批复如下：

同意指定浙江省海宁市人民法院作为第一审法院，审理发生在本辖区内除专利、植物新品种、集成电路布图设计纠纷案件和涉及驰名商标认定纠纷案件之外的知识产权纠纷案件。有关案件的受理仍应当依照人民法院有关级别管辖的规定进行。

此复。

二〇〇九年八月三十一日

最高人民法院关于同意指定福建省福州市鼓楼区等人民法院审理部分知识产权纠纷案件的批复

法函[2009]96号

福建省高级人民法院：

你院《关于报请指定我省受理一般知识产权案件的基层法院的报告》(闽高法[2009]198号)收悉。经研究，批复如下：

同意指定福建省福州市鼓楼区人民法院、厦门市思明区人民法院、泉州市晋江市人民法院作为第一审法院，审理发生在本辖区内除专利、植物新品种、集成电路布图设计纠纷案件和涉及驰名商标认定纠纷案件之外的知识产权纠纷案件。有关案件的受理仍应当依照人民法院有关级别管辖的规定进行。

此复。

二〇〇九年八月三十一日

最高人民法院关于批准新疆生产建设兵团农八师中级人民法院审理涉及驰名商标认定民事纠纷案件的批复

法函[2009]109号

新疆维吾尔自治区高级人民法院生产建设兵团分院：

你院《关于确定新疆生产建设兵团农八师中级人民法院和农十二师中级人民法院管辖涉及驰名商标认定民事纠纷案件的请示》(新高兵法[2009]49号)收悉。经研究，批准新疆生产建设兵团农八师中级人民法院为审理发生在新疆生产建设兵团范围内涉及驰名商标认定民事纠纷案件的第一审法院。

此复。

二〇〇九年十月十二日

最高人民法院关于新疆维吾尔自治区高级人民法院生产建设兵团分院和所辖各中级人民法院管辖第一审知识产权民事案件标准的请示的批复

法函[2009]115号

新疆维吾尔自治区高级人民法院生产建设兵团分院：

你院《关于调整新疆维吾尔自治区高级人民法院生产建设兵团分院和所辖各中级人民法院管辖第一审知识产权民事案件标准的请示》（新高兵法[2009]51号）收悉。经研究，同意你院请示中所列的各项标准。

此复。

二〇〇九年十月十三日

最高人民法院关于同意指定新疆生产建设兵团农十二师中级人民法院审理专利纠纷案件并调整有关法院专利纠纷案件地域管辖范围的批复

法函[2009]112号

新疆维吾尔自治区高级人民法院生产建设兵团分院：

你院《关于调整新疆生产建设兵团农八师中级人民法院、确定新疆生产建设兵团农十二师中级人民法院管辖涉及专利纠纷案件的请示》（新高兵法[2009]48号）收悉。经研究，批复如下：

一、同意指定新疆生产建设兵团农十二师中级人民法院为审理发生在新疆生产建设兵团农十二师、农一师、农二师、农三师、农六师、农十三师、农十四师、建筑工程师辖区内和发生在乌鲁木齐市城区范围内的符合《最高人民法院关于新疆生产建设兵团人民法院案件管辖权问题的若干规定》的下列专利纠纷案件的第一审法院：

1. 专利申请权纠纷案件；
2. 专利权权属纠纷案件；
3. 专利权、专利申请权转让合同纠纷案件；
4. 侵犯专利权纠纷案件；
5. 假冒他人专利纠纷案件；
6. 发明专利申请公布后、专利权授予前使用费纠纷案件；
7. 职务发明创造发明人、设计人奖励、报酬纠纷案件；
8. 发明人、设计人资格纠纷案件；
9. 诉前申请停止侵犯专利权、财产保全、证据保全案件；
10. 其他专利纠纷案件。

二、同意新疆生产建设兵团农八师中级人民法院管辖发生在新疆生产建设兵团农八师、农四师、农五师、农七师、农九师、农十师辖区内的第一审专利纠纷案件。

此复。

二〇〇九年十月二十日

最高人民法院关于同意指定新疆生产建设兵团乌鲁木齐垦区等人民法院审理部分知识产权纠纷案件的批复

法函[2009]113号

新疆维吾尔自治区高级人民法院生产建设兵团分院：

你院《关于确定新疆生产建设兵团部分基层人民法院受理一般知识产权案件并调整其地域管辖范围的请示》（新高兵法[2009]50号）收悉。经研究，批复如下：

一、同意指定新疆生产建设兵团乌鲁木齐垦区人民法院作为第一审法院，审理发生在新疆生产建设兵团农十二师、建筑工程师辖区内和发生在乌鲁木齐市城区范围内的符合《最高人民法院关于新疆生产建设兵团人民法院案件管辖权问题的若干规定》的，除专利、植物新品种、集成电路布图设计纠纷案件和涉及驰名商标认定纠纷案件之外的知识产权纠纷案件。

二、同意指定新疆生产建设兵团五家渠市人民法院作为第一审法院，审理发生在新疆生产建设兵团农六师辖区内除专利、植物新品种、集成电路布图设计纠纷案件和涉及驰名商标认定纠纷案件之外的知识产权纠纷案件。

三、有关案件的受理仍应当依照人民法院有关级别管辖的规定进行。

此复。

二〇〇九年十月二十日

最高人民法院关于同意河南省高级人民法院及郑州市、洛阳市中级人民法院开展由知识产权审判庭统一受理知识产权民事、行政和刑事案件试点工作的批复

法函[2009]120号

河南省高级人民法院：

你院《关于河南法院开展知识产权司法保护刑事、民事、行政“三审合一”试点工作的请示》收悉。经研究，答复如下：

根据《国家知识产权战略纲要》第(45)条、《最高人民法院关于实施国家知识产权战略纲要任务分工》第1条和《人民法院第三个五年改革纲要(2009—2013)》的有关精神，同意你院及郑州市、洛阳市中级人民法院开展由知识产权审判庭统一受理知识产权民事、行政和刑事案件的试点工作。请你院制定科学可行的试点方案，认真组织实施，注意工作协调，努力优化审判资源配置，及时总结经验，积极探索和不断完善知识产权审判体制和工作机制。

此复。

二○○九年十一月十一日

最高人民法院关于调整广东省部分基层人民法院知识产权纠纷案件地域管辖范围的批复

法函[2009]124号

广东省高级人民法院：

你院《关于调整和完善知识产权管辖制度的请示》(粤高法[2009]373号)收悉。经研究，批复如下：

同意调整广东省部分基层人民法院对有关知识产权纠纷案件的地域管辖范围，即：广州市越秀区人民法院增加管辖从化市辖区内的部分知识产权案件，天河区人民法院增加管辖黄浦区辖区内的部分知识产权案件，白云区人民法院增加管辖花都区辖区内的部分知识产权案件，海珠区人民法院增加管辖荔湾区辖区内的部分知识产权案件，萝岗区人民法院增加管辖增城市辖区内的部分知识产权案件，南沙区人民法院增加管辖番禺区辖区的内部分知识产权案件；东莞市第一人民法院同时管辖东莞市第二、三人民法院辖区内的部分知识产权案件；江门市蓬江区人民法院增加管辖江海区、鹤山市辖区内的部分知识产权案件，新会区人民法院增加管辖台山市、开平市、恩平市辖区内的部分知识产权案件。

前述部分知识产权案件是指除专利、植物新品种、集成电路布图设计纠纷案件和涉及驰名商标认定纠纷案件之外的知识产权纠纷案件。有关案件的受理仍应当依照人民法院有关级别管辖的规定进行。

此复。

二○○九年十一月十六日

最高人民法院关于同意调整广东省汕头市中级人民法院专利纠纷案件地域管辖范围的批复

法函[2009]125号

广东省高级人民法院：

你院《关于调整和完善知识产权管辖制度的请示》(粤高法[2009]373号)收悉。经研究，批复如下：

同意由广东省汕头市中级人民院管辖发生在汕头市、潮州市、揭阳市、汕尾市、梅州市辖区内的第一审专利纠纷案件。

此复。

二○○九年十一月十六日

最高人民法院关于同意指定广东省深圳市盐田区等五个基层人民法院审理部分知识产权纠纷案件的批复

法函[2009]126号

广东省高级人民法院：

你院《关于调整和完善知识产权管辖制度的请示》(粤高法[2009]373号)收悉。经研究，批复如下：

同意指定广东省深圳市盐田区、汕头市龙湖区、江门市蓬江区、江门市新会区和东莞市第一人民法院作为第一审法院，审理发生在本辖区内的除专利、植物新品种、集成电路布图设计纠纷案件和涉及驰名商标认定纠纷案件之外的知识产权纠纷案件。有关案件的受理仍应当依照人民法院有关级别管辖的规定进行。

此复。

二〇〇九年十一月十八日

最高人民法院关于同意指定四川省成都市锦江区人民法院管辖部分知识产权民事纠纷案件的批复

法函[2009]127 号

四川省高级人民法院：

你院《关于请求指定四川省成都市锦江区人民法院管辖部分知识产权纠纷案件的报告》(川高法[2009]530 号)收悉。经研究，批复如下：

同意指定四川省成都市锦江区人民法院作为第一审法院，管辖发生在其辖区内除专利、植物新品种、集成电路布图设计纠纷案件以及涉及驰名商标认定的商标权纠纷案件之外的知识产权民事纠纷案件。案件的受理按照人民法院有关级别管辖的规定进行。

此复。

二〇〇九年十一月二十三日

最高人民法院关于同意指定山东省潍坊市中级人民法院审理植物新品种民事纠纷案件的批复

法函[2009]129 号

山东省高级人民法院：

你院《关于准予潍坊市中级人民法院植物新品种民事纠纷案件一审管辖权的请示》(鲁高法函[2009]21 号)收悉。经研究，同意指定山东省潍坊市中级人民法院为审理发生在其辖区内下列案件的第一审法院：

1. 植物新品种申请权纠纷案件；

2. 植物新品种权权利归属纠纷案件；

3. 转让植物新品种申请权和转让植物新品种权的纠纷案件；

4. 侵犯植物新品种权纠纷案件。

此复。

二〇〇九年十二月一日

最高人民法院关于同意调整浙江省部分中级人民法院专利纠纷案件地域管辖范围的批复

法函[2009]128 号

浙江省高级人民法院：

你院《关于调整部分中级人民法院专利纠纷案件地域管辖范围的请示报告》(浙高法[2009]253 号)收悉。经研究，同意指定宁波市中级人民法院管辖舟山市中级人民法院辖区内发生的专利纠纷案件，温州市中级人民法院管辖丽水市中级人民法院辖区内发生的专利纠纷案件，金华市中级人民法院管辖衢州市中级人民法院辖区内发生的专利纠纷案件。

此复。

二〇〇九年十二月一日

最高人民法院关于同意调整甘肃省酒泉市中级人民法院植物新品种纠纷案件地域管辖范围的批复

法函[2009]130 号

甘肃省高级人民法院：

你院《关于申请调整植物新品种案件管辖范围的报告》(甘高法[2009]142 号)收悉。经研究，同意指定酒泉市中级人民法院管辖嘉峪关市人民法院辖区内发生的植物新品种纠纷案件。

此复。

二〇〇九年十二月一日

知识产权司法案件年度报告

最高人民法院知识产权案件年度报告（2008）

（2009年4月22日发布）

序　言

最高人民法院知识产权审判庭负责审理本院受理的各类知识产权民事纠纷案件和部分专利、商标授权确权行政纠纷案件。2008年，最高人民法院知识产权审判庭共新收包括侵犯专利权纠纷、侵犯著作权纠纷、侵犯商标权纠纷、不正当竞争纠纷和各类知识产权合同纠纷以及专利、商标授权确权纠纷等知识产权案件277件，加上2007年旧存的各类案件52件，全年共审理各类案件329件，比2007年增长103.9%。最高人民法院通过依法履行知识产权审判职责，解决各类知识产权纷争，充分保护了当事人的合法权益。同时，最高人民法院通过一系列疑难复杂和新类型知识产权案件的裁判，不断明确相关法律适用问题，维护了知识产权司法标准的统一。最高人民法院裁判的这些知识产权案件中有关法律适用问题的阐释，对于全国法院知识产权司法保护工作具有指导和借鉴意义。为及时总结审判经验，加强审判监督和指导，促进知识产权法律适用标准的统一和完善，最高人民法院知识产权审判庭在2008年度审结的184件案件中，选取了23件典型案件的判理摘要，形成本年度报告，现公开发布。

一、知识产权民事案件

（一）专利案件

1. 在施特里克斯有限公司与宁波圣利达电器制造有限公司、华普超市有限公司侵犯专利权纠纷申请再审案中，最高人民法院（2007）民三监字第51－1号驳回再审申请通知认为，公知技术抗辩的适用仅以被控侵权产品中被指控落入专利权保护范围的全部技术特征与已经公开的其他现有技术方案的相应技术特征是否相同或者等同为必要，不能因为被控侵权产品与专利权人的专利相同而排除公知技术抗辩原则的适用

2. 在辽宁省高级人民法院关于朝阳兴诺公司按照建设部颁发的行业标准《复合载体夯扩桩设计规程》设计、施工而实施标准中专利的行为是否构成侵犯专利权问题的请示案中，最高人民法院（2008）民三他字第4号答复函认为，鉴于目前我国标准制定机关尚未建立有关标准中专利信息的公开披露及使用制度的实际情况，专利权人参与了标准的制定或者经其同意，将专利纳入国家、行业或者地方标准的，视为专利权人许可他人在实施标准的同时实施该专利，他人的有关实施行为不属于《专利法》第11条所规定的侵犯专利权的行为；专利权人可以要求实施人支付一定的使

用费，但支付的数额应明显低于正常的许可使用费；专利权人承诺放弃专利使用费的，依其承诺处理

3. 在浙江杭州鑫富药业股份有限公司诉山东新发药业有限公司、上海爱兮缇国际贸易有限公司发明专利临时保护期使用费纠纷及侵犯发明专利权纠纷管辖权异议申请再审案中，最高人民法院(2008)民申字第81号民事裁定明确了发明专利临时保护期使用费纠纷的管辖确定原则。最高人民法院认为，发明专利临时保护期使用费纠纷虽然不属于一般意义上的侵犯专利权纠纷，但在本质上也是一类与专利有关的侵权纠纷，应当依据《民事诉讼法》第29条有关侵权诉讼的管辖确定原则来确定发明专利临时保护期使用费纠纷的管辖。发明专利临时保护期使用费纠纷在案件性质上与侵犯专利权纠纷最为类似，因此，在法律或者司法解释对这类案件的管辖作出特别规定之前，可以参照侵犯专利权纠纷的管辖规定确定管辖。对于被控侵权的实施行为跨越发明专利授权公告日前后的，其行为具有前后的连续性、一致性，从方便当事人诉讼出发，应当允许权利人一并就临时保护期使用费和侵犯专利权行为同时提出权利主张

4. 在蓝星化工新材料股份有限公司江西星火有机硅厂与山东东岳有机硅材料有限公司、山东东岳氟硅材料有限公司、北京石油化工设计院有限公司侵犯实用新型专利权纠纷上诉案中，最高人民法院(2008)民三终字第7号民事裁定认为，受理法院对案件有管辖权是审理案件的前提，当确定诉讼主体与确定管辖权发生冲突时，受理法院应当首先就管辖权问题作出裁定

5. 在蔡朗春与佛山石湾鹰牌陶瓷有限公司、江门市新力塑料厂有限公司、朱根良侵犯专利权纠纷管辖权异议申请再审案中，最高人民法院(2008)民申字第19号民事裁定认为，杭州市中级人民法院已审理过再审申请人就涉案专利权提起的多个侵权诉讼，且本案不属于在浙江省内具有重大影响的案件，因此，为便于案件的审理，上级人民法院可以根据《民事诉讼法》第39条的规定将本院管辖的第一审民事案件交下级人民法院审理

(二)著作权案件

6. 在广东大圣文化传播有限公司与洪如丁、韩伟、广州音像出版社、重庆三峡光盘发展有限责任公司、联盛商业连锁股份有限公司侵犯著作权纠纷申请再审案中，最高人民法院(2008)民提字第51号民事判决澄清了《著作权法》第39条第3款与第41条第2款的法律适用范围问题。《著作权法》第39条第3款设定了限制音乐作品著作权人权利的法定许可制度，即"录音制作者使用他人已经合法录制为录音制品的音乐作品制作录音制品，可以不经著作权人许可，但应当按照规定支付报酬"。该规定虽然只是规定使用他人已合法录制为录音制品的音乐作品制作录音制品可以不经著作权人许可，但该规定的立法本意是为了便于和促进音乐作品的传播，对使用此类音乐作品制作的录音制品进行复制、发行，同样应适用《著作权法》第39条第3款法定许可的规定。即经著作权人许可制作的音乐作品的录音制品一经公开，其他人再使用该音乐作品另行制作录音制品并复制、发行，不适用第41条第2款"经著作权人许可"的规定

7. 在新传在线(北京)信息技术有限公司与中国网络通信集团公司自贡分公司侵犯信息网络传播权纠纷申请再审案中，最高人民法院(2008)民申字第926号民事裁定认为，对于当事人提供的相关公证证据，人民法院在必要时可以根据网络环境和网络证据的具体情况，审查公证证明的网络信息是否来自于互联网而不是本地电脑，并在此基础上决定能否作为定案依据。因在技术上确实存在可以预先在本地电脑中设置目标网页，当通过该电脑访问互联网时，该虚拟的目标网页与其他真实的互联网页同时并存的可能性，当公证行为是在公证处以外的场所进行，公证所用的电脑及移动硬盘在公证之前不为公证员所控制，且公证书没有记载是否对该电脑及移动硬盘的清洁性进行检查的情况下，最高人民法院认为此类公证书虽能证明在公证员面前发生了公证书记载的行为，但还不足以证明该行为发生于互联网环境之中。本案不仅对人民法院如何审查涉及网络的公证证据具有指导意义，也有利于规范涉及网络的公证行为

8. 在日本国株式会社双叶社与上海恩嘉经贸发展有限公司、广州市诚益眼镜有限公司、响水县世福经济发展有限公司侵犯著作权纠纷申请再审案中，最高人民法院(2007)民三监字第14－1号民事裁定认为，双叶社的起诉请求不仅主张被申请人诚益公司、世福公司在注册或者持有的商标中非法使用了其享有著作权的"蜡笔小新"美术

作品，还主张恩嘉公司未经许可在产品销售、宣传时非法使用其美术作品；双叶社对上述产品销售、宣传等实际使用行为提起诉讼，属于民事权益争议，在符合《民事诉讼法》第 108 条规定的情况下，人民法院应当予以受理

9. 在中国文联音像出版社、天津天宝文化发展有限公司、天津天宝光碟有限公司与广东唱金影音有限公司及河北省河北梆子剧院等侵犯著作权纠纷上诉案中，最高人民法院(2008)民三终字第 5 号民事判决认为：其一，对于整台戏剧的演出，由于其筹备、组织、排练等均由剧院或剧团等演出单位主持，演出所需投入亦由演出单位承担，演出体现的是演出单位的意志，故演出单位是著作权法意义上的表演者；其二，录像制作者享有的“录像制作者权”与其从表演者及相关著作权人处获得授权的“独家出版发行相关剧目录像制品的权利”不同，前者是对其自行录制的录像制品享有的复制、发行、出租、信息网络传播等权利，后者则类似于专有出版权，可以禁止他人未经许可出版、发行同一表演者表演的该剧目的录像制品，不限于某一演出场次、某一录制版本

10. 在孙楠与北京金视光盘有限公司、淄博银座商城有限责任公司、江西音像出版社侵犯表演者权纠纷提审案中，最高人民法院以(2008)民申字第 804 号民事裁定提审本案后，虽因当事人申请撤诉而以(2008)民提字第 55 号民事裁定准予撤诉结案，但通过本案的审理，统一了对于本案涉及的当事人举证责任以及相关证据认定标准的认识。关于表演者身份的确定，本案涉案光盘彩封及盘芯均标有“孙楠 对视”“sun nan：最新专辑”字样，印有孙楠的多幅照片，且孙楠对其中相关曲目为其表演的事实予以认可，在没有相反证据推翻该事实的情况下，可以据此认定孙楠为相关曲目的表演者。关于侵权人身份的确定，首先，北京金视光盘有限公司否认涉案光盘由其复制、发行，但该光盘蚀刻有其生产源识别码(SID)；其次，其承认由其向法院提交的相关复制委托书是伪造的，但未说明由谁伪造，且未就为何涉案光盘显示的出版号码、出版发行日期及相关文字与另一份合法签订的复制委托书一致等作出合理解释；再次，江西音像出版社也辩称北京金视光盘有限公司曾擅自盗用该社版号。综合上述相关证据，可以认定涉案光盘由北京金视光盘有限公司复制、发行

11. 在王志荣与湖南大学出版合同纠纷申请再审案中，最高人民法院(2008)民申字第 823 号民事裁定认为本案的主要法律问题是国家版权局制定的《出版文字作品报酬规定》第 16 条应否在本案中适用的问题。最高人民法院认为鉴于该条的法律依据——修订前的《著作权法实施条例》第 40 条已于 2002 年 9 月 15 日修订时被删除，虽然目前国家相关部门对《出版文字作品报酬规定》第 16 条尚未作出调整，但该条因不符合现行《著作权法》的精神并已经滞后而不应在本案中适用

12. 在张培莲与四川科学技术出版社侵犯著作权纠纷申请再审案中，最高人民法院(2008)民监字第 126 号民事裁定明确了对于已为生效裁判确定为侵权并已给予权利人充分赔偿的图书，如在该判决生效后继续发行，属于对原判决执行的问题，不构成新的侵权行为

(三)商标案件

13. 在深圳市远航科技有限公司与深圳市腾讯计算机系统有限公司、腾讯科技(深圳)有限公司、深圳市腾讯计算机系统有限公司西安分公司侵犯商标权及不正当竞争纠纷请示案中，最高人民法院(2008)民三他字第 12 号答复函认为，对于在一定地域内的相关公众中约定俗成的扑克游戏名称，如果当事人不是将其作为区分商品或者服务来源的商标使用，只是将其用作反映该类游戏内容、特点等的游戏名称，可以认定为正当使用。是否属于上述情形，应结合案件的具体情况，依据《商标法实施条例》第 49 条的规定作出认定

(四)不正当竞争案件

14. 在广东伟雄集团有限公司、佛山市高明区正野电器实业有限公司、广东正野电器有限公司与佛山市顺德区正野电器有限公司、佛山市顺德区光大企业集团有限公司侵犯商标权和不正当竞争纠纷申请再审案中，最高人民法院(2005)民三监字第 15－1 号民事裁定认为，受反不正当竞争法保护的企业名称，特别是字号，不同于一般意义上的人身权，是区别不同市场主体的商业标识，可以承继。该裁定还明确，登记使用与他人注册商标相同的文字作为企业名称中的字号，生产经营相类似的产品，倘若足以使相关公众对商品的来源产生混淆，即使他人的商标未被认定为驰名商标或者著名商标，仍可构成不正当竞争行为

15. 在艾利丹尼森公司、艾利(广州)有限公司、艾利(昆山)有限公司、艾利(中国)有限公司与

四维企业股份有限公司、四维实业（深圳）有限公司、南海市里水意利印刷厂、佛山市环市镇东升汾江印刷厂经营部侵犯商业秘密纠纷管辖权异议上诉案中，最高人民法院（2007）民三终字第 10 号民事裁定认为，销售侵犯商业秘密所制造的侵权产品不属于《反不正当竞争法》第 10 条规定的侵犯商业秘密的行为；使用商业秘密的行为实施地和结果发生地通常是重合的，亦即，使用商业秘密的过程，一般是制造侵权产品的过程，当侵权产品制造完成时，使用商业秘密的侵权结果即同时发生，不宜将该侵权产品的销售地视为使用商业秘密的侵权结果发生地

（五）技术合同案件

16. 在长城汽车股份有限公司与考泰斯（上海）塑料制品有限公司技术委托开发合同纠纷管辖权异议申请再审案中，最高人民法院（2008）民申字第 46 号民事裁定认为，《民事诉讼法》第 24 条规定明确了合同履行地法院对因合同纠纷提起的诉讼有管辖权，但对于何谓履行地并无进一步的规定，《最高人民法院关于适用〈中华人民共和国民事诉讼法〉若干问题的意见》亦未对技术合同的履行地作出解释，而《合同法》第四章规定了合同履行地点的确定原则。因此，可以根据《合同法》关于合同履行地点的规定确定《民事诉讼法》第 24 条规定的合同履行地

二、知识产权行政案件

（一）专利授权确权案件

1. 在济宁无压锅炉厂诉国家知识产权局专利复审委员会、第三人舒学章发明专利无效纠纷提审案中，最高人民法院（2007）行提字第 4 号行政判决明确了对专利法上的禁止重复授权原则的理解和相关行政操作的合法性，同时也澄清了专利法上“同样的发明创造”的概念的内涵。本案的焦点在于原中国专利局于 1995 年 9 月 28 日发布的《审查指南公报》第 6 号所确立的允许同一申请人就同样的发明创造既申请实用新型专利又申请发明专利的相关行政操作是否符合专利法上的禁止重复授权原则，这也涉及我国专利局过去依此授予的数千件专利的有效性问题。最高人民法院认为，专利法所称的同样的发明创造是指保护范围相同的专利申请或者专利，在判断方法上应当仅就各自请求保护的内容进行比较即可，涉案两个专利不属于同样的发明创造；专利法上的禁止重复授权是指同样的发明创造不能有两项或者两项以上的处于有效状态的专利权同时存在，而不是指同样的发明创造只能被授予一次专利权，有关的行政操作并不违背当时以及现行的有关禁止重复授权的立法精神

2. 在国家知识产权局专利复审委员会与科万商标投资有限公司、佛山市顺德区信达染整机械有限公司外观设计专利无效纠纷申请再审系列案中，最高人民法院（2008）行提字第 4、5、6、7、8 号行政判决阐明了如下意见：《专利法实施细则》第 13 条第 1 款系关于禁止重复授权的规定，就外观设计而言，为防止外观设计专利权之间的相互冲突，无论是相同的外观设计，还是相近似的外观设计，也不论是否为同一申请人，均应按照上述行政法规的规定被授予一项专利权；被宣告无效的专利自始即不存在，不应当再将其作为判断是否重复授权的对比文件；每个单元的外观设计均相同，所不同的只是单元数量的简单增加或者减少，属于相近似的外观设计

3. 在如皋市爱吉科纺织机械有限公司诉国家知识产权局专利复审委员会、第三人王玉山实用新型专利无效纠纷提审案中，最高人民法院（2007）行提字第 3 号行政裁定明确了企业标准备案是否构成专利法意义上的公开和法院能否对专利确权行政案件行使司法变更权这两个重要问题。最高人民法院认为，企业标准的备案并不意味着标准的具体内容要向社会公开发布，备案也不意味着公众可以自由查阅和获得，企业标准并不因备案行为本身而构成专利法意义上的公开；在现行的行政诉讼法律框架下，法院在判决主文中直接对涉案专利权的效力作出宣告判决，缺乏充分的法律依据

（二）商标授权确权案件

4. 在西南药业股份有限公司与国家工商行政管理总局商标评审委员会、拜耳消费者护理股份有限公司商标行政纠纷申请再审案中，最高人民法院（2007）行监字第 111－1 号驳回再审通知认为，通用名称包括法定的通用名称和约定俗成的通用名称，被列入地方药品标准的名称原则上应认定为通用名称，但如该国家药品标准修改后则不宜仍将其认定为法定的通用名称；判定其是否是通用名称的标准应当是其是否已为同行业经营者约定俗成、普遍使用的表示某类商品的名词；关于通用名称的判断时间点，应当以评审时的事

实状态予以判断

5. 在常州诚联电源制造有限公司与国家工商行政管理总局商标评审委员会、常州市创联电源有限公司商标行政纠纷申请再审案中，最高人民法院(2006)行监字第118－1号驳回再审申请通知明确了《商标法》第41条第1款中“以欺骗手段或者其他不正当手段取得注册”的情形并列，涉及的是撤销商标注册的绝对事由，在涉及在先权利的注册商标争议中，不应将该条款中的“其他不正当手段”适用于涉及私权利的撤销商标争议案件，而应当适用《商标法》第41条第2款、第3款的规定。同时，该通知书进一步明确，要解决违反诚实信用原则、抢注在先商标或者其他损害他人其他在先权利的问题，制止不正当竞争行为，正确理解和适用《商标法》第31条的规定就能够解决；《商标法》第31条对未注册商标保护设定了三个条件，即在先使用、有一定影响、以不正当手段抢注，其中“有一定影响”和“不正当手段”本身是有弹性的；对商标有一定影响的要求标准不宜过高，并可以结合注册人的明知或恶意进行考虑

6. 在日本国株式会社双叶社与国家工商行政管理总局商标评审委员会、上海恩嘉经贸发展公司商标行政纠纷申请再审系列案中，最高人民法院(2007)民三监字第25－1、26－1、27－1、28－1、29－1、30－1、31－1、32－1、33－1号驳回再审通知认为，依据《商标法》第31条等规定，以争议商标的注册侵犯在先著作权等为由提起申请撤销该注册商标，应当自该注册商标注册之日起5年内提出；关于《商标法》规定的5年期限应自2001年12月1日《商标法》生效之日起计算的认定没有法律依据

7. 在云南滇虹药业集团股份有限公司与汕头市康王精细化工实业有限公司、国家工商行政管理总局商标评审委员会商标行政纠纷申请再审案中，最高人民法院(2007)行监字第184－1号驳回再审申请通知明确了《商标法》第44条第(4)项规定的“使用”，应该是在商业活动中对商标进行公开、真实、合法的使用，并指出判断商标使用行为合法与否的法律依据，不限于商标法及其配套法规。经营者在违反法律法规强制性、禁止性规定的经营活动中使用商标的行为，不能被认定为是商标法规定的使用行为；《商标法》第44条规定的责令限期改正的处理办法，不适用于第(4)项规定的连续3年停止使用行为，他人向商标局申请撤销该注册商标后，如果注册人没有使用的证据材料或者证据材料无效，并且没有不使用的正当理由的，应该撤销其注册商标

2008年中国知识产权司法保护50件典型案件名单

(2009年4月21日发布)

一、知识产权民事案件(45件)

(一)专利侵权案件(10件)

1. 施特里克斯有限公司诉宁波圣利达电器制造有限公司、华普超市有限公司侵犯发明专利权纠纷申请再审案[最高人民法院(2007)民三监字第51－1号驳回再审申请通知]

2. 浙江杭州鑫富药业股份有限公司诉山东新发药业有限公司、上海爱兮缇国际贸易有限公司发明专利临时保护期使用费纠纷及侵犯发明专利权纠纷管辖权异议申请再审案[最高人民法院(2008)民申字第81号民事裁定]

3. 菲尔马·安德烈亚斯·斯蒂勒公司诉衢州力恒动力机械制造有限公司侵犯发明专利权纠纷上诉案[浙江省高级人民法院(2008)浙民三终字第284号民事判决]

4. 桐庐光华文化用品有限公司诉桐庐佳禾制笔厂侵犯外观设计专利权纠纷上诉案[浙江省高级人民法院(2008)浙民三终字第215号民事判决]

5. 重庆东本工业有限责任公司诉贵阳华盛摩托车有限责任公司、重庆万虎机电有限责任公司及第三人宗申产业集团重庆力之星三轮摩托车制造有限公司侵犯实用新型专利权纠纷上诉案[贵州省高级人民法院(2007)黔高民二终字第109号民事判决]

6. 东莞富增泡棉塑胶有限公司诉福建省富增鞋材发展有限公司侵犯发明专利权纠纷上诉案[福建省高级人民法院(2008)闽民终字第391号民事判决]

7. 鞍钢附企冷轧经贸有限公司诉安徽宝德利包装材料制造有限公司侵犯外观设计专利权纠纷上诉案[安徽省高级人民法院(2008)皖民三终字第0042号民事判决]

8. 3M创新有限公司诉大连源宇净化过滤技术有限公司侵犯发明专利权纠纷案[辽宁省大连市中级人民法院(2008)大民四初字第81号民事

判决]

9. 麻芳莲诉兴业县恒昌纸品包装有限责任公司、陈爱国侵犯外观设计专利权纠纷案[广西壮族自治区南宁市中级人民法院(2008)南市民三初字第2号民事判决]

10. 唐开平诉中国嘉陵工业股份有限公司(集团)及第三人刘建国职务发明创造报酬纠纷案[重庆市第一中级人民法院(2008)渝一中法民初字第52号民事判决]

(二)著作权侵权案件(15件)

11. 洪如丁、韩伟诉广东大圣文化传播有限公司、广州音像出版社、重庆三峡光盘发展有限责任公司、联盛商业连锁股份有限公司侵犯著作权纠纷申请再审案[最高人民法院(2008)民提字第51号民事判决]

12. 广东唱金影音有限公司诉中国文联音像出版社、天津天宝文化发展有限公司、天津天宝光碟有限公司、河北省河北梆子剧院、河北音像人音像制品批销有限公司侵犯著作权纠纷上诉案[最高人民法院(2008)民三终字第5号民事判决]

13. 新传在线(北京)信息技术有限公司诉中国网络通信集团公司自贡分公司侵犯信息网络传播权纠纷申请再审案[最高人民法院(2008)民申字第926号民事裁定]

14. 傅敏、天津社会科学院出版社诉北京理工大学出版社、北京中教之星图书有限公司、南京书城图书有限公司侵犯著作权纠纷上诉案[江苏省高级人民法院(2008)苏民三终字第0152号民事判决]

15. 参数技术公司诉美而光交通运动器材(昆山)有限公司侵犯软件著作权纠纷上诉案[江苏省高级人民法院(2008)苏民三终字第0144号民事判决]

16. 刘放诉舒莺、罗学蓬、周荣蜀、重庆出版集团公司、重庆出版社侵犯著作权纠纷上诉案[重庆市高级人民法院(2008)渝高法民终字第191号民事判决]

17. 武汉适普软件有限公司诉武汉地大空间信息有限公司计算机软件侵犯著作权纠纷上诉案[湖北省高级人民法院(2008)鄂民三终字第23号民事判决]

18. 台州市澳琦寝饰用品有限公司诉陈香平侵犯著作权纠纷上诉案[新疆维吾尔自治区高级人民法院(2007)新民三终字第25号民事判决]

19. 马卉欣诉张正、王瑜廷、南阳市寰宇印务有限责任公司、中州古籍出版社侵犯著作权纠纷上诉案[河南省高级人民法院(2008)豫法民三终字第49号民事判决]

20. 杨向阳诉云南天禄拍卖有限公司侵犯著作权纠纷上诉案[云南省高级人民法院(2008)云高民三终字第90号民事判决]

21. 李荣中诉天津人民美术出版社、佛山市超诚文化用品有限公司、上海图书公司侵犯著作权纠纷上诉案[天津市高级人民法院(2008)津高民三终字第19号民事判决]

22. 西安秦唐尚品文化发展有限责任公司诉白振堂侵犯著作权纠纷案[陕西省西安市中级人民法院(2008)西民四初字第028号民事判决]

23. 刘士健诉北京万方数据股份有限公司侵犯著作权纠纷上诉案[北京市第一中级人民法院(2008)一中民终字第12795号民事判决]

24. 刘美丽诉北京万方数据股份有限公司侵犯著作权纠纷案[北京市海淀区人民法院(2008)海民初字第8805号民事判决]

25. 中国音像著作权集体管理协会诉北京京瑞房产有限公司侵犯著作权纠纷案[北京市朝阳区人民法院(2008)朝民初字第33579号民事判决]

(三)商标侵权案件(8件)

26. 青岛海信电子产业控股股份有限公司诉青岛海信计算机科技发展有限公司、青岛经济技术开发区海天商业专修学校侵犯商标专用权纠纷上诉案[山东省高级人民法院(2007)鲁民三终字第105号民事判决]

27. 南京海尔曼斯集团有限公司诉陈鹏辉、潮安县华鹏陶瓷有限公司侵犯商标专用权纠纷上诉案[江苏省高级人民法院(2008)苏民三终字第0141号民事判决]

28. 立邦涂料(中国)有限公司诉黄勇、立邦时时丽(江门)化工有限公司、张宜坪侵犯商标专用权纠纷上诉案[广东省高级人民法院(2007)粤高法民三终字第168号民事判决]

29. 凯摩高公司诉盐城凯摩高机械制造有限公司侵犯商标专用权及不正当竞争纠纷案[江苏省盐城市中级人民法院(2007)盐民三初字第36号民事判决]

30. 美国爱宝工业有限公司诉湖南神力实业有限公司侵犯商标专用权及擅自使用知名商品特

有名称、包装、装潢纠纷上诉案[广东省高级人民法院(2007)粤高法民三终字第57号民事判决]

31. 鲁道夫·达斯勒体育用品波马股份公司诉苏州好又多百货商业有限公司侵犯商标专用权纠纷案[江苏省苏州市中级人民法院(2008)苏中知民初字第0065号民事判决]

32. 福建泉恒泉化妆品有限公司诉周海涛、周海波、银川市黎明广告电脑彩色印刷制版有限公司、银川沧海印刷有限公司、银川好运来不干胶彩印有限公司、山西新华时信包装印刷有限公司侵犯商标专用权纠纷案[宁夏回族自治区银川市中级人民法院(2008)银民知初字第2号民事判决]

33. 科勒公司诉赵桂香、佛山市顺德区容桂科乐厨具有限公司侵犯商标专用权及不正当竞争纠纷案[辽宁省沈阳市中级人民法院(2007)沈民四知初字第97号民事判决]

(四)植物新品种侵权案件(2件)

34. 北京德农种业有限公司诉武威金苹果有限责任公司及第三人武威市凉州屯玉种业有限公司侵犯植物新品种权纠纷上诉案[甘肃省高级人民法院(2008)甘民三终字第27号民事判决]

35. 山东省莱阳市种子公司诉山东连胜种业有限公司、青岛农业大学(原莱阳农学院)请求确认不侵犯植物新品种权纠纷上诉案[山东省高级人民法院(2008)鲁民三终字第122号民事判决]

(五)不正当竞争案件(8件)

36. 四维企业股份有限公司、四维实业(深圳)有限公司诉艾利丹尼森公司、艾利(广州)有限公司、艾利(昆山)有限公司、艾利(中国)有限公司、南海市里水意利印刷厂、佛山市环市镇东升汾江印刷厂经营部侵犯商业秘密纠纷管辖权异议上诉案[最高人民法院(2007)民三终字第10号民事裁定]

37. 华联超市股份有限公司诉金湖世纪华联超市连锁有限公司上海松江第一分公司、金湖世纪华联超市管理有限公司上海第一分公司、金湖世纪华联超市连锁有限公司擅自使用他人企业名称及其他不正当竞争纠纷上诉案[上海市高级人民法院(2008)沪高民三(知)终字第111号民事判决]

38. 京都念慈庵总厂有限公司诉潮州市京都保健食品有限公司侵犯商标专用权及不正当竞争纠纷上诉案[广东省高级人民法院(2008)粤高法民三终字第93号民事判决]

39. 哈尔滨远大顺峰餐饮有限公司诉刘燕燕擅自使用知名商品特有名称、包装、装潢纠纷上诉案[黑龙江省高级人民法院(2008)黑知终字第33号民事判决]

40. 苹果公司诉苹果新概念数码科技(深圳)有限公司、汤建辉侵犯商标专用权及不正当竞争纠纷案[辽宁省沈阳市中级人民法院(2008)沈中民四初字第77号民事判决]

41. 黛尔吉奥品牌有限公司、帝亚吉欧(上海)洋酒有限公司诉蓝樽(上海)酒业有限公司不正当竞争纠纷案[上海市第二中级人民法院(2008)沪二中民五(知)初字第18号民事判决]

42. 太极集团重庆涪陵制药厂有限公司诉沈阳恒久生物保健品有限公司、重庆市渝中区恒春堂药房擅自使用知名商品特有包装、装潢纠纷案[重庆市第五中级人民法院(2007)渝五中民初字第225号民事判决]

43. 死海旅游度假有限公司诉成都死海休闲度假开发有限公司不正当竞争纠纷案[四川省成都市中级人民法院(2008)成民初字第76号民事判决]

(六)知识产权合同案件(2件)

44. 李恩复诉邯郸制药有限公司、第三人河北省中医院技术合同纠纷上诉案[最高人民法院(2008)民三终字第4号民事判决]

45. 王志荣诉湖南大学出版社出版合同纠纷上诉案[湖南省高级人民法院(2008)湘高法民三终字第31号民事判决]

二、知识产权行政案件(5件)

(一)专利商标授权确权案件(4件)

46. 科万商标投资有限公司诉国家知识产权局专利复审委员会、第三人佛山市顺德区信达染整机械有限公司外观设计专利无效纠纷申请再审系列案[最高人民法院(2008)行提字第4、5、6、7、8号行政判决]

47. 如皋市爱吉科纺织机械有限公司诉国家知识产权局专利复审委员会、第三人王玉山实用新型专利无效纠纷提审案[最高人民法院(2007)行提字第3号行政裁定]

48. 常州诚联电源制造有限公司诉国家工商行政管理总局商标评审委员会、第三人常州市创

联电源有限公司商标行政纠纷申请再审案[最高人民法院(2006)行监字第118－1号驳回再审申请通知]

49. 日本国株式会社双叶社诉国家工商行政管理总局商标评审委员会、第三人上海恩嘉经贸发展公司或广州市诚益眼镜有限公司商标行政纠纷申请再审系列案[最高人民法院(2007)民三监字第25－1、26－1、27－1、28－1、29－1、30－1、31－1、32－1、33－1号驳回再审通知]

(二)一般知识产权行政案件(1件)

50. 林坤明诉福建省知识产权局、第三人福建海源自动化机械股份有限公司、第三人福建海源建材机械设备有限公司专利侵权行政处理纠纷上诉案[福建省高级人民法院(2008)闽行终字第20号行政判决]

最高人民法院知识产权案件年度报告(2009)(摘要)

(2010年4月14日发布)

随着知识产权司法保护工作机制的进一步完善和修正后的《民事诉讼法》的贯彻执行,最高人民法院知识产权审判庭受理的知识产权案件持续增长,审结的案件大幅上升,最高人民法院的知识产权审判监督和业务指导职能得以有效发挥。2009年,最高人民法院知识产权审判庭共新收各类知识产权案件297件,加上2008年旧存的143件,共有各类在审案件440件,比2008年增长33.7%;共审结各类知识产权案件390件,比2008年增长111.96%。这些知识产权案件呈现如下特点:新类型案件和重大复杂疑难案件增多;案件的专业技术性增强;涉外案件比重增大。新型、复杂、疑难案件不断冲击着法律的边界,拓展出需要法律调整的新领域,产生了更多更强烈的司法新需求。最高人民法院通过个案的审理和裁决,对新问题和新领域进行深入研究并给予及时回应。这些个案裁决体现了最高人民法院在保持法律的稳定与变动的和谐、维护私人利益和公共利益的平衡、实现法律效果和社会效果的统一等方面所作出的创造性努力。在总结2009年首次发布《最高人民法院知识产权案件年度报告(2008)》经验的基础上,2010年最高人民法院从其已有最终结论性意见的知识产权案件中精选出37件具有普遍指导意义的典型案例,以新的撰写体例形成本年度报告并向社会公布。

一、专利案件审判

(1)改劣技术方案是否落入专利权的保护范围。

在张建华与直连公司等专利侵权案〔(2008)民提字第83号〕中,最高人民法院认为,人民法院判断被控侵权技术方案是否落入专利权的保护范围时,应当将被控侵权技术方案的技术特征与专利权利要求记载的全部技术特征进行对比;若被控侵权技术方案缺少某专利技术特征而导致技术效果变劣,则应认定被控侵权技术方案未落入专利权的保护范围。

(2)禁止反悔原则的适用。

在沈其衡与盛懋公司专利侵权案〔(2009)民申字第239号〕中,最高人民法院审查认为,在认定是否构成等同侵权时,即使被控侵权人没有主张适用禁止反悔原则,人民法院也可以根据业已查明的事实,通过适用禁止反悔原则对等同范围予以必要的限制,合理确定专利权的保护范围。

(3)对方法专利权利要求中步骤顺序的解释。

在OBE公司与康华公司专利侵权案〔(2008)民申字第980号〕中,最高人民法院认为,在方法专利侵权案件中适用等同原则判定侵权时,可以结合专利说明书和附图、审查档案、权利要求记载的整体技术方案以及各个步骤之间的逻辑关系,确定各步骤是否应当按照特定的顺序实施;步骤本身和步骤之间的实施顺序均应对方法专利权的保护范围起到限定作用。

(4)专利侵权案件的审理思路和技术对比分析方法。

在薛胜国与赵相民等专利侵权案〔(2009)民申字第1562号〕中,最高人民法院对适用等同原则时如何具体判断"三个基本相同"和"显而易见性"作了比较深入的分析。最高人民法院同时指出,专利权人在侵权诉讼程序中对其技术特征所做的解释如果未超出其权利要求书的记载范围,也与其专利说明书及附图相吻合时,可以按照其解释限定该技术特征。

(5)对《专利法》第47条第1款中"宣告无效的专利权"的理解。

在万虹公司与平治公司等专利侵权案〔(2009)民申字第1573号〕中,最高人民法院认为,《专利法》第47条第1款中"宣告无效的专利权"是指专利复审委员会作出的效力最终确定的无效宣告请求审查决定所宣告无效的专利权;在该无效决定效力最终确定之前,在民事侵权案件中不宜一律以之为依据直接裁判驳回权利人的诉讼请求。

(6)宣告专利权无效的决定的追溯力。

在雪强公司与许赞有其他侵权案〔(2008)民申字第762号〕中,最高人民法院审查认为,2000年第二次修正的《专利法》第47条第2款所称的"裁定",是指涉及专利侵权的裁定,即人民法院经过审理作出认定专利侵权成立的生效裁判的,就该案作出并已执行的裁定,不包括裁判认定不构成专利侵权所涉及的有关裁定。

二、著作权案件审判

(7)职务作品著作权的推定归属。

在陈俊峰与金盾出版社著作权侵权案〔(2009)民监字第361号〕中,最高人民法院根据双方当事人的行为,推定当事人之间存在涉案作品著作权由金盾出版社享有的意愿,从而肯定了职务作品的著作权归属可以通过推定的方式予以确定。

(8)使用他人已经合法录制为录音制品的音乐作品制作录音制品并复制和发行的法定许可。

在大圣公司与王海成等著作权侵权案〔(2008)民提字第57号〕中,最高人民法院澄清了《著作权法》第39条第3款与第41条第2款的法律适用关系,明确了经著作权人许可制作的音乐作品的录音制品一经公开,其他人再使用该音乐作品另行制作录音制品并复制、发行,应适用《著作权法》第39条第3款规定的法定许可,不再适用第41条第2款"经著作权人许可"的规定。

(9)涉及提供链接服务的网络服务提供者的直接侵权责任。

在慈文公司与海南网通公司著作权侵权案〔(2009)民提字第17号〕中,最高人民法院明确了涉及提供网络链接服务的网络服务提供者承担直接侵权责任的条件。从该案的再审判决中可以看出,如果网页或网站上没有显示任何对应的域名或者网站名称等信息可以表明该网页属于第三方所有,就不能认定该网络服务提供者系提供链接服务,其应对该网页或网站上的被控侵权行为承担直接侵权责任。

三、商标案件审判

(一)商标授权确权行政案件审判

(10)"一事不再理"原则的判断和适用标准。

在"采乐"商标行政案〔(2008)行提字第2号〕中,明确了"一事不再理"原则的判断和适用标准。最高人民法院认为,强生公司在前两次提出评审申请时,已经穷尽了当时可以主张的相关法律事由和法律依据;商标评审委员会已经就相关事实和理由进行了实质审理,并两次裁定维持争议商标注册;强生公司援引修改后的商标法,仍以商标驰名为主要理由,申请撤销争议商标,商标评审委员会再行受理并作出撤销争议商标的裁定,违反了"一事不再理"原则;对已审决的商标争议案件,商标评审委员会如果要受理新的评审申请,必须以有新的事实或理由为前提。

(11)2001年修正的《商标法》对该法施行前已有行政终局裁定的商标争议的溯及力。

在前述"采乐"商标行政案中,最高人民法院还阐明了2001年修正的《商标法》对该法施行前已有行政终局裁定的商标争议的溯及力问题。最高人民法院基于信赖保护原则认为,2001年修正的《商标法》对于该法修改前已受终局裁定拘束的商标争议不具有追溯力。

(12)判断商标近似时对特定历史因素的考虑。

在"秋林"商标行政案〔(2009)知行字第15号〕中,最高人民法院指出,判断商标近似时,还可以结合特定历史关系及处在同一地域等因素,考虑两商标共存是否易使相关公众对商品的来源产生误认或者认为两者之间存在特定的联系。

(13)商标授权确权案件中在先商标权人同时拥有非类似商品上注册的驰名商标和类似商品上的在先注册商标时商标近似的判断。

在"苹果"商标行政案〔(2009)行提字第3号〕中,最高人民法院指出,当在先商标权人同时拥有非类似商品上注册的驰名商标和类似商品上的在先注册商标的情况下,不仅应该将争议商标与类似商品上的在先注册商标进行比对,还应该考虑驰名商标保护这一因素。

(14)判断诉争商标是否损害他人在先权利的时间界限。

在"散列通"商标行政案〔(2009)行提字第1号〕中,最高人民法院认为,人民法院依据《商标法》第31条审查判断诉争商标是否侵害他人在先权利,一般应当以诉争商标申请日前是否存在在先权利为时间界限。

(15)曾被列入国家药品标准期间的商标使用情形能否纳入认定商标是否驰名的考量范围。

在“21金维他”商标行政案〔(2009)知行字第12号〕中,最高人民法院认为,在特定历史条件下,有些药品名称曾被列入国家药品标准,在药品标准被修订而不再作为药品法定通用名称后,如果该名称事实上尚未构成通用名称,仍应当认定该名称具有识别商品来源的作用。据此,考虑该注册商标的知名度时,可以参考其被列入国家药品标准期间注册商标权利人对该商标的使用、宣传等因素。

(16)认定商标驰名时对商标注册前的使用情况的考虑。

在“中铁”商标行政案〔(2009)知行字第1号〕中,最高人民法院认为,认定商标是否驰名,不仅应考虑商标注册后的使用情况,还应考虑该商标注册前持续使用的情况。

(二)商标民事案件审判

(17)判断商标近似时对注册商标未实际使用因素的考虑。

在“红河”商标侵权案〔(2008)民提字第52号〕中,最高人民法院进一步细化了判断商标近似时需要考虑的因素。主要体现在,判断侵权意义上的商标近似,除要比较相关商标在字形、读音、含义等构成要素上的近似性外,还应关注是否足以造成市场混淆,因此应考虑相关商标的实际使用情况、显著性、是否有不正当意图等因素进行综合判断。

(18)判断商标近似时对商标实际使用情况的考虑。

在“诸葛酿”商标侵权案〔(2007)民三监字第37—1号〕中,最高人民法院认为,在认定商标是否近似时,应考虑商标实际使用情况尤其是在先使用、具体使用方式等因素。

(19)商标侵权意义上的商标使用的含义。

在辉瑞产品公司立体商标侵权案〔(2009)民申字第268号〕中,最高人民法院认为,对于不能起到标识来源和生产者作用的使用,不能认定为商标意义上的使用,他人此种方式的使用不构成使用相同或者近似商标,不属于侵犯注册商标专用权的行为。该裁决表明,商标侵权意义上的商标使用应以起到标识来源和生产者的作用为必要条件。

(20)判断商标正当使用时对历史因素的考虑。

在“狗不理”商标侵权案〔(2008)民三监字第10—1号〕中,最高人民法院认为,判断使用他人注册商标的行为是否构成正当使用时,应当充分考虑和尊重相关历史因素;同时应根据公平原则,对使用行为作出必要和适当的限制。

(21)对描述性商标的正当使用的判断。

在“片仔癀”商标侵权案〔(2009)民申字第1310号〕中,最高人民法院认为,当注册商标具有描述性时,其他生产者出于说明或客观描述商品特点的目的,以善意方式在必要的范围内予以标注,不会导致相关公众将其视为商标而发生来源混淆的,构成正当使用;判断是否属于善意和必要,可以参考商业惯例等因素。

(22)标识使用者的使用意图和使用行为对其获得未注册商标保护的影响。

在辉瑞公司与东方公司不正当竞争及“伟哥”未注册驰名商标侵权案〔(2009)民申字第313号〕中,最高人民法院认为,在原告明确认可其从未在中国境内使用某一标识的情况下,他人对该标识所做的相关宣传等行为,由于未反映原告将该标识作为商标的真实意思,因此不能认定该标识构成其未注册商标,更不能认定构成其未注册驰名商标。

四、竞争案件审判

(23)经营者的非法经营行为与应承担民事责任的不正当竞争行为的关系。

在黄金假日公司与携程公司不正当竞争判决上诉案〔(2007)民三终字第2号〕中,最高人民法院明确了非法经营行为与民事侵权行为以及不正当竞争行为的关系。最高人民法院认为,不论经营者是否属于违反有关行政许可法律、法规而从事非法经营行为,只有因该经营者的行为同时违反《反不正当竞争法》的规定,并给其他经营者的合法权益造成损害时,才涉及该经营者应否承担不正当竞争的民事责任问题。

(24)企业简称能否获得反不正当竞争法的保护。

在“山起”企业名称案〔(2008)民申字第758号〕中,最高人民法院认为,对于具有一定市场知名度、为相关公众所熟知并已实际具有商号作用的企业或者企业名称的简称,可以视为企业名称,并可根据《反不正当竞争法》第5条第(3)项的规定获得保护。

(25)应承担民事责任的虚假宣传行为的基本条件。

在前述黄金假日公司与携程公司不正当竞争判决上诉案中，最高人民法院还认为，应承担民事责任的虚假宣传行为需具备经营者之间具有竞争关系、有关宣传内容足以造成相关公众误解、对经营者造成了直接损害这三个基本条件；其中对于引人误解和直接损害的后果问题，不能简单地以相关公众可能产生的与原告无关的误导性后果来代替原告对自身受到损害的证明责任。

(26)商业诋毁行为的构成条件。

在"蘭王"鸡蛋商业诋毁案〔(2009)民申字第508号〕中，最高人民法院认为，反不正当竞争法调整的商业诋毁行为并不要求行为人必须直接指明诋毁的具体对象的名称，但商业诋毁指向的对象应当是可辨别的；反不正当竞争法没有对商业诋毁的语言作出限制，诋毁语言并不一定要求有感情色彩。

五、知识产权合同案件审判

(27)技术转让合同与以技术入股的合作经营合同的区分。

在闫春梅与朱国庆技术转让合同案〔(2009)民申字第159号〕中，最高人民法院适用《合同法》第125条第1款的规定，按照合同所使用的词句、合同的有关条款、合同的目的、交易习惯以及诚实信用原则，确定了当事人所争议的合同条款的真实意思，从而认定涉案合同的性质为预付前期技术转让费加利润提成方式的技术转让合同。最高人民法院认为，合同中所约定的财务监督、技术指导等内容，表面上是合作经营内容，实际上是技术转让合同中技术转让方的附随义务。

(28)演艺经纪公司与演员签订的演艺合同及其中演出安排条款的性质及效力。

在熊威、杨洋与正合世纪公司知识产权合同案〔(2009)民申字第1203号〕中，最高人民法院认为，涉案演艺合同是一种综合性合同，关于演出安排的条款既非代理性质也非行纪性质，而是综合性合同中的一部分，不能依据合同法中关于代理合同或行纪合同的规定孤立地对演出安排条款适用"单方解除"的规则。

六、关于知识产权侵权责任承担

(29)专利侵权损害赔偿数额的确定。

在华纪平与斯博汀公司等"手提箱"专利侵权案〔(2007)民三终字第3号〕中，最高人民法院认为，在侵权产品销售数量可以确定的情况下，根据专利产品或者侵权产品的利润率，即可以计算出被侵权人的损失或者侵权人获得的利益，并以此来确定赔偿额；在有关产品的利润率难以准确计算时，人民法院可以酌定一个合理的利润率来计算；在确定知识产权侵权损害赔偿额时，可以考虑当事人的主观过错程度以确定相应的赔偿责任，尤其是在需要酌定具体计算标准的情况下，应当考虑当事人的主观过错程度。

(30)调查和制止侵权行为的合理开支数额的确定。

在前述华绝平与斯博汀公司等"手提箱"专利侵权案中，最高人民法院认为，权利人为调查、制止侵权行为所支付的各种开支，只要是合理的，都可以纳入赔偿范围；这种合理开支并非必须要有票据一一予以证实，人民法院可以根据案件具体情况，在有票据证明的合理开支数额的基础上，考虑其他确实可能发生的支出因素，在原告主张的合理开支赔偿数额内，综合确定合理开支赔偿额。

(31)使用他人根据民歌改编的音乐作品的付酬问题。

在前述大圣公司与王海成等著作权侵权案中，最高人民法院认为，使用他人根据民歌改编的音乐作品制作录音制品并复制、发行的，可以向改编者支付全额报酬。

(32)侵犯未实际投入商业使用的注册商标的民事责任。

在前述"红河"商标侵权案中，最高人民法院认为，侵犯未实际投入商业使用的注册商标，侵权人应该承担停止侵权的民事责任并赔偿权利人制止侵权的合理支出，但可以不判决承担赔偿损失的民事责任。

(33)被诉企业名称构成不正当竞争时的停止使用责任。

在广东星群公司与广州星群公司不正当竞争案〔(2008)民申字第982号〕中，最高人民法院认为，恶意使用他人具有一定市场知名度、为相关公众所知悉的企业名称中的字号，因处于同一地域而极易导致相关公众误认，不停止使用则不足以防止市场混淆后果的，人民法院可以直接判决该经营者承担停止使用其企业名称的民事责任。

(34)案件受理费的合理分担。

在前述华绝平与斯博汀公司等"手提箱"专利

侵权案中，最高人民法院认为，在侵权案件中案件受理费的分担不仅要考虑原告的诉讼请求额得到支持的比例，更要考虑原告主张的侵权行为本身是否成立，同时还可以考虑原告的其他诉讼请求得到支持的程度以及当事人各自行使诉权的具体情况如有无明显过错等因素，不能仅按照原告请求额与判决支持额之间的比例确定。

七、关于知识产权诉讼证据

(35)无著作权认证资格的机构出具的著作权归属证明的证据资格及审查判断。

在“《宫 S》”著作权侵权案〔(2009)民申字第127号〕中，最高人民法院认为，韩国著作权审议调停委员会北京代表处仅可从事著作权认证的联络活动，但其并不具有证明著作权归属的资格；确认境外作品著作权的归属，应结合合法出版物等其他证据综合判断。

(36)侵犯录音制品制作者权案件中对权利主体及行为事实的审查判断。

在佳和公司与天中文化公司等邻接权侵权案〔(2008)民申字第453号〕中，最高人民法院认为，被申请人提交了其与他人签订的两份合作协议、表演者的担保证明以及合法出版物，据此可以认定其享有录音制作者权。被申请人是否具有《音像制品制作许可证》，不影响其行使诉权。

(37)当事人放弃证据鉴定申请后对该证据真实性的审查判断。

在硕星公司与隆中公司专利实施许可及技术服务合同案〔(2009)民申字第1325号〕中，最高人民法院认为，在证据未经司法鉴定的情况下，仍然应该根据该证据的来源、形成情况、客观状态等，结合案件的其他证据，综合判断其真实性，不能直接以当事人放弃鉴定申请而否定该证据的真实性。

八、关于知识产权诉讼程序

(38)重复诉讼的判断。

在黄金假日公司与携程公司不正当竞争裁定上诉案〔(2007)民三终字第4号〕中，最高人民法院认为，判断是否属于重复诉讼，关键要看是否是同一当事人基于同一法律关系、同一法律事实提出的同一诉讼请求；对于已为在先生效裁判确认其合法性的行为，在生效裁判之后的继续实施，仍属于生效裁判的既判力范围，应当受到法律的保护而不能再次被诉。

(39)对非法经营行为的主管。

在前述黄金假日公司与携程公司不正当竞争裁定上诉案中，最高人民法院认为，携程计算机公司是否构成非法经营增值电信业务，属于是否违反相关行政管理法律法规并应当承担相关行政责任的问题，应当依法由行政主管部门查处认定，不属于人民法院民事诉讼的审查范畴。

(40)依据劳动合同中的保密或竞业限制条款提起的商业秘密侵权案件的管辖。

在陈建新与化工部南通合成材料厂等商业秘密纠纷管辖权异议案〔(2008)民三终字第9号〕中，最高人民法院认为，在涉及违约责任与侵权责任的竞合时，原告有权选择提起合同诉讼还是侵权诉讼，人民法院也应当根据原告起诉的案由依法确定能否受理案件以及确定案件的管辖；对于因劳动者与用人单位之间的竞业限制约定引发的纠纷，如果当事人以违约为由主张权利，则属于劳动争议，依法应当通过劳动争议处理程序解决；如果当事人以侵犯商业秘密为由主张权利，则属于不正当竞争纠纷，人民法院可以依法直接予以受理。

(41)尚在执行程序中的判决是否可以因专利权被宣告无效而裁定终结执行。

在天津高院请示案〔(2009)民三他字第13号〕中，最高人民法院批复认为，在认定专利侵权成立的裁判文书虽未被撤销，但该文书所认定的受侵害的专利权已被依法宣告无效的情况下，可以对《民事诉讼法》规定的终结执行作出适当解释，以便执行法院在当事人以专利权已经全部无效为由申请终结执行时，直接裁定终结执行，不需等待原执行依据的撤销；同时，终结执行不影响原侵权判决的被告另行通过审判监督程序申请撤销原侵权判决。

(42)对侵权行为人变更其原侵权技术方案后的新实施行为的处理。

在四川高院关于隆盛公司与杰明研究所确认不侵犯专利权纠纷请示案〔(2009)民三他字第6号〕中，最高人民法院批复认为，人民法院生效裁判确认特定产品或者方法构成侵犯他人专利权后，行为人实质性变更了该产品或者方法中涉及侵权的相应技术或者设计内容的，有关实施变更后的技术或者设计的行为，不属于原生效裁判的执行标的；行为人实施变更后的技术或者设计的行为是否仍构成对该专利权的侵犯，应当通过另行提起诉讼的方式予以认定；行为人拒不履行人民法院生效裁判确定的停止侵害的义务，继续其原侵权行为的，权利人除可以依法请求有关机关追究其拒不执行判决、裁定的法律责任外，也可以另行起诉追究其继续侵权行为的民事责任。

(43)对原判确有错误但当事人已经达成和解协议的申请再审案件的处理。

在避风塘公司与东涌码头公司不正当竞争案〔(2007)民三监字第21－1号〕中，最高人民法院尝试创新对申请再审案件的审查处理方式，对于原判确有错误，但当事人达成和解协议的，在准予撤回再审申请裁定中一并对原判错误之处作出明确的审查认定，既避免了为改正原判错误认定而提起再审产生的程序不经济，也体现了鼓励和便于当事人和解解决民事争议的司法政策导向。

(44)涉外合同协议管辖条款的效力认定。

在韩国MGAME公司与聚丰网络公司等网络游戏代理及许可合同纠纷管辖权异议案〔(2009)民三终字第4号〕中，最高人民法院认为，对协议选择管辖法院条款的效力，应当依据法院地法进行判断；《民事诉讼法》第242条关于“可以用书面协议选择与争议有实际联系的地点的法院管辖”规定，根据当时的立法背景和有关立法精神，应当理解为属于授权性规范，而非指示性规范；涉外合同或者涉外财产权益纠纷案件当事人协议选择管辖法院时，应当选择与争议有实际联系的地点的法院，否则该法院选择协议即属无效。

2009年中国知识产权司法保护十大案件简介

一、知识产权民事案件(8件)

(一)正泰公司诉施耐德公司“小型断路器”实用新型专利案

正泰集团诉施耐德公司、宁波保税区斯达公司乐清分公司侵犯实用新型专利权纠纷上诉案[浙江省高级人民法院(2007)浙民三终字第276号民事调解书]

【案情摘要】正泰集团于1999年3月11日获得“一种高分断小型断路器”实用新型专利权。正泰集团认为施耐德公司生产、销售的型号为C65N的小型断路器侵犯了其专利权，遂诉至浙江省温州市中级人民法院，请求判令施耐德公司等立即停止侵权、销毁侵权产品并赔偿损失3.348亿元。一审法院认为，施耐德公司侵犯了正泰集团的涉案专利权，并根据施耐德公司提供的数据确定其自2004年8月2日至2006年7月31日期间销售侵权产品所获得的营业利润为3.559亿元。一审法院于2007年9月26日判决施耐德公司立即停止侵权行为并赔偿正泰集团损失3.348亿元。施耐德公司不服提起上诉。浙江省高级人民法院二审经多次主持调解并于2009年4月15日公开开庭审理，基于施耐德公司及其母公司法国施耐德公司与正泰集团达成全球和解，本案中施耐德公司在尊重涉案专利基础上与正泰集团当庭达成调解协议，施耐德公司在调解书生效之日起15天内向正泰集团支付赔偿金人民币1.575亿元，如施耐德公司未能按期限和数额付款，正泰集团有权申请执行一审判决。2009年4月24日，施耐德公司主动全部履行了调解协议。

【典型意义】本案创中国知识产权侵权案件最高补偿额，充分揭示了自主创新的重要性和知识产权在市场竞争中的价值，可谓“小专利扭转大乾坤”；同时中外当事人能够和解调解解决纠纷，也充分体现了和谐共赢的国际竞争理念，对于中外企业在知识产权纠纷中依法理性维权具有标杆意义。本案双方当事人都是国内和国际低压电气市场上的龙头企业，且诉讼请求和一审判决赔偿数额高达3.3亿，引起了国内外的广泛关注。二审法院充分发挥司法智慧，努力促使双方当事人达成和解调解协议，解决了双方长期在多国存在的知识产权争议，创造了良性竞争、合作双赢的市场环境，得到了社会各界的充分肯定。长期以来，国内企业多于模仿加工，疏于自主创新，在与境外跨国公司的知识产权诉讼中多为被告，败诉率很高，本案复杂的诉讼过程为国内企业提供了丰富的诉讼经验和技巧。此外，许多境外媒体常常质疑中国法院存在地方保护主义，本案系境内外当事人自愿和解，有利于国际舆论对中国法院的客观评价。

(二)江钻公司“牙轮钻头”商业秘密案

江钻公司诉立林公司、幸某侵犯商业秘密纠纷上诉案[湖北省高级人民法院(2009)鄂民三终字第30号民事调解书]

【案情摘要】江钻公司于20世纪90年代起即将牙轮钻头制造技术纳入其商业秘密范围并制定了相关保密规定。幸某原系江钻公司技术人员，2001 年 8 月到立林公司工作，并担任该公司技术部部长。2008 年 6 月 16 日，江钻公司以幸某非法使用其三牙轮钻头技术秘密，立林公司明知幸某系其技术人员仍高薪聘用幸某，请共同侵犯了江钻公司的商业秘密为由，诉至湖北省汉江中级人民法院，请求判令两被告停止侵害、立林公司赔偿其经济损失人民币 10 692 282.61 元等。一审法院认为，立林公司和幸某共同侵犯了江钻公司的商业秘密，于 2009 年 1 月 19 日判决二被告停止侵害、立林公司赔偿江钻公司截至 2006 年 6 月 30 日的经济损失 10 692 282.61 元等。立林公司和幸某均不服，提起上诉。在本案提起民事诉讼之前，湖北省潜江市人民法院和湖北省汉江中级人民法院在与本案相关的一、二审刑事案件中以幸某犯侵犯商业秘密罪，判处其有期徒刑 6 年，并处罚金 5 万元。本案诉讼期间，立林公司还以江钻公司为被告在天津经济技术开发区人民法院提起确认不侵权诉讼，并就本案的管辖权异议裁定向最高人民法院申请再审，幸某也就刑事判决向湖北省高级人民法院申诉。湖北省高级人民法院在二审中对本案多次进行调解，最终三方当事人自愿达成调解协议，立林公司自愿停止生产、销售双金属密封钻头产品，已经生产出来的成品钻头由立林公司在半年内继续销售，半成品钻头则进行销毁，立林公司撤回确认不侵权诉讼，并向江钻公司支付人民币 1700 万元，双方与本案相关的纠纷一揽子调解解决。

【典型意义】本案是人民法院充分发挥调解在化解矛盾纠纷、维护社会和谐稳定中的作用的典范。本案当事人一方系国有企业，另一方系知名民营企业，双方是国内最大两家牙轮钻头生产企业，因牙轮钻头商业秘密产生纠纷，原告主张给其造成的损失实际高达 8000 万元，相关纠纷前后耗时近 5 年。三方当事人从湖北省到天津市，从程序审理到实体判决，从刑事裁定到民事判决，从基层人民法院到最高人民法院，历经 7 家法院 9 次诉讼，积怨颇深，互不信任，纠纷中各自联络两地近 20 名全国人大代表向全国人大、最高人民法院、中石化、湖北省人大、天津市人大反映情况。多家媒体对本案进行了跟踪报道。湖北省高级人民法院在充分查清案件事实和把握法律适用问题的基础上，对当事人进行了近 50 次的耐心调解，打消了当事人的疑惑，最终促使双方握手言和，与本案相关的纠纷以 1700 万元一揽子调解解决，真正做到了案结事了人和，充分体现了为大局服务、为人民司法的法治理念。

（三）晶源公司“烟气脱硫”方法专利案

晶源公司诉富士化水株式会社、华阳公司侵犯发明专利权纠纷上诉案[最高人民法院（2008）民三终字第 8 号民事判决书]

【案情摘要】晶源公司以富士化水株式会社和华阳公司仿造其烟气脱硫装置并安装于发电机组投入商业运行，侵犯其方法及产品专利为由，向福建省高级人民法院起诉请求判令两被告停止侵权行为、赔偿损失、消除影响。一审法院认为：富士化水株式会社提供给华阳公司的脱硫方法及装置的技术特征全面覆盖了专利权利要求的技术特征；因被告据以主张现有技术抗辩的技术方案并非一项完整的技术方案，亦与被诉侵权技术方案不相同不等同，故该抗辩不成立；二被告构成对涉案专利权的侵犯。遂判令富士化水株式会社停止侵权行为并赔偿晶源公司经济损失人民币 5061.24 万元，华阳公司按实际使用年限向晶源公司支付使用费至本案专利权终止为止。一审判决后，三方当事人均提出上诉。最高人民法院二审认可一审法院有关侵权定性的认定，同时认为富士化水株式会社与华阳公司共同实施了侵权行为，依法应承担连带赔偿责任。遂在维持一审法院其他判项同时改判富士化水株式会社与华阳公司共同赔偿晶源公司损失 5061.24 万元。

【典型意义】本案是目前经最高人民法院判决的赔偿额最高的一起知识产权案件，也是最高人民法院首次组成五人大合议庭审理的一起知识产权案件。鉴于本案侵权产品已被安装在华阳公司的发电厂并已实际投入运行，若责令被告华阳公司停止侵权行为，则会直接对当地的社会公众利益产生重大影响，故根据本案具体案情，在充分考虑权利人利益与社会公众利益的前提下，一、二审法院未判令其停止侵权行为，而是判令其按实际使用年限向专利权人支付使用费至专利权终止为止。本案判决对于保护和推动所涉环保领域的技术革新具有重要意义。

（四）宝马公司诉世纪宝马公司驰名商标案

宝马公司诉世纪宝马公司、傅某、家润多公司侵犯商标专用权及不正当竞争纠纷案[湖南省高级人民法院（2009）湘高法民三初字第 1 号民事判决书]。

【案情摘要】原告宝马公司成立于 1916

年，系全球知名的汽车生产商。该公司的“BMW及图”“BMW”“寶馬”商标经中国商标局核准注册，核定在第12类“机动车辆、摩托车及其零件”商品上使用。被告世纪宝马公司、家润多公司在其生产、销售的服饰产品上使用了“MBWL及图”“MBWL”标识，以及含有“宝马”文字的企业名称。被告傅某作为世纪宝马公司的职员将自己的银行账户提供给世纪宝马公司收取加盟保证金、货款。湖南省高级人民法院经审理认为：原告的注册商标经过长期使用，广泛宣传，已成为驰名商标。原告作为驰名商标的权利人，其合法权利应当依法受到法律保护。被告世纪宝马公司使用“MBWL及图”“MBWL”以及含有“宝马”文字的企业名称，容易使相关公众对使用驰名商标和被诉标识的商品来源产生混淆和误认。被告傅某作为世纪宝马公司的职员，明知世纪宝马公司从事侵权行为而提供银行账号供其使用，为实施侵权行为提供了重要的便利条件，同样构成商标侵权和不正当竞争。遂判决三被告停止侵犯原告注册商标专用权和不正当竞争行为、消除影响，世纪宝马公司和傅某赔偿原告经济损失人民币50万元。本案一审判决后，当事人均未提出上诉，已经发生法律效力。

【典型意义】本案涉及驰名商标和有较高知名度的企业字号的法律保护，其裁判有效遏制了“傍名牌”“搭便车”的不正当竞争行为。本案中，法院综合考虑原告注册商标的显著性、市场知名度，依法认定原告的注册商标为驰名商标，进而认定被告在服装、服饰商品上使用与原告注册商标相近似的“MBWL及图”“MBWL”标识，容易造成相关公众误认为被告生产、销售的商品系经原告授权或与原告具有许可使用、关联企业关系等特定联系，不正当地利用原告驰名商标的市场声誉牟取不法利益，从而对原告合法利益造成损害，构成对原告注册商标专用权的侵犯。此外，法院还明确，在明知他人企业字号具有较高知名度的情况下，仍将该文字组合登记为企业名称中的字号进行商业使用，明显违背诚实信用原则和公认的商业道德，有意误导公众，属于典型的不正当竞争行为。

（五）“吴良材”商标及不正当竞争案

上海三联（集团）有限公司、上海三联（集团）有限公司吴良材眼镜公司诉苏州吴良材公司、苏州吴良材公司观前店、吴某、周某侵犯商标专用权及不正当竞争纠纷上诉案[江苏省高级人民法院（2009）苏民三终字第0181号民事判决书]

【案情摘要】原告于1989～2004年先后核准注册取得三个“吴良材”文字商标，核定使用商品和服务类别均与眼镜有关，其中，注册于“眼镜行服务”上的“吴良材”商标于2004年被认定为“驰名商标”。原告经营的“吴良材”品牌在长三角地区眼镜行业中具有较高的知名度，先后于1993年和2006年被认定为“中华老字号”。1992年8月成立的苏州宝顺公司经核准于1999年11月将企业名称变更为苏州吴良材公司，经营范围为“眼镜验配”等，苏州吴良材公司观前店系该公司的分支机构，吴某、周某系该公司的加盟店业主。上述被告在店招、柜台背景、公司网站及眼镜盒、眼镜布等相关产品和服务上均突出标注了“吴良材”或“苏州吴良材”字样。原告诉请法院判令被告停止侵权、变更企业字号并赔偿损失50万元等。江苏省苏州市中级人民法院一审认为：原告使用和登记注册“吴良材”企业名称和“吴良材”商标均早于被告，且原告的“吴良材”企业名称、注册商标具有较高的知名度。被告苏州吴良材公司作为一家从事眼镜经营的企业，应当知晓同行业中具有较高知名度的“吴良材眼镜”和“吴良材”商标，但其在与原告“吴良材”品牌间不具有任何历史渊源的情况下擅自将其字号由“宝顺”变更为“吴良材”，主观上显然具有攀附“吴良材”强大品牌声誉的故意，客观上也会导致消费者对原被告所提供产品与服务的来源产生混淆和误认，其行为已构成商标侵权及不正当竞争。被告吴某、周某的行为亦构成商标侵权及不正当竞争。一审法院判决四被告立即停止侵犯“吴良材”注册商标专用权的行为，限期办理企业名称变更登记手续，变更后的企业名称中不得含有“吴良材”字样，赔偿原告损失和合理费用共计22万元，并消除影响。苏州吴良材公司不服提起上诉。江苏省高级人民法院二审维持了一审判决。

【典型意义】本案是一起涉及老字号保护及企业名称与商标权冲突的案件。原告经营的“吴良材”品牌在长三角地区眼镜行业享有很高的知名度。被告苏州吴良材公司虽然与原告“吴良材”品牌间无任何历史渊源，但其在原告未进驻苏州市场且“吴良材”尚未被认定为驰名商标时，申请将“吴良材”注册为企业名称且被核准登记。后被告在江苏各地大力发展品牌加盟店达近百家。

原告发现后，即以苏州吴良材公司及当地加盟商为被告，先后在全省各地提起6起关联诉讼。法院在裁判本案时，一方面从保护老字号和制止“傍名牌”“搭便车”行为以维护公平竞争秩序出发，最终认定苏州吴良材公司构成商标侵权及不正当竞争，判令其变更字号；另一方面考虑到被告之所以能够注册登记“吴良材”字号，既有其自身的原因，也与我国企业名称登记管理制度不够健全有关，且被告的获利也并非完全借助于“吴良材”的品牌效应，与其自身努力也分不开，因此没有全额支持原告的赔偿请求。本案判决既维护了“吴良材”这一老字号及商标的品牌利益，同时也兼顾了侵权人的正当利益，较好地把握了利益平衡原则在知识产权审判中的运用。

（六）“鲁锦”商标及不正当竞争案

山东鲁锦公司诉鄄城县鲁锦公司、礼之邦公司侵犯商标专用权及不正当竞争纠纷上诉案[山东省高级人民法院（2009）鲁民三终字第34号民事判决书]

【案情摘要】原告山东鲁锦公司于1999年申请注册了“鲁锦”文字商标，核定使用商品为第25类服装、鞋、帽类。被告鄄城县鲁锦公司生产、礼之邦公司销售了在显著位置标有“鲁锦”字样的床上用品。原告认为被告的上述行为侵犯了其注册商标专用权并构成不正当竞争，诉请判令被告停止生产、销售带有“鲁锦”字样的侵权产品，责令被告变更企业名称并不得使用“鲁锦”两字，赔偿经济损失50万元。山东省济宁市中级人民法院一审支持了原告的诉讼请求。二被告上诉后，山东省高级人民法院二审认为，“鲁锦”在1999年原告将其注册为商标之前已是山东民间手工棉纺织品的通用名称，“鲁锦”织造技艺是国务院公布的非物质文化遗产；两被告的使用、销售行为属于对商标的正当使用行为，不构成商标侵权，也不构成不正当竞争，遂判决驳回了原告的诉讼请求。

【典型意义】本案提出了具有地域性特点的商品通用名称的判断标准。商品通用名称应当具有广泛性、规范性。对于具有地域性特点的商品通用名称，在判断其是否具有广泛性时，应以特定产区及相关公众的接受程度为标准，而不应以是否在全国范围内广泛使用为标准；在判断其是否具有规范性时，应以相关公众的一般认识及其指代是否明确为标准。对于约定俗成、已为相关公众认可的名称，即使其不尽符合相关科学原理，亦不影响将其认定为通用名称。本案中，二审法院在综合考虑“鲁锦”已被山东地区纺织业普遍使用并为相关公众所接受，“鲁锦”织造技艺已被确定为国家级非物质文化遗产，“鲁锦”代表的纯棉手工纺织品的生产原料是由山东不特定地区广泛种植等事实的基础上，认定“鲁锦”在1999年原告将其注册为商标之前已成为山东民间手工棉纺织品的通用名称，进而认定被告的使用行为属于对“鲁锦”商标的正当使用，不构成对“鲁锦”商标专用权的侵犯，也不构成不正当竞争。

（七）“道道通”导航电子地图著作权案

北京长地万方公司诉深圳市中佳讯公司、凯立德欣公司、深圳市凯立德公司、佛山市劲力公司南海分公司侵犯著作权纠纷上诉案[广东省高级人民法院（2008）粤高法民三终字第290号民事判决书]

【案情摘要】原告独立制作完成第四版《“道道通”导航电子地图》（以下简称第四版《道图》），被告生产销售的《凯立德全国导航电子地图（362城市）》（以下简称《362图》）抄袭剽窃了原告第四版《道图》，给原告造成了重大经济损失。广东省佛山市中级人民法院一审认定被告构成侵权，判决被告停止侵权、赔礼道歉并按照原告诉讼请求数额判赔1000万元。广东省高级人民法院二审认为，导航电子地图可以作为地图作品予以保护，其独创性主要体现在对于地理信息的筛选、取舍以及表达方式上；通过采取列举具有个性特征的信息点的对比方式进行对比，双方作品存在的相同之处明显超越了常理，足以认定被告《362图》抄袭、剽窃了原告作品；一审判决认定被告至少获利1000万元的证据不足，但现有证据可以证明原告的实际损失或者被告侵权获利明显超过《著作权法》规定的法定赔偿最高限额。综合全案的证据情况，二审法院在维持一审判决其他判项的基础上改判被告赔偿原告经济损失100万元及合理维权费用。

【典型意义】本案涉及导航电子地图的著作权保护，二审判决对于地图作品出版的审核批准程序与著作权保护的关系、电子地图作品抄袭的认定、赔偿数额的确定等问题的处理具有指导意义。首先，本案被告主张第四版《道图》与原告向国家测绘局提交的送审盘内容不符，属于非法出版物。但电子地图作品是否属于非法出版物，系测绘行政主管部门监管的问题，与其作为具有独创性的作品而禁止他人抄袭，二者并不排斥。本案中也无测绘行政主管部门认定第四版《道图》属于非法出版物的结论。即使存在违反有关行政管理规定不能出版的问题，作者仍然可以基于其享有的著作权而制止他人侵权。其次，本案是近年来司法实践中为数不多的在损失或获利均难以准确证明的情况下在法定赔偿额之上确定赔偿数额的案件，其判决较好地贯彻了《最高人民法院关于当前经济形势下知识产权审判服务大局若干问题的意见》中有关的司法政策，遵循了全面赔偿原则，充分保护了权利人利益。最后，电子地图涉及海量信息，本案选取恰当的侵权对比方法，对涉案作品进行个性化对比，有利于对两个作品之间的异同进行有效认定，节约了诉讼成本，提高了审判效率。

（八）黄金假日诉携程机票预订不正当竞争案

黄金假日公司诉携程计算机公司、携程商务公司、河北康辉公司、携程国际旅行社公司虚假宣传纠纷上诉案［最高人民法院（2007）民三终字第2号民事判决书和（2007）民三终字第4号民事裁定书］

【案情摘要】2006年7～9月，黄金假日公司通过起诉和追加被告、追加诉讼请求等起诉称：携程计算机公司和携程商务公司均未依法取得民航客运机票销售代理资格却通过“携程旅行网”实际从事了机票销售代理业务，该行为属于非法经营行为，也构成虚假宣传；河北康辉公司和携程国际旅行社公司系帮助进行非法经营。故请求判令：携程计算机公司和携程商务公司停止有关虚假宣传；携程计算机公司停止通过“携程旅行网（www.ctrip.com）”进行的各类经营活动；各被告共同赔偿原告损失500万元。河北省高级人民法院一审认定，被诉部分宣传行为并不构成虚假宣传，其他被诉行为涉及重复诉讼问题，遂分别以判决驳回诉讼请求和以裁定驳回起诉。黄金假日公司上诉后，最高人民法院于2009年10月22日分别以判决和裁定驳回上诉，维持一审判决和裁定。

【典型意义】黄金假日公司与携程计算机公司以及携程商务公司之间曾因提供机票预订服务等以及相关宣传行为在国内多地法院发生过多起不正当竞争诉讼。本案中，最高人民法院认为，判断行为人是否属于实际从事机票销售代理业务，应当以机票上的出票人为准，而不能将提供与机票销售相关的预订、送票和收款等业务的经营者也视为原《民用航空运输销售代理业管理规定》（即民航37号令）规定的销售代理人。由此，最高人民法院最终确认了携程计算机公司和携程商务公司通过“携程旅行网”提供机票预订服务这一新型经营模式的合法性，既保护了商业模式创新，也激励了市场竞争。本案的典型意义还在于明确了非法经营与民事侵权的关系、虚假宣传行为的构成要件及具体判断、重复诉讼的构成要件及具体判断等法律适用问题。

二、知识产权行政案件（1件）

（九）“采乐”商标撤销行政诉讼案

圣芳公司诉中华人民共和国国家工商行政管理总局商标评审委员会、第三人强生公司商标撤销行政纠纷再审案［最高人民法院（2008）行提字第2号行政判决书］

【案情摘要】1993年1月30日，强生公司经核准注册了第627498号手写繁体“采樂”文字商标（即引证商标），核定使用商品为第5类“人用局部抗菌剂”。1994年7月以后，案外人西安杨森制药有限公司经强生公司许可，在“酮康唑洗剂”药品上使用该商标。争议商标为圣芳公司持有的第1214187号“采乐 CAILE”商标，申请日为1997年8月6日，核准注册日为1998年10月14日，核定使用商品为第3类香皂、洗发香波、护发素等。1998年和2000年，强生公司曾两次向国家工商行政管理总局商标评审委员会（以下简称商评委）提出撤销争议商标的申请，商评委分别作出终局裁定，维持争议商标注册。2002年8月20日，强生公司第三次向商评委提出撤销争议商标的申请，理由为争议商标与引证商标构成类似商品上的近似商标，争议商标是对其驰名商标的恶意抄袭摹仿，争议商标注册违反了现行《商标法》第13条等规定。2005年6月商评委作出商评字［2005］第1801号裁定，认定引证商标为驰名商标，并认为争议商标的注册构成在非类似商品上复制摹仿他人的驰名商标、误导公众的情形，裁定撤销争议商标的注册。圣芳公司不服提起行政诉讼称，强生公司本次评审新提交的证明引证商标驰名的证据不属于法律意义上的新证据；商评委受理强生公司以相同的事实和理由提出的评审申请，违反“一事不再理”原则及法定程序；修改后的商标法不具有溯及力；争议商标已经长期大规模的宣传使用，应受到法律的保护。北京市第一中级人民法院一审认为，强生公司在本次评审申请中提交了新的证据，不属于以相同的事实和理由再次提出评审申请，判决维持商评委第1801号裁定。北京市高级人民法院二审以强生公司依据修改后的《商标法》第13条第2款的规定提出本次申请且提交了新的证据增加了新的事实为由维持了一审判决。圣芳公司向最高人民法院申请再审。最高人民法院裁定提审本案，并作出再审判决，撤销了原审判决和商评委第1801号裁定。

【典型意义】最高人民法院在本案再审判决中明确了商标评审申请中"一事不再理"原则的判断和适用、修改后的《商标法》对该法施行前已有行政终局裁定的商标争议的溯及力以及受理新的商标评审申请中的新事实、新证据、新理由的认定等问题，对于正确理解和适用修改后的《商标法》、依法妥善处理商标争议案件具有重要的指导意义。最高人民法院认为，强生公司在前两次提出评审申请时，已经援引了修改前商标法及其实施细则有关公众熟知的商标或驰名商标等规定，穷尽了当时可以主张的相关法律事由和法律依据。在商评委已经两次终局裁定后，商评委再行受理以商标驰名为主要理由的评审申请并作出裁定，违反了"一事不再理"原则；2001年修改后的《商标法》，不能溯及已受终局裁定拘束的商标争议。由于修改前的《商标法》对商标评审采取行政终局制度，对于当时已有终局裁决的争议事项，不能再以修改后的法律有新规定为理由对已决事项重新启动程序；对已决的商标争议案件，商评委受理新的评审申请应该有新的事实或理由。新的事实应该是给新证据证明的事实，而新证据应该是在裁定或者决定之后新发现的证据，或者确实是在原行政程序中因客观原因无法取得或在规定的期限内不能提供的证据。

三、知识产权刑事案件(1件)

(十)"番茄花园"软件网络盗版案

成都共软公司、孙某、张某、洪某、梁某侵犯著作权案[江苏省苏州市虎丘区人民法院(2009)虎知刑初字第0001号刑事判决书]

【案情摘要】2006年12月至2008年8月期间，被告单位成都共软公司以营利为目的，由被告人孙某指示被告人张某和洪某、梁某合作，未经微软公司的许可，复制微软Windows XP计算机软件后制作多款"番茄花园"版软件，并以修改浏览器主页、默认搜索页面、捆绑其他公司软件等形式，在"番茄花园"版软件中分别加载百度时代网络技术(北京)有限公司等多家单位的商业插件，通过互联网在"番茄花园"网站、"热度"网站发布供公众下载。其中被告人洪某负责制作的番茄花园WINXP SP3 V.3300等八款安装版和免激活版累计下载71 583次，被告人梁某负责制作的番茄花园WINXP SP2 V6.2、LEI NLITE XP SP3 V1.0美化版累计下载8018次，郑某(另案处理)负责制作的番茄花园GHOST XP SP3 V1.0、GHOST XP SP3 V1.1、GHOST XP SP3 V1.2版累计下载117 308次。被告单位成都共软公司从百度时代网络技术(北京)有限公司等多家单位获取非法所得计人民币2 924 287.09元。2009年6月3日，江苏省苏州市虎丘区人民检察院向苏州市虎丘区人民法院提起公诉。虎丘区人民法院经审理认为被告单位成都共软公司，被告人孙某、张某、洪某、梁某的行为均已构成侵犯著作权罪。鉴于被告人张某系自首、被告人梁某系从犯，遂判处被告单位罚金人民币8 772 861.27元，违法所得计人民币2 924 287.09元予以没收；判处被告人孙某有期徒刑3年6个月，并处罚金人民币100万元；判处被告人张某有期徒刑2年，并处罚金人民币10万元；判处被告人洪某有期徒刑3年6个月，并处罚金人民币100万元；判处被告人梁某有期徒刑2年，并处罚金人民币10万元。本案一审判决后，当事人未提出上诉，已经发生法律效力。

【典型意义】本案是我国通过刑事司法保护途径打击大规模软件网络盗版行为的一起具有较大社会影响的案例，在国内外赢得了普遍好评。该案的判决给那些寄希望于通过盗版获取非法利益的网站和其他侵权者敲响了警钟。本案作为一起典型的知识产权刑事司法保护案例，清楚表明了我国严格履行国际公约义务对国内外著作权人给予平等保护的坚定态度，也充分体现了中国在转型时期高度重视知识产权保护的执法精神。该案也是当地人民法院开展由知识产权审判庭统一审理知识产权民事、行政和刑事案件试点(简称"三审合一"试点)后成功处理的一起有重大影响的案件。

2009年中国知识产权司法保护50件典型案件名单

（2010年4月14日发布）

一、知识产权民事案件(46件)

（一）专利侵权案件(5件)

1. OBE一工厂·翁玛赫特与鲍姆盖特纳有限公司诉浙江康华眼镜有限公司侵犯发明专利权纠纷申请再审案[最高人民法院(2008)民申字第980号民事裁定书]

2. 北京英特莱摩根热陶瓷纺织有限公司诉北京德源快捷门窗厂侵犯发明专利权纠纷上诉案[北京市高级人民法院(2009)高民终字第4721号民事判决书]

3.（日本）泉株式会社诉广州美视晶莹银幕有限公司、北京仁和世纪科技有限公司侵犯实用新型专利权纠纷上诉案[北京市高级人民法院(2008)高民终字第941号民事判决书]

4. 美国3M公司诉山东双球防护器材有限公司侵犯专利权纠纷上诉案[山东省高级人民法院(2008)鲁民三终字第158号民事判决书]

5. 王世昌、河北伟达建筑设计有限公司诉双鸭山市晨光房地产开发有限公司侵犯发明专利权纠纷上诉案[黑龙江省高级人民法院(2009)黑知终字第41号民事判决书]

（二）植物新品种侵权案件(1件)

6. 杨凌新西北种业有限公司诉陕西省泾阳县现代种业有限责任公司侵犯植物新品种权纠纷上诉案[陕西省高级人民法院(2009)陕民三终字第42号民事判决书]

（三）著作权侵权案件(11件)

7. 徐州市淮海戏剧王音像有限公司诉新沂电视台、第三人丁相宇、刘汉飞、张银侠侵犯著作权纠纷上诉案[江苏省高级人民法院(2009)苏民三终字第0250号民事判决书]

8. 上海地创网络技术有限公司、上海万格科学器材有限公司诉北京万户名媒科技有限公司、北京万户名媒科技有限公司上海分公司侵犯计算机软件著作权纠纷案[上海市浦东新区人民法院(2008)浦民三(知)初字第453号民事判决书]

9. 中国友谊出版公司诉浙江淘宝网络有限公司、杨海林侵犯著作权纠纷上诉案[北京市第二中级人民法院(2009)二中民终字第15423号民事判决书]

10.（美国）微软公司诉北京思创未来科技发展有限公司侵犯计算机软件著作权纠纷上诉案[北京市高级人民法院(2009)高民终字第4462号民事判决书]

11. 北京慈文影视制作有限公司诉中国网络通信集团公司海南省分公司侵犯著作权纠纷再审案[最高人民法院(2009)民提字第17号民事判决书]

12. 朱德庸诉辽宁东北网络台侵犯著作权纠纷案[辽宁省沈阳市中级人民法院(2009)沈中民四初字第97号民事判决书]

13. 北京网尚文化传播有限公司诉银川阳光无限网络有限公司侵犯著作财产权纠纷案[宁夏回族自治区银川市中级人民法院(2009)银民知初字第41号民事判决书]

14. 吴思欧等诉上海书画出版社、江苏省苏州市新华书店侵犯著作财产权纠纷上诉案[江苏省高级人民法院(2009)苏民三终字第0101号民事判决书]

15. 宋氏企业公司诉珠海出版社、上海新华传媒连锁有限公司侵犯著作财产权纠纷案[上海市黄浦区人民法院(2007)黄民三(知)初字第75号民事判决书]

16. 毕淑敏诉淮北市实验高级中学侵犯著作权纠纷上诉案[安徽省高级人民法院(2009)皖民三终字第0014号民事判决书]

17. 黄天源诉内蒙古大学出版社、广西壮族自治区外文书店侵犯著作权纠纷上诉案[广西壮族自治区高级人民法院(2009)桂民三终字第48号民事判决书]

（四）商标侵权案件(16件)

18. 山东泰和世纪投资有限公司、济南红河饮料制剂经营部诉云南城投置业股份有限公司侵犯商标专用权纠纷再审案[最高人民法院(2008)民提字第52号民事判决书]

19. 辉瑞有限公司、辉瑞制药有限公司诉上海东方制药有限公司破产清算组、北京健康新概念大药房有限公司、广州威尔曼药业有限公司不正当竞争、侵犯未注册驰名商标权纠纷申请再审案[最高人民法院(2009)民申字第313号民事裁

定书]

20. 狗不理集团有限公司诉济南市大观园商场天丰园饭店侵犯商标专用权纠纷申请再审案[最高人民法院(2008)民三监字第10－1号民事裁定书]

21. 漳州片仔癀药业股份有限公司诉漳州市宏宁家化有限公司侵犯商标专用权纠纷申请再审案[最高人民法院(2009)民申字第1310号民事裁定书]

22. 四川滕王阁制药有限公司诉四川保宁制药有限公司侵犯商标专用权纠纷上诉案[四川省高级人民法院(2009)川民终字第155号民事判决书]

23. 福建省白沙消防工贸有限公司诉南安市白沙消防设备有限公司侵犯企业名称(商号)权及不正当竞争纠纷上诉案[福建省高级人民法院(2008)闽民终字第514号民事判决书]

24. 雪佛龙全球能源公司诉济南加德士润滑油有限公司、济南腾飞达石化有限责任公司不正当竞争及侵犯商标专用权纠纷上诉案[山东省高级人民法院(2009)鲁民三终字第194号民事判决书]

25. 路易威登马利蒂(法国)诉时间廊(广东)钟表有限公司、雄腾(上海)贸易有限公司、深圳市金光华商业有限公司侵犯商标专用权纠纷上诉案[广东省高级人民法院(2008)粤高法民三终字第345号民事判决书]

26. 江西蚂蚁物流有限公司、成都蚂蚁物流有限公司诉南昌市蚂蚁搬家服务有限公司侵犯商标专用权及不正当竞争纠纷上诉案[江西省高级人民法院(2009)赣民三终字第20号民事判决书]

27. 米其林集团总公司诉天津米其林电动自行车有限公司侵犯商标专用权纠纷案[天津市第二中级人民法院(2008)二中民三初字第3号民事判决书]

28. 王美燕诉浙江杭州市新华书店有限公司、广东中凯文化发展有限公司侵犯商标专用权纠纷上诉案[浙江省高级人民法院(2009)浙知终字第98号民事判决书]。

29. 古丈茶业发展研究中心诉湖南省华茗茶业有限公司、湖南平和堂实业有限公司侵犯商标专用权纠纷案[湖南省长沙市天心区人民法院(2008)天民初字第2500号民事判决书]

30. 路易威登马利蒂(法国)诉林益仲、上海仲雯贸易有限公司、吴蓓雯侵犯商标专用权纠纷案[上海市第一中级人民法院(2009)沪一中民五(知)初字第34号民事判决书]

31. 卡地亚国际有限公司诉云南卡地亚婚纱摄影有限公司侵犯商标专用权及不正当竞争纠纷上诉案[云南省高级人民法院(2009)云高民三终字第35号民事判决书]

32. 陈国明诉海南省人民医院侵犯商标专用权纠纷上诉案[海南省高级人民法院(2009)琼民三终字第25号民事判决书]

33. 中国贵州茅台酒厂有限责任公司诉重庆南方君临酒店有限公司侵犯商标专用权纠纷上诉案[重庆市高级人民法院(2009)渝高法民终字第159号民事判决书]

(五)不正当竞争案件(10件)

34. 山东起重机厂有限公司诉山东山起重工有限公司侵犯企业名称权纠纷申请再审案[最高人民法院(2008)民申字第758号民事裁定书]

35. 上海避风塘美食有限公司诉上海东涌码头餐饮管理有限公司不正当竞争纠纷申诉案[最高人民法院(2007)民三监字第21－1号民事裁定书]

36. 嘉实多有限公司(英国)诉姚育新、美国嘉实多国际石油集团(香港)有限公司、宁波市鄞州嘉帅润滑油厂不正当竞争纠纷案[上海市第二中级人民法院(2008)沪二中民五(知)初字第91号民事判决书]

37. 四川江口醇酒业(集团)有限公司诉泸州佳冠酒业有限公司、林锦泉不正当竞争及侵犯商标专用权纠纷上诉案[广东省高级人民法院(2007)粤高法民三终字第318号民事判决书]。

38. 安徽省华信生物药业股份有限公司诉江西草珊瑚药业有限公司、安徽百姓缘大药房连锁有限公司擅自使用知名商品特有名称、包装、装潢纠纷上诉案[安徽省高级人民法院(2009)皖民三终字第0026号民事判决书]

39. 大连瑞特建材有限公司、大连中德珍珠岩厂诉刘嘉旺不正当竞争纠纷案[辽宁省大连市中级人民法院(2009)大民四初字第237号民事判决书]

40. 世纪金源投资集团有限公司诉河南世纪金源置业有限公司不正当竞争纠纷案[河南省高级人民法院(2009)豫法民三终字第12号民事调解书和郑州市中级人民法院(2007)郑民三初字第274号民事判决书]

41. 新疆乌苏啤酒有限责任公司诉伊犁禹宫啤酒有限公司等擅自使用知名商品特有名称、包装、装潢纠纷上诉案[新疆维吾尔自治区高级人民法院(2009)新民三终字第21号民事判决书]

42. 重庆银翼文化传媒有限公司诉重庆交通大学、重庆方特乐园旅游有限公司虚假宣传纠纷案[重庆市第五中级人民法院(2009)渝五中法民初字第247号民事判决书]

43. 厦门正新橡胶工业有限公司诉天津豪文科技有限公司、正新轮胎(台湾)控股集团有限公司擅自使用他人企业名称纠纷案[天津市第二中级人民法院(2008)二中民三初字第78号民事调解书]

(六)知识产权合同案件(3件)

44. 山东聚丰网络有限公司诉韩国MGAME公司、第三人天津风云网络技术有限公司网络游戏代理及许可合同纠纷管辖权异议上诉案[最高人民法院(2009)民三终字第4号民事裁定书]

45. 深圳市硕星交通电子设备有限公司诉玉环隆中机车零部件有限公司专利实施许可及技术服务合同纠纷申请再审案[最高人民法院(2009)民申字第1325号民事裁定书]

46. 刘法新诉济源市农业科学研究所职务技术成果完成人奖励纠纷上诉案[河南省高级人民法院(2009)豫法民三终字第75号民事判决书]。

二、知识产权行政案件(3件)

(一)专利授权确权案件(2件)

47. 临海金利隆鞋业有限公司诉国家知识产权局专利复审委员会、第三人浙江省三门县胶带制品厂、临海市保田履带制造有限公司专利无效行政纠纷申请再审案[最高人民法院(2006)行监字第32—2驳回再审申请通知书]

48. 阿文蒂斯药物股份有限公司诉国家知识产权局专利复审委员会、第三人江苏恒瑞医药股份有限公司发明专利无效行政纠纷上诉案[北京市高级人民法院(2009)高行终字第1148号行政判决书]

(二)商标授权确权案件(1件)

49. 拜耳消费者护理有限公司诉国家工商行政管理总局商标评审委员会、第三人西南药业股份有限公司商标行政纠纷再审案[最高人民法院(2009)行提字第1号行政判决书]

三、知识产权刑事案件(1件)

50. 上海长正物资有限公司、谭天销售假冒注册商标的商品罪案[上海市浦东新区人民法院(2009)浦刑初字第1824号刑事判决书]

知识产权司法案例

案例1 晶源公司诉富士化水株式会社、华阳公司侵犯专利权案

——阅读提示:专利技术被许可人能否依据合同权利瑕疵担保条款免除侵权责任?

【裁判要旨】

本案裁判的意义在于,行为人共同实施侵犯专利权的行为,依法应承担连带责任。连带责任的承担并不妨碍追偿权的行使,但是不应根据行为人之间的合同权利瑕疵担保条款直接免除其中某一行为人的赔偿责任。

【案号】

一审:福建省高级人民法院(2001)闽知初字第4号

二审:最高人民法院(2008)民三终字第8号

【案情与裁判】

原告(二审上诉人):晶源公司

被告(二审上诉人):富士化水株式会社

被告(二审上诉人):华阳公司

原告起诉与被告答辩

原告晶源公司诉称:被告富士化水株式会社未经专利权人许可,仿造了与专利方法相配套的烟气脱硫专利装置,自1999年起已经在共同被告

华阳公司的福建省漳州后石电厂分别安装了两台发电机组并投入商业运行，其烟气脱硫工艺方法是晶源公司的专利方法，其脱硫装置是晶源公司的专利技术产品，两被告未经专利权人许可，以生产经营为目的实施了专利侵权行为，严重损害了晶源公司的合法权益。请求法院判令：(1)被告停止侵权行为；(2)赔偿专利侵权损失费人民币3100万元(后晶源公司追加侵权赔偿数额为人民币7600万元)；(3)被告赔偿因侵权行为给晶源公司造成的诉讼代理费、调查费、差旅费等损失费；(4)被告对已发生的专利侵权行为消除影响；(5)本案案件受理费由被告承担。

被告富士化水株式会社辩称：(1)在原告专利申请日之前，就有许多出版物公开发表过同样的发明，该发明在国内外很早就被公开使用过，并且为公众所知。(2)富士化水株式会社成立40年来，独立开发承建了4000余项环保工程，单排烟脱硫装置已建成100余座，早在1978年就在日本承建了3台海水脱硫设备。1995年在中国台湾地区麦寮工厂设计和承建了14座海水脱硫设备。所有的脱硫设备均采用本公司的专利产品——MORETANA洗涤塔。华阳公司所属漳州电厂的海水脱硫设备是富士化水株式会社独自设计和建设的，与争议专利毫无关系。

被告华阳公司辩称：(1)早在该专利申请日之前，就有许多出版物公开发表过同样的发明。“烟气脱硫法”在传统的技术说明中早有记载，为普通工程技术人员广为知晓。华阳公司使用已经公开的方法、技术及装置并不构成对晶源公司专利权的侵犯。(2)华阳公司为确定漳州电厂的烟气脱硫方案，于1997年2月和晶源公司签订了《漳州后石电厂烟气脱硫工程可行性研究报告委托合同书》，约定晶源公司着重研究纯海水法烟气脱硫工艺，华阳公司为此向晶源公司支付了近百万元的费用。1997年8月，晶源公司为完成本项目的可行性研究，又应富士化水株式会社的邀请前往日本、泰国考察，其间考察了由富士化水株式会社设计的烟气脱硫工厂。晶源公司在可行性研究报告中向华阳公司推荐了目前漳州后石电厂所采用的纯海水脱硫方法。但是，在1997～1999年接受本公司委托评估期间，原告从未向本公司告知其专利权事宜。华阳公司所采用的整套烟气脱硫工艺、方法及设备装置，都是由富士化水株式会社设计、提供的，对此，晶源公司一开始就是知情的。(3)华阳公司于1997年4月与富士化水株式会社签订合同，约定整个项目的烟气脱硫装置、辅助设备和全部的设计、图纸、数据、手册等均由富士化水株式会社负责完成，并约定了由富士化水株式会社承担知识产权方面的权利担保责任。因此，华阳公司完全有理由相信，该方法和装置不会侵犯他人的专利权。由于是通过合法渠道向富士化水株式会社购买的技术与装置，也是经过晶源公司可行性研究论证的，因此华阳公司不知道会涉及专利侵权，依法不构成侵权，请求依法驳回晶源公司对华阳公司的全部诉讼请求。

一审审理查明

福建省高级人民法院经审理查明：1995年12月22日，晶源公司向中国专利局提出“曝气法海水烟气脱硫方法及一种曝气装置”发明专利的申请。1996年11月6日该发明专利申请公开，1999年9月25日被授予发明专利权。

1997年1月，华阳公司与案外人深圳晶源签订《漳州后石电厂烟气脱硫工程的可行性研究报告委托合同书》。深圳晶源承接漳州后石电厂烟气脱硫工程可行性研究报告的编制，研究烟气脱硫系统工程(FGD)方案的可行性，着重研究纯海水法烟气脱硫工艺实施的可行性及其优越性等。

1997年4月，华阳公司与深圳晶源签订《关于中止〈漳州后石电厂烟气脱硫工程的可行性研究委托合同书〉的协议》，中止1997年1月所签订的合同，原合同研究费用人民币68万元，华阳公司已按合同约定支付给深圳晶源20.4万元，余额47.6万元及研究工作由晶源公司承接。

1997年4月，华阳公司向晶源公司出具《关于福建漳州后石电厂烟气脱硫工程的可行性研究公司的委托书》，委托其承担电厂脱硫工程的可行性研究工作，编制可行性研究报告，并在几种成熟的烟气脱硫工艺基础上，重点研究纯海水法烟气脱硫工艺在漳州后石电厂实施的可行性。

1997年12月，晶源公司完成《福建漳州后石电厂烟气脱硫工程可行性研究总报告》(修订送审版)。该可行性报告的结论及建议为，推荐后石电厂烟气脱硫系统采用纯海水法烟气脱硫工程方案。在该可行性报告中所用的附图9和附图13是富士化水株式会社为华阳公司纯海水法脱硫工程所设计的图纸。

1997年，华阳公司与富士化水株式会社签订关于“烟气脱硫系统”的合同。合同内容包括：富士化水株式会社提供FGD的设备、物料、图纸、数据、手册和其他文件。在施工现场对FGD装置的安装、试运行和性能测试进行监督。单件设备的价格为306万美元。

1998年12月23日，华阳公司与中国化学工程第三建设公司签订《后石电厂1#－6#排烟脱硫设备制装工程合同》。中国化学工程第三建设公司根据华阳公司提供的富士化水株式会社转让的技术为华阳公司制造和安装了排烟脱硫设备。

华阳公司的1号、2号机组分别于2000年2月和2000年9月投产。根据华阳公司提供的海水脱硫工程造价明细表，海水脱硫工程每套总造价为人民币4330.1307万元，其中每套装置与富士化水株式会社的合约价为人民币2530.62万元。

1999年7月26日，晶源公司致函华阳公司，称漳州后石电厂建造纯海水法烟气脱硫装置并采用了其专利方法，请华阳公司洽谈专利许可事宜。

一审法院根据晶源公司的申请进行了技术鉴定。鉴定结论为：富士化水株式会社提供给华阳公司的海水烟气脱硫设备体现的脱硫方法的特征与专利权利要求1所述的技术方案的对应技术特征相同。海水烟气脱硫设备特征A、B、E、F与专利权利要求5中相对应的技术特征相同，C′、D′与C、D分别等同。两设备的整体技术方案属于等同。

在一审中，富士化水株式会社向专利复审委员会提出涉案专利无效宣告的请求。专利复审委员会决定维持该专利有效。富士化水株式会社向北京市第一中级人民法院提起行政诉讼。北京市第一中级人民法院判决维持专利复审委员会的上述审查决定，并被北京市高级人民法院二审判决维持。

一审判理和结果

福建省高级人民法院认为，经比对，富士化水株式会社提供给华阳公司的海水烟气脱硫技术体现的脱硫方法的技术特征与专利权利要求1所述的技术方案的对应技术特征相同；富士化水株式会社提供给华阳公司的海水烟气脱硫设备的技术特征与专利权利要求5中相对应的技术特征部分相同、部分等同，因此，富士化水株式会社提供给华阳公司脱硫技术的脱硫方法及装置的技术特征全面覆盖了晶源公司专利权利要求1和权利要求5的技术特征。该行为属于未经专利权人许可，实施其专利的侵权行为，应承担相应的侵权责任。

在专利诉讼中，被告以自己实施的是公知技术为由作不侵权抗辩，其应当向法院提供自己实施的公知技术的完整技术方案，以便法院审查其抗辩理由是否成立。但在本案诉讼中，富士化水株式会社所提供的上述文献分别所体现的仅是部分对应技术特征，均不是一项完整的技术方案，没有全面覆盖原告专利独立权利要求的全部技术特征，故对被告的该项主张，不予支持。

因本案无法查明权利人晶源公司因被侵权所受到的损失，故本案按被告富士化水株式会社的获利确定赔偿数额。根据本案现有证据，富士化水株式会社提供给华阳公司后石电厂海水烟气脱硫系统价格为每套人民币2530.62万元，涉案为1号、2号机组，两套海水烟气脱硫系统合计人民币5061.24万元，其中富士化水株式会社除提供少量零部件外，其主要是转让技术，在计算赔偿额时本应扣除该部分零部件的价值，剩余部分为富士化水株式会社的获利，但由于富士化水株式会社拒不提供其提供给华阳公司相关零部件的价格清单，为此，一审法院将全部合同价款视为富士化水株式会社因侵权所获的利润。

华阳公司认为，其在后石电厂使用纯海水法烟气脱硫技术的时间是1999年，且是由晶源公司推荐，并向富士化水株式会社购买的，所以，即使其使用的海水烟气脱硫技术与晶源公司的专利一致，也应当不视为侵犯专利权。一审法院认为，2000年修订的《专利法》规定，使用或者销售不知道是未经专利权人许可而制造并售出的专利产品的，不视为侵犯专利权，但不能因此就可推导出相关当事人可以永久无偿使用他人专利。在当事人得知其使用的技术方法及装置涉及他人专利时，就应负有停止使用的义务。

由于火力发电厂配备烟气脱硫设施，符合保护环境的基本国策和国家产业政策，且发电厂供电情况将直接影响地方的经济和民生。为平衡权利人利益及社会公众利益，晶源公司要求华阳公司停止侵权的诉讼请求，不予支持，但华阳公司也应向晶源公司支付相应的使用费，直至涉案发明专利权期限终止。一审法院根据涉案专利的类别等情况，酌定使用费为每台机组每年人民币24万元。

由于富士化水株式会社和华阳公司的行为仅涉及侵害晶源公司的财产权益，并未损害晶源公司企业声誉，因此，晶源公司有关消除影响的诉讼请求，不予支持。由于晶源公司没有就其本案的诉讼代理费、调查费、差旅费等提供相应的证据，故对其要求被告赔偿本案的诉讼代理费、调查费、差旅费等损失的诉讼请求，不予支持。

福建省高级人民法院依照《民法通则》第118条、《专利法》第11条第1款、第60条的规定，判决：一、富士化水株式会社于判决生效之日起立即停止侵权行为；二、富士化水株式会社赔偿晶源公司经济损失人民币5061.24万元；三、华阳公司按实际使用年限向晶源公司支付专利使用费（每台机组每年24万元）至该专利权期限届满为止，1号机组自2000年2月起开始支付，2号机组自2000年9月起开始支付；四、驳回晶源公司的其他诉讼请求。

上诉与答辩

晶源公司、富士化水株式会社和华阳公司均不服原审判决并提出上诉。

二审判理和结果

最高人民法院认为，被控侵权的装置混合海水虽然从隔档上、下部通过，但已包含专利权利要求5记载的“混合区的混合海水从隔档上部进入曝气区中”这一特征，两者在该技术特征上并无不同。被控侵权装置是将酸性海水和纯海水先经管道汇合，但汇合后依然进入曝气池的混合区进一步掺混，这与原告专利将海水和吸收SO_2的酸性海水分两路进入混合区进行混合的手段并没有本质区别。因此，原审判决认定被控侵权的脱硫方法和曝气装置落入原告专利权的保护范围，并无不当。

针对本案专利权利要求1，富士化水株式会社和华阳公司用以主张不侵权抗辩的现有技术方案是印度Tata电厂工艺图。两公司在二审询问时均承认，该文献没有公开空气与混合海水比例以及曝气时间。为此，富士化水株式会社另援引美国4085194号专利的附图5，称通过测算该附图5便可得知空气与海水的比例。本院认为，富士化水株式会社、华阳公司据以主张现有技术抗辩的印度Tata电厂工艺图并未完整地公开被控侵权技术方案。而且，退一步讲，即使考虑美国4085194号专利的附图5，也因本案专利中空气与混合海水的比例和曝气时间是由多个条件共同决定的，富士化水株式会社和华阳公司并未举证证明上述比例和时间参数是本领域普通技术人员无需创造性劳动即可得到的。因此，富士化水株式会社和华阳公司针对专利权利要求1的现有技术抗辩不能成立。

针对本案专利权利要求5，富士化水株式会社和华阳公司用以主张不侵权抗辩的现有技术方案是印度Tata电厂的脱硫装置图。富士化水株式会社在本院2008年11月10日的庭审中称，Tata电厂的酸性海水从混合区的中部进入，但其在本院2009年3月23日的询问中又称，Tata电厂的酸性海水应是从混合区的下部注入的。经查，Tata电厂的脱硫装置图显示，酸性海水是从混合区的上部注入，纯海水由混合区上部左侧的配水池注入。富士化水株式会社在一审中曾主张，酸性海水要进入被纯海水覆盖的混合部底部，实现海水混合时与大气隔绝。而Tata电厂的酸性海水是从混合区的上部注入，在功能、效果上与被控侵权技术方案有明显不同。因此，富士化水株式会社和华阳公司针对专利权利要求5的现有技术抗辩难以成立。

如前所述，被控侵权的脱硫方法和曝气装置落入原告专利权的保护范围，且富士化水株式会社和华阳公司的现有技术抗辩不能成立，因此，本案专利侵权成立。

根据富士化水株式会社与华阳公司于1997年4月签订的05LW033号“烟气脱硫系统”合同，本案被控侵权的1号、2号机组的烟气脱硫系统是华阳公司从富士化水株式会社引进的，富士化水株式会社负责在施工现场对FGD装置的安装、试运行和性能测试进行监督。另，上述两公司于1997年4月最终修订的97012号说明书约定，在“A”部分中指定的物品将由富士化水株式会社供应；在“B”部分中指定的物品将由华阳公司按富士化水株式会社的说明装备；在“C”部分中指定的物品将由华阳公司按富士化水株式会社的设计或图纸安装或建设。“A”部分包括“供应范围清单”中的“中段散水管”“MORETANA板”“MORETANA板支架及固定螺栓”“带清洗喷嘴的除烟器”“带监视器的控制台”“控制管理及应用软件”以及相关的图纸及文件。因此，可以认定，富士化水株式会社、华阳公司共同实施了侵犯晶源公司专利权的行为，依法应承担连带责任。连带责任的承担并不妨碍华阳公司根据其与富士化水株式会社签订的“烟气脱硫系统”合同依法向富士化水株式会社行使追偿权，一审判决根据上述合同中的权利瑕疵担保条款免除华阳公司的赔偿责任，有所不当，本院予以纠正。一审判决在被控侵权人因侵权获利数额未被证明的情况下，根据华阳公司提供的海水脱硫工程造价明细表综合认定赔偿数额为人民币 5061.24 万元，基本适当。鉴于本案烟气脱硫系统已被安装在华阳公司的发电厂并已实际投入运行，若责令其停止侵权行为，则会直接对当地的社会公众利益产生重大影响，故一审判决在充分考虑权利人利益与社会公众利益的前提下，未支持晶源公司关于责令停止侵权行为的诉讼请求，而是判令华阳公司按实际使用年限向晶源公司支付每台机组每年 24 万元至本案专利权期限届满为止，并无明显不妥。最高人民法院判决：一、维持一审判决的第一项、第三项、第四项；二、变更一审判决的第二项为：富士化水株式会社和华阳公司共同赔偿晶源公司经济损失人民币 5061.24 万元。

【法官评析】

本案涉及的焦点问题在于：

一、关于侵权定性

涉案专利包括两项独立权利要求，权利要求 1 是方法专利，权利要求 5 是产品专利。晶源公司在本案中指控被控侵权技术方案落入了上述两项权利要求所确定的保护范围，人民法院应当就上述两项独立权利要求分别作出专利侵权判定。关于权利要求 1，当事人未作为上诉争议点。主要争议的是权利要求 5，具体而言：(1)关于“隔板”。华阳公司主张，被控侵权装置的曝气池的隔板下部与曝气池底部不相连，即混合海水可以从隔板的上、下部通过。此与专利隔板与曝气池底部相连特征不同。本文认为，被控侵权装置的混合海水虽然从隔板上、下两边通过，但已包括了专利权利要求 5 所记载的混合海水从隔板上部进入曝气区这一特征，至于下部是否通过，并不影响侵权判定。(2)关于混合区的纯海水与酸性海水的混合方式。华阳公司主张，被控侵权装置没有混合区，酸性海水和纯海水是先经管道汇合后由一个口进入曝气区。原判认定，被控侵权装置是将纯海水与酸性海水先经管道汇合，但汇合后依然进入曝气池的混合区进一步掺混。本文认为，即使如华阳公司所称，事先在管道里混合好，再进入曝气池曝气，该管道的混合实质上相当于原告专利所称的混合区。两者在功能和效果上基本相同。因此，原判认定该特征是等同特征，并无不当。(3)关于脱硫率与氧化率，富士化水株式会社主张，专利权人所称的高脱硫率，指的是烟气经过洗涤塔前、后二氧化硫的比率。这不同于洗涤塔之后的曝气流程。曝气的过程烟气经过海水掺混形成不稳定的亚硫酸盐，再经过曝气，变为稳定的硫酸盐，不会污染。并引证专利无效决定的评述。本文认为，权利要求并未提及脱硫率，只是在说明书中描述本专利的优点为脱硫率达 90%以上。至于专利权效力问题，与本案专利侵权诉讼没有直接关联。

二、关于现有技术抗辩

针对权利要求 1，富士化水株式会社和华阳公司用以主张不侵权抗辩的现有技术方案是印度 Tata 电厂工艺图。但其均承认，该文献没有公开曝气时间和空气海水比例。为此，富士化水株式会社另外援引美国专利的一个附图，并称根据图测，可以得知空气海水比例。本文认为，根据现有技术抗辩的一般规则，现有技术方案应当是一份完整的技术方案。而 Tata 电厂的工艺文件并未完整的公开被控侵权技术方案。而且，在无效程序中，富士化水株式会社也援引上述两个文件，专利复审委员会均认为权利要求 1 相对于上述两个文件仍具有创造性。也就是说，即使将美国专利附图作为现有技术抗辩的文件之一，本领域技术人员从上述两个文件也不能在无需创造性劳动的情况下得出被控侵权技术方案。因此，针对权利要求 1 的现有技术抗辩不能成立。

针对权利要求 5，富士化水株式会社和华阳公司用以主张不侵权抗辩的现有技术方案是印度 Tata 电厂的脱硫装置图。对于该图所示结构，专利复审委员会第 8408 号无效决定记载，酸性海水是从混合室的上部注入，新鲜海水由混合室上部左侧的配水池注入。与权利要求 5 相比，装置的技术构思不尽相同，印度 Tata 电厂的脱硫装置图也没有给出注入口位置变换的技术启示。本文认为，关于注入口的位置，图示比较清楚，无效决定对此的认定比较客观。富士化水株式会社称酸性海水从混合区下部注入，没有事实依据。因此，印度 Tata 电厂的脱硫装置图所示脱硫装置与被控侵权技术方案有实质不同，因此，针对权利要求 5 的现有技术抗辩难以成立。

三、关于侵权责任承担

首先需要明确的是，关于使用者、销售者免责的规定。无论是1992年《专利法》还是2000年《专利法》,均针对的是专利产品或者依专利方法直接获得的产品。然而,使用专利方法本身并不能据此免责,因为,方法专利中使用专利方法的行为实质上相当于产品专利中的制造产品的行为。因此,被控侵权的装置使用脱硫工艺的行为不涉及是否免责的问题。

关于被控侵权的脱硫装置。根据富士化水株式会社与华阳公司于1997年4月签订的05LW033号"烟气脱硫系统"合同,本案被控侵权的1号、2号机组的烟气脱硫系统是华阳公司从富士化水株式会社引进的,富士化水株式会社负责在施工现场对脱硫装置的安装、试运行和性能测试进行监督。另,上述两公司于1997年4月最终修订的97012号说明书约定,在"A"部分中指定的物品将由富士化水株式会社供应;在"B"部分中指定的物品将由华阳公司按富士化水株式会社的说明装备;在"C"部分中指定的物品将由华阳公司按富士化水株式会社的设计或图纸安装或建设。"A"部分包括"供应范围清单"中的"中段散水管""MORETANA板""MORETANA板支架及固定螺栓""带清洗喷嘴的除烟器""带监视器的控制台""控制管理及应用软件"以及相关的图纸及文件。由此可见,富士化水株式会社不仅出售脱硫装置和方法,还负责派遣人员在施工现场监督设备的安装和运转。华阳公司从事了设备的安装、制作,虽然其委托案外人负责具体的施工,但并不意味着华阳公司的行为不属于制造。亦即,富士化水株式会社和华阳公司在中国境内共同从事了制造侵权产品的行为,两者的行为是一个无法分割的整体。因此,可以认定,富士化水株式会社、华阳公司共同实施了侵犯晶源公司专利权的行为,依照《最高人民法院关于贯彻执行〈中华人民共和国民法通则〉若干问题的意见(试行)》第148条的规定,富士化水株式会社和华阳公司应当承担连带责任。连带责任的承担并不妨碍华阳公司根据其与富士化水株式会社签订的"烟气脱硫系统"合同依法向富士化水株式会社行使追偿权,一审判决根据上述合同中的权利瑕疵担保条款直接免除华阳公司的赔偿责任,有所不当。

(最高人民法院知识产权审判庭 李 剑)

案例2 OBE侵犯发明专利权纠纷案

——阅读提示:在方法专利的权利要求没有明确限定步骤顺序的情况下,如何确定权利要求中各步骤的实施顺序?当事人对权利要求中的技术术语的理解存在争议时,如何确定该技术术语的含义?

【裁判要旨】

本案裁判的意义在于:在方法专利的权利要求没有明确限定步骤顺序的情况下,应当结合说明书和附图、专利审查档案、权利要求记载的整体技术方案以及各个步骤之间的逻辑关系,确定各个步骤是否应当按照特定的顺序实施。

说明书和附图、专利审查档案以及权利要求书中的其他权利要求可以用于解释权利要求中技术术语的含义。

【案号】

一审:北京市第一中级人民法院(2002)一中民初字第5048号

二审:北京市高级人民法院(2006)高民终字第1367号

再审审查:最高人民法院(2008)民申字第980号

【案情与裁判】

原告(二审被上诉人、申请再审人):OBE公司

被告(二审上诉人、被申请人):康华公司

原告起诉与被告答辩

北京市第一中级人民法院(简称一审法院)审理查明,原告OBE公司是名称为"弹簧铰链的制造方法"的发明专利(简称涉案专利)的专利权人,该专利授权公告的权利要求1为:一种制造弹簧铰链的方法。该铰链由至少一个外壳、一个铰接件和一个弹簧构成,其特征是该方法包括下述步骤:提供一个用于形成铰接件的金属带(简称供料步骤);切割出大致与铰接件外形一致的区域(简称切割步骤);通过冲压形成一个圆形部分以形成铰接件的凸肩(简称冲压步骤);冲出铰接件的铰接孔(简称冲孔步骤)。

2002年6月24日，OBE公司起诉至一审法院称，被告康华公司未经其许可，擅自以生产经营为目的实施了侵犯涉案专利权的行为，请求判令康华公司停止侵权、赔偿经济损失。康华公司辩称，涉案专利方法是四个步骤先后顺延的弹簧铰链制造方法，而康华公司制造弹簧铰链的方法是由三个加工单元组合而成，顺序可调，不具有先后顺延的特征，没有落入涉案专利权的保护范围。

康华公司制造弹簧铰链的过程为：(1)人工将金属带送入冲压机冲下铰接件；(2)人工用钳子夹住铰接件前部，用锻压机将铰接件后部砸圆；(3)人工用钳子夹住铰接件前部，将铰接件插入打孔机内打孔；(4)人工用铅丝从铰接件前部圆孔中穿过，将若干个铰接件穿在一起后用抛光轮抛光。

一审法院认为，将涉案专利的权利要求1与被诉侵权方法对比，被诉侵权方法与权利要求1的保护范围无明显差异。权利要求1为四个步骤，被诉侵权方法亦为四个步骤。在将铰接件从金属带上冲下后，被诉侵权方法中的模锻、打孔的顺序虽然可调，但顺序的调整并未产生新的技术效果，因此，康华公司制造弹簧铰链的方法落入了涉案专利权的保护范围。据此，一审法院判决：一、康华公司立即停止侵权行为；二、康华公司赔偿OBE公司5万元；三、驳回OBE公司的其他诉讼请求。案件受理费7010元，由OBE公司负担5000元，康华公司负担2010元。

康华公司不服该一审判决，向北京市高级人民法院提起上诉。

北京市高级人民法院认为，本案焦点在于康华公司制造弹簧铰链的方法是否落入涉案专利权的保护范围。根据涉案专利说明书的记载，涉案专利是在“各步骤先后顺延且不能变化”的情况下实现的，这既是涉案专利的发明目的，又是涉案专利方法的特征和效果的体现。将铰接件从金属带上分离下来或者步骤变化，均无法实现涉案专利的技术效果和目的。康华公司制造弹簧铰链的方法包括如下步骤：(1)金属带；(2)冲下铰接件；(3)砸圆；(4)打孔。被诉侵权方法是首先将铰接件从金属带上分离下来，再采取传统机械加工工艺中的冲裁、锻压和冲孔设备逐一完成，其中砸圆和打孔的顺序可调。由此可见，被诉侵权方法与涉案专利方法采取的“各步骤先后顺延且不能变化”不同，被诉侵权方法与涉案专利方法既不相同也不等同，没有落入涉案专利权的保护范围。一审判决关于被诉侵权方法与涉案专利方法等同的认定错误，应予以纠正。据此，二审法院判决：撤销一审判决，驳回OBE公司的诉讼请求；一审案件受理费7010元由OBE公司负担，二审案件受理费7010元由OBE公司负担。

OBE公司不服该二审判决，向最高人民法院申请再审，称二审判决将“各步骤先后顺延且不能变化”这个新的技术特征从说明书中加入权利要求1，缺乏法律依据。说明书中的两个实施例采用了不同的步骤顺序，表明权利要求1中的各个步骤可以依照不同的顺序实施，权利要求1的保护范围包括所述步骤的各种顺序的组合，二审判决认定权利要求1“各步骤先后顺延且不能变化”，认定事实错误。涉案专利针对的技术问题是，现有技术使用型材生产弹簧铰链，需要复杂的加工工艺，成品率低，制造费用高，涉案专利用低成本生产的带材代替型材，使用非切削(冲压)方法代替复杂的切削方法。附带的技术问题“弹簧件的零件由散装料供给，所以首先需要麻烦的找正，才能把各零件组装在正确的位置上”是通过优选实施例“铰接件同金属带不分离”完成，因此，“铰接件同金属带不分离”不是权利要求1的必要技术特征。请求撤销二审判决，驳回康华公司的上诉请求，维持一审判决。

最高人民法院审查后认为，本案焦点在于：(1)权利要求1中的各个步骤是否应当按照记载的顺序依次实施；(2)被诉侵权方法是否具有与权利要求1中的“切割出大致与铰接件外形一致的区域”相同或等同的技术特征。

一、关于权利要求1中的各个步骤是否应当按照记载的顺序依次实施

对于存在步骤顺序的方法发明，步骤本身以及步骤顺序均应当对专利权的保护范围起到限定作用。由于现行法律没有对是否应当在方法专利的权利要求中限定各步骤的实施顺序进行规定，在权利要求没有对步骤顺序进行限定的情况下，国务院专利行政部门在专利授权、确权程序中一般即根据各个步骤在权利要求中记载的顺序进行审查，而不会将权利要求解释为能够以任意顺序实施各个步骤。因此，在侵权诉讼中，不应以权利要求没有对步骤顺序进行限定为由，不考虑步骤顺序的限定作用，而是应当结合说明书和附图、审查档案、权利要求记载的整体技术方案以及各个步骤之间的逻辑关系，从本领域普通技术人员的角度出发确定各个步骤是否应当按照特定的顺序实施。根据权利要求1记载的四个步骤，首先，供料步骤的作用在于为其他的步骤提供加工材料，因此，供料步骤必须在其他步骤之前实施。其次，切割步骤的作用是从金属带上切割出大致与铰接件外形一致的区域，根据涉案专利的说明书及附图，所述区域包括“用于形成凸肩9的基本形状”和“以后具有铰链孔范围497的至少一部分”，由于冲压步骤是对由切割步骤制成的“用于形成凸肩9的基本形状”进行冲压，冲孔步骤是在由切割步骤制成的“范围497”内制作铰接孔，说明书中没有记载可以在切割步骤之前实施冲孔步骤或冲压步骤的技术内容，本领域普通技术人员难于预见到在切割步骤之前实施冲孔步骤或冲压步骤，亦能够实现涉案专利的发明目的，达到相同的技术效果。因此，权利要求1中的切割步骤应当在冲压步骤和冲孔步骤之前实施。从说明书记载的内容看，虽然冲压步骤与冲孔步骤的顺序是可以调换的，但是，在实际加工过程中，一旦确定了二者的顺序，二者就只能依次进行。综上所述，权利要求1中的四个步骤应当按照供料步骤、切割步骤、冲压步骤或冲孔步骤的顺序依次实施，各个步骤具有特定的实施顺序，申请再审人关于“权利要求1的保护范围包括所述步骤的各种顺序的组合”的申请再审理由于缺乏事实依据和法律依据，不予支持。

二、关于被诉侵权方法是否具有与“切割出大致与铰接件外形一致的区域”相同或等同的技术特征

涉案专利权利要求1中记载了制造弹簧铰链的四个步骤，双方当事人对供料步骤、冲压步骤和冲孔步骤的含义并无争议，但对于切割步骤，即技术特征“切割出大致与铰接件外形一致的区域”由于其中使用了含义模糊的技术术语“大致与铰接件外形一致的区域”，致使双方当事人对该技术特征的解释产生争议。因此，有必要查明该技术特征的确切含义，并在此基础上准确、合理地确定涉案专利权的保护范围。

根据涉案专利说明书和附图、申请再审人在授权程序中提交的意见陈述书、其他权利要求以及申请再审人在侵权诉讼中提交的有关书面意见陈述，均表明在实施涉案专利的过程中，权利要求1中“大致与铰接件外形一致的区域”是金属带的一部分，未与金属带分离。将被诉侵权方法与权利要求1相比，被诉侵权方法虽同样使用金属带作为制作弹簧铰链的原料，但是被诉侵权方法系使用冲压机将铰接件毛坯从金属带上完全冲落下来，后续的砸圆、打孔等工序均是针对单个的铰接件毛坯进行，每次仅能加工一个铰接件并且在后续的工序中始终需要人工固定单个的铰接件毛坯，不仅工艺复杂效率低，亦不便于弹簧等其他零部件的装配以及零件的搬运。因此，尽管使用的原料相同，但是相对于权利要求1，被诉侵权方法仍然是一种落后的生产工艺，二者采取的技术手段具有实质性的差异，实现的功能亦有不同，被诉侵权方法也不能实现权利要求1所具有的实现弹簧铰链的经济加工、取消铰接件的找正、改进零件的组装和搬运等有益效果。因此，被诉侵权方法不具有与权利要求1中的“切割出大致与铰接件外形一致的区域”相同或等同的技术特征，没有落入涉案专利权的保护范围。

2009年8月26日，最高人民法院以（2008）民申字第980号民事裁定驳回OBE公司的再审申请。

【法官评析】

本案主要涉及专利侵权诉讼中权利要求的解释，具体涉及的焦点问题在于：1. 在方法专利的权利要求没有明确限定步骤顺序的情况下，应当如何确定各个步骤的实施顺序；2. 如何确定权利要求中的技术术语的含义。

一、关于方法专利权利要求中步骤顺序的确定

发明专利包括产品专利和方法专利两种基本类型。其中方法专利保护的是包括有时间过程要素的活动，例如产品制造方法、使用方法、通讯方法等。除用途发明[1]外，方法专利通常是通过方法步骤的组合以及一定的步骤顺序来实现方法发明所要达到的目的。大多数情况下，方法专利权利要求中的各个步骤或者某些步骤必须按照特定的顺序方能实施，如果以其他的顺序实施，或者在

---

[1] 用途发明主要存在于化学领域，国家知识产权局《审查指南》第二部分第十章4.5.1规定：“用途发明的本质不在于产品本身，而在于产品性能的应用。因此，用途发明是一种方法发明，其权利要求属于方法类型”，典型的用途发明例如“化合物×作为杀虫剂的应用。”

技术上不具有可行性❶，或者无法解决方法专利所要解决的技术问题，都无法实现所要达到的技术效果❷。因此，对于存在特定的步骤顺序的方法发明，步骤本身以及步骤顺序均属于方法专利的必要技术特征，应对专利权的保护范围起到限定作用，不能将专利权的保护范围理解为各个步骤可以以任意顺序实施。

在确定方法专利的步骤顺序时，还应注意避免走入另一个极端，即将专利权的保护范围限定为各个步骤只能依照记载的顺序实施。这是因为在确定专利权的保护范围时，必须以权利要求的内容作为依据，对于没有记载在权利要求中的技术特征，不宜轻易将其解释进权利要求，否则会不合理地缩小专利权的保护范围，损害权利要求公示专利权保护范围的重要作用。虽然在实施专利方法时，各个步骤必然是以一定的顺序实施❸，并且专利权人可能会根据各个步骤的实施顺序撰写权利要求，但是，这并不意味着在确定专利权的保护范围时，可以将步骤的记载顺序视为实施顺序，将权利要求的文字排列顺序作为限定专利权保护范围的依据。

根据《专利法(第三次修正)》第 59 条第 1 款的规定，首先说明书和附图可以用于解释权利要求。通过分析说明书和附图中记载的技术内容，能够明确各个步骤之间是否存在特定的逻辑关系，据此可以确定各个步骤是否存在特定的实施顺序。其次，专利权人有时会在专利说明书或者意见陈述书中对步骤顺序进行进一步地说明或者限定，在专利侵权诉讼中，这种说明或者限定理应对专利权的保护范围产生限制作用。再次，在确定是否存在特定的步骤顺序时，还应当考虑方法专利所要解决的技术问题和实现的技术效果，如果以某种顺序实施无法解决方法专利所要解决的技术问题，无法实现说明书中记载的技术效果，则不能将依照该顺序实施各个步骤的技术方案纳入专利权的保护范围。

具体到本案，关于权利要求 1 中记载的弹簧铰链制造方法，涉案专利的说明书和附图中分别公开了两个实施例。其中在实施例 1 中，供料步骤、切割步骤、冲压步骤，冲孔步骤依次实施；而在实施例 2 中，供料步骤、切割步骤、冲孔步骤、冲压步骤依次实施。这表明实施例 1、2 中的冲压步骤和冲孔步骤的实施顺序是可以调换的，并且调换顺序后实现的技术效果相同。因此，根据涉案专利的说明书和附图，并不能得出各个步骤必须依照记载的顺序实施，步骤顺序不可调换的结论。而通过对实施各个步骤后获得的具体产物(例如实施切割步骤后形成的“大致与铰接件外形一致的区域”)，以及各个步骤的加工对象(例如冲孔步骤的加工对象为“范围 497”)进行分析，可以确定各个步骤的逻辑顺序，据此可进一步确定各个步骤是否应当按照特定的顺序实施。

二、关于如何确定权利要求中技术术语的含义

专利权的保护范围是以语言文字的形式进行限定的。专利技术的抽象性以及语言文字的不周延性，决定了专利权的保护范围会存在模糊地带，诉讼中容易产生争议。因此，在进行侵权判断的过程中，必须正确地对权利要求进行解释，以合理、准确地确定专利权的保护范围。

根据《专利法(第三次修正)》第 59 条第 1 款的规定，说明书和附图可以用于解释权利要求的内容。在确定权利要求中的技术术语的含义时，说明书和附图的作用主要体现在以下两个方面：其一，权利人在撰写权利要求时享有表达的自由，其不仅可以创设新的技术术语以指代特定的技术含义，也可以在说明书和附图中对已有的技术术语给出自己的定义，赋予该技术术语以特定的含义。此时，说明书和附图作为权利要求的“辞典”，在确定技术术语的含义时居于优先地位。当说明书和附图对技术术语所作的定义与该技术术语在本领域通常具有的含义有所不同时，应根据说明书和附图的定义进行解释。其二，权利要求书与说明书、附图是一个有机联系的整体，共同构成专利的完整的技术内容。因此，在对权利要求中的技术术语进行解释时，不能脱离其具体的使用环

---

❶ 例如对原料进行进一步处理的步骤不可能在提供原料步骤之前实施。

❷ 例如对于制造特定化合物的方法，原料的添加顺序不同，或者各个反应步骤不同，往往导致无法生产出所需的化合物，无法解决发明所要解决的技术问题。当然，也存在方法专利中的各个步骤能够以任意顺序实施的情形，例如一种制造某组合物的方法，其改进在于选取了特定的 A、B、C 三种原料，在制造的过程中可以以任意的顺序添加三种原料，且均可以实现发明目的，但这样的方法专利在实践中仍然属于个别情形。

❸ 在实际情况中，亦存在两个或两个以上的步骤可以同时实施的方法专利，例如在计算机系统中对不同的数据进行并行处理。

境，而是应当结合说明书和附图中记载的背景技术、发明目的、发明内容、有益效果、具体实施方式等内容，准确、全面地理解权利要求限定的整体技术方案，并在此基础上正确地理解技术术语的含义。

除说明书和附图外，专利授权、确权程序中审查员发出的审查意见通知书、专利权人提交的答复意见以及专利修改文件等，均属于专利审查档案，可以作为解释权利要求的依据。权利人在专利授权、确权程序中对技术术语的含义所做的澄清、解释或者说明，在侵权诉讼中应当对专利权的保护范围产生限制作用。此外，在对权利要求中的技术术语进行解释时，还应当充分考虑诉争权利要求与其他权利要求之间的有机联系。例如，结合从属权利要求中记载的附加技术特征，可以进一步验证对独立权利要求中技术术语的解释是否正确。

（最高人民法院知识产权审判庭　王永昌　杜微科）

案例 3　正泰股份公司诉施耐德公司、斯达分公司侵犯实用新专利权纠纷案

——阅读提示：诉讼标的金额最大的专利侵权案件的审理和调解。

【裁判要旨】

本案裁判的意义在于：专利权的保护范围应以权利要求书的内容为准。

【案号】

一审：温州市中级人民法院（2006）温民三初字第 135 号（2007 年 9 月 26 日）

二审：浙江省高级人民法院（2007）浙民三终字第 276 号（2009 年 4 月 15 日）

【案情与裁判】

原告（二审被上诉人）：正泰股份公司

被告（二审上诉人）：施耐德公司

被告（原审被告）：斯达分公司

原告起诉和被告答辩

2006 年 8 月 2 日原告正泰股份公司诉称，其于 1997 年 11 月 11 日向国家知识产权局申请"一种高分断小型断路器"的实用新型专利，国家知识产权局于 1999 年 3 月 11 日授予专利权并颁发专利证书，于 1999 年 6 月 2 日予以授权公告，该专利的专利号为 ZL97248479.5。被告施耐德公司、被告斯达分公司在未经其授权的情况下，一直在制造、销售侵犯上述专利权的产品。正泰股份公司经对比后认为，施耐德公司生产、销售的 C65a、C65N、C65H、C65L、EA9AN 五个型号的产品已落入上述专利权的保护范围，其行为已构成侵权。经审计，施耐德公司在 2004 年 8 月 2 日至 2006 年 7 月 31 日期间共生产销售上述侵权产品达 88 367.0662 万元，通过其上报给工商、税务部门的产品利润率计算，其非法获利达 33 486.9872 万元。故正泰股份公司请求判令：(1)斯达分公司、施耐德公司立即停止侵犯正泰股份公司专利号为 ZL97248479.5 的实用新型专利（以下简称涉案专利）权的行为；(2)斯达分公司、施耐德公司将侵犯正泰股份公司涉案专利权的所有产品上交法院，并在法院监督下进行全部销毁或交给正泰股份公司；(3)斯达分公司赔偿正泰股份公司损失 500 000 元；(4)施耐德公司赔偿正泰股份公司损失 334 869 872 元。

斯达分公司未予书面答辩，在庭审中辩称：(1)斯达分公司系经工商核准企业，销售被控侵权产品在核准的经营范围内，其合法经营行为受法律保护。其系合法授权经销商，销售的被控侵权产品系向施耐德公司购进。并且斯达分公司认为施耐德公司是国际知名企业，其产品不会侵犯他人权利。(2)涉案专利为无效专利，斯达分公司的行为不构成专利侵权。

施耐德公司辩称：(1)施耐德公司生产被控侵权产品的行为，是在获得申请在先的专利的合法授权基础上进行，其因实施该专利技术而进行的制造、销售被控侵权产品的行为，不构成对他人专利权的侵害。(2)涉案专利不具有专利性，是无效专利。(3)涉案专利所披露的技术方案，早已在国内外公开，事实上已经成为公知技术，被控侵权产品系使用公知技术。(4)涉案专利在无效程序进行过程中，正泰股份公司将独立权利要求 1 与从属权利要求 2 进行了合并，致使其提起侵权诉讼的权利基础处于不稳定状态。(5)温州东瓯会计师事务所出具的《审计报告》未对成本进行审计，也未能确定产品利润，不能作为确定赔偿的依据；正泰股份公司提出的巨额损害赔偿缺乏事实和法律依据。

一审审理查明

正泰集团公司(正泰股份公司前身)于1997年11月11日向国家知识产权局申请了名称为“一种高分断小型断路器”的实用新型专利,于1999年3月11日获得授权及颁证,授权公告日为1999年6月2日,专利号为ZL97248479.5。

2006年7月20日,正泰股份公司申请证据保全公证的代理人与公证员一起来到斯达分公司购买了型号为C65N的小型断路器2盒,每盒12只,销售金额为420元。斯达分公司销售的上述断路器具有合法来源,系施耐德公司制造并售出的。

2006年8月10日、11日,一审法院根据正泰股份公司的申请,对施耐德公司被控侵权的产品及相关财务资料进行证据保全。

2006年8月14日,正泰股份公司向一审法院提出对施耐德公司被控侵权产品的销售额及利润的审计申请。一审法院委托温州东瓯会计师事务所就正泰股份公司申请的审计事项进行审计。审计人员于2007年1月22日到达施耐德公司开始审计工作。审计结论为:施耐德公司自2004年8月2日起至2006年7月31日止有关C65a、C65N、C65H、C65L、EA9AN型断路器产品的销售额为883 670 662.03元。之后,施耐德公司就同样事项自行委托审计,审计结论:销售额为864 289 419.84元。在施耐德公司拒绝提供侵权产品的成本核算资料后,一审法院根据施耐德公司提供给工商、税务部门的财务资料进行计算,得出施耐德公司销售全部产品的平均营业利润率。

2006年8月28日,施耐德公司向国家知识产权局专利复审委员会提出宣告涉案专利无效的申请。国家知识产权局专利复审委员会于2007年4月25日作出第9744号无效宣告请求审查决定:“在专利权人于2007年2月17日提交的权利要求第1~3项的基础上维持97248479.5号实用新型专利有效”。施耐德公司对该决定不服,向北京市第一中级人民法院提起行政诉讼。

施耐德公司在本案中提出了公知技术抗辩、技术特征不相同或等同抗辩,并就本案被控侵权产品的利润提出了异议,同时提出正泰股份公司的专利效力正面临行政和司法审查,要求本案中止审理。

一审判理和结果

一审法院在审理后认为,对专利无效与否的判定权力不属于该院,法院只是为了决定案件是否中止审理而考虑专利被判定无效的可能性大小,根据国家知识产权局专利复审委员会作出的无效宣告审查决定等因素决定本案不中止诉讼。

对于施耐德公司主张的实施在先专利抗辩是否成立,一审法院认为实施在先专利抗辩成立与否取决于在先专利的申请文本中是否已经公开了被控侵权产品对应于专利技术方案的所有技术特征,本案中施耐德公司仅依据对比文件D1中的说明书附图5来推测公开了被控侵权产品中所涉的部分技术特征,而这些技术特征在对比文件D1的权力要求书与说明书中没有任何的文字描述,也不能从附图中直接、毫无疑义地确定技术特征,因而所涉技术特征不应作为已公开的内容,施耐德公司的实施在先专利抗辩不能成立。

关于被控侵权产品是否落入涉案专利权的保护范围,一审法院认为,本案专利权的保护范围应当以权利要求1与权利要求2中明确记载的必要技术特征所确定的范围为准。施耐德公司提出被控侵权产品与正泰股份公司专利技术方案有以下四点不同:(1)被控侵权产品中不存在摇臂,被控侵权产品套嵌于心轴和手柄之间的部件是制动爪。(2)被控侵权产品中不存在曲形限位器。(3)被控侵权产品中不存在触头支持。(4)被控侵权产品的制动爪和闭锁臂上不存在圆弧面。一审法院经察看被控侵权产品,发现施耐德公司所称的制动爪和闭锁臂上是有圆弧面的,因而对第4个不同点予以否定。一审法院认为,施耐德公司所称的制动爪是可转动的臂状部件,一端设有安装套孔,套嵌于心轴和手柄之间,另一端的顶部即为圆弧面,完全具备涉案专利权利要求1与权利要求2中记载的摇臂的特征及相邻部件的位置关系:“套嵌于心轴和手柄之间的摇臂,所述的摇臂一端设有安装套孔,另一端顶部为圆弧面,其旁侧设有曲形限位器”,且所起的功能与作用在工作过程中的状态及与相关部件的配合关系与涉案专利权利要求书中所称的摇臂这一部件均为相同,施耐德公司提出的第1个不同点不成立。被控侵权产品上施耐德公司所称的“起贮能及弹性复位作用的类似于蝌蚪形的弹性件”,所谓“类似于蝌蚪形”是“曲形”的下位概念,起贮能及弹性复位作用的弹性件则当然的能起到限位作用,因而其实际是一种曲形限位器,施耐德公司提出的第2个不同点不成立。施耐德公司所称的“闭锁臂”上安装有动触头,支撑动触头并可带动动触头,实际上就是动触头的支架，与涉案专利权利要求书中的“触头支持”两处说明：“动触头与支撑它的触头支持”“触头支持带动动触头快速闭合”相同，施耐德公司提出的第3个不同点不成立。因此，施耐德公司提出的不同点均不成立，被控侵权产品具备涉案专利权利要求1与权利要求2的所有必要技术特征，落入了本案实用新型专利权的保护范围。

一审法院认为施耐德公司未经涉案专利权人正泰股份公司的许可以生产经营为目的制造、销售专利产品的行为，斯达分公司未经涉案专利权人正泰股份公司的许可以生产经营为目的销售专利产品的行为，均已构成专利侵权，应承担相应的民事责任。施耐德公司不属于完全以侵权为业的侵权人，应按照侵权人的营业利润计算。一审法院在判决中采用施耐德公司提供的数据确定施耐德公司各时间段销售侵权产品的销售额，将施耐德公司销售全部产品的平均营业利润率与正泰股份公司提交的施耐德公司因侵权所获得的营业利润计算表中数据相比后相对较小的数据作为最后定案的营业利润率进行计算，得出施耐德公司于2004年8月2日至2006年7月31日期间销售侵权产品所获得的营业利润为35 593 920 625元。但鉴于正泰股份公司对施耐德公司提出的诉讼请求金额低于该金额，所以确定施耐德公司的赔偿金额为正泰股份公司请求的33 486.9872万元。本案中，斯达分公司销售的侵权产品具有合法来源，且正泰股份公司没有主张斯达分公司于销售时知道是未经专利权人许可而制造并售出的专利产品这一事实，亦没有就这一事实举证，因此认定斯达分公司不承担赔偿责任。

综上，一审法院驳回了施耐德公司的抗辩理由，认定施耐德公司、斯达分公司构成专利侵权，于2007年9月26日判决：一、施耐德公司、斯达分公司立即停止侵权行为；二、施耐德公司赔偿正泰股份公司损失334 869 872元；三、驳回正泰股份公司的其他诉讼请求。

上诉与答辩

宣判后，施耐德公司不服，向二审法院提起上诉，其上诉理由与一审诉辩理由基本相同。

二审审理查明和结果

二审法院于2007年11月12日立案，2009年3月26日，北京市高级人民法院作出了维持正泰股份公司涉案专利有效的行政判决，二审法院于2009年3月30日、4月8日、4月14日就本案进行了庭前证据交换和质证并主持了调解，4月15日在公开开庭时达成调解协议。基于施耐德公司正泰股份公司达成全球和解协议，施耐德公司在尊重涉案第CN97248479.5号专利基础上，与正泰股份公司达成如下协议：一、施耐德公司在本调解书生效之日起15天内，向正泰股份公司支付补偿金人民币15 750 000元，如施耐德公司未能按照前述期限和金额付款，正泰股份公司有权申请执行浙江省温州市中级人民法院(2006)温民三初字第135号民事判决。二、本案一审案件受理费1 716 149元，由施耐德公司负担。二审案件受理费1 716 149元，减半收取858 074.50元，由施耐德公司、正泰股份公司各负担429 037.25元。三、本协议签署并履行后，双方就本案不存在任何争议。经审查，上诉协议符合有关法律规定，二审法院予以确认。该调解书已经本案各方当事人特别授权代理人签收并发生法律效力。

2009年4月24日，施耐德公司主动全部履行了调解协议。

【法官评析】

该案是我国目前诉讼标的金额最大的专利侵权纠纷案件，该案在审理中由于施耐德公司已向国家专利复审委员会申请宣告正泰股份公司涉案专利无效，因此为慎重起见，二审法院决定延长该案审限。2009年3月26日，北京市高级人民法院作出了维持正泰股份公司涉案专利有效的行政判决。在正泰公司涉案专利有效性得到保证的情况下，二审法院认真研究了该案案情，认为一审判决在侵权认定上基本正确，正泰股份公司作为民营龙头企业，难能可贵得通过自主创新，拥有了自主知识产权，对此应予保护。对于一审判决所判定的赔偿金额，尽管有施耐德公司的财务账册作为计算依据，但是在施耐德公司的利润中也存在着品牌及技术分成因素。由于该案标的金额巨大，事关中法两国知名企业，径行判决并非解决纠纷的最佳方案。从调解角度考量，正泰股份公司与施耐德公司之间存在着长期的竞争关系。在仔细研究了案情背景后，省法院认为该案存在着调解的可能，从正泰股份公司考量，尽管其一审胜诉，但施耐德公司毕竟是相关行业的国际龙头企业，与之多年的诉讼战争已令正泰股份公司不堪其累，同时，涉案专利在二审期间已过保护期，今后将不再具有价值，而施耐德公司仍继续要求专利复审委员会宣告涉案专利无效。因此，如能与施耐德公司达成全球和解，对正泰股份公司而言，应是不错的选择。从施耐德公司考量，其寄予厚望的近两年的专利无效诉讼以失败告终，未能宣告涉案专利无效，使其在本案中侵权成立的可能大增，一旦在本案中被认定侵权并被判令巨额赔偿，将严重影响施耐德公司作为国际龙头企业的形象，对施耐德公司而言，调解也应是不错的选择。由于双方之间积怨已久，存在着众多的历史遗留问题，文化、法律观念上也存在着巨大差别，调解甚为艰难，二审法院组织双方当事人常常夜以继日地进行谈判，对于双方有争议的问题，常常背靠背调解，以达成共识。4月10日，正泰股份公司董事长南存辉、施耐德公司总裁及首席执行官赵国华在二审法院的主持下，就全球和解协议及本案的处理达成了六点共识，双方签署了全球和解协议及本案的调解协议：基于施耐德公司与正泰股份公司达成全球和解协议，施耐德公司在尊重涉案第CN97248479.5号专利基础上，与正泰股份公司达成如下协议：一、施耐德公司在本调解书生效之日起15天内，向正泰股份公司支付补偿金人民币15 750 000元，如施耐德公司未能按照前述期限和金额付款，正泰股份公司有权申请执行浙江省温州市中级人民法院(2006)温民三初字第135号民事判决。二、本案一审案件受理费1 716 149元，由施耐德公司负担。二审案件受理费1 716 149元，减半收取858 074.50元，由施耐德公司、正泰股份公司各负担429 037.25元。三、本协议签署并履行后，双方就本案不存在任何争议。浙江省高级人民法院于当日作出调解书确认上述调解协议。

双方当事人都是国内和国际低压电气市场上的龙头企业，存在激烈的竞争关系，本案诉讼请求和一审判赔额高达3.3亿，引起了国内外各界的广泛关注。二审法院充分发挥司法智慧，努力促使双方当事人达成了全球和解协议，解决了长期的知识产权争议，创造了良性竞争、合作双赢的市场环境，得到了最高法院和浙江省委主要领导的充分肯定，并被中华全国律师协会知识产权专业委员会评为"十佳案例"。该案一审国内最大赔偿额和二审国内最高补偿额，不仅揭示了自主创新和知识产权的巨大市场价值，而且复杂的诉讼过程也为国内企业提供了丰富的诉讼经验和技巧。同时，该案当事人自愿达成和解协议后，减少了境外机构及媒体对中国法院存在地方保护主义的偏见。一方面，长期以来，国内企业多模仿，疏于自主创新，在与境外跨国公司的知识产权诉讼中多为被告，败诉率极高，该案为国内企业提供丰富的诉讼经验，从而具有标杆作用。另一方面，境外媒体一直认为中国法院存在地方保护主义，该案系境内外当事人自愿和解，将缓和境外媒体的主观偏见，同时为中法关系的和解起到积极的作用。

（浙江省高级人民法院知识产权审判庭　周　平）

案例4　宝马公司诉世纪宝马公司、傅献琴、家润多公司侵犯注册商标专用权及不正当竞争纠纷案

——阅读提示：将与他人驰名商标相似或相同的图形、文字在不相同的商品上作为商标使用，或将相同的文字作为字号组合登记为企业名称进行商业使用能否直接认定构成侵犯商标权和不正当竞争？

【裁判要旨】

本案裁判的意义在于：摹仿他人注册的驰名商标在不相同的商品上作为商标使用，误导公众，致使该驰名商标注册人的利益受到损害的，属于《商标法》第52条第(5)项规定的给他人注册商标专用权造成其他损害的行为，构成侵犯商标权。

将与他人驰名商标、企业名称中具有较高知名度的字号相同的文字组合登记为企业名称中的字号进行商业使用，有意误导公众，攀附他人商业信誉，非法牟利，具有明显的主观恶意，属于典型的不正当竞争行为，依法应当予以禁止。

故意为侵犯他人注册商标专用权及不正当竞争行为提供仓储、运输、邮寄、隐匿等便利条件，帮助他人实施侵权行为的人，为共同侵权人，应当承担连带民事责任。

【案号】

一审：湖南省高级人民法院(2009)湘高法民三初字第1号

【案情与裁判】

原告：宝马公司

被告：世纪宝马公司

被告：傅献琴

被告：家润多公司

原告起诉与被告答辩

原告宝马公司于2008年8月23日向法院提起诉讼称：宝马公司第12类“机动车辆、摩托车及其零件”商品上注册的“BMW”“BMW及图”“寶馬”商标，经过长期使用和广泛宣传已经在相关公众中具有了很高知名度，属于驰名商标。2008年3月，宝马公司发现被告家润多公司擅自销售带有“ ”（蓝白造型MBWL及图）商标的服装、服饰商品。经查，上述商品均由被告世纪宝马公司生产，并以其公司员工即本案被告傅献琴的名义收取有关货款。世纪宝马公司还在产品上擅自使用了包含有“宝马”字样的“世纪宝马集团有限公司”和“深圳市世纪宝马服饰有限公司”企业名称。家润多公司销售上述侵权商品，傅献琴明知以上事实，却仍将以其名义设立的银行账户供世纪宝马公司使用，为世纪宝马公司实施商标侵权及不正当竞争行为提供了便利。因此世纪宝马公司、家润多公司、傅献琴共同侵犯了原告的商标权，并构成不正当竞争。请求判令：(1)被告立即停止使用“MBWL及图”商标。(2)被告立即停止使用“蓝白构图的MBWL及图”标识。(3)被告立即停止使用“世纪宝马集团有限公司”企业名称。(4)被告立即停止使用“深圳市世纪宝马服饰有限公司”企业名称。(5)上述被告共同赔偿原告经济损失5000万元。(6)上述被告在全国发行的报纸、期刊上刊登声明，为原告消除影响。

被告世纪宝马公司、傅献琴口头答辩称：原告的诉讼请求和主张没有法律依据，也没有事实根据，其主张和诉讼请求均不能成立；没有构成侵权，不应承担赔偿责任，请求法院驳回原告的全部诉讼请求。

被告家润多公司辩称：没有侵权，所以也不应承担赔偿责任。

一审审理查明

原告宝马公司于1995年10月21日、1987年3月30日在第12类“机动车辆、摩托车及其零件”商品上向中华人民共和国国家工商行政管理局商标局申请的“寶馬”“ ”“ BMW ”商标获准注册，注册号分别为784348、282196、282195。原告在其汽车等产品上长期使用“ ”（实际使用为蓝白造型）“BMW”“ 寶馬” 商标，2001～2006年《财富》（中文版）连续6年刊登宝马公司为世界500强企业，其BMW（宝马）汽车行销全球，宝马公司以及宝马公司的BMW（宝马）汽车广为中国相关公众所知晓。

被告世纪宝马公司成立于2004年12月。2004年2月28日案外人世纪宝马集团有限公司注册了第3249546号“ ”（MBWL及图）商标，该商标核定使用商品为第25类“皮鞋、服装、皮带（服饰用）、领带、帽、袜、手套（服装）”，并与本案被告世纪宝马公司签订使用许可合同，许可被告世纪宝马公司使用该商标，许可使用期限自2005年3月8日至2010年3月7日。被告家润多公司阿波罗商业广场设有“世纪宝马”服饰专柜，销售带有“ ”（蓝白造型MBWL及图）商标的服饰商品。在产品的购物袋、内包装袋以及衣服上均贴有“ ”（蓝白造型MBWL及图）商标，其下标注有“ MBWL Leisure”文字；衣服吊牌上印有“ ”（蓝白造型MBWL及图）商标以及“ MBWL Leisure”“世纪宝马集团有限公司”“深圳市世纪宝马服饰有限公司”等文字。该产品还在北京、安徽、浙江、山西、辽宁、广西等省市销售。上述商品均由被告世纪宝马公司生产。2009年1月5日被告世纪宝马公司发出《通知函》，内容为：“宿洲客户张德新于2008年12月29日与本公司签订加盟合同，现（限）张德新于2009年1月6日之前，将10 000元加盟金汇入以下公司指定账户。户名：傅献琴，农行卡6228480010054111116、建行卡4367420013540151036、工行卡9558820200016995575、交行卡6222600910000844140。”被告世纪宝马公司还将打印有“加盟金汇入以下公司指定账户，户名傅献琴，农行卡6228480010054111116、建行卡4367420013540151036、工行卡9558820200016995575、交行卡6222600910000844140”的告示张贴于其办公场所。被告世纪宝马公司利用上述账户收取加盟保证金、货款等。傅献琴系被告世纪宝马公司财务人员。

一审判理和结果

一、被告世纪宝马公司使用“ ”（蓝白造型 MBWL 及图）商标以及突出使用“宝马”文字是否侵犯原告宝马公司注册商标专用权

宝马公司系全球知名的汽车生产商，为世界500强企业，其2004年、2005年、2006年度全球营业收入分别为55 142 200 000美元、57 973 100 000美元、61 476 700 000美元，全球营业利润分别为2 763 600 000美元、2 782 100 000美元、3 598 300 000美元。原告宝马公司在第12类“机动车辆、摩托车及其零件”商品上核准使用的“ ”（BMW及图）“BMW”“寶馬”注册商标经过长期使用，大量宣传，已广为中国相关公众所知晓，具有较高的知名度，并享有较高声誉。根据《商标法》第13条、第14条，《最高人民法院关于审理商标民事纠纷案件适用法律若干问题的解释》第22条，《最高人民法院关于审理涉及驰名商标保护的民事纠纷案件应用法律若干问题的解释》第1条、第2条、第4条、第5条，人民法院在审理商标纠纷案件中，根据当事人的请求和案件的具体情况，可以对涉及的注册商标是否驰名依法作出认定。依据确定的事实以及权利保护的需要，原告宝马公司在第12类“机动车辆、摩托车及其零件”商品上核准使用的“ ”（BMW及图）“BMW”“寶馬”商标已处于事实上的驰名状态，依法认定为驰名商标。宝马公司作为上述驰名商标的权利人，其合法权利应当依法受到法律保护。

本案中，被告世纪宝马公司在其服饰产品上使用的“ ”（蓝白MBWL及图）商标与原告宝马公司第282196号“ ”（BMW及图、实际使用为“ ”蓝白BMW及图）商标进行比较，两者已构成混淆性近似，足以使相关公众对使用驰名商标和被诉商标的商品来源产生误认。（1）从外形比较，宝马公司第282196号BMW及图商标是由两个同心圆组成，其中的内圆被“十字”分割为四个扇形，圆内左上方扇形为黑色，圆内右下方扇形为黑色，上述黑色形成对角；圆内右上方扇形为无着色，圆内左下方扇形无着色，上述无着色部分形成对角。而世纪宝马公司使用的蓝白造型MBWL及图标志也由两个同心圆组成，其中的内圆也被“十字”分割为四个部分，圆内左上方扇形为蓝色，圆内右下方扇形为蓝色，上述蓝色形成对角；圆内右上方扇形为白色，圆内左下方扇形白色，上述白色部分形成对角。可见世纪宝马公司使用的蓝白造型MBWL及图商标与原告宝马公司第282196号BMW及图商标在外形上构成混淆性近似。（2）从发音方面比较，宝马公司的第282196号BMW及图商标被呼叫为“宝马”，而世纪宝马公司的蓝白造型MBWL及图被呼叫为“世纪宝马”。但对于相关公众而言，其呼叫的重点在于“宝马”而非“世纪”。因此“宝马”与“世纪宝马”从呼叫上难以辨别，容易造成混淆。（3）在隔离比对的状态下，世纪宝马公司使用与之近似的蓝白造型MBWL及图商标容易导致相关公众形成错误的消费判断。尽管宝马公司第282196号BMW及图商标核定使用商品为第12类“机动车辆、摩托车及零件”，而世纪宝马公司蓝白造型MBWL及图商标指示商品为“服装、服饰”。但由于第282196号BMW及图商标经过长期使用和广泛宣传，已为相关公众广为知晓。在BMW及图商标已处于驰名状态的情况下，世纪宝马公司在服装、服饰商品上使用与宝马公司相类似的蓝白造型MBWL及图商标，容易造成公众误认世纪宝马公司生产、销售的商品系经宝马公司授权，或与宝马公司具有许可使用、关联企业关系等特定联系。显而易见世纪宝马公司的行为不正当利用了宝马公司驰名商标的市场声誉牟取不法利益，从而对宝马公司利益造成损害。同时世纪宝马公司在产品上使用的“MBWL”文字，也容易与宝马公司的注册商标“BMW”产生混淆。世纪宝马公司还在公司营业场所、服饰专柜、销售发票上等突出使用“世纪宝马”文字，更容易使相关公众产生混淆。因此，根据《最高人民法院关于审理商标民事纠纷案件适用法律若干问题的解释》第1条关于“复制、摹仿、翻译他人注册的驰名商标或其主要部分在不相同或者不相类似商品上作为商标使用，误导公众，致使该驰名商标注册人的利益可能受到损害的，属于《商标法》第52条第（5）项规定的给他人注册商标专用权造成其他损害的行为”之规定，世纪宝马公司使用“ ”

（蓝白造型 MBWL 及图）“MBWL”“宝马”图形及文字的行为侵害了宝马公司“BMW 及图”“BMW”“宝马”注册商标专用权。

世纪宝马公司辩称其使用蓝白造型 MBWL 及图商标已获得案外人世纪宝马集团有限公司的第 3249546 号“ ”商标授权的许可，具有合法基础。对此，本院认为，任何人行使其自有权利均不得侵害他人在先、合法的权利。尊重并保护在先权利系《民法通则》《商标法》等法律所确定的基本原则，权利产生有先有后，在后权利的行使应当注意避让在先的权利，以免发生法律冲突。然而本案中，世纪宝马公司不仅不采取适当的避让措施，按照其授权许可实际使用 商标，而且还将注册商标的黑白对比改变为蓝白对比，并调整了蓝白对角的方向，使其与宝马公司的 BMW 及图注册商标角度完全一致。因此世纪宝马公司在明知原告注册商标已具有较高知名度和美誉度以及具有广泛影响的情况下，模仿宝马公司的驰名商标在产品上使用“ ”商标 ，具有明显的主观故意。故世纪宝马公司关于使用“蓝白构图的 MBWL 及图”商标有委托授权不构成侵权的抗辩理由不能成立。

二、世纪宝马公司使用包含有“宝马”字样的“深圳市世纪宝马服饰有限公司”和“世纪宝马集团有限公司”企业名称是否构成对宝马公司的不正当竞争

“BMW”系原告宝马公司的注册商标，亦为其在先、合法的商号。宝马公司带有“BMW”商标的汽车自进入中华人民共和国境内以来，其“BMW”商标、字号一直与中文“宝马”文字作为商标和字号联合使用，“宝马”字号因宝马公司的长期使用和广泛宣传已产生很强的显著性，“宝马”代表了宝马公司的汽车商品所具有的优秀品质，宝马（BMW）商标、字号已经完全与宝马公司提供的汽车商品之间建立了特定的、一一对应的联系，“宝马”已成为 BMW 汽车品牌在中国境内的统一称呼，经过宝马公司长期经营和广泛宣传，其“宝马”字号已为业内人士及相关公众广为知悉。字号作为企业名称中的核心要素，是一个企业区别于其他企业的主要标志。本案被告 2004 年 12 月核准登记企业名称时，宝马公司的“宝马”字号已经享有较高的知名度，“宝马”商标亦处于驰名状态，而世纪宝马公司在明知宝马公司具有较高知名度的企业字号为“宝马”的情况下，仍将“宝马”文字组合登记为“深圳市世纪宝马服饰有限公司”企业名称中的字号进行商业使用，同时，还在产品上使用案外人“世纪宝马集团有限公司”企业名称，明显违背诚实信用原则和公认的商业道德。其行为的目的就是要利用宝马公司所享有的商业信誉从事经营活动，获取非法利益。因为将上述企业名称中的“世纪宝马”与宝马公司“宝马”进行比较，可以明显看出“世纪宝马”是由弱显著性的“世纪”来修饰“宝马”，其呼叫的重点仍在于“宝马”而非“世纪”，二者非常近似，容易使相关公众对宝马公司与世纪宝马公司的产品及其关联性产生混淆或误认，从而达到其“搭便车”非法牟利的目的。因此世纪宝马公司登记并使用含有“宝马”字样的企业名称，以及使用案外人在香港登记的世纪宝马集团有限公司企业名称显然是在有意误导公众，具有明显的主观恶意，属于典型的不正当竞争行为，依法应当予以禁止。

三、被告家润多公司、被告傅献琴的行为是否构成商标侵权和不正当竞争

《商标法实施细则》第 50 条规定：“故意为侵犯他人注册商标专用权行为提供仓储、运输、邮寄、隐匿等便利条件的”，属于《商标法》第 52 条第（5）项所称的侵犯注册商标专用权的行为。《最高人民法院关于贯彻执行中华人民共和国民法通则若干问题的意见（试行）》第 148 条规定：“教唆、帮助他人实施侵权行为的人，为共同侵权人，应当承担连带民事责任。”本案中，世纪宝马公司指定全国各地加盟店、专卖店将加盟金及货款汇入以“傅献琴”名义设立的中国工商银行、中国农业银行、中国交通银行、中国建设银行的银行卡中。傅献琴作为世纪宝马公司财务人员，应当知道企业的货款必须通过企业的账号进行收支，但仍将自己开设的银行账号提供给被告世纪宝马公司使用，因而对世纪宝马公司利用其银行账号收取货款的事实是明知的。而宝马（BMW）商标、宝马公司在相关公众中具有非常高的知名度，被告傅献琴作为世纪宝马公司的工作人员，也应当明知世纪宝马公司所从事的经营活动存在侵犯他人合法权益的情况，却仍以自己名义设立银行账户为世纪宝马公司收取货款，因而傅献琴主观上存在过错。被告傅献琴提供银行账号供被告世纪宝马公司使用，为世纪宝马公司实施商标侵权和不正当竞争行为提供了极其重要的便利条件，使被告世纪宝马公司通过侵权行为获得的非法利益更为隐蔽。因此被告傅献琴的行为同样构成对原告宝马公司的商标侵权和不正当竞争，应当对其提供帮助侵权的行为承担停止侵权、赔偿损失的法律责任。被告家润多公司作为一家大型的商业零售企业，应当明知原告宝马公司的企业名称及商标的知名度，仍然销售侵权商品，亦构成对原告宝马公司的商标侵权和不正当竞争，其侵权行为应立即停止。

四、关于本案侵权民事责任的确定

被告世纪宝马公司、傅献琴、家润多公司的行为侵犯了原告宝马公司的注册商标专用权，并构成不正当竞争，应当承担停止侵权、赔偿损失的民事责任。本案中原告宝马公司主张被告世纪宝马公司、傅献琴共同赔偿其经济损失5000万元，但未能提供具体的损失依据，亦未能提供被告世纪宝马公司、傅献琴侵权获利的证据，因此本院根据被告世纪宝马公司侵权时间较长、侵权范围广、侵权情节严重以及原告宝马公司涉案商标为驰名商标及企业具有较高知名度等因素，酌情确定侵权损害赔偿数额。

原告宝马公司还要求上述被告在全国发行的报纸、期刊上刊登声明，为原告宝马公司消除影响。《最高人民法院关于审理商标民事纠纷案件适用法律若干问题的解释》第21条规定，法院在审理侵犯注册商标专用权纠纷案件中，可以判决侵权人承担停止侵害、排除妨碍、消除危险、赔偿损失、消除影响等民事责任。本案被告的侵权行为主观故意明显，客观上造成了市场混乱，已给原告宝马公司的商誉造成严重不良影响，故对原告宝马公司要求上述被告在全国发行的报纸、期刊上刊登声明，为原告消除影响的诉讼请求予以支持。

综上所述，原告宝马公司关于被告世纪宝马公司、傅献琴、家润多公司侵犯其注册商标专用权并构成不正当竞争的诉讼请求成立。根据《民法通则》第118条，《最高人民法院关于贯彻执行中华人民共和国民法通则若干问题的意见（试行）》第148条，《商标法》第14条、第51条、第52条第(2)项、第56条第2款，《最高人民法院关于审理商标民事纠纷案件适用法律若干问题的解释》第1条第1款第(2)项、第9条、第10条、第16条，《反不正当竞争法》第2条第1款、第20条，《最高人民法院关于审理不正当竞争民事案件应用法律若干问题的解释》第6条第1款、第7条，《最高人民法院关于审理注册商标、企业名称与在先权利冲突的民事纠纷案件若干问题的规定》第4条，判决：一、世纪宝马公司、家润多公司立即停止在其经营场所及生产、销售的服饰产品上使用“ ”（蓝白造型MBWL及图）的侵犯宝马股份公司注册商标专用权的行为；二、被告傅献琴立即停止侵犯宝马股份公司注册商标专用权及不正当竞争的行为；三、被告世纪宝马公司立即停止在其经营场所及生产、销售的服饰产品上使用含有“宝马”字样的“世纪宝马集团有限公司”企业名称的不正当竞争行为；四、被告世纪宝马公司自本判决生效之日起30日内停止在其企业名称中使用含有“宝马”字样的不正当竞争行为；五、世纪宝马公司、傅献琴自本判决生效之日起10日内共同赔偿原告宝马股份公司经济损失人民币500 000元；六、世纪宝马公司、傅献琴、家润多商业股份有限公司自本判决生效之日起10日内在一份全国公开发行的报纸上刊登致歉声明，消除影响；七、驳回原告宝马股份公司的其他诉讼请求。

本案一审宣判后，各方当事人均未提出上诉，已发生法律效力。

【法官评析】

近年来，商标权利人为制止将与其注册商标相同或相似的标识在不相同的商品上使用，或者将其注册商标作为企业名称中的字号使用的侵权行为，请求人民法院对其商标给予驰名商标司法认定和保护而提起的商标侵权及反不正当竞争诉讼大量增加。本案就是一起典型的因“傍名牌”“搭便车”而引发的商标侵权及不正当竞争诉讼。在本案中，法院通过分析被告使用的标识与原告的注册商标构成近似或相同，并综合考虑原告注册商标的显著性、市场知名度，依法认定原告的注册商标为驰名商标并给予跨类保护。在原告注册商标具有较高知名度的情况下，被告在服装、服饰商品上使用与原告驰名商标相似的“MBWL及图”“MBWL”标识甚至直接使用相同的“宝马”文字，容易使相关公众误认为被告生产、销售的商品系经原告宝马公司授权，或与原告公司具有许可使用、关联企业关系等特定联系，造成了相关公众的混淆。因此，被告的目的就是利用原告公司驰名商标的市场声誉牟取不法利益，其行为主观上具有侵权故意，客观上具有不正当性，显然构成对原告注册商标专用权的侵犯。同时，还进一步明确在明知他人企业字号具有较高知名度的情况下，仍将该文字组合登记为企业名称中的字号进行商业使用，是明显违背诚实信用原则和公认商业道德，故意误导公众，攀附他人商业信誉的典型的不正当竞争行为。对于故意为侵犯他人注册商标专用权行为提供银行账户、帮助他人实施侵权行为的自然人，法院依法对其银行账户内的款项予以冻结，并将其作为共同侵权人，判决承担连带民事责任，能够对此类侵权行为起到较好的警示作用。该判决为知名外商企业通过请求司法认定驰名商标，从而有效保护驰名商标权利的途径提供了良好范例，产生了较大的社会影响，被中国外商投资企业协会优质品牌保护委员会评为2009～2010年度中国知识产权保护十佳案例。

（湖南省高级人民法院知识产权审判庭　孙元清）

案例5　三联公司、三联吴良材公司诉苏州吴良材眼镜公司观前店等侵犯商标专用权及不正当竞争纠纷案

——阅读提示：老字号的权利保护范围应当如何确定？在老字号登记主管机关辖区之外登记使用与老字号相同的企业字号是否侵权？在认定被告使用的企业名称构成不正当竞争的情况下，人民法院能否直接判决被告变更企业名称？

【裁判要旨】

《企业名称登记管理规定》第6条规定："企业只准使用一个名称，在登记主管机关辖区内不得与已登记注册同行业企业名称相同或近似。"根据该条的规定，在同一登记主管机关辖区内，后登记的同行业企业的企业名称（字号）不得与在先登记的企业名称（字号）相同或近似。具有较高知名度的老字号权利人有权在其知名的地域范围内禁止他人注册使用相同的企业字号。他人作为同行业企业，在知道或者应当知道该老字号的知名度且与该老字号不存在任何历史渊源的情况下，仍注册使用该老字号，该行为应认定构成不正当竞争。人民法院在认定被告注册、使用企业名称之行为构成不正当竞争的情况下，可以直接判决被告变更企业名称。

【案号】

一审：江苏省苏州市中级人民法院（2007）苏中民三初字第0089号

二审：江苏省高级人民法院（2009）苏民三终字第0181号

【案情与裁判】

原告（二审被上诉人）：三联公司

原告（二审被上诉人）：三联吴良材公司

被告（二审上诉人）：苏州吴良材公司

被告：苏州吴良材眼镜公司观前店

被告：吴林泉

被告：周彩珍

原告起诉与被告答辩

三联公司和三联吴良材眼镜公司于2007年7月向江苏省苏州市中级人民法院起诉称：1807年，店主吴良材创立了"吴良材眼镜店"，后"吴良材"和"吴良材眼镜"一直被作为企业名称使用。1989年10月、1999年6月，吴良材眼镜店先后在第9类"眼镜"和第42类"眼镜行服务"上注册了"吴良材"商标；上述两个注册商标的注册人经过数次变更，后均转让给三联集团。2004年8月，三联集团又在第40类"光学玻璃研磨、光学镜片研磨"等服务类别上注册了"吴良材"商标。多年来，吴良材眼镜店作为百年老店屡获殊荣：1993年10月、2006年12月，先后被国内贸易部、商务部认定为"中华老字号"；2002年1月及2005年1月，"吴良材"商标被上海市工商行政管理局认定为"上海市著名商标"；2004年2月25日，使用在第42类上的"吴良材"注册商标被国家商标局认定为"驰名商标"。两原告除了经营自己的直营店外，从1992年起开始实施"吴良材"品牌的外省市连锁加盟战略，在国际、国内眼镜行业普遍知晓并有着良好的声誉。

2004年，两原告发现苏州吴良材眼镜公司在企业名称中使用与其在先注册的"吴良材"商标相同的"吴良材"文字作为企业名称，且经营与注册商标核定使用的商品和服务完全相同的眼镜商品销售和眼镜服务业务。后经调查发现，苏州吴良材眼镜公司企业名称原为"苏州市宝顺眼镜有限

公司”，1999 年 11 月 5 日才变更为现名，其分支机构亦相应变更为“吴良材眼镜公司观前店”。吴林泉和周彩珍则在其经营的加盟店门牌、腰带、名片、包装袋和眼镜盒上突出使用“吴良材”和“吴良材眼镜”文字。

两原告认为，苏州吴良材眼镜公司将“吴良材”作为企业名称进行登记并在其分支机构的企业名称和加盟店名称中使用，侵害了“吴良材”驰名商标的专用权，同时也违背了公平诚信原则，构成不正当竞争。为此，诉请法院判令苏州吴良材眼镜公司等四被告：(1)立即停止侵犯两原告注册商标专用权的侵权行为和不正当竞争行为；(2)禁止在其网站、加盟店、企业名称所有相关服务上使用“吴良材”注册商标；(3)停止使用含有“吴良材”文字的企业名称，变更后的企业名称中不得含有“吴良材”文字；(4)赔偿两原告经济损失人民币 50 万元；(5)在自己的网站和《苏州日报》显著位置上向两原告公开赔礼道歉，就其侵权行为消除影响；(6)承担因本案发生的合理费用：证据保全公证费 9580 元、工商查档费 3300 元、律师费和调查取证费 20 000 元，共计人民币 32 880 元；(7)承担本案诉讼费用。

苏州吴良材眼镜公司答辩称：三联吴良材眼镜公司不是本案适格的原告。其经注册合法取得“吴良材”字号权，经过长期对“吴良材”字号的使用，已经成为眼镜行业的知名企业，其合法的民事权利应当得到保护，两原告无权要求其停止使用“吴良材”字号。请求依法驳回两原告的诉讼请求。

苏州吴良材眼镜公司观前店辩称：其不具备独立的法人资格，且未突出使用吴良材的商标，请求法院依法驳回两原告的诉讼请求。

吴林泉、周彩珍共同辩称：其仅是加盟行为，不应当承担由此导致的侵权责任。

一审审理查明

1989 年 10 月 20 日，三联吴良材眼镜公司的前身吴良材眼镜商店依法核准注册取得了第 501569 号“吴良材”文字商标，核定使用商品为第 9 类“眼镜盒、眼镜链、眼镜”等。1999 年 6 月 14 日，同样是三联吴良材眼镜公司的前身上海三联商业集团吴良材眼镜公司依法核准注册取得第 1284981 号“吴良材”文字商标，核定服务项目为第 42 类“眼镜行服务”。至 2004 年 1 月，上述两个商标均转让至其上级公司三联集团。2004 年 11 月，三联集团又将两商标以普通许可方式无偿许可三联吴良材眼镜公司使用。2004 年 8 月 21 日，三联集团依法核准注册取得第 3440248 号“吴良材”文字商标，核定服务项目为第 40 类“光学玻璃研磨；光学镜片研磨”等。2005 年 11 月，三联集团亦将该商标以普通许可方式无偿许可三联吴良材眼镜公司使用。本案诉讼中，三联集团于 2008 年 3 月 14 日将上述三个商标均转让由三联集团与三联吴良材眼镜公司共有。

其中，第 42 类“眼镜行服务”上的吴良材商标分别于 2002 年 1 月和 2005 年 1 月被上海市工商行政管理局授予“著名商标”。2004 年 2 月 25 日，国家商标局行政认定该商标为“驰名商标”。

苏州吴良材眼镜公司前身苏州市宝顺眼镜有限公司(以下简称宝顺公司)成立于 1992 年 8 月 10 日。1993 年 12 月 4 日，该公司设立苏州市宝顺眼镜有限公司经营部(以下简称宝顺公司经营部)作为其分支机构，即本案苏州吴良材眼镜公司观前店之前身。1998 年 3 月 31 日，该经营部变更企业名称为“苏州市宝顺眼镜有限公司吴良材眼镜商店”。1999 年 11 月 5 日，宝顺公司及其经营部依法经核准变更名称为“苏州市吴良材眼镜有限责任公司”和“苏州市吴良材眼镜有限责任公司观前店”，两名字沿用至今。经营范围为“眼镜验配；批发零售：隐形眼镜及护理用品、钟表、照相器材”。2004 年 12 月，苏州吴良材眼镜公司在第 44 类“眼镜行”上获准注册字母 WLC 加框商标。

吴林泉和周彩珍系苏州吴良材眼镜公司的加盟店业主。其中，吴林泉系“苏州市吴良材眼镜角直店”业主，该店成立于 2004 年 6 月 4 日。周彩珍系“吴江市横扇镇吴良材眼镜加盟店”业主，该店成立于 2006 年 4 月 4 日。两被告与苏州吴良材眼镜公司签订的加盟协议均载明“门头店招、店堂装饰的格式由甲方(苏州吴良材眼镜公司)提供统一色彩图样。”

关于四被告在店招、柜台背景、公司网站及眼镜盒、眼镜布等相关产品和服务上对其字号和商标的实际使用方式，经一审法院实地勘查核实，为：(1)苏州吴良材眼镜公司在其网站主页上方突出标注“WLC(注册商标) 吴良材”字样；(2)苏州吴良材眼镜公司观前店在其店堂门外以黑色牌匾醒目标注“苏州吴良材”字样，店堂内置挂牌标注“苏州吴良材 WLC(注册商标) 中国驰名品牌”字样。眼镜盒上标注“WLC(注册商标) 苏州吴良材眼镜”，眼镜布上标注“苏州吴良材眼镜公司”及

"WLC(注册商标)"等;(3)吴林泉于店堂门外悬挂"苏州吴良材眼镜角直店"招牌,收银台标注"苏州吴良材"字样;(4)周彩珍于店堂门外悬挂的招牌上排依次标注"WLC(注册商标) 苏州吴良材眼镜",收银台后方亦标注"吴良材眼镜";(5)诉讼中,苏州吴良材眼镜公司确认其在标注"苏州吴良材"的各加盟店内开展有依据客户要求研磨镜片并制作成品眼镜的服务。

关于"吴良材"在眼镜行业的历史沿革及发展情况。吴良材眼镜店由吴良材始创于1807年,以定配、定制眼镜为主。1926年,该店传至吴良材第五代后人吴国城经营,取名吴良材眼镜公司。1956年,吴国城响应国家号召,主动申请将吴良材眼镜公司公私合营,并改名为公私合营吴良材眼镜公司。"文革"期间,公司曾一度停止使用"吴良材"字号而改用他名,至1979年1月,其名称为"东海眼镜商店"。1979年2月9日,上海市黄浦区革命委员会出具《关于同意恢复大光明钟表商店等店名的批复》,同意将东海眼镜店恢复为吴良材眼镜店。1987年5月11日,上海市黄浦区人民政府出文,同意成立"上海钟表眼镜照相器材联合公司(简称三联公司)",吴良材眼镜店为其成员单位。在20世纪90年代,吴良材眼镜店又先后改名为上海吴良材眼镜商店、上海吴良材眼镜公司、上海三联商业集团吴良材眼镜公司,至1998年10月,改名为上海三联(集团)有限公司吴良材眼镜公司,该名称沿用至今。

在吴良材眼镜店的经营过程中,其先后于1993年和2006年被国内贸易部与商务部认定为"中华老字号"。经营模式除自体经营外,还先后于20世纪90年代以联营、合资等方式在江苏、浙江等地开设以"吴良材"作为字号的分支机构,其中包括1987年6月设立的"上海吴良材眼镜店南通分店"、1997年5月设立的"上海三联商业(集团)吴良材眼镜昆山店"、1998年1月设立的"嘉兴上海吴良材眼镜有限公司"等。自2002年10月起,两原告开始在江苏省乃至全国范围内广泛开设加盟店。截至目前,两原告"吴良材"加盟店开设于江苏、浙江、安徽、河南等省市共计260余家。

此外,2001年,吴良材第五代后人吴国城、第六代后人吴自生、吴自立、吴莉莲曾经以本案原告三联吴良材眼镜公司为被告,诉至法院要求其停止妨碍吴良材后人合法使用"吴良材"字号的行为。该案经过上海市第二中级人民法院一审、上海市高级人民法院终审认定三联吴良材眼镜公司对"吴良材"享有企业名称权和商标权,故对吴国城等人的诉讼请求未予支持。

一审判理和结果

一、关于三联吴良材眼镜公司是否享有诉讼主体资格

三联吴良材眼镜公司在本案起诉时是涉案商标普通使用许可合同的被许可人。诉讼中,三联集团又将涉案的三个商标均转让由三联集团与三联吴良材眼镜公司共有,三联吴良材眼镜公司目前已是涉案商标的共有权利人,故三联吴良材眼镜公司对涉案商标享有诉权,其可以作为本案共同原告参加诉讼。

二、关于四被告在其网站、店面招牌、眼镜盒、眼镜布等相关产品和服务上对其"吴良材"字号的使用是否侵害了"吴良材"注册商标专用权

在两原告已在江苏乃至全国市场范围内广泛开设加盟连锁店,"吴良材"注册商标在市场上享有一定知名度的情况下,四被告在网站、店面招牌、眼镜盒、眼镜布等相关产品和服务上"吴良材"字号的使用行为符合《最高人民法院关于审理商标民事纠纷案件适用法律若干问题的解释》第1条第(一)项的规定,侵害了涉案第501569号、第1284981号、第3440248号"吴良材"注册商标专用权。由于苏州吴良材眼镜公司观前店、吴林泉、周彩珍在商标侵权行为上并没有共同的故意和意思联络,因此应当依法认定苏州吴良材眼镜公司与苏州吴良材眼镜公司观前店、苏州吴良材眼镜公司与吴林泉、苏州吴良材眼镜公司与周彩珍分别构成对"吴良材"注册商标专用权的侵害,并根据各自的侵权情节分别承担相应的民事责任。

三、关于四被告将"吴良材"作为其字号登记并使用的行为是否构成不正当竞争

三联吴良材眼镜公司前身吴良材眼镜店创始于19世纪初,具有悠久的历史。经过多年来对"吴良材"字号及商标持续广泛地使用,"吴良材"品牌在国内尤其是长三角地区眼镜行业已享有较高的知名度和盛誉。而苏州吴良材眼镜公司观前店及苏州吴良材眼镜公司1998年及1999年始将"吴良材"登记为企业名称并使用。两被告作为在两原告主要市场覆盖区域内经营眼镜的主体,其在与“吴良材”品牌间不具有任何历史渊源的情况下擅自将字号由“宝顺”变更为“吴良材”，主观上显然具有攀附“吴良材”强大品牌声誉的故意，客观上也会导致消费者在已将原告与“吴良材”品牌间建立起固定化且直接的指向性联系的基础上，对原被告所提供产品与服务的来源产生混淆和误认，从而损害原告正常的市场竞争利益，构成不正当竞争。

同理，吴林泉、周彩珍在两原告的“吴良材”品牌在眼镜行业已享有一定知名度和影响力的情况下，仍加盟苏州吴良材眼镜公司，登记并使用“吴良材”字号，主观上显然具有搭载“吴良材”品牌声誉的故意，客观上也会使消费者产生联想和误认，扰乱正常的市场竞争秩序，故应认定吴林泉、周彩珍亦分别与苏州吴良材眼镜公司共同构成不正当竞争，应根据各自的侵权情节承担相应的民事责任，但变更企业名称的民事责任则可由苏州吴良材眼镜公司观前店、吴林泉、周彩珍独立承担。

四、关于四被告应承担的民事责任

由于四被告分别构成对两原告的“吴良材”注册商标专用权的侵害，同时构成不正当竞争，故应当根据各自的侵权情节分别承担相应的民事赔偿责任。对赔偿数额的确定，在本案中两原告因四被告的侵权行为所受到的损失和四被告因此获利均无法准确计算的情况下，依法考量眼镜行业经营模式的特殊性、侵权行为持续时间、侵权行为发生的地域和当地居民实际的消费能力以及两原告为制止侵权所支出的合理费用等因素进行酌情判定。由于被告在其网站、产品及服务上对其字号的使用方式客观上会误导相关消费者，故原告要求被告在《苏州日报》上就涉案侵权行为消除影响的诉请予以支持。而鉴于赔礼道歉行为主要适用于人身权损害或者对商誉造成严重损害的情形，而本案主要涉及对商标专用权中财产性权利的损害，故依法不再适用赔礼道歉的责任承担方式。

据此，一审法院依照《商标法》第 3 条第 1 款、第 52 条第(5)项、第 56 条第 2 款，《反不正当竞争法》第 2 条、第 5 条第(3)项、第 20 条，《最高人民法院关于审理商标民事纠纷案件适用法律若干问题的解释》第 1 条第(1)项、第 4 条、第 16 条第 1 款、第 2 款、第 17 条、第 21 条，《最高人民法院关于审理不正当竞争民事案件应用法律若干问题的解释》第 6 条第 1 款、第 17 条第 1 款，《最高人民法院关于审理注册商标、企业名称与在先权利冲突的民事纠纷案件若干问题的规定》第 2 条之规定，判决：四被告立即停止侵犯“吴良材”注册商标专用权的行为，并限期办理企业名称变更登记手续，变更后的企业名称中不得含有“吴良材”字样；同时赔偿原告损失共计 22 万元，并在《苏州日报》上作出消除影响声明。

上诉与答辩

苏州吴良材眼镜公司上诉称：

第一，一审诉讼程序违法。(1)被上诉人在向一审法院提起本案诉讼之前，分别就相同的诉讼请求先后向无锡市中级人民法院、南京市中级人民法院等 5 个中级人民法院起诉。被上诉人基于同一事实，针对上诉人的同一行为在 6 家不同的法院先后提起诉讼，并分别提出赔偿请求，不符合“一事不再理”的诉讼原则。(2)本案一审涉及两个独立的诉讼主体即三联集团和三联吴良材眼镜公司，涉及的权利有四项，分别为“吴良材”字号权，第 9 类、第 42 类、第 40 类的“吴良材”注册商标权。上述四项权利分属于不同的诉讼主体，且均为独立的权利，受法律保护的范围截然不同，一审法院错误地将上述应当属于 4 个案件的不同诉讼主体的诉求合并为一个案件，在审理时也没有对不同的权利和诉讼主体进行严格区分，扩大和混淆了两被上诉人的权利范围，导致实体审判的不公。

第二，一审法院认定事实证据不足、认定事实错误、事实不清。(1)企业字号的在先权利是指在一定行政区域内的在先登记的权利而不是在全国范围内的在先登记权。上诉人首先在苏州地区取得“吴良材”企业字号权，该登记行为合法有效，上诉人没有义务在登记注册企业名称的时候在全国范围内进行检索。上诉人的行为完全是善意的、正当的民事行为。(2)上诉人对于企业字号的使用完全符合法律规定和行业惯例，不构成对企业字号的突出使用。(3)一审法院认定上诉人在与吴良材品牌间没有任何历史渊源的情况下擅自将字号变更为吴良材，主观上显然有攀附吴良材强大品牌声誉的故意缺乏事实依据。(4)一审法院认定上诉人的行为构成了对涉案“吴良材”注册商标的侵权，但判决书并没有明确上诉人的何种行为侵犯被上诉人何种权利，属于事实不清。

第三，一审判决适用法律不当。一审判决引用《反不正当竞争法》第 5 条第(3)项认定上诉人构成不正当竞争错误。因上诉人使用“吴良材”字号是经过合法登记注册，不属于“擅自使用”。

第四，民事权利只能在合理的期限内行使和主张。上诉人登记企业名称已经长达11年时间，被上诉人在法定期限内没有行使对上诉人字号的撤销权，已经超过诉讼时效，对其请求应当予以驳回。

综上所述，上诉人登记注册“吴良材”字号在先，“上海吴良材”取得知名度在后。“吴良材”是祖先留给后人的文化遗产和公共资源，无人可以独占使用。请求撤销一审判决，由被上诉人承担诉讼费。

三联集团与三联吴良材眼镜公司共同答辩称：一审判决程序合法，认定事实清楚，适用法律正确。请求二审法院驳回上诉，维持原判。

原审被告苏州吴良材眼镜公司观前店、吴林泉、周彩珍未作答辩。

二审审理查明

第一，三联集团和三联吴良材眼镜公司先后向江苏省无锡市中级人民法院、常州市中级人民法院等江苏省境内6个中级法院，针对苏州吴良材眼镜公司在各地区的加盟商和分支机构提起商标侵权和不正当竞争诉讼。本案是其中之一。

第二，苏州吴良材眼镜公司一审庭审中述称：该公司与解放前的老字号吴良材眼镜店没有联系，其之所以于1999年11月将公司字号从原来的宝顺变更为吴良材，主要是因为历史上存在吴良材这个人，在眼镜行业是著名的人物，对中国眼镜行业的发展有影响；吴良材主要成名在江浙一带，在北方没有人知道。

二审判理和结果

一、关于一审诉讼程序是否违法问题

(1)一审法院受理本案并不违反一事不再理原则。就本案而言，三联集团和三联吴良材眼镜公司针对的是苏州吴良材眼镜公司许可苏州地区的分支机构及加盟商使用“吴良材”的行为提起的商标侵权和不正当竞争之诉，而其他5个中级人民法院受理的则是三联集团和三联吴良材眼镜公司作为原告起诉苏州吴良材眼镜公司许可当地的加盟商使用“吴良材”的行为构成商标侵权和不正当竞争之诉。尽管本案与其他5个案件中的原告主体及其主张的权利均为“吴良材”注册商标权及字号权，但由于被告不同及起诉所基于的侵权事实均不相同，故不属于同一纠纷，并不违反一事不再理原则。

(2)一审法院将不同诉讼主体、不同诉请合并在一案中审理并不违反法律规定。本案中，由于三联集团和三联吴良材眼镜公司是涉案“吴良材”注册商标及字号的共同权利人和利害关系人，起诉针对的亦是苏州吴良材眼镜公司及其分支机构、加盟商等四个主体分别侵犯涉案“吴良材”注册商标及构成不正当竞争的行为，尽管分支机构和各加盟商实施的侵权行为是各自独立的，彼此之间主观上亦不存在共同的意思联络，不构成共同侵权，但其侵权行为均分别与苏州吴良材眼镜公司具有密切的联系，诉讼标的亦属于同一种类。因此，一审法院出于诉讼经济的考虑，将上述涉及不同主体、诉讼标的属于同一种类的诉讼合并在一案中审理，并不违反法律规定，且各方当事人一审中均未对本案合并审理提出异议。故苏州吴良材眼镜公司关于一审法院将涉及不同诉讼主体、不同权利的案件合并在一案中审理的上诉理由不能成立，不予支持。

二、关于苏州吴良材眼镜公司将“吴良材”登记为企业字号并使用的行为是否构成对涉案“吴良材”注册商标专用权的侵犯及是否构成不正当竞争问题

(1)关于是否构成商标侵权。本案中，苏州吴良材眼镜公司在其网站、店面招牌、眼镜盒、眼镜布等相关产品和服务上，或者单独使用“吴良材”，或者使用“苏州吴良材”“苏州吴良材眼镜”“吴良材眼镜”等字样，这样的使用方式实际上仍达到了突出使用“吴良材”的效果，亦属于侵犯“吴良材”注册商标专用权的行为。

另，被上诉人涉案“吴良材”注册商标先后在第9类“眼镜盒、眼镜链、眼镜”等商品上，第42类“眼镜行服务”项目上及第40类“光学玻璃研磨、光学镜片研磨”服务项目上获得注册。将上诉人苏州吴良材眼镜公司使用“吴良材”的产品和服务类别与被上诉人上述“吴良材”注册商标核定使用的商品和服务类别相比，二者或者构成相同商品，或者构成相同服务，或者构成商品与服务类似，容易使消费者产生误认。因此，上诉人的上述使用行为均同时侵犯了被上诉人注册的第9类、第42类和第40类“吴良材”注册商标。

(2)关于是否构成不正当竞争行为。从苏州吴良材眼镜公司一审庭审中的陈述来看，其在与

"吴良材"字号或商标没有任何渊源的情况下，之所以将企业字号由"宝顺"变更为"吴良材"的原因在于其知晓"吴良材"在眼镜行业的影响。由于"吴良材"作为企业字号的长期使用，其知名度和影响力也随之不断扩大，并于1993年被国内贸易部认定为"中华老字号"，结合被上诉人的前身早在1987年6月和1997年5月即在江苏省境内相继设立"上海吴良材眼镜店南通分店"和"上海三联商业(集团)吴良材眼镜昆山店"，并在1998年1月在浙江省境内设立"嘉兴上海吴良材眼镜有限公司"的事实，以及上诉人一审中关于"吴良材"主要成名于江浙一带的陈述，可以证明在上诉人于1998年3月及1999年11月变更其经营部及企业字号之前，"吴良材"作为眼镜行业的企业字号在江浙地区已具有较高知名度。上诉人苏州吴良材眼镜公司作为"吴良材"字号影响力所覆盖区域内的同行业竞争者，其在理应知晓"吴良材"字号知名度及影响力的情况下，仍将其企业名称由"宝顺"变更为"吴良材"，主观上具有明显攀附三联吴良材眼镜公司"吴良材"字号知名度和影响力的故意。苏州吴良材眼镜公司关于被上诉人没有证据证明其在变更企业字号前"吴良材"品牌具有较高知名度，其不具有攀附故意的上诉理由不能成立，本院不予支持。

关于法律适用。由于苏州吴良材眼镜公司未经权利人三联集团和三联吴良材眼镜公司的许可，擅自将"吴良材"作为其企业字号进行注册并使用，属于《反不正当竞争法》第5条第(3)项规定的"擅自使用他人的企业名称或姓名，引人误认为是他人的商品"的行为。一审法院适用该条法律规定，认定苏州吴良材眼镜公司的上述行为构成不正当竞争并无不当。苏州吴良材眼镜公司关于一审判决适用法律错误的上诉理由不能成立，本院不予支持。

关于诉讼时效。根据《最高人民法院关于审理商标民事纠纷案件适用法律若干问题的解释》第18条规定，如果商标侵权行为在起诉时仍在持续的，则商标注册人或者利害关系人请求侵权人停止侵害的诉请不受两年诉讼时效的限制。本案中，因被上诉人一审起诉时，上诉人等实施的侵权行为仍在持续之中，故被上诉人提出本案诉讼并未超出法律规定的诉讼时效期间。上诉人苏州吴良材眼镜公司关于三联集团和三联吴良材眼镜公司提起本案诉讼已超过诉讼时效，不应予以法律保护的上诉理由缺乏法律依据，本院不予支持。

综上所述，苏州吴良材眼镜公司的上诉理由不能成立，其上诉请求本院不予支持。一审判决认定事实清楚，适用法律正确，应予维持。依照《民事诉讼法》第153条第1款第(1)项之规定，判决：驳回上诉，维持原判决。

【法官评析】

本案是一起关于老字号保护及企业名称权与商标权冲突的案件，主要涉及老字号保护范围的确定以及人民法院能否直接判决企业变更企业名称问题。

一、关于老字号保护范围的确定

我国《反不正当竞争法》第5条第(3)项规定："擅自使用他人的企业名称或者姓名，引人误认为是他人的商品"，构成不正当竞争。由于字号是企业名称中最具有识别意义的标志，也是企业名称中的核心内容，故《最高人民法院关于审理不正当竞争民事案件应用法律若干问题的解释》第6条明确规定，可以将具有一定的市场知名度、为相关公众所知悉的企业名称中的字号作为《反不正当竞争法》第5条第(3)项规定的企业名称予以保护。由于我国企业名称登记采取的是分级管理体制，《企业名称登记管理规定》只是要求在同一行政区划内即同一登记主管机关辖区内不得与已登记注册的同行业企业名称相同或近似。当一个企业的名称在相关市场上具有较高知名度，而相关市场内还存在另外一个具有相同或者近似字号的企业名称，如果相关公众对两者之间的关联关系产生混淆，不仅会损害字号知名度高的企业名称所有人的合法权益，而且会误导公众，损害消费者合法权益。为了维护公平竞争的市场秩序，必须解决这种冲突。解决的基本方法就是按照知名度原则，保护在先注册使用的字号知名度高的企业名称，变更在后的企业名称。本案就属于此类情形。

本案中，原告上海吴良材眼镜公司系在上海注册登记的老字号企业，历史比较悠久，"吴良材"品牌在长三角地区眼镜行业享有较高的知名度。而被告苏州吴良材眼镜公司虽然与"吴良材"品牌间无任何历史渊源，但是其在上海吴良材未进驻苏州市场且"吴良材"尚未成为驰名商标时，其申请将"吴良材"注册为企业名称并不违反法律的禁止性规定，且事实上也被依法核准登记。随后，苏州吴良材眼镜公司在江苏各地大力发展品牌加盟，现已有近百家加盟店。原告上海吴良材发现后，即以苏州吴良材眼镜公司及当地加盟商为被告，先后在江苏省境内提起六起关联诉讼，社会影响极大。本案一方面从保护老字号和维护公平有序的竞争秩序，制止傍名牌、搭便车行为出发，最终认定苏州吴良材眼镜公司构成商标侵权及不正当竞争，判令其变更字号。另一方面，考虑到苏州吴良材眼镜公司之所以能够注册登记“吴良材”字号，既有其自身的原因，也与我国企业名称登记管理制度不够健全有关，且苏州吴良材眼镜公司的获利也并非完全借助于“吴良材”的品牌效应，与其自身的经营努力也是分不开的，因此在确定赔偿数额没有全额支持原告的诉讼主张。此案的判决，既维护了“吴良材”这一老字号及商标的品牌利益，同时也兼顾了侵权人的正当利益，较好地诠释了利益平衡原则在知识产权审判中的运用。

二、关于人民法院能否直接判决被告变更企业名称问题

对于将他人在先注册的商标或企业字号登记为企业名称中的字号，并在同类商品或服务中使用该字号，从而导致与他人已经注册的商标专用权和企业名称权相冲突的案件中，在认定被告构成侵权后能否判决被告变更企业名称，各地法院在司法实践中存在着不同认识。一种观点认为人民法院只能判决被告停止使用企业名称或者对该企业名称的使用方式和范围作出限制，不能直接判决被告变更企业名称。理由是企业名称的登记与管理不在人民法院审判职权范围之内。第二种观点则认为人民法院有权直接判决被告变更企业名称。笔者认为，上述两种做法只是文字表述不同而已，实际上并无本质上的差别。因为判决被告停止使用企业名称的后果就是逼迫被告通过变更企业名称的方式来实现停止使用原来的企业名称。关键问题在于，判决被告变更企业名称后如何执行问题。假如被告未自动履行，没有向工商部门申请变更字号，人民法院能否强制执行？即使要执行，是找一个不同的商号强加于被告企业名称之中，还是让被告企业名称空缺字号。如为前者，则有侵害权利之嫌；如为后者，则因企业名称为企业法人成立的必要条件之一，剥夺其商号可能使之失却法人资格，这不符合法院判决之本意。针对上述问题，江苏省苏州市中级人民法院经过与当地工商行政管理部门沟通，工商部门赞同人民法院直接判决被告限期变更企业名称，认为如果无此项判决，则当事人无义务变更；如果判决变更而当事人不申请变更，则工商部门可能通过不予年检来执行判决。因此不存在判决无法执行问题。由于工商部门作为企业名称登记主管机关明确表示支持人民法院直接判决被告限期变更企业名称，故苏州市中级人民法院在本案和类似案件中均直接判决被告限期办理企业名称变更手续。

（江苏省高级人民法院知识产权审判庭　吕　娜）

案例6　山东鲁锦公司诉鄄城县鲁锦公司、礼之邦家纺公司侵犯注册商标专用权及不正当竞争纠纷案

——阅读提示：对于具有地域性特点的商品，如何认定其通用名称？在商品或服务上使用了他人注册商标中含有的本商品的通用名称，是否构成对他人注册商标专用权的侵犯？

【裁判要旨】

《商标法实施条例》第49条规定：“注册商标中含有的本商品的通用名称、图形、型号、或者直接表示商品的质量、主要原料、功能、用途、重量、数量及其他特点，或者含有地名，注册商标专用权人无权禁止他人正当使用。”据此，注册商标专用权的行使应有所限制。商标的作用主要在于商品的识别性，即购买者、消费者能够通过不同的商标而区别相应的商品或者服务，防止购买者、消费者对商品及服务的来源产生混淆。因此，虽然在商品或服务上使用了他人注册商标中含有的本商品的通用名称等，属于正当使用，不构成对他人注册商标专用权的侵犯。

商品通用名称应当具有广泛性、规范性。对于具有地域性特点的商品通用名称，判断其是否具有广泛性，应以特定产区相关公众的认知程度为标准，而不应以是否在全国范围内广泛使用为标准。对于约定俗成、已为相关公众认可的名称，即使其不尽符合科学原理，亦不影响将其认定为通用名称。具体判断是否构成商品的通用名称，应当注意把握该名称是否在某一地区或领域内普遍使用并为相关公众所接受。

【案号】

一审:山东省济宁市中级人民法院(2009)济民五初字第 6 号

二审:山东省高级人民法院(2009)鲁民三终字第 34 号

【案情与裁判】

原告(二审被上诉人):山东鲁锦公司

被告(二审上诉人):鄄城鲁锦公司

被告(二审上诉人):礼之邦家纺公司

起诉与答辩

原告山东鲁锦公司诉称:原告山东鲁锦公司原是嘉祥县瑞锦民间工艺品厂,1985 年起原告山东鲁锦公司将生产的棉布、工艺品、服装和床上用品等产品统称为"鲁锦"。1999 年原告山东鲁锦公司申请注册了"鲁锦"文字商标;2001 年申请注册了"图形+LUJIN(鲁锦拼音)"组合商标。2006 年,原告山东鲁锦公司被中国商业联合会吸收为"中华老字号"会员单位。同年,原告山东鲁锦公司的"鲁锦"商标被山东省工商局认定为"山东省著名商标"。原告山东鲁锦公司发现在济宁市区域内,有大量被告鄄城鲁锦公司生产、销售的鲁锦产品。这些产品都在显著位置标明了"鲁锦"字样,并由被告礼之邦鲁锦专卖店等众多专卖店进行销售。鄄城鲁锦公司、礼之邦家纺公司的产品侵犯了原告的"鲁锦"注册商标专用权。另外,鄄城鲁锦公司企业名称中含有原告山东鲁锦公司的"鲁锦"注册商标字样,误导消费者。原告山东鲁锦公司于 2008 年诉至济宁市中级人民法院,具体诉讼请求为:1. 判令鄄城鲁锦公司、礼之邦家纺公司立即停止生产、销售带有"鲁锦"字样的侵权产品,并销毁已生产的侵权产品和包装;2. 责令鄄城鲁锦公司变更企业名称,去掉其名称中的"鲁锦"字样。3. 判令鄄城鲁锦公司、礼之邦家纺公司赔偿经济损失 50 万元。4. 本案诉讼费、调查费、律师费等原告山东鲁锦公司为制止被告侵权行为所支出的一切费用均由鄄城鲁锦公司、礼之邦家纺公司承担。

被告鄄城鲁锦公司在庭审中答辩称:1. 原告山东鲁锦公司是在 2001 年 2 月 9 日注册成立,在 2001 年原告山东鲁锦公司成立之前及 1999 年鲁锦商标注册完成之前,"鲁锦"这两个文字已经变成了通用名称。2."鲁锦"已经成为一种工艺技术、文化的代表,这一通用名称应该各行各业都有使用的权力。3. 原告山东鲁锦公司要求赔偿 50 万元的经济损失没有证据支持。4. 请求人民法院依法驳回原告的所有诉讼请求。

被告礼之邦家纺公司未作答辩。

一审审理查明

济宁市中级人民法院一审查明,鲁锦公司的前身嘉祥县瑞锦民间工艺品厂经向国家工商总局商标局申请于 1999 年 12 月 21 日取得注册号为第 1345914 号的"鲁锦"文字商标,有效期为 1999 年 12 月 21 日至 2009 年 12 月 20 日,核定使用商品为第 25 类服装、鞋、帽类,具体为"服装、套装、汗衫、制服、茄克(服装)、背心(马甲)、童装、睡衣(含睡衣裤)、运动衫、吸汗内衣等"。2001 年 11 月 14 日取得注册号为第 1665032 号的"L j+LUJIN"的组合商标,有效期为 2001 年 11 月 14 日至 2011 年 11 月 13 日,核定使用商品为第 24 类的"纺织物、棉织品、内衣用织物、纱布、纺织品、毛巾布、无纺布、浴巾、床单、纺织品家具罩等"。嘉祥县瑞锦民间工艺品厂分别于 2001 年 2 月 9 日、2007 年 6 月 11 日经工商部门核准依法更名为嘉祥县鲁锦实业有限公司、山东鲁锦实业有限公司。

1993 年 4 月 22 日,原告山东鲁锦公司与日本国益久染织研究所合资成立嘉祥京鲁益久织造有限公司。原告山东鲁锦公司在获得"鲁锦"注册商标专用权后授权该公司使用并在多家报社、杂志社、电视台等媒体栏目多次宣传报道其产品及注册商标。2006 年 3 月,原告山东鲁锦公司被"中华老字号"工作委员会接纳为会员单位。原告山东鲁锦公司经过多年的艰苦努力及长期大量的广告宣传和市场推广,其"鲁锦"牌系列产品,特别是"鲁锦"牌服装,在国内享有一定的知名度。2006 年 11 月 16 日,"鲁锦"注册商标被山东省工商行政管理局审定为山东省著名商标。

2007 年 3 月,原告山东鲁锦公司从礼之邦鲁锦专卖店购买由鄄城鲁锦公司生产的同原告山东鲁锦公司注册商标所核定使用的商品相同或类似的商品,该商品上的标签(吊牌)、包装盒、包装袋及门面上均带有原告山东鲁锦公司山东鲁锦公司注册商标"鲁锦"字样。一审法院根据原告山东鲁锦公司的申请,依法对二被告进行了证据保全,发现被告处存有大量原告所诉称的同原告山东鲁锦公司注册的"鲁锦"商标所核准使用的商品同类或者类似的商品,该商品上的标签(吊牌)、包装盒、包装袋及商品标价签、门面上均带有原告山东鲁锦公司注册商标“鲁锦”字样。根据原告山东鲁锦公司提供的证据和一审法院证据保全所拍摄的照片、录像，被控侵权商品上的标签（吊牌）、包装盒、包装袋上，已将“鲁锦”文字放大、且醒目突出的作为商品的名称或者商品装潢使用，尤其是包装袋上未标识生产商、地址即使用。

另查明，被告鄄城鲁锦公司是2003年3月3日经工商局核准登记成立的有限责任公司，其在生产销售的产品上所使用的商标是“精一坊文字+图形”组合商标，该商标已向国家工商总局商标局申请注册，但尚未核准。2007年9月，鄄城鲁锦公司向国家工商总局商标评审委员会申请撤销原告山东鲁锦公司已注册的第1345914号“鲁锦”商标，商评委已经受理但至今未作出裁定。向原告山东鲁锦公司出售商品的销售商的门面为“礼之邦鲁锦专卖”，“鲁锦”已被突出放大使用，但其出具的发票上所加盖的印章为济宁礼之邦家纺有限公司。

一审判理和结果

济宁市中级人民法院认为，本案原告的“鲁锦”文字商标和“L j＋LUJIN”的组合商标，已经国家商标局核准注册并核定使用于第25类、第24类商品上，在该类商品上原告山东鲁锦公司依法享有注册商标的专用权，受法律保护。被告鄄城鲁锦公司提供商评委的《注册商标争议申请受理通知书》，用于证明“鲁锦”注册商标发生争议并已受理，但未提供商评委作出的结论性裁定，受理通知书只说明商标争议、程序上已经受理，不能否认原告山东鲁锦公司对“鲁锦”注册商标依法享有的专用权。鄄城鲁锦公司虽然于庭审中也提供了大量多家媒体、出版社出版的丛书、期刊、报纸、报道、宣传资料、专题片、获奖证书等书面、视听资料证据，但不足以说明“鲁锦”是历史文化遗产、社会公共资源；上述证据也不能证明“鲁锦”属于国家商标局制定的《类似商品和服务区分表》中的第25类、第24类商品的通用名称或者第25类、第24类商品中的某一具体商品的通用名称。被告鄄城鲁锦公司主张鲁锦是“历史文化遗产、社会公共资源、通用名称”，原告山东鲁锦公司无权禁止被告在第25类、第24类商品上使用“鲁锦”的理由无法律依据和事实根据，一审法院不予支持。

本案从原告山东鲁锦公司提供的被控侵权证据和本院证据保全时所拍摄的照片、录像来看，鄄城鲁锦公司在与原告山东鲁锦公司同一种或者类似商品上，将与原告山东鲁锦公司注册商标相同或者近似的“鲁锦”作为被控侵权商品的名称或者商品装潢，在被控侵权商品的标签（吊牌）、包装盒、包装袋及门面上使用；特别是在被控侵权商品的标签（吊牌）、包装盒、包装袋上，将“鲁锦”特意放大显示、醒目突出使用，更容易使消费者在视觉上的注意力集中在“鲁锦”上，暗示自己同“鲁锦”之间存在特殊的关系。由于原告山东鲁锦公司的企业字号和注册商标均是“鲁锦”且使用在先，2006年鲁锦商标又被认定为山东省著名商标，原告山东鲁锦公司的“鲁锦”商品在相关公众中具有较高的知名度，依法应当属于知名商品。因此，鄄城鲁锦公司突出使用“鲁锦”的行为，客观上极易使了解“鲁锦”的相关公众对被控侵权商品的来源和原告山东鲁锦公司的商品产生误认、对商品误购。被告鄄城鲁锦公司在与原告山东鲁锦公司相同或近似的“鲁锦”商品上突出使用“鲁锦”标识并在济宁市范围内销售，客观上导致了相关公众对“鲁锦”商品市场主体和来源的混淆，可以认定被告鄄城鲁锦公司存在主观过错，对原告山东鲁锦公司的“鲁锦”注册商标专用权造成了损害，构成对原告山东鲁锦公司注册商标专用权的侵犯，属于《商标法实施条例》第50条第1款第（1）项规定的侵犯注册商标专用权的行为。被告礼之邦家纺公司对其售出的商品出具发票，应当认定其客观上销售了鄄城鲁锦公司所生产的侵权商品，依照《商标法》第52条第1款第（2）项“销售侵犯注册商标专用权的商品的”的规定，其行为属于侵犯原告山东鲁锦公司的注册商标专用权，侵权行为应当停止。原告山东鲁锦公司请求被告立即停止销售被控侵权商品的诉讼请求，一审法院予以支持。

原告山东鲁锦公司生产的“鲁锦”系列服装及纺织品、床上用品属知名商品。本案“鲁锦”注册商标于1999年12月经国家商标局核准注册并使用至今，该注册商标现在有效期内且系山东省著名商标，2001年2月原告山东鲁锦公司经核准使用“鲁锦”作为企业字号后，原告山东鲁锦公司商品的品牌和生产者名称中均含有“鲁锦”，因此原告山东鲁锦公司商品上的“鲁锦”应当认定为原告山东鲁锦公司知名商品特有标识；而鄄城鲁锦公司的企业名称得到核准的时间为2003年3月，企业名称中的字号为“鲁锦”。从商标注册同企业名称核准的时间来看，原告山东鲁锦公司注册商标在先，鄄城鲁锦公司核准企业名称在后。被告鄄城鲁锦公司企业名称中的字号“鲁锦”与原告山东鲁锦公司的知名商品“鲁锦”系列服装和注册商标“鲁锦”完全相同。特别是在侵权商品的包装袋上，将“鲁锦”文字放大、突出使用；包装袋上未标识生产商、地址即使用的情况下，表明被告鄄城鲁锦公司傍名牌及误导公众的主观故意明显，违反了诚实信用原则，构成不正当竞争。原告山东鲁锦公司要求被告鄄城鲁锦公司停止使用“鲁锦”作为企业名称；礼之邦家纺公司停止在其店面的门面上使用“鲁锦”的诉讼请求，一审法院予以采纳。

原告山东鲁锦公司请求被告赔偿损失 50 万元，但对其因被控侵权行为遭受的损失、鄄城鲁锦公司因被控侵权行为获得的利益，没有提交相关证据。一审法院结合本案二被告各自侵权行为的性质、主观恶意程度、侵权时间长短及影响、生产侵权商品的数量等各方面的因素综合判定，依法酌定被告鄄城鲁锦公司赔偿原告山东鲁锦公司经济损失人民币 25 万元；被告礼之邦家纺公司赔偿原告山东鲁锦公司经济损失人民币 1 万元。

依照《民法通则》第 118 条，第 134 条第(1)项、第(7)项，《商标法》第 52 条第(2)项、第(5)项，第 56 条第 1 款、第 2 款，《商标法实施条例》第 50 条第 1 款第(1)项及《最高人民法院关于审理商标民事纠纷案件适用法律若干问题的解释》第 1 条第 1 款第(1)项、第 17 条，《反不正当竞争法》第 2 条，《最高人民法院关于审理注册商标、企业名称与在先权利冲突的民事纠纷案件若干问题的规定》第 4 条，《民事诉讼法》第 130 条之规定，济宁中院判决如下：一、被告鄄城鲁锦公司于本判决生效之日立即停止在其生产、销售的第 25 类服装类系列商品上使用“鲁锦”作为其商品的名称或者商品装潢，并于本判决生效之日起 30 日内，消除其现存被控侵权产品中含有的“鲁锦”字样；被告礼之邦家纺公司立即停止销售鄄城鲁锦公司生产的被控侵权商品。二、被告鄄城鲁锦公司于本判决生效之日起 15 日内赔偿原告山东鲁锦公司经济损失人民币 25 万元；被告礼之邦家纺公司赔偿原告山东鲁锦公司经济损失人民币 1 万元。三、被告鄄城鲁锦公司于本判决生效之日起 30 日内变更企业名称，变更后的企业名称中不得包含“鲁锦”文字；被告礼之邦家纺公司于本判决生效之日立即将其店面门面上的“鲁锦”字样消除。

上诉与答辩

上诉人鄄城鲁锦公司不服一审判决，向山东省高级人民法院提起上诉，请求撤销一审法院判决，依法驳回山东鲁锦公司诉讼请求。主要理由是：“鲁锦”在 1999 年被山东鲁锦公司将其注册为商标之前，就已变成通用名称，是社会公共财富，历史文化遗产。《商标法实施条例》第 49 条规定：“注册商标中含有的本商品的通用名称、图形、型号、或者直接表示商品的质量、主要原料、功能、用途、重量、数量及其他特点，或者含有地名，注册商标专用权人无权禁止他人正当使用。”上诉人鄄城鲁锦公司的使用行为仅是表明上诉人的商品是用鲁锦面料制成的，仅是为了说明商品的面料是鲁锦的而不是其他种类的，上诉人鄄城鲁锦公司的使用行为属于“正当使用”，不构成商标侵权，也不构成不正当竞争。

上诉人礼之邦家纺公司不服一审判决，向山东省高级人民法院提起上诉，请求撤销一审法院判决，依法驳回山东鲁锦公司诉讼请求。主要理由是：“鲁锦”是鲁西南一带特有的民间纯棉手工纺织品的通用名称，不知道“鲁锦”是注册商标，接到诉状后已停止了相关行为，所以不应该承担赔偿责任。

被上诉人山东鲁锦公司庭前未提交答辩状。其在庭审中答辩称：(1)“鲁锦”商标是被上诉人山东鲁锦公司于 1985 年独自创造使用的，不是通用名称，当地人称他们所织造的织物为“土布”“粗布”，不用“鲁锦”一词。(2)“鲁锦”是被上诉人山东鲁锦公司依法注册的商标，不是通用名称，上诉人鄄城鲁锦公司一会认为“鲁锦”是鲁西南织锦的通称，一会认为“鲁锦”是鲁西南织锦技艺的通称，一会认为“鲁锦”是鲁锦服饰的通用名称，这说明上诉人鄄城鲁锦公司所谓“鲁锦”是通用名称指代不明确，所以不能认定为通用名称。(3)商品的通用名称除了要具备较强的针对性外，还必须具备名称的规范性和公众知晓的广泛性，将棉布定义为“锦”反科学，而且很多地方并不将“土布”称为鲁锦，不具有广泛性。(4)“鲁锦”商标自 1999 年申请注册至今，山东鲁锦公司进行了广泛的使用和宣传，与山东鲁锦公司形成了惟一对应的关系，上诉人鄄城鲁锦公司的行为构成了对被上诉人山东鲁锦公司商标权的侵犯，也构成了不正当竞争行为。(5)即使能够认定“鲁锦”是通用名称，上诉人鄄城鲁锦公司的使用行为突出了“鲁锦”两字，也不属于正当使用，仍然构成侵权。请求二审法院驳回上诉，维持原判。

二审审理查明

二审法院在一审法院查明事实的基础上，又查明如下事实：

鲁西南民间织锦，是山东民间纯棉手工纺织品，因其纹彩绚丽，灿烂似锦而得名，在鲁西南地区已有上千年的历史，是历史悠久的齐鲁文化的一部分。从 20 世纪 80 年代中期开始，鲁西南织锦开始被开发利用，被引进现代生活。1986 年 1 月 8 日在济南举行了“鲁西南织锦与现代生活展览汇报会”。1986 年 8 月 20 日，由省经委、省妇联、省艺术学院、省二轻厅等有关单位参加筹备工作，在北京民族文化宫又举办了“鲁锦与现代生活展”，在首都北京引起强烈反响。1986 年前后，《人民日报》《经济参考》《农民日报》《中国美术报》等报刊发表关于“鲁锦”的专题新闻，山东电视台 1986 年拍摄了《美在民间・鲁锦》的专题片，中央电视台也拍摄了《鲁锦与现代生活》《鲁锦开发的探索》等专题片。自此，“鲁锦”作为山东民间手工棉纺织品通称，在各大媒体、图书上广泛使用。此后鲁锦的研究、开发和生产逐渐普及，并不断发展壮大。1987 年 11 月 15 日，为促进鲁锦文化与现代生活的进一步结合，发展农村妇女的生产，加拿大国际发展署（CIDA）与中华全国妇女联合会双边合作项目——鄄城杨屯妇女鲁锦纺织联社培训班在鄄城县扬屯村举行。

山东省济宁、菏泽的地方史志资料中，在谈及历史、地方特产或传统工艺时，对“鲁锦”也多有记载。1998 年 3 月齐鲁书社出版的《菏泽地区志》，介绍“鲁锦，是民间棉花染织品，花色品种逾千，销往国内外。”在介绍棉纺织品时，写到“菏泽地区棉纺织业历史悠久……最有代表性的产品当属家织土花布，人称‘鲁锦’。中华书局出版《济宁市志》中写到：“境内早期手工业土纺土织颇为兴盛，产品多为土布和色织布等。明清时期，嘉祥、金乡一代农村妇女手工织制的土花布（今称鲁锦）尤为著名。”1990 年 6 月由山东省地方史志编纂委员会编著的《山东风物大全》中写到：“土布织锦是流行在鲁西南地区广大农村的一种以棉纱为主要原料的传统纺织产品，也是山东近几年来经济开发的主要民间美术品种之一，它的新名叫‘鲁锦’。”

在有关的工具书及出版物中，也对“鲁锦”多有介绍。1998 年 6 月山东友谊出版社出版的《齐鲁民间艺术通览》中介绍：“山东手工织花棉布又称‘鲁锦’，因其纹彩绚丽，灿烂似锦而得名。”2004 年山东友谊出版社出版的《齐鲁特色文化丛书——服饰》一书中记载：“山东民间织锦，以棉花为主要原料，手工织线，手工染色，手工织造，俗称‘土布’或‘手织布’。此布色彩斑斓，似锦似绣，因而把这项手织工艺称为‘鲁锦’。”《齐鲁特色文化丛书——工艺》一书中记载：“山东手工织花棉布又称‘鲁锦’，因其纹彩绚丽，灿烂似锦而得名。当地叫‘提花斗纹布’，在鲁西南极为兴盛。”

1995 年 12 月 25 日山东省文物局作出《关于建设“中国鲁锦博物馆”的批复》，同意菏泽地区文化局在鄄城县成立“中国鲁锦博物馆”。

2006 年 12 月 23 日山东省人民政府公布第一批省级非物质文化遗产，其中省文化厅、鄄城县、嘉祥县作为申报单位申报的“鲁锦民间手工技艺”被评定为非物质文化遗产。

2008 年 6 月 7 日，国务院国发（2008）19 号中，由山东省鄄城县、嘉祥县申报的“鲁锦织造技艺”被列入第二批国家级非物质文化遗产名录。

二审判理和结果

山东省高级人民法院认为，“鲁锦”在 1999 年被山东鲁锦公司将其注册为商标之前已是山东民间手工棉纺织品的通用名称，“鲁锦”织造技艺为非物质文化遗产。鄄城鲁锦公司、礼之邦公司的使用销售行为不构成商标侵权，也不构成不正当竞争。理由如下：

第一，山东鲁锦公司的“鲁锦”文字商标和“L j＋LUJIN”的组合商标，已经国家工商行的管理局商标局核准注册并核定使用于第 25 类、第 24 类商品上，此注册商标专用权应依法受法律保护。但任何权利均有限制，商标权也有其权利限制。为此《商标法实施条例》第 49 条规定：“注册商标中含有的本商品的通用名称、图形、型号、或者直接表示商品的质量、主要原料、功能、用途、重量、数量及其他特点，或者含有地名，注册商标专用权人无权禁止他人正当使用。”

第二，通过已查明的事实，可以认定，鲁西南民间织锦，是山东民间纯棉手工纺织品，纹彩绚丽，灿烂似锦，在鲁西南地区已有上千年的历史。“鲁锦”指代这种具有山东特色的手工纺织品，不仅被国家级主流媒体、各类专业报纸、山东省的新闻媒体所公认，而且在山东省及济宁、菏泽、嘉祥、鄄城的省市县三级史志资料中也均将“鲁锦”作为传统鲁西南民间织锦的“新名”。在有关美术、艺术的工具书中，也认为“鲁锦”就是一种产自山东的民间纯棉手工纺织品。由此可见，“鲁锦”这一名称不是由某一自然人或企业法人单独占有使用，而是适用于山东地区特别是山东鲁西南地区的民间纯棉手工纺织品。其次，大量证据表明，“鲁锦”织造工艺历史悠久。在提到“鲁锦”两字时，人们想到的是一种具有鲜明地方特色、传统悠久的山东民间手工棉纺织品的织造工艺，用这种工艺织造出的纺织品，具有手工织造，纯棉质地，色彩绚丽，图案古雅，绿色环保，舒适耐用等特点。经山东省嘉祥县、鄄城县共同申报，“鲁锦织造技艺”于2006年被公布为第一批山东省非物质文化遗产，2008年“鲁锦织造技艺”被公布为国家级非物质文化遗产。因此，该名称下的纯棉手工纺织品的生产工艺并非由某一自然人或企业法人发明而成，而是由山东地区特别是山东鲁西南地区的人们长期劳动实践而成。再次，该名称下的纯棉手工纺织品的生产原料亦非某一自然人或企业法人特定种植，而是山东地区不特定的广泛种植的棉花。最后，该名称下的纯棉手工纺织品的消费者并非特定群体，而是普通社会公众。自20世纪80年代中期后，传统鲁西南民间织锦开始走入现代生活，以在北京民族文化宫举办“鲁锦与现代生活方式展”为始点，经过媒体的大量宣传，“鲁锦”一词进入公众视野，已成为以棉花为主要原料，手工织线，手工染色，手工织造的山东地区独有的民间手工纺织品的通称，且已被山东地区纺织行业领域内通用并被相关社会公众约定俗成的名称。综上，可以认定“鲁锦”是山东传统民间手工纺织品的通用名称。这种名称，是一种无形的公共资产，应为该地区生产、经营者共同享有。山东鲁锦公司认为“鲁锦”这一名称不具有广泛性，主张在全国其他地方也出产老粗布，但不叫“鲁锦”。山东省高级人民法院认为，对于具有地域性特点的商品，其广泛性的判断应以其特定产区及相关公众为标准，而不应以全国为标准。虽然在我国其他省份的手工棉纺织品不叫“鲁锦”，但不影响“鲁锦”指代山东地区独有的民间手工棉纺织品这一事实，其指代是具体的、明确的。山东鲁锦公司认为“鲁锦”这一名称不具有科学性，主张棉织品应称为“棉”、而不应称为“锦”。山东省高级人民法院认为，名称的确定与是否科学没有必然关系，对于相关公众已接受的、指代明确的、约定俗成的名称，是不必考虑其是否科学的。只要相关公众了解了这一名称，明确了这一名称所指代的具体对象，那么名称的区别作用、符号作用、指代作用即体现出来。山东鲁锦公司还认为，“鲁锦”这一名称，不具有普遍性，山东市场内有些经营者、有些老百姓称为“粗布”“老土布”。山东省高级人民法院认为山东棉纺织业历史悠久，对于民间织锦，人们一直称呼为“粗布”“老土布”，但正如本院所查明的事实那样，“鲁锦”这一称谓是20世纪80年代中期，为解决山东省棉花积压、解放妇女劳动力，开发鲁西南民间织锦，使其与现代生活结合这一背景下新起的“名字”，经过多年的宣传与使用，相关公众所知悉的“鲁锦”就是指代山东传统民间手工棉纺织品，亦即人们所说的“粗布”“老土布”。综上，山东鲁锦公司的反驳主张均不能成立，“鲁锦”在1999年被山东鲁锦公司将其注册为商标之前，已是山东民间手工棉纺织品的通用名称。

第三，山东鲁锦公司于1999年获“鲁锦”文字商标，核定使用商品为第25类服装、鞋、帽类等。2001年获组合商标，核定使用商品为第24类纺织物、棉织品等。鉴于商标可注册性的判断并非民事侵权案件可解决的问题，所以法院尊重其仍是有效商标的客观事实。因山东鲁锦公司商标所使用的文字与消费者所知晓的山东民间手工棉纺织品的通用名称“鲁锦”一致，故其商标所应具备的显著性区别特征趋于弱化，相应的其作为商标被保护的特性亦弱化。《商标法实施条例》第49条规定：“注册商标中含有的本商品的通用名称、图形、型号、或者直接表示商品的质量、主要原料、功能、用途、重量、数量及其他特点，或者含有地名，注册商标专用权人无权禁止他人正当使用。”“鲁锦”虽不是鲁锦服装的通用名称，但其却是山东民间手工棉纺织品的通用名称，“鲁锦”商标使用在用鲁锦面料制成的服装上，其商标所应具有的显著性区别特征降低。在山东鲁西南地区，有不少以鲁锦为面料生产床上用品、工艺品、服饰的厂家，这些厂家为了突出“手工、绿色、环保、舒适”的特点，有权在其产品上叙述性标明其面料是鲁锦的。本案鄄城鲁锦公司在其生产的涉嫌侵权产品的包装盒、包装袋上使用“鲁锦”两字，仅是为了表明其产品是鲁锦面料的，其生产技艺是符合鲁锦的生产特点的，不具有侵犯山东鲁锦公司“鲁锦”商标专用权的主观恶意，也并非作为商业标识的使用，不会造成相关消费者对商品来源的误认和混淆，属于对“鲁锦”商标的合理使用，不构成对“鲁锦”商标专用权的侵犯。礼之邦家纺公司作为鲁锦制品的专卖店，其也有权使用“鲁锦”两字，同样不构成对山东鲁锦公司“鲁锦”商标专用权的侵犯。但由于“鲁锦”毕竟是一个有效的注册商标，其商标权应得到全社会的尊重。为了规范市场竞争秩序,保护公平竞争,遵循诚实信用、公平合理的市场竞争准则,鄄城鲁锦公司在今后的市场经营中有权在标明其产品是鲁锦面料的同时,应合理避让他人对“鲁锦”商标的专用权利。故鄄城鲁锦公司在其产品的包装中应突出使用自己的商标“精一坊”,以标明其鲁锦产品来源,方便消费者识别不同鲁锦产品的生产厂家。

基于同样的理由,鄄城鲁锦公司企业名称“鄄城县鲁锦工艺品有限责任公司”的使用也是正当的,此使用行为不会构成不正当竞争行为,山东鲁锦公司无权要求鄄城鲁锦公司去掉其企业名称中的“鲁锦”两字。

综上,原审法院认定事实部分有误,判决结果欠当。上诉人上诉理由充分,依法应予支持。根据《商标法实施条例》第 49 条、《民事诉讼法》第 153 条第 2 款之规定,判决如下:一、撤销山东省济宁市中级人民法院(2007)济民五初字第 6 号民事判决;二、驳回山东鲁锦公司的诉讼请求。一审案件受理费及其他诉讼费用合计 14 830 元,由山东鲁锦公司承担;二审案件受理费 5050 元,由山东鲁锦公司承担。

【法官评析】

根据上诉人鄄城鲁锦公司的上诉请求及被上诉人山东鲁锦公司的答辩,该案的争议焦点问题是:(1)鄄城鲁锦公司在其生产的被控侵权商品上、上诉人礼之邦家纺公司在销售的被控侵权商品上使用“鲁锦”字样标识,是否侵犯被上诉人山东鲁锦公司的注册商标专用权。(2)上诉人鄄城鲁锦公司应否变更其企业名称,去掉其企业名称中的“鲁锦”两字?解决上述两个焦点问题的关键是认定:“鲁锦”是否是一种山东民间手工棉纺织品的通用名称?

二审中认定“鲁锦”是山东民间手工棉纺织品的通用名称,主要是基于二审中新认定的一些事实。商品的通用名称是指该商品的特定行业内经营者、消费者约定俗成、普遍使用的名称,通常应具有广泛性与规范性的特点。一般情况下,认定商品的通用名称应从四个方面来进行判断:其一该商品名称是否由某一地区或某领域内的经营者、消费者所普遍使用并广泛接受;其二该商品生产工艺是否由某一地区或某领域内人们长期劳动实践而成;其三该商品的生产原料是否由某地区不特定广泛种植;其四该商品的消费者是特定群体还是普通社会公众。本案中认定“鲁锦”是山东民间手工棉纺织品的通用名称,对于这种具有地域性特点的商品的通用名称,其广泛性的判断应以其特定产区及相关公众为标准,而不应以全国范围为标准;其规范性的判断与是否科学没有必然联系,对于相关公众已接受的、指代明确的、约定俗成的名称,尽管可能不尽科学,但如果指代是具体的、明确的,仍符合规范性的条件。

商标的作用主要体现为识别性,使消费者能够依不同的商标而对应到相应的商品及服务的提供者,对商标权保护的目的就是防止对商品及服务的来源产生混淆。《商标法》赋予商标权人积极使用商标的权利,还赋予其排除他人妨害其商标权的权利,但是这种排他权利并非漫无边际,其排除妨害的范围应该仅限于禁止他人将商标用于标识商品来源的作用上,而不能禁止其他方面的使用。这就是商标的合理使用制度,这一制度设立的目的有利于防止滥用商标权,通过划定适当的界限使权利人采取更适当的方式保护自己的商标。

本案中“鲁锦”已被认定为山东民间手工棉纺织品的通用名称,国务院还曾认定“鲁锦技造技艺”是国家级非物质文化遗产。这说明原告山东鲁锦公司的注册商标“鲁锦”本身其显著性是较低的。《商标法》虽然允许缺乏显著性特征的标志在获得“第二含义”的情况下作为商标注册,但此类注册商标的专用权应受到限制,其商标注册人不得剥夺他人在“第一含义”上善意地使用相关标志来对商品进行描述。在山东鲁西南地区,有不少以鲁锦为面料生产床上用品、工艺品、服饰的厂家,这些厂家为了突出“手工、绿色、环保、舒适”的特点,有权在其产品上叙述性标明其面料是鲁锦的。本案鄄城鲁锦公司在其生产的涉嫌侵权产品的包装盒、包装袋上使用“鲁锦”两字,仅是为了表明其产品是鲁锦面料的,其生产技艺是符合鲁锦的生产特点的,不具有侵犯山东鲁锦公司“鲁锦”商标专用权的主观恶意。也并非作为商业标识的使用,属于对“鲁锦”商标的合理使用,不构成对“鲁锦”商标专用权的侵犯。礼之邦家纺公司作为鲁锦制品的专卖店,其也有权使用“鲁锦”两字,同样不构成对山东鲁锦公司“鲁锦”商标专用权的侵犯。基于同样的理由,二审法院也认定鄄城鲁锦公司、礼之邦公司不构成不正当竞争。

(山东省高级人民法院知识产权审判庭　于　玉)

案例7 片仔癀公司诉宏宁公司侵犯商标专用权纠纷案

——阅读提示：何种使用才构成正当使用？

【裁判要旨】

本案裁判的意义在于：为了说明或客观描述商品特点，以善意方式在必要的范围内予以标注，不会导致相关公众将其视为商标而产生来源混淆的，可以认定为正当使用。判断是否属于善意，是否必要，可以参考商业惯例等因素。

【案号】

一审：福建省漳州市中级人民法院（2007）漳民初字第18号

二审：福建省高级人民法院（2008）闽民终字第266号

再审审查：最高人民法院（2009）民申字第1310号

【案情与裁判】

原告（二审上诉人、再审被申请人）：片仔癀公司

被告（二审上诉人、申请再审人）：宏宁公司

原告起诉与被告答辩

原告片仔癀公司于2007年4月20日向福建省漳州市中级人民法院起诉称：片仔癀公司拥有第701403号、第562754号、第358318号、第358317号注册商标。片仔癀公司注册并使用在药品商品上的"片仔癀 PIEN TZE HUANG"商标被国家商标局认定为驰名商标，注册商标"片仔癀"被国家商务部认定为"中华老字号"。上述相关注册商标在全国范围乃至东南亚等国家和地区享有很高的声誉。被告宏宁公司未经片仔癀公司同意，擅自在其生产的"片仔癀珍珠霜"等27种化妆品及日化用品上，将与片仔癀公司注册商标相同的标志作为商品名称、商品包装装潢使用，并在其包装装潢上明显突出"片仔癀"的识别效果，损害了注册商标所有人的合法权益，侵犯了注册商标专用权。片仔癀公司请求判令宏宁公司：(1)立即停止侵害片仔癀公司注册商标专用权的行为，即立即停止生产、销售"片仔癀珍珠霜"等27种侵权商品；(2)在广东、广西、福建三省省级报刊及《厦门日报》《闽南日报》《闽西日报》公开赔礼道歉；(3)赔偿片仔癀公司经济损失805 902.47元，律师费16 518元，合计人民币822 420.47元。

宏宁公司答辩称：1. 宏宁公司系由漳州市家用化学品厂（简称家化厂）改制而来，家化厂在1984年开始生产"荔枝牌"片仔癀系列家用化学品，并获得知名商品名称。因此宏宁公司依法享有在先权，可对抗商标专用权。2. 片仔癀公司近年来并未生产化妆品，宏宁公司将"片仔癀"作为商品名称使用，不会误导公众。3. 由于"片仔癀"系药品名称，宏宁公司拥有正当使用权。4. 片仔癀公司要求赔偿经济损失805 902.47元没有事实依据。综上，宏宁公司请求驳回片仔癀公司的诉讼请求。

一审审理查明

福建省漳州市中级人民法院一审审理查明：片仔癀公司于1999年12月成立，其前身漳州片仔癀集团公司于1993年成立，漳州片仔癀集团公司前身漳州市制药厂于1957年12月成立。"片仔癀"作为一种特殊的中成药由片仔癀公司独家生产。片仔癀公司拥有在第3类牙膏、化妆品及第5类药品上的"片仔癀"及"PIEN TZE HUANG"的注册商标。1999年1月5日国家商标局商标监（1999）45号文认定片仔癀公司注册并使用在药品商品上的"片仔癀 PIEN TZE HUANG"商标为驰名商标。中华人民共和国商务部认证书（证书号13001）认证片仔癀公司注册商标"片仔癀"为"中华老字号"。

宏宁公司成立于1998年7月6日，系由家化厂、漳州市宏宁罐头食品厂合资成立的公司。家化厂于1979年成立，其生产的"荔枝牌片仔癀珍珠霜（膏）"产品自1988年12月起，荣获福建省优质产品称号等奖项。1990年家化厂注册第525083号"荔枝牌"商标。1998年6月份，家化厂将其资产（包括产房、机器设备、工业产权等）投资到合资公司即宏宁公司。1999年3月20日家化厂将其注册的第525083号"荔枝牌"商标转让给宏宁公司。

宏宁公司生产、销售的"荔枝牌片仔癀珍珠霜（膏）""片仔癀特效牙膏"等27种化妆品及日化用品，均将"片仔癀"作为其产品名称组成部分，并在

包装装潢上突出使用“片仔癀”“PIEN TZE HUANG”，且其字体与第562754号、第701403号、第358317号注册商标基本相同。福建省漳州市工商行政管理局于2007年5月16日作出漳工商检处(2007)23号行政处罚决定，决定对宏宁公司处罚：(1)责令立即停止侵权行为；(2)没收在扣350 174瓶/包标注“片仔癀”字样的化妆品和牙膏；(3)没收在封13 400个标注“片仔癀”字样的包装纸箱(盒)和105 800支/个标注“片仔癀”字样的空包装瓶；(4)在封1台真空制膏机和1台自动灌装机予以解除封存；(5)处以罚款175 000元。宏宁公司经办人员陈茂德提供给漳州市工商局“关于宏宁公司从2005年1月1日至2007年1月10日经营‘片仔癀’27种产品的产销情况统计表”上表明该统计表系根据宏宁公司的会计凭证和账簿的相关数据整理而成，是宏宁公司真实生产经营情况，并有陈茂德的签字。根据该统计表，2005年1月1日至2007年1月10日宏宁公司非法生产上述27种“片仔癀”侵权产品共获利人民币805 902.47元。片仔癀公司为本案支付律师费人民币16 518元。

一审判理和结果

一审法院认为：“片仔癀”是片仔癀公司的前身漳州市制药厂最早使用及注册的商标，在消费者中享有很高知名度，已起到区别商品来源的商标作用。片仔癀公司的第562754号、第701403号、第358318号“片仔癀”注册商标及第358317号“PIEN TZE HUANG”注册商标是合法转让所得，应受法律保护。

宏宁公司未经片仔癀公司同意，擅自在其生产、销售的“荔枝牌片仔癀珍珠霜(膏)”“片仔癀特效牙膏”等27种化妆品及日化用品上，将与片仔癀公司合法拥有的第701403号、第562754号、第358317号“片仔癀”“PIEN TZE HUANG”注册商标相同的标志作为其化妆品及日化用品的商品名称、商品包装装潢使用，并在其商品名称、外包装装潢显著位置突出标明“片仔癀”字样，宏宁公司上述27种化妆品及日化用品的销售渠道都是进入医药公司、药店等，消费群体及经销商群体与片仔癀公司、片仔癀公司控股子公司、片仔癀公司控股子公司的子公司销售渠道一致，造成相关公众混淆，误导公众，扰乱相关市场秩序，损害了片仔癀公司作为注册商标所有人的合法权益，宏宁公司的行为已构成对片仔癀公司第701403号、第562754号、第358317号“片仔癀”“PIEN TZE HUANG”注册商标的侵害，依法应承担因侵犯商标专用权给片仔癀公司所造成损失的赔偿责任(包括为诉讼支出的合理费用)。据此，一审法院于2007年12月30日作出(2007)漳民初字第18号民事判决，依照《商标法》第52条第(1)项、第(5)项，《商标法实施条例》第50条第(1)项的规定，判令：一、宏宁公司应立即停止在其产品上使用与片仔癀公司第562754号、第701403号、第358317号“片仔癀”“PIEN TZE HUANG”注册商标相同或相近似的标识，即立即停止生产、销售“片仔癀珍珠霜”“片仔癀特效牙膏”“片仔癀洗发露”等27种侵权商品；二、宏宁公司应在判决生效之日起十日内赔偿片仔癀公司经济损失人民币822 420.47元；三、宏宁公司应在判决生效之日起十日内在广东、广西、福建三省省级报刊及《厦门日报》《闽南日报》《闽西日报》刊登向片仔癀公司的道歉声明。

上诉与答辩

片仔癀公司、宏宁公司均不服一审判决，向福建省高级人民法院提起上诉。片仔癀公司上诉称：一审法院查明的“1998年6月份，漳州市家用化学品厂将其资产(包括产房、机器设备、工业产权等)投资到合资公司即被告宏宁公司”的事实有误，请求予以纠正。宏宁公司上诉称：宏宁公司依法享有在先权；一审法院认定陈茂德提供给漳州市工商行政管理局销售情况统计表作为定案的依据错误；宏宁公司所生产的片仔癀系列家用化学品，在市场上并未引起公众误解，宏宁公司不存在侵权行为。

二审判理和结果

二审法院认为：片仔癀公司是集“片仔癀”的特有的名称、企业名称、驰名商标为一体的企业，其知识产权的合法权利应受法律保护。宏宁公司未经片仔癀公司的许可，擅自将“片仔癀”突出使用在其片仔癀珍珠霜等化妆产品的包装、装潢上，足以造成消费者的混淆或误认，其行为已构成侵权，对此应承担相应的法律责任。依据片仔癀公司提交的《漳州市宏宁家化有限公司章程》等可证明家化厂出资入股宏宁公司的是实物，不包含工业产权。家化厂对“片仔癀”在“片仔癀珍珠霜”等化妆品上根本不享有任何的在先使用权。一审法院根据宏宁公司经办人员提供给漳州市工商行政管理局的“关于宏宁公司从2005年1月1日至2007年1月10日经营‘片仔癀’27种产品的产销情况统计表”等证据，依法判定宏宁公司的侵权损害赔偿数额并无不当。综上，二审法院依照《民事诉讼法》第153条第1款第(1)项的规定，判决驳回上诉，维持原判。

申请再审理由与答辩

宏宁公司申请再审称：(1)根据《商标法》的规定，仅有本商品的通用名称不得作为商标注册，而片仔癀公司既是通用名称又是药品主要原料的“片仔癀”注册为商标，宏宁公司已经向国家工商行政管理总局商标局提出商标撤销申请，并已经被受理。(2)宏宁公司的使用行为不是商标意义上的使用，而是正当使用。其一，通用名称被注册为商标，也不能禁止他人使用该通用名称，宏宁公司仅仅是为了说明商品的主要原料，是正当使用。其二，宏宁公司并没有将片仔癀作为商标使用，只是在作为商品名称一部分的同时，标注了自己的商标“荔枝牌”。公众对该商品的区别是通过商标来实现的，并不构成对消费者的误导。(3)宏宁公司的股东家化厂依法享有在先权。早在“片仔癀”商标核准授权日之前，家化厂就将“片仔癀”作为商品名称的一部分使用在自己生产的系列家化产品上，并多次获得有关部门的奖项和称号，是知名商品特有名称，家化厂享有在先权。而且家化厂委托他人设计产品的外包装，享有“片仔癀”三个字的著作权并支付了设计费。宏宁公司也提交证据证明家化厂在“片仔癀”被注册为商标之前就开始使用与现在一致的包装、装潢。(4)根据备案于工商局的宏宁公司的新章程，家化厂是用包括工业产权的净资产出资，二审法院关于出资方式的认定错误。家化厂的生产经营业务由宏宁公司承接，宏宁公司继续生产荔枝牌片仔癀珍珠霜等产品是合法的。(5)原审法院依据宏宁公司提供的产销情况表而认定宏宁公司的收益是错误。该统计表是工商局办案人员自行编制，并诱导经办人员陈茂德签字，是违法取证。而且利润计算公式不符合财务规定。一审法院无视该报表的合法性，二审法院一方面对宏宁公司要求进行审计的申请不予认可，另一方面却以没有充分证据为由驳回，显然不公平。综上所述，请求撤销(2008)闽民终字第266号民事判决，提审或指定下级人民法院再审本案。

片仔癀公司答辩称：(1)“片仔癀”是药品名称，但并非药品通用名称，国家工商行政管理总局商标评审委员会(简称商标评审委员会)已经认定“片仔癀”在消费者中享有很高知名度，已经起到区别商品来源的商标作用。(2)宏宁公司未经片仔癀公司许可，在其生产、销售的化妆品和日用品中，将注册商标“片仔癀”文字作为产品名称的组成部分，并将与注册商标“片仔癀”“PIEN TZE HUANG”标识完全相同的标识作为其商标装潢使用，不是所谓的正当使用，而具有明显“搭便车的意图”，在客观上足以使相关公众混淆商品的来源，侵犯了片仔癀公司注册商标专用权。(3)家化厂不享有任何在先权，也没有证据证明在“片仔癀”被注册为商标之前，家化厂就开始使用与现有一致的包装、装潢。家化厂并没有将任何工业产权出资到宏宁公司，宏宁公司所谓承接家化厂的主张也不能成立。(4)原审法院认定宏宁公司侵权获利805 902.47元是正确的。综上，片仔癀公司请求驳回宏宁公司的再审申请。

再审审查结果

最高人民法院认为，根据宏宁公司申请再审的主张和查明的事实，本案再审审查主要涉及以下三个问题。

一、关于宏宁公司是否是正当使用

《商标法实施条例》第49规定，注册商标中含有的本商品的通用名称、图形、型号，或者直接表示商品的质量、主要原料、功能、用途、重量、数量及其他特点，或者含有地名，注册商标专用权人无权禁止他人正当使用。片仔癀是一种药品的名称，如果被控产品中含有片仔癀成分，生产者出于说明或客观描述商品特点的目的，以善意方式在必要的范围内予以标注，不会导致相关公众将其视为商标而导致来源混淆的，可以认定为正当使用。判断是否属于善意，是否必要，可以参考商业惯例等因素。宏宁公司如果是为了说明其产品中含有片仔癀成分，应当按照商业惯例以适当的方式予以标注，但是本案中，宏宁公司却是在其生产、销售商品的包装装潢显著位置突出标明“片仔癀”“PIEN TZE HUANG”字样，该标识明显大于宏宁公司自己的商标及其他标注，并且所采用的字体与片仔癀公司的注册商标基本一致。该种使用方式已经超出说明或客观描述商品而正当使用的界限，其主观上难谓善意，在涉案商标已经具有很高知名度的情况下，客观上可能造成相关公众产生商品来源的混淆，因此宏宁公司关于其使用是正当使用的主张不能成立。

二、关于宏宁公司是否享有在先权

本案中，宏宁公司主张家化厂是以包括“片仔癀”知名商品特有名称等工业产权入股宏宁公司，因此宏宁公司承接了家化厂所享有的在先权。根据查明的事实，家化厂确实在涉案商标注册之前，生产、销售荔枝牌片仔癀珍珠霜(膏)等产品，并具有一定的知名度。但是，当时所获得的证书等并未载明其所使用的包装装潢，宏宁公司所提供的关于当时家化厂生产的荔枝牌片仔癀珍珠霜(膏)的包装装潢复印件有些无法证明实际使用时间，有些时间明显晚于涉案商标注册日，无法查明家化厂当时的标注方式，不能证明其在涉案商标注册之前就使用与现在被控产品一致的包装装潢，因此宏宁公司关于家化厂对现在所使用的包装装潢享有在先权的主张不能成立。由于家化厂不享有在先权，不管家化厂是否将工业产权入股宏宁公司，宏宁公司均不享有在先权。宏宁公司关于其享有在先权的主张没有事实和法律依据。

三、关于赔偿数额

宏宁公司经办人员提供给漳州市工商行政管理局的“关于宏宁公司从2005年1月1日至2007年1月10日经营‘片仔癀’27种产品的产销情况统计表”，上有宏宁公司经办人员陈茂德的签字，并表明该统计表系根据宏宁公司的会计凭证和账簿的相关数据整理而成，是宏宁公司真实生产经营情况。宏宁公司关于该统计表是违法取证的主张没有证据支持。原审法院据此计算宏宁公司侵权获利并以此判定宏宁公司的侵权损害赔偿数额并无不当。

综上，宏宁公司再审申请理由均不能成立，再审申请不符合《民事诉讼法》第179条的规定，最高人民法院依据《民事诉讼法》第181条第1款之规定，裁定驳回宏宁公司的再审申请。

【法官评析】

正当使用是侵犯商标权纠纷中常见的一种抗辩事由，其基本立法基础在于商标权人不能独占垄断某一描述性的短语，进而剥夺他人对其商品进行准确描述的权利。正如美国法官Holmes所说：“商标权只是用于阻止他人将其商品当作权利人的商品出售，如果商标使用时只是为告知真相而并不是要欺骗公众，我们看不出为何要加以禁止。商标不是禁忌。”本案中，宏宁公司就主张其使用是出于描述而正当使用，故需要考察其行为是否符合正当使用的构成要件。在我国，正当使用抗辩的法律依据主要是《商标法实施条例》第49条。关于什么情况下构成正当使用，说法不一，但一般认为至少应当是描述性、善意、合理的使用。描述性使用是指被告是利用标志本身固有的描述性含义描述自己的产品或者服务，而非商标意义上的使用。因此要构成正当使用，被控标志首先应当具有描述性含义，即被控标志属于《商标法实施条例》第49条所述的本商品的通用名称、图形、型号，或者直接表示商品的质量、主要原料、功能、用途、重量、数量及其他特点，或者地名，这是构成正当使用的前提。其次，被告是在这些含义上使用被控标志，而非将其当作区别商品或者服务来源的标志使用。再次，被告对被控标志的使用应当是出于善意并且必须是合理的。善意强调主观无搭车等恶意，由于主观要素无法直接获知，往往通过外化的其他证据予以证明；合理强调行为的妥当性和必要性，是对使用方式的限制。对于是否善意，是否合理，站在不同的主体上可能有不同的认知。很多时候，被告会主张是善意且合理的。在这问题上，不能以被告的主观意识为标准，而应当将标准客观化，判断是否属于善意，是否必要，可以参考商业惯例等因素。

目前实践中，对于正当使用的判断，有将重心多置于被控标志是否属于描述性词汇的审查，而一笔带过甚至忽略是否是善意、合理、描述性使用等要件的判断的倾向。其实，正当使用的核心不在于或不仅在于标志本身的描述性属性，更强调的是使用行为的正当性，包括主观善意和客观合理。标志本身具有描述性的属性仅是构成正当使用的条件之一，是现象。要透过现象看本质，审查其具体使用方式以及通过使用方式体现出来的正当与否。这也就是为什么同样一个标志，有些使用方式是正当的，有些方式就不是正当的。比如本案中，“片仔癀”本身是一种药名，属于描述性词汇，如果仅是为了表示其商品内含有片仔癀成分，完全可以以正常的商业惯例予以标注，从而构成正当使用。但是，宏宁公司却是在其生产、销售商品的包装装潢显著位置突出标明“片仔癀”“PIEN TZE HUANG”字样，该标识明显大于宏宁公司自己的商标及其他标注，并且所采用的字体与片仔癀公司的注册商标基本一致。该种使用方式已非商业惯例做法，已经超出说明或客观描述商品而正当使用的界限，其主观上难谓善意，方式上也非合理和必要，故才认定其正当使用抗辩不成立。

（最高人民法院知识产权审判庭　周云川）

案例8　长地万方公司诉凯立德公司等侵犯著作权纠纷案

——阅读提示：导航电子地图属于著作权法中的哪类作品？如何处理作品行政审查程序与著作权保护的关系？对涉及海量信息的作品如何进行对比？如何把握在法定赔偿最高限额之上确定赔偿额？

【裁判要旨】

本案是一件涉及侵犯导航电子地图著作权的案件。法院根据我国著作权法的规定，将导航电子地图作为地图作品予以保护。

对于如何处理作品行政审查程序与著作权保护的关系，法院认为，对地图的审核、批准等监管职能属于测绘行政主管部门，作品能否出版与其作为具有独创性的作品而禁止他人抄袭，没有必然联系。

由于电子地图涉及海量信息，本案选取恰当的侵权对比方法，对涉案作品进行个性化对比，有利于有效地对两个作品之间的异同进行认定，节约诉讼成本，提高效率。

本案审理中贯彻了《最高人民法院关于当前经济形势下知识产权审判服务大局若干问题的意见》中有关司法政策，遵循全面赔偿原则，综合全案证据，在法定赔偿额之上合理确定了赔偿数额，使权利人得到更好保护。

【案号】

一审：广东省佛山市中级人民法院（2007）佛中法民知初字第219号

二审：广东省高级人民法院（2008）粤高法民三终字第290号

【案情与裁判】

原告（二审被上诉人）：长地万方公司

被告（二审上诉人）：中佳讯公司

被告（二审上诉人）：凯立德欣公司

被告（二审上诉人）：凯立德公司

被告：劲力公司

原告起诉与被告答辩

原告长地万方公司诉称其自成立之日起开始组建测绘队伍，投入了大量的人力、物力、财力，派出测绘工程技术人员在全国各地实地测绘、采集信息，先后制作出版了第一版至第四版《“道道通”导航电子地图》（以下简称第四版《道图》）。原告第四版《道图》于2006年7月制作完成，2006年8月通过中国地图出版社公开出版，范围覆盖全国31个省、市自治区和直辖市（除中国台湾、香港、澳门地区），其中包括全部333个地级行政区划、2859个县级行政单位和部分村镇。原告长地万方公司独立制作完成第四版《道图》依法享有著作权。

原告长地万方公司经调查发现，被告凯立德欣公司、凯立德公司生产销售的《凯立德全国导航电子地图（362城市）》（以下简称《362图》）抄袭剽窃了原告长地万方公司第四版《道图》的内容；被告劲力公司、被告中佳讯公司销售了上述侵权产品。本案被告凯立德公司、凯立德欣公司的法人代表同为一人即张文星，被告凯立德公司的实际经营场所即为被告凯立德欣公司的注册地。广东省地图出版社的备案资料显示，《362图》产品的版权与制作人为被告凯立德公司，但市场上所见的《362图》产品标示的版权与制作人却为被告凯立德欣公司。显然，本案被告凯立德欣公司、凯立德公司共同生产、销售了《362图》产品，该产品通过像本案被告中佳讯公司这样的上游经销商和像本案被告劲力公司这样的下游经销商在全国各地大量销售，被告的侵权行为给原告造成了严重经济损失。2007年9月19日原告长地万方公司向广东省佛山市中级人民法院起诉，请求判令：（1）劲力公司立即停止侵犯长地万方公司第四版《道图》著作权的销售行为，包括销毁其尚未出售的侵权产品《道图》。（2）中佳讯公司立即停止侵犯长地万方公司第四版《道图》著作权的生产、销售行为，包括销毁其尚未出售的使用侵权产品《362图》的“中佳讯”GPS导航仪。（3）凯立德欣公司、凯立德公司立即停止侵犯长地万方公司第四版《道图》著作权的生产、销售行为，包括销毁其尚未出售的侵权产品《362图》。（4）凯立德欣公司、凯立德公司在《测绘报》和《人民日报》上（除中缝以外位置)以及凯立德公司的网站首页上刊登致歉声明公开向长地万方公司赔礼道歉,致歉内容需由法院审核。(5)凯立德欣公司、凯立德公司连带向长地万方公司赔偿经济损失1000万元(含长地万方公司在本案维权过程中支出的律师代理费、差旅费、公证费、财产保全费、证据保全费、诉前禁令费等合理费用)。(6)由四被告承担本案全部诉讼费用。

被告凯立德欣公司、劲力公司没有答辩。

被告中佳讯公司辩称:没有销售凯立德公司产品,故不应承担责任。

被告凯立德公司辩称:凯立德公司没有实施侵犯原告长地万方公司著作权的行为,原告长地万方公司在本案中对导航电子地图中的地名等客观存在的地理信息主张著作权,缺乏充分法律依据。地图的许多表现方法在按照强制标准和规范制作的地图中,出现"相似""相同"和"雷同"现象是必然的和不可避免的,都是法律所允许的。因此,地图中很多部分是不受著作权保护的。原告长地万方公司企图通过诉讼来挽回在市场竞争中的失利局面,滥用诉讼权利。凯立德公司鉴于原告长地万方公司的"道道通"第一版、第二版、第三版地图存在侵犯凯立德公司《全国导航电子地图(243城市)》知识产权的事实,凯立德公司已经2007年6月22日向深圳市中级人民法院以著作权侵权为由起诉原告。

一审审理查明

广东省佛山市中级人民法院经审理查明:2005年5月13日原告长地万方公司获得国家测绘局颁发的甲级测绘资质证书,拥有导航电子地图制作资质。原告长地万方公司第四版《道图》于2006年8月16日由中国地图出版社向国家测绘局提出地图审核申请,2006年8月17日获得国家测绘局签发的《地图审核批准书》。

原告长地万方公司的委托代理人于2007年7月25日在被告劲力公司购买了中佳讯DH－105GPS导航器二台,价格2500元/台,包装盒标示有被告深圳市中佳讯科技有限公司名称,内装有被控产品《362图》光盘,光盘显示的版权与制作人为凯立德欣技术(深圳)有限公司,审图号:GS(2007)164号,附有凯立德欣技术(深圳)有限公司的凯立德移动导航系统用户手册,该手册标明时间2007年1月,还有一本GPS导航终端使用手册和保修卡,两本手册和保修卡均盖有佛山市劲力汽车用品有限公司南海分公司业务专用章。被告劲力公司确认上述中佳讯DH－105GPS导航器系其向被告中佳讯公司定购,被告中佳讯公司的代理商黄雄坚又出具证明,证明上述中佳讯DH－105GPS导航器装有凯立德地图,该证明盖有佛山市劲力汽车用品有限公司南海分公司业务专用章。佛山市南海区公证处对上述购买过程及在购买过程中取得的发票、证明、名片进行了公证和拍照。

依原告长地万方公司证据保全申请,一审法院扣押了凯立德欣公司的《362图》光盘10张,该被扣押光盘的审图号为GS(2007)164号,该光盘上面未印制作人。一审法院要求凯立德公司、凯立德欣公司提供被控产品的生产、销售财务账册,凯立德公司、凯立德欣公司拒不提供。

一审法院依职权向中国地图出版社调取了原告长地万方公司在该社备案的第四版《道图》光盘,向中国版权保护中心调取了凯立德公司在该中心登记的《362图》光盘,凯立德公司最早应于2007年1月22日后才向该中心登记《362图》,其自称创作完成的时间是2006年3月1日。一审法院还依被告凯立德公司申请向国家测绘局调取凯立德公司在该局备案的《362图》光盘和原告长地万方公司在该局备案的第四版《道图》光盘,国家测绘局未能提供。

另查明,《362图》在2006年12月21日由广东省地图出版社向国家测绘局提出地图审核申请,审图号:GS(2007)164号,2007年2月1日获得国家测绘局签发的《地图审核批准书》。

一审判理和结果

广东省佛山市中级人民法院认为:根据长地万方公司提供的证据可以确定其为第四版《道图》的著作权人。被控作品的完成时间为2006年12月21日前,长地万方公司作品的完成时间和出版时间均明显早于被控作品。将被控侵权的《362图》产品与长地万方公司享有著作权的第四版《道图》进行对比,两者多方面相同。在凯立德公司提交证据不足以证明其自行创作的情况下,其行为显属抄袭,凯立德公司构成侵权,应依法承担相应的侵权责任。被控产品《362图》的版权与制作人为凯立德公司,长地万方公司在劲力公司处公证购买的被控产品《362图》标示的版权与制作人为凯立德欣公司,结合凯立德公司在其自己的网站上宣传介绍,可以认定凯立德欣公司、凯立德公司共同生产、销售了侵权产品《362 图》，构成共同侵权。中佳讯公司生产、销售装有侵权产品《362图》的“中佳讯”GPS 导航仪，劲力公司销售装有侵权《362 图》的“中佳讯”GPS 导航仪，也构成侵权。判决：一、劲力公司自判决生效之日起立即停止侵犯长地万方公司第四版《道图》著作权的销售行为，销毁其尚未出售的侵权产品《362 图》；二、中佳讯公司自判决生效之日起立即停止侵犯长地万方公司第四版《道图》著作权的生产、销售行为，销毁其尚未出售的侵权产品《362 图》；三、凯立德公司、凯立德欣公司立即停止侵犯长地万方公司第四版《道图》著作权的生产、销售行为，包括销毁其尚未出售的侵权产品《362 图》；四、凯立德公司、凯立德欣公司自判决生效之日起 30 日内在《中国测绘报》上刊登声明，向长地万方公司公开赔礼道歉；五、凯立德公司、凯立德欣公司自判决生效之日起 10 日内，赔偿长地万方公司经济损失 1000 万元；六、驳回长地万方公司其他诉讼请求。案件受理费 82800 元，保全费 5030 元，诉中禁令受理费 1000 元，共计 88 830 元，由凯立德公司、凯立德欣公司负担。

上诉与答辩

中佳讯公司、凯立德欣公司、凯立德公司不服一审判决，提起上诉。理由：(1)凯立德公司在 2006 年 3 月 1 日完成《362 图》，取得的中国版权保护中心颁发的著作权证书应当作为著作权证据使用。(2)一审法院没有对劲力公司销售的光盘与凯立德公司光盘进行对比，无法辨认劲力公司销售的光盘是凯立德公司的产品。(3)一审法院仅仅从《362 图》与第四版《道图》对比中的一个或者几个相同就推断完全侵权，不符合逻辑。(4)长地万方公司第四版《道图》抄袭凯立德公司在先作品《凯立德全国导航电子地图(243 城市)》(以下简称《243 图》)，第四版《道图》不享有合法的著作权。长地万方公司提交法院的第四版《道图》与其向国家测绘局提交的送审盘内容不符，属于非法出版物，不受《著作权法》保护。(5)一审判决凯立德公司赔偿 1000 万元，缺乏充分证据。

长地万方公司答辩同意一审判决。

二审审理查明

广东省高级人民法院查明如下事实：

(1)经组织双方当事人当庭进行勘验，从整体对比情况看，凯立德公司《362 图》与长地万方公司第四版《道图》存在虚设地址相同、长地版本号相同、特制信息相同、个别字误相同、表述不当相同、同类地点的多种表述相同、不规范简称相同、未简全称相同、信息取舍相同、被控作品存在有点无路的不合理情形、两者所犯错误相同、位置关系标注相同的情况。(2)二审期间，凯立德公司当庭主张《362 图》与其在先作品《243 图》构成实质近似，第四版《道图》侵犯其《243 图》。但凯立德公司承认第四版《道图》与《362 图》的上述全部相似点在其《243 图》中均不存在。(3)2007 年 11 月 7 日原审法院就禁令措施组织第一次听证，长地万方公司提交了证据 12 为(2007)佛南内民证字第 6889 号公证书，以此证明凯立德欣公司、凯立德公司共同生产、销售涉案《362 图》产品；中佳讯公司生产、销售装有《362 图》的“中佳讯”GPS 导航仪；劲力公司销售装有《362 图》的“中佳讯”GPS 导航仪。凯立德公司对该份证据真实性、证明内容、关联性均表示无异议。(4)2008 年 4 月 29 日原审法院就禁令措施组织第三次听证，凯立德公司提交了 4 册外业作业记录和费用发票复印件，但凯立德公司未提供原件核对。(5)长地万方公司提交的侵权损害赔偿计算依据有：(2007)南公证内字第 21191 号公证书、凯立德公司一审提交的答辩状、评估咨询报告、凯立德公司 2007 年度工商年检报告书、长地万方公司维权过程中支出的各项费用发票复印件。除二审查明的上述事实外，一审查明的其他事实基本属实。

二审判理和结果

广东省高级人民法院认为：导航电子地图主要以集成文本、图片、图表、声音、动画、视频等多媒体手段来展示城市、乡村、旅游景点等对象的综合信息。既包含地理信息数据库，又以空间的点、线、几何图形、注记等地图符号来对数据库进行立体或平面的展示。其独创性主要表现在把具体地物、地貌、信息点等测量到地图上的过程中，根据地图使用目的、地图比例尺及相关测量规范等要求对地物、地貌、信息点等进行取舍。这种取舍的过程，实际上就是制图者创作的过程。即使对于一个大家都会选择的地物、地貌进行测量时，也存在不同的测量方法的选择。因此，电子导航地图与其他地图一样，属于具有独创性的作品，依据我国著作权法的规定可以作为地图作品予以保护。

一、关于长地万方公司是否享有第四版《道图》著作权的问题

长地万方公司提交了第四版《道图》的《地图审核批准书》、第四版《道图》正式出版物。《地图审核批准书》记载的送审受理时间为 2006 年 8 月 16 日，批准时间为 2007 年 8 月 17 日，审图号为 GS(2006)807 号，正式出版物记载出版时间为 2006 年 8 月。在没有相反证据的情况下，可以认定长地万方公司对第四版《道图》享有著作权。根据国家测绘局施行的《地图审核管理规定》，地图审核、批准等监管职能属于测绘行政主管部门。未经审核批准的地图不能公开出版。凯立德公司未提交有关测绘行政主管部门认定公开出版的第四版《道图》属于非法出版的审查结论。同时，第四版《道图》是否属于非法出版物，系测绘行政主管部门监管问题，与其作为具有独创性的作品而禁止他人抄袭，二者并不排斥。即使第四版《道图》存在违反有关行政管理规定不能出版，长地万方公司仍然可以基于对第四版《道图》享有的著作权而制止他人侵权。综上，凯立德公司该项上诉理由没有事实和法律依据。

二、关于被控侵权产品的认定

长地公司公证购买的导航器包装盒上标示有中佳讯公司名称，包装盒内的《362 图》光盘标注的版权与制作人为凯立德欣公司，包装盒内的《362 图》光盘标注的审图号为 GS(2007)164 号，与国家测绘局批准凯立德公司制作《362 图》的审图号相同，包装盒内附有的《凯立德移动导航系统用户手册》也标有凯立德欣公司名称，这些事实与劲力公司出具的证明内容能够相互印证。尤其是原审法院就采取禁令措施组织第一次听证时，凯立德公司对公证书的真实性、证明内容、关联性均表示无异议。而且，在本院二审开庭过程中，凯立德公司、凯立德欣公司对公证购买的 DH－105GPS 导航器所附《362 图》中涉及的争议内容能够清楚地进行解释说明。中佳讯公司、凯立德公司、凯立德欣公司也均未提交侵权物品、作品系第三人制作，销售的相反证据。基于上述事实，足以证明被控侵权的 DH－105GPS 导航器系中佳讯公司生产、销售；DH－105GPS 导航器所附《362 图》系凯立德欣公司、凯立德公司生产、销售。

长地万方公司第四版《道图》系 2006 年 8 月 16 日由中国地图出版社向国家测绘局提出地图审核申请，2006 年 8 月 17 日国家测绘局签发《地图审核批准书》。据此可以推断，长地万方公司第四版《道图》系于 2006 年 8 月 16 日前创作完成。根据原审法院在中国地图出版社调取的备案第四版《道图》，该出版物载明：“出版时间 2006 年 8 月第四版”。该出版物载明的出版时间与中国地图出版社提供的《电子地图出版物合作项目计划表》中第四版《道图》计划交稿、计划上市的时间相吻合。根据这些事实，可以确定长地万方公司第四版《道图》出版时间为 2006 年 8 月。

凯立德公司《362 图》系于 2006 年 12 月 21 日由广东省地图出版社向国家测绘局提出地图审核申请，2007 年 2 月 1 日国家测绘局签发《地图审核批准书》。根据原审法院向国家版权局中国版权保护中心调取的凯立德公司《362 图》作品登记档案资料，凯立德公司于 2007 年 1 月 22 日委托深圳中一专利商标事务所向该中心提出《362 图》登记申请，该中心于 2007 年 3 月 2 日受理申请，2007 年 4 月 18 日颁发《著作权登记证书》。该中心工作人员也证实《著作权登记证书》中的创作完成时间“2006 年 3 月 1 日”源于凯立德公司的自述。我国采取作品自愿登记制度，在《著作权登记证书》中的创作完成时间与凯立德公司向国家测绘局提出地图审核申请时间不能吻合的情况下，凯立德公司未进一步提供证据证明其自述时间属实，法院对《著作权登记证书》中的创作完成时间，不予认可。根据上述证据可以推断凯立德公司《362 图》系于 2006 年 12 月 21 日为止创作完成，2007 年 2 月 1 日后出版。

根据上述分析，长地万方公司能够提供证据证明第四版《道图》于 2006 年 8 月 16 日前创作完成并于 2006 年 8 月出版，而凯立德公司不能提供证据证明其《362 图》早于第四版《道图》创作完成和出版。长地万方公司第四版《道图》出版发行后，作为同业竞争者，凯立德公司完全可以通过公开渠道获得长地万方公司第四版《道图》，因此，本院推定凯立德公司接触了长地万方公司第四版《道图》。

三、关于涉案作品对比问题

本案中，长地万方公司主张从 12 个方面，采取列举具有个性特征的信息点的对比方式，对长地万方公司第四版《道图》与凯立德公司《362 图》是否相同或实质相似进行对比。中佳讯公司、凯立德公司、凯立德欣公司均未对该对比方式提出异议。鉴于导航电子地图信息量巨大的作品特点,该种举例说明的证明方法,可以有效地对两个作品之间的异同进行认定。经双方当事人当庭进行勘验,一审法院列举的信息点中存在个别信息点认定错误,但从整体对比情况看,凯立德公司《362 图》与长地万方公司第四版《道图》存在虚设地址相同、长地版本号相同、特制信息相同、个别字误相同、表述不当相同、同类地点的多种表述相同、不规范简称相同、未简全称相同、信息取舍相同、被控作品存在有点无路的不合理情形、两者错误相同、位置关系标注相同的情况。虽然电子地图中的具体地理信息是客观存在的,但对于地理信息的采集需要实地勘查,而对于地理信息的筛选、取舍以及表达方式,会体现不同作品的独创性。因此,不同企业制作的电子地图不可能存在上述大量的不同类别的雷同,更不能在被控侵权作品中出现请求保护作品的版本号"暗记"。本案中凯立德公司《362 图》与长地万方公司第四版《道图》出现的雷同,明显超越了常理,显然不属独立创作之巧合,应当认定凯立德公司《362 图》抄袭、剽窃了长地万方公司第四版《道图》。

长地万方公司公证购买的被控产品《362 图》标示的版权与制作人为凯立德欣公司。凯立德公司、凯立德欣公司工商登记资料证明凯立德公司、凯立德欣公司的法定代表人均为张文星。凯立德公司网站也对凯立德公司、凯立德欣公司存在关联关系进行宣传。由此可以认定凯立德欣公司、凯立德公司共同创作、销售了侵权产品《362 图》,实施了共同抄袭、剽窃行为,构成共同侵权,依法应当承担连带责任。中佳讯公司生产、销售装有侵权产品《362 图》的 DH－105GPS 导航器,劲力公司销售装有侵权《362 图》的 DH－105GPS 导航器,依法均构成侵权。

四、本案赔偿数额应如何确定

首先,凯立德公司在其公司网页上为进行广告宣传而宣称赛迪顾问公司对凯立德公司导航产品销量、市场占有率进行了统计分析。本案中,赛迪顾问公司未以证人身份参加一、二审诉讼,赛迪顾问公司的统计分析是否权威、科学、客观、真实,长地万方公司没有提交其他证据予以佐证。其次,原审判决采信的"2007 年度每套导航电子地图产品的平均售价是 300 元"这一事实,没有依据。再次,一、二审期间长地万方公司也没有提交权威部门发布的导航电子产品和导航电子地图的利润率数据。因此,一审法院依据赛迪顾问公司的统计数据,得出凯立德公司和凯立德欣公司侵权获利数额至少在 1000 万元人民币以上的结论,依据不足。

至于长地万方公司提交的评估咨询报告,属长地万方公司自行委托进行的评估咨询,凯立德公司和凯立德欣公司均对该份评估咨询报告不予认可,因此,不应予以采纳。长地万方公司在二审期间提交的凯立德公司及凯立德欣公司 2005～2007 年度工商年检资料中所披露的年度净利润,也不能据此确定系凯立德公司和凯立德欣公司因《362 图》侵犯长地万方公司第四版《道图》著作权获利的具体数额。

鉴于本案长地万方公司的实际损失以及凯立德公司和凯立德欣公司侵权获利具体数额均不能确定,本院不能支持长地万方公司提出的赔偿数额。本院确定凯立德公司和凯立德欣公司的赔偿数额,主要考虑下列因素:(1)本案作品属全国导航电子地图,制作投入的人力、物力巨大,市场利润率较高;(2)凯立德公司和凯立德欣公司不能提供创作被控侵权产品的任何证据,侵权性质恶劣、侵权时间为 1 年 5 个月;(3)凯立德公司在答辩状中自称在 2006～2007 年连续 5 个季度在 GPS 导航电子地图市场销售占有率达到 50.1%,其销售量已占据全国市场的一半以上;(4)在原审法院保全过程中,凯立德公司和凯立德欣公司拒不提供有关侵权产品的财务账册;(5)已生效的北京市第一中级人民法院(2008)一中民终字第 6833 号民事判决认定凯立德公司制作的《凯立德全国导航电子地图(335 城市)》侵犯长地万方公司《"道道通"电子导航地图》第一版、第二版、第三版著作权,本案认定的事实系凯立德公司重复侵权,主观过错明显。本院根据上述因素,综合确定凯立德公司和凯立德欣公司赔偿长地万方公司经济损失 100 万元。

长地万方公司因本案维权过程中支出的合理费用是长地万方公司确定发生的实际损失,能够查证属实的,亦应由凯立德公司和凯立德欣公司一并赔偿。

至于中佳讯公司民事责任问题,一审判决其承担停止侵权的民事责任,于法有据,予以维持。劲力公司经合法传唤拒不到庭,不影响本案审理,亦不影响其民事责任的确定。一审判决其承担停止侵权的民事责任,亦予以维持。

综上所述，一审判决认定事实部分错误，本院予以纠正。根据《著作权法》第 3 条第(7)项、第 10 条、第 47 条、第 48 条以及《民事诉讼法》第 153 条第 1 款第(2)项之规定，判决：一、维持原审判决第一项、第二项、第三项、第四项、第六项；二、变更原审判决第五项为：凯立德公司、凯立德欣公司自判决生效之日起 10 日内，赔偿长地万方公司经济损失 100 万元及合理维权费用 821 870 元。一审案件受理费 82 800 元，保全费 5030 元，诉中禁令受理费 1000 元，二审案件受理费 82 800 元，共计 171 630 元，均由凯立德公司、凯立德欣公司负担。

【法官评析】

一、关于导航电子地图属于何种作品问题

对于导航电子地图应当划入哪类作品，理论和实践中还存在一定争议，有人认为属于汇编作品、有人认为属于数据库范畴。这个问题也牵涉适用什么法律保护问题。笔者认为，导航电子地图具备地图作品的基本属性，其独创性主要表现在把具体地物、地貌、信息点等测量到地图上的过程中，根据地图使用目的、地图比例尺及相关测量规范等要求对地物、地貌、信息点等进行取舍上。一、二审法院根据当事人的诉请以及我国《著作权法》的规定，作为地图作品予以保护是恰当的。但是，导航电子地图与一般地图作品确实存在很多不同之处，如何科学界定其性质，更好地提供相应地法律保护，还值得进一步研究。

二、行政审查与著作权行使的关系

本案中，凯立德公司主张长地万方公司提交正式出版的第四版《道图》与其向国家测绘局提交的送审盘内容不符，属于非法出版物，不能受到保护。这个问题是非常值得重视的问题。我们知道，民事权利一般可以划分为积极权利和消极权利，在著作权中，积极权利主要体现为出版、发行等传播权利，消极权利主要体现为制止他人侵权的权利。根据国家测绘局施行的《地图审核管理规定》，地图审核、批准等监管职能属于测绘行政主管部门，未经审核批准的地图不能公开出版。本案中，首先从证据上凯立德公司未提交有关测绘行政主管部门认定公开出版的第四版《道图》属于非法出版的审查结论。更为重要的是第四版《道图》是否属于非法出版物，系测绘行政主管部门监管问题，与其作为具有独创性的作品而禁止他人抄袭，二者并不排斥。即使第四版《道图》存在违反有关行政管理规定不能出版，长地万方公司仍然可以基于对第四版《道图》享有的著作权而行使其消极权利，制止他人侵权。

三、关于如何侵权制定问题

本案在认定是否构成侵权的问题上，法院坚持了“接触＋实质相近似”的侵权判定原则。首先，根据认定的事实，《道图》的创作和出版时间均早于《362 图》。作为同业竞争者，凯立德公司完全可以通过公开渠道获得，故可以推定其“接触”了《道图》。其次，通过对比两作品，二者之间在具有个性化表达方面出现了大量雷同，且明显超越了常理，可以认定“实质相近似”。

电子地图涉及海量信息，选取恰当的侵权对比方法是非常重要的。本案对于被控产品是否构成剽窃侵权中采取了一项非常重要的方法就是对涉案作品进行个性化对比。导航电子地图包括路网、背景、注记、索引等海量信息，本案处理主要是从寻找作品的独创性出发，借鉴了计算机软件侵权对比的方法，参考了有关专家的意见，从 12 个方面，采取列举具有个性特征的信息点的对比方式对比。例如对比虚设地址、版本号、特制地理信息、相同错误等等，这是不同电子地图作品最为个性化的部分。比如，《道图》中将实际并不存在的信息点作为自己的暗号，像“万方礼品店”“友好日杂店”“万方服装店”等，而这些信息也出现在被控产品《362 图》中。两份地图所犯的错误也如出一辙，如在新疆伊犁哈萨克自治州新荣西路、新荣东路，长地万方公司错误标注为新荣南路、新荣北路，凯立德公司也同样标错。这种证明方法，可以有效地对两个作品之间的异同进行认定，节约诉讼成本，提高效率。

四、关于在法定赔偿最高限额以上确定赔偿额问题

关于赔偿数额的确定，虽然本案二审判决没有支持权利人的全部赔偿请求数额，但二审法院基于权利人提交的证据表明其所受损失明显超过 50 万元这一基本事实，没有僵化地适用法定赔偿。对于有证据证明侵权受损或侵权获利明显超出法定赔偿最高限额如何确定赔偿数额的问题，最近几年引起了司法界的重视。《最高人民法院关于当前经济形势下知识产权审判服务大局若干问题的意见》(法发[2009]23号)第16条规定:“对于难以证明侵权受损或侵权获利的具体数额,但有证据证明前述数额明显超过法定赔偿最高限额的,应当综合全案的证据情况,在法定最高限额以上合理确定赔偿额。除法律另有规定外,在适用法定赔偿时,合理的维权成本应另行计赔。”实践中,有观点对此提出了批评,认为这种做法动摇了法定赔偿制度,容易造成法官自由裁量权的滥用。也有观点认为,这种做法度符合知识产权侵权损害实际,能够最大限度弥补权利人的损失,最大限度制止侵权行为再次发生。笔者认为,在法定赔偿最高限额以上确定赔偿额遵循了全面赔偿原则,一定程度克服了法定赔偿的僵化限制,使赔偿数额更加接近客观真实,对于维护权利人的合法权利至关重要。但这种赔偿方式应当是法定赔偿的例外,而非常态,要进行严格限制,只有具备特定的条件时才能适用。笔者认为,在法定赔偿最高限额以上确定赔偿额应该考虑几个重要的因素:(1)侵权受损或侵权获利的事实客观存在;(2)不能根据侵权受损或侵权获利准确确定赔偿数额;(3)有证据证明侵权受损或侵权获利的数额较大,明显超过法定赔偿最高限额;(4)要综合全案证据在50万以上确定赔偿数额,一般可掌握超过法定最高限额1~2倍为限。

(广东省高级人民法院知识产权审判庭　孙明飞)

案例9　慈文公司诉海南网通公司侵犯著作权纠纷案

——阅读提示:网络服务提供者是否能以其系提供链接服务为由而主张不承担侵犯信息网络传播权的责任?由谁来承担是否构成链接的举证责任?

【裁判要旨】

本案裁判的意义在于:网络服务提供者在其开办的网站首页设置“影视频道”,用户点击进入相关页面后进行操作即可观看他人享有著作权的电影,且从相关页面上显示的域名、网站名称等信息均未表明该网页属于第三方所有,网络服务提供者如主张该网页系其链接的第三方网站,应承担举证责任。

在上述情况下,即使该“影视频道”所指向的网页确属第三方主体所有或实际经营,但因网络服务提供者将该网页内容作为自己的网站栏目向公众提供,其行为与仅提供指向第三方网站的普通链接不同,网络服务提供者对所涉内容亦有一定程度的注意义务,至少应对该网站的实际所有者或经营者的主体资质进行一定的审核。未尽注意义务的,应当对侵犯他人著作权的行为承担连带责任。

【案号】

一审:海南省海口市中级人民法院(2006)海中法民三初字第2号

二审:海南省高级人民法院(2006)琼民二终字第29号

再审:最高人民法院(2009)民提字第17号

【案情与裁判】

原告(二审上诉人、申请再审人):慈文公司

被告(二审被上诉人、被申请人):海南网通公司

原告起诉与被告答辩

2005年12月16日,原告慈文公司起诉称:慈文公司拥有电影《七剑》的著作权,被告海南网通公司在其经营的网站 www. hai169. com 上向公众提供该电影的在线播放服务,其行为侵犯了慈文公司的著作权,请求判令海南网通公司立即停止侵权行为,赔礼道歉并赔偿经济损失20万元及合理费用3万元。海南网通公司辩称,海南网通公司没有未经许可传播涉案电影的行为,播放涉案电影的网站是 http://221. 11. 132. 112,海南网通公司提供的仅是链接服务,且在慈文公司起诉后已断开链接,不应承担侵权责任。

一、二审审理查明

一、二审法院经审理查明:慈文公司拥有电影《七剑》在大陆地区的著作权。慈文公司提交上海市静安区公证处(2005)沪静证经字第4758号公证书显示:2005年9月19日,进入海南网通公司的网站 www. hai169. com,点击首页上的“影视频道”,进入“影视天地”(IP地址 221. 11. 132. 112),在搜索栏中输入“七剑”,依次点击“搜索”“详情介绍”“在线观看A面”“在线观看B面”可以看到有关该电影的介绍及整部电影作品。点击“在线观看A面”后出现的画面中显示:北京慈文影视制

作有限公司、宝蓝电影制作公司、华映电影有限公司联合出品。海南网通公司提交海南省第二公证处(2006)琼二证字第 647 号公证书显示:2006 年 2 月 9 日,进入 www.hai169.com 网站首页后,点击首页上方的"影视频道",进入的是"116 天天在线"网页而非原来的"影视天地"网页。

一审判理和结果

一审法院认为:从技术角度分析,海南网通公司网站仅是通过链接功能引导用户到达了信息来源的网站。海南网通公司没有将《七剑》作品存储在自己的服务器上向社会公众提供在线播放服务,现有证据也不能证明登载《七剑》作品的网页系海南网通公司开设。海南网通公司的链接行为,不侵犯慈文公司的著作权。且其在受到侵权指控后已及时断开了链接,避免了侵权结果的扩大。因此,海南网通公司对于播放侵犯慈文公司著作权的作品不应承担侵权的民事责任。海口市中级人民法院于 2006 年 5 月 8 日作出判决:驳回慈文公司的诉讼请求。

二审判理和结果

二审法院认为:本案证据表明,海南网通公司是提供链接服务的网络服务提供者。虽然登载《七剑》电影作品的页面的 IP 地址属于海南网通公司所拥有,但仅能证明该 IP 用户是海南网通公司 2 万多个用户中的 1 个,不能由此推断该网页属海南网通公司所开设,更不能认定海南网通公司是提供内容服务的网络服务提供者,而由其承担侵权责任。网络服务提供者无法对于数量巨大、内容庞杂的众多网站使用者的具体情况和信息内容逐一进行审查,也无义务对其合法性进行认定。慈文公司称海南网通公司与涉嫌侵权网站属共同侵权,应承担连带责任的理由,无事实和法律依据,不予采纳。海南省高级人民法院判决:驳回上诉,维持原判。

申请再审理由与答辩

慈文公司申请再审称:(1)原两审法院认定事实不清。具体播放影片的"影视天地"是海南网通公司网站的一个二级频道,其无普通意义上的域名,只有 IP 地址,该 IP 地址处于海南网通公司管理的 IP 地址段范围内,海南网通公司应提供该 IP 地址实际使用者的信息,但其拒绝提供。海南网通公司提交的证据不能证明该网络传播行为是其链接的第三方网站实施的。(2)原两审法院适用法律错误。海南网通公司在本案中并非简单的网络服务提供商,而应是内容提供商,不应适用有关"避风港"的规定。(3)原两审法院对海南网通公司的责任认定不当,造成恶劣后果。综上,请求撤销原审判决,支持慈文公司原审诉讼请求。

海南网通公司辩称:原两审法院认定事实清楚,适用法律正确。涉嫌侵权的网站是 http://221.11.132.112,海南网通公司的网站只是提供了与该网站的链接。虽然该 IP 地址属于海南网通公司管理的 IP 地址范围,但不能因此得出该侵权网站由海南网通公司开设经营的结论。在本案中,海南网通公司只提供了由自己的网站到涉嫌侵权网站的链接服务,是网络服务提供商,而非内容提供商。涉嫌侵权的 IP 用户是海南网通公司 24480 个用户之一,海南网通公司无法对数量巨大的众多网站逐一进行审查,且在得知被链接网站涉嫌侵权后,已及时采取措施断开链接,故不应承担责任。请求维持原审判决。

再审判理和结果

最高人民法院认为:原审法院认定事实属实。慈文公司拥有电影《七剑》在大陆地区的著作权,依法应受到保护。他人未经许可通过信息网络向公众传播该电影作品的,应承担相应的法律责任。本案中,慈文公司提交的公证书显示,通过互联网进入海南网通公司的网站,点击其首页上的"影视频道",即可在进入的页面上进行操作观看电影《七剑》。进入的网页上虽然有"影视天地"的名称,但该网页上没有显示任何对应的域名或者网站名称等信息可以表明该网页属于第三方所有。该网页的 IP 地址亦不能证明该网页另属其他主体所有,故从慈文公司及其他社会公众的角度,播放《七剑》电影的网页至少从表面上属于海南网通公司。海南网通公司如欲证明该网页仅是其链接的第三方网站,其不应为该网页上的侵权行为承担责任,应提交相应的证据。因该网页的 IP 地址位于海南网通公司管理的地址段范围内,海南网通公司能够提供该证据,而包括慈文公司在内的社会公众均无法获得。在海南网通公司未提供相关证据的情况下,其关于仅提供链接服务的抗辩不能得到支持,其应对该网页上播放慈文公司享有著作权的电影作品的侵权行为承担相应的法律责任。即使该网页确属第三方主体所有或实际经营,因该"影视频道"与海南网通公司网站"主页"

"新闻频道""文学频道"等并列，海南网通公司将该网页内容作为其内容频道向公众提供，且从其在原审中提交公证书显示，被诉后即变更了该"影视频道"内容来看，该选择完全是海南网通公司自主进行的，因此，此种行为与仅提供指向第三方网站的普通链接不同，海南网通公司对该频道上的内容亦有一定程度的审核义务，其至少应对该网站的实际所有者或经营者的主体资质进行一定的审核。本案中海南网通公司至今称其并不知晓该网页的实际经营主体，其未尽到最低程度的注意义务，对该网页上出现的侵权行为亦应承担连带责任。综上，原审法院对海南网通公司仅提供链接服务、得知侵权后断开链接即不承担侵权责任的认定不当，应予以纠正。海南网通公司应对侵犯慈文公司信息网络传播权的行为承担停止侵权、赔偿损失等民事责任。

因海南网通公司在慈文公司提起诉讼后，已经改变其网站"影视频道"栏目的内容，即已停止《七剑》的在线播放行为，故判令其停止侵权已无必要。关于赔偿损失，因慈文公司并未提交证据证明其因该侵权行为所受损失，海南网通公司通过该行为的获利亦无法查明，故本院依据《七剑》电影在其网站上的存续时间及该电影的公映时间、影响力等因素，并考虑慈文公司为本案所支出的合理费用，酌情确定海南网通公司赔偿慈文公司经济损失 80 000 元。慈文公司另提出赔礼道歉的诉讼请求，因海南网通公司涉案网页上播放《七剑》电影时显示了慈文公司等联合出品的内容，未侵犯慈文公司的署名权或其他人身权利，故对慈文公司该项诉讼请求不予支持。

综上，依照《民事诉讼法》第 186 条第 1 款、第 153 条第 1 款第(2)项以及《著作权法》第 47 条第(1)项、《最高人民法院关于审理涉及计算机网络著作权纠纷案件适用法律若干问题的解释》第 3 条的规定，判决如下：一、撤销海南省高级人民法院(2006)琼民二终字第 29 号民事判决、海口市中级人民法院(2006)海中法民三初字第 2 号民事判决；二、自本判决生效之日起 10 日内，海南网通公司赔偿慈文公司经济损失人民币 80 000 元(包括为诉讼支出的合理费用)；三、驳回慈文公司的其他诉讼请求。

【法官评析】

《信息网络传播权保护条例》第 23 条规定：网络服务提供者为服务对象提供搜索或者链接服务，在接到权利人的通知书后，根据本条例规定断开与侵权的作品、表演、录音录像制品的链接的，不承担赔偿责任；但是，明知或者应知所链接的作品、表演、录音录像制品侵权的，应当承担共同侵权责任。上述规定是对于提供搜索、链接服务的网络服务提供者的责任限制条款，由于其并非侵权内容的直接提供者，故一般情况下其只要接到权利人通知后断开与侵权内容的链接即不必承担赔偿责任，但如果其明知或者应知链接的内容为侵权的，则需要承担共同侵权责任。链接是网络环境下经常使用的技术，这也决定了在相关案件中，网络服务提供者经常会提出"其系提供链接服务而非提供内容"这样的抗辩理由。由于这两种行为性质的不同直接导致了对其是否应承担侵权责任的判断标准的不同，故判断其是否系提供链接服务成为一些案件的关键。通常情况下，网络服务提供者设置与其他网络服务者的链接，会显示出被链接网站的名称、域名等足以识别被链接网站身份的信息，明显可以确定其提供的是链接服务。但在本案中，网络服务提供者主张的被链接网页从形式上看是网络服务提供者网站主页的一个内容频道，该网页上又没有任何信息可以显示其属于第三方所有，仅有的一个 IP 地址也未能指向除网络服务提供者之外的任何第三人，这种情况下，权利人已经完成了其证明谁是侵权人的举证责任，网络服务提供者如提出其仅提供链接服务的抗辩理由，应由其承担举证责任。在其举证不能的情况下，应视为其是侵权内容的提供者并由此承担相应的侵权责任。

当然，在大部分涉及提供链接服务的案件中，判断链接服务提供者是否明知或者应知所链接的内容为侵权才是案件的难点和重点。本案已认定海南网通公司未举证证明其系提供链接服务而应承担侵权责任，但考虑到也存在将他人网页链接至自己主页内容频道下这种可能性，故进一步分析了如果能够确认侵权网页是海南网通公司链接的第三方网站的情况下，其是否仍然需要承担侵权责任的问题。本案中海南网通公司的过错是相对明显的，因为其作为链接服务提供者，将他人网站作为自己的内容频道向公众提供，但直至诉讼阶段仍声称其不知晓所链接网页的实际经营主体，可以说未尽到最低程度的注意义务，从而仍然应承担共同侵权的责任。但应该说，本案的情况并不是这一类案件的常态，更为普遍的情况是被链接网站也就是直接侵权人的身份能够确认，在此情形下，提供链接服务者对被链接网站上的内容负有何种程度的注意义务，在何种情况下能够认定其“明知或者应知”链接的内容侵权，就是一个更为复杂和具有争议的问题。但事实上，这种情况多数是两个网站之间具有一定的合作关系，一般据此可以认定二者共同实施了侵权行为，当然这需要设置链接的网站和被链接网站两个主体同时进入诉讼。

（最高人民法院知识产权审判庭　董晓敏）

案例10　友谊出版公司诉淘宝网公司侵犯著作权纠纷案

——阅读提示：网络交易平台服务提供商的侵权归责原则是否应为过错责任原则？其中的过错应当如何认定？

【裁判要旨】

本案的焦点问题在于如何正确确定网络交易平台服务提供商的侵权归责原则问题。本案裁判的意义在于：在判断该问题时，重点往往在于对网络服务提供商过错的判断。考察的重点不应是用途，而是过错；不应是一般意义上的过错，而是具体意义上的过错；不应是特定经营模式（服务模式）意义上的过错，而是特定行为意义上的过错。这里的过错应当具有个案的特定性、针对性和具体性。

【案号】

一审：北京市东城区人民法院（2009）东民初字第2461号

二审：北京市第二中级人民法院（2009）二中民终字第15423号

【案情与裁判】

原告（被上诉人）：友谊出版公司

被告（上诉人）：淘宝网公司

原告友谊出版公司于2009年2月25日起诉称：友谊出版公司享有在中国大陆范围内以图书形式出版《盗墓笔记4》的专有权利。友谊出版公司发现杨海林以明显不合理的低价，通过开设在淘宝网上的网店销售《盗墓笔记4》。经过友谊出版公司确认，杨海林所销售的涉案图书系盗版图书，其行为侵犯了友谊出版公司享有的专有出版权。被告淘宝网公司作为提供交易服务平台的主体，对在其网上销售的涉案图书及销售主体资格未尽到合理的审查义务，且对以明显低于市场价格销售图书的信息未尽到及时删除的义务，为非法销售盗版图书提供了渠道和便利，已经参与到杨海林的侵权环节之中，与杨海林构成共同侵权，应承担连带责任。故诉至法院，请求判令杨海林与淘宝网公司：一、停止侵权行为，在公开发行的媒体上赔礼道歉，消除影响；二、赔偿友谊出版公司经济损失20万元；三、支付友谊出版公司为制止侵权行为所支付的合理费用24 000元；四、承担本案诉讼费用。

淘宝网公司答辩称：淘宝网公司作为提供信息发布平台的服务提供商，并非网店经营者，不应承担因网店经营或商品发布、销售而引发的侵权责任。涉案图书的销售信息系淘宝网公司收到友谊出版公司的投诉函之前由杨海林在网上发布并传输的，淘宝网公司对杨海林销售涉案图书是否构成侵权并不知情。淘宝网公司在收到友谊出版公司投诉函之后，对所投诉的相关信息及时作了删除处理，并按要求提供了会员的注册资料，已经尽到了合理的注意义务，不构成对友谊出版公司专有出版权的侵犯。请求法院驳回友谊出版公司的全部诉讼请求。

一审审理查明

2007年9月5日，磨铁公司与徐磊签订《著作权许可使用合同》。双方约定，徐磊授予磨铁公司在合同有效期内，在中国境内以图书形式出版发行《盗墓笔记4》的中文简体版本的专有使用权；磨铁公司有权将协议全部或部分的权利和义务授予或转移给第三方；合同自签字之日起生效，有效期为5年。2008年1月29日，友谊出版公司与磨铁公司签订《图书出版合同》。双方约定，磨铁公司授予友谊出版公司在中国大陆范围内，以图书形式出版《盗墓笔记4》（简体）文本的专有使用权；合同自双方签订之日起生效，有效期为3年。同年11月，友谊出版公司出版图书《盗墓笔记4》。

按照一般流程，在淘宝网发布信息的用户均需先注册为淘宝网会员，用户通过新会员注册获得一个经淘宝网核准的会员名和登陆密码。如会员需在淘宝网站上出售物品，还需进行个人认证或商家认证，淘宝网公司要求会员填写真实姓名及证件号码、交易联系地址及电话，证件以在线上传或传真、邮寄形式传送给淘宝网公司，获得认证的会员即可在淘宝网上发布交易信息。《禁止和限制发布物品管理规则》声明记载，禁止发布的物品包括任何侵犯他人知识产权的物品，如假冒商品，侵犯他人版权或专利权的产品，未授权（如盗版、翻录、备份、盗录等）的复制品，软件程序、电视游戏、音乐集、电影、电视节目或照片。由于发布禁止或限制物品所引起的法律责任由相关用户完全承担，与淘宝网公司无关。一旦淘宝网公司发现有任何违反规则的物品信息，淘宝网公司有权立即予以删除，并保留给予相关用户警告、冻结直至终止其账户的权力。《商品管理补充规则》中《书籍音像制品规则补充》显示，对于价格明显低于市场水平的违规商品，一经查实盗版证据，全部删除。

公证书显示，淘宝网上的卖家“杨帆书屋 杨海林”销售了涉案图书，价格为13元。

2008年12月18日，磨铁公司通知淘宝网有关销售涉案图书的链接内容侵犯其版权，要求删除其列举的侵权图书链接，对有关网站经营者予以警告，并提供侵权网店经营者的真实名称、地址、联系方式。淘宝网公司于2008年12月22日向磨铁公司回函，称对磨铁公司所指证的侵犯知识产权的上传信息进行检查，给予删除处理，共28件，并提供卖家在淘宝网上自行注册的资料。其中，会员名为杨帆书屋的卖家姓名为杨海林，地址为北京市春松胡同2号。

经当庭比对，涉案图书与正版图书虽然版权页均标明系原告出版，但正版图书与涉案图书在印刷版次、印刷质量、目录样式上均不一致，友谊出版公司否认涉案图书系其出版物。

磨铁公司共为上述三次公证支付公证费4600元。

一审判理和结果

一审法院认为：友谊出版公司依法享有正版图书的专有出版权。

杨海林销售涉案图书的行为侵犯了友谊出版公司的专有出版权，应当承担侵权责任。鉴于友谊出版公司认可淘宝网公司已经删除涉案图书上传信息的事实，在友谊出版公司未举证证明杨海林仍在进行销售行为的情形下，一审法院确认杨海林在淘宝网上销售涉案图书的侵权行为已经停止。

关于淘宝网公司是否应当承担共同侵权责任的问题。

首先，应明确淘宝网公司在友谊出版公司主张侵权环节中的行为内容。淘宝网公司作为网络服务商，在本案中向公众提供的服务内容为增值电信业务中的信息服务业务，包括专业BBS消费购物类信息，即双方当事人所述的为买卖双方提供交易平台，是这个交易平台的管理者和技术支持者。淘宝网公司所发挥的作用仅仅是为信息提供者与接受者提供中介服务，为双方信息沟通搭建平台，其本身并不参与信息发布者与接受者之间的交易过程，亦不从单笔交易中获取收益。

其次，应明确在权利与义务对等原则指导下，淘宝网公司实施上述行为时应负有的义务内容。淘宝网作为一个公共信息平台，虽然现阶段系免费向公众提供信息服务，但其服务目的一定程度上会与经营者力图获取的经济效益相关，如增加网站访问量或树立网站服务品牌等。基于此，按照权利与义务对等原则，淘宝网公司在提供信息平台服务过程中，当然负有相应审查义务。而《互联网信息管理办法》《互联网电子公告服务管理规定》等并未明确界定网络服务提供者的权利义务，仅规定网络服务提供者负有保证其提供信息内容合法的义务。故考察淘宝网公司的义务内容，应建立在与其服务内容和现实审查能力相适应的基础之上。本案中，友谊出版公司主张淘宝网公司负有两方面的审查义务，一是对销售主体资质的审查义务，一是及时删除以明显低于市价销售涉案图书相关信息的义务。

关于审查销售主体资质的义务，一审法院认为，淘宝网公司在信息提供者发布信息之前，按照《互联网信息服务管理办法》对信息发布者的真实身份履行了审查义务，如果信息发布者并非出于经营目的而发布信息，淘宝网公司仅履行核查真实身份义务，应视为适当。但如果信息发布者明显出于经营目的，在网络平台上开设网店进行经营活动，淘宝网公司作为经营平台提供主体，在收取服务费用（淘宝网公司并不否认其收费目的）以及增加访问量的同时，则需进一步审查经营主体的资质问题。按照我国相关法律规定，诸多行业进行合法经营，需先行具备国家相关行政部门出具的行业资质。如果网络服务提供者在提供网络交易平台时不负有审查资质的义务，则是对持有资质合法经营者的不公平，无异于使国家的行政审批或许可法律制度在网络环境下形同虚设，不利于建设社会主义法治国家和发展社会主义市场经济。当然，要求网络服务提供商在庞杂且流动的交易信息中，对所有可能涉及销售特定商品的会员进行资质审查、筛选和管理，会存在技术上的困难和不可控制性。在实际操作过程中亦会出现对相关资质文件资料真实性判断的不确定性，但并不能因为网络服务提供者审查能力受限而否定其应该履行的审查义务。审查能力受限影响的仅是审查效果，而不能以此为由拒绝履行审查义务。所以友谊出版公司主张淘宝网公司负有对信息发布主体的资质审查义务，符合权利义务对等原则，淘宝网公司对该项义务应予履行。至于履行方式，则可以根据网络环境下信息量的情况、网络服务提供者的现实审查能力等确定适当的方式。

关于信息平台上发布的以明显低于市价销售涉案图书的信息，友谊出版公司主张淘宝网公司未尽到合理监管义务，一审法院认为，相比于商场而言，网络容量近乎无限，网络商家及其销售的商品数量巨大，要求提供交易平台服务的网络服务提供者在履行了对信息发布主体资质审查义务的情况下，完全掌控交易商品的质量、安全和合法性，逐一审查交易信息包括交易报价的真实性或准确性，显然超出应予审查范围。故友谊出版公司的该项主张，一审法院不予采信。虽然杨海林通过淘宝网销售涉案图书明显低于市价，淘宝网上《书籍音像制品规则补充》亦有“对于价格明显低于市场水平的违规商品，一经查实盗版证据，全部删除”的规定，但图书销售价格是否畸低，判定标准并不确定，故淘宝网公司在收到明确投诉、了解市场价格水平并作出相应判断后，采取删除处理的现行做法，应该认定为更契合其服务内容和审查能力。

基于以上意见，淘宝网公司负有对交易平台上发布经营信息销售主体的资质审查义务，但对交易平台上商品报价是否畸低以及商品质量是否合格等则不负有事前审查义务，只有在权利人提出确有证据的主张后予以及时删除的义务。

最后，应明确共同侵权构成要件。我国《民法通则》第 130 条规定，二人以上共同侵权造成他人损害的，应当承担连带责任。这是对构成共同侵权行为主体的责任承担之规定。但对于如何界定共同侵权，法律没有明确规定。根据最高人民法院《关于审理人身损害赔偿案件适用法律若干问题的解释》第 17 条第 1 款的规定，共同侵权是指两人以上共同故意或者过失致人损失，或者无共同故意、共同过失，但其侵害行为直接结合发生同一损害后果的行为。本案中，淘宝网公司作为交易平台服务提供者，并未介入友谊出版公司与杨海林的交易过程，故其主观上不存在共同故意。但在淘宝网公司对淘宝网交易平台上提供信息的经营主体负有资质审查义务的前提下，其并未以任何形式履行该项审查义务，故在杨海林侵权行为的发生过程中存在过失。而且，淘宝网公司实施的提供交易平台信息服务，确为杨海林侵权行为发生起到辅助作用，故在一审法院确认杨海林侵权成立的情况下，淘宝网公司亦应承担相应侵权责任。

关于侵权赔偿数额的问题。杨海林作为涉案图书的销售主体，未能提供其所售涉案图书的合法来源，故其应承担侵权赔偿责任。现友谊出版公司未举证证明其因涉案侵权行为所受经济损失，淘宝网公司亦不能提供杨海林销售涉案图书的具体数额，故一审法院在法定赔偿限额内考虑正版图书的知名度、涉案图书的销售价格等因素酌情确定。淘宝网公司为杨海林实施侵权行为提供了辅助条件，应与杨海林共同承担赔偿责任。

对于友谊出版公司主张被告在公开媒体上赔礼道歉、消除影响的诉讼请求，由于友谊出版公司没有证据证明杨海林的销售行为对其社会声誉产生不良影响，抑或是社会公众对友谊出版公司作出负面评价，故其该项诉讼请求，缺乏事实依据，原审法院不予支持。对于友谊出版公司主张的为制止侵权行为支付的合理费用 24 000 元，由于其提供的公证费发票、律师费发票上的付款人均系磨铁公司，友谊出版公司亦未提供其与磨铁公司有关支付上述费用约定的证据，故对友谊出版公司的此项诉请，一审法院亦不予以支持。

一审法院依照《著作权法》第 30 条、第 47 条第(2)项、第 48 条，《最高人民法院〈关于审理著作权民事纠纷案件适用法律若干问题的解释〉》第 19 条，《最高人民法院〈关于审理涉及计算机网络著作权纠纷案件适用法律若干问题的解释〉》第 3 条、第 4 条之规定，判决：一、杨海林、浙江淘宝网络有限公司于本判决生效之日起 30 日内赔偿中国友谊出版公司经济损失 2000 元。二、驳回中国友谊出版公司其他诉讼请求。

上诉与答辩

上诉人淘宝网公司不服原审判决，向二审法

院提出上诉，请求撤销原判第一项，依法改判驳回被上诉人友谊出版公司对淘宝网公司的全部诉讼请求，并由被上诉人友谊出版公司承担本案的全部诉讼费用。其上诉理由为：(1)从《图书出版合同》及磨铁公司积极进行诉前维权的行为可知，被上诉人友谊出版公司并不享有涉案图书的发行权，《著作权法》意义上的发行权仍由磨铁公司享有。(2)一审法院认定杨海林出售涉案图书行为侵犯了友谊出版公司的专有出版权属于法律关系认定错误。(3)淘宝网公司提供的是信息存储空间服务，一审法院认定淘宝网公司负有对交易平台上发布经营信息销售主体的资质审查义务没有法律依据和合理理由。一审法院未明确审查义务的具体内容，淘宝网公司不具有审查个人卖家经营资质的法定义务和审查能力。(4)淘宝网公司无法界定和判断个人卖家是否具有经营目的，其对个人卖家进行的实名认证已经尽到合理的主体审查义务。(5)一审法院认定淘宝网公司向用户收取服务费用属于事实认定错误。(6)一审法院认定淘宝网公司与杨海林构成共同侵权，属于认定错误。

被上诉人中国友谊出版公司服从原审判决，并答辩称：淘宝网公司负有审查信息发布者经营资质及发布内容合法性的义务，淘宝网公司未尽到审查义务具有主观过错，应承担连带侵权责任。

二审法院经审理查明：友谊出版公司出版涉案图书《盗墓笔记 4》，单价为 32.8 元。

在淘宝网上注册为卖家是免费的，淘宝网公司对于卖家销售商品亦不收取任何费用。淘宝网上的卖家分为个人和商家。其中，个人卖家的注册流程为：提交认证申请、填写个人信息、银行账户核实、身份证核实、实名认证通过；商家卖家的注册流程为：提交认证申请、填写商户信息、提交认证资料、商家认证通过。

杨海林即为淘宝网的个人卖家，淘宝网公司核实了其姓名和身份证号码，杨海林在注册信息中填写的地址和电话号码与其销售涉案图书时在快件上填写的地址和电话号码一致。杨海林销售的涉案图书与友谊出版公司出版的涉案图书的内容一致。(2008)京东方内民证字第 67 号公证书中记载发件人为杨海林的快件即为(2008)京东方内民证字第 8156 号公证书记载的交易时间为 2008 年 12 月 8 日的涉案图书的快件。

二审法院对一审法院查明的其他事实予以确认。

二审法院认为：涉案图书《盗墓笔记 4》的作者徐磊授权磨铁公司在合同有效期内，在中国境内以图书形式出版该书的中文简体版本的专有使用权，磨铁公司又将该书的专有出版权授予友谊出版公司，而专有出版权中包括发行权，故本院认定，友谊出版公司享有涉案图书的发行权。淘宝网公司关于友谊出版公司不享有涉案图书的发行权的主张，缺乏依据，二审法院不予支持。

杨海林销售的涉案图书与友谊出版公司出版的涉案图书的内容一致，但在印刷版次、印刷质量、目录样式等方面与友谊出版公司出版的涉案图书不同，且杨海林未能举证证明其销售的涉案图书的合法来源，故本院认定，杨海林销售涉案图书的行为侵犯了友谊出版公司的专有出版权，应当承担相应的侵权责任。淘宝网公司关于原审法院认定杨海林侵犯友谊出版公司专有出版权属于法律关系认定错误的主张，缺乏依据，二审法院不予支持。

淘宝网公司作为网络交易平台的提供者不同于将市场内的柜台、摊位等经营场所出租给租户并收取租金，用以批发或者零售商品，并对整个市场进行经营管理的市场主体，即市场经营单位。首先，二者涉及的商品类别不同：淘宝网涉及的商品数量巨大、类别繁多，除法律、行政法规明确禁止流通和限制流通的商品外，其他商品均可以通过网络交易平台进行流通；而现实中确定的一个市场只能根据有关部门的审批进行某些特定类别商品的流通，商品数量亦十分有限。其次，二者涉及的卖家情况不同：网络交易平台的卖家分为个人卖家和商家卖家，其中个人卖家数量巨大、情况复杂，既有个体工商户经营也有个人销售自有物品的情况；而现实市场的卖家则必须为符合相关规定的市场经营者，卖家数量亦十分有限。再次，二者所负的审查范围及相应的审查内容不同：淘宝网对于商家卖家的审查内容包括企业法人营业执照、营业执照、个体工商户营业执照等材料，对于个人卖家，由于目前法律、行政法规中并无具体明确的规定要求网络交易平台的提供者负有区分各种情况的义务，故仅审查个人卖家的真实姓名和身份证号码即可；而现实中的市场经营者则需对于其全部的卖家审查其企业法人营业执照、营业执照、个体工商户营业执照等材料。

淘宝网公司作为网络交易平台的提供者，对于作为个人卖家的杨海林的真实姓名和身份证号码进行了核实。由于目前法律、行政法规中并无具体明确的规定要求网络交易平台的提供者负有区分各种情况的义务，故淘宝网公司并未要求杨海林提供其具有经营资质方面的证明没有违反相关规定。淘宝网公司关于不具有审查个人卖家的法定义务和审查能力、无法界定和判断个人卖家是否具有经营目的、已尽合理的主体审查义务的主张，于法有据，二审法院予以支持。

友谊出版公司出版的涉案图书的单价为32.8元，而杨海林销售涉案图书的价格为13元，该价格明显低于友谊出版公司的定价。但是，在淘宝网上销售的商品的数量巨大、种类繁多、情况复杂，法律、行政法规仅明确规定了禁止流通和限制流通的物品，并未要求网络交易平台的提供者负有审查卖家销售商品的价格是否明显低于市场价格的义务，故对于杨海林以明显低于定价的价格销售涉案图书的行为，淘宝网公司并未违反规定。淘宝网公司在接到警告信后，在淘宝网上及时删除了杨海林销售涉案图书的相关信息，已尽合理义务。故友谊出版公司关于淘宝网公司因此为非法销售盗版图书提供渠道和便利、已经参与到杨海林的侵权环节之中的主张，缺乏依据，二审法院不予采信。

依据本院审理查明的事实，在淘宝网上注册为卖家是免费的，淘宝网公司对于卖家销售商品亦不收取任何费用，一审法院关于淘宝网公司收取服务费用的认定，缺乏依据，二审法院予以纠正。

淘宝网公司对于杨海林注册为淘宝网个人卖家已尽合理审查义务和事后补救义务，对于杨海林侵犯友谊出版公司就涉案图书享有的专有出版权的行为并未违反法律、行政法规的规定提供便利条件，不构成共同侵权。友谊出版公司关于淘宝网停止侵权、登报致歉、消除影响的诉讼请求，于法无据，本院不予支持，友谊出版公司关于赔偿经济损失及为制止侵权行为支付的合理费用的诉讼请求，于法无据，二审法院不予支持。

关于友谊出版公司在一审中提出杨海林停止涉案侵权行为的诉讼请求一节，友谊出版公司在一审中认可淘宝网公司已经删除涉案图书上传信息的事实，但未认可杨海林已停止销售涉案图书的行为，据此并不能证明杨海林已经停止销售涉案图书的行为，一审法院以友谊出版公司未举证证明杨海林仍在进行销售行为为由确认杨海林在淘宝网上销售涉案图书的侵权行为已经停止，进而判决驳回友谊出版公司的上述诉讼请求不妥，但鉴于友谊出版公司并未提出上诉，应认为其已经就此问题行使了处分权，故二审法院对此不予纠正。

关于友谊出版公司在原审中提出杨海林登报致歉、消除影响的诉讼请求，由于友谊出版公司对于涉案图书仅享有专有出版权，并不享有著作人身权，且未能证明杨海林销售涉案图书的行为损害其声誉，故友谊出版社的上述诉讼请求于法无据，二审法院不予支持。

关于友谊出版公司在一审中提出杨海林赔偿其经济损失及为制止侵权行为支付的合理费用的诉讼请求，由于友谊出版公司未能举证证明其经济损失的数额，淘宝网公司亦未能举证证明杨海林销售涉案图书的数量，原审法院在法定赔偿限额内考虑正版图书的知名度、涉案图书的销售价格等因素酌情确定为2000元，并无不当。二审法院对此予以认定。

综上，上诉人淘宝网公司所提上诉理由部分成立，一审判决认定事实不清，适用法律有误，二审法院予以纠正。二审法院依照《民事诉讼法》第153条第1款第(3)项，《民法通则》第130条，《著作权法》第10条第1款第(6)项、第30条、第47条第(2)项、第48条，《最高人民法院关于审理著作权民事纠纷案件适用法律若干问题的解释》第19条的规定，判决如下：一、撤销北京市东城区人民法院(2009)东民初字第2461号民事判决；二、杨海林于本判决生效之日起10日内赔偿中国友谊出版公司经济损失2000元；三、驳回中国友谊出版公司的其他诉讼请求。

【法官评析】

随着网络技术的高速发展，网络的应用也越来越普遍和深入到社会的各个方面，与此相应地，涉及网络的纠纷当然也日渐增多和复杂了。其中，网络著作权侵权纠纷在司法实践中呈现出数量大、类型多以及在技术和法律两个方向日趋复杂化的特点。值得注意的是，在当前的网络著作权侵权纠纷案件的司法实践中，在一定范围内和一定程度上出现了案件的定性标准不一致的情况。其核心问题就在于如何正确判断网络服务提供者侵权归责原则中的过错问题。巧合的是，持相反观点的人们往往都是基于对被告的特定经营模式(服务模式)而分别得出了各自的结论。笔者认为，讨论这个问题可以从技术中立原则出发，进行理论梳理，从而正本清源，进而正确地指导司法实践。

一、网络服务提供者的种类及其侵权归责原则

（一）网络服务提供者的种类

网络服务提供者通常分为ICP与ISP。值得注意的是，ICP与ISP的身份不是固定的，在现实中，许多网络服务提供者往往既自行上传信息，又提供他人上传的信息，对于前者其身份是ICP，对于后者则是ISP。因此，严格来说，只有在针对特定行为的情况下，才能够确定ICP与ISP的身份，而且这种区分才是有意义的。还应当指出，ICP和ISP未必是公司，也可能是个人。特别就ICP而言，理论上说，任何一位网民都可能成为ICP。

（二）ICP与ISP的区分标准及侵权归责原则

《互联网著作权行政保护办法》中规定，“互联网内容提供者[1]”是指在互联网上发布相关内容的上网用户。这里所说的“发布”，主要是指“上载”，也包括“转载”，但不包括“自动接入”“自动存储”“链接”“搜索”“提供信息存储空间”等。“互联网信息服务提供者[2]”是指在互联网信息服务活动中根据互联网内容提供者的指令，通过互联网自动提供作品、录音录像制品等内容的上载、存储、链接或搜索等功能的主体。[3]

我国理论界对于侵权归责原则体系有很大的争论。笔者认为，对于网络服务提供者的侵权问题而言，主要应适用过错责任原则，特殊情况应适用过错推定原则，不适用无过错责任原则，而公平责任原则只是一种侵权损害赔偿规则而非侵权归责原则。

1. ICP的侵权归责原则

对于ICP的侵权责任问题，理论上和实践中基本有共识，认为其归责原则为过错推定原则。

过错推定原则的构成要件与过错责任原则并无不同，仍为损害事实、违法行为、因果关系和主观过错四个要件。由原告举证证明违法行为、损害事实和因果关系，推定被告有过错；在主观过错要件问题上，实行举证责任倒置，证明成立则推翻过错推定，证明不足或者不能证明的则推定过错成立。

关于主观过错的成立问题，应当以“合理注意义务”为判断标准。笔者认为，互联网内容提供者的“合理注意义务”应区分不同情况，考虑一般网民的认知水平和专业网络公司的认知水平予以确定，但应轻于出版社的“合理注意义务”，其范围通常包括作品的内容与署名是否存在明显的矛盾，作品的权利人与作品提供者是否一致或作品提供者是否取得权利人的许可等内容。

另外一个值得研究的问题是，在被告能够证明其不存在主观过错的情况下，当然不成立侵权，但此时原告是否具有不当得利返还请求权，值得进一步研究。就出版社而言这是成立的，参见《最高人民法院关于审理著作权民事纠纷案件适用法律若干问题的解释》第20条第3款。

2. ISP的侵权归责原则

由于网络技术本身具有广泛联结、任意联结、自由联结的特点，计算机网络具有信息传播“阶段性”或“层次性”的特点。实际上，任何信息传播都是一个过程，这里所强调的这一特点是指，由于计算机网络信息传播过程在技术上可分为截然不同几个阶段或层次，处于不同阶段或层次的主体对于完成信息传播整体过程的“贡献”不同，他们的权利义务也因此不同。因此，网络环境的使用方式与非网络环境（或称传统环境）的使用方式相比，具有多个传播主体、多个传播主体处于不同“层次”、多个传播主体一般并无共同故意的特点。这一特点主要体现为：在网络上传播作品，往往需要通过不同传播层级的多个互联网信息服务提供者，且他们相互之间通常没有共同意思联络。

因此，笔者认为，对于ISP而言，其侵权归责原则应为过错责任原则，其构成要件应为损害事实、违法行为、因果关系和主观过错四个要件。

二、技术中立原则

在著作权法中，技术中立原则并非范指应当考虑未来技术发展因而在立法时具有技术意义上的包容性[4]，而有其特定含义。在著作权法中，技术中立原则也被称为“实质性非侵权用途原则”，其含义为被告提供的某种商品或服务同时具有合

---

[1] 即ICP。

[2] 即ISP。

[3] 参见《信息网络传播权保护条例》第20～23条的规定。

[4] 例如，我国《著作权法》第10条第1款第(12)项规定的“信息网络传播”行为针对的不仅是因特网，也不仅是计算机互联网络，而是包含了所有的信息网络，这就为电信网、广播电视网以及未来的“三网合一”提供了立法依据。

法和非法用途，则可以免除其侵权责任。该原则始于美国最高法院于1984年判决的“索尼案”，故又被称为“索尼规则”。❶

美国最高法院在该案中引入了《专利法》上的“普通商品原则”(Staple article or commodity of commerce)。该原则规定在《美国专利法》第271条(c)款中，其表述为：“在美国许诺销售或销售，或在美国进口专利机器、产品、组合或合成物之成分者，或用于实施专利方法之材料或器械者，而且该成分、材料或器械是有关发明的实质性部分，同时还知道该成分、材料或器械是为了用于侵犯专利权而特别制造或特别改装的，且上述物品不是可用于非侵权目的的大路货或商品，将作为帮助侵权者而承担责任。”从该规定看，构成专利法帮助侵权的行为须满足以下要件：(1)直接侵权行为的存在，即未经授权而行使了专利权，如制造、销售专利产品；(2)主观故意，即明知自己所销售的物品专用于侵犯专利权；(3)实施了帮助行为，即销售、许诺销售或进口专利产品主要组成部分的行为；(4)客体是一种物品，这种物品专用于专利产品的制造或改造，无侵权以外的其他用途。❷

三、技术中立原则在司法实践中的表现

虽然技术中立原则规定的是被告承担侵权责任的情形，但在网络著作权侵权纠纷的司法实践中，该原则通常被用于被告主张其不应承担侵权责任的抗辩主张；同时，该原则经常使法官在心证形成过程中过分关注于对被告特定经营模式(服务模式)的评价，而非特定行为的评价。笔者就曾经见过多份代表两种观点的判决书。

第一种观点认为：(1)在我国当前的网络现实中，绝大部分影视、音乐作品均是未经权利人许可而上传到网络上的。(2)对于这一点，大部分网民是知晓的，专业网络服务公司更是心知肚明的。(3)提供影视、音乐作品的网络服务公司利用他人作品大肆盈利，但权利人却难以取得其中的合理部分。基于上述背景，这种观点认为，提供影视、音乐作品的网络服务提供者的特定经营模式(服务模式)主要是用于侵权用途的，且对此是明知的，被告网站提供了排行榜或推介的内容，则不论涉案作品是否在排行榜或推介的内容中，均认定其不能进入“避风港”，应当承担侵权损害赔偿责任。

第二种观点则鲜明地打出了技术中立原则的旗帜，认为被告的特定经营模式(服务模式)虽可以用于侵权用途，但同样也可以正常地用于非侵权用途，即具有“实质性非侵权用途”，故应当依据技术中立原则进入“避风港”，从而免除侵权损害赔偿责任。

笔者认为，第一种观点的理论依据是“实质性侵权用途”，即只要被告的特定经营模式(服务模式)可以正常地用于侵权用途，则被告就应当承担侵权损害赔偿责任。这是对技术中立原则的“反用”。第二种观点则与之截然相反，但可能导致对技术中立原则的“滥用”。可见，在这里，技术中立原则遇到了一个难题，即当被告的特定经营模式(服务模式)既可以正常地用于侵权用途，又可以正常地用于非侵权用途时，应如何判定被告的责任。而司法实践中遇到的经营模式(服务模式)往往都同时具有侵权和非侵权用途，此时的判定依据难道仅限于用途吗？

四．正确理解和运用技术中立原则

要想解决上述难题，就应当正确理解和运用技术中立原则。技术中立原则并非只考虑用途，它还有其他的构成要件。笔者认为，其中最重要的就是过错。考察的重点不应是用途，而是过错；不应是一般意义上的过错，而是具体意义上的过错；不应是特定经营模式(服务模式)意义上的过错，而是特定行为意义上的过错。这里的过错应当具有个案的特定性、针对性和具体性。在网络著作权侵权纠纷中，过错的认定往往表现为对于明知、应知的认定。

(一)明知、应知什么

笔者在司法实践中经常遇到ISP“诉苦”，他们表示虽然知道涉案作品很知名，一般人都会认为在某个时期内权利人不会将涉案作品上网传播，但却并不知道涉案内容已经存在于ISP提供的信息存储空间之中；还有部分ISP表示，虽然ISP进行了选择、编排，甚至做了“排行榜”，但在“排行榜”中并未出现涉案作品，在这种情况下，也不应判定ISP符合明知、应知这一要件。

笔者认为，提供信息存储空间的ISP明知、应

---

❶ 关于该案的详细情况及评价可参见王迁：《“索尼案”二十年祭——回顾、反思与启示》，载于《科技与法律》2004年第4期。

❷ 张今：《版权法上“技术中立”的反思与评析》，载于《知识产权》2008年第1期。

知的内容应当具有个案意义上的确定性，即具有涉案内容的确定性和涉案服务行为的确定性，具体包括两个方面。一是明知、应知涉案内容存在于 ISP 提供的信息存储空间之中；二是明知、应知涉案内容具有非法上传的高度盖然性。

（二）明知、应知的判断标准

明知是指网络服务提供者明确知晓上述情况的主观状态。应知是指作为专业服务提供者的网络服务提供者根据涉案具体情况应当知晓上述情况的主观状态。

（三）司法实践中判断应知的常见证据

对于涉案内容存在于 ISP 提供的信息存储空间之中的应知判断，可以通过 ISP 实施了编排、推介等行为来认定，但笔者认为，只有当编排、推介的具体内容中包含了涉案作品时，才能认定 ISP 对此系应知。

对于涉案内容具有非法上传的高度盖然性的应知判断，可以通过涉案内容具有较高的知名度以及提供服务的时间在涉案内容的热播期间或院线放映期间来认定。

（四）本案的运用

在本案中，浙江淘宝网络有限公司作为网络交易平台的提供者不同于将市场内的柜台、摊位等经营场所出租给租户并收取租金，用以批发或者零售商品，并对整个市场进行经营管理的市场主体，即市场经营单位。首先，二者涉及的商品类别不同：淘宝网涉及的商品数量巨大、类别繁多，除法律、行政法规明确禁止流通和限制流通的商品外，其他商品均可以通过网络交易平台进行流通；而现实中确定的一个市场只能根据有关部门的审批进行某些特定类别商品的流通，商品数量亦十分有限；其次，二者涉及的卖家情况不同：网络交易平台的卖家分为个人卖家和商家卖家，其中个人卖家数量巨大、情况复杂，既有个体工商户经营也有个人销售自有物品的情况；而现实市场的卖家则必须为符合相关规定的市场经营者，卖家数量亦十分有限；再次，二者所负的审查范围及相应的审查内容不同：淘宝网对于商家卖家的审查内容包括企业法人营业执照、营业执照、个体工商户营业执照等材料，对于个人卖家，由于目前法律、行政法规中并无具体明确的规定要求网络交易平台的提供者负有区分各种情况的义务，故仅审查个人卖家的真实姓名和身份证号码即可；而现实中的市场经营者则需对于其全部的卖家审查其企业法人营业执照、营业执照、个体工商户营业执照等材料。浙江淘宝网络有限公司作为网络交易平台的提供者，对于作为个人卖家的杨海林的真实姓名和身份证号码进行了核实。由于目前法律、行政法规中并无具体明确的规定要求网络交易平台的提供者负有区分各种情况的义务，故浙江淘宝网络有限公司并未要求杨海林提供其具有经营资质方面的证明并没有违反相关规定。浙江淘宝网络有限公司关于其不具有审查个人卖家的法定义务和审查能力、无法界定和判断个人卖家是否具有经营目的、已尽合理的主体审查义务的主张，于法有据，应当予以支持。

五、结论

技术中立原则具有鼓励技术发展、平衡各方利益和增进社会福祉的作用，但孤立地强调技术中立原则就可能给利用新技术侵权披上一件合法的外衣，进而损害社会秩序和公共利益。司法审判在个案层面上应当更加关注于具体行为的合法性问题，而非经营模式（服务模式）的合法性甚至合道德性问题；在司法政策层面，应使过错判断标准使社会上大部分网络服务者能够进入“避风港”，而不是相反，这样才能更有利于保障法律的权威性和有效性、增强司法对社会的引导作用和能动作用；在此前提下，增大判赔力度，从而集中力量打击严重侵权行为，更好地平衡各方利益，进而促进逐渐形成有利于构建创新型国家的社会氛围。

（北京市第二中级人民法院知识产权审判庭
冯　刚）

案例11　黄金假日公司诉携程计算机公司、携程商务公司、康辉服务公司、北京携程公司虚假宣传纠纷案

——阅读提示：非法经营行为与民事侵权行为以及反不正当竞争法规定的不正当竞争行为的关系是什么？重复诉讼的识别标准是什么？

【裁判要旨】

本案裁判的意义在于：最高人民法院明确了非法经营行为与民事侵权行为以及反不正当竞争法规定的不正当竞争行为的关系：非法经营行为与民事侵权行为包括反不正当竞争法规定的不正当竞争行为存在一定的交叉，但并非所有的非法经营行为都构成民事侵权或者构成应承担民事责任的不正当竞争行为。同时，通过该案的裁决，最高人民法院确认携程计算机公司和携程商务公司通过"携程旅行网"提供机票预订服务这一新型经营模式的合法性，既保护了商业模式创新，也激励了市场竞争。在与本案相关联的当事人均相同且一审法院合并审理并作出裁定后的上诉案（即最高人民法院[2007]民三终字第4号民事裁定案）中，最高人民法院明确了重复诉讼的识别标准，即判断是否属于重复诉讼，关键要看是否是同一当事人基于同一法律关系、同一法律事实提出的同一诉讼请求；本案还明确了对于已为在先生效裁判所羁束的行为的继续实施仍属于生效裁判的既判力范围。

【案情与裁判】

上诉人（原审原告）：黄金假日公司

被上诉人（原审被告）：携程计算机公司

被上诉人（原审被告）：携程商务公司

被上诉人（原审被告）：康辉服务公司

被上诉人（原审被告）：北京携程公司

一审案号：河北省高级人民法院（2006）冀民三初字第3－2号

二审案号：中华人民共和国最高人民法院（2007）民三终字第2号

一审审理查明

2006年7月11日，黄金假日公司以携程计算机公司、携程商务公司和康辉服务公司为被告，向河北省高级人民法院提起诉讼称：携程计算机公司和携程商务公司并不具有经营国际国内机票销售业务的经营许可和经营资格，却不断进行虚假宣传；康辉服务公司在河北省石家庄地区为携程计算机公司提供机票出票及送票服务，其虽然取得了《民用航空客运销售代理业务经营批准证书》，但其行为实际上使携程计算机公司和携程商务公司的虚假宣传行为得以实现，是非法转让行政许可的行为，是帮助携程计算机公司和携程商务公司进行非法经营和虚假宣传。故请求判令：(1)携程计算机公司和携程商务公司停止通过"携程旅行网"进行"携程拥有行业内规模最大的统一的机票预订系统；是国内领先的电子客票服务供应商，预订量名列全国前列，机票直客预订销售量也是全国领先，是名副其实的国内领先的机票预订服务平台""携程的机票预订、出票及送票上门的服务涵盖了国内所有重点城市。用户通过拨打携程全国免费服务电话800－820－6666，或者登陆携程网站，即可在上海、北京、广州、深圳、杭州、成都、大连、青岛等43个出票城市随时随地轻松预订机票，这在全国尚属首家"的虚假宣传。(2)被告赔偿因其虚假宣传不正当竞争给原告造成的损失人民币500万元。(3)本案诉讼费用由被告承担。

2006年8月30日，黄金假日公司提交《追加被告申请书》称：携程计算机公司和携程商务公司通过携程旅行网进行国内机票销售并通过互联网取得旅客中信银行信用卡的个人信息，再由北京携程公司进行收款，北京携程公司帮助携程计算机公司和携程商务公司进行非法经营，应承担连带赔偿责任。特申请将北京携程公司列为本案共同被告。一审法院于2006年9月5日通知北京携程公司作为本案被告参加诉讼。

2006年9月7日，黄金假日公司提交《追加诉讼请求申请书》，请求判令：(1)携程计算机公司和携程商务公司停止通过"携程旅行网"和四处散发的所谓"携程旅行网会员手册"进行"携程旅行网"是"中国旅游业首家在美国上市的公司""携程旅行网于2003年12月9日在美国纳斯达克成功上市""2006年1月携程荣获上海市工商局授予的上海市著名商标"的虚假宣传。(2)携程计算机

公司停止通过“携程旅行网(www.ctrip.com)”进行的各类经营活动。

携程计算机公司、携程商务公司、北京携程公司、康辉服务公司答辩称:(1)携程计算机公司和携程商务公司不存在虚假宣传行为,黄金假日公司混淆了机票预订和机票销售。①携程计算机公司拥有机票预订服务的经营许可。②携程计算机公司和携程商务公司通过携程旅行网和携程会员手册提供的是国内国际机票信息查询与代为预订业务,并非实施民航客运代理业务。③携程计算机公司与携程商务公司,携程计算机公司和携程商务公司与康辉服务公司或与北京携程公司之间的合作是合法的经济合作关系。④“携程+CTRIP”商标2006年被授予“上海市著名商标”。(2)携程计算机公司等四被告的行为是合法经营,不构成对原告的侵权,不应承担赔偿损失的责任。(3)黄金假日公司诉称的“携程旅行网于2003年12月9日在美国纳斯达克成功上市”“中国旅游业首家在美国上市的公司”,该部分属于法院已裁事实,原告再次起诉,违反了“一事不二审”的原则。黄金假日公司诉称携程计算机公司等四被告非法经营缺乏事实和法律依据,亦不属于法院管辖范围。

河北省高级人民法院经审理查明:黄金假日公司营业执照载明的经营范围是:国内旅游、旅游咨询;国内航线、国际航线或香港、澳门、台湾航线的航空客运销售代理业务;信息咨询(不含中介);因特网信息服务业务(除新闻、出版、教育、医疗保健、药品、医疗器械和BBS以外的内容)等。

携程计算机公司营业执照载明的营业范围是:计算机软、硬件技术和系统集成的开发,销售自产产品;科技咨询、市场咨询、投资咨询、信息服务(包括网上旅游信息服务)、订房服务、会务服务、商务咨询、票务咨询(涉及许可经营的凭许可证经营)。携程商务公司营业执照载明的营业范围是:订房服务、会务服务;商务咨询,信息服务;旅游用品及工艺品批发零售、承接各类广告设计、制作,互联网信息服务(涉及许可经营的凭许可证经营)。

黄金假日公司提交的公证书说明以下事实:在ctrip.com网页“关于携程”部分载有“携程是国内领先的电子客票服务供应商,预订量名列全国前列,机票直客预订销售量也全国领先,是名副其实的国内领先的机票预订服务平台”“2006年1月,携程荣获上海市工商行政管理局授予的‘上海市著名商标’”。在“携程出票城市达到43个”一文中,载有“截止到2005年7月,携程的机票预订、出票及送票上门的服务涵盖了国内所有重点城市。用户通过拨打携程全国免费服务电话800—820—6666,或者登陆携程网站,即可在上海、北京、广州、深圳、杭州、成都、大连、青岛等43个出票城市随时随地轻松预订机票,这在全国尚属首家”。“43个预订出票城市、全国统一的机票预订中心有力地体现了携程机票预订业务的专业性和规模性。依托庞大的预订出票网络和专业优质的服务,携程的机票业务发展蒸蒸日上,据悉,目前携程每月的机票预订量达20万张”。在“国际机票异地出发本地取票携程打造国际机票预订新模式”一文中,载有“携程目前已与国内三大航空集团及主要境外航空公司和机票代理建立了良好的合作关系,建有全国统一的预订服务中心,提供国际、国内所有航线的机票预订服务,并在北京、上海、广州、深圳等近40个商旅城市通过有资质的票务代理提供送票上门服务。2004年11月,携程在网上搭建、开通了国内首个国际机票在线预订平台,此举被业内誉为是具有里程碑意义的突破”。

携程计算机公司和携程商务公司于2006年8月16日出具“证明”说明,携程商务公司是ctrip.com的经营者。

一审判理和结果

河北省高级人民法院一审认为:从经营范围来看,黄金假日公司是从事旅游、旅游咨询、航空客运销售代理和互联网信息服务等业务的经营者;携程计算机公司是从事网上旅游信息服务、票务咨询的经营者,黄金假日公司与携程计算机公司在旅游信息服务方面存在同业竞争关系。

关于黄金假日公司诉称携程计算机公司和携程商务公司宣传“2006年1月携程荣获上海市工商局授予的上海市著名商标”构成虚假宣传部分,携程计算机公司提供了上海市工商行政管理局为其颁发的著名商标证书,载明“你公司注册并使用在网上提供旅游服务的‘携程CTRIP’商标被认定为上海市著名商标,……”;携程计算机公司亦提交了商标注册证书,说明了“携程CTRIP”商标系其注册并使用。黄金假日公司所诉称的该项内容已被携程计算机公司提交的证据所证实,因此,其认为该项内容构成虚假宣传的主张,不予支持。

关于黄金假日公司所诉称的“携程是国内领

先的电子客票服务供应商……具有里程碑意义的突破”部分，虽然内容很多，但其主要认为上述宣传内容中机票预订的用语会使消费者认为并不具备机票销售代理资质的携程计算机公司具有该资质而进行机票销售，构成了虚假宣传。携程计算机公司只是提供机票信息的中介，“预订”一词强调的是事先约定的意思，同酒店预订、旅游服务预订一样，对于一般的消费者即乘客而言，不会因该内容而对携程计算机公司服务方式产生误解与混淆。因此，黄金假日公司诉称该部分内容构成虚假宣传的主张，理据不足，不予支持。

携程商务公司作为 ctrip. com 的经营者，其为携程计算机公司的宣传提供了载体，因此，其责任的承担依赖于携程计算机公司的宣传是否构成虚假宣传以及其本身是否具有过失，在携程计算机公司宣传的内容不构成虚假宣传的情况下，携程商务公司亦不应承担责任。黄金假日公司诉称康辉服务公司、北京携程公司的行为是一种帮助行为，但并无证据证明该二公司与所诉的虚假宣传行为有何关联性，该二公司既不是宣传内容的发布者，也不是制作者或经营者，与携程计算机公司所作的宣传没有必然的联系。因此，黄金假日公司诉称该二公司是一种帮助行为，应承担连带责任的主张证据不足，不予支持。

对于黄金假日公司诉请判令被告停止有关“携程旅行网于 2003 年 12 月 9 日在美国纳斯达克成功上市”“中国旅游业首家在美国上市的公司”“携程拥有行业内规模最大的统一的机票预订系统”的虚假宣传部分和停止通过“携程旅行网(www. ctrip. com)”进行的各类经营活动部分，因涉及重复诉讼问题，河北省高级人民法院另行以(2006)冀民三初字第 3－1 号民事裁定予以处理。

综上，河北省高级人民法院依据《反不正当竞争法》第 9 条之规定，于 2007 年 1 月 5 日判决：驳回黄金假日公司对本案所审理部分内容的诉讼请求。案件受理费 35 010 元，由黄金假日公司承担。

上诉与答辩

黄金假日公司不服上述判决，向最高人民法院提起上诉称，一审判决认定事实不清，适用法律错误，请求撤销一审判决，改判支持其原审诉讼请求。主要理由是：(1)一审判决存在概念错误，认定事实错误。“预订”是旅游业的一个行业用语，对消费者来讲是预订，对经营者而言就是销售，是销售过程中的一个环节。所谓机票预订，对经营者而言就是机票销售，即经营者代消费者向航空公司订购机票和代航空公司向消费者销售机票。在这一过程中，经营者与消费者之间的关系是预售关系，属于合同法中的预售合同；在收取旅客的机票款并给付机票后即完成整个销售。携程计算机公司和携程商务公司在其网站“携程旅行网”公布的 2004 年和 2005 年年报都自称取得“2005 年机票销售收入×××万元”的业绩。实际上，结合携程计算机公司和携程商务公司不断通过“携程旅行网”自称是“中国旅游知名品牌”×“中国旅游业首家在美国上市的公司”“集酒店预订、机票预订、旅游产品预订和信息服务为一体的综合性旅行服务公司”等宣传就不难看出，其目的就是要混淆其与旅游业经营者的区别，使消费者误认为其是有合法经营机票销售资质的旅游服务公司而向其购买酒店、机票等旅游产品。携程计算机公司和携程商务公司不仅通过“携程旅行网”预订机票，还通过“携程旅行网”收取旅客的机票款并以“携程旅行网”的名义给旅客送票。携程计算机公司和携程商务公司没有依法取得经营民航机票销售业务许可证，没有经营机票销售的资质，但其却不断通过“携程旅行网”进行宣传招徕、预订机票、收取票款等一系列的虚假宣传和销售机票的非法经营活动。(2)携程商务公司注册了“携程旅行网”(ctrip. com)的网络服务名称，并申请取得了“携程旅行网”的《互联网信息服务增值电信业务经营许可证(ICP 证)》，其也是通过“携程旅行网”发布宣传广告、预订机票、收取旅客的机票款的经营主体之一，应对有关行为承担责任。同时，本案中通过“携程旅行网”在河北进行的虚假宣传是由 4 个被上诉人集体联合共同进行并长期存在的。没有康辉服务公司、北京携程公司给携程计算机公司、携程商务公司提供机票出票及送票服务和通过旅客中信银行信用卡的个人信息收取旅客的机票款的分工、合作行为，携程计算机公司、携程商务公司通过“携程旅行网”在河北进行的虚假宣传根本就不能成立和长期存在。因此，康辉服务公司、北京携程公司是一种帮助进行虚假宣传的不正当竞争行为，应承担连带责任。(3)携程计算机公司和携程商务公司都没有依法取得民航机票销售业务许可证，没有经营机票销售的资质，根本不可能“已与国内三大航空集团及主要境外航空公司……建立了良好的合作关系”，而且二者在一审庭审中也没有提供证据证明它们其中是谁“已与国内三大航空集团及主要境外航空公司……建立了良好的合作关系”,其上述宣传是不真实的。同时,对于“携程是国内领先的电子客票服务供应商,预订量名列全国前列,机票直客预订销售量也是全国领先”“可在上海、北京、广州、深圳、杭州、成都、大连、青岛等 43 个出票城市随时随地轻松预订机票,这在全国尚属首家”“2004 年 11 月,携程在网上搭建、开通了国内首个国际机票在线预订平台,此举被业内誉为是具有里程碑意义的突破”的一系列宣传,携程计算机公司和携程商务公司也没有提供证据证明是真实的。(4)携程计算机公司是外商独资企业,按我国现行的法律规定,其不能经营互联网信息服务增值电信业务。“携程旅行网”属于携程商务公司所有,但实际是由携程计算机公司在经营。在“携程旅行网”的网站上,除公布的《企业营业执照认证》是携程商务公司的营业执照和《ICP 许可证》外,其他公布的“携程旅行网”上海总公司和各地分公司的办公地址和服务电话都是携程计算机公司及其各地分公司的办公地址和服务电话。在“携程旅行网”网站上的“携程简介”中宣称:“携程旅行网是由携程计算机技术(上海)有限公司于 1999 年 9 月创办,2003 年在美国纳斯达克成功上市,是中国旅游业首家在美国上市的公司,是集酒店预订、机票预订、旅游产品预订和信息服务为一体的综合性旅行服务公司。”携程计算机公司为取得非法收入,伙同携程商务公司向消费者隐瞒其不具有相应合法经营资质的真实情况,使消费者误认为携程计算机公司就是“携程旅行网”,是一个有合法经营资质的旅行服务公司而通过其网站“携程旅行网”和电话呼叫中心预订酒店、机票和度假产品等旅游相关服务。携程计算机公司和携程商务公司的行为是一种典型的市场混淆行为,是明显的虚假宣传不正当竞争行为。(5)上诉人向一审法庭申请调取招商银行信用卡中心与携程计算机公司和携程商务公司签订的《信用卡授权委托收款协议书》及 2004 年 9 月至 2006 年 9 月招商银行信用卡中心通过“招商银行信用卡”为携程计算机公司和携程商务公司收取消费者机票款的金额,这是认定携程计算机公司和携程商务公司非法经营机票销售业务和非法经营额的铁证,但一审法院却拒绝调取相关证据,使法庭审理失去了客观性和公正性。

携程计算机公司、携程商务公司、康辉服务公司、北京携程公司共同答辩称,一审判决认定事实清楚,适用法律正确,请求维持原判,依法保护被上诉人的合法正常经营行为。主要理由是:(1)携程计算机公司和携程商务公司依法经营,不存在任何虚假宣传行为。①携程计算机公司具有机票预订服务的经营许可。携程计算机公司的企业法人营业执照载明的经营范围包括“票务咨询(涉及许可经营的凭许可证经营)”,这涵盖机票预订、机票销售等内容,只是机票销售需再行取得《民用航空客运销售代理业务经营批准证书》,而机票预订则不需要。携程计算机公司通过“携程旅行网”和《携程会员手册》进行机票预订的相关信息披露完全在其经营范围之内,不存在虚假宣传。②上诉人混淆了机票预订与机票销售两个概念。预订与预售不是同一概念,预订的含义是预先订阅;预售是指在商品买卖中,产品还没有生产出来以前,用户为了购买这种产品事先向工厂支付货款。预订机票并非所谓的销售机票的一个环节。在本案中,消费者通过“携程旅行网”预先订阅机票,但不需要向携程计算机公司支付任何费用,消费者与“携程旅行网”之间不是预售关系,也不存在所谓的预售合同。携程计算机公司和携程商务公司从未进行“经营国内、国际机票销售业务”的宣传,亦未实施民航客运代理业务。③携程计算机公司与携程商务公司宣称“携程目前已与国内三大航空集团及主要境外航空公司……建立了良好的合作关系”不存在虚假宣传。携程计算机公司与携程商务公司是以国内国际机票信息查询与代为预订服务者的身份进行的宣传,并提供相应的机票信息查询及预订服务。由于其业务的特点,完全有可能“与航空公司建立合作关系”,而建立此合作关系,并不需要签订空运销售代理合同。本案中基于机票信息查询与代为预订服务层面,携程计算机公司和携程商务公司“与航空公司建立合作关系”这一民事关系不受《民用航空运输销售代理业管理规定》的约束。因此,不能因携程计算机公司未经营机票销售而认定其根本不可能“已与国内三大航空集团及主要境外航空公司……建立了良好的合作关系”。事实上,由于“携程旅行网”提供相应的机票信息查询及预订业务,携程计算机公司和携程商务公司“已与国内三大航空集团及主要境外航空公司……建立了良好的合作关系”并非虚假宣传。(2)上诉人以“从事非法经营活动”和“帮助从事非法经营活动”为由起诉四被上诉人不正当竞争并要求其承担连带责任,缺乏事实及法律依据,亦不属于法院管辖范围。①携程计算机公司和携程商务公司与康辉服务公司、北京携程公司之间是合法的、正常的经济合作关系。携程商务公司是“携程网站(www.ctrip.com)”的合法经营人,其企业法人营业执照载明经营范围包括订房服务、信息服务、互联网信息服务等事项。携程商务公司在携程网上发布和提供旅游信息并进行订房等服务,是完全具备合法资质的,并且是其进行合法经营的组成部分。携程计算机公司虽是外商独资企业,但有权将其经营范围内的“机票预订”等相关信息通过“携程旅行网”进行披露、宣传,这是基于两家公司的合作关系,并不是假冒“携程旅行网”的名义实际经营“携程旅行网”及相关业务,并无非法经营互联网信息服务增值电信业务的行为。同时,携程商务公司不是上诉人所称的“发布宣传广告、预订机票、收取旅客的机票款的经营主体之一”,不存在所谓的携程商务公司应对其行为承担责任。康辉服务公司和北京携程公司是两个具有空运代理业务经营资质的公司,上述携程服务流程已充分表明了携程与合法机票代理公司的合作关系。②携程计算机公司与携程商务公司不存在非法经营行为,康辉服务公司和北京携程公司亦不应承担所谓的连带责任。本案中携程计算机公司和携程商务公司与上诉人在本案中仅在旅游信息服务方面存在同业竞争关系,而在其他领域并不存在。但在旅游信息服务方面,上诉人没有证据证明携程计算机公司与携程商务公司进行了虚假宣传,违反了反不正当竞争法的相关规定,而是简单地认为被上诉人之间的合作关系是非法经营活动,从事非法经营活动即构成不正当竞争。被上诉人相互之间是正常的经济合作关系,不存在任何违法、违规行为。假设被上诉人存在所谓的违法经营活动,也不能等同于更不能以此证明其实施了对上诉人的不正当竞争。公司是否超越经营范围从事经营活动,是否应该停止经营,应当由公司登记机关——工商行政管理机关进行合法性的监督与审查。上诉人在本案中以平等民事主体身份诉称被上诉人从事非法经营等相关请求,不属于法院民事诉讼的受案范围。另外,本案中康辉服务公司和北京携程公司的行为不是虚假宣传的帮助行为,二公司依据自己的经营范围进行正常、合法的经营行为,与上诉人所诉的携程计算机公司的宣传行为没有必然的联系,二者不应承担所谓的连带责任。③被上诉人在本案中不承担任何损害赔偿责任。被上诉人的经营行为均属合法经营,并未对上诉人构成不正当竞争,更未对其合法权益造成直接损害,上诉人要求被上诉人赔偿因虚假宣传不正当竞争行为给其造成的损失人民币500万元,缺乏事实和法律依据。在最高人民法院庭审中,四被上诉人提出补充意见称:携程计算机公司通过“携程旅行网”和《携程会员手册》提供的仅是国内国际机票信息查询与代为预订服务,在任何城市的机票服务都由当地的有空运销售代理业务批准证书的机票代理商合作完成,携程会员所预订并取得的所有机票、发票等有效凭证,都由具备航空客运销售代理业务批准证书的机票代理商出具,这一服务流程无任何违规之处,有关宣传亦无任何虚假;“携程旅行网”和携程旅行网站是两个概念,携程商务公司是携程旅行网站的合法经营者,携程计算机公司虽然没有网站经营许可证,但“携程旅行网”实际上只是一个称号,携程计算机公司只是把信息放在“携程旅行网”上进行披露。

二审审理查明

在二审审理过程中,上诉人申请调取证据、追加第三人、延期提交新证据、再次开庭审理和将本案移送公安机关立案侦查。上述申请事项中,除了延期提交新证据申请因其申请延期的到期时间在二审开庭审理之前,其申请目的已经达到以外,其他申请事项因均不影响对本案的处理,二审法院均不予接受。

二审经审理查明:原审法院查明的事实属实。根据双方当事人提交的有关一审证据和二审新的证据(对有关证据的真实性当事人均无异议)以及二审庭审笔录,另查明:

携程计算机公司于1994年1月19日在上海成立,系香港注册的SMARTOWN INTERNATIONAL LIMITED公司投资的独资企业。SMARTOWN INTERNATIONAL LIMITED于2000年6月2日依《香港公司条例》更名为“CTRIP.COM(HONG KONG) LIMITED[携程旅行网(香港)有限公司]”。携程商务公司系季琦、范敏两个自然人股东投资成立的有限责任公司(国内合资)。

第1511948号“携程CTRIP”商标注册人系携程计算机公司,核定服务项目为第39类“通过计算机网络提供旅游信息,旅游安排,旅行座位预订”,注册有效期自2001年1月21日至2011年1月20日。上海市工商行政管理局于2006年1月向携程计算机公司颁发的《著名商标证书》载明:“经审定,你公司注册并使用在网上提供旅游服务的'携程 CTRIP'商标被认定为上海市著名商标，有效期自2006年起至2008年止。"

根据1993年7月5日经国务院批准、1993年8月3日由原中国民用航空总局令第37号公布的《民用航空运输销售代理业管理规定》(以下简称民航37号令)，从事空运销售代理业，应当取得民航行政主管部门或者民航地区行政管理机构核发的空运销售代理业务经营批准证书。在2004年7月1日行政许可法施行之前，2004年5月19日发布的《国务院关于第三批取消和调整行政审批项目的决定》(国发[2004]16号，自公布之日起施行)中，将依据民航37号令设定的"民用航空运输销售代理企业设立审批"作为"国务院决定改变管理方式、不再作为行政审批、实行自律管理的行政审批项目"，并决定自公布之日起设立1年的过渡期。根据2008年1月15日《国务院关于废止部分行政法规的决定》，因调整对象已消失，实际上已经失效，民航37号令被宣布失效。

携程计算机公司和携程商务公司均未取得民航37号令所要求的《航空销售代理业务经营批准证书》。因黄金假日公司多次向原中国民用航空总局反映携程计算机公司非法经营民航客运销售代理业务的违法行为，该局运输司曾于2005年9月9日作出《关于北京黄金假日旅行社有限公司有关销售代理市场情况的复函》(总局运函[2005]9号)认为，根据调查情况难以认定携程计算机公司违反民航37号令并从事了民航客运销售代理的经营业务，但"确有虚假宣传和市场混淆行为，建议贵公司提请有关部门查处"。

上海市工商行政管理局于2004年7月19日作出的沪工商案处字(2004)第200200410009号《行政处罚决定书》载明：携程计算机公司于2002年3月始，超出其核准登记的经营范围，未持有《航空销售代理业务经营批准证书》，从事航空客运机票的销售；还与一些具有航空销售代理业务资质的公司"合作"，在北京、上海等37个国内城市销售国际国内机票。上述行为，违反了《公司法》第11条的规定，构成超出经营范围从事经营活动的行为，决定予以罚款10万元。上海市高级人民法院(2005)沪高民三(知)终字第36号民事判决中亦表述了上述行政处罚事实。

携程商务公司持有上海市通信管理局于2001年1月10日颁发的沪ICP证000009号《电信与信息服务业务经营许可证》，准许经营的电信业务种类为"互联网信息服务"，服务范围/项目为"不包含新闻、出版、教育、医疗保健、药品和医疗器械的互联网信息内容，可涉及生活服务类的互联网电子公告服务"，有效期自2001年1月9日至2006年1月8日。携程商务公司还持有上海市通信管理局于2006年8月31日颁发的沪B2－20050130号《增值电信业务经营许可证》，其中业务种类载明："第二类增值电信业务中的呼叫中心业务；第二类增值电信业务中的信息服务业务(仅限互联网信息服务)"，有效期至2011年7月30日。根据上海市通信管理局《经营性网站备案登记表》，对外服务名称为"携程旅行网"的网站经营者为携程商务公司，网站地址为"http://www.ctrip.com"。

一审法院查明事实部分所称黄金假日公司提交的公证书系河北省石家庄市燕赵公证处出具的(2006)冀石燕证经字第412号公证书，该公证书所附的公证时实时打印的"携程旅行网"(http://www.ctrip.com)名为"携程简介"的网页信息中载明："携程计算机技术(上海)有限公司(简称携程旅行网)创立于1999年，总部设在中国上海，下有北京、广州、深圳、香港4个分公司，并在全国20多个大中城市设有分支机构，现有员工3000余人。"被上诉人在本案审理答辩中称，携程计算机公司是涉案宣传行为的直接行为人，携程商务公司为携程计算机公司的宣传提供载体，即携程商务公司注册的"携程旅行网"；上诉人在本案上诉理由中亦称，"携程旅行网"属于携程商务公司所有，但实际是由携程计算机公司在经营。根据上述公证的网页信息内容和双方当事人的陈述，可以认定携程计算机公司通过携程商务公司注册的"携程旅行网"向公众提供机票信息查询和预订等服务，并通过"携程旅行网"进行了涉案的宣传行为。

黄金假日公司提交的"携程旅行网"《携程会员手册》(2006年3月版)第3页载明"携程旅行网于2003年12月9日在美国纳斯达克成功上市"；第8页载明"目前携程已和国内外各大航空公司合作，覆盖国内外绝大多数航线。……携程还开通了各大航空公司(国航、东航、南航、上航、海航)电子客票产品，客人可在航空公司支持电子客票的城市用信用卡支付方式购买电子客票，……目前，携程是国内领先的电子客票服务供应商，预订量名列全国前列，机票直客预订销售量也全国领先，是名副其实的国内领先的机票预订服务平台"。

对于被上诉人关于本案中通过“携程旅行网”预订和提供的机票系来源于康辉服务公司和北京携程公司等具有合法资质的销售代理人的主张，上诉人未提出异议。上诉人未提供证据证明本案中通过“携程旅行网”预订和提供的机票是来源于具有合法资质的销售代理人以外的人，也没有提供以携程计算机公司或者携程商务公司为机票出票人的证据，相反其在诉讼中也一直主张是康辉服务公司和北京携程公司在为携程计算机公司和携程商务公司提供机票出票及送票服务。

二审判理和结果

最高人民法院二审认为：根据原民航 37 号令这一行政规章的规定，从事民用航空运输销售代理业包括从事民航客运机票销售代理业的企业，即民用航空运输销售代理人（以下简称销售代理人），应当取得《航空销售代理业务经营批准证书》。经咨询国家民航行政主管部门，判断行为人是否属于实际从事机票销售代理业务，应当以机票上的出票人为准，而不能将提供与机票销售相关的预订、送票和收款等业务的经营者也视为民航 37 号令规定的销售代理人。据此，本案当事人所争议的“预订”是否是“销售”的一个环节、“机票预订”及“送票”是否也是“机票销售”、携程计算机公司和携程商务公司是否因可能直接收取旅客机票款而构成“销售机票”等问题，对于判断被上诉人携程计算机公司和携程商务公司是否违反民航 37 号令的有关规定均无实质意义。而上诉人在本案中并无证据证明消费者通过“携程旅行网”预订的机票是来源于具有合法资质的销售代理人以外的人，更无以携程计算机公司或者携程商务公司为机票出票人的证据，相反其在诉讼中也一直主张是康辉服务公司和北京携程公司在为携程计算机公司和携程商务公司提供机票出票及送票服务，而且被上诉人的证据也可以证明其向消费者提供的机票来源于有合法资质的销售代理人。因此，本案依据现有证据，并不能够直接认定被上诉人携程计算机公司和携程商务公司存在非法经营民航客运销售代理业务的行为。

退一步讲，假设有关行为构成违反行政许可法律、法规的非法经营行为，也并不必然同时构成不正当竞争行为并需要承担民事责任。也就是说，非法经营并不当然等同于民事侵权，民事诉讼原告不能仅以被告存在非法经营行为来代替对民事侵权行为的证明责任。不论经营者是否属于违反有关行政许可法律、法规而从事非法经营行为，只有因该经营者的行为同时违反《反不正当竞争法》的规定，并给其他经营者的合法权益造成损害时，其他经营者才有权提起民事诉讼，才涉及该经营者应否承担不正当竞争的民事责任问题。即使是对《反不正当竞争法》第 9 条第 1 款规定的引人误解的虚假宣传行为，也并非都是经营者可以主张民事权利的行为，也应当符合经营者之间具有竞争关系、有关宣传内容足以造成相关公众误解、对经营者造成了直接损害这三个基本条件。上诉人并未举证证明该二被上诉人的有关行为使上诉人自身受到了直接的损害，不能简单地以相关公众可能产生与上诉人无关的误导性后果而代替上诉人对自身受到损害的证明责任。因此，本案不能得出被上诉人携程计算机公司和携程商务公司对被控所谓非法经营行为的宣传及其可能存在的所谓市场混淆行为构成对黄金假日公司不正当竞争的结论。

对于上诉人在上诉中提出被上诉人携程计算机公司和携程商务公司的有关宣传构成虚假宣传的问题，不论携程计算机公司和携程商务公司的有关经营行为是否构成非法经营，有关的宣传内容只要是对其实际经营状况和业绩的客观表述，不会引人误解的，就不构成《反不正当竞争法》第九条所称的虚假宣传行为。在上诉人所指控的上述宣传内容中，“电子客票服务供应商”“机票直客预订销售”“预订机票”等用语，均是说明被上诉人的服务方式和内容，是对其提供机票预订服务的经营方式的客观陈述，不存在虚假内容，不足以造成相关公众的误解；“国内领先”“名列全国前列”“全国领先”等用语，主要是对自己在同业竞争者中地位的描述，从本案各方当事人所提交的证据以及根据作为机票预订消费者的日常生活经验，也可以得出携程计算机公司提供的机票预订服务在国内同行业中属于规模较大、经营状况较好的一家，上述宣传用语尚不足以造成相关公众的误解；“可在……43 个出票城市随时随地轻松预订机票”的宣传内容，虽然被上诉人携程计算机公司和携程商务公司没有一一举证说明该 43 个出票城市具体是哪些，但从上海市工商行政管理局 2004 年作出的《行政处罚决定书》认定的携程计算机公司与“一些具有航空销售代理业务资质的公司‘合作’，在北京、上海等 37 个国内城市销售国际国内机票”的事实看，也可以合理推定“43 个出票城市”并非明显虚构，不足以造成相关公众的误解；至于“全国尚属首家”的表述，被上诉人客观上难以举证证明，上诉人也没有提供证据予以否定，亦不宜认定为虚假宣传。总之，上述有关被控宣传行为尚不构成反不正当竞争法意义上的引人误解的虚假宣传行为，不构成对上诉人的不正当竞争。

上诉人在上诉中还提出，被上诉人携程计算机公司和携程商务公司有关“已与国内三大航空集团及主要境外航空公司……建立了良好的合作关系”和“2004 年 11 月，携程在网上搭建、开通了国内首个国际机票在线预订平台，此举被业内誉为是具有里程碑意义的突破”的宣传，亦属虚假宣传。对此，经查一审中的《民事起诉状》《追加诉讼请求申请书》和一审庭审笔录等，上诉人并未对该部分宣传内容提出过明确的诉讼请求，其在一审中对此所作陈述和上诉中对此提出的有关主张，应当视为是对事实和理由的陈述。而作为事实和理由的陈述，该部分宣传内容是否构成虚假宣传与原告在本案中提出的诉讼请求应否予以支持无关，对此不予审查评述。此外，对于携程计算机公司和携程商务公司有关“2006 年 1 月携程荣获上海市工商局授予的上海市著名商标”的宣传，上诉人并未就一审判决的有关认定提出上诉，亦不再予以审查。

在被上诉人携程计算机公司和携程商务公司的有关行为不能认定构成不正当竞争的情况下，上诉人有关被上诉人康辉服务公司和北京携程公司构成帮助侵权的主张亦当然不能成立。

综上所述，对于上诉人有关被上诉人携程计算机公司和携程商务公司从事非法经营民航客运销售代理业务而构成虚假宣传的不正当竞争的主张，不予支持；对于上诉人有关被上诉人携程计算机公司和携程商务公司的其他宣传行为构成虚假宣传的不正当竞争的主张，或缺乏事实和法律依据，或与本案审理无关，亦不予支持；上诉人有关被上诉人康辉服务公司和北京携程公司构成帮助侵权的主张，亦当然不能成立。本案上诉人的上诉理由均不能成立，原判认定事实基本清楚，适用法律基本正确。依据《民事诉讼法》第 153 条第 1 款第(1)项的规定，最高人民法院于 2009 年 10 月 20 日作出终审判决：驳回上诉，维持原判。一、二审案件受理费各 35 010 元，均由黄金假日公司负担。

【法官评析】

本案上诉审理中主要涉及以下两个问题：(1)携程计算机公司和携程商务公司是否存在非法经营民航客运销售代理业务的行为并因此构成虚假宣传的不正当竞争；(2)携程计算机公司和携程商务公司的有关宣传是否构成虚假宣传的不正当竞争。与本案关联的裁定上诉案(即最高人民法院[2007]民三终字第 4 号民事裁定案)中，还涉及重复诉讼的判断标准问题。

一、关于携程计算机公司和携程商务公司是否存在非法经营民航客运销售代理业务的行为并因此而构成虚假宣传的不正当竞争

本案上诉人指称被上诉人构成不正当竞争的一个主要理由在于，被上诉人携程计算机公司和携程商务公司均未依法取得民航客运机票销售代理资格而实际从事了机票销售代理业务，该行为属于非法经营行为，因此，被上诉人对该经营行为的对外宣传构成虚假宣传的不正当竞争。处理当事人之间的这一争议，前提是要明确有关非法经营行为是否属于人民法院民事诉讼管辖范围以及上诉人所指控的非法经营是否成立的问题。

首先，假设本案中人民法院需要对被上诉人携程计算机公司和携程商务公司是否存在非法经营民航客运销售代理业务行为作出认定，从本案现有证据和事实看，难以得出肯定性的结论。根据原民航 37 号令这一行政规章的规定，从事民用航空运输销售代理业包括从事民航客运机票销售代理业的企业，即民用航空运输销售代理人，应当取得《航空销售代理业务经营批准证书》。经本院咨询国家民航行政主管部门，判断行为人是否属于实际从事机票销售代理业务，应当以机票上的出票人为准，而不能将提供与机票销售相关的预订、送票和收款等业务的经营者也视为民航 37 号令规定的销售代理人。据此，本案当事人所争议的“预订”是否是“销售”的一个环节、“机票预订”及“送票”是否也是“机票销售”、携程计算机公司和携程商务公司是否因可能直接收取旅客机票款而构成“销售机票”等问题，对于判断被上诉人携程计算机公司和携程商务公司是否违反民航 37 号令的有关规定均无实质意义。本案中只要被上诉人向消费者提供的机票是来源于有合法资质的销售代理人，即不存在违反民航 37 号令规定的问题。而上诉人在本案中并无证据证明消费者通过“携程旅行网”预订的机票是来源于具有合法资质的销售代理人以外的人，更无以携程计算机公司或者携程商务公司为机票出票人的证据，相反其在诉讼中也一直主张是康辉服务公司和北京携程公司在为携程计算机公司和携程商务公司提供机票出票及送票服务，而且被上诉人的证据也可以证明其向消费者提供的机票来源于有合法资质的销售代理人。此外，上诉人提交的证据也表明，国家民航行政主管部门曾对被上诉人携程计算机公司是否存在非法经营民航客运销售代理业务行为进行过调查，但并未作出违反有关行政规章而构成非法经营民航客运销售代理业务的认定。上诉人提供的上海市工商行政管理机关的行政处罚决定书，只能证明被上诉人携程计算机公司当时曾因超范围经营而受到过行政处罚，并不能据此当然得出被上诉人携程计算机公司在此之后存在非法经营民航客运销售代理业务的结论。因此，本案依据现有证据，并不能够直接认定被上诉人携程计算机公司和携程商务公司存在非法经营民航客运销售代理业务的行为。

其次，退一步讲，假设有关行为构成违反行政许可法律、法规的非法经营行为，也并不必然同时构成不正当竞争行为并需要承担民事责任。应当说，依据有关市场监管法律认定的非法经营行为，可能依法需要承担民事责任、行政责任乃至刑事责任，但并不必然要同时承担这三种法律责任。非法经营并不当然等于民事侵权，民事诉讼原告不能仅以被告存在非法经营行为来代替对民事侵权行为的证明责任。对于违反有关行政许可法律、法规的非法经营行为，一般属于应当承担行政责任乃至刑事责任的问题，应当依法由相应的行政主管部门或者刑事司法机关查处认定。只有在违反有关行政许可法律、法规的非法经营行为同时构成民事侵权行为的情况下，才涉及应否承担民事责任的问题。一般情况下，人民法院在民事诉讼中仅需对有关行为是否构成民事侵权行为作出认定，无需也不宜代替相应的行政主管部门或者刑事司法机关对涉案行为是否属于违反有关行政许可的法律、法规而构成非法经营的行为进行审查认定，除非有关行为的行政违法性显而易见，而且认定行政违法性是处理民事纠纷的前提。特别是在相应的行政主管部门对有关行为进行过处理而未作出构成非法经营的认定的情况下，人民法院在民事诉讼中更不应对此作出相反认定。

再次，关于提起不正当竞争民事诉讼的条件。我国《反不正当竞争法》第 2 条第 2 款规定：“本法所称的不正当竞争，是指经营者违反本法规定，损害其他经营者的合法权益，扰乱社会经济秩序的行为。”该法第 20 条规定：“经营者违反本法规定，给被侵害的经营者造成损害的，应当承担损害赔偿责任，……。被侵害的经营者的合法权益受到不正当竞争行为损害的，可以向人民法院提起诉讼。”据此，不论经营者是否属于违反有关行政许可法律、法规而从事非法经营行为，只有因该经营者的行为同时违反《反不正当竞争法》的规定，并给其他经营者的合法权益造成损害时，其他经营者才有权提起民事诉讼，才涉及该经营者应否承担不正当竞争的民事责任问题。如果经营者只是违反其他法律的有关规定乃至构成非法经营行为，而并未违反《反不正当竞争法》的规定时，或者虽然也同时违反了《反不正当竞争法》的规定，但并未对其他经营者的合法权益造成损害时，就不能依据反不正当竞争法来主张民事权利。即使是对《反不正当竞争法》第 9 条第 1 款规定的引人误解的虚假宣传行为，也并非都是经营者可以主张民事权利的行为，也应当符合经营者之间具有竞争关系、有关宣传内容足以造成相关公众误解、对经营者造成了直接损害这三个基本条件。对于那些未对具有竞争关系的经营者造成直接损害的引人误解的虚假宣传行为，可以依照《反不正当竞争法》的规定追究其行政责任。

对于上述两点，概括起来可以说，假设有关行为构成违反行政许可法律、法规的非法经营行为，要认定有关行为同时构成民法意义上的不正当竞争，原告不仅要证明其与被告之间存在特定、具体的竞争关系，至少还须证明该行为对原告本身造成了直接的非法损害。而且，既不能以被告经营行为的非法性直接推定竞争者就因此受到了非法损害，也不能以市场上竞争者的增加导致竞争激烈程度的加剧而推定已有竞争者因此受到了非法损害，更不能以消费者利益或者社会公共利益因有关行为而受到损害来代替竞争者对自身受到损害的证明责任。对于仅仅损害消费者利益或者社会公共利益而并未直接损害竞争者利益的行为，一般应当由消费者主张权利或者由行政主管部门依法查处，在不存在为给自己谋取不正当交易机会而损害竞争者利益的情况下，竞争者不能直接对此主张民事权利。

最后，关于涉案被控虚假宣传行为的具体认

定。本案中上诉人主张被上诉人对所谓非法经营行为的宣传构成虚假宣传的不正当竞争行为。对此，上诉人作为本案原告，应当举证证明被上诉人的行为符合上述虚假宣传不正当竞争行为的三个基本条件。对于竞争关系的问题，一审判决已经认定上诉人与被上诉人携程计算机公司之间在旅游信息服务方面存在同业竞争关系，被上诉人对此并未提出异议，本院亦应予以认可。对于引人误解和直接损害的后果问题，上诉人指控的是被上诉人携程计算机公司和携程商务公司的有关宣传行为构成所谓的市场混淆行为，即消费者会对该二被上诉人之间在提供相关服务的主体身份及其经营资质上发生混淆或者误认。对此，该二被上诉人在经营中对各自的身份表示确有不当之处，有混同使用或者模糊称谓其经营主体身份的行为，如大量使用“携程”和“携程旅行网”的简称，有关的宣传容易使人产生对市场上的“携程”是否是一家、“携程”到底是指谁、“携程旅行网”到底是谁在经营等疑问和困惑，可能会造成相关公众对该二被上诉人身份的混淆或者误认。即使是在本案审理过程中，被上诉人提交的有关诉讼文书中也有使用“携程”的简称，让人难以区分到底是指代携程计算机公司还是指代携程商务公司。但是，不论相关公众是否会对该二被上诉人之间主体身份及其经营资质上发生混淆或者误认，上诉人并未举证证明该二被上诉人的有关行为包括上述误导性后果使上诉人自身受到了直接的损害，不能简单地以对相关公众可能产生上述与上诉人无关的误导性后果而代替上诉人对自身受到损害的证明责任。因此，本案不能得出被上诉人携程计算机公司和携程商务公司对被控所谓非法经营行为的宣传及其可能存在的所谓市场混淆行为构成对黄金假日公司不正当竞争的结论。

另外，上诉人在本案有关上诉理由中还提到携程计算机公司非法经营互联网信息服务增值电信业务，对此也并不必然涉及民事侵权及民事责任问题，上诉人也同样未能提供证据证明其因此受到了直接损害，本院对有关上诉理由亦不予支持。对于上诉人就此提出的有关诉讼请求，一审法院另行以裁定作出了处理，上诉人也就此提出了上诉，最高人民法院另案予以处理。本文最后一部分将对本案中的重复诉讼问题一并予以评述。

二、关于携程计算机公司和携程商务公司的其他有关宣传行为是否构成虚假宣传的不正当竞争

上诉人在上诉中提出，被上诉人携程计算机公司和携程商务公司对“携程是国内领先的电子客票服务供应商，预订量名列全国前列，机票直客预订销售量也是全国领先”和“可在上海、北京、广州、深圳、杭州、成都、大连、青岛等 43 个出票城市随时随地轻松预订机票，这在全国尚属首家”的宣传，没有提供证据证明是真实的，构成虚假宣传。这一上诉主张也是上诉人原审诉讼请求的内容之一。应当说，不论携程计算机公司和携程商务公司的有关经营行为是否构成非法经营，有关的宣传内容只要是对其实际经营状况和业绩的客观表述，不会引人误解的，就不构成《反不正当竞争法》第九条所称的虚假宣传行为。在上诉人所指控的上述宣传内容中，“电子客票服务供应商”“机票直客预订销售”“预订机票”等用语，均是说明被上诉人的服务方式和内容，是对其提供机票预订服务的经营方式的客观陈述，不存在虚假内容，不足以造成相关公众的误解；“国内领先”“名列全国前列”“全国领先”等用语，主要是对自己在同业竞争者中地位的描述，从本案各方当事人所提交的证据以及根据作为机票预订消费者的日常生活经验，也可以得出携程计算机公司提供的机票预订服务在国内同行业中属于规模较大、经营状况较好的一家，上述宣传用语尚不足以造成相关公众的误解；“可在……43 个出票城市随时随地轻松预订机票”的宣传内容，虽然被上诉人携程计算机公司和携程商务公司没有一一举证说明 43 个出票城市具体是哪些，但从上海市工商行政管理局 2004 年作出的《行政处罚决定书》认定的携程计算机公司与“一些具有航空销售代理业务资质的公司‘合作’，在北京、上海等 37 个国内城市销售国际国内机票”的事实看，也可以合理推定“43 个出票城市”并非明显虚构，不足以造成相关公众的误解；至于“全国尚属首家”的表述，被上诉人客观上难以举证证明，上诉人也没有提供证据予以否定，亦不宜认定为虚假宣传。总之，上述有关被控宣传行为尚不构成反不正当竞争法意义上的引人误解的虚假宣传行为，不构成对上诉人的不正当竞争。

上诉人在上诉中还提出被上诉人携程计算机公司和携程商务公司有关“已与国内三大航空集

团及主要境外航空公司……建立了良好的合作关系”和“2004 年 11 月，携程在网上搭建、开通了国内首个国际机票在线预订平台，此举被业内誉为是具有里程碑意义的突破”的宣传，亦属虚假宣传。对此，经查一审中的《民事起诉状》《追加诉讼请求申请书》和一审庭审笔录等，上诉人并未对该部分宣传内容提出过明确的诉讼请求，其在一审中对此所作陈述和上诉中对此提出的有关主张，应当视为是对事实和理由的陈述。而作为事实和理由的陈述，该部分宣传内容是否构成虚假宣传与原告在本案中提出的诉讼请求应否予以支持无关，因此，最高人民法院对此未予审查评述。

此外，对于携程计算机公司和携程商务公司有关“2006 年 1 月携程荣获上海市工商局授予的上海市著名商标”的宣传，上诉人并未就一审判决的有关认定提出上诉，最高人民法院亦未再予以审查。

三、关于重复诉讼的判断标准问题

重复诉讼既给当事人增加了讼累，又浪费了司法资源。禁止重复诉讼是民事诉讼中“一事不再理”原则的必然要求。如何识别重复诉讼是司法实践中经常遇到的问题之一。在与本案关联的裁定上诉案(即最高人民法院[2007]民三终字第 4 号民事裁定案)中，最高人民法院明确了重复诉讼的识别标准，即判断是否属于重复诉讼，关键要看是否是同一当事人基于同一法律关系、同一法律事实提出的同一诉讼请求。最高人民法院在该案的裁决中还明确了对于已为在先生效裁判所羁束的行为的继续实施仍属于生效裁判的既判力范围。

该裁定上诉案的基本案情是：黄金假日公司曾以携程计算机公司进行不正当竞争为由向上海市第一中级人民法院提起诉讼，该案经上海市高级人民法院二审审理作出(2005)沪高民三(知)终字第 36 号民事判决(以下简称第 36 号案)。该判决认定，携程计算机公司有关“携程旅行网(股票代码 CTRP)是中国旅游业第一家在美国纳斯达克上市的公司”的表述因有证据支持而不能认定为虚假，一审判决关于公司是否超越经营范围从事非法经营(携程计算机公司被控非法从事互联网信息服务业务)不属于人民法院受理的民事诉讼范围的认定并无不当。携程计算机公司亦曾以黄金假日公司虚假宣传、商业诋毁为由向上海市第一中级人民法院提起诉讼，黄金假日公司提出反诉，该院合并审理后作出一审判决。该判决认定，携程计算机公司在宣传中使用极限性文字“最大的”本身有排斥竞争对手的含义，已构成对其服务进行引人误解的虚假宣传的不正当竞争行为。该案上诉后，上海市高级人民法院经审理作出(2006)沪高民三(知)终字第 41 号民事判决，维持了一审判决。本裁定上诉案系在上述两案之后，黄金假日公司于 2006 年 7～9 月通过起诉和追加被告、追加诉讼请求等起诉携程计算机公司等四公司构成不正当竞争。其部分诉讼请求为：判令携程计算机公司和携程商务公司停止有关“携程旅行网于 2003 年 12 月 9 日在美国纳斯达克成功上市”“中国旅游业首家在美国上市的公司”“携程拥有行业内规模最大的统一的机票预订系统”的虚假宣传部分和携程计算机公司停止通过“携程旅行网(www. ctrip. com)”进行的各类经营活动(指其作为外商独资企业，没有取得相关的行政许可，不能经营互联网信息服务增值电信业务)。河北省高级人民法院一审认为本案所审理的上述诉讼请求构成重复诉讼，遂以(2006)冀民三初字第 3－1 号裁定驳回黄金假日公司对本案所审理部分内容的起诉。黄金假日公司上诉后，最高人民法院于 2009 年 10 月 22 日(2007)民三终字第 4 号民事裁定，驳回上诉，维持原裁定。

《民事诉讼法》第 111 条第(5)项规定：“对判决、裁定已经发生法律效力的案件，当事人又起诉的，告知原告按照申诉处理，但人民法院准许撤诉的裁定除外。”该法条实际上就是民事诉讼理论中所谓的禁止重复诉讼原则的具体体现。禁止重复诉讼原则的基本含义是指禁止就同一诉讼标的向人民法院重复起诉，这也被称为“一事不再理”原则。据此，最高人民法院在本裁定上诉案中认为，判断是否属于重复诉讼，关键要看是否是同一当事人基于同一法律关系、同一法律事实提出的同一诉讼请求。

将本裁定上诉案与在前的第 36 号案相比较可以得出，本案原告有关要求判令携程计算机公司和携程商务公司停止“中国旅游业首家在美国上市的公司”和“携程旅行网于 2003 年 12 月 9 日在美国纳斯达克成功上市”的虚假宣传的诉讼请求部分，实质上系第 36 号案的重复诉讼。首先，两案原告系同一人，均为黄金假日公司；被告中均有携程计算机公司，虽然本案中被告还有另外三个公司，但原告的诉讼请求仅针对携程计算机公司和携程商务公司，而本案中有关宣传的直接行为人系携程计算机公司，应当承担责任的主体仍然是携程计算机公司。其次，两案涉及同一法律关系和同一法律事实，原告的诉讼请求也均是要求停止实质内容相同的宣传行为。本案被控构成虚假宣传的“中国旅游业首家在美国上市的公司”和“携程旅行网于 2003 年 12 月 9 日在美国纳斯达克成功上市”的宣传内容，与第 36 号案所裁判的携程计算机公司有关“中国旅游业首家在美国上市的公司”和“携程旅行网(股票代码 CTRP)是中国旅游业第一家在美国纳斯达克上市的公司”的宣传内容，在文字措辞上虽有差异，但并无实质不同，而对本案有关宣传内容中所增加的“2003 年 12 月 9 日”上市时间，被上诉人在二审审理中再次予以确认，上诉人对此未提出异议，也未就上市时间问题提出构成虚假表述的主张。虽然两案被诉行为的发生时间和地点有所不同，但对于已为在先生效裁判确认其合法性的行为，在生效裁判之后的继续实施，仍属于生效裁判的既判力所及范围，应当受到法律的保护而不能够被再次起诉。另外，携程计算机公司本身是否是美国上市公司并不影响第 36 号案的实体处理结果。本裁定上诉案中已经查明，携程计算机公司系携程旅行网(香港)有限公司的全资子公司，而携程旅行网(香港)有限公司则又是 CTRIP. COM INTERNATIONAL, LTD(即本案中在美国纳斯达克上市的携程国际有限公司)和沈南鹏共同投资设立的，携程国际有限公司是携程旅行网(香港)有限公司的绝对控股股东，携程旅行网(香港)有限公司在实质上是一人公司；携程计算机公司是美国上市公司携程国际有限公司的关联公司，携程计算机公司的投资实质上来源于携程国际有限公司。尽管第 36 号案中人民法院关于“携程计算机公司是美国上市公司携程国际有限公司的全资子公司”这一投资法律关系的表述不尽准确，但并不能因此得出该案中有关不能认定携程计算机公司关于“携程旅行网(股票代码 CTRP)是中国旅游业第一家在美国纳斯达克上市的公司”的表述为虚假的结论就是错误的。同时，第 36 号案中对于黄金假日公司的有关诉讼请求不予支持，除了不能认定有关表述为虚假的理由之外，还包括黄金假日公司既未能举证证明携程计算机公司的有关宣传在公众中造成了混淆和误解的结果，也未能举证证明因此对黄金假日公司造成了直接的损害或者经济损失这两个理由。因此，第 36 号案中有关携程计算机公司和携程国际有限公司之间关系的认定是否错误，并不影响该案的实体处理结果，不能因此否定本裁定上诉案系第 36 号案的重复诉讼。

将本裁定上诉案与第 36 号案相比较还可以得出，本案原告有关要求判令携程计算机公司停止通过“携程旅行网(www. ctrip. com)”进行的各类经营活动的诉讼请求部分，实质上亦属第 36 号案的重复诉讼。黄金假日公司曾经在第 36 号案中主张携程计算机公司非法从事互联网信息服务业务，请求依法对携程计算机公司的违法行为予以民事制裁，但有关诉讼请求未得到人民法院的支持。本案从原告的《追加诉讼请求申请书》所述“事实与理由”部分看，原告是指控携程计算机公司作为外商独资企业，也没有取得相关的行政许可，不能经营互联网信息服务增值电信业务，其利用携程商务公司注册的“携程旅行网”进行的经营活动构成非法经营行为。因此，本案原告诉请判令携程计算机公司“停止通过‘携程旅行网(www. ctrip. com)’进行的各类经营活动”也仅限于互联网信息服务增值电信业务。对于原告的这部分诉讼请求，亦符合前述的构成重复诉讼的条件。显然，携程计算机公司是否构成非法经营增值电信业务，属于是否违反相关行政管理法律、法规并应当承担相关行政责任的问题，应当依法由行政主管部门查处认定，不属于人民法院民事诉讼审查范畴。事实上，上诉人曾向有关主管部门投诉携程计算机公司非法从事互联网信息服务业务，但至今有关部门尚未作出过构成非法经营的明确认定和处罚。在此情况下，人民法院更不宜在民事诉讼中对此作出审查认定。人民法院在第 36 号案中的有关认定理由和本案一审法院对有关诉讼请求的处理，并无不妥；上诉人要求人民法院在民事诉讼中对涉案有关行为的合法性独立进行审查，并无法律依据。

总之，虽然本裁定上诉案中被告还有另外三个公司，但原告的诉讼请求仅针对携程计算机公司和携程商务公司，而本裁定上诉案中有关宣传的直接行为人系携程计算机公司，应当承担责任的主体仍然是携程计算机公司；原告的诉讼请求也均是要求停止实质内容相同的宣传行为，虽然两案被诉行为的发生时间和地点有所不同，但对于已为在先生效裁判确认其合法性的行为，在生效裁判之后的继续实施，仍属于生效裁判的既判力范围，应当受到法律的保护而不能够被再次起诉。

（最高人民法院知识产权庭　郃中林）

案例12　山东起重机厂诉山起重工公司侵犯企业名称权纠纷

——阅读提示：企业简称能否作为《反不正当竞争法》规定的企业名称获得保护？获得保护需要满足何种条件？

【裁判要旨】

企业名称的简称源于语言交流的方便。企业简称的形成与两个过程有关：一是企业自身使用简称代替其正式名称；二是社会公众对于企业简称的认同，即认可企业简称与其正式名称所指代对象为同一企业。由于简称省去了正式名称中某些具有限定作用的要素，可能会不适当地扩大正式名称所指代的对象范围。因此，企业简称能否特指该企业，取决于该企业简称是否为相关公众所认可，并在相关公众中建立起与该企业稳定的关联关系。对于具有一定市场知名度、为相关公众所熟知并已实际具有商号作用的企业名称的简称，可以视为企业名称。如果经过使用和公众认同，企业的特定简称已经为特定地域内的相关公众所认可，具有相应的市场知名度，与该企业建立了稳定的关联联系，具有识别经营主体的商业标识意义，他人在擅自使用该企业简称后，足以使特定地域内的相关公众对在后使用者和在先企业之间发生市场主体上的混淆、误认，在后使用者就会不恰当地利用在先企业的商誉，侵害在先企业的合法权益。具有此种情形的，可以将在先企业的特定简称视为企业名称，并根据《反不正当竞争法》第5条第(3)项的规定加以保护。

【案号】

一审：山东省潍坊市中级人民法院(2006)潍民三初字第26号

二审：山东省高级人民法院(2007)鲁民三终字第108号

再审审查：最高人民法院(2008)民申字第758号

【案情与裁判】

原告(二审被上诉人、再审被申请人)：山东起重机厂

被告(二审上诉人、申请再审人)：山起重工公司

原告起诉与被告答辩

原告山东起重机厂因被告山起重工公司在山东省工商行政管理局注册登记并使用“山起”作为字号，以侵犯企业名称权为由，于2005年7月11日向山东省青州市人民法院起诉，请求判令山起重工公司立即停止对“山起”字号的使用，赔偿原告损失50万元，并承担诉讼费用。后本案被移送至山东省潍坊市中级人民法院审理。

山起重工公司辩称：其名称与山东起重机厂名称之间不存在任何联系，不存在侵害山东起重机厂名称权的行为；山东起重机厂并非知名企业，“山起”也不是其简称；原、被告之间名称、字号、产品商标等方面存在巨大差异，社会公众不会对两者产生误解，更不存在不正当竞争的行为；山东起重机厂要求赔偿50万元的损失毫无根据。

一审审理查明

一审法院查明，山东起重机厂成立于1968年，以起重机械制造加工为主，1976年4月组建益都起重机厂，1991年10月31日变更名称为山东起重机厂，2002年1月8日成立山东起重机厂有限公司，其经营范围包括起重机械及配件的设计、制造、安装、咨询、技术服务与销售等业务。山起重工公司成立于2004年2月13日，2004年5月24日获得企业法人营业执照，其经营范围为起重机械、皮带输送机械、石油机械设备制造、销售、安装、维修。在山起重工公司成立过程中，山东省工商行政管理局于2004年1月13日同意其预先核准企业名称为山东山起重工有限公司。2004年2月26日，青州市经济贸易局向山东省工商行政管理局发出《关于申请保护山东起重机厂有限公司名称的报告》。该报告称，“‘山起’既是山东起重机厂的简称，也代表着企业的形象，山起重工公司的注册损害了山东起重机厂的名称权利，并在职工中引起了强烈反响，恳切希望贵局对此企业名称给予撤销”。2004年2月20日，青州市工商局请示山东省工商行政管理局研究处理因山起重工公司的企业名称引发的纠纷。山东省工商行政管理局个体私营经济监督处于2004年3月9日提出如下意见：“山东起重机厂有限公司原为国有老企业，在生产经营和对外经济来往中使用‘山起’作为企业简称，同时该企业在我省同行业中有

一定知名度，现上述几个企业住所地都在青州市，在社会上易产生误解。根据有关规定，请你局做好双方企业的工作，并督促山东山起重工有限公司到省局变更企业名称。”但山起重工公司未变更企业名称。纠纷发生后，双方虽经青州市工商行政管理局、山东省工商行政管理局处理，但当事人未达成一致意见。根据青州市经济贸易局印发的2005年5月份《工业经济月报》，山起重工公司2005年1～5月份利润总额为150.2万元。

一审判理和结果

一审法院认为，山东起重机厂具有较高知名度，并已形成一个消费群体，用户在看到具有“山起”字样的名称时，很容易与其产生联系，应当确认“山起”系山东起重机厂企业名称的简称。山起重工公司使用山东起重机厂在先使用并知名的企业名称中最核心的“山起”字号，双方当事人所属行业相同或有紧密联系，其住所地都在青州市，容易使相关公众产生误认，应当认定山起重工公司已构成对山东起重机厂名称权的侵犯，应该赔偿因此给山东起重机厂造成的经济损失。由于山东起重机厂未能提供证据证明山起重工公司在侵权期间的全部获利情况，也未提供其因侵权所受到的损失，需综合考虑山起重工公司侵权行为的性质、情节、持续期间、范围，结合青州市经济贸易局印发的《工业经济月报》中的相关数据，酌情确定赔偿数额。遂判令山起重工公司到工商管理部门办理变更企业名称的相关手续，停止使用“山起”二字作为字号；赔偿山东起重机厂经济损失人民币20万元；驳回山东起重机厂的其他诉讼请求。

上诉与答辩

山起重工公司不服一审判决，向山东省高级人民法院提起上诉称，山起重工公司不存在不正当竞争行为，一审法院判决其赔偿20万元没有法律和事实依据。

二审判理和结果

二审法院认为，山东起重机厂是起重机行业中的知名企业，在特定区域，特别是在青州市，“山起”已经被相关公众识别为山东起重机厂，两者之间建立了特定联系，可以认定为山东起重机厂的特定简称。山起重工公司在企业名称中使用“山起”，没有正当理由，并且由于其与山东起重机厂同处青州市，导致相关公众对两家企业产生误认，构成不正当竞争。一审法院结合2005年5月青州市经济贸易局印发的《工业经济月报》，综合考虑山起重工公司侵权行为的性质、情节等因素，酌定赔偿数额为20万元并无不当。2008年6月5日，二审法院判决驳回上诉，维持原判。

申请再审理由与答辩

山起重工公司不服二审判决，向最高人民法院申请再审。其主要申请再审理由为：(1)原审判决认定事实错误。山东起重机厂依法核准登记的企业名称是山东起重机厂有限公司，没有核心字号，也没有简称或从属名称，原审判决通过推理，凭空捏造出了一个未经核准登记的“山起”字号。(2)二审判决适用法律不当。《反不正当竞争法》第5条第(3)项及相关司法解释所保护的是依法登记注册的企业名称和登记注册的知名企业名称中的字号，并未规定保护企业法人不合常理且没有依法登记注册的简称。山东起重机厂的企业名称中根本就没有字号，原审判决适用上述法律和司法解释的规定显属错误。山起重工公司的名称是依法核准登记的合法名称，主观上没有损害山东起重机厂的故意，客观上没有擅自使用山东起重机厂企业名称的行为，不构成不正当竞争行为。原审法院判决山起重工公司赔偿山东起重机厂20万元亦属错误。

被申请人山东起重机厂辩称，原审判决认定事实清楚，适用法律恰当，山起重工公司的再审申请没有事实和法律依据，依法应予驳回。

再审审查查明

最高人民法院审查查明，原审法院认定事实基本属实。另查明，本案中，“山起”这一名称的使用情况主要分为两类。一是山东起重机厂自己主动使用；二是社会公众或其他有关单位使用“山起”作为“山东起重机厂”的代称。山东起重机厂主动使用“山起”简称的情况有：(1)对外宣传使用：在山东起重机厂于2003年1月制作(片尾显示时间为2002年12月31日)的光盘宣传片“托起新世纪的太阳”中，片头有“谨以此片献给已经成为或将要成为‘山起’的朋友——徐新民”字样；除片头和片尾外，全片屏幕右下方始终突出显示“山起”字样；在该片的解说词中，多次使用“山起”作为山东起重机厂的代称；在职工工作服和工作帽上，分别绣有“山起”文字或汉语拼音；在厂房屋顶部位侧面墙壁上标有“山起”字样。(2)在对外经营活动中使用：例如，在山东起重机厂与晋城福盛钢铁有限公司于2003年4月23日签订的“技术协议”中，直接用“山起厂”指代“山东起重机厂”；在山东起重机厂与安徽铜陵金港钢铁有限公司于2003年1月16日签订的协议中，直接用“山起厂”指代“山东起重机厂”。(3)企业内部使用：该厂法定代表人徐新民在2003年1月29日全体员工大会的讲话中多次使用了“山起”或“山起人”的称呼；2002年10月8日和2004年3月8日，山东起重机厂分别以“山起”杯为名举办了职工篮球比赛和女工拔河比赛。社会公众或有关单位使用“山起”作为简称指代“山东起重机厂”的情况有：莱芜钢铁集团机械制造有限公司的书面证明称，其在口语上经常以“山东山起”名称代称山东起重机厂；青州市经济贸易局于2004年2月26日作出的《关于申请保护山东起重机厂有限公司名称的报告》认为，“山起”作为山东起重机厂的简称已经为青州乃至全省、全国同行业众所周知。

山东起重机厂在原审中提供了潍柴动力股份有限公司技术改造部、潍坊市储运有限公司和青州市邮政局出具的证明。潍柴动力股份有限公司技术改造部的证明内容为山起重工公司曾以与山东起重机厂是一家为名招揽业务。潍坊市储运有限公司的证明内容为该公司曾误认山起重工公司为山东起重机厂。青州市邮政局的证明内容为该公司曾将山起重工公司的邮件误投到山东起重机厂。山起重工公司则提供了山东筑金机械有限公司等17家单位的证明，证明内容为上述公司没有对山起重工公司和山东起重机厂产生误认。

再审审查结果

最高人民法院审查认为：

(1)关于原审判决是否认定“山起”是山东起重机厂的字号问题。尽管原审判决引用了《最高人民法院关于审理不正当竞争民事案件应用法律若干问题的解释》第6条的规定，但并未明确认定“山起”是山东起重机厂的字号。山起重工公司关于二审判决认定“山起”是山东起重机厂的字号的主张，缺乏事实根据。

(2)关于原审判决认定“山起”是“山东起重机厂”为公众所认可的特定简称是否正确。简称源于语言交流的方便。简称的形成与两个过程有关：一是企业使用简称代替其正式名称；二是社会公众对于简称与正式名称所指代对象之间的关系认同。这两个过程相互交织。由于简称省去了正式名称中某些具有限定作用的要素，可能不适当地扩大了正式名称所指代的对象范围。因此，一个企业的简称是否能够特指该企业，取决于该简称是否为相关公众认可，并在相关公众中建立起与该企业的稳定联系。本案中，山东起重机厂最初成立于1968年，自1991年开始使用该企业名称，而且获得了大量荣誉称号，其产品产量、质量均居同行业前列，是起重机行业中的知名企业。山起重工公司对此未提出异议。山东起重机厂在企业宣传片、厂房、职工服装、合同等对外宣传活动和经营活动中，多次主动地使用“山起”简称。经过山东起重机厂的使用，至少在青州这一特定地域内的相关公众中，“山起”这一称呼已经与山东起重机厂建立起了稳定联系。山东起重机厂提供的证据表明，起重设备的相关用户经常使用“山起”作为山东起重机厂的代称。因此，可以认定“山起”在一定地域范围内已为相关公众识别为山东起重机厂，两者之间建立了稳定联系。原审法院认定“山起”是“山东起重机厂”为相关公众认可的特定简称并无不当。

(3)关于原审判决认定山起重工公司使用“山起”字号构成不正当竞争是否正确。对于具有一定市场知名度、为相关公众所熟知并已实际具有商号作用的企业名称的简称，可以视为企业名称。如果经过使用和公众认同，企业的特定简称已经为特定地域内的相关公众所认可，具有相应的市场知名度，与该企业建立起了稳定联系，已产生识别经营主体的商业标识意义，他人在擅自使用该知名企业简称后，足以使特定地域内的相关公众对在后使用者和在先企业之间发生市场主体上的混淆，进而将在后使用者提供的商品或服务误认为在先企业提供的商品或服务，造成市场混淆，在后使用者就会不恰当地利用在先企业的商誉，侵害在先企业的合法权益。此时，《反不正当竞争法》第5条第(3)项对企业名称保护的规定可以适用于保护该企业的特定简称。山起重工公司与山东起重机厂同处青州市区，两者距离较近，经营范围基本相同，在“山起”作为山东起重机厂的特定简称已经为相关公众认可的情况下，山起重工公司也理应知道“山起”是山东起重机厂的特定简称。在这种情况下，山起重工公司仍然在企业名称中使用“山起”作为字号，足以造成相关公众对两家企业产生混淆或误认，侵犯了山东起重机厂的合法权益，构成不正当竞争。山东起重机厂提供了潍坊市储运有限公司、青州市邮政局等出具的证明，说明相关公众曾经将山起重工公司误认为山东起重机厂。山起重工公司虽然提交了17份客户单位证明及宣传材料、照片，但这些证据既不能否定实际误认的发生，更无法否定误认发生的较大可能性。山起重工公司认为其不构成不正当竞争的主张不能成立。

基于上述理由，最高人民法院于2009年4月27日裁定驳回了山起重工公司的再审申请。

【法官评析】

本案涉及的法律问题非常典型。最高人民法院在本案中首次明确了企业简称的《反不正当竞争法》保护条件和法律依据。

一、企业简称的《反不正当竞争法》保护条件

企业简称是对企业正式名称的简略性称呼，必然要省去正式名称中某些具有限定作用的要素。因此，企业简称与企业正式名称之间并不必然具有惟一的对应关系，可能会不适当地扩大正式名称所指代的对象范围。如果将企业简称一律简单地作为企业名称给予保护，就可能会不适当地扩大保护范围，妨碍正当竞争。因此，企业简称要获得《反不正当竞争法》的保护，其首要条件是企业简称能够为特定地域内的相关公众所认可，并在相关公众中建立起与该企业的稳定的关联关系，可以特指该企业。这种稳定的关联关系的建立，取决于企业自身主动使用简称和相关公众对该简称与企业关系的认同。如果经过使用和公众认同，企业的特定简称已经为特定地域内的相关公众所认可，具有相应的市场知名度，与该企业建立了稳定的关联联系，具有识别经营主体的商业标识意义，他人擅自使用该企业简称，就可能导致相关公众对企业主体身份的混淆或者误认。此时，《反不正当竞争法》应对该企业简称给予保护，防止他人的不当使用行为造成混淆或者误认。可见，企业简称要获得《反不正当竞争法》保护，应该满足如下条件：1. 该企业简称已经为特定地域内的相关公众所认可，具有相应的市场知名度，与该企业建立了稳定的关联联系，具有识别经营主体的商业标识的意义；2. 他人使用该简称可能造成相关公众对产品或者市场主体产生混淆或误认；3. 他人对该简称的使用不具有正当理由。符合上述条件，原则上应判决停止对他人企业简称的使用。当然，现实情况非常复杂，如果他人对该简称的使用具有正当理由，且能够采用规范方法使用或者附加区别标识等避免相关公众混淆或者误认时，也可以不判决停止使用而采用规范方法使用或者附加区别标识等责任方式。本案中，“山起”作为山东起重机厂的特定简称已经为相关公众认可，山起重工公司与山东起重机厂同处一地，在后使用“山起”作为自己的字号，具有明显恶意，而且实际造成了相关公众对市场主体的混淆，山东起重机厂以“山起”构成其知名企业简称为由主张保护，应予支持。

二、法律依据的选择

在保护条件确定后，法律依据的选择也是本案的焦点问题之一。本案中的“山起”一词，既可以看做是山东起重机厂的企业简称，在某种程度上也可以看做是其生产的起重机的名称，从而可能构成知名商品的特有名称。因此，处理本案有三种法律保护依据可供选择：一是利用《反不正当竞争法》第5条第(2)项对知名商品特有名称的保护；二是对《反不正当竞争法》第5条第(3)项的企业名称作扩大解释[类推适用《最高人民法院关于审理不正当竞争民事案件应用法律若干问题的解释》(以下简称《反不正当竞争司法》解释)第6条对企业字号的保护]；三是利用《反不正当竞争法》第2条的原则条款。这几种途径各有特点。

如果通过《反不正当竞争法》第5条第(2)项知名商品特有名称提供保护，可以利用知名商品特有名称这一条件适当限制对企业简称的保护，防止不适当地扩大保护，并避免与我国企业名称登记管理制度相抵牾。但是从本案的具体案情看，山东起重机厂并没有在自己的产品上突出宣传“山起”这一简称，只是在其对外宣传资料和内部文件中使用了“山起”字样。山起重工公司只是将山东起重机厂的简称申请注册为自己企业的字号，没有在自己生产的商品上突出宣传“山起”字样，也没有利用“山起”进行的其他宣传行为。而且，本案中当事人没有提供其某种商品是否属于知名商品，“山起”是否属于该知名商品的特有名称等证据。因此，如果通过《反不正当竞争法》第5条第(2)项知名商品特有名称提供保护，则在本案中缺乏相关证据支持。

如果扩大适用《反不正当竞争法》第5条第(3)项对企业名称保护的规定，将企业名称的保护适当延伸到知名企业的简称，同时类推适用《反不正当竞争司法解释》第6条对字号的保护规定，可以比较明确地确定保护条件，有助于此类案件的类型化处理。而且，有关地方性法规已有将企业简称作为企业名称给予保护的规定，如河北、山东、江苏、浙江等省的“反不正当竞争条例”或者“实施《反不正当竞争法》办法”中都对“擅自使用他人的企业名称或者姓名以及代表其名称或者姓名的代号”进行了禁止。本案中，山起重工公司将山东起重机厂的简称申请注册为自己企业的字号，并从事与申请人相同或类似的商品经营，造成消费者混淆。这一行为与擅自使用知名企业字号的行为具有相似性，本案比较适宜用这种方式解决。

《反不正当竞争法》第 2 条的原则条款存在被滥用的可能性，需要慎用，并应准确把握其适用条件。《反不正当竞争法》第 2 条的原则条款与第二章的具体规定构成一般规定与特别规定的关系。在一般规定与特别规定的关系处理上，能归入特别规定的，应优先适用特别规定，以便更好地确定保护条件，增强法律适用的稳定性、可预见性和操作性，减少裁量上的任意性；不能纳入特别规定的，才可适用原则规定。将企业名称简称纳入《反不正当竞争法》第 5 条第(3)项关于企业名称的保护，适当扩展企业名称的外延，易于在实际中操作和把握。企业简称作为市场主体的标识之一，纳入企业名称的保护之中也比较符合国际趋势。

有人担心，将企业简称纳入企业名称的范畴给予保护，可能使得企业简称获得同企业正式名称一样的保护，从而将企业简称也上升为一种普遍权利。实际上，前文已经述及，企业简称获得《反不正当竞争法》保护需要满足具有相应市场知名度，产生识别经营主体的商业标识意义、混淆或者误认的可能性、无使用的正当理由等条件，并非对企业简称提供一种绝对保护。可见，只有当利用他人的企业简称造成相关公众的混淆或者误认时，《反不正当竞争法》才提供救济。这种保护针对的是具体的、特定的不当利用行为，其保护的目的是制止混淆或者误认。准确地说，《反不正当竞争法》并非针对企业简称甚至企业名称本身提供保护，而只是由于制止不当竞争行为才产生了保护企业简称或者企业名称的反射效果。可见，《反不正当竞争法》对企业名称的保护并不产生一种普遍权利，而只是一种权益而已，因此，上述担心完全没有必要。

（最高人民法院知识产权审判庭　朱理）

案例 13　山东泰和公司、济南红河经营部诉云南城投公司侵犯商标权纠纷案

——阅读提示：如何判断构成侵犯注册商标专用权意义上的商标近似？商标实际使用对侵权赔偿责任的确定有何影响？

【裁判要旨】

本案裁判的意义在于：判断是否构成侵犯注册商标专用权意义上的商标近似，不仅要比较相关商标构成要素上的近似性，还要考虑其近似是否达到足以造成市场混淆的程度。要根据案件具体情况，综合考虑相关商标的显著性、实际使用情况、是否有不正当意图等因素，进行近似性判断。

在确定侵权赔偿责任时，应该考虑原告的注册商标是否有实际使用、产生了实际识别作用的情况。对于不能证明已实际使用的商标，如果原告不能证明发生了实际损害，原则上不应支持损害赔偿的请求。

【案号】

一审：广东省佛山市中级人民法院（2004）佛中法民三初字第 98 号

二审：广东省高级人民法院（2006）粤高法民三终字第 121 号

再审：最高人民法院（2008）民提字第 52 号

【案情与裁判】

原告（二审被上诉人、再审被申请人）：山东泰和公司

原告（二审被上诉人、再审被申请人）：济南红河经营部

被告（二审上诉人、再审申请人）：云南城投公司

原告起诉与被告答辩

2004 年 3 月 19 日，山东泰和公司、济南红河经营部向佛山市中级人民法院起诉称，云南红河公司，（二审判决后更名为云南城投公司）、佛山市禅城区“大家好便利店”业主郑容娟生产销售“红河红”牌啤酒，侵犯其“红河”注册商标专用权，请求法院判令：(1)云南红河公司停止侵犯“红河”注

册商标专用权的行为；郑容娟停止销售“红河红”啤酒；(2)云南红河公司赔偿经济损失 1000 万元；(3)云南红河公司在《人民日报》《中国证券证》上公开向原告赔礼道歉；(4)云南红河公司承担因本案所发生的调查取证费用及本案诉讼费、律师代理费。

云南红河公司辩称：其 2002 年 2 月取得了红河红啤酒瓶贴的外观设计专利权，其使用该瓶贴是依法行使自己的外观设计专利权；其于 2001 年 7 月 24 日向商标局申请注册在饮料、啤酒等商品上的“红河红”商标，申请号为第 1956111 号，商标局于 2002 年 8 月 28 日进行了初步审定公告，2002 年 11 月 28 日公告核准该商标注册，说明其享有“红河红”商标专用权；“红河红”商标与“红河”商标并不近似，其使用行为不构成侵权。

一审审理查明

北奇神公司 1997 年 6 月 7 日被核准注册了第 1022719 号“红河”文字商标，核准使用商品为第 32 类的啤酒、饮料制剂。2000 年 11 月 28 日，商标局核准该注册商标转让给济南红河经营部。2002 年 3 月 2 日，济南红河经营部与山东泰和公司签订商标使用许可合同，许可山东泰和公司在全国独家使用“红河”啤酒商标，许可期限为 3 年。2002 年 8 月 12 日，商标局对该商标使用许可合同予以备案。

云南红河公司成立于 1997 年 4 月 21 日，企业类型为上市公司，经营范围包括啤酒、酒、饮料、矿泉水、饲料等。2001 年 7 月 24 日，该公司向商标局申请在啤酒等商品上注册“红河红”商标，2002 年 8 月 28 日商标局对该商标予以初步审定公告。

2002 年 4 月 16 日，山东省济南市中级人民法院(以下简称济南中院)干警在昆明购得云南红河公司生产的“红河红”啤酒一箱，并取得销售发票一张。2004 年 3 月 17 日，山东泰和公司的法定代表人以消费者身份，在佛山市禅城区置业陶瓷批发市场的“大家好便利店”购买了云南红河公司于 2004 年 1 月生产的“红河红”啤酒 10 瓶，并取得收据一张，佛山市禅城区公证处公证人员对购物过程进行了公证。

云南红河公司生产的“滇泉”牌红河红啤酒，其瓶颈瓶贴的中央印有“滇泉”商标，左侧有“红河红”三个字，右侧有“啤酒”二字。在主体瓶贴右上侧印有“滇泉”商标，中间有放大的“红河红”三个字，三个字下方有略小的“啤酒”二字。在外包装盒上，正面有放大使用的红色的“红河红”三个字，侧面有红色的“红河红”三个字及略小的黄色的“啤酒”二字，顶部有“红河红啤酒”五个大小相同的字，“红河红”三字的字体均为行楷体。

2004 年 2 月 10 日，济南中院干警在昆明拍摄的云南红河公司的两幅宣传画和车体广告照片显示，两幅宣传画上均印有两种规格不同的瓶装啤酒，啤酒的瓶贴上均使用了放大的“红河红”字样，宣传画上均印有“云南红河光明股份有限公司出品”字样。其中一幅宣传画上与啤酒并列放置了一个有红色“红河红”字样的啤酒杯。另一幅宣传画有“醇美生活从红河红开始”字样，其中“红河红”字样以红色突出使用。车体广告照片显示，一辆白色小货车的车厢上有大幅车体广告，内容与前述宣传画基本相同。2004 年 4 月 2 日，本案一审法院干警到云南红河公司进行送达和执行证据保全，在其销售部购得“滇泉”牌红河红啤酒一箱，并对销售部的现场环境进行了拍摄。拍摄的照片显示，云南红河公司销售部内悬挂的一条广告挂旗上印有啤酒一瓶及“红河啤酒”四个红字，其中“红河”两字是放大使用。

2005 年 4 月 15 日，两原告均撤回对郑容娟的诉讼请求，一审法院裁定予以准许。此外，一审庭审时两原告明确其诉讼请求中的调查取证费为 2 万元，并放弃律师费的主张。

一审判理和结果

一审法院认为，云南红河公司产品上使用的“红河红”商标与济南红河经营部的“红河”商标构成近似。云南红河公司在其产品瓶贴及外包装上均将“红河红”字样放大突出使用，足以误导公众，使相关公众对“红河红”啤酒的来源产生误认。云南红河公司使用“红河红”商标侵犯了济南红河经营部的“红河”注册商标专用权。根据我国《专利法》第 23 条规定，外观设计专利不得与他人在先取得的合法权利相冲突。云南红河公司的外观设计专利的申请日是 2001 年 8 月 6 日，晚于“红河”商标注册的时间，云南红河公司行使自己的外观设计专利权不得与在先商标权相冲突。云南红河公司未提供“红河红”商标的注册证，不能证明其取得了商标专用权。云南红河公司在宣传画和车体广告上使用的“红河红”商标与“红河”商标文字近似；广告挂旗上的“红河”商标与“红河”商标文字相同。上述宣传行为均属于商标侵权行为。

云南红河公司在庭审中自认2002年一直使用"红河红"商标,结合2002年4月16日及2004年4月2日购买"红河红"啤酒的发票,其侵权期间至少为两年。两原告提交了云南红河公司2002~2004年年度报告作为计算侵权期间所获利益的依据。云南红河公司作为上市公司有义务保证其公告的年度报告的真实、准确、完整,在一审法院干警进行证据保全时其拒绝提供财务资料,因此,对2002~2004年年度报告予以采信。根据云南红河公司2002~2004年年度报告计算,法院查明的侵权期间2002年4月16日至2004年4月2日,啤酒产品总毛利约为45 195 550元。云南红河公司在侵权期间曾同时生产"红河红"和"光明"两种啤酒,由于双方均不能举证证明这两种啤酒在生产的啤酒中所占的份额,故以侵权期间啤酒产品总毛利的一半作为"红河红"啤酒的毛利,约为2259万余元。两原告主张的赔偿额处于合理范围之内,因此,云南红河公司应支付损害赔偿金1000万元。对于两原告主张的调查取证费用,由于其未能提供支出单据,不予支持。

一审法院于2005年8月29日作出判决,判令云南红河公司在判决发生法律效力后停止生产、销售和宣传侵权的"红河红啤酒",支付赔偿金1000万元,在《中国证券报》上书面赔礼道歉;驳回两原告的其他诉讼请求。案件受理费61 010元,由云南红河公司负担。

上诉与答辩

云南红河公司不服一审判决,向广东省高级人民法院提起上诉称,商标局发布了"红河红"商标注册公告,其使用自己享有专用权的"红河红"商标不构成侵权;"红河红"与"红河"商标不构成近似;一审判决推定其侵权获利没有法律依据。请求撤销一审判决,驳回两被上诉人的诉讼请求。

山东泰和公司与济南红河经营部答辩称,云南红河公司没有取得"红河红"商标权,国家商标局在2005年5月7日的商标更正公告中已宣布"红河红"商标的注册公告无效;"红河红"与"红河"商标构成近似,易使消费者产生误认和混淆,已构成商标侵权,一审法院认定的赔偿数额正确。

二审审理查明

二审法院经审理确认了一审法院查明的事实,另查明,2006年8月30日商标局以(2006)商标异字第02660号裁定书裁定:山东泰和公司对云南红河公司申请注册的第1956111号"红河红"商标异议成立,该商标在啤酒商品上的注册申请不予核准。

二审判理和结果

二审法院认为,云南红河公司主张其享有"红河红"商标专用权,不构成侵权的理由不能成立,不予支持。二审法院于2007年10月22日作出终审判决,根据与一审基本相同的理由,判决驳回上诉,维持原判。

申请再审理由与答辩

云南城投公司(云南红河公司2007年10月24日更名)不服二审判决,向最高人民法院申请再审。申请再审的主要理由包括:(1)申请再审人使用"红河红"商标的行为没有侵犯被申请人的商标权。2002年11月28日申请再审人的"红河红"商标被商标局公告予以注册,2005年被撤销,此期间不应该认定侵权。申请再审人原来的所在地在云南省红河州,"红河"对申请人来讲有特别含义;申请再审人在啤酒上使用"红河红"商标的时间早于被申请人的"红河"商标申请注册日期;"红河红"与"红河"商标并不近似;被申请人的"红河"商标没有真实使用,在啤酒市场上没有影响和消费群,不存在消费者混淆误认的可能。申请再审人没有侵权的故意,也未给被申请人造成损失。(2)原判决认定的基本事实缺乏证据证明。申请再审人当时生产多个品牌的啤酒,被申请人并没有提供"红河红"啤酒销售数量及获利的证据,原判决认定侵权期间至少为两年,且估算侵权期间所获毛利,这些事实缺乏证据证明。被申请人向一审法院提供的主要证据均是由非本案司法人员的济南中院干警越权收集的,取证方式不符合法律规定,因而无效。(3)原判决适用法律错误。根据估算的侵权获利判决巨额赔偿,没有法律依据。即使认定侵权,对于侵权获利难以确定的,应按《商标法》第56条规定的法定赔偿处理。

山东泰和公司、济南红河经营部答辩称,原判决认定事实清楚,适用法律正确;被申请人的取证方式合法有效,济南中院出具了书面证据证明该证据的合法来源;商标局没有核准申请再审人的"红河红"商标注册。在商标初审公告后的3个月异议期内我们提出了异议。申请再审人也没有合法的在先权利。

再审审理查明

最高人民法院于2008年10月21日裁定提审本案，依法组成合议庭，公开开庭审理了本案。

最高人民法院经审理查明，云南红河公司生产的红河红啤酒瓶贴及外包装上的“滇泉”图文组合商标及注册标志和“云南红河光明股份有限公司”字样均比较突出，清晰可见。产品及宣传广告上实际使用的“红河红”商标字体是行楷体的圆润偏肥的书写体，而“红河”注册商标的字体为楷体的标准印刷体。原审法院查明的关于云南红河公司生产销售“红河红”啤酒、在产品宣传时使用“红河红”及“红河”商标的其他事实基本属实，最高人民法院予以确认。

最高人民法院另查明：云南城投公司的前身是开远市国营华光工业公司，下设开远光明啤酒厂、开远市民族塑料厂等分支机构，主要生产经营啤酒及农用薄膜。开远光明啤酒厂的前身是1982年9月成立的云南省红河饮料厂，1992年5月更名为“开远光明啤酒厂”。1992年经云南省体制改革委员会批准，以开远市国营华光工业公司为主要发起人，以定向募集方式改制设立云南光明股份有限公司，开远市国营华光工业公司全部资产投入股份公司。股份公司于1993年1月30日在开远市工商局登记，经营范围包括酒、饮料、矿泉水、饲料等。该公司在按照《公司法》的规定进行规范化后，于1997年4月21日办理了重新注册登记，登记名称为云南光明(啤酒)股份有限公司，1998年10月23日更名为“云南红河光明股份有限公司”。1999年9月1日该公司通过上海证券交易所公开发行股票，同年12月2日其股票在上海证券交易所挂牌交易，企业类型变更为上市公司。该公司的“滇泉”商标是云南省重点保护商标。该公司进行重大资产重组后，2007年10月24日更名为云南城投置业股份有限公司，注册地由开远市迁移至昆明市，主业变更为房地产开发。开远市为红河州所辖的县级市，红河州是云南省红河哈尼族彝族自治州的简称。

2000年11月11日，北奇神公司出具证明称，自“红河”商标注册之日起所产生的一切权益，全部归林辉及其投资的企业。同年11月14日，济南红河经营部成立，注册资金为2万元，是林辉投资的个人独资企业，登记经营范围为啤酒、饮料批发零售，啤酒花销售，啤酒饮料添加剂的开发销售。同年11月28日，商标局核准北奇神公司将其注册的“红河”商标转让给济南红河经营部。

山东泰和公司成立于2001年4月20日，注册资本500万元，经营范围为：高新技术、环境保护投资，常温保存酒水、饮料的销售等。对云南红河公司申请注册的第1956111号“红河红”商标，山东泰和公司在异议期内向商标局提出了异议，商标局于2002年11月4日通知山东泰和公司受理了其异议申请，2003年3月13日商标局书面通知云南红河公司答辩。

在本案再审审查程序中，法院要求两被申请人提交其使用“红河”商标生产、销售产品的有关证据以及能够反映其商誉的证据，但两被申请人一直没有提交任何与此有关的证据材料；在本案提审后的再审审理期间，两被申请人提交了复印自另案济南中院卷宗的下列证据：两被申请人于2001年7月26日签订的合作协议；济南红河经营部2001年5月28日与山东华狮啤酒有限公司签订的定作承揽合同；2001年6月1日潍坊长虹彩印厂开具给济南红河经营部的销售发票，销售商品为啤酒包装箱、瓶贴，金额为2200元；济南红河经营部委托生产的红河啤酒瓶贴及红河啤酒产品照片，但没有提交销售红河啤酒产品的证据。济南红河经营部还指出，其在一审提交的证据10，可以证明两被申请人有对红河商标的合法使用行为。经查本案一审案卷材料，被申请人向一审法院提交的证据10是济南中院2003年10月10日作出的(2001)济知初字第45号民事判决书。该判决书记载，2001年10月5日，济南红河经营部向济南中院起诉称，云南红河公司生产销售“红河”啤酒侵犯其商标权，以云南红河公司1999年、2000年年度报告及2001年中期报告披露的经营数据为依据，请求判令赔偿499万元。在该案中，济南红河经营部除向济南中院提交了前述委托生产红河啤酒的证据之外，还提交了2001年6月15日销售一箱红河啤酒的发票。在该案中云南红河公司对这些证据的真实性提出异议，指出济南红河经营部2001年7月才找到投资方，2001年6月15日就有产品销售，前后矛盾；委托加工啤酒的合同涉及金额为18 880 000元，而济南红河经营部的注册资金仅为20 000元；照片显示的其委托生产的红河啤酒生产于2001年11月19日，是起诉后生产的；济南红河经营部受让和持有“红河”商标的目的是谋取不正当利益，既没有使用该商标，也没有因商标侵权而产生经济损失。在本案再审程序中，对被申请人提交的前述证据，申请再审人质证称，从包装材料的数量来看，可生产的啤酒数量极小，是为诉讼炮制的，不是真实的使用，其他意见与济南中院判决书记载的质证意见基本相同。再审法院在开庭审理时，要求两被申请人提交能证明其商誉及实际使用"红河"商标的其他证据，但两被申请人一直没有提交。

再审判理和结果

最高人民法院再审认为：鉴于商标局已裁定云南红河公司申请注册的"红河红"商标在啤酒商品上的注册申请不予核准，申请再审人没有依法获得过在啤酒商品上的"红河红"注册商标专用权。因此，申请再审人称其在被控侵权期间拥有"红河红"商标专用权的再审理由不能成立。

《商标法》第52条第(1)项规定，未经商标注册人的许可，在同一种商品或者类似商品上使用与其注册商标相同或者近似的商标的行为，属于侵犯注册商标专用权。《最高人民法院关于审理商标民事纠纷案件适用法律若干问题的解释》第9条第2款规定，《商标法》第52条第(1)项规定的商标近似，是指被控侵权的商标与原告的注册商标相比较，其文字的字形、读音、含义或者图形的构图及颜色，或者其各要素组合后的整体结构相似，或者其立体形状、颜色组合近似，易使相关公众对商品的来源产生误认或者认为其来源与原告注册商标的商品有特定的联系；该解释第10条规定，人民法院依据《商标法》第52条第(1)项的规定，认定商标相同或者近似按照以下原则进行：(1)以相关公众的一般注意力为标准；(2)既要进行对商标的整体比对，又要进行对商标主要部分的比对，比对应当在比对对象隔离的状态下分别进行；(3)判断商标是否近似，应当考虑请求保护注册商标的显著性和知名度"。据此，判断是否构成侵犯注册商标专用权意义上的商标近似，不仅要比较相关商标在字形、读音、含义等构成要素上的近似性，还要考虑其近似是否达到足以造成市场混淆的程度。为此，要根据案件具体情况，综合考虑相关商标的显著性、实际使用情况、是否有不正当意图等因素，进行近似性判断。

本案被申请人的"红河"商标文字是县级以上行政区划名称和知名度较高的河流名称，作为商标其固有的显著性不强，且被申请人始终未能提交其持续使用"红河"商标的证据及能够证明该商标信誉的证据，没有证据证明该商标因实际使用取得了较强的显著性。"红河红"商标经过云南红河公司较大规模的持续性使用，已经具有一定的市场知名度，已形成识别商品的显著含义，应当认为已与"红河"商标产生整体性区别。以一般消费者的注意力标准判断，容易辨别"红河红"啤酒的来源，应认为不足以产生混淆或误认；而且，由于被申请人的商标尚未实际发挥识别作用，消费者也不会将"红河红"啤酒与被申请人相联系。此外，由于云南红河公司的住所地在云南省红河州，在其使用的商标中含有"红河"文字有一定的合理性；从云南红河公司实际使用在其产品的瓶贴及外包装上的"红河红"商标的情况来看，云南红河公司主观上不具有造成与被申请人的"红河"注册商标相混淆的不正当意图。鉴此，综合考虑本案中"红河红"商标与"红河"注册商标的字形、读音、含义以及二者的显著性程度和知名度、商标实际使用情况等相关因素，应该认定二者不构成近似商标，云南红河公司使用"红河红"商标的行为未侵犯被申请人的"红河"注册商标专用权。

云南红河公司在广告挂旗上使用"红河啤酒"字样的行为，是未经许可在同一种商品上将与注册商标相同的文字作为未注册商标使用的行为，属于《商标法》第52条第(1)项规定的侵犯注册商标专用权的行为。申请再审人称其在被申请人的"红河"注册商标申请注册之前在先使用了红河商标，但是证据不足，而且在其申请撤销被申请人的"红河"注册商标的行政争议程序及行政诉讼程序中，商标评审委员会的裁定及人民法院的生效判决并未支持其主张；申请再审人提出被申请人向一审法院提供的主要证据是非本案司法人员越权收集的，但是一审法院2004年4月调查取得的证据也能够证明云南红河公司使用"红河红""红河"商标的事实，因此，对申请再审人提出的该两项再审理由，不予支持。

对于云南红河公司在销售部的广告挂旗上使用"红河啤酒"字样的侵权行为，申请再审人应当承担停止该侵权行为的民事责任。对于不能证明已实际使用的注册商标而言，确定侵权赔偿责任要考虑该商标未使用的实际情况。被申请人没有提交证据证明其"红河"注册商标有实际使用行为，也没有举证证明其因侵权行为受到的实际损失，但是被申请人为制止侵权行为客观上会有一定的损失，综合考虑本案的情况，酌定申请再审人赔偿两被申请人损失共计20 000元。本案云南红河公司在销售部的广告挂旗上使用"红河啤酒"字样的侵权行为不符合适用赔礼道歉民事责任的条件，对于两被申请人要求申请再审人公开赔礼道歉的诉讼请求，不予支持。

最高人民法院作出再审判决，撤销原一、二审判决，改判云南城投公司停止侵犯“红河”注册商标专用权的行为，向山东泰和公司、济南红河经营部支付赔偿款共计人民币 20 000 元；驳回山东泰和公司、济南红河经营部的其他诉讼请求。一、二审案件受理费共计 122 020 元，由山东泰和公司、济南红河经营部共同负担 85 000 元，云南城投公司负担 37 020 元。

【法官评析】

本案涉及的焦点问题在于：一是侵犯商标专用权意义上的商标近似判断问题；二是对侵犯未实际使用的注册商标专用权的侵权责任问题。

一、侵犯商标专用权意义上的商标近似判断

判断是否构成侵犯商标专用权意义上的近似，不仅要判断商标符号本身的近似性，而且要判断在实际使用时发生混淆误认和侵占商誉的可能性及其程度。两个商标的近似是一个相对模糊的概念，并非只要有近似性就可以认定侵权，而是要求近似性程度达到足以产生混淆误认或导致相关公众对商标使用人之间的特定关系产生联想，而这又取决于商标的使用情况及知名度。在侵犯商标权纠纷案件中判断商标是否近似，要考虑请求保护的注册商标的显著性和知名度，因为商标的显著性和知名度对其排斥力有直接影响，也会对认定侵权所要达到的近似性程度的要求产生直接影响。法律保护尚未使用的注册商标，但其保护程度弱于对持续使用并有一定商誉的注册商标。

在商标侵权诉讼案件中对于商标是否近似的判断，与商标注册审查中商标是否近似的判断存在重要的区别。在授权审查程序中判断是否近似，主要是对两个商标的文字、符号本身进行对比，判断发生混淆的可能性。商标侵权民事案件的司法程序中认定商标是否近似，更加注重的是根据案件事实判断是否存在混淆、误导公众的现实可能性。商标能否注册，与其能否作为未注册商标使用也是不同的概念。

二、侵犯未实际使用的注册商标专用权的侵权责任问题

在同一种商品上将与注册商标相同的文字作为未注册商标使用的行为，属于侵犯注册商标专用权的行为，应当承担停止侵权及赔偿损失的民事责任。但是对于没有实际使用的注册商标而言，他人不可能利用其商誉谋取不正当利益。如果商标权人没有证据证明其因侵权行为受到了实际损失，或者侵权行为对其商标社会评价产生了负面影响，判令侵权人承担民事赔偿责任就应当非常慎重。对于不能认定商标权人因侵权受到损失或损害的侵犯商标专用权民事案件，由于不属于确有侵权获利及被侵权所受损失但具体数额难以确定的情形，也不能适用《商标法》第 56 条第 2 款关于法定赔偿的规定。对于侵犯未使用的注册商标权的案件，侵权人应该承担停止侵权行为的民事责任，一般不应该支持权利人要求侵权人赔偿经济损失的诉讼请求，但是对于权利人要求侵权人赔偿为制止侵权所支付的合理开支的诉讼请求，可以依法予以支持。

商标的基本功能是区分商品或服务的来源，并承载商标持有人的商品声誉和商业信誉。商标的价值来源于权利人对商标的持续使用。商标专用权并不是垄断使用商标文字或符号的权利，而是禁止他人利用商标权人的商业信誉牟利的权利。法律保护商标权的目的是保护商标所承载的商标权人的商业信誉，防止他人非法侵占商誉，防止混淆误认，保护消费者的合法权益。通常情况下，没有被真实持续使用的注册商标，没有实际发挥识别作用，没有承载商业信誉，他人也就不可能利用该商标信誉牟利。市场主体在申请商标注册、使用注册商标，维护自己的商标专用权等民事活动中，均应该遵守诚实信用原则。商标专用权不得滥用。申请注册、囤积没有真实使用意图的商标，通过转让或诉讼牟利，滥用注册商标专用权、通过诉讼或威胁诉讼谋取不当利益的行为，不符合《商标法》保护商标专用权的立法目的。

（最高人民法院知识产权审判庭　殷少平）

案例14 圣芳公司诉商评委、第三人强生公司商标撤销行政纠纷案

——阅读提示：商标确权行政纠纷案件中如何理解和适用一事不再理原则？如何理解“新的事实和理由”？2001年修改后的《商标法》能否溯及既往？

【裁判要旨】

最高人民法院的再审判决认为，对于在修改前的《商标法》适用时期已经有终局裁决的商标争议案件，如果在提出撤销申请时已经穷尽了当时可以主张的相关法律事由和法律依据，商标评审委员会在作出裁定时已经就相关事实和理由进行了实质审理，那么该裁定对商标评审委员会及商标争议当事人均有约束力。当事人就同一商标争议再次提出申请、商标评审委员会再行受理，均违反一事不再理原则。该判决还指出，2001年修改后的《商标法》，不能溯及该法修改前已受终局裁定约束的商标争议。在修改后的《商标法》施行前已经有终局裁定的商标争议，不属于《最高人民法院关于审理商标案件有关管辖和法律适用范围问题的解释》第5条规定的情形，不应该适用该司法解释的规定。

【案号】

一审：北京市第一中级人民法院(2005)一中行初字第793号

二审：北京市高级人民法院(2007)高行终字第404号

再审：最高人民法院(2008)行提字第2号

【案情与裁判】

原告(二审上诉人、再审申诉人)：圣芳公司。

被告(二审被上诉人、再审被申诉人)：商评委。

第三人：强生公司。

2002年8月20日，强生公司向商评委提出撤销圣芳公司已注册的第1214187号“采乐CAILE”商标(以下简称争议商标)的申请，2005年6月23日，商评委作出商评字[2005]第1801号《关于第1214187号“采乐CAILE”商标争议裁定书》(以下简称第1801号裁定)，裁定撤销第1214187号注册商标。圣芳公司不服该裁定，向北京市第一中级人民法院提起行政诉讼。

原告起诉与被告答辩

圣芳公司诉称：(1)商评委在已两次终局裁定维持争议商标注册的情况下，第三次受理强生公司以相同的事实和理由提出的撤销争议商标申请，作出与前两次终局裁定相反的裁定，严重违反法定程序；强生公司本次评审时提交的证据并非法律意义上的新证据。强生公司申请认定其商标至本次申请时驰名，商评委认定引证商标在1997年以前驰名，违反了请求原则。商评委还存在对证据采取双重标准、主管领导单方会见强生公司副总裁讨论本案商标问题等程序不公正问题。圣芳公司在评审阶段请求公开评审、公开质证，对有关证据进行司法鉴定，商评委未予支持或答复，导致圣芳公司未能充分陈述意见。(2)强生公司的引证商标不构成驰名商标。强生公司以及西安杨森公司以未注册的简体“采乐”图文组合商标冒充注册商标非法使用，不应认定为驰名商标；强生公司提交的证明引证商标驰名的证据不真实，也不足以证明引证商标驰名。(3)争议商标注册未违反《商标法》第13条第2款的规定。争议商标与引证商标不相同，核定使用的商品类别不同、商品不类似，且争议商标经过长期宣传使用已被认定为驰名商标，应当予以保护；早在1987年就有国内企业在其他商品上注册了“采乐”商标，商评委认定争议商标是复制摹仿强生公司的“采樂”商标没有事实依据。

一审审理查明

强生公司1993年1月30日经商标局核准注册了第627498号手写繁体“采樂”文字商标(以下简称引证商标)，核定使用商品为第5类“人用局部抗菌剂”；1994年，强生公司许可案外人西安杨森公司在其生产的治疗头皮脂溢性皮炎和头皮康疹的“酮康唑洗剂”药品上使用该商标。争议商标“采乐CAILE”由南海市梦美思化妆品有限公司于1997年8月6日向商标局提出注册申请，1998年10月14日被核准注册，核定使用于第3类香皂、清洁制剂、洗发香波、护发素、洗面奶、浴液、牙膏、化妆品等商品。2002年6月20日，争议商标经商标局核准转让给圣芳公司。

1998年11月13日，强生公司向商评委提出

请求撤销争议商标的申请，主要理由为：强生公司对“采樂”文字享有专用权，争议商标与引证商标构成近似，且两商标指定商品类似；引证商标具有较高知名度，争议商标与引证商标共存极易产生混淆。因此，争议商标注册违反了修改前《商标法》第17条、第27条，修改前《商标法实施细则》第24条、第25条第(2)项及《巴黎公约》第6条之2关于保护驰名商标的规定。1999年12月2日商评委作出终局裁定，认定引证商标所具有的知名度和所具有的独创性的局限，尚不能在非类似商品上排斥争议商标的使用和注册，强生公司所提争议理由不能成立，裁定维持争议商标注册。

2000年7月3日，强生公司再次向商评委申请撤销争议商标，主要理由为：强生公司对“采乐”文字享有专用权，争议商标与引证商标构成近似，且两商标指定商品类似；争议商标申请注册前，引证商标已为消费者熟知，争议商标是对驰名商标的恶意抄袭和仿冒。因此，争议商标注册违反了修改前《商标法》第17条、第27条，修改前《商标法实施细则》第25条第(2)项以及《巴黎公约》第6条之2的规定。2001年9月12日，商评委第二次作出终局裁定，认定强生公司未提供足够证据证明引证商标已为普通消费者熟知，亦缺乏足够证据证明争议商标的注册使用已使消费者产生误认；同时，“采乐”并非强生公司独创的文字组合，缺乏足够证据证明争议商标系对强生公司商标的恶意抄袭摹仿。据此，裁定维持争议商标注册。

2002年8月20日，强生公司第三次向商评委提出撤销争议商标的申请，主要理由为：争议商标与引证商标构成近似，且指定商品类似；争议商标的注册和使用易使消费者产生误认；争议商标是对引证商标这一驰名商标的恶意抄袭摹仿。因此，争议商标注册违反了现行《商标法》第13条、第28条、第31条、第41条以及《巴黎公约》第6条之2和TRIPs协议第16条的规定。

强生公司在本次评审程序中提交的证明引证商标使用情况的证据，包括以下12项：

(1)“采乐”洗剂产品外包装及说明书等资料复印件；

(2)1994～1999年销售“采乐”洗剂的增值税发票复印件；

(3)1994～1999年“采乐洗剂”部分销货合同单复印件；

(4)“采乐”产品在全国的分销医院列表；

(5)1994年11月12日《西安杨森通讯》第4期复印件；

(6)“采乐”产品部分报纸广告复印件；

(7)西安康胜有限责任会计师事务所(简称西安康胜会计师事务所)出具的“采乐”洗剂1994～1996年度的销售量及广告费的审计报告(西康胜会审字20041－062号和1－063号审计报告)；

(8)陕西省医药总公司出具的杨森公司“采乐”洗剂1994～1996年年销量证明；

(9)西安康胜会计师事务所出具的“采乐”洗剂1997～2002年销售量及广告费的审计报告(西康胜会审字2003128号和128－1号审计报告)；

(10)AC尼尔森公司出具的广告监测数据总结；

(11)西安杨森公司出具的《关于AC Nielsen广告监测数据与会计师事务所广告费用审计数据差异的说明》；

(12)部分电视台的广告播出证明及收费通知单复印件，载明的品牌名称或广告内容为“采乐洗发水”或“采乐洗发剂”字样。

上述证据均为西安杨森公司使用引证商标的证据，证据显示其使用的均为简体采乐商标；上述证据中，证据7～12是强生公司在前两次争议请求中未提交的证据。商评委第1801号裁定以证据2～3、5～12为依据认定引证商标为驰名商标，并认为争议商标的注册构成《商标法》第13条第2款规定的在不相同或不相类似的商品上复制摹仿他人的驰名商标，误导公众，致使该驰名商标注册人的利益可能受到损害的情形，据此，裁定撤销争议商标的注册。

一审判理和结果

一审法院认为，强生公司在本次申请中提供了前两次争议申请中未提交的证据，故与前两次争议申请中主张的事实不完全相同，不属于以相同的事实和理由再次提出评审申请，商评委受理本次争议申请没有违反法定程序；虽然强生公司并无使用和宣传引证商标的证据，但其实际使用的“采乐”商标与引证商标仅存在“乐”与“樂”的繁简体差异，作为纯文字商标，其主要识别特征一般不会因此产生本质区别，强生公司使用并宣传“采乐”商标的行为，可以认定为是对引证商标的使用与宣传；圣芳公司在评审程序中对强生公司相关证据的真实性并未提出异议，在诉讼程序中虽然提出了异议，但没有提供反证，也没有提出合理质疑，因此其对这些证据真实性提出的异议不能成立。商评委裁定撤销该商标注册有事实和法律依据，应予维持。一审法院于2007年5月11日作出判决，维持商评委第1801号裁定。

上诉与答辩

圣芳公司向北京市高级人民法院提起上诉称，在已有两次终局裁定的情况下，商评委第三次受理以相同事实和理由提出的评审申请并作出与以前相反的裁定，违反了一事不再理原则；一审法院将强生公司注册的手写体"采樂"商标与实际使用的"采乐"商标认定为同一商标，认定事实错误；商评委和一审法院适用法律错误，本案应该适用修改前《商标法》的规定，新法不应溯及既往。

二审判理和结果

二审法院认为，强生公司注册的"采樂"商标与实际使用的"采乐"商标仅存在简繁体区别，但二者实际是同一商标，使用简体"采乐"商标并未改变引证商标的显著性；强生公司第三次申请依据新《商标法》第13条第2款的规定，并且提交了新的证据增加了新的事实、理由和请求，商评委没有违反一事不再理的原则。2007年12月18日，二审法院作出判决，驳回上诉，维持一审判决。

申请再审理由与答辩

圣芳公司不服生效判决，向最高人民法院申请再审。申请再审理由为：(1)商评委对争议商标经过两次终局裁定维持注册，该商标已成为不可争议商标，商评委本次受理和裁定违反一事不再理原则。原审判决认定强生公司本次申请中主张的事实与前两次不完全相同是错误的。新证据与新事实显然是两个不同的概念，强生公司本次评审新提交的证据，其证明事项均发生在1997年8月之前，不属于法律上的新证据；这些证据是强生公司在提出本次评审申请后过了两年才提交的，商评委受理本次评审申请时没有新的事实和理由。(2)在本次评审申请提出两年以后，商评委接受强生公司改变评审请求的补充申请及新提交的证据，并以此作为主要依据作出裁定，违反评审规则，显失公正。强生公司在其申请中请求认定引证商标到2002年已成为驰名商标，在2004年10月18日之前，强生公司提交的证明引证商标驰名的证据也主要是1998年至2002年的使用证据。强生公司在2004年10月18日才提交了西安杨森公司1997年以前的产品销售量、广告费审计报告，2004年11月10日，强生公司补充提交了AC尼尔森公司出具的西安杨森公司1997年前的广告监测数据等证据，并将评审请求改变为要求认定引证商标在争议商标申请注册之前已经驰名。(3)商评委的裁定及原审判决认定事实和适用法律错误。修改后的《商标法》不具有溯及力，不应适用于已经有终局裁定的案件。强生公司提交的证据都不是使用引证商标的证据，违法使用的商标不能认定为驰名商标；强生公司自行委托中介机构出具的审计报告和广告监测报告的数据存在明显矛盾或不合情理之处，不具有真实性，存在重大瑕疵并有伪造数据的重大嫌疑，不应该采信。在圣芳公司已提交证据证明强生公司有伪造证据的行为的情况下，商评委仍然拒绝对本案进行公开质证和公开评审，对强生公司提交的审计报告、广告监测报告等证据不经质证直接认定，评审不公正。强生公司的引证商标不应该认定为驰名商标。商评委在裁定中称圣芳公司未对强生公司提交证据的真实性提出异议，与事实不符。(4)圣芳公司因为信赖行政机关的终局裁定，对争议商标进行了持续大规模的宣传使用，2005年6月争议商标已被司法认定为驰名商标，应受到保护。圣芳公司的洗发水产品与西安杨森公司的酮康唑洗剂药品两种商品销售渠道、消费群体完全不同，洗发水包装与药品包装外观上极易区分，不会发生混淆误认的问题。强生公司在药品上的商标利益并没有受到损害。请求撤销原审判决及商评委第1801号裁定。

商评委答辩称，强生公司前两次申请都是依据修改前的《商标法》第27条及《商标法实施细则》第25条的规定，第三次申请依据的是修改后《商标法》第13条、第14条及第41条的规定，并非是以相同的理由；第三次申请在证据种类、证明力方面与前两次有明显区别，因此第三次受理符合法律规定。2004年强生公司提交的审计报告不是新的证据，而是对销量和广告投入的补强证据。第1801号裁定不存在适用法律错误的问题。

强生公司同意商评委的答辩意见，并认为，修改前的《商标法实施细则》第25条第(2)项没有驰名商标跨类保护的规定；修改后《商标法》第13条第2款增加了对驰名商标跨类保护的规定，而且强调只要是误导公众就可以给予跨类保护，并不以实际发生混淆为条件，降低了驰名商标跨类保护的门槛和要求，因此，第三次申请与第二次的法律依据是有区别的。强生公司在本次申请中提交的证据与前两次也不同。圣芳公司没有证据证明强生公司的有关证据为伪证。几个审计报告之间的精确度差别是因为审计深度不同，不能因此否认其科学性。

再审审理查明

最高人民法院于2008年5月30日裁定提审本案，依法组成合议庭公开开庭审理了本案。

最高人民法院再审查明，原审法院认定的强生公司三次申请的有关情况及提交证据的情况属实，予以确认。最高人民法院另查明：西安杨森公司是强生公司控股的中外合资经营企业，该公司于1994年7月开始生产销售治疗头皮脂溢性皮炎和头皮康疹的"酮康唑洗剂"产品。强生公司提交的西安杨森公司2000年以前的报纸广告宣传证据显示，该药品的瓶贴及外包装盒上，实际使用的商标有两个，一个是英文"TRIATOP"商标，字体较大并置于明显位置，另一个是"采乐2%及图"图文组合商标，商标图案为封闭圆形图案，在实芯的圆形图案内部，上面有反白的简体"采乐"二字，下面有反白的"2%"符号，在圆形图案外的右上方有商标注册标志。国家商标局在2000年3月3日给陕西省工商局的批复中，认为西安杨森公司使用"采乐2%及图"图文组合商标的行为属于1993年《商标法》第30条第(1)项规定的"自行改变注册商标的文字、图形或者其组合的"违法使用行为。在西安杨森公司的广告宣传文字中，强调头皮屑是由真菌感染引起、药物去头屑更有效，强调"2%的药物浓度能更好地保证治疗的效果与安全性"，并注明"请按医生处方使用和购买""只在医院、药店有售"。

南海市梦美思化妆品有限公司许可圣芳公司从1998年10月至2008年10月使用"采乐CAILE"商标，使用许可合同于2000年10月在国家商标局备案；2002年6月20日，争议商标经商标局核准转让给圣芳公司。1999年起，圣芳公司开始在其洗发水、护肤品、香皂等产品上使用争议商标；2002年4月起，圣芳公司聘请香港影视明星黎明作为洗发水产品广告代言人，进行了持续的、大规模的广告宣传，其洗发水产品及争议商标已经有较高的知名度，销售量也较大。

强生公司在2002年11月6日提交的补正材料中明确指出，通过自1998～2002年近5年的大量广告投入，依靠优异的产品质量，强生公司的"采乐"商标已成为驰名商标。

2003年4月28日，商评委向强生公司发出了证据交换通知书，要求其在收到通知后一个月内一次性提交证据。强生公司2003年5月30日提交了质证意见，并补充提交了网络文章、报刊文章及消费者投诉书等证据。2004年4月12日，商评委向强生公司发出补充证据通知书，强生公司于2004年5月14日补充提交了以下证据：1994年11月2日《西安杨森通讯》第4期，AC尼尔森公司出具的广告监测数据总结(1995～2004年)；西安康胜会计师事务所出具的(2003)128号《审计报告》(1997～2002年销售量审计)和(2003)128－1号《审计报告》(1997～2002年广告费审计)；陕西省医药总公司出具的西安杨森公司采乐洗剂1994～1996年销量证明。

2004年10月18日，强生公司提交了西安康胜会计师事务所出具的(2004)1－062号《审计报告》(1994～1996年销售量审计)和(2004)1－063号《审计报告》(1994～1996年广告费审计)。

2004年11月10日，强生公司提交了评审申请的补充理由，要求认定引证商标在1997年争议商标申请注册以前已经驰名，并补充提交了1994年西安杨森公司的部分销售发票、1995年部分报纸广告发票及广告样本，1994～1995年部分地方电视台广告播出证明，以及AC尼尔森公司出具的1997年前广告监测数据等。

2004年11月19日，圣芳公司在给商评委的书面意见中指出，"申请人本次提交的审计报告、广告监测数据等均是间接证据，这些证据在未经质证之前不具有证明力""有关本争议所有证据的我方质证意见将会在公开评审时发表并以该质证意见为准。"2005年1月18日，圣芳公司向商评委提交了《请求司法鉴定申请书》和《请求公开质证和公开评审申请书》。2005年2月4日，圣芳公司在提交给商评委的《对证据进行质证和辩论的申请》中，除要求核对强生公司提交的证据原件之外，还请求商评委主持就证据来源和证明对象进行公开辩论。2005年3月7日，商评委组织圣芳公司和强生公司的代理人进行了部分证据复印件与原件的核对；圣芳公司的代理人对原件是否真实存在发表了意见，未对证据内容的真实性、证明力发表意见。

再审判理和结果

最高人民法院再审认为，强生公司在前两次提出评审申请时，均援引了修改前《商标法》第17

条、第 27 条,《商标法实施细则》第 25 条第(2)项以及《巴黎公约》的有关规定,特别是有关公众熟知的商标或驰名商标的规定,以其商标具有较高知名度、争议商标是对驰名商标的恶意抄袭和仿冒,争议商标与引证商标构成近似、两商标指定商品类似,容易引起混淆等为主要理由,请求撤销争议商标。强生公司在前两次评审申请中,已经穷尽了当时可以主张的相关法律事由和法律依据;商评委在前两次评审中已经就强生公司提出的全部事实和理由进行了实质审理,并两次作出维持争议商标注册的裁定。按照当时《商标法》的规定,商评委的裁定是终局裁定,一经作出即发生法律效力,对商评委自身及商标争议当事人均有约束力,并形成相应的商标法律秩序。在已有两次终局裁定之后,强生公司援引 2001 年修改后的《商标法》,仍以商标驰名为主要理由,申请撤销争议商标的注册,商评委再行受理并作出撤销争议商标的裁定,违反了一事不再理原则。

2001 年修改后的《商标法》,不能溯及该法修改前已受终局裁定约束的商标争议。《最高人民法院关于审理商标案件有关管辖和法律适用范围问题的解释》(法释[2002]1 号)应该在这个前提下加以理解和适用。该司法解释第 5 条的规定,是对修改前与修改后《商标法》衔接时期的商标评审行政案件的法律适用问题所作的特殊规定,其中规定部分修改前《商标法》适用时期的事项按照修改后《商标法》相关规定审查,适用的前提是在修改前《商标法》适用时期未解决的争议,商评委在修改后的《商标法》施行以后作出复审决定或者裁定,当事人不服向人民法院起诉的情形。本案涉及的商标争议在修改后的《商标法》施行前已经产生终局裁定,不属于前述司法解释第 5 条规定的情形,不应该适用该司法解释的规定。由于修改前的《商标法》对商标评审采取行政终局制度,对于当时已经行政终局裁决的争议事项,只能尊重和维护当时的法律制度,不能再以修改后的法律有新规定为理由对已决事项重新启动程序。在行政终局制度下,终局裁定形成了秩序并产生信赖利益。圣芳公司在终局裁定后对商标进行的大规模使用和宣传以及因此建立的商业信誉,应该受到法律保护。强生公司要求根据修改后的《商标法》溯及既往的主张,没有法律依据,不应予以支持。商评委及原审法院以强生公司引用了修改后的《商标法》为由,认定其提出本次评审申请有新的理由,并以《商标法》第 13 条第 2 款的规定为依据认定争议商标应该撤销,适用法律错误。

即使按照修改后的《商标法》及《商标法实施条例》的规定审查,商评委对本次评审申请的受理和裁决行为也没有合法依据。《商标法实施条例》第 35 条规定,"商标评审委员会对商标评审申请已经作出裁定或者决定的,任何人不得以相同的事实和理由再次提出评审申请",对已决的商标争议案件,商评委如果要受理新的评审申请,必须以有新的事实或理由为前提。新的事实应该是以新证据证明的事实,而新证据应该是在裁定或者决定之后新发现的证据,或者确实是在原行政程序中因客观原因无法取得或在规定的期限内不能提供的证据。如果将本可以在以前的行政程序中提交的证据作为新证据接受,就会使法律对启动行政程序事由的限制形同虚设,不利于形成稳定的法律秩序。强生公司在本次评审申请中提交的证明争议商标申请日之前其引证商标驰名的证据,均不属于法律意义上的新证据。行政裁定或者决定作出之后法律发生了修改,也不能作为新的理由。对比强生公司的三次申请书所列的事实和理由,本案涉及的第三次评审申请所主张的驰名商标、混淆误认并非新的事实,在前两次申请中均已提出,所提出的理由及法律依据与前两次实质上是相同的。由于强生公司提出本次评审申请并无新的事实和理由,商评委再行受理强生公司本次提出的评审申请于法无据。

就强生公司本次评审提交的证据而言,还不足以认定其引证商标在 1997 年 8 月争议商标申请日之前已经驰名,也不足以推翻前两次终局裁定认定的事实。商评委第 1801 号裁定认定强生公司引证商标驰名的关键证据是西安杨森公司采乐酮康唑洗剂 1994～1997 年的销售量及广告费的审计报告和广告监测数据。强生公司提交这三份证据的时间是在其提出本次评审申请两年之后,圣芳公司对这些证据所指出的问题和疑点确实存在,而且直到本案再审时,商评委和强生公司也没有作出合理解释。从强生公司提交的证据来看,在 2000 年之前西安杨森公司实际使用的是"采乐 2%及图"图文组合商标,不是被核准注册的繁体"采樂"文字商标,也不仅仅是文字繁简体的变化。国家商标局在 2000 年的批复中已有明确意见认为这是违法使用行为,这些证据不宜作为认定引证商标驰名的证据。从再审查明的事实来看,商评委在裁定中称圣芳公司未对强生公司上述证据的真实性提出异议,与事实不符。证据材料的充分与真实是确定证据效力的重要基础，对于上述有疑点的审计报告、广告监测数据，商评委予以采信并作为主要依据认定引证商标驰名，证据采信与认定事实亦属不当。

在商评委已有两次终局裁定维持争议商标注册的情况下，商评委再裁定撤销争议商标没有充分的理由。

综上所述，最高人民法院认为，商评委第1801号裁定及原审判决认定事实和适用法律均存在错误，应予撤销。依照《行政诉讼法》第54条第(2)项、第61条第(3)项、第63条第2款，《最高人民法院关于执行〈行政诉讼法〉若干问题的解释》第76条第1款、第78条之规定，2009年10月22日作出判决，撤销了一、二审判决及商评委2005第1801号裁定。

【法官评析】

本案主要涉及两个焦点问题，一是商标确权行政纠纷案件中如何理解和适用一事不再理原则，其中又涉及新的事实和理由的理解问题；二是2001年修改后的《商标法》能否溯及既往问题。

一、关于一事不再理原则的理解与适用问题

2001年修改前的《商标法》规定，商评委对商标评审所作的裁决为终局裁决，是具有法律效力的生效裁决，对商评委自身及评审案件的当事人均有法律约束力。在商评委就一个争议商标作出终局裁决后，任何人以相同的事实和理由提出评审请求，均属于重复请求。商评委如果再予受理并作出实体裁决，就违反了一事不再理原则。一事不再理原则本身就是一项基础性和实质正义的法律原则，它禁止就同一案件多次起诉和作出矛盾裁判。该原则对于维护行政和司法行为的可预见性、维护法律和诉讼秩序的安定性具有非常重要的价值，也是现代法治国家的基本要求。行政机关和司法机关均应遵从这项原则。

对于当事人提出的事实和理由与已决案件中的事实和理由是否相同，应该进行实质审查，而不仅仅是形式审查。这里的"事实"是指与当事人引为法律依据的实体法规范直接对应的构成要件事实，或者说是当事人据以要求获得救济的概括性事实，是产生法律效果的总体事实；"理由"是指当事人据以请求支持其评审申请的实体法律依据，以及当事人结合案件事实与法律规定所提出的基本主张。"事实"是在案件审理中需要当事人证明的对象，它一般不同于证明案件事实的一个个证据或证据本身反映的事实。证据是证明手段，是用来证明案件事实的，证明对象和证明手段不能混为一谈。新证据与新事实是有区别的，应该明确区分。具体到本案中，强生公司在三次申请中主张其引证商标是已为公众熟知的商标或者驰名商标、两商标共存易产生混淆，就属于上述的"事实"；而强生公司提交的各种相关证据，是要证明该事实的。新的事实应该是以新证据证明的事实，而新证据应该是在裁定或者决定之后新发现的证据，或者确实是在原行政程序中因客观原因无法取得或在规定的期限内不能提供的证据。强生公司在本次评审程序中提交的证明引证商标在1997年之前使用情况的审计报告和监测报告形成的时间虽然是2004年，但是证明的是1997年以前的事实，在前两次评审时相关资料均存在，所以不属于法律意义上的新证据。

通过对比强生公司的三次申请所列的事实和理由可以发现，强生公司三次申请撤销争议商标所依据的事实和理由实质上是相同的。本案涉及的第三次评审申请所主张的混淆误认、驰名商标的事实并非新的事实，在前两次申请中均已提出，商评委也已经进行过实质审理。本次评审申请所提出的法律依据与前两次相比，虽然有《商标法》修改前后条文的区别，但是均有对应关系，所以，强生公司在本次评审申请中所提出的理由与前两次实质上是相同的。实际上强生公司的第一次申请，就已经穷尽了当时可以获得救济的所有法律依据及理由，因此商评委第二次的受理和裁定已属不当。商评委第三次受理以同样的事实和理由提出的撤销争议商标申请并作出撤销争议商标的裁定，违反了一事不再理原则。

只要在以前的评审中已从实质上保障了强生公司依法提交证据资料、陈述意见和进行辩论的机会，即使强生公司因为对法律的理解问题而未能充分提交证据，因此产生的不利于强生公司的裁决结果也理应由其承担，这属于正当程序保障下的自我责任原理，这一原理在现代法治国家也是共同遵循的。强生公司如果认为圣芳公司在实际使用争议商标中有不正当竞争或侵权行为，也不能再通过商标评审程序解决，而应该通过提起民事诉讼等方式获得法律救济。

二、关于修改后的商标法能否溯及既往的问题

本案涉及新旧法交替时期如何对待旧法时期行政终局裁定及其法律效力问题。法律不溯及既往是一项基本法律规则。我国《立法法》第 84 条规定,法律不溯及既往,但为了更好地保护公民、法人和其他组织的权利和利益而作的特别规定除外。2001 年 10 月全国人大常委会通过的关于修改《商标法》的决定中,明确规定该修改决定自 2001 年 12 月 1 日起施行,根据该决定修改后的《商标法》中并无溯及既往的特别规定,因此,修改后的《商标法》新增及修改的内容原则上不能溯及既往。《最高人民法院关于审理商标案件有关管辖和法律适用范围问题的解释》第 5 条的规定,应该在这个前提下进行理解。司法解释对新《商标法》适用所规定的制度安排,适用的前提是旧《商标法》时期未解决的问题,对旧《商标法》施行期内已有终局裁决的事项,不宜再以修改后的《商标法》有新规定为理由重启程序。旧法采取行政终局制度,当时的争议事项已经行政终局决定的,只能尊重当时的保护制度和保护水平。此外,2001 年修改后的《商标法》与修法前的驰名商标保护制度相比,对驰名商标的保护水平并无明显差别,只是修改后的《商标法》规定得更具体一些。

(再审合议庭成员:于晓白 夏君丽 殷少平
编写人:最高人民法院知识产权审判庭 殷少平)

案例 15 金利隆公司诉国家知识产权局专利复审委员会、第三人三门县胶带厂、保田履带制造厂专利无效行政纠纷案

——阅读提示:如何判断要求保护的发明相对于现有技术是否显而易见?现有技术存在何种技术启示会导致发明是显而易见,不具有突出的实质性特点?

【裁判要旨】

审查发明相对于现有技术是否显而易见,通常分三步进行,首先,确定最接近的现有技术。其次,确定要求保护的发明与最接近的现有技术相比有哪些区别特征,并根据该区别特征所能达到的技术效果确定该发明实际解决的技术问题。最后,从最接近的现有技术和发明实际解决的技术问题出发,判断要求保护的发明对本领域的技术人员来说是否显而易见。在最后一步的判断过程中,要确定的是现有技术整体上是否存在某种技术启示,即现有技术中是否给出了将上述区别特征应用到该最接近的现有技术以解决发明实际解决的技术问题的启示,这种启示会使得本领域的技术人员在面对所述技术问题时,有动机改进该最接近的现有技术并获得要求保护的发明。至于如何判断相关现有技术是否给出技术启示,主要是分析这些区别特征是否为公知常识,是否在其他相关技术中披露过且其所起的作用与该区别特征在要求保护的发明中为解决该重新确定的技术问题所起的作用是否相同。

【案号】

一审:北京市第一中级人民法院(2004)一中行字第 26 号

二审:北京市高级人民法院(2006)高行终字第 253 号

再审审查:最高人民法院(2006)行监字第 32—2 号

【案情与裁判】

原告(二审上诉人、再审申请人):金利隆公司

报告(二审被上诉人、再审被申请人):国家知识产权局专利复审委员会

第三人:三门县胶带厂(现更名为元创公司)

第三人:保田履带制造厂(该公司现已注销)

一审审理查明

1998 年 1 月 16 日,原告金利隆公司向国家知识产权局提出名称为"一种橡胶履带的制造方法"的发明专利申请,2002 年 2 月 13 日被授予专利权,专利权人为金利隆公司,专利号为 98110611.0。授权公告的权利要求书为:"1. 一种橡胶履带的制造方法,其特征在于:首先用整根钢丝在呈悬臂结构的预成型工作台上缠绕出两匝钢丝帘线,将每匝钢丝帘线两头焊在相邻的钢丝上,再将其取出套入中间模具,在按要求放好橡胶板和芯金后,利用中间模具两端的张紧装置将钢丝帘线绷紧形成一定的预紧力,再按要求在下模具和中间模具钢丝帘线上放好橡胶板,最后上、下

模具向中间模具合拢，硫化成型，然后上、下模具复位，松开张紧装置，转动橡胶履带使已成型部分脱离中间模具，未成型部分移上中间模具，上下模具向中间模具合拢再进行硫化成型，然后上、下模具复位，就是一副完整的橡胶履带；平移出中间模具，松开张紧装置就可将橡胶履带取出套入预成型工作台，移走中间模具后，就可从预成型工作台取出橡胶履带。”本案专利说明书记载：“本发明涉及用于农业机械、建筑机械、运输机械的履带式行走部件的制造方法，尤其是一种橡胶履带的制造方法。说明书记载的现有技术为……上下模具合拢后硫化成型，再需要另一台颚式硫化机，再把平带连接一起，才能得到一副橡胶履带。由于钢丝帘线是成排松散放置，每根都存在一个断头，没法在放置时施以预紧力不说，而且每根钢丝帘线在橡胶履带中所受的纵向拉力也是不均匀的，这就容易使预紧力大的钢丝帘线首先绷断，如此反复延续，造成整个橡胶履带的横向断裂，不仅使橡胶履带报废，还易造成事故。本发明目的是提供一种使橡胶履带纵向抗拉能力和刚性提高，使用寿命延长的一种制造方法。”

2002 年 9 月 26 日，第三人三门县胶带厂、第三人保田履带厂就本案专利向被告专利复审委员会提出无效宣告请求，并提交了有关证据，其中的证据 2 为 1992 年 10 月 21 日公告的中国第 92200612.1 号实用新型专利申请说明书复印件，其涉及一种摩擦式橡胶履带，披露了与本案专利相关的技术特征“沿着带体的圆周缠绕纵向钢丝绳，钢丝绳两头与相邻一圈钢丝绳用夹板、螺栓、螺母固定在一起，使其构成封闭型”。2003 年 4 月 24 日，三门县胶带厂、保田履带厂再次就本案专利向专利复审委员会提出无效宣告请求，并提交了有关证据，其中的证据 11 为 1982 年 11 月 2 日公开的日本昭 57－174287 实用新案公报复印件，其为与本案专利最为接近的现有技术，涉及的是一种制造橡胶履带的方法和装置，是对不平整地面上行走车辆用的橡胶履带的改进。该技术方案指出，现有的履带内部存在抗张力芯体的重叠接头部分，该重叠接头部分比接头以外的部分弯曲刚性高，行走时因驱动链轮与履带的密合度不好，不仅会一起驱动链轮的齿和履带啮合不好，这种啮合会成为产生振动的原因。而且，接头部分的各末端成为不同刚性的界线，行走时当这个部分卷缠在链轮上时，该接头部分被强行产生大的变形，造成比其他部分疲劳，易断裂，并因重叠层之间的剪切位移，可能引起层之间的剥离。加之抗张力芯体层特别厚，外表层相对薄，抗张力芯体在外力下易受损伤，易引起履带断裂。证据 11 的技术目的是使现有的履带的抗张力芯体无接头化，抗张力芯体的两个端部不相互重叠，实现抗张力芯体无接头，提供能解决上述现有履带所存在问题的优质履带。证据 11 披露了以下技术特征：(1)首先在成形模上卷上橡胶板垫；(2)将抗张力筋的一端固定，让成形模螺旋方向旋转，同时将抗张力筋也呈相同方向移动，在所定的宽度内螺旋状缠绕；(3)在呈螺旋状的抗张力筋即抗张力芯体上面卷上橡胶板垫；(4)在橡胶板垫上用压包辊滚压，使抗张力芯体完全包在橡胶板垫之间，然后脱模。此时成形的无接头抗张力芯体与构成本体和牵引突缘的橡胶材料以及横向增强构件在圆形金属模上组合硫化。作为硫化方法也可采用回转硫化方法即 2 次回转硫化方法。即：将无接头抗张力芯体约 1/4 圈长度的两条相对放入硫化金属模中，将构成本体和牵引突缘的橡胶材料以及增强构件进行组合硫化，此时，将抗张力芯体的金属模外的部分用张紧装置施以张紧力加以张紧，以防止抗张力芯体在金属模内外散乱。如果将金属模末端部分冷却成半硫化状态则效果更好。第 1 次硫化完成后，对剩下的约 1/4 圈长度的两条对边进行第 2 次硫化，方法与第 1 次相同，将构成本体和牵引突缘的橡胶材料及横向增强构件进行组合硫化。第 2 次硫化位置的确定，既要考虑有完全未硫化的部分，还要考虑两端还有由第 1 次硫化时半硫化部分和完全硫化部分组成的重复硫化部分。

2003 年 8 月 27 日，专利复审委员会作出第 5292 号无效决定，宣告本案专利无效。关于本案专利的新颖性和创造性的问题。合议组认为，证据 11 是与本案专利最为接近的现有技术，将本案专利权利要求 1 与证据 11 相比，证据 11 未具体公开权利要求 1 中的以下技术特征：呈悬臂结构的预成型工作台、将每匝钢丝帘线两头焊在相邻钢丝上、上下模具向中间模具合拢、平移出中间模具、将橡胶履带取出套在预成型工作台，移走中间模具。由于证据 2、3 也没有公开这些技术特征，所以本案专利权利要求 1 相对于证据 2、3、11 具有新颖性。但是权利要求 1 缺乏突出的实质性特点和显著进步，不具备创造性。理由如下：本案专利权利要求 1 与证据 11 的主要区别为：(1)本案专利中在呈悬臂结构的预成型工作台上缠绕钢丝,而证据 11 中是在成形模上缠绕钢丝。(2)本案专利具有将每匝钢丝帘线两头焊在相邻的钢丝上的步骤,而证据 11 中没有此步骤。(3)本案专利使用上中下模具,且上下模具向中间模具合拢,证据 11 中未具体说明模具之间的相对运动。(4)本案专利有取出橡胶履带的步骤,而证据 11 中对此没有明确说明。专利复审委员会认为,对于区别(1),两者的目的都是缠绕钢丝并且又要将其取出(脱模),如果不是悬臂结构就无法将钢丝缠绕、取出。本案专利采用的结构对于本领域普通技术人员来说是容易想到的,属于常规技术手段,而且并没有带来预想不到的技术效果。对于区别(2),由于证据 2 中披露了"钢丝绳两头与相邻一圈钢丝绳用夹板、螺栓、螺母固定在一起"的技术方案。与本案专利相比,固定连接方式不同。但是,焊接和螺栓、螺母连接均属于本领域的惯用固定、连接的手段,是本领域普通技术人员可自行加以选择和固定连接的方式,本案专利在证据 2 的技术启示下选择焊接,无需付出创造性的劳动。对于区别(3),本案专利与证据 11 的模具的设置都是将模具合拢以对橡胶履带进行硫化成型,其目的和效果均相同,模具的设置以及选择何种运动方式对所属技术领域的技术人员而言是显而易见的,不存在任何技术上的困难。对于区别(4),虽然证据 11 中没有明确披露取出橡胶履带的步骤,但这是必然的,且容易想到的步骤,属于常规技术范畴。由此可见,本案专利与证据 11 的技术领域相同,其所要解决的技术问题均是使橡胶履带中的钢丝受力均匀,增强橡胶履带的抗拉强度和刚性,提高其耐久性。在证据 11 和证据 2 所给出的技术启示和教导下得出了权利要求 1 所要求保护的技术方案,对所属技术领域的技术人员来说是显而易见的,而且并未带来预料不到的技术效果。本案专利权利要求 1 与所述证据相比,缺乏突出的实质性特点和显著的进步,不具备创造性。故此,专利复审委员会宣告本案专利权无效。

金利隆公司不服该无效决定,2003 年 12 月向北京一中院提起行政诉讼请求撤销该无效决定,由专利复审委员会重新作出无效宣告请求审查决定。具体诉请理由为:(1)无效决定回避和遗漏了本专利多项区别技术特征。①本专利预成型工作台的用途包括存放从悬臂工作台取出的钢丝帘线,便于将其套入中间模具,在中间模具平移离开上下模具后能存放硫化成型的环形履带,以便顺利取出产品履带,而证据 11 没有该对应用途的设备,明显缺乏与该工作台对应的操作步骤。②本专利权利要求记载了帘线与橡胶板、芯金何时放置以及如何布置及位置。而证据 11 仅表述如何绕制抗张力芯,没有公开帘线、橡胶和芯金如何放置在模具上硫化以及放置的顺序。③本专利表述了两次硫化成型的具体工序和步骤,而证据 11 没有此描述。(2)无效决定用"事后诸葛亮"的思维方式评价本专利。①悬臂工作台与成形模的结构和效果存在客观差异,不属于容易想到的常规技术手段。虽然二者的目的都在于绕制一定规格的钢丝帘线且将绕好的帘线取出,但是悬臂工作台包含动力、机架以及帘线绕制面,具有重要的调节功能,可以满足绕制不同规格帘线的要求并方便取出帘线;而成形模只能提供帘线绕制面,仅使用于一种规格直径的帘线,且帘线不易取出。②钢丝固定的效果问题。本专利每匝钢丝帘线两头采取焊接在相邻钢丝上的措施不仅防止两匝钢丝的端头在进入硫化机前不散落,还保证连接处的平整度,使得制成的履带各处平整一致,弯曲刚性均一,延长使用寿命,并非仅解决线头固定问题。而证据 2 中用夹板、螺栓、螺母固定相邻钢丝绳的措施,不具有保证连接处的平整度的效果。故本专利保证帘线在硫化前不散落且平整均匀的技术措施具有创造性。③模具的差异问题。本专利的模具是复合模具,在整个硫化过程中位置不变,中间模具能往返平移,在硫化过程中处于不同工位,且两面均为工作面,两端设有张紧装置。而对比文件的金属膜由两幅各自独立的传统对合模组成,与本专利的复合模结构不同,对合模的上下模之间不能平移变换相对位置,其上也没有张紧装置。本专利将传统对合模改造为复合膜必须经过创造性劳动。④取出橡胶履带的问题。本专利取出橡胶履带的步骤是只要将中间模具平移变换两个工位即可。而证据 11 未披露取出橡胶履带的任何步骤,而常规技术中取出产品履带,要将全部模具及其中的履带整体移离硫化机,然后用专用工具分离上下模具才能取出履带,需要使用大型设备,比本专利复杂、麻烦。尤其是对于已经制好的环形履带,常规手段也无法取出。本专利方便取出履带的有益效果不是常规技术所能实现的,两者的差别显然不属于常规技术的范畴。

一审判理和结果

北京市第一中级人民法院认为,鉴于金利隆公司并未对证据 11 为本专利最为接近的现有技术提出异议，故应当在此基础上分析要求保护的发明与最接近的现有技术的区别特征。分析金利隆公司主张的无效决定没有予以认定的几点区别特征：(1)关于预成型工作台。该装置虽在文字上与呈悬臂结构的预成型工作台不同，但在本专利说明书中并没有对预成型工作台与呈悬臂结构的预成型工作台的区别给予明确说明，且从本专利权利要求书及说明书中，预成型工作台与呈悬臂机构的预成型工作台并无差别。虽然预成型工作台可以在中间模具平移离开上下模具后存放并取出硫化成型履带的技术特征在证据11中没有公开，但在证据11已经公开了"在成形模上卷上橡胶板垫后，将抗张力筋的一段固定，呈螺旋状地进行缠绕"这一技术特征的情况下，本专利的"松开张紧装置就可将橡胶履带取出套入预成型工作台，移走中间模具后，就可从预成型工作台取出橡胶履带"的步骤没有产生意想不到的技术效果。(2)关于帘线与橡胶板、芯金的放置步骤和位置。本专利的技术特征是"按要求放好橡胶板和芯金"，证据11公开了在呈螺旋状的抗张力筋即抗张力芯体上面卷上橡胶板垫的技术特征，虽然在文字描述上与本专利不完全相同，但技术手段是相同的。(3)关于硫化工序，证据11的步骤1和步骤3已经明确两次硫化的步骤，公开了本专利中"上下模具向中间模具合拢，硫化成型"以及"上下模具向中间列举合拢再进行硫化成型"的工艺步骤，本专利的两次硫化工序已经被证据11公开。

分析无效决定已经予以认定的几点区别特征：(1)金利隆公司主张的本专利中呈悬臂结构的预成型工作台在构造和技术效果方面的动力、机架以及帘线绕制面等特征在本专利权利要求和说明书中均没有记载，不应予以考虑。(2)关于钢丝固定的问题。焊接与证据2所披露的"用夹板、螺栓、螺母固定"是本领域惯常采用的固定技术方案，本领域普通技术人员根据具体情况选择焊接方式固定无须付出创造性劳动，且在本专利说明书中也没有对采用焊接方式的技术效果予以说明。(3)关于模具的差异。首先，本专利的中间模具与证据11的圆形模具在进行硫化时，工作方式并无本质差异，其作用也相同，都是置于外部模具(在本专利中即为上、下模具)内部，用于硫化套在其上的橡胶履带。尽管中间模具还具有可以往返平移的特点，但根据本专利说明书的记载，该技术特征并未带来意想不到的技术效果。其次，证据11的圆形模具上虽没有设置张紧装置，但其所揭示的方法中包含有"将抗张力芯体的金属模外的部分用张紧装置施以张紧力加以张紧"的技术特征，与本专利并无实质不同。(4)关于取出橡胶履带的步骤。证据11中没有公开这一技术特征，但硫化成型后必然要取出橡胶履带，故这一步骤对本领域普通技术人员是显而易见的，无须付出创造性劳动。

综合以上分析，证据11与本专利相比，整体工艺步骤是相同的，只是在某些具体步骤上有所不同，而这些不同之处并没有带来意想不到的技术效果。由此，专利复审委认为本专利不具有创造性并无不当。2004年9月20日，北京市第一中级人民法院依照《行政诉讼法》第54条第(1)项的规定作出(2004)一中行初字第26号行政判决，维持专利复审委员会作出的第5292号无效宣告请求决定。

上诉与答辩

金利隆公司不服一审判决，向北京市高级人民法院上诉请求撤销一审判决和专利复审委员会第5292号无效决定。具体理由为：(1)一审判决对专利复审委员会在无效程序中回避、遗漏的区别技术特征预成型工作台、帘线与橡胶板、芯金的设置步骤和位置、两次硫化工序等进行了评价，并径行作出了判决，程序不当，实体结论错误。(2)一审判决对专利复审委员会确认的呈悬臂结构的预成型工作台、钢丝的固定、模具的差异等区别技术特征的评价结论错误。(3)本专利涉及大型运输机械行走部件的制造方法，该方法包括设备、模具和利用该专用设备和模具操作的工艺步骤，缺乏设备和模具的工艺步骤不构成完整的专利技术方案。本专利的设备、模具和工艺步骤满足了《专利法》关于创造性的要求，具有突出的实质性特点和显著进步。一审判决用不同的标准、沿用专利复审委员会的理由，对专利复审委员会确认和回避的技术特征均作出了错误的评判，事实不清，证据不足，适用法律错误。

专利复审委员会答辩称，第5292号无效宣告请求审查决定(以下简称第5292号无效决定)对本案专利创造性问题的认定并无不妥。

二审判理和结果

二审法院审理认为，本专利说明书中有如下描述："先将一根钢丝按照橡胶履带需要的匝数，均匀地缠绕在预成型工作台上。"由此可知金利隆公司对"预成型工作台"和"呈悬臂结构的预成型工作台"未作区别，二者实际上是同一装置，均可用来缠绕钢丝帘线或放置成品履带。"帘线与橡胶板、芯金的放置步骤和位置"，属于技术方案被公开后本领域技术人员符合逻辑的自然选择，是不言而喻的，证据 11 事实上已公开了该区别特征，而且该区别特征也并未给本专利技术方案带来意想不到的技术效果。"两次硫化工序"已经包含于证据 11 公开的技术方案中，与证据 11 相比，并非实质性区别技术特征，无效决定不存在漏审区别技术特征问题。根据证据 2 和证据 11 记载的技术方案，专利复审委员会经过与本专利权利要求书和说明书记载的内容比较，确定了与本专利之间存在的区别技术特征，并在其作出的无效决定中对这些区别特征进行了充分的论证。专利复审委员会对本专利与证据 2 和证据 11 的区别技术特征进行的评价，均是依据本专利权利要求书限定的技术方案，并结合说明书对权利要求书的解释得出的，一审判决对专利复审委员会无效决定的审理也是以本专利权利要求书和说明书记载的技术方案为前提，而金利隆公司超出本专利权利要求书和说明书记载范围对本专利技术方案所作的解释，不符合《专利法》的有关规定，专利复审委员会未予采纳并无不当。金利隆公司所述的本专利设备、模具和工艺步骤均满足了创造性要求，具有突出的实质性特点和显著的进步，并无充分证据予以证明。专利复审委员会第 5292 号无效决定审理程序合法，证据充分，适用法律正确。一审判决认定事实清楚，适用法律并无不当，应予维持。判决驳回上诉，维持原判。

申请再审理由与答辩

金利隆公司向本院申请再审称，一、二审法院和被申请人对确认、遗漏和回避的技术特征作出的评析错误，缺乏认定本专利技术特征均已被公开的事实。本专利具有突出的实质特点和显著的进步，满足创造性要求。请求依法再审，具体理由如下：(1)原审法院和专利复审委员会对确认的区别技术特征存在错误评价。本案专利的多项技术特征未被公开，体现出突出的实质性特点和显著的进步。分别为：特有的预成型工作台、特有的固定钢丝措施、特有的组合模具、特有的分段、两次硫化履带的工序步骤、方便取出履带的步骤。原审判决未掌握本案专利的区别技术特征，用"事后诸葛亮式"的方式评价本案专利，得出的结论错误。具体为：①对于特有的预成型工作台，专利复审委员会在审查时明显遗漏了该区别技术特征，而原审法院错误地将其与现有技术共有的呈悬臂的预成型工作台视为相同装置。事实上，本案专利的预成型工作台和呈悬臂的预成型工作台是功能和作用完全不同的装置。呈悬臂的预成型工作台仅用于绕制帘线，并不参与履带的其他制造过程，而预成型工作台属于本案专利特有的装置，在制造履带的多个工序中提供工作平台，包括存钢丝帘线、提供将帘线套入中间模具的工位、存放中间模具、承载输送的成品履带、便于取出成品履带，根本不能用于绕制帘线。由于对比文件没有对应的预成型工作台及其对应的操作步骤，完全没有公开专利的该技术特征。该预成型工作台与中间模具配合，提供远离高温硫化机的操作工位，使得放置帘线、橡胶、芯金和取出履带十分方便，具有积极有益的技术效果，满足创造性要求。②本案专利采取焊接措施固定钢丝，对比文件用夹板、螺栓、螺母固定相邻钢丝绳，而使用上下两块夹板以及左右两组螺栓、螺母，其平整度显然不及焊接。对于在恶劣路况下使用的运输履带，提供其平整度的有益效果不言而喻。本案专利采取的固定线头的方式使履带具有平整一致、弯曲刚性均一的有益效果，满足创造性要求。③本案专利采用的特有组合模具，其上下模具固定在硫化机上，在整个硫化过程中只能上下移动，而中间模具在硫化过程中可水平移动并处于不同工位，该中间模具的两面均为工作面，两端设有张紧装置，具有以往模具不具备的承载半成品或成品的特有功能。对比文件的模具与本案专利的模具结构和动作不同，未公开中间模具的结构和功能。本案专利的模具在本质上区别于对比文件的模具。④本案专利权利要求 1 记载了分段、两次硫化履带的具体操作步骤，且步骤依赖于特有的中间模具才可实施。对比文件仅仅笼统地"将本体和牵引突缘以及横向增强构件进行组合硫化"，没有涉及帘线、橡胶板、芯金如何以及何时放置在模具上，也没有涉及两次放置橡胶板之间要进行绷紧钢丝帘线使其形成预紧力的步骤。对比文件既没有对两次硫化的步骤作出描述，也没有涉及中间模具的结构、功能和可移动的工位，用其否定该特征的创造性没有依据。⑤本案专利只要将中间模具平移变换两个工位，即可方便地取出几百公斤重、80 度左右高温的履带，解决了工业化连续生产的问题。对比文件没有披露取出橡胶履带的任何步骤，也没有本案专利可移动承载履带的中间模具，无法实现方便取出履带的有益效果，而常规手段不具有本案专利方便取出成品履带的效果。原审法院和专利复审委员会以“必然要取出橡胶履带”来否定本案专利方便有效取出成品的步骤和方法，不符合技术方案的评价标准。(2)原审法院对本案的审理程序不当，可能影响正确认定案件事实。一审法院径行对专利复审委员会回避、遗漏的技术事实作出判决，代替专利复审委员会作出行政决定，程序不当，二审法院明知一审法院存在上述错误，回避一审判决程序违法的问题，未予纠正和指出，同样存在程序不当的问题。综上，本案专利具有突出的实质特点和显著的进步，满足创造性要求。请求对本案依法再审。

专利复审委辩称，第5292号无效决定并没有漏评预成型工作台，无效决定对本专利创造性问题的认定并无不妥。请求驳回再审申请人的诉讼请求。

元创履带公司辩称，被申请人作出的第5292号决定客观公正，对创造性的认定并无不当。一、二审法院维持该决定合法合理，请求驳回申请人的再审申请。

再审审查结果

最高人民法院经审查认为：本案的焦点在于，本案专利相对于现有技术是否具有突出的实质性特点和显著的进步，是否符合《专利法》第22条第3款关于创造性的规定。关于权利要求1的创造性的审查：(1)关于预成型工作台的问题。本案专利权利要求1记载，“首先用整根钢丝在呈悬臂结构的预成型工作台上缠绕出两匝钢丝帘线，……松开张紧装置就可将橡胶履带取出套入预成型工作台，移走中间模具后，就可从预成型工作台取出橡胶履带”。由于松开张紧装置将橡胶履带取出套入预成型工作台，移走中间模具后从预成型工作台取出橡胶履带的技术特征中，预成型工作台的功能均为套入和取出，其与呈悬臂结构的预成型工作台的技术手段及功能作用是相同的。因此，权利要求1中的预成型工作台均是呈悬臂结构的装置。原审法院认为两者并无差别，实际是同一装置亦并无不当。证据11已经公开了在成形模上缠绕钢丝，导致显而易见地联想到在呈悬臂预成型工作台缠绕和取出钢丝，本案专利采用的结构设置是本领域普通技术人员容易想到的，属于常规技术结构设置。(2)关于连接方式的问题。证据11针对现有履带内部抗张力芯体的重叠接头部分的技术缺陷，提出了“由于抗张力芯体由设在各横向增强构件和本体外圈表面之间呈螺旋状配置的抗张力筋构成，不必像现有履带在本体内埋设抗张力芯体，将其两端相互重叠结合，因此能够免去履带上抗张力芯体的重叠接头部分”的技术方案，给出了使抗张力芯体无接头化，两个端部不相互重叠的技术启示。对于如何解决固定的技术问题，证据2给出了将钢丝绳两头与相邻一圈钢丝绳用夹板、螺栓、螺母固定在一起，使其构成封闭的无接头抗张力芯体的技术方案。由于焊接和用螺栓螺母连接均属于本领域的惯用固定和连接手段，在证据11和证据2的结合启示下，本领域技术人员为了使钢丝连接处平整而选择焊接的技术手段来解决不重叠封闭的技术问题是显而易见的，无须付出创造性的劳动。(3)关于模具的问题。证据11的技术特征中涉及的模具为上下模具组成的对合模具。证据11的图8及图9中披露的技术方案，需要将模压的材料放在上下模具之间。本案专利的模具是由上模板、下模板、中间模板组成的复合模具，需要将模压的材料放在上、中模具以及中、下模具之间。由于模具的作用是为合拢进行硫化，其功能是合模进行压模硫化以及开模取出硫化物。不论采用复合模具还是对合模具，其作用都是两个模具进行配合，本专利模压的效果也没有产生意想不到的效果。而且，第三人在原审中提交的《橡胶工业手册》记载有环形制品压模的模具结构以及合模的运动关系，其中V带颚式平板硫化机就有上热板、中热板、下热板的装置。第三人在原审提交的《橡胶机械设计》也公开了框式液压传动平板硫化机中存在上中下加热板的技术装置。根据上述工具书披露的技术内容，本案专利采用的上中下的复合模具为公知常识。现有技术存在使用组合模具的技术启示，第5292号无效决定认定模具的设置及运动方式对所属领域的技术人员是显而易见的并无不当。至于金利隆公司提出的中间模具平移可变换工位方便取出履带的问题，第三人在原审提交的《橡胶机械设计》以及《橡胶工厂设备》在平板硫化机一节中记载了“模具自动地移入硫化机中，并开始硫化进程。当硫化完毕，硫化机自动打开，柱塞下降，当柱塞下降至一定位置，触动模型更换机构的推杆，模具便从平板硫化机的加热板中自动拉出并敞开以便卸料及重装”。因此，第5292号无效决定关于虽然证据11没有明确披露取出橡胶履带的步骤，但这是必然的也是容易想到的步骤，属于常规技术范畴的认定并无不当。(4)关于帘线、橡胶板、芯金的放置问题。证据11公开的图5中，在成形模上卷橡胶板垫，然后在缠绕的抗张力芯体6上卷橡胶板垫，然后在橡胶板上用压包辊滚压，使抗张力芯体完全包在两幅橡胶板垫之间，然后脱模。在现有技术的启示下，帘线、橡胶和芯金的放置顺序属于逻辑上的自然处理步骤，否则帘线无法较好的承受履带的拉力。至于是否公开了两次硫化步骤的问题。证据11公开了"将无接头抗张力芯体6约1/4圈长度的两条对边放入第1次硫化金属模中，将构成本体2和牵引突缘3的橡胶材料以及横向增强构件4进行组合硫化……第1次硫化完成后，对剩下的约1/4圈长度的两条对边进行第2次硫化。其方法同前述步骤"，即已经公开了两次硫化的工序。原审法院认定帘线与橡胶板、芯金的放置步骤和位置以及两次硫化工序已经被证据11公开并无不当。

关于原审法院是否存在程序违法，影响了对本案发明创造性的评价的问题：如前所述，权利要求1对预成型工作台和呈悬臂结构的预成型工作台未作区别，作为同一装置，第5292号无效决定中将其放在区别1中进行了评判，不存在漏审区别技术特征的问题。原审法院不存在对专利复审委员会回避的技术特征作出错误的评判的事实，对金利隆公司认为本案存在程序不当可能影响案件正确审理的理由，不予支持。综上所述，一、二审法院的判决认定事实清楚，适用法律正确。金利隆公司的再审申请不符合《行政诉讼法》第63条第2款、《最高人民法院关于执行〈中华人民共和国行政诉讼法〉若干问题的解释》第72条规定的再审条件，依据《最高人民法院关于执行〈中华人民共和国行政诉讼法〉若干问题的解释》第74条的规定，予以驳回。

【法官评析】

从专利复审委员会以及原审法院查明的事实看，原审第三人提出宣告本专利权无效的请求提交的证据中，证据11为公开日早于本专利的申请日的专利文献，证据12为证据11的中文译本，构成了本专利申请日之前的已有技术，可以用来评价本专利的新颖性和创造性。证据11是对不平整地面上行走车辆用的橡胶履带的改进。本专利所要解决的是现有橡胶履带由于钢丝帘线成排松散放置，每根存在端头，无法在放置时施以预紧力，且钢丝帘线在橡胶履带中所受纵向拉力不均匀，造成预紧力大的钢丝帘线先断，反复延续，整个橡胶履带横向断裂，使得整个履带报废的技术问题。证据11较之本专利要求保护的技术方案及其技术效果及用途最接近，公开技术特征最多。故证据11为本专利最接近的现有技术。与证据11比较，未被公开的本专利的技术特征有：预成型工作台、焊接固定、上下组合模具合拢、平移中间模具，取出履带。根据《审查指南》(2001年版)第二部分第四章第3.2.1节的规定，发明的任何技术效果都可以作为重新确定技术问题的基础，只要本领域的技术人员从该申请说明书中所记载的内容能够得知该技术效果即可。通过阅读本专利的说明书，本发明实际解决的技术问题有：将钢丝帘线不重叠地固定在相邻钢丝上；绕制的帘线套入模具；在钢丝帘线上放好橡胶板、模具合拢进行硫化成型；二次硫化成型；取出成品履带。本案的关键点在于分析其他相关现有技术是否给出了将以上区别技术特征应用到该最接近的现有技术中以解决发明实际解决的技术问题的启示，本领域的技术人员在这种启示下，有动机改进该最接近的现有技术，并获得要求保护的发明的技术方案。与新颖性审查单独对比的审查原则不同，审查创造性时，将几项现有技术结合起来与发明的技术方案进行对比分析，可以是一篇对比文件与公知常识的结合，也可以是多篇对比文件与公知常识的结合等。至于如何判断相关现有技术是否给出启示，主要分析这些区别特征是否为公知常识，是否在其他相关现有技术中披露过且其所起的作用与该区别特征在要求保护的发明中为解决该重新确定的技术问题所起的作用是否相同。本案专利的模具由上方模板、下方模板、中间模板组成的复合模具。证据11的技术特征中涉及的模具为传统的对合模具，模具的作用就是为了合拢进行硫化，实现合模封闭进行压模硫化和开模取出的功能。在证据11的图8、图9中为两款模板。需要将模压的材料放入上下模具之间，本案专利放在上中以及中下之间，复合模具和对合模具的作用只是两个模具的配合，对模压的效果均没有产生意想不到的效果。第三人在原审中提交了附件3《橡胶工业手册》，在153～155页记载有环形制品压模的模具结构以及合模的运动关系。其中在V带鄂式平板硫化机中就有上热板、中热板、下热板的装置。结合工具书披露的内容，本案专利采用的组合模具为公知常识，现有技术存在使用组合模具的技术启示，本案专利在硫化机上固定组合模具以及向中间模具合拢硫化成型然后平移交换工位的这种运动方式对所属领域的技术人员而言显而易见，属于常规技术范畴。无效决定认定模具的设置及运动方式对所属领域的技术人员是显而易见并无不当。

（最高人民法院知识产权审判庭　罗　霞）

案例 16　成都共软网络科技有限公司、孙显忠、张天平、洪磊、梁焯勇侵犯著作权罪案

——阅读提示：我国打击大规模软件网络盗版行为第一案：番茄花园案

【裁判要旨】

本案是我国通过刑事司法保护途径打击大规模软件网络盗版行为的一起具有较大社会影响的案例，在国内外赢得了普遍好评。该案的判决给那些寄希望于通过盗版获取非法利益的网站和其他侵权者敲响了警钟。本案作为一起典型的知识产权刑事司法保护案例，清楚表明了我国严格履行国际公约义务对国内外著作权人给予平等保护的坚定态度，也充分体现中国在转型时期高度重视知识产权保护的执法精神。该案也是当地人民法院开展由知识产权审判庭统一审理知识产权民事、行政和刑事案件试点（以下简称“三审合一”试点）后成功处理的一起有重大影响的案件。

【案号】

一审：江苏省苏州市虎丘区人民院（2009）虎知刑初字第 0001 号

【案情与裁判】

公诉机关：江苏省苏州市虎丘区人民检察院

被告单位：成都共软网络科技有限公司

被告人：孙显忠，系成都共软网络科技有限公司总经理

被告人：张天平，系成都共软网络科技有限公司市场总监

被告人：洪磊，系“番茄花园工作室”负责人

被告人：梁焯勇，系“番茄花园工作室”雇员

原告起诉与被告答辩

苏州市虎丘区人民检察院以虎检诉刑诉（2009）176 号起诉书指控被告单位成都共软网络科技有限公司，被告人孙显忠、张天平、洪磊、梁焯勇犯侵犯著作权罪，于 2009 年 6 月 3 日向苏州市虎丘区人民法院提起公诉。苏州市虎丘区人民法院于同日立案并依法组成合议庭，公开开庭审理了本案。苏州市虎丘区人民检察院指派检察员沈学林出庭支持公诉，被告单位成都共软网络科技有限公司诉讼代表人孙质强、被告人孙显忠、张天平、洪磊、梁焯勇及辩护人范勇、于国富、班克庆、李晓明、毛勤勇、吴秋星到庭参加诉讼。

苏州市虎丘区人民检察院指控：2006 年 12 月至 2008 年 8 月期间，四川网联互动广告有限公司（另案处理）和被告单位成都共软网络科技有限公司（以下简称共软公司）为营利，由被告人孙显忠指示被告人张天平和被告人洪磊、梁焯勇合作，未经微软公司的许可，复制微软 Windows XP 计算机软件后制作多款“番茄花园”版软件，并以修改浏览器主页、默认搜索页面、捆绑他公司软件等形式，在“番茄花园”版软件中分别加载百度时代网络技术（北京）有限公司、北京阿里巴巴信息技术有限公司、北京搜狗科技发展有限公司、网际快车信息技术有限公司等多家单位的商业插件，通过互联网在“番茄花园”网站、“热度”网站发布供公众下载累计达十多万次，由上述公司支付四川网联互动广告有限公司和被告单位成都共软网络科技有限公司广告费共计人民币 2 977 630.39 元。公诉机关认为被告单位成都共软网络科技有限公司、被告人孙显忠、张天平、洪磊、梁焯勇的行为均已构成侵犯著作权罪。同时认为被告人张天平系自首，可从轻或减轻处罚。为证实上述指控，公诉人当庭讯问了被告单位共软公司诉讼代表人孙质强、被告人孙显忠、张天平、洪磊、梁焯勇，宣读了有关证人证言，出示了相关书证。

被告单位共软公司诉讼代表人孙质强认为其不清楚单位触犯了法律。

被告人孙显忠对被指控的犯罪事实提出异议，称其直到案发，才知道番茄花园侵犯微软公司的软件，因为当时其都放手让张天平与番茄花园合作。

被告人张天平、洪磊、梁焯勇对被指控的犯罪事实无异议。

被告单位的辩护人范勇提出被告单位的法定

代表人及股东会、董事会均没有任何形式上参与番茄花园侵权；客观上被告单位也没有与被告人洪磊签订合同，孙显忠的个人行为不能代表公司行为；被告单位涉案收入从2007年4月开始，应当与四川网联互动广告有限公司的收入区分开；起诉书指控的290余万元中，有合法收入；被告单位拥有大量自主知识产权，为国家和社会作出了巨大贡献，目前因账户被冻结濒临破产。综上请法院酌情考虑共软公司的实情，依法维护其合法权益。

被告人孙显忠的辩护人于国富提出被告人孙显忠未实施非法复制发行他人计算机软件作品的行为，其经营的是网络推广联盟，即利用自己的软件、主题资源包、格调网、极速浏览器等与其他公司合作；被告人孙显忠不具有非法复制、发行微软Windows XP的主观故意，也没有指使被告人洪磊侵犯他人著作权；起诉书指控的290余万元中，有合法收入；发行微软Windows XP中还有其他人通过刻制光盘的二次传播；被告人孙显忠主观恶性很小，认罪态度良好，且并未在相关活动中获得个人利益，家庭有实际困难，建议法院坚持疑罪从无的原则处理。

被告人张天平的辩护人李晓明、班克庆提出被告人张天平在工作过程中，逐渐认识到番茄花园上有微软Windows XP软件的下载，但他并没有参与复制、发行，其只是为了履行自己工作的职务，其主观恶性很小；被告人张天平作为市场总监，只能按照公司要求将广告投放在番茄花园的网站上，仅仅基于自己的工作职责，没有亲自参与微软Windows XP的复制发行；被告人张天平具有自首情节，具有法定的从轻或减轻情节，同时也是初犯，没有前科，认罪态度较好；综上，建议法庭对张天平予以减轻处罚。

被告人洪磊的辩护人毛勤勇提出起诉书认定违法所得数额巨大及情节严重，没有证据证实，仅有百度等公司支付给网联及被告单位共软公司广告费共计200多万元，这种收入不能证实是完全对应于复制、发行番茄版的微软Windows XP软件的来源；起诉书指控本案通过互联网在“番茄花园”网站、“热度”网站发布微软Windows XP供公众下载累计达十多万次，没有依据，只能认定是一般的点击数。

被告人梁焯勇的辩护人吴秋星提出被告人梁焯勇系从犯，其只是番茄花园的雇员，并非本案被告单位的成员，其仅是根据被告人洪磊的要求制作了微软Windows XP美化版软件，在整个案件中也只占很小的一部分。被告人梁焯勇的收入开始是被告人洪磊收入的3%，后来每月8000元，从这一点也可以看出其在案件中并不起主要作用，应当从轻或减轻处罚；起诉书中的广告费并不等于是违法犯罪所得，还包括合法的部分。

一审审理查明

苏州市虎丘区人民法院经审理查明：2006年12月至2008年8月期间，四川网联互动广告有限公司（另案处理）和被告单位成都共软网络科技有限公司以营利为目的，由被告人孙显忠指示被告人张天平和被告人洪磊、梁焯勇合作，未经微软公司的许可，复制微软Windows XP计算机软件后制作多款“番茄花园”版软件，并以修改浏览器主页、默认搜索页面、捆绑他公司软件等形式，在“番茄花园”版软件中分别加载百度时代网络技术（北京）有限公司、北京阿里巴巴信息技术有限公司、北京搜狗科技发展有限公司、网际快车信息技术有限公司等多家单位的商业插件，通过互联网在“番茄花园”网站、“热度”网站发布供公众下载。其中被告人洪磊负责制作的番茄花园WINXP SP3 V.3300、WINXP SP2 V3.3、WINXP SP3 V1.0、WINXP SP2 V3.5、WINXP SP2 V3.4、WINXP SP3 V1.21、WINXP SP3 V1.1、WINXP SP2安装版和免激活版累计下载71 583次，被告人梁焯勇负责制作的番茄花园WINXP SP2 V6.2、LEI NLITE XP SP3 V1.0美化版累计下载8018次，郑国槟（另案处理）负责制作的番茄花园GHOST XP SP3 V1.0、GHOST XP SP3 V1.1、GHOST XP SP3 V1.2版累计下载117 308次。被告单位成都共软网络科技有限公司从百度时代网络技术（北京）有限公司获取非法所得计人民币935 665.53元、从北京阿里巴巴信息技术有限公司获取非法所得计人民币1 611 996.46元、从北京搜狗科技发展有限公司获取非法所得计人民币69 538.50元、从网际快车信息技术有限公司获取非法所得计人民币307 086.6元。综上，被告单位成都共软网络科技有限公司违法所得共计人民币2 924 287.09元。

一审判理和结果

苏州市虎丘区人民法院认为，被告单位成都共软网络科技有限公司，被告人孙显忠、张天平伙同被告人洪磊、梁焯勇共同以营利为目的，未经著作权人许可，复制、发行其计算机软件，违法所得数额巨大，情节特别严重，其行为均已构成侵犯著作权罪，对被告单位应当判处罚金，对各被告人应当判处3年以上7年以下有期徒刑，并处罚金。被告人孙显忠作为被告单位直接负责的主管人员、被告人张天平作为被告单位直接责任人员，应当承担刑事责任。在共同犯罪中，被告单位成都共软网络科技有限公司，被告人孙显忠、张天平、洪磊均起主要作用，均系主犯，应按照其参与的全部犯罪处罚。被告人梁焯勇受被告人洪磊指使复制、发行他人计算机软件，起辅助作用，系从犯，应减轻处罚。被告人张天平犯罪以后自动投案，如实供述自己的罪行，系自首，可减轻处罚。公诉机关指控被告单位成都共软网络科技有限公司，被告人孙显忠、张天平、洪磊、梁焯勇犯侵犯著作权罪的事实清楚，证据确实、充分，罪名及提请对被告人张天平减轻处罚的理由成立，予以采纳，但指控被告单位成都共软网络科技有限公司获取非法所得为人民币2 977 630.39元一节，经查被告单位共软公司从网际快车信息技术有限公司获取非法所得为人民币307 086.6元，而非人民币360 429.9元，其中人民币53 343.3元系网际快车信息技术有限公司支付给四川网联互动广告有限公司，故被告单位成都共软网络科技有限公司的违法所得为人民币2 924 287.09元。关于被告单位成都共软网络科技有限公司诉讼代表人孙质强认为其不清楚单位触犯了法律的意见，经查，被告单位通过被告人孙显忠、张天平与被告人洪磊、梁焯勇合作，利用被告人洪磊、梁焯勇制作的盗版Windows系列软件，以修改浏览器主页、默认搜索页面、捆绑需推广的客户商业软件等形式牟利，而且全部非法所得均汇入公司账户，因此被告单位法定代表人是否清楚本单位触犯法律不影响本案的定罪量刑。关于被告人孙显忠辩称“其直到案发，才知道番茄花园侵犯微软公司的软件，因为当时其都放手让张天平与番茄花园合作”的意见，经查，同案被告人张天平、洪磊的供述均证实被告人孙显忠明知洪磊的番茄花园网站流量大的原因是网站有盗版Windows系列软件下载，还指示被告人张天平、洪磊修改浏览器主页、默认搜索页面、捆绑需推广的客户商业软件，供他人下载。上述事实被告人孙显忠也曾在公安机关供述，故对被告人孙显忠的辩解不予采纳。关于辩护人范勇提出“被告单位主观上均没有犯罪的故意，客观上没有实施犯罪的事实”的意见，虎丘法院认为，单位犯罪的主观故意由单位集体研究决定或由单位负责人决定。首先，本案中被告人孙显忠是被告单位成都共软网络科技有限公司的实际负责人，该事实有证人郑国槟、陈昌美、侯燕、夏倩姊、何红梅的证言证实，被告人孙显忠本人也予确认，因此，被告人孙显忠的主观故意及客观行为体现了被告单位的意志及行为。其次，本案中牟取的违法所得均归被告单位所有，因此被告单位成都共软网络科技有限公司构成侵犯著作权罪。关于辩护人范勇提出“被告单位涉案收入从2007年4月开始，应当与四川网联互动广告有限公司的收入区分开来”的意见，经查属实，应当将网际快车信息技术有限公司支付给四川网联互动广告有限公司推广费53 343.3元予以扣除。关于辩护人范勇、于国富、毛勤勇、吴秋星提出“起诉书指控的290余万元中，有合法收入”的意见，经查，百度时代网络技术(北京)有限公司、北京阿里巴巴信息技术有限公司、北京搜狗科技发展有限公司、网际快车信息技术有限公司共支付被告单位成都共软网络科技有限公司推广费共计人民币四千余万元，而起诉书指控的被告单位成都共软网络科技有限公司获取的290余万元，除网际快车信息技术有限公司支付给四川网联互动广告有限公司的推广费53 343.3元外，其余均系被告单位基于侵犯著作权的违法所得。关于辩护人于国富提出“被告人孙显忠未实施非法复制发行他人计算机软件作品的行为，其经营的是网络推广联盟，即利用自己的软件、主题资源包、格调网、极速浏览器等与其他公司合作；被告人孙显忠不具有非法复制、发行微软Windows XP的主观故意，也没有指使被告人洪磊侵犯他人著作权”的辩护意见，经查同案被告人张天平、洪磊的供述均证实被告人孙显忠明知洪磊的番茄花园网站流量大的原因是网站有盗版Windows系列软件下载，还指示被告人张天平、洪磊修改浏览器主页、默认搜索页面、捆绑需推广的客户商业软件，供他人下载，且上述事实与被告人孙显忠在公安机关的供述相互印证，故对此辩护意见不予采纳。关于辩护人于国富提出“被告人孙显忠主观恶性很小，认罪态度良好，且并未在相关活动中获得个人利益，家庭有实际困难，建议法院坚持疑罪从无的原则处理”的意见，经查被告人孙显忠为了牟取非法利益，伙同他人侵犯微软Windows软件的著作权，主观恶性较大；被告人孙显忠实际控制并拥有成都共软网络科技有限公司大部分股权，其单位获取的非法利益显然与被告人孙显忠个人有着直接的利害关系，因此，被告人孙显忠在侵犯著作权中未获取个人利益的观点没有事实依据。辩护人李晓明、班克庆提出“被告人张天平只是为了履行自己工作的职务，其主观恶性很小，没有亲自参与微软Windows XP的复制发行”的意见，经查属实，但其明知被告人洪磊的番茄花园网站流量大的原因是网站有盗版Windows系列软件下载，还按照公司指示要求被告人洪磊在盗版微软Windows XP软件中修改浏览器主页、默认搜索页面、捆绑需推广的客户商业软件，供他人下载，其行为构成侵犯著作权罪；辩护人李晓明、班克庆提出“被告人张天平具有自首情节，具有法定的从轻或减轻情节，同时也是初犯，没有前科，认罪态度较好，建议法庭对张天平减轻处罚”的意见，经查属实，予以采纳，并对被告人张天平予以减轻处罚。辩护人毛勤勇提出“起诉书认定违法所得数额巨大及情节严重，没有事实来证实”的意见，经查，基于番茄花园软件（盗版微软Windows XP软件）修改浏览器主页、默认搜索页面、捆绑需推广的客户商业软件，供他人下载的行为，百度时代网络技术（北京）有限公司、北京阿里巴巴信息技术有限公司、北京搜狗科技发展有限公司、网际快车信息技术有限公司共支付被告单位成都共软网络科技有限公司推广费共计人民币2 924 287.09元，有上述公司与成都共软网络科技有限公司的合作协议，证人证言，财务凭证等证据证实；辩护人毛勤勇提出“起诉书指控本案通过互联网在番茄花园网站、热度网站发布微软Windows XP供公众下载累计达十多万次，没有依据，只能认定是一般的点击数”的意见，经查，苏州市公安局信息网络安全监察处制作的远程勘验工作记录，证实了2008年8月15日10时至2008年8月16日17时，苏州市公安局信息网络安全监察处对番茄花园网站和热度下载网站进行了远程勘验取证，发现两个网站均提供各种版本的Windows系列软件下载及下载数量。辩护人吴秋星提出“被告人梁焯勇系从犯”的意见，经查属实，予以采纳，并对被告人梁焯勇予以减轻处罚。

据此，对被告单位成都共软网络科技有限公司、被告人孙显忠依照《刑法》第217条第1款第(1)项、第220条，第25条第1款、第26条第1款、第4款，第64条及最高人民法院、最高人民检察院《关于办理侵犯知识产权刑事案件具体应用法律若干问题的解释》第5条第2款，最高人民法院、最高人民检察院《关于办理侵犯知识产权刑事案件具体应用法律若干问题的解释（二）》第1条之规定，对被告人洪磊依照《刑法》第217第1款第(1)项，第25条第1款，第26条第1款、第4款，第64条及最高人民法院、最高人民检察院《关于办理侵犯知识产权刑事案件具体应用法律若干问题的解释》第5条第2款，最高人民法院、最高人民检察院《关于办理侵犯知识产权刑事案件具体应用法律若干问题的解释（二）》第1条之规定，对被告人张天平依照《刑法》第217条第1款第(1)项，第220条，第25条第1款，第26条第1款、第4款，第67条第1款，第64条及最高人民法院、最高人民检察院《关于办理侵犯知识产权刑事案件具体应用法律若干问题的解释（一）》第5条第2款，最高人民法院、最高人民检察院《关于办理侵犯知识产权刑事案件具体应用法律若干问题的解释（二）》第1条之规定，对被告人梁焯勇依照《刑法》第217条第1款第(1)项，第25条第1款，第27条第1款、第2款，第64条及最高人民法院、最高人民检察院《关于办理侵犯知识产权刑事案件具体应用法律若干问题的解释》第5条第2款，最高人民法院、最高人民检察院《关于办理侵犯知识产权刑事案件具体应用法律若干问题的解释（二）》第1条之规定，分别判决如下：一、被告单位成都共软网络科技有限公司犯侵犯著作权罪，判处罚金人民币8 772 861.27元（罚金自判决生效之日起缴纳），上缴国库。二、被告人孙显忠犯侵犯著作权罪，判处有期徒刑3年6个月（刑期从判决执行之日起计算。判决执行以前先行羁押的，羁押一日折抵刑期一日，即自2008年12月19日起至2012年6月18日止），并处罚金人民币100万元（罚金自判决生效之日起缴纳），上缴国库。三、被告人张天平犯侵犯著作权罪，判处有期徒刑2年（刑期从判决执行之日起计算。判决执行以前先行羁押的，羁押一日折抵刑期一日，即自2008年8月22日起至2010年8月21日止），并处罚金人民币10万元（罚金自判决生效之日起缴纳），上缴国库。四、被告人洪磊犯侵犯著作权罪，判处有期徒刑3年6个月（刑期从判决执行之日起计算。判决执行以前先行羁押的，羁押一日折抵刑期一日，即自2008年8月15日起至2012年2月14日止），并处罚金人民币10万元（罚金自判决生效之日起缴纳），上缴国库。五、被告人梁焯勇犯侵犯著作权罪，判处有期徒刑2年（刑期从判决执行之日起计算。判决执行以前先行羁押的,羁押一日折抵刑期一日,即自2008年8月17日起至2010年8月16日止),并处罚金人民币10万元(罚金自判决生效之日起缴纳),上缴国库。六、被告单位成都共软网络科技有限公司的违法所得计人民币2 924 287.09元予以没收(没收款自判决生效之日起缴纳),上缴国库。

一审宣判后,被告单位成都共软网络科技有限公司、被告人孙显忠、张天平、洪磊、梁焯勇均未提起上诉,苏州市虎丘人民检察院亦未抗诉,判决发生法律效力。

【法官评析】

本案(俗称"番茄花园案")的意义不在于有复杂的法律适用和精深的法理阐述,而是在于番茄花园案是我国第一起打击大规模的软件网络盗版行为的成功刑事案例,在中国知识产权保护史上具有里程碑的重要意义。

软件版权是著作权中最重要的内容之一。著作权(版权)是现代工业文明的产物,著作权(版权)的普遍存在与现代生活息息相关,在经济社会发展中的重要地位和贡献份额也日益凸显,有效的著作权(版权)保护是促进经济发展、构建和谐社会的重要保障。

但是,软件盗版行为不仅减少了跨国公司的收入,但也帮助它们维护了垄断地位,侵占了国内市场,而且更为严重的是,软件盗版已经成为制约国内软件和其他创意产业发展的重要因素之一,其妨碍了本国经济的发展,也抑制了众多企业的创新热情。换言之,软件盗版对本国软件公司的危害远远大于对跨国软件公司的危害。

因此,坚持打击软件盗版行为,不仅仅是为了积极履行国际公约关于版权保护的义务和保障跨国公司在我国的合法权益,更为重要的是为国内软件企业和广大用户营造一个良好、正常、有序的市场环境,激发创新热情和活力,为我国软件产业持续发展保驾护航。坚持适时启动,与时俱进,实施适度而有力的依法惩治,才能促进依法自主创新,并避免在国际争端中陷于更大的被动,这才是对国家发展利益和人民核心利益的有效维护。

番茄花园案作为一起典型的知识产权刑事司法保护案例,一方面清楚地表明了我国严格履行国际公约义务对国内外著作权人给予平等保护的坚定态度,另一方面也充分体现我国高度重视知识产权保护的执法精神和司法机关打击网络盗版犯罪的决心和能力,展现了中国政府在知识产权保护方面的切实举措,同时本案也是基层人民法院开展由知识产权审判庭对于知识产权民事、行政和刑事案件三审合一试点后成功处理的一起有重大影响的案件,势必对国内以后的类似案件产生深远的影响。

(江苏省苏州市虎丘区人民法院
王永伟　邹　政)

案例17　长正公司等销售假冒注册商标的商品罪案

——阅读提示:如何在知识产权"三审合一"审判模式下最大限度地保障权利人的合法权益。如何在一定的社会形势下充分贯彻"宽严相济"的刑事政策,体现社会效果与法律效果的统一。

【裁判要旨】

"三审合一"审判模式是最高人民法院对知识产权民事审判制度改革的一个重要内容。法官在案件的审理中应当充分利用这一模式带来的优势,切实保护权利人的知识产权,使权利人的合法权益得到全方位的保障。

对于破坏世博建设的犯罪行为我们应当予以严惩,但如果有法定从轻或减轻情节的,也应当在考虑从严情节的基础上依法给予从轻或减轻处罚。本案的处理体现了我国"宽严相济"的刑事政策,体现了一般预防与特殊预防的刑罚目的,起到了惩治犯罪和警示世人的作用。

【案号】

一审:上海市浦东新区人民法院(2009)浦刑初字第1824号

【案情与裁判】

公诉机关:上海市浦东新区人民检察院
被告单位:长正公司
被告人:谭天

一审审理查明

"金洲及图"商标于1995年经我国工商行政管理总局商标局核准注册,注册人浙江湖州金辉企业集团公司，核定使用商品为第6类钢管等。2004年2月"金洲及图"商标被商标局认定为驰名商标。2008年2月28日浙江湖州金辉企业集团公司将该商标转让给其下属公司金洲公司。

被告单位长正公司成立于2006年7月12日，注册资金人民币50万元，股东为冯冬香(系被告人谭天的母亲)、朱左佺，被告人谭天任该公司总经理。

2007年1月，被告单位长正公司成为上海市安装工程有限公司(以下简称安装公司)材料供应商，主要供应镀锌钢管等施工材料。双方分别于2007年、2008年、2009年签订了《物资供应合作意向书》。2008年7月安装公司承包了上海世博会中国馆机电安装工程。

2008年11月底，被告人谭天以45.6万元的价格，从一上门推销的陈姓男子处购买了8种规格共90多吨标有"金洲及图"商标的镀锌钢管，该男子未开具发票，也无送货单。2008年12月至2009年3月期间，被告单位长正公司先后5次向安装公司销售其购买的上述镀锌钢管，价值444 663.12元，并向该公司提供了由被告单位长正公司加盖了"上海大丰物资有限公司"印章的产品质量证明书。安装公司支付了上述货款。

2009年4月7日，被告单位长正公司再次向安装公司出售标有"金洲及图"商标的镀锌钢管，价值208 625.1元。安装公司在对上述货物抽检中发现有质量问题，随即通知了被告人谭天，并作退货处理。安装公司于4月23日通知涉案商标权利人金洲公司，要求该公司对该批钢管进行鉴别。4月24日金洲公司至世博场馆工地查验，确认该批钢管为假冒"金洲及图"注册商标的产品。同日，金洲公司就此向上海市工商行政管理局浦东新区分局(以下简称工商浦东分局)投诉。

4月25日，金洲公司派员随同工商浦东分局检查支队至世博场馆工地，对尚未使用的1034根钢管进行鉴别，结果为上述钢管系假冒"金洲及图"注册商标的产品。同日，工商浦东分局向安装公司发出《实施行政强制措施通知书》，对上述1034根钢管予以扣留。同时委托上海市建筑材料及构件质量监督检验站对上述钢管予以抽检。5月11日该检验站出具检验报告，检验结果为被抽检的钢管质量均不合格。随后，安装公司将已使用的钢管予以拆除。

5月26日，金洲公司对世博场馆工地拆下的2296根标有"金洲及图"商标的镀锌钢管进行检查，经该公司鉴别，上述钢管均为假冒"金洲及图"注册商标的产品。

5月6日，被告人谭天根据工商浦东分局的通知主动到案供述了相关事实。当日，该局将被告单位长正公司销售假冒"金洲及图"注册商标的钢管一案移送上海市公安局浦东分局，上海市公安局浦东分局决定立案侦查。谭天向上海市公安局浦东分局投案，并供述了相关事实。当晚谭天被刑事拘留。

经比对，被告单位长正公司销售的镀锌钢管上印有的"金洲"文字及图形标识，与金洲公司的"金洲及图"注册商标基本一致。

一审判理和结果

上海市浦东新区人民法院经审理后认为，"金洲及图"商标经我国国家工商行政管理局商标局核准注册，金洲公司的注册商标专用权依法受法律保护。被告单位长正公司、被告人谭天明知是假冒注册商标的商品仍予以销售，既侵犯了金洲公司的注册商标专用权，也破坏了我国的商标管理制度，扰乱了社会主义市场经济秩序，且销售数额巨大，其行为已构成销售假冒注册商标的商品罪。被告单位长正公司是经工商行政管理局核准注册的有限责任公司，谭天是被告单位的总经理，主要负责公司的经营活动，其以长正公司的名义与安装公司签订合同销售镀锌钢管，并收取货款，利益归属于长正公司，故本案系单位犯罪。被告人谭天曾经多次经销过"金洲"牌钢管，应当对"金洲"商标有相当的认知，并熟悉该商标钢管的价格和销售流程，但被告人谭天仍以明显的低价从非正规渠道购买假冒的"金洲"牌镀锌钢管，还伪造了产品质量证明书。上述事实足以认定谭天明知其销售的是假冒注册商标的商品。谭天作为长正公司的总经理，是该公司实施犯罪行为的直接责任人员，依法应负刑事责任。公诉机关指控长正公司、谭天犯销售假冒注册商标的商品罪，罪名成立，应予支持。

被告单位长正公司、被告人谭天主动接受工商行政管理局的调查和公安机关的讯问，如实供述犯罪事实，应认定为自首，依法可从轻或减轻处罚；长正公司、谭天自愿认罪，认罪态度较好，可酌情从轻处罚；同时，长正公司、谭天积极与商标权人协商侵权赔偿事宜，并支付了赔偿款，弥补了权利人的经济损失。综合以上因素，决定对长正公司和谭天减轻处罚。但2010年的上海世博会是举世瞩目的盛大活动，是向全世界展现我国形象的重要平台，长正公司及谭天的行为破坏了世博工程建设，社会危害性较大。谭天的辩护人提出对谭天适用缓刑的意见本院不予采纳。据此，为严肃国家法制，规范市场经济秩序，保护知识产权权利不受侵犯，根据被告单位及被告人的犯罪情节、社会危害程度、认罪悔罪态度等，依照《中华人民共和国刑法》第 214 条、第 22 条、第 30 条、第 31 条、第 67 条第 1 款、第 64 条，《最高人民法院最高人民检察院关于办理侵犯知识产权刑事案件具体应用法律若干问题的解释》第 2 条第 2 款，《最高人民法院最高人民检察院关于办理侵犯知识产权刑事案件具体应用法律若干问题的解释(二)》第 4 条、第 6 条之规定，判决：一、上海长正物资有限公司犯销售假冒注册商标的商品罪，判处罚金人民币 18 万元。二、谭天犯销售假冒注册商标的商品罪，判处有期徒刑 2 年，罚金人民币 10 万元。三、查获的假冒“金洲及图”注册商标的镀锌钢管予以没收。

本案判决后，长正公司及谭天均未提起上诉，公诉机关也未提起抗诉。

【法官评析】

本案是上海市浦东新区人民法院受理的首例涉世博知识产权刑事案件。对于案件的事实和定性，控辩双方基本无争议。本案的特点在于这是一起在世博场馆的建设中使用假冒产品，破坏世博场馆建设，性质和后果极其严重的刑事案件。世博会是展示人类智慧、交流各国创新成果的重要舞台，世博会的知识产权保护受到全社会、全世界的关注。2007 年，上海世博会组委会通过了《2010 年上海世博会知识产权保护纲要》，提出了加强知识产权保护的十项具体措施，这是中国政府向世界作出的庄严承诺。作为世博会举办地，为 2010 年上海世博会提供强有力的司法服务和保障，是当前和今后一个时期上海法院工作的一个重要着力点。2009 年 7 月，上海市高级人民法院发布了《上海法院积极服务保障 2010 年世博会若干意见》，明确了上海法院涉世博知识产权司法保护工作的主要任务之一是审理好涉及世博的知识产权纠纷。因此在目前的社会形势下，如何体现我国对于知识产权的司法保护力度，如何充分体现并做到社会效果和法律效果的统一，向全世界展示我们中国法院公正高效的司法形象，是本案审理过程中考虑的一个重点。

一、显现“三审合一”的优势，给予权利人刑事与民事的双重保护

浦东新区法院是最早实行刑事、民事、行政“三审合一”的法院，自 1996 年起正式试点由知识产权庭集中审理知识产权刑事、民事、行政案件，被已故著名知识产权法学家郑成思教授称之为“浦东模式”。经过多年的摸索，此立体保护模式取得了一定的成效。2008 年国务院发布《国家知识产权战略纲要》，明确要“完善知识产权审判体制，优化审判资源配置，简化救济程序。研究设置统一受理知识产权民事、行政和刑事案件的专门知识产权法庭”。肯定了“三审合一”的理念。正是基于这种模式，我们在刑事案件的审理过程中充分重视保护权利人的利益，提高权利人通过多种方式行使救济权利的意识。

《最高人民法院关于刑事附带民事诉讼范围问题的规定》第 1 条规定：“因人身权利受到犯罪侵犯而遭受物质损失或者财物被犯罪分子毁坏而遭受物质损失的，可以提起附带民事诉讼。”该规定划定了提起刑事附带民事诉讼的范围限于人身权利受到侵犯或者财务遭受物质损失，而商标权一种无形资产，是财产性权利，因此目前商标权利人无法在刑事案件的处理中提起刑事附带民事诉讼。但这并不能阻止商标权利人通过单独提起民事诉讼等途径获得民事赔偿。本案受理后，在与商标权利人金洲公司的沟通中，该公司提到了有关商标侵权民事赔偿的问题。我们告知其法院对被告单位长正公司的刑事处罚不影响权利人要求长正公司承担民事责任，建议其可以通过提起商标侵权民事诉讼，或者自行与长正公司调解的方式解决民事赔偿问题，后一种方式也可在法院的主持下进行，且更加快捷、简便。金洲公司听取了法院的建议后即表示愿意在法院的主持下与长正公司进行协商。本院随即将权利人的意见及时反馈给了被告单位长正公司。被告单位长正公司为表示其认罪悔罪的决心，表示愿意对金洲公司作出民事赔偿。在本院的多次调解下，双方就民事赔偿签署了和解协议，长正公司向权利人支付了 15 万元赔偿款，并全部到位。由于在较短的时间内商标权利人得到了民事和刑事的双重保护，权利人对此非常满意，被告人谭天也因此而取得了权利人的谅解。这种处理方式不仅减少了法院的重复劳动，极大地提高了办案的效率，减少了审判资源的浪费，同时也为权利人降低了诉讼成本，争取到了最佳的调解时机。

二、贯彻“宽严相济”的刑事司法政策，维护法律的权威和统一

刑罚的目的是预防犯罪，包括一般预防和特殊预防两个方面。所谓一般预防就是指通过刑罚对社会上可能会犯罪的不稳定分子等产生一定的震慑作用，使他们消除犯罪的意念，不重蹈犯罪分子的覆辙，从而预防犯罪的发生。同时对公众起到教育和警示的作用。所谓特殊预防就是指通过刑罚剥夺犯罪分子的犯罪能力，防止其重新犯罪，使他们及早醒悟，改过自新，重新做人。我国对犯罪分子适用刑罚，不是基于单纯的惩罚犯罪分子，而是从改造人类的历史使命出发，实行惩办与宽大相结合、惩罚与教育相结合的司法政策，最大限度地对犯罪分子进行改造。

“宽严相济”刑事政策是我国的基本国策，它贯穿于刑事立法、司法和刑罚执行的全过程，对法官量刑具有积极的导向作用。“宽严相济”刑事政策实质上反映了对犯罪分子的特殊预防，并兼顾了对其的报应，符合刑罚的目的。所谓“宽”，就是对犯罪情节轻微或具有从轻、减轻、免除处罚情节的，如自首、立功等，应当依法从宽处罚。所谓“严”，就是对于某些严重的刑事犯罪、惯犯、累犯等，应当依法从严处罚，充分发挥刑罚的打击效果和威慑效应。因此，“宽严相济”就是指严格依照《刑法》《刑事诉讼法》以及相关的刑事法律，针对犯罪事实和个人的不同情况区别对待，分别裁量刑罚，该宽则宽，该严则严，宽严适度，充分体现刑罚的正义价值，通过“宽严相济”的刑事司法政策，实现惩罚与预防相结合。只有这样才能符合建设社会主义和谐社会，保障社会公平正义的要求。在新的历史时期，“宽严相济”的刑事政策更深远的目的在于感化犯罪分子，化解社会矛盾，促进社会和谐。《人民法院第三个五年改革纲要(2009～2013)》指出这一轮司法改革的重点主要体现在“优化司法职权配置、完善宽严相济刑事政策、加强政法队伍建设、改革司法保障体制”四个方面，由此落实“宽严相济”刑事政策，包括建立健全贯彻“宽严相济”刑事政策的司法协调制度与保障制度等是2009～2013年人民法院司法改革的主要任务之一。

本案中，我们充分运用“宽严相济”的刑事政策对被告单位及被告人进行量刑，使其罚当其罪。众所周知，2010年的上海世博会是由我国政府主办、上海承办的一届全人类的盛会，举办一届成功、精彩、难忘的世博会是我们的共识和追求。而营造保护知识产权的良好环境是举办成功、精彩、难忘的世博会的保障。世博场馆是世博会的焦点，届时将会有世界各地几千万人参观世博场馆，因此世博场馆的建设至关重要，它涉及国家的形象，绝不容许假冒伪劣产品夹杂其中，而被告单位长正公司及被告人谭天却无视法律、无视其行为将会给我国带来的恶劣影响，为了获取不正当的利益，向中国馆提供了侵犯他人驰名商标的不合格钢管，其情节是恶劣的，后果相当严重，因此应当予以严惩，坚决杜绝这类犯罪行为的发生。但是，“坦白从宽”也是我们国家一贯坚持的政策。事发后被告人谭天主动至工商行政管理局接受调查，并如实向公安机关供述其销售假冒注册商标的钢管的犯罪事实，具有自首情节，依法可从轻或减轻处罚。鉴于被告单位长正公司及被告人谭天在庭审中自愿认罪，认罪态度较好，本院在征求公诉机关及被告单位长正公司、被告人谭天的意见后采用了普通程序简化审的庭审程序，故对被告单位长正公司及被告人谭天依法可从轻处罚。同时，被告单位长正公司及被告人谭天自愿与商标权人积极协商商标侵权赔偿事宜，在刑事案件开庭前达成和解协议，并支付了赔偿款，从而减少了商标权人的经济损失，取得了商标权人的谅解。虽然经济赔偿不能成为对被告单位长正公司及被告人谭天从轻处罚的理由，但被告单位长正公司及被告人谭天的赔偿行为说明其有认罪悔罪的态度。

合议庭经过慎重考虑，认为被告单位长正公司及被告人谭天的犯罪行为破坏了世博场馆的建设，情节是恶劣的，后果也是严重的，应当对其从严处罚，因此被告人谭天的辩护人提出对被告人谭天适用缓刑的意见不予采纳。但被告单位长正公司及被告人谭天悔罪认罪的态度较好，具有从轻、减轻处罚的情节。为充分体现我国“宽严相济”的刑事司法政策，合议庭决定对被告单位长正公司及被告人谭天减轻处罚。本案判决后产生了较好的社会效果，不仅惩罚和教育了被告单位长正公司及被告人谭天，也在社会上起到了一定的警示作用，充分体现了社会效果与法律效果的统一，从而为世博建设提供了强有力的司法保护。

三、加大宣传力度，凸显世博知识产权司法保护

由于本案是浦东新区人民法院受理的首例涉世博知识产权刑事案件，引起了法院领导的高度重视，丁寿兴院长亲自担任审判长审理该案。同时为了扩大宣传效应，决定进行网络庭审直播。为了保证案件审理的顺利进行，合议庭和法院的法宣部门做了大量庭前准备工作，保证了案件的高效、优质审理。庭审当天新华网、新民网、中国法院网、上海法院网同时进行了网络庭审直播。法庭对该案进行了当庭宣判。

庭审结束后，丁寿兴院长接受了多家媒体的采访，就该案的处理及其对世博的影响做了分析和解释，对于提高全社会保护知识产权的法律意识产生了良好的效果。该案的审理产生了极大的社会影响，共有 97 家不同类型的媒体进行了报道，其中包括 20 家报刊、4 家网络直播、64 条网络转载、3 家广播、5 条电视新闻及 1 次移动手机快讯，对世博工程的安全建设起到了极大的警示与教育作用，极好地诠释了"平安世博、司法相随；和谐世博，公正相伴"的宗旨。该案同时入选"2009 年全国十大知识产权案件"和"上海市十大知识产权案件"。评委会对该案的点评为："被告人的行为破坏了世博工程建设，社会危害性极大。该案的处理结果既充分考虑到从宽处罚的情节，又注意到社会形势对量刑的影响，判决的结果充分体现了刑事司法特殊预防与一般预防相结合的目的，较好地统一了法律效果和社会效果。"

（上海市浦东新区人民法院　倪红霞）

案例 18　付伟等侵犯著作权案

一、案情

被告人付伟与被告人任艺系夫妻关系，与被告人付涛系兄弟关系。2008 年 2 月至 9 月期间，付伟租赁广州市天河区邮通小区 35－601 号房屋及 4 号楼西侧的仓库作为经营场所，并雇用被告人林育辉、赵玉灿、赵玉偿共同从事贩卖违法音像制品活动。其中，林育辉负责与提供光盘的供货商联系，以传真等方式向被告人王艳、张军、李咏梅、郑玉花进行征订、提供汇款账户、接送光盘等；赵玉灿、赵玉偿负责看管库房，开车接送、托运光盘等；任艺负责向供货商支付货款，将部分寄往天津的违法音像制品运送给张军、王艳；付涛为付伟等人销售违法音像制品提供帮助。付伟等人将"AAA""雅迪""五月花"等品牌的各类违法音像制品从广州市以航空、铁路、汽车等配货方式销售给王艳、张军、李咏梅、郑玉花，王艳、张军、李咏梅、郑玉花及被告人范星毅等人将购得的违法音像制品分别在各自的固定经营场所进行非法销售（范星毅非法销售的违法音像制品不是从付伟处购得）。在付伟处查获各类光盘共计 14 465 张，经鉴定 12 995 张为违法音像制品，603 张为侵权盗版音像制品；在范星毅处查获各类光盘 56 788 张，经鉴定 51 896 张为违法音像制品，3703 张为侵权盗版音像制品；在王艳处查获各类光盘 26 323张，经鉴定 22 485 张为违法音像制品，1414 张为侵权盗版音像制品、侵权盗版软件；在张军处查获各类光盘 11 100 张，经鉴定 153 张为违法音像制品，703 张为侵权盗版音像制品、侵权盗版软件；在李咏梅处查获各类光盘 6943 张，经鉴定 3957 张为违法音像制品，2986 张为侵权盗版音像制品；在郑玉花处查获各类光盘 10 768 张，经鉴定 6360 张为违法音像制品，1210 张为侵权盗版音像制品、侵权盗版软件。

另查，2005 年 7 月，付伟、赵玉偿伙同王树锋（另案处理）将天津市西青区中北镇西姜井村闽寿里 12 号租赁房屋作为存放光盘的仓库，贩卖淫秽光盘进行牟利。经鉴定，在其租房处查扣的光盘中有 2100 张（4070 片）为淫秽光盘。

二、审判

天津市西青区人民法院经审理认为，付伟、赵玉偿、林育辉、赵玉灿、任艺、付涛、范星毅、王艳、张军、李咏梅、郑玉花单独或结伙以营利为目的，未经著作权人许可，发行其电影、电视、录像作品、电脑软件，未经录音录像制作者许可，复制发行其制作的录音录像，数量特别巨大，其行为均已构成侵犯著作权罪。被告人付伟、赵玉偿伙同他人贩卖淫秽光盘，情节严重，其行为均已构成贩卖淫秽物品牟利罪。被告人付伟伙同被告人赵玉偿、林育辉、任艺、赵玉灿以传真、电话征订的方式向被告人王艳等人推销其持有的违法音像制品，被告人范星毅、王艳、张军、李咏梅、郑玉花在各自的经营场所非法推销各自持有的违法音像制品，根据相关法律规定，上述行为属于发行行为。被告人赵玉偿、林育辉、赵玉灿明知被告人付伟从事违法音像制品的发行活动，仍积极参与，主观上具有共同犯罪的故意，客观上实施了共同犯罪行为，系共同犯罪。在侵犯著作权共同犯罪中，被告人付伟起主要作用，是主犯；被告人赵玉偿、林育辉、赵玉灿、任艺、付涛起次要作用，是从犯，应视情节依法予以从轻或减轻处罚。在贩卖淫秽物品牟利共同犯罪中，被告人付伟起主要作用，是主犯；被告人赵玉偿起次要作用，是从犯，应依法予以从轻处罚。被告人付伟揭发他人犯罪行为，并经查证属实，具有立功表现，依法予以从轻处罚。依照《刑法》第217条第(1)项、第(3)项，第363条第1款，第23条，第25条第1款，第26条第1款、第4款，第27条，第68条第1款，第69条，第64条；《最高人民法院、最高人民检察院关于办理侵犯知识产权刑事案件具体应用法律若干问题的解释(二)》第1条、第2条、第4条的规定，判决被告人付伟犯侵犯著作权罪，判处有期徒刑6年，并处罚金人民币100 000元，犯贩卖淫秽物品牟利罪，判处有期徒刑2年，并处罚金人民币5000元，决定执行有期徒刑7年，并处罚金人民币105 000元；被告人范星毅犯侵犯著作权罪，判处有期徒刑5年，并处罚金人民币60 000元；被告人林育辉犯侵犯著作权罪，判处有期徒刑4年，并处罚金人民币50 000元；被告人王艳犯侵犯著作权罪，判处有期徒刑4年，并处罚金人民币30 000元；被告人赵玉偿犯侵犯著作权罪，判处有期徒刑3年，并处罚金人民币30 000元，犯贩卖淫秽物品牟利罪，判处有期徒刑1年，并处罚金人民币1000元，决定执行有期徒刑3年6个月，并处罚金人民币31 000元；被告人任艺犯侵犯著作权罪，判处有期徒刑3年6个月，并处罚金人民币40 000元；被告人赵玉灿犯侵犯著作权罪，判处有期徒刑3年，并处罚金人民币30 000元；被告人张军犯侵犯著作权罪，判处有期徒刑3年，并处罚金人民币10 000元；被告人李咏梅犯侵犯著作权罪，判处有期徒刑3年，并处罚金人民币10 000元；被告人郑玉花犯侵犯著作权罪，判处有期徒刑3年，并处罚金人民币10 000元；被告人付涛犯侵犯著作权罪，判处有期徒刑1年，并处罚金人民币5000元；作案工具予以没收。

一审宣判后，11名被告人在法定期限内均未上诉，检察机关未抗诉，一审判决发生法律效力。

三、评析

本案是一起侵犯著作权犯罪案件，被告人数众多，涉案违法音像制品数量巨大，情节特别严重，具有典型性。本案将批发、零售侵权复制品的行为认定为刑法第217条第(1)项规定的发行行为，对同类案件的审理具有指导和借鉴意义。

（一）批发、零售侵权复制品行为属于发行行为

关于刑法第217条第(1)项“复制发行”的含义，《最高人民法院关于审理非法出版物刑事案件具体应用法律若干问题的解释》第3条及《最高人民法院、最高人民检察院关于办理侵犯知识产权刑事案件具体应用法律若干问题的解释(二)》(以下简称《知识产权解释(二)》)第2条第1款已经予以明确，即“复制发行”指复制、发行或者既复制又发行，不要求复制行为与发行行为同时具备。对于发行行为内涵和外延的理解，《知识产权解释(二)》第2条第2款进一步规定“侵权产品的持有人通过广告、征订等方式推销侵权产品的，属于刑法第217条规定的‘发行’”，将推销侵权产品的行为解释为发行；同时，由于构成侵犯知识产权犯罪以行为具有行政违法性为前提，所以行政机关制订的规范性文件对于“发行”一词的解读具有一定的参照价值，我国现行的有关著作权管理的经济行政法规中，对于“发行”的涵义采取广义立场予以规定，并未限定于一级市场中的总发行行为，如国家新闻出版总署颁行的《出版物市场管理规定》第2条规定发行“包括总发行、批发、零售以及出租、展销等活动”。从上述规定中可以得出结论，行为人批发、零售侵权复制品的行为应当属于刑法第217条第(1)项规定的“复制发行”。

（二）侵犯著作权罪与非法经营罪竞合问题

本案中，公诉机关指控各被告人非法销售违法音像制品(其中一部分被鉴定为侵权复制品)的行为构成侵犯著作权罪和非法经营罪数罪，理由是从各被告人处查获的各类光盘中，一部分被鉴定为侵权盗版音像制品和侵权盗版软件，一部分被鉴定为违法音像制品，且二者数量均达到构成相应犯罪所要求的标准，各被告人非法销售侵权复制品的行为构成侵犯著作权罪，非法销售违法音像制品的行为构成非法经营罪。然而，公诉机关忽略了数罪并罚的前提条件，数罪并罚要求行为人实施了数个行为、数个行为分别触犯了不同的罪名，本案各被告人实施的是一个概括的销售行为，属于一行为触犯数罪名的情况，不存在数罪并罚问题。根据特别法优先于一般法原则，各被告人非法销售违法音像制品(含侵权复制品)的行

为构成侵犯著作权罪一罪，而不以侵犯著作权罪和非法经营罪数罪并罚，从各被告人处查获的侵权复制品以外的其他违法音像制品的数量，可以作为量刑情节予以考虑。一审法院定性准确。

（最高人民法院刑二庭 丛 媛）

案例 19 张树成等假冒注册商标案

一、案情

2006～2007 年 8 月间，被告人张树成、朱带傍、石华浓、杨邦成在未经注册商标所有人许可的情况下，以广州市番禺区钟村镇诜敦村环村东路四巷 1 号 1 楼、屏一村七亩大街 5 号 1 楼、屏一村环村北路 1 街 3 巷 2 号一楼、汉溪村环村西路汉溪小学北侧住宅楼 1 楼等地为生产工厂或仓库，擅自组织工人生产带有东芝、柯尼卡美能达、佳能、松下、理光、夏普、富士施乐等注册商标的碳粉。期间，由张树成、石华浓负责安排生产原料、发货、收货、支付租金、打包装、指导监督工人生产等工作，朱带傍负责安排生产计划、联系客户、记账等工作，杨邦成负责运送原材料、成品、租用厂房、发放工人工资等工作。2007 年 2 月 6 日至 8 月 14 日期间，四被告人在上述地点组织生产并销售了假冒上述注册商标的碳粉 14 086 支，价值 3 399 826元。2007 年 8 月 29 日，广州市公安局番禺区分局、广州市番禺区质量技术监督局在上述地点缴获带有上述注册商标的碳粉 2912 支（价值 742 852 元）以及包装物、账本、标签、模具等物品。

二、审判

广东省番禺区人民法院经审理认为，被告人张树成、朱带傍、石华浓、杨邦成未经注册商标所有人许可，在同一种商品上使用与其注册商标相同的商标，情节特别严重，其行为均已构成假冒注册商标罪，公诉机关指控的罪名成立。根据查明的事实，四被告人虽然都是雇员，在犯罪行为实施过程中的地位和作用有别于雇主，但是他们均为组织制造、销售假冒注册商标产品的核心人员，均实施生产假冒注册商标碳粉的具体组织管理工作，且该实行行为直接导致了本案犯罪结果的发生，均为主犯。依照《刑法》第 213 条及《最高人民法院、最高人民检察院关于办理侵犯知识产权刑事案件具体应用法律若干问题的解释（一）》（以下简称《知识产权解释（一）》）第 1 条第 2 款的规定，判决被告人张树成犯假冒注册商标罪，判处有期徒刑 4 年 3 个月，并处罚金 1 万元；被告人朱带傍犯假冒注册商标罪，判处有期徒刑 4 年 3 个月，并处罚金 1 万元；被告人石华浓犯假冒注册商标罪，判处有期徒刑 4 年 3 个月，并处罚金 1 万元；被告人杨邦成犯假冒注册商标罪，判处有期徒刑 4 年 3 个月，并处罚金 1 万元；缴获的 2912 支假冒注册商标的碳粉及包装物、标签、模具等物品，予以没收销毁。

一审宣判后，被告人石华浓、杨邦成提出上诉。广州市中级人民法院经依法审理，裁定驳回上诉，维持原判。

三、评析

本案是一起假冒注册商标的共同犯罪案件。本案中，被假冒的注册商标包括东芝、佳能、松下等多个国际知名品牌，非法经营数额高达 400 余万元人民币，情节特别严重，社会影响较大，具有典型性。

（一）被告人张树成等的行为构成假冒注册商标罪

《刑法》第 213 条规定了假冒注册商标罪，即“未经注册商标所有人许可，在同一种商品上使用与其注册商标相同的商标，情节严重的，处 3 年以下有期徒刑或者拘役，并处或者单处罚金；情节特别严重的，处 3 年以上 7 年以下有期徒刑，并处罚金”。《知识产权解释（一）》第 1 条对“情节严重”与“情节特别严重”进行了解释。“情节严重”为：“（1）非法经营数额在 5 万元以上或者违法所得数额在 3 万元以上的；（2）假冒两种以上注册商标，非法经营数额在 3 万元以上或者违法所得数额在 2 万元以上的；（3）其他情节严重的情形。”“情节特别严重”为：“（1）非法经营数额在 25 万元以上或者违法所得数额在 15 万元以上的；（2）假冒两种以上注册商标，非法经营数额在 15 万元以上或者违法所得数额在 10 万元以上的；（3）其他情节特别严重的情形。”

本案中，被告人张树成等未经注册商标所有人许可，在同一种商品上使用与其注册商标相同的商标，非法经营数额巨大，符合假冒注册商标罪的构成要件。需要注意的是，被告人张树成等不仅实施了假冒注册商标的行为，而且实施了销售假冒注册商标商品的行为，销售金额数额巨大，符合销售假冒注册商标的商品罪的构成要件。对于此种情况，《知识产权解释（一）》第13条规定“实施《刑法》第213条规定的假冒注册商标犯罪，又销售该假冒注册商标的商品，构成犯罪的，应当依照《刑法》第213条的规定，以假冒注册商标罪定罪处罚”，因而被告人张树成等的行为构成假冒注册商标罪一罪，不以假冒注册商标罪和销售假冒注册商标的商品罪实行数罪并罚，本案定性准确。

（二）非法经营数额的计算

《知识产权解释（一）》第12条对“非法经营数额”做了相关规定，即“‘非法经营数额’是指行为人在实施侵犯知识产权行为过程中，制造、储存、运输、销售侵权产品的价值。已销售的侵权产品的价值，按照实际销售的价格计算。制造、储存、运输和未销售的侵权产品的价值，按照标价或者已经查清的侵权产品的实际销售平均价格计算。侵权产品没有标价或者无法查清其实际销售价格的，按照被侵权产品的市场中间价格计算”。本案中，既存在已销售的假冒注册商标的商品，又存在未销售的假冒注册商标的商品，非法经营数额应是二者价值之和。由于已销售侵权产品的实际销售价格无法查清，根据现场缴获的账本，只能审计出已销售侵权产品的数量，未销售的侵权产品又没有标价，法院根据价格认证中心出具的涉案物价格鉴定结论及各品牌碳粉的单价明细表，严格按照被侵权产品的市场中间价格，计算出被告人的非法经营数额。

（编写人　最高人民法院刑二庭　丛　媛）

案例20　江金佩销售非法制造的注册商标标识案

一、案情

被告人江金佩于2006年开始在上海从事销售假冒“Canon”（佳能）、“hp”（惠普）等品牌的硒鼓包装盒、墨盒包装盒的非法行为，并于2007年间曾因涉嫌销售非法制造的假冒“Canon”（佳能）商标标识2 606件的行为，而受到上海市质量技术监督局的查处。之后，江金佩仍不思悔改，于2008年7月间，又将租借的上海市嘉定区黄渡镇润渡佳苑住室作为仓库，将从广州等地购得的大量假冒“Canon”（佳能）、“hp”（惠普）等品牌的硒鼓包装盒、墨盒包装盒及防伪标识等物品存放于仓库内，并伺机加价销售。

2008年9月24日，上海市工商行政管理局嘉定分局安亭工商所接到群众举报，随后开展现场检查活动，在江金佩租借的上海市嘉定区黄渡镇润渡佳苑住室，当场查获标有“Canon”（佳能）、“hp”（惠普）注册商标的硒鼓包装盒、墨盒包装盒、防伪标签、说明书等共计60 000件。经鉴定，其中57 052件属假冒注册商标标识。

二、诉讼过程

2008年9月24日，上海市公安局嘉定分局对江金佩涉嫌销售非法制造的注册商标标识案进行立案侦查。同日，江金佩因涉嫌销售非法制造的注册商标标识罪被刑事拘留，同年10月16日被取保候审。2009年3月2日，上海市公安局嘉定分局将江金佩涉嫌销售非法制造的注册商标标识案移送上海市嘉定区人民检察院审查起诉，经嘉定区人民检察院审查后，于同年3月12日将该案向上海市嘉定区人民法院提起公诉。

2009年3月24日，上海市嘉定区人民法院作出一审判决，认定江金佩销售、伪造、擅自制造的注册商标标识，情节严重，其行为已构成销售非法制造的注册商标标识罪（未遂），判处其有期徒刑3年，缓刑3年，处以人民币2万元的罚金。江金佩在法定期限内未提出上诉，一审判决如期生效。

三、评析

工商机关与公安、检察机关就疑似罪案中信息沟通、交流及案件材料的移送等方面实行无缝对接，不仅提高了成案率，而且提高了刑事追究的几率，最终提高了惩处犯罪的效率。上海市工商行政管理局嘉定分局发现江金佩涉嫌销售非法制造的注册商标标识的线索后，在第一时间就与嘉定区人民检察院侦查监督部门进行了工作联系和信息沟通，经人民检察院侦查监督部门派员参与审查后认为，江金佩销售非法制造的注册商标标识的行为，已违反了国家工商行政管理法规的相关规定，其行为已触犯了《刑法》第215条的规定，已达到销售伪造、擅自制造的注册商标标识在2万件以上，并已符合销售非法制造的注册商标标识犯罪的立案追诉标准。据此认为，江金佩已涉嫌销售非法制造的注册商标标识犯罪。

根据《刑事诉讼法》的有关规定，以及最高人民检察院、全国整顿和规范市场经济秩序领导小组办公室、公安部、监察部《关于在行政执法中及时移送涉嫌犯罪案件的意见》第14条，关于“人民检察院依法对行政执法机关移送涉嫌犯罪案件情况实施监督”的规定，依据上海市《关于建立行政执法与刑事司法相衔接工作机制的办法》第24条的规定，嘉定区人民检察院及时向上海市工商管理局嘉定分局发出《建议移送涉嫌犯罪案件函》，由上海市工商管理局嘉定分局将该案移送上海市公安局嘉定分局进行立案侦查。

嘉定区人民检察院通过及时介入上海市工商行政管理局嘉定分局调查案件，在全面审核的基础上，履行职能，加强指导，及时协调，把握重点。一是参与指导、及时建议，使得行政执法机关在第一时间将犯罪线索移送公安机关，公安机关得以及时将犯罪嫌疑人江金佩抓获归案。二是跟踪办案、加强指导，使得行政执法机关在移送犯罪线索过程中与公安机关有效衔接，有机配合，确保了准确有力地打击侵犯知识产权犯罪。三是提前介入，引导侦查，从取证角度、证据完善、法律适用等方面提出意见，促使公安机关及时移送审查起诉，保障了案件的快速、顺利办理。嘉定区人民检察院积极履行检察机关督促行政执法机关及时向公安机关移送涉嫌犯罪案件线索的监督职能，使得犯罪嫌疑人江金佩受到法律应有的惩罚，与此同时，还在充分发挥立案监督职能方面也取得了良好的法律效果，该案的成功办理体现了行政执法与刑事司法有效衔接、有力地打击侵犯知识产权犯罪的社会效果。

该案在对于知识产权的刑事司法保护角度所取得的成效主要有以下方面：一是检察机关加强了与行政执法机关的联系和配合，畅通了案件移送的网络平台，形成了打击知识产权犯罪的合力。二是检察机关加快了培养知识产权案件的专业办案力量速度，实现了专业化的办案机制和模式。三是检察机关加大了对优质品牌保护的宣传力度，通过开展对该起典型案件的就案论法、以案释法的法制宣传活动，为创造良好的知识产权保护环境发挥出应有的作用。

（上海市人民检察院　薛　骏
上海市嘉定区人民检察院侦查监督科）

案例21　陈时快、林初钦非法制造注册商标标识案

一、案情

从2008年4月开始，被告人陈时快、林初钦在苍南县龙港镇陈良村14号对面设立一非法加工点，专门帮助他人冲压、瓦楞假冒的“洋河”酒内衬注册商标标识、外包装箱，非法获利3500元。2008年7月25日，陈时快、林初钦又雇佣陈小棠等人帮忙加工，被苍南县工商局执法人员当场查获，现场查获已冲压的“洋河”酒内衬注册商标标识15.4万只、已瓦楞的“洋河”酒外包装箱10 385只。

二、审判

陈时快、林初钦非法制造注册商标标识一案，由苍南县工商局于2008年7月25日移送至苍南县公安局，同年8月15日立案侦查。陈时快、林初钦分别于2009年3月4日、3月28日被抓获归案。2009年6月17日，苍南县人民检察院提起公诉，苍南县人民法院于2009年7月8日以陈时快、林初钦犯非法制造注册商标标识罪，情节特别严重，但系从犯予以减轻处罚，分别判处有期徒刑2年6个月，并处罚金5万元。宣判后，二被告人未上诉，苍南县人民检察院未抗诉，判决已生效。

三、评析

苍南县人民检察院通过行政执法和刑事司法相衔接机制，积极开展侵犯知识产权犯罪的建议移送和立案监督工作。同时定期与相关行政执法机关、公安以及法院沟通，对实践中出现的新问题和新情况进行研究，统一执法思想和执法标准，保持打击力度。因为成绩显著，2006年2月，苍南县人民检察院被评为浙江省检察机关打击制假售假，侵犯知识产权犯罪专项立案监督活动先进集体。

苍南县是中国的印刷之乡，印刷业非常发达，同时，非法制造注册商标标识等侵犯知识产权的现象也比较突出，这类案件一经查获，涉及很多生产环节，如承印、绘图、出片、打样、晒版、印刷、盖光、压痕、复合、载切、打孔、装订、打码等，而且这些生产环节往往由不同的人员完成，因此如何判

定相关加工人员主观上具有违法性认识，以及如何认定该类犯罪的情节严重往往成为争议的焦点，检察机关在履行批准逮捕和起诉职责时就要围绕上述两个方面的问题进行重点审查和引导公安机关做好取证工作。

该案在办理过程中，曾有歧义，有人认为犯罪嫌疑人陈时快、林初钦并未印刷“洋河”酒内衬注册商标标识和外包装箱，只是对已印刷完毕的商标标识予以冲压和瓦楞，不属于非法制造注册商标的重要环节，而且获利很少，不应以犯罪论处。该案查获的注册商标标识尚未最终完成，内衬商标标识还需上胶，外包装盒还需糊盒，即使构罪也应认定系未遂。

非法制造注册商标标识罪的客观行为包括伪造和擅自制造，不管哪种行为，在实际的制造过程中，都包括一系列的生产工序，不是单指印刷注册商标标识有关图案和文字的行为。因此，只要是注册商标印制行为，根据我国商标印制管理办法的相关规定，都要审查注册商标印制行为的合法性。陈时快和林初钦出于牟利，设立非法加工点，虽然只是假冒加工程序中的一道工序，同样也要对注册商标标识印制行为的合法性负责，但其在承接“洋河”酒内衬注册商标标识、外包装箱时，并未履行审查义务，且加工费高于正常标准，主观上具有非法制造注册商标标识的犯罪故意。当然，因为两人仅对有关注册商标标识进行冲压和瓦楞，在共同犯罪中起次要和辅助作用，法院据此认定从犯，对其减轻罚是正确的。

非法制造注册商标标识行为包括一系列的生产工序，在实践中查获的绝大多数案件中行为人均未完成全部的生产工序，能否据此认定系犯罪未遂，从而予以从宽处理？从《刑法》第215条的规定看，非法制造注册商标标识罪属于情节犯，根据刑法理论，情节犯只有情节严重与否，没有犯罪的既未遂问题。因此，对非法制造注册商标标识罪，只要犯罪数量达到情节严重的标准，就应依法追究刑事责任，是否最终完成注册商标标识的印制，只应在量刑时酌情予以考虑，因此该案没有认定犯罪未遂是正确的。

（浙江省人民检察院　高利民
浙江省苍南县人民检察院侦查监督科）

案例22　蒋钦荣等人假冒注册商标案

一、案情

2007年10月，被告人蒋钦荣租用了广州市站西路南方钟表交易中心B180档做假手表生意的批发、零售生意，假手表品牌涉及“SWATCH”“CHANEL”“RADO”“ROLEX”“CITIZEN”“TISSOT”等众多国内外的知名品牌，固定委托加工假手表的工厂有两个：分别是两名广西人黄福东（在逃）和被告人罗业强开设的加工点。这两个加工点无工商营业执照及商标持有人的任何授权。每次蒋钦荣接到订单后就打电给黄福东或罗业强下订单，罗业强到蒋钦荣的档口拿取配件，根据订单类型、数量进行加工，加工成品后交还蒋钦荣销售。黄福东、黄耀勤夫妇及被告人周庠委到蒋钦荣的档口拿取配件，然后加工成成品交还蒋钦荣销售。

2008年1月9日，公安人员依法分别对被告人蒋钦荣经营的广州市站西路南方钟表交易中心B180档、被告人罗业强居住的广州市瑶台村向阳大街13巷16号302房手表地下加工厂、黄福东和黄耀勤夫妇居住的广州市瑶台村前进西七巷11号501房进行搜查，从南方钟表交易中心B180档现场缴获“SWATCH”“ROLEX”“CITIZEN”“GUCCI”等知名品牌的假手表共1803只；从罗业强的手表地下加工厂现场缴获“CITIZEN”“GUCCI”的假手表成品、半成品共1297只；从黄福东、黄耀勤夫妇的手表地下加工厂现场缴获“SWATCH”“CHANEL”“RADO”“ROLEX”“CITIZEN”“TISSOT”的假手表共计3927只。据被告人罗业强、黄耀勤供述，从二人分别经营的手表地下加工厂现场缴获的上述假冒品牌手表都是为蒋钦荣加工的。

经北京精萃知识产权代理有限公司、广州锐正商品信息调查有限公司以及广州市贞观知识产权代理有限公司现场取样鉴定，上述缴获的品牌手表均为假冒注册商标商品。经统计，从犯罪嫌疑人蒋钦荣所经营档口查获的假冒手表涉案金额达7 046 200元；从罗业强的手表地下加工厂缴获的手表涉案金额达2 683 520元；从黄福东、黄耀勤夫妇手表地下加工厂现场缴获的手表涉案金额达14 098 780元。

二、判决结果

广州市越秀区人民法院判决：被告人蒋钦荣、黄耀勤、罗业强、周庠委犯假冒注册商标罪，被告人蒋钦荣是主犯，黄耀勤、罗业强、周庠委是从犯。被告人蒋钦荣判处有期徒刑3年6个月，并处罚金10万元；被告人黄耀勤判处有期徒刑2年6个月，并处罚金4万元；被告人罗业强判处有期徒刑2年，并处罚金3万元；被告人周庠委判处有期徒刑1年3个月，并处罚金5000元。

三、评析

广州市检察机关积极推行行政执法与刑事司法衔接机制，与广州市17个行政执法机关建立了联席会议制度，完善了案件信息通报、行政执法案件备案等具体操作规程，确保检察机关对相关行政执法机关查处侵犯知识产权违法犯罪案件情况监督到位。制定《行政执法机关移送涉嫌犯罪案件跟踪监督表》，对侵犯知识产权案件的立案、批捕、起诉等各个环节进行实时监督。强化对行政机关查处侵犯知识产权案件的移送监督，切实纠正有案不立、以罚代刑等打击不力问题。几年来，广州市检察机关通过审查行政执法机关报送的备案材料，针对行政执法机关移送的侵犯知识产权犯罪案件，以向公安机关发出《要求说明不立案理由通知书》《建议立案函》和《通知立案书》等方式，监督公安机关立案15件18人。

广州市检察机关建立案件专门办理机制，不断提高知识产权案件办理质量，积极提前介入重大复杂案件，针对侵犯知识产权犯罪案件专业性强、涉及面广、案情复杂的特点，积极引导侦查机关全面收集、固定证据，确保办案的高质高效。整合广州市两级人民检察院检察官资源，指定具有专门知识、办案经验丰富的业务骨干组成专门办案小组，加强对基层人民检察院办理知识产权案件公诉工作的跟踪和指导，提高审查起诉案件的质量和效率。2007～2010年6月，广州市检察机关共批准逮捕侵犯知识产权犯罪案件210件449人，提起公诉201件393人。

广州市检察机关推动建立沟通协调机制，积极维护知识产权企业权益，深入开展送法进企业服务活动，发出防范侵权行为和减少侵权损害的检察建议，增强企业守法经营、依法维权的意识和能力。办案过程中，注重加强与企业的沟通联系，及时听取企业对案件处理的意见和建议，并建立了对知识产权被侵害单位的回访制度，积极维护企业的合法权益。

广州市检察机关依托理论研究协作机制，广泛开展知识产权刑事法律保护研讨，与广州大学联合成立了专门从事检察理论研究的科研机构——广州大学检察理论研究中心，进一步拓宽检察机关与法学理论研究部门的合作领域和合作方式，构建检察机关和法学理论研究部门的经常性联系与交流机制，促进高校的理论研究资源与检察机关实践经验的优势互补。同时，建立涉知识产权案件专家咨询制度，通过对知识产权案件所涉专业问题进行理论研讨，指导办案实践，确保办案质量。

（广东省人民检察院　翁毓华）

案例23　吴敁珍、刘学忠涉嫌假冒注册商标案

一、基本案情

2007年年底，被告人刘学忠和吴敁珍夫妇俩开始在郑州市华中食品城、万客来食品城等地销假冒"黑土地"酒。2009年2月，被告人刘学忠和吴敁珍二人从一陈姓男子处购买了2000箱"劲酒"的包装和1500箱"黑土地"酒的包装放在自家车库里，在郑州市老107国道豫宾楼旅馆租的仓库里生产假冒"黑土地"酒和"劲酒"，生产"黑土地"酒和"劲酒"的原料系从南阳等地购进的散酒，生产好后的假酒存放在豫宾楼的仓库和家的车库。2009年4月，公安机关在该两处存放点现场查扣假冒黑土地白酒1133箱、劲酒17箱，劲酒包装纸箱1350个、劲酒瓶盖43 825个、劲酒瓶标100 000个。经鉴定，这些注册商标均属假冒，上述假冒"黑土地"酒、"劲酒"成品酒价值人民币172 534元。

二、审判

被告人吴敁珍、刘学忠涉嫌假冒注册商标一案，由被害人黑龙江鹤城酒业有限公司于2009年4月10日报案至郑州市公安局经济技术开发区分局，该局于当日立案侦查，被告人吴敁珍于当日被该局抓获归案，被告人刘学忠于同年4月25日到该局投案。

郑州市高新技术产业开发区人民法院经审理认为，被告人吴敁珍、刘学忠，未经注册商标所有

人许可，假冒两种以上注册商标，非法经营数额在15万元以上，其行为已构成假冒注册商标罪。在共同犯罪中，二被告人作用相当，均系主犯，被告人刘学忠有自首情节，鉴于被告人吴啟珍、刘学忠认罪态度较好，可对其从轻或者减轻处罚，依照《刑法》第213条、25条、第26条、第67条、第72条、第73条之规定，判处被告人吴啟珍有期徒刑3年，缓刑3年，并处罚金10 000元。判处被告人刘学忠有期徒刑2年，缓刑3年，并处罚金10 000元。判决后吴啟珍、刘学忠均没有上诉，人民检察院亦未抗诉。

三、评析

人民检察院作为国家的法律监督机关，依法履行对侵犯知识产权刑事案件的审查逮捕、审查起诉职责，查办相关职务犯罪，并对有关刑事诉讼活动实行法律监督，在打击侵犯知识产权犯罪、保护权利人合法权益、维护社会主义市场经济秩序、促进创新型国家建设方面发挥着重要的作用。多年来，检察机关高度重视对知识产权的刑事司法保护，依法履行职责，办理了一大批侵犯知识产权的刑事案件。郑州市高新技术产业开发区人民检察院下辖三个区域，即郑州市高新技术产业开发区，郑州经济技术开发区和郑东新区。三个区域均是郑州经济社会发展的排头兵，是河南改革创新的前沿阵地。为有效打击破坏市场经济秩序尤其是侵犯知识产权犯罪行为，加强对行政机关执法过程中涉嫌犯罪包括侵犯知识产权犯罪案件移送司法机关处理的监督力度，郑州市高新技术产业开发区人民检察院就与辖区公安机关、行政执法机关共同协商，制定了《关于落实检察机关与行政执法机关加强工作联系的意见》，明确了加强联系的工作范围、成立了组织机构、规定了联系的方式及程序，建立了联席会议制度、重大案件通报制度，协作和联系制度。2009年，郑州市高新技术产业开发区人民检察院建立和完善了联席会议制度、信息共享制度、案件移送制度、案件备案制度、个案协作制度等工作机制，从机制上解决了检察机关和行政执法机关及公安机关执法信息不畅的问题，破解了行政执法与刑事司法脱节“难题”，促进了执法资源的合理利用。同时，规范了移交、备案等程序过程中所用的如《移交涉嫌犯罪案件意见书》等相关法律文书的格式，从操作层面上细化了行政执法与刑事司法衔接工作的具体做法。近年来，辖区行政机关移送涉嫌犯罪案件逐年呈上升态势，2007年辖区行政执法机关移送涉嫌犯罪案件11案37人，2008年行政执法机关移送涉嫌犯罪案件36案53人，2009年辖区行政执法机关移送涉嫌犯罪案件38案109人。

就该案而言，生产、销售假冒注册商标行为都非常隐蔽，多是单线联系，且造假者、售假者均不记账，无法查找到其生产、销售出去的商品的品种、数量、质量、价值。我国《刑事诉讼法》规定，只有犯罪嫌疑人的供述而无其他证据佐证的，不能认定犯罪嫌疑人有罪。即使抓获造假者、售假者，他们如实供述自己所实施的行为，也无法认定其所实施的犯罪行为。该案中，刘学忠、吴啟珍除贩卖假酒外，自己还生产假酒。销售出去的自己生产的假酒无法证明，但现场查扣的假冒“黑土地”酒和“劲酒”两种品牌的假酒价值就达到17万余元。根据《刑法》第213条规定，未经注册商标所有人许可，在同一种商品上使用与其注册商标相同的商标，情节严重的，处三年以下有期徒刑或者拘役，并处或者单处罚金；《最高人民法院、最高人民检察院关于办理侵犯知识产权刑事案件具体应用法律若干问题的解释(一)》第1条规定，未经注册商标所有人许可，在同一种商品上使用与其注册商标相同的商标，具有下列情形之一的，属于《刑法》第213条规定的“情节严重”，应当以假冒注册商标罪判处3年以下有期徒刑或者拘役，并处或者单处罚金：(1)非法经营数额在5万元以上或者违法所得数额在3万元以上的；(2)假冒两种以上注册商标，非法经营数额在3万元以上或者违法所得数额在2万元以上的；(3)其他情节严重的情形。该司法解释第12条规定，本解释所称“非法经营数额”，是指行为人在实施侵犯知识产权行为过程中，制造、储存、运输、销售侵权产品的价值。已销售的侵权产品的价值，按照实际销售的价格计算。制造、储存、运输和未销售的侵权产品的价值，按照标价或者已经查清的侵权产品的实际销售平均价格计算。侵权产品没有标价或者无法查清其实际销售价格的，按照被侵权产品的市场中间价格计算。多次实施侵犯知识产权行为，未经行政处理或者刑事处罚的，非法经营数额、违法所得数额或者销售金额累计计算。根据该解释，刘学忠、吴啟珍涉嫌假冒注册商标商品罪足以认定。法院判决定罪准确，量刑适当。

（河南省郑州市高新技术产业开发区
人民检察院　刘　涛　钟思文）

国家知识产权局专利复审和无效宣告案例

案例1　涉及修改超范围和必要技术特征的判断

一、案由

本复审请求涉及申请号为02107097.0、发明名称为“用于自动转换电力的方法和装置”的发明专利申请(以下简称本申请),其申请日为2002年3月13日、优先权日为2001年3月13日,公开日为2002年10月23日,申请人为通用电气公司。

国家知识产权局实质审查部门于2009年1月9日以本申请的权利要求1、6、10和说明书的修改不符合《专利法》第33条的规定,权利要求1不符合《专利法实施细则》第21条第2款的规定为由作出驳回决定。

驳回决定针对的文本是申请人于2008年8月20日提交的权利要求第1～16项、说明书第1～6页,2008年3月17日提交的说明书摘要,2007年2月14日提交的说明书附图第3页,2002年3月13日提交的说明书附图第1、2、4页和摘要附图。其主要驳回理由是:(1)修改后的权利要求1、6、10和说明书中记载的内容在原权利要求书和说明书中没有记载,也不能从原权利要求书和说明书中记载的内容直接地、毫无疑义地确定,上述修改超出了原权利要求书和说明书记载的范围,不符合《专利法》第33条的规定;(2)为解决本申请所涉及的技术问题,不仅需要将安装到自动转换开关螺线管侧面的螺线管侧面限位开关装置中包含的限位开关和螺线管侧面安装板相固定,并使得该螺线管侧面限位开关装置通过螺线管侧面安装板连接于主体部分的螺线管侧面,而且需要将安装到自动转换开关辅助侧面的辅助侧面限位开关装置中包含的限位开关和辅助侧面安装板相固定,并使得该辅助侧面限位开关装置通过辅助侧面安装板连接于主体部分的辅助侧面,从而实现自动转换开关中限位开关和开关部件易于完全对准,而不需调整;因此,“该主体部分还包括一个辅助侧面”以及权利要求2的附加技术特征是本发明为解决其所要解决的技术问题所不必可少的技术特征,权利要求1不符合《专利法实施细则》第21条第2款的规定。

申请人通用电气公司(以下简称复审请求人)对驳回决定不服,于2009年4月23日向专利复审委员会提交了复审请求书,并提交了权利要求第1～12项替换原权利要求第1～16项,以及说明书第1～5页替换原说明书第1～6页,其中申请人删除原权利要求9及其从属权利要求10～12,并对权利要求1、6以及说明书中的相应技术方案进行了修改。其主要复审理由是:(1)修改后的权利要求书和说明书符合《专利法》第33条的规定;(2)虽然说明书指出“辅助侧面安装板(32)使得不需调整开关28就容易进行转换开关10的装配”,但这不是进行转换开关的装配的必不可少的特征;一旦具有辅助侧面安装板和数个辅助侧面限位开关的辅助侧面限位开关装置被连接到主体部分的辅助侧面上,就提供了一种成本效益高的自动转换开关;在这一设计中,限位开关可完全对准;此外,“利用辅助侧面安装板将包括辅助侧面安装板和数个辅助侧面限位开关的辅助侧面限位开关装置连接到主体部分的辅助侧面”的步骤对于将螺线管侧面限制开关连接到螺线管侧面是不需要或不是必不可少的;因此,权利要求1符合《专利法实施细则》第21条第2款的规定。

经形式审查合格,专利复审委员会受理了该复审请求,并于2009年5月25日向复审请求人发出了复审请求受理通知书,同时向实质审查部门发出了前置审查通知书。

实质审查部门对本复审请求作出了前置审查,并在前置审查意见书中指出:修改后的权利要求1仍缺少为解决其所要解决的技术问题所不必可少的技术特征,不符合《专利法实施细则》第21条第2款的规定,坚持原驳回决定。

在此基础上,专利复审委员会依法成立合议组对本案进行了复审,并于2009年10月19日向复审请求人发出了复审通知书,其中指出:根据本申请说明书的记载(参见本申请说明书第1页第22～24行),本申请所要解决的技术问题是提供一种自动转换开关,其可以容易地装配和安装并易于限位开关和开关部件的完全对准,而不需在装配和安装的时候调整。为此，不仅需要将螺线管侧面限位开关装置中的限位开关与螺线管侧面安装板相固定，使得该螺线管侧面限位开关装置通过螺线管侧面安装板连接于主体部分的螺线管侧面，同时需要将辅助侧面限位开关装置中的限位开关与辅助侧面安装板相固定，并使得该辅助侧面限位开关装置通过辅助侧面安装板连接于主体部分的辅助侧面。因此，技术特征“该主体部分还包括一个辅助侧面”以及权利要求2的附加技术特征是本申请为解决其所要解决的技术问题所不必可少的技术特征。因此，独立权利要求1缺少解决其技术问题的必要技术特征，不符合《专利法实施细则》第21条第2款的规定。

复审请求人于2009年11月23日提交了意见陈述书，并提交了权利要求第1～11项替换原权利要求第1～12项，其中将权利要求2和“主体部分的辅助侧面”加入到权利要求1中，并将原权利要求3～12重新排序为新权利要求2～11。

合议组经合议审查后认为本案事实已经清楚，可以依法作出审查决定。

二、决定的理由及结论

(一)文本认定

复审请求人于2009年11月23日提交了权利要求第1～11项的修改替换页，经审查，该修改符合《专利法实施细则》第60条第1款的规定。因此，本复审决定依据的文本为复审请求人于2009年11月23日提交的权利要求第1～11项，2009年4月23日提交的说明书第1～5页，2008年3月17日提交的说明书摘要，2007年2月14日提交的说明书附图第3页，2002年3月13日提交的说明书附图第1、2、4页和摘要附图。

(二)关于《专利法》第33条

《专利法》第33条规定：申请人可以对其专利申请文件进行修改，但是，对发明和实用新型专利申请文件的修改不得超出原说明书和权利要求书记载的范围，对外观设计专利申请文件的修改不得超出原图片或者照片表示的范围。

如果复审请求人对申请文件进行了修改，本领域的技术人员由原始的说明书(包括说明书附图)和权利要求书记载的内容可以直接地、毫无疑义地确定修改后的内容，则该修改没有超出原始的说明书和权利要求书记载的范围。

(1)修改后的权利要求1中将技术特征“包括螺线管侧面的主体部分”修改为“包括螺线管侧面和辅助侧面的主体部分”，并增加了技术特征“将主体部分连接到一个主安装板”，原说明书中记载了“转换开关10安装在安装板16上，并包括具有数个电连接到数个相位片20的汇流排装置18的主体部分17”(参见本申请说明书第2页第20～21行、说明书附图1～3)和“在螺线管侧面12上，转换开关10包括螺线管22和螺线管侧面限位开关装置24。在辅助侧面14上，转换开关10包括辅助侧面限位开关装置26”(参见本申请说明书第2页第23～25行)，即原说明书及其附图中已记载了修改后的权利要求1的上述技术特征。

修改后的权利要求1中将技术特征“从而螺线管侧面安装板垂直于限位开关”修改为“从而限位开关垂直于主安装板”，原说明书中记载了“限位开关50设为垂直于安装板16的共面的数对并安装到主体部分17外部”(参见本申请说明书第3页第14～15行、说明书附图4)，即原说明书及其附图中已记载了修改后的权利要求1的上述技术特征。

因此，修改后的权利要求1没有超出原说明书和权利要求书记载的范围，符合《专利法》第33条的规定。

(2)修改后的权利要求2将技术特征“将主体部分的底部连接到主体部分”修改为“将主体部分的底部连接到主安装板”，原说明书中记载了“转换开关10安装在安装板16上，并包括具有数个电连接到数个相位片20的汇流排装置18的主体部分17”(参见本申请说明书第2页第20～21行、说明书附图1～3)，并且根据说明书附图1～3所示，主体部分17的底部是要装到主安装板16上的，即原说明书及其附图中已记载了修改后的权利要求2的上述技术特征。因此，修改后的权利要求2没有超出原说明书和权利要求书记载的范围，符合《专利法》第33条的规定，因此其克服了驳回决定中所指出的原权利要求3修改超范围的缺陷。

(3)修改后的权利要求5将技术特征“所述螺线管侧面限制开关固定于主体部分之外的共面的对之内”修改为“所述螺线管侧面限位开关设为共面的数对且固定于主体部分的外部”，原说明书中记载了“螺线管侧面限位开关装置24包括4个限位开关50，6个隔片52，一个螺线管侧面安装板54和一个手动开关旋钮56。限位开关50设为垂直于安装板16的共面的数对并安装到主体部分

17外部”(参见本申请说明书第3页第13～15行、说明书附图4),即原说明书及其附图中已记载了修改后的权利要求5的上述技术特征。因此,修改后的权利要求5没有超出原说明书和权利要求书记载的范围,符合《专利法》第33条的规定,因此其克服了驳回决定中所指出的原权利要求6修改超范围的缺陷。

(4)在提出复审请求时,复审请求人将驳回决定所针对的权利要求9～12删除,克服了驳回决定中所指出的原权利要求10的修改不符合《专利法》第33条规定的缺陷。

(5)在提出复审请求时,复审请求人对说明书的相应内容进行了适应性修改,根据以上论述,修改后的说明书也没有超出原说明书和权利要求书记载的范围,符合《专利法》第33条的规定。

(三)《专利法实施细则》第21条第2款

《专利法实施细则》第21条第2款规定:独立权利要求应当从整体上反映发明或实用新型的技术方案,记载解决技术问题的必要技术特征。

判断一项权利要求是否缺少必要技术特征,应当以该权利要求所记载的技术方案是否能够解决其所要解决的技术问题为判断标准,如果该权利要求记载的技术方案足以解决其所要解决的技术问题,获得相应技术效果,则该权利要求所要求保护的技术方案符合《专利法实施细则》第21条第2款的规定。

根据本申请说明书的记载(参见本申请说明书第1页第22～24行),本申请所要解决的技术问题是提供一种自动转换开关,其可以容易地装配和安装并易于限位开关和开关部件的完全对准,而不需在装配和安装的时候调整。为解决该技术问题,本申请采用的技术方案是:自动转换开关包括具有螺线管侧面和辅助侧面的主体部分,螺线管侧面限位开关装置安装在螺线管的侧面上而辅助侧面限位开关安装在辅助侧面上,螺线管侧面限位开关装置包括数个限位开关和一个螺线管安装板;辅助侧面限位开关装置包括数个限位开关和一个辅助侧面安装板;限位开关固定在安装板上,且装配时间由于限位开关在装配期间中没有调整而被缩短;自动转换开关采用预装配的辅助限位开关装置、预装配的螺线管侧限位开关装置和单一的结构易于减少装配时间。

换言之,自动转换开关在常规电源和应急电源之间切换时,必须保证螺线管侧面限位开关和辅助侧面限位开关均能与主体部分不需调整而完全对准,并使得切换时间尽可能短。为此,不仅需要将螺线管侧面限位开关装置中的限位开关与螺线管侧面安装板相固定,使得该螺线管侧面限位开关装置通过螺线管侧面安装板连接于主体部分的螺线管侧面,同时需要将辅助侧面限位开关装置中的限位开关与辅助侧面安装板相固定,并使得该辅助侧面限位开关装置通过辅助侧面安装板连接于主体部分的辅助侧面。

修改后的权利要求1中记载了主体部分包括螺线管侧面和辅助侧面,螺线管侧面限位开关装置如何连接到螺线管侧面,辅助侧面限位开关装置如何连接到辅助侧面,进而使得主体部分连接到主安装板的技术特征,即“提供一个包括螺线管侧面和辅助侧面的主体部分;将主体部分连接到一个主安装板;将包括数对分别共面的限位开关和一个螺线管侧面安装板的螺线管侧面限位开关装置连接到主体部分的螺线管侧面,该数对分别共面的限位开关相对于螺线管侧面安装板固定;和其中该螺线管侧面限位开关装置通过将螺线管侧面安装板连接于主体部分的螺线管侧面而连接于主体部分,从而限位开关垂直于主安装板;利用辅助侧面安装板将包括辅助侧面安装板和数个辅助侧面限位开关的辅助侧面限位开关装置连接到主体部分的辅助侧面,其中所述辅助侧面限位开关装置中的限位开关与辅助侧面安装板相固定”。合议组认为,修改后的权利要求1记载了为解决本申请技术问题所必不可少的技术特征。因此,修改后的权利要求1已经克服了复审通知书和驳回决定中指出的不符合《专利法实施细则》第21条第2款规定的缺陷。

基于上述理由,合议组作出如下决定。

撤销国家知识产权局实质审查部门于2009年1月9日作出的驳回02107097.0号发明专利申请的决定。由原实质审查部门以复审请求人于2009年11月23日提交的权利要求第1～11项,2009年4月23日提交的说明书第1～5页,2008年3月17日提交的说明书摘要,2007年2月14日提交的说明书附图第3页,2002年3月13日提交的说明书附图第1、2、4页和摘要附图的文本继续进行审批程序。

三、评析

本复审决定涉及《专利法》第33条和《专利法实施细则》第21条第2款,该决定较好地体现了内容完整、结构合理、充分说理、个案针对的裁判文书制作方法。

(1)对于复审阶段提交修改文本的案件，在作出复审决定时都要对修改是否符合《专利法》第33条进行审查。值得注意的是，本案的前置审查意见书并没有提及修改超范围的驳回理由，通常可理解为实质审查部门已默认其修改符合《专利法》第33条的规定，驳回决定指出的缺陷之一已被克服或原审查部门改变了其观点。本决定对此的处理是其亮点之一，决定中没有忽视对这方面的深入分析，对各个修改之处是否符合《专利法》第33条规定的理由作出了完整且充分的论述，对后续程序给出了明确的复审意见。

2. 本复审决定对准确执行《专利法实施细则》第21条第2款的审查标准也具有一定的指导意义。决定中对此的论述可分为四个层次，即本申请所要解决的技术问题，采用的技术方案，独立权利要求记载的内容，以及合议组的结论意见。准确掌握对“必要技术特征”的界定，要求审查员必须具备相应技术领域的知识，并且根据发明解决的技术问题作出客观、理性的判断。

(国家知识产权局专利复审委员会
林 静 李韵美 贾彦飞 张 度)

案例2 生物材料保藏要求及其是否引起说明书公开不充分问题的判断

一、案由

本复审请求涉及申请号为01126900.6、发明名称为“制备重组人类胰高血糖素肽—1(7—37)”的发明专利申请(以下简称本申请)，其申请日是2001年9月28日，公开日是2003年4月9日，申请人是中国科学院上海生物化学研究所，2005年6月24日变更为中国科学院上海生命科学研究院。

应申请人的请求，国家知识产权局专利实质审查部门依法对本申请进行了实质审查，并于2006年3月10日针对申请人于2005年8月12日提交的说明书第1、2、5、6页，说明书摘要，2005年12月14日提交的权利要求第1～6项，说明书第3、4、7页，申请日提交的说明书附图第1～10页，以本申请说明书不符合《专利法》第26条第3款的规定为由作出驳回决定。驳回决定中认为：本申请技术方案涉及保藏号为CGMCC No:0636的工程菌株EGT—8及其应用，由于申请人未在自申请日起4个月内提交保藏证明和存活证明，因而视为未提交保藏，并致使本领域技术人员无法获得该工程菌株，也就无法从该工程菌株获得起始载体pAET—8并构建表达质粒pAGT—8，以及无法利用该菌株来制备重组人类胰高血糖素肽—1(7—37)肽段，因此本申请说明书公开不充分，本领域技术人员不能实现其技术方案。

驳回决定所针对的权利要求书如下：

“1. 工程菌株EGT—8，保藏于中国微生物菌种保藏管理委员会普通微生物中心，保藏号为CGMCC No. 0636。

2. 权利要求1所述的工程菌株EGT—8的构建方法，其特征在于包括如下步骤：用大肠杆菌偏爱的密码子合成两个片段，克隆hGLP—1氨基酸7～37肽段全长基因，其中所述的以大肠杆菌偏爱密码子合成的两个片段为：

片段1：5’ ～CAC GCT GAA GGT ACC TTC ACT TCT GAC GTT AGC
TCT TAC CTG GAA GGT CAG GCA GCT AAA ～3’

片段2：5’ ～CCC AAG CTT ATT AGC CAC GGC CTT TTA CCA GCC
ATG CGA TAA ACT CTT TAG CTG CCT GAC ～3’

以pAET—8作为起始载体，先用EcoR I酶切，回收片段后，用绿豆核酸酶将DNA片段突出的粘端消化，片段再经回收后，用Hind III酶切，回收大片段后，与hGLP—1氨基酸7～37肽段的基因一起用T_4DNA连接酶连接，转化DH5α菌，筛选出分泌表达质粒pAGT—8；用分泌表达质粒pAGT—8转化宿主菌并筛选得到工程菌株EGT—8。

3. 如权利要求2所述的方法，其中所述克隆hGLP—1氨基酸7～37肽段全长基因的步骤为：将合成的两个片段在94℃退火并冷却至室温后，加入Klenow酶和dNTPs将片段补平，回收DNA片段，用Hind III酶切并经低融点胶回收大片段后，获得hGLP—1氨基酸7～37肽段全长基因。

4. 如权利要求2所述的方法，其中所述宿主菌为碱性磷酸酯酶缺失的大肠杆菌YK537，其基因特征为：F^- leuB6 thi hsdR hsdM lacy rpsL20

galk2 ara－14 xyl－5 mtl－1 supE44 endl⁻ phoA8 recA1。

5. 重组人类胰高血糖素肽－1氨基酸 7～37 的肽段的制备方法，其特征在于包括：将权利要求 1 所述的工程菌株 EGT－8 进行诱导培养，及将培养物分离纯化。

6. 如权利要求 5 所述的方法，其中所述的分离纯化步骤采用凝胶过滤、阴离子交换和反相 HPLC 等液相色谱分离方法的组合。”

申请人中国科学院上海生命科学研究院（以下简称复审请求人）对上述驳回决定不服，于 2006 年 6 月 26 日向专利复审委员会提出了复审请求，未修改申请文本。复审请求人认为：(1)本申请在请求书中已经注明了工程菌株 EGT－8 的保藏信息，而在初步审查过程中，审查员未发出生物材料样品视为未保藏通知书，也没有依职权删除请求书中注明的有关项目，造成其耽误了提交补正和恢复保藏的时机，对复审请求人来讲是不公平的；(2)工程菌株 EGT－8 还可以通过起始载体 pAET－8 来制备，申请号为 00127953. X 的已授权在先专利中公开了载体 pAE－8，从质粒图谱可以看出，载体 pAE－8 与本申请中的起始载体 pAET－8 是相同的载体。因此本申请说明书是公开充分的，符合《专利法》第 26 条第 3 款的规定。

经形式审查合格后，专利复审委员会依法受理了该复审请求，于 2006 年 7 月 25 日发出复审请求受理通知书，并将本申请案卷移交原审查部门进行前置审查。

在前置审查中，原审查部门认为初审阶段没有发出生物材料视为未保藏通知书并不能使本申请克服未在规定期限内提交菌种保藏证明和存活证明的缺陷，而载体 pAE－8 与 pAET－8 名称不同，组成元件 SpphoA 和 phoA－sig 不同，不能认定二者是相同的载体，因此坚持原驳回决定。

针对上述复审请求，专利复审委员会依法成立合议组对本案进行审查，本案合议组于 2008 年 6 月 5 日发出复审通知书，指出基因工程菌株 EGT－8 是本申请技术方案中必须使用的新生物材料，而复审请求人未在《专利法实施细则》第 25 条规定的自申请日起 4 个月期限内提交其保藏证明，因此该生物材料仍视为未保藏。尽管在初步审查过程中未向申请人（即复审请求人）发出生物材料样品视为未保藏通知书确有不当，然而初步审查阶段是否就菌种视为未保藏的事宜告知过申请人并不能改变本案中申请人（即复审请求人）未在法定期限之内提交保藏证明的事实，更不能成为其不按法律规定提交菌种保藏证明和存活证明的正当理由。此外，该复审通知书中还指出，本申请说明书中除了通过保藏信息的方式来限定所述菌株 EGT－8 之外，还记载了该菌株 EGT－8 的具体构建方法，即采用pAET－8作为起始载体构建分泌表达质粒pAGT－8，并用 pAGT－8 转化宿主菌，从而得到 EGT－8。由于本申请中的菌株 EGT－8 视为未提交保藏，故采用保藏号来限定该菌株产品的权利要求 1 的技术方案不能清楚地表述其请求保护的范围，不符合《专利法实施细则》第 20 条第 1 款的规定。

针对上述复审通知书，复审请求人于 2008 年 7 月 18 日提交意见陈述书和权利要求书的全文修改替换页，其中在权利要求 1 中增加了工程菌株 EGT－8 的具体制备方法的技术特征。复审请求人认为，从本申请说明书附图 1 给出的质粒 pAET－8 的图谱和申请号为 00127953. X 的已授权在先专利说明书附图 5 中给出的载体 pAE－8 的图谱可以得知二者为同一载体，并且通过权利要求 1 中限定的制备方法本领域技术人员可以不通过保藏的菌株就直接获得该工程菌株。

2008 年 8 月 4 日，复审请求人补充提交了权利要求书的修改替换页，其中将权利要求 1 中的特征“保藏于中国微生物菌种保藏管理委员会普通微生物中心，保藏号为 CGMCC No. 0636”删除。修改后的权利要求 1 如下：

“1. 工程菌株 EGT－8，该工程菌是用包括如下步骤的构建方法构建的：

用大肠杆菌偏爱的密码子合成两个片段，克隆 hGLP－1 氨基酸 7～37 肽段全长基因，

其中所述的以大肠杆菌偏爱密码子合成的两个片段为：

片段 1：5’ ～CAC GCT GAA GGT ACC TTC ACT TCT GAC GTT AGC
TCT TAC CTG GAA GGT CAG GCA GCT AAA ～3’

片段 2：5’ ～CCC AAG CTT ATT AGC CAC GGC CTT TTA CCA GCC
ATG CGA TAA ACT CTT TAG CTG CCT GAC ～3’；

以 pAET－8 作为起始载体，先用 EcoR I 酶

切，回收片段后，用绿豆核酸酶将 DNA 片段突出的粘端消化，片段再经回收后，用 Hind III 酶切，回收大片段后，与 hGLP－1 氨基酸 7～37 肽段的基因一起用 T_4DNA 连接酶连接，转化 DH5α 菌，筛选出分泌表达质粒 pAGT－8；

用分泌表达质粒 pAGT－8 转化宿主菌并筛选得到工程菌株 EGT－8。"

至此，本案合议组认为，本案事实已经清楚，可以依法作出审查决定。

二、决定的理由及结论

（一）关于审查文本

复审请求人于 2008 年 8 月 4 日提交了权利要求书的全文修改替换页，经审查，上述修改符合《专利法》第 33 条的规定以及《专利法实施细则》第 60 条第 1 款的规定，因此本复审决定的审查基础是：复审请求人于 2008 年 8 月 4 日提交的权利要求第 1～6 项，2005 年 8 月 12 日提交的说明书第 1～2、5～6 页，说明书摘要，2005 年 12 月 14 日提交的说明书第 3、4、7 页，申请日提交的说明书附图第 1～10 页。

（二）关于《专利法》第 26 条第 3 款

《专利法》第 26 条第 3 款规定："说明书应当对发明或者实用新型作出清楚、完整的说明，以所属技术领域的技术人员能够实现为准。"

如果实现技术方案必须使用一种新的生物材料，但该生物材料是本领域技术人员根据说明书中提供的信息能够得到的，则应当认为本申请说明书对该生物材料的公开是充分的，不必要求对该生物材料进行保藏。

本申请涉及一种制备重组人类胰高血糖素肽－1(7－37)(即 rhGLP－1(7－37))的方法，其采用的技术手段是通过提供一种能高效、稳定表达 rhGLP－1(7－37)的基因工程菌株 EGT－8 来获得所述 rhGLP－1(7－37)。因此本申请中的基因工程菌株 EGT－8 是实现技术方案所必须使用的生物材料，由于复审请求人未在《专利法实施细则》第 25 条规定的自申请日起 4 个月期限内提交其保藏证明，因此该生物材料视为未保藏。在考虑了驳回决定的理由和复审请求人的意见陈述的基础上合议组认为，本案的争议焦点在于，在本申请中基因工程菌株 EGT－8 视为未保藏的情况下，本领域技术人员根据说明书中提供的信息能否获得并确认该菌株。

经审查，本申请说明书中除了通过保藏信息的方式来限定所述菌株 EGT－8 之外，还记载了该菌株 EGT－8 的具体构建方法，即采用 pAET－8 作为起始载体来构建分泌表达质粒 pAGT－8，并用 pAGT－8 转化宿主菌，从而得到 EGT－8(参见本申请说明书第 3 页)。关于用起始载体 pAET－8 的结构，本申请说明书附图 1 中公开了其具体的质粒图谱，即由表皮生长因子 EGF、氨苄青霉素抗性基因(Amp+)、碱性磷酸酶启动子(PphoA)及其信号肽序列(SPphoA)顺次连接而成，其中包括 *Hin*d III、*Pst*I、*Eco*RI 三个酶切位点，以上基因、启动子和酶切位点信息均为现有技术中已知和常用的。由于质粒的构建是 20 世纪 70 年代就发展并流行起来的一项生物工程技术，如今已经非常成熟，许多具有特殊性能的基因标志物、调节子都拥有成熟化的商品，因而本领域技术人员在已知上述起始载体 pAET－8 的质粒图谱的情况下，能够通过常规的构建方法获得该起始载体。在获得起始载体 pAET－8 之后，根据本申请说明书第 3 页和附图 1 中提供的具体步骤信息，本领域技术人员又可以进一步构建出分泌表达质粒 pAGT－8(本申请附图 1 还提供了其基因序列)，进而根据本申请说明书的记载，用其转化作为常用工程菌株之一的碱性磷酸酯酶缺失的 YK537 宿主菌，平板培养之后筛选具有 pAGT－8的克隆即得工程菌株 EGT－8。也就是说，本申请说明书中描述了制备该生物材料的具体方法，本领域技术人员能够重复上述方法而获得工程菌株 EGT－8，因此该工程菌株 EGT－8 不属于《专利法实施细则》第 25 条中所说的"公众不能得到的生物材料"，可以不要求对其进行保藏。

由此可见，尽管本申请中的必须工程菌株 EGT－8 视为未保藏，但根据本申请说明书中公开的信息，本领域技术人员能够获得该生物材料，也就是说，就该 EGT－8 菌株的确认而言，本申请中未对其进行保藏的事实不会致使所属技术领域的技术人员不能实施本申请的技术方案，因此本申请说明书对该生物材料的公开是充分的，符合《专利法》第 26 条第 3 款的规定。

（三）关于《专利法实施细则》第 20 条第 1 款

《专利法实施细则》第 20 条第 1 款规定："权利要求书应当说明发明或者实用新型的技术特征，清楚、简要地表述请求保护的范围。"

在本案中，复审通知书中还指出，由于本申请中的菌株 EGT－8 视为未提交保藏，故采用保藏号来限定该菌株产品的权利要求 1 的技术方案不能清楚地表述其请求保护的范围，不符合《专利法实施细则》第 20 条第 1 款的规定。

针对上述审查意见，复审请求人修改了申请文本，将权利要求 1 中用保藏号来限定 EGT－8 菌株产品的技术特征删除，从而克服了复审通知书中指出的上述缺陷。

基于以上事实和理由，本案合议组作出以下审查决定。

在复审请求人于 2008 年 8 月 4 日提交的修改文本的基础上撤销国家知识产权局于 2006 年 3 月 10 日对第 01126900.6 号发明专利申请作出的驳回决定，由原审查部门在本决定针对的文本基础上继续进行审查程序。

三、评析

这是一篇涉及生物材料的保藏和公开充分问题的决定，其案由描述清楚、程序处理得当，整体行文简洁流畅、重点突出。

申请文件中涉及一种必要的生物材料，虽然记载了其保藏号，但申请人并未按照规定在自申请日起的 4 个月内提交保藏证明和存活证明，由于初审部门的疏忽，未告知申请人这一问题并要求其补正，实质审查阶段审查员指出该生物材料手续不合格而视为未保藏，申请人此时提交保藏证明和存活证明为时已晚。在复审程序中，申请人对此持有异议，认为是初审部门的未告知问题才造成了其耽误提交补正和恢复保藏的时机，如果后续程序中不接受该保藏证明和存活证明对申请人来说是不公平的。

从该决定案由部分可以看出，合议组通过复审通知书对上述问题作出了如下处理：认定初步审查过程中未发出生物材料样品视为未保藏通知书确有不当，但是申请人未在规定期限内提交菌种保藏证明和存活证明，责任在其自身。合议组对审查部门的程序瑕疵既没有刻意回避，同时又纠正了申请人对于不利后果的错误归责方式，体现了客观公正。

该案涉及的另一问题是说明书是否充分公开，一般来说必要生物材料未保藏往往会导致说明书未充分公开，但此案较为特殊，申请文件中还公开了该必要生物材料的基因工程制备方法，并且其内容表明该生物材料是可以重复制得的，因而本申请中说明书是否公开充分的问题焦点就转移到了所述基因工程方法是否公开充分上。该基因工程方法包括数个步骤，并涉及多个基因序列、酶切位点、工程菌株等，合议组对说明书中的内容进行了详细审查，根据说明书中公开的起始质粒材料图谱，确认了各步骤所用到的基因序列、酶切位点、工程菌株等均属于申请日前可以得到的现有技术，由此认定本领域技术人员根据说明书记载的内容可以制备出该必要生物材料。该决定说理透彻、逻辑严谨，对没有保藏证明的申请文件如何认定充分公开问题具有指导作用。

（国家知识产权局专利复审委员会　周　航　杨军艳　倪晓红）

案例 3　涉及修改超范围的判断

一、案由

本复审请求涉及申请号为 200410026438.3，名称为“一种基因工程重组技术制备 HIV 融合抑制肽的方法”的发明专利申请，其申请日为 2004 年 3 月 10 日，公开日为 2005 年 9 月 28 日，申请人为深圳大学。

针对上述发明专利申请，国家知识产权局专利初审部门于 2004 年 5 月 14 日发出补正通知书，指出申请人所提交的含有核酸和/或氨基酸序列的发明专利申请中的计算机可读形式的副本不符合中华人民共和国知识产权行业标准 ZC003－2001。

针对该补正通知书，申请人于 2004 年 5 月 24 日提交了电子版序列表，并提交了打印的纸件核苷酸/氨基酸序列表。

在继续审查过程中，国家知识产权局专利初审部门于 2004 年 10 月 1 日发出补正通知书，指出申请人提交的意见陈述书不合格，应当按照国家知识产权局第 15 号局长令所要求的格式提交格式正确的核苷酸和/或氨基酸序列表电子文件。申请人于 2004 年 11 月 4 日提交了意见陈述书，其中认为已按照国家知识产权局第 15 号局长令提交了序列表的电子文件，并请专利初审部门指明不合格之处。

国家知识产权局专利初审部门分别于 2004 年 12 月 10 日、2005 年 3 月 25 日、2005 年 4 月 29 日发出补正通知书，指出：所提交的软盘中数据可以读取,但是不能保存;申请人应当按照国家知识产权局第15号局长令所要求的格式重新提交计算机可读形式的副本。

针对这些补正通知书,申请人于2005年2月24日提交了光盘和纸件形式的核酸/氨基酸序列表;于2005年4月1日提交了软盘形式的核酸/氨基酸序列表;于2005年6月15日提交了软盘和纸件形式的核酸/氨基酸序列表。

国家知识产权局专利初审部门在申请人于2005年6月15日的提交意见陈述书中签署了"软盘已存库,合格,序列表供实审参考"的意见,在2005年6月15日提交的软盘上签署"合格"字样,并于2005年7月8日发出发明专利申请初步审查合格通知书。

本申请进入实质审查程序后,国家知识产权局专利实质审查部门于2006年2月10日将本申请的案卷返回初审部门,指出本申请的申请日无法确定,请初审部门处理。初审部门签署如下意见:"申请日确定无误,序列表纸件是后交的,不存在重新确定申请日的问题,序列表内容供实审参考。"

在实质审查过程中,国家知识产权局专利实质审查部门于2006年5月12日发出第一次审查意见通知书,指出本申请说明书中所记载的SEQ ID NO:1和SEQ ID NO:2的具体序列表没有记载在原始说明书和权利要求书中,该修改不符合《专利法》第33条的规定。

针对上述审查意见,申请人于2006年7月13日提交了意见陈述书,指出提供序列表的目的就是为了使得发明申请充分公开,而申请人在申请时已经提交了相关材料,并且每次补正时均提交了纸件形式的序列表,且每次的序列表均一致。

经再次审查,国家知识产权局专利实质审查部门于2006年10月13日作出驳回决定,以本申请不符合《专利法》第33条为由,驳回了本发明专利申请,其具体理由是:申请人在2005年6月15日提交的修改文本中,增加了纸件形式的序列表。但是,由于原始提交的说明书和权利要求书中没有记载这些序列,尽管申请人在申请日提交了计算机可读形式的序列表,但其不能作为审查文本,也不是原始说明书的一部分,因此申请人对申请文件所进行的上述修改既不是原说明书和权利要求书记载的内容,也不能根据原说明书和权利要求书文字记载的内容直接地、毫无疑义地确定,因此该修改超出了原申请文件记载的范围,不符合《专利法》第33条的规定。

驳回决定所依据的文本为:本申请的申请日2004年3月10日提交的原始申请文件的权利要求第1~6项、说明书第1~7页和说明书摘要;2005年6月15日提交的序列表1~3页。

申请人深圳大学(以下简称复审请求人)对上述驳回决定不服,于2006年11月17日向专利复审委员会提出了复审请求。复审请求人认为:复审请求人在专利申请当日就已经提交"打印软盘一份",并提交了"核苷酸或氨基酸序列表计算机可读载体",且国家知识产权局的多次补正通知书中也认为,所提交的软盘中的数据可以读取;复审请求人在每次补正时,都提交了计算机可读形式的副本和纸件形式的序列表;在申请过程中未对序列表作任何修改,因此修改超范围的审查意见是不恰当的。

经形式审查合格,专利复审委员会依法受理了该复审请求,于2007年1月10日发出了复审请求受理通知书,同时将原案转送至原实质审查部门进行前置审查。

原实质审查部门在前置审查意见书中坚持认为本申请的修改不符合《专利法》第33条的规定,坚持原驳回决定。

随后,专利复审委员会成立合议组对本案进行审理。

本案合议组于2008年8月25日发出复审通知书,指出复审请求人于2005年6月15日提交了纸件形式的氨基酸和核酸序列表,其中氨基酸序列表中的第156位的Cys和第222位的Leu与申请日提交的计算机可读形式的副本的序列表中第156位的Leu和第222位的Len不同,该修改不符合《专利法》第33条的规定。

复审请求人于2008年9月17日提交了意见陈述书,并提交了纸件形式的序列表的修改替换页(共3页),其中将氨基酸序列表中第156位的Cys和第222位的Leu分别修改成Leu和Len。

至此,合议组认为本案事实已经清楚,现依法作出复审决定。

二、决定的理由及结论

(一)审查文本

2004年3月10日提交的权利要求第1~6项、说明书第1~7页以及说明书摘要;2008年9月17日提交的纸件形式的序列表第1~3页。

（二）关于在本申请说明书中增加纸件序列表是否符合《专利法》第33条的规定

驳回决定认为：申请人在2005年6月15日提交的修改文本中，增加了纸件形式的序列表。计算机可读形式的副本不能作为审查文本，也不是原始说明书的一部分，依据该副本在说明书中增加纸件形式的序列表的修改超出原始申请文件记载的范围，不符合《专利法》第33条的规定。

《专利法》第33条规定：申请人可以对其专利申请文件进行修改，但是，对发明和实用新型专利申请文件的修改不得超出原说明书和权利要求书记载的范围。

合议组认为，修改发明和实用新型专利申请文件不得超出原说明书和权利要求书记载的范围。所谓原说明书和权利要求书记载的范围，是指在申请日所提交的说明书（包括附图）和权利要求书所表达的内容，以及本领域技术人员从说明书和权利要求书所表达的内容中能够直接确定的内容。修改不得超出原说明书和权利要求书记载的范围，是指不得以增添、删节或者替换等方式修改，导致修改后的申请文件中增加了原说明书和权利要求书没有记载并且又不能从其中直接确定的内容。之所以规定修改不得超出原说明书和权利要求书记载的范围，是因为我国专利制度采用的是先申请原则。如果允许申请人对申请文件的修改超出原始提交的说明书和权利要求书记载的范围，就会违背先申请原则，造成对其他申请人来说不公平的后果。

从《专利法》第33条的立法精神可以看出，对申请文件的修改内容应当在申请日所提交的申请文件中有记载，否则无法判断申请人是否在其申请之日完成其发明创造，以及所完成的发明创造的具体内容，从而导致对其他申请人的不公平。

"说明书"是专利申请文件中的一个重要部分，主要记载与其发明创造相关的技术内容或信息。"原说明书"是指申请日提交的说明书。

对《专利法》第33条所述的"原说明书"的理解，重要的是"原说明书"是指一份记载了有关发明创造相关内容的文件和其原始性，而不是其记载载体是纸件或是电子件。因此，"原说明书"不应仅理解为以纸件形式记载的内容，还应包括以计算机可读形式记载的相关内容。

对于涉及核苷酸或氨基酸的发明专利申请，根据《专利法实施细则》第18条第（5）项和《审查指南》的要求，应当提交根据国家知识产权局发布的《核苷酸和/或氨基酸序列表和序列表电子文件标准》撰写的序列表，该序列表应作为单独部分描述并置于说明书最后。根据《审查指南》的规定可以理解其包括两个部分要求，第一是实质内容的要求，即申请人应当提交核苷酸和/或氨基酸序列表；第二是序列表提交的形式要求，即一份纸件序列表应置于纸件说明书的最后，以及计算机可读形式的副本。

根据上述对《专利法》第33条及"原说明书"的理解，对于本发明专利申请来说，原说明书中已包括或记载了所述序列表，但其只提交了该序列表计算机可读形式的副本，未提交该序列表的纸件并置于纸件说明书的最后，只是属于形式上不符合《审查指南》的要求，对于申请文件中所存在的形式缺陷，专利审查制度设计中通常是允许申请人通过补正来克服的。因此，申请人基于原说明书中所述序列表计算机可读形式副本在纸件说明书中增加该序列表的相关内容，不违反《专利法》第33条规定的对申请文件的修改原则。

从本专利申请初步审查程序中可以看出，申请人在申请日所提交的申请文件中，包括计算机可读形式的核酸/氨基酸序列表，该序列表可以打开并读取相关内容，只是文件格式不符合《核苷酸和/或氨基酸序列表和序列表电子文件标准》而不能保存。在复审审查程序中，复审请求人于2008年9月17日提交的纸件形式的序列表中记载的核酸序列和氨基酸序列与申请日提交的计算机可读形式的副本中的核酸/氨基酸序列完全一致，因此该修改未超出原说明书记载的范围，符合《专利法》第33条的规定。

根据上述事实和理由，合议组作出如下审查决定。

撤销国家知识产权局于2006年10月13日对200410026438.3号发明专利申请作出的驳回决定，由国家知识产权局原审查部门在本复审决定所针对的文本的基础上对本申请继续进行审查。

三、评析

该复审审查决定涉及的技术内容不难理解，但法律问题较复杂。整个决定的撰写简洁明了，文笔流畅，特别是《专利法》第33条对本案适用的解释值得借鉴。

第一，案由撰写重点突出，详略得当。

本案的审查过程既涉及初步审查过程中的多

次补正，又涉及在实质审查过程中将案卷返回初审部门之后的处理，该过程中的一些具体审查意见构成决定理由的重要依据。因此，在该决定的案由中有关初审程序的描述，着重强调了初审部门对于请求人提交的记载着核酸/氨基酸序列表的软盘所签署的审查意见：请求人所提交的软盘中的数据可以读取，但不能保存。由于“数据可以读取”是决定理由中认定修改是否符合《专利法》第33条规定的基础，因此该决定尽可能详尽地描述了相关具体审查意见，而对于其他初步审查意见则简单概括。

第二，决定的理由论述充分，逻辑严谨，从立法宗旨对法条本意进行了深入分析。

该决定对于本案是否符合《专利法》第33条的规定论述深入、精准。在专利审批过程中对申请文件的修改是否符合《专利法》第33条的规定是近年来审查的重点、难点。该决定首先从对原申请文件的理解入手，解释了修改不得超出原申请文件记载的范围的含义和《专利法》第33条的立法宗旨；其次解释了原申请文件强调的是技术内容的原始性，而不在于其记载的载体形式，并分析了《审查指南》中关于提交序列表的相关规定，指出该规定应理解为包括实质内容的要求和形式要求两个方面。基于上述理解，结合本案在审查过程中有关序列表可以读取但不能保存的审查意见，得出复审请求人对申请文件的修改虽然形式上不符合要求，但从实质内容上并没有违背《专利法》第33条的立法本意，因此得出修改没有超过原申请文件记载的范围的结论。整个论述过程逻辑严密，说理充分，对于《专利法》第33条的审查有着很好的借鉴意义。

第三，决定要点对本案的法律适用概括准确有依据，并与决定结论相适应。

（国家知识产权局专利复审委员会　刘　铭　陈迎春　倪晓红）

案例4　关于多个无效宣告请求的审查

一、案由

本无效宣告请求涉及国家知识产权局2000年6月14日授权公告的、名称为“一种可拆的方向把式车把手”的实用新型专利，其申请号为99233491.8，申请日为1999年6月8日，专利权人是蔡水德。授权公告的权利要求书如下：

“1. 一种可拆的方向把式车把手，由把手架竖管(211)，把手架横管(214)，左、右车把手(3)、(4)，U形弹性扣(5)，弹性软索(6)组成，其特征在于：把手架横管(214)两端各设有一圈定位孔(212)、(213)并固装在把手架竖管(211)端部，左、右车把手(3)、(4)的一端部各设有两对称通孔(311)、(411)，U形弹性扣(5)两端各设有一定位凸齿(51)且嵌装于对称通孔(311)、(411)中，左、右车把手(3)、(4)则插装于把手架横管(214)两端，且U形弹性扣(5)两端的定位凸齿(51)则嵌卡于定位孔(212)、(213)中，而将左、右车把手与把手架横管(214)相互定位，弹性软索(6)穿装在把手架横管(214)中，两端各固定在左、右车把手(3)、(4)内。”

针对上述专利权（以下简称本专利），信隆实业（深圳）有限公司（以下简称请求人1）于2003年1月23日向专利复审委员会提出了无效宣告请求（针对本专利的第一次无效宣告请求），其理由是本专利不具备创造性，不符合《专利法》第22条第3款的规定，请求专利复审委员会宣告本专利全部无效，并提供如下证据：

证据1—1：申请号为83208910的台湾专利说明书复印件及国家知识产权局专利检索咨询中心出具的有关该专利的检索资料复印件，其公告日为1995年7月11日；

证据1—2：请求人声称是1998年3月29日出版的《台湾自行车产品导览》中台湾久鼎公司的滑板车广告复印件2页；

证据1—3：(2001)标审异字第3791号国家工商行政管理局商标局转送商标异议书的通知以及所附商标异议书副本和相关证明材料的复印件、国家工商行政管理总局商标局于2002年10月31日针对“RAZOR”商标向信隆车料（深圳）有限公司转送的商标异议答辩通知书及所附商标异议书副本和相关证明材料的复印件；

证据1—4：涉及台湾久鼎实业股份有限公司网页上产品介绍的(2003)深证经字第1027号公证书及部分中文译文复印件，共11页。

请求人1认为：证据1—1、1—2、1—3、1—4结合可以证明本专利不具备创造性。

经审查，上述无效宣告请求符合专利法及其实施细则规定的形式要求，专利复审委员会于2003年1月23日予以受理并将专利权无效宣告请求书及所附证据材料的副本转送给专利权人，并成立合议组对此案进行审查。

专利权人于2003年3月4日针对上述专利无效宣告请求进行了意见陈述，认为请求人1提供的证据不能证明本专利不具备创造性，请求专利复审委员会作出维持本专利有效的决定。

请求人1于2003年2月22日和2003年2月24日分两次提交了下列补充证据：

证据1－5：授权公告号为US469592的美国专利说明书复印件及其中文译文，其公开日为1892年2月23日；

证据1－6：授权公告号为US3863521的美国专利说明书复印件，其公开日为1975年2月4日；

证据1－7：授权公告号为US602095的美国专利说明书复印件，其公开日为1898年4月12日；

证据1－8：授权公告号为US610736的美国专利说明书复印件，其公开日为1898年9月13日。

合议组于2004年9月14日将请求人1提交的上述补充证据转送给专利权人，将专利权人提交的意见陈述转送给请求人1，并向请求人1发出外文证据处理通知书，要求其在规定的期限内提交证据1－6、1－7、1－8的中文译文。

请求人1于2004年9月28日提交了证据1－6、1－7、1－8的中文译文。合议组于2004年10月12日将上述中文译文转送给专利权人。

针对本专利，天旗运动用品（宁波）有限公司（以下简称请求人2）于2003年10月22日向专利复审委员会提出了无效宣告请求（针对本专利的第二次无效宣告请求），其理由是本专利不符合《专利法》第22条第2款、第3款的规定，不具备新颖性和创造性，请求专利复审委员会宣告本专利全部无效，并提供如下3份证据：

证据2－1：（2001）标审异字第3791号国家工商行政管理局商标局转送商标异议书的通知以及所附商标异议书副本和相关证明材料的复印件；

证据2－2：（2003）深证经字第1027号公证书复印件，共46页；

证据2－3：授权公告号为US5144859的美国专利说明书复印件及其中文译文，其授权公告日为1992年9月8日。

请求人2认为：证据2－3与证据2－1、2－2结合破坏本专利的创造性。

经审查，上述无效宣告请求符合专利法及其实施细则规定的形式要求，专利复审委员会于2003年10月22日予以受理并将专利权无效宣告请求书及所附证据材料的副本转送给专利权人，并成立合议组对此案进行审查。

专利权人于2003年11月26日针对上述专利无效宣告请求进行了意见陈述，认为请求人2提供的证据不能证明本专利不具备创造性，请求专利复审委员会作出维持本专利有效的决定。

请求人2于2003年11月4日提交了下列补充证据：

证据2－4：授权公告号为US469592的美国专利说明书复印件及其中文译文，其公开日为1892年2月23日；

证据2－5：申请号为83208910的台湾专利说明书复印件，其公告日为1995年7月11日；

证据2－6：授权公告号为US4417745的美国专利说明书复印件及其中文译文，公开日为1983年11月29日。

合议组于2004年9月14日将请求人2的补充证据转送给专利权人，将专利权人的意见陈述转送给请求人2。

针对本专利，请求人1于2003年12月2日再次向专利复审委员会提出了无效宣告请求（针对本专利的第三次无效宣告请求），其理由是本专利不具备创造性，不符合《专利法》第22条第3款的规定，请求专利复审委员会宣告本专利全部无效，并提供如下证据：

证据3－1：授权公告号为US5144859的美国专利说明书复印件及其中文译文，其授权公告日为1992年9月8日；

证据3－2：申请号为83208910的台湾专利说明书复印件，其公告日为1995年7月11日；

证据3－3：（2001）标审异字第3791号国家工商行政管理局商标局转送商标异议书的通知以及所附商标异议书副本和相关证明材料的复印件、国家工商行政管理总局商标局于2002年10月31日针对“RAZOR”商标向信隆车料（深圳）有限公司转送的商标异议答辩通知书及所附商标异议书副本和相关证明材料的复印件、国家工商行政管理总局商标局于2002年11月14日针对“JDBUG”商标向信隆车料（深圳）有限公司转送的商标异议答辩通知书及所附商标异议书副本和相关证明材料的复印件；

证据3－4：（2003）深证经字第1027号公证书复印件，共43页。

请求人1认为：证据3－1、3－2、3－3、3－4

结合可以证明本专利不具有创造性。

经审查，上述无效宣告请求符合专利法及其实施细则规定的形式要求，专利复审委员会于2003年12月3日予以受理并将专利权无效宣告请求书及所附证据材料的副本转送给专利权人，并成立合议组对此案进行审查。

专利权人于2004年1月12日针对上述专利无效宣告请求进行了意见陈述，认为：请求人1提供的证据不能证明本专利不具备创造性，请求专利复审委员会作出维持本专利有效的决定。

合议组于2004年9月14日将专利权人的意见陈述转送给请求人1。

针对上述专利权，请求人2于2004年7月2日向专利复审委员会提出了无效宣告请求（针对本专利的第四次无效宣告请求），其理由是本专利不符合《专利法》第22条第2款、第3款的规定，不具备新颖性和创造性，请求专利复审委员会宣告本专利全部无效，并提供如下证据：

证据4－1：中华人民共和国驻菲律宾大使馆领事部出具的认证书复印件；

证据4－2：菲律宾共和国外交部官员Rosabelle Q. Toledo签署的证明文件复印件及中文译文；

证据4－3：菲律宾总统府第三长官Ogene A. Angeles签署的证明文件复印件及中文译文；

证据4－4：菲律宾马尼拉法院官员Jennifer H. Dela Cruz buendia签署的证明文件复印件及中文译文；

证据4－5：包含有菲律宾律师Kenton S. Sua的宣誓誓言及公证员Jude Jose F. Latorre J R.的公证词的宣誓书复印件和中文译文；

证据4－6：ZIGMA销售中心有限公司总裁Tyrone Sioco出具的证明材料复印件及中文译文；

证据4－7：ZIGMA销售中心有限公司1998年产品目录复印件及部分中文译文；

证据4－8：DE3724427A1专利说明书复印件，共3页。

经审查，上述无效宣告请求符合专利法及其实施细则规定的形式要求，专利复审委员会于2004年7月5日予以受理并将专利权无效宣告请求书及所附证据材料的副本转送给专利权人，并成立合议组对此案进行审查。

专利权人于2004年8月20日针对上述专利无效宣告请求进行了意见陈述，认为请求人2提供的证据不能证明本专利不具备创造性，请求专利复审委员会作出维持本专利有效的决定，同时提交了下列反证：

反证1：深圳市台商协会公明光明联谊会写给深圳市台商协会信函的复印件及深圳市台商协会出具的证明复印件；

反证2：菲律宾ZIGMA销售中心成立和注销材料原件及其中文译文。

合议组于2004年9月14日将专利权人的意见陈述及上述反证转送给请求人2。

专利复审委员会根据《审查指南》第四部分第三章第3.5节规定的合案审查原则，对上述四个专利权无效宣告请求进行合案审理，并于2004年11月3日针对上述四个专利权无效宣告请求举行了合并口头审理。

通过对上述四个专利权无效宣告请求的口头审理，专利复审委员会认为：证据2－3和证据4－7可以作为评价本专利创造性的现有技术，本领域普通技术人员在证据2－3和证据4－7所公开的技术内容的基础上结合本领域的常规设计得到本专利权利要求1所限定的技术方案是显而易见的，因此本专利权利要求1所限定的技术方案不具备创造性。专利复审委员会于2004年12月10日针对上述四个专利权无效宣告请求作出第6695号无效宣告请求审查决定（以下简称第6695号决定），宣告本专利全部无效。

专利权人对专利复审委员会作出的第6695号决定不服，在法定期限内向北京市第一中级人民法院（以下简称一审法院）提起诉讼，请求一审法院判决撤销第6695号决定。

一审法院针对专利权人的上述诉讼请求于2005年12月26日作出（2005）一中行初字第362号行政判决（以下简称一审判决）。一审法院认为：专利复审委员会依据现有证据认定证据4－7构成本专利的现有技术是错误的，专利复审委员会作出的第6695号决定认定事实不清，适用法律错误，本院应予撤销。依照《专利法》和《行政诉讼法》的相关规定，作出判决如下：（1）撤销国家知识产权局专利复审委员会作出的第6695号无效宣告请求审查决定的判决；（2）国家知识产权局专利复审委员会重新就第99233491.8号“一种可拆的方向把式车把手”实用新型专利权作出无效宣告请求审查决定。

专利权人、请求人1和请求人2对一审判决不服，分别在法定期限内向北京市高级人民法院（以下简称二审法院）提起上诉，请求人1和请求人2请求二审法院依法撤销一审判决,维持专利复审委员会作出的第6695号无效宣告请求审查决定,专利权人请求二审法院撤销一审判决第二项,改判维持本专利有效。

二审法院针对上诉人(即专利权人、请求人1和请求人2)的上述上诉请求于2006年6月16日作出(2006)高行终字第224号行政判决(以下简称二审判决)。二审法院认为:证据4—7的真实性无法认定,故第6695号决定以证据4—7和证据2—3的组合评述本专利创造性的基础已不存在,应予撤销。由于专利复审委员会未对请求人1和请求人2提交的所有证据进行审查,其应当在本案查明事实的基础上重新作出无效审查决定。专利复审委员会作出的第6695号决定认定事实不清,适用法律错误,应予撤销。一审判决认定事实清楚,适用法律正确,应予维持。依照《行政诉讼法》第61条第(1)项的规定,判决如下:驳回上述,维持原判。本判决为终审判决。

专利复审委员会根据已生效的二审判决,重新成立合议组,对上述四次无效宣告请求重新进行审查。

针对本专利,请求人2于2006年8月1日向专利复审委员会提出了无效宣告请求(针对本专利的第五次无效宣告请求),其理由是本专利不符合《专利法》第22条第3款的规定,不具备创造性,请求专利复审委员会宣告本专利全部无效,并提供如下3份证据:

证据5—1:授权公告号为CH675231 A5的瑞士专利说明书的复印件及其中文译文,其授权公告日为1990年9月14日;

证据5—2:授权公告号为US5144859的美国专利说明书复印件及其中文译文,其授权公告日为1992年9月8日;

证据5—3:公开号为DE3724427A1的德国专利申请公开说明书复印件及其中文译文,其公开日为1989年2月2日。

请求人2认为:证据5—2与证据5—1、5—3结合破坏本专利权利要求1所限定的技术方案的创造性。

经审查,上述无效宣告请求符合专利法及其实施细则规定的形式要求,专利复审委员会于2006年8月1日予以受理并将专利权无效宣告请求书及所附证据材料的副本转送给专利权人,并成立合议组对此案进行审查。

请求人2分别于2006年8月25日和2006年8月29日分两次补充提交了下列证据:

证据5—4:国家知识产权局专利检索咨询中心出具的编号为G061261的检索报告复印件;

证据5—5:授权公告号为CN2187581Y的中国实用新型专利说明书的复印件;

证据5—6:申请号为92208391.6的中国实用新型专利说明书的复印件;

证据5—7:授权公告号为US3863521的美国专利说明书复印件及其中文译文;

证据5—8:国家知识产权局专利复审委员会于2004年12月10日针对本专利作出的第6695号无效宣告请求审查决定书的复印件。

请求人2未结合上述补交的证据具体说明其请求宣告本专利无效的理由。

专利权人于2006年12月12日针对上述专利无效宣告请求进行了意见陈述,专利权人认为证据5—2与证据5—1、5—3结合不能破坏本专利权利要求1所限定的技术方案的创造性,请求专利复审委员会作出维持本专利有效的审查决定。

合议组于2007年8月23日将请求人2的补充证据转送给专利权人,将专利权人的意见陈述转送给请求人2。

合议组根据《审查指南》第四部分第三章第4.5节关于案件的合并审理的规定,对上述五个专利权无效宣告请求进行合案审理,并于2007年8月23日向请求人1、请求人2和专利权人针对上述五个专利权无效宣告请求发出口头审理通知书,定于2007年9月17日在专利复审委员会进行口头审理。

口头审理如期举行,请求人1、请求人2和专利权人均参加了本次口头审理。

口头审理过程中,合议组首先对请求人1于2003年1月23日和2003年12月2日提出的两次无效宣告请求进行了合并审理,请求人1当庭明确其无效宣告请求为本专利不符合《专利法》第22条第3款关于创造性的规定,并且对其在两次无效宣告请求中提出的证据重新编号,其中所使用的证据如下:

证据1:申请号为83208910的台湾专利说明书复印件,其公告日为1995年7月11日;

证据2:1998年3月29日出版的《台湾自行车产品导览》中的台湾久鼎公司滑板车广告复印件2页;

证据3:(2001)标审异字第3791号国家工商

行政管理局商标局转送商标异议书的通知以及所附商标异议书副本和相关证明材料的复印件(共11页);国家工商行政管理总局商标局于2002年10月31日针对“RAZOR”商标向信隆车料(深圳)有限公司转送的商标异议答辩通知书及所附商标异议书副本和相关证明材料的复印件(共10页);

证据4:(2003)深证经字第1027号公证书复印件以及公证书中外文内容的相关部分中文译文,共43页。

证据5:授权公告号为US469592的美国专利说明书复印件及其中文译文,其公开日为1892年2月23日;

证据6:授权公告号为US3863521的美国专利说明书复印件及其中文译文,其公开日为1975年2月4日;

证据7:授权公告号为US602095的美国专利说明书复印件及其中文译文,其公开日为1898年4月12日;

证据8:授权公告号为US610736的美国专利说明书复印件及其中文译文,其公开日为1898年9月13日;

证据9:授权公告号为US5144859的美国专利说明书复印件及其中文译文,其授权公告日为1992年9月8日。

证据10:国家工商行政管理总局商标局于2002年11月14日针对“JDBUG”商标向信隆车料(深圳)有限公司转送的商标异议答辩通知书及所附商标异议书副本和相关证明材料的复印件(共10页)。

请求人1所使用的证据组合方式:证据1、2、3、4结合破坏本专利的创造性;证据1和证据5的组合、证据1和证据6的组合、证据1和证据7的组合或者证据1和证据8的组合能够破坏本专利的创造性;证据9、3、10、4结合破坏本专利的创造性。

专利权人对于请求人1提交的证据1、2、4～9的真实性以及证据4～9的中文译文无异议,对证据3中的“(2001)标审异字第3791号国家工商行政管理局商标局转送商标异议书的通知的复印件”的真实性无异议,但对于其所附商标异议书副本和相关证明材料的真实性有异议。专利权人对证据3中的“国家工商行政管理总局商标局于2002年10月31日针对‘RAZOR’商标向信隆车料(深圳)有限公司转送的商标异议答辩通知书及所附商标异议书副本和相关证明材料的复印件”的真实性有异议,专利权人对证据10的真实性有异议。请求人1和专利权人在口头审理过程中充分发表了各自的意见。

合议组接着对请求人2于2003年10月22日、2004年7月2日、2006年8月1日三次提出的无效宣告请求进行了合并审理。由于请求人2在口头审理过程中未对其于2003年10月22日和2004年7月2日两次提出的无效宣告请求发表意见,故合议组当庭告知请求人2:合议组对请求人2于2003年10月22日和2004年7月2日两次提出的无效宣告请求进行书面审理,对于其在无效宣告请求书和意见陈述书中未结合证据具体说明理由的主张不予审查。请求人2当庭对其于2006年8月1日提出的无效宣告请求发表了意见,当庭明确其无效宣告请求为本专利不符合《专利法》第22条第3款关于创造性的规定,所使用的证据为证据5－1至证据5－8,合议组当庭告知请求人2由于其未结合证据5－4至5－8具体说明请求无效的理由,因此合议组对其提交的证据5－4至5－8不予审查,请求人2对此无异议,并且明确其证据使用方式为:证据5－1、5－2、5－3结合破坏本专利的创造性。专利权人对于请求人2提交的证据5－1、5－2、5－3的真实性以及其中文译文无异议。请求人2和专利权人在口头审理过程中充分发表了各自的意见。

针对上述专利权,元渝机械(深圳)有限公司(请求人3)于2007年1月22日向专利复审委员会提出了无效宣告请求(针对本专利的第六次无效宣告请求),其理由是本专利不符合《专利法》第22条第2款的规定,不具备新颖性,请求专利复审委员会宣告本专利全部无效,并提供如下证据:

证据6－1:请求人3声称的1998年3月出版的*TBG BICYCLE TODAY*杂志第80页、第81页的复印件;

证据6－2:请求人3声称的1999年3月出版的*TBG BICYCLE TODAY*杂志第90页的复印件;

证据6－3:请求人3声称的台湾凯萨克科技股份有限公司于1998年12月购买的产品的外包装以及外包装上印刷的安装使用说明和附图的复印件。

请求人3认为证据6－1、6－2、6－3结合可以证明本专利不具备新颖性。

经审查,上述无效宣告请求符合专利法及其

实施细则规定的形式要求，专利复审委员会于2007年3月13日予以受理并将专利权无效宣告请求书及所附证据材料的副本转送给专利权人，并成立合议组对此案进行审理。

专利权人于2007年4月25日针对上述专利无效宣告请求进行了意见陈述，认为证据6－1、6－2、6－3不能证明本专利不具备新颖性，请求专利复审委员会作出维持本专利有效的决定。

合议组于2007年8月23日向请求人3和专利权人发出口头审理通知书，订于2007年12月24日在专利复审委员会进行口头审理，并在发出口头审理通知书的同时将专利权人于2007年4月25日提交的意见陈述书转送给请求人3。

口头审理如期举行，请求人3和专利权人均参加了此次口头审理。在口头审理过程中，请求人3明确其无效宣告请求的理由为本专利不符合《专利法》第22条第2款的规定，专利权人对证据6－1、6－2、6－3的真实性提出异议，请求人当庭未出示证据6－1、证据6－2的原件，未能提供证据6－3中所涉及的产品以及产品的包装和在外包装上印刷的安装使用声明书与附图的原件。请求人3和专利权人在口头审理过程中充分发表了各自的意见。

至此，合议组经过合议，认为涉及本案的有关事实已经清楚，可以作出审查决定。

二、决定的理由及结论

（一）关于新颖性和创造性

根据《专利法》第22条第2款的规定，新颖性是指在申请日以前没有同样的发明或者实用新型在国内外出版物上公开发表过，在国内公开使用过或者以其他方式为公众所知，也没有同样的发明或者实用新型由他人向国务院专利行政部门提出过申请并且记载在申请日以后公布的专利申请文件中。

《专利法》第22条第3款规定，创造性是指同申请日以前已有的技术相比，该发明有突出的实质性特点和显著的进步，该实用新型有实质性特点和进步。

（二）关于对请求人1分别于2003年1月23日和2003年12月2日两次提出的无效宣告请求的审查

请求人1以不具有创造性作为本专利无效宣告请求的理由。请求人1在上述两次无效宣告请求中使用的证据为证据1～10，请求人1提出了下列三个关于本专利不具有创造性的主张：(1)证据1公开了一种脚踏车副把手的结构，其中公开了本专利权利要求1的大部分技术特征，与本专利权利要求1相比，证据1中没有公开“弹性软索”以及“弹性软索穿装在把手架横管中，两端各固定在左、右车把手内”这两个技术特征，证据2的图片中显示了一种弹性软索连接在左、右车把手之间的结构，证据3中商标异议人台湾久鼎实业股份有限公司提供给国家工商行政管理局商标局的证据材料中关于RAZOR和JDRAZOR商标在中国的销售凭证复印件可以证明台湾久鼎实业股份有限公司的MS－130型滑板车在本专利申请日前在国内已公开销售，证据4可以证明台湾久鼎实业股份有限公司生产的MS－130型滑板车具有弹性软索连接在左、右车把手之间的结构，因此证据3和4结合可以证明本专利申请日前在国内销售的由台湾久鼎实业股份有限公司生产的MS130型滑板车具有弹性软索连接在左、右车把手之间的结构这一事实，因此证据1、2、3、4结合破坏本专利的创造性；(2)证据5、6、7、8都公开连接在左、右车把手之间的类似于弹性软索的结构，因此证据1和证据5的组合，证据1和证据6的组合，证据1和证据7的组合或者证据1和证据8的组合能够破坏本专利的创造性；(3)证据9公开了一种车把用的多位旋转接头，其中公开了本专利权利要求1的大部分技术特征，与本专利权利要求1相比，证据9中没有公开“弹性软索”以及“弹性软索穿装在把手架横管中，两端各固定在左、右车把手内”这两个技术特征，证据3、4和证据10结合可以证明在本专利申请日前在国内销售的由台湾久鼎实业股份有限公司生产的MS－130型滑板车具有弹性软索连接在左、右车把手之间的结构这一事实，因此证据9、3、10、4结合破坏本专利的创造性。

下面合议组对请求人1提出的上述三个关于本专利不具有创造性的主张分别进行评述。

1. 关于证据的认定

专利权人对请求人1提交的证据1、2、4～9的真实性以及证据4～9的中文译文无异议，合议组对证据1、2、4～9的真实性以及证据4～9的中文译文予以认可。

专利权人对证据3中的“(2001)标审异字第3791号国家工商行政管理局商标局转送商标异

议书的通知的复印件”的真实性无异议，但对于其所附商标异议书副本和相关证明材料的真实性有异议。专利权人对证据3中的“国家工商行政管理总局商标局于2002年10月31日针对‘RAZOR’商标向信隆车料(深圳)有限公司转送的商标异议答辩通知书及所附商标异议书的复印件”的真实性有异议，专利权人对证据10的真实性有异议。经核实，合议组对证据3中的“(2001)标审异字第3791号国家工商行政管理局商标局转送商标异议书的通知的复印件”“国家工商行政管理总局商标局于2002年10月31日针对‘RAZOR’商标向信隆车料(深圳)有限公司转送的商标异议答辩通知书的复印件”以及证据10中的“国家工商行政管理总局商标局于2002年11月14日针对‘JDBUG’商标向信隆车料(深圳)有限公司转送的商标异议答辩通知书的复印件”的真实性予以认可，但对于证据3中的“(2001)标审异字第3791号国家工商行政管理局商标局转送商标异议书的通知”所附的商标异议书副本和相关证明材料的复印件、证据3中的“国家工商行政管理总局商标局于2002年10月31日针对‘RAZOR’商标向信隆车料(深圳)有限公司转送的商标异议答辩通知书”所附的商标异议书副本和相关证明材料的复印件、证据10中的“国家工商行政管理总局商标局于2002年11月14日针对‘JDBUG’商标向信隆车料(深圳)有限公司转送的商标异议答辩通知书”所附的商标异议书副本和相关证明材料的复印件，由于证据3和证据10中的商标异议书副本所附证明材料是商标异议人在申请商标异议案中向国家工商行政管理总局商标局提供的证据，并且上述商标异议书副本所附证明材料都是复印件，合议组无法确定证据3和证据10中的商标异议书副本所附证明材料的真实性，因此合议组对于证据3和证据10中的商标异议书副本所附证明材料的真实性不予认可。

2. 关于请求人1提出的证据1、2、3、4结合破坏本专利的创造性的主张

由于证据3和证据10中的商标异议书副本所附证明材料的真实性无法确定，因此合议组对于请求人1提出的证据3和证据10中的商标异议书副本所附证明材料能够证明由台湾久鼎实业股份有限公司生产的MS130型滑板车在本专利申请日前在国内销售的主张不予支持。

证据4是深圳市公证处出具的(2003)深证经字第1027号公证书，该公证书涉及的事实是公证处于2003年1月10日对从网站http://www.razor—scooter.com及http://www.razorama.com浏览到的关于MS—130型滑板车结构的相关内容进行公证。由于请求人1所提供的证据不能证明由台湾久鼎实业股份有限公司生产的MS—130型滑板车在本专利申请日前在国内公开使用，即请求人1所提供的证据不能证明由台湾久鼎实业股份有限公司生产的MS—130型滑板车可以作为评价本专利创造性的现有技术，因此证据4所涉及的从相关网站浏览到的关于MS—130型滑板车结构的相关内容不能用于评价本专利的创造性。

证据1、2是在本专利申请日之前公开的出版物，可以作为评价本专利创造性的现有技术。

根据《审查指南》第四部分第三章第2.1节关于“一事不再理”的审查原则，对已作出审查决定的无效宣告案件涉及的专利权，以同样的理由和证据再次提出的无效宣告请求的，不予受理和审理。由于国家知识产权局专利复审委员会于2002年11月28日针对本专利作出的并且已生效的第4613号无效宣告请求审查决定中已经作出了本专利权利要求1所限定的技术方案相对于证据1和证据2的结合具有创造性的审查结论，因此合议组根据一事不再理的审查原则不再对证据1和证据2的结合是否能够否定本专利权利要求1的创造性进行审查，依据已生效的第4613号无效宣告请求审查决定，直接认定本专利权利要求1所限定的技术方案相对于证据1和证据2的结合具有创造性。

鉴于证据3中的商标异议书副本所附证明材料的真实性无法确定，证据4所涉及的从相关网站浏览到的关于MS—130型滑板车结构的相关内容不能用于评价本专利的创造性，本专利权利要求1所限定的技术方案相对于证据1和证据2的结合具有创造性，因此合议组对请求人1提出的证据1、2、3、4结合破坏本专利的创造性的主张不予支持。

3. 关于证据1和证据5的组合、证据1和证据6的组合、证据1和证据7的组合或者证据1和证据8的组合能够破坏本专利的创造性

证据5～8是在本专利申请日之前公开的出版物，可以作为评价本专利创造性的现有技术。

证据1公开了一种脚踏车副把手，该副把手

主要包括：上伸缩杆、V形弹簧、下管，其中在上伸缩杆靠近开口的周面上设置通孔，且在上伸缩杆开口处内周缘设置止档凸缘，V形弹簧侧面设置卡制凸粒，下管设有凹孔；V形弹簧的卡制凸粒插装于下管凹孔两端并嵌装于上伸缩杆通孔中以使得上伸缩杆与下管相互定位。

本专利权利要求1所限定的技术方案与证据1所公开的技术方案相比，区别之处主要在于：在本专利权利要求1所限定的技术方案中，车把手是可拆卸的，并且设有穿装于手架横管中且将左右把手相连的弹性软索，而在证据1所公开的方案中，车把手是不可拆卸的且没有设置弹性软索。本专利由于设有穿装于手架横管中且将左右把手相连的弹性软索，因此在将车把手从手架横管拆下时可使得车把手不会与车架分离，能够达到减少占用空间的技术效果。

证据5公开了一种弹簧连接把手，其中在横管内设有弹簧，弹簧两端连接在设置于横管内的块体上。

证据6涉及一种可调节的把手杆，其中公开了一种锁定装置，该锁定装置包括锁定元件，锁定元件接有一根钢丝，钢丝穿过管状手握部分，另一端连接到手握向内延伸部分。

证据7涉及一种自行车把手杆，其中公开了一种锁定装置，该锁定装置包括平板弹簧，在平板弹簧弯曲部分的中间布置有一个开孔，通过该开孔伸出一个拉杆，其内端固定在圆锥体的合适位置，其外端固定在把手杆末端的滑动套筒上。

证据8涉及一种用于自行车把手杆，其中公开了一种滑块移动机构，该滑块移动机构具有滑杆，链条或者执行绳索延伸通过把手杆的一端与滑杆相连，并固定在把手杆的外端。

证据5、6、7、8都没有公开弹性软索穿装于手架横管中且将左右把手相连这样的结构，证据5、6所公开的上述结构的作用是实现车把手的折叠，证据7、8所公开的上述结构的作用是实现车把手绕横管转动角度调节以便调节车把手的高度，因此可以看出证据5、6、7、8公开的上述结构与本专利权利要求1中弹性软索穿装于手架横管中且将左右把手相连的结构不同，而且所实现的功能也不同，本领域技术人员无法从证据5、6、7、8所公开的上述结构中得到，在手架横管中穿装与左右把手相连的弹性软索以达到在将车把手从手架横管拆下时可使得车把手不会与车架分离从而达到减少占用空间的技术效果的技术启示，因此证据1与证据5、证据6、证据7或者证据8结合得到本专利权利要求1所限定的技术方案对于本领域技术人员是非显而易见的，并且本专利权利要求1所限定的技术方案具有有益的技术效果，因此本专利权利要求1所限定的技术方案相对于证据1与证据5、证据6、证据7或者证据8结合具有实质性特点和进步，具有创造性，合议组对于请求人1提出的证据1和证据5的组合、证据1和证据6的组合、证据1和证据7的组合或者证据1和证据8的组合能够破坏本专利的创造性的主张不予支持。

4. 关于请求人1提出的证据9、3、4、10结合破坏本专利的创造性的主张

证据9是在本专利申请日之前公开的出版物，可以作为评价本专利创造性的现有技术。

鉴于证据3和证据10中的商标异议书副本所附证明材料的真实性无法确定，合议组对于请求人1提出的证据3和证据10中的商标异议书副本所附证明材料能够证明由台湾久鼎实业股份有限公司生产的MS－130型滑板车在本专利申请日前在国内销售的主张不予支持，并且证据4所涉及的从相关网站浏览到的关于MS－130型滑板车结构的相关内容不能用于评价本专利的创造性。

证据9公开了一种多位车把旋转接头，该多位车把旋转接头由带按扣的弹性金属体、内管、外管组成，其中带按扣的弹性金属体以受压的方式插入到内管中，内管又从外管的插入端插入外管中。

本专利权利要求1所限定的技术方案与证据9所公开的技术方案相比，区别之处主要在于：在本专利权利要求1所限定的技术方案中，车把手是可拆卸的，并且设有穿装于手架横管中且将左右把手相连的弹性软索，而在证据9所公开的方案中，车把手是不可拆卸的且没有设置弹性软索。本专利由于设有穿装于手架横管中且将左右把手相连的弹性软索，因此在将车把手从手架横管拆下时可使得车把手不会与车架分离，能够达到减少占用空间的技术效果。本领域技术人员根据证据9所公开的技术方案得到本专利权利要求1所限定的技术方案是非显而易见的，并且本专利权利要求1所限定的技术方案具有有益的技术效果，因此本专利权利要求1所限定的技术方案相对于证据9所公开的技术方案具有实质性特点和

进步，具有创造性。

鉴于证据 3 和证据 10 中的商标异议书副本所附证明材料的真实性无法确定，证据 4 所涉及的从相关网站浏览到的关于 MS—130 型滑板车结构的相关内容不能用于评价本专利的创造性，本专利权利要求 1 所限定的技术方案相对于证据 9 所公开的技术方案具有创造性，因此合议组对请求人 1 提出的证据 3、4、9、10 结合破坏本专利的创造性的主张不予支持。

综上，合议组对于请求人 1 提出的关于本专利不具有创造性的主张不予支持。

（三）关于对请求人 2 分别于 2003 年 10 月 22 日、2004 年 7 月 2 日和 2006 年 8 月 1 日三次提出的无效宣告请求的审查

请求人 2 在上述三次无效宣告请求中提出了下列三个关于本专利不具有新颖性和创造性的主张：(1)证据 2—1 中商标异议人台湾久鼎实业股份有限公司提供给国家工商行政管理局商标局的证据材料中关于“RAZOR”和“JDRAZOR”商标在中国的销售凭证复印件可以证明台湾久鼎实业股份有限公司的 MS—130 型滑板车在本专利申请日前在国内公开销售，证据 2—2 可以证明台湾久鼎实业股份有限公司生产的 MS—130 型滑板车具有弹性软索连接在左、右车把手之间的结构，因此证据 2—1 和证据 2—2 结合可以证明在本专利申请日前在国内销售的由台湾久鼎实业股份有限公司生产的 MS—130 型滑板车具有弹性软索连接在左、右车把手之间的结构这一事实，因此证据 2—1 与证据 2—2 结合使用破坏本专利的新颖性，证据 2—1、证据 2—2 和证据 2—3 结合使用破坏本专利的创造性。(2)请求人 2 认为证据 4—1 至 4—6 可以证明证据 4—7 的真实性，证据 4—7 所公开的内容可以破坏本专利的新颖性和创造性。(3)证据 5—2 与证据 5—1、5—3 结合破坏本专利权利要求 1 所限定的技术方案的创造性。

需要说明的是，请求人 2 在上述三次无效宣告请求中还提交了证据 2—4、2—5、2—6、4—8、5—4、5—5、5—6、5—7、5—8，但由于请求人 2 未结合这些证据具体说明理由，因此合议组对证据 2—4、2—5、2—6、4—8、5—4、5—5、5—6、5—7、5—8 不予审查。

下面合议组就请求人 2 提出的上述三个关于本专利不具有创造性的主张分别进行评述。

1. 关于请求人 2 提出的关于证据 2—1 与证据 2—2 结合使用破坏本专利的新颖性以及证据 2—1、证据 2—2 和证据 2—3 结合使用破坏本专利的创造性的主张

证据 2—1 为(2001)标审异字第 3791 号国家工商行政管理局商标局转送商标异议书的通知以及所附商标异议书副本和相关证明材料的复印件，经核实，合议组对证据 2—1 中的“(2001)标审异字第 3791 号国家工商行政管理局商标局转送商标异议书的通知的复印件”的真实性予以认可，但对于证据 2—1 中的“(2001)标审异字第 3791 号国家工商行政管理局商标局转送商标异议书的通知”所附的商标异议书副本和相关证明材料的复印件，由于证据 2—1 中的商标异议书副本所附证明材料是商标异议人在申请商标异议案中向国家工商行政管理总局商标局提供的证据，并且上述商标异议书副本所附证明材料都是复印件，合议组无法确定证据 2—1 的商标异议书副本所附证明材料的真实性，因此合议组对于证据 2—1 中的商标异议书副本所附证明材料的真实性不予认可。

由于证据 2—1 中的商标异议书副本所附证明材料的真实性无法确定，因此合议组对于请求人 2 提出的证据 2—1 中的商标异议书副本所附证明材料能够证明由台湾久鼎实业股份有限公司生产的 MS—130 型滑板车在本专利申请日前在国内销售的主张不予支持。

证据 2—2 是深圳市公证处出具的(2003)深证经字第 1027 号公证书，该公证书涉及的事实是公证处于 2003 年 1 月 10 日对从网站 http://www.razor—scooter.com 及 http://www.razorama.com 浏览到的关于 MS—130 型滑板车结构的相关内容进行公证。由于请求人 2 所提供的证据不能证明由台湾久鼎实业股份有限公司生产的 MS—130 型滑板车在本专利申请日前在国内公开使用，即请求人 2 所提供的证据不能证明由台湾久鼎实业股份有限公司生产的MS—130 型滑板车可以作为评价本专利新颖性和创造性的现有技术，因此证据 4 所涉及的从相关网站浏览到的关于 MS—130 型滑板车结构的相关内容不能用于评价本专利的新颖性和创造性。合议组对于请求人 2 提出的证据 2—1 与证据 2—2 结合使用破坏本专利的新颖性的主张不予支持。

证据 2—3 与请求人 1 提供的证据 9 相同，合

议组认为本专利权利要求1所限定的技术方案相对于请求人1提供的证据9(即请求人2提供的证据2—3)具有创造性,因此合议组对于请求人2提出的证据2—1、证据2—2和证据2—3结合使用破坏本专利的创造性的主张不予支持。

2. 关于请求人2提出的证据4—7破坏本专利的新颖性和创造性的主张

在已生效的(2006)高行终字第224号行政判决中认为请求人2提供的证据4—7的真实性无法确认,因此根据该生效判决的上述认定,认为请求人2提供的证据4—7的真实性无法确认,因此合议组对于请求人2提出的证据4—7破坏本专利的新颖性和创造性的主张不予支持。

3. 关于请求人2提出的证据5—2与证据5—1、5—3结合破坏本专利权利要求1所限定的技术方案的创造性的主张

证据5—1、5—2、5—3是在本专利申请日之前公开的出版物,可以作为评价本专利创造性的现有技术。

证据5—2公开了一种多位车把旋转接头,该多位车把旋转接头由带按扣的弹性金属体、内管、外管组成,其中带按扣的弹性金属体以受压的方式插入到内管中,内管又从外管的插入端插入外管中。

本专利权利要求1所限定的技术方案与证据5—2所公开的技术方案相比,区别之处主要在于:在本专利权利要求1所限定的技术方案中,车把手是可拆卸的,并且设有穿装于手架横管中且将左右把手相连的弹性软索,而在证据5—2所公开的方案中,车把手是不可拆卸的且没有设置弹性软索。本专利由于设有穿装于手架横管中且将左右把手相连的弹性软索,因此在将车把手从手架横管拆下时可使得车把手不会与车架分离,能够达到减少占用空间的技术效果。

证据5—1涉及一种可调的自行车车把,其中公开了这样一种与操作装置相连的弹簧设置在管状中间部件上的结构。

证据5—3涉及一种在镫形握手上固定手刹的配接件,该配接件由一直筒构成,该直筒可推入车把的镫形握手中,从而借助一伸出的弹性定位销实现一种易分离的固定。

证据5—1、5—3都没有公开弹性软索穿装于手架横管中且将左右把手相连这样的结构,证据5—1所公开的上述结构的作用是实现车把手的角度调节,因此可以看出证据5—1、5—3公开的上述结构与本专利权利要求1中弹性软索穿装于手架横管中且将左右把手相连的结构不同,而且所实现的功能也不同,本领域技术人员无法从证据5—1、5—3所公开的上述结构中得到在手架横管中穿装与左右把手相连的弹性软索以达到在将车把手从手架横管拆下时可使得车把手不会与车架分离从而达到减少占用空间的技术效果的技术启示,因此证据5—2与证据5—1、5—3结合得到本专利权利要求1所限定的技术方案对于本领域技术人员是非显而易见的,并且本专利权利要求1所限定的技术方案具有有益的技术效果,因此本专利权利要求1所限定的技术方案相对于证据5—2与证据5—1、5—3的结合具有实质性特点和进步,具有创造性,合议组对于请求人2提出的证据5—2与证据5—1、5—3结合能够破坏本专利的创造性的主张不予支持。

综上,合议组对于请求人2提出的关于本专利不具有新颖性和创造性的主张不予支持。

(四)关于对请求人3于2007年1月22日提出的无效宣告请求的审查

请求人3认为:证据6—1、6—2、6—3可以证明本专利不具备新颖性。

下面合议组对请求人3提出的上述关于本专利不具有新颖性的主张进行审查。

证据6—1:请求人3声称的1998年3月出版的 *TBG BICYCLE TODAY* 杂志第80页、第81页的复印件;证据6—2:请求人3声称的1999年3月出版的 *TBG BICYCLE TODAY* 杂志第90页的复印件;证据6—3:请求人3声称的台湾凯萨克科技股份有限公司于1998年12月购买的产品的外包装以及外包装上印刷的安装使用说明和附图的复印件。专利权人对证据6—1、6—2、6—3的真实性提出异议,请求人在口头审理过程中未出示证据6—1、证据6—2的原件,未能提供证据6—3中所涉及的产品以及产品的包装和在外包装上印刷的安装使用声明书与附图的原件。合议组对于证据6—1、6—2、6—3的真实性无法确认,对于请求人提出的证据6—1、6—2、6—3可以证明本专利不具备新颖性不予支持。

综上所述,请求人1、请求人2、请求人3提出的所有关于本专利不具备新颖性和创造性的主张都不成立,专利复审委员会作出如下决定:维持

99233491.8号实用新型专利权有效。

三、评析

本决定为一份无效宣告请求审查决定。本决定共涉及六次无效宣告请求，针对前四次无效宣告请求专利复审委员会作出宣告专利权全部无效的审查决定后，当事人提起行政诉讼，法院判决撤销该决定，由专利复审委员会重新作出无效宣告审查决定；另外两次无效宣告请求是新案件。

由于本决定的审查结论是维持专利权有效，需要对历次无效宣告请求中涉及的所有无效宣告请求的理由和证据进行审查认定，如果按照常规的处理方式即对各个无效宣告请求分别进行审理和评述，可能会导致审查决定的复杂冗长。本案合议组在案由部分清楚简要地记载了前四次无效宣告请求所涉及的理由、证据、审查结论和法院判决的情况，即仅记载决定理由部分必然涉及的相关内容，而不是简单重复原决定案由部分的所有内容；口头审理过程中合议组在保证各个无效宣告请求相对独立的基础上对每个请求人的主张进行了及时的归纳和梳理，并对某些当事人意见不明确可能影响当事人权利和后续审查的事项给予了及时的告知，为审查决定的撰写提供了依据和奠定了较好的基础。在决定理由部分，对不同当事人的具体主张分别进行了总结，准确全面，条理清楚；并且对相关证据一起认定，相同情况一并处理，对相当多的不同理由处理得自如、得当，把看似复杂的案件处理得相对简单、清楚、层次分明，可以看出合议组清晰的审查思路和对整个案件的掌控能力。

整个审查过程处理得当，决定撰写清楚简练，逻辑严密，说理透彻，对于此类较复杂案件的处理具有借鉴作用。

（国家知识产权局专利复审委员会
魏　屹　宋鸣镝　冯　涛）

案例5　关于使用公开的判断

一、案由

本无效宣告请求涉及国家知识产权局于2006年3月15日授权公告的、名称为“一种多用途无接缝内衬玻璃钢管”的实用新型专利权（以下简称本专利），其专利号是03212935.1，申请日是2003年4月29日，专利权人是孙英久。本专利授权公告时的权利要求书内容如下：

“一种多用途无接缝内衬玻璃钢管，其特征在于，包括：无缝钢管（1）、玻璃管（2）；所述玻璃管（2）的外壁与无缝钢管（1）的内壁热压复合。”

针对本专利，四平市东海石化设备有限公司（以下简称请求人）于2007年7月16日向专利复审委员会提出无效宣告请求，认为本专利不符合《专利法》第22条第2款、第3款的规定，同时请求人提交了如下附件作为证据：

附件1：四平市化工机械厂产品说明书样本的复印件，共8页；

附件2：四平市政府化工医药行业管理办公室出具的“证明”的复印件，共1页，其出具时间为2007年4月5日；

附件3：红岗采油厂物资装备站出具的“玻璃衬里油管使用情况说明”的复印件1页和“玻璃衬里地面管线使用情况说明”的复印件1页，出具时间均为2002年1月10日；

附件4：大庆采油工艺研究所、四平市玻璃厂、长春光机所和上海玻搪研究所共同制定的“搪瓷中间层玻璃衬里石油管道试制技术总结”的复印件，共11页，其封面上记载的日期为“1969年12月15日”；

附件5：吉林省四平市玻璃厂制定的“衬玻璃管道技术总结”的原件，共7页，其封面上记载的日期为“1970年4月20日”，并盖有“四平市玻璃厂革命委员会”红章；以及吉林省四平联合化工厂拉丝车间制定的“有缝钢管衬玻璃管道试用报告”的原件，共4页，其封面上记载的日期为“1967年7月21日”；

附件6：吉林省四平市石油化工设备制造厂制定的“衬玻璃管道技术总结”的原件，共13页，其封面上记载的日期为“1972年4月14日”；

附件7：吉林省四平市化工机械厂制定的“玻璃衬里钢管技术总结”的原件，共12页；

附件8：四平市化工机械厂制定的“衬玻璃油管”的原件，共68页，其封面上记载的日期为“1983年12月”；

附件9：四平市化工机械厂制定的、名称为“衬玻璃油管工艺文件”的技术文件复印件，共25页；四平市化工机械厂技术科制定的“工艺守则（衬玻璃油管）”的复印件，共14页；技术科制定的“专用工艺装备明细表”的复印件，共5页；四平市化工机械厂制定的“标准工具明细表（衬玻璃油管）”的复印件，共2页；四平化工机械厂制定的

"辅助材料工艺消耗定额表衬玻璃油管"的复印件,共 3 页;以及四平市政府化工医药行业管理办公室出具的"证明"的复印件,共 1 页,其出具时间为 2007 年 4 月 5 日;

附件 10:四平市恒久石化防腐有限公司与吉林油田分公司签订的两份工业品买卖合同的复印件,共 2 页,其合同编号分别为 03－090 和 03－112;

附件 11:中国石油天然气股份有限公司吉林油田分公司与四平市恒久石化防腐有限公司签订的、合同编号为 JLYT－(02)－(XL)－(42)－(368)的修理修缮合同正本的复印件,共 4 页;

附件 12:石油工业出版社出版、严大凡主编的《输油管道设计与管理》的封面、封二、第 1～5 页及出版信息页的复印件,共 8 页,其印刷时间为 1986 年 5 月第 1 次印刷;

附件 13:公开号为 CN1110385A 的中国发明专利申请公开说明书复印件,共 8 页,其公开日为 1995 年 10 月 18 日;

附件 14:授权公告号为 CN2499659Y 的中国实用新型专利说明书复印件,共 5 页,其授权公告日为 2002 年 7 月 10 日;

附件 15:授权公告号为 CN2567431Y 的中国实用新型专利说明书复印件共 5 页,其授权公告日为 2003 年 8 月 20 日,以及授权公告号为 CN2596153Y 的中国实用新型专利说明书复印件共 5 页,其授权公告日为 2003 年 12 月 31 日;

附件 16:四平市恒久石化防腐有限公司出具的"四平市恒久石化防腐有限公司自然状况简介"复印件 1 页、四平市恒久石化防腐有限公司的"企业法人营业执照(副本)"复印件 1 页、四平市恒久石化防腐有限公司的"税务登记证(副本)"复印件 1 页;四平市恒久石化防腐有限公司企业标准"衬玻璃油管"的复印件 4 页,其备案编号为 QB/2203001693—2003、备案日期为 2003 年 10 月 28 日;以及四平市恒信石化防腐有限公司企业标准"$2\frac{1}{2}$ 吋衬玻璃油管"复印件共 6 页,其备案日期为 2000 年 8 月 25 日。

请求人认为:

第一,本专利不符合《专利法》第 22 条第 2 款关于新颖性的规定,具体理由如下:(1)四平市东海石化设备有限公司(即请求人)是在原国有企业四平市化工机械厂的基础上于 2005 年 4 月 8 日改建的,附件 1 是四平市化工机械厂的产品说明书样本,孙英久在当时是该企业的法人代表,附件 1 的第 2 页公开了衬玻璃油管(内衬玻璃钢管)的实物照片,照片中的产品与本专利的权利要求 1 所要求保护的产品形状和结构完全相同,附件 2 证明专利权人孙英久从 2000 年 6 月起不再担任四平市化工机械厂的法人代表,附件 1 结合附件 2 证明在 2000 年 6 月之前,在专利权人孙英久担任四平市化工机械厂法人代表期间衬玻璃油管产品就已经进行生产和销售,并记载在四平市化工机械厂向社会和用户发行的产品说明书样本中;(2)附件 3 证明内衬玻璃钢管产品在本专利申请日之前已经销售使用了;(3)附件 4～9 分别为四平市化工机械厂 1969～1983 年间各个时间阶段的玻璃衬里钢管产品的技术文件,阐述了玻璃衬里钢管产品的结构特点、工艺流程、产品性能、用户使用效果等,证明在 20 世纪 80 年代玻璃衬里钢管已经是成熟的技术产品,并在我国多家油田得到推广和应用;(4)附件 10 和附件 11 证明在本专利申请日之前,内衬玻璃钢管就已经由专利权人新组建的四平市恒久石化防腐有限公司销售给用户吉林油田分公司。

第二,本专利不符合《专利法》第 22 条第 3 款关于创造性的规定,具体理由如下:(1)附件 1 的第 2 页公开了衬玻璃油管(内衬玻璃钢管)的实物照片,照片中的产品与本专利的权利要求 1 所要求保护的产品形状和结构完全相同,因此本专利权利要求 1 不具备新颖性,更不具备创造性;(2)附件 12 公开了在石油管道设计方面为了防腐和降低管壁的粗糙度,提高输量,在输油钢管的内壁上设置涂层,本专利权利要求 1 中的特征"玻璃管"就是附件 12 中所披露的内壁涂层,普通技术人员在附件 12 的基础上结合本领域的公知常识,无须创造性劳动即可得到权利要求 1 的技术方案,因此权利要求 1 不具备创造性;(3)附件 13～15 分别证明了本专利所述的多用途无接缝内衬玻璃钢管不具备创造性。

经形式审查合格,专利复审委员会依法受理了上述无效宣告请求,并于 2007 年 8 月 23 日分别向请求人和专利权人发出无效宣告请求受理通知书,同时将专利权无效宣告请求书及其附件清单中所列附件的副本转送给专利权人,并要求专利权人在指定的期限内陈述意见。

专利权人逾期未答复。

专利复审委员会依法成立合议组对本案进行审理。

本案合议组于2008年8月5日向请求人发出无效宣告请求口头审理通知书，并通过《中国知识产权报》和国家知识产权局网站就无效宣告请求口头审理通知书向专利权人发出公告，公告日为2008年9月17日。本案合议组定于2008年11月17日对本无效宣告请求案进行口头审理。

口头审理如期举行，双方当事人均委托代理人参加了口头审理。口头审理当庭明确了以下事项：(1)双方当事人对对方出庭人员的身份没有异议，对合议组及书记员无回避请求；(2)请求人提交了附件1～12和附件16的原件，放弃使用附件15；(3)应合议组的要求，请求人提交了附件17和附件18，其中：附件17是盖有“四平市化工医药行业管理办公室”红章的、名称为“关于四平市化工机械厂的名称说明”的证明原件，共1页；附件18是四政办发[2002]47号四平市人民政府办公室文件复印件，共5页，其名称为“四平市人民政府办公室关于印发四平市化工医药行业管理办公室职能配置、内设机构和人员编制规定的通知”；合议组将附件17、附件18当庭转给专利权人；(4)专利权人对附件13～15的真实性没有异议，认为附件1～12和附件16的原件与复印件相符，认为附件1的出版日期不明而不能采信，附件2、3、11的公章可能是伪造的，附件4～9不是正规出版物且有可能是伪造的，因此对附件2～9以及附件11、17、18的真实性有异议，对附件10的真实性没有异议；(5)请求人明确其证据使用方式是：附件1～11证明本专利不具备新颖性；附件12～14分别用于证明本专利不具备创造性；(6)合议组要求专利权人于口头审理结束后15日内进行答复，提交证明伪造事实的证据。

专利权人逾期未答复。

合议组成员由于工作原因而发生变更，专利复审委员会于2009年3月6日分别向双方当事人发出合议组成员告知通知书，告知双方当事人变更后的合议组成员，并告知双方当事人，如对合议组成员有回避请求的，应于收到通知书之日起7日内提交书面请求书，逾期不答复则视为无回避请求。双方当事人逾期均未答复。

至此，合议组认为本案事实已经清楚，可以依法作出审查决定。

二、决定的理由

(一)关于审查基础

专利权人未对权利要求书进行修改，本决定以本专利授权公告时的权利要求书为基础。

(二)关于证据

1. 关于附件1～14和附件16

附件1是四平市化工机械厂产品说明书样本的复印件，附件2是四平市政府化工医药行业管理办公室出具的证明材料的复印件，附件9是四平市化工机械厂的名称为“衬玻璃油管工艺文件”的技术文件复印件，请求人于口头审理当庭提交了附件1、附件2和附件9的原件，经合议组和专利权人核实，该复印件与原件内容相符，因此，对附件1、附件2和附件9的真实性予以认可。

附件3是红岗采油厂物资装备站出具的“玻璃衬里油管使用情况说明”的复印件和“玻璃衬里地面管线使用情况说明”的复印件，请求人于口头审理当庭提交了附件3的原件，经合议组和专利权人核实，该复印件与原件内容相符。但附件3为红岗采油厂物资装备站出具的证人证言，由于证人未在口头审理中出庭作证，导致双方当事人无法对该证据进行质证，因此，合议组对附件3不予考虑。

附件4是大庆采油工艺研究所、四平市玻璃厂、长春光机所和上海玻搪研究所共同制定的“搪瓷中间层玻璃衬里石油管道试制技术总结”的复印件，附件12是石油工业出版社出版、严大凡主编的《输油管道设计与管理》的封面、封二、第1～5页及出版信息页的复印件，虽然请求人声称其在口头审理当庭提交了附件4和附件12的原件，但合议组经核实后认为，请求人在口头审理当庭所提交的仍然是复印件，合议组无法确认附件4和附件12的真实性，因此，对附件4和附件12不予采信。

附件5是吉林省四平市玻璃厂制定的“衬玻璃管道技术总结”的原件，附件6是吉林省四平市石油化工设备制造厂制定的“衬玻璃管件技术总结”的原件，附件7是吉林省四平市化工机械厂制定的“玻璃衬里钢管技术总结”的原件，附件8是四平市化工机械厂于1983年12月制定的“衬玻璃油管”的原件，合议组经核实未发现影响其真实性的瑕疵，专利权人虽对其真实性提出异议但未提供证据证明，因此，合议组对附件5～8的真实性予以认可。

附件10是四平市恒久石化防腐有限公司与吉林油田分公司签订的工业品买卖合同的复印

件，共包括合同编号分别为 03－090 和 03－112 的两份合同，请求人于口头审理当庭提交了附件 10 的原件，经合议组和专利权人核实，该复印件与原件内容相符，且专利权人对其真实性没有异议，因此，合议组对附件 10 的真实性予以认可。

附件 11 是中国石油天然气股份有限公司吉林油田分公司与四平市恒久石化防腐有限公司签订的修理修缮合同的复印件，请求人于口头审理当庭提交了附件 11 的原件，经合议组和专利权人核实，该复印件与原件内容相符，合议组也未发现影响其真实性的瑕疵，专利权人虽对其真实性提出异议但未提供证据证明，因此，合议组对附件 11 的真实性予以认可。

附件 13 和附件 14 为专利文献，专利权人对其真实性没有异议，因此，合议组对附件 13 和附件 14 的真实性予以认可。

附件 16 是四平市恒久石化防腐有限公司自然状况的简介（以下简称自然状况简介）、营业执照、企业标准的复印件，请求人在口头审理当庭仅提供了自然状况简介的原件，但合议组无法确认附件 16 中营业执照和企业标准的真实性，因此，对附件 16 不予采信。

2. 关于附件 17 和附件 18

附件 17 是盖有“四平市化工医药行业管理办公室”红章的、名称为“关于四平市化工机械厂的名称说明”的证明原件；附件 18 是四政办发[2002]47 号四平市人民政府办公室文件复印件，共 5 页，其名称为“四平市人民政府办公室关于印发四平市化工医药行业管理办公室职能配置、内设机构和人员编制规定的通知”。附件 17 和附件 18 是请求人应合议组的要求在口头审理当庭提交的说明四平市化工机械厂历史演变和四平市化工医药行业管理办公室职能的证据。由于请求人在提出无效宣告请求时提出，请求人四平市东海石化设备有限公司是在原国有企业四平市化工机械厂的基础上改建成立的，原四平市化工机械厂是专业生产衬玻璃油管产品的企业，该企业生产销售衬玻璃油管产品已有 30 多年的历史，而请求人所提交的附件 1～9 的主体不同，为证明该企业的演变过程以确认证据的关联性，合议组依职权向请求人调取这两份证据以查明上述证据涉及的主体之间的关系，因此，虽然附件 17 和附件 18 的提交日期超出了《审查指南》所规定的补充证据的举证期限，但合议组对此两份证据予以接受。

附件 17 是加盖有“四平市化工医药行业管理办公室”红章的证明原件，专利权人虽对其真实性提出异议但未提供相反证据，因此，合议组对附件 17 予以采信。

附件 18 是四政办发[2002]47 号四平市人民政府办公室文件（以下简称该文件）的复印件，专利权人对其真实性不予认可。合议组认为，该文件是四平市人民政府办公室印发的文件，属于政府公文，其内容是说明四平市化工医药行业管理办公室职能配置、内设机构和人员编制，用于证明四平市化工医药行业管理办公室具有证明四平市化工机械厂主体变更的资质和能力，请求人提交了该文件的复印件，已履行了其举证责任。专利权人可以通过多种途径核实上述证据所证明内容的真实性，但专利权人在合议组指定的期限内未提交支持其主张的证据，因此，专利权人应当承担举证不利的责任，合议组对附件 18 予以采信。

综上所述，合议组予以采信的证据有附件 1、附件 2、附件 5～11、附件 13、附件 14、附件 17 和附件 18。

（三）关于《专利法》第 22 条第 2 款

《专利法》第 22 条第 2 款规定：新颖性，是指在申请日以前没有同样的发明或者实用新型在国内外出版物上公开发表过、在国内公开使用过或者以其他方式为公众所知，也没有同样的发明或者实用新型由他人向国务院专利行政部门提出过申请并记载在申请日以后（含申请日）公布的专利申请文件中。

本案中，请求人欲以附件 1、附件 2 和附件 5～9 以及附件 17 和附件 18 证明在本专利申请日以前，四平市化工机械厂（包括其前身）就开始生产并销售与本专利相同的产品；以附件 10 和附件 11 证明在本专利申请日之前，内衬玻璃钢管已经由四平市恒久石化防腐有限公司销售给用户吉林油田分公司。因此，本专利不具备新颖性，不符合《专利法》第 22 条第 2 款的规定。

附件 1 是四平市化工机械厂产品说明书样本，其中，“前言”部分记载有“法人代表：孙英久”，第 2 页（以“前言”页为第 1 页排序）印制有衬玻璃油管的照片和简介，并记载该衬玻璃油管相继为大庆、辽河、吉林、大港、新疆等油田共加工 500 多万米。由附件 1 可证明以下事项：在孙英久担任四平市化工机械厂法人代表期间，该厂进行了如照片所示的衬玻璃油管的制造和销售。

附件2是四平市化工医药行业管理办公室出具的“证明”，证明四平市化工机械厂是该办公室的下属法人单位，孙英久原任化工机械厂法人代表，并于2000年6月起不再担任该单位法人代表。由附件18可知，四平市化工医药行业管理办公室是主管四平市全市化工医药行业的市政府直属机构，其主要职能之一是掌握分析全市化工医药行业生产经营活动，因此，四平市化工医药行业管理办公室具有出具说明其下属单位生产经营活动相关证明的资质，附件2属于政府直属机构所出具的公文书证，因此，合议组对其所证事实予以确认。

由附件1和附件2可以证明以下事项：在2000年6月以前，四平市化工机械厂已经进行了如附件1中照片所示的衬玻璃油管的制造和销售。

附件5是吉林省四平市玻璃厂制定的衬玻璃管道技术总结，其封面上记载的日期为“1970年4月20日”，其中记载了“我厂从1965年就开始进行了无缝钢管玻璃衬里管道的研究及试制工作。确定了无缝钢管的技术路线，建立了‘压附法’衬玻璃工艺”。附件5主要记载了采用“压附法”工艺对有缝钢管进行衬管工序。附件6是吉林省四平市石油化工设备制造厂制定的衬玻璃管件技术总结，其封面上记载的日期为“1972年4月14日”，其中记载了以搪瓷为密着剂的衬玻璃管件的性能、技术要求、生产工艺和使用报告等内容。附件7是吉林省四平市化工机械厂制定的玻璃衬里钢管技术总结，其中记载了以搪瓷为密着剂的衬玻璃管件的性能、技术要求、生产工艺和大庆油田的使用报告等内容。附件8是四平市化工机械厂制定的“衬玻璃油管”，其封面上记载的日期为“1983年12月”，其中记载了衬玻璃油管的概述，生产，规模，技术指标，大庆油田、曙光油田、红岗油田、新疆油田、大港油田的使用情况及特点以及经济效果分析等内容。在附件8第1页的概述部分记载了：四平市玻璃厂（现厂名为四平市化工机械厂）曾抽调大庆油田、轻工部、上海玻搪所、北京石油学院、吉林省长春玻璃总厂等6个单位进行衬玻璃油管的研发，并于1966年11月30日正式鉴定通过后转入批量生产。在第2页第1～10行记载了衬玻璃油管的生产工艺流程：衬玻璃油管采用“压附法”技术制造，将成型的玻璃管放置在钢管内一起加热，在玻璃适宜的软化温度下，由于玻璃管内气体的膨胀，将玻璃均匀地贴附在钢管的内壁上，衬里后的油管，靠出炉的自然冷却的收缩作用，把玻璃紧固地压在内壁上。附件9是四平市化工机械厂的技术文件，其名称为“衬玻璃油管工艺文件”，包括衬玻璃油管工艺、主要材料工艺消定额表、工艺守则、专用工艺装备明细表、标准工具明细表、辅助材料工艺消耗定额表、工艺文件目录等内容，其中在“主要材料工艺消耗定额表”中记载有“1983.12.20”字样，在“工艺守则”中记载有“1983.12”字样，在“专用工艺装备明细表”中记载有“1983年12月”字样，在“辅助材料工艺消耗定额表”中记载有“1983.12”字样，在最后的“备考表”中记载有“填表日期：1984.6.22”。由此可见，附件9的形成时间应在1983年12月至1984年6月22日之间。

附件17是四平市化工医药行业管理办公室出具的“关于四平市化工机械厂的名称说明”，证明四平市化工机械厂的主体名称变更情况：四平市化工机械厂是由1958年成立的四平市玻璃厂经四平市石油化工设备制造厂更名而来，后于2005年4月将其全部资产包括无形资产全部卖给四平市东海石化设备有限公司。由附件18可知，四平市化工医药行业管理办公室具有出具上述说明的资质，附件17属于政府直属机构所出具的公文书证，因此，合议组对其所证事实予以认可。

由附件1、附件2和附件5～9，结合附件17和附件18，可以证明以下事项：四平市化工机械厂系由四平市玻璃厂更名而来（参见附件17），该厂自20世纪60年代起就已进行衬玻璃钢管管道的研制和生产（参见附件5～9），其产品包括衬玻璃无缝钢管管道和衬玻璃有缝钢管管道，其中衬玻璃无缝钢管管道采用“压附法”制造，即以无缝钢管和玻璃管为原材料，将玻璃管放置在钢管内一起加热，在玻璃适宜的软化温度下，由于玻璃管内气体的膨胀，将玻璃均匀地贴附在钢管的内壁上，衬里后的油管，靠出炉的自然冷却的收缩作用，把玻璃紧固地压在内壁上，形成热压复合的衬玻璃钢管（参见附件8）。该厂所生产的管道一直为大庆、吉林、大港、新疆等油田所使用（参见附件8）。专利权人孙英久曾在2000年6月前担任四平市化工机械厂的法人代表（参见附件2），该厂在孙英久担任法人代表期间仍在进行衬玻璃油管的制造和销售，并印发过载有其衬玻璃油管照片的产品说明书样本（参见附件1）。

由以上事项可以证明：四平市化工机械厂在

本专利的申请日之前已经生产并销售了衬玻璃无缝钢管管道,其包括:无缝钢管和玻璃管,其中玻璃管的外壁通过压附法与无缝钢管的内壁热压复合。将四平市化工机械厂生产销售的上述衬玻璃无缝钢管管道与本专利的权利要求1相比可知:四平市化工机械厂所生产的衬玻璃无缝钢管管道的无缝钢管和玻璃管分别相当于权利要求1的无缝钢管和玻璃管,且玻璃管的外壁通过压附法与无缝钢管的内壁热压复合(相当于权利要求1所述的玻璃管的外壁与无缝钢管的内壁热压复合)。由此可见,在本专利的申请日之前,与本专利相同的产品已经在国内通过制造和销售而使用公开。因此,本专利权利要求1所要求保护的技术方案不具备新颖性,不符合《专利法》第22条第2款关于新颖性的规定。

由于根据以上证据可以得到本专利不具备新颖性的结论,因此,合议组对其他证据和无效宣告请求的理由不再予以评述。

根据上述的事实和理由,本案合议组依法作出以下决定。

宣告第03212935.1号实用新型专利权全部无效。

三、评析

该决定涉及无效宣告请求的审查,整个决定结构清晰、释理严密、行文流畅。决定要点准确概括了本案的要旨,案由部分清楚、完整地反映案情的来龙去脉,决定理由部分对证据认定说理充分、逻辑严密。

本案涉及证据众多,但并无任何一份证据能够直接证明涉案技术方案已经在国内公开使用。该决定的闪光之处在于,对无效程序中的证据及证据链的认定十分恰当。请求人提交的众多证据是一个国有企业在50年内不断发生主体资质变更的情况下所形成的,合议组根据案情适时依职权调取证据,取得相关行业主管单位的证明材料,以该企业的企业转制变更情况为主线,对请求人所提交的庞杂证据材料进行了梳理。依据有效证据,综合考虑证据相互印证情况,最终确认请求人的产品在涉案专利申请日之前已在国内公开制造销售的事实,从而得出权利要求1不具有新颖性的审查结论。

众所周知,欲证明国内使用公开构成现有技术是非常困难的,当事人必须证明以下几个方面的内容:第一,申请日前国内公开使用的事实;第二,该事实能够导致使所属领域的技术人员处于想得知就能得知的状态;第三,该技术方案的内容。因此要证明国内使用公开的事实通过会涉及一组"证据链",要求该"证据链"上的每一环节都必须真实可靠,并且待证事实是由该"证据链"得出的惟一结论,才能证明待证事实。本决定就是从以上几个方面出发,展开论述,并结合具体的技术内容进行阐述,最后顺理成章,得出审查结论。在该审查决定中,一方面体现了合议组对疑难问题有较强的驾驭能力,另一方面体现了合议组具有扎实的理论基础。

尽管本决定的多处闪光点,但也存在一些不足,例如决定理由部分中"关于证据"的评述与"关于《专利法》第22条第2款"的评述有重复之处,不够简练;另外,关于依职权调取证据的原因解释不够清楚。整体而言,瑕不掩瑜,本决定是一篇不可多得的优秀决定。

(国家知识产权局专利复审委员会
刘丽伟　崔哲勇　贯彦飞　樊晓东)

案例6　涉及新颖性、创造性的判断

一、案由

本无效宣告请求涉及国家知识产权局于2004年12月15日授权公告的名称为"多卡双向收发手机"的实用新型专利(以下简称本专利),其专利号为200320102652.3,申请日为2003年11月7日,专利权人原为洪川田,后变更为全球在线(北京)科技有限公司。授权公告的权利要求书内容如下:

"1. 一种多卡双向收发手机,包括一机体,其上设有多个按键及显示屏:机体上设有SIM CARD嵌设座,机体内设有必要的电源供应装置、电子线路及讯号处理单元,其特征是:

机体上设有的SIM CARD嵌设座为多个,使讯号处理单元收发讯号予以分类,经由嵌设座所插设多个中的特定SIM CARD转化为特定通讯公司网路的资讯,并于显示屏作显示。

2. 根据权利要求1所述的多卡双向收发手机,其特征是:该多个嵌设座中的特定SIM CARD的讯号是于机体上的一组通话识别讯号灯作显示。"

针对上述实用新型专利权,三星(中国)投资有限公司(以下简称第一请求人)和天津三星通信技术有限公司(以下简称第二请求人)于2009年7月13日向专利复审委员会提出了无效宣告请求,第一请求人和第二请求人提交的无效宣告请求书及其附件的内容完全相同,第一请求人和第二请求人随无效宣告请求书均提交了以下附件:

附件1:国际公布号为WO01/91493A1的专利申请说明书全文的复印件,公开日为2001年11月29日;

附件2:公开号为CN1086367A的中国发明专利申请说明书全文的复印件,公开日为1994年5月4日;

附件3:公开号为CN1311614A的中国发明专利申请说明书全文的复印件,公开日为2001年9月5日;

附件4:本实用新型专利说明书的授权公告文本复印件。

第一请求人和第二请求人在无效宣告请求书中提出的具体无效理由是:①权利要求1相对于附件1不符合《专利法》第22条第2款有关新颖性的规定;②权利要求1相对于附件1和公知常识的结合、附件3和公知常识的结合不符合《专利法》第22条第3款有关创造性的规定;③权利要求2的附加技术特征属于公知常识,且该附加技术特征也被附件2公开,因此权利要求2也不符合《专利法》第22条第3款有关创造性的规定。

经形式审查合格后,专利复审委员会受理了该无效宣告请求,于2009年7月13日向第一请求人和第二请求人,以及专利权人分别发出无效宣告请求受理通知书,并将无效宣告请求书及其附件清单中所列附件副本转给了专利权人,要求其在指定期限内答复。

第一请求人和第二请求人于2009年8月12日补交了两份内容完全相同的意见称述书及其所附附件,补充提交的附件为:

附件5:专利号为US5987325A的美国专利申请公开说明书全文的复印件及其中文译文,公开日为1999年11月16日;

附件6:专利号为JP2003－189361A的日本专利申请公开说明书全文的复印件及其中文译文,公开日为2003年7月4日。

第一,第二请求人在意见陈述书中补充的无效理由为:(1)由于权利要求1中"机体上设有的SIM CARD嵌设座为多个,使讯号处理单元……作显示"以及权利要求2中"该多个嵌设座中的特定……作显示"属于通讯方法,包含了对方法本身提出的技术方案,因此权利要求1、2均不符合《专利法实施细则》第2条第2款的规定。(2)本专利说明书不符合《专利法》第26条第3款的规定,具体理由为①说明书没有公开多卡双向收发的手机技术方案;②说明书第2、3页给出的"机体上所设的SIM CARD嵌设座为多个,使讯号处理单元收发讯号予以分类,经由嵌设座所插设多个中的特定SIM CARD转化为特定通讯公司网路的资讯,并于显示屏作显示",说明书对此公开不充分的缺陷甚多;③说明书第3页第4段中"当欲以三张SIM CARD4中的某一支特定电话号码拨出时,经由按键2输入而在显示屏3显示的电话号码,在拨出后将经讯号处理单元处理及识别分类后,将讯号传递经由待定的SIM CARD4拨出"说明书对此公开不充分。(3)由于权利要求1中的"必要的""多卡双向收发"、"机体上设有的SIM CARD嵌设座为多个,使讯号处理单元收发讯号予以分类"以及"SIM CARD嵌设座""使讯号处理单元收发讯号予以分类"以及权利要求2中"特定SIM CARD的讯号"这样的用词本身含义不清楚,因此权利要求1、2不符合《专利法实施细则》第20条第1款的规定;(4)由于权利要求1、2中缺少必要技术特征:例如多个SIM CARD与原有手机电路直接的连接关系,识别不同嵌设座中SIM CARD的电路等等,因此权利要求1、2不符合《专利法实施细则》第21条第2款的规定。(5)权利要求1、2不符合《专利法》第26条第4款的规定。(6)权利要求1相对于附件1、5、6不符合《专利法》第22条第2款有关新颖性的规定;权利要求1相对于附件1和公知常识的结合、附件5和公知常识的结合、附件6和公知常识的结合不符合《专利法》第22条第3款有关创造性的规定;权利要求2的附加技术特征属于公知常识,且该附加技术特征也被附件2公开,因此权利要求2也不符合《专利法》第22条第3款有关创造性的规定。

专利复审委员会依法成立合议组对该无效请求进行审理,由于上述两个无效宣告请求涉及同一专利,合议组对其进行合并审理。

合议组于2009年8月14日向三方当事人发出口头审理通知书,定于2009年9月10日将两案合并进行口头审理。

合议组分别于2009年9月4日和2009年9月1日向专利权人发出转送文件通知书,将第一请求人和第二请求人于2009年8月12日提交的意见陈述书及其所附附件清单中所列的附件的副本转送给专利权人。

口头审理如期举行，三方当事人参加了口头审理，其中第一请求人和第二请求人委托相同的代理人参加了口头审理。三方当事人对对方出庭人员身份无异议，对合议组成员变更无异议，对合议组成员无回避请求。第一、第二请求人明确其无效理由相同，均为：①权利要求1、2均不符合《专利法》第26条第4款、《专利法实施细则》第2条第2款、第20条第1款、第21条第2款的规定；②本申请说明书不符合《专利法》第26条第3款的规定；③权利要求1分别相对于附件1、5、6不符合《专利法》第22条第2款有关新颖性的规定；④权利要求1分别相对于附件1和公知常识的结合、附件5和公知常识的结合、附件6和公知常识的结合不符合《专利法》第22条第3款有关创造性的规定；权利要求2的附加技术特征属于公知常识，且该附加技术特征也被附件2公开，因此权利要求2也不符合《专利法》第22条第3款有关创造性的规定。第一、第二请求人放弃附件3及其相关的评价创造性的无效理由。专利权人对附件2的真实性无异议，对附件1、5、6形式上的真实性不予认可，对附件5、6的中文译文的准确性需要进一步核实。合议组当庭告知专利权人可以自行核实专利文件的真实性，合议组也可依职权对其进行核实。此外，专利权人认为由于合议组分别于2009年9月4日和2009年9月1日发出转文通知书，向其转送第一请求人和第二请求人于2009年8月12日提交的意见陈述书及其所附附件清单中所列的附件的副本，造成其没有足够的时间针对上述意见陈述书及其所附附件进行答辩。合议组告知专利权人其可以在上述转文通知书规定的期限内进行答复。在有关《专利法》第22条的庭审辩论中，专利权人认为：①本专利的多卡双向收发需要保证手机上的每个卡都是同时双向接通，本专利是不同国家不同地区的号码可以进行多卡接通，而附件1中只是一个卡工作，另一个卡不能工作；②本专利权利要求1中“必要的”是指多卡或三卡信号处理单元，附件1中没有两套信号处理单元，因此未公开上述特征；③本专利权利要求1要将信号分类作为特定SIM CARD的显示用做屏幕的显示，附件1没有公开该特征；④附件2只是指示灯，不能显示网络信号。

第一请求人和第二请求人于2009年9月14日补交了两份内容完全相同的意见陈述书及其所附附件，补充提交的4个附件分别为附件1、2、5、6的专利申请说明书，其每份附件首页和骑缝上盖有国家知识产权局专利检索咨询中心出具的“经确认此副本与原件相同”的副本认证专用章，其中第一请求人提交的是盖有红章的原件，第二请求人提交的是复印件。

专利权人于2009年9月29日针对这两个无效宣告请求分别提交了两份内容完全相同的意见陈述书，其中指出：①本专利权利要求1、2均对产品结构进行了限定，符合《专利法实施细则》第2条第2款的规定；②本领域技术人员根据本专利说明书公开的内容结合其自身掌握的知识能够实施本专利的技术方案，因此本专利说明书符合《专利法》第26条第3款的规定；③本专利权利要求1、2描述特征必要、清楚、能够得到说明书支持，符合《专利法实施细则》第20条第1款、第21条第2款，以及《专利法》第26条第4款的规定；④本专利权利要求1与附件1相比，发明主题以及要解决的技术问题不同，权利要求1要实现一部手机中的多卡同时双向收发，多卡同时处于工作状态的问题，附件1实质是“双卡单通”，因此其二者的技术方案有本质区别，此外，附件5、6也未公开权利要求1的全部技术内容，因此，权利要求1相对于附件1、5、6均符合《专利法》第22条第2款有关新颖性的规定；⑤附件1未公开权利要求1中的特征“使讯号处理单元收发讯号予以分类，经由嵌设座所插设多个中的特定SIM CARD转化为特定通讯公司网路的资讯，并于显示屏作显示”，请求人所述的公知常识没有具体内容，而附件1公开的手机所实现的功能与本专利有实质性不同，故本专利权利要求1与附件1结合公知常识相比具有创造性；此外，权利要求1与附件5和公知常识的结合、附件6和公知常识的结合相比具有创造性。附件2的发明目的与本专利所要解决的技术问题和发明目的相去甚远，没有将附件1和附件2结合的理由，且附件2中“通过发光指示灯指示哪个存储模件当时在使用中”与本专利没有关系，因为本专利指示的是由SIM卡代表的通讯公司的讯号，且虽然一组讯号灯用于识别不同的讯号可以被认为是常识，但对于可以多卡双向收发的手机而言，这样的选择是前所未有的，将手机的指示灯从一个增加到两个不仅是数量上的增加，更是为了实现本专利权利要求的功能的需要而设置的，故权利要求2的附加技术特征不属于公知常识，且未被附件2公开。

至此，本案合议组认为事实已清楚，可以在此基础上作出审查决定。

二、决定的理由及结论

（一）关于证据

附件1、2均为专利文献，专利权人对附件2的真实性无异议，对附件1形式上的真实性不予认可，合议组当庭告知专利权人可以自行核实专利文献的真实性，合议组也可依职权对其进行核实，经合议组核实，对附件1、2的真实性予以认可。由于附件1、2的公开日均早于本专利的申请日，因此可以作为评价本专利创造性的现有技术使用。

（二）关于《专利法》第22条第2款

《专利法》第22条第2款规定："新颖性，是指在申请日以前没有同样的发明或者实用新型在国内外出版物上公开发表过、在国内公开使用过或者以其他方式为公众所知，也没有同样的发明或者实用新型由他人向国务院专利行政部门提出过申请并且记载在申请日以后公布的专利申请文件中。"

首先，结合本专利说明书来理解权利要求1中限定的"多卡双向收发"的含义，由于本专利授权公告的说明书中指出本专利是为了解决现有技术中一部手机仅能装一个SIM卡的问题（参见本专利说明书第1页第19～23行），提出了一种在一部手机中设置多个SIM卡，并进行多卡的双向收发的技术方案，而且当欲以多个SIM卡中的某一特定电话号码拨出时，可以将信号进行处理通过选定的那张SIM卡拨出（参见本专利说明书第3页第15～18行），并且本专利说明书中未描述采用"多卡"同时进行"双向收发"的技术方案，更没有限定本专利的"多卡双向收发"特指"多卡同时双向收发"，因此所属领域技术人员根据本专利说明书所公开的内容来理解权利要求1中的"多卡双向收发"，实质上就是指手机可容纳多个SIM卡，并且该手机具有双向收发信息的通信功能。基于上述理解，下面具体评述权利要求1的技术方案。

权利要求1要求保护一种多卡双向收发手机，附件1公开了一种多卡式手机及多卡控制方法（参见附件1的说明书第4页第1行至第5页第9行，权利要求1，附图1～3），该手机包括机壳11（相当于权利要求1中的机体）、按键13（相当于权利要求1中的多个按键）、显示器12（相当于权利要求1中的显示屏）、多个卡槽19（相当于权利要求1中的多个SIM CARD嵌设座）、电池17（相当于权利要求1中的电源供应装置）、如图3所示，该手机还包括微处理器（相当于权利要求1中的讯号处理单元）以及连接微处理器和其他电路和接口的连接线路（相当于权利要求1中的电子线路），当多卡手机开机使用时，屏幕菜单显示各卡注册情况；开机状态时，所有卡均处于待机状态，外界电话不论拨通哪一个用户卡，在屏幕上均显示用户卡槽序列及来电信息（相当于权利要求1中对收发信号进行处理，根据其所依据的SIM CARD来进行分类，并于显示屏作显示），用户可以按键接通电话。在进行按键对外拨号中，可以通过手动选卡或者自动选卡选择一个用户卡进行通话（由于在我国的无线通信系统中，每个SIM CARD必然对应于一个通讯公司，故通过选择一个用户卡进行通话就相当于权利要求1中通过特定SIM CARD转化为该卡对应的特定通讯公司网路的资讯）。优选采用本地卡通话以节约话费。

由此可见，附件1中的多卡式手机的技术方案已经公开了权利要求1的所有技术特征，而且，附件1和本专利均涉及多卡手机，技术领域相同，附件1的手机可以携带多个不同区域注册的用户卡进行双向收发通信，因此附件1和本专利都解决了现有技术中一部手机只能容纳一个SIM卡的问题，能够实现在一部手机装置中插入多只不同类型（包括不同国家、不同公司、不同号码）的SIM卡进行多卡双向收发的技术效果。因此权利要求1相对于附件1不具备《专利法》第22条第2款规定的新颖性。

（三）关于《专利法》第22条第3款

《专利法》第22条第3款规定："创造性，是指同申请日以前已有的技术相比，该发明有突出的实质性特点和显著的进步，该实用新型有实质性特点和进步。"

权利要求2的附加技术特征为："该多个嵌设座中的特定SIM CARD的讯号是于机体上的一组通话识别讯号灯作显示"，其作用是通过手机机体上的多个信号灯来表示是否有来自对应特定SIM卡的通信信号。附件2公开了一种无线电装置（参见附件2的说明书第4页第11行至第6页第20行），该装置包括一个用在GSM网络的流动式蜂窝状的无线电话机以及卡片阅读器 10 和支座 13,其中无线电话机包括微处理器 7 以及第一 SIM 卡和发光二极管 18,卡片阅读器包括第二 SIM 卡和发光二极管 19,支座包括第三 SIM 卡和发光二极管 17,其中发光二极管可以用来指示哪一个接收装置上装有的 SIM 卡正在被微处理器 7 所使用,比如,当发光二极管 18 点亮时,表明微处理器 7 在使用来自第一 SIM 卡的信息。由此可见,附件 2 也公开了一种具有多个 SIM 卡以及多个信号灯的无线电话机,且可以通过信号灯的点亮来表示该信号灯所对应的 SIM 卡通信信号正在被使用,因此附件 2 已经公开了权利要求 2 的附加技术特征,且该技术特征在附件 2 中的作用与本专利中的作用相同,都是采用信号灯来表示是否有来自对应特定 SIM 卡的通信信号,在权利要求 2 引用的权利要求 1 不具备新颖性的基础上,权利要求 2 也不具备实质性特点和进步,不符合《专利法》第 22 条第 3 款的规定。

(四)关于专利权人的意见

(1)关于专利权人在口头审理以及 2009 年 9 月 29 日提交的意见陈述书中关于权利要求 1 相对于附件 1 存在的区别,合议组将其总结归纳为如下几点:①本专利的手机上的每个卡都是同时双向接通,多卡同时处于工作状态,而附件 1 实质是“双卡单通”;②本专利权利要求 1 中“必要的”是指多卡或三卡信号处理单元,附件 1 中没有两套信号处理单元,因此未公开上述特征;③附件 1 未公开权利要求 1 中的特征“使讯号处理单元收发讯号予以分类,经由嵌设座所插设多个中的特定 SIM CARD 转化为特定通讯公司网路的资讯,并于显示屏作显示”;④本专利权利要求 1 与附件 1 相比,发明主题以及要解决的技术问题不同,两者的技术方案有本质区别。

对此合议组认为:①本专利的权利要求书中仅限定“多卡双向收发”,但并未明确限定多卡是“同时”双向收发还是“非同时”双向收发,而本专利说明书中也仅提到“多卡双向收发”,并未公开任何关于多卡同时双向收发的具体技术方案,因此专利权人主张本专利权利要求书中的手机特指每个卡都是同时双向接通的意见缺乏事实依据,合议组对此不予接受。此外,附件 1 的说明书第 4 页倒数第 2 段已经明确开机状态时所有 SIM 卡均处于待机状态,也就是说本专利和附件 1 均为可以进行多卡双向收发通信的手机;②本专利权利要求 1 中“必要的电源供应装置、电子线路及讯号处理单元”。首先,从字面意思理解“必要的”并没有指示数量的含义,不能表示具体有多少套“电源供应装置、电子线路及讯号处理单元”,其次,本专利说明书文字部分也没有公开有多套“电源供应装置、电子线路及讯号处理单元”,本专利说明书附图中根本也未显示上述装置,因此专利权人主张的权利要求 1 中“必要的”是特指多套对应装置的意见没有事实依据,合议组对此不予接受;③权利要求 1 中的“使讯号处理单元收发讯号予以分类,经由嵌设座所插设多个中的特定 SIM CARD 转化为特定通讯公司网路的资讯,并于显示屏作显示”所表示的方案是使手机能够实现对信号进行分类,并根据信号对应不同的 SIM 卡将其转化为对应于特定通信公司网路的信息显示出来,附件 1 已经公开了能在屏幕上显示用户卡槽序列及来电信息,且可以选择一个用户卡进行通话,因此其必然在技术操作层面先通过信号处理器对信号进行处理,根据其所对应的 SIM 卡将该信号进行分类从而能显示出与该 SIM 卡对应的用户卡槽序列,而由于在我国的无线通信系统中,每个 SIM 卡都与一个通信公司一一对应,因此,对应于一个 SIM 卡的信息必然最终是来自于一个特定的通信公司的网路信号,因此附件 1 虽然文字表述与本专利的上述文字表述不同,但技术方案实质上是一致的;④关于本专利权利要求 1 与附件 1 的技术方案、发明主题以及技术问题的具体评述参见前面有关权利要求 1 的新颖性的评述,在此不再赘述。

(2)关于专利权人在口头审理以及 2009 年 9 月 29 日提交的意见陈述书中关于权利要求 2 的附加技术特征被附件 2 公开的不同意见,合议组将其总结归纳为如下几点:①附件 2 的发明目的与本专利所要解决的技术问题和发明目的相去甚远,没有将附件 1、2 结合的理由。②附件 2 中“通过发光指示灯指示哪个存储模件当时在使用中”与本专利没有关系,因为本专利指示的是由 SIM 卡代表的通讯公司的讯号,故权利要求 2 的附加技术特征未被附件 2 公开。

对此合议组认为:①附件 1、2 以及本专利均涉及在一个无线终端上使用多个 SIM 卡,其技术领域相同,而为了更好地显示各个 SIM 卡的信号,附件 1 给出了在显示屏上根据信号所述的 SIM 卡显示用户卡槽序列及来电信息,附件 2 给出了采用不同发光二极管显示来表示处理器正在使用对应的 SIM 卡，本领域技术人员很容易想到将相同技术领域的两个现有技术结合起来，即在附件 1 的基础上采用附件 2 的发光二极管来指示特定 SIM CARD 的讯号。②权利要求 2 的附加技术特征仅仅为“该多个嵌设座中的特定 SIM CARD 的讯号是于机体上的一组通话识别讯号灯作显示”，其作用是通过手机机体上的多个信号灯来表示是否有来自对应特定 SIM 卡的通信信号，从对权利要求 2 创造性的评述中可知，附件 2 也是通过发光二极管（相当于本专利的信号灯）来显示特定 SIM 卡的信息（即相当于特定 SIM 卡的通信信号）正在被处理，权利要求 2 的附加技术特征中并未明确“特定 SIM CARD 的讯号”是由 SIM 卡代表的通讯公司的讯号。基于上述理由，合议组对专利权人的上述观点均不予接受。

综上所述，由于请求人提出的权利要求 1 相对于附件 1 不具备新颖性、权利要求 2 相对于附件 1 和附件 2 不具备创造性的无效宣告请求理由成立，因此对于其他的无效宣告请求理由和证据不再予以评述。

基于上述理由和证据，合议组作出如下决定：

宣告 200320102652.3 号实用新型专利权全部无效。

三、评析

该决定无效理由涉及多个法条，最终是以新颖性和创造性为由宣告专利权无效。该决定语言流畅、结构严谨，案由部分撰写简洁明了，决定理由部分说理充分、逻辑清晰。

就本案的新颖性和创造性而言，通信领域案件的难点在于对技术的把握以及相关的逻辑推理，比如本案中本专利的技术方案是“通过特定 SIM CARD 转化为该卡对应的特定通讯公司网路的资讯”，而附件 1 的技术方案中是“在进行按键对外拨号中，可以通过手动选卡或者自动选卡选择一个用户卡进行通话”，从字面来看，这两句话表达的内容完全不同，但结合本领域技术人员的认知来看，在我国的无线通信系统中，每个 SIM CARD 必然对应于一个通讯公司，进行无线通话意味着语音数据的传输和交互，故附件 1 所谓的通过选择一个用户卡（即 SIM 卡）进行通话，对于通信领域的技术人员而言就隐含了通过该用户卡转化为该卡对应的特定通讯公司网路的资讯，并根据此资讯进行实际通话。本案说理部分用比较精练的语言详细地分析比对了本专利权利要求的技术方案及其与现有技术的差异，并且从技术领域、发明目的以及技术效果等方面权衡了本专利与现有技术的区别，最终在层层渐进地分析说理之后得出了客观公正的结论。

就撰写方面而言，本案的无效理由涉及多个法条，对于这种比较复杂的无效案件如果面面俱到地罗列出每个具体理由并逐一进行分析，难免会导致最终决定冗长且重点不突出，本决定充分考虑了审查结论，即本决定的结论是以新颖性和创造性为由宣告专利权无效，案由部分撰写详略得当，对涉及新颖性和创造性法条的多方当事人的意见描述比较详细，又由于专利权人在书面意见陈述中的意见与其在口头审理过程中所表述的观点并非完全一致，因此本决定在说理部分重新归纳整理了专利权人的所有观点，并逐一进行了详细评述。

另外，对于专利人意见的评述也是本决定可圈可点之处。决定首先准确概括了专利权人对于本专利具有新颖性和创造性的几点主张，然后从技术角度逐条加以详尽剖析，使得评述过程有理有据，充分透彻，令人信服。

需要说明的是，本案新颖性评述时首先对权利要求中的一个名词“多卡双向收发”进行了解释，这主要是基于多方当事人在口头审理以及意见陈述中对于这个名词的含义争议较大，在此首先明确这个名词的含义不仅是对当事人的争议焦点给出明确的合议组意见，也为后面的新颖性评价打好基础。通篇决定读下来，行文流畅、脉络清晰、详略得当、重点突出。

此外，该案处理中也有不尽完美之处，比如本案发出口头审理通知书的日期距离无效宣告请求日只有 1 个月，虽然合议组在口头审理后给当事人足够的时间补充意见，但是这种做法不值得提倡。

（国家知识产权局专利复审委员会
左　一　翁晓君　武　磊　郑　直）

案例 7　权利要求书或说明书中的文字错误是否属于实质性缺陷的判断

一、案由

本无效宣告请求案涉及国家知识产权局于 2002 年 5 月 22 日授权公告、专利号为

01266086.8、名称为"洗涤抽胶处理桶"的实用新型专利(以下简称本专利),专利权人为叶冠东。授权公告的权利要求书的内容如下:

"1. 一种洗涤抽胶处理桶,其特征在于:

一桶体,其顶端设有可启闭的桶盖,底端设有一可启闭的排放口,底部相对排放口上方设一可启闭的胶质出口,中段偏下位置处设原料抽出口,靠近顶部处设原料导入口;

至少一洒水管,装设桶体内部的上方位置,其上设有洒水孔;

一滤网,装设于桶体内部,相对胶质出口下方处;

至少一蒸汽导管,装设于桶体下方;

一搅拌构件,装设于桶体内部相对滤网上方;

一驱动构件,装设于桶体顶部且连接搅拌构件。

2. 根据权利要求1所述的洗涤抽胶处理桶,其特征在于:搅拌构件具有一纵向枢设于桶体中央的轴杆,轴杆上端连接驱动构件,且轴杆上的侧向杆延设数支搅拌杆。

3. 根据权利要求2所述的洗涤抽胶处理桶,其特征在于:位于轴杆最下端的搅拌杆底面朝下延设数支杆。

4. 根据权利要求1或权利要求2所述的洗涤抽胶处理桶,其特征在于:洒水管是呈环状装设于桶体中,洒水管在相对桶体顶部及侧面处各设进入口,提供工作流体导入桶内,另再设1～6处的清水导入口为最佳。

5. 根据权利要求4所述的洗涤抽胶处理桶,其特征在于:前述蒸汽导管包括三组环设于桶体的管体,各管体上均布数支管与桶体连通,其第一管体延伸的支管可设于桶体外侧相对滤网上方位置,其第二、第三管体所延伸的支管则设于桶体外侧相对于滤网下方位置,而蒸汽导管以1～30个为最佳。

6. 根据权利要求1所述的洗涤抽胶处理桶,其特征在于:驱动构件可借助于一架杆固设在桶体中央位置,而桶盖分成两半枢设于架杆两侧,且在架杆上装设二分别控制桶盖启闭的作动构件。

7. 根据权利要求1所述的洗涤抽胶处理桶,其特征在于:桶体外侧可固设数支架,使其立设于地面。

8. 根据权利要求1所述的洗涤抽胶处理桶,其特征在于:桶体周缘可设原料抽出口,原料抽出口可衔接一破碎泵浦,破碎泵浦的输出端衔接桶体上方的原料导入口。"

针对本专利,阳江禾旺生技食品工业有限公司(以下简称请求人)于2008年4月3日向国家知识产权局专利复审委员会提出无效宣告请求,理由是本专利说明书不符合《专利法》第26条第3款的规定、本专利权利要求1～8不符合《专利法》第26条第4款以及《专利法实施细则》第20条第1款的规定,同时请求人提交了以下附件作为证据:

附件1:本专利说明书复印件共12页。

请求人在无效宣告请求书中主要指出:(1)本专利说明书中对于滤网如何相对架设于胶质出口(13)的下方没有进一步说明,也没有在附图1～5中给予标示,本领域技术人员无法根据其"相对胶质出口下方立设滤网"的说明而实现本发明的洗涤抽胶处理桶,更无法利用该"相对胶质出口下方立设滤网"的洗涤抽胶处理桶实现"使海藻原料释出其天然胶质,而天然胶质可渗透滤网集聚于排放口(12)关闭的桶体(10)底部,即可经胶质出口(13)抽出所需的天然胶质"的目的。此外,本专利说明书附图中公开了一种与说明书描述的技术方案不同的另一种技术方案,其相对胶质出口上方立设滤网,与说明书技术方案部分公开的"相对胶质出口下方立设滤网"的描述矛盾,本领域技术人员无法从这一相互矛盾的说明书及附图中实现本专利。因此,本专利不符合《专利法》第26条第3款的规定。(2)本专利权利要求1中"一滤网,装设于桶体内部,相对胶质出口下方处"在说明书中有相应描述,但该描述与说明书附图相矛盾,因此权利要求1未以说明书为依据;此外,权利要求1中的技术特征"底端设有一可启闭的排放口,底部相对排放口上方设一可启闭的胶质出口"也得不到说明书的支持,因为说明书中对桶盖(11)、排放口(12)和胶质出口(13)如何实现可启闭,其并没有进一步的说明,也没能在说明书附图1～5中给予标示,只是一种功能性限定。因此权利要求1不符合《专利法》第26条第4款的规定,引用权利要求1的从属权利要求2～8也不符合《专利法》第26条第4款的规定。(3)权利要求1中"一滤网,装设于桶体内部,相对胶质出口下方处""底端设有一可启闭的排放口,底部相对排放口上方设一可启闭的胶质出口"没有清楚地表明其请求保护的范围;此外,权利要求1保护一种洗涤抽胶处理桶,直接在特征部分表明其一桶体,至少一洒水管,一滤网,至少一蒸汽导管,一搅拌构件,一驱动构件，但是无论在权利要求书还是说明书中都没有清楚表明上述部件是包含关系还是包括关系，亦或由上述部件组成。因此权利要求1不符合《专利法实施细则》第20条第1款的规定，引用权利要求1的从属权利要求2～8也不符合《专利法实施细则》第20条第1款的规定。

经形式审查合格后，专利复审委员会受理了该无效宣告请求，并于2008年4月21日向双方当事人发出了无效宣告请求受理通知书，同时将请求人提交的无效宣告请求书及所附证据的副本转送给专利权人，要求其在指定期限内答复。

专利复审委员会依法成立合议组对本无效宣告请求进行审理，合议组于2008年6月20日向双方当事人发出口头审理通知书，定于2008年7月21日在专利复审委员会对本案进行口头审理。由于专利权人地址不详，向专利权人发出的该口头审理通知书被退回，因此，专利复审委员会于2008年7月25日再次向双方当事人发出口头审理通知书，告知双方当事人口头审理日期改为2008年11月5日，同时以公告方式向专利权人送达口头审理通知书。

专利权人于2008年10月11日向专利复审委员会寄交了针对无效宣告请求书的意见陈述书，并同时提交了权利要求书的修改替换页以及如下附件：

附件2：(2004)粤高法民三终字第158号民事判决书的复印件共12页。

专利权人对本专利权利要求书进行了修改，将权利要求1中的“相对胶质出口下方处”修改为“相对胶质出口上方处”，并在意见陈述书中指出：经此修改，本专利的权利要求书和说明书符合专利法及其实施细则的各项规定；此外，(2004)粤高法民三终字第158号民事判决书认定了本专利权利要求1中的“一滤网，装设于桶体内部，相对胶质出口下方处”以及说明书的相应描述属于明显的笔误。

专利复审委员会于2008年10月13日向双方当事人发出合议组成员告知通知书，将合议组成员变更情况告知双方当事人。

专利复审委员会于2008年10月21日向请求人发出转送文件通知书，将专利权人于2008年10月11日寄交的意见陈述书及其所附附件的副本转送给请求人。

口头审理如期举行，双方当事人均出席了口头审理。在口审过程中，双方当事人对合议组成员变更无异议，对合议组成员无回避请求，对对方出庭人员的身份无异议。专利权人当庭出示了附件2的原件以及广东省高级人民法院裁判文书生效证明的原件，并当庭向合议组提交了上述生效证明的复印件1页，合议组当庭将该复印件转交给请求人。请求人当庭表示对专利权人提交的证据的真实性无异议。专利权人当庭明确表示放弃2008年10月11日提交的权利要求书的修改替换页，以本专利授权公告的权利要求为准。合议组当庭告知双方当事人基于授权公告的权利要求1～8进行口头审理。请求人当庭明确无效理由为：本专利说明书不符合《专利法》第26条第3款的规定，权利要求1～8不符合《专利法》第26条第4款的规定和《专利法实施细则》第20条第1款的规定，请求人同时表示仅坚持涉及滤网与胶质出口的相对位置关系不符合上述条款的无效宣告理由，对于无效宣告请求书中涉及的其他事实依据均予放弃。专利权人明确表示认可(2004)粤高法民三终字第158号民事判决书，同意并承认滤网与胶质出口的位置关系在权利要求书以及说明书中表述有笔误，但所属技术领域的技术人员根据说明书的具体内容以及说明书附图可以清楚地明确其位置关系。

至此本案合议组认为本案事实已经清楚，可以依法作出审查决定。

二、决定的理由及结论

(一)审查基础

由于专利权人在口头审理过程中明确表示放弃2008年10月11日提交的权利要求书的修改替换页，因此本无效宣告请求审查决定所基于的文本是：2002年5月22日授权公告的权利要求第1～8项，说明书第1～5页，说明书附图第1～5、说明书摘要及摘要附图。

(二)关于《专利法》第26条第3款

《专利法》第26条第3款规定：说明书应当对发明或者实用新型作出清楚、完整的说明，以所属技术领域的技术人员能够实现为准。

请求人认为说明书中“于内部相对胶质出口下方立设滤网”不清楚，对该滤网如何相对架设于胶质出口(13)的下方没有进一步说明，附图中也未示出；附图1～5中公开了一种与说明书描述不同的技术方案，其相对胶质出口上方立设滤网，与说明书的描述矛盾。

对此合议组认为：本专利的说明书记载了一种洗涤抽胶处理桶，其中第2页第11～12行记载了“另于桶内上方设……，于内部相对胶质出口下方立设滤网”，第3页第5～6行记载了“一滤网(30)，装设于桶体(10)内部，相对胶质出口(13)下方处，用以将海藻原料阻隔于滤网(30)上”，根据这两处记载，该洗涤抽胶处理桶内的滤网(30)装设在胶质出口的下方。

而说明书第4页第5～11行记载了“其中是由控制系统控制热蒸汽经蒸导管(41)、(42)、(43)导入桶体(10)内部，对海藻原料进行蒸煮作用，另外由驱动构件(60)驱动搅拌构件(50)对位于滤网(30)上的海藻原料进行旋转搅拌，以及利用破碎泵浦自桶体(10)的原料抽出口(14)抽出海藻原料予以绞碎后，将被绞碎的海藻原料自桶体(10)上方的原料导入口(15)输入，借助此方式，使海藻原料释出其天然胶质，而天然胶质可渗透滤网集聚于排放口(12)关闭的桶体(10)底部，即可经胶质出口(13)抽出所需的天然胶质。”此外，说明书附图2～5中显示了该洗涤抽胶处理桶的内部结构。由说明书中的上述记载可知，被绞碎的海藻原料是自桶体的上方导入桶内，由于桶体内未发现存在除了滤网之外的其他阻隔部件，因此可以确定的是：被导入的海藻原料将集结于滤网之上。根据“天然胶质可渗透滤网”的记载，同时所属领域技术人员可以确定的是，天然胶质是向滤网的下方渗透的。也就是说，从说明书的这部分记载可知，滤网的上方和下方分别是海藻原料和天然胶质。又因为说明书此部分还记载了“可经胶质出口(13)抽出所需的天然胶质”，而胶质出口必然位于集聚天然胶质的位置，因此可以毫无疑义地推导出，该胶质出口位于滤网的下方。同时说明书附图2～5中清楚的显示了滤网(30)和胶质出口(13)的位置，滤网位于胶质出口的上方。

对于以上记载，所属技术领域的技术人员根据说明书其他部分的记载，并通过对说明书上下文进行综合考虑，以及结合所属技术领域的公知常识，可以确定的是：对于抽胶处理桶来说，滤网位于胶质出口上方的技术方案是惟一正确的解释，这是因为：首先，本专利所涉及的是一种洗涤抽胶处理桶，该处理桶所能达到的技术效果是从海藻中萃取天然胶质(参考说明书第2页第6～7行)，这也是本专利所解决的技术问题和发明目的所在。也就是说，应用该抽胶处理桶进行抽胶处理所得到的最终产品是天然胶质。而根据说明书的记载，所形成的天然胶质是通过胶质出口(13)被抽出的，根据所属技术领域的公知常识，胶质出口必然设置在胶质出口集聚的位置。其次，根据所属技术领域的公知常识和惯用技术手段，为了避免在抽出胶质的时候同时抽出海藻原料，必然需要通过某种构造将海藻原料与天然胶质进行阻隔。由于说明书公开了抽胶处理桶内包括一个滤网(30)，并且对于该滤网(30)，仅仅记载了用于阻隔海藻原料(参见说明书第3页第6行)的功能，因此，可以毫无疑义地确定的是：滤网(30)的作用就是分隔天然胶质与海藻原料，那么，天然胶质、滤网以及海藻原料的位置关系只有两种可能：(1)天然胶质位于滤网之下，海藻原料位于滤网之上；(2)天然胶质位于滤网之上，海藻原料位于滤网之下。但是，由于说明书中已明确记载了原料导入口位于桶体靠近顶部处(参见说明书第2页第11行以及第3页第3行)，因此海藻原料是从靠近桶体顶部处导入的，由此可以毫无疑义地确定的是：天然胶质位于滤网之下，海藻原料位于滤网之上。由此，根据胶质出口与天然胶质的位置关系可以确定，滤网必然位于胶质出口的上方。换句话说，对于所属技术领域的技术人员来说可以清楚地了解，要使本专利的抽胶处理桶解决其技术问题并达到其有益的技术效果，将滤网设于胶质出口上方的技术方案是惟一正确合理的解释。

综上所述，本专利的说明书中对于滤网位于胶质出口下方的两处记载属于明显的笔误。此外，因为上述对于滤网位于胶质出口下方的两处出现笔误的记载均出现于说明书中对于技术方案的概括叙述部分(第2页第11～12行属于发明内容部分，第3页第5～6行属于具体实施方式的总述部分)，并不涉及实现本专利技术方案的工作原理以及对于各结构部件在工作时的具体工作状态的描述，而在说明书的其他部分中，对于桶体的工作原理、各结构部件的工作状态的描述没有出现错误，用于展现解释说明书文字部分技术方案的说明书附图也没有出现错误，因此，上述笔误不足以导致所属技术领域的技术人员对本专利的技术方案产生错误的理解，不足以阻碍所属技术领域的技术人员对抽胶处理桶技术方案的实施。

对于请求人所述的“将滤网设于胶质出口下方，利用抽胶时产生的负压进行抽胶的技术方案也能解决技术问题”的观点，合议组认为：若滤网设于胶质出口下方，则由于海藻原料从靠近桶体顶部的原料导入口导入桶体内，因此海藻原料必然被阻隔在滤网之上。这样，胶质出口和海藻原料都将堆积于胶质出口处，当利用桶内负压进行抽胶的时候，必然导致海藻原料从胶质出口导出，从而必然不能够得到纯净的天然胶质，因此滤网设置在胶质出口下方没有技术意义。由此，请求人的该观点不符合事实，不能成立。

综上所述，本专利说明书中从整体来说是清楚、完整的，说明书对本专利的描述是足以使所属技术领域的技术人员能够实现的，因此符合《专利法》第26条第3款的规定。

（三）关于《专利法》第26条第4款

《专利法》第26条第4款规定：权利要求书应当以说明书为依据，说明要求专利保护的范围。

《审查指南》第二部分第二章第3.2.1节规定：权利要求书中的每一项权利要求所要求保护的技术方案应当是所属技术领域的技术人员能够从说明书充分公开的内容中得到或概括得出的技术方案，并且不得超出说明书公开的范围。

请求人认为权利要求1中“一滤网，装设于桶体内部，相对胶质出口下方处”在说明书中有相应描述，但该描述与说明书附图中的相应位置关系相矛盾，因此该权利要求1得不到说明书的支持，并由此其从属权利要求2～8也得不到说明书的支持。

对此合议组认为：如前所述，本专利的说明书对技术方案的描述虽然存在不一致之处，但所属技术领域的技术人员能够理解，滤网位于胶质出口上方的技术方案是可以从说明书中毫无疑义地确定的惟一正确的技术方案，并且所属技术领域的技术人员能够实施该技术方案以解决其技术问题并达到其有益技术效果。由此可见，权利要求1所保护的技术方案中的“相对胶质出口下方处”中的“下方”属于明显笔误，所属技术领域的技术人员能够毫无疑义地确定其实际所要保护的范围是滤网位于胶质出口上方的技术方案，而该技术方案在说明书中公开充分，权利要求1的记载也没有超出说明书公开的范围。因此，可以认为本专利权利要求1得到了说明书的支持，符合《专利法》第26条第4款的规定。由此，其从属权利要求2～8也符合《专利法》第26条第4款的规定。

（四）关于《专利法实施细则》第20条第1款

《专利法实施细则》第20条第1款规定：权利要求书应当说明发明或者实用新型的技术特征，清楚、简要地表述请求保护的范围。

《审查指南》第二部分第二章第3.2.2节规定：权利要求书应当清楚，一是指每一项权利要求应当清楚，二是指构成权利要求书的所有权利要求作为一个整体也应当清楚。首先，每项权利要求的类型应当清楚。其次，每项权利要求所确定的保护范围应当清楚。《审查指南》第二部分第二章第3节规定：权利要求书应当以说明书为依据，说明发明或者实用新型的技术特征，清楚并简要地表述请求保护的范围。

请求人认为权利要求1中“一滤网，装设于桶体内部，相对胶质出口下方处”在权利要求书和说明书中，滤网如何相对架设于胶质出口的下方并没有进一步说明，也没有在说明书附图1～5中给予标示，因此权利要求1不清楚，相应的从属权利要求2～8也不清楚。

对此合议组认为：对于本专利的权利要求1，其保护的是一种洗涤抽胶处理筒，属于产品权利要求，因此该权利要求的类型是清楚的。并且，由上所述的，所属技术领域的技术人员能够清楚地理解，“一滤网，装设于桶体内部，相对胶质出口下方处”中的“下方”应为“上方”，属于明显笔误，因此所属技术领域的技术人员能够清楚地确定该权利要求1的保护范围是滤网位于胶质出口上方的技术方案，因而其所限定的保护范围也是清楚的。因此，该权利要求1符合《专利法实施细则》第20条第1款的规定，相应的从属权利要求2～8也符合《专利法实施细则》第20条第1款的规定。

由于请求人提出的无效宣告请求的理由均不成立，因此对于专利权人提交的证据不再予以认定及评述。

维持第01266086.8号实用新型专利权有效。

三、评析

本无效决定是涉及专利说明书、权利要求书中出现的文字错误应该如何认定的典型案例。

由于各种原因，授权的专利偶尔会出现一些文字错误，这些错误有时是可以忽略的，因为其对于专利权的保护没有影响，但有时情况比较复杂，需要根据专利的技术方案来确定是实质性缺陷还是明显的笔误。在本案中，无效宣告请求人正是抓住了专利说明书和权利要求书中出现的错误而提出了多个无效宣告请求。虽然专利权人主张因撰写失误将本专利说明书和权利要书中的“上方”误写为“下方”，但是合议组对于该问题的考虑则是集中在专利权人所主张的撰写错误是否能影响所属技术领域的技术人员对本专利技术方案的实施以及专利权的保护是否会因此受到影响上面。通过审理，合议组认为本案中的文字错误不足以影响所属技术领域的技术人员对技术方案的理解和实施，可以认定为是明显的笔误。

在撰写决定时，由于无效宣告请求人提出的关于权利要求不符合《专利法》第26条第4款和《专利法实施细则》第20条第1款的理由是基于本专利说明书不符合《专利法》第26条第3款的理由的，因此决定中着重对于《专利法》第26条第3款的无效宣告理由进行了评述。在评述过程中，合议组首先对专利说明书中对技术方案撰写过程中存在不一致的事实进行了如实的描述，然后从所属技术领域技术人员的角度对技术方案进行了详细的分析，推论得到“滤网位于胶质出口下方”是与说明书整体描述内容和公知常识相违背的，从而得出滤网位于胶质出口上方的技术方案是惟一正确的解释的结论，并由此认为所述的“下方”属于明显的笔误。

本决定在评述过程中从总体上做到了思路清晰、论证严密，但也存在不足之处：决定侧重从所属技术领域的技术人员的角度对专利说明书中的技术方案是否充分公开进行了详细论证，并因此论述了权利要求书也是以说明书为依据的，并且其限定是清楚的，但是，其中对于关键性问题——文字错误“下方”是否能认定为明显笔误——的论述不够周详，其结论的得出也有些唐突。

（国家知识产权局专利复审委员会
乔东峰　李　卉　郝海燕　郑　直）

案例8　药物剂型转换发明的创造性判断

一、案由

本无效宣告请求案涉及国家知识产权局于2006年11月15日公告授予的、名称为“注射用三磷酸腺苷二钠氯化镁冻干粉针剂及其生产方法”的第200410024515.1号发明专利权（以下简称本专利），其申请日为2004年7月21日，专利权人为胡小泉。本专利授权公告的权利要求书如下：

“1. 注射用三磷酸腺苷二钠氯化镁冻干粉针剂生产方法，其特征在于：它包括下列步骤：取三磷酸腺苷二钠100重量份与氯化镁32重量份加400重量份水搅拌制成混合溶液；用0.1%氢氧化钠溶液调该混合溶液pH值到4.5～7.0；再向该混合溶液中加600重量份水混匀，将上述混合溶液用微孔滤膜过滤，经滤膜起泡点检验和内毒素检验后，灌装于每个药瓶中；然后药瓶半加塞，将药瓶放入冷冻干燥箱中，待瓶中制品降到－35℃后保持3小时；降低冷凝器温度至－60℃，抽真空至10Pa以下后，通过隔板给瓶中制品加温使冻结产品的温度升至－20℃，保持5小时；继续加热升温至25℃，保温5小时；最后药瓶压塞，轧铝盖制成注射用三磷酸腺苷二钠氯化镁冻干粉针剂。

2. 一种注射用三磷酸腺苷二钠氯化镁冻干粉针剂，其特征是：由三磷酸腺苷二钠与氯化镁组成，两者的重量比为100mg：32mg。”

针对上述专利权，衣连明（以下简称请求人1）于2007年10月17日向专利复审委员会提出无效宣告请求（下称请求1），认为本专利权利要求1、2不符合《专利法》第22条第3款的规定，请求宣告本专利权全部无效，同时提交了本专利的授权公告文本复印件以及下述证据：

证据1：《国家药品标准》（化学药品地方标准上升国家标准第九册），国家药典委员会编，2002年版，封面页、第9－16、9－17、9－18页，复印件共4页；

证据2：苏映军等人，“ATP－$MgCl_2$复合液抑制烫伤大鼠氧自由基和肿瘤坏死因子的生成”，《第四军医大学学报》1996年第17卷第3期，第191～193页，复印件共3页；

证据3：欧琨等人，“ATP－$MgCl_2$对缺血后肝组织保护作用的研究”，《外科杂志》1997年第2卷第2期，第74～76页，复印件共3页；

证据4：金文昊等人，“ATP－$MgCl_2$联合介入化疗晚期癌疗效观察”，《肿瘤防治杂志》2002年10月第9卷第5期，第518～520页，复印件共3页。

请求人1认为：（1）权利要求1要求保护一种注射用三磷酸腺苷二钠氯化镁冻干粉针剂的生产方法，该方法包括按比例混合三磷酸腺苷二钠和氯化镁、调pH值、过滤、灌装、冻干的过程，证据1～4任何一篇都公开了按比例混合三磷酸腺苷二钠和氯化镁的步骤，且冻干粉针剂调pH值、过滤、灌装、冻干的制备过程是公知常识，说明书未记载其超过常识的优越性，因此证据1～4任何一篇结合公知常识都导致权利要求1不符合《专利法》第22条第3款的规定。(2) 权利要求2要求保护一种注射用三磷酸腺苷二钠氯化镁冻干粉针剂的配方，该配方是三磷酸腺苷二钠100mg和氯化镁32mg，证据1～4任何一篇都公开了三磷酸腺苷二钠和氯化镁的配比，只要将其冻干就可以制备成冻干粉针剂，且冻干的过程是公知常识，说明书未记载其超过常识的优越性，因此证据1～4任何一篇结合常识都导致权利要求2不符合《专利法》第22条第3款的规定。

经形式审查合格后，专利复审委员会受理了上述无效宣告请求，于2007年12月27日向双方当事人发出《无效宣告请求受理通知书》，并将请求人1的《专利权无效宣告请求书》及其所附证据的副本转送给专利权人，要求其在指定的期限内答复。

2008年1月23日，专利权人针对以上《无效宣告请求受理通知书》作出意见陈述。

专利权人认为：(1) 对于权利要求1来说，本专利权利要求1与证据1存在本质性区别，即前者是三磷酸腺苷二钠和氯化镁复合物冻干粉的产品状态，后者为三磷酸腺苷二钠和氯化镁液体分装物的产品状态，本发明的目的就是为了解决后者所存在的问题；同样，证据2～4也没有记载权利要求1所述的技术方案；权利要求1中技术方案是具有各种温度、时间、数量、真空度的具体方法，所涉及的pH值也是根据药物的稳定性而发明的，是经过创造性劳动和科学实验而得来的，具有实质性特点，客观上也带来了显著的发明效果，体现在能够将三磷酸腺苷二钠与氯化镁的混合液制备成冻干粉针剂，因此权利要求1具有创造性。(2) 对于权利要求2来说，证据1～4虽然公开了三磷酸腺苷二钠与氯化镁的配比，但是如上所述，本专利与证据1～4存在本质性的区别，即产品状态不同，而公知常识并没有记载将三磷酸腺苷二钠与氯化镁的混合液制成冻干粉针剂，本专利实现了将三磷酸腺苷二钠和氯化镁单体分装物的液体产品状态改变为复合物冻干粉的产品状态，并且带来了如说明书所记载的稳定性好、质量可控性强、降低污染风险等优点，因此本专利权利要求2具有创造性。

针对上述专利权，山东特利尔营销策划有限公司医药分公司（以下简称请求人2）于2008年2月1日向专利复审委员会提出无效宣告请求（下称请求2），认为本专利权利要求1、2不符合《专利法》第22条第3款的规定，请求宣告本专利权全部无效，其所提交的证据与请求人1在请求1中提交的证据相同，意见陈述也与请求1的意见陈述基本一致。

经形式审查合格后，专利复审委员会受理了上述无效宣告请求，分别于2008年2月1日和2008年2月13日先后向请求人2和专利权人发出《无效宣告请求受理通知书》，并将请求人2的《专利权无效宣告请求书》及其所附证据的副本转送给专利权人，要求其在指定的期限内答复。

2008年3月7日，专利权人针对以上《无效宣告请求受理通知书》作出答复，专利权人所陈述的具体意见与针对请求1答复的意见相同。

2008年3月18日，合议组向请求人1、请求人2及专利权人发出《无效宣告请求口头审理通知书》，定于2008年4月23日对请求1和请求2进行合并口头审理，并将专利权人于2008年1月23日以及2008年3月7日提交的意见陈述书的副本分别转送请求人1和请求人2。

针对专利权人的意见陈述，请求人1和请求人2(以下统称为请求人)于2008年4月18日提交了相同的补充意见陈述以及下述两份证据(编号续前)：

证据5：奚念朱主编，《药剂学》(第三版)，人民卫生出版社1995年4月第3版第18次印刷，封面页、版权页、第6～7页、第155页、第164～167页、第182～186页、第190页、第207～209页、第213～214页，复印件共20页；

证据6：《药剂学》(第四版)，毕殿洲主编，人民卫生出版社1999年7月第4版第24次印刷，封面页、版权页、第16～18页、第176～177页、第183～184页、第232～235页、第248页、第253～254页、第266～269页、第272页，复印件共21页。

在该意见陈述书中，请求人以本专利与现有技术的技术特征对比分析表的形式进一步支持其主张的无效宣告理由。请求人认为：对于本专利权利要求1而言，证据1公开了三磷酸腺苷二钠—氯化镁注射液及其活性成分的配比关系，证据5或证据6中公开了冻干粉针剂的定义以及制备冷冻干燥制品的工艺和设备，权利要求1中的技术特征“用0.1%NaOH调节pH到4.5～7.0”“水600份”“微孔滤膜过滤”“滤膜起泡点检验”“内毒素检验”“待瓶中制品降到－35℃后保持3h”“降低冷凝器温度至－60℃，抽真空＜10Pa”

“通过隔板给瓶中制品加温使冻结产品的温度升至－20℃，保持5h”“继续加热升温至25℃，保温5h”在证据5或者证据6中均有相关教导或启示；对于本专利权利要求2而言，证据1中公开了三磷酸腺苷二钠－氯化镁注射液以及活性成分的配比关系，证据2也公开了三磷酸腺苷二钠与氯化镁重量比为100：32的制剂，证据5、6中均公开了冻干粉针剂的剂型，因此本专利权利要求1和权利要求2中的技术特征均已被现有技术所覆盖。

2008年4月23日，口头审理如期进行，请求人委托的代理人、专利权人及其代理人出席了口头审理。各当事人对对方出庭人员的身份和资格无异议，对合议组成员均无回避请求。在口头审理过程中确认并记录了以下事项：(1)合议组当庭将请求人提交的补充意见陈述及其所附证据5、6的副本转送给专利权人。(2)请求人明确其无效理由为本专利权利要求1～2相对于证据1～4中任意一篇与公知常识即证据5或证据6的结合不具有《专利法》第22条第3款规定的创造性。(3)请求人当庭出示证据1～6的原件，专利权人经核实认可上述证据的真实性、公开性和关联性。(4)专利权人当庭提交(2008)蓬证民字第265号公证书以及所附相关网页复制打印件及《勘验笔录》(下称反证1)作为反证，用于证明本专利公开前没有三磷酸腺苷二钠和氯化镁合装的冻干粉针剂，合议组将该反证1的一份复印件转交给请求人。请求人对该证据的真实性没有异议，但是认为该新增证据不是用于完善证据法定形式的公证书，不应予以考虑。(5)合议组宣布各方当事人可以在口头审理结束后7天内提交书面答辩意见。

2008年5月4日，请求人提交了意见陈述书，坚持口头审理过程中的观点和意见。请求人认为：(1)专利权人当庭提交的新证据不应予以采信；(2)本领域技术人员基于证据1和证据5或证据6给出的启示，可以显而易见获得权利要求1的技术方案，并且该方案也未取得预料不到的效果，因此不具有创造性；本专利权利要求2请求保护的技术方案相对于证据1～4任意一篇与证据5或者证据6的组合也不具有创造性。

2008年5月5日，专利权人提交了补充意见陈述，专利权人认为：(1)证据1～6未公开本专利中ATP和$MgCl_2$混合溶液的pH，而本发明人经过大量试验后确认，pH为4.5～7.0的弱酸性范围，不但符合人体生理要求，减少对人体的刺激性，而且有利于抑制ATP的分解，确保产品的稳定性；本专利优选的冻干工艺为冻干工艺步骤和具体控制参数的组合，该组合工艺条件在证据1～6中均未公开，对于本领域技术人员来说是非显而易见的；鉴于氯化镁对三磷酸腺苷二钠稳定性等负面影响因素，长期以来人们对于两者复合制剂的可行性形成了习惯否定的技术偏见，一直没有解决“由三磷酸腺苷二钠和氯化镁复合组成的、单一制剂产品”的技术难题，足以证明本发明权利要求1的非显而易见性；证据5和证据6教科书中给出的关于冻干粉针剂的一般性介绍不是成熟通用的制备工艺，对于本专利所述的ATP和$MgCl_2$这一类由两种有效组分复合为单一制剂的冻干粉针剂而言，ATP是生物有机大分子，$MgCl_2$是无机盐小分子，且$MgCl_2$吸湿性强，易潮解，既干扰冷冻干燥质量，又干扰脱水干燥效果，使这两种相克的成分相互兼顾难度更大，因此权利要求1与公知技术有明显区别，解决了人们一直渴望解决的技术难题，具有突出的实质性特点和显著的进步，具有创造性。(2)即使将证据1～6结合起来，也不能获得任何实现两组分复合的、单一的冻干粉针剂产品的技术方案的技术启示；业内一直对三磷酸腺苷二钠与氯化镁复合后能够获得质量稳定的冻干粉针剂持否定态度；本专利权利要求2所述的产品技术方案实现了三磷酸腺苷二钠与氯化镁复合的、单一的冻干粉针剂产品，提高了药品的稳定性和安全性，使用方便且降低使用过程的污染，具有显著进步，故权利要求2具有创造性。

至此，合议组认为本案的事实已经调查清楚，现依法作出审查决定。

二、决定的理由及结论

(一)关于审查的文本

本决定以本专利授权公告的文本作为审查基础。

(二)关于证据

请求人提交的证据1是《国家药品标准》，证据2～4是公开出版的非专利文献，证据5～6来自于教科书，属于公知常识性证据，专利权人对其真实性没有异议，合议组经审查对其真实性予以确认，由于它们的公开日都早于本专利的申请日，因此都可作为评价本专利创造性的现有技术证据。

虽然专利权人当庭提交的反证1不是在《无

效宣告请求受理通知书》指定的答复期限内提交的,也不属于用于完善证据法定形式的公证书,但是鉴于请求人在口头审理终结前提交了公知常识性证据(证据5、6)和相应意见陈述,并结合证据5、6的内容具体说明本专利不具有创造性的理由,专利权人当庭收到上述证据和意见陈述,基于公平的原则,应当给予专利权人在指定期限内针对请求人所补充的证据进行答辩或者提出反证的机会,而专利权人在口头审理终结前提交了反证1,因此合议组对专利权人当庭提交的反证1予以考虑。

(三)关于《专利法》第22条第3款

《专利法》第22条第3款规定,创造性,是指同申请日以前已有的技术相比,该发明有突出的实质性特点和显著的进步,该实用新型有实质性特点和进步。

在判断一项权利要求是否具备创造性时,一般先将该权利要求的技术方案与现有技术中最接近的技术方案进行对比,确定二者的区别特征,然后根据该区别特征所能达到的技术效果确定发明实际解决的技术问题,再判断现有技术中是否存在将该区别特征应用到该最接近的现有技术以解决其存在的技术问题的启示。如果存在该种启示,本领域技术人员根据现有技术的教导或启示能够容易引入上述区别特征从而获得请求保护的技术方案,而且没有产生预料不到的技术效果,则应当认为该权利要求的技术方案是显而易见的,不符合《专利法》第22条第3款关于创造性的规定。

本专利独立权利要求1请求保护注射用三磷酸腺苷二钠氯化镁冻干粉针剂的生产方法,包括下列步骤:取三磷酸腺苷二钠100重量份与氯化镁32重量份加400重量份水搅拌制成混合溶液;用0.1%氢氧化钠溶液调该混合溶液pH值到4.5～7.0;再向该混合溶液中加600重量份水混匀,将上述混合溶液用微孔滤膜过滤,经滤膜起泡点检验和内毒素检验后,灌装于每个药瓶中;然后药瓶半加塞,将药瓶放入冷冻干燥箱中,待瓶中制品降到－35℃后保持3小时;降低冷凝器温度至－60℃,抽真空至10Pa以下后,通过隔板给瓶中制品加温使冻结产品的温度升至－20℃,保持5小时;继续加热升温至25℃,保温5小时;最后药瓶压塞,轧铝盖制成注射用三磷酸腺苷二钠氯化镁冻干粉针剂。

证据1是本专利最接近的现有技术,公开了三磷酸腺苷二钠－氯化镁注射液,其中具体公开了含有三磷酸腺苷二钠100mg/2mL的A液与含有氯化镁32mg/2mL的M液单独包装和存放,使用前将A液与M液等体积混合于大容量的注射液中。

将本专利权利要求1与证据1公开的内容相比,权利要求1的方法制得的产品和证据1公开的产品的活性成分均为三磷酸腺苷二钠和氯化镁,活性成分的重量比均为100∶32,两者的剂型均为注射用制剂,并在临用前均需要配制成同时含有两种活性成分的注射液。两者的区别特征在于:①权利要求1的剂型是活性成分混合的冻干粉针剂,而证据1中公开的是活性成分分装的注射液;②证据1中未公开具体的工艺步骤和具体参数。权利要求1实际解决的技术问题在于以冷冻干燥的方法提高三磷酸腺苷二钠和氯化镁复方制剂的稳定性,并确定制备过程的工艺顺序及各项参数。

对于上述区别特征①,合议组认为:证据1中公开的三磷酸腺苷二钠和氯化镁注射液是分装产品,其混合溶液只能在临用前即配即用,本领域技术人员公知,出于制备和使用方便的考虑,组成复方制剂的多种活性成分应当尽量混合于同一单元制剂之中,因此证据1中公开的制剂形式反映出三磷酸腺苷二钠和氯化镁混合溶液长时间混合存放后两种活性成分之间可能发生物理化学反应从而导致药品不稳定。基于这一技术问题,本领域技术人员有动机改良现有技术的剂型以解决上述混合溶液在储存期间活性成分在水溶液中稳定性差的问题。本领域技术人员公知注射液和冻干粉针剂同属制药领域的常规注射剂剂型,由注射液制备冻干粉针剂,属于常规注射剂型间的转换(参见证据6第232页第一段"注射剂的定义和分类"以及第266页第五节"注射用无菌粉末概述"),上述证据6中教导"凡是在水溶液中不稳定的药物如青霉素G、先锋霉素类及一些医用酶制剂(胰蛋白酶类辅酶)及血浆等生物制剂均需制成注射用无菌粉末",故本领域普通技术人员根据这一常识的教导和启示在已知一种特定注射液存在某种程度的稳定性问题时,容易想到将不稳定的注射用溶液冻干制成冻干粉针剂,并在现有的制备注射用冻干粉针剂的技术中寻找解决方案。

上述区别特征②主要包括以下内容:将三磷酸腺苷二钠和氯化镁混合溶解——用NaOH溶液调节pH值至4.5～7.0——微孔滤膜过滤——

起泡点和内毒素检验——灌装——冷冻干燥——压塞、轧盖。其中的冷冻干燥过程包括:(a)将药瓶放入冷冻干燥箱中,待瓶中制品降到－35℃后保持3小时;(b)降低冷凝器温度至－60℃,抽真空至10Pa以下;(c)通过隔板给瓶中制品加温使冻结产品的温度升至－20℃,保持5小时;(d)继续加热升温至25℃,保温5小时。

在本专利的申请日前,本领域的普通高等院校教科书中关于冻干粉针剂的制备方法教导了以下内容:(1)制品在冻干前的处理基本上与水性注射剂相同,质量要求与注射用水溶液基本一致(参见证据6第268页文字第4行、第266页倒数第1、2行);(2)制备注射用水溶液的过程包括配制药液、测定及调节pH值、微孔滤膜过滤、气泡点试验及内毒素检验、灌装等属于本领域的公知常识,并且证据6第248页、第184页和第177页详细教导了微孔滤膜过滤的步骤、用途和滤器,证据6第248页、第184页中介绍了气泡点试验的方法,证据6第233～234页、第253页教导了注射剂质量检验中的内毒素检验;(3)注射剂的pH值要求与血液相等或接近(血液pH7.4),一般控制在4～9的范围内,此外pH值还与注射液的化学稳定性及药物溶解性有关(参见证据6第233页第27、28行、第272页倒数第6、7行);(4)冷冻干燥工艺过程分为预冻(在低于产品共熔点10～20℃的预冻温度下预冻2～3小时)、升华干燥(将冷凝器内温度下降至－45℃以下,启动真空泵,当干燥箱内真空度达13.33Pa以下关闭冷冻机,通过搁置板下的加热系统缓缓加温,使冻结产品的温度逐渐升高至约－20℃,药液中的水分就可升华,最后可基本除尽)、再干燥(根据制品性质选择再干燥温度如0℃、25℃,保温干燥一段时间后,整个冻干过程即告结束)(参见证据6第268、269页"2. 冷冻干燥工艺过程")。由此可见,证据6已经教导或启示了区别特征②所包括的具体工艺步骤和各项参数。

专利权人认为:请求人提供的证据1～6中均未公开冻干加工的ATP和$MgCl_2$的混合溶液的pH值,一般常识认为,注射剂pH值可控制在3～10,优选4～9的大范围,而证据1中公开的ATP溶液pH为8.5～10,本发明人经大量试验后确认,将pH范围限定为4.5～7.0的弱酸性范围(舍弃了碱性范围),不但符合人体生理要求,减少对人体的刺激性,而且有利于抑制ATP的分解,确保产品的稳定性。

对此合议组认为,证据6中已经公开了注射剂的pH值一般控制在4～9的范围内,pH在此范围之内的注射剂通常符合人体生理要求,不会对人体产生刺激性,根据证据6给出的一般教导,本领域技术人员在制备具体注射剂时必然会根据具体情况(如药物稳定性、对人体的刺激性)在证据6教导的范围内选择具体的pH值范围,其具体选择的范围通常会在证据6教导的一般范围内,而并不一定与证据6所教导的一般范围完全相同。本专利中将三磷酸腺苷二钠和氯化镁混合溶液的pH值调节为4.5～7.0,显然该pH条件下的注射剂符合人体生理要求,对人体刺激性小,这并不属于本领域技术人员预料不到的技术效果。此外,由于镁离子在碱性环境下将形成氢氧化镁而产生沉淀,因此本领域技术人员必然会想到在调节pH值时舍弃碱性范围。综上,本领域技术人员根据公知常识的教导能够显而易见地确定三磷酸腺苷二钠和氯化镁混合溶液应接近血液pH值7.4并且为pH值4.0以上的偏酸性环境,同时权利要求1中关于pH值的数值范围的选择也没有为本专利的技术方案带来任何预料不到的技术效果,不能以此证明权利要求1的技术方案具有创造性。

专利权人还认为:本专利中冻干的具体工艺步骤、工艺参数及其组合在6份证据中均未公开,这样的工艺条件组合确保了冷凝结晶的完全和均一性,确保了水分升华干燥的效果,保证了本发明产品的稳定性、质量可控性及工业化可行性,制得了符合国家标准的冻干粉针剂,对于本领域技术人员来说是非显而易见的。

对此合议组认为,证据6中教导的冷冻干燥工艺条件是经过大量实验验证的能够确保冻干制剂质量的一般条件,虽然专利权人声称本专利的工艺条件、参数的选择花费了大量的创造性劳动,然而通过对比明显可见本专利权利要求1的工艺流程与证据6公开的"冷冻干燥工艺过程"中的流程完全相同,本专利冻干过程中的(a)相当于证据6中的"预冻",(b)和(c)相当于证据6中的"升华干燥",(d)相当于证据6中的再干燥,并且冻干过程中的温度、压力和时间等参数的选择都是在证据6教导的范围之内。例如,证据6教导了预冻温度应低于产品的共熔点10～20℃,同时还教导了测定产品共熔点的方法,本领域技术人员很容易利用证据6教导的常规技术手段确定三磷酸腺苷二钠和氯化镁的共熔点,从而选择适宜的预冻温度；其他参数如预冻时间、冷凝管温度、真空度、升华干燥温度、再干燥温度都与证据 6 教导的参数一致或者在其教导的数值范围内与端点值相比略有偏差；升华干燥时间、再干燥时间虽未具体公开，但证据 6 已经教导“干燥时间应视水分残留情况而定”，则本领域技术人员根据这一原则在具体操作过程中很容易视水分残留情况确定干燥时间。综上，在证据 6 的教导下，本领域技术人员无需花费创造性劳动，而仅经过有限次的常规试验即可确定权利要求 1 中的冷冻干燥工艺步骤及具体工艺参数。

专利权人进一步认为：鉴于氯化镁对三磷酸腺苷二钠稳定性的负面影响，长期以来人们对于两者复合制剂的可行性形成了习惯性否定的技术偏见，因此一直没有解决“由三磷酸腺苷二钠和氯化镁复合组成的、单一制剂产品”的技术难题，仅此足以证明本发明权利要求 1 的非显而易见性。专利权人引用证据 3、4 和证据 1 主张因存在技术偏见而导致本专利之前本领域中不存在三磷酸腺苷二钠氯化镁复合制剂。

对此合议组认为，首先，在先无人作出这种改进仅是本专利具有新颖性的基础，在满足这一要求的情况下才需要对其创造性进行评价；其次，对于本领域技术人员来说，为解决由于混合存在而导致注射液不稳定的问题，而将活性成分分别单独包装和将混合溶液冻干这两种技术方案各有利弊，体现的是不同的选择意图和价值趋向，不能认为某种技术方案在一份对比文件中未被采用就意味着该技术方案是不可行的，专利权人引用的上述证据仅是对一定阶段的技术情况的反映，而这些技术内容并未使得本领域技术人员产生偏离客观事实的普遍存在的认识，也并未能够在某时间段内阻碍本领域技术人员对所涉及的技术问题的研究和开发，故专利权人有关本专利因克服技术偏见而具有创造性的主张不能成立。

综上所述，对于本领域技术人员来说，三磷酸腺苷二钠和氯化镁 100∶32 重量比的混合溶液是已知的，将欲注射给药且在水溶液中不稳定的药物制备成冻干粉针剂也是已知的，冻干粉针剂的制备工艺还是已知的，而在实践中本领域技术人员又知道三磷酸腺苷二钠和氯化镁混合溶液长时间存放会影响注射液稳定性，则本领域技术人员在面对该技术问题时，在现有技术的启示下，完全有动机将三磷酸腺苷二钠和氯化镁的混合溶液制备成复合的冻干粉针剂，因此，本专利权利要求 1 所述的技术方案相对于现有技术而言是显而易见的，并不具有突出的实质性特点，而且也没有获得任何预料不到的技术效果，故权利要求 1 的技术方案不具有创造性。

本专利权利要求 2 请求保护一种注射用三磷酸腺苷二钠氯化镁冻干粉针剂，其特征是由三磷酸腺苷二钠与氯化镁组成，两者的重量比为 100mg∶32mg。基于与权利要求 1 不具有创造性的相同的理由，本领域技术人员在证据 1 公开内容的基础上，根据证据 6 给出的启示，完全有动机将三磷酸腺苷二钠和氯化镁的混合溶液制备成复合的冻干粉针剂。因此，本专利权利要求 2 所述的技术方案相对于现有技术而言是显而易见的，不具有突出的实质性特点，也没有取得预料不到的效果，不具有创造性。

专利权人提交的反证 1 是对来自“国家食品药品监督管理局药品审评中心”网站的网络信息进行公证的公证书，与其相连的网络证据中公开了一系列药品名称为“注射用三磷酸腺苷二钠－氯化镁”的药品注册信息，然而除名称外，该证据中没有记载任何与产品的结构、组成、制备方法等相关的技术内容，如没有记载所述的制剂为注射液还是冻干粉针剂，也没有记载两种活性成分是混合存放还是单独存放。因此反证 1 无法证明专利权人在口头审理以及随后的意见陈述中所述的“甚至在本专利申请日后的 2005 年，包括华北制药和中国预防医学科学院等知名医药研发巨头，仍在向国家药监局申报将三磷酸腺苷二钠和氯化镁分别包装的所谓‘新药’证书和批准文号”。此外，即使专利权人通过反证 1 欲阐述的事实成立，即在本专利申请日后其他制药企业和药物研发机构尚在报批和生产三磷酸腺苷二钠和氯化镁分装而非混合的冻干粉针剂，也仅能从侧面佐证本专利是与申请日之后一段时间内本领域的一般做法构思不同的技术方案，而不能证明这种技术方案相对于现有技术而言具有创造性，因此合议组对专利权人的上述主张不予支持。

鉴于证据 1 和证据 6 的组合已经否定本专利权利要求 1、2 的创造性，在此对于其他证据的组合方式是否破坏本专利权利要求 1、2 的创造性不再予以评述。

基于以上事实和理由，本案合议组作出如下审查决定。

宣告第 200410024515.1 号发明专利权全部无效。

三、评析

该决定是一篇针对药物制剂专利的无效决定，其最大特点在于针对新剂型类发明的创造性标准把握精当，合议组从技术特点出发对创造性进行了充分阐释，论述详尽到位，有理有据，很有说服力。药物制剂专利是医药领域一类重要的专利，此类专利的创造性标准一直备受行业关注，该决定无疑对理解和把握制剂专利的创造性具有很好的指导意义。

该决定涉及的主要争议点在于：在现有技术已经公开了三磷酸腺苷二钠和氯化镁液体分装物（证据1）以及注射用冻干粉针剂的常规制备工艺（证据6）的情况下，权利要求要求保护相同混合比例的三磷酸腺苷二钠和氯化镁的冻干粉针剂是否具备创造性？

决定严格按照创造性三步法的评述步骤，确定了争议专利与最接近的对比文件（证据1）的两点区别技术特征：①权利要求1的剂型是活性成分混合的冻干粉针剂，而证据1中公开的是活性成分分装的注射液；②证据1中未公开具体的工艺步骤和具体参数。从区别特征可以看出，本发明相对于现有技术的改进就是进行了剂型改变。

决定进一步考察了本领域技术人员是否有动机将证据1中活性成分的液体分装物改变为本发明的活性成分混合的冻干粉针剂，以及现有技术是否教导了进行具体剂型改变的工艺，经过有理有据的论述得出证据1、6给出了将区别特征引入证据1得到本发明方案的启示。

决定接下来对专利权人的三点争辩意见给予全面回应：(1)冻干加工中混合溶液的pH的选择属于本领域技术人员根据公知常识的教导能够显而易见地确定，且没有为本发明带来任何预料不到的技术效果；(2)在证据6的教导下，本领域技术人员无需花费创造性劳动，仅经过有限次的常规试验即可确定权利要求1中的冷冻干燥工艺步骤及具体工艺参数；(3)某种技术方案在一份对比文件中未被采用并不意味着该技术方案是不可行的，专利权人引用的试图证明技术偏见的证据仅是对一定阶段的技术情况的反映，而这些技术内容并未使得本领域技术人员产生偏离客观事实的普遍存在的认识，也并未能够在某时间段内阻碍本领域技术人员对所涉及的技术问题的研究和开发，故专利权人有关本专利因克服技术偏见而具有创造性的主张不能成立。决定对于上述前两点意见的评述论据翔实、结论客观；对第三点关于克服技术偏见的论述准确到位，可圈可点。

决定中一处值得讨论的小问题是反证1是否可以被接受。反证1是专利权人在口头审理中提交的公证书，其既不是公知常识类证据也不是用于完善证据法定形式的证据，请求人认为不应当接受该证据，合议组认为请求人提交的公知常识类证据5、6在口审当庭转给专利权人，基于公平原则，应当接受专利权人提交的反证1。严格来说，反证1并不是针对证据5、6提出的反证，按照《审查指南》第四部分第三章第4.3.2节的规定，应不予考虑。但是，合议组接受了反证1实际上对专利权人的意见给予了更充分的考虑，在此基础上作出宣告该专利权全部无效的审查决定更能令专利权人信服。

近几年，国内制药企业争相申报了大量药物新剂型专利申请。这类专利申请可分为以下两种类型，一种是对某一已知药物进行简单剂型改造，例如由片剂改为胶囊，由注射剂改为粉针剂等，其目的仅仅是为了扩大病人对药品类型的选择，并获得该剂型本身的优点；第二种是改进已有剂型的处方或改造为新剂型，其目的是为了解决现有处方或剂型存在的技术问题，如提高生物利用度、稳定性、疗效等。由于这类专利申请的创造性标准较难把握，因此在专利局的审查实践中，不同审查员作出的创造性判断结论实际上还不够一致；在药品专利纠纷中，其创造性标准也屡次成为争议的焦点。

本专利正是属于将注射剂改为粉针剂的剂型改造，通常认为对于这种简单剂型改造的专利不具备创造性。但是，也不能一概而论。正如本决定考虑的那样，在评价创造性时既要考察本领域技术人员是否具有剂型改造的动机和教导，还要考察剂型改造中有否克服技术障碍和技术偏见，或者剂型改造是否产生了预想不到的技术效果等因素，综合考察上述因素后才能得出客观的结论。

（国家知识产权局专利复审委员会
李瑛琦　李人久　许　磊　马文霞）

案例9　涉及晶体发明创造性的判断

一、案由

本无效宣告请求案涉及国家知识产权局于2008年6月11日公告授予的，名称为“四苄基伏格列波糖的结晶及制备方法”的第200610061713.4号发明专利权(下称本专利),其申请日为2006年7月17日,专利权人为无锡药兴医药科技有限公司。本专利授权公告的权利要求书如下:

“1. 一种结晶形式的四苄基伏格列波糖,其化学名为(1S)-(1(羟基),2,4,5/1,3)-2,3,4-三-氧-苄基-5-[(2-羟基-1-(羟甲基)乙基)氨基]-1-碳-苄氧基甲基-1,2,3,4-环己烷四醇,结构式如下所示:

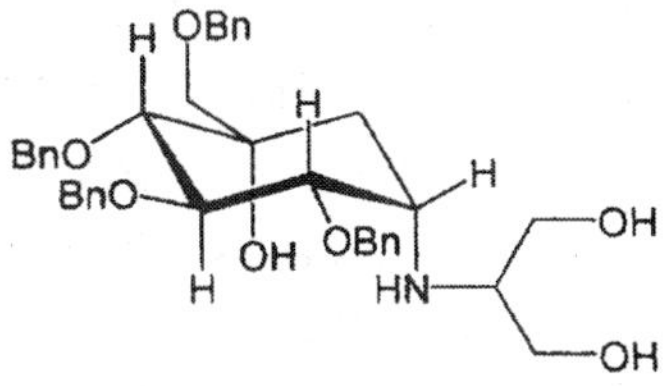

其特征为:

具有图5所示的四苄基伏格列波糖结晶粉末的X-射线衍射图;

具有图6所示的差示扫描量热分析图;

具有图7所示的红外光谱图特征。

2. 根据权利要求1所述的结晶形式的四苄基伏格列波糖的制备方法,其主要步骤是:将1份油状的四苄基伏格列波糖溶解于0.5~5倍体积比的极性非质子性溶剂中;然后加入2~20倍体积比的另外一种非极性溶剂,在室温搅拌下析出结晶,然后放置1~5小时,再在0~5℃放置1~5小时,过滤出的结晶真空干燥10~12小时。

3. 根据权利要求2的制备方法,其特征在于:所述的极性非质子性溶剂是乙酸乙酯、异丙醚、乙醚、四氢呋喃中的一种。

4. 根据权利要求3的制备方法,其特征在于:所述的极性非质子性溶剂是乙酸乙酯。

5. 根据权利要求3的制备方法,其特征在于:所述的极性非质子性溶剂是异丙醚。

6. 根据权利要求2的制备方法,其特征在于:所述的非极性溶剂是环己烷、正己烷、四氯化碳或石油醚。

7. 根据权利要求6的制备方法,其特征在于,所述的非极性溶剂是环己烷。

8. 根据权利要求6的制备方法,其特征在于,所述的非极性溶剂是正己烷。

9. 根据权利要求1所述的结晶形式的四苄基伏格列波糖在制备伏格列波糖的应用。”

针对上述专利权,北京天衡药物研究院(下称请求人)于2009年3月31日向专利复审委员会提出无效宣告请求,认为本专利权利要求1不符合《专利法》第22条第2款的规定,权利要求1~9不符合《专利法》第22条第3款的规定。请求人同时提交了如下证据1~2:

证据1:US4824943号美国专利公告说明书,公告日为1989年4月25日,复印件21页及US4824943号美国专利实施例6、7的中文译文2页。

证据2:据称是按照US4824943号美国专利制备的产品的谱图,4页。

请求人认为:(1)证据1公开了四苄基伏格列波糖的白色粉末,只是没有具体公开其晶型相关的数据,难以将本专利权利要求1的结晶形式的四苄基伏格列波糖与证据1区别开,可以推定两者相同。另外,请求人根据证据1公开的内容制备得到白色结晶性粉末,检测结果证明其X-射线衍射(XRD)、差示扫描量热分析(DSC)和红外(IR)光谱与本专利附图5~7一致(参见证据2)。综上,权利要求1不具备新颖性。(2)鉴于证据1公开了将四苄基伏格列波糖制备出白色固体粉末,本专利所述的结晶四苄基伏格列波糖相对于油状产物的积极效果,例如更容易保存和运输、使用时取用和称量方便等优点,相对于证据1的白色粉末均不成立,因而,权利要求1不具备创造性。(3)权利要求2~8涉及制备结晶四苄基伏格列波糖的方法,其中将可结晶的物质溶于极性溶剂中,然后加入大量非极性溶剂,搅拌析出结晶的方法,是本领域的公知常识,尽管限定了溶剂种类和比例,但所用溶剂都是常用溶剂和比例,故权利要求2~8不具备创造性。(4)权利要求9涉及结晶态的四苄基伏格列波糖的应用,而证据1的实例7已经公开了四苄基伏格列波糖用于制备伏格列波糖,故权利要求9不具备创造性。

经形式审查合格后,专利复审委员会受理了上述无效宣告请求,于2009年3月31日向双方当事人发出《无效宣告请求受理通知书》,并将请求人的《专利权无效宣告请求书》及其附件的副本转送给专利权人,要求其在指定的期限内答复,同时成立合议组对本无效宣告请求案进行审理。

在指定的期限内,专利权人未进行答复。

2009年4月30日,请求人补充提交了意见陈述书,并补充提交下述证据(编号续前):

证据3:陈景出具的实验报告,盖有“中国科学院化学研究所核磁实验室”章的1HNMR图谱、盖有"中国科学院化学研究所分析测试中心"章的 XRD 图谱、盖有"中国科学院工程塑料重点实验室"章的 DSC 和 IR 图谱，陈景的博士学位证书以及博士后进站审核表，复印件共 11 页。

证据 4：李文出具的实验检测报告，首页盖有"中国科学院理化技术研究所业务章"并有李文的签名、化合物合成过程的说明、IR 图谱、XRD 图谱、DSC 图谱和 1HNMR 图谱，复印件共 7 页。

证据 5："Synthesis of Valiolamine and Its N－Substituted Derivatives AO－128, Validoxylamine G, and Validamycin G via Branched－Chain Inosose Derivatives"，Hiroshi Fukase 和 Satoshi Horii，J. Org. Chem.，1992 年第 57 期，第 3651～3658 页，复印件 8 页。

证据 6："Synthesis of a Branched－Chain Inosose Derivatives，a Versatile Synthon of N－Substituted Valiolamine Derivatives from D－Glucose"，Hiroshi Fukase 和 Satoshi Horii，J. Org. Chem.，1992 年第 57 期，第 3642～3650 页，复印件 9 页。

请求人认为：(1)补充证据 3～6 进一步说明权利要求 1 不具备新颖性。证据 3 和 4 使用与证据 1 实施例 6 相同的原料，重复证据 1 实施例 6 的实验，得到证据 1 实施例 6 的产物。证据 3、4 中的 XRD、DSC 和 IR 图谱与本专利图谱一致，因此，证据 3、4 实验所得产物与本专利权利要求 1 相同。证据 6 用于印证证据 3、4 中原料与证据 1 实施例 6 原料相同。证据 5 用于印证证据 3、4 中所得产物与证据 1 实施例 6 相同，原因在于证据 5、6 的作者是证据 1 的发明人。(2)证据 1 实施例 7 公开了实施例 6 的四苄基伏格列波糖在制备伏格列波糖中的应用，在本专利权利要求 1 相对于证据 1 实施例 6 不具备新颖性的情况下，本专利权利要求 9 也不具备新颖性。

2009 年 5 月 25 日，本案合议组向双方当事人发出《无效宣告请求口头审理通知书》，定于 2009 年 7 月 13 日对本案进行口头审理。同时，将请求人于 2009 年 4 月 30 日补充提交的意见陈述书和相关的副本转送专利权人。

2009 年 7 月 13 日，口头审理如期进行，双方当事人的代理人出席了口头审理。合议组就本无效宣告请求案的无效理由及证据逐一进行了调查，双方当事人均充分陈述了各自的意见，合议组在此基础上记录了以下事项：

(1)请求人放弃证据 2，出示证据 3、4 原件，提交盖有"国家图书馆科技查新中心"骑缝红章的证据 5、6 的证明文件。

(2)专利权人认可证据 1 的真实性和公开性以及中文译文的准确性，认可证据 3、4 与原件一致，认可证据 5、6 的真实性。专利权人不认可证据 3、4 的真实性，理由为，①证据 3、4 是请求人单方委托他人进行的实验，无法确定其中所附图谱就是实验所得产品的图谱；②证据 3、4 的实验步骤与证据 1 在反应物和相关试剂的用量、若干反应条件和操作等方面存在区别，且证据 3、4 没有提供所得白色粉末的重量和产率。专利权人认为证据 3、4 没有依据证据 1 的方法进行严格重复，故无法证明证据 1 的方法制得的产品与本专利是相同的。专利权人认为请求人未提供证据 5、6 的中文译文，证据 5、6 应视为未提交。

(3)请求人当庭提交证据 7：浙江大学硕士学位论文，《溶析结晶法制备聚合物微粒的研究》，作者为林丽明，盖有"国家图书馆科技查新中心"骑缝红章，第 64 页，以及盖有"国家图书馆科技查新中心"红章的文献复制证明，1 页。专利权人认为证据 7 并非公知常识性证据，超过举证期限，应不予认可。

至此，合议组认为本案的事实清楚，可以作出审查决定。

二、决定的理由

(一)关于证据

请求人共提交了 7 份证据，其中，请求人放弃了证据 2，本决定对该证据不予评述。

专利权人对证据 1 的真实性、公开性和译文准确性没有异议，合议组对证据 1 真实性、公开性和译文准确性予以认可。证据 1 的公开时间为 1989 年 4 月 25 日，早于本专利的申请日，可以作为用于评价本专利是否具备新颖性和创造性的证据。

专利权人对证据 3、4 的真实性和证明力有异议。

证据 3 共 11 页，其中第 1、2 页记载了据称是按照 US4824943(即证据 1)实施例 6 进行重复实验的实验步骤、实验结果并有操作人陈景的签名，第 2 页"实验结果"部分声称后面的图谱分别为原料的 1HNMR 图谱、产品的 1HNMR 图谱、XRD 图谱、DSC 和 IR 图谱，第 3～5 页为盖有"中国科学院化学研究所核磁实验室"章的 1HNMR 图谱，第 6、7 页为盖有"中国科学院化学研究所分析测试中心”章的XRD图谱，第8、9页分别为盖有“中国科学院工程塑料重点实验室”章的DSC和IR图谱，第10页为陈景的博士学位证书复印件，第11页为陈景的博士后进站审核表复印件。请求人提交证据3的目的在于证明证据1实施例6所得产物的XRD、DSC和IR图谱与本专利权利要求1化合物相同。

对于证据3，合议组认为：首先，证据3是请求人单方委托他人进行的实验，在专利权人质疑该证据的真实性且请求人没有其他证据佐证的情况下，该证据的真实性存疑。其次，在证据3中，除陈景声称外，没有证据表明涉及四苄基伏格列波糖的图谱（第5～9页）来源于证据3第1、2页实验步骤所得产品，证据3第1、2页实际上是陈景的书面证言，而陈景没有正当理由未出席口头审理作证，在此情况下，陈景关于证据3中的图谱来源于证据3第1、2页实验步骤所得产品的证言的真实性存疑且证明力不足，无法证明其第1、2页实验步骤所得产品与第3～7页的图谱之间具有对应关系，更无法证明证据1实施例6所得产物的XRD、DSC和IR图谱与本专利权利要求1化合物相同。综上，合议组对于证据3不予采信。

证据4共7页，其中第1页记载了四苄基伏格列波糖的XRD图谱，并有李文的签名和“中国科学院理化技术研究所业务处”章，第2页记载了四苄基伏格列波糖的合成过程，第3～5页分别为IR、XRD和DSC图谱，其中第2～5页既没有签名也没有签章。请求人提交证据4的目的在于证明证据1实施例6所得产物的XRD、DSC和IR图谱与本专利权利要求1化合物相同。

对于证据4，合议组认为：首先，证据4是请求人单方委托他人进行的实验，在专利权人质疑该证据的真实性且请求人没有其他证据佐证的情况下，该证据的真实性存疑。其次，在有签名和签章的证据4第1页，无法看出具有如图所示的XRD图谱的四苄基伏格列波糖的来源，无法得出如图所示的XRD图谱来自对于第2页合成方法所得产品的结论。此外，证据4第3～5页的图谱中也没有记载其所测试化合物的来源。可见，证据4的真实性存疑且证明力不足，无法证明其第2页合成过程所得产品与第3～5页的图谱之间具有对应关系，更无法证明证据1实施例6所得产物的XRD、DSC和IR图谱与本专利权利要求1化合物相同。综上，合议组对于证据4不予采信。

证据5、6为外文期刊，专利权人认可其真实性，但认为请求人没有在举证期限内提交中文译文，故这两份证据应视为未提交。

请求人提交证据5、6的目的在于通过比较1HNMR数据从而验证证据3、4中所用原料以及所得产物的结构。由于1HNMR数据无需翻译，且请求人在意见陈述书中翻译了具有所指出的1HNMR数据的化合物的化学名称，因此，请求人已经对证据5、6中所用部分进行了必要的翻译，专利权人认为证据5、6应视为未提交的理由不成立。但是，由于证据3、4不为合议组采信，使得用于印证证据3、4中化合物结构的证据5、6与本案失去了关联性，因此，在下面无效宣告理由的评述中不再予以考虑。

证据7为浙江大学硕士学位论文，其并非公知常识性证据，且其提交日期超过了请求人的举证期限，对于该证据，合议组不予考虑。

（二）关于《专利法》第22条第2款

《专利法》第22条第2款规定：新颖性，是指在申请日以前没有同样的发明或者实用新型在国内外出版物上公开发表过、在国内公开使用过或者以其他方式为公众所知，也没有同样的发明或者实用新型由他人向国务院专利行政部门提出过申请并且记载在申请日以后公布的专利申请文件中。

在无效宣告程序中，如果无效宣告的理由为某一权利要求相对于某一现有技术不具备新颖性，而根据专利文件和现有技术的文字描述无法确定二者是否为相同的技术方案，此时，无效宣告请求人应承担证明二者相同的举证责任，在请求人没有出具有效证据证明的情况下，该现有技术无法破坏上述权利要求的新颖性。

1. 权利要求1

权利要求1保护一种结晶形式的四苄基伏格列波糖，并使用XRD、DSC和IR图谱对其进行了描述。

请求人认为，证据1公开了将四苄基伏格列波糖的乙酸乙酯溶液真空浓缩，可以得到白色粉末，只是没有具体公开其晶型相关的数据，难以将本专利权利要求1的结晶形式的四苄基伏格列波糖与证据1区别开，可以推定二者相同。另外，请求人补充证据2～6进一步说明权利要求1不具备新颖性。

鉴于证据2被请求人放弃，证据3、4不被合议组采信，证据 5、6 不为合议组考虑，故请求人关于权利要求 1 不具备新颖性的证据仅余证据 1。

证据 1 公开了四苄基伏格列波糖的制备方法，并制备得到白色粉末状的四苄基伏格列波糖（参见证据 1 实施例 6）。

证据 1 中的“白色粉末”是对四苄基伏格列波糖物理形态的描述，由该描述无法看出其是无定型还是晶体，更无从知晓四苄基伏格列波糖分子的空间堆积情况。而本专利权利要求 1 保护的是具有具体的分子堆积模式的四苄基伏格列波糖晶体，权利要求 1 中的 XRD 图谱限定了其结晶形式的四苄基伏格列波糖为正交晶系，P2(1)2(1)2(1) 空间群，晶胞参数为：a＝7.8487Å、b＝20.746Å、c＝20.988Å（参见本专利说明书第 3 页表 1）。仅依据证据 1 尚无法确定其实施例 6 所得产品与本专利权利要求 1 的晶体相同，在此情况下，请求人认为权利要求 1 不符合《专利法》第 22 条第 2 款有关新颖性规定的理由不成立。

2. 权利要求 9

权利要求 9 保护根据权利要求 1 所述的结晶形式的四苄基伏格列波糖在制备伏格列波糖的应用。

请求人认为，证据 1 实施例 7 公开了实施例 6 的四苄基伏格列波糖在制备伏格列波糖中的应用，在本专利权利要求 1 相对于证据 1 实施例 6 不具备新颖性的情况下，本专利权利要求 9 也不具备新颖性。

如前所述，请求人认为权利要求 1 相对于证据 1 实施例 6 不具备新颖性的理由不成立，在此基础上，请求人认为权利要求 9 不符合《专利法》第 22 条第 2 款有关新颖性规定的理由也不成立。

（三）关于《专利法》第 22 条第 3 款

《专利法》第 22 条第 3 款规定：创造性是指同申请日以前已有的技术相比，该发明有突出的实质性特点和显著的进步。

1. 权利要求 1

对于一项保护已知化合物的晶体的权利要求而言，如果本领域技术人员有动机制备该已知化合物的晶体并且通过常规的技术手段即可制备得到权利要求所保护的晶体，且该晶体较已知化合物的已有形态没有产生预料不到的技术效果，则该权利要求不具备创造性。

权利要求 1 保护一种结晶形式的四苄基伏格列波糖，并使用 XRD、DSC 和 IR 图谱对其进行了描述。

证据 1 公开了四苄基伏格列波糖的制备方法，并公开了经硅胶柱层析用乙酸乙酯洗脱，从而制备得到白色粉末状的四苄基伏格列波糖的纯化方法（参见证据 1 实施例 6）。

比较权利要求 1 与证据 1 可见，二者的区别在于，权利要求 1 保护的是具有某种具体结晶形式的四苄基伏格列波糖，而证据 1 没有公开其白色粉末状四苄基伏格列波糖的堆积形态。

合议组查明，本专利中并未提及现有技术存在固体形态的四苄基伏格列波糖，更未提及权利要求 1 所述的结晶形式的四苄基伏格列波糖相对于证据 1 中固体形态的四苄基伏格列波糖具有何种积极效果，无法对二者的效果进行直接比较。

本专利说明书第 2 页第 5 段记载了本专利的发明目的：“为了克服现有的油状四苄基伏格列波糖品质存在的不足之处，本发明的目的在于提供一种结晶状态的四苄基伏格列波糖”，本专利说明书第 12 页第 4 段声称其结晶形式的四苄基伏格列波糖的积极效果在于：“四苄基伏格列波糖结晶形态同油状相比，更容易保存和运输，使用时取用和称量更方便，便于投料和生产操作。同时由于结晶状态的四苄基伏格列波糖具有比油状更高的纯度和含量，因而在利用其制备伏格列波糖的时候，反应中带入或产生的杂质更少，所以利用这种结晶可以制备出更高质量的伏格列波糖，从而使得生产出来的伏格列波糖制成制剂后具有更好的治疗效果，更少的毒副作用”。根据上述内容可以看出，本专利针对现有的油状四苄基伏格列波糖存在的不足，提供了一种如权利要求 1 所述的结晶形式的四苄基伏格列波糖，并相对于油状的四苄基伏格列波糖而言获得了积极效果。

证据 1 公开的白色粉末状四苄基伏格列波糖为固体形态，其与油状相比，当然具有更容易保存和运输、使用时取用和称量更方便、便于投料和生产操作的积极效果。至于本专利中所述的结晶状态比油状具有更高纯度的优点，虽然证据 1 没有公开其白色粉末中四苄基伏格列波糖的含量，但本领域技术人员可以确信证据 1 的白色粉末较本专利实施例 1 的油状将具有更高含量的四苄基伏格列波糖，而且，无论是证据 1 还是本专利实施例

1的制备方法，均使用柱层析对反应产物进行分离纯化，为了提高产品纯度的目的，只要牺牲产率仅收集产品纯度较高的洗脱液即可实现，本领域技术人员在重复证据1的方法时，即可获得四苄基伏格列波糖纯度较高的白色粉末。通过如上的间接比较可见，证据1的白色粉末状四苄基伏格列波糖也能够解决本专利所要解决的技术问题、实现本专利所具有的积极效果。

由此可以确定本专利权利要求1相对于证据1实际解决的技术问题是：提供另一种固体形态的四苄基伏格列波糖，其具有确定的晶型。由此，本案的焦点在于：现有技术中是否存在制备结晶形式的四苄基伏格列波糖的技术启示。

在证据1的方法中，实施例7获得了目标产物伏格列波糖，该目标产物经乙醇处理析出无色结晶，而实施例6获得的四苄基伏格列波糖则是中间体，该中间体未经处理用于下一反应步骤中。证据1的上述操作符合有机合成实践的常规。因为，在有机合成过程中，对于具有多个反应步骤的合成方法而言，关注的重点通常在于目标产物，比如，目标产物是否具有预期结构，其纯度、产率是否符合要求，等等。而对于其中间体，如果中间体所含杂质不致对后续反应产生不良影响、不致难以与目标产物分离，则通常不进行额外处理以避免增加操作步骤、影响收率。

由于证据1的关注点在于获得伏格列波糖，因而未对其中的中间体——四苄基伏格列波糖进行处理，但这不表明本领域技术人员不知晓处理四苄基伏格列波糖从而提高其品质的方法。当以四苄基伏格列波糖为目标产物，本领域技术人员面对白色粉末状尤其是油状的产物时，显然有动机对该产物进行处理以期获得固体甚至结晶状的产品，本领域最常见的处理方法就是进行结晶操作。证据1公开了四苄基伏格列波糖可以溶解于乙酸乙酯中，并且在真空浓缩条件下会得到四苄基伏格列波糖白色粉末。本领域技术人员据此信息，自然可以想到的常规的结晶手段有二：一是单纯利用乙酸乙酯进行结晶操作，二是利用乙酸乙酯与非极性溶剂进行结晶操作。本专利权利要求1的结晶即是通过第二种结晶手段获得的。由此可见，本领域技术人员在以四苄基伏格列波糖为目标产物时，有动机对四苄基伏格列波糖进行结晶操作，并且依据常规的结晶手段即可获得本专利权利要求1的结晶形式的四苄基伏格列波糖，权利要求1是显而易见的。

此外，从效果角度看，本专利中并没有记载权利要求1结晶形式的四苄基伏格列波糖较证据1具有何种积极效果。专利权人在口头审理时强调，本领域技术人员公知结晶形态较粉末具有更高的稳定性和纯度。可见，即使本专利权利要求1的结晶较证据1的粉末具有某种积极效果，该效果也是本领域技术人员可以预期的。而且在合成实践中，如果对证据1白色粉末的稳定性和纯度提出更高要求，则本领域技术人员显然会设法获得四苄基伏格列波糖的结晶从而满足上述要求，这也为本领域技术人员提供了制备结晶形式的四苄基伏格列波糖的动机。

综上，权利要求1不具备突出的实质性特点和显著的进步，不符合《专利法》第22条第3款的规定。

2. *权利要求2～8*

权利要求2保护根据权利要求1所述的结晶形式的四苄基伏格列波糖的制备方法，其主要步骤是将四苄基伏格列波糖溶解于极性非质子性溶剂中，然后加入非极性溶剂析出结晶(参见案由)。

请求人认为，通过溶析法获得结晶是本领域的公知常识，尽管权利要求2中限定了一些具体条件，本领域技术人员在证据1基础上，经过简单实验即可得出权利要求2的方法，故权利要求2不具备创造性。

专利权人认为，在权利要求1具备创造性的基础上，制备该具有创造性的产品的方法当然也具备创造性。

对此合议组认为：首先，如前所述，权利要求1相对于证据1不具备创造性，专利权人的主张不成立。其次，通过溶析法获得结晶是本领域技术人员的常规技术手段，而且在已知四苄基伏格列波糖溶解于乙酸乙酯的情况下，采用乙酸乙酯或者乙酸乙酯与非极性溶剂从而获得结晶或者固体是本领域技术人员的常规实验手段，虽然权利要求2对于试剂用量、操作时间进行了限定，但这些限定均是本领域技术人员在实验操作中根据具体情况所能够作出的具体选择，且根据本专利的内容无法得出这样的选择具有积极效果的结论。因此，权利要求2不具备突出的实质性特点和显著的进步，不符合《专利法》第22条第3款的规定。

权利要求3～8对于权利要求2中的极性非质子性溶剂以及非极性溶剂作出了进一步限定。

如前所述，证据1公开了乙酸乙酯可以溶解四苄基伏格列波糖，由此给出了乙酸乙酯可以作为溶析法制备结晶中极性较大溶剂的启示。而正己烷、环己烷、四氯化碳或石油醚均是常用的非极性溶剂，而且根据本专利的内容无法得出选择某种非质子性极性溶剂或者非极性溶剂具有积极效果的结论，因此，权利要求3～8不具备突出的实质性特点和显著的进步，不符合《专利法》第22条第3款的规定。

专利权人认为权利要求3～8具备创造性的理由在于，权利要求3～8是权利要求1产品的制备方法，在权利要求1具备创造性的基础上，制备该具有创造性的产品的方法当然也具备创造性。如前所述，权利要求1相对于证据1不具备创造性，在此基础上，专利权人的上述理由不成立。

3. 权利要求9

权利要求9保护根据权利要求1所述的结晶形式的四苄基伏格列波糖在制备伏格列波糖的应用。

证据1实施例7公开了实施例6的四苄基伏格列波糖在制备伏格列波糖的应用，在本专利权利要求1的结晶形式的四苄基伏格列波糖相对于证据1实施例6的四苄基伏格列波糖不具备创造性的情况下，权利要求9相对于证据1也不具备创造性，不符合《专利法》第22条第3款的规定。

基于以上事实和理由，本案合议组作出如下审查决定。

宣告第200610061713.4号发明专利权全部无效。

三、评析

本专利保护一种结晶形式的四苄基伏格列波糖，四苄基伏格列波糖是生产伏格列波糖的中间体，而伏格列波糖是一种α－葡萄糖苷酶抑制剂，已用于糖尿病的治疗。

本决定涉及已知化合物的晶体发明专利的无效宣告案件的审查，由于晶体结构的微观性而导致审查具有更多的特殊性。对于已知化合物的晶体发明的专利申请的审查，已有一定的探索和研究，达成了一些共识，但是对于如何判断该类案件的创造性，还存在一定的争议。另外，对于在无效宣告案件中如何结合证据规则具体适用相关审查标准，也是该类案件审查的疑难问题。

本决定整体行文流畅，逻辑严谨，语言精练，详略得当，对于上述疑难、争议问题给出了较为合理的处理方式，值得推荐。具体来说，有以下几个亮点：

（一）关于证据认定的论述

对于本案涉及的7份证据，在决定理由部分中分别进行论述，得出了因请求人放弃而不予评述、可以作为用于评价本专利是否具备新颖性和创造性的证据、因缺乏真实性而不予采信、因未在举证期限内提交中文译文而视为未提交、因与无效宣告理由无关联性而在下面无效宣告理由的评述中不再予以考虑、超出举证期限而不予以考虑的结论，理由充分，结论准确。其中，对于焦点证据3和证据4，重点展开、详细描述、充分论证、行文详略得当。

（二）关于无效程序中的"推定无新颖性"的具体适用

对于授权后的无效程序来说，本着"谁主张、谁举证"的举证责任分配原则，必须谨慎适用推定用物理化学参数或者制备方法表征的化学产品不具备新颖性的做法，本案很好地体现了这一点。

本专利的结晶形式的四苄基伏格列波糖和证据1公开的粉末状的四苄基伏格列波糖的制备方法不尽相同，证据1未提供任何晶体表征参数，也没有指明该粉末化合物是无定形的。此时，无效宣告请求人主张：本专利的结晶形式的四苄基伏格列波糖与证据1的粉末状的四苄基伏格列波糖相同，具有相同的晶体表征参数，从而不具备新颖性。对于该主张，无效宣告请求人应承担初步举证责任。本案中，无效请求人对此进行了举证（证据3、4），但是由于证据形式和内容的瑕疵，导致其缺乏真实性而不予采信。在此情况下，合议组认定仅依据证据1无法破坏本专利的结晶形式的四苄基伏格列波糖的新颖性，从而转入创造性评述。

（三）关于已知化合物的晶体发明的创造性

对于已知化合物晶体发明创造性的审查，目前普遍能被接受的观点是：应当遵循《审查指南》第二部分第四章第3节规定的创造性审查原则和审查基准，判断要求保护的晶体相对于现有技术是否具有突出的实质性特点和显著进步。在评价要求保护的晶体是否具有创造性时，审查员不仅要考虑发明技术方案本身，而且还要考虑发明所属技术领域、实际解决的技术问题和所产生的技术效果，将发明作为一个整体看待。

本决定正是按照该原则，综合考虑技术方案、技术领域、实际解决的技术问题和所产生的技术效果，从本领域技术人员的角度出发充分论述了在本案的情形下，结晶形式的四苄基伏格列波糖不具备创造性的理由。

（四）审查期限控制

在保证实体公正和程序公正的前提下，本案合议组对于审查期限的控制也很出色，从无效宣告请求日 2009 年 3 月 31 日起至决定日 2009 年 7 月 22 日，尚不到 4 个月，充分体现了客观、公正、准确、及时的要求。

最后，本决定在撰写方面存在以下瑕疵：在论述仅依据证据 1 不能破坏本专利的结晶形式的四苄基伏格列波糖的新颖性时，没有明确指出二者的制备方法不尽相同的前提，导致论述过程不够完美。

（国家知识产权局专利复审委员会
李亚林　孙跃飞　蔡　雷）

案例 10　涉及发明专利创造性的判断

一、案由

本无效宣告请求涉及中华人民共和国国家知识产权局于 2007 年 1 月 24 日授权公告的，名称为“新型 PHC 桩及水冲气举静压沉桩法”的发明专利权（以下简称本专利），其专利号为 200410061106.9，申请日为 2004 年 11 月 9 日，专利权人是李毓锦，2009 年 2 月 13 日变更为李小云。本专利授权公告时的权利要求书如下：

“1. 新型 PHC 桩的水冲气举静压沉桩法，其特征在于：

第一步，地表面软土层沉桩采用静压入土，静压至用最大压桩力而桩压不下沉为止；

第二步，桩尖沉达砂或碎卵石层时，从桩顶向空心腔体插入水气组合管，水气组合管沉达桩尖后，向输水管和输气管分别输入高压水和压缩空气，高压水从桩尖出水孔射出，直接冲刷桩尖前端的砂和碎卵石形成砂石混合水；藉气举法将砂石混合水沿桩的空心腔体自下而上从桩顶排出，此时用较小的压桩力就能将桩沉入砂和碎卵石层，由此一边输入高压水和压缩空气，一边加静压力，将桩穿过砂石层；

第三步，桩尖穿过砂和碎卵石层后，到达软土层时，停止射水，仅藉静压力将桩穿过软土沉到设计标高；或者，对砂和碎卵石层下没有软土的砂石层地基沉桩，沉桩至砂石层最后的 1～2 米停止射水，纯静压至设计标高。

2. 根据权利要求 1 所述的水冲气举静压沉桩法的专用新型 PHC 桩，其特征在于：在 PHC 桩的桩底（3）设有空心倒锥形的桩尖（4），在桩尖（4）前端开有出水孔（5），在桩尖（4）的锥身部分开有回水孔（6）；在出水孔（5）和回水孔（6）处均设有与之相互配套的出水孔活塞（7）和回水孔活塞（8），在空心腔体（9）内设有水气组合管。

3. 根据权利要求 2 所述的水冲气举静压沉桩法的专用新型 PHC 桩，其特征在于：所述的水气组合管由输水钢管（10）和输气钢管（11）组成。

4. 根据权利要求 3 所述的水冲气举静压沉桩法的专用新型 PHC 桩，其特征在于：输水钢管（10）和输气钢管（11）通过水气组合管接头（13）连成一体。

5. 根据权利要求 3 或权利要求 4 所述的水冲气举静压沉桩法的专用新型 PHC 桩，其特征在于：输水钢管（10）和输气钢管（11）的进水端和进气端设有输水和输气钢管的弯管（12），在输水和输气钢管的弯管（12）的进水端和进气端分别连接输水胶管（10′）和输气胶管（11′）。

6. 根据权利要求 2 所述的水冲气举静压沉桩法的专用新型 PHC 桩，其特征在于：在桩尖（4）的外壁面上设有桩尖加强筋（17）。

7. 根据权利要求 2 所述的水冲气举静压沉桩法的专用新型 PHC 桩，其特征在于：桩体（1）由数节桩连接成一根桩或者一节自成为一根桩。”

针对本专利权，福建勘察基础工程公司（以下简称请求人）于 2008 年 9 月 23 日向专利复审委员会提出无效宣告请求，同时提交了以下附件：

附件 1：《福建省省级工法汇编》第 32～41 页的复印件（依序标号为附件 1—①到附件 1—⑤）和福建省建设厅 2004 年 3 月 15 日印发的闽建科[2004]11 号文件（附件 1—⑥）及其附件：“省级工法名单”（附件 1—⑦）的复印件，共 7 页；

附件 2：中国建筑标准设计研究院编著的《国家建筑标准设计图集 03SG409 预应力混凝土管桩》的封面页和第 25 页的复印件，共 2 页；

附件 3:中华人民共和国建设部 2003 年 7 月 18 日发布的建质(2003)143 号“关于批准《建筑无障碍设计》等十项国家建筑标准设计的通知”的复印件,共 1 页。

请求人认为:权利要求 1、3～5、7 相对于附件 1 不具有新颖性和创造性,权利要求 2 相对于附件 1 不具有创造性,权利要求 6 相对于附件 1～3 的结合不具有新颖性和创造性。

经形式审查合格,专利复审委员会依法受理了上述无效宣告请求,并于 2008 年 9 月 23 日向请求人和专利权人发出无效宣告请求受理通知书,同时将专利权无效宣告请求书及其附件清单中所列附件的副本转送给专利权人,并要求专利权人在指定的期限内陈述意见。

针对专利复审委员会发出的上述无效宣告请求受理通知书,专利权人于 2008 年 10 月 31 日提交了意见陈述书。

专利权人认为:附件 1 没有公开发表过,不能作为本专利的现有技术;并且附件 1 没有公开本专利的“出水孔”和 PHC 桩,且与本专利的沉桩原理、操作方法、采用的设备和使用效果均不相同,因此不能破坏本专利权利要求的新颖性和创造性。

专利复审委员会依法成立合议组。本案合议组于 2008 年 11 月 14 日向双方发出无效宣告请求口头审理通知书,定于 2008 年 12 月 17 日在专利复审委员会举行口头审理。随同口头审理通知书,将专利权人于 2008 年 10 月 31 日提交的意见陈述书转送给请求人。

口头审理如期举行,双方当事人均参加了口头审理。在口头审理中:

(1)请求人明确其无效宣告的理由、证据和范围是:本专利权利要求 1 相对于附件 1 不具有新颖性、创造性;权利要求 2 相对于附件 1 和公知常识的结合不具有创造性;权利要求 3～5、7 的附加技术特征被附件 1 公开或者是公知常识,权利要求 6 的附加技术特征被附件 2 公开且为公知常识,因此权利要求 3～7 也不具有创造性。请求人明确放弃权利要求 3～7 不具备新颖性的无效理由,并明确附件 3 仅用于证明附件 2 的公开时间。

(2)请求人当庭出示了《福建省省级工法汇编》的原件及 2 张购书发票,用发票证明该书可以从书店买到,并提交了购书发票的复印件,合议组当庭将该复印件转送给专利权人,专利权人当庭签收。请求人表示附件 1—①到附件 1—⑤是从该书第 32～41 页复印的,附件 1—⑥和附件 1—⑦是从网上下载的,但与该书第 1 页编号(2004)11 号等内容可互相印证。

(3)专利权人认可《福建省省级工法汇编》的真实性(即认可附件 1—①到附件 1—⑤的真实性),但认为其是福建省建设厅科技处编的内部资料,其封面标注的“2004 年 5 月”不能证明是其公开时间,其内容也没有关于价格的信息,不是公开出版物,无法从书店中买到,因此不认可其公开性及其来源的合法性。由于附件 1—⑥、1—⑦、2、3 没有原件,专利权人不认可其真实性。

2009 年 3 月 13 日,李毓锦提交了意见陈述书以及证据 1:福州市新闻出版局 2009 年 3 月 12 日出具的福州市新闻出版局榕新鉴(2009)第 001 号文件的复印件。李毓锦认为:证据 1 可以证明《福建省省级工法汇编》既无版权页也无内部资料准印证号,为非法出版物。

2009 年 3 月 28 日,专利权人李小云提交了意见陈述书,认为:2009 年 3 月 13 日李毓锦提交的证据 1 可以证明《福建省省级工法汇编》为非法出版物,没有公开发表、公开出版过,因此不能作为对比文件否认本专利的新颖性和创造性。

至此,合议组认为本案事实已经清楚,可以作出审查决定。

二、决定的理由及结论

(一)关于证据和现有技术

请求人请求使用附件 1～3 作为证据,专利权人认可附件 1—①到附件 1—⑤的真实性,但不认可其公开性及其来源的合法性,也不认可附件 1—⑥、1—⑦、2、3 的真实性,并认为附件 1 的《福建省省级工法汇编》为非法出版物,没有公开发表、公开出版过。

合议组经审查后认为:

(1)请求人出示了《福建省省级工法汇编》的原件,专利权人虽然认为其为非法出版物,但对该书的真实性没有异议,合议组经审查后认可该书的真实性。请求人表示附件 1—⑥和附件 1—⑦是从网上下载的,并认为其与该书第 1 页文件编号为(2004)11 号等内容可互相印证。该书第 1 页公开了福建省建设厅 2004 年 3 月 15 日发布的闽建科(2004)11 号文件,其中记载了“经我厅组织专家审查,确定《套接扣压式薄壁钢管(KBG)电线管路施工工法》等 9 部工法为省级工法(参见附件),现予以公布”,第 2 页公开了上述附件的具体内容，即省级工法名单，以列表方式记载了 9 部工法的工法编号、工法名称、完成单位和执笔人等内容，其中包括一部工法编号为 RJGF（闽）－05－2003、工法名称为“水冲法（内冲内排）辅助静压桩沉桩施工工法”、完成单位为中建七局三公司的工法。由上述内容可知，福建省建设厅已于 2004 年 3 月 15 日发布了闽建科（2004）11 号文件，公布了“水冲法（内冲内排）辅助静压桩沉桩施工工法”为省级工法，一般而言，将某一工法确定为省级工法的主要目的是由于专家认定该工法为本行业优秀工法因此向全行业推广使用，其性质类似于地方标准或行业标准，因此在没有相反证据表明上述闽建科（2004）11 号文件是在特定范围内发行并要求保密的情况下，合议组推定该文件不具有保密要求，而是处于公众想得知就能够得知的状态，并且公众根据该文件及其附件所公开的内容，能够从相关单位获知“水冲法（内冲内排）辅助静压桩沉桩施工工法”的具体内容（即附件 1—①到附件 1—⑤的内容），因此附件 1—①到附件 1—⑤的内容已于 2004 年 3 月 15 日被公开，可以作为本专利的现有技术。

（2）请求人未出示附件 2、3 的原件，因此合议组对其真实性不予认可，附件 2、3 不能作为本案证据使用。

（二）关于《专利法》第 22 条第 3 款

《专利法》第 22 条第 3 款规定，创造性，是指同申请日以前已有的技术相比，该发明有突出的实质性特点和显著的进步，该实用新型有实质性特点和进步。

如果权利要求要求保护的技术方案与现有技术公开的技术方案之间的区别技术特征是本领域技术人员可以根据实际应用的需要而确定的，不需要付出创造性的劳动，则该权利要求不具备创造性；反之，如果现有技术没有给出得出所述权利要求技术方案的任何技术启示，本领域技术人员需要付出创造性的劳动才能得出该权利要求的技术方案，且该技术方案具有有益效果，则该权利要求具有创造性。

1. 权利要求 1

本专利权利要求 1 请求保护一种新型 PHC 桩的水冲气举静压沉桩法，附件 1—①到附件 1—⑤公开了一种水冲法（内冲内排）辅助静压桩沉桩施工工法，并具体公开了（参见第 2～5 节、图 5、图 7）：本工法适用于水冲法（内冲内排）辅助静压桩施工的钢筋混凝土预制方桩基础工程，在淤泥、砂、砂砾土、砂粘土及粘土等土层中均可采用；在第 4 节公开了该工法的具体工艺流程，包括压桩、冲水等步骤；第 5 节公开了当砂层埋深较深时，先将桩压至砂层面，再安放冲水（气）管和接桩，压桩至须冲水位置，开启冲水（气）管，边冲水边压桩；在静力压桩过程中，通过高压水冲刷桩端砂层，并利用高压水、气混合物将泥砂排出桩外，以消除桩端砂层对桩端的阻力；形成的砂水混合物由于高压作用从回水孔进入桩身空腔并通过空腔排出桩外；当桩下沉达设计标高以上 1～2m 时，应停止冲水，采用单独静压沉桩法将桩送至设计标高或达到设计压桩力。由此可见，附件 1—①到附件 1—⑤已经公开了水冲法辅助静压沉桩法的基本原理及工艺流程，其与权利要求 1 的区别仅在于：（1）权利要求 1 所应用的是 PHC 桩，而附件 1—①到附件 1—⑤所应用的是钢筋混凝土预制方桩；（2）附件 1—①到附件 1—⑤没有明确公开权利要求 1 第三步中“桩尖穿过砂和碎卵石层后，到达软土层时，停止射水，仅藉静压力将桩穿过软土沉到设计标高”的技术特征。但是，对于区别（1），PHC 桩和预制方桩均为本领域常用的桩，二者的主要区别在于是否施加了预应力，但是否施加预应力对沉桩的方法并无影响，本领域技术人员很容易想到将附件 1—①到附件 1—⑤的应用到预制方桩上的工法应用到 PHC 桩上；对于区别（2），本领域技术人员可以根据地基的实际情况对沉桩工艺作出相应的调整，对于砂石层下还有软土层的情况，由于只用静压力就能够将桩穿过软土层，本领域技术人员必然会停止射水而只使用静压力。综上，本领域技术人员根据附件 1—①到附件 1—⑤所公开的内容结合实际应用的需要，可以显而易见地得到权利要求 1 所请求保护的技术方案，因此，权利要求 1 的技术方案不具有突出的实质性特点，不具备《专利法》第 22 条第 3 款规定的创造性。

专利权人认为：附件 1—①到附件 1—⑤与本专利第二步的原理不同，本专利是气举法，输气管高于输水管，气体不能排出桩身外，附件 1—①到附件 1—⑤是在高压作用下砂子进入空腔。对此，合议组认为：首先，权利要求 1 中并没有限定输气管高于输水管和气体不能排出桩身外；其次，根据本专利说明书的记载，本专利是利用高压水直接冲刷桩尖前端的砂和碎卵石形成砂石混合水，砂石混合水在高压作用下进入空腔，再利用压缩空气将砂石混合水沿桩的空心腔体自下而上从桩顶排出，而附件1—①到附件1—⑤也是用高压水冲刷桩端砂层，形成的砂水混合物由于高压作用从回水孔进入桩身空腔并在高压气体的作用下通过空腔排出桩外，二者实质上是相同的。因此，专利权人的主张不能成立。

2. 权利要求2～7

权利要求2请求保护一种新型PHC桩，附件1—①到附件1—⑤公开了一种预制方桩(参见第2节、第5节、图5～7)，桩底设有空心倒锥形的桩尖，桩尖前端有出水孔，桩尖的锥身部分开有回水孔，在空心腔体内设有用法兰盘连接到一起的冲水管和冲气管。由此可见，附件1—①到附件1—⑤与权利要求2的区别至少包括，附件1—①到附件1—⑤没有公开权利要求2中的"在出水孔和回水孔处均设有与之相互配套的出水孔活塞和回水孔活塞"这一技术特征，本领域技术人员根据附件1—①到附件1—⑤所公开的内容也无法得到技术启示将该区别特征应用到附件1—①到附件1—⑤中；并且，请求人也未能提供证据证明该区别特征是本领域的公知常识，相反，请求人认为该区别特征不是公知常识，因此，权利要求2的技术方案对本领域技术人员来说是非显而易见的。并且，权利要求2要求保护的新型PHC桩成本低、对砂或碎卵石地基沉桩有独特的功效、能较快地沉达理想的持力层，且由于设有出水孔活塞和回水孔活塞，能防止砂石涌进水气管内、避免管路堵塞，取得了有益的效果。所以，权利要求2相对于附件1具备《专利法》第22条第3款规定的创造性。

请求人认为：活塞是倒退的技术，是凭空想象的，其与出水孔或回水孔的结合过松或过紧均无法实现其作用，对技术改进没有任何贡献。对此，合议组认为：首先，本专利说明书第3页最后一段记载了，设置出水孔活塞和回水孔活塞的目的是在第一步沉桩过程中防止泥土进入桩空心腔体，有利于水气组合管顺利沉达桩尖，基于上述目的，本领域技术人员根据实际应用的情况，能够将活塞与出水孔和回水孔设置得松紧适当。其次，即使出现活塞与出水孔和回水孔结合过紧的情况，高压水和高压气的强大的冲击力也完全可以将过紧的活塞冲开，不会导致PHC桩和沉桩方法无法使用。综上所述，权利要求2提供了一种与现有技术构思不同的技术方案，且其能够达到一定的技术效果，因此请求人的主张不能成立。

请求人认为由于权利要求2不具备创造性，而权利要求3～7的附加技术特征被现有技术公开或者是本领域的公知常识，因此权利要求3～7也不具备创造性。对此，合议组认为，由于权利要求2不具备创造性的主张不成立，请求人关于由于直接或间接从属于权利要求2的从属权利要求3～7的附加技术特征被公开而导致其不具备创造性的主张不能成立。

根据上述的事实和理由，本案合议组依法作出以下决定。

宣告第200410061106.9号发明专利权的权利要求1无效，在权利要求2～7的基础上维持该专利权继续有效。

三、评析

该决定是一份发明专利无效宣告请求审查决定，尽管案情并不复杂，决定理由也仅涉及创造性的条款，但该决定的撰写文笔流畅、结构清晰、语言精练，对事实的分析和对法律规定的诠释层次分明，逻辑严密，说理透彻。具体体现在以下几个方面：

第一，决定案由部分清楚、完整地概括了案件的审理流程和双方当事人的观点，准确地提炼出案件的焦点问题，使读者能够迅速、清楚地了解案情及焦点。

第二，该决定突出的方面是决定理由部分对证据的分析评述。本案证据包括闽建科(2004)11号文件公布的省级工法，决定中首先对省级工法的性质作出了分析，指出，一般而言，将某一工法确定为省级工法的主要目的是由于专家认定该工法为本行业优秀工法因此向全行业推广使用，其性质类似于地方标准或行业标准，据此决定进一步对闽建科(2004)11号文件的公开性进行了评述，根据对该文件推广省级工法的目的推定，认定在没有相反证据表明该文件是在特定范围内发行并要求保密的情况下，该文件不具有保密性，而是处于公众想得知就能够得知的状态。上述对闽建科(2004)11号文件的公开性和对省级工法的性质的分析，对同类案件的处理具有借鉴意义。

第三，决定理由部分对创造性的评述说理充分，特别是对证据公开的内容的认定具体、客观，体现了合议组认真严谨的作风，对于区别技术特征也从技术角度予以了充分的说明。另外，决定中对于双方当事人意见的回应也可圈可点，首先准确概括了当事人的主张，然后从法律层面和技术角度详细剖析，评述过程有理有据，充分透彻，令人信服。

（国家知识产权局专利复审委员会 任颖丽 欧 岚 姜 岩 刘 犟）

出版物市场监管案例

案例1 山东青岛“12.17”销售盗版光盘案

2008年12月17日，袁某伙同尹某在山东省青岛市四方区河西村农贸市场销售非法光盘时，被执法人员抓获，并收缴非法光盘3268张。2009年6月23日，山东省青岛市四方区人民法院以侵犯著作权罪判处袁某有期徒刑2年6个月，并处罚金人民币10 000元；以侵权著作权罪判处尹某有期徒刑1年，并处罚金人民币15 000元。

案例2 山东青岛“2.01”销售盗版光盘案

2009年2月以来，郭某从外地购入大量盗版光盘并先后在青岛市李沧区内销售获利。2009年3月3日，李沧区文化市场稽查队根据群众举报，在郭某租住的出租屋内查获盗版音像制品5464张。2009年5月27日，青岛市李沧区人民法院以侵犯著作权罪判处郭某有期徒刑1年6个月，并处罚金人民币15 000元。

案例3 贵州贵阳“3.13”销售非法音像制品案

2009年8月4日，贵州省贵阳市云岩区人民法院对“3.13”销售非法音像制品案主犯依法作出一审判决，以贩卖淫秽物品牟利罪判处宋某有期徒刑3年，并处罚金3000元。经贵州省贵阳市云岩区人民法院审理查明，被告人宋某于2009年3月13日11时许，在贵阳市市西路延西巷某单元内贩卖淫秽音像制品、盗版音像制品给马某、宋某等人时，被贵阳市文化市场稽查支队执法人员现场查获，并依法移交公安部门现场收缴涉嫌非法音像制品10万余张。经清点鉴定，其中淫秽音像制品6180张、盗版音像制品132 158张。3月19日，因当事人宋某涉嫌贩卖淫秽物品牟利罪被贵阳市公安局刑事拘留，4月24日经贵阳市人民检察院批准，4月28日贵阳市公安局对其执行逮捕。6月23日，贵阳市公安局侦察终结，移送贵阳市人民检察院审查起诉。6月30日，贵阳市人民检察院将此案转至云岩区人民检察院审查起诉，云岩区人民法院根据公诉机关提交的事实、证据，以及被告人供述等确认，被告人宋某以牟利为目的贩卖淫秽物品6180张，其行为已构成贩卖淫秽物品牟利罪，遂作出以上判决。

案例4 江苏南京“3.04”批销盗版教材案

2009年3月4日，根据高等教育出版社的举报，江苏省南京市“扫黄打非”部门联合行动，对在南京市蓝天专修学院使用的教材进行检查，共检查各类在用教材58种4293册，经鉴定，其中32种涉嫌盗版，除高等教育出版社外，还涉及南京师范大学出版社、人民卫生出版社等多家出版单位。对此，南京市“扫黄打非”部门立即行动，对供货商宋某依法进行了询问，在大量证据面前，宋某承认了从事盗版教材批销活动的事实。2009年3月6日，宋某因涉嫌侵犯著作权罪被南京市公安局治安警察支队刑事拘留；4月11日被南京市白下区人民检察院逮捕。经审理查明，当事人宋某利用其妻出版发行员资质在本市注册“南京五车书店”，并租赁本市下关区一单元房作为仓库进行盗版图书的销售活动。宋某向南京蓝天专修学院、南京市中华职业技术培训学校销售的图书2796册，系未经著作权人授权及专有出版权人许可、无合法来源、非法复制发行的侵权复制品，总码洋74 018.4元。根据审理结果，南京市鼓楼区人民法院认为，宋某以营利为目的，未经著作权人许可和授权，复制发行他人享有著作权的文字作品，情节特别严重，其行为已构成侵犯著作权罪，依法判处有期徒刑3年，缓刑4年，并处罚金人民币5万元。

案例5 广西北海"7.06"盗版、淫秽光盘案

2009年7月3日晚，北海市"扫黄打非"办组织和协调市公安、工商、文化、新闻出版、版权、城管等部门对该市长青路夜市进行突击检查，当场查获4个出售盗版淫秽光盘的摊点，收缴各类涉嫌盗版和淫秽音像制品2500多张，根据线索，7月6日晚在合浦县解放路某电器店查获盗版DVD、VCD等音像光盘15万多张，淫秽光盘2000多张以及其他光盘复制刻录设备，涉案嫌疑人许某被依法刑事拘留。目前，该案正在进一步审理中。

案例6 重庆"7.14"非法经营音像制品案

2009年7月14日，根据群众举报的线索，重庆市文化市场行政执法总队与九龙坡区警方及区文化执法大队联合行动，在九龙坡区石坪桥正街某处查获一盗版音像制品销售窝点，现场扣押涉嫌盗版音像制品419个品种19 941张。后经鉴定，该批音像制品均系盗版。犯罪嫌疑人吴某同日被九龙坡区警方羁押，次日被刑事拘留，8月17日被依法逮捕。目前，该案正在进一步审理中。

案例7 江苏苏州"10.23"网上销售盗版图书案

2009年10月23日，根据全国"扫黄打非"办转发的群众举报线索，苏州市"扫黄打非"办协调查处了不法书商谢某通过网络制售非法出版物的案件。经查，谢某在淘宝网上开设了"诚信中国商家""沪宁书局"和"重新建家园"三家网店，公开销售标称"自行刻录"的盗版光盘，并专门配备电脑技术人员、客服人员进行非法出版物的制作与销售。执法人员先后在其5处非法出版物存储仓库查获盗版图书117种20 000余册，码洋56万余元，自行刻录光盘1100余张。目前，该案正在进一步审理中。

案例8 山东泰安"4.28"制售盗版光盘案

2007年8月至2008年4月，赵甲为非法牟利，大量刻录淫秽光盘及《天线宝宝》《葫芦兄弟》等未经著作权人许可的非法音像制品。2008年4月28日，公安机关将其抓获，在其租房处查获淫秽光盘6191张，非法音像光盘3663张。根据赵甲的供述，公安干警又将帮助其为淫秽光盘粘贴光盘标签约2000张、为盗版光盘粘贴光盘标签约1000张的赵乙抓获。在2008年4月28日同一天抓获的贩卖淫秽盗版光盘案主犯马某为了非法牟利，从2007年10月份起采用与赵甲同样的手段复制淫秽光盘及盗版光盘，周某协助为淫秽及盗版光盘粘贴光盘标签，公安机关从他们的租住处查获淫秽光盘2462张，非法音像光盘1871张。2009年1月9日，泰安市泰山区人民法院对上述两案依法进行了判决，分别判处赵甲有期徒刑10年，并处罚金7万元；判处马某有期徒刑6年，并处罚金4万元；判处赵乙有期徒刑3年，缓刑5年，并处罚金2万元；判处周某有期徒刑3年，缓刑5年，并处罚金2万元。

案例9 天津"6.03"批销盗版音像制品团伙网络案

2008年6月3日，在汇集相关线索的基础上，天津市"扫黄打非"办决定对多次逃脱打击的以付某为首的批销盗版音像制品团伙进行彻底查处。2008年9月27日，在全国"扫黄打非"办和公安部的协调下，天津专案组一举抓获付某等24名主要犯罪嫌疑人，查获盗版光盘30万余张、淫

秽光盘1000余张，以及汽车、电脑等一批犯罪工具。经查明，该团伙非法经营盗版音像制品时间长，范围广，手段隐蔽，网罗人员多，且主要涉案人员反侦查能力强，屡次逃避执法部门打击。此外，该团伙还具备当前盗版音像制品犯罪活动的典型特点：一是家族式管理，组织严密；二是企业化经营，品牌运作；三是跨省市作案，影响广泛。2009年4月10日，天津市西青区人民法院对该案作出判决：主犯付某犯侵犯著作权罪、贩卖淫秽物品牟利罪，数罪并罚，判处有期徒刑7年，并处罚金10.5万元；范某等从犯分别被判处1～5年不等的有期徒刑，并处罚金。

案例10　广东普宁“7.21”非法光盘生产线案

2009年7月21日，广东省普宁市“扫黄打非”办在该市南径镇庵脚村一塑料厂内查获1条非法光盘生产线。7月初，揭阳市“扫黄打非”办接到群众举报，称普宁市南径镇确有一条地下非法光盘生产线。经暗访调查，7月21日，普宁市文广新局会同公安部门对该市南径镇庵脚村罗某经营的塑料厂进行联合突击检查。现场查获非法光盘生产线1条，半成品光盘87 000张(其中淫秽光盘22 000张、盗版光盘65 000张，案件正在进一步深入查处中。

（新闻出版总署反非法和违禁出版物司）

国家工商行政管理总局商标局案例

一、保护国内企业注册商标专用权案例

案例1　保护广州美的电器股份有限公司的注册商标专用权案

2009年3月26日，广东省佛山市顺德区工商行政管理局执法人员在对位于顺德区北滘镇西滘工业开发区的佛山市顺德区某电器有限公司进行检查时发现，现场有60名工人在从事电风扇制造工作，有外包装箱带有与“ ”商标近似的商标，以及该公司的厂名、厂址、产品上带有与“ ”商标近似的商标字样的电风扇2990台(其中型号为FS－40的落地扇780台、型号为KYT－25的转页扇2210台)。经查实，该公司自2008年3月至2009年3月期间，共制造了带有与“ ”商标近似商标的电风扇2990台，货值91 000元，尚未销售。佛山市顺德区工商行政管理局依法对查获的涉嫌侵权商品予以扣押封存。

经查，使用在电风扇等商品上的“ ”商标，是广州美的电器股份有限公司的注册商标，商标注册号为第1503283号，其注册商标专用权受法律保护。

佛山市顺德区工商行政管理局认为，当事人擅自生产侵犯注册商标专用权的商品，其行为属于《商标法》第52条第(1)项规定的侵犯注册商标专用权的行为。根据《商标法》第53条和《商标法实施条例》第52条的规定，佛山市顺德区工商行政管理局于2009年5月5日对当事人作出如下处罚：(1)责令立即停止商标侵权行为；(2)没收扣押在案带有与“ ”商标近似商标的电风扇2990台；(3)罚款人民币11万元。

案例 2　保护“贵州茅台”注册商标专用权案

2008 年 10 月 29 日，内蒙古自治区呼和浩特市工商行政管理局赛罕区分局在对呼和浩特市某综合超市有限公司进行检查时发现，该公司于 2008 年 10 月 26 日从内蒙古某行销有限公司（已另案处理）购进标有“贵州茅台酒”字样的五星茅台 53 度 500ML 装白酒 177 瓶、新飞天茅台 53 度 500ML 装白酒 1 瓶，共计 178 瓶，进货价 116 888 元。至被查获时为止，当事人尚未销售。呼和浩特市工商行政管理局赛罕区分局依照有关法律规定，对涉嫌侵权商品予以查封扣押，并经“”商标注册人中国贵州茅台酒厂有限责任公司鉴定，所扣商品均系侵犯“”注册商标专用权的商品。

经查，使用在酒商品上的“”商标，是中国贵州茅台酒厂有限责任公司的注册商标，商标注册号为第 284526 号，其注册商标专用权受法律保护。

呼和浩特市工商行政管理局赛罕区分局认为，当事人销售侵犯他人注册商标专用权的商品，其行为属于《商标法》第 52 条第（2）项规定的侵犯注册商标专用权的行为。根据《商标法》第 53 条和《商标法实施条例》第 52 条的规定，呼和浩特市工商行政管理局于 2009 年 6 月 29 日对当事人作出如下处罚：（1）责令立即停止商标侵权行为；（2）没收并销毁侵犯“”注册商标专用权的商品 500ML 茅台酒 178 瓶；（3）罚款人民币131 384元。

案例 3　保护“润乡”注册商标专用权案

2009 年 5 月 15 日，福建省龙岩市新罗区工商行政管理局在与新罗区经贸委、区畜牧水产局等单位联合开展的执法工作中，发现位于新罗区小池镇某村 319 国道边的一家屠宰场在未取得生猪定点屠宰证书的情况下，擅自从事生猪屠宰经营活动（已由新罗区经贸委立案查处），并涉嫌侵犯“润乡”注册商标专用权。经查实，张某和章某自 2008 年 6 月 22 日开始，租赁场地、搭建厂房、修建冷库等，在没有取得《企业营业执照》和生猪定点屠宰证书的情况下，开始从事生猪屠宰和猪肉制品加工业务。自 2008 年 11 月至 2009 年 3 月，该二人又委托龙岩市新罗区某编织袋加工厂、龙岩市新罗区某纸箱厂、龙岩市某包装制品有限公司等企业印制了带有“润乡”商标的塑料编织袋 8700 条、标有“润乡”商标的纸箱 7352 个，并使用上述纸箱和塑料编织袋包装其生产销售的生猪产品。截至案发时止，当事人共生产生猪制品 79.349 吨，其中已生产但尚未销售的用上述标有“润乡”商标的纸箱和塑料编织袋包装的生猪产品 21.45 吨。龙岩市新罗区工商行政管理局依法对现场发现的使用上述标有“润乡”商标的纸箱和塑料编织袋包装的生猪产品 21.45 吨，以及标有“润乡”商标的纸箱 6607 个、塑料包装袋 1475 条进行了查封扣押。

经查，使用在猪肉食品、肉等商品上的第 4104679 号“润乡”商标，是龙岩市食品公司的注册商标，其注册商标专用权受法律保护。

龙岩市新罗区工商行政管理局认为，当事人张某和章某擅自在其生产、销售的生猪产品上使用与第 4104679 号“润乡”注册商标相近似的“润乡”商标，属于《商标法》第 52 条第（1）项所规定的侵犯注册商标专用权的行为。根据《商标法》第 53 条和《商标法实施条例》第 52 条的规定，龙岩市新罗区工商行政管理局于 2009 年 11 月 16 日对张某和章某作出行政处罚：（1）责令当事人立即停止侵权行为；（2）没收标有“润乡”商标的纸箱 6607 个、塑料编织袋 6665 条；（3）没收带有“润乡”商标的生猪产品 21.45 吨；（4）罚款人民币 11.7 万元。

案例 4　保护“盘锦大米”注册商标专用权案

北京市工商行政管理局海淀分局在对北京某食品有限公司进行检查时发现，当事人于 2005 年 6 月为其销售的大米自行设计标有“百姓粮仓”牌

"盘锦大米"字样的包装袋,正反两面均突出使用"盘锦大米"字样。当事人还委托他人制作了该包装袋的印版,并将印版交给雄县某彩印有限公司,由其为当事人印制包装袋。至该案立案时,当事人以 0.40 元/个至 1.29 元/个不等的价格分批购进由雄县某彩印有限公司印制的不同规格的包装袋共计 165 480 个。当事人自 2005 年 11 月开始从北京某农副产品批发市场购入原料大米用前述包装袋分装后销售给北京、唐山、哈尔滨等地区的商场、超市及个体工商户。至立案时止,总销售金额为 2 576 230.11 元。同时在其经营场所查获未销售的标有"盘锦大米"字样的大米价值 6 885 元,尚未使用的包装袋 23 380 个,已用于封装的包装袋 340 个,包装袋总价值 14 559.04 元。当事人非法经营额共计 2 597 674.15 元。

经查,使用在大米商品上的"盘锦大米"商标,是盘锦市大米协会注册的证明商标,商标注册号为第 3514579 号,其注册商标专用权受法律保护。

北京市工商行政管理局海淀分局认为,当事人北京某食品有限公司在未经上述注册商标所有人许可的情况下,在相同商品上使用与"盘锦大米"注册商标近似的"盘锦大米"商标,其行为违反了《商标法》第 52 条第(1)项之规定,构成了侵犯他人注册商标专用权的违法行为。根据《商标法》第 53 条和《商标法实施条例》第 52 条的规定,北京市工商行政管理局海淀分局于 2009 年 4 月 20 日对当事人作出如下处罚:(1)责令当事人立即停止侵权行为;(2)没收、销毁侵权的尚未使用的包装袋23 380个、已用于封装的包装袋 340 个;(3)没收、销毁用于印制侵权包装袋的印版 10 个;(4)罚款人民币 2 597 674.15 元。

案例 5 保护"PULANNA"注册商标专用权案

2009 年 2 月 2 日,天津市工商行政管理局根据投诉,对天津市某化妆品有限公司进行了检查。在检查中发现,当事人自 2008 年开始,在未经注册商标权利人许可的情况下,擅自生产标有放大、突出使用"PULANNA"的网址的化妆品共 40 种,总计 32 561 瓶(袋)。其中,11 种商品按照当事人的宣传单标价计算,非法经营额为 584 332 元;19 种商品没有标价,但按照当事人提供的《相近产品价格统计表》中的价格计算,非法经营额为 1 231 004 元;还有 10 种商品无法计算非法经营额。现场还发现了标有放大、突出使用"PULANNA"的网址的包装物 407 618 个。执法机关依法对上述涉嫌侵权物品予以查封扣押。

经查,使用在化妆品、肥皂等商品上的第 1413209 号"PULANNA"商标,是天津市普兰娜天然植物化妆品集团有限公司的注册商标,其注册商标专用权受法律保护。

天津市工商行政管理局认为,天津市某化妆品有限公司擅自生产标有放大、突出使用"PULANNA"的网址的化妆品,属于《商标法》第 52 条第(5)项和《商标法实施条例》第 50 条第(1)项所规定的侵犯注册商标专用权行为。根据《商标法》第 53 条和《商标法实施条例》第 52 条的规定,天津市工商行政管理局于 2009 年 7 月 6 日对天津市某化妆品有限公司作出行政处罚:(1)责令当事人立即停止侵权行为;(2)没收侵犯"PULANNA"注册商标专用权的化妆品 32 561 瓶(袋);(3)没收侵犯"PULANNA"注册商标专用权的包装物407 618个;(4)罚款人民币 1 865 336 元。

案例 6 保护"维维""黑牛"注册商标专用权案

2009 年 5 月 12 日,山东省临沂市沂水县工商行政管理局接沂水县公安局移送案件通知书。沂水县公安局认为犯罪嫌疑人杜某涉嫌假冒注册商标行为,犯罪情节轻微,不必追究刑事责任,决定移交沂水县工商行政管理局处理。沂水县工商行政管理局遂立案调查。经查明,当事人杜某自 2006 年开始多次购进标注"维维""黑牛"字样的机包豆奶粉 20.1 吨,同期购进标有"维维"或"黑牛"字样的豆奶粉包装袋分别为 10 000 个和 28 000个左右,购进"维维""黑牛"豆奶粉包装箱 2000 个左右。购进上述机包豆奶粉及包装标识后,杜某在家中生产加工标注"维维食品饮料股份有限公司"厂名、"维维"商标和标注"广州黑牛食品工业有限公司”厂名、“黑牛”商标的豆奶粉共计2000箱左右，加工后全部销售给西安市赵某，经营额为160 000元人民币。

经查，使用在豆奶粉、豆粉等商品上的“维维”商标，是维维集团股份有限公司的注册商标，商标注册号为第1420552号；使用在豆奶粉(以奶为主)等商品上的“黑牛”商标，是黑牛食品股份有限公司的注册商标，商标注册号为第3731654号。上述注册商标专用权受法律保护。

沂水县工商行政管理局认为，当事人杜某在未经上述注册商标所有人许可的情况下，制售侵犯上述注册商标专用权的商品，其行为违反了《商标法》第52条第(1)项之规定，构成了侵犯他人注册商标专用权的违法行为。根据《商标法》第53条和《商标法实施条例》第52条的规定，沂水县工商行政管理局于2009年6月5日对当事人作出如下处罚：(1)责令当事人立即停止侵权行为；(2)罚款人民币160 000元。

案例7 保护“五洲丰”注册商标专用权案

北京市工商行政管理局平谷分局在检查北京某肥业有限公司时发现，当事人于2008年11月分别委托北京市平谷某复合肥料厂和北京某塑料包装有限公司外加工“大化五洲丰”牌复合肥外包装袋。自2009年2月开始当事人委托北京市平谷某复合肥料厂加工各类“大化五洲丰”牌复合肥共计247.75吨，当事人分三次将其中总重达240吨的上述产品销售给辽宁某农业资料有限公司，经营额477 000元，未售出化肥共7.75吨，非法经营额15 592.5元，尚未使用外包装袋500条，非法经营额1300元。以上非法经营额共计493 892.5元。北京市工商行政管理局平谷分局依法对查获的7.75吨涉嫌侵权的化肥予以查封扣押。

经查，使用在农业肥料、肥料、混合肥料、化学肥料等商品上的“五洲丰”商标，是烟台五洲施得富肥料有限公司的注册商标，商标注册号为第1901616号，其注册商标专用权受法律保护。

北京市工商行政管理局平谷分局认为，当事人北京某肥业有限公司在未经上述注册商标所有人许可的情况下，在相同商品上使用与“五洲丰”注册商标近似的“大化五洲丰”商标，其行为违反了《商标法》第52条第(1)项之规定，构成了侵犯他人注册商标专用权的违法行为。根据《商标法》第53条和《商标法实施条例》第52条的规定，北京市工商行政管理局平谷分局于2009年6月24日对当事人作出如下处罚：(1)责令当事人立即停止侵权行为；(2)罚款人民币490 000元；(3)没收侵权的“大化五洲丰”牌复合肥7.75吨及外包装袋500条。

案例8 保护“大白兔”注册商标专用权案

当事人吴某于2007年12月2日从南京某地购进标有“大白兔”字样的三种规格的奶糖400箱，进货金额合计115 800元，在常熟市某副食品商店进行对外销售。至2008年1月14日苏州市常熟工商行政管理局执法人员查获时止，当事人销售“大白兔”奶糖260箱，销售金额合计76 725元。尚未销售的库存奶糖140箱。经上述注册商标的权利人冠生园(集团)有限公司鉴定，上述库存奶糖属于侵犯注册商标专用权的商品。

经查，使用在奶糖商品上的“”商标，是冠生园(集团)有限公司的注册商标，商标注册证号为第202241号，其注册商标专用权受法律保护。

苏州市常熟工商行政管理局认为，当事人吴某擅自销售侵犯注册商标专用权商品的行为属于《商标法》第52条第(2)项规定的侵犯注册商标专用权的行为。根据《商标法》第53条和《商标法实施条例》第52条的规定，苏州市常熟工商行政管理局于2009年1月6日对当事人作出如下处罚：(1)责令立即停止侵权行为；(2)没收、销毁尚未销售的“大白兔”奶糖140箱；(3)罚款人民币150 000元。

案例9 保护“南山”注册商标专用权案

山东省青州市工商行政管理局执法人员在检查时发现，山东某房地产开发有限公司在其开发青州市某商贸城D－3机电楼和综合楼的过程中，与孙某(已另案处理)签订了门窗安装承包合同，并指定窗户使用“南山”牌铝型材。孙某于2008年9月份开始安装，同年10月26日完成。山东某房地产开发有限公司付给孙某铝合金窗户款(含安装费)100 640.75元。2008年11月17日被青州市工商行政管理局查获。经“南 NANSHAN 山”注册商标权利人山东南山铝业股份有限公司鉴定，该铝型材不是权利人生产的商品。

经查，使用在金属建筑材料等商品上的“南 NANSHAN 山”商标，是山东南山铝业股份有限公司的注册商标，商标注册号为第3267595号，其注册商标专用权受法律保护。

青州市工商行政管理局认为，当事人擅自销售侵犯注册商标专用权的商品，其行为属于《商标法》第52条第(2)项规定的侵犯注册商标专用权的行为。根据《商标法》第53条和《商标法实施条例》第52条的规定，青州市工商行政管理局于2009年8月30日对当事人作出如下处罚：(1)责令停止侵权行为；(2)责令消除侵权商品上的商标标识；(3)罚款人民币28万元。

案例10 保护“力力”注册商标专用权案

2009年3月19日，山东省东平县工商行政管理局执法人员根据山东天力车辆有限公司投诉，对当事人宋某的经营场所进行检查时，发现涉嫌侵犯“”注册商标专用权的三轮汽车13辆，并当场予以查封扣押。经查明，该批三轮汽车是山东聊城某重工有限公司(已另案处理)生产，总货值78 240元。有证据证明，山东聊城某重工有限公司无权使用“”商标，其生产的带有“”商标的三轮汽车是侵犯他人注册商标专用权的产品。

经查，使用在三轮农用运输车等商品上的“”商标，是山东天力车辆有限公司的注册商标，商标注册号为第1551528号，其注册商标专用权受法律保护。

东平县工商行政管理局认为，当事人擅自销售侵犯注册商标专用权的商品的行为属于《商标法》第52条第(2)项规定的侵犯注册商标专用权的行为。根据《商标法》第53条和《商标法实施条例》第52条的规定，东平县工商行政管理局于2009年7月16日对当事人作出如下处罚：(1)责令停止侵权行为；(2)没收侵犯注册商标专用权的三轮汽车13辆；(3)罚款人民币10万元。

二、保护外国企业注册商标专用权案例

案例1 保护“三洋”注册商标专用权案

2009年6月初，浙江省湖州市工商行政管理局南浔分局接到三洋电机株式会社代理人北京某知识产权有限公司投诉，称浙江某电梯有限公司制造出口的电梯侵犯了三洋电机株式会社的注册商标专用权。经查实，浙江某电梯有限公司自2007年以来，分别与无锡某电梯扶梯有限公司和香港三洋电梯扶梯有限公司(SANYO ELEVATORS AND ESCALATORS CO.，LIMITED)签订了《电梯配套设备定做合同》，将其制造的电梯用于出口。其中当事人签订的《电梯配套设备定做合同》中有六份合同涉及在垂直电梯的操纵箱表面分别使用“SANYO ELEVATORS &AND ESCALATORS”和“SANYO ELEVATORS AND ESCALATORS CO. LIMITED”标牌，合计电梯为6台，总计销售货款为655 344元，且已全部货款

两清。湖州市工商行政管理局南浔分局于 2009 年 7 月 20 日对当事人涉嫌商标侵权行为予以立案并开展调查。经调查，当事人使用上述标牌未经“SANYO”注册商标专用权人授权，上述商品均为侵犯“SANYO”注册商标专用权的商品。

经查，使用在电梯等商品上的“SANYO”商标，是三洋电机株式会社的注册商标，商标注册号为第 1128994 号，其注册商标专用权受法律保护。

湖州市工商行政管理局南浔分局认为，当事人擅自生产侵犯注册商标专用权的商标，其行为属于《商标法》第 52 条规定的侵犯注册商标专用权的行为。根据《商标法》第 53 条和《商标法实施条例》第 52 条第 1 款第(5)项的规定，湖州市工商行政管理局南浔分局于 2009 年 11 月 11 日对当事人作出如下处罚：(1)责令当事人立即停止侵权行为；(2)罚款人民币 35 万元整，上缴国库。

案例 2　保护爱立信有限公司的注册商标专用权案

当事人陈某未经工商行政管理部门核准登记并领取营业执照，就以“东莞市某电子有限公司”等名义开展经营业务(对当事人无照经营行为已另案处理)，自 2008 年 4～7 月在其生产的手机半成品、手机元件(手机后壳)、手机元件(手机前壳)和手机元件(手机中间边壳)等商品上使用与“ERICSSON”和“”商标相近似的商标。2008 年 7 月 18 日，广东省东莞市工商行政管理局当场查封扣押了涉嫌侵权的手机半成品 765 部，手机元件(手机后壳)1796 个，手机元件(手机前壳)1932 个和手机元件(手机中间边壳)20 129 个。由于上述商品尚未加工完成及出货，其非法经营额无法计算。经调查，陈某使用上述商标未经权利人授权，上述商品均为侵犯“ERICSSON”和“”注册商标专用权的商品。

经查，使用在数据通讯装置和仪器等商品上的“ERICSSON”和“”商标，分别是爱立信有限公司和索尼爱立信移动通讯有限公司的注册商标，注册号分别为第 3124287 号和第 3127716 号，其注册商标专用权受法律保护。

广东省东莞市工商行政管理局认为，当事人擅自生产侵犯注册商标专用权的商品，其行为属于《商标法》第 52 条第 1 款第(1)项规定的侵犯注册商标专用权的行为。根据《商标法》第 53 条和《商标法实施条例》第 52 条的规定，东莞市工商行政管理局于 2009 年 8 月 7 日对当事人作出如下处罚：(1)责令当事人立即停止侵犯注册商标专用权的行为；(2)没收并销毁当事人生产的侵犯注册商标专用权的手机半成品 765 部，手机元件(手机后壳)1796 个，手机元件(手机前壳)1932 个和手机元件(手机中间边壳)20 129 个；(3)罚款人民币 10 万元整。

案例 3　保护“NBA”注册商标专用权案

湖北省武汉市硚口区某体育用品商行于 2007 年 8 月 10 日至 2009 年 1 月 5 日通过电话订货的方式购进带有“”商标标识的篮球 2700 个，进价 14 元/个，合计购货金额 37 800 元。尔后当事人在其经营场所对外进行销售，共销售 2580 个篮球，售价 16 元/个，合计销售金额 41 280 元。湖北省武汉市工商行政管理局硚口分局依法对其尚未销售的 120 个涉嫌商标侵权的篮球予以查封扣押。经鉴定，上述商品均为假冒“”注册商标的商品。

经查，使用在篮球等商品上的“”商标，是美商 NBA 产物股份有限公司的注册商标，商标注册号为第 658808 号，其注册商标专用权受法律保护。

湖北省武汉市工商行政管理局硚口分局认为，当事人擅自销售侵犯注册商标专用权的商品，其行为属于《商标法》第 52 条第(2)项规定的侵犯注册商标专用权的行为。根据《商标法》第 53 条和《商标法实施条例》第 52 条的规定，武汉市工商行政管理局硚口分局于 2009 年 6 月 5 日对当事人作出如下处罚：(1)责令立即停止商标侵权行为；(2)没收查扣的商标侵权篮球120个；(3)罚款人民币10万元整。

案例4　保护“ST”注册商标专用权案

2009年5月21日，江苏省无锡市工商行政管理局接举报对无锡某微电子有限公司进行检查时，发现该公司生产的标有“ ”商标的晶体管73万只，且其激光打标机系统内存有含“ ”图形的打标图样。由于“ ”与ST微电子公司核准注册的第1562248号“ ”商标近似，无锡某微电子有限公司涉嫌侵犯他人注册商标专用权，无锡市工商行政管理局遂于2009年5月21日立案，并对当事人生产的73万只使用“ ”商标的晶体管和150只使用“ ”商标的包装盒予以封存扣押。经查实，2008年6月，当事人生产标有“ ”商标的晶体管20万只，并全部销售给深圳市某电子有限公司，获销售款104 250元。2009年4月，该公司接到国外某电子进出口有限公司的订单，定购标有“ ”商标的多种型号的晶体管90万只，订单金额144 500元。双方未签订书面合同，该公司未收取定金。至案发时止，该公司已生产标有“ ”商标的各种型号晶体管73万只，因国外公司取消订单，上述晶体管尚未售出，货值115 200元。以上非法经营额共计219 450元。

经查，使用在半导体器件、微型电路等商品上的“ ”商标，是ST微电子有限公司(美国)的注册商标，商标注册号为第1562248号，其注册商标专用权受法律保护。

江苏省无锡市工商行政管理局认为，当事人擅自生产销售侵犯注册商标专用权的商品的行为属于《商标法》第52条第(1)项规定的侵犯注册商标专用权的行为。根据《商标法》第53条和《商标法实施条例》第52条的规定，无锡市工商行政管理局于2009年7月3日对当事人作出如下处罚：(1)责令立即停止商标侵权行为；(2)没收使用“ ”商标的晶体管73万只，没收使用“ ”商标的包装盒150只；(3)罚款人民币219 450万元。

案例5　保护“LV”注册商标专用权案

2009年7月7日，北京市工商行政管理局西城分局接举报，在对天意新商城个体工商户刘某的摊位进行检查时发现，刘某于2009年7月初从广州市场购进一批涉嫌侵犯“ ”注册商标专用权的包进行销售。至案发时止，剩余500个未售出。当事人经营未记账，经调查无法计算当事人进货数量和销售数量，非法经营额无法计算。

经查，使用在手提包、(肩)挎包、旅行包等商品上的“ ”商标，是路易威登马利蒂(法国)的注册商标，商标注册号为第241081号，其注册商标专用权受法律保护。

北京市工商行政管理局西城分局认为，当事人擅自销售侵犯注册商标专用权的商品，其行为属于《商标法》第52条第(2)项规定的侵犯注册商标专用权的行为。根据《商标法》第53条和《商标法实施条例》第52条的规定，北京市工商行政管理局西城分局于2009年8月31日对当事人作出如下处罚：(1)责令立即停止商标侵权行为；(2)没收侵犯“ ”注册商标专用权的包500个；(3)罚款人民币10万元。

案例6　保护“IZUMI”“MOTOX”注册商标专用权案

2008年12月11日，江苏省无锡市工商行政管理局经检支队接举报，对无锡市某机械有限公司进行检查时发现，当事人生产涉嫌侵犯“IZUMI”注册商标专用权的水泵产品26台，已销售涉嫌侵犯“MORTOX”注册商标专用权的发电机产品28台。江苏省无锡市工商行政管理局遂于2008年12月11日立案，并依法对当事人生产的26台涉嫌侵犯“IZUMI”注册商标专用权的水泵产品予以封存扣押。经查实，2008 年 11 月，加拿大某贸易有限公司从该公司订购涉嫌侵犯“IZUMI”注册商标专用权的水泵 26 台，每台单价 87 美元；订购涉嫌侵犯“MORTOX”注册商标专用权的发电机 28 台，每台单价 195 美元。至案发时止，28 台发电机已经售出，26 台水泵尚未售出。以上非法经营额共计 55 212.30 元。

经查，使用在泵（机器）等商品上的“IZUMI”商标，是泉精器制作所（日本）的注册商标，商标注册号为第 1095963 号。使用在发电机等商品上的“MOTOX”商标，是弗兰德蒂宾根有限责任公司（德国）的注册商标，商标注册号为第 1023295 号，上述注册商标专用权受法律保护。

江苏省无锡市工商行政管理局认为，当事人擅自生产销售侵犯注册商标专用权的商品，其行为属于《商标法》第 52 条第（1）项规定的侵犯注册商标专用权的行为。根据《商标法》第 53 条和《商标法实施条例》第 52 条的规定，无锡市工商行政管理局于 2009 年 2 月 20 日对当事人作出如下处罚：（1）责令立即停止商标侵权行为；（2）没收侵犯“IZUMI”注册商标专用权的 26 台水泵；（3）罚款人民币 10 万元。

案例 7　保护“芝华士”“皇家礼炮”等注册商标专用权案

2009 年 7 月 29 日，安徽省淮北市工商行政管理局接举报对淮北市某俱乐部进行检查时发现，该俱乐部库存待售“黑牌”酒 21 瓶、“杰克丹尼”酒 3 瓶、“芝华士”酒 17 瓶、“皇家礼炮”酒 8 瓶、“百龄坛”酒 14 瓶、“名士马爹利”酒 2 瓶、“绝对”伏特加酒 24 瓶。经英国国际洋酒协会有限公司广州代表处鉴定，上述产品均为侵犯注册商标专用权的产品，上述产品市场价为43 880元。淮北市工商行政管理局依法查扣上述产品。

经查，使用在威士忌酒、含酒精饮料等商品上的“黑牌”商标，是黛尔吉奥品牌有限公司的注册商标，商标注册号为第 1077708 号。使用在威士忌酒、含酒精饮料等商品上的“杰克丹尼”商标，是杰克丹尼持有人有限公司的注册商标，注册号为第 1711147 号。使用在威士忌酒、含酒精饮料等商品上的“芝华士”商标、“皇家礼炮”商标，是芝华士兄弟（美洲）有限公司的注册商标，注册号分别为第 1122912 号、第 1122979 号。使用在威士忌酒、含酒精饮料等商品上的“百龄坛”商标，是联合多梅克白酒和葡萄酒有限公司的注册商标，注册号为第 3230516 号。使用在威士忌酒、含酒精饮料等商品上的“名士马爹利”商标，是马爹利股份有限公司的注册商标，注册号为第 1743862 号。使用在伏特加酒商品上的“绝对”商标，是 V&S·文 & 斯布瑞托有限公司的注册商标，注册号为第 1466538 号。上述注册商标专用权受法律保护。

安徽淮北市工商行政管理局认为，当事人擅自销售侵犯注册商标专用权的商品，其行为属于《商标法》第 52 条第（2）项规定的侵犯注册商标专用权的行为。根据《商标法》第 53 条和《商标法实施条例》第 52 条的规定，淮北市工商行政管理局于 2009 年 8 月 19 日对当事人作出如下处罚：（1）责令立即停止商标侵权行为；（2）没收 2009 年 7 月 29 日扣押的当事人待售侵权洋酒；（3）罚款人民币 9 万元。

案例 8　保护阿迪斯有限公司的注册商标专用权案

北京市工商行政管理局丰台分局在进行日常检查时，在丰台区某地下室内，查获一批涉嫌侵犯“adidas”和“ ”注册商标专用权的短袖运动衫。经查实，当事人张某在 2009 年 3 月至 2009 年 4 月 21 日期间，先后两次从广州某市场以每套 8 元的价格，购进涉嫌侵犯“adidas”和“ ”注册商标专用权的短袖运动衫 2500 件，以每件 18 元的价格销售 400 件，销售金额 7200 元；剩余 2100 件尚未销售，价值 37 800 元。非法经营额共计 45 000 元。

经查，使用在运动衫等商品上的“adidas”商标和使用在服装等商品上的“ ”商标是阿迪达斯有限公司（德国）的注册商标，注册号为第 3336263 号和第 1489454 号。以上注册商标专用权受法律保护。

北京市工商行政管理局丰台分局认为，当事人张某销售侵犯他人注册商标专用权商品的行为，属于《商标法》第 52 条第（2）项所规定的侵犯注册商标专用权的行为。根据《商标法》第 53 条和《商标法实施条例》第52条的规定，北京市工商行政管理局丰台分局于2009年5月13日对当事人张某作出行政处罚：(1)责令立即停止侵权行为；(2)没收侵权商品短袖运动衫2100件；(3)罚款人民币13.5万元。

案例9 保护"BOSS"注册商标专用权案

2009年5月5日，江苏省连云港工商行政管理局新浦分局根据投诉，对当事人连云港市某商贸有限公司男装分公司的店铺进行检查，发现当事人销售的服装涉嫌侵犯投诉人的商标专用权，遂立案调查。经查明，当事人于2007年4月至2009年4月从杭州某服饰有限公司购入一批带有"BOSS FALANBOSS"标识的服饰对外销售，已销售的服饰获利3500元，剩余367件尚未售出，非法经营额为38 738元；此外，当事人还销售带有"BNICKBOSS BNICKBOSS"商标标识的服饰共96件，非法经营额为10 011元。上述两种服饰，均未经"BOSS"商标持有人许可，非法经营额共计52 249元。

经查，使用在服装等商品上的"BOSS"商标是德国雨果博斯商标管理有限公司(德国)的注册商标，注册号为第257001号，其注册商标专用权受法律保护。

江苏省连云港工商行政管理局新浦分局认为，连云港市某商贸有限公司男装分公司销售侵犯他人注册商标专用权的商品的行为，属于《商标法》第52条第(2)项所规定的侵犯注册商标专用权的行为。根据《商标法》第53条和《商标法实施条例》第52条的规定，连云港工商行政管理局新浦分局于2009年6月8日对连云港市某商贸有限公司男装分公司作出行政处罚：(1)责令立即停止侵权行为；(2)没收侵权商品" BOSS FALANBOSS"服饰367件、侵权商品" BNICKBOSS BNICKBOSS"服饰96件；(3)罚款12万元。

案例10 保护吴广修的注册商标专用权案

2009年8月，浙江省温州市工商行政管理局瓯海工商分局三溪工商所执法人员依法对温州市鹿城某贸易有限公司设在郭溪镇的仓库进行检查，现场查获涉嫌侵犯""注册商标专用权的天然乳胶430桶，另有涉嫌侵犯""注册商标专用权的桶盖(大)1955个，涉嫌侵犯""注册商标专用权的桶盖(小)1955个。执法人员当场对上述涉嫌侵权商品予以查封扣押。经查明，自2009年7月起，当事人在仓库现场将其从海南和泰国购进的散装天然乳胶，分装到桶身涉嫌侵犯""注册商标专用权的乳胶桶内进行销售。其中，从海南散装购进的天然乳胶经营额是863 870元，从泰国散装购进的天然乳胶经营额是204 488元。此外，由于被扣留的430桶天然乳胶是容易变质的物品，储存时间不宜过长，当事人于2009年8月20日申请先行处理，工商局委托拍卖行予以拍卖处理，拍卖款703 121.7元。

经查，使用在乳胶(天然胶)等商品上的""商标和""商标，是吴广修(泰国)的注册商标，注册号分别为第1449645号和第1449646号，上述注册商标专用权受法律保护。

浙江省温州市工商行政管理局瓯海工商分局认为，温州市鹿城某贸易有限公司销售侵犯他人注册商标专用权商品的行为，属于《中华人民共和国商标法》第52条第(2)项所规定的侵犯注册商标专用权的行为。根据《商标法》第53条和《商标法实施条例》第52条的规定，温州市工商行政管理局瓯海工商分局于2009年12月17日对温州市鹿城某贸易有限公司作出行政处罚：(1)责令立即停止侵权行为；(2)没收侵权桶盖共计3910个；(3)罚款人民币80万元。

三、移送公安机关的商标案例

案例1 加工销售假冒“邦迪”注册商标商品案

2009年1月19日，浙江省青田县工商行政管理局根据举报，对当事人何某、朱某、陈某所在的青田县祯埠乡某村进行检查，查获了大量标注有“邦迪”注册商标的创可贴。经鉴定，上述物品均为假冒“邦迪”注册商标商品。经查明，当事人未经工商部门登记注册并领取营业执照，擅自从2008年2月开始在青田县祯埠乡某村从事假冒“邦迪”注册商标创可贴的加工及销售，非法经营额111 456元，违法所得27 696元。

根据最高人民法院、最高人民检察院《关于办理侵犯知识产权刑事案件具体应用法律若干问题的解释》，当事人加工、销售假冒注册商标的商品已达到刑事追诉标准，浙江省青田县工商行政管理局遂将案件移送公安机关处理。

案例2 销售假冒“拉芳 LaFanG”“雨洁 Raclen”等注册商标商品案

2009年12月15日，广东省中山市工商行政管理局黄圃分局在例行巡查中发现，中山市黄圃镇某仓库存放有涉嫌假冒“拉芳 LaFanG”“雨洁 Raclen”“拉芳”注册商标的洗发露包装罐70箱(500个/箱)及其包装纸箱4120个，遂当场予以查扣。根据送货司机交代，工商执法人员又查出中山市黄埔镇某塑料厂未经授权擅自生产“拉芳”字样的塑料盖，并当场查扣“拉芳”大塑料盖75 840个，小塑料盖51 840个，生产“拉芳”塑料盖的模具2套。经商标权利人确认，上述查扣物品均为假冒注册商标的商品。该塑料厂负责人刘某假冒两种以上注册商标标识数量超过1万件。

根据最高人民法院、最高人民检察院《关于办理侵犯知识产权刑事案件具体应用法律若干问题的解释》，刘某销售假冒注册商标商品已达到刑事追诉标准，广东省中山市工商行政管理局黄圃分局将该案移送公安机关处理。

案例3 加工销售假冒“NIKE”等注册商标商品案

2009年3月24日，北京市工商行政管理局朝阳分局和朝阳区公安分局根据投诉，对北京市朝阳区孙河乡某村148号进行了检查，发现当事人田某及其家庭成员，在没有办理营业执照的情况下，购进标注有“TITLEIST”“CALLAWAY”“CLEVEAND”“PING”“NIKE”“TAYLOR-MADE”等品牌的半成品的球杆、球头、球杆把套，再用切割机、磨杆机、烤箱等工具制作成成品杆，以每套480～520元的价格出售。朝阳区工商分局执法人员对侵权高尔夫球具实施了暂扣手续，共暂扣标注有“TITLEIST”“CALLAWAY”“CLEVEAND”“PING”“NIKE”“TAYLOR-MADE”等品牌的高尔夫球杆、球头、球杆把743支。经鉴定，上述物品均为假冒注册商标商品，案值1 086 700元。

根据最高人民法院、最高人民检察院《关于办理侵犯知识产权刑事案件具体应用法律若干问题的解释》规定，当事人加工、销售假冒注册商标的商品已达到刑事追诉标准，北京市工商局朝阳分局将案件移送公安机关处理。

2009年11月23日，北京市朝阳区人民法院依法对该案件进行判决：被告人田甲犯假冒注册商标罪，判处有期徒刑4年，罚金人民币10 000元；被告人田乙犯假冒注册商标罪，判处有期徒刑3年，罚金人民币5000元；被告人徐某犯假冒注册商标罪，判处有期徒刑1年6个月，缓刑1年6个月，罚金人民币2000元；被告人代某犯假冒注册商标罪，判处有期徒刑1年6个月，缓刑1年6个月，罚金人民币2000元；被告人王某犯假冒注册商标罪，判处有期徒刑1年，缓刑1年，罚金人民币2000元；被告人劳某犯假冒注册商标罪，判处有期徒刑1年，缓刑1年，罚金人民币2000元；被告人龙某犯假冒注册商标罪，判处有期徒刑1年，缓刑1年，罚金人民币2000元；被告人田丙假冒注册商标罪，判处有期徒刑1年，缓刑1年，罚金人民币2000元。

案例 4 销售假冒“五粮液”“茅台”等注册商标商品案

2009 年 3 月 31 日，天津市工商行政管理局执法人员在市场巡查时发现，当事人田某经营的商行库房中存放涉嫌侵犯注册商标专用权的标注有“五粮液”“茅台”“国窖”“水井坊”“剑南春”等品牌的白酒，案值 12 万余元。经鉴定，上述物品均为假冒注册商标的商品。

根据最高人民法院、最高人民检察院《关于办理侵犯知识产权刑事案件具体应用法律若干问题的解释》规定，当事人销售假冒注册商标商品已达到刑事追诉标准，天津市工商行政管理局将案件移送公安机关处理。

案例 5 加工销售假冒品牌打印机的注册商标商品案

2009 年 5 月 26 日，北京市工商行政管理局海淀分局根据举报，对北京某科技发展有限公司的销售柜台、办公室、库房进行检查，查获了大量涉嫌侵犯注册商标专用权的“hp”品牌打印机。后经商标权利人鉴定，上述商品均为假冒注册商标的商品。经调查，当事人非法经营额达 100 多万元。

根据最高人民法院、最高人民检察院《关于办理侵犯知识产权刑事案件具体应用法律若干问题的解释》，当事人销售假冒注册商标的商品已达到刑事追诉标准，海淀工商分局将案件移送公安机关处理。

2009 年 9 月 23 日，海淀区人民法院对此案进行了公开庭审，判处北京某科技发展有限公司法定代表人有期徒刑 1 年，对公司判处罚金 20 万元，对法定代表人个人判处罚金 15 万元。

案例 6 销售假冒“水井坊”注册商标商品案

2009 年 4 月 10 日，浙江省乐清市工商行政管理局根据举报，对当事人陈某经营的乐清市虹桥某糖果经营部进行检查，发现标有“水井坊”字样的白酒 68 瓶。经鉴定，上述商品均为假冒注册商标商品。经查明，当事人从 2009 年 1 月开始从一送货上门者处以 45 元/瓶价格购进标注四川水井坊股份有限公司“水井坊”商标的白酒 348 瓶，计购货款 15 660 元。后以 470 元/瓶的价格销售了 84 瓶，销售额 39 480 元；以 500 元/瓶的价格销售了 186 瓶，销售额 91 800 元，合计销售额 131 280 元。

根据最高人民法院、最高人民检察院《关于办理侵犯知识产权刑事案件具体应用法律若干问题的解释》，当事人销售假冒注册商标商品已达到刑事追诉标准，乐清市工商行政管理局将案件移送公安机关处理。

案例 7 销售假冒“GUCCI”“BURBERRY”“MONTBLANC”等注册商标商品案

2009 年 3 月 24 日，上海市工商行政管理局徐汇分局根据线索，对广元西路某经营场所进行检查，当场查获涉嫌假冒“GUCCI”“BURBERRY”“MONTBLANC”等注册商标的眼镜、手表和皮具共计 485 件。经查，该经营场所负责人为左甲、左乙。经商标权利人确认，上述查扣物品均为假冒注册商标的侵权商品。根据杭州淘宝网公司提供的网络交易记录，当事人累计销售各类假冒注册商标商品超过 2500 件，非法经营额达 35 万余元。

根据最高人民法院、最高人民检察院《关于办理侵犯知识产权刑事案件具体应用法律若干问题的解释》，当事人销售假冒注册商标商品已达到刑事追诉标准，上海市工商行政管理局徐汇分局将该案移送公安机关处理。

2009 年 12 月 23 日，上海市卢湾区人民法院以销售假冒注册商标的商品罪，分别判处左甲有期徒刑 3 年，宣告缓刑 4 年，判处罚金人民币 170 000元；判处左乙有期徒刑 1 年，宣告缓刑 1 年，判处罚金人民币 30 000 元。

案例 8 销售假冒“OBALI”注册商标商品案

2009 年 1 月 21 日，广东省中山市工商行政管理局根据权利人投诉，对中山市西区某经营场所进行检查，查扣涉嫌假冒“OBALI”注册商标的各式洋酒共843瓶。经鉴定，上述商品均为假冒注册商标的商品，货值达16.5190万元。

根据最高人民法院、最高人民检察院《关于办理侵犯知识产权刑事案件具体应用法律若干问题的解释》，该经营场所负责人张某销售假冒注册商标的商品已达到刑事追诉标准，中山市工商局将该案移送公安机关处理。

案例9　销售假冒“乌海二锅头”“老银川”注册商标商品案

2009年1月14日，宁夏回族自治区平罗县工商行政管理局根据举报，对平罗县城关镇某出租屋进行检查，发现该屋放有大量涉嫌假冒“乌海二锅头”“老银川”注册商标的白酒及商标标识。经查，该出租屋为叶某租用以销售白酒，经商标权利人确认，上述查扣物品均为假冒注册商标的侵权商品，根据厂家提供的价格表计算，非法经营额达15万余元。

根据最高人民法院、最高人民检察院《关于办理侵犯知识产权刑事案件具体应用法律若干问题的解释》，当事人销售假冒注册商标的商品已达到刑事追诉标准，平罗县工商行政管理局将该案移送公安机关处理。

案例10　销售假冒“LS”“multi9”注册商标商品案

2009年3月17日，浙江省义乌市工商行政管理局江东分局根据举报，对当事人塔某（埃及籍）租住的义乌市江东街道青口北区单元房进行检查，当场查扣涉嫌假冒“LS”“multi9”注册商标的小型断路器商品680件（规格：1P，12只/盒，20盒/件），其中，标注“LS”的小型断路器有425件，标注“multi9”的小型断路器有255件。经鉴定，上述查扣物品均为假冒注册商标的商品。

根据最高人民法院、最高人民检察院《关于办理侵犯知识产权刑事案件具体应用法律若干问题的解释》，当事人涉嫌销售假冒注册商标的商品已达到刑事追诉标准，浙江省义乌市工商行政管理局江东分局依法将案件移送公安机关处理。2009年7月中旬，金华市人民检察院以销售假冒注册商标商品罪依法批准逮捕塔某。

国家工商行政管理总局反垄断与反不正当竞争执法局案例

案例1　浙江湖州某食品有限公司傍“香飘飘”案

一、基本案情

2008年3月11日，浙江省湖州市工商局接浙江香飘飘食品有限公司举报，该局于3月12日前往德清县乾元镇乾龙经济区对浙江湖州某食品有限公司进行了现场检查，在其仓库区发现标有“为北京2008奥运加油！”字样的“香飘飘”珍珠奶茶包装箱960个，包装杯10个，现场无成品。浙江湖州某食品有限公司生产的“香飘飘”珍珠奶茶的包装物与举报人“香飘飘”珍珠奶茶的包装、装潢近似，涉嫌不正当竞争行为，该局遂于3月13日立案调查。

经查：当事人浙江湖州某食品有限公司自2008年1月起，生产包装杯印有“香飘飘”“珍珠奶茶 pearl milk tea”“Milk Tea”“Pearl ××××”字样（××××为口味名称）和蝶状图案的“香飘飘’珍珠奶茶。经比对双方的珍珠奶茶包装杯杯身，发现在包装杯的正面：商品名称“香飘飘”及“珍珠奶茶 pearl milk tea”所处的位置、大小、字体、颜色近似，且“香飘飘”汉字覆盖在同为蝶状图案的上面；在“香飘飘”及“珍珠奶茶 Pearl milk tea”的左侧均为梯形英文字，上面印有“Milk Tea”；杯面底部均为长条形，上面印有“Pearl ××××”字样；在当事人使用的包装杯底部“Pearl ××××”字样左侧，印有“为北京2008奥运加油！”的字样；包装杯的盖子上面都印有蝶状图案及字母、“圆孔处插入吸管 饮用时小心烫口”汉字及圆形插孔处，并且所印内容的位置在杯盖正面显示一致；包装杯的整体色调及所附内容颜色因口味不同而有所不同，但同一口味的包装杯的整体色调与所附内容颜色近似甚至相同(当事人没有生产的品种除外)。同时，当事人至今并未取得第二十九届奥林匹克运动会组织委员会许可使用奥林匹克标志的书面证明。

二、法律适用

鉴于上述情况，浙江湖州某食品有限公司使用与浙江香飘飘食品有限公司“香飘飘”珍珠奶茶相近似的包装装潢行为，违反了《反不正当竞争法》第5条第(2)项及《浙江省反不正当竞争条例》第6条第1款的规定，属擅自将他人知名商品特有的包装装潢作近似使用，造成与他人的知名商品相混淆，使购买者误认为是该知名商品的不正当竞争行为。此外，当事人未经奥林匹克标志权利人许可，将奥林匹克标志用于自己生产的珍珠奶茶包装杯的行为，违反了《奥林匹克标志保护条例》第4条第2款的规定，属侵犯奥林匹克标志专有权的行为。该局根据《浙江省反不正当竞争条例》第25条第(3)项、第26条的规定，责令当事人停止违法行为，并作处罚如下：(1)收缴并销毁被封存的960个包装箱和10个包装杯；(2)罚款人民币3万元，上缴国库。此外，该局根据《奥林匹克标志保护条例》第10条第1款之规定，责令当事人侵犯奥林匹克标志专有权的行为立即停止。

三、案例评析

这是一起典型的利用商品名称、包装、装潢相近似的饮料仿冒知名商品侵权销售的案件。

《反不正当竞争法》第5条第(2)项规定：“擅自将他人知名商品特有的名称、包装、装潢作相同或近似使用，造成与他人的知名商品相混淆，使购买者误认为是该知名商品的行为。”国家工商总局《关于禁止仿冒知名商品特有的名称、包装、装潢的不正当竞争行为的若干规定》第4条第1款规定：“商品的名称、包装、装潢被他人擅自作相同或者近似使用，足以造成购买者误认的，该商品即可以认定为知名商品。”本案例中，举报人是生产系列“香飘飘”珍珠奶茶的专业厂家，经过多年的商业努力，其所生产的“香飘飘”珍珠奶茶系列产品，在市场上具有一定的知名度，并为相关公众所知悉，为知名商品。此外，举报人所使用的“香飘飘”珍珠奶茶包装装潢非为该类商品所通用，并具有显著的区别性特征，且使用在先，该种包装装潢为举报人所特有。当事人使用与举报人“香飘飘”珍珠奶茶相近似的包装装潢行为属于擅自将他人的知名商品特有的包装装潢作近似使用，造成与他人的知名商品相混淆，使购买者误认为是该知名商品的不正当竞争行为，违反了《反不正当竞争法》第5条第(2)项和《浙江省反不正当竞争条例》第6条第1款的规定，工商部门对当事人销售仿冒“香飘飘”珍珠奶茶的违法行为依法给予适度的行政处罚，有利于保护企业的合法权益和维护公平竞争的市场秩序。此外，当事人未经奥林匹克标志权利人许可，将奥林匹克标志用于自己生产的珍珠奶茶包装杯的行为，违反了《奥林匹克标志保护条例》第4条第2款的规定，属侵犯奥林匹克标志专有权的行为。

案例2　浙江海正药业股份有限公司商业秘密案

一、基本案情

当事人郑某于2002年8月份进入浙江海正药业股份有限公司，在装备科工作并签有入职承诺书和保密协议。2007年7月，当事人辞职离开该公司。工作期间，当事人私下以不正当手段获取大量浙江海正药业股份有限公司内部资料，存入私人电脑，其中涉及海正药业普伐他汀等10多个主导品种的工艺技术和注册资料的商业秘密资料46 417份。辞职后，当事人在互联网上发信息，通过电子邮件与48家各地厂家联系出售，有7家企业回复表示有购买意向。2007年12月，当事人出售给台州一药业公司部分涉及上述商业秘密的资料，获利6000元。2008年12月28日，根据线索，浙江省台州市工商局椒江分局经检大队执法人员在公安部门的配合下，现场查获郑某与一客户交易出售海正药业股份有限公司商业秘密的行为，交易价88 000元，并发现当事人私人电脑储存着浙江海正药业股份有限公司涉及商业秘密的资料46 417份。

二、法律适用

浙江省台州市工商局椒江分局经大量的调查和取证后，认定当事人的行为违反了《反不正当竞争法》第10条第1款第(1)项、第(2)项、第(3)项以及《关于禁止侵犯商业秘密行为的若干规定》第3条第(1)项、第(2)项、第(4)项的规定，构成以其他不正当手段获取权利人的商业秘密的行为，允许他人使用以前项手段获取权利人的商业秘密的行为和权利人的职工违反合同约定或者违反权利人保守商业秘密的要求，披露、使用或者允许他人掌握权利人的商业秘密的行为。根据《反不正当竞争法》第25条以及《禁止侵犯商业秘密行为的若干规定》第7条第1款规定，综合考虑当事人的违法事实、性质以及社会危害性，作出责令当事人立即停止违法行为，并处罚款60 000元。

三、案例评析

首先，当事人盗取并予以出售披露的资料包括浙江海正药业股份有限公司普伐他汀等10多个主导品种的工艺技术和注册资料，其中普伐他汀前期研发成本1000多万元，在2003年形成生产规模，同年通过欧盟认证，曾创下单品种销售额过亿的纪录，该产品为该公司的主创产品；另外资料中的药政注册也一直是公司的核心竞争力，是国内同行竞相学习的关键领域，因此当事人盗取并予以出售披露的资料具有实用性并能给权利人带来巨大的现实经济利益和竞争优势。其次，浙江海正药业股份有限公司是国家首批命名的“创新型企业”、浙江省第一批高新技术企业，建有国家级企业技术中心和博士后科研工作站。该公司有专门的商业秘密保护制度，明确将“正在研究中的及以前研究过的产品名称、工艺、相关技术信息、样品、分析方法、质量数据、试验记录”“生产的产品的工艺流程、技术资料、SOP操作规程、主要设备、菌种、原辅料的规格、岗位的设置、产品的质量、收率数据、成本等”“国外注册产品的名称、地区、注册资料、进展信息”等列入公司商业秘密范围，而本案中当事人盗取并出售的包括普伐他汀等10多个主导品种的工艺技术和注册资料就属于该范围之内，因此上述资料具有秘密性。再次，权利人还与当事人签订了入职承诺书和保密协议，证明上述资料具有保密性。综上所述，权利人所有包括普伐他汀等10多个主导品种的工艺技术和注册资料符合《关于禁止侵犯商业秘密行为的若干规定》第2条第1款规定的商业秘密“不为公众所知悉、能为权利人带来经济利益、具有实用性并经权利人采取保密措施的技术信息和经济信息”的构成要件，上述资料为商业秘密。当事人在明知上述资料为商业秘密的情况下，在职期间私下以不正当手段盗取普伐他汀等10多个主导品种的工艺技术和注册资料等资料46 417份，辞职后，在互联网上发信息寻找买家，通过电子邮件与48家各地厂家联系出售，交易2笔，从中获利，该行为侵犯了商业秘密，损害了权利人的合法权益，违反了《反不正当竞争法》第10条第1款第(1)项、第(2)项、第(3)项以及《关于禁止侵犯商业秘密行为的若干规定》第3条第(1)项、第(2)项、第(4)项的规定，构成以其他不正当手段获取权利人的商业秘密的行为，允许他人使用以前项手段获取权利人的商业秘密的行为和权利人的职工违反合同约定或者违反权利人保守商业秘密的要求，披露、使用或者允许他人掌握权利人的商业秘密的行为。

案例3 温州金鑫生化阀门有限公司商业秘密案

一、基本案情

2009年6月18日，浙江省温州市工商局龙湾分局执法人员根据温州金鑫生化阀门有限公司投诉被温州市某铸造厂侵犯商业秘密，遂对温州市某铸造厂进行调查，发现当事人涉嫌侵犯商业秘密，当日，该局依法予以立案调查。

经查明：当事人自2008年10月份与温州金鑫生化阀门有限公司签有《铸件协议书》。该协议第7条规定涉及温州市某铸造厂(乙方)未经温州金鑫生化阀门有限公司(甲方)书面同意，乙方不得利用甲方的产品模具技术秘密向第三方公布使用；以及技术秘密、产品图纸、生产模具、生产制造工艺、制造技术、技术数据、专利技术及科研成果，乙方必须信守本协议，不损害甲方利益；防止泄露甲方的产品技术商业秘密；乙方必须严格遵守甲方的保密制度等措施。但当事人于2009年5月份，未经温州金鑫生化阀门有限公司同意，擅自披露温州金鑫生化阀门有限公司在其厂铸造的有关抗生素截止阀技术模具及技术毛坯等商业秘密资料等销售给温州市龙湾永中信昌阀门经营部使用。至案发时止，当事人已向温州市龙湾永中信昌阀门经营部提供销售抗生素截止阀技术毛坯，计2308公斤，计经营额16 000元。2009年6月18日被该局查获。

二、法律适用

浙江省温州市工商局龙湾分局经大量的调查和取证后，认定当事人的行为违反了《反不正当竞争法》第10条第1款第(3)项和《关于禁止侵犯商业秘密行为的若干规定》第3条第1款第(3)项规定所指的侵犯商业秘密的行为。依据《反不正当竞争法》第25条和《关于禁止侵犯商业秘密行为的若干规定》第7条之规定，决定处罚如下：(1)责令其立即停止违法行为；(2)处以罚款50 000元，上缴财政。

三、案例评析

当事人与温州金鑫生化阀门有限公司签订的《铸件协议书》中的第七条规定“涉及温州市某铸造厂(乙方)未经温州金鑫生化阀门有限公司(甲方)书面同意，乙方不得利用甲方的产品模具技术秘密向第三方公布使用；以及技术秘密、产品图纸、生产模具、生产制造工艺、制造技术、技术数据、专利技术及科研成果，乙方必须信守本协议，不损害甲方利益；防止泄漏甲方的产品技术商业秘密；乙方必须严格遵守甲方的保密制度等措施。”然而当事人擅自披露温州金鑫生化阀门有限公司在其厂铸造的有关抗生素截止阀技术模具及技术毛坯等商业秘密资料等销售给温州市龙湾永中信昌阀门经营部使用，其行为已属于《反不正当竞争法》第10条第1款第(3)项和《关于禁止侵犯商业秘密行为的若干规定》第3条第1款第(3)项规定所指行为，构成与权利人有业务关系的单位和个人违反合同约定或者违反权利人保守商业秘密的要求，披露、使用或者允许他人使用其所掌握的权利人的商业秘密之违法事实。工商部门对当事人的违法行为依法给予适度的行政处罚，有利于保护企业的合法权益和维护公平竞争的市场秩序。

案例4　重庆市某五金厂仿冒知名商品特有的名称、包装、装潢案

一、基本案情

2009年3月18日，重庆市大足县工商局执法人员在大足县龙水镇工业园区内对某五金厂进行检查时，发现该厂生产的1010J、1013J、413J、416J、419J“财艺”牌U型气排钉的包装、装潢(文字、图案、色彩及排列组合)与山东樱花五金集团有限公司生产的“樱花”牌U型气排钉极其近似。经进一步调查，认定以下事实：山东樱花五金集团有限公司是我国较大的五金产品生产企业，“樱花”牌U型气排钉是山东省名牌产品和山东省著名商标。某五金厂生产的1010J、1013J、413J、416J、419J“财艺”牌U型气排钉，仿冒了山东樱花五金集团有限公司生产的“樱花”牌U型气排钉特有的包装、装潢(文字、图案、色彩及排列组合)，使购买者将其生产的产品与山东樱花五金集团有限公司的产品产生混淆。某五金厂的财务账目表明：该厂共生产上述气排钉31 663盒，销售29 127盒，库存2536盒，未使用的包装盒4532个，销售收入97 768.5元，扣除原材料购进款及上缴税金，违法所得40 281.03元。

二、法律适用

办案单位认定，某五金厂仿冒山东樱花五金集团有限公司生产的“樱花”牌U型气排钉特有的包装、装潢(文字、图案、色彩及排列组合)的行为，违反了《反不正当竞争法》第5条“经营者不得采取下列不正当竞争手段从事市场交易，损害竞争对手”第(2)项所指的“擅自使用知名商品特有的名称、包装、装潢，或者使用与知名商品近似的名称、包装、装潢，造成和他人的知名商品相混淆，使购买者误认为是该知名商品”的规定。根据《反不正当竞争法》第21条第2款及国家工商总局《关于禁止仿冒知名商品特有的名称、包装、装潢的不正当竞争的若干规定》第8条第1款第(1)项、第(2)项的规定，作出如下处罚：(1)责令立即停止违法行为；(2)责令销毁尚未使用的“财艺U型气排钉”侵权包装盒4532个；(3)责令消除现存2536盒“财艺U型气排钉”上侵权的包装和装潢；(4)没收违法所得40 281.03元；(5)判处罚金人民

币 40 300 元。

三、案例评析

（一）知名商品的认定

国家工商总局《关于禁止仿冒知名商品特有的名称、包装、装潢的不正当竞争的若干规定》（以下简称《规定》）第 3 条明确规定："本规定所称的知名商品，是指在市场上具有一定知名度，为相关公众所知悉的商品。"第 4 条明确规定："商品的名称、包装、装潢被他人擅自作相同或者近似使用，足以造成购买者误认的，该商品即可认定为知名商品。"本案中，一方面，山东樱花五金集团有限公司系全国较大的五金产品生产企业，自 1989 年开始生产系列钉产品以来，以其质量好、性能稳定，并通过多年的宣传策划及产品营销，在行业中享有盛誉。自 2001 年至今，每年度的钉丝总产量、销售收入、出口创汇、利税及市场占有率各项指标均连续居全国同行业第一名。该公司商标及产品获得济宁市、山东省以及国家有关部门授予的各种荣誉称号，其"樱花及图形"注册商标 2002 年、2005 年连续被评定为"山东省著名商标"（每次有效期 3 年），其"樱花"牌系列产品分别被评为"山东名牌产品""全国质量检验稳定合格产品（2000～2005 年）""中国建筑五金行业五金精品"，该企业先后多次获得"全国守合同重信用企业"等荣誉称号，其注册并使用在钉子、铁丝上的注册证号为 876893 的"樱花及图形"组合商标，最终于 2007 年 11 月 19 日被山东省济宁市中级人民法院认定为驰名商标。因此，"樱花及图形"注册商标和产品在全国范围内已被相关公众所广为知晓，并被相关部门确认为知名品牌，符合《规定》第 3 条知名商品的认定规定。另一方面，本案中，某五金厂生产的 1010J、1013J、413J、416J、419J"财艺"牌 U 型气排钉所使用的包装、装潢（文字、图案、色彩及排列组合）与山东樱花五金集团有限公司生产的"樱花"牌 U 型气排钉的包装、装潢（文字、图案、色彩及排列组合）相似，使购买者将其生产的产品与山东樱花五金集团有限公司生产的产品混淆，符合《规定》第 4 条知名商品的认定规定。因此完全可以认定山东樱花五金集团有限公司生产的"樱花"牌 U 型气排钉为知名商品。

（二）特有的包装、装潢的认定

认定商品特有的包装、装潢，主要分析商品的包装、装潢与相关商品通用的包装、装潢相比是否具有显著的区别性特征，或者说其主要部分、整体印象上与相关商品有明显的区别，成为市场上区别不同品牌的显著性标志。且《规定》第 10 条规定"知名商品经营者已经取得专利的知名商品特有的包装、装潢被仿冒的，工商行政管理机关可以依据《反不正当竞争法》及本规定对侵权人予以处罚"。本案中，山东樱花五金集团有限公司的前身是山东樱花五金制品有限公司，所使用的"樱花"U 型气排钉的包装、装潢历史悠久且并非为该类商品所通用，具有显著的区别性特征，且于 2001 年取得"樱花"U 型气排钉的包装、装潢（文字、图形、色彩及排列组合）的外观设计专利，并使用在先，而某五金厂的成立日期是 2001 年。因此，该种以黄蓝为主色调的包装、装潢（文字、图形、色彩及排列组合特定）为山东樱花五金集团有限公司知名产品所特有。

同时，山东樱花五金集团有限公司证实，某五金厂生产使用与山东樱花五金集团有限公司生产的"樱花"牌 U 型气排钉的包装、装潢相似的包装、装潢，并未经过山东樱花五金集团有限公司的授权许可；通过对商品购买者的调查也证实，某五金厂生产使用的包装、装潢，使购买者误认为是山东樱花五金集团有限公司生产的产品。

据此，办案单位认定，当事人的行为构成了《反不正当竞争法》第 5 条第（2）项所指的"擅自使用知名商品特有的名称、包装、装潢，或者使用与知名商品近似的名称、包装、装潢，造成和他人的知名商品相混淆，使购买者误认为是该知名商品"的行为，并依法对其进行了处理。

案例 5　浙江虹达特种橡胶制品有限公司商业秘密案

一、基本案情

2009 年 4 月 28 日，浙江虹达特种橡胶制品有限公司（以下简称虹达公司）书面向浙江省舟山市工商局定海分局举报，称当事人袁某盗窃该公司机械设计图纸，然后利用该图纸在外加工专用机器设备，而当事人所偷窃的该套图纸是虹达公司的商业秘密，要求该局阻止该行为并维护其合法权益。同日，办案单位对当事人袁某以涉嫌侵犯商业秘密的不正当竞争的违法行为予以立案查处，该案于 2009 年 5 月 18 日调查终结。

经查明：当事人袁某于2008年3月到虹达公司应聘做机器修理工，2008年8月调到流片车间从事开孔型微孔聚丙烯滤芯片材的专用生产设备（虹达公司称其为三联油缸机）的机器修理。2008年11月、12月期间，当事人利用工作之便，在虹达公司有关人员不知情的情况下，陆续盗窃由虹达公司研制发明的三联油缸机设备的系列机械设计图纸后进行复印，然后再将原图纸偷偷放回原处，这样袁某把盗窃的该套机器设备设计图纸共85张都进行复印后据为己有。经查，虹达公司研发人员陈虹研发的开孔型微孔聚丙烯滤芯片材的专用生产设备（三联油缸机）的生产方法获得国家知识产权局颁发的《发明专利证书》，该设备所生产的滤芯片材获得科技部科技型中小企业技术创新基金管理中心颁发的科技型中小企业技术创新基金立项证书，并被浙江省科技厅认定为高新技术产品。2009年1月31日，当事人袁某从虹达公司离职，于同年2月24日正式与虹达公司办理了离职手续。期间当事人袁某于2009年2月20日与浙江省舟山市定海金地塑料机械厂签订了生产电瓶用滤气片设备合作协议，该协议所指的设备实际上就是虹达公司研发生产的开孔型微孔聚丙烯滤芯片材的专用生产设备（三联油缸机），协议书上规定舟山市定海金地塑料机械厂负责场地和流动资金，袁某负责图纸和技术及后期生产配方机器安装等。同时袁某将从虹达公司盗窃来的三联油缸机设备图纸复印件共85张也拿到了舟山市定海金地塑料机械厂内，开始实施生产三联油缸机设备的一系列行为，其中该设备的18块浇铸模板被当事人拿到舟山市定海西山机械齿轮配件厂进行加工，并提供给对方3张有关浇铸模板的设计图纸供加工之用。

二、法律适用

办案单位经大量的调查和取证后，认定当事人的行为违反了《反不正当竞争法》第10条第1款第(1)项，当事人的行为损害了虹达公司的合法权益，扰乱了社会经济秩序，已构成了侵犯商业秘密的不正当竞争行为，依法应予以处罚。依据《反不正当竞争法》第25条“违反本法第10条规定侵犯商业秘密的，监督检查部门应当责令立停止违法行为，可以根据情节处以1万元以上20万元以下的罚款”的规定，经研究决定，对当事人袁某处罚如下：(1)责令立即停止违法行为；(2)罚款10万元。

三、案例评析

当事人袁某原为虹达公司职工，并且虹达公司与当事人所签订的劳动合同第11条中规定：“乙方（袁某）在职期间及离职之后竞业限制期（两年）内，均不得泄露其任职期间所知悉或持有的属于甲方的技术秘密或者属于第三方但甲方承诺有保密义务的技术秘密或其他商业秘密信息。”此外，虹达公司制定发放的员工手册上也写着职工有保护企业商业秘密的责任与义务的内容。然而当事人却利用工作之便，盗窃三联油缸机设计图纸，并利用该套图纸与他人合作生产类似三联油缸机的设备。而三联油缸机的原始设计者虹达公司经过相关科技部门认证已取得了图纸权利人的合法地位，该套图纸权利人虹达公司已采取了一定的保密措施，已属公司的商业秘密，并且虹达公司利用该套图纸生产出的三联油缸机具有一定数量的产值，收到了较好的经济效益。当事人袁某盗窃虹达公司的三联油缸机图纸并且利用该套图纸与他人合作生产类似三联油缸机的机器设备，根据《反不正当竞争法》第10条第1款第(1)项“经营者不得采用下列手段侵犯商业秘密：(1)以盗窃、利诱、胁迫或者其他不正当手段获取权利人的商业秘密”之规定，当事人的行为损害了虹达公司的合法权益，扰乱了社会经济秩序，已构成了侵犯商业秘密的不正当竞争行为，依法应予以处罚。

案例6 新疆和静县某酒厂销售仿冒知名商品特有的包装装潢的商品案

一、基本案情

2008年12月16日新疆亚泰酒业有限责任公司（以下简称亚泰公司）举报，新疆和静县某酒厂生产销售的胡杨州牌胡杨泥窖擅自使用亚泰公司的知名商品特有的包装，装潢，与亚泰公司知名商品“绿宝牌绿宝泥窖”相混淆，使购买者误认为是该知名商品，造成了市场混淆，给亚泰公司造成了巨大损失，要求工商行政管理部门给予制止和查处。

经查，当事人新疆和静县某酒厂于2008年3月在新疆乌鲁木齐恩大印刷厂印制“胡杨泥窖”包装箱500套，每套单价24元，合计12 000元。该酒外包装盒长12，宽限12，高26，底色主色彩为酱黄色，整体图案正面为胡杨树，注册商标“胡杨州”位于包装盒上部，包装盒面料为 PVC 中纤板，内托泡膜，黄绸垫布。主要部分的说明标识主要有产品说明、厂址、质量安全标致等。2008 年 10 月 10 日开始生产销售。案发时当事人已生产销售 50 件，每件销售价 80 元，合计销售 4000 元。每件获利 15 元，合计获利 750 元。尚有 450 套未包装销售，包装箱价值 10 800 元。

绿宝牌绿宝泥窖是新疆亚泰酒业有限责任公司 2005 年 3 月份开始一致使用的外包装。该品牌产品的产量和销量及质量在本地区具有一定的知名度，并且于 2008 年 1 月 10 日已向国家知识产权局申请外包装盒的外观专利。当事人新疆和静县某酒厂生产销售的“胡杨泥窖”的外包装盒的整体部分和主要部分以及 21 项标识中，有关 13 项相同，6 项近似，仅有 2 项不同。根据对普通消费者的调查结果显示，两种白酒的包装装潢具有相同近似，易引起混淆。

根据以上事实，新疆亚泰酒业有限责任公司生产的绿宝牌“绿宝泥窖”，属于知名商品，其包装、装潢也是该商品特有的包装、装潢。

二、法律适用

根据以上事实，新疆维吾尔自治区和静县工商局认定新疆和静县某酒厂上述行为违反了《反不正当竞争法》第 21 条第 2 款：“经营者擅自使用知名商品特有的名称、包装、装潢，或者使用与知名商品近似的名称、包装、装潢，造成和他人的知名商品相混淆，使购买者误认为是该知名商品的，监督检查部门应当责令停止违法行为，没收违法所得，可以根据情节处以违法所得 1 倍以上 3 倍以下的罚款；情节严重的，可以吊销营业执照；销售伪劣商品，构成犯罪的，依法追究刑事责任。”国家工商局《关于禁止仿冒知名商品特有的名称、包装、装潢的不正当竞争行为的若干规定》第 7 条规定，“经营者有本规定第 2 条所列行为的，县级以上工商行政管理机关可以依照《反不正当竞争法》第 21 条第 2 款的规定对其进行处罚”。第 8 条第 1 款规定，“经营者有本规定第 2 条所列行为的，工商行政管理机关除依前条规定予以处罚外，对侵权物品可作如下处理：第(1)项收缴并销毁或者责令并监督侵权人销毁尚未使用的侵权的包装和装潢”。据此和静县工商局对新疆和静县某酒厂的上述行为处罚如下：(1)没收违法所得 750 元。(2)收缴并销毁 450 套尚未使用的侵权的包装和装潢。包装箱价值 10 800 元。(3)处违法所得 750 元 2 倍的罚款计 1500 元。

三、案例评析

查处仿冒知名商品特有的名称、包装、装潢案件，必须认定特有的商品名称、包装、装潢的权属，仿冒行为客观上存在一个时间差，仿冒者必然使用在后。国家工商总局《关于禁止仿冒知名商品特有的名称、包装、装潢的不正当竞争行为的若干规定》第 4 条第 2 款规定：“特有的商品名称、包装、装潢应当依照使用在先的原则予以认定。”这是一个统一、公平的执法尺度，便于取证和认定。执法实践中是否取得外观设计专利，不能作为认定包装、装潢权属的依据。这是因为，特有的商品名称、包装、装潢这种知识产权不是国家授予的，而是经营者在市场经营中产生的市场后果，经营者只要使用在先即享有权利，不需要任何部门登记或批准。所以，只有遵循使用在先的原则来认定特有的商品名称、包装、装潢的权属，才是准确和公平的。

案例 7　青岛某进出口有限公司侵犯商业秘密案

一、基本案情

2006 年 9 月 29 日，青岛市工商局接到某集团有限公司的举报，称青岛某进出口有限公司利用该集团有限公司员工马某和韩某掌握的客户信息获取经济利益，涉嫌侵犯商业秘密。

经过初步调查了解，该集团有限公司主要从事日本兵库木浆进口代理业务，韩某任公司副总裁，马某任招标采购中心副部长，主要负责木浆采购及销售业务，马某和韩某均与公司签订了劳动合同，劳动合同及公司有关规定中明确约定了不得泄露公司商业秘密的保密条款。

执法人员对青岛某进出口有限公司(以下简称当事人)的办公现场进行检查时发现：2 份该集团有限公司发给客户的有马某签名的木浆报价资料，证明马某在该集团有限公司从事木浆经营业务；3 份该集团有限公司与客户有关兵库木浆的往来资料，证明当事人获取了该集团有限公司的客户资料；5 份当事人与该集团有限公司基本相同的木浆客户信息表，证明当事人获取、抄袭了该集团有限公司的客户信息；2份韩某与日本某株式会社的往来信函，写明韩某已离开该集团有限公司，通过当事人与日方开展木浆业务，证明韩某利用自己掌握的客户关系，为当事人从事木浆业务提供了条件；1盒印有青岛某进出口有限公司副总经理马某的名片，证明马某在该进出口公司从事经营活动；1份当事人与荣成某纸业有限公司签订的315吨兵库木浆购销合同，证明当事人已开展过木浆经营业务。

在现场检查进行时，办案单位对当事人员工做了询问笔录，证明马某在该公司中担任经理，是公司的实际经营者。随后，对马某和当事人的授权委托人多次进行了询问笔录，并对当事人的银行来往账目和荣成某纸业有限公司进行了取证，证实当事人确实通过马某和韩某签订了315吨兵库木浆购销合同，并已履行完毕。

日本某株式会社和荣成某纸业有限公司都是举报人的原客户，由于马某和韩某利用掌握的客户信息挖走了客户，致使举报人的木浆业务量大幅下滑，造成公司经济损失250余万元。为减少举报人经济损失，应举报人要求，办案单位依据《反不正当竞争法》第25条“违反本法第10条规定侵犯商业秘密的，监督检查部门应当责令停止违法行为”的规定，对当事人下达了《责令暂停销售通知书》。

二、法律适用

办案单位认为，当事人的行为违反了《反不正当竞争法》第10条第2款“第三人明知或者应知前款所列违法行为，获取、使用或者披露他人的商业秘密，视为侵犯商业秘密”及国家工商总局《关于禁止侵犯商业秘密行为的若干规定》第3条第2款“第三人明知或者应知前款所列违法行为，获取、使用或者披露他人的商业秘密，视为侵犯商业秘密”的规定，已构成侵犯商业秘密的行为。依据《反不正当竞争法》第25条“违反本法第10条规定侵犯商业秘密的，监督检查部门应当责令停止违法行为，可以酌情处以1万元以上20万元以下的罚款”的规定，办案单位对当事人予以行政处罚。鉴于当事人自开业以来只做成过一笔业务，本着罚过相当的原则，办案单位责令当事人立即停止违法行为，并处以罚款人民币20 000元。

三、案例评析

侵犯商业秘密案件是执法中比较难以处理的案件，其中侵犯经营信息的案件则更加难以把握，客户名单是经营信息中的一个重要种类，在个案中客户名单是否构成商业秘密的认定尤为复杂。目前我国侵犯商业秘密的案件主要是侵犯技术秘密的案件，因此探讨如何认定商业秘密中客户名单的经营信息对拓展执法领域具有现实意义。

当前，公司业务人员跳槽带走原公司客户或者利用掌握的客户关系牟取私利是一个普遍存在的现象，特别是在某些外贸公司中，由于业务员经常与国外客户保持密切的私人联系，更容易引发侵犯商业秘密的行为。本案中，正是因为马某和韩某看到了木浆业务的高额利润，所以成立了青岛某进出口有限公司。该公司的法定代表人是马某的母亲，另一股东是马某的表妹，而两人并不参与公司经营，公司的实际经营者是马某和韩某。公司成立后，韩某在给日本某株式会社的往来信函中写到“因为事业意见的分歧，我个人已辞职离开原公司，以后就用该进出口公司来和贵公司开展业务”，完全把原单位的业务带到了自己的公司。

《反不正当竞争法》第10条对商业秘密构成要件规定了四项：不为公众所知悉，能为权利人带来经济利益，具有实用性以及经权利人采取了保密措施。认定客户名单为商业秘密必须要符合以上四个构成要件。国家工商总局《关于禁止侵犯商业秘密行为的若干规定》第2条第5款规定“构成商业秘密的技术信息和经营信息包括设计、程序、产品配方、制作工艺、制作方法、管理诀窍、客户名单、货源情报、产销策略、招投标中的标底及标书内容等信息”。最高人民法院《关于审理不正当竞争民事案件应用法律若干问题的解释》（法释〔2007〕2号）第13条对“客户名单”解释为“商业秘密中的客户名单，一般是指客户的名称、地址、联系方式以及交易的习惯、意向、内容等构成的区别于相关公知信息的特殊客户信息，包括汇集众多客户的客户名册，以及保持长期稳定交易关系的特定客户”。根据以上规定，我们认为：认定客户名单是否构成商业秘密，关键取决于权利人是否通过付出努力形成了特有的客户群，该客户群本身是特殊的，能够使其获取独有的竞争优势，其他竞争者不经过相同的努力就无法得到，此种客户群就可以被认定为商业秘密。

中国海关 2009 年知识产权保护十佳案例

案例 1 北京海关在邮递渠道查获转关出口假冒多个品牌电子产品案

一、基本案情

2009 年 6～12 月，海关总署在全国海关范围内部署了一次“邮递和快件渠道保护知识产权专项行动”。北京海关按照海关总署的统一部署，结合本关多年来在邮递和快件渠道开展知识产权保护执法的情况，制定了行邮渠道“9 个严查”措施，主动出击，确保专项行动取得实效。2009 年 7 月 20 日，北京海关驻邮局办事处接到一票从某内陆海关转关出口的快件，根据快件详情单，该票邮件共 75 箱，每箱重 30 公斤，目的地遍布南美、欧洲等 10 个国家，申报品名为：数字配件、零件、数字卡和电子配件等。按照“9 个严查”的规定，海关关员立即决定对该票快件进行开箱查验，发现实际货物为手机、游戏存储卡、U 盘、计算机内存条等电子类产品和各种电子类配件、商标标贴等共计 54 762 件，上述涉嫌侵犯的品牌多达 12 个。经调查，北京海关认定上述物品构成侵权并依法予以处理，鉴于该案件案值较大，北京海关将案件相关信息情况通报公安机关作后续处理。

二、案件点评

“邮递和快件渠道保护知识产权专项行动”是海关总署部署的一次全国范围内的行动，重点是打击通过邮递和快件渠道、采取“蚂蚁搬家”化整为零进出口侵权商品的违法活动。专项行动期间，全国海关共在邮递和快件渠道查获进出侵权邮包 37 000 多个，价值人民币 6000 多万元，分别比上一年增长了 7 倍和 4 倍多，有力地打击了邮递和快件渠道的侵权违法活动。本案中侵权商品数量多、价值高、多种商品混杂，不法分子除了采取“蚂蚁搬家”、分散寄递和隐瞒真实姓名地址等传统方法逃避海关监管外，还试图通过转关运输、夜间申报、采取锡纸包装规避海关 X 光机查验等手段蒙混过关，但仍没逃出北京海关总结的“9 个严查”措施的范围。本案的查获对于明确海关在邮递和快件渠道的执法重点，确保执法高效性和准确性等有很好的示范作用。

案例 2 青岛海关查获出口假冒“FK”商标轴承座案

一、基本案情

2009 年 1 月 19 日，济宁某进出口公司以一般贸易方式向青岛海关所属烟台海关申报出口装有滚珠轴承的轴承座 21 345 个，目的国为菲律宾。海关关员在报关单监控过程中认为该批货物具有侵权货物的高风险特征，遂下达了布控指令。经查验，发现货物上标有“FK”标识，涉嫌侵犯福建省南安轴承有限责任公司在海关总署备案的“FK”商标专用权。海关在调查中发现，济宁某进出口公司是从另外一家拥有“FK”注册商标的公司获得授权的，但该“FK”核定使用商品范围不包括轴承，且商标正在异议复审中，双方当事人对货物是否侵权争议较大。海关在调查过程中，组织双方进行了证据质证、多次调取相关证据、委托相关检验机构鉴定，最终依法认定出口货物侵权，作出了没收货物并处罚款的行政处罚决定。在案件办理期间，济宁某进出口公司针对烟台海关的扣留、行政处罚等具体行政行为，先后向青岛海关提起一次行政复议，向烟台市中级人民法院提起一次行政诉讼。但由于烟台海关各项工作扎实，济宁某进出口公司的行政复议、行政赔偿诉讼案件得以圆满解决。

在该案的办理过程中，青岛海关敏锐地捕捉到了该案所反映的轴承行业性侵权趋势，结合山东口岸出口轴承情况，启动了打击侵权轴承专项行动。2009 年，青岛海关在海运、空运渠道查处侵权轴承案件共 15 起，同比增长 6.5 倍，查获侵权轴承近 30 万套，总价值约 200 万元人民币，有效地整治了青岛关区轴承进出口的贸易秩序。

二、案件点评

本案案情复杂，当事人双方对侵权事实存在较大争议，海关通过召开听证会、调取证据、委托鉴定等程序，查明事实，依法作出处理，使双方纠纷得到妥善解决，体现了较高的执法水平。在案件办理中，海关敏锐地察觉到轴承行业的侵权趋势，并进行深入调查，开展针对性的执法，规范了整个行业的贸易秩序，体现了海关“查办一个案件、规范一个行业”的执法理念。

案例3 厦门海关查获出口假冒“菊花”商标蚊香案

一、基本案情

2009年5月12日，厦门某贸易有限公司以一般贸易方式向厦门海关申报出579 780盒蚊香至非洲多哥。由于在当年4月份该关举办的自主知识产权专题培训班上，来自广东的中山榄菊日化实业有限公司(以下简称榄菊公司)的知识产权代表曾提供了侵权蚊香可能经由厦门口岸出口至非洲国家的信息，且货物未申报品牌、未提供相应授权文件。据此信息审单关员敏锐地发现了此项申报的疑点，当即进行风险分析，并下达了布控指令。查验关员开箱后，发现其中435 360盒蚊香的包装盒上虽然没有榄菊公司的中文标识，但其标有的“菊花”图形属于该公司在海关总署备案的知识产权；其余144 420盒蚊香的包装盒则与榄菊公司的“包装盒(蚊香用)”外观设计相近似。根据培训班上学到的榄菊蚊香的产品特征及真假辨别方法，查验关员判别此批蚊香具有明显侵权嫌疑，并提请法规处联系权利人进行鉴定。5月14日，榄菊公司向海关发函确认此批货物为侵权产品，并申请保护。该案查处后，关员根据掌握的生产企业、出口航线、进口商等信息，再次进行细致的风险分析，主动出击，严密布控，再次查获宁波某进出口有限公司、厦门某进出口有限公司申报出口的涉嫌侵犯榄菊公司“包装盒(蚊香用)”外观设计专利权的蚊香450 000盒和149 100盒。上述三个案件共计查获涉嫌侵权蚊香1178 880盒，货值约人民币87万元。

二、案件点评

该案是厦门海关充分发挥知识产权执法培训的作用，与权利人加强合作，积极开展风险分析，主动布控查获的一起典型案例。海关关员在接受培训后1个月就查到侵权货物，充分体现了培训对知识产权执法的促进作用。在该案查处过程中，海关关员根据已查获案件掌握的信息，深入挖掘，再次查获两起涉嫌侵犯知识产权的案件，体现了海关执法人员高度负责的工作态度和敬业精神。该案的成功查处有力地保护了企业的合法权益，据介绍，榄菊公司是全球最大的家庭卫生杀虫制品专业生产企业，其产品在非洲市场具有很高的占有率。然而，2008年非洲市场上侵权“榄菊”蚊香的数量是榄菊公司总出口量的10倍以上，给公司带来2亿多元的销售损失。通过上述案件的查处，2009年公司正品蚊香在非洲市场上的份额增加了15%，既维护了产品的国际声誉，也有效地挽回因侵权而失去的国际市场份额。

案例4 拱北海关保护自主知识产权“春风”行动查获系列侵权案

一、基本案情

2009年，在国际国内经济形势日趋严峻的背景下，拱北海关积极贯彻中央、海关总署有关扩大内需、促进经济增长的工作决策和部署，及时制定出台了《拱北海关关于落实促进经济增长十项措施、加强关区自主知识产权保护工作的五项举措》，并从2009年1月1日起在关区范围内组织开展了一次代号为“春风”、为期5个月的保护自主知识产权专项行动。“春风”行动期间，拱北海关在广泛调查了解关区企业拥有自主知识产权状况的基础上，一方面积极引导关区自主知识产权企业向海关总署申请知识产权保护备案，借助海关行政执法力量打假维权；另一方面主动与部分自主品牌知名度较高、进出口量较大的企业建立了日常联系沟通机制，双方及时交流侵权线索和情报，共同提高打击侵权行为的针对性和准确率。同时，大力推广风险分析等技术手段在知识产权保护工作中的运用，针对本关区的实际，将服装、鞋帽、小家电、小五金、打印耗材等列为重点监控商品，对侵权货物出口较为集中的重点口岸和赴欧、美、日及中东等重点航线加强监管，重点监控和严厉查处货运、快件等渠道侵犯国内自主知识产权的违法行为，取得了较好成效。“春风”行动期间，该关共查获侵权案件 176 宗，案值 557 万余元，分别较上年同期增长 117.3%和 23.5%。其中 2009 年 1 月查获的中山市某商业有限公司申报出口铜球锁侵犯“MAXIM”商标专用权案，是该关 2009 年度查获的首宗侵犯自主知识产权的案件，也是该关 2009 年加强国内自主知识产权保护的一个成功范例。2009 年 5 月，根据国内权利人涂某申请，拱北海关依法扣留了珠海某公司申报出口的涉嫌侵犯权利人外观设计专利权的数字电视机顶盒28 002个，货值 3 667 900 元人民币。该案是拱北海关近年来查获的最大宗涉嫌侵犯自主知识产权的案件，同时也是该关历史上查获的案值最大的一宗侵权案件。

在打击侵权的同时，拱北海关还注重不断拓宽和丰富知识产权海关保护工作的服务内涵，积极帮助关区自主知识产权企业做大做强自有品牌，为企业自主创新和开拓国际市场提供服务，取得了良好成效。一是召开自主知识产权企业座谈会，了解自主知识产权企业的发展现状以及在自主知识产权海关保护上存在的困难和问题，选择关区内 20 家重点自主知识产权企业作为重点辅导单位，在申请知识产权海关保护备案、政策指引、法律咨询、预审核服务、打击侵权行为等方面提供及时帮助和主动服务。行动期间，拱北关区新增知识产权海关保护备案 31 项。二是主动为企业送法上门，先后派员前往珠海格力电器股份有限公司、TCL 空调器(中山)有限公司等自主知识产权企业举办了知识产权保护专场培训，为企业合法生产、出口提供了及时的法律指引。三是为帮助关区自主知识产权企业加大维权力度，拱北海关还密切关注关区企业自主知识产权在异地关区遭受侵权的情况，积极协助被侵权较为严重的企业，加强与侵权货物进出境地海关的联系和沟通，成功地在异地关区查处两宗侵权案件，为关区自主知识产权企业异地维权起到了积极的示范作用。

二、案件点评

在国际金融危机不断蔓延的背景下，拱北海关以开展保护自主知识产权“春风”行动为抓手，明确执法重点，拓宽执法合作形式和途径，着力打击侵犯国内自主知识产权的违法行为，为关区自主知识产权企业和地方经济发展“化危为机”提供了强有力的知识产权保护支撑，充分展示了海关在国家知识产权保护体系中的重要作用。

案例 5　上海海关查获出口侵犯“上海世界博览会吉祥物”标志专有权的牙刷案

一、基本案情

2009 年 6 月 2 日，深圳市某贸易有限公司向上海海关申报出口至柬埔寨的牙刷一批。上海海关审单关员在审核单证时，经过细致的风险分析发现了几点问题：一是深圳的贸易公司跑到上海口岸来出口牙刷，存在一定的买单风险；二是牙刷，历来是上海海关查获的高发侵权商品，而该批货物申报数量较大，风险较大；三是按照以往的经验，货物流向地属于侵权风险较高的区域。综合上述疑点，上海海关审单关员果断地对该批货物下达了“核品牌”的布控指令。6 月 3 日，上海海关对该批货物进行查验。开箱后，发现牙刷外包装除了标有“JAGA”的标识外，还标有上海世界博览会吉祥物标志“海宝”图形。根据以往的培训经验，查验关员知道该标识在海关总署备案系统中有记录，是明确列名受海关保护的世博标志，并且该批牙刷质量粗糙，经清点，集装箱内共计装有牙刷 30 000 把，价值人民币 26 000 余元。经权利人上海世博会事务协调局确认，该批牙刷构成侵权，上海海关依法对当事人作出了没收侵权货物并处罚款人民币 3000 元的行政处罚决定。

二、案件点评

该案是全国海关系统查获的首起涉嫌侵犯上海世界博览会吉祥物标志专有权的案件。近年来，上海海关针对世博会专有标志加强了宣传培训力度，制订了世博会知识产权海关保护运行方案，增强了执法的针对性。该案的查获对广大进出口企业及世博会参展单位、游客等将有很好的警示教育意义，对于维护世博标志专有权、净化世博环境等起到了积极的作用。

案例 6　黄埔海关查获出口假冒多个品牌的日化产品案

一、基本案情

2009 年 8 月，黄埔海关接到举报，称有一批假冒日化产品即将在黄埔老港海关出口。8 月 21 日，该关办案人员在掌握了有关假冒日化产品的确切情报后立即赶赴监管现场，锁定装有涉嫌侵权货物的 3 个集装箱，通过对货物进行彻底查验，一举查获了伪造的涉嫌侵犯“SUNSILK”“PALMOLIVE”“head&shoulders”3 个品牌的洗发水共计 66 010 支。该关在对侵权嫌疑货物进行清点后，一方面通知权利人协助对货物侵权事实进行确认，一方面成立专案组，部署深挖侵权源头的有关工作。经调查，黄埔海关掌握了可能还有部分侵权货物仍存于广州市白云区内的某仓库，也有部分产品将通过深圳海关出口的情况，遂迅速与相关部门联系开展联动执法。在该关的协助下，广州市整规办随后查封了相关仓库，查获了约 60 万支侵权日化产品，深圳海关查获了 4 个集装箱的侵权日化产品。一个策划“分时分批出运、多点多地出口”侵权货物的阴谋被海关揭穿了。

二、案件点评

本案是海关与海关之间、海关与其他执法机构之间执法协作的一次成功示范。黄埔海关根据查获的侵权案件线索，深挖侵权源头，通过各种执法合作机制，成功揭穿了违法分子试图寻找执法薄弱环节出口侵权货物的阴谋。

案例 7　广州海关查获出口假冒多个知名品牌手表案

一、基本案情

2009 年 9 月 29 日，深圳某公司向广州海关隶属的佛山海关驻禅城办事处申报出口至加纳的抛光砖等货物一批，现场关员在对该单进行审核时认为该票货物存在侵权高风险：一是按照广州海关发布的侵权风险信息提示，在本地市场采购侵权商品通过外地贸易公司夹藏出口至非洲国家存在高风险，而该票货物申报为抛光砖，共装载 3 个集装箱，夹藏侵权商品的可能性较大；二是按照以往的经验，该批货物的流向国别侵权风险较大；三是货物量大，且于国庆前夕进行申报，具有利用节假日闯关的嫌疑。关员遂对该票货物下达了重点查验是否夹藏侵权商品的布控指令。在对该票货物通过大型集装箱检查设备 H986 进行扫描时发现，集装箱中前部显示为密度较高的金属物品。经卸柜全查，发现夹藏的货物为 151 703 块手表及 1439 件服装和生活用品，其中标有在海关总署备案的“BALCARI”“CASIO”“GUCCI”“LV”“OMEGA”等 20 余个国际知名品牌手表67 800块，另有标有未在海关总署备案的近 60 个商标的手表 75 223 块及无牌手表 8680 块。广州海关根据权利人申请扣留了侵犯在海关总署备案商标权的 63 670 块手表、1439 件侵权服装，并会同地方工商部门对其余的手表进行了处理。

二、案件点评

该案是广州海关运用风险管理手段有效查缉侵权货物的典型案例，虽然企业申报的商品属于普通大宗货物，夹藏手法隐蔽性强，但该关通过前期风险信息的收集提示、案发现场关员敏锐的观察力和高科技检查设备的运用，成功查获了该案。该案的查处，也得益于海关与公安、工商部门的执法协作，展示了各执法部门共筑保护知识产权“钢铁长城”的决心。

案例 8　宁波海关查获出口假冒多个品牌货物系列案

一、基本案情

2009 年 5 月下旬，宁波海关下属通关中心北仑现场出口审单关员通过分析以往布控报关单的查验反馈情况发现，宁波某报关代理有限公司申报出口的货物多次被查获侵权、逃证等问题，有可能是专门申报“问题货物”的报关公司。于是经研究，决定对该报关公司申报的货物进行重点监控。5 月 26 日、27 日，该报关公司代理申报出口的经营单位为深圳市某公司的 6 批货物被全部布控查验。经查验，该 6 批货物均发现有大量侵权货物，经过清点，共查验侵权货物近 60 万件，包括运动鞋、运动服套装、DVD 播放机、手机、耳机、收音机、手表、眼镜、内衣裤、包、衣服、丝巾、皮带、电池等 14 个品种，涉及“ADIDAS、JVC、NOKIA、耐克钩（图形）、CASIO、Christian Dior、GIANNI VERSACE(图形)、LV 及图形、ROLEX”等 60 项商标权，案值高达近 200 万元。经联系相关权利人鉴定，以上货物全部为假冒商品。鉴于该案货物数量、案值巨大，该关在办理该案的过程中非常重视书证、物证的收集保留以及记录相关人员的信息，并迅速向地方公安部门通报了案件线索。地方公安部门根据海关通报的线索立即进行立案侦办，对3个犯罪嫌疑人进行了传唤并留置。目前公安机关对该案已侦办完毕。

二、案件点评

此案充分体现了海关知识产权执法人员丰富的工作经验和高超的风险分析能力。执法关员经过全面分析所有报关公司的历史出口记录，发现了重大侵权风险，并对“问题”报关公司的出口情况予以跟踪，果断布控查验，一举抓获了“大鱼”，使那些企图申报“问题货物”获取非法利益的违法企业无处匿身。

案例9 杭州海关查获出口假冒“AUTOLITE”品牌火花塞案

一、基本案情

2009年10月，义乌海关在1个月内连续查获3起侵权汽摩配件案，义乌海关监控查验科和知识产权科根据3起案件的调查情况，对风险信息、布控查验情况进行全面分析，提炼风险参数，对侵权汽摩配件形成有针对性的布控建议提供给审单部门。2009年11月6日，深圳某进出口有限公司向杭州海关隶属义乌海关申报出口无牌摩托车锁、大灯、后视镜等配件，目的港为也门。该关经过风险分析，认为该批货物存在以下两个疑点：一是企业无故舍近求远加大经营成本。出口商是深圳企业，而且深圳的港口条件比较优越且远洋航线较多，从企业成本角度考虑，当地企业根本不需要将货物不远千里运输到义乌出口。外地企业舍近求远到异地申报出口货物，很可能存在利用小商品出口瞒报夹藏的情况。二是经营单位、申报单位和目的国均为侵权高风险。该经营和申报企业在海关有出口侵权货物的不良记录，也门是出口侵权货物的高风险目的地。鉴于以上疑点，该关判断该票货物存在很大的侵权嫌疑，遂果断下达了布控指令，要求现场查验关员认真查验核实货物的品名、数量和品牌。11月9日，该关机动查缉小分队根据布控指令对该货物进行查验。开箱前，货主一反常态地主动承认该票货物存在严重申报不实，并称大部分货物为易碎品，恳求关员降低开箱比例，以减少损失。查验关员敏锐的发觉这一反常行为，严肃拒绝了这一请求，并进行地毯式的探底查验。在开拆了100多个纸箱后，终于在这个实际装有近40种不同货物的集装箱内发现体积不足两方的侵权火花塞，经全面清点，共计31 392个。经调查，该起案件为境外不法分子出于利益的诱惑，在明知侵权的情况下，故意瞒报品名，伪装夹藏，冒险出货。经海关调查，确认该批货物侵犯“AUTOLITE”商标权，并对当事人作出没收侵权货物并处罚款的行政处罚。

二、案件点评

义乌海关是全国第一个设立知识产权科的隶属海关，自2009年7月开关以来，在不到半年的时间里，通过创新风险分析方式、组建机动查缉队伍、改良后续处理模式等手段成功查获了一系列进出口侵权货物案件，在打击义乌市场上进出口侵权货物违法活动，维护义乌市场的国际声誉等方面发挥了重要作用。该案查处后，义乌海关本着“查处一例典型，教育一个行业”的工作理念，借助电视、网络和报纸等媒体，做足做好知识产权海关保护成果宣传展示工作，扩大了社会影响。自媒体报道后，义乌海关尚未再发现有侵权汽摩配件出口，市场环境得到有力改善。

案例10 深圳海关查获出口假冒商标药品案

一、基本案情

2009年1月3日，揭阳市某公司委托深圳市某货运代理有限公司，以一般贸易方式向深圳海关隶属蛇口海关申报出口电脑机箱1026台，申报价格18 262.8美元，目的国为埃及，承载集装箱为20尺集装箱。经风险分析，该关认为该票货物存在以下疑点：一是目的地是侵权行为多发区。据报关单显示，该批货物目的国为埃及。从以往经验来看，埃及是地中海航线中的一个侵权高风险挂靠港，近年来该关查获的多宗侵权案件涉及的目的国就是埃及。二是货源地是侵权货物的重要生产区。经营单位揭阳市某公司是“生疏”的外地企业，其所处地区是假药违法案件高发区域。三是代理报关企业有出口侵权产品的违法记录。经调阅有关资料库，代理报关企业深圳市某货运代理有限公司，在海关曾有出口侵权货物的违法记录。四是申报和货物装载的情况异常。电脑机箱产品出口在蛇口港虽为常见,但一般用 40 尺集装箱装载较多,用 20 尺集装箱装载的情况较为少见。综合以上分析,该关判断:该票货物存在一定侵权嫌疑,遂下达了 B 级查验指令,要求查验部门查验核实货物的品名、数量和品牌。开柜后,查验关员先是发现,该柜前端整齐的堆放了电脑机箱的包装纸箱,全部挡住了柜内货物。对此,查验关员并没有被表面现象所迷惑,而是继续卸货查验,在卸下前三排电脑机箱后,开始有化妆品的出现。查验部门当机立断,将查验等级提升为 A 级,对该柜进行彻底查验。经彻底查验,最终确定:实际出口货物除少量电脑机箱和化妆品外,其余都是药品和相应的包装纸盒及说明书、标签,其中药品数量近 300 万粒,侵权对象包括辉瑞产品有限公司的“伟哥”,拜耳股份有限公司的“LEVITRA”,史密斯克兰·比彻姆公共有限公司的“PANADOL”三个世界知名品牌。经相关权利人代表到现场确认,该批药品全部是侵权假冒产品,虽然外观“精良”,但是质量低劣。查获该案后,深圳海关立即将有关情况报告海关总署。海关总署对此案高度重视,将相关线索通报公安部。目前,此案已作为公安部督办案件交由广东省公安厅进行侦办。

二、案件点评

此案是海关在知识产权执法中综合运用相关信息、开展针对性风险分析取得成功的典范。蛇口海关将目的国、境内货源地、企业违法记录、运输工具等要素综合运用到风险管理工作中,从蛛丝马迹中捕捉疑点,适时调整查验方向,成功查获了数量巨大的假冒药品,充分体现了该关执法人员的职业敏感性和风险分析能力。

公安机关知识产权保护案例

案例 1 上海“8·07”销售假冒注册商标商品案

2009 年 7 月,上海浦东经侦支队接到线报,浦东新区一市场内多家商铺有售假行为。经前期排摸和侦查经营,公安机关确定了售假窝点、假货仓库。2009 年 8 月 7 日,根据“鹰眼二号”打击假冒注册商标犯罪集中统一行动的要求,上海浦东公安机关对该市场开展集中打击整治行动,查获 2 个销售窝点和 1 个销售仓库,抓获涉嫌销售假冒注册商标的商品的犯罪嫌疑人 5 人,缴获假冒“LV”“GUCCI”“CHANEL”及假冒“江诗丹顿”“伯爵”“劳力士”“欧米茄”等品牌箱包皮夹、手表 40 余种共计 6 000 余件侵权商品,涉案金额达 7 000 余万元。经查,犯罪嫌疑人尤某、王某于 2009 年 6 月起租借该市场一商铺用于对外销售各类假冒箱包、票夹等商品,并通过犯罪嫌疑人胡某租借仓库用于堆放其低价购得的大量各类假冒品牌的箱包等商品,共计价值人民币 5 600 余万元。另犯罪嫌疑人王某自 2007 年 12 月起租借该市场一商铺,并在商铺内设置密室,雇用犯罪嫌疑人周某在该商铺密室内销售大量假冒品牌的箱包、手表,价值人民币 1505 余万元。目前,上述犯罪嫌疑人均已被移送审查起诉。

案例 2 北京钱某销售假冒注册商标商品案

2009 年 8 月 1 日,北京市西城分局刑侦支队经侦大队接群众举报:在北京市西城区新华里小区有人销售假冒注册商标的商品。西城经侦大队立即成立专案组开展调查取证工作,通过前期摸排,锁定了犯罪嫌疑人钱某及其犯罪网络。2009 年 8 月 26 日,西城经侦大队会同相关单位将犯罪嫌疑人钱某等 4 人犯罪团伙一网打尽。在抓捕犯罪嫌疑人之后,专案组加大审讯力度,扩大了战果。在钱某等人经营的西城区新华里小区一居民楼的 4 间地下室内,共缴获假冒 LV(路易威登)、GUCCI(古奇)、HEMERS(爱马仕)注册商标的各式钱包

337个，提包、手袋共691个，衣、裤共33件，鞋64双，腰带45条，饰品120件，以及银联消费结算单286张，无线电通话机4部，监控器电脑主机。

案例3 章某等人生产销售假烟网络案

2009年2月19日，重庆市烟草专卖稽查总队在对主城区名烟名酒店进行专项整治行动中，接到举报，称有一福建人长期在重庆向主城区名烟名酒店销售假烟。3月23日，重庆市公安局经侦总队对此案进行立案侦查，并会同重庆市烟草专卖稽查总队开展调查取证工作。因该案还涉及广东、福建、浙江等地，地域广泛，涉及人员和运输公司众多，为加强对涉案办案单位的力量整合及合理调配，以重庆市公安局经侦总队和重庆市烟草专卖稽查总队为牵头单位，自上而下地发挥公安—烟草稽查协作机制的强大效力，对侦破工作任务进行了科学分解，充分调动了办案各区县公安经侦支(大)队及烟草稽查支队的力量。办案各单位在牵头单位的统一指挥之下，分组行动，各组力量目标明确，任务细化，行动迅速。经查明，自2008年以来，犯罪嫌疑人章某等人从广东、福建、浙江等地大量购进假冒卷烟销往重庆市内主城区。章某在渝主要利用名烟名酒专卖店做为据点建立假烟销售网络，涉及重庆主城区渝中区、南岸区等7区共30余家名烟名酒店，主要名烟名酒店经营者多为浙江、福建等6个省籍人员。截至目前，该案共查获在重庆地区销售的假冒卷烟11 715条，涉案总金额高达3000余万元，其中实物案值949万元，账册案值2597万元。目前，该案共刑事拘留犯罪嫌疑人21人，逮捕18人，网上追逃4人，判刑2人。

案例4 秦某、吴某假冒注册商标案

2009年3月，湖北省宜昌市某粘合剂公司到该市公安局平湖公安分局报案称：2009年2月，昆明市机电市场上突然发现大量假冒该公司注册商标的粘合剂。接到报案后，分局立即成立工作组，前往昆明、武汉进行全面的调查取证工作。经过10多天的缜密侦查，全面掌控了秦某、吴某等人的犯罪活动规律及生产加工制假窝点及存货仓库。3月30日，专案组在武汉市公安局东湖分局和当地派出所的配合下，同时出动警力20余人，分三路同时行动，一举抓获了秦某家族参与假冒注册商标犯罪的7名犯罪嫌疑人，并现场查扣假冒注册商标复粘合剂成品5267组，假冒注册商标纸箱2114个，粘合剂原材料5吨，假冒注册商标粘合剂的空瓶33 393个，假冒防伪标签32 340枚，警示标签5632张，作案包装机械工具、制假设备4套，冻结犯罪嫌疑人的部分资金。2009年3月30日，犯罪嫌疑人秦某、吴某因涉嫌注册商标罪被平湖分局刑事拘留；5月7日，经湖北省宜昌市人民检察院批准被依法执行逮捕。

案例5 徐某假冒注册商标案

2009年6月29日，安徽省安庆市岳西县公安局接到安踏(中国)有限公司的举报信，称岳西县白帽镇“德顺步鞋厂”涉嫌生产假冒“安踏”注册商标的运动鞋。岳西县公安局立即制订方案，抽调30名警力于6月30日对该鞋厂进行突击检查，现场查获假冒安踏鞋15 036双，假冒361°鞋600双，涉案金额达300余万元。7月3日，犯罪嫌疑人徐某归案。经查，徐某以生产自己申请的“德顺步”鞋品牌做掩护，大肆制售假冒“安踏”等注册商标运动鞋，销往福建、湖北、四川、河南等多省十几个市县。该案特点：第一，以“合法”掩盖“非法”，作案手段隐蔽。徐某开办的德顺步鞋厂位于岳西县偏远乡镇，有自己申请的品牌德顺步鞋，为生产假冒品牌运动鞋创造了有利的条件且不易被发现。第二，犯罪组织形态简单，法律意识淡薄。德顺步鞋厂组织形态相对简单，为家族式个体企业，没有固定的管理制度，法律意识淡薄。第三，犯罪分工明确，造假技术专业化。徐某通过购买真鞋，自行放样，设制划线板，再经过高频、帮面等车间多道程序制作，造假工艺逐步专业化，假冒产品的质量、外观、装潢等与真品以肉眼很难区别。第四，侵犯对象以知名品牌为主，仿真度高。知名品牌有较高的认知度，有较大的市场占有率，假冒产品容易混迹其中，进入流通领域。以该案来看，其仿造的“安踏”“361°”都是国内的知名品牌。

案例6 “7·10”销售假冒注册商标商品案

2009年6月11日，安徽省合肥市公安局包河分局经侦大队接到江苏某软件公司报案，称2009年3月份以来陆续接到客户电话，称他们购买的该公司软件无法升级，存在技术问题，需要公司工作人员进行修理与维护。公司指派人员到客户处维护时发现这些客户购买的软件全是盗版，根本不是该公司的正版软件，因此存在各种技术问题。公司工作人员对这些客户询问后得知，这些盗版软件是在合肥市包河区一书店内的一个年轻人处购买。据该公司初步统计，2008年11月以来，嫌疑人的侵权行为造成该公司直接经济损失高达百余万元。

鉴于案情重大，经侦大队立即成立专案组，展开立案审查工作，并于2009年7月12日在合肥市包河区一书店将正在销售盗版软件的犯罪嫌疑人汪某、蒋某抓获，当场缴获盗版软件100余张、作案工具笔记本电脑1台、涉案赃款6万元。通过审讯，办案民警对汪某在六安舒城县汤池镇开设的电脑城进行搜查，查获其私刻的江苏某软件公司公章和业务章各一枚、销售账本20本、盗版软件光盘200余张、加密锁55个、操作说明100余份、刻录机1台、电脑1台等涉案物品。经合肥市政府新闻出版局鉴定，专案组民警搜获的软件全系假冒该软件公司注册商标的盗版软件。

经查，犯罪嫌疑人汪某与蒋某是夫妻关系，自2008年11月份以来，汪某利用自己所学的计算机技术，租用上海的服务器公开开设网站，谎称自己是江苏某软件公司在安徽的代理销售商，负责该软件的本地开发、销售及售后服务等工作，通过QQ号码的虚拟身份与客户进行联系，在安徽省范围内进行盗版软件的宣传和销售，并在合肥市宣城路和包河区百脑汇设置了实体销售点，提供免费送货，技术支持服务，上门销售软件的盗版加密锁从中获取高额利润。7月23日，犯罪嫌疑人汪某、蒋某2人被批准逮捕，目前此案已移送起诉。该案的告破，极大震慑了侵犯知识产权犯罪在合肥市的嚣张气焰，有效遏制了侵权复制品在市场上的流通，切实维护了被侵权单位的合法利益。

案例7 廖某等人非法制造注册商标标识案

2009年6月3日，浙江省温州市苍南县公安局经侦大队接到美国惠普公司报案，称在苍南县钱库镇有一制造“HP”注册商标标识的团伙，要求予以打击。苍南县公安局经侦大队高度重视，迅速派出精干力量分组进行核查。经过两天两夜的踩点排摸，侦查人员掌握了制假团伙的整体布局情况，2009年6月5日将主要犯罪嫌疑人廖某、黄某等6人抓获，查获“HP”菲林片一套4张，“AMP”包装盒76 500个，“HP”包装盒76 200个，其中已压痕43 200个，“HP”“AMP”等各种型号注册商标标识11 360 763只。经查，自2008年五六月份开始，犯罪嫌疑人廖某等人非法制造“HP”和“AMP”注册商标标识包装盒及“HP”注册商标标识不干胶商标标识并用于销售。

2009年10月9日，廖某、黄某等6名犯罪嫌疑人因涉嫌非法制造注册商标标识罪被依法移送苍南县人民检察院审查起诉。

该案是浙江省有史以来缴获假冒国际著名注册商标标识数量最多的一起案件。此案的成功侦破，彻底摧毁了位于温州苍南、宁波慈溪两地的生产、储存及销售窝点15个，抓获了全部涉案犯罪嫌疑人，有力震慑了侵犯知识产权犯罪活动的气焰，为保护知识产权、维护市场秩序作出了积极贡献。

案例8 应某等人假冒注册商标案

2009年3月31日，浙江省金华市公安局经侦支队根据浙江省公安厅的部署，立案侦办假冒九阳股份有限公司注册商标案。捣毁制假、储存窝点各2个，抓获应某等15名涉案犯罪嫌疑人。经查，犯罪嫌疑人应某等人因见九阳豆浆机在市场上销售火爆，于2008年11月合伙在永康、武义等地设厂组装假冒的九阳豆浆机，由黄岩的陈某提供上机盖等塑料件，由广东一些厂家提供电机等配件，由苍南的郑某等人提供九阳豆浆机的商标标识，将组装好的假冒九阳豆浆机进行销售。截至案发，共计销售19 402台假冒的九阳豆浆机，与未销售的成品、半成品共同计算，涉案市场总价值约1200万余元。该案是近年来浙江省公安机关查处团伙人数最多、捣毁制假售假网络（印制商标标识、原辅材料供应、造假窝点、销售商）较为彻底的一起重大团伙网络案。

2009年9月10日，犯罪嫌疑人应某等人以涉嫌假冒注册商标罪，销售假冒注册商标的商品罪，非法制造、销售非法制造的注册商标标识罪被移送永康市人民检察院审查起诉。

案例9　艾莉斯网站销售假冒注册商标商品案

2009年4月下旬，北京集佳知识产权代理有限公司广州分公司受"OCHIRLY"公司委托到广州市公安局经侦支队报案称：互联网上有一家网站大肆销售未经"OCHIRLY"注册商标持有人授权的假冒注册商标的服装，怀疑售假人员在东莞活动。鉴于这是广州市首起利用互联网销售假冒产品的新型犯罪案件，支队领导高度重视，立即部署支队会同网监部门联合组成专案组开展立案侦查。经过近两个月的缜密侦查，犯罪嫌疑人的身份、落脚点、作案方式、人员构成等情况已被基本摸清，破案时机已经成熟。2009年6月25日，专案组联合东莞市工商局采取行动，一举抓获涉嫌销售假冒服装的人员5名，查获假冒"OCHIRLY"注册商标的服装13 686件，货值人民币473 851元，同时查获用于进行联系和操作网络销售假冒"OCHIRLY"服装的电脑、销售单据等一批。

经侦支队查明，犯罪嫌疑人顾某于2008年4月开始在广州市大朗镇租用办公场所并雇用业务人员，利用其注册的"广州艾莉斯名品服饰批发网"通过互联网联系客户，销售假冒"OCHIRLY"（欧时力）注册商标的服装。2009年3月，顾某通过互联网结识犯罪嫌疑人胡某，后委托该胡某进行假冒"OCHIRLY"服装加工，再由顾某利用其注册的网站进行销售。经计算，仅2009年3～6月，犯罪嫌疑人顾某已销售假冒"OCHIRLY"注册商标服装合计34 029件，销售金额合计1 234 220.24元人民币；犯罪嫌疑人胡某加工、销售给顾某假冒"OCHIRLY"服装合计12 962件，价值人民币306 102.6元。犯罪嫌疑人顾某现已被依法刑事拘留。

案例10　钟某等人制售假冒名酒案

2009年初，广东省中山市公安局经侦支队接省厅移送案件线索，称在中山市沙朗、东升一带有嫌疑人员长期从事制售假冒名酒的活动接到报案后支队领导迅速组织精干力量展开调查摸底。经过一段时间的秘密监控后，经侦支队掌握了犯罪嫌疑人钟某的活动轨迹，锁定了涉嫌制售假冒名酒的4处可疑场所及相关嫌疑人员。2009年1月20日，经侦支队联合中山市经贸局酒类专卖办公室对藏匿于中山市沙朗、东升一带的四处假酒制售窝点同时展开突击行动。一举摧毁了以犯罪嫌疑人钟某为首的特大制售假冒名酒犯罪团伙，行动中共捣毁窝点4处，侦查人员在4处分别用于加工、存储、销售的窝点内查获了大量涉嫌假冒"轩尼诗""芝华士""人头马""五粮液"等国内外品牌名酒数千瓶，涉嫌假冒金额80多万元，现场抓获涉嫌制售假冒名酒的犯罪嫌疑人钟某等3人。

经调查发现，该犯罪团伙通过以次充好的方式，将低档原料酒调配后灌装入"轩尼诗""芝华士""人头马""五粮液"等品牌名酒包装中，冒充真品酒销售牟利。2009年1月20日钟某因涉嫌生产、销售伪劣产品罪被依法刑事拘留。2009年2月25日被依法逮捕，目前该案已由中山市第一市区人民检察院起诉至中山市人民法院。

（公安部经济犯罪侦查局）

地方知识产权案例

案例1　非法刻录、盗版光盘窝点案

2009年9月11日，安徽省版权部门接群众举报，反映某县原墙名智电脑培训学校付某以开办电脑培训学校为掩护，私刻、盗版光盘并在网上销售。当地版权部门立即组织检查，现场发现已刻录完成的音像制品3000盘，空白刻录盘3600盘，用于光盘刻录的电脑2台，打印的光盘内容目录约300张，DVD刻录光驱1台，销售单据2本，其他记录本1本，音像制品销售宣传广告2幅，上述物品被 当场予以证据登记保存。安徽省版权局随即派员赴该县对查扣的3996张光盘进行了随机抽样鉴定，确定均为盗版制品。根据对当事人付某的询问和对现场查扣的销售单据的统计，其销售盗版VCD为1元/盘，DVD为1.6元/盘，合计销售额为29 180元，2996张光盘都是其用电脑刻录制成的。目前该案已移交公安机关。

（安徽省知识产权局）

案例2　“10·28”盗版图书案

某市版权部门经过两个多月的艰苦摸排、跟踪、踩点、蹲守，在市内一小巷内发现两个批发盗版书刊商的仓库。10月28日上午，该市文化市场综合执法支队集中全体稽查人员，在公安机关的配合下，对两个盗版书仓库进行突击搜查，当场查获各类盗版书刊50 000余册，联想电脑1台以及摩托罗拉V3手机一部，有力打击了盗版书刊经营猖獗的现象。目前此案已移交公安机关。

（安徽省知识产权局）

案例3　“机战”网络游戏私服案件

2009年7月，经举报，在安徽区域内存在侵权的“机战”网络游戏私服及用于私服宣传之用的发布页。版权部门经过数据分析整理和网上搜索，确认所举报网站侵权的事实存在，并锁定了7个用于经营私服业务使用的服务器IP地址和相关的网页证据，迅速查实了侵权IP所在的两家IDC服务公司。执法人员快速出击，依法对该两家IDC服务公司当场下达了行政处罚决定书，责令其立即关闭侵权IP地址，停止内容提供者的侵权行为。在执法人员的现场监督下，7个用于经营私服业务使用的服务器IP地址被当场关闭。

（安徽省知识产权局）

案例4　“7·03”侵犯著作权案

2009年6月下旬，安徽省公安厅治安总队、安徽省版权局接到举报，反映位处合肥的 安徽某文化传播有限公司涉嫌侵犯著作权。专案组于2009年7月3日立案，通过缜密侦查，获取了安徽某文化传播有限公司涉嫌侵犯著作权的相关证据。经查实，宋某以营利为目的，私自印刷安徽省投资集团教育图书有限公司在安徽省内拥有独家代理发行权的中小学《安全教育》《法治教育》等读本，并以“安徽某文化传播有限公司”的名义进行销售，违法所得数额巨大。目前，宋某已被合肥市包河区法院一审判决：侵犯著作权罪，判处有期徒刑5年，并处罚金100万元；犯伪造企业、事业单位印章罪，处有期徒刑1年；决定执行有期徒刑6年，罚金100万元。

（安徽省知识产权局）

案例5 滕某销售侵犯“金龙鱼”注册商标专用权食用油案

2009年7月17日，根据举报，马鞍山市工商局执法人员对滕某涉嫌侵犯“金龙鱼”商标专用权的行为进行立案调查。经查，滕某从该市某粮行共购进了40件(每件4瓶)涉嫌侵权的金龙鱼调和油，购价为205元/件，售价为53.8元/瓶，至被查获时，当事人已销售了11件，非法经营额为8608元。依据《商标法》《商标法实施条例》的规定，当事人的上述行为已构成商标侵权，马鞍山市工商局对当事人作出了责令停止侵权行为，没收29件侵权的“金龙鱼”食用调和油，罚款25 000元的行政处罚。

(安徽省知识产权局)

案例6 陈某销售侵犯“adidas”和“耐克”注册商标专用权运动衫案

2009年6月23日，安徽省庐江县工商局执法人员在市场检查时，发现个体经营户陈某涉嫌侵犯“adidas”和“耐克”商标专用权，遂立案调查。经查，2009年5月份，陈某从浙江供货商处采购100件“adidas”和70件假冒“耐克”运动衫在其经营的商场内销售。到2009年6月23日案发时止，尚有12件假冒“adidas”和14件假冒“耐克”运动衫没有售出。当事人的上述行为构成了商标侵权，依据《商标法》《商标法实施条例》的规定，庐江县工商局对当事人作出了停止侵权行为，没收侵权商品并处16 600元罚款的行政处罚。

(安徽省知识产权局)

案例7 淮北市某加油站侵犯“中国石化”注册商标专用权案

2009年4月15日，根据举报，安徽省淮北市工商局对淮北市某加油站涉嫌侵犯“中国石化”注册商标专用权的行为进行立案调查。经查，当事人在未经商标权利人许可的情况下，在其加油站及加油机上加注了“中国石化”“SINOPEC”等标识，并开展经营活动。当事人的上述行为构成了商标侵权，依据《商标法》《商标法实施条例》的规定，淮北市工商局对当事人作出了责令停止侵权行为，罚款30 000元的行政处罚。

(安徽省知识产权局)

案例8 北京市仁爱教育研究所诉东莞市步步高公司侵犯著作财产权纠纷案

北京市仁爱教育研究所编撰的英语系列教材，被广东省东莞市步步高公司制作成专用文件格式供用户下载，并将这些文件提供给代理商进行复制、传播。该所遂将东莞市步步高公司、合肥百胜公司、百大花园街店诉至合肥市中级人民法院，请求法院判令步步高公司立即停止任何形式的复制、传播等侵犯仁爱版英语教材、教科书录音带著作权的行为，同时要求三被告赔偿原告经济损失50万元。

安徽省高级人民法院二审认为，北京市仁爱教育研究所的涉案教材经过立项审批、编写、审定、实验、试用等诸多环节，既凝聚着创作者的大量心血，也支出了高额成本。而东莞市步步高公司侵权范围之大、侵权内容之多，其低廉的违法成本使得著作权人得不偿失。东莞市步步高公司提供教辅下载服务，名为免费，实为促销电子词典的手段。根据我国《著作权法》，结合侵权人侵权的性质、期间、后果，以及相关制止侵权的合理费用等因素，终审判决东莞市步步高公司赔偿北京市仁爱教育研究所经济损失8万元。

(安徽省知识产权局)

案例9 毕淑敏诉淮北市实验高级中学侵犯著作权纠纷案

2008年4月，在未经作者及授权人许可的情况下，著名作家毕淑敏的畅销小说《红处方》被安徽省淮北市实验高级中学在学校网站刊载，供网络用户阅读和下载使用。毕淑敏认为其作品的著作权受到侵害，遂将该校告上法院，要求学校停止侵权。淮北中级人民法院认为像学校这样的非营利性机构使用作品，不构成侵权。一审判决驳回毕淑敏的全部诉讼请求。毕淑敏向安徽省高级人民法院提出上诉。

安徽省高级人民法院审理认为，学校将毕淑敏的作品《红处方》登载在网络上，不构成用于课堂教学的合理使用行为，不属于法定许可的合理范畴。学校未经毕淑敏本人许可，在网络上登载她的涉案作品，而且未署名，并通过网络向不确定的网络用户提供涉案作品的浏览或下载服务，其行为已对毕淑敏所享有的著作权中的署名权构成了侵害，应承担赔礼道歉的民事责任。2009年4月23日，安徽省高级人民法院终审判决：撤销淮北中级人民法院的一审判决，淮北市实验高级中学立即停止侵犯毕淑敏著作权的侵权行为；在《淮北日报》上登报向毕淑敏赔礼道歉，并赔偿其经济损失2.6万元。此案是安徽省首例文学作品网络下载引发的著作权侵权案。

（安徽省知识产权局）

案例10　安徽省华信生物药业股份有限公司诉江西草珊瑚药业有限公司擅自使用知名商品特有名称、包装、装潢纠纷案

1996年起，安徽省华信生物药业股份有限公司（以下简称华信公司）将北京大学生命科学学院"富硒蛋白"科研成果实现产业化，联合研究开发出保健药品"富硒康"口服液，由该公司生产和销售。虽然"富硒康"三字直接表示了商品的主要原料，但经过不断使用取得了显著特征。因此，法院认定华信公司生产、销售的"富硒康"口服液为知名商品。"富硒康"口服液这一名称是华信公司首创并最先使用，与通用名称有显著区别，与知名商品经营者在市场上有一定的联系。华信公司拥有"富硒康"这一特有名称。

国家食品药品监督管理局于2006年4月18日向原江西天天草珊瑚药业有限公司（以下简称珊瑚公司）颁发"江绿牌富硒康口服液"国产保健食品批准证书。草珊瑚公司在生产、销售中，使用的"江绿"牌"富硒康"商品外包装手提袋从外形、基本色调等各方面都与华信公司投入市场的"富硒康"商品外包装手提袋近似。事实上造成相关公众的误认、误购。华信公司要求草珊瑚公司、百姓缘公司停止对其知名商品特有名称、包装、装潢的侵权行为。

合肥中级人民法院一审判决：草珊瑚公司立即停止擅自使用华信公司知名商品"富硒康"特有的名称、近似包装装潢的不正当竞争行为；销毁其印制并突出使用"富硒康"字样的"江绿"牌"富硒康"商品外包装手提袋；赔偿华信公司经济损失20万元以及合理支出费用3.7万余元；百姓缘公司停止销售突出使用"富硒康"字样的"江绿"牌"富硒康"商品。安徽省高级人民法院于2009年5月20日维持了一审判决。这一判决解决了知名商品特有名称与国家食品药品监督管理局行政审批许可之间产生的冲突问题。

（安徽省知识产权局）

案例11　广东中凯文化发展有限公司诉北京网尚文化传播有限公司及合肥70多家网吧系列著作权侵权纠纷案

广东中凯文化发展有限公司（以下简称中凯公司）拥有韩国电视剧《宫s》等节目的信息网络传播权。北京网尚文化传播有限公司（以下简称网尚公司）开发的"中国网吧院线"产品，未经许可擅自以营利为目的，非法传播中凯公司享有信息网络传播权的涉案节目，侵犯了其信息网络传播权。中凯公司将网尚公司、合肥70余家网吧分别告上法院，要求被告停止侵权并在省级报刊上赔礼道歉，赔偿经济损失。

这一系列案件大多数在合肥市中级人民法院调解结案，只有一小部分作出判决，要求网尚公司、涉案网吧停止侵犯中凯公司对涉案节目享有的信息网络传播权，共同赔偿中凯公司经济损失。上诉到安徽省高级人民法院的10多件案件，全部调解结案。

案例12　北京天语同声信息技术有限公司等诉合肥6家卡拉OK歌厅侵犯著作权系列纠纷案

2009年7月初，中国音像著作权集体管理协会旗下会员北京天语同声信息技术有限公司和中音传播（深圳）有限公司先后将合肥市6家卡拉OK经营场所告上法庭，要求被告停止使用侵权的歌曲MV，并分别赔偿经济损失12万余元。此案为安徽省首例卡拉OK经营场所涉嫌侵犯著作

权系列案。

7月下旬，合肥中级人民法院在全国率先依照作出的裁定对5家卡拉OK经营场所执行财产保全，3家公司被冻结银行账户，2家公司被查封等值财产。财产保全和侵权与年费收取相分离的处理方法开了全国先河。9月，6起案件中1件撤诉，5件调解结案。被告停止播放涉嫌侵权的歌曲MV，并从曲库中删除，支付侵权赔偿金3万至6.3万元不等。

（安徽省知识产权局）

案例13 “无碳复写纸显色剂之父”走出“专利门”漩涡

1年前，因为向美国、欧洲以个人名义申请PCT专利，被称为“中国无碳复写纸显色剂之父”的专利发明人刘宗来，被所在河南新乡瑞丰化工有限公司（以下简称瑞丰公司）以“泄露企业技术秘密”为由告上法庭，并提出5200万元的“天价索赔”，成为河南省知识产权诉讼标的最高的“专利第一案”，并被公司单方“解除”副董事长和总经理职务。如今1年后，案情却发生戏剧性逆转：原公司董事长郭某被法院判定为“非法董事长”，专利发明人刘宗来当选为公司董事长，即将结束1年多的“流浪生涯”。

当刘宗来接到河南省高级人民法院驳回瑞丰公司的再审通知书时，这位被称为“中国无碳复写纸显色剂之父”的专利发明人动情地说：“1年多前，我被瑞丰公司状告擅自申请PCT专利并提出‘天价索赔’，被赶出企业被迫‘流浪’在外。如今，我已当选瑞丰公司董事长，省高级人民法院也再审认定了瑞丰公司伪造股东签字非法选举董事长的违法事实，标志着我初步跳出“专利门”漩涡，重新入主瑞丰，振兴瑞丰指日可待。”

一、专利发明人身陷“专利门”

2007年6月底，瑞丰公司总经理兼总工程师刘宗来接到一份来自郑州市中级人民法院的传票，他所在的公司以刘宗来私自向欧洲、美国申请“显色剂树脂组合物及其乳液和制备方法”PCT专利，侵犯了公司的技术秘密为由，将其告上法庭，索赔5200万元人民币，成为目前河南省知识产权诉讼标的最高的一起案件。同时，原告瑞丰公司要求法院确认该技术发明为职务发明，所有权及专利申请权归公司所有。

原告在诉状中称，瑞丰公司1996年11月成立后，即组织本公司的技术研发团队，投入资金、设备、原材料等物质技术条件，进行无碳复写纸树脂显色剂的技术研究。经过3年的技术攻关，瑞丰公司于1999年12月发明了成熟的无碳复写纸树脂显色剂生产技术，利用该显色剂生产的无碳复写纸，可替代传统的办公复写用的印蓝纸，具有显色性好、耐低温、成本低、品质稳定等优点，处于世界领先地位，产品占领国内90%的市场，并远销欧洲和美国等国际市场，为瑞丰公司带来了可观的利润回报。经有关部门评估，该技术无形资产价值达5200万元人民币。

原告称，瑞丰公司为了保护树脂显色剂的技术秘密，制定了保密制度，与员工签订了保密协议，并采取了限定相关人员知悉技术秘密、限制来访者等多种保密措施。但被告刘宗来却利用担任瑞丰公司总经理、总工程师的职务便利，违反与公司签订的保密协议，未经原告许可和授权，于2003年10月，将该技术以个人作为专利权人，向包括欧洲、美国等在内的国家和地区提出PCT国际专利申请，导致原告显色剂技术公开。

瑞丰公司认为，刘宗来的行为使所有竞争对手获悉了瑞丰公司的技术秘密，致使公司丧失了技术上的竞争优势，严重侵犯了公司的技术秘密，给公司造成了巨大损失。

2007年8月7日，刘宗来的汽车被瑞丰公司保安拒绝进入厂内，同时，作为公司第一大股东的刘宗来接到公司的红头文件：他被昨日召开的“董事会会议”宣布解除副董事长和总经理职务。很快，曾为显色剂的研制立下汗马功劳的刘宗来的妻子被停发工资，任公司质检部经理的女儿被解聘辞退。

曾经因成功“阻击”跨国公司垄断中国市场而名噪一时的瑞丰公司，从此陷入股东矛盾公开爆发的严重“僵局”。

二、是职务发明还是非职务发明

“5200万元简直就是个天价！这分明是想要我这条老命！”已经60多岁高龄的刘宗来，向中国知识产权报记者表达了自己的愤怒和委屈。

“10年来，我的发明给公司和股东们带来了巨大的收益，如今技术他们掌握了，感觉老头儿我没用了，想把我一脚踢开，净身出局，又想无偿使用我的专利，所以他们想出了把专利要走这着棋。”刘宗来说。

刘宗来向中国知识产权报记者诉说了他们夫妇俩艰苦的发明历程。1993年春天，在山东打工的郭某回到新乡，多次到刘宗来家里，恳求与他合作做一个项目，提出白土型无碳纸显色剂的研究。郭某表示：刘宗来如果干，郭某跟着干；刘宗来如果不干，郭某还要打工去。

郭某是刘宗来担任河南省科学院新乡化工研究所所长期间收留的一名大学毕业生，俩人长期以来以师生相称。在随后的半年时间里，刘宗来跑遍珠三角和长三角地区深入调研，认定无碳纸产业在中国是一个“朝阳”产业。于是，刘宗来的妻子和几个人一起，每人出资1.8万元，总共筹集了9万元资金，开始合办了一家民营科技公司。

当时，国内无碳复写纸用的关键材料显色剂全部从国外进口，刘宗来决心与外国产品一决高下，一心发展民族工业，就收集了欧、美、英、德、日、俄等发达国家的100多份专利文献资料、期刊和论文进行研究。经过3年的苦战攻关，克服了重重困难，刘宗来绕过跨国公司设置的专利“壁垒”，先后研制成功了白土型和树脂型显色剂。期间，同刘宗来一起从事该项目研究的妻子，曾经累得发病休克，多次与死神擦肩而过。

考虑到自己年龄大了，为了培养和提携年轻人，刘宗来让郭某担任董事长，自己出任公司总经理兼总工程师，专心致力于企业管理和技术攻关。1996年，刘宗来为白土型显色剂技术申请了中国发明专利；1997年，刘宗来为树脂型显色剂技术申请了中国发明专利，专利权人为刘宗来，发明人共5人，分别为刘宗来和他的妻子及另外3名技术助手。

这种由中国人发明的物美价廉的白土型和树脂型显色剂问世后，原来垄断中国市场的美国、德国、日本等跨国公司的产品很快悄然退出了中国市场，每年可为中国无碳复写纸企业节约资金上亿元人民币。中央电视台、新华社等国内10多家媒体对此进行了报道。

2003年10月，美国某代理商要求将产品向美国出口，刘宗来当即决定将这项技术向美国申请专利，以保护自己的知识产权。

刘宗来说，“当时以我个人的名义申请美国专利，郭某作为董事长，当时是明知、认可、支持此事的，况且他还亲自在申请文件‘发明人’一栏中签上了自己的名字。到了2006年，怎么就会变成了职务发明呢？”

刘宗来说，“我1997年申请的中国发明专利一直是让瑞丰公司无偿使用的，给公司带来了巨额的利润，2003年至今税后总利润至少有5000万元，假如按30%的专利许可使用计算，我个人应该拿到1500万元，但我分文未取。我也曾经在股东会议上提过专利有偿许可使用的问题，但至今未能解决”。

三、“拿专利说事儿”的背后

“其实，这次专利权属诉讼只不过是股东之间个人经营理念和个别股东之间利益冲突的总爆发而已。专利是瑞丰公司的命脉所在，谁都清楚，拥有了专利，就等于握住了企业发展的喉咙。”瑞丰公司一位不愿透露姓名的小股东透露。

据了解，瑞丰公司股东之间的裂痕早在2003年就出现了。当时，企业虽然还“蜗居”在租借来的一家破产的造纸厂的仓库里，但已经有了上千万元的积累，一部分股东恨不得马上把这些利润吃光分净；而总经理刘宗来却雄心勃勃地主张征地建新厂，干一番大事业。最终，企业搬迁到了现代化的新厂区，但也不可避免的负上了银行债务，部分股东一夜暴富的梦想化做了泡影，并由此对刘宗来产生了不满情绪。

企业发展壮大后，瑞丰公司的股东在企业经营理念上再次出现严重冲突：总经理刘宗来主张并推行了质量管理体系ISO 9001、环境管理体系ISO 14001认证，主张吸收外部资金和优秀管理人才进入公司，实施科学民主的现代企业管理制度；而部分股东却把企业视为自己的“提款机”，为所欲为，拒绝外来资金和优秀人才进入公司参与管理企业。于是，刘宗来就成为个别股东眼中碍手碍脚的“绊脚石”。

矛盾和冲突就这样在表面依然红火的瑞丰公司体内潜滋暗长着。终于，私欲泯灭了亲情和友情，昔日的师生反目成仇，聚积的矛盾终于开始表面化。

2006年11月1日，瑞丰公司召开了股东大会，公司内部进行股权重组。股权重组的结果出现了戏剧性的变化：股东由原来的11名变为现在的3人，其中刘宗来股份达到46%，成为第一大股东，但郭某勾结另一小股东王某，控制着瑞丰公司的全部人、财、物大权。

2006年11月6日，郭某突然把公司正常运转的行政、财务、合同印章全部收归自己的包里，天天随身携带，一手把持了企业；原本应该在2007年4月份召开的2006年度定期股东大会迟迟不开，刘宗来自2005年以来的股东分红也迟迟不予兑现。

2007年7月27日，在最大的股东刘宗来没有参会的情况下，瑞丰公司单方召开非法股东会，选举下一届董事会；8月6日，郭某操纵该董事会宣布罢免刘宗来的副董事长和总经理职务。刘宗来曾提出要瑞丰公司收购自己的股份和召开股东会议进行协调，但均得不到瑞丰公司的任何答复……事实上，刘宗来作为公司最大的股东，已经被剥夺了对瑞丰公司的知情权、参与权和管理权，被“赶”出了公司。

瑞丰公司一位出卖股权后退出的小股东说，刘宗来是一位传统的老科技工作者，一心扑在科研和事业上，淡泊名利，与世无争。2003年，美国一家公司愿意开价370万美元买断刘宗来的显色剂专利许可使用权，而他为了维护中国民族工业和瑞丰公司的利益，毫不动心，给予回绝。在公司里，他长期以来对个别股东争权夺利的行为都是息事宁人，能忍则忍，能让则让，以忍让求和解。但事与愿违，想不到如今竟然发展到自己都要被净身扫地出门的地步，还要面临5200万元的天价索赔诉讼，确实令人感到寒心。

事实上，2007年以来，由于刘宗来被排挤，没有真正掌握核心技术的瑞丰公司的产品质量开始滑坡，2008年已经三次停产，国内部分客户已经开始拒绝使用瑞丰公司的产品；欧洲客户先后将瑞丰公司的五批货物退回，给瑞丰公司造成直接经济损失上百万元人民币。

一个曾荣获过河南省科技进步一等奖、入围国家技术发明二等奖、正在迅猛发展中的高新技术企业，由于利益之争、股东“内讧”开始陷入严重僵局。一位了解内情的客户忧心忡忡地说，如果这种僵局长期不能打破，要不了二三年，瑞丰公司的命运将不堪设想。

四、发明人打赢三起“反击战”

瑞丰公司的不正常现象引起了监管部门的重视。河南省、新乡市高层领导先后作出批示，指示有关部门尽快平息这场纠纷；2007年5月，由新乡市科技局、工商局、知识产权局、新乡县等组成的联合调查组进驻瑞丰公司进行调查。

2007年8月14日，新乡市工商局经过调查，认定瑞丰公司在2006年4月换发企业法人营业执照时，在11名股东未召开股东大会，包括刘宗来在内的6名股东不知情的情况下，郭某指使一名股东和司机，伪造股东签名，骗取工商登记，延长其董事长任期3年。

事情败露后，新乡市工商局在新市工商经字(2007)第23号《处罚决定书》中，认定瑞丰公司在变更登记时提交虚假资料，采取欺诈手段隐瞒重要事实取得公司登记，违反了《公司法》第199条的规定，责令瑞丰公司进行改正，并对其处以18万元的罚款。

瑞丰公司对新乡市工商局的处罚决定不服，以瑞丰公司工商登记新乡县工商局、新乡市工商局无管辖权为由，先后向新乡市红旗区法院、新乡市中级人民法院提起行政诉讼。2008年4月，新乡市中级人民法院终审判决新乡市工商局胜诉。新乡市工商局通过法院强制对瑞丰公司执行罚款及加罚滞纳金共计142万元。

与此同时，刘宗来奋起反击，向新乡市中级法院提起两起诉讼：第一，请求法院判决2007年7月27日在第一大股东刘宗来未到场的情况下，郭某、王某擅自召开第一次临时股东会议，并选举郭某为董事长的股东会决议无效；并请求法院判决该非法董事会免去刘宗来总经理职务的决议无效。二、要求瑞丰公司支付其2005年应得的税后股东红利137万元。

2008年8月，这两起诉讼先后经过新乡市中级人民法院、河南省高级人民法院两级审理，终审判决刘宗来胜诉。根据法院判决，瑞丰公司重新召集原董事会会议选举董事长。2008年9月15日，在4名公司原董事到场或者委托，郭、王等3名股东缺席的情况下，瑞丰公司原董事会选举刘宗来为公司董事长，公证部门宣布董事出席人数超过法定半数，选举结果合法有效。在外“流浪”一年多的专利发明人，终于依靠法律手段维护了自己的合法权益，并得到了新乡市市委、市政府领导的支持。

据了解，由于原董事长郭某等挑起的股东纠纷，使得原本蒸蒸日上、生机勃勃的瑞丰公司，仅仅在1年多时间内，人心浮动，技术骨干跳槽，产品质量严重滑坡，财务管理混乱，耗费巨资挑起三场官司，另有100多万元罚金和滞纳金因败诉被法院强制执行，瑞丰公司实际上已经陷入岌岌可危的境地。

中国无碳复写纸显色剂之父、瑞丰公司新任董事长刘宗来表示，目前，郭某、王某仍然控制着公司，并拒绝履行河南省高级人民法院的终审、再审判决，拒绝交出公司行政、财务、合同印章。他已经启动法律手段，尽快入主瑞丰公司，整顿公司乱象丛生的人事、财务、质量状况，结束“瑞丰浩劫”时代，再创瑞丰公司占领国内外无碳复写纸显色剂90%绝对份额的市场雄风。

（河南省知识产权局　张晓燕　李建伟）

案例14　河南省驻马店市“麦草画工艺瓶”上诉案终结

2009年6月17日，河南省高级人民法院向驻马店市知识产权局下达行政裁定书，对该市某麦草工艺品公司因不服驻马店市知识产权局专利侵权纠纷行政处理决定提起的行政诉讼作出终审裁定：准许上诉人某麦草画公司撤回上诉，原郑州中级人民法院一审判决以及驻马店市知识产权局的行政处理决定不再执行。本案至此终结。

专利权人张某2007年12月10日向驻马店市知识产权局提出专利侵权纠纷处理请求。驻马店市知识产权局受理调查后，2008年1月14日依法组成合议组，进行了公开的口头审理，认定了被请求人某麦草画公司的侵权事实，2008年2月26日向被请求人下达了停止侵权，销毁侵权产品及设备、工具的驻知纠字[2008]第1号处理决定。被请求人某麦草画公司不服，于2008年3月13日向郑州市中级人民法院提起行政诉讼。郑州市中级人民法院2008年3月18日受理，2008年10月21日开庭审理了本案。郑州市中级人民法院2008年10月27日作出了驳回原告（被请求人）某麦草画公司要求撤销驻知纠字[2008]第1号处理决定的行政判决书。原告因不服中级人民法院判决，在上诉期间再向河南省高级人民法院提起二审上诉，河南省高级人民法院于2009年2月11开庭审理了本案。在二审期间，上诉人（被请求人）某麦草画公司又向国家知识产权局专利复审委员会提出专利无效宣告请求，高级人民法院一度中止了审理。2009年6月16日，上诉人（被请求人）与第三人（专利权人）达成协议，申请撤回上诉，河南省高级人民法院遂作出终审裁定。

在二审期间，被请求人与专利权人经过协商，达成了和解协议：被请求人承诺不再生产专利权利要求2所述的产品；专利权人承诺以48 000元的价格收购被请求人现有的40套设备，同时以成本价收购尚未售出的侵权产品；被请求人需要销售该产品时，由专利权人以成本价提供；被请求人撤回向国家知识产权局专利复审委员会提出的专利无效宣告的请求；被请求人撤回上诉。

该案历经行政处理和两审两判，耗时一年半，当事人双方最终达成协议，既保护了专利权人的合法权益，又在一定程度上减少了人力、物力、财力资源的耗费和损失，有利于双方携手共同发展。

（河南省知识产权局　张晓燕）

案例15　收音机专利侵权纠纷案

2009年6月，广州市某电子工业有限公司针对中山市某电子有限公司向南美、西欧、中东及东南亚等国家和地区出口的收音机产品涉嫌侵犯其名称为收音机（3）、专利号为ZL01347413.8的外观设计专利权为由，向广东省知识产权局请求处理。

广东省知识产权局立案后，依法到被请求人的生产现场进行了勘验调查，现场发现被控侵权产品收音机6000台以及收音机的前盖、后盖、透镜、配件共4套专用模具。在广东省知识产权局主持调解下，双方当事人达成了和解并签订了协议，被请求人同意立即停止制造、销售侵权产品；销毁涉嫌侵权产品的前盖、后盖、透镜、配件共4套专用模具；一次性赔偿请求人人民币75 000元。

本案从立案、现场勘验检查、双方达成和解到执行，仅用了1个多月时间，充分体现了专利行政执法简便、快捷、高效的特点。

（广东省知识产权局）

案例16　特大假冒“惠普”等商标标识案

2009年3月，佛山市公安局根据群众举报线索，经侦查，初步掌握了一个以董某为首的跨广州、佛山等地的特大制售假冒“惠普”等外国著名品牌注册商标标识的犯罪网络。由于该案涉案人员众多，案情复杂，跨地区团伙作案，广东省公安厅将此案列为督办案件。经过近4个月的缜密侦查，查清了以董某、杜某等人为主的集生产、销售、仓储等环节于一体的特大制售假冒注册商标标识网络。

2009年7月21日，在广东省公安厅经侦局的指挥协调和广州市公安局经侦支队的协助下，佛山市公安局经侦支队分别在佛山和广州两地捣毁16个制售假冒“HP”“Canon”等注册商标标识的窝点，破获了以董某为首的特大制售假冒注册商标标识网络案件，现场抓获犯罪嫌疑人14名，查获假冒的“HP”“Canon”等注册商标标识200多万件，各种造假工具及印刷胶卷一批。2009年8月31日，佛山市公安局经侦支队又在广州市将另1名重要逃犯曾某缉拿归案，同时端掉曾某位于广州市的2个制假仓库。经查证，自2006年以来，犯罪嫌疑人董某先后纠合在佛山市南海开设印刷厂的杨某(因涉嫌造假已被佛山市公安局移送审查起诉)、冯某、杜某等犯罪嫌疑人，由杨某等人负责印制假冒“HP”“Cannon”等世界著名品牌硒鼓包装彩盒及防伪标识、不干胶条形码、说明书等包装配件。董某先后在佛山市顺德区、南海区及广州天河区、白云区、黄埔区设立包装仓库，聘请工人对包装配件进行分类、打包、装箱后，以广州为集散地将包装物销往中东迪拜及我国江浙一带，每月销量超过百万件。目前，董某等8名犯罪嫌疑人已被依法执行逮捕，案件已依法移送检察机关审查起诉。

该案是近年来侦办比较成功的保护国外知名品牌的典型案例，呈现跨区域性、集团性和智能性等特点，犯罪网络“产、供、销”一条龙，涉案人员众多，案情复杂，公安机关将案前锁定的重点涉案人员全部抓捕归案，体现了公安机关保护知识产权的决心和能力。

(广东省公安厅)

案例17 KTV点播系统侵权专案

2009年7月3日，广州市文化执法总队接到中国音乐著作权协会投诉，称北京市甲科技有限公司广州分公司、北京乙科技有限公司广州办事处侵犯其著作权。接到投诉后，广州市文化执法总队迅速立案，执法人员立即开展前期调查，在权利人提供相关侵权资料的基础上，办案人员进行了仔细的调查、分析和取证，判定该投诉情况基本属实。

7月8日上午，总队执法人员到北京市甲科技有限公司广州分公司进行调查，发现现场播放存放有北京市甲科技有限公司所开发的点歌器内歌曲，该公司承认点歌器内的歌曲没有得到权利人的授权和许可。执法人员逐一到该公司销售产品的广州地区其他娱乐场所进行细致调查、比对与确认。同日上午12时，执法人员查处了位于番禺区的北京乙科技有限公司广州办事处，在检查中该办事处负责人未能出示VOD系统中歌曲相关的著作权授权许可等材料，并承认未经著作权人的授权或许可，侵犯录音录像著作权的事实。执法人员对部分涉嫌的侵犯著作权的设备进行了登记保存。根据调查事实和现场证据确认：北京市甲科技有限公司未经著作权人许可，侵犯录音录像著作权人著作权的事实清楚，根据《著作权法》第47条第(1)项，广州市文化执法总队作出以下行政处罚：(一)责令停止侵权行为；(二)删除非法复制的录音录像制品歌曲；(三)罚款30 000元。鉴于北京乙科技有限公司广州办事处在被调查后已自行关门结业，根据有关规定，将登记保存的20个侵权复制品硬盘视作无主物品给予没收处理。

通过该案的处理进一步规范了广东省对音乐作品的使用行为。

(广东省版权局)

案例18 “多粒宝石自动粘接装置”实用新型专利侵权纠纷案

龙岗某首饰厂是美国某国际有限公司全额投资经营的企业，于2003年申请了“多粒宝石自动粘接装置”和“多盘位多粒宝石研磨抛光装置”两项实用新型专利，并分别于2005年11月和2005年8月获得授权，专利号分别为ZL200320124700.9和ZL200320124910.8。之后，龙岗某首饰厂和美国某国际有限公司发现深圳市某电子有限公司在使用类似装置，认为侵犯了其专利权，遂向法院提起诉讼。

一审过程中，深圳市某电子有限公司向国家知识产权局专利复审委员会提出宣告上述两项专利无效的请求，并请求一审法院深圳中级人民法院中止审理。经国家知识产权局专利复审委员会审理，ZL200320124910.8实用新型专利权被宣告无效，龙岗某首饰厂随之放弃了针对ZL200320124910.8实用新型专利权提起的全部诉讼请求。深圳中级人民法院一审判决，深圳市某电子有限公司立即停止侵犯龙岗某首饰厂和美国某国际有限公司ZL200320124700.9实用新型专利权的行为，销毁侵权模具，赔偿经济损失人民币6万元。深圳市某电子有限公司不服一审判决，继续向广东省高级人民法院上诉，称被控侵权产品的技术特征与涉案专利的技术特征差别显著，实现的目的手段也不相同，不构成侵权。广东省高级人民法院经审理认为，深圳市某电子有限公司被控侵权产品并未落入涉案专利的保护范围，没有侵犯龙岗某首饰厂和美国某国际有限公司的专利权，撤销一审判决。

知识产权侵权诉讼在国际经济交往中经常发生，本案中，深圳市某电子有限公司一方面运用专利无效程序，另一方面坚持上诉，积极抗辩，最终获胜。企业在遇到知识产权官司时，应该具体分析，积极应对，以法律手段维护自身权益。

（广东省高级人民法院）

案例19　假冒“步步高”等国产名牌手机案

2009年7月，广东某电子工业有限公司和广东某移动通信有限公司向广东省公安厅经侦局举报称，该两家公司生产的“步步高”“OPPO”手机在深圳被大量假冒销售，销售网络涉及国内外，严重损害了广大消费者和权利人的合法利益，扰乱了市场秩序，要求公安机关立案查处。广东省公安厅经侦局经过1个多月的循线侦查，发现深圳市龙岗区某科技有限公司涉嫌大量生产假冒“OPPO”和“步步高”手机。

2009年9月16日，在广东省公安厅经侦局的牵头组织下，深圳市公安局经侦支队出动警力50多名，抓获唐某等4名犯罪嫌疑人，查获“步步高”“金立”“OPPO”等国内著名品牌的手机共3243台，查扣2条手机生产线设备，涉案价值约200万元人民币。经“步步高”“金立”“OPPO”商标所有人现场确认，均从未委托深圳市龙岗区某科技有限公司生产相关品牌手机，现场查扣的手机均为假冒注册商标的商品。经查证，自2009年开始，深圳市龙岗区某科技有限公司以每月生产2万多台假冒手机的产量，大量生产假冒“步步高”“金立”“OPPO”“水立方”等国产品牌手机，生产模式是来料加工，由多家公司客户向其下订单并提供手机配件，完成生产后，再由来料公司提货并销往重庆、厦门等地。2010年1月19日，唐某、李某、杨某、刘某4名被告被深圳市龙岗区人民法院分别依法判处3～4年不等的有期徒刑，每名被告被并处罚金41万元。

该案是近年来侦办比较成功的保护民族品牌的典型案例，公安机关根据举报线索，经过1个多月的缜密侦查，摸清了犯罪分子的活动规律，掌握了主要犯罪证据，果断采取行动，成功侦破了案件，狠狠打击了犯罪分子的嚣张气焰，保护了权利人的合法权益，得到了权利人的赞扬。

（广东省公安厅）

案例20　侵犯“ERICSSON”商标专用权案

2009年，广东省东莞市工商行政管理局的执法人员在巡查中发现，当事人陈某未领取工商营业执照，即擅自在东莞市塘厦镇科苑城精工科技园开办企业，并以虚假的企业名称对外接受委托，加工标有“Snoy Eriosson”字样的手机产品。其中，“Snoy”与日本索尼株式会社注册的“Sony”商标相比较，在字母的排序上做了调整；“Eriosson”与爱立信有限公司注册的“ERICSSON”商标相比较，只改变了一个字母，两个单词从整体上看，与权利人的注册商标十分近似，容易造成消费者的误认误购。

广东省东莞市工商行政管理局经调查后认定，当事人陈某的行为属于无照经营及侵犯注册商标专用权的行为，依据《商标法》《商标法实施条例》《广东省查处无照经营行为条例》的有关规定，对当事人作出以下处罚：责令当事人立即停止上述侵犯注册商标专用权及无照经营行为；没收并销毁当事人加工的侵犯注册商标专用权的手机半成品及手机元件共计24 711个；对当事人从事无照经营和侵犯注册商标专用权的行为分别处以1万元和10万元的罚款。

本案中，当事人的两种违法行为是交织在一起的，其为从事商标侵权的经营活动虚构了一个企业名称。因此，不能单纯的将本案视为无照经营案件，而应当对其主要的商标侵权行为一并予以查处，避免当事人避重就轻，逃避法律法规的处罚。

（广东省工商行政管理局）

案例 21　三公司软件侵权案

2009 年 6 月 2 日，广州市文化执法总队接到权利人投诉，称广州某橡塑有限公司、广州某机械制造有限公司和广州某包装机械股份有限公司三家公司未经权利人许可，违法使用 Pro / Engineer 、AutoCAD 等盗版软件。

立案后，广州市文化执法总队成立了专案组，对投诉材料进行梳理归整。在核实投诉材料后，广州市文化执法总队协调公安、工商、城管等部门联合现场调查取证，核实了三家公司的设计部门都存在使用侵权盗版 Pro / Engineer 、AutoCAD 等软件的行为。广州市文化执法总队根据《计算机软件保护条例》第 24 条第（1）项、第（3）项对以上三家单位处以以下行政处罚：责令停止侵权行为，删除非法安装复制的 Pro / Engineer 、AutoCAD 等软件；各罚款 20 000 元。

近年来，全国各地版权行政管理部门加大了对商业性使用盗版软件行为的查处力度，有力地配合了政府正在推进的软件正版化工作。该案的处理结果在社会上引起了强烈反响，对侵权盗版者起到了有力的震慑作用。

（广东省版权局）

案例 22　“空心管成型工具”等两项发明专利侵权纠纷案

请求人巨星公司是专利号为：ZL02122557.5“空心管成型工具”及（专利号为：ZL02122558.3）“钢筋砼用空心管及其制作方法、专用模具”两项发明专利在新疆的独占实施被许可人。请求人认为被请求人石油公司未经许可，使用了另一侵权人和荣公司制造、销售的与其“钢筋砼用空心管”相同的侵权空心管，认为石油公司侵犯了其专利权，请求新疆知识产权局依法认定其侵权行为，并责令停止侵权行为。被请求人石油公司则认为：自己的工程分包商新泽公司使用和荣公司的“现浇空心楼板用芯管”建筑材料是供货商和荣公司使用的另外一个专利权人王瑾的（专利号为：ZL00136046.9）“现浇空心楼板用芯管的制造方法”发明专利技术制造出来的产品，并非本案请求人的专利产品，自己并未侵犯请求人的专利权，请求驳回请求人的专利侵权纠纷处理请求。新疆知识产权局经过认真调查分析，认为侵权成立，作出了认定侵权成立的处理决定。

请求人称：本人是（专利号为：ZL02122557.5）“空心管成型工具”及（专利号为：ZL02122558.3）“钢筋砼用空心管及其制作方法、专用模具”两项发明专利在新疆的独占实施被许可人；请求人认为被请求人石油公司未经许可，在克拉玛依市第二中学教学楼工地的施工现场，使用了与其“钢筋砼用空心管”相同的空心管，被请求人的上述行为构成专利侵权。因此，请求新疆知识产权局依法认定被请求人的侵权行为，并责令其停止侵权行为。

被请求人辩称：首先，石油公司不应该是本案的被请求人，自己只是克拉玛依市第二中学教学楼改造工程的总承包方。被请求人 2007 年 9 月 28 日将该工程分包给了新泽公司，新泽公司在施工过程使用的是供货商和荣公司的“现浇空心楼板用芯管”，符合国家建筑材料标准，手续齐全（有专利权人王瑾的专利证明文件及授权委托书等），并签订了《工业品买卖合同》，所有行为是新泽公司实施的，并非被请求人所为。其次，被请求人认为其工程使用的是供货商和荣公司使用另外一个专利权人王瑾的名称为（专利号为：ZL00136046.9）“现浇空心楼板用芯管的制造方法”发明专利技术制造出来的产品，并非本案请求人的专利产品，被请求人并未侵犯请求人的专利权，请求驳回请求人的请求。

在口头审理过程中，请求人为了证明其主张，向新疆知识产权局提交了如下主要证据：（1）“钢筋砼用空心管及其制作方法、专用模具”、“空心管成型工具”两项发明专利的专利文献。（2）经湖南省公证处公证的两项发明专利的专利权证书及其专利 2008 年度缴费收据、专利权人授权请求人在新疆的独占实施许可的授权书和两项专利的新疆独占实施许可合同，用于证明其两项发明专利的专利权的合法有效性，且证明请求人可以作为在新疆地区提出专利侵权纠纷的主体资格。（3）被请求人对请求人发出的告知函的回复，新疆知识产权局在被请求人施工现场所拍的一组照片，用于证明被请求人主体资格合适，且被请求人使用了与涉案专利产品相同的空心管。(4)国家知识产权局专利复审委员会对涉案的专利号为：ZL02122557.5“空心管成型工具”作出的第11738号复审决定书复印件1份，国家知识产权局专利复审委员会2007年6月27日作出的对安徽强强公司提出宣告专利权无效案件的结案通知书复印件1份，北京市中级人民法院判决书及新疆维吾尔自治区高级人民法院判决书复印件各一份，以此证明请求人涉案的专利合法有效。

经当庭质证，被请求人对请求人提交的证据(1)、(2)的真实性无异议，对缴费收据有异议，认为不能证明专利权在有效期内；被请求人对请求人提交的证据(3)的真实性无异议，但对其证明力有异议；被请求人对请求人提交的证据(4)无异议。

在口头审理过程中，被请求人为了证明其主张，向新疆知识产权局提交了如下证据：第一组证据包括请求人向被请求人发出的两份告知函及被请求人的复函，以证明他们已告知请求人施工过程中使用空心管的是分包商新泽公司，且请求人放弃对施工方的起诉；第二组证据为新泽公司与和荣公司签订的《工业品买卖合同》复印件，以证明施工方施工材料来源合法。

经当庭质证，请求人对被请求人提交的第一组证据的真实性无异议，认为自己提出行政处理请求也是合法的；对第二组证据的真实性也予以认可，认为这进一步证明了被请求人存在侵权行为。

根据上述举证质证的情况，新疆知识产权局对请求人提交的第一组、第二组证据都予以认可和采纳，由于第三组证据与本案没有直接关联，而且均为复印件，所以对第三组证据不予采纳；新疆知识产权局对被请求人提交的证据都予以认可和采纳。

新疆知识产权局组成合议组审理查明：请求人涉案的两项发明专利均在2002年5月29日申请，而且都在2004年10月6日被公告授权，现均为有效专利；请求人是专利权人授权在新疆的独占实施被许可人，对本案享有独立的处理请求权。被请求人石油公司作为建设单位，承包了克拉玛依市第二中学教学楼改造工程，又将该工程分包给新泽公司，根据相关法律的规定，被请求人和新泽公司应该对该工程出现的法律问题承担连带责任。而且新泽公司在施工过程中，通过与和荣公司签订《工业品买卖合同》，向和荣公司购买并使用了与请求人涉案专利相同的空心管，该行为造成的侵权法律后果应该由被请求人和新泽公司承担连带责任。

基于上述事实和理由，新疆知识产权局合议组经合议认为：被请求人在其承包的工程中使用的由和荣公司未经权利人许可而制造、销售的与涉案发明专利技术方案相同的空心管完全落入了请求人被授权在新疆独占实施许可的专利权保护范围，其行为构成侵权行为。根据《专利法》第11条、第56条、第57条的规定，作出如下处理决定：责令被请求人停止使用与涉案发明专利技术方案相同的空心管的专利侵权行为。

本案涉及的难点问题是：被请求人的主体是否正确？

被请求人认为购买并使用了与涉案专利相同的空心管的行为如果构成专利侵权，那么侵权主体不应该是石油公司，而应该是具有独立法人资格的工程分包商新泽公司。新疆知识产权局认为，石油公司作为建设单位，承包了克拉玛依市第二中学教学楼改造工程，又将该工程分包给 新泽公司。新泽公司在施工过程中，通过与和荣公司签订工业品买卖合同，向和荣公司购买并使用了与涉案专利相同的空心管，该行为侵犯了巨星公司独占实施涉案专利技术的合法权益。理由如下：

首先，石油公司与新泽公司之间不是简单意义上的总包与分包的关系，并非像其代理人所称的“总承包方只负责验收分包商完成的工程项目，分包商在分包工程中使用什么材料他们无权管”，根据他们在行政处理阶段提交的“对2008年8月18日收到的告知书的回复”内容来看，他们有权责令分包商停止使用相关建筑材料；另外，该公司代理人在审理中称“戴某”是新泽公司的法定代表人，但新疆知识产权局执法人员在对克拉玛依市第二中学教学楼改造工程进行现场调查时，发现石油公司在该施工现场张贴的工程施工栏上清楚地写着“项目副经理：戴某”，由此可见，戴某在该工程施工过程中对外的身份是石油公司的项目副经理。

其次，根据建筑法等相关法律的规定，“施工总承包的建筑工程主体结构的施工必须由总承包单位自行完成”“禁止总承包单位将工程分包给不具备相应资质条件的单位”。在石油公司没有提供有效证明的情况下，可以认为新泽公司是专门从事劳务输出的公司，不具备独立从事建筑工程的资质，石油公司作为工程总承包方将工程主体结构分包给新泽公司的行为应该是违法分包。因此，违法分包行为造成的侵权法律后果应该由石油公司承担。

（新疆维吾尔自治区知识产权局　史治勋）

案例23　“附小油缸式芦苇液压打包机”实用新型专利侵权案

在新疆巴州境内的博斯腾湖周边小湖及湿地生长着数十万亩芦苇，芦苇年产量达数十万吨。大面积的丰富的芦苇资源为造纸行业提供了优质的原料，同时也带动了芦苇收割、打包、运输等一系列生产经营活动。于是，在市场利益的驱动下，围绕芦苇生产经营活动的各类机械便应运而生，博斯腾湖区的企业纷纷从内地引进了半机械化的芦苇打包机，为零散疏松的芦苇的压缩与裁切成捆以方便运输创造了条件，也大大的提高了生产工效。

几年前，从河北退休来疆探亲的田振江、高璞玉夫妇观察到，在芦苇打包、压缩、运输等生产过程中，从内地引进的打包机存在着价格高、工效较低、维修不便、零部件缺乏等问题。要解决上述问题，就必须改进打包机，加之他们从事农机和科研工作多年，具有较高的农机专业知识和长期的工作实践经验，于是他们二人就开始了芦苇打包机的研制工作。经过数年的努力，田振江夫妇终于研制成功，并获得了（专利号为：2005201086542）的“附小油缸式芦苇液压打包机”实用新型专利等多项专利。

随后，田振江夫妇在县城附近盖起了新家和厂房，办起了博湖县昌盛农牧机械厂，开始了退休后的创业。由于他们开发、生产的打包机价廉实用、维修服务好，很快在新疆巴州地区、全疆乃至中亚打开了市场，许多芦苇生产企业都来定购他们的产品。后来，他们发现一些个人、农机修理铺、企业在未经其允许的情况下擅自仿造、销售和使用同他们的专利产品几乎一样的芦苇打包机，其中就有某苇业公司。侵权的某苇业公司既是老田夫妇的亲戚，又是老客户，曾经在2001年5月从田振江夫妇处定购了5组专利芦苇打包机。田振江夫妇告知对方自己的打包机现在属专利产品，要求对方停止侵权，如有需要还可以继续合作，但对方却置之不理。于是在2007年12月，田振江夫妇向新疆巴州知识产权局提出了处理请求。经调查取证，证实被请求人某苇业公司涉嫌侵权并立案。随后，新疆巴州知识产权局按照程序依法进行调解。在调解未成的情况下作出侵权处理决定。

被请求人某苇业公司不服处理决定，向乌鲁木齐市中级人民法院提出行政诉讼。经乌鲁木齐市中级人民法院审理，维持了新疆巴州知识产权局的处理决定。被请求人某苇业公司不服又向新疆维吾尔自治区高级人民法院提出行政诉讼，自治区高级人民法院进行调解处理，维持了新疆巴州知识产权局的处理决定，要求该公司向专利权人田振江夫妇赔偿7.5万元经济损失，责令销毁5台侵权打包机，价值10多万元。

2009年上半年，被请求人某苇业公司不服处理决定，在一次性赔偿田振江夫妇经济损失7.5万元后，拒不执行销毁侵权产品。2010年3月，新疆巴州知识产权局向乌鲁木齐市中级人民法院提出强制执行申请并被受理。

该案是新疆巴州知识产权局自成立以来处理的一起较为复杂的专利侵权案件。虽然涉案的实用新型专利技术不太复杂，但是，对于一个受理专利案件时间不长的地州局执法人员而言，对侵权产品与专利技术的判定也具有一定难度。特别是在被请求人不服多次提起上诉时，新疆巴州知识产权局又先后两次作为被告到庭应诉。经过新疆巴州专利管理部门、乌鲁木齐市中级人民法院和新疆维吾尔自治区高级人民法院的调解后强制执行，专利权人田振江夫妇才得到了7.5万元的经济赔偿。可是，专利权人更重要的诉求——销毁侵权产品的要求仍未实现，这最终仍需要通过法律的途径来解决，这进一步说明了打击侵权行为和专利执法的难度。

从此案例可得到如下启示：专利执法人员要正确对侵权案件进行判定，既需要加强对专利等法律知识的学习，又需要对相关专业知识的学习。每一个侵权案件都需要执法人员去仔细研究案情，尤其是对涉及专业方面的细节、技术特征和证据，都要全面的了解和取证。如果遇到的专利侵权纠纷涉及更为复杂的专业技术，靠临阵磨枪恐怕是不行的，这就需要专业技术部门或专业仲裁机构的协助了。

专利管理执法部门要认真履行职责，在社会公众专利意识不强、专利执法难、维权成本高的形势下，专利管理执法部门即使被当作被告，也要坚持依法维护专利权人的合法权益。

（新疆维吾尔自治区知识产权局　史治勋）

案例 24　“搭葡萄用的水泥支架”实用新型专利侵权案件

具有独特的地理位置和丰富的光热资源的新疆，在农业产业结构调整过程中，积极发挥丰富的水、土、光、热等资源优势，发展葡萄等特色林果产业便是其中一个重点的发展方向。在这一方向引导下全疆各地实施了一大批围绕葡萄种植与加工的项目，如鲜食葡萄、酿酒葡萄、制干葡萄等大面积的种植。以往小面积的葡萄种植都是用木杆或实心水泥杆为支柱搭建支架，如果大面积的种植就需要许多木料。按种植葡萄一亩地使用支柱约50根左右计算，上万亩的葡萄基地就需要几十万根的未成材木料。由于木柱供应量不足，使用年限短，于是实心水泥支柱就成为首选。以往使用的实心水泥杆寿命较短，投入的水泥等材料也较多，给葡萄项目的实施增加了建设成本。针对这样一个问题，吐鲁番登山工贸有限责任公司的法人代表朱登山经过反复研究、试验，成功研制出一种空心水泥支架并申请了“搭葡萄用的水泥支架”实用新型专利，专利号为：01271891.2。由于这种空心水泥葡萄支架为空芯，空芯周围的水泥中均匀埋设了细钢筋，因此弹性好、不易折断，而且使用寿命比实心水泥支架更长，受到用户的普遍好评，在全疆各地得到广泛应用。但是，自2007年以来，该公司在新疆巴州地区生产销售该专利产品时，不断发现该州的和静、和硕、焉耆等县的多家个体户、私营企业未经许可仿造同其上述实用新型专利结构相同的水泥支架用于葡萄基地建设工程项目中，于是请求人就向新疆巴州知识产权局举报，请求对侵权案件进行处理。根据举报，新疆巴州知识产权局多次到现场进行调查取证，先后立案五起。在调查取证过程中，新疆巴州知识产权局执法人员向被请求人发放《专利法》《专利法实施细则》《新疆维吾尔自治区专利保护条例》《专利行政执法办法》等宣传材料，并细心解答他们在专利申请、专利保护等方面的疑问。同时，对当事双方进行了调解，最终成功调解3起。另外二起被请求人提出，他们生产空心水泥立柱，是分别从内地不同厂家购买的专用机械设备生产的，而不是使用请求人的专利设备生产的，自己的行为构不成侵权，如果侵权也是内地厂家侵权。在多次调解未果的情况下，被请求人就该专利向国家知识产权局专利复审委员会提出了无效宣告并被受理，现这2起案件在处理中止状态。

在新疆巴州范围内多次发现“搭葡萄用的水泥支架”实用新型专利（专利号：01271891.2）被侵权的现象，这说明。第一，这种产品确实是市场需要的产品，因为在调查取证中得知，这些侵权产品多是供应当地重大葡萄基地建设项目使用的。第二，这种专利产品确实有其独到的地方，比如其空心、周围均匀埋设细钢筋的结构，还有就是权利要求书中未涉及、实用新型专利也不保护的水泥支架制作过程中砂、石、水泥配比等工艺。第三，就是这些侵权案件的多数被请求人与专利权人或其经营的公司以往就有些关系。比如，立案的5起案件中，一起的被请求人是专利权人的亲戚；一起的当事人曾经与专利权人合作过；一起的被请求人与专利权人是产品需求方的竞争者；一起的被请求人与专利权人是同乡。第四，投入成本低、产品结构简单，导致侵权事件不断发生。在案件调查处理过程中，执法人员了解到这种产品不需要投入很多资金即可投产，对场地要求也是不高，不需要很多人工。

（新疆维吾尔自治区知识产权局　史治勋）

案例 25　专利侵权纠纷处理中的调解

——一种热法磷酸生产专利技术侵权纠纷案

云南省知识产局于2009年6月8日接到某化工研究机构的举报，称省内和部分省外化工企业未经许可使用其热法磷酸生产专利技术，涉嫌侵犯其专利权。立案后，云南省知识产权局以调解作为本案的必经程序，及时组织当事人双方当面调解，调解过程中当事人充分表达了对本案事实的意见和对有关法律的理解。在此基础上云南省知识产权局执法人员纠正了当事人双方对专利法及相关民事法律的不当认识，最终促使双方自愿达成专利许可使用协议，使专利技术继续发挥市场贡献。

本案的启示是：依法调解是民事纠纷处理的有效方式之一，在司法实践民事诉讼中调解已为法院推广运用，成效显著，作为高效快捷低成本的专利侵权纠纷行政调处程序，更应当高度重视调解的功效和作用，研究出具有自身特色的专利行政调解，并将其作为某类专利侵权案件处理的必经程序，具有重大的现实意义。

专利侵权纠纷案件中涉及的专利技术往往是具有较大的市场价值并被业界所认同的专有技术，技术本身从法律上没有判断的意义，而使用专利技术行为才有从法律的角度给予评价的必要，尽管使用专利技术行为有合法和非法之分，但非法使用具备法定要件时也可以转化为合法实施，使专利技术充分发挥其应有的价值。认识至此，当专利技术有众多“追随者”时说明其市场价值巨大，则专利侵权纠纷调处中的调解所起到的双赢甚至多赢的作用就尤为明显，通过调解使非法使用转化为合法实施，不仅解决了当事人之间的矛盾，更重要的是使专利技术继续发挥贡献，节约社会资源。

（云南省知识产权局）

案例 26　发明专利侵权纠纷的举证责任

——“一种超微虫草粉及其制备方法”专利侵权纠纷案

汪某于 1996 年 10 月 21 日向国家知识产权局申请了“一种超微虫草粉及其制备方法”的方法发明专利，同时申请了依该方法获得的虫草粉体的产品发明专利，获得授权，专利号为：96113170.5。权利要求书中记载的技术特征是：(1)将天然或各种人工虫草，用超微粉碎机进行细胞破壁后加工成粉体。(2)按(1)的方法制备的超微虫草粉体。说明书描述了本专利的实施方法：“以经干燥后的天然或各种人工虫草为主要原料，经气流粉碎机超微粉碎，使细胞破壁率达到或接近 100%……”

近来，汪某发现云南某生物技术公司在其虫草产品外包装和说明书上记载使用超微粉碎的方法获得虫草粉体，遂状告至云南省知识产权局，请求责令该公司停止侵权，赔偿经济损失 50 万元。云南省知识产权局依法立案后，组织双方当事人多次协商，最终促成双方达成口头协议，请求人自愿撤回处理请求。

在行政调处过程中，请求人仅提供被了请求人的产品外包装和说明书的文字说明，以及市场上买到的被请求人生产的虫草粉体。显然，仅有上述证据欲证明被请求人使用专利技术生产专利产品是不够充分的，不能支持使被请求人停止侵权行为的处理请求，因此，请求人想到了《专利法》第 57 条第 2 款关于新产品生产方法举证责任倒置的规定，要求被请求人承担其产品制造方法不同于本专利方法的证明责任。从《专利法》第 57 条第 2 款的文字规定来看，适用本条的前提条件，同时也是请求人必须先完成的证明责任为：(1)专利方法制造的产品是新产品，即在专利申请日或优先权日前从未在市场上出现的产品；(2)被请求人制造的产品与专利方法制造的产品相同。结合本案，请求人须先完成的证明责任为：(1)在 1996 年 10 月 21 日前，市场上不存在细胞破壁率达到或接近 100%的虫草粉体产品，这个结论还可以如下推导：使用气流粉碎机粉碎是使虫草细胞破壁率达到或接近 100%的惟一方法。2. 请求人购买的被请求人生产的虫草粉体与请求人专利方法制造的虫草粉体一样，即细胞破壁率达到或接近 100%。面对如此繁重的证明责任，请求人不得不放弃处理请求，选择撤回处理。本案从一个侧面反映出，目前专利法关于新产品举证责任倒置的规定，在实践中并未减轻专利权人的举证负担，亟待立法进一步修改完善。

（云南省知识产权局）

案例 27　自由公知技术抗辩原则的适用问题

——“一种铜精矿粉制块工艺”的发明专利侵权纠纷案件

昆明市发明人宋某于 1996 年 10 月 15 日向国家知识产权局申请“一种铜精矿粉制块工艺”的发明专利，于 2000 年 4 月 26 日获准授权，专利号为：96122215.8。该专利权利要求书内容为：(1)一种铜精矿制块工艺，其特征在于在铜精矿粉中加入 4%～8%(重量百分比)的氧化钙，混合均匀，放置 24～48 小时后压制成型，干燥后，即可入鼓风炉冶炼。(2)根据权利要求 1 所述的制块工艺，其特征在于干燥用自然干燥或废气余热干燥，或蒸压釜干燥，最佳是棚内自然干燥。

宋某从2000年起，多次提起民事诉讼，状告某些企业侵犯其专利权，在其中一起二审诉讼中，二审法院以自由公知技术抗辩成立为由驳回了宋某的诉讼请求。法院认为，涉嫌侵权物的必要技术特征与传统工艺（自由公知技术）相比较，极为接近，某企业所用技术属传统工艺，不构成侵权。因为技术上存在以下事实：第一，《粗铜冶金学》《重有色金属冶炼设计手册》中已完整记录了传统的铜矿制块工艺，即这些矿石的一般制团流程包括以下作业：(1)矿石的筛分；(2)矿石的细碎部分与干消的熟石灰（矿石重量的5%～6%）混合；(3)在压力机上制团；(4)自然干燥（堆放）。根据这种流程生产出来的团矿，强度不固定而且不足；自然干燥则又要求大片场地……矿粉添加剂建议采用生石灰和矽藻土。第二，关于氧化钙。氧化钙是一种化学名称，俗称石灰，石灰是氧化钙的惟一存在形态，其中含有90%左右的氧化钙。石灰既包括熟石灰（氢氧化钙）也包括生石灰。另外，氧化钙与水作用形成氢氧化钙，即熟石灰。氧化钙即使不加水，在常温下也会吸收空气中的水分形成氢氧化钙（熟石灰）。第三，关于添加氧化钙重量百分比，国内也有相关使用记录，例如《重有色金属冶炼设计手册》提到了铜陵二冶投产初期用石灰焦粉和煤粉作添加剂，添加剂的加入量应控制在4%～8%……铜陵二冶采用生石灰作粘结剂等。另外，有关冶金专家的意见认为，氧化钙的比例不是该工艺的技术关键，具体加入氧化钙百分比的数量，取决于矿粉中的铜矿成分，是一种技术条件选择。第四，关于放置24～48小时，专家认为放置是使氧化钙与氧化镁在常温下进行速度缓慢的化学反应，放置时间也不是技术关键，时间越长，干燥效果越好。

综上，某企业所使用的涉嫌侵权技术中无论是以4%～8%的氧化钙或氢氧化钙作为粘结剂，还是放置时间的长短，与上述书籍中记载的一件完整的传统工艺技术相比，均没有实质的区别，属于使用自由公知技术的情形。

在法律上，本案件涉及何为自由公知技术抗辩以及如何适用该抗辩等法律问题。

自由公知技术抗辩原则是国内外普遍适用的一项专利侵权案件判断原则，目前我国《专利法》第三次修改后的第62条即为该原则的法律依据。通说认为该原则是指在专利侵权诉讼中，被控侵权物（产品或方法）与专利权利要求所记载的专利技术方案等同的情况下，如果被告答辩并提供相应证据，证明被控侵权物（产品或方法）与一项已有（现有）技术相同或极为接近，则被告的行为不构成对原告专利权的侵犯，又称已有技术抗辩。从上述定义可看出，自由公知技术抗辩是在专利侵权诉讼中，对于被告来说，是旨在维护其合法权益而使用的一种抗辩手段，而对于法院来说，是旨在维护社会公平和正义而采用的一种判断原则，法院利用此原则只能得出被告是否侵犯专利权的结论，而不能作出专利权是否有效的判断。其理论依据是，专利权人只能从其真正的发明中取得利益，而对于已有技术以及从已有技术中以显而易见的方式得到的技术，专利权人不享有任何独占性质的权利。

自由公知技术抗辩的适用是在被控侵权物与专利权利要求所记载的专利技术方案等同的情况下，如果被控侵权物与一项自由公知技术相同或极为接近，那么侵权就不成立。

可见自由公知技术抗辩的具体适用条件为：

第一，必须是在被控侵权物与专利权利要求所记载的专利技术方案等同的情况下适用。第二，必须是可自由使用的公知技术，不包括仍在权利保护期内的专利技术。第三，必须是非组合而成的公知技术。用于抗辩的公知技术，不应当是组合而成的公知技术，因为基于特定发明目的对已有公知技术的组合，往往本身就是一项新的发明创造，而非公知技术，作为抗辩他人专利的公知技术，应当掌握一比一的原则，即用一项已有公知技术去比他人的一项专利技术，切忌将分散的公知技术加以综合或组合后去作为抗辩的公知技术。也就是说，公知技术必须是一项单独的技术方案。第四，必须是极为近似或完全相同的公知技术。只有当被控侵权物与公知技术极为近似或完全相同时，才应考虑作为抗辩成立的依据。所谓极为近似，一般是指仅存在一些枝节上的不同；或实质相同但文字描述不同；或只有某些细微的不同。

本案处理的关键在于对自由公知技术的调查论证，其中包括申请日前的国内公开使用的证据，有关技术文献的记载和有关技术专家的意见等。本案经过对自由公知技术的调查论证，并通过前述自由公知技术抗辩原则的适用，法院最终得出了公平公正的判决结果。

（云南省知识产权局）

国家知识产权局软科学项目研究成果摘要汇编（2004～2007）

2004年度软科学项目研究成果

1. 河南省农机行业专利保护研究

项目编号：SS04－A－20

摘要：本报告通过对河南省农机行业基本现状的详细分析，解释了我国目前农机行业所面临的问题。同时用客观的事实和详尽的数据分析了科技创新与专利检索带来的经济效益，并提出了建议：在行业内提高个人尤其是领导干部的专利意识；有效促进单位专利的申请量和获取量；使专利权人有效地进行自我保护，使之不侵犯和不被侵犯。

2. 基于竞争情报方法的企业专利战略研究

项目编号：SS04－A－25

摘要：本课题通过对竞争对手的专利分析，结合竞争情报方法，研究动态环境下竞争对手技术跟踪与监视，从而总结出制定和调整企业专利战略的一般规律，并在竞争情报方法的可操作性及其在企业战略管理中的应用两个方面作出有益的探索。5个模型的建立，是企业应对动态竞争环境、制定专利战略的良好的辅助分析工具。

3. 四川省进出口企业知识产权工作状况调查和重点案例分析研究

项目编号：SS04－A－26

摘要：本课题对如何应对知识产权贸易壁垒进行了深入地探讨，并把加强进出口知识产权保护与运用知识产权制度促进对外贸易发展有机地结合起来，实现知识产权制度促进经济发展的目的。并重点对已发生的重大涉外知识产权保护案例进行了分析，对目前我国进出口企业存在的知识产权保护意识差，水平低，能力弱，体制和机制不健全等问题进行研究，并提出解决问题的对策和建议。

4. 展会知识产权保护理论与实践研究

项目编号：SS04－A－28

摘要：本报告通过国外会展知识产权保护的理论和实践以及国内会展知识产权保护的现状两个方面，阐述了目前我国专利制度下会展知识产权保护的不足。在提出的关键问题基础上给予了相关解决方案和一些有针对性的意见和建议，对我国展会的相关知识产权保护很有参考意义。

5. 我国生物技术专利保护研究

项目编号：SS04—A—32

摘要：本报告从分析生物技术的迅速发展带来的法律保护困境入手，从法理的角度论证了给予生物技术以专利保护的必要性，并分析了如何应对由此带来的社会伦理和公共利益平衡问题。在解决了生物技术可专利性问题的基础上，本报告重点研究了五类可以授予生物技术专利的客体，并深入分析了生物技术专利需要满足的新颖性、创造性和实用性的具体衡量标准。在上述研究中，本报告借鉴了发达国家的相关经验，对比考察了我国相应的法律规定，提出了完善我国生物技术专利保护的建议：淡化发明与发现的概念，完善生物技术专利新颖性、创造性、实用性的审查标准以及相关保护制度。

6. 中国外观设计法律与制度发展方向的研究

项目编号：SS04—B—04

摘要：本报告通过研究我国外观设计专利与国家经济发展的关系、专利的保护客体、专利合适的保护期限以及外国外观设计的法律制度及其发展动态等方面，进而研究适合我国国情的外观设计审查制度。同时对我国外观设计专利申请的类别分布，申请数量和战略，结合我国入世后的新变化，提出了我国企业能够规避侵权，走自己创新之路的方案，提高我国企业在世界工业设计领域的地位。并在调查研究的基础上提出我国外观设计法律制度的发展方向。

7. 知识产权权利限制研究

项目编号：SS04—B—10

摘要：本报告从知识产权的发展规律、知识产权的性质及特征和国际时代形势的要求三个方面系统阐述了知识产权权利限制的正当性和必要性，进而分析了制约我国知识产权权利限制的相关因素，指出我国现有立法的不足。报告着重从知识产权权利人的行为和侵权责任两个方面介绍了国外(包括国际条约)知识产权权利限制的诸多制度方法。最后，对如何管制知识产权滥用，本报告建议我国应首先采用知识产权法，再过渡到反垄断法，或以反垄断法来补充知识产权法的不足。

8. 知识产权与当代国际关系

项目编号：SS04—B—13

摘要：本报告详细介绍了美国和日本的知识产权保护发展历程，深入研究了美国和日本对本国知识产权利益的维护手段，并通过有关案例展示了目前美国和日本等发达国家解决知识产权纠纷的主要方式，对我国未来解决国际知识产权纠纷和制定国家知识产权发展战略提出了若干参考性的意见。

9. 我国高新技术自主知识产权创造与保护研究

项目编号：SS04—B—14

摘要：本报告以中国自主知识产权的提出为切入点，梳理了有关自主知识产权的理论研究成果，并着重从产权归属和运行机制两个方面对以信息技术和生物科技为代表的若干高新技术产业中自主知识产权的创造与保护进行了研究。本报告建议我国应完善科技成果的等级评估和高新技术企业的资格认定制度，明确职务成果的产权归属，提高对发明人的物质奖励；应建立知识产权的市场交易体制，扶植民营科研机构，加速成果转化；提高行政管理效率和服务水平，完善相关法律法规及司法审判机制，为我国高新技术产业自主知识产权的创造与保护提供良好的环境。

10. 我国汽车产业知识产权保护状况专项调查研究

项目编号：SS04—B—15

摘要：本报告首次对我国汽车产业知识产权保护与利用进行了专项调查，取得了大量详实可靠的数据并进行了科学的数据分析。指出我国汽车企业知识产权保护存在的问题主要有：专利管理水平层次不一、申请数量少、申请主题分散，参与标准制定的积极性不高；缺乏对商标等无形资产的评估造成自主品牌的缺失。本报告建议应反思后再走“合资、贴牌”的发展模式，指出合资和技术引进的最终目的是为了自主研发，应在合资中实现“独立跳跃”，国家对此应给予政策支持。汽车企业也应该加强自身知识产权战略的应对，积极参与汽车标准化建设。

11. 入世后我国知识产权重大涉外案件研究

项目编号：SS04－B－18

摘要：本课题通过对我国2004年发生的重大涉外知识产权诉争个案的研究、分析、论证，总结出中国企业在各涉外案件中所处的劣势、失败的因素等经验教训，并以此为基础，提出了建立中国重点产业知识产权预警机制的构想及框架，从而为企业增强知识产权意识，提高竞争力等提供了指导性的意见。

2005年度软科学项目研究成果

12. 国家知识产权战略中

涉及地方知识产权战略的相关问题研究

项目编号：SS05－A－24

摘要：本报告以科学发展观为指导，以解决国家及各地在知识产权的创造、管理、保护和应用中存在的问题为切入点，主要从国家知识产权战略的角度来分析其中涉及地方知识产权战略研究和制定的问题。本报告分析了二者之间的内在联系，指出地方知识产权战略需要国家战略提供上位的政策和法律来指导，二者衔接的关键在于通过贯彻实施国家知识产权战略来推动地方知识产权战略的制定和实施。本报告建议在制定国家知识产权战略时将地方知识产权战略作为一个子系统有机地融入其中，并提出了实现国家知识产权战略和地方知识产权战略衔接的具体设想和内容建议。

13. 企业专利战略工作的项目管理方法应用研究

项目编号：SS05－A－25

摘要：本课题以项目管理理论为指导，探索企业专利战略管理工作的可操作性方法，旨在提升企业专利战略工作的科学性、系统性和效率性。本课题移植了项目管理方法，同时结合运用过程理论及专利法学等方法，将企业专利战略管理分为规划、实施、控制与评价三个部分并分析了各部分的特点，制订了基于项目管理的企业专利战略规划管理流程；论证了企业专利战略管理实施部门的地位、构成及管理模式，并选择项目沟通管理作为企业专利战略管理的控制方法。本课题提出如下建议：企业应从获得长期竞争优势和培养及提高企业核心竞争力的高度来构建企业的专利战略，并应将项目管理方法作为企业专利战略管理结构的中心。

14.“知识产权文化建设”课题研究

项目编号：SS05－A－26

摘要：本课题分析了知识产权文化的内涵、结构及基本理念，论证了我国知识产权文化建设的必要性，探讨了世界知识产权组织及部分国际条约中涉及的知识产权文化理论，并考察了日、韩、美等国的知识产权文化的实践。从文化背景、教育现状及其他关联要素的角度，分析了我国知识产权文化建设的国情。明确了我国知识产权文化的方针、目标和任务，给出了我国知识产权文化建设的具体实施方案。提出了如下建议：(1)争取国家相关政策的支持，如鼓励创新、尊重原创的奖励、发明专利申请资助等。(2)争取有关部门特别是中宣部、文化部、教育部、国新办等部门的支持。(3)加大知识产权专业媒体与大众媒体的合作，建设多层次宣传平台，并加大宣传平台的基础设施建设。(4)保证对知识产权文化宣传的资金投入。

15. 浙江高校知识产权教育调查研究

项目编号：SS05－A－27

摘要：本报告通过对浙江高校知识产权教育现状的调查，和周边及国外高校知识产权教育现状，包括教育模式、课程设置等情况的研究，以及社会对知识产权人才的需求和高校知识产权教育目标的选择3个方面的深入探讨，提出了完善我国高校知识产权教育可行性对策。为我国知识产权人才的培养提供了很有参考价值的建议。

16. 专利与经济发展关系横向比较研究

项目编号：SS05－A－28

摘要：本报告从技术创新与专利制度的互动关系出发，探讨了专利在经济发展过程中的作用机制，并利用不同国家和地区现有的统计数据进行相关性检验和横向比较实证研究，进而基于世界经济、技术和专利的发展趋势与规律，结合我国现阶段的经济发展特征、技术创新水平和专利发展状况，探讨有利于促进我国经济未来可持续快速发展的专利政策。

17. 山东高校知识产权教育状况调查研究

项目编号：SS05－A－30

摘要：本报告旨在全面了解山东高校的知识产权教育状况。调查发现山东高校知识产权教育存在的主要问题是：知识产权专业教育规模小、层次低，不均衡；对非知识产权专业学生的知识产权教育普及率低，分布不合理，课程内容不完全符合实际需要。经过研究，课题组认为，思想认识不足、师资严重匮乏以及缺少督促、评价机制是制约山东高校知识产权教育发展的主要原因。对此，课题组提出以下建议：加强对高校管理者的培训；重视知识产权教育教学研究；合理设置知识产权教育层次、规模和教学内容；加快知识产权教师队伍建设以及重点扶持理工类院校和设有经贸类专业高校的知识产权教育工作。

18. 知识产权行政保护新态势研究

项目编号：SS05－A－31

摘要：本报告是国家知识产权局2005年软科学研究项目的最终成果。研究报告以我国加入WTO、实施国家知识产权战略为背景，以知识产权理论和行政法学理论为指导，综合运用历史研究、比较研究、实证研究和文献分析、规范分析的方法，对我国知识产权行政保护新态势展开了系统研究。本报告在探究我国知识产权行政保护的必要性和特殊性，提出了知识产权行政保护的法定原则、程序正当原则、公益原则和行政效益原则，在总体分析我国知识产权行政保护现状和发展态势的基础上，在总论部分设四个专题分别对中国特色知识产权行政保护的法律体系构建、知识产权行政管理和执法体制、知识产权行政保护的方式和程序、知识产权行政执法的救济制度等基本问题进行深入研究；在分论部分设六个专题有针对性地对主要的知识产权行政保护制度作实证研究，包括专利权行政保护制度、商标权行政保护制度、著作权行政保护制度、计算机软件行政保护制度、高校知识产权行政保护制度、企业知识产权行政保护制度等。

19. 高校知识产权人才培养问题调查研究

项目编号：SS05－A－34

摘要：本报告分析了教育部直属院校等48所高校的知识产权人才培养及教学情况，归纳了我国高校知识产权教学研究机构设置、知识产权人才培养及培训的常见模式，同时对17所大学的专家进行了知识产权相关问题的问卷调查。明确了高等院校是培养我国知识产权人才的主要途径，探讨了知识产权人才的定义及其基本特征，提出了我国知识产权人才培养的战略重点和总体思路，并给出如下具体建议：(1)我国应以高等院校为主要基地，既需要与社会培训机构共同突击性地、规模性地应急培训一批已有一定工作经历的知识产权法律专业人才和知识产权经营管理专业人才，又需要今后经常性、多样性、多层次、多元化地持续培养大量的知识产权专业人才。(2)应当主要在硕士研究生培养层面，尤其是在知识产权MBA和法律硕士方面，培养大量应用型知识产权人才。在博士研究生层面适量培养知识产权理论研究人才和高等院校知识产权师资人才。在本科阶段宜全面普及知识产权课程教育。

20. 江苏省中小(民营)科技企业知识产权现状调查与对策研究

项目编号：SS05－A－36

摘要：本报告从分析企业发展与知识产权的关系入手，指出加强知识产权工作是现代企业自身发展的必然要求。在此基础上，报告对江苏300多家重点民营科技型中小企业的知识产权现状进行了调研，发现存在“五大问题”：一是成果多专利偏少，产权保护意识淡薄。二是专利结构不合理，信息的运用能力差。三是工作发展不平衡，企业之间差别悬殊。四是专利维权难，企业缺乏专门人才。五是内部管理制度缺乏，专利难以有效运营。对此，报告从加强领导和政策扶持、培育示范企业、建设服务体系等方面提出了有针对性的政策建议。

21. 女书的知识产权保护与开发

项目编号：SS05－A－40

摘要：本报告分析了“女书”的起缘、特点及价值，调查了“女书”的保护与开发的现状。提出了对“女书”开发与保护的如下建议：一是加大“女书”作为一种旅游资源的开发力度。二是加快“女书”艺术化和产业化的进程。促使“女书”进入篆刻领域、民族声乐、书法、微标设计领域。三是加强“女书”知识产权保护。对“女书”的保护和弘扬，主要用公法来保护。对“女书”的开发利用，主要用著作权法、专利法、商标法等私法进行知识产权保护。

22. 宁夏专利文献信息利用状况调查研究

项目编号：SS05－A－41

摘要：本报告对宁夏专利文献信息的资源现状和利用状况进行了深入的调研，课题组发现宁夏存在专利文献信息收藏不足、品种单一；对专利文献利用重视不够，利用能力和水平比较低的问题，与发达地区差距比较大。课题组分析认为，专利保护与科技工作结合不够以及对专利文献作用的宣传不力造成企业缺乏专利信息意识和利用机制是问题的原因所在。对此课题组建议：首先应该从改进基础建设、加强宣传、完善制度、培养人才及改进服务等方面加强知识产权管理部门的专利文献信息工作；其次要强化企业专利文献信息利用的意识，使企业利用专利文献提高专利申请质量的同时，能够达到既避免侵权又实现维权的效果。

23. 中小学知识产权教育相关问题研究

项目编号：SS05－A－43

摘要：本报告分析了世界范围内中小学等青少年知识产权教育的做法和特点。考察了 215 所学校知识产权教育情况，研究了知识产权教育的动因及产生的积极影响，同时归纳了中小学知识产权教育方法和内容。分析了中小学知识产权教育的管理内容和评价指标。提出了如下建议：1. 中小学知识产权教育应当纳入知识产权教育的有机整体，成为建设“创新型国家”人才建设中的一项基础工作。2. 具有尊重和保护知识产权意识，具有积极创新精神，并将培养人的创造性为目的的创新教育融入知识产权教育的基本内容。3. 研究和规划我国知识产权教育的发展目标，积极建立起知识产权教育体系。4. 加强对中小学知识产权教育的研究和成果推广。

24. 专利信息传播与利用及其信息化建设

项目编号：SS05－B－01

摘要：本研究给出了专利信息的定义和特点，并将专利信息分成基础性和增殖性两种类型。调查研究了国内外专利信息传播与利用的现状，通过对比指出存在机构设置分散，传播渠道缺乏权威性，对专利信息的重要性认识不足等九个问题。进一步指出了目前和未来社会对专利信息存在巨大的需求。提出了政府建立专利信息传播制度，设立专利信息服务的管理部门及国家级专利信息发布中心，建设专利信息平台，建立健全专利信息传播网络等对策建议。

25. 完善专利法律法规体系研究

项目编号：SS05－B－02

摘要：本研究总结了我国专利法律法规体系形成的背景，归纳了我国专利法律法规体系内主要法律法规的布局、结构、内容及其相互之间的关系等方面，指出了我国专利法律法规体系中存在法律法规效力和层次不分明，相关规定之间缺乏配套衔接等问题。提出了设立快速立法程序，建立立法工作协调机制，各法律法规应当不缺位不越位等完善专利法律法规体系的对策建议。

26. 美日韩等国家专利战略研究

项目编号：SS05－B－03

摘要：本报告从战略制定的背景、主要内容和特点三个方面详细考察了美、日、韩三国的专利战略，总结了专利战略具有的共性：将知识产权战略放到关系国家经济社会发展的重要位置，政府在其中发挥主导作用，投入巨大的国家资源，强调企业的关键作用等等，这些都是我国可以借鉴的。但同时报告指出，应从我国的国情出发确定战略的着力点：特别注意维护权利人、使用者和公众三方的利益平衡；高度重视知识产权人才和国民意识的培养；在战略的制定上不拘泥于国外的先例，敢于制度创新；同时要突出保护优势领域，比如传统知识、遗传资源和民间文艺等。

27. 专利工作面临的国际形势与对策

项目编号：SS05－B－04

摘要：本报告回顾了国际专利协调的发展历程，揭示了国际专利协调的现状，分析了发达国家在专利领域的主要诉求及实现的手段，对比了我国与发达国家、发展中国家在专利方面的利益异同。分析了国际知识产权的双边形势及未来可能对我国产生的影响，例举分析了我国在专利方面面临的双边现实压力。从加强涉外协调、多边合作等方面论述了我国未来专利国际合作的战略。

综合提出了在多边规则制定活动中，在处理双边问题时，在海外维护中国企业利益时的具体对策建议。

28. 专利预警应急机制研究

项目编号：SS05—B—05

摘要：本报告通过对美国、日本、韩国及我国台湾地区的专利预警机制的考察，阐明了建立专利预警机制的必要性和可行性。本报告在界定相关概念的基础上，将专利预警应急机制分成三种类型：政府主导型、行业协会协调型和企业主导型。本报告建议专利预警机制的建立分成两个阶段：首先，建立专利信息分析报告发布制度。其次建立专利预警指标体系和专利纠纷预警模型。本报告以政府主导型为重点研究了专利应急机制的体系。为了实现专利预警应急机制的有效运行，本报告还研究了相关的管理体系、组织体系和保障措施等方面的内容。

29. 专利池运用的现状、存在问题及对策

项目编号：SS05—B—07

摘要：本报告在国内首次较为全面、深入的考察了专利池制度的历史发展和运用现状。报告对国内 IT、电信、中药等领域学习和运用专利池现状的调研表明，自 DVD 专利收费事件后，国内相关产业在意识上开始重视专利池制度，并成立了产业联盟，但是仍存在经验不足和技术落后的劣势。报告通过分析 DVD 专利收费事件中可能存在的权利滥用行为，指出我国规制专利池制度的法律体系不完善，进而着眼于从完善专利法律法规体系和提升企业运用专利池制度能力两个层面提出专利池制度的运用对策。

30. 民营企业专利(知识产权)政策研究

项目编号：SS05—B—08

摘要：本报告分析了我国民营企业实施知识产权政策的重要意义，支持加强民营企业知识产权政策研究是保持我国民营经济可持续发展的必然要求，是推动民营企业技术创新的重要举措，是应对国际竞争的客观需要。本报告调查分析了我国民营企业的专利技术现状，并指出存在民营企业知识产权创造力低，知识产权运用能力严重缺失等问题，进而分析了问题的原因。提出了如下对策建议：我国政府应依据市场主导原则，在民营企业专利创造、管理、转化、运用和保护的全程环节突出政府在企业专利战略中的科学合理的引导作用；尽快出台反垄断法，建立政府宏观指导下的以行业协会为重心、以企业为核心、以行业协会之间及行业协会与知识产权民间组织之间的协调联动机制为依托的行业协会专利工作体系等。

31. 现代企业制度中的专利指标体系及制度安排

项目编号：SS05—B—09

摘要：本报告首先分析了我国专利指标体系的现状，通过对比日本、美国和我国香港地区的相关制度，指出我国企业专利指标体系存在的问题：指标体系应用不广泛、与企业评价脱钩、可操作性差、激励机制落后等。针对存在的问题，本报告提供了具有实际操作性的指标体系，该体系将存量指标与评价指标区分开，突出了主要指标，同时设计了次指标、二级指标及定性指标，有利于引导企业重视知识产权运营及向无形资产的转化，能够满足我国不同管理者、经营者、社会及中介机构从事对我国企业知识产权的评价需要。

32. 中国企业涉外知识产权纠纷研究

项目编号：SS05—B—10

摘要：本研究通过实证调查以及对知识产权权利纠纷案例的分析，对中国企业涉外知识产权纠纷中的专利、商标和版权分别进行调查研究，并围绕专利、商标和版权三个主题提出对策建议。本研究重点分析了中国企业的涉外专利纠纷现状，指出中国企业的涉外专利纠纷存在规模扩大、范围增广、发案频繁、手段隐蔽等特点，分析了中国企业涉外专利纠纷频发的主要原因以及中国企业应对涉外专利纠纷时的缺陷，并提出对策建议：在企业层面亟须制定专利战略；在行业层面应调整定位、转变职能；在国家层面应制定整体专利战略。

33. 专利审查综合能力建设

项目编号：SS05—B—11

摘要：本报告首先剖析了专利审查综合能力的内涵，考察了一些重要国家和地区的专利审查能力发展状况，客观总结了我国专利审查综合能力建设的成绩，指出在下列方面还存在问题：专利

审查效率、审查质量、相关法律法规和制度体系、人才队伍建设和信息化建设以及参与国际事务的能力等。在此基础上，本报告有针对性地提出了如下建议：完善专利审查工作的相关法律法规体系；以专利审查和社会需求为导向改革审查制度与方式；建设满足专利审查和服务工作需要的人才队伍和信息化平台；积极参与和专利审查有关的国际事务；充分发挥与专利审查有关的社会管理和公共服务职能等。

34. 专利工作现状和存在的问题

项目编号：SS05—B—12

摘要：本报告从历史数据入手，概括了我国20多年来专利工作取得的伟大成就，总结提出了我国专利事业经过的三个发展阶段。本报告全面分析了我国专利申请授权的基本现状：发明专利比重不高；职务申请比例偏低；有效专利数量不多且平均维持寿命不长；部分重点领域国内份额很少。指出了我国专利工作情况不容乐观，存在以下主要问题：专利法律法规体系不健全、机构设置不合理、执法保护不足、审查能力不能满足需要、人才培养滞后、信息服务能力落后等。本报告是首次对我国专利事业进行系统全面的摸底，并创造性地引入了部分新指标，具有十分重要的意义。

35. 我国专利管理体制研究

项目编号：SS05—B—13

摘要：本报告从论证改革和完善我国专利管理体制的必要性入手，首先考察了我国专利管理体制现状，指出地方专利管理存在机构设置不合理、职能定位不清、投入不足、执法权有限、执法水平不高等问题。本报告对此提出了具体的政策建议：一是在国家层面上统合各知识产权管理部门，加强国家知识产权局在专利信息建设和服务方面的支持职能。二是在地方层面上推行专利行政管理体制改革，创新专利行政保护方式、突出专利执法职能，强化专利执法权限。最后，报告提出一种比较理想的专利管理体制目标模式：即知识产权裁判所、知识产权执法大队（经济警察）、知识产权局三者在各知识产权管理部门（专利、商标、版权等）整合基础上并存，各司其职、各尽其责的知识产权保护和服务模式。

36. 科研单位对外合作知识产权问题研究

项目编号：SS05—B—15

摘要：本研究对科研院所、大学和企业共计639个单位进行了有关知识产权管理情况的问卷调查，在反馈信息的基础上选择了北京、广州、珠海、深圳的21家重点单位进行实地调查；收集了这些单位的国际科技合作项目协议或合同的文本；并对其中有关知识产权的条款进行分析和点评。本报告归纳分析了我国科研单位在对外合作中知识产权保护和管理存在的问题：知识产权管理的水平不均衡，在知识产权管理机构的职能充实但人才短缺，创新能力、面对严峻的国际竞争形势挑战等方面现状与形势发展的要求尚有较大差距。本研究并提出了初步的政策建议：搭建多方位服务平台，为科研单位提供知识产权信息、转移、产业化、代理、投融资、交易、评估、贸易、人才培训与推荐、法律、战略研究咨询等服务；把知识产权管理纳入科技项目管理体系中等。

37. 高等学校专利实施状况的调查研究

项目编号：SS05—B—17

摘要：为了解高等学校专利实施的真实情况，本报告对全国2001～2005年申请、授权专利的前100名高校的专利实施情况进行了调查研究。调查发现，高等学校专利实施状况基本良好：专利实施数量与实施收益稳步增长；实施收益分配激励机制基本到位。针对高校专利未实施的情况，课题组研究指出内因源于专利本身的特殊性，而管理部门重申请、轻实施，投入不足并由此导致企业缺乏实施专利的动力和能力则是造成专利未能实施的社会因素。有鉴于此，课题组建议将专利实施纳入政府部门的统计内容；制定技术转移法规，促进专利技术向最适宜实施的方向流动；加强学校与企业的合作，促使专利实施优势互补。

38. 行政与司法保护课题研究报告

项目编号：SS05—B—18

摘要：本报告以知识产权的历史演进为切入点，从法律的角度分析了知识产权的私权属性。以此为基础，报告首先从理论上论证了知识产权司法保护的正当性，分析了知识产权行政保护的利弊。其次通过考察我国知识产权“双轨制”保护的现状，指出存在司法保护与行政保护不协调的问题。报告建议应从以下几个方面完善我国的双轨制保护体系：首先，建立知识产权联席会议和信息共享平台；其次，完善行政保护的程序制度及加强司法保护的力度；最后，总的趋势是将侧重点从行政保护转移到司法保护。

39. PCB布图设计知识产权保护研究

项目编号：SS05－B－19

摘要：本报告首先介绍了印刷电路板的基本原理和产业背景，指出对其提供保护的必要性。在此基础上，重点就如何保护的问题，报告分别从版权、专利(外观设计、发明和实用新型)和反不正当竞争的角度，运用法律分析的方法详尽地论证了上述手段保护印刷电路板的可行性和存在的困难，并研究了采取特殊立法例形式进行保护的可能性。本报告同时对现行立法和司法中存在的问题进行了剖析并提出了完善的建议。最后，报告就在现有的法律环境下企业应如何保护印刷电路板的问题，从技术和法律两方面提供了具有现实操作性的建议。

2006年度软科学项目研究成果

40. 外观设计保护专门立法模式研究

项目编号：SS06－A－09

摘要：本研究采用历史研究、比较研究、规范分析等方法，对版权法模式、专门立法模式以及专利为主的多重保护模式进行了比较分析；分析了外观设计与发明、作品等其他知识产权客体之间的区别，探讨了处于版权和专利交叉地带的边缘性智力成果“外观设计”合理的法律保护模式，进而为我国外观设计法律保护制度的修改与完善提供参考。

41. 青岛市重点企业专利状况调查研究

项目编号：SS06－A－12

摘要：本研究针对青岛市270家企业，综合运用统计分析、问卷调查、实地访谈考察、案例剖析、专利检索等手段，从专利创造、运用、管理、保护等方面，对青岛市重点企业的专利状况进行了实证分析，总结了青岛市重点企业专利工作具有如下特点：(1)以企业为主体，以转化为目的。(2)专利创造与品牌培育相结合。(3)“大企业带动”优势明显。本研究指出存在如下问题：(1)专利分布面小，中小企业专利的质和量均有待提高。(2)青岛企业的专利增长速度与先进城市相比有一定差距。(3)专利服务系统存在较多缺项，专利管理人才和基于政府支持的专利激励力度有待加强。并在此基础上，提出了改进企业专利工作的政策建议：青岛企业应将专利工作重点从外部推进的传统方式向内生型专利战略转变，加强企业自主创新能力和动力的培育。结题建议：(1)制定创新型企业战略。(2)完善企业专利管理组织。(3)加快企业专利文献库建设。(4)加强企业专利的综合保护。

42. 中国企业海外并购中的知识产权管理研究

项目编号：SS06－A－13

摘要：在中国企业海外并购浪潮已经到来的时代背景下，在目前对跨国并购研究主要以西方发达国家的跨国公司为主要研究对象的背景下，基于国外企业海外并购以及中国企业海外并购的案例而进行的比较研究和实证研究，对于总结发展中国家通过并购方式的对外投资无疑具有十分重要的理论价值和重要的现实意义。

在内容的安排上，本报告并没有完全局限于企业竞争层面对知识产权管理问题的介绍，而是通过国家管制和调整的角度对并购中涉及的知识产权管理问题进行了更大范围的分析。这种分析也许有助于我们对此问题进行更宏观且更为现实的思考。本报告的内容作了如下安排：首先，对中国企业进行海外并购做了宏观上的描述，指出企业海外并购的过程中涉及大量的知识产权管理问题。接着，对知识管理理论进行了分析，认为知识管理理论是企业海外并购的重要理论基础，对企业进行并购实践具有重要意义。在知识管理理论中，知识产权管理是重要内容，也是其制度化的表现。第三章对企业海外并购中涉及的知识产权管理问题进行了分析，并在第四章中从企业跨国投资的实践出发分析了跨国投资的主要知识产权战略。在第五章和第六章中，讨论了企业跨国并购在企业竞争层面之上的国家管制问题，主要涉及国家通过竞争法对企业并购的管制和通过国家安全立法对并购的管制，尤其是后者目前已经成为各国调整外资进入的主要手段和工具。基于此考虑，报告紧接着重点分析了美国有关国家安全立法的发展。并通过中海油并购优尼科案、可口可乐并购汇源果汁案以及达能并购娃哈哈案对中美国家安全立法进行了比较分析，并对中国安全立法提出了建议。

43.《知识产权工作实务指南》编写研究

项目编号：SS06－A－15

摘要：本研究在收集和掌握当前国内相关出版物的基础上，对部分企业、高校、科研机构以及知识产权服务机构进行直接调研了解需求情况，正式出版了一本实务类工具书——《知识产权工作实务指南》，全书采取工具书体例，理论说明简洁明了，实务操作准确和规范，可操作性强，便于读者使用和检索，对政府部门、科研机构、高校、企业以及知识产权服务机构开展知识产权工作具有一定的实用价值。

44. 中国知识产权高等教育模式研究

项目编号：SS06－A－16

摘要：本报告通过对全国部分省市知识产权部门、高等院校、大型企业进行调研访谈和问卷调查，系统论证了我国改革发展知识产权高等教育的迫切性、知识产权人才需求数量与结构、知识产权属性与学科新定位、有中国特色知识产权高等教育结构、知识产权高等教育运行思路等内容，并提出了加快发展知识产权高等教育的对策建议：(1)明确知识产权的属性，在此基础上，于法学、管理学、经济学等学科门类之下设置知识产权法学、知识产权管理学、知识产权应用经济学等二级学科。(2)坚持本科教育（审查专业本硕联读）、研究生教育和在职教育的层次结构。(3)创办中国知识产权学院。

45. 中国加入外观设计保护海牙体系对深圳相关产业的影响

项目编号：SS06－A－17

摘要：本研究分析了《工业品外观设计国际保护海牙协定》各个文本，对比了有关国际条约，研究了深圳相关产业外观设计状况，采集有关历史数据进行深入的分析，并通过调查问卷、重点专访等方式，搜集深圳企业和专利代理机构对加入该体系的看法，在此基础上描述了我国加入该体系对深圳相关产业的积极作用和挑战，针对深圳的创意产业、中国企业的"走出去"战略、工业品外观设计创新的激励和扶持、外观设计专利权的保护等方面提出前瞻性政策建议。

46. 高新技术企业自主创新过程中专利保护模式及相关问题研究

项目编号：SS06－B－01

摘要：本研究收集分析了国内外企业论坛和跨国公司专利保护模式资料，并实地考察了英特尔公司、国际商用机器（IBM）等多家国外企业。对全国高新技术企业的专利保护状况进行了问卷调查，并结合国内外企业专利纠纷典型案例，从专利保护模式形成的基础条件着手，以企业自主创新过程中专利的生产流程为主线，探讨在不同阶段针对存在的问题及采用的保护策略与具体保护方法，以及配套机制的建立及其他相关问题。

47. 专利资助现状、问题及政策研究

项目编号：SS06－B－02

摘要：本研究分析归纳了专利资助政策的法律内涵和实证效果，搜集整理我国各地的专利资助政策并进行系统比较，对历年来国家知识产权局通过专利减缓给予资助的历史数据和各地方的专利资助数据进行统计分析，结合国际条约中的相关法律原则和国外相关实施政策的研究，明确了我国专利申请资助制度存在的突出问题，提出了改进现有专利资助制度的建议：完善《专利费用减缓办法》，完善地方专利补助政策、规程及资金监管，并提出了《"地方专利资助办法"示范文本》。

48. 知识产权证券化制度研究

项目编号：SS06－B－03

摘要：本研究分析了知识产权证券化的基本原理、主要特征与核心问题，以及目前国外知识产权证券化的发展态势。集中讨论了我国推行知识产权证券化的必要性与可行性，指出引进知识产权证券化这一金融创新工具对于解决我国中小高技术企业融资难、高科技研发计划后续产业化应用资金不足等问题具有非常现实的意义。提出了我国推行知识产权证券化的模式主要包括中关村模式、银监会模式、证监会模式、科技部模式，并从总体思路、首要问题、核心关键等方面提出了八条具体的政策建议措施。

49. 对我国非职务发明及民间科技工作现状的分析研究

项目编号：SS06－B－04

摘要：本报告通过问卷调查、互联网搜索、函

请我国有关驻外使馆科技处协助进行调研等方式积累了大量有价值的数据、资料，并以此为基础对我国非职务发明及民间科技工作现状进行了分析研究，解释了我国非职务发明申请在全部国内专利申请中所占比例呈现逐年递减的客观原因，并结合实际，提出了五点建议。

50. 专利技术经济学研究

项目编号：SS06－B－05

摘要：本研究收集整理了国内外专利技术经济学相关文献，明确了专利与技术经济学的关系，设立了专利技术经济问题的项目、组织、产业和宏观四级分层分析框架，得出如下结论：(1)实施国家专利战略中的决策科学化，应建立系统的技术经济论证的理论方法体系。(2)实施国家整体知识产权战略，迫切需要进行资源配置和利益权衡的精确计算。(3)通过加强技术经济研究，完善法律对价的支持工具，以应对日益增多的专利诉讼。提出了五个方面的建议，包括建议国家知识产权局应用本课题取得的技术经济学理论方法，选择具体的专利政策问题，组织力量展开实际的定性分析与定量测算相结合的深入研究。

51. 2006 年度中国软件盗版率调查

项目编号：SS06－B－09

摘要：本研究提出了按照安装套数和折算价值分别计算的两个系列的软件盗版率的概念，并建立了一套便于检验的计算模型；运用行业统计、抽样调查、回访调查、专家估算相结合的研究方法，按年度计算了不同标准、不同口径下的软件盗版率数值。结果表明，2006 年有关政府部门所采取的各项措施成效显著，软件盗版行为得到了有效遏制，所造成的经济损失有所下降。与 2005 年相比，全行业折算价值盗版率由 26％下降至 24％。收费计算机软件套数盗版率由 66％下降至 63％。本研究分析了软件盗版趋势，归纳了盗版率下降的原因，并就加大政府部门和企业用户要求使用正版软件等政策措施的执行力度，针对个人用户软件盗版行为设立措施等方面提出对策建议。

2007 年度软科学项目研究成果

52. 河南省重大经济活动知识产权特别审议机制研究

项目编号：SS07－A－01

摘要：本课题采用问卷调查、文献分析、实地调研等研究方法，对河南省重大经济活动和重大科技计划中的知识产权问题进行调研，对重大经济活动知识产权特别审议的基本概念、重要性和必要性进行了研究，分析了河南省重大经济活动知识产权审议的现状和取得的经验，研究设计了重大经济活动知识产权特别审议机制的框架，并提出了建立重大经济活动知识产权审查机制的政策建议。

53. 贵州省重大经济活动知识产权特别审议机制研究

项目编号：SS07－A－02

摘要：本课题研究了贵州微硬盘项目知识产权现状调研情况和专利侵权诉讼有关情况，分析了微硬盘项目引进中的知识产权问题、项目运行过程中的知识产权问题，总结了项目失败的原因；研究了贵州省重大经济活动知识产权特别审查机制建设和实施情况，并研究提出了建立国家重大经济活动知识产权审查机制的政策建议。

54. 世界主要知识产权局专利审查能力评估研究

项目编号：SS07－A－05

摘要：本研究课题试图通过对世界各主要知识产权局审查工作的比较和分析，客观描述世界各主要知识产权局专利审查工作的绩效和管理能力，全面评估 SIPO 与其他局专利审查工作的发展差距。研究中主要针对五局的专利审查工作现状进行了比较分析，其中包括审查管理能力和审查工作绩效。通过比较可以看出，USPTO 资源雄厚，能力均衡，申请和审查的处理规模大，质量较好，效率较高；JPO 能力较全面、重信息化建设、重服务，申请和处理规模与 USPTO 相当，质量和效率较好；EPO 资源雄厚，数据收集和加工能力强，管理重质量、人性化，审查质量最好；KIPO 发展较快，信息化水平高、重标准化、重服务，审查效率较高；相比而言，SIPO 近年来发展迅速，管理中重计划、重培训，审查规模、效率和质量均已处于中间水平，且总体呈上升趋势。USPTO 和 JPO 的管理和绩效都比较突出，EPO 的管理和绩效则均处于中间水平，KIPO 和 SIPO 则各有特点，SIPO 在绩效方面略占优势，KIPO 的管理则有一定优势，最终五局专利审查能力的总体排名为：USPTO、JPO、EPO、KIPO 和 SIPO。本研究还分析了美、日、欧、韩四局面临的挑战和相应的发展方向，在此基础上，结合在专利审查工作评估研究中分析得出的 SIPO 劣势所在和我国知识产权事业未来发展的形势要求，提出了 SIPO 专利审查工作应遵循“实现专利审批效率明显提升，审批质量稳步改善和社会满意度大幅提高”的总体发展方向。

55. 世界专利发展趋势及应对策略研究

项目编号：SS07－A－07

摘要：世界专利事业是一个复杂的有机系统，包括不同国家或者地区专利的创造、运用、保护和管理活动，其中很多方面的发展趋势有待进一步研究。本课题结合实际情况，仅研究了世界专利申请和授权、专利质量、专利制度一体化和统一化、专利创造性标准的发展趋势以及国家知识产权局和地方知识产权局应对这些发展趋势的策略。具体包括：第一，分析了世界专利申请和授权的整体发展趋势和本国居民与非本国居民专利申请和授权的发展趋势。第二，从专利申请量和授权量大幅增加而导致的专利质量问题入手，研究了专利质量降低的原因及危害，提出了提高专利质量的措施。第三，在专利制度国际化趋势不断加强的背景下，研究了世界专利制度统一化和一体化发展趋势，并提出了应对策略。第四，研究了专利创造性标准的重要性和难操作性，回顾了美国专利创造性标准的发展历程，总结了世界专利创造性标准的未来发展趋势，并提出了应对策略。第五，总结了国家知识产权局为应对世界专利发展趋势已经取得的成绩和即将采取的措施。第六，探讨了地方知识产权局应对世界专利发展趋势的策略。

56. 企业知识产权

风险管控能力评价风险预警及管控对策研究

项目编号：SS07－A－10

摘要：本研究从狭义和广义两个角度分析了企业知识产权风险的内涵，调查分析了不同类型企业和不同类型人员，从多个角度剖析了企业面临的知识产权风险的类型及其表现形式。本研究制定了企业知识产权风险预警指标选择方法和权重制定方法；使用证据理论建立了企业知识产权风险预警模型，说明了基于证据理论的知识产权风险预警步骤；最后用案例详细说明了企业知识产权风险预警模型的使用过程、计算方法及其有效性。本研究提出了企业知识产权风险防范对策，为我国各级政府、行业协会等提供了评价工具；也为我国各类企业进行风险管控能力的自我评价、知识产权风险预警提供了方法。

57. 专利转化促进政策研究

项目编号：SS07－A－11

摘要：我国专利技术转化率低的主要原因有：(1)多数专利质量不高，难以产业化；它源于人们对专利制度的异化，即对其使命和专利的本质未能全面、准确把握；不当专利资助政策不仅导致无法变成财富、浪费社会资源的垃圾专利出现，还带来国有资产流失。(2)在专利立法和相关政策方面，我国过于强调保护而对其转化等缺乏硬性规定；在科研成果评估方面注重专利数量等静态指标而忽略专利转化等动态指标；在研发项目设置方面计划色彩较浓，过分强调项目的高精尖等。应对策略有：结合国情，对有关专利申请和授权激励政策进行完善，资助不以申请或授权而以可产业化为准，以提高专利质量；根据商品由市场来决定(专利是商品)原则，不盲目提倡高校、未改制的科研院所申请专利；提高专利技术转化在国家创新战略中的地位，将鼓励技术转让或转化作为知识产权和科技立法的指导思想，完善和丰富技术转化法；把专利质量作为创新能力评估标准，将专利转化业绩作为个人晋升等重要指标；在国家科研立项和经费投入方面，从产业界中征题，避免盲目追求脱离产业的高精尖项目；对产学研合作项目给予倾斜，或通过制度安排，将更多经费投入企业，由其依市场需求到高校或科研院所招标，避免产学研脱节。

58. 生物技术知识产权战略模式选择和推进策略

项目编号：SS07－A－12

摘要：本研究构建了生物技术企业知识产权战略的动态组合模式，通过区分不同技术创新层次差异、知识产权价值差异和知识产权管理水平差异对生物技术企业知识产权战略选择的影响，利用战略聚类分析模型等战略分析方法确立在多维度和多层次下的生物技术企业知识产权战略动态组合模式。研究表明我国生物技术企业在技术进步和知识产权保护方面虽然有了很大的发展，但不同生物技术领域技术水平差异大，知识产权质量参差不齐，知识产权制度不够完善，知识产权战略管理能力有待提升是企业发展面临的现实问题。本研究阐述了推进生物技术企业知识产权战略实施的具体策略，明确政府在知识产权管理政策制定和实施的关键控制点，为政府制定相关政策提供指导。

59. 美欧医药化工专利诉讼案例研究

项目编号：SS07－A－18

摘要：本研究发现：⑴美国联邦巡回上诉法院专利纠纷案审判过程中，不时透出双重标准迹象；美、欧在自己国内很注意平衡专利权人与公众利益，但是“个案审理，内外有别”。⑵原研药与仿制药企业之间的矛盾是医药化工专利领域的主要矛盾。⑶专利诉讼大案集中于年销售额10亿以上(包括10亿)美元的“重磅炸弹”药品。⑷世界仿制药高手是以色列的特瓦制药公司、美国的巴尔制药公司等。外国法院在“新颖性”(即“预先占有”)“创造性”(即“非显而易见”)“说明书充分公开”“对权利要求的解释与侵权判定”的判定中，对事实认定与法律适用，尤其是判决中的证据采信、事实侧重、思考角度及表述方式，可供国内参考。

60. 国家重大经济活动的知识产权特别审议机制研究

项目编号：SS07－B－01

摘要：本课题采用问卷调查、文献分析、实地调研等研究方法，对江苏、河南、贵州、山东、山西等地方重大经济活动和重大科技计划中的知识产权问题进行调研，对微硬盘项目失败的知识产权因素和煤液化项目存在的知识产权风险进行了实证分析，初步总结了我国经济活动知识产权审议的实践现状和取得的经验，对重大经济活动知识产权审议的内涵、组织机构、运行系统等进行了研究探讨，提出建立重大经济活动知识产权特别审议机制的政策建议。建立重大经济活动知识产权特别审议机制的有关建议得到国务院有关部门和地方政府的高度重视，该项措施已经写入《国家知识产权战略纲要》，推进了国家和地方重大经济活动的知识产权管理工作。

61. 2007中国软件盗版率调查报告

项目编号：SS07－B－02

摘要：本研究是在2005年、2006年专项研究的方法论和数据积累基础上，连续第三年开展的软件盗版率专项研究。研究表明：按市值折算，2007年软件产业的盗版率为20％，软件产品的盗版率为31％，计算机软件的盗版率为41％；按当年安装套数折算，计算机软件的盗版率为13％，收费计算机软件的盗版率为56％，其中单位用户由2006年的39％下降至35％，个人用户由78％下降至69％。本研究总结了盗版率下降的主要原因并揭示了中国软件盗版行为发展趋势。本研究建议：有关部门持续开展年度盗版率调查工作，并加大支持力度，逐步建立并健全软件盗版的信息监测体系和专业队伍，使研究结果的质量得到不断提高，从而为开展软件知识产权保护工作提供强有力的决策支持。

62. 药品知识产权典型案例调查研究

项目编号：SS07－B－11

摘要：本研究收集了近年来药品领域发生的专利纠纷案例，并对其进行了总结和分析，总结了一些药品领域的共性特点：(1)实践中出现的药品专利纠纷，进行无效宣告和专利侵权诉讼的情况最常见；(2)专利之争，主要是外企诉本土企业侵权；(3)药品制备方法专利侵权案件的复杂性和疑难度较高；(4)药品专利诉讼折射出涉及药品专利保护的特殊技术和法律问题。

本研究从中选取了一些典型、疑难、影响重大的案例，就其中引发的关于专利授权和专利侵权认定涉及的相关原则和法律适用等问题以及程序问题进行了深入研究，具体包括：与药品标准和上市有关的现有技术认定，药物制剂发明的创造性尺度，专利说明书中有关实验数据的要求标准，药品制备方法专利侵权中新产品的认定，药品专利侵权诉讼中等同原则和公知技术抗辩原则的适用，专利无效宣告程序中的中止制度等。

通过研究药品知识产权领域的典型性和代表性问题，课题组针对确权和侵权判断的实体和程序问题提出了一些具体而有针对性的建议。

63. 化工行业的知识产权战略研究

项目编号:SS07-B-13

摘要:依靠我国政府对化工行业一直采取的积极鼓励和扶持政策,中国已经成为化工行业的生产和消费大国,化工行业也已成为国民经济的支柱行业,在促进经济增长、实现可持续发展等方面都起着重要作用。而目前化工行业技术创新能力与国内化工行业的快速发展不相适应,化工行业知识产权的发展显得较为滞后。本课题结合化工行业的自身特点,首先对化工行业知识产权发展现状进行了统计分析,发现在化工领域以发明专利为代表的知识产权发展有如下特点:总量发展迅猛,区域和申请主体发展不均衡,申请人主体企业所占比例偏低。

在对化工行业知识产权现状分析的基础上,本课题使用SWOT分析方法研究化工行业知识产权战略方向,分析了我国化工行业目前的优劣领域和机遇风险,提出相应的知识产权政策建议,以鼓励和保护化工企业进行绿色技术创新,促进我国化工行业中能源节约和资源有效利用的自主知识产权发展。我们认为,化工行业知识产权战略的发展要以提升化工行业自主创新能力为中心,努力在提高专利质量、促进专利转化两方面进行重点工作,在化工优势技术领域、相对劣势领域和绿色化工领域三类领域进行专利布局,从政府、化工企业、化工行业协会、高等院校科研机构四个主体全面实施。

64. 知识产权管理工程师职业资格制度研究

项目编号:SS07-B-16

摘要:知识产权管理人才作为知识经济时代的一种新兴职业群体,其工作内容、基本知识、能力要求、管理模式等受到广泛关注,本课题从国家职业资格制度的角度,研究知识产权管理人才这一群体纳入国家职业资格制度体系的必要性。课题研究内容涉及不同学科,因此,课题研究成员由知识产权、人事政策和法学等不同学科领域的人员构成。课题采用了文献调研、实地访谈调研、问卷调查和专家咨询等研究方法。厘清了知识产权管理和职业资格制度方面的一些基本概念,明确了相关概念间的区别和联系;分析了知识产权管理人才队伍发挥作用的现状,描述了知识产权管理工程师职业资格制度的基本形态;并对国外的相关案例尤其是日本知识产权管理工程师职业资格制度进行了研究,在归纳提炼各种研究信息并进行综合分析的基础上,得出了新时期在我国建立知识产权管理工程师职业资格制度十分必要的结论,并对如何建立完善知识产权管理工程师职业资格制度提出了具体的政策建议。

65. 中国专利制度史研究——近现代专利制度研究(1859~1949)

项目编号:SS07-B-21

摘要:通过对西方专利制度发展过程的梳理,总结出近现代专利制度得以建立的四个标志性特征,即专利权私权性质的确定、专利说明书和权利要求书的出现、专利审查和信息传播制度的建立、国际专利制度的协调。按照这些标志性特征,将专利制度在我国近现代的发展划分为起源、初步建立以及进一步发展三个阶段。对处于不同阶段的我国近现代专利制度进行系统而全面的阐述和分析,具体内容包括促进专利制度产生和发展的经济、法律及其他因素分析,专利法律法规的制定和完善,管理专利机构的变迁,核准专利的情况分析等等。并将我国近现代专利制度与英、美、日三国进行对比,总结我国近现代专利制度在制度发展的历程以及产生的影响方面与这些国家之间的差距,从横向比较的角度对我国近现代专利制度进行客观评价。在解决上述问题的基础上,从对于专利制度功能的认识、完善专利制度本身、完善专利制度运行的环境以及大力推进知识产权文化建设等方面得出健全和完善我国当代专利制度,使其更好地发挥对经济和社会发展的促进作用的启示。

本研究得出的结论是:从我国开始产生专利制度的萌芽到民国时期颁布了《中华民国专利法》,我国的专利制度从无到有,经过了萌芽、初步发展和进一步发展三个阶段,在专利制度逐步完善、专利制度的实施效果以及人们对于专利制度的认识以及专利制度对当时经济社会产生的促进作用等方面,都取得了一定的进展。但是由于我国近现代技术水平多数还停留在仿制国外先进技术方面,资本主义市场经济也处于初步发展的阶段,法制近代化的进程也是一波三折,再加上我国近现代社会一直处于战争不断、政权频繁更替的动荡的状态之中,这些因素都决定了我国近现代专利制度发展的进程必然是缓慢的,与西方国家近代专利制度无论在制度的完善程度还是产生的效果方面都存在较大差距。

国家知识产权局学术委员会2009年度学术研究成果

一、2009年度一般课题名单

（一）实审专业委员会

1. 从实用性的法理渊源看水产养殖类申请的审查标准

2. 蓝光BD专利预警应急分析及其与记录介质审查标准关系的再研究

3. 化学领域专利申请驳回质量探析——实审复审两级审查结果比较研究

4. 陶瓷领域不同表征方式的审查标准研究

5. 电学特定领域的审查策略研究

6. 特定类型洗涤用品的充分公开要求和创造性评价研究

7. 公知常识的举证和听证

8. 创造性充分说理方式及审查策略研究

（二）初步审查和流程优化专业委员会

1. PCT改革相关问题研究

2. 保密申请和向外申请请求的审查标准研究

3. 非职务发明创造专利费用优惠政策的研究

4. 关于非正常专利申请的现状分析及监控工作的研究

5. 纸件文档管理方式研究

（三）实用新型专业委员会

1. 独立权利要求与从属权利要求保护客体关系的研究

2. 实用新型质量管理分析及其对审查影响的研究

3. 实用新型专利在社会中的实际作用及实例研究

（四）外观设计专业委员会

1. 简要说明及相似外观设计审查实务研究

2. 外观设计权利冲突审查实务研究

3. 外观设计专利权评价报告的实务研究

（五）文献专业委员会

1. 建立全国专利文献传播与利用培训体系研究

2. 数据深加工规则的例证研究及专利加工数据的使用效果评测

3. 五局合作基础项目“共同的混合分类”对国家知识产权局的影响

4. 中国专利文献细分类体系研究

（六）信息化专业委员会

1. 电子审批系统和检索系统运行和维护方案研究

2. 国家知识产权局专利文献数据资源综合管理研究

3. 自然语言理解技术在专利信息服务中的应用研究

（七）复审无效专业委员会

1. 欧洲及韩国专利授权后程序研究

2. 通信领域案件法律和审查热点问题研究

3. 专利行政诉讼相关法律问题研究

二、2009年度优秀课题概要

1. 课题名称：蓝光BD专利预警应急分析及其与记录介质审查标准关系的再研究

课题负责人：卜方

本课题从记录介质目前在产业应用上的热点——蓝光BD技术出发，对其进行全方位的专利分析，通过检索国外专利申请、国内专利申请以及国外来华专利申请，对蓝光技术总体情况进行了分析，并对涉及蓝光的五个重点技术进行分析：包括光盘材料、光盘结构、压缩编码、加密技术以及读取装置，通过分析各个重点技术的相关的专利信息以及关键专利的撰写形式，总结得出了蓝光BD领域的专利风险及其专利表现形式，并从专利审查、产业策略以及企业发展三个方面提出相关的应对措施。此外，通过从蓝光 BD 技术的专利分析结果中发现目前的审查中记录介质审查标准的相关问题，对记录介质审查标准存在的问题进行归纳和整理，以再研究的方式发掘现有审查标准在适应法律法规变化和产业变化上的不足。

2. 课题名称：化学领域专利申请驳回质量探析——实审复审两级审查结果比较研究

课题负责人：郑慧芬

近年来专利申请驳回质量越来越受到关注，驳回质量的高低不仅涉及申请人的切身利益，也关乎国家知识产权局整体行政效率。本课题从实审与复审两级审查结果比较的视角，对 2007 年和 2008 年化学领域驳回案卷的审查质量进行了较为深入的分析与研究，特别是对两年来已有复审结论的百余件案卷逐一分析，查找前后审级之间对于专利法条款运用之异同，探索造成审查结论差异之原因，课题最后提出了提高审查质量，尤其是驳回质量的可能途径与措施。

3. 课题名称：创造性充分说理方式及审查策略研究

课题负责人：诸敏刚

本课题在《专利法》《专利法实施细则》和《审查指南》规定的基础上，对审查操作中创造性判断标准和实际评述中的诸多疑点进行逐个剖析、探讨、总结，并以此给出创造性评述充分说理方式和创造性审查策略的操作建议。

首先，对创造性判断的主体——所属技术领域技术人员的知识和能力进行了深入分析。

其次，根据审查员反馈的、对"三步法"尤其是如何确定最接近的现有技术、如何确定区别技术特征及其实际解决的技术问题、如何判断技术启示等方面中存在的难点进行梳理、分析，同时结合前述对所属技术领域技术人员知识和能力的剖析，对创造性评述中的说理重点和充分说理方式给出具体的建议并通过案例进行详细说明；根据审查员反馈的、特殊类型发明创造创造性评述中的难点进行分析探讨，给出建议的说理重点和充分说理方式；对审查实践中容易忽视的、对所属技术领域技术人员的能力的恰当把握进行专门探讨，着重说明所属技术领域技术人员的能力在创造性评述中的作用。

在此基础上，本课题对创造性审查过程中的审查策略进行了深入研究，从引用不同证据、不同审查阶段、不同申请人、不同特点的权利要求等角度，深入分析创造性审查的不同侧重点、不同方式，给出涉及上述情形的创造性审查策略，结合案例对这些情形下的创造性审查策略进行直观地分析和解释。

4. 课题名称：实用新型专利在社会中的实际作用及实例研究

课题负责人：陈勇

本课题首先从我国实用新型专利的特点、实用新型专利制度设立的初衷以及当今世界各国实用新型制度的概况出发，通过针对我国不同申请人(企业、个人、大专院校及科研院所等)关于实用新型专利之应用实例的深入研究，对实用新型专利在我国社会中的具体作用进行细致地分析和归纳。其次从近年来实用新型专利的实施应用状况、无效和侵权诉讼概况以及非正常申请中关于实用新型的具体情况等内容进行数据分析和案例评估，以期从不同角度来把握实用新型制度的运行状况以及实际作用；然后结合各种数据和资料进行全面分析，从而概括、提炼出实用新型专利的各种作用对社会产生的实际影响，并分析哪些作用是积极的，哪些作用是消极的；进一步的，结合国外实用新型专利制度的发展经验，努力探索如何从"发扬积极作用、抑制消极作用"的角度去完善和发展我国实用新型专利制度。最后提出有实际价值的建议和改进措施，使实用新型制度更加有利于促进社会发展。

5. 课题名称：外观设计专利权评价报告的实务研究

课题负责人：刘稚

新专利法于 2009 年 10 月 1 日施行，在提高外观设计专利授权标准的同时，增加了外观设计专利权评价报告制度。外观设计专利权评价报告作为人民法院或者管理专利工作的部门审理、处理外观设计专利侵权纠纷的证据，其重要性和权威性不言而喻。而专利权人或者利害关系人很有可能在专利法实施后不久就提出外观设计专利权评价报告请求，因此，针对外观设计专利权评价报告的实务研究就尤为迫切和必要，这也正是本课题研究目的之所在。

课题组分别就外观设计专利的检索(具体操

作、常用策略)、外观设计图形检索系统的运用、外观设计专利权的评价标准、专利权评价报告的撰写以及专利权评价报告的管理办法等方面采取不同的研究方式进行研究，完成了《检索手册》等研究成果，以期为审查员完成外观设计专利权评价报告提供指导，保证外观设计专利权评价报告制度的顺利施行。

6. 课题名称：专利行政诉讼相关法律问题研究

课题负责人：崔峥

本课题致力于对于专利行政诉讼20余年来的经验加以总结和分析，并对20余年专利行政诉讼案件中所反映的法律问题从法理和实务两个角度进行研究。

第一章主要结合诉讼法理分析了专利行政诉讼的诉讼法问题。第二章重点分析了专利行政诉讼反映出的证据法问题。首先探讨专利无效案件中的举证与认知，接着分析了专利无效案件中的证明责任和证明标准，最后对于网络证据、域外证据等新型证据的真实性和公开时间的认定。第三章着重探讨了专利行政诉讼反映出的行政法问题。主要包括听证原则的理解，以及撤销后案件的审查范围等。第四章对于专利行政诉讼反映出的专利法相关法条的理解问题，从案例分析的角度入手，结合比较法研究和法理分析，在借鉴其他国家或者地区相关经验的基础上探索法理本源，并且基于法理探讨针对相关专利法问题的学术观点，最后将上述学术观点应用到具体案例中给出案例回顾。

第四章第一节介绍了《专利法》第五条的理解中准用性规范和委任性规范的适用。第二节探讨了对舒学章案、科万案等反映出的禁止重复授权制度的理解以及对外观设计合案申请制度的解读。第三节首先分析了《专利法》第22条第2款适用中“专利法意义上的公开”的认定。第四节探讨了企业标准是否构成专利法意义上的公开的认定。第五节着重分析了《专利法》第22条第3款适用中本领域技术人员普通技术知识的认定以及公知常识的认定。第六节解读了外观设计权利冲突制度的法律适用。第七节接着探讨了《专利法》第26条第3款“说明书公开充分”的判断。第八节接着研究了《专利法》第26条第4款说明书支持的判断规则，并且分析了权利要求得到说明书支持与“公开充分”“清楚”“撰写瑕疵”之间的关系。第九节接着解读了《专利法》第33条的法律适用。第十节最后解读了《专利法》第59条有关权利要求保护范围解释规定的理解，本部分对于权利要求保护范围解释的原则、时机和方法进行了分析。

7. 课题名称：电子审批系统和检索系统运行和维护方案研究

课题负责人：李程

2010年2月10日，国家知识产权局的专利电子审批系统(E系统)和专利检索与服务系统(S系统)同期上线投入生产运行，标志着国家知识产权局从“纸件为主、电子件为辅”的审查模式过渡到全流程“无纸化、代码化”的审查模式，这是国家知识产权局历史上一次划时代的革命，国家知识产权局的自动化水平随之又迈上了一个新的台阶。在业务工作得到两大系统有力支持的同时，国家知识产权局的业务工作对于包括两大系统在内的信息系统的依赖程度也大大提高。如何确保这些信息系统正确、稳定、高效地运行，成为系统建设完成后必须解决的重要问题。

为解决该问题，自动化部和信息中心自2009年6月起开展了本课题的研究，分析了两大系统在运维管理队伍建设、运维管理流程建设和运维质量管理建设方面的运维管理需求，以及包括运维快速响应、运维过程信息化保障、运维支撑系统和工具、运维问题主动发现等在内的运维技术需求，在此基础上，运用先进的IT运维管理的理念和方法，结合已有的IT系统运维经验和其他单位IT系统运维经验，提出了完整的运维解决方案，形成了运维支撑架构，并对服务台、监控、远程支持等运维工具的建设提出了具体的设想。通过逐步改进运维管理体系，完善运维工具，国家知识产权局IT运维的质量和效率能够得到有效的提高，从而更有力地保障包括两大系统在内的各种信息系统的运行，以更有效地支持国家知识产权局的业务工作。

(国家知识产权局学术委员会秘书处)

杂 志

《知识产权》

联系地址：北京市海淀区蓟门桥西土城路 6 号
邮政编码：100088
联系电话：010－58515666　58515818
电子信箱：cipsip@sohu. com

《知识产权》2009 年第 1～6 期有关栏目目录索引

特约文章

实施国家知识产权战略　提升产业核心竞争力
——在第二届北京国际医药与化工知识产权高峰论坛上的发言 ……………… 贺　化 2009. 5. 03

学术论坛

国际法视野下非物质文化遗产知识产权保护模式选择
——以国民待遇为视点的探讨 ………………………………………… 周安平　陈　云 2009. 1. 03
传统知识视野下的地理标志保护研究 ……………………………………………… 李祖明 2009. 1. 10
知识产权传播权论
——寻找权利束的“束点” ………………………………………………………… 何　鹏 2009. 1. 16
三论“信息定位服务提供者”间接侵权的认定
——兼评“泛亚诉百度案”一审判决 ……………………………………………… 王　迁 2009. 2. 03
论我国网络服务商的避风港规则
——兼评“十一大唱片公司诉雅虎案” …………………………………………… 刘家瑞 2009. 2. 13
避风港还是风暴角
——解读《信息网络传播权保护条例》第 23 条 ………………………… 史学清　汪　涌 2009. 2. 23
利益分配的工具：版权制度的价值论分析 ………………………………………… 宋慧献 2009. 3. 03
知识产权制度价值与评价主体 ………………………………………………………… 肖尤丹 2009. 3. 13
OEM 商标侵权纠纷处理态度的选择
——遵循“从结果出发”的思维方式 ……………………………………………… 易健雄 2009. 3. 23
衡量地区专利实力的新指标
——“专利聚集度”初探 ………………………… 瞿卫军 姬　翔 刘　洋 黄　庆 2009. 4. 03
竞争力视角下的专利质量界定 ………………………………………… 朱雪忠　万小丽 2009. 4. 07
浅谈第 3 次修改后专利法有关在中国完成的发明创权利的归属和
管理的规定 ……………………………………………………………… 汪惠民　宋焰琴 2009. 4. 15
论我国知识产权刑事定罪标准
——从中美知识产权争端的视角 …………………………………………………… 杨　帆 2009. 4. 22
专利侵权损害赔偿计算制度：变迁、比较与借鉴 ………………………………… 和育东 2009. 5. 07
反垄断法对知识产权滥用的限制 …………………………………………………… 刘丽娟 2009. 5. 19

对知识产权制度设立的目标和专利的本质及其制度使命的再认识?
——以专利技术转化率低为视角 …………………………………………………… 马忠法 2009.6.03
三维标志多重保护的体系化解读 ……………………………………… 张玉敏 凌宗亮 2009.6.10
著作权技术保护措施之批判、反思与正确定位 ……………………… 姚鹤徽 王太平 2009.6.20

工作研究

知识产权战略实施的综合评价指数 IPSCAI ………………………………………… 郭民生 2009.1.27
知识产权诉讼和解策略解析 ……………………………………………………… 衣庆云 2009.1.35
红色旅游资源的商标保护策略 ………………………………………… 肖 海 卢丽刚 2009.1.40
知识产权质押融资的风险分解与分步控制 ……………………………………… 张伯友 2009.2.30
技术标准中的"必要专利"问题研究 ……………………………………………… 马海生 2009.2.35
标准中专利等知识产权问题的解决模式 ……………………………………… 周春慧 2009.2.40
专利制度的产权经济学解释及其政策取向 ……………………………………… 刘 洋 2009.3.29
我国汽车行业自主创新能力的思考
——通过专利数据予以透视 …………………………………………… 杨国鑫 穆丽娟 2009.3.35
企业专利申请质量提升研究 ……………………………………… 周建明 喻 伟 王 岩 2009.3.40
对知识产权事业科学发展的一点思考 …………………………………………… 张志成 2009.4.28
展会知识产权行政保护初探 ……………………………………… 厉 宁 刘 凯 周笑足 2009.4.32
商业秘密侵权赔偿数额的认定
——以裁判文书赔偿数额为研究视角 ……………………………… 孙海龙 姚建军 2009.4.38
论我国专利等同侵权原则的适用及限制 ………………………………………… 张广良 2009.5.28
论作品未知使用权的转让与许可 ……………………………………… 尹腊梅 纪萍萍 2009.5.34
专利恶意诉讼及其法律应对 …………………………………………… 王活涛 郑友德 2009.5.40
论著作权法对私人复制行为的规制 …………………………………… 宋治礼 张伟君 2009.5.50
浅析 UDRP 规则下被投诉的代理商对系争域名的权益 …………………………… 汪 涌 2009.6.27
美国国家知识产权对外保护战略的法律研究 …………………………………… 陈福利 2009.6.32
影响我国专利战略实施的主要因素及对策 ……………………………………… 林婧弘 2009.6.38

调处·仲裁·诉讼

P2P 服务提供者间接侵权责任的认定
——以电影《七剑》作品著作权侵权纠纷案为例 ……………………… 祝建军 谭明华 2009.1.45
我国商业外观的法律保护问题探讨
——以《反不正当竞争法》的适用为中心 …………………………… 钱光文 孙巾淋 2009.1.50
我国商标法上地名商标的其他含义
——以"红河"商标争议案为切入点 …………………………………………… 董炳和 2009.2.46
"恶意软件"问题的法律规范
——以一起著作权及不正当竞争案为分析基点 ……………………………… 冯 刚 2009.2.52
在网上张贴"结婚照"是否侵犯著作权
——关于一则案例的实证分析 …………………………………………… 曹新明 2009.3.44
特许经营中商标权问题研究
——以被特许人利益保护为视角 ………………………………………………… 王学先 2009.3.49
专利证书(专利登记簿副本)在专利权属纠纷中证明力的探讨 ………… 邱曼丽 哈 斯 2009.3.54
小议专利标注权行使的合规性 …………………………………………………… 杨 喆 2009.4.43
专利"创造性"判断中的"事后诸葛亮"
——兼评我国《专利法》第 22 条及"审查指南"中相关规定 ……………………… 牛 强 2009.4.49
从 RS-DVR 案看远程存储服务提供者的直接侵权责任 …………………………… 孙 雷 2009.5.59
版权"恶搞"侵权归则原则与认定标准的适用 …………………………… 张玉春 林 文 2009.5.63

关于网络环境下著作权审判实务中几个问题的探讨 …… 陈锦川 2009.6.42
外观设计专利权保护范围的解释原则
——以外观设计专利侵权判定为视角 …… 徐 新 2009.6.55
判定侵犯注册商标专用权的正确思路
——米其林商标侵权纠纷案引发的思考 …… 祝建军 2009.6.60

百家言

专利激励论的理性思考 …… 杨利华 2009.1.55
现有技术抗辩的对比方式和对比标准探析 …… 张 鹏 崔国振 2009.1.61
建筑作品的范围及复制侵权的认定 …… 尹志强 2009.1.68
我国行动中的知识产权法 …… 朱 媛 2009.1.73
知识产权保险的特殊性研究 …… 林小爱 2009.1.79
TRIPs 协议弹性下的发展中国家知识产权政策选择 …… 刘 华 周 莹 2009.2.57
我国民族民间传统文化保护的立法背景与思路 …… 叶盛荣 李旭莲 2009.2.66
信息网络传播权的权利限制 …… 杨 异 2009.2.71
版权证券化中的版权及相关权利转让问题研究 …… 董京波 2009.2.75
自力救济，还是权利滥用？
——评微软“黑屏事件” …… 苏 喆 朱婷婷 焦明明 2009.2.81
植物新品种保护下派生品种权制度研究 …… 陈 超 2009.3.59
知识产权视野下农业遗传资源产权化进程分析 …… 刘旭霞 胡小伟 2009.3.63
我国民间文学艺术的法律保护模式探讨 …… 严永和 2009.3.69
我国知识产权司法鉴定的思考与完善
——以富比案中知识产权司法鉴定为视角 …… 江 波 张金平 2009.3.75
利益平衡视角下驰名商标的保护与限制 …… 郑 辉 刘丹冰 2009.3.79
我国近代专利核准情况分析 …… 徐海燕 2009.4.58
商标权概念的反思与重构 …… 刘期家 2009.4.65
知识产权质押贷款风险分散机制研究 …… 宋 伟 胡海洋 2009.4.73
透视中国传统技术专利新发展的瓶颈问题
——以中药专利为视角 …… 张 冬 2009.4.78
金融危机期间谈“抄底” …… 马秀山 2009.4.83
从《专利法》三次修改浅议中国专利立法价值趋向的变化 …… 马 宁 2009.5.69
也谈专利标识权行使的合规性
——兼与杨喆先生商榷 …… 宋 嘉 2009.5.75
著作权间接责任制度的扩张与限制
——美国判例的启示 …… 熊 琦 2009.6.66
商标功能辨析 …… 余 俊 2009.6.74
合作作品的构成 …… 卢海君 2009.6.79
——以我国《著作权法》第13条的修订为背景
用反周期的知识产权政策应对全球经济衰退
——二十一世纪宏观经济调控方式的变动趋势 …… 吴欣望 2009.6.85

世界知识产权

美国知识产权立法的最新动向
——解读美国《优化知识产权资源与组织法》 …… 谭 江 2009.1.85
国外专利权证券化案例解析 …… 邹小芃 王肖文 李 鹏 2009.1.91
英美商业秘密保护中的公共利益抗辩规则及对我国的启示 …… 黄武双 2009.2.85
国际竞争视角下专利制度构建研究 …… 唐 春 2009.2.91

新加坡条约的生效对国际商标立法发展的影响 …… 薛 源 2009.3.84
美国《拜杜法案》的重思与变革 …… 李晓秋 2009.3.90
美国外观设计专利侵权判断方法的最新发展
——简评 Egyptian Goddess 案 …… 董红海 陆 准 2009.4.84
东盟知识产权保护法制一体化之思考 …… 王一流 2009.4.90
美国知识风险公司的运作模式及其启示 …… 袁晓东 孟奇勋 2009.5.78
借鉴欧洲经验开展中国知识产权证券化的对策 …… 肖 海 朱 静 2009.5.86
小议"方法限定产品"专利权利要求解释方法
——从美国 CAFC 大法庭最新判决谈起 …… 毛映红 2009.6.88
欧盟 FP7 知识产权制度介评 …… 丁道勤 2009.6.93

学术活动

第二届北京国际医药与化工知识产权高峰论坛综述 …… 李芬莲 2009.5.94

《中华商标》

联系地址：北京市西城区真武庙头条 4 号
邮政编码：100045
联系电话：010－68032987 68037835
电子信箱：china.trademark@263.net.cn

《中华商标》2009 年第 1～12 期有关栏目目录索引

专 稿

商标代理行业发展应与时俱进 …… 2009.1 21
商标代理分会应有所作为 …… 2009.1 23
香港商标法规的最新发展动态 …… 2009.1 24
商标近似的判定及案例分析 …… 2009.3 16
认真贯彻落实国家知识产权战略纲要大力推进商标战略实施 …… 2009.8 04
依法维护会员权益 积极发挥桥梁作用
——纪念中华商标协会成立十五周年 …… 2009.9 13
切实加强农产品商标和地理标志的注册和保护力度 …… 2009.12 12
实施地理标志保护战略 强力推动重庆城乡统筹发展 …… 2009.12 17
南非地理标志的保护和推广 …… 2009.12 19
上海世博会的商标保护工作 …… 2009.12 33

4·26 专题

积极实施商标战略 促进经济社会发展 …… 2009.4 04
WIPO 总干事 2009 年世界知识产权日致辞 …… 2009.4 05
实施商标战略，全面提升商标注册、运用、保护和管理水平 …… 2009.4 06
有效使用商标所带来的附加值 …… 2009.4 10
最高法院出台文件全面部署贯彻实施国家知识产权战略 …… 2009.4 42
站在新起点 再创新辉煌 …… 2009.5 04
推动实施知识产权战略，提高企业核心竞争力，促进经济社会又好又快发展 …… 2009.5 05
实施商标战略 创立驰名商标 …… 2009.5 07
贯彻落实《国家知识产权战略纲要》大力推进商标战略实施 …… 2009.5 10
李建昌建议国内企业高度重视维权 …… 2009.5 14
2009 中外企业知识产权高层论坛召开 …… 2009.5 15

商标节专题

商标之光闪耀品牌之都
——“2009(第三届)中国商标节”在青岛成功举行 …… 2009.11 06
积极行使工商职能　大力实施商标战略　为建设创新型国家作出更大的贡献 …… 2009.11 09
发展品牌经济　建设山东半岛蓝色经济区 …… 2009.11 14
从“中国制造”走向“中国创造” …… 2009.11 16
欢聚盛会　收获硕果 …… 2009.11 17
“消费者最喜爱的绿色商标”花开青岛 …… 2009.11 18
2009 商标设计大赛彰显中国风 …… 2009.11 19
2009 最具竞争力商标系列奖项揭晓 …… 2009.11 20
青岛:商标界的领跑城市
——访青岛市工商局局长李国华 …… 2009.11 21
加强知识产权法制建设 完善知识产权法律法规 …… 2009.12 22
实施商标战略　打造国际知名品牌 …… 2009.12 27

报　道

总局要求充分发挥工商职能作用　促进农业稳定发展农民持续增收 …… 2009.1 04
商评委首次在商标争议案件中认定地理标志 …… 2009.1 18
中华商标协会代表团赴日交流考察 …… 2009.1 29
多个顶级户外运动品牌遭遇抢注 …… 2009.1 77
国家工商总局与英国知识产权局签署商标战略合作谅解备忘录 …… 2009.2 26
全国中学生商标知识竞赛举行 …… 2009.2 30
商标局举办商标注册网上申请培训班 …… 2009.2 31
2008 年商标评审案件应诉情况 …… 2009.3 11
秀水封摊风波引发的打假困局 …… 2009.3 14
国家工商总局、公安部公布打击传销十大典型案件 …… 2009.3 30
国家工商总局直销监督管理局、公安部经济犯罪侦查局打击传销违法犯罪活动警示 …… 2009.3 31
关于在第 16 类“报纸、期刊、杂志(期刊)、新闻刊物”四种商品上申请注册商标
注意事项的通知 …… 2009.3 32
2008 年国际商标注册创下新纪录 …… 2009.4 19
WIPO 跨区域知识产权高级论坛在京举行 …… 2009.4 31
千余“烟壳子”竞争“标王” …… 2009.4 77
《商标法修改送审稿》(草稿)征求意见会召开 …… 2009.5 13
商标局、商评委就驰名商标认定和保护工作答记者问 …… 2009.5 16
中欧商标审查体系比较研讨会在京举办 …… 2009.5 21
最高人民法院首次发布知识产权案件年度报告 …… 2009.5 27
海淀:商标富农破浪前行 …… 2009.5 35
浙江省商标协会成立商标代理机构专业委员会 …… 2009.5 70
国家工商行政管理总局商标局、商评委新认定驰名商标 …… 2009.5 71
筹备工作稳步推进　六大亮点精彩纷呈
——第三届中国商标节将在青岛举行 …… 2009.6 04
我国域名争议案件量逐年攀升 …… 2009.6 63
首届全国中学生商标知识竞赛在京颁奖 …… 2009.7 04
金融危机致商标国际注册申请量下降
——商标局组织专题研究　提出应对措施 …… 2009.7 06
我国亟待建立重大经济活动中的知识产权审议制度 …… 2009.7 72

充分发挥工商管理职能　大力推进商标战略实施 …… 2009.8 13
付双建:认真学习、深刻领会,全面推进商标战略实施 …… 2009.8 16
国家工商总局表彰全系统商标工作先进集体和先进个人 …… 2009.8 17
商标助推城市经济发展
——访上海工商局商标处处长邢冬生 …… 2009.8 22
“第二届中美知识产权模拟法庭”在京举行 …… 2009.8 64
中国企业走向世界商标战略经验交流会举行 …… 2009.9 04
付双建在天津调研强调推进实施商标战略 …… 2009.9 07
豪情满怀缅怀过去　信心百倍展望未来 …… 2009.9 08
——中华商标协会成立十五周年纪念活动纪实
2009 中国商标设计大赛正式启动 …… 2009.9 16
加强行业自律管理　规范代理市场秩序
——国家工商总局要求进一步规范商标代理市场 …… 2009.9 17
“消费者最喜爱的绿色商标调查活动”在京启动 …… 2009.9 19
中华商标协会接待海峡两岸商务协调会代表团 …… 2009.9 24
中越将在商标及相关领域进行双边战略合作 …… 2009.9 37
各地出台措施推进商标质押融资工作 …… 2009.9 48
我国商标年注册审查量突破百万大关 …… 2009.10 04
李建昌就商标注册年申请审查量突破百万答记者问 …… 2009.10 06
携手并进　共创未来
——本刊年度工作座谈会在兰州召开 …… 2009.10 09
工商行政管理部门将依法保护“首都中华人民共和国成立 60 周年庆祝活动标志” …… 2009.10 11
周伯华视察中国驰名商标展　强调落实科学发展观 …… 2009.11 04
WIPO 祝贺我国年商标审查量突破百万大关 …… 2009.11 23
我国加入马德里商标国际注册体系 20 周年 …… 2009.11 24
我国成为马德里体系中商标申请量最大的发展中国家 …… 2009.11 25
亚太地区地理标志国际研讨会在重庆召开 …… 2009.12 04
三一海外商标维权获胜启示 …… 2009.12 29
加强世博会标志保护　工商系统召开培训班 …… 2009.12 31
中德商标法国际研讨会综述 …… 2009.12 57
中国 18 品牌入选世界品牌 500 强 …… 2009.12 61

品牌经济

ROVER 品牌收购中的商誉问题
——中国汽车自主国际品牌发展之路 …… 2009.1 08
以知名商号认定为契机　加快转变经济发展方式 …… 2009.1 51
金融危机下的企业知识产权运用 …… 2009.2 14
重庆农产品的商标品牌建设 …… 2009.3 26
技术创新打造镇江名牌 …… 2009.3 46
福建商标专用权质押贷款推广难现象分析 …… 2009.4 17
小企业也要发展自主品牌
——以江都体育用品行业为例 …… 2009.4 23

视点观察

对我国驰名商标保护的思考
——从“三鹿”事件谈起 …… 2009.1 13

对跨国公司知识产权滥用的法律规制
——从思科诉华为案谈起 …… 2009.1 40
企业并购中的商标保护 …… 2009.1 65
惊涛拍岸　浪头扬帆
——2008 中国商标的记忆 …… 2009.2 04
动画产业商标侵权攻防策略 …… 2009.2 16
企业商标国际注册的策略 …… 2009.2 59
驰名商标作为破产财产的处理方式
——从三鹿破产案谈起 …… 2009.3 04
网络商标侵权分析 …… 2009.3 33
出版企业应注重刊名商标注册 …… 2009.4 12
当心中国企业品牌管理软肋
——反思国内立体商标争议第一案 …… 2009.4 29
地理标志的保护模式选择 …… 2009.4 65
从知识产权大国步入知识产权强国 …… 2009.5 41
议题管理之“慈溪经验” …… 2009.5 57
商标专用权质押贷款融资模式 …… 2009.6 10
工科院校知识产权教育推广对策 …… 2009.6 13
“企业换标”应三思而后行 …… 2009.6 23
驰名商标司法认定的实证分析 …… 2009.6 65
从王致和案看商标的海外注册 …… 2009.7 07
把根留住
——合资过程中中方商标的流失及对策 …… 2009.9 25
2010 上海世博会标志的法律保护 …… 2009.9 29
对地方商标协会工作的几点思考 …… 2009.10 19
谨防未注册驰名商标转化为通用名称 …… 2009.10 28
商标缺失:中国茶叶产业之痛 …… 2009.11 29
评案说法
从法的价值取向谈“康佳”商标跨类保护 …… 2009.1 33
“Camoga”和“凯摩高”:商标译名的法律保护 …… 2009.1 48
商标侵权与正当使用的界限
——兼评“雅戈尔”与“DP”商标侵权纠纷案 …… 2009.2 47
费列罗捍卫“金球”包装 …… 2009.3 71
“好想你”商标之争再起波澜 …… 2009.4 37
EMINENCE 商标异议案的法律问题 …… 2009.5 36
“海狮”商标与字号纠纷的思考 …… 2009.6 37
YSL 异议案认定驰名商标的回顾和思考 …… 2009.6 39
通用“全脑”难阻他人正当使用 …… 2009.8 33
“三得利”能否三方都得利
——对一起商号、商标和域名权纠纷案的回放与思考 …… 2009.8 42
从“BASELWORLD”案看外国地名的商标审查 …… 2009.8 76
商标驳回复审诉讼程序中新证据的探讨 …… 2009.9 49
“荣华月饼”的未注册驰名商标与知识商品特有名称之辩 …… 2009.9 70
“永和”豆浆香港商标阻击战 …… 2009.10 21
沪苏“吴良材”纠纷见分晓 …… 2009.10 26

商标权保护范围的确定应考察立法本意 …… 2009.10 47
突出使用字号与注册商标冲突构成侵权 …… 2009.10 65
“中农大”商标异议维权案的启示 …… 2009.11 39
对商标侵权诉讼一事不再理的认定 …… 2009.11 41
“旧手机换新壳”侵犯注册商标专用权 …… 2009.11 66
两个“正野”起冲突 …… 2009.12 46
商标权地域性保护与国际分工的冲突解决 …… 2009.12 71

商标实务

外贸商品内销时的商标使用策略 …… 2009.1 38
通过异议程序禁止商标申请中不正当竞争行为 …… 2009.1 72
许可使用商标如何趋利避害 …… 2009.2 33
如何在欧盟证明你的商标显著性 …… 2009.2 43
知名度是商标侵权的重要判定基础 …… 2009.2 55
商标近似的判定(上) …… 2009.2 73
商标近似的判定(下) …… 2009.3 19
如何规避商标注册的风险 …… 2009.3 39
商品通用名称的商标注册 …… 2009.3 42
商标争议期限的起算日 …… 2009.4 47
马德里国际注册心得 …… 2009.4 52
千年古刹申请商标有“法”度 …… 2009.4 64
高校注册商标分析 …… 2009.6 16
首字母缩写商标的利弊 …… 2009.6 20
驰名商标权利人的权利边界 …… 2009.6 42
撤销未使用注册商标制度中“使用”的界定 …… 2009.7 13
注册药品商标应注意的问题及案例解析 …… 2009.7 27
涉外商标证据收集的几个问题 …… 2009.8 38
搜索引擎服务商在关键词推广中的审查职责 …… 2009.8 40
给商标取个好名字 …… 2009.8 63
商标出资考量 …… 2009.9 20
遭受“傍名牌”的知识产权救济 …… 2009.9 38
商标的选择与注册 …… 2009.9 46
“行政行为成熟原则”在商标行政复议案件中的适用 …… 2009.10 39
吊销营业执照和商标权处理 …… 2009.10 68
如何化解集体商标的信用风险 …… 2009.2 49
中国内地与香港地区商标审查制度之不同 …… 2009.12 62

众说纷纭

如此“创驰”有违市场规则 …… 2009.1 43
消费者要做打假维权的主力军 …… 2009.3 23
新《食品安全法》与明星代言的连带责任 …… 2009.3 49
抢注他人未续展商标的是与非 …… 2009.3 63
反“货品化”攻略 …… 2009.4 61
驰名商标保护的本质 …… 2009.4 68
国际注册公告何以形同虚设 …… 2009.5 39
“中南海”烟标是否当撤? …… 2009.6 26
被异议商标申请人企业注册状态的查明义务 …… 2009.6 31

商标"潜伏"何其多 …… 2009.7 43
硝烟弥漫的杜康商标争夺战 …… 2009.8 26
闲置商标有黄金 …… 2009.8 75
商标的自由转让与商誉的关 …… 2009.9 33
争牌不如及早创牌
——由"李白故里"商标重起硝烟说开去 …… 2009.10 57
农药标签使用亟待规范 …… 2009.10 59
上海迪士尼：谁能搭上财富快车？ …… 2009.11 57

理论探讨

《商标法》与《反不正当竞争法》商标权保护比较 …… 2009.1 44
我国集体商标保护制度的不足 …… 2009.2 10
商标显著性的基本理论分析 …… 2009.2 36
未注册商标的法律保护
——以现行《商标法》的规定为视角 …… 2009.2 51
拼音商标的缺陷 …… 2009.4 26
以驰名商标为创作素材的法律思考 …… 2009.4 33
反向假冒的刑法归罪及立法建议 …… 2009.4 49
商标在先权利效力确定的时间标准 …… 2009.5 50
商标权与在先著作权冲突问题的探讨 …… 2009.6 45
商标淡化制度保护的实质 …… 2009.6 49
商标平行进口国际比较分析 …… 2009.6 74
"关键词"的商标侵权构成 …… 2009.7 21
注册商标与企业名称冲突的解决原则 …… 2009.7 39
平行进口的经济学选择 …… 2009.7 46
驰名商标跨类侵权的处理 …… 2009.7 49
驰名商标司法认定标准及保护范围 …… 2009.7 70
服务商标的刑法规制 …… 2009.8 48
商标法显著性条款的理解与适用 …… 2009.9 65
商标个案审查评析 …… 2009.10 12
互联网时代的商标侵权行为 …… 2009.11 47

品牌兴农

农副产品商标简介
——农产品商标战略系列谈(一) …… 2009.1 54
农副产品商标战略概述
——农产品商标战略系列谈(二) …… 2009.2 27
发展地理标志应形成合作机制 …… 2009.3 44
农副产品商标的选用战略
——农产品商标战略系列谈(三) …… 2009.3 75
商标的实用战略
——农产品商标战略系列谈(四) …… 2009.4 73
正确使用文字商标
——农产品商标战略系列谈(五) …… 2009.6 57
余姚：农民专业合作社的商标路 …… 2009.7 53
商标的宣传策略
——农产品商标战略系列谈(六) …… 2009.7 61

创牌兴企　企兴泽民 …… 2009.7 68
地理标志
——八马铁观音的护身符 …… 2009.8 24
邳州大蒜申请“国际通行证” …… 2009.8 55
商标的防御战略
——农产品商标战略系列谈(七) …… 2009.8 69
南丰力推“绿色商标” …… 2009.10 31
农产品商标与地理标志
——农产品商标战略系列谈(八) …… 2009.10 60
宁波加快农产品品牌建设 …… 2009.10 70
合理使用地理标志
——农产品商标战略系列谈（九) …… 2009.11 61
红色商标振兴沂蒙老区 …… 2009.11 76
“绿标”与环境竞争力
——农产品商标战略系列谈(十) …… 2009.12 69

品牌攻略

星巴克:“星梦”黯然 …… 2009.1 57
小沈阳迅速蹿红背后的营销解读 …… 2009.2 24
商标
——企业商标战略的根基 …… 2009.2 57
多品牌策略的秘诀 …… 2009.3 24
山寨营销能否助企业逆中取胜 …… 2009.3 57
体验营销加固品牌建设 …… 2009.5 60
副品牌:主品牌的良性补充 …… 2009.6 61
保险资产管理业务品牌战略 …… 2009.7 36
Zappos　卖鞋的亚马逊 …… 2009.7 57
啤酒品牌高档化如何再上层楼 …… 2009.7 59
苏宁电器收购 LAOX 能否功成名就 …… 2009.8 57
试衣网:网络逛街的革命 …… 2009.8 60
并购式营销:中小企业快速做大的新谋略 …… 2009.9 57

商标故事

民族面粉第一家
——“红蓝自行车”牌面粉商标创立记 …… 2009.1 60
最早使用的西药商标“中西”牌 …… 2009.2 70
如歌岁月 华彩乐章 …… 2009.3 55
陈调甫与“飞艇”牌油漆 …… 2009.3 59
松下电器:企业是社会的公器 …… 2009.4 43
“鹅牌”:大学生创业的国货名牌 …… 2009.4 71
“钟标”彰显侨领爱国之心 …… 2009.5 48
“天马”:中国早期地毯行业第一名牌 …… 2009.6 69
张裕百年路 …… 2009.7 33
“亚浦耳”抗“敌”记 …… 2009.8 72
“万金油大王”与“虎标”商标 …… 2009.9 61
侯德榜与“红三角”牌商标 …… 2009.10 73

法治前沿

“诚实信用原则”在商标法中的运用与体现 …… 2009.2 21
反向假冒的商标法规制 …… 2009.2 40
第三次修“法”能否为“商标权”正名 …… 2009.3 07
地名商标第二含义的判断 …… 2009.3 50
商标评审当事人的确定和变更 …… 2009.3 65
修改商标法应当加大维护诚实信用原则的力度 …… 2009.6 06
商号知识产权保护的立法模式 …… 2009.9 54
商标权行政保护法律制度需完善 …… 2009.10 16
以“实际使用”为核心构建商标保护制度 …… 2009.10 33
地理标志的特点及其立法保护 …… 2009.10 51
商评委就“国”字头商标形成审查意见 …… 2009.11 33
解决商标抢注问题的法律分析 …… 2009.1 36
驰名商标反淡化的立法完善 …… 2009.11 50
我国注册商标合理使用的立法完善 …… 2009.11 69
地理标志的法律渊源、特征及立法完善 …… 2009.12 53
商标法第 41 条的完善 …… 2009.12 65
海外商标机构组织世界知识产权组织(WIPO)简介 …… 2009.2 46
日本“国际知识产权保护论坛”(IIPPF)介绍 …… 2009.2 49
英国知识产权局(UKIPO) …… 2009.3 64
欧洲内部市场协调局(OHIM) …… 2009.4 70
美国专利商标局(USPTO) …… 2009.5 63
日本特许厅(JPO) …… 2009.6 64
韩国知识产权局(KIPO) …… 2009.7 56
德国专利商标局(DPMA) …… 2009.8 78
俄罗斯联邦知识产权专利商标局 …… 2009.9 77
澳大利亚知识产权局(IP Australia) …… 2009.10 63

法　规

关于施行《商标网上申请试用办法》及商标网上申请有关规定的公告 …… 2009.2 65
商标网上申请试用办法 …… 2009.2 65
商标注册网上申请填写要求 …… 2009.2 67
商标注册网上申请流程 …… 2009.2 69
国家工商局行政管理总局驰名商标认定工作细则 …… 2009.5 22
最高人民法院关于审理涉及驰名商标保护的民事纠纷案件应用法律若干问题的解释 …… 2009.5 25
关于贯彻落实《国家知识产权战略纲要》大力推进商标战略实施的意见 …… 2009.6 33
关于申请转让商标有关问题的规定 …… 2009.8 68
商标代理管理办法 …… 2009.11 65
关于商标工作达到国际水平的规划(2008 年至 2012 年) …… 2009.12 6

调　研

镇江市商标代理机构调查 …… 2009.4 45
河南省地理标志保护现状、问题及建议 …… 2009.8 28
金融危机之下的品牌战略
——浙江嘉善县商标情况报告 …… 2009.8 45
阜宁商标境外注册状况调查及推进措施 …… 2009.8 53
生产型企业商标使用呈现新趋向 …… 2009.11 45

深圳商标发展的现状、问题及对策 …… 2009.11 54

环球纵横

2008年欧洲商标初步裁定判例总结 …… 2009.4 54

2005年来日本商标法的新动向 …… 2009.5 46

2008年欧洲商标上诉案例总结 …… 2009.5 65

美国《商标淡化修正法案》的新动向 …… 2009.9 42

欧盟共同体商标的注册 …… 2009.10 43

如何提交马德里国际注册申请 …… 2009.10 76

马德里商标申请中被指定缔约方主管局的审查 …… 2009.11 26

美国商标审查中的同意协议制度 …… 2009.12 39

中日商标申请注册制度比较 …… 2009.12 44

走进广东说商标

以创新精神探索商标工作服务地方经济的新途径

——访广东省工商局副局长姜海平 …… 2009.4 57

集中执法资源　提升商标保护效能 …… 2009.6 54

广东山区商标发展新突破 …… 2009.8 65

重塑“先科”：一场本土商标保卫战 …… 2009.10 23

冬来岭上一枝梅

——唯美以创新铸就品牌 …… 2009.10 54

品牌与竞争力

2009中国商标发展百强县报告 …… 2009.5 28

商标发展百强县名单 …… 2009.6 72

新起跑线上的竞争

——对扬州市新光源、新能源产业品牌培育现状的调查 …… 2009.7 17

无锡商标战略取得重大突破 …… 2009.7 65

基层连线

崂山工商扮好“四种角色”力促品牌发展 …… 2009.7 66

加快实施品牌战略　全力促进经济发展 …… 2009.10 41

九华山风景区四措并举　推进商标工作快速发展 …… 2009.10 46

南漳力推商标注册 …… 2009.11 32

北京海淀工商全力服务企业应对金融危机 …… 2009.11 59

商标监管

“四个转变”保护商标专用权 …… 2009.1 70

切实保护知识产权　营造创牌良好环境 …… 2009.2 77

考察报告

韩国知识产权保护制度 …… 2009.3 35

第131届国际商标年会考察纪实 …… 2009.7 09

浓浓两岸商标情

——中华商标协会代表团访问台湾记行 …… 2009.8 18

灾后重建

震不垮的东方电气 …… 2009.3 61

打假维权

海陵：“乌鸦”竟变“凤凰” …… 2009.7 73

监管执法

广东开展商标代理市场秩序专项整顿 …… 2009.5 33

截断商标无形资产流失“暗渠” …… 2009.5 44
酒泉查处“青岛品牌”侵权案纪实 …… 2009.8 36
代理手记
买“欧意”泳裤引出国际商标注册 …… 2009.5 56
抗震救灾专题
“红旗”:情系灾区　力保供应 …… 2009.6 29

《中国版权》

联系地址:北京市东城区安定门东大街28号雍和大厦西楼三层
邮政编码:100044
联系电话:010－68003889(总)

《中国版权》2009年第1～6期有关栏目目录索引

卷首语
全新的理念 良好的开端 …… 2009.1.01
开创版权工作新局面的战略举措 …… 2009.2.01
贵在不断创新 …… 2009.3.01
让版权创造更多的财富 …… 2009.4.01
切实把科学发展作为版权工作的首要任务 …… 2009.5.01
做好“协”字这篇文章 …… 2009.6.01
首届中国版权年会专题
加强版权法律保护 促进版权产业发展 …… 沈仁干 2009.1.05
提高公众认识和加强执法是两个重点 …… 阎晓宏 2009.1.07
网络环境下的版权热点问题与思考 …… 吴汉东 2009.1.09
网络环境下著作权纠纷的新发展 …… 陈锦川 2009.1.13
运用科学理论 促进版权产业健康发展
——2008中国版权年会综述 …… 常 青 2009.1.17
本刊特稿
全面推进版权工作六大体系建设在时代的高起点上开创版权工作新局面
——访新闻出版总署署长、国家版权局局长柳斌杰 …… 常 青 2009.2.05
国家版权局2009年版权工作要点 …… 翟 璐 2009.2.09
中国版权保护与发展问题 …… 阎晓宏 2009.3.05
创新与知识产权 …… 弗朗西斯·加利 2009.4.05
奠定现代文明社会的重要基石 …… 刘春田 2009.4.07
版权产业、版权保护与经济增长
——来自美国的证据 …… 段桂鉴　王加胜　金铁鹰 2009.5.05
版权影响世界 …… 柳斌杰 2009.6.05
4·26世界知识产权日专栏
创新版权宣传模式的有益尝试
——国家版权局“版权在我身边”大型主题晚会侧记 …… 马力海 2009.3.12
“绿书签行动2009”唤起版权保护新热潮 …… 张 姝 2009.3.15
2009中国版权年会专栏
我们有能力解决网络环境下的版权问 …… 阎晓宏 2009.6.08
完善版权法律法规 推动版权产业发展
——在2009年中国版权年会上的讲话 …… 沈仁干 2009.6.10

关注版权资源开发和价值提升
——2009 中国版权年会在京举行 …… 肖 虹 2009.6.12
第二届全国大学生版权征文评选活动揭晓 …… 常 青 2009.6.14
本刊专稿
2008 年北京市高级人民法院著作权案例要点及评析(上) …… 陈锦川 2009.2.11
2008 年北京市高级人民法院著作权案例要点及评析(下) …… 陈锦川 2009.3.17
2008 年广东省高级人民法院著作权审判重点案例评析 …… 张学军 2009.3.20
探索新思路 建立新机制 迎接新挑战
——数字网络环境下版权保护问题的思考 …… 王自强 2009.4.10
著作权法修订亟待提速
——推进著作权法二次修订研讨会发言摘要 …… 郑晓红 2009.4.13
国家版权局法规司关于《著作权行政处罚实施办法》修订问答 …… 常 青 2009.4.22
"影视作品著作权现状、问题与期望"专家座谈会综述 …… 郭思伦 2009.5.12
以完善的版权公共服务助推文化创意产业发展
——对话中国版权保护中心主任段桂鉴 …… 钦 坤 2009.6.16
要闻报道
弗朗西斯·加利:我为与中国之间的良好合作感到骄傲 …… 方 圆 2009.4.24
人物访谈
宋木文:八秩老局长谈 30 年版权人和事 …… 孙 悦 郑晓红 2009.1.19
何加正:人民网要做版权保护的领头羊 …… 郑晓红 2009.2.15
保护世博版权 助力城市发展
——访上海市新闻出版局(市版权局)局长焦扬 …… 郑晓红 2009.3.24
王兴东:为编剧维权而奔走的政协委员 …… 郑晓红 2009.6.28
版权局长谈版权
福建省发展版权产业的实践与思考 …… 郭振家 2009.3.28
高起点规划 构建珠三角版权公共服务体系 …… 钱永红 2009.3.31
版权保护促进新闻出版产业科学发展 …… 吴绍阶 2009.3.34
加强知识产权文化建设 促进版权产业快速发展 …… 周国良 2009.4.27
创新版权监管模式 促进版权产业发展 …… 冯俊科 2009.5.16
动漫版权
卡酷动画:构建产业渠道 实现版权价值 …… 常伟力 2009.4.30
将"喜羊羊"进行到底 …… 杨雪平 2009.3.32
中南卡通:打造以版权为核心的动漫产业链 …… 沈玉良 2009.3.35
热点话题
千余博硕士诉万方公司侵犯学位论文著作权案件争议焦点辨析 …… 李孝霖 2009.2.19
评"万方案"判决对学位论文授权声明的解释 …… 李 琛 2009.2.22
文字作品继受著作权人取得授权时应注意的几个问题 …… 刁云芸 2009.2.25
中美知识产权争端之法律思考
——关于美国对中国著作权法第 4 条的指控 …… 雷缪蕊 2009.3.37
前沿笔谈
实施知识产权战略与落实科学发展观的关系 …… 詹 映 2009.2.30
产业报告
彩铃的无线网络运营侵权浅析 …… 董绍君 2009.2.33
关于蔚县剪纸著作权保护的思考 …… 盖伯真 2009.5.19

行政执法

我国打击奥运赛事非法转播成绩卓著

——2008 年我国打击网络侵权盗版专项行动综述 …… 赵秀玲 2009.1.36

2008 年网络侵权盗版典型案件 …… 版　宣 2009.1.37

立法建议

积极推进《民间文学艺术作品著作权保护条例》的制订 …… 高　思 2009.5.22

著作财产权之金钱救济的比较法研究 …… 张　今 林燕滨 2009.5.25

论《著作权法》第 4 条之修改 …… 吕炳斌 2009.6.52

理论探索

完善我国报业版权保护的法律思考 …… 来小鹏 2009.2.28

也谈委托创作合同 …… 易健雄 2009.2.31

通知删除规则的理解与适用

——兼评"十一大唱片公司诉雅虎案" …… 司　晓 范露琼 2009.3.40

关于网络证据保全公证相关问题的探讨 …… 李孝霖 2009.3.44

Jacobsen v. Katzer 案评述:中美版权制度差异对开源协议性质的影响及启示 …… 董　皓 唐　磐 2009.3.48

"三振出局"规则刍议 …… 孙　雷 2009.4.37

欧美科技论文网络共享的版权保护现状与问题分析 …… 郭　嘉 2009.5.28

拿什么保护米老鼠

——商品化权探问 …… 林　华 2009.5.32

视频分享网站版权侵权案件审理的原则 …… 汉　东 胡开忠 2009.6.18

关于涉及视听作品著作权纠纷的几个问题(上) …… 陈锦川 2009.6.21

从民间文学艺术保护的客体谈特别权利保护 …… 孟祥娟 2009.6.24

立法研究

实施国家知识产权战略,完善著作权登记体系 …… 索来军 2009.1.24

著作权合理使用制度的司法运用

——以"政协提案"著作权侵权纠纷案为例 …… 祝建军 2009.1.28

保护作品完整权与改编权的博弈

——从剧本的版权保护问题说起 …… 冯宏声 2009.2.34

版权鉴定

版权鉴定在司法审判和行政执法中的应用 …… 孙　洁 2009.2.39

版权鉴定常见程序性问题浅析 …… 刘　华 2009.2.41

软件版权鉴定浅析 …… 张智伟 梁　飞 2009.2.43

版权管理

企业使用正版软件工作向纵深推进

——2008 年推进企业使用正版软件工作综述 …… 郑　华 2009.2.45

坚定积极稳妥推进企业软件正版化 …… 郑晓红 2009.2.48

版权史话

趣说署名 …… 杨文彬 2009.1.51

略谈民国时期的版权票 …… 赵　辉 2009.3.55

出版总署建立前后的版权保护措施 …… 李明山 2009.5.35

国际著作权问题初探 …… 朱　希 2009.5.38

案例分析

认真对待权利 …… 林　华 2009.1.40

药品配伍检索表是否受著作权法的保护

—— 评沈建平、宗希乙诉天津科学技术出版社等侵犯著作权纠纷案 …… 佟　姝 2009.5.24

侵犯版权的"公共领域抗辩"
——以"马仕明诉重庆市九龙坡区政府案"为分析对象 …………………… 康添雄 余思融 2009.6.32
论点评类网站的著作权保护与垂直搜索服务的合法性
——评大众点评网诉爱帮网侵犯著作权纠纷案 …………………………………… 芮松艳 2009.6.34

版权贸易

盘点2008引进版畅销书 …………………………………………………………………… 刘蓓蓓 2009.1.42
本土化·营销·主题
——译林出版社引进版畅销书运作案例分析 …………………………………………… 袁 楠 2009.1.45

法官手记

为介绍作品少量引用作品内容可以构成合理使用
——评吴锐诉北京世纪读秀技术有限公司侵犯著作权纠纷案 …………………… 陈文煊 2009.4.40

环球瞭望

美国版权滥用规则
——一种可以借鉴的版权滥用限制制度 ……………………………………………… 刘丽娟 2009.1.48
德国著作权刑事保护立法的最新进展及其启示 …………………………………………… 唐晋伟 2009.3.52
3G手机冲击了著作权的合理使用
——日本著作权法修改新动向 …………………………………………………………… 王福珍 2009.4.49
美国版权立法的新动向
——《美国2009年表演权法案》译介 ………………………………………………… 刘铁光 2009.6.37

各抒己见

从立法目的与客体特性慎思民间文艺版权立法 …………………………………………… 宋慧献 2009.1.54
论"无声音乐"的著作权法保护 ………………………………………………………………… 任自力 2009.1.57
职务作品与法人作品辨析
——以蒋少武诉沈阳机电装备集团公司案为切入点 ………………………………… 丛立先 2009.1.61
香水著作权保护问题刍议 ……………………………………………………………………… 何 隽 2009.2.51
论在网吧等局域网范围内传播作品的法律性质
——兼论"信息网络传播权"与"放映权"及"复制权"的区别 ……………………… 王 迁 2009.2.54
动漫产业中的版权保护问题及应对措施 ……………………………………………………… 穆 青 2009.2.57
围绕日本著作权保护和控制的议论 …………………………………………………………… 赵 放 2009.3.58
著作权出资方式之路径审视 ……………………………………………………… 赵新龙 汪玮敏 2009.3.61
浅论动画片衍生产品的版权授权 ……………………………………………………………… 王冀中 2009.3.64
"未经著作权人许可"的司法认定
——谈著作权法第五十二条与刑事审判中的推定法则 …………………… 朱海燕 冯宏声 2009.4.40
定时在线播放行为之权利属性探究
——仅限于有线信息网络传播视野下 ………………………………………………… 戎 朝 2009.4.51
从产业演进规律看版权产业发展 …………………………………………………… 陈 亮 陶 钧 2009.4.54
论业主委员会能否成为著作权主体 …………………………………………………………… 朱继国 2009.4.57
网络转载拒绝免费午餐 ………………………………………………………………………… 张洪波 2009.4.60
由近期Kindle事件谈技术措施保护的几个问题 …………………………………………… 孙 雷 2009.5.45
论署名权的滥用与限制 ………………………………………………………………………… 张凤杰 2009.5.49
略论文化产品在多边贸易体制中的待遇 ……………………………………………………… 阳明华 2009.5.52
试论版权贸易中变相"一女二嫁"的法律问题 ……………………………………………… 汤家芳 2009.5.55
论信息存储空间服务商版权注意义务之边界 ………………………………………………… 陈明涛 2009.5.41
著作权合同的解释规则
——以刘美丽诉万方数据库侵犯著作权纠纷案为例 ………………………………… 邓宏光 2009.6.44

原创性 vs 创作意图 …… 卢海君 2009.6.47
论信息网络传播中数字图书馆的版权保护与管理
——从 Google Scholar 计划谈起 …… 方 深 2009.6.49
自由谈
信息技术发展与版权制度走向 …… 裘安曼 2009.6.57
书评
版权:资本扩张的工具抑或鼓励创作的引擎?
——读《版权文化—知识产权的政治经济学》 …… 易健雄 2009.6.55
信息广角
北京大学国际知识产权研究中心揭牌仪式暨"知识产权
——新经济时代的机遇与挑战研讨会"隆重举行 …… 常 青 2009.1.64
国际版权交易中心落户北京雍和园 …… 宗 文 2009.2.62
世界知识产权组织版权与邻接权常务委员会第 17 次会议召开 …… 赵秀玲 王 迁 2009.2.63
影视编剧界出台合同范本维护著作权权益 …… 肖 虹 2009.2.64
2009BIBF 北京国际版权贸易研讨会在京举办 …… 肖 虹 2009.3.27
首个国家级版权交易系统开通 …… 方 圆 2009.3.33
加强合作,相互借鉴,促进中韩版权产业的交流与发展
——第五届中韩版权研讨会综述 …… 张志宇 2009.4.63
国家数字版权研究基地北大揭牌 …… 常 青 2009.4.45
青春无限 创意无限
——"尚德电力杯"第三届中国青少年创意大赛总决赛侧记 …… 张志宇 2009.4.59
"前进中的中国版权事业"展览在京举办 …… 肖 红 2009.5.57
第二届中国国际版权博览会将于十月在京举行 …… 新 发 2009.5.24
纪念郑成思逝世三周年暨建议修改现行著作权法座谈会在京召开 …… 宋慧献 2009.5.58
" 2009 CPCC 十大中国著作权人年度评选"活动正式启动 …… 韩 璐 2009.5.31
让版权走进企业、走进科研院所 …… 宋慧献 2009.5.59
《建国大业》授权签约及全国反盗版行动启动 …… 韩 璐 2009.5.48
要闻概览 …… 楚 越 2009.5.60
要闻概览 …… 楚 越 2009.6.56
企业巡礼
高擎正版旗帜 维护知识产权 促进自我发展 …… 王建华 2009.2.65
慧点科技助力版权信息化建设 …… 宋玲玲 2009.4.62

《中国专利与商标》

联系地址:北京市西城区桦皮厂胡同 2 号国际商会大厦 16 层
邮政编码:100035
联系电话:010-66211588 82202288
电子信箱:cnpt@cpahkltd.com
网 址:www.cpt.cn

《中国专利与商标》2009 年第 1—4 期有关栏目目录索引

专题文章
修改完善专利法,实现立法宗旨
——从保护专利权的角度谈对《专利法修正案(草案)》的几点意见 …… 程永顺 2009.1 03

关于第三次专利法修改的两点意见 …………………………………………… 李 森 2009.1 21
反垄断行政诉讼问题探究 ………………………………………………………… 张广良 2009.2 03
专利无效诉讼程序:司法权限与司法确定性 ………………………………… 何怀文 2009.3 03
反垄断民事诉讼原告资格探究 ………………………………………………… 张广良 2009.3 19
专利侵权损害赔偿的理论与实践 …………………………………………… CPA 法律部 2009.4 03
反垄断民事案件的管辖及垄断行为的司法认定 ……………………………… 张广良 2009.4 23

专 利

专利重复授权问题的司法实践 ………………………………………………… 周云川 2009.1 30
从舒学章案谈禁止重复授权原则的适用 …………………………………… 魏 征 2009.1 42
审理外观设计专利案件中的几个问题 ……………………………… 北京高院知识产权庭 2009.2 12
给药剂量等特征对瑞士型用途权利要求的新颖性影响 ………………… 吴玉和 庞立志 2009.2 23
外观设计专利保护的立法进步与执法探索 ………………………………… 程永顺 2009.2 36
北京市高级人民法院 2008 年专利案件审判新发展 ………………… 北京高院知识产权庭 2009.3 26
如何界定专利法第六十一条第一款中的"新产品" ……………………… 张晓都 2009.3 41
现有技术抗辩的法律性质初探 …………………………………………… 孙海龙 姚建军 2009.3 53
《最高人民法院关于审理侵犯专利权纠纷案件应用法律若干
问题的解释》解析 ……………………………………………… CPA 专利法修改研究小组 2009.4 32
剂量特征能否对制药用途权利要求产生限定作用 ………………………… 佟 姝 2009.4 47
方法发明专利的侵权判 …………………………………………………………… 赵立辉 2009.4 54
试论开放源代码软件的专利风险 ……………………………………………… 张高祥 2009.4 63

商 标

浅析药品商标注册的审查标准 ………………………………………………… 李正海 2009.1 57
中国法院对外形立体商标的认定保护 ………………………………………… 胡 刚 2009.1 64
中国驰名商标的异化及其规制 ………………………………………………… 王正发 2009.1 75
通用名称的可注册性研究 ……………………………………………………… 芮松艳 2009.2 46
谈药品商品名的保护与"在先权利"的关系
——从一个案例谈起 …………………………………………………………… 瞿友胜 2009.2 59
商标争议程序对未注册地理标志的保护 ……………………………………… 史新章 2009.2 66
北京市高级人民法院 2008 年商标案件审判新发展 ………………… 北京高院知识产权庭 2009.3 65
商标所指的意义与解读
——评"索爱"商标争议行政诉讼案 ………………………………………… 李 琛 2009.3 79
涉外定牌加工中商标侵权的认定 ……………………………………………… 李 虹 2009.3 86
关于商标法第三次修改的几点意见 …………………………………………… 梁 慧 2009.4 69

著作权

计算机汉字字体著作权保护 …………………………………………… 谯荣德 蒋南頔 2009.1 80
中国的音像著作权集体管理 …………………………………………………… 继 超 2009.2 73

网络与知识产权

深层链接行为直接侵权的认定 ………………………………………………… 松 艳 2009.4 81

案例评析

汽车改装服务涉及的商标权保护问题研究 …………………………………… 晓 津 2009.4 92

咨询服务

美国专利法中的"抵触申请"与中国企业的专利申请策略 ………………… 芷 琦 2009.2 79

法规与章程

深圳市知识产权许可操作指引 ……………………………………………………………… 2009.1 89
中华人民共和国专利法(2008 修订本)………………………………………………………… 2009.2 83

最高人民法院关于审理涉及驰名商标保护的民事纠纷案件应用法律若干问题的解释 …… 2009.3 94
业内信息
中国部分地方法院试行知识产权案件统一审理 …… 2009.1 102
首届中国版权年会在京举行 …… 2009.1 104
科万商标投资有限公司诉国家知识产权局专利复审委员会案 …… 2009.2 99
尼欧普兰汽车有限公司诉北京中通星华汽车销售有限公司等侵犯外观设计专利权纠纷案 …… 2009.2 100
"护舒宝"vs."护士宝"
——宝洁公司诉商标评审委员会商标异议行政纠纷案 …… 2009.3 98
汽车改装服务商使用"保时捷"商标被判侵权 …… 2009.3 98
美国科勒诉顺德科勒使用"科乐"商标和企业字号侵犯其"科勒"商标权 …… 2009.3 99
国家知识产权局颁布关于施行修改后的专利法的过渡办法 …… 2009.4 70

《电子知识产权》

联系地址:北京市石景山区鲁谷路 35 号
邮政编码:100040
联系电话:010－88686228
电子信箱:eipnol@yahoo. com. cn

《电子知识产权》2006 年第 1～12 期有关栏目目录索引

编者手记
山寨现象与知识产权 …… 李芬莲 2009.01
开放
——ICT 技术标准中的价值取向 …… 周春慧 2009.02
开启新的创新时代
——写在《专利法》第三次修改 …… 李芬莲 2009.03
视频分享网站版权之痛 …… 周春慧 2009.04
粗细相融
——《专利法》修改宜遵循的修法理念 …… 李芬莲 2009.05
驰名商标≠名牌产品 …… 韩　笑 2009.06
版权之权利限制应适度 …… 周春慧 2009.07
再论驰名商标异化 …… 韩　笑 2009.08
在保护与限制之间 …… 武　汉 2009.09
创意产业与版权保护 …… 周春慧 2009.10
商标恶意抢注几时消 …… 韩　笑 2009.11
企业应重视知识产权环境 …… 武　汉 2009.12
特别报道
海信知识产权战略:踏实创新　健康发展 …… 韩　笑 2009.07
专　题
标准化中的知识产权:一个政策的视角 …… 安佰生 2009.02
技术标准中的专利权限制
——兼评最高法院就实施标准中专利的行为否构成侵权问题的函 …… 张　平 2009.02
标准制定原则与我国专利制度的调和 …… 郑　辉 2009.02

我国信息技术标准制定中专利信息披露制度的构建 …… 周春慧 2009.02
Rambus 案最新进展与政府在标准化制度中的作用 …… 丁　蔚 2009.02
标准化组织专利披露政策相关规则在美国的新发展
——解读高通诉博通案 …… 刘晓春 2009.02
标准化组织的 FRAND 许可政策实证分析 …… 马海生 2009.02
创新是社会进步的根本动力
——《专利法》第三次修订评述 …… 郭　禾 2009.03
《专利法》第三次修改的特点
——以提升创新能力与加强专利权保护为视角 …… 冯晓青 2009.03
专利"禁止重复授权"相关条款修改评析 …… 李顺德 2009.03
《专利法》第三次修改后的强制许可规范 …… 陶鑫良 2009.03
论《专利法》第三次修改对专利实质条件体系的完善 …… 唐　春 2009.03
专利泛化与专利制度改革 …… 肖志刚　单晓光 2009.03
《专利法》第三次修改对专利侵权诉讼的影响 …… 周云川 2009.03
论视频分享网站侵权案件中的焦点问题 …… 王宏丞　曹丽萍　李东涛 2009.04
视频分享网站的侵权责任认定
——由华夏树人诉优酷网案着手 …… 芮松艳 2009.04
网络服务商版权责任的适用基础 …… 曲三强　杨华权 2009.04
建构和谐网络著作权生态的制度路径 …… 肖尤丹 2009.04
网络定时播放行为的司法认定探究 …… 杨　静 2009.04
《专利法》第三次修改留下的遗憾
——以保护专利权为视角 …… 程永顺 2009.05
《专利法》第三次修改未能解决的专利无效程序简化问题 …… 罗东川 2009.05
法律的生命不在于逻辑，而在于经验
——论绝对新颖性标准在我国的适应性 …… 胡佐超等 2009.05
《专利法》修正案之现有技术抗辩条款及其相关条款的优化研究 …… 唐　春 2009.05
《专利法》第三次修改对我国通信产业的影响 …… 郭小明　沈剑锋　王海波 2009.05
对《专利法》第三次修改的几点评议 …… 曾　飞 2009.05
让驰名商标走下神坛
——"驰名商标与企业品牌战略研讨会"综述 …… 本刊编辑部 2009.08
驰名商标保护的相关立法及其经济分析 …… 杨　明 2009.08
防止驰名商标异化：司法解释的制度设计及其评价 …… 袁真富 2009.08
公平正义观下的驰名商标制度 …… 崔立红 2009.08
驰名商标行政认定的程序机制 …… 史新章 2009.08
基于品牌推进的企业驰名商标战略研究 …… 朝　霞 2009.08
论驰名商标司法认定制度的完善 …… 来小鹏　傅家杰 2009.08
继续关注知识产权态势　促进工业行业健康发展
——第 11 届信息技术领域专利态势发布会综述 …… 本刊记者 2009.12
2009 年信息技术领域专利态势分析报告 …… 工业和信息化部科技司 2009.12
我国数字电视领域专利态势分析 …… 赵天武　巫晓倩 2009.12

学术研究

2008 年信息技术领域专利态势分析报告（续前） …… 工业和信息化部科技司 2009.01
版权的未来 …… 易健雄　蒲　奕 2009.01
论数字时代著作权间接侵权责任制度适用的有限性及出路 …… 王太平　姚鹤徽 2009.01

知识产权法益论
——包容与超越 …… 李海昕 2009.02
论以权利价值为中心的著作权法定赔偿制度 …… 张以标 2009.03
申请日到授权日期间发明的法律保护
——以请求权和请求权基础为视角 …… 赵克祥 2009.04
驰名商标法律制度解析 …… 衣庆云 2009.04
经济理性、商业道德与商业秘密保护 …… 黄武双 2009.05
简评 2008 年《专利法》第十五条 …… 郭 禾 2009.06
我国专利间接侵权制度的立法方向
——以利益平衡为视点求解《专利法》第三次修改的未决立法课题 …… 王凌红 2009.06
中美专利新颖性差异及对企业专利管理的启示 …… 查芷琦 2009.06
使用专利权用尽纾解平行进口难题 …… 蒋贤起 2009.06
版权"隐喻"与公共领域的式微 …… 黄 汇 2009.07
论知识产权法的目的及其实现途径 …… 杨志敏 2009.07
论商标淡化制度保护的实质 …… 厉 瑶 孟繁超 2009.07
论非物质文化遗产保护中的传统文化表达 …… 张 曼 2009.07
浅析美国 2008 年孤儿作品议案 …… 黄旭春 2009.07
在革新与掠夺之间
——知识产权保护与反垄断的矛盾与妥协 …… 龙井瑢 2009.08
关于著名与知名商标行政特殊保护制度的冷思考(上) …… 王 清 2009.09
论专利权保护范围的确定原则 …… 张广良 2009.10
关于著名与知名商标行政特殊保护制度的冷思考(下) …… 王 清 2009.10
论技术转让合同中的技术改进条款 …… 马忠法 2009.11
探析"避风港"规则主观要件
——以视频分享网站为视角 …… 梅术文 温 博 2009.11
商标申请人主体资格研究
——以"商标掮客"的法律地位之研究为中心 …… 吴行政 卢海君 2009.11
商标个案审查原则评析 …… 蒋利玮 2009.12

业界实务

中国软件专利的现状和特点:基于软件发明的实证分析 …… 向渊博 刘小青 都云程 2009.01
电子测量仪器知识产权情况分析 …… 高贯玺 丁 翔 2009.01
知识产权信息管理系统模型研究 …… 曹 磊 2009.01
植物新品种权限制制度比较研究 …… 贾小龙 2009.01
美国专利永久禁令适用之例外对我国强制许可的启示
——兼论《专利法》(第三次)修订 …… 董美根 2009.01
基于航天专利的中国外层空间技术国际竞争力分析 …… 夏德根 2009.02
知识产权犯罪刑罚完善论要 …… 刘 科 2009.02
Web2.0 下的商标间接侵权问题研究 …… 潘文君 2009.03
解读 WTO 中美知识产权第一案 …… 张慧霞 2009.04
综观全球软件专利发展十年回顾 …… 袁建中 2009.04
竞价排名商标侵权认定的新思路
——商标间接侵权原则的应用 …… 陈晓俊 2009.04
专利与北京经济增长关系的实证分析 …… 盛安平 2009.04
美国软件专利之开放对软件产业的影响 …… 袁建中 2009.05
传统知识保护的"公共领域"困境解读 …… 李 杨 2009.05

金融快通卡
——推动银行起飞的助力器…… 2009.1.82
家用分体式洗碗机\一种洗浴净水处理药剂\一组固化齐系列发明…… 2009.1.83
一种纽扣等…… 2009.1.84
聚焦专利法第三次修改 …… 2009.2.8
关于修改《中华人民共和国专利法》的决定 …… 2009.2.9
中华人民共和国专利法(修正)…… 2009.2.12
中国知识产权立法:顺立时代的发展不断完善 …… 2009.2.18
解读非职务发明人…… 2009.2.22
莫让东巴造纸传统失传…… 2009.2.28
美国知识产权战略的特点及启示…… 2009.2.34
知识产权诉讼博弈…… 2009.2.37
中国趣味发明　点滴改变人类生活…… 2009.2.40
李鸿章和山寨版中国…… 2009.2.44
中原牡丹品质高…… 2009.2.46
千年国粹紫砂壶的涅槃…… 2009.2.51
专利权质押制度的现状及完善…… 2009.2.54
专利法创新与山寨文化…… 2009.2.57
四万亿与知识产权战略…… 2009.2.58
企业商业秘密保护与竞业限制…… 2009.2.59
是职务发明　还是非职务发明…… 2009.2.61
沉着应对　冲破陷阱…… 2009.2.64
禁止还是允许…… 2009.2.69
2008 年我国专利申请继续保护平衡较快增长 …… 2009.2.71
2008 年国外知识产权重大事件回眸 …… 2009.2.74
卓有成效　仍需努力…… 2009.2.78
奥巴马上任　美国制药业的机遇或噩梦…… 2009.2.81
喝小分子水理疗好处多…… 2009.2.83
太阳能楼阁照明技术…… 2009.2.84
立架自动车库…… 2009.2.85
特效经穴整体磁疗套具…… 2009.2.86
交流弧焊机节电减材技术方案…… 2009.2.86
李启涵专利三项等…… 2009.2.87
中国专利制度的叩门人…… 2009.3.08
加强我国专利信息化建设和服务…… 2009.3.16
来龙去脉　溯源中国创新文化建设第一步…… 2009.3.19
土著人传统资源的知识产权保护…… 2009.3.23
文化输出　中国文化创意产业的坐标系…… 2009.3.29
智猪博弈与知识产权创新…… 2009.3.33
智慧灵光:人类有史以来最伟大的 100 项发明发现 …… 2009.3.36
大力推动知识产权事业全面发展…… 2009.3.42
浴火中的凤凰…… 2009.3.44
用微米衡量的进步…… 2009.3.46
一半是珠宝　一半是专利…… 2009.3.48
十年发明路　满园荔枝红…… 2009.3.50

著作权客体制度的现实反思与未来变革 …… 王忠诚 2009.05
视频分享网站传播影视作品的著作权问题与思考 …… 孙建红 2009.05
知识产权领域反垄断的国际视角
——《竞争政策与知识产权行使》介评 …… 王先林 仲 春 2009.05
专利价值评估的影响因子 …… 李秀娟 2009.05
港澳台地区会展的知识产权保护模式及对上海世博会的启示 …… 高维和 张 茜 2009.05
苹果 iTunes 网上音乐商店:版权制度的未来模式? …… 王博阳 2009.06
数字时代知识创新与传播的解决方案 …… 王春燕 2009.06
标准化组织的专利披露政策实证分析 …… 马海生 2009.06
我国自主创新与知识产权保护探析 …… 郑友德 金明浩 2009.06
《商标法》对在先著作权的保护 …… 史新章 2009.06
虚拟角色保护坚冰待破
——商品化权专门立法探析 …… 林 华 2009.06
知识产权国际保护标准对我国高新技术产业的影响及应对策略 …… 邓 慧 刘西平 2009.06
药物可及性与知识产权保护
——从甲型 H1N1 流感防治谈起 …… 徐兴祥 2009.06
对共有专利权问题的思考/Patrick O'Reilley …… 林艺思 陈维国 2009.06
透视专利权不侵权确认之诉 …… 林 琳 2009.06
商标注册周期过长的困境及其出路 …… 邓宏光 2009.07
外资并购强制申报制度中的知识产权保护 …… 陶立峰 2009.07
知识产权发展新趋势:对研发投资保护的加强
——以生物技术研究中投资的专利法保护为例 …… 耿 卓 2009.07
商业秘密保护的法理基础与利益平衡分析
——基于劳动关系的视角 …… 郑瑞琨 胡 燕 2009.07
海量数据的版权保护问题探究 …… 潘继财 2009.07
说明书"不支持"或"公开不充分"对权利要求优先权有效性的影响 …… 朱 颖 2009.07
欧盟数据库特殊权利保护实施成效与影响 …… 孙 洁 2009.07
欧洲软件专利发展十年回顾 …… 袁建中 2009.07
知识产权许可策略探讨 …… Esther H. Lim Mandy J. Song 2009.07
专利申请日至公开日期间生产专利产品的法律责任分析(上) …… 任广科 2009.08
中外知识产权质押贷款发展状况研究 …… 徐 栋 2009.08
专利平行进口问题及其经济性分析 …… 周 琪 2009.08
防患与反击并重
——兼容打印耗材企业如何应对涉外专利诉讼 …… 周 毅 陶晓慧 2009.08
电子商务环境下商业方法专利的创造性审查 …… 张 弘 2009.08
电子政务实施中的知识产权保护 …… 谭华霖 唐 磬 2009.08
欧盟竞争法规制知识产权拒绝许可对我国的启示 …… 彭 霞 2009.08
德国对计算机执行的发明的专利保护
——从立法、判例与实践的角度解析 …… 刘 珊 余 翔 2009.08
欧洲专利局的软件专利审查变革 …… 袁建中 2009.08
我国通信企业开源战略与知识产权保护 …… 王海波 戴 薇 冯艳民 2009.09
专利实施许可中的风险及其控制研究 …… 漆 苏 2009.09
专利申请日至公开日期间生产专利产品的法律责任分析(下) …… 任广科 2009.09
我国创新活动的空间分布情况研究 …… 崔鑫生 2009.09
谈老字号中的知识产权问题 …… 宋晓亭 2009.09

CEPA框架下内地与港澳地区知识产权法律冲突及解决 …………………………………… 周 军 2009.09
欧洲专利局关于软件专利保护客体之探讨 ………………………………………………… 袁建中 2009.09
美国《专利法》最新修改法案评介 ……………………………………………… 殷慎敏 谢顺星 2009.09
韩国新《专利法》之变化 ……………………………………………………………………… 尚世浩 2009.09
印度服务外包中的知识产权保护及启示 ……………………………………… 胡水晶 余 翔 2009.09
金融商业方法专利的攻与防
——跨国银行与发展中国家之间的较量 ……………………………………………… 杨振东 2009.10
企业专利价值量化评估实证研究 ……………………………………………… 张彦巧 张文德 2009.10
我国大学技术转移中的知识产权政策困境 ………………………………………………… 肖尤丹 2009.10
专利许可合同若干问题研究 ………………………………………………………………… 董美根 2009.10
《德国专利法之简化和现代化法》评述
——浅析德国专利法律的最新修改 ……………………………………………… 张韬略 黄 洋 2009.10
德国软件业专利申请实证研究 ………………………………………………… 刘 珊 余 翔 2009.10
知识产权出资的法律解析 …………………………………………………………………… 赵 玲 2009.11
我国知识产权质押融资典型模式之比较分析
——基于法律社会学的分析视野 ……………………………………………………… 周 丽 2009.11
软件构件的知识产权保护研究 ………………………………………………… 胡水晶 方义涛 2009.11
从专利战略的视角看中国搜索引擎公司的发展 ………… 吴世东 李茜华 丁 伟 刘 姝 2009.11
知识产权证券化的国际发展趋势及中国发展策略 ……………………………… 肖 海 朱 静 2009.12
知识产权证券化的现实思考 ………………………………………………………………… 王 岩 2009.12
信托在知识产权运用中的地位与作用 ……………………………………………………… 金春阳 2009.12
亚太地区非传统商标注册比较研究 ………………………………………………………… 湛 茜 2009.12
我国商业秘密法律保护的立法完善 ………………………………………………………… 屈 宁 2009.12
金融危机下高新技术产业发展的难题探析
——以知识产权保护标准为视角 ………………………………………………… 邓 慧 黄小平 2009.12
专利价值评估中的风险因素分析 …………………………………………………………… 李秀娟 2009.12

法苑博览

知识产权侵权物的司法处置
——以知识产权请求权为中心的思考 ………………………………………………… 刘红兵 2009.01
著作权集体管理组织版权使用费标准争议解决机制探讨 …………………………………… 曹世华 2009.01
京瓷案对美国国际贸易委员会救济令的影响 ………………… Elizabeth A. Niemeyer 梅 雷 2009.02
IN RE BILSKI案:确定专利标的物的新动向 …………………………………… 姚克实 吴晓群 2009.03
一丝不苟的法律精神 不拘一格的务实态度
——评青岛市中级人民法院一审对“进口日本海带贸易机会”纠纷的判决 ……… 刘春田 2009.04
“完全排除”,还是“弹性排除”
——从一则药品专利侵权案谈禁止反悔原则的法律适用 ………………… 丁锦希 姚雪芳 2009.04
民法“一般条款”对知识产权的最终补充保护
——以德国法兰克福州高等法院裁定为研究起点 ……………………………………… 韩赤风 2009.04
美国专利法中的不正当行为问题 ……………………………………………………………… 海 冰 2009.04
对重复授权问题的再思考
——简评最高人民法院(2007)行提字第4号行政判决书
及2008年《专利法》第9条、第22条、第23条 ……………………………………… 李春晖 2009.05
公证网络电子证据的完整性要求 ……………………………………………………………… 周 波 2009.05
美国专利侵权诉讼中损害赔偿的计算方法
——以朗讯诉微软案为例 ……………………………………………………… Erik R. Puknys 2009.05

审理侵犯新产品方法专利权案件的几个问题 …………………… 孙海龙 姚建军 2009.06
判定商标评审受理条件的基准时与商标评审当事人的变更
——评广州电池厂诉商评委驳回商标评审申请通知案 …………………… 蒋利玮 2009.06
著作权案件中对有瑕疵的经公证的电子证据的认定 …………………… 李冰青 2009.06
美国最高法院 KSR 案对美国软件专利发展之影响 …………………… 袁建中 2009.06
关于《最高人民法院关于涉及驰名商标认定的民事纠纷案件管辖问题的通知》
理解与适用 …………………… 王艳芳 2009.07
网络时代的版权默示许可制度
——两起 Google 案的分析 …………………… 吕炳斌 2009.07
以恶意推销域名为目的的域名注册合同效力 …………………… 易健雄 2009.07
从新近判例看美国商业方法专利的发展 …………………… 谢黎伟 2009.07
出售 QQ 号码是否侵犯计算机软件著作权
——评我国首例因出售 QQ 号而引发的侵犯计算机软件著作权纠纷案 …………………… 祝建军 2009.08
西方“熊猫”与东方“精灵”
——菲亚特诉长城汽车外观设计侵权案评析 …………………… 童锡君 2009.09
商标权与地理标志权的博弈
——兼评“鲁锦”商标侵权、不正当竞争案 …………………… 崔立红 2009.09
Bilski 标准的理论及现实意义 …………………… 金春阳 2009.09
知识产权恶意诉讼的程序法应对 …………………… 卞 辉 2009.10
搜索排名案件的现状与思考 …………………… 袁 伟 2009.10
“半畝園”与“半亩田”商标侵权案评析
——兼议商标注册制度及侵权构成 …………………… 杨 静 2009.10
Tecmo Ltd 案与日本形象权客体理论的发展 …………………… 马 波 2009.10
“垂直搜索”的著作权侵权问题研究
——兼评“大众点评网诉爱帮网案”及“携程网诉趣拿网案” …………………… 王 迁 2009.11
临摹作品合理使用的适用条件浅析
——以杨德衡案为例 …………………… 张 剑 2009.11
后注册商标与在先商号的权利冲突与解决
——以“正凌”商标与商号的权利冲突纠纷案为例 …………………… 祝建军 2009.11
销售侵犯注册商标专用权的商品案件难点问题实证研究 …………………… 林子英 普 翔 2009.11
论商标犯罪量刑情节之重塑
——商标知名度与量刑机理 …………………… 张心全 2009.11
知识产权案件专业技术问题解决路径探讨
——以“三人技术组、五人合议庭”审判模式为例 ……… 北京市第二中级人民法院民五庭 2009.12
关于我国实用艺术作品保护的反思
——兼评意大利 OKBABY 公司诉慈溪佳宝有限公司侵犯著作权纠纷案的
判决 …………………… 张嘉容 罗先觉 2009.12

纲正咨询

2008 年中外信息产业知识产权纠纷大事记 …………………… 白志昀 2009.01
集成电路领域超威半导体公司在华专利布局状况分析 …………………… 杨晓丽 夏 芸 2009.02
信息产业专利预警体系构建研究 …………………… 信息产业部电子知识产权咨询服务中心 2009.03
AM-OLED 技术专利申请分析 …………………… 张 曦 2009.04
337 调查对我国集成电路产业的影响 …………………… 赵学武 夏 芸 2009.05
从专利布局看 MIFARE 卡密码破解风波的挑战和机遇 …………………… 夏 芸 2009.06
我国基础软件发展中的知识产权问题分析 …………………… 巫晓倩 夏 芸 2009.07
LCD 技术全球专利申请状况分析 …………………… 张 曦 田振国 2009.08

PDP 技术全球专利申请状况分析 …………………………………………………… 张 曦 2009.09
OLED 技术全球专利申请状况分析 ………………………………………………… 张 曦 2009.10
数控机床全球专利申请状况分析 …………………………………………………… 高 蓓 2009.11
IP 荟萃
言论
"山寨现象"反思
——从知识产权法的角度 ………………………………………………………… 高荣林 2009.01
原创性 vs. 创造性 ………………………………………………………………… 卢海君 2009.02
《专利法》的修改和专利司法 ……………………………………………………… 应振芳 2009.03
固定后的口述作品 ………………………………………………………………… 杨述兴 2009.04
我国不存在真正意义上的 P2P 软件侵权案 ………………………………………… 何笃丰 2009.05
网络版权的贬值及措施 …………………………………………………………… 王 中 2009.06
著作权人发出要求删除链接的通知时应提供明确的网络地址
——从技术角度浅谈《信息网络传播权保护条例》第 14 条第 1 款第(2)项 ……… 袁 伟 2009.07
商标法的语言表达与体系结构
——以我国《商标法》第三次修改为视角 ………………………………………… 邓宏光 2009.08
版权法"独创性"理论的困境与出路 ……………………………………………… 黄 汇 2009.09
走出专利行政保护的发展困境
——以外观设计专利与发明、实用新型专利的区别为视角 ……………………… 和育东 2009.10
我国职务发明奖酬制度缺乏科学性和可操作性 …………………………………… 安迪言 2009.11
知识产权的多维度与多维度的知识产权 …………………………………………… 郭 威 2009.11
专利制度与自由主义 ……………………………………………………………… 和育东 2009.12
浅谈外观设计简要说明中"设计要点"的作用 ……………………………………… 雒运朴 2009.12
法律信箱
中国知识产权保护中刑事程序问题的分析与解读 ………………………………… 王 静 2009.01
专利侵权产品使用者的停止使用责任 ……………………………………………… 任广科 2009.02
如何标注唱片的著作权及邻接权 …………………………………………………… 陈 刚 2009.02
侵犯知识产权的民事诉讼中如何适用"停止侵害"责任 …………………………… 朱志刚 2009.03
视频分享网站合作经营的版权问题研究 …………………………………………… 包 宇 2009.04
出口企业知识产权风险管理策略 …………………………………………………… 凡咏齐 2009.04
号码检索问答 ……………………………………………………………………… 赵 欣 2009.05
专利境外被侵权时如何选择管辖法院 ……………………………………………… 陈泳明 2009.06
集佳信箱
专利侵权纠纷中是否存在现有技术抗辩的例外(上) ……………………………… 梁 勇 2009.08
专利侵权纠纷中是否存在现有技术抗辩的例外(下) ……………………………… 梁 勇 2009.09
中国企业应对美国关税法 337 调查的对策建议 …………………………………… 李洪江 2009.10
新《专利法》实施后外观设计专利申请的变化 ……………………………………… 王艳江 2009.11
如何在中国申请外观设计专利(待续) ……………………………………………… 魏金霞 2009.12
书评
历史之考察与未来之建构
——介评张今教授之《版权法中私人复制问题研究——从印刷机到互联网》 …… 卢海君 2009.09
法律法规
最高人民法院关于审理涉及驰名商标保护的民事纠纷案件应用法律若干问题的解释………… 2009.06
12312 专栏
警惕假冒他人专利行为 …………………………………………………… 温 寒 李木子 2009.01

《中国发明与专利》

联系地址:北京市海淀区蓟门桥西土城路6号
邮政编码:100088
联系电话:010－82000860－8167
电子信箱:fmyzl@vip. sina. com

《中国发明与专利》2009年第1～12期有关栏目目录索引

文章标题

中国式创新文化的光荣与梦想…… 2009.1.08
回眸创新潮
——盘点中华大发明…… 2009.1.09
向中国创造致敬…… 2009.1.14
中国为何必须自主创新…… 2009.1.16
展望2020:中国创新之路…… 2009.1.18
知识产权博弈绪论…… 2009.1.19
从日常生活看韩国的创新文化…… 2009.1.22
比照葫芦“变造”瓢…… 2009.1.24
防冻药:中国最早的发明专利及其交易…… 2009.1.27
有情雕岁月　无悔饰华颜…… 2009.1.28
生产专利的教书匠…… 2009.1.33
在基础教育中培养创造性人才…… 2009.1.34
中药秘方的知识产权保护…… 2009.1.36
著作权限制定义的再认识…… 2009.1.39
污水处理领域专利发展动态…… 2009.1.43
电子商务商业方法专利　废纸还是钞票…… 2009.1.46
企业自主创新方式思考…… 2009.1.49
企业降低专利侵权风险探析…… 2009.1.52
企业专利战略的实施…… 2009.1.54
浅谈外观设计图片或照片的准备…… 2009.1.56
从一例专利侵权案件探析专利等同判定…… 2009.1.59
知识产权法定赔偿适用问题研究…… 2009.1.63
化干戈为玉帛…… 2009.1.67
反垄断法征程山高路远…… 2009.1.70
“无障碍”获取专利数据…… 2009.1.74
华东政法大学知识产权学院…… 2009.1.76
从病因医治高血压和冠心病…… 2009.1.77
瓷雕梦幻灵园…… 2009.1.78
你带口罩了吗…… 2009.1.79
国光胃药　立志为民…… 2009.1.80
潜心研究七项发明…… 2009.1.81
收放折叠式飞机液压千斤顶…… 2009.1.81
谢廷声
——新型炼钢脱氧剂的开拓者…… 2009.1.82

金融快通卡
——推动银行起飞的助力器…… 2009.1.82
家用分体式洗碗机\一种洗浴净水处理药剂\一组固化齐系列发明…… 2009.1.83
一种纽扣等…… 2009.1.84
聚焦专利法第三次修改 …… 2009.2.8
关于修改《中华人民共和国专利法》的决定 …… 2009.2.9
中华人民共和国专利法(修正)…… 2009.2.12
中国知识产权立法:顺立时代的发展不断完善 …… 2009.2.18
解读非职务发明人…… 2009.2.22
莫让东巴造纸传统失传…… 2009.2.28
美国知识产权战略的特点及启示…… 2009.2.34
知识产权诉讼博弈…… 2009.2.37
中国趣味发明　点滴改变人类生活…… 2009.2.40
李鸿章和山寨版中国…… 2009.2.44
中原牡丹品质高…… 2009.2.46
千年国粹紫砂壶的涅槃…… 2009.2.51
专利权质押制度的现状及完善…… 2009.2.54
专利法创新与山寨文化…… 2009.2.57
四万亿与知识产权战略…… 2009.2.58
企业商业秘密保护与竞业限制…… 2009.2.59
是职务发明　还是非职务发明…… 2009.2.61
沉着应对　冲破陷阱…… 2009.2.64
禁止还是允许…… 2009.2.69
2008 年我国专利申请继续保护平衡较快增长 …… 2009.2.71
2008 年国外知识产权重大事件回眸 …… 2009.2.74
卓有成效　仍需努力…… 2009.2.78
奥巴马上任　美国制药业的机遇或噩梦…… 2009.2.81
喝小分子水理疗好处多…… 2009.2.83
太阳能楼阁照明技术…… 2009.2.84
立架自动车库…… 2009.2.85
特效经穴整体磁疗套具…… 2009.2.86
交流弧焊机节电减材技术方案…… 2009.2.86
李启涵专利三项等…… 2009.2.87
中国专利制度的叩门人…… 2009.3.08
加强我国专利信息化建设和服务…… 2009.3.16
来龙去脉　溯源中国创新文化建设第一步…… 2009.3.19
土著人传统资源的知识产权保护…… 2009.3.23
文化输出　中国文化创意产业的坐标系…… 2009.3.29
智猪博弈与知识产权创新…… 2009.3.33
智慧灵光:人类有史以来最伟大的 100 项发明发现 …… 2009.3.36
大力推动知识产权事业全面发展…… 2009.3.42
浴火中的凤凰…… 2009.3.44
用微米衡量的进步…… 2009.3.46
一半是珠宝　一半是专利…… 2009.3.48
十年发明路　满园荔枝红…… 2009.3.50

造福于民　六十载谱写生物制品华章…… 2009.3.52
专利检索在专利资产评估中的作用…… 2009.3.53
理论创新有新说…… 2009.3.56
对发明专利创造性要件的考察…… 2009.3.59
金融危机背后的专利秘密…… 2009.3.63
热议二题…… 2009.3.66
关于专利鉴定工作的探讨…… 2009.3.68
CPA 与光荣同行 …… 2009.3.70
新专利法加强遗传资源保护…… 2009.3.72
汽车制造相关企业专利申请十点注意…… 2009.3.73
陷阱取证是否合法…… 2009.3.75
被窃取的经营信息商业秘密…… 2009.3.77
和解之后是双赢…… 2009.3.79
以新协作方式完善美国专利制度…… 2009.3.83
澳大利亚首次明确革新专利创造性的判断标准…… 2009.3.84
小分子水理疗冠心病创造奇迹…… 2009.3.85
世界首创节能环卫技术…… 2009.3.86
风力发电装置等…… 2009.3.87
专利信息服务更贴近公众…… 2009.4.08
震不垮的是创新精神…… 2009.4.09
达则兼善天下…… 2009.4.10
对上海品牌建设的十条建议…… 2009.4.15
最具创新力的 25 家公司:艰难岁月里的奇思妙想…… 2009.4.18
Google:如何打造创意工厂 …… 2009.4.20
Adode:创新不断 …… 2009.4.22
法官在知识产权保护中的作用…… 2009.4.24
合作还是背叛　知识产权纠纷博弈策略抉择…… 2009.4.28
史上最可笑的专利与专家…… 2009.4.31
智慧灵光:人类有史以来最伟大的 100 项发明发现 …… 2009.4.32
化危为机　创新破题…… 2009.4.37
异想天开的世界钟王国…… 2009.4.39
忧见风云起　创新来灭灾魔…… 2009.4.43
防疾治病　扬起健康茶疗文化的风帆…… 2009.4.44
农药产品间接侵权的认定…… 2009.4.45
发现是成功之母…… 2009.4.48
借道江苏战略…… 2009.4.49
我国专利代理人的发展方向…… 2009.4.53
美国专利实务中违反平衡原则的行为…… 2009.4.54
从兰贵人案看商品的通用名称…… 2009.4.57
药品专利权的 Bolar 例外 …… 2009.4.59
白药之争…… 2009.4.61
韩国实施新《发明专利法》和《实用新型法》…… 2009.4.65
2008－2009 年美国知识产权司法回顾与展望 …… 2009.4.66
印度限定专利和商标异议案件结案期限…… 2009.4.68
美国外观设计专利侵权判定标准的新变化…… 2009.4.69

喝小分水降血脂好……………………………………………………………………………… 2009.4.74
黄振永的九项专利……………………………………………………………………………… 2009.4.75
一种糖尿病食疗酵母及其构建方法…………………………………………………………… 2009.4.76
可改变京胡历史的环保仿生皮京胡…………………………………………………………… 2009.4.77
民通品牌　平凡中铸就………………………………………………………………………… 2009.4.78
直流人体红外感应自动发光器………………………………………………………………… 2009.4.80
饼式发动机……………………………………………………………………………………… 2009.4.80
关于椅子的两项专利…………………………………………………………………………… 2009.4.81
一种皮带运输机纠编器………………………………………………………………………… 2009.4.81
骨折复位固定装置……………………………………………………………………………… 2009.4.81
生活废水手动升压储存多次利用装置………………………………………………………… 2009.4.82
巨大成就　光辉前景…………………………………………………………………………… 2009.5.08
企业是创新的主体……………………………………………………………………………… 2009.5.10
发明创业正当时………………………………………………………………………………… 2009.5.11
增进了解　加强服务…………………………………………………………………………… 2009.5.13
为时代烙上发明的印记………………………………………………………………………… 2009.5.14
以知识产权助推中原崛起……………………………………………………………………… 2009.5.15
加快推进河南知识产权战略实施……………………………………………………………… 2009.5.17
以知识产权应对金融危机……………………………………………………………………… 2009.5.18
保护知识产权促进创新发展…………………………………………………………………… 2009.5.19
建立交易平台　拓展融资渠道………………………………………………………………… 2009.5.21
关注网络新闻传播领域的知识产权保护问题………………………………………………… 2009.5.22
谈谈与网站转载新闻有关的法定许可问题…………………………………………………… 2009.5.23
创新文化：自主创新的文化驱动力 …………………………………………………………… 2009.5.25
中国企业创新的最大障碍是文化和领导力…………………………………………………… 2009.5.29
知识产权的运用比创新更重要………………………………………………………………… 2009.5.32
山寨之冤：史上最牛产业创新竟成假冒伪劣 ………………………………………………… 2009.5.35
实施发明创育制度……………………………………………………………………………… 2009.5.37
智慧之光：人类有史以来最伟大的100项发明发现 …………………………………………… 2009.5.38
小专利启动大市场……………………………………………………………………………… 2009.5.44
攀科学之巅披荆斩棘　倾毕生心血爱洒大地………………………………………………… 2009.5.46
只为生命之源的健康与永续…………………………………………………………………… 2009.5.48
核心技术领先国产血透机突出重围…………………………………………………………… 2009.5.50
为中华科技添光彩……………………………………………………………………………… 2009.5.52
化作春泥更护花………………………………………………………………………………… 2009.5.54
企业创新型人才的培养………………………………………………………………………… 2009.5.55
专利撰写与部署策略…………………………………………………………………………… 2009.5.57
专利侵权风险评估要素解析…………………………………………………………………… 2009.5.61
对专利法新颖性宽限期的思考与分析………………………………………………………… 2009.5.63
专利案件中网络证据效力之判定……………………………………………………………… 2009.5.67
网络虚拟财产案的定罪与争议………………………………………………………………… 2009.5.70
和为贵…………………………………………………………………………………………… 2009.5.72
知识产权侵权抗辩及其程序救济……………………………………………………………… 2009.5.77
天山脚下的美容奇葩…………………………………………………………………………… 2009.5.81
喝水分子水实践检验真理……………………………………………………………………… 2009.5.82

玉米育种的系列创新成果…… 2009.5.83
韦尔柏注射液和粉针剂…… 2009.5.84
幼儿双链旋转数学教具…… 2009.5.85
取代汽车后视镜的装置…… 2009.5.85
李新红的三项专利…… 2009.5.86
鲜益母草粉的制备工艺…… 2009.5.86
充气保护展示框…… 2009.5.86
具有屏写及书写功能的笔等…… 2009.5.87
拓展职能　提升服务…… 2009.6.08
提高社会创新力是富民强国的根本…… 2009.6.12
中国企业文化创新的文明基础…… 2009.6.16
发达国家出售知识产权时按成本定价…… 2009.6.18
李约瑟难题…… 2009.6.19
知识产权运用　点石成金的神奇术…… 2009.6.20
在网络探究中拓宽发明创造思路…… 2009.6.23
智慧灵光:人类有史以来最伟大的100项发明发现 …… 2009.6.26
水印刷技术的拓荒者…… 2009.6.32
叩开纳米宝藏之门的人…… 2009.6.38
三大技术破解老难题　热泵市场笑迎新时代…… 2009.6.39
五十载练就火眼金睛…… 2009.6.41
IT人生　谱写巾帼创新 …… 2009.6.42
科技路上的跋涉者…… 2009.6.43
二十五年磨一剑　只为中国原创药…… 2009.6.45
书写"手性"传奇…… 2009.6.46
地理标志制度对我国农业经济的影响…… 2009.6.50
直面经济寒冬:中国企业的自主创新是机遇还是挑战 …… 2009.6.56
知识产权　创新成果的保护神…… 2009.6.58
金融危机对医药行业是危还是机…… 2009.6.59
专利药品保护期的延长策略…… 2009.6.61
专利行权中的不实施的公司…… 2009.6.64
靠标准赢市场…… 2009.6.66
软件侵权认定的间接判断法…… 2009.6.68
凯宫商业秘密刑案(上)…… 2009.6.70
欧洲专利局拟进一步提高专利授权质量…… 2009.6.73
美国法院专利权利要求解释及侵权判定处理案例…… 2009.6.75
我国台湾地区的知识产权制度改革…… 2009.6.80
喝小分子水理疗三高四病…… 2009.6.84
体控电疗市场乱保护专利需维权…… 2009.6.85
糖尿病治疗有新说…… 2009.6.86
楔槽外迫式电线电缆快速接头…… 2009.6.87
氟金云母珠光颜料及其制作…… 2009.6.87
一种新型省工省料的粘土等…… 2009.6.88
从纽约的历史看创新文化的生长…… 2009.7.08
具有中国特色的科学发展…… 2009.7.13
文化创意产业:中国的危中之机 …… 2009.7.15

如何提高专利转化率…… 2009.7.18
母亲节的知识产权故事…… 2009.7.21
智慧灵光:人类有史以来最伟大的100项发明发现 …… 2009.7.23
三角情怀　几何人生…… 2009.7.29
小女子痴迷农机发明…… 2009.7.32
引领时尚　创新生活…… 2009.7.35
张宝玲:才智飞扬　和谐绽放 …… 2009.7.37
孟凯韬教授半世纪的奋斗历程…… 2009.7.42
以科技领航　建成新一期高标准乙醇生产线…… 2009.7.44
千锤百炼　谱写多彩的科技人生…… 2009.7.45
风水生态楼　一楼甲天下…… 2009.7.49
不畏艰难　努力探索…… 2009.7.50
专利保护与商业秘密保护…… 2009.7.52
商业方法专利侵权研究…… 2009.7.55
收购悍马的不同反响…… 2009.7.58
海外并购与抄底的思考…… 2009.7.58
代理人的创造性劳动…… 2009.7.59
技术公开与保留的权衡…… 2009.7.63
知识产权侵权的归责原则…… 2009.7.64
浅析专利侵权中的等同原则…… 2009.7.65
凯宫商业秘密刑案(下)…… 2009.7.67
方法权利要求中步骤顺序的限定作用…… 2009.7.72
前进中的暨南大学知识产权学院…… 2009.7.76
国光胃药　优选出的纯正组合…… 2009.7.77
莱依迪公司发明LED路灯的真空液体散热装置 …… 2009.7.78
史家小学的科技创新教育活动…… 2009.7.79
药物治疗急性重症肝衰竭将成为可能…… 2009.7.80
一种治疗癌症的药物及制备方法…… 2009.7.80
万能手机遥控器…… 2009.7.81
高铁尾矿制造的微晶玻璃及方法…… 2009.7.81
一种无间隙直线导轨…… 2009.7.82
壁挂式可旋转平板电视机架…… 2009.7.82
频率指示式人工急救呼吸器…… 2009.7.82
关于柞树提取液及其应用的两项发明…… 2009.7.83
余泥渣土提炼工艺及其与水泥混合制品…… 2009.7.83
一体化智能计费型热水器…… 2009.7.83
空调户外制冷机等…… 2009.7.84
维权不止　笔耕不辍…… 2009.7.96
专利“明战”与商业秘密“暗战”的升级…… 2009.8.08
不一样的创新文化…… 2009.8.12
当“山寨”遭遇知识产权…… 2009.8.17
迈克尔·杰克逊的专利故事…… 2009.8.20
实用新型专利制度之痛…… 2009.8.24
以文字形式公开产品外观设计的思考…… 2009.8.27
“封闭”还是“开放”…… 2009.8.29

智慧灵光:人类有史以来最伟大的100项发明发现(六) …… 2009.8.32
抢占高档数控机床制高点…… 2009.8.38
以科技创新为助力　谱写红外技术新华章…… 2009.8.44
真空技术的突破…… 2009.8.47
智慧开创“生命之光”…… 2009.8.50
庄寿强和他建立的行为创造学…… 2009.8.52
生命不止　发明不断…… 2009.8.53
专利检索浅析…… 2009.8.56
自然形成的“整体科学”理论…… 2009.8.59
创新文化的力量…… 2009.8.60
建立创造的通道…… 2009.8.62
创新专利审查形式　提高审查质量…… 2009.8.63
案说专利侵权滥诉之反赔…… 2009.8.66
反败为胜…… 2009.8.69
由一个欧洲判例浅谈中位概括式修改的判断…… 2009.8.73
国际专利分类的困境与出路…… 2009.8.76
一种废弃陶瓷制环保洗水石及其制作方法…… 2009.8.80
平衡式滚动轴承行星齿轮机构…… 2009.8.81
好书法生字本
——学生的最爱…… 2009.8.81
微电脑自动控制智能炒菜机…… 2009.8.82
一种钢筋混凝土电杆…… 2009.8.82
配合掌心矫正术使用的药物…… 2009.8.83
大型螺母旋紧扭矩计量装置…… 2009.8.83
翻桨式风车…… 2009.8.83
翻盖式线槽…… 2009.8.84
一种带毒诱杀白蚁的方法…… 2009.8.84
治疗迁延性、慢性肝炎的复方五仁醇软胶囊制剂 …… 2009.8.84
开放容器负压虹吸器等…… 2009.8.85
共享发明盛宴…… 2009.9.08
防辐射隔热玻璃亮相发明展…… 2009.9.11
节能燃气炉　酒店好帮手…… 2009.9.12
当代神农　邱盛雄…… 2009.9.16
世博会　展现未来的舞台…… 2009.9.19
双优助河南经济腾飞…… 2009.9.24
太行筛　震动世博…… 2009.9.26
小小轴承　价比黄金…… 2009.9.27
发力中原　光耀世界…… 2009.9.28
因“假”成名的行业大鳄…… 2009.9.30
潜心铸一枣　智慧变产权…… 2009.9.31
全球经济下知识产权的新作用…… 2009.9.32
从《论语》看知识产权文化建设…… 2009.9.36
革命还是改良…… 2009.9.39
从知识产权笑话漫谈企业知识产权观…… 2009.9.41
人类有史以来最伟大的100项发明发现(七)…… 2009.9.43

沥血为民　心志不老…… 2009.9.49
浅谈农药工艺专利侵权诉讼中举证策略…… 2009.9.50
我国专利制度的巨大竞争优势…… 2009.9.52
高新技术企业认定中的专利…… 2009.9.55
打破进口血透机神话　挺起民族品牌脊梁…… 2009.9.56
对专利申请文件修改规定的一些思考…… 2009.9.59
权利是需要积极争取的…… 2009.9.61
从拜耳看品牌公司的医药知识产权保护…… 2009.9.66
对于基于附图的修改是否超范围的判断…… 2009.9.68
欧共体外观设计保护制度面面观…… 2009.9.71
上海市创造工程研究所 20 年回顾 …… 2009.9.75
经济高效的二氧化碳肥料…… 2009.9.76
一种耐高温档墙…… 2009.9.77
浸湿性接触智能控制电力负荷开关…… 2009.9.78
城乡管道系统工程排污与利用综合体系结构…… 2009.9.80
一种多功能的空调器…… 2009.9.81
刘庭驹的专利与发明…… 2009.9.82
探索果品贮藏背后的自然规律…… 2009.9.83
戴定中的专利项目…… 2009.9.83
五自法　我国教改中的探索与突破…… 2009.9.84
节能高效的回转封闭式立体射流零件清洗机…… 2009.9.84
组合式粮囤…… 2009.9.84
焦炭粉末的回收再利用方法…… 2009.9.85
水泥胶试体养护水池…… 2009.9.85
特异性抗白色念珠菌 igy 泡腾片 …… 2009.9.85
仁医倡导体内环保…… 2009.9.86
大功率并联自激式无极荧光灯高频电子变频器…… 2009.9.88
甲型 H1N1 流感疫情与药品专利强制许可 …… 2009.10.08
中技所为产业化护航 …… 2009.10.13
创意为什么:从创意到创新…… 2009.10.15
交叉学科视野下的知识产权文化探微 …… 2009.10.20
发现与创造的源泉与途径 …… 2009.10.23
要市场,更要文化…… 2009.10.27
智慧灵光:人类有史以来最伟大的 100 项发明发现(八)…… 2009.10.29
服装辅料王国里的探索者与创造者 …… 2009.10.35
柔光防眩技术　打造视觉安全的和谐光 …… 2009.10.42
爱心不止　为生命加油 …… 2009.10.44
“绿色战线”上的突破与担当 …… 2009.10.46
向世界尖端科技领域迈进 …… 2009.10.48
平凡中造就传奇 …… 2009.10.50
纵探华夏文明　推进凿岩技术 …… 2009.10.51
报国强军梦　悠悠赤子情 …… 2009.10.52
洗去矿工心中的隐痛 …… 2009.10.53
“夜明珠”:抗震、灾害预防救助领域的民族品牌 …… 2009.10.55
“傍名牌”行为的知识产权保护措施 …… 2009.10.57

熊氏立体因果医学简述 …… 2009.10.61
美国涉华专利案件的特点 …… 2009.10.63
中国表业自主创新的方向 …… 2009.10.67
企业应对专利壁垒之策略分析 …… 2009.10.68
浅谈 PCT 专利申请中药品通用名称与化合物名称的翻译 …… 2009.10.70
云芝之争 …… 2009.10.73
2008 年我国专利技术交易增速迅猛 …… 2009.10.78
原研药与仿制药的较量 …… 2009.10.80
功能性权利要求的认定标准和内部证据在侵权判定中的处理原则 …… 2009.10.82
中国将棋　极具哲理性、趣味性和挑战性的智力游戏 …… 2009.10.87
无污染万吨级废机油还原基础油成果 …… 2009.10.89
打破长期旧格局　调整时代新水系 …… 2009.10.90
一种兼具节水和安全功能的池塘养殖复合系统 …… 2009.10.91
冯善茂和他的两项发明 …… 2009.10.91
煤炭高效节能消烟脱硫剂等 …… 2009.10.92
上海市奉贤区青少年活动中心专利 10 项 …… 2009.10.96
大江南北席卷专利周大潮 …… 2009.11.08
经典创新语录 …… 2009.11.10
从力拓案看企业商业秘密的保护 …… 2009.11.14
创业板青睐怎样的创新型企业 …… 2009.11.17
被模糊的创新：创业板首轮过会企业追问 …… 2009.11.19
发现权诸问题有新展望 …… 2009.11.21
知识产权背后的文化因素 …… 2009.11.26
驰名商标如何实现中国造 …… 2009.11.27
智慧灵光：人类有史以来最伟大的 100 项发明发现（九） …… 2009.11.30
发明创业永不言败 …… 2009.11.36
一位说唱歌手的绿色之梦 …… 2009.11.40
核能科技　创新三强 …… 2009.11.45
20 年医药研发谱华章 …… 2009.11.47
我国地理标志保护体系现状及其完善 …… 2009.11.48
维公益　促创新　防知识产权滥用 …… 2009.11.52
遗传资源　你了解多少 …… 2009.11.56
知识产权质押缘何叫好不叫座 …… 2009.11.58
关于“载体学”的几个问题 …… 2009.11.59
开源浪潮及其知识产权问题 …… 2009.11.60
外观设计专利申请的新变化 …… 2009.11.62
汉英翻译的“域”和数据加工的“准与全” …… 2009.11.64
申请专利要做哪些准备 …… 2009.11.67
是技术方案之间的等同还是特征等同（上） …… 2009.11.71
同室操戈（上） …… 2009.11.75
专利持续性侵权的效果 …… 2009.11.79
由封闭孤立转向开放协作 …… 2009.11.84
推动中国知识产权事业发展进程 …… 2009.11.85
家用安护报警器的一次飞跃 …… 2009.11.86
应用新技术开创新局面 …… 2009.11.87

张阳的有机创造理论 …… 2009.11.88
思维创新学教育体系 …… 2009.11.89
将医略置于医术之上 …… 2009.11.90
风生水起满园春 …… 2009.11.92
李春伸的整体医学理论 …… 2009.11.93
组合式洗面洁具盒 …… 2009.11.93
耐高耐强腐蚀可直埋可焊接免维护的钢塑复合管 …… 2009.11.93
车床加工中心等 …… 2009.11.94
发展知识产权事业　提升核心竞争力 …… 2009.12.08
第三届中国专利周成功举办 …… 2009.12.09
应对危机　服务企业 …… 2009.12.10
主题鲜明　特点突出 …… 2009.12.11
架构桥梁　培育市场 …… 2009.12.14
2009年全球50大最佳发明 …… 2009.12.16
让创新变得简单 …… 2009.12.25
应对贸易保护的根本出路在于知识产权战略 …… 2009.12.27
日本为何青睐研发机器人 …… 2009.12.29
智慧灵光:人类有史以来最伟大的100项发明发现(十) …… 2009.12.30
创新让我更有底气 …… 2009.12.36
踏实进取　激情创新 …… 2009.12.38
问渠哪得清如许　科学治水出妙方 …… 2009.12.41
用一生集洒“阳光”之爱 …… 2009.12.43
提高人用疫苗质量和创新品种 …… 2009.12.45
如何培养青少年的创造性思维品质 …… 2009.12.46
包装材料有奇巧　印刷学院谱新篇 …… 2009.12.47
新型自旋电子学材料及磁敏传感器 …… 2009.12.49
专利交易的风险调查 …… 2009.12.50
“无纸化”阅读带来的思考 …… 2009.12.53
知识产权文化进农村缘何举步维艰 …… 2009.12.55
浅谈新专利法的保密审查制度 …… 2009.12.56
企业专利战略实效性之思 …… 2009.12.58
从一个无效案例看充分公开的判断 …… 2009.12.61
预料不到的技术效果与发明的创造性 …… 2009.12.63
是技术方案之间的等同还是特征等同(下) …… 2009.12.66
同室操戈(下) …… 2009.12.68
知识产权纠纷诉讼调解机制研究 …… 2009.12.71
美国明晰可专利主题的评判标准 …… 2009.12.76
《专利审查程序手册》规定及表面上不具有专利性案件的合法性 …… 2009.12.81
喝小分子水走出降压误区 …… 2009.12.85
技术创新引领甲醇能源大发展 …… 2009.12.86
一种全新概念的螺旋式起动机产品 …… 2009.12.87
便携式电热磁疗坐垫 …… 2009.12.88
一种水产养殖专用渔肥及其制备方法 …… 2009.12.89
便携式树木粉刷器 …… 2009.12.89
铁丝网水泥沼气池 …… 2009.12.89

芝麻香型白酒生产工艺等 …… 2009.12.90

《科技与法律》

联系地址:北京市海淀区普惠南里13号310室
邮政编码:100036
联系电话:010－68286852
电子信箱:kjyfl@sohu.com kjyfl_bj@yahoo.com.cn

《科技与法律》2009年第1～6期有关栏目目录索引

专　稿

高举火炬旗帜　实践科学发展走中国特色高新技术产业化道路 …… 万　钢 2009.01.03
科技法制:依法治国与科教兴国的战略结合 …… 段瑞春 2009.01.13
风雨二十载　开创新航程 …… 任晓明 2009.01.15

科技创新论坛

我国技术市场发展历程与展望 …… 陈　晴 2009.01.08
创新环境运行机制研究综述 …… 蒋玉宏　江　洋 2009.02.03
我国科技项目管理创新与发展模式探讨 …… 张星明　冯楚建 2009.02.07
关于软件产权的制度经济学研究 …… 章　帆　刘建萍 2009.02.11
自主创新语境下的技术·文化创意产业及其法律选择 …… 芦　琦 2009.03.03
论构建我国科技创新体系的政策思路
——以实施国家知识产权战略为导向 …… 李　钢 2009.03.08
自主技术创新的文化供给 …… 王勉青 2009.03.13
自主技术创新生态环境的结构解析 …… 蒋　坡 2009.04.03
国防知识产权风险预警与管理机制研究 …… 宋　伟　方琳瑜　刘晓峰 2009.04.08
科技进步中的知识产权保障制度探析 …… 乔　生　李业青 2009.04.13
产学研合作模式的法律形态研究 …… 胡利玲　冯楚建 2009.05.03
政府支持下的知识产权质押贷款模式及其特征分析 …… 李希义　蒋　琇 2009.05.08
技术联盟"前端控制"型专利池构建与运作模式研究 …… 余文斌　华　鹰 2009.06.03
知识共享协议及其可持续利用价值 …… 周玲玲 2009.06.08
强化创意的版权保护 …… 吴国平 2009.06.12

科技法制研究

科技法的人文关怀 …… 侯　纯 2009.01.17
促进自主创新的财税法研究 …… 华国庆 2009.01.22
对科技法学基本理论的几点思考 …… 刘　烈 2009.02.15
美国、日本农业技术推广体系立法的经验与借鉴 …… 王学忠 2009.02.18
论知识产权独占许可与拒绝许可 …… 康佑发 2009.02.22
职务发明类分之中外比较与研究 …… 何　敏　肇　旭 2009.03.17
植物新品种保护模式比较研究 …… 陈　超　孙　璐 2009.03.21
太空旅游若干法律问题研究 …… 薄守省 2009.03.26
脑死亡立法之探究 …… 张爱艳 2009.04.17
利益衡平视角下网络管制原则的法理分析 …… 许晓娟　彭志刚 2009.04.22
论动物的权利主体地位 …… 唐大森　王学忠 2009.05.13
科技宽容制度的法治解读 …… 于兆波 2009.05.18
"网络服务提供者"之微观解析 …… 兰晓为　彭小坤 2009.05.21

我国脑死亡立法的若干问题研究 …… 何 悦 2009.06.17
国家自然科学基金项目不予资助决定救济途径之完善 …… 张 红 刘 权 2009.06.21
生物识别与隐私权保护之法律冲突及其协调 …… 朱工宇 2009.06.25

院校风采

我国知识产权保护与FDI关系的实证分析 …… 许春明 2009.01.28
企业专利经营的成本控制 …… 袁真富 2009.01.35
资产评估司法鉴定中技术性知识产权侵权损失计算 …… 马治国 夏俊海 邱海龙 2009.02.28
传统知识法律保护模式比较研究 …… 周 方 2009.02.32
地方性科学技术进步立法研究 …… 李晓鸣 2009.02.38
论司法独立与新闻监督的内涵、辩证与平衡 …… 刘同君 王筱琴 黄 维 2009.03.30
职业知识产权人:知识产权人才培养新模式探析 …… 何 铭 王 浩 周 磊 2009.03.36
再论自主知识产权问题
——兼评龙芯购买美普思专利事 …… 陈昌柏 2009.04.28
音乐作品著作权集体管理及其利益平衡 …… 李 刚 2009.04.32
国防科技工业"军转民"若干问题研究 …… 张元光 2009.04.35
论网络隐私权内容之构建 …… 蓝 蓝 2009.05.27
新技术背景下家内劳动关系的法律调整 …… 田 野 2009.05.31
网络广告商标侵权问题初探 …… 邓宏光 2009.06.30

企业知识产权管理

知识产权证券化中基础资产的选择研究 …… 朱雪忠 黄光辉 2009.01.40
企业动态专利战略形成过程研究 …… 周勇涛 万小丽 2009.01.46
浅析竞业限制的经济补偿 …… 彭小坤 2009.02.42
武汉老字号企业知识产权管理策略研究 …… 黄尚刚 2009.02.46
专利的品质、价值与价格初探 …… 台湾周延鹏 2009.03.40
企业知识产权出资问题研究 …… 赵 玲 2009.03.45
美国专利新颖性研究及对企业专利管理的建议 …… 查芷琦 2009.04.38
日本知识产权管理工程师职业资格制度研究 …… 袁 娟 2009.04.44
反垄断法在中国即时通讯行业的应用分析 …… 仲 春 2009.05.36
论企业科技创新中的专利权投资 …… 王 璟 2009.05.41
商标抢注的国际法律规制及中国企业的利用
——由王致和商标海外维权胜诉案谈起 …… 杨建锋 2009.06.36
专利权质押贷款风险之化解
——兼评相关地方新出台的专利权质押贷款管理办法 …… 张 林 2009.06.40

审判前沿

著作权侵权案件中权属的认定
——女子十二乐坊著作权纠纷案评析 …… 张雪松 2009.01.52
企业名称冲突的解决原则
——"梅兰日兰"商标专用权及不正当竞争纠纷案评析 …… 马剑峰 2009.01.56
正当竞争与不正当竞争的界线
——"诸葛酿"酒不正当竞争纠纷案评析 …… 欧修平 2009.01.60
方法发明专利的侵权判定
——BASF公司诉南通施壮化工有限公司等侵犯专利权纠纷案评析 …… 赵立辉 2009.02.50
虚拟财产的准占有及其保障
——刘波诉上海盛大游戏装备案评析 …… 徐 飞 2009.02.54

软件“适用性修改”及相关权利的限制
——深圳伊泰克公司计算机软件纠纷案评析 …… 高 静 2009.02.57
如何认定非经营性网站的主体
——《恋爱中的宝贝》著作权网络侵权纠纷案评析 …… 裴桂华 代 净 2009.03.48
著作权侵权案件中事实推定的运用
——破解软件序列号侵犯软件著作权纠纷案评析 …… 杜灵燕 2009.03.52
知识产权侵权诉讼中合同抗辩的审查
——“黄道益”活络油商标权纠纷案评析 …… 岳利浩 2009.03.56
正确判断网络服务提供者的性质与责任
——电视剧《奋斗》著作权网络侵权纠纷案评析 …… 冯 刚 2009.04.48
汇编作品著作权和版式权的界定及权利范围
——《中国学术期刊 2009. 光盘版》系列著作权案评析 …… 陈惠珍 2009.04.52
网络服务商帮助型共同侵权与意思联络型共同侵权的区分
——电影《天黑请闭眼》著作权侵权纠纷案评析 …… 叶若思 祝建军 2009.04.56
外国人作品的著作权保护
——(美国)科奇公司诉广州华尼有限公司等侵犯著作权纠纷案评析 …… 李燕蓉 2009.05.46
网络传播授权的翻译与解释
——北京星传影视文化传播有限公司诉上海新华电信网络电视有限
公司侵犯著作财产权纠纷案评析 …… 王 静 2009.05.50
专利侵权诉讼中权利要求的解释规则
——广东通宇通讯设备有限公司诉摩比天线技术(深圳)
有限公司专利侵权案 …… 李彦涛 2009.05.54
相同历史题材作品间的侵权认定
——评书《千古功臣张学良》著作权纠纷案评析 …… 杨德嘉 2009.06.45
对专利权利要求中功能性技术特征的理解
——深圳矽感科技有限公司诉上海向隆电子科技有限公司侵犯
发明专利权纠纷案评析 …… 杨 煜 2009.06.49
方法专利必要技术特征的界定
——肖志永诉安威建材厂等建筑用板材制造方法专利侵权案评析 …… 肖海棠 2009.06.52

专题研究

我国《人体器官移植条例》评析 …… 何 悦 2009.01.64
控制废物越境转移和处置的刑法对策 …… 任彦君 2009.01.68
促进研究诚信:定义、当前的认识和未来方向 …… 曹南燕 2009.02.61
我国科技保密法律体系建设现状与发展对策研究 …… 王丽华 2009.03.60
我国科技保密的定密机制及其法律完善
——以高校为视角 …… 李 旻 2009.03.64
隐私危机:照片搜索及法律的局限 …… 赵 帅(译) 2009.04.60
信息技术运用中的权力意志
——微软“黑屏”行为的性质分析及启示 …… 刘继峰 2009.04.65
知识产权司法保护与行政执法衔接策略研究
——兼论知识产权“三审合一”审判机制 …… 钟 莉 刘建新 王俊毅 2009.05.58
台湾地区智慧财产法院制度及运作状况述评
——兼评与大陆法院试行的“三审合一”模式的区别 …… 傅利英 张晓东 2009.05.62
ISP 的信息治理责任及其理论依据
——基于对我国信息网络安全法律法规的内容分析 …… 谢晓专 2009.06.55

搜索引擎技术语境下的合理使用分析 …… 陈明涛 2009.06.60

多维视点

俄罗斯知识产权立法完全法典化的进程与特点 …… 张建文 2009.01.73
美国337调查的特点及应对策略 …… 薄守省 陈兰兰 2009.01.77
TRIPs协议有关地理标志保护例外研究 …… 朱 勇 张益刚 冯寿波 2009.01.80
论驰名商标司法认定的完善 …… 张远孝 彭劲荣 2009.01.84
修改专利文件的合法性审查 …… 周云川 2009.01.88
侵害商业秘密案件基本问题研究 …… 祝建军 韩中节 2009.01.92
再论平行进口 …… 周啃龙 2009.02.72
劳动合同法律规避行为探析 …… 张庆华 2009.02.76
浅析校讯通互动和谐平台及其法制保障 …… 陈 芳 蒋 洁 2009.02.80
浅论知识产权的正当性基础 …… 孙 妍 2009.02.83
论重构我国多元、高效的知识产权纠纷解决机制 …… 颜 璠 2009.02.87
试论专利权共有制度 …… 慎 理 2009.02.92
论知识产权侵权行为与民事责任的关系 …… 欧修平 李 嵘 2009.03.67
论网络搜索引擎服务商的版权侵权责任 …… 周应江 谢冠斌 2009.03.72
P2P软件开发商法律责任探析 …… 吕 凯 周珺娜 2009.03.78
论困境企业拯救的预先重整机制 …… 胡利玲 2009.03.82
论专利禁止反悔原则的独立性 …… 黎运智 2009.03.87
试论知识产权权利边界的确定方法 …… 吴民许 2009.03.92
美国337调查程序中被告缺席和集体诉讼相关问题研究 …… 王加斌 陈宏亮 2009.04.69
解构和发展:网络条件下合理使用制度的反思和设计 …… 肖尤丹 2009.04.75
论无效宣告的理由 …… 张 鹏 郭鹏鹏 2009.04.79
提供P2P网络服务:侵犯著作权罪帮助犯的刑事责任解析 …… 秦天宁 谢 杰 2009.04.83
重大经济活动知识产权审查机制的现状与对策研究 …… 金玉成 唐 恒 2009.04.88
论产学合作教育的若干基本问题 …… 胡小红 2009.04.92
著作权法上教师用书的法律地位研究 …… 石金平 石必胜 2009.05.68
WTO知识产权国际争端解决中的证据规则与先例制度研究
——以DS362案为例 …… 吴莉娟 2009.05.74
侵权诉讼中专利权正当行使与滥用的实证研究
——兼评专利法第三次修改的部分条款 …… 姚兵兵 2009.05.79
知识产权司法鉴定相关问题研究 …… 江 波 张金平 2009.05.85
基因检测技术与基因隐私权法律保护 …… 项 剑 谷振勇 2009.05.89
关于标准与知识产权问题的制度考量 …… 郜尔非 2009.05.93
"事先知情同意"制度在我国的适用 …… 李 敏 唐素琴 2009.06.65
我国外观设计定义之应然性重构 …… 胡充寒 2009.06.69
WTO知识产权争端解决程序概览
——以DS362案为例 …… 王 超 2009.06.74
恶意软件承担产品责任的可行性探析 …… 丁利明 2009.06.79
知识产权法定原则适用的几个基本问题 …… 李 强 2009.06.83
国际法视野下亚运会域名的法律保护 …… 周 军 2009.06.88